北京大学经济学院（系）一〇〇周年纪念文库

樊弘著作集 上

樊弘 著

孙家红 编

北京大学出版社

图书在版编目(CIP)数据

樊弘著作集(上、下册)/樊弘著;孙家红编. —北京:北京大学出版社,2012.5
(北京大学经济学院(系)100周年纪念文库)
ISBN 978-7-301-20614-0

Ⅰ.①樊… Ⅱ.①樊… ②孙… Ⅲ.①经济学-文集 Ⅳ.①F0-53

中国版本图书馆 CIP 数据核字(2012)第 085484 号

书　　　　名:樊弘著作集(上、下册)
著作责任者:樊　弘　著　孙家红　编
责 任 编 辑:仙　妍
标 准 书 号:ISBN 978-7-301-20614-0/F·3178
出 版 发 行:北京大学出版社
地　　　　址:北京市海淀区成府路 205 号　　100871
网　　　　址:http://www. pup. cn
电　　　　话:邮购部 62752015　发行部 62750672　编辑部 62752926　出版部 62754962
电 子 邮 箱:em@ pup. cn
印　　刷　者:北京鑫海金澳胶印有限公司
经　销　者:新华书店
　　　　　　　730 毫米×1020 毫米　16 开本　80.5 印张　1623 千字　插页1
　　　　　　　2012 年 5 月第 1 版　2012 年 5 月第 1 次印刷
定　　　　价:198.00 元(上、下册)

樊弘教授

壮年时期的樊弘教授

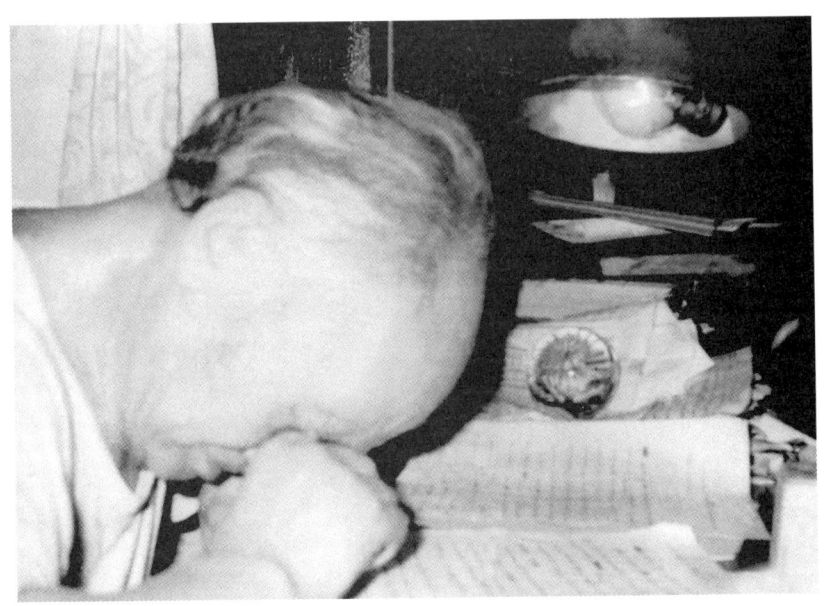

樊弘教授伏案工作留影（摄影：樊平）

总　序

作为中国最重要的经济学教育和科研基地,北京大学经济学院是我国综合大学中最早建立的经济系科,也是西方现代经济学和马克思主义经济学在中国最早的传播基地。北京大学经济学科的历史最早可追溯到 1902 年建立的京师大学堂商学科,1912 年严复担任北京大学校长之后始建经济学门(系),1985 年又在北京大学经济学系的基础上组建了北京大学经济学院,成为北京大学在改革开放之后建立的第一个学院。

1901 年严复翻译亚当·斯密《国富论》(一名《原富》),标志着西方现代经济学在中国的正式引入,此后北京大学一直是中国传播西方现代经济学的重镇。中国最早的马克思主义传播者李大钊也是北京大学经济学系的教授;至 1931 年,北京大学经济学系陈启修教授首次翻译出版《资本论》第一卷第一册,在传播马克思主义经济学方面功不可没。因此,不论是西方现代经济学的引入还是马克思主义经济学的传播,北大经济系都是领时代潮流之先,在中国现代史中占据独特的地位。

拥有深远历史渊源和悠久学术传统的北京大学经济学院,在一个多世纪中涌现出马寅初、陈岱孙、赵迺抟、樊弘、陈振汉、胡代光、赵靖、厉以宁等在学界享有崇高声誉、学养深厚、影响深远的大师级人物,为我国经济科学发展作出了卓越贡献。

2012 年是一个对中国经济学科发展有着特殊重要意义的年份,北京大学经济学科已走过了 110 周年历程,北京大学经济学门(系)也迎来 100 周年的隆重庆典。为了庆祝北京大学经济学院(系)创建 100 周年暨北京大学经济学科建立 110 周年,我院编写了这套"北京大学经济学院(系)100 周年纪念文库",旨在深入梳理北京大学乃至中国经济学科发展的历史脉络,展现北京大学经济学科的历史底蕴和历史成就,同时也希望从一个世纪的经济学科发展历程中反思我们的学术走向,为中国经济学科未来的发展提供一种更为广远和辽阔的历史视角。北京大学经济学院作为中国综合性大学中最早的经济学科,它所取得的历史成就以及所走过的道路,必然对整个中国的经济学科发展有着深远的借鉴意义。

1917 年,著名教育家蔡元培出任北京大学校长,他"循思想自由原则,取兼容并包主义",对北京大学进行了卓有成效的改革,促进了思想解放和学术繁荣,奠定了百年北大的精神基调。今天,我们庆祝北京大学经济学院(系)创建 100 周年,也要秉承兼容并包的创新精神,在继承北京大学经济学科优良传统的基础上,以积极的姿态吸纳世界前沿的经济学成果,为中国的经济腾飞和中华民族的伟大复兴作出我们经济学人应有的贡献。

孙祁祥

2012 年 1 月 15 日

序言一　书生模范　器大声宏

——写在《樊弘著作集》出版之际

一、出版缘起

最早知道樊弘先生的大名,大约在 2003 年"非典"之后。当时,我正应邀参加北大法学院百年院史的研究和写作工作,在翻阅关于北大校史的旧籍和档案过程中,经常可以见到樊弘先生的名字。出于一种专业的"敏感",诸如周炳琳、赵廼抟、秦瓒、周作仁等经济学家给我的印象自然也很深刻。但是,因为我当时课题的主攻方向在于法学人物和历史,实无暇顾及这些经济学名家,心想:对于这些经济学人物的研究,只能留待将来再探个究竟了。那时对于樊弘先生的印象主要有两点:一、他是位著名的左派经济学教授,二、他是 1949 年前后很多政治活动的参与者,影响很大。除此以外,说实话,谈不上更深的了解。

有时,人生的机缘真是难料。2008 年夏,我从北大法学院博士毕业,随即到经济学院从事博士后研究,并以北京大学的经济学科发展史为研究课题。对于这样一个题目,像樊弘这样的"大人物",自然不容忽视。就这样,在前后两年多的时间里,在我所收集的状如山积的院史资料中,关于樊弘先生个人的论文资料亦不在少数。随着阅读的积累,研究次第展开,对于樊弘先生的了解也在逐渐深入,越来越感到:樊弘先生在一些犀利的、革命斗争性较强的文字之外,单在经济学术上的贡献,实有很多被埋没的、黄金般的闪光点。若言其人生遭遇,也颇多可悲可叹之处。这个以"革命左派"著称的经济学教授,在 1949 年后的若干次运动中,竟也没能免于横祸,甚至被扣上"右派"、"地主"、"反动学术权威"之类的帽子,饱尝了"革命的铁拳"和"人民民主专政"的滋味。总之,从中国近现代经济学科发展史的角度看,樊弘先生是位十分值得今天的经济学人记住的人物。他的坎坷人生,际遇悲欢,鲜明地反映出百年中国经济学科发展史的一个重要方面。但是,很遗憾,似乎长久以来——至少这二三十年间,很多人已经不太记得这位经济学前辈了!

2010 年夏,久居美国的樊弘先生的公子樊平先生回访北大,包括经济学院。后经院里老师居间联系,我与樊平先生终于在一个炎炎的夏日午后,在蓝旗营附近的咖啡厅见面了。晤谈之中,彼此对于 1949 年前后诸多经济学人的浮沉遭遇,感慨系之,颇多看法不谋而合,更觉得很有必要将一些内容记录下来,留给后人。当然,关于发生在樊弘先生身上的故事,谈得最多。很明显,樊平先生是有备而来,他随即拿出了一摞他从北大图书馆、国家图书馆等处复制来的樊弘先生的论文和著作,摆在我的面前。既有这样一摞资料,再加上此前我所掌握的资料,正好可以编出一部《樊弘著作集》来!对于这样的想法,双方立即达成一致,重蒙樊平先生信任,将编辑著作集一事交由我全权负责。于是,《樊弘著作集》的编校整理乃至出版,便被临时加入个人博士后研究的任务当中。其后,适逢北大经济学院庆祝学科建立 100 周年,这部书又被指定为院庆系列出版物之一,整理出版的工作更被迅速提上日程。经过若干时日的加班加点,日以继夜的录入、编校,这本著作集今天终于和读者见面了。

二、樊弘先生其人

读者欲了解樊弘先生(1900—1988)的人生经历,可以参看樊平先生撰写的文章《一个北大教授的精彩人生》。这是一篇很值得细读的长文,不仅在于樊平先生以充满温情和敬意的笔触,第一次向世人完整描绘了樊弘先生不平凡的人生经历、事业成就和济世情怀,更在于樊平先生以家人的独特视角,交代和记录了诸多历史的细节,为我们认识和研究那段历史,提供了很多有价值的线索。在此,谨以一个读者、编者和后学的身份,结合个人此前的两点印象(左派经济学教授和政治活动参与者),简单谈一谈我眼中的樊弘先生。

首先,樊弘先生是一名左派经济学教授。以今日视角观之,将经济学分成左派和右派(甚至还有中派),这样的分类本身实在有些荒唐。但自"政治经济学"产生以来,因为"政治"层面的活动往往带有派性分立的特征,尤其在政治革命和阶级斗争成为社会主流话语的时候,随之而来的,经济学术的派别分析、立场定位,并非绝对没有必要。稍对近代中国经济学说史有些了解的人们,大致也会知道,在中国不断引进吸收现代西方经济学术知识、逐步建立自身的现代经济学体系过程中,因为近代中国独特的社会性质、时代背景和现实原因,很早就造成了不同的西方经济学流派在中国高等教育和学术研究领域此起彼伏的复杂的竞争关系——换句话说,就是马克思主义经济学和其他一些非马克思主义经济学的竞争关系。按照1949 年后一度通行的政治分派标准,若以马克思主义经济学为"革命的左派",则所谓"左派经济学"即是马克思主义经济学的代名词。相反,一切非马克思主义的经济学,即非"革命的左派",亦即"非左派经济学"——这里面包罗的内容甚广,至少三个部分:其一,"古典经济学",产生于革命的左派经济学问世以前,但最终成为左派经济学的部分知识来源;其二,"庸俗经济学",因为"革命"本身带有一种天然的正义感,出于一种莫名的道德贬抑,一部分西方经济学说被冠以此名;其三,"反革命的经济学",有的与革命的"左派经济学"大致同时产生,有的则产生于其后,但都以革命的经济学为敌,有时甚至公开标榜彼此的不同。在某一阶段,"反革命的经济学"又特指以凯恩斯(John Maynard Keynes)为代表的西方经济学流派,因为凯恩斯最为公开地宣称要"搞掉""马克思主义的基础"。①

根据我对于北京大学经济学科发展史的研究②,在第一次世界大战接近尾声之际,随着俄国十月革命的胜利,共产主义政治和经济学说在中国获得空前的发展机会,乃至成为一股巨大的社会风潮。凭着新文化运动的巨大声威,以及蔡元培"思想自由,兼容并包"的办学方针,在国立北京大学的师生里面,对于马克思主义经济学说产生兴趣者不乏其人。教授中,除了以鼓吹"赤色革命"和"马克思主义观"闻名的李大钊外,还有政治学教授陈启修;学生中,除了早期的共产党人邓中夏、罗章龙等人外,还有经济学专业科班出身的五四健将——周炳琳。自此以后,马克思经济学说便成为北大经济学课堂上的部分内容——尽管这一内容的比例有时大,有时很小。在北伐成功后,虽然一方面,国民党政府厉行党化教育,独尊"三民主义",罢黜其他政治学说(尤其是共产主义学说),另一方面,北大经济系极力模仿欧美大学经济系和商学院,以向世界一流大学看齐为目标,在北大各社科院系中最早也最彻底地实现了英美化的教学模式,但是,马克思主义经济学说并没有在大学教育中绝迹,而是仍留有相当的存在空间。举例来说,著名经济学家千家驹20世纪30年代在北大读书期间,就曾花了大部分的时间和精力来研读《资本论》,并在相关研究领域崭露头角。抗战时期,在西南联大的课程表里,北大经济系的主任赵迺抟教授还专门开有一门课,名为"社会主义"。及至战后复校,北大法学院的院长周炳琳图谋发展经济学系,增设课程,特别提出,"马克思学说也要开几门"。大致就在这个时候,左派经济学家樊弘被聘为北大经济系教授。由此可见,马克思经济学说(或左派经济学说)客观上已成为大学经济学教育的重要组成部分。而在当时左派经济学教授中,樊弘俨然就是一位代表性人物。

然而,在我们阅读和整理樊弘教授著述过程中,赫然发现,他所研究的经济学领域,不仅十分广泛,涉及现代经济学的诸多领域(如货币、就业、工资、资本、农业经济、劳动立法等等),显示了他在经济理论和现实问题研究方面的丰富成就;而且,更为难能可贵的是——他在经济理论研究方面,具有高度自觉的创新意识,既博采众家之长,又勇于独立思考,提出自己的真知灼见,绝非用狭隘的"左派经济学家"所能概括得了。

从樊弘先生的著述体系来看,他的经济学理论研究,是从学习和介绍西方经济学名家(如亚当·斯密、大卫·李嘉图、约翰·密尔、克拉克等人)的经济学理论开始的。他也很早就对马克思的经济学说产生兴趣,目前发现最早的一篇经济学专

---

① 参见樊弘:《凯恩斯有效需求原则和就业倍数学说批判》第一部分,间引自哈罗德:《凯恩斯传》,1951年版,第452页。

② 孙家红:《通往经世济民之路——北京大学经济学科发展史(1898—1949)》,北京大学出版社,2012年。

业论文,就是 1930 年他在《社会科学杂志》(一卷二期)上发表的《马克思经济学说的讨论》。但是,此时的樊弘先生尚未绝对服膺于马克思经济学说,而是将之视为众多经济学家中之一家——具有伟大思想和经济学说创见的一家。1937 年,樊弘先生前往剑桥研修学习,两年的研修经历,成为他本人经济学造诣飞跃式进升的一大关键,也为他在经济学研究领域取得创造性的突破奠定了基础。他当时以《评马克思和凯恩斯的资本积蓄、货币和利息的理论》为题目,企图将马克思的《资本论》与凯恩斯的《就业、利息和货币通论》进行对比分析,尤其对于凯恩斯的一些经济观点提出批评。而当时凯恩斯的经济学说在西方经济学界可谓"如日中天",敢于提出此一题目,本身即需要很大的学术勇气。最终,樊弘先生经过不懈努力,深入研究,写出了这篇英文论文,并受到教授们的一致好评。随后,经导师道布(Maurice Herbert Dobb)教授推荐,该文很快在权威经济学术杂志《经济研究评论》上发表,并在西方经济学界产生很大反响。借用樊弘先生自己的说法(大意),该文主要的学术动机在于:一方面,指出凯恩斯一些所谓创新的经济学术观点,其实马克思早已经讲过了;另一方面,指出凯恩斯的一些观点,实存在一定的空想而不切实际的成分,并不足以解决资本主义的经济危机。这样一篇论文,不仅在经济学术领域开创了用马克思主义经济学说批判凯恩斯主义的先河,更成为樊弘先生经济学术研究风格转变的一个显著标志——从此以后,他在经济学理论研究领域,耗费精力最多的一个重大课题,就是用"科学的"马克思主义学说系统地批判凯恩斯主义。

从樊弘先生自述的经历来看,他对于马克思主义的学说的信奉,实源于他个人的"旧理想"被他所遇见的"新事实碰成粉碎"之后,在极度"失望和苦痛"中,经过长期的苦闷、痛苦的思考,方才获得的思想和灵魂上的救赎[①],绝不是因为受到政治上的煽惑而产生的盲从盲信。基于此,我们可以说,樊弘先生的马克思主义信仰,以及他对社会主义经济理论的坚持,很大程度上,实源自他个人的学术自觉。由此反观当今中国的经济学界,具有像樊弘先生这样一种学术自觉者,虽不能说绝无仅有,也绝对是凤毛麟角、难得一见的。不仅如此,我们姑且不论经济学术观点的谁是谁非,敢于将马克思和凯恩斯——西方经济学界的两位巨人——的经济学说进行对比分析,不仅对凯恩斯的经济理论提出批评,乃至对于马克思的经济学说也提出修正和补充,敢于追求经济学的真理,其中蕴涵了极大的学术勇气和学术抱负。尤其在当代中国,应用经济学大行其道、理论经济学被打入冷宫的学术背景下,以及在近些年世界性经济危机频繁发生的大背景下,昔日樊弘先生高度的学术自觉和学术勇气,高超的学术创造力和学术奉献精神,更显得弥足珍贵,意义非凡。

其次,我们说,樊弘先生也是一名政治活动的积极参与者。樊弘先生很早就很关心国家政治和现实问题,一方面原因在于,1919 年他考入国立北京大学,虽然没有赶上五四运动的高潮时期,却深受北大自由和民主风气的影响,经世济民的情怀

---

① 樊弘:《两条路》,代序,《苦闷与得救》,上海观察社,1948 年。

早在他的心灵深处生根发芽。另一方面,在国事蜩螗、变乱频仍的民国时期,实亦罕有知识界人士不受现实政治的影响,从而难免引发政治观点的冲突、辩论,乃至付诸实际的政治行动。在北大读书期间,樊弘先生即感于国是日非,积极参加学生运动,成为北大学生自治会的干事,奔走演讲,呼吁建立民主政治。与此同时,他的思想也深受同宿舍同学、"赤色分子"范鸿劼的影响。范鸿劼是中国共产党的创始人之一李大钊的亲密助手,并于1927年与李大钊同时被军阀处死。樊弘曾经通过范鸿劼介绍,加入了国民党。在范鸿劼遇难后,樊弘甘冒风险,帮助范的家属收尸安葬。而在此前后,樊弘激于蒋介石制造的"四·一二"政变,连续三天在报纸上刊登退党公告。即便如此,乃至在樊弘毕业前后相当长的一段时期,他的思想尽管在有意无意间逐渐向马克思主义靠拢,但他绝不是一个激进的革命行动派;相反,他的主要身份,更多地是一名学者,一名在现代经济学领域苦苦追寻和积极研究的学者。

据《苦闷与得救》一文分析,樊弘先生的思想发生重要转折,大致酝酿于其在上海复旦大学任教(包括担任经济系主任)时期。其后,他经过英国两年进修,归国后身处抗战大后方的重庆,通过参加"民主科学座谈会"(九三学社前身)的机会,接触到大量的民主教授,在政治上逐渐转向激进。起初,在抗战烽火的洗礼下,樊弘仍勉力进行着学术研究,在峨眉山上"赁屋读书,治微积分"。忽有一夜,"灵机"发生作用,"方才觉得支配人生行为的中心力量原来即存在于人的日常生活之中,何须向书本上再行寻求,是即个人取得收益的方法了"。[①] 及至抗战胜利后,樊弘先生藉靠他这一看似简单,却来自切身体悟的哲理,已经彻底转化成为一个坚定的民主教授了。他坚持认为,通过抗战所暴露出来的国民党政府的严重腐败问题,以及国民党的一党专政和独裁统治,也是由他们所取得收益的方式根本决定了的,就像虎狼一样,并不能希望他们自行拔去爪牙,赐予人民民主;相反,只能通过人民起来斗争,以暴力或非暴力的革命手段予以解决。随后我们看到,在樊弘重回北平之后,他在政治上的表现空前活跃,不仅撰写了大量的政论文章,批评国民政府的一党独裁统治,以及政治、经济方面许多倒行逆施的政策(如金圆券改革),还不顾个人安危,直面国民党特务威胁,积极支持民主学生运动,经常参加民主集会,慷慨陈词,抒发政见,给当时许多师生留下深刻印象,乃至当时有人将他与许德珩、袁翰青三位并称为"民主三教授"。可以说,在1946年至1949年间,樊弘先生始终战斗在反对蒋介石独裁统治斗争的前线。尽管在于今天,人们对于这一时期的政权更迭、党派斗争,存在着不同角度的解读,但有一点,那就是,当时像樊弘先生这样的许多知识界的精英分子(如周炳琳、赵迺抟、陈振汉),对于蒋家王朝不仅早就丧失信心,更想加速其腐朽和垮台,满怀希望地呼唤和期待一个崭新的民主新政府尽早诞生——这是一个不容否认的历史事实。

从北大经济学科的发展历史来看,樊弘先生虽早年毕业于国立北京大学,但并非是经济学系,而是英语系和政治系;在其毕业后,又曾担任《国民公报》编辑,中

---

① 樊弘:《两条路》,代序,《苦闷与得救》,上海观察社,1948年。

央研究院北平社会调查所助理研究员,以及天津法商学院教授、复旦大学经济系教授、湖南大学经济系教授等职,但长期都未在北大经济系任教。及至 1946 年,北大法学院重整经济学系,增聘教员,樊弘先生才以著名经济学教授身份重返北大,并就此落地生根,迄于 1988 年逝世,前后为北大经济系的教学科研、经济学人才培养,辛勤耕耘四十二载。按其在北大经济系的资历,与当时北大经济系的几位"元老教授"周炳琳(1892—1963)、赵迺抟(1898—1986)、秦瓒(1898—1988)等人相比,固显逊色;即使与同龄人陈岱孙(1900—1997)教授相比,也绝对属于大器晚成者。但是,就在这次北上之后,由于国内政治经济形势的变化,尤其随着共产党政权逐渐取得压倒性的政治优势,樊弘先生作为著名的左派民主教授,其所参与的政治活动空前频繁,在政治上的影响也日益显著——换句通俗的话说,就是在政治上颇出风头,大有后来居上之势。① 正因为如此,1949 年 7 月,曾经担任北大经济系主任 18 年的赵迺抟先生辞职后,樊弘先生便接替赵迺抟先生成为北大经济系的新掌门人,并于同年 10 月,登上天安门城楼,参加了"开国大典"。

1949 年后,一时间,樊弘先生有很多身份,如全国政协经济小组副组长、中苏友好协会理事、北大校务委员、北大经济系主任等等,在政治上的地位和待遇可谓"极一时之盛"。他一方面为社会主义建设积极献策,礼赞苏联计划经济模式,以及参加土改、合作社等社会改造运动;另一方面,他仍不懈地在经济理论的层面,对于社会主义建设时期的诸多经济问题进行深入思考和研究。20 世纪 50 年代,他撰写和发表了《论经济学上的"第五纵队"和"右倾幼稚病"》、《马克思的周期恐慌学说》、《关于社会主义制度下商品生产的问题》、《关于社会主义制度下商品生产和价值规律问题》、《在中国社会主义建设的今天应用价值规律的根本问题》等一系列重要的经济学论文。在这些论文中,樊弘先生秉持一贯的独立思考精神,根据他对《资本论》等经典著作的深入研读,不仅率先提出了社会主义制度下商品生产的存在是一种客观的存在,应该运用价值规律进行市场调节、资源配置等重要的经济学观点;甚至公开提出,马克思主义的经典经济学说应该结合社会主义建设的实际,尤其是中国的现实国情,进行一定程度的变通和修正。可惜的是,樊弘先生的这些很有价值的专业意见,不仅不为当时国内"主流"经济学界所认可,相反,却遭到来自诸多学者简单、粗暴和无情的批判。面对各方面的压力,樊弘先生百折不回,仍旧坚持自己的研究结论,并为当时缺乏正常的学术讨论气氛深感遗憾。基于樊弘先生这种"不合时宜"的表现,在接下来无数次的政治狂飙中,其悲惨的命运可想而知。1956 年刚刚获得的党籍,没过几年,先是受到留党查看的处分,后来随着"反动学术权威"、"地主"、"反马克思主义"之类的"帽子"越来越多,最终被开除党籍。与此同时,这位长期以来企图用马克思主义经济学说批判和颠覆资本主义经济学说的著名经济学教授,身体和心灵上遭受了在国民党反动统治时代都未

---

① 因此,在《通往经世济民之路——北京大学经济学科发展史(1898—1949)》一书的第四章中,我特别使用了"迅速崛起"一语形容此种现象。

曾有过的创伤,饱受了"无产阶级铁拳"和"钢鞭"的洗礼。但是,不管怎样,樊弘先生还算是幸运的,幸运地等来了政治上的平反,并领略了改革开放初期的"早春天气"。1982 年,樊弘先生出版了他一生中最后一本专著——《凯恩斯有效需求原则和就业倍数学说批判》(四川人民出版社)。用其家属转述的话说,樊弘先生至此认为,他已经完成了对凯恩斯理论的批判。①

通观樊弘先生在 1949 年前后所参与的历次政治运动,尤其是他在这些政治运动中的表现,我们不禁想起史学家周一良先生一本书的名字——《毕竟是书生》。虽然二人在不同时期的政治选择有所不同,但综合起来看,作为充满爱国情怀的知识分子,他们对于政治的积极参与、跟随乃至最后迷失方向、被政治捉弄的经历是多么的相似;而他们对于国家和民族的热爱,对于建设现代中国、无私奉献才智的热情,却又都是那样的深沉和真挚。发生在这些知识分子身上的人生悲剧,一方面,固然与他们个人的政治选择直接相关,另一方面,他们的悲剧,又何尝不是时代的悲剧呢?

三、关于本次编辑

最后,关于本次《樊弘著作集》(上下)的编辑出版,还有几句需要补充的话,写在下面:

(一)樊弘教授生前著述宏富,规模庞大。目前所能掌握者,著作、译作不下十余种,论文百数十篇。现收入本著作集者,包括独著 8 种(含论文集 1 种),论文 65篇。部分文章因为底本清晰度较差,难以识别,兼以出版任务较紧,只能暂时割爱。因以"著作集"为名,并不敢以"全集"名之。另附长文一篇,《揭发和批判樊弘同志的反马列主义思想》。该文属于特殊历史时期的产物,纯为保存经济学术史料起见,相信会有助于今人从另一个侧面认识和了解樊弘先生。

(二)全书大致分为著作和论文两类,均以时间先后为序。再根据内容大致比例,析为两卷。编校中,尽量遵依原文及其行文风格,不敢妄改。对于旧译专有名词(人名、地名等),一律不做更动。相应名词对照,敬请读者参照相关专业工具书。对于文中错讹之校订、补正,依照现代通例进行,不另生体例。

(三)感谢北大经济学院两任院领导对本著作集的编校出版提供支持。尤其感谢我的两位博士后合作导师张友仁教授、王曙光教授的鼓励和关心。特别感谢樊弘教授家属樊平先生的极大信任和支持!

(四)本著作集卷帙浩繁,全部由我一人独立完成,错讹诚所难免。谨此希望读者诸君海涵原谅,更请不吝赐教。

孙家红
2012 年愚人节,写于京西寄庐

---

① 樊平:《一个北大教授的精彩人生——忆我的父亲樊弘》。

序言二 一位北大教授的精彩人生

——忆我的父亲樊弘

今年是我的父亲北京大学教授樊弘诞辰 112 周年,特著此文以志纪念。

父亲生于 1900 年,19 岁时考入北京大学。当时在帝国主义侵略之下,我们的国家处在被瓜分的边缘,我们的人民生活在水深火热之中。五四运动中的北京大学已经成为全国革命运动的中心,这里精英们无不以救国救民为己任,为寻求革命的真理而努力奋斗。虽然都是为了同一个革命的目标,但所走的道路却大相径庭。有的人信仰布尔什维克,成为无产阶级革命家。有的人信仰孙中山的"三民主义",成为国民政府的支持者。父亲此时尚年轻且学业优秀,他认为应从书本中寻求救国的真理,从而走上一个独特的学者救国之路。又经过二十余年刻苦研究与实践,才独立地发现了自己的真理:"人类取得收益的方法,是支配人类的中心力量。"有趣的是,他的这一真理并非从书本中寻求而来,却与马克思早已揭示的唯物史观相同(参见《苦闷与得救》)。自此他决心沿着马克思主义所指引的革命道路前进。他站在民主运动的第一线,和蒋介石反动派们进行了殊死的斗争,最终与人民一起取得了革命的胜利,实现了自己救国救民的理想。他对马克思主义的信仰,不单来自于朴素的革命热情,更主要的是来自于他对马克思经济理论深入的研究。当他对理论问题进行研究时,总是坚持科学的求实态度,使他敢于大胆地对马克思的经济理论提出补充和修正,为丰富马克思主义的内涵做出自己的贡献。1948 年他发表了名为《社会所得变迁函数的分析》的论文,被收录在《国立北京大学五十周年纪念论文集》中。在论文开头,他写道:"马克思没有说明资本的减少或消费所须具备的条件。这篇短文的目的乃在资本的保存、资本的堆积的理论中,补入一个资本的消费或减少的理论。"1959 年在上海价值规律讨论会上,他又发表论文《关于社会主义现阶段应用价值规律的根本问题》,认为在"社会主义现阶段,马克思的价值规律不能不有所改变"。在论文中,他根据自己的研究成果,提出对马克思的经济理论应该进行修正。父亲的一生有三个理想:救国救民为中国人民做贡献;在理论上彻底地批倒凯恩斯主义为世界人民做贡献;建立适合中国发展的经济理论体系。远大的人生目标始终激励着他,使他能在崎岖的人生道路上奋勇向前。在北京大学纪念他教学 55 周年的大会上,他豪迈地发出自己的誓言:"只要一息尚存,就努力去攻克资产阶级庸俗经济学的顽固堡垒,攀登社会主义经济学的珠穆朗玛峰!"

作为一个经济学家,他对马克思、凯恩斯的经济理论均有精深的研究。他一生发表专著十余本,论文100余篇,涉猎经济学的诸多领域,以及政治学、法学、社会学等学科。而且,他的学术论文大多是具有前瞻性的研究成果。

作为一位著名的民主教授,他从研究马克思的经济理论开始,进而信仰马克思主义,并为之奋斗一生。

作为一个教育家,他注重学生的德育工作,许多学生受他影响走上进步之路。他注重培养学生的研究能力,鼓励学生发表文章,他的一些学生对国家的经济发展做出了巨大贡献。

作为一名北京大学的毕业生,而后又在北大执教长达40余年,他一生对北京大学充满了爱。自1925年始,他多次通过著文、直言等方式,对北京大学的办学提出自己的意见,尽了他一个北大人的责任。

父亲一生担任过许多职务:解放前,任复旦大学经济系主任、教授,中央大学教授,湖南大学教授,河北省天津法商学院教授,九三学社的创始人之一。解放后作为第一届全国政协委员,曾登上天安门城楼参加开国大典,并任第六届全国政协委员,中苏友好协会理事,北京大学校务委员,经济系主任、教授,第七届九三学社中央委员、顾问。但父亲最为看重的是,能怀着自己的远大理想,在教学、科研岗位上为人民服务。

父亲也曾经遭遇许多不幸。解放前他为救国救民几次遇险,险些葬身于旧军阀和蒋介石反动派的枪口之下。1948年3月29日,是黄花岗七十二烈士纪念日,也是华北学联成立的日子,北大学生会决定在北大举行纪念大会。这一天国民党出动军警几千人持枪荷弹,包围了位于沙滩的北大民主广场。樊弘与许德珩、袁翰青"民主三教授"冲破重重阻力,抱着永诀家人、舍生取义的牺牲精神,到会发表演讲,支持学生运动。樊弘在纪念会上发表了题为《两条路》的反蒋演说。他说:"一条路是少数人掌权,为保持他们的既得利益而压迫全国大多数,一条路是工、农、兵、学、商各阶层的人联合起来,向独裁集团要回政权。愿意就采取和平的方式,不愿意就用武力把政权跟他夺过来!"他的演说,"使到会学生深受教育。几天以后,北平国民党特别是党部反动头子发出威胁警告,但樊弘毫不畏惧,并且更加积极地参加学生运动,发表反蒋演说。他在学生中威望很高,被学生们赞誉为轰击蒋家王朝的大炮"(见刘时平:《我就是记者》)。解放后,又几次险些丢掉被他视为比自己的生命更重要的政治生命。北京大学经济系毕业生、后任国务院发展研究中心主任的王梦奎写道:"樊先生以耿直著称,解放前是积极反蒋的著名民主教授,北平初解放时参加中共中央为民主人士举行的招待会,毛主席称赞他是'社会科学家',之后周恩来又会见和宴请过他。樊弘是第一届全国政协委员,解放初即加入中国共产党。后来命运多舛,屡因直言而遭坎坷,候补党员几年不能转正,教学行政职务也由经济系主任而降为政治经济学教研室主任。1959年'反右倾'运动中,教研室主任也被免掉了。"还受到了留党查看的处分,"文化大革命"中更被开除党籍。

父亲又是幸运的,他终于迎来了十一届三中全会的召开。在他的学生们周志尧教授,江海主任,张友仁教授,以及老朋友、老同事龚士其主任,杨秀峰院长等人的鼎力帮助下,在北京大学党委书记项子明亲自过问下,1977 年父亲恢复了党籍。历经八年浩劫,他终于又可以拿起笔,安心著书立说了。

父亲来自农村一个小地主家庭,祖上没有书香背景。他个人奋斗的经历,多少带有一点传奇色彩。他在北京大学学习、工作、生活几十年,可以说其一生书写了北京大学发展的一个侧影。虽然今天的时代已与他所处的时代大不相同,但是北京大学师生们为国为民的科学民主斗争精神仍应发扬光大,北京大学的学者们兢兢业业的做学问的态度仍应被继承。

当前中国的社会主义市场经济正在蓬勃发展,以美国为首的资本主义市场经济正在走向没落。中国社会主义市场经济的发展需要一个系统的有预见性的理论体系支撑。希望经济理论的研究者能仔细阅读樊弘教授有关批判凯恩斯经济理论的文章。自 1930 年发表研究马克思经济理论的文章始,至 1982 年发表最后一本批判凯恩斯经济理论的著作,他从事马克思经济理论与凯恩斯经济理论的研究超过 50 余年。他曾经说过,他不是一个聪明人,而是一个用苦功的研究者。他的治学态度素来都是严谨的。他对凯恩斯经济理论的研究是深入的,他所研究的经济理论至今尚未过时。凯恩斯与马克思经济理论研究的主要内容是就业、货币、利息,这些都是当前经济发展所需要研究的重要课题,倘若能从他的理论研究中找到一点有价值的成果,那将是对九泉之下的樊弘教授最好的告慰。

读 书 之 路

1900 年对中国人民来讲是灾难深重的一年,这年的六月,八国联军侵华,加速了中国半殖民半封建社会的进程,生活在水深火热之中的中国人民身上又多了一座帝国主义大山的压迫。虽然清王朝仍在苟延残喘,但老百姓的日子却是每况愈下。阴历 6 月 18,在远离北京的四川省江津县,一个名为朱家沱的小镇里,樊家的一个婴儿诞生了,他就是我的父亲樊弘。虽然他是家里的第二个男孩,但是一家人,尤其是我的曾祖母,却比家中得了长孙时还要高兴。樊姓并不是镇中的大姓,家境也属一般,祖上虽无书香之传,却也崇尚诗书。我曾祖母来自小商家庭,是她父亲最疼爱的小才女。其父对国学颇有爱好,她未出嫁前以父为师,学了不少古文,写得一手好字,甚至还能作对子和写诗。樊家虽是百姓之家,但国家兴亡,匹夫有责。樊家有了两个孙儿甚好,一个留在家中守业,一个出外读书,报效祖国,正可两全其美。按照常理,长子是一定要传承家业的,次子可读书弘扬家名。于是父亲除了乳名之外,又以"弘"为正名,寓意弘扬家名是也。

朱家沱村依山傍水,逶迤而来的长江在这里被一处险滩拦腰截断了三分之二,涨水时险滩只露出一线石脊,形成"石龙过江"的奇观。在"石龙"的阻挡之下,滚滚江水在此处形成巨大的回流,就在"石龙"龙头之处形成一个宽而深的大水沱,这就是长江上有名的朱沱。在这里生活的人们,大多有不惧急流、不畏险阻、百折不回的精神。父亲也不例外,他自幼就有着胆大和倔强的性格。生活在大江之边的孩子特别喜欢游泳,别家的孩子学游泳都由大人带领,而他的父母均患有肺病,无法教他。一天父亲实在忍耐不住,便纵身往江水中一跳,立刻被滔滔江水卷走。幸运的是,他被冲到了下游的一处险滩之上,才得救了。奇怪的是,本不会游泳的父亲自此便泳技上身了。父亲曾将此事讲给我听,并想用他学游泳的故事来激励胆小怕水的我。父亲还说这件事让同村小朋友们知道后,他便有了一个"二浑牛"的绰号。我的曾祖母很为小孙子担忧,想要他改改脾气,于是给他起了一个字"止平",希望他遇事能"止",为人能"平"。虽然祖训总是挂在心上,但终其一生,他也没能做成一个平和之人。

祖父母希望把父亲培养成有学问的人,年仅5岁的他便被送入樊氏家族所办的学校读书了。他的老师乃是一个严厉之人,管教学生远近闻名,在他的讲案上,总是备有大号铜戒尺一具。当时父亲年幼,难免调皮,经常被戒尺伺候。记得我小时也很淘气,父亲最爱与我做的游戏便是"打手板"了。每当我不听话,父亲总是大呵一声:"伸出手来!"我假装战战兢兢地伸出自己的小手,说时迟那时快,只见他那高举的大手直直落下,最终却只是在我的手上轻轻一拍,不曾真打。我常问他如果是戒尺打在手上痛不痛,他总是笑而不答。在严师的教育之下,父亲只得用功读书,遇到书中所讲不甚明白之处,也常能从曾祖母那儿得到一些解答。在领会了书中的一些道理之后,他渐渐地喜欢上了古人之文。他的记忆力奇好,离开家学时,"四书五经"已能通本地背诵。在他的书案之首,总是放着几本他最喜爱的书,闲暇之时翻来看看,《古文观止》便在其中。对古文的喜爱伴随着他的一生。

父亲的平时生活很有规律,每到傍晚,饭过之后,若无它事,一家人总要在他的带领之下,走出燕东园,进入北大东校门,绕过古色古香的大水塔,沿着未名湖畔的小道,绕湖遛上一圈,名曰散步。此时父亲常常一边牵着我的手,一边摇头晃脑,操着一口的川音,吟唱他那自幼便喜爱有加的古韵,"学而实习之……",我虽不知其所云,却也难免左右摇摆地跟着唱,一家人其乐融融,伴随着这美妙音韵慢慢前行。现在想来,那古韵比起雄浑却不知所云的古典音乐,比起热烈却爱不离口的现代歌曲,不知要绝妙多少倍呢!它声声抑扬顿挫,句句寓意深刻,发人深省。父亲的曲曲古韵,至今仍常常在我的耳边回旋,父亲您现在还好吧?

家学结业之后,父亲便升入聚奎学校读书。聚奎学校建于清代同治年间,学校坐落于白沙镇风景秀丽的黑石山上,校内巨樟古木遍布,大小黑石生于其间,匠人们更巧夺天工,修建了亭台古树、九曲清池、小径通幽……奇景美不胜收。自1905年始,学校开办新学,既教授国学,又聘请留日学者来校任教,开设数、理、化、生等新学,还从日本购买理化仪器、生物标本和图书,以开展科学教育,并修建运动场,进行体操、田径等体育活动。学校不但注重智育、体育，也很注重德育。教师多是同盟会员，常在学生中宣传爱国民主思想。《民报》、《新民丛报》、《广益丛报》、《重庆日报》、《川路导报》等进步报刊，在学校中任师生取阅。当时著名同盟会会员肖湘为逃避清廷追捕而避难于聚奎学校任教。他在时事课上，痛陈时弊，揭露清政府的专横腐朽，并建议学校效仿西方民主。他又在课堂上指导学生定"宪法"，设"议会"，并进行选举，还组织练习"国民军"。这些民主革命思想，在学生中产生了深刻影响。1911 年，为反抗清廷向帝国列强出卖川汉铁路路权，积极响应保路同志分会号召，聚奎学校特聘教官来校，授兵式体操，高年级学生从家中带来毛瑟、猪槽、九子、前膛等枪支，组成连队操练演习，学校一时俨若军营。老师则在理化课讲授制造炸药方法，制成白色炸药，以供团练制弹之需。全校师生还参加了白沙军民起义誓师大会，并四处游行演说，高呼口号，张贴由本校教师肖湘起草的讨清檄文《聚奎学校为白沙首义布告全川父老文》。父亲在私塾时已养成刻苦读书的习惯，在聚奎学校这样开放民主的求知环境下，父亲更加如饥似渴地学习新知识，接受新思想。毕业时他的学习成绩是班上的第一名，同时在他幼小的心灵里已深深地种下了忧国忧民的种子。

1915 年夏，父亲考入江津中学。这所学校是在维新思想影响下，模仿日本近代教育制度而创办的。校址坐落在县城内黄荆街，校舍为土木结构，全是平房，校门坐南向北，成口字形。学校门前栽着两棵巴蜀稀有的榆树，校园内桑、柳、梧桐成荫。由于是当时江津县唯一的一所中学，不仅学校的设备和教师在四川属一流，学生也都是江津一方的佼佼者。聂荣臻元帅也曾在这里读书，与父亲是先后同学。父亲在旧制八班学习。他乃是一个好胜之人，每次考试总是要争第一名，但往往事与愿违，有时偏偏只能得第二。父亲在这里遇见一个强劲对手，二人成绩在伯仲之间，直到毕业仍没有分出胜负，在竞争中二人成了最为要好的朋友。此人名张三奇，后来二人一学哲学，一学经济学；一人留法，一人留英。周恩来在法国宣传革命时，张三奇曾作过周恩来的法文翻译（哲学系洪谦教授是我家的左邻，他亲口告诉我，周总理在德国讲演时，是由他作德文翻译）。

虽然父亲未能以绝对第一名毕业，但父亲学业之好也是远近闻名，学校和乡亲们都对他寄予厚望。中学校长曾托人到家说媒，愿将其女嫁给父亲。虽然最终未能成为眷属，却也被传为地方上的一段佳话。父亲此时正充满着雄心壮志，一心要到他心目中的最高学府北京大学去读书。在行将告别家乡之时，他的心久久不能平静，充满对家人，尤其是对他祖母的感激之情，同时也为聪明的大哥未能被培养读书而深深地惋惜。他的家，一个农村普通家庭，供养他一个大学生已非常勉强，父亲唯有努力学习以报家恩了。父亲也在思索：国难当头，中国的出路在哪里呢？北京大学，北京大学，在那里一定会找到答案。父亲坐上下行的江船，踏上了赴京之路。

1919 年父亲入北大预科，一年之后考入北大英文系。此时"五四"运动虽已近尾声,但中国的国情仍未改变,在帝国主义列强的侵略下国家支离破碎,军阀混战,民不聊生。父亲一个热血青年,以救国救民为己任,立刻投入到如火如荼的北大学生运动之中。他还是学生运动中的积极分子呢!几十年之后,西语系教授冯至先生偶然间向我提起父亲青年时在北大的这一段往事。那是一年冬天,我围着一个长围脖,在燕东园家外的小路上扫雪,被同园住的冯至教授见到,对我说:"你跟你爸年轻时好像啊,简直就是一个模子里刻出来的。你爸当年在学校里可是个风云人物呢,他是北京大学学生自治会的干事,就像你现在这样,也围着个大围脖在台上,操着一口四川话发表演说呢。"说着又上下看看我:"哎,真像!"慨然而去。(冯至教授当时非常洋派,头带贝雷帽,手提大皮包,脸面方正,大嘴上经常叼一支特号雪茄,我在心里给他起了个绰号叫"杜鲁门"。)

在英文系读了一年之后,父亲对研究政治产生浓厚兴趣,即转入政治系学习。北大的政治系以周鲠生为主任教授,主要学习国际政治。父亲乃是刻苦读书之人,加之英文也有了一些功底,于是在周教授的指导下,遍读名人著作。周教授的著述更在其中。两年后,便开始撰写自己的第一本著作《劳动立法原理》。

生活在那个时代的北大,就好像生活在中国革命的温床之中。中国革命的先驱中有许多就是北大的教师或学生。由于蔡元培校长的兼容并包,使革命理论可通过各种形式在校内公开传播。李大钊就是父亲所在的政治系的教授,我父亲恰与李大钊最亲密的助手范鸿劼同宿舍。二人非常谈得来,成为莫逆之交。言谈之中范鸿劼向父亲介绍了许多革命思想。有一次二人讨论革命与政党的关系,一致认为革命要由革命党领导才能取得成功。父亲知道范鸿劼是一个革命党人,就请范鸿劼介绍他加入革命党。其时正值第一次国共合作时期,国民党和共产党联手反对帝国主义及其在中国的代理人军阀对中国的统治,在范鸿劼的眼里国共两党并无大的区别,于是就介绍父亲加入了国民党(据经济系张友仁教授考证,当时李大钊先生既是共产党北方局的负责人又是国民党北方局的负责人)。父亲在范鸿劼的领导下做了一些革命党的工作,曾因参加反军阀的活动被捕,后经学校保释出狱。

不幸地是,没过多久,父亲得了当时认为是不治之症的肺病,而且病情越来越重。后来,非但革命活动不能参加,甚至连读书的力气都没有了。父亲只得四处求医治病,最后找到一位有名的德国医生。这位医生看过他的肺部 X 光片之后,认为肺病已经发展到晚期,他也无能为力了,并且劝父亲说:"以我的经验,你最多尚可活半年,好自为之吧。"父亲当时年轻气盛,并不相信这医生的话,继续积极寻医治病。一日一位老中医对他说,晒太阳、呼吸新鲜的空气对治疗肺病有帮助。父亲认为他说得有道理,于是向学校请长假,到香山去居住,晒太阳、呼吸那里的清新空气。父亲乃是有恒心之人,晒太阳无一日间断,慢慢地病情居然有了一些好转,有力气读书了。他便一边读书写书,一边晒太阳治病。

一年之后,感觉病已大愈,便又去那个德国医生处复查。医生看过他的新 X 光片之后,大为吃惊,说:"你的肺病已经好了,怎么治的?"其实父亲晒太阳的方法很简单,日光之下赤裸上身,头顶上盖一条方型毛巾,坐在椅子上,仅此而已(历史系周一良教授是我家右邻,最初见到父亲总是晒太阳时,曾经好奇问我,你父亲会不会晒晕哪?我告诉他这是父亲的保健方法,已经坚持几十年了。时间一长,大家也就见怪不怪了)。

回到北大,系里却通知他,需要重读一年,认为他已没有足够的时间去完成毕业论文。父亲知道后,非常着急,因为他已经成家,本希望毕业后,找一个薪水高的工作养家。父亲左思右想,最后决定奋身一搏,放弃过去与周教授商定的论文题目,写一篇《评周鲠生先生的政治论述》的论文。在这篇文章里,他提出许多与周教授相左的观点,甚至对周教授的一些观点进行了批驳。知师者莫过于生也。父亲的文章一挥而就,为了争取时间,他将写好的论文立刻送到周教授手中。虽然论文交上去了,却不知老师能否接受这样的论文。正在忐忑不安之时,周教授把他召到自己家中,对他论文中的观点逐一进行了分析讨论,指出其中的对与错。说得句句在理,令父亲口服心服。最后周教授居然大笔一挥,写下"优等"二字,并面带喜色地对父亲说:"希望能在今后多写一些批判性的学术文章,这样做能使自己的研究能力提高的更快。"

父亲顺利地毕了业,并于同年即1925年发表第一部长达200余页的专著《劳动立法原理》(商务印书馆发行)。在该书序言中有这样一段话:"这本书的成功,都依赖我们的北大政治系主任教授周鲠生先生的启发和鼓励。原文又承鲠生先生改了数处,受益殊深。"这本著作介绍了劳动法的由来、国际联盟诸国家内的劳动立法与实施,最后文中提出了自己的观点:"我们所大惑不解的,就是在一九一九年由日本代表在巴黎和会,所提出之人种平等案,如何不予通过。而在去年五月,美国所制定的移民法案,复对不能取得美国国籍的外国人,禁止移入。这显与利益代表制度原则冲突……因此著者为求世界上劳动问题的真正解决,希望加入国际联盟的国家,对此注意,同时也对此惋惜。"在这里父亲提出了自己的见解。父亲著书大都包含着自己的研究成果,此书是中国劳动法方面最早著作之一。父亲最初的学术贡献竟然是在法学方面,现在看来也很自然,劳动法是保护劳动者的权益的法律,父亲研究问题的政治倾向是为国为民,父亲一生的著述从未离开这一方向。在政治信仰方面,他最终成为一名马克思主义的社会科学家,应该说是一种必然吧。

父亲不愧为北大的毕业生,一个大学生能在大学学习期间在国家一流的出版社出书,这在当今恐怕也为数不多,可见当时北大学生的研究能力的确与众不同。父亲经常提及在北大时的学习与生活,对北大充满了爱,爱北大的自由、民主,爱北大的教授不拘一格培养人才。特别是对自己的老师周鲠生教授更是尊敬有加。一次我和张友仁教授谈及此事,张教授恍然大悟说:"怪不得你父亲在政协开会时,每次见到周鲠生教授总是毕恭毕敬。"(周鲠生教授曾任武汉大学校长,于1971年去世)。父亲也受到了另一个教授——胡适的青睐。胡适虽然是文学系教授,但对北大的优秀学生总是很关注、很提携的,经常在他们遇到困难时伸出援助之手。

父亲对北大的一切都很关心,在文章中常称自己是"一个爱护北大的同学"。现在已收集到的所有文章中,最早的一篇名为《读了任、陈二教授的改良大学刍议以后》,1925 年发表在《现代评论》上,该文强调,大学教育应注重德育,足以见得他对大学教育是非常关心的。

毕 业 之 后

1925 年底,父亲离开北大,进入待遇优厚的报界,成为《国民公报》的一名编辑。他在做学生时,就在报馆兼职。父亲行文快捷,笔锋犀利,做编辑可谓是如鱼得水。《国民公报》是进步报纸,经常揭露军界丑行。一日,奉系军阀见报大怒,下令查封报馆,并把包含父亲在内的数名编辑和记者关入监狱。几天后,居然未经审判连续枪杀了两名记者。父亲眼看死期不远,便和家人做了诀别。在此千钧一发之际,前方传来奉军大败消息。兵败如山倒,狱卒们忙着逃跑,已无暇顾及犯人,于是把父亲等人放出了监狱。

出狱之后,恰逢北大教授陶孟和组建中央研究院北平社会调查所,招收了众多北大背景的青年学者,父亲也在其中。不久,父亲更从中脱颖而出,成为陶所长的秘书、助理研究员。按照陶孟和提出的研究课题,完成了《社会调查方法》一书,并由商务印书馆出版发行。此书为社会学在中国的发展做出了重要贡献,当时父亲年仅 27 岁。

1927 年北京发生一件震惊全国的大事。4 月 6 日奉系军阀张作霖派军警搜查苏联大使馆,并逮捕了李大钊等 30 余人。28 日李大钊在北京英勇就义,父亲的好友范鸿劼也同时牺牲了。父亲得知范鸿劼去世的消息后非常悲痛,不顾个人安危,挺身而出,帮助范鸿劼夫人到军阀处领尸,并负责安葬了他。据父亲回忆,当他们去收尸时,原本不流血的尸体,眼中竟冒出两行血泪,在场之人无不痛哭。范鸿劼生前是李大钊的亲密助手,为革命做出了许多贡献。解放后,陈毅市长访问北大,父亲身为校务委员参加接待。当陈毅同志知道父亲是早期北大学生时,就和他谈起范鸿劼,并打听范鸿劼安葬之处,想去吊唁老战友。几十年过去,知道的人不多了。父亲告诉陈毅同志,他亲手把范鸿劼葬在北京魏公村附近。

几乎就在李大钊、范鸿劼等人被害的同时,蒋介石发动"四·一二"事变,大举屠杀共产党人。父亲知道后,义愤填膺,大怒之下,决定退出国民党,连续登报三天声明退出国民党,自此他与国民党分道扬镳。1964 年在北大社教运动中,有人提出父亲曾加入国民党需要交代这一段历史。最终找到了刊登他退出国民党声明的报纸才弄清了事实,北大社教工作队中的一位老同志,人称蔡老,他是与父亲同时代的人,激动地说:"樊弘同志登报退出国民党,在当时白色恐怖之下是要担生命风险的。"父亲是一个性格外向、率直之人。用登报方式宣布与国民党的决裂,在当时是十分罕见的。

1928 年底，父亲与北平社会调查所同事合编了《第一次中国劳动年鉴》。此外，他又为王云五主编的《万有文库》撰写了一本《社会调查及统计》，二书均由商务印书馆发行。社会调查必须亲力亲为，这段时间他走访了北京附近的许多工厂、民宅。在做社会调查的同时，他也接触到百姓的生活。看到人们生活在水深火热之中，心中常常思索社会的不公平究竟是什么原因造成的？怎样才能救民？此时，他看了美国社会活动家、经济学家亨利·乔治的《进步与贫困》一书后很受启发，于是决定翻译此书，介绍给中国大众。1930 年商务印书馆发行了樊弘译的《进步与贫困》一书，共有五个分册。此书出版之后，他的研究方向从政治学、法学、社会学转向了经济学。他认为，或许研究经济学更能解决中国的现实问题。

自 1930 年始，他任职于在上海的中央研究院社会科学研究所，作助理研究员，研究方向是经济学。自 1930 年发表《马克思经济学说讨论》一文始，至 1934 年，4 年间他在《社会科学杂志》上共发表经济学方面学术论文 11 篇，包括《弥尔的工资基金学说及其驳论》、《价值理论的意义》、《劳动价值理论派的各家学说》、《限界效用价值理论派的各派学说》、《关于经济价值理论之两派学说的批评》和《罗马尼亚土地革命和效果》等。从此，父亲成为一名经济学者。

父亲很愿意把自己的知识传授给青年学生。1934 年，他受聘于河北省天津法商学院任教授，所讲的课程不再是单纯介绍国外理论，而是尽量加入自己的研究成果。父亲开设课程社会调查方法，其主要内容均来自自己的专著《社会调查方法》。他还亲自带领学生们到工厂去做社会调查，使学生们能参与其中，更好地掌握知识，也使学生了解到社会的不公平，自觉地去探索救民之路。河北省天津法商学院有许多进步教授，其中便有著名的教育家杨秀峰（解放后杨秀峰曾任高教部长、最高人民法院院长），他的办公室与父亲相邻，二人都是进步学者，经常在一起探讨时政，是很好的朋友（杨秀峰教授早已是共产党员，父亲当时并不知情）。当时的法商学院是天津的革命中心之一，使反动派非常头痛，后来竟将学院关闭了，教授均遭解聘遣散。杨秀峰教授带领部分进步学生去山区进行革命斗争，而父亲则希望进一步的研究经济理论，决定回北平寻找一个研究职位。

去 剑 桥

回到北平，一日父亲在天安门附近的街上行走，忽然背后一辆黄包车戛然而止，车上走下一人高呼："止平兄，止平兄，你这是去哪儿呀？"父亲回头一望，原来是胡适先生。父亲便告知自己正寻求新的工作。北大的毕业生虽多，但是能得到胡适欣赏的并不多。父亲当时已著作等身，胡适先生对他很赏识。二人也多有交往，父亲对胡适非常尊重，视为导师。（现在社会上盛传胡适在家庭之外另有所爱，但几十年来父亲嘴里从来没有提过一个字，对胡适他只有一个重复多次的故事：每次到胡家,总见胡适先生挽着夫人来见客,一方面是因为夫人小脚不良于行,另一方面也可看出他对夫人的尊重。胡适虽为"五四"新派的先驱,却对来自农村的原配始终不离不弃,由此父亲对胡适的为人很是敬佩,在给胡适的信中,从不忘问候师母一句)。胡适非常愿意帮助父亲,他思索一下便说,现在有一个很好的利用庚子赔款去英国做研究的机会,正在招考,由清华大学陈岱孙教授负责。父亲多年以来一直很想出国深造,但苦于没有经费不能成行。听此消息,喜出望外,当天便抱着自己一叠著作去陈岱孙教授处报考了。不久,经陈岱孙教授审查合格,父亲被批准到英国剑桥大学留学。(陈岱孙教授与父亲同岁,他并未教过父亲,但因留学一事,父亲视其为老师,见面时总是要尊称一声岱孙先生的。父亲是一个很老派的人,对师与生的辈份看得很重)。

旧时代温文尔雅的书生,多受中国传统文化内敛、含蓄的影响,不事张扬,他们的学问是经过怎样的艰辛而得来的,若他们自己不讲,别人无从知晓。父亲恰恰相反,他是一个豪爽之人。星期天是父亲大摆龙门阵的日子,每到这一天,我家总是宾客满堂,客人们和父亲聊家常、谈新闻,听父亲讲过去的文人侠事,好不热闹。我坐在父亲的身旁,听得如醉如痴。父亲所讲在英国剑桥做研究的故事,我至今仍然记忆犹新。

1937 年父亲来到英国剑桥大学,当时英国仍然是世界上最为发达的资本主义国家之一,而剑桥大学在经济学领域的研究处于世界领先地位,这里有著名的剑桥学派创始人马歇尔及他的学生庇古·罗伯逊,还有凯恩斯(1936 凯恩斯发表了《就业、利息和货币通论》)和后来成为剑桥学派实际领袖的罗宾逊夫人(1933 她发表了《不完全竞争经济学》)等人。凯恩斯等主持的每周一次的经济学世界讲坛,人称剑桥学术圈,展开经济学学术讨论。各国经济学家们群英荟萃,在讨论会上各抒己见。

父亲的导师道布先生以研究资本主义经济规律闻名于世,对马克思的《资本论》很有研究,还曾是一名英国共产党员。与凯恩斯齐名的罗宾逊夫人后来也成了著名的左派,曾经提出"向马克思学习"的口号。(父亲和她有很好的私交,50 年代初,在父亲的邀请下,罗宾逊夫人初访中国,由父亲接待。据张友仁教授回忆,罗宾逊夫人在北大演讲完后,父亲递上一信封,内装演讲费,当时还是由国家提供的)。当时剑桥经济系的主任是斯拉法教授。系里的教授职位有限且采取因袭制度,当空缺不存在时,再有学问也只是副教授。道布是副教授,而罗宾逊夫人也只是副教授,1967 年才晋升为教授。

在经济学名家云集的剑桥大学,父亲开始了学习和研究工作。父亲到剑桥以前的十余年里只是在上海社科院的环境下,独立地研究经济理论,从他发表的论文上看,以研究价值规律为主,对马克思的其他经济理论也有涉猎。在导师道布教授的指导下,他深入研究马克思的《资本论》和凯恩斯两年前刚刚发表的《就业、利息和货币通论》这两部本经济学上的权威著作,并选定《评马克思和凯恩斯的资本积蓄、货币和利息的理论》作为自己的论文题目。这是经济学上一个很大的课题，对一个中国学生来讲，要完成这样的论文简直是不可思议的。当时父亲的一位英国同学曾好意对他说："我是剑桥经济系本科毕业，又读了两年研究院，我是绝对做不出这样题目的论文的。"他想劝父亲另选题目。但父亲决心已定，没有动摇，继续潜心研究。

一年半之后，论文完成了，放在道布教授的面前。谁知道布教授看了之后，认为不成功，甚至劝父亲放弃这个题目。两年的学习时间已过了大半，父亲心中仍想继续完成这个题目，但手中的钱已所剩不多了。继续下去，生活也将陷入困境。在此关键时刻，一位四川籍的同学了解到父亲的情况，很为他着急，对他说："你绝对不能退缩，论文必须要写好，否则将无以面对江东父老。"四川人急了，说话常常口无遮拦："这次就是狗屎，你也要吞下去！"这位同学还说，他虽然钱也剩下不多，但可以接济父亲一点。在这位同学的鼓励下，父亲坚定了自己完成这个题目的信心，重新做研究，重新写论文。在不断的研究之中，他终于发现马克思的经济学说与凯恩斯的经济学说的不同之处，认为凯恩斯知道的马克思都知道，而马克思已经知道的凯恩斯却并不知道。在新的论文中，他主要用马克思的经济观点去揭示凯恩斯经济学说的缺陷与不足，并对凯恩斯的观点和理论有所批判，认为他对马克思的经济学说进行了有意无意的歪曲。这样他改写的论文便有了新义。父亲为了争取时间，每天早上吃过牛奶泡面包的早餐之后，便去剑桥大学图书馆，专心写作，深夜才回家。回到家没有什么吃的，于是只好又用面包沾牛奶当晚餐。这牛奶泡面包的西点竟伴随了父亲一生，多年后他仍每饿必吃，吃的时候是不是有点忆苦思甜的味道，就不得而知了。

如此埋头苦写三个月之后，论文又放在了道布教授的面前。一开始，道布教授以怀疑的眼光来阅读，待到看完时不禁拍案叫绝，认为是难得的好文章。（对如日中天的凯恩斯经济理论进行批判谈何容易呀）！道布教授马上通知系里，让其他教授一同来审阅，阅过之后大家都说好。系里还有另一中国研究生徐毓枬也到父亲处报喜，说："系里很多教授看了你的论文都说好呢！"父亲终于松了一口气。剑桥的教授们素以治学严谨著称，难得有研究生的学术论文为他们所称道。但是一旦发现了好文章，他们都会充分肯定，也会很热情的扶持。道布教授将此文推荐给著名的经济学术杂志《经济研究评论》发表。不久父亲就接到杂志主编的来信，说他认真阅读了父亲的文章，认为是一篇很好的学术论文，同意发表，并说他的杂志是季刊，且下期准备发表的四篇文章已经排定，但因是父亲的文章很有学术新意，就决定将一篇原定的文章撤掉，换上父亲的文章。

系主任知道文章被安排发表的消息很高兴，对我父亲说，按规定文章要发表，还需要几百英镑（在当时是不小的费用），知道你已经没什么钱了，我们系里的几个教授决定替你出钱给杂志社。你的文章是一定会发表的，你在剑桥的研究任务已经完成，可以放心回国了。父亲受到剑桥大学经济系教授们的一致好评，与许多教授、同学结下了友谊，其中包括罗宾逊夫人。父亲的这篇论文发表以后，对当时的经济学术界有一定影响，其后有许多剑桥学者也开始认真研究马克思的经济理论。凯恩斯看了父亲批判他的《通论》的文章，没有提出任何异意。这篇文章有它的历史定位，1968 年被美国芝加哥大学出版的《马克思和现代经济学》所收录。看来在做研究时，也有"胜利往往存在于'再坚持一下'的努力之中"的情况。其实父亲是一个踏踏实实做学问的人，十余年潜心研究经济学，终于获得了成功，当然有其必然的因素在里面。自此父亲成为了一名马克思主义的经济学教授。

苦闷与得救

1940 年父亲回国后，成了经济学界的知名教授，任复旦大学经济系主任、教授，同时也在湖南大学、中央大学任教授，讲授经济学原理、经济学概论，以及货币学等课程。他在复旦大学时，出版了《现代货币学》（商务印书馆发行），此书在当时的经济学界有一定影响，被多次印刷。解放后，在《抗战中后期和解放战争时期的货币理论》一书中，曾以"樊弘的货币理论"为题做了专题介绍。在《中国货币思想史》一书中也有专题介绍。这段时间，他发表的论文还有《论社会所得变迁函数》、《新近货币理论上的三个困难问题》和《资本蓄积理论：对于马克思的资本蓄积理论的一个新的探讨和推进》等。他也曾有机会到美国哈佛大学从事高级研究工作，但由于受到国民党阻挠，为了坚持自己的政治理念，他毅然放弃了。（参见《樊弘给复旦友三校长的信》）

在抗日战争中的重庆，部分教授组成"民主科学座谈会"，讨论时局，宣传政见，成为"九三学社"的前身，父亲即是该社团的主要发起人之一。（父亲在九三学社的事，因年代久远已很难考证了。最近发现一篇回忆北大历史学家杨人楩教授的文章，写到杨教授在建国初期，因要全心治学而退出了"九三学社"，杨教授曾谈及："樊弘是九三学社的发起人，不是也退出了九三学社嘛！"）。

眼见日寇的疯狂侵略，面对蒋介石政权的腐败无能，多少年来父亲心怀救国救民的大志，一直在寻求着中国革命的真理。在他的文集《两条路》的自序《苦闷与得救》中，对此有着深刻的描述："近些年来，在精神生活的旅途中，曾碰着了许多次的，自己所信奉的理想，在实际上不能实践的困难，在困难发生，几经奋斗，而不得解决之际，心理上曾现出了无限的冲突与矛盾。""我原来是相信墨子哲学的一人，一向是服从，牺牲小我的利益以为大我的利益的，不但在理论上相信墨学而已，而且在行为上，无时无地，不是以身作则的去躬行实践的……从墨子的一段话里，我们知道正义的内容确是利他，不义的内容确是自私，并非墨翟个人的私见，实在是天下之公论。自此之后，无论对于何人均抱牺牲精神……记得在北平工作时，力行俭朴主义，稍有余力，便以之补助穷朋友。"父亲最见不得他人没饭吃没工作，一生都是这样。记得家中曾来过一位不速之客，向父亲诉说自己家中如何困苦，希望父亲接济一下。父亲未加思索,立刻让母亲给他二十元钱帮他家度过难关。谁知几天后,严仁赓教授的夫人来电话说此人家中并不困难,却经常到教授家借钱。母亲对此难免埋怨,父亲却一笑了之。父亲一生给他人举荐工作无数,经常有人到家中请他帮助找工作。一日家中来了一位四川青年诗人,与父亲对了几句诗,就请父亲给他帮忙找工作,父亲觉得此人尚有小才,未加思索就写了推荐信到人民出版社,母亲悄悄提出不同意见:"此人你原来认都不认识,怎么就推荐了?"父亲还是一笑了之。数月之后,得人民出版社一信,说此人曾有生活作风问题未予录取。当然父亲推荐成功的例子也很多,曾介绍杨西孟教授(见其女之回忆录)、罗志如教授到北大任教,他们均对北大做出很大贡献。

父亲早年曾在上海亲身实践利他主义数月,遭到了彻底的失败,因为那里的大多数人奉行自私自利主义。他写道"利他主义原是我的一种宗教,可是现在我的宗教破了产。但我对于自利主义又极厌恶,现在一面是悬崖,一面是陡峰,后退不能,前进不可,除了发狂或苦笑外,在我精神生活之旅途上,直找不出半点安慰。"父亲甚至因此而生了大病,他又写到"随着精神生活的破产而来的便是纷至沓来的健康的败坏,幸亏医药有灵,始未亡命。"对父亲这样的忧国忧民的进步知识分子来讲,精神层面上的打击向来是第一位的,而信仰的丧失则更致命。

父亲回到北京,仍在为寻求真理而努力,他写道:"有一老人劝我学佛,佛已学了,虽不知解,微有领悟,但觉空无所依。转而信孔,孔已学了,惜亦无得。此时虽亦涉猎唯物史观,但总觉得于我是隔膜的。心里仍悬着一问题,即支配人生的中心力量,假如不是正义,究竟是什么呢?"父亲一直在思索,他继续写道:"十多年后在重庆,因敌人飞机肆虐,逼上峨山(峨眉山),行到半山之上,入一破庙,赁屋读书,治微积分(父亲对数学看得很重)。就在这个时候,记得有过一夜灵机忽发生作用,方才觉得支配人生行为的中心力量原来即存在于人的日常生活之中,何须向书本上再行寻求,是即个人取得收益的方法了。"父亲又做了进一步阐述:"对于实行主义的人,不问你实行的是苏格拉底或柏拉图,耶稣或孔子,孙中山或马克思的主义,假如你在实行你的主义的时候,对他人取得收益的方法,土地、资本或劳动的发展有帮助,他便会认为你是他的很忠顺的奴仆或领袖。反之,如果你在实行你的主义时,对他人的取得收益的方法有妨碍,无论你是他的父亲或儿子,他都将对你毫不客气了。愿拘则拘,愿杀则杀,愿宰则宰。"父亲并认为他的这一真理——"人类的取得收益的方法,是支配人类的中心力量"——是他自己独立发现的。这就说明了一个有趣的事实,在那个时代,一个知识分子通过自己的研究,通过自己的社会实践,也会得到与马克思的唯物史观相同的结论。换句话说,如果马克思的理论在当时没有传播到中国,以父亲为代表的一些进步知识分子也会发现革命的真理,自觉地起来革命。父亲提出:"我以为今日的社会制度的改革,离了进步的小资产阶级和进步的无产阶级,起而团结奋斗,以流血或不流血的手段,进而掌握政权。对于有产者阶级施以相当压力外,节制资本与平均地权的主义,恐怕终必难以实现。"

"孙中山先生是我所一向崇拜的,国民党亦有其最光荣的历史。但我以为,除非国民党在取得党员的资格上给以财产的限制,民生主义必难实现。"最后他写道:"我不承认我自己的理想是抄袭马克思的学说来的,但自从发现人类取得收益的方法,是支配人类的中心力量后,我不禁要说,马克思实是在这一方面,知道得最多的一个前辈。又我的理想自与马克思的唯物史观合流后,越发使我相信,我对于人生行为的解释是不错的,我虽然未曾逾越马克思的唯物史观的范围,但我至少可以说,我曾做到了以我自己的经验,给马克思添上一条简单明了的脚注,使马克思的学说更容易使人接受。"(以上引文见《苦闷与得救》)。父亲认为自己独立发现的真理和马克思的理论相一致。父亲已经在理论上认同马克思主义,并在以后的几年里,走在如火如荼的反帝、反蒋的学生运动的前列,成为一个著名的民主教授,一个信仰马克思主义的经济学家。

父亲曾经对我说,在民主革命时期,他在讲演时,主要是从理论上说明蒋介石为首的地主、资本家们,由于他们的本性所决定,决不会真正实施孙中山的三民主义,他们一定会走向反动,从而宣传并引导学生们走上推翻蒋氏政权的革命之路。

1946年,父亲应北大法学院周炳琳院长之聘,回到北京大学,任经济系教授。自此以后,几十年他再没离开过北大。父亲在北大主要教授马克思的经济学说和货币学,在这两门课中,父亲均以自己的学术专著为基础进行讲授。同时父亲仍然继续进行经济理论的研究,他的一篇名为《社会所得变迁函数的分析》的论文被收录在《国立北京大学五十周年纪念论文集》中。他在论文开头写道:"但马克思没有说明资本的减少或消费所须具备的条件。这篇短文的目的乃在资本的保存、资本的堆积的理论中,补入一个资本的消费或减少的理论。然后再以三者所具备的诸条件作根据,推出一个所得变迁的函数的学说,并据以批评海叶克教授、罗博森教授和已故的凯恩斯勋爵的关于资本的堆积和银行政策的学说。本文的研究乃是《评凯恩斯和马克斯的资本蓄积、货币和利息理论》的一个延续。"(见《社会所得变迁函数的分析》)。值得注意的是,理论界对父亲在理论的研究内容上的一般评价是,樊弘用比较法研究马克思与凯恩斯的经济理论。但这里父亲的研究则更加深入,马克思没有说过理论,父亲进行了补充,并以此推出一个所得变迁的函数的理论,进一步批判凯恩斯等人的学说。在此文结尾时,他将自己观点进一步引申,提出两个问题:"(1)为什么经济的生活充满着波形的变动呢?或,为什么恰当它爬上繁荣的峰尖的顷刻,忽又坠落下来,倒塌在衰败的谷底上呢?(2)有什么能在一面扩大 $k1/k2$ 的比率,但在他方面又不至于发生动荡呢?跟踪着这里的分析的领导,我期望在不久的将来,能够从一个新异的观点,对于这两个问题,提出一些尝试的答复来。"(见《社会所得变迁函数的分析》)。父亲写文章的方法大致都是提出问题、解决问题,又进一步引申提出新的问题。做研究工作给了父亲极大的乐趣,除去星期日,在家里大部分时间都可以看见他在伏案读书或写作。

沈崇事件后,全国的反美反蒋的学生运动蓬勃开展,虽然在白色恐怖之下,但当时教授们大多支持和参加学生运动。父亲和许德珩教授等人一起创立了以反蒋教授为主体的"九三学社"，在当时起到了重要作用。与此同时，蒋介石政权也在全国范围内对人民进行镇压，革命先驱李公朴、闻一多教授相继被害，学生运动处在危机关头。作为教授的父亲却不避险难，挺身而出。据中央党校的李介天教授回忆，在1947年纪念"五四"运动北大学生集会上，他发言表示："要接过闻一多先生的旗。如果台下有特务，也可以向台上的他开枪。但不管发生什么危险，只要活着，就要将反蒋革命进行到底。"

每一次学生们的反饥饿、反迫害集会，他都会参加并发言。事实上，当时的情况很危险。记得是北大学生自治会成立的集会时，国民党宪兵包围了现场，并在周围架起了许多机枪。当父亲知道还没有教授到场时，立刻和郑昕教授一起赶到会场，发言支持学生运动。在集会结束后，学生怕二位教授出危险，遂送父亲和郑教授回到家方才离开。父亲的演讲发言不仅限于喊口号，里面包含着许多革命的道理。许多学生是听了父亲的演讲后感觉很有道理，从而走上了革命之路。

由于父亲在北大教授政治经济学，许多北大的地下党员也以学生身份来听他的课。通过他们父亲和当时的地下党城工部建立了联系，杨伯箴同志就是父亲与地下党之间的联络人。据母亲讲，当时杨伯箴经常骑着自行车到我家里来，与父亲商量革命工作。此时父亲已成为有名的民主教授，许多向往到解放区参加革命的青年，总是直接到家里来，寻求到解放区去的方法，父亲亲自参与了这一工作。据他讲，做这项工作具有很大的风险，因为首先要识别这些人是否是国民党特务。父亲说有一次经过反复的调查，还真发现有一个特务来家要求到解放区去，被父亲拒绝了。（父亲的学生周志尧教授也做此工作，他通过天津《大公报》记者的管道，送革命者去解放区参加革命）。

随着学生运动的发展，国民党的白色恐怖愈演愈烈了。一天父亲不在时，家里来了一位不速之客，身着长大褂，腰中鼓鼓，似有一枪，对我母亲说，你劝劝你先生吧，不要再出去讲演了，太危险了，然后拍拍腰部说："小心成了闻一多第二。"母亲教书的小学里，也有个国民党分子对母亲说："昨天市党部开了一天会，就是专门研究你先生的问题，你劝劝他别再四处支持学生闹事了，否则有生命危险。"母亲知道情况危险了，抱着不满一岁我，躲到其他教授家暂住了。许多学生希望父亲避开风险，到解放区去，但父亲说："学生们需要教授的支持，这儿就是我的战场，我不能离开。"

1948年底，国民党见大势已去，准备将北大南迁。父亲积极反对南迁，和楼邦彦教授等公开讲演，反对南迁。在地下党的领导下，国民党的南迁计划终于破产。此时父亲首先所想到的就是胡适校长。据他讲，当时胡适在北大仍然奉行兼容并包的思想，当有北大学生因反蒋被捕时，他总会请学校的负责院长们去保释学生们出来。父亲希望胡适校长不要出走，并到胡适家苦劝老师留下来。但最终胡适没有听从他的劝告，还是离开了北大。1949年2月，北平解放。父亲在日记上写到：

"今收到傅作义将军处送来面粉两袋。"

父亲在 1946 年到 1949 年这段时间里,发表了许多演说和几十篇政治文章,号召学生、大众起来走革命的路,推翻蒋介石反动政权。其中十数篇收录在《两条路》(观察社出版)一书中,包括《孙中山与马克思》、《两条路》、《只有两条路》等文章。父亲的演说和文章很有哲理,他运用自己发现的道理——"支配人生行为的中心力量,是个人取得收益的方法",告诉革命学生,蒋介石代表着资本家、地主们的利益,不可能实现孙中山先生的三民主义。

父亲的讲演,有时也很风趣。1948 年 1 月在北大工学院发表题为《经济利益与理想》讲演时说:"一个大地主曾对我惊讶异地说:'我的儿子买来一本三民主义的书,里面有一条讲平均地权,这是怎么回事?'我问:'你觉得有道理吗?'他说:'书全看了,有道理,但对我没好处,所以我偷偷把书烧掉了。'"(听众笑)。"三民主义多么好,但是有一部分信仰三民主义的人,不照着三民主义去做,很显然是与他自己取得收益的方法冲突。民生主义自然与地主和资本家的利益冲突,民权主义又和营私舞弊贪污囤积者冲突。人民有了权,民主了,他们的贪污行为便不能保持……我以为能够支配行为的不只是知识,最主要的还是经济。我曾以文字建议国民党,要实行三民主义必须清党,把那些自己的利益和三民主义冲突的买办、贪官、大地主、土豪劣绅赶出去。但这也是空想了。(听众笑)。科学的政治理想,应该了解真实,以真实为基础。"

父亲也没有忘记用他的笔,对当时国民党搜刮民脂民膏的金融政策进行了及时的揭露和抨击,发表了一系列的文章如《公家解决在崩塌中:大钞是政治上的鸦片烟》、《评金圆券发行条例中的准备条款》等。据父亲讲,他曾经使一家私人银行免于破产。当时一位周姓的私人银行家,看到父亲有关金圆券发行的评论文章,登门拜访。父亲帮他分析当时的金融形势,指出金圆券的发行后,必将引起货币大贬值,劝这个银行家将他银行的货币储备全部换成黄金,从而拯救了这家小银行。自此他与这位银行家成了好朋友。

父亲对北大始终爱护有加,经常在各种场合,对当时北大的办学谈自己看法。1948 年前后他发表了许多文章如《教授治校与学术独立》、《今日大学教育的使命》、《学生运动的意义》等。在《今日大学教育的使命》一文中,首先谈到在蔡元培时代,即民国八年"五四"运动起至民国十七年北伐完成止,北大的几个伟大之处:"在北大有一种人性畅适的充沛的活力,那就是学术自由和研究自由,这是每一个北大人都引为骄傲的。综括来说,就是北大在蔡先生时代,有一独特的精神和表现就是'思想自由'这四个大字。"接着就对当时北大的办学提出批评:"北大确有一个很大的缺点,就是校内考试,一般的说来,还没有严格到应该严格的程度。就这一方面,北大实有对不起社会的地方。"在举出了许多事例之后,还谈到对郁达夫在北大教授统计学时不负责任的态度提出了批评。他写道:"最可令人想着还要回味的,就是这位鼎鼎大名的浪漫派文学大师郁达夫先生,他曾教过我们的统计学,在他恰上第一点钟的时候,就保证全班以后人人考试均能及格,他只上了一个点钟就不上了,后来把统计题出下来,让我们自己做,所以也就个个及格了。"父亲由此对蔡元培时代的北大的教学提出了批评,认为北大只有思想自由的优美而没有严格考试的优美。父亲写道:"一个大学生必须在大学时代刻苦用功,学得一些专门知识或技术,使在毕业后,能够保障自己的生活,方才足以保障自己的人格。""环顾欧洲的头等大学,几乎没有一个不是充满着思想自由的精神的,但却没有一个不注重严格考试。"蔡先生时候的北大只有思想自由的优点,但没有考试严格的优点,因而给社会制造了好多空瓶子,这不能说不是北大的一个弱点。

北大自民国十九年,进入了蒋梦麟先生掌管北大的时代,"此时的北大特别着重严格的考试制度……从一个爱护北大的同学看来,这是值得赞美的一个大功绩。"随后父亲指出:"到了抗日战争的前夕,北大如同清华一样,由于外界压力太大,为了迁就当时的环境,少数思想"左"倾的教授于是便丧失了讲学的自由的机会。例如北大的许德珩教授和清华的张申府教授都是可举的例证。幸亏这种例子不多,否则北大恐怕早已成了一种变形的'治举业'的机关了。"

抗战胜利后,北大进入胡适先生的时代。父亲写道:"随着抗日胜利的来临,北大再度变成了思想自由的园地,再加上蜚声国际的首倡思想革命的大师胡适之来当校长之后,使北大已有的有学问的先生不再想离开,新来的先生云集。教授的学问既高,思想自由之风与严格考试制度均不难保存与光大。这实在是北大的千载难逢的再生良机。"写到这里,父亲的笔锋一转:"可是我们莫忘记了中国现在仍然尚未脱尽,摧残思想、摧残学术和摧残各种进步力量的阶段,北大的前途仍然充满着许多内在和外在的邪恶的引诱与压迫。为了保持北大传统的思想自由的精神和为了奠定北大学术的根基,除非我们抱有一种不为权力所震骇,不为名利所引诱的殉道者的决心,北大恐怕很难负担思想自由、学术独立的任务,去与一切的反科学与反民主的黑暗势力相决斗。"父亲总是把自己称为"一个爱护北大的同学",他的确有着一个殉道者的决心,为了维护北大的优良传统而奋斗终生。

父亲自1919年至1949年间,父亲已经发表专著近十本,涉猎经济学、社会学各个方面,目前已收集到这一时期发表的政治、经济、教育及哲学论文约70余篇。解放之初,毛泽东主席曾亲自接见并称他为"社会科学家",即是对父亲的研究成果和学术能力的有力评价。周恩来总理也曾宴请父亲。我想作为一个北大人,他已经为北大做出了贡献。

解放以后,国家给予父亲很高的荣誉。父亲作为第一届政协委员有幸在天安城楼上参加了中华人民共和国开国大典,同时他还担任中苏友好协会的理事、北大校务委员、经济系主任等等,也曾获邀到中南海为国家领导人讲解经济理论(父亲曾亲口在和我的表姐张焕蓉聊天时提及此事)。父亲在如此众多的荣誉面前,想到的只是如何为建设新中国贡献自己的一份力量,这也是在当时几乎所有的知识分子的共同愿望。父亲再也不想只做共产党的同路人,毅然放弃"九三学社"的高位,积极争取成为无产阶级先锋队的一员。1950年,在他的学生周志尧的介绍下,终于成为了一名光荣的中国共产党预备党员。从此他便有比自己生命还珍贵的政治生命,他更加积极地为党为国家做工作。

在1950年至1953年间,父亲作为全国政协经济小组的副组长,经常参加周总理主持的最高国务会议,为新中国的经济发展献计献策。作为中苏友协的理事,他发表文章,开办讲座,宣传社会主义的苏联。作为北大的校务委员,他撰写论文,提出如何办学的建议。作为经济系主任,曾经为多争取一个经济系教授名额对领导大发脾气,因而受到批评。作为一名经济学教授,他潜心研究马克思主义的经济理论,勤于笔耕的他发表了许多研究论文。

同时,作为一个旧社会过来的老知识分子,他自觉地接受思想改造,积极参加土改,并获得土改工作者二等奖。作为教授,父亲是研究马克思经济理论的专家。进入新社会,他的知识并不陈旧,仍然能站在讲台上讲授马克思主义经济学。和其他一些旧知识分子相比,父亲是幸运的,因为他仍能为国家为人民做一点事情。当时许多领导者对旧知识分子怀有偏见甚至歧视,认为他们的唯一出路就是接受改造,不能理解这些人是学贯中西的,是新社会的不可多得的有用之才。

1950年,父亲在教育部召开的大学经济学教学座谈会上,发表了自己对经济学教学的看法,引起了争论。随后,父亲在《新建设》杂志上发表了名为《论经济学上的第五纵队和右倾幼稚病》文章,阐述自己观点。文中谈道:"政治经济学必须以马列学派的立场观点方法为正宗。但同时我们亦必须纠正政治经济学上过左的偏向,(1)只谈批评,不谈接受。(2)只谈应用,不谈创造。"他在文章中还苦口婆心地说这是他积二十余年研究马克思和凯恩斯理论之结果,是他的一片肺腑之言。希望在大学里开设一些非马克思主义的课程,吸取其中正确的内容,以丰富马克思的经济理论。他这一的前瞻性的观点,如果得到认同,不仅在经济学的教学上会产生巨大影响,甚至在经济政策的制定上也能发挥巨大的作用。然而当时教育部的领导不但没有认识到这一点,反而组织批判。甚至在三年后,父亲在中央党校学习时,以此作为他的主要问题又对他进行批判,且上升到反马克思主义的高度。

教育部的政策对北京大学经济系的教学产生了极大的影响。系里许多学有专长的老教授如周炳琳教授、赵迺抟教授等都被认为是只能教资产阶级的经济学而弃之不用。他们在解放后在经济系几十年里居然没有怎么上过讲堂,经济系的教学水平因此受到了影响。在经济系胡代光教授的回忆录中写到,在他给学生讲统计课时,需要一边教书,一边到人民大学去听统计课,听一堂回北大讲一堂。我对此感到非常吃惊,这样的水平根本是不可能教好课的,可见当时北大的经济系统计学方面的教学水平差到何等地步。其实北大经济系许多老教授,在统计学方面都有很深的造诣,但是由于他们被排挤,均不能上讲堂。(父亲在二十年代就写过一本名为《社会调查与统计》的书,被收入王云五主编的《万有文库》)。

同年,父亲对马克思的经济危机学说又有了新的认识,发表了一篇名为《马克思的周期恐慌学说》的论文。原本是经济理论方面的一篇学术论文,应当允许大家有相同的、或者反对的意见。论文发表后,能够引起争论,起到抛砖引玉的作用未必不是好事。通过辩论,进一步加强对理论的认识,在研究工作中更属正常的事情。但在当时的社会环境下,《新建设》期刊的编辑不同意发表他最后一篇反驳的文章。父亲认为这很不公平,在这个期刊上已经展开了问题的讨论,却不让登他最后的反驳文章,这样的学术不公让父亲非常反感,便和编辑争执起来。最后《新建设》杂志社不得不在内部召开一个讨论会,让父亲发表他的反驳观点。会上虽然有多人对他的观点进行了批判,但他却认为无论如何总算争来一点点的学术公平。会后,父亲仍然认为自己的观点是正确的,还是希望能发表他的这篇反驳性质的论文。但是由于主编的反对,《新建设》始终没有刊登他的这篇论文。父亲因此想到,不久之后赴参苏联莫斯科世界经济会议,可请苏联的经济权威来做一个评价。但是当他到莫斯科的时候,因代表团领导小组反对,也没能将这篇反驳文章给苏联同志看,使这样一个学术问题最终没有结论。

在莫斯科世界经济学会议上,父亲见到了自己多年未见的、英国剑桥大学的老师和同学,分外亲切。父亲代表新中国的经济学者,热情地宣传新中国成立后的经济发展。中国代表团团长冀朝鼎团长也非常高兴,亲自对他讲,你认识的经济学家很多,英文又好,可以多为新中国做宣传工作。父亲更加努力地同外国学者交流。不巧的是,父亲的身边有一个助手,他的英文半通不通,他向领导汇报说,樊弘讲了不应该讲的话。随后,父亲受到代表团的批评,也就不能再做什么宣传工作了。

或许是由于上述多个方面的原因,回国不久,他便被送往马列学院(中央党校的前身)学习。现在看来,组织上送父亲去党校学习,的确是想帮助父亲进步。毕竟他在解放前是将生死置之度外的知名民主教授。父亲在党校的态度也是很坦诚的,曾经说到:"我因为发现我没有马列主义而高兴,因为这样我便有跨入马列主义的门槛之望。"他是虚心的接受党校同志们及党组织的帮助。但父亲已经是一个对马克思的经济学说有着二十余年研究的学者,要想在理论上证明父亲的观点是不符合马克思主义并非易事。当一个具体问题摆到桌面上时,父亲乃是独立思考之人,又非常坦率,如果批判得正确,他一定认错。如果批判的不正确,他一定会据理反驳。党校的课程是分门开设,据父亲多年后回忆,他曾经上过哲学、资本论等课程。父亲作为一个从旧社会过来的老知识分子,的确需要思想改造。父亲多年研究的是经济学,对于哲学没有很深的研究,但在哲学课上,父亲曾发表意见说,他坚信马列主义是正确的,同时他认为,物质是对社会发展起决定作用,但精神在得到改造之后,也会和物质一样,起到同样重要的作用。在当时看来,此论是二元论的观点,于是他受到了批判。在《资本论》课上,父亲仍然高谈阔论,于是又遭到批判。父亲研究《资本论》多年(据张友仁教授回忆,解放前我父亲给他们上《资本论》课,就在我家东四十条 32 号一座假山上的小亭子里,逐字逐句为学生们讲解《资本论》),面对批判,当时并没有反驳。第二天,他拿着《资本论》原著找到了任课教师郭大力教授,指出自己说过的话正是马克思在《资本论》第三卷上的原文。郭大力教授大为吃惊,这才知道樊弘对《资本论》的确有很深的研究。于是郭教授在班上宣布,樊弘同学昨天的观点是正确的,他对《资本论》已经很有研究,《资本论》课可以免修了。自此父亲和郭教授成了非常好的朋友。

记得有一天,我的同学左重威有个经济学问题请教父亲,父亲谈到,在《资本论》的一个译本中,有一句话译错了,原因是译者不是搞经济的。可惜,左仲威同学也不记得是哪句话了。用我母亲的话讲,父亲他是一个"做"学问的人,平时手不释卷。读书时更是逐字逐句,非常老派。读过《石头记》的人都知道脂砚斋在书上的点评。他读书方法也很类似,在字里行间下划线、打圈、写眉批,几乎页页可见。当他读到有了味道,就不再只作眉批,而是要写文章了。

可以想象得到,对樊弘进行理论上的帮助并非易事。但此次他被送到中央党校学习的背景并不简单。教育部、《新建设》杂志、经济理论界和莫斯科经济代表团的领导,都对父亲有看法,党校的领导更认为父亲是彻头彻尾的资产阶级知识分子。这恐怕无论是父亲,还是他在党校班里的帮助者、同学或老师,都没有料到的。最终批判扩大化了,父亲由一个研究马克思主义的学者变成了一个"自 1925 年至 1953 年系统地反马克思主义的人"。党校专门出版了一本 40 余页的名为《揭发和批判樊弘同志反马克思主义的思想》的小册子。但父亲把自己定位于一个批判接受者,认为自己仍是一个党员,无论如何要学好马列主义,以后更好地为人民做事。父亲的坦白,使党校的同志们对他有了一定了解,他和党校的一些同志也结下了深厚的友谊。

从党校毕业后,父亲认为学习很有收获,自己的理论水平得到很大了提高,兴致勃勃回到北大,准备在经济系主任岗位上大干一番,更好地为人民工作。他并不知道当时中央党校校长杨献珍已经上书中央组部,建议取消樊弘的党员预备期(此举如同开除党籍)。如若不是刘少奇同志的反对,父亲的党籍早就没有了(详见王梦奎:《樊弘二三事》)。而北大党委也已决定要撤销父亲系主任职务,但又觉得很难和父亲谈,因为父亲虽然在党校犯了错误,但还保留着党籍。而父亲竟全然不知,仍然在系主任的岗位上加倍努力工作着。

此时,一件事发生了,经济学界元老陈岱孙教授想到北大工作,因为他任副校长的中央财经大学被撤消了。但他不愿意再当校长了。北大江隆基书记想到最好的安排,就是请陈岱孙先生当经济系的系主任。父亲是北大校务委员,一次校行政会后,江隆基书记对父亲有意无意地谈到,说陈岱老想到北大来,不知道如何安排工作云云。谁知父亲想都没想,当即就说,请岱孙先生到经济系当主任吧,我退下。这其中的原委只有父亲一个人清楚。虽然陈岱孙与父亲同岁,也没教过父亲一天,但当年父亲申请到英国留学是陈岱老批准的。陈岱孙先生当时已经是清华大学法学院院长了,父亲在心中,视陈岱孙先生是自己的老师辈,此时哪有学生不让老师之理呢?当然要退下了。父亲无心恋栈,很快就从系主任职位上退了下来。江书记又为难了，樊弘怎么安排呢？于是江书记又找政治经济学教研室主任张友仁教授商量，张友仁教授曾经听过我父亲的课，江书记建议张友仁教授以学生之礼，去邀请父亲来做教研室主任。最终是陈岱孙先生任系主任，父亲任政治经济学教研室主任，张友仁教授当了政治经济学教研室的副主任。父亲毫无怨言，全心全意地做好教研室主任的本职工作。

当我听张教授讲的这个礼让系主任之事时，心中充满了对北大学者的敬佩，在他们心中最看重要的并非是什么职位，而是自己的学术贡献如何。就我父亲自身来讲，怎样批倒凯恩斯的资本主义经济体系，怎样创立新中国的社会主义经济理论体系，这是第一要务，当然还有自己的党籍能否尽快转正。

父亲很高兴到政治经济学教研室来，因为他非常想研究出一个适合中国的社会主义经济发展的理论体系。父亲的这一雄心至死未变。在当时，苏联学者在社会主义经济理论研究上是领先的。1952年，父亲为了能够看苏联经济学者的俄文原著，潜心学习俄文，甚至跑到俄语系当学生，旁听了一个学期魏荒弩教授的"俄罗斯文学选读"课。据说是从不缺课，并认真参加讨论（参见魏荒弩《栌斋余墨》）。父亲认为只有看懂俄文原著才能更好地做研究。更有甚者，1961年我考入北大附中初中，被分在英文班（上外语课时学习英语），他居然写了一封信给北大附中领导，请求把我调到俄文班，幸好没有成功。类似的情况在复旦大学时也发生过。他作为一个教授，为了加深研究微积分在经济学上的运用，他拜数学家李仲衍教授为师，和学生们一起旁听了李教授的微积分数课程，而且从不脱课。李仲衍素来以培养"天才"闻名。在一次考试中，出了一道"天才"题目，并注明：只要此题答对了，给予满分，余题可以不答。结果只有樊弘和另一位土木系的同学答对了。他就是这样一个好学不倦的人。（参见方宁编《风雅颂》）

父亲全心全意地做好教研室主任的本职工作，受到同志们的好评。1956年，父亲所在的党支部在支部书记张秋舫的主持下，决定给樊弘同志党籍转正，得到上级的批准。经过长达6年的预备期之后，父亲终于正式成为无产阶级先进分子的一员。他决心为共产主义事业贡献一生。

同年父亲在西山农业生产合作社作调查，与农民同吃同住近半年，1956年写出了《西山农业生产合作社的成长》一书。对于该书的观点，后人有这样的评价："樊弘也指出：'……中国共产党在农业合作化问题上，对于马克思列宁主义理论的创造性质贡献之一就是在于创造了社会主义的简单劳动协作的阶段。'他们的探讨，坚持了历史唯物主义的观点，对于我国农业合作社的这一巨大经济变革的分析，做出了有益的贡献。"（参见刘晓铎《论我国农村合作经济发展变化的物质根源（中）》，2008年）。

在正确的政治经济方针的指导下，1956年国家经济有了飞速发展，人民生活水平有了很大提高。那时国家对教授们的关怀是无微不至的，燕东园里的教授们都住在别墅里，每栋别墅都有很大的草坪院子，园中鸟语花香，甚是美丽。多年后我到美国留学时,听了美国教授对过去的回忆才发现,北大教授的居住条件在当时已经达到世界一流水平。教授们的物质生活也很丰富,记得北大供销社的售货员小刘每天拉着个平板车上放满了肉类、糖果之类,在燕东园挨家挨户地叫卖,任大家挑选(里面的太妃奶糖是我的最爱)。那时北大教授们的生活,可以说已经超英超美了。燕东园的可爱至今仍使我难以忘怀,最近回到北大校园之内,看见那棵棵美丽的树上都挂有一个说明小牌,许多游览者读得津津有味。我不禁想到,现在的时代,如果燕东园每栋别墅仍然保留,仍给现在的教授们住,把曾经住过的大师、教授们的生平加以介绍,该是多么有意义呀,应该比北大的树,美丽千倍吧!

1957 年,经济界围绕着马寅初的"人口论"与"团团转"展开学术争论。父亲是不同意马寅初的观点的,他主要对"团团转"的经济理论提出不同意见,马寅初也在文章中提及父亲的论点有正确的地方。但原本是一场学术论争,最后却演变成政治斗争,马校长受到不公正的批判,最终离开了北大校长的职位。同年的"反右"斗争也是从"百花齐放、百家争鸣"开始,最终演变成敌我之间的阶级斗争,无辜的鸣放者许多被划成了右派。

自 1958 年至 1959 年间,我国经济学界展开了对于社会主义时期的商品和价值规律的讨论,并在上海召集了由上百位经济工作者与经济学者参加的讨论会。父亲多年来一直在做这方面的研究,这是他的专长,他发表了多篇论文对商品和价值规律中一系列问题,提出自己的观点和理论,其中许多论点在当时都是超前的,如果付诸实施,对社会主义经济的发展应会起到积极的作用。尽管在当时政治环境下,他的很多观点不被接受,但父亲仍然认为他的学术观点是正确的。

他认为:"在社会主义制度下,依然存在商品生产和商品交换。而社会主义制度下的产品无论是生产资料也好,消费资料也好,都具有商品的基本矛盾,即局部劳动和社会劳动的矛盾。所以社会主义制度下的产品仍然是商品,价值规律在上述条件下依然起作用。所以我们要自觉地利用价值规律的作用,按客观规律办事。"同时他还指出:"价值规律在国营企业、集体企业和个体企业中都是起作用的,所以国家的经济计划必须充分利用价值规律的作用。"

他认为,物质鼓励在社会主义现阶段,仍不失为推动社会生产力发展的一个比较重要的因素,对于生产生产资料的国营企业,好者应该给以物质上的奖励,不好的则应该遭受物质上的惩罚。为了贯彻物质鼓励原则,国营企业内部的物资调拨也要继续保存商品关系,任何其他的方式在社会主义的现阶段,都不是主要的和长期的促进生产力的方法(参见樊弘《关于在社会主义制度下商品生产的问题》《关于社会主义制度下商品生产和价值规律问题》,科学出版社 1959 年版)。如此提倡物质刺激,在当时是很超前的观点。

他认为:"社会主义现阶段,马克思的价值规律不能不有所改变了。第一种改变是,社会主义的现阶段,商品的价格所环绕的中心,市场价值,即价值必然大于在正常生产条件生产所消耗的必要劳动量。这是由于在社会主义下需求大于供给的条件决定的。第二种改变是,商品的价值但亦不受在下等的生产条件下,生产所消耗的必要劳动量决定。"然后提出了自己的价值规律,商品的平均价值的规律:"在社会主义的今天,需求大于供给和国家掌握国民经济的命脉的条件下,商品的价格有两个中心,即有两种价值。"他还指出,如果不依照它来指导社会主义实践,那么在社会主义社会中,为了争取变相的资本主义的利润,中小企业必然灭亡,同时大企业又不足以满足社会日益增长的物质文化的需要,其结果就必会大大地破坏社会主义的生产力(参见樊弘《在中国社会主义建设的今天,应用价值规律的根本问题》)。从这里可以看出,他试图对马克思的价值规律进行修正。

父亲一介书生,总是把政治和学术问题分得很开,不论当时的政治空气如何,学术观点总是要发表的。尽管他的许多观点并不被认同,父亲还是很高兴地认为自己研究社会主义经济理论终于有了较大的成果。记得那次他从上海回到家中,给我带了一盒乒乓球,还破天荒地陪我玩了半天。母亲背后对我说,你爸在上海又挨批了。我那时还小,还挺高兴,因为父亲没有失约,给我带回了我梦寐以求的乒乓球。

父亲在上海讨论会上因"错误"的学术观点,受到组织的内部批判后,北大撤掉了他的政治经济学教研室主任的职务,并将他调离这个教研室。他非常气愤。他的研究目标是要建立社会主义经济的理论体系,失去研究社会主义经济学的研究环境,进一步的研究工作是无法进行了。为此他难过了好久,后来还是振作了起来,因为他又有了新的学术研究的目标。

父亲对凯恩斯是很有研究的,他认为可以更深入地批判凯恩斯主义的经济理论和其他资产阶级经济学派的理论。他的目标是开展一场批判凯恩斯主义的国际斗争,在资产阶级经济学批判的领域中做出成绩来。他用英文写出了一篇的批判凯恩斯的论文,准备将此文发表在国外杂志上。在论文寄出之前,他去征求系里意见,系里却不同意寄出,认为他的文章不应在资产阶级的杂志上发表。父亲很无奈,但文章已经写出并很有创意,于是就提出先寄给他在剑桥大学时的导师道布教授看一看,并申明道布教授是一名英国共产党员,得到的答复是,英国共产党是修正主义的党,文章仍不准寄出。父亲自年轻时起就是一个积极进取之人,受到系里在学术上的压制感到很失落,不知到自己该怎样做,才能更好地为国家的做贡献。就在自己的日记里写下一首"良弓诗",其中有"飞鸟尽,良弓藏"之类的话。

随后,党内的"整风运动"开始,这次运动是以批评与自我批评开始的。父亲响应党的号召,给经济系领导提意见,认为系领导有官僚主义、任人唯亲的做法。父亲,始终是一个热爱北大的书生,在北大见到系领导的不正之风时,当然要一如既往站出来直言。作为自我批评,父亲很坦白,响应系领导的号召,向党交心,交出自己多年的日记。当时总支书记保证不以日记的内容作为处分的依据,然而最后还是以日记中的那首"良弓诗",作为处分父亲的主要证据之一。当系里以此批判他时,他说:"我受了这么大的委屈,发一点小小的牢骚,总还是可以的。"处分他的另一个理由是,他支持了邹鲁风领导的对农村工作的调查的报告,此报告揭示了农村人民公社中的一些问题。不久党内出了彭德怀事件,邹鲁风受到批判并在与陆平谈话的第二天自杀了。"整风运动"发展成了"反右倾"运动,父亲被戴上"反对三面红旗"的帽子,受到留党查看的处分。父亲认为自己没做任何错事,是被错误处分的。他抗争到底,开始了漫长的申诉,不断地给上级党组织写信。直到1962年,党内七千人大会之后,他的这一处分才被甄别。

1960年起全国进入三年严重自然灾害时期。父亲和母亲为了孩子们能吃上饭,自己舍不得吃,最后全得了浮肿病。全家苦撑了三年生活才好了起来。灾害刚刚过去,母亲在自家的院子里,搭了个瓜架,种了一些冬瓜。恰巧那年风调雨顺,结了许多冬瓜,一家人吃都吃不完。一日,父亲一时性起,便和母亲抱起其中最大的一个冬瓜,到北大附近海淀大街上摆了个摊,打算分送给大家吃,谁知却无人问津。大概父亲这个经济学家缺乏慈善工作的经验吧,最终又气喘嘘嘘地抱着大冬瓜回了家。第二天坊间便有了北大教授在海淀大街上卖冬瓜的传闻,父亲知道了还很高兴,他正是借此幽了自己一默。正道是:"先天下之忧而忧,后天下之乐而乐"也。

在这几年里,父亲在学术上已很难实现自己的抱负。据说当时北大有这样的做法,对一些被领导认为"思想反动"的教授,阻止他们在校内外发表论文,父亲是否在其中也不得而知了。(在北大挂白旗运动中,受批判的哲学系洪谦教授就列于其中)。记得有一天父亲非常气愤,说吉林大学宋则行、张隆高在《经济研究》上发表了一篇文章与樊弘商榷,说他批判凯恩斯乘数论的方法不对。宋、张的论点是明显的错误。他写了一篇短文加以反驳,《经济研究》居然拒绝刊登。当然也就谈不上什么商榷了。

文章既然不能发表,于是他就把自己的大部分精力投入到培养学生的工作中。他认真教课,鼓励学生做研究、发表论文。他的学生王梦奎回忆:"樊先生教学认真,对学生很热情,亲自到学生宿舍进行辅导。我终生难忘的是,在北大学习期间,翻译《政治经济学中的主观学派》一书,是他向人民出版社推荐的。他对我说:'诗从放屁始,文从胡说来。'给了我很大的启迪和鼓舞。"(见王梦奎:《北大旧事三记——再说樊弘》,《文汇读书周报》2004年7月)。

父亲很爱才,喜欢和青年教师在一起,帮助他们在学术上、工作上进步。我家的座上客、青年教师胡伟略曾经写道:"在北大经济系的8年里,我和许多老师都很熟,有的私交还很好。比如樊弘教授,我时常去他家,几乎无话不谈。他写了论文,也到青年教工宿舍来让我看,以确定寄给哪家杂志。我调离北大时,他还找过学校人事处长,要求把我留下。"(参见《忆经济学家严仁赓夫妇》,《中国社会科学院报》2009年6月)胡老师经常到我家的原因可能还有一个,他最爱吃我母亲烧的一手好川菜!现在胡老师已是著名的人口学专家了。这样的事情在以前也发生过,复旦大学教授张薰华回忆说:"1945年毕业时,系主任(复旦经济系)樊弘教授思想进步,支持学生运动。樊弘教授不顾校方反对,力争留我任教。"(参见《经济学家之路(第二辑)》,2000年)父亲就是这样甘当伯乐。父亲认为他的学生里最有研究能力的是杜度,杜度是父亲在中央大学时教过的学生,毕业后到北大教书,任经济系教授,也常到我家看望父亲。他虽有满腹学问,但从不写文章。我亲耳听过父亲劝他写文章,但不知什么原因,最终也没见他有几篇论文发表。

北京大学百年来有几个重要的历史时期。解放前,有蔡元培时代、胡适时代等等。解放初期,江隆基书记在北大的口碑最好。在"反右"斗争中,有人提出,江书记住在燕南园,有搞特殊化之嫌,江认为意见正确,立刻改正。父亲对他很敬佩,可惜的是,"反右"斗争中江书记因同情知识分子、表现软弱而被调离了,取他而代之的是空降而来的陆平。

在北大历史上,陆平时代(1957—1966)最为特殊。陆平虽曾在北大读书,但他做领导时间长,难免有些官气。他高高在上的作风,不为群众所称道。同时迫于当时的政治形势,北大在陆平领导下,在一个接一个的运动中又错整了许多人。北大的知识分子大多有独立的思考能力,被处分错的,都会向上级申诉,甚至直接写信给中央领导人。事情发展到1964年,中央派来了以中宣部副部长张磐石为首的工作组进驻北大,搞"四清"运动试点,动员党员向领导提意见。父亲所在的经济系是工作组调查的重点系之一。经济系在解放前是教师实力雄厚,科研能力很强的系,此系的教授不是美国哈佛毕业就是出自英国剑桥出来的,大都学贯中西,著作等身。后来在台湾经济发展中,起到举足轻重作用的蒋硕杰教授,也只是经济系的普通一员。(蒋硕杰教授对父亲很关心,在"文化大革命"中,曾请他的朋友,美国联邦储备银行的助理副行长程杭生先生代他到北大来看望父亲,此时父亲已不良于行,我只好让父亲坐在自行车的后坐上,到达北大临湖轩时,我已大汗淋漓,上帝保佑老爸安然无恙!)在政治上,经济系的学生也很进步,有许多是地下党员。师生们互敬互爱,关系融洽。如果能够正常继续发展下去,无论在政治上还是在学术上的表现,都会在北大各系中领先。可惜的是,解放后由于政治原因和当时的社会环境,经济系的实力一再受到削弱。一是国家需要人才,各地都需要知识分子干部,陆续从北大经济系中抽调走了很多品学皆优的青年教师,周志尧教授就也在其中。二是1952年的后来的院系调整,更是把清华大学、燕京大学的教师合并到了北大,校风也受到影响。要知道其中许多教师的内心里,仍然认同自己的母校,对北大的感情不似父亲这样的老北大人那样深厚。更何况三校的校风也有很大差异:北大的学生多为平民子弟且政治进步,读书刻苦;清华学生则多出自是书香门第,读书很好,政治上则稍逊于北大。燕京学生以富家子弟为多,学生聪明,学业虽好但不甚用功,生活比上较浪漫。(风云一时的章含之,其第一任丈夫是经济系洪君彦教授,曾任经济系世界经济研究室主任,即毕业于燕京大学,人很聪明,英文也很好。父亲对他非常赏识。记得他和章含之的婚礼在北大未名湖畔的德斋举行,父亲带我去参加。当时年轻漂亮的章含之,身着苏式布拉吉大红花连衣裙,与英俊儒雅、身着西装的洪君彦站在一起,可谓是郎才女貌,把年纪小小的我都看呆了。但是不久我就发现他们家的大花生很好吃,第二天我摇着父亲的手说,咱们再去参加一次他们的婚礼好嘛？心想大花生应该还未吃光吧!)三是更不可思议的是,为了想保持革命校风,从中国人民大学调来一批批家庭出身好的调干教师,他们在历次运动中都是急先锋。加上陆平的极"左"思想,经济系已元气大伤。在1957年以前,经济系的党总支书记侯建儒,曾经是个老北大地下党员,人品很好,从不乱整人,可惜被错划为右派,由燕京大学背景的龚××取而代之。陆平高高在上,基层的重点系任由他的"五朵金花"(五个系一级的女领导)去管理,龚××就是其中的一朵。1957至1964年期间,在北大党内、党外一个运动接一个运动,主要是各系在总支领导下整群众。此时领导人的人品好坏就很重要。据父亲在家里讲,龚××有资产阶级小姐作风,做事任性不讲原则。经济系任由她这样领导下去,后果不堪设想。父亲曾给龚××写了首打油诗,我还记得前面一句:"总支龚××,出身买小家……",后面大意是她对人马列主义,对己自由主义,在经济系搞任人为亲。她不能正确善意地处理人民内部矛盾。(张友仁教授回忆说,"反右"斗争中,龚××看张教授不顺眼,想把他搞成右派,千方百计启发张教授说些反党的话。但张教授是老北大的地下党员,做事很有原则,他不会违心地去提没有事实根据的意见,龚××也就没有成功。)在"整风运动"中,父亲交出日记向党交心,龚××曾保证不以日记的内容为依据进行批判,但最终还是以日记中的"良弓诗"为主要依据,给了父亲留党查看的处分。

1964年社教运动开始时,父亲怀着一颗爱北大的心,实事求是的给系总支提意见,试图帮助龚××改进的领导作风。北大有很多党员也认为陆平领导不力,这次给领导提的意见多以事实为依据。因为在整风和"反右倾"运动后,党员们提意见时都很慎重,目的只有一个,即帮助领导改进工作,把北大办好。但是社教工作队对陆平等上纲上线,认为他们是走资本主义的当权派,把运动引向阶级斗争的方向,这样做既不能帮助陆平等改正错误,更害了那些跟着工作队走,一心为办好北大,而给领导提些意见的党员干部和群众。最后中央领导说话了:"陆平是好同志犯错误。"张磐石的工作队犯了把运动扩大化错误撤走了。现在看来,当时陆平得到了一个千载难逢的好机会,去处理北大的内部矛盾,首先中央已经有结论他是一个好同志,只要他实事求是地面对群众的批评,改进工作作风,消除干部和群众的误会。对他的"金花"系领导们加强管理,一心办好北大,北大一定会是另一番景象。陆平却迁怒于给他提意见的党员干部和群众,在市委的参与下,召开了二次国际饭店会议,批判这些在北大敢于给他提意见的党员干部。经济系从解放区调来的李志远老师是被批的主要对象,父亲也在列。此前,父亲曾给总支书记龚××提了一个非常尖锐的意见。要知道龚××来自燕京大学,是一个很浪漫的人,她在系里有一个非常亲密的朋友,本无可厚非。但当她无原则地把这个人提拔成支部书记时,父亲实在看不下去,就站出来表示了不同提意见。

这次国际饭店会议斗争很激烈,准备给一些受批判的党员戴上"帽子",而对父亲则是情况是要将把他朝阶级异己分子上批。几年前发现父亲一个厚厚笔记本上记满了"帮助"他的发言。虽然如此,父亲仍然坚持自己的意见,为了办好北大,他早就有做一个殉道者的决心。这次会议个人发言却被记入简报,上报中央。被批的党员、干部大多数以事实为根据,拒不承认自己的"反党"言行,坚持不认错,双方僵持不下。国际饭店会议最终被定为是党内批评与自我批评范畴,不做任何处分。

没过多久,哲学系聂元梓等人贴出了"第一张马列主义大报","文化大革命"开始了。北京大学又一次成为了革命运动的中心。一时间校园里铺天盖地贴满了大字报。父亲经常去北大看大字报,他认为,自己一个共产党员应该走在革命运动的前列。此时经济系的杨勋站出来反对校文革主任聂元梓,特别是她系列评述北大"文革"形式的文章,以及对"文化大革命"的意见和建议,父亲特别赞同。在杨勋回忆"文化大革命"的文章里中,"经济系教师们大多数都站在我一边,杜家芳老师帮我记录过大字报,闵庆全先生帮我抄过大字报,樊弘老先生在大饭厅东墙上还帮我贴过大字报,当时的确却有一股同仇敌忾的气势!"(参见杨勋:《心路——良知的厄运》)当时几乎每个人对"文化大革命"之中发生的事都有自己观点。父亲对陆平、尤其龚××在北大经济系的所作所为有意见,与杨勋对"文化革命"的认识也持相同的看法。但是父亲在"文化大革命"中没有参加任何一派,因为他实在不知道究竟哪一派是真正革命的。不单是父亲,北大的老教授们都有自己的思维方式,在"文化大革命"初期,教授还有自由的时候,很少有人参加各种造反派,无论是新北大,还是井冈山。他们大多还在做自己的本职工作,仍以学术研究、教书育人为己任。

自"红卫兵运动"开始,教授们的书教不成了。红卫兵杀向各个教授的家,他们要"破四旧",要"大串联"。他们到我家看见家里只有一张毛主席像,就要求父亲在家中的每一面墙上都要挂上毛主席像。父亲感到莫名其妙,就问红卫兵们:天安门那么大,为什么也只挂一幅毛主席像?红卫兵们无言以对,讪讪而去。红卫兵要串联到全国各地去就需要经费,有人向我家邻居、著名阿拉伯语专家马坚教授要钱,命他交出2 000元,否则第二天就要他的头。殊不知教授工资虽高,但开支也大。特别是教授们均为脑力劳动者,吃是最要紧的,钱都用在吃上了。马教授焦急万分,当天跑到海淀邮局,给毛主席打电报,告知自己无力拿出2 000元。第二天红卫兵居然没有来。马坚教授曾是毛主席的阿拉伯语翻译。

在两派形成之前,北大的"文化革命"尚能正常运转,大字报、大辩论如火如荼。有一天父亲赫然发现有战斗队给他贴大字报,他认为说的并非正确,于是开始反驳,大字报就贴在大饭厅后面,燕南园的东外墙上,你来我往两边大打笔墨官司。父亲下笔甚是了得,行文如水,但却可就苦了我了。因为父亲需要我帮他抄大字报,我实在抄不过来,于是找来我的好朋友王平(图书馆王重民教授之子)帮助抄。父亲当时并不知道给他贴大字报者,可真是一方"神圣"啊。(此人名为徐××,以后成为了经济系某派井冈山的头头、北京大学党委组织部长。）

当北大被定为"池浅王八多"的学校时，教授们大多被带上了"反动学术权威"的帽子，成了斗争对象，日子可真不好过。北大分两派，"新北大"不斗你，"井冈山"准斗你，躲过了初一，躲不过十五。我们这些教授的儿子活得也很难。燕东园里今天来一队红卫兵把某教授抓走了，明天又来一队又抓走另一个。整天风声鹤唳，极度恐慌。我们不敢在家里呆，蹲在小路旁，眼巴巴看着一队队进入燕东园的红卫兵，担心他们到自己家去造反。我们中间有人自此一蹶不振，也有因父母被抄家自己想不开就自杀了。

不想发生的事情终于发生了。一天我恰好不在家，造反派井冈山这帮人要揪斗陆平和反动学术权威们，便到我家，抓父亲去学校游斗，我父亲说："我不是反动学术权威，我不去！"要知道父亲是有脾气之人，从不向错误斗争低头。徐××领着一帮人，一人一只手，一条腿，把父亲一个年近70岁的老人，从地上活活拖了七八里，拖到了北大。在大饭厅有人高呼"打倒樊弘！"我父亲则高呼："樊弘不能被打倒！"在国民党的机关枪下父亲从没有害怕过，徐××等人举起钢丝鞭子，劈头盖脸对我父亲一顿猛抽……

当父亲回到家里已经没有人形了。看着躺在床上喘气、满头是包的父亲，全家人没有了办法。此时父亲的老学生周志尧闻讯骑车赶到我家，见状甚是焦急。对我母亲说，如果再被打一次，肯定是没命了。看到我们一家人无助的样子，想到，不知道什么时候红卫兵又会来到我家，他就斩钉截铁地说，请樊老师住到我家去，现在就走！周志尧当时是北京外国语学院的教授，其实他自己的政治情况也未见甚佳，此时为了老师的安全，什么也顾不得了。如果第二天造反派井冈山的红卫兵又追来怎么办？我父亲如果第二天伤重死在他们家怎么办？再有他是我父亲的入党介绍人，我父亲的问题，如果牵连到他，今后什么都可能发生。但是师生之谊、革命同志之间的爱护胜于一切，他想的就是要救我父亲一命。连他的爱人他也没来得及通知，就匆忙把父亲接到他家住下。这样父亲就住到了周教授家。在周教授和他的夫人丁教授的精心护理之下，父亲的身体慢慢得到恢复，又活了过来。但他的眼睛视力却越来越差了，记性也不如以前好了。此时北大两派开始了武斗并逐步升级，学生们已无暇顾及他人，"反动学术权威"们得到了暂时的喘息。没过多久，为制止武斗工宣队和军宣队进驻了北大，开始了新的一轮对"对反动学术权威"的斗争。

记得有一天，我正在协和医院准备要做大手术。父亲突然来医院看我了，我感到非常吃惊，他怎么给放出来了？母亲告诉我说，前几天周恩来总理接见北大军宣队，问到了我父亲的健康情况。这样我父亲才得到了几天安静的日子。虽然父亲只是在解放初期在政协经济组任副组长时，参加过总理主持的最高国务会议，为建设新中国出谋献策，但那都是二十多年前的事了，而总理却仍然记得父亲、仍然很关心他。（"文化大革命"中，我妹妹在内蒙建设兵团非常努力地工作，也很想加入共青团,但因父亲的问题,几年不能得到批准,写信给家里诉说此事,父亲无奈之下给周总理写信反映此事,谁知不久,妹妹来信说,组织上找她谈话考虑她的入团问题。原来总理办公室已把父亲的信转到了兵团。)

但好景不长,不久迟群、谢静宜来到北大,大搞派性,新北大公社一派被打下去了,另一派井冈山兵团由此竖起了大旗。我家的邻居周一良教授成为"梁效"写作班子的成员,大部分北大教授却受到了前所未有的批判,许多教授蒙上了不白之冤。我的好朋友王平的父亲王重民教授,是全国著名非常有学问的目录学专家,曾任北大图书馆系主任。一天珍宝岛事件发生时,大家都知道珍宝岛历来是中国的领土,能否提供一些有利的证据,去说明这一点呢?王重民教授随手从书架上抽出一本线装书,翻开其中的一页,清政府在珍宝岛上所立碑的碑图和碑文,跃然纸上,有利的证明了珍宝岛自古以来就是中国的领土。(当时我和王教授的邻居、著名的数学家张恭庆教授都在一旁。)这样一个国宝级的专家,后来因不愿为江青作伪证,被迟群、王金龙等揪到全校大会上批判。几天后,他竟在颐和园后山上吊自杀了。

大难也落到了我父亲的头上。一天我在周一良教授家与其子周启瑞聊天,周一良教授回家一见到我就说,北大党委决定开除你父亲的党籍。这回你父亲算完了。我心中一惊,没等我反应过来,他又说同在燕东园住、我的好朋友陈一征的父亲、法律系书记陈守一也完了,也被开除党籍了。我心中更是一惊,陈守一是一位老革命家,曾经是新四军的供给部长,怎么也完了?晚上徐××以学校党委组织部长之身,到我家宣布处分。最后一声如雷灌耳,说:"再不老实,无产阶级的铁拳就会打到你的头上!"我在门外一惊,父亲刚刚从他们的铁鞭之下活下来,前面等着他的还有铁拳!

当父亲走出屋外时,面色沉重、一言不发。父亲入党后,曾面对几次重大的处分。第一次在党校,党籍得不到转正,其实就是留党察看,"帽子"是反马克思主义;第二次,1958年"反右倾","帽子"是反对三面红旗,也是留党察看。父亲从来没有丧气,因为这些都是莫须有的罪名。这一次大有不同,一个主要罪名就之一是地主分子,开除党籍——把他推到了敌人的一面。可谓多么狠毒!我后来才知道经济系的领导几次想整老爱直言、给领导提意见的樊弘却都没整倒,于是系里有人给徐××献策,定樊弘为地主。

父亲心里知道自己不是地主,他自19岁离开老家,几乎没再回去住过。但是有一件事情不清楚,什么是地主?地主的定义是什么?父亲这种读书人,最怕的就是思想上的问题不能得到解决。"文化大革命"以来,燕东园有许多人被迫自杀,并非死于身体遭受毒打或者酷刑,而是死于思想上的毒刑。也住在燕东园的数学家董铁宝教授,思想很进步,1956年放弃美国优厚的待遇,回来报效祖国,就是因为有大字报说他是美国特务,一时思想上想不开而自杀的。父亲此时真是到了一生最为紧要的关口,如果他从思想上证实自己是地主,肯定也会自杀。真奇怪一个经济学家，现在到了需要寻找地主的定义的地步！现在想来这些事情在当时发生也是很自然的。因为"文化大革命"其实是一次哲学的革命，向传统文化开展，违背常理的"哲学"要取胜。这样的例子比比皆是。张铁生考试交白卷，明明是一个最差的学生，非说因为是一个字都没有写，考卷纯白所以好。

迟群等为了证明老教授没学问，出了一些数学试题，在全校范围内考教授，许多教授交了白卷。一者是文科教授实在答不出，二者是以其人之道，还治其人之身吧，白卷不就是最好的答卷么？最终考试的结果无了下文。

地主是否在"文革"中也有了新的定义呢？父亲非常想弄清楚"地主"一词的定义，但是那时谁敢跟一个开除党籍的地主、反动学术权威说什么"地主"的定义呢？父亲想来想去，决定到党校去。他步行到了中央党校。1952年，父亲在党校学习时，龚士其是他的老师，当年父亲虽然受到了批判，但也使党校的许多同志对樊弘有了了解，知道樊弘是要求进步的，只是思想上的一些问题没有解开。此时，作为党内的理论家龚士其教授当着父亲的面给出了地主的定义，地主的定义未变！父亲听了恍然大悟，明白按定义讲自己不是地主。龚老挽救了父亲的生命，父亲提起精神又开始了无休止的上诉、甄别之路。

道路是漫长的，"四人帮"终于被打倒了，迟群们离开了，新北大公社垮了，井冈山兵团也不存在了。谁知徐××从江青、迟群的贼船上下了来，做完检查就又当了领导。父亲却认为徐××是属于"三种人"之中的，这样的人不应领导北大。作为一个爱北大的教授，他多次写信向各级组织部门反映徐××的问题。事实上，如果有人做了对北大不利的事情，要是让樊弘知道了，他就会站出来直言。在徐××这样人的领导下，父亲的党籍问题也就不可能得到解决了。但父亲自己很坦然，把全部的精力放在研究学问上。（父亲和我不一样，他有自己远大的人生目标。而我呢，我的人生是以父亲的政治生命为目标，背负着家庭问题的重担。我想如果父亲的问题不解决，自己也是不会有前途的。我被"文化大革命"毒害了，没想着跟父亲学点什么，自己目光短浅。到现在也就应了人们常说的一代不如一代了。）

不过在北大，还是有人出来说了句公道话，此人便是周一良教授。曾经的井冈山兵团战士，在他的书《毕竟是书生》里，写到："新北大观点的樊弘被井冈山打得半死。"认为井冈山兵团也做了相当多的坏事。虽然他认为父亲是新北大观点有点牵强，因为父亲只是在"文化大革命"前对系总支书记的任人唯亲有意见，对新北大公社没有什么认识。但周一良教授所说，井冈山兵团的人打人确是事实。我读了周教授的书，觉得周一良教授确是一个有良心的人。在当时的北大这样"井冈山"一派掌权的情况下，他能站出来讲句公道话实属不易。其实周一良教授的确是因为学问好，而被迟群等利用了。周教授的一家为此付出了代价，他的小儿子是我要好的朋友，因他父亲问题的影响，没有能参加高考，失去了发展的机会。他的大儿子周启博成了一个文过饰非之人，现在经常在互联网上发表回忆录之类的文章。其中有一篇是写翦伯赞教授的，因为经常被引用，并和我父亲有关，我想加以说明。

"文化大革命"前,在燕东园发生过一起严重车祸,翦伯赞副校长的车在小桥下坡的地方,轧死了我的小外甥。当时包括我外甥在内的两个小孩,正趴在桥面上画画呢。此事被周一良的大儿子周启博拿来大做文章。我抄录如下:"经济系樊弘教授的外孙,在桥的一侧伏地玩耍,不幸被翦伯赞的汽车轧死。樊弘在1949年前,高调反对国民党政府,人称民主教授。据说国府机关放风要对樊不利,樊夜间乘三轮车回家,疑有人跟踪,曾高喊我不是共产党。1950年,樊入中国共产党后,甚为低调,历次政治运动均不出头。这次外孙遇难,樊也服从政府处理,不让组织为难,好像接受政府抚恤金了事……"此文登在网上,常常被人引用,起了极不好的影响。一件普通的车祸案件,居然让周启博含沙射影,把政府、翦伯赞教授和我父亲都骂了一通。当时的情况是这样:父亲试车后确定,司机确实不可能看见路面上小孩的情况,他不是故意要轧死人,交通管理部门做了正确的调解。我家没有起诉司机,更没有接收到任何抚恤金。(父亲自己也有一次车祸,在雪天被32路车进站时碰倒在地,司机师傅被吓得不行。父亲说,我有公费医疗,看病报销,你不用担心,赶紧开车去吧,别误了时间。父亲的做事是有他自己的原则,他一个教授决不会和一个工人打官司)。对此次事件的处理,司机的责任在于下桥时,即路面情况不清时,没有鸣车笛。政府有关单位起诉了司机,他获刑一年,监外执行。翦伯赞教授是乘客身份,无需担当刑事责任。(家中认为,翦伯赞教授应负道义责任,因为他换了个车去开会了,没有亲自帮助司机把孩子送到医院。)另外,关于父亲夜间乘三轮车一事。周启博生于1945年,他叙述的事,如果真的发生,其时他也不过才两三岁,何以知道我父亲当时在面对国民党的特务威胁时,高叫我不是共产党员呢?我父亲反蒋,把生死置之度外,是人所共知的。至于樊弘解放后是不是低调,更不是周启博所能评价的。今后如果有人评论翦伯赞教授的功与过,请不要再把此次车祸拿来做文章,让翦老安息吧。

国家的大形势不是某些人所能左右的,"四人帮"被推翻了,在胡耀邦领导下,全国都在为冤假错案平反。北大校内外关心父亲的人实在很多,父亲在民主革命时期的老战友许德珩、袁翰青看不过去了,于是在民族大饭店开席四桌,宴请我父亲叙旧。在他们的诚邀下,父亲又回到了"九三学社",任中央顾问。父亲在北大的老学生们,不断的向组织部门反映,把一个教书几十年的教授定为地主分子实在有失公允。父亲解放前北大的学生江海同志,时任中央组织部政策研究室主任。他是听过我父亲的课的。在他的印象里,樊老师解放前政治进步,学术一流,长期在学校工作,怎么变成地主了?他上报组织部领导,请求派人前来北大调查。曾为原北大北派地下党负责人的项子明同志也回到北大任党委书记了。他在北大当学生时,也曾听过父亲的课,对父亲也很了解。不久,在项书记的主持下,北大党委决定给我父亲平反。父亲终于回到了党的怀抱。学校又召开了父亲教学55周年的纪念大会。那一天父亲的老学生上百人,从祖国各地汇集北大。周志尧、江海、张友仁也在其中。父亲的老朋友们、北京许多学校经济系负责人都来到了北大办公楼礼堂。项子明书记亲自主持大会，做了激动人心的发言。他认为："樊弘教授不但在民主革命时候是一位进步的教授，而且还是一位站在斗争前列的民主战士。"父亲仍用他那一口四川话，语重心长地发言："只要一息尚存，就努力去攻克庸俗经济学的顽固堡垒，攀登社会主义经济学的珠穆朗玛峰！"（参见刘时平《我就是记者》）。恢复了党籍，父亲首先想到的是去中央党校，面谢龚士其主任，一见面，二位革命老同志就拥抱在了一起。在党的十届三中全会之后，父亲被选为第六届全国政协委员。

当庆祝会的消息登载在《北京晚报》上时，惊动了一位父亲的老朋友杨秀峰同志（时任最高法院院长）。在得知父亲的消息后，第二天一早，杨老便驱车前往我家，急着来看老同事老朋友。车快到了，才通知北大，一切都来不及准备。我家一栋平房住了四家人，窄窄的二道门前通道的中央，摆着一个火炉、煤块和不少大白菜。杨老见状却步，不知如何向前走，几个警卫只好将杨老抬进了屋。二位老人自河北天津法商学院一别，将近半个世纪，见面分外亲热。杨老眼见父亲那一间书房、睡房兼客厅的屋子，心中有些难过。离开后，立刻让他的秘书（记得是姓周）打电话，请北大给父亲配一间书房。不久，父亲终于可以在一间宽大的书房里埋头做学问了。

1980年父亲发表了《用实践的标准检验凯恩斯的就业一般理论》与《再论凯恩斯有效需求和就业倍数理论的谬论》两篇论文。1981年他的视力已经很差了，写作非常吃力，所幸的是，在父亲极需助手时，早已调出北大的、父亲所带的最后一位助教裴元秀，从成都到北京出差，见状决定留下，帮助他抄写专著。财政部财政研究所所长许毅，从裴元秀处知父亲研究条件差，曾在一个晚上，让裴元秀带他到我家看望父亲，他十分支持父亲的研究。1981年父亲得以在《财政研究》杂志上发表了《全面按照马克思关于扩大再生产的四个条件，稳定地迅速实现我国四个现代化》。1982年，父亲的最后一本专著《凯恩斯有效需求原则和就业倍数学说批判》问世，由四川人民出版社出版。父亲私下对我说，至此他已经完成了对凯恩斯理论的批判，实现了自己第二个理想。我想他今后是要去"攀登社会主义经济学的珠穆朗玛峰"了。但是时不与人，不久他就因病卧床不起，1988年四月十八日，父亲结束了他精彩的一生，带着微笑离开了人世。

父亲逝世后，《人民日报》刊登的悼文，给予他的一生以很高的评价。

樊平

于 NEW JERSEY

目　　录

下篇　1949 年后发表论文

下　册

劳动立法原理

社会调查方法

工资理论之发展

现代货币学

两　条　路

上 篇

1949 年前发表论文

读了任陈二教授的改良大学刍议以后

记者足下：

任鸿隽先生，和他的夫人陈衡哲教授在《现代评论》第三十九期上所发表的那两种改良大学教育的计划，内中有一个计划，就是科学与道德并重用，以补救现在这种只重科学而不重道德的缺憾。我觉得这一个计划颇合我个人的口味，现在我且把我对他的赏识简单披露于后，欢迎大家起而评判。

我觉得一个理想的大学教育制度，须包含三种要件：一科学，二技术，三道德。斯三者，缺一不可。然而在现今的大学教育里面，却缺乏了这个道德的要素，煞是美中不足之处。

科学是什么？科学就是研究自然现象（即社会现象也是自然现象之一），而所发现之原理原则。技术是什么？技术就是根据这种原理原则，用以改变自然现象，而所采取之各种手段。道德是什么？道德就是应用所学之科学与技术，真能以专亏己利群为心（至少亦须群己互利），替社会谋种种之福利，而所养成之态度或品行。所以这个道德的地位，如果是为社会造福起见，无论在任何教育里面，都应列在科学与技术之上；否则，这个科学与技术，最容易变成不道德的害群之物。

谁也知道，这个科学的本身无价值，他的性质，完全是中立的，既可把以为善，又可把以为恶。当然技术这个东西，也与他为同性质。

科学犹如一枝快枪，他既可用以保境安民，又可用以打家劫舍；科学犹如一个美人，既可用以颐情养性，又可用以荧惑良民子弟；科学犹如一管彩笔，既可用以主张正义，又可用以捏造文件。换句话说，就是科学的本身是中立的，用他的人好就好，用他的人恶就恶，所以这个学习科学的人如果是个豺狼，那末，科学就恰可给他做爪牙，在社会上去吃人。

论者或曰，科学既是一种无善无恶的东西，那末，就令在大学教育里面，纯粹采用科学教育的制度，那末，结果也无负于道德不是？并且采用科学教育，还可养成一种寻求真知的习惯，不但对于道德无害，而且对于道德有助。因为科学的方法，是发现道德标准的最好工具，谁也不能否认。不过仔细一想，我们便知道这个只重科学而不重道德的缺点了。这个缺点是什么呢？就是一个人的注意力，如果没有特别的关系，是很难各方面都能顾虑到的。现在在大学里面，既然大家都注意科学，那末，结果便最容易忽略道德：一者，简直不知道德二字怎么讲；再者，就令讲得,也很难以身作则。所以在现在这种大学里面毕业出来的学生,好的也不过是才学兼优,然而说不上"品"。至于坏的,则直是品亦不足,而才亦无余了。这岂能说,不是注重科学教育的缺点吗?

谁也知道,这个教育与人生的密切关系,所以这个人生问题不解决,莫说是科学教育问题不能解决,就是教育的部份,也是没法解决。

但是人生究竟是什么?这可是一个很难解决的问题。不过据我看来,这个人生的大部份,却不外一群欲望的总和。欲望是什么?欲望合两种要素相结而成,第一个要素,就是人类的不足之感(欲),第二个要素,就是因为不足,而吾人所怀抱的充足之愿望。换句话说,就是这个人生,根本是空虚的,需要各种东西来充实。但是这个人生的空虚,究竟要如何才能把他来充实呢?这便牵涉到科学教育问题。据我看来,科学教育的目的,就是教育我们个人,如何取得各种东西,以满足我们人生的要求。至于道德呢?则是不独想把我们个人的欲望满足,而且想用我们个人的能力,把别人的欲望也要满足,甚至在在这个人我的欲望不能并存的时候,情愿牺牲自己以利别人。所以科学的教育,只在乎发达个人之欲望,以求得其所满足。因此,人们的欲望不发达,科学便绝不会发达。至于道德呢?则在极力限制个人之欲望,以图别人之欲望满足。所以个人之欲望,如果有时不能限制,则绝无道德之可言。说到这里,我很想借用老子一句话,就是"为学日益,为道日损"。

至于道德的观念,是怎么发生的呢?这点可要详加解释,否则不足以明道德的重要?现在且让我略述几句。因为这个人们的欲望,在某种程度以内,大致都是相同的。举例来说,比如人们出胎而后都有食欲,其后便有衣欲,住欲,行欲,再其后便有色欲,再其后便有健康之欲等等,这是人人之所同的。又因为有了欲望以后各人都不肯牺牲,各人都在社会上求满足;更因为这个社会上的东西,有限的原故;于是到结果来,便不能不争,争则无所不用其极。所以社会上,常有流血之祸。于是在这时候,有一些聪明的人,看清了这个竞争的来源,是由于人们欲望的冲突。所以方才提倡牺牲小我的欲望,以求人类共存,这便叫做道德,这便是道德之起源。所以道德的意义,初不外牺牲自私自利的欲望,以图公利的实现。但是在这时候,又因为牺牲自己以利别人的事项,为天性所不容,所以他们方才又主张修养。修养的意义,就是随时随地,培养出一种牺牲小我以利大我的精神,务期要养成一种习惯,就是一念之差,亦必计较,所以古人才有"功过格",才有"吾平日兴一善念则投一黄豆,兴一恶念则投一黑豆"的美谈。即此,可见修养之难能可贵。平心而论,假如在社会上,在道德方面,人人都有训练,恐绝对不会有战争发现,所以道德实为世界和平的媒介。

不料如今世界,竟把道德置诸脑后,在一国之间,提倡个人的自私自利主义,在国际之间,又提倡国家的自私自利的主义。所以国内便有劳资之争,国外便有争城夺地之战,凡此都是未提倡道德的原故。据此以观,便知道现在大学教育,不注重道德教育的坏处。

　　回视我们中国,这些大学毕业的学生,他们在毕业后的生活怎样? 据我看来,除了极少数的人而外,他们不是想要一位极漂亮的女学生,便是想如何的发大财,甚至去投诚于军阀,以取得秘书之职。要是不然,便去在新闻纸上活动,瞎敲竹杠,不是,便想如何去做官,去钻营。至于国家和世界,则绝少有人过问,这就是大学里面所造就的好成绩。总之一句,现在的大学教育,因为只注重科学教育的原故,他的根本坏处,就是所制造出来的人物,十分之九,都是才有余德不足。因为这样,我狠赏识任鸿隽先生和他的夫人陈衡哲教授所发表的改良大学教育的计划,希望大家评判指教。

(《现代评论》,1925 年第 42 期)

马克思经济学说的讨论

　　大凡一个伟大的思想家，他的学说都不是从一个简单的观点出发，而是从许多的观念出发，嘉尔马克思（Karl Marx）的经济学便是内中的例子之一。因为他的学说的全般体系虽然是以黑格尔（Hegel）的辩证法的进化学说做根据，然而他的经济学则是以正统派经济学的根据为起点。本来这两派的学说，在十九世纪的初年，宛如冰炭之不相容。因为黑格尔的哲学的出发点，乃是注重全体的，他的方法是历史的，他认为个体的性质只有把他当做全体之一部分乃能了解，否则不能了解。反之，正统派的经济学乃是注重个体的，他的方法是分析的，他认为全体的性质只有把他当做个体之间所结的自由契约乃能了解，否则不能了解。可是马克思的经济学则是这两派学说的集合体，因此之故，我们欲要了解马克思的经济学便先应了解正统派的经济学和黑格尔（Hegel）的逻辑。现在我们首先一点要论究的就是黑格尔的辩证法的逻辑。

　　原来辩证法这个名词乃是一个希腊的名词，他的内容就是一种辩论的技术。他的意义共有两个：一个是好的意义，一个是坏的意义。坏的意义是说，他所用的辩证法乃是一种颠倒是非，淆乱黑白的诡辩法。好的意义是说，我们所用的辩证法乃是一种发现真理的方法。因为希腊人相信这种正反两面互相冲突互相改正的方法是能得到一种更远的结果，对于双方都不有亏的方法了。

　　可是辩证法这种辩论的技术一经到了黑格尔之手，便变成了一种实在进化的方法了。依据黑格尔的看法，实在进步也如真理的进步一样，最初的时候，是一种趋势，这种趋势叫做肯定的趋势。其后又从前种趋势之中，发展出来了一种趋势。这种趋势恰恰是第一种趋势的反面，一名否定的趋势。等到否定的趋势盛行了，同时，这种否定否定的趋势，即第二种趋势又来修正他了。关于此点，我们只要用殷格尔（Friederick Engels）的一个极通俗的例子即可明白他的道理。试以一粒麦子而论，假令我们现暂不食这颗麦粒而且把他拿来种植，虽然这个麦粒消灭了，但此时，从这颗麦粒之中长出芽了。从麦粒一方面说，数之存在自是肯定，但麦芽则是否定了。又麦芽发展到他的热度的时候，他自己死灭了，是即否定其自己。但此否定和否定的结果，我们可得十倍的麦粒。而且经了许多次的否定和否定之后，还可以改变其性质，于以达到新且高的境域。再把他学而论，假定最初的任意大为 a，a 的否定得 $-a$，$-a$ 乘 $-a$ 得 $+a^2$，此时这个 $+a^2$ 便是 a 的新且高的阶段了。末后，这两否定变为肯定而再展开其否定的趋势,一直至于发展到那至高无上的绝对的领域为度。社会进化也是这样。这便是有名的黑格尔的辩证法的逻辑。但黑格尔在应用这种逻辑的时候,存有一个基本的观念,就是,只有心(idea)的辩证法的发展是真实的,至于历史的辩证法的发展则不过是他的反应而已,但黑格尔所谓的"心"却不是心理学上的心而是玄学上的心,包含心理学上的心在内,一名观念(idea)。所谓观念是宇宙的全真,是存于物的至理,包有宇宙演进的定则,而带有超绝的意义;这便是他的基本概念。

马克思对于黑格尔的辩证法的前半,即社会的组织概采辩证法的发展形态是赞成的,但他对于黑格尔的根本观念不承认。关于此点,他在他的《资本论》第一卷的序言上,说的有一段有名的话。他说:

> 我的辩证法非但在根本上与黑格尔的不同,并且与他的正相反对。在黑格尔心目中思想的过程(于观念的名目之下,被转化而为独立的主体)是现实的创造主;又现实不过是观念的外部形态。反之,在我的心目中,观念不过是一种被移植在和被翻译在人的头脑里面的物质。①

关于马克思纠正黑格尔这一点让给后文申解。现在我们所当注意的,就是马克思在此已然有革命的社会的进化观念了。这个革命的社会进化的观念,就是辩证法的合理形态。马克思说:

> 辩证法的合理形态是有产阶级和他的空论的代辩者的一种苦闷和恐怖;因为辩证法,在一方面,供给现存状态一种肯定的见解,同时,在他方面,又供给出他的否定的见解,而使我们知道现存的状态最后必要崩溃;他是他们的一种恐怖,因为他把任一的在历史上发展到来的社会形态,通通当做流动的,暂时的,因为他不让什么来威伏他,而他在本质上,是批评的,和革命的。

马克思有了这种革命的辩证法在手内,他便发生了一种历史的态度。什么叫做历史的态度呢?这就是说他要研究社会的本质,要研究法律上及政治上的上层结构之所能成立的真实基础;并研究这种本质从前是如何变来的,现在又要如何变去,换句话说,就是要研究这个本质变动的因子,关于此点,马克思实比正统派的经济学者止于分析现代的经济状况,实要特别高出一等。

究竟社会一般的物质是在什么地方呢?又是如何变来的呢?将来又要如何变去呢?马克思怀着这些问题在心内,再去披读正统派的经济学,结果,他便把社会一般的特质找着了。这个特质,就是马克思在他的经济学批评上所谓的那种人类在营社会的生产来维持生活的时候,所加入的一定的必然的和与人类的意志无关的关系。其实就是生产条件所有者和直接生产的关系。因为马氏发现这种生产的

---

① Marx, *Capital*, Translated by Eden and Cedar Paul. p 873.

关系,非但是法律的政治的真实基础,而且是社会的意识形态之真实基础。例如现代的社会的关系便是资本家与劳动者的关系,又中古封建社会的关系则是地主和农奴,行东和佣工的关系,古代社会的关系则又是自由民和奴隶的关系。他把这个社会的一般的物质找着之后,再去寻找这个直接支配这种社会的特质的生产关系的变动的总原因,结果,他发现了社会的物质生产力,即人类向自然生产使用价值的总力,其实,就是自然力,人类劳动力,动物的力,和技术生产力,是决定社会的生产关系的变动的总原因。这就是说社会的物质生产力比较的带流动性,因而是独立的往前进化,然而社会的生产关系则比较的带固定性,因而,定必随着生产力的变动而变动。这个变动可分二期:第一期是物质的生产关系与生产力尚能彼此互相适应的时期,第二期就是物质生产力已然进步了,然而范围他的生产关系还不进步,好像鸡蛋内中的小鸡已然长大了,然而这个范围他的鸡蛋壳仍然把他限住,到一个时候,这个物质的生产力便要向社会的关系革命,正如这位孕育在鸡蛋里面的小鸡之须向鸡蛋壳革命一样。这种革命移植在或翻译在人的脑筋里面便是思想革命,表现在人生行为里面便是阶级革命。因为依照马克思的意见,物质的生产力和物质的生产关系的冲突乃是人与人间的社会的自下而上条件之冲突,所以这个冲突必然的表现而为生产条件所有者和直接生产者的阶级冲突了。又因物质生产力是与直接生产者的利益站在一面的,所以这种阶级冲突的结果,如果社会不愿意灭亡,那么就必然是那代表新生产力的阶级把那代表旧的生产关系的阶级战胜,宛如鸡雏之啄破鸡蛋壳一样。总括来说,就是物质的生产力的变动是因,物质的生产关系的变动是果,所谓社会的精神变动者不过是此物质的变动的反映而已。这点恰与黑格尔的见解根本相反。

何以马克思对于社会进化的因他不采用黑格尔的精神的元素,而特着重在人的物质生产力方面呢?我们只要去看他在《资本论》第一卷上所说的那一段话便可明白他的原因了。他说:

> 一部有批评的工艺史可以表明十八世纪的发明很少是一个人的力量的,直到现在还没有那样的一部书。达尔文研究自然的工艺史,也就是说他研究动植物各机关的构造——这些机关就是用作支持生活之生产的器械。人类的生产机关史——社会组织的物质基础之机关史——难道还不应当受同等注意吗?维柯(Vico)曾经说过,"人类史和自然史的分别在乎前者是我们自己做的,后者不是我们自己做的",那末,一个这样的人类史岂不是更容易编辑吗?工艺学表出人和自然来往的形式——他拿来支子生活的生产方法。并且从这里我们又可见得他的社会关系造成的样子和从社会关系造成之心理概念的样子。①

---

① 参看陈石孚译,美国塞利格曼《经济史观》。

在上述这一段话里面，马氏把动物的生活机关比成人类的物质生活方法，其意若曰，既然动物的生活机关的优劣是决定动物彼此之间的一切命运的原因，那末，为什么人类社会的生活机关的优劣不是决定人类社会彼此之间的一切命运的原因呢？如果是的，那末，这个具有新的生产力的社会势必要起而代替那个生产力比持小的生产社会了。因此之故，所以他便根本否认精神变动是物质变动的原因，转而承认物质的变动乃是精神变动的原因了。不过马克思的弟子，如果单凭马氏所述的这一段讲话，便谓马氏的进化论，也如达尔文的进化论那样精确，则又未免夸大其词了。因为在生物的研究上，非但生活机关的性质是很容易辩识的，而且这个生活机关之属于何种动物也是很容易辩认的，所以研究的结果容易的达于精确。但于人类社会的研究那就不如生物研究这样容易。单把生产二字来说，虽则在表面上好像异常明白，不过在实际上即对这一名词的解释便发生了无数不同的争执。例如法国的重农学派，便以农业是生产的，工业不是，因为农业可于无中生有，或生产剩余价值，工业不然。但英国的正统学派则又谓工业亦是能生产的，因为他们考察生产的意义，只在变化无用之物而为有用之物，并且农业亦不能无中生有，至多不过把天然界中炭淡轻养磷碱吸入在种子里面而变成植物罢了。后来的经济学者则又加上一层，即变化无用之力而为有用之役务亦叫生产。从此之后，生产一语便不只是物质财货的生产的专利名词了，连那增加健康的医业，维持公安的警察，和其他关于自然科学社会科学的研究，亦叫做生产了。生产二字的含义既然能如此宽泛，则是生产一语亦必随之而变动了。更从生产力的所属的人来说，如果这个生产力只属于个人，固然我们只能把那个人增进个人幸福的能力叫做生产力。可是如果生产力是属于家庭，那末，我们便当更进一步，把那牺牲个人的幸福于以增进家庭的幸福，亦看做一种社会的生产力了。同此逻辑演辑下去，那末，如果生产力所属的人是民族，不是家庭，那末，我们还可再进一步而谓生产力的意义比此还要广大。比如德国经济学者利斯脱（List），虽与马克思一样，同是注意研究生产力的，同是注重历史的，但他所谓生产力的意义则比马克思广大。因为马克思所谓的生产力虽比重农学派为大，把那举凡一切生产物质的使用价值的力通通包含在内。可是利斯脱则比马氏更进一步，而谓"所谓生产力者，其范围至广，其种类不一，不可如斯密士之徒以物质为限。力固有大于物质者也"。依照利氏所谓生产力的意义，凡属道德维持政治运用诸制度皆是。思想自由，信仰自由，报纸自由，陪审制度，审判公开，行政监督，议会政治，皆足以增人工之力，皆生产之大力也。例如法国废南德信教自由之命（Elict of Nantes），致使信教之五十万勤敏精巧富裕之居民全被放逐，而挟其工业与资本避居于瑞、德、荷、英之新教国，而其国富锐减。西班牙严刑以治新教徒，结果致将二百万之最精勤富裕之居民（从犹太人到摩尔 Moor 人）随其资本逐出于西班牙疆宇之外，而其衰败之基大植。至于英国则因有自由避难之特权，有安谧与和平之保障，有法律之保护，有幸福之荫庇，结果总能招致新资本新人材。试远溯至第十二世纪，当时之政治情形已吸引无数之法兰德斯（Flanders)织工移居于威尔斯(Wales)。及后数世纪,又有被放逐的意大利人来居伦敦,经营银行汇兑业及银行业。其余由法兰德斯(Flanders)与不拉奔(Brabant)而来之无数工业家,由西班牙、葡萄牙而来者则有被迫害之犹太人。其由汉撒各城及当威尼斯衰落时,由威尼斯(Venice)而来者则有许多商人,挟其船只、资本,商业知识、企业精神与之俱来。其尤为重要者,则为因宗教改革与其西班牙、葡萄牙、法兰西、比利时、德意志、意大利诸国中,因宗教改革而移入于英国的资本及工业家。① 因此之故,利氏便把这些举凡可以发达农工商各业的一切的力,通通谓之生产力。至于物质的生产力则系精神的生产力所抚育所促进的。至马氏虽亦研究历史,但其所得的结果则确与利斯脱相反,即物质的生产力只限于生产物质的使用,则确与利斯脱相反,即物质的生产力只限于生产物质的使用价值的力,并谓物质的生产力决定生产关系,而谓人的思想与行动只是物质的进程被移植在人的脑海里面之一种反映。此二学说谁非谁是,让给后文讨论。现在我们所可说的,就是马氏这种结论的真实,远不如达尔文(Darwin)的进化论的实确,而且现在远在争执时期。所以我说马克思的弟子,把马克思的辩证法的唯物论,比成达尔文的进化论乃是一种言过其实的夸大。

至于马克思的辩证法的唯物论中,为什么把人类的生产关系看做一定的,必然的,和与人类意志无关的呢? 为什么又谓生产力是决定社会关系的原因呢? 而阶级争斗又是进化一种原因呢? 这乃是由于他所研究的经济现象只以正统派的经济学者所研究的经济现象为限,并且比他还窄,而他所假定的个人的性格亦系从正统派的经济学出发,所以研究结果便有许多与正统派经济学者所研究的结果互相表里。只有一点是不同的,就是正统派的经济学者缺乏马氏所谓的革命的辩证法的逻辑罢了。现在我们转而说明马克思所用的辩证法的逻辑是如何与个人主义者的经济学相结合,于是我们便不得不讨论正统派的经济学。

我们知道,人人在社会里取得财货的方法共有四个:其一就是直接生产,其二就是无偿的或部分的无偿的取得家庭或私人的慈善团体的财货,其三就是出价购买,其四就是那获有国家为后盾的出价购买。第一个方法表现而为个人主义者脑海中所假想的鲁滨逊的经济即个人经济;第二个,表现而为家庭经济或社会经济;第三个,表现而为自由竞争的经济;第四个,表现而为国家保护经济。又将来定然还有世界经济的一步,不过现在十分之九尚未实现。然而个人主义的经济学所研究的经济现象乃只是以自由竞争的为限。因此之故,他们便擅定那个人的天性是怎么的,便否认那国家的权力,对于个人取得财货的生活的重要。虽则正统派的经济学发展到了马尔萨斯,更进而至里嘉图,已然发现了阶级对立的关系,然而他们尚不肯用国家干涉的手段去救济,而只认为这是一种由于自私自利的关系所发生的一种必然的而且是不可避免的事件。凡此都是由于正统派的经济学者所研究的

---

① 王开化译,利斯脱《国家经济学》第一章到第十章。

对象忽略了国民经济的现象所致。关于此点,我们只要引斯密士在他的《原富》第二章上所说的那一段话,加以解释,便明白了。斯密斯说:

> 利益如许的分工原来不是由于人的智慧曾预见他会得到的一般的繁荣而去企图的结果。分工虽然是一狠慢而且狠渐的结果,但他亦还是那在人的天性里面,所具有的某种倾向的必然的结果。这种倾向是从来没有把这么大的利益放在眼中的。这种倾向是即以物换物的倾向了。①

在这一段话内,斯氏明白承认分工的制度是由于人的那种没有把那广大的利益放在眼中的交易的动机所造成的,并明白承认他所研究的经济现象只以有偿经济、价格经济为限。至于无偿的经济现象和国民经济的现象他是忽略了的。因此之故,他便不能想象人道主义会影响国家的经济政策和社会政策,而社会政策和经济政策又可影响个人的取得财货的能力。马克思的《资本论》也是这样,因为他所研究的对象亦只限于这种分工制度所造成的商品,并把个人看做商品的所有者及代表。由此可知他所论证的个人的性格,与斯密士所见者是一而二二而一的。关于这种意见,马克思在他的《资本论》第一卷第二章亦说得有句极明显的话,他说"在我们所正考虑的场合里面只把人当做商品的代表或所有者"②。又马氏所谓社会的生产关系乃是一种一定的必然的和与个人意志无关的关系,亦是由于他采用了正统派经济学者所持的个人是竞争物质的动物的一样的出发点方才发生的必然的结果。

何以说我们在一方面只研究那由于自私心理所造成的自由竞争的经济,在他方面就必承认人类的生产关系是一种一定的,必然的和与人类的意志无关的呢?在我以为,凡不满意现在的私有财产制度的人只要以此自私自利的立场为根据,而去观察那些在自由竞争的场合中人与人间的生产关系,则该关系在彼心中便不得不现形为一种一定的,必然的和与人类意志无关的"强侵弱众暴寡"的关系了。并且这种关系,定然如像我们在一个漫无火险设备的戏园里面看戏,当着大火临头各自逃生的时候,所发生的种种悲惨的关系,有的一人践踏了几个人的性命,有的一人甚至连自己的那条性命都保不到,尤可怜的是小孩子。在这个时候,即令大家对此悲剧人人都不见得愿意,但这乃是受了这个漫无防险设备的戏园决定了的。其次这种关系复可变为在一个卖票漫无限制的三等火车之上,所发生的那种强侵弱的关系,有的一人用行李占了四个坐位,有的则又甚至连一个坐位都没得到,在这时候,虽则人人都在那里压制别人或受人压制,但从全体上说,如这一种压制的关系,都是受这漫无管理的卖票制度决定了的。是即马氏所谓一定的,必然的和与人类的意志无关的关系的意义了。现在的自由竞争制度,马氏认为也是这样,因为依

---

① Adam Smith, *Wealth of Nations*.
② Karl Marx, *Capital*, Translated by Eden and Cedar Paul. Vol. II. Ch. II. p. 60.

据他的意见,凡在这种商品的生产里面所表现的资本家榨取劳力的生产关系,虽然在表面上是自由的,其实乃是由于社会对于生产工具没有收归公有的原因所造成的强者欺压弱者的必然的关系决定了的。因此之故,马氏便去指摘那伦理的共产主义为乌托邦的,以正统派所发明之价值决于生产费的公律为在此生产工具私有制度下,所必然发生的法则。而其结果便归宗于生产器具之收归公有。

末后,马克思便说到阶级争斗了,因他认为阶级争斗是达到公有生产器具的唯一途径。原来阶级对立的事实,在马尔萨斯时代已然表露于外了。到了里嘉图更把这件事实说的更为明白。因为是氏认为物质财富生产的结果,必分配于如下所述的这三种:其一是地主,就是所谓地主阶级;其二是资本家,即资本家阶级;其三是分配工资的劳动者,即劳动者阶级。后来马克思所常述的阶级对立说,虽比里氏说的更加明白,但是在根本上还是囚袭里嘉图的说法,即劳动者仅能以其所生产的价值一小部分为工资,其余的不能不归资本家,因此资本家与劳动者的分化便越发厉害了。这个理由我们可以分作几层说明。第一,个人主义说,个人是自私的,而商品则是自私的结果,因此之故,商品的关系是自私自利的关系。反之,马克思说,商品是自私的,而个人则是商品的代表。(《资本论》第一卷第二章)因此之故,在此商品交易的世界,边沁实在彼间号令。何谓边沁(Bentham),这就是说,每一个人只照顾自己没有一个劳心于不干预自己的事情(《资本论》第一卷第二章最末一段)。这话与说商品的关系是自私自利的关系实无以异。第二,个人主义者说,资本家把资本当商品,劳动者把劳动当商品,然而商品的关系则为自私自利的关系,因此资本家与劳动者的关系实为自私自利的关系。反之,马克思说,"资本家是资本的灵魂"①,而资本则以榨取劳动为目的。至劳动者则系一种不能不被资本家榨取的劳动力所有者。因此资本家与劳动者的关系,便是一种强者榨取弱者的关系。所谓榨取的意义,当然也是从自私自处的观点去论证。第三,因为资本家是自私的,同时资本家对资本家也是自私的,劳动者对劳动者也是自私的。所以马克思在他的《工钱劳动与资本》②一书上,便说劳动力的价格是由下述三种竞争决定的第一种竞争,就是劳动者互争贩卖市场,使他们所提供的价格趋于下落;第二种竞争,就是资本家互争购买劳动力,使劳动力的价格趋于上腾;第三种竞争,就是劳动者以卖者的资格,资本家以买者的资格,而进行的互相之间的竞争。货物的价格就是由此三种竞争的关系决定的。换句话说,就是劳动的价格决于供给与需要的关系。关于此点,个人主义者与马克思的说法完全是一样的,皆是从自私的观点出发。第四,从供给与需要的关系上说,因为资本的供给常少而劳动力的供给常多,换言之,即劳动力的需要当少而劳动力的供给常多,结果劳动力的价格必然往下低落。低落到何处为止呢?即低落到仅够维持劳动者的生存,和当他老了朽了的时候,这个

---

① Marx, *Capital*, Translated by Eden and Cedar Paul. p. 138.
② Karl Marx, *Wage-Labor and Capital*.

起而代替他的那个新劳动者长成为止，否则这个买卖便不能继续了。因此之故，劳动力的价值一定决于生产费。所谓生产费的意义，马克思与里嘉图一样，把他归纳为那种用以维持他和他的儿女的生存的生活资料的生产时间，然而资本的价格则永远是在生产费以上。合此四层关系，产生了一种如上所述的结论：即劳动者假如每日作工六时间，便只能以其内中一小部分时间做生产工资之用，其余的多半的时候，均不能不以生产资本家的利润。此时又因地主也在从中分润，所以马克思便把地主看做资本家一类。又因近世的科学逐渐发达，劳动生产力维日进步，非但在同一时期以内可以生出两倍的使用价值，而且可以生出四倍五倍的使用价值，其结果在同一工作时间之中，那种用以生产维持劳动力的出生和再生的时间越少，而且以替资本家生产商品的时间越多，于是资本家的资本蓄积便越发的加大了，劳动者的贫乏也越发的加多了。又因资本不能不买劳动而事蓄积，所以资本每一加多劳动力的需要便每一加多劳动阶级便亦每一加多，结果后者越发和前者分离，而阶级之间的裂痕便越发加大了。① 这便是马克思在他那《哲学的贫困》中所说的那一段话的写真，即"经济的关系，第一把人民的多数化为劳动者。资本对于多数的支配作成一个共通的地位和共通的利害，因为这样，所以这些多数民众对于资本是一阶级，然而他们自身却还没有结成一个阶级"。② 这便是马克思在他的唯物史观的公式第五段上所说，"资本的生产关系为社会的生产方法之最后的敌对的形式，所谓敌对云者，非指个人的敌对乃指各个人的生活条件所产生的敌对"。③ 亦就是马克思在他的《路易波拿巴底的二月十八》里面所说，"人类作他们自己的历史，不是出于他们自己的心愿，也不是在他们自己所选择的情形之下，而在他当时指定的和遗袭下来的情形之下。所有已死的人的陈迹，好像一座山一样压在现在生存的人底脑筋之上。"④亦就是马克思在他的《德法年书》上所说，"革命须要一个被动原素，物质基础"。把马克思一句最有名的话来说这种阶级分化的事象，便是这个社会问题所必需的"物质条件"已经存在，正在存在了。到了此点，马克思便由正统派经济学分析法而入于黑格尔的历史的辩证法，由资本家的生产方法的肯定的见解而入于他的否定的见解，舍弃正统派的经济学者的绝望主义，而采用他那辩证法中所具有的革命主义，由是进而说明这个无产阶级向有产阶级革命的自然进展的程序，兹请依照马克思的《共产党宣言》⑤和《哥达纲领的批评》⑥撮要叙述于后。

马克思的经济学如上文所述，完全是依着正统派的观点出发，即人在经济的场合完全是自私的。马氏以此立场为根据，然后一步进一步，一层逼一层，一直逼到

① Karl Marx, *Wage-Labor and Capital*.
② Karl Marx, *Misery of Philosophy*.
③ Karl Marx, *Critique of Political Economy*, preface.
④ Detsuch-Franzosisehe, *Jahrhucher*.
⑤ Karl Marx and Friedrich Engels, Communist, Manifesto.
⑥ Karl Marx, Letters on the Gotha Program.

资本家阶级与无产劳动者阶级的分化为度。于此一段之中,他的前提与结论,与正统派经济学酷肖。不过自从阶级分化一起,他的观点便移过了。因为依据马克思的唯物的解释,人的物质的基础已经变过了,所以人的性质已必随之而变动了。从此之后,人人自私的天性便逐渐觉得不适用,而次第变为全阶级谋解放的性质,这个变动的程序依据马克思在共产党宣言所示的约略可分为下述几个阶级。第一就是此时劳动者中的先知先觉①首先看透了"个别劳动者直接与那剥夺自己的资本家争斗之无利益",大声疾呼的主张联合反抗,更进而打倒工资劳动制度以谋全阶级的解放。同时无产劳动者亦觉得有一种需要,纷纷相与团结反抗。正如马克思所说,"最初是各个劳动者反抗直接剥削自己的那些资本家。再进一步,就是工厂工人联合反抗。更进一步,就是一个地方同业工人全力反抗"。嗣后又"渐次集中结成大团体。力量加大,对于自己力量的自觉已越发深了。而且机器又消去了各种劳动的差别,因此劳动阶级的利害关系和生活状况就渐趋于一致"。而且机械不住的进步,使他们底生活刻刻不安,劳动者和资本家个人的冲突又渐带着两阶级冲突的色彩。于是劳动者就结合团体(劳动组合)去对抗资本家。他们联合的目的在维持工银率。因为时时须得反抗,就设了个准备粮食的永久团体。这种对抗既成,便到处发生骚动的事实了。可是这种团结犹限于地方的,而且地方的自私色彩极重。最后这种乡土的观念,再因外界的压力而逐渐消灭。同时牺牲小我以为大我的精神又逐渐涨高,至于集合同性质的许多地方的争斗团体成为全国一大阶级的争斗。但每次的争斗都是政治的争斗。然而资本家方面,又因物质生产力的增加,反映而为不变资本与可变资本的比例的变动,这就是说资本家竭力增加不变资本的价值部分减少用以支付工资的可变资本的价值部分,结果资本家所生产的商品,因为劳动者的消费不足之故,无法销售,至于发生生产过度的恐慌。这种恐慌经隔一定期间便反复发生一回,凶过一回,常常震动有产阶级的全部。而且有产阶级的权力太大,无法救正这种制度。这便是马克思所说"于资本家社会胎内发展来的生产力,已经供给了可以解决这个敌对关系的'物质条件',正在发生作用"。依据马克思的意思,于此资本家的社会的物质基础已经动摇之际,而又加之以全国的无产阶级所向他行使的政治的争斗;所谓政治的争斗就是马克思在《共党宣言》所说,用专制的手段对付私有财产权和资本家的生产关系的一种不可避免的方策。无产阶级定必掌握政权,革命定必成功,"人类社会之序史于是告终"。马克思的革命经济学的大意,简单言之,便是这样。现在我们试且提出几点要义,略为讨论。

第一,依据马克思的观察,劳动者的天性原来是自私的。无论他在劳动力的贩买市场竞争的时候,或在他最初向资本家单独奋斗的而不肯大家一致的组织起来的时候,这个自私性都看得见。只因后来的物质生活条件变迁,资本家阶级对他和他的同辈施以大而且高的物质的压力,他们为应付环境起见,乃渐改变其个人自私

---

① 我认为马克思便是一个先知先觉。

的性质而成为向阶级尽忠的性质。如果资本家方面的压力越大，那么，个人自私的性质便取消得越快，同时，他那为阶级尽忠的性质便越发加多了。到了最后，自私的天性完全除去而形成一种牺牲小我以为大我的向全劳动者阶级尽忠的忠诚态度。这个观察确是不错。并且我还可以给他补充一点意见，即从大体上说，人既是一个理性的自私的动物，又是一个感情的为公的动物，因此之故，一个人当自己的物质的利益受人防害的时候，往往从他的感情方面发生出两个要素：第一个要素，就是迁怒的要素。即无论在何时候，如果有人侵害我的物质利益，我定不但要把他那侵害我的一类行为认为他是榨取我的，而且连他整个的人都要把他认为是榨取我的。不仅他个人是榨取我的，即凡与他有关系的家庭，朋友，甚至举凡一切与他立在同一地位上的人，好像都是榨取我的了。这个要素叫做迁怒的要素。第二个要素，就是迁爱的要素。即在一方愈觉得那防害我的私益的人可恨，便愈觉着自己为抵抗那人的侵略而集中我的精力去反抗他的行为是革命的。又凡同我共同奋斗的人都是革命的。又凡表同情于我的人也都是革命的。这个叫做迁爱的要素。由此迁怒和迁爱的感情发生之后，吾人遂由理性的自私而入于感情的为公。这就是说，纵令我在从前是因为我的对方榨取我一年劳动，而损害我的物质利益，而至于与他生气，但至现在，就令把他杀死我也觉得并不过分；反之，对于同我表同情的人来说，就令为他牺牲性命我也情愿。假令现在有一个人发生了这种感情，十人百人也发生了这种感情，自然马克思所谓的那种由于物质的生活条件的敌对而所产生的精神的敌对，便立将暴露于外而形成阶级争斗了。同时，我把上述的这种观念应用出去解释五四运动以来所发生的民族争斗、阶级争斗，我还得着得有一个公律，恰与马克思的唯物史观相合。即人在私益和公益一致的时候，往往因为迁怒和迁爱两重关系的原故，不惜牺牲私益为全阶级谋解放是公益，而现在的工人阶级的联合奋斗，可谓私益和公益互相一致。在这个时候，牺牲私益以为公益的事情，必然层见叠出。究其原因，大半系由物质的生活条件受人防害之故。所以，我说马克思的观察，即工人因物质的压迫而相互组成一阶级的说法，确是不错的。只有一点，我们所要提出来讨论的，就是劳动者个人既可因为物质的压迫而改变个人自私的正确性；进而变为向全阶级尽忠的热烈人格，那末，现在劳动者的阶级的自私和资本家自私，何不可因为异民族对于他们所施的物质的压迫而逐渐改变其阶级自利的天性，而一化为向全国民谋解放的忠实态度呢？于此情境之下，唯物史观似乎还是适用，我们还是可以把他解释为物质的所有关系向物质生产力所行使的束缚，所发生的事项，无非此时的所有关系不是私人的所有关系而是国家的所有关系，无非此时的物质生产力，不是国家的物质生产力而是世界的物质生产力，无非此时的由此物质的生产关系即所有关系，向此物质生产力的束缚，而所造成的物质的矛盾，及由此矛盾而所产生的阶级的争斗，不是国内的而是国际的罢了。并且在事实上，即马克思自己似也承认这种民族的争斗是可以唯物史观来解释的。现在且引马克思在他的《法兰西及英吉利之阶级争斗》一文上所说的话为证。

一切的"独占"权废止之后，竞争越发自由，所以资本也就越发急激的集中于大工业家手内，而所谓中产阶级也日渐灭亡了。英国因此遂变成一个资本独占的国家，把他的邻邦都隶属于自己支配之下。法国德国及意国的有产阶级之独占权已经打破了。德法意各国比那并吞一切资本之英国差不多已零落为一介之无产国家了。而英国之有产阶级压迫无产阶级，完全和英国之有产阶级全体，压迫德、法和意各国同一方式。在这种压迫之下，痛苦呻吟的当然是德法意各国之中产阶级了。①

英国压迫德法意诸国，既然与英国之有产阶级压迫无产阶级一样，则是马克思已然承认英国对于德法意之压迫是一种物质的压迫了，已然承认由此压迫而生之压迫人者与被人压迫者两种对抗的阶级的国家之存了。现在我们所不解的，就是劳动者的个人自利的天性，既可因为资本阶级的物质的压迫逐渐变化而为劳动者个人的牺牲小我而为大我的精神，为什么个别的阶级的自利的天性不可因为外国的物质的压迫，在一方面逐渐化除阶级的自利的天性，在他方面逐渐发扬牺牲小我以为大我的精神呢？假如马克思说这是不可能的，那便是根本否认国际战争的唯物的解释。假如说是可能的，那末，当此德法意各国的物质的生存条件，受英国的物质压迫之时，其痛苦呻吟者便不只是德法意各国的中产阶级了。马克思对于这个问题采用任何一个答复，都不能不承认自己的话有些语病。以历史的事实而论，当英国以高压力压迫德法意三国的物质生活的时候，法德意三国国内的阶级，却是因为受物质的压迫而逐渐改变其自私的态度，而为一种舍身为国的态度的。此在意大利和德意志统一时代所表现出来的民族精神便可看见。兹举一八七〇年八月十五日恩格尔寄马克思的书信，所发表他个人对于德法战争的态度为证。他说，

> 若德国战胜，则法国之拿坡仑主义一定崩坏，而建设德国统一之论争也可以从此告一段落。又德国的劳动者则能创造或组织新兴的民族规模。法国劳动者以为将来无论组织什么政府总比在拿坡仑主义之下较可获得自由活动的舞台。德国各阶级的民众全体，都以为民族的生存为现在第一紧急问题，他们随时加入战争也是为要求民族的生存而起的。在这种趋势之下，德国的政党，决不会对于威廉的议案有妨害的情事云云。

柯诺（Heinrich Cunaw）说"一八七〇年至一八七一年德法战争时，马克思及殷格尔均希望德国战胜，极力宣传"。亦可证明一国受别国的物质压迫的时候，阶级自私的态度可以一时沉寂下去，并且急转直下，发而为全民族牺牲奋斗的精神。如此说来，则是马克思所谓阶级的物质争斗，在现代社会进化的阶级上，比之民族的物质争斗，乃是占一个比较的不重要的地位了。老成的社会史家马克思，尽管在

---

① 《新莱因报》（*Nene Rheini che Zeitung*），1848 年 6 月 28 日及 7 月 31 日。

《新莱因报》上,承认民族的物质争斗的必然性,然而在他的辩证法的唯物史观公式上,和《共产党宣言》上,都把民族的物质争斗这个必然的阶段轻轻的掩饰过去,不知是否犯了思想不澈底的毛病,此应讨论者一。

第二,如上面说过的,任一民族的物质争斗,既然是由两个民族,各以其联合的力量去竞争物质的利益,方才发生出来的,那末,当一个民族以全力竞争物质的利益而造成的种种制度,如英国在伊利萨伯时代所行使的航海条件,商业限制,商业条约,战取殖民地的策略等计划,我们便不能说只是单为英国的有产阶级谋利益。因为马克思和殷格尔,亦承认英国向其他各国所争去的物质利益是分给他的无产阶级的。不过,无产阶级分得太少罢了。所谓分得太少这话,从英国方面说,自然是太少的。不过从那些被英国侵略的国家的无产阶级者说,那就嫌其太多了。英国的法律在事实上既然不专是在保护有产的利益而在为全英国民族谋利益,那末,我们就说英国的法律是专用来谋全英民族的物质利益的,也还是合于马克思的唯物史观的解释。而且在事实上,各国的法律都是在为该各国全体国民谋利益的话正是不错。例如战前的德国以他自一八七一年从法国所得的巨额赔款去办理德国的劳动保险,日本以在中日战争向我们所得的赔款去实行金本位制。金本位制实行后,当然于日本劳动者有利。英国为国民保险而增加关税,美国和大英帝国的自治领土为维持该国劳动者的标准生活而限制华工。凡此都是狠明显的例。所以我们就说各国的法律是保护该国全国民的利益的,也还是合于马克思的唯物的解释的。然而马克思以一著名的社会历史家竟至在他的《共产党宣言》上说:

> 大工业及世界市场建设以来,近代代议制度国家的政权就被他们一手把持住。国家的行使机关,只算办理他们公共事务的一个委员罢了。

这直不啻说国家是有产阶级的工具。这明明白白的在否认国家保护全国民的利益。这便是拒绝把他的唯物史观来解释近代的国家制度了。马克思此语不知从何说起。

第三,马克思因为不曾明白的把民族的经济争斗收在他的《共产党宣言》里面,于以说明民族为了竞争物质的生活资料而所定的一切法律,在事实上,是在保护民族全体的利益的,反而咬牙切齿的说,国家是有产阶级的工具。所以结果,他便认为国家是阶级的工具,国家不能阻止阶级斗争的发现;因此,他说这乃是物质的关系决定了的;因此他说在现代的社会不会有进步,要有进步,除非是劳动阶级专政。至他之所以在《共产党宣言》上不曾使用唯物史观去说明全民族竞争物质的事实的理由,我们在上面业曾说过了,这完全是因为他与个人主义一样,忽略了把他的历史的态度去搜求现代的商品社会的历史背景,而单从商品的分析入手。正如正统派的经济学者在研究分工制度的时候忘了去考究分工制度发展的原因,而单从分工制度的分析入手,所以结果斯密士便把分工制度的历史上的原因忘了。马克思便把商品生产制度的历史的原因忘了。现在我们且把斯密士和马克思所研究的对象合成一件,而发出一句回话对他们二人道,究竟现代的这个由社会分工所造成的商品世界是由什么原因造成的呢。斯密斯和马克思如果注重历史,便应该如利斯脱这位伟大的历史家,脚踏实地的去在十六七世纪历史文件中,去搜求他的构成的原因。然而因为斯密士和马克思二人对此问题的研究,都充分表现出他们的偷懒的态度。因为他们都不肯用归纳法去发现原则,反而使用选择法去发现原则。因为他们都各自从他们的局部的材料中去搜求普遍的原则,而忘记了从普遍的事实中去搜求普遍的原则。所以结果他们二人便也都把那一件重要的事情忘记了。他们忘记了由欧洲向西向东两大航路之发现,不仅是由于个人的力量,而是国家的力量。他们均忘记了英国的分工制度之所以发达,不单是由于英国的国民的个人和阶级的力量,而是由于贤明的伊利萨伯所持的商业政策之完善。他们均忘记了英国殖民地之发达,不是由于 ·个个人或一个阶级的努力,而是由于全英国国民的联合努力。他们均忘记了英国的商品世界和分工制度的完备,是由于英国的国民全体都认为这种制度有益于全英国国民的物质幸福方才发生的。又在其他的国家里面的分工制度,亦是由于该国的国民与英人有同样的认识,方才发生出来的。又全世界的商业的发达,乃是由于这些国家,彼此都认为这种国际的商业只乃是一种侵略和自卫的武器方才发生的。因为他们均忘了这些历史上的事情,所以斯密士便把分工的制度分析成为纯粹的自私自利的事实,而谓他所发生的弊害不是政治的权力所能救济的。所以马克思便把商品的世界认为是有产阶级的世界,而谓他所发生的弊害,非政治权力所能救济。假令马克思和斯密士二人有一个注意到这一方面的历史,我想他们便都不会把政治的权力看得如此无用了。国家的权力,既可以发扬分工制度的好处,又何不可以救济分工制度的缺陷呢?我以为马克思如果在十九世纪的时代,肯用黑格尔的辩证法来研究国民经济的关系,他也许不致把那用国家的权力去救济自由竞争的弊病说是不可能的了。

第四,假令马克思把他的唯物史观,忠实的应用到民族的物质争斗的场合下,而去观察存于民族之内的商品生产发展的历史,我想他便不会把物质的生产关系、物质的生产力、社会革命三语解释的如此浅陋了。因为一国工商业的发达既是由于国家的贤明的奖励实业的政策所促进的,而贤明的奖励工商业的政策又系优良的政治组织、国家行政、社会文化之结果,那末,我们便不可谓商品生产的关系是与人类的意志完全无关系的了。即令与现代的人类意志无关,但亦不能说与重商主义时代的政府的意识的撤废内地复杂的关税,以布统一的关税,获取殖民地独战交通,废止基尔特组合的特权等的决意的行为无关了。又因一国工商业的发达可以增加全国民的物产的生活,而又系举国一致的疯狂也似的采用的结果,自其小者而观察之,虽则可以把国内的生产关系解为"二律相反"的所有关系、榨取关系、压迫关系,但从其大者而观之,则直可把国内的生产关系看做合作关系、互助关系。这正如当着俄国革命或中国革命的时候,共产党和国民党为了打倒敌人起见所采行的义勇兵的内部组织的关系一样。从打倒敌人一方面说,即自其大者而观之,可以说这种内部的组织关系完全是一种合作关系、互相关系。但从内部的冲突上，即自其小者而观之，亦可说这种内部的关系是种欺骗关系、利用关系。如果更立在兵士的每月十五元薪水的立场，而去看总司令等的千元薪水的立场，而又加以自己的感情作用，那末，那种军官与兵士的关系当然便立即变成了政治上的榨取关系了。如果更进一步而以这种榨取关系，去鼓吹打倒军官阶级的运动，重新组织义勇队，只要敌人的压力不大也可办到，否则只有行改良的政策了。马克思因为只从小的地方着眼，所以便把现在国内的商品生产关系，看做一种对敌的关系了。我不是否认这种对敌关系的存在，不过我以为这种国内的对敌的关系可因国际的对敌关系的存在，不过我以为这种国内的对敌的关系可因国际的对敌关系的存在而缓和而减少而消灭罢了。这种缓和和减少的具体表现便是，欧洲大战时代所采用的战时社会主义。又因国民生产的目的，在事实上，既是在想增高全国民的使用价值，则是生产力一语，便应该用来概括凡足以达到这个目的的力量，不应只以物质的生产力为限。他如维持治安的警察，保护国家的军队，办理行政的官吏和探求宇宙真理的自然科学和社会科学的研究者，都是属于生产力的范围了。反之，从小的方面观察，固然也可说是国民生产力只限于物质的生产力，不过这个意义过于狭隘，且不合国家生活的目的，所以不能采用。又因生产力既然是提高国民物质生活程度的力，那末，我们当观察生产力与所有关系矛盾时，便不可以因为国内资本家和劳动者的一时的欠圆滑的结合，便认为是社会革命的到来。反之，我们必要因为国外的压迫已然消灭，同时本民族也不去压迫别人时，然而阶级对敌的关系不存在，然后始认这个社会革命才能达到，实则在那时候，阶级对敌的关系恐大半已化除了。所谓化除，不只是精神上的化除而兼是物质上的化除。说到此点，我们可以知道马克思经济学忽略了国民经济的根本原因了。

原来马克思的经济学是因袭正统派经济学来的，因为正统派的经济学忽略了国家增进个人的取得财货的能力，又忽略了人道主义影响国家保护弱者的能力，同时马克思又无法把他改正，所以结果便与正统派经济学陷于同一错误。就是在他的唯物史上把一件重要的民族争斗看漏了。

因为马克思太注重因物质的生存条件的压迫而所造成的阶级的小争斗，而看轻了因物质的生存条件的压迫而所造成的民族的大争斗，所以他的预料便有许多地方都失败了。第一，依据马克思的理论，资本家是资本的灵魂，而资本则以榨取劳动为生活，而国家又只做资本家的工具，所以他便断定在资本主义最发达的国家，劳动阶级最革命，最不遵守纪律，最能以暴力没收资本家的资本，而其结果则恰与他的意见相反。因为现在的劳动阶级唯在资本主义之国最能守法。即以正统派的马克思的党徒德国社会民主党而论，他们亦已抛弃其革命的手段而采用合法的手段，参加议会选举的运动。难道说这种社会变动的事实只因不合于马克思的预测，便是假的吗？第二，依据马克思的观察，现代的资本制度最发达的国家，人道主义便最不能救济资本主义的缺陷，因为国家是阶级的工具的原故，以此立场为根据,他在一八五〇年的时候,便说"要解决作工十小时的问题与要解决其他因劳资冲突而起的问题一样,唯一的方法是要无产阶级革命"。可是英国保守党以人道主义的理由,竟把这条法律通过了。而且马克思自己于一八六四年九月二十八日国际工人联合大会(International Working men's Association)席上甚至坦白承认"这条法律的制裁足以直接干涉盲目的供和求的定律(资产阶级的政治经济)与生产归社会管理的原则(劳动阶级的政治经济之菁华)两方面的大战争",虚心的抛弃自己从前的错误。① 第三,马克思认为共产主义的到来,须要经过三时期:第一时期,就是由资本主义的社会移到共产主义社会的过渡期,他对于这个过渡的时期,先如此说:

> 横在资本主义社会和共产社会的中间,有一个由这个制度推移到那个制度的革命的变革时间。同这个革命的变革期相适应的,又有一个政治上的过渡期。这时期的国家,就是无产阶级革命的独裁政治。②

而据《共产党宣言》所说,这个过渡期的着眼点,乃在于下述这一段话:

> 无产阶级利用其政治的支配,渐次从有产阶级夺取一切资本,把一切生产机关都集中在国家手里,就是集中在组成支配阶级的无产阶级手里,这样做去,那生产力的总量,就可以用最大速度增加了。

接着他说,

> 这种事不用说,起初的时候,只有用专制的侵害手段对付私有财产权,和资本家的生产关系,才能达到目的。

于此可见,马克思在这过渡时间里面,认为对于有产者的所有权实行暴力的专制的侵害,乃是一种不可避免的手段了。例如俄国的共产党的革命便是一字一句的跟着马克思做的。

中国的共产党现在已正在准备取用俄国的手段。但俄国是个产业落后和君主专制的国家,在俄须以暴力始达到的,在欧美那些选举制度最发达之国,对于同样的目的便不必取径于同样的手段。把欧洲大战来说,各国因为其他一国的经济的压迫纷纷采用战时社会主义将一国重要工业收归国管。这便是采用了共产主义的精义。但这实不是用的马克思的暴力侵害的手段。固然这种办法没有持久下去,但将来也许还要采用过一次。然而那时孰敢谓他必要借用暴力侵害的方法呢。又现在的欧洲各国大多数都把交通机关收归国有了,试问他们是用的暴力吗? 第四,依据马克思的论断,工人的工资是受商品法则所支配,即工人的工资,决于工人的生产费,所以资本主义最发达之国,贫困越发增加,工人生活越感不安。可是到现

---

① Cited by Simkhovitch's Marxism Versus Socialism pp. 123—124.
② Letters on the Gotha Program.

代,因为最低工资的法律实行之故,工人保险实行之故,一般工人的生活费,非但务必使其不受商品法则的支配而且使他不受产业恐慌的影响,所以结果,马克思所谓劳动贫困和社会崩溃,都不是在资本主义最发达的国家先行实现,反而在资本主义落后的国家先行发现。即此可见马克思学说的预测能力的缺乏。现在我们所应注意的一件事,就是,吾国孙中山先生的民生史观便系因为看着马克思的唯物史观的失败起而改正他的一种主义,所以民生史观实比马克思的唯物史观伟大。

一五,五,一九三〇于国立中央研究院社会科学研究所

(《社会科学杂志》,1930 年 1 卷 2 期)

弥尔的工资基金学说及其驳论

在介绍弥尔(John Stuart Mill)的工资基金的学说以前,我们不可不一考察弥尔所处的时代,因为没有一个人的学说不是由于他想要去解决在他的时代所发生的实际的问题而发,弥尔的工资基金的学说自然也是起原于他想要给某个实际的问题以解决。当着十九世纪的前半在欧洲各国里面曾发生了空前的劳动者阶级的政治革命的运动。这种政治革命运动的爆发大半系由他们不满于他们的经济的状态至于想以政治和法律的力量提高他们的经济地位特别是想以提高他们的工资。可是工资究竟可否以政治或法律的力量提高呢? 这便是当时人人所想要去解决的问题之一。又当时英法两国的劳动者阶级的政治革命运动,虽说在一八四八年各皆先后失败,可是此时有些工人的工资确是因有职工组合为后盾而增加。究竟这种由于职工组合的运动所得来的工资的增加是否可以造成劳动者阶级全体的工资增加呢? 这也是当时人人所欲解决的一个问题。因此之故,所以弥尔的工资基金学说便在专去估量政治、法律和职工组合对于增加工资的价值。末后,他对这两问题的答案共分三个部分:(一)工资的增高有他增高的根本的原因。这个根本原因在于用他支付工资的基金的分量和领取此项基金的劳动者比数的多寡。如果前者多而后者少,工资便高,反之便低。(二)工资基金的增加在于资本家或财主少以他们的资本或所得来购买商品,多用他们的资本及所得来购买劳动。(三)政治、法律和职工组合的效力,虽能强令部份工人的工资提高到某某的程度,但不能强令所有的工人的工资都能一样的提高,因为他们不能强令工资基金有增加。这正如这里有一定量的被除数若由一定的除数去分他时,绝不能说因为这些除数相加为和,由是而他们所得的商数便会加大。弥尔的工资基金的学说,论其要义,但是这样。现在且让我们来把他们一个个的从详讨论于后。

一

关于工资来自工资基金和劳动者数间的比率,弥尔在他的《政治经济原论》上曾发表了两段极重要的文字。我们姑把他引在后面。

工资于是大部依靠在劳动的需要和供给上;或如日常所说倚靠在人口和资本上。在这一个地方人口的意义是指劳动阶级的数目或被雇入的工人的数目;资本的意义是指流动的资本而且不是指的流动资本的全部,但只是指的用以购买劳动的部分。虽然在这一部分的资本的上面尚必加上所有一切的虽非资本,然而却系用以购买劳动的基金,比如兵士,家庭仆役,和所有其他的不生产者的劳动者的酬报。不幸这一部分的可以称做一国的工资基金的总数,却无一个熟语去表达。又因生产劳动的工资几乎构成了这种基金的全部,所以其他的那一个小而又小的部分便不免被人忽略了,因而遂有工资依存于人口和资本的比例的讲话。讲到便利自然还得采用这样一种的说话,只是须要记着这只是一种笼统的说法,不足以表明全部的真实。

于上所述的这些名词的界说内,工资不仅靠在人口和资本的相对数量上而且不受其他任何条件的影响。工资(自然是指的一般工资率的意义)不能提高,除非用以雇佣劳动者的工资基金增加,或竞争受雇者的人数减少,工资亦不减少,除非用以报酬劳动的基金减少,或被报酬的劳动者数增加。①

从思想的渊源上说,当然弥尔这种说法亦不能够算做他自己的创作,因为他不过是把亚丹斯密士的话来重述一遍罢了。这点涉及题外,本文可不必计。现在我们所要问的就是,弥尔的这样的讲话在历史上所发生的正面,反面,和调和者一面的论辩,为了节省篇幅起见,关于正面的辩论,我们只以弥尔的话作代表不再征引旁人的话句了。而在反面的论辩里面,我们则只推出亨利佐治(Henry George)一人作辩护士,又调和派的意见我们亦只推举一人作代表,这一个人便是扁宝威尔(Engen V. Böhm-Bawerk)。将这反对派和调和派的论调叙述之后,我还要发表一点我个人的见解;一者表示我个人于扁宝威尔的学说不赞成,再者表示我个人对于弥尔的工资基金的学说是始终站在反对的方向,但同时亦不左袒亨利佐治的意见。

亨利佐治对于弥尔的工资基金的学说,即工资是从资本家的流动资本中取出来的学说,所持的反对理由是,无论在历史上或在现实上,工人的工资都不是从资本中取出来的,而是从劳动者自己的生产品中取出来的呢?亨利佐治以为从历史的观点上去论证,工资取自劳动生产物这原则无论在任何时代都是真实。他说在原始状态里面此时劳动者都系自己替自己作工。这个原则当然是真实的。"如果我以我的劳动去搜集鸟蛋或拾取野生的果实,那末,我所得的这些鸟蛋和果实便是我自己的工资了。在这一种情境之下,定然没有一个人会争着说工资是从资本中取出来的,因为在这一种场合底下,根本便无所谓资本存在。"即在这个比较原始状态略为复杂的阶级内,此时劳动者已经不是替自己作工而系替他人作工了,可是这个原则还是真的。"如果我雇一个人去搜集鸟蛋,拾取果实,或做鞋子,并即以他所得的鸟蛋,果实,或鞋子做他的工资,那末,工资系来自工资所基以支付的劳动这泉源当然亦无问题。"即到这个比较前此还要复杂一等的阶级内,此时劳动者的工资

---

① *Principles of Political Economy*, book II chap. xi, §1.

又已经不是以该劳动的直接生产物来支付,而是以其他的等价物来支付了。可是我们亦可找出一个很有意义的举例来证明这个原则是不错。例如"在美国鲸鱼船上例非支付固定的工资而系支付所获的鲸鱼的成股。这个成股的大小,船主占所获百分之十六或十二,茶房 Cabin boy 占所获百分之三。其余的人的所获的百分数则在这两个极端的中间。当着一只鲸鱼船获了鲸鱼,进了新比德佛(New Bedford)或旧金山(San Francisco)的时候,在他的货舱里面,装有她的船员的工资和他的所有人的利润,和一种足以偿还在这一次水程之中所消耗的囤货的等价物。这些工资,即船员所取得的鲸油与鲸骨,之非取自资本而系取自他们自己的劳动生产物之一部分这件事,未必还有什么比他更清楚的吗?即令那里的船员为了自己便利不分鲸油与鲸骨的成股,而将每一个人所得的成股的价值,按照市场价格计算,每一个人均付货币,可是这事亦不发生丝毫的改变含混。原来货币只是真实工资鲸油与鲸骨的等价物,在这一种支付里面绝无所谓资本的预垫。支付工资的义务直到工资所由支付的价值搬到港口之后方才出现。这位船主在一刹时间里面,从他的资本中取出货币支付船员全体,并以鲸油与鲸骨归还他的资本。"①最后到了这个极进步的阶段,是即我们现在所生活的阶级;此时工资支付的时间已经提早在这劳动生产物全部完成以前,不复待至完成以后,这个原则依然有效。"例如造船的工作,劳动者虽要一年或且数年去建造一只的船舶,但是价值——他的总量是完成了的船舶——的创造自从船底龙骨安置完了时起,或自地基开辟时起,时时在做,日日在做,工资在船只完成之前支付,并不减少这位造船主人的资本,或社会的资本的数量。因为一半完成的船舶的价值可以抵销所付出的工资和价值。在工资的支付里面并无所谓资本的预垫,因为工人的劳动在这一周或一月里面所给这位造船主人创造的价值多于在这一周或一月之末他们所得的价值,这位造船的主人无论在这建造工程的任何阶段,如果要把他这一半完成的船舶出售,他定希望一种利润,这种事实可以为据。"②

更从日常的生活去观察,亨利佐治亦以工资取自劳动而非取自资本的说法是一确切不移的真实,何则?因为依据日常生活的经验,劳动都是给在工资之前,工资都是给在劳动之后;不是工资给在劳动之前,劳动给在工资之后。故不能说工资是由资本所给付。任何一位劳动者都是自己先行吃好早饭,穿好衣服,去向雇主先行作工,作工以后方才向雇主接受工资,换句话说,就是劳动者先向资本家储存了他们的劳动的价值,然后资本家方才向劳动者付出他们的劳动的价值。这正如储款人所得的货币是从银行的资本中取出来的,那末,在同样的逻辑之下,当着资本家以货币付给劳动者作工资的时候,我们当然亦不能说,劳动者所得的工资是从资本家的手中支付出来的了。凡此这两点意见都是亨利佐治用以证明他所以反对弥

---

① Henry George, *Progress and Poverty*, chap. Ⅲ pp. 24—37.
② Ibid.

尔的工资基金学说的理由的。即工资不是来自资本而系来自劳动。

亨利佐治于驳斥弥尔的工资来自资本这命题之后,随又进而研究资本功用的问题。这就是说,如果资本不是用来支付工资,那末,他又是用来做什么的呢? 他末后答复这个问题说:"资本的功用在于以器具、种子等等和以在交易进行上所必要的财富辅助在生产上的劳动。"关于此点,我应特别声明即我与亨利佐治的见解完全不同。因我以为在这私有财产制度牢不可破的时代,资本绝不是用来辅助劳动而是用来增殖余利。因为在现代这个时代,资本辅助劳动的活动完全是种偶然的活动,但资本增殖利润的活动则是他的一种必然的活动。假令今有一位资本家存有一笔定量的资本在同一时间里面,如果他被用以辅助劳动则不能增殖余利,如果用以增殖余利则不能辅助劳动,在这两条路线里面,即令三岁小孩亦且知道资本家是必要舍弃辅助劳动的活动而用以增殖利润的。例如,现在有一独占的产业,这种产业所生产的每件商品的生产费用,无论出产多出产少,都没什么变异。换句话说,就是,每件商品的费用都是一角。假令经营这个产业的资本家共有资本四百元,如果用以辅助劳动,增加生产,那末,他的出产品便是四千个单位,每一单位可以卖价一角,他的利润等于零数。如果他不用四百元来辅助劳动增加生产,但以增加利润,那末,如果他是根据这个供少价高的原理,仅用两百投诸生产而仅生产二千单位的商品,那末他的每一商品的价格便可涨至二角,总共赚取余利二百。在这两种不能并存的用途之下,你说资本家还是使用他的资本来辅助劳动,增加产量,减低价格,情愿把出四百元来投诸生产行程呢? 抑还是只用他的资本来增加利润,减少产量,提高价格,但只给出二百元投诸生产行程而以赚取二百元之厚利呢? 如果现在的资本家是没有例外的抛弃前者而采后者,那末,我便可断言说,资本家的资本,在私产制度盛行之下,他的唯一的功用便只在于增殖利润而非辅助劳动了。因为资本的功用或为辅助劳动或为增殖利润,关系工资涨落的原因的解释甚大,所以我须特别在此郑重讨论,即资本的功用完全在于增殖利润。把这一点明了之后,我们可以进而讨论调和派的学者的论调。

调和派的学者与亨利佐治的反对论调针锋相对之处,在于他俩对于每日劳动创造价值的分歧。即亨利佐治以为劳动者每日所附加一定工程之上的工作每日均可出售而成一定的货币的价值,此项货币价值便是劳动者每日所得的工资。因此之故,所以亨利佐治说劳动者实是先向资本家储存他们的劳动所创造的价值,而后资本家始以同量的价值付还劳动者做工资,并不是资本家先以他的资本的价值充作劳动者的工资基金,而后劳动者始以他们的劳动所创造的价值付还给于资本家。以此观念为根据,所以亨利佐治说工资不是从资本中付出来的,而是劳动者自己所生产的,至与弥尔的工资基金学说大相冲突。可是调和派的意见则以为劳动者每日所附加于一定工程之上的工作,除非是世上的资本家先有一部分的消费财货垫给劳动者做他们的生活资料,使他们能够完成这项工作,那便绝对不能卖成定量的货币的价值。这就是说,当着此项工程进行一半之际,如果任何一个资本家都没有定量的消费的资料垫给工人,做工资,同时工人又不能饿着肚子去完全此项的工程,那末,此项未完成的工程便永无完成的希望了,尚何价值之有。就令此项工程不是劳动者替资本家造的而是资本家自己造来自己用的,无须要他能够出售,但他事前如果没有准备得有充足的可供消费的生活资料至于中途前将工作废弃,当亦没有什么价值的意义。固然此项未完成的工程,无论在什么时候,也许都可出售,不过我们莫要忘了这个条件:即至少要这世上储有充足的消费财富可供劳动者生产劳动力之用,预示他们终究能有完成他的可能,然后才行,否则,这个未完成的工程至多不过等于一个未掘穿的盐井,试问有何价值之有。正因劳动者的这件没有完成的工作,在他没有完成或没有完成的希望的时候,没有什么价值,而亦不能变卖成为价值,同时劳动者的工资亦不是由他们自己所创造的一半未完成的工作变卖来的,而是资本家从他的资本价值中支付出来的,所以弥尔才说工资存于资本家的流动资本之中。在这一点上,他们承认弥尔的见解不错。不过他们以为资本家在工作未完成之前所付给劳动者做工资的价值,无一不望在工作既完成之后全数收除回去,所以他们在这一点上又承认亨利佐治所见到的这个工资不是付自资本而系创自劳动的见解为有理。集这两方面的长处或在表面上的长处,除这两方面的短处或在表面上的短处,于是便构成了扁宝威尔的调和派的新工资基金的理论。单因扁宝威尔的这种学说现刻还有势力,所以我特把他分为下列这三点,逐条说明如后:(一)资本家的生产方法的物质,(二)劳动者的劳动的价值究竟是从何处来的,(三)资本家为什么必须以生活资料垫付于劳动者,并以什么样的方法垫付于劳动者。

在讨论扁宝威尔的新工资基金学说以前,有点先要声明,就是扁宝威尔在他的《资本正论》第一编第四章上,曾经明明白白的说劳动者的生活资料不是社会资本。为什么现在我们又说他亦默认弥尔的工资付自资本家的资本这说法是对的呢?未必我们曲解了扁宝威尔的意义吗?我对于这个问题的答复是,我们并未曲解扁宝威尔的意义,因为扁宝威尔虽没有说劳动者的生活资料是社会资本,但他确是说他是私人资本,而且他尚明白表示企业家向工人所垫付的生活资料,亦在私人资本的范围内。于此可见,他的意见,正与弥尔的工资来自资本家的流动资本的命题相一致。并证实我未曲解他的资本的意义了。把这点记在心里,我们可以进而讨论扁宝威尔的工资理论的问题了。

扁宝威尔在他的《资本正论》(*The Positive Theory of Capital*)里面说,人们生产享受乐财富的方法共总可以分作两个种类:其一,就是直接生产享乐财富,其二,就是间接生产享乐财富,直接生产生产工具。这种间接生产享乐财富的方法构成所谓近代的资本家的生产方法的特质。为了描写这种特质起见,扁宝威尔特别设了如下的两个极有趣味的例子。

他的第一个例子的意义在于说明这种间接的生产享乐财富的方法所以构成资本家的生产方法的特质,在于他能以同一的费用生产更多的财富。例如你口渴了思得饮水,你共有三个方法可以得着水吃。其一就是当你口正发渴之际赶急跑到水边,以手捧水来喝。这种方法当然是一最直接的生产财富的方法,可是既不便利,又不经济,非但每当口渴一次便要跑到水边一次,而且尚莫充足的水来用。其二,就是当着口还未渴之时,你便先去砍倒一树,截下一段,把心掏空,制成一桶,每日以桶汲水,用嘴吸食,这个方法是间接的,可是他则较有效率,因为以桶取水非同小可,单做此桶便当花费也许一日的工夫,此外还须经过砍树,制斧,溶矿,砌炉,燃烧,炼铁种种手续。其三,如果你不只去斫断一根树子而去砍下几根树子,并把这些树心通能掏空,以头接头连成一槽,一端接着水源,一端接着屋内,自此以后,每日便以所接之水时时饮用。这个方法是最间接了,但他最能增加生产。因此之故,所以近代的生产方法,概括间接的和迂回的方法。

扁宝威尔的第二个例子是说,某种消费的财富,如果不采间接的生产方法会得不到。例如我的眼睛近视,须要一副带有纲丝架子的眼镜,但自然所能供给我们的只是含有砂养二的泥土,和铁矿,我如何把他制成眼镜呢?其一,我先去制造一个溶矿炉,并以燃料将此含有砂养二的泥土煎成玻璃,其二,我又当用种种方法把他澄清,加工,冷却。其三,更当把他磨成凹面透镜,使适宜于我们近视眼睛的光度。同样的道理,我当溶解铁矿而为生铁,更把失铁制成钢铁,再把钢铁一再制造,直至造成我所要的钢铁眼镜架。在这一个例子上我们还可看出一点更重要的意义:就是,间接的生产方法不但可以增加旧财富的分量,而且可以创造新的财富。因此之故,所以现代的资本家的生产方法无一不以间接的生产方法为特质。

扁宝威尔把资本家的生产方法的特质说清楚了,他又进行第二点,就是劳动者的劳动的价值又从何处来的呢?他对于这个问题的答复共总分作两件:(一)一切生产财货的价值都是从他们最后所造成的消费财富来的;(二)一切消费财货的价值都是从他们的限界效用来的。劳动既为生产财货之一,他的价值当然也是由他所制造的消费财货来的了。反转来说,就是,如果我们对于面包的限界需要没有了,那末,面包的限界效用自亦没有了。面包的限界效用没有了,那末,这些直接造成面包的各种生产财货,如麦粉,烤炉,和制造面包的劳动的价值,当然也没有了。同时这些用以制造面粉的麦磨,和制造烤炉的劳动和一切砖砂,炉条等制造烤炉的材料,当然也没有价值了。又此用以制造麦磨等物的生产财货,如土地,农具,农劳,石磨的建筑材料的价值当然也没有了。扁宝威尔为便于说明起见,曾提出这样的一种假定说,如果在这由最远一级的生产财货直到最近一级的消费财货的阶段里面,无须什么生产时间,更假令最后一级的生产财货只有一个用处,即只能用以制造这个最近一级的消费财货,如面包,那末,这个最远一级的生产财货的价值必定恰如其分的等于这个最近一级的财货的价值了。可是我们如果将这扁宝威尔的举例略为变化,而假定这个最远一级的生产财货只是劳动者的劳动,那末,在这同样的情境之下,劳动者的劳动的价值,必然恰如其分的等于他所制造的消费物的价值了。反之,假令劳动者所制造的消费物终久无完成之一日,并且永远不能消费,那末,劳动者的劳动定然亦会遭遇同样的命运而不能产生任何价值了。

又资本家为什么必须以生活资料垫付于工人呢?扁宝威尔答复这个问题说:一来呢,系因为资本家的生产方法系以间接的生产方法为特质。从时间的观点上说,这种间接的生产方法比较直接的生产方法,自生产财货进入生产行程的时候起到消费财货退出生产行程的时候为止,所经过的这段期间较为长久,所以在这一段长久的生产时期内,这些凭藉工资以为生活的劳动者的生活资料不得不有赖于资本家的预垫。二来呢,系因为生产物的价值是由消费物来的,而劳动亦系生产物中的一部分,所以他的价值亦因他所生产的消费物而决定。最后又因消费物在未完成的时候没有限界效用,没有使用价值,不能供人充作消费资料,可是劳动者在此制造消费资料的进程中却又每日每月都要现成的消费资料来消费,否则无力进行工作。因此之故,所以他们便不得不依赖资本家以他们的流动的资本垫给他们做工资了。

又资本家用什么方法来将生活资料垫付于工人呢?依据扁宝威尔的解答,这种垫付的方法与工资基金说是不同的。即工资基金说好像是说,平均生产时期的长度恰如所储蓄的现存财富所可垫付于劳动者做生活资料的时期的长度。例如一国一年的需要为五千万,那末,两年的平均生产时期便须要有货物价值一万万。这种说法如要成立,定必须以如下所述的生产组织为条件,即所有的工人在同一年度内必须通通被用在同一个生产消费资料的阶级上。举例来说,就是这些制造衣服的工人于第一年之内必皆用以预备羊毛,第二年建造机械,第三年纺绩毛线,第四年编织他,第五年裁缝衣服,而后事先才要存储五年的现存财富去垫给劳动者做他们的生活资料。可是这种生活不合事实,因为在现实生活上产业都不是按照生产年度组织的而是按照生产阶段组织的。即在同一年度里面,这些生产消费资料的各组的工人都是被用在各异的阶级上。例如这些制造羊毛衣服的工人他们内中便也许只有五分之一生产羊毛,另外五分之一制造机械,其他的纺,其他的织,又其他的做这最后一步的工作。如这一种的生产组织是无需要资本家事先存有五年的生活资料去垫给劳动者做工资的,因为在这五年的生产时期之内年年都有新从生产行程最后一个阶段退出去的现存财富可以垫给那些正在忙着第一第二第四第五阶段工人做生活资料,故用不到五年之数。由此可知扁宝威尔所说的资本家垫付工资的方法具有一个重要的特质,即他不是一次交付的而是按期分付的。这种按期分付的方法是说资本家随时以他的源源而来的新收入随时垫付工人做他们的工资。综括来说就是扁宝威尔对于弥尔的工资基金的理论只有一点修正,即工资的资金宛如我们中国的洞庭湖一般,在一方面,虽说时时都要以汪洋的水波倾注于大江,可是在他方面他却时时都要从沅、潇、湘里面接收新来的水量而使他的接济不致终断。

综括扁宝威尔的新工资基金的理论我们可以提出三点要义:(一)工人的工资除了工人自营自足的生产外,还是由资本家垫付出来的,不是工人自己生产的。当着工人正从事于间接的生产的时候,在一方面因为他们的劳动成果尚未成熟,在他方面,又因他们所需要的生活资料须是成熟的,所以结果,便只有赖于资本家的预垫了。亨利佐治虽然主张工人的一半成就的工作可以随时出售成为货币价值而即以此支付工资,但是这种说法在暗默里乃系假定工人在生产时期内足有可供消费的生活资料可使工人得有余暇来完成这种长期的生产的活动,否则此种一半成熟的产品定必终于没有完成的期望,同时亦无价值存在。单因这种生活资料的来源不是存在劳动者的储蓄基金里面,而是存在资本家的工资基金里面,所以工人的工资还是不是来自劳动者自身而系来自资本家。总之一句,亨利佐治的根本错误在于误未来的价值为现在的价值,所以不能采用。(二)资本家垫付工资于工人的方法不是一次交付的而是按期分付的(by installment),即以他的源源而来的新收入随时支付工资。这无异说工资的基金不是一池死水,而是一流活水,在这一流活水里面,时时都有新流入的成份。(三)资本家在间接的生产行程尚未终了之时,虽然以现成的财货支付于工人,但当生产行程终了之后,他们却是无一不在工人的生产品里面将他所垫付出来的工资收回,而且加上利息,结果工人的工资还是以工人所创造的价值为标准,而非仅以工资基金做标准。综括来说,就是工资基金的学说在这种意义里面是可与工资生产力说议和寝事。这便是扁宝威尔的资本预垫工资的理论。

骤看起来,扁宝威尔的新工资基金的学说好像比较弥尔和亨利佐治都进步,不过仔细一想,则知扁宝威尔的学说,如同弥尔的学说,都是一样的没有看清工资涨落所依据的根本的事实。何则？因为扁宝威尔和弥尔同是以他们日常所见到的劳动需要和劳动供给的粗疏经验为根据去解释工资涨落的关系。自然他们所谓劳动的需要系指资本家用以购买劳动的流动的资本。所谓劳动的供给系指资本家所雇人的劳动者的数目。本此前提作推论,再去考察工资变动的实况,他们遂以为一国工资高系因劳动的需要多,或资本家所用以购买劳动的工资基金相对的多和劳动的供给少或劳动者的人口少；一国的工资低系因劳动的需要少或资本家所用以购买劳动的劳动基金少,和劳动的供给多或动者的人手多。换言之,即一国劳动价值之高系由需要多供给少,一国劳动价值之低系由需要少供给多。这就是说,一国工资的涨落全要听命于供给和需要的相对关系的变化,可是供给需要的相对的关系是受什么决定的呢？他们均不明白。因此之故,所以他们两个所做出的工资基金的理论都经不住我们往前追问。因此之故,所以我们即令承认弥尔和扁宝威尔所开发的工资理论是不错,即一国的工资基金的增加无不基因于在一特定的时间和一特定的国家里面的消费财富减少,生产财富加多,换言之,即基因于资本之增加,然而我们如果对于他们向前追问,为什么资本一旦增加工资便要增加呢？他们则尚未能立即明白。因为弥尔虽然答复这个问题说,工资的增加是由于工资基金的增加,而工资基金之增加则是由于投在生产行程的资本多,可是这话直等于说工资的增加系由于工资的增加,不外是把这个问题再说一次,而不能给出一个令人满意的答复。到了扁宝威尔,因他认定现代的迂回式的生产方法与劳动在生产的时候所经过的时候大有关系,认定资本的涵义只是一种在生产的过程里面劳动和自然的一种变化阶段;认定劳动者的劳动必须取用若干生活资料之后而后乃能从事资本的制造;末后,他并认定劳动者在利用自然制造财货的时候,如果他所用的资本愈多,那末,他的财货的数量与价值都必以累进的形式而加大。因此他说一个独立的劳动者,如果他的生活资料愈多,那末,他的劳动的时间便必愈长,劳动的时间愈长,那末,他便能够在生产享乐财以前先地生产资本财,待资本财生产既多之时而后将他们逐渐化为享乐财,而获得这种牺牲最小代价最大的成果。又如这位独立的劳动者他不愿意独自担负这种长时间的劳动,那末,他亦可以他的生活资料雇用一个帮手而为共同的生产,而其结果亦约略相等。又如这位受雇的劳动者,设令他的生活资料最少只能从事需时较短的生产方法,现在经了这位富有的劳动者垫以某某一个时期的生活资料,俾获与他的雇主从事于较长时期的生产工作,结果在分配上他亦有利,因他可以从事较为迂回曲折的方法之故。又如这位独立的劳动者,如果不以他的生活资料直接雇用劳动给他生产资本,但只用以购买机械,然因机械亦是从事这种同一迂回生产方法的劳动,结果依然可使这位舍此便不能够得到这种较为迂回的生产方法的劳动者得到更大的分配。于此一种立场之下,扁宝威尔对于工资伴着资本的蓄积而增加的问题虽然曾给出一个比较弥尔更为精确的答复,即资本家的私人资本的增加因为可以使劳动者从事于较为迂回的生产方法的活动,可以得到一种更大的成果,所以劳动者的工资便可因此而增高,可是这种说法亦不十分明白而须重加分析。

在扁宝威尔这个答复里面,我们知道如他所说的这句"较为间接或迂回的生产方法"乃是最要紧的。即较为迂回的生产方法是资本家以生活资料垫给于劳动者的原因,同时,亦是工人的工资之所以增加的原因。这就是说,资本家之所以垫给生活资料于劳动者,乃系因为他要从事于较为迂回的生产,同时劳动者之所以接受资本家的这种预垫亦系由于他可从事较为迂回的生产活动之故。因为迂回的生产方法可以提高劳动的生产力,可以使资本与劳动的酬报均大增加,而间接有利于劳动者和资本家。但是现在我们所要特别注意的,就是,较为迂回的生产方法绝不是基因于资本家预垫劳动者以生活资料,而是由于其他的独立的原因。这个独立的原因当然便是科学的发明,或劳动生产力的进步了。如果在某一个社会里面科学的程度极低,劳动生产能力极小,此时纵令资本家以若何的丰富的生活资料垫给于劳动,当亦不会有何工资增加发现。现在我想借用亨利乔治所引的一个例证来说明我们恰才所说的这个命题的真实性。

当着佐治第四(George IV)王朝,有某某新从新西兰(New Zealand)岛回来的教士,他们带了一位酋长浑几(Hongi)回到英格兰(England)。这位酋长的尊贵的面貌和美丽的黔墨都颇惹人注意,并且当他归里的时候,这位皇帝和某某几个宗教团体都送给他不少的工具农器和种子。

　　这位感恩的酋长确是用了这种资本,但怎么一个用法几非他的英格兰的东道主所能梦及。他家去到了悉德兰(Sydney)地方便把他来换成军火去了,到他前抵故里之时,他于是立即取用他的军火攻击其他的一个部落,结果他的大功告成了。他在他的第一次作战的原野上将他所捕获的三百俘虏通通煮来分给他的部下吃了。他把他的那位受了剧伤的仇敌,是即那位与他对累交锋的酋长的眼睛掏来吞了,并且吮吸他的热血。①

在这一个例子里面,我们可以看出这位酋长,虽然具有农器,然而对于农事还是无何直接贡献,因为他缺乏农业上的劳动生产力之故。由此可知企业家即以生活资料垫付于劳动,即令给劳动者以现成的资本,然如一国的文化程度尚未达到某种的阶级,或则不知所谓迂回的生产方法为何物,当亦不会有何种优厚的工资实现。反转来说,就是,一国工资之高完全在于一国劳动生产力之增加。如果这个原则是真实的,那末,一国工资之高并非由于资本家情愿以大量的资本预垫于劳动者,而是由于资本家眼见着这个伟大的劳动生产力的进步,希图以他的生活资料增殖利润,然后以他的生活资料购买劳动了。将这个结论应用到我们前此所设想的工资基金学说的分析上,我们可以得出如下所述的几个原则:(一)工人的工资还是工人所生产的;(二)工人的工资虽然伴着资本的增加而增加,但是他的根本原因还是由于劳动者的高的生产力,而不是由于资本家情愿或不情愿以资本垫付于劳动者;(三)资本家之以他的财富投诸生产行程,并非由于他们情愿或不情愿以资本垫付于劳动者,而是由于他们想要增殖利润;(四)工人于接受资本家的垫款后,情愿提给资本家以利润,亦系因为他们相信他们的劳动生产力足够支付此数。合上所述四层的关系,我请大胆的提出一个假定:即工人工资的增高完全在于工人的劳动生产力的增加,因为劳动的需要和供给的关系莫不受此劳动生产力的增加决定。

　　我对于扁宝威尔的资本家以生活资料预垫给工人作工资的论调之所以表示不赞同的态度,完全是因为扁宝威尔的预垫的观念不合于市场生活的时代的精神。因为在市场经济里面任何一人的生活通通系以自私自利为目的。除此自私自利的观念之外,别无所谓预垫的观念存在。如果现代的经济学者仅为一点主观的偏见必欲建造空中楼阁,硬谓工人的工资系由资本具有预垫工资的功能,那末,劳动者在同样的逻辑之下,他们又何尝不可以说工人是先以他们自己的生活资料的价值垫于资本家呢?而且这种说法亦可找着可做根据的事实。因为现在的工场劳动者既然没有一个不是先吃了饭,然后去到工场作工,作完了工然后才向资本家领取工资。如果说工人的劳动生产物不外只是他们的生活资料的一种变态,那末,从生产

　　①　Henry George, *Progress and Poverty*, chap. V , pp.59—60.

的过程上看,工人亦何尝不可以说他们实是先以生活资料垫付于资本家,而非资本家先以生活资料预垫于劳动者了呢? 为避免这种无味的纷争起见,所以我便是舍去这个带有伦理色彩的预垫的观念,而用这个人人均各自私自利的观念,而谓资本家的资本是一种价值,工人的劳动力又是一种价值,两者的价值是对立的。我们但只承认他们是以对等的关系相互交换,而不承认谁个向谁预垫,并且在事实上正是这样,正不必自费许多精力于此无味的纷争里面。这也便是我个人近来放弃"资本预垫工资学说"的一个附带的理由了。

二

工资基金的第二点是说,一人对于商品的需要不是对于劳动的需要。因为所谓工资基金的意义既被弥尔解为资本家用以购买劳动的流动资本,那末,在资本家的流动资本里面,举凡这些不是用以购买劳动的部份自然便不属于工资基金的范围,并无关于工资的涨价了。以此命题做根据,弥尔遂推出一个重要的结论:即一人对于商品的需要不是对于劳动的需要,而以之作为工资基金说的第二个部分。现在我们请将弥尔(John Stuart Mill)关于此点所说的那三段话引证于后:

> 我所正在争论的这个命题,有的人觉得他是真的,但其他的人又说他是假的。其实这个命题只是如下所说这样:即一人不是以他自己所消费的财货造福于劳动者,而是完全以他所未消费的造福于他们。

> 如果我不以一百磅去买酒或买丝,而以用在工资方面,自然,这个对于商品的需要,在这两种场合都是完全一样,前者系一对于价值一百磅的酒或丝的商品的需要,后者系一对于同价的面包,麦酒,劳动者的衣服,燃料,和娱乐品(indulgences)的需要。可是在后面这一场合里面,社会上的劳动者便多有社会生产物一百磅来分配了。我已少消费了这么多的东西,我已把我的消费的能力转送给于他们。如果不然,那末,我所少消费了的便不能做我所留给于他的人所多消费的;这显然是种冲突。社会所生产的并不少,然而一个人所消费的却是少,当然他所不曾消费那部份是增添在他所用他的购买力送给的人了。

> 在我所假定的这种场合里面,我并不是最后亦必少消费,因为我所支付的劳动者可以替我造一所房子,或制其他的物件,用备将来的消费。可是无论如何的说,我却是停止了我的消费了,并且又以我所有的那一份现在的社会的生产品让给劳动者了。如果隔了一个时候我被还清了,但他亦不是从现存的生产物中取出来的而是从事后所添加在他里面的生产物中取出来的。因此我前以多的现存生产物让其他的人消费了,并且曾以消费他的力量放在劳动者的手内。

这三段话的主要意义是说在一特定时间里面,如果社会上的一部分的财富,譬如价值一百磅的社会生产品，忽然不以购买商品而用以购买劳动，那末，在劳动者方面便多得一百磅的衣服、燃料和娱乐的真实工资。反之，如果社会上有一部分的财富不用以购买劳动而用以购买商品，那末，劳动者便少得一百磅的生产品的价值用做他自己的工资了。在前有个时候，我以为弥尔这种说法是全部错误的。我们就令以一百磅去买商品而不以购买劳动，然而因为商品亦为劳动所生产，那末，在所付给的商品价值中劳动者还是略有所得而不能说他们因此遂少得了一百磅。反之，我们就令以一百磅去买劳动而不以购买商品，结果工人的工资还是不能说便多得了一百磅，至多无非是比较我们在以百磅购买商品的时候所得略多而已。因为在前一种场合之下，工人所得只是一百磅中之四分之一，这就是说，在一百磅里面尚须除去资本的利息，土地的地租，和企业家的利润；在后一种场合里面，工人所得不是一百的四分之一而是一百。所以在后一种场合之下工人所得比较优裕。可是在两种场合之下这一百磅之数，不问究否用以购买劳动，但他在工资上所发生的影响还是增减不到一百磅，然而弥尔则谓他是这样，这当然是他的观察的疏误。又弥尔于此还看落了这一点：即凡资本家平素用以购买商品的价值一百磅的社会生产品，绝不能依照资本家个人的意志全数把来购买劳动者的劳动，而只能以一部购买劳动。为什么呢？因为劳动者不能空拳只手而去行使生产，此外尚须使用资本和土地，凡此二者均不能说不要代价。假令今有一位资本家极力节省消费最多只能剩出一百磅，试问他便能以这一百磅去购买劳动吗？如果弥尔答复这个问题说是的，那末，他便根本否认在一特定的时间内资本家能够不要资本和土地，但只需要劳动者的劳动便能从事生产，这未免太把生产的要素看的简单了。如果他说不是，那末，这个否定的答案便是根本推翻他自己的说法，即谓资本家纵令不以一百磅购买商品，然而亦不如他所说能够通通用以购买劳动啊。归根结底的说，弥尔所提出的这种对于商品的需要不是对于劳动的需要的廉洁，遑论他的结论不是，连他的前提也就完全是种空梦了。综括来说，就是资本家或财主，不问他们究否以他的所得或资本投诸生产或消费，都是构成同一的劳动的需要，二者不容歧视。这便是在前我以为弥尔的见解全部不通之时所持以反对他的理由。

　　实则弥尔的见解的错误，并非我在从前那种批评所能纠正。因为连我所根据以批评他的那种理由也是错得一塌糊涂。这个错误的所在，就是在前我们以为资本家的剩余财富，如果用以购买商品（指消费的商品）便是用以投诸生产行程去了。可是在事实上，他仍然是存在消费人手内对于生产所需的原始的资本依旧还是分毫无所减。为正确的说明这个命题起见，我们暂请假定现在我们所处的这个社会是一两个人的社会。在这社会里面，在前有个时代，这两个人在经济上都是自为生产自为消费，即各自生产各自所需用的面包衣服和住所。在后有个时代，不知什么原故，他们除了住所一项而外，其余如面包和衣服两项，他们都不再采自为生产和自为消费的政策了。是即由甲生产全体社会所需用的面包，由乙生产全体社会所需用的衣服。生产以后，再行交易。即甲以他所生产的面包的一部份去应乙的需要,乙复以他所生产的衣服的一部份去应甲的需要,而实现所谓物物相互交易的社会。这个社会虽然不及我们现在所处的社会这样复杂,然而他的内部组织确已构成了现代社会的雏形了。可是在这一个社会里面,甲虽然以他所生产的面包去与乙,在表面上,好像乙的劳动多得了一份酬报,因为当着甲以面包投诸乙的时候,甲虽给乙以定量的劳动的成果,但同时甲又向乙取去了定量的劳动的成果,衣服,结果于乙的劳动的成果还是无所增无所减。故甲以他的财富易取乙的商品,在工资基金上,与甲不以他的财富易取商品,而由乙自己生产还是相等。在这一点上我们可以知道在简单的分工社会里面,这个购买商品的基金绝不能使工资基金有增加。即以现在的这个较为复杂的资本家的社会而论,这个结论亦仍有效。由是可知我在从前对于弥尔的那种批评实是没有什么存在的理由,实则弥尔之所以提出商品的需要不是劳动的需要这句口号,原来只在指明消费的财富在同一顷刻以内不可以为生产财富的意义。在这一点上弥尔当然没有什么不对。

现在我们所要讨论的,就是弥尔所提出的商品的需要不是对于劳动的需要尚含得有其他的一种意义。即资本家或财主,如以若干的剩余的财富购买若干的增加的劳动,那末,工资基金便有若干的增加,反之资本家如不以若干的剩余的财富购买若干的剩余的劳动,好像工资基金便有若干的减少。这话骤看起来好像是一毫无疑义的真实,而且在事实上也有一点些小的根据,即如在资本缺少的国家,如果资本家骤然把他的剩余资本提出于生产行程之外,那末,工资基金便会减少,投入于生产行程之内,那末,工资基金便会增加,虽其所增加的往往不到百分之百,然而其为增加则系事实。所以我说,弥尔的话亦非全无根据。不过弥尔这话还是不对。其不对处,在于他以资本购买劳动的部份的增加,便是工资基金的增加,而看落了劳动者生产能力的因子。因为无论任何商品的价格,都是由于该商品的真实价值决定,不是由于买的钱决定。例如今有一位富翁向磁器商行买来一件康熙磁器的花瓶,共去一千元大洋。此一千元大洋的价值虽似决定此一花瓶的价格的因子,可是这件花瓶之系康熙磁器,乃为其价格的决定条件。假令现在有一研究康熙磁器花瓶的价格原因何在的学者向他自己问道:为什么康熙磁器的花瓶值一千元呢?他当时答复这个问题说,康熙磁器之值一千元就因他值一千元,或者说是,就因这位富翁存储得有一千元的购买基金,岂非笑话之哉?可是弥尔对于这个工资因何以高的答复,正像这位学者对于康熙磁器的价格原因的答复一样,简直没有什么分辨。最有趣的,就是同是一类的答复从一般普通人口中道出便是笑话,不是从普通人口中道出,而系从一位学者口中道出便不但不是笑话而是一种天经地义的格言了,此之谓学者的偶像!

为什么康熙磁器的花瓶值价一千元呢?不但应说康熙磁器本身方面的价值等于价值千元的其他货物的价值,并且我们有时还须要说康熙磁器本身所具有价值,在特种情境之下,超于价值千元的其他货物的价值。例如在北平这个地方这些穷而多的出售古董玩器的前清时代的小旗人的家庭,在他们所出售的古董玩具里面,便有不少的康熙磁器的花瓶。他们因为迫于饥寒之故,纷纷以之向这些古董商人出售,此时,因为这些古董店的商人,一者有坚固的团体,二者有广博的知识,三者有浩大的准备金,凡此三种条件均非这些出卖古董的穷乏愚蠢和老朽旗人的家庭所能具备,所以在交涉上,他们总是立于不利的地位。无怪议价的结果,他们无一不是以最低的价格出售他们的好宝贝了。在这一种情境之下,未必我们还不可以说,他们是以一千元的价格所出卖的康熙磁器的花瓶,确系超于价值千元的其他货物的价值吗?实则这些穷而多的出售古董的小家庭,与这些穷而多的出售劳动力的无产阶级,在买卖契约上是立于同等不利的地位。所以劳动力的价格,在常规的状态里面,尚往往落在他的本身所创造的价格以下了。以此事实为根据,我们不仅要说一个国家的工资之高确系由于劳动生产力之加高,而且他所加高的程度尚应远在他的工资之上了。似此则是弥尔所谓一国的工资之高非是由于劳动生产力之加高,而系由于一国的工资基金的加多,确是一种很轻浮的学说了。

三

工资基金学说的第三点是说,工资的立法和职工组合的运动是不能提高一般的工资的,因为真实的工资的总额是固定的,如果职工组合或工资立法以强大的力量能够强令工资为一般增加,那末,因为工人所增加的这一部份的超过工资基金的数量可以妨害资本的积聚或增加工人的数目,结果反于工人的一般工资发生不利。如果职工组合或工资立法不能以强大的力量强令工资为一般的增加,最多只能做到某某部份的增加,然因在这固定的工资之中这些强而有力的职工组合的工人吸收了工资基金的大部,结局定减少了其他的工人所得之数,而使他们的工资减少或失业,从劳工阶级全体上说当亦没有什么利益。又即令工资的立法能够提高一般的工资率,但因他不能增加工人的工作的效能和限制工人劳动者数,结果造成工资基金的减少和分配此项工资基金的劳动者的增加行将大大减低每一劳动者所得的工资。这点我们只要去看弥尔关于最低工资立法的一点批评便明白了。

因为这种来自竞争的工资率将此全部的工资的基金分配在这全部的劳动人口里面;如果法律或公意把工资提高到这种公率以上,那末,有些工人必会失业;而因慈善家的本意是说他们不应饿饭,他们当然必要强迫增加工资的基金以为他们的生活之需;这便是一种强制的储蓄了。除非有种准备,即凡寻求工作的人都能找到工作或至少找到工资,那末,这个最低工资的规定必然毫无意义。所以他们常以此为他们计划中一部份;并且他正合于那些嘉许这种在法律上的或道德上的最低工资的人的观念。公众的意见以为替贫民寻找职业是富人和国家的义务。如果舆论的道德的势力不能劝诱富人节省消费够使全部贫民都有合理的工资的工作,那末,国家便应出而征税或用地方的税收或赖公款的议决(either by local rates or votes of public money),以图担负这种责任,由是而此在劳动和工资基金之间的关系便当不由限制人口,但由增加工资而往工人的利益方面改变了。

可是这些有生产和蓄积的人当着受命节省消费直到他们不但曾给衣服与食料于一切的现在生存的人,并曾送给于一切的为他们和他们的子孙视为宜于听其出生的人的时候,这完全是另外的一件事情。这种责任承认和实行之后,将停止他们对于人口的一切的限制:即自然的限制和人为的(Positive and preventive)限制;人口于是便要以最快的速度往前增进;而因资本的自然增加不能比较从前更快,为弥补这个上长的差额起见,亦必要以巨大的步骤往前踏进。此时这种强求劳动换取食料的企图自然亦必实行,但是经验曾经指明,这种的工作只能希望于受领公共慈善捐的人,如果报酬不为工作而支付,但为支付而设工作,工作自然一定没有效率。没有撤退的权柄而欲向那每日劳动者取出真正的工作,除非借重于鞭策的权力是一定不能实行的。自然,这种障碍亦可改正。因为这种由租税征收而来的基金可以分散在一般劳动市场上,恰如在法兰西的拥护劳动权利的人所理想的办法;不给任何一个失业劳动者在一特殊的地方或向一特殊的官吏要求扶助。对于个别的劳动者这种辞退工人的权力还是存在;政府只是担任在工作缺乏之际创造额外的雇用机会的责任,并且,他亦如同其他的雇主一样,保留他自己的工人选择权。可是即让他们工作很有效率,这个增加的人口,正如我们所常见着的事实,当不能比较的增加生产物:这种为大家所用不完的剩余生产物在全生产物中和在全人口中所占的比例必然日渐低下。又此人口的增加常依一个常定的比率,同时生产物的增加则依一个渐减的比率,这部剩余的生产物终久必要全部用尽。这种为了救助贫民而实行的租税必要吸尽国家的所得全部,激纳租税人和接到租税人亦必行将即化为一阶级。此时人口的谨慎的死亡的限制不复再能阻其发生,而须立即执行;由是凡使人类高于蚁巢和獭岛的条件均须在此间隔里面完全不见。

如果工人阶级以团结他们自己的方法能够提高一般的工资率,那末,这简直是一件值得欢迎的事,而非一件应当责备的事,几乎不言可验。不幸,这种结果大非这种方法所能几及。这些组成工人阶级的人数太多,他们分散的地方太大,不能完全组织和组织得很有效率。如果他们能够,他们自然能够减少工作的时间,和以较少的工作换取同一的工资。但如果他们的目的在于获得一种比较供给和需要所确定的工资公率,即比较这个将此全部流动的资本分配在这个国家的全部人口里面的工资公率还要高的工资,那就只有使一部份的人口永远不要作工然后始能成功。因为公共慈善机关的补助定不以之给于那些能够得到工作然而不愿作工的工人,所以他们末后必去接受他们所曾加入为会员的职工组合的补助了;此时工人阶级全体将必不比从前更好,因为他们须在这笔同一的工资总额里面提出一部份来帮助这些工人。

关于弥尔的工资基金学说的根本原理和由此原理而所推出的这个最后一部份的结论,即职工组合和工资立法对于增加工资的影响,在最初的时候,尚只限于讲坛上的研究,不过到了后来,竟至蔓延到国际劳工会议席上去了。一八六五年六月二十六日当着国际劳动总务委员会(General Council of General International Congress)开会讨论工资问题和职工组合的政策的时候,约翰卫斯特(John Weston)便以工资基金的学说为前提大无畏的宣言:劳动者为要求增加工资而实行罢工,完全是种毫无意义的行为。他说,国民生产的总额是固定的,真实的工资总额也是固定的,即令工人的货币工资率往上腾贵,那末,因为工人的真实的工资如衣服、燃料和食物等项的数量必不因此而增加,所以货币工资增加的结果,不过是徒使生活资料的价格腾贵而已。例如一国的现金工资每日对于每一工人支付工资四先令,现在工人阶级就令能够强迫资本家支付五先令,那末,因为在一国的财富总额里面,资本家只能以从前的价值四先令之商品给与工人而不能更多,所以劳动者的工资现在纵令变为五先令了,然而他们以五先令的工资还是只能购买四先令的货物。正如有一个盛着一定量的汤汁的菜盆,若由一定人数去饮他时,只徒加大羹匙的宽度绝不能使那汤汁的分量也可增加。因此之故,所以他不赞成职工组合的以强力增加工资的运动。可是他的说法是不为马克思所赞成的。现在我们所要问的就是马克思以何理由为根据而反对卫斯特的工资基金的说法呢。这便是我们所正要讨论的。

嘉尔马克思(Karl Marx)在他答复卫斯特的演说辞里面,以为卫斯特所揭示的工资系物价涨落的原因和职工组合无力提高工资的说法是不合于经济生活的事实的。他说:"英国的议会在一八四八年所通过的十时间的劳动法的效力实际上等于工资率的提高,而且这种工资的提高不仅发生于某某地方的工业,而是发生于英格兰以此左右世界市场的各主要工业,且发生在最险恶的环境之下。其时如攸耳博士(Dr. Ure)、栖塞(Senior)和其他一切正式代表中产阶级说话的经济学者都'证明'他是英格兰的工业的致命的打击。他们以为这不仅是单纯的工资的腾贵,而且是以雇用劳动分量的减少为理由而提出的。他们宣言你们从资本家手里所取过去的第十二时间正是资本家从此获得利润的唯一时间。他们以资本蓄积的减少,物价的飞涨,市场的丧失,生产的萎缩,工资的反动,最后的破坏种种的危词骇人听闻。"但结果"工厂工人的现金工资反因工作日的缩短而增加了,工场所雇用的劳动者也加多了,他们的生产品的价格并且往下继续低落了,他们的劳动生产力非常发达了,他们的商品的销场也累进的为破天荒的扩充了。"

再从农业一方面说,在同一时期里面大不列颠(Great Britain)的农业的工资也腾贵了。依据马克思的讲话,在一八四九年至一八五九年之间,英国农业工资平均率差不多增加百分之四十。如果卫斯特的见解是正确的,那末,如果再加上当时的工场工资的腾贵,则在一八四九年至一八五九年间农产物的价格便当非常的涨高,但结果英格兰的主要农业品小麦的平均价格由每英斗(quarter)三磅(一九三八年至一八四八年)低落到每英斗二磅十先令(一八四九年至一八五九年)。这不啻说大不列颠的农业上的平均工资率虽已腾贵了百分之四十,但小麦的价格在同一时期内反低落到百分之十六以上去了。而且在这同一时期内连公家所给养的贫民的总数已减少了。

为什么卫斯特的理论竟如此的经不起事实来考验呢?依据马克思的驳斥,这纯是由于因为卫斯特假定真实的工资总额不变,所可变者只是货币工资的总额的原故。换句话说就是单只工资的增加不能增加工人的真实的生活,但只增加商品的货币的价值。可是马克思所观察的事实是货币工资增加和生活必要品涨价的这种相关的现象,在许多场合上都只是一时间的事情,过了一个时间以后,如果劳动的生产力不变,必须品必然仍要恢复到他们的原来的价格。何则?因为工人所消费的生产品多半是日常生活的必要品,反之资本家所消费的生产品则除日常生活的必要品而外尚有大部是奢侈品。故工资率一般腾贵的结果,为必要品的需要增加,和他们的市场价格的腾贵。此时生产这些的必要品的资本家可以凭藉他们的增加了的价格去抵补他们的增加了的工资,可是凡不生产必要品而单生产奢侈品的资本家,则因奢侈品的需要减少,奢侈品市场价格减少,不能凭藉他们的减少的市场价格来抵补这种增高了的工资,而降低了他们的利润率。在此一种剧变之下,有一部分的资本和劳动便由制造奢侈品的产业而流入到制造必要品的产业去了。因此之故,所以最后在必要品的产业里面供给增加在奢侈品的产业里面供给减少,直到造成双方的利润率均衡而止。综括来说,就是工人的工资率一般上升了后,只须经过一段短短的时间一国的劳动的生产力和全生产品的总额都会终止他们的变态而恢复他们的常态了。所以尚未恢复者不过只是生产物的形态而已,有何永远的物价腾贵之有。

如上所述的这种说法,马克思还系假定工资增加后劳动的生产能力不变而所发生的现象。如果劳动者的生产力在工资增加后,工人因为他们的生活状况良好之故,而增加了他们的劳动的志愿与能力;又如在企业家方面他们因为工资增加了,不能不另外设法去提高他们的利润而希图改进他们的生产的组织,结果至于办到能以同一的资本和劳动增加更多的商品,在这两种情境之下,商品的每单位的价格尚可一直往下低落而且落到他们的原有的价格的平面之下。因此之故,所以马克思综合这些事实而加以判断曰:"最普遍的观察指明,需要的增加在某些例子上使商品的市场价格完全不变,在其他的例子上造成一时的市场价格的增加,即继之以供给增加和价格的下降,而恢复到他们原来的平面,但在许多例子上他们都低落在他们的原来的平面之下了。"

马克思在消极的方面把约翰卫斯特的工资基金的学说加以驳斥,而指明了工人的真实的工资不是固定的而是可变的,并指明了货币工资的一般的增加对于商品的价格在长时间内不发生什么影响或且往下低落。他以为在资本家的生产制度之下,尽管劳动者的真实工资不能高到用以维持他们的习惯的生活程度的生活资料的分量,但劳动者如果具有坚强的对抗资本家的有组织的力量,是可以把这种限度打破的。

　　反之,劳动者如果相信卫斯特的话放弃他们的有组织的能力,那末,结果定连这点小小的用以维持他们的劳动力的生活程度所需要的生活资料都得不到了。他声言"争斗者间的实力如何可以决定一切的情形"。

　　关于工资立法的问题,马克思是认定他是提高一般工资率的手段。他说:"关于在英格兰里面和在其他各国里面的劳动日的限制,如果没有立法的干涉,到底不能决定,又如果没有劳动者继续从外面压迫这种干涉,亦是绝对不能实现的。总之这种结果决非劳动者和资本家的私人的协定所能得到。这种一般政治活动的必要证明了在纯粹经济活动上资本是站在强的方面。"以此立场为根据,所以马克思又竭力宣言劳动者阶级如果最后能够掌握政权,定能打破现在的不劳而获的阶级,并增大他们自己的舍此便不能得的收入。我以为马克思这种观察在某种限度里面是不错的。

（《社会科学杂志》,1930 年 1 卷 4 期）

巴东《农业收获渐减趋势》一书之介绍

Diminishing Returns in Agriculture：by F. Lester Patton，ColumbiaUniversity Press，1926，p. 97

关于农业上收获渐减的趋势，自经 1815 年前后，英国的四个著名的经济学者——Edward West，Robert Torrens，David Ricardo 和 Thomas Robert Malthus——依照他们各别的独立的观察同时提出几约一致的意见之后，虽然批评和反对他的人也有，可是他在经济学上的地位确是日见涨高，几变成了一般经济学者所共同信仰的公律了。此后研究这个公律的人大约可以分为两派：其一系就过去各个学者关于这个问题的学说加以整理和分析，旨在知道各个经济学者所作书籍的真正意义，此外不求有所贡献。这一派人对于这个题目所用的研究方法与中国今日一般整理国故的先生所用的校勘、考订、训诂等方法完全是一样的。其二便是不重整理过去的学说，但就现存的各种农业的事实，尤其是各种可靠的统计，加以综合的观察，务求发现农业收获的变动的真正趋势，然后以与前人所说的趋势相比较，究看谁非谁是，以求对于过去学者所说的收获渐减的趋势有所改正。前一派人所用的方法可以称做历史的；后一派人所用的方法可以称做实证的。Patton 对于这个问题所用的研究方法可以说是属于后一类。

关于农业收获渐减的趋势，一般经济学者的观念几乎没有什么差异。八十四年前 John Stuart Mill 所提出的定义现在仍有代表性。这个定义是：

> 农业的进步经过一定的（并不很长的）阶段之后，在一定的农业技术和知识之下，劳动的增加不能使产量为同程度的增加，劳动的加倍不能使产量亦加倍；换句话说，就是产量的每一增加，系由劳动在土地上有更大比例的增加；这种说法便是土地生产的公律。[1]

这个定义包含两个部份。第一部份说农业上的收获的增量在最初阶段中上增，第二部份说他过了某一点便往下减。可是这两部份是否完全可靠，除作事实研究外，不能贸然决定。德国很早的几位土壤经济学专家，Liebig，Adolph Mayer，Wollney 和 Wagner 使用实证的方法研究这个问题的结果，对于第二部份算证实了。但对第一部份没有找出什么证据。关于第一部份，他们只是这样的说，如果投入的

---

[1]　Mill, John Styart, Principles of Political Economy, (ed. Ashley, London, 1909) p. 177.

单位较通行的最适当的单位小,那末农业上的追加的收获在最初的阶段中亦当上增。但这只可说是对于第一部份的敷衍话。随后起来的一位德国学者 Dr. Mitscherlich,也是使用实证的方法研究收获渐减的人物。他的成绩远在上述诸人之上。他发明了收获渐减的对数律。但他对于第一部份亦未找着证据。末后美人 Dr. Spillman 再起研究,对于第二部份所获的成绩也是很足惊人的,他发现了追加收获的渐减依着几何级数的次序。只对第一部份仍旧没有答复。在这研究的进展中,Patton 出场最晚,野心最大。他不但对于收获渐减公律的第一部份怀疑,并嫌过去一切的经济学者对于农业收获这名词所下定义有欠缺,不是过于褊狭便是过于含混。为认清题目计,他特将农业收获一语加以分析,他发现农业收获的意义包含三种不同的观念:(一)物质的收获(physical return),(二)货币的收获(money return),(三)时代的收获(secular return)。他先将这三个大类的收获区别,然后进而分别的考究他们各别变动的趋势,或系渐增的,或系渐减的,或系先增后减的。他在研究的时候决心搜集大量的统计材料,以求对于这个问题有所建树。

Patton 在研究之前,确认农业收获渐减的问题含有下列三个不同的方面:

(一)从物质的收获上观察,由每一追加的投下而所获的追加的收获,在农人的实际的经验里,是否如一般经济学者所说在最初的一个阶段内往上增加,后一个阶段内下减呢?

(二)除了追加的物质的收获之外,有否其他的收获在最初一阶段内往上增加,其后的阶段内往下减少呢?

(三)从时代的收获上观察,此一时代的农业劳动者所获得的平均的物质的收获是否先往上增后往下减呢?

关于第一个问题,Patton 从各种农业统计中寻出的收获变动的趋势,有五:(一)一切农业上物质的追加收获,都系自追加投入的开始便即渐往下减,并非经了一个阶段之后始往下减。这个趋势在人力,畜力和机械力方面所作实验的结果是这样;在施肥,播种,栽,畜牧,耕耨方面所作的实验结果亦是这样。此外尚指出一点:即 Dr. Spillman 以为渐减的收获构成渐减的几何级数的各项也还不能推广在这些例子上。(二)当肥料的单位加到相当浓烈的时候,有两个例子指明追加的收获在他所经过那渐往下减的趋势的中间确有增加收获的阶段发生。这便是1906—1918 年美国 Ohio 农业试验场和1907—1916 年美国 Pennsylvania 的农业试验场所得的结果。但因这追加收获上增的阶段系在追加收获渐减趋势的中间忽然发生,不是在他的开始之前发生,因此与过去的学说还是不合。(三)没有一种追加的投入所引起的追加收获渐减的速度可比得上耕耨的工作所造成的渐减趋势那样快;这是由美国 Arkansas,Ohio 和 Kansas 三个农业试验场共同证明的。(四)动物肉的收获,不但随着每日食料单位之增加而渐减,亦且随着时期之演进而渐减。这就是说,即令每日采一恒等的标准的食料,然而每经一月后动物所增加的重量却是日往下降。可是非动物的机械的效率,除非由于内部的磨损,不表示这种特殊的渐减的趋势。此点可见动物与机械的分别。这是由美国 Kansas，及 Ohio 两个农业试验场由养鹿和养猪上所得的结论。（五）Utah 农业试验场曾研究水与收获的关系，结果指明水的投入如果过多，追加的收获尚可变为负数。但 Dr. Spillman 和 Dr. Lang 对于这点尚没十分注意。合此五种趋势，Patton 自然不但可对上面所提出的第一个问题给以否定的答复，而且在积极方面亦大有所贡献了。

对于第二个问题 Patton 在统计材料中找出平均的物质的收获，在人力，畜力，和机械力的试验上，都是伴着追加的物质收获的渐减趋势先行上增，后乃下降。因是他便设想到平均的货币收获也应如是。因平均的物质收获如同一价格乘之便是平均的货币收获，两者的曲线斜度按理不应有何差别。同时他又推断追加的货币收获变动的趋势，当然也是与追加的物质收获的渐减趋势一样。可是就中农夫所最关心的恐怕任何一种收获都不是，而系货币的利润。可是货币的利润是否伴着追加的货币收获的渐减先行上增后乃下降呢？结果他以下列的理想的表格指明平均收获和利润都是先行上增而后下降。因此他对第二个问题的答复是，在货币投入的继续追加中，只有平均的收获和利润变动的趋势是先往上增而后下降。并谓从前的经济学者所说的收获渐减公律，只有对于平均的收获和利润才可适用，其他均不适用。经此研究之后，Patton 声言一般经济学者相信追加的物质的或货币的收获，当其继续发生之际，开始须要经过渐增阶段，系将货币的利润和追加收获混为一谈之故。

Patton 对于利润曲线和平均货币收获曲线之先增后落，曾给有相当的解释。即利润曲线之先增后落系由追加的货币收获曲线早迟均须与追加的费用曲线相交，并落在追加的费用曲线之下。而此利润曲线当其渐增之际，则必在到这一点为他的最高点。

至平均货币收获之先增后落则系由于固定的费用（overhead cost）与流动的费用（variable）的交互影响。固定费用系指地租，机械，耕作，播种的费用，流动费用系指固定费用之外一切的费用。这就是说：（一）在一亩土地之上如果所出的小麦愈多，则每斗小麦所担负的固定费用愈少，故当每亩小麦的总收获渐减之际，平均每斗小麦所担负的费用渐往下减，或平均每一块钱的费用所生产的小麦斗数渐往上增。反之，在同亩土地上如果所出产的小麦愈多，则每斗小麦所担负的流通费用越多。在同一情境下，平均每斗小麦所负担的费用日增，或平均每一块钱的费用所生产的小麦斗数渐减。这种使每斗小麦所负担的费用渐往下减的趋势可以大于，等于，或小于这种使每斗小麦所负担的费用渐往上增的趋势。在这三种情境之中，第一种情境可使每亩土地所生产的平均货币收获渐增，第二种情境可使这种渐增的趋势有一最高的终点，第三种情境可使每亩土地所生产的平均货币收获下减。在上列一表上，著者在 59 页上说，当每亩出产 10 斗的时候，正是第二种情境发生的时候，故平均货币费用渐增的趋势应该到此而达最高点。过此第三种情境发生，于是他便往下减少了。由此可知平均收获创始的各项继续上增系由固定费用的影响,最后的跌落系由物质收获的渐减了。

那末在大农场的经营中所投下的固定的费用,如地租,农具等费用均大,应该平均每斗小麦的费用比较小农场为少而收获之利润大,但事实不是这样。就中有一原因,系由大农场对于必要劳动之增加所施之监督费用比较小农场均多。

关于第三个问题,Patton 根据美国官厅统计指出,1850 年至 1920 年之间美国小麦产量的增加比总人口的增加多一倍,比农业人口的增加多三倍。又以英格兰的农业工人的实质工资的统计从旁证明,英国自 1300 年以降,食物产量的增加速于人口之增加。因为依据 Patton 的意见,工人的实质的工资系工人的劳动所能生产的物质收获的大概数目,如果英格兰的农业的收获随着人口之增加而渐减,那末,农业工人的实质工资或生活程度便当往下降低。但英格兰的农业工人的实质工资或生活程度,即以合成小麦的斗数,由 1300 年至 1920 年之间亦系继续上增,足见英格兰每一时代的农业劳农者的平均物质收获确是继续往上增加了。他如 Mill 说,英格兰的收获渐减的趋势在英格兰全部历史上,都是被发明和协作所造成的农业收获渐增的趋势所抵消。Carey 说,1389 年英格兰需要 212 人所作的某种的工作现在只要六人便可以做。Patton 认为此二学者的意见亦足说明英美两国的农业的收获伴着时代之增加,不但不减,而且上增。因此他对第三个问题的答复是时代的收获一直往上增加。他更进而指摘马尔萨斯的人口学说至少有两点不对:第一,他所假定的前提不对。马尔萨斯说人口如果没有限制,他定增加的很快,犹之物理学家说吸力公律如果不存在地球不知落的好快同是一样的笑话,因为人口的增加常常都受着限制,绝对不能增加的很快。第二,他说马尔萨斯并忽略了发明对于农业收获所及的影响。依照 Patton 的意见,在社会进展中,人类对于科学的继续发明可使追加的劳动在定量土地上获得比例更大的追加的生活资料。因此人类的生活资料的增加速于人口的增加。

此外对于人种的由来和进化,Patton 亦表示得有与马尔萨斯相反的观念。这里姑不引用,因为太空洞了。这便是 Patton 对于他所提出的最后一个问题的答复了。

将 Patton 的全书要义说明之后,现在请就他的治学态度和研究结论加以评判。

从治学的态度上说,Patton 在本书中所表现的寻求证据的忠实精神是最可令人佩服的。向来研究农业收获渐减的人对于寻求证据一层都欠忠实。Patton 所搜集的统计资料,其丰富程度很少的人比得上。由此可知他在寻求证据的时候确是最忠实的。本来一切科学的公律都应以正确而普遍的事实作根据,但经济学上有许多公律却无这种事实作基础,凡此都是由于一般偷懒的经济学者求证不忠实的结果。为谋经济学的进步计,Patton 这种精神确有令人效法之必要。所以我说,Patton 的求证精神最可佩服。

从研究的成绩上说,Patton 结论共分三部。第一部的结论,即 Patton 对于物质收获渐减的分析。这部结论是真实的,因为这一部份的结论都是从实际例子中归纳出来的,没有半点空洞的推理夹杂在内。但其他两个部份则不如第一部份真实。因为这两部份连 Patton 自己亦不十分相信。Patton 在本书的序言上说:"第二部份,尤其第三部份因所牵涉考虑的现象太复杂了,许多读者将要觉得他们只系一种派别的见解。"不过从我看来,在第三部份中关于时代收获渐增那一点,因有英美的统计,尤其是美国的统计作根据,尚觉正确可靠。就中只有关于时代进化的理论因所牵涉的范围实在太大,既然 Patton 自己亦觉没法知道这个问题的全部因子,当然他的见解只系一种片面的了。但因这点多系关于将来的时代收获渐增的推测。即令就失败了,亦无关于过去各时代的收获渐增的原理。这就是说,第三部份至少一半是真实的。独有第二部份,即对利润和平均货币收获变动的趋势及其解释,因他所根据的数字全系一种理想的数字,鉴于经济学上许多空洞理论的节节失败,我很胆怯,不便信服。据我所见,毋宁说是唯此第二部份特别的是一种派别的见解罢。

此外尚有一点好像是 Patton 自己把他弄错的。Patton 在本书 59 页上,曾说平均每斗小麦的货币费用的最低点是每亩土地出产 10 斗小麦的那一点。但他在 60 页上又说,平均的货币收获的最高点是每亩土地出产 12 斗小麦那一点。后面这一句话恰与 59 页上那一句话冲突,如果不是印刷有错那便是他错了。但这点不很重要,对于 Patton 全书的整个价值是没多大妨碍的。

(《社会科学杂志》,1932 年 3 卷 2 期)

亨利·赛埃《经济史观》一书之介绍

The Economic Interpretation of History: by Henri Seé, English Translation by Melvin M. Knight, New York, Adolphi Company, 1929, p. 153

马克思的唯物史观在美国一名经济史观。这种史观也可称做一种历史进化的法则。现在对于这个史观的概念,能以科学的方法作系统的研究的极少,好像只有 L. Woltmann,E. R. A. Seligman,G. Simkhovilch 和 C. Barbagallo 这几位,但他们的讨论仍不完全,因为他们都特别着重在他的理论系统方面,而忽略了他的应用价值方面。Henri Seé 说现在世界上真能以唯物史观当作历史进化的钥匙,或涵数去研究的,除了 Kurt Breysig[①] 而外,便只有他了。这本《经济史观》便系他那研究的结果。他虽然说他所着重要研究的是这史观的历史应用,但他在本书中却以一半讨论唯物史观的理论体系。从这一点上说,本书乃系对唯物史观的理论方面和应用方面都能兼顾的著作。

著者 Henri Seé 是现在世界上有数的经济史专家,主讲法国 Rennes 大学有年,且系社会党人,他的评判也许没有说诳话的危险。

本书第一部份系以认识唯物史观为目的,在这里面著者共提出六点来讨论:(1) 唯物史观的起源,(2) 他的特质,(3) 他的应用,(4) 他的成见(priori nature),(5) 他的科学的性质,(6) 他的预测。本书第二部份系以评判唯物史观为目的,在这里讨论了五个问题:(1) 政治与法律的现象,(2) 宗教与知识的现象,(3) 社会的阶级,阶级意识和阶级冲突,(4) 历史上革命的概念和飞跃(Catastrophi)的概念,(5) 唯物史观真到什么程度。最末便是他的结论。

在第一部份之中 Henri Seé 有四点见解是平常所见不到的:(一) 平常人总以为马克思的唯物史观是由马克思精心考察人类全部历史变迁的结果。但依 Henri Seé 所举出的事实则完全不是这样。Henri Seé 说,马克思的唯物史观在 1847 年《共产党宣言》上大体已经具备了。但此时马克思、殷格尔对于真正历史的研究尚未开始。那时他们所知道的只是一些时下的事情。这点考据值得注意。(二) 平常人都很相信,马克思的唯物史观,对于马克思的观察历史的能力很有帮助,但 Henri Seé 说,马克思在有些时候因被唯物史观成见所蒙蔽,反把历史看不清楚。

---

① Vom geschichtlichen Werden (1925—1926).

例如在《资本论》第二十七章上，马克思在叙述英格兰的对抗被压迫阶级的立法的时候便错认了 Tudor 王朝的行政和立法的保护劳动阶级的性质。然而，现在一切的历史家无不承认 Tudor 朝之王权很强，对于地主的横暴限制得亦很利害。直到 1688 革命发生，绅士阶级当权，这些限制方才取消（p. 62）。（三）平常人均以为马克思在解释历史的时候都还不放弃他的这口号，即社会的变迁只以经济为原因。但 Henri Seé 说，马克思在他的有名的《革命与反革命》（*Revolution and CounterRevolution, or Germany in 1848*）一书上，除经常的原因而外，对于非经济的原因也很注重。（四）平常的人总以为唯物史观是马克思一人作的，但 Henri Seé 在本书的开宗明义第一章上，但说唯物史观是马克思和殷格尔两人的共同的产物（p. 45）。此外他又说，殷格尔虽然一再表示只有马克思才是唯物史观的真正发明者，他个人无论在那方面都不能要求一份，他却是太客气了。无论如何，他所著的《1844 年英格兰的劳动阶级的状况》（The Condition of the Working Class in England in 1844），确曾供给唯物史观一种坚实的基础。他以明白而有力的笔调绘给我们一幅英国工业革命的图画，就中如英国工人化为无产阶级的情形，工业集中和小资本家没落的趋势，和资劳两大阶级对垒的情形都清清楚楚的表现出来了。这四点见解与众不同，值得注意。

此外 Henri Seé 的在同一部份中所发表的其他的意见则可总括述之如右：（一）唯物史观的正宗的见解还是离不掉马克思在经济学批评上所说的观念，即一切外表的和经济的现象只是经济基础的一种表现。（二）这个史观的来源不是由于研究历史的结果而是基于一种玄学的成见，即黑格尔的辩证法的逻辑。（三）这种史观不是纯科学的原则而系一种神学上的目的论和充满着希望与愿欲的感情论。马克思说："各国的工人呀！联合起来呀！那岂不也是实现公正的社会的手段吗？"（四）这个史观所预期的效果大部都失败了：1. 小农产不但未曾消灭反增加了；2. 恐慌亦未造成社会的革命，俄国的革命不是由于纯粹的经济的原因；3. 飞跃的革命（catastrophic revolution）不存在，马克思自己似乎已知道，否则他许不会首先反对劳动立法后又赞成劳动立法。只有一点即工商业的集中倒是实现了的，尽管是来的稍慢些（第五章）。

在第二部份之中 Henri Seé 举出了很多的实例，并发挥了不少的主张，去说明唯物史观与历史事实的不相符。（一）关于决定政治现象的原因问题，Henri Seé 明白告诉我们说，有的政治变迁是可以追求出他的一定的原因的，但有的不能够，因为内中含有机会或碰巧的成份。机会只有两件独立的事实的偶然碰合，不必常常在一道，他本不与原因同类，但他亦可发生某种的效果而使政治现象受影响。（二）关于政治决定经济的问题，他举 G. Plékhanof 所著《俄国社会史大纲》为例。他说 Plékhanof 无条件的接受唯物史观，但他所叙述的事实好多都与这个史观相冲突，如在小俄罗斯内游牧人种的胜利，逼着人口往西北，既使俄罗斯的文化衰落，又使俄国农民阶级的地位降低。莫斯科的皇帝对于俄罗斯的土地采用化零为整的政策,结果使俄罗斯的社会和经济的演进受影响。此外还举了一些与他相冲突的例子。(三)马克思和殷格尔不是通常以谈仁义道德为可耻吗?可是 Henri Seé 说,殷格尔自己也承认有的思想家和道德家确是跳出了阶级伦理的圈子,而代之以一种真正的人道的伦理的标准(p. 96)。这点暗暗表示殷格尔自己也不否认人的道德的观念亦可改变阶级斗争的程度。即殷格尔之鄙夷道德并不像他的信徒所说的那样激烈。(四)关于知识与经济关系的问题,Henri Seé 所举出的例子最有力量,可以增加我们对于这个关系的信心。他说经济行为的进展之有助于知识思想的解放,我们只要去研究意大利为什么在十四世纪,尼德兰(Netherlands)为什么在近世的开始,成为科学,文学和美术的中心,又文艺复兴(Renaissance)为什么特别兴盛成熟在这些国家里面的因子,便知道了。不过这亦不必在什么时候都有效。德意志由 1871 到 1914 的时候,经济有空前的进步,但同时他所产生的思想家和哲学家还不如在十八世纪和十九世纪初期那样多。美国比欧洲的生产事业发达,但欧洲好像更宜于知识的发达。萧士比耳(Shakespeare)的天才不能说是由于伊利萨伯(Elizabeth)经济富庶的功劳,Moliers 和 Racine 的出现不能说是原于路易十四(LouisXIV)的宫庭的华丽。这一段话实在是说的最有力量了。(五)马克思不是惯爱以阶级对立的关系去说明政治的变化吗?但 Henri Seé 以马克思自己的话去修改马克思的学说。他说马克思在《革命与反革命》(或《1848 年的德意志》)一书内,自己承认在 1848 年以前奥大利的有产阶级从未看见工人有阶级的行动,或为他们的很显明的阶级利益而奋斗。又说:"各种阶级的联合,在某种程度内常是任何革命所必要的条件,但是这种条件不能长久存在。共同的敌人一旦消灭,战胜者分为无数的派别,而各以武器相攻击"。这一段话恰与马克思自己的见解相反。(六)关于飞跃革命(Catastrophic revolution)的观念,Henri Seé 说,他与事实尤其不合。在这一点上,他说:如果我们把十八和十九两世纪看做英格兰的工业革命发生的时期,那末在这革命发生之后便尚存在有小工业和小商业的制度。在这革命发生之前,资本家的工业在十六和十七世纪的时候便出现了。上面这六点在 Henri Seé 所举出的实例和所发表的意见之中是最新颖的或最有趣的。此外他所引的例子极多,总不外用以证明这几个观念:(1) 社会制度和经济制度是交互影响的,(2) 革命是由政府违反多数民众的要求,不由两大阶级的利害的冲突,(3) 社会的进化只有渐进的性质,没有飞跃的性质等观念。

将这一些与唯物史观相反的事实举出之后,Henri Seé 承认在他里面也有真实的成份。他说:在一个社会里如果我们不了解劳动的组织,工业的制度,商业的习惯,土地的制度,我们如何能了解他的社会的结构?这大概在所有的场合都是真的。但他同时又说:唯物史观的失败是由他太相信历史法则了,因为决定历史的原因太复杂而且夹杂着许多偶然的事实在内,一定不能找出什么进化的公律和决定的原则。如果把历史比成自然的科学,企图寻找或创设历史的公律,那是最危险不过的。唯物史观之所以常常碰着例外的事实,便系由于他的发明者太相信历史公律的存在之故,这便是著者对于唯物史观全部所发表的总意见。现在我们请就他的意见加以批评。

关于决定历史进化的原因是否单是经济原因的问题,Henri Seé 在这一点上是有贡献的。即他以马克思和殷格尔自己所说的话与历史的例子,在修正唯物史观的正宗的见解。确乎可使人觉得唯物史观的应用是有限的。实则连马克思自己亦何尝不是这样想,这点可惜 Henri Seé 没提到。在德文《资本论》第三卷第二编第三二四页和三二五页上,马克思对他的唯物史观附加条件说,社会的结构固以经济为基础,"然而同一的经济基础,因为各种经验的事实,自然的情形,各族的关系,和各种外表的历史影响,(这些东西只能够先分析从经验所表现的情形方才可以懂得)在实际生活上可以表出无数的变象和无数高低的等级"。读过 Henri Seé 这本小书的人,见着马克思和他的信徒用唯物史观解释历史所遇着的困难情形,对于马克思这几句话我想定能格外注意;这点,至少,是本书对于读者的贡献。

但是,Henri Seé 在他的结论上说,决定主义和历史公律的不存在倒是值得注意。决定主义和历史公律是客观的不存在呢? 这话似乎说的太早一点。因为自然科学的公律在未发现以前有许多的学者都说他是不存在的。可是现在怎么样呢? 在他方面,Henri Seé 对于康德和黑格尔的哲学似亦无若何心得,对于马克思的唯物史观所持的反驳意见有许多亦为马克思自己所见到,没有什么创造的贡献,所动人者引例丰富,新颖,有趣而已。

(《社会科学杂志》,1932 年 3 卷 2 期)

价值理论的意义

I. 价值理论的重要

价值理论的重要在于他能说明物价涨落的原因。

当着物价涨落的原因尚未被人用科学方法寻出一个比较满意的结果之时,一国的政府,因为不明物价涨落的原因,往往无法在可能范围内,调节将来的物价,使之涨到或落到其所预期的变化,并因此变化而所引致之社会关系的转变。有时物价的变化和因此所引致之社会关系的转变且与他们所预期的常相反,而暴露了政府一般干涉政策的弱点。在一方面,一国的政府,有时因为民生或财政的关系,决以某种的法律去限制某种货物的价格或抬高货币购买力,但结果往往失败了。在他方面,一国的政府,有时又因平等的考虑,决以某种的政策去保护工人阶级的利益,或提高农人阶级的地位,但结果亦往往达不到目的。推究这两政策失败的原因,大半系由政府不知物价涨落的原因,无法在可能的范围内调节被取缔的物价和被保护者的财货或役务的价格,俾与他们所预期的变化相适应,和因此变化而所引致之必然的社会关系的转变相适应。

以平等保护的政策而论,中国在这一方面便得到了种很严重的教训。原来中国历代相沿的社会经济政策都在重农而抑商,这点是大家所知道的。同时,这种政策的哲学根据,大家不说也知道,即在以农为国本,以节俭储蓄为规,先使人民衣食无忧,然后教之以礼义廉耻之事,以图治国家而平天下。但这种哲学的根据,究发生于何时何代,我想,至少亦当溯至中国晚周之末,因为那时这位相桓公霸诸侯的齐国宰相,管仲,对于重农主义也就大声疾呼的说:"衣食足而知礼节,仓廪实而知荣辱。"后来汉人晁错更把这个观念说得极其痛快淋漓:

> 人情一日不再食则饥,终岁不制衣则寒。失腹饥不得食物,肤寒不得衣,虽慈母不能保其子,君安能以有其民哉?明王知其然也,故务民于农桑,薄赋敛,实仓廪,备水旱,故可得而有也。

自汉而后,中国的政治思想家大约无不皈依这种传统的思想:即扶植耕农的社会地位,乃系国治民安的必由之路。在他方面,他们着实看不起工商业,刘陶说:

> 民可百年无货,不可一朝有饥。

《农政全书》上说：

> 夫金银所以衡财也，而不可以为财。方今之患在于日求金银而不勤五谷，其贫也益甚，此不识本末之论也。

凡此均是他们贬抑工商的思想。这种贬抑工商的思想常与重农思想合在一道造成中国重农抑商政策的哲学根据。

正因中国的政治哲学在这数千年来都主重农，然而农民阶级的社会地位却远不如商人阶级的社会地位，因此中国的政治家便想出种种办法来压抑商人阶级的社会地位，或间接提高农民阶级的地位：这种办法总称之为中国的重农抑商的政策。例如中国在汉高祖时代所颁布的禁止商人衣绢驾车的法令，和对商业课税的法令；汉惠帝时所颁布的不许市井子孙入于宦途的法令；唐高祖时所颁布的民之从农者不许转入工商业，由工商业转于农者免调的诏谕：这些都是重农抑商政策的具体表现。

可是这种政策成功没有呢？在历史上看来，非但没有成功而且造成一种很奇妙的结果。即他非但没有抑着商人，反而病了农人，非但没有把农人的地位提高，反而把商人的地位提高了。单看汉朝的谚语说，"以贫求富，农不如工，工不如商，刺绣文不如倚市门"，和太史公在这谚语之下所加的注脚，"末业，贫者之资也"，便可窥知当时的社会经济的一般状态实是于商有利，于农无利，即"农民受饥寒之苦，慕游惰之乐，弃末耜，去陇亩，妇女羡都市之繁华，厌农村之贫乏，舍机杼，离乡里，习歌舞，事淫荡，纷纷弃农而趋商贾的现象"。即此可见，中国的重农的政策在汉朝也就大部失败了。为什么这种政策如此的不中用呢？这乃是由于计划这种政策的人忽略了研究农产物的价格涨落原因的影响。因为一切商品的价格无不随着他的需要的相对增加而涨高，或随着他的供给的相对增加而减少。重农抑商的结果在一方面既使农产品的供给增加，在他方面，又使工业品的供给减少。同时并因人口增加和人的欲望增加的结果促进了人类对于工业品的需要，于是工业品的价格益发增高，农业品的价格相对低落。于是从事工商业者的余利多，从事农业者仅得一饱。前者在其所获得的利润中，除以一部份供给自己优裕的生活外，尚可以其富裕之财力结交王侯，干预政治，贿赂阃法。后者在其年入的食粮中，除从事低陋的生活外，再无余力从事政治的活动，结果致使在政治上并经济上之地位均远不如商人阶级。由是重农便成了困农，抑商反成了益商了。由此可见，一国改进社会政策之成功与失败，与对物价涨落的因果知识大有关系。

更以干涉物价政策而论，英国在这一方面，亦有不少的经验：远在十四世纪和十六世纪之间，英国便有好几位国王，如爱德华第一（Edward Ⅰ），亨利第八（Henry Ⅷ），和爱德华第六（Edward Ⅵ）等，都在想法增加他们的收入，不异减低通货的成色，以图抬高铸币的购买力，但是没有好久他们都很惊讶的发现着货物的价格高涨，而且原有铸造都化作金银逃往国外去了，徒然使用严刑峻法去阻止。又如在十八世纪的时候,英格兰的国会,因取得了干涉爱尔兰的工业权,于是便想藉这难得的机会抬高英格兰的工人的工资,并培植英格兰的毛织业,不惜决行各种的方法,破坏爱尔兰的产业,但事后亦很失望的看见,英格兰的工资反为爱尔兰的贫穷移民所减低。伦敦(London),巴斯(Bath),布里斯拖(Bristol),乌斯特(Worcester)和其他的城市,在十九世纪的初年,都用巡回裁判所,或平衡裁判官,去规定面包商人的利润,以图减低面包的价格,但结果面包的商人反因面包的利润无论如何有一定,而不着重于廉价面包的买入。自中世纪以后,英国的法律,如同欧洲其他各国的法律,都有禁止高利息的借贷的,可是在十九世纪的中叶,又觉这种法律多无效,而将他的条文来废弃。单是这几个例,已足说明英国干涉物价的政策有好多次都是失败了的。这个政策失败的原因,大半读过英国经济史的人都知道,无一不是由于政府不明物价涨落的原因的生出的。

综观上英国的干涉物价的政策和中国的重农抑商的政策的失败可以证明下述的原则是不错:即一国的政府在决定社会政策或经济政策的时候,如果不明物价涨落的原因,结果准是要遇着意外失败的。为图在可能范围内避免这类的失败计,现代的政治经济学其第一个任务便在阐发主宰价格的公律。腓特烈殷格尔(Friederick Engels)说,

> 一切商品的价格,连劳动的价格也在其内,常因极多的条件而变动。这些条件,常与商品自己的生产无关,在原则上,价格好像仅由机会决定的。因此之故,所以政治经济学,在他刚才有科学的性质之时,但以追求这个隐在机会背后的公律为他的主要工作。这个机会在表面上主宰商品的价格,其实,他亦是为此公律所主宰的。

殷氏所谓阐发的价格公律的学说便是一般所谓价值的学说,在这学说产生之前,一般的政治家,因为对于价格涨落的原因毫不知道,不知设法而亦不能设法去造成某种商品的涨价或落价的原因,以求获得该种商品的落价或涨价的直接或间接的效果,因此他们便常不免要动辄牺牲无限的精力于以铸成他们所不愿铸成的大错。可是在他方面,他们却无一不渴望着,依据学理的研究,能对物价涨落的原因知道几分,致使所采行的干涉物价的政策和改进社会的政策亦克在可能范围内成功几分。现在欧美各大工业国所采用的经济政策或社会政策之能部份的底于成功,大半系由应用价值理论的效果。中国在此劳动生产力将充分发达而尚未能的时候,为使一国之经济政策及社会政策不陷于错误计,对于这种关系一国之社会经济政策的成功与失败之价值理论,当然更须集中精力去研究。然而中国现在作这工作的人尚还不多,即此可见这种研究的刻不容缓了。以下我们再看价值问题的性质。

II. 价值问题的性质

上文曾说一切价值的学说都在寻求货物价格涨落的原因,但价格所由决定的原因的性质究竟是什么呢? 在答复这个问题以前,应对价格这个名词的意义先行明了。

价格是什么? 从真实的意义上说,价格只是此物与他物相互交换的比率。这个定义无论在物物交换时代,或在货币交换时代都可适用。把物物交换时代来说,比如非洲的土人,以十六颗象牙与文明人的两枝猎枪相交易。这个八对一的比率,自非洲人的眼光视之,便是象牙与猎枪相交换的价格,即八颗象牙的价格为一枝猎枪。反之,这个一对八的比率,自文明人的眼光视之,便是猎枪与象牙相交换的价格,即一枝猎枪的价格为八颗象牙。在这一种情境下,价格之系此物与他物相交换的比率,定没什么疑问的。把货币交易时代来说,这个定义骤看起来好像全与事实不相符,因为此时市面的价格,在通俗的义意上,已经不是此物与他物相交换的比率,而是此物与货币相交换的比率了。可是仔细一想便知上述定义,即到现在,还是有用,为什么呢? 因为现在世上只有两种东西可以作货币:其一便是人所需要的特种的货物,连贵金属也包含在内;又其一便是贵金属的筹码或符号。关于前一种的例子在半开化的人种里很多,如日本用米,亚细亚用茶砖,赫特生湾(Hudson Bay)用裘皮,中非洲用棉布与盐块,和现在的有些国家用黄金及生银,在这一种社会内,货币尚且带着货物的性质,此时在表面上价格虽系货币与货物相交换的比率,其实仍系此类货物与他类货物相交换的比率,因为货币即是货物。综上以观,可知在半开化的人种内,货币与货物相交换的比率即货物与货物相交换的比率了。

关于第二类的例子在文明社会内极普通,即凡贵金属,黄金或生银的筹码或符号,均可当着货币用,均可以与货物相交换。在这一种更进化的阶段内,货币的形式好像与货物的区别甚大,可是货币的实质则仍与货物相同,一来呢,因为贵金属的筹码或符号,货币,此时所代表的并非空文而系实物:如果不是贵金属自己,便系贵金属的担保品。二来呢,因为货币有时所代表的,甚且,连贵金属自己和贵金属的担保品都不是,简直是种赤裸裸的货物了。以可兑换的纸币来说,他在交换市场上所代表的便系一种特殊的货物,他或者系贵金属自己,或者系贵金属的担保品。同时以不可兑换的纸币来说,他所代表的便可说是连这特殊的货物,贵金属,或贵金属的担保品都不是,简直是种赤裸裸的货物了。举一个例来说,比如今有一位劳动者以其十二小时之劳动所换来的工资,一元纸币,向书摊上买了一本马克思的《资本论》。不问这张纸币是可兑换的或不可兑换的,你能说该一纸币在交易时与马克思之《资本论》所在的一与一的比率,不是代表工人的劳动时间与《资本论》在交易时所成立之十二与一的比率吗? 单就这个简单的举例,我们也可知道,贵金属的符号,货币,无论他是可兑换的或不可兑换的,都系代表的货物了。贵金属的符号,货币,所代表的既系货物,那末,我们便可以说,货币与货物相交换的比率便是货物与货物相交换的比率了。由此可知,价格的真实的意义之系此类货物与他类货物相交换的比率,即在以贵金属的符号作货币的时候,亦同样可以适用。因此之故,所以我说价格只是此物与他物相交换的比率。

但此物与他物相交换的比率,除价格这个名词之外,尚有一个很普遍的别号。这个别号便是一般经济学者所说的交换的价值。因此之故,凡在后文有种交换价值的地方其意义完全与价格相当,这点至须注意及之。

价格的意义明白了,现在我们可以进而研求价格涨落的决定原因的性质。依据上文的研究,价格既系两物相交易的比率,那末,决定价格涨落的原因便是决定交易比率的原因了。试问决定交易比率的原因是什么呢?对于这个问题的答复我们可以分作消极和积极两方面。

从消极一方面说,我们知道,决定交易比率的原因,绝对不是两物的每一特定量在交换时所具有的不同性质的分量。为什么呢?因为在数学的演算上,无论两项什么物,先且不说他是经济物,如果他俩根本便没具有共同性质的分量,那末,他俩便根本不能相比较。比较都不能够了,还说得上什么比率。张三与李四,如果他俩根本便没具有那个共通性质的分量,"高",那末,他俩便根本不能比较"高"。"高"都不能比较了,还有什么一对二的"比高"之可言呢?蜡烛与电灯,如果他俩根本便没具有那个共通性质的分量,"亮",那末,他们便根本不能比较"亮"。"亮"都不能比较了,还有什么五十对一的"比亮"之可言呢?这块丝绵和那件铜器,如果他俩根本便没共同性质的分量,"重",那末,他们便根本不能比较"重"。"重"都不能比较了,还有什么百对一的"比重"之可言呢?交易方面也是这样,因为一物与他物如果根本便没具有什么共同性质的分量,那末,在交易时他们便根本不能相比较,比较都不能够了,还有什么交易的比率呢?即此可知,互相交易之两物如果没有共同性质的分量,那末,他便绝对不能有比率。掉转来说,就是任何交易的比率都非决于两物所具有之不同性质的分量。

这个消极的结论,经济学者并且必得要承认。否则他们必要闹出许多许多的笑话。因为这个消极的结论,倘如你是执意不承认,那末,你便不啻根本否认两物交易的比率决于他俩所赋有之共同性质的分量。反过来说,那你便是坦然主张两物交易的比率确是决于他俩的不同的性质的分量了。如果照这样讲,那末,象牙与猎枪之能成立八与一的比率,便非由于每颗象牙所具有之某性质的分量为猎枪一枝所具有的这种相同性质的分量八分之一,而是由于象牙一颗直接等于猎枪一枝的八分之一。这不啻说,象牙能够等于非象牙的倍数或分数,天地间果有这种荒谬绝伦的论调?果尔,则是张三与李四之能成立一与二的比率,亦非由于张三所具有之高为李四之高之二倍,而是由于李四可以等于张三的分数,或张三可以等于李四的倍数。试问张三,或李四,为什么能够等于李四,或张三的倍数或分数呢?这不啻说"甲"能等于"非甲"的倍数或分数。岂非政治经济学上的一种大笑话。当然这闹大笑话的事情也可使你出风头，不过，退一步说，假如你是不想闹这种大笑话的话，那末，你便顶好是接受上面的论断：即两物交换的比率绝非决于他俩的不同性质的分量。现代的经济学者准定没有一个想闹这种笑话的。所以敢说，上面这个消极的论断经济学者必须要承认。

两物在交易时的比率，在消极的方面，既然不是决于两物所具有之不同性质的分量，那末，在积极的方面他便必是决于两物所共有之相同性质的分量了。这个结论无论在普遍的事物关系上或在特殊的财货关系上都是可以证明的。从普遍的事情关系上说，凡比率皆由比较而出，至比较则由有一共同的性质的分量做标准。说得具体一点便是这样：比如，张三与李四之能相互比较"高"，便是由于他们含有一共同性质的分量"高"。因为有"高"作为他俩比较的标准，所以他他俩的比率可为一比二。意思是说，李四的高，只及张三之高之一半，要有两个李四高，始抵得上张三一个高。蜡烛与电灯之能比较"亮"，便是由于他们含有共通性质的分量，"亮"。因为"亮"可作为他俩比较的标准，所以他俩的比率可为五十比一。这就是说，一枝蜡烛之"亮"，只及一盏电灯之"亮"的 $\frac{1}{50}$，即蜡烛要有五十枝之"亮"，然后始能等于电灯一盏之"亮"，其余可以类推。观此可知，在一切物体之中，任何两物的比率都是生于两物之相比较，同时两物之能相比较，则又系由他俩具有共通性质的分量，"某"，用作彼此比较的标准。再换一句话说，就是任何两物的比率都是决于他们所具有的共通性质的分量了。——从普遍的事物关系上说，这个道理是如此的。

更从特殊的财货关系上说，决定此类货物与他类货物在交易时的比率的原因亦系该各两物所赋有的共通性质的分量。为什么呢？这点可以分作两层说：第一就是他俩所赋有的某分量的性质必须是相同的，指明他们两个同属于一类，而后他俩可以相比较；第二就是他俩每一所具有的相同性质的分量必须是相同或不同的，而后他俩必要立在一定比率之下，相互行使交换。例如今有甲乙两单位商品，倘在甲类商品的一单位之上所具有之这种相同性质的分量只及在乙类商品一单位之上所具有这种相同性质的分量的 $\frac{1}{2}$，那末他俩在交易时的比率便当为 1 比 2 而不能为 1 比 3。将这理论推广在象牙与猎枪的交易市场上，我们便可得到下面这结论：即象牙与猎枪相交易时之 8 对 1 的比率亦必决于他俩共同具有某性质的分量 X。这个理由是，此一相同性质的分量 X，在质的方面，表明他俩同属于一类，因此他俩可以相比较；在量的方面表明他俩所具有的这种性质的分量彼此相互不一致：即一枝猎枪所含有的这种性质的分量恰等于象牙一颗之上，所含有的这种分量之八倍，因此他俩在交易时所成比率为 8 比 1。这就是说猎枪与象牙相交换时，如以猎枪一枝所赋有的某性质的分量 X 为标准，那末，象牙一颗之上所具有的某性质的分量便当为 $\frac{1}{8}X$，因此象牙便必须要八颗，然后所具有的某性质的总分量始能与猎枪一枝

之上所具有的 X 量相一致,或然后可与猎枪相交换。正如马克思所说,倘如一英斛
小麦以一与二十的比率与该以吨为单位的铁相交换,那便表示他们等于第三种东
西。这种东西便是他们两个所具有的共同性质的分量。合拢来说,就是任何两物
的数的比率,连交易比率也包含在内,概系由于该各两物的特定量所具有之共通性
质的分量相一致:这便是我们所得到的积极的结论。

这个结论作者尚有理由要求现代一切经济学者承认和接受:第一点理由是,经
济学上的原则,如果能够把这积极的原则做根据,那末,他便不致与数学上的原则
和自然科学的原则相冲突。第二点理由是,假令承认这个原则做基础了,经济学便
不会闹"甲"可等于"非甲"的笑话。如这两点理由不可驳,然而现代的经济学者又
不肯承认他是真理,那末,他们便必是些诳语者。

上文曾说,价值便是决定价格的原因,又说,价格便是物物交易的比率,又说决
定交换比率的原因便是决定价格的原因,而亦便是价值。现在我们既然找出决定
物物交易比率之原因,皆为物物所赋有之共同性质的分量,接着我们势必要说,这
个共同性质的分量便是决定价格的原因而亦便是价值了。价值既系物在交易时
所同具有之共通性质的分量,那末,上文我们所提出来那"价值是什么"的问题,便
变成了物物在交换时所同具有之共同性质的分量是什么的问题了。而且在这问题
里面含有一个极其重要的意义,即决定任一货物的价格的原因均系一种以相等的
数量存在互相交换之各物的每一特定量中的相同性质的分量。这个意义的重要在
能供给我们一种用作裁判将来对于上述的问题研究之结果是否正确的标准。比如
说,如果将来研究出来的结果说,价格决定的原因是甲,那末,我们便要进而追问:
(一)甲是否一切互相交换之货物所具有的共通性质的分量,(二)甲是否能够提
出证据证明他在各互相交换之各物的特定量中的分量均系相等。如果说甲对这两
条件都是具备的,那末,甲便真是决定货物价格的原因,因此,我们的研究便是对
的,否则便是错的了。将这标准认清之后,我想我们可以进而研求这个决定价格的
共通性质的分量究竟是什么?

究竟这个为一切互相交换之各物所同具有的共通性质的分量是什么呢? 远在
一百四十年前,恰逢价值问题恰才开始之时,亚丹斯密士便对这个疑问提出两种不
同的意见。他在一个时候说,决定价格的某种共通性质的分量乃是一切货物所同
有之满欲能力的程度,任凭那种货物的一定量,如果他所赋有的满欲的能力相对的
多,那末,他所交易的其他货物的分量便相对的多,因此他的价格便高;如果他所赋
有的满欲的能力相对的少,那末,他所交易的其他货物的分量便相对的少,因此他
的价格便少。比如上述八颗象牙与一枝猎枪相交换的事实,依据亚丹斯密士的意
见,那便必是因为象牙一颗的具有之满足欲望的能力只是一,猎枪一枝的满足欲望
的能力是八了。可是,在另一个时候,斯密士又觉这种见解不对而立将他改正。即
决定物价涨落的原因,价值,乃是物物所赋有的生产劳动的分量。意思是说,如果
某一件货物在生产时所费的劳动相对的多,那末,他所交换的其他货物的件数便当

比一多,因此他的价格便高,否则必低。他举一个例说,在原始时代如果杀鹿一头所费之力比较杀海豹一头之力大一倍,那末,海豹便必要两头始能交换鹿一头。合拢来说,就是,他对价值问题的意见共有两个不同的答复。在这两个答复之中,他虽说已把前一个答复放弃了,可是,在十九世纪之中,则又有派价值理论的学者替他的第一种见解辩护。自此辩护的见解发生后,于是现代的经济学上便发生了两派对立的价值的学说:其一,便是亚丹斯密士所创明的劳动价值说,又其一,便是扁宝威尔所倡导的限界效用说(效用即货物所具有的满足人欲的用处)。在前一派的学说之中,顶有名望的学者,除了斯密士系一首先发难的人而外,当以里嘉图和马克思作代表在后一派学说之中,除去这位富有创造思想的扁宝威尔教授而外,便不能不算及克拉和塞利格曼了。关于这两大派的价值说,竟谁非谁是,我们还当根据上述的标准去评判。

(《社会科学杂志》,1932 年 3 卷 4 期)

劳动价值理论派的各家学说

I. 亚丹斯密士（Adam Smith）

亚丹斯密士对于价值问题的见解在最初的时候是,价值必是物物所同赋有的满欲能力的程度,但后来他的意见又有改变,以为真实的价值,在积极方面,只是物物所代表的劳动的分量。为什么他要这样说呢？因为他看见一物的满欲能力的分量和他的交换价值之间不曾有过因果关系发生。斯密士常称一物的满欲的能力为使用价值,因此他在后文里面说:

> 这些具有最大的使用价值的货物常常只有很少的交换价值,或简直没有交换价值;反之,那些具有最大的交换价值的货物常常具有很少的使用价值或没有使用价值。没有一件货物比水更有用处;但他几乎不能用以购买什么;几乎什么都不能用他去交换。在他方面,金刚钻几乎没有什么用处;然而却有很大数量的其他的货物来与他相交易。[①]

再因斯密士看出一物的使用价值即一物的满足欲望的与他的交换价值无关,所以他便在积极方面断定这个决定交换价值的原因必是另外的一种东西。他说这另外的一种东西,即劳动。他所依据的理由好像是这样:即一切的货物对人所发生的关系只有两个种类,其一就是他那替人满足欲望的能力,其二就是他那替人节省劳动的性质,此外更没第三个了。所谓决定交换比率的原因,价值,只能在这两者之中选择。现在既经事实证明他不是第一个,即物物所同有的替人满足欲望的能力,当然便只有说他是第二个,即物物所同具有的替人节省劳动的能力了。单因后面这种能力大半是由劳动构成的,所以他说:一物所具有的劳动的分量决定该物所得交换的比率的大小。

斯密士认为有两种劳动都可以决定货物的交换价值:其一就是一物在生产时所接受的劳动,简称生产劳动,又其一便是一物在交易时所得支配的劳动,简称交易劳动。关于一物的交易劳动决定价格的关系,斯密士在《原富》第六章上说:

> 这点必须注意,即构成物价的各部份的真实价格均系受他们每个所能购

---

① Adam Smith, *Wealth of Nations*, Cannan's edition, Vol. I, p.30.

买的或支配的劳动分量确定。

在第五章上,头一段话也说:

> 任何财货的价值,在他的所有人方面和在不直接消费他,而须以之易取其他财货的人方面,是等于他所能够买的或所能支配的劳动的分量。因此之故,劳动是一切货物的交换价值的真正标尺。[1]

关于一物的生产劳动的分量决定他的价格的关系,斯密士在同章的第二段上说:

> 在一猎人的国家里,如果杀海豹一头所费之力两倍于杀鹿一头所费之力,则一头之海豹当易取两头之鹿。通常以两日之力或两小时之力始能作成的产物,他的价值便应倍于仅以一日之力或一小时之力所作成的货物:这是很自然的。[2]

合而言之,斯密士认为有两种劳动决定价格。因此,他有两种劳动价值说,其一便是交易劳动价值说,又其一便是生产劳动价值说。可是这两学说互相一致吗?自斯密士视之,当然是一致的,因为斯密士认为生产劳动和交易劳动不但是"相等"的,并且是"同一"的。关于"相等"这一点,他说:

> 凡物之真正价格,即取得该物所投下之真正费用,实等于取得该物时所费之劳苦,与所忍之烦扰。换言之,凡物对其所有人,和其卖却人所给出的真正价格,即是该物对该人所能省的,并对其他的人所能误的劳苦与困难了。我们用金鱼或货物所换来的货物其实是用劳动买来的,如同用身体的劳苦去生产的一样。老实说,金鱼和这些货物都同样节省我们的劳动。他们所包含的某种分量的劳动的价值,假定等于他们去买来的货物,在同一时间内,所包含的某种分量的劳动价值。

斯氏最后所说的"他们所包含的某种分量的劳动的价值,假定等于他们去买来的货物,在同一时间内,所包含的某种分量的劳动价值"这一句话,明白表示一物在生产时所消费的劳动分量与一物在交易时所得支配的劳动分量是相等的。即一物之生产劳动的分量便是一物之交易劳动分量。

关于"同一"这一点,斯密士在他的《原富》的序言上说: .

> 各个国家年年的劳动是供给各个国家年年所消费的人生必要品和便利品的源泉。

这一句话的意思是说,财货都是劳动所生产的。简言之,就是凡财货都是生产

---

[1] Adam Smith, *Wealth of Nations*, Cannan's edition, Vol. I , p.30.

[2] Ibid. , p.32.

的劳动,即交易而来的劳动也是一种生产的劳动。根据上述这两点,我们可以确说斯密士的生产劳动价值说和他的交易劳动价值说,在斯密士自己的心目中是很一致的。

但斯密士的价值的学说,除了交易劳动和生产劳动的两个概念外,尚有所谓生产费决定价值的学说。这个学说阐明一物生产时所消耗的费用决定该物的价格。这就是说,如果一物在生产时所投下的费用多,那末,他的价格便高;所投下的费用少,那末,他的价格便少。因此之故,所以斯密士在同章里又说,生产的费用便是决定价格的因素。关于生产费用的意义,斯密士所指的是:(1)使用土地的费用地租,(2)使用资本的费用利润,(3)使用劳动的费用工资。

何以说生产的费用是决定价格的原因呢?斯密士说,在资本家的社会内,一切货物的自然价格,除以一部份报酬劳动者的劳动外,尚须以一部份分给地主,另一部份分给资本家。如果一物在市场上所交换的别的货物不够支付生产的费用,即工资,利润,和地租,那末,企业者便必大赔其本,于是这种事业便当向下衰落了。又如一物在市场上所交换来的别的货物,除了支付生产的费用工资,利润,和地租外,尚有余利,那末,企业者便必大赚其钱,于是这种事业便必向前进步了。但无论这种事业向下衰落或向前进步,都必使该物的价格朝着生产费用方面变动。为什么呢?因为低于生产费用之价格,如果使事业向下衰落,则该事业所生产的物量必少,少则卖价必上涨,最后必渐涨到能够支付生产费。高于生产费用之价格,如果使事业向上进步,则生产量多,多则卖价低落,最后必至落到仅够支付生产费。总括来说,就是物价变动的倾向均以他的生产的费用为依归。或者说是生产的费用的高下在大体上决定生产物的价格的高下。因此之故,所以斯密士除说一物之生产劳动,或支配劳动,系决定一物的价格原因价值外,又说,生产费亦系决定物价的原因价值了。这种学说简名之为生产费价值说,他在历史上是很占势力的。

上文曾说,斯密士认为一物所表示的劳动的分量决定该物的价格,现在又说生产费决定价格。究竟这两说又是否相冲突呢?这也是值得我们讨论的。

骤看起来,斯密士的劳动价值说和生产费价值说,好像是冲突的。因为斯密士的生产费价值说,好像是说,土地和资本均可生产价格,或均可使劳动所生产的价格腾贵,又地租和利润则是在此腾贵之价格中,除了支付工资以外的部份。果尔,则是他与劳动价值学说冲突了。可是依据迦南(Edwin Cannan)教授的研究,斯密士非但未曾有过土地资本增加物价的观念,如像奥地利派(Austrian School)的经济学者扁宝威尔(Eugen V. Böhm-Bawerk)那样的概念,即土地生产地租,资本生产利息的概念,而且常说,资本所得之利润,土地所得之地租都是从劳动所生产出来的工资中克扣出来分给他们的。[1] 即凡合成生产费的这三个要素,工资,地租与利润均系定量劳动的表现。由此可知,亚丹斯密士将货物的生产费与生产劳动的分量

---

[1] Edwin Cannan, *Theories of Production and Distribution*, p. 202.

在根本上认为一事。生产费与劳动分量既然是一事了,当然生产费价值说与劳动价值说便没什么冲突了。

在上面这段话里,我们还有一点不懂,就是斯密士以何理由说是土地不生产地租,资本不生产利润呢? 又以何理由说是连此土地所分得的地租,资本所分得的利润都是从劳动者的劳动所生产的工资之中克扣出来分给他们的呢? 关于第一个问题,就令不看斯密士的原书,也可大略推知:即在共产制度之下土地和资本都是莫法替地主和资本家生产地租和利润的。恰好斯密士的意见正是这样。他说:

> 在土地的占有和资本的蓄积以前的原始状态下,劳动的全生产品归属于劳动者,没有地主和老板来与他分享。如果这种状态继续不变,工资必然伴着生产力而增大。这种生产力便是由分工所引起的。①

在这一段话中斯密士所指的原始状态便系指的原始共产社会的组织。至所谓劳动的全生产品完全属于劳动者所有,没有地主和老板出来与他分享云者,是说在此种状态之下,纵有资本和土地,亦无地租和利润的形态。由此可知,斯密士确是认为有共产社会之下土地不生地租,资本不生利润,而与我们的推理相同了。无非斯氏所谓的共产社会不是我们所想的现代共产社会而是原始的共产社会罢了。

关于第二个问题即土地所分得的地租、资本所分得的利润都是从劳动生产物中克扣出来的根据,斯密士以下述四段话说明如后:

> 在土地的私有和资本的蓄积以后,劳动者享受全生产物的原始状态立即消灭。远在劳动生产力各种改良以前,这种状态便早已不存在了。如果此时还来探求劳动生产力的各种改良对于劳动所得的工资的影响,那就没有意义了。

> 土地变成私产以后,地主起而要求分享劳动者在土地上所收获的或所搜集的生产物的一部份。这一部份几乎等于生产物的全部份。因此地主的地租便变在了使用土地之劳动生产品的第一种克扣了。

> 农业劳动者在收获到手以前少有维持生活的资料。这种资料普通均是他的雇主,佃农,在其现货中垫给他的。这位佃农如果仅能收回他所垫出的现货而不附有利润,那末,他还有什么心去雇农业劳动者呢? 因此利润便变在了劳动生产物中之第二种克扣了。

> 即其他一切的劳动所生产的物件几乎都要受同样的利润的克扣。所有的手工业里的工人和机械业里的工人就中大多数都须有老板来垫给他们的工作原料,工资,和维持费,直到工作完了时止。他分享他们劳动的成果或分享他们的劳动在原料上所增加的价值。他所分享的部份构成他的利润。②

---

① Adam Smith, *Wealth of Nations*, Cannan's edition, Vol. I, p.66.
② Ibid., p.67.

上述这四段话明白表示亚丹斯密士确是认为在私产制度下,资本家和地主保有刻克工资坐食利润地租的权利。

到此我们知道斯密士确是有理由主张生产费与劳动实是一件事了。生产费与劳动既是一件事,则生产费价值说与劳动价值说便不相冲突了。斯密士的真义是说,劳动直接决定生产费,间接决定物价。关于此点,斯密士有一段话说的最好,亦为引证于下。

> 这点必须注意,即构成物价的各部份,其真实价格均系受他们每个所能够买的或支配的劳动分量确定。劳动不独确定这种价值,即不独确定劳动所分配的那一部份的价格的价值,而且确定那一部份化为地租,和那一部份化为利润的价格的价值。

总之,斯密士的价值学说是由消极和积极两个方面合成的:在消极的方面,确说一物的满足欲望的能力与他的交换价值无关;在积极的方法,断定一物在生产时所费劳动的分量是为决定价格的因素。这便是斯密士的劳动价值学说的大意。

II. 里嘉图(David Ricardo)

里嘉图也是主张劳动价值学说的一人。在消极方面,他相信斯密士的结论是不错的:即一物的满欲能力的大小并非该物交换比率大小之原因。因他以为金刚石之交换比率大而其满欲能力小,水的满欲能力大而其交换比率小,也足证明斯密士的意见全不错了。因此之故,所以他在积极方面也就认为一物在生产时所赋的劳动,除开很少的例外,实是决定该物的交换比率的原因。据里嘉图的讲话,凡有效用的货物从两种不同的泉源取得他们的交换价值:(一) 他们的稀少性,(二) 他们在生产时所受领的劳动的分量。但从稀少性取得交换价值的货物甚少,譬如古书画,古雕刻,古钱,和特殊土地上出产的葡萄所制之酒,他们均非人工所能增加其数量者。反之,从劳动取得交换价值的货物甚多。这些货物都是人工所能增加的,并且,在生产上是不受限制的。因此,大多数的货物的交换价值都系决于他们在生产时所受领的劳动分量。故里嘉图亦实为相信生产的劳动决定价格之一人。

现在我们所要说明的,就是斯密士与里嘉图虽然都是相信生产劳动决定价格的人物,但他们彼此的劳动价值的学说在有一点上亦不相同。即斯密士假定一物在生产时的受领的劳动的分量和他在市场上所能交易的劳动的分量大约是相等的,因此他说,货物在生产时所受领的劳动的分量和他在市场上所易取的劳动的分量同为决定他的交换的因素。反之,里嘉图则以货物在生产时所受领的劳动分量和他在市场上所得易取的劳动分量不必相等,因此他便不信上述这两种劳动的分量同为决定交换价值的因素了。他说,有些货物的价格,如食物的价格,在有些场合上,如果计以生产他们的劳动分量是涨了一倍,但计以他们所能交易的劳动则几乎没有增加什么。另有一些货物的价格,在有些时候,倘以第一种标尺,生产劳动,去测量,当是减少了一半或一半以上,但他所易取的劳动却减少不了那么多。小麦和燕麦的价格,纵令计以生产他们所费的劳动涨高一倍,但劳动的真实工资几乎不能跌落什么。鞋和衣,如果计以生产他们所费的劳动,可以跌价四分之一,但劳动的工资所得易取的货物为工资,同时工人的工资则以仅够维持工人的最低生活为标准。最低生活的意义系指工人之生活不能更低,更低则工人不能生活或死亡,连生产亦不能继续了。因此之故,所以谷物即令涨价一倍,但他所易取的劳动绝对不能增加一倍,换句话说,就是,定量的劳动所得易取的食物绝对不会跌价一半,因为定量的劳动所得易取的食物果令减少一半,则工人的工资便须降到最低的生活费以下,结果工人便会发生疾病或死亡了,尚何生产之有。这是里嘉图相信食物的生产劳动虽增加,但工人的工资不会如何跌落的唯一理由。在他方面,里嘉图又因相信劳动的人口定随真实工资的增加而上升。因此,他遂相信凡必要品的生产劳动的分量落下后,如果他们所易取的劳动分量减少则是劳动的真实工资增加,结果劳动的人口必将增加,此后在劳动市场上便将发一劳动供给过多之象,致使劳动工资往下低降。这便是里嘉图所说那纵令鞋和衣的劳动费用降低,但工人的工资于较长的时期内不会上升的理由。以这两点理由为根据,里嘉图很不相信斯密士所说那两种劳动的分量同为决定物价的因素。

然则在这两种劳动分量之中,究竟那种才是决定物价的原因呢?里嘉图对于这个问题的答复是:只有生产的劳动分量才是决定物价的原因,交易的劳动分量绝对不是。为什么呢?因为一切货物的价格都不随着他所交易的劳动分量的涨落而涨落,但随着他的生产劳动分量的涨落而涨落。他说,假如这里有一人发现了某一种货物无论在什么时候都是要同量的劳动去生产,那末,该项货物必有一种不变的价值,又必定可以用作测量其他的货物的交易数量的标准。如果我发现了现在的一两金子只能易取较少的这种货物的数量,如果在同一时期内,我又发现了定量的金子以新的和丰富的矿层的发现能以较少的劳动分量去生产,那末,我便可以说这两金子的相对价值的变动的原因必定是他的生产更容易了,或用以生产他的必要劳动减少了。如果我发现了劳动因供给加多的关系跌了大价,我定说这是由于生产食物和其他的必要品所费的劳动减少了。后面这个命题的来源系由里嘉图相信决定劳动者的价格工资的原因,也是生产他们所费的必要品之劳动分量。虽然劳动的种类不一,但里氏以为上述的理论并不因此而失效。因为依据里氏的意见,在不同的时期内,比较同一的货物的相对价值,对于制造该货物的劳动的相对技能和强度几无须加以注意,因他在两个时期内都是一样的活动。例如一块棉布,现在的交易价值为两块藤布,如果十年之后,通常一块棉布当交易四块麻布,我们便可安全的说,或则由于制造定量的棉布所需要的定量劳动加多了,或则由于生产定量的麻布所需要的定量劳动减少了,或则由于生产所需要的劳动的分量同时在棉布加多在麻布减少了;凡此三种现象都可得到同一的结论:即棉布一块的相对价值往下低落的原因,确系由于他的生产劳动相对的减少,至此劳动究竟属于何一种类并没什么关系。因此之故,所以里嘉图说,一物在生产时所费之劳动分量确为决定该物的交换价值的要素。但因在所有的企业里,资本是必须的,不仅直接用以制造货物的劳动影响他们的价值,而且间接用以准备便利最后生产的工具也可影响他们的价值。但里嘉图则以为这个决不影响上述生产劳动价值的公律,因为劳动必须视为直接的和间接的。①

现在我们所要特别提出来讨论的是同一种类的货物因其生产条件之不同所需要的劳动是不一致的。即在较有利的情境之上所需的劳动少,较无利的情境之下所需的劳动多。然而同一种类的财货在同一市场之上只有一种交换价值,且问这个交换价值系由较少的劳动决定呢?抑由较多的劳动决定呢?抑由较多的劳动决定呢?里嘉图对于这个问题的答复是,一切财货的交换价值,无论是制造品,矿产物,农产物,都不是由于在较有利的生产条件之下生产此等货品时所需用的较少的劳动决定,而常是由于在最不利的生产条件之下继续生产所投下的较大分量的劳动来决定。② 准此立论,则在一切物品之中,只有该一在最不利的生产条件之下所生产的物品中其价值系由劳动所生出的,但在中等的或最有利的生产条件之下所生产的物品,其价值非全是劳动所生出的了。反对里嘉图的劳动价值学说的人常以此为理由,以为这样一说,便抓住了里嘉图的痛脚,可是这点里氏自己亦很知道,然于他的劳动价值学说并无妨碍。因为他的学说的意思是说,如果某种定量的货物以新的生产技术或新的丰富原料的发现,在生产时的投下的劳动较少,致令他所能交换的他类货物的数量下落,甚或其相对价值下落,那末,那便是由该种货物的上中下三等生产条件都一律比较的改良了,或在上中下三种条件之上所生产的各一单位所费的劳动都比较的减少了。在同种类的货物之中,此一单位在生产时比较他一单位所费劳动比较的多,或比较的少,在说明此种货物的任一定量与他种货物的任一定量相交换时的相对价值的多少是毫不重要的。因为一种货物的任一定量与他种货物相交换的比率或相对价值大小的原因,必须将此种货物的平均每一单位所含的劳动分量,与他类货物平均每一单位所含的劳动分量相比较,并发现该一种货物平均每一单位的劳动费用的比较的低落,与其相对价值的低落,是否连在一道,而后乃能有济。明瞭了这一点,我们便知道在一种货物里面,于较有利的生产条件之下所生产的单位其价值非全自人工来的驳论,毫无损于里嘉图的相对劳动价值学说之存在。

里嘉图最后声明他所提出的劳动价值说乃根据于一种假定:即在各种不同的生产事业上所用的固定资本的耐久力相同,固定资本与流动资本的比例相同,但于现实的社会内此类条件没有存在。故有下列三例外:

---

① David Ricardo, *Political Economy and Taxation*, Ch. I, pp. 5—43.

② Ibid., p. 50.

一、两种货物的定量虽然所需以为生产的劳动分量同,但因直接劳动与间接劳动间之比例不同,其交换价值遂亦不同。例如今有甲乙二人,各人使用劳动者百人,制造纺织的机器,此时如丙亦使用劳动者百人生产谷物,在第一年之末,各物有同等的价值。因为所投下的劳动是相等的。次年甲乙皆用百人运转机械,生产棉织物和衣服,而丙仍用百人生产谷物,其年百人劳动所生产的价值,在甲乙虽是一样,但甲乙与丙则不是一样的了。设如甲乙丙三人所用的劳动者,每人每年支付五千镑,利润率百分之十,那末,在第一年之终,各生产物的价值共为五千五百镑。丙第二年与第一年同样,惟甲乙的百人劳动的生产物非五千五百镑而为六千零五十镑。因甲乙于本年度投下资本五千镑利润率为五百镑,合计五千五百镑。又昨年度的机械五千五百镑于本年度亦要求一成的利润,即五百五十镑,其为六千零五十镑。即于甲乙其生产物有同等价值,于丙以限于固定资本之故,虽投下同等的劳动,而生产物的价值则不如甲乙之大。

二、于同一的例中,由于第二年度甲乙使用固定的资本而丙则依然使用流动的资本,虽说丙在第二年所生产的价值仍为五千五百镑,甲乙则非五百镑而为六千零五十镑,可是如果此时利润率因工资的涨价从百分之十低落而为百分之九,[①]那末,甲乙的生产物的相对价值便只等于五千九百九十五镑而非六千零五十镑,但丙的生产物依然卖五千五百镑。何则?因为甲乙的生产物之价值从前之所以为六千零五十镑者,实因固定资本五千五百磅之利润率为百分之十,现在利润率既然因工资之腾贵减为百分之九,即四九五磅,当然价值便须下落而为五九九五磅了。丙因无固定资本,所以他的价值依然与从前相合。由此观之,甲及乙的生产物虽其彼此的交换价值相等,但因工资涨落的影响,其价值比丙确是相对的下落了。

三、又即令固定资本与流动资本之组成同,但固定资本之耐久力短,年年均须多的劳动去保存他的原来的效率,如此投下的劳动亦必加于制造品的价值上。例如机械有二万磅的价值,而运转之费仅须极少的劳动,若机械的磨灭甚少,不足挂齿,又普通利润率为百分之十,则因机械的使用所加于生产物的价值者,不过二千磅左右。若磨灭的程度大,欲维持他的原来的效率,年年均须有五十人的劳动,那末,便须附入一位使用五十劳动者的制造家所获得的生产物于机械生产物之上而其价值较大。在此情境之下,虽然两种生产物之相对价值仍然各与各己在生产时所投下的劳动相合,但如一旦工资腾贵利润率低降,则凡用耐久力强的固定资本因利润率之低降而所生产的生产物的相对价值下落,同时用耐久力弱的固定资本而所生产的生产物的相对价值腾贵。

在上述三个例外之中,第一个例外是由固定资本与流动的比例不同所引起的。第二个和第三个例外是由工资的平面不同所引起的。但里嘉图对于他们这两个因素都看的不重要。一来呢,因他认为工资的腾贵对于利润率的影响很小,小至不必

---

① 里嘉图以利润和工资是冲突的,利润高则工资低,工资高则利润低。

过于重视。据里的意见,在现实社会中利润率或许不容低过百分之六,或百分之七。二来呢,因他认为固定资本的成份对于物价的影响是由固定资本的等待关系所引起的,他的意思好像是说因为固定资本亦系一种劳动,那末,他因等待关系而得之酬报亦系一种劳动的结果了。总括来说,在大体上,里嘉图还是认为生产的劳动对于物价的影响大,上述那两种原因都小。因此之故,所以里氏始终相信他所阐明的这公律在大体上是不错:即货物生产所费的劳动的分量决定货物交易的比数。

最后一点要说明的,就是里嘉图所说的生产劳动决定价值的这个原则,亦如斯密士所说明的那个原则的性质一样,仅在用以说明一物在市场上的交换价值的自然趋势。这就是说,一物在市场上的交换价值,如果比较他的自然价格高,即比投在该物之上所费的劳动多,那末,该物的剩余价值必大,获利必丰,从而在其他的获利没有如此丰富的生产业上之资本与劳动势必纷纷集于此处以图大利,结果,该物的出产量必然超过从前的供给而使其剩余价值下落,一直落到剩余价值的零点为度。反之,如果一物的市场价格,比较他的自然价值低落,则生产该物所用的剩余资本与劳动必纷纷退出,终至使该物之价格回复其常度。总之,从一般的趋势上看,一物的市场价格,除了上述的例外,总是趋于与生产他的劳费一致,这便是里嘉图对于斯密士的劳动价值说的修正理论。

III. 马克思(Karl Marx)

马克思在正式提出他们的价值学说以前,对于价值问题的意义说出了好几段很有名的话:

> 商品的价值是什么? 这种价值是如何决定的?
>
> 乍一看,一种商品的价值好像只是一种相对的东西,若不顾及一种商品和其他一切商品的关系,便不能决定商品的价值。其实讲到价值,一种商品的交换价值,只是一种商品与其他一切商品在交换时之比例的数量。可是现在又发生一个问题,就是各种商品在交换时之比例数量又是怎样规定的呢?
>
> 我们从经验上知道这些比例有无限的差别。把小麦这宗商品来说,我们便看见了小麦一英斛当其易取各种不同的商品的时候几有无数不同的比例。但小麦一斛的价值无论用丝,或金,或别的商品表现出来,结果仍常相同,可见小麦的价值与小麦对各种不同的商品的交换比率是全然不相同的。因此必可以用一种很不同的形态来表示与各种商品的各样等式。
>
> 倘若我说,一英斛小麦以某种比例与铁交换,或是说一英斛小麦的价值是以多少铁表出,那就是说,小麦的价值和他的铁的等价物是等于既不是小麦又不是铁的第三种东西,因我以为小麦和铁是以两种不同的形态表示这种同一的数量。所以无论是小麦,或铁,均可独立的化为第三种东西。这个东西便是

他们共同的标准了。

我要用一个很简单的几何的例子解释这一点。我们比较所有三角形的形体和面积，或是比较三角形与矩形，怎样着手呢？我们将三角形的面积化为一种和原形很不相同的形态，我们既然由三角形的性质上发现他的面积是等于他的底边和高相乘之积之一半，我们于是便能比较各种三角形的价值，并且能比较一切真线形体不同的价值。因为这些形体都可化为好多个的三角形。

求商品的价值也是要照同样的方法进行。我们必须将这些商品的价值化为一种各商品所同有的一种形态，并且只以他们所含有的这种共通尺度的比例去区别他们。①

在上述这几段话里，马克思对于价值的特质之认识，可说是很清楚的。但是这里我们要问，即这具有此项特质之价值究竟是什么呢？

对于这个问题的答案：在消极的一方面，马克思与斯密士和里嘉图有一点相同：即商品的满足欲望的能力（即使用价值）一定不是商品的价值。为什么呢？因为，据马克思的分析，商品的满足欲望的能力，如系商品的价值，则凡具有满足欲望的能力之各物，应该都能依照各种不同的比例，具有交易的价值，原于一切商品的价值都系一些同性质的分量，可以相互成立交易的比率。可是在事实上，具有满欲能力之各物是否可以发生交换价值呢？空气，荒土，自然牧场和原始森林等都是具有满欲能力的，但他们都无交易的价值，由此可以断定一物之满足欲望的能力，不为货物交易比率之决定的原因，当然不是价值了。因此之故，所以马克思说，商品的满足欲望的能力，不是价值。

在积极方面，马克思说商品的价值只是商品在生产时所费去的劳动，但不尽是劳动，还须要是社会的劳动。为什么说不尽是劳动呢？因为价值，倘如说他尽是劳动的话，则凡个人的劳动所生产的物品亦必具有价值，因他亦系一种结晶的劳动。因此，他当亦有成为商品的资格。因为商品价值的特征，依照上文的解释，原系各异商品所含同质的分量，即为他们彼此交易比率发生的原因，如说个人的劳动便是价值的话，则凡含有个人劳动的生产品便当可以成立交易的比率，便当成为商品了。但事实怎么样呢？在原始生产时代，个人所消费的生产物皆是个人所生产的，但此生产物不是商品。由此可见，个人的劳动不是价值，只有社会的劳动才是价值了。

但什么是社会的劳动呢？又他与个人的劳动究有什么区别呢？在马克思的心目中，个人的劳动只是一种生产使用价值的劳动，不必要隶属于社会的分工之下，至社会的劳动，同必要隶属于社会的分工之下和为了完成社会的分工之用的劳动。单因这种隶属于社会的分工之下的各部份劳动，因其所生产的各种各样的商品，如

---

① Karl Marx, *Value, Price and Profit* (Charles H. Kerr and Company, Chicago), Ch Ⅵ, pp. 53—55.

小麦,丝,金,铁,是可以相互比较和交换的,因此,可以推知,这种隶属于社会分工之下的劳动并是一种可供比较的同质的劳动了。这种同质的社会的劳动,马克思又称他做抽象的人类的劳动。马克思在他的资本论中说,表现商品的劳动具有两重的性质:一为生产各种各样的使用价值(例如衣服与麻布)所需要的各种各样的活动,如裁缝与机织;一为变成此各种有用的生产活动的无差别的人类的精力,简名之曰,抽象的人类的劳动。这种说法便是由于看着上述的事实关系所引起的。这就是说:(一)既然各种各样的劳动所生产的商品都是可以相互成立比率的,则该各种各样的商品之中所收容的各种各样的劳动亦是可以相互成立比率的了。(二)相互成立比率之各物,在物理科学上,既然必为同性质的两数,则是各种各样的生产各异商品之一切有用的劳动,都可使用异中求同的方法,视为一种抽象的人类的劳动分量之各部了。故社会的劳动马克思常称他是抽象的人类的劳动。因为抽象的人类的劳动具有商品价值的特征:一为商品所同有的共通物的分量,二为决定商品交易价值的共同标准,所以马克思说,每件商品的价值即是该件商品在生产时所赋有社会劳动的分量。

　　将马克思的社会劳动价值说的大意解明之后,有点务须特别提出,请求注意。即读者切莫要忘记了马克思在谈劳动价值的时候,所用的"社会的"这形容词的意义,如果对于这形容词的意义不明了,那末,你便休要去作反马克思的宣传。因为那不过只是一种"无的放矢"的工作,对于马克思的学说还是无损于他的丝毫的。例如这里有一人,以下述的理由,反对马克思的学说说,"如果商品的价值是受在生产时的所费的劳动数量决定,那末,一个人的笨拙程度愈大,他所生产的商品的价值便愈大。因为笨人所生产的商品内中所储蓄的劳动必比聪明人所生产的商品内中所储蓄的劳动大若干。但事实不是这样,可知马克思的劳动价值说不对"。像这一种反对的论调,便是因为忽略了马克思所用的"社会的"这个形容词中所包含的意义,而所发出之一种"无的放矢"的论调,因为马克思所谓社会的劳动并非最笨拙的意思。马克思自己在他的《资本论》中解释说,所谓"社会的"乃系指那"在此现实的(extant)社会的,和平均的生产条件之下以平均的技术能力和强度所作成的生产某一使用价值的"的意思,似此则是马克思的学说不为这里的反对论所攻击了。关于此点马克思有一段话说的最好,兹为引证于下:

　　　　如果商品的价值是受在生产时所费的劳动数量决定,那末,骤看起来,便好像价值之大与他的制造人的笨拙程度之大成正比例,因为懒惰和不熟练都必增加生产所费的时间。可是创造价值的劳动乃系同质的人类劳动,即同一劳动能力的支出物,那种化为一切商品的总价值的社会总劳动力(total labor power of society)虽然包含着无量数的劳动力的个别单位(individual units of labour power)但却把他当做一团没有差别的人类劳动力的集合体。这些劳动力的个别单位的每一个,正如其他一切的各单位,只要他具备了社会平均劳动的各种物质,并如他们那样发生作用,换句话说,只要他在商品生产的时候所用出的只是这个平均劳动时间,或社会必要劳动时间,他都可作这个同一的劳动力看。社会的必要劳动时间便是指在此现实的,社会的和平均的生产条件之下以平均的技能和劳动强度生产某一使用价值所费的劳动时间,英格兰自从采用蒸汽力的织机之后,将定量的棉纱织成棉布的劳动比较从前省出一半。此时使用手织机的个别工人作这同样工作,虽说还要费去当蒸汽的动力尚未用到纺绩工业以前所需要的那样长的时间,但因他在旧的情境之下,以一点钟的劳动时间所生产的物品,只能代表在新的情境之下以半点钟的平均的社会劳动所生产的物品,所以只有从前一半的价值。①

读此可知,马克思所谓社会的劳动,原来具有一定的明确的内容,读者在还未了解这个内容以前,幸勿恣意加以批评。

但各种商品,在生产时,所需要的社会劳动量,是常常变动的,因此各种商品的价值也是常常变动的。这种常常变动的事情,据马克思的分析,是由劳动生产力的继续变化所引起的。因为劳动生产力越大则在定量劳动时间内所完成的生产物越多,同时每件商品的社会劳动量便越少,因此每件商品的价值也越少了;劳动生产力越少,则在定量劳动时间内所完成的生产物越少,同时每件商品的社会劳动量越多,因此每件商品价值也越多了。马克思说,"劳动生产力是由种种情形决定的,就中如劳动者的熟练的平均程度,科学及其工艺应用的发达程度,规划生产进程的方法,生产工具的范围和功能,以及种种自然的关系都是决定他的要素"。"例如因人口发达,必须耕种中下等的土地,要从这些土地上获得和上等土地之同样多的生产物,只有费一种更大的劳动量才能达到目的,而农产物的价值一定因此上升。从他方面讲来,如果纺纱者应用近世生产工具,在一个工作日中把棉花纺成棉纱,比他从前在同一时间内用人力纺车所纺的纱多至好几千倍,那末,每一磅棉花比较从前将少吸收好几千倍的纺纱的劳力,结果因纺纱而加于每一磅棉花之上的价值也将比较从前少一千倍,这是显然易见的。棉纱的价值也将因此下落。"综括来说,就是个别商品的价值与生产中所费的劳动成正比例,与生产上的使用的劳动生产力成反比例。

每件商品的价值常常随着劳动生产力的继续变化的影响,这点已经明白了。可是现在对于这个问题的另一面尚须充分的注意,即一切商品所有的总共的价值是不受劳动生产力的继续变化的影响的。当劳动生产力变弱之时,虽然劳动的总量所生产的商品件数大减少,但在每件商品之上所赋的劳动的分量却不减少而加多,结果生产所费的劳动的总量还是与以前一样多,因此商品全体的总共的价值还是与以前一样多。当劳动生产力变强之时,虽然劳动的总量所生产的商品件数多,

---

① Karl Marx, *Capital*, Translated by Eden and Cedar Paul, Vol. Ⅰ Ch. Ⅰ p.58.

但每件商品之上所赋有的劳动量却不加多而减少,结果生产所费的劳动的总量还是与以前一样少,因此商品的总共的价值还是与以前一样少。即此可见,劳动生产力的进步或不进步与商品全体的总价值无关系。因此,马克思说,劳动生产力只系"具体的有用的劳动"(concrete useful form of labor)的一属性,与体现价值的劳动无影响,换句话说,就是劳动生产力的进步或退步,只能推广或缩减定量劳动的用处而不能使定量劳动的分量有增减,因此他的丰富或贫弱是与商品价值的总量毫无关系的。

总之一句,马克思的真正意思只有一个,即每件商品的个别的价值和一切商品的总共的价值概依他们在生产时所受领的社会劳动的分量而决。除社会劳动之外,虽说劳动生产力的增减也可使每件商品的价值受着反比例的增减,但这关系只是间接的不是直接的。即劳动的生产力不能直接影响商品的价值,只能直接影响每件商品在生产时所费社会的劳动,此后再由此量社会的劳动去影响每件商品的价值。因此之故,所以这个最直接的无条件的决定商品价值的原因,还是只有社会的劳动了。

以上是马克思的社会劳动价值说的抽象概念。

马克思将这抽象的社会劳动价值要领发明后,他便以这抽象概念做根据,说明下述三问题:(一)商品的价格是怎样发生的,(二)商品价格涨落的原因何在,(三)地租,利息,和利润是怎样发生的。这三个问题的说明可以称做马克思的社会劳动价值说的具体应用,兹分述于后。

一、欲明商品的价格发生的来历,当从商品的价值是什么一问题说起。商品的价值,据马克思的分析,乃系商品在生产时所费去的社会劳动的分量,这点上文已经说过了。可是马克思说,商品内中所储蓄的社会的劳动的分量,必须与其他商品内中所储蓄的社会劳动的分量相比较,或经过交换的比例,始能具体的出现于外。这正如这里有一包糖,这糖的重量,在未经过磅之前,虽已确定,可是必须经了过磅之后,将这糖的重量与铁码相比较,始能表现的极清楚。在这一点上我们可以得到马克思的一点小小的暗示。即马克思所谓商品的价值,乃系一种溶解在商品里的社会的劳动。这种社会的劳动乃系一种极其抽象的东西,眼不见其形,耳不闻其声,触不觉其量,鼻不嗅其香,凡用直接的观察都不能够看见他。唯有一种间接的推论,可以将他发现。这种间接的推论可以叫做由已知推未知的程序。这种程序就是先将某一含有社会劳动的一定量的商品作为一种已知价值量。将此已知量做标准,再去推断其他的物品在无社会劳动在其内并有多少的社会劳动在其内。假令在社会上有一特定的商品,知道需要确切相同的社会劳动的分量去生产,那末,该件商品必有一种已知的价值,又必定可以用来测度其他商品的价值。假令现在有二十码麻布可以易取上述这种商品三单位,又假令在同一时期内有十磅红茶和四十磅咖啡,可以易取这种商品两单位,更假令有五百磅生铁、六斗小麦可以易取这种商品一单位,那末,我们便可由这用作价值标准的商品的数目,知道麻布,红茶,咖啡,生铁,小麦的各定量所含社会劳动量的小大。据马克思的意思,商品的价值便是以此已知其一商品价值作标准推断出来的。这种用作价值标准的商品,马克思称他做价值的发现相。当着价值的发现相用货币来充任时马克思称他做价值。现在我们可以根据马克思之《资本论》来说明价格的来历。

价格是怎样来的呢?据马克思的意思,价格乃是基于商品生产发达后任一商品的价值均须以其他商品做标准,来表现他的相对价值,由是按部就班的一点一滴的发生出来的。他共总经了三个不同的阶段:(一)单纯的价值的标准,马克思称他做单纯的价值相(elementary or accidental form of value)。(二)复杂的价值的标准,马克思称他做总合价值相或扩大价值相(total or expanded form of value)。(三)一般的价值的标准,马克思称他做一般的价值相(the general form of value)。价格便系一般价值相时代的产物,这是可以用历史和比喻来解释明白的。

当商品生产的初期,劳动生产物只是在这里那里偶然的交换。此时此一商品的价值只能偶尔以其他一个商品作标准去测量。因此之故,所以此时商品价值相的方程式是:

> 一件衣服等于二十码麻布

因为此时用作比较价值的标准的,或用作价值的发现相的都是极单纯的,因此称做单纯的价值相。在这一个时代里商品的价值还在不很显明。因为此时只有偶然一两个商品与他一个商品相交换。他们因为相交换的种类太多了,自然曾疑心着他们的性质可是真相同的,即在他们里面可是真有社会劳动的分量。

当着商品生产的第二期,社会上已经有了许多劳动生产物相交换,于是一件社会劳动生产物与其他许多劳动生产物相交换的事情便具体表现出来。说的更深刻一点,就是,在这一个时候,一商品的价值乃可以其他许多商品去作测量的标准,即可用其他许多商品去发现他的价值量,或作他的价值发现相。只因此时任一商品的发现相都加多了,或比较从前更扩大了,所以在这一个阶段里的价值相,便可称做扩大的价值相,或综合的价值相,在历史上如下述的扩大价值相的例子:

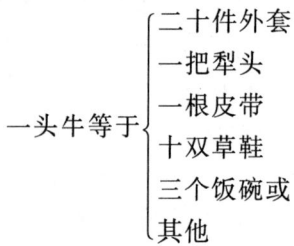

> 一头牛等于
> 二十件外套
> 一把犁头
> 一根皮带
> 十双草鞋
> 三个饭碗或
> 其他

在荷马(Homer)的史诗里已经表现出来了。但商品的价值在这一个时期里,还是未能充分表现他的统一性。因为扩大价值相在这时期里含有三个重要的缺点:(一)不统一(deficient in unity)。何以说是不统一呢?因为商品的价值相太复杂,不能统一于一个价值相,如货币之下。(二)不完全(incomplete)。因为新生的商品每加一个,该一头牛的价值相又须加用这一新商品来表示,但新增的商品永无完全的时候,因此该一头牛的价值相亦永无完全的时候了。(三)不清楚。因为牛的价值的小大,即牛在这一群商品中所占价值的相对数量,虽然因为比较许多价值标准充分表现出来了,可是一件外套的价值尚还没有。因此这一件外套,如欲知道他自己的价值的大小,亦尚需要以其他一切商品做标准一一比较一遍,即令比较完了列成一表,但看起来还是不甚清楚。这三个缺点暴露后,商品的价值相便又独立的往前进步。

在第三个商品生产的发达阶段里,每个商品都感触到以其他一切商品做标准来发现自己的相对价值的不便,于是便公推出某一种商品来做测量价值的标准。即以某一商品的绝对价值量为尺码而将其他一切商品的价值表现为他的倍数或分数。结果一般价值相便发生了。即:

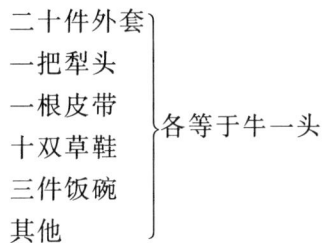

二十件外套
一把犁头
一根皮带
十双草鞋
三件饭碗
其他

各等于牛一头

此时牛遂变为一般的等价物了。一般等价物所发现的商品的价值确是无疑的系一切商品所同具有的抽象的人类的劳动。在商品界中这个最后被推出来做一般价值的发现相的是黄金及生银。因此黄金及生银最后便代替了牛,或其他的商品的一般等价物的地位而为货币了。马克思说,商品的货币形态便是价格。例如一把茶壶的价格等于银元一枚即七钱二分银,那末,七钱二分银,或银元一枚,便是茶壶的价格了。由此可知,商品的价格纯粹由于为了测量商品的价值而所发生的产物。

二、商品的价格既然只系商品价值的货币形态,那末,在一切商品和货币之中,只要中间有一种所含社会劳动量发生变动,那末,一切商品的价格便须跟着发生变动了。因为,在一方面,货币虽然可作一切商品之价值的发现相,但他只系社会劳动的标尺,而非社会劳动的本体。好比铜码只是重量的标尺而非重量的本体是一样的。同是一元的货币,假令生产他这七钱二分的银质所需的时间加多了,那末,他便能作较多的商品价值的发现相;减少了,他便只能作那较少的商品价值的发现相。因此之故,纵令一切商品的价值不变,只要货币的价值变了,商品价格便要发生变化。在他方面,商品的价值乃系表现在货币之上的价值。因此商品在生产时,所费的劳动时间多,那末,他们的价值便多,同时代表他们的价值的筹码,货币,亦多,反之则价值少,与价值相等之货币量亦少。由此可知,纵令货币的价值不变,假如商品价值变了,价格亦要发生变化。综括来说,就是商品的价格概依商品和货币商品的价值变化而决。这个变化共有四种条件:(一)如果货币的价值不变,则商品的价格随其价值的涨落。(二)如果商品的价值不变,则商品的价格与货币的价值成反比例而涨落。(三)如果货币的价值与商品的价值为同比例的涨落则价格不变。(四)如果货币的价值与商品的价值为不同比例的涨则价格发生变化。

三、商品的价值既系等于表现在他的价格之上的社会劳动量,那末,代表同一劳社会劳动量的商品便不能有两样的价格。可是现代的资本家和地主,在生产选种之中,所用的商品:如生产工具(即过去的劳动)与劳动者的劳动力便有两样的价格。其一就是当着他们被资本家或地主买来投入于生产行程之时的价格,又其一就是当着他们被资本家转化成为商品之后放入交易进程的价格。前一种价格通常称做成本,后一种价格常直称做价格。这两种价格,通常是不相同的,因为在后一种价格之中减去成本价格外,常剩余有若干的超过价格。此超过价格构成利润,地租,和利息。如果该各商品的成本价格所代表的社会劳动时间等于该各商品所收容的社会劳动时间,那末,超过的价格所表示的便非社会劳动的时间了。商品的超过价格既非来自商品的社会的劳动,那末,他们究从什么地方来的呢?

马克思说,关于这个问题的研究共有三派人的意见:第一派人说,资本家以其商品所售得的超过成本价格的价格是从贵卖得来的。用托勒斯(Colonel Torrens)的话来说,资本家的利润率是从资本家以生产人的资格将其商品贵卖于消费人而来的,或榨取消费人而来的。但马克思则以这种贵卖说不通,因为依据马克思的观察,现代所有的消费人通通都是生产人,换言之,即卖者都是买者,假令贵卖说不错,则凡得之于贵卖者则必失之于贵买了,尚何余利之有。第二派人说,超过的价格是由贱买得来的。此说之不通殆与贵卖说同,因为凡得之于贱买的人,即是失之于贱卖的人了。第三派人说,超过的价格是由有一长期的贵卖阶级得来的。但马克思以为这势必要附带着有这个长期的武力或特权的侵略买者的阶级。又即令有此特权阶级之存在,然而超过的价格不是从流通行程得来的,而是从生产行程得来的。例如,甲乙二人相交易,甲以成本四十元的米贵卖于乙,获利五十元,在表面上,好像甲所赚得这十元的超过价格完全是由流通行程来的,实甲这十元的超过价格不外是由乙的劳动力,在生产行程里,茹辛忍苦一手一脚的生产出来的,并不是在流通行程里,忽然凭空从天上掉下来的。故超过的价格亦非第三派的学说所能解释之者。据马克思说,还是只有他的社会劳动价值说。因为依照社会劳动价值说的解释,超过的价格不外是由现在劳动者在原料上所增益的新价值超过现在劳动者的劳动力所得的价值(即工资)之超过额。此项超过额即马克思所谓剩余价值。故卖者售物所得价超过原价之赢利部份,实由劳动者的劳动产生出来。例如在某一社会生产部门内,劳动者一人每日运转机械消费成本价值两元,原料价值四元,劳动者每日平均生活资料价值两元,因此他于每日劳动十二时后,其在雇主方面,所得工资价值亦为两元,合计成本价值八元。假令在这一个社会生产部门内所制造的商品价值为十元,那末,在这价值十元的商品中,因为六元已是过去劳动预先存留的价值了,我们绝不能说其余四元不是现在劳动者所附加于原料的新价值。但现在劳动者在其他所创造的四元新价值之内,只有两元用作他的劳动力的价值,由是其余价值两元之物,但不得不以超过价格的方式,构成资本家的剩余的所得了。由此可知,资本家的剩余的所得,不问他是利息与余利,皆为劳动者所创造的剩余价值所生出的。将这同一的举例用在农业问题上,可知地主的地租亦是由劳动者所创造的剩余价值的变形。创造剩余价值的劳动,马克思谓之为剩余劳动,所谓剩余劳动云者,即工人所失的劳动超过其所得的劳动也。如在同一举例中,六元所表现的劳动,既然属于机械与原料所含过去劳动之范围,则是其余四元所表现的劳动便必等于现在劳动者的十二小时的劳动。四元所表现的劳动,既是十二小时的劳动,则两元所表现的劳动便只是六小时的劳动。劳动者在这四元劳动所表现的十二小时劳动中,以两元工资的形式向资本家所收回的劳动,既然只是六小时的劳动,则是其余那被资本家,或地主以两元的超过价格,或剩余价值形态,所榨去的六小时的劳动,便不能不是劳动者所失的剩余劳动了。综上以观,现在有产者阶级所得超过的价格确是由劳动者的剩余劳动时间,或剩余价值所生出的了。在这一种论证下,无怪马克思要说,超过的价格只有他的社会劳动价值说方才能够解释了。

但读者也许还要这样发生疑惑:即超过的价格既然是由劳动者的劳动力在原料上所附加的新价值大于劳动者的劳动力所得的价值所生出的,那末,劳动者所特有的这商品劳动力的价值便是常在他的价格所表现的价值以下了。马克思在他的社会劳动价值学说上不是明明白白告诉我们说,商品的价值常是等于他的价格所表现的价值吗? 为什么现在又说劳动者所特有的这商品劳动力的价格,所表现的价值是常在他的价值以下呢? 这岂不是自相矛盾吗? 但读者对这点须要注意:即马克思的社会劳动价值说乃是一种生产劳动价值说,不是一种交易劳动价值说,假令读者将这生产二字的意义明白了,那末,你便晓得马克思的社会劳动说不与他的剩余劳动的理论相冲突了。按照生产劳动价值的意义,固然,一切商品的新价值均是决于劳动者在生产时所附加于原料的新的劳动力,但劳动者的劳动力的价值,工资,亦仍然是决于该劳动者的劳动力在生产其自己时所费的同样的劳动力,二者并无若何区别。在上述一例中,因为劳动者的劳动力,在从事商品生产时,在原料上所附加的新劳动力系十二小时的劳动,等于价值四元,因此,该项(除所含有之过去劳动价值六元不计外)原料经变形为商品之后所得之新价值亦是四元,又因劳动者为了再生产其劳动力所用生活资料,只含社会劳动六小时,只能等于价值两元,因此他的工资亦是两元。二者的价值——即劳动者在原料上所附加的新价值和劳动者的劳动力的价值——均与他们的价格所表现的价值,即与在生产时所投下的社会劳动量相一致,故马克思对于超过价格的解释与他的社会劳动价值说根本没有什么冲突。由是可知,上述成本与价格的不相符,并非代表同一社会劳动量的商品通常具有两种的价格;而是解明发生两种价格的商品,如成本价格和价格的相差,只是两种不同的社会劳动量的结晶。例如上述成本价格所表现的劳动量,因为只是通过的劳动量和现在劳动者的劳动力,在生产其自己时,所费去的劳动量之总和,约值社会劳动二十四小时,同时价格所表现的劳动量则是过去的劳动量,和现在的劳动者劳动力在生产商品时所费去的劳动量之总和,约值社会劳动三十小时,二者刚刚相差六小时,因此二者价格的差数所表现的劳动量亦刚刚是相差六小时。由此可知,成本与价格的不相合,或超过价格的表现,非但不足以否认马克思的社会劳动价值之理论,而且恰足以证实他的理论是前后贯串一致。马克思因为看出超过价格的发生系由成本与价格的相差,又因看出成本与价格的相差,乃是由现在劳动者的劳动力在生产其自己时所费去的劳动力,和他在生产商品时实际所用出的劳动力不相合,为明显起见,他便立出两个不同名号去代表两个不同的意义。他称现在劳动者的劳动力在生产其自己时所用去的劳动力,为劳动者的劳动力的价值。他称劳动者的劳动力在生产商品时实际所用去的劳动力,为劳动或价值。掉过来说,马克思所谓劳动便是指那在使用中的劳动力,又此在使用中的劳动力便是价值,不能说他具有价值,正如热的本身没有温度,重的本身没有分量一样。超过价格的发生即由劳动者劳动力的价值和劳动价值的相差。譬如在上述一例中,劳动力的价值虽是六小时,但劳动力在使用中所费去的劳动或价值,确是等于十二小时。资本家因为可以六小时的劳动价值所买来的劳动力使用十二小时,白得剩余劳动价值六小时,因此在生产的进程里他的超过的价格便发生出来了。所谓超过价格者不外便是此量剩余劳动之货币形态而已。但因现在的有产者阶级,为其自身的利益计,或为其自身的阶级利益所蒙蔽,硬说他们的超过的价格,如地租,利息,和利润,不是从劳动者的剩余劳动来的,而是从他们的资本和土地中得来的,又因一般顾名思义,毫不深思的官僚经济学者纷纷起而仰承资本家的圣旨说,利息,地租,和利润,确是应该说是由于有产阶级的资本和土地的役务,而不应归因于劳动,同时劳动者阶级以习焉不察之故,亦虽加以否认,以致举世之人莫不以为生产价值的泉源,除劳动者的劳动外,尚有土地和资本两要素在,因此,三分生产价值要素的观念便造成了经济学上的谬见了。反对这种谬见的学说,马克思常自以为只有他的社会劳动价值说。

马克思应用他的社会劳动价值说,将上述三大问题说明后,声明他所阐明的原则不必处处都合事实。即在(1)独占事业存在之地,和(2)在需给不相一致之地,商品的价格的涨落不与他在生产时所费的社会劳动的涨落相一致。似此,则是商品的价值不是决定商品价格的唯一的原因,此外尚有原因。这个原因便是商品之独占的性质,和造成市场上需给不相投合的因子了。不过在大体上他还是说,他的价值学说是不错的:即商品的市场价格虽与商品的价值不一致,但商品的自然价格无论如何是与该商品的价值相一致的。在这一点上,他与斯密士和里嘉图的态度没有差异。因马克思所谓自然价格的意义，如同斯密士所说的一样，即"自然价格是一种'中心的价格'（central price），一切商品的价格是继续倾向此中心价格而以他为重心的。各种偶然的事故或有时使商品的价格远过于中心价格，有时使商品的价格甚至约略低过中心价格。但是，不问那些妨碍商品价格向这安静的中心倾落之障碍是怎样，商品的价格总是常倾向这中心点的"。

（《社会科学杂志》，1932 年 4 卷 1 期）

限界效用价值理论派的各家学说

在政治经济学上,关于商品的交换价值的决定原因之分析,最初大半都是劳动价值学说的势力。到了 1871 年至 1874 年之间,英、奥、瑞三国乃有限界效用价值说,代之而起。主是说者在英国为 1871 年耶方斯(William Stanley Jevons)所发表的《政治经济理论》(*The Theory of Political Economy*),在瑞士为 1874 年窝尔拉(Marie Leon Walras)所发表的《纯粹政治经济学原理》(*Elements d'economie polique pure*),在奥地利则有孟革(Carl Menger)1871 年所发表之《国民经济学原论》(*Grundsatze der Volkswirth:chaftslehre*),扁宝威尔(Eugen Von Böhm-Bawerk)的限界效用价值说,即系继承孟革来的。自此而后,经济学上的价值理论便形成了两大学派的对立。最后美人克拉克(John Bates Clark)的《财富分配论》(*Distribution of Wealth*),和塞利格曼(Edwin R. A. Seligman)的《经济学原理》(*Principles of Economics*)刊行于世,限界效用价值说又复由个人的限界效用价值说突变而为社会的限界效用价值说,正与斯密士和里嘉图的劳动价值说,经马克思修正后,变为社会劳动价值说相同。兹以扁宝威尔,克拉克,塞利格曼三人为代表,叙述限界效用价值说如后。

一、扁宝威尔(Eugen von Böhm-Bawerk)

为什么金刚石的满足欲望的能力少而其交换价值反大,水的满足欲望的能力大,而其交换价值反小呢? 斯密士、里嘉图和马克思三人在答复这问题的时候曾说,一物满足欲望的能力或使用价值与他的交换价值大小无关系,只与他的生产所费的社会劳动的分量有关系。近代的限界效用价值说,则谓金刚石的交换价值大,水的交换价值小,依然是因为他们满足欲望的能力有大小;但不是满足一般欲望的能力的大小,而是满足限界欲望的能力的大小,或使用价值的大小。这派学说的集大成者扁宝威尔,再把斯密士、里嘉图、马克思三人所不要的因子重新检起,作为限界效用价值说的出发点。计扁氏的学说所含的要义有六:(一)人对于物所发生的最小和最后的不足的感觉是他对物所发生的限界不足的感觉。(二)限界不足的感觉决定一物的限界效用,同时一物的限界效用决定该物的使用价值。(三)使用价值与使用是不同的,或与一物的满足普通欲望的能力是不同的。但斯密士、里嘉图、马克思均未把这点认清楚。（四）限界效用价值说在应用上所应注意的是货物种类的性质。（五）限界效用价值说与生产费价值说是不冲突的。（六）商品的交易价值完全是由商品的使用价值来的。兹依次说明如下。

（一）扁宝威尔在讨论限界效用价值说的开始,将个人的欲望解为一种实际的不足的感觉,并把这种感觉分做许多切近等级的急切程度不同的部份。例如一个饥饿的行人,忽然发现了一个苹果,他因为今番得了这个苹果,可以侥幸不死,他对这第一个苹果所发生的第一部份的不足的感觉,于是便有莫大的急切程度。如果他再发现了第二个苹果,虽然他亦欢喜,可是第二个苹果对他所引起的第二部份的不足的感觉,但不如第一个苹果所引起的第一部份的不足的感觉急切了。苹果一个一个的往上增加,他的欲望的急切程度一部份一部份的往下减少,直到他的第十部份的欲望已为第十四苹果所满足,此时,他对第十一个的苹果,也许便不觉有什么需要了。假令我们用数字来表示这些部份的不足的感觉,那末,每一部份的不足的感觉,但可以说等于10,第二部份等于9,第十部份等于1。又如有一位农夫,他的田庄距人很远,他共收获了五袋的粮食,预备着吃到明年秋天。他于是立出一个在这一年之内只吃五袋粮食的计划。他用第一袋粮食做维持到明年秋天所用的食料。用第二袋维持卫生及精力。除此而外,他对面包和面粉都想省而不用,但他却很想吃肉,所以他又预备出一袋来喂家畜。第四袋他用来制酒。现在假令他的各种的欲望仅此四袋粮食全可满足,那末,这第五袋的粮食,除了用来饲养几个可爱的鹦鹉而外,便没有什么用处。在此情境之下,这个农夫对于粮食的不足之感,从他急切程度之缓急共可分为五个部份。如果这位农夫用数字来表示他的不足的感觉的急切程度,他势必要以最高的数字10来代表他的对于第一袋粮食所起的欲望的急切程度,因为第一袋关系他的生命。对第二袋的不足之感也许给8,因为这只关系他自己的康健。对第三袋的不足之感也许给6,因为这只关系他的享乐,对第四袋的不足之感也许给4,第五袋也许给1。这便是这位农夫对于粮食所起不足之感的五个急切程度不同的部份了。由此可知,人对于物的欲望,当着供给递增的时候确发生出许多切近等级的部份的感觉。在这些感觉之中这个最后一部份的不足的感觉常是急切程度最少的不足的感觉。这个结论不仅适用于农夫和旅行家,而且适用于一切收入有限的人,心里总有一种适合其收入的最经济的用法。除非他是一个傻子,他总是要最先以他的收入的一部份去供给他的最急切的欲望。其次则以供给他的次一等的急切的欲望,再次则以供给他的再次一级的急切的欲望,照此进程发展,当然这个急切程度最少的欲望,当是在逻辑上最后的被满足的欲望了。

至于这个最后的不足的感觉,如果以数字来表示其急切的程度,究竟是等于一,等于二,等于三或等于四,那便要看这人手里所备有的货物单位之多寡而定。如果他手里的货物的单位多,那末,此项不足之感的急切程度,在数字上便占最小的地位,例如等于一。但是无论如何少的急切程度在数字上也不曾等于零,因等于零,便根本失其存在而化为一种徘徊不决取舍不定的态度了。反之,如果他手里所有的货物的单位少,那末,此不足之感的急切程度,在数字上所占的地位便大,如七,如八,如九。如果他手里所有货物单位只有一单位,则是他的最小的欲望,但是他的最大的欲望其急切程度便可以 10 表之。例如那位饥饿的行人,手里只有一个苹果,他对这个苹果所发生的最大的不足的感觉便是最小的不足的感觉,而不能不等于十。如果他有十一个苹果,这第十一个苹果已超出他的最小的欲望以外,所谓不足的感觉便根本已不存在。如果他有两个苹果,他的最少的不足的感觉,但是他对第二个苹果所发生的不足的感觉,在数量上,其急切程度等于九。如果他有三个苹果,他的最小的不足的感觉,但是他对第三个苹果所发生的不足的感觉而不能不等于八了。由此言之,最小的欲望的急切程度,随着所有的货物的数量之增多而减低为三,为二,为一。随着所有货物的数量之稀少而增高为八,为九,为十。这就是说,最小的不足感觉的急切程度的高下,无时不是反比例于所有的货物单位的多寡而变化。单因这个最后的和最小的一部份的不足的感觉是在我们的欲望的极限上,所以又常被人称做限界的不足感觉的部份。

（二）何以说一物的使用价值是从限界效用发生出来的,而限界效用又是从限界部份的不足的感觉发生出来的呢？因为依据扁宝威尔的分析,凡物之一单位,如果构成了满足我们的限界的不足的感觉的必不可缺的条件,则该物具有使用价值,而此使用价值之大小则视该物所具有的限界效用之大小以为准。例如现在有一个在沙漠中旅行的人,他已走了一日的路程,然而距他所想像的沃土尚远,此时如果他只有最后一杯水留在他的水瓶里,那末,这个最后的一杯水便构成了他的渴欲的必不可缺的条件了。因为如果他没有这一杯水,他便不能止渴,甚至不能行路,甚至要被渴死。在这时候,如果这个人对于这一杯水所发生的不足的感觉其急切程度等于十,那末,这一杯水的满欲的能力或限界效用便等于十,而他的使用价值遂亦等于十。如果他有两杯水,同时,如果这个人,对于这个在限界欲望上的一杯水所发生的不足的感觉其急切程度等于九,那末,在这两杯水中,任一杯水的限界效用亦等于九,因而每一杯水的使用价值亦为九了。因为我们知道,在这两杯水中,第二杯水的效用乃是在限界上的一杯水的效用。如果这一杯失掉了,则这个沙漠中的旅客的限界的欲望势必无法满足,从而所损失之效用为九,自然不必说了。至于第一杯水之效用,虽然是等于十,可是如果第一杯水失掉了,则他一定要用第二杯水去代替第一杯水的位置,故第一部份的以十的数字来指示其急切程度的不足的感觉不致受此损失的影响,受此损失的影响的还是限界上的这一部份以九这个数字来指示其急切程度的不足的感觉。所以第一杯水的损失,还是等于第二杯水的损失,所损失的效用等于第二杯水的限界效用。由经言之,这两杯水无论损失了那一杯,皆为限界上之欲望受其苦,又无论不损失那一杯,皆为限界上之欲望受其赐。亦就是说,这一杯水只能构成满足这位旅行者的第二部份的不足的感觉的必不可缺的条件,而不能构成满足第一部份的不足的感觉的必不可缺的条件,所以他的使用价值便只受这个第二部份的不足的感觉的急切程度决定,而不能受第一部份决定了。如果在两部份的欲望中,第二部份的不足的感觉,急切程度为九,那末,在这两单位的饮料中任一个单位的饮料的使用价值,亦为九了。

(三)扁宝威尔说凡物之一单位构成满足我们的限界欲望的必不可缺的条件,此物便具有使用价值,此说与普通人所常道的凡物之一单位构成满足我们的欲望的原因之说大不相同。例如我们渴了,在井边去饮水。如果我们连我们所需用的最后的一杯水也取来饮了,我们的渴当然止了。即令我们不幸而把第一杯水失掉了。但因井里有的是水,我们自然也不觉得失去的一杯水的重要,只从井里取出其余的水止渴罢了。在这一种情境之下,饮料虽然构成满足欲望的原因,然而却不构成满足我们的限界的欲望的必不可缺的条件,所以一单位的饮料实与止渴一事无足轻重,因而谁也不说他有使用价值。反之,在沙漠中旅行的人,当其口渴之时所留存之最后的一杯水,则系构成满足限界部份欲望的必不可缺的条件,与他的止渴关系重要,因而他的限界效用最大,所以我们都说他是具有使用价值。依据扁宝威尔的分析,在我们日常生活的经济上,凡被我们争做具有使用价值的东西无一不构成满足我们的限界欲望的必不可缺的条件。然而只是构成满足欲望的原因的东西则常没有使用价值。斯密士、里嘉图、马克思虽说水和空气具有使用价值,可是世上的人一般都没有说过水和空气是有价值的。他们一再的说,水和空气具有绝大的使用价值实是由于他们对于使用和使用价值不加分别。

(四)一物的使用的价值既系决于他的限界效用,同时他的限界效用又系决于那个只他才能满足的限界的欲望,那末,当着我们估定一物的使用价值的时候,自须先去估定他的限界的效用和那只他才能满足的限界的欲望。在事实上,当着一物的使用价值悬而未决之际,世人也是常从两个方面去看该物所含有的限界效用的大小。第一就是从取得方面去看该物的限界效用。这就是说如果该物被我们取得了,我们可以得到了多少的限界效用,或我们的限界的欲望可得多少的满足。第二就是从损失方面去估定一物的使用价值。这就是说,如果该物被遗失了,我们所损失的又有多少的限界效用,或我们的限界的欲望可受多少的苦痛。假令这里有一物,当为我们取得之时,他所给我们的限界效用是若干,损失了,他所给我们的苦痛又系若干,那末,我们便可决定他的使用价值为若干了。这种估价的方法内容都是极其简单的,用不着怎样详述,只有一件须当注意:即一物之使用价值,虽说随着该物所含有之限界的效用而决定,但决定该物之使用价值的真正的限界效用则随着该物所属种类之不同而变化:这就是说,只有一种限界效用之物与可有两种限界效用之物,当着他俩的使用价值悬而未决之际,对于每物之限界效用的估量方法可不一致。不可交换之货物与可交换之货物,各一所赋有之决定使用价值的限界效用,来源可以大相悬异。一物在作孤立物时之限界效用与在作补充物时之限界效用相差可以甚大。只有暂时的限界效用的货物与赋有永久的限界效用的货物,二者决定价值之程度非深思不能察辨。因此之故,一人在估量一物的限界效用以图确定他的使用价值的时候,对于该物所属之种类最当注意。

关于可有两种不同的限界效用之货物的估价法,扁宝威尔说,他的使用价值系依他的最高的限界效用而决,不是依他的最低的限界效用而决。例如,这里有一个农夫用了他的木材去作建筑材料以后,尚有两种的急切程度不同的欲望争着使用他所剩下的一块木材,一个想用他做器具,一个想用他作燃料;从经济的观念上说,当然这块唯一的木材要被这个急切程度较高的欲望夺去。从而决定这块木材的价值的因数,便不是比最低的效用而是比最高的限界效用了。这种货物的决定使用价值的方法当然与彼只有一种限界效用的货物决定使用价值的方法大不同了。将这原则应用到商品问题上,扁宝威尔还发现有决定商品的使用价值的原理:即在交通经济时代各物皆以他的最高的限界效用决定他的使用价值。因为在交通经济时代,一物常有两种不同的用法。第一种用法,在直接把这件货物来充足我们的某种限界的欲望。第二种用法,就是不直接把这一物来充足我们的某种的限界的欲望,而只用以交易其他一种的货物来充足我们另种的限界的欲望。由前一种欲望所发生的限界效用常被称做直接的限界效用,由后一种欲望所发生的限界效用可以称做间接的限界效用。同样的道理,扁宝威尔将这由前一种的限界效用所决定的使用价值称做使用价值;由后一种的限界效用所决定的使用价值称他做主观的交易价值。他说,当着一物的使用价值高于他的主观的交易价值之时该物所发生的直接的限界效用实大于他的间接的限界的效用,因此保有这种货物的人便以他的使用价值来定他的真正的使用价值,由是他们留着这物来使用。当着一物的主观的交易价值大于该物的使用价值之时,该物所发生的间接的限界的效用便大于他的直接的效用,因此保有这种货物的人便将以他的主观的交易价值来决定他的真正的使用价值。合起来说,这是一物的真正的使用的价值概依他的最高的限界效用而决,不是依他的最低的限界效用而决。例如一位教授以三元大洋买一本书,他必觉得此书的使用价值高于书的主观的交易价值。假令这位教授因为学校不发薪,把这书卖来买米,他必觉得此书的主观的交易价值大于他的使用价值。在第一种情境之下,他是以该书的使用当着他的真正价值而在第二种情境之下他便该书的主观的交易价值当做他的真正的使用价值了。

骤看起来,上述可有两用之物的估价法与扁宝威尔的根本的限界效用价值说是相冲突的。扁宝威尔在上文里不是曾说,任一货物的使用价值都是由他的最小效用或限界效用决定吗?可是现在又说一物的最高的限界效用决定他的使用价值,这岂不是自相矛盾吗?实则这种表面的冲突是容易解释的。在上述苹果的例子中,扁宝威尔所讨论的货物是有较多的供给的,这些供给又可满足许多的欲望,就中这个最大的欲望又是不曾因一苹果之增减而受影响的。因此这个最大的欲望不决定该物的限界效用和使用价值。反之,在这里的举例中,扁宝威尔所讨论的货物只一个,而有两个欲望来竞争,终为最大欲望所取得。恰如这件货物因为仅足供给,而且不得不供给这个最大欲望用。所以这个最大的欲望便为决定一物的限界效用或使用价值之限界的欲望了。由此可知,这两种说法前后是一致的,他们均表示人的限界的欲望决定一物的限界的效用,由此限界的效用再决定他们的使用价值。二者并无丝毫的冲突。知道了这点之后,我们方才可以很坦然的去讨论在另一种类之下货物估价的程序。

关于可交换物与不可交换物的估价法,也是大不相同的。扁宝威尔说,不可交换物的使用价值常以代替他的同种类的货物之限界效用为准,但可交换之货物则常系以代替他的异种类之货物的限界效用为鹄。在沙漠旅行的人以第二杯水的限界效用估定第一杯水的使用价值,属于前者。在市场上生活的人以奢侈品之限界效用或便利品之限界效用决定必须品之使用价值,属于后者。前者的道理比较简单,上文已经举了许多的例了。后者的道理比较复杂,现在须特加以解释。例如有一个人外套忽然被强盗偷去了,如果他有第二件当然可以用来代替。但因他只有一件外套,这事便不如此单纯了。但是他又不愿将这盗窃的损失,完全归给他那御寒的欲望担负,因为他的需要外套的感觉此时甚为急切,如果置之不理,轻则生病,重则致死。在这一种情境之下,他自然很想把这种损失嫁给其他用以满足其他一个较不急切的欲望的货物上去。并且这个目的交易实现,因为他只须把这件限界效用最少之物去易一件外套便可以了。如果他有钱,他只须取出现金三十元去买一件新的外套,以后在奢侈品上少花三十元钱便可解决。如果他没有余钱,然而人也不很穷,则他只须节省两月的普通家用即可将此款筹出。如果他不但没有闲钱而且不能从日用里节省这笔款项,他于是只得去典当几件较不重要的家具了。如果他穷得没奈何,连可典当的家具都没有,那末,他只好让他的御寒的欲望空着受损失了。现在我们研究,假令我们处于这个有外套的人的地位,此件外套之损失究等于何物的限界效用的损失呢。在第一种情境之下,不过是等于奢侈品的限界效用之损失。在第二种情境之下,不过是等于两个月的通常费用的损失。在第三种情境之下,不过是等于所典当的家具的限界效用的损失。独有第四种情境之下,这件外套的价值受他自己的种类的直接限界效用决定。(因为在这个时候他手里只有一件外套,其最大的不足的感觉与最小的不足的感觉合而为一,与我们在前所述的那位饥饿的行人的情境相合。)但在其他的一切的情境上,他的效用均决于他类的货物的限界效用和限界欲望上。从这一个例,我们便可知道一物的价值,在现在经济组织之下,通常都是决于其他一类的物的"代替的限界效用"了。

关于孤立物与补充物的估价法,扁宝威尔说他们的差别是由补充物与联合物之性质的相异而生的。即在现实的经济生活上,二件以上之货物原可因相互补充之力而为一种联合物。所谓补充物即为完成该一联合物而所用之二件以上的物类。例如笔、纸和墨水,针与线,马与鞍,箭与弓,左手套与右手套,都是属于此类。单因联合物之价值大于用以完成联合物之各别孤立物之总和,所以一物之为补充物或孤立物,其价值大有区别。现在我们所要说明的就是联合物之价值如何分配于各补充物之间的问题。这就是说,假如有甲乙二物彼此补充成为一联合物。此联合物的价值等于一百。试问在这一百之中每一物的价值等于若干呢?扁宝威尔对于这个问题的答复是,这个须要视每一补充物所处的特殊地位而定。第一如果各个补充物,每一损失了在经济上不能代替,并且其他一物便没用处,那末,他们内中之任何一个,在离开了全体的时候便无价值,合起来的时候便每个都有一百的价值。例如靴子和手套,都是以一对为单位,如果我们失掉了一个,非但所失掉的那只靴子和手套没有价值,即保存着的那只靴子和手套也都没有价值了。第二,如果各个补充物与联合物分开的时候,不是完全没有限界的效用,而只具有较少的限界的效用,那末,他们每个的价值便是当着离开了全体的时候最低,而当着与全体合在一道的时候最高。这个最高的价值,即等于在联合物的限界效用中,减去其他的分子在孤立的时候的价值,而所剩余的价值。例如一对配好了的马其全部的价值大于每马在孤立的时候的价值的相加的总和,如果甲马和乙马互相离开的时候,一个值50,一个值40,然而配成一对的时候共值100。从卖者一方面说,什么是甲的价值呢?如果他有甲又有乙,价值100,有乙而无甲,价值40,则是甲的价值便等于100减40之差了。似此则甲为补充物的时候,其价值为60,而为孤立物的时候其价值为50了。乙的情境也是如此。第三,联合物的价值仍比各个分子分开了的时候价值的总和大。但内中有些分子可以代替,有些分子不可以代替,那末,这些可以代替的分子便只有一种价值。例如,地基,砖瓦,栋梁,和劳动构成房屋的建筑的各个补充物,现在我们假定在运输的时候,损失几车的砖瓦或有若干的雇工中途退出。倘在通常状态之下,这种损失并不能损害我们的联合物的效用之获得,因为只用其他的工人和原料替换他们罢了。又如今有甲,乙,丙三个补充物,当其相互补充的时候,其价值为100,而当其分散了的时候,甲的价值等于10,乙的价值等于20,丙的价值等于30,总和只有60。在这一种情境之下,如果甲乙是可以随便代替的商品,而丙则是独占的商品,那末,甲乙便只有一种价值或只能得$\frac{30}{100}$之价值,唯丙得$\frac{70}{100}$,虽然丙当甲乙没有加入的时候,其价值也是等于30。扁宝威尔说如果把这最后的这一补充物的价值的理论应用到分配问题上,则其结果如下:(一)在联合物的价值中,一定的价值定然最先的派给那些可以代替的分子,其余的则分给不可以代替的分子,作为他的单独的价值。而且在实际生活上,将生产品的价值分配于生产各要素的时候也是如此。因为在资本家的生产制度之下,任一生产品都是一群补充物:为土地的效用,劳动,固定的或流动的资本合作的结果。可是在这一群的补充物里,大半的物品都是在市场上可以自由更换的商品,例如劳动者的劳动,原料,燃料,器具等等均是。反之只有少数的物品是不可代替的,或不容代替的物品,如农人的土地,矿区,铁道,工厂企业家的活动,和其他的特殊的和高贵的才干等等便是。从此可见实际的情形,实与我们上述的方程式相合了。在现代企业家于其生产品的价值中,总是首先除去生产的费用,但是如果我们对于这些费用略加分析,则知道他们只系可以自由代替的生产要素的费用,如工资,原料,器具的消耗等等的费用。至于不可代替的分子,或不容许代替的分子的价值,则未计入费用之列,而独享受在总收入中减去上述诸费用所剩余之赢利。这种赢利,农夫则认为属于田庄;矿主认为属于矿区;制造家认为属于工厂;商人认为属于铺店。反之假令在此总收入中减去了诸生产各费用之外所余甚少,此时独占的分子亦无要求多分之理。质而言之,即如总收入减少他们亦不担负危险。扁宝威尔以为这种办法很合情理。关于补充财货的价值理论,扁宝威尔以为是解决经济学上最重要而且最困难的问题的钥匙。这个问题便是现在以自由契约决定价格的社会里的财富分配的问题了。在现代的生产制度之下,所有的货物都是由劳动,土地,和资本合成的。这个学说便指示这个联合的生产物在经济上每个应分若干,即劳动应以若干为工资,土地应以若干为地租,同时资本应以若干为余利。所以他说补充物的价值理论是解决分配问题的关键。不过在此余利之中,资本家除了以一部份抵补资本的消耗而外,常以一部份作利息,宛如利息也是资本以补充物的资格得来,可是依据扁宝威尔的分析,利息并非资本以补充物的资格而系以另外一种效用得来的,所以他说补充物的价值理论虽然可以指示资本总收入为若干,但他却不能指示在总收入中,除了利息而外,他所得的应为若干。关于利息的起源问题不在我们所要讨论的范围以内。但在后段里亦可约略知道利息是因时间之延续所生出的产物。

关于只有暂时的限界效用之物与具有永久的限界效用之物的各异估价法,扁宝威尔说他俩亦是互不相同的。这个不同的结果是:前者的价值等于该物的限界的效用,后者的价值则不等于他的限界效用之总和并较总和为少。例如我们估计备有五十年的限界效用之矿产的价值,如果将他的第一年估为 100,那末,第二年便当估为 95.23(按五厘利计算),第三年便当估为 90.7,因此这一备有五十年的限界效用的矿山价值便不等于五十年的限界效用之总和,如 100 乘 50,而须比这项总和为少。这是因为现在的效用与未来效用,在决定使用价值上,功用相差甚巨。这个道理是现在的限界的效用所满足的是现在的欲望,未来的限界的效用所满足的是未来的欲望。单因在日常生活中现在的限界欲望之急切的程度比较未来的同一欲望之急切程度高,因此现在的限界用比较未来的限界效用更大。现在的限界效用既比未来的限界效用为大,则几以未来一年的限界效用易取现在的限界效用之人便不能以一易一而只能以一易小数点 9 523 了。因此之故,所以上述矿山五十年之价值不能等于 100 乘 50。借人钱用的人所借的是现在的价值,所预约还人的是将来的价值。将来的价值比不上现在的价值,因此借人一百块钱的人不能预约还人一百元而须加上年息。

综观上述这些货物的各别估价法,当知我们在前所说这话实不错:即一物之真正的限界效用随着该物所属之种类而有异,因此在估量一物的真正的限界效用之时,对于该物所属种类至当注意。

（五）原来限界效用的根本原则,乃在指示一件货物的使用价值或主观的交易价值,决于该物的限界效用。似此则凡一物的价值,无一不是决于其未来的用途上了。然而生产费的学说,则谓价值等于生产费。即决于他的过去的生产条件。这两个说法颇不相合,所以扁宝威尔以为有重新讨论的必要。原来生产物与消费物的区别即在消费物能够直接的满足我们的欲望,生产物则只能间接的满足我们的欲望。可是生产物最后一定变为消费物,所以支配消费物的价值的公律,同时亦是支配生产物的公律。如果我们的欲望的限界的急切程度不变,则生产物与消费物的限界效用亦不能有所变化。现在我们请以一块直接供给我们消费的面包称做第一级的财富,而以直接造成这块面包的各种生产物,如面粉,烤炉和制造面包的劳动,称做第二级的财富;再以直接造成第二级的财富的各种生产物,如麦磨,和烤炉的建筑材料等物,称做第三级的财富。更以直接造成这个第三级的财富的各种生产物,如土地,农具农劳石磨的建筑材料等,称做第四级的财富,然后看他们每级财货的价值如何。我们知道,第一级的财货的价值是从他的限界效用来的,而他的限界效用又从我们的限界欲望的急切程度来的,只要我们的限界欲望的急切程度不变,那末,他的价值自易确定。现在我们所要研究的是第二级的财货的价值,试问第二级的财货的价值为若干呢? 扁宝威尔的答覆是,第二级的财货的价值等于第一级的财货的价值。因为如果我们没有第二级的财货,则我们没有第一级的财货,其损失等于第一级财货的限界效用的损失。现在我们为便于讨论计,假令由最末一级的财货而至第一级的财货无需什么生产的时间,更假令最末一级生产物只有一个用处,即用以制造第一级的消费物,那末,我们便得到下列的两个原则:(一)所有各级的生产的财货的价值都是一样的,(二)他们的相同的价值最后受他们所生产的消费物的价值决定。因此扁宝威尔便谓他的限界效用价值说,非但不与生产费价值的学说所根据的经验的事实相冲突,并且生产费价值说反因限界效用价值说而得了一种新的根据。这也是扁宝威尔的一件自豪的事。但此中尚有须讨论者。即在现在的生产物的价值和生产费之间,常常发生一种差数,内中有一部份极不规则,有时极大,有时极小。另一部份极规则,即生产物的价格除了生产费而外所剩下的部份均与生产所需的时间成正比例,而可以一定的百分率去计算。试问这两部份的差额量由什么原因造成的呢? 扁宝威尔说这两部份的差额都是由于生产的活动由第末级财富进而变为第一级的财富需要时间的关系造成的。拿第一部份的不规则的差数来说,因为我们从第八级或第九级的财货而至第一级的财货需要若干的时间,在这一段时间之内,但不能禁止我们对于这种消费物的欲望不曾发生变化。如果这种限界欲望的强度变高了,那末,消费物的价值便比生产物的价值大而差额上升,如果这种限界欲望的强度变低了,则其结果相反。这两种不同的变化都可以使价格与费用发生极大的差异。至于那一部份的常规的差异,亦是由于消费财货之生产须经过若干时间的关系发生的。例如有消费物价值一百,如其生产过程经过半年,则用以生产他的劳动的价值和土地的价值的总和便只等于九七或九八,如经一年则用以生产他的劳动与土地价值之总和便只等于九三或九四。由此言之,即令把时间加入在生产的要素里,其结果也不与生产物的价值决于他所造成的消费物的价值的公律相违背。

读者或将看出这个原则尚有缺陷,因为他的根据,乃系建筑在我们的各种生产物只有一个用途,或只能用以制造一种的消费物的假定上,实则生产物的用途,如铁,如劳动等的用途乃是多至不可胜计的,如果我们按照事实将生产物的各种用途通通加入考虑,其结果又如何呢?依据扁宝威尔的分析,即令生产物可以制造各种消费品,而不只制造一种消费品,生产物的价值的原则依然是一样。为简单的说明这个理由起见,今以劳动为一生产物而假定他可制造出甲乙丙三种不同的消费物。假令在开始制造的时候,甲乙丙的限界效用都是100,而劳动的价值也是等于100。不过制造出来以后,因为需要的关系变了,甲的限界效用变为200,乙的限界效用变为100,丙的限界效用变为90。然而劳动的限界效用还是100,这便表示自由的竞争尚未发挥他的作用。其结果制造甲商品的生产人,因为他有100的余利,定将增加甲商品的生产量而使过度的供给降低他的价值到100。同时制造丙的生产人,因为他损失了10,必然减少生产直到供给缩减把他的价值提高到100。竞争的势力如此由上而下或由下而上地,常把价格引到生产费用的程度,与生产费决定价格的原则正是相同。

综括来说,在实际生活上,我们所觉见的生产费与价值一致的现象,实非由于生产物的价值能够决定消费物的价值,而是由于某种消费物的价值先决定了生产物的价值,然后该生产物的价值始能把他所得于该种消费物的价值搬到其他的消费物的上面。故消费物的价值最后还是由于消费物本身的限界效用决定,不是由于生产物的价值决定。生产物的价值都是由消费物来的,宛如世界上任何一种物体的光亮都是由太阳来的。消费物的价值亦有来自生产物的时候,但这不过好像天上的月亮在黑夜的时候,虽然亦能以他的明媚而温暖的光辉对着我们照耀,然而月亮的光辉毕竟是为太阳所施与而非月亮本身自有的。所以我们还是可以说生产物的价值是从消费物的价值来的。这便是扁宝威尔的限界效用说应用到生产物的价值方面对于古来的生产费价值说的修正。

(六)最后,扁宝威尔更把他所阐发的这个限界效用说应用到价格问题,说明一物的价格亦是由主观的限界效用决定,而非以生产所费的劳动决定的。欲对此问题为正当的了解,应注意下述诸情形:(一)人能达到他的交易目的,只有把他所要得的货物的使用价值看得高,而把他自己所有的货物的价值看得低。(二)最能交易的人,乃是把他人的商品的使用价值看的最高而把他自己的商品的使用价值看得最低的人。(三)在交易人之中,当着买者和卖者都有很多个的时候,一物的价格是决于最后的买者所估定的价格和最后的卖者所估定的价格之间。假定今有买一袋米和卖一袋米的各五个人,米之品质完全相同,同时买者方面,因为各人的限界的欲望不同,所以他们的估价没有二人完全相同,卖者方面亦然。现在假令买者方面所愿给的价格和卖者方面所愿受的价格为下述诸数量,试问每一袋米的价格就在什么地方决定呢?

买者愿出的最高价	卖者要求的最低价
张一……5.4 元	李一……5.8 元
张二……5.5	李二……5.7
张三……5.6	李三……5.6
张四……5.7	李四……5.5
张五……5.8	李五……5.4

当米市开场之后,李一首先要价为 5.8。但此价只有张五肯出,其他四张均不能出。结果便只有一袋的可能的买卖。可是此外尚有四李都愿以贱价出售。除非张五是个傻子,他必不会便出价 5.8,他宁肯等待其他四位卖客所要的价额。如果李二要价 5.7,张四能出,现在张五,张四两个买主被拉拢了。但其余三人张三,张二,张一尚不愿出价到 5.7。李三接着出来要 5.6,张三立即拢来,此时五人中之三人,占大多数,因为在这个价格上,只有三人才能依此价格买进,结果三人均皆满意。没有其他的价格,可以满足恁多的人的意愿,于是他便变成了市场价格。此价格不能更低。如果李四再来要 5.5,结果是何如呢? 自然前三个人李一,李二,李三,必不会卖而退休。结果便是两位卖客李四,李五,对着四个买主张五,张四,张三,张二其价必起。所以 5.6 是市价。其余两位卖客李一,李二的卖价均与市价决定无关。对于上述这种情形,我们如果仅从表面去看,也许定会以为这两个最初交成买卖的人必定是急于买的和急于卖的人——如像结婚问题之类。但是他们必须记在心上,就因这两位人,一个急于售出,一个急于买进,所以价格留而未决。在上文的举例中,一人要求 5.4,他必然希望更多,一人出价 5.8,他必然希望更少。所以他两迟迟不决,直到比较不急切的买者和卖者把价钱说妥时候为止。在卖客而有买主的三人中,李三最不急于卖,因他的要求最大;而在三位已经找着了卖客的买主之中,张三最不急于卖,因为他出价最小。价格决于最不急切的买卖者之两造,因为他们的相对的要求最易接近。这个两造扁宝威尔称他们做限界上的两造。① 综括来说,一物的市场的价格全被限界上的两造对于米和他的等价物金钱所估定的使用价值决定。所以市场的价格还是逃不出限界效用的公律支配。这便是扁宝威尔原限界效用价值说所得的最后的理论。

---

① 这个举例系将扁宝威尔的举例简单化。

二、克拉克(John Bates Clark)和塞利 格曼(Edwin R. A. Seligman)

克拉克和塞利格曼不承认商品的交易价值系由个人的限界效用决定,但由社会的限界效用决定。以上述一袋米的交换价值五元六角来说,扁宝威尔虽说他们所表现的是个人对于米的限界效用,但据克拉克和塞利格曼的意思,则非个人对于米的限界效用,而系社会对于米的限界效用。因为社会对于米的限界效用高于或大于个人对于米的限界效用,所以社会的限界效用便须为卖方及买方之各个人所遵守。所以米的社会的限界效用决定米的交换价值。关于此点,塞利格曼说:"当社会以一价值附着于一商品之上时,此价值便变成了一种为个人的估价或主观的估价所必须遵守的东西。"①克拉克说:"货币是社会价值的表现,而价值则以社会的有效的或限界的效用为基础。"②其实二人所说的话均只一个意义,即商品的价值乃系以社会的限界效用为公尺。

克拉克和塞利格曼均假定社会的经济与鲁滨孙在荒岛上的孤立的经济没有什么差异。在鲁滨孙的经济生活中,他俩认定货物的限界的效用和费用同为测定一物的价值的尺度,所以在社会经济生活内,他俩遂即认为货物所含有的社会的效用和费用同为决定货物交换价值的尺度了。何以说在鲁滨孙的经济生活内货物的限界的效用和费用同为决定价值的尺度呢?对于这个问题的解答,克拉克的根本概念有二:第一就是货物的限界的效用是决定货物的使用价值的尺度;第二是货物的限界的费用亦系决定他的使用价值的尺度。他的第一个根本的概念与扁宝威尔的限界效用价值说无异,这里我们用不着赘述了。因为扁宝威尔在他的两个有名的譬喻,沙漠中的旅行者和深野内的农夫,已深把这点说的十分透辟了。现在所要说的乃是他的第二个根本的概念,即货物的限界的费用系决定他的价值的尺度。这个概念系由三个要素组合而成的:(一)货物的劳动的费用随着该类货物的生产量之加增而递增。(二)由此费用递增的趋势,造成一种必然的结果:即这最后生产的或在劳动费用的限界上之一单位的财货所含之最大的生产的费用规定各财货单位的费用。或者说是,每一单位的财货的费用均等于最后一单位的财货之最大的费用。这三句话怎么讲呢?克拉克说依据日常工人的经验,恰在生产财货开始后二十分钟,好像均有一种快乐。过此以后,假如还须继续生产财货,痛苦便发生了。至于最后,便感厌倦。这可表示生产财货的劳动随着财货生产量之加大而递增的论据。生产财货的费用既然随着生产量的增加而递增,则知在一特定的工作时间内这件在最后一刻钟所生产的财货所含之劳动的费用必是最大的了。此最大之劳

① Seligman, *Principles of Economics*, p.183.
② Clark, *Distribution of Wealth*, Ch.24, p.397.

动费用因为系在定量劳动的限界上自可称做限界的劳动费用。到此克拉克的第二个根本概念便说明了。再将这一件事来重加分析,即可看出克拉克的第三个根本的概念:每一财货的费用均等于最后一财货之最大的费用。这个概念成立的理由是,第一单位的财货所表现的劳动费用虽然少,第二单位所表现的劳动费用虽然略多,第末单位所表现的劳动费用虽然最多,但如第一单位或其他一单位的财货失掉了,结果均须以最后一单位的财货在生产时所需之劳动去代替,或者说是,任一单位财货的牺牲均等于最后一单位的劳动费用的牺牲,既不比最后一单位的劳动牺牲大又不比最后一单位的劳动牺牲少,由是最后一单位的劳动便成了第一单位并其他一切单位的劳动费用的标准了。因为人在一贫如洗的时候,除非他是傻子,他必以最先一刻钟劳动去生产必要品,中间一刻钟劳动生产便利品,最后一刻钟的劳动去生产奢侈品。由于必须品和便利品比较奢侈品重要故当必须品或便利品失掉之际他必不让必须品或便利品负此损失的责任,并必将此责任转嫁在奢侈品上,即将奢侈品停止生产,转以生产奢侈品所需之劳动生产必要品或便利品。由是此最后一刻钟的生产奢侈品的劳动便不但成为奢侈品的价值的源泉,并成为必要品或便利品之价值的泉源了。因此克拉克说,货物的限界的费用,与货物的限界效用一样,同系测量货物的使用价值的尺度。货物的限界的费用和限界的效用既然同为测量价值的尺度则二者必须相等。试问克拉克以什么理由证明他们相等呢?这点只要去看克拉克一个图解便明白了。

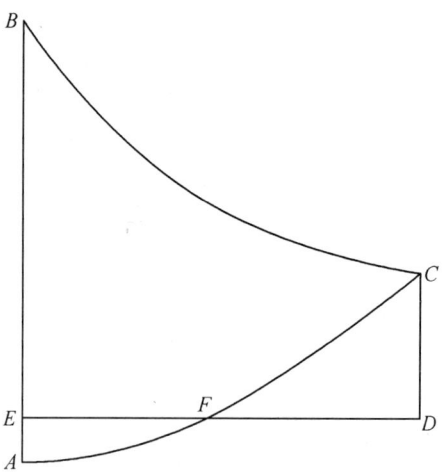

他说假定鲁滨孙所生产的财货总量为 *ED*,又 *AB* 垂直线代表第一单位财货的效用。*CD* 代表最后一单位的财货的效用,因个人使用的一般的财货的效用沿着 *BC* 曲线而降低。在他方面再假定 *ED* 代表鲁滨孙生产同量财富的费用总量。*AE* 表示第一单位的费用,或前一二十分钟的工作的快乐。*AF* 表示快乐渐减的倾向,*FC* 代表痛苦递增的趋向。在最后一点钟内,痛苦的高度达到 *CD* 的程度。*CD* 垂直线既表示最低的效用又表示最高的费用,指明鲁滨孙到了工作的最后时间,一方面感到财货的效用极小,他方面感到疲倦的程度大,而达于停止工作的地步了。由此可以说明一物的限界效用和费用相等。因此,克拉克说,限界的效用和限界的费用同为测量一物的使用价值的尺度。换一句话来说,即限界的效用是测量每一财富的价值的单位,而限界的费用则为测量限界效用的单位,从而限界的费用的便是测量价值的尺度了。关于此点,塞利格曼亦有同样的意见。他说:

> 在分析价值的时候,我们不仅要考虑需要而且要考虑供给。因为对于某物的有效的欲望实为价值发生的根本。而有效的欲望则系受供给的影响。供给少之物比较供给多之物更能诱发我们的欲望。但什么决定供给呢? 是难得。……在这种意义上,价值可认为难得的表现。这就是说价值可视为获得供给的费用的表现。因此价值是费用的表现了。

接着他又说:

> 费用最后等于苦痛。为了除害,为了兴利,我们均须忍受苦痛。苦痛之有等级,犹如快乐之有等级一样。劳动的苦痛或限界的反效用,依存于劳动的分量,正如商品的限界的效用依存于他的供给上一样。如果鱼愈多,那末,每一鱼的效用愈少。又我们捕鱼所用的工作时间愈多,那末,每一点钟的反效用愈大。除非到了某一点,工作的痛苦均不能等于我所得于鱼的快乐。过了那一点我一定不工作了,因其结果定是痛苦的剩余了。恰在限界的点上鱼的效用等于捕鱼的费用或苦痛,于此定是快乐和苦痛的均衡了。[①]

观上可知,塞利格曼和克拉克,均以为在鲁滨孙的经济生活里限界的效用和费用同为一物的价值的尺度。

将鲁滨孙的经济分析完了之后,克拉克和塞利格曼更把他们由鲁滨孙的研究分析而得的价值的标准应用到社会经济的问题上,断定货物的社会的限界效用或费用同为货物的交换价值的标尺。依据二人的意见,现代的社会不过是鲁滨孙的世界的放大,所以他们讨论社会的价值,便依据由研究鲁滨孙所得的结论去解释。克拉克为说明社会价值的单位起见,特把社会里各个人的费用单位和效用单位积合起来,求得绝对的社会效用单位和绝对的社会费用单位,而以二者均可作为测量价值的标准。他并且把自己在鲁滨孙的研究中所作的图解,略加变化,作成如下的社会价值之一种形式。

他说:"如果我们以一列的由高而下的曲线代表社会所消费的各种财货的绝对效用,我们便可得到一种价值的社会单位的形像———一种测量各种财货的数量。现在我们已然有了社会上每一个人的每一由高而下的曲线了。在 EE^V 和以数字 1

---

① Seligman, *Principles of Economics*, pp. 189—192.

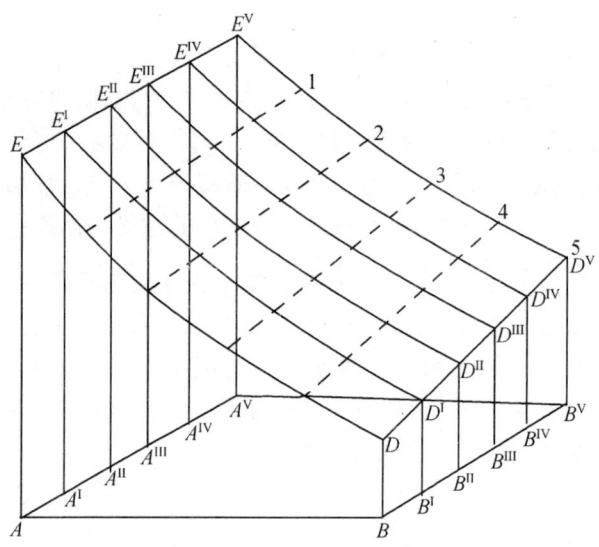

来表示的这根虚线之间,系这些曲线的最前一节,他们所代表的货物系社会上所使用的最要紧的货物。他们被看做社会工作的总日中的第一时间的出产品,而他们所向社会报效的绝对的役务则以从 EE^V 到 AA^V 的垂直线去测量。这些个财货虽然随着消费人的不同而异,从全体上说,他们可以认为代表社会上最重要的一级的货物总量了。我们可以叫他作第一号的货物复合体,包含着社会上的各种必须品。第二,第三,第四,和第五各号的货物复合体,我们亦在上图里面以数字把他们标示出来了。这种财货的多样性(Variety)随着财货的递增而加多;又第五号财货复合体包含着各种奢侈品在内,是最复杂不过。于此鲁滨孙的真实亦可全部应用了。这种各列财货的复合体的有效效用是一样的,并且均可以用从 DD 到 BB 的直线去测量。除了最后的一列财货而外,任凭那列财货牺牲了,聪明的社会定将填补他而以最后一列财货去牺牲。简单言之,这个责任还是最后的一个时期的劳动的责任。"[1]社会上既然任将那列财货复合体牺牲了,所牺牲的都是最后一时间的劳动,既不比最后一时间的劳动大又不比最后一时间的劳动少,则是社会上各级财货的绝对效用便不能不等于最后一级财货之绝对的社会劳动费用。又因在社会的总财货中,此最后一级财货复合体的绝对效用亦等于生产他们的最后劳动的绝对费用,故最后劳动的费用不但为测量第一,第二,第三,第四各级财货复合体的社会绝对效用标准,而且又为测量最后一级的财货复合体的标准。因社会上由第一以至第末各级的财货复合体均等于最末一级的财货复合体之标准的社会劳动费用或标准的社会效用,所以他们便可相互行交换,即可以互作交易的价值。因此之故,克拉克谓财货的交换的价值或社会的价值系以财货的社会限界费用或效用为标尺。

---

① J. B. Clark, *The Distribution of Wealth*, pp.386—387.

关于此点塞利洛曼与克拉克有相同的意见。他在一方面说,价值是社会的限界效用的表现:

> 如果一个苹果的价值两倍于一个核桃,那便只是因为使用苹果和核桃的社会,经了比较个人的特别嗜好(Preferences)之后,发现着由于缺少一个苹果所发生之不足的感觉比较缺乏一个核桃所发生之不足的感觉敏锐两倍。价值,因此,不仅只是限界效用的表现;而是社会的限界效用的表现。①

在他方面又说:

> 影响价值的真正费用实是一种社会的费用,不是个人的费用。我们上文说价值是牺牲的标尺,这是什么意义呢? 明明白白说他是一种社会牺牲的意思。扫街的人比较一个有技巧的工厂工人工作更苦,但他的役务的价值反而较少。价值是一社会的概念:社会以全体的资格鉴定商品的价值。如果价值是一种牺牲的标尺,如果价值是一种社会的计算,那末,价值必是一种牺牲的标尺了。社会的牺牲即社会全体的分子所愿忍受的牺牲。一人的努力与其他的努力比较而定其价值。又每一人的牺牲则与社会的需要比较而定其价值。这个标准是社会的,非个人的。找一个扫街的工人比较找一个技巧的工人容易,社会宁愿牺牲前者而不愿意牺牲后者。因为如果把后者牺牲了,社会便须牺牲更多的精力。工厂的工人替社会节省更多的精力。扫街的人虽然更苦,但社会把他牺牲了,比之一位技巧的工厂工人,于社会的牺牲较少。当一商品与其他一商品相交易,或当两物之费用相同时均不外是社会用旁物以代替此一或彼一商品则其增加的牺牲相同。限界的社会的费用是相等的。②

上文所说的是克拉克和塞利格曼认为社会的限界效用与劳动同为测量价值的尺度。现在尚有一点要注意,即克拉克和塞利格曼在这两种尺度中似侧重采用社会的限界的劳动以为规定价值的尺度。就中克拉克尤为倾向社会的限界劳动决定价值一方面。兹先引克拉克一段有名的话于后。这一段话是克拉克用以说明社会限界的劳动与独占商品的价格关系的。

> 生产货物的人在生产货物的时候所担负的劳动,与他的市场价值没有一定的关系。有名的律师,艺术家,或商业的经理一点钟的工作可以获得司机的火夫,缝纫的妇女,或碎石的工人的一月的工作所得那么多。随处都有一些"贫穷的俘虏"(Prisoners of Poverty),将生命作为制造生产品的材料,但在他们所制造的生产品中,一车的数量只够买一歌女的一首歌。无论什么时候,如特殊的个人的才力或地位足以使生产人得到一种独占的全家费用和价值便相乖

---

① Seligman, *Principles of Economics*, p. 180.

② Ibid., p. 193.

离,只要所谓费用是指生产人的费用,价值是指的在市场上的价值。试以维持电话的工作所费的劳动之少和对于电话的使用所要求的租价之高相比较可以知其大凡矣。可是我们的原则,在独占的生产品里,和在非独占的生产品里都有效力;他们都是按照获得他们所费的最后的社会劳动的反效用而出售。①

这一段话十足表示克拉克侧重采用社会的限界劳动,以为权量价值的尺度。原因在于在克拉克的脑子里面常有一个劳动的社会,就中一切货物的种类均按照平等劳动相交易。他把这个社会刻画如后:

如果我们把这纯粹的产业的社会当成一千个工人的组织的,那末,一个平均的工人便是指的那位能教社会每日替他作工千分之一以为他自己的工作的报酬的工人了。如果 A 作工一年,能教社会给他人工两分钟,如果 B 作工一年能教社会给他作工三分钟,那末,前者便只值后者三分之二的效率了。

塞利格曼关于经点亦有同样的见解。他说:

进步在于减少费用,由是而逐渐达到没有费用。但是如果我们把某几种财货的价值减少了,我们又势必要增加其他的货物的价值。我们减少了这些需以满足一个欲望的精力,便是增加了我们需以满足一个新的欲望的精力。只有在我们能够满足这种新欲望的时候,满欲工具方才获得价值。开拓荒地的人须要艰难辛苦才能获得衣食,钢琴自然没有价值。只有当着衣食容易获得或少费精力——换句话说,即衣食于他的价值少——的时候他才能重视这个新的欲望。直到最后在文明社会里,一件钢琴比一套衣服的价值大的多。因为价值,我们知道,只是一种限界效用的表现,所以我们不能说一般的价值有什么增加或降落。钢琴如果值得多,衣服便值得少。

克拉克和塞利可曼这两段话,与马克思的社会劳动的概念有些类似。因他们似均假定社会的精力是一定的。而此社会的精力又为创造价值的要素,换言之,即在钢琴上所费的精力多钢琴便贵,而在衣食上所费的精力少衣食便贱了。根据此理,克拉克和塞利格曼均以社会的限界费用作为价值的尺度。塞利格曼有时虽说他的社会限界效用价值说与克拉克的有异,但从上述几段话说,大体是相同的。

为什么铁的使用价值大而其交换价值小,金刚石的使用价值小而其交换价值反大呢? 塞利格曼和克拉克答复这个问题说,如果我们是一个穷人,金刚石根本使用不着,而铁则需要极多,金刚石之使用价值自低。不过从社会全体上说,则不如是。因为金刚石虽不为穷人所需用,不为男人所需用,但为富的妇人所需用,所以他的价值自大。反之铁亦如是。亚丹斯密士也许不知除了个人的使用价值

---

① J. B. Clark, *The Distribution of Wealth*, pp.392—393.

而外,尚有社会的使用价值之存在,所以他才发生那个疑问。如果他知道了,他也许便不曾说交换价值与使用价值无关系了。这便是社会限界效用价值学者的见解。

(《社会科学杂志》,1932 年 4 卷 1 期)

"收获渐减的公律"

所谓"收获渐减的公律"①是由十九世纪时代的经济学者所发现的。但十九世纪时代的经济学者将"收获渐减公律"一术语用的太泛了。他们常用这个同一的名词去表示三个方面的内容。就是因了这种"同名异义"的广泛的用法,曾惹起了许多的误会和争执,而且令人很难去考核他的各别内容的价值。为图避免这点缺憾计,本文特用三个独立的名词去表示这三方面的内容:(一) 时代的收获渐减的公律,(二) 技术的收获渐减的公律,(三) 价值的收获渐减的公律。时代的收获渐减的公律特指十九世纪的经济学者所讨论的人口和富源方面的渐减的关系,即谓任在一个国家内平均每人所得的食物与原料,常是伴着时代之增加而下降。技术的收获渐减的公律专指他们所讨论的实质的生产要素的投入,和实质的生产数量方面的渐减的关系,即在一个时间内和在每亩土地上,继续加增生产工具与劳动(或在定量的生产工具上继续加增劳动和土地),结果每亩土地的产量的增加率(或每一生产工具的产量增加率)最后总是往下降低。价值的收获渐减的公律专指他们所讨论的费用和利润方面的渐减的关系,即在一个企业中资本家的总利润最后总是伴着生产费用之增加,逐渐往下降低。这三方面的意义,当然都是十九世纪初年的经济学者所陈叙的。他们虽未曾用上述时代的,技术的,和价值的收获渐减公律的术语,但他们之承认有这三个公律的存在,则无疑问。本篇的目的即在介绍并批评这三方面的公律。

(1) 时代的收获渐减的公律

时代的收获渐减的公律,是从英国所遭遇的一个特别困难的环境里产生的。远在十八和十九两世纪之交,英国的经济的状态曾发生过两点显著的变化:(一) 小麦价格飞涨,(二) 荒地圈耕突进。据 Tooke 的物价的统计,英国的麦价,从 1794 年起至 1813 年止,均在继续往上飞涨,因英国 Windsor 的每一 Winchester 斗的小麦,在 1711 年至 1794 年之间,无论在 Ladyday 或是在 Michaelmas,其价格原

---

① 参看 Fetter, Frank A.:*Economic Principles*, New York, 1928, p440. 和 Patton F. Lester: *Diminishing Returns in Agriculture*, Chap. 1.

来均未超过 60 先令 5 $\frac{1}{4}$ 便士。可是到了 1795 年其价格，在 Michaelmas，便涨为 92 先令；1801 年在 Ladyday 甚至涨为 144 先令。而在 1808 年至 1813 年之间，无论在 Michaelmas 或在 Ladyday 均未低落在 96 先令以下。单凭这一个例，即可知道，英国的麦价，在十八世纪的末期和十九世纪的前期里，不但往上增加，而且飞奔的往上增加。同时英国圈耕荒地的运动亦以在这时期里为显著。这种运动虽较难以统计的数字来表示，但此为当时一切游历英国的人所亲眼看见的事情。即不仅现存的公地悉被瓜分而被置于较好的私有财产的耕种条件下，连在这个成长中的 Bourne-mouth 城的附近的大草原，都被邻近的地主宰割了，圈围了，而且多多少少的把来耕种了。在这两种变迁的情境下，英人因为痛感民食问题的艰难，随即起而追求麦价腾贵的根源，即为什么英国的麦价，老在伴着英国农事之扩充而跃进呢？时代的收获渐减的公律，便是，为了解答这个麦价腾贵的问题，而发生的假设。

关于这个公律的长成，依据 Cannan 的研究，West 乃是首先提出这公律，作为麦价腾贵之原因的解释的一人。他说：

> 在土地上加工只有两条路可通：（一）笃耕旧地，（二）添耕新地。任凭在那一国里，从最肥美的土地起，至最贫瘠的土地止，其间必有许多的等级。这级最肥美的土地，或距市场最近的土地，或因兼有最肥沃的地质和最近便的地位，对于同一的成本，能够产生最大的收获的土地，当然最先耕种；而且在这进步的历程里去耕种新地的时候，均必去求贫瘠的土地，或至少，也须去求比旧土地更次一等的土地。在这一种情境下，新地的工作不能得与旧地的工作相同的收获，乃是一件彰明昭著的事实。而且就是这一件事实，即在社会的进步里，进而耕种新地这一件事实，证明了现在旧的土地上所新添的一分的工作已不能得往昔的一分的利益。因为百亩的沃壤，对于劳动者人所了的收获，必比百亩的瘠土所出的更多。如果这块肥美的土地，对于劳动者 20 人，30 人和 100 人的工作，所继续出产的收获，与对劳动者 10 人所出的收获同比例，那末，次等的土地必定没有一人去耕种了。

接着 West 又说：

> 就是这个伴着进步以俱来的耕次等土地的必要，或以更贵的方法耕种同等土地的必要，有使农业劳动生产力深往下减的趋势。分工和机械的使用，在农业上所生的好影响，完全被这个必要的原因打消了。[①]

上述两段话便是 West 为解释麦价腾贵的现象，首先提出来的时代的收获渐减公律的观念。他的根本意思是说，任在一个国家内，如果人口愈增，则平均每一人

---

① *Tooke's History of Prices*, 1838, Vol 2, pp. 388—389. Quoted by Cannan, in *Theories of Production and Distribution*, Chap 5, pp. 148—149.

口所可取得之食物与原料愈少,反转来说,就是人口愈增则人对于定量之食物与原料,在生产时,所费成本越高,因此小麦与原料的价格,伴着成本日增,逐渐往上增加。这个同一的观念,在 Malthus,Ricardo,Torrens 和 Mill 诸位经济学者的著述中,亦可发现他的相同的形式。到了二十世纪时,英国最负盛名的经济学者 Marshall 又在他的《经济学原理》(Principles of Economics)上,写道:

> 虽说农业技术的改良可以提高土地一般的对于任一定量资本与劳动所出产的收获率;虽说这种在任一土地上所曾投下的资本与劳动尚不足以尽地力的发达,假令再投下一点,即在现存的农业技术下,亦可出产更大比例的收获;只是这些条件在老国里罕有;又如这些条件不存在,在土地上增加资本与劳动的分量则只能在生产上增加比例较少的数量,除非在同一时期内,耕者个人的技术进步了。还有第二点要说的,即不问将来农业技术进步如何在土地上继续增加资本与劳动,结果终将减少额外增加的定量资本与劳动所能获得的额外增加的产量。[①]

观此末了一句话,可知即这在二十世纪时,由 Marshall 口中所道出的这公律,亦与该一在十九纪时由 West 口中所道出的公律相合。换言之,即时代虽有变迁,然而这公律之内容,初未尝有变迁。

唯此公律究竟是否合于(一)十九世纪之英国的事实呢? 或是否合于(二)二十世纪其他各国的事实呢? 这便是我们所要问的。关于第一部份的答复,我以为自经 Chalmers,Carey,Mill,和最近 Cannan 的怀疑和指正后,已不必再讨论了。因为(一)依据 Chalmers 的反证,时代的收获渐减的公律,如果切合历史的事实,那末,劳动者阶级的生活的程度便当比较从前的更坏,可是现在世界各国的劳动者的物质的幸福都是一般的往上的增加,这可表示往昔在上等土地上,以粗笨的农具,所获得的食物与原料,现在即在次等土地上,因有优越的农具为帮助,亦可照旧的获得。(二)依 Carey 的例证,英国过去各时代之农业劳动生产力,不但未生下降,而且一直往上增加。他曾在 Eden 所作《贫民史》(History of the poor)书上摘下一部份的统计,加以解释说:

> 当 1389 年,收获两百亩地的谷物,一日用了 250 位刈禾工并盖草匠,又有一日用了 200。在同年之另一日又有 212 人被雇,在一日之内,去割捆十三亩地的小麦和另一亩地的燕麦。那时因为每一亩地的平均收成系 12 英斗,所以须用 212 人去收获这一平均的收成,可是在现在只要六个人便可把这工作不费劲的做完了。[②]

随后,Mill 在读 Carey 的著作时,亦说,在英国全部的历史上,时代的收获渐减

---

① Marshall Alfred, *Priciples of Economics*,London,1930,Book Ⅳ, Chap. Ⅲ, p.153.
② H. C. Carey:*Political Economy*, pt. ⅲ, p.70.

的公律都被文明的进步战胜了。(尽管他不相信将来还须如此)。而且即以 Cannan 而论,他亦与 Carey 和 Mill 意见相同。他说:"证诸过去的经验,每次人口的增加不必常在减少农业劳动生产力。如果没有增添的人口,当亦没有现在这样的农业机械和知识。"①由此可知,Cannan 亦是承认现在的进步的农业机械和知识,是过去的人工增加的结果了。根据上述这两反面的论证:(一)劳动者的物质幸福的继续的改良,(二)英国农业劳动生产力在过去历史上的进步,可知时代的收获渐减的公律,确不与十九世纪英国的历史事实相合了。

现在更进而讨论第二点:时代的收获渐减的公律,是否合于二十世纪时其他各国的事实?兹先征引美国 Iowa 州在最近四十年内关于农业生产的统计,作为解答这个部份的问题的凭证。查 Iowa 州平均每一农夫的作物收获量,从 1890 年起至 1932 年止,不但没有下降,而且上升,即由 80 的比量增到 184 的比量,换言之,即平均每一农夫的生产量,在这四十年中,约计增加到 130% 的逼近数。此种趋势在下表上可以看见。

Iowa 作物生产指数和每一农人的作物出产的比量

从 1892 年起至 1930 年止

年别	作物生产指数	农业人口	每一农夫的生产比量
1890	77	1 210 000	80
1896—1897	82	1 235 000	84
1898—1902	100	1 261 000	100
1903—1907	103	1 185 000	109
1908—1912	117	1 118 000	132
1913—1917	124	1 083 000	145
1918—1922	143	1 053 000	171
1923—1927	134	1 039 000	163
1928—1930	150	1 027 000	184

但为什么 Iowa 州每一农夫的生产量有往上增加 130% 的逼近数的趋势呢?这只有两种可能的解释:(1)系由每一作物生产单位上所投下之资本比较往昔为多;(2)或由农业技术的进步和改良,如耕耨方法的进步,灌溉系统的改良,和选择种子的方法进步等是。可是在这两者之中,前一种解释无存在的理由。因为该州的农夫,对于每一作物生产单位,所负担的资本的价值,(包含机械、耕具和牛马等件)前后均无差异。由此可知,Iowa 的农业劳动生产力之增进,大半系由农业技术的改良和进步的影响了。记得 West 和 Marshall,在他们提出时代的收获渐减公律的时候,曾谓农业技术的进步最后必比土地的反抗力小,可是,依据上述 Iowa 州这四十年来的经验,农业技术的进步却反比土地的反抗力大到 130% 的逼近数。恰

① Cannan, Edwin: *Review of Economic Theory*, Chap. Ⅳ, pp. 81—87.

与他们的预测相反。由此可知,时代的收获渐减的公律,不但与英国十九世纪的史实不合,而且与美国 Iowa 州自十九世纪末至二十世纪初的四十年的农业经验亦不相合。换句话说,就是这个公律,至少,在二十世纪里对于美国 Iowa 州,不是真实的。

现在再以统计的事实证明:上述时代的收获渐减的公律,不但与美国 Iowa 州的四十年的农业经验不相合,而且与全美的七十年的食物与人口的统计亦不相合。依据美国官厅的统计,在 1850 年 1920 年之间,美国小麦产量的增加比总人口的增加多一倍。即以玉米的增加的速度而论,亦不比人口之增加为少。更因美国总人口之增加比较美国农业人口之增加为快,结果尚可看出美国每一农夫的小麦生产量,在上述这七十年内,尚不仅多一倍。经此讨论之后,我们对于时代的收获渐减的公律又多来了一层反驳他的证明,即这公律截至这二十世纪的初年,不但对于美国的一州(Iowa)不是真实的,即对于全美亦不是真实的。

最可令人惊异的,就是,这个公律,除了对于 Iowa 和全美的农业生产状况不真实之外,即对全世界的食粮和人口的统计,亦不能显示他的真实性。据最近国际联盟秘书处(Secretarist of the League of Nations)的报告,从 1913 年起至 1925 年止,世界粮食与原料总量的增加比较世界人口的增加更快:前者增加了 16% 后者只增加 6%。这是表示时代的收获渐减的公律,即对世界全体也不真实。换句话说,就是,在过去的历史上,并无所谓时代的收获渐减公律的存在。附带还须说明的,即时代的收获渐减的公律,既然对于世界各国都不真实,则在过去一世纪里,凡根据这个公律所倡导的各种理论,例如 Malthus 和 Ricardo 所宣传的人口愈增食料愈贵的理论,劳动绝对贫困的理论,限制人口的理论,反抗救贫法的理论(即谓社会愈谋救济贫民,则贫民之生殖愈多,贫民之生殖愈多,则每一人口平均所能得之食物愈少),现在煞是大有疑问。可是这些理论在中国内,依然有人相信他们为真实,这是可注意的。

(2) 技术的收获渐减的公律

技术的收获渐减的公律系从分析普通的农夫,或其他的生产人,对于普通的生产要素的配合,所表现的一类极其普通的事实得来的。比如日常的农夫,因为利害的关系,往往不将他的资本与劳动,通通配合在一亩土地上,而将他们分配在好多亩数的土地上。又如日常的商人,因为同样的关系,往往不将他的商品和工人,通通都集中在一层楼上,而将他们分配在许多层楼上。这些极其普通的琐碎的事情都是耐人寻味的问题。经济学者将这问题抓住了,进而求解答,于是便发现技术的收获渐减的公律。所以我说,技术收获渐减的公律纯粹是从一种极其普通的生产状态里发生出来的。

但现在我们应当知道:技术的收获渐减的公律与时代的收获渐减公律共有两

点区别。（一）从发生的原因上说,技术的收获渐减的公律系从一般的,即不受特殊时间和特殊空间的限制的生产关系出发;但时代的收获渐减的公律则系从十九世纪时代之英国的特殊的生产关系出发。（二）从内容的性质上说,技术渐减的公律绝口不谈时代进化的问题,但时代的收获渐减的公律则将这个问题看的很重要。换句话说,就是,在技术的收获渐减公律内不含时代进化的因素,而在时代的收获渐减的公律里,自始便夹入了时代进化的因子。因为这两点区别,所以技术的收获渐减的公律在内容上比较简单,在外形上比较平易。这点请看 Turgot 在某一奖金论文的评语上,对于这个公律所下的解说,即可明白。他说:

> 土地的沃度,好像一根普通的发条,正在被人继续的以等重的法码,加在他的上面,并强迫使之下曲。如果法码的重量极轻,而此发条又不很软,那末,第一次的压便可说是等于无效。到了法码的重量大到足以克服他的第一次的抵抗力的时候,发条只见让步,并且往下弯曲;可是曲到某点为止,发条必要对于压迫他的重量发出比较更大的抵抗力;即从前可以把他压曲一寸的法码,现在至多可以将他压曲半分。虽说这个比喻是不完全精确的,但他已是表示,当着地力渐尽之时,最大的费用只能产生最小的产量。

> 播在一片未经开垦的沃土里的种子等于白损失了的预支(advance)。如果他是经了一次的耕耙的,收获便要好些;耕耙至再,至三,收获不仅倍二,倍三,并可倍四,倍十,在这一种状态里,收获的增加比数比较预支的增加比数更大,直到某一点上,收获对于预支可谓大到极度。

> 越过这个限点,预支如果再增,收获仍将再增,但较少些,少了又少,直到地力已竭,且非人工所能改进之际,预支纵令加多,收获毫无所增。[1]

Turgot 所谈土地收获渐减的意义可谓简明,但觉论证空泛一点。后来英国经济学者 Marshall 搜集美国 Arkansas 的农业试验场的经验说明这个公律的实际价值,此后他的意义便充实了。兹将 Marshall 所举例证列表如后。

耕种的类别和次数	每亩的总产量（斗）	限界的产量	
		犁	耙
犁一次	16	16	
犁一次和耙一次	$18\frac{1}{2}$		$2\frac{1}{2}$
犁两次和耙一次	$21\frac{2}{3}$	$3\frac{1}{6}$	
犁两次和耙两次	$23\frac{1}{4}$		$1\frac{1}{18}$

---

① Quoted by Cannan: *Theories of Reduction and Distribution*, pp.147—148.

观上表可知,在这农作试验的麦场上,犁的次数增加一倍,麦的收获,所增不到 $\frac{2}{10}$ 倍,耙的次数增加一倍,麦的收获所增不到 $\frac{6}{10}$ 倍。这可证明 Turgot 所说"过了某一限点,成本如果再增,收获仍将增加,但较少些"的见解,大半是真实了。不过在这耕耙的进程中,小麦增加的比较未曾经过渐增的阶段,即未曾如像 Turgot 所说,"耕耕至再,再三,收获不但倍二,倍三,并可倍四,倍十"的原因,学者多半以为不是 Turgot 的学说不正确,而是由于 Arkansas 的试验不精细。即由犁的工作单位或耙的工作单位每次投的太大了,因此,这才没有如 Turgot 所说的结果。反之,假如 Arkansas 的农业试验场不采上述那样粗笨的办法,而将每次所投的工作单位一律改作现存工作单位的极其微细的部份,那末,Turgot 的话仍必是真实的。即在限界收获渐减的阶段发生以前,所谓渐增阶段的假设,仍必是存在的。

但这里尚有须要辩白的一点:即 Turgot 所述限界收获渐减的学说,多数学者虽然认为切近实际的事实,但附有一个重要的限制。即谓,他只能适用于农业,而不适用于工业。他们以为工业是受限界收获渐增的公律支配的。举例来说,Mill 在讨论大规模生产和小规模生产的时候,便曾发表过这意见,他说:

> 这种化原料为成品的劳动总是伴着生产数量之增加而下降;因此这些增加工业生产力的原因,战胜了那个关于原料方面的养活他的原因。

可是这种意见现在已不能成立了;因为工业亦如农业,倘如设在一定的土地面积上,继续增加资本与劳动,最后亦须遭受收获渐减的打击。关于此点,Commons 有一段话说的最好:

> 在一定的技术条件下,在大城里的工厂,甚至商店的建筑物,均不能升到无限层楼高,因为高过某几层楼后,以改在另一土地的建筑为有利。

Mill 把"在一定的土地面积上"这一条件忽略了,所以他会相信工业系受收获渐增的公律所支配。现在我们知道,这一"在一定的土地面积上"的条件,无论讨论工业与农业,都是绝对不可忽略的(因为忽略了便无比较工业与农业的生产力的共同的标准),所以工业亦是要受技术的收获渐减公律的支配的。

工业与农业既然同是要受技术的收获渐减公律的支配,那末,上述 Turgot 对他所下的定义,便不免有点狭隘了。Commons 为补充这个缺点起见,将他改正如后:

> 在一定的技术状态之下,所有一切的工业,如果在一定的土地面积上,继续投下资本与劳动,过了某一点后,均会发生收获渐减的趋势。[1]

从定义内容的完整上说,Commons 这种说法是最好的。现在即以 Commons 的定义做标准讨论这个公律。

---

[1]　Commons John R. : *The Distribution of Wealth*, New York, 1893, pp. 116—117.

原来 Commons 的技术收获渐减的公律,亦如 Turgot 的公律含有一个重要的概念,即在限界收获开始渐减以前,有一最初的渐增的阶段。这个最初的渐增阶段的概念,在上文所引的 Arkansas 农业试验场的耕耙试验的报告中,是未得着实际的证明的。究竟这个概念对不对,作者以为绝非学者主观的见解能辩明。最后仍须有待于直接或间接的事实来证实。为了满足这要求,兹特征引 Spillman 和 Patton 对于技术收获渐减公律之实证的研究,作为考校这个概念的普遍真实性如后。

本来技术的收获渐减公律的实证的研究,远在 Spillman 和 Patton 以前,便有好多德国学者研究了。就中如 Liebig,Mayer,Wollneg,Wagner 和最后集大成的土壤经济学专家 Mitscherlich 都负盛名于一时。本文单采 Spillman 和 Patton 分析的结果,乃是根据下述这两点:(一)因为 Spillman 的研究与德国这位集大成的土壤经济学专家 Mitscherlich 的研究结果相合,并可以作上述诸位德国学者的代表;(二)因为 Patton 所搜集的技术收获渐减的资料,丰富空前无匹。

原 Spillman 自受 Mitscherlich 的影响后,常想以美国农业试验场的经验,将 Mitscherlich 的研究的结果,重新审查一遍。恰巧他在 *Country Gentleman*(1920 年 8 月 8 号)上,偶然发现了一篇,由 G. S. Cates 所拟的,关于美国 North Carolina 州州立农业试验上棉花产量的报告,就中有如下述的材料:

肥料(单位:200 磅)		棉花产量(单位:磅)
第一	……	102.5
第二	……	85.0
第三	……	62.5
第四	……	45.0
第五	……	32.5

Spillman 得到这个材料之后,认为这是实现他的理想的好机会。于是起而考证 Mitscherlich 的学说在美国方面的应用的价值。他说,假如 Mitscherlich 的学说是不错,那末,上表所列的事实便必与 Mitscherlich 的预测全相合。即在肥料的继续增加中,棉花的限界收获的增量必构成渐减的几何级数的各项。换句话说,就是伴着第一单位的肥料而来之收获的增量,比较伴着第二单位的肥料而来之收获的增量,其比率如系 R,那末,伴着第二单位的肥料而来之收获的增量,比这伴着第三单位的肥料而来之收获的增量,其比率亦须是 R。在仔细的分析之后,Spillman 找出在上述的一例中所表现的收获渐减的趋势,与 Mitscherlich 所预期的趋势,在实际上,是一致的。即棉花限界的增量系依着 77% 的公比的几何级数而下降。即在上述的增量中,第二增量是第一增量的 77% 倍,第三增量之系第二增量的 77% 倍。试验结果,果然不错。

接着 Spillman 又说,假如在上述的表中,棉花的限界的增量,或如收获渐减的公律确是真实的和普遍的。

但读者对于 Spillman 的实证的研究须注意：即在他所确证的几何级数式的限界收获渐减的总趋势之中，并未有如 Commons 所确述之最初的限界收获渐增的阶段发生。他这试验可谓与 Arkansas 和 Mitscherlich 的试验完全一致。

现在更以 Patton 关于（一）动力，（二）耕种，（三）饲养方面的收获渐减的资料来考校 Commons 的最初的渐增阶段的概念是否真确。

关于动力方面，Patton 所搜集的资料计有人力、畜力和机械力三种。这三种资料虽都表示限界的物质收获确是递往下降，但却没有指出他们最初要经过渐增的阶段。他先引 Zunts 对于人力和畜力的试验以资佐证。在 Patton 所举的关于人力和畜力方面的限界的物质收获渐减的趋势中，确未是最初的渐增阶段的发生。此外，他又引 F. M. 和 E. A. White 二人对于汽油机器所作的实验，来指明这最初的渐增的阶段确乎没有发现。在这一次的试验中，虽有限界的收获的渐增的阶段，但非最初的，而系中介的。而且，这中介的限界的物质收获的存在，亦非通则而是例外。Patton 在一个地方说，二位 White 在十二个机器之中，发现"有六个在他们标准能力约到出量一半左右的时候发现渐增的阶段。又有两个，最大的，在快到他们标准能力的时候发生"。由此可见，这一渐增的阶段确乎不是最初的而是中介的。同时他在别的地方又说："二位 White 将研究的结果绘成一曲线，线上表示凡在 12 马力以下的各种样式的汽油机，在所有一切阶段里，都是递往下减"，又说，"关于汽油机的各实验，好像是说在内燃机里，恰如在该用作生产能力的动力有机体里，渐减的限界的物质的收获乃是常态，反之，不变的，或渐增的收获，在一般的倾向中，只是一种暂时的扰乱"。由此可见，不变的或渐增的阶段不是原则而系例外。合而言之，Patton 确认 Commons 所认许之最初的渐增阶段的观念，不应列入限界收获渐减的科学公律内。

关于耕种和饲养方面，Patton 依据他所搜集的资料，总共发现两种关于限界收获变动的特殊的趋势：第一种与上述的机械力的试验相合。即在肥料的单位加增到相当浓烈的时候，确有限界收获渐增的阶段。这便是 1906—1918 美国 Ohio 农业试验场和 1907—1916 美国 Pennsylvania 农业试验场所得的效果。第二种便是动物肉的收获，不但随着每日食料的单位之增加而下降，亦伴着年岁之演进而渐减。这是在美国的 Kansas 两次农业试验场由养鹿上所得的结论。可是在这两种趋势之中，亦未看出最初的限界收获渐增阶段的发生。由此可知，最初的限界收获渐增阶段的概念，不但未显露在 Arkansas 和 Spillman 的实际事实上，而且在上述一切实验里都未得事实的证明。

溯自 Turgot 提出技术的收获渐减公律以来，一般学者莫不承认在这限界收获的递减的趋势内，有一最初的渐增阶段的存在。后来虽然有人发现 Arkansas 的试验，与这渐增阶段的概念不吻合，但大家还替这阶段辩护，以为渐增阶段的概念对于特殊事实的一次的不符合，尚无损于他的真实的价值，因此之故，Commons 在将 Turgot 的这公律推广到工业方面的时候，仍然保留着他的原来的形式。不过，近年来科学试验场里已经得到了许多的研究结果。就中,第一件,就是,依据 Mitscherlich 和 Spillman 的研究,德国与美国的农业实验场里的经验,业已全然没有证明最初的渐增阶段的存在;第二件,就是依据 Patton 的分析,这个最初的渐增阶段的存在,不但在人畜力的实验里未得到确切的证据而且在机械生产力耕种,及饲养的实验也没有得着一种事实为护符。经这许多不甚谐和的事实发表后,这个最初的渐增阶段的概念,似已非空言所能拥护的了。至少,他必要待新的证据成立后,始能恢复他的固有的威信。

(3) 价值收获渐减的公律

价值收获渐减的公律讨论企业者的货币总费用和利润的关系,与时代的和技术的收获渐减的公律专事讨论物质的投入和产量的关系不同。这个公律亦可名为利润渐减的公律。关于这个公律的内容凡为营利生产的人都知道。经济学者对于这个公律的贡献不过将他缩写成为一种文字而已。大凡初事营利生产的人,没有经验的指导,往往都以为在一定的市场价格之下,出货越多,利润的收获亦越多。可是当他经过种种惨败的试验后,一定知道,这种见解完全错误。即在一定的市场价格之下,利润虽常伴着出货之增加而增加,但具有一定的限界。企业者在这利润伴着出货共同增加的阶段中,如果误将生产的数量加的太大,或超过这最有利的限界,结果便必减少利润或至赔本。经济学者根据这种经验,写出价值收获渐减的公律如下。即在一定的技术条件下,对于任一特定的企业,继续增加资本与劳动,结果可以达到最大利润的限界,过了这个限界之后再事增加,利润遂减,且至赔本。至于这个最大利润的限界究在什么地方呢?经济学者曾有两种不同解释法:(一)以平均每一商品的费用为基点,说明最大利润的限界只能发生在平均每一商品的最小费用的限界上或在其后,但必不能发生在最小费用之先。(二)从限界费用的观念出发,说明这个限界的出现一定是在限界费用和价格相逼近一致的点上,兹分述于后。

(一)企业家的最大利润的发生是在每一商品的最小费用发生之时及其以后,可以分作三层来解释。(1)任何商品的费用均可分做常定的费用(Fixed Cost)和变动的费用(Variable Cost)。常定的费用即指不与商品产量之增加同变化的费用。变动的费用系指伴着商品产量之增加而增加的费用。在耕种的场合中,比如地租、机械,房舍等类的费用多是常定的费用,芸锄、施肥、驱灭害虫、割谷、簸谷所需劳动并原料的费用都是变动的费用。(2)常定的费用可使每一商品平均所担负的费用,伴着商品总的产量之增加而渐减,变动的费用可使每一商品所负担的费用,伴着商品总量之增加而渐增。在商品的继续增加中,由于这两种费用的一往下减一往上增的影响,可使每一商品的平均的费用经过两种不同的阶段,(甲)平均每一商品的费用逐渐往下减少,一直达到一个最低的极限,(乙)经过这点之后,平均每一商品的费用不再往下减少,另行往上增加。(3)资本家的最高的利润系由商品的平均费用和商品数量两个条件决定,不是单由商品的平均费用一个条件决定。在商品数量的继续增加中,这一伴着商品的最小费用而生之商品的数量,有时虽然恰够造成最大利润的条件,但有时因为商品数量尚小,还不够造成最大利润的标准。因此,为达到最大利润的目的计,企业者,当着第一种情境发生之时,虽常不肯再事增加生产的数量。而当着第二种情境发生之际,便常不肯在平均每一商品的最小的费用上止步,宁愿再增加资本与劳动,以图继续增加商品的数量。此后,商品的平均的费用便离渐减而入渐增,直到商品所出的总数,和上增的平均每一商品的费用,能够达到实现最大利润的条件始行止步。因此之故,企业家的最大利润的限界便必出现的最小费用发生之时及其以后。关于此点,可拟一例作参考。

上文曾经说到 I. B. Catas 在 *Country Gentleman* 上,曾将 North Carolina 州州立农业试验场,在一亩土地上,继续加增肥料所得棉花产量草拟发表。即当肥料为 200 磅的时候棉花产量为 102.5 磅。肥料为 400 磅的时候,棉花产量为 187.5 磅。又肥料为 600,为 800 和为 1 000 磅的时候,产量为 250,为 295 和 327.5 磅。现在假定这亩土地的租金为 10 元,肥料每百磅价值 2 元 5 角。在这一种极度简单的情境下,当然只有租金一项可以算作他的常定的费用,同时亦只有肥料的价值一项,可以称做他的变化费用。现在依据这项简单的材料,计算在这一亩土地之上,平均每磅棉花的费用变化情形如后:

肥料		每亩棉花产量	每磅棉花常定费用	每磅棉花变动费用	每磅棉花总费用
量(磅)	价(元)	（磅）	（元）	（元）	（元）
200	10	102.5	0.098 −	0.098 −	0.196
400	20	187.5	0.053 +	0.107 −	0.160
600	30	250.0	0.040	0.120	0.160
800	40	295.0	0.034 −	0.136 −	0.170
1 000	50	327.0	0.031 −	0.153 −	0.184

观上表可知,每磅棉花所负担的常定费用,地租,虽然伴着产量之增加而为 0.097,0.053,……但他变动的费用,肥料,却是伴着棉花产量之增加而为 0.097,0.107,……即前者递往下降,后者递往上增。结果,致使平均每磅棉花的费用,恰在每亩产量达到 400 和 600 的限界最低。可是,即在这个平均每磅棉花的费用最低的限界上,资本家所得部利润并非常常都是最高。

单凭上述这一个例,亦可窥知最大利润的限界必然出现在最小费用的限界发生之时及其以后了。

(二)现在讨论企业家的最在大的利润一定是出现在限界费用和价值相逼近的一点上。在讨论这个问题以前,我们对于限界费用的意义尚须加以说明。通常所谓限界的费用的意义不过指后增的费用的意思,例如企业者在农业试验场中关于棉花的栽种,最初投下肥料 200 磅,价值 10 元,地租 10 元,随后再增肥料 200 磅,价值 10 元,地租不动,那末,随后所增这 10 元,便是限界的 10 元了。又如企业者为谋增加产量起见,随后再增肥料 200 磅,价值亦 10 元,那末,这随后所增的 10 元便为限界的 10 元了。限界费用既已说明,即可讨论本题。即在生产费用一点一滴的继续增加中,由于常定费用和变动费用的影响,这类伴着商品之增加而来之每一限界商品的限界费用,总是越往后走越高。既然如此,那末,当着企业者为应市场而生产之际,假令他能如此巧妙的配置他的生产的要素,致使这类代表费用最高的限界商品,恰与市场价格相逼近,那末,在这限界商品以前,凡以较少之费用而生之商品,便有利可图了。因此之故,企业家的最大的利润,除发现在平均每一商品的费用最低的限界发生之时及其以后外,又必发现在限界商品的费用逼近市场价格的所在,乃是很明显的。由此可知,上述最大利润的限界,除发生在最小费用发生之时及其以后外,又必出现在限界费用和价格相逼近的一点上,在学理上亦可以成立。

总括以上所述,关于利润渐减公律的重要的意义有三点。第一,在现存的技术条件之下,利润虽常伴着生产总费和生产总量之增加而增加,但却受有一定的限制,即不能越过最大利润的限界,假如越过,利润当减,且至赔本。第二,这个最大利润的限界,如果不是表现在每一商品的平均最小费用的限界上,便当表现在他的后面。第三,这个同一的最大利润的限界,尚当同时出现在限界费界和价格相逼近的一点上。第四,上述这三个原则都是从实际困难经验得来的。现在我们所应做的最后一步工作,当然便是进而评判这个公律的真实的价值。但评判必须有证据,即必须有充足的统计资料作证据。可惜这类统计资料现在尚极感缺乏。因为小的工商业者根本便不需要这样的材料,还说不上作。大的工商业者,虽然需要这类的材料,却不一定作,作了亦不愿意发表。农业方面,小农当然亦无这类材料的必要,自说不上作。大农虽有这类材料的必要,但常不愿作,因在作时须经若干年的试验才能避去天时不定的影响。同时,公立农业试验场又有别的事情忙,不暇来作这项的试验。因此,只好将这评判的工作暂时搁置,留待异日来研究。

(《社会科学杂志》,1932 年 5 卷 1 期)

关于经济价值理论之两派学说的批评

一、劳动价值说的批评

决定物价涨落的原因,价值,依据马克思、克拉克的分析,必须具有两点显而易见的特征:(1)他必是商品所同具有的共通性质的分量,(2)此项分量存在互作交换之两类商品的各定量中必是相等量。关于此点,作者在前面文章里已经说了不少。兹再引马克思在他的《资本论》第一章上所说的那两段话重申这两点重要的意义,以实吾说。

现在我们以小麦和铁这两件商品来做例,不论这个交易的比率怎样,他常能以小麦的一特定量等于铁的某特定量之方程式来表现。例如一斛小麦等于二十斤铁。这方程式的意义是什么呢?他告诉我们,在这两种不同的东西里面即一斛小麦和二十斤铁里面,各有一种分量相等的共通的东西存在。他们因之等于与他俩根本不同的第三件东西。不问他们那一个,只要他为交换价值都可归化而为这个第三种东西。

一个简单的几何例子便可把这点说清楚。当我们想要确定各直线形的面积而以之互相比较的时候,便须把他们分解为三角形。这个三角形的面积自己又受一种与三角形的表面的形态完全不同的东西所决定。即是受底边乘高的乘积之一半所决定。同样的道理,商品的交换价值亦当化为一种为他们所共具的数量的东西之种种表现。①

上述价格的决定原因之两特征,经马克思说明之后,意义越发显著:(1)在普通几何学中,三角形能与非三角形的直线形相比较,既系由于三角形与非三角形内中含有一种绝对面积的数量做标准,那末,在经济学上,甲类的商品之能与非甲类的商品成立交易的比率,亦必是由于二者内中含有一种共通的绝对性质的分量,用作比较的尺度了。(2)在特定算术例子中,某两三角形等于某一四边形,既然系由二者所同具之绝对面积的数量相同,那末,在特定的交易市场内,某两对胡桃等于某一个苹果亦必是由于存在两对胡桃与一个苹果之中的共通性质的分量相等了。由此可知,共通的和相等的二性质确为决定商品价格之原因所必须具备的两

---

① Karl Marx, *Capital*, English Translation by Eden and Cedar Paul, p.4.

个最重要的条件了。假如有一条件不具备,他均不可以当做决定商品价格之真正的原因看待。价值的学说,既然系以寻求决定商品价格之真正的原因为目的,那末,他所寻出的决定价值的条件,便必须要能够证明这两特征的存在,始可认为无误,否则等于费词。以此论点做根据,我们看出在上述各派价值学说之中,有的所寻出的决定商品价格的原因,因为两个特征都没有,当可说是完全的失败了。有的所寻出的,虽然已可证明他有一个特征了,但因终于不能指明他能兼有第二个特征,因此亦难成功。

以马克思的社会劳动价值说来说,他把各种不同的商品依一定的比率相互交换的原因,认为系由他们内中均含得有社会劳动的分量,同时这社会劳动的分量,在互相交换的两类商品之各特定量中,并且必定相等。如果这个学说是不错的,那末,第一,没有社会劳动之物便当为商品,便当不得以他物来作他的交换价值或价格。第二,具有多量社会劳动之商品一件,便不可与仅有少量社会劳动之商品一件相交换。可是在事实上,没有社会劳动之物亦可以为商品,亦可发生交换价值或价格。例如未经开垦的土地,原始森林,和自然牧场等,都是没有社会劳动的货物,而且这些货物在人口稀少的时候又也都是没有交换价值的,或不可以与其他货物相交换的,可是在人口稠密之时,无一不有许多的交换价值或价格。单是这一个例已足否认马克思的劳动价值说之第一个前提条件的普遍真实性。再则赋有多量社会劳动之商品一件,亦常可与仅有少量社会劳动之商品一件相交换。马克思自己已经指出,像金刚钻差不多从来便没有和他的价值(社会劳动量)一样的价格,换句话说,就是金刚钻永远在与他的价值不等的货币商品相交换。从这第二个例,又足否认马克思的价值学说第二个前提条件的普遍真实性。在上述这两个例外之中,马克思对于第一个例外,虽亦设有许多的解释,证明这一个例外并非真实的例外,可是牵强的很。例如他说,没有价值之物,如良心,名誉,和未垦地等,虽有价格,但是虚的,如像数学上的虚数一样。这种说法也很巧妙。只有一点须加分别,即数学上的虚数内中是有数值的,所以他可等于实数,如 $\sqrt{-1^2}$ 等于 -1,但马克思在这里所说的虚价,内中是没有价值的,怎么能够等于实价呢?试问零能等于实数吗?

关于第二个例外,即商品之货币形态,价格,可不等于商品内中所储蓄的劳动的事情,马克思对他亦没有解释。因他以为这是起于供给与需要不相投合之一种偶然的现象。可是在别的方面,马克思又间接承认这种现象是非偶然的。马克思在讨论商品价格的时候,将价格分为两类:(1)市场价格,(2)自然价格。他说,市场价格,起于商品之供给需要不相合,在本质上是偶然的,所以不与商品所含社会劳动相等。自然价格,因作商品市场价格变动的重心,在本质上是必然的,所以常与商品所含社会劳动量相等。在这两种价格之中,马克思直接承认商品之自然的价格是一种非偶然的现象。可是他在讨论商品之自然价格的时候,又说这种价格之发生是由劳动相对的用很多的生产种类之全部商品,向劳动相对的用得少之全部商品,作了一些不可见的社会劳动的移给。换句话说,就是这种价格之发生系由劳动相对的用得多的生产种类之全部商品,在其所含社会劳动量以下出售,劳动相对的用得少的商品在其所含社会劳动量以上出售。因马克思虽说商品的自然价格包含着两个部份:(1) 成本价格,(2) 平均利润,但他们以为这两部份的实质均不必与该商品所固有的社会劳动量相一致。例如今有甲乙两类的生产事业,在甲所使用的劳动中死劳动的价格,即机械与原料之价格,40 镑;活劳动的价格,60 镑;由此活劳动所生产的剩余价值为 60 镑(剩余价值率百分之百乘 60,因马克思认剩余价值是活劳动所生产的),合计各劳动量的价格和剩余价值为 160 镑。在乙所消费的劳动中,死劳动的价格即机械与原料之价格 60 镑(剩余价值率百分之百乘 40),合计各劳动量的价格和剩余价值为 140 镑。如依劳动价值计算,那末,甲类商品全部的自然价格便当为 160 镑,乙类商品全部的自然价格便当为 140 镑。可是二者之自然价格,甲不为 160 镑,乙不为 140 镑,而皆为 150 镑。何也? 因为甲乙两类生产事业之成本价值每一皆为 100 镑,再加上平均的剩余价值,即平均利润 50 镑,共计只合 150 镑。因此之故,甲乙两类商品之自然价格遂不与其固有之社会劳动量相合。即甲之自然价格,比他的固有劳动之理想的价格少 10 镑,乙之自然价格比他的固有劳动的理想的价格多 10 镑。合拢来说,就是甲乙两类商品的自然价格之发生乃系以赋有多量社会劳动的商品,在其固有之社会劳动量以下出售为条件。商品之自然的价格,马克思既称他是非偶然的,则造成该商品之自然价格的条件亦应该是一种非偶然的了。马克思在一方面主张唯同质同量之社会劳动所作成的商品可以相交换,主张商品均系按照他的固有的社会劳动量出售。可是,在他方面又说,具有多量社会劳动之物可以与具有少量社会劳动之物发生同一的自然价格,并间接承认后者的现象是非偶然的,真令人设想不到两个互相冲突的理论如何能够调和一致。

替马克思辩护的人,当以下述的口调主张他的劳动价值说是不与上述第二个例外中所举的事实相冲突的。即不与同一自然价格之物可以有不同劳动量的事实相冲突。他的辩护的理由有两个:

(一) 因在甲乙两类商品中甲类商品的自然价格所表现的劳动量,虽略少于他所固有的社会劳动量;实则不曾少过,因甲曾把他所固有的劳动移了一点给乙类商品去了。乙类商品的自然价格所表现的社会劳动量,在表面上,虽略多于他所固有的社会劳动量,但是其实不多,因乙曾在甲类商品上转来了一点社会劳动量。换句话说,就是竞争曾替甲乙做了一番平均的工作,曾损有余之甲而补不足之乙,将二者所有的社会劳动量化作一致,所以在事实上他们的自然价格所表现的社会劳动量,与他们所固有的社会劳动量完全一致。这种说法固是辩护的很巧妙,只有逻辑的方面未免忽略了一点,不可不加以探讨。即马克思所说的这种平均的工作还是在甲乙两类商品互相交换之前发生效力呢? 还是在甲乙两类商品在互相交换之时发生效力呢？马克思绝不能说这种平均化的工作是在甲乙交换以前发生效力。为什么呢？因为甲乙两类生产事业的生产物，在那交换之前尚未证实他们究否可为商品，亦未证实他里面含有若干的社会的劳动，绝对说不上平均化。因此之故，这种平均化的工作只能是在交换之际发生作用。可是如果说在交换之际，也是不对，因为依据马克思在他的《资本论》第一章上的假定，一切商品相交换是一种硬斗硬的事情，如果这方是"八两"，那方便非"半斤"不可。怎么现在又说，赋有多量社会劳动之物，在交换时，可以在他的社会劳动量里面，白给一点送给对手方呢？由此可知这一个辩护的方法恰与马克思的第一个假定相冲突，当然是绝对不能成立的了。

（二）此外，尚有一个可能的辩护理由，是即马克思不是明白的说，劳动原有两个不同的种类：一是单纯的劳动，一是技巧的劳动吗？如果说在上述第二个例子中赋有多量劳动之甲类商品，其所赋的劳动只是单纯的劳动，赋有少量劳动的商品其所赋有的劳动确是技巧的劳动，那末，二者的自然价格所表现的价值还是与他们各自的社会劳动相合。这种说法骤看起来，亦觉颇有理由，不过到底不对。因为在同质的劳动之中，单纯劳动与技巧劳动的区别只能适用在非社会必要等劳动社会必要劳动之比较上，而不能适用在社会必要劳动与自己之比较上。马克思的讨论商品的自然价格和平均利润的时候，已经假定各类生产事业之劳动均系一种社会必要的劳动，但他同时却又以为少量的社会劳动的结晶，可与多量的社会劳动的结晶相交换。就中所犯的难点确非单纯劳动与技巧劳动的区别所能掩饰的了。这里只看马克思所用价值一字便明白了。因马克思在说商品的自然价格决于他们彼此之间损有余之劳动而补不足之劳动时候，所说的都不是单纯的劳动而是价值。价值在马克思的心目中时时都指社会必要劳动，这是毫不容疑的。

马克思对于上述的第二个例外，既不能以辩论的方法说明他不是真实的例外，那末，这个第二个例外，便要如同第一个例外一样，并且比较第一个例外还要更有力量的，修正马克思的商品的社会劳动即商品的价值的学说了。法人劳拉特（Lucen Laurat）在《世界》（Monde）上所作《国际竞争中为人所不见的一面》（Aspect Ignoré de la Concurrence Mondiale）的论文中也承认马克思的平均利润说，是与他的等量劳动创造等量价值说是不一致的。劳拉特之说如下：

> 固然只有劳动是价值这话很容易了解——除非人们承认面包自己增倍的神话——但总还应该来检查这理论。一九一二年美国农业劳动者一千二百四十万人，农具价值十三亿六千八百万美金，生产总价值六十三亿七千四百万美金，每人所生产的价值五百十元美金，工业劳动者六百九十万人，工具六十亿零九千一百万，生产总价值八十五亿二千九百万美金：在这里我们看到，一个人之劳力在农业中所创造之价值比在工业中所创造之价值为少，这是一个矛盾错误的事情。在农业中一千二百四十万劳力者所生产之价值反比六百九十

万工业劳力者所生产之价值为少。但这还不是一个偶然之事；十年以后美国农业劳动者一千零七十万人，生产总价值一百六十亿零六千九百万美金，每人生产一千五百美金。工业劳动者九百七十万人，生产总价值二百五十亿零四千二百万美金，每人生产二千五百八十美金。虽然数目是变了，然而比例却还是差不多一样。并且这个现象不是对于美国是特殊的，我们在别的一国内同样的将他观察到。是的，有人很可以说，（并且也正有理由）工业劳动者比农业劳动者多供给出劳力；劳力在工业中更强烈，机械强迫工人供给沉重不断的劳力；至于农业工作，因为既受季节变换的限制，所以常是间断的，并且还有许多的减少活动之长期停顿。既是在工业中一年工作是比在农业中更好的完成，更为细密，那末，工业劳力是势所必然的生产出一个更大的价值。但总之，差数是太大了，虽然这个解释是正当，却还不够。——我们曾看见在投资之种类外围绕的资本，因互相竞争——使每种类之资本家依照他们的资本为比例，实现一个平均利润。但是这个平等化之有可能，只是因了人工相对的用得多之种类对于相对的人工作得少种类，作了"一些价值之不可见的移给"（Un transfort invisiable des valeurs）。

观上可知，劳拉特虽是相信劳动价值学说的一人，但他却很坦然的承认上述第二个例外确是马克思所说那同等的劳动生产同等的价值的真实的例外了。

马克思在开始讨论价值时，以一数学先生的口吻，勤恳告诉他的学生说，唯有同质之数可以相等。又说如果甲数等于乙数，乙数等于丙数，则甲数和丙数应该相等。可是在另外一个时候，他又告诉他的学生说，零可等于二，又说当着乙数等于甲数与丙数的时候，甲乙丙三数之值可以不等。甲可以为160，乙可以为150，丙可以为140。他这两次的讲话明明是互相冲突的，可是他说不冲突，即零在等于二的时候零这个数含有虚值。甲数160和丙数140当着等于乙数150的时候，因为甲类白给了10，丙白得了10，所以两数都能相等。如这一种牵强附会的解释竟然得人信任了，委实耐人寻味啊！

细查马克思的社会劳动价值说，他之所以缺乏一贯的价值，或不能解释上述那两类重要的例外，完全系由他对劳动与劳动生产力影响价值之认识不正确的一点上。他在《资本论》第一卷上说，商品的劳动力是不会影响商品的总共价值的，唯有劳动方才能够，可是在《资本论》第三卷上连他自己亦觉事实不能完全如此。因为在事实上凡劳动生产力越进步的生产种类，则其所生产的商品总价值越大，反是越少，这点早被里嘉图看出来了。单因劳动生产力的大小，当其他条件相同时，视机械使用之多少而定，所以里嘉图说，两种不同的生产事业，如果在生产地所投下的劳动分量同，但如所使用的机械的价值不同，则该机械的价值相对的使用得多的生产事业，其所生产之商品总共价值必相对的多。例如今有甲，乙，丙，三人，甲乙使用劳动者百人制造纺织的机械，丙用百人生产谷物，则在第一年之末各有同等的价值,因所投下的劳动是相等的。次年甲乙皆用百人运转机械生产棉织物和衣服,而丙仍用百人生产谷物。其年百人劳动生产的价值,在甲乙虽是一样,但甲乙与丙则不是一样的了。设如甲乙丙三人每人每年支付五千磅,利润率百分之十,那末,在第一年之末,各生产物的价值便当皆为五千五百磅。丙第二年与第一年同样。但甲乙百人的劳动生产物非五千五百磅而为六千零五十磅。因甲乙于本年度投下资本五千磅利润为五百镑,合计五千五百磅。又昨年度的机械五千五百磅于本年度亦要求一成的利润,即五百五十磅共为六千零五十磅。即于甲乙其生产物有同等的价值,于丙以限于固定资本之故,虽投下同等的劳动而生产物的价值则不如甲乙之大。这话明白是说,劳动生产力愈进步的生产事业其商品之总共价值越大。劳动生产力愈进步的生产事业,其商品之总价值既越大了,那末,在这劳动生产力未能谐和进步之时,尚何有同等的劳动创造同等的价值之可言呢? 马克思在建设他的社会劳动价值说的时候,因把这里所述的劳动生产力影响商品的总价值这件事咬定牙关不承认,莫怪他的"同量劳动相交易"的原则能成立。可是到了《资本论》第三卷,当他讨论商品的自然价格或平均利润的时候,他又把这个劳动生产力影响价值总量的这件事实再行放进去,当然他那"同量劳动相交易"的原则,要会与这新事实发生龃龉和冲突了。观此可知,马克思的社会劳动价值说之缺乏一贯的价值完全是由对于劳动与劳动生产力的区别始而固执终而放弃发生出来的。

关于马克思的社会劳动价值说的自相冲突和劳动生产力不影响商品的总价值的关系,如果要替马克思设想的话,还可找出理由来辩护。即马克思在说劳动生产力不影响商品的总价值的时候,乃系假定各生产种类中所有社会劳动生产力相同。意思是说,如果在各生产种类中,其他条件不变,所用不变资本之比例完全一样,则各生产种类所出产之商品总价值不因劳动生产力的进步而变化。这个假定倘能成立,当然马克思的说法是不错的。只因在私有财产制度下,各人的生产力常不一致,而在公有的领土主权的制度下,各国之生产力常不一致。从国内的生产事业来说,大工业,小工业,和农业之劳动生产力是不一致的。从国际的生产事业来说,美国的社会劳动生产力绝不同于英国,又英国的劳动生产力绝不同于印度。正因此故,所以上面说那假定劳动生产力平等的话现在还嫌过早,除非世界共产革命成功了。单因在这劳动生产力不谐和的景况内,凡独占优越劳动生产力之生产业的商品的总价值,纵在供给需要平衡之市,亦会比那些仅有普通劳动生产力之生产业的商品总价值多,并因这种独占的制度随着私有和领土的观念共存在,所以马克思的同等社会劳动创造同等价值,同等价值发生同等价格的学说究竟还是空想的面非事实的。因此他的价值的理论还不能够算是在资本家的生产制度下之一种公例。

上文曾说,决定商品的价格之原因,价值,必须具有两点显而易见的特征:(1)他必须是一切商品所同有之绝对性质的分量;(2)他必须是存在两特定量之互作交换价值的两类商品内中的相等量。马克思所寻出的决定商品价格之原因,社会的劳动,因为对于这两特征均未一具备,所以不能采用。

上面是对马克思的社会劳动价值说的批评,这个批评说马克思所寻出的社会的劳动与商品的价值不是一件事,一则因为商品的价值必须为各商品所同赋有的共通性质的分量;二则因为商品的价值必须为互相交换之两件商品所含有两份相等量。马克思的社会的劳动与上述两个条件不相合,所以不能是价值。这个批评也可应用到斯密士和里嘉图两个的价值学说。二人的劳动价值说,与马克思的社会劳动价值说犯有同样的弱点:即均不指出互相交换之两物确是具有同质的劳动的,并均不能指出在两件互相交换的商品中果是含有两分同质劳动的相等量的,所以这两人的劳动价值说也在被摈斥之列。

二、限界效用价值说的批评

再把塞利格曼和克拉克的社会限界效用来说,他们在理论上所遇着的困难亦不比马克思所遇着的小多少。因为塞利格曼和克拉克曾将物价涨落的原因解为商品之社会的限界效用,或社会的限界费用。考其意思所指,共有两点:(1)甲商品之能与乙商品相比较,系由他们内中含有一种共通性质的分量做标准。这个分量便是社会的限界效用或社会的限界费用。因为社会的限界效用或费用是由社会所决定的,所以必须为买者与卖者共同遵守。(2)甲商品的某一特定量之能把乙商品的某一特定量去作他的交换价值或价格,系由二者内中所含之共通性质的分量,社会的限界效用或社会的限界费用相等。可是,在事实上,当甲商品与乙商品依一定的比率相互交换之际,他们并不能指出在甲乙两商品中,有何可为买者与卖者共同遵守的社会限界效用之存在。他们连这买者与卖者所共同遵守的社会限界效用都不能指出,更说不上什么相等的话了。例如在作者所著《限界效用价值理论派的各家学说》一文中所举之例:五人买一袋米五人卖一袋米其价值决于五元六角。克拉克和塞利格曼虽说这五元六角所表示的社会限界效用便是米一袋所表示的社会限界效用,但他们究指不出在这买者和卖者之间有何对于米与五元六角之共通的社会限界效用的认识。假如说这位在限界丰的购买人是一很富的人,五元六角于他不值什么,牺牲了五元六角仅等于牺牲一个单位的效用。同时他亦有很多袋的米,即令多得一袋的米,亦不过等于多得一单位的满足,那末,他对这一袋米和五元六角的认识,便只等于一单位的限界效用。反之,假令这位限界的贩卖人是一贫苦的农夫,米是他辛苦种来的,于他很有用处。牺牲了一袋米,便等于牺牲了两百单位的效用,但他因为需用五元六角钱不能不以两百单位的效用去交换他,于是他所得的五元六角钱便必等于二百单位的效用了。五元六角和米所表示的限界效用在买者和卖者方面既然缺乏共能的社会的性质,那末,买者和卖者对米和五元六角所估定的限界效用便不可谓社会的限界效用了。然则一袋米和五元六角所表示的社会限界效用是什么呢?是那超于买者和卖者之外的社会自己向米一袋和五元六角所估定的限界效用吗?这当然是一可能的解答。但这亦不恰当。因为所谓社会自已对米一袋和五元六角所估计的限界效用,不外两种对立的解释:第一就是说,社会对米所估计的限界效用等于一切个人的限界效用之总和,可是这种说法是绝对不能成立的。因为,个人的限界效用是各不一致的,怎么可以相加在一道呢? 第二就是说社会对米所估计的限界效用是超于一切个人而存在的限界效用,并为个人所必遵守,那末,因为限界的效用是从财富所有者感觉他的财富的不足,只能用以满足在某个限界以内各种的欲望,迫着他要最先使用某一单位的财富去满足最急切的欲望,最后使用某一单位的财货去满足最不急切的欲望,然后发生出来的。因为这个最不急切的欲望须要财富所有人以其所有总财富中之限界单位去满足,所以由此限界财富所满足的限界的欲望方才称做限界原效用。又因任何一单位财富的效用失掉了,都可以用限界单位的财富之限界效用去填补,然后限界单位之财富的限界效用,始为决定任何单位的限界盗用的标准。但因限界的效用是由限界的劳动所生产的,故限界的劳动亦为测量财富的单位效用的公尺。分析来说,限界效用或限界费用这公尺概由财富所有人,或劳动所有人,以限界劳动或限界费用做根据,对于财富单位行使估价的活动所生出的。如果说上述五元六角和米一袋的限界效用,系社会以全体的资格,对米一袋和五元六角所估定的,那末,这个超于个人而存在的社会,便必须是财产所有者和劳动所有者。因他必须先系财产所有者或劳动所有者,然后我们方才能说,他所估定的限界效用或限界费用确系社会的限界效用或社会的限界费用。并必要这条件成立之后,我们方才能说这社会的限界效用或社会的限界费用决定每一单位的财富的价值,同时决定他们彼此相互交易的数量。可是现在这个时代,除了个人或准个人而外,在大多数的例子里,我们尚还没有任何理想的超于一切个人而存在的第三者,或超于一切个人而存在的财产所有者,或劳动所有者,所以上述第三种说法,即所谓社会对米和五元六角有所估定的限界效用或费用决定商品交换价值的说法亦是不能存立的。社会对米和五元六角所估定的限界效用或费用的假定既然不能存立,同时,买者或卖者对米一袋和五元六角所估定的限界效用或费用又皆不为对方所遵守。那末,克拉克和塞利格曼所谓货物的价值决于该物所含有社会的限界效用或社会的限界费用的讲话,便是一种空想的而非事实的了。由此可知,克拉克和塞利格曼的价值的学说一概不能成立。

正因克拉克和塞利格曼的社会价值的学说不是建筑在一种合理的和明显的社会事实上,所以他们的学说便有许多地方不能解释。例如现在社会上的许多商品,如果把他们在生产时所投的费用折合成为社会上平均个人的劳动费用单位,那末,他们的费用单位也许微小。但如果把他们在市场上所交换得来的商品的费用,折合成为社会上平均个人之劳动费用单位,则又显系多数,二者全不一致。即含有社会上平均个人在生产时所投下的极少的财货反有极大的交易价值,而与他们的见解不相合。即克拉克也肯承认这点是事实,因此他说:"生产人的财富不同,可使定量商品的各种供给单位的费用相差异,不尽能与市场价值相一致"。[①] 这点足以表示社会的费用不是决定商品价值大小的因数。塞利格曼因看清楚了这个弱点,他亦在讨论商品的价值的时候,将商品分为两类:一,普通的;二,独占的。在这两类商品之中,他以为普通商品的价格的涨落是与他的限界费用的涨落相合的。只有独占商品的"限界费用与他的价格无关系"。[②] 由此可知,他的价值的学说在独占商品的场合上是不真实的。克拉克虽然夸耀他自己的价值学说,即对独占商品的价格亦能给以合理的解释,可是他这夸大的豪语,经我们仔细考察的结果,毕竟是不确了。这足表示连克拉克的社会价值的理论亦遇着独占商品而失败。这里我们所当注意的,就是克拉克和塞利格曼的这种理解的失败,如发生在各商品生产人的资本相差不远的社会内,尚觉不关重要,因为此时由独占资本而来的商品之独占的性质必是小到可以忽略。单因这失败系发生在商品生产人的资本相差很远的社会中,此时由生产人所独占之资本而来之商品独占的性质业已多至不可胜数,当然关系便太大了。任一价值的学说如果不能说明此种商品价格的决定原因,他们既然在商品内占大多数,便必无成立的道理。究竟克拉克的社会限界效用说或社会限界费用说,对于独占商品的性质是如何解释的呢?他那解释何以与他的夸大的豪语不合呢?为讨论这两问题想见,兹再引克拉克那段有名的话于后:

> 生产货物的人在生产货物的时候所担负的劳动与该货物的市场价值没有一定的关系。有名的律师,艺术家,或商业的经理,一点钟的工作可以获得司机的火夫,缝纫的妇女,或碎石的工人的一个月的工作所得的那么多。这里或那里都有一些贫穷的俘虏,将生命作为制造生产品的材料,但在他们所制造生产品中,以一车之量只够买一歌女的一首歌。无论什么时候,如有特殊的各人的能力或地位足以使生产人得到一种独占的便宜,费用与价值便相乖离,只要所谓费用是指的生产人的费用,价值是指的在市场上的价值。试以维持电话的工作所费劳动之少和对于电话的使用所要求的租价之高相比较,但可知其大概。可是我们的原则在独占的商品里和非独占的商品里都有效力;他们都是按照获得他们所费的最后的社会劳动的反效用而出售。

"他们都是按照获得他们所费的最后社会劳动的反效用而出售",很显然的犯了循环论证的毛病。原来克拉克的社会限界费用价值说乃在解明一物的价格的大小决于他所含有社会限界劳动的大小。又两物之所以能相交易,乃系于他俩所含的社会限界劳动的大小相等。如果这话能够成立,那末,当着两物相互交易之时,克拉克便必须能以事实去说明所谓(1)社会的限界劳动在现实生活上是什么,(2)于此两物之中所含之两份社会劳动量又是什么。将此两份社会劳动量找出之

---

① Clark, *Distribution of Wealth*, p. 392.
② Seligman, *Principles of Economics*, p. 258.

后,克拉克乃能说他两个是否相等的话。如果说连此社会的限界的劳动在现实生活上的意义和那两份社会的限界的劳动也都无法能知道,又怎能说他俩能相等呢?克拉克在解释独占商品的货币价值的时候,在一方面既未指出在该独占商品之中所费之社会限界劳动在现实生活上的具体的性质,但只说是社会的限界劳动便是鲁滨孙的限界劳动的放大;在他方面亦未在那互相交换之物量中指出那两分所谓社会的限界劳动是什么?他只断然的说,在那互相交换之两物量中所赋有的社会限界的劳动是相等的,当然不能使人心服。追究他说这话的根据,全建筑在他所用的循环论证法的上面,即由甲以证乙,转由乙以证甲。因他先假定任一商品所代表的劳动都含得有社会的限界劳动量了。可是这个成份是若干呢?他却不去管他,这便表示在任一商品之中所含社会的限界劳动量的成份确系一种未知数。末后,他再立出一假定,即凡与此一商品相交换的商品其所含之社会的限界劳动量一定与此商品内中所含社会劳动量的成份相等,他原是用这种方法将这第二件商品的社会限界劳动量确定,可是在第一件商品之中所含社会限界劳动的成份究竟是若干呢?我们上文说过本为一件未知数。但他确不愿说他系一件未知数,因他假定在第一件商品内中所含之社会劳动量系等于第二件商品内中所含之社会劳动量。如果将上面的话换成克拉克他自己所说的话,就是第一件商品的价值是按照获得他的第二件商品所费的最后社会劳动的反效用出售,第二件商品的价值系按照获得他的第一件商品所费的最后社会劳动的反效用而决。克拉克如此这般的枉费了许多精力证来证去,结果终于找不出在第一第二两个商品之中所含之两份社会限界劳动量究竟是什么样的分量?皆因克拉克对于独占商品的解释是用循环论证的方法得来的,不能叫人不怀疑他的真确性,所以上文方才说是克拉克的社会限界费用的学说不足以解释独占商品的价格。克拉克的学说既不能解释带有相对的独占性质之商品的价格,同时带有相对的独占性质的商品,因为生产人之资本不一致,到处充斥于市场,所以克拉克的社会限界费用价值的学说必是自相矛盾的。

综括我们对于克拉克和塞利格曼的社会限界效用价值说的总批评是:他们不能比较马克思的价值学说更进步。因为他们所寻出来的社会的限界的效用和社会的限界的费用,正如马克思所寻出来的社会劳动的性质一样,均不与商品之真正的价值相合。因为商品的真正的价值乃是具有一定的特征:(1)他必须是各商品所同赋有的共通性质的分量,(2)他必须是互相交换之两商品中所含的两份相等量。克拉克和塞利格曼所寻出的社会的限界的劳动或社会的限界的效用,均未具备上述二条件,所以他们的价值学说亦如马克思的价值学说,是为事实所不许的。

在他方面,扁宝威尔因为坚信在这人各自私自利的社会内没有一人对物所估定的价值具有一种为人人的公认的共同的性质,因此他的价值的学说便不敢说在这交换价值的背后有何决定他的绝对价值的要素,如社会的限界效用或社会的限界费用之类。因此他说:

买者对于他们的估价所定的数字不是一件简单的事情。用以表示估价的数字从不简单的表示商品对于估价人的绝对的主观价值量。他仅表示两种不同的估价的相互之间的关系,即商品的估价和相等价格的估价(equivalent price)之间的关系。我们说 A 估定一只马的价值为三十元,这并不足以证明马于 A 的幸福上的绝对重要的程度。所有他的意义只有表明马对 A 的价值和钱对 A 的价值的相互关系。他只是说 A 认马的价值大于一块钱的三十倍。

即商品的交换价值不必要以一切商品所固有的共通性质为标准。只是扁宝威尔的限界效用价值的理论亦同犯了循环论证的毛病。例如他在他的《资本正论》的第四章限界效用上说,"价值受限界效用决定"。这话明明白白的说限界效用的决定价值的因子。可是在同书的第八章主观的交换价值上又说,"有组织的交易几给每一货物以第二种价值。这种价值是他那购买其他的直接影响人类幸福的货物的力量,而所发出的对于人类幸福的间接的重要程度。如果这个间接重要程度比较他的直接的重要程度高,那末,这个货物的价值便由他的间接的重要程度决定,即由他所购买的货物的限界效用决定,不由他自己的限界效用决定"。这就是说,主观的限界效用不是决定该物的价值的因数,唯主观的交换价值即他所得交换的货物的限界效用乃为决定他的价值的因数。这无异说,甲物的价值等于他所购买的乙物,乙物的价值等于他所购买的丙物,丙物的价值等于他所购买的甲物。由是说了一大遍,还是离不脱甲物的价值等于甲物的价值这句话。究竟甲物的价值为什么等于乙物,丙物,或其他呢? 是不是由于在这丙物里面有什么共通的第三种东西呢? 扁宝威尔因为受了个人主义的影响,没有在这一方面用过力,所以他们答复这问题说,没有,实则并不是没有而是他们没有去找。这点我们只要去看克拉克在后面所说的两段话便知道了。

社会里现实的财货包含着许多异质的货物。如果他们常被相加在一起,那便必是因为他们含有一个共通的要素,而且这个共通的要素又必是绝对可以量计的,不同的物体能够被人把来上秤,又他们全部的重量亦能被人表为总数,实因他们都向地球中心倾落,并对一切抗拒他们的东西发出某种的力量。因此重量的单位能够被人接连用到许多不同的物体上,以图量出他们含有的那一共同的要素。同样的道理在这社会财货的账目中一切异质的货物均有一个共通的要素。在每一商品内都有某种可以量计的力量。

财货的数目照例用货币来表示:所以我们说某人"值一百万元"(worth a million dollars)。但这不尽是说他能将他所有的东西卖成我们的厚大银币一百万元的意思。在这些把货币作为价值标准的人的心目中这观念是指含在货币里的力量,他们将购买货物,他们将要叫人作工。在每一货币里均有影响人类幸福之力量的某种数。在本说明里的这位富人掌有这类的力量,而且这力量如含在一元货币里的这力量一百万倍大。这些作通俗的谈话根据的直觉比较经济的分析更切近于绝对的真实。他们辨出一种物高于人的力量,执着那力量的一种有用的单位,将他用在各种不同的财货上,并将测得的重量表为一个总数。

异质的财富既然可用货币来表示,又可相加在一起,我们如何能说在某一货币价值的底下的甲乙丙丁各物不等于第三种东西呢?扁宝威尔说他没有,当然是因他没有去找,反之,斯密士、里嘉图、马克思、克拉克和塞利格曼虽然各找到了一个,如斯密士、里嘉图所谓的生产劳动,马克思所谓社会的劳动,克拉克和塞利格曼所谓社会的限界效用或费用,然因在相互交易各定量的商品中,所投下的劳动,社会劳动,或社会的限界费用,均无法证明他们是相等的,甚至他们自己亦承认在独占商品的一定量和与他相交换的非独占商品的一定量中,所投下的劳动和费用不相等:由此可知真正的决定商品价格的因子,尚须有待于未来的学者去寻找。

(《社会科学杂志》,1932 年 5 卷 3 期)

罗马尼亚的土地革命和效果

一、土地革命的本质

罗马尼亚的土地革命的目的,在打破大田产制度,而代之以"耕者有其田"的制度。这次革命的爆发,可以说根本是由大田产制度一个要素促成的。故欲明了这次革命爆发的原因,须先研究罗马尼亚的大田产制度。

二、大田产制度的形成

罗马尼亚的大田产制度的确立,完全是由上层阶级(judeti)利用他们在政治上的权力,侵占村落公有的土地和农民的耕地的结果。依据 Mitrany 的研究,罗马尼亚的土地在中世纪时悉为村落公有。当时的村落首领(judet)与村民,对于村有的土地,同具自然使用的权利。村民对于村落首领的义务只是缴纳十分之一的产物和干草,每年服劳役三日。再则磨粉和出售烈性烧酒,均为村落首领的特权,村民不得自由经营。至于享受的权利便是领耕一部分村有的可耕的土地及自由使用村有的草地,林地和牧场。在这种村落共有土地的状态下,土地私有制度尚未发达,当然大田产制度无由成立。自从上层阶级保障他们的侵占土地的特权;同时更限制农民接近土地的权利;因此 1830 年 Moldavia 和 Muntenia 的《组织法》(The Organic Statutes)便成了实现这目的的方法。

先把 Moldavia 的《组织法》来说,这一部《组织法》内,关于地主阶级侵占公有土地的法律的保障,有四种规定:(一)追认地主阶级已经得到的三分之一的土地,并且附上一种特别的保障,即在地狭民稠的村落内,纵令农民的三分之二的土地,按照现行的计口授田的制度,不够农民的分配,地主亦有保留三分之一的权利。(二)在地广人稀的村落内,在农民所应享用的三分之二的土地中,如经计口授田之后,尚有部份的剩余的土地,这种土地虽然可以重新划归人民所有,但在法律上,地主亦无重新授田的责任。同时每一农户应领之田,较之 1805 年又被削减了一半。简言之,即地主阶级所得侵占的土地,在事实上又有增加。(三)增加农民向地主所贡献的劳役的分量。本来罗马尼亚的农民,在中古时代,只向村落首领每年报效三日的劳动,在十八世纪改为十二日。1830 年的《组织法》对于劳动义务虽仍定为十二日,但这十二日内的工作节目均经规定,每日所定劳动的分量远较普通所做的工作为多。因此,名为十二日的劳动,农民所受的损失绝不止此。计有牛四头的农户每年在实际上,约须支出劳动五十六日,有牛三头的农户须支出五十八日,没有牛的农户须支出六十日。(四)创立变相的农奴的制度。即农民不得自由移住,除非履行下列的条件,即凡农民拟在七年行政时期之末,始行移住者,须于上年向地主和财政部提出预告,并预缴一年的什一税的国税。倘有急欲离村的农民,不待七年行政期满便须移出者,尚须将这七年所应缴纳的税税一律清付,并须向地主预付全年所应报效的劳役的价值。此与曩昔农奴不得自由离开土地的条件,在实际效果上,几乎没有差异。除这条规定外,尚有所谓"自愿的仆人"的办法。即地主阶级可以征募百分之十以至百分之二十的村民充任家庭的仆役。为奖励这种"自愿的仆人"起见,国家特别对于他们免税。除了上述四点之外,农民使用林地的权利,也被一笔钩消了。这些都是 Moldavia 的《组织法》中的要点。

Muntenia 的《组织法》的内容,大约与 Moldavia 的相同。但在侵占农民的土地的一点上,却比 Moldavia 的更厉害,因在 Moldavia 的立法上,尚有农民所应分离的土地,须占村有的土地的三分之二的规定,而在 Muntenia 的立法里,却并此规定亦无之。又每一农户所应领耕之地,在 Moldavia 本来就被减削了一半,但 Muntenia 却比 Moldavia 的农户所得尤少。Muntenia 广阔的平原,向来是很著名的。可是,Muntenia 的立法内,对于农民所应领取的那一份,反比 Moldavia 削减的更厉害。这种办法,除了说他是为拥护地主阶级侵占土地的权利外,别无解释。总之,这次由 Moldavia 和 Muntenia 的贵族和僧侣所手定的《组织法》,完全只在保障他们自己的阶级侵占农民阶级的高价土地的利益。

正因 Moldavia 和 Muntenia 的《组织法》保护地主阶级的掠夺的利益,所以,自从这种《组织法》生效之后,地主阶级所手创之大田产制度便算成功。后来这个制度虽然经过 1864 年的大改革和 1864—1899 年的土地政策的修改,但皆没有什么显著的成效。不但没有什么显著的成效,反而助长了大田产制度的发展。此中最大的原因,即缘这几次的土地的改革,都缺乏农民阶级的组织的势力作后盾,概由少数的人道主义者去发动,因而惨遭地主阶级的暗算。

1864 年的土地改革,便是遭了地主阶级的暗算的。当罗马尼亚第一任的选王 Cuza 决行土地改革的时候,实具有一种大仁大勇的精神。他为了击破地主阶级的反动的战线计,不惜排斥众议,解散议会,但结果还是被地主阶级败坏了。为什么呢?因为这次改革的第一点贡献,虽曾在村有的三分之二的土地中和在国有的土地中,实行授田于没有土地而有劳役的 Clacasi[①] 的阶级,但这不但没有损伤大地主的大田产,而且反把在村有的三分之二中,未分配尽的剩余的部份无条件的送给地主阶级去了。又他的第二点贡献,虽曾在名义上取消了地主阶级对于农民阶级的

---

① Clacasi 系没有土地的自由人,但为取得土地起见,须向地主尽劳动的义务。

各种苛索,可是,因为农民阶级中每一农户所分配的土地太少了,不够养活他们的妻女。于是,为了租进补充的土地起见,他们却不得不与地主阶级重新结约,结果,所胪列的条件直比未改革前的状态更厉害。因在罗马尼亚的粗放耕种的状态下,依据 M. Garoflid 的研究,农民如果少了五海克特(hectare)的土地便绝对不能维持一个家庭的生活。可是这种最低限度的耕地的面积,不特在十九世纪未能达到,即在欧洲大战的开始,平均每一农户所有的田产亦距此标准尚远。在这一种极度贫乏的状态下,徒有纸上的人格自由作保障,当然无用。最不幸的,就是这点纸上的人格自由的取得,农民曾将价值十年力役的公债送给地主作赔偿。这一次的土地改革的效力,确是不免南辕而北辙。单凭这一个例,即可知道,在大田产制度确立后,对于这种制度的改革,徒恃少数人道主义者的努力,终究是敌不过地主阶级的阴谋和暗算的。

再把 1864—1899 年的土地政策来说。在这一个阶段内,政府确是不断的出卖国有土地于农户。在这三十五年之中,政府正式出卖国有土地共有六次。即 1866 年,1868 年,1876 年,1886 年,1889 年及 1899 年,但这六次出卖的结果,仍不能解决农民的耕地的缺乏。因为上文曾说,依据 M. Garoflid 的研究[1],农民少了五海克特的耕地是绝对不能维持全家的生活的。可是,在这三十五年中,连 1864 年一并计算在内,买入或受领土地的农民只有 629 583 人,共得土地 2 572 579 海克特,平均得 4 海克特,何况此时又有 164 942 海克特的土地被大地主收买去了。由此可见罗马尼亚的大田产制度,自从地主阶级执掌政权以后,虽有 1864 年的改革,和 1864—1899 年的国有土地的出卖,结果终不曾阻止他的发展。

三、在大田产制度下农民的困苦和反抗

罗马尼亚的农民,在大田产制度下,备受困苦。依据 1866 年的农业契约法,农民的状态简直与农奴没有什么差别。这部法规所包含的要点有三:(一)地主对于农民的借款,地租和借出的物品都可折合为劳动义务支付。(二)劳动契约的有效期问虽不能延长过五年,但如有一劳动者违反契约,其他劳动者须共同负责任。(三)农民不履行义务时,由行政机关强制捉捕执行。这三要点表示强迫农民劳动,可以说是一种变相的农奴制度。

至于罗马尼亚的农民,在这种契约的农奴制度之下,对于大地主阶级所供给之劳动的役务,说来更是可怕,试观 1882 年这个新的农业契约法,禁止农民与人缔结在情理上为其自身与家族所不能给出的劳动分量之条约,便可看出,在 1882 年以前,罗马尼亚的农民,因受地主的压迫,其所出卖的劳动的分量,在实际上确有为情

---

① M. Garoflid, *Chestia Agrara in Romania*, Bucarest, 1920;见于 D. Mitrany, *The Land and the Peasant in Romania*, Chap. IV, p. 72.

理所不许可的了。此外,这个契约又规定农民在一星期之内,须保留星期五星期六两日来做自己的工作,于此更可看出,在 1882 年前,罗马尼亚的农民在一星期之内,为耕种自己的田地普通连两日都得不到。回忆在土耳其王的统治下,地主阶级的手段虽毒辣,但贫农在实际上每年最多尚只向地主贡献 60 日的劳动,可是自 1866 年起,在一星期里,普通连两日都不能保留了。尤可注意的,即罗马尼亚的农民,在替地主耕种土地的时候,尚须自带工具,即地主对于农业生产品,除了坐享其成外,连生产的资本都无须供给。最奇怪的一件事,就是全欧洲的国家,在 1875 年至 1890 年之间,因为恐慌发生,谷物暴跌,所有土地无不跌价。可是,罗马尼亚的土地,因有农民的低廉的劳动和耕具作代价,地租反而增加了一倍。而同一时期内,政府却常因贫民的饥馑,每隔数年,须加赈济。单凭这些简单的例子,即可看出,罗马尼亚的农民,在大地主阶级的压迫下,确是没有休息,自由和饱食的机会了。关于此点,G. Jonescu-Sisesti 有一段话:

> 农民和地主间的关系变得极复杂,而且发展了许多奇怪的制度。举例来说,第一,农民因需要常不得不向地主贷款,作为他的夏季工资的预支,于是他便成了地主的奴隶。第二,当农民没有现款来付地租的时候,地主便向他勒索最高的利率。第三,如果农民用劳动来支付地租,地租便算得很高,工资算得很低。第四,当地主用分摊作物的方法出租土地的时候,他不但要靠契约取得作物的一半或三分之一,而且这位农民还须在地主的其他的土地上作若干工作。第五,农民常因地主的允诺,得着去耕种一块土地并取得其作物的权利,但同时他须为地主耕种同等大的土地的面积。在这些情境之下,农民的土地总是不足,地主的总是过大。在所有情境之下,农民都须先把地主的工作做完,然后始能以余力耕种他自己的土地。如果农民对于地主的定的工作拒绝履行,便如国家征兵一样,强制执行,或罚他不许用公路搬运作物到市场出售,这些公路又常是附近唯一之路。在其他的情境内,农民常被禁止在地主田产的小路上走。若农民对于这些条件起怨恨时,地主便立从俄罗斯,保加利亚和塞尔维亚雇入劳动者,直到农民迫于饥饿屈服条件为上。牧场和水源都在地主的手里。农民除非向地主支付金钱及劳动,不许到牧场放牲畜。[①]

这一段话,可算将 1864 年后和 1917 年以前的农民困苦情形完全描写出来。

以上所说的系旧罗马尼亚王国的情形。战后罗马尼亚新加入三省,即从俄国解放出来的比萨拉比亚(Bessarabia),和从奥匈帝国脱离出来的德兰斯斐尼亚(Transylvania)及步可芬纳(Bukovina)两州,各该省农民所处的境遇,亦与旧罗马尼亚王国农民相伯仲,不必多说。

我们看了上述罗马尼亚农民的生活状态,便可明白这种大田产制度必定不能

---

① Lous G. Michael, *Agricultural Survey of Europe*, pp. 20—21.

持久。罗马尼亚的农民,在欧洲大战以前,曾发生过三次猛烈的革命。1821 年,上层阶级取得把持和侵占村有的土地的权利以后,Tudor Vladimirescu 便起而促动农民的革命。他对农民的宣言说:

> 没有法律可以阻止你们以罪恶报罪恶的行为。如有毒蛇在你面前过,你便将他打死,因为假如你被他咬了,你的生命便感危险。可是这些凶蟒呀——我们的宗教和政治的首领——曾将我们的权利吞噬了,我们还要让他们来吮吸我们的血吗? 我们还要去给他们当奴隶吗?

观此可知,这次的革命完全是在反对上层阶级的压迫。1888—1889 年他们又因不堪地主阶级的农业契约法规的虐待,起而发动第二次的革命。这次革命的性质只是攻击经营大田产的细农,而不攻击自己耕种的地主。革命的爆发地只在京城附近地多人少的区域。革命的目的很明显的是在打破农业契约的制度。1907 年 Moldavia 北部的农民,听说俄罗斯的农民已经革命(1905)成功了,于是他们也发动第三次的革命。当这革命爆发的开始,地主阶级极为惊骇,甚至有人主张,去请求奥地利亚派兵来援助。但结果终于被第二军团打平了。据说,这次农民被惨杀的共十万人,但确数已不可考。

总之,上述三次农民革命的旨趣,要在恢复他们固有的自由使用的权利,但都归于失败。罗马尼亚的农民,在未达到目的以前,并不肯终止革命的进行。恰好欧战给他们一个机会。欧战发生之第三年(1916),罗马尼亚正式对德宣战,农民取得了战争所必须的组织的势力和武器。1917 年的春间,俄罗斯内部的赤色革命的运动,节节进步,而旧俄帝国的军队却还留在 Moldavia 的最前线,与罗马尼亚共同抵御奥方面的军队。因为俄罗斯的军队大部份是由农民组织的,所以当着俄国三月革命成功的消息到达时,他们立即起而宣传停战,响应革命,加紧组织苏维埃和讨论土地分配的问题。当然这些消息,罗马尼亚的军民听了,非常兴奋。他们又看见了俄罗斯的军队,纷纷解甲归农,夺取土地,当然更受刺激,俄罗斯的共产党又在 Jassy 城里举行赤色示威的游行,捣毁当地的监狱,释放 Rakowsky 和其他的共产党,此外更拟有所举动。适当此时,罗马尼亚王 Ferdinand 的土地改革宣言发表出来了。

四、土地革命的内容

上述罗马尼亚的土地革命的经过,现在分析此次革命的内容和效力。

一个立宪政体的国家,如欲对于私有财产制度作和平的改革,他的重要的工作便是修改这个保护私产制度的宪法。1917 年 7 月 20 日罗马尼亚的议会,当对外战争正感紧迫的时候,便修改了宪法第 19 条关于财产神圣的规定:罗马尼亚政府,为国家的公益,须增加农民的土地的面积,同时收用现存的耕地的一部份。被收用的主体包含政府,土地银行,公共团体(郡,村,基金会,教学,大学,学校,医院……),外国人和不到场的地主,此外尚须从私人方面收用 2 000 000 海克特的耕地。但私人耕地在 100 海克特以内者除外,100 海克特以上的,按照一个渐增的比例从事收用。10 000 海克特以上的减为 500。山地也须收用作为村有的牧场。此外,并规定在六个月内须将这种土地改革的方案施行。但结果因为对外战争的败北和 Marghiloman 内阁的成立,便把这个预定的计划搁置了。1918 年 11 月 12 日罗马尼亚王又发表宣言说:政府对于宪法的改革是要实行的。于是在 12 月 15 日,立法院乃颁布实行土地改革的法令。

在这个法令中,旧罗马尼亚对于土地改革的经济的方面,订有两项规定:(一)在收用土地时须考虑田产的经济的条件,而且这份被收用的土地和没有被收用的那一份土地,都须尽力把他并合在一处,(二)在这已被收用的土地之中,国家可以提出一部份,作为发展公益之用。

关于被收用的土地的来源,依据这次法律的规定,凡属国家,土地银行,慈善机关,公私团体,外国人和不到场的地主的土地,都要全部收用。财产标准以 1916 年的所有状态为准但住在外国的地主,曾在最近五年内,缴了复土地税(double land tax)的,不在不到场的地主之列。私人方面,被收用的土地面积总数,以达到 2 000 000 海克特的耕地为限。但所谓耕地的意义系采广义的解释,即凡宜于播种的土地都算耕地。因此便连草原和牧场之宜于耕种都包括在内。关于收用耕地的详细办法,凡田产面积未超过 100 海克特者除外,100 海克特以上的田产概按累进率收用,即 110 海克特者除收用之外只许保留 109 海克特,120 海克特者只许保留 117.2 海克特,130 海克特者只许保留 124.9 海克特,140 海克特者只许保留 132 海克特,依次类推,直到 10 000 海克特和 10 000 海克特以上者一律只许保留 500 海克特为止。可注意的,即这一种收用的办法系以田产的单位为标准,而不以田产所有者的田产总面积为标准。因此一人而兼有几处田产者,便可在每一田产内,保留 100—500 海克特的面积,而且这几处被保留的土地的面积,倘在垦殖的区域内,尚可采用化零为整的办法,将他合并在一处。反之,那些只有一份田产的大地主,他的田产虽大,结果只有保留 500 海克特的面积。这个办法对于他们实是不公平的。

旧罗马尼亚在 1918 年 12 月 15 日的土地收用的法令施行后,其在私人的地产方面,按照上述的收用的规则并未收用到其的预期的 2 000 000 海克特的面积,只收用了 1 512 668 海克特,为补足这项缺额计,在 1921 年 12 月 14 日又新颁布了一条收用土地的法令。将从前的许多缺点都改正了。(一)因为上次的法令,对于被收用的田产系以各田产单位的面积作标准,而非以地主所有的田产总面积作标准,致有上述不公平的结果,这里却将他改正过来了。(二)这次的新法令特别加重经济的考虑。即对于挟有巨额的资本,而躬身经营农田的地主,许其一方面按照所处地域的性质之不同——平原,山地或丘陵地,他方面按照当地农民需要土地的缓急,得保留较多的土地,如 100,200,300 至 500 海克特不等,但对于没有适当的资本的地主,则在相同的情境下,只许保留 100,150,200 或 250 海克特的土地。如此可以保留合理的农场。(三)这次新公布的法令又特采用一种社会的标准。即规定在山地和丘陵地的区域里,因为农民要求土地较多,也就收用较多的土地;至于在平原,因为农民要求土地较少,所以了只收用较少的土地。因为上届收用土地的法令,缺乏这样的规定,以致在某几区域内,被收用的土地过多而农民的耕种能力较少,结果竟把许多田地都荒废了。又如在丘陵地的地主愿意将他那里的田产由政府全部收用,那末,他尚可在垦殖区域里,取得一倍半的土地的面积,以为酬报。(四)采用逐渐收用的观念。即对于属于地主所有的或未被收用的部份,须立时确定其界限。至其余的部份,即被收用的部份,假如可以立即划给农民,亦须立即举行移转的手续,但如在被收用的土地中,尚有剩余的土地,则可以三年为期。租给原主。(五)此外又推广了被收用的目的物。按照规定,凡在 1916 年 8 月 15 日以后卖出的土地,除非是在 1921 年 1 月 1 日以前卖给农民合作社,民众银行或农民个人,而且是在 10 亩以内,一律无效。(六)这次法律坚持外国人和不到场的地主的土地必须全部收用,但对外国人特别加以差别的待遇,即凡外国人所有的那份免予收用的部份,如房屋,花园,果园,葡萄园,林地和工业所有地,须自本法公布之日起,三年之内,完全出卖。可是这种规定对于罗马尼亚本国的不到场地主并不适用。上述这六点新规定,都是 1921 年的土地收用法与 1918 年的不同的所在。

以上所说的是旧罗马尼亚王国本部的土地的改革。以下须略涉及其他三部份的土地的革命。这三部份包含比萨拉比亚,德兰斯斐尼亚和步可芬纳。

比萨拉比亚的土地的革命,是由 1918 年 11 月 27 日该地独立的议会所通过的法案实行的。这个法令特别注意经济的方面。因他不但规定了要设许多指导生产和刺激生产的机关,而且把划给他们的土地的面积都规定出来了,至关于免予收用的最高限度的土地的面积,比较旧罗马尼亚王国的法令更为激烈,即凡在 100 海克特以上的地产,全部收用,而且对于几人共有的地产亦只当作一个人的地产处理。又凡在五年之内继续租赁的地产和不适宜于耕种的水道和土地都须全部收用。此外,外国人到 1919 年 1 月 1 日尚未取得罗马尼亚国民资格者其地产全部亦被收用。此外则与旧罗马尼亚王国的办法大体是一样的。这个法令,自比萨拉比亚与旧罗马尼亚王国合并后,曾由国会批准并于 1920 年 3 月 11 日颁布施行。

德兰斯斐尼亚的土地的改革,自始便是由罗马尼亚 1919 年 9 月 10 日的法律施行的。这个法律,对于经济方面的考虑,比旧罗马尼亚和比萨拉比亚还更周到。按照规定,收田和授田都须以渐进的方法实行,不似比萨拉比亚和旧罗马尼亚第一次的法令立刻须从地主手中取出被收用的部份。这个法律规定全部收用下列的土地:(1)外国人的土地,(2)公私团体(其总部不在罗马尼亚境内者)所有的土地,(3)在科学上有特殊兴味的土地,(4)疯狂院的土地,(5)在 1914 年 7 月 31 日后让渡于人,但此人直至此时尚未从事稼穑而又超过 11.5 海克特的土地。此外尚有三种土地亦可全部收用:(1)在 1917 年 11 月 1 日后,依照前匈牙利政府限制不动产移转的法令,被让渡到现行地主手中的土地,(2)公私团体所有的土地,纵令他们的总部是在大罗马尼亚原领域内,除非这些土地是直接为了科学,艺术,教育,卫生,慈善,或国民经济的目的而设,也要没收,(3)任何地产之继续出租12年者,惟在乡村里的不满37.26海克特,或在城市里不满5.75海克特的土地除外。此外地产的收用,则按照各地土地需要严重的情形,或以115.10海克特为保留额,或以27.87海克特为保留额。

不过德兰斯斐尼亚的土地收用乃是由1921年7月30日的法律确定的。这个法令指定:(1)收用超过27.87海克特而又属于不在本国居住的地主的农场,(2)租期在10年以上,并其面积超过17.26的农场,(3)在1921年5月1日尚在出租的农场,但在山地和丘陵地的27.55海克特和在平地的57.55除外。对于其他的地产,免予没收的部份在山地以27.87除外。对于其他的地产,免予没收的部份在山地以27.87海克特为最高限,在平地以278.75海克特为最高限。惟在供不应求之际,这个最高限的面积尚可缩减到5.57海克特。

步可芬纳的土地的改革亦是由罗马尼亚的议会以1919年9月7日所公布的法律施行的。可是1921年7月30日的法律,又将他重新厘定一番。这两次的法律,除了关于经济方面,与旧罗马尼亚王国的规定完全相同外,并指定全部收用(1)外国人的土地,(2)公私团体的土地(公共团体附有限制),(3)不到场地主(指不住在大罗马尼亚区域内的地主)的土地,(4)丧失国民权利的个人的土地,(5)在1919年前继续出租了9年的土地。在他方面,规定收用教会土地的一部份,最多只留12海克特的面积,私人在农村里所有的土地最多只留250海克特。郡有的土地,除了必须留出一部份来供给农村做草原及其他的目的外,全部没收。又凡被没收的森林和不宜于耕种的土地一律属于国家所有。

最后一点要补充的,就是,在上述这四区域内,对于私人所有的葡萄园,果园,房屋,花园和共有的草场都是不在没收之列。

以上已经叙述了罗马尼亚土地收用法的大概,目前尚须说明的,为:(一)移交土地的程序,(二)重新授田的方法,(三)地价赔偿的手续,(四)村立牧场的创设,(五)农民财产的保障:凡此都是研究收用法的人所急须知道的事。

(一)移交土地的程序罗马尼亚的土地收用法,既然是在赤色恐怖的紧急状态中通过施行的,那末,这些被收用的地产便非立即移入农民手中不可了。因为在这千钧一发的时候,假令政府偶有斯须的延误,至于引起农民的误会,将来万一发生了激烈的革命,结果便辜负了政府决行法律改革的目的。为抓住这个紧急的时机计,旧罗马尼亚王国自1918年12月颁布没收土地的法令后,立即决定在1919年春季先将土地让与农民享用。首先一步,便将这个收用土地的工作全部交给合作与土地分配总办事处(The Central Office for Co-operation and Land Distribution)。这个机关,在农业部的指导下,负有成立农民会社(Peasant Associations)来接收土地和从事耕种的责任。但如农民已有这种组织(例如农业合作社)则将这项土地交给他们处理。旧罗马尼亚王国所没收的土地就是用这种方法迅速交会农民的。

待农民已经有了土地耕种,始由区委员会(Local Commission)和县委员会(County Commission)去做测量土地,划分疆界和估计价值的工作。在这两种委员会中,都有地主,农民和政府或总办事处的代表。此外,尚有地方委员会(Regional Commissions)来负司法的责任。地方委员会由一法官做主席,其余则为总办事处的上级农业委员会(Superior Agricultural Council),地主及农民的代表。除了地价一项而外,这些委员会对于案件的裁断均为最后的决定。关于地价的裁判,当事人如有不服,尽可到高等法院(The Court of Appeal)去上诉。判决案交由总办事处的行政官执行。

比萨拉比亚,自从 1917 年 7 月起,农民便在开始夺取土地了,到了 1917 年末,大田产已有 2/3 被夺取。1918 年的土地收用法只在承认农民夺获的土地。关于这个法律的执行,完全由一特别独立的国立机关,名叫我们的事务所(Casa Noastra)在农业部的监督之下,全权办理。

德兰斯斐尼亚的土地收用法的执行,系由土地改革高等委员会(Higher Council for Land Reform)负责。凡关于一切收用土地的争执,通由这个委员会最后决定。此外又特创设一个银行来处理在改革中的金融的问题。

步可芬纳的土地收用法系交由一个私立的地方银行(Regional Bank)负责招待。凡关于技术和金融方面的事,通由这个银行处置。他相当于旧罗马尼亚总办事处。其下设有许多区委员会和县委员会的组织,政府只负监督的责任。

可是在这三个区域内,关于被收用的土地的移交农民的手续,都是采迅速的处置。不以旧罗马尼亚王国先行交给农民的团体,再由这个团体出租土地于农民,他们对于被没收的土地准许农民有临时使用的权利,只是正式的所有权的让渡,留待后日举办。这就是说,这些实行收用土地的中央执行机关,方在没收土地之际,便由他的下级干部以租佃的方式分给农民使用了。从此可以看出,当时罗马尼亚各区域,因欲避免赤色革命的爆发,对于收用土地的法律,乃是实行得很快的。

(二)重新授田的办法罗马尼亚的各区域,在一方面,实行临时移交被收用的土地于农民,在他方面,便赶急去做量地,列地和授田的工作。他们为了确定授田的标准计,曾将农户分为两种,其一即是完全没有土地须要领用全份土地的农户,其二即是已有一点土地,但却不够生活,因此须要领用补充土地的农户。他们首先定出两种农田授受的最高额,即:(1)在人口稠密的区域农田授受的最高额,(2)在垦殖区域的农田授受的最高额。旧罗马尼亚王国将前者规定为 5 海克特,比萨拉比亚规定为 6—8 海克特,步可芬纳规定为 4 海克特,德兰斯斐尼亚规定为 4 海克特以上。对于后者的最高额,在旧罗马尼亚王国规定为 7 海克特,在比萨拉比亚为 8—10 海克特,在步可芬纳为 6 海克特,在德兰斯斐尼亚约为 10 海克特。自这两种农田授受的最高额决定后,他们随即对于上述两种的农民实行计户授田。即凡没有土地而住在本国的农民,每户均得分配一份最高额的土地。有而不足最高额者加以补充。惟补充之数多不一致。即在旧罗马尼亚王国规定最少为 1/2 海克特。比萨拉比亚规定为达到此最高额的差数。步可芬纳规定为不得少过 1.4 海克特。德兰斯斐尼亚与比萨拉比亚的规定相同。又如农民愿意舍弃在人口稠密区域的不足全份的土地,那末,他便可在垦殖区域领得一个全份的土地。这种办法,在四个地方都是相同的。此外,他们又均列有这个同样的规定,即在人口稠密的区域中,未得分配土地的农民,均可有权在垦殖区域里补领农田。

罗马尼亚各地各将农田授受的标准决定后,大约各遵照下列的次序,将农田授与下列的人民:(1)参预 1913 年和 1916 年战争的动员的男子,(2)战后的孀妇和孤独,(3)没有土地的农民,和(4)虽有土地但其亩数不到法定的最低额的农民。除此之外,旧罗马尼亚王国尚将农村里的教士和教员列在应该依序领受农田的第三种人民内。就是因为这一项的规定,有伤耕者有其田的意义,结果曾引起了许多人的激烈的批评和反对。

最后还须附带说明的,即在这次被收用的耕地内,尚保留有一部份作为农业试验场和模范农场之用。

(三)地价赔偿的问题为赔偿地主的损失起见,罗马尼亚的宪法,规定被收用的土地的价格,必须公正,而且须预先支付,并须归由司法机关确定。但因预先支付的条件,不是当时罗马尼亚的经济情形所能做到的,结果政府乃以公债票额清偿。关于被收用的土地的价格后来倒是归由司法机关决定。因为依照 1921 年的法律,被收用的土地的价格,自经地方委员会确定后,地主如有异议,尚可上诉到最高法院,即由最高法院最后处断。至于司法机关所确定的价格究竟是否公正,我们很难确定。但据 1931 年的法律,这种价格似乎亦与时价相差不远。这就是说,在1917 年到 1922 年的时期内每亩耕地的估计价格原系以 1916 年地方委员会所估定的租价为标准,而以 40 乘之,牧场的价格则仅以 30 乘之即得。此后,即由政府发行公债票年息 5 百交付地主和公私团体,对于地主定 50 年内赎回,对于公私团体则国家不负赎回的义务。至于农民领受农场,须向国家支付代价。价格定为估定价格之一半,其余一半则由国家担任。农民在取得土地的正式所有权前,须即一次交付国家 20% 的价格,其余 80% 则规定在 20 年内摊还。但因这次所定的土地的价格在农民方面负担不重,计每海克特只值 500lei 至 2 000lei,同时货币的价格复跌落到 1/30 至 1/40,当然这两个条件,均于农民有利,因此,大多数农民都能如期偿还他们的债务。只地主在这纸币价值惨落的状态中,损失极大。

(四)村立牧场和森林的创设罗马尼亚的牲畜本来是很著名于世的,可是自从地主继续侵占公有草地和牧场后,牲畜便逐渐减少了。例如,在 1860 年,旧罗马尼亚王国每百人中尚有牛 41.66 头,猪 27.8 头,马 13.1 头,可是到了 1911 年牛便减为 37.7 头;猪 12.8 头,马 10.4 头了。再从牲畜与 100 海克特的比例上看,也有减少的趋势。一则因为自牧场被地主侵占后,农民日难取得饲养牲畜的草原。其次因为罗马尼亚的大地主和大佃户的农场,都是依靠农民的牲畜来从事工作的。大地主和大佃户的唯一的目的只在多多种植小麦来获利,而对饲养牲畜无兴味。可是在罗马尼亚的国家里,牲畜在农业上,又是必须恢复的,因为在那些不宜种植小麦的多山的区域内,饲养牲畜为农民的主要生产,所以为了阻止这种牲畜头数减少的趋势计,罗马尼亚土地改革的法令,又特收用一部份的土地用来创立农村公有的牧场。在旧罗马尼亚王国里,依照 1920 年 9 月 20 日的法律,在山地和丘陵地,特许收用土地到农民保留 100 海克特的限度以下,以为牧场之用。为了同一的旨趣,1921 年的法律更进一步规定在山地里可以收用草地至所保留的限度为 25 海克特。此外尚有其他的规定,以为创设村立牧场之用在比萨拉比亚土地改革的法令里,老早便规定有设立牧场的条款。至于步可芬纳和德兰斯斐尼亚,在土地改革以前,但已设有村有的牧场了。但为填补不足起见,德兰斯斐尼亚的土地改革的法令,尚规定有收用这种宜作牧场的土地,至够养每村的正常牲畜头数为度。如所收用的土地不够达到这目的时,尚设有其他的办法。

为谋创设村有的森林计,德兰斯斐尼亚的法律规定其所收用的森林须够当地的需要。但其他地方,向来均缺乏这样的规定。直到 1924 年 6 月 28 日收用森林的法律通过,才得补足这个缺点。在这法律里列有三种规定:(1) 为了供给燃料和建筑用的森林,国家必须在旧罗马尼亚王国,比萨拉比亚和步可芬纳收用森林至于足用。(2) 在国家没有森林的地方,凡属于公私团体所有的森林和距离农村 20 启罗米突远的森林,均可收用,就是私人个人的森林,在必要的场合,倘在同距离的范围内,除了 100 海克特外,亦有被收用的可能。

(五)农民田产的保障罗马尼亚的这次土地革命的目的,既在一举打破大田的制度,而代之以耕者有其田的制度,那末,为确保这种重新建设的耕者有其田的制度,使之不至为地主阶级所破坏起见,那便非设法来保障农民的田产不可了。就是为了这目的,罗马尼亚曾经设有三种有效的办法:

(甲)限制数子均分田产的制度。按照罗马尼亚旧日的民法,土地是要由数子均分的。但因数子均分的结果,足以破灭足衣足食的单位。为阻止这种不良趋势计,旧罗马尼亚王国和步可芬纳均设有这样的办法,即遗产的单位不得小过 2 海克特,德兰斯斐尼亚的规定与此大同而小异,即不得小过 2 纠格(jugar),只有比萨拉比亚对于这点未设限制。但农家的庭园,鸡场,葡萄园等类,不在此项规定的范围内。又农民可以将献策产单独遗传一子继承,余子另外设法补偿。在旧罗马尼亚王国和步可芬纳,地主尚可宣布在 50 海克特及其以内的地产,不可分割,德兰斯斐尼亚除将海克特换作纠格(jugar)外,其余规定是一样的。

(乙)限制田产的出卖和抵押。为谋确保农民的财产计,除了限制数字均分田产外,罗马尼亚尚进而限制农民财产的出售和抵押。从限制出卖一方面说,依照 1925 年 3 月的新法律,国家对于农民出售下列两项田产具有优先的购买权,即:(1) 最近颁赐的农场,(2) 在前从国家方面买去,或从农业事务所(Rural Office)方面买去的农场,必须国家放弃了这种权利,然后可以卖给其他的私人。又,即令依照这种方法办理,尚须受下列的限制:(1)买者须是罗马尼亚的公民,且须住在这份田产的所在的村落内,并在这里从事农业,或为耕农或为农业学校的毕业生。(2)田产的买卖只能达到他们原来所得的广度。(3)他们只能在付清地价取得所有权证书五年后出卖。(4)买者所有的可耕的地产,凡是由这次和前几次的土地法的实施的效力得来的,不得大过 25 海克特。(5)房子,菜园和农家的庭园等,在 1 海克特以内,不许出卖。以上都是关于买卖方面的限制。再从抵押方面的限制说,在 25 海克特及其以内的地产,除了向总办事处,民众银行及曾经国家授权的信用机关抵押借款外,一律无效。上述关于限制田产出卖和抵押的各项规定,除了在比萨拉比亚有两点不适用外,余均一律有效,就是对于最新颁授的田产只许卖与耕农及不许耕农每人所有的耕地超过 20 海克特之数。由此可看出比萨拉比亚为保障农民财产的安全起见,对于土地买卖和抵押所加的限制,直比其他三个地方更严格了。

(丙)限制大田产制度的发达。关于农民财产的保障,单靠上述两个方法还是不够,因为纵令将均分遗产的制度改正了,和将农民土地的买卖和抵押限制了,只能保障农民田产的现状,而不能保障农民田产的前途。所以为补救这个弱点计,国家对于凡在 50 海克特以上的田产的出售,保留优先购买的权利。这项规定,本来依照他的提案人 M. Caroflid 的原意,乃是指面积至少为 50 海克特的用产买卖而言,如出售的田产在 50 海克特以下,自仍不受干涉。但为严格的限制大田产制度的复活计,M. Al. Constantinescu 旋将解释改为,凡从 50 海克特以上的土地面积上,出售土地于他人,不问所出售的土地有多少,均须让给国家先来买。后面这种解释当然对于限制大田产制度更有效力。

讨论到了这点之后,我们可以得着两点重要的概念,即罗马尼亚的大田产制度确是被 1918—1919 年的法令打破了,又耕者有其田的制度确是被这法令开始建设起来了,但这耕者有其田的制度,究竟达到什么程度了呢? 这便是下节所要说的,除此之外,我们尚须考究这次改革对于生产方面和国家的经济政策方面的影响,以明罗马尼亚的土地改革的前因和后果。

五、土地革命对于土地分配的影响

罗马尼亚这次土地革命所收用的土地的总面积,截至 1927 年 1 月 1 日终止收用时止,总共 6 008 098.05 海克特。关于这些被收用的土地的分配,截至同年 9 月 1 日止,除开(一)不宜分配的土地(173 614.35 海克特),(二)为公益而储存的土地(395 443.50 海克特),(三)国家经营而正待分配的森林 407 118.34 海克特外,其余的土地,总计分配与农民者约共 3 629 824.75 海克特,用来创设村有的草场者约共 948 914.15 海克特,又用来创设村有的林地者约共 489 182.96 海克特。

全国土地经过重新授受以后,分配的状态改变很大。如旧罗马尼亚王国的土地所有权的分配,在改革前,最不均匀。1907 年,田产不满 10 海克特的小农约占全人口 92%,而其所领土地的面积只占全面积 40.29%,田产在 10—100 海克特的中农占全人口 4.01%,所领土地占 11%,又田产超过 100 海克特的大地主为数虽只占全人口 0.56%,但他们领有土地的面积却占全面积的 48.68%,自 1997 年实行温和的土地的改革起,到大改革前止,10 海克特以内的小田产的面积所占全面积的比例虽有增加,100 海克特以上的大田产的面积虽趋减少,但为数仍极有限。直到 1918—1919 年经过大改革之后,土地所有权的分配状态才大变更。现将大改革开始时的分配状态和改革后的情形列表比较于后:

类别	改革以前		改革以后	
	面积(海克特)	百分数	面积(海克特)	百分数
10 海克特以内	3 732 195	46.7	6 508 596	81.43
10—100 海克特	860 953	10.8	860 953	10.80
100 海克特以上	3 397 851	42.5	621 450	7.77
总计	7 990 999	100.0	7 990 999	100.0

在上表内,可以看出不满 10 海克特的小田产所占耕地的面积,在改革前,不过当全面积 47%,改革后,增加 81%,100 海克特以上的大田产的面积,在改革前,占全面积 43%,至改革后,减少至 8%,旧罗马尼亚地分配的状态,经改革后,已不若往昔之集中于少数人。

比萨拉比亚土地所有机的分配状态,经过改革之后,也有了变动,可参看下表:

类别	改革以前				改革以后	
	面积(海克特)	百分数	地产数	百分数	面积(海克特)	百分数
10 海克特以内	2 156 827	51.6	285 663	98.4	3 648 747.24	86.94
10—100 海克特	180 984	4.3			180 984.00	4.33
100 海克特以上	1 844 539	44.1	4 480	1.6	352 618.76	8.73
总计	4 182 350	100.0	290 143	100.0	4 182 350.00	100.00

在改革以前,98% 的地主只领有 56% 的土地的面积,而其余的 44% 的土地,却只分属于为数不及 2% 的地主。分配的不均,与旧罗马尼亚王国的情形相同。到改革后便比较的均匀了。关于大小各级田产的面积在全面积中所占的比例,除 10—100 海克特的中等田产仍占 4.3% 不曾变动外,100 海克特以上的大田产的面积已由改革前的 44% 减少为 9%,而 10 海克特以内的小田产则由 52% 增加为 87%,惟就中有一部分系森林和公家保留的土地,这些土地的面积约合全面积 9%,所以小田产的面积实际上只增加为 78%。

步可芬纳的土地所有权的分配状态,在改革以前也不均平,兹特举出 1897—1898 年的分配状态,列表如次:

类别	地产数	百分数	面积（海克特）	百分数
10 海克特以内	191 737	96.27	270 730	25.92
10—100 海克特	6 666	3.32	134 115	112.84
100—500 海克特	585	0.20	130 939	12.53
500 海克特以上	257	0.12	508 674	48.71
总计	199 185	100.00	1 044 458	100.00

依据上表，约有 96% 的地产只占全面积 26%，平均每一地产只有 1.4 海克特。在他方面，0.12% 的地产分配 49% 的土地，每一地产平均分得 1 985 海克特。不平的情形可谓严重。自实行土地的改革后，田产的分配始略趋公平。现在也就改革开始时和改革后，大小两类田产所领土地的面积，列表比较于下：

类别	改革以前		改革以后	
	面积（海克特）	百分数	面积（海克特）	百分数
100 海克特以内	405 000	78.0	480 967	92.49
100 海克特以上	115 000	22.0	39 033	7.51
总计	520 000	100.0	520 000	100.00

观上表，可见 100 海克特以上的大田产的面积所占全面积的比例已由 22% 减少为 8%，而 100 海克特以内的小田产的面积则从 78% 增加为 92%。

又德兰斯斐尼亚的土地所有权的分配，经施行改革后，变更亦大。兹列表如次：

类别	改革以前				改革以后	
	地产数	百分数	面积（海克特）	百分数	面积（海克特）	百分数
10 海克特以内	838 448	87.6	2 536 738	34	4 200 547	56.45
10—100 海克特	113 887	11.8	2 153 117	29	2 153 117	28.94
100 海克特以上	4 601	0.6	2 751 457	37	1 087 648	14.61
总计	961 936	100.0	7 441 312	100	7 441 312	100.00

由上表可看出在改革前 88% 的地产只占有 34% 的土地的面积，每一地产平均给合 3 海克特。另一方面，0.6% 的地产占有 37% 的面积，每一地产约合 598 海克特。自改革以后，分配才略趋公平，除 10—100 海克特的中等田产的面积仍无变动外，10 海克特以内的田产的面积在全面积中所占的比例已由 34% 增加到 56%，而在 100 海克特以上的田产的面积则由 37% 减少为 15%。

观上所述，可见罗马尼亚所属四区土地所有权的分配状态，自从这次改革以后，都已发生极大的变迁。总计全国的土地分配状态，在施行改革前，100 海克特以内的小田产的面积共有 12 025 814 海克特，约当全面积 59.77%，100 海克特以上的大田产的面积共有 8 108 847 海克特，约当全面积 40.23%。迨改革后，小田产的面积增加为 18 033 911 海克特，其所占全面积的百分比也上升到 89.56，而大田产的面积则减少为 2 100 750 海克特，其占全面积的百分比也低落到 10.44。

这次罗马尼亚的土地的改革虽已使土地所有权的分配略趋公平了，可是仍有下面的几个缺点可加指摘。

（一）被收用的土地不敷分配。按在这次改革中应该领取土地者共有 1 979 083 人，而实在领得土地者只有 1 368 978 人此外尚有 610 105 人不曾分得土地。但在 1927 年 12 月 12 日农业部长 M. Argentoianu 业经在议会内声明政府已再无土地可授与人民了。

（二）土地改革的结果，大田产虽经破坏，但小农形态则仍旧。查罗马尼亚在改革前土地所有权的分配，大田产虽甚普遍，但农场则类多过于狭小，观下表即可明白。

农场类别	农场数	百分数	面积（海克特）	百分数	每一农场的平均面积（海克特）
2 海克特以内	476 649	42.0	572 169	9.7	1.20
2—10 海克特	602 886	53.3	2 664 720	45.7	4.42
10—100 海克特	50 247	4.4	922 484	15.8	18.36
100 海克特以上	3 420	0.3	1 681 248	28.8	401.59
总计	1 133 202	100.0	5 840 621	100.0	5.15

由上表可知，100 海克特以上的大农场为数不过 0.3%，面积也只占到 29%，而 10 海克特以内的小农场的数目则约占 95%，面积也占到 55% 以上，平均每一农场小到 3 海克特。

田产分布状态与农场分布状态所以发生极大的差异者，乃因当时的大地主多不躬自经营农田，而往往以之佃一小农耕种。依据 M. L. Colescu 所发表的 1907 年的农业统计，在罗马尼亚，100 海克特以上的大田产佃与小农耕种的面积约有 1 037 000 海克特，加上牧场 800 000 海克特，总共 1 837 000 海克特，计约占大田产全面积 48%。大田产既划出将近一半的土地的面积佃与小农耕种，因此农场仍多极为狭小。

这次的改革，打破大田产，创立小田产，虽可促田产的分布状态与农场的分布状态趋相接近，即是令租地的面积减少，而自耕的面积增加，按 1913 年罗马尼亚的租地占全面积 40%，至 1927 年旧罗马尼亚王国确已减少为 8.4%，罗马尼亚全国租地的面积当时也只占 6%；但新创立的小田产的面积仍极狭小，较之改革以前的小农场犹有未及，依据罗马尼亚财政部的财政清查统计，1927 年全国在 10 海克特以内的田产的所有主，约有 3 667 178 人，总共领有 9 200 847 海克特的耕地，平均每人只摊得 2.5 海克特。像这样狭小的耕地，即难发挥生产上的效率，对于农民生活状况亦未必能有所增进。且农民以前租地耕种或尚可从地主方面获得供给资金的便利，现在自耕，须赖国家的帮助和合作的救济，但罗马尼亚政府事前未曾顾及此层,农民自感极大的困苦。

（三）按照罗马尼亚所属各区规定的授田的标准,土地并不是尽先分配与最宜于耕作的人,而是分配与在1913年和1916年两次战争中受害最深的人,因此土地每被置诸不宜经营农田的人的手中。此在下节土地革命后生产上的成就可以知其关系。

由此三点,可知罗马尼亚的土地革命尚不能完全实现"耕者有其田"的目的。

六、土地革命对于生产和输出的影响

上文说明了罗马尼亚的土地改革对于土地分配的影响,以下当讨论生产和输出两方面所受的影响。

关于生产方面的影响,可分农作物和牲畜两部分说明。兹先讨论农作物。姑就小麦,黑麦,大麦,燕麦和玉米等五种主要的作物加以考察,一方面可观察各类作物的生产,自改革后,究趋增加,抑趋减少,他方面可推究这次改革对于各类作物的生产分布状态到底发生什么影响。提到生产增减的趋势,可就各主要作物的耕地面积,总产量和每海克特的产量三项,将战前与战后的情形加以比较,列表如次:

年别	小麦			黑麦			大麦		
	耕地面积	总产量	每海克特产量	耕地面积	总产量	每海克特产量	耕地面积	总产量	每海克特产量
（平均）	海克特	Quintals	Quintals	海克特	Quintals	Quintals	海克特	Quintals	Quintals
战前	3 716 314	45 738 618	12.3	493 615	5 239 936	10.6	1 416 772	14 567 407	10.3
1920—24	2 604 626	22 013 202	8.5	290 122	2 203 454	7.6	1 685 224	12 988 084	7.9
1925—29	3 134 629	28 721 236	9.2	291 180	2 708 377	9.3	1 764 527	16 434 974	9.2
1930—33	3 134 324	29 937 529	9.4	382 295	3 822 716	10.0	1 872 920	17 824 594	9.5

年别	燕麦			玉米		
	耕地面积	总产量	每海克特产量	耕地面积	总产量	每海克特产量
（平均）	海克特	Quintals	Quintals	海克特	Quintals	Quintals
战前	890 085	15 043 045	16.9	3 913 162	59 115 919	15.1
1920—24	1 244 181	9 620 252	8.0	3 433 842	36 089 220	10.5
1925—29	1 135 365	10 213 929	9.0	4 292 016	45 349 394	10.6
1930—33	891 500	8 232 388	9.1	4 706 686	51 836 383	11.0

观上表,战后五种作物的耕地面积,除开小麦和黑麦两种,虽均较战前有增加,但每海克特的产量和总产量则均不及战前。按自大田产分裂为小田产后,农人耕作自己所有的土地,当更能尽力,作物的产量似应增加,但事实上却反趋减少。推其原因,约得下列四点:

（一）自土地改革以后,小农虽然领得了土地,但多缺乏适当的资财。关于生产的要素,如农舍,耕具,耕畜,种子和肥料等,均时感不足,因此,对于农田不克为合理的耕种,作物的产量自趋减少。

（二）前面已经说过,按照这次改革所定授田的标准,土地不是尽先交与最宜于生产的农民,而是交与在战争中受损失最大的人民,因此一部分的土地落入不善经营农田的人的手中,生产的效率自趋低落。

（三）在这次改革之后,农田生产的人工大为缺少。因为一般领得土地的农民,多不再愿为他人的佣工。同时,乡村中的不曾领得土地的人,也多迁入都市谋生。关于这种趋势,观每当农忙之时,时感人工的缺少,即可明白。尤以罗马尼亚的继承法规定农民田产不得细分至2海克特以下,幼子既无承继田地的机会,自必他迁。因为人工的不足,那些必须雇工经营的农场,生产当难达到最大的效率。

（四）自战后至1928年,罗马尼亚所采取的经济政策,是奖励工商业的,对于农业方面的利益不免忽略（详见下节）。在这种政策之下,农业生产所需要的适当的资本根本没有地方可以获得。就农业本身说,因为政府禁止小麦和黑麦等作物的自由输出,国内农产物的价格低落,农民的收入减少,但生活费用并没有同比例的减少,是经济情况已不如前。加以奖励工业的原故,政府既予这方面的贷款以种种便利,同时一般投资的人了认为把资金投在这方面比较有利,所以国内的资金差不多全集中于工业方面,农业方面,资本缺乏,生产感受极大的压迫。

关于农作物生产增减的情况既经说明,兹当进而考察各类作物的生产分布的变动情形。兹将战前和战后各类作物的耕地面积在全部地面积中所占的百分比,列表如下：

年别（平均）	小麦	黑麦	大麦	燕麦	玉米	总计
战前	35.6	4.8	13.6	8.5	37.5	100
1920—1924	28.1	3.2	18.2	13.4	37.1	100
1925—1929	29.5	2.7	16.6	10.8	40.4	100
1930—1933	28.5	3.5	17.0	8.2	42.8	100

依据上表,五种主要作物中,小麦和黑麦的耕地面积所占全部耕地面积的百分比,战后比战前大为减少,而玉米大麦和燕麦三项则均超过战前。其原因如下：

（一）玉米为罗马尼亚农民的主要食料和牲畜的饮料,自土地改革后,自耕农既大曾加,农民大都选择可供本家消费的作物尽先种植,所以玉米的生产得以推广。

（二）小麦种子的费用远较玉米为大。据 David Mitrany 的推算,小麦种子每亩约需1 600lei,而玉米只需150—160lei。在这次改革之后,一般农民因资金有限,故多宁愿各玉米而不种小麦。

（三）种植玉米比小麦安全。因玉米所需的水分量只合小麦的一半,他的抵抗亢旱的能力比小麦大。战后罗马尼亚时感雨量的不足,小麦收获的丰歉不定,而农民财力微薄,自必乐于种玉米。

（四）战后罗马尼亚的铁路运输组织不完备,一般农民因为用牲畜和货车去为人载运货物可获厚利,所以秋季多往载运货物,而不种秋麦,但秋麦为主要的小麦作物(1927 年秋麦占 2 339 636 海克特,春麦占 261 571 海克特)。所以小麦的耕地面积便大形减少了。

（五）战后政府为便利工商业者起见,曾经极力压抑粮食价格,而于小麦和黑麦两种面包作物尤甚。如禁止这两种作物的自由输出,规定小麦的最高价格,此外,政府因垄断小麦出口业为保持出口的供给量起见,尚得向人民强制征收小麦。至其他的谷物,如大麦,燕麦和玉米等,则所受限制较少,只在出口方面规定出口商输出谷物,须将手头所有可供输出的数量的一半交与政府的收买委员会。由此可见小麦和黑麦所受的打击比他类作物更厉害。所以这两种作物的耕地面积在全部面积中所占的比例趋于减少,而大麦燕麦和玉米等的耕地面积则见增加。

以上说明了土地改革对于农作物生产的影响,以下当考察牲畜生产的情形。

罗马尼亚的重要牲畜为马,牛,绵羊和猪等四种。这四种牲畜战前和战后的头数如下：

年别（平均）	马	牛	绵羊	猪
战前	1 907 000	5 781 000	11 133 000	3 249 000
1920—1924	1 720 463	5 569 267	11 659 496	2 970 033
1925—1929	1 907 361	4 820 394	12 936 033	3 115 073
1930—1933	1 943 633	4 220 486	12 190 028	2 836 124

上列四种牲畜中,绵羊在战后的头数比战前大为增加。盖土地改革之后,牲畜于村有草场的权利设有限制,农民增加绵羊的头数较牛马容易;加以羊乳和干酪随时均可出售,其利益既显明而确实,在小田产增加的趋势中,自为小农所乐于经营。其次,马的头数战后最初几年虽见减少,但近年来渐趋恢复,现已稍稍超过战前的数字。又牛的头数战后已趋减少。关于减少的原因,依据 Dr. Olinds Gorni 的解释,以为系由于农民将草场用去养羊,以致无余地可以饲牛。此外,猪的头数也比战前为少。

以上系就生产方面考察这次改革的影响,现在再就输出方面加以说明。

罗马尼亚的出口贸易系以农作物为大宗,而牲畜比较不重要,所以这里只对于农作物的输出情形加以讨论。战后小麦,黑麦,大麦,燕麦和玉米等五种主要谷物的输出净数,在各该谷物生产总额中所占的百分比,比较战前均已一致降低,如下表所示：

年别(平均)	小麦	黑麦	大麦	燕麦	玉米
战前	54.1	49.6	57.1	33.3	33.9
1920—1924	2.3	15.0	38.1	14.7	16.2
1925—1929	3.8	9.4	39.9	5.2	18.8
1930—1933	11.9	12.0	43.9	5.2	19.1

说到农产物输出减少的原因,第一当因战后各类谷物的产量均较战前减少,因而影响输出。再则土地改革以前,谷物出口多由大田主经营,输出的数量既大,且与银行,商人和船舶均有联络,因此,出口可得种种便利。自改革后,大田主既多归消灭,这些便利自然也随着失掉,谷物出口当较困难。又战前大地主多,谷物集中于少数人手中,关于收集,储存和运输等事均极便利,所费的成本也少;战后则自耕农多,谷物较难集中,出口事业当然也受妨碍。复次,现在自耕农选择种子,不及以前大田主的注意,致使谷物品质恶劣,不便输出。此外,战后政府为奖励工商业起见,限制谷物输出,提高出口关税,也是减少出口的重要原因。

七、土地革命对于产业和金融政策的影响

上文曾说,罗马尼亚的土地革命,乃系在地主阶级手里完成的。至于地主阶级之欲完成这种土地的革命,则又系因农民阶级的潜伏的革命势力的压迫,否则当是绝对不能出现的。因为罗马尼亚的大地主阶级,无论在什么时候,都在为其自身的利害打算,其对于农民阶级的利益,自始便是漠不关心的。所以罗马尼亚的政府,为图在土地改革后,重新维护地主阶级计,于是便采用了奖励工商业的政策,对于农业不免忽略。关于此点,在 Manchester Guardian 的副刊上(1927)有一位罗马尼亚的作家说的最好。

> 从前领先农业富有的阶级,因受土地改革的影响,须另谋发展。这个在政治上占据上风的阶级,此时除了集中精力发展工业之外,没有第二条路。那末,他们尽力使用一切的手段左袒工业,甚而至于牺牲农业,岂非一种很自然的办法吗?

这几句话,不但对于大地主阶级,即对大佃农阶级亦适用的。看 1919—1928 年之间,罗马尼亚的有限公司的数目,由 929 增加到 2 953,公司资本额由 1 982 084 376 lei 增加到 41 244 445 955 lei 便可以证明此语的正确了。

罗马尼亚的大地主阶级,在土地改革而后,都纷纷投资于工商业方面,所以战后罗马尼亚的政府,除依照 1914 年奖励民族工业的法令,继续给与工商业者以种种的便利,如贱价购取工厂地基,自由使用水力,机械入口免税,各种减税办法,和对于输入一半以上的原料的工业减低运费和公共契约优越分配外,又禁止输出原

料,提高谷物输出关税,便利工业借款。凡此皆使罗马尼亚的农业生产大受影响。

现在先就谷物输出保护关税一点来看农业生产所受的障碍。罗马尼亚的谷物的价格,在国内市场上,因受高额关税的打击,继续往下低降和衰落,可是在农民的生产成本和生活费用方面,则不见有相同的变化。如以 1913—1914 年为 100,1927—1928 年农产物的价格指数便低落为 80.5,而农民的生产成本却反增加为 135.2,生活费用更增加为 263.6。而且编者尚敢断定在 1927 年以前,农民损失尚且更大。因为自 1927 年时政府已有转变其政策之趋向,以 1925—1926 年为 100,1927—1928 年农产物的价格指数低落为 96.9,但生产成本则低落为 70.8,即成本大减,同时家庭的生活费用则低落为 96.4。更从国际市场上说,在 1923—1927 年之间,依据 Mitrany 的研究,小麦和玉米的国内的价格,如同其他作物的国内的价格,比较世界任何其他的市场的价格均低,即不仅比较欧洲的输入市场的价格低,而且比较海外的输出市场都低。可是在这同一时期内,罗马尼亚的谷物的输出,反从总收获的 40.8%(1911—1915)跌到 18.7%(1923—1927),又小麦在这些数字中所占的成分,从 16.7% 跌到 2.2%。此外国际联盟所出版之《对外贸易的平衡报告书》(Memorandum on the Balance of External Trade,1913—1925)第一卷上亦说,国际贸易的总价值,在这一个时期内,涨了 5%,但罗马尼亚的部份却跌了一半,虽然他的人口和土地都加倍了。1913 年,他的对外输出的总价值为 13 000 万,值世界总贸易的 0.71%,但在 1925 年里下落到 0.47%。读者须知,Yugoslavia 在欧战时期里,农业被破坏最厉害,他所施行的土地改革的范围亦如罗马尼亚那样大,可是他的对外的输出的价值,已从每人 35 金元(1913)涨到 12 金元。但罗马尼亚则反由 1913 年每人 16.98 金元跌为 5.20 金元。匈牙利(Hungary)在 1913 年输出物的价值每人 18 金元,1925 年跌为 17 金元。保加利亚(Bulgaria)1913 年为 3.7 金元,1925 年为 8 金元。二者的情境都比罗马尼亚为好。由此可见罗马尼亚输出的减少,确是由于谷物保护关税的影响了。罗马尼亚的农民,就是因为这种谷物保护关税的影响,在国内市场上损失一天一天的加大,而在国际市场上又不能得可资抵补的利益,当然会将他们的生产量减少了。

关于动物的输出,罗马尼亚的农民亦曾遭受保护关税的打击。1923 年的春季,输出须得政府的允许(每头纳税 2 000lei),共输出大牛 44 363 头,在 1924 年因为每一动物须纳出口税 10 000lei,牛的输出便减为 31 367 头了。1923 年罗马尼亚输出的动物的价值达于 5—6 千兆 lei,而到 1924 年便只值一千兆 lei 了。本来罗马尼亚与中欧的市场最接近,他的饲养牲畜的资料也比巴尔干国家的为丰富,但是奇怪的,就是外国的牛贩商多到 Yugoslavia 去贩牛,因为那里的关税比罗马尼亚低 10 倍,可是 Yugoslavia 反到罗马尼亚去购买饲牛的养料。由此可见罗马尼亚的保护的关税,不独妨碍谷物生产,而且不利于牲畜的饲养了。

更从罗马尼亚奖励工业借款上,来看罗马尼亚农业所受的特别的障碍。本来罗马尼亚通货有限,在欧战后更十分减少。1914 年旧罗马尼亚王国共有通货

50 000 万金 lei,当时人口为 800 万,即每人有 63 金 lei,可是在 1928 年新罗马尼亚共有通货 2 100 000 万,因受纸币膨胀的影响,只值 66 000 万的金 lei,其时人口为 1 800 万,即每人只有 36.5 金 lei。可是,罗马尼亚对于这点有限的通货,还不肯用以发展农业,反强迫用以便利工业保护的发展,依据 C. Stoicescu,到 1913 年有 417 100 海克特以上的农场,单由抵押的借款亦可获得 60 000 万的金 lei,可是 1927 年全农业的各种的借款只值纸 lei425 000 万,即金 lei10 000—30 000 万。即此可见,改革后的农业的信用所受国家的奖励工业借款的打击了。关于此点,前罗马尼亚国家银行的理事 M. Oromolu 自己亦承认。1925 年他在向理事会所提出的报告书内说,罗马尼亚有一个国家银行帮助商业,有一个工业信用社(Society for Industrial Credit)帮助工业,但无同范围的有组织的农业的信用,虽然农人占生产者的大部。在这一种情境下,农业技术,因受金融紧缩的影响,当然只有往后退步了。

综上以观,可知在 1928 年以前,罗马尼亚的谷物生产的减少,大半由于政府为了保护大地主阶级的利益,不惜奖励工商业而忽略农业的影响。

可是自 1928 年起,罗马尼亚的牺牲农业保护工业的政策,因为外界形势的压迫,终不得不决然全部放弃,并转入于辅助农业的发达。因为罗马尼亚的农业,不但是维持他的大部份人口的方法,而且占全输出量的 2/3,又占国家收入的 2/3。假令这种产业失败了,那末,罗马尼亚的经济的生活便必遭受一种致命伤。可是,在事实上,罗马尼亚的农业,因为国家保护工业的结果,已转入衰落的途径了。为矫正这种趋势计,当有保护农业的必要。再则自从土地改革以来,罗马尼亚的农民的阶级,因为普选权利的获得,在政治上的地位,已有取旧地主阶级而代之势。1919 年农民政党(Peasant Party)成立。1924 年该党复将救济农业的计划公刊于世。关于工业方面,该党亦主奖励,但只以能利用本国的劳动及原料的工业为限。这种主张颇得国民政党(National Party)的响应。1927 年进而与国民党联合组织成为一种大团结各国家农民党(National-Peasant party)。到 1928 年 11 月这个政党便当权了。由是他便本其历年所主张的以农立国的政策,进而实行保护农业。

查罗马尼亚农产物出口的关税,自 1927 年起,便减低了。1928 年 1 月更将出口关税往下低降。1930 年 6 月 30 日罗马尼亚又将大麦的出口税废除。随后又于 1931 年 5 月 1 日将其他的谷物和谷物面粉等税一概废止。同时又特将五谷及其制品(derivatives)的印花税免除,并将为出口而销售之五谷及其制品的零售物价税完全取消。这个法律同时规定须即成立五谷出口商的组织(Organization of Cereal Exporters),上述减免出口税的法律只对于这组织中的会员适用。在他方面,罗马尼亚自 1929 年 7 月 30 日起又开始征收谷物进口税,1932 年 9 月因为歉收,又将小麦,黑麦和面粉的进口税提高。

此外罗马尼亚为巩固中欧的粮食市场,抵抗美国起见,自 1930 年至 1932 年之间,复迭与东欧各领国举行国际会议于 Geneva,Bucarest,Sinaina 和 Warsaw,主张组织一粮食加迭尔(cartel)。这种计划虽未成功,但因此而造成之合作的空气,却于该国的国际农业贸易条约之缔结上得到不少的便利。1931 年罗马尼亚与法兰西缔结有一通商的条约，即法兰西答应按照他们的需要，向罗马尼亚购入 10% 的小麦，卖价按照世界的价格，收最低的关税，并于此中送还最高 30% 于罗马尼亚，俾罗马尼亚的生产小麦的人有利可图。又德国对罗马尼亚输入的大麦和牲畜的食料，在一定数量内，亦曾有减低关税的条约。1931 年罗马尼亚又与奥地利亚结有互为优先待遇的协约。凡此都是罗马尼亚在决定以农立国的政策后，因国际农业会议之召集，而生出的国际条约的利益。

关于农业金融政策方面，依照 1929 年 4 月农业食用的法律，罗马尼亚曾创立了一个中央合作银行(The Central Co-operative Bank)。这个银行系一商业的公司，就中国家系一大股东，其余股东为各种合作社和合作社联合会，资本 100 000 万 lei，国家担任半数，其他一半由加入的各合作社担负。截至 1932 年 12 月 31 日止，中央合作银行计有 2 149 个合作社，出资 81 950 000lei，已缴 62 674 575lei。这个银行由 19 人所组织之董事会(Administrative Council)总理其成。就中 5 人代表合作社，3 人代表家务部，劳动部和财政部，1 人代表罗马尼亚的国家银行。这个银行在 1929 年 4 月 4 日至 1932 年 12 月 31 日之间放款总额达到 1 734 285 382lei。

这个银行为使农产得卖较好的价格计，曾与进出口合作中央社(Co-operative Central Association for Import and Export)合作，对谷米融通借款，以图树立共同售卖的制度。他的办法，就是由生产人自己，或由合作社，或合作联会经手，向中央银行的货栈，或向中央银行所指定的地点，存入谷物，由是中央合作银行在由生产方面领得抵押借约和委托出售书(order to sale)之后，即向生产人放款，利息 10% 。至于在这委托出售书上，存货人或欲委托中央合作银行按照当日的价格出售，或欲按照一最低的价格在最多 30 日以内出售，概由存货人自愿。在第一种情境之下，存货人可以借入价值 75% 的款项，在第二种情境之下，可以借入 50% 。只此存货在 30 日以内不能出售时，最迟便当在随后 15 日内按照时价出卖。至于这种谷物在还未存入仓库之先，均须先行过节，量重和分配等级，那是不用说的。这个银行于接到存货人的抵押借契及委托出售书之后，即将此项书契送达进出口中央合作社，此时，该社便即寻找买主将此谷物出售。一旦出售手续终了，这银行即与存货人结账。这便是中央合作银行帮助农民出售谷物的便概。

除此之外，中央合作银行为减低利率起见，对于股东合作社，自 1930 年 10 月起，只收 7% 或 9% 的利息，致使个人借款普通支付 12% 的利息。在他方面，合作社在还银行的债务的时候，又可将每年分摊奉还本息的年限延长到 10 年或 15 年，而在农业恐慌的时候，并可按照他们的支付能力和收入，缩减债务。

最后罗马尼亚政府，鉴于农产品价格的低落，单凭中央合作银行减低利息的方法还不够，为保护债务人起见，复于 1932 年 4 月和 10 月接连通过两次澈底救济农业的负债的法律，就中的主要原则有三项：(一)依照负债的性质和距离立约之日的远近，将债额减少 10% 至 50% ；理由是因立法者认为债务人曾受暴利的敲榨。

（二）将利率减为4%或5%。（三）将还债的期间展延为30年。1933年4月13日又对上项的法律加以修正,而成立一农业债务五年缓付的期限。在这时期里,债权人和债务人当有协议了消旧债和成立新债的可能。又中央合作银行为救济农业债务起见,自救济农业负债的法律公布后,对于旧债的利率减为3%,新债酌量情形而定。这些办法,虽不能使农业得到立刻的复兴,但即此亦可看出政府对于农业金融的注意和救助的急切情形了。

本文参考书:

David Mitrany: *The Land and the Peasant in Rumania*, Oxford, 1930.

I. L. Evans: *The Agrarian Revolution in Rumania*, Cambridge, 1924.

Louis G. Michael: *Agricultural Survey of Europe*, The Danube Basin, Part2, United States Department of Agriculture, Washington, 1929.

International Institute of Agriculture: *International Yearbook of Agricultural Statistics*, *1917—1933*; International Review of Agriculture, 1933, 1934.

（《社会科学杂志》,1932年5卷4期）

论社会资本及所得

　　这篇短文的目的,在于研求社会资本和社会所得的关系。为达到这个目的起见,本文将以一极简单的方式,表明资本的保持,资本的蓄积,和资本的消费所须具备的各条件。然后依据这些条件,去说明社会所得总额的变迁,乃系依存于社会中生产生产手段的生产部门的投资总额,对生产消费手段的生产部门的投资总额的比率的变迁。在这篇短文之中,只有关于(一)资本的消费和关于(二)社会所得总额变迁的决定因数的讨论,勉强可以说是笔者独立思考的结果。至其余的各种命题,本文所讨论的几与当代经济学者的学说无出入,所不同者,只学术的用需而已。

　　为了避免含混起见,在本问题之中有两个最重要的名词,是我首先要说明的,是即所谓(一)社会的资本,和(三)社会的所得。从整个社会的观点上立论,所谓社会的所得,不外就是在这社会里面,于一定的生产时期内,所生产的货物和任务的在国内所实现的总价值,再加上在国外所实现的总价值,即指本社会向其他社会的净余的投资。但因本文不想讨论国际贸易和国际借贷所及于本问题的影响,故只假定我们所栖息的社会,是唯一的包含整个世界在内的社会,因此,在这社会里所得的总额,即等于该社会在一定的生产时期内所生产的新生产物的价值的总额。而为避免计算的重复,一切公私的债券,货币,和赠与,自然不能算在所得的范围内。因此,在一生产时期内,我们如欲知道社会所得的全部,便将在该社会中各种产业所新生产的物品,用货币来作计算的筹码,加集起来,便成功了。然因在这些新生产物之中,所包含的不外消费的手段和生产的手段二者,故社会所得的总额,即等于该社会一定时期内所生产的净生产手段的总额再加上该时期内所生产的净消费手段的总额。再从整个社会的观点上去看,所谓社会的资本,不外是指该社会,在前各生产时期内所生产的各异的所得之中,除了用作消费的部份而外,所余下的作为再生产之用的一串所得的总和。按照这里的定义,第一年度的剩余所得,实构成第二年度的资本。第二年度的剩余所得再加第一年度的剩余所得,实构成第三年度的资本。第三年度的剩余所得,再加上第一第二年度的剩余所得,全构成第四年度的资本,由此类推,第 $N-1$ 年度的剩余所得,再加上第 $N-2$ 的各年度的剩余所得,便构成了第 N 年度的资本了。坎恩斯(J. M. Keynes)在他的《一般雇佣理论》中所发表的有名的公律,如所得减消费等于投资的这个恒等式,①如果专就一年度的所得来说,确是再明白也没有的。但是,倘就各年的所得与本年度的投资的关系来说,他那简单的公式还觉不够用。本文现在用特把他加以补充和扩大,成为下列的形式:

任一第 N 年度的社会的资本总是等于第 $N-1, N-2, N-3, \cdots N-N+1$ 的所得减去相应的各年度的消费的部份所余下的一串为作再生产用的投资的总和。

社会资本的意义既明,我们可一进而检讨资本一名词所包含的内容,究竟是些什么? 资本既系是在前各年度的所得中,减去消费那部份而外,所剩下的所得,那末,在所得这个名词之中包含的生产物的种类,便当是在资本这个名词内所包含的生产物的种类了。里嘉图(David Ricardo)说:"资本是一国中用作生产的那一部份的财富,这份财富包含食物,衣服,器具,原料,机器和其他一切凡为给劳动以效果所必须的生产物。"②很明显的,里嘉图的定义未将土地的价值包括在内,然因土地的价值在前各个生产年度里,实构成了社会所得的内容之一部,而且他又系以再生产为目的,因此本文亦把他列在社会资本的范围内。

社会的资本的总额,既系以前各年度的剩余所得的蓄积,那末,在第一个生产年度内,依照我们所用的资本的定义,便无所谓资本了。因此,第一个生产年度的所得,因无资本作帮助,完全是由社会劳动所创造。在第二个生产年度内,社会因有第一年度的剩余生产物作帮助,生产者因其所处的物质生产的环境较好,故以同量的社会劳动的投下,可使社会的所得(不包含第一年度所生产的物品在内)有增加。因此,在第二个生产年度之末,除了用作浪费的那一部份而外,其所剩余的用作再投资用的所得(或第三点的资本)亦有增加。在私有财产制度未成立以前,这一部份剩余的所得完全为劳动者所有,而且劳动者并将这一部份的全数完全用作再生产之用。可是,恰当私有财产制度成立的顷刻,这一部份的剩余的所得,便成为有产者阶级的所得的源泉了。假定劳动者消费其以工资的名义所得的全部份,如果有产者阶级亦消费其以利润(包括地租和利息)的名义所得的劳动生产物的全部,但不消费其资本,那末,社会所用的资本便将永无增加和减少。如果有产者阶级不消费其所得利润的全部,尚且留出一部份来,为作下年度的再生产之用,那末,社会的资本便将年年有增加。又如有产者阶级,不但消费其全部的利润,尚且进而"吃老本",那末,社会的资本便将年复一年的减少。第一种场合,就是所谓资本的保持和不变,第二种场合便是所谓资本的蓄积,而第三种,便是所谓资本的消费了。

---

① J. M. Keynes, *General Theory of Employment, Interest, and Money*, p. 63.
② David Ricardo, *Principle of Political Economy and Taxation*, Ch. 5, p. 72. (Gonnars edition)

现在且让我们来分析资本的保持和不变,在各别生产部门内,所须具备的条件,在分析这个问题以前,有两点先要说明:(一) 依据资本所包含的劳动生产物的性质,资本可以分作两类:(1) 工资资本,(2) 工具资本。工具资本一称辅助资本,其内容包含全部辅助劳动,从事生产的一切生产手段的价值在内,如原料,机械,器具,助力,工厂,和在再生产过程中的土地的价值在内。工资资本一称消费资本,包含了劳动者所用以维持生活健康和养家的生活资料的全部。这里所用的工资当然系指工资的广义,连实际参加再生产过的企业家的薪俸亦一并包含在内。假令世界只有有产者阶级和无产劳动者阶级,那末,工资资本和工具资本之总和,便是社会的资本总额了。(二) 假令社会只有两个生产的部门:A 生产生产手段的部门,B生产消费手段的部门。在每一生产年度中,当然 A 部门所生产的完全产品,皆是生产的手段了。他的价值等于该部门的总成本加利润(包含利息与地租)总成本,即指该部门在生产时期的开始,所投下的工资资本和工具资本之总和。同样的道理,B 部门所生产的完成品,虽然在性质上均是消费手段,然在价值上依然只是该部门的总投资额(工具资本加工资资本)与利润。

社会资本的总额,既系 A 部门的工资资本和工具资本的总和,再加上 B 部门的工资资本和工具资本的总和,那末,社会如欲保持资本不变,便须 A,B 两部门均能保持资本不变。假令 A,B 两部门在每一生产期内,消耗其工资资本和工具资本的全部,那末,A 部门如欲保持资本不变,便须能恢复他的工资资本和工具资本(假定物价不变)的价值,不但价值,而且形态。A 部门的资本家必须要能做到,在其所生产的制成品中,除提出一部份来补充该部门在生产时所耗的生产手段,使工具资本复原外,他还要使他的工资资本复原,和消费其所得利润的全部。然因他们不能以生产手段作劳动者的工资,亦不能把他们来当作爱情与面包来消费。所以 A 部门为使他的工资资本复原和消费其所得利润计,便非向 B 部门出售他们的剩余制成品,并以之向 B 部门换取消费手段,用作再生产年度的工资资本和资本家的消费品不可了。由是 A 部门的剩余制成品或剩余的生产手段,便构成了对 B 部门的完成品的需要了。依据同样的理由,B 部门当然亦不能以他的完成品,即消费的手段,当作肥料,犁耙,与农具,来从事再生产的活动。于是 B 部门为了保持他的原有工具资本不变计,他亦必须要向该部门出售他剩余消费品,并向 A 部门买进与本年度完全相同的(假令物价不变)生产手段,而以作为他们在下一年度所用的工具资本了。由是 B 部门的剩余消费品便构成 A 部门的供给了。假令 A 部门所欲出售的生产手段恰等于 B 部门所欲买进的生产手段 B 部门所欲出售的消费手段,恰等于 A 部门所欲买进的消费手段,需要与供给恰相投合,那末,由这 A,B 两个部门所组成的生产社会,便能年年恢复其在生产过程中所消耗的工资资本和工具资本的价值与形态,年年消费其所得工资与利润,而使年年社会的资本和所得,永远保持一种静止的状态了。由此以观,保持社会资本不变的条件有三:

一、社会各消费其全部的所得。换言之,B 部门所生产的消费的手段的价值,必须恰恰等于 A,B 两部门所已消费的和所必再消费的以工资和利润的名义所分配的消费手段的价值。

二、社会保持其全部的工具资本。换言之,A 部门所生产的生产手段的价值必恰等于 A,B 两部门所已消耗的和所必补充的生产手段的价值。

三、A,B 两部门在交易市场上,均能买回其所已消失的了其资本和资本。换言之,A 部门的工资和利润的价值恰等于 B 部门的工具资本的价值,否则,A 部门将永远不能恢复他的工资资本,和资本家的消费,而 B 部门亦永远不能恢复他的工具资本而使之保持不变了。

资本蓄积的条件亦有三个:

一、社会必须不要消费其全部的所得。换言之,即 B 生产部门所生产的消费品必须比 A、B 两部门所得之工资和利润的总和更小,因社会将以其所余的所得改作再生产用的资本,而使下年度的工资资本和工具资本均有增加。

二、社会必须增加工具资本。换言之,A 一产部门所生产的生产手段必须大于 A、B 两部门所已消灭的生产手段,否则 A、B 两部门的工具资本没有增加。似此,则是 A 部门为生产较大的生产手段起见,必须 B 部门在一年前提早扩大生产的规模,否则,届时便不会有更多的生产手段出现了。

三、社会必须缩减消费。换言之,A 部门的资本家,在其所生产的生产手段中,除以较多的生产手段,以一部份抵补其所已经消耗的工具资本,再以一部份扩大他而外,所出售于 B 部门的剩余生产手段,必尚比 B 部门在生产过程中,所已消耗的为多。同时,B 部门为买进更多的生产工具起见,只好拉紧裤带,缩减消费,余出更多的消费资料,以为向 A 部门买进更多的工具资本的代价了。

资本蓄积的负的方面的过程,便是资本的消费了。俗语说的"吃老本"者就是。但明白的,资本的消费所须具备的条件,必将恰与资本的蓄积所具备的条件,立在正相反对的地位。假令劳动者消费者所得的全部,那末,资本家阶级所消费的便必大于他们本年的所得,否则,社会的资本便将不会有减少。社会在本年度所生产的生产工具,必比第一年度所留下的生产工具为少,否则,社会的工具资本不会减少。社会在本年度所生产的消费手段,必比本年度所已消费者为多,其所多的部份,即在资本家方面所减少的部份。否则,资本家阶级便没有较多的消费品来消费了。将这理论应用到 A、B 两个生产部门上,可得结论如后:

一、社会既须消费其部份的资本,那末,B 生产部门所生产的消费品,便必比 A、B 两部门所已消费的,即以工资和利润的名义所得的消费品更大,似此,则是 B 生产部门为生产更多消费手段,便须比 A 部门提早扩大资本一年,否则,届时不会有更多的消费手段来消费了。

二、社会既须减少其工具资本,那末,A 生产部门所生产的生产手段必小于 A、B 两部门所已消耗的生产手段,否则,A、B 两部门的工具资本不会减少。

三、社会既须增加消费,那末,B 部门的资本家,除以较少的消费手段,向第一部门易取较少工具资本而外,所余那一部份必比他们所已消费者为多,因此 B 部门的资本家便尽可以扩大脾胃,增加消费,并以其余买爱情,养学者,养猪狗,饲禽鸟,并作其他种种慷慨而好施舍的钓名沽誉的活动了。

将上述这三种状态合并在一起来研究,我们立即可看出社会所得的变迁,实依存于 A 部门的投资总额,对 B 部门的投资总额的比率先有变迁。今且任择一个资本保持不变的年度作标准,再看自此年度以后,资本变化的情形对于社会所得的影响如何。

第一年　资本保持不变(表一)

生产部门的种类	生产所费资本		利润	制成品的价值
	工具	工资		
A 生产手段	4 000	1 000	1 000	6 000
B 消费手段	2 000	500	500	3 000
总计	6 000	1 500	1 500	9 000

在上表中,本文将利润写来与工资相同,系假定工资是利润的决定因数。或利润只是来自工资劳动所创造。亚丹斯密(Adam Smith)说:地主所分得的地租(和资本家所分得的利润),都是从劳动生产物中克扣出来,与本文的见解相合。尽管近代的经济学者均说利润乃系资本所创造,等于资本的界限生产力乘资本的总额所得的乘积。他的数学的式子为 $P_x \cdot \dfrac{\delta_x}{\delta_c} \cdot C$。但这并不足以否证劳动创造利润的理论。资本曾供给了劳动者以较优越的物质生产的环境,谁也是承认的。但劳动者利用前人的"遗产"而增加了社会的净余,仍是他自己的功劳。设个比方来说,老子是庄子的精神资本,但庄子仍为庄子所作。依据同样的道理,前各年度的劳动者的生产物,虽构成本年度的劳动者的物质的资本,但本年度的生产物,仍为本年度的劳动者所创造,这岂是数学上的偏微分法所能否认的吗?又本文的这个假定,且亦合于事实的分析,特别的是在生产技术不变之际,利润更显得是只系工资的函数。坎恩斯(J. M. Keynes)在他的《一般雇佣理论》上亦暗示利润只系工资的函数。但坎恩斯未曾主张利润为工资劳动者所创造,但本文主张之,因本文不认为利润是参加生产的企业家所有,而系为未参加生产的一般股东所有。

第二年　资本预备蓄积和开始积累(表二)

生产部门	生产所费资本		利润		制成品的价值
	工具	工资	囤货	消费	
A 生产手段	4 000	1 000	500	500	6 000
B 消费手段	2 000	500	250	250	3 000
					9 000

囤货是资本储存起来,作为下年度的资本用的。囤货在尚未化作资本的形式

以前,可以称他为准备的资本,简称准资本。

资本预备蓄积(表三)

(☆A 部门)

生产部门的种类	生产所费资本			利润		制成品的价值		总计
	工具	工资	工资	囤货	消费	原额	增额	
A 生产手段	4 000	1 000	40	100	500	6 000	400	6 400
B 消费手段	2 000	500	—	250	250	3 000	—	3 000
								9 400

☆A 部门欲增加工具资本,唯一的可能办法,就是增加雇佣总量。因为本文讨论的社会包含整个世界在内。世界上的资本已是那么多了,要增加他,只有增加工资,多雇工人才行。这份工资所增雇的工人可以直接利用自然创造出生产手段来,亦可以过龄的机器作帮助创造他。并亦可以用克拉克(J. B. Clark)的话来说,用内在的界限的无租的资本来制造。然因这里的原有工资所雇入的劳动者,缺乏适当的资本作帮助,所以其所创造出之生产工具,只等于四百加上二百利润。但这里似乎应当声明的,即本文虽然没有假定资本在 A、B 两部门间的移动性等于无限大,但本文的前一半年的结论,即关于社会所得的结论,并不排斥这种假定。

第三年　资本完成其蓄积(表四)

生产部门的种类	生产所费资本		利润	制成品的价值
	工具	工资		
A 生产手段	4 400	1 100	1 100	6 600
B 消费手段	2 200	500	500	3 300
总计				9 900

第四年　资本预备和开始消费(表五)

I. 资本预备消费

生产部门的种类	生产所费资本		资本消费品化		利润				制成品的价值
	工具	工资	工具	工资	资本化		消费		
					工具	工资			
A 生产手段	4 400	1 100	400	100	—	—	1 100		6 600
B 消费手段	2 200	550	—	—	400	100	50		3 300
总计									9 900

☆资本开始消费,在 A 部门所表现的,就是将其制成品,生产手段,再以 100 出卖,而再买进 400 消费品回来,并在所已买进的消费手段之中,本来有 1 100 是将作工资用的,今抽 100 出来作为增加消费之用。由是在 A 部门便可消费资本 500 了。

但 B 部门为消费资本起见,还须作一步准备工作,即增加生产手段,多雇工人,以为生产更多的消费手段之用。他一方面以消费品 400 向 A 部门买进生产手段 400,再省出 100 消费手段来雇用工人,因此在他的所得之中便有 500 资本化了。

II. 资本开始消费（表六）

在 A 部门

生产部门的种类	生产所费资本		利润	制成品的价值
	工具	工资		
A 生产手段	4 000	1 000	1 000	6 600
B 消费手段	2 600	650	650	3 300
总计				9 900

第五年　资本完成消费（表七）

生产部门的种类	生产所费资本		利润	制成品的价值
	工具	工资		
A 生产手段	4 000	1 000	1 000	6 000
B 消费手段	2 000	500	500	3 000
总计				9 000

在上述这三个表中，很显然的，在第一表中所罗列的数字，完全具备了资本保持不变所必具备的条件。即在 A 生产部门中，生产手段的价值为 6 000，除该部门自留 1 000 作再生产外，所余价值 2 000 之生产手段，不但恰为 B 生产部门为保持该部门原来的生产规模，所必须买进的生产手段，而且恰与 B 部门所供给的消费手段（在 300 中留出 1 000，以 500 作工资，以 500 作资本家的消费资料，恰值 2 000）之价值完全相同。供给和需要既然两两相投，故恰足以维持 A、B 两部门之静态的均衡。

在第三、第四两表中，关于 A、B 两生产部门所胪列之数字，亦完全具备了资本的扩大所必须具备的条件，即 A 部门向 B 部门所供给的生产手段 2 200 恰是 B 部门所需要的。又 B 部门向 A 部门所供给消费手段 2 200 又恰是 A 部门所需要的消费手段，所不同者，A、B 两部门的资本家，在准备扩大资本的那一年，大家均须拉紧裤带，缩减消费而已。最可令人惊异的一事，A、B 两部门的资本，一经扩大而后，社会的所得即有庞大的增加，即由 3 000 一跃而为 3 300，于劳资两阶级的生活程度均有改进。设使在这一个年度，资本再行准备扩大，并一直向前更扩大，届时社会的所得，当然更须无疑的往上递增了。但资本的扩大过程，即社会的生产生产手段的生产部门的投资总额对生产消费手段生产部门的投资总额的比率的增加过程，在资本不变的场合，前者对后者的比率为 $\frac{5\,000}{2\,500}=2$，而在资本扩大之年，前者对后者之比率，则一跃而为 $\frac{5\,400}{2\,500}=2.1$ 了。

这个命题的反面，当然也是真实的。即社会所得不减少，除非前一生产部门对后一生产部门的投资比率先行减少。或者说是，除非从一生产部门对前一生产部门的投资比率先有增加。或者说是，除非资本的消费业已开始前进。在上列第五、第六和第七三个表中，我们早已看见，本来社会的所得已有庞大的增加了。例如社会的所得在资本开始其蓄积的一年,为 3 600(第三表)。可是一到 A、B 两部门的投资比率从 $\frac{5\,500}{2\,750}=2$(第四表)一降而至 $\frac{5\,000}{3\,150}=1.54$(第六表)之后,社会的所得,又复回到开始年度的那个较低的平面,即由 3 600 一降而为 3 000 了。由此可得一结论,即社会的所得的增加,不变和减少,和与之相位而来的社会繁荣,沈滞和衰败,均可由这比率去测量。

　　上面的讨论,系以一种极简单的抽象的方法来说明社会的所得的增加和减少,并非如坎恩斯(J. M. Keynes)和他的信徒们所云,单纯的由于有效需要(投资的需要或消费的需要)的增加和减少,且与有效需要在这生产生产手段和生产费手段的两大生产部门中的分配比例大有关系,这是本文结论与坎恩斯不同的地方。再说,本文的出发点虽然不与海叶克(Friederich A. Hayek)教授相同[①],但终结点,在某种意义以内是一样的:即晚近的货币理论之所以迟迟不进步,大概系由于研究经济学的方法上,大多数经济学者所取采的某种态度的变迁,不幸这种变迁且被颂为一大进步。我的意思是指,以量的研究方法来代替质的研究方法的倾向,这是本文的结论与海叶克教授相同之处。为矫正此种危险的倾向计,本文在研究上曾经兼顾到了质的变化和价的增加的联系。所可引以为慰的,即本文似乎已找出了社会的所得的增加,不变和减少的决定条件了。这即社会所得的变迁,不只是由社会的有效需要的增加量决定,而系由于社会的投资的需要在生产生产手段的生产部门和生产消费手段的生产部门之间的分配比例决定,亦即系由生产生产手段的投资总额对生产消费手段的投资总额的比率的变迁决定。假如应用这种理论去作实际研究的人,感到在这两大部门的投资总额不易调查,那末,我们还可采取一种较易调查的比率作标准,即单调查生产手段的价值对于消费手段的价值的比率的变迁亦可。因为在生产生产手段和生产消费手段这两大部门中的投资比率,与在这两部门的制成品中,生产手段和消费手段的价值的比率,完全是同方向的。所以,在这两个比率之中,为了测量社会所得的增加,减少和不变计,无论采用那一个,在实际上所得的效果均必极其相近。

---

① 因为关于资本和所得的定义本文与海叶克教授(Prof. Hayek)的定义并不一致。

论社会所得的变迁函数

这篇文章系用英文写成,而是一个同学替我译的。不愿意加上他的名字。但我亦不敢完全掠人之美,便谨志于此,表示谢忱。

本文的目的在找出在一个孤立的国家中于一个生产时期内这个决定所得总量变迁的独立变数。我对此目的的完成曾经经过两个努力的阶段。首先我设法创设一组方程式去说明资本的再生产下的三种情形:(一)资本的保持,(二)资本的积累,(三)资本的消费。等到这些方程式一旦成立,这个决定所得总量的独立变数立即脱颖而出,好像一种自然的结果。在研究这个问题的时候,对于本问题的质的方面和量的方面,都曾同样的深深注意。

我用 Y 来表示社会的所得总量,他的计算的单位是在一个孤立的国家中平均的每件成品的价值。Y 在这里等于在这国家内的各个企业的净生产物的总价值 Pn。因此,他等于净生产手段的总价值 In 加上净消费手段的总价值 cn。我用 K 来表示资本的总价值。他系在以前的各个生产时期内,不但被保存了出来,且又被投在本生产时期中以获得最大的剩余 S 为目的再生产过程中的社会总所得的一个部份。S 是社会的利润,利息和地租的总和。

假令生产的时期为 n,那末,在第 n 个生产时期的总资本 R,便是在第(n-1)(n-2)……和一直倒数到第一个生产时期内,以获得最大剩余为目的,不但被保留了下来,且是被投入在再生产过程之中一串所得的总和了。用另一个方式来说,在第一个生产时期中被保留下来的获得最大剩余为目的而被再投入于生产之途的所得便构成第二个时期的资本了。在第二个生产时期中被保留下来的同性质的所得,加上第一个时期的一份就成为第三个生产时期的资本……同理,第(n-1)(n-2)……和一直倒数到第一个生产时期的被保存下来的同类所得的各份,就成为第 n 个生产时期的资本了。因此,凡属这类被保留下来以获得最大剩余为目的的所得,其所包含的各要素亦必是资本所包含的构成要素了。由此说来,在资本家的再生产过程中所用的土地的价值当然亦系资本无疑了;因为他不仅是过去所蓄积起来的而且是现在已被投下的价值。一言以蔽之曰,资本不是什么别的东西,资本只是以成品的货币价值作单位来计算的显现而为现在的工资和工具(指生产手段全部)两种形式的过去的所得。因此资本 k 包含着两个要素。(1)工资资本 kw 和(2)工具资本 kl。工具资本系指以生产手段的形式投入在再生产过程中的价值。

工资资本系指以最广义的工资的形式投入在再生产中的价值。至于另外的那一部份虽然亦系以与创造资本同一的方法来生产和保留下的所得,倘如他现在只以满足他的所有人本身的需要为目的,而不是以工具或工资的形式出现于再生产过程之中,并以获得最大剩余为目的,虽然近代的经济学家均称之为资本,但资本家从来并不视之为资本。由此说来,在第 n 生产时期内任人以消费的成品价值,仅管他是从第$(n-1)(n-2)$……和一直倒数到第一生产期所保存下来的,均仅可称做所得而不得谓之为资本了。

现在请让我们把以上的定义写成代数的公式如左:

$Y = Pn$,即所得等于净生产物的价值。

$Pn = Ln + Cn$,即净生产物的价值等于生产手段的净值加消费手段的净值。

$K = Ki + Kw$,即资本等于工具资本加工资资本。

如果我们假定一切工具资本的寿龄恰等于一个生产时期之长,再假定劳动者消费其所有的工资,我们就可很容易看出,在一个孤立的国家内任一生产时期的产物的总值平均系等于资本家的资本 R 加上资本家的所得 S,即:

$$Vp = K + S = Ki + Kw + S$$

这个公式很明显的包含了凯恩斯(Keynes)先生的 $Y = I + C$,即所得等于投资加消费的公式而为本公式的一个部份。因

$$Vp = Ki + Kw + S = Ki + Y = Ki + I + C$$

但 $Vp - Ki = Kw + S$

即 $Y = I + C$

可见凯恩斯先生的公式只系我们这里的公式的一个构成部份了。这里的 Y 是指的净所得而不是指的总所得,这当然是没有问题的。然因生产品的种类有两种(1)生产手段和(2)消费手段,故公式 $Vp = Ki + Kw + S$ 亦可以分为下列两种:

 I、生产生产手段的部门 $Vip = Kii + Kiw + Si$

 II、生产消费手段的部门 $Vcp = Kci + Kcw + Sc$

此两公式的意义,就是,如果以 Kii 和 Kci 资本的资格而被投下的生产手段的寿龄恰等于一个生产时期之长,又如劳动者消费其所得的全部,则每个部门的新生产物的全部的价值,无论他系生产手段也好,或消费手段也好,将恰等于每个部门的资本家们的投资加上资本家们的所得。有了这两个公式,我们就可进前研究资本的保持,累积和消费所须满足的条件。

在资本的被保持的场合,有三个条件是必须的:(一)这两个部门必须不要消费其资本,为了实现这个目的,那末,由第一个部门所生产的生产手段必恰等于两个部门的再投资所需用的生产手段。用数字来表示他,就是:

$$Kii + Kci = Vip$$

(二)他们必须准备的消费其所得,为了达到这个目的,那末,第二个部份所生产的消费手段其价值必恰等于两个部门的净所得。

$$Vcp = Y \quad 或 \quad Kiw + Kcw + Si + Sc$$

（三）由这里第一个必须的条件和公式 I，我们立可推出第三个必须的公式来：

$$Kci = Kiw + Si$$

这就是说，如果每一个部门的资本家把该部门的新生物留出一部份来，作为已用之后，必须能够以所剩余的生产品卖与其他的一个部门。假如这三个条件被满足了，则在一个孤立的国家内，凡以成品价值单位来计算的资本总值就将完全被保存不变了。

在资本积累的场合，我们也须要另有三个不等式：（一）资本家既要累积其资本，他们必不消费其全部的所得。因此之故，

$$Vcp < Y \quad 或 \quad Kiw + Si + Kcw + Sc$$

（二）第一个部门所生产的生产手段必比两个部门所需要来仅以作为再投资用的生产手段之总和为大；是即

$$Vip > Kii + Kci$$

（三）因此之故，所以第三个条件是

$$Kci < Kiw + Si[1]$$

意思是说，第一个生产部门所生产的生产手段，除了该部门所留出来用作再投资和净投资的部份外，所剩下的那部份必比第二个生产部门仅用以作再投资者为大。因第二个生产部门的企业家不消费其（以其所生产之消费品的平均的价值来计算的）所得的全部，他们所以能够以其所未消费的所得之一部向第一个生产部门买进更多的生产手段，于以扩大他们在生产手段上的投资，并能以其余的部份，增雇工人，推动这份新增的工具资本的设备。假令这三个条件具备了，社会的投资的总额便能继续的扩充了又扩充，或加大了又加大，真到将所有生产资源和所有的劳动人数充分用尽而后已。

在资本减少或被消费的场合，我们发现他亦系受三个不等式支配。（一）资本家既须消费他们的资本，那末，他们的消费的价值势必要大于他们的所得。因此之故，

$$Vcp > Y \quad 或 \quad Kiw + Kcw + Si + Sc$$

（二）第一个生产部门所生产的生产手段必比两个部门所已磨损的工具资本之总和为大，是即

$$Vip < Kii + Kci$$

换句话说，第一个部门所生产的生产手段，比较两个部门，在维持资本不变的场合，所须以作再投资用的生产手段更少。

---

[1] 关于资本的保持和积累的条件请看拙著：Mr. Keynes and Marx on the Theory of Capital Accumulation, Money and Interest, *Review of Economic Studies*, London, Oct. 1939. 这里作者没有新见解，仅将马克思的再生产学说加以解释而已。

（三）于是在第二个生产部门的生产的消费手段之中,除去该部门存留出来维持同样的或稍高的生活程度之外,所剩余的那部门必比第一个部门所仅须以维持生活程度不变的数量更大;这即是说:

$$Kci > Kiw + Si$$

很明显的 $Kci - (Kiw + Si) = \Delta Kii$,这份 ΔKii 便是第一个部门的资本家实际所消费的资本了。因为第一个部门的资本家绝对不能直接消费其成品生产手段,他们在第一个生产时期之末,遂以时 Kiio 出售于第二个部门的资本家,换取更多的消费手段,于以增加他们的消费而使他们的消费比较他们的所得更大。这样一来,在本生产时期里,第二个生产部门所用的工具资本便比从前增加了。即 $Kci = Kcio +$ 时 Kiio 或 $Kci = Kcio + \Delta Kcio$。随着生产的进行,ΔKci 逐渐将他自己转化而为新增的消费的手段,再加上本时期第二部门的资本家为了推动更多的工具资本的设备在原料上所增加的价值,于是本时期的消费的手段便比第一个时期要大 $\Delta Kci + \Delta Kcw + \Delta Sc$ 了。这份新增的消费手段,除了用以稍微提高第二个生产部门的生活程度而外,所余的部份,倘如第一个生产部门的资本家还要继续消费其资本的话,他尚可用以向第一个部门买进因欲缩减工具资本所余下来的机械与原料。至于第二个生产部门,在第一生产时期之末,所持以向第一个生产部门买进更多的生产手段和雇用更多的工人的购买力则是从他们拉紧裤带节省消费而来的了。

从以上的公式很容易推出决定社会所得增量的独立变数来。在资本保持不变的场合,我们有 $Y = Vcp$ 和 $K = Vip$ 的式子。这两个式子的意义是说,人们消费其所得的全部,在这种状态之下,无论任何生产部门的资本家均没有增加 Ki 或 Kw 的可能了。因此 KE_1/KE_2 的比率是不变的。结果,社会的所得将亦是不变的了,是即

$$\Delta Y = 0。 如果 \Delta(KE_1/KE_2) = 0$$

这里的 KE_1/KE_2 是指生产生产手段的生产部门的投资总额对生产消费手段的生产部门的投资总额的比率的意思。

在资本积累的场合,我们有公式 $Vip > Kii + Kci$ 和 $Vcp < Y$,意思是说,当着 Vip 已经由 Kii + Kci 增加到 Kii + Kci + ΔKii + ΔKci 之际,Vcp 依然不变。这里明白指出第一个生产部门的投资总额必然老早已被增加了,否则 Vcp 只能等于 Kii + Kci 而绝对不能大于他。即在前一个生产时期内第一个部门的投资总额已由 Kiio + Kiwo 扩大为 Kii2 + Kiw2 + ΔKii + ΔKiw,预准作本生产时期的投资,故第一个生产部门能在本生产时期将投资扩大为 Ki + Kw = Kiio + Kiwo + ΔKii + ΔKiw,然而第二个生产部门的投资总额 ΔKci + ΔKcw 依然等于 Kci2 + Kcw2 而无丝毫变迁。自然 ΔKii + ΔKiw 不是凭空结构而来,而系由于第一个部门的资本家节约储蓄并扩大投资而来的了。因此之故,所以本时期的生产手段增加了 Kii + Kiw + ΔSi 的数目。即 $Vip > Kii + Kci$ 或 $Vip - (Kii + Kci) = \Delta Kii + \Delta Kiw - \Delta Si$。于是第一和第二两部生产部门的资本家便可扩大他们的工具资本即由一个基本时期的 Kii + Kci 扩大而为

相邻时期的 Kii + Kci + ΔKii + ΔKiw 了。很明显的,在资本继续扩大之际,社会的所得必当继续往前扩大。由是我们可得一结论,即当 KE1/KE2,这比率继续增大之际,社会所得也要增大。纵令扩大了一个时候,资本家看见他们的所得大增,不欲再行节省消费增加投资,他们情愿消费其所得的全部,而使社会的再生产过程停滞在一个新的资本被保持不变的状态上,可是在现在状态下的社会所得的平面,必比在资本未经积累之前在资本被保持不变的场合的所得为高。用算来表示他,即 ΔY >0,如果 Δ(KE1/KE2)>0,在资本减少或被消费的场合,我们有公式 Vcp > Y 和 Vip < Kii + Kci。意思是说,当着 Vcp 业已增加而大于 Y 时,Vip 依然不变。依据同样的理由,我们可以推知,这必是由于 KE1/KE2 这比率已减少了。这个比率既然减少,所以社会所得亦将减少了。是即

ΔY <0 如果 Δ(KE1/KE2) <0

将这三个命题合在一处,我们可以写出社会所得增量的函数如后:

$$ΔY = F(KE1/KE2)$$

即社会所得的变迁依存于生产生产手段的工业部门对生产消费手段的工业部门的投资总额的比率决定,这个比率变大了则增,变小了则减,乃是一种自然之理。此外我们还应该补充一点,即 ΔY = F(KE1/KE2),先要经过 Kiw/Kcw 这比率,故亦可认为 Kiw/Kcw 这比率的函数。

我们的结论与当代货币学家凯恩施(J. M. Keynes)在研究社会所得变迁的决定因数时所得结论不同。即凯恩斯认为社会所得的增量只受社会的有效需要的增量决定。他将有效需要的增量分为二类:(1) 对于生产手段的需要的增量,(2) 对于消费手段的需要的增量。只要这两个增量都大了,有效需要自然大了,同时,社会所得自然亦增大了。在社会所得减少时,他的经济政策是,任凭增加社会对生产手段的需要和增加消费手段的需要都几乎是一样的重要,依据我们的研究,社会所得的增量不仅是基于有效需要的增量决定,而系受这增加的有效需要,在生产生产手段的投资总额上和生产消费手段的投资总额上的分配比例的增量决定。即受第一个部门的总投资额对第二个部门的总投资额的比率的增量决定。说得更简单一点,即社会所得的增加系受社会对生产手段的需要的增加率大于社会对消费手段的需要增加率所决定。在社会所得减少时,资本已在被消费了。倘如一国的政府不将有效需要的质的分布加以分辨,误信 Keynes 所说为全部的真实,而盲目的增加有效的需要致使的比率变低或使 Kiw/Kcw 变小,结果社会所得必定减少了又减少,而与凯恩斯的目的完全相左。

无疑的现代的经济学家均期望着社会的所得能够继续的增加。不幸社会的所得常在发生增减不居的变化。于是有两个问题发生:(1) 为什么有这种变动发生呢? 为什么社会的所得恰才爬上繁荣的极项,立刻就要坠入一个不可避免的衰败的深渊呢? (2) 我们是否可将我们的比率继续的增加呢? 我希望我能依照同样的分析的途径找出一个比较有用的答复来。

(《新经济》,1944 年 11 卷 3 期)

资本蓄积的理论

—— 对于马克思的资本蓄积理论的一个新的探讨和推进

大凡读过《资本论》的人都知道马克思对于单纯再生产和扩大再生产的分析是什么。马克思的单纯再生产的分析在说明资本积累的条件。但马克思没有讨论,在商业衰败的时候,资本的消费或减少的条件。实则资本积累的条件的负的方面便是资本的消费条件了。本文的第一个目的就是将马克思的资本积累的条件所包含的负的方面的意义引伸出来,作为资本消费的条件。本文的其次的一个目的的便是将资本的保持,积累和消费的全部条件,综合起来,以图发现社会所得变迁的函数。

马克思将资本的再生产过程解释为有产者阶级,以其货币资本买进生产工具和雇进工人,制造商品,以之出售于市场,企图赚取更多货币的循环不已的有计划的行为。他将这个过程的特点绘成一个图解如下:

$$M \longrightarrow C \begin{cases} M \\ \\ c \end{cases} \cdots\cdots P \cdots\cdots C' \quad \text{或} \quad C + \Delta C \longrightarrow M + \Delta M$$

这就是说,资本家的再生产过程系由三个阶段联合而成,(1) $M \longrightarrow C$;是即将货币的资本 M,买生产的要素 C,C 包含生产的工具 m 和劳动力 c,(2) P 指生产的活动,即劳动者使用他们的精力创造更多的同质的商品或更好的同量商品的活动;(3) C' 或 $C + \Delta C \longrightarrow M + \Delta M$,即资本家阶级将劳动者在生产的阶段中所生产的更多的或更好的商品 $C + \Delta C$ 或 C',卖成更多的货币 $M + \Delta M$。在这三个阶段之中,是初的阶段 $M \longrightarrow C$ 和最后的阶段 $C + \Delta C \longrightarrow M + \Delta M$,属于商品流通的范围。介在其间的阶段属于商品生产的范围。综括起来说,资本家的再生产过程的主要部份是由两个流通的阶段夹着一个生产的阶段配合而成。

这个图解的重要在能指出资本家阶级所获得的更多的货币 ΔM 的泉源。许多的经济学家站在资本阶级的立场,均以为 ΔM 是在流通的过程中创造出来的。他们以为资本家阶级的唯一的任务,就是贱买而贵卖,故 ΔM 实为贵卖的结果。但马克思以为这种说法不能成立。他所根据的理由是,贱买或贵卖的结果,只足以替个别的资本家创造净余的货币所得,但不足以替整个的资本家阶级创造也。甲资本家向乙资本家贵卖的结果,诚然可以产生净余的货币所得 ΔM,但乙资本家向甲资本家贵买的结果,却不能不损失 ΔM,结果整个的资本家阶级的收入还是丝毫无所增益。又资本家阶级向劳动者阶级贵卖的结果,诚然亦可产生相对的净余 ΔM,但绝不足以产生绝对的剩余。因为劳动者阶级向资本家阶级贵买的结果所损失的 ΔM,还是资本家阶级最初所给与他们的工资。资本家阶级,虽然可因向劳动者阶级贵卖的行为,减少 ΔM 的损失,但这并不足以替资本家阶级增加净余的利益。法国季特(Charles Gide)学派力言资本家阶级所得的净余 ΔM 是由生产人剥削消费人而来。这等于说,资本家阶级所得的净余 ΔM 是向他们自己贵买而来,或由他们向劳动者阶级贵卖而来。这两种解释当然是错误的。由此说来,资本家阶级所得的净余 ΔM 必不是由在流通过程中创造出来的了,尽管他们是在流通过程里实现出来的。假令在资本家的社会里,商品的种类不变,每种商品之中的单位价格不变,我们很要明白的看出,在商品生产的最初的一次流通的阶段中,m 所代表的生产手段和 e 所代表的消费手段,都是一切种类的商品的件数,他们为一定的 C 所表示。可是经过生产过程之后,商品的种类虽然还是与前一样,可是每种商品的件数均有增加,即由 C 增加为 $C + \Delta C$ 了。因此资本家阶级的总收入也就不只 M 而为 $M + \Delta M$,他们于是便有 ΔM 的净余利益可图了。换句话说,资本家阶级的更多的货币的利益 ΔM,完全系由劳动者阶级在生产过程中推动机器,使用原料和制造更多的成品 ΔC 的活动而来的了。除非我们相信面包可以自由加倍的神话,我们很难得说,ΔM 不是劳动者的剩余劳动时间所结晶而成之 ΔC 的表现了。

从成本与价值的关系上说,在资本家的生产过程中,C 的价值恰等于 M,因为买进的价值 C 和卖得的 M 总是相等的。C 可称做 M 资本的实质形态。C 包含两个部份(一)生产工具 m,(二)劳动者的劳动力 e。马克思称第一部份的价值即生产工具的价值 M,为不变资本,以小 c 代表他;第二部份的价值,即劳动力的价值 M,为不变资本,以小 v 表示他。因为第一部份的资本 c 在生产时期之初所代表的生产手段的件数,在生产时期之末,当着商品的种类不变的场合,完全被社会将他们重新生产出来了。因为他们的件数不变,如果物价不变,他们的价值 M,亦当不变。故马克思称他为不变资本。反之,第二部的资本 V 所代表的劳动时间,在生产时期之初,当为劳动者所消费的消费品在一产时所费的劳动时间。他在生产时期之末,因劳动者努力生产的结果,在每类商品之中,增加了若干的件数。计其所增的总件数为 ΔC。在生产技术不变的场合,ΔC 所代表的劳动时间实为追加的劳动时间。因为劳动者的劳动力的支出将商品 C(包含生产手段和消费手段)增加为 $C + \Delta C$,故资本家阶级在劳动者的劳动力上所投下的资本便将 M 增加为 $M + \Delta M$ 了。因此,马克思称这一部份的资本为可变资本。这系取 v 可使资本的总价值 M 有所变化的意思。马克思称 ΔM 为剩余价值,他用 S 表示他。将资本家阶级的总投资再加上资本家阶级的总剩余,其数学的式子为 $C + V + S$,当然便是在一个生产时期之内所有的商品的总价值了。综括来说,在每一生产时期之末生产物的总价值等

于资本家的总投资加上资本家的剩余价值之总和,是即:

$$C + v + S = V$$

因为成品的种类有二:(1)生产的手段,(2)消费的手段,所以,上列这个总公式尚可劈为两个部份:

Ⅰ 生产生产手段的部门　　$c_1 + v_1 + s_1 = V_1$

Ⅱ 生产消费手段的部门　　$c_2 + v_2 + s_2 = V_2$

这即是说,在任一生产时期之内,生产生产手段的部门所生产的成品,生产手段的总价值等于该部门资本家的资本 $c_1 + v_1$ 加上资本家的剩余 s_1。依据同一的理由,生产消费手段的部门所生产的成品,消费手段的价值,亦等于该部门的资本家的资本 $c_2 + v_2$ 加上资本家的剩余 s_2。这里马克思假定资本家的资本的年龄,最多,只能有一个生产时期之长。

以上述这两个公式作根据,马克思发表了资本的保存和资本的蓄积所需要的条件。前者马克思把他称为单纯的再生产,后者马克思把他称做扩大的再生产。单纯的再生产的意义是指这两个生产部门的需要和供给的关系,恰足以使每一个生产部门的资本和剩余,在相邻的两个生产时期内,维持同样的生产的规模,扩大的再一产的意义是指这两个部门的供给和需要的关系,恰足以使在两个相邻的生产时期内,每一个生产部门的资本,在第二个生产时期的开始,均有增加。

马克思发现单纯的再生产过程所需要的条件有三:(1)假令商品的价格没有变动,因为这两个生产的部门都要维持同样的生产的规模,那末,他们便必须不要消费他们的不变的资本。换句话说,就是第一个部门所生产的生产手段必恰够第一和第二两个部门的再投资之用,因此,

$$c_1 + c_2 = V_1$$

这即是说,第一个生产部门,在生产时期之内,对于生产手段的供给,必恰等于第一和第二两个生产部门,为了再投资对于同样的生产手段所发生的需要了。(2)他们所消费的必恰等于他们的所得。这即是说,这两个生产的部门,以其全部所得所买进的消费手段必恰等于第二个生产部门所生产的消费手段。因此,

$$v_1 + v_2 + s_1 + s_2 = V_2$$

这等于说,第二个部门所生产的消费的手段恰等于这两个部门所需要的同样的消费手段。(3)从上述这两个条件可以引伸出第三个条件:$c_2 = v_1 + s_1$

他的经济的意义是说,如果第一部门,在他所生产的生产手段之中,减去该部门自己在再投资上自己所需要的生产手段而外,所剩下的生产手段的价值,恰等于第二个生产部门,在他所生产的消费手段之中,减去该部门自己所需以作消费的部份而外所剩下的消费手段的价值。用数字来表示他,即

$V_1 - c_1 = V_2 - (v_2 + s_2)$　　因 $V_1 = c_1 + c_2$

和 $V_2 = c_2 + v_2 + s_2$

但 $V_1 - c_1 = s_1 + v_1$ 和 $V_2 - (v_2 + s_2) = c_2$

故 $c_2 = s_1 + v_1$

假令这三个条件具备了,那末,在价格和技术的不变的情境下,这两个生产的部门便时时都能维持同样的生产的规模和同样的生活的标准了。

马克思的单纯再生产的学说,可以算是人类历史上一种空前的贡献。米拉播(Mirabeau)曾说,人类有史以来有三大发明:(1)文字,(2)货币,(3)重农学派的鼻祖揆内(Quesnay)的经济表[①]。可是马克思单纯再生产的学说实比揆内的经济表要进步。因为揆内的经济表,只足以说明农村社会里的生产品的佃农,地主和小工人和小商人三个阶级之中的生产和流通的过程,但不足以说明在资本家的生产关系里,商品在有产者阶级或整个资本家阶级里和劳动者阶级之间的生产和流通情形。揆内的经济表只说,假令社会上有三个阶级,(一)佃农,(二)地主,(三)小工商业者,并假令佃农一年所生产的农产品为五亿元,成本三亿元,净余两亿元,而佃农即以此两亿元纳于地主而作地租。又假令小工商业者所生产的手工业品其值两亿元。地主于是以一亿元向小工商业者买进值一亿元的手工生产品,小工商业者于是又以一亿元向佃农买进一亿元的粮食。此一亿元这货币于是回入佃农手内。但佃农则有值一万元之粮食入于小工商业者之手,同时小工商业者又有值一万元之手工生产品,入于地主之手。因此,地主在其所收入之地租中便用去了一亿元了,还存有一亿元。他于是又以一亿元向佃农买进粮食。地主于是把他的货币地租通通用出去了。佃农则把他所发出的钱票全部收回来了。此时小工业者还有一亿元的手工生产品要卖出去,恰好农人为了维持同样的生产的规模需要补充农具和其他用具,如犁耙,水车,桌椅……之类,亦恰值一亿元。农人于是以一亿元向小工商业者买进这些东西。此时,小工商业者手中的存货于是都卖出了。小工商业者于是再以此一亿元向佃农买进原料。结果,佃农在其所生产的价值五亿元的粮食与原料中除其已卖出的三亿元的粮食与原料而外,只存有值两亿元的粮食了。可是这两亿元的粮食是他要留着自己用的。到了第二年度佃农又生产出值五亿元的粮食,小工商业者又卖出值两亿元的手工生产品,地主再收租,于是社会的生产品又复在地主、佃农和小工商业者之间循环一次。米拉播读了这个经济表后,立即称此为人类有史以来三大发明之一。可是马克思的单纯再生产的学说比较揆内的经济表还要进步。因为揆内的经济表只足以说明在农村社会中,坐食净余的阶级只有地主一个阶级时财富循环的情形。但马克思的单纯再生产的学说,且足以说明当着在坐食阶级的阵营中,不但只有地主,而且还有资本家阶级在内时,商品生产与流通的情形。所以马克思的单纯再生产的理论截至马克思时代为止,实为人类有史以来一种破天荒的发明。

可是马克思的最伟大的贡献还不在他的单纯再生产的学说上,而系在他的扩

---

① Quoted in *Wealth of Nations*, Book IV, Ch. 9.

大的再生产的学说上,现在且让我们将他剖析如后。

马克思的扩大的再生产的学说,我们曾说,他即是现代经济学者所常讨论的资本积累的学说。依据马克思的研究,资本积累的条件亦有三个:(1)资本家阶级因欲积累他们的资本或增加他们的投资,他便必须不要消费他们的全部的所得。就是说,第二个生产部门所生产的消费的手段必须小于这两个生产部门的所得总量的全部,或小于资本家阶级和劳动者阶级的所得的总和。用数学的式子来表示他,就是,

$$V_2 < (v_1 + s_1) + (v_2 + s_2)$$

(2)资本家阶级既要增加他们的投资,他们势必也要扩大他们的资本,特别的是增加他们的不变的资本。因此,第一个部门所生产的生产的手段必须要能大于这两个部门所已消耗的生产手段。用数学的式子来表示他,就是:

$$v_1 > c_1 + c_2$$

由这上面这两个必要的条件并可推出第三个条件,即

$$c_2 < v_1 + s_1$$

这即是说,第一个生产部门,在其所生产的生产工具之中,除留下一部份来,和为相当的扩充本部门的不变成本 C 而外,所余之生产工具除供第二个生产部门的再投资之外,尚是以供他的净投资之用。假令这三个条件具备了,那末这两个部门的不变资本便扩充了,同时,由这被扩充的不变资本所引起的,应该也要跟着扩充的可变资本,也势必要跟着扩充了。

马克思假定资本家阶级在消费方面所节约的完全等于在投资方面所增加的。换句话说,就是资本家阶级以其所节约之消费品改为不变资本增量和可变资本增量,扩大生产的规模使剩余价值有增加,因之社会所得的全部均有增加。

最可引人注意的,就是马克思这种分析,不但不与近代经济学者相冲突,而且有比近代经济学者的分析更进步的地方。因为近代的经济学者只着眼于这一个命题的重要,即储蓄是减少有效需要的原因。但马克思除了认清这点而外,且着眼于生产生产手段的部门和生产消费的手段的部门的产量的比例。即在第一部门所生产的生产手段除供第一部门再投资与净投资之用而外,所余以出售于第二部门的生产手段必恰等于第二部门投资的需要,又第二部门所生产的消费手段,除供第二部门消费之外,必恰等于第一个部门的消费的需要。因此他在讨论单纯再生产的时候,纵是假定 $c_1 = v_1 + s_1$,设令 $c_2 > v_1 + s_1$,那末,第一个部门如果不欲消费其不变的资本,则在第二个部门必有消费手段生产过剩的危险。反之 $c_2 < v_1 + s_1$,如果第二部门不欲扩充他的不变的资本,则在第一部门势必有生产手段生产过剩的出现。因此,马克思认为欲图资本的圆滑的蓄积,不但需要管理流通或货币,而且需要管理生产。不幸,在资本家的生产制度内,没有一点的生产的活动,除了在战争时期内,是为中央机关所控制而外,一切的活动都由无数的个人,依照自由的意志,独立去决定结果,于是造成现实的经济生活的各种的大动乱。

我们知道,现在世界上所公认为头等的经济学家凯衍斯(J. M. Keynes)先生在他的《一般雇佣理论》的上面,曾谓马克思的资本积累的理论系根据于赛依(G. B. Say)的供给创造需要的谬论①,而凯衍斯的崇拜者约翰鲁滨孙(John Robinson)不幸也含有同样的见解②,实同在马克思的资本积累的学说内绝无供给创造需要的假定。最可令人惊异的一件事,就是凯衍斯的最主要的基本的概念,如(1) 总供给价格,(2) 所得(3) 消费,(4) 净储蓄与净投资等等,都可以从马克思的资本积累的公式中推广而得。反之,马克思的最主要的基本概念,如(1) 生产品的总价值,(2) 收益,(3) 消费,(4) 净投资等等,我们只须将凯衍斯先生的公式中的代数符号换成马克思公式中的代数符号,即可发现两人所用的不同的符号,原来系指同一的事情。例如凯衍斯说,总供给价格(包含使用者的成本和辅助的成本)等于因素价格加利润加使用者的成本,加辅助的成本,其公式为

$$A = F + P + U + W$$

而马克思的生产品的总价值等于不变资本加可变资本加利余价值,其公式为

$$V = c + v + s$$

因为生产因素的价格加利润等于可变资本或工资加利余价值,二者均同等于工资利息,地租和利润之总和,即

$$F + P = v + s = w + i + r + p$$

同时,凯衍斯的使用者的成本加利润复等于马克思的不变的资本,据此,则是凯衍斯的总供给价格与马克思的生产品的总价值完全是名异而实同的事情了。

把所得和收益来说,依据凯衍斯对于所得所下的定义,所得等于总供给的价格减使用者的成本,减辅助的成本,其公式为

$$Y = A - U - W$$

依据马克思对于收益所给的定义,收益等于生产的总价值,减去不变的资本,其公式为

$$R = V - C$$

因为 $A - U - W = F + P$

而 $V - c = F + P$

故 $A - U - W = V - c$

因此凯衍斯的所得,亦即马克思的收益了。

把消费来说,凯衍斯说,消费等于总供给价格减投资,其公式为

$$C = A - A_1$$

马克思说,消费等于生产品的总价值减去不变的资本(旧和新)其公式为

$$C = V - (c + \Delta c)$$

① *General Theory of Employment , Money and Interest* , Chap. 23 , p. 355.

② *Essays on the General Theory of Employment* , pp. 246—255.

因为 $A - A_1 = V - (c + \Delta c)$

因此,凯衍斯的消费与马克思的为同义。

把净储蓄和净投资来说,凯衍斯的净储蓄等于所得减去消费,其公式为 $S = Y - C$,亦即等于净投资,其公式为

$$S = Y - C = (A - A_1 + \Delta I) - (A - A_1) = \Delta I$$

很明白的我们可以看出凯衍斯的 ΔI,即马克思的 ΔC 了。

马克思根据这些基本的概念,认为在资本家的生产过程中,供给和需要的不适的情形可以从窖藏 C(boarding)而来。窖藏的意义是说一个人只有卖而无买的行为。例如在生产生产手段的部门内,有 $V - c$ 的生产工具卖给第二生产消费手段的部门了,而在消费品的部门内,则有 $v_2 - (v_2 + s_2)$ 的消费品要售给生产品的部门。可是假令生产手段的部门,因需储蓄货币,卖出之后,不予买进,则第二生产部门的消费品市场使将丧失全部或一部了。依据同样的理由,假如生产消费手段的部门将消费手段出卖与生产生产手段部门之后,不予买进,或只买进一部份,则是第一部门的生产手段市场须将丧失全部或一部了。故马克思认为窖藏是引起衰败的一个重要的因素。凯衍斯则认为储蓄的行为与投资的减少,是减少有效需要的因素。依据凯衍斯的意思,储蓄即为出卖商品和役务的人只出卖他们的商品和役务,而不以之买进消费品。投资的减少系指同样的人他不以买进生产的手段。因之,马克思对于窖藏所发生的恶影响,实与凯衍斯先生的见解相同。除了窖藏之外,上文曾经说过,马克思复认为在资本家的生产制度之内,供给和需要不相投合的情形,亦可以由在各个生产部门之间,缺乏适当的比例而来,这点凯衍斯不曾充分注意到,乃是不可讳言的事情了。因仔细分析这些问题,实不在本文所欲讨论的范围之内,故亦不欲详究。这里所着重的,只是凯衍斯在二十世纪的初年方才知道的东西,马克思还在半世纪以前便知道了。由此说来,在某种意义之内,马克思和凯衍斯先生均可毫无疑义的呼为"革命的"经济学家。(这里所用的"革命的"一词,系采凯衍斯的意思)。不幸,凯衍斯因为没有细读马克思的《资本论》,他非但不肯认许他在经济学上伟大的贡献,反而厚诬他为庸俗的经济学家,如赛依(J. B. Say)一流,这确是冤枉了马克思了。

最足以暴露批评者的偏见和无知的当推英国牛津大学已故经济学教授厄治卫司(F. Y. Edgeworth)。他说:

> 尼古尔森教授(Shield Nicholson)说,他越读马克思越觉失望和难过。马克思的价值的学说,不但不是一种进步,而是一种退步。他忽略了现代的经济学家所阐明的需要的力量。又马克思虽然好像是道德在经济学上使用数学的人,我们知道在经济学上使用数学是现代经济学者所癖爱的。但在《资本论》上所使用的数学只足以与小说书上用以表示海盗所秘藏的金银地图和航海图为伍。把马克思所用的代数和顾尔诺(Cournot)所用的代数比较起来,正如海

盗森和海军大将所用的地图的不同。尼古尔教授对于马克思的工资,利润和资本积累等学说的透澈批评,充分指明了马克思的独创都是错的。同样的透澈与严厉的批评,也用在马克思的最重要的弟子列宁(Lenin)之上。列宁和马克思的弟子们对于他们的大师的学说发生各种不同的解释。这应该能表示马克思是连最低限度的一致性也没有的了。①

可是现在我们知道,这些为厄治卫司所指斥的代数的式子,如我们上面所引证,不但尽包含了的主要的学说,而且在有几点上尚超过他们,这足表示尼古尔森和厄治卫司对于马克思的评判都不足以负起评判的任务了。

以上只说,马克思的资本保持和积累的学说,是即马克思的单纯再生产和扩大再生产的学说了。马克思这些学说不幸被埋没了。直到凯衍斯先生的《一般雇佣理论》出版后,他们始显现出他们的精深和博大。②

在资本家的生产过程中,不断的经过繁荣和衰败的波动。安静的时期是很短的。在繁荣的时期里面,资本固然有庞大的积累,此时马克思的关于资本积累的分析固足以说明社会的繁荣所必须具备的条件。可是,在衰败的时期之中,资本确是不但不在往上增加,且在往下减少。工厂关门,银行破产,交易所停业,土地荒废,资产跌价,商品烧毁,工人失业,无一不表示资本的减少或消费。但关于资本的减少或消费所须具备的条件是什么呢?这些条件马克思虽然没有明言,但已包含在他对资本积累的分析内。因为资本积累的负的方面便是资本减少的条件了。现在让我们把他们演明出来如后。

(1)社会即须消费他们的资本,那末,他们所消费的物品,必要大于他们的所得,因此消费品部门的生产品的价值便必大于两个部门的所得。用数学的式子来表示他,便是

$$V_2 > v_1 + v_2 + s_1 + s_2$$

(2)社会既须消费他们的资本了,那末,第一个生产部门所生产的生产手段势必小于两部门所已消耗的生产手段,因此

$$V_1 < c_1 + c_2$$

由此两个条件,更可推出第三个条件,即第二个部门所已消耗的不变资本,必要大于第一个部门的所得,否则第一个部门不能消费他们的资本,同时,第二个部门亦不能增加他们所生产的消费手段的产量了。因此,

$$c_2 > v_1 + s_1$$

由此可知,资本消费的三条件恰与资本积累的三条件立在正相反对的地位。前者且已包含在后者之中。换句话说,这三个条件并非作者什么新创见,至多不过

① Edgeworth, *Papers Relating to Political Economy*, Vol. Ⅲ, pp. 273—275.

② 参看拙作: Keynes and Marx on the Theory of Capital Accumulation, Money and Interest, *Review of Economic Studies*, London, Oct. 1939.

是反马克思书中所含蓄而未发的三命题,将他们说得更明白些就是了。

可是,在马克思的整个体系之内,这个补充是必需的。因为假如没有这个补充,好像马克思的资本蓄积的理论只足以分析资本积累的长期趋势。有了这个补充以后,则马克思的资本蓄积的理论,不但可以有以说明资本积累的长期的趋势而且可以用来说明经济的循环了。虽然,近来也有人想依照马克思的分析作出一种经济循环的学说,但除非将马克思所失却了的资本消费的这一环重新发现出来,加添在马克思学说的系统内,任何形式的关于马克思的经济循环学说的解释,恐怕终将是徒劳而无功的。但因本文的目的不在说明经济的循环的学说,所以这里便可不必细讲了。

上文曾经说过,本文的最后的目的,在将资本的保持,积累和消费所需要的各条件,加以一般的综合,以图发现社会所得变迁的函数。在上述的资本的再生产各类条件之下,乃是必然要产出的一种结论。

把资本的保持来说,我们知道,他所需要的主要条件有二:(一) 生产消费手段部门所生产的消费手段的价值恰等于社会的全部的所得,是即 $v_1 + v_2 + s_1 + s_2 = V_2$,又(二)生产生产手段的生产部门内所生产的生产手段恰足以填补社会在本生产年度之中所消耗的不变的资本是即 $v_1 = c_1 + c_2$ 了。因为这个条件的主要意义是说,社会消费其全部的所得,所以社会便莫法增加他们的资本 $v_1 + v_2 + s_1 + s_2$ 了。这即是说,生产生产手段的部门和生产消费手段的部门的投资总额均无增加和减少。也就是说,前一个部门对后一个部门的投资比率,均无增损的可能。假令其他条件相同,我们实无理由相信社会的全部的所得会起变动。用数学的式子来表示他,就是

$$\Delta R = 0 \text{ 如果 } \Delta \frac{k_1}{k_2} = 0$$

这里 $\Delta R = \Delta v_1 + \Delta v_2 + \Delta s_1 + \Delta s_2, k_1 = v_1 + c_1 k_2 = v_2 + c_2$

ΔR 系表示所得的增量之意。K 系表示第一个部门的投资总额,又 k_2 系表示第二个部门的投资总额之意。

在资本积累的场合,我们有 $V_1 > c_1 + c_2$ 和 $V_2 = v_1 + v_2 + s_1 + s_2$ 的两个代数的公式。依据上文所述,这两个公式的主要意义是说,因为社会要增加他们投资,他们不能消费其全部的所得。为了要达到这个目的,他们首先要增加他们的不变的资本或生产手段。这即是说,第一个生产的部门,即生产生产手段的部门的资本家,假令劳动者消费其所得的全部,先要节省消费,增加投资,先要以他们的消费的手段变为生产的手段和工人的工资,即由 $c_1 + v_1$ 增为 $c_1 + v_1 + \Delta c_1 + \Delta v_1$,而使该部门的一产的手段由 v_1 增为 $v_1 + \Delta v_1$。这里 $\Delta v_1 = \Delta c_1 + \Delta v_1 + \Delta s_1$ 乃是一种容易明白的事情了。这就是说,生产生产手段的部门的投资先有增加。可是,在生产消费手段的生产部门内的投资总额在生产手段的产量尚未增加之时,依照我们的假定,是没有理由扩充他们的不变资本的,因为他没有更多的生产手段来扩充呀! 不变资本

既然没有增加,当然可变资本的部份亦须保持不变了。这里我们假定不变资本和可变资本的比例是一定的。等到第一个生产部门的生产手段增加了,如 $V_1 > c_1 + c_2$ 当然第二个部门亦可以扩大他的投资了。因为第二个部门的资本家,尽管此时他们的所得没有增加,但他们依然可以扩大他们的投资,原因是由他们可以缩减他们的消费。这点上文已说过了,现在不必重述了。两个部门的投资既然均有增加,比之投资没有增加时当然所得,要较大的。但这点我们必须注意,即两个部门的投资总额均有增加之时,社会的所得,虽比资本没有增加,徒然维持不变的场合为大,但不必比只是第一个部门的投资总额有增加,第二个部门没有增加之时更大,因为在生产手段的生产部门的投资总额增加之时,工资在总投资中所占的绝对数量,加上第一个部门的剩余价值增量,可比在投资总额于两部门均有增加之时,两部门的工资的增量再加上两部门的剩余价值的增量之总和为大。这是出于不变的资本有节省劳力增加失业的功用之故。可是当着第一部门的总投资增加的速度永远比较第二个部门的投资增加的速度较大之时,则社会的所得必然继续增加无疑。用数学的符号来表示他,即

$$\Delta R > 0 \text{ 如果 } \Delta \frac{k_1}{k_2} > 0$$

资本一经扩大,而且将生产工具建造完毕之后,纵令会消费其全部的所得,依照上文的假定,此时社会所得的平面,依照比较资本未经扩大之时为高,而且永远保持不动。海叶克(Hayek)教授在他的《物价和生产》(*Prices and Production*)里曾说,假如素行节约的资本家惯常以百分之五十的所得来投资百分这五十来消费,致使资本家的生产由比较直接的生产变为比较更迂回的生产,现在假令他们忽然转而消费其全部的所得,那末,这个比较更迂回的资本家的生产制度便当由繁荣转为衰败,因为建筑在一半所得储蓄、一半所得消费的基础上的生产制度,将不能在没有储蓄只有消费的所得分配上继续维持。他的这种假定当也有其部份的理由。设使新的生产工具的建造为两年,在这建造期中,所需利用的投资恰值资本家阶级全部所得的百分之五十,可是资本家阶级,在第一年虽然储蓄了百分之五十,但第二年他却不顾储蓄了,结果遂使这些一半完成的生产工具归于无用,故资本家的生产状态必将由繁荣入于衰败。可是,假如新的生产工具的建造只需一年完成,那末,在第二个生产年度之内,资本家阶级纵令消费所得的全部,当然亦无妨害,只要他们所消费的不是资本而是所得便罢。由此,可知资本不经扩大则已,资本一经扩大而且建造完毕之后,纵令资本家阶级消费其所得的全部,他们的所得的平面依然须比资本未经扩大之时为高,他至多就是使资本没有增加而已。即此可见,我们的分析可补海叶克教授的不足了。

在资本减少或消费的场合,我们知道 $V_1 < c_1 + c_2$ 和 $V_2 < v_1 + v_2 + s_1 + s_2$。这两公式表示在技术和物价不变的场合消费手段比较生产手段更快。也就是说,在消费手段的生产部门里投资的总额的增量比较在生产手段的生产部门里投资总额的

增量为大。在消费手段的生产部门内投资总额的增加过程可以分为三个时期来说明：(1) 生产生产手段的部门的资本家首先开始消费他们的资本。他们先以他们的不变资本的一部份出售于生产消费手段的部门，同时生产消费手段的部门的资本家则以节省下来的消费的手段的一部份向前者买进不变的资本，而以之作为本部门所新增的不变资本，又以一部份来作为新雇入工人的工资，结果，第一部门的资本家的消费便大于他们的全部的所得了。(2) 第二个生产部门于是得以扩大该部门自己的投资，致使该部的工人的工资总额和剩余价值总额用消费品来计算均有增加，因此，第二个部门的资本家的消费均有增加。(3) 直到第一部门的资本家将其资本通通消费完毕之后，第二个部门的资本家不复再作再投资的打算时，社会资本的消费便达到了百分之百的程度了。可是，当资本继续减少之时，社会所得继续下落是很容易明白的。我们知道，社会所得的增加，在技术和物价不变之时，是正比例于 k_1/k_2 的比率的增加的，k_1/k_2 的比率既然继续往下低落，此时社会的所得当然要继续往下减少了。减少到了一定程度之后，纵令资本家停止消费他们的资本，而使社会的所得总额滞而不动，但此时被保持的社会所得的平面已经要比资本未减少时的所得平面为低了。用数学的式子来表示他，就是，

$$\Delta R < 0 \quad \text{如果} \quad \Delta \frac{k_1}{k_2} < 0$$

知道了社会所得的减法系由 k_1/k_2 的减少而后，则知凯衍斯的消费的理论，实有未尽恰当之处。因为凯衍斯在他的《一般雇佣理论》之中，力言消费倾向的增加可以引起社会所得的增加。他并且说，在产业衰败之际增加消费与增加投资当有同样的复兴产业的功用。可是依照我们的分析，假令社会的消费倾向的增加至于使此 k_1/k_2 的比率变小时，社会的所得总额将必非但不能往上增加，而且还要往下降低，所谓产业的衰败即是社会所得降低之意。社会的所得既已随着 k_1/k_2 的比率的减低而减少了，假令此时再增加消费的倾向，使此 k_1/k_2 的比率变得更小，这等于纵令被火焚烧的居民，在这燎原大火之时，各向民房加泼汽油，非但不能救火，而且还要扩大火的燃烧烈焰的范围和浓度一般。

社会所得的变迁既然随着 k_1/k_2 为转移，故 k_1/k_2 这比例构成社会所得变迁的函数。用数学的式子来表示他，是即

$$\Delta R = f(k_1/k_2)$$

这个函数的发现，或者尚可使我们作出一种马克思派的经济循环的理论。

(《经济建设季刊》，1944 年 4 期)

杨著《货币与银行》

杨端六教授著,商务印书馆,第二版

杨著《货币与银行》其分四篇:(一)货币制度,(二)信用制度,(三)货币理论,(四)货币银行政策。现在我所要特别提出来批评的有三点:第一点是在货币理论中端六教授对于披古教授(A. C. Pigou)的货币价值公式的解释,第二点是他对于凯衍斯(J. M. Keynes)的货币改革论的公式的解释。我觉着这两点完全解释错了。第三点是他对于凯衍斯的货币论的基本公式的介绍。我以为这点介绍亦不妥当。兹请分述于后。

(一)在披古教授的货币价值的公式中,M 不包含银行存款,但端六教授误以为他包含了银行存款。C 不是银行的准备金所能买的物资的小麦单位量,但端六教授误以为是。这都错了。端六教授说:

披古(A. C. Pigau)继承马夏律主讲剑桥大学,把他老师的学说演出两个公式如下:

$$P = \frac{KR}{M} \cdots\cdots\cdots\cdots\cdots\cdots\cdots\cdots\cdots (1)$$

$$P = \frac{KR}{M}\{c + h(1 - c)\} \cdots\cdots\cdots\cdots\cdots\cdots (2)$$

R = Total Resourses Expressed in terms of wheat.

(即等于以小麦来作计算单位的物资。)

K = The Proportion of these Resourses that the Community choose to keep in the form of money and bank balances subject to cheque.

(即等于公众以货币及银行存款的形态所保持的物资对总物资的比例。)

M = The number of units of money and bank balance.

(即等于货币和银行存款的单位总数。)

P = The Value, or price, per unit of these money and bank balances in terms of wheat.

(即等于货币与银行存款的每一单位的小麦价值。)

C = The part of money held by banks as reserve.

(即等于用作银行准备金的货币的一部份。)

R = The proportion of money held by banks as reserve.

（即等于银行用作准备金的货币比例。）

上述这些英文解释半是端六教授的杜撰，不是披古教授的原文。依照端六教授的解释，M 是法币和银行存款之总和，可是依照披古教授自己的解释，M 只是法币的总量，并不包含银行的存款。因为披古教授在他的《应用经济学论文集》（Essays on applied Economics）第一七九页中明明白白的说，"这回请把 M 来表示现在的实际的法币单位的总量"。他并没有说让 M 来一并表示银行存款的总量呀。披古教授没有把 M 来兼表银行存款的总量，而端六教授硬以为他说得有。这点表示端六教授的解释与披古教授全然不合。

又披古教授在同书一八〇页明明白白的说，C 是公众的平均，一个人以实际的法币形态所保持的物资的小麦单位，对小麦总量的比例，但端六教授偏说他不是，不知是何用意。

实则在披古教授公式中，M 之不包含银行存款，即凭常识，亦易了解。他说 $P = \dfrac{KR}{M}\{c + h(1-c)\}$，$P$ 是法币一单位所买的物资小麦单位量。K 是法币与银行存款依照当时的物价所能买进的物资的小麦单位量对于物资的小麦单位总量的比例。R 是总量，KR 是社会以其所保持之法币及银行存款所能买进的物资小麦单位量。正因在 KR 之中，包含有两份物资的小麦单位量，一份是现存的法币所能购量的物资的小麦单位量，一份是银行存款所能购买的物资的小麦单位量。但他所需用的不是这两份的总和，而只是现存的法币所能买的那一份，因此他要把现存的银行存款所能买的那一份撇开。他如何把他撇开的呢？因 C 是公众平均一个人以实际的法币所能购买的物资的小麦单位的一部份，对于物资的小麦单位全体的比例。以此比例 C 去乘 KR 即 RKC，当然便是公众以现存的法币量，而且只是以现存的法币量，所能购买的物资的小麦单位量了。再加上银行以其准备金所购买的那一部份的物资的小麦单位量，即 $P = KR\{h(1-c)\}$ 当然便等于 $KR\{c + h(1-c)\} = KRC + KR\{h(1-c)\}$，即公众与银行以其所存的法币总量所买进的物资的小麦单位总量了。再以 M 法币总量去除他，岂不是便等于一单位法币的价值吧？由此可见，在披古教授的公式中，M 之不包含银行存款原是常识所能了解的了。

（二）凯衍斯在他的《货币改革论》中，所特别着重的 K 和 K' 也被端六教授解释错了。端六教授说：

凯衍斯的货币学说分为三个时期，第一个时期为纯粹的余额学说……现在先将第一个时期的学说，即其所著《货币改革论》的公式列下：

$n = P(K + rK')$

$N = $ cash in circulation with the public.

（公众所欲买的消费单位的比例。）

$P = $ Price of cash consumption unit. That is the Index number of cost of living.

（即消费品的价格。）

K = Proportion of consumption unit which the public require to purchase.

（银行的现金准备的比例。）

v = Proportion of cash held by banks as reserve.

（银行的现金准备的比例。）

K′ = Bank deposits subject to cheque.

（银行存款。）

这个原文也并不是凯衍斯的原文，而是端六教授自己拟的。依照端六教授的解释，K 是银行存款，K′ 是社会所要买进的消费单位的一部份。可是，依照凯衍斯的意思，K 不是银行存款，而是银行存款所能买进的消费单位的件数，可是，端六教授把它看作银行存款自己了。K′ 亦不只是社会所要买进的消费单位的一部份，而是社会所欲"以其所保持的现金"所买进的部份。凯衍斯在他的大著《货币论》（A Treatise on Money）第一卷第三篇第十四章第二二三页上明明白白的说："我把 K 和 K′ 来相对的表示社会所须相对的以现金和存款所买进的消费单位的数量"，这明明白白表示端六教授的解释与凯衍斯自己的解释，若风马牛之不相及。

实则，凯衍斯这个公式，骤看起见，虽感困难，略一思索，亦是极易明白不过的。因为 N 既是现金总量，当然他必须等于现金所购买的消费单位的件数剩价格，即 N = PK。然因在现金之中有一部份用作银行存款的现金准备去了。这一部份金准确对银行存款的比率为 r，以此 r 乘 K，当然等于银行的准备金所能购买的消费单位量了。公众的现金所能购买的消费单位量，再加上银行用作准备金的现金所能购买的消费单位量，二者之和乘以物价，岂不也就得了现金总量吗？而此言之，K 之不是银行存款，而是银行存款所能购买的消费量，实是普通常识所能鉴别的事。

假如依照端六教授的解释，K 是银行存款的话，则凯衍斯的这个公式 n = P(K + rK′)，其意当是这样了：即现在的总量 N 等于现金 PK 加上数倍存款 Prk′ 之总和了。现金加存款等于现金岂非不通。假如不是凯衍斯的公式不通，那便必是端六教授的解释不能成立。

（三）凯衍斯的《货币论》中的基本方程式也被端六教授介绍错了。端六教授褒扬凯衍斯的《货币论》的精彩部份说：

全书最精彩的地方在"交易的基本方程式"一章，那里有十个公式，现在列举两个如上：

$$P = \frac{E}{O} + \frac{I' - S}{R} \cdots\cdots\cdots\cdots\cdots\cdots (1)$$

$$P = W_1 + \frac{I' - S}{R} \cdots\cdots\cdots\cdots\cdots\cdots (2)$$

凡是读过凯衍斯货币论的人几乎没有一个不知道凯衍斯的基本公式只有两个。第一个是用以说明消费品的价格的即 $P = \frac{E}{O} + \frac{I' - S}{R}$，第二个是用以说明一般的物价的,即 $\pi = \dfrac{E}{O} + \dfrac{I-S}{R}$。这即是说,凯衍斯的公式虽有十个,但基本公式中只有两个。但端六教授所介绍的两个却只是基本公式中之一个的两种写法,并不是那真正的两个基本公式呀。

我的结论是,本书的货币理论篇错误颇多,除非端六教授把他写过,不可以作教科书用。

(《新经济》,1945 年 11 期)

凯衍斯和马克思

马克思的《资本论》与凯衍斯的《雇佣论》,二者虽然相隔约莫半世纪,而且二者所依据的逻辑虽然亦是各不相侔的,可是在解释资本主义的内在的矛盾上,二者确有互相发明的地方。不幸除了苏联而外,在欧美各大学里,马克思的《资本论》,常被打在冷宫里,约莫半个世纪之久。从学术的立场上说,这是一个损失。

马克思的《资本论》曾揭发了在资本蓄积的过程内一个极大的秘密,是即随着资本的积累,大众的失业越来越庞大,它于是构成资本主义的一个极大的威胁。证以近世纪来凡在高度的资本主义发达的国家内,失业的大众总是越来越庞大。美国该是资本主义最发达的国家了,可是,美国在这次世界大战以前,通常约有四百万人的失业。英国富力仅次于美国一国,在西欧众多的国家内,她可算是一个最肥绅士。可是在一九三八年左右,失业的工人常在百万的边缘。诚然,在这次世界大战的其中,失业的现象完全消灭了,可是,随着和平的到来,资本家的政党关系的复活,失业的病菌终必又要蔓延的。为什么在资本蓄积的过程中,相对的劳动的需要反而越少呢? 这个潜在的秘密已被马克思的《资本论》揭露无遗了。简单言之,即因在资本的生产关系之下,资本家为了追逐最大的利润,逐渐使用最大的机器代替了工人的原故。

由此以观,马克思的《资本论》为在资本家的生产关系下,失业现象的发生,主要的是由新技术和新组织的发达结果了。但是现在我们所要大胆的找出来问的,就是假令生产技术和生产组织无变化,在资本家的生产关系下,是否亦有失业的问题存在呢? 在这一个问题上,马克思便只好稍稍退位,而让凯衍斯的学说来执牛耳了。

凯衍斯从供给与需要的相互关系上,重新的来追求事业问题的根源。依据凯衍斯的研究,工人失业的事情要没有,须是需要可由供给所创造,掉过头说就是必须供给自己能够创造需要。正统学派的经济学者,从长期的观念出发,擅定供给可以创造需要,因此断定社会在长时间以内,不会有大众失业的现象出现。凯衍斯劈头先行击破这个先决的条件,即在资本家的生产关系下,供给自己没有创造需要的可能性,因之,大众的失业在资本家的生产关系下,乃是一种正常的状态。

谁都知道,消费品的供给是需要企业家投下成本的。成本包含两要素:(一)生产元素的成本,(二)机器和原料的消耗。这两份成本系企业家的总支出,用专门的术语来说,即系企业家的总供给价格。同时生产元素的成本,在一方面虽系企业家的成本或支出,可是在他方面却构成生产元素的所得或收入。又机器和原料的消耗,在一方面虽系企业家在物质资本上的支出,可是在他方面又系出卖机器与原料于此一企业的人的所得或收入。正统学派的经济学者所谓供给创造需要的意思是说,任一消费品的企业在生产时所给生产元素的成本或报酬,他们都用来买消费品。换句话说,即构成企业的总需要价格。生产元素的所有者既然把他们全部的报酬都用来买消费品了,则该企业在生产元素方面所投下的成本便完全收回来了。还有一点应说明的,即正统学派的经济学者在谈供给制造需要的时候,尚有另外的一个意义,任一生产消费品的企业在买进机器与原料时所付给予机器与原料所有者的实价,同时变成了他们的所得或收入。假令机器与原料的所有者又把它全部用来买消费品,那么,该消费品企业在机器与原料方面所投下的成本亦完全收回来了。消费品的企业既然把它所投下的所有的成本都收回来,那么,它便绝无赔本之可言。消费品的企业既不赔本,它很可能的再要扩大它在生产元素方面的支出和在机械与原料方面的支出,来再增加消费品。可是,在供给创造需要的场合下,因为新的生产元素所有者和新的机器原料所有者又将把他们的收入全部用来买消费品。因此企业家所增加的成本亦是全部的收回来了。再增加再收回;再收回再增加;再增加再收回;再收回再增加,……其结果非把所有的工人全部用完不止。由此可见,需要果能创造供给,社会上的工人绝对不至于失业。

但今日社会上的失业的问题越来越严重,由此可见,社会所得者并没有使用他们的所得的全部来作消费的支出。这从一个企业的立场看来,便是它在生产时所投下的成本没有全部能收回,而使他要招受若干的成本与卖价不相符合的损失,结果他便只有收缩生产了。这样一来,工人的失业便成了一个不可避免的事情了。社会的所得者没有使用他们全部的所得来作消费的支出,这种行为称做储蓄。因此储蓄便成为失业的一个原因了。而且随着社会的繁荣的进步,社会的所得者在其日大一日的所得中所拿来作储蓄的部份,越来越可观,因之,越是富裕的社会,其失业的问题也就越发不易解决。凯衍斯抓住了储蓄这一点不放松,于是断定在资本家的生产制度下,失业问题的出现半与消费的需要缺乏所致。

正统学派的经济学者把储蓄看做促进社会生产进步的一个大因素。相反的,凯衍斯把储蓄看做促成社会生产退步的一个大原因。凯衍斯说,除非在社会主义的国家内,储蓄的结果往往造成真实资本的减少。本来储蓄的罪恶,远在凯衍斯的《雇佣论》出版以前若干年,便被霍布森(Hobson)所暴露了。但霍氏的理论并未取得经济学界的认许,直到凯衍斯的《雇佣论》出版后,储蓄的罪行方才正式的被判决,并获得了几乎全体经济学家的首肯。所以纵令说凯衍斯是储蓄的罪行的真正的发明家,我看当亦不是过誉。

储蓄是造成失业的原因之一,现在已是没有问题的了。可是设使社会的所得者以其货币储蓄之全部,借与企业家用作创造真实资本之需。资本家于得到这份货币储蓄之后即以之作现金,来购进生产的元素,来创造真实的资本,同时生产的元素的所有者于得到这份现金以为他们的所得之后,再以这购买消费品。这样一来,不但消费品的剩余问题被解决了,而且新的真实资本也相应的创造出来了。由此可见,纵令货币储蓄增加,设使社会的投资增加,消费的需要亦是不会减少的。消费的需要不减少,同时而真实资本的生产增加,任一企业的成品的收入都是以补偿他的成本的支出,生产的规模将被继续的扩充而且没有止境,除非所有的工人都用完了。由此以言,纵令有储蓄发生,纵令投资增加,失业也是不会发生的了。未必凯衍斯连这点也没有看么?我们的答复是,凯衍斯不但看准了这一点,而且他所看见的,比较我们这里所见的还要更深刻。他不仅看见了投资的增加是失业减少的原因,而且看见了在资本家的生产关系之下,投资虽然可增加,但如越过某一阶段后便须要受一个极大的限制,而使他止于一定的限界。这个限界不由资本家的自由意思决定,而是由利润率和利息率的相互关系决定。

依据凯衍斯的研究,在投资的继续增加的过程中,假令生产的技术与组织无变化,利润率一定随着真是资本的产量的增加而降低。这个道理是很容易明白的。因为同种类的机器与原料生产越多,则每一单位的卖价越少。每一单位的卖价越少,则在每一单位的卖价之中,除了生产元素的成本之外,所剩下的盈余越少,因而利润率也就越少了。

事情还有更坏的,即随着投资的增加,货币的需要越大,利息率越高。当前利润率继续的高于利息率之时,投资的数量当然要继续的增加。可是,除非资本家是傻子,当着利润率小于利息率之时,投资必将继续的减少。而当着利润率等于利息率的时候,投资的活动必然止住不动。假令消费的需要减少,同时,投资的需要又无增加的可能,可是,在这一个时候,愿意作工的工人尚还没有找着工作做,结果便只有失业了。

马克思以为在资本家的生产关系下,资本逐渐代替了工人工作的机会,是相对的剩余人口发生的原因,亦即就是工人失业发生的原因。可是,凯衍斯的《雇佣论》,除了马克思的相对剩余人口的学说之外,尚还另外有所补充,即在资本家的生产关系下,纵令生产的技术没有什么进步,失业问题依然严重。这不能说,不是凯衍斯在经济学上的一大贡献。

诚然凯衍斯的研究始终亦尚未跳出马克思的巨掌之外,这个只要稍治马克思和凯衍斯的学说的人都知道。因为不但凯衍斯诅咒储蓄,连马克思也咀咒储蓄。又不但凯衍斯才认为企业家的投资的数量须受利润率和利息率的相互关系的限制,马克思亦然。马克思把资本家分为两个大阵营:(一)金融资本家和(二)实际资本家(包含工业资本家和商业资本家)。金融资本家以获利息为目的,但实际的资本家以获利润为目的。在产业的恐慌发生的时候,利润率可能小于利息率,而在产业繁荣的时候,利润率常可大于利息率。那么,当着产业的恐慌尚未发生以前,繁荣业已接近它的顶点的时刻,是否利润率可以等于利息率呢?在理论上当然亦是很可能的了。所以我说,凯衍斯的《雇佣论》,虽然曾经一度的闹翻了全世界,可是毕竟亦还是未能跳出马克思的巨掌之外。但有一点应强调的,即在经济思想史的发达上,在生产技术不变的前提下,把储蓄、利润与利息三者配合在一道,来揭破在资本家的生产关系下的大众失业的秘密,除了凯衍斯之外,简直没有第二个人了。综括来说,凯衍斯与马克思在暴露资本家的内在的矛盾上均有大功。

但马克思确有比较凯衍斯伟大的地方,即他认为除了无产者阶级起而以流血的或不流血的手段,夺去政权外,失业问题永远存在。这个预言是否准确,自然须有待于最后的事实的证明。但我以为,他的看法,大概是正确的。这虽然已超出了纯粹的经济理论的范围,但在广义的经济领域内,它依然不失为社会科学上一切大胆的假定。

最后我所要提出来警告我们自己的,即经济学发展到今天,纵令马克思复生,他亦绝不能说把新兴的经济学弃之不读。同时醉心于新兴的经济学的人,我以为多读马克思的《资本论》确有好处,在这结尾的时候,我不禁想道,半世纪前,马先尔所说的一段话,实在含有一种不可磨灭的真理在内,这段话说:

> 经济的状态常在继续的变迁。每一个时代均以他自己的方法看他自己的问题,在英格兰和在欧洲大陆和在美洲一样,经济学的研究现在都比从前进行得更努力;但所有的活动只是更清楚的指明一件事,即经济学是,而且必是,一种逐渐而缓慢的成长的结果。现在这时代某种顶好的著作初看起来与前一代的著作实是互相冲突的:但当它得有时间来把它自己放在适当的地位以后,和磨去了它的粗砺的棱角,它便当发现他并没有打开这门科学在发展上的连续性。新的学说虽曾补充了旧的,推广了并有时改正了他们,又有时它以一种著重程度的新分配,曾经给了他们一样新情调,但很少是曾经根本推翻了他们的。(参看马先尔的《经济学原理》第一版序言。)

三十六年三月二日于北京大学

(《经济论评》,1947 年 8 期)

写在经济学之前

经济学上的一个大问题就是人的身心和性格受什么力量所范型的问题。马仙尔在他的《经济学原理》第一章上曾说过这样的一段话：

> 人的性格受他每日的工作和他所取得的物资的改变，比受其他的什么力量都要更大，除非后者是他的宗教的理想；范型世界历史的两大动力是宗教和经济。……宗教的动机比经济的更强烈，但他们直接的作用在生活上所及的范围，鲜有后者所及的广泛。因为一个人的谋生的业务一般的占据了一个人在心情最好的状态中最大部份时间的思想；在这些时间里面，他的性格受他在工作时，使用他的天赋的才能的方法，受他工作所引起的思想与情绪，受他与他在工作中的伙友、雇主或他的被雇者的关系所改变。
>
> 又一个人的收益对于他性格所发生的影响，几乎不比取得收益的方法更小(假如说是较小的话)。诚然一个家庭一年赚一千镑钱或赚五百镑钱，对于这一家人的生活的内容的丰富与否，是没有什么显著的影响的。但一年赚三十钱或一百五十镑那就大不同了，因为一百镑能够，三十镑便不能够，使一个家庭享有为圆满生活所不可缺的物质的条件。诚然，纵是一个穷人也可在宗教方面，家庭的亲爱和友谊方面，发挥他的几多天赋才能(他的最快乐的源泉)的机会。但是极度贫乏的状态，特别是在人口最稠密的地方有把这些天赋的才能变成麻木的倾向。在我们的大城市中有所谓最下层的阶级几无机会了解交谊，他们毫不了解雅趣与安静甚至家庭的融乐的生活是什么，而且宗教亦常到不了他们那里。无疑的他们的身体，心智和品格的不健康，一半是由贫穷以外的原因；但贫穷是主要的原因。

很明显的，马仙尔是说，人的身心和品格的健康的状态而不是一成不变的。在一方面能受他的年收益的大小决定。在他方面，他受人在取得收益的过程中，各种关系决定。但在二者之中后者的影响较大。

我是同情于马仙尔的说法的，但我觉得真理要比马仙尔所说的更要严竣一点，我深深的觉得人的取得收益的方法并不是全靠工作来的，即有的是靠工作的，有的不是的。靠工作为生的人，他的身心和品格，是受他的工作的方式并受由工作所引起的思想，与情趣，和他与他的工作的侣伴，雇主和被雇者的关系所改变。这是一点也不错的。比如中国古诗所说，锄禾日当午,汗滴禾下土。

谁知盘中餐,粒粒皆辛苦。

这当然是农民在锄禾时由锄禾所引起的典型的思潮与感情了。这些思潮与感情便变成农民的一种悲观性格,这是不错的。又如圣保罗说,"不劳动者不得食"。自然,圣保罗所指的不劳动者是指的在正常健康状态下的成年男子或妇女而言,没有包含小孩老人和病人在内。这当然也是工作者在工作中所引起的一种情绪,不过比较上面这首小诗中所表现的诗绪更激烈一点就是了。但还谈不到革命。又如蒲鲁东的"资本者强盗也"和马克思的《共产党宣言》,当然也是在工作中所引起的情绪,不过比较圣保罗的更进一步,不只在表现道德上的愤恨,且要见诸实际的革命行为就是了。

但是在社会上,人人都是工作者么?都是靠工作取得收益么?在所有与管理未分离前,我们自然很难看出工作与非工作者的区别。在现今的所有与管理分离之后,工作与非工作者的划分非常明了。工作者的性格当然受他的工作所改变。但非工作者的性格,可就不是了。非工作者的性格很显然的不是受他的工作,而是受他的据得利益,既得权利,剥削关系,和他们的奢侈颓废的生活的影响了。伯兰宿(Bernanl Show)有一段话说的妙:在英国

> 我们不要梦想富人还可以让他们去屠杀,绑票,闯入私人住宅,水淹火焚,在海上或陆上行使破坏,或避免兵役的权利,仅因他们承继了一笔田产;但是我们忍受懒惰,这在一年中所作的害处,比较在十年里所有的刑法上的犯罪还要大。富人由他们在议会里占大多数,以无情的严峻来惩治夜贼,伪造文书,盗用公款,扒手,小偷和拦路劫掠,但他们却承认富人的懒惰,并把它捧成最荣誉的生活的方式,因此教导我们的子弟说靠工作以为生是卑贱的,低微的和不光荣的。要像一个母蜂一样,靠他人的劳动或务来生活,才有老爷或太太的身分。以劳力或服务来使国家富裕反被视为卑劣的,低下的,庸俗的,可轻视的……这无异根本推翻天然的秩序,而把"罪恶啊,你是我的善良"当做国家的格言了。

现在社会上一切腐化独裁的言论都是不从人在工作中所引起的,而是人在懒惰中所咏味出来的。

经济学是人的思想的中的一种。人的思想既有两类,一类是从工作中引起出来的,一类不是,那末,经济学似乎亦可以树立这种区别,即一类是最能表现工作者的思想和情绪的,一类不是的。一个工作者自然愿看出他的观点所写出来的经济学,一个懒惰者自然不愿意。愿看工作者的经济学的人,他实际的行为与性格自然会受工作者的经济学的影响。反之,一个不工作的人在实际行动上,自然是不受它的影响。由此可见,思想影响行动的说法,除非与接受思想者的工作状态相符合,这话是不能普遍适用的。

物价继涨下的经济问题

当前的经济问题就是物价继续上涨的问题。物价上涨的惊人状态,在这半月以来,表现得最为显著。自抗战时起直到三十五年底,物价不过涨高八千倍左右。可是在最近半月内,物价整个的翻了一个大筋斗,到达一万五千倍以上。尽管国民政府,在蒋主席的领导之下,于二月十六日由最高国防委员会通过了经济紧急措施方案,设法平抑物价。可是据我看来,造成物价上涨的原因,仍旧存在。物价恐怕不但不会接受国民政府的命令,趋于稳定与平抑,而且反要倒过头来,变本加厉。

自从抗战胜利以来,物价节节上涨,民间的工厂无日不宣告破产与关门。此足证明中国的民族工业已在崩溃的道上。为什么会有这种现象产生呢?因在物价的暴涨过程中,工业的资本必感极度的缺乏。而此极度的缺乏绝不是由政府的放款所能救济的。为什么呢?因为工业的出品的价格是依照今日的市场价格计算,可是他的生产的成本,是按照过去的生产元纱的价格和机器与原料的价格计算。尽管商品的市场价格涨的快,可是生产要素和机器与原料的价格,在成本会计上,则是固定了的。工业家在计算利润的时候,是从他的出口价格中,减去在会计账上的成本,即减去机器与原料的生产因素在买进时的价格,而不是减去他们现在在市场的价格。因此,工业家在其总卖价中,除了利润之外,所剩下来的资本,到了机器与原料用完之后,纵令生产元素的报酬与前相同,结果亦再买进不了怎么多的机械与原料回来。此时假令生产元素的价格再高涨,那就包管不能维持同样的生产规模了。举例来说,比如某一工厂在三十五年正月一日买进原料去一百万,机器去一千万,共用十年,每年折旧一百万,工资五十万,房租五十万,共费成本三百万,加上利息一分,共费三百三十万,卖货得了四百万,赚钱七十万。可是随着物价的涨高,工业家以三百三十万的成本买不了和雇不进怎多的机器、原料与人工回来,结果工业的资本,便感缺乏了。为弥补这个缺乏计,工业家诚然可以他的利润七十万来应付,可是,假如不幸工业家把这一份利润消费了,那末,这个缺乏便是真的缺乏了。

纵令工业家没有消费他的利润的全部,可是假如不幸他曾以他的利润其余的部份,添制了机械或其他的固定的设备,当然亦不足以挽救资本的缺乏。而且在这一种情境下,工业家所需要的资本还要更多。因为新添了机器需要更多的原料与人工来与他配合的原故。

在这种情境下,几乎每个工业家都要向银行贷款了。银行在这一个时候,只有在借或不借两个路中间抉择。借则今年要借,明年还要借得更多,而且永远没有完,不借则银行没有余利可图,结果只好借了,但把利息率提得很高。在最险恶的情势下,银行的利息率势将全部吞噬工业的利润率,而使工业不能长久的维持。

事情还有更坏的,即工业家往往在借不到款的时候,为了要维持相同的或扩大的生产规模,往往出售期货与商人。许多民营工厂,在他们的纺织品还未出来之前,便把他们卖给投机的商人去了,在买的时候,系按照当时的价格,再按照过去的物价上涨的速度,加一点,作为预卖的物价的标准。可是,在商品生产的过程中,成本可能涨的高,工业家的利润便不但为投机商人所吞噬,而且变成负数了。投机的商人因有特殊的利润可图,对于借进同样的资本势必愿意支付为工业家所不能支付的利息,结果,工业便只有被迫破产和关门了。

事情还有更坏又更坏的。物价虽步步涨高,美汇却固定于一个不变的水准。这即是说,国外的货物一到中国来,卖成中国钱后,再依照官定的关率汇回去,便要超出成本若干倍。外货因而也就源源不断的流入中国,而与中国的货物竞争市场了。谁都知道,战前美金一元的价值只值国币三元三角三。自三十五年八月起直至今年二月十六日止,依照官定的汇价,美金一元合中国钱三千三百五十元。中国的物价在去年九月比较战前约涨了五千倍,美国的物价涨了百分之三十左右。(请参看《中央银行月刊》三十五年九月国内和国外的统计。)假定有美国货一束,美国的出口商人以一元三角美金买来,运到中国市场出卖,因为中国的物价涨了五千倍,可卖得一万六千六百五十元。可是美金的价格,依照官价,只值三千三百五十元法币。今以三千三百五十元除一万六千六百五十元,约合美金四元九角。即美国出口商或中国的入口商,每向中国作一次买卖,即每抛下一元三角美金但当赚三元六角的毛利。美货到了中国市场之后,与相同的国货立于竞争的地位,他必不卖一万六千元,而卖一万或八千,以图夺取中国的市场。结果中国的工业便受着双重的打击,一方面既受国内投机商人的压迫和高利息的剥削,他方面,又受美国入口货的打击,于是中国的工厂便只有关门了。

从二月十六日起,外汇虽经调整为一万二千元,但中国的物价已涨到一万五千倍以上去了。然而美国的物价却只涨高百分之八十。依照相同的算法,美商以一元八角美金所买之货物运到中国来,当卖法币四万九千九百五十元,(即一万五千元乘三点三三)以美汇计算当为四元一角美金。是美货的出口商以一元八角美金的本钱,仍可以获二元三角美金的毛利。此对于中国工商的打击,仍然是严重的。虽说去年十一月十九日政府所颁行的《修正国外贸易暂行办法》,将中国之输入品与以品质和数量之限制,对于工业稍有利益,但已经太迟了。因为中国的通货膨胀到了去年年底,一半以上的民营的工厂业已倒闭,未倒闭者,为数业已寥寥无几。而且他们现在因为缺乏流动资本之故,连现状已都不能维持,还能添制新机器吗?

近来政府救济工商业的办法,就是给予贷款,结果是增加发钞的数量或扩张信用以应工商业的需要。可是通货膨胀越多,则物价涨的越多;物价涨得多,而美汇钉住不动，则国货的价格和外货的价格相差越多，实际成本与会计成本相差越多，工业家为维持同样的生产规模所缺乏的资金越多，黑市场的利息率遂越高，投机商人侵蚀工业的机会亦越多，工业家赔本的亦越多。纵令政府加速转动印刷钞票的机器，而以新钞票贷予工业，亦不足以维持工业于不坠。中国的民族工业就是在物价继续暴涨的状态下，这样断送了的。

第二，在物价暴涨的过程中，出口的农业和矿业也崩溃了。纵令中美两国货价涨的一样高，假如美汇涨得慢，中国的出口货的价格涨得快，中国的出口商也要赔累不堪。为什么呢？因为在这一种情境下，中国货必然在本国较贵，而在美国较贱。何况美国的物价，截至今日为止，比战前只增高了百分之八十，可是中国的物价至少已涨高了一万五千倍，然而美汇的价格在二月十六日以前，始终钉住在三三五〇元。自二月六日开始，采取津贴出口的办法，即对于出口货品结汇，将就其输出价格，由政府津贴百分之百的奖励金。换句话说，即出口商在美国所卖的美汇，合成法币多了一倍，即把美汇的价格，钉在六千七百元的界线上。美货既只涨价百分之八十，中国货既已涨价一万五千倍，又战前美金一元只合法币三元三，则是现在中国的出口商，以一万五千元所买的国货运到美国去卖，只能卖五角四分美金，再折合为法币只有三千六百一十八元，不但不赚钱，反而要赔本一万一千三百八十二元。除非出口商人是傻子，中国的出口货必定减少了。本月十六日政府虽再将外汇调整为一万二千元，但因五角四美金合法币只六千四百八十元，亦尚差八千五百二十元的本钱，无法收回。除非某些出口货在美国涨价两倍半以上，或者除非中国的出口商早有囤货，这亦必于中国的出口商没有利益。

第三，在物价剧烈上涨的过程中，公教人员的真实的待遇日在降低。政府确曾一再调整公教人员的薪津，但这往往是无效果的。如果薪金增加一倍，物价增加不到一倍，公教人员自然受益。但如薪金增加一倍，物价亦涨高一倍，公教人员的生活享受还是与前一样。如果薪金涨高一倍，物价涨高到一倍以上，则公教人员的生活反要更坏。公教人员的薪水，从去年十一月起，经调整后约略增加了一倍，但物价在最近三月内，不只涨高一倍，因此公教人呐喊的生活，现在已比未调整前更坏了。由此可见，随着物价的上升，公教人员的家庭经济，亦在崩溃的路上了。

最后我们还有一点应强调的，即在物价飞升的过程中，军队的待遇，已经降到了不能维持官兵的战斗意志与能力。官则直接间接兼营投机事业以自肥，兵必因此减低了他们对于长官的信心。所以军队的士气，亦已成了很大的问题。

总之一句话，中国的整个国民经济，国民气节和政府威信，已大半为物价上涨所破坏。

为什么物价要上涨呢？是由政府发行的钞票太多。但政府为什么要继续的发钞票呢？从银行的观点上说，这是由于中央银行的发钞根本就没有顾及发钞准备的限制，所以政府能为无限制的发钞。从财政的观点上说，政府的收入，根本不敷支出，故不能不发钞。从军事的观点上说，因为内战仍在进行，故亦不能不增发钞票。但这些都是表面的原因,而不是真实的原因。为什么呢?因为财政的收支不均衡和内战的蔓延,除了发钞之外,还该有其他办法来筹措收入,并非完全要诉诸发行。例如征收累进的所得税或资本税,或强制的发行公债,岂不亦可增加国库收入吗?发行钞票在事实上,也是等于征税。因为钞票发行之后,使固定收入的老百姓以同样的货币所得,只能买进一个极微细的分数的物资,那末,其余一部份的物资,岂不是白白送给政府作租税去了吗?无非政府以征收累进税的方法来弥补政府的开支,其所征收的物资,大半系由富人负担。现在政府以发钞的方法弥补开支,其所征收的物资,是由贫民负担就是了。发行通货与征税,同是增加人民的负担,只是发行通货而不增加租税,是徒减轻富人的负担,而增加贫民的负担。总括言之,发行通货等于征收累退税,即财产越多的,征得越少,越少的,征得越多。

为什么政府要以征收累退税的发行通货的方法来弥补政府的开支呢?依据上文所说,这种办法,既只对于投机的奸商有利益,而对于工业资本家、公教人员、劳苦大众和前线的士兵都无利益,可是政府还要继续的发行钞票。我以为此中最主要的原因,必是由于政府受制于投机的商人的利益,和与投机商人的利益混合在一起的官僚资本家阶级的利益了。政府为了少数的奸商或官僚资本家的利益,而置大众的利益于不顾,至于一再丧失政府的威信,其结果非叫国民政府与以牟利为目的的官僚资本家阶级整个垮台不可。

三五,二,二十二于北京大学

(《世纪评论》,1947 年 1 卷 11 期)

今日中国政治失败之症结

——论中山先生知难行易学说的错误

现在中国竟有不少的国民,都以为中山先生的"知难行易"学说是一种革命的学说,并且以为自从民国成立以来,中国革命的建设事业之所以失败,大半是由于国人不知"知难行易"的学说使然。北大哲学系贺麟教授,在他的名著《当代中国哲学》里,亦有类似的见解。但我以为中山的知难行易的学说,在它的主要意义范围内,不但不是一种有助于革命的学说,而且含有极大的意想不到的危害革命的玄想成份在其内。除非将这玄想的部份加以破除和扫荡,我以为中国革命的前途一定无望。

只要我们不是存心骗自己,我们必定不会否认这一历史的显著的公律:即在人类社会生活范围内,根本没有所谓全知全能的人格存在。而且越是伟大的人物,其所犯的错误,往往亦越是重大的。举例来说,德国耶拉大学的黑格尔大师,该是最伟大的哲学家了。但他在政治哲学上,却认为普鲁士的专制政体,乃是人类自从有史以来,最高无上的一种典型的政体。这当然是一种极度荒谬的见解。又如英国剑桥大学的物理学大师牛顿,该是历史上最伟大的科学家了。但他在光学上的意见,竟阻挠了光学的进步,几约半世纪。这种同类的例子,在郭任远教授所作《最大的科学家所犯最大错误》一文里,搜集的材料极多。为减少历史上伟大错误的重演计,尽管我们都是中山先生的学生,但我们对他的知难行易学说的是否正确,仍须加以检讨。我们的态度是"吾爱吾师,吾更爱真理"。

我以为:在中山的知难行易的学说里,含有两种不同的见解:前一种是说,知道或发现行为的原因比较行为自身更困难。后一种是说,知识是支配人生行为的中心力量,因此知难行易学说,便是支配人生行为的中心力量了。关于前一种见解,我以为它是绝对的正确的。因为在任何一人的知识经验范围内,任何行为自身,如饮食、用钱、作文、建屋、造船、筑城、开河、使用无线电和作豆腐各事,都可认定他们是属于已经知道的事情。反之,任何行为的原因,如食物化学、货币原理、文法学、建筑学、造船学、土木工程学、电磁学,和有机化学,都可假定他们是属于人类未经知道的事情。在事实上,中山在举例的时候,便是这样做。谁也知道,在人的生活经验范围内未经知道的事情要比已经知道的事情困难,反之,已经知道的事情当然要比未经知道的事情容易。这种解释,千真万确,毋须烦述。

　　知难行易学说的第二种见解是说，知识是支配人生行为的中心势力，因此，知难行易学说便是支配人生行为的中心势力了。知识，或知难行易的学说，果是支配人生行为的中心势力吗？中山先生毫不迟疑的答复这个问题说：“是的。”依据中山的意见，我们中国的国民，自从民国成立以来，未能切实实行三民主义，主要的是由于他们不知三民主义足以适应世界之潮流，“而谓予之理想太高，不适中国之用”。“及其既知而又不能行者”，则又“为知之非艰，行之惟艰之说所奴，而视吾说为空言，遂放弃建设之责任”。今旧说既除，大敌已破，国人必将依据知难行易学说的指导，万众一心，疾起直追，而将中国建设为一民治、民有、民享的国家。回忆中山先生的知难行易之说，系脱稿于民国七年十二月三十日。在民国七年以前，中国未睹建设事业之进行，我们固可以有理由说，这是由于传说的“知之非艰行之惟艰”的学说，在与中山所草拟的革命的建设事业为敌。但自民国七年以来，中山的知难行易之说已成，它不但几乎成为国民党的共同信仰，并且得到了美国实证主义大师杜威博士的认许和北大哲学系贺麟教授的发扬，宜乎中国之革命的建设事业，由民国七年至今日的二十九年中，会依照知难行易学说和三民主义所指示的途径，已把中国化为一个富强康乐之国家了。可是，现在怎么样呢？它是否比较民国七年更要紊乱呢？假令中山先生的革命的英灵，肯从天国祥云的开处，以圣洁之光，照射尘寰，一睹今日中国之贪污气氛、残酷内战，和今日国民经济总崩溃下的饥馑、流亡与贫乏，再返观知难行易学说所应有的理论的效果，我想，这位慈祥诚恳的老人，他一定要掩面零涕的说：“我的理论是徒然的！”历史上没有一种哲学，有比中山先生的知难行易的政治哲学，在铁打的事实面前，被粉碎的更无救的。

　　从社会经济的观点看来，人的实际的行为，在根本上，不受他所崇拜的理想或知识支配，他既不受传说的知易行难的学说支配，亦不受中山先生的知难行易的学说支配，而系受他的直接取得收益的方法，资本、土地、或劳动支配；或间接的取得收益的方法，如贪污、买办、谄媚统治者阶级和帝国主义的行为支配。我的意思是说，人在实际生活的时候，无论他所崇拜的是什么美妙的主义，他于不知不觉之中，都要把这个主义来与他的取得收益的方法配一配，如果这种主义，对于他的取得收益的方法的保持和扩大是有帮助的，他便要用它。没有帮助，他便不用。如果它是有害于它的维持与发展的，他便要怪它、恨它、欺它、侮它、甚至要残害它，至少他也要对它施展一点阳奉阴违的手段了。同时对于创造并力行这种主义的人，不问你是苏格拉底或柏拉图，耶稣或孔子，马克思或孙中山，假令你在力行主义的时候，与他的取得收益的方法的维持与发展有帮助，它便要认你为他的很忠顺的奴仆或领袖。反之，如果你在实行主义之时，与他的取得收益的方法有妨碍，无论你是他的父亲或儿子，丈人或女婿，他都要对你毫不客气了。愿拘则拘，愿打则打，愿宰则宰。至少，他也要对你貌似诚恳而心则极狠毒。历代古先圣贤的学说之所以不能实行，原因在此。

　　以中山的三民主义来说，因为民生主义的主要的目的是要节制资本与平均地权。这个目的直接的与大地主和大资本家的凭以取得地租利息和利润的方法土地与资本的积聚相冲突,当然大地主和大资本家为图保持和扩大他们的取得收益的方法土地和资本计,他们势必便要被迫而与民生主义为大敌。又民权主义的目的在于肃清官僚阶级。除非官僚阶级是傻子,他们为了实现他们的升官发财的目的,当然亦必起而与民权主义为大敌。由此以言,中山主义的最大的敌人,乃是在他们的财产关系上,与中山主义立于对立地位的大地主,被节制的大资本家,特别的是官僚、军阀、买办、帝国主义和他们的同路人等辈。为力图革命之成功计,我以为中山先生当年似乎应当排除在财产关系上与中山主义立于对立地位的敌人,结合在财产关系上与中山主义站在同一战线上的同志或同道,以为建设三民主义国家的基石。最可引为不幸的,即中山先生在他的革命事业受阻之际,在寻求革命失败的原因上,竟不知道阻碍他的革命事业的敌人,是那些在财产关系上,与他的主义立于对立地位的假革命党人或反革命的群狗。但认为阻碍他的革命工作的最大的敌人,是在财产关系上与他的革命事业毫不相干的传说的知易行难的学说。且看他说:

> 呜呼,此说者,予生平之最大敌也。其威力当百倍于满清。夫满清之威力,不过只能杀吾人之身耳,而不能夺吾人之志也。乃此敌之威力,则不惟能夺吾人之志,且足以迷亿兆人之心也。是故满清之世,予之主张革命也,犹能日起有功,进行不已。惟自民国成立之日,则予之主张建设,反致半筹莫展,一败涂地。吾三十年来,精诚无间之心,几为之冰消瓦解,百折不回之志,几为之槁木死灰者,此也。可畏哉此敌! 可恨哉此敌!

中山先生既认为传说的知易行难之说,则是他的敌人,当然,他不认为国民党内外的土豪、劣绅、贪官、奸商、买办和帝国主义的爪牙与其同志,是他的敌人了。在他方面,中山先生既认为知难行易之说,终是他的救星,他势必便要放弃,在取得收益方法的关系上,去寻找三民主义的真正的同志的企图了。最可引为不幸的,这些三民主义的真正的敌人,因为中山先生的不注意,也都先后渗入了中山先生的革命大本营中,然而中山先生却又鲜有真正同志作战士,莫怪他的理想会失败了。

回想中山先生的革命目的,依据国民党的第二次全国代表大会的宣言,乃在"对外打倒帝国主义,对内打倒一切帝国主义的工具,首为军阀,次为官僚、土豪买办阶级。其必要之手段,一曰造成人民之军队,二曰造成廉洁之政府,三曰提倡保护国内新兴工业,四曰保障农工团体扶植其发展"。但因中山先生与其同志在实行革命的时候,相信知难行易之说,以为知识是支配人生行为的中心势力,一开始便向帝国主义者,并其工具,军阀、官僚、土豪、买办阶级宣传说,"你们昔日之为帝国主义者的工具,和军阀、官僚、土豪、买办,均是由于你们不知信仰三民主义并知难行易学说。假令你们知道了,你们立将自发的不复再作帝国主义者的工具……和买办了"。帝国主义者的工具……与买办们,眼见革命势力之不可以力拼,然知能以智取,于是尽皆立即粉墨登场,摇身一变,变作无量无限之三民主义信徒和知难行易学说的战士,一一请求入党。革命党人因为他们的革命对象都入党了,或感化了,遂以为他们的革命成功了。焉知入党之后,他们因为既得权利的关系,秘密联合起见,采取极卑污和极阴险的手段,窃取政权。或为部长,或为秘书,或为参谋,或为长官……在表面上,他们还是三民主义的战士,可是他们在暗地里,为巩固他们的既得利益与权利计,几乎无时无地不在破坏三民主义。积年累月之后,他们深知他们自己的羽翼已丰,实力雄厚,竟敢公开行劫,为所欲为,其为军阀、官僚、土豪与买办也,更且甚于往昔。党在这种组织之下,革命目的万难实现。

回忆中国自从往古以来,社会上直接取得收益的最主要的工具,只是土地。他如资本与劳动,始终立在被动的地位。自第一次世界大战发生之后,虽有些微的民族资本的积累,但自巴黎和约签字之后,不久便萎缩了。在海禁既开之后,除了土地之外,另有的一种较重要的取得收益的新兴的方法,就是帝国主义者在中国的直接的投资和买办资本,在海禁未开以前,中国的政治和法律、哲学与宗教,只在便利土地所有权的维持和扩大。但在海禁既开之后,中国的政治和法律,除了土地之外,尚须便利外资和买办资本的积累。在海禁未开以前,中国的官僚阶级是与地主阶层的利益相一致的,在海禁既开之后,在中国官僚之中,加入了一批留学生去作新官僚,他们的利益乃是与帝国主义者和买办阶级的利益相一致的。两者均不需要民主政治,这是中国的民主政治姗姗来迟的原因。同时也是中国的官僚政治,保持不坠的原因了。在辛亥革命的前后,与民主政治有生死存亡的关系的,主要的是那些打算前来开发中国的华侨中的资本家阶级。这些华侨资本家,虽系民生主义的阻碍物,但他们却是推动中国民主势力的主力。此外便是中国的进步的小资产阶级和进步的被压迫的工人和进步的农民了。国民党假如及早便死心踏地的与这些人联合在一起,而与其他的反民主的因素相决斗,给中国新兴的资本家挣扎一条光明的道路,未始不易成功。无如当时孙中山先生,在他的思想里,含有不少中国儒家思想中腐朽的成份,是即好人政治的哲学,误以为尽管在取得收益的方法与民主主义立于正相反对的人物,均可以实行民主政治,只要他们肯向民权主义宣誓。莫怪他们后来要叛党了。

假如今日全中国的国民并国民党,认为三民主义必须付诸实行,始足以臻中国于富强,那末我便敢断言,今日的国民党的机构,在理论上,绝非实现三民主义的工具。国民党的伟大领袖孙中山先生,是即我所最崇拜的全中国的精神之父,因受他的知难行易之说所蒙蔽,其实是整个儒家哲学的蒙蔽,误信食人无厌的豺狼与虎豹亦可受知难行易学说的感召,自动的拔去他们的牙爪,而与国民党的主义共生死;致将无限量的官僚、军阀、土豪、买办介入国民党中作同志,并各分据要津,已使三民主义的实现陷于不可能状态。除非国民党的真正同志通通死了。我以为,他们为了保持国民党的光荣历史计,早迟必将国民党重新改组。现在我以第三者的地位,希望他们改组的时候,不要重蹈过去的错误,再从一个人的空洞信仰上,去判别此人对于三民主义的仇友的关系;但从他的取得收益的方法上去判别他。让敌人滚开,让同志回来,并对敌人施以相当的压力,重新掌握政权,见兔顾犬不晚,亡羊补牢不迟,在消极的方面继续与封建势力和帝国主义为敌,在积极的方面并继续领导全中国的进步的小资产阶级和劳苦大众,以追加的速度,将中国建设而为一为民所有,为民所治,并为民所享之三民主义共和国。假令这个目的还不到,纵令内战成功,并且纵令青年、民社两党可与国民党永久的合作,除非中国不进步,国民党终必要为时代进化的浪潮所粉碎。

三六、五、一,于北大

(《文与时》,1947 年 1 卷 14 期)

马歇尔计划与中国和平

自从六月五日,美国务卿马歇尔在哈佛大学同学会发表美国的援助欧洲复兴计划的演说以来,世界政治的局势已经有了整个的改变。在马歇尔计划发布以前,世界政治的关系整个的为杜鲁门主义所支配。国际上充满着火药的臭味。几乎每人都觉得苏美之间的冲突,除了诉诸战争一途外,恐怕别无其他的方法可以解决。可是,自马歇尔计划发表后,世界的火药臭味渐消,和平的空气渐浓,苏美之间的冲突似乎尽可不必诉诸战争,即用和平的方法,亦可解决。

马歇尔在哈佛同学会说:

> 欧洲在近三四年内对于外国的粮食及必需的生产物,——主要的是从美国——,所需数量如此其大,竟超过了他的偿付的能力。他必须获得额外的援助,否则便将产生严重的经济、社会和政治的败退。美国应当帮助这世界恢复正常的健康状态,这是合于逻辑的。否则欧洲便不能有政治的安定和准确的和平了。我们的政策并非反对任何国家或主义,而是反对饥馑,贫乏,绝望,与紊乱。它的目的在恢复这世界的活泼的经济,使凡自由制度中可以存在的政治和社会的条件都能容许其出现。我坚信这种帮助必须不是建筑在随着各种恐慌以俱来的零碎救助的基础上。……美国当以朋友的立场帮助欧洲草拟计划,并在我们实际能做到的范围内进而协助其成功。但这计划必须是整个的,它必须为欧洲许多的国家,尽管不是全体,所同意。

这便是有名的马歇尔呼吁复兴欧洲计划的节略了。

这计划与杜鲁门主义在若干点上都是不相同的:(1)杜鲁门主义大部系属于军事性质的援助,但马歇尔计划是非军事的,而是经济的。(2)杜鲁门主义坦然摈弃所有苏联卫星国于美国援助之外,而马歇尔主义则包含整个欧洲,即苏联亦在准备接受援助之列。(3)杜鲁门主义很遭苏联的反对,但马歇尔计划,自从发布以来,虽亦不免受苏俄报纸的批评,但苏联政府却正式考虑接受这计划了。现在英法苏三国外交代表正在巴黎开会,商议欧洲整个复兴的问题。这个会议也许不会有多大成就,但东西两世界,已表明出对和平与合作的愿望。

最可令人注意的,即马歇尔计划如同杜鲁门主义一样,都不适用于亚洲。我们知道,杜鲁门主义曾经美国副国务卿艾克迩在答复参议员范登堡时,以官方的资格正式声明,它不适于中国。现在马歇尔计划亦然。任人皆知,杜马这两个计划都含有防范苏联向外扩张的性质,所不同的,无非前者是想对苏联逼之以威,后者是想诱之以利罢了。在中国这个国度内,国民政府也是反共的,同时对苏亦很戒惧,恰与美国的对苏政策是相同的。自然在这一方面,美国亦并没有忘记国民政府对于反共防苏的功绩。但为什么她不把杜鲁门主义和马歇尔计划适用于中国呢?而且近来对于中国的态度总是很冷淡呢?这点明白表示美国对于复兴世界的政策,仍是不离故罗斯福总统的故智,即欧洲第一,中国第末。

　　为什么美国现在仍把中国放在末位呢?很坦白的说,这是由于美国看破了这一点。即除非取得苏联的协调,中国问题似难解决。关于这点,我认为孙哲生先生的解释有一半是不错的。他说:"国共谈判失败之总结,并非是内在问题,完全在美苏之不调协,即苏联不放心。当初马歇尔特使来调停时,原请苏联参加帮忙,如苏联参加,则中共不能有所怀疑,但苏联拒绝,由美方单独出面,以致失败。"(中央社南京二十三日电)美国调解中国事情的失败,既然一半是由于苏联的不协调,那么,美国今日首先提出援助欧洲经济复兴的计划,来拉拢苏联,使欧洲能有五年到十年的和平的希望,然后转而调解中国的内争,这不是更容易么?二来呢,也是由于国民政府太腐化和太没有效力,不足以担任防苏反共的任务,正如费孝通教授所说,在这种政治权力下,连美式装备都会失其效力,这影响美国的全盘计划。尤其使马歇尔"懊伤的,是在他想确立美国圈远东防线的努力中,非但没有获得适当的合作者,反而得罪了中国人民,把传统的两国友谊丧失殆尽。人民的友谊是建立美国圈所必要的基础。这项损失是严重的"。所以他便索性不调解了。实则也并不是绝对不调解,等到将来苏美关系好转后,也许再来调解,较易为力。三来呢,美国在日本已经有了相当的防苏的准备,可以代替中国的位置。四来呢,中国的经济秩序,单凭借来少数的款子,也是不能恢复的。这都是美国把中国放在末位的原因。那末,现在的国民政府便只好等了。可是国民政府等待的力量如何呢?

　　美国的援助世界的政策既然把欧洲放在第一位,并把中国放在第末位,当然美国对于中国会冷淡。这便是美国一连串的对国民政府暗示暂不再帮忙的原因。华北撤兵,秦皇岛美军弃守,五亿美金的贷款迟迟不肯给予,都是可举的例子。但这可把中国政府弄苦了。特别是借款借不到手,动摇了整个国民政府的战时财政的基础,使孙哲生先生于千钧一发之际,竟不得不以附庸者的身份,向美国发出这样的紧急的呼吁。他说:"美国反响冷淡,即等于对中国放弃,是在中国之外国势力,惟有苏联,则政府将重新考虑态度。"哲生先生以为美国一定会澈底反苏的,那知世界的变化,恰出于哲生先生的理想之外,即现在美国和苏联,已在马歇尔的计划下,商议苏美合作的途径了。据伦敦六月二十日广播,苏联驻美大使且在芝加哥演说称,苏联与欧洲各国合作,不但可能,且是值得的,且谓苏美两国应在和平中合作。在他方面,孙哲生先生复以为美国一定会无条件的援助反共和反苏的国家,那知今日世界的变化,复大出于哲生先生的意料之外,美国政府不但迟迟不予中国以借款,同时美国舆论且称"南京遭受之败绩,与其归咎于苏联,不如归咎于国民政府之不负众望,以及无能与腐败"。(六月二十五日纽约《前锋论坛报》)现在五亿美圆的贷款再隔三日便满期了。假令还笔款项借不来,不必等到年底,中国便要和平。为什么呢?我的意思是:军队不能饿着肚子老打仗。

现在南京政府财政上的穷迫绝非局外人所能想象。我们只要把昨年政府财政的支出与今年一比便知道了。去年政府财政的支出,依据杨西孟教授的估计,倘以之折合而为抗战前夕的法币,约合十五亿。但是我们知道,去年的军费占总支出百分之七十以上。即以百分之七十计算,去年的军费折合成抗战前夕的法币,当为十亿半元。但今年财政的大预算为二十万亿。现在上海的物价约已涨了二万五千倍了。故今年政府的上入折合成为抗战前夕的法币,最多不过六亿元而已。纵令以此六亿元全部用作打战,让公教人员战死,打到现在也快完了。何况公教人员在过去还要用百分之三十呢?因此之故,政府今日在前线上的军需接济必是不能维持过去的水准了。假如过去的士兵吃得饱,现在恐怕必定有些吃不饱了。从前有衣服换,现在恐怕有些没有了。从前的士兵病了有医药,现在恐怕有些也没有了。记得在民国三十三年的时候,就因政府所控制的物资太少了,其年政府的财政支出合战前法币,为五亿,但今年的内战比三十三年对日的战争更猛烈,所以今年的军事所需的物资,不比三十三年更少。在三十三年的时候,就因前线上的士兵吃不饱,穿不暖,结果竟至演变而为豫鄂湘桂黔的大退却。最近东北的溃败,我看,一半固是由于共军势力的增强,其他一半恐怕是由于前线的士兵,特别是东北地方的军队,因感经济的待遇太低并且太不平等,方才不肯努力作战的原故。现在美国既然不肯痛快的供给政府的美金,在物价节节高涨的趋势中,我们不知政府将何以应战争前线对于物资的需要。

实则纵令五亿美元的贷款成功,亦不过使战争维持到年底。因为战后美国的物价已涨了一倍,五亿元美金不过只值战前美金二亿半,约合战前法币八亿又四分之一。美国并且要限制这笔贷款的用途,由此可见五亿贷款的成功也不能使政府的前途就此乐观。

然则增发钞票吗?稍具经济学常识的人均知道,政府的发钞如比过去的财政收入增加一倍,同时租税因了物价增加之故,比过去的财政收入增加百分之五十,假如物价也增加了一倍半,政府的收入的实质将与从前一样多。假如物价增加到二倍以上,将比从前更少了。自从对日抗战以来,政府年年都在增加钞票的发行,但政府收入的实值,自从抗战之第三年起,每年均在逐渐往下降。最坏是在三十四和三十五这两年,财政支出的实值,只值战前三分之一。在通货业已丧失信用的今天,增加发钞等于减少政府所能控制的物资,其结果等于饮鸩止渴的自杀政策而已。

内战既需要物资来接济,同时马歇尔计划又把中国放在第末位,战争今又没有国民的拥护,不但政府会因财政的压迫而缩短战争,国民今日对于战争实在亦已起了极度的厌恶之心了。孙哲生先生说:"美国反响冷淡,即等于对中国放弃,是在中国之外国势力,惟有苏联,则政府将重新考虑态度";但末后又说:"目前已无和谈可言,政府必须打垮共党,否则即是共党推翻国民政府。"这两句话恰恰立于反对的地位,充分表示孙哲生先生的神经已因过度紧张而失调了。实则客观的情势是战争之路已穷,和平之机已至。国民党须抱退让的决心,共产党须抓住国人爱好和平的心理,老百姓应当一致的起来,趁此千载难逢的美苏倾向合作的时候,督促国共两方停战议和,国事方有可为。

六月二十八日于北大

(《文与时》,1947 年 1 卷 17 期)

青年须要重新估定政治环境

—— 自录在北京大学于子三追悼会上演词，
劝同学这一次莫要游行示威

今天我来参加于同学的追悼会。一来呢，表示我对于于同学自杀的哀悼。二来呢，是来表示我对于于同学之死，站在一个教育者的立场，不是向政府示威，而是向政府表示抗议。于同学在政府的看管之下据说自杀了。如果自杀，在自杀以前，政府疏于防范；在自杀之时，政府疏于救助。这都是表示政府对于青年未能尽到政府所应该尽到的爱护青年的责任。从法律一方面说，政府无论依何理由逮捕学生，都须要在二十四小时内送交法院。这个法律是政府所制定的。当于同学被捕，浙江大学曾要求政府在二十四小时内依法移送法院，但政府不准。可是于同学就因政府不立即移交法院而据说自杀了。足见于同学之死，政府在法律上，实在负有责任。再从社会正义上说，政府在这抗战并胜利以来，常不惜以严刑竣罚，慑服老百姓。但政府的高级大员是否个个守法呢？假如中国的检察官，果有执法的精神，将政府大员之犯法者加以检举，并由刑庭依法举行公开审判，恐怕审判结果，其应受刑事犯罪的处分者，亦不能说没有，而且恐怕还不只一个。可是这类高级大员，纵令身系刑事罪犯，但结果却让其逍遥法外。而青年学生稍有不是，政府便必欲置之死地而后快。我以为在一个倾向宪政的国家，任何人在法律之前，都应平等。可是今日的政府官吏在法律之前，显然不与老百姓平等。从社会正义上说，我以一个教育者的立场，对于政府实不能不表示抗议。从人道的立场上说，政府对于青年学生的态度实应该尽量的宽大，因为青年毕竟是青年。他们在行为上纵有感情用事之处，若其动机纯为爱国，亦应从宽发落，许以自新，替国家培植一点读书种子，替社会保留一线进步生机。可惜现在的政府对于青年的态度，完全出于吾人的想像之外。他们不但要严惩犯过的青年，而且即对不曾犯过的青年，他们亦要向他们吹毛求疵。例如北大孟李两位同学被捕业已逾月，既不宣布罪状，亦不送交法庭。遑论站在人道的立场，我恐怕无论站在什么立场上说，都是说不通的了。再回忆过去北洋军阀失败的往事，我不禁在一方面替政府耽心，在他方面对于自己表示惭愧。为什么惭愧呢？

我愿向大家作一坦白的自剖，即我乃是一个想在象牙之塔里面偷度愉快的读书生活之一人,以此未曾对于社会的不正、不义和不法,作过无畏的反抗。我实在是一个怯懦者啊!所以,今日我来参加这个盛大的充满着热情和愤慨的大会,心中实在含有一种说不尽的羞惭。但是,我想,凡是青年人所能到的地方,除非我不愿,我也许都能去!在冰山和雪地里旅行我能去,在火山和油沙里煎熬我亦能去。我虽然不信中国儒家的哲学,但是我已读过文天祥《正气歌》,即在正义之前,我想我也许还能够做到"不低头"这三个字。不过我不愿学文天祥,我愿学一个顶没出息的废人,阿Q。就是我要胜利!我要胜利!我要最后的胜利!

最后我还想向大家作一委婉的劝告,即我辈青年们须要重新估定我们学界所处的地位与环境,特别是政治的环境。我没有劝同学对于现实的丑恶作让步的意思。我想向大家报告一个我所亲身经验过的一段故事,"将死之狼",来提高我们的警觉性。

有这么一年,我在一个荒山上读书。荒山上夜里有狼,我很害怕。不料有一月夜狼竟来了。农夫见着狼来,为了胜利,他于是急忙放出一只猪,头上给他包满了火药,这个火药是能爆炸的。狼一见着猪,他便一跃而进,张开他的血红的巨口,来咬这个猪的脑袋。那知一下咬着火药,火药爆炸了,把狼的下巴炸掉了。他在那里哀鸣了不已。农夫闻声赶出给他一枪,枪中要隘,狼立倒地。"狼已死了!狼已死了!"大家都高兴得不得了,起来凑兴。哪知这狼凶猛异常,他在临死之前,不吃一人,绝不罢休。正看之际,他忽然仰过头来,翻身一纵,以他的全力扑在一个小孩子身上,它虽然已没有下巴,但小孩子竟然死了,而它也同时死了。我报告这一段话的意思,是说,我们对于这个将死之狼,顶要注意。你可以铁棒去打狼头,但你千万不可去同狼开玩笑。

我想,我应该特别声明,我没有说政府是狼的意思,不但政府不是狼,即共党亦未必便是农夫。共党不是常被呼为"农夫的敌人","共匪!共匪!"么?而且政府这次从事动员戡乱,常说战无不胜,攻无不取,得意洋洋,焉有咬着炸弹之理。所以我们千万不要把我们的政府也看成"将死之狼"了。

可是,我们莫要忘记了一件事,就是任人皆有狼性,连我们自己也有。政府在这动员勘乱之际,也许亦不免多少有点。现在政府正在勘乱期中,过去虽然得意洋洋,但最近亦常胜常败,心情极乱,诚恐偶不小心触犯了他。我以为青年们无论作何行动都尽有你们的自由,但莫要忘了这个将死之狼的故事,即你如果不愿意狼,你虽然是个小孩,亦可以用石头去打狼头,但你千万莫要去当傻孩子。这狼虽然已经失掉了下巴,但对于你这几根嫩骨头,它至少仍可以扑死你的啊!

三六年十一月六日,于北京大学。

(《文与时》,1947 年 2 卷 10 期)

投资储蓄与利息率

——凯衍斯的和正统学派的批评

传统学派的经济学者,几乎没有一个不承认投资或储蓄的需要增加(减少)可以抬高(降低)利息率,又储蓄的供给增加(减少)可以降低(抬高)利息率的关系的。用数学的观念来表示它,即投资是利息率的一个函数,它的导函数为负。又储蓄是利息率和所得的一个函数,二者的导函数均系正数。设令我们以 i、I、S 和 y 代表利息率、投资、储蓄和所得,那末,我们便可写出下列这两个代数的公式: $I = f(i)$,$S = F(i, y)$

而在均衡的状态里 I 与 F 全相等,即: $f(i) = F(i, y)$

再用曲线来表示他们的关系如第一图:

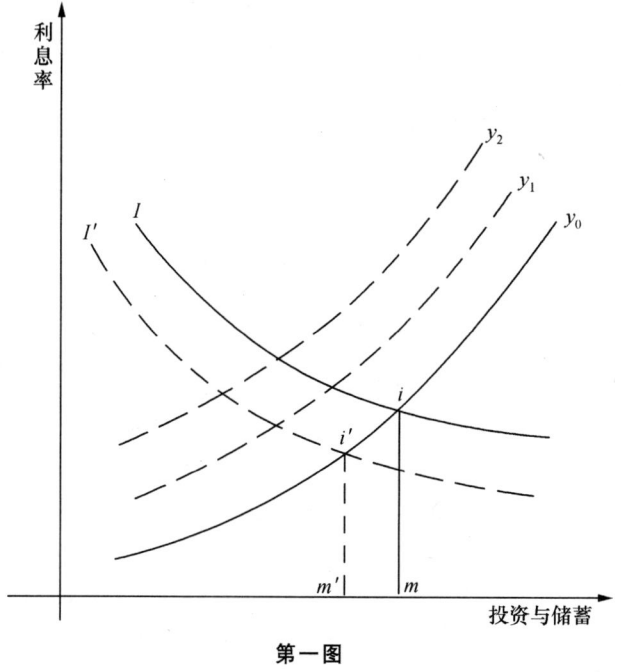

第一图

这即是说,利息率在投资与储蓄相等时达于静止的状态。在上图中,当投资与

储蓄均等于 $0m$ 时,它的价值为 im。这个学说,因凡稍涉经济理论的人都是很知道的,所以也用不着细述。

只是人们所共同信仰的利息率的理论,一到凯衍斯(Keynes)手里,问题遂发生了。他的论辩是这样:即储蓄既是利息率和所得的函数,那末,当所得变迁之际,储蓄亦必跟着变迁,没有疑义。即储蓄的曲线在所得为 y_0,y_1,y_2 的时候,其位置可以完全不一样。这个道理想来无不承认。可是正统学派的利息率的理论却失败在这个简明的道理上。

设令投资的曲线 I 移动了,由 I 移向 I',依照正统学派的理论,利息率便当为 $i'm'$ 了。可是依照凯衍斯的想法,这个结论是错误的。为什么呢?因为正统学派的利息率的理论如果要成立,必须所得不受投资的影响才行。可是所得是要受投资的影响的。当投资的曲线由 I 移 I' 的时候,所得 y 亦必要发生变动,因此储蓄曲线的位置亦必要发生变动。除非把所得的新数量确定后,储蓄曲线的新位置不能确定。储蓄曲线的新位置既不能确定,则我们决不能说新利率为 $i'm'$。可是正统学派的利息论,在它的投资与储蓄的函数内,不能告诉我们当 i 移向 i' 之时,所得的新数量是什么? 它也许是 y_1,y_2,或 y_n,但它究竟是那一个,不知道。正统学派既没有充足的材料来告诉我们它一定仍为 y。所以我们亦决不能说新利息率是 $i'm'$ 了。

实则凯衍斯对于正统学派的批评,据我看来,是不能够成立的。为什么呢?因为正统学派的利息系假定投资的需要已经增加,但所得与储蓄尚未变迁的时候,利息率该在什么地方。反之,凯衍斯所讨论的,乃在追问在投资增加之后,和所得增加之后,对于新利息率所发生的后果怎样。前者专讨论事前的情形,而非事后的结果。后者专讨论事后的结果,而非事前的情形。凯衍斯以事后的结果来批评正统学派事前的论究,除了表示他自己的思想的紊乱外,不能根本推说传统学派的学说是不合理的。正统学派说,甲男对乙女的爱慕的情怀增加,二者便将结为伴侣。凯衍斯说,甲男和乙女结为伴侣之后,乙女必然还要生孩子。乙女生了孩子之后,容貌必有变化,乙女的容貌既有变化,甲男是否爱他还说不定,所以甲男和乙女是否还要结为伴侣,也是不一定的了。可是甲男和乙女尚未结为侣伴呀! 投资尚未为事实的增加,凯衍斯便想到投资增加后对于所得与储蓄的影响,未免过早一点。

不问凯衍斯对于正统学派的批评究竟对不对,但他的利息率的学说却是从否定正统学派的利息率的理论而来。他说利息率系由货币的需要和供给的关系决定,而非系由储蓄的需要与供给的关系决定。把他自己的代数式子来说,即:$M = L(y)$

再用几何的式子来说明它,如第二图:

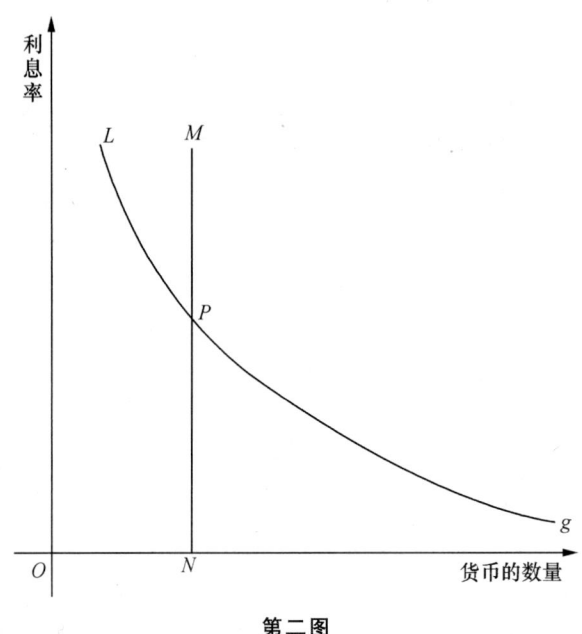

第二图

在上图中 M 是货币的供给曲线，L 是货币的需要曲线。利息率越高，人们越不需要货币，好像物价越高，人们越不需要货物一样。因为利息率越高，人们需要货币，所牺牲的利息亦将越大。利息率越低，人们需要货币所牺牲的利息亦越少。所以在利息率高于 P 点的时候，货币的需要小于供给，利息率倾于下跌。利息率低于 P 点的时候，货币的需要大于供给，利息率倾于上升。只有利息率达到 P 点的位置，供给与需要相等，因此利息率既不倾于上增又不倾于下跌而直达到一种均衡的状态了。

在凯衍斯的利息率的理论内最可令人注意的一点，就是利息率达到 g 点的时候，货币需要弹性几无止境。此时纵令货币的供给增加，当亦不能降低利息率了。为什么呢？因为利息率越低，长期债券的收益越少。长期债券的收益越少，那末，将来的利息率万一上涨，持券人因为长期债券跌价之故，而所遭受的损失，便非低微利息所能弥补了。正如凯衍斯所说，债券的收益，只足以抵补旧利息率和新利息率之差，恰为旧利率之二乘方。[①] 越过此一点，人们便不肯需要债券，毋宁需要货币了。举一个例来说，假令现在的利息率为四厘，人们以百圆买进长期债券，所得收益为四圆。但如人们相信将来的利息率只能涨到四点一六厘，纵令百元的债券，随着利息率的涨高，跌价为九六圆，因为持券人尚有四元的利息来防备此量的风险，因此他们似还不觉有什么严重的损失。可是设令将来的利息率比此更大，人们在资本上所遭的跌价的损失便是无可抵补的了。因此他们便不肯再以货币出借了。这即是说，当着利息率的低限降至 g 点之际，人们对于将来的利息率一致看涨，

① J. M. Keynes, *The General Theory of Employment，Money，Interest*，Chap15，pp. 201—201.

不但看涨而已,且相信会涨得很大,此时货币的需要弹性遂为无限大。除非金融市场的信用状态回复,任凭中央银行采用什么公开市场的政策,都是把利息降低不了的。

凯衍斯相信他的利率理论太过度,以至于否认正统学派投资与储蓄对于利息率的影响。依据凯衍斯的一般的就业的学说,最先是货币的需要和供给决定利息率。利息率决定投资的价值。投资的价值再副之以投资倍数的理论,决定国民的所得。但利息率却不受储蓄的倾向和投资的诱力决定。这便是凯衍斯的学说独特的地方。也就是凯衍斯自命他的理论具有革命的性质的地方。凯衍斯真实相信他的利息论可以推翻过去一切的传统的学说,好像孙行者真真相信他只一筋斗便可翻出如来的手掌。焉知他的利息论有一大部份,仍然落在正统学派的巨掌内。这点容我说明如后。

凯衍斯决不承认储蓄倾向的加强或投资的诱力的减少,可以降低利息率,因为他说利息率只是货币的现象:与储蓄并投资均无关。投资与储蓄,虽然可以影响所得,但可不能回过头来影响利息率。他的意思好像是说,假如他一旦承认这一点,那末他的理论便破坏了。实则他纵令承认这一点,他的理论,依旧完美无缺。不但完美无缺而已,其理论的意义且将更丰富。在正式讨论这点这前,容我再从另一个方面,来解释他的货币曲线的意义,以作我们的推理的初步。

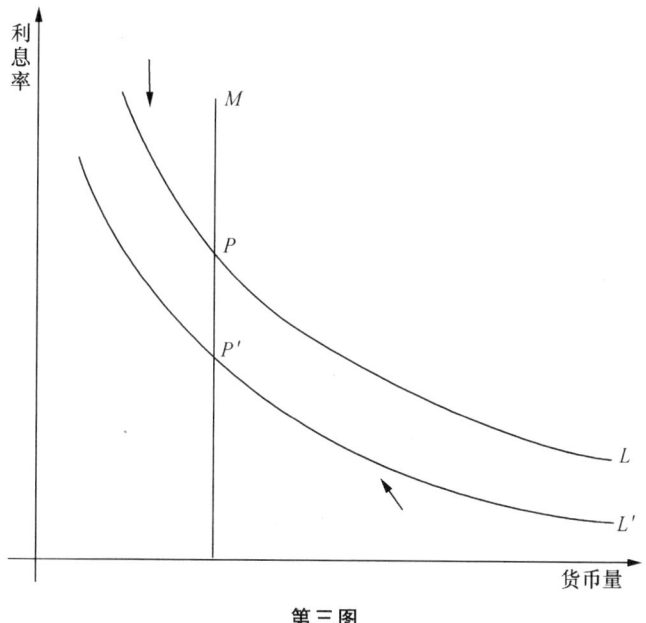

第三图

从第三图可以看出,当利息率高过 *P* 点的时候,人们宁愿牺牲货币取得利息。因此,货币的需要减少,债券的需要增加。当利息率低过 *P* 点的时候,人们情愿牺牲利息取得货币,因此货币的需要增加,债券的需要减少。在前一种情境之下,市场上永远有剩余的货币来买进债券,债券价值看涨,利息率看跌。在后一种情境之下,市场上永远有一部份过多的债券来争卖货币,债券价值看跌,利息看涨。直到利息率为 P 的时候,方才达于均衡的状态。综括来说,就是货币的需要如有相对的减少,是债券的需要便有相对的增加。债券的需要如有相对的减少,货币的需要便有相对的增加。

稍一反审便知道,在债券的需要增加的时候,便是储蓄的倾向加强的时候。人们既要增加储蓄,在正常的状态下,当然他们跟着便要减少货币的需要了。在储蓄的倾向加强之时,在正常的状态下,无疑的货币的需要便减少了。货币的需要既减少了,在图解上必是货币需要曲线往左下方移动。在货币的供给不变之时,利息率自然往下低降,即由 P 点降至 P' 点。可是当利息率为 P' 时,凯衍斯的货币利息学说的价值并不因此而减少丝毫。反之,在货币的需要增加的时候便是债券的需要减少的时候。人们既然需要货币,当然他们跟着便要抛售债券了。在投资的诱力加强之际,无疑的是债券需要减少和货币的需要增加了。货币的需要既增加了,在图解上,必须货币的需要往右上方移动。在货币的供给不变之时,利息率自然增加,即由 P 升到 P' 点。可是当利息率由 P 点升到 P' 点的时候,凯衍斯的货币利息率的学说亦并不因此而增它的价值一丁点。这即是说,凯衍斯纵令接受储蓄与投资可以影响利息率的理论,亦于他的货币利息的学说没有妨碍,那末,凯衍斯又何必说他与正统学派是不相容的呢? 这徒以表示他的接受能力的狭小而已。

正因凯衍斯不了解储蓄与投资可以影响利息率的正统学派所发现的真理,他的思想便陷于混乱了。在商业循环的上翼,随着投资的诱力的加强而涨高,或随着物价的涨高而涨高,这乃是一种铁的事实。可是凯衍斯因只承认利息率影响投资,而不承认投资亦可影响利息率,于是对于这种关系,似亦不曾加以充分的注意。何以见是凯衍斯对于这种关系不曾加以充分的注意呢? 他说,"如果公众因为对于活动存款(active balances)的需要丧失了,他们所有的不活动的存款(idle balances),或如政府公债的前途不良使公众太着急,那末,我便很觉得,除非我们决心抬高利息率,这项不活动的存款的需要此时必须要去满足,因为这笔后增的不活动的存款将为日后在商业气氛或情境的变迁所容许时把来动用"。罗博生教授(D. H. Robertson)给他一个注脚说,"换句话说,就是金融的当局在繁荣的阶段,应当自由的创造货币,而在衰败的时候激烈的去销毁它"。这点明白表示,凯衍斯不十分理解,在繁荣的阶段,利息率的上涨,不是由于债券市场的前途的不良,而是由于投资的诱力增加或物价上涨的原故了。(Robertson, *Essays in Monetary Theory*, pp. 23—24)

利息率的问题有两面:一面是货币的现象,一面是生产的现象。正统学派的经济学者只看着前一面,凯衍斯只看着后一面。今因凯衍斯既看着了后一面,他的利息率的学说自然亦是有价值的。可是凯衍斯不应当说,因为正统学者不曾看着了他的这一面,便根本否认正统派学者所见到的那一方面的真实性。不幸凯衍斯竟至于如此,这是表示凯衍斯的接受能力的偏狭性。

上文曾说,凯衍斯的利息率的学说,有一大部份都未跳出正统学派的利息率的学说的手掌之外,现在我们已经知道这种说法符合事实。以后我们将要更进一步去阐发凯衍斯对于利息率的另一部份的探险的工作:这一部份的探险工作,确已深入了向为正统学派的足迹所不曾走到新大陆。这便是利息率在衰败的时期里的情形了。在衰败情形里的利息率,确有不受投资与储蓄的影响环节。这点昔人从未道过,但此点凯衍斯确把他解释和最清楚。这确不能说,不是他的独特贡献了。在这一点上,我敢断然的说,凯衍斯的学说是革命的。

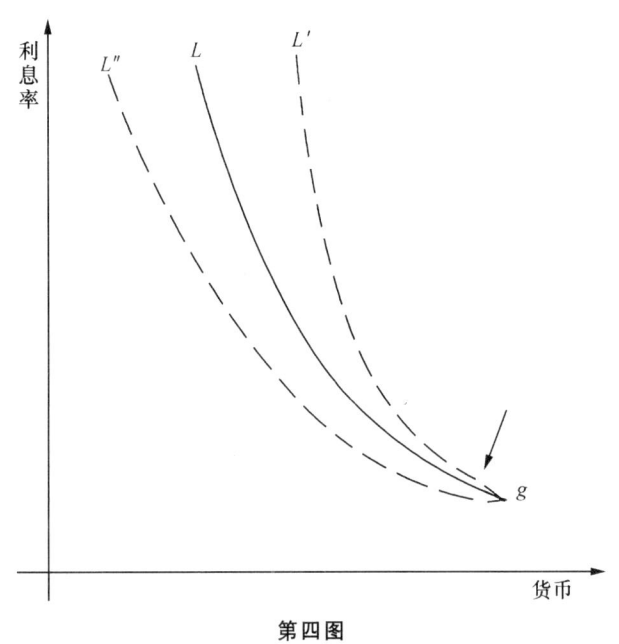

第四图

在上图里面,我们曾经看 g 点之际,货币的需要弹性为无限大,L 曲线几约平行于 X 轴,这完全是在商业衰败时期里信用破坏了的情形。在这一个时候,纵令投资的诱力加强,或资本的边际效用增加,然因投资者在心理上缺乏信心,绝不肯以较高的利息率借进资本,因此利息率不能上涨。依照同样的理由,纵令储蓄的倾向加强,储蓄者不愿买进债券,因为买进债券的风险太大了。这即是说,储蓄在这一个时候概采窖藏的形态。此时候纵令金融当局创造货币的供给,当亦不能降低利息率,因为增加的货币概为窖藏所吸收的原故。在第四图图表里表现得最明白。利息率一旦落到 g 点,L 曲线平行于 X 轴。此时无论 L 曲线向左移动也好,或向右移动也好,无论它移向 L' 或 L",均不能改变利息率为 g 的位置。因 L, L', L"这三条曲线在 g 点必然合而为一。换句话说,即利息率落到 g 点的位置,投资与储蓄除了影响所得之外,并不足以改变利息率的位置。这确实凯衍斯的一个革命性的贡献。

卅六年八月廿日于北京大学

(《经济评论》,1947 年 2 卷 4 期)

从财政上透视国内和平的征兆

战争是要需用大量的物资的。例如兵粮,兵衣,兵器,战车,医药,和交通器材等等。战争的物资是要从政府在财政预算上所能控制的物资中划拨出来的。为了应付战争,为了筹措战争的费用,政府的财政预算已由九万三千余亿,增到二十万亿了。好一个庞大的预算的数字,看起来实足令人惊心而动魄。因为战前一年的财政支出,依据杨西孟教授的估计,方为十五亿[1],现在已增加为二十万亿,比战前足足的增加了一万三千余倍,为数可谓至大。但现在我们所要问的,就是现在政府以此二十万亿所控制的物资,是否足够以之维持战争呢?

我以为,政府如欲以其庞大的预算所控制的物资,来维持战争于不坠,则其所控制的物资必须比战前更多,或至少与战前一样。可见现在政府的能控制的物资,只值战前政府所能控制的物资的约莫四分之一,也许尚还远不及四分之一。物资既只值战前四分之一,但战前并未打战,而现在可要打战,那末,到了今年的半中间,因为军用物资来源的枯竭,结果战争便非自动完结不可。何以说,今年财政的预算所能控制的物资最多只值战前的四分之一呢?这个理由很简单。战前一年的财政支出为十五亿元。现在上海物价涨了三万二千倍,财政的预算为二十万亿元。将后者折合成为战前的货币,只值战前货币六亿又四分之一。六亿又四分之一比十五,这即是说,今日政府在财政预算上所能控制的物资,只值战前的四分之一而已。可是物价不在上涨,所以我说,政府在财政预算上,所能控制的物资,最多只有战前的四分之一那么多。政府所控制的物资既比战前为少,而且竟然少了四分之三。这个战争还能够再继续半年么?

何以说政府所控制的物资少了四分之三,战争便不能继续呢?我们只要把三十五年的军费开支,合成战前的国币,来和今年一比便知道了。依据复旦大学周柏棣教授的估计[2],三十五年政府的支出为七万五千亿,军费占总支出百分之七十以上。查去年的趸售物价指数,(依据天津《大公报》津沪趸售物价)比较战前,在一月涨了二十倍,六月涨了四千倍,十二月涨了七千余倍。今姑以去年六月的物价水准,将二十五年的支出合成战前的货币,共值战前货币十五亿元。军费占总开支的百分之七○,合战前货币十亿半。这即是说,三十五年的军费开支为战前的货币十

---

① 杨西孟教授,《经济评论》第九期。
② 周伯棣教授,《新年论财政》新闻报,《经济周刊》第八期。

亿半。可是今年全年政府的财政的预算，方只合战前国币六亿而已。即以此项开支全部用作战费，让公教人员饿死，以每月军费合战前国币九千万计算，亦只能维持六个月。现在六月已届，战争虽未结束，但距人为的或自然的结束之期，业已近在眉睫了。这次政府在东北战事的失利，一半固由共军的装备增加，但一半，我敢断言，必是由于在前线的军用的物资莫法补充，或莫法接济，以致资源的分配不均而致军心不振之故。这便是我所说的，战争不能继续的原因。

读者或者要问，政府为了继续应付战争起见，岂不以再多发钞票来争取民间的物资么？我的答复是，这个是绝对的办不到的。为什么呢？这点我在三月二日天津《大公报》上已经说的很明白了。现在容我把他重记如后：

> 原来政府发行钞票的目的旨在取得真实的物资。设使政府增加发钞比租税多了一倍，而租税因了发钞增加，物价增加之故，比较前一周年度只增加了一半，但物价只增加一倍，当然，政府所控制的物资，会比未发钞前为多。但是物价如果涨高一倍半，那末，政府所控制的真实物资便将与前一样了。设使物价涨高两倍，政府所控制的物资定将比较从前更少。以本年一月而论，政府的发钞，绝对没有增加七千倍，但物价已增加到七千倍以上了。

在今日国币继续丧失信用的趋势中，政府倘如增加发钞越多，则物价涨的倍数比较发钞和租税的自然增加的总倍数更大。从而政府所控制的物资便将越少了。依据铁打的统计事实的证明，自从抗战以来，政府虽在继续的增加钞票的发行，但自抗战之第四年起，政府所控制的物资便日在减少的过程中。就中最坏的两年便是在抗战胜利之前二年，三十三年和三十四年，政府其时所控制的物资大约只值战前的三分之一。即政府财政的支出合成战前的国币，只值战前的国币五亿而已。我们千万莫要忘记了，就在三十三年这个年度中，国民政府所控制的物资只值战前的三分之一，也就弄得前线兵士饥饿不堪，其结果便是豫、湘、桂、黔的军队的总崩溃。[①] 现在内战的严重性不亚于对日的抗战，但今年政府，在财政预算上，所能控制的物资，反只值战前的四分之一，比三分之一这要更少。除非政府赶快从美国借进五亿美金来，军事上的大退却，必定更要重演一次，毫无疑义。

纵令政府就把五亿美元借来了。对于内战的持续，我看亦是没有多大的帮助的。为什么呢？我们知道，去年在军事上的开支约合战前的国币十亿半。今年财政上的总收入，最多只合战前的国币六亿元。又今年美金五亿元合成战前的美金，因为美国的物价比我国战前亦约莫涨了一倍，故只值战前美金二亿半而已。战前美金二亿半，合战前法币八亿又四分之一。再加上六亿的财政收入，合战前国币十四亿又四分之一。此与三十五年的财政支出约莫相同。这等于说，假令政府把五亿圆借进了，并假令其他条件相同，最多可使战争维持到年底。假令五亿圆借不

---

① 杨西孟教授，《论经济崩溃》，《世纪评论》第一卷第十九期。

到,则因政府财政支出的实值比较民国三十三年还不及,但民三十三年的战争尚且不能支持,今日战争的规模既比从前为大,同时士气反比昔日为弱,恐还等不到年底,纵令没有人为的和议出现,战争亦要自动的结束的。世上从没有过永久打下去的战争,中国当然亦不能例外。在国民政府方面,假如他们财政的支出的实值与我们的估计相符合,我以为,除非杜鲁门主义忽然转向中国来应用,和平之神恐怕不久便要到临。除非双目失明者外,谁都可以很清楚的看见,在东边这块财政天空的乌黑的云岩之下,已透出了一线明朗的挺直的和平天使的前卫。

(《知识与生活》,1947 年 6 期)

樊弘教授讲演词

（编者按：此稿未经讲演人校阅，如有错误，由编者负责。）

"……五四运动在教育原理上是否应该存在呢？学生运动是不是应该存在？"胡适之先生在民国九年说了一句关于五四运动的话，大意说：学生运动从某一方面说，是不应该存在的。青年与学生应该读书，但是，当政治不太平，中年人没有希望的时候，就爆发了学生运动。如汉时太学生，辛亥前的留学生、朝鲜的青年、俄国的学生之参加革命。为什么他们要参加革命？因为社会太黑暗，青年学生运动便成为不可避免的，在正常状态下是不会存在的。青年人追求真理。只有黑暗压到社会时，才应该存在。也即是说，正常时不会有，不正常时应该有。

现在，要问政治是否清明？中年人是不是可以让我们放心？假如不是，学生运动还应该存在。这是我对第一个问题的答复。现在，社会是黑暗的，世界是黑暗的，不但全国学生要组织起来，而且要全世界的青年联合起来！

第二，在五四运动时，当时的口号是"外抗强权，内除国贼"——对外打倒帝国主义，对内肃清官僚阶级。为什么发生在民国初年？当时，官僚阶级勾结帝国主义侵略中国人民的利益，中国青年乘着帝国主义互相冲突的时候，联合起来，要打倒他们，肃清官僚。

现在讲第三个问题。我是北大学生中最不进步者。五四没赶上，没有什么功绩可讲。前天，有两位同学谈到从前领导五四的领袖，有的从事科学的研究如汪敬熙，有的继续领导青年，但有的汉奸如陈公博，还有某人现在抽大烟，当然与"科学、民主"隔得很远了。为什么有的如此不振作？如此反动？显出悲观的情绪。记得，蔡先生（指蔡孑民先生——记者）到北大，即打算改变风气，提倡青年应该有道德。我对这问题有一种看法，一个人上了政治舞台，在某方面若没有权力限制他，就可以滥用威权。学生领袖有威权，到社会上就可以滥用威权。假如今天中国社会无民主，靠领袖讲道德仁义，恐怕很难实现。不过有少数人如中山先生仍旧不滥用威权。

我们知道在五四时，那时顶大的要求是赛先生和德先生。科学与民主比漂亮的女子对青年的引诱力还要大。（笑声）没有人反对科学与民主，为什么科学不进步，民主不进步？因为今天是儒家哲学最抬头的时候。另一方面，民主并非由自由意志来决定，而是由财产关系决定。西欧第三阶段（即资产阶级）要求自由做买卖,反对政府的干涉,所以要民主。

国民党自从中山创立以来是讲民主的,可是现在就是国民党自己也在那里批评国民党的民主作风不够。蒋先生不是流氓,中国学问很好,天天讲民主,数目字知道最多,我可说是他的学生。(笑声)这可说是大逆不道,也不要紧。(鼓掌)我很佩服中山,也是首创革命的人物。中国政治上,我最佩服的人,不是蒋先生,而是中山先生。不过中山先生也有错的地方,中山以为只要把中国几千年来知易行难打倒后,新中国就可以建设成功。但是几十年后,革命仍不能成功,还不能够依据三民主义建设中国,那就是说知难行易说不是支配人生行为的中心,而支配人生行为的中心是既得的利益。地主受土地的支配,不受知难行易学说的支配。中国没有民族资本家,而有地主。地主是不要民主的,如果地主要民主,中国早就民主了。因为不要民主可以保持土地所有权。帝国主义侵略中国,订立不平等条约,对中国输入商品,中国人民觉醒了便要反对,所以他们——帝国主义不要民主了。买办阶级他们也不要民主,他们取得收入的方法要中国不民主。绅士不要民主。农民们连白米都没有,当然不知有什么民主,这是中国的致命伤。官僚是保护地主,保护帝国主义向中国投资,因此反对民主;还有新官僚是从外国训练回来的,英文说很好。新官僚与旧官僚配合。旧官僚不要民主,新官僚也不要民主。所以,我们要看取得收入的方法来判别谁要民主,谁不要民主,谁是民主战士,谁不是民主战士,就是朋友也滚开!(鼓掌)

兄弟是小资产阶级,是动摇份子,有时要民主。现在社会背景看清楚,不是完全没有希望。中山先生的敌人不是精神的,是在眼前,不是在书本上,也不是古代。地主是很聪明的,中国的官僚最聪明,他们说,“我们相信知难行易说,我们拥护民生主义”,中山老实,以为他们受感化而来参加革命;那里知道,这一批人初步来偷偷摸摸,都躲藏起来。到革命力量失势时,他们就大胆作恶,欺侮天下无人。这是革命失败的一个原因。

刚才,胡先生(指胡适先生——记者)说要重新估定一切的价值。自由主义者就要做闻一多先生,你们青年学生无利害关系,是要民主的。有人说资本家要民主,我是不赞同的。初期资本家要民主;但现在是独占的资本家,他们要独占就不要民主,我的话太激烈了,缓和一点吧,还是不要民主。(笑声)进步的工人,他们要民主;但退步的工人不要民主。农民被压迫,要民主;但普通的农人想做地主,他是不要民主的。从事民主运动的人,要从经济关系上、财产的收入上,去认清友人与敌人。

现在回到学生运动的本题上。中国学生要民主,要永远的团结,团结就是民主的力量。要在舆论上限制不民主的人违反民主,这个组织千万不要松懈。今天的民主运动,就是大家团结起来限制作恶。到处巩固起来,大家要去争民主,民主不是天上掉下来的。没有团结,如何争民主? 不要以天很热,到明天冷了下来,不要凭着热血来潮,这是浪漫派。

　　我觉得北大学生真伟大,该反对的,反对;不该反对的,不反对。

　　我们的宗教不是上帝,而是劳工(Worker),什么都不要怕,诸位要靠劳力。

　　末了,希望青年学生监督我这个动摇份子,免得走向反民主,反科学的道路!
(鼓掌)

(北大壁报联合委员会:《五四在北大》,1947 年)

公家经济在崩溃中

——大钞是政治上鸦片烟

　　当前中国公家的经济已到肺病的第末期。纵令病者立即转而从事全体的休息与充分的营养，已经是很难有活命的希望了。设使在这生命垂危的顷刻，病者尚还自信他的身体很健康，不欲重忍一朝之忿，与人剧烈的动起武来。动武而到精疲力竭之际，则靠吸食鸦片烟以为提神壮气之助。这于恰吸鸦片之后，虽可极度兴奋，好像很有打倒敌人的可能，但时间越久，力气越亏，到了最后的辰光，纵令对方不还手，恐怕自己也要倒了。不幸当前的公家经济便是生活在这种朝不保夕的条件上。

　　大钞便是今日政府所持以济穷救急的鸦片烟。自从抗战时期的开始，政府每于收入不敷支出之际便乞求于大钞的使用，以为救急于一时的兴奋剂。可是政府所控制的物资，即国库支出的实值，自从抗战第三年起，便开始为剧烈的减少。随着国库的真实收入的减少，政府的民政和军政的效率便逐渐往下降低。到了三三年政府的真实收入便减到最低点了。因在民二五年，国库的支出为十三亿又小数点三一，民三三年减到战前货币四亿又小数点三二。只值战前国库支出的百分之三二。国库的支出实值减到最低点，是年军政的效率亦最低。是年在抗战前线上的士兵，不堪饿寒的交迫，战斗意志转弱，结果于是演成豫、鄂、湘、桂、黔五省的大退却。自三五年起国库的支出好转，超过战前的国库支出的实值。忽然涨到要前货币十四亿小数点五八。好转的原因是由日本投降后，后方的物价相对的下落，收复区的物价，以法币计算亦下落，再加上敌伪产业的处理和国外物资的入口，致使国库的支出实值回增。此时，政府对于剿"匪"戡"乱"的信心，因亦随之增加。动员戡乱的野心沸热，内战于是爆发。接着国军相率出关，四平街立即克服。因为国库支出实值在三十五年达到最高峰，于是政府在内战上的成就亦达到极高峰。可是自三十六年一起，国库的支出实值转向低潮，计支出为四十二万亿，但物价涨高了五十六万倍，折合成为战前一年的币值，即其支出的实值仅值七亿小数点四七。只占三十五年度的支出实值的二分之一。国库支出实值逆转，军需的来源枯竭，士气由强转弱，东北的战事于是失利。共军转守为攻，国军转攻为守，剿"匪"的战争于是到了一大转折点。谁都知道，三十五年度的军费的支出占总支出的百分之七十以上。但国库的总支出只为战前货币十四亿又小数点五八。以百分之七十计算，战费的支出实值约十亿。可是，到了三十六年度，国库的支出实值忽降低到七亿又小数点四七。即以全部充作战费,让公教人员饿死,并令战斗的能力不增加,亦只能维持六个月。政府以六个月的军费维持十二个月,莫怪国军的战斗意志与战斗能力均会因为军用的物资莫法补充,或莫法平均分配,而一溃不振了。今年上半年的国库支出实值比较三十六年更坏,因此在军事上的失利亦就愈形败北而不可收拾了。

为什么政府发钞增加,税收增加,国库的货币支出增加,政府所控制的物资反而越来越少呢?这个道理是极易明白的。设令国库的支出增加一倍,物价完全不增,当然政府所控制的物资会增加一倍。设令国库的支出增加一倍,物价也增加一倍,当然政府所控制的物资会与从前一样多。设令国库支出增加一倍,物价涨高两倍,当然政府所控制的物资会减少一半了。在民国二十六年国库的支出增加了百分之六五,但物价只增加了百分之一,所以政府控制的物资便增加了百分之五三。到了三十三年国库的支出比较二十五年增加了一三七点二七倍,但物价涨高了四三一点四倍,莫怪国库的支出实值会降低到百分之三十二了。三十六年国库支出增到三一四九六点六八倍。

但物价只涨到五六二一八点八九倍,莫怪国库的支出实值会降低到百分之一十六了。政府的动员战乱的调子虽然越唱越高,但他的可支配的军用的物资确是越来越少了。在对日抗战之年,我们已经不是越战越强,在今天动员战乱之日,政府因为财政上的亏累太大,确是越战越弱了。

我应在此重复的强调,大钞确是政治上的鸦片烟。任何在政治上赋有雄才大略的野心家,倘欲以大钞当鸦片烟来增加自己战斗的能力,其结果必定是要敬向死神让步的。这不仅在财政上是这样,在国民的生产上尤其是这样。为什么政府发钞越多,其真实的收入反越少呢?这在表面上固然是由于物价倍数的增加,大于财政的货币收入的增加,但物价为什么比较增加更速呢?无疑的,这是由于大钞发行的增加可以冲毁国民工业的楼台,妨害国民的财富的生产,摧毁国民劳动的志愿,增加国民投机的心理。一言以蔽之曰,大钞的恶性的膨胀,可以摧毁国民所生产的物资。物资的生产日少,而争取物资的钞票增多并加速,莫怪物价要为飞跃的上涨了。何以说,大钞发行越多,物资的生产便越少呢?我们可从一般经济的常识上和近代经济的科学上来给这个问题以解答。随着大钞的增发,一人的货币的资产无一不是越来越大的,但一人的实物的资产无一不是越来越少的。货物一旦卖出去了,但买不到同质同量的货物回来。以工厂来说,机器的设备,随着大钞的增发而减少。以商店来说,仓库里的存货,随着大钞的增发而枯竭。以国民的生活程度来说,平均一人的实质的享受,继是随着大钞的发行,而日益往下降低。以工作机会来说,总随着大钞的增发,失业的人数总是越来越扩大。这都是经济的常识所能证明的。现在我们请再从现代的经济的学说上来对于这个钢铁般的事实,加以科学的解释。

大钞的增发,如果越过了必要的阶段,在物价与成本的关系上,但会显出一个矛盾的现象,即在成本会计上,每一个企业家无一不是发大财。但在工厂的机械的眼目上,无一企业家不是在那里赔老本。这是因为在成本的会计上,利润是售货的价值减去进货的价值。可是在工厂或仓库的记录上,在货物种类没有变迁的场合,利润实应当是,机械与存货的存量大于原有的机械与存货的数量。而在货物种类均有变迁的场合,利润实应当是,现存机械与其他货物的生产力大于原有机械与其他货物的生产力。可是会计的利润和工厂的利润在大钞剧烈增加的场合,总是正相反对的。前者虽有巨量的增加,但后者确有相反的减少。因在大钞剧烈增加的场合,制成品的价格往往增加的慢,而制造制成品的机器与原料的价格往往增加得快。因为制成品的价格在成本会计上是按照进货时的机器与原料的价格的消耗来计算,然而机器与原料的价格,在实际市场上,是按照它们在将来所生产的货物来计算,两者恰恰相差一段很远的距离。例如今有一人在昨年买进一副机器用去一千万元,这机器可用十年,每年费一百万元,原料一百万元,人工一百万,那末,他的制成品的总价格,在自由竞争的场合下,便大概是三百万元再加上过去一年的利息和利润。可是在实际市场上,原料与机械的价格乃是按照它将来所生产的货物的价格来计算,例如机器的实用年龄倘为十万元,那么,他的价格当是他在十年之中年年所生产的制成品的价格,折除利息。在物价继续增加的时候,将来的价格总是大于现在的价格的,所以机器与原料的实际的价格的增量便永远大于他们在会计上的成本价格的增量,即大于由他所制造的制成品的价格的增量,由是而机器与原料一旦以制成品的形态销售出去之后,但买不到同样的机器与原料回来,由是,而任一工厂的设备,如欲保持他的同样的规模,便将感到钞票或筹码的不足。如果银行不借款,他的生产的规模将缩小,同时失业的人数将增加。如果银行大放款,他的生产的规模虽可暂时保持,但经过一段时间之后,制成品的售价又再度的落在制造他的机器与原料的实际价格的后面,而使上述的困难重新重复一遍。企业家为维持同样的生产规模起见,所需贷款的绝对数量越多,银行亦越发感到难应付。而此一步一步的演变下去,终必迫使资金的供给不足以应企业的需要,于是正常的工业和商业的真实资本便当缩少了。在这工业资本被侵蚀的过程中,越是规模宏大的工业越难继续。商业亦然。由是而社会的真实的物资便越来越感存货的缺乏,物价于是为长足的增加。这便是物价随着大钞的增发而剧烈的冲上天空的原因。在物价继涨的状态下,不但制成品的涨价,比较机械与原料的价格涨得慢,且比较工资涨得慢。这是由于工资一旦涨高之后,工会的组织的力量加强,在某种程度内,可以促使工人的真实工资往上增加。这益可使企业家赔累的程度增加。依据吴大业先生的精确分析,在重庆一隅,"自三十一年以后,以实物计算的真实工资停止下降,粮食与原料品价格的上涨,超过制造品的价格,工业利润,逐年减少。在若干工业中,其真实利润且成负数。自此年起,各业增设工厂的数目亦一致减少"。(物价继涨,《经济学》第八章)他在另外一个地方又说,在上海的工业亦有同样的情形。"自二十六年至三十三年制造品价格的上涨,超过食物及原料品,为工业扩张的良好机会。三十三年至三十四年,虽在敌伪的治下,仪器及原料品的上涨,已开始超过制造品。前者升涨四十二倍,后者升涨三十三倍。……三十三年至现在,前者升涨的比率超过后者百分之六十。"莫怪上海的工厂和其他各地的工厂要继续关门了。由此可见,大钞发行越多,国民的生产势将越亏。国民生产越亏,社会的贫困势将越大,国库的支出实值势将越少,政治的效率势将越低,战斗的能力将越弱,失地势将越多,士气势将越馁,而政府所大声疾呼的动员戡乱之梦,亦就越难实现。

　　现在政府所最欢迎欢欣鼓舞的一件事,就是美国既然答应借款四亿美元,以济政府之穷。以之折合成为战前的美币,因美国的物价已涨了一倍余了,四亿约值战前的两亿。在这两亿之中军费折合战前美币只有六千二百万。可是,单是三十五年一年的军费,合成战前美币已值三亿。是年每月的战费约合战前美币二千五百万圆。是此军用的美币,最多只足维持战争两个半月。此处还有这七个半月的军费如何筹措呢?从何可将所差的战费一亿八千七百五十万的战前美币来补足呢?今年国库的支出的实质且将比三十六年更低,一定到不了战前法币七亿又四七。照现在物价上涨的态势看来,恐怕只有四亿或四亿都且不到。以之折合战前美币,便将只值战前美币一亿二,除以百分之三〇,或四千万作非军事的开支外,尚余八千万的战前的美币。纵令以之全部充作战费,如欲以之维持民三十五年的战斗能力,尚差一亿。如果说军费的支出的实值可以决定军士的战斗的能力,那末,现在的军费尚不及三十五年的一半,除非上帝能创造奇迹,当然他们的战斗的能力至少亦将减少一半了。大钞日增,生产日减,民生日减,国库的支出真值日少,军用日缺,士气日低,这便是我所说的当前公家的经济已到肺痨病的第末期。但此肺痨病者尚还相信他的身体很健康,实则全靠大钞或鸦片烟在救急,不但不欲止战议和,反而穷兵黩武,假令不幸覆灭了,亦只能说是咎由自取的啊。

三七,七,十一于北京大学
(《中建》,1948 年 1 期)

大亚细亚联邦或 U. S. G. A.

我相信在不久的将来,大亚细亚联邦与北美合众国的联邦将在太平洋的东西两岸上遥遥对峙,前一个的英文简写是 U. S. G. A(United States of Great Asia),后一个是 U. S. A(United States of America)。现在的北美合众国联邦还是资本主义的联邦,但将来必然还会变成社会主义的联邦。现在的大亚细亚各国还是欧西各资本主义国家的殖民地。但是,无疑的,大亚细亚各国是不要再经过资本主义的。所以在大亚细亚的联邦成立后,一定也不是资本主义的联邦,而系社会主义的联邦。自这两大社会主义的联邦完成后,太平洋上波纹,将会泛着一层鲜明的颜色,它象征着世界的亲爱,和平,与康乐。不像现在太平洋上的阴风,到处都是满着原子弹和火药的气味,它暴露着人类的猜疑,仇恨,战争,野蛮和贫乏。

大亚细亚的联邦它的神圣的任务是要想作由现在的散漫无纪律的各个独立的国家,进步到天下一家或世界国家的桥梁。他的最后的目的是天下一家。为了达到天下一家的目的,他要以关税的同盟,工业的互助,知识的交换,友谊的增加,……来与美洲的联邦,欧洲的联邦和非洲的联邦相与结合而为一个世界国家大联合。第一步的组织世界的邦联,第二步是世界的联邦。从政治进化的观点上说,伟大而又伟大的国家的联合已经逐渐在被创造着。在十八世纪的时代,北美十三洲是各自独立的,但现在北美合众国联邦已经成立了。在十九世纪的开始,英格兰,苏格兰和爱尔兰是互相独立的,但现在大英帝国的国家大联合业已成立了。现在的东欧虽然还系由许多单独的小国星罗棋布着,但现在铁托大元帅已经在着手东欧联邦的建设了。世界的交通与商业,正以如来的巨大的掌指,压在这些国家的边缘上,把他们向着他的掌心一合,逼使他们彼此之间的距离,通通都缩短了。纵有少数的政治野心家,还想要将这世界一家的趋势,再度分裂而成几人隔绝的世界。但可惜在这巨大的如来手指的合撮下,也办不到。由此可知,现在这几个密集强度最高的国家,必定首先联合而成为少数的以洲为单位的联邦。例如大亚细亚联邦,便是内中可举的初步例子之一。

本来以洲为单位的大联邦,特别的是大亚细亚联邦,好早便当实现了。只因横在这些国家的界线之上,尚有一个很大的障碍。这个障碍便是国家至上主义。因为国家至上主义使太平洋上的国家与欧洲的国家得不到平等互助的关系。以大英帝国来说,在国内和在欧洲,都是提倡自由和平等的。但对中国所加的不平等的条约的待遇,自从鸦片战争以来,已经一世纪有余了。而迄今尚还要以武力来继续掠夺中国的香港和九龙,来作他的殖民地。甚至蕞尔小国的荷兰也尚要压迫东印度。中国至今还翻不了身。在这国家至上主义所支配的世界下,民族独立的心理遂被养成了,同时国家联合的主义于是遂被否弃了。所以,现在任何一个国家的公民,再不肯轻易妄想实现国家联合的美梦。从一个被压迫的民族上说,国家联合的意义好像就是受侵略。再从一个压迫外国的国家来说,国家联合的意义,好像就是要把别人的国家至上主义,遂成为支配现在政治生活的主动的因数。无疑的,这个因数的存在,是实现国家联合,特别的是实现大亚细亚联邦的最大的障碍。所以我们要想实现大亚细亚联邦的理想,第一步便要粉碎国家至上主义。但欲要粉碎国家至上主义,其最先一步当然更须要粉碎,造成国家至上主义的原因资本主义,和资本主义的最凶猛的,但却又是最腐化的形态,帝国主义。

国家至上主义是资本家用来动员一切的国力来侵略落后民族的一种烟幕弹。他是资本主义的产物。在十七世纪以前,世界上只有大同主义,没有国家至上主义。在二十世纪以后,世界上只有天下一家主义,亦没有国家至上主义。国家至上主义只是在十七世纪和二十世纪之间一种暂时的,过渡的和短命的思想。他是资本主义的产物。资本主义正在兴盛的时候,国家至上主义虽然不会消灭,但在资本主义开始没落的今天,国家至上主义,纵有反动派的首领以牛力在维系,但亦必要倾覆。为加速国家至上主义的倾覆过程起见,凡属世界上有头脑,有思想,有远见的人都应一齐联合起来,加速资本主义的没落过程,特别的是粉碎资本主义的最凶狠,但又是最腐化的形态——帝国主义。

中国不幸如果变成了帝国主义的猫脚爪,或更不幸变成了侵略的资本主义的国家,我敢断言说,中国将来必会重蹈澳大利亚的覆辙,或重蹈纳粹国家和希特勒的命运。结果,中华民族整个的生机必为东亚的几个邻邦的反侵略的势力所断丧。我们应当回忆中国的华侨最近在荷印和南洋一带为土人所残杀的惨痛的经验。我们知道,我们的大部份的侨胞,因受中国本土上的封建势力和帝国主义者所压迫,在中国已无生存的余地,奔命南洋逃生。但不幸在南洋一带,已充满着帝国主义的势力,无有华侨棲身之所,结果不幸终于被迫而为介在土人和帝国主义者之间的中间的阶级,是即帝国主义者所奴役的阶级,"小买办"!我们的侨胞虽系华夏皇帝神明之后裔,但因时势所逼迫,也须忍辱吞声,降为他们的敌人的工具,去帮助帝国主义者侵略我们的邻居了。土人因痛恨帝国主义者的压迫,恨不得寝其皮而食其肉,但又把帝国主义者奈何不得,于是便迁怒于中国的侨胞,乘这帝国主义者大退却的千载难逢的机会,便开始屠杀我们的侨胞了。我们亲耳听着我们的侨胞被土人屠杀的悽惨的呼声。但最可令人惊讶的,即是这些土人在表面上虽然好像是在为他们自己的民族实行神圣的反抗外族侵略的任务,实则他们自己只在替他们民族的吸血的寄生阶级作工具,更不幸连他们自己也是被奴役的。这幕极尽人间酸甜苦辣的悲喜剧,完全是吸血的帝国主义和资本主义者在幕后作导演。回忆中国的侨胞由于环境的压迫,虽然只系欧美帝国者的强制的奴隶,但亦尚且不免为土人所杀害。假令不幸中国后日竟然再变成为一个侵略主义的国家,由从犯而变为正凶,甚至变成一个准纳粹的国家,或变成美帝国主义者的猫脚爪,那么,我想,中国不但会从此丧失他的领导大亚细亚主义联邦的地位,并将成为大亚细亚联邦的极大的障碍,且终必为他的四邻的反侵略的革命势力所粉碎,正如希特勒的德国为世界上民主国家所粉碎一样。这当然不是我们所愿意看见的事,同时,亦是我们所绝对做不到的事。这即是说,为了实现大亚细亚联邦,中国必须不要重演南洋侨胞被杀的悲剧,必须反对帝国主义,必须放弃资本主义。

(《现代知识》,1948 年 11 期)

社会所得变迁函数的分析

——马克思的再生产学说的一推进

关于资本的保持,资本的堆积所需要具备的条件,马克思在他的单纯再生产和扩大再生产的理论中,已经说的够明白了。但马克思没有说明资本的减少或消费所须具备的条件。这篇短文的目的乃在企图在资本的保存,资本的堆积的理论中,补入一个资本的消费或减少的理论。然后再以三者所须具备的诸条件作根据,推出一个所得变迁的函数的学说,并据以批评海叶克教授(Prof. F. A. Hayek)、罗博森教授(Prof. D. H. Robertson)和已故的凯衍斯勋爵(Lord J. M. Keynes)的关于资本的堆积和银行政策的学说。本文的研究乃是 1939 年十月我在伦敦经济研究评论(Review of Economic Studies)上所发表的《评凯衍斯和马克思的资本蓄积,货币和利息理论》[1]的一个延续。

为便于说明起见,试以 k 表示资本家的资本,在它里面包含着两个部份:(1)工具资本 c,采它的最广义的解释,和(2)工资资本 v。v 同时又是劳动者的所得,因为 v 系资本家对于劳动者的劳动力的酬报。从劳动者的眼光看来,当然 v 也就是他们的所得了。试以 s 表示资本阶级的所得,等于利润,利息和地租三者之总和。试以 V 表示在一个生产时期之内总生产物的价值。最后,再以脚号 1 和 2 相对的表示生产生产手段的部门和生产消费手段的部门的变量。我们开始假定生产手段的寿龄和生产时期的长度都是一年。我们很容易看出,在任一生产时期内,总生产物的价值等于资本家的资本的价值加资本家的所得的价值,即 $V = k + s$。因 $k = c + v$,故 $V = (c + v) + s$。更因社会的生产物含有两个类别,(1)生产手段和(2)消费手段,所以上述这个基本的公式 $V = c + v + s$,尚可裂而为二:

I 生产手段的生产部门 …… $V_1 = c_1 + v_1 + s_1$

II 消费手段的生产部门 …… $V_2 = c_2 + v_2 + s_2$

在资本保持不变的场合,所须具备的条件有三个。第一,人人均须消费其全部的所得。这等于说,第二个生产部门所生产的消费手段的价值必须等于两个生产部门的所得之总和。用代数式子来表示它,即 $V_2 = v_1 + s_1 + v_2 + s_2$。第二,他们必须不要消费或扩大他们的工具的资本。这等于说,第一个生产部门所生产的生产手

① Fan-Hung, Mr. Keynes and Marx on the Theory of Capital Accumulation, Money and Interest, *Review of Economic Studies*, London, Oct. 1939.

段的价值,必须等于两个生产部门在生产的过程中所消耗的生产手段的价值。用代数式子来表示它,即 $V_1 = c_1 + c_2$。第三,因 $V_1 - c_1 = v_1 + s_1$,和 $V_1 - c_1 = c_2$,故 $c_2 = v_1 + s_1$。这即是说,在第一个生产部门所生产的生产手段之中,除掉第一部门自己留一部份起来填补它自己所消耗的生产手段外,所剩余的生产手段,$V_1 - c_1$ 必须恰与第二个生产部门,在其所生产的消费手段之中,除第二部门自己留出一部份出来,满足他们的恰好等于他们的所得的消费需要外,所剩余的消费手段,即 $V_2 - (v_2 + s_2)$。当然两者必须恰恰相等。在这三个条件之下,无论任何一个生产的部门均无增减资本之可能。因此,第一个生产部门的投资总额对于第二个生产部门的投资总额的比率,k_1/k_2 定将保持不变,结果,社会的总所得亦将没有变迁。

用代数式子来表示它,便是,

如果 $\Delta(k_1/k_2) = O$,$\Delta y = O$。

在资本堆积的场合所须具备的条件有三个。第一,为图资本的堆积起见,人人均必不要消费其全部的所得,特别的是资本家阶级。用代数式子来表示它,即 $V_2 < (v_1 + s_1) + (v_2 + s_2)$。第二,资本家阶级必须增加他们的工具的资本。这即是说,第一个生产部门所生产的生产手段必须大于两个生产部门仅为补充投资之用所需要的生产手段。因此 $V_1 > c_1 + c_2$。这点暗中表示第一个部门的资本家曾经节约他们的消费,并以其所节约的消费,作为净增的工资资本,于以扩大生产手段的直接生产者。莫怪在这生产时期之末,生产手段的产量有增加,即由 $V_1 = c_1 + c_2$ 而至 $V_1 > c_1 + c_2$。可是,在这相同的生产时期内,虽然第一个生产部门的投资总额有增加,但第二个生产部门的投资总量保持不动。因为生产消费手段的原料与工具,假如没有增加,投资难望增加。必须第一个生产部门的生产手段增加之后,第二个生产部门始有扩大工具资本的余地。第三,$c_2 < v_1 + s_1$。因为 $V_1 > c_1 + c_2$,所以 $V_1 - c_1 > c_2$,但 $V_1 - c_1 = v_1 + s_1$,所以结果,$c_2 < v_1 + s_1$。这个代数式子的经济的意义是,在第一个部门所生产的手段之中,除留存一部作为补充投资之外,所余之部,其价值为 $v_1 + s_1$,除了抵补第二部门所消耗的工具资本 c_2 之外,且足以敷第二部门的扩大工具资本之需。我们更进一步的假定第二部门的资本家极力缩减他们的消费,使之小于他们的全部的所得,而以他的未消费的所得的一部份,透过交易的关系添置工具的资本,另一部份添雇工人的劳动力,使之足能运转新添的工具的资本以为增加生产之用。随着第一生产部门对第二生产部门的投资的增加,社会的总所得亦为继续的增加。纵令资本家阶级,于达到某种更大所得的阶段之后,不愿意再扩充他们的工具的资本,宁愿消费他们的全部的所得,以致仅足以保持资本的不变,但是,此时他们的所得比较资本家未经堆积以前已经立在一个更高的平面上了。由是,我们得到第二个结论,即 k_1/k_2 比率的增加直接引出社会总所得的增加。用代数的语言来表示它,即

如果 $\Delta(k_1/k_2) > O$,$\Delta y > O$。

如果我的分析没有错,我便敢说海叶克教授和其他的中立货币学派的学说却

不必一定是对的。让我们提出一个问题来研究。设使所得的领取者,因了自愿的储蓄,仅愿消费他们的一半的所得,而以其余的一半的所得来投资,致使社会的生产机构入于更迂回的生产的过程。现在我们更进一步的再假定,这些同样的所得的领取者,在其次的一个生产时期内,忽然变更了他们的储蓄的倾向,转而消费其全部的所得,或他们的储蓄等于零。是否这个建筑在百分之五十消费和百分之五十储蓄的基础上的更迂回的生产的机构便要崩溃呢?依照海叶克教授(Professor Hayek)[1],米赛思教授(Professor Misses)[2],和鲁滨斯教授(Professor Robbins)[3]们的研究,"yes"。依照我,"no";只要他们现在所消费的不是他们的资本而是他们的所得,我的否定即能成立。这即是说,只要他们由过去的储蓄所建造的资本保持不变,我的否定,实没有错。虽然,海叶克教授们的理论在某种意义以内亦有它的存在的根据。让我们假定生产时期为一年,但生产手段的生产却要二年。假令所得的取者在第一个年度里储蓄一半的所得,但在第二个年度里,一点也不储蓄了,那么,在这第一个年度里方仅完成一半的生产手段没有什么用处。很显然的,这一建筑在百分之五十储蓄上的生产机构立即将崩溃。在这一点上,海叶克派的理论确有存在的余地。可是,假令纯净的生产手段的生产只须一年的时间来完成和运用,很明显的,纵令在第二个年度里所得的领取者消费他们的所得的全部,它亦不致对于整个资本家阶级有何妨碍。试以别的方法来说明这个相同的内容。感谢第一年度里应用的储蓄的帮助,资本已经以制成了的生产手段的形态蓄积起来并且用以增加生产了。随着净生产物的增加,社会的所得亦为同样增加。社会所得者因了他们的所得的增加,不欲再为应用的储蓄,倾于消费他们的所得的全部。假令他们此时真把他们的所得的全部消费了,我看由此而生的结果绝对不似海叶克教授所想像的那个样,将为更迂回的资本家的生产制度的崩溃,但系被堆积的工具资本被保持在一个较高的水平上,而绝不会降低。我敢大胆抨击海叶克教授的中立货币的主张。且莫说自愿的储蓄,即令强制的储蓄,只要它恰好进行到新发明的生产的手段制造完毕并以帮助生产之时为度,其结果亦并不如海叶克教授在他的《物价和生产》一书里所想像的那样坏。这里的分析尚可用同样的用以批评米赛思,鲁滨斯和其他的中立货币学派教授们的理论。

在罗博森教授(Prof. D. H. Robertson)的《货币政策与物价水准》的大著内有一个极饶兴趣的分析,我们最好在这里讨论它。为什么罗博森教授一再的主张:在繁荣的后期,银行的放款的政策应当在生产工具财和生产消费财两个部门之间加以选择,并特别的偏向消费财部门的放款呢?他的隐藏的目的的主要的在于以人为的力量,预防海叶克教授所阐明的储蓄不足的弊端。我们知道,在资本堆积的场

---

[1] Friedrich A. Hayek, *Prices and Production*.

[2] Lugwig von Misses, *The Theory of Money and Credit* (English Translation), pp. 362—364.

[3] Lional Robbins, *The Great Depression*, Chap. III, pp. 31—39.

合，$V_1 > c_1 + c_2$，或 $V_1 - c_1 > c_2$。即第一个生产部门所生产的生产工具，除去第一部门自己所需用的生产工具而外，所剩余的生产工具大于第二个生产部门，仅为补充投资所需要的生产工具。如果第一部门须要按照一种有利的价格，出售它的剩余生产工具的全部，那么，第二个生产部门的资本家便必须缩减他们的消费，使之小于他们的全部的所得，并以他们的所得的剩余，或储蓄之一部来增添新的生产工具并以其余的一部来增添新的劳动力，前与新添的生产工具为适当的配合。这里不用说，第二个部门的资本家所储蓄的消费财就中的某一部份被转让给第一部门的资本家和劳动者为纯粹的和生产的消费了，另一部份则被转让给第二个部门自己的新增的劳动者为生产的消费去了。这里更不用说，凡由第一个部门所消费的第二部门的资本家的储蓄都会被第一部门的劳动者以生产工具的形态重新生产出来。但是，如果第二个部门的资本家不愿从事储蓄的行为，那末，在第一部门中因工具财的生产过剩而所造成的经济恐慌，势将出来。用罗博森的用语来说，这一类型的恐慌完全是由第二生产部门的"主动的少用"，或储蓄的不足发生出来的。为避免这一类型的经济恐慌起见，罗博森教授自然必会要说，在繁荣的后期，银行必须要如此的管理放借的资本，俾使第二个部门的企业家能够得到放款。我想，此后，罗博森教授必很愿意银行的机构合理管理信用的供给，在这一相当长久的时期内，假令可能的话，尽力保持高度的工具资本的水平于不变，直到新兴的投资的机会出现为度。无疑的，此时的社会的所得亦会立在一个较高的水准之上了。我不愿意，在这里，更进一步的讨论资本的堆积和利润率降低的关系，因这会使本文的讨论越出我们所预定的范围之外。我们现在必须转而说明，在资本的消费或减下的场合下，社会的所得是怎样变化的。

在资本消费的场合所需要具备的条件，虽然马克思和近代的经济学家都不曾给予充分的注意，实则他们只是资本堆积的反面，乃是极易了解不过的。资本的消费亦须具备第三个必要的条件。第一，他们必须消费他们的资本。因此，第二个生产部门所生产的消费手段的总价值，必须要大于两个生产部门的全部的所得。这即是说，$V_2 < (v_1 + s_1) + (v_2 + s_2)$。第二，他们确是消费了他们的工具的资本，即，$V_1 < c_1 + c_2$。第三，$c_2 > v_1 + s_1$。因为 $V_1 - c_1 < c_2$，但 $V_1 - c_1 = v_1 + s_1$，所以，$c_2 > v_1 + s_1$。很明显的，$c_2 - (v_1 + c_1) = \Delta c$ 这差额便是第一部门的资本家在实际上所消费的资本之量了。这里暗含得有这样的意思：如果第一部门的资本家真欲消费其资本 Δc，那么他必要向第二个部门的资本家输出了 Δc，并必准备向第二部门的资本家输入价值 Δc 的资本，于以改变他们生活的水准。由是，第二个部门的资本家便得扩大他们的工具资本 Δc 了。因此，这二个生产部门的资本家，他们的工具的资本 Δc，便较大于第一个生产部门的 $V_1 - c_1 = v_1 + s_1$，又其差量且必等于 Δc 了。随着工具资本的扩充，当然第二个部门的工资资本亦要扩了。在生产工作的进行中，在第二部门里的 Δc 和 Δv 均必变形为消费手段的价值和须加上若干的纯净的剩余 Δs，以为第二部门的资本家所得的报酬。不用说，Δs 亦系以被增添的消费手段的形态,显现出来的。由是而第一和第二两个部门的资本家与劳动者均得以 Δc 工具资本为牺牲,而扩大他们的消费了。无疑的,社会的净余生产品即所得会随着 k_1/k_2 这个比例的萎缩而逐渐往下萎缩。简言之,即

如果 $\Delta(k_1/k_2) < O, \Delta y < O$。

我们应当在此补充讨论的,就是,如此理想的资本的消费,它的预知的状态如此的完美无缺,在实际上,是少见的。在衰败的时期里,大量的资本都不是被消费了,而是被腐蚀或毁弃了。它或者一份被投在海里去了,一份烧了,另一份以其他的方式消灭了。由此可见,资本的减少一词实比资本的消费一词,如果用以说明社会所得的萎缩将更合于实际的情形。但是,假如我们的目的只在把资本的消费作为一种分析的方法,我们所得的好处亦无二致。即社会的所得必然会随着 k_1/k_2 的减少而萎缩。

配备了以上这些分析的公式,让我们权且略为停息下来,试提出一个问题来仔细的审查:究竟凯衍斯勋爵的在他的一般理论上所发表的有名的有效需要说,和他的充分就业的政策是否果真的完美而无缺陷呢?依照他的一般的理论,有效的需要包含两个部份:(1) 对于消费物的需要和(2) 对于投资物的需要。即有效需要的缺乏,或者由消费需要的缺乏,或者是由投资需要的缺乏而来。为填塞有效需要的不足,在充分就业以前,财政金融当局必须设法增加对于消费物或投资物的有效的需要。但凯衍斯勋爵从未注意到在资本家的生产社会中,有效需要的缺乏系由在各生产部门之间的生产失调而来,又财政金融当局为填塞社会有效需要的缺乏,只有一个途径,即重新调整各个生产部门之间的相互需要或供给的关系,务使在第一个部门内,比如说,由扩大的投资而所生产的更多的生产工具或投资物的供给能够很顺利的出售到第二个生产部门之中,或者前提和结论恰恰与此正相反对。凯衍斯勋爵在阐明有效需要之时从未注意到 k_1/k_2 是否有增加的可能性。人皆知道,在经济繁荣的后期,第一个生产部门越来越感困难的问题,便是扩大的生产手段的供给,特别的是耐久物的扩大的供给,越来越难按照有利的价格出售于第二个生产的部门。因为第二个生产部门的资本家越来越不愿意且越困难节约他们的消费,而以所余的储蓄交换第一部门的剩余的生产工具,就中一半的原因乃是由于第二部门的资本家所需用的生产手段越来越逼近于他们的临时的饱食点。这处困难的情形我们顶好借用嘉塞尔教授(Professor Cassel)的用语来说明它,即系由于第一部门的资本家,基于盲目的竞争,高估了第二部门的资本家用以输入前者所生产的越来越大的生产工具的储蓄,而所发生的危险了。如果这种危险不能及早先为有效的防止,很明显的这一资本堆积的金字塔将必倒立在它的头尖上了。再说,在这同一的时候,工具财的供给如果再以人为的方法来激刺,而不顾及第一部门的扩大的供给和第二部门的可能的储蓄是否相合,并无方法使他们两者相合,那末,这一倒立的金字塔,必因上愈重而下愈尖,非要全部倒塌不可了。无疑的,这一 k_1/k_2 的上增的趋势必会直转疾下,透过资本家的经济恐慌,一变而为剧烈的下降的趋势了。

资本的剧烈的消费或萎缩和因之而起的社会所得的剧烈的减少于是爆发。我敢大胆的说,凯衍斯勋爵实忽略了一个最根本的事实,即生产手段扩大供给的销路,绝对不是依靠第二个生产部门的资本家的扩大的消费,而是基于他们的储蓄。设令在繁荣的末期 $V_1 > c_1 + c_2$,和以生产手段的扩大供给形态出现于生产界的 $V_1 - c_1 + c_2$ 的差额须要均匀的分配于两个部门之间,并须扩大的增加工人的劳动力以与扩大的生产工具相配合,那么,还有一个更进一步的条件必须满足,即不但第二个部门,甚且第一个部门的资本家,均必须增加他们的储蓄,然后,第一个部门的生产手段的扩大的供给始能以两者的扩大的储蓄来购买他们和使用他们。如果在这千顷一发的时候,两个部门的资本家,因受凯衍斯的有效需要说的影响,盲目的扩大他们的消费的需要,不但消费其所得的全部,甚且消费他们的资本,很明显的,这一扩大的生产工具的增量,必定丝毫卖不出去了。这点很清楚的表示,任何纯净的有效需要的增加或社会总所得的增加,既不在单独的促进消费需要的增加,亦不在单独的促进投资需要的增加,而在促进各个生产部门之间的相互的需要的同比例的增加,而使这 k_1/k_2 比率得有机会继续的往前扩充。我很感到诧异的,即为什么凯衍斯勋爵连这一件很明显的事实都未看见,即第一个部门的扩大的生产工具的供给,必须由资本家全体的储蓄来购买,或特别的是在繁荣的后期,并必须由第二个部门的资本家的储蓄来购买呢。这确是很奇怪的。

同样的批评亦可应用到凯衍斯勋爵在衰败的初期所采的货币政策上。凯衍斯勋爵,在他的大著《货币论》上,确曾主张,衰败或瘫痪的主要的原因,系由消费财生产过多。在实际上就是由于 $c_2 > v_1 + s_1$,这里 $c_2 = V_2 - (v_2 + s_2)$。这即是说,第二个生产部门的消费财的扩大的供给,除去第二个部门所需要的消费财外,所余的差额大于第一个部门的总需要即总所得。这里隐含着一个必要的前提,即此消费手段的生产的过剩乃系由于在繁荣的末期生产手段的生产过剩所引起的。因在衰败的初期不仅消费手段的生产过剩,而且生产手段的生产也过剩。衰败或瘫痪确系由于在这两大生产部门之间生产关系的失调而来。此一相互的生产过剩的过程是很容易明白的。即在繁荣的末期,第一部门的资本家急于脱售他们所生产的生产工具,但不幸第二部门对于生产工具的需要,特别的是对于耐久的生产手段的需要已经到了暂饱和的状态,没有什么弹性了。于是第一个生产部门的资本家转而缩减他们的生产,结果第一个部门的工人及资本家的所得均减少了。最可令人注意的,即在第一个部门所得减少的时候,恰是第二个部门的消费品的扩大的供给出现的时候,莫怪 $c_2 > v_1 + s_1$ 了。为了避免损失起见,第二个部门的资本家亦将减少他们的生产,他们对于工具财的需要当然更要少了。更不幸的,就是,在第二个部门缩减生产规模和他们对于工具财的需要再度减少的时候,恰好正是工具财的生产相对过剩的时候,莫怪工具财的生产更要过剩了。依照同样的理由,由于资本财的生产的过剩,即 $V_1 - c_1 > c_2$,更会第二度的引起消费财生产的过剩,即 $c_2 > v_1 +$

s_1。由是一次又一次的更迭的重复下去便造成了，在经济衰败的初期，资本财与消费财为累积的互相竞争跌价的事实。凯衍斯勋爵因澈底的认清了衰败的主因是由消费财生产过多，因此主张，瘫痪的自然的治疗便是"物价的继续的下落，直到消费的增加或生产的减少，把他们吸尽为止"。可是，在"一般理论"上，凯衍斯勋爵忽然态度变迁，专一主张增加消费财的货币需要，毫不考虑如何在这两大生产部门之间保持适当的相互供需的比例，而使 k_1/k_2 能有稳定的增加。如果凯衍斯勋爵的理论竟被盲目的采用，致使在衰败的初期并繁荣的后期，第二部门的资本家消费其全部的所得，其结果必是，第一，消费品的价格必为不适当的涨高，第二，剩余的囤货对于年消费量的比例，因为物价涨高所造成的生产的增多，必为不适当的保持，到结果来，这个走向经济复苏的大道，必为更多的剩余的消费品的囤货所阻挡。无疑的，衰败的程度必要变得更严厉。我觉着凯衍斯的有效需要的理论和他的充分就业的政策，倘被盲目的施行，其结果必致造成以消费品生产的过剩来救济消费品生产的过剩了。我不是说，政府无论在什么环境下，都不应采取积极的提高有效需要的政策。我的意思只是说，任何政府的抬高有效需要的政策，倘欲有利于社会，均必须以一定的生产的设计，期能在生产财部门和消费财部门之间保持适当的相互供需的生产比例，于以促进 k_1/k_2 的永恒的上升。很显然的，政府在繁荣的后期所用以保持适当的有效需要的政策必须不同于在衰败的末期所采用的政策，因为 k_1 和 k_2，并 v_1 和 v_2 之间不谐和的关系常在变迁。从来就没有一种一般的就业的政策例如降低利息率的政策，对于经济循环的各时期都是可以一样的有效的。

把以上的三种的分析，资本的保持，资本的堆积和资本的消费或萎缩合并在一道，我们可将社会所得变迁的函数写成下列的一种形式；即

$$\Delta y = F(k_1/k_2)$$

用普通的话来说，即社会所得的变迁只是生产手段的生产部门的投资总额对于消费手段的生产部门的投资总额的一个函数。如果我们假定在一封闭的经济社会里，k_1/k_2 继续往上增加，它从资本的消费出发，经由资本的保持，上至资本的堆积，那末，这个社会总所得的变迁的函数，尚可译成图解如下：

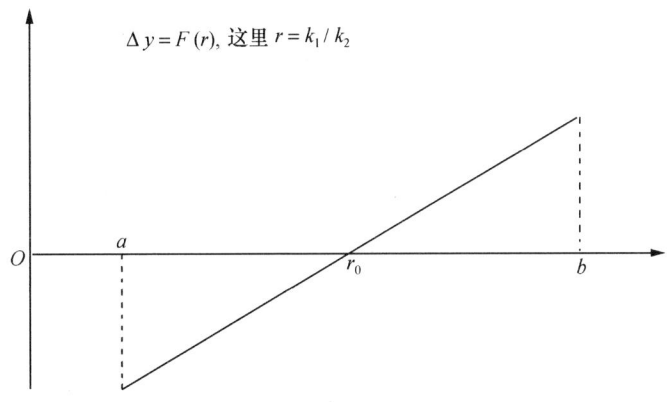

$\Delta y = F(r)$, 这里 $r = k_1/k_2$

这个图解示明,当 $r = r_o$, $\Delta y = O$;当 $r_o < r \leqslant b$, $\Delta y > O$;当 $r_o > r \geqslant b$, $\Delta y > O$,

当然 r_o 的变迁须视物价和技术系数的变迁为转移。我们应当在此补充说明,即 $\Delta y = F(k_1/k_2)$ 须要透过 v_1/v_2 的关系始能发生作用。因此 Δy 亦可当作 v_1/v_2 的一个函数。

所有的经济学家惯常的期望社会的所得能为无限的增加。不幸,在事实上,社会的所得,自从资本家的制度诞生以来曾经不断的经历着盛衰和倚伏。于是发生了两问题:(1) 为什么经济的生活充满着波形的变动呢?(2) 有什么方法能够在一方面扩大 k_1/k_2 的比率,但在他方面又不至于发生动荡呢?跟踪着这里的分析的领导,我期望在不久的将来,能够从一个新异的观点,对于这两个问题,提出一些尝试的答复来。

三七,六,二十一于北大图书馆研究室

(《国立北京大学五十周年纪念论文集》,1948 年 12 月)

评北大处理八一九案件的办法

北大这次对于特种刑庭传讯学生的处理办法有两点:第一点就是北大能够做到大胆的拒绝军警到学校来捕人,第二点就是对于未投案的学生一律停止其学籍:前一点是对的,后一点是错的。

骤看起来,北大大胆拒绝军警来学校捕人,好像是不对的。特别的是,从政府当局看来,被传讯的学生皆是有犯罪的嫌疑的。学生既有犯罪的嫌疑了,经由法院传讯,学生便应当去。现在学生居然不去,可见学生不知守法。学生既然不知守法,而学校又不许政府来拘捕学生,那不是学校故意与政府为难并奖励学生犯罪吗?可见学校拒绝军警来学校捕人是千错万错的了。可是,只要我们略一反审,便知唯有这种似是而非的看法方才是错误的。为什么呢?因为中华民国的根本大法莫过于三民主义。政府自从民元开始,便以三民主义的大法,昭示国人,约定大家遵守。可是自从民元以来,政府的高级大员都是无法无天。以言民权,选举悉由政府"包配",机枪无故扫射人民。以言民族,要塞多成美军基地,内河容许外人航行,高等华妇供人集体强奸而不知羞,堂堂政府,被人骂为乞丐而不知耻。以言民生,工业破产,商业关门,官贵民贱,官富民贫,国民所得日少,分配日不平等。凡此种种现象皆是政府大员不知守法和无法无天的真凭实据。试请政府扪心自思,他们所作所为,究有那些种事,没有违反中华民国的根本大法,三民主义的。我们依据三民主义的观点,站在中山先生的立场,瀔定现在政府的高等的大员几乎好多都是弄事的罪犯。这个道理,未必还不明显么?

确实,政府的高级大员几乎很少不是三民主义的刑事犯罪人。但学生确不是呀!

在最近这一两年来,学生们诚然喊出了许多反对政府的呼声。在政府滥发纸币,掠夺民生之时,学生们诚然喊出了"反饥饿"的呼声。在政府枪击青年,蹂躏民权之时,学生们诚然喊出了"反迫害"的呼声。在政府大批运进美国的杀人武器之时,学生们诚然喊出了"反美"的呼声。在政府实行"武力统一"的政策之时,学生们诚然喊出了"民主"的呼声⋯⋯一些喊叫,政府诚然都不愿意听,"中共"诚然都愿意听。但是,我们所要问的,就是学生们在喊出这些呼声之时,即其呐喊的动机,究竟还是为了他们私人自己的利益呢?抑或不是呢?假令他们果然是为了他们自己的利益,为了自己的升官发财,为了肥家肉己,他们确是"罪该万死"!可是他们确乎不是为了他们自己的利益呀!

然则,他们是为谁呢? 骤看起来,他们喊出这些深入人心的口号,好像毫无疑义的,都是为了"共匪"。实则,这种看法亦是错误的。他们喊的完全都是为了中国好,他们的心绝对不是为"共匪"好,而是为中国好。换句话说,假令"共匪"的政策亦如政府的政策,或比政府的所言所行更矛盾,我想,早迟他们亦是要反对他们的。青年们只知有中国,不知有其他。我们身为青年人的父母和师长,未必连这点也不了解么? 青年人现在反政府,从前在北阀的时候,不是也曾拥护过政府么? 青年人现在反对政府,但在对日抗战时期里,不是也曾诚心诚意的拥护政府么? 由此可见,青年人的心完全是纯真的。在政府的所作所为是为中国好的时候他们便拥护政府,在政府的所作所为是只为自己好或在只为"四大家庭"好的时候,他们便反对政府。一言以蔽之曰,青年人现在所呐喊的还不是反对政府,而是反对政府的正常的活动,违反中国的根本大法——三民主义。

袁世凯违反三民主义,青年们反对他;安福系,青年们也反对他;吴佩孚,青年们也反对他;段祺瑞,青年们也反对他:张作霖,青年们也反对过他;现在民国政府虽然挂的招牌是三民主义,但凡有眼睛的老百姓们都看得见政府所实行的大半不合三民主义,那么莫怪青年们要反对他们了。三民主义是中国的根本大法,国民政府不遵守三民主义,是政府的行为犯法。青年们喊出种种的呼声来反抗政府违反三民主义是反对政府犯法,从三民主义的观点看来,我们虽然明知政府惯爱以红帽子来戴人以罪,但我们亦一定要说,学生们所喊出的,都是合于三民主义的,因此也就是合法的。

本来政府是违法的,学生们是合法的,但现在政府却反而说学生是违法的,硬要派军警来逮捕学生,中山英灵如有知,亦必然要说这种抗拒完全是正确的。所以我说,在北大应付特刑庭传讯学生的案件两种办法之中,这第一个办法即大胆的拒绝军警到学校来捕人,实在是合法的和合理的。在这一点上,我们实应归功于胡校长先生的伟大。

可是,北大对于未投案的学生一律停止其学籍,这个第二点,如果站在纯正的教育的立场,可不能说不是错的了。莫说停止学籍不应该,就是记小过亦不应该。

从北大的教务通则上说,这一停止学籍的办法是不合于北大的学则的。依据学则第三十八和三十九条,北大只有在两种情形之下,可以开除学生学籍:(一)成绩太差和(二)品行太坏。这次北大被传讯的学生们未能投案绝对不能解释为成绩太差,故不能开除学籍。但是否品行不良呢? 我以为学生们单因批评政府和游行请愿绝对不能解释为品行不良。品行不良的要件在于牺牲他人之利益以为自己之利益,可是学生批评政府和游行请愿,绝对不能解释为牺牲他人以为自己,即非品行不良,所以学校实在不应开除他们。在北大的校史上,从没有过说学生批评政府和游行请愿是品行不良的。民八,五四运动时,学生们火烧赵家楼,已故校长蔡元培先生亦未说他们品行不良。所以把学生们批评政府和游行请愿解为品行不良,或不投案解为品行不良,在北大校史上无此先例。在所有的校史上亦从未说到,学生批评政府和抗议政府是品行不良的。清华、燕京、师大、中大、……川大,亦没有说学生在八·一九不到案,为品行不良而开除学籍的。也就是说,不但在北大校史上无此先例,即在全中国的校史上,亦无此先例。推面广之,即在全世界的校史上恐亦无此先例。先例既然无有,亦非违反学则,亦非品行不良,单因批评政府之故,即停止其学籍,从纯正的教育立场上说,实不能说不是不合理的,既然不合理了,北大似亦不应来创此一个先例。

假如说这种学生都是品行不好,不配来做北大的学生,那么,凡在五四运动之时参预过火烧赵家楼的北大老前辈,如现任法学院院长周枚孙先生、政治系教授许德珩先生、中央研究院史语所的所长傅孟真先生……其品行不良更甚,当亦不配来做北大的先生了。可是北大并没有说他们不配做先生。似此则是青年们,纵令未投案,亦有再当北大学生的资格了。

教育的目的是什么? 教育的目的,至少,在养成学生的是非的意识,或批评的精神。正如实效主义大师詹姆士(James)所说,"大学教育的目的,就是教人在碰着别人的时候知道他是好的或是坏的。"现在的青年们亲眼看见我们的政府,在他的行为上,不合于中山先生的三民主义,即不合于中国的根本大法,起而喊出民主、科学……口号,从纯正的教育立场上说,这正是大学教育的成功,他们的品行好得很呀! 除非他们的成绩太坏了,北大实无停止他们的学籍的理由啊!

但青年们亦应充分体谅今日学校所处的环境,北大虽然不应该停未来到案学生的学籍,但北大在拒绝军警入校逮捕学生一点上,却巩固了北大民主自由的传统,这仍然是值得我们爱护的。人非圣贤,焉能无过。只要北大之过有如日月之食,北大仍然是可以自豪的啊!

九、十一、于北大法学院

(《中建》,1948 年 5 期)

向大学新同学献辞

北大在欢迎新同学的时候，我因贫穷、疾病与操作，交相煎迫，无法参与，不免愀然于心。现在，事情已过，又是假期。国庆的喜气，与光明的太阳，照澈满心欢乐。不愿游园，虚耗晨光。为了减轻心里上的惭愧和补偿我自己的夙愿，兼以一种爱好谈天的本能，煽我献辞，无法抵抗，只好就我在最近十数年来，经过许多次的失败，所得来的在治学和做人上的几点经验，和盘托出，敬献于为我所敬爱的大学新青年之前，请求惠览并赐批评。

一、由接受到创造

谁都知道，大学的目的在"致知"，在"即物而穷其理"，在于创造与发明。世界所有的大学，几乎没有一个不是以发明与创造为大学的唯一的目的的。一个大学的成就大或小，就着他的发明与创造大或小。大的创造与发明，包括方法知识的发明和结果知识的发明。即不但他所发明的结果的知识是新的，连用以得到这种新知识的方法也是新的。例如，剑桥大学在世界上的学术地位极高，乃是由于在十九世纪末年，他在物理学、生物学……经济学上的新的成就极大。回忆当时在剑桥大学的教师之中，物理学上有牛顿，生物学上有达尔文，……经济学上有马仙尔。这一些人，不但在知识的成果上所发现的真理是前人所未发现的，并连他们的发现真理的方法也是由他们各自所独创的。换句话说，就是这些教师们的创造与发明都是最伟大的。莫怪剑桥在世界上被称颂为世界上第一流的最高的学府了。至于小的发明与创造，往往便只限于结果知识的发明而不及于方法知识的发明。即从方法上说，他的一切都是旧的，即一切都是前人所已经发明了的，而不是作者所独创的。但从结果的知识上说，则是新的。这一类的发明在中国的大学里已经渐渐的有了。最著名的，如前北大教授李世光先生在地质上劈首发现中国曾经经过冰川的时代，便是一个可举的例证。近年以来，这类发现渐多。但都是小的发现，不是大的发现，因为这些新发现都是利用前人的方法所实现的知识，并非发明人自己有其独特的研究的方法。所以截至今日为止，中国的大学，就以北大与清华而论，从他们在学术上的成就来说，最多亦只可以称为世界上的第三流大学。为提高中国大学的学术地位起见，我们在一方面，固然要保持我们所已得到的小的发现真理的能力;可是在他方面,凡属在大学里的学人都应百尺竿头更进一步,务期在一个不远的将来,能够有伟大的发明与创造,使我们能够在世界学术上,与我们的友邦立于平等的地位。甚或可以超过他们所已得到的地位。

但这要如何才能达到呢？我以为最初一步,便要接受。治学好比赛跑一样。任一赛跑的人如果要超过旁人,必先要能追上他,这里所谓接受也就是追上的意思。黑格尔大师曾说,纯粹的接受的态度乃是初治一门学问的人所必不可缺的条件。因为初治一门学问的人,无论对于什么学问上的问题,需要发表一点比较有价值的意见,均必先要能够尽量去参考前人所已发表的意见。但如欲要参考前人的意见,便必先要能够尽量的去停住自己的不成熟的见解。在这一点上,纯粹的接受的态度实为必要。现在中国时事的治学态度的弱点,就是,在这未知道别人的整个学说以前,便以主观的成见狂妄的乱加批评。记得我在初治经济学时,恰才读过马克思的《资本论》第一卷,就大胆的发表批评的结论,批评马克思的劳动价值说是荒谬的。可是待我读到《资本论》第三卷的后半时,眼见着我所批评马克思的,在这三卷的后半,一切都有答复。内心里不免愧疚不堪,愧疚之极,汗珠于是在前额上直往下滴。由这一个举例,也可看出,只愿批评,不愿接受的危险了。但马克思的学说亦非一种永久的真理,绝对的无隙可击。谁人都应承认,马克思的学说如同其他的学说一样,当然亦是可以批评的。只是在批评他的时候,必须要能先把他的学说完全融会贯通了,方才能够负担这个神圣的任务,否则只是无的放矢而已。马克思的学说如此,其他的学说亦然。为补救时下的这种缺点起见,我们无论治何学问均须要在接受方面多多致力。

以经济学而论,单这一门简单的学问,便可分为各种各类:从剥削关系之承认与否来说,便有所谓社会主义经济学与非社会主义的经济学。从均衡观念之概括与否来说,便有一般均衡的学说和局部均衡的学说。从就业之充足与否来说,便有所谓充分就业的学说和不充分就业的学说。从数学方法之使用与否来说,便有所谓数理经济学与非数理经济学。从历史方法之采用与否来说,便有所谓历史学派的经济学和非历史学派的经济学……虽说无论在任何大学里面,教授所教的都不免只是限于内中的一派或两派,但从一个治学的立场来说,可非怀抱一种伟大的接受的态度不可,可非努力去把每派的学说,从前提去追踪他的结论,再从结论去理解他的前提,全部加以了解不可。必须经过这样伟大的接受之后,方才有资格说自己有无发明与创造,或有无伟大的发明与创造。入主出奴的狭隘的思想,从一个初治经济学的人着眼,应当尽量避免。大体上说,一个伟大的经济学的大师,几乎无一不是具备了下述两条件的:(1)凡前人的学说所能解释的,自己都能解释。(2)凡为前人的学说所不能解释的,自己亦能解释。伟大的经济学上的大师的著作,几乎尽是包含了前人学说的精华并超过他们的发展的。经济学如是,其他的学说亦莫不如是。一言以蔽之曰,无论在任何科学上,凡属伟大的创造,悉皆来自伟大的接受。这便是我所谓的"由接受到创造"的意义。

二、由实践到理论

凡是稍治科学的人都知道,世上一切的精确的理论都是由实践生出来的。用一句普通的话来说,凡理论都是由试验与错误的方法学习来的。我们知道,物理学上的空气有重量的公律是从葛理赖(Galileo)、佗里杰利(Torricelll)和柏斯嘉(Pascal)等亲身观察和实验得来的。生物学上的遗传的公律是从门得尔(Mlendel)亲身培养植物试验出来的。依据存在决定意识的最主的法则,任何精确的理论无一非由作者躬行实践得来。离了躬行实践,精确的理论绝对不能建造。近代的实验的教育家惯爱用一个函授泅水的实例,来说明实践与理论的重要。这个例子说,在某某地方有一个函授泅水的学校,校中有某一位学生,他虽在函授毕业时考取第一,可是他一到水里便淹死了。因为这位学生虽从函授学校每次领得讲义,可是他却从不向游泳池去作练习,但只每次伏在地板上作练习。因他在地板上练习得不错,所以结果也就考了第一名。但这第一名果有什么用处呢? 由此可见,徒有理论而无实践的知识,毕竟是无用的。实践包含观察与试验。为图实践起见,凡是一位专治一门学问的人都应随时的去作实际的考察或试验,以求发现新事实和新的事实与事实间的关系。否则,新的事实都看不见,如何能够发现新的事实关系呢? 当然新的事实的关系决非凭空便可发现的。事前尚须经过一番伟大的接受的工作。可是,单是接受尚还不够,而须有赖其亲身观察和实验。我们知道,在科学的发展史上,新的学说往往超过旧的学说。但为什么新的学说能够超过旧的学说呢? 最大的原因,还是由于在旧的学说里面没有掺入新的事实。但旧的事实如何方能知道呢? 当然有别于观察或实验了。

现在学习自然科学的人已不否认观察和实验是自然科学的母亲。可是在社会科学方面,大家却忘记了实践是推翻旧说和创立新说的手段。社会科学比较上是守旧的。在二十世纪的今天,马克思的唯物史观经过亿万人亿万次的实践证明,大概是不错的了。可是,中国的许多政论家却还相信屡经考核均不及格的哲人政治或少数政治的主张。在达尔文的进化论已经树立的时代,可是,基督教徒依然相信创世纪。而在非基督教徒之中,成千成万的人依然相信人的命运完全被掌握在造物的巨掌内。试想现在在政治上的官僚与政客,有好多果真是不相信医卜、星相的迷信的。尤其可为注意的,即在今日的士大夫的阶级之中,往往挥毫落纸,信口开河,而完全不去考察中国的实际的情形。有的把中国看成美国。以为美国的人口少,中国也要人口少。有的把武力看做万能,以为武力不但可以把人头砍下来,并把物价的伸长的脖子也砍得下,甚至竟敢大胆的否认在常识经济学上的供给和需要决定物价的原则,妄信"借人头平物价"的谬论。人头倒借下来了,但物价平抑了没有呢? 单凭这几个些小的举例,已可看出中国政治上的一切的反动的措施,除了执政者的偏私之外,对于实践的知识的缺乏,实不能说不是内中的一个小小的原因。为避免错误的重蹈计,凡属专治社会科学的中国的青年都应以躬行实践作武器,来推翻一切空想的主张,并以之创造合于科学的指导社会的理论。这便是我所说的"由实践到理论"的意义。

三、由民主到人格

政治学上有一条公律:人,如果在一方面具有无上的威权,可是在他方面,却没有人民的力量去制裁他,那么,这一个人一定便要滥用威权以自肥而自娱。任凭若何圣贤的修养,也是不能保险的。人民假如没有组织的力量来干预政治,执政者一定没有人格,甚或寡廉鲜耻。反之,人民如有有组织的力量来干预政治,执政者不但会有人格,并且可以成圣贤了。英国在民主政治诞生的以前,官吏贪污的情形并不下于中国。可是自民主政治的基础树立以来,贪污几已绝迹了。英国如是,美国亦然。徒讲圣贤的修养而不着重民主,只有把政治弄得更坏的。蒋中正、翁文灏、戴季陶诸先生,都以倡导曾国藩的修养起家,他们均是新生活运动的导师,以言人格,由古至今,堪称第一!但因中国缺乏民主,人民绝无力量来干预政治,结果,即在翁文灏主持之下的经济部,在接收敌伪产业的时候,连翁文灏自己在北平发表的谈话,也承认办得太坏不是?中国好称堂堂礼义之邦,孔二先生常常教人见利思义,执政者虽不曾叫人见利思义,但叫人节约救国。但一般的官僚果曾见利思义,节约救国否耶?英国好称市侩民族,亚丹斯密先生常教人见义思利,大吹大擂的高唱其所谓私利即公益的主张,但英国的官吏却以廉洁著名于世。难道说,中国人尽皆性恶,而外国人尽皆性善么?不,绝不。英国人据我看来,平均一个人,在爱钱一点上,实比中国更坏。英国人在爱钱一点上既比中国人更坏了,但为什么英国的官吏反而廉洁,中国反而贪污呢?干干脆脆一句话,就是因为英国有真正的民主,英国人民赋有监督政府的权力,但中国也有真正的民主么?读者试一反审便可了然于中国的贪污官僚,在中国这个不民主的社会里,实是大有发展的可能了。

在事实上,一个有人格的人,一定是要所作所为民主的。因为一人在人格上既然站立得住,实行人民监督自我,岂不更好?可是,中国的士大夫阶级和政府的领袖,却很奇怪。奇怪的地方就是,他们在一方面,无时无刻不以圣贤自居,可是在他方面,却破坏民主,压制民主,纵令在万不得已之际,亦只徒然挂起民主主义的招牌,但暗地里却不惜以种种阴狠的手段,去把民主制度来太监化。圣贤竟然畏惧人民,可见人格早已荡然无存了。遑论在中国没有民主,即以民主势力的发源地,我们的"北大之家"来说,也许除了学生自治会而外,无论系会也罢,院会也罢,……或教授会议也罢,都感不到有丝毫的民主制度存在。"北大之家"不行民主还无大害,因为依照北大的传统几乎没有一个北大的当局不是为北大好的。可是假令这个传统在其他的学校里不存在,那末,他们也当实行民主式的教授治校不是,可是,假如其他各校亦以为他们在历史上赋有与"北大之家"同样优越的传统,那么,民主式的教授治校的原理,但只有让给那些不三不四的以学校为私产的学校当局去实行了。反过来说,即凡实行教授治校的学校必是由最坏的当局所主持的学校了?是啊!是啊!

我不是说,人格不应讲究。人格乃是最要紧的。我充分的相信人格教育应与科学的教育并驾齐驱。我并要以最诚恳的态度奉告我所敬爱的青年,人格要比生命更重要,你们千万不要把他小视。可是我们亦莫要忘记了。人格只有在民主政治的气氛中,乃能保险不坏和滋长增荣。民主乃是人格的温室。人格离开民主,好像娇花离了温室,人格一定要破产的。为了发展自己的健全的人格计,不仅要实现民主,不仅要实现政治的民主,且要实现经济的民主。经济的民主是什么?即一国的政治不仅要让资产阶级来作主人翁,并且要让受苦大众来作主人翁。果能照着这个方向往前做,那么,你的人格便算最高。至少,你的人格也比得上佛陀和耶稣。因为耶稣和佛陀的人格虽伟大,但不是"为人民"(for the people)而你却早已做到了"被人民"(by the people)了。一言以蔽之曰,民主是人格的温室,而经济的民主更是崇高的人格的温室。这便是我所谓的由民主到人格的主要的意义了。

四、由叛逆到神圣

由叛逆如何能到神圣呢?两者不是互相反对的东西吗?可是这个道理确是最明显不过的了。在满清末年的时候,中山先生是叛逆或"海盗孙文",但现在是神圣不是?在帝俄时代的末年斯达林是强盗,但现在是神圣不是?在民国七年左右,胡适之先生和陈独秀均是时代的叛逆,但后来是神圣不是?以著作而论,在文艺复兴的时代葛利赖的天动地静之说是叛书,但后来是圣书不是?在十九世纪中叶马克思的《共产党宣言》是叛书,但现在是圣书不是?在历史上这种由叛逆到神圣的例子,几乎多至不可胜举,假如你们愿意,请你们自己去尽量增添好了。

为什么有这种事象存在呢?这个问题是极易答复的。从经济的观点上说,当着旧的财产关系违反大众的利益的时候,那末,凡代表新的财产关系说话的人,从代表旧的财产关系的人看来,便是叛徒。但从被压迫的大众看来,便是神圣了。例如,中国的地主与佃农之间所存在的旧财产关系违反了大众的利益,由是,凡主张实现"耕者有其田"的真正的三民主义的信徒,自地绅看来,便是叛逆。但自劳苦大众看来,便是神圣了。又如在资本主义的末尾,独占资本家与无产者之间所存在的自由劳动契约的关系,违反了大众的利益。由是凡主张重要的生产手段公有的人,自代表资方或帝国主义者的利益的人看来,便是叛逆。可是自被压迫的无产阶级看来,便是神圣了。不必昔为叛逆今作神圣的人物和学说都是直接的与财产关系有关连,可是,在隐蔽的基础上,确乎是的。由此可见,"由叛逆到神圣"的路径,乃是人类历史进化上所必须经过的正路。但我绝没有鼓励青年在任何情境上,都当叛逆的意思。我的意思只是说,在旧的财产关系与新的财产关系发生冲突的时候,而新的财产关系又系代表大众的利益的,同时旧的财产关系又系违反大众的利益的。只有在这一个条件下,叛逆才可升化而为神圣的地位,否则只是土匪而已,尚何神圣之有。这便是我所说的"由叛逆到神圣"的意义。

我本来还有一段由"必要到自由"的话要解释,但因在《中建》第三卷第三期上,我已说得不少,这里我也就不必再重复了。此外我所要补充的,即个人对于以上的几句格言,可恨亦未做到。我向新同学提出这几个大的目标,只有一个意思:即在欲要新同学共同努力行之。又在上述这几句格言中,难免还有不实不尽之处,此则有赖于读者的批评和指正。

三七,十,十一于北大
(《中建》,1948 年 7 期)

新文化运动的意义

中国的新文化运动,在五四运动的年代,便开始了。它距现在已有二十九年的历史。但这运动的意义是什么呢？——在五四运动之年,胡适之先生也曾提了这个同一的问题,名叫新思潮的意义。依据他的意思,新文化运动的意义,在于重新估定一切的价值。它的步骤共有四个:一、研究问题,二、输入学理,三、整理国故,四、再造文明。这种见地,在新文化运动刚刚发生之时,却也有其存在的意义。可是现在不适用了。因在五四运动之年,新思潮的运动刚在发生,它的工作固在重新估定一切的价值,固在研究问题而输入学理,而整理国故,而再造文明。可是,随着这个伟大的重新估定一切价值的运动的展开,中国的新文化运动,无论在研究问题方面,或在输入学理方面,或在整理固故方面,均已有了辉煌的成绩。在这些辉煌的成绩之中,我们不难看出中国的新文化运动,确乎是在遵循着下列的五大步骤向前猛进:一、否定中国的传统哲学,二、清算空想的自由主义,三、迎接马列的唯物史观,四、促成农工的领导地位,和五、再造世界的集体文化。

一、否定中国的传统哲学

在中国的传统哲学里面,几乎无不承认人的内心的知识,是支配人的行为的中心力量。儒家主张"正心",道家倡导"我好静而民自正",佛家主张"丢下屠刀,立地成佛"。他们从不承认人的财产的关系是支配人的行为的中心力量。实则,在人的财产的关系与人的内心的知识发生冲突之时,人,平均说起来,总是受他的财产关系支配,而不受他的知识支配。知识分子的知识,总算是至高无上的了。但知识分子的行为,在他们的知识与他们的财产关系发生冲突之时,他们如同无知无识的老百姓一样,也一样要受他们的财产关系支配,而不受他们的空洞的知识支配。经过人类千百亿次的经验证明,假令一个知识分子,他不幸是个世袭的地主,那么,他整个的一生,在实际行为上,便永远逃不出这个铁则支配,即保持他的祖业、土地,和发展他的祖业、土地。假令他不幸是个资本家,那末,在实际行为上,亦永远逃不出这个铁则支配,即维持他现在所有的资本,和累积他现在所有的资本。一言以蔽之曰,地主与资本家,平均说起来无一不是受他们的财产关系支配。

财产关系是什么呢？即人的取得收益的生产手段。在有产阶级之中取得收益的生产手段有两种:(一) 土地和(二) 资本。假令这两个取得收益的生产手段决定了,他们行为的方向也就决定了。土地和资本好比毒蛇的舌头和猛兽的爪牙。毒蛇与猛兽无一不受他们的可怕的舌头和尖锐的爪牙支配。同理,地主和资本家的行动几乎无一不是受他们的土地和资本支配的。可是中国的传统哲学,劈首假定人在实际行为上,是受他的空洞的观念支配,而不是他的取得收益的生产手段,即财产关系支配,这便是大错而特错的了。

这个道理简单的很,但有的学人偏说它是最荒谬的。有人曾经举出了很多的例子,来证明在地主和资本家中也常有反对土地和资本所有权的、并相信社会主义的人物。恩格斯便是一个颠扑不破的例证。我对于这个问题的答复是:一来呢,这一种地主或资本家,在千百万亿的地主和资本家之中,可谓寥若晨星,凤毛麟角。所以,在实际行为上,人便受他的财产关系支配这铁则,仍然是能成立的。再来呢,纵令少数的地主和资本家反对土地和资本所有权,他们必然也把土地和资本所有权无奈何。三来呢,他们在大多数的场合里,虽然口里反对它,但手里却不能不要它。反对土地仍要土地。反对资本仍要资本。托尔斯泰,在他少年的时候,便反对土地所有权了。但直到他晚年,快要死了,然后才把他的土地分给农民。恩格斯好久便反对资本了,直到最后他才把他的股票抽出来卖了,与他的挚友马克思平均分配。四来呢,纵令在这少数的开明份子中,通通都把他们的财产舍了。但大多数冥顽不灵的分子,依旧不舍,其结果对于土地和资本所造成的剥削制度依旧无所损害,而须有待于为资本和土地所压迫的工农大众起而为流血的或不流血的革命。

人,平均说起来,在实际行为上,既系受他的财产关系,而不是受他的空洞的观念或理想支配。但中国传统的哲学则认为他系受他的空洞的观念支配,结果中国的传统的哲学家们,便于不知不觉之间,铸成了千古的两大错:(一) 他们以为经济的革命可以在地主和资本家及其奴仆们的手里完成,而不主张,甚至反对,那些被资本和土地压迫的广大的工农,透过政党的领导,起而推翻压迫的阶级,或限制压迫者的权力。(二) 把政治上的敌人认为同志,把同志认为敌人,甚至把敌人请进革命的大本营中,让他们毫无窒碍的来分据要津,摧残革命,于以保持和发展他们的财产的关系。这即是说,中国传统的哲学并非中国的革命之友,而为革命之敌。

中山先生的知难行易的哲学无疑的曾中了中国传统哲学的遗毒。因为人在实际行为上,既受他的财产关系支配,而不受他的空洞的观念支配,同理,民生主义既要节制资本,平均地权,然而地主和资本家们,因受资本和土地的愚弄,则要扩大资本,提高地权,可见只有佃农和工人才是民生主义的友人或同志,而地主和大资本家必是民生主义的敌人了。可是中山先生不认地主和大资本家是民生主义的敌人,但认为在千百亿万人中,只有不了解三民主义的人才是三民主义的敌人。纵令地主和大资本家,在财产关系上,是民主义之敌,但因他们在了解民生主义一点上,确为民生主义之友。依照知难而行易的学说,他们均可以作民生主义的信徒了。由是而地主和资本家便成了实行民生主义的"支柱"了。试问他们能实行民生主义么？民族主义既以达成中华民族的自由平等为目的,这里必然包含中国工业的复兴。然而中国的买办资本家则以破坏中国的民族工业为职志,因为买办资本的任务不外输入商品,取得佣钱,于以促进帝国主义者的资本的积累,并摧毁中国的民族的工业。从财产的关系上说,无疑的,凡中国的买办资本家都是民族主义的敌人了。可是从知难而行易的立场上,即买办亦可以作民族主义的同志,只要他们能够了解民族主义。结果民族主义的敌人于是又侵入革命的大本营中。民权主义既以实行民主为目的,那末,一切帝国主义者的走狗和封建地主的奴仆们——军阀与官僚,从财产的关系上说,他们都是以欺压并剥削老百姓为目的,他们该也都是民权主义的敌人了。可是从知识思想上说,他们又也都能了解三民主义,根据知难而行易的原则,他们又可以作民权主义的同志了。可是中国现在的许多哲人,亦因为中了传统哲学的遗毒,反而认为叛徒们的内心因为还倾向着三民主义,因而也就相信他们的将来的行为迟早亦有实现三民主义之一日。这无异盼望深山里的豺狼虎豹可以自动的拔去他们的爪牙,转为婴儿的保姆是一样的。由此可见,新中国的文化运动的第一个方向就是必须否定中国传统哲学中的唯心主义的成份。

二、清算空想的自由主义

但否定中国的儒家哲学的人,往往又是相信英美的自由主义的人。中国是一个为帝国主义与封建势力双重榨压的国家。为了打破帝国主义和封建势力的双重压迫起见,中国的劳苦的大众,必须透过政党的关系,起而以流血的或不流血的手段,推倒反动的统治者的权力,一则以发展中国的工业,再则以确立中国的民族的自由。可是中国的自由主义者毫不研究中国的历史,但极力主张以各种敷衍的或改良的手段来实现中国的民族的自由。这种主张即破坏三民主义的革命的势力,又延长了腐化的统治者的权位,美其名曰自由主义,实则是再武断也没有的了。中国今日的政治和经济的改革,为发达中国的物质生产力起见,假如无须改变中国现存的财产的关系,或无须改变帝国主义者对中国的资本侵略或商品侵略的关系,并地主对农民剥削的关系,我亦承认,但用敷衍的或改良的办法,亦未始不足以达到这目的。但是中国今日政治和经济的改革,必须澈底破坏现存的财产的关系,澈底的打击帝国主义的侵略和封建的剥削,始能有所成就。但帝国主义者和封建势力则以大规模的血腥的统治来维持他们的财产的关系。然而今日中国的自由主义者,虽然亦不满意现存的财产关系,但他们坚决的反对三民主义的革命,并忘记了,人在实际行为上,只受他们的财产关系而不受空洞的理想支配这铁则,因此他们的自由主义便成了一种空想的主张了。他们既把血腥的媚事帝国主义者的统治的阶级的财产关系无奈何,但又不许被剥削劳苦的大众,透过政党的关系,起而领导其他的被剥削的阶层,从事流血的或不流血的革命的运动,来澈底改造他们的财产关系。他们妄想中国的军阀官僚,这一批高等刑事犯罪人,能够自动的让人民来执掌政权,由独裁化为民主,由干戈化为玉帛,来改变他们的财产关系。他们不但在说梦话,简直在替代反革命的大本营作保护了。须知英美的自由主义之能实现,乃系依据两个必需的前提:(一)他们封建势力已被摧毁了,和(二)他们没有帝国主义的侵略。可是在今日中国这块土地上,既有帝国主义的侵略,又有封建势力的统治。既然英美自由主义的两大前提条件在中国均未具备,而欲妄想实现英美的自由主义,岂非笑话。这一种的自由主义,我看,绝非历史的自由主义,而是反历史的、反进化的、反革命的独断主义。如这一类的毫无必要的自由,用黑格尔的话来说,只是盲动,不是自由。且亦不是自由之友,而是自由之敌。我以为中国人民所需要的真正的自由,必须满足中国人民的反帝和反封建的迫切要求。否则,不是盲从,便是武断,不是异端,便是邪说,不是假正经,便是开玩笑。除非把这一种反历史的自由主义廓而清之,中华民族不能复兴。

三、迎接马列的唯物史观

自从东西文化开始接触以来,在西方文化之中,这个在中国已曾发生了根,抽了芽,发了叶,开了鲜艳之花和要望获得丰富的果实的,只有马列的唯物史观。唯物史观告诉我们,不是人的意识决定存在,而是人的存在决定意识。现在我们知道这个道理是真实的了。谁都知道,今日的国民党中的某些特殊分子的财产关系丝毫不受他们所相信的三民主义决定,而他们的"动员勘乱"和"亲美扶日"的意识,乃由他们的财产关系来决定。美国是一高度资本主义发展的国家,美人对于中国的经济和军事的援助,亦不受他们的民主自由的意识决定。因为他们在意识上是反对独裁的,但他们反而要帮助中国的独裁政治。在意识上是反对贪污的,但反要帮助中国的贪污政府。在意识上他们是不干涉他国的内政的,但他们却反而要来助长中国的内乱。同理,在他们的意识之中,如像什么反对共产独裁啊,拥护政府行宪啊,帮助民主国家戡乱啊,全受他们的财产关系来决定。一言以蔽之曰:美国的资本家们为欲保持他们的过时的财产关系,商品或资本的侵略关系,方才唱出了这一连串的好听的或动人的名词来的。即此可见在唯物史观中,存在决定意识这一段话是不错的。

四、促成农工的领导地位

唯物史观又告诉我们说,新的生产的能力如果要发达,必要突破束缚他们的财产的关系。这即是说,中国的工业如要复兴,虽然也要中国的科学家与技术员们,以通力合作的精神,打破自然所给予中国的工业的限制,但尤其需要中国的被压迫的工业,透过正当的关系,领导其他的被压迫的分子,以团结之力起而打破现存的财产的关系所给予中国工业复兴的社会的束缚。第一,就是要打破帝国主义者的商品或资本所给予中国工业的束缚,第二,就是要打破买办官僚军阀和地主老爷们的土地和资本所有权利,所给予中国的农业和工业的束缚,又现存的财产关系绝非它们的奴仆——帝国主义者、买办、军阀、官僚、豪绅所能打倒的。所以未来的复兴中国工业的主人翁或未来的实现民族、民权和民生三大主义的主人翁,绝非三民主义在财产关系上的敌人,而系他们的同志——农人,工人与进步的小资产阶级,其余的都是配角了。证以二十年中国革命的经验,我敢断定说,这个道理,全是真的。

在他方面,凡属有眼睛的人均看得见,英国的民主政治,或自由主义,没有一次移到中国来没有变质的。英美的自由主义之橘移到中国尽为枳了。为什么呢?这完全是因为在中国执行虚伪的民主政治的人,他们的财产的关系均与三民主义相冲突的原故。一言以蔽之曰,民族、民权和民生的三大主义,离了中国的工农和进步的小资产阶级的领导,三民主义绝难实现。

五、再造世界的集体文明

传统的哲学被否定了,空想的自由主义被消灭了,马列的唯物史观被迎接了,工农的领导地位被树立了,此时在中国这个国土里,因为崭新的社会制度的确立,伴之而起的,必有一种崭新的社会文化的出现。在这一种文化里面,赋有无限美丽的特质:一、他好像一个由上帝所手创的平等的天堂,在这里面,绝无宝贵的同胞欺压他们的可怜的弟兄的事情。圣保罗说,"不劳动的不应得食"。这种理想,在这里全实现了。二、这个社会且是一个富强康乐的社会,在这里面,科学与工业均有长足的进步,人人也许只须每日工作四小时,皆可丰衣足食而有余。因他既无迷信的欺凌,又无恐慌的袭击。三、他并是一个乐群的社会。在这里面,一切的活动都是集体的,或反个人的。读书则为共同的学习,娱乐则为团体的游戏,务农则为集体的耕耘,一人有庆,万人欢乐。一人有忧,万人蹙额。敌来则共执干戈,寇去则共为舞蹈。这是一种何等伟大的崭新的世界上的文化。这种文化,丝毫不用鼓吹,邻国必来观光。丝毫不必输出,邻国必来学习。由近而远,由小而大,不必经过半世纪,举世的国家或民族必然尽为这一崭新的集体文化所笼罩。

十月二十六日于北京大学

(《中建》,1948 年 1 卷 8 期)

关于"以平等待我之民族"

　　谁是"以平等待我之民族"？我在《观察》四卷七期上说，"凡不畏惧中国的被剥削的阶层并鼓舞他们起而执掌中国政权的便是以平等待我之民族"。可是周东郊先生对于我的这个答复表示异议。他说："我个人对政治理论素无研究，但二十八年的实际经验：我接触过许多民族中的各色党人与政治掮客，并亲历过若干东方弱小民族的'被解放'和未被解放的国家，从他们的政治实际与民间生活中，我以为对鼓舞被剥削阶层从事生存斗争的友爱之手，是不轻易接握的；我以为这只手的伸出，还是为了鼓舞者本身利益不能轻易的说他们便是以平等待我之民族。"（《观察》四卷十三期）我对于周东郊先生的纯洁的爱国的动机是佩服的。但我仍然坚持我的主张。我不但衷心的相信"凡鼓舞中国被压迫阶层起而执掌中国政权的便是以平等待我之民族"，而且我要大声的呼唤中国的一切的爱国的国民都应起而以一种互爱，互信和互助的精神，坚实的去接握这只"鼓舞"之手。在一方面，向世界各个民族国家真切的表示，伟大的中国的国民是不拒绝任一伸向我们的歌舞之手的。在他方面，并向世界各个民族国家真切表示，伟大的中国国民并将以相同的鼓舞之手伸向其他的民族。我们不但不畏惧苏联或依赖苏联，且要努力的接近苏联，追上苏联，超过苏联，使中国成为自由社会主义国家的典型。伟大的皇帝神明之裔，未必连这点也做不到么？未免太气馁了。中国今天的局面，当然不是莫斯科的力量所能推转的。无一进步中国人，就令是共产党，亦没有一个不是坚决的相信扭转中国的责任完全是在我们自己的身上，固不独周东郊先生才有这番最低条件的信念。

　　为什么我要在周东郊先生的善意的批评发表之后，依然坚持我的主张呢？或依然要坚持"凡鼓舞中国的被压迫阶层起而执掌中国政权者便是以平等待我之民族"呢？我绝对不是受了任何感情的蒙蔽。因为我以为像中国这样伟大的民族，只要中国的政权一旦被掌握在被压迫的广大阶层的手内，任何侵略的势力我们都能予以粉碎的打击。正如周先生所说："当年帝国主义在中国之能够得手，能够任所欲为不完全在他们拥有坚甲利兵，主要的还在中国本身的腐烂了的封建社会组织与封建思想促成的。"假令中国的封建势力被推翻了，并为广大的被封建势力所压榨的各阶层所代替，任何凶暴的帝国主义都不敢再在中国面前显示威风。正如在俄国革命成功后，白色帝国主义者的军队之不敢再在俄国的英勇的红军面前显示威风,是一样的。又如在法国革命成功后,一切的妄想扶植包本王朝的反动的势力都被拿坡仑的军队打得一干二净是一样的。中国革命已经成功了,谁还敢来侵略我们啊!这点帝国主义者看得最清楚,社会主义者亦看得最清楚。帝国主义者因了蓄意要侵略中国,所以他便不惜鼓舞中国的封建势力执掌政权,社会主义者依照类似的理由,因了真正不想侵略中国,所以他们也就不怕中国的被压迫的阶层起而执掌政权,并要鼓舞中国的被压迫的阶层起而执掌政权。因为中国的被压迫的阶层起而执掌政权之后,任何侵略的势力都是能粉碎的。从逻辑的观点上说,社会主义者如欲侵略中国,他绝对不会来扶植中国的反侵略的势力的。不幸来了,我们也不怕啊!

我应在此特别强调,即中国现在的政治的出路,不但不应畏惧苏联,或依赖苏联,乃要努力的接近苏联,追上苏联,超过苏联。我们学外国要迎头赶上去,且要超过他,并不是要专去抓外国的尾巴,中山先生业已深切言之。

依照同样的理由,中国政治的出路也就不在只是"继续五四的反对封建运动发扬并深入之"。且要跨过五四的反封建的运动,并促使中国的被压迫的各阶层起而执掌政权。不但如此,且要中国的劳苦大众的阶层透过代表他们的利益的党,起而领导中国的各阶层实现民主。我们在把中国的封建势力推倒后,绝对不要由资本家阶级起而领导被封建势力所压迫的各阶层相与实现民主,因为中国的民主如由资本家阶级来领导,则中国实现社会主义的机会较难,但如由劳苦大众来领导则实现社会主义的机会较易。我敢断然的说,五四运动的反封建的势力,其积极的目的是很不清楚的。我们的政治的出路乃在把握五四运动的反封建势力,并重新认识我们的政治的出路。我以为,这个出路只有一个即由中国劳苦阶层起而领导各被压迫阶层相与实现民主政治,而非由资本家阶级起而领导各被压迫阶层,相与实现中国的民主政治。一来呢,中国的民主政治不应重蹈英美的错误,由资本家阶级来领导。二来呢,中国的资本家根本的力量很少,他之不能负担领导中国的民主政治的任务,早就不由我们主观的愿望决定,而且好早也就被中国并世界的历史趋势所已决定的了。中国的资本家阶级还可回返到十九世纪英美资本家阶级那样的笼罩其他一切势力的地位么?这当然是不可能的。如果中国的资本家在社会上没有笼罩其他一切势力的地位,而中国的封建势力的主体,豪绅、军阀、与政治流氓又为无情的反封建势力所粉碎,而此封建势力的粉碎又系由中国的劳苦大众的力量所粉碎的,而且他们在政治上的觉醒的程度又极高,并且随着中国的文化的普及的运动,越来越高。那末,在普选的时候,他们势必要选举足以代表他们自己利益的人物。他们的票数又极多,你想,区区的少数的资本家阶级,还能在议会里取得大多数的议席么?所以,中国的民主政治到头来终必为无产者所领导,不但绝对的应该,而且亦是绝对的不可抵御的呀!你说,谁能抵御他们呢?由此可见,中国政治的出路,除了我所说的,只有两条路外,依然没有什么"新路"。

我不承认列宁在我国革命前夕,与德国的军阀密谋,取得德国军阀的同意,秘密返俄,反对战争,主张和平,并割让俄国的土地以满足德国军阀的贪欲,系给德国军阀政府当鹰犬。我亦不承认斯大林与希特莱缔结友好条约,让纳粹大胆的去扑向东欧,但系与纳粹势力谋妥协,或出卖社会主义。依照同样的理由,我坚决的否认周东郊先生的看法,以为一人主张实行中山的遗教,唤起民众并联合世界上以平等待我之民族共同奋斗,便系让莫斯科的势力(当然亦不是纳粹)来扭转中国的局面。

不用说,我作这篇文,纯粹为了面见真理。即我的意见完全是超党派的。

三七、六、十三、于北京大学

(《观察》,1948 年 4 卷 18 期)

金圆券能够稳定物价吗？

在物价上涨的状态下，人人无不希望政府所发行的新币，金圆券，能够稳定物价，但政府所发行的金圆券是是否便能稳定物价呢？

政府所发行的金圆券是否能够稳定物价，要看金圆券是否能够根治物价上涨的原因，如果能够在根本上消灭物价上涨的原因，那么金圆券便将能有稳定物价的功效。如果不能，那么物价便将继续在上飞涨，而不听政府的命令了。但物价上涨的原因是什么呢？

谁都知道，物价上涨的原因不外在一定的时隔里面，抢购物资的货币的增加大于物资供应的增加。试问金圆券发行之后，是否能使抢购物资的货币的增加相对的减少呢？这个便要看金圆券的发行数量将来是否还要继续的增加，同时，并要看金圆券发行之后，在每一时隔里面，它出来买货的次数是否还要继续增加。在他方面，并要看每一时隔里面物资的供应是否会因金圆券的发行而增加。须知他们究竟是否增加或减少，都绝对不由政府的威力决定，而系由现在的政府所控制不了的经济的因素决定。何以说物价上涨的因素绝非政府的威力所能直接控制呢？犹记在三十一年的时候，政府曾用抛旧美金储蓄券的办法来平抑物价，到了三十二年时两亿美金储蓄券都抛售完了，但物价平抑了没有？后来政府因见抛售美金储蓄券的方法不行，改用抛售黄金的办法，共耗费价值二亿美元的黄金（约五百七十万两）用来平抑物价，但物价平抑了么？在三十三年八月政府眼见抛售黄金的政策又失败了，再采用黄金存款的办法来平抑物价，但平抑了没有？三十六年二月二十一日，政府忽又异想天开，颁布所谓经济紧急措施方案，由抛售黄金和抛售美金储蓄券的平抑物价的政策，转而采用取缔黄金买卖和禁止外币流通的方法，结果不料更糟。由此可见，在过去六年之内，单凭政府的一纸命令的威严必是不能够平抑物价的了。过去不说了，但问，现在怎么样呢？

骤看起来，政府现在决然放弃法币而采用金圆券货币而名之曰金圆券，它是何等值价的东西，必比银元要高贵得多。在抗战以前，银元比金元不如，尚可相对的平抑物价，何况金元呢？而且依据政府的《金圆券发行办法》：第一条，金圆券每元之法定含金量为纯金零点二二二一七公分，由中央银行发行金圆券十足流通行使。第八条，金圆券之发行采十足准备。前项发行准备中，必须有百分之四十为黄金、白银及外汇，其余以有价证券及政府指定之国有事业资产充之。这点明白表示金圆券是有十足的准备金的。因为政府既然规定每发一张金圆券，都要有四角的金银与美钞和六角的政府资产，那末，在政府的金银美钞与国营的资产无法增加以前，便当绝对不会增加发行，而物价便将稳定了。可是，我们假如略一反审，立即便可明白，这种想法是天真的。

于此笔者应该特别强调，即金圆券的发行是绝对用不着准备金的。金圆券既不能自由兑换黄金，白银与美钞，而且在中华民国境内且不许黄金、白银、银币及外国币券流通、买卖或持有，那么，拿这笔黄金美钞白银存在那里做什么？存在那里根本没有用，然而却又必须存在那里，并不许移作别用，这岂不是把国家的资源来滥费么？凡有银行学的常识的人都知道，这个用作发行金圆券的黄金、美钞和白银是绝对不可以移作别用的。移作别用便是犯法。并不可以其一元移作兑换金圆券之用，否则，便是犯法。因为政府的法令既然规定金圆券的发行必须有百分之四十的现金，那么，假如政府以一元的现金兑换金圆券，而不是以四角去兑换它，那么，经此兑换之后，其他的金圆券的百分这四十的现金发行准备，便不足了。不足便是违法，欲不违法，便须一元也不能用以兑换金圆券。所以这笔现金的储蓄不但不能移作别用，而且也绝对不能移作兑换金圆券之用，即根本没有用。现金的准备既然存在那里根本没有用。然而却又必须存在那里作样子，这岂不是资源的滥费么？特别的是，在中国如此需要外币黄金与白银来购买外国货物的今日，即以现存的全部的金银和美钞来购买外国货尚还不足，而须有待于美国的贷款。今更把此有限的黄金、白银和美钞拿出一部份来作发行的准备，由急用化为无用，这岂不是资源的浪费是什么？

谁都知道，金圆券的购买力或价值，在其他的条件不变的前提下，是与金圆券的发行额为相反方向的变动的。假令货物的供应没有增加，或信用的状态没有变迁，金圆券的价值且将与它的数量成反比例的。一件货物两个钱买与一个钱买，在两个钱买的时候物价便是两元，在一个钱买的时候便是一元。一物而卖两元比较一物而卖一元是钱的价值低落一半，这岂不是金圆券增加一倍，它的价值便低落一半么？反之，如果发行减少一倍，金圆券的价值便当增加一倍。金圆券的价值既然与其发行的数量成反比例，那么，为提高金圆券的价值起见，政府只要叫印钞机最少转动几次就行了，何必又要现金准备做什么？现金的准备金既不可以用来作兑现之用，而又不可以移作别用，我们何必要用它呢？"割鸡焉用牛刀"，减少发行金圆券尽可不必一定要用黄金、美钞和白银来作准备。

然则为什么政府不叫印钞机少转动几次呢？亦就是说，政府为什么不依赖政府自己，偏要依赖黄金、美钞与白银呢？是不是说，由黄金、美钞与白银所作的发行准备更可以制止政府的通货膨胀么？须知政府的支出全靠他的收入来维系。在收入不敷支出之际，除了向人民负债而外，就只有发钞之一法。任何发行的准备也都把它奈何不得的。政府能够在入不敷出之际，静听让政府的官员饿死以图维持金准备么？这个问题容易解答得很。在很早很早以前，中国发钞的金准备便是百分之六〇了。民国二十五年政府改用法币仍然维持百分之六〇的比例,即白银占百分之二十五,外国货币占百分之三五,合为百分之六〇。法币的现金准备的比例高至百分之六〇,尚不足限制法币的增发,百分之四〇,行么? 除了政府的国库的开支能以税收与公债来弥补外,单凭现金准备的此例,是绝对不足以阻止金圆券不再继续增发的!

金圆券的现金准备的比例既不足以保证通货的膨胀不继续,或不足以阻止物价的飞升,然则它是否可以延缓货币流通的速度呢? 假如可以减少它的流通的速度,物价亦当不涨。可是这又要看金圆券是否可以作为保存价值的工具。现在一般人民的心里不相信纸,而相信金。金圆券不但不能兑换金,且要收括市面的存金,他不但不是纸,而且比纸更坏,试问人民如何能够把它拿来作为保存价值的工具呢? 似此,则是人民对于金圆券还是不把它当作金圆券,而把它当成一种美金券看待了。除非人民是傻子,否则在金圆券发行这后,人民不是不欲保存金圆券而要保存货物,结果金圆券的流通速度,势不能够减少。金圆券的发行的数量,即不能因十足的发行准备而减少,且办不能因为它而使它的流通速度不增加,然则金圆券的发行条件又有什么理由使物价不再上升呢?

固然金圆券可以兑换美钞,即四元金圆券可以兑换美钞一元。可是,我们莫要忘记了,法币不是亦可以兑换美圆的吗? 法币,在政府的允许之下,亦是可以兑换美圆的,金圆券亦须在政府的同样允许之下,始能兑换美元。金圆券兑换美圆的能力,既不比法币高,我们似亦看不出金圆券的价值为什么要比法币更高。

现在我们可以进而考虑第三个问题了。即金圆券发行之后,物资的供应是否能增加。在内战的烟火到处弥漫的今天,国内生产的物资必是无法增加的。如欲物资有增加,单看外货的倾销的程度怎么样? 且看外货输入的程度是否能抵得上国货减少的程度。这更要看中国人在国外的外汇存款或者他的资产是否能够因为政府一纸的法令,赶快便把他们来买货物输入到中国内地来。可是政府今又限制输入,而且他们恐亦不愿以他们的外国资产来换成金圆券或债券。由此可见,这一条路亦是很渺茫的!

现在我们转而研究政府发行金圆券的能力。依据《金圆券发行办法》第九条,金元发行总额,以二十亿元为限,我们可以假定现在法币总额约为二百万亿元。一元金圆券合法币三百万元,二百万亿法币只要发行六亿点七的金圆券便收回来了。二十万亿中除了六亿点七,尚余十三亿点三的金圆券发行的能力。这即是说,政府如欲收回现存的法币,只要发行六亿点七的金圆券就行了。在物资未增加,和美汇黄金与白银均极感缺乏之时,政府如欲稳定物价,我看六亿点七已就足够了。其余的十三亿点四的金圆券,莫说十三亿点三,连一元我看,也用不着啊! 然则政府又何必规定二十亿金圆券为发行的最高额呢?

归根结底一句话,是否能够稳定物价,仍须视政府国库的收入与公债是否足够以敷支出,和国内物资的生产是否能够增加以为断。单靠金圆券的发行办法本身,是不足以有为的啊！但政府的收入与公债是否能维持支出呢？正如财政部长王云五先生所说，"在岁入方面，固有赖立法院之支持。与各方之努力，在岁出方面，便须政府各部门充分合作，尤以军费开支，占岁出之最大部份，当特别覈实与节约"。当然都是最要紧的。

民卅七，八，二十。于北京大学

（《观察》，1948 年 5 卷 1 期）

传统的经济学说何以竟成了阻挠中国进步的绊脚石？

　　我不否认在传统经济学中含有许多的合理的成份,但我敢断言说,在它里面,确也含有若干的不合理的成份。这些不合理的成份可使一个受传统经济学影响最大的人,或对传统经济学造诣最深的人,对于经济问题的看法不合理,并反对其他的人的合理的看法。这对传统经济学者们的影响是很坏的。一来呢,使传统经济学者们,对于经济问题所发表的建设的意见越来越不见重要。再来呢,使他们对于若干人所发表的若干的合理的言论不理解。如这一类的不良的结果,都是任何一个对于传统经济学造诣最深的人的初衷所不及料的。可是在事实上确有这种不良的结果出现。但这种不良的结果的出现,究是谁的责任呢? 一半固然也是学习经济学的人的责任,但其他一半则不能不归罪于传统经济学自身的不合理的假说了。试问这些不合理的假说是什么呢?

　　我敢断言的说,传统经济学中第一个不合理的假设,就是劈首擅定经济学上的生产要素有四个:土地、资本、劳动与管理,因而在分配的时候所得的形态亦有四种:地租、利息、工资和利润。这个生产要素的四分法的不合理,在于它的功用只能表示经济学上的物与物的关系,而忽略了内中的人与人的关系。可是在经济生活里,人与人的关系才是最重要的关系。从物的关系着眼,一个商品的生产实离不开资本、土地、管理与劳动。可是,从人的关系上说,商品的生产却没有如此简单。商品,在表面上,好像完全是由上述这四个生产要素合作而成的。实则,商品的价值,无论从它的使用价值或效用出发,或从它的交换价值或价格出发,都是劳动所生产的。从使用价值来说,除开极少数的野生的果实而外,几乎全部商品的效用都是劳动所生产的。生产是什么? 即传统的经济学者亦不否认,生产是创造效用的活动。但谁创造效用呢? 除非我们相信面包可以自由加倍的神话,当然只有劳动了。这里所指的劳动系指广义的劳动而言,纯经济的管理的劳动当然也包含在内。连三岁孩子也知道,商品的使用价值都是从有用的劳动创造出来的,纺工纺出棉纱,织工织成棉布,缝工缝成棉衣。这还不是很明显的事情么? 固然在个别的缝衣公司看来,在缝工剪缝棉布之时,它实需要资本作帮助,即需要棉布作原料,并要缝衣的机器,和缝衣的工厂,和其他的一切辅助生产之物,这一东西的存在,很使我们眩惑,即棉衣好像不是单由缝工裁制出来的。因为除了缝工之外,尚有资本。足见传统经济学的四分法似乎亦甚合理。可是,我们莫忘了,在缝纫的资本这个总名之下，一切的棉布、机器和工厂等都是织工、机工、土工和木工建造的结果。也就是说，凡属资本的使用价值都是有用的劳动创造出来的了。但从商品的交换价值出发，几乎所有的商品，经过交换过程，都可以把他们表现而为标准商品的倍数或分数。无论这个标准的商品是什么，是铜也好，铁也好，牛也好，或小麦也好，都不能变更我们这个命题的真实性，即在纸币本位之下，这个命题亦能存在。依照同样的理由，所有的劳动，在交易的市场上，也都要以把他表现为标准劳动的倍数或分数。我们莫要忘了，在交换价值方面，商品的交换价值有多少，那末，创造商品的劳动亦有多少。除了我们相信面包可以自由加倍的神话外，我们势难否认，即连商品的交换价值亦是劳动创造出来的了。正如马克思所说，即凡有用的劳动创造商品的效用或使用价值，又抽象的劳动创造商品的变换价值。即商品的一切的价值无一不是劳动创造出来的。传统经济学上的四分法，从一个工厂来说，好像是对的，但从全体社会来说确是错的。

商品既然纯粹是由劳动创造出来的，那么传统学派的经济学者硬说它是由资本、土地、管理和劳动四者创造出来的，这当然是不合理的。诚然，土地不是由劳动创造出来的，但土地的生产商品的能力确是由劳动创造出来的呀！

传统学派的生产的理论既然不合理，当然它的分配的理论亦是不合理的了。传统学派说，利润是社会拿来作为报酬企业家的管理的功劳的，利息是社会拿来报酬资本的生产的功劳的，地租是社会拿来报酬土地的生产的功劳的，而工资则是以报酬劳动的生产的功劳的。现在我们既然在根本上示明所有的功劳无一不是劳动的功劳，可见传统学派的经济学在分配论上的根本假设全是错的。

不但社会一切的所得都是由劳动创造出来的，而且又也都是现在的劳动创造出来的。过去的劳动对于所得的创造完全没有它的份。这个道理极易明白。为讨论便利起见，现在我们假定在一特定的社会里面，商品的种类在某一商品生产年度开始之前是不变的。商品每件的交换价值或价格亦是不变的。只有一点可变，即在每一种类的商品之中只有它的件数，在生产时期开始之后，是可变的。在商品时期开始之前，人类尚未从事生产的工作，不但商品的种类不变，连商品的件数和商品每件的交换价值亦是不变的。可是在生产时期开始之后，随着人头的生产的精力的消耗，在生产时期之末，每种商品的件数都有增加。除非我们相信面包可以自由加倍的神话，此增加的商品的件数与其价值实不能说不是劳动创造出来的了。例如在生产时期开始之前，商品共有 N 种，每种商品共有 n 件，总共商品的件数为 N'，再假定每件商品的交换价值，以货币来计算，价值一元，共为 N' 元。在生产时期开始之后，工人把已有的商品 N' 毁了。这种毁灭的进程一名生产的消费。工人在把这些商品 N' 毁了之后，再重新创造出 $2N$ 的商品来。在生产时期之末，在 $2N$ 的新商品之中，固然有 N' 伴着过去的劳动所生产的，它可称做资本。但其他的 N 种却很难说不是劳动所生产的了。此 N' 件的交换价值之总和便是社会的净生产物的价值。它系地租、利息、利润和工资的源泉。所以，我们又可以说，不但工资，连地租、利息、利润和工资都是现在的劳动所生产的了。

所得必是由现在的劳动所创造的。所得而未消费的部份，或不能消费的部份，如用以辅助生产，它又变成资本。里嘉图（David Ricardo）说，资本是过去劳动的化身，而所得则系现在的劳动所生产的。所以利息、利润、地租与工资，无一不是现在的劳动所生产的，然而传统学派的经济学者却说利息是资本所生产的，利润是管理的劳动所生产的，地租是土地所生产的，但只有工资一项才是劳动所生产的。这还不是不合理么？

净生产物的价值虽是现在的劳动所生产的，但从法律的关系上说，社会上的一切的净生产物的价值无一不是属于有产阶级所有。这即是说，世上一切的净生产物的所有种都是属于有产者的，净生产物的所有权既是属于有产者的，那末，在这些净生产物之中，随着有产者自己，依照供给和需要的原理把出一部分出来，作为劳动者的工资外，其他的部份，劳动者便没在支配的权利了。这其他的部份，便是有产者用以报酬他们的所有种的地租、利息和利润了。由此可见，在经济生活里，利息、利润与地租，虽为有产者所有，但却不为有产者所生产。有产者不事生产而能以法律上的所有的权利，强占劳动者的生活的成果，这便是社会主义经济学者所称做的剥削了。

现在的经济的制度完全建筑在这种剥削的关系上。剥削是一种人与人的关系，然而传统的经济学者们却说现在的经济制度是建筑在物与物关系之上，这便是大错而特错了。

莫怪传统学派的经济学者们，一见着了社会主义的经济学者主张无偿的重新分配的办法，心里便十分的不喜欢。为什么不喜欢呢？因为传统的经济学告诉他们，地主的所得，地租，是他所有的土地生产力生产出来的。因此，不应没收。他们忘记了，土地的生产力是过去的劳动生产出来的，不是地主所生产的。而在土地上所生产的生产物则完全是现在的农工所生产的。地主不事耕种的工作，单凭他的土地所有权，而不是依靠他的劳力，窃取农工的劳动的成果，远在农工尚未觉醒的时候，当然是可行的。可是现在的农工逐渐在觉醒了，他们还不起来要求无偿的重新分配地主的土地么？传统学派的经济学者们，因受传统的经济学上的不合理的观念所蒙蔽，至今莫法了解社会主义经济学者们，对于今日中国土地问题的合理的解决，反而说它不合理。这种不良的效果，虽应归罪于传统的经济学，但经济学者们自己似亦应当不吝批判自我的不是，才是。

传统学派经济学的第二点不合理的所在，我敢断言说，就由于它不承认一时代有一时代的经济法则，但这并不妨害在各时代有一共同的经济法则。可是特殊时代的特殊经济法则乃是最要紧的。社会的经济好比一个社会的语言一样。尽管各个时代的语言部有他们相同的地方，但在某一特殊的时代必有某一种特殊的语文的法则。现代的语文无论在什么地方，都必须要现代语文的特殊法则支配，而不受古代的语文法则支配。依照同样的理由，现代人的经济生活，无论在那一角落，都必须要受现代的经济法则支配，而不受古代社会的法则支配，这也是没有问题的。又现代人的现代文乃是由于在文学革命之时推翻了古了。但我以为这一种理论的产生，其部份的责任应由经济的四分法来担负。

我大胆的建议在经济学原理上根本取消这个充满着骗人意味的四分法。实则已无须我们现在建议取消他，因他早已失掉了他的存在的根本条件，现在的经济学家也逐渐在放弃它了。

翁咏庆先生说，"我完全同意樊先生所说的传统经济学第二点的不合理的情形。"但什么是传统经济学第二点的不合理的所在呢？传统经济学说的第二点不合理的所在，无疑的就是由于传统经济学者们不承认一时代有一时代的经济法则。但这并不妨害在各时代有一共同的经济法则。可是特殊时代的特殊的经济法则乃是最要紧的。传统经济学忽略了特殊时代的特殊经济法则，乃是今日的经济学家们忽视了今日的经济制度里最要紧的地方。翁咏庆先生即然完全同意我这第二点的意见，那么，他势必也要同意我所建议的对于经济学的四分法的放弃。因为这个四分法完全是超时代的。从时代的观念上说，随着人类对于土地生产力的发现，人的劳动生产力大有增加。这即是说，人在土地上加工，所得的成果，除以养活直接耕种者外，尚可养活一个有闲的阶级。经过一串的历史的斗争之后，果然土地私有的剥削制度便出来了。同时坐吃地租的地主也出来了。所以在中古的封建社会里面，土地的剥削关系实为重要。到了工业革命时代机器忽然起而代替了工具，生产量又增多了。在净生产量之中，除了直接生产者以之养活他们自己的家庭而外，尚可养活另一个奢侈豪华的阶级。经过一列的历史的变迁之后，果然资本又为一部份人所独占了，同时资本家阶级也诞生了。由此可见，在十九和二十世纪之中，资本一开始便即赋有剥削性质的意味。所以在二十世纪的年代在政治经济学上资本的剥削的性质实应该占首要的位置。莫怪马克思在研究政治学时要专门研究资本的关系了。资本的法则或土地的法则既然都是带有时间性的，可是经济学上的四分法则是超时代的，无论在任何时代四分法均可存在，这当然是超时代的了。由是经济学上的资本的剥削的性质便被忽略了。为缝补这种超时代的浅薄不堪的经济学起见，所以我建议将四分法完全舍弃。

谭崇台先生关于经济学上四分法的讨论，是我在拙文草拟将完之后再看见的。崇台先生的讨论比较客观。他与我并无根本不同的地方。我意，在资本主义时代，为暴露资劳之间的矛盾起见，仍然可以不要四分法。在社会主义时代，资本的性质业已变迁，用四分法似乎并无妨害。但四分法把这四个因素平列，不能强调社会劳动的特殊重要，恐怕亦不曾被人采用。

此外还有几位青年朋友们的补充的意见。既是补充的意见，恕我便不重复了。

最后我想引用马克思一段话来唤起我们自己的注意。马克思在写给库格曼（Kugelman）的信里面说："不说一年，那怕就是在几个星期中，如果劳动停止了，无疑什么饿民，都会被饿死的。"我在此要替马克思补充一句，即如果劳动停止了，不但新生产物没有了,或不但国民要饿死,而且即旧有的生产物,因当然乏人工来修补,不久亦是要完全倒塌的啊!剥削!剥削!天下的资产阶级的命运莫不被掌握在你的魔掌内!

一九四八年十一月十日于北京大学

(《观察》,1948 年 5 卷 5 期)

下 篇

1949 年后发表论文

从根本上认识美帝

美国是一个独占资本主义最发达的国家。无疑的,美国的一切外交政策均必要以保持和扩大美国的独占资本的再生产为目的。美国是否能够做到既不采取资本侵略的政策,而亦可以维持美国的独占资本于不坠呢? 这当然是不可能的。依据资产阶级经济学者柯蒲兰特(Douglas Copland)教授的估计,美国的独占资本主义,虽然在生产上已创造出了一个史无前例的纪录,可是,在销路上,确是狭窄万状。他在一九四七年九月来北大演讲说:"在此刻,美国每年的出口货约为二〇〇亿美圆,但入口货约值八〇亿美圆。如果外国想要继续买进美国的货物,那么,这个一二〇亿美圆的大缺口便必要能弥补。如果这个缺口不能以某种形式的美圆的供给来弥补,那么,外国用以买进美货的美圆必感缺乏,出口货必致减少。如果美国的出口货每减少十亿美圆,假令美国国内的需要不变,那么,美国至少便将有一百万工人的失业。"(原文载于一九四七年九月二十七日北平英文《时事日报》第二版)这一段话明白表示,美国政府如不向外攫取投资地,并向外国继续投资,使得外国能以美国所放借的美圆来买美国的出口货,那么,美国的一二〇亿美圆的剩余物资便将无法销售,同时美国便将有千万人以上的失业。这即是说,美国的独占资本主义便将为突然的崩溃。由此可见,美国政府的外交政策,无论穿上什么美丽的糖衣,他必要以攫取投资市场为目的。

但美帝又是否能够做到既不干涉中国内政而亦可以夺取中国的投资市场呢? 这点可分两个阶段来说明。在中国被压榨的工农大众尚未觉醒以前,美国倘来中国攫取投资的市场,虽然也可遇着民族资本家们的反抗,但因中国的民族资本家们的实力不强大,美国政府只须利用现存的封建政府作工具,来镇压中国的民族资本家们的反抗,并接受美帝所加的不平等的条约,以便利美国对华输出的增加,或投资的增加,不问中国统一也好,不统一也好,美帝的投资的目的也可一样的到达,美帝自然不觉有何公开干涉中国内政的必要。在辛亥革命前后,美国的政府端在扶植中国的昏庸无知的满清政府或北洋军阀政府,来作侵略中国的桥梁。满清政府或北洋军阀政府既然可以苟且偷生的存在,美帝于是乐得高唱不干涉中国内政的原则,以达侵略的目的。这便是美国的虚伪的高唱不干涉中国内政的原因。这即是说,在辛亥革命前后,美帝虽在暗地的干涉中国的内政,但尚没有把他公开,说他必要干涉中国的内政。

可是在中国的无产阶级既觉醒后,情势已经大有改变,即美国的独占资本家阶级,如欲继续到中国来从事资本的侵略,此时,他们所遇着的反抗便不仅是软弱无力的民族资本家阶级,并且是强壮有力的无产阶级和农民阶级。从美国独占资本的立场,美国政府如果再采不干涉主义,那么,伴着无产者阶级革命的成功和巩固,他的侵略的外交的政策便非失败不可了。因此美国政府也就很干脆的抛弃了他的不公开的干涉中国内政的原则,转作积极的公开的干涉中国内政的主张了。美国国务卿艾奇逊在致杜鲁门总统的信函上说,"正在此点上,美国对华政策上两个基本原则——不干涉中国内政以及支持中国之统一与领土完整便发生了冲突"。他于是采取了公开干涉中国内政的步骤。为什么美国要公开的宣言说他要干涉中国的内政呢?很明显的,是因中国的工农阶级的觉悟程度日高,以为单凭中国反动政府的力量绝对不足以击退中国革命的高潮,其结果势将有碍于美国独占资本主义向外的膨胀。因而妄想以各种的武器来帮助中国的反动的蒋政权,以图打垮中国的革命的政权。除非美国的经济制度由独占的资本主义制度进化而为社会主义的经济制度,他之要继续干涉中国内政,以维持美国的独占资本的保存和扩大,乃是一种无可置疑的事。

但这干涉能够成功吗?他不但不能成功,反必造成美国独占资本主义的颠覆和绝灭。为什么说一定不能成功呢?因为美国现在所急欲制造并扶植的反动势力,乃是他们所说的民主个人主义。但中国果有民主个人主义么?假如说有,那么,民主个人主义所代表的究竟是些什么阶级的利益呢?在中国人口之中,占百分之八十以上的是农民大众。约占百分之十的是工人阶级。他们绝不相信民主个人主义,但相信"人民民主专政"。在蒋政权未崩溃前,虽有少数所谓"自由分子",实则尽是"武断大师",他们虽曾公开宣言他们要做民主个人主义的信徒,但在蒋政权既瓦解后,即这少数的自由分子,因为环境的变迁和自我的觉醒,其中大多数亦已逐渐放弃他们昔日所相信的民主个人主义,转而相信"人民民主专政"了。而且我敢断言,他们的转变完全是出于思想的自发的改造,绝非由于其他的任何外在的原因。因为人民民主专政,不但具有民主个人主义的好处,而且超过了他的发展,莫怪他们要放弃民主个人主义转而相信人民民主专政了。真正的民主个人主义乃是十九世纪初叶欧美新兴的资本家生产制度的产物。从欧美返国的留学生虽把民主个人主义的意识带到中国来了,但他们却从没有把十九世纪初叶欧美新兴的资本家的生产制度,也一样向中国输入。江南有橘移至淮北,虽不为橘,尚且为枳。欧美的民主个人主义移到中国,因为缺乏资本家的生产制度作依据,竟成一叶断线的风筝,为时没有好久,现在几连形影都不见了。民主个人主义既不见了,但美国尚愿给以经济和军火的援助,那么,这些军火和经济的援助,结果岂不是又要变成了一批批的支持中国人民革命势力的武器么?尚何成功之有?

但何以又说这种干涉主义一定要造成美国独占资本主义自己的颠覆和灭绝呢?这个道理也极其明显。依据经济学家卡勒兹岜博士的估计,美国独占资本主义虽然增加了美国的劳动生产力,但却歪置了美国国民所得的分配。从一九一九年到一九三四年之间,美国工人阶级的所得只占全部国民所得的百分之三十六左右。大不列颠比较美国的劳动生产能力低,但在一九二四年到一九三五年之间,大不列颠的工人阶级的所得,反占全部国民所得的百分之四十三上下。(Kalecki, *Economic Fluctuations*, pp.16—17)美国工人的物质享受虽比大不列颠的工人阶级更高,但美国工人阶级的精神苦痛则比大不列颠更大。因为美国的工人阶级的相对工资实比大不列颠更低,或相对的贫困程度更大。美国工人阶级的相对贫困程度已经够大了。设使美国的独占资本家阶级的对外投资计划成功,那末,美国的独占资本家阶级的相对的所得势必更多,同时美国的工人阶级的相对工资势将更低。随着美国工人阶级的相对工资的越见降低,美国独占资本家阶级在对外侵略上所得的劳苦大众的支援势将越少。一旦世界战争爆发,美国工人的阶级势难再向剥削他们自己和奴役世界的独占资本家阶级的利益而流血,这是极明显的。再从被剥削的异民族来说,例如朝鲜与中国,他们业已饱尝美国独占资本主义剥削的滋味,他们决心要以民主联合的武器将美帝的侵略主义逐出国门之外,其结果将是美国出口货物的数量更将往下再降低。一旦美国的出口货缺乏适当的市场,美国的工人的失业更将激增。失业激增,工资锐减,工人阶级对独占资本家阶级怨怼的程度势将更高。外失同情,内乏支援,独占资本的再生产过程势将往下萎缩。而且现在已经在萎缩了。除非美国的独占资本家阶级灭亡,美国人民大众不能幸存。所以,我说,美国的积极干涉的政策终必造成美国独占资本主义自己的颠覆和灭绝。

　　但美国的独占资本主义绝对不能不为一种垂死的挣扎,来延长他自己的寿命。这个挣扎的方法,就是转移他们剩余的劳动生产力来制造战争的武器。在战前的一九三九年美国军费支出只占政府预算底百分之十三。在战后的一九五〇年美国国防支出达一四〇亿圆以上,占整个预算底三分之一而有余。这就是美国在战后进行军国主义化——扩张军备及实施普遍军事训练的成果(《人民日报》三十八年八月五日第四版柯伯年所述)。现在美国的经济危机正在加深,军国主义势将更要往上扩充。

　　但我们怕不怕呢? 不,绝不。因为美国所持以威胁世界的武器大半就是原子弹。试问原子弹的破坏威力大到什么程度呢? 依据英国原子能顾问委员会委员,去年诺贝尔奖金的获得者,英国曼彻斯特大学物理教授勃拉开特(Prof. Blackett)在他的名著《原子能及其军事和政治上的后果》(*Atomic Energy and Its Military and Political Consequence*)一书上所作的估计,一颗原子弹的实际炸毁力约等于二千颗普通炸弹。他以第二次世界大战中德国为例,英美投于德国的炸弹,约为一百三十五万吨,共炸死了五十万人。但也并没有真正折损了德国的作战力(例如倘以一九四〇年德国军火生产为一〇〇,则一九四二年为一四六;一九四三年为二二九;一九四四年更达二八五。其他飞机产量亦同样增加,此处不另举数字)。这一百三十五万吨的普通炸弹相当于六百七十五颗原子弹。纵令战后原子研究已有进步,至少也得相当于四百颗新型原子弹！所以原子弹的威力并不是神秘莫测的（见《中建半月刊》三十七年十二月五日冯宾符所引）。中国比德国大十倍多而且产业是分散的。美帝纵令就向中国投下四千颗原子弹,难道他就可以有把握的说,他不会遭致最后的失败吗?

而且美国工人阶级恐怕绝不愿意帮助美国的独占资本家阶级——他们自己的敌人,从事侵略的战争。现在和平的阵营已强大,美国又充满着不可克服的矛盾,我们理应对美帝无所恐怖。在他方面我们但求以一种坚苦卓绝的精神与世界以平等待我之国家,互相帮助,共同的向着生产建设之途,手牵手的迈步而进。美帝好比一个狰狞可憎的僵尸,我们只要能够躲闪开,让他扑空一次,他的尸身立将倾覆。

(《人民日报》,1949 年 8 月 31 日)

苏联经济建设

各位同志,各位先生:

今天中苏友好协会要我来谈谈苏联经济建设问题。苏联经济建设的成就是很伟大的。这个成就不仅是关于苏联一国人民的幸福,同时它也和全世界的人民有着切身的关系。

今天我们在这里讲苏联经济建设,我们应当回忆到第二次世界大战的严重性。在第二次世界大战中,我们强大的敌人法西斯德国、日本、意大利,它们的力量是那样大,一九四二年,已经威胁到全世界人类的生存。假若那时没有苏联强大的经济力量来抵抗并打垮法西斯德国和日本,我们今天正还不知道在那层地狱里过日子!我们今天哪能享受和平的幸福!所以苏联经济建设的胜利,也是我们的胜利。我们今天能够开始经济建设,应当感谢苏联。

我们先从打垮法西斯德、意、日一事来看苏联经济建设的成就。一九三八年,全世界的资本主义国家,除了德国以外,在工业生产上都在衰退。只有德国的工业正在跃进。德国自希特勒执政以来,把生产转向军事,积极备战,到一九三八年生产增加了百分之二十。同时的美国,一九三八年比一九二九年的生产反而减少,生产指数从一九二九年的一百减到八十一。英国此时工业的生产也正遭受着几约百万工人的失业。正在这个时候,希特勒便要发动战争了。谁能够真正的抵抗它呢?

真正有实力来抵抗德国的,只有苏联。苏联在一九四〇年卫国战争开始的时候,因为已有几个五年计划的成功,工业生产已经有了长足的进步。大工业的总生产比较一九一三年增加到一一点七倍,大工业中机器制造业、金属工业增加到四一倍,上等辗金业——军械制造的基础增加到八十倍。汽车工业拖拉机制造业、橡皮、铅、镁等的生产都有极大的进步。这些工业在旧俄时代都是没有的。

我们再来看一看旧俄的工业。一九一三年第一次世界大战时,俄国在世界上工业只占第五位。据卡扎克维奇的统计,一九一三年旧俄工业:电力生产只有当时美国十七分之一,德国五分之一;生铁只有美国十一分之一,德国或大不列颠的八分之一,法国的四分之一;钢铁只有美国的十一分之一,德国的八分之一,大不列颠的六分之一,法国的四分之一,化学工业和机器制造业几乎是没有的。由此可见,旧俄生产方法的落后,及斯大林计划的成果是多么伟大!苏联经济建设的成功,保证了对法西斯德国战争的胜利。所以苏联之击破法西斯,不仅是军事的胜利,而且是经济的胜利。

在德国发动战争的第二年,它几乎占领了全部的欧洲。那时除了德国本身的工业外,更加上被占领国家的工业,它在经济上力量是很强大的。但它终于为苏联所打垮。因此有人就说:苏联的打败德国,是由于同盟国租借法案的结果。但事实上不是那回事。因为当时同盟国租借给苏联的物资,最高点只有苏联工业生产的百分之四。所以苏联打败了法西斯,是由其经济建设的成功,是无疑义的。

自第二次世界大战结束以后,在资本主义国家中,占第一位只有美国了。但美国从一九四八年底开始,已经造成了经济恐慌,生产品已过剩,生产力已在下降,工人失业的范围已经从工业生产扩展到农业生产。失业工人的数字上个月已经达到了六百万。现在任何一个美国人,不论它进步也好,保守也好,都已经感觉到经济恐慌的严重。英国的工业至今也尚未能恢复第二次世界大战前的水平——即一九三八年生产的水平。

而在另一方面,苏联的工业、农业都在大步地前进。据专家报告,苏联一九四九年六月份工业生产,每天平均的生产量,甚至已超过了一九四〇年生产量的百分之四十一。按照苏联战后五年计划,一九五〇年的工业生产,应超过一九四〇年的百分之四十八。也就是说苏联的战后五年计划于四年内就完成了。

苏联目前感到工人缺乏,所以去年在华的华侨多已返回祖国参加生产。而在美国失业情形则是如此的严重,据估计在今年年内失业人数将达九百万至一千万。

那么我们要问:为什么苏联经济建设能有这样的成就?为什么美国这样头等的工业国家,只于经过一个短促的战时繁荣之后,突然又发生天崩地裂的经济恐慌呢?

理由很简单。

因为苏联是社会主义国家,主要生产手段是公有的——国家所有,或集体农庄所有。而在美国,主要生产手段是资本家所有。他对它有支配权,国家是不能干涉的。

在苏联因为主要生产手段公有之故,乃有可能实现计划经济制度。即是说由国家设计计划而生产。计划是依需要而定的,市场不会发生问题的。我们可以把生产分为两类:一类是生产生产工具的生产,一类是生产消费物品的生产。前者大概可以用工业生产来代表,后者大概可以农业生产来代表。工业生产供给农民以机器,农业生产供给工人以粮食与原料。在计划经济之下,在工业部门内生产的机器,除本部门留用者外,所余下来的机器,恰为农业部门所需要的机器。同时农业部门所生产的粮食与原料,除本部门留用一部粮食外,所余下的粮食与原料,又恰为工业部门所需要。因为这两个相互的需要,早在事前便由国家的计划机关规定得好好的,绝对没有供需不相投合的可能。而且两者的总卖价亦是在事先决定好了的,他俩必须相等。因此在计划经济下,也就绝无有效需要缺乏的可能。这样便保证了苏联经济的无限制的扩大,不会感到任何的恐慌。

　　但在资本主义国家内,生产是盲目的。工业与农业生产谁也不知道需要是多少,一旦购买力降低了,生产过剩了,市场无法容纳,立刻就会发生恐慌。

　　所以计划经济是苏联经济建设成功的主要原因。又苏联之可以采用计划经济,其根本的原因在于生产手段的公有。生产手段的使用权和收益属于国家了,然后国家才能依照计划使用它。在苏联因为不劳动者不得食,即劳动是为了劳动者自己,因此人民的劳动情绪是很高的。在美国因为不劳动者享福,劳动者受罪,真正的劳动者在恐慌袭来的时候反而要受失业、饥饿和死亡的打击。谁愿那样卖劲劳动去供给那些不劳动者过奢华的生活? 所以美国人劳动情绪是低落的、薄弱的,象在苏联那样多的劳动英雄出现,在美国是不可能的。

　　在美国,支付劳动者的工资,只占全部国民毛收入的一小部分,约在百分之三四左右。其他大部分是落在大资本家的手中。这些大资本家虽然是过着极尽奢侈的生活,但他们显然还消费不了这么多。因此美国的外交政策,便一定是要向海外扩张,掠取殖民地。而苏联的经济建设和生产制度,由于生产交换的无剩余,它不仅保证了苏联经济的稳定,而且也保证了苏联的和平政策。它不需侵略别个国家。

　　我们中国的经济建设,无疑义的将来要走苏联的道路。如果我们走了美国的道路,不是也要招致了我们自身的恐慌,国内人民的饥饿,并向我们的邻人弱小的民族如越南、朝鲜等侵略吗? 我们今天没有别的道路,别的道路甚至要导向我们中国民族的死灭。毛主席七一宣言内曾说:"联共是胜利了,在列宁和斯大林领导之下,他们不但会革命,也会建设。他们已经建设起来了一个伟大的光辉灿烂的社会主义国家。联共就是我们最好的先生,我们必须向联共学习。"

　　(编者注:原副标题为"一九四九年九月十一日晚七时中苏友协主办讲演会上樊弘教授讲",酌改。)

(《人民日报》,1949 年 10 月 3 日)

胜利折实公债必定胜利

一九五〇年的胜利折实公债，骤看起来，好像为数很大，实则是很少的一个数目。依据政府的公债条例，折实公债的发行总额只有二万万分。每分所含之实物为大米六市斤，面粉一市斤半，白细布四市尺，煤炭十六市斤。但以中国这样广大的地区和众多的人口来说，这点公债算得什么？

现在的政府是人民的。政府的难关便是人民的难关。政府与人民是一回事。在反动政府时代，政府是人民的公敌。人民恨不得反动政府倒塌，纵令它向人民只借一块钱，人民也是不愿意给它的。现在的政府是人民的政府。人民无不日夜在响应政府的号召。政府遇有难关，莫说只发行两万万分公债，就发行四万万分又算什么？现在我举几个例子来表示人民对于胜利折实公债的真诚拥护。

北京市总工会筹委会主任萧明曾号召全市工人说："我们北京市工人坚决拥护中央人民政府这一发行公债的决定。……我们号召全市工人踊跃认购公债。"（见十二月五日《人民日报》）北京市工商业联合会筹备委员会于十二月十三日举行全体委员会会议，决定号召首都工商业者拥护政府发行人民胜利折实公债，并发动工商业者踊跃购买，使它成为一个运动。上海市第二届代表会议在会议的第五第六两天中发言共三十七人。发言者对发行人民胜利折实公债一致拥护。工人代表表示尽力争购，工商界人士表示决不后人，警备部队表示将更加努力生产，以生产所得购买公债。

为什么全国人民这样热烈的拥护政府的胜利折实公债呢？因为胜利折实公债的好处太多了。第一，公债既是折实的公债，人民买了公债决不吃亏，不但不吃亏，而且有利息，这是第一好处。

第二，政府于发行了人民胜利折实公债之后，政府的收入与支出便可接近于平衡了。依据政府财政收支的概算，公债发行之后，明年度的收入和支出只差百分之十一左右。这在最近二十年来在财政史上是绝无而仅有的事。而且政府的估计乃是一个极稳健的估计，将来纵令以新增的货币来填补这百分之十一的差额，于物价亦不会有很多影响。全国解放了，被解放的老地区扩充到两倍以上，货币纷纷流入新解放的地区。这在胜利折实公债的适当配合下，是不会影响物价的。发行一次胜利折实公债可以平衡明年财政收支预算，并有力量来投资于经济恢复工作，从经济上说，这是最好不过的。

　　第三，发行胜利公债，相对的吸收货币回笼，其结果必然稳定物价，这对全国的工商业是很有帮助的。现在因为物价上涨，工商业界就须储存三个月的原料来保持货币资本的价值，并须准备一笔空钱来应付工人的工资的增加。物价稳定，工资不受大的影响，原料价值无大变动，工商业界的流动资金便可省出一部分来，作为扩大投资之需，这对工商业是极其有益的。胜利折实公债既可节省工商业界的流动资本，是则工商业界即以部分的流动资金购买公债，最多隔六个月，也就不会感到流动资金缺乏了。因为物价稳定了，原料的价格也稳定了，工资也稳定了。那就用不着恁多的预防危险的流动资金了。

　　第四，胜利折实公债可以养成人民的公忠体国的精神。从消费者的立场上说，虽然人民以所得一部分买进公债，他的消费减少了；可是在他方面，他的爱国心却加强了。国家最好就是人人都要有强烈的爱国心。在解放战争的时代牺牲性命以为国家的所在皆是。如果没有这种爱国心，中国人民何能有今日的翻身呢？人民解放军牺牲性命救国，我们节省消费来供给部分的解放军的生活，并以弥补生产上的开销，前方流血，后方节约生产，一切为了胜利，为了解放，为了建设，四万万人必须都这样做，中华人民共和国的胜利才能持久到万岁，万岁，万万岁。

　　胜利折实公债叫人民省出钱来培养国家繁荣的种子。犹如冬天的农民节省消费，咀嚼杂粮，凑积谷种相同。春天来了，但见农民以最好的留作谷种的粮食，散播在大地上。骤然看去，好像没有什么意义。一旦秋天到来，谷穗成熟，从前的一粒变成百粒，一穗挨着一穗的垂吊在弯弯的谷杆上，遍山遍谷，都显现着丰满的金黄色的光辉。这时方才知道，农民节省去冬的消费于以增加今冬和后冬的更多的和更好的消费的政策，是有着最大的意义的。这时方才知道牺牲现在以为将来的政策的胜利。中华人民共和国的人民的眼光绝不是近视眼。因为毛泽东先生的知识的光辉，照明了中国的未来繁荣的远景，使人人都可以把他们以节约所修造的未来，看得清清楚楚的。毛泽东先生说："我们的财政情况是有困难的……但我们的前途是光明的。我们的情况会一年比一年好起来，估计明年会比今年好。在三年五年的时间内，我们的经济事业可以完全恢复，在十年八年的时间内我们的经济就可以得完全的发展。"

　　这个道理谁都明白，胜利公债必定胜利是无疑的。

一九四九年十二月二十日于北京大学

（《人民日报》，1949 年 12 月 29 日）

我们的思想解放了么?

现在北平已经解放了好久,但我们这批先生们的思想是否已经解放了呢? 诚然,在北平解放以来,我们的思想的倾向已有彻底的改变。以前,我们不太喜欢接近马列的思想,现在我们喜欢接近它。这便是我们的思想的倾向已有彻底改变的明证。但思想的倾向的改变是一回事,思想的解放又是一回事。思想倾向的改变,是说我们的思想的解放已有一种实现的可能性,而思想的真正的解放,自思想的倾向改变以后,至少,尚须经过下列三个重要的步骤始能圆满实现。

我以为纯粹的接受新思想的态度是思想解放一个首要的条件。一个想要彻底解放自己的思想的人,对于一种新思想,须要平心静气的学习它一二年。在这一二年中,也不说新的思想好,也不说旧的思想好,但只循序渐进的一点一点的学习它。纵令在初学的时候,好像在黑夜里旅行一样,什么也看不见,完全伸手不见掌,既分不出那一是路,那一是山,又分不出那一是泥,那一是水。但我们却不因此而心灰意冷。因为我们既已决定了要向新的思想学习,我们即须要向新的思想学习,决无难苟安之理。在初步学习以后,我们好像在默认里已经走了些时,立即进入一个似通非通的境界。对于所习之物,虽然不再是黑漆一团了,但有的懂,有的不懂,有的明白,有的不明白,有的看去是树,而却是人,有的看去是光,而却是水。高一步,低一步,泥一步,屎一步,颠一步,簸一步,几乎看不出有什么光明,但我们也不因此而停步不前。我们既然要学习新的,便要学习新的,岂有半途而废之理! 直到经过了长久的暗中摸索之后,眼前现出了皎洁的光辉,凡以前不明白的都明白了,不了解的都了解了,似懂非懂的都懂了,似通非通的都通了。好像经过长途旅行之后,心中只须一想,全部的旅程都活生生现在眼前,我们方才能说我们对于一种新的学说是了解了。单是这一初步的思想解放的工作即新的理论的学习,至少,也须一二年才能于事有益。

徒然懂得马列主义的逻辑的体系,还不能达到思想的解放,思想解放的过程不但要懂得新的,并且还要经过一个新旧思想的斗争。新思想进来了,但旧思想仍然在我们的心灵里占着支配的地位。旧思想必然要排斥新思想,新思想又必然要提出许多证据来驳斥旧思想不完全。但旧思想又必不肯承认这一点,而认新思想是偏见。旧的排斥新的,新的攻击旧的,新的杀来,旧的杀去。在最初的一个顷刻,势必又是旧的思想战胜。在其次一个顷刻,势必又是旧的思想与新的思想杀个对平,不分胜负。所谓折衷调和，兼容并包，中学为体，西学为用之说一，便是从这里来的。除非厮杀火拼到最后，在我们的心灵里起了一个新旧思想的不能并存的问题，即新思想对，旧思想不对，或者新思想所见的是全体，旧的怕见的，只是一个部分的时候，我们的心灵必仍为旧思想所束缚，而不能得到解放的。

（张治中等著：《怎样改造》，合作书店刊行，1949 年）

关于政治经济学教学问题的自我批评

我在《新建设》第六期上，曾发表了一篇短文，叫做《政治经济学上的第五纵队和左倾幼稚病》。我在草拟论文之时，也就感觉到这两个名词不妥当，实在是感觉到这两个名词不妥当。可惜这个不妥当的感觉，在当时竟然没有发生它所应当发生的效力，结果还是把这两个名词发表出来了。我虽然在使用这两个名词的时候，也有一种藉口的理由，说：

> 我把这两种偏向，以一种很尖锐的形态，把他们毫无掩饰的提出来，并非有什么不正的动机，我的动机只在用这样一个提法，可以帮助同道们很快的就抓住了我对于这个问题的看法，由此，就可以很快的向我的意见投票赞成或反对。

可是，在本质上，是错误的。何以说在本质上是错误的呢？这便是我在这里要检讨的。

在那篇文章上，还有另一点错误也是我跟着检讨的。就是，我在这篇短文之内，有一段话说得太不清楚了，颇有引导部分读者走向迷途的危险。为了面见真理，我亦应当把它重新解释一遍，以明个人对于资产阶级经济学的明确的态度。现在我且把我这一段话写在下面：

在近代的资产阶级的经济学里果然尽是一文不值么？无疑的，他们的立场，观点和方法应该打倒。但他们里面一切的事实的分析都是一文钱不值，而应该把它们一齐打倒么？如果这个答复是肯定的，那么你所要打倒的，便不是别人，而是你自己了。近代的资产阶级的经济学者说，价格受供给和需要的影响，这应该打倒么？资本家的"最大"利润，"稳定"在边际的收益和边际的成本的交叉点上，这也应该打倒么？等差的地租受土地收获渐减的公律支配，这也应该打倒么？如果这些简单的东西，都被打倒了，那么，马克思的《资本论》必然也站立不住。因为马克思的《资本论》便是以这些现象的分析作材料，而所作出来的更进一步的研究。假令这些现象都没有了，那么，马克思的《资本论》也就没有了。很明显的，对于近代的资本家经济学的某些分析，在把这门学问的立场，观点和方法否定之后，只要学者能够掌握马列的立场，观点和方法，去选出他们内中的合理的成份并溶解到马列经济学系统里来，为无产阶级服务，试问这究有什么害处呢？

在上一段中，我只增加了"最大"和"稳定"四字，因为这是我下笔时个人原来的意思。无疑的,资产阶级的经济学者的供给需要与价格的学说,最大利润律和等差地租的学说,都是只见现象不见本质。这点我是完全承认的,因为他们缺乏历史的眼光。我在这里引用他们的这些学说如价格、利润和地租的学说,并不是说,他们看见了价格,利润和地租的本质——社会的劳动。我的意思是说,他们所见到的这些现象只要他们不是面壁虚构的,我们亦可不必否认他们。这里我们所应作的工作乃在把价格、利润和地租的本质——社会的劳动揭示出来,指明马克思的见解更深刻,他们的见解太庸俗。我以为如果采这样一种态度去对待资产阶级的学说,许多无谓的争执都没有了。例如资产阶级的经济学者说,最大的利润须在边际的收益和边际的成本的交叉点上始能达地稳定的状态,只要它不是面壁虚构的(是不是,乃是可以讨论的),我们即可承认有这种现象存在,但我们在承认这种现象的时候,即须指出资本家阶级的利润是从劳动者阶级的剩余劳动中剥削出来的,以明利润的本质,以明利润是一种剥削的成果,来暴露劳资两阶级间的矛盾。又如供给、需要和价格的关系,只要它不是面壁虚构的,我们即可承认它。但这里我们必须指出由供给与需要的平衡所决定的价格,在本质上乃是受商品在生产时所费的社会劳动量决定。……总之,在资产阶级的经济学家只看见人与物的关系的地方,我们则示之以人与人的关系。这便是我在上文所说,以资产阶级的现象知识作材料而作进一步的研究,以为无产阶级服务的意思。这种意思虽然不算错,但我没有把这个意思说出来,令人莫知所云,甚且令人误信以为资产阶级的经济学说是正确的,并欲为资产阶级的学说谋复辟,则不能说不是我的错误了。在新民主主义时代,说话必须负责任。我那段话说的太笼统了,引人误解,显系说话不负责任,这便是我所应当承认的一点错误。

现在我要进而公开的检讨我的又一点错误了。

在新民主主义时代,我们应当团结百分之九十的人,来从事新中国的建设。我用"第五纵队"和"左倾幼稚病"这两个名字有破坏团结的必然性。这便是我的第二点错误。我并非无产阶级出身。后来也从没有过有组织有纪律的生活。我虽然自大学毕业以后,一直都在依靠个人的劳力为生,但并未有过有组织有纪律的无产阶级的生活。由于这些原因使我带着一种小资产阶级的急躁的心理,或独立的劳动者的急躁心理。在这团结改造的时期,我不应随便给任何人带上"第五纵队"和"左倾幼稚病"的帽子。这种小资产阶级或独立劳动者的急躁的心理,在实践上必然破坏团结。这是我又一个错误,谨此表示歉意。

一九四九·十二·二十四,于北京大学

附:论经济学上的第五纵队和左倾幼稚病

自从解放以来,关于怎样教学经济学,才能与新中国的文化建设相配合一层,很少有人研究和讨论。我虽然在经济学上并非有何卓越的贡献,但因负有主持经济系的责任,而且个人对于政治经济学又是一个老学生,自大学毕业以来,在这门学问里已经摸索了几约有二十年,由一个反马克思主义者转变为一个马克思主义者,虽然在经济学上,没有什么卓越的造诣,但这纯粹是由于自己的天才不够,境遇不良,业师们皆非经济学上真正的内行,可这并不是由于自己的学习不努力。在学习上,我坦白说,我也许是够努力的了。古语有言,"性敏者多不好学",我因秉性愚鲁,又以经济学的学习为业,好学不仅是兴趣的问题,而且也是生活上的必要,所以在学习经济学时,也就不能不特别认真和努力。我虽秉性愚鲁,但在经济学上,既然努力学习了几约二十年,古语有云,"愚者千虑必有一得"。我因对于新时代的政治经济学的问题,曾经思索过若干次,愚者已经千虑了,但是否就有一得了,这可不必,但我却有权利说,我对这个问题是有一点个人的见解的。在新民主主义的时代,既然在共同纲领上,明白的尊重言论的自由,那么,我想,纵令我的见解提错了,但因动机是纯洁的,也许读者亦不致过于责备我的了。我应特别声明,我对这个问题,虽然小有意见,但是绝非成见。当我意见发表之后,假如读者肯教育我,帮助我进步,指出我的意见有错误,无论为公为私,我都要拜以为师的。而且这个问题,我看,在文化建设上亦是非常要紧的问题。从人民的立场上说,假如我已犯了错误了,然而大家又因碍于情面不肯直说,这便表示对于人民毫不关怀,在道理上,也说不下去。这即是说,假如我已犯了错误了,同道们亦然是该有统一的义务的呀。

在现在政治经济学的教学上,我以为现在已有两种不好的偏向。为便于引起讨论起见,恕我把这两种不好的偏向,以一种很尖锐的形态,把他们毫无掩饰的提出来罢。其一就是,经济教学上的第五纵队或第三路线,又其一就是经济教学上的左倾幼稚病。我用这两句口号,并非有什么不正的动机,我的动机只在用这样一个提法,可以帮助同道们很快的就抓住了我对于这个问题的看法,由此,也就可以很快的向我的意见,投票赞成或反对。

什么叫做经济学上的第五纵队或第三路线呢?我深切的感觉到,在我们的朋友之中,对于马克思的经济学和非马克思或反马克思的经济学,竟还有作这样一种看法的——这种看法就是经济学上的第五纵队和第三路线,他们以学院派的端庄与严峻,抱着殉道者的决心和气魄,对威权而不慄,对时髦而不诱,在"举世混浊"之时,简明的发出清冷之音:"我们无论如何,要以正统的精神,来研究这两派。他们也许都对,也许都不对。我们在行使最后裁判时,绝对不能偏袒马克思和欺压非马克思学派的。所以两派都要以一样怀疑的态度去学习,否则便失了一个学者的身份了。"不问他们的态度如何严峻,但思想是落伍了。大众的智慧,已走在他们的最前面,把真理早已明辨的清清楚楚:即非马克思学派的经济学,把资本家的生产制度看做是不变的,永生的,没有矛盾的,十全十美的,可是资本家的生产制度可不是不变的,而是暂时的。也不是十全十美的,而是充满着深刻的矛盾的。非马克思学派把资本家的生产制度看做人的交易的倾向的产物,但人的交易的倾向,看做自人与禽兽分别以来,便已存在,不可移易,可见资本家的生产制度是不变的或永生的。在交易制度未产生前,自然虽极丰富,而人却极贫困。可是自交易与分工的制度,特别的是自资本家的生产制度诞生而后,自然虽极悭吝,但人却极富裕。古代帝王的生活,在当时可算是富丽无双了。但比起今日工人的生活来,他们还要略逊一筹。资本家的生产制度既有如许的好处,我们假如因为偶一不小心,把它损坏了,这岂不是人类文化的大损失么?所以他们在分析资本家的生产制度之时,谨言慎行,兢兢业业,诚恐偶不经心,把它写得不太美满,在世人面前失掉信仰,惹出革命的包天大祸来,因此便不敢对于资本家的生产制度有所批评。资本家的生产制度,自反马克思的经济学者看来,实在是太美了,怎还忍心得去探寻在它里面的矛盾呢?可是资本家的生产制度自劳苦大众看来,完全建筑在剥削的基础上。在它里面充满着矛盾和灾难。一次大比一次的周期的恐慌,早已代它敲着丧钟。除非历史倒退,资本家的生产制度必定灭亡。在资本家的生产制度下,久经锻炼的无产阶级便是它的催命符。它的命运立将化为断头台上的血珠而消逝。它果然消逝了,或正在崩溃着。无可讳言的,现在反马克思的经济学者已随着资本家的生产制度的消逝而没落。然而我们的朋友们,因为自己的思想落伍了,跟不上时代,反而要来替业已没落的资本家的经济学谋复辟。替资本家的经济学谋复辟,便是替资本家的经济学所效忠的资本家生产制度谋复辟,这还不是等于经济学界的第五纵队或第三路线么?我以为今日不谈经济学则已,今日而言经济学便必须以否定正统学派和新正统学派的经济学的马克思的经济学为正宗。一切经济学上的第五阶级和第三路线都应粉碎,丝毫没有留情的余地。

可是在政治经济学上的左倾幼稚病,亦应痛予纠正。我们莫要忘记了,我们对于反马克思的政治经济学所要打击的乃是它的整个的体系,它的资产阶级的立场,唯心的观点和形式的逻辑。把它的整个体系击碎之后,在正统学派和新正统学派里所含有的若干的科学的成份,事实的调查,简明的叙述,假如他们在我们现在,还有用处,依然还可用来肥壮马克思学说的体系,我们依旧还是要采用的。把敌人打垮了,不把敌人全部歼灭,只要他们赋有专门的技术与能力,尚可用来替我们服务,我们为什么不用他们呢?在资本家的经济学里所有一切的分析都是放屁的么?并于我们都没有用处么?纵令不能完全有用,但如把他们与无产阶级的经济学适当的配合起来,让他们向无产阶级经济学服务,也都不可以么?然则我们把图馆里由上古以至近代的书籍都烧光好了,并由人民政府颁发一道命令:凡读古书者族或斩首,这岂不是更干脆么?真理绝对不是这样简单,容我举例以说明之。

谁都知道,列宁曾骂霍布孙(Hobson)为资产阶级的经济学家,但他是否曾说霍布孙的帝国主义论完全没有用处呢?简直不屑寓目呢?霍布孙帝国主义论的立场是应该打倒的。但他在帝国主义一书里所搜集的宝贵的材料,列宁却是爱之如掌上珠,因为这些材料他可用来暴露帝国主义者的罪恶,和替全世界的无产阶级并弱小民族服务,因此他就不一律加以摈斥,而把他配合在他的帝国主义论内,以为打倒帝国主义的武器。这点说明,反马克思的主义的经济学的体系,虽然是应该打倒的,但他里面的材料如果尚有发展的余地,我们便不应当消灭它,否则列宁不去征用霍布孙的帝国主义论中的统计材料了。

列宁又认为希尔服丁(Hilferding)的金融资本论的整个体系是错的,或者说它的立场和观点都是错。但因它对银行资本集中的趋势,描写得极生动,他也就取用他在这一点上的议论。又认为卢森堡的资本蓄积的理论是错的,但他的革命的精神是可佩服的,因此他在卢森堡的追悼会上便说,卢森堡同志好像天上的鹰一样,他的理论虽是错的,但他的行动,均可以作我们革命者的模范。这亦可见,列宁对于一切的著作所采用的实事求是的态度。

黑格尔应该算是反对的哲学家了。他把真理与上帝看做是一回事,可是他的辩证法作的很好。尽管辩证法在黑格尔手中被颠倒了,但如把它转正,对于解剖资本家的社会,用处很多。因此马克思也就用它。重农学派的财富循环说是用来拥护富农和地主的,亦是一种反对的经济学说,但因他对财富的循环分析得很巧妙,这种分析法可以用来说明资本的流通,因此马克思也就用它。里嘉图劳动价值说是拿来拥护资产阶级的,但因在里面含有一半的真理,因此马克思便把它的另一半给它补起,于以说明资本剥削劳动的性质。马克思可惜已经逝世六十余年了。在他逝世之后,六十有余年中,新正统学派的经济学的发展一泻千里,假令马氏今犹健在,他是否也要读他们呢?

没有掌握马列立场,观点和方法,盲目的去学习非马列学派的经济学,当然是有害的。既掌握了马列的立场,观点和方法,还把非马克思的经济学看做一文不值或洪水猛兽,亦极有害。列宁如把霍布孙和希尔服丁等一类反动的书籍看做一文不值,便没有列宁的帝国主义论。马克思如把重农学派的学说,里嘉图劳动价值的学说,黑格尔的哲学,看做一文不值,他便没有他的资本论。依照同样的理由,毛主席如果把中国的旧时的书籍看做一文不值,那么,他便没有他的武装农民并乡村包围城市的伟大的思想。单凭这少数的例子也足证明,任何一位革命经济学的领导人物,假令于掌握马列主义的立场、方法和观点之后,还把非马克思的经济学看做一文不值或洪水猛兽,那便是犯了极严重的左倾幼稚病,必须加以纠正。

在近代的资产阶级的经济学里果然尽是一文不值么?无疑的,他们的立场,观点和方法应该是肯定的,那么你所要打倒的,但不是别人,而是你自己了。近代的资产阶级的经济学者说,价格受供给和需要的影响,这应该打倒么?资本家的利润,建筑在边际的收益和边际的成本的交叉点上,这也应该打倒么?等差的地租受土地收获渐减的公律支配,这也应该打倒么?如果这些简单的东西,都被打倒了,那么,马克思的资本论显然也站立不住。因为马克思的资本论便是以这些现象的分析作材料,而所作出来的更进一步的研究。假令这些现象都没有了,那么,马克思的资本论也就没有了。很明显的,对于近代的资本家经济学的某些分析,在把这门学问的立场,观点和方法否定之后,只要学者能够掌握马列的立场,观点和方法,去选出他们内中的合理的成份并溶解到马列经济学系统里来,为无产阶级服务,试问这究有什么害处呢?

马克思的《资本论》是可以进步的,不是圣经。马克思在他的《资本论》里第三卷明白的说,他所分析的利息,只是短期的利息,但近代的资产阶级的经济学者对于长期的利息分析的较多,又长期着重分析工业的波动,他所着重是资本主义生产制度的整个发展的趋势。可是近代的资产阶级的经济学者在这一方面所作专书最多。难道完全不值一看么?

现在在政治经济学的教学上确有一种流行的见解,以为马克思的学说也读,资本主义的经济学也读,犹如向前走一步又向后退一步,在学习上的效果等于零点。这种理论从一位没有掌握马列的立场、观点和方法的人来说,是相当的对的。但对于一位既掌握了马列主义的立场、观点和方法的人来说,则是错的。即掌握了马列主义的立场、方法和观点的人,熟习资产阶级的经济学,不但不会正负恰相抵销,而且必然还有一个飞跃的高度的发展,未必这还有什么疑问么?对于一个已经掌握了马列主义的立场、观点和方法的人熟读资产阶级的经济学必有好处,纵令再向后更远一点,去读封建社会的经济著作,也有好处,甚至退的更远一点,连读奴隶社会的经济学也是有好处的。任人皆知,马克思的价值的学说乃是从奴隶社会里亚里斯多德的价值理论得到了启示,而把它推进一步的结果。单凭这一个例,也可看出,熟读古书,从一个相信马列主义的人来说,不但无害,而且有益。

我个人全心全意的赞成我们应以马列的立场、观点和方法在批评非马列主义的经济学说,我个人所特别要提出来补充的,就是在批评中并不排斥接受。只要在旧的学说之内,含有某些的知识对于现在还有用处,我们也要。古语有言,"智者千虑必有一失,愚者千虑必有一得",难道在反对派的知识阵营里连一点武器也没有可供我们使用的么?

徒讲批评不谈接受,这是一种过左的倾向。徒讲普及不讲提高亦然。学习马列学说的人不仅要以马列主义为依据,去解答实际的问题,好像一位学习数学的人,不仅要依据三角形之面积等于底边乘高之一半,来求多边形的面积,并须要把马列的理论往前发展或往上提高,犹如一个研究数学的人不但要能够学习普通的几何,并须能将普通几何上的极限论,提高到微分的理论,使它的用处更广阔。普通几何学只能计算一条直线之长,但微分几何学则连一曲线之长也可计算出来,前者只能计算一直线形的面积,但微分几何学复能计算曲线形面积。毛主席的伟大的贡献就是他能把马列的主义不断推进的结果。马列的主义不但应该用来与实际上联系,而且应当用来与理论相联系,或以批评旧理论或以改造它而使它的用处更宽广更细腻。犹如米邱林把辩证唯物论应用出来改正遗传的学说是一样的。文化的建设在于创造新说和发明新说。只知利用马列的旧说来解决实际的问题,但不知来引诱新的发明和创造,这亦是左稚病之另一种表现。

为了政治经济学,为了文化的建设,我们第一必须要粉碎政治经济学上第三路线的思想。政治经济学必须以马列学派的立场观点方法为正宗。但同时我们亦必须纠正政治经济学上的两个过左的偏向,(1)只谈批评,不谈接受;(2)只谈应用不谈创造。马列主义的政治经济学的学习,必须把这两大过左的偏向纠正后,我们始能不致重犯教条主义的错误。鄙见如此,是否有当,尚望先进,不弩骀弃,俯赐南针,以匡不逮,文化前途有利赖焉。

十一月十六日于北京大学

(《人民日报》,1950 年 1 月 3 日)

马克思的周期恐慌学说

周期性的恐慌(经济危机)是资本主义工业的特征。恩格斯说过:周期性恐慌,"自从一八二五年来,我们曾经经历了五次。现在,一八七七年,我们正在经历着它的第六次"。恩格斯死后,恐慌依旧不断地出现。在二十世纪年代,资本主义工业继续经历着盛衰起伏的变动。就中最著名的,便是一九二九年爆发的世界大恐慌。正如马克思所说:"近代工业的生命,变成了一连串的缓和活动、繁荣、过度生产、恐慌和沉滞时期的序列。"

但周期性的恐慌是什么呢? 恩格斯有一段极妙的话,容我引述如后:

> 事实如此,自从一八二五年,第一次一般的恐慌出现以来,全工商业界,所有文明国家的生产与交换,和他们的或多或少的野蛮的伙伴,大约每隔十年爆发一次。企业停顿了,市场充塞了,抛售不了的生产品堆积如山,硬的现金不见了,信用没有了,工厂关门了,工人群众因为他们所生产的生活资料太多,如今缺乏生活资料来消费了,破产跟着破产,执行跟着执行,沉滞持续若干年。生产力和生产物整个的牺牲和毁灭,直到商品的大部以或多或少的跌价,最后的淘汰。直到生产和交换逐渐的再开始活动之后,步调又一点一点的加速了。它变为快步。工业的快步变为跑步,跑步再变而为工业,商业信用,和投机的全然赛马般的猛跃。经过了跌断项骨的疾症之后,他们最后的回复到后来的出发点——在恐慌的深沟里。而且这样一次又一次的重演着。①

周期恐慌的现象明白了,现在我们所要问的,就是马克思在他的大著《资本论》和《剩余价值学说史》中对于周期恐慌的解释是怎样的呢? 本文的目的便是想把马克思的恐慌的见解加以尝试的整理。

依据马克思的分析,"现实的恐慌,只能由资本主义生产之现实的运动,战争和信用表现出来"。由此可见,我们在整理马克思的恐慌学说的时候,便非从资本主义的现实的运动、竞争和信用诸方面去整理不可了。

现在我们请从资本主义的现实运动和竞争方面重新认识马克思的商品价值的法则。

谁都知道:马克思在分析商品的时候,曾经提出了这样的一个庄严的法则,即

---

① 恩格斯:《社会主义,空想的和科学的》,原文六五〇页。

商品的价值是由商品在生产时所化费的社会劳动量来决定的。当然马克思这里所指的社会的劳动量是专指那"在社会的当前状态下，在社会的一定的，平均的生产条件下，在社会里一般工人平均工作强度和平均熟练程度之下，生产这个商品所必需的劳动量"。例如在英国水力织布机开始与手工织布机竞争的时候，水力织布机便能以旧时纺织机一半的时间来将一定数量的棉纱和毛线织成花布或呢绒，尽管手工织布者在事实上仍要继续化费从前一样的织布的时间；但他们的一小时劳动所生产的货物，却只能值在事变以来社会的劳动半小时了，结果，它便只有从前的一半的价值。

可是，现在我们要问：即社会上是否有一永远静止的社会平均的劳动来决定商品的交换价值呢？当然是没有的。因为社会平均的劳动，也是随着情形的不同而不同的。在水力织布机未发明前，织造花布所需要的社会平均的劳动是一回事，而在水力织布机既发明后，社会平均的劳动当然又是同一回事。因为商品生产所需要的社会的平均劳动是变动不居的，所以商品的价值亦是变动而不居的。商品的价值既然变动不居，可见商品在生产时所费的社会劳动量是随时要受商品的生产条件的继续变动的影响的。因此，我们在谈商品价值——社会平均劳动的时候，便须从资本主义的现实运动，即从资本家们相互竞争改进商品生产条件，降低商品在生产时所耗费的劳动量，从而降低价格，以图竞争有限的市场的活动，去理解它的现实的意义。否则，我们势将无法理解马克思的劳动价值的理论在经济恐慌中的作用。

市上绝对没有一种死板板的社会平均劳动量来决定商品的价值的。试以花布的价值为例。单说在自由竞争的市场上，同一花布只能有同一的价格，但同一的花布在生产时所费的劳动并不是完全一致的。因为在众多足的花布中，有的是在优越的条件之下生产出来的，有的是在一般的生产条件下生产出来的，有的是在恶劣的生产条件之下生产来的。无疑的，在优越的条件之下所生产出来的花布，每单位所费的劳动量数少。同时在一般的生产条件之下所生产出来的花布，每单位所费的劳动量必然居中。而在恶劣的生产条件之下生产的花布，每单位所费的劳动必定是最多的。然因花布的价值只有一个，而且这个价值不由它在极好和拙劣的生产条件之下所费的社会劳动量决定，而由它在一般的生产条件下所费的社会劳动量决定，似此，则是在极端优越的生产条件之下所生产出来的花布，但可在它的劳动（指它的个别的劳动量）以上出售，并可得到极大的利益。反之，在极端恶劣的生产条件之下所生产的花布便只能在它的劳动以下出售，并可能要负担极大的损失了。除非商品生产者是傻子，特别是在资本家的社会中，他必要尽量提高花布的优越的生产条件，尽量降低生产所致的劳动量，因而，在竞争有限的花布市场上，花布的价值与它在生产时所费的劳动的关系，便不是一种死硬的关系，而是一种很鲜活的关系。第一，在同一时间内，在众多的花布工厂之中，有的花布的价值是大于它生产时所费的劳动量的。有的较小，有的接近或相等。第二，在不同时间之内，随着资本的积累,凡在旧的恶劣的生产条件之下所生产的花布必定被打垮,而在优越的条件之下所生产的花布必逐渐居于领导的甚至压倒一切的地位。可是当在它恰当抓到胜利顶点的瞬间,又有一种花布系在更优越的生产条件之下生产出来的把它打倒,将它从领导地位挤到群众的地位,再由群众的地位挤到没有地位。

现在我们请更从资本主义的现实运动和竞争方面,去理解马克思的利润率平均化的法则。

谁都知道:马克思在他的《资本论》第三卷中特别讨论到诸种各别的利润率均有向着平均利润率倾落的趋势。这种趋势在自由竞争的时代是存在的。假令这里有两个生产部门:(1)奢侈品的生产部门,(2)必需品的生产部门。当工资一般涨高之后,必需品的需要增加了,奢侈品的需要减少了。必需品的需要虽然增加了,但必需品的供给未增加,必须品的价格必要上涨,利润率必然增加。这与奢侈品的利润率的下落恰恰形成一个相反的对照。因此,在这两个部门之中,便有两种不同的利润率。可是这两种不同的利润率是一定不能持久的。因为资本的本质是要获致最大的利润的。现在必需品工业部门的利润率既比奢侈品部门为高,那么,奢侈品部门的资本便必然会向必需品部门流入了。必需品部门的资本增加后,供给会加的,但需要并未再减,奢侈品价格会增加,利润率会要涨高的。奢侈品部门的最初的利润率低,现在转高了。必需品的利润率最初高,现在转低了。高者下降,低者上升,结果非达到两个部门的利润均接近于平均的利润率是不会止步的。无非这个新的平均利润率的平面比较旧的略低而已。两个工业如此,多个工业亦然。这便是马克思的有名的利润平均化的法则。这当然是人人都会了解的。

现在我们所要问的,即是否所有资本家,在自由竞争的状态下,都得到了同一的平均利润。这当然是不可能的。无疑的,平均的利润只是资本流出与流入之后重复归于平静的结果,而非资本正在流入的过程内所产生的现象。然因资本的流入与流出,在资本追逐最大利润的过程中,是永难休止的,因此在各个部门的资本家之间,有些资本家所得的利润必然特别的高,反之,有些资本家所得的利润必然特别的低。因为资本的不断的流出与流入,须受下列各种条件的限制。(1)在每一生产机构的总资本中,如果固定资本所占的比例越多,资本的流出与流入也就越不容易。铁道的运费跌价了,铁道公司的固定资本、铁轨、车尾、车头……容易转移么?(2)在资本的流入与流出的旅程中,还必须要没有其他的障碍。(a)必须没有独占资本的障碍。这即是说,凡利润率优厚的资本,须要数量不大,然后其他的资本始能容易流入,参加竞争。设令前者为数太大,纵令它的利润率特别高,其他的资本,因为为数太少了,将亦莫法流入,来参加竞争的。美孚油公司很赚钱,但普通一个资本家能以他的小小的资本来开办煤油厂,并与煤油大王竞争么?(b)必须是有专门技术的独占。(c)必须没有法律的独占。(d)必须劳动者有自由移动的志愿、力量与机会。如把这些妨碍资本自由流出与流入的障碍一并考虑在内,则知无论在任何时期内,各别资本的利润率均是有无限的等差的,并不是所有的资本都能得到相同的平均利润的。

正如上文所说，在实际的商品市场上，尽管两种商品的价格是相等的，但商品生产的条件是不一致的。有些是在优越的生产条件之下生产的。有些是在中等生产条件之下生产的，有些是在恶劣的生产条件之下生产的。在优越的生产条件之下的商品必有较高的利润率。而在低级的条件之下，生产出来的商品必定只有较低的利润率。只有在中级生产条件之下生产的商品，才能得到平均利润率。随着资本与资本之间的竞争，在优越的生产条件之下生产商品的资本，因为他所得的利润率很大，因而他的压倒一切的力量也就很大了。反之，在恶劣的生产条件之下从事生产的资本，因为所得利润率很小，他的控制市场的力量也就因而减少了。而且在强烈的竞争之下，前者必定胜利，后者必定收败北，这是毫无疑议的。而且在不同的时间之内，即在优越的生产条件从事生产的资本，在他恰在讴歌胜利的瞬间，必定又有一种新生的资本在那儿创造更优越的条件。并必或早或迟的起而占据前者的地位，把它挤到恶劣的生产条件之中。结果，前此这些在生产边界上的小资本便必感到没有地位而被排出到钱币市场之外。所谓诸种各别的利润率均有向着平均利润率的法则，在资本主义的现实运动和竞争方面，便是如此活动的。总之，在资本家的生产下，平均利润的法则，如同价值的法则，"均只是以一种支配的走势，依照一种种复杂而且近似的方法，在不断的变动中，当作一个不能确定的平均数来贯彻的"[①]。

现在我们请更从资本主义的现实运动和竞争方面，来理解马克思的工资的法则。

谁都知道，马克思的工资法则是说，"劳动者的工资，等于劳动力的价值"，但劳动力的价值也如同一般商品的价值，均须受一般商品的价值法则的决定，即须受被商品生产者的劳动力在生产时所消费的生活资料的价值或劳动量决定。如果劳动者所消费的生活资料，在生产时，因为劳动生产率提高的结果，例如协作分工和机器的使用，必要的劳动时间少了，那么，劳动力的价值，亦须为相应的减少；多了，亦须为比例的加多。工资既系劳动者的劳动力的价值，当然工资的高下须受劳动力在生产时所费的劳动量决定。无疑的，劳动者所需要的生活资料其数量与性质是依着种种情况的不同而不同的。他不仅包含纯粹的生理的需要，而且包含历史的和道德的因素在其内，这便是马克思的工资法则的简单意义。

现在我们也要进而追问，即是否所有的劳动者无论在什么时期内都能得到等于他的劳动力的价值的工资呢？这当然也是不行的。正如马克思所说，"在繁荣时期里，再生产过程扩张，工人充分就业，一般的说，工资稍微涨高，这种工资在商业循环其他时期稍稍低于一般的水平"。而在恐慌的时期，情形正与前相反。再投资与新投资都缩小了，价格低落，工资亦然。为什么在充分就业之时工资会涨高，而

---

① 参看《资本论》第三卷，第二编第九章，第一九〇页，英译本。

在就业不足之际,工人的工资会低落呢?因为在充分就业之时,工会的议价能力加强了。一来呢,因为工人觉得他的工作有保障。纵令因为要求工资而罢工,他的工作机会亦不会为"坏腿"们所代替。再来呢,在繁荣时期里,物价正高涨,利润正增加,工人的真实工资正低落,工人要求提高工资比较容易为资方所接受。反之,在就业不足之时,工会的议价能力减弱了,工资当然亦要低落。由此可见,工资的法则也与价值的法则一样,并不保证劳动力应依照十足的价值而出售。在繁荣的时期,工资可以高于劳动力的价值。同理,在沉滞时期,它可以低过它。

最后,我们再来说明马克思的货币、信用、可贷资本和短期利息率的现实运动。

谁都知道,马克思,除说明货币是价值的尺度以外,还认为货币有三种功用,1. 流通的手段,2. 支付的手段,和 3. 窖藏的手段。依据马克思的研究,如果在流通的过程即商品→货币→商品之中,(销售之后紧跟随着购买)在交换的两极上,商品与货币必须同时相遇,此时货币即作为购买手段而流通。如果在交换的两极上,一边是商品,另一边不是货币而是信用或汇票,此时货币便不再是购买的手段,而是支付的手段了。除非信用到了期,货币本身是无须在流通过程出现的。在商品市场上,如果资本家间的商品交换是用汇票即信用来进行的,此后货币的任务便是支付的手段了。在以上两种功能之外,尚有第三种功能,即货币的作为窖藏手段的功能。在商品→货币→商品的流通过程之中,当着商品→货币的第一半过程即卖的过程发生之后,紧接的不是货币→商品的第二半过程即买的过程,而是一段特别长的空白的时间,此时货币的功能便不是支付的功能而是窖藏手段的功能了。我们应注意,在两个不同的历史阶段中,有两种不同的窖藏。在古代社会里,窖藏的形式一般的为财富本身的窖藏,而窖藏的动机是贪欲,或财迷。此时凡以货币形态保留财富的人不是为的享受,也不是为的牟利,而只是为的财迷自己。然而,随着资本主义的发展,窖藏的动机已非贪欲或财迷了。此时另有一种新的窖藏发生,窖藏主要的是为了作为支付手段的准备金,而为资本家的生产过程直接所需。当恐慌发生时,整个的商业界都在渴求货币,这一件事特别表现出货币的当作支付手段资金的窖藏的作用。

货币的意义是再明显不过的了,但信用是什么呢?信用有两种:(1)银行的信用。即银行对工商业的放款。(2)商业的信用。系以商业上的汇票,期票,记账作代表。所以商业信用的结晶形态便是汇票及期票了。商品的信用,就是货币的代替品。何以说是货币的代替品呢?因为汇票与期票,在商业繁荣的时候,常被用为现买的手段,并非要货币不可。这点我们在谈货币的支付功能时已说过了。在商业比较发达的地方,通常纺纱工厂向棉花经纪人进货,棉花经纪人又向棉花入口商进货,同时棉花的入口商假令同时又兼营棉纱出口的生意,这原是极普通的事。那么,在买卖的倾刻都是不必使用货币的,但用汇期,期票或汇票就够了。因此,汇票或期票,在这买货的顷刻,便成了现买的手段了。货币在这场合下,只以支付手段的功用而出现。不仅此也,汇票或期票并可以应支付手段之需。比如当这三方的汇票满期的时候,本来照常都必须用货币来支付。可是在有利的情形之下,亦可不用,但用汇票就够了。假如这三方的汇票的款额完全相等而且同时满期,那么,当着各方汇票满期之时,纺纱工厂所欠棉花经纪人的债务,便可以棉花入口商的汇票来交付他,而把自己对棉花经纪人的汇票换回来。这样一来,连棉花入口商所欠纺纱工厂的债务也消灭了。在他方面棉花经纪人欠棉花入口商的债务亦可不用现金来偿付,他只把棉花入口商自己对纺纱工厂的汇票交付他,而把他自己所出的汇票收回来就行了。在这一种情形下,汇票便代替了货币的支付手段的功用。纵令这张汇票同时满期,但票款两样,汇票仍可代替部分的货币,无非在找零的时候,须用货币来作支付手段罢了。诚然,自银行制度成立以来,商店很少保存汇票来作支付用,而须透过银行的贴现,但这效果仍然是相同的。这即是说,从前需要商店自己作的事情,现在由银行或其他信用机关来代理工商界清理这些事情就是了。

银行的信用在这里是指银行对工商业的放款。银行的任务就是在一方面向社会吸收存款,在他方面,向工商业放款。因为存款的利息率低而放款的利息率较高,银行于是赚取这份利益作利润。但利息率的变动受什么决定的? 它不是受实质资本的供给和需要的影响,但受可贷的货币资本的供给和需要的影响。这也是极度明显而无须详加解释的。

现在我们所要进而讨论的,即是否无论在什么时期里面,商业的信用都可一样的代替货币呢? 这可是不然的。正如马克思所说,在商业信用巩固的时候,期票故能代替钞票用作购买和支付的手段。在再生产过程圆滑进行时,纺织工厂的企业家,因相信棉纱或棉布的出口商,所以愿意把货物卖给它,同时也愿意接受棉纱或棉布出口商的汇票。假如棉纱出口商兼营棉花入口的生意,棉花的商人也相信棉纱出口商,把棉花卖给棉纱出口商并愿接受棉纱出口商的汇票。棉花的入口商(这里就是棉纱的出口商),他也相信棉花经纪人,把棉花卖给棉花经纪人,并愿接受棉花经纪人的汇票。同样的理由,棉花经纪人也一定相信纺纱的老板,一样的愿意接受纺纱工厂老板的汇票。纺纱工厂的老板同样的亦愿接受织布工厂老板的汇票。在这整个再生产的圆滑进程中,棉花不断变成棉纱,棉纱不断变成布匹。布匹亦不断输送于远距离的市场,并且交换棉花回来。到了汇票满期,人欠我欠均可以用交换汇票的方法来清算。汇票在这一种情境下,但将代替货币的作用,发挥出最大的力量。所以马克思说,"生产过程的发达稳固了信用,信用再推动工业和商业前进"。商业信用既然代替了货币作为购买和支付的手段,那么,整个的商界对银行放款的需要,假令其他条件相同,势必有相应的减少,利息率势必为相应的降低。可是一旦再生产的过程发生了停滞的状态,或者由于销货的迟缓,或者由于市场存货太多,或者由于物价的下落;一来呢,因为棉花或棉纱停滞,在再生产过程中的某一环节,没有转化而为棉布的条件;二来呢,因为再生产过程欠圆滑,工商业对于商品市场失掉信用;三来呢,因为商业信用的状态败坏,汇票不能再作购买的手段,购买手段需要货币,汇票不能再用作支付的手段,支付手段需要货币。人人均需要货币,但人人所保持的货币均不够用。整个工商界对于银行放款的需要陡增,利息率必然涨高。所以马克思说:"商业繁荣的时期或在意外利润的时期,利息率有一段的降低,在繁荣和恐慌的过渡期利息率涨高,而在恐慌的时候利息率涨到极端剥削的顶峰。"(《资本论》,英译本,三卷三十四章,六五六—六五七页)

将马克思的劳动价值法则,利润率平均化的法则,工资的法则和利息率的法则与资本家生产的现实运动结合之后,现在我们可以进而理解马克思的经济恐慌的学说了。

周期的恐慌是怎样发生的呢? 在资本家的追逐利润的竞争下,平均利润率陡然下落必然会引起经济恐慌的。

商品的价值既系社会的平均劳动所构成,同时凡在优越的生产条件之下,生产的资本,既然又有较高的利润率,那末,在资本家与资本家之间势必竞争改良生产的条件以为获得优厚的利润和手段了。协作、分工、机械并自然科学在生产上的应用,必然有增无已。这样一来,遂使整个的资本家阶级均纷纷从事机器和其他生产手段的建造和使用,工人的产量增加了,在很好的情况之下,每一工人所生产的价值,可能也增加了。但工人所得工资在生产手段大规模的建造过程中,则只在他们所创造的日益庞大的价值中,占一个逐渐减少的部分。资本家的利润率必然是要涨高的。用马克思自己的话来说,就是资本的平均利润率,在一方面,由于剥削的强度增加;在他方面,由于人口的相对过剩,纵令资本的有机构成的高度化,它还是可以不变,或往上增加的。① 至于相对的人口过剩原可有种种原因存在:(1)人口的增加率速于资本的积累率,(2)妇工和童工部分的代替了成年的男工,这当然是不甚普遍的。(3)在原始积累的过程中,农人和小生产者,与劳动手段分离被迫转化而为出卖劳动力的工人。在这一种情形下,资本家尽可以同一的货币工资并较少的真实工资吸入工人,这对于资本的利润率的维持与提高,都是有极大的帮助的。

当着整个的资本家纷纷从事于机器和其他生产手段的建造时,在生产生产手段部门的投资总额增加了,但在生产消费品部门的投资总额还未变迁。这时,在资本家的生产过程中的情形是怎样呢? 假如投资的规模宏大,例如全国铁道的建筑,其结果必会引起物价的暴涨的。铁道公司从产业预备军的阵营中吸进失业的工人,每周支付工人的工资。工人以此工资在消费品市场上购买生活资料,同时注入等价的货币。工人所注入的只是货币而非物资。消费资料的货币需要增加了,然而消费品的供给不增,物价随之涨高。铁道公司并从生产手段的市场上,买进原料并劳动工具,同时又注入等价的货币。当然劳动工具并原料亦涨价了。固然,物价的上涨可以刺激生产的增加,可是生产的增加是需要时间的。农产品的增加须要等待一年。工业品的增加,有的需要等待半年,有的一年,有的几年。在这供给还

---

① 《资本论》第三卷,第十四章。

未增加物价节节涨高之际,投机的商人又起而活跃了。本来市场上的商品已经少了,但投机商人利用囤积居奇的方法致富,使商品的供给更少。入口货于是纷纷进来了。但投机的商人又转向入口。入口货亦因之而涨价更速。当着百物涨价之时,凡在短时期内可以增加的商品均各开工从事生产。制造业和矿业等,均为急剧的扩张。物价再往上增加。① 物价增加了,但劳动力的价格是否有相同的增加呢?

在产业预备军还未消灭,失业工人尚还存在之际,工人的货币工资是不会有若干显著的增加的。在劳动所创造的日益增加的成品与半制成品之中,一般的价格均增加了,但工人的工资没有显著的增加,利润率于是涨高。用马克思的话来说,就是在劳动者所创造的价值总量中,工人以其货币工资所分配的价值减少,资本家所分配的价值日多,由此可见,资本家因为扩大生产的规模而所造成的繁荣,完全是由剥削工人的剩余劳动而来。

我们知道:资本家的利润率,尚可分为两种:(1)总利润率,(2)纯利润率。纯利润率乃是在总利润率中,除去利息率所余下的部分。这一部分马克思称它叫企业利润。实际上资本家的追逐利润的运动,不受资本的总利润率决定,而受他的纯利润率决定。纵令总利润率高,如果利息率更高,实际的资本家不但不会赚钱,而且反要赔本,这对于资本家的生产是有极大的限制的。这即是说,实际的资本家和他们的金融供应者之间的尖锐的斗争,也是造成经济恐慌的原因之一。因此,我们在谈利润率上升的时候,尚须进而讨论利息率的实际的变动。正如我们上文所说,恰好在繁荣的时期,利息率初则有一段的降低,继则上涨的程度亦和缓,并且落在利润率增加的速度的后面。因而这个时期内,商业的信用,在商品资本的运转上,大半代替了放借资本的地位。在产业预备军正多之时,比如说,在沉滞和繁荣过渡的时期,银行的放借资本的供给是相当大的。同时商业的信用,在商品资本的运转上,又代替了银行放款的地位,而使工商业界对于银行放款的需要为相对的减少,无疑的,利息率会比从前各时期更低。随着利润率的上升,虽然商业的信用终不足以代替银行的放款,因为工资的总支付日增,便需要银行放款来应付,利息率须要上涨,然而因为商品资本的运转主要的还可以日增一日的商业信用来接济,纵令利息的上涨也还是比较缓和的。总而言之,当资本家在生产手段部门的投资总额大于消费品部门的投资总额之时,假如产业预备军的阵营很健壮,一来呢,因为庞大的生产手段不在创造的过程之中,不变资本对可变资本的比例尚还没有增高的机会,即资本的有机构成尚还没有高度化的可能。可能吗? 二来呢,因为货币的工资,在产业预备军的阵营壮大之际,亦是没有增加的可能。可能吗? 三来呢,物价上涨了,工人在其所生产的日大一日的总价值中,无论以商品来计算也好,或以劳动时间来计算也好,工人阶级所得分配的部分是较小的。不可能不是较小的。致使资本家从工人所创造的日益增加的价值中所剥削的剩余价值的部分越来越大。

---

① 《资本论》第二卷,第三六二页。

不但利润增加了,利润率也增加了。四来呢,在这日增一日的利润率中,实际资本家所分配的部分,又比货币资本家所分配的部分为大,毫无疑义的,实际资本家的纯利润率会涨高的。

这里一点应补充的,即在生产手段和消费手段的两个部门中,特别是在繁荣的时期,第一个部门比第二个部门的利润还要更高。这个理由是很简单的。因为耐久的生产手段是用来生产消费手段的,消费手段涨价了,生产消费手段的手段当然也涨价,而且涨的更高。因为耐久的生产手段既然一用要用若干年,那么,不但现在的消费手段的涨价会反应在耐久的生产手段上去,而且未来的消费手段的更高涨价的预期,也会反应到耐久的生产手段上去。当着市场情况倾向乐观,物价又呈一累进的上涨之后,无疑的生产手段的价格会涨的更高。这样一来,越是耐久的生产财的建造越发有利。投机的活动遂起来了。在股票市场上于是纷纷买进耐久的生产手段的企业的股票,期在股票涨价之后再卖出去。从事耐久的资本家的建造的企业既然它所发行的股票的价格是日在上涨的,那么,单从投机的观点来看,亦是有意义的。投机者现在把工厂扩起来,到股票涨价后再把它抛出去,必可得到额外的利润率,为什么不搞工厂呢?这样更可引起其他的生产手段的涨价。在事实上,也是这样的。依据马克思的分析,"一八四七年四月,几乎所有的商业都把他们的资本投在铁道上去了,致使他们自己的业务开始饥馑了。私人银行和保险公司,依八厘的高利率贷款。这些商店向铁道为大量的放款使得他们不得不利用贴现票据,来向银行换取太多的资本来维持他们的业务"①。一九二九年在世界恐慌发生之前,在纽约证券市场上的资金,如像潮水一般的涌现,结果大部都落在投机的创办人手里去了。由此可见,在繁荣的后期,在工具财生产的部门的利润率是更比消费财的部门涨得更快的。

恐慌是在什么时候爆发出来的呢?是在实际资本家的利润率剧烈下降的时候发生出来的,我们知道,工业的繁荣系以产业预备军阵营的壮大为主要的条件,因为资本家的利润与工人的工资在根本上是矛盾的。在每一新被创造出来的价值中,如果工资高则利润低,如果工资低则利润高。在繁荣时期内,随着商品价值的日增,工人的货币工资所增甚微,然而真实工资下落剧烈,资本家的较高利润率便是这样造成的。一旦到了充分就业之际,工人的工资涨高了。资本家的一般的利润率势不能不往下惨落。为什么呢?因为充分就业之际,劳动生产力不但不提高,而且在往下低了的。因为错误的投资也随投机的过热而日渐增多,这必然的会降低社会劳动生产力的平面的。纵令社会劳动生产力不变(这种情形当然是没有的),在工人已经充分就业之点,工资如果增加,其情形也是很严重的。社会劳动生产力既然不变,工人又且过于充分就业,纵令其他条件完全相同,商品的总价值都是不会增加的。当然是不会的。可是在这一个时候,工资增加了,资本的一般利润

①　《资本论》第三卷,第二十五章,第四八五页。

率还有不下降的么?

在充分就业之际,工人的工资会一般的涨高,而且在消费品的年生产量中工人所得的那一份比较从前更高,这在马克思的《资本论》中是强调提出的。马克思说,如果有人主张恐慌的原因"是由工人阶级所得的生产品太少了,而且以为这个罪恶可以用提高他们所得那一份或提高工资来挽救,那么,我们便应该这样去答复他们,即恰在恐慌发生以前的一个时期内,工资一般的涨高了,而且工人阶级在实际上得到年生产的消费品的更大的一份"①。工人的实际工资如同货币的工资在恐慌之前夕会要涨高,是人类一百年来的经验,实在用不着再讨论了。

在充分就业之时,生产的价值总量不增,然而工人阶级所分得那一份增加了,利润率必然下落。不但利润率下落,而且总利润也下落了。假令只是利润率下落而总利润不下落甚且增加,在资本家与资本家之间虽然会引起剧烈的竞争,但一般的资本也许尚还有利可图,恐慌的爆发也许尚可延缓些时候。可是一旦到了连总利润亦在下落之际,这个情形更严重了。这等于说,资本家有增加,但总利润不但不增而且减少。用数学的语言来说,即新增加的资本 ΔC 所得的新增的利润 ΔP,必定为零或为负。这即是说,这份新增的资本,在这剧烈的竞争市场上,亦定要被淘汰的。但谁也不愿意受淘汰的,于是在资本市场上,剧烈的生与死的竞争,便真正开始了。

事情是这样的。即在繁荣的后期投机的活动必然引起错误的或不谨慎的投资。这些投资的冒险家利用证券市场投机的狂潮吸取了大量的货币资本。货币的资本流入错误的投资的途径越多,则在正当的工商业上所得的货币资本越少,然而在工资上涨之际,无论任何工商业都须要货币资本来支付,结果势必要借助于银行的信用,利息率随之涨高。但冒险的投机家是不顾利息率的高涨的,他们要的是月亮大的利润,那里还计较利息率这个星星的大小呢? 因此,还要涨的更高。所以纵令成本大大增高,他们亦是不畏惧的。

生产的投机可使工业的成本提高,但商业的投机更可引起生产的过度,入口的过度或出口的过度。商业的投机普通都是由一串的欺诈作成的。在资本家的生产繁荣正盛的时候,商人往往不费一钱便可以获得大宗的货物来赚钱。投机家只要与某贴现局或银行狼狈为奸,也就行了。在马克思的《资本论》上这种例子极多。

在一八四七年英格兰的恐慌发生以前,"由伦敦市场买货到印度,制造家是需要现金的。这并不要紧,只要买者在伦敦有信用,他便可以向伦敦发出汇票并在那里贴现,伦敦的贴现率当时是低廉的;他于是就以这笔现金来付给制造家。……由伦敦运货到印度的人,至少要十二个月之后才能得到他的回头货。……一个人如有十或十五高英镑投在印度的买卖上,不难在伦敦的承兑局得到相当大的一笔信用;他只给它百分之一的好处,并在这个谅解上向他开发汇票,即在印度买货的收

---

① 《资本论》第二卷,第四七五至四七六页。

入完全送给它；但是他俩暗中的默契是，伦敦的贴现局不必汇出一个钱。几句话说，它可以一直把汇票延期，直到回头货到达之后。这汇票是在利物浦、孟彻斯特、伦敦贴现的，有些被保留在苏格尔人手里"①。单凭这一个例，亦可看出在商业繁荣的后期，投机的商人根本无须一文钱，但可使商品输出和输入来赚钱。至于输出与输入的物资是否能以有利的价格出售，是大半没有凭据的。投机者因为商业信用易得，只图赚钱，不顾赔本，往往造成这种反常的现象，即不但输出过多而且输入也过多了。输出过多输入过多均是可以促成生产的过剩的。

如这一类错误的投资无论在工业或商业都可以促进成本的高涨，而他们的营业基础十分薄弱，他们是一点也经不起利润率下落的打击的。

还有一点应强调的，即资本的有机构成高度化，乃是在生产手段增产以后的事。因此之故，它的显著增高总是出现在繁荣的末期，可是在这一个时候，工资增加了，利润与利润率均有同方向的跌落。不幸的是，恰当利润率下落之后，促成利润率下落的主要的因素资本有机构成高度化又加强了。利润率势必还是更为加速度的下落的。

资本家的生产在本质上是无政府状态的。在各生产部门之间，本来也就缺乏适当的比例。现在因了投机的狂热，信用的膨胀更加强了各个部分之间的矛盾。

银行是票据贴现的总机构，一旦银行发现他所贴现的那些投机的票据到期还收不回来，他便要拒绝贴现，商业的信用于是不复再成为货币的贷用品。个个商店于是都要准备现金来做支付手段的准备资金，但资金从何来呢？他只有向银行贷款了。可是银行在这一时候，因为他所贴现的汇票收不回来，可贷基金的供给少了，并且又恐怕放出之后收不回来，于是在普通利息之上再要加上保险费，利息率于是提高到过去各时期所没有过的高度。资本家们备感货币资本筹措不易，然而又须要有货币资本来作支付手段的资金，于是便在市场上出售债券及股票，到了股票价格暴跌之际，证券交易市场便倒台了。商品于是如狂潮一般的涌现市场，但在市场之上的买主甚少，商品的价格于是惨跌。资本薄弱的银行、工厂、商店于是纷纷倒闭，直到一部分竞争能力薄弱的资本便逐出于市场之外为止。这便是马克思的周期恐慌的理论。

资本是靠剥削劳动来发展的，到了充分就业之时，资本突然丧失了他们的剥削劳动的能力，恐慌便爆发了。经过恐慌之后，工人的失业增加，资本的有机构成降低，利息率随之降低，工业的疾症逐渐康复，于是又把过去的由繁荣而到恐惧的老路重复一次。

于北京大学经济系，一九五〇年九月十九日

（《新建设》，1950 年，第三卷第一期）

---

① 《资本论》第三卷，第二十五章，第四八六页。

从根本上认识中苏友好同盟互助条约

　　一国的对外政策从不领导他的对内政策。反之,一国的对内政策则无论在何时何地都领导着他的对外政策。而一国对内的政策则又受他的经济制度决定。一国的经济制度如果是社会主义的经济制度或新民主主义的经济制度,那么,他的对内的政策必定就是全心全意的为人民服务,同时他的对外政策亦必然在增进世界各国人民的利益。反之,一国的经济制度如系最后阶段的资本主义制度或帝国主义制度,那么,他的对内政策必在为少数的独占资本家阶级谋利益。同时,他的对上的政策亦必在侵略他国人民的利益,以为少数的独占资本家阶级谋利益,并要限制他国民族资本家的利益,以为帝国的少数的独占资本家阶级谋利益。少数的独占资本家阶级,在美国便是华尔街的六十家富翁,在法国便是享有优越权利的二百家,在英国便是伦敦的蛮横而机敏的少数的大老板。这些大老板他们的利益与人民的利益并世界各国劳苦大众的利益完全是相反的。

　　今天的《中苏友好同盟互助条约》并关于中国长春铁路、旅顺口及大连的协定与贷款的协定,是中华人民共和国和苏维埃社会人民共和国联盟在一九五〇年二月十四日于莫斯科签订的。前一个是新民主主义的国家,后一个是社会主义的国家。前一个是受无产阶级领导,后一个是由无产阶级专政。这两个国家在对内政策上他们所拥护的是人民大众的利益,而在对外政策上他们所拥护的乃是世界各国人民的利益。当然中苏两国七亿人民占全世界人口三分之一的利益也在其内。

　　从中苏两国人民的利益出发和从世界各国人民的利益出发,巩固远东和世界的持久和平与普遍安全是中苏两国和世界各国人民所迫切需要的。帝国主义者们之需要"和平",是想利用和平的时期来做一些侵略其他各国人民利益的工作。如果和平是可以达侵略的目的时,那么,他们就需要和平。如果和平对于他们的侵略不适当时,那么,他们就需要战争。这类例子在中国是太多了。日本帝国主义者要中国变为日本的殖民地。把东三省划给他,华北给他,华东给他,华南与华西也给他,内蒙给他,连外蒙他也要,他最初以为他的侵略的目的是可以和平方法达到的,因此他便号召"中日相互提携,共存共荣"。在这十个大字之上笼罩着浓郁的和平的气氛。可是后来,他发现了这种侵略东北的目的是不可能以和平方法达到的,于是"九·一八"的战争便起来了。侵略华北的目的亦是不可能以和平方法来实现,于是一九三七年七月七日的卢沟桥事件便发生了。华东亦是不可能屈服于日本侵略势力之下的,于是,"八·一三"的战争便发生了。日帝如此,美帝亦然。美帝不是一再地声明过"不干涉"中国的内政吗? 这不是亦可说是一种和平的政策吗? 可是美帝的和平也是有条件的,即需要中国人民不折不扣的静受美帝疯狂的剥削。矿山任其开采,内河任其航行,工厂任其开设,妇女任其强奸。总而言之,他之"不干涉"中国内政是以中国做美帝的殖民地为条件。中国如果甘愿作美国的殖民地,那么,美帝就"不干涉"中国的内政。如果中国不愿做美国的殖民地,那么,他便要干涉他。中国的人民大众在中国共产党的领导之下,是不可能把中国化为美帝和任何人的殖民地的,美帝的国务卿艾奇逊于是在他所手创的白皮书上毫无掩饰的说:"不干涉中国内政以及支持中国之统一与领土完整发生了冲突。"即非干涉中国的内政不可。结果美帝便以大量的军火来援助蒋介石,造成蒋匪反革命的战争。美帝和日帝均不把和平看在眼中,只把和平做手段,侵略做目的。为什么呢? 因为他们的经济制度是最后阶段的资本主义制度。除非扩充海外的投资的市场,这个制度不能维持。侵略才是帝国主义的目的,和平不是他们的目的。

中华人民共和国和苏维埃社会主义共和国联盟与美帝和日帝绝然立在一个正相反对的一极上。他们之需要远东和世界的持久和平与普遍安全,绝非一种手段的或过渡的性质。因为他们是新民主主义和社会主义的经济制度,根本是以国内的市场为经济繁荣的条件。他们不要侵略其他的国家,但他们却准备着给侵略以反击。他们所需要的是和平的建设。正如列宁所说:

> 苏联爱好和平的政策并不是什么过渡的现象,它是由我国人民的基本利益与现实需要中产生的,它是由我国人民希望最快的提高自己的物质幸福,以及苏联人特别要求建立自己的新文明的与社会主义的生活中产生的。它是由苏联人民深刻相信,假若侵略者仍然被链子系着的时候,苏联可以顺利的解决这一切任务的信心中产生的。(见《苏联外交政策》第九五页)

这一段话对中华人民共和国是完全适用的。

《中苏友好同盟互助条约》在根本上是反侵略的。自此条约缔结之后,远东的和平已得了保障,胜利果实也有了把握,建设的前途也大开阔。我们现在唯一的事就是充分发挥生产建设和文化建设的高度的作用。

(《友谊》,1950 年第 5 期)

论城乡物资交流和剪刀差价问题

一、工农业品差价与增产的理论

关于农工业品剪刀差价的问题,应当怎样解决,方才能与《共同纲领》的"发展生产"和"城乡互助"的经济政策相符合呢？我们对于这个问题的解答是这样:如果农工业品的剪刀差价既能继续的增加农业品的最大产量,又能继续的增加工业品的最大产量,那么,这种剪刀差价便是合于共同纲领的经济政策的。因为这种差价是增产的,合理的或适当的。反之,假如农工业品的剪刀差价是有害于农工业品产量的维持和扩大的,那么,这种剪刀差价便是与共同纲领的经济政策相背驰的,因为这种差价是减产的,不合理的或不适当的,这是我们解决这个问题的原则。

掌握了这个适当的原则之后,我们于是可以进而从事这个问题,即工农业品的剪刀差价问题的研究和解答了。为讨论便利起见,我们请以一个抽象的简单社会出发。在这社会里面,我们姑且假定农业的产量的增加半由成本的增加,和半由气候好转所引起的。

假令在这抽象的简单社会里面,只有两个部门的生产事业:一个是农业,一个是工业。在开始生产的年度中,农业品只一百单位,工业品亦一百单位,人民币亦一百单位。但人民币的流通速度为二,即每年出来买货两次:第一次买粮食,第二次买白布。即一百元人民币当两百元用。因此工业与农业的价格均为一元。但人民币的数量此后是可以由人民银行的通货政策来调整的。在这一个前提下,我们先假定农业品的生产,因为天气转好了,和成本增加了,其产量恰增加了一倍。即由一百单位增加到两百单位了。但工业品的产量没有什么变动,即一百单位还是一百单位。随着人民银行通货政策的采用,这里我们可能有三种不同的剪刀差价。他们都于发展生产有极大关系。

第一种情形是,农产品价格的跌落与其产量的增加是同比例的。农产品由一百增加到二百,因为人民币的数量与速度均未变迁,它的价格遂由一元跌落为半元。这种剪刀的差价是会减少农产品的产量的。因为农人的生产总成本虽有增加,但他们的总卖价没有增加,因此农民在下一个年度里,他们便会减少他们生产的努力了。骤看起来,农产品跌价之后,工资与原料的成本看着要减少,因而工业的利润亦要涨高。之后,工业品的产量在资本家的竞争里,可能增加。可是,在事实上,因为在下一生产年度中,农人减产了,农业品由二百回跌到一百,价格复由半元涨到一元。工业品在第二个生产年度里在成本方面的增加,恰足以抵销它在第一个年度里在成本方面的减少。得失相等,正负相销,工业的产量仍是要回跌到从前的地位的。此其一。

第二种情形是,农业品的跌价大于产量增加的比例。农产品由一百增加到二百,但农业品的价格由一元跌落为三角三。这种剪刀的差价对于农人的打击是致命的。即农人以两倍于从前的农产品只能买进从前三分之二的工业品回来,农人在一般的状态下,都是要减产的了。而在工业方面的影响可以造成两种相反的看法:(1)工业品的产量看减。因为销路减少了,从前的销售量是一百单位,现在只是六十六单位了,工业品可能减产。(2)工业品的产量可能看增。因为工业品的单位成本由于工资与原料的成本均跌落了,工业可能增产。在这两种看法之中,谁个最占势力呢?我看,第一种看法的势力更大,即减产的可能性更大。为什么呢?因为在眼前,工业是赔本的。工业既赔本了,销路又且狭窄,工业之将减产是必然的。这即是说,这样的剪刀差价于工业两业均有妨碍,对于新民主主义的经济政策完全是背道而驰的。此其二。

第三种情形是,农业品的跌价小于产量增加的比例。农业品的产量由一百增加到二百。但因健康性的通货的增加,农产品的价格仅由一元跌落为六角,无论如何要比五角为大。这种剪刀的差价于农工两业均有利益。为什么呢?从农业一方面说,农产品每单位的价格虽由一元跌落为六角,骤看起来有损失。但是,在事实上,农民的总收入却增加了。同时并增加了他们的物质的享受,或扩大了他们的生产。为什么呢?因为一单位虽然只卖六角,但两百单位却要卖一百二十元了。在工业品的价格不变而数量大于一百的情形下,农人的物质生活与生产规模均必立有增加,这是可断言的,只是这种情形与我们的简单假设不太符合,我们暂且置而不论。这即是说,这里与我们的假设相符合的,乃是另外的一种情形,即工业品的产量不变,但物价增高了。因为农人用以购买工业品的人民币比从前多了。工业品的成本此时并未改变,但物价涨高,工业的利润大增,且成本在再生产时行将减低,工业品的产量,在第二个生产年度里必然增加。工业品的产量增加了,成本减少了,但工业品的货币的需要仍为一百二十元的购买力,其价格必然回跌。这于农民的物质幸福的增加和(或)生产规模的扩大都必是要实现的。随着农人的物质幸福的增加和(或)生产规模的扩大,农人势必要继续增加生产了。更从工业品一方面说,因为农业品的产量增多,并且跌价,无论在工资方面或成本方面都减少了,然而工业品的价格或则增加或则不变,这岂不是最好不过的么。因而,工业品的产量亦要增加,不是?我们知道,工业品的单位成本是受成本递减的法则支配的。随着工业品产量的增加,或由新机械的采用,或由组织的改良,其价格即可回跌了,但仍可高于成本,有利可图。似此,则是工业品的价格不但回跌,甚且要跌过原来的水准的,这于农民的物质幸福的增加和(或)生产规模的扩大均必更有帮助。农工业品的产量于是就以这般的一浪一浪的行将往前扩大着。由此可知,这样的剪刀差价必与农工两业均有利益。从共同纲领的经济政策着眼,只有这样的剪刀差价方足以达发展生产,繁荣经济,和城乡互助的目的。

二、工农业品差价的合理调整

但现在我们所要问的,即自一九四九年以来工农业品的剪刀差价是否足以达到发展生产和繁荣经济的目的呢?这便要看农业品的价格,以工业品来计算,这是等于产量增加的比例呢?大于产量增加的比例呢?或小于产量增加的比例呢?正如我们上文所说,第三种情形最好,第二种情形最坏,第一种情形居中。不幸,自从一九四九年以来工农产品的剪刀差价恰恰属于第二种,所以非要纠正不可。

何以说工农业品的剪刀差价照现在实际情形来说是最坏的,而恰与我们所述的第二种情形相合呢?据比较可靠的统计数字,今年主要农产品,原粮与棉花的产量,在实际上,农业品的价格不以货币来计算而以农人所用的工业品来计算,即工业品指数以八○三点四去除六五○点六得八○点九,以之与一百相比则知农产品的真实价格实跌落百分之一九点一。

为纠正这种不合理的剪刀差价起见,假令(1)工业品的产量大变,(2)其物价指数仍为八○三点四,试问原粮的价格至少应提高多少呢?

现在农产品中原粮的物价指数为六五○点六,工业品的价值指数为八○三点四,即工业品比农业品涨了$\frac{803.4}{650.6}$或百分之三十二点六。这即是说原粮虽然增加了百分之九,虽然增产了二百亿斤的粮食,但所换回来的工业品反比从前少了。少若干呢?即每价值一元的农业品只能换回去年的百分之八○点九的工业品,少了百分之一九点强了。又今年的农业品虽然加多了百分之九,但以今年农产品的全部亦只能换回去年工业品的百分之八八点一八(即八○·九乘一○·九)。假令去年的原粮的全部换回工业品一百件,现在的增大的原粮全部亦只能换回八八点一八件了。农人的产量多而代价少,农人还会增产么?可能性也有,不过太小了。农人倾于减产了。从工业一方面说,因为农民对于工业品的需要少了,工业品亦会减少产量的。骤看起来,工业品的产量似乎可以增加,因为自原粮跌价之后,工业品的再生产的成本看跌,然而每单位价格高涨,工业品的利润激增,在资本家的竞争状态里,似乎有增产的可能,但因工业品的总需要减少了,工业品滞销了,而且原粮的产量因为谷贱伤农之故,眼看着原粮的生产量便不能维持,工业成本眼看着便要涨高,还有什么继续增产之可言呢?现在的工业品的销路,在工业品的价格高涨之后,是否滞塞呢?以天津的"百货"来说,是滞塞的。依据河北省人民政府商业应在它所发表的统计(天津《进步日报》十月七日)来看,"是的"。在这统计上说:

从百货、粮食两类比较看,自六月中旬至八月中旬,百货的价格都是逐旬上升。一般上升速度为百分之一点二到六点八。粮食则逐旬下落,坡度为百分之零点四到百分之四点二。……这样即直接损伤农民利益,妨碍城乡物资交流。同时,亦即由于工业品提高　相对的降低农民购买力　影响工业品的推销与生产。如百货公司全省八月份销货,即较七月份减少百分之四十。

由此可见,原粮与工业品的剪刀差价的严重性。

为纠正这种不合理的剪刀差价起见,假令工业品的物价指数仍为八○三点四,并假令其他条件相同,则原粮的价格至少恐怕要平均提高百分之二二。为什么呢?

第一,因为农人所需要的工业品比原粮品涨了百分之三十二点六,即 $\frac{803.4}{650.6}$。假令原粮品的产量不变,那么,农业品的价格便应当提高百分之三二点六了。可是原粮的产量增加了,由一百增加到一百零九,则不必提高到百分之三二点六,只须平均提高百分之二一点八就行了。因为 $\frac{132.6}{109} \times 100 = 1.218$。

第二,但是,依照上文所述,农产品的跌价,假令其他条件无变化,应少于农业品的增量的比例,方才合于《共同纲领》的经济政策。今者提高百分之二一点八,仅使农产品的跌价与农业品的增量为同比例而已。可是我们所要求的是要农业品的跌价小于农产品增量的比例,所以更须提高一点,即至少提高百分之二十二。提高百分之二十二,不过使农产品的价格指数由六○五点六涨到七三三点八。这可使工农业品的价差为一○○此一○八强,即 $\frac{803.4}{739.8}$ 所得之商,农业品的产量增加了百分之九,与工业品的价格比较起来,仅跌百分之八略强,于农民稍有利益。但同时农民对工业品的需要亦有增加,可增加为一百零二,同时成本稍低,于工业亦有好处。综括来说,这对于工农两业均是好的。

为达到这个目的起见,贸易部须先控制大量的工业品,使工业品的价格指数稳定在八○三点四,而后使农业品的提高百分之二十二,否则会引起紊乱的。同时人民银行应该以增加生产为目的,大力支持贸易部的购买政策,纵令增加人民币的发行数量亦所不惜。因必须这样做才能与《共同纲领》的经济政策完全符合一致。

以上是说原粮与工业品的剪刀差价的问题。

棉花与工业品的剪刀差价怎样呢?

依据上述的统计,棉花增加了百分之六十三。但棉花的价格如以布疋来计算,只减少了千分之几,我看这个剪刀差价与第三种的情形相合;这即是说,这个差价是增产的,合理的或确当的。下表为白细布每疋的棉花价格(棉花以斤计):

	1949 年	1950 年
天津	29.6	27.2
上海	24.3	26.7
汉口	39.3	34.7
太原	39.6	31.6
郑州	—	39.0

然则棉花的价格是否依照政府的规定价格,由每斤棉花由八斤小米到十斤小米就行了呢? 我的答复,是的。

附带着有两个小的问题,我想借此机会讨论一番。

1. 农人所生产的原料与粮食不是通通都拿到市场上来出售,他所拿来出售的只是他的产量的一个分数。但是本文在讨论这个问题的时候只着重总产量的变化,但未着重农民拿到市场上出售的农产品的产量的变化,这岂不是与事实不尽符合么? 我的意见是,我假定农人拿到市场上出售的农产品量的增加与其生产增加的比例,是相同的。这个假定大概近于事实。

2. 工农产品的差价是随着时间而变化的。农产品普通集中在一个季节生产,但分配在几个季节使用。工业品是普通逐时逐日的生产,但集中在一个季节抛售,所以我们在规定工农产品的差价的时候,不能规定一个死板的比价,而须规定一个富有灵活性并可随时伸缩的比价。但是现在确定的比价必须先规定清楚。只要把现在的比价规定了,以后的比价是容易计算出来的。即斟酌工业品与农业品的相对的囤积的成本。如利息,堆栈费,损坏加工等等。把这些算出之后再加上若干的成数已就够了。时间的问题解决了,空间的问题亦是容易获得解决的。

最后我所要郑重提出来说明的,即我对于实际的情形,因为缺乏充足的材料,所提意见只是粗枝大叶的。在作文之前曾同中央贸易部国内贸易司张翼飞副司长并与物价处沈扬处长讨论过。我惊讶着张副司长的卓见,他所知道的比我更多。沈副处长并热忱的供给我以统计资料,我充分相信这个剪刀差价的问题,在中央政府英明领导下,一定是能得到一个合理的解决的。这里我所提出的只可以作参考而已。

(《经济周报》,1950 年 11 卷 18 期)

实践论要在实践中去学习

理论的基础是实践,理论转过头来指导实践。理论只有实践的一个内在的元素。它的出发点是实践,通过点是实践,终结点也是实践。离开实践而习实践论,正如离开了阶级斗争而空谈马克思,离开了对敌作战而空谈孙武子兵法,离开了习字而空谈永字八法,结果必是徒劳而无功的。

实践和实践的理论,无一不是很重要的。但从实践论者看来,在这两者之中,究竟那一个应当放在第一位呢?毛泽东同志的革命的实践和他的革命实践论都是很重要的。但在这两者之中,究竟那一个应当放在第一位呢?我想,毛泽东同志必以为他的革命的实践应当放在第一位。毛泽东同志自己说,"辩证唯物论的认识论把实践提到第一的地位,认为人的认识一点也不能离开实践,排斥一切否认实践的重要性,使认识离开实践的错误的理论"。列宁这样说过,"实践高于'理论的'认识,因为它不但有普通的品格,而且还有直接现实性的品格"。任凭那一个人,如不参加社会的实践,但只学习实践论,这正如一个人根本没有飘洋过海的勇气,但只在书本上学习航海的理论,是一样的错误。航海的理论必须要在航海的实践中去学习。毛泽东同志的实践论必须要在实践的行动中去理会。

列宁说,一步实践的运动胜于一打的纲领。在新民主主义的中国内,我以为"为人民服务"这一条实践,抵得过个人主观设想的几百条理论。依我个人这两年来的观察,的确是这样的。

毛泽东同志说,"世上最可笑的是那些'知识里手'(里手,湖南方言,内行的意思)有了道听途说的一知半解,便自封为'天下第一'"。实则我便是在那些"知识里手"中的一个,并是常自封为"天下第一"的阿Q。就是我这解放后两年的经验,我深切觉得,特别是在财政经济范围内,许多革命干部所知道的经济理论胜过了我们这些大学教授。由此我便得到一结论,即革命干部同志们为人民服务而实践的这一条,抵得过教授们书本上的理论几百条。现在我举几个例子来说明这件事情。

以工农产品的剪刀差价而论,当着工业品与农业品的剪刀差价成为城乡物资交流的严重问题之时,我因为有几分书本上的一知半解,便依据它来解决剪刀差价的问题。结果我找出了合理的剪刀差价与不合理的剪刀差价的区别。我认为合理的剪刀差价是能发展生产的。不合理的剪刀差价反是。例如在某一社会里,为出售而生产的农业品增加了一倍,结果,农业品的价格便跌落了一半。这便是不合理的剪刀差价,因为农人所出售的原料与粮食虽增加了一倍,但他们所得的工业品总量没有丝毫的增加。可是城市工业所得了的粮食与原料都加倍了。农人便将减产。农人减产了,城市的工业便不能为持久的发展。反之,假如农业品的价格不变,那么,这便只是利于农业而无利于工业。工业便不增产。工业不增产了,农业亦不能为持久的发达。后者的剪刀差价很显然的也是不合理的。在他方面,假如在农村里,为出售而生产的粮食与原料增加了一倍,其价格跌落不到一半,农人所得的工业品会增加,工业所得粮食与原料并增加,这于工农两业都有利益。结果农工两业都要增产,果尔,则是明年的剪刀差价可能小于今年。后年小于明年,大后年小于大明年,由是逐渐达到农业的工业化。这种剪刀差价是合理的。不合理的剪刀差价应废除,合理的还是应保存的。

我凭这点于这个问题的一知半解。我以阿Q的精神断定张铁飞同志不知道。可是事实恰恰与我的逆料相反。即张铁飞同志不但知道我的这点一知半解,而且知道的比我更多。张铁飞同志不是"洋秀才"呀!为什么"洋秀才"所知道的东西,张铁飞不但都知道,而且知道得更多呢?这就是我所说的,为人民服务这一条实践抵垮了洋秀才们个人主观设想的几百条的理论。

以物价问题而论,当着去年上海的物价上涨的走势便被勒住了。但物价立刻转趋下跌,工商业者纷纷减产。我于是又凭藉我的书本上的几分一知半解,来解决我对于这个问题的看法。结果我提出了投机性的物价上涨和生产性的物价上涨的区别。投机性的物价上涨来自囤积居奇,只能减少生产,不能增加生产的。这种上涨是累进的,应当打消。但生产性的物价上涨不然。生产性的物价上涨是可以刺激生产的。生产增加之后,物价可以发生回跌。由此我便认定政府于打击投机性物价上涨的同时,应当分别的向正当的工商业放款。我以阿Q的态度又断定政府对于这点不知道,而我知道。我于是又决定"上书言志"。可是一转瞬间,人民银行的南汉宸行长便派员到上海执行合理的放款政策,为时不及两月,物价便稳定了。为什么财经委员会的负责同志,知道生产性的物价波动和投机性的物价波动的区别呢?这便是由于他们有实践。陈云同志甚至更进一步在中央政府委员会上很正确的提出了物价的波动有两种:波而不得其平者与波而后得其平者。我听了这段话后,忽然心里一紧。在未听这话之前,我原是自封为天下第一的,现在变成了"天下第末"了。陈云同志不是洋翰林呀!怎么他也知道这个道理呢?不但知道而且党政军能身体力行呢?因为他有实践,他有为人民服务的实践。为人民服务这一条实践于是又抵垮了洋秀才们个人主观设想的几百条理论。

以人的阶级性而论,在解放以前,我因种种的关系深切的知道了人的财产关系与人的行为方向的有机的联系。我据此断定国民党反动派绝对不能实行节制资本,平均地权的三民主义。在这一点上,我以阿Q的狂妄,又觉得我比任何人都知道得更彻底。我常常心里有这样的想法。共产党的同志们当然比我知道得更多,但在这一点上,不必比我知道得更清楚。可是,有这样的一日,我听了钱俊瑞同志的演说,内中有几句中肯的话,使我听了不但小吃一惊而且六体投地。他说,工人阶级是领导革命,农民阶级和小资产阶级不能领导革命,只能参加革命。我当下很坦白的承认钱俊瑞同志在这一个问题上知道得比我更深刻。为什么钱俊瑞同志对于这个问题所知道的能够比我更深刻呢?因为他有长期的革命的实践,我无长期的革命实践。为人民革命这一条实践于是又胜过了洋秀才们个人主观设想的几百条理论。

这种例子太多了。细列起来,就是我所经验的范围内,再写几千字也说不尽。现在我想只再举出一个来,便结束了。在解放以前,因为种种原因,我发现一个修养身心的原理,这个原理是由"由民主到圣贤"这六个大字组成的。我认为这是我的一个重要的发现。自北京解放之后,我看见共产党人,人人都是圣贤,很是高兴。为什么共产党人,人人都是圣贤呢?因为他们实践了自我批评和相互批评的原理。自我批评和相互批评这九个大字当然要比我所发现的由民主到圣贤这六个大字高明万倍。由此更可看出,为人民服务的实验实胜过了个人主观设想的千百条的理论。如果说为人民服务的实践胜过了主观设想的千百条理论,那末,为工农阶级服务而斗争的实践更要胜过主观设想的几千万条的理论。毛泽东同志说,各种形式的阶级斗争或给予人的认识以深刻发展的影响。这话实是千真万确的。从阶级斗争理论发展的历史来说,马恩列斯的理论和毛泽东思想亦不是由马恩列斯和毛泽东同志凭空从他们脑海里制造出来的。而是从革命的无产阶级的认识中集中起来的。谁能解释世界呢?只有无产阶级与他的同盟军农民阶级,在他们的革命斗争过程里,所发展出来的有关世界的认识,透过个别分子的提高,能够解释世界。亦唯只有他们能够改造世界。马克思说得好,"哲学在无产阶级之中找到了它的物质武器。同样,无产阶级在哲学之中,找到他的精神武器"。

我谨就我个人经验所触的狭窄范围内,举出一个例子来,说明马克思的剩余劳动价值说,并不是只有马克思才知道,亦不是只有欧洲的革命的无产阶级才知道。就是在中国这个半封建社会里的比较进步的农民亦有几分的劳动创造价值的认识。当然农民所有的有关劳动价值学说的知识是感性的。而马克思的则是理性的。

当我离家十五年后的一天,我得有机会回到老家。我家原是一个破落的地主。于是得有机会参加说租的会议。原来农民的纳租在原则上是依照租佃契约。但是,在实际上,是依照地主和农民双方临时的议定。丰年依约纳租,确是有的。但一般的年辰,则是要把契约上的纳租来打折扣的。我是学习过马克思的劳动价值的学说的,同时也学过资产阶级的土地资本化的学说的。我要借此机会倾听地主和佃农对于地租的见解。在那里的三个佃农之中,有一位佃农根本认为纳租是天经地义,主人说多少,就是多少。有一位认为租是该纳的,但亦可酌量减轻。他们均没有地主剥削农民的思想。可是最后有一个农民说了,他振振有词的说:"你们只想多收租,你们知道我们在你们的土地上收获这点粮食,下了多少肥料,流了多少汗水,辛苦了多少时日么？等到我们种好了,你们把算盘一敲就给我们的拿走了。请你们也要替我们农民想想。"这个农民虽未读过马克思的学说,但确有十足的劳动创造价值的知识。地主怎样说呢？他也振振有词的说,你只知道你纳租纳得多,但你也知道我们主人的田地值多少钱么？把我这块小小的田来说,它的价值值多少钱啊！假如我把这笔钱拿到市场上去放利生息,我该得几分息,可是租给你只得几厘息,连一分息不到,你不觉得我太狠了么？地主并未读过资产阶级的经济学,但他这一段话明明白白是我们经济学书上土地资本化的理论。由此这一个例,我们就可看出,一切的社会科学的正确的认识都是被压迫的阶级反抗压迫阶级发展出来的。在这里,无疑的佃农所发表的意见,乃是一种真理。但地主为什么不能面见这种真理呢？这乃是由于剥削阶级为偏狭的见解所蒙蔽。在他方面,其他的佃农之所以尚无这类进步的思想,这乃是由于他们缺乏斗争勇气的原故。综结来说,就是一切革命者所揭发的科学的真理都是从革命的实践里所发展出来的。特别的是在帝国主义时代,无疑的只有无产阶级的革命实践才能发展真理,解释世界;同时亦只有无产阶级的革命实践,才能应用真理,改造世界。一部阶级革命的实践实要胜过了主观设想的千万条的理论。

但这是否说理论不重要呢？不！不！理论仍是很重要的,实践是目的,理论是手段。有目的而无手段,目的必不能达。有手段而无目的,手段必致乱用。改造世界是无产阶级的目的,解释世界是无阶级的手段。理论与实践相配合,无产阶级便能胜利的完成改造主观世界和客观世界的任务。

理论在实践上的助力,是无须多举例子来说明的。我们只举几件大事就够了。例如一九二七年革命的失败便是由于陈独秀不知"人的阶级性"的理论。一九三一年至一九三四年,革命受着极大的损失便是由于同志们不识毛泽东同志的乡村包围城市的理论。后来这两种错误的思想被纠正了,中国新民主主义的革命于是便开始了它的辉煌的胜利。列宁说,"没有革命的理论便没有革命的实践"。这话是说得很好的。

现在我想对于教条主义和经验主义加以说明。什么叫做经验主义呢？我想用一个大鱼吃小鱼的例子来解释。有一个心理学家用了一个特制的水池。中间一块玻璃把水池隔成两间,一间放大鱼,另一间放小鱼。大鱼不知道水池之中隔着有玻璃。它一看着小鱼便想吃它。于是直去,一下便碰在玻璃上。它急了,转过头来,又去,但又一次碰在玻璃上。一天连二连三的要碰着许多次。这位心理学家通过把它所碰的次数记载下来。最初一天所碰次数最多,以后越来越少。但它还是碰的。经过四个月后,它再也不去碰了。这位心理学家,为要考证这个大鱼的智慧,他于是轻轻的将这块玻璃取去了。玻璃虽然去了,大鱼因为深深的记忆着它在过去四个月中碰头的经验,本来是可以过去的了,但它亦不敢去。这便是由于经验主义的错误。

教条主义的错误亦可以一个例子来说明。有一位学生在函授学校泅水。他因家里没有泅水池,只在地板上练习。他在地板上练习得很好,结果考了第一。以后他不幸掉在河里去了,但因他所学的泅水的技术完全不能用,遂被淹死。为什么被淹死了呢?这是由于他犯了教条主义的错误。

这两种错误,一则是由于经验落后于实际,一则是由他的理论是在离开实践中学习的。两种主义的错误都是以主观与客观分离,理论与实践分离为特征。

在毛泽东同志领导之下的革命干部,我们知道就中犯经验主义的错误者少,犯教条主义的错误者尤少。在大学里面教书的我们,特别的是社会科学方面的教书的我们,既然多未参加改变自然的实践,亦未参加阶级斗争的实践。凡所学习的理论多是在书本里学习的,而不是从实践中学习的。而且所学习的多是资本主义的,可是革命干部们则是在实践中学习的。我们在地板上学泅水。工农干部在泅水池里学泅水。我们所知道的泅水术在考试时,不必便考第一,纵令考第一但毕竟是空洞的。

理论的基础既然是实践,理论的归宿既然也是实践;理论既是实践中的一个内在元素,它的出发点既然也是实践,通过点既然也是实践,终结点既然也是实践;那么,我们便只有在实践中去学习实践论,才能把实践论学好。欲要学习实践论,不能站在实践长河的两岸上咬文嚼字去推敲,必须奋不顾身的跳在实践长河里,去参加改造自然的斗争和改造社会的阶级斗争的洪流。一步为了人民而斗争的革命的实践胜过主观设想的千百万条的理论。

(河南省文教厅编审科辑:《学习"实践论"》,1951 年 4 月)

从经济上认识美帝的无限制的侵略性

　　美帝国主义的无限制的侵略性是从美国经济结构的内在的矛盾产生出来的。美帝国主义在资本主义各国之中它的生产最丰富。在第一次大战以后美帝的生产,在一九二八年约占世界生产百分之四十五,而在第二次世界大战以后美帝的生产,几近占全世界资本主义各国的总生产的三分之二。[①] 可是它的分配最不均。其不均的程度甚且甚于英帝国主义。英国工人阶级在国民年所得之中,在一九二四年到一九三五年十年之间,在一般的年度里,尚可分配到百分之四十三。可是美国的工人阶级在其国民年所得中,在一九一九到一九三五的十六年间,在一般的年度里,只能分配到百分之三十七左右。最低的一年分配百分之三四·九,最高的一年分配百分之三九·三。比英国还要差。这即是说,美国的工人阶级纵令消费其国民全部的所得,他们最多亦不过只能买进美国国民生产的百分之三九·三而已。[②] 但美国的资产阶级怎么样呢?

　　美国的资产阶级在一般年度中他们所分配的约占美国国民所得的百分之六十三。为数可谓不高,可是他们的消费,其绝对的价值几乎是没有什么变动的。从一九二六到一九二九的四年间,他们所消费的价值都环绕于二百一十亿美元的周期。

　　试观下表可知,从一九二六年到一九二九年之间,资本家阶级的年所得是经过相当的波动的。可是他们所消费的绝对的价值,依然没有什么显著的变动,而徘徊于二百一十亿的周围。资本家的消费是接近于他们的饱和点了。假如他们的收入增加,不过徒然增加他们钱袋里的储蓄而已。

（单位：$10 亿）

	1926	1927	1928	1929
资本家的毛所得（没有除去折旧费和维持费）	41.9	39.3	42.1	42.9
资本家的纯所得（已经除去折旧费和维持费）	26.5	24.1	25.7	25.9
资本家的近期的消费	21.7	19.0	22.4	20.7

　　美帝的资本家阶级的肚皮已经吃饱了,再不能给它塞进更多的东西。同时美帝的工人阶级的肚皮虽然没有吃饱,但他们在国民所得中所分配的比例又稳定的

---

①　Fritz Sternberg, *The Coming Crisis*, Chapter 2. Section 2, pp. 28—39.

②　M. Kalecki, *Essays in Economic Fluctuations*, Part One, 1, p.17.

环绕于百分之三十七的周围。似此,则是在美国资本家阶级的所得中,即在约占美国国民所得百分之六十三的比例中,除去资本家所消费的大约二百亿美元的价值而外,所余下的价值,既不能用以提高劳动者阶级的生活的水准,便只有两种用途了。一途用以扩大本国的投资;另一途用以扩大国外的投资,或向国外为货物的倾销。

扩大本国的投资,不外用以扩大本国的工具企业的投资和消费企业的投资。但两者都是没有利益可图的。扩大本国的消费的投资必然增加消费品的总供给和总成本,然因资本家的消费已经达到了饱和点,他们对于消费品的需要是不能增加的了。能够增加消费品的需要的阶级只有劳动者阶级。可是这里含有一个极大的矛盾。即劳动者阶级对于消费品的绝对的需要虽然尚有增加的可能,然因他们在国民年所得之中所能分配的比例,一般的被限制在百分之三十七范围内,似此则是当消费品的总产量与总成本增加之时,纵令劳动者阶级的绝对需要增加了,但因他们的相对的需要无变动,结果他们的消费需要的绝对的增加,必仍小于消费品的供给的增加。由是美帝的资本家阶级,因为投资于消费企业的结果,反而会有剩余的消费品,不能按照有利的价格出售于市场的危险,因而逼着去尝消费品生产过剩恐慌的苦头。

资本家的剩余的所得,既不能用以扩大本国消费企业的投资,那么它的第二条路便必然只能用以扩大本国的工具企业的投资了。扩大工具企业的投资势必增加工具财的总供给与总成本。当工具财的总供给增加之后,这份新的工具财的增量,在国内亦只有两条出路:(一) 以之卖给其他个别的工具财企业以为扩大再生产之需。车床、刨床和截床卖给机器制造厂。通风机和熔铜炉卖给采铜冶金的工场。可是因为消费品的需要不能为适当比例的扩充,则机器制造厂必然感到机器生产增加之后,不能向消费财企业出售,因而不愿买进工具财来增加工具财的生产。果尔则是工具财增加之后,亦不能向工具财企业自己为有利的出售了。(二) 以之卖给消费财企业的部门,这也一定办不到。因为当消费品的市场只狭小而无扩大的前途的时候,它当然一定亦不买进更多的工具财了。总括来说,即当消费的需要不能为适当的扩充之时,资本家阶级倘以其剩余的资本来增加工具财企业的投资,其结果必然造成工具财生产过剩的恐慌。

不幸,在资本家阶级盲目竞争下,资本家阶级往往不顾消费品需要市场的相对的狭窄,为了争取最大的利润,拼命以其剩余的资本扩大工具财的投资,终至造成工具财生产的过剩。等到工具财的生产过剩爆发之时,工具财生产部门的资本家大大开除其工人,致使工人阶级的有效的消费需要更减少。工人的消费需要更减少了,然而消费品的供给量未减,其结果遂又造成消费品生产的过剩。由消费品生产的过剩又引起消费财企业对于工具财的有效需要再减少,结果更加强工具财的生产的过剩,工具财生产的过剩的加剧,复引起消费财生产的更过剩。由是循环的递演,终至造成资本家生产方式的历史大悲剧——利润率的继续的下降。

资本家阶级是要牟利的。他们以剩余的所得投向国内的企业,并不在于增加生产,而在于增加利润。可是在资本家的生产方式下,因为消费的需要比较狭窄的缘故,致使国内投资的增加,不能按照有利的价格出售于市场,终至大赔其本,这当然不是资本家阶级所想看见的事情了。

这类历史的悲剧,美帝是亲身遭遇过若干次的。特别的是当着一九二九年有名的世界大恐慌在美国首先发生之后,美帝的生产指数由一九二九年至一九三二年四年之间,由一〇〇减到五三·八[1],几乎减少了一半。由此可见美国资本家阶级的利润率是怎样的暴落了。

资本家的剩余的所得,投向国内的企业因为国内消费市场的狭窄,既会引起生产的过剩,和利润率的滑落,和经济的恐慌,那么他的第二例途径,无疑的,便必是以其过剩的所得,投向外国的企业了。即以之购买国外的广义的有价证券,同时要求外国以美帝用以购买他们的有价证券的付款,来买美帝的剩余的商品。这样一来,美帝的剩余的商品便可暂时的有出路了。不但美帝的剩余的商品可以暂时有出路,而且可以向国外吸收利息和利润。这岂不是一个很好的盘算么?美帝的外交政策,在表面上,尽管说得天花乱坠,可是在根本上,无时无刻不是在专以替美帝的剩余的资本扩大国外的投资市场为目的。当然扩大海外的商品的市场也在其内。

美帝为了要扩大它的投资的市场并商品的市场来暂时和缓本国的经济的恐慌,它恨不得把整个的世界都囊括在美国的势力范围内。亚洲、非洲、近东、远东及中南美洲的某些地区,美帝都是要的。这便是杜鲁门的第四点计划的用意。杜鲁门总统于一九四八年一月二十日就任总统时,便向国会提出了一个大胆的"开发落后地区"的计划。这个计划是杜鲁门的反共政策的第四点,所以又称作杜鲁门的第四点计划。依此计划,凡属远东、近东、非洲及中南美的某些地区,都被美帝划作它的投资的市场,并使他们都化作美帝的殖民地。欧洲美帝也是要的。这便是有名的"马歇尔计划"的用意。犹忆马歇尔在一九四七年六月五日在哈佛大学领受名誉法学博士学位时曾说,"欧洲在最近三、四年需要外国的——主要的是需要美国的食物和其他的必要的生产物。但他们的需要远超过了他们的购买力。他们须要实质的追加的援助,否则必有很严重的经济的社会的和政治的堕落。美国在逻辑上应该尽力帮助恢复在世界上正常的健康"。马歇尔在宣布他的援欧计划的时候,正是美国的出口货锐减的时候。马歇尔要想借此机会来把欧洲作为美帝投资的市场,推销美帝的剩余的商品,把欧洲殖民地化。这也是毫无疑问的事。

美帝的军事和外交政策,完全是为美帝的资产阶级扩大投资的市场而服务的。美帝的外交和军事的扩张,在本质上完全在替美帝的剩余资本扫清一切的障碍。美帝最怕亚洲的民族工业的勃兴,并恐惧亚洲各民族的独立运动,他于是与亚洲的

---

[1]　Fritz Sternberg, *The Coming Crisis*, Chapter 2. Section 2.

封建势力结盟,因此尽力接济匪帮蒋介石、李承晚和保大之流,来扑灭亚洲的革命。美帝亦最害怕欧洲的劳动阶级革命的胜利,他于是与欧洲的反动的资本家阶级结盟,企图扑灭无产阶级的革命运动。美帝并且特别的痛恨苏联与新民主主义国家。因为他们决心要以自己的力量来建造他们的伟大的工业;并鼓舞其他的被剥削的民族,推翻美帝的统治,期在无产阶级的领导下,以自己的力量,来逐步的变农业为工业国。它恨不得把他们一举击碎,使他们重新变为美帝的殖民地。可是在这两次大战之后,无产阶级的力量却壮大了。在第一次世界大战以前,无产阶级尚很少有武装革命的,可是在第一次大战以后,苏联的十月革命成功了。而在第二次世界大战之后,东欧和中国等国家的新民主主义革命又成功了。事情尚不停止在这点。在今日全世界的资本主义的体系里,无产阶级武装革命的事情,尚且层出不穷。然则怎么办呢?于是美帝便重演德帝和日帝的故技,由平时的经济一变而为备战的经济,意图挑拨起新的世界战争,一举而灭苏联,再举而灭中国和一切新民主主义的国家。斯大林同志在一九四六年二月九日的演说里指出,"世界经济的资本主义制度在本身就隐藏着总危机和军事冲突的因素"。这话现在在美帝方面正可以适用。

挑动世界大战于美帝独占资本家的暂时的好处极大。特别是在最近一年内,美帝的经济的危机已经不可遏止了[①]。第一件,美帝的工业生产指数下降了。一九四四年十一月美帝的生产指数虽为一九五,但到一九四九年三月便减为一八四了。第二件,铅、锌、钢的价格都从战后的最高峰下降了百分之三十到五十。第三件,政府的订货减少了。综计美国政府的订货在一九四七年仅占国民总生产百分之二二,一九四八年百分之一四,一九四九年百分之十九。然而莫要忘了在一九四三年至一九四四年,当美帝的经济繁荣正盛的时候,政府的订货曾占国民所得百分之四十六。第四件,出口的贸易减少了。由一九四七年一五三亿美元减为一九四八年的一二六亿美元。第五件,这是最后的一件,同时也是最重要的一件,即失业人数增加了。一九四九年四月份美帝的完全失业的工人数已到四百万。美帝除非被它所压迫的无产阶级所推翻,只有一个方法才能暂时缓和美帝的经济危机,并保持和扩大资本家阶级的利润率,这个方法便是由和平的经济转入战争的经济。为什么呢?

因为摆在美帝的经济危机面前的只有两条路:(一)社会主义革命的路。这即是说,美帝的无产阶级在共产党领导之下,于取得政权之后,将资本主义的无计划的生产改为有计划的生产,将主要的生产手段收归国有。这必对于独占资本家阶级给以致死的打击。(二)法西斯主义反动的路。美国仍由华尔街的独占资本家们继续统治。统治的目的即在增加他们的利润;统治的方法就是将美帝现时的经济转入战争的经济:制造军火,输出军火,消耗军火,并扩大政府的订货。生产手段

[①] 〔美〕艾伦等:《经济危机与冷战》,第二章,第46至48页。

仍为私有,独占利润完全保障。在这两条路中,第一条路现在尚不可能。第二条路已成一种既定事实的倾向。由是美帝便一变而为一个以武装侵略全世界的头等战贩的国家。

美帝是要想以武力征服全世界来作美帝的殖民地的。但美帝拼命阻止一切的殖民地工业化。因为殖民地的生产一旦工业化了,美帝的剩余商品便推销不出去了。综观世界工业发展的历史,究竟有些什么样的国家妨碍被压迫的民族工业化呢?无疑的只是工业最强大的帝国主义的国家。英帝占领了印度一世纪,极力妨碍印度工业化。现在印度的工场的产品只能维持她的人口的百分之二①。美帝的工业比英帝更发达,假如他真占领了印度,在这一点上,只有比英帝更坏的。

美帝的生产最丰,但市场最狭窄。然而美帝又不能不扩大他们的资本的积累。由是遂酿成美帝的生产过剩的危机,和资本家阶级的利润率的降低。为挽回这种利润率降低的趋势起见,美帝于是决然的走向以武力的干涉,专替美国的独占资本家阶级开辟投资市场的道路。由是,朝鲜的战争便爆发了,台湾同时被侵略,越南的革命同时受干涉,日本和西德被武装,整个欧洲大陆的国家被卷入到备战的漩涡中。美帝于是变成了世界和平民主阵营的死敌。美帝在表面上最强,其实最弱。因为美帝无力克服它的内在的矛盾,结果只好铤而走险了。美帝好比一条疯狗,它的体温已近死亡。疯狗是不能睡眠的了。睡眠了也是死。不睡眠,跑到街上来咬人,也是死。美帝不能有和平,因为和平不能缓和美帝的生产过剩的危机。自从一九二九年经济恐慌爆发后,直至一九三九年第二次世界战争的前夕,美国尚有失业劳动者九百三十万没有方法来应付。美帝的危机还是因为第二次世界大战发生了,方才得到短期的治疗的。但美帝亦不堪战争的打击,因为它在今日的世界里太孤立了。和平了美帝也是亡。战争了美帝也是亡。美帝于是决然走向世界的战争。当着战争发生后,美帝将与咬人的疯狗同命运。

知道了美帝的无限制的侵略的本质,并知道了美帝的垂死的狂噬,我们乃可进而解决现刻正流行的关于美帝侵略朝鲜的几种错误的见解:

一、有人以为美帝侵略朝鲜其目的在侵略朝鲜,它不会越过鸭绿江的。这种看法是错误的。因为他忘记了美帝侵略朝鲜乃是他的扩大世界市场的步骤之一。他不但要侵略朝鲜,中国它也是要侵略的,越南它也是要掠夺的。君如不信,请看杜鲁门的第四点计划。因此之故,我们应以实力的援助向世界上表示,朝鲜与中国的友谊,绝非美帝的任何的阴谋诡计的政策所能离间的。

二、有人以为朝鲜的战争恐怕不能说是由韩国策划的,也许是由朝鲜发动的。因此他不相信美帝帮助韩国是美帝所首先发动的侵略的战争。这种见解也是错误的。因为他忘记了社会主义和新民主主义的国家是不需要战争的。反之,德帝、日帝和美帝等法西斯主义的国家,为了缓和它的内在的生产过剩的危机,都必需要战

---

① Fritz Sternberg, *The Coming Crisis*, Chapter 2. Section 2, p. 75.

争作帮助。君如不信,请去一读德、日、意、英、美、法诸帝国主义的扩张的历史便知道了。在第二次世界大战以前,德帝和日帝的所遭遇的一九二九年的恐慌,完全是由备战经济的方法来缓和的。而在第二次世界大战发生后,英美法诸帝国主义所遭遇的同一的经济危机,亦是以战争的经济来缓和的。正如斯大林同志所说"世界经济的资本主义制度在本身上就蕴藏着永久繁荣和世界和平的因素"。从朝鲜人民政府政权的本质上说,他绝不会对南朝鲜发动攻势的。

三、又有人以为美帝进攻朝鲜是为了进攻苏联,让他们去打好了,中国最好守中立。这种见解也是错误的。因为他忘记了美帝准备进攻苏联也只是他的征服世界的一着。除了苏联之外,新民主主义国家、西德与欧洲都是他的侵略的对象。亚洲与美洲当然亦不是例外的。请看马歇尔计划和杜鲁门的第四点计划便知道了。假令美帝侵略朝鲜,中国不管,侵略中国,苏联不管,侵略苏联,新民主主义各国均不管,那么,美帝便会较容易的实现他的奴化全世界的政策。我们自己当然也会随着美帝侵略政策的逐步成功,而作了美帝的奴隶。反之,假如美帝侵略朝鲜,我们帮助朝鲜把美帝驱逐成功,而作让美帝知道世界和平民主力量是团结一致的,是坚强不可摧毁的,他就不敢得寸进尺,由此,我们便可安心的建设了。

四、又有人以为美帝有原子弹,我们便当向他作某种程度的忍让。但在我们的民主阵营里不是也有原子弹么? 纵令我们没有原子弹,我们就给美帝作奴隶么? 中国人民解放军原是没有蒋匪军的美式配备的,假令毛主席当初也抱这样相同的见解,那么,我们延到今日还是给美帝和蒋匪作奴隶不是。我们必须抱有这种但以手榴弹这种单纯的武器战胜那备有原子武器的美帝侵略军队的信心,方才不会辜负历史所给我们的最后抗垮美帝的伟大的光荣的任务。也就是说,我们必须起来为抗美援朝保家卫国而斗争。

(《新中华》,1951 年第 2 期)

事实是不能用谎言来掩饰的

斯大林大元帅就目前国际形势所发表的谈话是科学的、正义的。斯大林从科学的观点,指出新的战争挑拨者只是美、英、法等国家的荣富地主和商人。那些国家的人民都是爱好和平的。为什么美国和加拿大两国要力图发动另一次战争,而且拉丁美国二十个国家也采取这一条道路?这是由于这些国家的地主和商人,渴望在欧洲或亚洲的某些地方爆发新的战争,以便以特别高的价格向交战各国出售货物,而在这种血腥的生意中大发其财。艾德礼是英国大资产阶级利益的代表者,亦想从中取利,因此艾德礼也在备战了。任凭战争挑拨者以如何的花言巧语来掩饰他们挑拨战争的罪行,其后果是欲盖弥彰,事实终于会使人民看清楚的。

斯大林大元帅并以正义的立场指出美帝和艾德礼的卑鄙无耻的谎言。他们以强盗军侵略朝鲜,反诬朝鲜是侵略者,美帝军以海军侵略台湾,反诬中国是侵略者。艾德礼自己准备给美国的战贩当二等伙伴,反击苏联——世界上最坚强的和平的堡垒为战争的准备者。艾德礼尽管伪装着他是什么社会主义者,但因他仍然保护地主和商人的利益,所以仍是一个不折不扣的二等战贩。满口仁义道德,一肚皮的男盗女娼,艾德礼乃是很无耻的。

斯大林大元帅的谈话最后还充满着教育意义。他以很坦白的态度向帝国主义强盗指明他们侵略朝鲜的罪行,后果只有两条路:第一条是退却,第二就是死灭。如果要免死灭,最好是先行退却。他并向全世界的人民指出,只要我们努力为和平而斗争,新的世界战争仍然是可以避免的。

我们中华人民共和国的人民是爱科学的、爱正义的和爱和平的。我们决定听从斯大林大元帅的号召,为抗美援朝,保护世界和平和反动美帝武装日本而斗争。

(《新观察》,1951 年第 4 期)

从莫斯科带来的两个学院的印象

苏联人的国际主义的精神充满着所有的城市和乡村。我们无论到苏联任何地方去观光，都受到苏联朋友们的热情的招待，不倦的解释和殷情的赠别。在高等学校里去参观，由于彼此都是同行的关系，更特别地感到温暖和亲切。

我们尽量的利用国际经济会议开会的余暇，参观了好些地方。在高等教育机关里，我们参观了普列汉诺夫学院和对外贸易学院。现在我所要介绍的就是从这两个学院里所收摄进来的永远难以忘记的印象。

我们在这两个学院中深深感觉到苏联人的国际主义的精神。当我们恰才走到学校的大门，在接待我们的苏联同志们的眼睛里，立即射出了喜爱的光辉。他们满心欢乐地把我们带到招待的大厅。那里的空气是雍和、亲切而温暖的。欢迎我们的人几乎包括着学院里全部的首要的人物：院长、各系教授、系主任，和各教研室里的教授兼主任。他们很亲切地同我们座谈。他们不厌其详地向我们解答我们所要知道的问题，稳重、热情、耐心、细致。人人均是很真挚地希望新中国的建设能够加速地完成和赶快地进入社会主义的社会。他们十分诚恳的意思和谈话，使我们感激得泪点盈眶。坐谈略告段落之后，院长便问我们有多少时间参观，并打算参观那些部分。在参观的时候，由院长和各位主任亲自领导。无论在教研室里工作或正在课堂上上课的同学，他们只要一见着院长带着国外的来宾走进来，就全体肃立，向我们致意。直到我们请他们坐下的时候方才一起复坐。这里我们很惊讶地发现着苏联的青年知识分子们对于国际友人的敬爱。这一切的一切，都使我们深深地感觉到苏联的国际主义的教育的大成功。

在这两个学院中，理论与实际结合的工作是作得很好的。理论是指马列主义理论和以此为基础的各种专门的科学。学院里的同学首先必须学习马列主义和政治经济学。然后学习建筑在这个理论基础上的各种专门的科学。由于马列主义的理论浸透在每个学生的血肉里和贯彻在各种专门学科中，它已成为在学院里一切工作的领导原理了。离开了马列主义的理论，孤立地来谈专门业务的科学，在苏联是不能想象的。毛主席对马列主义理论的光辉贡献受到了苏联人民普遍的重视，这表现在苏联人学习毛主席的《实践论》所涌现的高潮上。

理论联系实际的工作，在苏联的高等学校里，是有它丰富的内容的。第一是理论联系实际的事实。在这两个学院的教研室中都挂有着革命巨人——马、恩、列、斯的图像,和琳琅满目的统计的绘图。在普列汉诺夫学院里并有二十七个资料室和三个陈列室。在对外贸易学院里也有类似的机构。第二是理论联系实验。在普列汉诺夫学院中共有三十个实验室。商品学亦是附带有实验室的。在我们去参观时便看着有几位罗马尼亚的学生在商品实验室中作商品的化学的分析。这是值得我们学习的。第三是理论联系实习。实习在这两个学院中,如同在其他的高等学校里,是高等教育的一个重要的部分。与课堂上的学习居于同等重要的地位。在中国的旧大学里,也是有实习的。但一般地说来,既非与课堂上的学习立于同等重要的地位,而且实习的时间也是限于假期。在这两个学院中,实习都是从第三年级开始,实习的时间约占该年级教学时间百分之三十左右。实习的地方,对外贸易学院,是在国内或国外。普列汉诺夫学院则在国内有关的最先进部门中。实习是由教授负责指导或由实习的部门分派专人指导。谁都知道,实习可以提高理论的认识,实习可以增加工作的经验。无论从理论的提高上说或从实践的把握上说都是很必要的,苏联的高等学校的教育抓着了这个最重要的环节,这是值得我们效法的。第四是理论联系生产。这是理论联系实际的最重要的一部分。一般地说来,学院的系别在于满足生产的要求。在普列汉诺夫学院的系别中有贸易经济系、经济计算系、商品学系和国家供给计划系、公共食堂管理系。此外它又设立有一个夜校,专门培养不能脱离生产的在职干部的专门知识,使之成为专家。对外贸易学院所学的学科,除外国语外,限于经济、技术和法律的三个方面。再说,各个有关的生产部门的总结,学校都能及时地得到手。还有,教授们且多在业务机关中担任实际的工作。

以上这两点——国际主义的精神和理论联系实际的方针——是我们感受最深的,也是十分值得我们去学习的。

(《中苏友好》,1952 年第 13 期)

资产阶级思想体系是怎样阻挠我的学术思想改造的

　　我是在实际上,带着资产阶级的反动立场,反动观点和反动的思想方法,到马克思列宁学院学习的。对于资产阶级的唯心主义世界观和形而上学的思想方法,在基本上,是没有划分敌我的界线的。在组织上,我已是无产阶级党的候补党员了,可是,在学术思想上,我仍然,在基本上,是资产阶级的忠顺的奴仆。说起来,这实在也是最可令人痛心的。

　　资产阶级的思想浸透在我的全面的学术思想上。比如在一九四六年《经济评论》第三期上,我便曾经说过这样的一段话,即"近代的经济学与社会主义者的经济学,并不是绝对冲突的,而是互相发挥的"。在一九四九年冬,北京大学课程改革的初期,我又曾在师生合组的讨论会中,公开地主张过,资产阶级的哲学与政治经济学,有与马克思主义的哲学和政治经济学,合法地被讲授的地位。在《新建设》第一卷第六期上,我又曾在题为《论经济学上的第五纵队和左倾幼稚病》一文上,反动过党的领导同志们号召我们批判资产阶级的政治经济学,说什么"只讲批评,不讲接受,乃是一种左倾幼稚病"。由此可见,在我的学术思想中,实在是充满着资产阶级的思想的污毒。一九五二年,当高等教育部调我离职学习之时,我就是这样带着资产阶级思想的污毒,到马克思列宁学院学习的。

　　人不免犯错误,但怕不能认识自己的错误,反而替自己的错误辩护,将自己的错误认为是正确的东西。人不是生来就有马克思列宁主义,但怕不能认识自己没有马克思列宁主义,反而替自己没有马克思列宁主义辩护,并以曾经学习马克思列宁主义理论自夸,将自己的粉饰成为一个内容充实的马克思列宁主义的战士。我原是对马克思列宁主义的普遍真理——辩证唯物主义和历史唯物主义一窍不通的。相反地,我对唯心主义世界观和形而上学的思想方法,乃是受毒最深的一个。只因我是在去马克思列宁主义学院学习之前,曾经读过《共产党宣言》、《联共党史》和《资本论》等经典著作,并由于其他的原因,竟将自己伪装成为一个马克思列宁主义者。实则,我在从前读马克思列宁主义经典著作之时,由于在我的脑袋里,装满了资产阶级的思想即成见,并时以这些成见去曲解这些经典著作,致使资产阶级的思想混杂在我对它们的理解中。由此证明,是时我所知道的马克思列宁主义理论不仅等于零,且系负数。可是我尚还以为我知道得很多。以此态度来学习马克思列宁主义经典著作,无论如何,也是不能体会他们的精神实质的。

由于资产阶级的唯心主义世界观是横在学习马克思列宁主义坦途上的一大障碍物，因此，欲要理解马克思列宁主义的经典著作，除非在开读马克思列宁主义经典著作的同时，以马克思列宁主义世界观作武器，来对那一潜伏在你的实际思想中的唯心主义世界观，进行无情的斗争，将它批评地克服，是绝对不行的。因此，在开读经典著作的同时，必须整理精神，以辩证唯物主义的武器去克服你那在自己的著作、工作和思想中，所潜伏的唯心主义或主观主义，以唯物辩证法的武器去克服形而上学的思想方法，和以历史唯物主义的武器去克服你的英雄创造历史的思想。这即是说，在学习的过程中，于开读马克思列宁主义经典著作的同时，必须经常地以马克思列宁主义世界观作指南，检查你自己的全部的历史，看是否潜伏得有唯心主义、主观主义、形而上学的思想方法和个人英雄主义等无形敌人在其内。而在检查的过程中，并要在群众面前，很好地展开自我批评，并要虚心地倾听群众的意见，以补自我批评之不足。除非经常地照这样作，这一横在学习坦途上的障碍物，唯心主义世界观，必然要来妨碍你的学习的。满脑袋的资产阶级思想，在学习马克思列宁主义理论之时，如果只把后者当教条，而不能把它当武器，自觉地去对前者进行无情的斗争，纵令读了一些马克思列宁主义的经典著作，结果还是要让资产阶级思想去曲解它们的。我的情况，正是这样。现在让我举几个例子来说明它。

（一）曲解"劳动创造历史的原理"。回忆恰在北京解放之年，我就读过了恩格斯的《从猿到人》。但因我没有用它来克服我对劳动这一概念的反历史的解释，从而也就没有克服我对劳动创造历史的唯心主义的见解，于是我那一个对于劳动的反历史的唯心主义的解释，便进而曲解了恩格斯《从猿到人》中所包含的劳动创造历史的唯物主义的基本原理。劳动是什么呢？我说，依据马克思，劳动是人的有目的的活动，不似动物的活动，几乎完全是本能的。因为人在劳动终结时所获得的结果，已经在劳动开始时，即存在于人的观念中。黄蜂建筑蜂房，与建筑师以蜂腊建筑蜂房相类似。但最坏的建筑师，也比最巧妙的黄蜂更优越，因为建筑师在他以蜂腊建筑蜂房以前，已经把蜂房的观念构成了（参阅《资本论》第一卷，第一九一页）。这一段话并不错。但从这一段话的末尾开始，以后的一句话便是错的。我的以后的一句话是什么呢？我说，既然劳动是有目的的活动，那么，人的劳动的计划便必定是在劳动的实践之先。毫无疑问地，这便是我对劳动的错误的唯心的解释。如果这话能够成立，那么，当我们说人类的历史是由人们自己的劳动造成的时候，即等于说，人们的历史是由人们的劳动计划、思想、意识造成的了。这便是我对劳动创造历史的唯心主义的曲解。可是在恩格斯的《从猿到人》的著作中，早已把我这种曲解驳得体无完肤了。因为依据恩格斯，人的有计划的劳动乃是由动物的本能的活动进化而来的。不是先有劳动的计划后有劳动的实践，而是先有劳动的实践后有劳动的计划的。一切劳动的计划都不是从人的头脑中幻想出来的，而是人们在劳动实践中所得出的经验的总结，不但劳动的计划是人类在实践过程中所作出的经验的总结，即其他一切的计划。无论它是政治计划也好，经济计划也好，或教育计划也好,亦莫不是在实践过程中总结出来的经验。由此可知,所谓劳动创造历史,并不是劳动的计划创造历史,而是劳动的实践创造历史。这一基本的原理已明白地包含在恩格斯《从猿到人》的原理,来克服我对劳动创造历史的唯心论的解释,结果遂让历史唯心论来解除了我的武装。由此可知,马克思列宁主义理论只有在对资产阶级思想作战的过程中,始能学习它和对它有深刻的认识。

（二）批判我的财产关系决定行为方向的思想。经过了一年的学习之后,当我已经逐渐认识到学习理论必须把它作武器,来克服自己的唯心主义世界观,始能提高自己的认识水平之时,我于是根据辩证唯物主义来重新认识我的财产关系决定行为方向这一原则,看它是否与辩证唯物主义与历史唯物主义相符合。

在反蒋战争期中,我曾将我自己说成辩证唯物主义者。我的唯一的根本就是在我所作的《两条路》中,曾经持了财产关系决定行为方向的原则,并以此来论断官僚资产阶级和地主阶级的政治代表——国民党政府,由于他们的资本所有权和土地所有权的影响,必然在行动上对节制资本和平均地权的,尽管他们在口头上承认它。而且我曾以此来揭露孙中山先生的知难行易学说的唯心主义的本质,因为知难行易的学说肯定知识是决定人们的行为方向的原因,可是在事实上,只有财产关系,才是决定人们的行为方向的原因,知识不是的。我在《知识·思想与行为》一文上,曾经强调地指出:

> 在独占资本主义时代,独占的资本家往往把科学上的新发明的专利权买占了,自己不用它,但亦不许别人去用它。除非它的市场扩大了,或旧机器用完了,他们才把它来便利生产的增加。由此可见,当科学的发明与资本的积累发生了冲突的时候,资本家为了满足自己的贪欲,他们绝不受科学的知识支配,但受他们的主人——资本支配。(《两条路》,第二五页)

我的结论是,"虎狼不能自动地拔去他们的爪牙,但人可以拔出他们。剥削的阶层,不能自动的弃置他们的剥削关系——财产,但被剥削的大众可以团结之力代他们消灭他们。……即把生产手段的私有,化为公共的所有。"(《两条路》,第一六五页)

斯大林说,生产资料所有制是生产关系的基础,生产关系决定上层建筑。然而财产关系乃是生产关系在法律上的名称(参阅《简明哲学辞典》,第一〇七页)。我既然是从财产关系出发,来论断中国社会各阶级的革命相反革命的行为的方向,这还不是辩证唯物主义是什么呢?

经过严格地自我批评之后,结果我才发现我的"财产关系决定行为方向"的原则,不是属于辩证唯物主义的范畴,而是属于机械唯物主义的范畴,因为它乃一种唯成分论的思想。机械唯物主义不是辩证唯物主义,因而,我的财产关系决定行为方向的原则,也不是辩证唯物主义的思想。这个理由是很简单的。一来呢,因为辩证唯物主义肯定了思想有相对的独立性,肯定了思想在一定条件下对于革命的运动有主要的决定影响。毛泽东同志说：

> 当着如同列宁所说"没有革命的理论，就不会有革命的运动"的时候，革命理论的创立和提倡就起了主要的决定的作用。①

但我的财产关系的学说是没有明显地肯定这一点的。这样，我遂不能解释，为什么有些资产阶级和小资产阶级出身的知识分子，竟然"脱离资产阶级而归附于无产阶级"，亦不能解释，为什么在美国工人阶级中，尚有很多人，还在为资产阶级改良主义所麻醉。再来呢，辩证唯物主义不仅要求从生产资料所有制看问题，而且要求从一个生产资料所有制和其余的生产资料相互制约的关系来看问题。同是资本主义所有制，由于它所处的时间、地点、条件不同，因而它的作用，也不是完全一样的。从而，由它所决定的资产阶级的政治态度也不是完全一样的。在帝俄时代的资产阶级完全与反动的封建势力一鼻孔出气，但在半殖民地时代的中国，民族资产阶级还有它的反帝和反封建的一方面。当然它的剥削的本质是不会有什么变化的。可是在我的财产关系的臆说里则是没有这个内容的。三来呢，辩证唯物主义要求发现社会发展的规律，并依据这种规律所作出的具体的和特殊的结论，来推动社会革命。然而在我的财产关系的臆说内，连"规律性"这一概念都没有提出。甚至我连在新民主主义革命的阶段，须要无产阶级来领导的这一历史的规律，都没有明确的认识。由此可知，我的财产关系的臆说，乃是一种错误的唯成分论的思想，它并没有克服唯心主义。它在革命的实践上，乃是有害的。第一点害处，就是在逻辑上等于否认马克思列宁主义的"思想建党"的重要性。第二点害处，就是否认了一些个别的剥削阶级出身的知识分子有改造的可能性。第三点，就是否定了对于无产阶级的分子有进行教育的必要性。第四点，就是否定了对于农民和小生产者尚还必须要耐心地对他们进行思想的改造。第五点，就是它把殖民地的资本家阶级与地主阶级，在新民主主义革命的阶段，都看做反对新民主主义革命的阶级，这样便根本否定了统一战线的重要。执此以谋革命，非犯严重错误不可。这乃是一种唯成分论的即机械唯物主义的思想，那有半点辩证唯物主义的味道呢？然而我可自封为辩证唯物主义的"知识里手"。既可笑，又可耻。

（三）检讨我的"伟大的创造来自伟大的接受"的思想。回溯在北京解放之前，我曾公开地倡言，"真正的学术的独立，必须来自伟大的接受。除非你有伟大的纯粹接受的态度，你绝不能有崭新的创造。由此可见，伟大的接受态度乃是真正的学问的起点。只有用这种态度才能使你的批判是客观的"。（《两条路》，第一六页）这一段话，很明显地是一种唯心论的见解。一来呢，因为真正的学术的独立，不是来自"观念"，而是来自实践，来自生产斗争的实践和阶级斗争的实践。我没有着重指出真正的学术来自实践，但只着重指出它乃是来自纯粹的接受，且不是来自批

---

① 《毛泽东选集》，第二卷，人民出版社版，第792页。

判的接受,在实质上便是指学术的独立来自观念的意思,这还不是唯心主义是什么呢?二来呢,在阶级的社会中,凡属社会的思想均可分作两大类:(1)新思想(2)旧思想。旧思想反映腐朽的阶级的利益。新思想反映新生的阶级的利益。在这一种条件下,倡导纯粹的接受便是属于唯心论。

（四）检讨我的以凯恩斯为代表的资产阶级的危机论的观点。资产阶级政治经济学与无产阶级的政治经济学的对立,根源于资产阶级的利益和唯心哲学与无产阶级的利益和唯物哲学的对立。他们是不可能和平共居的。如果无产阶级的政治经济学不战胜资产阶级的政治经济学,那么,资产阶级的政治经济学便将战胜无产阶级的政治经济学。不幸,在无产阶级政治经济学和资产阶级政治经济学两条路线的斗争中,我是长期地受资产阶级的政治经济学所淘养的。在对日抗战时期的前后,虽然读了马克思的《资本论》,但我并没有以马克思的《资本论》,来驱逐我的以凯恩斯为代表的资产阶级的政治经济学。从而,这一以凯恩斯为代表的资产阶级的政治经济学,便在我的头脑中,占据了优势的地位。我不但不能以马克思的危机论去征服以凯恩斯为代表的危机论,反而以凯恩斯为代表的危机论,去曲解了马克思主义危机论。这突出地表现在我的《马克思的周期恐慌（危机）学说》(《新建设》第三卷第一期）一文中。

严重的问题,在于我并不认识我是以凯恩斯为代表的危机论去曲解马克思的危机论。相反地,我并以为我是百分之百的马克思的学生。多劳领导上的启发教育,经过细心的检查之后,方才揭露了在我的《马克思的周期恐慌（危机）学说》一文中,确乎含有凯恩斯主义的危机论的毒质。

凯恩斯站在垄断资产阶级的立场上,认为资本主义是万世不灭的。他不认为资本主义的生产关系与在资本主义社会内日益发达的生产力,有什么不可克服的矛盾。因此它便认为经济危机的周期的发生,只是由于利润率、利息率、工资率、投资、消费与储蓄等等的变化不谐和的结果。可是这一不谐和的变化,完全是可以国家的干涉来克服的。这完全是种胡说。

然而还在很早以前,马克思就教导我们说,经济危机,在根本上,乃是生产过剩的危机。为什么叫做生产过剩的危机呢?"这就是说,商品的生产比市场所能容纳的多。这就是说,布匹、燃料、工厂制品和食品的生产量比基本消费者即人民大众所能用现钱购买的多,因为人民大众低收入仍旧流于极低的水平上。"[1]马克思说道,所有一切危机的最后的原因,常是大众的贫困和有限的消费,但资本主义如许发展生产力,好像只有社会的绝对消费力才是他们的界限似的。但为什么大众要贫困从而消费受限制呢?这是由于资本主义的生产条件所决定的。资本主义的生产条件是什么呢?即生产资料为资本家所私有,从而社会劳动的结果亦为资本家

---

[1] 斯大林:《在联共(布)第十六次代表大会上关于中央委员会政治工作的总结报告》,人民出版社版,第3页。

所私有,而劳动者所消费的只限于他们的工资。"所以,在有限的建立在资本主义基础上的消费范围,和不断要突破它各种内在限制的生产之间,必致于不断发生冲突。"①由此可知,"生产过剩经济危机底基础,这种危机的原因,是潜伏在资本主义经济体系本身中。危机底基础就是生产底社会性质和生产成果底资本主义占有形式间的矛盾。"②生产过剩的危机向工人阶级表明,在资本主义社会内,工人是注定了要挨饿和失业的。作为资本主义的掘墓人的无产阶级的历史作用,就是要用社会主义的生产资料所有制来代替现存的资本主义生产资料所有制。

固然,马克思亦曾站在同一的观点上,作过这样一种极端的假定,即在资本家追逐利润的战争下,由于劳动力的需要增加,工资涨高,利润降低,可能引起资本的绝对过剩,引起危机。他说:

> 只要为资本主义生产目的而需要的追加资本等于零,好像就有了资本的绝对生产过剩了。但资本主义生产的目的,是资本的价值增殖,是剩余劳动的占有,是剩余价值(利润)的生产。所以,只要资本与劳动人口相对而实依照这样一个比例增加了,以致这个人口所提供的绝对的劳动时间不能被扩大,相对的剩余劳动时间也不能够扩大(后一点在劳动需要甚弱以致工资有上涨趋势时,好像本来就不成问题);以及增加了的资本,和增加以前,只生产同等的或更少的剩余价值,那就是,增加了的资本 $C + \Delta C$,比增加 ΔC 以前的资本 C,不生产更多的利润,或只生产更小的利润,资本的绝对的生产过剩就会发生了。在此场合,一般利润率也都会产生强烈的和突然的下降,但这一则,引起这种下降的资本构成变化,已经不是由于生产力的发展,而是由于可变资本的货币价值的提高(因为工资提高了),并且是由于与此相应的剩余劳动对必要劳动的比例的减小。③

这即是说,在资本家追逐利润的竞争下,由于劳动力需要增加。工资涨高,利润降低,剥削程度落到一定点以下,可能引起资本的绝对过剩,引起资本主义生产过程的扰乱和停滞,引起危机,引起资本的破坏。④

但应当着重指出,马克思这里所说的资本的绝对过剩,乃是一种"最极端的假定"的情况,而不是一般的现实情况。⑤ 我因受了以凯恩斯为代表的资产阶级的危机学说的影响,戴着凯恩斯主义的眼镜去读马克思的危机论,并由于长期地习惯于从流通过程中的矛盾看危机,而不习惯于从生产社会性与生产资料资本家占有形

---

① 《资本论》,第三卷,第306页。
② 斯大林:《在联共(布)第十六次代表大会上关于中央委员会政治工作的总结报告》,人民出版社版,第8页。
③ 《资本论》,第三卷第十五章,第299—300页。
④ 《资本论》,第三卷第十五章,第305页。
⑤ 《资本论》,第三卷第十五章,第305页。

式之间的不可克服的矛盾看危机,致将马克思的最极端的假定的情况,夸大为一般的现实的情况。而将马克思所指出的一般现实的情况,置之不理,并特别重视劳动力的需要增加,工资涨高,利润率降低,所引起的生产过程的扰乱、停滞、危机、资本的破坏,这样,我对马克思的危机论,便犯了瞎子摸象的错误。我说:

> 在充分就业之时(实则在资本主义下是没有充分就业的),生产的总价值不增,然而工人阶级所分得那一份增加了,利润率必然下落。不但利润率下落,而且总利润也下落了。假令只是利润率下落而总利润不下落,甚且增加,在资本家与资本家之间,虽然会引起剧烈的竞争,但一般的资本家也许尚还有利可赚,恐慌(危机)的爆发也许尚还可以延缓些时候。可是一旦到了连总利润亦在下落之际,这个情形便严重了。这等于说,资本虽有增加但总利润不但不增,而且减少。用数学语言来说,即新增的资本 ΔC 所得的新增的利润 ΔP,必定为零或为负。这原是说,新增的资本,在这剧烈的竞争市场上,一定要被淘汰的。但谁亦不想被淘汰的,于是在资本市场上,剧烈的生与死的斗争就开始了。(《新建设》第三卷,第一期,第三二页)

这样我便把马克思的最极端的假定的情况,夸大而为一般的现实的情况去了。列宁说,"任何真理,如果说得过大,大吹特吹,超出了它实际应用的限度以外,便会弄成荒谬论,而且非弄到荒谬绝伦不可"。准此立论,我对马克思的周期恐慌(危机)学说的解释当然是荒谬绝伦的。这种解释之所以荒谬绝伦,在于它掩盖了危机的根本原因是生产社会性和资本家的私人占有之间的矛盾,分割了马克思危机学说的革命的命脉。

为什么我不着重地从生产社会性和生产资料的资本家占有的形式的矛盾来说明危机呢?这并不是由于没有读过《资本论》,没有读过斯大林的《辩证唯物主义与历史唯物主义》。这些书都是读过的。既然读过,那么,为什么在论危机时,不深刻地去体会马克思、恩格斯、列宁、斯大林的危机论的精神实质,不着重指出资本主义社会的基本矛盾是危机的原因呢?这当然是受以凯恩斯为代表的资产阶级的危机论的影响。因为资产阶级的危机论所最忌讳谈到的就是资本主义的基本矛盾。然而我在《马克思的周期恐慌(危机)学说》一文中所体现的思想正是如此。

(五)检讨其他的资产阶级的唯心主义思想。在本文开始的时候,我曾举了一系列的例子来指明在我的全部学术思想中,均浸透着资产阶级的思想。现在容我选择一两个典型的事例略加分析于后。比如在一九四九年十一月我在《新建设》第一卷第六期上,所作《论经济学上的第五纵队和左倾幼稚病》一文,曾说:

> 为了政治经济学,为了文化的建设,我们必须要粉碎政治经济学上总路线的思想。政治经济学必须以马列学术的立场、观点、方法为正宗。但同时我们亦必须纠正政治经济学上的两个过左的偏向,(1)只谈批评,不谈接受,(2)只谈应用,不谈创造。

如果撇开文字而言实质，我当时这一段话乃是辩护资产阶级的经济学在大学中合法地与马克思经济学同样被讲授的地位。这一辩护是极端恶劣的。又仅把马克思列宁主义政治经济学称做一个"派别"。这都显示着我认为资产阶级的政治经济学与无产阶级的政治经济学只有程度之差，而无性质之别。这即是说，我对于帮助资产阶级遂行其血腥统治的资产阶级政治经济学，不但不表示痛恨，而且尚要把它拿来公开地毒害青年。由此看来，我骂别人为政治经济学上的第五纵队，但我在当时所作为的正是第五纵队所要作为的。当然，此时我所反映的只是资产阶级的利益。

此外，我在《新建设》第二卷第九期上，又重复着相同的错误。我说，

> 马克思的经济学好比一种伟大的实践，而凯恩斯的学说，至多是这宫殿中一所小小的花园而已。

凯恩斯是法西斯的经济学家，他的学说曾充当希特勒德国奴役德国工人阶级的经济理论根据。它简直连个粪坑都不如，怎么能说它是花园呢？我因迷惑于凯恩斯学说的漂亮的辞句，看不见他所反映的乃是金融资本巨头的利益。这能说我在这里所犯的，不是又一个违反历史唯物主义的大错误吗？

为什么我要犯这些原则性的错误呢？仔细分析起来，不外下列三个原因。第一个原因是由于我没有摆脱资产阶级的反动立场和反动观点。这与我出身于剥削阶级的家庭，长期地与他们的有知识的奴仆相往来，在大学生时代宣传过第二国际思想，恰在大学毕业而后宣传过孙中山的民生史观，反动过马克思的唯物史观，当然具有直接地因果蝉联的关系。第二个原因是由于我没有摆脱形而上学的思想方法。如所周知，资产阶级的政治经济学所使用的方法都是形而上学的思想方法。我既然与他们结有不解之缘，当然在我所使用的方法上亦必摆脱不了形而上学的方法的老一套。第三个原因是由于我的学习的方法是教条主义的学习方法。我虽然也有为无产阶级解放事业而斗争到底的决心，但因在学习马克思列宁主义理论之时，没有用马克思列宁主义理论的革命立场和革命的思想方法来具体的检查在我的学术思想中所存在的反动立场和反动观点，虽然学习了马克思列宁主义理论，但结果还等于不学一样。由于我在读马克思《资本论》的时候，没有以马克思《资本论》的立场和方法，来检查在我的学术思想的实际中，所存在的反动立场和反动观点，特别地是以马克思主义的革命立场和革命的思想方法，来批判凯恩斯主义的阶级的敌人而不自知。

我曾经将我从大学生时代起，现在还能够找得着的已发表了的文章和书籍，通通打开来，作一全部的检查，结果发现在这些著作中的主导思想，全是帮助剥削阶级遂行其血腥统治的反动武器，在它们的尖端上尚还保存着已故同志们的血痕斑点。自解放以来，在哲学思想上，我的改造很慢，是由我在学习马克思列宁主义理论——辩证唯物主义和历史唯物主义的时候，因为学习态度不老实，没有迅速地以

马克思列宁主义理论的立场、观点和方法，来检查和驱逐在我哲学思想中（从宇宙观、人生观直到工作作风中）所存在着的资产阶级思想的反动立场、反动观点和反动的思想方法。在经济思想上，我的改造很慢，也是由于我在学习马克思的《资本论》的时候，因为学习态度不老实，没有迅速地以《资本论》的立场、观点和方法，来检查和驱逐在我的经济的思想实际中，特别是在危机论中，所存在的以凯恩斯为代表的资产阶级经济学的反动立场、反动观点和反动的思想方法。因为马克思列宁主义的哲学，与政治经济学，如同它的其他的组成部分一样，只有在以它来作武器，老老实实地，与自己的反马克思列宁主义的哲学，政治经济学的思想实际，在立场、观点、方法上，进行无情的斗争，始能在自己的思想与实践中，生长与壮大。而在自我斗争的过程中，自觉的自我批评，又必须结合群众的严肃批评，始能发生思想改造的全面的成效。当然在思想改造的过程中，自觉地自我批评是主要的。在学术思想上是这样。在工作作风上更应当如此！

刘少奇同志指出，在共产党内有两种党员：一种是由工人出身的党员，一种是学生出身的党员。工人出身的党员，若要考试与背诵马克思列宁主义的书籍与公式，他一定不如别人记得多。但他在学习马克思列宁主义理论的时候，只要你能用他懂得的话解释给他听，他的兴趣与他所了解的程度常比其他学习出身的党员还深刻。譬如《资本论》中关于"剩余价值"一段，对于某些党员来说，是最难了解的。但是对于这些工人党员就不同，因为工人在生产中深切了解资本家如何计算工资，工时，如何生产利润，如何扩大再生产等等，因此他也常常能够比某些其他党员更深刻地了解马克思的"剩余价值论"。特别在观察与处理各种实际问题的时候，他常比别人要敏捷而正确些，更合于马克思列宁主义的原理些。这是为什么呢？这是因为他有坚定而纯洁的无产阶级的共产主义的立场和理想，对于事物具有实事求是的精神，在他的心目中，没有任何成见与其他私人问题及不干净的东西需要顾虑。所以他能够直率地洞察事物的真理，勇敢地拥护真理而没有任何顾虑，任何阻碍。[①]

我不但是学生出身，而且是"大知识分子"出身，并长期地受资产阶级思想的反动立场和反动观点的煅练。在历史上我的思想意识早已就是不正确和不纯洁的：比如在学术上我喜欢钻牛角尖，标新立异，出风头，因此，在看问题的时候，便常没有坚定明确的阶级的立场，从而便分不出什么是主要的，什么是次要的；什么是表面的，什么是本质的，在最坏的时候，甚且还分不出什么是反历史、反科学、反人民的，什么是历史的、科学的和大众的。而且在脑子里充满着复杂而又系统的唯心主义哲学和政治经济学上的老一套。这个老一套，在我初到马克思列宁学院学习马克思列宁主义理论之时，又经常地与马克思列宁主义的原则与结论相冲突。在最初一个阶段里，我不但没有能够做到以马克思列宁主义的原则来克服他们，反而

---

① 刘少奇：《论共产党员的修养》，第26—28页。

以我的唯心主义哲学和政治经济学的老一套,去曲解马克思列宁主义的原理与结论,阻碍我对于马克思列宁主义的理解。这样就使我不能透入马克思列宁主义的本质的深处,吸收有着清楚的阶级性的马克思列宁主义,成为自己的武器,因为这种武器是与我原来的个人主义的人生观和唯心主义哲学和政治经济学不相容的。而在处理实际问题的时候,并常不能敏捷而正确地实事求是的进行工作。经过了足足两年的学习,现在我才开始认识到无论在言论上或在行动中,我都没有马克思列宁主义。

想到党这些年来对于我的培植,想到同志们对于我向着马克思列宁主义理论方面进步的殷切的关怀和期望,想到新中国的日新月异的进步,和想到我自己在学习马克思列宁主义理论的时候的不老实的态度,我心里是有无限的沉痛的。我迫切需要彻底的改造我自己。需要在每时、每地、每件事情上,从世界观直到个人的工作作风,都要能以马克思列宁主义理论作武器,来驱逐我的唯心主义、主观主义和个人主义的影响。尤其要紧地是,首先要有"正确而纯洁的无产阶级的立场"。希望凡关心我的同志们,除了我自己努力外,不要以为我就不可救药了,仍然向我伸出你们的同情与援助之手,继续地给我批评,监督和鼓励。

(《新建设》,1955 年第 2 期)

我国货币制度的优越性

我国货币制度的优越性决定于我国新民主主义制度的优越性。

我国新民主主义制度的优越性,在于它的经济是以国营经济为领导,逐步消灭多种成分的经济,使之化为一种成分的经济,即社会主义经济。还在于它的政治是以工人阶级为领导,以工农联盟为基础,通过社会主义工业化和社会主义改造,保证建立社会主义社会的人民民主国家。如果不了解这一点,必是无法理解我国货币制度的优越性的。

由于新民主主义政治在于保证建立社会主义社会,而新民主主义经济又是在于逐步消灭剥削关系,建立社会主义经济,毫无疑问地,新民主主义制度的目的便是在于不断提高生产力,以逐步提高劳动人民的物质生活和文化生活的水平。

我国的货币制度是我国新民主主义经济中的一个环节,它的任务,除了服务于劳动人民的利益外,是没有任何其他的任务的。这个为劳动人民利益服务的任务,在新民主主义的政权条件下,是逐步地在实现着。

由于劳动人民的利益要求我国货币制度脱离帝国主义的经济势力的任何干涉,因此,我国的货币制度便有一个决定性的优点,这就是它的独立的性质。这即是说,它是不受帝国主义经济任何破坏的影响的。

形成这个独立的性质是由于国家全部掌握了对外贸易、海关和管理外汇,从而摆脱了帝国主义的任何扰乱的企图。否则,我们必是不能保持我们的独立性的。

如果我们的国家没有全部掌握对外贸易、海关和管理外汇,那么,在我国实行国家工业化的过程中,帝国主义者为了破坏我们的工业,必来倾销。倾销的意义是说,帝国主义者以一部分的商品故意减降它们的价格,甚至降低到它们的生产成本以下,来摧毁我们方在建设的工业。结果,我们的入超就增加了。入超增加之后,我们的工业便会遭受相应的破坏,同时货币的对内价值和对外价值都会发生相应的变化。特别是在经济危机的时期,帝国主义为了嫁祸于它的邻邦或殖民地,在殖民地上扩大倾销,同时减少从这些国家的进货,实行压价,结果就把它的邻邦或殖民地也卷入到经济危机的惊涛骇浪之中。此时整个经济都要瘫痪,还说什么货币制度呢?

由于我们的国家全部掌握了对外贸易、海关和管理外汇,斩断了帝国主义破坏中国经济的魔爪,因此中国的货币制度就具有对外的绝对的独立性。

这种政策之能坚决地和顺利地实行和贯彻，是由于中国是人民民主国家，在这里，国营经济居于领导地位，资本主义经济是一被领导的经济成分。可是在资本主义的国家内，是没有这个条件的。因此，连英、法二国的经济制度，以及它们的货币制度，在美帝国主义的压迫下，也都不能保持它们的独立性。英镑和法郎的贬值便是美国的经济压迫的结果。

其次，由于新中国的劳动人民的利益要求货币的相对价值不要降低，并要能够随着生产力的发展而提高，因此，我国的货币制度便具有另一个决定性的优点，这就是它的稳定的性质。这即是说，人民币的相对价值，没有时高时低的情况，更没有发生通货膨胀而使货币的相对价值往下降低，影响劳动人民的物质生活和文化生活的情况。这一决定性的优点亦是任何资本主义国家的货币制度所没有的。

形成这一稳固的性质，是由于在人民民主专政下，财政的支出等于财政的收入或小于财政的收入。因为财政的支出大于财政的收入，在一般的情况下，必须增发货币来弥补。增发货币，物价上升，对以固定的工资收入为生的人，便只能买进较少的粮食、衣服、鞋袜和较少的其他的生活资料，这是完全不符合于劳动人民的利益的。为了劳动人民的利益，新中国的财政不但做到收支平衡，而且年年都有结余。因而便没有因财政收入不敷支出，增发货币，致使货币价值降低的情形。

在资本主义国家内，财政收入不敷支出，不但是一般的情况，而且被认为是有利的情况。因为财政收入不敷支出，便要发行通货，发行通货的结果，物价上涨，这样便加紧了对工人的剥削和肥大了资产阶级的利润。从资产阶级的立场来说，这当然是一有利的条件。资产阶级的"经济学者"著有专书，叫做《入不敷出的预算》，来宣传它的好处。因此，在今天美、英、法、意资本主义各国，没有一国的财政预算，不是入不敷出的，亦没有一国不是通货膨胀的。以一九五一年和一九三九年相比，依据帝国主义国家官方公布的数字，由于资本主义各国已走了通货膨胀的道路，美元的购买力只等于一九三九年的百分之四十三，英镑只等于百分之三十二，法郎只等于百分之三点八，意大利的里拉还不到百分之二。由此要见，资本主义的货币制度乃是极不稳定的货币制度。

再说，资本主义经济的发展，是突然扩张和突然收缩的。向前进两步，必然要向后退一步，或把两步都退完了。繁荣时期经常为资本主义社会深刻的经济危机所代替，为生产的急剧下降以及生产力大破坏所代替。这是由于资本主义制度含有不可克服的生产社会性和资本主义的私人占有制的矛盾。在繁荣时期里，物价逐渐高涨，货币的购买力相对地减少；反之，在危机爆发的时期，物价暴跌，货币的购买力（即相对价值）相对地提高。由此可见，资本主义国家的货币制度的周期的不稳定性决定于资本主义自身。

反之，新民主主义经济是稳步前进的，因而新民主主义的货币制度是非常巩固的。货币的相对价值不但不变，而且是在逐步增加着。因为新民主主义经济是按照需要而定生产的，是按照计划而定生产的。从而货币的发行量亦是按照计划决定的。因此,在新民主主义的我国,既无生产的循环的波动,亦无货币的不稳定的状态。

为什么在新民主主义的我国,货币的相对价值如此稳定呢? 正如斯大林同志所说:"当然不仅是黄金准备,保证我国货币稳定性的,首先就是国家所支配的巨量商品,这些商品是按照稳定价格加入商品流转范围的。"一九五四年我国国营商业和合作社营商业,在社会商品零售总额中,所占比例已占百分之五十,在批发总额中的比重已占百分之八十。他们都是按照稳定价格将商品投入商品流转范围的。在生产力不断增加和货币按照计划发行的情况下,物价的稳定和稳步下降乃是必然的规律。因此货币的相对价值的稳定亦是一种必然的规律。

由此可见,我国货币制度的优越性在于它的独立的性质和稳定的性质。这两种性质又是决定于新民主主义制度的优越性。新民主主义制度的优越性乃是在于它是属于劳动人民,依靠劳动人民和为了劳动人民的利益。

我国的货币制度既是独立的和稳定的,它的票面的面额便不应当过大。自一九五〇年三月以来,物价是最稳定不过的。以全国批发物价指数来证明:(一九五〇年三月为一〇〇)

一九五〇年十二月…………八五·四
一九五一年十二月…………九六·六
一九五二年十二月…………九〇·六
一九五三年十二月…………九一·七
一九五四年十二月…………九二·三

人民币票面价值为一万元,乃是解放以前通货膨胀的残余痕迹,通货膨胀已随着反动政权的消灭而一去不复返了,人民币的票面价值应该反应中华人民共和国建立以来的经济稳定的情况。用什么的票面价值才能表示货币的相对价值的稳定呢? 就是将票面价值一万元改为一元。以一元的纸币兑换一万元的纸币,一万元纸币即没有了,同时由一元涨为万元的物价上涨时期的痕迹当然也就没有了。同时,由一万元改为一元,那就正足以反映祖国的币制稳定性。名实相副,表里如一,这是完全必要的。由此可见,只有票面额定为一元的货币,才是新民主主义的经济繁荣、财政收支平衡、国际收支平衡、物价逐渐降低、劳动人民的物质和文化生活水平逐渐高涨的象征。尤为重要的,票面额改为一元之后,可以节省记账上不必要的纯粹流通费用。这对于祖国的社会主义的建设,更是完全必要的。综起来说,新人民币充分表示了祖国货币制度的优越性。

(《发行新的人民币的意义与作用》,财政经济出版社,1955 年)

凯恩斯的经济"理论"是垄断资本家阶级的意识形态

一、凯恩斯的反动立场

自从法国和英国的资产阶级取得了政权,无产阶级开始以一独立的姿态,登上了政治舞台以后,资产阶级的政治经济学也就全部丧失了它的科学性。自此时起,在资产阶级的经济学家们当中,成为问题的,已经不是这一理论或那一理论正确或不正确,而是这一理论或那一理论对于资本有利或有害。如果这一理论或那一理论对于资本的维持与扩大是有利的,那么,黑的就要被说成白的,丑的就要被说成美的,曲的就要被说成直的,非的就要被说成是的。如果对于资本的维持与扩大是有害的,那么,白的就要被说成黑的,美的就要被说成丑的,直的就要被说成曲的,是的就要被说成非的。大公无私的研究让位于追逐利润的辩护。真正科学的态度没有了,代替它的东西乃是歪曲的良心和邪恶的意图。马克思揭露了当时资产阶级时政治经济学的这种反科学的本质,将它称作庸俗的政治经济学,以与古典的资产阶级的政治经济学相区别,意思是说在它里面全部都是替资产阶级的经济制度掩盖矛盾和粉饰太平的歌功颂德一类的东西。到了帝国主义和资本主义总危机时期,由于无产阶级以暴力的革命,推翻资本主义,建造社会主义的阶段真正开始,特别地是自苏联伟大的十月社会主义革命胜利之日起,资产阶级政治经济学的反科学的性觉就越发强烈了。在此以前,由于资本主义尚处在自由竞争的阶段,资产阶级亦还可以并且也不得不凭藉自由竞争的方法,来取得平均的利润。因此资产阶级的经济学所强调的尚还只是自由竞争,即是听任资产阶级以自由竞争的方法,获得平均利润的学说。在此以后,由于资本主义已由自由竞争占着统治地位的阶段发展而为垄断组织占着统治地位的阶段。在这一个阶段中,在一方面,由于垄断资本已经不能再以平均利润为满足,企求获得最大限度的利润。可是,在另一方面,由于个别的及一些的国家逐渐脱离了帝国主义体系,由于在资本主义各国中,劳动人民的购买力更缺乏,由于殖民地上的年青的资本主义的发展,市场问题更趋尖锐化,从而导致企业经常开工不足和工人经常大批失业。在这市场更趋尖锐化的条件下,垄断资本已不能凭藉"自由竞争"的老一套,来获得最大限度的利润了。除非由垄断资本掌握国家的机关全面干涉经济生活,以政治上的各种强制的手段,公开的或隐蔽的,直接的或间接的,来加紧本国及世界其他各国的人民的剥削,甚至公开的盗窃国库,不足以保证最大限度利润之实现。结果,果然这样作了。自此时起,资产阶级的经济学家便由自由竞争的歌颂,一变而为国家干涉的强调。其实就是鼓吹财政资本巨头专政,即由财政资本巨头掌握国家机器,采取一系列的法西斯的经济的措施,在"增加需求"、"减少失业"、"奖励自由企业"、"解救经济危机"、"调整资本主义"等等的幌子下;更残酷地剥削本国大多数居民,特别地是更残酷地剥削城市与农村的无产阶级,更凶恶地奴役和掠夺其他国家人民,特别地是落后国家的人民,以及用战争和国民经济军事化的方法来保障最大限度的利润。由此可见,在帝国主义时代,资产阶级的经济学,比较在自由竞争占统治地位时代的资产阶级的经济学更反动。现代的资产阶级的经济学乃是垄断资本巨头的利益的反映。现代资产阶级的经济学直接地继承了庸俗的政治经济学的反科学的基本论点,并使他们成为财政资本巨头的一切反动专横行为的理论武器。列宁曾经对于资产阶级的政治经济学教授们的反科学和反人民的本质作出了结论。他说:

> 那些在事实的专门研究内能够作出极有价值的贡献的政治经济学教授们在一接触到政治经济学底一般理论时,就没有一个有一句话是可以相信的一样。因为政治经济学正像认识论一样在现代社会中是一种有党派性的科学。大体上说来,经济学教授们无非是资产阶级底有学问的管事。①

列宁这一段话是在总危机开始前写的。那时"政治经济学教授们"在事实的专门研究内尚有可能作出极有价值的贡献。到了总危机时期,连这一点可能性也减少了。

凯恩斯乃是总危机时代的现代资产阶级的经济学家。列宁说过,凯恩斯乃是一个"臭名远刮的资产阶级人物,布尔什维克主义的无情的敌人"。"他像英国的市侩,将布尔什维克主义描写为丑恶的、残暴的、兽性的东西。"这个论断是列宁根据一九二○年凯恩斯的《凡尔赛和约的经济后果》一书作的。一九二五年凯恩斯在一篇题为《俄国简论》的论文上公开地招供,他本人确是对于资产阶级充满着深切的敬爱和对于无产阶级充满着兽性的憎恨的。他说:

> 我怎么能够相信一种教条(指马克思列宁主义),这种教条认为河泥如此重要,并且把没有教养的无产阶级放在资产阶级和知识分子之上,而后者不论有什么缺点,总是社会的精华,而且一定是带着一切人类进步的种子。②

俗语说,"狗嘴里长不出象牙来"。凯恩斯既然决心要作英、美财政资本巨头们的走狗,那么,除了向无产阶级和社会主义作狂吠外,还有什么点滴的科学的真理可以从他嘴里说出来呢?

事实正是如此。凯恩斯为了效忠于他自己的阶级,决然不顾科学,蓄意反对马

---

① 列宁:《唯物论与经验批判论》,解放社版,第三七四页。
② J. M. Keynes, in *Persuasion*, 1932, p.32.

克思列宁主义的政治经济理论,钻在庸俗经济学中,取出反科学的基本论点来,结合现代资产阶级的追逐最大利润的意识形态,组成一套最虚伪的经济学说,来替法西斯统治集团的一切反动经济措施充作辩护的武器。因此,他的《就业、利息和货币的一般理论》自出版以来,很受世界上法西斯分子的欢迎。法西斯德国经济独裁者沙赫特博士曾说:"凯恩斯思想乃是纳粹经济体系之理论解释和理论辩护。"又凯恩斯自己在他的《就业、利息和货币的一般理论》的德国"门兴"版本的序言中,亦且供认不讳地说,他的就业理论"最容易适应于极权国家的情况"。① 在现在,凯恩斯学说,"在英美侵略集团中",正如郭契可夫同志所指出,业已"成为建立美帝国主义对全世界独占统治的工具,成为资本主义国家内垄断资本空前袭击工人阶级生活程度的理论根据,成为英美帝国主义及其仆从们——工党和社会党领袖——宣传必须发动新世界大战的意识形态"。总结地说,凯恩斯的就业理论,乃是在帝国主义和资本主义总危机时代的财政资本巨头们的利益的反映。

　　应当着重地指出,凯恩斯绝不仅是一个普通的现代资产阶级的理论家,并且也是他们的政治代表。在财政资本巨头们当中,他乃是最凶恶的东西。在第一次世界大战以前和在第一次世界大战的期中,他都亲身地参与英国财政资本对于国家机器的控制,为垄断组织实现最大限度的利润。由 1913 年到 1914 年之间,他是英帝国主义者统治印度殖民地的国家机器,"印度货币和财政的皇家委员会"委员,策划奴役和劫掠印度殖民地人民的方略。由 1914 年到 1919 年,他是英国财政部的重要人物之一。当时英国的国家机构曾被垄断组织在调整战时经济的幌子下,用来保证最大限度利润和用来加重劳动阶级的真实负担,这些都是与凯恩斯的工作分不开的。战争停止后,他代表英国财政部出席帝国主义列强巴黎分赃会议,并代表英国财政部大臣担任巴黎和会的最高经济委员会的委员。从他所作的"凡尔赛和约的经济后果"一书中,可以看出他在会议中,曾经坚决地主张,将战胜国和战败国的垄断资本家阶级一齐联合起来,扑灭欧洲的无产阶级的革命火焰,挽救快要毁灭的所谓"文明的"欧洲;大骂马克思主义哲学,将它称做"凶恶无情和可怕的俄国哲学家们的知识"。可是另一方面,他却是竭力地奉承战争渔利的阶级,将它们称做"资本家企业者阶级",说他们"在资本主义中乃是活跃的和建设的要素"。② 以后他又充任过英国马克米兰工业和财政委员会委员,全国互助保险协会主席。在第二次大战期中,他又充任英国财政部咨询委员会委员,英格兰银行总裁,加紧地实行国家垄断资本主义,企图减削工人的真实工资,增加财政资本的巨大利润。在大战之末,即在 1945 年,他并充任美帝国主义用以奴役世界各国人民的两大机构:国际货币基金和国际开发银行的总裁,而成为美帝国主义者实行世界统治的帮

---

　　① 见郭契可夫:《凯恩斯学说是反动帝国主义资产阶级的意识形态》所引,《学术译丛》,第 1 辑,第一二九页。

　　② 凯恩斯:《巴黎和会的后果》(*The Economic Consequences Of Peace*),第二二一—二二五页。

凶。除非把凯恩斯这一系列的反动的政治活动紧记在心,我们是不能深刻地认识凯恩斯的经济学说的反动的阶级的本质的。这即是说,凯恩斯的经济理论乃是帝国主义垄断资产阶级一切反动措施的指南。

在凯恩斯的《就业、利息和货币的一般理论》中,包含着三大部份:(1)形而上学的唯心主义世界观,(2)价值与工资,和(3)以两者为基础的充分就业的学说。它们都是反科学的。因为它们都不是从社会物质生活条件出发,而系从垄断资产阶级的利益出发。凯恩斯在一方面,根本否认资本主义社会发展的规律性,另一方面,相信资本主义可以遵照资本家的意愿永久地保持不变。这就是凯恩斯的充分就业理论必然陷于破产的原因之一。现在请允许我首先批判凯恩斯的形而上学的唯心主义的世界观。

二、凯恩斯的形而上学的唯心主义世界现

全世界相信共产主义的人都懂得人类社会发展的规律,即生产关系一定要适合生产力的性质的规律。如果以资本主义的生产方式为例,那么,它的意义便是这样:即当着社会的物质生产力在资本主义生产关系内,尚未发展到巨大规模的时候,资本主义的生产关系乃是生产力发展的形式,可是当着生产力在资本主义的生产关系内,发展到巨大规模的时候,资本主义的生产关系便将一变而为束缚生产力的桎梏。此时生产力与资本主义的生产关系即将发生势不两立的矛盾。这个矛盾是这样形成的:由于新发明的机器,需要有千百万人共同来使用它的大工厂,这就使生产过程具有社会的性质和使生产力大大提高。可是,资本主义的生产关系的基础,是资本家的生产资料私有制和由他所决定的分配关系、消费关系,却使千百万群众的购买力降低,使生产出来的商品无法销售出去。由此便产生了生产社会性和生产资料的资本家占有的私人性的不可调和的矛盾。这即是生产力与生产关系所发生的势不两立的矛盾。这个矛盾暴露于周期性的生产过剩的经济危机之中。无产阶级革命的目的就是要以暴力推翻资本家的生产资料私有制,而代之以生产资料公有制,使之适合于生产过程社会化的要求,适合于巨大规模的生产力的要求。由此可见,资本主义必然灭亡,社会主义必然胜利,乃是人类社会发展的规律,即是生产关系必定要适合生产力性质的规律决定了的。

凯恩斯乃是否认这个规律的存在的。他说人们可以依靠智慧,消除资本主义的矛盾,从而延缓甚至避免资本主义的灭亡。这便是凯恩斯对于资本主义社会的错误的认识。他说:

在我看来,资本主义如果聪明地管理,比任何其他看得见的经济制度,在

经济目的的实现上,也许大概是更有效率的。①

凯恩斯在企图以智慧来维持资本主义的存在的过程中,关于资本主义可能永久存在的问题提出了他的最反动的唯心主义的解释,他说,资本主义之所以能维持不变,乃是由于资本主义是人类爱钱和找钱的天性的产物。只要人类的爱钱和找钱的天性是不可能改变的,只要它是经济机构主要的推动力,那么,由它所引出的资本主义社会,只须加以调节,便有永远存在的可能性。他直截了当地说:"……人类的爱钱和找钱的天性乃是经济机构主要的推动力。"②

从凯恩斯说来,既然人类的爱钱和找钱的天性,是效率最高的经济机构的主要推动力,那么它便是不宜改变的。不但是不宜改变的,而且亦是不可能改变的。他说:"连共产主义的革命亦不会改变人类的天性,也不会减轻犹太人的贪吝心和俄国人的爱奢侈。它只是降低了它相对的重要性。而且单是这一点,也就把俄国的经济效率搞垮了。"③这即是说,人类的爱钱和找钱的天性乃是万世不灭的。从而由它所引出的资本主义亦可以做到万世不灭。

实则,在人类历史上,并没有什么万世不灭的爱钱和找钱的天性存在。在原始社会中或在将来共产主义社会中,货币尚未出现,或者已经消灭,何来人类的爱钱和找钱的天性呢?这完全是胡说。在奴隶制的社会生产关系和在封建制的社会生产关系下,货币虽已在简单商品中产生,但货币作为商品价值的独立形态,并非商品生产的目的。相反地,商品生产的目的乃是使用价值,而非那作为商品价值的独立形态的货币。独有在资本主义的商品生产的条件下,货币作为商品价值的独立形态,作为剩余价值的货币形态,才变为资本家经营的目的。④ 自此时起,个人的爱钱和找钱的动机,其实就是资本家阶级追逐利润的动机,方才普遍地在经济机构中,成为主要的推动力。由此可见,绝不是资本主义的生产关系,是人类爱钱和找钱的"天性"的产物,而是恰巧相反,即在十八世纪之时,那些快要转变为资产阶级中等市民的爱钱和找钱的动机乃是资本主义的生产关系的产物。又决定资本主义生产关系的存在的,正如上文所指出,亦绝不是他们的爱钱和找钱的"天性",而是那个最活跃、最革命和在生产过程中起决定作用的社会物质生产力。马克思早在他的《政治经济学批判的导论》中教导我们说,十八世纪的"个人",乃是封建的社会形态解体和从十六世纪以来就已发生了的新的诸生产力的联合产物。⑤

恩格斯说:

"狭义的政治经济学,虽然因为各个天才的学者的努力,已在十七世纪末

---

① 凯恩斯:《劝说集》,第二三一页。
② 凯恩斯:《劝说集》,第三一九页。
③ 凯恩斯:《劝说集》,第三〇二页。
④ 参看马克思:《资本论》,第 1 卷,郭大力、王亚南译(人民出版社版),第一五六页。
⑤ Karl Marx, *Critique of political Economy*, p. 267.

发生,但是重农学派和亚丹·斯密所叙述的那种有条理的学理,却实际是十八世纪的产儿……新的经济学,在他们看来,不是他们时代的关系和需要的表现,而是永恒的真理的表现,经济学所发现的生产与交换的法则,在他们看来,也不是历史上某种经济活动形式的法则,而是永久的自然的法则,他们以为这种法则是从人的天性中产生出来的。在仔细观察时,我们可以看到,他们所说的人,不过是那时正在转变为资产者的中等市民,他的'天性'只是在于根据那时的一定的历史关系生产工业品并经营贸易。"①

随着资本主义制度被消灭,个人主义的唯利是图的倾向,即是资本家的追逐货币利润的动机便将逐渐地被消灭,并为集体主义所代替。这还有什么可以置疑的呢?依据斯大林同志,在人类历史发展的过程中,只有社会的物质生活条件,特别是人类生存所必需的生活资料谋得方式,才是第一性的,而社会的精神生活乃是第二性的。社会的物质生活资料的谋得方式是不依赖于人们意志而存在的客观现实,而社会的精神生活不过只是这客观现实的反映,存在的反映。资产阶级的个人主义的观点,即是人的爱钱和找钱的动机,乃是资本主义生产方式中,由生产力所决定的生产关系的反映,即是资本主义社会的产物。可是凯恩斯却认为资本主义社会个人主义观点,即是人们爱钱和找钱的"天性"的产物。这即是说,人们的意识形态是第一性的,而社会的物质生活资料的谋得方式只是第二性的。这便是最反动的主观唯心论。

凯恩斯将他的主观唯心论的观点应用到诸经济范畴上,作出了许多荒谬的结论。例如,关于利息的问题,凯恩斯否认在资本主义社会中的利息乃是托根于生产资料的资本主义的私有制,即否认利息的来源是剩余价值。他根本不知道资本主义社会的利息与其他社会的利息本质的区别。相反地,他确认为利息乃是一般地起源于个人的名为"灵活偏好"的爱钱的动机。又此名为灵活偏好的爱钱的动机,又受四种不同的动机决定:(1)收入的动机,(2)业务的动机,(3)防险的动机,(4)投机的动机。这一利息学说的目的,在于替坐吃利息的阶级作辩护,以为利息并非来自工业资本家阶级对于工人所剥削的剩余价值,而是来自人们的名为灵活偏好的爱钱的天性。又如关于需求不足的问题,凯恩斯否认在资本主义社会中,需求的不足是由那些被生产资料的资本主义私有制所决定的分配关系和消费关系所造成。相反地,他却认为它系由于个人的边际的消费倾向的心理的规律。这即是说,随着个人的收入的增加,个人的消费的支出的增量在收入的增量中所占的此例逐渐往下降低。凯恩斯为什么说这个规律是心理的规律呢?因为依照凯恩斯,人的边际的消费倾向,在主观的要素方面,既要受八种减少消费的动机的影响:(1)预防,(2)远见,(3)计算,(4)改进,(5)独立,(6)企业,(7)自尊,(8)贪

---

① 恩格斯:《反杜林论》,人民出版社版,第一八七页。

吝;又要为六种增加消费的动机所左右:(1)享受,(2)近视,(3)慷慨,(4)不计算,(5)排场,(6)浪费等等。因此,他就断定在资本主义社会中有支付能力的需要的缺乏,不是由于资本主义的生产资料私有制,而是由于人们爱钱和找钱的天性尚有美中不足的地方。又如关于经济危机的问题,凯恩斯否认经济的危机是导源于生产社会性质和生产资料的资本主义的占有形式的矛盾,而是由于统治阶级的调节资本主义的生产关系的聪明才智的不足。由此可见,凯恩斯对于资本主义的解释完全是唯心主义的。

凯恩斯不但对于资本主义社会的解释是唯心主义的,而且在分析资本主义时所用的方法,正如上文所指出,乃是形而上学的。全世界学过唯物辩证法的人们都懂得,在社会生活中的各种现象都是相互联系和相互制约的。但凯恩斯,这个英国的市侩,却谬误地以为人的爱钱和找钱的天性,是可以独立存在的。这即是说,它的本质是可以完全不受在它的周围所存在的社会物质生活条件的决定的。因此,由它所引起的资本主义社会亦是可以独立存在的。这便是凯恩斯对于社会生活各种现象的相互联系和相互制约的规律的否定。其次,凡学过唯物辩证法的人们都知道,任何社会形态,在一定的条件之下,都是要发生质变的。但凯恩斯,这个英国的市侩,却认为资本主义社会,由于"它的生产效率最高",所以只能发生数量的增加。但不会由数量的增加引起性质的变化的。即资本主义社会没有被社会主义社会代替的必然性。这便是否认了在社会发展的过程中,由旧质态进到新质态的发展的规律。凡学过唯物辩证法的人们都知道,任何事物在由低级发展到高级的过程中,都不是表现于各种现象的协和的开展,而是表现于各对象或各种现象本身固有的矛盾的发展,表现于在这些矛盾的基础上动作的互相对立的趋势的斗争。可是凯恩斯,这一英国的市侩,却认为在资本主义社会中没有使资本主义必然走向灭亡的矛盾。显而易见,凯恩斯在研究资本主义时所用的方法是形而上学的思想方法。

由此可见,凯恩斯对于资本主义的解释乃是唯心主义的,而他在分析资本主义时所用的方法乃是形而上学的思想方法。由此可见,凯恩斯的世界观乃是形而上学的唯心主义世界观。这一世界观曾被凯恩斯用来否认辩证唯物主义和历史唯物主义的世界现。其目的乃在证明资本主义制度是效率最高的制度,亦是可以用智慧来维持不变的制度。可是,现在谁都知道,凯恩斯的这一荒谬的论断,自苏联第一次五年计划胜利完成任务之日起,已就最后地为事实所粉碎了。

三、凯恩斯的价值论和工资论

除非崇奉拜物教,相信面包可以自由加倍的神话,我们必须承认,在商品经济中,商品是劳动所生产的。马克思在致库格曼的信中说过,"不说一年,那怕在几个星期中,如果劳动停止了,无论什么国民都会死的——这是小孩子都知道的事情"。

商品不但是劳动生产的,而且在生产出来之后,直到消费以前,几乎亦很少离开生产劳动者的双手,所以商品一直是在劳动者手中。徒因生产资料所有权,例如土地、矿山、工厂、铁道等等的所有权,不在劳动者手中,而是在资本家及地主手中,因此,劳动者以其劳动所创造和保存的商品便不为劳动者阶级所有,而为资本家及地主所有。资本家在劳动者所创造的商品(生产资料和生活资料)之中,只以工资的名义,给劳动者一小部分。这便是在资本主义社会中所固有的不可调和的矛盾。这个矛盾随着在资本主义社会中生产力的发展而日益尖锐化。这个矛盾尖锐化的特征便是劳动者阶级和资本家阶级之间,对于生产资料所有权所进行的生与死的斗争。

商品既是劳动者的劳动所生产的,当然商品的双重的性质,(1) 使用价值和(2) 价值,亦是劳动者的劳动所生产的了。马克思教导我们说,体现在商品中的劳动亦是具有双重的性质的:(1) 具体的劳动和(2) 抽象的劳动。商品的使用价值是由具体劳动所生产的,而商品的价值则系由抽象劳动所生产的。商品的使用价值是指商品的满足人的欲望的效用。商品的价值是指体现或凝结在商品之中的人类的抽象的劳动。抽象的劳动与具体的劳动是不同的。具体的劳动是指各种不同性质的劳动,抽象的劳动是指在各种的不同的劳动中所抽象出来的,具有共同性质的生理的物质的支出,即"人类的脑腿、筋肉、神经、手等等的生产的支出"。

商品的价值固是由劳动者的劳动所生产的,但价值的大小,却不是由无论任何个别的劳动时间,而是由社会的必要劳动时间所决定的。社会的必要劳动时间,即是指在平均的生产条件下,在平均的熟练程度和劳动强度下,生产每一单位商品时所费的社会的必要劳动时间。"在英格兰,采用蒸汽织机之后,把一定量的纱转化成布所必要的劳动,也许比以前减少了一半。英格兰的手织工人,为了这种转化,事实上还需要从前一样多的劳动时间,但他一小时劳动的生产物,现今不过代表半小时的社会劳动,它也只有它从前一半的价值"。①

在资本主义社会中,生产资料为资本家和地主所占有。劳动者的劳动力只能转化为商品,出卖给资本家,替资本家从事商品的生产。只有在这一个特定的历史条件下,资本家才能在劳动者所创造的商品价值中,以一部份交给劳动者作为劳动力的价值——工资,而以其余的价值掠为己有。前者称做劳动力的价值;后者称做剩余价值。此剩余价值便是利润、利息和地租的泉源。

资产阶级的经济学者们说,利润是由资本家的生产资料的价值,即由他们所称做的资本所生产的。这是非常错误的。因为从价值构成的观点看来,资本是由不变资本和可变资本构成的;从技术构成的观点看来,资本是由生产手段和劳动力构成的。"劳动过程对劳动对象,添加了新的价值,但同时它也将劳动对象的价值转移到生产品中。这样,以简单的添加新的价值,来保持这项价值。这个双重结果,

①　马克思:《资本论》,第一卷,人民出版社版,第十一页。

是这样获得的:劳动的特定有用的质的性质,将一种使用价值,改变为另一种使用价值,这样保持着价值;劳动的形成价值的,抽象的,一般的,量的性质,添加着价值。……劳动工具只是将它本身所丧失的价值,转到生产品中。……无论在何种情况下,劳动工具都不能放出较它原有者更多的交换价值。在劳动过程中,它只作为使用价值,因此,它只能放出前所已有的交换价值。"① 由此可见,资本家阶级所得的全部的剩余价值都是由现在的劳动所生产出来的了。由此可见,庸俗经济学家们所说的资本家阶级所得的利润来自生产资料的价值,乃是非常错误的。

诚然,在资本主义的生产关系下,劳动者在生产的时候,需要有资本家的生产资料作条件。但这并不等于说,资本的利润是资本家的生产资料——资本所生产的。在化学实验室中作化学实验的人,需要蒸馏器,及其他容器为条件,但化学家在他的分析结果上并不要注意他们。马克思说过,生产资料在价值创造过程中所超出作用,不过只是给劳动者以物质,使劳动者的劳动可以在其中固定下来而已。至于"这种物质的性质如何(是棉花,或是铁),是没有什么关系的。这种物质的价值如何,也是没有关系的。不过必须有充分的量,来吸收在生产过程中支出的劳动量。只要有充分的量,无论它的价值怎样涨落,或竟像土地和海一样无价值,也不能影响价值创造和价值变化的过程。"② 由此可以看出,生产资料纵令为创造价值所必须,但生产资料在生产过程中所起的作用,只是给价值的创造以物质的手段。它连点滴的新价值也是不能够创造的。

前面已经说过商品的价值是由劳动造成的。但凯恩斯以为商品只有交换价值与价格,而没有价值。即以商品的价格来说,凯恩斯亦不承认商品的价格就是价值的货币表现,而是由于资本与劳动"共同生产的"商品所换来的。我们知道,价值或剩余价值都是由劳动者阶级在生产过程中为资本家创造的。资本的利润乃是劳动者在生产过程中所创造的剩余价值。它是由劳动者的剩余劳动变成的。假如劳动者不曾在生产过程中依靠自己底抽象劳动为资本家创造价值,依靠自己底剩余劳动为资本家创造剩余价值,任何资本家也是无法在交换过程中通过交换行为而为自己实现任何利润的。但凯恩斯,根据他的资本与劳动共同生产商品从而取得价格的理论,认为资本的利润是由资本家的生产资料即资本自己所生产的收益做成的。依据凯恩斯,生产资料之所以有价值,乃是由于它们的服务可以在将来生产收益。因此,劳动者只能生产他自己的工资,而不能生产资本的利润。即资本的利润完全是由资本家的生产资料自己所生产出来的。凯恩斯为要使世人相信资本所得的利润是由资本的生产效率来的。并且又唯恐利润率这个名词很容易令人将利润率理解为剥削率,所以就搬出资本的边际的效率的"理论",因为资本的边际的效率这个名词自己,顾名思义地说,也就意味着资本的未来收益只是由现在的资本

---

① 《恩格斯论〈资本论〉》,三联书店版,第九八至九九页。
② 马克思:《资本论》,第一卷,第三篇,第二四〇页。

自己所生产的。因此,在他的"就业理论"中就连利润率这个名词也都不用了。所用的,只是资本的边际的效率。凯恩斯真是不愧为最凶恶的财政资本巨头们的政治代表。他在说话的时候,连一个字、一句话,都是考虑了又考虑,除非这一个字、一句话说了出去,真是有利于资本家而无利于劳动者,他亦绝对地不用它的。凯恩斯玩弄"刀笔"和杀人不见血的地方很多。这不过此中的一例而已。

凯恩斯的最虚伪和最反动的工资论便是建筑在他的最虚伪和最反动的不要价值的价值学说上。

我们知道,工资即劳动力的价格,它是由劳动力的价值决定的。而劳动力的价值,总是小于劳动所创造的总价值的,因此,在资本主义社会中,劳动者阶级绝无收回劳动所创造的价值的全部的可能性。正如上文所指出,在劳动所创造的价值中,劳动者阶级除了取得工资之外,尚须以其剩余价值的全部,无偿地献给剥削阶级,这乃是工人阶级所最难忍受的沉重的负担。但事情还有更坏的。即在资本主义社会中,由于资本的有机构成的提高,由于劳动力的需求的相对的减少,由于工业预备军的大量的长期的存在,由于对女工和童工的榨取,由于资本的垄断程度的增强,和由于其他一系列的不利的原因,"资本主义生产的一般趋势不是使工资的平均水平提高,而是使它降低,也就是说,在或大或小的程度上使劳动(力)的价值低降到它的最低限度。"[1]这样遂使劳动力的价值在劳动所创造的价值中所占的比例越来越小,资本家阶级所占有的部份越来越多。依据资产阶级的经济学家卡勒斯基的统计,在英国(不列颠)的国民收入中,英国在一九三五年工人的工资只占百分之四一·八,美国在一九三四年,只占百分之三五·八。[2] 更严重的,是工人的工资不但在劳动所创造的价值中,即在国民收入中,愈趋相对的缩小,而且还绝对地减少了。其结果是"在二十世纪,英、美、法、意等等资本主义国家工人的实际工资水平比十九世纪中叶还低"。[3]

关于工人阶级工资恶化的情况,可举英国为例,一九三六年伦敦出版了一本由著名的学者——营养研究院院长欧尔所作的著作,书中证明,英国居民中绝大多数的阶层都不能享用含有足够的蛋白质、脂肪、炭水化合物、维他命和无机盐的食物。[4] 依据波多尔爵士的估计,在战前,英国有一半居民,一星期,在食物方面,得不到九辩士,可是九辩士所买的食物是不能给工人所需要的加罗里数的。一九五〇年依牛津大学统计,英国工人实际工资较战前低百分之三〇。[5] 从一九五一到一九五二年,英国工人阶级的营养状态且比从前任何时期更坏:英国劳动者凭配给

① 马克思:《工资、价格和利润》,《马克思恩格斯文选》,两卷集,第一卷,莫斯科中文版,第四二五页。
② M. Kalecki, *Essays in the Theory of Economic Fluctuations*, p. 1.
③ 苏联科学院经济研究所编:《政治经济学教科书》,人民出版社版,第一五四页。
④ 瓦尔加:《二十年来的资本主义与社会主义》,俄文版,第一四二页。
⑤ Kyzensky, *Hunger and Work*, 1938, p. 2.

证所领到的肉类配给额不过战前平均消费量的五分之一。①

可是在另一方面,英国垄断资本的利润却比战前增加两三倍。最反动的英国《经济学家》杂志②引有下列关于英国股份公司利润数字。(单位:百万镑)

年份	利润	年份	利润
1938	828	1949	2 032
1943	1 598	1950	2 447
1947	1 933	1951	2 952
1948	1 996		

这就是说,英国的垄断资本家阶级的利润比一九三八年增加了三倍。

可是凯恩斯的工资学说是怎样来处理这个问题的呢?他说,工人的工资不是工人的劳动力的价值,而是劳动的价值。这等于说,工人阶级以工资的形式获得了劳动所创造的全部的价值。他的意思是说,资本家对于工人是丝毫也没有什么剥削的。说到工人的实际工资在资本主义各国内,日在往下降低的问题,依据凯恩斯的意见,那亦不是由于资本对劳动剥削的增加,而是由于工人的劳动所生产的价值少了,资本所生产的多了。尤为要紧的,是工人的实际工资还要继续地往下降低。这便是凯恩斯辈,为给垄断资本作辩护,所捏造出来欺骗工人的工资的基本"理论"。这个"理论"包含两个命题:

一、无论在任何时候,工资等于劳动的边际生产物;

二、在充分就业之时,工资的效用,当着劳动的一定量被雇佣时,等于这一定量就业劳动的边际的苦痛。在有失业存在之际,工资的效用大于劳动的边际的苦痛。

(一)什么叫做劳动的边际生产物呢?又劳动的边际生产物又是怎样等于工人的工资呢?依照凯恩斯辈的意见,劳动的边际生产物,即等于社会上增加一个工人所增加的劳动生产物。"边际"是指增加的意思。为了说明起见,假令世上新增了一个工人找不到工作,而且世上已无备而不用的机器存在了,那么,怎么办呢?凯恩斯辈说,这个办法很简单,即将后到的工人一并吸收在企业之中。此新增的工人,虽然没有备而不用的生产手段给他使用,但亦可以计算出他的劳动的生产物。这个计算法亦是很简单的。假令这个企业在没有吸收这个工人以前,全部生产物为一千件值一千元。每一工人的工资为二件值二元。吸收以后,在一定时间内,全部的生产物由一千件增到一千〇一件。假令其他条件相同,那么此增加的一件便是这位新增工人的劳动的边际生产物了。因为此新增的工人,虽然也使用了资本,但他所使用的只是无偿的资本的潜力,这就等于他使用最坏的没有什么价值的资

---

① 瓦尔加:《帝国主义经济与政治基本问题》,人民出版社版,第五四页。
② 一九五一年四月二十一日及一九五二年三月十五日。

本的来生产相同。因此,此新增的工人,在这无偿的边际资本的潜力上,所生产的这一件生产物,便是劳动的边际生产物。劳动的边际生产物既只等于一件,那么依照同一的商品只有同一的价格的原则,工人的工资便将由二件降为一件,由二元降为一元。工人的工资既降为十元,那么,凡从前得二元的便当有一元化作资本所增加的利润。由此可见,随着工人就业的增加,工资将减,利润当增。只要工人降低工资,资本家阶级为了利润的增殖,是乐于增加工人的。工人不患无工作,只患工人不能满足于日益降低的边际劳动生产物,工资。

应当着重地指出,凯恩斯的这一个命题是建筑在劳动收获递减的"规律"上。这个"规律",是反科学的。它与人类几千年来的劳动经验的总结不符合。即与劳动的协作与分工创造新生产力的规律不符合。依照劳动协作与分工的规律,十个人同作一个工作,其产品总比单独工作的十个人的产品之总和要多些。一个骑兵连的攻势,总比零散的骑兵攻势要大得多。泥水匠在搬砖时,一个连接一个传递,总比每一个泥水匠单独搬运的速度要快得多。在某一些工作上,离开了以分工为基础的共同的劳动,尚且是无能为力的。例如兴修水利,开凿运河,建筑铁路等等。在另外的一些工作上,离开了共同劳动,许多年来辛苦劳动的成绩尚将化为乌有。如抢救水灾、火灾、蝗灾、收割谷物、剪羊毛等等。而且这一协作和分工的规律,还在原始共产主义的时代,便发现了。所以原始人无论在打猎、捕鱼或务农上都是集体的。这个规律到了奴隶社会中,虽在不同的生产条件下,仍是继续发生作用。因此古代许多的伟人的建筑物,如埃及的金字塔,中国的万里长城,罗马的古剧场等等,都是共同劳动的产物。这个规律经过封建的社会、资本主义的社会,直至社会主义社会,在由简单到复杂的形态下,一直在继续地起作用,而且作用的范围是越来越广阔的。由此可见,这个协作与分工的规律乃是为人类各个不同的社会形态所共有的规律。这个规律另一个说法,就是增加一个人所增加的产物不是递减而是递增的。因此,十个人同作一个工作,方才能够比单独作工的十个人的产品之总和要多些。我以为这个道理是连小孩子也知道得很清楚的事情。可是凯恩斯不知道这个道理,相反地,他却以为,随着工人就业的增加,由此新增的工人所增加的产物,即劳动的边际生产物不是更多而是更少。这等于说,十个工人合在一起工作所得的产品比较十个人单独工作所得产物更少。由此可见,凯恩斯辈的劳动的边际生产物递减的臆说,完全是不存在的。不但在古代是不存在的,连现在也是不存在的,将来也是不存在的。由此可见,这个学说完全是反科学的。

至凯恩斯辈之所以要凭空地建造这一工资的"规律",乃是由于他想要以此荒谬的学说来辩护垄断资本家阶级残酷地压低工人的实际工资是应该的。他的辩护的理由是这样:即工人工资的减少是由工人生产得更少了。在事实上,工人今日工资之少,完全不是由于工人生产得太少,而是由于工人所生产的更多又更多的生产品,在资本主义制度下,被垄断资本家们剥削去了。

应当着重地指出,凯恩斯在说明劳动的边际的生产物递减的时候,系假定生产的技术不变,这是完全不合事实的。谁都知道,在人类历史上,生产的技术是随着机器的发明和劳动的协作与分工的扩大而继续往上增加的。由于凯恩斯假定的历史前提不存在,所以他的工资学说的第一个命题,便为机器的发明和协作与分工创造新生产力这一历史的规律所粉碎。关于就业的增加和劳动生产率的关系,一般地说来,资本家只有在生产设备有一定量的剩余或尚开工不足时,才会在现有生产设备上增加就业量。然而如果当就业增加时,现有生产设备开工不足的程度减少,则其结果不应是劳动生产率下降,生产成本费用增加,像凯恩斯企图令人相信那样。在这种情形下增加就业,恰恰应该引起相反结果,即劳动生产率增加,单位产品的成本降低。如果说,现有生产设备已经完全运用,那么,便绝对没有理由像凯恩斯那样设想,说资本家不增加购买生产设备的费用而会增加就业。通常新建置的生产设备总是比旧有的更完美,所以当就业增加时,新建置的生产设备开始运用,那么,共结果也应该是劳动生产率提高,产品成本降低,特别是在总危机时期,由于市场尖锐化,企业经常开工不足,把劳动收获递减的原理应用到这种情况下,其荒谬尤为显著。[1] 由此可见,庸俗经济学的头目凯恩斯及其党徒所宣传的劳动的边际生产物递减的工资学说,完全是捏造出来骗人的。

毫无疑问地,在纯粹资本主义的社会中,工人阶级所创造的价值乃是国民收入的全部的价值,作为资本的生产资料,正如上文所指出,是不能自己创造利润的。因为利润乃是剩余价值底转化形态。凯恩斯辈在工资理论中,以为资本的利润率是资本自己所生产的收益率,并给他取个美名,叫做资本的边际的效率,这乃是把资本看做赋有生命的人看待。其实也就是原始人将自己的劳动生产物、泥菩萨,加以神化,并拜倒于其下的拜物教的新形态。不但毫无科学的根据,简直是反科学的。

(二)凯恩斯的工资理论的第二个命题是说,当充分就业之时,工人在生产的时候,辛苦地劳动虽有所失(苦痛),但在生产之末,以工资所买的消费资料来享受时却有所得(效用)。工人既然全部参加了工作,足见工人从劳动所得的消费资料的效用,恰足以补偿他因劳动所受的苦痛。因此,工资的效用恰正等于劳动的苦痛。在失业存在之际,工人希望工作尚不能得,就工人全体来说,足见工人认为从劳动所得的工资的效用尚且大于工人因劳动所受的苦痛。因此,他说,工资的效用大于劳动的苦痛。这便是凯恩斯辈的工资学说的第二个命题的意义。

果然工人从工资方面所得的享受,在充分就业之时,恰正足以抵偿工人在劳动方面所受的苦痛么?而在失业存在之际前者尚且大于后者吗?在生产资料为资本家所独占的历史条件下,工人只有两条路可走:一条是出卖劳动力,一条是饿死。与其饿死,不如廉价出卖劳动力,工人并不感到这是一种公平的交易。更因工人在共所创造的财富中,以工资的形式所取得的那一份如此之小,即用以满足最迫切的

---

[1] 伏尔金:《凯恩斯是垄断资本的思想家》,人民出版社版,第一一五页。

要求,亦嫌不足,甚且时有失业的危险。可是,在他方面,资本家阶级虽不参加生产,但以利润的形式所分得那一份如此之大,甚且日在增加。而且失业越增加,工资越降低。在这一件事实上工人确是感到他们所得的只是奴隶的生活,而所失的乃是一切。这表现在工人阶级自资本主义诞生以来不断地爆发经济斗争与政治斗争上。然而凯恩斯却说工人在充分就业之时,从工资方面所得的享受恰足以抵销在劳动方面所受的苦痛。而在失业存在之际工人从工资方面所得的享受尚比劳动方面所受的苦痛更大。这就是在说谎话。

总结地说,凯恩斯辈的工资理论是完全违背客观现实的。(1)在资本主义社会中,资本家取得利润,只是由于生产资料的资本家所有制所造成,而不是由生产资料所生产。如果生产资料不为资本家所有,资本家还能够取得利润么?当然是不可能的。(2)在资本主义社会内工人的实际工资日益降低,只是由于工阶级没有生产资料所有权,而不是由于劳动的边际生产物下降。假如工人阶级共有生产资料,请问工人的实际工资还会日益降低么?这当然是不可想象的。一九五三年,正当着资本主义各国工人的实际工资往下降低的时候,苏联工人的实际工资一直在往上飞升。一九五三年苏联全国工人和职员的实际工资此一九四〇年增加百分之六十五,比较革命前大约高五倍。[1] (3)在资本主义社会中,失业常备军日增。这并不是由于工人的实际工资不低(在事实上工人的实际工资在资本主义各国内,已经是一代不如一代了),而是由于资本家们为了竞争超额的利润,将资本的有机构成提高了,不断地以机械代替劳动力,由是造成失业常备军。假如资本主义为社会主义所代替,尽管工人的工资日益增加,失业还有重演的可能么?当然是不可能的。我们知道,苏联还在第一个五年计划期间(一九三〇年)便已完全消灭失业了。凯恩斯辈在研究工资的理论的时候,不能说毫不知道工人实际工资的降低,是由生产资料的资本主义所有制的原故,然而因为这个原因的揭露,必致引起工人阶级对资本主义的革命。为了避免革命,并把资本主义从不可避免的灭亡中挽救下来,他于是不得不撒谎说:实际工资的降低的其实原因不是资本主义所有制,而是由于劳动的边际生产物的降低;除非工人的工资降低,失业必然增加。并且以此理论作烟幕,来替垄断资本向工人的生活水平猛烈进攻创造条件。

为什么他一定要这样撒谎呢?凯恩斯自己说过,工人的阶级"不是我的阶级。当着阶级斗争发生时,我的地方的和个人的忠心,像其他的人一样,除开某些不悦意的狂热的人而外,总是向着我自己的周围的。我也能受我所视为公正和善意的影响,但是阶级的战争必然发现我站在有教养的资产阶级的一边。"[2]由此可见,凯恩斯在作"工资理论"时,不惜虚构事实,并不惜藉助于拜物教,将商品形态的资本神化,来替独占资本家们建造进攻工人阶级的生活水平的理论根据,实在不是一

---

① 苏联科学院经济研究所编:《政治经济学科书》,第五〇〇页。
② *Essays in Persuasion*, p. 524.

件偶然的事。

四、凯恩斯的就业论

失业乃是资本主义的永恒的侣伴。在资本主义社会中,随着资本的增长而来的是资本有机构成的提高,即在日益增加的资本的总量中,不变资本所占的比例越来越大,可变资本的比例越来越小。但是资本对于劳动力的需求不是由不变资本的部分决定,而是由可变资本的部分决定。因此随着资本的积聚和集中,随着资本的有机构成的提高,资本对于劳动力的需求必然相对地降低,结果便有很大一部分的工人找不到工作,而形成工业后备军,即是失业军。在自由竞争占统治地位的资本主义的时代,工业后备军虽然随着危机来临而扩大,但在高涨的时期,由于再生产过程扩大加速,在工业预备军中,尚有相当大的部分被吸进工业劳动军中。可是随着资本主义进入到垄断组织占统治地位的阶段,特别地是随着资本主义进入到总危机的时期,由于在世界六分之一土地上,无产阶级的社会主义革命的胜利,和资本主义的统一的无所不包的世界市场的瓦解;由于资本主义的寄生性和腐朽性的更进一步的增加;由于在财政资本的统治下,工人阶级及劳苦大众相对贫乏化和绝对贫乏化的增长,资本主义各国的市场不但相对地而且绝对地缩小了。伴之而起的便是企业经常开工不足,经济危机日益加深,失业问题愈趋严重,工业预备军于是一变而为工业常备军。以英国而论,在二十世纪初年(1900 到 1918)英国失业者在工人中尚只占百分之二到五。二十年代便增加到百分之十二。三十年代便增加到百分之十六。在 1929 到 1938 年危机中竟达百分之二十二(300 万人),不仅失业的规模加大,而且在失业工人中在一年以上找不到工作的,与日俱增:[①]

年份	百分数	年份	百分数
1932	21.1	1937	21.3
1933	25.4	1938	19.3
1935	28.5	1939	25.8
1936	25.1		

此外,还有五分之一到四分之一的失业工人很长时期得不到就业。自 1945 年以来,这种趋势在美国表现得尤为显著。由此可见,失业是资本主义永恒的伴侣。除非消灭资本主义,失业是不会消灭的。任何就业的学说,如果在一方面,要保持资本主义,可是在另一方面,又说要消灭失业,如果不是由于作者的愚蠢无知,那便必是由于他的欺骗成性了。

---

① 布留明:《现代英国资产阶级政治经济学批判》(Критика Современной Еуржуазной лолитической экономии Англии),第 172 页。

凯恩斯就是主张在一方面保持资本主义,在他方面实现充分就业的。依据凯恩斯的主张,在资本主义社会中,工人经常失业的原因只是由于在资本主义社会中,资本家赚钱太少,工人的工资太高,而不是由于什么其他的原因。又他以为资本家之所以赚钱太少,乃是由于在资本主义社会中有支付能力的需求不足,同时亦是由于工人的工资太高。但是这些缺陷亦非由于资本主义制度本身有何不可克服的矛盾,而只是由于国家对于经济生活采用放任自由主义之故。一旦国家起而干涉全面的经济生活,在一方面,以直接的和间接的手段,提高具有支付能力的需求,增加资本家的利润,在他方面,更以经济的强制的手段,降低工人的实际工资,失业现象便消灭了。由此说来,失业并非资本主义永恒的伴侣,但只是在资本主义社会中偶然发生的病象,而且这个病象是完全可以医治的。这便是凯恩斯的反动的就业理论的大概。

凯恩斯以他的已为事实所粉碎的工资理论作根据,强调指出,随着具有支付能力的需求的增加而来的就业的增加,工人的实际工资倾于逐渐降低。只要工人的实际工资逐渐降低,资本家的利润率总是越来越高的。资本家的利润率既然越来越高,资本家必然乐于多用工人,充分就业于是大有可能。因此之故,只要国家起而全部干涉经济,以国家的力量来提高具有支付能力的需求,充分就业便不但有可能性而且具有现实性。凯恩斯企图以它的充分就业的理论作花招,来动摇工人阶级对于马克思的工业后备军理论的坚定信念,使他们相信失业并非资本主义永恒的侣伴,来转移他们的斗争的意志,即由暴力的革命转向改良主义。从而实现他的保持资本主义万世不灭的妄想。并以它的充分就业理论作花招,更进一步地向工人阶级的生活水平进攻,从而保证垄断资本的最大限度的利润。

凯恩斯在他主张以国家的力量,提高具有支付能力的需求的时候,认为商品的需求包含两个部分:(1) 对于生产资料的需求,(2) 对于消费资料的需求。在这两种需求之中,首先要提高的乃是生产资料的需求。一来呢,因为在资本主义社会的总需求中,生产资料的需求所占的比重特别的大。再来呢,随着生产资料的需求的提高,消费资料的需求也要跟着提高。但怎样来提高对于生产资料的支付能力的需求呢? 在这一个问题上,凯恩斯暴露了他的有调节的资本主义的实质。这即是说,凯恩斯的有调节的资本主义,就是在帝国主义时代,列宁所指的国家垄断资本主义。

什么叫做国家垄断资本主义呢? 国家垄断资本主义就是财政寡头专政。它的唯一的任务就是将国家机器置于资本主义的垄断组织之下,由它来干涉经济。在资本主义总危机时期,特别是要实行经济的军事化,用以保证最大限度的利润。这个主义在对内经济政策上,主张由财政寡头利用国家机器,盗窃国库,向垄断组织以高价订购货物,特别地是在准备和进行战争时期,发行公债,向垄断组织大量地订购武器、装备和给养。用国库的钱建造兵工厂,建造以后,又把他们交给垄断组织支配,并要借口鼓励"经济主动性",付给垄断组织以最大的补助金,或在虚伪的国有化的旗帜下,给"国有化"企业的老板,以优厚的赔偿金。或透过中央银行,膨胀通货,降低实际工资,……用以增加垄断资本的最大利润。而在对外的经济政策上,则由国家鼓励和津贴商品输出和在世界市场上倾销,鼓励资本输出,对进口货规定高额关税,汇兑率贬值,用以助长倾销夺取市场、原料产地、投资地和军事基地,来保证最大限度利润。可是,在另一方面,却把一切的经济重担,转嫁在劳动人民身上。列宁写道:

> 无论美国或德国其"调节经济生活"的方式都是给工人(和一部分农民)造成军事苦工营,给银行主和资本家造成天堂。这些国家的调节办法就在于使工人"紧张"到挨饿的地步,而(用秘密,反动官僚手段)保障资本家获得比战前还高的利润。①

凯恩斯就是用上述一系列的国家垄断资本主义的方法,来增加生产资料的需要和价格的。

凯恩斯在就业理论中,为了提高生产资料的需求与价格,曾经主张在一方面,由帝国主义的国家,盗窃国库,直接向垄断组织订货或直接地建造工程,特别地是实行经济军事化,向垄断组织订购军火、装备和给养。尤为重要地是用公债,来订购军火。这样,既可保证财政巨头们的巨大的利润,同时,又可使他们得到利息。他说"战争是政治家们认为正当的大规模的公债支出的唯一的形式"。它是"在进步中起着作用的"。② 甚至用膨胀通货的方法也是好的。由此可见凯恩斯的就业理论的目的,乃是给国民经济军事化建造理论的根据。凯恩斯就是用这种方法,即国民经济军事化的方法来刺激生产资料的需求与价格的。一九五一年英国在每五个工人中,就有一个人是直接地或间接地为战争而工作。这种庞大的军火的生产就是以凯恩斯的国家垄断资本主义的理论做根据的。

另一方面,凯恩斯主张,由帝国主义的国家,利用中央银行,增发通货,抬高物价,冻结货币工资,保障财政巨头的最大的利润,从而鼓励他们增加投资,于以提高生产资料的需求。

凯恩斯放出烟幕弹,说什么增发通货在于降低利息率和打击坐食利息的阶级,这完全是在撒谎。因为在资本主义社会中,坐食利息的阶级与坐食利润的阶级乃是属于同一的垄断资本家阶级,他们都是剥削工人阶级以自肥的,决不能说两者有任何的区别。而且他们剥削工人阶级的基础,也都是建筑在他们的生产资料的所有制上。凯恩斯既要保存生产资料资本家所有制,便是要保护坐食利息的阶级。既要保护坐食利息的阶级了,又说要打击坐食利息的阶级,除了说谎话外,是不能有其他任何的解释的。

---

① 《列宁文选》,两卷集,第二卷,莫斯科中文版,第一〇六至一〇七页。
② Keynes, *The General Theory of Employment, Interest and Money*, Chap. 17, p.130.

凯恩斯把工人阶级当傻瓜,欺骗工人说,随着货币供给的增加,利息率可以降低到零点,此时食利阶级便消灭了。他说,利息率乃是纯粹的货币的现象。因此利息率高低将由货币的需求即凯恩斯所谓灵活的偏好和货币的供给决定。凯恩斯说,货币的需求虽不是国家机器所能控制的,但货币的供给是可以的。因此利息率的高低,可由国家的机器——财政部与中央银行,以增加货币供给的方法,来控制利息率。但凯恩斯连下述这个简单的道理亦不知道,即利息的产生乃是由于资本的所有权和资本的使用的分离。利息的源泉是剩余价值。它是平均利润的一部份。利息率一般不能高过平均利润率,只在危机时期除外。因此利息率的高低决不是纯粹的货币现象而是与整个的资本主义再生产的周期性有着因果蝉联的关系。马克思说过,"在繁荣,再生产过程大扩张、加速,并且加强的时期","就大多数情形来说,工资稍微涨高,使工资在商业循环的其他时期低于一般水平之下的情形,得到少许的补偿。此时资本家的收入有显着的增加,消费有一般的增加,商品的价格有通例的增加,至少在几种重要营业中是如此。""因为那包含工资在内的社会收入的一部份是由工业资本家以可变资本的形态(经常是货币形态)予以扩张的,从而在繁荣时期便需要有更多的货币来流通。"①其结果将造成繁荣时期作为收入消费之用的货币的增加。至于资本家用作转移资本的货币,因在买卖的时候,也是信用最富有弹性和最容易的时候。在一方面,商业信用以票据的方式在工业资本家之间周转,以继续不断的背书当作支付手段,根本用不到货币。因此需用以作移运资本之用的货币便相对地减少了,虽然绝对的数目仍是增加的。比起货币的需求来,货币的供给确是相对地减少了。可是,在这时间里,利息率涨高极微。这是由于商业的信用增加之故。

在危机爆发时期,情形正与前相反。再投资与新投资没有了,价格低落,工资亦然;工人数目减少,交易次数缩小。在另一方面,由于资本家生产过程突然瘫痪,信用突然动摇,商业信用,稀少而收缩,又票据贴现的需求相应地增加。换句话说,随着商业信用的缩减,对于用作支付手段的货币的需求行将增加。此时,因为为了偿还债务以应付到期的期票而所发生的对于货币的需求增加得太快了,绝非那份用作收入的消费的流通资金的收缩所能抵销。货币的需求于是有整个的增加。在这一个情况下,货币的供给纵令与从前相同,但由于商业信用减少了,利息率却达到了极端剥削的顶峰。因此,马克思说,商业繁荣时期或在意外利润的时期,利息率有一般的降低,在繁荣和在危机的过渡时期利息全涨高,而在危机的时期利息率达到极端剥削的顶峰。②

由此可见,利息率的变动不仅决于货币的供给与需求而且决于商业信用的供给与需求。凯恩斯将货币的供给与商业信用的供给不加区别,这是错误的。又商

业信用之所以有时增加,有时减少,从而影响利息率则完全是由于资本主义再生产的周期变化的影响。因此在繁荣时期里是一种利息率,在危机时期里又另外是一种。但凯恩斯竟以为利息率只是货币的现象而此现象又是一小撮掌握国家机器的财政巨头,透过财政部和中央银行的膨胀货币的方法,所能控制的。这就是假定财政资本巨头是万能的。即利息率不是由独立存在于人们的意志之外资本主义再生产与流通的规律决定。恰巧相反,资本主义的再生产与流通倒是由一小撮的财政资本巨头们的自由意志决定,这即是说,只要这一小撮的财政资本巨头们轻轻地将货币"水库"之门一开,利息率就降为零了。凯恩斯是财政资本巨头们的忠实的奴仆,当然他要拜倒于财政资本之前,高呼"皇帝陛下万能"了。可是事实不是如此简单的。由此可见,凯恩斯的利息率的学说,是主观唯心论的,从而也就是反科学的。

诚然在一定的经济条件下,银行增发货币可以在某种程度内降低利息率。马克思在《资本论》第三卷中批判英国一八四四年的银行法时,早说过了:

> 一八四四年的银行法,直接地刺激整个商业界,要他们在突发的危机面前,及时贮藏多量的银行券作为准备,从而把危机加速,并且加强;这个银行法,既然在最紧要开头,人为地,增加了对于货币通融的需要,那就是,增加了对于支付手段的需要,而同时又限制它的供给,所以就在危机中,把利息率抬高到了空前未闻的高度。①

这即是说,货币的供给与利息率在一定的经济条件所允许的范围内,和在一定的程度之内,有降低利息率的作用。但马克思从没有说,在一切条件之下,货币的供给对于利息率都有直接的影响。他说:"流通的绝对量,只在紧迫时期,对于利息率会有决定的影响。""如果不是这种情形,流通的绝对量,就不会影响于利息率。……""在一八二二年,一八二三年,一八三二年,一般的流通是在低位,利息率也低。在一八二四年,一八二五年,一八三六年,流通是在高位,利息率也提高。一八三○年夏,流通是在高位,但利息率也低。自金矿发现以来,全欧洲的货币流通扩大了,而利息率提高。所以,利息率决不是依存于流通货币的量。"②然而凯恩斯则以为在一般的情况下,货币的供给对于利息率都有决定的影响,这就是反科学的。

马克思说过:利息率是受借贷资本的需要和供给关系影响的。但同一现金总量,在某些条件下,可以以几度当作借贷的资本,而在另一些条件下连一次借贷资本都不能够作。当着商业信用发达,商品流通加速的时候,不但商业的信用可以充任流通的手段和支付的手段,而且同一货币量可以充作好多次的借贷资本,在商业

---

① 马克思:《资本论》,第三卷,第五篇,第三十四章,第七一九页。
② 马克思:《资本论》,第三卷,第五篇,第三十三章,第六八四至六八五页。

衰败的时候,不但商业的信用减少了,而且同一货币量也许会作为呆滞的存款沉淀在银行的金库中。由此可见,利息率的变动完全是由于资本主义再生产周期变化所决定的。

凯恩斯甚至以为在保存资本主义不变的条件下,可以将利息率降低近零和消灭食利的阶级。这简直更是骗人了。在自由竞争占统治地位的资本主义的阶段,银行资本家和工商业资本家虽然尚未完全合而为一,但银行资本家是根据他底资本底所有权,分取工人阶级所创造的剩余价值的,在这一点上他是和工商业资本家也是要完全一样的。否则工商业资本家不能从银行资本家得到借贷资本。资产阶级的国家机器没有将利息率降低到零的愿望与可能性。到了垄断组织占统治地位的资本主义阶段,即在帝国主义的阶段,此时银行资本家和工业资本家都是由少数财政资本巨头兼任。这些财政资本巨头,既是银行资本家又是工业资本家。在银行资本家和工业资本家之间也无界线可分。而且由他们自己,并不仅是透过他们的政治代表,直接控制国家机器,公开地劫掠人民大众的财富,以饱私囊。国家机器既为财政资本巨头所控制,而财政资本巨头们又像吸血鬼一样,必须吃劳动者的鲜血,才能有生命。除非吸血鬼们被消灭,利息率永无被降低近零并消灭食利阶级的可能性。以美国而论,一九三一年,食利者从有价证券得到的收入为八十一亿美元,超过同年中三千万农业人口货币总收入的百分之四十。而美国这个国家的机器又为食利者所控制。他们之不能以他们的自觉的努力,消灭他们自己,正如豺狼虎豹之不能以他们自己的自觉的努力,拔掉他们自己的爪牙一样。蒋介石匪帮不是天天在那里叫嚣,他要以法律的手续,来实行节制资本、平均地权吗,但地权和资本是否可以不经新民主主义的革命来平均来节制呢?又蒋介石匪帮是否真的要平均地权、节制资本呢?抑还是只在口头上要节制资本、平均地权,可是在骨手里却只要以它作幌子,来反对无产阶级革命,从而挽救地主阶级和买办阶级呢?现在连小孩子都能对这些问题作出很正确的答复。由此可见,凯恩斯扬言,要以财政资本巨头自己的自觉的努力,凭藉和平的手段,来消灭食利的阶级,不但是不可能的,而且是别有用心的:即想以它来欺骗无产阶级,麻痹无产阶级的斗争意识,否定社会主义的革命,从而挽救摇摇欲坠的资本主义制度。这便是凯恩斯的增加货币的供给和降低利息率的反科学反人民的本质。

应当着重地指出,凯恩斯主张由帝国主义国家,利用中央银行,增发通货的目的,完全不是要消灭食利阶级,而是在于要以它来提高成品的价格,其目的乃在以此来降低工人阶级的实际工资,保障财政巨头的最大限度利润,鼓励他们增加生产资料的需求的。因为凯恩斯乃是坚决地主张,在增加通货和抬高物价的条件下冻结工人的货币工资和降低工人的实际工资的。他说:

> 虽然降低现行的货币工资会引起工人的罢工,但是用抬高物价的方法来降低工人以其消费品来计算的货币工资的价值,是不必一定会引起工人的罢

工的。①

凯恩斯很羡慕在十六世纪的时候,由于美洲那里发现了更丰富更容易开采的金银矿,欧洲流通的金子和银子增加起来了,物价涨高了,然而工人们出卖自己的劳动力所得的数目,还与从前一样,是就促成了十六世纪的资本增殖和资产阶级的兴盛,因而他很想仿效一番。他说:"当黄金可以在适当的深度取得的时候,世界的财富迅速地增加;而当着它很少可以这样取得的时候,我们的财富便遭受了停滞和衰落。"②因此他竭力鼓吹膨胀通货,降低实际工资,来填塞财政资本巨头贪利无厌的欲壑。可是他在鼓吹之时,却又将它的凶恶的面貌笼罩着一层好看的轻纱。他说,这是最公平的,因为工人的工资恰正等于工人的递减的"劳动边际生产物",即等于劳动所创造的价值的全部。他又说,降低工人的实际工资的目的乃在实现"充分就业",这对于工人阶级还是有利的。可是,在本质上,他乃是想以通货膨胀,抬高物价,来降低工人的工资,用以实现财政资本巨头最大限度的利润。其余一切都是假话。

凯恩斯就是这样地主张,以盗窃国库,膨胀通货,提高物价,降低工人的实际工资,保证财政资本的最大限度利润,来刺激生产资料的需求的。

凯恩斯以为只要对于生产资料的需求能够提高,那么,消费资料的需求便能跟着提高,从而需求便能全面的提高,利润率于是有全面的增加,社会总产品的再生产与流通便将扩大了又扩大,就业便将增加了又增加,一直达到充分的就业为度。为说明这一整个过程起见,凯恩斯提出了他的极其庸俗的就业乘数的理论。

为了彻底地揭露凯恩斯的"就业乘数"理论的庸俗性,我们必须略一回顾马克思的社会总资本(指商品资本)的扩大再生产与流通的学说。依据马克思的分析,社会总资本的扩大再生产必须具备一个基本的条件:即在生产资料的生产部门和消费资料的生产部门之间,必须要有一个适当的比例。在扩大再生产的场合下,生产资料的生产部门所生产的生产资料,除了本部门用以维持和扩大本部门的生产规模外,所余的生产资料必须既不多又不少地恰够消费资料的生产部门,用以维持和扩大该部门的生产的规模,而且尚必须要能够向该部门换取足够的消费资料回来,否则本部门的资本家和工人均会没有消费资料来消费,从而便不能扩大本部门的再生产。同时,消费资料的生产部门所生产的消费资料,除了本部门留了出来专供本部门消费而外,所余的消费资料必须既不多又不少地恰够生产资料的生产部门所需要的消费资料,并且还须要能够向该部门换取本部门所需要的恰够用以扩大再生产规模的生产资料回来,否则本部门便没有足够的生产资料来生产,从而便不能扩大本部门的再生产的规模。在这两大生产部门之间,前一部门的供给,构成后一部门的需求,后一部门的供给构成前一部门的需求。两者的相互需求与供给,

---

① Keynes, *The General Theory Of Employment*, *Interest and Money*, Chap. 2, p.8.
② Keynes, *The General Theory Of Employment*, *Interest and Money*, Chap. 10, p.130.

无论在性质上和在数量上都必要完全相等,而后乃能圆滑地扩大再生产。可是在资本主义的生产资料私有制下,生产都不是依计划按比例的生产,而是为价值而生产,为取得更多的货币而生产,为自己所不知道的市场而生产。它是受自发的价值法则所支配的。因此适当的生产的比例,便不能不遭受经常的破坏。马克思说过:

> 若我们设想一个非资本主义的社会,那就是设想一个共产主义的社会,货币资本已被消灭,从而,由此引出的交易上的烟幕亦已被消灭。那么,问题便会简单地化为:社会必须预先计算,能用多少劳动,生产资料和生活资料,在某种事业上,而不致有害。例如铁路的建筑。那必须有一个长时期(一年或一年以上)不提供任何生产资料或生活资料,也不会提供任何有用的效果,但会从全年的总生产中夺去很多的劳动,生产资料,和生活资料。但在资本主义社会,社会的理智屡屡要到事情过后才起作用,因此,众多的大扰乱将会不断发生而且必然不断发生。①

马克思于是作出结论说,资本主义扩大再生产,必是通过"困难"、"波动"、"危机"来进行的。"因为在资本主义生产的自发性的情况下,均衡本身乃是一种偶然的现象。"②

凯恩斯的就业乘数的学说,乃是一种庸俗的扩大再生产的学说。它的意义是说,不问各生产部门的生产是否失衡,只要生产资料的需求增加,消费资料的需求倾于增加,就业就可以倍增。例如在生产资料的部门中,增加了一元的需求,那么,这增加的一元便必然用来买进生产资料,同时这一元的价格变为生产资料生产部门的资本家和劳动者的收入。如果他们把它用来增加消费资料的需求,那末,生产消费资料的资本家和工人在出售消费资料之后必然又增加一元的收入。如果后者又拿来买消费资料,那么,消费资料生产部门又必然再增加一元的需求和收入了。由是递增以至收入为无限的增加,结果必然实现充分就业。用公式来表示它,即

$$1 + 1 + 1 + 1 + \cdots + 1 = \infty$$

：生产资料的需要	：消费资料的需求	：收入乘数倾于无限大

---

① 参阅马克思:《资本论》,第二卷,第二篇,第十六章,人民出版社版,第三七八页。
② 参阅马克思:《资本论》,第二卷,第三篇,第二十一章,第六二二页。

收入乘数与就业乘数被凯恩斯假定为一致的。收入乘数既然倾于无限大,那么,就业乘数亦当倾于无限大了。

如果生产资料的生产部门的资本家和工人取得了一元收入之后,只以一半来买消费资料,以一半来储蓄,那么,消费资料生产部门的资本家和工人的收入便只增加半元。如果他们在这半元之中,再以一半储蓄,一半消费,那么,该部门的资本家和工人的收入便只能再增加二角五分。由是一次又一次地继续减少下去,那么,消费资料生产部门的收入便将只以一元为界。即总收入的乘数为二。收入乘数消费资料的收入生产资料的收入就业乘数亦为二。

$$1 + \frac{1}{2} + \frac{1}{4} + \frac{1}{8} + \cdots = 2$$

| : 生产资料的收入 | : 消费资料的收入 | : 收入乘数 |

如果生产资料的生产部门在它所得的收入一元之中只以三分之一来消费,又其余取得这收入的人亦以三分之一来消费,那么,收入或就业的系数便当为1.50 了。

$$1 + \frac{1}{3} + \frac{1}{9} + \frac{1}{27} + \cdots = 1.50$$

| : 生产资料的收入 | : 消费资料的收入 | : 收入乘数即就业乘数 |

凯恩斯由此得出结论说,在一定的生产资料的需求之下,就业乘数的增加,是与人们"边际的消费的倾向"成正比例的。边际的消费的倾向越大,就业乘数亦越大。就业乘数越大,那么,充分就业便可能实现。附带说明一句,即凯恩斯所谓边际的消费倾向即是指个人用以购买消费资料的增量在收入增量中所占的比例。

骤看起来,好像凯恩斯发明了什么大道理。仔细一想,便知凯恩斯是连作为资本的货币与作为流通中介的货币的本质的区别都是不知道的。不但他自己不知道,连他的老师马夏尔也是不知道的。这个区别是说,作为流通中介的货币是用来购买商品的。买完商品之后,货币便离开它的主人而到别的主人手里去了。在其他条件不变的情况下,自离开它的主人而后便永别了。可是作为资本的货币不然,它在离开它的主人之后,不但要回来,而且必须要带着更多的货币回来。否则资本家所投下的货币资本便无法收回,结果不但不能扩大再生产,连单纯再生产也不能保持了。现在我们所要问的即资本家在投出货币之后,如何才能把它收回并获得更多的货币回来呢?这个问题的答复是这样的:即资本家在买进生产资料与劳动力之后,尚必须要按照有利的价格卖出成品,乃能收效,可是我们知道,如果把资本家阶级作为一个阶级来说,在商品的产量不增的情况下,单凭买贱而卖贵,虽然能使个别资本家发财致富,但从整个资本家阶级来说,是不能有所增益的。除非资本家阶级剥削工人,除非资本家在买进机器、原料和工人的劳动力后,强令工人以价值一百货币的商品,生产出价值二百的成品出来,资本家阶级,作为一个阶级来说,是无法在一买一卖之间收回更多的货币回来的。这即是说,资本家阶级,作为一个阶级,必须剥削工人的劳动乃能在一买一卖之间收回他们所投出的货币并取得更多的货币回来。此其一。又资本家亦不是单有一次的买进和卖出就能成为资本家的。他于卖出之后,还要继续的买进,买进之后,还要卖出。向谁卖出呢?向其他部门的资本家卖出。由谁买进呢?由其他部门的资本家买进。又其他部门的资本家由谁买进和向谁卖出呢?对这一部门的资本家买进和卖出。由此可见,甲部门的资本家的卖出,便是乙部门的买进。乙部门的买进便是甲部门的卖出。设使甲部门的资本家所要卖出的,不是乙部门的资本家所要买进的。乙部门资本家所要卖出的,又不是甲部门资本家所要买进的,那么,甲乙两部门的资本家们均无法收回他们所投出的货币并取得更多的货币回来。尤为重要的,除了资本家彼此之间的买进和卖出外,劳动者尚要买进消费资料。设使资本家们所生产的消费资料的价值,除了资本家的购买外,大于劳动者阶级所能购买的,势必造成生产和消费的矛盾。在事实上,正是如此,因而导致经济的危机。由此可见,资本家阶级为了在投出货币之后,还能够取得货币回来,不但要剥削工人,而且在剥削工人的劳动过程中,尚必须要能够按照适当的比例生产生产品,才能实现他们所剥削的剩余价值。此其二。可是凯恩斯连对于作为资本的货币与作为流通中介的货币的本质的区别都茫然无知,当然他不会理解到,在资本主义生产资料私有制下,由于在各生产部门之间缺乏生产的计划,不能依照适当的比例进行生产,尤其是由于工人阶级的相对贫乏化和绝对贫乏化,无力购买市场上的富余生产品,所造成的生产过剩的危机,乃是资本主义自身所不能克服的矛盾了。

凯恩斯只谈资本家如何在买进生产资料时投出货币,但没有谈到资本家如何在出卖成品的时候,收回他的货币。由此遂有以一元的投资,增加收入到无限大的荒谬的论调。设使还要收回并要赚钱的话,那么,资本家便不能让其他的资本家消费其全部货币的收入而须让他们以更多的一元来买进他以一元的投资所生产的生产资料,从而收回他所投下的一元,并取得更多的货币回来了。否则,他所投资的一元便无法收回,且不能实现更多的利润了。这便是凯恩斯的"就业乘数"说不理解货币和货币资本的区别的明证。货币资本的运动是循环的,只有货币的运动才是直线形的。凯恩斯和他的门生,鲁滨森,将货币资本的运动解释为直线形的运动,这就彻底地揭露了凯恩斯的就业乘数理论是无比浅薄与庸俗的。

凯恩斯不理解资本的运动是循环的运动,还表现在他的另一个臭名远扬的"使用者成本"的学说上。依照凯恩斯的"使用者成本"的定义,使用者成本乃是期初存货的价值,加上本期进货的价值,抹去期末存货的价值,所得之差。① 其实就是,由生产资料的价值所构成的不变资本的消耗和折旧。凯恩斯无耻地宣称,"使用者的成本",乃是他的一个重要的发现。他那知道不变资本的消耗和折旧,在他出生以前十六年(凯恩斯生于一八八三年,马克思《资本论》第一卷出版于一八六七年)马克思便发现了。不但发现了,马克思并以之作为他的资本循环说的主要内容之一。马克思一再指出这一部分的价值必须被工人移转在成品的价值中,在成品出卖以后,这一部分的价值并要被收回的。既然是要收回的,所以资本家在买进生产资料时候,所付出的货币,尚必须要继之以成品的卖出,乃能收得回来。可是凯恩斯在谈他的乘数的理论的时候没有注意到这个问题。于是遂有一元的投资,在资本家阶级与劳动者阶级消费共全部的所得情况下,可以将国民收入连同就业人数增加到无限的谬论。这都是由于凯恩斯不明货币和货币资本的本质的区别的原故。

如众周知,资本主义扩大再生产所碰着的困难,就是在资本主义生产条件下,资本家在投出资本之后,一来呢,由于资本主义的生产不是依计划按比例的生产,二来呢,由于资本主义的生产不是为满足社会及其一切成员的需求而生产,不能顺利地将他的投资收回并带来更多的价值的困难。于是实现的问题便成为资本主义再生产所无法自己解决的生产与消费的矛盾的问题。可是凯恩斯说很容易,只要增加货币,买进生产资料再买进消费资料就可以将就业乘数扩充到无限大,足见他对这个问题的理解是很浅薄的。假如由于资本主义的生产关系的原因,投出的资本收不回来并不能赚钱,结果怎么办呢? 他好像是从未深刻地考虑这回事似的。

在繁荣的时期内,资本家阶级在固定资本的建造上,由于货币支出的增加速于商品的增加,物价涨高,并由于工人的货币工资的增加缓于物价的增加,资本家的利润大增,同时,就业也增加了。在表面上,好像只要货币增加,就业就可增加。可是在本质上,就是由于在繁荣时期内,扩大再生产,同时也扩大了资本主义的生产关系。在繁荣时期里,频繁和兴盛的交易,不但掩饰了而且加深了各生产部门不合比例的矛盾。尤为重要地,不但掩饰了而且加深了价值的增殖和工人相对的购买力降低,即是价值的生产和价值的实现之间的矛盾。这样,在繁荣的时期里便播下

---

① Keynes, *The General Theory of Employment, Interest and Money*, p. 55.

了危机的种子。在繁荣时期里,既播下了危机的种子,危机便必然要发生。凯恩斯以膨胀投资的方法虽可得到一时的虚伪的繁荣,但它乃是替更深刻的危机创造条件,这亦是无可置疑的事。由此可见,凯恩斯妄想以膨胀利润的方法来扩大就业,实是再肤浅没有的了。

正因凯恩斯以他的庸俗的就业乘数的理论作根据,以为随着投资的增加而来的消费的增加,必然可以扩大就业。他于是极力鼓吹财政资本巨头们从事奢侈豪华的生活。他说:

> 百万富翁们活时建筑雄伟的宫殿来居住,死了建造金字塔来蔽盖,或为赎罪,修建教堂,捐赠寺院或捐助到外国去的传教师均可延缓危机的日子。就连把储蓄用来白在地上挖窟窿亦然,不仅可以增加就业而且可以增加有用的财货和劳役的收入。①

这便是凯恩斯的增加生产资料的需求和增加消费资料的需求,增加独占资本的最大利润,从而增加就业的学说。

凯恩斯,在一方面,提倡盗用国库生产军火袒护战争,赞美资产阶级的奢侈豪华的生活,来增加生产资料和消费资料的需求,从而增加财政资本的最大限度利润。在另一方面,却主张在需求增加、物价继涨的条件下,冻结工人的货币工资,从而降低工人的实际工资,使工人更进一步地相对贫乏化和绝对贫乏化。而且他的降低工人实际工资的倡议,乃是在一九三六年,英国工人阶级快要饿死的状态下进行的。但却美其名曰,实现充分就业。

我们知道,在资本主义的生产资料私有制下工业预备军的存在,即失业军的存在,乃是资本主义经济的生存条件。如果没有失业军,资本主义经济是不能够发展的。失业军的存在使资本家有可能加重对工人的剥削。失业的工人不得不同意最苛刻的劳动条件。失业军的存在,给在业工人造成不稳定状况,促使整个工人阶级的生活水平急剧降低。失业军的存在还有另外的一个意义,即当市场情况好转和需要扩充生产的时候,就可以找到成千成万的失业的工人。而在市场情况恶化的时候,又可以把他们从工业中排斥出来,储存在失业军这个巨大的蓄水池中。因此资本家不愿意消灭失业军。斯大林同志说:

> 不论哪一个资本家从来不会而且无论如何也不会同意完全消灭失业现象,消灭失业后备军,因为失业后备军底使命就是压制劳动市场,保证工资低廉的劳动人手。②

凯恩斯虽然欺骗工人说,降低工人的实际工资的目的乃是要实现工人的充分就业,可是在事实上,毫无疑问,凯恩斯乃是完全不同意消灭失业的,即不同意工人

① Keynes, *The General Theory of Employment, Interest and Money*, p.220.
② 斯大林:《与英国作家威尔斯的谈话》,人民出版社版,第三页。

充分就业的。他在就业理论中,明白地说,他所注意的,只是非自愿的失业的消灭,而非自愿的失业的消灭。什么叫做自愿的失业呢？即当物价上涨,货币工资不变,实际工资降低的情况下,不问资本家的利润有多大,工人如不愿意按照现在的货币工资工作,那么,这种失业便叫做自愿的失业。凯恩斯的充分就业是没有把"自愿失业"的消灭计算在内的。[①] 他的充分就业的意义只指非自愿的失业的消灭。我们知道,在资本主义社会中,任何失业的工人,只要他是工会的会员,他都是不愿意降低他的工资到工会所共同规定的工资标准以下的。因为这是工人阶级的生命线。凯恩斯因为这些失业的工会会员不愿破坏他们的共同的规约便诬他们为自愿的失业。其结果是自愿失业的工人即在英国这个岛国内,亦便不只是二、三十万而是二、三百万了。凯恩斯既然要把几百万失业的工会会员均称之自愿的失业,而不把他们看做失业,那就证明了凯恩斯的充分就业的理论的本质,乃是欲要保存大批工会会员的失业,以达降低工人的工资的目的。凯恩斯在口头上说要工人充分就业,在本质上乃是要工人充分的失业,以达降低工人的工资的目的。"充分就业的理论"在本质上就是制造失业的理论。不但凯恩斯不愿工人充分就业,就是他的门徒俾勿理治和鲁滨孙夫人也是如此。他们二人均说,英国只要有百分之三的工人的失业便算充分就业。在本质上就是不要工人充分就业,但要工人保持百分之三的失业。这即是说,在一九五五年在英国须要保持七十一万三千二百五十个工人的失业(一九五四年十二月英国的劳动人口为两千三百七十七万五千人),美国须要保持一百八十九万九千六百三十个工人的失业(一九五五年二月美国劳动人口为六千三百三十二万一千人),以达降低工人工资的目的。失业是资本主义的生存条件,"不论哪一个资本家从来不会而且无论如何也不会同意完全消灭失业现象"。凯恩斯是"资产阶级的人物,布尔什维克无情的敌人",他要保存大批的工人的失业乃是完全符合规律性的。

再说,失业正如上文所指出,乃是资本主义永恒的伴侣。它亦不是资本主义所能消灭的。在资本主义社会中,特别是在垄断组织占统治地位的阶段,资本家为了竞争最大限度的利润,如果增加投资一定要提高资本的有机构成,从而相对地减少劳动的需求,因此,在资本主义下,便没有充分就业的可能性。凯恩斯之所以说它有可能性乃是由于他要说谎,乃是由于他要欺骗工人阶级。

凯恩斯是讳言资本的有机构成不断提高的。因为他深切地知道,假如把资本的有机构成不断提高的过程,毫无掩饰地说出来,那么,由于在资本的有机构成不断提高的条件下,工人必然没有充分就业的可能性,结果他的充分就业的学说便必然要失却欺骗工人的可能。为了欺骗工人起见,他于是以资本的有机构成不变,来掩盖资本的有机构成不断提高,使工人阶级相信,现代资本的有机构成好像真是不变的,好像资本对于劳动力的需求真是可以随着资本的积累而为比例的增加的,好

---

① Keynes, *The General Theory of Employment, Interest and Money*, p. 16.

像凯恩斯所说的话真不错,那就是,只要就业工人同意降低实际工资,真是可以实现充分就业似的。因而也就只好,以百般忍耐的心情,勉强地放下了他们的罢工的武器,同意降低他们的实际工资,等待充分的就业。凯恩斯欺骗政策在某种程度以内成功了,尽管这个成功是暂时的。凯恩斯之所以每每在谈随着投资的增加,充分就业必可实现的时候,总是首先假定技术、资源、成本不变。其唯一的愿望,就是为了要把资本的有机构成不断提高,说成有机构成不变,以达欺骗工人的目的。如果不是为了欺骗的目的,那么,凯恩斯为什么要把这个在现实上具有最大意义的资本有机构成不断提高,避开不谈,专谈那个在现实上毫无意义的资本有机构成不变呢? 除了欺骗工人外,是不可能有其他任何解释的。

如众周知,在资本主义的现阶段,自由竞争的状态业已让位于垄断组织的统治。在垄断组织的统治下,垄断资本所获得的寄生性的利润乃是无比其大的。可是工人更贫困了。如果把垄断资本的专制与横暴揭露出来,那么,他的降低工人的实际工资的学说,必然亦要失却它的欺骗的可能。为了欺骗工人起见,凯恩斯在他的《就业的一般理论》中,便以自由竞争来掩盖垄断资本的统治。使工人相信,好像今日的资本家还是自由竞争时代的资本家,同时他们所得的利润率尚还只是平均利润。凯恩斯并把资本家组成工人的领袖,于以掩饰资劳之间的矛盾。凯恩斯一再地说,资本家乃是企业家,他是参加了劳动的。他的动机是崇高的,他不要怎样发财致富。他的主要的目的乃在将企业搞好到底。可是他的利润如此之少,而且日在降低。假如他真是因赔本而消极,那么企业便没有了。这不是要造成更多的失业吗? 因此工人的实际工资应当随着就业的增加而降低。工人阶级千万不要要求太多工资,至于超过工人的"边际劳动生产物"。但应降低实际工资给资本家——企业家,以鼓励。凯恩斯着重地说,企业家们乃是一些"热情奔放和赋有创建冲力的人们,他们开创企业乃是把企业看作他们的生活的方法,而不是真正地要对未来的利润作何精确的打算"[1]。由此可见,凯恩斯之所以在他的《就业的一般理论》中只谈自由竞争,不谈垄断统治,并且把资本家说成工人的领袖,他的目的,只是在于想用这样的"理论"的烟幕,即在以自由竞争作掩护垄断资本向工人阶级的生活水平猖狂地进攻的。如果不是为了这个卑鄙的目的,那么,为什么生在垄断资本的时代,不谈垄断统治,反而要谈自由企业呢? 这当然是不可以想象的。

社会劳动生产力,在历史上,是递增的。工人的劳动生产率亦是随着就业的增加而递增的。正如上文所指出,它乃是人类社会发展的规律。可是凯恩斯在他的就业一般理论中,对于这个规律一字也未提及,反而以一种空洞无物的"假如技术水平不变"作为前提,大谈而特谈其劳动的边际生产物递减的"规律"。这是为了什么呢? 毫无疑问地,是为了欺骗工人阶级,以达降低工人的实际工资的目的。

凯恩斯自称他是革命的经济学家,实则他乃是最反动不过的。

---

[1] Keynes, *The General Theory of Employment, Interest and Money*, p.151.

凯恩斯的"就业理论"的最大的和根本的骗局,在于他首先谎言在资本主义社会中失业的工人增加,是由于资本家阶级赚钱太少,工人阶级所得的工资太多,因此他的全部就业的理论均以降低工人的实际工资,提高资本家的利润为中心。可是在实际上,在资本主义社会中,失业的工人的增加,完全不是由于工人工资太多,而是由于资本主义的生产条件和分配关系将工人阶级的购买力限制在极度狭窄的工资范围内,因而使社会的消费的相对地甚至绝对地降低。既然工人失业的增加是由于工人阶级的购买力被限制在极度狭窄的工资范围内和由此所引起的消费需求的相对的甚至绝对的减退,那么,为了消灭工人的失业便应当消灭资本主义制度。可是凯恩斯却反而主张发展资本主义实行国家垄断资本主义,来更进一步地降低工人的工资和提高资本家的利润,以达实现充分就业的目的。这就等于以柴油抢救火灾,除使火灾更严重外,没有什么别的效果可言了。而凯恩斯学说的破产也就正在这一点上。

凯恩斯不是说,在失业增加之际,只要能够冻结工人的货币工资,增加通货,抬高物价,降低工人的实际工资,同时扩张军火生产,增加生产资料的需求,和鼓励资本家浪费以增加消费资料的需求,从而增加资本家的利润,便可减少失业吗?在第二次世界大战之末,美国和英国都是依照凯恩斯的学说做的。特别是在英国工党执政的期中,凯恩斯的理论几乎每字每句都是被工党的政府付诸实施的。

一、工人的工资被冻结了,物价被提高了,当然工人的实际工资也被降低了。正如上文所指出,依照牛津统计研究所矫正过的官方数字,英国工人实际工资,较战前低百分之三〇。一九五一年比一九五〇年更坏,一九五二年比一九五一年更坏。因为依据一九五二年六月号《国际劳工评论》所载,英国产业工人工资指数(以一九四八年为一〇〇)一九五〇年为一〇七·四,一九五一年三月为一一二·七。英国食物价格指数则由一九四八年的一〇〇涨至一九五一年三月的一一九。在一九五二年消费者物质指数继续上升。就中食物类价格指数再由一一九涨至一九五二年的一三九,但于同时期内,工资并未增加。二、在他方面,英国在一九五〇年,参加侵略朝鲜的战争,疯狂地从事军备竞赛,结果垄断利润大增。实际工资既减,利润既增,如果凯恩斯的理论不是在撒谎,那末,在这一段时期中,英国的失业便将减少了。可是事实怎么样呢,依照一九五二年五月《经济学人》第十七期,英国在一九五二年四月的经登记的失业工人为四十六万八千人。这个数字与《巴克莱银行评论》一九五五年正月号所列数字四十六万二千五百人大约相同。

1946	405 900	1950	341 000
1947	510 600	1951	381 400
1948	338 000	1952	462 500
1949	338 000	1953	380 000

由此可见,凯恩斯的就业理论是经不起事实的反驳的。

美国也是经历着相同的道路。美国自侵朝战争发生后,实际工资大大降低了,美国工人阶级的生活更恶化了。依据官方的数字,美国一九四八年实际工资只有战前百分之八〇。一九五一年比一九五〇年,依官方显然缩小了的指数也降低了三分之一·五。无组织的劳动者(占大部份)更要低些。[①] 在他方面,美国从事于疯狂地军备竞赛。在一九五二年到一九五三年之间正式的军事费用占全部预算百分之七七。连过去战争所造成的开支一并计算在一道,共占预算百分之八八。因为军火的需求增加,垄断性的股份公司的利润大增。列表如下:

年代	单位:十亿美元	年代	单位:十亿美元
1929	9.8	1946—49	29.0
1936—39	5.4	1950—52	41.2
1940—41	13.2	1953	44.2
1942—45	22.5		

如果凯恩斯的理论不是在撒谎,那么,在一九五〇到一九五二年之间美国工人的失业便当减少。可是事实如何呢? 一九五〇年美国"失业和半失业者合计起来,根据官方的统计,在一九五〇年年初一共是一千四百五十万人,但实际的数目却是一千八百万人左右。在一九五二年,尽管疯狂地进行着军备竞争和经济军事化,美国却有着不下于三百万人的完全失业者和一千万人的半失业者"[②]。直到一九五五年二月依照美国《商业统计月刊》,美国尚有完全失业三百三十七万三千人。事实是最雄辩不过的东西,凯恩斯的就业理论破产了。

凯恩斯业理论破产的原因是由凯恩斯自欺欺人地假定失业增加的原因是由垄断资本家们所得利润太少,工资太多。可是在实际上是由垄断资本家们所得利润太多,而工人的工资则被资本主义的生产条件和分配关系压制在极低的水平上。这个理由是很简单的。因为在资本主义社会中,生产资料的需求的增加系于消费资料需求的增加,而消费资料需求的增加系于工人阶级的购买力,而不系于垄断资本家阶级的利润的增加。因为垄断资本家的利润的增加和因此所引起的垄断资本家阶级的消费的增加,必不足以补偿在资本主义的生产条件和分配关系下工人阶级工资总额的相对的和绝对的减少,和因此所引起的消费需求相对的和绝对的减少,由此便产生具有支付能力的总需求的减少,从而产生生产过剩的危机,和广大的失业军。在事实上正是这样。比如一九五一年到一九五二年在英美两个国家中所发生的经济的危机,便是由于工人的实际工资减低所引起的。一九五三年下半年开始的经济危机也是由于同样的原因。

事实至为明显。在一九五一年至一九五二年之间,美国和英国的垄断资本家

---

① 美国《工人杂志》,一九五二年十月二十八日。
② 瓦尔加:《帝国主义经济与政治基本问题》,第五二页。

们的利润最大。他们的收入确是大大地增加了。凯恩斯辈虽然极力鼓舞他们从事奢侈豪华的生活，从而增加消费的需求，但他们的消费需求的增加远不足以抵消社会总需求的减少。一来呢，因为资本家就是资本家，他是要赚大钱的。假如资本家消费其全部的所得，那就不成为资本家了。再来呢，因为垄断资本家们，平素所过的就是奢侈豪华的生活，在消费品方面，几乎应有尽有，随着他们的收入的增加，乃是潜在资本即储蓄的增加而不是什么消费需求的显著的增加。统计的数字证明它不错。[①]（单位：十亿）

	美国资本家纯收入	资本家的消费	股票价格	由年初到年终的变迁
1928	26.5	21.7	100	+ 3.8
1927	24.1	19.0	118.3	+ 31.6
1928	25.7	22.4	149.9	+ 40.1
1929	25.9	20.7	190.0	− 337

依据上表可见垄断资本家们的消费需求的增加是微小的。

垄断资本家们消费需求的增加绝不足以补偿工人阶级因工资总额的相对的和绝对的减少和因此所引起的有支付能力的消费需求的减少。这充分地表现在一九五一到一九五二年的美国和英国的经济危机上。由于一九五一到一九五二年之间美国和英国的垄断资本家们都获得了几倍于世界大战以前的利润，我们可以肯定的说，他们的消费需求不比从前更少，而且有些微的增加，可是由于美国和英国实际工资的减少，工人阶级的购买力减少了，消费品过剩的危机于是发生。美国和英国在这时期中，都是消费品的市场最坏，纺织、皮革、橡胶制品、服装、家俱销路最坏。特别是纺织业和皮革业的销路最坏。在一九五二年四月以前，英国兰开夏有失业工人七万人，四月一个月失业工人即增加三万八千人。皮革业的情况比纺织业更差。如许的消费品需求的缺乏，当然不是由于垄断资本家阶级的消费需求不足而是由于工人阶级的实际工资为资本主义的生产条件和消费关系所限制所引起的消费需求的不足。这是可以断言的。一九五三年下半年在美国所开始的危机其情况更为严重。除军火工业外，生产的下降几乎包括了所有的部门。艾森豪威尔总统在共和国会的咨文中承认，一九五三年下半年美国加工制造业的生产降低了百分之七·二。一九五四年二月中旬，正式承认已降低了百分之十。自第二次世界大战以后，依据英国《巴克莱银行评论》本年一月号英国曾经发生了三次的危机：一九四七、一九四九、一九五一。美国的情况更坏。他不只三次而是四次了，因为他还要加上一九五三到一九五四年。当然美国的危机对欧洲各国都是有影响的。由此可见，削减工人的实际工资，同时膨胀通货，并疯狂地增加军火生产的投资，其结果不但不能刺激需求的增加，从而增加就业，反而减少需求，增加失业。这

---

① M. Kalecki, *Industrial Fluctuations*, p. 58.

就是凯恩斯就业理论完全破产的宣告书。

马克思在《资本论》上早就道破了这一点。他说：

> ……照事实的真象来说，投入生产的资本的再生产大半要靠不生产的消费能力；而劳动者阶级的消费能力半受工资法则的限制，半受他们只能在替资本家赚到利润的范围内，才能得到工作，从而亦才能有消费能力的这一事实的限制。所有一切危机的最后原因常是大众的贫困和有限的消费，但资本主义的生产趋势，如许地发展生产力，好像只有社会的绝对消费能力才是他们的限制似的。[①]

为什么资本主义社会内，工人阶级的消费的需求受限制，因而产生生产过剩和人口过剩呢？这是由于生产资料的所有权不属于工人阶级，劳动生产物不属于工人阶级，因而工人的消费的能力始被限制在狭窄的工资范围内。假如生产资料为工人阶级所公有，还有什么消费不足呢？归根到底一句话，在资本主义的生产条件和分配关系下，人民大众的消费需要的不足完全是由生产底社会性质和生产资料的资本主义的占有形式的矛盾所引起的，除非消灭资本主义的所有制，工人的贫困和失业是不可能得到解决的。

当一九五三年下半年到一九五四年年中，危机爆发的时候，美国垄断资本家经济学家和政府领袖，为了维持"乐观的情绪"曾一再地自欺欺人地说，美国藉助于经济措施可以阻止目前的"衰败"。他们于是以下列诸种的方法来图挽救危机：（一）增发军事订单，（二）减低税额，主要地是减低资产阶级的纳税额，（三）增发公债，（四）膨胀通货，（五）鼓励对外投资。然而美国所采取的这些措施均不能使资本主义经济摆脱危机。最多只是暂时拖延危机的爆发。不仅不能摆脱危机，反而给更猛烈的危机创造条件。因为这些措施意味着过分地增加大多数居民的税收和提高物价。这必然使基本群众的消费锐减，结果必然导致更剧烈的生产过剩的危机。好像一个命在旦夕的人一样，他为了延长断气的时刻，由医生一次二次地注射玛琲针。虽然每次都觉得可以松一口气过来，可是它究竟能够延长死期几小时呢？

由于凯恩斯的就业理论不是从社会物质生活条件出发，而是从垄断资本家阶级的利益出发，结果它的预测完全破产了。凯恩斯希望资本主义制度能够维持不坠，可是资本主义崩溃了，而且正在加速地崩溃着。凯恩斯认为有调节的资本主义效率最高，可是在事实上资本主义的生产关系已经越来越"由社会生产力底发展的形式变成社会生产力底发展的桎梏"。凯恩斯认为在资本主义社会内任何的矛盾都可以用有调节的资本主义来克服，可是在事实上不能克服。凯恩斯认为冻结工人的货币工资、膨胀通货、减低工人实际工资、军备竞赛，和鼓吹财政寡头们从事奢

[①] 参阅马克思：《资本论》，第三卷，第五篇，第十三章，第六二二页。

侈豪华的生活,可以来实现充分就业。可是在事实上,适得其反。从长期趋势来说,不但不能增加需求从而实现充分就业,反而缩减需求,增加失业。凯恩斯认为在失业的时候,工人乐于充当垄断资本家们的廉价的奴隶。可是,在事实上,恰好相反。即工人阶级不仅不同意降低实际工资,同时亦绝不以这一改良主义的口号"充分就业"为满足,"而要在自己的旗帜上写上革命的口号:消灭雇佣劳动制度!"①

五、自 我 批 评

可是破了产的凯恩斯的就业理论在资本主义各国中,仍然在继续地向工人阶级的生活水平进攻。在中国亦还有他的残余的影响存在。我们千万不要低估凯恩斯的就业理论的反动作用,因为它一直在阻挠着一些人的思想走向马克思列宁主义的政治经济学的道路。

应该坦白地说,凯恩斯的反动的就业理论,曾阻挠我真正地走向马克思列宁主义的政治经济学十数年。我不但没有能够斩断凯恩斯的反动的思想方法的羁绊,反而给凯恩斯的思想作过某种程度的宣传。遑论在解放以前,我曾经在北大讲授过凯恩斯的学说,即使在解放以后,我亦还将凯恩斯的就业理论比成一座在马克思的政治经济学的伟大建筑中的小花园。这都是十足地显示我的思想的糊涂。特别是在危机理论中,我曾受过以凯恩斯为代表的垄断资产阶级的思想方法的影响,给凯恩斯的危机论披上了一件马克思的外衣,给党带来无限的损失。这都是由于我没有掌握马列主义世界观。为什么没有掌握马列主义世界观呢?主要地是由于我长期地为反动的资产阶级的经济思想所奴役,以为他们的学说尚还有一点两点可取的地方,没有以马列主义世界观作武器,来与它们作"生与死"的斗争。我没有以马列主义世界观去斗争凯恩斯思想,可是凯恩斯思想反而以他的唯心主义的形而上学的世界观来斗争我的马列主义的政治经济学了。由此可见,对于资产阶级的经济学是连一个字一句话也不能相信和妥协的。现在痛定思痛,对于凯恩斯思想愤恨日深。多承党的教育和同志们的关怀与批判,我现在对于凯恩斯思想的反动本质已有初步的认识,但亦仅有初步的认识。除了以我自己的努力来巩固收获外,希望同志们继续地批评和指正。

一九五五年六月十五日,于北京大学政治经济学教研室。

(《经济研究》,1955 年 3 期)

---

① 《马克思恩格斯文选》,两卷集,第一卷,第四二六页。

评《论商业利润与纯粹流通费用的补偿问题》

一

江诗永先生《论商业利润与纯粹流通费用的补偿问题》[1]，不是对马克思的纯粹流通费用理论的一个新的发现，而是对马克思的纯粹流通费用理论的一大误会。但这并不是说，江诗永先生有意地要曲解马克思的学说，因为马克思的纯粹流通费用理论，好多人都觉得是难懂的。既然如此，那么，江诗永先生在这里所犯的错误的性质，只是出于误会，而非故意地要曲解马克思的学说。但误会是肯定的。

二

马克思的纯粹流通费用的理论是这样说的：在纯粹流通费中，K 和 b 都是要增加商品的价格的。马克思"以 B 代表那直接投在商品买卖上的资本，以 K 代表在这个机能中消耗掉的不变资本（物质的经营费用），以 b 代表商人所投下的可变资本"[2]。明白地说：

"由此，售卖价格就是等于 $B+K+b+$（$B+K$ 的利润）$+$（b 的利润）。"[3]

又说：

"假设 $B=100$，$b=10$，利润率 $=10\%$。假设 $K=0$，为了要使购买价格中那在这里无关并且已经说明过的要素，不再无必要地加在计算中。这样，售卖价格 $=B+p+b+p$（$=B+Bp'+b+bp'$，在这里，p' 是代表利润率）$=100+10+10+1=121$。"[4]

马克思把黑的写在白的上，明白地说，当 K 不等于 0 时，

售卖价格 $=B+Bp'+K+Kp'+b+bp'$。

然而江诗永先生说，当 K 不等于 0 时，

售卖价格 $=B+Bp'+K+Kp'$。

江诗永先生把 $b+bp'$ 丢掉了。江诗永先生说，这是他对马克思的纯粹流通费

---

① 见《经济研究》，1956 年第 4 期。

② 马克思：《资本论》，第 3 卷，人民出版社 1953 年版，第 361 页。

③ 同上，第 362 页。

④ 同上，第 364 页。

用的补偿问题所"作出的系统的论证和说明"。① 马克思说售卖价格中有 b 和 bp'，江诗永先生说，无 b 和 bp'。江诗永先生的说法既然与马克思所说不相符，就不能算作正确的"系统的论证和说明"。

江诗永先生，在他所举的例子中，即当着可变资本 b 为 10 时，亦未将 b 算在售卖价格之中。

由于江诗永先生没有将 b 加入售卖价格中，与马克思的售卖价格的公式，相差 b。这个错误是显然的。

江诗永先生引用马克思的一段话来作为他的见解的根据。不幸，这一段话恰正与江诗永先生的意见立于相反对的地位。马克思的这一段话说：

> 商品的售卖价格，必须够（1）支付 $B+b$ 的平均利润。……还必须够（2）在 b 的现在追加出现的利润之外，补偿所支付的工资，商人的可变资本，即 b 本身。困难在这里，b 是价格的新构成部分呢，还仅仅是用 $B+b$ 赚到的利润的一部分，那就商业工资劳动来说不过表现为工资，就商人自己说不过表现为他的可变资本的补偿呢？假如是后一种情形，商人就他的垫支资本 $B+b$ 赚到的利润，就只等于依照一般利润率应归于 B 的利润，加他在工资形态上支付的，但本身不出生出任何利润的 b 了。②

马克思这一段话，其目的在于否认将 b 作为 $B+b$ 的利润之一部而不把它作为价格的新要素；因为这种说法是不通的。不通之点，在于商业资本 b 无利润。但商业资本 b 应有利润而不可以无利润，现在 b 既无利润，当然是不通的。因此，马克思否认将 b 作为 $B+b$ 的利润之一部，而不把它作为价格的新要素。江诗永先生就是这样把马克思所否认的作为马克思的肯定的见解，并把它当做一种新的发现的。

何况马克思在说完这一段话之后，又盈篇累牍地说明，在纯粹流通费用中可变资本如同不变资本都是要提高商品价格的。即商品的售卖价格 $= B + Bp' + K + Kp' + b + bp'$。当 $K = 0$ 时，商品的售卖价格 $= B + Bp' + b + bp'$。为什么呢？马克思说得很明白。假如商业资本还没有从工业资本独立出来，工业资本家，除支付生产的劳动者的工资外，还要支付纯粹流通费用 b（假令 $K = 0$），b 当然是成本的一部分，当然要相应地提高商品的价格。所以马克思说："现在成为问题的 b，首先就要在这里研究，那就是在产业资本家自己的商业事务所内。"③

凡是经营商业的人都知道，从交易所一直到小商贩，那有在商品的作价问题上，把商品买卖的追加成本分别为不变资本和可变资本，来作不同性质的处理的？即不变资本的成本一有增加，价格就将涨高；可变资本的成本，虽有增加，价格永不增加，而只有剩余价值中取得补偿。世间上有这样的商业资本家么？或有这样的

---

① 江诗永：《论商业利润与纯粹流通费用的补偿问题》，《经济研究》，1956 年第 4 期，第 41 页。
② 马克思：《资本论》，第 3 卷，人民出版社 1913 年版，第 360、361 页。
③ 同上，第 365 页。

自己经营商业的工业资本家么？我看,这种看法是完全不现实的。不但是不现实的,而且也是不合于理论的,因为只要 b 是资本, b 就要提高价格和要取得利润的。

(《经济研究,1956 年 5 期》)

只有站在无产阶级立场上，看问题才能客观

在这次整风运动中，有人以为无论研究什么问题都不能有无产阶级的立场。有了无产阶级的立场看问题便不客观。骤看起来，好像很客观。可是，在本质上是错误的。

任何一个研究社会科学的人，除非有意识地站在无产阶级的立场上，否则是不能进行公正无私的研究的。这是由于无产阶级的利益与社会历史发展的进程是相合的，而社会科学又是在于揭露社会发展的规律的。由于无产阶级没有什么生产资料的私有权，没有私有财产的利益要维护。因此，无产阶级的经济学家在研究社会发展规律时，也就敢于去揭露资本主义的不可调和的矛盾，阐明资本主义社会必然为社会主义社会所代替。

相反地，一个研究社会科学的人，如果站在资产阶级的立场，那么，他就绝对不能进行公正无私的研究工作。这是由于资产阶级的利益与社会历史发展的进程相冲突。而社会科学又是在于揭露社会发展的规律的。所以，从资产阶级的立场出发，便没有发现人类社会发展规律的可能。由于资产阶级要维护生产资料的资本家所有制，要维持资本和积累资本，所以资产阶级的经济学家都说，资本主义是没有什么不可克服的矛盾，资本主义是没有剥削的，资本主义是万古长存的。因此，资产阶级的经济学家不但不能发现社会发展的规律，反而要竭力否认社会发展的规律的存在。资本主义的大学教授没有不反对马克思的剩余价值的学说的。因为他们深切地认识到，如果承认剩余价值学说，那就势必要承认资本家剥削工人阶级，既承认了资本家剥削工人阶级，那就势必要承认工人阶级的革命的必然性。既承认了工人阶级革命的必然性，那就必须承认资产阶级非要灭亡不可。但资本家是不愿意灭亡的。因而他们便非豢养出一批"学者"来否认马克思的剩余价值学说不可。也就是要否认社会发展规律的存在。这样就使资产阶级的社会科学无一不是反科学的东西。由此可见，凡是站在资产阶级的立场上的科学家，必定是不能有客观的科学态度的。

现在工人阶级所给予资产阶级的定息约为一亿二千万元，等于二十万工人劳动一年的工资。这是资产阶级剥削无产阶级的铁的事实。这种剥削当然是要消灭的。由于无产阶级的利益与定息的被消灭这一历史发展的必然性是一致的，因此，凡是站在无产阶级的立场上的经济学家，没有一个不认识定息是剥削收入的性质，

亦没有一个不认识定息必要被消灭的必然性的。相反地,由于资产阶级的利益与定息的被消灭这一历史发展的必然性是相反的。因此,凡不是站在无产阶级的立场上的人物,如章乃器等等,因为他们就是吃定息的,他们必要否定定息是剥削,亦必要否认被消灭的必然性。

由此可见,"有了无产阶级的立场,看问题便不客观"的廉洁是错误的。正确的说法:只有站稳无产阶级的立场,看问题才能客观,否则,便不能客观。因为如果你不站在无产阶级的立场上,那么,你便摆脱不了资产阶级的立场。两者之中,必择其一,现在你所选择的既是资产阶级的立场,而资产阶级的利益与社会发展的必然趋势是不能并存的。既然如此,当然你要否认客观存在的社会发展的规律了。由此可见,任何一个社会科学家,如果要作公正无私的研究,必须站稳无产阶级的立场。

站在无产阶级的立场来探寻真理不但可使你的科学研究客观,而且可使你避免客观主义的错误。因为社会发展的规律,既然关系着全社会工人阶级的利益,那么,在你的科学论著和实际行动中,自然就会充满着战斗性和革命性。

(《思想战线》,1957 年第 4 期)

简评凯恩斯的投资、消费与倍数理论

凯恩斯的投资、消费与倍数的理论乃是一种虚伪的扩大再生产的学说。衡以马克思在资本的有机构成不断提高的条件下的扩大再生产的理论乃是非常错误的。凯恩斯想以他的投资、消费与倍数的学说来击溃马克思主义的基础,宛如以鸡蛋来击溃万里长城相同,不但不能成功而且将自己打得粉碎,连蛋黄也掉出来了。说起来也好笑得很。

马克思在《资本论》第一卷中,指明资本的积累是来自剩余价值资本化。在技术不断提高的条件下,资本的积累是在资本的有机构成不断提高的条件下进行的。由于资本的有机构成不断提高,在新积累的资本中,不变资本在总资本中所占的比例越来越大,从而可变资本在资本的有机构成中所占的比例便越来越小。在每一百万元的新积累的资本中,随着资本的有机构成的提高,不变资本是沿着渐增的级数50,60,70,80,90而增加的,从而可变的资本也就不得不沿着一个渐减的级数50,40,30,20,10而降低。但因劳动力的相对需求的增加不是由不变资本的相对增加决定,而是由可变资本的相对增加决定,因此随着每一百万元的资本的积累和随着资本的有机构成的提高,劳动力的需求总是一般地相对的往下降低。从而就业的相对增量亦将沿着50%,40%,30%,20%,10%往下降低。至于就业的绝对增量则将受劳动力的需求即可变资本的绝对增量决定,即是受新积累的资本和资本的有机构成决定,其公式如下:

劳动力的需求即可变资本绝对增量=新积累的资本×资本的有机构成。

用符号来表示它,即是

$$\Delta v = \Delta(c+v) \times \frac{\Delta v}{\Delta(c+v)}$$

这里资本的有机构成系用$\frac{\Delta v}{\Delta(c+v)}$来表示。

由此立论,在资本有机构成不断提高的条件下,劳动力的需求的增加,总是远远地落后于社会总资本增加的比例,从而社会劳力需求的增加的比例便不必能够赶得上就业人口增加的比例。在事实上,在资本主义社会中一般都是赶不上的,由此便有相对的剩余人口的出现,即是失业军的出现。

这就是马克思的就业的一般理论。这种理论以无比正确的事实证明,失业乃是资本主义永恒的侣伴。无须详述,百余年来资本主义发展的历史证明,马克思关于就业一般学说乃是完全正确的。

可是凯恩斯的就业倍数理论是怎样说的呢?

他说就业的增量受国民所得的增量决定,而国民所得的增量则受投资支出的增量×投资的倍数决定。这里假定就业增量与所得增量为同比例的,或接近于同比例的,其公式如下:

所得增量 = 投资的倍数 × 投资的增量。

$$\Delta y = K \times \Delta I$$

但投资的倍数则受消费支出的增量在所得增量中所占的比例决定。

读者千万不要以为凯恩斯的投资、消费和倍数理论不好懂,在事实上是非常容易明白的。试设一例以明之。假如今有一人新投资一百万元来建造生产资料,那么,这一百万元必然就变为生产资料的工人和资本家的新增的所得。那么,所得便增加一百万元了。设令在生产资料部门中的工人和资本家在这一百万元之中,用50万元来消费,即以之购买消费品,那么,在生产消费资料部门中的工人和资本家便又增加50万元的收入了。这是在消费资料部门中所得的第一次增加。设令在这一消费资料生产部门中再在这50万元的新增所得内,以25万元来消费,即以购买消费品,那么,在消费品生产的部门中又增加了25万元了。这就构成了消费品部门所得的第二次增加。设令这一消费生产的部门再在这25万元中以12.5万元来消费,那么在消费品生产的部门中便又增加了12.5万元的所得了。由此递增,直到增至200万元为度。

$$100 + 50 + 25 + 12.5 + \cdots = 2 \times 100 \text{万元}$$

$$\text{或} \ 100 + \frac{1}{2}(100) + \frac{1}{2}\left\{\frac{1}{2}(100)\right\} + \frac{1}{2}\left\{\frac{1}{2} \times \frac{1}{2}(100)\right\} + \cdots = 2 \times 100 \text{万元}$$

$$\text{或} \ 100\left\{1 + \frac{1}{2} + \frac{1}{4} + \frac{1}{8} + \cdots\right\} = 2 \times 100 \text{万元}$$

即200。将这数字代入在上述的公式中即

所得增量200万 = 投资的倍数2 × 投资的增量100万。

依照上述,可知凯恩斯认为当投资为已知数100万时,投资倍数的小大取决于消费支出的增量对所得增量的比例。这个比例越大,那么,投资的倍数就越高,从而所得的增量就越大。在极端的场合下,如果所有的工人和资本家均消费其全部所得的增量,那么,国民所得的增量便将增加到无限大。其式如下,

$$100 + 100 + 100 + 100 + \cdots = \infty 100$$

$$\text{或} \ 100\{1 + 1 + 1 + 1 + 1 + \cdots\} = \infty 100$$

将这数字代入上述的公式中即

国民所得增量∞ = 投资的倍数∞ × 投资增量100万元。

从这一个极端的例子就可以看出,凯恩斯认为国民所得的增加与资本的积累无关,即与剩余价值资本化无关。因为在人人消费其全部所得的条件下,资本家便

无剩余价值资本化,便无资本的积累,从而资本家便不能以其剩余价值之一部化为不变资本和可变资本。资本的积累既为0,那么,在消费资料生产部门中的可变资本的增量亦等于0。可变资本的增量既为0了,如何还能增加工人的就业呢?这不是笑话么?

我以为这就是凯恩斯学说的第一个致命伤。

即在凯恩斯所假定的当投资为100万时,工人和资本家只消费其所得增量的二分这一的条件下,这个致命伤也是存在的。因为资本家,除了100万元的投资外,在凯恩斯的理论中并未假设有更多的投资。既未假设有更多的投资了,则是可变资本在消费品生产部门中没有增加。可变资本在消费品生产部门中既然没有增加,那么,试问就业如何能够增加呢?谁都知道,在资本主义社会中所得来自资本,唯有资本增加才能带出所得的增加,但凯恩斯认为所得的增加来自所得支出的增加。在理论上乃是绝对荒谬的。

还有另一类的错误,即凯恩斯假定在固定设备不变的条件下工人可以随着消费支出的增加而增加,这即是说工人的增量可以不受资本的有机构成的限制。就业的增量能够不受资本不变的条件下就业可以为任意的增加,这当然是很荒谬的。

最后我还要更强调地指出的,即凯恩斯假定,就业和所得的增加是同比例的,可是在事实上就业的增加,在现实的世界总是远远地落在所得增加的后面的。由此可见,就是这个假定亦是很荒谬的。

一句话,凯恩斯的投资、消费和倍数的理论在理论是不通的,在实际上是不符合事物发展的趋势的。从而我就敢断言的说,这种理论完全来自一种思想的混乱。

问题一:可变资本的增加不必一定要剩余价值资本化罢?例如,国家以通货膨胀的方法来增加投资,或增加可变资本。

答复一:用通货膨胀的方法来增加投资即是剩余价值资本化。因为膨胀的结果是物价涨高,物价涨高的结果,由于在业工人以同一货币工资足能买得较少的消费品,从而,多出来的那一部分,就被资本家扒去作剩余价值和资本了。这不是剩余价值资本化是什么呢?

问题二:在企业开工不足的情况下,纵令不增加资本是否也可能增加就业呢?

答复二:不可以;因为必须增加可变资本才能增加就业。此其一。纵令在企业开工不足的条件下,可以不须怎样增加固定资本也可以增加就业。但因不须多少地增加流通资本才能增加生产和就业,所以第二种说法,亦不能存立。此其二。谁都知道,在开工不足的条位下,在现存的固定资本之上,可以增加的工人乃是极其有限的。绝对不能得出这样的结论,即就业的工人可以不受资本有机构成的限制,只随着消费的支出的增加而增加。这当然也是绝对荒谬的。此其三。

(《经济研究》,1957 年 6 期)

定息是剩余价值临终的形态

剩余价值,从它萌芽之日起直到它最后消灭之日止,在各种不同的历史条件下,曾经采取各种不同的形态。

在原始社会末期,自从人类社会第二次大分工,即是,农业与手工业的分工以来,随着简单商品生产的发展,孰料剩余价值就开始抽芽了。此时剩余价值所采取的形态是商人资本的利润和高利贷资本的高利贷。商人的利润和高利贷实为剩余价值的萌芽形态。

许多人说,剩余价值只有在资本主义制度下才存在,这种说法是不完全的。因在资本主义制度还未诞生以前,剩余价值的萌芽形态早就出现了。成为问题的不是剩余价值的是否存在问题,而只是它的表现形态的问题。在资本主义还未诞生以前,剩余价值尚未采取产业资本利润的形态,这是事实。但不可认为剩余价值没有采取产业资本利润的形态,便以为剩余价值的萌芽形态不存在。它虽然没有采取工业利润的形态,但它却老早就以它的萌芽的形态,商业利润和高利贷,在人类历史上,鬼混了约五千年了。马克思在《资本论》第三卷,第五篇,第三十六章中说过:

> 生产者最必要的生活资料(后来的工资的数额)以上的全部余额(后来那是当作利润和地租出现),在这里,能够在利息形态上为高利贷者所吞并,所以,拿这个利息水准和近代利息率的水准相比较,是一件再不合理没有的事,因为那时候,除了归到国家手里的部份,一切的剩余价值都化为利息,但在近代,则利息,至少是正常的利息,不过是这个剩余价值的一部份。[①]

不能认为人失去了它的壮年时期,便认为人不曾经过胚胎时期和将来不需经过老年时期。不能认为人离开了他的壮年时期便是离开了这个世界。依照同样的理由,不能认为剩余价值没有采取产业利润的形态,便认为剩余价值没有采取商业利润和高利贷的形态,甚至否认在古代社会和封建社会内有剩余价值的萌芽形态的存在。

剩余价值的萌芽形态,在资本主义诞生以前五千年就存在了,这是事实。任何人也不能否认这个事实的存在的。

在奴隶社会时期,商人的利润和高利贷实为剩余价值的萌芽形态,乃是历史上

---

① 马克思:《资本论》,第3卷,参阅人民出版社1956年版,第773页。"剩余价值"的重点是引者加的。

一件永远不能磨灭的血腥的业迹。

在封建社会时期,高利贷资本和商人资本继续成长,因而高利贷和商人的利润亦在继续成长。自资本主义生产方式诞生后,商人的利润和高利贷两者的历史地位便为产业资本的利润所代替了。随着产业资本的统治地位的取得,产业资本的利润(包含企业家的所得,商业利润和利息)便成为剩余价值的显赫形态。

一旦新民主主义革命成功,在无产阶级的专政和国营经济的领导下,剩余价值立即进入它的老年的时期。在新民主主义的历史条件下,资本虽然还取利润和利息,但剩余价值的黄金时代已经过去了。在恢复时期,私人资本所取得的暴利,一挤眼就完了。古诗上说:"夕阳无限好,只是近黄昏。"这个诗句恰好反映"三反"前夕资本家所得暴利的晚景。为正确反映客观的现实,"三反"前夕资本家所得的暴利当是剩余价值的回光形态。到 1953 年党和国家宣传总路线,同时对于资本主义工商业实行"四马分肥"。剩余价值的晚景已由"夕阳无限好"而到"'越'是近黄昏"了。谁也不能否认,"四马分肥"的利润已是剩余价值的衰老形态。

到了公私合营时期,剩余价值已由衰老之年跌入临终之刻。剩余价值哭丧着脸,由活动走到停息,回忆在四马分肥时期,剩余价值还能伏杖而行,现在已然躺在床上等死了。但剩余价值命犹未绝,鼻孔里还有微气,可以吹得灯草动。剩余价值虽然临终而气不绝,尚可给资本家带来慰借,使后者容易得到改造。所以党和国家正给它做人工的呼吸,让它能够再拖约莫七年的岁月。但死是注定的了。由此可见,定息乃是剩余价值的临终形态。这乃是由历史发展所决定了的。

宋则行同志说"定息是剩余价值的特殊形态"[1],虽然是正确的,但是不完全的。为更适合于剩余价值历史发展的实际过程,应当着重地指出定息不只是剩余价值的特殊情形,而且是剩余价值临终的形态。我以为必须指出定息是剩余价值的临终形态,方才能反映出剩余价值的全部的命运。

现在容我将我对于剩余价值问题的意见,总括如下:

一、剩余价值自它萌芽之日起直到它临终之日止,在各种不同的历史条件下曾经产生各种不同的形态。

二、剩余价值的萌芽形态是商人利润和高利贷。它是在奴隶社会时期出现的。

三、在封建社会时期这种形态继续保存和长大。

四、随着资本主义生产方式的发达,产业利润成为剩余价值的显赫形态。

五、在新民主主义时期剩余价值已到老年的时期,但它的形态仍在继续发生变化。在"三反"以前资本家所得的暴利是剩余价值的回光形态。"三反"以后资本家所得的那一份"四马分肥"乃是剩余价值的衰老形态。在公私合营时期定息乃是剩余价值的临终的形态,因它不久便完掉了。

(《经济研究》,1957 年 14 期)

---

[1] 见宋则行:《论定息是剩余价值的特殊形态》,《经济研究》,1967 年第 1 期。

凯恩斯的基本概念和方法有什么价值

一

凯恩斯的经济学说,是帝国主义资产阶级的意识形态。它是为帝国主义资产阶级服务的。在经济学说发展史上,它的地位是属于庸俗经济学在垄断资本统治阶段的一个重要的学派。它的任务,就是把垄断资本巨头对于资本主义制度的庸俗的观念教条化,并宣布它们是真理。它一方面替资本主义制度辩护,另一方面向马克思列宁主义的政治经济学进攻,向工人阶级的生活水平进攻。陈振汉及其追随者徐毓枬等,在他们所草拟的经济学纲领中,强调批判马克思列宁主义的政治经济学,接受凯恩斯就业一般理论中的概念和方法来建设社会主义。这在实际上就是企图以凯恩斯的概念和方法,来颠覆中国的社会主义建设,从而恢复帝国主义及其买办在中国的复辟。因为在凯恩斯就业一般理论中,所有的一切基本概念和研究方法,都是为垄断资本巨头服务的,都是反科学的和反人民的。它们绝对不可以用来建设社会主义经济,而只能用来作为帝国主义及其买办、替资产阶级右派分子破坏中国社会主义建设的工具。

现在我来谈谈,为什么在凯恩斯的就业一般理论中,所有一切的基本概念和研究方法都是绝对不可以用来建设社会主义,而只可以用来破坏社会主义建设和企图帝国主义的复辟的。

二

在凯恩斯的就业一般理论中共有六个基本概念,所有这六个基本概念,用马克思的话来说,都是庸俗经济学的概念。因为他们都是把资产阶级对于资本主义社会的庸俗观念教条化和企图对于表面的经济现象,作些似是而非的解释,以备资本家的需要的。

在这六个基本概念中,第一个就是资本主义比社会主义优越的概念。凯恩斯说过:"在我看来资本主义如果聪明底加以管理,比较任何其他看得见的经济制度,从实现经济的目的上说,大概是最有效率的。"这个概念是凯恩斯用来破坏社会主义革命和建设的工具。当然不可能用来建设社会主义。

第二个是充分就业的概念。应当着重地指出,凯恩斯的充分就业的概念,在文字上,虽是充分就业,在本质上乃是强制进步工人失业的概念。为什么说它是强制进步工人失业的概念呢? 如众周知,在失业工人中,有两类工人的失业:一是愿意实际工资被降低,但还找不到工作的工人的失业。二是反对实际工资被降低,因而为资本家所排斥的进步工人的失业。充分就业应包含这两种失业工人的就业。但凯恩斯的"充分就业",并不是兼指两类失业工人的充分就业,而是专指第一类失业工人的充分就业。所以凯恩斯的充分就业只是部分的,即是虚伪的充分就业,而不能称做真正的充分就业。凯恩斯认为,在物价上涨时,货币工资不能上升,工人必须听任他们实际工资被降低,才应得到工作;如果在物价上涨的情况下,工人要求增加货币工资,那么,凡属这些因为要求增加货币工资因而失业的工人,不问他们有多少,都是咎由自取,资本家要管也管不了。这种失业是自愿的,不应称做失业。因此,在充分就业的概念中,就不应该包含自愿失业的工人的就业。所以说凯恩斯的充分就业的概念,在本质上不但不是真正的充分就业的概念,而且是强制进步工人失业的概念。由此可见,凯恩斯的充分就业的概念,并不是要使所有的工人依照现在的生活水平或更高的生活水平,都能得到就业,而是要使不甘心于实际工资被降低并起而反抗它的进步工人失业,从而,把这些工人的失业作为更进一步降低工人的实际工资的杠杆。斯大林说过:不论哪一个资本家,从来不会而且无论如何也不会同意完全消灭失业的现象,消灭失业后备军。因为失业后备军的使命,就是压迫劳动市场,保证工资低廉的劳动人手。这一句话,对于凯恩斯的充分就业理论完全适用。显然,任何社会主义的国家,都是不能接受凯恩斯的虚伪的充分就业的概念,来强制进步工人失业,并把它作为降低工人的实际工资的杠杆的。请问陈振汉和他的追随者徐毓枏等,我们能接受这个概念来建设社会主义么?

第三个是工人的边际劳动生产物的概念。这个概念说,工人的工资等于工人的边际劳动生产物。意思是说,工人的工资业已收回工人所生产的全部劳动的成果。工人的工资既已收回工人的全部劳动的成果,当然,工人阶级的革命就变为侵犯资本家的神圣财产的权利,而应当请进监狱或枪毙。资产阶级曾经使用这个概念作根据来屠杀成千成万的无产阶级的革命弟兄。请问陈振汉和徐毓枏等,我们能接受这个概念么?

第四个是资本的边际效率的概念。这个概念说,资本家的利润率,乃是资本的生产的效率的酬报。有时凯恩斯还说,它是资本家企业家经营管理企业的劳动的所得。这即是说,资本家的利润率和利润量都不是来自资本对劳动的剥削。显然,这个概念是凯恩斯对于资本家所提供的偏颇的阿谀和辩护。请问陈振汉和他的追随者徐毓枏等,我们能接受凯恩斯的资本的边际效率的概念来给剩余价值辩护么?

第五个是灵活的偏好的概念。这个概念说,利息是来自货币所有者对于货币的灵活性的牺牲所当取得的酬报。即是对于货币的用途的牺牲所当取得的酬报。显然,这个概念乃是代表金融资本家对于利息的看法,和对坐吃利息的资本家所作的偏颇的和阿谀的辩护。

第六个是边际的消费需求递减的概念。它的意思是说,在资本主义社会中,消费的支出在个人的收入中所占的比例随着个人收入的增加而降低。这即是说,在资本主义社会中,商品的需求的缺乏,不是取决于在资本家的生产资料私有制下大众的贫困和有限的消费,而是取决于人们关于消费的心理的倾向。如大家所知道的,在资本主义下,由于资本的积累和无产阶级的贫困化,从而使消费品的需求相对地降低,乃是资本蓄积的绝对的法则,而凯恩斯的边际消费需求递减的概念,就是用来否认资本蓄积的绝对法则的客观存在。请问陈振汉和他的追随者徐毓枬等,我们能接受凯恩斯的边际消费需求递减的概念来否认资本蓄积的绝对法则么?我们能够以事物的表面的现象来掩盖事物的本质么?

由此可见,在凯恩斯的就业一般理论中,所有的基本概念,都是资产阶级的剥削意识的教条化,都是用来欺骗工人阶级和否认剩余价值法则的存在的。他们乃是无产阶级之敌、人民之敌和科学之敌。

三

陈振汉及其追随者徐毓枬等,不但主张吸收凯恩斯反科学和反人民的经济概念来帮助社会主义建设、科学建设和经济建设,而且强调吸收凯恩斯的经济分析的方法来指导经济研究工作和财经部门的工作。应当指出,凯恩斯的分析方法,如同他的经济概念,也是浸透着剥削阶级的偏见的。因此之故,它也不可能用来建设社会主义,而只能是用来作为破坏社会主义建设的工具。

从凯恩斯的就业一般理论中,知道凯恩斯所使用的方法,并不是什么科学的方法,而只是把垄断资本巨头所惯常使用来欺侮工人阶级的骗术来典型化。连形而上学的思想方法也不够格。这种典型化的骗术,当然也是用来麻痹工人阶级的革命意识和向工人阶级的生活水平进攻的。

凯恩斯的典型化的骗术,体现在凯恩斯在经济分析上所应用的模型法中。凯恩斯在分析工人的就业关系时,首先要在他的脑子里构造一个经济的模型,作为分析的对象。然后就此经济模型,对于就业问题进行分析。这个方法,就是凯恩斯所用的模型法。但凯恩斯在构造他的分析模型时,是极不老实的。因为在他的分析模型里,把许多关系工人失业极为重要的现实条件都撇开了。应当着重地指出,凯恩斯在他的经济研究模型中,曾经有意地撇开了垄断统治的条件,只假设了自由竞争的条件;有意地撇开了技术进步的条件,只假定了技术不变的条件;有意地撇开了劳动收益递增的条件,只假定了劳动收益递减的条件;有意地撇开资本的积累、资本的有机构成的提高和劳动力的需求相对的减少诸条件,只假定了在固定资本不变、资本的有机构成不变和劳动力的需求没有相对降低的诸条件。凯恩斯就是在他所假定的这些不现实的条件下,来研究随着对于商品的货币支出的变化,或用凯恩斯的话来说,随着商品的有效需求的绝对的和相对的变化,工人就业变化的关系,来研究失业的根本原因和医治它的方法的。当然,在他所虚构这个经济的模型中,即在他所虚构的这些不现实的条件下,会得到他所希望得到的结论:即工人失业的根本原因只是由于工人不同意他们的实际工资被降低,或要求增加货币工资。如果工人能够同意他们的实际工资被降低,或在物价上涨时不要求增加货币工资,那么,在有调节的资本主义下,是会达到"充分就业"的。由于在凯恩斯的经济模型中所假定的条件,在客观上是不存在的,因此,他所提出的工人失业的诊断书和药方也是不能实现他所预期的效果的。尽管他所开出的药方,经资本家服食之后,亦起了些微的玛琲针的作用。再说一遍,凯恩斯的经济分析的模型法乃是一种不从客观条件出发,专从垄断资本家的愿望出发,对于工人阶级所策划的一种典型化的骗术。工人阶级如果不幸中了他的骗术,那么,他们便只能永远给资产阶级作奴隶,别无什么出路。

凯恩斯在资本主义的垄断阶段,在他的分析就业关系的模型中之所以要撇开垄断统治的条件并只是假定自由竞争的条件,在本质上,就是想以自由竞争来掩盖垄断资本巨头的统治。使工人阶级相信,好像今日的资本家还是在自由竞争时代的资本家,从而他们所得的利润率乃是日在降低的平均利润率,工人非要资本家不可,资本家非要取得预期的最低的利润率不可。假如资本家真是因为得不到预期的最低的利润率而消极,那么,企业便要关门,工人便要失业了。所以当物价上涨之时,工人阶级千万不要要求增加货币工资,而应在物价涨高之时,按照现存的货币工资工作,给资本家以鼓励。由此可见,凯恩斯之所以要在他的就业研究的模型中,撇开垄断资本统治的条件,只是假设自由竞争的条件,其唯一的目的,只是在于帮助垄断资本家向工人阶级的生活水平猖狂的进攻。如果不是为了这个卑鄙的目的,那么,为什么凯恩斯生在垄断资本的时代,不谈垄断资本的统治,只谈自由竞争呢?这是完全不可以想像的。

随着就业人数的增加,劳动的收益在历史上是递增的。在资本主义总危机时代,在企业开工不足的条件下,劳动的收益纵令在技术不变的条件下亦是递增的。可是凯恩斯在他的就业研究的模型中,对于劳动收益递增的趋势,和对于1936年英国企业开工不足的条件,均一概置之不论。他只在虚构的技术水平不变的条件下大谈而特谈那"劳动的边际生产物递减的规律"。这是为了什么目的呢?就是为了他要欺骗工人阶级说:"你们的劳动生产物是随着你们就业人数的增加而降低的,因此,你们的实际工资也应降低"。从而达到降低工人的实际工资的目的。如果不是为了这个卑鄙的目的,为什么当劳动的收益递增之际,不谈劳动收益递增,只谈劳动收益递减呢?这是不能想像的。

在资本主义大工业的时代,工人的就业都是取决于资本的积累和资本的有机构成提高的两大因素,在垄断资本主义时代,随着资本的积累和资本的有机构成的提高,劳动力的需求日益降低。特别是由于自然科学日益发达,工厂中自动化的装备日益增多,在资本的积累和资本的有机构成不断提高的条件下,劳动力的需求相对减少,必然有相对剩余人口的诞生,必然使失业的大军成为资本主义永恒的伴侣。可是在凯恩斯的分析就业的模型中,讳言资本有机构成的提高,只谈在资本有机构成不变的条件下,劳动力的需求的增加。例如凯恩斯在他的就业一般理论中,首先假令技术条件不变,单位成本不变,供给曲线不变,便是资本有机构成不变的意思。凯恩斯清楚地知道,假如把资本的积累和资本有机构成的提高考虑在内,那么,他的充分就业的学说就将失掉欺骗工人的可能性。为了达到这一可耻的目的,凯恩斯决定,以资本的有机构成不变来掩盖资本有机构成的提高,使工人阶级相信,只要工人肯接受更低的实际工资来扩大劳动力的需要,那么,充分就业就能实现。这样就使垄断资本家降低工人实际工资和增加资本家的利润更有了保证。由此可见,凯恩斯用资本有机构成不变来掩盖资本有机构成的提高,也是为了欺骗工人。如果不是为了实现这个卑鄙的目的,那么,为什么他要把这个在实际上对于工人的失业具有莫大意义的资本有机构成的提高,完全撇开不谈,单谈那个在实际上对于工人就业并无什么现实意义的资本有机构成不变呢? 这也是不能令人想像的。

应当着重指出,凯恩斯在经济分析上的模型法,与马克思在资本论中所使用的"抽象法",是有本质的差别的。前者是从垄断资本家的愿望出发,后者是从客观存在出发的;前者是随心所欲的骗人技术,后者是实事求是的科学方法。陈振汉及其追随者徐毓枬等,想以凯恩斯这种骗术来建设社会主义,其实质就是想以它来破坏社会主义建设,从而实现资本主义的复辟。

四

政治经济学是有党性的。资产阶级的经济学,尤其是在垄断资本统治时代的庸俗经济学,特别是凯恩斯学说,是替帝国主义资产阶级及其买办服务的。它是无产阶级之敌,劳动人民之敌和科学之敌。为了中国六亿人民的利益,为了全世界的无产阶级的利益,为了保卫社会主义制度,我们必须高举马克思列宁主义理论的旗帜,对于垄断资本巨头的经济学,特别是要对凯恩斯的学说,包括它的基本概念和分析方法,进行彻底的批判;要对陈振汉及其追随者徐毓枬等所提出的反社会主义的经济纲领,进行彻底的批判。

(《人民日报》,1957 年 9 月 21 日)

保卫马克思列宁主义的政治经济学

——批判陈振汉等反党反社会主义的经济学纲领

一

正当着中国的社会主义革命和社会主义建设,在中国共产党的领导下,取得历史性的胜利的时候,右派分子陈振汉及其追随者徐毓枬、罗志如、巫宝三、宁嘉枫、谷春帆等,不甘心于帝国主义、封建主义和资本主义的灭亡,在章罗集团的指使下,共同草拟了反党反社会主义的经济学纲领,美其名曰"对于当前经济科学的一些意见"。在这"一些意见"中,陈振汉及追随者徐毓枬等,狂妄地(1)否认马克思列宁主义的普遍真理存在,(2)否认马克思列宁主义的政治经济学作为社会主义建设的指导思想,(3)否认财经工作的巨大成就,(4)诬蔑财经领导干部,说他们鄙视"经济科学"和"经济科学家",从而(5)强调批判马克思列宁主义的经典著作和(6)承继凯恩斯和其他庸俗经济学的"有用的概念和方法"作为社会主义的经济建设的指导原则。并要求财经部门主动地提出一些有关方针政策的理论原则问题交由他们这些"经济科学工作者"去解决。简单一句话,他们在经济学纲领中,在经济研究和经济工作方面,既否认了马克思列宁主义理论的领导,和强调接受资产阶级的经济学的领导,又否认了党对经济研究和经济工作的领导和强调接受资产阶级的经济学家的领导。

应当指出,陈振汉等所共同草拟的经济学纲领,是以章罗集团的反社会主义的科学纲领为依据,而加以发挥的。我们知道,在科学纲领中,许多反对论点都是说得比较隐蔽,比较圆滑和比较抽象的,可是这些相同的反对论点,在陈振汉等的经济学纲领中,却也都被他们更公开、更详尽和更具体地暴露无遗了。在这些反对论点中,(一)关于否认马克思列宁主义理论作为社会主义建设的领导思想的这一个论点,在科学纲领中是以比较隐蔽的形式提出来的。它只是说:

> 要发展社会科学,首先要改变对旧社会科学的态度。有人认为资产阶级社会里没有社会科学可言。……没有可以继承的。……我们认为是不妥当的。

这里对于马克思列宁主义理论所采取的态度只是以冷淡与缄默来表示否决

的。可是,在陈振汉等所共同草拟的经济纲领中,对于马克思列宁主义理论,在社会主义的经济工作和经济研究上作为领导思想这一个论点,则采取公开否认的态度。它说:

> 特别是一个国家应当怎样建设社会主义,马克思列宁主义的经典作家不可能留下来放诸四海而皆准的具体方案,因为关于社会主义建设,我们不能从马列主义经典作家的著作中找到现存的放诸四海而皆准的规律。(以后将规律改为方案)

这就是明目张胆地否认马克思列宁主义理论作为社会主义建设的领导思想。他们认为,由于马列主义经典作家没有给我们留下来放诸四海而皆准的规律,所以现在的财经部门工作乃是"试验错误,试试碰碰,主观主义,盲目行事"。他们说:

> 我们的各项具体工作,无可讳言,多半是摸索着前进的,由于我们没有掌握或根本不知道应当有客观经济规律,我们的财经政策和设施,不少是盲目地搬运苏联成例,即是试验错误,碰碰试试,主观主义,盲目行事,并未遵循客观经济规律,也不知道有什么规律可遵循。

这一段话,不但否认了马克思列宁主义理论,作为社会主义建设的领导思想,而且否认了党中央和毛泽东同志,在马克思列宁主义理论中,所作出的许多杰出的贡献,在领导社会主义建设上所起的史无前例的作用。

(二)关于丑化党的领导,诬蔑党不重视社会科学和旧的社会科学家的反动论点,在科学纲领中,也是提得比较圆滑的。它只是说:

> 我们应当鼓励社会科学工作者重视调查调查研究工作。根据实事求是的精神,对政府政策法令提供意见,政府应主动的将有关资料尽量供给有关的社会科学研究工作者,并帮助他们创造研究工作的条件。

它并没有很尖锐地提出,党不重视(而只是说应当重视)社会科学和社会科学家。可是在陈振汉等所共同草拟的经济学纲领中,却很尖锐地提出来了。它说:

> 我们的工作中并非没有错误,甚至有严重的错误,也并非不出偏差,往往是是幅度很大的偏差。……造成这种情况的原因,我们认为首先应数经济工作者对于经济科学的轻视态度。……我们认为业务部门应当本着尊重经济科学的精神来改进和经济科学工作者的关系,不能认为他们对于本身业务没有直接帮助就冷淡乃至存心鄙弃。

同时,并对财经部门的领导干部,恶毒地诬蔑说,"这种态度除了受一定程度的宗派精神所影响而外,实质上是经验主义否定科学思想的一种表现"。这都是陈振汉等在科学纲领的反对党的领导的基础上,特别对于财经部门的领导干部所提出的最尖锐的、最狂妄的攻击。

（三）关于以资产阶级的社会科学来批判马克思列宁主义理论的反动论点，在科学纲领中也是说得比较隐蔽的。它只是说资产阶级的社会科学是科学的，应当接受，应当恢复。而在经济学纲领中，则十分具体地主张，我们必须要从资产阶级的庸俗经济学说中，特别地要从凯恩斯经济学说中吸收一些有用的概念和方法，例如凯恩斯的乘数论和其他庸俗经济学家的"边际概念"，像选样理论、常态曲线、时间数列、相关系数等，来分析社会经济现象。即要以资本主义的意识形态来指导（其实就是破坏）社会主义的建设。此外，它又狂妄地攻击马克思列宁主义的经济学说中的基本理论。例如否认货币的价值须以黄金的价值来解释，即是否认货币的本质是一般等价物的规律。这即是说，在经济学纲领中的反党言论与在科学纲领中的反党言论比起来，要狂妄得多。

此外在科学纲领中，还有许多的反党言论，在经济学纲领中，也是更尖锐地和更具体地被提出来了。在科学纲领中说，"保密制度过死已成为科学研究的重要障碍之一"。在经济学纲领中，则谓，"过去我们是被放在一种不能接触实际的地位上，被放在一种不能不教条的地位上，而这就堵塞了经济科学发展的道路"。当然，后者比前者在态度上更激烈，因为后者把他们这些"经济学家"的教条主义都归罪于党和国家为了与帝国主义和资产阶级斗争所必须保持的最少的和最必要的保密制度。在科学纲领中，建议缩小政府部门的研究机构。而陈振汉等在经济学纲领上，则谓，从去年起，我们的业务部门所设立的有些经济研究机构"是为了装饰门面而摆空摊子"。在科学纲领上，主张"科学研究不要党的领导"。在经济学纲领上则尽情地诬蔑党员垄断经济研究和经济行政，和财经干部不懂经济规律，不重视科学研究，而又不鼓励专家教授作经济研究等等。

综上以观，可知陈振汉等所拟的经济学纲领，乃是章罗集团的反社会主义的科学纲领在经济方面的具体纲领。在许多反动论点上，经济学纲领不但与科学纲领相同，而且比科学纲领说得突然、更尖锐更具体。由此可以得出结论说，科学纲领乃是经济学纲领的统帅部，而经济学纲领则是科学纲领的急先锋。前者的政治任务只在于在科学研究部门内，一般地否认马克思列宁主义理论，作为国家的指导思想，企图资产阶级社会科学的复辟，和在相同的一切部门中一般地否认党的领导，抬高资产阶级社会科学家的政治地位，企图帝国主义及其买办的复辟。后者的政治任务则在于在经济部门中突出地否认马克思列宁主义经济学可以作为经济部门的指导思想，企图资产阶级的庸俗经济学的复辟，和在相同的部门中否认党的财经干部的领导地位，抬高资产阶级庸俗经济学家的政治地位，企图帝国主义及其买办的复辟。

二

陈振汉等所共同草拟的经济学纲领，显然不只是思想问题，而是反党反社会主义的问题。因为陈振汉在经济学纲领中，不但否认了马克思列宁主义的普遍真理的领导，不但否认了马克思、恩格斯、列宁、斯大林关于过渡时期的学说在中国社会主义建设上的领导，而且否认了党和国家过渡时期总路线和总任务，在社会主义建设上的领导。尤应强调地指出，即是陈振汉和他的追随者徐毓枬，对于马克思列宁主义并且是特别仇视的。陈振汉说：

> "马列主义的"经济学，作为一门学问，与学问极不相称。即令作为一门纯粹学问，也不像什么有价值的东西。

徐毓枬则把马克思列宁主义的政治经济学诬蔑为"释义"和"圣经"，他甚至恶毒地诬蔑马克思列宁主义的政治经济学，说什么马克思列宁主义的政治经济学不是靠它自己的科学性和战斗性来发展的，而是依靠政治的力量来维持的。他说：

> 一个正统的东西后来要丧失威信，因为正统的东西要靠别的来维持。

观上可知，陈振汉和他的追随者徐毓枬，乃是以他们的反动思想的矛头，特别地指向着马克思列宁主义政治经济学的。

凡是学过历史唯物论的人都知道，所有一切的资产阶级的社会科学家，如同资产阶级的经济学家，都是否认社会发展规律的，而科学的政治经济学乃是研究各个社会的生产关系的发展规律的。资产阶级的经济学家既然否认社会发展的规律，因而也就否认了资本主义社会生产关系发展规律的存在。所以资产阶级的政治经济学，如同资产阶级的社会科学，在基本上，都是不科学的和反科学的。直到马克思在十九世纪中叶，将辩证唯物主义应用于社会现象，创建了历史唯物主义，第一次找出了在人类历史上各个阶段的法律、政治和文化的关系都是取决于历史发展的各个阶段的物质资料的生产关系，而物质资料的生产关系又取决于人类物质生产力发展的高度，才真正地建立了科学的社会科学。以后马克思再把这个观念应用于资本主义生产关系的分析和找出了资本主义发展的特殊规律，即是剩余价值规律、资本的积累和无产阶级贫困化的规律，资本主义的生产社会性和生产资料的私人占有性的矛盾的规律，指出了在资本主义下的阶级斗争必然引到无产阶级革命，然后政治经济学方才成为真正的科学。到了社会主义建设时期，列宁、斯大林、毛泽东和其他马克思列宁主义的理论家更作出了许多极有价值的贡献。最可令人切齿痛恨的即陈振汉和徐毓枬竟将马克思列宁主义的政治经济学诬蔑为"不像什么有价值的东西"，诬蔑为"释义"，诬蔑为"圣经"，除了帝国主义及其买办而外，从来没有听到过有人这样辱骂过马克思列宁主义的政治经济学家的。

在另外的一个极端上，任何一个初治马列主义的人都知道，资产阶级的庸俗的经济学，乃是以掩盖资本主义的生产关系发展规律为目的的。它的历史的任务就是将资产阶级对于资本主义社会的庸俗的观念化为教条，来给资本家剥削工人和给帝国主义掠夺殖民地作辩护。换句话说，它乃是美帝国主义和蒋介石集团侵占台湾和企图进攻中国大陆,恢复"个人自由主义"的理论武器。然而陈振汉及其追随者徐毓枬等却对于资产阶级的政治经济学津津乐道和推崇备至。徐毓枬说:

> 英国的马歇尔、凯恩斯是很好的数学家,哈罗德是很好的古典文学家。一方面超然,另方面有种种实际联系,经济学家起了极大的作用。分析正确与否,影响千百万人,不下于医生。为很好的一行,为有学问的职业。

我们知道,马歇尔、凯恩斯、哈罗德都是垄断资本巨头的奴仆,替垄断资本巨头献策的。他们驾临于无产阶级和劳动人民的头上,替垄断资本巨头寻找更残酷地剥削无产阶级和劳动人民的借口。不问他们披着什么古典文学家或数学家的外衣,他们的经济学都是替强盗辩护的。对于这些替强盗作辩护的庸俗经济学家们,徐毓枬却称他们是"医生""为很好的一行","为有学问的职业"。并跟着陈振汉一道,起草经济学纲领,要以他们的"有用的概念和方法"来帮助(其实就是破坏)社会主义的建设。

陈振汉和他的伙伴徐毓枬等,不但对马克思列宁主义的政治经济学怀着深仇大恨,强调把它驱逐到高等学校的必修科的范围之外,并且捏造事实,诬蔑财经部门领导干部,将他们在财政工作上所作出的光芒万丈的成绩,说成是把财经工作"当儿戏"。又且无中生有,将政府有关部门在研究国民收入和计划统计方法、体制和理论时,敦请专家教授们参加(巫宝三、罗志如、徐毓枬都曾被邀请过)说成是鄙弃经济科学和看不起经济学家。又且无中生有,将国家统计局将该局出版的许多综合性资料,如《社会主义经济汇编》等都分发给中国科学院和全国设有经济系的三十多个大学和专门学校,并在报章杂志上逐年公布国家统计公报,说成是业务部门的"宗派主义"。……这都表示陈振汉其追随者对于财经工作领导同志怀着深仇大恨。否则他们是不会捏造这一系列的事实来对他们进行恶毒的诬蔑的。

谁都知道,陈振汉是五体投地拥护储安平的"党天下"和陶大镛的党的领导必须退出学校的反动言论的。但大家恐怕还不知道,陈振汉和徐毓枬连全中国六亿人民的伟大领袖毛主席,在哲学和政治经济学上的卓越贡献,也是十分鄙视的。陈振汉说:

> 不能说我国哲学落后,但不能说中国哲学家以毛主席为最大。

徐毓枬说:

> 我们的领导是全知的,这是由制度决定的。我们的领袖是哲王,是比我们高明的经济学家。

这即是说,我们的领袖在经济学上的贡献,反不如他们这几个经济学家高明。也就是说,他们这几个经济学家要比我们的领袖毛主席还高明。全世界的劳动人民都公认,我们的领袖毛主席,不但是伟大的无产阶级的哲学家,而且是伟大的经济学家,因为他是第一个发现帝国主义及其买办的反动势力在城市和乡村发展不平衡的规律的,和第一个发现中国民族资产阶级的两面性的规律的,……他当然是最伟大的无产阶级的经济学家。请问陈振汉和他的追随者徐毓枬,你们连凯恩斯就业一般理论的反科学反人民的本质都不知道。如果说,你们是经济学,那么,你们是什么阶级的经济学呢?

<h2 style="text-align:center">三</h2>

在解放以前,陈振汉和他的追随者徐毓枬等都在一贯地宣传庸俗经济学,并且作了许多论文来替蒋介石献策,单凭这一件,即可证明,在解放以前,他们确是不折不扣地的买办经济学家。过去不用说了。现在如何呢? 现在他们,虽在解放以后八年的今天,但仍然仇视马列主义政治经济学,企图资产阶级经济学的复辟,特别是企图凯恩斯反动经济学的复辟。而且捏造事实,诬蔑财经干部,甚至于狂妄到要抬高自己贬抑领袖,企图给章罗集团对党争取领导权开辟道路。

陈振汉在解放以前,比他的追随者更坏。他乃是更坚决地反对共产党和替产帝国主义、封建势力和官僚资本服务的。在他所作的《土地分配与农业生产》一文内,反对共产党没收地主所有的土地为农民所有的土地的土改政策。他说:

> 租佃关系的废除对于农产效率的增加,无论从作物选择与土地资本的有效利用上都不见得有何重大的裨益。比较重要的关系端在地租收入的转移。

但是他又说:

> 地租的豁免一般人都认为可以刺激新自耕农的工作兴趣,使他们更努力于耕作,但根据许多实地调查的结果,发现在佃农与自耕农同时存在的时候,佃户的农业效率,往往较自耕农为高,至少是没有什么显著差别。(《经济评论》第三卷第三期)

这就是不折不扣地代表地主阶级的利益。后来他看见共产党起来了,方才替蒋介石献策,劝他权且承认共产党没收地主土地以为对共产党的"釜底抽薪"之计。其目的仍在维护帝国主义及其买办的利益。

陈振汉又在《论寡与不均》一文中又坚决地反对社会主义革命。他说:

> 假若一旦私产制度取消,或者财富差别不存在,是否会连这种深根固蒂的资本家的勤俭美德,进取精神会扫地以尽? 生产活动归于停滞? 整个物质文明,寿终正寝?(《经济评论》第一卷第三期)

直到现在陈振汉仍有这种思想存在。他说:

> 我们日常经济中的官僚主义简直触目皆是,分析原因有下述几个:(1) 动力问题:资本主义下追求利润动机而我们只靠为人民服务的社会主义觉悟。

言下大有离开追逐利润的动机,社会主义工业建设无法搞好之意。

究竟陈振汉要把中国变为怎样一个国家呢? 他是想把中国变为美帝国主义的投资地。他说:

> 战后重工业的初期建设恐怕大部分靠外资。……我们希望战后的中国政府一定能有借贷的能力,战后的初期工业建设,只有以外资的流入为主要的来源。(《中农月刊》三卷十一期)

另据科学院经济研究所严仲平同志揭发,陈振汉并且反对"民族资本"这个名词的使用,因为恐怕它刺激了帝国主义的民族感情。由此可见,陈振汉所代表的资本家的利益乃是帝国主义资产阶级的利益,其目的乃在将中国变为美帝国主义的殖民地。

从陈振汉在解放以前的反动言行来研究,可么得出结论说,陈振汉在解放以前确是不折不扣的资产阶级的经济学家。又陈振汉和他的追随者们,既然在解放以前,一贯反对马克思列宁主义理论和宣传庸俗经济学,而陈振汉和他的追随者徐毓枏和谷春帆并给蒋介石集团献策,应当肯定地说,亦与买办经济学家无别。

四

知道了陈振汉等阶级立场后,我们现在也就不难了解他们要共同草拟经济学纲领,来反党和反社会主义的必然性。

陈振汉和他的追随者徐毓枏等为什么对于马克思列宁主义政治经济学这样的仇视呢? 因为在解放以前,他们都是决心为帝国主义及其买办服务的。他们专研最反动的庸俗经济学,其唯一的目的乃在于成为帝国主义及其买办的军师。可是在解放以后,这种甜美的幻想"破灭"了。可是谁使他们这种甜美的幻想破灭的呢? 马克思列宁主义的政治经济学。因而他们便将马克思列宁主义的政治经济学视作眼中钉,并坚决地要批判它和压倒它。陈振汉说,马列主义的政治经济学"不像一门学问"。徐毓枏说,它的威信是靠别的来维持的。这都是他们对于它的怨毒的表现。如果一个没有经过彻底改造的地主和资本家,对于马克思列宁主义的政治经济学不能不仇视,那么,未经改造的买办资产阶级的"专家教授",对于马克思列宁主义的政治经济学当然亦不能不深恶而痛绝。可是他们却很明白,在现在大学的讲坛上,或在杂志报章上,如果再讲资产阶级经济学那一套,学生和读者必定要反对,因此他们也就不得不在讲坛上和在文章上背诵或引用马克思列宁主义政治经济学的语句,可是在骨子里,他们却是深恶而痛绝的。在马克思列宁主义的政治经济学和资本主义的庸俗经济学之间,他们在本质上是坚决地反对马克思列宁主义的政治经济学,而拥护凯恩斯主义的经济学的。徐毓枏在解放前,曾经说:

> 最后重心移到凯恩斯之就业通论(即就业一般理论)。这是比较令人满

意的一部分,通论结构虽简单,对于现在的经济生活,却是很好的一个缩影,便于应用;它所讨论的问题是现实中很重要的问题;它在经济学上开辟了新的领域,是现在最蓬勃最有前途的经济学。(徐毓枬著《当代经济理论》,序,第二页)

但凯恩斯的就业一般理论乃是否认社会主义的优越性,否认无产阶级革命,维持资本家的利润,降低工人实际工资,和不许反对降低实际工资的工人有任何就业的机会的。它乃是无产阶级之敌和科学之敌。用一句譬喻的话来说,凯恩斯的就业一般理论乃是无产阶级的毒药。凯恩斯自己也说过,他要用他的就业一般理论这部重要著作,来击溃马克思主义基础的。在解放以前,陈振汉及其追随者徐毓枬等,热爱蒋介石,仇视共产党,为了帝国主义及其买办的利益,为了扑灭无产阶级的革命,即以凯恩斯的毒药来给无产阶级灌毒了。现在革命胜利已经八年了。徐毓枬等旧性复发,仍然要向工人阶级捧献这杯毒药。徐毓枬自己还津津乐道,那些曾经向工人阶级放毒的英国经济学家:马歇尔、凯恩斯、哈罗德"是医生"。他们所操的毒害无产阶级,和替美帝国主义侵占中国领土台湾和企图进攻中国大陆,消灭共产主义,恢复"自由经济"树立理论根据的一行,"为很好的一行,为有学问的职业"。并在他们的反社会主义的经济纲领中,建议以凯恩斯的有用的概念和方法和以凯恩斯的乘数论来帮助(实则是破坏)社会主义建设。最可令人注意的,即是解放已八年,徐毓枬等仍在劝诱现在的工人阶级服食凯恩斯这杯毒药,企图给资本主义经济的复辟创造条件。幸亏工人阶级手里持有马克思列宁主义的照妖镜,看出了他们这些经济学家的本来面目,一下就把他们在建议书中的政治阴谋识破,否则,我们的社会主义建设是要在或多或少地程度内受他们的毒害的。简单一句话,由于陈振汉和他的追随者徐毓枬等,认为他们所曾拥护的买办资产阶级被推翻和他们想充当买办资产阶级的军师的幻想的破灭,完全是马克思列宁主义政治经济学的罪过,因此他们也就不能容忍马克思列宁主义政治经济学继续成为社会主义建设的指导思想,如果不把马克思列宁主义的政治经济学领导地位推翻和让凯恩斯的经济学复辟,除非经过脱胎换骨的思想改造,海有枯,石有烂,陈振汉和徐毓枬等之心,恐怕绝不能甘。

再问一句,为什么陈振汉和他的追随者徐毓枬等,又这样地仇视党的领导,这样地仇视财经领导干部呢?这样地看不起毛主席呢?由于陈振汉和他的追随者们认为他们所曾拥护的买办资产阶级被推翻和他们想充当买办资产阶级的军师的幻想的破灭,不但是马克思列宁主义的政治经济学的罪过,而且是由于无产阶级和全中国劳动人民,在党的领导下,把帝国主义及其买办的统治推倒之后和无产阶级取得了领导权之后,党和毛主席与国家的经济部门的领导地位日益巩固。因此他们就不但视财经干部如眼中钉,特别是陈振汉和他的追随者徐毓枬,连对中国六亿人民和全世界人民所爱戴的毛主席亦表现非常不满的情绪。因此之故,所以徐毓枬才说,毛主席并不是比他们更高明的经济学家,意味着,在经济工作上,"你不行,我来干!"所以陈振汉才说,毛主席不能看作是中国最好的哲学家,所以在他们这六个所共同草拟的经济学纲领上才对国家经济干部进行无耻的恶毒的诬蔑。说他们什么也都不懂得,连财政的收支不平衡会引起物价高涨也都要经过几年来摸索。他们说:

> 例如国家的财政收支如果不能平衡势将导致物价的上涨和物资供给的紧张状态。这是历史上早就肯定了的经济规律,这不需要再有摸索的。

所以他们才说,财经领导干部既不行但又不让他们来干,"除了受一定程度的宗派情绪所影响而外,实质上是经验主义否定科学思想的表现"。所以他们才说,"我们的财经政策和设施,不少是盲目地搬运苏联成例,即是试验错误,碰碰试试,主观主义,盲目行事"。简单一句话,他们之所仇视党和毛主席的领导,仇视财经领导同志,就是由于他们认为他们所曾拥护的帝国主义及其买办被推翻和他们想充当帝国主义及其卖国的军师的幻想之所以破灭,不但是马克思列宁主义的政治经济学的罪过,而且是由党和毛主席及国家的财经工作干部的罪过。他们既然认为马克思列宁主义的政治经济学和党的领导,同他们这批"经济学家"的利益不相容,当然他们要在章罗集团的指使下,以反社会主义的科学纲领为基础,起而草拟反社会主义的经济学纲领来颠覆马克思列宁主义的政治经济学作为国家的领导思想,和反对党和毛主席及国家财经干部来领导经济研究和经济工作,并以凯恩斯主义学说及其他庸俗经济学说来破坏马克思列宁主义政治经济学作为国家领导思想的地位和以凯恩斯主义的概念和方法来破坏社会主义建设,从而为帝国主义及其买办的复辟创造条件了。

陈振汉不但有反对理论而且有极其具体的反动行动。在他所采取的反动行动之中,第一步行动就是首先在综合大学经济系里,展开两条路线的斗争。陈振汉首先企图在北京大学中将马克思列宁主义的政治经济学专业取消,使北大经济系往美国哈佛大学的方向发展。如众周知,哈佛大学的经济系的方向就是不要马克思列宁主义的政治经济学的领导思想的。陈振汉不但要使北大经济系往哈佛大学的经济系发展,而且要使全中国的经济系往哈佛大学的经济系发展,即往资本主义的大学的方向发展。陈振汉不但要使全中国的综合性大学的经济系往哈佛大学的经济系方向发展,而且要使科学院的经济研究所亦往这个方向发展。陈振汉已经向科学院经济研究所放出毒箭,主张经济研究所将马克思列宁主义政治经济学的研究排斥于经济所的研究范围之外。其目的乃在将全中国的综合大学、高等学校,科学院经济研究所,作为章罗集团培养反党反社会主义,首先是反马克思列宁主义的,青年右派分子的大本营。尤应着重指出的,即陈振汉等的反马克思列宁主义作为国家领导思想的反动主张,并不是"单干的",它乃是与章罗集团的反社会主义的科学纲领和他们的同盟军。亦无论在中国的北方和南方都有他们的同盟军。例如上海经济研究所右派分子沈志远和吴承禧所提出的研究计划；在北京的右派分子费孝通、吴景超、陈达、李景汉等所提出的反社会主义的社会学纲领等等，都是与陈振汉等所共同草拟的经济学纲领的反党反社会主义的方向相一致的。由此可见，陈振汉等所共同草拟的经济学纲领乃是代表帝国主义及其买办对无产阶级的领导权所展开的一幕极其激烈的阶级的斗争。

五

同志们！政治经济学是有党性的。资产阶级的经济学，尤其是在垄断资本统治阶段的庸俗经济学，特别是凯恩斯学说，乃是替帝国主义资产阶级及其买办服务的。它乃是无产阶级之敌，劳动人民之敌和科学之敌。为了中国六亿人民的利益，为了全世界无产阶级的利益，为了保卫社会主义的制度，我们必须高举马克思列宁主义理论的旗帜，对于垄断资本巨头的经济学，特别是要对凯恩斯的学说，包括它的基本概念和分析的方法，进行彻底的批判，并要对陈振汉及其追者徐毓枬、罗志如、巫宝三、宁嘉枫、谷春帆所提出的反党反社会主义的经济学纲领和全中国的右派分子在章罗集团指使下所制定反社会主义的科学纲领，进行彻底的批判。

一九五七年九月二十五日于北京大学

（《北京大学学报（人文社会科学版）》，1957 年第 4 期）

论社会主义制度下的商品生产和价值规律

一、社会主义制度下的商品

在讨论社会主义制度下的商品生产的时候,首先在思想认识上要明确,在社会主义制度下的商品与在资本主义制度下的商品,是有本质的差别的。这个本质的差别是:在资本主义制度下,商品的基本矛盾,为私人劳动和社会劳动的矛盾。它乃是对抗性的矛盾。这种矛盾表现为周期性的经济危机,还表现为资产阶级与无产阶级的根本利益是冲突的。这个冲突在资本主义制度下不可能用增加生产力,改良人民生活和统筹兼顾的经济计划来解决。在社会主义下的商品,虽然也存在着基本的矛盾,只限局部劳动和社会劳动的矛盾(因为私人劳动和社会劳动的矛盾现在变为局部劳动和社会劳动的矛盾了),但是非对抗性的矛盾。这个矛盾的非对抗性表现为社会劳动生产率不断增加,没有衰退与危机,还表现为劳动人民内部在生产关系上的根本利益相一致。只在这个根本利益一致的基础上尚存在着若干短时的、局部的利益的不一致。这样的不一致,在工人阶级的领导下,乃是完全可以通过发展生产力,改善人民生活和统筹兼顾的经济计划来解决的。

但是,在社会主义下的商品与在资本主义下的商品,在本质上有区别,不等于说,在社会主义下的产品没有商品的性质。因在社会主义制度下的产品仍是具有商品的基本矛盾的,即是,局部劳动和社会劳动的矛盾的。如果说,在社会主义制度下,商品的本质是局部劳动和社会劳动的矛盾的统一和在这个矛盾基础上所发展起来的具体劳动和抽象劳动的矛盾的统一,那么,在社会主义下的产品便必然也是商品。如众周知,在社会主义的统一市场中,还在很久以前也就充分地揭露出,这个矛盾早存在了。这表现为纵是国营企业的产品,在生产出来后,亦不是必然就会被其他国营企业,合作社营企业,或其余的买者,公认为完全合规格出的,也不是会被列为完全有用的。在基本建设中,个别的厂房,在建造完毕后,由于发现了厂基不牢,不能负荷装置的机器的重量,结果只好将它变为宿舍。在增产节约中,"某些轻工业产品的质量不好"。"辽宁有些棉纺织厂把纱支改细,把布织稀以后,卖不出去"。① 这都在赤裸裸地揭露出社会主义下的产品,无论是生产资料也好,消

---

① 《人民日报》,1957 年 5 月 28 日。

费资料也好,都是具有商品的基本矛盾,即局部劳动和社会劳动的矛盾的。就等于说,社会主义下的产品仍然是商品。

斯大林同志说:"无论如何,不能把我国制度下的生产资料列入商品范畴中。"他所持的理由是:"第一,生产资料并不'出售'给任何买主,甚至不'出售'给集体农庄,而只是由国家分配给自己的企业。第二,生产资料所有者——国家,在把生产资料交给某一个企业时,丝毫不失去对它们的所有权,相反地,是完全保持着所有权的。第三,企业的经理,从国家手中取得了生产资料之后,不但不变成这些生产资料的所有者,相反地,是被确认为受苏维埃国家的委任,依照国家所交下的计划,来使用这些生产资料的。"①

斯大林同志这些说法,只是看到问题的一方面,即社会主义下的产品与资本主义了的商品确是存在着本质的差别的。但他看落了问题的另一方面,即在社会主义制度下的产品中,仍然存在着商品所具有的基本的矛盾,即是局部劳动与社会劳动的矛盾。又斯大林同志之所以看落了这类矛盾,又是由于他看落了生产资料所有者,国家和生产资料的使用者,国家的企业,和在国家企业与国家企业之间,也还存在着或多或少的非对抗性的矛盾。因为所有的国家企业均有其各自的相对独立性,并均有共各自的独立的经济核算。当此国家企业向另一国家企业拨进产品,即令是生产资料时,也都要支付代价的。有些同志说:"经济核算使国家企业的产品带有商品的性质。"但事实的真象是这样:不是经济的核算使国家企业的产品带有商品性,而是国家企业产品本身所赋有的商品性,才使经济核算成为必要的。但产品本身所赋有的商品性,只是由国营企业的相对独立性造成的。如果斯大林同志认识到这一点,我想他就不会得出这样的结论说:"生产资料失去商品的特性,不再是商品,并且超出价值规律发生作用的范围之外,仅仅保持商品的外壳了。"因为,社会主义下的产品不是仅仅保持商品的外壳,连商品本身所具有的基本的矛盾亦是保持在其中。所不同的,就是这里的矛盾,自社会主义经济取得绝对的统治地位以后,已由对抗性的矛盾变为非对抗的矛盾就是了。

由此可见,社会主义下的产品亦是商品。将社会主义制度下产品本身所具有的商品性说明后,请让我们进而分析商品发生的条件。

从社会主义制度下的产品交换中,反映出商品的发生的条件是多种多样的。就中最主要的一个条件,就是社会分工。谁都知道,商品第一次出现,是由人类社会第一次大分工所引起的。由于人类社会第一次出现了游牧业与农业的分工,然后游牧部落中的若干剩余的牲畜、乳制品、肉、皮和毛,和农业部落中的粮食,方才开始成为商品。以后,人类社会又出现了第二次大分工,即是手工业与农业的分工,然后农业和手工业中的劳动产品方才经常成为商品的。随着交易成为经常的现象,这个作为交易媒介的货币就出现了。在社会主义制度下,社会的分工是高度

---

① 斯大林:《苏联社会主义经济问题》,第46页。

发展的。商品的交易也是用货币来支付的。即令在国家企业与国家企业之间,也仍然是存在着交换的。交换也是用货币来清账的。无非这种交换是采取划拨的方式来进行罢了。产生商品的第二个条件,在社会主义诞生以前,是私有财产的制度。这个条件是与社会的分工紧密地相联系的。不是私有财产制度引起社会内部的分工,而是社会内部的分工引起私有财产制度。当然,私有财产制度对分工亦有反作用。应当着重指出的,在社会主义制度下,私有财产被消灭了,代之而起的是公有财产制度。由于社会主义制度下,不但保存着农业与工业的分工,而且保持着全民所有制企业和集体所有制企业。这两种所有制企业在根本利益一致的基础上,正如上文所指出,在经济方面亦然保持着相对的独立性和非对抗性的矛盾。从工农产品的交换比例上着眼,在两种所有制之间,确乎是存在着非对抗性的矛盾的。这表现为在商品的交换比例上经常发生矛盾。应当指出,这种在交换比例上的矛盾乃是由生产关系的矛盾所引起的,尽管这个矛盾是非对抗性质的。第三个条件就是工资制度。工资是工人和职员用来购买消费品的。在社会主义制度下,工资制度是保存的。假如在国家企业中不采用工资制度而采用供给制,这对大规模的经营是会带来无限的困难的。我们只要略一考虑党和国家为什么在国家企业中不采用供给制,而采用工资制,或由供给制过渡到工资制,便可知道这个困难是无限的。所不同的,即在社会主义制度下工资制度的剥削性质被消灭了,从而劳动力也不可能再是商品。尤为重要地,是工人和职员所购的消费品,在社会主义制度下,必须要与它所支付的劳动保持一定程度的正比例就是了。这三个条件联合在一道,决定社会主义下的产品赋有商品性。这三个条件是客观存在的,因而社会主义制度下劳动产品的商品性亦是客观存在的。在社会主义下,共有三种产品:(1)在国营企业中,由国家直接计划生产的产品,(2)在集体企业中由国家间接计划生产的产品,(3)在国家许可范围内,自由生产的产品。他们都是社会主义制度下的商品。对于这三种商品,价值的规律所起的作用,在本质上是相同的,但在具体形式上又是不同的。这就是紧接着在下文所要细述的。

二、社会主义制度下的价值规律

价值的规律是什么?依照马克思的分析,价值的规律,至少,应当包含下述这四点内容:(1)商品的价值随着社会劳动生产力的提高而降低。(2)在正常的市场状态下,商品的价值受商品在生产时所消耗的社会必要劳动量决定。即是要受在平均的生产条件下,平均的劳动熟练程度与强度下,生产一商品所费的社会必要劳动量。从而,在优越的生产条件下,同一的劳动便可生产更多的价值。但应注意,(3)在需求继续大于供给的条件下,商品的价值却只受商品在最不利的生产条件下所费的劳动量决定。① （4）商品的价格与商品的价值趋向于一致,是价值规律在顺利的条件下起作用的结果。不趋向于一致乃是价值规律在受干扰的条件下起作用的结果。

在简单商品生产条件下,价值的规律使商品的价格不能持久地高于价值或低于价值,在一个时期内,如果价格高于价值,供给便将大于需求,使商品的价格下跌至接近于价值。在另外一个时期内,如果价格低于价值,供给便小于需求,使商品的价格上涨,并接近于价值。这样就使商品的价格与价值倾向于一致。

可是,在资本主义制度下,价值的规律遇着了一个扰乱的因素,即是,资本家追逐利润的竞争。由于这个扰乱因素的出现,价值的规律便只能以生产价格规律的形态表现出来。生产价格不等于不变资本加可变资本加剩余价值而等于不变资本加可变资本加平均利润。平均利润一般不等于剩余价值。因此生产价格不等于价值。自此时起,商品在市场上的价格,也就持久地与价值不一致了。自此时起,在农业品与工业品之间,在落后的农业国和先进的工业国之间,便有持久地不等价的交易发生。由于这个原因,在资本家剥削工人的基础上,城市剥削农村,先进工业国家剥削落后农业国家,也就随之出现。随着资本主义从自由竞争走向垄断统治,随着生产价格规律变作垄断价格规律,商品的不等价交易,特别地是,工农产品之间的不等价相交易的情况于是更严重了。由此可见,工农产品的不等价交易,绝非价值规律在顺利的条件下发生作用的结果,而是由于受了新的历史因素的干扰。我们绝不能够说,价格与价值相背离(一致)反而是价值规律的典型(非典型的)的形象。恩格斯早就教导我们说:

> 这种不一致,是一种:"扰乱";在精密科学上,我们决不能把一个可以计算的扰乱,视为一个规律的否定。②

当然这种不一致,不可视为价值规律的否定,因为"一些商品的价格提高到价值以上时,别一些商品的价格,就以相同的程度,跌到价值以下,所以价格的总额仍然与价值的总额相等"。但这种不一致确是一种扰乱,乃是恩格斯所肯定的。这个扰乱的因素,就是资本家对于利润的竞争性。

应当着重指出的,即这个扰乱的因素,在社会主义制度下,不存在了。从而价值的规律发挥作用的可能性也就更大了。现在这种可能性业已逐渐变为现实性。这具体地表现在工农产品比价的差额逐步缩小的趋势上。李先念同志在党的第八次全国代表大会上说:"几年来工农产品比价的差额是逐步缩小的。根据一九五五年二十四个省区一百一十八个县城以下市场一百零七种产品的材料计算,工农产品比价的差额同一九五〇年比较,缩小了百分之一七·二五。"③这点表示,价值规

---

① 《资本论》,第三卷第十章,人民出版社1953年版,第204页。
② 《资本论》,第三卷,编者序,第17页。
③ 李先念:《使我们的物价更好地促进生产发展》,见《人民日报》,1956年9月23日。

律发挥作用的范围比较从前更广阔。马克思早就教导我们说：

> 在资本主义生产方式废止后，但社会化生产维持下去，价值决定就仍然在这个意义上有支配作用：劳动时间的调节和社会劳动在不同各类生产间的分配，最后，和这个各种事项有关的簿记，会比以前变得更重要。①

马克思所说："劳动时间的调节和社会劳动在不同各类生产间的分配"，显然，是指社会主义社会，利用价值规律更进一步发展生产力，使商品价值降低和使价格接近于价值，和为达到这些目的为该社会所需要的劳动时间的调节与社会劳动的分配。

有些同志说，在社会主义制度下，优先发展重工业是不受价值规律支配的。因为优先发展重工业"从国际条件来说，考虑的是使得东风继续压倒西风，来保卫世界和平，从国内条件来说，考虑的是生产的发展和人民生活水平的提高。在这个前提下再考虑价值、资金积累等问题，而后面所考虑的问题往往不是决定性的因素。"可是，在事实上，优先发展重工业正是因为考虑到价值规律的作用。因为依照价值的规律，商品的价值随着社会劳动生产力的进步而降低。优先发展重工业正是为了商品价值的降低，当然也正就是由于价值规律的作用。如果在价值规律的内容内，没有商品的价值随着社会劳动生产力的提高而降低这一条，我们会优先发展重工业么？另外有些同志说："生产资料中的调拨部分不能算商品，因为没有经过交换，且调拨价格是下降的，生产价格低于价值，因此调拨商品不受价值规律的影响。"在事实上，调拨就是社会主义制度下的正常的交换，因为被调拨的生产资料是要支付代价的。它乃是社会主义的统一市场的一部分。调拨价格下降正是因为考虑到价值规律的作用，因为调拨价格下降和在某种程度内使价格低于价值，乃在使整个社会的产品，随着生产资料的扩大使用和社会劳动生产力的进步而降低，这不是价值规律的作用是什么呢？再说，生产资料在价值以下出售，非生产资料在价值以上出售，使价值与价格的偏差在终局的消费品市场上趋于消灭。这也是符合于价值规律的作用的。而且这种偏差，无论是正差和负差，在社会主义制度下，比起在资本主义的垄断阶段里，是小得更多了。这就证明了价值的决定，在社会主义制度下，显得更重要。如众周知，我们现在的工业品价格，是依照以货币来计算的落后工厂的劳动消耗量来制订的。但这也是符合于价值规律的作用的。马克思说过：

> 但若需要这样强，以致价格受最不利条件下生产的商品价值规定时，需要也不减退，那么，这些商品就决定市场价值。②

这就正是上文所指出的，当着需要继续大于供给时，商品的价值不是受社会必

---

① 《资本论》，第三卷，第1116页。
② 《资本论》，第三卷，第十章，第204页。

要劳动量而是受在最不利的生产条件下生产该商品所费的最大劳动量决定。党和国家考虑到,今天我们对于工业品的需要大大超过了所有大、中、小型工厂的供给,并考虑,到价值规律在特殊情况下的特殊作用,方才将工业产品中的价格,依照落后工厂的劳动消耗量来制订的。这当然是完全符合于价值规律的要求的。孙冶方同志认为党和国家没有依照社会平均必要劳动量来规定产品的价格乃是没有把计划和统计放在价值规律的基础上,这是不合事实的。在需求大于供给的今天,党和国家把产品的价格依照落后厂的劳动消耗量来制定,不但是合于价值规律的,而且是合于社会主义基本经济规律的要求的。相反地,如果依孙冶方同志那样做,不但违反价值规律的特点,而且是不能满足今日的劳动人民的需要的。① 价值的规律不仅已对国家的价格政策起了极其重要的作用,而且今后还要更进步地起作用。价值规律早就告诉我们说,商品的价值会随着社会劳动生产率的增加而降低,从而商品的价格亦要降低。依照事物发展的必然性,随着社会劳动生产率的增加,党和国家必将注意到这个规律的要求,逐步地将商品的价格,包含生产资料的价格,与社会劳动生产率的增加,作一定程度的下降,而不是将它永远稳定于一九五二年的水平上。

由此可见,价值规律,在党和国家自觉的认识和利用下,无论在生产资料的生产与调拨上或在消费资料的生产与交换上都已在发生极重要的作用。它在一方面,使产品的价值不断降低,另一方面,使工农产品的价格逐渐接近于价值,并使产品的价格与其价值的正差与负差减少,而其最终的目的则在于使使用价值不断增加。

问题在于价值规律在三种不同的商品上所起的作用,在具体的形态上,是不同的。在国营企业范围内,商品的生产、价格和交换,多是由国家的直接计划来决定的。在这一类商品的生产关系中,价值的规律是直接通过计划起作用的。即是通过直接的计划,使生产力不断增加,同时并使生产资料在价值以下外拨,致令全国各企业的生产设备都能不断增加,并使他们的产品的价值亦能不断降低。在商品的交换上,还在于使工农产品的价格之比与价值之比的相差不断缩小,使工农产品的交换日益接近于价值,从而使工农生产积极性不断增加。

在集体所有制企业范围内,商品的生产与交换,乃是依照间接计划来决定的。直接计划乃是作为法令来行使的,间接计划是提供集体所有制企业参考的。即不是作为法令来贯彻的。也就是说,在这类商品的生产范围内价值的规律是通过间接计划起作用的。国家对于这类的商品,主要通过计划价格,来刺激生产与交换。当政府在提高某些商品的价格时,国家是以它在生产时所费的社会必要劳动量来制定价格的标准的。在短时期内,政府提高棉花、油料作物、蚕茧的价格,在于纠正过去价格小于价值的偏差,使他们的价格接近于他们的价值,接近于以货币来计算

---

① 《把计划和统计放在价值规律的基础上》,《经济研究》,1956 年第 6 期。

的在最不利的生产条件下社会劳动量的消耗。这点是与生产资料的调拨价格低于价值相区别的。而在长时期内,则在于使他们改进生产技术,从而降低价值与价格。由此可见,在这里价值的规律确是通过间接计划来起作用的。但其总目的,亦在于使商品的价值不断降低,使工农产品的价格之比与价值之比相差逐渐缩小,价值与价格的正差和负差减少,并使使用价值不断增加。

在国家所领导的自由市场上的商品生产与交换。这类商品的生产与交换,只由国家调整产品的生产和物价的幅度,其余的一切都是由生产者根据需求增加供给的。这里价值的规律的作用是在国家计划容许的范围内,自发地发生作用的。在这里价值与价格的暂时的不一致是容许的。但暂时不一致,是可以缩小的。一来呢,简单商品的生产是手工生产的。在小商品生产者之间,最大多数的商品生产的条件都是相同的。由于简单商品生产者之间的竞争,必然地会使商品在自由市场上的价格迅速地接近于价值。再来呢,国家又掌握了这么多相同的物资的供给,并规定了他们的价格。如果自由市场的价格持久地高于国家市场太多,买者必不会继续地购买他们。相反地,只要自由市场的价格持久地低于国家市场的价格,卖者亦必不会再来做这种赔本的经营。这样也就仍要使自由商品的价格在不久的将来,接近于价值。如果某种商品的自由市场与国家市场的价格,由于国家对于这种商品掌握不够多,或机构不健全,至于相差太大,一时尚难控制,国家还可用其他的办法来将这差度减少,甚至将此种商品排斥于自由市场之外,而完全纳入国家市场之内,重新使此种商品的价格接近于价值。一般地说来,在自由市场上,商品价格总是略高于国家市场的价格的。但在国家计划所许可的自由市场上,简单商品的价格较高,乃是符合于价值规律的,因为在自由市场上简单商品的价值亦较高。因为在该商品的价值中,除生产所费成本外,简要加上较多的运脚。

总括地说,在社会主义制度下的产品是为社会主义市场而生产的。应该将调拨的市场也包括在社会主义市场之内,所以社会主义下一切的产品都是商品。在社会主义制度下,由于社会主义的经济占据了绝对的统治地位,产品的生产与交换都是按国家的计划。在计划的时候,国家所首先考虑的固然是增加生产和增加人民当前所需要的使用价值。但为了达到这个崇高的目的起见,国家的经济计划乃是充分地利用了价值规律的作用的。第一,正是因为价值的规律已经告诉我们说,商品的价值,随着社会劳动生产力的增加而降低,而劳动生产力的发达,须有赖于生产资料的优先增长,国家方才优先发展重工业的,方才有意识地降低生产资料的调拨价格的。第二,正是由于价值规律已经告诉我们说,当需要比较持久地大于供给时,商品的价格受商品在最坏的生产条件下,生产所费的劳动量所决定,否则供给永远跟不上需要,国家方才在制定产品价格时,以落后工厂的价格为标准的。最后正是由于价值的规律告诉我们说,在资本主义制度下不等价交易掩盖着城市对农村的剥削。而且这种不等价交易乃是价值规律在被干扰的条件下起作用的结果。相反地,在未受干扰和有利的条件下商品的交换必然倾向于等价的交换。由于有这规律做根据,党和国家方才积极地创造条件来缩小工农产品的相对价格的差异的,从而巩固工农的经济联盟的。最后,由于价值规律告诉我们说,价值的降低和价格与价值相一致,如果听任价格的自发波动来实现,徒使价值规律的作用受着不必要的扰乱。为了减少这种不必要的扰乱,党和国家方才采取大计划小自由的政策,方才以计划生产作为工农业生产的主体,而以在国家计划所许可的范围内的自由生产,作为生产计划的补充的。总括来说,价值规律在国家企业,集体企业和个体企业中都是起作用的,但它对国家企业所起的作用乃是最深刻的。

1957 年 5 月 20 日于北京

(《北京大学学报》,1957 年第 3 期)

光荣属于苏联共产党和苏维埃国家

在二十世纪史诗式的无产阶级对帝国主义的革命斗争中,苏联共产党和苏联人民,无论在武装起义时期,在国外武装干涉和国内战争时期,在第二次世界大战时期和在和平竞赛的时期里,都获得了光荣的胜利,而成为世界帝国主义所深切憎恨和无产阶级所深切爱戴的第一个国家。值此伟大的十月社会主义革命的四十周年纪念的节日,如同在其他的周年纪念的节日一样,全世界所有的无产阶级都在响彻云霄地欢呼:

伟大的十月社会主义革命万岁!

光荣属于苏联共产党和苏维埃国家!

当着无产阶级的革命的火炬由西欧移向东方再移向亚洲之际,首先所碰着的第一个反动势力,就是沙皇的制度。如众周知,沙皇乃世界上最大的专制魔王,最凶恶的革命的刽子手,同时沙皇俄国并是世界上最黑暗的"民族的监狱",而俄国的资产阶级乃是站在沙皇方面的。可是苏联共产党和苏联人民在马克思列宁主义的旗帜下,仅仅在短短的十四年中(1903—1917)便把沙皇制度和俄国反动资产阶级推翻,实现了被压迫阶级世世代代的革命的愿望,建立了没有剥削的社会。阿芙乐尔巡洋舰上的隆隆炮声,第一次向全世界的无产阶级和劳动人民发出了庄严的宣告,即俄国的布尔什维克党和俄国的工人阶级和农民群众,在同世界上的最专制和最黑暗的沙皇和最反动的俄国的资产阶级两次革命的斗争中已取得了决定性的胜利。人类历史的新纪元已开始了。帝国主义的崩溃和社会主义社会建造的新世纪已开始了。在帝国主义体系的坚固围墙上已被打开了一大缺口,革命的洪流涌进去了。伟大的十月社会主义的革命于是立即成为世界各国的无产阶级推翻帝国主义资产阶级的光辉的旗帜。苏联共产党和苏联人民于是成为无产阶级革命的领导力量和指导力量。在十月革命的影响下,革命的火焰在欧洲燃烧起来了。1918年1月芬兰掀起工人革命,1918年11月德国发生革命,1919年3月匈牙利爆发了无产阶级的革命,1919年4月在巴伐利亚成立了苏维埃共和国。

紧接在十月革命之后,无产阶级的革命,还遭到了比沙皇时代的反动势力更要强大百倍的十四个国家的武装干涉和白卫分子的进攻。而且这个进攻从俄国的东西南北四面,猛扑过来:英法的军队从北方登陆,日本从东方登陆,捷克军团从顿河流域发动叛乱,波兰的军队公开地从西方进攻……他们与白卫分子的军队联成一气,将苏维埃包围在火圈中。可是苏联共产党,苏联红军和苏联人民在这一次战争里,又替全世界的无产阶级打了一个大胜仗,再一次地创造了无产阶级革命胜利的新纪录。此时苏维埃国家向全世界人民发布了新的庄严的宣告,即帝国主义资产阶级要想以武装的干涉和白卫军来阻止合乎历史发展规律的社会主义革命,乃是注定了要失败的。又一次地以铁的事实证明,苏联共产党、苏联红军和苏联人民真不愧为无产阶级革命的不可战胜的急先锋。在全世界庆祝苏联人民战胜国外武装干涉和白卫军的盛大节日里,全世界人民又一次欢呼,光荣属于苏联的布尔什维克党、苏联红军和苏维埃国家。此后革命的火焰不但在欧洲而且在亚洲更是火光熊熊地燃烧起来了。值得在人类历史上大书特书的,即是1921年中国共产党在十月革命的影响下成立了。还在1921年的前两年,中国共产主义小组也就率领着中国的最英勇的无产阶级,高举着伟大的十月社会主义革命的旗帜,向中国的北洋军阀的统治,吹起了革命斗争的号角。自从1921年中国共产党成立后,全中国的工人阶级就向帝国主义和封建势力在华的统治,发动了史无前例的大规模的经济的斗争。紧接着在经济斗争之后,政治的斗争开始了。最有名的就是中国的第一次国内的战争。这次国内战争就是在十月革命的影响下,中国的无产阶级向帝国主义及其买办所发出的震撼全世界的第一次的反对殖民主义的战争。

在二次世界大战中,苏联共产党和联盟人民,又一次地站在世界无产阶级和劳动人民的最前线,高举着金光闪耀的镰刀与锤子的红色大旗,首先在西方击溃了法西斯德国并把法西斯德国的魔王结果在他的老巢里。紧接着在西线的辉煌胜利后,苏联共产党和苏联红军,立即回过头来,更高地举着金光闪烁的镰刀与锤子的红色大旗,唱着国际歌,移向远东,前与中国的人民革命军相配合,击溃了最精锐的日本帝国主义的关东军。这即是说,在第二次世界大战中,在强大的法西斯与全世界的进步势力的战争中,苏联共产党、苏联人民和苏联红军又荣膺了全世界胜利的冠军。在全世界人民庆祝第二次世界大战胜利的节日里,在亿千万人民的欢呼声中,"光荣属于苏联共产党、苏联人民和苏联红军"的欢呼声再一次地响彻云霄。

紧接着第二次世界战争的胜利,在苏联的帮助下,欧洲新民主主义国家成立了,中国新民主主义革命胜利了。在世界上约有三分之一的人民所在的土地上,从根地拔去了资本主义制度,建立了社会主义制度。在新民主主义各国和世界帝国主义的斗争中,苏联共产党、苏联人民和苏联红军,更高地高举着争取人民和社会主义阵营的最强大的保卫者。苏联在捍卫社会主义和保卫和平的伟大的业绩上,于是又赢得了"世界和平堡垒"的光荣称号。

应当着重指出的,即在二十世纪史诗式的无产阶级对帝国主义的生与死的斗争中,苏联共产党和苏联人民,不但在战场上屡立奇功,致成为全世界劳动人民的战无不胜的急先锋,而且在史诗式的和平竞赛中,也无论在经济建设上和在科学技术方面,都夺得了世界上头等的荣誉。在经济建设上,苏联在沙皇俄国的废墟上,仅仅在短短的四十年中便走完了资本主义各国足足用了一个多世纪方才走到的目的地,国家工业化。苏联虽在工业产量方面尚未完全赶上美国、法国和西德。而且他的许多最重要的工业品的产量,已经差不多等于这三个国家同类产品产量的总和了。在帝国主义各国和社会主义的国家工业产量的赛跑场中,在开始赛跑的时候,本来是美国领先、英国第二、德国第三、法国第四、苏联第五,可是随着竞赛的开展,苏联以快速的步伐,首先超过法国,其次德国,再其次英国,现在正紧接着美国之后。由于苏联赛跑的速度越来越快,美国越来越慢,美国现在已经沉不住气了。因为苏联工业生产每年增长的速度为 13.3%(1950—1955),而美国的每年增长的速度仅为 4.2%。在今年头八个月里,苏联工业生产比去年同时期又增加了 10%,而同时间的美国只增加 1.4%,美帝国主义的气力越来越不行了。现在全世界的观众都在齐声喝采:"苏联老大哥'加油呀!''加油呀!'"眼见着美帝国主义便将为苏联所败北。苏联跑得更快了。美帝国主义跑得更慢了。

应当特别的强调,即在和平的科学技术的竞赛中,美帝国主义早已被苏联完全战败了。紧接着苏联的第一次洲际弹道发射成功后,苏联又成功地发射了第一个人造卫星。甚至连美国《先驱论坛报》也不得不颓丧地说:"在二十世纪史诗式的竞赛中,美国的荣誉一下子丧失殆尽了。"还应指出,苏联成功地发射第一个人造卫星,不仅表示美帝国主义在科学技术方面被击溃。印度报纸正确地指出,苏、美"军事力量的对比已经转而有利于苏联",埃及报纸也正确地指出,苏联的人造卫星已经摧毁了艾森豪威尔主义。同时,日本共同社了正确地指出,苏联一系列的成就动摇了美国在政治军事方面的地位。甚至连西德的报纸也认为"非要和平共处不可"了。我们还应强调,即正当着苏联的工业生产的速度和科学技术上的发明,以飞跃的姿态,超过美国的时候,美国的经济却反而由静止转到下落,尽管这个下落是轻微的。1946 年 12 月,美国的生产指数为 147,而在今年的四、五月下降到 143,七月只保持在 144。同时在科学技术方面,美国第四次火箭试验又失败了。现在美国的科学家几乎一致地承认社会主义制度在发展生产力和加速科学技术的进步方面比较帝国主义确是赋有无比的优越性。美国的著名科学家强调地指出,美国在和平竞赛中的败北乃是由于下列的两个原因:(1) 美国的资本主义政治制度和(2) 美国的资本主义的"自由竞争"。(在实质上乃是美国的独占组织的竞争。)美国著名原子物理学家,诺贝尔奖金获得者,尤雷博士强调,麦卡锡主义对于从事政府工作的科学家要他们进行忠诚的宣誓,和对于科学家的迫害,这是使许多第一流的科学家放弃了人造卫星的研究工作,而使美国科学落在别人后面的原因。里里科菲米核子研究所的长塞·艾利逊博士也说,美国在科学竞赛中败北乃是由于"同政府订合同的人们,总是彼此保守秘密。假如有一个大规模的中央实验所,而且能够充分地迅速地交流经验,那么,我们原是可以进展得快些的"。毫无疑问,在二十世纪史诗式的竞赛中,由于社会主义制度对于资本主义制度具有无比的优越性,苏联不但在科学技术方面已取得了并将继续取得全部的胜利,即在工业生产方面亦将在最近的数年中,以飞快的速度,夺得胜利的挂冠而成为世界的第一个冠军。

　　在苏联夺得世界上头等荣誉的鼓舞下,众众的新民主主义国家,紧随在苏联之后,更高地举着金光闪烁的链刀与锤子的红色大旗,决定要在以后稍远的年代里,继续不断地赶上美国和超过美国。由于现在美国工业生产的速度放慢了,中国现在正在满怀信心地以平均每年增加 249% 的速度,阿尔巴尼亚以平均增加 24.2% 的速度,保加利亚、匈牙利、民主德国、波兰、罗马尼亚、捷克斯洛伐克正在以平均增加 13% 左右的速度,向着赶上美国和超过美国的方向,稳步前进。

　　由此可知,在二十世纪史诗式的无产阶级对帝国主义资产阶级的革命斗争中,苏联乃是第一个高举着马克思列宁主义的旗帜,首先推翻帝国主义创建社会主义新时代的国家,第一个击败帝国主义各国和白卫军的国家,第一个在西方打垮法西斯德国,东方打垮法西斯的日本的国家,第一个在经济竞赛中击败了欧洲资本主义强国,并将要很快地击败美国的国家,同时又是第一个在科学和技术的和平竞赛中一次又一次地击败美帝国主义的国家。苏联共产党和苏联人民能够在武装起义、军事战争和在和平竞赛中一次又一次地击溃帝国主义国家而获得了胜利的冠军,乃是绝对光荣。值此伟大的十月社会主义革命四十周年的节日,让我们中国人民同世界人民一起,齐声地欢呼:伟大的十月社会主义革命万岁! 光荣属于第一个首先战胜和连续战胜世界帝国主义的苏联共产党、苏联人民、苏联红军和苏维埃国家!

(《文汇报》,1957 年 10 月 27 日)

毛主席的《关于正确处理人民内部矛盾的问题》是对历史唯物论的划时代的贡献

　　毛泽东同志的《关于正确处理人民内部矛盾的问题》，是他继《实践论》和《矛盾论》发表之后，把马克思列宁主义的普遍真理同中国革命的具体实践相结合的划时代的新贡献。我们知道，毛泽东同志的《实践论》是对于辩证唯物论的认识论所作出的伟大贡献。而《关于正确处理人民内部矛盾的问题》，则是对于历史唯物论所作出的划时代的贡献。在这一系列的著作里，毛泽东同志接受了马克思列宁主义的最根本的原则，结合中国革命实践创造性地发展了它们。这样，就使毛泽东同志的辩证唯物主义境界观这座火山的攀登上，达到了新的光辉的顶点。现在我来阐述一下《关于正确处理人民内部矛盾的问题》，在理论和实践上的巨大历史意义。

　　马克思主义经典作家对于历史唯物论所作出的总贡献，达到了这样的程度：他们指出，资本主义社会中，如同奴隶社会和封建社会一样，生产力和生产关系之间，上层建筑和基础之间确是存在着矛盾的。正如毛泽东同志所指出的，这种矛盾乃是对抗性的矛盾。它"表现为剧烈的对抗和冲突，表现为剧烈的阶级斗争，那种矛盾不可能由资本主义制度本身来解决，而只有社会主义革命才能够加以解决"。而对社会主义建成以后，他们还看见了多种多样的矛盾现象，马克思、恩格斯首先就说，共产主义第一阶段，在按劳取酬的条件下，仍然存在着不平等的现象。在体力劳动和智力劳动之间，城市和乡村之间亦仍然存在着矛盾。列宁更进一步指出，无产阶级夺取政权以后，工人内部亦仍然保存着资本主义社会的传统心理，小私有者的旧习惯。当他看见布哈林的《过渡时期的经济》一书里将对抗与矛盾混同时，曾经强调地说，这是"超等的不确切。对抗和矛盾完全不是一回事。在社会主义社会下，对抗将要消灭，矛盾还会存在"。斯大林也曾说过，在领导和群众之间亦仍然是存在着矛盾的。毫无疑问，马克思、恩格斯确曾预见到社会主义社会多种多样的矛盾现象。列宁、斯大林曾在苏联的革命实践中丰富了矛盾学说。而毛泽东同志在社会主义社会中，把这些多种多样的社会主义社会的矛盾现象，经过慎密的分析和研究，看出了贯穿在这些矛盾现象内部的规律性。正如毛泽东同志所说的那样，这个规律就是在社会主义社会中，基本的矛盾仍然是生产关系和生产力之间的矛盾，上层建筑和基础之间的矛盾，具有根本不同的情况。它不是对抗性的矛盾，而是非对抗性的。这样就使马克思在《政治经济学批判》的序言中所发表的历史唯物论得到了补充。由此可以得出结论说,马克思的历史唯物论是对资本主义社会及其以前的人类社会发展史的总结;而毛泽东同志的《关于正确处理人民内部矛盾的问题》则是在马克思原有的历史唯物论之上,更进一步总结了社会主义社会发展的经验。从而也就丰富和发展了马克思主义的历史唯物论。如果说,马克思的原有的历史唯物论和恩格斯的群众创造历史的科学的总结;如果说,列宁和斯大林关于社会主义社会的矛盾现象的分析处理,是对社会主义社会发展的丰富经验的分散的或零星的结论;那么,毛泽东同志的《关于正确处理人民内部矛盾的问题》则是在历史唯物论方面,对于社会主义社会的发展所作的全面而深刻的科学总结。再从社会主义的革命和建设实践方面来观察,如果说,马克思的历史唯物论和恩格斯的关于这一方面的著作,在与群众结合后,曾经变为伟大的物质的力量,导致了无产阶级革命的胜利;如果说,列宁和斯大林关于社会主义社会发展的经验的知识,在与群众结合后,也曾变为社会主义社会的物质的力量,导致了社会主义建设的胜利,那么,毛泽东同志的《关于正确处理人民内部矛盾的问题》的理论在与群众结合后,就推动了社会主义革命和社会主义建设方面胜利的前进,并取得了伟大成就。在生产关系方面和上层建筑方面都导致了空前未有的一系列的重大变革,从而也就将社会物质生产力和劳动生产率提高到空前未有的速度。同时并在生产力跃进的情况下引出了一个空前未有的技术改革和文化建设的高潮。

毛泽东同志在总结了社会主义社会发展的经验后,他便进而寻找在阶级社会中和在社会主义社会中所存在的两类矛盾的区别。列宁虽然说过,在社会主义制度下,对抗将要消灭,矛盾不会存在,但因当时历史条件列宁并没有提出区别这两类矛盾的具体标准。毛泽东同志在列宁主义的基础上,将这两类的矛盾概括为敌我矛盾和人民内部的矛盾的对立。并提出区别这两类矛盾的具体标准。列宁虽然说过,在社会主义制度下新旧事物有矛盾,工人内部有矛盾,工农之间有矛盾,资产阶级专家与工人农人之间有矛盾,官僚主义与人民之间有矛盾,但未将这些分散存在的矛盾现象,看作是,在社会主义制度下,生产关系和生产力之间,上层建筑和经济基础之间的矛盾的各种形式的表现,亦未将这些不同的各种的表现概括为人民内部的矛盾,并以之与残存的敌我矛盾相对立。应当强制,毛泽东同志不但在新而高的历史唯物主义理论中,明确了人民内部矛盾和敌我矛盾的对立。并且阐明了区别这两类矛盾的新标准,以及社会主义社会,人民内部矛盾和敌我矛盾的相互的转化的原理。应当着重指出,列宁曾经说过,对立在一定的条件下,是互相转化的东西。而毛泽东同志更将列宁所说的这一番话,应用到敌我矛盾和人民内部矛盾这两大对立物的相互关系上所得出的具体的和生动的互相转化的关系。可见毛泽东同志的这个新结论,在马列主义世界观上乃是一个具有创造性的贡献的著作。这一伟大的著作,曾在社会主义革命、社会主义建设的两条路线的斗争中,发挥了宏伟的作用,创建了空前未有的历史奇迹。这样就使党和国家能够将资本家变为劳动者,将资产阶级知识分子变为无产阶级知识分子。由此可见,在物质生活条件成熟的基础上,毛泽东同志的理论已经在群众中产生了巨大的物质力量,在改造世界上起了伟大的作用。

毛泽东同志的《关于正确处理人民内部矛盾的问题》,所以作为一切创造性的贡献中最伟大的贡献之一,还在于提供了解决人民内部矛盾的新方法,即是,从团结的愿望出发,经过批评或者斗争,使矛盾得到解决,从而在新的基础上达到新的团结。这个公式是,团结—批评—团结。应当肯定,这个公式确是毛泽东同志的伟大创造之一。诚然,在列宁的著作中,曾经提过在职工会中应用来解决内部矛盾的主要的行动方法是说服与教育。在这一句话中,当然也包含有团结—批评—团结的意思。诚然,在斯大林的著作中也曾强调过,"正是为了前进并改善群众和领袖之间的关系,就应当时时刻刻敞开自我批评的大门,应当使苏维埃人有可能'责备'自己的领袖,批评他们的错误,使领袖不会骄傲自大,而群众也不会离开领袖。"但是毛主席却在自我批评和相互批评上,将团结的愿望和团结的效果提得非常突出。

毛泽东同志着重地指出,"按照我们的经验,这是解决人民内部矛盾的一个正确的方法。一九四二年,我们采了这个方法解决共产党内部的矛盾,就是教条主义者和广大党员群众之间的矛盾,教条主义思想和马克思主义思想之间的矛盾。'左'倾教条主义从前采用的党内斗争的方法叫做'残酷斗争,无情打击'。这是一个错误的方法。我们在批评'左'倾教条主义的时候,就没有采用这个老方法,而采用了一个新方法,就是从团结的愿望出发,经过批评或者斗争,分清是非,在新的基础上达到新的团结。这个方法是在一九四二年整风的时候采用的。经过几年之后,到一九四五年的中国共产党召开第七次全国代表大会的时候,果然达到了全党团结的目的,因此就取得了人民革命的伟大胜利。在这里首先需要从团结的愿望出发。因为如果在主观上没有团结的愿望,一斗势必把事情斗乱,不可收拾,那还不是'残酷斗争,无情打击'? 那还有什么党的团结? 从这个经验里,我们找到了一个公式:团结—批评—团结。或者说,惩前毖后,治病救人。我们把这个方法推广到了党外。在各抗日根据地里,我们处理领导和群众的关系,处理军民关系、官兵关系,都采用了这个方法,并且得到了伟大的成功。这个问题,在我们党的历史上,还可以追溯到更远。自从一九二七年我们在南方建立革命军队和革命根据地开始,关于处理党群关系,就是采用这个方法的。不过到了抗日时期,我们就把这个方法建立在更加自觉的基础之上了。全国解放以后,我们对民主党派和工商界也采用了'团结—批评—团结'这个方法。我们现在的任务,就是要在整个人民内部继续推广和更好的运用这个方法,要求所有的工人、合作社、商店、学校、机关、团体,总之,六亿人口,都采用这个方法去解决他们内部的矛盾"。由此可见,"团结—批评—团结"这个方法在新民主主义革命、社会主义革命和社会主义建设的实践上起着伟大的作用。

毛泽东同志对于历史唯物主义所作出的划时代的贡献,即是,在社会主义社会中,基本的矛盾仍然是生产关系和生产力之间,上层建筑和经济基础之间的矛盾,使我们能够从认识这些矛盾,改进这些矛盾,从而使中国的劳动生产的速度能够增加到空前未有的程度。在生产关系方面,根据毛泽东同志的这个理论的光辉的指导,在许多的工厂中就实行了常任的职工代表大会制度,扩大了企业的民主;实行了工人管理工厂、干部参加劳动,改进了干部与群众的关系。在农村实行了既要服从国家计划又要照顾农业合作社的独立性的原则;实行了"三包"、"四固定",下放合作社的权力,实行了干部参加生产、领导生产,并采取了其他一些调整国家、合作社和社员三者之间的措施。在商业上实行了零售商店向批发商店自由选购的办法,在零售店中采用了售货和采购的职员的职务都由售货员来担任、经理参加售货的办法,从而也就大大地促进了生产力。在上层建筑中实行了全民大整风、全民社会主义大辩论,实行了中央权力的下放等等的措施。不但改进了生产关系,而且在思想解放后,大大地提高了生产力,并且已经掀起了一个技术改革和文化运动的高潮。在阶级斗争方面,由于毛泽东同志给了我们一个非常明显的区别敌我矛盾和人民内部矛盾的标准,这样就使我们能够辩识谁是敌人和谁是朋友。在国际的两条阵线的斗争中能够辩识谁是彻头彻尾的修正主义,谁是马克思列宁主义。又毛泽东同志教导我们的正确处理人民内部矛盾的方法,"团结—批评—团结",使我们能够团结一切可能团结的朋友,来反对我们所必须时刻提高警惕的以美国为首的帝国主义阵营的殖民主义和修正主义的敌人。由于毛泽东同志的思想的领导,我们已取得了一个接着一个的空前未有的胜利。由此可以得出结论说,在社会主义社会建设时代,毛泽东同志的《关于正确处理人民内部矛盾的问题》,对于社会主义革命和建设所起的指导作用是万能的,这缩写所以是万能的是因为它是正确的。

(《新建设》,1958 年第 7 期)

评马寅初先生的《我的经济理论哲学思想和政治立场》

马寅初先生在 1958 年 1 月 1 日出版一本书,题为《我的经济理论、哲学思想和政治立场》。这一本书是彻头彻尾的资产阶级的意识形态。为了建设社会主义,必须进行批判。

在解放以前,马寅初先生出版了一系列的著作。所有这些著作,从马克思列宁主义的政治经济学的立场来衡量,都是坚定不渝地反对无产阶级革命和拥护资产阶级的利益的。例如他所作的《经济学概论》,便是垄断资本统治时代庸俗经济学家马夏尔的经济学原理的嫡派。马寅初先生,皈依马夏尔的"价值论",反对马克思的剩余劳动价值学说,主张资本应得利息,因为他认为利息不是剥削,而是资本家的劳力的果实。他说:

> 工资为劳力所生产,应该付给。利息亦为资本所生产,由忍欲而来,亦应付给。在道德上讲是相合的。(马寅初:《经济学概论》,第 6 篇,第 8 章,分配论,第 175 页)

> 设资本无利息,则资本必消灭。因既无利息,则人亦不愿忍欲,刻苦积贮也。(同书同页)

在解放后,马寅初先生虽是全国人民代表,但他的庸俗经济学的观点,丝毫没有改变。不但在解放以前,曾说利息不是剥削,即是解放而后,仍然主张资本所得的利息不是剥削。当右派分子章乃器以他的"定息不是剥削"的反动思想,来向无产阶级进攻,即是向无产阶级对资产阶级的社会主义改造进行攻击的时候,依据北京大学物理系教授周培元先生在双反运动中给马寅初先生所贴的大字报,马寅初先生在全国人民代表的大会上,曾经公开地发表谈话,强调他的资本家所得的定息不是剥削的主张来附和章乃器的反动思想。单凭这一个例,即可看出,马寅初先生不但在解放以前,已是为资产阶级利益献媚的庸俗的经济学家,即在解放以后,亦仍然是同样的庸俗经济学家。

马寅初先生最近所出版的《我的经济理论,哲学思想和政治立场》,更进一步地暴露,他不但在定息这个别问题上,而是在政治经济学的一切问题上,从政治立场,哲学思想,直到经济理论,都是不折不扣的垄断资本统治时代庸俗经济学家马夏尔的经济学的嫡派子孙。在马寅初先生这本著作的附录中,《我国资本主义工业的社会主义改造》一文不过是把资产阶级用来反对限制和改造谰言蜚语,作些似是而非的辩解，来助长资产阶级反限制和反改造的气焰。他的"从发展观点谈哲学思想"一节，乃是不折不扣的历史唯心论的伪装。他的"团团转"的方法乃是不折不扣形而上学的思想方法。他的"联系中国实际来谈综合平衡理论和按比例发展规律"乃是不折不扣的庸俗经济学的流通观点的再版。现在请容我逐一揭露于后。

一

应当着重指出，马寅初先生的《我国资本主义工业的社会主义改造》一文充分暴露了他的政治立场是不折不扣的资产阶级的立场。凡是稍治马克思列宁主义政治经济学的人都知道，在过渡时期的经济特征乃是无产阶级对资产阶级的生与死的斗争。从中国的具体情况来说，中国过渡时期的经济特征，就是无产阶级和资产阶级的限制和反限制，即是改造和反改造的斗争。自 1953 年起党和国家公开宣布要对资产阶级进行社会主义的利用、限制和改造。其目的在于消灭资产阶级而不是要和资产阶级妥协。从 1953 年到 1954 年期间，资产阶级中的一部分，因不甘心于受限制和被改造，对于党和国家开始了一系列的反限制和反改造的进攻。正当着资产阶级向党和国家开始了进攻的时候，马寅初先生如果真是站在无产阶级的立场便应当站在党和国家这一边，拥护党和国家的限制和改造的具体措施，打退资产阶级的进攻。可是马寅初先生在他这篇论文中，公开地宣称，他不能站在党和国家这一边，为无产阶级的利益而斗争。相反地，他却公开地表示他不能完全同意党和国家的意见，尽管这些意见是中央工商行政管理局的意见，又尽管这些意见是以国家统计局的调查为根据的。相反地，他却同情、拥护和大力支援资产阶级一部分的反限制和反改造的观点，尽管这些观点是毫无事实根据的。马寅初先生的目的在于牺牲无产阶级的利益来为资产阶级的利益服务。这表现在下列的几件事情上。

（1）谁都知道，党和国家对于资产阶级所采取的利用、限制和改造的政策，在于根本解决无产阶级与资产阶级的矛盾，即是彻底消灭资产阶级使无产阶级永远不再受资产阶级的剥削。可是马寅初先生采取了与党和国家绝然相反的态度。马寅初先生只主张阶级调和而不主张阶级斗争，只主张社会改良而不主张社会革命。毫无疑问，这种主张乃是垄断资本统治时代马夏尔的庸俗经济学的翻版。从而也就是不折不扣地站在资产阶级的立场上。他说：

> 在合营企业的内部有两种不同的经济成份，代表两种不同的利益，国家资本所代表的全民利益和私人资本所代表的私人利益。代表全民利益的"公"与代表私人利益的"私"是有差异的，故二者之间不可能没有矛盾，有矛盾就有斗争，在不同时期，不同条件下产生不同的斗争，不断地产生，不断地解决，同时也不断地减少和统一。关键在于相互了解和协商——而协商不是无原则

的讨价还价,而是有领导有标准的。矛盾虽不能根本解决,但得到适当的、合理的安排和处理是完全可能的,而且在不少合营企业中,也已用事实证明其可能了。(马寅初:《我的经济理论、哲学思想和政治立场》第213页)

公私合营的目的在于根本解决全民利益和资产阶级的私人利益的矛盾。解决的方法即是将阶级斗争进行到底。相反地,马寅初先生却反对将阶级斗争进行到底。这还不是资产阶级立场么?

马寅初先生,在他这篇论文中,分析资本主义工业的社会主义改造问题,既没有一字提及资产阶级是剥削阶级,亦没有一字提及党和国家对于资产阶级所采取的和平改造政策乃是赎买政策的具体形态。可以断言,马寅初先生对于马克思列宁主义的政治经济学将资产阶级划为剥削阶级和将国家资本主义认为是赎买政策的具体形态,是存在对立的情绪的。否则他就不会附和右派分子章乃器的"定息不是剥削"的反动言论了。由此可见,马寅初先生不敢为党和国家宣传总路线,不敢揭露资产阶级的剥削的本质,宣传党的赎买政策,将斗争进行到底,通过公私合营,根本解决无产阶级与资产阶级的矛盾,乃是由于在他的经济思想中存在着深根固蒂的改良主义思想和修正主义思想。

(2)党和国家要求每一个社会科学工作者,在资产阶级对无产阶级进攻的时候,充分地信任无产阶级的国家机关,拥护党和国家的正确主张,批驳资产阶级的反动观点。除非资产阶级的经济学家,资产阶级的社会科学工作者,为了资产阶级的利益,任何一个社会科学工作者为了无产阶级的利益,没有一个对于党和国家不表示绝对的信任和拥护的。与大家的预料相反,马寅初先生,虽是无产阶级的朋友,但他却在他的这篇论文里,一开始,便公开的表示,在阶级斗争中,他对党和国家的革命主张,不能给予充分的信任和支持。相反地,他对于剥削阶级的反限制和反改造的观点,却要给予一定的信任和支持,那怕这种意见是中央行政管理局所已经批驳过的。马寅初先生其所以要这样作,就是由于他同情资产阶级的遭遇,在患难期中,给资产阶级以大力的援助,助工资产阶级的进攻的气焰。马寅初先生在开始写作这篇论文的时候,就斩钉切铁地说,他有理由不同意党和国家的意见,因为他是超阶级的社会科学工作者。因为从他的"公平的"眼光看来,资产阶级的一部分的反限制和反改造的言论,在一定程度内,乃是完全正确的。他说:

> 这篇论文是根据公方和私方的意见写成的。当然,从政府主管部门工作人员来讲,对其中某些私方观点,应该批复,但因我是站在科学研究工作者的地位说话的,故我的说法可以不必与他们完全相同。陈副总理在致我的信中亦认为我可以不必完全相同。(同书第166页)

自此之后,他便开始对于资产阶级的反限制、反改造的反动观点进行支援,对于党和国家的意见,置之不理。

在1953年到1954年这段时期中,党对资产阶级采取四马分肥的政策,资产阶级中的一部分人,不甘心于四马分肥。他们为了要取得更大的利润,竟然捏造事实来反对这种政策。他们说,这个政策实行的效果对资产阶级的合法利益是有损失的。损失的"明证"是,上海一般大型厂"有利可图,无利可得",一般中小型厂在1954年是"无利可得,也无利可图"。"理应四马分肥。现在三马分了,一马没有着落。"

对于这种反限制和反改造的反动言论,中央行政管理局立即以事实揭露其虚伪。中央行政管理局按:"有利可图,无利可得之间的矛盾",从全国范围来看,根据国家统计局调查,六年来私营工业、商业、饮食业、服务业利润分配的情况是,估计资本家所得的股息和红利约占企业资产净值的 3.80%,占资本 5.10%。(见同书 168—169 页)

马寅初先生在无产阶级与资产阶级限制和反限制的斗争中,对于资产阶级的叫嚣大书特书,并加上他自己的意见,说实际情况是这样的。相反地,对于中央行政管理局的驳复,仅以小字列在注语中采取置之不理的态度。马寅初先生以资产阶级的是非为是非,以资产阶级的好恶为好恶。与资产阶级同呼吸,共脉搏,在"公正无私"的科学研究工作者的外衣下,支援资产阶级分子捏造事实,反抗政府,事迹昭彰,无庸声辩。我要问马寅初先生,如果你不是站在资产阶级的立场,为什么你对中央行政管理局的按语,采取置之不理的态度?

在相同的时期内,党和国家为了贯彻总路线,对于针织业的盲目扩张,在原料的供给上,加以限制。1954 年 5 月 6 日,《人民日报》在社论上说:"针织业等极大部分是当前销售困难的行业,这是由于过去盲目生产所引起的。因此应当加以限制。"资产阶级反对这种限制。在这限制和反限制的斗争中,马寅初先生亦是站在资产阶级这一边。马寅初先生说:

> 实际的情况,目前在若干种行业中存在着若干困难,某些原料供给不足,例如针织工业,几年来年年向上发展,原料供应和产品数量也年年增加,但今天在原料供应上有困难了。(同书第 170 页)

马寅初先生先生在针织业原料供应问题上,又一次热情地拥护资产阶级的意见,否认党和国家正确地限制针织业盲目扩张的方针。否则他亦不会对于《人民日报》的社论采取以缄默代否决的态度了。

在公私合营中,资产阶级的一部分与无产阶级的代表同样地产生尖锐的改造与反改造的斗争。在这斗争过程中,私方代表狂妄地叫嚣政府没有实行政府的诺言,让他们有职有权,说什么"守职容易尽职难",意思是说,私方代表有职无权。中央行政管理局立即对资产阶级进行驳斥。"中央行政管理局按:从过去一年的情况来说,我们对公私合营工作基本上是成功的……但还存在着一些缺点"。又说:"私方有的抗拒社会主义改造……大部分动摇不定。这种情况增加工作上的困难,必须彻底铲除。"在这改造和反改造斗争正尖锐的时候,马寅初先生同样地重复他的重视资产阶级的狂妄的叫嚣,蔑视中央行政管理局的反驳的态度。他在他的论文中同样地用大一号的字来刊载资产阶级的呼吁。对于工商资本家的呼吁,小批评大捧场,使读者认识到资产阶级的反改造的狂妄叫嚣,在基本上是正确的。希图扩大资产阶级的呼吁在群众中的影响,给资产阶级助威。相反地,对于中央行政管理局的意见则采取蔑视的态度,不但用小一号字排印而且将它放在夹注之中并且置之不理,来缩小他的影响。马寅初在这一个问题上又一次公开地拥护资产阶级,小视无产阶级,亦是非常明显的。

在税收问题上,资产阶级对无产阶级亦发动了猖狂的进攻。资产阶级狂妄的叫嚣:"工商业是虚盈实亏,资金普遍枯竭,税局执行税法是有问题的。"马寅初先生立即起而附和资产阶级的呼吁,为了扩大影响,说实际的情况在基本上正如资产阶级的呼吁。中央行政管理局为了无产阶级的利益,立即起而对马寅初先生的错误言论进行纠正:"中央工商行政管理局按:据我们所知,历来国家的税收计划是根据税源与税法制定的,政策与任务是完全一致的,由于对税源不摸底,有时税源缩小了,在这种情况下,如果不能完成任务也是完全允许的。因此,并没有矛盾。"在资产阶级与无产阶级的这一次斗争中,资产阶级反抗政府的税收办法,无产阶级拥护国家的税收办法。马寅初先生在这一个问题上如同在别的问题上一样,亦是拥护资产阶级的反征税的妄论,蔑视中央工商行政管理局的意见。不但用小一号字排,将它列在夹注里,而且置之不理。为什么要蔑视中央行政管理局的意见呢?显然是因为中央行政管理局的意见不合于剥削阶级的利益。

单凭上述这些例证,亦可断言显然是因为中央行政管理局的意见不合于剥削阶级的政治立场是不折不扣的资产阶级的立场。

二

马寅初先生的哲学思想包含两个部分:(一)历史唯心论,(二)形而上学的思想方法,即是他的"团团转"的方法。这充分体现在他的"此书各篇论文内在联系的说明"和"从发展的观点谈哲学思想"两文中。

一个人是否主张唯心论就看他对于思维与存在的关系采取什么看法。如果他是相信思维决定存在的,即是思维在存在之先,那么他就是唯心论者。相反地,如果他相信存在决定思维,即存在在思维之先,那么,他便是唯物论者。马寅初先生在他与韩佳辰同志辩论的时候,暴露出他是决然否定存在决定意识,存在是在思维之先的。马寅初先生说:"由于经济制度的根本改革不能不引起人们道德的根本改革,而道德的根本变革也推动和促进了经济的根本变革。"(见 1958,4,19,《光明日报》3 版)这就是存在决定思维,思维也决定存在的二元论的思想。二元论亦是一种历史唯心论。马寅初先生这种哲学思想是剥削阶级用来麻醉人民的。在一方面,认为上层阶级的道德思想的进步亦可以促进经济的根本改革,无须诉诸暴力的革命,另一方面,亦是反科学的。马寅初先生在他的《经济学概论》中说,资本应得利息"在道德上讲是相合的"。请问马寅初先生这种道德的思想能够用来促成经济的根本变革,将资本主义社会变为社会主义社会么?在中国《礼运篇》上所说的大同的世界,言"大道之行也,天下为公,选贤与能,讲信修睦,故人不独亲其亲,不独子其子。……货恶其弃于地也,不必藏于己,力恶其不出于身也,不必为己。"该是人类所憧憬的最高道德了。可它并未曾将中国的封建社会导致社会主义社会。在解放以前,国民党人莫不以为三民主义是合于道德标准的,但三民主义亦未能导致当时的殖民地半殖民地半封建社会的根本改造。道德之不能促进根本改革乃是很明显的。马寅初先生也许会反问,道德既不能导致经济的根本改革,然则促进经济的根本变革的是什么呢?我们的答复是,促进经济的根本变革的乃是生产力与生产关系的矛盾。由此可见,马寅初先生的"道德决定论",既是反人民的,也是反科学的。总括一句话,马寅初先生的"道德决定论"乃是一种历史唯心论。马寅初先生对于哲学一窍不通,竟将程朱的"理在事先"之"理"解释成为"与辩证唯物论中的规律相仿佛"。这乃是绝对荒谬的。辩证唯物论中的规律是客观存在的,他只能用外观的方法乃能得到。相反地,程朱的"理在事先"之"理"是存在于人的心中,只有用"内省"的方法乃能领悟。两者是绝然不同的哲学的范畴,绝对不可以混为一谈。

在马寅初先生的哲学思想中,除了历史唯心论外,还有一种方法,马寅初先生将它称做"团团转"的方法,实则就是形而上学的方法。形而上学的方法,至少含有三点特征:(1)不从全面看问题,只从片面看问题;(2)不着重事物的本质的联系,只着重事物的表面的联系;(3)不从对立面的斗争看问题,只从各现象的协和和平衡看问题。

(1)马寅初先生的"团团转"的方法既然局限于理解事物之单一的一条线,忽视了事物的错综的联系,这就指明了"团团转"的方法看问题含有片面性。例如马寅初先生在谈粮食与人口的关系时,只看见了粮食与人的嘴巴的关系,没有看见粮食的生产与人的双手的关系,亦没有看见粮食的生产与群众热火朝天的兴修水利的干劲的关系,从而便得出一种荒谬的结论:这即是说,如果要使粮食不致缺乏,那就非要控制人口不可。(同书第 158 页)又如他在谈"综合平衡理论"的时候,只看见了工业原料的生产与收购价格的关系,没有看见工业原料的生产与党和国家的政治领导以及农民的建设社会主义的积极性、兴修水利工程、革新技术、培育良种、改良土壤、加强协作、降低成本等关系,谬误地以为如果这些农产品的价格规定得适当,就容易刺激农民发展农业生产。(同书第 90 页)请问马寅初先生在生产要素不变和其他的生产品的种类的质与量不变的条件,单纯提高经济作物的价格就能刺激再生产么?单凭这些例证,即可判明马寅初的"团团转"的方法乃是一种形而上学的思想方法,看问题含有极大的片面性,着重了单纯的联系,无视于错综的面的联系。

（2）马寅初先生的"团团转"方法，只能看见事物各环节的前后的联系，但看不见事物整个链条中的基本环节，与其他各个环节的决定性的联系。犹如研究一个人体，马寅初先生只能看见人体上的四肢、脑袋、脖子、胸部、肚腹各个环节的相互的联系，但看不见在人体中，脑袋这一决定性的环节同四肢和身体的联系。这种方法必然是反科学的。列宁说过，一个革命家必须善于"从党面前许多任务中间挑出这样一个当前的任务，而解决这任务，就是工作底中心点，实行这个任务，就能保证顺利解决其他一切当前任务。""团团转"的方法恰与列宁的教导立于正相反的地位。马寅初先生在研究人口问题时，只看见在资本主义的城市中，或在印度和中国这种国内，人民大众与贫困、与无知常在一道发生，遂将人口众多和贫困与无知，用"团团转"的方法，将他联系起来，说什么人口众多必然给国家带来贫困，必然防害积累，必然阻碍国家工业化，并将要"拖住科学研究的后腿"。可是事实的真象是，决定人民大众的贫困与无知的并非人口过多，而是由于资本主义的生产资料私有制。在解放以前，中国的人口较少，在解放后中国的人口较多。但中国今日的工农业的生产水平、生活水平、技术水平、文化水平，均有飞跃的进步，显然，生产资料的私有制才是决定人民生活整个链条的基本环节，可是马寅初先生是反对这种看法的。

（3）最后，马寅初先生的"团团转"的方法只知道从平衡、静止、调和、联合来看问题，但看不见事物互相排斥的对立面的斗争：旧的东西与新的东西间的斗争，衰亡着的东西和产生着的东西间的斗争，衰颓着的东西和发展着的东西间的斗争。马寅初先生不知道平衡是有条件的、一时的、暂存的、相对的，而对立面互相排斥的斗争，均衡的破坏则是绝对的。马寅初先生不知道，共产主义思想解放后，由于生产力的突飞猛进，必然要迫使我们不断地打破旧的平衡，建立新的平衡。从而马寅初先生在谈"综合平衡"的时候，一看到新的事物起而突破旧的平衡时，他便向全国人民散布悲观失望的情绪。他不是说中国人口的增殖太快了，"不得了"，就说党和国家限制剥削阶级"太过火"了。他将1956年的跃进看成"冒进"，1957年冒退看成正常的发展。这都是与他"团团转"方法中形而上学的思想本质分不开的。

由于马寅初的"团团转"的方法看问题带着片面性、表面性和妥协性，所以马寅初的"团团转"的方法即是形而上学的思想方法。

三

马寅初先生的经济理论与他的政治立场和哲学思想分不开的。它乃是在垄断资本主义时代庸俗经济学的新形态。他把资产阶级剥削人民的所得——定息，说成是劳动的所得，帮助资产阶级反改造的叫嚣，在上文已指出了。这种主张就是庸俗经济学的基本特征。现在我所要补充的，即是没有一个现代庸俗经济学家不是主张"流通决定生产"的。马寅初先生也是这样。马寅初先生一再强调用高物价来刺激粮食、棉花、烤烟、甘蔗等主要农产品的生产。提高收购价格在一定程度内有刺激生产的作用,但马寅初先生把这种作用夸大了。依据马克思列宁主义政治经济学的观点,调整价格必须有个客观的标准,即必须不要远离生产所费的社会的劳动。可是这个标准,马寅初先生并未提及,可见马寅初先生直到如今还是不相信生产劳动价值学说的。再说,刺激生产,除了调整价格而外,还有更重要的因素,即提高农民的社会主义的觉悟,批判保守思想,宣传总路线。可是马寅初先生对于这一方面的作用亦是缺乏认识。可见马寅初先生在谈生产问题时仍离不开资本主义的狭隘的个人主义的观点,对于社会主义的改进生产的方法仍是有些格格不入的。又如马寅初先生认为稳定物价是计划经济的基础。他说:"1952 年以后,经济基本上恢复了,物价就稳定下来了。这个稳定为今日的计划经济(全面安排)创造了必要的条件。"(同书第 91 页)请问马寅初先生,设令生产资料的社会主义所有制尚未居于领导的地位,能有今日的计划经济么? 显然只有社会主义经济领导的建立才是计划经济的必要条件。不是物价稳定替计划经济创造了必要条件,而是计划经济替稳定物价创造了必要条件,这还不是很显然的么? 正确的说法是,计划经济稳定了物价,但物价稳定对于计划经济亦有反作用。马寅初先生将物价稳定对计划经济所起的反作用夸大成为必要条件,显然是受庸俗经济学的"流通决定生产"的影响。总的说,马寅初先生的经济理论是垄断资本统治时代庸俗经济学的新形态。

观上可知,马寅初先生的政治立场乃是资产阶级的立场;马寅初先生的哲学思想乃是唯心主义的思想;马寅初先生的经济理论乃是垄断资本统治时代庸俗经济学家马夏尔的嫡派子孙。

(《光明日报》,1958 年 6 月 6 日,3 版)

庇古《论失业问题》序

对于工人的失业问题,有马克思主义的看法和庸俗经济学的看法。马克思主义认为失业是资本主义永恒的伴侣。在资本主义制度下,资本家为了进一步榨取工人创造的剩余价值避免在激烈的竞争中失败和破产,必须不断地改进技术,扩大生产。这就必然会提高资本的有机构成:在资本总额中,不变资本所占的比例越来越大,可变资本的比例越来越少。不变资本循着 50/100、60/100、70/100、80/100 渐增的比例增加,而可变资本则循着 50/100、40/100、30/100、20/100 的比例降低。这样,对于劳动力的需求就相对地降低。这是工人失业的根本原因。因此除非推翻资本主义制度,工人是无法实现充分就业的。相反地,庸俗经济学则认为工人失业的主要原因不是由于资本主义自身,而是由于工人要求支付过高的工资,由于关于最低工资的立法将工资的最低水平规定得过高。工人要求过高的工资,资本家觉得增加工人不能增加他的利润率,当然他就不再增加工人了。如果工人肯将工资降低一些,资本家觉得增加工人,能够增加他的利润率,当然他就要增加工人了。这个道理,对于最低工资的立法也是适用的。因此工人的失业主要应由工会的僵硬的工资政策负责。这两种看法是尖锐地对立的。

庇古(A. C. Pigou,英国人,生于 1877 年)在《论失业问题》中的看法属于庸俗经济学的看法。庇古自己就是资本主义垄断阶段的一个庸俗经济学家,因此他说,"如果任何工人要求发给的工资率人为的高于经济力量自由发挥作用时所得出的工资率,那么纵使在完全静止的情形下也会发生失业现象。根据这一普遍的前提,我们作出了两个结论。第一,如果某一职工会企图强使会员工资高于同类职业中流行的工资,但将引起失业,如果放弃这一政策,就可能在应有的范围内获得补救。"[1]

马克思主义经典作家指出:任何资本家都是不愿消灭失业军的,因为失业军的存在,可以降低工资的水平,使资本家能够在高涨时期以比较低廉的工资得到更多的剥削的对象。庇古教授的意愿与资本家的意愿是一致的。但是,某些产业部门工人的长期失业,会给资本家带来不利的后果,因此,庇古从资本主义的利益出发,主张采取一些措施来避免这种情况的产生。比如,他劝资本家用缩短工时的办法,

---

[1]　庇古:《论失业问题》,何新译,商务印书馆,1959 年版,第 112 页。

而不用解雇工人的办法来应付萧条时期,目的就在于维持工人的创造剩余价值的能力,使他们在繁荣时期能够出来工作。用他自己的话来说,他的主要动机就是:"在某种制度下,私人工业在需求突增的时期,如果能得到这一批人,就可以使正常工人需求量的变动减少。""如果他们在繁荣时期被禁止出来工作,那么变动多的工业就必须维持较多的后备劳工,以备繁荣时期雇用。"①

　　庇古教授的这本著作,可以帮助我们具体地了解资产阶级经济学对于失业问题的"理论",因此,它有助于我们对资产阶级经济学展开批判的工作。

1959 年 6 月

---

①　庇古:《论失业问题》,何新译,商务印书馆,1959 年版,第 108 页。

学习恩格斯的"公民公社"理论的心得

中国共产党第八届中央委员会第六次全体会议通过了《关于人民公社若干问题的决议》。在决议上说:

> 根据马克思列宁主义的理论和我国人民公社的初步经验,现在可以预料:人民公社将加快我国社会主义建设的速度,并且将成为我国实现下述两个过渡的最好的形式,即第一,成为我国农村由集体所有制过渡到全民所有制的最好的形式;第二,成为我国由社会主义社会过渡到共产主义社会的最好的形式。现在也可以预料,在将来的共产主义社会,人民公社将仍然是社会结构的基层单位。①

在上述这一段话中,有两大问题是我们所要提出来讨论的。第一个问题是,党中央委员会所根据的马克思列宁主义理论是什么? 这即是说,马克思、恩格斯、列宁、斯大林关于公社的理论所做出的贡献是什么? 第二个问题是,党中央和毛泽东同志是怎样根据马克思列宁主义理论和我国人民公社的初步经验,总结出他们关于人民公社作用的"预料"的? 必须对于这两个大问题有一正确的回答,方才能够体会人民公社在加速建成社会主义社会和引导我们过渡到共产主义方面所具有的巨大意义。在这两个问题中现在让我来着重地首先讨论第一个大问题。

一、马克思、恩格斯,列宁、斯大林关于公社理论的贡献

马克思和恩格斯的公民公社的理论是他们的整个共产主义理论体系中的一个环节。马克思和恩格斯的公民公社理论,在于解答这样的一个问题,即共产主义社会虽是社会发展的最高级的和最进步的社会,虽是世界各国劳动者革命斗争的最终目的,但要用什么样的组织形式才能很好地实现它呢? 恩格斯首先答复这个问题说,公民公社的形式乃是建设共产主义社会的最好的组织形式。恩格斯在他的《共产主义原理》一书上说,废除私有制的最主要结果:"由社会全体成员组成的联合体来共同而有计划地尽量利用生产力;把生产发展到能满足全体成员需要的规模;消灭牺牲一些人的利益来满足另一些人的需要的情况;彻底消灭阶级和阶级对

---

① 《中国共产党第八届中央委员会第六次全体会议文件》,第10—11 页。

立;通过消除旧的分工,进行生产教育、变换工种、共同享受大家创造出来的福利,以及城乡的融合,使社会全体成员的才能得到全面的发展。"①而公民公社就是这个总联合的基层单位。恩格斯预计公民公社将建筑大厦作为公共住宅。这些大厦附有大花园,可以舒适地居住几千人;有最好的现代住宅的设备,但比起建造容纳同样多的公民的分散的许多单独的住宅来,却又要便宜得多。恩格斯说,"现在几乎每幢大厦都存在的许多房间常年空着,或者每年只使用一两次的现象就可以消灭,而且不会有任何不方便;储藏室和地下室等等的用地也同样可以大大节省。""现在的分散经济,就拿取暖来说,不知浪费了多少劳动和物资! 每一个房间必须有一个火炉,每一个火炉必须分别生火、添煤和照顾;必须把燃料送到每一个房间,而炉灰还得加以清除。可是像目前的一些大的公共建筑物,如工厂、教堂等,装置一个很大的总的取暖设备,比如说,用一个发热中心和一些蒸气管子来代替这些单独的火炉,是多么简单和便宜。""瓦斯灯的数目并不会减少,结果,这种照明的费用无论怎样也不会比一个中等城市所花的费用更多。""可以大胆地假设,有了公共食堂和公共服务所,从事这一工作的三分之二的人就会很容易地解放出来,而其余的三分之一也能够比现在更好、更专心地完成自己的工作。最后,看看收拾房屋的工作吧! 要是这些工作也组织起来和正确地加以分配(在那种条件下这是完全可能实现的),那末打扫和收拾这种建筑物难道不比打扫和收拾两三百幢单独的房屋容易万倍吗?"②简单一句话,恩格斯是很热心地鼓吹生活集体化的。

为什么要建筑大厦来做公民公社的住宅呢? 除了鼓励公民以极少的费用,取得极舒适的现代的房屋的设备外,最主要的目的还在于将城市和乡村的生活方式的优点融合在一起而避免二者的偏见。恩格斯预言公民公社将从事工业生产和农业生产,如像现在我国人民公社大办工业一样。这样就可使城市和乡村的差别,工业与农业的差别容易消灭。而为了消灭体力劳动和脑力劳动的差别,恩格斯预期到,工人阶级将把所有的儿童,从能够离开母亲照顾的时候起,由国家机关公费教育,把教育同工厂劳动结合起来。公民公社并将要用综合性的工业教育,工作的轮换,使劳动者时而由工人变作农人,时而由农人变做工人,时而由工人变作诗人,时而由诗人变作工人的方法,来使社会成员的天才得到多方面的发展。

马克思是完全同意恩格斯关于公民公社的预见的。

恩格斯关于公民公社性质强调了公民公社须是工、农、学的统一体。但恩格斯并不是不赞成在公民公社中,当着反对共产主义国家的战争威胁尚还存在的时候,需要在公社中组织民兵。他曾经说过这样的一段话:

> 一旦发生战争(当然这种战争只能是对付那些反对共产主义的国家的),这个社会的成员一定会保卫真正的祖国、真正的家园,因此他们将精神焕发、

---

① 《马克思恩格斯全集》,第4卷,第371页。
② 《论共产主义社会》,第8—9页。

坚毅勇敢地作战,使受过机械化训练的现代军队也要望风披靡。①

只因恩格斯在谈公民公社时的出发点是,假定无产阶级的革命,在世界各国同时取得胜利,并假定在世界范围内资产阶级已被消灭,即私有制已被消灭,并实现了全民所有制,即是,这时已经不存在什么外国资本主义军事侵略的威胁了,连国家的职能也无存在的可能性了,只在这些假定的条件下,他才只强调了公民公社是工、农、学的统一体,不曾强调兵。因此之故,恩格斯也从未提到公民公社必要具有政社合一的性质。但他也不曾强调商业。这恐怕是由于恩格斯当时设想在全民所有制条件下无须要有买和卖的商业,只需要有全民分配产品的制度,比如说供给制的缘故。

列宁和斯大林对于马克思和恩格斯的公民公社的理论,作了进一步的阐发,斯大林根据他对集体农庄的经验,指出,集体农庄发展的结果将出现共产主义的农业公社。这种公社是在产品极大丰富的基础上产生的。他说,当着农业劳动组合有了丰富的谷物、家畜、家禽、蔬菜及其他种种产品的时候,在劳动组合中附设有机械洗衣坊、新式厨房、食堂、面包厂的时候,集体农庄庄主看见从农场方面领取肉类和牛奶比自己饲养乳牛和小家畜便宜些的时候,集体农庄的庄员看见在公共食堂中用膳,向面包房领取面包,向公共洗衣房领取干净衣服比自己料理这种种事情方便些的时候,农业公社就产生出来了。农业公社将是集体农庄运动最高的形式。②

应当强调,马克思、恩格斯、列宁和斯大林,他们都是十分关心公民公社的发生与成长的。他们都是十分肯定地说,公社将是由社会主义过渡到共产主义的最好的形式,而且是共产主义社会的基层单位。他们都认为公社的特点是共同生产、共同消费的公社。共同生产指集体劳动,共同消费指生活集体化。他们之所以对于公社充满着信心,是由于他们发现了公社产生和发展的必然性。第一,因为在人类历史上曾经有过共产主义公社,名叫玛尔克。农民在玛尔克中是实行集体劳动和集体生活的,是各尽所能,按需分配的,是既从事手工业又从事农业的。玛尔克当然是最低级的共产主义公社。但是,它对于从事共产主义运动的人来说,是有启发和教益的。在历史上曾经出现过的共产主义玛尔克,必会要再被人们所注意。恩格斯曾经说过,农民将"恢复玛尔克;但不是过去那种陈腐过时的形态,而是年轻的玛尔克"③。年轻的玛尔克除了农业之外还要组织大工业。第二,在资本主义时代已经有了托儿所、幼儿园、工人食堂等组织。在资本主义社会中这些组织的目的,自然是用于便利资本家剥削男女劳动的。可是在私有制消灭后是不是可以将这些组织加以革命的改造,来便利社会主义事业的发展,便利人类个性的解放,来使妇女得到真正彻底地解放并使儿童被教养得更好些呢? 当然是可以的。在事实上也

① 《论共产主义社会》,第 5 页。
② 参见《论共产主义社会》,第 116 页。
③ 《论共产主义社会》,第 121 页。

非如此办不可。

二、毛泽东同志和党中央委员会对于人民公社问题所作出的创造性的贡献

自从伟大的十月革命诞生以来,在全世界的共产主义运动中,产生了一个新问题,即是,怎样使集体所有制过渡到全民所有制,然后在全民所有制的基础上建成社会主义和过渡到共产主义。马克思和恩格斯是没有碰着过这问题的。他们没有碰着这个问题,是因为他们没有充分地认识到(虽不等于完全没有预见到)由资本主义过渡到社会主义,在农村中还要经过一段相当长的集体所有制的阶段。因此,也就没有可能来研究这问题。因此,他们在倡导公民公社的建立时,一切都是从全民所有制出发的。列宁在集体农庄还未建成以前,便与我们永别了。他也没有碰着这个新问题。斯大林碰着了这个问题,也提出了他个人的想法,但不曾将他的想法变为事实。究竟怎样才能够使集体所有制变为全民所有制呢?

可能的组织形式有三个:通过国营农场的形式。即是将集体所有制的农业生产合作社变为全民所有制的国营农场。这是第一种可能的形式。从现在的经验看来,这种形式在实行上是有困难的。因为在中国共有了4万多个农业生产合作社。每社每户每人的年收入极不平等,相差极远。一旦改为国营农场,党和国家必须将全国的社户每人的年收入作一全面的调整。如果采用最低的平均主义的办法,必会引起部分社员的不满。这就会妨碍生产。相反地,如果采抬低近高的方法,固然可使农民皆大欢喜,但资金从何处来? 如果从国营工业方面将资金移过来,显然也会妨碍生产。由此可见,用国营农场的方式在实践上是没有条件的。

第二种可能的方式是通过产品交换的形式。这是斯大林所提出的。他说:"大家知道,对植棉、种麻、种糖萝卜和其他的集体农庄的产品早已实行'换货'了。……这样的制度既缩小着商品流通的活动范围,就使社会主义易于过渡到共产主义。此外,它使我们有可能把集体农庄的基本财产、集体农庄生产的产品包括进全民计划化的总的体系中。"[①]这种方式有一种优点,即是缩小商品流通的范围逐步培养出一种不要货币交易的习惯。这不能说不好,可是有一缺点,即它并不能使集体所有制发生直接的改变。正如在国际贸易中,以货换货的贸易,虽然已经较普遍了,但这仍不能改变贸易双方的所有制。因为交易关系的改变并不能对于生产关系起决定性的作用。

第三种方式即人民公社的方式。这种方式比较前两种方式的最大优越性,在于农业生产合作社变为人民公社之后,一来呢,人民公社的建立,由于在集体所有制中新成长出来了一部分全民所有制。这是由于农村的人民公社和基层政权合而

---

① 《论共产主义社会》,第89页。

为一,县联社和县社有权调度各公社部分的人力、物力和财力去进行超过人民公社范围以外属于全民的建设事业。这是对生产资料的集体所有制的直接改变的开端。县联社并将在今后若干年内,在大力发展生产和提高人民觉悟的基础上,采取适当步骤,逐步增加公社生产资料的全民性部分,逐步增加公社产品由国家统一分配的部分。再来呢,在人民公社中有全民所有制的商店、银行和某些其他企业下放到公社管理。这一部分日在扩大。三来呢,公社还可参加兴办某些具有全民所有制性质的工业和其他建设事业。这也将对人民公社的集体所有制发生直接改造的作用。由此可见,在这三种可能的形式之中,人民公社这种组织形式是在我国条件下,由集体所有制向全民所有制过渡的最好的组织形式。

这不能说不是中国 5 亿农民,中国共产党和毛泽东同志对于马克思列宁主义关于公社问题的理论的创造性的新贡献。正如朱德同志所说,"组织工、农、商、学、兵合一,乡(即政)社合一的人民公社,不仅是中国历史上一件大事,而且是世界历史上一件大事"①。

在建设社会主义的道路上所碰着的第二个新问题是,实现了全民所有制是不是就等于建成了社会主义社会?这个新问题现在得到了解答。党中央和毛泽东同志,在《关于人民公社若干问题的决议》中,根据马克思列宁主义理论的精神实质和中国的实际情况,断言实现了全民所有制不等于建成社会主义社会。这里包含两个小论断:(1)没有实现全民所有制不能算是建成社会主义社会。(2)即令实现了全民所有制也不等于建成社会主义社会。为什么没有实现全民所有制不能算是建成社会主义社会呢?因为社会主义社会是要在全国性的范围内,实现各尽所能按劳分配的原则。在集体所有制尚还存在的条件下,有些农业生产合作社或人民公社的土壤好,地位接近城市,大农具多,而有些农业生产合作社,或人民公社的土壤坏,地位不接近城市,大农具少。在第一种生产条件下,同时就可多得。在第二种生产条件下,同时就只能少得。北京西郊沙窝农业生产合作社一个劳动力,1957 年所得的收入为 556.18 元,香山就只有 269.13 元。两者的相差主要不是由劳动量的差别,而是由于在集体所有制的条件下,两者所有的生产条件有好坏。如果不是集体所有制而是全民所有制,生产资料和生活资料均归全民分配,同劳不同酬的现象就可消灭。由此可见,在集体所有制尚还存在的时候,只能说已经进入了社会主义社会但尚还没有条件说,已经建成了社会主义社会。

为什么又说,即令已实现了全民所有制也不等于建成社会主义呢?因为社会主义社会是要以高度的国家工业化,高度的公社工业化和高度的农业机械化、电气化为基础的。实现全民所有制不等于就实现了高度的工业化、机械化和电气化。以中国的实际情况而论,由集体所有制过渡到全民所有制只要二、三年,或五、六年,但要建成社会主义却还需要十五年到二十年,或者更多一些的时间。而这又主

---

① 《朱副主席视察新疆时的谈话》,《解放日报》,1958 年 10 月 7 日。

要是由于建成具有高度发展的现代工业、现代农业和现代科学文化的社会比较过渡到全民所有制要困难得多。这种解释是完全符合于马克思列宁主义理论的精神实质的。

在建设社会主义和共产主义的道路上所碰着的第三个新问题是,公社当在何时建立。马克思和恩格斯说过当在私有制消灭后。他们所指的在私有制消灭后,在实际上就是指的在全民所有制建立后。可是在私有制消灭后,在农村中还要经过集体所有制的农业生产合作社阶段。显然,在私有制未被消灭前,没有条件建立人民公社,因为人民公社是要实行人力、物力、财力的全面规划的。私有制的存在,直接妨碍全面的规划。所以在私有制被消灭前,没有条件建立人民公社。问题在于在私有制消灭后,既有两种公有制存在,那么公社究竟应当在何时开始建立呢?这个问题于是便成为一个实践上的大问题。依据中国的人民公社建立的初步经验,农村人民公社当在农业生产合作社建成后,而且要在社会主义思想大跃进和物质生产大跃进的基础上方才能够诞生。人民公社在事实上是在生产大跃进中,为了更高速度地发展生产而诞生的。而生产大跃进又是 1957 年社会主义思想大跃进的结果。

人民公社运动的开始,是出于农民群众在农业大丰收和高度的社会主义觉悟的基础上的自动创造。毛泽东同志的伟大贡献,在于他方在少数公社被建立起来,获得初步成功,开始成为许多农业合作社学习的榜样时,就能够及时地看出人民公社的历史意义,依据马克思列宁主义理论的指导,集经典著作之大成,加以提高,使它成为既是迅速建成社会主义的最好形式,又是我国由社会主义社会过渡到共产主义社会的最好形式。这就为由社会主义社会过渡到共产主义社会开辟了一条康庄大道。但这并不否认随着各国历史条件的不同,尽可以用不尽相同的具体形式来实现它。但人民公社将以它的强大的生命力,对全世界人民,在建成社会主义和逐步过渡到共产主义的道路上起着越来越大的典型示范之一的作用,乃是历史发展的必然趋势。

（《学习马克思、恩格斯、列宁、斯大林关于共产主义的理论》,中国青年出版社,1959 年）

大、中、小型工业同时并举的方针和我国
社会主义工业化的速度问题

大、中、小型工业同时并举的方针，乃是社会主义建设总路线中的重要环节。它能够大大提高中国社会主义工业化的速度。为什么中国必须要采取大、中、小型工业同时并举的方针来提高工业化的速度呢？难道说，这些问题不可以用产量大、技术高的大型工业的建设来解决么？对于这个问题，不是使用大型企业不能解决，而是，如果在建设大型企业的同时，广泛地发展中、小型企业，那么它就可以使中国社会主义工业化实现得更快。相反地，如果不采用这个方针，那末，社会主义工业化，就要慢些。正如刘少奇同志在中共第八届全国代表大会第二次会议的工作报告中所强调，即是大型工业的产量虽然大，技术虽然进步，能解决国民经济中有决定意义的关键问题，并且成为带动全国工业发展的骨干，但是中、小企业也有大型企业所难以具备的优点：第一，投资少，便于吸收分散的资金；第二，建设时间短，投资效果发挥快；第三，可以自己设计和供应设备，便于因陋就简地利用当地各种现成的设备；第四，分布广，利于促进全国工业化，促进全国技术力量的生长，促进各地区经济的平衡发展；第五，可以生产的品种多，改变产品也容易；第六，接近原料产地和市场，可以灵活地利用资源，节约运输费用，供、产、销也易于结合；第七，易于按照工作的多少而灵活地使用农村的劳动力和其他非专业的工人，因而有利于缩小城乡和工农之间的区别。

刘少奇同志在提出这些优点以后，总结地说，"在改进工业管理的体制和提倡中、小型工业以后，只要全国二十几个省，直辖市和自治区，一百八十个专区、自治州，二千个县，自治县，八万多个乡、镇，十万多个手工业合作社，七十多万个农业合作社，都能够在工业方面正确地充分地发挥积极性，那末在一个较短的时期内，各种工厂就会象星罗棋布那样分布在全国各地，而我国工业的发展，当然要比只靠中央管理若干个大型企业快得多。这样，前途必是，一，加速国家工业化的进程；二，加速农业机械化的进程；三，加速缩小城乡差别的进程"。

一年来社会主义工业化的胜利，证明刘少奇同志所说的是颠扑不破的真理。现在先以钢铁工业为例，其次再以全国工业增长的速度为例，来说明大、中、小型工业同时并举的方针的正确性。由于去年大炼钢铁的群众运动的蓬勃开展，我国钢铁工业的面貌已有很大的改变。这表现在以下的几个方面：

（1）从钢铁工业的地区分布来说，在去年以前，只有八九个省市有些钢铁工业。但经过了去年全民大炼钢铁，几乎全国所有的省和自治区，都建立了或大或小的钢铁工业的基础。（2）从钢铁企业的数量来说，原来我国只有十八个重点钢铁基地，现在已经逐步形成了二十多个中型钢铁厂的基础和三百多个炼铁的基点。（3）从高炉的容积上说，现在全国已建立并开工生产的小高炉总容积已达四万三千立方米，几乎等于全国大高炉总容积的两倍，负担着 1959 年全国半数生铁的生产任务，它将生产一千万吨左右的生铁。除此以外，还建立了可以年产数百万吨钢的小转炉，小转炉已经成为今年炼钢战线上的一支强大的生产军。尽管国家对于去年的大炼钢铁给了四十亿元的补贴，但是，如以相同的投资来建造大型的钢铁联合企业，乃是绝对不会在这相同的时期内生产出这么多钢铁来的。

根据一年来的经验，大、中、小型企业并举的方针，仅就钢铁工业自身来说，已经加速了国家工业化的进程。因为依照第二个五年计划，原订要在 1962 年才能生产一千零五十到一千二百万吨。可是，由于去年群众大炼钢铁运动的展开，仅 1958 年一年，就生产了八百万吨洋钢。如果再加上土钢，则生产了一千一百零八万吨钢。在这一个基础上，并可使第二个五年计划中钢的生产指标提前三年实现。即在 1959 年就将生产出一千二百万吨钢。这当然也就相应地加速了国家工业化的进程。但这还是只就钢的增产而说。如果再将钢铁工业所带动的整个工业的生产发展来说，更可看出大、中、小型工业并举的方针，在加速国家工业化的进程方面的更全面的积极的作用。我们知道，从工业总产值方面说，1958 年比 1957 年增长了66%，就中生产资料增长 103%，消费资料增长 34%。回忆在第一个五年计划内，工业产值增长的速度，平均每年增长的速度为 18%。58 年一年增长的速度一跃而成为 66%，相当于第一个五年计划时期 3.7 倍。在这个基础上，就能使我国在今年在主要产品方面完成和超额完成需要在 1962 年，才能完成的生产指标。兹将这些主要产品的生产指标列举如下。

原定在 1962 年完成的生产指标		在 1959 年就能完成
钢	1 050—1 200 万吨	1 200 万吨
原煤	1.9—2.1 亿吨	3.35 亿吨
冶金设备	30 000—40 000 吨	117 000 吨
发电设备	140—150 万瓩	180 万瓩
金属切削机床	60 000—65 000 台	6 万台
棉纱	800—300 万件	820 万件
粮	5 000 亿斤	5 500 亿斤
棉花	4 800 万担	4 620 万担

由此证明，大、中、小型企业并举的方针确切不移地加速了社会主义工业化的进程。

第二,大、中、小型工业并举方针,也加速农业机械化的进程。去年在大炼钢铁运动中,土铁土钢,在农业机械化方面,发挥了很大的作用。许多地方用土钢土铁制造了自己用的简易机床,机械和农具。尤为紧要的,是由于去年大炼钢铁的运动所增产的钢铁,大大地发展了大型钢厂和许多机械厂的生产潜力。单在去年一年中谷物联合收割机就增加了三倍以上,毫无疑问,农业机械的生产今年还要继续增加。这就相应地加速了农业机械化的进程。

由于拖拉机和联合收割机和其他农业机械的增加,许多没有拖拉机的人民公社,采用了拖拉机耕种。安徽定远县"八一"人民公社,向来是使用畜力耕种的,去年秋季有 75% 的耕地,使用拖拉机耕种了。平均亩产量比 57 年提高了 37%。许多已有拖拉机的人民公社能够使用更多的拖拉机来耕种。黑龙江省的拖拉机,单在 1958 年一年就由一千六百四十八标准台增到二千八百九十六台,不但获得了丰收,而且还节约了人工九百万个。这是最好的一个证明,如果没有 1958 年全民炼钢的大运动,农村的机械化进程能如此加速么?

第三,大、中、小并举的方针,还加速地缩小了城乡的差别。现在中国的农村,已不再是单纯农业的农村。在许多人民公社中,你都可以看见,拖拉机和其他农业机器修配厂,机器磨粉工厂,水电站,机器灌溉,缝纫工厂等等。随着农村开始机器化和电气化,随着农业生产的增加,农民的技术知识水平和生活水平与工人的技术知识水平和生活水平也更接近了。现在人民公社里有商店、有供销站、有信用部、有学校、有体育场、有图书馆、有戏院、有医院、有公共食堂和托儿所等等。尽人皆知,城乡的差别已经日日在缩小。

再从社会主义工业化的产值上说,大、中、小型工业同时并举的方针已将我国工业产值(包括手工业)在生产总值中的比重由 1957 年的 56.7% 提高到 63.6%。仅就在一个年度内就工业比重水平提高 10% 以上,这还不是全面地加速了社会主义工业化的进程么?

更从国内和国际的政治斗争来说,大、中、小型工业并举的方针,既然加速了国家工业化的进程,无疑会壮大工人阶级的队伍,从而也就巩固了人民民主专政。既然加速了农业机械化进程,无疑地会增加农民的生产和收入,从而巩固了工农联盟。既然巩固了无产阶级专政,又加强了工农联盟,必然也就加速了无产阶级革命的胜利和巩固。它不但在国内加速了消灭资本主义的残余和将资本家改变成自食其力的劳动者的过程,而且还在国外加速了争取世界持久和平的胜利的进度。

反过来问,如果党和国家在去年不采取大、中、小型工业并举方针,我们国家工业化的进程,农业机械化的进程和城乡距离的缩小是否能够达到这样高的速度呢?当然是绝对不可能的。

如果我们不是在建设大高炉的同时,发展土炉和小高炉炼铁,只是建设现代化的大高炉,那末我们的钢的生产在 1958 年就不能够达到 1 108 万吨,今年也不能用小高炉生产一千万吨生铁。为什么呢?

正如在刘少奇同志报告所指出的,第一,由于大高炉投资大不能吸收分散资金,然而去年的土炉和今年用新建的小高炉都是由分散资金所建立的。第二,大高炉建设的时间需要几年,投资效果不能迅速发挥,不可能在 1959 年开始建造的同时,就能生产这么多的生铁,可是小高炉偏偏就有这样为大高炉所没有的优点。第三,小高炉可以利用分散的储量较少的矿藏,而大高炉没有储量达到亿吨的矿产基地是不能动工的。第四,钢铁联合企业,每生产一吨铁所需要厂内外运输量大约是 20—22 吨,其中厂内就需要运输量 10—12 吨,厂外需要 10 吨,因为一吨铁需要三吨铁矿石,四吨煤,半吨渣子加上耐火材料,辅助材料等共有 10—12 吨。举鞍钢为例,鞍钢企业内部铁路就有 700 多公里,相当于北京到沈阳的长度。小高炉来代替今年小高炉所负担的一半钢铁的任务,仅厂内运输一项,也是今年所办不到的。第五,小高炉分布广,因此小高炉更有利于促进全国技术力量的增长和促进全国各地区的平衡发展。可是,大高炉就不能使全国的炼铁的技术能力有这样合理的分布。还有就是小高炉接近原料产地和市场,可以灵活的利用资源,节约运输费用和灵活使用农村劳动力和其他非专业的工人,即可节约成本又可以使供、产、销易于达到平衡。凡此都不是大高炉所能具有的。尽管大高炉的技术高,产量高,成为钢铁发展的关键,但从加速社会主义的工业化的速度来说,显然小高炉也有大高炉所不能具有的优点。小高炉如此,小转炉亦然。小转炉如此,大、中、小型煤矿亦然。中、小型煤矿业如此,其他的工业企业亦然。总之一句话,如果我们不用大、中、小型工业并举的方针,只用大型工业来增加生产满足需要,无论在加速社会主义工业方面,在加速农业机械化方面,在加速缩小城乡差别距离的方面,在加速赶上和超过英国的年限方面,都不能有这样的成绩。这是很显然的。

如果我们再把我们采用大、中、小型企业共举的方针和不采用这方针所赢得的时间速度,与我国第一个五年计划工业生产增长的速度相比较,就越发可以看出大、中、小型并举的方针的优越性。就全国工业产值增加的速度来说,在第一个五年计划期间仅 18%,可是在 1958 年,由于大、中、小型工业并举的方针的促进作用,我们的工业的增长速度,一跃而到 66% 了,这样高的速度,从人类历史上,乃是从没有出现过的奇迹。这样高的速度,能不使帝国主义看着混身发抖么?尤应注意,在社会主义与资本主义和平竞赛的跑道上,中国的对手是英国,英国的工业现在虽然还走在中国的前头,但他的工业生产速度低。在中国的第一个五年计划期中,英国的工业生产的平均速度是 4.1%,中国是 18%。中国比英国约快 4.5 倍,依此速度,中国原定在 15 年赶上和超过英国,可是现在怎么样?英国在 1958 年工业生产速度不但不增,而且下降了 0.9%。而 1958 年,中国工业增长的速度一跃而到 66%。英国越跑越喘不过气来,中国越跑越起劲。这就是我们能把"在十五年内在主要工业产品产量方面赶上英国水平"的战斗口号,改为争取在十年的时间内基本实现。

有人也许会这样提出问题,即是在 1958 年的群众大炼钢铁的运动中土法炼钢成本较高,是否经济?对于这个问题,我的答复是这样。你是指的什么经济?在过去一年中,土法炼钢虽然单位成本高,但全民的工业生产力大大提高了。去年成本高,但今年在土炉的基础上成长起来的小高炉生产的铁的成本正在日益降低,每吨生铁已降低到 170 元左右。还有更重要的是去年群众大炼钢,还加速了农业机械化的进程,农民以较少的劳力增加了生产,减低了农作物的单位成本,并加速了全国工业现代化的过程,降低了工业产量单位成本。而且不保一年的单位成本降低,年年的单位成本都继续降低。纵令土法炼钢有所失,但它远远少于在工农业上降低成本和增加生产的所得。去年我们群众大炼钢补贴了 40 亿,不错,但是,我们的国民收入增加了 326 亿。究竟所得的多还是所失的多呢?如果我们从等价交换的方法来看问题,去年我们对农民所给的 40 亿,乃是国家给农村的新增的生产力,包含生产的技术装备和农民使用这些技术装备的能力所给的等价。这个伟大的新增的生产力还客观的存在在那里,我们的所失究竟在那里?如果把这一笔账弄清楚,我们就知道,我们损失为零,但所得为无限大了。这不是很经济么?

1959 年 9 月 30 日

(《光明日报》,1959 年 10 月 19 日,3 版)

关于在社会主义下商品生产的问题

——对于被调拨的生产资料方面的"商品形式论"展开鸣放和辩论

有一个经济学上的困难的问题,正在人们的脑海里扰乱着。中央人民政府经济部门的领导同志们在讨论它,国营工厂的生产经济科的负责干部同志们和工人同志们在争辩它,农村人民公社的社干部同志们和社员们在关心它,全中国的经济科学工作者和经济工作者正在为它举行全国性规模的学术讨论会,这个问题,即是关于商品生产和商品流通的问题。这个问题的提法是这样,共产主义不是不要商品生产和商品流通么? 既然如此,那么,为什么在苏联、在中国和在社会主义阵营各国,或则早已建成社会主义和正在全面开展共产主义建设,或则正在加速建成社会主义和逐步向共产主义过渡,反而要在社会主义阶段,保存和发展商品生产、商品流通呢? 以苏联的经验来说,苏联自从伟大十月社会主义革命以来,直到现在,已经四十多年了,就中除了短暂的,从 1912 年到 1921 年,三年而外,直到如今,还继续保存商品生产、货币流通、现金交易、信用买卖。中国共产党八届六中全会,在《关于人民公社若干问题的决议》中亦且着重地指出:

> 人民公社无论在工业方面和农业方面既要发展直接满足本社需要的自给性生产,又必须尽可能广泛地发展商品性生产。

这不是自己同自己矛盾么?

当然不是。我们在社会主义下保存和广泛发展商品生产和商品流通并不是以它当目的而是以它当手段,在用得着它的时候,我们就发展它,到了用不着它的时候,我们就要将它永远捐弃。这正合古书一句话:

> 渡河须用筏,
> 到岸无须船。

由于在建设社会主义的阶段,我们的生产水平还不够高,全国人民的共产主义的觉悟水平还不够高,必须利用商品生产和商品交换,来发展生产力,将我们摆渡到共产主义彼岸,到了共产主义彼岸,就不须再用商品生产和商品流通了。渡河须用筏,我们就须用筏,到岸无须船,我们就当抛弃船,这有什么自相矛盾的呢?

但应充分注意,在由社会主义向共产主义过渡的时期中,直到到达共产主义彼岸以前,商品生产和商品流通,还是我们一只非常必要的摆渡船。为了迅速建成社会主义和赶快过渡到共产主义,这只摆渡船很重要。如果不用这只摆渡船,或认为它只有摆渡船的形式,而无摆渡船的实质,想一抬腿从社会主义跨到共产主义的彼岸,我看,共产主义的彼岸是永远跨不到的。除非深刻认识商品生产这只摆渡船的重要,我们是永远不会利用这只摆渡船来将我们从社会主义摆渡到共产主义的。

须知,在由社会主义向共产主义过渡的时期中,商品生产和商品流通的这只摆渡船的作用,并不是由人们的主观意志决定的,而是由在这过渡时期中社会主义的生产力水平决定的。

但另一方面我们也千万不要低估了全体人民共产主义的思想觉悟和道德品质对于促进商品生产和商品流通的反作用。

从生产力发展的水平来说,在过渡时期中,由于在无产阶级取得政权以前,资本主义的生产关系的统治,城市必要剥削农村。这样就造成了在城市和乡村之间生产力发展是极不平衡的。城市的工业,主要地是资本主义生产,乡村的农业主要地是小商品生产的农业。由于城市的工业是以剥削关系为基础,相反地,乡村的农业主要是以农民自己的劳动为基础。前者必须没收归公作为全民所有制财产,后者不能没收。倘要没收,那必会引起农民的热烈对抗,迫使农民从无产阶级走向资产阶级的阵营中,这样也就会摧毁无产阶级革命胜利的一切可能性,更谈不上社会主义建设了。因此关系,生产力发展的水平就决定了在无产阶级取得政权后,必要同时存在着两种不同的社会主义所有制:第一是全民所有制,第二是集体所有制。城市大工业是全民所有制工业,乡村的农业是集体所有制农业。由于这两种所有制是生产力发展水平决定的,因此,在这两种所有制之间必要发生的商品生产和商品流通。这乃是由生产力发展的水平决定的。

列宁在《论合作社》一文里指出,合作社乃是用以引导农民由小私有制走向社会主义的最简单、最容易和最便于接受的阶梯。而这种所有制的过渡形式,当然,也是由从资本主义所遗留下来的在城市和乡村中生产力发展极不平衡所决定的。

在社会主义的生产资料合作社所有制建立后,随着生产力的发展,农民对于全民所有制的态度也有显著的改变。即由不愿意接受全民所有制一变而为愿意将合作社所有制变为全民所有制农业。举两个典型的例证,来说明农民对于所有制的态度确有这种变化发生。(1)在1956年当我初次到农村时,看见农业生产社的社员还不能接受那将集体所有制变为全民所有制的建议,但在1958年,经过社会主义大辩论后,农业生产社的社员几乎无一不赞成将集体所有制的农业改为全民所有制的农业了。1956年,当北京西郊海淀区西山农业生产合作社向社员征求过意见,可否将西山社改为全民所有制的国营农场时,虽然经过了三天的讨论,但社员中的多数却反映,他们不赞成改为国营农场。他们的理由之一乃是,改为国营农场,虽然可以得到比较固定的工资收入,但他们将要失掉像生产社这样地直接管理生产的主人翁的地位。可是到了1958年,恰在社会主义大辩论在农村中取得了决定性的胜利后,当着这个相同的问题,在京郊四季青农业生产合作社又一度提出的时候,只经过了12小时的讨论,全体社员就一致同意,立即将它改为国营农场的建议。由此说明,方在社会主义革命胜利后,个体的农民虽不可能接受将个体的农业改为全民所有制农业,但全民所有制农业或国营农场却最容易为有多年经验的合作社社员所接受。但为什么中国在1958年不将集体所有制农业,在全国范围内改为全民所有制的农业呢?主要地是受生产力发展的水平的制约。因为中国现有的生产力水平使国家尚没有具备这么大的经济实力,可以把这两件事情包下来,第一,不论全国的农村人民公社社员的收入具有若何巨大的差别,但国家都能保证他们能够取得大约相同的收入,而且还能做到不减少富社社员的收入以益贫社社员的收入。第二,不问农业受到怎样大的自然灾害,国家都能保证农民的收入与工人的收入的比例不致有什么可以觉察到的变化。由此可见,由集体所有制向全民所有制过渡的迟早,最终还是要取决于生产力发达的水平,而不是能单凭农民同意或不同意改变所有制一点来决定。纵令农民同意接受这一点改变,但是如果社会主义生产力发展水平不够高,国家亦必不能随意提早它的改变的时期的。现在不但中国没有这样作,即令苏联亦还没有这样作。这主要是受生产力发展水平的制约。假令生产力发展水平不够高,遑论在社会主义革命胜利的初期,即在革命胜利后,已经过了若干年而且生产力已有相当的发展,但由于生产品还不是极端丰富的,国家亦还需要保存集体所有制。社会主义既然存在着两种所有制,那么在两种所有制之间,为了使乡村农业能够获得城市工业所生产的机器和消费品,和为了使工业能够得到足够的原种与材料,也就非要利用商品生产和商品流通不可。否则也就不能更进一步发展生产力。这样就使在全民所有制企业和集体所有制之间互相交换的生产品全部变为商品。

生产力的水平不但决定了社会主义下,在两种社会主义的生产资料的公有制之间的关系必须是社会主义的商品生产关系,而且使全民所有制企业所生产的生产资料亦变为商品。我们知道,在全民所有制企业所生产的资料中,一部分是通过商业,出卖给人民公社的农业机器,或通过商业部门出卖的汽油、化学肥料等,这一部分当然是商品。另一部分是在全民所有制各企业内部,依照国家计划调拨的生产资料。当生产资料从某些国营企业转入另一些国营企业时,所有权并没有变更,因为社会主义国家对于这一部分的生产资料仍然保持着所有权,可是,这种调拨亦不是无偿的,而是通过买卖的方式进行的。这样就使它们亦变为商品。为什么这种调拨不用供给制的方法来进行呢?主要是由在这种买卖方式中所体现的社会生产关系乃是在全民所有制的基础上所产生来的一种商品生产关系。这种商品生产关系是由在全民所有制的基础上无数的生产生产资料的国营企业之间存在着分工和交换的关系所规定的。在全民所有制基础上各个国营企业的分工,不只是技术的分工,而是经济的分工,每个企业都有各自独立的经济核算和自计盈亏,又在他们之间所存在的生产资料的调拨,亦不是直接产品分配的性质而是依照等价交换的原则来进行的。在全民所有制下各企业的分工既是经济的分工,各分工单位在经济核算上既是独立的单位,同时在他们之间的交换,亦又不是什么其他的交换,而是通过使用价值形态所进行的等一的人类劳动的交换,这就使在全民所有制基础上关于被调拨的生产资料的生产关系具有一切商品生产关系的共同性。这样就使在国营企业之间被调拨的生产资料成为商品。这样就使商品生产的经济结构,在人类发展史上出现了一个新种。

它的特点是它与在过去人类历史上任何一个商品生产都有区别。首先它不同于马克思和恩格斯所发现的商品生产,因为马克思和恩格斯所发现的商品生产乃是小商品生产和资本主义下的商品生产。这种商品生产是在社会的分工和存在着几个私有者两个条件下发生的,在这一种商品生产的条件下,商品的流通必然包含私有者对于商品所有权的转移。显然,在全民所有制企业内部生产资料的商品生产,不是发生在分工和多数私有者存在的条件下,这就是前者与后者相区别的地方。其次,它亦不同于斯大林所发现的商品生产。因为斯大林所发现的商品生产是发生在分工和两种公有制存在的条件下,因此斯大林对于商品所下的定义是,商品是这样的一种产品,它可以出售给任何买主,而在商品出售之后,商品所有者便失去所有权,而买主则变成商品所有者,他可以将它转售、抵押或让它腐烂。在这一种条件下,商品的交换就必然与两个公有者之间所有权的转移不可分。然而在全民所有制企业内部调拨的生产资料的商品生产关系乃是发生在全民所有制上,特有的社会经济的分工和许多个具有经济的相对独立性的企业同时存在的两个条件下规定的。在这一种商品生产的经济下,商品的交换并不牵涉到所有权的变迁,而只牵涉到使用权的变迁。这样就使它成为在人类发展史上商品生产的新种。从马克思列宁主义的观点看来,它确实也是商品生产一个新种。在一方面,它具有在人类历史上商品生产的共通性。因为它是由独立生产者把他们的生产物当做社会劳动的体现物,当做价值物,当做等一的人类的劳动进行交换的。在另一方面,它又具有它自己的特点,即在交换时只牵涉到使用权的变迁,不牵涉到所有权的变迁。它不仅以具有一切商品生产关系所具有的共同的性质,与其他的商品生产互相联系着,而且又以它自己所特有的性质与他们互相区别着。这样就使它成为人类发展史上第一次为人类所看见的一个新种。从中国的经验看来,对于这个新种的认识不是没有困难的。正如生物学家第一次看见珊瑚树时,很难认识到它乃是动物中的新种,是一样的。由此可见,在全民所有制下在各国营企业之间调拨生产资料之所以不采取直接分配的方式即采取供给制的方式,而采用买卖的方式,主要是由在这买卖方式中所体现的关系乃是新的商品生产关系。这种新的生产关系是由在全民所有制下各个国营企业之间特有的分工和交易所形成的。

而且这种新的商品生产关系并不是随着人们主观的意志决定的,而是由现阶段的社会主义生产力的水平决定的。正是由于在现阶段,生产力的水平还不够高,由国营企业所生产的生产资料无论是机器也罢,机床也罢,钢铁也罢,煤炭也罢,石油也罢,都还不能够满足需用这些生产资料的国营企业的需求。在社会主义国家的计划市场上,一般地说,都是生产资料的供给落后于生产资料的需求,或需求多而供给少。对于这类在生产上,最关重要的生产资料,党和国家在考虑到他们在国营企业内部调拨的时候,不能不首先考虑到,生产资料在出厂后必须符合于需用这些生产资料的国营企业的要求,如调拨价格、交货日期、技术条件、运输条件等都必要符合于他们的需要,否则,使用这些生产资料的企业的生产力,便会大受损失。其次尚不能不考虑到,国家对于这些生产资料的企业,如果是按照多快好省的方法生产出来的便当给予物质的奖励,既使他们能够更大地扩大再生产,又更使他们能够对于在这些企业中从事生产的工人,能够在劳动条件方面和在福利文化方面有所改进。但是,如果是按照少、慢、差、费生产出来的企业则须予以适当的"物质的批评"。如果不这样作,社会的物质生产力也将受损失。但怎样才能使这些考虑在实践上发生效果呢? 在生产资料的供给尚远远落后于需求的时候,唯一的办法,就是不要以人为的方法,剥夺这一部分的生产资料的商品性,使他们能够在国营企业之间,用商品的方式即用买卖的方式来流通。在一方面,使拨进生产资料的国营企业能够对于生产这些生产资料的国营企业,进行"卢布的监督"。即是,不合交易合同的不要,或用罚金或用退货。这样来提高生产的企业的生产的效率,减少人力和物力的浪费,但主要地仍在使自己所拨进的生产资料能够合用,能够增加自己的生产的能力。至少也不要因为拨进来的生产资料不合用,使自己企业的生产的能力遭受损失。"卢布的监督"如果执行得越严格,那么,生产的能力便增得越快。如果执行得越不严格,那么,生产的能力就不但不增加,反而会遭受不必要的损失。特别是在生产资料十分缺乏的今天,各企业内部的生产资料的储备很少,拨进的生产资料如不合用,对于该企业在生产上的损失尤为严重。由此可见,对于生产资料的拨进,须要保存商品的形式,即要买方来支付生产资料的价格,使买方在付价时,对于生产者执行生产的监督乃是非常必要的。另一方面,国家对于生产资料的拨出,有意识地利用商品的方法,来使拨出生产资料的企业,以卖者的资格,收取在交易合同上所规定的价格,这对于促进这些企业的生产力亦是具有头等重要的意义。因这可使生产的企业,在生产效率高时能够得到物质的奖励,能够更进一步地扩大再生产,改善劳动的安全条件,增加工人的福利,增加劳动竞赛奖励。在效率旺时,能够遭受物质的批评。这样来促进生产力的发达。由此可见:在国营企业内部调拨的生产资料之所以具有商品性主要是由社会主义的物质生产力的不足,和为了要更进一步地促进生产力所决定的。这一部分的生产资料如果国家不以人为的方法去剥夺它的商品性,那么,生产资料的生产便将顺利地前进。相反地,如果国家对于他们,不承认他们是商品或对他们的商品性对于生产力所起的积极的作用估计不足,那么,他们的商品性就将以减产的方法,对您进行一次物质的教育,使您在最后仍必要转过头来向不以人们意志为转移的被调拨的生产资料的商品性低头。国营企业内部的买卖式的调拨的生产资料的制度是社会主义下的商品生产关系的体现物。它是由社会主义的生产力的水平所决定的,同时它又转过头来,促进社会主义生产力的发达。因而具有在社会主义下商品生产关系的实质。如果不承认这一点,并将生产资料变为直接分配的产品,在生产物还不够丰富的今天,不但在理论上是错误,在实践上并将使社会主义生产力蒙受巨大的损失。但这并不是说党和国家不要不断地教育群众,用忘我的不计报酬的劳动态度对待工作而不斤斤计较个人的或本单位的物质利益。当然,共产主义思想教育乃是建设社会主义所必须的。但也应注意,共产主义的思想教育必须要放任社会主义的商品生产的基础上,始能行之有效。

还有一件应当注意的事情,即在生产资料调拨合同上,亦是将被调拨的生产资料当作商品来处理的。因为在生产资料调拨合同上所规定的条款与在社会主义下一般的商品交易合同上所规定的条款,在本质上毫无区别。在调拨合同上所规定的主要条款如下:(1)调拨价格,这个价格是由国家规定的;(2)交货日期;(3)技术条件,规定生产资料的标准,和达到的性能;(4)运输条件,规定代运的条款;(5)贷款结算的办法;(6)延期交货的罚金等等。在1956年以前,每过一天罚款为货价的1/1 000到5/1 000,1956年以后,罚款改为5/1 000到2/100,1958年有一家国营工厂因为电磁开关电气铃交货误时,被罚的款项多至等于原值的一半,价值一万六千元。被调拨的生产资料不合于交易契约上的技术条件,那么,拨进这些生产资料的国营企业还可以向生产它们的国营企业要求退货。在事实上,生产生产资料的国营企业,对于买方所拨进的生产资料,如果质量不合规格,轻者保修,半年之内,零件坏了保换零件,费用由自己负担,重者并须保退还洋。例如天津某厂在58年,拨进另外一厂所生产的柴油机,由于质量不合,全部被退回了。由此可见,在国营企业内部用交易的方式调拨的生产资料,交易合同的双方都是把他们当做商品的。国营企业的生产经济科的科长,他们都说,被调拨的生产资料是商品。

无论如何说,在社会主义下,只有两类生产品:(1)自给性的,不用买卖的生产品。例如人民公社自产自用的,不要钱买的粮食、蔬菜、家禽、鸡蛋和国营工厂由国家直接调拨的旧的固定资产,如由这一国营工厂,依照国家的指示,无代价地拨给另一国营企业的多余的机床、电动机等。这是一类。这一类不叫商品。另一类是要用钱来买的生产品。在社会主义下,凡要用钱来买,或凡要卖钱的生产品,不问是在粮站里出卖的粮食,或在百货公司内出售的百货,或是依照交易合同,由这一企业用买卖的方式,转移到另一企业的生产品都属此类。这一类叫商品。国营企业内部调拨的生产资料不是由国家直接分配的,或不要钱来买的生产品,当然不是自给性的商品。相反地,他们乃是要有钱才卖或用钱去买的生产品,因此,他们是商品。

苏联《政治经济学教科书》第三版认为在国营企业内部仅供调拨的生产资料虽然是商品,但不是一般的任何商品,而是特种的商品。因为他们与一般商品有区别。区别点是,一般商品的交换必要变更所有者,但国营企业所生产的生产资料,当其从某一国营企业转入另一些国营企业时并不变更所有者,因为国家对他们始终保持所有权。因此,他们在众多商品中乃是一类特种商品。应当肯定,这种解释是完全正确的。因为他们在本质上与其他商品完全没有区别,只在形式上与他们略有不同而已。我们不能说特种商品不是商品犹之乎我们不能说"白马非马"是一样的。因为白马与一般的马在本质上完全相同,只在肤色上与后者不相一致而已。说"白马非马"是诡辩的,说特种商品,生产资料,不是商品,也是诡辩的。总结一句话,生产资料之是商品,不是由人们的意愿决定的而是由生产力发展的水平决定。由于生产力发展的不足,当生产资料在生产时和出产后均必须合于买进生产资料的企业的要求,究竟合不合呢?唯有买者知道得最确切。价格的作用在于对生产资料的使用者给以物质的保障,或"卢布的监督"。这是一个方面。另一方面,由于生产力发展的不足,对于生产生产资料的国营企业,好者应当给以物质的奖励,不好的,应当遭受物质的批评。价格的作用在于给生产者以物质鼓励或批评。凡此,现在,都要利用商品生产的方式来解决。在事实上,生产资料现在也是当作商品来处理的。由此可见,被调拨的生产资料,如同消费品一样,他们之所以是商品,主要是由生产力发展的水平所制约的。如果否定了这个必要性,我们必定不能认真执行生产资料调拨合同的规定的。这样就会给无产阶级在夺取政权后,尽快地发展生产力的伟大业绩,带来损失。

以上是从生产力发展的水平,通过生产关系的基础和各尽所能、按劳分配的生产和分配原则和三大差别的存在,来说明在社会主义制度下绝大部分的生产物,继续成为商品的必要性。并证明即令就在全民所有制企业中只供内部调拨的生产资料在本质上亦是商品。现在还想反过头来,转从在上层建筑中,人们的共产主义思想意识水平和道德品质发展水平,来说明在社会主义制度下绝大部分的商品仍必须要继续保存他们商品的本质,纵令在全民所有制企业仅供内部调拨的生产资料,为了促进社会主义生产力,亦必要继续保存他们的商品的本质。

不能否认,在社会主义下,人们的思想意识和道德水平确是大大的提高了。不劳而获的思想已为人们自己所不耻,这是一大进步。但,另一方面,人们的思想意识和道德水平还未进步到在生产领域中全然不计报酬的忘我工作的程度。多劳多得,少劳少得在人们思想意识中仍占重要的地位,尽管这种思想,在共同劳动和生产力不断增加的基础上已在开始向忘我的不计报酬的方面过渡。除此之外,在社会主义下,人们意识中资本主义残余,尚未彻底克服,绝大多数的劳动者在绝大多数的劳动时间内忠实履行自己劳动义务,表现出劳动的创造性。但同时也有一些工作者在一些时候,不老老实实地对待自己的义务,企图给社会主义社会较少的东西,取得较多的东西回来。而这主要也是由于生产力发展水平还不够高,生产物还不是极端丰富的条件下,劳动还没有成为每个社会成员第一生活的需要的原故。固然,在社会主义下,劳动已不是受剥削的劳动了。千百年来,剥削制度虽使无数代的劳动者不能不把劳动看做沉重的负担,但自剥削制度被推翻后,劳动已由沉重的负担变为光荣的任务,使劳动具有愈来愈多的创造性。可是由于劳动尚未成为每个社会成员第一需要，在某种程度内甚且还有资本主义残余，所以在劳动的过程中人们仍然感觉到在一定程度内他们乃是，为了满足全体社会成员日益增长的物质文化的需要，所必须要作的一种艰辛的职责。这样就决定了在社会主义下，为了适应人们的思想水平，社会对于它自己的工人和职员还须要有一定的物质的鼓励。多劳多给，少劳少给，在鼓舞人们的生产积极性上仍有其重要的作用。自然我们也还要从共产主义的思想教育方面，即是在精神方面，而不只是从物质报酬方面去鼓励人们的生产积极性。为了建设共产主义社会，人们的精神的食粮将是日益重要的。但物质的鼓励在社会主义的现阶段，仍不失为推动社会生产力发展的一个比较重要的因素。物质鼓励的原则，或者说是，多劳多给，少劳少给的原则，当它贯彻在工资制度上时就是"等级工资制"，贯彻在企业管理上时就是利润提成制。1958年国营企业在上缴利润中一般提出 19.82% 归本企业支配。如果生产效率高，生产得多，总收入大，利润的绝对量亦大。相反地，如果生产效率低，生产得少，利润的绝对量亦小。如果归本企业支配的利润的绝对量大，当然扩大再生产的可能性也就要更大，本企业的安全设备也就会更好，职工福利也要更好一些。相反地，归本企业支配的利润的绝对量小，当然扩大再生产的条件等等就当更小。这即是说，为了贯彻物质鼓励，或同工同酬的原则，在生产领域中，必须继续保存商品的关系。不但在国营工业和公社农业之间，应当继续保存商品的关系，即在国营企业内部的物资调拨的关系上也要继续保存商品的关系。保存他们的目的，不是为了他们自己，也是为了适应人们的思想水平，从而进一步发展生产力。由此可见，不但从生产力方面往上看，必要保存商品生产和商品流通，即从上层建筑方面看下来，亦必要保存商品生产和商品流通。连在国营企业内部调拨的生产资料亦必须采取商品生产和商品交易的方式，才能与人们的思想情况相适应，亦才能发展生产力。任何其他的方式在社会主义的现阶段，都不是主要的和长期的促进生产力的方法。这样就使社会主义下绝大多数的生产品均成为商品，连在国营企业之间仅供内部调拨的生产资料亦同时成为商品。

在这分析的基础上，为了使理论符合于实践和使理论服务于实践，还必要对于被调拨的生产资料方面的商品"形式论"展开鸣放和辩论。

自从 1952 年以来，直到现在，在国内还有许多同志，坚持国营企业内部调拨的生产资料只在形式上是商品，在实质上不是商品。这派理论简称"形式论"。"形式论"创始于国外，流行于中国一些理论干部之间。由于"形式论"只看见了国营企业内部调拨的生产资料的商品的形式而没有看见他们的实质，不但给理论带来了损失，而且在或多或少的程度内，给实践也带来了损失。现在在国外已经将"形式论"的观点纠正过来了。这种纠正很明显地体现在苏联《政治经济学教科书》第三版上。它在第二版上还说：

在国营企业间进行分配的生产资料实质上不是商品。但是它们保持着商品形式,具有价格,这是进行计算和成本核算所必需的。①

在第三版上完全改正过来了。它说:

> 然而,在这种情况下,生产资料也是通过买卖方式,从某一国营企业转入另一国营企业,它们也是商品。②

在第二版上说在形式上是商品,在实质上不是商品。现在将它改正为在形式上是商品,在实质上也是商品。应当肯定这种改变是理论上的巨大进步。苏联教科书已经抛弃了"形式论",但中国有些同志现在尚还坚持"形式论"。这种坚持,我看来完全不必要的。为充分明白"形式论"的内容起见,仅将具有代表性的第一种意见介绍如后:

> 生产资料是属于全民所有制的,只是分别交给各个国营企业管理和进行生产,它们之间的互相让渡只是在形式上或现象上像商品交换(买卖),实质上是国家对全民所有的生产资料实行内部分配。③

用别的话来说,就是被调拨的生产资料只在形式上是商品,因为他们的调拨虽采取了买卖的形式,但不变更所有者。然而一般的商品在交换时是要变更所有者的。所以生产上只在形式上是商品,在实质上不是商品。在实质上不是商品,还由于在全民所有制下,调拨乃是从商品向纯粹产品过渡的最后阶梯。

第二种代表性的意见是,当着生产资料从这一国营企业转入另一国营企业时,尽管存在着"买卖的形式,但这并不表示这种新的交换关系的本质,在实际生活中,看不出它们是以彼此对立的身份进行真正的交易"④。

究竟在全民所有企业内部仅供调拨的生产资料是否只有商品的形式而无商品的实质呢? 对于这个问题的答复,不能凭个人主观意志来决定,而是要看在客观世界上,即令就在全民所有制下,在生产资料的生产和调拨上所存在的关系是否商品生产关系,还须要看在这种新的商品生产经济下,被调拨的生产资料是否具有商品的本质的矛盾。在事实上,新的商品生产关系是存在的,而且正在往前发展。现在所要作更进一步地分析的,乃是被调拨的生产资料是否具有一般商品的本质的矛盾。一般商品的本质的矛盾是什么呢? 即是使用价值和价值的矛盾。而这种矛盾又是劳动的二重性,即具体劳动和抽象劳动的矛盾所决定的。最后劳动的二重性的矛盾又是由通过物的外壳,部分劳动和社会劳动的矛盾所决定的。还应强调,部分劳动和社会劳动的矛盾,在生产水平不够高和共产主义思想水平不够高的条件

---

① 《政治经济学教科书》第二版,第三十一章,第479页。
② 《政治经济学教科书》第三版,第二十八章,第509页。
③ 《我国经济学界关于社会主义制度下商品、价值和价格问题论文选集》,科学出版社,第108—109页。
④ 《经济工作部门有关同志座谈工业品的分配和价格问题》,《经济研究》,1959年第2期,第34页。

下必然产生商品生产经济。

在事实上被调拨的生产资料是使用价值和价值的矛盾的统一体。首先,被调拨的生产资料必须具有社会的使用价值,否则它就会对于其他企业无用处,其他企业就会不要它。其次,被调拨的生产资料又必须具有价值,否则它就不能同其他的价值物相交换。这即是说,它必须是社会劳动的体现物。生产资料将使用价值和价值统一于一身,但两者又是有矛盾的。这个矛盾表现在商品交换的过程中。尽管国营企业在生产某种生产资料时所消耗的劳动量是在中等生产条件下,中等劳动的熟练程度下所消耗的劳动量(当然这是假定在供求相等的条件下),但生产出来的东西,如果不合用,这就是使用价值和价值的矛盾。更具体地说,由于某种生产资料在生产时所消耗的一部分固定资产和全部分活动资产都是生产它们的企业用钱买来的,可见它们的价格的实体是价值,是社会劳动。又它在生产时所费的活劳动既是经过社会评定的,当然亦是社会的活劳动,因而也就可能是价值。价值是价值了,或价值是可能的价值了,然而体现这种价值的生产资料不合用,这还不是价值和使用价值的矛盾了。在社会主义的生产资料的调拨市场上,如受退货还洋处分的机床、钢铁、柴油机等,还不是由于在他们之中所体现的使用价值和价值有矛盾么?纵令他们都合用了,但生产不及时,当然亦系使用价值和价值的矛盾。这样就使在相同的社会主义的生产资料调拨市场上,凡因耽误一天而被处罚 5/1000 到 2/100 的生产资料,当然亦是由于他们内中所体现的价值和使用价值有矛盾的原故。纵令合用了,及时了,但如不是完全合用,即内有些零件不好,这当然亦系价值和使用价值的矛盾。这样就使在这相同的市场上,凡在半年之内,被买方根据交易合同,请求卖方重新换配零件的,当然亦是由于在该生产资料中所体现的价值和使用价值有矛盾。纵令生产资料完全合用了,及时了,如果某种生产资料价格过高,需求减退,亦是矛盾。"例如,1957 年工具生产一般利润比较高,当时生产工具的工厂任务不足。但有些机床厂扩建工具车间,自制工具,数量反而增多,他们生产的工具虽比专业工具生产的成本高 50%,但就本厂来说,还是合算的,很明显,这是某种产品订价不合适造成的不良影响。于是 1958 年工具价格作了调整。"[①]这亦反映在价值和使用价值之间有矛盾,只是在形式上略有不同而已;又如"从 1953 年始,国营煤矿煤炭产品生产价格,由国家统一规定。在第一个五年计划期间价格水平,基本上没有变动。由于煤炭价格水平比较低,到了 1956 年部分煤矿经营结果发生亏损,以东北北部煤矿的情况比较突出。企业发生亏损,就影响增产,因为多增产,多亏损,于是就考虑到从各方面来解决这个问题。"这个问题当然亦是以煤炭中的价值和使用价值的另种形式的矛盾为内容。单凭上面这些实例足可证明,在任何被调拨的生产资料之中就无一不含有商品的本质的矛盾,即是,使用价值和价值的矛盾。既然在任何被调拨的生产资料之中,均含有商品的本质的

[①] 第一机械工业部韩梦力同志发言,《经济研究》,1959 年第 2 期,第 35 页。

矛盾,即是,使用价值和价值的矛盾了,当然,他们是商品。

正是因为在被调拨的生产资料之中,含有使用价值和价值的矛盾,为使这种矛盾不致扩大,影响生产,然后国家才采取统一分配与计划买卖相结合的办法来解决它。如果被调拨的生产资料不存在有商品的本质的矛盾,即是使用价值和价值的矛盾,为什么国家还要采取统一分配和计划买卖的办法来解决它呢?统一分配和计划买卖是凭空从天上掉下来的么?不是,它乃是由被调拨的生产资料所包含的商品的本质的矛盾,即是使用价值和价值的矛盾所引出的。否认被调拨的生产资料所包含的商品的本质的矛盾,必不能理解党和国家对于被调拨的生产资料所采取的统一分配和计划买卖相结合方法的必要性。"形式论"只从形式上来理解被调拨的生产资料的买卖的形式,而看落了在这买卖形式中所包含的商品的本质矛盾的内容。这不但在理论上从根否认了被调拨的生产资料所包含的本质的矛盾,而且会否认党和国家所励行的统一分配和计划买卖相结合的必要性的。这不仅在理论上说不通,而且在实践上会给建设社会主义的伟大事业带来损失。

由于在社会主义下被调拨的生产资料含有商品的本质的矛盾,因此,他们在实质上是商品,这点不想再多说了。现在要着重指出的,即在社会主义下被调拨的生产资料所含的商品的本质的矛盾与在资本主义下的商品所含的本质的矛盾乃是有本质的差别的。在资本主义下,商品的本质的矛盾,即是使用价值和价值的矛盾,由于资本家的生产资料私有制和由于那个与它相配合的竞争无政府状态的规律的统治,乃是对抗性的矛盾。这个矛盾表现而为周期性的经济危机。这个矛盾,在资本主义下,是不能够用集中领导、全面安排、分工协作来解决的。在社会主义下被调拨的生产资料,如同其他商品一样,虽然也体现着商品的本质的矛盾,即是使用价值和价值的矛盾,但由于社会主义生产资料公有制的存在和由于社会主义的基本经济规律和有计划按比例的规律的支配地位,这个矛盾在社会主义下是完全可以通过发展生产力和改善人民生活的集中领导、全面安排、分工协作来解决。这就是两者本质的差别。如果说两者没有本质的差别是错误的,但是,如果说由于两者有本质的差别,就认为在社会主义下被调拨的生产资料没有具有商品的本质的矛盾,因而就说他们不是商品,这也是错误的。因为现在他们还具有商品的本质的矛盾,不是?

但应强调,社会主义下的商品,虽是使用价值和价值的矛盾的统一体,但矛盾的统一是主要的;矛盾的暂时的分裂不是主要的。如上所举的例子,只在从矛盾的暂时的分裂来证明两者之间有矛盾。但应注意,如上所举的关于矛盾暂时的分裂的例子在整个国营企业商品生产中所占的比例,显然,只是很小的千分数。更绝对不可能演变而为经济的危机。这就是在社会主义的商品中使用价值和价值的矛盾的非对抗性的具体表现。这就是社会主义的计划经济的优越性。

正如上文所指出,被调拨的生产资料所包含的使用价值和价值的非对抗性的矛盾又系由在全民所有制的国家企业和国家企业之间又国家和国家企业之间,在根本利益相一致的前提下亦还保有相对的经济独立性所决定的。这类相对的独立性表现在某些国营企业所生产的生产资料,不合于另外一些的国营企业所需要的生产资料的矛盾上。国营企业与国营企业之间常常因为供给不合需求,罚款、退货、换零件、打官司。这还不足以显示在国营企业和国营企业之间存在着相对的独立性么? 有些同志说,在国营企业内部生产资料"变换关系和旧的买卖关系有本质的不同"。他们的理由是"尽管存在着这种'买卖'的形式,但这并不表示这种新的交换关系的本质,在实际生活中看不出他们以彼此对立的身份进行真正的买卖交易"。这种说法也有对的地方,因在国营企业之间生产资料的调拨关系不是旧的买卖关系乃是绝对正确的。但他们"不是旧的买卖关系"不等于说他们不是买卖关系。在旧的买卖关系中存在着对抗性的矛盾,在被调拨的生产资料的买卖中不存在着对抗性的矛盾,这当然是完全正确的。但在被调拨的生产资料的买卖中,不存在着对抗性的矛盾,不等于说,在被调拨的生产资料的买卖中不存在着非对抗性的对立。卖方生产的东西,买方可以退货,可以对它罚款,可以要求换零件,甚至与卖方打起官司来,这不是对立是什么呢? 只不过这种对立,不是对抗性的对立,而是非对抗性的对立就是了。由此可见,否认被调拨的生产资料是商品的第二种意见,亦不能成立了。

总结一句话,由于被调拨的生产资料具有商品的本质矛盾,还由于被调拨的生产资料的交换在买方和卖方之间存在着非对抗性的对立,由此可见被调拨的生产资料不仅在形式上是商品,在实质上也是商品。

于是问题发生了。在共产主义社会中,可能仍然存在着使用价值和价值的矛盾,那么,在共产主义社会中,岂不是仍有商品呢? 我的答复是这样。在共产主义社会中,无论是个人的消费需求也好,或国家企业的生产的消费的需求也好,由于那时生产品极端丰富了和人们的共产主义的思想意识极大的提高了,一切都采用供给制。不但消费品的供给不要钱,生产资料的供给亦不要钱。消费品和生产资料如同土地一样,已非买卖的对象。从那个时候起,一切的生产品均只有一重性,没有二重性,均只具有使用价值而不同时具有交换价值或价值。既然如此,那么,那时的生产资料和消费品就当然不会含有使用价值和价值的矛盾。在共产主义大家庭中,人人对于社会的生产都是各尽所能,社会对于人人的消费都是各予所需。那里还有什么使用价值和价值的矛盾呢? 当然没有了。因此商品也没有了。生产资料和消费品于是也就不复再成为商品。可是现在共产主义的社会还没有诞生,被调拨的生产资料仍含有商品的本质的矛盾,即是,使用价值和价值的矛盾,因此,现在的被调拨的生产资料仍是商品。

被调拨的生产资料,如同在社会主义的新的商品生产经济中其他的商品一样,他们之所以是商品乃是由于他们是新的商品生产关系中的真正的细胞。而这种社会主义的新的商品生产关系,既是生产力发展的结果,又是更进一步发展生产力的原因。由于被调拨的生产资料商品生产关系,可以更进一步发展生产力,能将我们带到共产主义社会,所以党和国家才将被调拨的生产资料的商品生产关系和其他一切的商品生产关系,当做一只由社会主义向共产主义过渡的有用的摆渡船。这只名为商品生产关系的摆渡船,尽管当它已将人们摆渡到共产主义的彼岸时,就将失掉它的摆渡船的作用,好像秋凉已届,任凭怎么好的团扇,均将为人们所捐弃,可是在它还来将人们摆渡到共产主义彼岸以前,而且还正在将人们摆渡到共产主义彼岸的时候,我们不但不能舍弃它,并且还要十分重视它和发展它。仅供国营企业内部调拨的生产资料如同其他的生产品一样,之所以仍然被人们自觉地保存在名为商品生产这只摆渡船上,绝对不是什么形式的问题,而是实质的问题,因为如果不这样做,被调拨的生产资料就永远不能被摆渡到共产主义彼岸,从而也就永远不会由商品转化为纯粹的产品。①

　　骆耕漠同志和其他同志,将两种所有制的存在作为商品生产的唯一的条件,至将那些还坐在名为商品生产这只正在向共产主义过渡,但还未过渡到共产主义彼岸的摆渡船上的在全民所有制各企业之间被调拨的生产资料? 就认为他们在本质上已经离开了这只摆渡船,已经到达了共产主义彼岸,不再是在这摆渡般上的"乘客",因而不再是商品了。我们与骆耕漠同志他们的态度不一样,我们认为被调拨的生产资料既然还坐在商品生产这只摆渡船上,他们虽然坐在这只摆渡船的最前面,当着这只摆渡船到达共产主义彼岸时,他们虽是首先一群笑迷迷雄纠纠离开这只摆渡船大踏步地跨上共产主义彼岸的"乘客",可是由于他们现在还立足在商品生产这只摆渡上,所以他们仍是在这摆渡船上的"乘客",即是商品。骆耕漠等同志认为被调拨的生产资料的商品关系是将生产资料由商品世界引渡到产品世界的最后阶梯。出于骆耕漠等同志的预料之外,结果竟然只能得出与他们的意见完全相反的结论,即被调拨的生产资料不但在形式上是商品,在实质上也是商品。设令他们已是商品,已离开了商品生产这只摆渡船了,那么,他们势必就要否认商品生产商品流通这只摆渡船的摆渡作用,既要否认买者对他们所实行的"卢布的监督",又要拒抗社会对于他们的物质奖励和批评,他们恨不得将这只摆渡轮一拳击碎了。假令这只摆渡船果被他们击碎了,那么,被调拨的生产资料的商品生产关系,还能成为将生产资料由社会主义社会引上共产主义的最后阶梯么? 当然是绝对不可能的。骆耕漠同志和其他的一些同志,虽然对被调拨的生产资料奉承说,"你们已经在本质上不是商品了",可是凡没有耳聋的人都能亲耳听见被调拨的生产资料对骆耕漠等同志所发出的抗议的声音。他们说:"我们还需要坐在这只由社会主义到共产主义的摆渡船上,渡到共产主义彼岸,然而你却告诉我们说,我们可以不必要这只摆渡船了,那么,你叫我们跳水么?"我大胆地说,1958 年骆耕漠同志与苏联奥斯特罗维季扬诺夫同志的一场争执,奥斯特罗维季扬诺夫同志在《社会

---

① 《我国经济学界关于社会主义制度下商品、价值和价格问题论文选集》,第 113 页。

主义制度下的商品生产和价值规律》①一文上说,被调拨的生产资料不但在形式上是商品,在实质上也是商品。可是骆耕漠同志在他的《社会主义商品生产底必要性和过渡性》②一文上说,他们只在形式上是商品,在实质上,不是商品。不能否认在骆耕漠同志的论文中也有正确的论点,但整个说来,奥斯特罗维季扬诺夫是站在正确的一边,骆耕漠同志是站在不正确的一边。

除关于被调拨的生产资料方面的"商品形式论"外,还有两种类似"形式论"的意见。第一种意见说,被调拨的生产资料仅具有微弱的商品性,第二种意见说,它们是不完全意义的商品。如同"形式论"一样,他们两者的意见,都意味着,被调拨的生产资料,在基本上是产品,不是商品。或在基本上是商品,但还有若干的成分不是商品而是产品。我们知道共产主义的产品,只有使用价值,没有价值。但在社会主义下的商品却是使用价值和价值的统一体。我很乐于看见,在被调拨的生产资料的核心中具有共产主义产品的实质,因为我也是愿意及早看见共产主义产品的幼芽的。但结果竟然出于我的意料之外。我曾几度将被调拨的生产资料,用解剖刀,将他们剖开,对准他们的核心,观察过无数次。但每次所看见的,都是在他们的核心中存在着使用价值和价值的两重性。从没有一次看见在他们的核心中只有使用价值,没有价值。

我又向我自己发问,是不是在他们的核心中还有百分之七十是纯然的使用价值而无价值呢?我也没发现他们有这个比例数。不但没有百分之七十具有无价值的使用价值,连百分之零点几也没有。所以最后我也不同意被调拨的生产资料,仅有微弱的商品的共性。从而亦不同意被调拨的生产资料是不完全的商品的意见。应当肯定,被调拨的生产资料不是生产资料私有制下的商品,因在他们里面所存在的使用价值和价值的矛盾是非对抗性的。但不能否认,他们仍是社会主义下的商品,因为他们仍是使用价值和价值的统一体。

但同时也应肯定,在被调拨的生产资料中所存在的使用价值和价值的矛盾的非对抗的性质比起社会主义下其他种类的商品来是较强的。他们的非对抗的性质较强是由他们的品种、价格、需求和供给都是国家的计划统一规定的。

这种计划带有指令的性质。这就意味着它们可在一方面虽是社会主义的商品,可是另一方面它们又给它们从社会主义的商品转化为只有使用价值而无价值的共产主义的产品创造了一些有利的诞生的条件。被调拨的生产资料最容易被国家由买卖的对象变为党和国家直接分配的对象。正如骆耕漠同志所说,被调拨的生产资料的商品关系是将生产资料引渡到产品世界的最后阶梯,尽管还仅是最后的阶梯。但这并不等于说,它们在实质上或在基本上已是共产主义的产品了,因为它们现在仍是使用价值和价值的统一体。

---

① 《学习译丛》,1957 年第 10 期。
② 《经济研究》,1958 年第 5 期。

总结地说,社会主义下的整个的商品生产经济,在社会主义的生产力水平发展还不够高和人们的共产主义思想水平还不够高的条件下,它乃是一只将人们的劳动生产品,从社会主义渡到共产主义彼岸的一只摆渡船。凡在这个摆渡船上的"乘客"都是商品。连被调拨的生产资料也是商品。当然,不是在这个船上的并早已达到共产主义彼岸的"乘客",如土地和在供给制下的劳动生产品,不是商品。凡在船上的劳动生产品具有两重性,它们都是使用价值和价值的统一体,所以都是商品。他们不是共产主义的产品,因为他们不是只有使用价值而无价值的生产品。我们可以预期,在由社会主义向共产主义过渡时期,在达到共产主义彼岸以前,还有越来越多的劳动生产品将被放置在这只名为社会主义下商品生产的摆渡船中。

1959 年 6 月 10 日于北京

(中国科学院经济研究所编:《关于社会主义制度下商品生产和价值规律问题1959 年 4 月讨论会论文资料汇编》,科学出版社,1959 年 11 月)

在中国社会主义建设的今天，应用价值规律的根本问题

一、问题的提出

新的历史条件向我们提出,关于应用马克思的价值规律所应当注意的一个新问题。这个新问题是这样。在中国社会主义的现阶段,大家知道,党和国家向全中国人民提出了在集中领导、全面规划、分工协作的条件下,中央工业和地方工业同时并举,大型企业和中小型企业同时并举,土法工业生产和洋法工业生产同时并举。在这些并举方针的阳光照耀下,在中国的社会主义的国家工业化的历史上,出现了许多奇迹。如什么"蚂蚁啃骨头"啊,"茶壶煮猪头"啊,和"武生唱小旦"啊,都是在历史上从未听见过的新事物。不但声震遐迩,而且名驰中外。在这些新的历史条件下,价值规律的形式就不能没有或多或少的改变。为使社会主义社会的经济理论更进一步地符合于社会主义建设总路线的要求,全中国的经济理论工作者的必须大胆地出来,迎接新的历史条件,对我们所提出的新问题,即在社会主义建设的今天,在这个特殊的和不长的时期内商品的价值是否还是完全取决于在正常生产条件下,用社会平均熟练程度和强度生产该商品一单位所消耗的社会必要劳动时间呢? 这个问题很重要。对于它的"是"和"否"的解答,关系着社会主义国家经济工作者的思想与行动是否能够认识和贯彻社会主义建设总路线的几大并举的方针,是否能够使政治经济学上的价值规律更符合于社会主义建设的实践和为社会主义建设服务。由于这点很重要,所以我们必须要给它一个明确的回答。但这个回答是什么呢? 尽管现在几乎所有的经济理论工作同志们都仍在千篇一律地说,即在中国的现阶段,商品的价值还是取决于在正常生产条件下用社会平均熟练程度和强度生产一单位商品所消耗的必要劳动时间,可是客观的事实告诉我们不完全是。但为什么不完全是呢? 这就是本文所要说明的唯一的新问题。

二、马克思的价值规律的全部意义

商品价值的规律是马克思在《资本论》第一章讨论小商品经济的时候提出来的。他说,在小商品经济结构中,价值规律是这样的。即商品的价值受社会必要劳

动时间决定。在这里社会必要劳动时间当然是指在正常的社会生产条件下用平均的熟练程度和强度,生产该商品任一单位所消耗的社会必要劳动时间。假令"其他各种事情相等",如果商品在正常生产条件下生产时所消耗的社会必要劳动时间大,那么它的价值就大,从而它的价格也就高。在相反的情况下,如果商品在正常生产条件下的生产时所消耗的社会必要劳动时间少,他的价值也少,从而它的价格也少。这即是说,商品的价格是与它的价值,即是在正常生产条件下生产所消耗的社会必要劳动时间相一致的。

但什么叫做正常的生产条件呢?什么又叫做平均熟练程度和强度呢?平均熟练程度和强度是指既不是先进的熟练程度和强度,但同时亦不是指落后的。这即是说,平均的熟练劳动程度和强度,乃是介在先进和落后的中间的熟练程度和强度。从整个工业说来,具有先进的熟练程度和强度的劳动很少,落后的亦少,而是居中的占多数。所以平均熟练劳动程度和强度即是指居中的多数人的熟练程度和强度的意思。按照相同的理由,正常的生产条件亦是指在一工业部门中介于先进与落后之间多数企业的生产条件的意思,正常的生产条件,既不是指先进的生产条件即优越生产条件,亦不是指落后的生产条件而是指那介于先进与落后之间的中级生产条件。从整个工业说来,在同一工业中具有先进的生产条件的企业是很少的,落后的企业也是很少,只介其中的居多,所以正常的生产条件亦是居中的和多数企业的生产条件的意思。但应当着重指出的,即在这个规律中所用"正常"一语主要是指中位大量的意思。

为了说明"正常"一语是中位大量的意思起见,马克思在《资本论》同一个地方说:

> 在英格兰,采用蒸汽织机之后,把一定量的纱转化成布所必要的劳动,也许比以前减少一半。英格兰的手织工人,为了这种转化,事实上还需要同从前一样多的劳动时间,但它一小时劳动生产物,现今不过代表半小时的社会劳动,它就只有它从前一半的价值。[①]

由此可见,马克思所谓"正常"和"平均"都是指的中位大量的意思了。

为什么在同类商品中,如果多数商品在中等生产条件下生产时所消耗的必要劳动的时间多,那么,该类商品的任何一件的价值都要跟着多呢?少就要跟着少呢?这是由于同类商品任何一件在同一竞争市场上不能有上中下三个价格,只能有一个价格。而此价格只能受一个价值决定。同时这个价值又只能受多数商品在中等生产条件下生产时所消耗的社会必要劳动时间决定的原故。"当然,那在现实上,只能近似的发生,并且有上千种的变形"。[②] 这个原故可以在竞争市场上的需

---

① 参看郭大力译:《资本论》,第一卷第一章,第 11 页。
② 《资本论》,第三卷,第 10 章,第 210 页。

求和供给的状况来说明。从需求方面说,既然所有的买者都能用这样的一个价格买进同类的商品来,那末,还有什么买者愿意出高价买呢? 从供给方面说,既然绝大多数的卖者都愿意用这样的一个价格卖出,那个卖者还愿意卖低价呢? 比价值更高的价格没有人买,此价值更低的价格没有人卖,这样就使商品的价格受价值决定。同时价值则受多数商品在中等生产条件下生产时所消耗的必要劳动时间决定。

马克思说过,"要使生产部门相同,种类相同,品质近似相同的商品,依照它们的价值售卖,如下两个条件是必须具备的:第一,不同的个别价值,必须均衡化为一个社会价值,即上述的市场价值。要做到这样,就需要在同类商品生产者间有竞争,并且必须有一个市场,让他们在那里共同拿出他们的商品来卖。因要使同种类的但各自在不同的有个别色彩的情况下,生产出来的商品的市场价格,得与市场价值相符合,不和它相差,不在其上,也不在其下,不同售卖者间相互发挥压力,就要有那样大,足够使社会需要所必要的商品量,那就是社会能够支付市场价值的商品量,提供到市场上来"①。

毫无疑问,马克思在《资本论》第一章上所提出的小商品生产的价值规律是符合于小商品经济的实际情况的。恩格斯在《资本论》第三卷的附录中曾经对于马克思的价值规律的适用性,作出了一个极关重要的总结。他说:

> 简言之,马克思的价值法则(即规律)在一般地有经济法则发生作用的限度内,是一般地适用于简单商品的全期,一直到它由资本主义的生产形态侵入而发生一个变化的时候。一直到那个时候,价格都是向着那种依照马克思的法则决定的价值,而在这个价值周围摆动,以致简单商品生产越是完全地展开,较长的不为外部强力扰乱所间断的时期的平均价格,就越是在可以忽略的限界内,与价值相一致。所以,马克思的价值法则,对于这一个时期——从开始有交换把生产物转化为商品的时候起到纪元后十五世纪——有经济上一般的适用性。……所以价值法则已经在五千年至七千年的时期内支配了。②

恩格斯这一段话与我们在旧中国农村中所观察的价格与价值一致性,也是相合的。在旧中国的农村中我们常听见买者对卖者说:"你这双鞋为什么这样贵呀?"卖者一定回答说:"你不要说贵呀,作起来时,你看要费多大工夫啊。"这就是马克思的价值规律的具体表现。

应当强调,马克思的价值规律,即在资本主义下,亦是不能否定的,尽管在表现的形式上有所变化。因为在资本主义下,虽然商品的价格取决于生产价格,面生产价格只等于不变资本加可变资本加平均利润,不必等于不变资本加可变资本加剩

---

① 《资本论》,第三卷,第 10 章,第 206 页。
② 《资本论》,第三卷,附录,第 1177 页。

余价值，即不必等于生产价值。可是在资本主义下，正如马克思所指出："现在，既然商品的总价值规定着总剩余价值，总剩余价值规定着平均利润和一般利润率的高度——这是一般法则，是支配各种变动的事情——所以价值法则调节着生产价格。"①"个别价格与其价值不一致，是价值原理的否定么？不是的。"恩格斯早就说过，"这种不一致是一种'搅乱'；在精密科学上，我们决不能把一个可以计算的搅乱，视为一个法则的否定。"②

但我们千万不要忘记了，马克思并没有叫我们在应用他的价值规律来解释新的历史情况时，完全不考虑这种新的历史情况，原封原样地将他在《资本论》第一章上所提出的价值规律，生搬硬套。固然，商品的价值，无论在什么情况下，都取决于社会必要劳动时间。但社会必要劳动时间，依据马克思的分析，在三种不同的情况下，原来就有三种不同的内容。在这三种不同的情况中，第一种情况是供给与需求互相均衡的情况。正如上文所指出，在小商品经济时代，这种情况，依照恩格斯的考察，它乃是常常极其近似地出现的。或是在一个或长或短的时期内需求和供给被假定为互相均衡的情况。马克思说过，"为了要撇开诸种由供求运动引起的外观来进行考察"，"为了要对于各种现象，在他们的合于法则的，与概念相一致的形式上进行考察；那就是，为了要撇开诸种由供求运动引起的外观来进行考察"，还"为了要找出供求运动的现实趋势并在一定程度内把它确定，即就一个或长或短的时期全期来考察，供给与需求还是不断归于一致"③起见，我们必须假定，供给与需求是一致的。

这种情况在《资本论》上乃是被假定为典型的情况。这乃是在社会科学上应用抽象法的必然的结果。当然，为了发现商品经济的一般的规律必须首先考察这一典型的情况，即第一种情况。为此目的，我们暂时可以不必考虑其他的情况。马克思在《资本论》第一卷第一章上所提出的价值的规律正是就这种正常的或典型的情况考察的结果。在这典型的情况中，马克思指出，商品的价值是受中位大量商品的个别价值决定的。他并且指出，在资本主义的初期，这个规律也是适用的。他说，"如果商品的供给是依照平均价值，那就是，依照二极间大量的中位价值来满足普通的需要。那么，个别价值在市场以下的商品，便会实现一个额外剩余价值，或剩余利润；个别价值在市场价值以上的商品，就会不能实现它所包含的剩余价值的一部分"④。

除了第一种情况，即是典型的情况之外，还有两种情况。这两种情况比起第一种情况来，就不是那样典型的，有时甚且是非常特殊的情况。我们知道，在第一种情况中，供给与需求被假定为完全一致的。第二种情况不然。在第二种情况中，马

---

① 《资本论》，第三卷，第十章，第 206 页。
② 《资本论》，第三卷，编者序，第 17 页。
③ 《资本论》，第三卷，第十章，第 218 页。
④ 《资本论》，第三卷，第三章，第 203 页。

克思假定在供给与需求达于一致之前,需求略大于供给。由于需求"在这个或者那个生产部门,在一个或长或短的时期内,把市场价值自身提高,因为在这时期内所需要的生产物一部分,必须在较劣生产条件下生产出来"①。这样就使供给上涨来符合于需求。结果,在较高的市场价值供给与需求恰又相等。或者在供给等于需求之前,在需求还未增加时,供给先略大于需求,因在较劣生产条件下生产出来的商品比例量已超过了在中位生产条件下生产出来的商品的比例量。但在供给增加后,需求也相应地增加了。这样亦可使需求的增量与供给的增量相等。在这第二种情况中,不问这种情况是怎样被引出的,马克思指出,商品的价值都是由在较劣生产条件下生产所消耗的必要劳动时间决定。在这里,有时,还有一种非常特殊的情况发生。即需求很厉害的超过供给,在此情况下,商品的价值还将取决于最不利生产条件下,生产同类商品一单位所消耗的必要劳动时间。由此可见,第二种情况确乎不是如第一种情况那样富于典型性,有时甚至可能是非常特殊的。

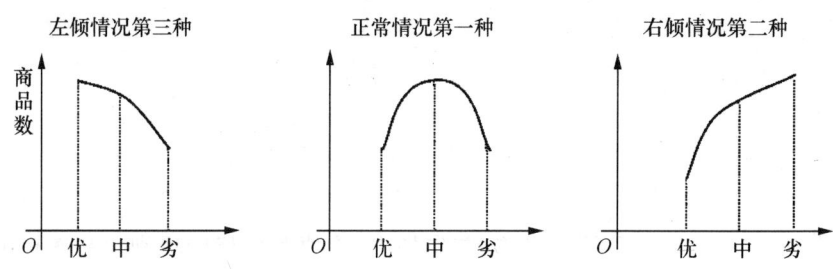

第三种情况与第二种情况恰正立在相反的地位上。它虽然也不是如第一种情况那样典型的,有时甚且是非常特殊的,但它的方向与第二种情况相反。如果说第二种情况右倾,那么,第三种情况就是左倾的。我们知道,在第一种情况中,供给和需求被假定完全为一致的。

在第二种情况中需求是首先大于供给的。第三种情况亦不然。在第三种情况中,马克思假定在供给与需求达于一致之前,供给首先略大于需求,在需求未变之前,供给首先有增加。这个增加首先是由在较优生产条件下生产出来的商品量,此在中等生产条件下生产出来的商品量更多了。但需求未增,这样就使供给首先略大于需求。需求于是集中在较优生产条件下生产出来的价值较低的商品。这样就使在中位、较劣或最劣生产条件下所生产出来的其个别价值较高或极高的商品,不得不在他们的个别价值以下出售。市场价值降低了。随着市场价值的降低,就同类商品来说,需求当然要扩大。这样就使在较低的市场价值上扩大了需要,从而使需求与供给相一致。或者,在供给等于需求之前,需求首先有微弱的减少,市场价值降低到较优生产条件下商品生产所消耗的必要劳动量,从而使供给减少,使在最

---

① 《资本论》,第三卷,第三章,第219页。

劣生产条件下的生产减少。这样就使供给减少下来,符合那减少了的需求。最后,在较低的市场价值平面上,供给与需求又重新趋于一致。在这第三种情况下,不问这种情况是由供给先增加或由需求先有微弱的减少所引出,马克思指出,商品的价值均取决于在较优生产条件下生产所消耗的必要劳动时间。在第三种情况中,有时还有一种非常特殊的情况出现,即需求很厉害地小于供给。马克思指出,在这一种非常特殊的情况下,商品的价值还须取决于最优越的生产条件下生产所消耗的必要劳动时间。

在这三种情况中。马克思首先考察,在第一种情况中,商品价值如何决定的问题,因为它是典型的情况。至于第二、第三两种情况,马克思乃是在考察典型的情况之后,方才在《资本论》第十章上,加以补充考察的。因为第二、第三两种情况都不是典型的情况。比起典型的情况来说,第二种情况是右倾或极其右倾的。第三种是"左"倾或极其"左"倾的。马克思将第二、第三两种情况中极其右倾和极其左倾的情况称做"异常的结合"。他说,"仅仅在异常结合下,才用那种在最不利或最有利生产条件下生产的商品来规定市场价值,或为价格摆动的中心——不过这种价格对于同类的商品又是同一的。"①

现在请让我们更进一步地来研究,商品的价值,依照马克思的分析,在上述三种不同的情况中,究竟是如何决定的。

马克思在分析第一种情况以前,首先指出,价值和价格的区别。其次指出,市场价值或社会价值与个别价值的区别。最后指出,商品的价值,无论在任何情况下,都等于它的市场价值。又无论在任何情况下商品的价值总量都等于社会必要劳动时间总量。问题在于社会必要劳动时间,究竟是等于在中等生产条件下,生产同种类的商品所消耗的必要劳动时间呢? 抑还是等于劣等或最劣等,优等或最优生产条件下生产同类商品所消耗的必要劳动时间呢? 这却是必要在具体的情况中去解决。他说,"不同诸生产部门的商品,依照他们的价值来售卖,这一个假定,当然不过是指,他们的价值是一个重心,他们的价格就是围绕它来变动,并且他们的价格不断上涨下落,就是均衡为它。"②这就解答了价格与价值的区别问题。接着他又说,"因此我们还须注意这件事,即是,市场价值——这是我们以后要论到的——必要与不同各生产者生产的个别价值相区别。"③这就解答了社会价值与个别价值相区别的问题。此后,他又说,"商品个别价值与其社会价值相符合这件事,现在是象这样实现或进一步规定的商品的总量包含着它生产上必要的社会劳动,并且这个总量的价值 = 它的市场价值。"④这就解决了商品的价值,无论在任何条

① 《资本论》,第三卷,第十章,第 203 页。
② 《资本论》,第三卷,第十章,第 203 页。
③ 《资本论》,第三卷,第十章,第 203 页。
④ 《资本论》,第三卷,第十章,第 208 页。

件下,都等于社会必要劳动时间总量的问题。将这些问题解答后,马克思于是进而探求社会必要时间,在三种不同的生产情况下,就每一个具体情况来说,究竟是在什么生产条件下生产同类商品所消耗的个别的必要劳动时间。

现在让我们首先来论证,在第一种生产条件下,即在典型的生产条件下,依照马克思的原文,商品的价值是怎样受在中等生产条件下用平均熟练程度和强度,生产同类商品所消耗的必要劳动时间决定的。

在第一种情形下,马克思假设这些商品有显著的大量是大约在相同的通常的社会条件下生产的,以致这个价值同时就是构成这个大量的个别商品的个别价值。其中纵然有一个比较小的部分,在这个条件下生产,别一个较小的部分在条件以上生产,以致一部分的个别价值比商品大部分的中位价值更大,别一部分个别价值就比商品大部分的中位价值更小,但这二个极端会互相均衡,以致属于二极端的商品的平均价值仍与属于中位大量的商品价值相等。因此,在这个场合,市场价值是由按照中位条件生产的价值决定。总商品量的价值,和全部个别商品合计——既然包括中位条件内生产的,也包合中位条件以上或以下生产的——价值的现实总和,是相等的。在这个场合,商品总量的市场价值或社会价值——即必然会在其中包含的劳动时间——是由中位大量的价值决定。① 如果我的体会是不错的话,那么,马克思在《资本论》第一卷第一章上所提出的价值规律乃是依据在《资本论》第三卷第十章上所提出的第一种情况,即是就第三卷中,典型的情况说的。在这里商品价值的决定公式是这样:

商品的价值 = 社会必要劳动时间。

社会必要劳动时间 = 在正常生产条件下,用平均熟练程度与强度在生产该商品一单位所消耗的必要劳动时间。

马克思接着说,"在第二种情形内,按照二极端生产的个别值总不会互相均衡,而是按照较劣条件生产的商品决定一切。严格地说来,各个商品(或总量的各个可除部分)的平均价格或市场价值是要由这个总量的价值(等于按照不同条件生产的商品的价值相加起来)并要由这个总价值分归各个商品的可除部分来决定。这样得到的市场价值,不仅比那种按照有利极端生产的商品的个别价值更高并且比那种属于中位的商品的个别价值更高,但它仍然可以比那种按照最不利极端生产的商品的价值更低。这个市场价值,会怎样和这个个别价值相近或最后和它归于一致,完全要看,按照不利极端生产的商品量,在该商品的生产部门内,占着怎样大的范围。如果需要只是稍微占优势,那就由那种按不利条件生产的个别价值,来规定市场价格。"②

在另外一个地方,马克思又着重地指出,"但若需要这样强,以致在价格受最不

---

① 《资本论》,第三卷,第十章,第 209 页。
② 《资本论》,第三卷,第十章,第 211 页。

利条件下生产商品的价值规定时,需要也不收缩,这种商品就决定于市场价值。"①

在这第二种情况下,既然"商品的市场价值比较那种属于中位商品的个别价值更高",那也就意味着,商品的市场价值被决定的社会必要劳动时间,不是等于中位商品在生产时所消耗的必要劳动时间,而是大于中位商品在生产时所消耗的必要劳动时间。因此,在第二种情形中,马克思的商品价值的决定公式就当是这样:

商品的价值 = 社会必要劳动时间。

但社会必要劳动时间 > 在正常生产条件下,用平均熟练程度和强度生产该类商品一单位所消耗的必要劳动时间。

说完第二种情况之后,马克思接着说第三种情况。马克思说,"最后,假设按照最优(比中位条件较优)条件生产的商品量,远较按照较劣条件生产的商品量大,以致和按照中位条件生产的商品量比较,形成显著的大量;如果是这样,规定市场价值的,就是按照最优条件生产的部分。在这里,且不说市场过剩,因为在市场过剩的情形下,市场价格总是由按照最优生产条件的部分规定;但在这里,我们不讨论那种和市场价值不同的市场价格,只要讨论市场价值自身各种不同的规定。"② 马克思说,"如果需求与供给相比显得微弱,按照有利条件生产的部分,无论怎么大,也会把它的价格收缩到它的个别价值,以便强制地占得一地盘。但市场价值,无论如何不能与按照最优条件生产的商品的个别价值相一致,除非供给极其厉害地超过需要。"③

既然市场价值是按照较优的或最优的生产条件生产的商品决定,那么,在这特殊情况下,商品价值的决定公式便将与在第一种的(特殊)情况下的公式恰正立于相反的地位。

商品的价值 = 社会必要劳动时间。

社会必要时间 < 在正常生产条件下,用平均熟练程度和强度生产该商品一单位所消耗的必要劳动时间。

在这三种情况中,第一种情况,正如上文所指出,乃是一般的典型的情况。就小商品经济来说固然常常是这样。即就资本主义来说,在本质上,也是如此。就令是第二、第三两种情况,在资本主义的竞争时期也是适用的。马克思说过,"以上关于市场价值所说的话,只要以生产价格代替市场价值,就也适用于生产价格。生产价格在每一部门都被规定了并且同样是依照特殊的情形"④。

应当指出,马克思在所论述的关于商品价值的三种情况之中,曾经从两方面来看商品价值的决定问题。第一是从供给的方面来看这个问题。第二是从需求方面

① 《资本论》,第三卷,第十章,第 204 页。
② 《资本论》,第三卷,第十章,第 209 页。
③ 《资本论》,第三卷,第十章,第 211 页。
④ 《资本论》,第三卷,第十章,第 204 页。

来看这个问题。在供给与需求不变的情况下,商品的价值受中位大量的商品决定。在需求首先轻微或很厉害地大于供给,和供给随后赶上需求的情况下,商品的价值受低位(劣等)大量,或甚至仅受最低位(最劣等)商品决定,不问它是大量或小量。在需求首先微弱地小于供给或很厉害地小于供给,和供给随后缩小来适应需求,或者由于市场价值低落,需求随后扩大来符合供给的情况下,商品受高位大量的商品,或甚至仅受最高位商品决定,也不问它是大量或小量。马克思说过,"当其量(供给比需求)过小时,总是那按照最劣生产条件生产的商品规定市场价值,当其量过大时,就总是那种按照最优生产条件生产的商品规定市场价值。那就是由极端之一来规定市场价值,虽然依照各种在不同生产条件下生产的量的比例,必然会出现别的结果来。"①

然则马克思是说,供给和需求的关系决定市场价值了么?不是的。因为依据马克思的意思,不是供给与需求的关系决定市场价值,而是市场价值决定或调节供给与需求的关系,即是市场价值使供给与需求相一致。由于需求在一个或长或短的时期内大于供给,或很厉害地大于供给,竟将市场价值提高到中位大量商品的个别价值以上,至于恰与低位大量或最低位小量的商品的个别价值相一致时,此低位大量或最低位小量的商品的个别价值便规定了市场价值。市场价值既已被规定了,既不往上,又不往下,而成为市场价格接近或一致的中心,那就意味着,市场价值业已决定了供给与需求的关系,并使之达于一致。这即是说,市场价值业已使供给与需求达于相等。为什么呢?因为市场价值既已被规定在较高或极高的水平上,那就意味着,在这较高或极高的水平上,正如上文所指出,需求或则因为市场价值高涨而收缩,并且业已收缩到与供给相一致。或则因为,在需求增加后生产有相等的增加,只此相等的增加是在较劣的生产条件下,以较大的劳动消耗,生产出来的就是了。这样后者就使供给从相反出方向,以相等的力量抵销了需求的影响市场价格的作用。否则市场价格就会高于市场价值而不会被市场价值决定了。所以,马克思说:"如果诸商品依照它们的市场价值出售,需求与供给就是一致的。"马克思接着说,"如果需求与供给是一致的,它们就会停止发生作用,也就因此,商品才会依照它的市场价值售卖。如果有两种势力,从相反方向发生均等的作用,它们就会互相扬弃,不会对外界发生任何影响,而在这条件下发生的现象,也就不能由这两种力量的干涉来解释。如果需求与供给互相均衡,它们就不能说明任何事物,就不会影响市场价值。"②那末,影响或决定市场价值是什么呢?既然不是供给和需求,那么,它必是在供给和需求以外第三种东西,即是该商品在生产时所消耗的社会必要劳动时间了。就我们现在所讨论的这一种特殊情形来说,决定这个市场价值的社会必要劳动时间,就是在较劣或最劣的生产条件下生产所消耗的较多

---

① 《资本论》,第三卷,第十章,第212页。
② 《资本论》,第三卷,第十章,第218页。

或最多的必要劳动时间。在相反的极端上，如果商品的市场价值是取决于较优或最优的生产条件下生产该商品所消耗的必要劳动时间，那么，该商品的个别价值就不仅决定了市场价值，而且决定了供给与需求的一致性。因为市场价值低落后，或则需求增加，或则再生产减少，或则需求也增加，再生产也减少，这样市场价值就使需求和供给又一度相等。从而这俩相反的力量又一度互相抵销，至于丧失了它们对于价值的任何决定作用。总括来说，无论在第一种情况下，或在第二第三两种特殊的情况下，商品的价值都是毫无例外地受社会必要劳动量决定。只在第一种情况（即正常情况）下商品的价值是受中位大量商品在生产时所消耗的必要劳动时间决定。从而社会必要时间就等于在正常生产条件下，用平均熟练程度和强度生产该商品一单位所消耗的必要劳动时间。

在第二种情形下商品的价值是受低位大量或最低小量的商品在生产时所消耗的必要劳动时间，从而社会必要劳动时间就大于在正常生产条件下，用平均熟练程度和劳动强度在生产该商品一单位时所消耗的必要劳动时间。在第三种情况商品的价值取决于高位大量，甚至高位小量的商品在生产时所消耗的必要劳动时间，从而社会必要劳动时间就小于在正常生产条件下，用平均熟练程度和强度，在生产商品单位时所消耗的必要劳动时间。在这三种情况中，究竟那一种情况比较地接近于中国今天社会主义建设的情形呢？还有，在社会主义公有经济下，马克思的价值规律的表现形式是否在或多或少的程度内，也要受中国今天的新的历史情况的影响呢？这里就是我们的新大陆，让我们通通停步下来，在破除迷信解放思想的基础上，大胆地猛力探索和开拓罢！

三、在中国社会主义建设的今天，应用
价值规律的根本问题所在

综上可知，马克思的价值规律的典型形态，即商品的价值取决于在正常生产条件下用平均熟练程度和强度生产该类商品任一单位所消耗的必要劳动时间，除交易必须经常出现这个条件外，系建立在两个条件上：（1）在生产资料私有制基础上所产生的自由竞争。（2）供给与需求被假定为一致的。马克思说过，"第一，不同的个别价值，必须均衡化为一个社会价值，即上述的市场价值，要做到这样就需要在同种商品生产者间有竞争，并且必需有一个市场，让他们在那里共同拿出他们的商品来卖。因要使同种的但各自不同的有个别色彩的情况下生产出来的商品的市场价格，得与市场价值相符合，不和它相差，不在其上，也不在其下，不同售卖者间相互发挥的威力，就要有那样大，足够使社会需要所必要的商品量，那就是社会能够支付市场价值的商品量，提供到市场上来。"①这即是说，首先，要没有自然的或

---

① 《资本论》，第三卷，第十章，第206页。

人为的独占,他说,"在我们说售卖时,又要缔约双方任何一方,都没有自然的或人为的独占,可以在价值以上售卖,或强使他在价值以下售卖。"① 其次就是要"两方面的商品,要依照近似地符合于互需要的比例量来生产,那是由销售上相互的经验带来,并当作结果,由连续的交换自身生长出来的"。这两者都是马克思认为"要使商品依照来互相交换的价格近似地与其价值相符合,所须具备的条件"②。

现在,在中国社会主义建设的今天,在马克思所分析的关于价值决定的三种情况中,究竟那一种情况比较地接近于中国今日的历史的情况呢? 是需求与供给完全相等或无限接近的情况呢? 是需求(当然是指有支付能力的需求)微弱地或很厉害地大于供给的情况? 抑或是供给微弱地或很厉害地大于需求的情况呢? 事实的回答是这样。显然,那个比较地接近于中国社会主义建设的今天的情况,无疑地,不是第一种情况,同时亦不是第三种情况,而是第二种情况,即是需求大于供给或很厉害地大于供给的情况。有一位作商业工作的同志告诉我说,"在中国今天的生产资料的市场上,不问市场价值有多高,都不愁没有人要"。他也许把问题夸大了一些。但应该肯定,需求大于供给的情况,在中国社会主义建设的今天乃是客观存在的,它是不能随着人们主观的意愿为转移的。应当注意,在这第二种情况中,马克思指出,"需求在这个或者那个生产部门,在一个或长或短的时期内,把市场价值自身提高,因为在这时期内所需要的生产物一部份必须在较劣生产条件下生产出来。"③ 党和国家,以马克思这一理论作为指南,考虑到今天全中国六亿五千万人民对于工业品日益增加的需求,单靠大工业来生产是不够的,单靠中央工业来生产也是不够的,单靠洋法来生产也是不够的,方才在总路线中大声疾呼,要求全国全民办工业:在所有的工业部门中和在或长或短的时期内要求全国人民在集中领导、全面安排、分工协作的条件下,按中央工业和地方工业同时并举、大型企业和中小型企业同时并举,土法生产和洋法生产同时并举,务须把这相应的时期内所需求的生产物即令在较劣生产条件下生产,也要把它们生产出来,这样势必要把在较劣生产条件下生产出来的商品自身的市场价值提高。由此可见,在马克思所分析三种有关价值决定的情况中,只有第二种情况,即需求大于供给的情况,才是与中国今天现实的历史情况比较接近的情况。这是中国今日与马克思的价值规律全部意义的应用有关的第一个历史条件,即是需求大于供给的条件。

还有一个与马克思的价值规律的全部意义应用有关的第二个历史条件,即是社会主义的计划的经济。这个新的历史条件是马克思所不曾遇见过的。马克思的价值规律是在生产资料私有制基础上和在自由竞争的条件下精心考察商品生产的本质的结果。正如马克思所强调,只有在自由竞争的条件下,由于在同种商品生产

① 《资本论》,第三卷,第十章,第 202 到 203 页。
② 《资本论》,第三卷,第十章,第 209 页。
③ 《资本论》,第三卷,第十章,第 209 页。

者间有竞争,和由于在同种商品的不同购买者间有竞争,然后在同类商品的生产部门中,不同的个别价值才能均衡为一个相等的市场价值。因此,他说,"竞争首先在一个部门内完成的,是由商品各种不同的个别价值,形成一个相等的市场价值和市场价格。"①现在在生产资料公有制基础上,在计划经济的条件下,由于在同类商品生产者间无竞争和由于在同类商品的不同购买者之间也无竞争,或者说是,由于在同类商品的不同生产者之上和在同类商品的不同的购买者之上,设有一国家计划的机关,其结果是在同类商品的生产部门中,不同的个别价值就不必一定被均衡化为一个相等的市场价值。这即是说,在社会主义的计划经济下,同种的商品尽可以有不同的市场价值。从商品的价值来说,在中等生产条件下生产出来的和在优等生产条件下生产出来的同类的商品,由于在计划经济的条件下,没有竞争和由于国家计划机关统一地计划各个不同生产者间的相互的需求与供给,斟酌它们所消耗的必要劳动时间,为了抵补中等条件下的生产者劳动的消耗和为了鼓励在中等和上等条件下生产者的积极性,在其他条件不变的情况下,尽可单有一个市场价值。这一个市场价值必要由在中等生产条件下,用平均熟练程度和强度在生产这类商品一单位时所消耗的必要劳动时间决定。这样在优等和最优生产条件下生产同类商品的生产者由于他们所消耗的必要时间少,或个别价值小,和他们所实现的市场价值大,于是也就大大增加他们的物质的刺激。这就是决定了在中等和优等生产条件下所生产出来的同类的商品必然只有一个市场价值。从而也就决定了在其他条件相等的情况下并必然只有一个相等的市场价格。相反地,在较劣生产条件下,生产出来的同类的商品,在需求大于供给的条件下,为了满足社会的增加的需求,斟酌它们所消耗的较多必要劳动时间,必须让它们能够得到补偿,从而也就必要具有另外一个市场价值,即较高的市场价值。对用近代技术装备生产出来的机器,由于它们是用较小的劳动生产出来的商品,在计划经济下,单有一种市场价值。对用"蚂蚁啃骨头","茶壶煮猪头","武生唱小旦"的方法,生产出来的同类的机器,由于它们所消耗的必要劳动时间较大,在计划经济下,另外有一种市场价值。对用近代的生产技术生产出来的水泥、石灰、三酸等是一种市场价值,对于人民公社、机关和学校用土法所生产的同类的水泥、石灰、三酸等,另是一种市场价值。这些不同的市场价值反映而为一般的收购价格和照顾的收购价格。和反映为各种不同的地区,可有不同的超过运费的价格。这样来鼓励中、小型企业、地方企业、土法生产与中央企业、大企业、洋法生产同时并举,其目的在于高速度地发展生产力和以较劣生产条件下生产出来的商品来尽量满足增长的需求。但这并不排斥国家对于个别的最劣的生产条件的企业,在一方面在价格上照顾他们,在另一方面,另从技术装备、专业知识和劳动组织方面去帮助他们或劝他们改业。也不排斥国家对于小企业和土法生产历来所采取的都是一面照顾、一面改进地,"由小升大,由土升洋"的

---

① 《资本论》,第三卷,第十章,第206页。

方针。在社会主义的计划经济下,同类商品可有不同的市场价值或社会价值,乃是由于在社会主义生产资料公有制的基础上党和国家掌握了国民经济的命脉,在同类商品的总供给量中,控制了几近百分之百的比例量,在需求大于供给的条件下,为了尽快地发展生产力和为了满足人民增长的需求,所必然发生的结果。在社会主义的计划经济下,同类商品尽可以有不同的社会价值,从而市场价格这乃是大规模经济发展的必要的结果。为了充分地揭露这个可能性,请一回顾在资本主义的垄断阶段,同类的商品是不是只能有一个价格呢? 不是只能有一个价格,它尽可以有不同的价格。回忆在资本主义的垄断阶段,由于垄断金融巨头控制了同类商品总供给量百分之六十或七十,为了赚取最大的利润,对于同类的商品亦采取不同的价格。垄断金融巨头在国内的用高额关税的方法所制造的保护市场采用一市场价格,在国外竞争市场上又采取另外一种价格。瑞士的钟表在旧中国的上海市场上是一种价格即较低的价格,在瑞士的本国市场上又是一种价格即较高的价格。

这无非是因为在国内被保护的市场上需求挺硬,纵令物价提高也可以不至于怎样大的缩减需求。采用高价额实现的利润大。在国外竞争市场上,需求弹性极大。如果价格比较高,买者就不买自己的货,转而买别国的货去了。所以价格就定得低一些,使所得的利润也要低。但将两部份的总利润加起来,还是最大。只应注意,即垄断资本巨头采取不同的价格在于实现最大的利润。还应注意,即垄断商品的价格是远在商品价值以上出卖的。然而在社会主义生产资料公有制上,党和国家掌握了经济的命脉,对于同种类的商品利用它们所固有的不同的个别价值,将它们归类为约两大类不同的社会价值,乃在于实现最大的社会的使用价值,并使同类商品的不同的社会价值,近似地反映它们俩类所消耗的必要劳动时间。这都是我们所应当注意的区别。但不能忽视,即在社会主义的计划经济下,同类商品可有不同的市场价值,从而价格乃是大经济发展的必然出现的历史趋势。在社会主义计划经济下,由于党和国家掌握了国民经济的命脉,在同类商品的总生产量中,几乎控制了百分之百比例量,在需求大于供给的条件下,为了尽快地发展生产力和为了使供给增加以至于能够赶上有支付的能力的需求的增加,还为了避免物价不必要的涨高,同种类的商品,是可以具有大约两类不同的社会价值的。即在优、中生产条件下生产出来商品具有较低的市场价值。同时在较劣生产条件下的同类的商品具有较高的社会价值。这乃是社会主义的基本经济规律、有计划按比例的规律和价值规律的联合作用的结果。这乃是在中国社会主义建设的今天所产生的一个新的历史条件。这个新的历史条件与马克思在分析商品价值时所遇见的历史条件恰正立于正相反对的地位。即前一个是生产资料私有制下的自由竞争,后一个是生产资料社会主义公有制下的计划经济。这个新的历史条件乃是应用马克思的价值规律的全部意义来解释商品价值的决定时最关紧要的条件。除第一个条件之外,这是第二个最关紧要的条件。总括来说,在中国社会主义建设的今天,有两个历史条件都是应用马克思的价值规律所必须注意的:第一个是需求大于供给的条件,第二个是社会主义的计划经济的历史条件。在这两个历史条件中,第一个是马克思所曾经遇见过的,第二个是马克思死后所新成长出来的历史条件。这个新的历史条件对于社会主义下商品价值的决定的影响,当然不是马克思的价值规律所能完全预见的。

应当强调,马克思的价值规律的全部意义即在社会主义建设的今天,在根本上是适用的。即商品的价值仍是取决于同类商品在生产时所消耗的社会必要劳动时间。只要商品经济的共同性存在,马克思的价值规律的全部意义在根本上就是适用的。但不应忽视,在社会主义这两个历史条件下,尤其是在社会主义的计划经济这个新的历史条件下,在社会主义总路线,大、中、小型企业并举、中央企业和地方企业并举、土法生产和洋法生产同时并举的时期内,马克思的价值规律的表现形式,却不能不有所改变了。这个改变是,纵令在需求大于供给的条件下,同类商品的不同的个别价值不会均衡为一个社会价值。从而同类商品的价值,纵令在需求大于供给的条件下,亦不是完全要受在较劣或最劣生产条件下生产同类商品所消耗的必要劳动时间决定。就中还有一大部份要受在中等生产条件下,用平均熟练程度和强度生产同类商品的任一单位所消耗的必要劳动量决定。这即是说,在社会主义建设的今天,在需求大于供给和在计划经济的条件下:假令其他条件相同,同类商品必有大约两类不同的市场价值。一类具有较小的市场价值,另一类具有较大的市场价值。正如上文所指出,凡在社会主义计划经济下和在社会主义建设的今天,由于需求大于供给,在优、中生产条件下,生产出来的同类的商品必然单有一个的市场价值。这个价值只由在中等生产条件下生产所消耗的必要劳动时间决定。在相同的时间和条件下,凡在较劣生产条件下生产出来同类的商品必有另外一个市场价值。这个价值是由在劣等生产条件下生产所消耗的必要劳动时间即是个别价值决定的。从而他们的市场价值也是较大的。取其平均,商品的价值,在中国社会主义建设的今天,必是取决于在中等和下等生产条件下生产同类商品所消耗的必要劳动时间的平均数。这即是说,商品的价值,平均说来,当略大于在中等生产条件下的社会必要劳动时间和略小于在劣等生产条件下生产所消耗的社会必要劳动时间。

现在容我首先用表解来说明,在生产资料私有制的基础上,在自由竞争和需求大于供给的条件下,商品的价值是怎样取决于在劣等生产条件下生产所消耗的必要劳动时间的。为了讨论的便利,这里假定价格无限地接近于商品的价值。

同类商品某种 商品的生产条件	商品量	每件商品的 生产劳动时间	社会必要 劳动时间	市场价值	市场价格
上等	1 000	1	3	3	3 元
中等	3 000	2	3	3	3 元
下等	1 500	3	3	3	3 元

这是在自由竞争条件下和需求等于供给的条件下商品的价格所围绕的中心，价格，完全符合于商品在下等生产条件下，生产所消耗的必要劳动时间，即社会必要劳动时间的一个例解。从这例解可以看出，马克思的价值规律的第二种形态在这里是完全适用的。

现在容我再用一个例子来说明，商品的价值，平均说起来，在生产资料的社会主义公有制的基础上，在社会主义计划经济的条件下和在需求大于供给的条件下，在总路线的三大并举的方针的阳光照耀下，商品的价值，平均说起来，不等于在劣等生产条件下，生产该商品一单位所损耗的必要劳动时间，而此它略为小些。同时，它又比那在中等生产条件下生产该商品一单位所消耗的必要劳动时间略为大些。

某种商品的生产条件	商品量	每件商品的生产劳动时间	社会必要劳动时间	市场价值	市场价格
上等	1 000	1	2	2	2
中等	3 000	2	2	2	2
下等	1 500	3	2	2	3

$$商品的平均价值 = \frac{1\,000 \times 2 + 3\,000 \times 2 + 1\,500 \times 3}{1\,000 + 3\,000 + 1\,500}$$

$$= \frac{12\,500}{5\,500}$$

$$= 2.27$$

$$2 < 2.27 < 3$$

2 小时是中等生产条件下生产每单位的同类商品所消耗的劳动时间。3 小时是下等生产条件下生产每单位商品所消耗的必要劳动时间。2 < 2.27 < 3 小时，即是商品的平均价值 2.27，小于在正常生产条件下生产同类商品所消耗的必要劳动时间，大于在较劣生产条件下，生产所消耗的必要劳动时间。

在实际上，绝大多数的商品在社会主义建设的今天，在需求继续大于供给的条件下和在计划经济的条件下，都是这样办的。举石灰为例，此如在今日中国某一大城市中，某年度共需求石灰 70 万吨。在这 70 万吨中有 30 万吨是近代设备的石灰窑生产的，成本每吨 10 元。又有 30 万吨是土窑生产的，成本 13 元左右。另有 10 万吨是远郊区生产的，每吨成本 25 元左右。某市商业部门在收购的时候对于前两种石灰共计 30 万吨，所给收购价格约在 15 元左右，包括成本加合理的工业利润。如果要在城市销售的话，那么再加上一成商业利润比如说销售价格 16 元。这是对上、中两等生产条件下生产石灰所给的价格，这个价格是由中等生产条件下，生产石灰每吨所消耗的必要劳动量决定的。至于在远郊生产的石灰，成本虽然高，然而很需要，因为远郊区需要它。为了满足那里的需求，我们不能不让那里的石灰窑所得的价格能够抵补它的成本即劳动消耗，并有一些利润，所以商业部门对于那里生产的石灰的价格，就让那里的县人民委员会决定。如果后者考察当地的情况非要给它 28 元一吨的价格不可，那就只好让它这样作了。当然这并不排斥某市的商业部门还要在技术和经营管理方面去帮助它改进，使它在再生产的过程中，能把成本大大地往下降低。

这样就使在远郊区在生产石灰的所消耗的更大的必要劳动时间能够规定它自己的市场价值，从而价格。这样就使石灰具有两种价值，（1）优中条件下生产的石灰是一种价值，（2）劣等石灰又是一种价值。取其平均，石灰的价值，在全市范围内，大于在中等或正常生产条件下的社会必要时间，小于在较劣生产条件下的社会必要时间。石灰如此，其他的商品亦然。再举一个例子来说，比如三酸（硝酸、盐酸、硫酸），它们的价值也是略大于在正常生产条件下用平均熟练程度生产三酸所消耗的必要劳动时间，和小于在较劣或最劣生产条件下所消耗的必要劳动时间。我们知道，三酸的生产条件是有优、有中、有劣的。自 1958 年大跃进以来，不但街道办工业，学校也办工业了。特别是学校所生产的三酸，成本是极高的。为了具体地贯彻总路线的方针，商业部门就给以相应的最高的收购价格。这样就使三酸，随着优中劣三种生产条件的不同，具有两类的收购价格，上中生产条件下的三酸是一类收购价格，劣等生产条件下的三酸又是一类价格。这两类的收购价格是取决于两类的社会价值即市场价值的。三酸的销售价格在同一市场上是相等的。可是三酸的销售价格是由两类的收购价格的加权平均数。

此平均数所体现的即是三酸所具有的两类不同的社会价值的平均。这与在上表中所举的加权平均数 2.27 的性质是完全相同的。总之，凡在市面上由商业部门所销售的商品的价格，即是销售价格，无一种商品的销售价格不是由两种或两种以上的收购价格的加权平均救。据实际调查，在所有的商品中，绝大多数商品的收购价格，对于在上中两种生产条件下的同类商品的收购价格都是相同的或者说是非常接近的，只对劣等生产条件下的商品，在供不应求的条件下，给以较高的收购价格。为了撇开扰乱的因素，假令在上中条件下生产的商品其价值是相同的，只在劣等或最劣生产条件下的商品具有较高的价值，这更能反映事物的本质。

就全国范围来说，中央的企业多是头等大企业，地方的企业都是中、小企业，人民公社的企业是更小的企业。一般的说来，中央企业的生产条件都是头等的，在其他条件相同的情况下，单位商品的劳动消耗总是较小的，中央在规定价格时，以中等大量的同类商品的劳动消耗为标准，下达各地方。但容许地方在一定的幅度内有机动的余地。这就意味着在较劣生产条件下生产同类商品的劳动消耗能够近似地规定它的市场价值。由此可见，在社会主义的计划经济下和在需求大于供给的条件下，同类的商品，无论它是生产资料也好或消费资料也好，都不似在生产资料私有制基础上在自由竞争条件下那样，它们所具有的不同的个别价值只能均衡为一个社会价值。在社会主义计划经济下，在需求大于供给的条件下，为了尽快地发展生产力,它们尽可具有两种的社会价值。特别是在总路线中三大并举的方针的阳光照耀下,更非如此不可。在事实上已经这样办了。这样就使同类商品的平均价值既不等于在较劣生产条件下生产所消耗的必要劳动时间,亦不完全等于在正常生产条件下生产所消耗的必要劳动时间,而是介在二者之间,即是略大于在正常生产条件下的社会必要劳动时间和略小于在劣等生产条件下的社会必要劳动时间。这是由于党和国家在需求大于供给的条件下,利用了国家的掌握国民经济命脉的地位,自觉地利用价值规律,采取了差别定价的方法,借以促进,在集中领导,全面安排,分工协作的条件下,中央工业和地方工业同时并举,大型企业与中小型企业同时并举和洋法生产和土法生产同时并举的总路线的方针。在总路线方针的阳光照耀下,为了使小型企业和土法生产不致赔累并能得到一定利润的物质鼓励,另一方面,又不致于不必要地抬高市场价值。(设令党和国家将所有的商品的价值如在资本主义下那样,一律依照在下等生产条件下所消耗的必要劳动时间,就上表所举的例子来说,全部改为 3 元,那就将会不必要地抬高市场价值了。)党和国家自觉地利用价值规律,对同类商品采用差别定价的政策。显然,这种政策对于尽快地发展生产力,具有极大的推动力。

为了使关于社会主义下价值规律的研究,紧密地联系社会主义建设的实践,和服务于社会主义建设的实践,我们必须肯定,如上所述的结论是有巨大的实践意义的。否则我们不但不能理解社会主义总路线的方针和党和国家为了贯彻这方针所采取的同类商品两种价格的物价的措施。不但不能理解党和国家社会主义总路线的几个并举的方针,而且有时纵令是最忠实于党的同志,也不免要提出一种与党的总路线的几大并举的方针不符合和相抵触的建议了。我以为有些同志关于计划价格的建议就是这样的性质。因为他们认为党和国家应该依照在中等或平均生产条件下的必要劳动时间来规定产品的价格。这种建议,如果严格地付诸实行,必要妨碍党和国家社会主义建设总路线中几大并举的方针的贯彻。在需求大于供给的今天,党和国家,为了尽快地发展生产力,为了最大限度地满足人民的日益增长的物质和文化的需要,把在中等的即多数的或正常的生产条件下所生产的百分之七十或八十的生产资料和消费品,斟酌它们在生产时所消耗的必要劳动时间,规定一种价格,但同时对于在下等生产条件下所生产的生产资料和消费品,斟酌它们在生产时所消耗的更多的劳动时间,或则给他们以补贴,不使它们亏本,给以多少地物质的和精神的鼓励,或则托各区的企业,彼此议定一种较高的合理的价格。这不但符合于马克思的价值规律,而且是任何经济工作者在应用马克思的价值规律时所必须满足的要求(连马克思自己在应用这规律时也是这样地要求自己的),因为只有这样做,才能给中小企业和土法生产以极大的鼓舞,从而大有助于尽快地发展社会主义的生产力。这样就必然要使生产资料的平均价格的中心,平均的市场价值,或平均的价值,略大于在中等生产条件下的必要劳动时间,即是略大于这些同志所说的"社会平均必要劳动时间"。相反地,如果依照他们的建议,只依在中等或平均生产条件下的必要劳动时间来规定物价,而不是使它们的平均价值略大于在中等或平均生产条件下的必要劳动时间,和小于在劣等或最劣生产条件下生产的必要劳动时间,那不但不符合于马克思的价值规律在应用它时所必须满足的要求,而且会妨碍党和国家社会主义建设总路线的几大并举和两条腿走路的方针的贯彻的。

尤应着重指出的,即在社会主义的今天,需求大于供给和国家掌握国民经济的命脉的条件下,大有可能顺应价值规律形式的变化,使商品的价格中心,市场价值或价值大于在平均生产条件下生产的必要劳动时间和小于在较劣生产条件下的必要劳动时间,同时又可使商品的价格有两个中心,即有两种价值,一个等于在平均生产条件下的必要劳动时间,一个等于在劣等生产条件下的社会劳动时间。在商品的总供给量中,自觉地使一些商品的价格中心,价值,等于在平均生产条件下生产的必要劳动时间,另一些商品的价值等于较大的劳动时间。这样就使商品的平均价值大于在平均生产条件下生产的必要劳动时间,小于在较劣生产条件下的必要劳动时间,这乃是社会主义下,特别是在社会主义的今天,商品的平均价值的实质。如果依照这种结论来指导社会主义建设的实践,那么,在社会主义下的中小企业,为了满足社会主义社会的成员日益增长的物质文化的需要,尤其是为了发展生产力,再加上党的积极的领导便必然会由小企业发展为中企业,再发展为大企业,和由土升洋,使社会主义的生产力迅速地超过资本主义各国的生产力。如果不依照它来指导社会主义实践,那么,在社会主义社会中,为了争取变相的资本主义的利润,中小企业必然灭亡,同时大企业又不足以满足社会日益增长的物质文化的需要,其结果就必会大大地破坏社会主义的生产力。但这并不排斥我们要淘汰一些最落后的和不必要的企业。在社会主义制度下,特别是在社会主义的今天,商品的平均价值的实质,在发展社会主义生产力和满足社会成员的需要方面,是具有非常重大的实践意义的。

因此,我特别大胆地将它抛出来,敬请同志们不吝指教和批评。

四、可能发生的不同的意见和答复

可能第一种不同的意见是:"你说商品的价值略大于在中等生产条件下生产该类商品所消耗社会必要劳动时间,略大的部分从何而来?"我答复:从在下等生产条件下所生产的商品所消耗的社会必要劳动时间减去这些商品在中等生产条件下所消耗的社会必要劳动时间,其剩余额,就是略大于中等生产条件下的社会必要劳动时间部分。大的这一部分从下等生产条件下所消耗的劳动时间中而来。

可能第二种不同的意见是这样:"你把价格政策与客观规律混为一谈。"我认为政府的价格政策是根据在我国当前的经济条件下价值规律的特点来制订的,即是一般地要照顾在下等生产条件下即在小型工业中生产商品所消耗的较大的劳动量。既是说明政府的价格政策的依据,价值,不等于将价格政策与价值规律混为一谈。

可能第三种不同的意见是："究竟有没有两种价格中心，即有没有两种社会价值?"答:有没有两个价格中心是不受人们的主观意志决定的。现在,事实上有计划价格和照顾价格。第一个价格是根据中等生产条件下的劳动时间决定的,第二个价格是受下等生产条件下的劳动时间决定的。两类价格既体现着两类价值,不能说不有两个价格中心,或两个价值,无非一个是大多数商品价格所环绕的中心,一个是小部分商品的价格环绕的中心就是了。

第四种可能发生的不同的意见是这样："你说需求和供给决定价值。"但我所说的是,决定商品价值的,在私有财产制度下,无论何地都取决于社会必要劳动量。也就是说,需求与供给,在市场价值决定市场价格的条件下,互相抵销其力量,无论何时均不决定价值。只依马克思自己的话,在需求微弱地或很厉害地大于供给时,商品的价值可能不受中等生产条件下生产所消耗的必要劳动时间决定。

可能第五种不同的意见是这样："你说,《资本论》第一卷的价值论与第三卷的不一致。"我没有这样说。我所说的是,在需求微弱地或很厉害地大于供给时,依据马克思的意思,应该考虑到社会价值行将不受中等生产条件生产所消耗的必要劳动时间决定,而是受在较劣生产条件下生产所费的劳动时间决定。我说在应用马克思价值论时要注意马克思价值规律的这一个特点。我说价值规律有变化,主要是指在社会主义下,在需求大于供给的条件下和在计划经济下对于大、中型工业的生产品的价格是受大、中型的社会价值决定,但必要的小型工业的生产品的价格也不令其在个别价值以下出售,如果它在生产同类商品一单位所消耗的时间较大的话,不必要的小型工业不在其内。

1959 年 6 月 10 日于北京

（中国科学院经济研究所编:《关于社会主义制度下商品生产和价值规律问题 1959 年 4 月讨论会论文资料汇编》,科学出版社,1959 年 11 月）

马克思的价值规律的一个特点和我对于同志们所提的一些意见的答复

一、马克思的价值规律的一个特点

马克思的价值规律是,商品的价值取决于在生产过程中所消耗的死劳动和活劳动的总和。当需求大于供给时,如果需求大得很多并且不是短时期而是相当长时期,这时商品的价值就取决于在下等生产条件下或较劣的条件下生产该类商品所消耗的死劳动和活劳动的总和。可以参见《资本论》第三卷第 209 页。这个命题就是马克思的价值规律的一个特点。由于在下等生产条件下生产该类商品所费的劳动时间大于在中等生产条件下生产该类商品所费的劳动时间。所以,商品的价值就大于在中等生产条件下生产该类商品所费的劳动时间。同志们所讲的社会必要劳动时间,多是指在中等生产条件下生产该类商品所费的劳动时间,多是根据马克思在《资本论》第一卷所下的定义来说的。依照这种说法,在需求比较长时期强烈地大于供给时,商品的价值既然等于下等生产条件下生产该类商品所消耗的劳动时间,就必然会大于中等生产条件下生产该类商品所消耗的劳动时间,从而也必然大于社会必要劳动时间。我在最初用社会必要劳动时间这个概括时,没有加引号,现在要加上引号。加上引号,是指第一卷上的定义而言。

二、这个特点在中国今天情况下的运用

在今天中国的条件下,有两个条件使我们有可能运用马克思价值规律的特点:

1. 需求在相当长的时期内大于供给,做实际工作的同志都说,不管价格多高,只要拿到货就行,这说明需求是强烈地或比较强烈地大于价值。为了使供给接近需求,党和国家采用了大中小型工业并举,土法生产和洋法生产并举。

尽管需求大于供给,如果工业都是大型工业生产,马克思的上一特点就不能运用了。这个特点还能够应用,是由党的总路线为了使生产符合需求,大中小工业都并举。

2. 当马克思提出需求比较强烈地和长期地大于供给的时候,商品的价值取决于下等条件生产所费的劳动,是以自由竞争为条件的。为了讨论上的便利,我们假

定今天两个条件都存在:(1)需求比较强烈地和长期地大于供给,为了使供给接近需求,大中小并举;(2)自由竞争,那么,很显然,商品的总价值就当取决于在下等条件下生产所费的劳动时间,从而也大于在中等条件下生产所费的劳动时间,从而大于"社会必要劳动时间"。

马克思说这段话时,由于假定自由竞争,同类的产品,在同一个市场上,差不多有同一的价格,比如说,在市场上有一个缝纫机,不问它是在中等条件下产生的,或是在上等条件下产生的,或是在下等条件下生产的,但同一个缝纫机,在自由竞争下不可能有两个价格。当需求比较长期地大于供给时,那它的价值在上中下三种生产条件中受在那种生产条件下所费的劳动量决定呢? 很显然,受在下等生产条件下生产所消耗的劳动时间决定,因为需求大于供给,无论价值怎么大,市场上会有人买。所以,在自由竞争下,商品的价值不是取决于中等生产条件下所消耗的必要劳动时间,而是取决于下等生产条件下生产所消耗的必要劳动时间。

问题在于,我们今天的商品是社会主义商品,它的价值是否都受下等生产条件决定的呢? 不是的。因为社会主义经济不是自由竞争的经济。政府对同类商品可以采用两类不同的价格。

1. 对于在中等和上等生产条件下所生产的商品。即大、中型工业所生产的商品,在规定价格时以中等生产条件生产商品所化劳动量为标准,即是,国家所定的计划价格。

2. 对于在下等生产条件下生产的商品或小型工业所生产的同类商品,在规定价格时,以小型工业即在下等生产条件下生产所消耗的劳动时间为标准。因为政府考虑到它的生产条件下所费的死劳动和活劳动较大,价值较大,故用较高的价格以抵补它的劳动消耗。

所以,不可能使同类商品的价值都受下等生产条件下所化的劳动量决定。只有在下等生产条件下生产的商品才受在下等生产条件下生产所消耗的劳动量决定。事实上,也是如此。国家的价格有两种:(1)在大、中型工业中生产出来的商品,其计划价格取决于在中等生产条件下生产所费的死劳动和活劳动总和;(2)在下等条件下生产出来的商品即小型工业所生产的商品,由于需求大于供给,不能让它淘汰,政府考虑到它的价值较大,故给以较高的价格,通过各种形式表现出来,或者是补贴,或者是在小范围内给以较高的价格。如水泥,人民公社生产的水泥的价格高到100多元钱一袋。又如机器,大型机器工厂在正常生产条件下生产的机器完全用计划价格,这种价格以在中等生产条件下所消耗的劳动量即价值量为前提。用较劣条件生产的机器如用"蚂蚁啃骨头","茶壶煮猪头",或"武生唱小旦"等办法生产出来的劳动耗费多,在自由竞争下虽然不能存在,但在社会主义下由于需求大于供给,党采用了"并举"的方针,价值较高,就给规定较高的价格。对于其他的在下等生产条件下生产出来的生产品也有相同性。不必细细举例。只要设想,在社会主义阶段,需求相当强烈地大于供给,党采用了大中小并举的方针,政府在考虑计划价格时,势必考虑到下等生产条件下生产该类商品所费的劳动量,使它能得到抵补,如不能抵补,大中小就不能并举。可是,如都按下等生产条件定价,那就会一般地提高价格。党的物价政策是采取了一般价格与照顾价格的方针。

因此,决定商品价格的价值就有两个标准,一个是中等生产条件下所费的劳动量,另一个是下等生产条件下生产所费的劳动量。这两个标准形成了两个价格的中心。

我的结论就是,上、中型工业企业所生产的商品的总价值等于中等条件下生产商品的死劳动和活劳动的总和。小型工业企业所生产的商品,其价值等于下等条件下生产所费的死劳动和活劳动的总和。把这两个加起来,就等于商品的总价值。这个总价值大于在中等条件下所费的劳动量,从而必然略大于"社会必要劳动时间"。

所谓"略大于"就是说,虽然大多数商品受下等生产条件下所费的更多的劳动时间决定,但有一小部分商品受下等生产条件下所费的更多的劳动时间决定。取其平均,每年生产的商品总价值就略大于中等生产条件下所费的劳动量,即是略大于"社会必要劳动量"。

三、对同志们提出的几点意见的答复

同志们对我所提的第一种意见是:你说商品的价值略大于在中等生产条件下生产该类商品所消耗社会必要劳动时间,略大的部分从何而来? 我答复:从在下等生产条件下所生产的商品所消耗的社会必要劳动时间减去这些商品在中等生产条件下所消耗的社会必要劳动时间,其剩余额,就是略大于中等生产条件下的社会必要劳动时间部分。大的这一部分是从下等生产条件下所消耗的劳动时间中而来。

第二种意见是说,我把价格政策与客观规律混为一谈。我认为政府的价格政策是根据在我国当前的经济条件下价值规律的特点来制订的,即是一般地要照顾在下等生产条件下即在小型工业中生产商品所消耗的较大的劳动量。即是说明政府的价格政策的依据,价值,不等于将价格政策与价值规律混为一谈。

第三种意见是,有没有两种价格中心。有没有两个价路中心是不受人们的主观意志决定的。现在,事实上有计划价格和照顾价格。第一个价格是根据中等生产条件下的劳动时间决定的,第二个价格是受下等生产条件下的劳动时间决定的。两类价格既体现着两类价值,不能说不有两个价格中心,或两个价值,无非一个是大多数商品价格所环绕的中心,一个是小部分商品的价格环绕的中心就是了。

第四种意见,说我说需求和供给决定价值。但我所说的是,决定商品价值的,在私有财产制度下,无论何地都取决于社会必要劳动量。只依马克思自己的话,在需求强烈地和比较长期地大于供给时,不受中等生产条件下生产所消耗的必要劳动时间决定。

　　第五种意见,说我说,《资本论》第一卷的价值论与第三卷的不一致。我没有这样说,我所说的是,在需求强烈地和比较长期地大于供给时,依据马克思的意思,应该考虑到社会价值不受中等生产条件生产所消耗的必要劳动时间决定,而是受在较劣生产条件下生产所费的劳动时间决定。我说在应用马克思价值论时要注意马克思价值规律的这一个特点。我说价值规律有变化,主要是指在社会主义下,对于大、中型工业的生产品的价格是受大、中型的价值决定。但必要的小型工业的生产品的价格也不令其在个别值以下出售。

四、两点改正意见

　　但我听了同志们提意见后有两点改正:
　　1. 内容上的改正两点:(1) 将商品的总价值大于社会必要劳动时间的说法改为商品的总价值永远等于社会必要劳动时间(参看《资本论》第三卷,第 209 页)。只是社会必要劳动时间在两种经济条件下不同,在需求等于或接近于供给时,社会必要劳动时间等于中等生产条件下生产所消耗的劳动时间;在需求大于供给时,社会必要劳动时间大于中等生产条件下生产所消耗的劳动时间。在今天中国的具体历史条件下,商品的总价值等于社会必要劳动时间,但"略"大于中等生产条件下生产所消耗的劳动时间。(2) 在补贴制度下,反映在下等生产条件下的商品价值的全部价格中有一部分是以上等生产条件下商品的价格来贴补的,这就等于在上等生产条件下的商品在价值以下出售。这即是说在商品中有一小部分在价值以下出售,另有一小部分在价值以上出售,前者与后者互相抵销。但还有一部分不是补贴的,即不能完全抵销。所以商品的总价格所体现的商品的总价值仍要略大于中等生产条件下生产所消耗的劳动时间,但更接近于后者。
　　2. 语言上的改正:薛暮桥同志说商品价值基本上只有一个中心。大多数商品的价格有个"大中心"。小部分商品的价格即在下等生产条件生产的小部分的商品有个"小中心"。也可以这样说,在基本上只有一个中心。
　　因为如不让它的个别价值决定它的价格,完全依照中等大量的价值决定,那么,必要的小型的工业就不能同时并举了。
　　我的总意见是,在大中小型工业并举方针下商品的总价值等于社会必要劳动时间。虽然接近于在中等生产条件下生产所消耗的劳动时间,但仍略大于它。所以,对于那些消耗劳动较大而又有必要"并举"的小型企业,如补贴不了这么多,如果考虑到它所消耗的较大的劳动时间,使他能够得到合理的补偿,这对于贯彻"并举"仍是必要的。但这不等于说对于小型企业不加选择。
　　此外还有一点希望,希望实际工作同志们,更进一步地帮助我们。假如我们能够知道一些商品在大中小型企业中所占比例,又知道小型工业所生产的商品在规定他们的价格时如何考虑补偿大型工业所消耗的更大的劳动时间,那末这个问题可能得到更进一步的解决。

1959 年 4 月 16 日

（中国科学院经济研究所编：《关于社会主义制度下商品生产和价值规律问题
1959 年 4 月讨论会论文资料汇编》，科学出版社，1959 年 11 月）

什么是凯恩斯主义

凯恩斯主义是当代最流行的垄断资产阶级的庸俗经济学说。它的任务是替国家垄断资本主义辩护,认为国家垄断资本主义不但可以医治资本主义的致命伤:危机和失业,而且比社会主义的经济制度更能实现以最少的劳动力生产更多的生产物。凯恩斯说过:"在我看来,资本主义如果得到聪明的管理,也许大概会比其他任何看得见的经济制度,在经济目的的实现上,是更有效率的。"[①]

国家垄断资本主义还在第一次世界大战时期就出来了。在 1929—1932 年世界经济危机时期,国家垄断资本主义又发展了。垄断资产阶级对国内外绝大多数人民的掠夺和暴力的剥削,激起了社会主义革命和民族民主革命运动的高涨。为了扑灭革命,垄断资产阶级除了加强国内最反动的法西斯的专政和对外侵略之外,迫切地需要一种经济理论,来替国家垄断资本主义辩护。由于传统的庸俗经济学所宣传的老一套的自由竞争,已经不能担负这种辩护任务,于是凯恩斯主义就应运而生。由于凯恩斯主义提供了一套完整的宣传调节资本主义的庸俗经济学说,能够将制造危机和失业的国家垄断资本主义,美化为实现充分就业、消灭经济危机和发展劳动生产率的最有效率的经济制度,因此首创凯恩斯主义的凯恩斯就成为垄断资产阶级的宠儿。而曾以宣传自由竞争的资本主义著名于资本主义社会的传统的庸俗经济学的代表庇古教授的声价,也就随之一落千丈。

凯恩斯主义包含两个部分:(一)凯恩斯主义的圣经,即凯恩斯在 1936 年出版的《就业、利息和货币通论》,和他在 1931 至 1946 年之间的一些鼓吹国家干涉经济的经济论文。(二)凯恩斯的门徒们对凯恩斯的《就业、利息和货币通论》的发展,其中最主要的是国际投资理论、加速原理和成长论。英国的哈罗德、美国的汉森和萨穆尔森等便是这方面最著名的人物。

凯恩斯主义的《就业、利息和货币通论》对于凯恩斯主义的重要的"贡献"首先是他的方法论,其次是他的就业理论本身。现在先从他的方法论说起。

在资产阶级的庸俗经济学中,有两种分析的方法:(一)微观分析法;(二)宏观分析法。微观分析法在于分析一个企业单位所生产的商品的需求、供给和价值的均衡关系,所以微观分析法亦名个体分析法。宏观分析法在于分析一个资本主

---

① 凯恩斯:《劝说集》(英文版),第 321 页。

义社会的总供给、总需求和总价格的均衡关系。在凯恩斯以前,一般说来,除开极少数的例子之外,传统的庸俗经济学所使用的方法则主要是微观分析法。自凯恩斯以后,庸俗经济学所使用的方法则主要是宏观分析法。由于凯恩斯在《通论》中所使用的宏观分析法,收到了专替国家垄断资本主义辩护的效益。资产阶级经济学家们都觉察到,除非用宏观的即总量的分析法,不能替国家垄断资本主义辩护,于是资产阶级经济学家纷纷采用它,从而宏观分析法便占了上风。萨穆尔森说过:"自然,作为经济学家和市民,我们主要的兴趣都在于总就业、总生产和总的(实际的)国民收入的变动。"①尽管凯恩斯所使用的宏观分析法,在庸俗经济学中占据了上风,但应该注意,凯恩斯主义者所使用的宏观分析法乃是一种唯心主义的形而上学的思想方法,它否认价值,否认剩余价值,否认阶级斗争和否认资本主义的基本矛盾——生产社会性和资本主义占有形式的私人性的矛盾。

凯恩斯的就业论的基本内容是:在资本主义社会中,长期存在着失业的原因,是由于资本家的企业不能实现预期的利润。换句话说,在一个没有国家全面干预经济生活的资本主义社会中,单凭自发的总供给、总需求和总价格的变化,就不能使资本主义企业所生产的商品——消费品和"资本物"之总和——能够按照有利的价格出售于市场,因此就无法避免失业现象。简单言之,失业是由有支付能力的需求的不足所导致的。用凯恩斯自己的话来说,是由有效需求的不足所导致的。由于有效需求的不足,物价不能增加,即使货币工资不涨,在当前的低下的物价水平上,资本主义的企业如果扩大生产的规模,增加就业人数,实在无利可图,所以才导致生产过剩的危机和失业。凯恩斯将生产的需求分做两类:(一)消费品的有效需求;(二)资本物的有效需求,即投资的需求。国民收入就是由这两类需求的总和决定的。他的"有名的"公式是:国民收入 = 总价格 = 总消费 + 总投资。

为什么有效需求不足呢?他说,在有效需求中,消费需求不足的原因是由于随着国民收入的增加,人们不能以其全部增加的收入来购买消费品。用公式来表示它,即消费品的有效需求的增加,对国民收的增加的比例,大于零而小于一。因人们随着收入的增加,总要在其所增加的收入中,以一部分来储蓄,即不以之购买的消费品,这就是消费品的需求缺乏的根本原因。用公式表示:

$$0 < \frac{消费品的需求的增加}{收入的增加} < 1$$

凯恩斯将这种关系,称做人们心理的消费倾向的规律。消费需求的不足就是由此规律所导致的。为什么投资的需求不足呢?凯恩斯说,这是由两个原因造成的:(一)资本家、企业家总是害怕随着投资的增加,利润率越来越低。例如,住宅增加,房租降低;轮船增加,运费降低。凯恩斯将这称做企业家心理上的资本的边际效率降低(即预期的利润率)规律;(二)随着投资的增加,收入的增加,人们对于货

---

① 见粟原:《凯恩斯主义动态经济学》(英文本),第19页所引。

币的灵活性特别爱好的程度和债券的投机风险也增加了。这样就使货币持有者，除非利息率高，越来越不敢把货币借给企业家，结果借贷资本的供给随之减少，从而也就导致利息的高涨。凯恩斯将这称做个人心理上的灵活偏好的规律。随着投资和收入的增加，越来越不足。所以，在一个比较富裕的资本主义社会中，由于上述心理的规律所导致的消费的需求和投资的需求越来越不足，就使生产投资物和消费品的企业家越来越不足以实现预期的利润，企业家也就没有兴趣来扩大再生产，远在充分就业以前，资本物和消费品的生产就停止扩大了，这就是失业存在的根本原因。

　　然而怎么办呢？凯恩斯说，主要的办法就是由国家来购买消费品和资本物，扩大有效需求，同时增加货币供给，降低利息率，使资本主义的企业能够实现预期的利润率，那么一切问题就都解决了。凯恩斯向自己提出了下列诸问题：从扩大有效需求的角度来看，战争好不好？凯恩斯说，很好。因为战争能够使政府扩大支出来订货，可以刺激有效需求，使企业家实现预期的利润，从而也就可以导致充分就业。赤字财政好不好呢？凯恩斯说，也好。由于赤字财政是指政府的预算支出大于预算收入，可以相应地扩大有效需求和使资本家的企业能够实现预期的利润率，所以也是好的。膨胀通货好不好呢？也好。因为膨胀通货可以提高物价，所以也是好的。关于这点，凯恩斯强调地说："如果货币能够像庄稼一样的成长，或像汽车一样的制造，那么萧条乃是可以避免或减轻的。"[①]

　　为了证明国家的财政支出的增加有利于有效需求的增加，凯恩斯提出了所谓倍数的原理。举例来说，国家如果增加公共投资一块钱，那么，在其他条件不变的情况下，就可以使国民收入增加若干倍的一块钱。意思是说，国家的投资的支出立即变成第一组人，即生产"资本物"的人的收入。第一组人的收入增加后，必用一部分来买第二组人生产的消费品，于是第二组人的收入又增加了。第二组人的收入增加后又要用一部分来买第三组人所生产的消费品，于是第三组人的收入又增加了。他又必用其中的一部分来买第四组人的消费品……由此递增，构成一个无穷的级数。因此，国民收入的增加必比原来的投资大若干倍。究竟增加多少倍呢？这取决于人们的心理上边际消费倾向的大小。如果人们的心理上的边际消费倾向为零，意思是说，人们的收入虽有增加，但消费支出不增加，那么，国民总收入的增加就只等于国家增加的这一块钱的投资；如果倾向为一，意思是说，当人们的收入增加后皆用以增加消费，即 $1+1+1+\cdots$ 那么，国民收入的增加的倍数就将等于无限大。如果倾向是介于零和一之间，意思是说，人们因投资增加导致收入增加后，以 $\frac{1}{2}$ 或 $\frac{1}{3}$ 或 $\frac{1}{4}$ 或 $\frac{1}{5}$ ……来买消费物，那么，国民收入增加的倍数就将介于 1 和 ∞ 之间，即 $0 <$ 倍数 $< \infty$，倍数的总公式是：

---

① 凯恩斯：《通论》（英文本），第 231 页。

$$国民收入的增加 \ = \ \frac{1}{1 - 边际消费倾向} \times 投资$$

当投资为 1 元, 边际消费倾向为零时, 由于 $\frac{1}{1-0} \times 1$ 元的投资 $= 1$ 元投资, 所以

国民收入的增加就只是投资的一倍; 当倾向为 1 时, 国民收入的增加等于 $\frac{1}{1-1} \times 1$

元的投资 $= \infty \times 1$ 元的投资; 当倾向为 $\frac{1}{2}$ 时, 则 $\frac{1}{1-\frac{1}{2}} \times 1$ 元的投资 $= 2$ 元的投资。

(参看拙著《凯恩斯就业、利息和货币的一般理论批判》)

他由此得出结论说, 根据倍数的原理, 凡国家增加财政的支出来生产军火和举办公共工程或其他一切的无聊的开支, 在失业存在之时都是有百利而无一害的。

据此说来, 那么在物价增加后, 增加货币工资使之等于或大于物价的增加, 从而扩大有效的需求, 好不好呢? 凯恩斯说很不好。如果真是这样办的话, 资本主义的企业就不能实现它的预期的利润率, 投资的需求就会减少, 失业就要增加。相反地, 必须在物价涨高后, 冻结工人的货币工资, 从而降低他们的实际工资, 才能实现充分就业。事实上, 在资本主义社会中, 失业与危机发生的最后的原因, 乃是由于随着资本积累的加速, 资本有机构成的提高, 所导致的社会对于劳动力的需求相对地降低, 和由此所导致的大众的贫困和受限制的消费所引起的。凯恩斯为了替国家垄断资本主义辩护, 不敢正视这一点, 这正是凯恩斯主义的反科学和反人民的本质。

凯恩斯的门徒们对于凯恩斯的《通论》的补充和发展, 我只在这里提出三点: (一) 在凯恩斯的《通论》的基础上, 鲁滨孙夫人补充了这么一点, 即在国外贸易上的出超等于国内有效需求的增加, 入超等于有效需求的减少。所以为了实现充分就业, 就需要一定程度的对外扩张。由于它可以实现预期的利润, 从凯恩斯主义的角度看来, 在一定程度内乃是非常必要的。(二) 汉森、萨穆尔森、粟原等又给凯恩斯的《通论》补充了另一点: 即所谓加速的原理。依照他们的就法, 原始的投资和因原始的投资所导致的诱致的消费需求的增加, 固然可以引起国民收入的若干倍的增加, 但他们认为凯恩斯忽视了在原始的投资增加后, 由原始投资的增加所引起的诱致的消费需求的增加和国民收入的增加, 尚可以导致一系列的诱致投资的增加。如果说原始的投资的增加, 透过诱致的消费, 可以引起国民收入的某种倍数的增加, 那么, 在续发的诱致投资和诱致消费增加的条件下, 随着原始的投资的增加所导致的最终的国民收入的增加的倍数还当增加。相反地, 如果原始投资减少, 最终的国民收入亦将要相应的加速的减少。这就是所谓加速的原理。(三) 凯恩斯没有谈资本的积累的增加, 只谈在资本的总量不变的条件下, 投资、消费和国民收入增加的情况。哈罗德和多玛等人给他补充说, 纵令在资本总量增加的条件下, 只要资本增加的速度等于储蓄增加的速度, 亦可以导致充分就业。就是说, 在长时期

内亦可以导致充分就业,这就是所谓经济成长论最基本的概念。经过这些补充后,国家垄断资本主义无论对于国内的暴力的经济掠夺,和对于国外的暴力的经济掠夺,都得到了一个系统的全面的理论上的辩护。

国民垄断资本主义当然不是从凯恩斯主义开始,但凯恩斯主义却成了国家垄断资本主义的理论依据,从而也就促进了国家垄断资本主义的进一步的加剧。现在一切帝国主义国家,都是凯恩斯主义所高唱的实现充分就业的幌子下,用凯恩斯主义作武器,来更进一步地和明目张胆地扩大军火生产、扩大财政赤字、实行保护贸易、增加对外贸易的出超、膨胀通货、降低利息率、抬高物价、冻结货币工资,来向全世界的城乡无产阶级的生活水平进攻。在世界经济危机期中,在凯恩斯主义的一定程度的影响下,各国相继放弃金本位,增加国家的投资,特别是增加军火的生产和对外扩张。1933 年罗斯福所励行的"新政",主要是受凯恩斯主义的影响。1946 年美国所通过的就业法,更进一步地将凯恩斯主义用法令巩固下来。1960 年在肯尼迪上台后,美国的军火开支占政府预算支出的 80% 以上。此外,还有对外投资和外援等等,都是以凯恩斯主义作为根据。总之,现在所有的帝国主义国家,几乎无一不以充分就业作幌子,来对国内外绝大多数的居民进行暴力的掠夺和剥削,也就是说,几乎无一不在实行凯恩斯主义,肯尼迪的经济咨文不过是其中一个显著的例子罢了。现在帝国主义的两个国际机构:国际货币基金和国际开发银行。前一个在于稳定外汇率,便利商品的输出,后一个在于向不发达的国家输出资本,主要都是凯恩斯本人所策划的。所以说,凯恩斯主义乃是当代最流行的垄断资产阶级的庸俗经济学说。

凯恩斯主义在一定的程度内,还起了麻醉工人阶级的革命斗志的作用。福斯特在《凯恩斯主义的政治意义》一文中说过:"从劳工观点看来,最重要的是,凯恩斯主义也深深地渗透在工人阶级的队伍及其组织里。在这里,它也有自己的特征。在英国,与工党政府一样,工党和职工大会也渗透了凯恩斯主义。……事实上凯恩斯主义是目前全世界的右翼社会民主党的经济纲领。特别是在美国,凯恩斯主义已深深地渗透了工会群众的思想意识。美国劳工联合会,虽然还沾染着全国制造商协会的'自由企业'观念,也大体上相信在资本主义范围内,政府开支能够消灭周期性危机,并获致充分就业的凯恩斯学派的观念。产业工会联合会和铁路弟兄会在他们的观点上更是肯定属于凯恩斯学派的。甚至共产党也不能证明,它在罗斯福时代凯恩斯主义的大运动里,完全没有受凯恩斯主义的影响。可资证明的是,白劳德接受了凯恩斯学派的总路线,而表现为当了罗斯福政府的尾巴。"[1]由此可见,凯恩斯主义的反科学和反人民的影响。

凯恩斯主义,如同传统的庸俗经济学一样,把马克思的《资本论》看做眼中钉。我们知道,马克思根据资本积累的法则,早就指出失业乃是资本主义的侣伴和生存

---

① 《美国经济论文选》第 1 卷,第 45 页。

的条件,危机乃是资本主义的生产力与资本主义的生产关系冲突的结果。除非无产阶级起而推翻资本主义,失业、危机和生产的沉滞必是不可避免的。如同传统的庸俗经济学家一样,凯恩斯主义者也疯狂地反对马克思主义。1919 年出版的《凡尔赛和约的经济后果》一书里,凯恩斯便开始攻击马克思主义。在 1936 年写《就业、利息和货币通论》一书的时候,他写信给英国的名剧作家萧伯纳说,他相信,在他的《通论》出版后,"马克思主义的里嘉图基础"就要被粉碎。不过在 1919 年的时候,他还不是像三十年代这样,站在国家垄断资本主义的立场上,而只是站在一般的资本主义的立场上就是了。

事实是最雄辩的。从 1933 年美国罗斯福新政开始直到现在的肯尼迪,凯恩斯主义已经在美国付诸实施三十年了。在其他的帝国主义国家内,在不同的程度上均在奉行凯恩斯主义。然而,在帝国主义各国中,失业、危机与沉滞不但没有减轻,反而日益加剧。凯恩斯主义宣扬说,只要有效的需求增加,使资本家能够实现预期的利润率,就能实现充分就业、消灭危机和高速度的成长的经济吗?但是,正是由于在垄断资本自发剥削的基础上,加上国家干预全面的经济生活的工具,对国内的城乡无产阶级和全世界的劳动人民进行暴力的掠夺,来保证垄断资本家的最大限度的利润,才使资本主义的危机、失业和生产的沉滞,日益频繁、加剧和持续。由于国家垄断资本主义用暴力来加强垄断资本的剥削与掠夺,因而使资本在一极上大集中,大众的贫困和有限的消费在另一极上大积累。这样便加深了资本主义的危机、失业与沉滞。如果不是资本主义而是社会主义,生产不是为了满足资本家、企业家预期的利润率,而是为了满足人民的需要,还有生产过剩的危机么?还需要直接地或间接地降低工人的实际工资,来提高资本家预期的利润率么?还需要国家来扩大财政的订货么?还需要增加输出和向海外争夺市场么?还需要把军备扩充到牙齿么?当然这一切都完全不需要。从 1947 年到 1959 年美国的国民收入与投资均增加几近一倍。然而工业农业和交通运输业的工人总数不但没有增加,反而减少了一百多万。连美国的头号凯恩斯主义教授汉森也不得不承认:"技术的进步和自动化给物质生产的雇用的人数隔上了一个天花板。实际上从 1947 年到 1959年,在这个领域中就业的人数下降了一百万。"[1]即使把生产领域和服务行业所雇用的劳动者总数一并包含在内,在同一时期内就业人数也不过只加了约 10%。美国全部的失业在 1947 年为 2.4%,1960 年为 3.9%。[2] 美国的经济危机,在第一次世界大战以前约十年一次,在第一和第二两次大战期间约六年一次。凯恩斯主义所宣传的在资本主义社会中的有效需求和就业总量之间存在着同比例的增加和减少的关系,只有在凯恩斯及其信徒们的脑子里才存在,在当代的客观的资本主义世界里连它的影子也是找不到的。他们试图以有效需求的原理击溃"马克思主义的

---

① 汉森:《1960 年经济上的大事》,第 70 页。
② 《美国统计手册》,第 230—233 页。

里嘉图基础",恰似一个鸡蛋试图以它的蛋壳来击碎一块坚硬如铁的岩石一样。事实是最好的裁判官,当凯恩斯主义与马克思的《资本论》相碰击后,结果碰破的并不是马克思的《资本论》这块坚硬如铁的岩石,而是凯恩斯这个鸡蛋壳。

(《光明日报》,1962 年 6 月 18 日,4 版)

凯恩斯主义的终结

一

凯恩斯主义是以鼓吹资本主义,在国家的调节下,可以实现充分就业的经济,著名于资本主义世界的。实现充分就业经常与实现无危机和高生产过度的经济,从凯恩斯主义看来,是一回事。在这一点上,凯恩斯和他的信徒们的见解都是相同的,但凯恩斯主义并不同意全部消灭失业现象,它仅将充分就业作幌子,来诱惑工人阶级,接受资产阶级对他们进行强制的剥夺和强制的剥削。在实际上,他们的唯一目的乃是要保持一部分的工人的失业,来压制劳动市场,保证工资低廉的劳动人手。

凯恩斯在他的就业论中将失业分为三类:(1)"磨擦的失业",(2)"自愿的失业"和(3)"非自愿的失业"。凯恩斯说:"磨擦的失业",乃是由于计算有差额、或由于出入意外的变化所产生的时间的迁延,或由于从这一个就业机会,转到另一个就业机会,不能不有某种的耽误所导致的结果①。现在,凯恩斯主义者竟将那由于自动化装备的设备所导致的失业,也列在"磨擦的失业"范围之内。所谓"自愿的失业",依照凯恩斯的说法,是指那由于最低工资立法,或由于集体议定工资的联盟,或由于变化的反映后,或由于仅是人类的顽固性,致使一个劳动单位,不愿意接受与它的边际劳动生产物所生产的价值相一致的酬报所导致的失业②。"自愿失业"的概念,只是对工人阶级的生活水平进攻的一种极端卑鄙无耻的手法。关于"非自愿的失业",凯恩斯把它所下的定义是这样的:

> 当着工资物(指工人用工资购买的商品——著者),比起货币工资来,发生轻微的上涨时,如果愿意按照现在的货币工资工作的劳动的总供给和按照现在的货币工资的总需求,都可能比现在的实际的就业量更大的话,那末,人们的失业就是非自愿的。③

应当揭露,凯恩斯所说的"充分就业"却不是兼指上述三类失业的消灭,而是单指

---

① 凯恩斯:《就业、利息和货币的一般理论》,英文本,第2章,第6页。
② 同上书,第15页。
③ 同上书,第16页。

"非自愿的失业"的消灭。他说:"我们将把这样的状态称做'充分就业',因为'磨擦的失业'和'自愿的失业'与这样界说的充分就业并不冲突。"①这即是说,在凯恩斯所谓"充分就业"实现时,"磨擦的失业"和"自愿的失业"仍然是要被保存的。由此可见,凯恩斯是不同意完全消灭失业现象的,即不同意完全消灭失业现象,消灭"磨擦的失业"和"自愿的失业",而且还要将"磨擦的失业"和"自愿的失业"保留下来,作为压榨劳动市场和保证获得工资低廉的劳动人手的武器,这就证明了凯恩斯的实现充分就业经济的口号,只是用来诱骗工人阶级同意资本家用抬高物价的方法来压低工人实际工资的一种恶毒的阴谋。

正如美国总统肯尼迪有反革命的两手:一手持橄榄枝,一手持剑,凯恩斯主义者亦有反劳工的两手:一手高举着实现充分就业经济的幌子,一手紧握着压抑劳动市场,削减工人的实际工资的"磨擦的失业和自愿失业"的武器。幌子是用来诱骗工人阶级同意接受垄断资产阶级强制降低实际工资的。武器是用来逼迫工人阶级,必须接受它。由此可见,凯恩斯主义者所宣传的充分就业的理论只是诳话。

历史昭示吾人,凡站在垂死的反动的垄断资产阶级的立场,替垄断资产阶级对无产阶级进行强制的掠夺和强制的剥削作辩证的任何资产阶级的经济学家,都是要说诳话的。这是由于资本家的私有制业已由生产力发达的形式变为生产力的桎梏,和由于无产阶级革命的进攻,资本家的私有制和资产阶级必要被消灭。然而垂死的资产阶级却不愿被消灭。资产阶级除了凭借法西斯的政治的专政,来镇压无产阶级和进行强制的掠夺外,就只有依靠说谎话来麻痹无产阶级的革命意志之一法。由此可见,凯恩斯和凯恩斯主义者之必要说谎,已经说谎并还要继续说谎,乃是不可避免的规律。

凯恩斯说过,工人阶级"不是我的阶级。当着阶级斗争发生时,我的地方的和个人的忠心,如像其他的人一样,除开某些丧心病狂的人而外,总是向着我自己的周围的。我也能受我所认为公正和善意的影响,但是阶级的战争必然发现我站在有教养的资产阶级的一边"②。这即是说,在阶级斗争中,凯恩斯为了"有教养的资产阶级"的利益,无论什么谎话,只要它可以当作攻击无产阶级的明枪和暗箭,他都是要干的。其他的凯恩斯主义者,在立场上,与凯恩斯是完全相同的。

二

首先应指出的,凯恩斯主义所使用的分析方法只是骗局。这个方法是从凯恩斯在他的《就业、利息和货币的一般理论》中所首创的供需总量分析法来的。狄纳德在1956年美国举行的经济学第69次年会上说过,凯恩斯对于"经济学"的不可

---

① 凯恩斯:《就业、利息和货币的一般理论》,英文本,第2章,第16页。
② 凯恩斯:《劝说集》,第324页。

磨灭的贡献就是他的总量分析法。"凯恩斯学派的经济学大概指的是分析工具"①,由此可见凯恩斯的供需总量分析法的重要。请先从凯恩斯的供需总量分析法说起。

凯恩斯的供需总量分析法在于分析整个社会产品的总供给、总需求、总价格和总就业的关系,不似在凯恩斯以前的庸俗经济学家们所用的方法那样只分析一个企业单位所生产的商品的供给、需求和价格的关系。② 这个总量分析法具有二大特征:第一个特征是,它不认为,资本主义的生产力发达的性质和资本主义的生产关系有何不可调和的矛盾。因此在凯恩斯的供需总量分析法中将失业的真正的原因,即是生产的社会性和资本家的私人占有性之间的矛盾,完全排斥在失业与危机的研究范围之外。凯恩斯说过,他在分析失业的原因的时候完全不考虑技术的进步和社会结构的变化,即不考虑在资本主义的社会,随着垄断资本的发展,用自动化的装备代替工人,企图取得独占的利润所及于就业的影响。凯恩斯就是这样使用了"不变因素"的武器,将失业与危机的真正原因完全排斥在他的考虑范围之外。所谓"不变因素"即是凯恩斯所假定的在失业的增加和减少的时候,不想变化的因素。即是,在数学分析上所谓常数。他说:

> 我们所假定为不变者是可支配的劳力的现有的技术和数量,现在的可支配的装备的性质和数量,现在的技术,竞争的程度……以及社会结构,包含决定国民收入的种种势力,只下举的各个变数除外。这并不是说,我们真正假定这些因素是固定而不变的;但只是说,在本书中,我们不考虑和不涉及这些因数的变化所起的影响和效果。③

显然,凯恩斯在这里所假定的社会的结构不变是指资本主义的生产关系不变,即资本主义不会由自由竞争走向垄断,再由垄断资本主义走向垄断资本主义。而他所假定的可支配的劳动、技术和装备的质和量不变,是指生产力的性质不变,凯恩斯就是用这种骗术将失业与危机的真正原因——生产社会性和资本家的占有形式的私人性的矛盾——完全排斥在他的分析范围之外的。

它的第二个特征,即把一些并非决定失业与生产过剩危机的真正原因,而只是这个真正原因——生产社会性和资本家的占有形式的私人性之间的矛盾——所导致的心理上的后果,在给它们加上一些造成的成分之后,当做决定失业与危机的真正原因的。即是把与生产过剩的危机、市场问题尖锐化,企业开工不足,工人经常失业相伴发生的心理现象,作决定危机,失业等等的真正原因来看待。

凯恩斯在他的《就业、利息和货币的一般理论》中,强调地指出,失业主要是由

---

① 见《美国经济学年会论文集》,1957 年 5 月号。

② 在凯恩斯以前,资产阶级的庸俗经济学只分析一个企业单位所生产的商品的供给、需求与价格的关系。从凯恩斯起开始分析一个社会的商品供给总量、需求总量和价格总量的关系。

③ 凯恩斯:《就业、利息和货币的一般理论》,英文本,第 18 章,第 245—642 页。

人们的三大心理因素造成的:(1)人们心理上的边际消费倾向,随着生产和就业的增加而减少。(2)产业资本家对于资产的增加所导致的利润率在心理上的预期,随着生产和就业的增加而降低。(3)人们对于货币,即是对灵活的偏好,随着生产和就业的增加而增加,其结果是,利息率随着生产和就业的增加而日益涨高。由此可见,凯恩斯的供需总量分析法在本质上就是在一方面将失业与危机的真正的原因是"不变因素"作武器,将它完全排斥在分析范围之外。另一方面再将与生产过剩的危机和失业相伴发生的心理上的倾向,预期和偏好,当做失业和危机的真正的原因。其目的在于麻痹工人阶级的革命意志,使他们相信,失业与危机并非资本主义的生产资料私有制的罪过,而只是由于人们的心理上的倾向,预期和偏好等所造成的对于商品的货币需求的不足。显然,凯恩斯的总量分析法只是一个骗局。

凯恩斯的门徒所使用的总量分析法与凯恩斯本人所用的总量分析法在本质上是一致的。尽管前者不是假定生产技术和装备不变而是假定他们是可变的,但他们立即再假定技术和装备的进步是中立性的。[①] 中立性的意义是说,技术的进步不会改变资本与劳动的比例关系。在技术进步条件下,就业的增加与资本的增加同比例。这样就将自动化的装备代替人工的作用完全排斥在分析范围之外。正如凯恩斯本人用不变因素的武器将生产社会性和资本家的占有形式的私人性的矛盾——失业与危机的真正原因——全部排斥在分析范围之外一样,凯恩斯的门徒们则用技术进步的中立性的方法,来达到相同的目的。而且后者在总量分析法中所用的决定失业的自变量又是与前者完全一致的。所以我说,凯恩斯主义者所使用的总量分析法皆是一种骗局。

三

供需总量分析法是凯恩斯主义所设下的骗局。而它的"有效需求的原则"则是在这骗局上所提出的一个诱人入套的"花招"。

凯恩斯主义者一致地强调失业与危机是由商品的有效需求的不足。有效需求分两类:(1)对于消费物的需求和对于投资物的需求。凯恩斯主义认为,随着商品的供给的增加,国民收入也增加了,但因在国民收入中,由于人们的心理上的消费的倾向,不能消费其所增加的全部的收入。即是,边际消费倾向小于1。这样就使消费物的供给大于消费物的需求。在另一方面,由于企业家对于资产的未来的收益的预期,或预期的利润率,随着投资物的供给的增加而降低,和由于人们对于货币的需要,随着生产的增加而增加,利息率随之涨高。预期的利润率降低,利息率涨高,使资本家不能吸收人们的储蓄来投资,这样就导致了投资物的供给大于投资物的需求。企业家除非缩小商品的供给使之恰等于有效的需求,必要赔本。为了

---

① R. F. Harrod: *Towards a Dynamic Economics*, 1956, p. 22.

避免赔本,只要缩小供给使之等于有效的需求。结果,对于劳动力的需求就会相应的减少,非自愿的失业与危机随之诞生。由此得一结论说,失业与危机的发生完全是由有效的需求的不足。

为了弥补这不足,设令政府增加开支或用其他的方法来提高有效需求,那么,对于劳动力的需求就将增加,非自愿的失业就会消灭。这就是现代帝国主义国家扩大军火生产和其他的财政支出的理论根据。凯恩斯并且认为由于投资的增加和由它所引起的消费需求的增加所导致的总需求,总供给,总收入和总就业的增加的关系,可用一数学公式计算而得:

总收入的增加量 = 总投资增加量的倍数

倍数的大小,依照凯恩斯的意见,是可依照消费的增加量对收入的增加量之比,即个人心理上的边际消费倾向,独立计算出来。其公式为

$$倍数 = \frac{1}{1 - \dfrac{消费的增加量}{收入的增加量}}$$

意思是说,如果边际的消费倾向是 1 或 $\dfrac{1}{2}$ 或 $\dfrac{9}{10}$,则倍数为 ∞,或 2 或 10。其经济的意义是说,设令投资的增加量是 1 亿元,如果边际消费倾向为 $\dfrac{1}{2}$,则,

$$总收入的增加量 = 1 \times \frac{1}{1 - \dfrac{1}{2}} = 2 \ 亿元$$

其实际的过程是这样,由于这 1 亿元的货币投资立即变为生产投资物的人的收入。在边际消费倾向为 $\dfrac{1}{2}$ 时,后者将用 $\dfrac{1}{2}$ 来买消费物,结果消费物的供给当增加 $1 \times \dfrac{1}{2} = 0.5$ 亿元。同时这 0.5 亿元又变为生产第 1 次的消费物的生产者的收入。由于这 0.5 亿元再被第 1 次的消费物的生产者用 $\dfrac{1}{2}$ 来买消费物,则消费物的供给又当增加 $\dfrac{1}{2} \times 0.5 = 0.25$ 亿元。由此递增不已,其极限当为

$$1 \ 亿元 \times \left\{ 1 + \frac{1}{2} + \left(\frac{1}{2}\right)^2 + \left(\frac{1}{2}\right)^3 + \left(\frac{1}{2}\right)^4 + \cdots \right\} = 1 + 0.5 + 0.25 + \cdots$$

$$= 1 \times 2 \ 亿元 或 \frac{1}{1 - \dfrac{1}{2}} = 2 \times 1 \ 亿元$$

凯恩斯就是根据这个公式,来独立计算出投资的增加量所导致的国民收入的总增加量的。以后凯恩斯的门徒们又在这公式中加入两个新因素。一个是时间,即收入的倍增需要时间。二是加速数。加速数的意义是说,随着国民收入的增加必然

导致引致的投资的增加,由此致投资的增加,必然再导致消费的增加,总结果,当使国民的收入增加更速。当边际消费倾向,则消费的增加量对收入的增加量的比例,即为 $\frac{1}{2}$ 时,假令引致投资的增加量对收入的增加量的比例亦为 $\frac{1}{2}$,那末,随着投资的增加量所导致国民总收入的增加量就不只是 4 倍而是无限大了。即由投资 1 亿元开始,当它入于生产者之手而变为个人收入时,以一半买消费物又以一半买投资物,就再增加了 1 亿元。再经一次手又增加 1 亿元。其结果当是:

$$1 + 1 + 1 + 1 + 1 + \cdots = \frac{1}{1 - \dfrac{1}{2} - \dfrac{1}{2}} = \infty$$

多玛和哈罗得再把凯恩斯的有效需求的原理发展为经济成长论。成长论最简单的意义是说,如果国民收入增长的速度与劳动力增加的速度相等,而投资的增加量对于国民总收入的比例又恰等于储蓄对国民总收入的比例,那末,资本主义的成长的经济就将永远保持充分就业的状态。[①]

凯恩斯主义的倍数和加速原理的公式在国际经济方面的应用是很简单的。只消把国际贸易的出超当做投资的一个增加量就行了。

从凯恩斯主义的观点看来,假定消费倾向为已知和假定加速数为已知,既然由一定的投资的增加,可以计算出有效需求增加的倍数,国民收入增加的倍数,就业增加的倍数,那么,当着非自愿失业大量存在时,我们就可以斟酌就业和产量的关系,看有效需求缺乏多少,那么,政府就可以创造多少投资,从而创造出多少有效需求,来补充它,“非自愿的失业”就将消灭。依照相同的逻辑,生产过剩的经济危机亦可以用相同的国家干预经济的政策去消灭。这是凯恩斯主义根据它的供需总量分析法中的分析模型的骗术,所得到骗人的结论。这即是说,在国家全面调节经济生活的条件下,资本主义是可以在资本家的生产关系的基础上,用国家的支出来刺激本国的投资和对外的投资即国际贸易的出超,是可以实现无失业、无危机和高速度的资本主义的经济的。这即是说,在资本主义总危机时期和在世界经济危机时期,凡帝国主义垄断资产阶级,用最反对的法西斯的经济的统治,对内加强强制的掠夺和剥削,对外扩大经济的侵略,企图将危机的负担转嫁在国内外的无产阶级和人民群众身上来保证他们的最大限度的利润,及是最符合于国内无产阶级和人民群众和全世界人民的利益——实现一个在全世界范围内,无失业、无危机高生产的资本主义世界的理论——的。这就是凯恩斯主义对于国家垄断资本主义的理论辩护。

---

① R. F. Harrod: *Towards a Dynamic Economics*, 1956, p. 87.

四

观上可知,凯恩斯主义的失业论与危机论整个建筑在它的"有效需求的原理"上,而它的"有效需求的原理"又系建筑在凯恩斯主义在它的供需总量分析法的模型——骗局——中所树立的"不变因素","技术进步的中立性"和"自变量"的两大支柱上。凯恩斯主义是否有效,首先要看它所假定的"不变因素","技术进步的中立性"和"自变量",是否正确,即是否符合于资本主义发展的实际情况。如果他们是符合于资本主义发展的实际情况的,那么,凯恩斯主义在付诸实践的时候,其实践的结果就会符合于它的理论的预期,从而它就会给自己开辟道路,把群众聚集在自己的周围。相反地,如果他们是不符合于资本主义发展的实际情况的,那末,在它付诸实践的时候,其实践的结果就会出于它的理论预期之外,失业与危机就会继续出现或愈加严重,那末,它就会维持不久,站不住脚。纵令凯恩斯和他的门徒们,将凯恩斯主义吹捧为几何学中的非欧克里得,可是由于它的预期失败了,也是要被抛弃的。究竟凯恩斯在他的供需总量分析的模型中,所树立的"不变因素""技术进步的中立性"和"自变量"是否正确呢? 即是否符合于资本主义发展的实际情况呢? 这就是我们所首先要考察的。

凡是生得有眼睛的人都看得见,决定工人就业量的自变数,不是什么一般的商品需求,而是在社会总资本中的可变资本(对于劳动力的需求)。用别的一句话来说,即就业的增加,取决于资本对于劳动力的需求的增加。资本对于劳动力的需求的增加取决于可变资本的增加。而可变资本的增加则又取决于资本的积累和资本的有机构成的变化。举例来说明它。设令社会总资本由 100 增加到 200,资本的有机构成 $\frac{1}{2}$ 不变,则可变资本将由 50 增加到 100。其增加量为 50($=100-50$)。此时可变资本的增加,将与总资本的增加同速度。设令社会总资本由 100 增加到 200,资本的有机构成由 $\frac{1}{2}$ 增加到 $\frac{1}{3}$,则可变资本由 $50\left(=100\times\frac{1}{2}\right)$ 增加到 66.6 $\left(200\times\frac{1}{3}\right)$。社会总资本的增加量为 100,可变资本的增加量只为 16.6($=66.6-50$)。可变资本增加的速度,比起社会总资本的增加的速度来,是相对地降低了。但绝对的数量,仍有增加。设令社会总资本的增加,由 100 增加到 200,然而资本的有机构成由 $\frac{1}{2}$ 增加到 $\frac{1}{4}$,即可变资本仍为 50,因为 $100\times\frac{1}{2}=200\times\frac{1}{4}$,即可变资本的增加量为零。此时社会总资本量增加了一倍,但资本对于劳动力的需求丝毫没有增加。设令社会总资本由 100 增加到 200,资本的有机构成由 $\frac{1}{2}$ 增加到 $\frac{1}{5}$,可变

资本由 $50\left(=100\times\dfrac{1}{2}\right)$ 增加到 $40\left(=200\times\dfrac{1}{5}\right)$。此时资本对于劳动力的需求,随着资本积累的增加,不但相对地降低而且绝对地降低了。由此可见,就业的自变量是可变资本而不是什么一般的商品的需求,这还不明显么?

还应注意,在技术的进步和劳动生产率提高的条件下,资本的有机构成虽不变,但可变资本和就业还可以减少。设令在劳动生产率未增加前,生产物为 100,在劳动生产率增加到两倍后,由于工人的实际工资增加极微,生产没有销路,生产物没有增加到 200 只增加 120,结果生产物虽增加到 120,但这 120 的生产量只要从前约莫 60% 个工人就行了。可变资本还将减少,就业还将减少。不是相对的减少,而是绝对地减少了。设令在社会劳动生产率增高 4 倍,资本的技术构成提高(不是有机构成)6 倍,从而资本的价值构成也提高了 1 倍多。此时如果整个社会的生产量只增加了 1 倍,那么,可变资本和就业则不只是相对地减少而是绝对地减少了。由此可见,就业的增加,在劳动生产率进步的条件下,更不是与生产的总量的增加同比例,而是取决于在劳动生产率增加的条件下,可变资本在总资本中所占的比例和总资本的数量之乘积了。

就业的自变量是可变资本,取决于社会总资本和资本的有机构成。又因社会总资本的增加乃是由资本家对劳动者所剥削的剩余价值转化而来的,这即是说,如果资本家在其所剥削的剩余价值中,消费得越多,则社会总资本积累得越少,纵令资本的有机构成不变,可变资本就将越少。相反地,资本家在其所剥削的剩余价值中,如果消费得越少,假令资本的有机构成不是太高,那么,社会总资本的积累就将越大,从而,可变资本亦越多。

就业的自变量,既是可变资本,即是资本的有机构成和剩余价值资本化。它就不可能是个人的心理的边际消费倾向。凯恩斯主义将就业的自变量看做个人的心理的边际的消费的倾向,必然引出,而且已经引出了这样一个荒谬的结论,即如果人人消费其全部的收入,则收入和就业可以无限的增加。实际的事实是,如果人人消费其全部的收入,则就业和收入的增加量终必等于零。结果可变资本就将一点也不能再增加,同时就业也一个不能再增加。

应当强调,个人如果不消费其全部的收入,结果生产消费物的资本家,必有一部分的消费物没有卖出去,定将赔本,从而也就将缩小生产,其结果,尚将使就业人数会减少。但人人消费其全部收入可使就业不减少,不等于说人人消费其全部的收入则就业就将无限的增加。由于人人消费其全部的收入,剩余价值资本化的程度终必等于零,可变资本的增加量终必等于零,故就业的增加量终必等于零。但凯恩斯却说它行将继续增加,其极限将等于无限大。可见是荒谬的。个人边际消费倾向等于 1 时,可变资本尚不能有丝毫的增加,那么,当它小于 1 时,如果全部的净生产,都为消费所构成,由于有一部分消费倾向,就根本不能存立,因为它不是在现实生活上,决定就业的真正的知变数。

　　凯恩斯主义的第二个决定就业自变量是投资的增加量。这个自变数亦不是真正的决定就业的自变数。因为就业的大小并不是取决于一般的投资,而是取决于资本的积累和资本的有机构成的高低。当投资由 100 增加到 200 时,如果资本的有机构成由 $\frac{1}{2}$ 增加到 $\frac{1}{5}$,可变资本不但不增加,反而减少。其结果就业还将降低。

就业根本不是取决于本期对资本物的有效的需求,如像凯恩斯所说那样,而是取决于在上期的收入中,有好多的剩余价值被化作可变资本。在凯恩斯主义的就业和收入的两数中既无资本的有机构成的数字,亦无剩余价值资本化的数字,亦无可变资本的数字,它所有的只是个人的边际消费倾向和所谓"自发的投资"和"引致的投资",必是无法决定国民的收入和就业增加的倍数和加速数的。

　　总结一句话,凯恩斯主义在它的供需总量分析模型即骗局中,所提出的决定国民收入和就业的自变量,不是决定就业的真正的自变数。决定就业的真正的自变数乃是可变资本,即是,资本的有机构成和剩余价值资本化,或资本的积累。

　　还有重要的一点,即在凯恩斯主义的分析模型中,所提出的因变数有两个:国民收入和就业。意思是说,国民收入和就业是同比例变动的。在事实上是不必是同比例变动的。美国官方的统计告诉我们,从 1947 年到 1959 年,美国的国民收入确是增加了,但在工业和农业的生产领域中就业反而减少(见后表)。国民收入是一个因变数,就业又是另外一个因变数。二者应当区别的对待,可是凯恩斯主义却把二者混为一事了。

　　另一方面,凯恩斯主义在它的分析模型中所提出的"不变因数",亦不只是什么不变的因素,而是变动的因素。不但是变动的因素,而且是非常活跃的变动因素。这是非常重要的。凯恩斯把技术与装备列入"不变因素"中,从而假定资本的有机构成随着生产和就业的增加而降低。哈罗得把资本的有机构成列入"不变因素"中,从而假定就业比例于总资本的增加而增加。在事实上,纵令资本的有机构成不变,在社会劳动生产率大于生产量的条件,就业亦将降低。尤为荒谬的是,凯恩斯主义在它的"不变因素"的举例中把社会结构即资本主义的生产关系,均包含在"不变因数"之中。在事实上,资本主义的生产关系日在变迁:初由自由竞争的资本主义走向垄断资本主义,再由垄断资本主义走向国家垄断资本主义。到了国家垄断资本主义阶段,垄断资产阶级为了追逐剩余价值,除了在生产过程中,扩大生产规模,采用自动化装备,提高社会劳动生产率,减少可变资本,增加不变资本外,又在流通过程中,控制供给,提高价格,降低实际工资,并且利用国家机器增加支出,更进一步地抬高物价,冻结货币工资,降低实际工资。而在对外贸易和国际投资方面,又以人为的方法,对其他国家的人民群众,特别是对殖民地和依赖国的人民群众,进行强制的掠夺与奴役,这样就使垄断资本在一极上更加集中,失业与贫困的另一极上更加积聚。

　　以上我们所说的还只限于分析工人的就业数的增加和减少与可变资本的增加

和减少为同比例的变迁。现在我们还要进而分析,就业的增加比可变资本的增加更慢,这是由于随着不变资本的增加,劳动的强度也增加了。在这条件下,工人的实际工资虽有增加,但同一劳动强度的单位劳动时间的工资,急剧地降低了。因为资本家的根本利益要求由较少的劳动者而不是由较多的劳动者榨取出一定量的劳动来。所以在资本积累的过程中,工人的失业、贫困与被奴役的增加,比较在资本积累过程中技术改革的加速和相应地可变资本的相对的减少,尤为迅速。设令不是资本主义社会而是社会主义社会,生产的目的是为了满足本国人民日益增长的物质和文化的需要,那么,无论生产社会化发展到什么样的程度,也绝不会发生工人的失业。由此可见,失业的产生乃是由于生产社会性和资本家的占有形式的私人性的矛盾所导致的。这个矛盾具体地表现为资本积累的绝对规律,即随着资本的技术构成的增加,纵令资本的有机构成不变,劳动的需求亦要日益相对地甚至在生产领域中绝对地降低了。

资本积累的绝对规律,在流通过程上,必然表现为社会的总消费力的相对的降低。资本的集中的趋势使垄断资产阶级的消费力降低,可变资本的相对的减少和垄断价格的提高,使工人阶级和人民大众的购买力相对的降低。这就必然导致生产过剩的危机的频繁和加速。总括地说,资本主义的基本矛盾是失业与危机的真正的原因。

凯恩斯主义,虽然在它的供给总量分析的模型中,假定生产力和生产关系不变,即假定在他们二者之间没有矛盾。可是二者日在向相反的方向变动,从而就使二者之间的矛盾,日在扩大和加深。

总结地说,凯恩斯主义在它的分析模型中所提出的"不变因素"、"技术进步的中立性"和"自变数",都不符合于资本主义发展的实际情况的,即是不正确的。连"因变数"的提法,也是有混两事为一事的错误,即把收入和就业分做可以互相掉换的因变数。因此凯恩斯主义根据他的有效需求的原则所作出的结论,无论在不发达的国家内和高度发展的国家内,都为雄辩的事实所粉碎。

凯恩斯根据他的消费物的供给的增加取决于消费物的有效需求的增加,即取决于个人心理上的边际消费的倾向的增加的原则,对于不发达的国家所作的推论是这样:

> ……由于一个贫穷的社会倾向于消费其出产之极大部分,所以只要有小量的投资,即可以实现充分就业,相反地,一个富裕的社会,如果想做到富人的储蓄倾向能与穷人的就业并存不悖,那就必须要有更大的投资的机会。①

印度是一个比较贫困的国家,照凯恩斯看来,印度居民的所谓"边际消费倾向"就是较大的。由于印度在第一、第二个五年计划内又新建设了不少工厂,即是

---

① 凯恩斯:《就业、利息和货币的一般理论》,英文本,第3章,第31页。

增加了不少的投资,那么,印度的消费物工业的就业量,就将大大地增加和接近于充分就业了。可是,印度工人和农民的失业是越来越严重的。印度全国工会大会总书记特里帕蒂,在国会上发言:"自1951年到1954年实行合理化以后,工厂企业工人的人数,不但没有增加,反而从2 539 000人减到2 492 000人,虽然此时成立了许多工厂。"[①]亚儿·特罗伊指出,印度在第二个五年计划(1956—61)开始时失业人数530万,终结时900万,此外尚有1 500万到1 800万半失业者,同时还要加上农村半失业者150万。第三个五年计划期中失业2 650万,计划消灭1 400万,估计失业为1 220万人。[②] 印度资产阶级经济学家罗博士还明显地指出,凯恩斯的就业取决于消费的和投资的需求和理论,即所谓倍数理论,对于印度这个国家不适用,因为印度的消费物工业与农业,虽因"投资物"部门投资的增加,对于消费物的需求也增加了,从而使生产消费物的资本家也获得极大的利润,但消费物生产部门却没有增加消费和就业。这是由于在消费物生产部门中缺乏增加消费物和就业的物质条件;在技术装备中没有未用的能力,原料困难,材料困难,技术工人的供给困难。同时农产品的供给也缺乏弹性的。其结果是,在生产投资物部门中投资收入和就业的第一次增加,虽在消费物生产部门中引起第二次,第三次,第四次……货币收入的增加,但无论在农业上或在生产消费物的工业上,就业均没有显著增加,所以总产量没有显著增加。[③] 虽然,罗伊认为凯恩斯主义在原则上是对的,只在印度这个国家不适用。然而真理与罗伊对凯恩斯主义的辩护却正立在相反的地位上。应当肯定,印度第一个五年计划的经验确切证明了,凯恩斯主义在原则上有错误,而不只是对印度这个国家不适用。它在原则上的错误是这样:凯恩斯在它的"不变因素"中假定在装备不增加的基础上就业可以无限增加,只要有效需求增加。用我们的话来说,即凯恩斯认为决定就业的自变量不是可变资本,不是剩余价值资本化或资本的积累和资本的有机构成,而是个人的边际的消费,即对消费物的有效的需求。可是现在铁的事实证明,决定就业的自变量,不是个人的边际消费,即对消费物的有效的需求,而是可变资本,即是剩余价值资本化和资本的有机构成。正因印度在消费物生产部门中没有条件使不变和可变资本增加,和剩余价值资本化,其结果是,有效需求虽有增加,但就业不增加。可见这个错误是原则性的错误,而不是像罗所说的那样,在原则上没有错误,只是对印度这个国家不适用。正因凯恩斯主义在原则上有错误,所以,它的学说,不但在印度这个国家不适用,连在高度发达的资本主义国家,例如美国,也是不适用的。在资本主义社会中,由于可变资本随着剩余价值资本化,随着劳动生产率的发展,随着社会总生产的增加落后于社会劳动生产率的增加,随着资本的有机构成的提高已是相对地甚至绝对地

---

① 《世界工会运动》,1956年第9期,第8页。
② 亚儿·特罗伊,《第三个五年计划——几点批评》,《新时代》,1961年9月号。
③ V. K. R. V. 罗:《在不发达国家的投资、收和倍数》。载于《凯恩斯主义的经济学》,第167—169页。

降低,就业在生产领域内已是绝对往下降低,结果,失业就必然成为资本主义永恒的侣伴。可是凯恩斯主义者却把决定就业的自变量看做有效的需求:消费物的需求＋投资的需求。这样就使凯恩斯主义,不但不符合不发达的国家,如印度的失业发展的现实趋势,而且也不符合于高度发达的资本主义国家,如美国的失业发展的现实趋势。

依据美国官方的统计,美国从 1947 年到 1959 年,国民收入由 100 增加到 201,国内私人的毛投资由 100 增加到 225。然而美国生产领域中的总就业却由 100 降低到 96,总共减少了 130 万就业的工人。(见下表)

年 别 ＼ 收入 投资 就业	国民的收入 *	私人国内的毛投资 *	在加工工业、矿业、建筑业、交通业和公共工程、与农业中的总就业 **
	(单位:十亿美元)	(单位:十亿美元)	(单位:百万人)
1947 年	198.2　100	31.5　100	30.6　100
1959 年	399.6　201	72.1　225	29.3　96

材料来源:*《美国基本经济手册》,1960 年,第 226—230 页。
　　　　**《美国统计摘要》,1960 年,第 207—208 页。

由以上统计,证明凯恩斯主义,在它的分析模型中,所提出的"不变因素"和决定就业的"自变量"即在资本主义高度发达的资本主义国家也不是那真正与就业无关的所谓"不变因素"和决定就业的"自变量"。相反地,凯恩斯的"不变因素"乃是在现实生活上决定就业的真正的自变量,而他的决定就业的"自变量",倒是在现实生活上与决定就业无必然的函数关系的一些东西。这就是凯恩斯主义在不发达国家和发达的资本主义的国家,继续为事实所粉碎的根本原因。

五

凯恩斯主义一开始便企图以它的"理论"来代替马克思主义。凯恩斯还在 1935 年就写信给美国有名的戏剧作家萧伯纳说,他相信他能以他的《就业、利息和货币的一般理论》的出版击碎"马克思主义的里嘉图基础"。可是他用什么方法来与马克思主义作斗争呢? 首先他玩弄一套骗术,建造一个供需总量分析的模型。然后在这模型里面用"不变因素"作武器将失业与危机的真正原因——资本主义的基本矛盾和它的发展规律即随着资本的积累,资本对劳动力的需求相对地降低——排斥在它的分析模型之外,再用虚构的三个自变量作为就业的所谓"自变量"来代替它。然而因为资本主义的基本矛盾和资本积累的绝对规律——失业与危机的真正原因——在任何资本主义的国家均是客观存在的。只是凯恩斯的思想体系里即分析模型里不存在。同时他所提出的决定就业三大自变量,却在任何资本主义国家里均不存在,只在凯恩斯的思想体系里即分析模型里存在。这样就使凯恩斯主义在它被应用来解释失业与危机的时候,一再为不发达的国家和发达的资本主义国家中失业与危机发展的现实趋势所粉碎。它不但没有击败马克思主义,反而在铁的事实面前,揭穿了自己的理论是谎言,证明了马克思主义是真理。

资本主义生产过剩的危机和失业是资本家剥削劳动者阶级的剩余价值造成的。在这剥削的过程中,技术的进步和自动化,连美国的头号凯恩斯主义者汉森,也不得不承认,"使美国的就业达到顶峰。"而且不得不承认,"在事实上,从1947年到1957年在生产领域中减少了恰恰100万工人"[①]。根据莫里斯的调查,技术的进步和自动化,使美国资本的有机构成从1947年到1957年这十年间增加了25%。但这还只是反映自动化过程的开始的阶段,虽然自动化的结果,离开它的发展的高峰还有一个遥远的距离,但这过程进展极速。在这资本的有机构成极迅速提高的条件下,在国家垄断资本主义的保证下,依照凯恩斯主义扩大有效需求,其在经济上的效果上,必然只是物价更高、利润更高、就业愈少、失业愈多,社会的总的消费力更缺乏,危机愈多。随着就业的减少,失业的增多和危机的加多,工人阶级当更明白凯恩斯主义所高唱的用国家调节经济生活的方法来实现充分就业经济的学说,不过是垄断资本巨头为了"款待"工人阶级所特制的"蒙汗药"。

(《北京大学学报》,1963年第2期)

---

① 买索夫·莫里斯:《利润、自动化和冷战》。载于《科学和社会》,1960年冬季号。

凯恩斯的有效需求原则和就业倍数学说[*]的终结

本文的目的在于，以马克思主义的关于资本主义的积累、关于扩大再生产与流通、关于对抗性的分配，以及现实的流通和消费关系的理论作指南，结合现代资本主义国家、特别是美国的比较全面的有关统计资料，来揭露凯恩斯的就业倍数学说和它所依据的有效需求原则，在理论上是荒谬的，在实践上是根本行不通的。凯恩斯在 1935 年草创他的"名著"《就业、利息和货币通论》的时候，就写信给英国的著名戏剧作家萧伯纳说，他要以此书的出版"击碎马克思主义的里嘉图的基础"。不言可知，他在这书中所提出的就业倍数学说和这个学说的理论根据，有效需求原则，乃是被他用来作为一种理论武器，来攻击马克思的资本积累和产业预备军等理论的。本文的目的即是要在本质上，对凯恩斯这一进攻，进行彻底的批判和回击。

一、什么是就业倍数学说和这个学说的
理论根据，有效需求原则

凯恩斯说，就业倍数学说乃是他的"就业理论的重要部分"。如果以 ΔY 表示国民收入的增加量，ΔI 表示投资的增加量，K 表示国民收入和就业增加的倍数（凯恩斯假定就业的增加与国民收入的增加量的比例），和以 $\dfrac{\Delta C}{\Delta Y}$ 表示边际消费倾向，即人们消费支出的增加量对于国民收入的增加量的比例，那么，在国民收入、就业、消费和投资之间的关系，就可以用公式表示如下：

$$\Delta Y = K\Delta I$$

$$K = \frac{1}{1 - \dfrac{\Delta C}{\Delta Y}} = 1 + \frac{\Delta C}{\Delta Y} + \left(\frac{\Delta C}{\Delta Y}\right)^2 + \left(\frac{\Delta C}{\Delta Y}\right)^3 + \cdots + \left(\frac{\Delta C}{\Delta Y}\right)^{n-1}$$

这个公式说明，当投资为已知时，国民收入的增加量取决于边际消费倾向的大小。当已知投资为 100 时，如果边际消费倾向为 1，则国民收入的增加量当为投资 100

---

[*] 凯恩斯的倍数学说是用来"解决"劳动者的就业问题的。意思是说，由国民收入的增加所体现的就业总量的增加，等于投资的增加所体现的就业增加的倍数。为了将倍数学说的这一基本的性质突出地表现出来，故在倍数学说上冠以就业二字。

的无限大倍,即 $K = \infty$。如果前者为 $\frac{1}{2}$,则后者为 2,如果前者为零,则后者为 1。

由于

$$\Delta Y = \frac{1}{1 - \dfrac{\Delta C}{\Delta Y}} \Delta I$$

现在

$$\Delta Y = \frac{1}{1 - 1} \times 100 = \infty \times 100$$

故

$$K = \infty$$

在相同的投资条件下,

如果

$$\frac{\Delta C}{\Delta Y} = \frac{1}{2}$$

则

$$\Delta Y = \frac{1}{1 - \dfrac{1}{2}} \times 100 = 2 \times 100$$

即

$$K = 2$$

如果

$$\frac{\Delta C}{\Delta Y} = 0$$

则

$$\Delta Y = \frac{1}{1 - 0} \times 100 = 1 \times 100$$

即

$$K = 1$$

就业倍数在经济上的意义是说,当投资为 100 时,即是,当社会用 100 的货币来生产投资物时,投资物的供给就增加 100,此时投资物生产部门的工人和资本家的货币收入就增加了 100。已知工人和资本家的边际消费倾向为 1,那么,投资物生产部门的工人和资本家就要将已增加的货币收入的全部 100 来买消费物,使消费物的需求增加 100。消费物的供给亦当增加 100。此时生产消费物的工人和资本家的实际收入和货币收入就又增加 100。在相同的条件下,后者再拿来买消费物,那么,生产和三次消费物的工人和资本家的收入又增加 100。如此递加则实际的国民收入就当为无限的增加,就业亦当为无限的增加。这就是凯恩斯的就业倍数学说的基本内容。

凯恩斯根据就业倍数的理论,断言在资本主义社会中,任何失业都是可以消灭的。设令在某一个国家内,失业为二百万人,国民收入的增加与就业的增加为一万元比一人。再设令该国在正常年度中投资的增加量为 100 亿,国民收入的增加量为 200 亿。显然,在国民收入的增加量 200 亿中,减去投资物的增加量 100 亿,即得消费物的增加量 100 亿。这里消费物的增加量 100 亿对国民收入的增加量 200 亿的比率为 $\frac{1}{2}$,即是边际消费倾向为 $\frac{1}{2}$。那么,此时,该国为了实现二百万失业工人的充分就业,就当设法在投资物生产部门增加 100 亿元,即增加就业 100 万人,

透过就业倍数 $\dfrac{1}{1-\dfrac{\Delta C}{\Delta Y}}=\dfrac{1}{1-\dfrac{1}{2}}$ 的作用,结果国民收入就当增加到二百亿元,工人就

业同时增到二百万人,结果就将实现充分就业。这就是凯恩斯的就业倍数的实际
应用。美国自罗斯福的新政以来直到约翰逊政府,在本质上都是企图依照凯恩斯
的就业倍数理论来解决失业问题的。

凯恩斯的就业倍数学说所根据的基本理论乃是他的所谓有效需求原则。这个
原则说,在"非自愿的失业"存在的条件下,货币的支出创造实际的国民收入。这
即是说,在投资物生产部门中的货币支出,创造投资物的供给;在消费物生产部门
中的货币支出,创造消费物的供给。为什么货币的支出能够创造实际的收入呢?
他的答复是,货币支出的增加一般会导致物价的相应增加,假设工人的货币工资不
变,或增加较少,资本家的利润就当增加,此时资本家为了获得更多的利润,就当增
加就业,扩大生产,直到充分就业为止。

据凯恩斯自己说,他所发明的这一所谓货币的支出创造实际的国民收入的有
效需求原则,乃是建筑在他的所谓"不变因素"的假设前提上。在他的所谓"不变
因素"的假设中,最主要的假设有二:其一,就是假设劳动力的技术与装备不变,即
是,资本主义的生产工具,不会由手摇机进到蒸汽机,再由蒸汽机进到自动化的万
能机床,再由自动化的万能机床进到自动化机床线。由于凯恩斯的技术和装备不
变的假设,在于说明在相同的质和量的技术和装备上,可以增加就业和增加生产,
这就等于假设,随着生产和就业的增加,平均说起来,每一个人所使用的装备无论
在性质上和价值上都在减少。这就等于假设,随着生产和就业的增加,资本的技术
构成和价值构成都在日益降低。因为凯恩斯对装备所下的定义是,装备等于固定
资本、运用资本和存货资本三者的价值之总和①,用我们的话来说,如果除开存货
资本不计,即等于不变资本之总和。其二,就是假设竞争程度不变。凯恩斯的所谓
竞争程度不变,乃是指自由竞争程度不变的意思,因为,凯恩斯说过,他在讨论就业
问题时,不讨论管理价格和垄断价格所及于就业的影响。这就等于假设资本主义
的生产关系不会由竞争走向垄断,再由垄断资本主义走向国家垄断资本主义。事
实上,凯恩斯所假设的这两个最主要的"不变因素"已经变化了,而且还在变化着。
这即是说,凯恩斯的有效需求的原理——货币的支出创造实际的国民收入——所
依据的这两个假设的前提,都是不能成立的。然而凯恩斯的就业倍数学说却正是
建筑在他的有效需求原理上。

凯恩斯的就业倍数学说共总包含着三个论点:第一个论点是,当投资为已知
时,就业的增加取决于边际消费倾向的增加,即取决于人们货币的消费支出的增
加。第二个论点是,尽管消费物生产部门的资本设备没有增加,但消费物的生产和

---

① 参阅《就业、利息和货币通论》,英文版(下同),第75、268页。

就业可以增加。第三个论点是,消费物生产部门的就业的增加比例于消费物生产的增加。这三个论点都是建筑在凯恩斯的所谓有效需求的原则上,从而也就是建筑在上述的"不变因素"的假设前提上。由于这些前提是虚构的,不难看出,凯恩斯的就业倍数学说亦是虚构的。

二、从马克思主义的资本积累的理论,揭露凯恩斯的 就业倍数的学说在生产领域中的荒谬性

我们知道,马克思主义的资本积累理论认为,就业的增加不是取决于一般的商品的需求的增加,而是取决于劳动力这个特殊商品的需求的增加。对于劳动力这个特殊商品的需求的增加,基本上取决于可变资本的增加。如果用 V 表示可变资本,用 c 表示不变资本,$c+v$ 表示总资本的全部,$(c+v)/v$ 表示总资本对可变资本的比率(这个比率与资本的有机构成 c/v 永远是同方向变动的),那么,就业的增加量就当取决于下列这个公式:

$$\Delta v = \Delta(c+v) \times \frac{\Delta v}{\Delta(c+v)}$$

它的经济的意义是说,可变资本的增加量取决于社会总资本的增加量乘可变资本的增加量对总资本的增加量的比率。在本质上即是取决于资本的有机构成的联合影响[①]。

显然,在这个公式里面包含有三个命题:第一个命题是,就业的增加量取决于可变资本的积累。如果我们把资本主义的再生产过程看做一个不断更新的川流,那么,可变资本的积累过程乃是剩余价值资本化的过程。事实上,在资本家的生产资料所有制下,工人的工资,一般地说来,都是来自资本家的利润;从而,可变资本的积累,一般地说来,只是剩余价值资本化的结果。在其他条件相等时,资本家在其所剥削的剩余价值中,如果他的边际消费倾向越大,那么,他所消费的部分亦越大,同时他所留下来的部分亦越小,而被转化为可变资本的部分亦越小。结果,劳动力的需求就将减少。肯定地说,被雇佣的劳动者人数的增加不取决于资本家个人的消费支出的增加,而是取决于资本家将利润化作新工人的工资。

诚然,储蓄或窖藏[②]会减少消费物的需求,从而也就会相应地减少就业。在资本主义商品生产中,资本家如果只出售新增的商品取得货币,而不继之以货币买进新增的其他商品,如果生产生产资料的资本家只将新增的生产资料卖给生产消费资料的资本家而取得货币,但不以这份相同的货币向后者买进新增的消费资料,那

---

① 可能有人说,我所提出的就业的增加取决于可变资本的增加,是长期的分析,不适用于凯恩斯的所谓短期的分析,可是在事实上,即在"短期"里就业的增加亦是取决于可变资本的增加的。——作者注

② 凯恩斯所谓窖藏是指个人不以其货币的收入购买消费资料的行为。窖藏是指个人在卖出什么之后,不以其所卖得之货币来买任何生产品(消费资料或生产资料)的行为。——作者注

么,当消费资料已有与这份货币相等的价值增加时,后者便有相应部分的新增的消费资料卖不出去,那么,后者在第二个生产时期开始的时候,就将无法保持在第一个时期里已经增雇的旧工人,从而有一部分已经增雇的工人就将被后者抛弃于街头,发生失业。在相反的情况里,如果消费资料生产部门的资本家对于生产资料生产部门的资本家的关系,也是只有卖出而无买进,自然也会有相同的结果发生。储蓄或窖藏有可能导致商品生产的过剩和已经被增雇的工人的失业,这是众所周知的事实。但应注意,在工人消费其全部收入的条件下,纵令所有的资本家均无窖藏货币的活动,而消费其全部新增的收入,亦只能维持已被增雇的工人总数不变,而不能在原有的已经增雇的就业水平上再增雇一个新工人。这是由于,当资本家消费其新增的全部收入时,从而也就没有在原有的就业水平上再增加一个工人的可能性。依照类似的理由,当资本家的储蓄或窖藏大于零,或边际消费倾向小于1时,依照凯恩斯的假设,由于储蓄或窖藏不等于新的可变资本的增加,显然就业就不能再增加。同时由于已投下的可变资本此时没有全部收回,就业不但不能增加,反而会有相应地减少。尤其应该注意的是,假设随着投资物生产部门投资的增加和由它所导致的消费支出的增加,消费物的价格涨高,此一增加的价格,在其他条件相等时,必然变为消费物生产部门资本家的新增加的利润,他或者以其全部购买消费物,即边际消费倾向等于1,或者以一部分购买消费物,而以另一部分来储蓄,即边际消费倾向大于零而小于1,但不以其收入的一部分化作可变资本,其结果是可变资本没有丝毫的新增加,从而就业亦不能再增加。由此可见,资本家的个人心理上的边际消费倾向的小大与就业之间,并不存在着精确的关系。与边际消费倾向存在着精确关系的,只有消费物的价格。如果在投资物增产的部门中,在其他条件相同时,边际消费倾向大于零,则消费物价格涨高;等于零,则消费物价格不变。无论消费物的价格涨高到什么程度,由于消费物生产部门的资本家没有将由涨价所得的新增的利润的全部或一部,化作新的可变资本,即对于新的劳动力的需求等于零,其就业的增加量亦必等于零了。我不是说,消费物的价格涨高后,在消费品生产部门中就业的增加绝对不可能产生。如果这样说,那就与现实的经济生活不完全符合了。在消费物的价格涨高后,在失业存在时,就业虽然可以增中,但是决定就业增加的,不是资本家的个人边际消费倾向,而是剩余价值资本化。在技术、劳动生产率和劳动强度不变的条件下,必然是这样。凯恩斯爱谈商品的增加和就业的增加,但他完全不知道,连就业的第一次增加和随之而来的商品的第一次增加,是来自资本家的剩余价值资本化,而不是取决于边际消费倾向的小大。

由此可见,凯恩斯的就业倍数理论的第一个论点,当投资为已知时,就业的增加取决于边际消费倾向的增加,即资本家如果在其收入的增加量中消费得越多,则在其收入的增加量中被转为可变资本的部分亦越多,是绝对荒谬的。

马克思主义的资本积累理论所包含的第二个命题是,在技术变动不大,即在社会劳动生产力变动亦不大的条件下,就业的增加固然取决于可变资本的增加,但不要忘了,可变资本的增加却取决于不变资本的增加。因此就业的增加取决于可变资本和不变资本的按比例的增加。换句话说,即取决于资本家在其所剥削的利润中,除用作个人消费外,以一部分增雇工人,和以另一部分增加机器、原料、燃料等等来增加生产。可是凯恩斯的就业倍数理论的第二个论点是,在消费物生产部门内,只要投资物生产部门对于消费物的需求增加,那么,即使消费物生产部门的资本家在其所增加的利润中,即未以一部分化作可变资本,亦未以另外一部分化作新的不变资本,亦可增加生产和就业。在工人消费其全部收入的条件下,只要消费物生产部门资本家,在其所增加的利润中一个挨着一个地继续以一部分来消费,另一部分来储蓄,生产和就业就将继续增加,直到消费物生产部门的生产和就业的增加量等于投资物的生产和就业的 $K-1$ 倍。在事实上,凯恩斯是完全没有假定消费物生产部门的资本家进行了剩余价值资本化的活动的。这就等于假定,在资本主义私有制下,在消费物生产部门中,纵令没有资本家从他的新增的剩余价值中以一部分转化为新的可变资本和不变资本,他亦能够自己雇佣自己来增加生产。这种说法,无疑亦是很荒谬的。

为了进一步说明这个论点的荒谬性,假定在所谓投资物生产部门中,增产了所谓投资物100,从而该部门的资本家和工人的货币收入亦增加100,他们并将这100或60或50来向消费物生产部门购买消费物,即消费物生产部门的货币需要增加了100或60或50。在这条件下,是否消费物生产部门的实际生产,从而实际的收入和就业就能增加100或60或50呢?在答复这个问题时,我们可以考虑下列三种情况:(1)消费物生产部门的剩余存货很多,当需求增加100或60或50时,并不需要增加什么生产,只将旧的消费物出卖,即能满足需求100或60或50。(2)消费物的剩余存货没有这么多。但固定资本有剩余生产力,仓库中有剩余的运用资本,即原材料,而市场上亦有若干的剩余存货,当需求增加100或60或50时,该部门的资本家在其增加的收入中取出一部分来作为生产的成本从事恰如其分的生产。(3)所有资本的剩余生产力都没有了,除非增加不变资本和可变资本的积累,不能增加消费物的生产。凯恩斯的就业倍数的第二个论点,对于这三种情况都不适用。就第(1)种情况来说,由于消费物的新需求是由它的剩余存货来供给,显然不能导致生产、收入和就业的新增加。纵令在卖出以后,重整生产,最多亦只能保持原有的生产和就业水平不变,而不能在保持原有的生产和就业水平之上,增加新的生产和就业。即最多只能保持简单生产,但绝不能导致扩大再生产。就第(2)种情况来说,就业虽可增加,可是这个就业的增加,正如上文所指出,是取决于剩余价值资本化,并不是取决于该部门的资本家的边际消费倾向的大小。而凯恩斯说它是。这当然是错误。就第(3)种情况来说,由于消费物生产部门的全部资本已经用完,除非有不变资本和可变资本的新积累,除非在消费物生产部门中有新的剩余价值与资本化,显然是什么收入和就业也不能增加出来的。但是,若要有新的剩余价值资本化,这又与凯恩斯的 $\Delta Y = K \Delta I$ 就业倍数理论恰恰立于相反的地位。因为在就业倍数的学说中凯恩斯假定在消费物生产部门中没有新投资。连凯恩斯自己也说,他的倍数理论对于第(3)种情况,完全不适用①。由此可见,凯恩斯就业倍数学说,在三种情况下,无论就哪一种情况来说,都完全是错误的。

马克思主义的资本积累理论所包含的第三个命题是,就业的增加或减少在资本主义社会中取决于资本的有机构成、资本的积累和劳动生产率的相对的变化。这里有三种情况,第一种情况是,资本的有机构成不变,劳动生产率亦不变。此时在资本的积累中,不变资本的增加与可变资本、从而与就业的增加同比例。第二种情况是,资本的有机构成的提高大于劳动生产率的增加。在这情况下,在资本的积累中不变资本的增加将会导致可变资本、从而就业总量的绝对增加,但比起不变资本的增加来,却是相对地减少了。在这条件下,资本对于劳动力的剥削率固然提高了,但可变资本随着不变资本和社会总资本 $\Delta(c+v)$ 的增加,就将相对的减少。这种减少必定在另一极端上表现为劳动人口的绝对增加。马克思由此得出结论:"资本主义的积累会不断产生出,并且正好是比例于它的力量和它的范围,不断产生出一个相对的,超过资本平均价值增殖需要的,从而过剩的或过多的劳动人口。"②第三种情况是由于劳动生产率增加,资本的有机构成增加。在这条件下,如果产量的增加不大于、甚至小于社会劳动生产率的增加,就业就将停止增加,或者减少。

在垄断资本主义时代,一方面,随着垄断资本的积累,无产阶级的消费受着更加不可容忍的限制,并且进一步地贫困化;社会的总生产量越来越小于可能的劳动生产率的增加,企业经常开工不足。另一方面,如果我们从不变资本和可变资本的比例来观察,资本的有机构成确是正在增加。据美国显然缩小了的官方数字来分析,第二次世界大战之后,从 1947 到 1960 年,美国资本积累的发展趋势正在促使美国资本的有机构成往上增加(见本文第五节统计材料),它最明显的表现是,随着资本在有机构成的不断提高,就业在生产领域中不是相对地减少而是绝对地减少了。

尤其应注意的是,就业的增加比可变资本的增加慢。比起不变资本的增加来,可变资本固然相对减少了,但就业的相对减少比可变资本的相对减少尤速。马克思早就指出,"……可变资本的增加,是劳动增加的指数,但不是被雇劳动者人数增加的指数。每个资本家都有这种绝对的利益,要使一定量的劳动,由较少数的劳动者,而不由较多数一样低廉甚至更为低廉的劳动者榨取出来。因为在后一个场合,不变资本的支出,须比例于所推动的劳动量而增大,在前一个场合,不变资本的增大,会较缓慢得多。生产规模越大,这个动机也会愈加有力。它的力量是随资本积累一同增大的"③。凯恩斯有意玩弄庸俗逻辑的玄虚,认为纵令不变资本不增加,

---

① 参阅《就业、利息和货币通论》,第124—126页。
② 《资本论》第1卷,人民出版社1953年版,第793页。
③ 《资本论》第1卷,第800页。

就业亦可以大量地增加。这等于说,牛的头数纵令不增加,但牛尾亦可以无限地增加,来满足人们对于牛尾的需求。显然这种假设是非常荒谬的。

三、从马克思主义的扩大再生产与流通的理论,揭露这学说在资本主义的流通领域中的荒谬性

以上只以马克思主义的资本积累理论作指南,来揭露凯恩斯的就业倍数学说在资本主义生产领域内所赋有的不可克服的矛盾。现在请再以马克思主义的扩大再生产与流通的理论作指南,来揭露凯恩斯的就业倍数理论在资本主义的流通方面所赋有的永远不能解决的矛盾。

马克思在《资本论》第 2 卷中,阐明社会总资本的再生产与流通的过程乃是两个流通的过程夹杂一个再生产的过程。第一个流通过程是,资本家用货币资本 G 来买进商品 W,即劳动力 A 和生产资料 Pm,第二个过程是,再生产 P,即生产资本的活动,其目的在生产具有更多价值的商品 W' 出来,第三个过程是将价值更多的商品 W' 实现为更多的货币 G'。即

$$G \to W \begin{array}{c} A \\ \\ P_m \end{array} \cdots P \cdots W' \left\{ \begin{array}{c} W \\ + \\ w \end{array} \right. \to G' \left\{ \begin{array}{c} G \\ + \\ g \end{array} \right.$$

扩大再生产的过程的更详尽的图解如下:

$$G' \left\{ \begin{array}{c} G \to W \left\langle \begin{array}{c} A \to w_2 \\ P_m \end{array} \right. \\ \\ W' \\ \\ g \left\{ \begin{array}{c} g_1 \to W \left\langle \begin{array}{c} a \to W_2 \\ P_m \end{array} \right. \\ g_2 \to W_2 \\ \downarrow \\ 0 \end{array} \right. \end{array} \right. \quad \cdots P' \cdots W'' \left\{ \begin{array}{c} W' \\ w \end{array} \right. \to G'' \left\{ \begin{array}{c} G' \\ g \end{array} \right.$$

在扩大再生产的图解中 W_2 表示消费资料。

马克思在《资本论》第 2 卷第 21 章中,对于上述的图解用了如下的数字来将它具体化。

第一年度的扩大再生产

$$\text{I} \qquad c:v, \qquad 4:1 \qquad 4\,000c_1 + 1\,000c_1 + 1\,000m_1 = 6\,000W_1'$$

$$\text{II} \qquad c:v, \qquad 2:1 \qquad 1\,500c_2 + 750c_2 + 750m_2 = 3\,000W_2'$$

$$\overline{C:V, \qquad 3.1:1 \qquad 5\,500c + 1\,750c + 1\,750m = 9\,000W'}$$

第二年度的扩大再生产

$$\text{I} \qquad c:v, \qquad 4:1 \qquad 4\,400c_1 + 1\,100c_1 + 1\,100m_1 = 6\,600W_1'$$

$$\text{II} \qquad c:v, \qquad 2:1 \qquad 1\,600c_2 + 800c_2 + 800m_2 = 3\,200W_2'$$

$$\overline{C:V, \qquad 3.1:1 \qquad 6\,000c + 1\,900c + 1\,900m = 9\,800W'}$$

第一年度的社会总资本的扩大再生产与流通的图解

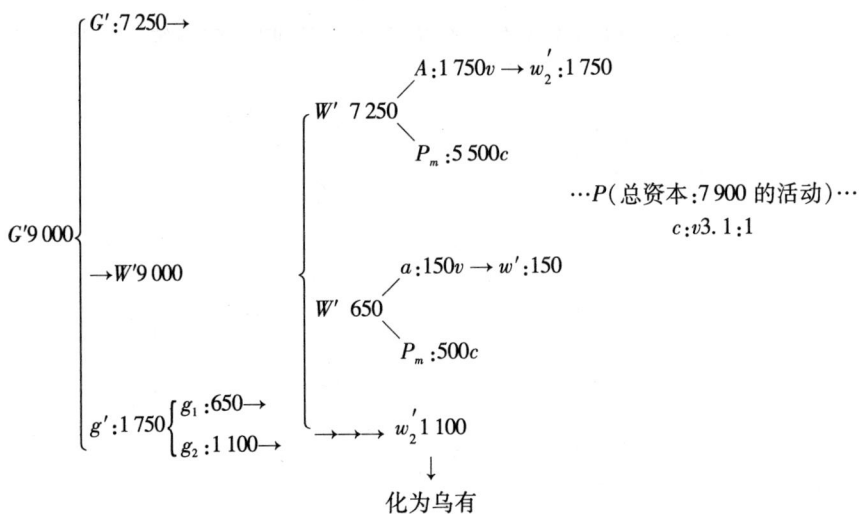

第二年度的社会总资本的再生产与流通的扩大的图解

第三阶段:流通过程 II

$$W''9\,800 \begin{cases} W'':7\,900 \\ w'':1\,900 \end{cases} \to G'':9\,800 \begin{cases} G'':7\,900 \\ g'':1\,900 \end{cases}$$

　　从上述图解中,可以看出:扩大再生产取决于扩大生产资本,即取决于剩余价值资本化。请看,在第二个生产年度里,社会总生产之所以能够由 9 000 扩大到 9 800 乃是由于生产资本从 7 250 扩大为 7 900。而这又是由于在 7 900 中,是由资本家在其所得的剩余价值 1 750 中以 150 转化为可变资本,和以 500 转化为不变资本。如果没有剩余价值资本化 650,那么,生产资本就不能增加,从而生产和就业亦将不能增加。

可是凯恩斯的就业倍数学说是,就业不取决于剩余价值资本化而取决于边际消费倾向。凯恩斯说,如果边际消费倾于 1,则收入和就业就有无限的增加;小于 1 而大于零,亦会有若干显著的增加;即令等于零,纵令就业不增加,但亦不减少。在上述图解中,我们可以看到,如果在第一个生产年度之末没有剩余价值资本化,工人和资本家都消费其全部的收入,即边际消费倾向等于 1,那么,尽管在这年度中生产已经增加了 1750,结果所生产的净生产物都必变为个人消费的对象,并且化为乌有。其结果是在第二个生产年度中,至多亦只能保持原有的生产和就业水平,而不能有丝毫的增加。如果没有剩余价值资本化,只工人消费其全部的收入,同时资本家的边际消费倾向又小于 1,那么,已生产的消费物中必有一部分卖不出去,其结果是就业还当减少。减少之数恰与(第二年度的产品的增加量)1750 − X 相对应,X 等于窖藏的货币收入。如果没有剩余价值资本化,资本家的边际消费倾向等于零,那么,减少之数还当恰与 1750 相对应。由此可见,凯恩斯的就业倍数学说是完全错误的。

在上述的图解中,还可以看出:圆滑的扩大的流通取决于偶然性的适合比例的生产。我们知道,资本的流通乃是买进和卖出的统一,即买进生产资料和劳动 $G \rightarrow W$ 经过生产 P,然后继之以出卖含有剩余价值的成品 $W' \rightarrow G'$ 的统一。如果只有 $G \rightarrow W \cdots P \cdots W'$ 而不继之以 $W' \rightarrow G'$ 和 $W = G'$(以货币作价值的尺度和流通的中介),就必然要产生生产过剩的危机,$W' > G'$;由于资本家积累货币资本的冲动固然会产生生产过剩的危机,$W' < G'$;由于资本家阶段的国家膨胀通货,使国民收入的分配有利于"储蓄阶级",无利于"消费阶级",使社会对于消费物的总购买力减少,亦将产生生产过剩的危机。但要如何才能使 $W' \rightarrow G'$ 能够圆滑地进行呢? 依据马克思主义的扩大再生产的理论,解决这个矛盾必须要具备三个条件:(1) 在 I 生产部门中,第一年度所生产的生产资料必须等于第二年 I 和 II 两个生产部门为了更进一步扩大再生产所需要的不变资本。(2) 在 II 生产部门中第一年度所生产的消费资料必须等于国民收入或不变资本的新积累。(3) 第一年度由 II 所生产的生产资料,除供给本部门的消费外,等于 II 所输出的消费资料,二者即 I 和 II 的相互输出必要相等。只有在这三个条件具备后,在 $W' \rightarrow G'$ 的过程中才不至于有生产过剩的危机和失业产生。这即是说,资本主义的有效需求取决于资本主义社会所不可能办到的有计划按比例发展的生产分配与流通关系。然而资本主义的扩大再生产,乃是通过无限的波动、扰乱和偶然性的适合比例来贯彻的。

在凯恩斯的就业倍数学说中,所谓增加投资乃是专指投资物的创造,即 $G_1 \rightarrow W_1$ 和经过生产 P I 到 W' I,但绝口不谈投资物的出卖,W' I $\rightarrow G'$ I,即只有 $G \rightarrow W \cdots P \cdots W'$,但没有 $W' \rightarrow G'$,其目的在于掩饰投资物生产过剩 W' I $> G'$ I 的矛盾。而在所谓对于消费物的货币需求增加时,却又是专指对消费物的购买,即由 W' II

$\rightarrow G'\mathbb{I}$。又不分析消费物的生产所需要具备的条件 $G\mathbb{I}\rightarrow W\mathbb{I}$，即只有 $G\mathbb{I}\rightarrow W\mathbb{I}$ 而无 $G\mathbb{I}\rightarrow W\mathbb{I}\cdots P\mathbb{I}$，其目的在于掩饰由 $G'>W'$ 所造成的实际工资的降低和社会的总消费力减少，以及由此所导致的 $\mathbb{I}$ 生产部门的 $W'\mathbb{I}>G'\mathbb{I}$ 的矛盾。事实上，这个矛盾是存在的。

第一，投资物生产部门的产物，除卖给投资物生产部门自己外，其余部分专靠卖给消费物生产部门。依照凯恩斯的倍数论，既然在所谓投资物生产部门中，增加了所谓投资物的生产，然而在所谓消费物生产部门中，又假定资本有剩余生产力不需要增加所谓投资物，这就存在着 $W'\mathbb{I}>G'\mathbb{I}$ 即"资本物"生产过剩的矛盾。第二，消费物生产部门的产物，除了本部门需要而外，专靠投资物生产部门来购买，诚然，在后者的投资增加时，消费物的货币需求会有增加。可是依照凯恩斯的就业倍数学说，由于消费物生产部门的资本有剩余生产力，从而不买进投资物，那就必然要导致投资物生产的过剩。投资物的生产既过剩了，投资物生产部门的投资必然下降，从而对于消费物的需求又将下降。如果在投资未增加前，社会总生产和劳动总人口已经过剩，那么，现在由于投资减少，必然仍将过剩。但事情并不在这里终结。由于消费物的货币需求增加时，价格涨高，实际工资回跌，国民收入分配不利于劳动者阶级，结果消费物生产的过剩，即 $W'\mathbb{I}>G'\mathbb{I}$ 的矛盾还将加剧。第三，投资亦是不能随意增加的。在任何社会中，生产新的投资物都要受两重的限制：（1）原有装备和原材料的限制和工人所消费的物资如粮食布匹等的储量限制，（2）投资物的未来的销路的限制。可是凯恩斯并未正视这两个限制，好像它是可以不受限制地任意扩大的。凯恩斯在他的"不变因素"中是假定资本的装备不变，但又可以增加生产和就业。这就等于假定无论在投资物生产部门内或在消费物生产部门内，所有资本的装备都有剩余生产力，两者对于新生产的投资物的需求都没有增加。投资物需求没有增加，但投资物供给增加了。还不是会加深投资物生产过剩的危机么？而假定就业的增加，不受原有的不变资本的限制，这就等于"变戏法"。显然都是错误的。

综上以观，可知资本家在其所剥削的利润中，扩大对消费物的货币支出，在其他条件相同的状态下，那就只能相应地减少真实的可变资本和缩减社会的总的消费力，加深消费物生产过剩的矛盾；扩大对投资物生产的货币支出，在凯恩斯所假定的条件下，则只能加深投资物生产的过剩。而既扩大对投资物生产的货币支出，又扩大对消费物的货币支出，在投资物生产出来之后，由于物价的涨高，和劳动者的有限的消费力更进一步低落。那么，除了增加资本家的收入在国民收入中的比例外，总的趋势必然是减少生产和减少就业。所谓就业倍数的关系，在凯恩斯的所谓短期分析法所假定的前提下，即就短期的事物与事物之间的供求关系来说，显然亦是不存在的。

四、从马克思主义关于对抗性的分配关系、现实的货币流通和消费关系的理论揭露这学说在付诸实现后，必然导致在物质生产领域中就业的减少和失业的增加

以上仅就资本的积累和社会总资本的生产与流通来揭露就业倍数学说和它所根据的有效需求原则在理论上的内在矛盾。现在再以马克思主义的生产与流通和对抗性的分配关系理论作指南，来更详尽地指出，在垄断资本主义生产自动化的时代，这个学说被实施的过程中，如何会导致与它的预期全然相反的效果：首先，它如何恶化流通，其次，如何恶化分配；再次，如何在物质生产领域中在相对地短暂的增加生产的过程中，绝对地减少就业。

在资本主义社会中，对抗性的分配关系使资本家不断改进生产的技术和提高社会劳动生产力，并使资本家在劳动所创造的价值中所剥削的剩余价值绝对地增加。随着被剥削的剩余价值量的增加、生产的技术构成的提高、生产的集中、剩余价值的资本化，以及随着生产的增加，资本家的人数更加缩小了，资本家阶级的消费在数量上虽有增加，但在价值上只能在一个极其狭隘的范围内变动①。同时"劳动者的消费能力，则部分地受工资法则的限制，部分地受这个事实的限制：他们要在他们的使用能够为资本家阶级赚到利润的时候，才会被使用"②，也就是说，他们要在他们的使用能够为资本家赚到平均利润或"最大限度的利润"的时候，才能被使用。其结果是，在工资的高度受限制于工资只能等于劳动力的价值这个法则的条件下，劳动生产率越大，社会的生产和消费之间的矛盾亦越大。这个矛盾必然表现为生活资料的过剩、从而生产资料的过剩和人口的相对过剩，即产业常备军的增加。在技术和劳动生产率未有显著提高的时候，在资本有机构成不变的条件下的资本的积累和生产的扩大，本来是会导致生产领域中就业人数的绝对增加的。可是现在由于资本有机构成和劳动生产率的提高，结果，劳动生产率的增加大于生产总量的增加。在这条件下，随着生产的增加，就业人数在物质生产领域中，必然是要绝对地减少的。

在劳动生产率提高的条件下，生产物的增加可以大于、等于或小于劳动生产率的增加。如果生产物大于劳动生产率，实际的工资基金的增加，即绝大部分的消费资料的增加，亦会大于前者，此时就业在消费资料的部门中亦当有绝对的增加。如果前者等于后者，就业在消费资料的部门中虽不增加，亦不减少。如果前者小于后者，就业就将有绝对的减少。

---

① 参阅《资本论》第 3 卷，第 290—291 页。
② 《资本论》第 3 卷，第 622 页。

凯恩斯的就业倍数和它所根据的有效需求原则,在自动化装备和社会劳动生产力急剧增加的条件下,尽力以人为的方法,扩大对于商品的货币支出,首先在 $W'\,\mathrm{I} \to G'\,\mathrm{I}$ 的流通过程中,其次在 $W'\,\mathrm{II} \to G'\,\mathrm{II}$ 的流通过程中增加货币支出即有效需求,其结果是,价格总量增加了。这就是凯恩斯的学说首先在流通过程中所导致的人为的恶劣效果。

依照凯恩斯的学说,物价增加了,但货币工资则予以冻结,或仅许有轻微的增加,结果在就业人数不变时实际工资减少了。纵令实际工资不变,然而在社会劳动生产率,比如说,提高一倍的条件下,相同的实际工资只要从前一半的劳动就可生产出来,其结果是,在对抗性的分配关系的基础上,劳动者的实际收入在实际的国民收入总量中减少了。相反地,资本家的收入在实际的国民收入的总量中增加了。这就是,凯恩斯的学说在付诸实施以后,在实际的国民收入的分配上所造成的经济恶果——大多数人的消费在实际的国民收入中所占的比例,比如说,如果从前是一半,现在却被缩减为 1/4 了。

实际的工资资金在国民收入中,比如说,既然被缩减为 1/4,那么,工人对于消费资料的需求就当减为 1/4。工人对于消费资料的需求既然减为 1/4,社会对于生产资料的需求必然有相应的缩减,其结果是,生产资料部门的生产虽然因社会劳动生产力的增加而增加,然而因为消费资料的部门对于它的需求相对地缩小了,就业的人数亦必需缩减。这就是凯恩斯的学说在生产领域中的恶劣的后果。由此可以得出结论说,凯恩斯的有效需求原则——货币的支出创造国民的收入——和就业倍数的学说绝对没有可能导致充分就业。相反地,除了在极其暂促的时间内可使在物质生产领域中原有的就业水平降低得较慢以外,无论在短时期或长时期内,都必然导致:市场问题尖锐化,生产过剩的危机,劳动力需求的绝对减少和失业的绝对增加。

五、从统计上证明凯恩斯的有效需求原则和就业
倍数学说的覆灭和马克思主义的资本的
积累和产业预备军的理论的胜利

以上只从资本的积累、社会资本的扩大再生产与流通和在对抗性的分配上社会的总消费力的缩小的内在联系,来揭露凯恩斯的就业倍数学说和它所根据的有效需求原则的内在矛盾。现在再以连资产阶级也不得不承认的统计来证明凯恩斯的就业倍数学说的错误。

凯恩斯在他的《通论》中曾经强调,由于边际消费倾向在贫国大于富国,所以定量的投资在贫国所导致的就业倍数比富国大。不但比富国大,而且只要以较小的投资即可实现充分就业。他说:“由于一个贫穷的社会倾向于消费其生产之极大部分,所以只要有小量的投资,即可以实现充分就业,相反地,一个富裕的社会,如

果要想做到富人的储蓄倾向能与穷人的就业并行不悖,那就必要有更大的投资的机会。"①印度是一个贫穷的国家,边际消费倾向极高,它在第一和第二两个五年计划中增加不少的投资,如果凯恩斯的说法是不错的,那么,印度就应当首先是一个充分就业的国家。可是在事实上,恰正相反。印度的失业却是十分严重的。依据印度在 1953 年的调查,除了加尔各答、孟买、马德拉斯等几个城市外,几乎 50 000人口以上的城市,失业已达百分之 7.44。以后的调查是百分之 8.48 的失业和半失业。农村的失业不计其数。据印度国家计划部的统计,印度国内有 300 万失业的工人,半失业的则无法统计。印度每一个劳动者的就业大约需要为他投资 30 000卢比。但因资金筹措不易,所以印度的失业有愈趋严重之势②。可见凯恩斯的就业倍数学说在印度已为无情的事实所粉碎。这就证明了,就业不是如凯恩斯所说,取决于边际消费倾向的增加,而是取决于资本的有机构成和社会资本总量的增加,即剩余价值资本化。

凯恩斯的门徒们说,凯恩斯的就业倍数学说和它所根据的有效需求原则,尽管在印度不适用,但在美国这个企业经常开工不足的国家是适用的。但是,连所有的美国官方统计也证明美国工人的就业不是象凯恩斯所说的那样,取决于一般的投资和消费的货币支出的增加,而是在技术、劳动强度和资本的有机构成不变的条件下取决于可变资本的大小。而在美国,随着私人投资和国民收入的增加,在物质生产领域内,美国工人的就业不仅相对地减少,而且绝对地减少了。请见下列材料:

年份	国民收入③ (单位:亿美元)	%	私人国内的投资④ (单位:亿美元)	%	在制造业、矿业、建筑业、 交通业、公用事业和农业 就业人数⑤(单位:千)	%
1947	1 982	100	315	100	30 904	100
1950	2 419	122	540	143	30 006	97
1953	3 056	114	503	160	31 883	103
1956	3 508	177	674	214	31 880	103
1957	3 669	185	661	210	31 388	101
1958	3 674	185	664	180	29 294	95
1959	4 005	202	727	230	30 199	98
1960	4 155	210	724	230	30 093	97
1961	4 278	216	693	220	29 116	95

① 《就业、利息和货币通论》,英文版,第 31 页;参看中译本,第 32 页。
② 陈翰笙:《印度国民经济发展的计划》,载《世界知识》,1956 年第 5 期,第 7 页。
③ 美国《基本统计手册》,1963 年 1 月 15 日,第 230 页。
④ 美国《基本统计手册》,1963 年 1 月 15 日,第 224—225 页。
⑤ 《美国统计摘要》,1961 年,第 203 页;美国《基本统计手册》,1963 年 1 月 15 日,第 12—13 页。

美国农业和非农业的劳动者的就业和失业① （单位：百万人）

年份	民用劳动力	农业和非农业的就业人数	失业人数
1947	60.2	57.8	2.4
1950	63.1	59.7	8.4
1953	63.8	61.9	1.9
1956	67.5	64.7	2.8
1957	67.9	95.0	2.9
1958	68.6	64.0	4.7
1959	69.4	65.6	3.8
1960	70.6	66.7	3.9
1961	71.6	66.8	4.8

观此可知，美国的国民收入从 1947 年到 1961 年增加到 2 倍以上；由 1947 年的 1 982 亿元增到 1961 年的 4 278 亿元，即由 100 增加到 216。私人的国内毛投资，由 1947 上的 315 亿元增到 1961 年的 693 亿元，即由 100 增加到 220，亦增加到 2 倍以上。可是在美国物质生产领域中的就业工人，却由 1947 年的 30 904 000 人减到 1961 年 29 116 000 人，共减少了 1 788 000 人，即由 100 减到 95。此种趋势在农业尤为显著。连凯恩斯的大门徒汉森也不得不承认，"技术的进步和自动化，给物质生产雇用的人数隔上了一个天花板，在实际上，从 1947 年到 1959 年，在这个领域中减少了恰正 100 万人"②。但应注意，现在又减少了 788 000 了。即令将农业和非农业包含商业、服务业等就业劳动力一并计算在内，尽管随着所谓有效需求的增加，国民收入和私人国内的毛投资由 1947 年到 1961 年都增加了 2 倍以上，但美国的就业人数，由 57.8 百万人增到 66.8 百万人，亦只增加了约莫 15.6%。由此可见，就业的增加不但不是与有效需求、国民收入和投资的增加成正比例，而是在物质生产领域中，恰恰与它立在反对的地位上。这就证明了凯恩斯的就业倍数学说和它所根据的有效需求原则，无论在印度还是在美国，都是不能成立的。

就业随着国民收入和投资的增加，就业总量相对地降低，甚至在物质生产领域中绝对地降低，是由资本主义的生产关系，即由资本自己所导致的。由于资本主义的生产关系，即资本自己，其唯一的任务在于剥削劳动者最大的剩余价值，而不在于满足人民的物质和文化生活方面的要求。为了实现它的这一历史的任务，资本家阶级一方面尽量提高资本的技术构成，从而提高资本的有机构成，尽力提高劳动生产率使生产不断增加。可是，另一方面，却在所生产的日益增加的商品中，使劳动者以工资的形式所得的实际收入在总生产中所占的比例越来越少，资本家所得的份额越来越多。如果以劳动的时间作为价值的尺度，那么，工人在同一长度的劳

---

① 美国《基本统计手册》，1962 年，第 12—13 页。
② 汉森：《60 年代经济上的大事》，第 70 页。

动日中,用来生产工资和薪金的时间、特别是用来生产工资(不包含薪金)的时间,不但相对地减少,而且绝对地减少了。这样就使由资本主义的生产关系所决定的对抗性的分配关系只能有利于资本家而不利于劳动者。

年份	劳动一小时的真实生产指数①	全部商品的物价指数	农产品和食物以外的物价指数②	官方消费者物价指数③	依照电气工人协会的方法计算的工人生活费指数
1947	100.0	100.0	100.0	100.0	100.0
1950	114.1	107.0	107.6	107.6	106.7
1953	124.5	114.2	119.8	119.7	128.5
1956	132.6	118.6	121.7	121.6	128.2
1957	137.5	122.0	125.9	125.8	141.7
1958	140.9	123.7	129.3	129.8	145.3
1959	147.1	124.0	130.5	130.4	148.7
1960	150.4	123.4	132.5	132.4	151.9

由于在对抗性的分配关系的基础上,资本家膨胀支出,抬高物价,尽量冻结货币工资,或强制货币工资在一个极其狭隘的范围内变动,结果工人所得工资比起它在缔结工资契约时所得的份额,在国民收入中所占的份额更低。以美国而论,美国私人经济的劳动生产率即便在企业经常开工不足的条件下,从 1947 年到 1960 年,依照美国的官方统计亦提高了 50.4%。然而物价则不但不减少,反而增加。这样,社会上整个消费力就降更低,而且与这较低的消费力相应的消费物产量可以用较少的工人生产出来。同时,与这较低消费物产量相应的投资物产量,亦可以用较少的工人生产出来。这样就使社会总生产量的增加小于劳动生产率的增加。因此,在生产领域中,随着国民收入的增加、社会总资本的积累和可变资本的增加率相对的减少,工人的就业人数,不但相对地减少,而且绝对地减少了。

凯恩斯的就业倍数学说和它所根据的有效需求原则,恰正加强了就业的在一般的经济领域中相对的和在物质生产领域中绝对的下降的趋势。

即就美国的工资和薪金的整个情况来说,也可看出美国的工薪阶级在国民收入中所占的份额是越来越低,而在社会总资本的积累中,不变资本对可变资本积累的比例是越来越高的。依照上述的指数计算,即以一般物价指数,除以前所引的国民收入的数字,和以不包含农产品和食物在内的物价指数,除私人经济的毛投资,再以消费者物价指数和电气工人协会的物价指数,去除美国的工资和薪水,我们可

---

① 美国《基本统计手册》,1961 年 1 月 15 日,第 91 页。这个指数远较真实的劳动生产率的指数低,真实的劳动生产率指数是指在生产资本得到充分利用的条件下的劳动生产率。可是这里所举的劳动生产率,乃是在企业开工不足的条件下的劳动生产率,显然比前者要低得多。

②③ 《美国统计摘要》,1961 年,第 329 页上的指数是以 1947 - 49 = 100,我将它改为 1947 = 100——作者注。

以证实如上所述的马克思主义的资本积累的规律的生命力。

美国的工资和薪金 （单位：百万美元）

年份	私人经济的工资和薪金①	实际的工资和薪金 I	%	实际的工资和薪金 II（依照电气工人协会的方法）	%
1947	105 512	105 512	100.0	105 512	100.0
1950	124 121	115 354	109.3	116 327	110.2
1953	164 157	137 140	129.9	127 748	121.0
1956	189 593	155 915	147.7	127 888	121.2
1957	198 379	157 693	149.4	139 999	132.6
1958	196 426	151 914	143.9	135 186	128.1
1959	212 893	163 261	154.7	143 169	135.6
1960	224 300	189 410	179.5	147 602	139.9

上表指明，实际的工资和薪金在 1947—1960 年之间由 100 增到 139.9。而美国的实际国民收和实际的投资都比实际的工资和薪金增加得快。

（单位：亿美元）

年份	美国实际的国民收入	%	实际的私营经济的毛投资	%
1947	1 982	100.0	315.0	100.0
1950	2 261	114.0	464.7	147.5
1953	2 576	129.9	419.9	133.3
1956	2 958	149.2	553.8	175.8
1957	3 007	151.7	525.0	166.7
1958	2 970	149.8	437.7	139.0
1959	3 230	162.9	557.1	176.9
1960	3 367	169.8	546.4	173.5

依照美国官方指数计算，实际国民收入由 100 增加到 169.8，实际投资由 100 增加到 173.5，然而实际的工资和薪金只由 100 增加到 139.9。应当强调，依照电气工会指数所算出来的实际工资，在 1947—1960 年之间只增加 39.9%，并不偏低。连美国资产阶级的经济学家塞缪尔森也认为与实际相接近。他说，"举例来说，从 1946 年以来，工资率涨高一倍，但因在同一时期内物价涨高了 50%，实际工资却只增加了 $\frac{1}{3}$，即是 $200/150 = 1\frac{1}{3}$"②。由此可见，实际工资只增加 39.9% 是比较可靠的。这就是本文没有采用根据官方指数计算而得的实际工资指数的理由之一。如果再将上述的三个指数，除以上述的美国的私人经济中每一工时的真实生产的指数，立可看出，美国以劳动时间来表现的私人经济的国内实际毛投资的增加，比以

① 《美国统计摘要》，1961 年，第 303 页。
② 塞缪尔森：《经济学》，第 614 页。

劳动时间来表现的工资和薪金增加要快很多,尽管比国民收入要慢一些。

年份	用劳动单位来表示的实际国民收入指数	用劳动单位来表示的实际私人经济国内毛投资指数	用劳动单位表示的实际工资和薪金指数 I	用劳动单位表示的实际工资指数 II
1947	100.0	100.0	100.0	100.0
1950	99.9	116.7	95.8	96.6
1953	104.3	112.0	104.3	97.2
1956	112.5	132.2	111.4	91.4
1957	110.3	123.3	108.7	96.4
1958	106.3	102.7	102.1	90.9
1959	110.7	127.1	105.2	92.2
1960	112.8	123.8	119.3	93.0

由此可以得出结论说,随着资本的积累,在1947年到1960年之间,资本的有机构成是随着社会劳动生产率的增加而增加的。依照美国官方指数计算的以劳动时间来表现的可变资本,还有19.3%的增加,而依照电气工人协会的方法所计算的以劳动时间来表现的可变资本绝对地减少了7%。鉴于工人阶级的真正的实际工资比较上述的实际工资和薪金增加得慢,和鉴于美国官方的消费者物价指数,从反映劳动者阶级的生活费用来说偏低,我以为在每一劳动日中生产工人的实际工资基金所费的劳动时间,正如上表中的以劳动时间来表示的实际工资和薪金的指数,确是不但相对地减少,而且绝对地减少了。

马克思在《资本论》大著中指出,"社会的财富,机能中的资本,它的增加的范围与能力,从而,无产阶级的绝对数和他们的劳动生产力越大,产业后备军也就越是大"[1],这个法则在自动化的时代,又添上了一个崭新的内容,即无产阶级的绝对数在高度发展的资本主义国家中,不是倾向于增加而是倾向于减少了。可见,就业的不足,产业预备的增加,不是由于所谓对一般商品的有效需求的不足,而是由于对劳动力这个商品的需求的不足所导致的。而这又是由于在资本的有机构成日益提高的条件下,随着资本的积累和劳动生产率的增加,可变资本的增加小于不变资本的增加,同时就业的增加更小于可变资本的增加所导致的。

六、结 束 语

从以上的分析可以证明,在资本主义社会中,资本家为了剥削劳动者阶级的最大的剩余价值,不断提高资本的技术构成和社会劳动生产率,结果使资本的有机构成也提高了。这样就使生产领域可变资本的积累比起不变资本的积累来,以及就

---

[1] 《资本论》第1卷,第811页。

业的变迁比起可变资本的增加来,更是倾向于相对的和绝对的减少。同时,在资本主义对抗性的分配关系的基础上,资本家在流通过程内又以人为的方法,膨胀通货,抬高物价,使工人所得的工资份额更迅速地减少。这就必然加深资产阶级与无产阶级的矛盾。即是,正比例于社会劳动生产率的增加,无产阶级的饥饿和失业亦越严重。

凯恩斯本来想以他的有效需求原则和就业倍数学说,来掩盖这个矛盾,和以此来向马克思的资本积累的无产阶级贫困化的理论进攻。出于凯恩斯的意料之外,待将这个学说实行后,不但不曾掩盖着这矛盾,反而使这矛盾更进一步尖锐化,即是,随着投资和消费的货币支出的增加,物价的增加和利润的增加,无产阶级确切不移地更进一步地贫困化,社会的整个消费力更进一步地不足,市场问题更进一步地尖锐化,企业更进一步地开工不足,就业的工人数更进一步地减少,不但在一般的工商企业中相对地减少,而且在物质生产领域中绝对地减少了。在铁的事实面前,凯恩斯越是反对马克思的资本积累和产业预备军的理论,就越加暴露他的所谓有效需求原则和就业倍数学说的虚伪性和反动性,从而它也就将覆灭得越快。

(《新建设》,1964 年 5 月号)

用实践的标准检验凯恩斯的就业一般理论

当代英国资产阶级庸俗经济学家凯恩斯于 1936 年出版的《就业、利息和货币的一般理论》(以下简称《一般理论》),曾经在资本主义世界名噪一时,直至目前仍对一些资本主义国家的经济政策发生重大影响。

《一般理论》的主要内容是论述充分就业问题。凯恩斯认为,社会就业取决于有效需求的大小;而有效需求则由"消费倾向"、"对资产未来收益的预期"和对"灵活的偏好"即对货币的偏好这三个基本心理因素,"工资单位"以及货币量所决定。在凯恩斯看来,资本主义社会失业人口的存在,并不是由资本制度所造成,而是由于有效需求不足;经济危机并不是资本主义基本矛盾的产物,而是由于资本家对投资的未来收益缺乏信心而造成的资本边际效率(预期利润率)的"突然崩溃"。凯恩斯以有效需求理论为依据,一反传统的资产阶级经济理论的自由放任主义,大力主张国家干预经济生活,采取财政金融措施,刺激消费,增加投资,以提高有效需求,实现充分就业。

凯恩斯这套理论,适应了垄断资产阶级推行国家垄断资本主义,攫取高额垄断利润,维护不断遭到危机冲击的垄断资本主义制度的迫切需要,因而被一些资产阶级学者捧上了天。现在我们要用实践这个检验真理的唯一标准来检验凯恩斯的就业一般理论,看看它是正确的还是谬误的。

一

凯恩斯在论述就业理论时,假定若干个所谓对就业不起决定作用的不变因素。他说:"我所假定为不变者是现有的可用的劳动的技巧和数量,现有的可用的设备的性质和数量,现有的技术,竞争的程度,……以及社会的结构包含决定国民收入的分配的种种力量,下举的几个自变数除外。"[①]这个假定是违背实际情况的,不科学的。

首先,在客观实践中,凯恩斯假定的不变因素,其实都是可变因素。其中前三个不变因素,属于生产力的内容。它们的变化是无比迅猛的。众所周知,不久以

---

① 凯恩斯:《就业、利息和货币的一般理论》,第 18 章第 245 页。

前,劳动者使用的还是手工操作的机床,可是现在已经变成自动化机床和由电子计算机控制的自动机床线了;不久以前,生产过程需要的电力,还是由火力发电站和水力发电站供应的,现在又加上由原子能发电站供应了;不久以前,工业的原材料主要是有机物,现在又加上无机物了。劳动者技巧的性质和数量也与以前大不相同。这些变化使社会物质生产力大大提高,从而使劳动者在每一劳动时间内所生产的使用价值大大增加。

凯恩斯假定的另一个不变因素,即竞争的程度,乃是资本主义生产关系的因素。它的变化虽然不如生产力因素的变化那样迅猛,但也是显著的,而且是重要的。谁都知道,资本主义社会竞争的程度,已由昔日众多的自由资本家们争取实现平均利润,转变而为今日少数垄断资本巨头争取高额垄断利润了。后者比前者更加尖锐和剧烈。其结果:每个劳动者在每一劳动时间内为垄断资本家所生产的剩余价值越来越多,资产阶级对无产阶级的剥削越来越残酷。

由此可见,凯恩斯把这些经常变动的因素当做不变因素,是违背资本主义社会的实际情况的。

其次,凯恩斯"不考虑和不涉及"的这些不变因素,实际上是对就业问题有着决定性影响的真正的自变数。

我们知道,在资本主义社会中,就业的人数取决于两个因素:(一)可变资本的数量;(二)每一可变资本所支配的就业人数。由于上述生产力三个因素和生产关系一个因素的变化,资本的技术构成越来越高,反映技术构成变化的价值构成即资本的有机构成也越来越高。就是说,在同量资本中,可变资本部分越来越低,这样,在资本有机构成提高条件下的资本积累,一方面,使决定就业的第一个因素,即可变资本的扩大,比起不变资本的扩大来,相对地减少,从而就业的增加也就相对地减少了;另一方面,还使决定就业的第二个因素,每一可变资本所支配的就业人数绝对地减少。因为,"每一个资本家的绝对利益在于,从较少的工人身上而不是用同样低廉或甚至更为低廉的花费从较多的工人身上榨取一定量的劳动。在后一种情况下,不变资本的支出会随着所推动的劳动量成比例地增长,在前一种情况下,不变资本的增长则要慢得多"[①]。这样就使就业的增加越来越落后于劳动人口的增加。

由此可见,这些被凯恩斯假定为对就业不起决定作用的所谓不变因素,实际上是决定就业的真正的自变数。很显然,抹杀这些因素的作用,或者对这些因素"不考虑和不涉及",就不可能对就业问题作出科学的结论。

---

① 马克思:《资本论》第 1 卷,人民出版社,1975 年版,第 697 页。

二

凯恩斯为了论述决定就业的自变数,提出"就业函数理论","有效需求原则",即是"需求函数"与"供给函数"相均衡的理论、"工资的规律"作为理论依据。但是这些理论根据是违背客观实际的,因而是不科学的。

第一,关于"就业函数理论"。

所谓就业函数理论,就是说社会用来购买商品的货币支出决定社会对于商品的需求;社会对于商品的需求决定社会对于用来生产商品的就业的需求,或者说,社会的总就业人数,取决于商品的以工资单位来计算的总需求,即取决于以一小时劳动的货币工资(工资单位)去除社会用来购买商品的总货币支出即总需求价格所得之商。这就是凯恩斯提出决定就业自变数的第一个理论根据。

实践的标准判明,凯恩斯的就业函数理论是不符合于客观实际的。因为人民用来购买商品的货币支出的增加,并不等于社会对于商品的真正需求的增加。自从社会生产分为Ⅰ生产资料生产部门和Ⅱ消费资料生产部门以来,社会对于商品的总需求,乃是取决于Ⅰ和Ⅱ两个生产部门所分工生产的既适合于本部门为了扩大再生产所需用的生产品,又适合于彼部门为了扩大再生产所需用的和由彼部门用等价的生产品来交换的生产物的供给;即取决于Ⅰ和Ⅱ两大部门所分工生产的适合彼此每方和双方为了扩大再生产所需用的生产品的总供给。马克思的资本积累与扩大再生产学说,就是从资本主义社会商品的总需求与总供给的实际的相互关系中总结出来的,又是经过人们亿万次的经验证明了的学说。依照马克思的分析,在扩大再生产的场合,商品的需求取决于下述三个条件:(1)Ⅰ部门所生产的生产资料恰正适合于Ⅰ和Ⅱ两个部门为了扩大再生产所需要用来作不变资本的生产资料;(2)Ⅱ部门所生产的消费资料恰是Ⅰ和Ⅱ两个部门所需要用来消费的消费资料;(3)Ⅰ或Ⅱ两个部门在部际贸易中的出口恰正等于Ⅰ或Ⅱ的入口的交易条件。如果这三个条件都满足了,那末,社会对Ⅰ和Ⅱ两个生产部门的生产品的总需求,必然恰正等于Ⅰ和Ⅱ两个部门为了扩大再生产所生产的用于满足自己一方和他方的商品生产即总供给了。不难看出,货币在两种互相需求和互相供给的商品中所起的只是媒介作用,正如媒公(或媒婆)在男婚女嫁上所起的媒介作用一样。如果Ⅰ和Ⅱ两个部门双方所生产的生产品不构成双方扩大再生产所需用的生产品,那末,无论中央银行怎样增加货币的供给和降低利息率,从而增加用来购买商品的货币支出,也不能解决Ⅰ部门和Ⅱ部门每方自己的和双方彼此对于彼此的相互需求。由此可见,社会用来购买商品的货币支出的增加,并不等于社会对于商品的真正需求的增加。

另外,社会用来购买商品的货币支出的增加,并不是社会用来购买劳动力的货币支出的增加。谁都知道,社会用来购买商品的货币支出等于不变资本加可变资本加剩余价值,但社会用来购买劳动力的货币支出只等于可变资本。在现代资本主义社会中,在资本有机构成提高的条件下进行扩大再生产时,社会用来购买商品的货币支出的增加和用来购买劳动力的货币支出的增加,是不同比例的,甚至不是同方向的。

由此可见,在社会的客观实践中,就业不是取决于社会用来购买商品的货币支出,而是取决于可变资本和每一可变资本在每一个就业工人身上所挤出的劳动。可见,凯恩斯的就业函数理论及其公式不是从社会实践中来又不是在社会实践中获得了证明的,从而是不正确的和不可以相信的。

第二,关于"有效需求原则",即"需求函数"与"供给函数"相均衡的理论。

所谓"有效需求原则",就是说,商品的总供给受社会对于商品的需求决定,即受社会对于生产商品的就业人数的需求决定;而社会对就业人数的需求,又取决于预期的社会用来购买商品的货币支出的数量。凯恩斯认为,在支出决定收入和就业的整个链条中,由中央银行确定的货币总供给量是中心环节。他一再强调说:"如果货币能够像农作物一样地被生长或像汽车一样地被制造,则不景气就可以避免或减少。"①又说:"如果财政部用些旧瓶子装满钞票,把它们埋藏在废而不用的煤矿的一些适当的深坑里,再用城市的垃圾把它们填平,然后把这钞票区域的开采权租给私人企业,让后者按照自由放任主义,把钞票挖出来,那么,失业就没有了;而且影响所及,社会的真实收入和资本财富比现在大概要大得多。"②这就是凯恩斯的支出决定收入和就业的有效需求原则所导致的"需求函数"与"供给函数"相均衡的理论。它是决定就业自变数的第二个理论根据。

实践的标准判明,凯恩斯的"需求函数"与"供给函数"相均衡理论,也是不符合于资本主义社会的实际情况的。众所周知,通过中央银行货币供给量的增加,利息率的降低,人们用来购买商品的货币支出的增加,除了导致物价高涨外,并不能导致商品的供给,国民收入和就业的增加。在任何资本主义社会中,商品的供给,从而国民收入和就业,无不取决于在扩大再生产的准备年里,首先能够将扩大再生产的年度所需要的作为不变资本的生产资料:厂房、机器、原材料、动力等的增量生产出来。不仅如此,还需要在扩大再生产的准备年里,把扩大再生产年度新增的工人所必需的宿舍、粮食、衣服、交通工具的增量,即是作为实际的可变资本的增量,首先生产出来。在这种条件下,才能扩大商品的生产、供给和就业;否则商品的生产、供给和就业的增加都是不可能的。用图解来表示如下。

---

① 凯恩斯:《就业、利息和货币的一般理论》,第 17 章,第 231 页。
② 同上书,第 129 页。

1. 扩大再生准备年度的生产过程

由货币到商品的过程　生产过程　更多的商品的生产

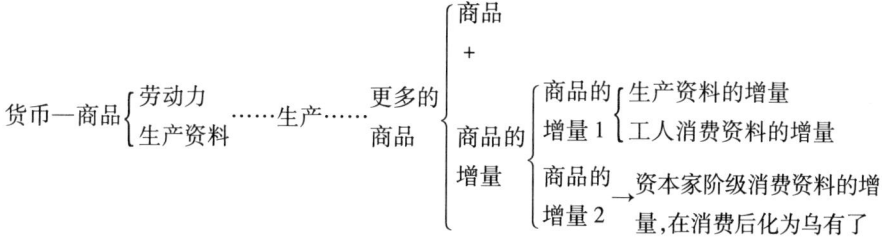

2. 扩大再生产年度的生产过程

由货币到商品的过程　　　　　　　　　生产过程

从上述扩大再生产的准备和实现的过程中很容易看出，商品生产资本的增加，从而生产的商品的增加，乃是由于在准备年里工人替资本家所生产的作为资本家的剩余价值的商品增量中，除了商品的增量2，供资本家消费而化为乌有外，还生产了商品的增量1，内中包含有工人的消费资料增量和生产资料增量两个部分，作为扩大再生产年度所必需的可变资本的增量和不变资本的增量之用。否则无论社会怎样增加用来购买消费资料和生产资料的货币支出，除了导致通货膨胀和物价增高外，根本不可能增加商品的供给，也不可能增加就业。事实正是如此。英国牛津大学经济学教授歇克斯就明确指出："他们（指凯恩斯主义的各种政策——笔者）并没有产生什么真正的经济的进步可成长，像他们在长时期内所说的那个样。他们只导致了通货膨胀。这好像是已经很清楚的了，它（指凯恩斯主义经济学——笔者）已经犯了某种错误。"[①]由此可见，商品的供给和就业的扩大，只有在扩大再生产的准备年里，不但首先增产了名为不变资本的生产资料的生产，而且增产了与不变资本的增量相配合的名为可变资本的消费资料的生产，既不多又不少，然后才能在次年实现扩大再生产和增加就业。凯恩斯的"有效需求原则"，即"需求函数"与"供给函数"相均衡的理论既不是从客观实践中来，又不是从客观实践中获得了证明的。

① 歇克斯：《凯恩斯主义经济学的危机》，第3页。

第三,关于"工资的规律"。

所谓工资规律,是指工人的工资取决于工人增加一小时劳动所增加的劳动生产物。凯恩斯认为,工人的边际劳动生产物是 $\dfrac{\text{劳动生产物的增量}}{\text{工人劳动(时间)的增量}}$;在生产设备不变、技术不变和劳动技巧不变的条件下,例如在同一亩土地上,或在同一部机器上增加劳动的时间,虽然劳动量增加一倍,但资本和土地没有增加,其结果是,工人的边际劳动生产物将递减。因此,在社会对于商品的需求增加,物价增加的情况下,如果工资单位,即每增加一小时劳动所得的货币报酬不增加和听任实际工资下落,一直下落到与递减的边际劳动生产物相符合,那末就业就将增加;反之,就将减少。这就是凯恩斯提出的决定就业自变数的第三个理论根据。实践的标准判明,凯恩斯的工资规律也是不符合资本主义社会的实际情况的。谁都知道,在资本有机构成不变和资本有机构成提高时条件下,随着就业的增加,工人的边际劳动生产物从来没有递减。尤为重要的是,现代资本主义扩大再生产是在资本有机构成提高下进行的;因此,工人的边际劳动生产物一直是递增的。依据美国《基本经济手册》材料,美国私营经济每一人时的劳动生产物指数(1957—1959 = 100)从 1909—1966 年,这五十七年中,包括 1929—1933 年世界经济的大危机和衰退时期在内,由 100 增加至 129,只有两年除外。这就说明,劳动者的边际劳动生产物是递增的。

凯恩斯为了说明劳动者的边际劳动生产物递减,假设资本主义扩大再生产是在生产设备不变的前提下进行的,也就是在资本有机构成降低的条件下进行的。但在资本主义社会中扩大再生产在资本有机构成降低的条件下进行的事实是不存在的。凯恩斯凭借他所杜撰的边际劳动生产物递减规律,认为在货币增加和物价增加时,劳动者每一人时的劳动的货币工资不能增加,只能不变,并听任实际工资下落,使下落的实际工资与递减的劳动生产物相符合,才能增加就业,否则就不能增加就业,很显然,这是无中生有:根本不可相信。

综上所述,凯恩斯决定就业自变数的三个理论依据,都是违背资本主义社会的客观实际的,因而是不科学,不正确的。

三

凯恩斯认为,对就业起决定作用的因素,也就是决定就业的自变数有三种:"(1) 三个基本的心理因素,即是,心理的边际消费倾向,心理的对于灵活的态度(即是对于货币的需求——笔者)和心理的对于资产的未来收益的预期;(2) 在雇者和被雇者之间协定的工资单位;(3) 由中央银行确定的货币的数量。"其中第一种因素实际包括三个因素,因此,最终决定就业的共有五个自变数。应该指出,这些自变数是由上述三个理论根据推演出来的,其错误是显而易见的。从各个自变数本身来看,也是违背资本主义社会的客观实际,因而是不科学的。

第一,关于心理的边际消费倾向。

所谓心理的边际消费倾向,指的是人们心理的消费支出的增量 ΔCo,同他们收入的增量 Δy 的比率。凯恩斯断言,消费资料生产部门的消费资料的供给增量,从而就业的增量,取决于心理的消费倾向的大小。如果心理的边际消费倾向为 $\frac{\Delta Co}{\Delta y}$ =1,那末,在"非自愿失业"存在的条件下,消费资料生产部门的消费资料供给,从而就业就将有极大的增加,甚至有无限大的增加,直至"非自愿失业"的工人充分就业为止。如果心理的边际消费倾向为大于零而小于 $1\left(0<\frac{\Delta Co}{\Delta y}<1\right)$,则消费资料生产部门的消费资料的供给,从而就业,也将有相应的增加。这就是凯恩斯决定就业的第一个自变数。

实践的标准判明,凯恩斯这一认识不符合资本主义社会生产和就业增加的实际情况。众所周知,在资本主义社会中,在社会生产分为Ⅰ生产资料生产部门和Ⅱ消费资料生产部门的条件下,消费资料部门的生产和就业的增加,并不是取决于人们用来购买消费资料的货币支出的增加,即不是取决于人们心理的边际消费的大小;而是取决于:第一,Ⅰ部门首先将Ⅱ部门为了扩大生产和就业所必需的生产资料的增量生产出来;第二,Ⅱ部门的资本家们,再用他们的剩余价值中未被自己消费掉的一部分,向Ⅰ部门把本部门所必需的生产资料买进来作为新增的不变资本;同时他们还必须把剩余价值中未被自己消费掉的另一部分,用来增购劳动力作为新增的可变资本。只有具备这些条件,才能进行扩大再生产。如果像凯恩斯所说的那样,Ⅱ部门的资本家把全部剩余价值的增量都用于个人消费,使他们的心理的边际消费倾向 $\frac{\Delta Co}{\Delta y}=1$,那末,他们既没有余钱来向Ⅰ部门购买增产消费资料所必需的生产资料的增量,扩大它的不变资本,又没有余钱来增雇劳动力,扩大它的可变资本,这就不可能增加Ⅱ部门的生产,也不可能增加就业。凯恩斯以为心理的边际消费倾向 $\frac{\Delta Co}{\Delta y}=1$ 时,消费资料生产部门的生产和就业可以无限增加,这是绝对不可能的事情。

纵令心理的边际消费倾向小于 1 而大于 0,即 $0<\frac{\Delta Co}{\Delta y}<1$,结果也是一样。按照凯恩斯的说法,在心理的边际消费倾向小于 1 时,资本家不是把全部收入的增量消费掉,而是把收入增量的一部分用于储蓄,变为新增的银行存款和窖藏货币。但是储蓄不等于投资。因此在 $0<\frac{\Delta Co}{\Delta y}<1$ 的条件下,作为不变资本的生产资料和作为可变资本的劳动力都没有丝毫增加,从而Ⅱ部门的生产和就业也不可能有丝毫增加。

由此可见,凯恩斯决定就业的第一个自变数,是完全不符合资本主义社会的实际情况的。

第二,关于心理的对于灵活的态度。

所谓心理的对于灵活的态度,就是人们对于货币的态度。凯恩斯认为,如果人们心理上保存货币的倾向增加,对于用钱来买债券的需求就将减少;在债券的供给并未减少的条件下,附有固定利息的债券价格就将降低,利息率就将涨高。由于利息率涨高,资本家对于资产未来的纯收益即纯利润率的预期就将相应地减少,从而用来购买生产资料的货币支出的增量也将减少。其结果,生产资料的供给,从而就业,就将减少。相反,如果人们心理对于灵活(即货币)的需求小了,那末,通过利息率的降低,资本家用来购买生产资料的货币支出将会增加,从而生产资料的供给和就业也将增加。由此又必然引起人们用来购买消费资料的货币支出的增加。其结果,消费资料的生产和就业的工人数就将同生产资料的生产和就业的工人数同方向增加。其最终结果是,社会商品的总生产即国民收入,从而社会总就业就会增加。这就是凯恩斯决定就业的第二个自变数。

实践的标准判明,把人们心理对于货币的态度作为决定就业的因素也是错误的。这是由于Ⅰ生产部门和Ⅱ消费部门生产和就业的增加,第一取决于Ⅰ部门首先能将工和Ⅱ两部门为了扩大再生产和增加就业所需要的生产资料的增量生产出来;第二取决于Ⅰ和Ⅱ两个部门的资本家必须把剩余价值的一部分用来添置生产资料和雇佣新增劳动力。只有具备这两个条件,才能扩大生产和增加就业。由于利息率的降低不等于用作不变资本增量的生产资料的增加和用作可变资本增量的消费资料的增加,从而商品的总供给和总就业都不能有所增加。由此可见,用所谓心理对于灵活的态度作为决定就业的因素,是无中生有的,不能成立的。

第三,关于心理的对于资产未来收益的预期。所谓心理的对于资产未来收益的预期,就是对于利润率的预期。凯恩斯根据就业函数理论和供给函数理论,说什么由于资本家对于资产的未来收益的预期增加,比如说,增加了100,那末,名为资产或资本的生产资料的供给,从而就业,就将增加100,但这是无中生有和不能成立的。

客观存在的事实是,由于在扩大再生产的过程中,事先没有生产出商品形态的剩余价值1,即商品的增量$1=0$,从而由商品的增量1转化而来的,作为不变资本的生产资料的增量Δc和作为可变资本的劳动者的消费资料的增量Δv等于0,因此,生产的增量,从而就业的增量,也必等于0。单凭这一点即可看出,凯恩斯的第三个自变数,也不是决定就业的工人数的真正自变数。

第四,关于工资单位。

凯恩斯认为,在货币增加和物价增加的条件下,工人每一小时劳动所得的货币工资不变,听任实际的工资单位降低,则生产和就业都可增加。然而在实际生活中,如果在货币和物价增加的条件下,工人的货币工资不变,实际工资降低,必然导致国民收入的分配大大有利于资产阶级,即是大储蓄阶级;同时大大不利于无产阶级,即是大消费阶级。其结果,在消费资料的生产增加或不变的条件下,消费资料的销售市场,由于大众的贫困和社会整个消费力减少,必然相应地缩小。消费资料生产过剩的危机和由它导致的生产资料生产过剩的危机,必然相继发生。在生产过剩危机发生的时候,就业不但不能因实际的工资单位降低而增加,反而要大大减少。由此可以看出,凯恩斯决定就业的第四个自变数,也是不符合客观实际的。

第五,关于被中央银行确定的货币数量。

凯恩斯认为,如果中央银行确定的货币数量增加,生产和就业也就相应增加,这更是欺人之谈。实际上,生产和就业的增加,取决于资本家阶级不曾消费其全部的剩余价值,并把这一部分未被消费的剩余价值转化为扩大再生产所必需的作为不变资本的增量即生产资料的增量,和作为可变资本的劳动者所消费的消费资料的增量,由于中央银行货币数量的增加,最多只能导致物价的增加;但物价的增加并不就是作为不变资本的生产资料的增加,也不意味着作为可变资本的劳动者所需用的消费资料的增加,因而没有增加任何生产和就业的可能性。凯恩斯一再强调,如果货币能够像农作物一样被生长、像汽车一样被制造、像煤一样被开采,不景气就可以避免,或减少,失业现象就不存在。事实胜于雄辩,现在世界各国货币数量的增加,比农作物的生长,汽车的制造,矿石的采掘要快得多,多得多,但不仅没有消灭失业与危机,而且使失业与危机越来越严重。这就说明,凯恩斯着重指出的这第五个自变数,在实际上也不是真正决定就业的因素。

综上所述,凯恩斯关于决定就业的五个自变数,经过实践的检验,都是不正确的和不可相信的。

四

凯恩斯的就业一般理论之所以是不正确的,反科学的,完全是由他为垄断资产阶级辩护的阶级本性决定的。

伟大导师列宁指出:"其原因正如政治经济学教授虽然在实际材料的专门研究方面能够写出极有价值的作品,可是一旦说到政治经济学的一般理论时,他们中间任何一个人所说的任何一句话都不可相信一样。因为在现代社会中,政治经济学正像认识论一样,是一门有党性的科学。总而言之,经济学教授们不过是资产阶级手下的有学问的帮办。"[①]凯恩斯,这位"政治经济学教授",的确是资产阶级有学问的帮办。他公开宣传:"不问资产阶级有什么缺点,总是社会的精华。而且一定带着一切人类进步的科学。"[②]他并且露骨地说,工人阶级"不是我的阶级,当着阶级战争发生时,我的地方的和个人的忠心,如像其他的人一样,除了某些丧心病狂的

---

① 列宁:《唯物主义和经验批判主义》,《列宁选集》,第 2 卷,第 349—350 页。
② 凯恩斯:《劝说集》,第 307 页。

人而外,总是向着我自己的周围的。我也能受我所认为公正和善意的影响,但是阶级的战争必然发现我站在有教养的资产阶级一边。"①这两段话充分暴露了凯恩斯作为资产阶级有学问的帮办的阶级本性。他的《就业、利息和货币一般理论》,就是他对资产阶级的主要辩护。

实践是无情的。无论凯恩斯怎样用科学的外衣把自己乔装打扮,俨然以为自己是一个最有发明创造的"革命"经济学家;可是实践证明,他不过是资产阶级庸俗经济学的继承者。像所有庸俗经济学说一样,他的就业一般理论也已被雄辩的事实扫进了历史的垃圾堆。

(《经济研究》,1980 年第 10 期)

---

① 凯恩斯:《劝说集》,第 307 页。

再论凯恩斯有效需求和就业倍数理论的谬误

凯恩斯就业一般理论的谬误,我已在《用实践的标准检验凯恩斯的就业一般理论》(载《经济研究》1980 年第三期)一文中进行了批判。本文准备依据马克思的资本积累和社会总资本扩大再生产的理论,从三个方面进一步揭露凯恩斯的有效需求和就业倍数理论的荒谬性,批判凯恩斯根据他的有效需求原则所得出的有关就业倍数学说的三个论点。

一

凯恩斯在这方面的第一个论点是:在资本设备不变的条件下,新的生产资料(凯恩斯将它称作投资物)的生产可以首先扩大。什么是凯恩斯所假定的不变的资本设备呢?依照凯恩斯的定义,资本的设备等于固定资本加工作资本(指半成品)加存货资本。这就是说,尽管厂房、机器和原材料没有增加,即常量资本没有增加,同时新增雇的劳动者的生活资料如粮食、工人宿舍等也没有增加,但是新的投资物和新的消费物的生产亦可增加,就业的工人数也可以增加,因为依照凯恩斯的有效需求原则,只要增加购买商品的货币的支出,就行了。

实际上,在资本主义的任何时代中,这都是不可能做到的。就业的工人数的增加,决不是象凯恩斯的所谓有效需求原则所说的那样,取决于预期的货币的支出,即预期的需求的增加。为了揭露凯恩斯这一论点的谬误,让我们重温一下马克思关于资本积累和再生产的学说,即资本的积累乃是由剩余价值资本化而来。但剩余价值为什么能化为资本呢?资本家首先必须不消费其全部的收入:剩余价值。在扩大再生产的准备年里,资本家在工人消费其全部收入(工资)的条件下,必须不把所增加的生产物 ΔW 都制成供给资本家消费的东西。这也就是说,在 ΔW 中,除生产有 ΔW_2 供资本家消费的必需品和奢侈品而外,还生产有 ΔW_1,即另一部分制成品,它是生产出来准备供扩大再生产年度用的生产资料的增量(如机器、动力和原材料的增量)和工人的消费资料的增量(如增雇的工人的住宅、粮食、交通工具等),否则在第二年就不能进行扩大再生产了。

然而凯恩斯在他的所谓有效需求和就业倍数学说中所提出的第一个原则却是:在资本装备不变的条件下,只要 I 部类的资本家们预期对 I 部类所生产的投资物(生产资料)的需求(即用来购买投资物的货币支出)增加 100,Ⅰ部类就将增产投资物 100。在Ⅱ部类没有增加消费物的时候,Ⅰ部类就优先增产了投资物 100。这就是说,尽管Ⅰ部类资本设备不增加,常量资本没有增加,机器与原材料没有增加,同时物质的变量资本、新工人的住宅、粮食、交通工具等亦没有增加,但Ⅰ部类所生产的生产资料却可优先增加。但事实上,如果Ⅰ部类的机器原材料没有增加,物质的变量资本也没有增加,只增加了预期用来购买投资物的货币支出 100,那么依照上述的扩大再生产的条件,除了使投资物的价格增加 100 外,是什么投资物也不能增加的。

固然,凯恩斯仍然可以说,纵令常量资本不变,变量资本也不变,但是在同一的常量资本之上,依照他的工人的工资只能随着工人的边际劳动生产物的递减的工资规律,还是可以增加就业的。这种假设的前提在于假定资本的有机构成递减,但是在大资本驱逐中、小资本的资本主义社会中,资本有机构成不是递减的。可见他所提出的不要资本积累的扩大再生产和扩大就业的说法,是不能成立的。凯恩斯之所以杜撰出这样一种谎话,乃是企图以它来诱骗工人阶级在通货膨胀、利息率降低、物价增加的条件下,依照他所捏造的工资规律,按照原来的货币工资(从而降低实际工资)来提高资本家的利润率,使资本家能够对工人阶级进行强制的掠夺。资本家预期的资本边际利润率尽管增加了,然而客观事实是,由于没有由 ΔW_1 造成的剩余价值资本化,结果 ΔC 和 ΔV 都没有增加,就业的工人数亦不能增加。

二

凯恩斯的有效需求和就业倍数学说的第二个论点是,如果对投资物的有效的货币需求即货币支出增加 ΔⅠ,Ⅰ部类的生产和收入必然也增加 ΔⅠ。如果Ⅰ部类将这 ΔⅠ的货币收入全部用为买Ⅱ部类生产的消费物。就将使Ⅱ部类的消费物的生产和收入第一次增加 ΔⅠ。又如Ⅱ部类将其所增加的收入再继续全部用来买消费物,就将使Ⅱ部类的消费的生产和收入第二次增加 ΔⅠ。如果照这样一直继续增加到无限次,那么,国民收就和就业将增加到 ΔⅠ的无限大倍。即 $\Delta Y = \Delta$Ⅰ $+$ ΔⅠ $+ \Delta$Ⅰ $\cdots = \Delta$Ⅰ$(1 + 1 + 1 + \cdots) = \infty \Delta$Ⅰ,一直到将所有的非自愿失业的工人充分就业。这就是说,当人们的消费倾向 $\Delta C/\Delta Y$ 等于 1 时,收入和就业都将增加无限大倍。相反地,如果Ⅰ部类在 ΔⅠ中一文也不把它来消费,即 $\Delta C/\Delta Y = 0$,这么,国民收入和就业就只能增加到 ΔⅠ的 1 倍,即 $\Delta Y = \Delta$Ⅰ。又如果Ⅰ部类在其收入的增量 ΔⅠ中以一部分来消费,另一部分来储蓄。即在 $0 < \Delta C/\Delta Y < 1$ 的条件下,那么,国民收入和就业的工人数增加的倍数就等于 1 和 ∞ 之间。

为了揭露凯恩斯这第二个论点的荒谬性,假定在Ⅱ部类生产和就业没有增加以前,Ⅰ类的收确是增加了 100,Ⅰ部类或者将全部 100,或者将其中的 $\frac{1}{2}$ 或 $\frac{1}{3}$,即

50 或 33.3 用来向 Ⅱ 部类买消费物。虽然消费物的供应没有增加,但消费物的需求却增加了。在这条件下,Ⅱ 部类的资本家们的货币利润确是增加了或者 100,或者 $100 \times \frac{1}{2}$,或者 $100 \times \frac{1}{23}$ 并以其全部或 $50 \left(\frac{1}{2} \times 100 \right)$ 或 $33.3 \left(\frac{1}{3} \times 100 \right)$ 再用来买消费物,而且 Ⅱ 部类的资本家们,一个靠着一个地也跟着这样作了。但问题在于:是否在 Ⅱ 部类中,消费物的生产就会增加那么多倍呢? 我们可以考虑三种情况:(1) 消费物生产部类的剩余存化很多,能满足增加 100 或 50 或 33.3……的新需求。(2) 消费物的剩余存货没有这么多,但固定资本有剩余生产力,仓库中有剩余的工作资本的存货(半制成品)、原材料,而市场上亦有若干的剩余存货。(3) 所有资本的剩余生产力和存货都没有了,除非重新增加常量资本和变量资本的积累,否则不能增加消费物生产。必须强调指出,凯恩斯的就业倍数学说的第二个论点,对于这三种情况,都不适用。

就第(1)种情况来说,由于消费物的新需求是由它的剩余存货来供给,显然不能导致生产和就业的一丁点儿增加。就第(2)种情况来说,好像就业有可能增加,正如上文所指出的那样,这是取决于资本家的剩余价值资本化,取决于 Ⅱ 部类的资本家们在其收的 100 或 50 或 33.3 或……货币利润中以部分化作常量资本的增量 ΔC 和变量资本的增量 ΔV,然后消费物生产才能增加。可是 Ⅱ 部类的资本家们却把全部的 100 或 50 或 33.3……用来再买消费物来吃、喝、玩、乐。或者只以其一部分来买消费物,但同时,又把其余的部分放在口袋或银行里,作为货币储蓄,连一文也不曾拿出来增加 ΔV 和 ΔC,怎么能够增加生产和就业呢?

更为严重的问题在于,资本家阶级不但今天没有将其收入的剩余价值(即货币利润之一部分)转化作 ΔV 和 ΔC,连昨天也没有这样作。因为凯恩斯假定 Ⅱ 部类的资本家无论在今天或昨天,在货币利润增加后,或者 $100 \times (1 + 1 + 1 + \cdots)$,或 $100 \times \left(\frac{1}{2} \right) + \left(\frac{1}{2} \right)^2 + \left(\frac{1}{2} \right)^3 \cdots$ 或 $100 \times \left(\frac{1}{3} \right) + \left(\frac{1}{3} \right)^2 + \left(\frac{1}{3} \right)^3 \cdots\cdots$ 用来消费了;或者以其中一部分用来买消费物,但同时又以其余的部分用来储蓄了。无论是用来消费或储蓄,都不可能以其中的一丁点儿作为 ΔV 和 ΔC,增加生产资料和增雇新工人,即增加就业。这就是说,无论在今天或昨天,ΔC 和 ΔV 都等于零了。既然 ΔC 和 ΔV 都等于零了,怎么能够增加 Ⅱ 部类的生产和就业呢? 这是不可能的。让我们再重复一遍,即就业的增加,依据马克思的资本积累与扩大再生产的理论,乃是取决于剩余价值的资本化,取决于伴着常量资本的增量而来的变量资本的增量和平均每一变量资本的增量所支配的就业人数的增量,而后者又取决于每一变量资本的增量在每一工人身上所剥削的剩余劳动即剩余价值的增量。

现在讨论第三种情况。在这种情况下,连凯恩斯自己也承认消费物工业部类之就业量不能与投资物工业部类的就业量同时增加。

因此,正如上文所指出的,既然第 Ⅱ 部类的资本家们在第 Ⅰ 部类所得的消费支出的增量中,即在其所得的货币的利润(即剩余价值)中,相继地要么以全部来消费,或者要么以一部分买消费物即消费,同时又以其余的部分,塞进他的口袋里或银行中作储蓄,那么,就没有什么来作常量资本的增量和变量资本的增量。常量资本的增量和变量资本的增量既然等于零,还能增雇什么工人呢?这就证明了,凯恩斯所谓有效需求原则和就业倍数学说的第二个论点,在三种情况下都是不适用的。

三

凯恩斯的有效需求和就业倍数学说的第三个论点,就是凯恩斯依照他的有效需求和就业倍数公式,在 ΔI 为已知时,$K = \dfrac{1}{1 - \dfrac{\Delta C}{\Delta Y}}$ 时,认为在 $\dfrac{\Delta C}{\Delta Y} = 0$ 时,国民收入或就业还可以增加到 ΔI 的 1 倍,即 $\Delta Y = \Delta I \times 1$。这无论在理论上或事实上都是不可能的。因为 I 部类投资物的增产,在资本主义的有机构成提高的阶段和在资本有机构成不变的阶段,都是 I 部类资本家们事先由包含剩余价值在内的制成品的增量(ΔW_1)实现为货币形态的剩余价值(ΔV)的结果。在 I 部类事先并没有增产 ΔW_1 从而增加 ΔG_1,并将 ΔG_1 转化为 ΔC 和 ΔV 的时候,像凯恩斯的有效需求和就业倍数学说所说的那样,徒然增加货币的支出即通货膨胀增雇工人来增产投资物,由于新雇的工人既没有事先准备好的机器与原材料的增量(ΔC)供他们生产之用,又没有事先准备好的新建的工人宿舍与粮食给他们住宿和充饥,当然是一丁点儿的投资物都生产不出来的。凯恩斯的这一个论点,既假定装备没有丝毫的增加(即常量资本没有丝毫的增加),$\Delta C = 0$,连原材料也没有丝毫的增加,连工人所必须的粮食的储备也没有丝毫的增加,同时又假定新增雇工人把他们的货币工资全部储蓄起来,一文也不用来买消费品,这就等于假定,工人既不吃饭也无所增的生产工具与原材料,只要 I 部类的资本家增加货币支出 100 来生产投资物 100,他们就能把投资物的供给增加 100,这个假定当然更是绝对荒谬的。中国有句俗话说,"巧妇难为无米之炊"。连"巧妇"尚且"难为无米之炊",那么,新雇来的生产生产资料的工人,还能空着肚子和空着双手生产出什么机器和原材料来呢?

总而言之,凯恩斯的有效需求和就业倍数学说,用马克思的"积累与扩大再生产"的理论来衡量,它在生产领域中的全部论点都是荒谬的。这就是说,他所提出的决定就业的第一个自变数(人们心理上的边际消费倾向),如象他所提出的第三个自变数(资本家、企业家们心理上对于资产的收益的预期)一样,都不是在生产领域中决定工人的就业人数的自变数,因为工人就业总数取决于在资本有机构成中,随着总资本的积累而来的变量资本和每一变量资本在每一个工人身上所剥削的剩余价值(即剩余劳动),取决于在扩大再生产的准备年度里,在生产领域中商品形态的剩余价值(即 ΔW_1)的生产。然而在凯恩斯的有效需求和就业倍数学说中,认为 $\Delta W_1 = 0$,从而 $\Delta C = 0$ 和 $\Delta V = 0$。从他假定的人们边际消费倾向这第一个决定工人就业总数的自变量来说,无论是 $\frac{\Delta C}{\Delta Y} = 1$ 也罢,等于零也罢,或 $0 < \frac{\Delta C}{\Delta Y} < 1$ 也罢,都是假定资本家企业家们没有剩余价值资本化,其结果是:

$$\Delta V = 0,即 V \times \frac{\Delta E}{\Delta V} = 0 \quad (E = 每一变量资本所支配的工人数)$$

这就证明了由边际消费倾向所导致的对于消费物货币支出的增加(即需求的增加)足以增加生产和就业乃是无中生有的谎话。

同样的道理,凯恩斯在他的就业理论中所提出的第三个决定就业的自变数:资本家对于资产的未来收益的预期,由于它是建立在 ΔW_1 等于零,从而 ΔC 和 ΔV 同样等于零的假设前提的基础上,也就不可能是决定就业的自变数。

至于凯恩斯提出的决定就业的其他几个自变数(心理对于灵活的态度,工资单位,货币的供给)都不可能决定就业的问题,我已在《用实践的标准检标凯恩斯的就业一般理论》一文的第三部分中作过分析,这里就不再重复了。

(《经济科学》,1980 年 3 期)

全面按照马克思关于扩大再生产的四个条件，
稳定地迅速实现我国四个现代化

三中全会决定把党的工作着重点转移到社会主义现代化建设上来以后，有不少的经济学专家和经济工作者根据我国三十年经济建设的经验教育，反复论证孤立发展生产，把生产与分配、交换、消费割裂开来是不行的。因为扩大再生产不仅是生产增长的问题，扩大再生产必须经过生产、分配、交换、消费才能实现。因此，他们主张，在我国今后的经济建设中，必须以马克思的扩大再生产理论作为指导，切实做到两大部类按比例发展，保证国民经济发展的综合平衡。只有这样，才能达到稳定地迅速实现我国四个现代化。在这共同认识的基础上，本文的目的在于：（一）全面地介绍马克思关于扩大再生产的四个条件；（二）阐明必须全面按这四个条件进行经济建设，才能保证我国的社会主义扩大再生产稳定而持久地一年比一年的规模更加扩大，以利于迅速实现四个现代化；（三）在应用马克思关于生产资料和消费资料的平衡的著名公式：(1) $I(V+m) = IIC$ 和 (2) 在扩大再生产中 $II(V+m) > IIC$ 时，必须注意正确安排第一部类和第二部类在生产内部的比例关系。因为只有正确安排两大部类在生产内部的比例关系，社会主义扩大再生产才能顺利进行，才有助于稳定地迅速实现我国四个现代化。

（一）马克思关于实现扩大再生产的四个条件

马克思在研究扩大再生产时，按产品的最终用途将社会生产划分为两大部类：（一）生产资料的生产部类，简称第一部类，用 I 表示它；（二）消费资料的生产部类，简称第二部类，用 II 表示它。通常人们所引用的马克思关于扩大再生产的公式 $I(V+m) = IIC$，并不是扩大再生产能以进行的全部条件，而只是进行扩大再生产的必要条件。这就是说，如果不具备 $I(V+m) = IIC$ 这样一个条件，当然不可能进行扩大再生产。然而，仅仅是强调具备这一条件并不一定能保证扩大再生产顺利进行。必须全部具备以下四个条件，才能顺利地、继续地实现一年高过一年的扩大规模的再生产。因而可以认为这四个条件实质上是扩大再生产的缺一不可的实现条件。

1. 第一个条件：第 I 部类所生产的生产资料的价值 W_1（假定价值与产量成正

比)必须大于 I 和 II 两大部类在生产过程中所消耗的不变资本 $C_1 + C_2$ 的价值之总和,而且所大的数量应该恰等于 I 和 II 两大部类为了扩大生产规模所需要净增的不变资本 $\Delta C_1 + \Delta C_2$ 的价值。用公式表示,即:

$$W_1 = C_1 + C_2 + \Delta C_1 + \Delta C_2$$

　　这个条件实质上是对 I 部类产品增产的数量要求。为了顺利实现扩大再生产, I 部类的产品既不能短缺也不能盲目增加。 I 部类产品短缺,没有足够的生产资料,扩大再生产很难进行,甚至无法进行。 I 部类产品盲目增加,使生产的数量超过扩大再生产的需要,势必有一部分生产资料积压,浪费社会资金,给整个社会迅速稳定地进行扩大再生产造成困难。因此, I 部类生产的增长有其客观要求的数量界限。我们只有努力研究这种数量界限及其变化的特点,才能使我们的经济工作符合客观要求。

　　2. 第二个条件:第 II 部类所生产的消费资料的总价值 W_2(假定价值与产量成正比例)必须小于 I 和 II 两个部类的可变资本 $V_1 + V_2$ 和剩余价值 $m_1 + m_2$ 相加之总和,而且所少的数量必须与 $\Delta C_1 + \Delta C_2$ 相等。用公式来表示,即:

$$W_2 = V_1 + V_2 + m_1 + m_2 - \Delta C_1 - \Delta C_2$$

　　这个条件表明:在国民总收入 $V_1 + m_1 + V_2 + m_2$ 中,能用于消费的消费资料的价值,只占国民总收入的一部分。在国民总收入中除去能用于消费的部分,余下来的数额,恰恰与 I 和 II 两个部类扩大再生产所需要增加的不变资本的价值 $\Delta C_1 + \Delta C_2$ 相等。这样,扩大再生产所需要追加的不变资本 $\Delta C_1 + \Delta C_2$,就能够从国民总收入的一部分价值转化而来。在资本主义社会中,工人消费其全部工资收入,即 $V_1 + V_2$。资本家在其所占有的剩余价值 $m_1 + m_2$ 中,用于资本家个人消费的只是一部分,另一部分则作为积累的货币资金。资本家在其所积累的货币资金中以一部分购买第一部类所增产的生产资料作为 ΔC_1 和 ΔC_2,这样扩大再生产所需要追加的不变资本 ΔC_1 和 ΔC_2 就全有了。除此之外,资本家在其所积累的(即是没有消费的)货币资金中还要另外拿出一部分来购买扩大再生产所需要净增的劳动力,这样扩大再生产所需要净增的可变资本 ΔV_1 和 ΔV_2 也都有了。这样就使 I 部类和 II 部类的扩大再生产都能顺利进行了。

　　如果 II 部类的生产不符合这一条件的要求,那: $W_2 \neq V_1 + V_2 + m_1 + m_2 - \Delta C_1 - \Delta C_2$。如果 $W_2 > V_1 + V_2 + m_1 + m_2 - \Delta C_1 - \Delta C_2$,那末,一方面造成部分消费品没有足够的销路,产生消费资料生产过剩。另一方面,扩大再生产所需要的 $\Delta C_1 + \Delta C_2$ 在实物上没有保证。因为国民生产中消费资料生产过剩,无法使生产消费资料的资本家获得正常销货利润,因而也没有货币去向第一部类购买增产的生产资料作为必须增加的不变资本 ΔC_1 和 ΔC_2 来扩大再生产。又如果 $W_2 < V_1 + V_2 + m_1 + m_2 - \Delta C_1 - \Delta C_2$,那末,这就将使工人和资本家的个人消费不足,主要是使扩大再生产所需追加的 $\Delta V_1 + \Delta V_2$ 不足,因而不能保证扩大再生产顺利进行。

　　在社会主义条件下,扩大再生产不仅要 I 部类生产增加,并且要求 II 部类合比例地逐年增加消费资料的生产,以满足扩大再生产所引起的用于 $\Delta V_1 + \Delta V_2$ 的需要。我国三十年建设中的一个重要教训是忽视Ⅱ部类的生产,在较长时期内消费资料供应不足,个别时期消费资料严重缺乏,因而使扩大再生产发生了困难。当然,消费资料的生产也不能过多。

3. 第三个条件是:在第Ⅰ部类和Ⅱ部类的部际交换中,Ⅰ部类向Ⅱ部类输出的生产资料的价值必须恰等于Ⅱ部类向Ⅰ部类输出的消费资料的价值。即Ⅱ部类向Ⅰ部类输出的消费资料的价值必须恰等于Ⅰ部类向Ⅱ部类输出的生产资料的价值。这就是说,在这两个部类中,每一部类的输出产品价值恰等于其输入产品的价值。所谓两大部类的正确比例关系问题,实质上就是两大部类之间的部际交换能否顺利进行的问题。又什么是Ⅰ部类向Ⅱ部类输出的生产资料的价值呢? 即Ⅰ部类在其所生产的生产资料的总价值 W_1 中,除了Ⅰ部类内部需要的,即用于本年度在生产生产资料的扩大再生产过程中消耗的 $C_1 + \Delta C_1$,所余下的和用来输出生产资料的价值,即 $W_1 - (C_1 + \Delta C_1)$。又什么是Ⅱ部类向Ⅰ部类输出的消费资料的价值呢? 即Ⅱ部类在其所生产的消费资料的总价值 W_2 中,第一需要除去Ⅱ部类留下来用来满足本部类工人的消费资料的价值 V_2,第二需要除去Ⅱ部类留下来用来满足本部类资本家的消费资料的价值,即是Ⅱ部类在其所得的剩余价值 m_2 中减掉用来购买Ⅰ部类的生产资料用作净增的不变资本 ΔC_2 所余下的用来满足Ⅱ部类资本家的消费资料的价值——除了这两部分的价值外所余下的用来输出的消费资料的价值,即 $W_2 - \{V_2 - (m_2 - \Delta C_2)\}$。这当然就是Ⅱ部类向Ⅰ部类输出的消费资料的价值。

如果两大部类在生产内部的比例关系合于第一和第二两个条件,那末,两大部类之间的交换关系就必然是输出的价值等于输入的价值,可用如下公式表示:

$$W_1 - (C_1 + \Delta C_1) = W_2 - \{V_2 - (m_2 - \Delta C_2)\}$$

这样,在Ⅰ和Ⅱ两个部类之间的部际交换中,就使每一个部类向另一个部类输出的货物的价值与其从另一部类输入的货物的价值相平衡了。如果两大部类按比例发展,经过这样的交换之后,整个社会所生产的全部生产资料和消费资料,不多不少恰恰够用,既无欠缺又无积压。每一件社会产品都能发挥它应有的作用,不仅保证了社会再生产顺利进行,使扩大再生产持续稳健发展,而且没有浪费积压,经济效果最佳。如果我们在经济建设中遵循这一理论安排两大部类的比例关系,使两大部类的生产除满足本部类内部的需要外,在两个部类之间的交换关系上达到平衡或基本平衡,那么,就是做到了两大部类合比例发展了。因而,两大部类之间的比例关系是否恰当,关键不在于哪个部门应该发展快,哪个部门应该发展慢,关键在于不同时期的生产发展必须做两大部类之间的交换达到平衡或基本平衡。

不难看出,这第三个公式是被前述第一、第二两个条件的公式所决定的。兹证明如下:

第一个公式：$W_1 = C_1 + \Delta C_1 + C_2 + \Delta C_2$

所以，　　　　　　$W_1 - (C_1 + \Delta C_1) = C_2 + \Delta C_2$

因为，　　　　　　$W_1 - (C_1 + \Delta C_1) = (C_1 + V_1 + m_1) - (C_1 + \Delta C_1)$

　　　　　　　　　　　　　　　　　$= V_1 + m_1 - \Delta C_1$

所以，　　　　$C_2 + \Delta C_2 = V_1 + m_1 - \Delta C_1$

第二个公式：$W_2 = V_1 + V_2 + m_1 + m_2 - \Delta C_1 - \Delta C_2$

所以：　　　　$W_2 - (V_2 + + m_2 - \Delta C_2) = V_1 + m_1 - \Delta C_1$

从以上两个公式的推导，可以得出第三个公式：

$$W_1 - (C_1 + \Delta C_1) = W_2 - (V_2 + + m_2 - \Delta C_2)$$

只有使 Ⅰ 部类的生产和 Ⅱ 部类的生产保持一定的比例关系，并通过以上的部际贸易，然后 Ⅰ 和 Ⅱ 两部类的不变资本，才能从 $C_1 + C_2$ 扩大到 $C_1 + C_2 + \Delta C_1 + \Delta C_2$，使扩大再生产有必要的生产资料；使 Ⅰ 和 Ⅱ 两部类的可变资本从 $V_1 + V_2$ 扩大到 $V_1 + V_2 + \Delta V_1 + \Delta V_2$，保证扩大再生产所需要的生活资料的供应。而且这样的部际贸易使两大部类的产品全部在交换中得以实现。

4. 第四个条件是：在进行扩大再生产时，Ⅰ 和 Ⅱ 两部类必须分别依照在一定的有机构成 C/V 条件下，按各自的不变资本对可变资本的比例，把追加投资用于 ΔC_1 和 ΔV_1 以及 $\Delta C_2 + \Delta V_2$，这样 Ⅰ 和 Ⅱ 两部类的剩余价值中用于积累的一部分才真正转化为真正的净增的生产资本，使整个社会的不变资本从 $C_1 + C_2$ 扩大为 $C_1 + C_2 + \Delta C_1 + \Delta C_2$；可变资本从 $V_1 + V_2$ 扩大到 $V_1 + V_2 + \Delta V_1 + \Delta V_2$。

马克思论证社会资本的简单再生产和扩大再生产时，为了抓住中心分析再生产理论的实质，而把一些较次要的因素如国际贸易和有机构成的变化等抽象掉了，以免使问题复杂化而淹没中心问题。他这样处理是正确的。列宁为了批判民粹派否认资本主义在俄国的发展，写了《论所谓市场问题》。在这一著名论文中，列宁在马克思的扩大再生产理论基础上，把有机构成提高的因素加入再生产公式进行计算，从而得出结论："增长最快的是制造生产资料的生产资料生产，其次是制造消费资料的生产资料的生产，最慢的是消费资料生产。"[1]列宁的这一结论是讲的在有机构成不断提高条件下两大部类发展的趋势。列宁在同书中强调绝不能"滥用"这一公式，如认为可以把追加投资全部用于 Ⅰ 部类，而使 Ⅱ 部类停滞，更不能认为随着有机构成的提高 V 与 $C + V$ 之比越来越小，就可使 V 等于零。

认真研究和运用马克思关于扩大再生产的第四个条件和列宁的有关论述，对我们有重大的实践意义。我国建设三十年的经验证明，在技术不断进步和发展的今天，随着有机构成的提高，Ⅰ 部类是必须加快发展的。然而 Ⅰ 部类生产应该有多大的增长速度不是随心所欲确定的，不是越快越好，更不能靠挤第 Ⅱ 部类的生产来发展第 Ⅰ 部类。一般来说，有机构成提高快的时期，劳动生产率提高的速度快，用

---

① 《列宁全集》第 1 卷, 第 71 页。

人相对减少,因而扩大再生产对生产资料的需要相对增加,对消费资料的需求相对减少。相反,有机构成提高慢的时期,劳动生产率提高的速度减慢,用人相对增加,因而扩大再生产对生产资料的需求相对减少,对消费资料的需求相对增加。在实践中,由于种种原因,各年的技术发展速度是不同的,有机构成的提高速度也不同。在其他条件不变的情况下,每年对生产资料和消费资料增长速度的要求是不同的,简单确定Ⅰ部类平均每年增长若干,Ⅱ部类平均每年增长若干,是不能制定历年准确的经济计划的。只有具体考虑和详细计算各年有机构成变化的数据或大体趋势,才可制定出较能合于客观经济发展的计划。

(二)全面按照马克思的关于扩大再生产的四个条件进行经济建设,才能稳定地迅速实现我国四个现代化

首先要明确的是,我们在将马克思关于扩大再生产的四个条件和表现它们的有关公式应用于社会主义社会的时候,由于社会主义社会的无剥削本质使上述四个条件和有关公式中的 C、V、m 所表现意义与资本主义社会根本不同。社会主义条件下的 C、V、m 所代表的只能是用以增加社会生产和改善人民生活的生产资料的价值、劳动者的报酬和社会纯收入。

马克思关于扩大再生产的四个条件是相互联系互为依存的,在经济建设实践中,必须全面遵照这四个条件办事,才能保证扩大再生产的顺利进行,从而达到在我国稳定地迅速实现四化。如果只孤立地强调某一个条件不能做到整个国民经济的综合平衡,就会使再生产遇到困难。具体来说,如果我们只用第一个条件来指导社会主义扩大再生产,即在我们进行社会主义建设的指导思想上只重视生产资料的生产,虽然做到了 $W_1 = C_1 + C_2 + \Delta C_1 + \Delta C_2$,但是,忽视消费资料的生产,没有做到具备扩大再生产的第二个条件: $W_2 = V_1 + m_1 + V_2 + m_2 - \Delta C_1 - \Delta C_2$。这就是说,为了扩大再生产所需要的生产资料是有保证的,但是为了扩大再生产所需要的消费资料不是欠缺就是有余。用公式表示,即: $W_2 \neq V_1 + V_2 + m_1 + m_2 - \Delta C_1 - \Delta C_2$。如果 $W_2 > V_1 + V_2 + m_1 + m_2 - \Delta C_1 - \Delta C_2$,那末,在部际贸易中,就将使 $W_1 - (C_1 + \Delta C_1) < W_2 - V_2 - (m_2 - \Delta C_2)$,从而就将导致消费资料的过剩。相反地,如果 $W_2 < V_1 + V_2 + m_1 + m_2 - \Delta C_1 - \Delta C_2$,那末,在部际贸易中,就会发生 $W_1 - (C_1 + \Delta C_1) > W_2 - V_2 - (m_2 - \Delta C_2)$,从而使消费资料供应不足。在我们国家的经济建设中,两次严惩受挫,一个突出的问题是消费资料生产不足,特别是三年大跃进"以钢为纲",只顾Ⅰ部类生产不顾Ⅱ部类生产,从一九五九年起农业连续三年减产,轻工业生产也连续下降,城乡人民缺少粮食,市场供应紧张,最后重工业被迫下马,造成整个社会的扩大再生产严重受挫。当前消费品生产不能充分满足广大人民和市场的需要,实质上是Ⅱ部类的生产不能附合扩大再生产的需求。如果在我国的计划生产的指导原则中,忽视扩大再生产对生产资料的需求,只注意安排消费资料的生产,

虽然是具备了马克思关于扩大再生产的第二个条件：$W_2 = V_1 + V_2 + m_1 + m_2 - \Delta C_1 - \Delta C_2$，但是，不具备马克思关于扩大再生产的第一个条件：$W_1 = C_1 + C_2 + \Delta C_1 + \Delta C_2$，因而形成 $W_1 \neq C_1 + C_2 + \Delta C_1 + \Delta C_2$。那末，在部际贸易中，就将使：$W_1 - (C_1 + \Delta C_1) \neq W_2 - V_2 - (m_2 - \Delta C_2)$。其结果，必然发生生产资料的过剩和不足。生产资料过剩，造成社会主义建设资金的积压和浪费，影响经济效果，减低生产的增长速度；生产资料不足，直接造成 I 和 II 两大部类技术上不能更新改造，生产规模不能扩大，原材料缺乏、停工待料等等。因而，生产资料过剩或不足，都将影响扩大再生产的顺利进行。如果我们只注意到马克思关于扩大再生产的第三个条件，即注意保持生产资料和消费资料在部际贸易中的平衡，只以第三个条件作为经济建设的依据，使：$W_1 - (C_1 + \Delta C_1) = W_2 - V_2 - (m_2 - \Delta C_2)$，然而不注意第一个条件和第二个条件。结果，第三个条件无法实现，因为不具备第一个条件和第二个条件，是难以实现第三个条件的。因为第三个条件只是两大部类之间相交换的平衡条件，如果在生产中两大部类没有按比例进行，那末，在交换中就不能达到平衡，只有 I 部类生产的产品恰等于 $C_1 + C_2$ 和追加投资所需要的 $\Delta C_1 + \Delta C_2$，II 部类所生产的消费资料恰等于 $V_1 + V_2 + m_1 + m_2 - \Delta C_1 - \Delta C_2$，在此基础上才能真正做到两大部类交换的平衡：$W_1 - (C_1 + \Delta C_1) = W_2 - V_2 - (m_2 - \Delta C_2)$。所以，第三个条件是在第一条件和第二个条件具备的基础上产生并实现的。在实践中不认真解决生产中的比例关系，只求在交换中达到两大部类的平衡，是画饼充饥，徒劳无功的。马克思关于扩大再生产的第四个条件，在进行理论问题的分析时，可以把它抽象掉，然而在实际经济建设中是不能抽象掉这一因素的。而且有机构成的变化在不同部类、不同部门、不同企业是不一致的，某些新技术新工艺的采用，可以使个别企业、个别部门突然间在生产中发生巨变，在一般情况下，各类工农业生产的技术水平都是逐年提高的，所以，在制定经济建设计划时，绝对不能忽略有机构成变化因素所带来的对两大部类产品需求的变化。当然，由于有机构成的变化是随时随地进行的，很难准确地用数字完全计算出来。但是，只要我们在经济建设中尊重客观事实，认真研究掌握客观经济规律，注意自然科学的发展和应用，在制订计划时详细周密收集数据，在马列主义基本原理的指导下，依据我国的实际可能制订计划，那末，我们是能掌握和运用这第四个条件的。如果不考虑第四个条件，前三个条件只是纸上谈兵，不能落实。

（三）马克思关于 I 和 II 两个部类之间的交换关系的著名公式和我国的四个现代化

马克思在分析和论证社会再生产和两大部类之间的比例关系时，提出了两个著名的公式：（1）在简单再生产中的公式：$I(V + m) = II C$；（2）在扩大再生产中的公式：$I(V + m) > II C$。

过去和现在有不少同志写文章解释和论述这两个公式,并且主张我国的国民经济计划要按照这两个公式制定。这些观点和意见当然是正确的,然而过于一般,因而是不足的。尤其是关于扩大再生产的公式:$I(V+m) > IIC$,究竟在计划安排中$I(V+m)$比IIC大多少呢?从我国的实践经验来看,我们过去是很强调发展 I 部类生产的,在实际投资方面,对 I 部类的投资数量和投资增长速度都大大高于对 II 部类的投资数量和投资的增长速度,结果,虽然 I 部类发展很快,但是却脱离了 II 部类生产,造成了两大部类的比例失调。因此,必须研究确定不同条件下$I(V+m)$应比IIC所大的数量界限。

马克思关于简单再生产的公式共有三个:

1. $I\ W_1 = C_1 + C_2$

2. $II\ W_2 = V_1 + m_1 + V_2 + m_2$

3. $I(V+m) = IIC$

这就是说,要具备简单再生产的公式$I(V+m) = IIC$,必须在具备第 1 和第 2 两个公式的基础上才能实现。也就是说,简单再生产的公式$I(V+m) = IIC$,是由第 1 和第 2 两公式决定的。其决定过程如下:

因为　　　　　　　　$I\ W_1 = C_1 + C_2$ ………………………(1)

　　　　　　　　　　$II\ W_2 = V_1 + m_1 + V_2 + m_2$…………(2)

所以根据(1)　　　$I\ W_1 - C_1 = C_2$

即　　　　　　　　$I(V+m) = IIC$

根据(2)　　　　　$II\ W_2 - (V_2 + m_2) = V_1 + m_1$

即　　　　　　　　$IIC = I(V+m)$

如果简单再生产过程中 I 部类的生产在价值上和实物上不能保证如数的C_1和C_2,或者在 II 部类的生产在价值上和实物上不提供相当于$V_1 + m_1$和$V_2 + m_2$的需要,那末,简单再生产的公式是不能实现的。

马克思关于扩大再生产的公式:$I(V+m) = IIC$。这只是进行扩大再生产的前提条件和必要条件,而不是实现扩大再生产的全部条件。在社会主义建设中要保证扩大再生产顺利进行,绝对不是说,只要有更多的生产资料,只要$I(V+m)$比IIC的价值大,不论大多少,扩大再生产都是可以实现的。我们在这方面的教训太多,现今有两千万吨钢材积压,电机产品积压达六百多亿元之巨,这些过剩的生产资料,除了影响扩大再生产的顺利进行之外,不能再起其他作用。所以,目前深入研究实现扩大再生产的四个条件具有重要的现实意义。

前述已分析了实现扩大再生产的四个条件之间的关系,在此需要再次强调的是,我们必须分清扩大再生产的前提条件和现实条件。关于$I(V+m) = IIC$,这只是扩大再生产的前提条件,具备这一条件:即生产资料的生产除满足简单再生产对C_1和C_2的需要外还有剩余,因此有可能把满足简单再生产的需要之后所剩余的生产资料,作为 ΔC_1 和 ΔC_2,使扩大再生产具备生产资料。大家明白:只有生产资料并不能确保扩大再生产工具对劳动对象进行加工的过程。因此,在社会主义条件下,要进行扩大再生产,必须生产足够的 II 部类产品,以充足的消费资料满足广大劳动者在物质和文化上的日益增长的需求,这不仅是社会主义制度优越于资本主义制度的根本表现,也是社会主义扩大再生产本身的要求。没有足够的消费品,劳动者缺吃少穿,或者住房拥挤、交通困难,劳动者的体力不能保持和恢复,劳动者的文化和技术水平不能提高,如何靠广大劳动者进行物质生产从而实现四化呢?我国目前存在的对人民生活欠账甚多的问题,绝不是仅仅群众个人消费的问题,实质上是影响社会主义扩大再生产的问题。没有顺利进行的一年大于一年的扩大再生产,从哪里谈起实现四化的问题? 即令每年的生产规模能有所扩大,然而继续存在生产资料的积压和消费资料的不足,那末,必然造成再生产过程中不必要的损失和浪费,发生可以避免的市场供应紧张,这势必推迟实现四化的时间表。当然,实现扩大再生产的四个条件,在写文章时是比较容易列出公式加以推算的,在实践中,由于各种情况缤纷复杂,各种影响 I 和 II 两部发展的因素又千变万化,实际制订计划将比本文所述复杂得多,困难很多。然而我相信,在目前的大好形势下,理论工作者与实际经济工作者共同携起手来,在党中央的领导下,我们共同遵循马克思的基本原理,认真地总结我国三十年的实践经验和教训,勇于探索,勇于创新和试验,一定能在马克思关于扩大再生产的基本原理指导下,找一条符合我国实现四化的道路。今后我国经济的发展必然是稳定而又迅速的。

(本文由斐元秀同志协助整理)

(《财政研究》,1981 年 5 期)

北京大学经济学院（系）100周年纪念文库

樊弘著作集 下

樊弘 著

孙家红 编

北京大学出版社

目　录

上　册

上篇　1949年前发表论文

下篇　1949 年后发表论文

下 册

劳动立法原理

社会调查方法

工资理论之发展

现代货币学

两　条　路

劳动立法原理（商务印书馆，1927年版）

序

这一本书,叫做《劳动立法原理》。他的目的,是想拿来帮助解决中国的劳动问题的。

凡是研究劳动问题的人脑海里面都要发生这些问题:

第一,什么叫做劳动?

第二,劳动怎么又有问题?

第三,解决劳动问题的学理和实行,究竟共有几类? 以那一类为最适当? 最通行?

第四,怎样现代的劳动保护法规,是解决劳动问题的锁钥? 他的地位这么高? 势力这么大。

第五,用劳动保护法规来解决劳动问题,他的形式,又有些什么种类?

第六,有了劳动保护法规,又怎样才能使他执行?

这一本书,便是尽力的把这些问题,一一作个答案,并且这些答案,因为力求简明起见,所以他的内容,便不尽在机械的叙述这些答案的本身,并且尽力的说明他们存在的理由,换句话说,就是本书的内容,其叙述的方法,重在解决劳动问题之劳动立法的原理原则,所以本书便叫做《劳动立法原理》。

因为本书的正文所取的材料,都是关于国内的,而非国际的。所以本书的末了,便加入一章,叫做"万国劳动立法的进化",一者说明万国劳动立法的必要,再者,说明万国劳动立法的过去,三者说明万国劳动立法的现在,加以所搜集的材料,大半都是杂志报章上的材料,并且一直至去年的万国劳动大会的议决案为止,所以此章的附录,或真能补正文之不足。

本书的材料,大半都取自康孟士(Commons)和安德鲁士(Andrews)所做的《劳动立法原理》(*Principles of Labor Legislation*)及日本关一博士所作的《工业政策》,系马凌甫君翻译的。其余如法国查理士·基特(Charles Gide)所做的《政治经济学》(*Political Economy*)以及美国勒味(B. E. Lowe)所作的《国际劳动保护法规》(*The International Protection of Labor*)都是本书所根据的重要材料。此外又参考了几种别的著作,此处不必尽录。

现在我不知要用什么话句,才能表现我感谢的声音。因为我编辑这本书的成功,都赖我们的北大政治系主任教授周鲠生先生的启发和鼓励。原文又承鲠生先生改了数处,受益殊深。

民国十四年六月二十八日　樊弘　北京大学

第一章　劳动的意义与劳动契约的特质

一、劳动的意义

无论那种动物,如果要想达到他自己的目的,都须得为某种的活动。这种活动,便是他的意识的表现。至于人类,因为是动物界中的最高级,意识的作用最强,目的最多,因此他的意识的活动亦愈烈。但在这种活动里面依着苦乐程度的差异可以分做两类,一类是快活的,或是快活最多的,叫做游戏;一类是痛苦的,或是痛苦最多的,叫做劳动。劳动的特质,就是以痛苦为其构成要件。

普通的说来,在一个游戏里面,大半的活动都是自由的,他的本身都可以寻着满足。所以是快活。反转来说,在劳动里面,便不可与游戏一等同视,他的本身大半都是由于外力的压迫,不是自由,不是快活,是痛苦。所以基特(Charles Gide)说,痛苦是劳动的一个要件。

但是上面所说的劳动,都是指广义的劳动而言,把一切经济的劳动与非经济的劳动,统统包括在内,这实不是本文所要研究的对象。因为本文所要研究的劳动,乃是狭义的劳动,经济的劳动。经济的劳动,就是指着我们人类为了解决生活的问题,而起的一种更痛苦的活动。换句话说,就是无论任何活动,在名目上尽管是政治活动,是宗教活动,是教育活动,但是一到实际里面,如果是为了生活的动机,也与拉洋车背矢桶同是一类,统统叫做经济的劳动。所以经济的劳动,不只限于生产的劳动。不过生产的劳动,是经济劳动的重要部分。从性质上说,他的本身最苦;从范围上说,他的数目最多。因此在社会问题或劳动问题中,他的势力也最大。

二、劳动问题的中心

生产的劳动已可依着各种不同的方法,分作各种不同的种类。从性质上说,精神的劳动与肉体的劳动为第一类。从范围上说,指挥的劳动与执行的劳动为第二类。从品质上说,熟练的劳动与不熟练的劳动为第三类。从雇佣上说,独立的劳动与不独立的劳动为第四类。从性别上说,男子的劳动与女子的劳动为第五类,从年龄上说,成年的劳动与童年的劳动为第六类。从团体上说,有组织的劳动与无组织的劳动为第七类。但在这七类的劳动里面,每一类的前者统比每一类的后者资产多,竞争少,生活巩固。反之,每一类的后者统比每一类的前者资产薄,竞争多,生活不巩固。换句话说,就是前七类是寻常苦痛的劳动,后七类是非常苦痛的劳动。所以现在的社会问题及劳动问题的中心,少在乎前,实存乎后。

三、劳动契约的特质

劳动契约的特质是什么,简单一句话,就是劳动契约的目的物是劳动者的"劳力",不是"货物"。因为这样,所以劳动契约便不可与别种卖买契约,一等同视。他的本身,在现在的资本制企业发展之下独自具有四种特性。

第一,因为劳动契约所支付的目的物于劳动者,既是劳力,不是货物,那末劳动者在缔结劳动契约的时候,不但是出卖其劳力或其技能之一部,同时并不得不将其与生命不可分离之人身自由,同时出卖。因为在现在的工场中,所以设施,极难完备,如空气的紧张,瓦斯的弥漫,房屋的龌龊,病菌的流传,风纪的卑下,无一不是对于劳动者的身心有妨害。但是劳动者为了解决生活问题起见,却不得不强为忍受,所以劳动契约独自具有他的特性。这个特性,就是劳动契约的缔结,劳动者的自由实与其劳力技能一同变卖。

第二,因为劳动契约所支付的目的物,既是劳力,那末我们首先要问,就是劳动者为什么不爱其自身之劳力,而以出售于人呢?这纯粹是因为解决生活问题起见。但是在企业者方面,那可不是这样了。他们之所以购买劳力,在现在的资本制企业发达之下,纯粹是从赢利方面着想。换句话说,就是雇佣契约之缔结,于劳动者为生死问题,于企业者为损益问题。所以在缔结条约的时候,企业者便可持其财产之淫威,而非至某种最低价格不买。但是劳动者则绝不能持其生命之能耐饿,而非至某种供价不卖。所以劳动契约的本身又显出第二种特性,就是缔结条约时,双方的财力不平等。

第三,因为劳动契约所支付的目的物,于劳动者既是劳力,那末劳力是人们身体构造之一部,绝不能人人一致。因此各种不同的身体,当为各种不同的管理。然而在现今的工场制度之下,强者与弱者在劳动条件上都不能不受一种机械的分配。所以在弱者方面,便特别感受不利。于是劳动契约的本身又显出第三种特性了,就是机械。

最末一个,就是劳动契约所支付的目的物,既是劳力,是不可以应市场之需要而生产的。所以一到劳动市场衰败的时候,劳动者的生活便感受特别苦痛。因此劳动契约又显出第四个特性,就是劳动者的劳力是不可以生产调和市价的原则支配。

依照上面这四点看来,就是劳动契约与其他的买卖契约绝不相同。换句话说,就是,其他的买卖契约,国家即不让特别规定,亦各可得到双方一级的自由。然而劳动契约,因为缔结契约者双方之财力不平等,国家如果不设特别规定,劳动者便绝无自由之可言。因此劳动立法,是现在劳动契约盛行时代的产物。

第二章　劳动问题何以有别于无产阶级的问题

　　无产阶级的问题,就是在两千年前的希腊,已经有了社会的势力。所以在纪元前六世纪的时候,亚典的梭伦(Solon)便有他的社会改良的政策出现。内中几件最重要的:第一,就是土地兼并的禁令;第二,就是解放债务的奴隶;第三,就是收回已经在外国卖掉了的市民资格。综括来说,他的目的无非是为了救济无产阶级起见。就是罗马时代,克拉克斯弟兄(Gracchus)在他们那纪元前一三四年至二二年的社会立法里面,如殖民地之奖励,土地之分配,债务之保护,灾民之救济,以及游艺场等之设施,何一不是由于救济无产阶级的动机? 降至中世,基督教以博爱的精神,谋救贫的普遍,在欧洲大陆上无一没有慈善的救贫制度。于此可见无产阶级的保护,历史上已成国家的急务。就是现今的劳动阶级,其痛苦的程度,亦不过与昔日的无产阶级互相伯仲。不过因为现在的劳动阶级纯为十八世纪产物,他的本身独有他的特色,所以研究现今社会立法及劳动立法的人,不能只依着古代的典型,须先在他的本身上下一种特别考虑。

　　现在的劳动阶级,何以与古代的无产阶级,不为同物? 这个解答,纯粹是因为现在的劳动阶级是起于一七三八年由菊克(John Kay)的发明所引起的工业革命以后。换句话说,就是必要有了工业的革命,然后才有虐待劳动的惨状。有了虐待劳动的惨状,然后才有解放劳动的声浪。有了解放劳动的声浪,然后才有劳动阶级的觉悟。有了劳动阶级的觉悟,然后才有近世纪的汹涌澎湃的劳动问题出现。这是从纵的方面立论。至于从横的方面观察,劳动问题的发生实由两种要素的结构:第一是客观的要素——工业的革命;第二是主观的要素——思想的激刺。

一、工业革命与劳动阶级

　　工业革命是因为自从十八世纪起,在制造上发明了无数的机械,霎时间便可以生产出无数的财货。因此,在手工工业及家庭工业里面,便发生了两种的大革命:一种是机械工业,对手工工业的革命;再有一种就是工场工业,对家庭工业的革命。在这些发明家的族谱里面,第一个开天辟地的老祖宗,就是英国的菊克。他在一七三八年发明了一个织布的梭子,叫做飞梭(Fly Shuttle)。就因为他有了这个飞梭的发现,马上在这个织布机的产物里面,便增加一倍。因此便发生了棉纱的需要,因此便引出了这个一七七〇年哈克理佛士（J. Hargreaves）的纺绩机及亚克勒（Sir R. Arkwright）的水力纺绩机的出现。从此而后，一人所纺的棉纱，便比从前有八倍之多。但这还不算是杰出，因为他们最多，无非是利用水力。最杰出的，还是瓦特（James Watt）。瓦特不但在一七六九年发明了汽机吸筒，知道了利用蒸汽的马力，并且在一七八三年更发明了一个重三百磅的铁锤，一分钟可以往复打击三百回。于此英国所产生的铁，便顿感不足。从此而后，不独是造成了现今的钢铁世界，并且跟随着便有一八七〇年美国的富尔顿（R. Fulton）的汽船和一八〇八年特李味士克（R. Trevithick）的汽车发现。因此而有现今的火车轮船的便利。从此而后，发明倍出，日新月异，不遑缕叙，于以造成现今之工业世界。

刚才已经说过，工业革命的意义，一者就是机械工业，对手工工业的革命，再者就是工场工业，对家庭工业的革命。现在我们且看这两种革命的成绩及于劳动阶级的影响怎样？

第一，机械工业对手工工业革命的结果，不过是在生产上发生了四种破天荒的贡献：（1）生产方法的正确；（2）生产数量的增加；（3）生产费的减少；（4）生产时间的节省。但是这四种贡献，无一不是对于资产阶级的利多，而对于劳动阶级的利少。

（1）近世机械进步的特色，在乎生产方法的正确，这是很显著的。自然现在的这个普遍的客观的机械制造品，无论在形状上，在分量上，和在质料上，其调和配合的程度，统比那纯粹的用那个人的主观的工艺制造品，更加精确。因为现在的机械制造所采用的是"代替部份制度"（system of interchangeable parts）。换句话说，就是在制造的时候，把一个全作业分作无数的零碎部份，必要各部份制造完毕以后，然后把来合上，合成一个整个的制造的货物。因此每一部份损坏，都可以找出相当的部份来替代。这的确是科学的一个进步。但现在我们所最要问的，就是这种"制式统一"（standardization）的制品对于劳动阶级的利益怎样。

谁也知道，劳动阶级是无产阶级的特殊表现。换句话说，就是他们纯粹是一种饥不择食、寒不择衣的特殊人类。因此他们大部份的金钱，都用在衣食住的极简单的生活上。换句话说，就是他们对于这种制式统一的货物，可谓极少关系。并且就因为在方法上力求制式统一的原故，所以在生产上利用分业，因此对于劳动者反引起一种最大的弊害。这个弊害就是在劳动行为上单调，因而劳动者之精神更加苦痛。所以德国经济学者亚白（E. Abbe）说：

> 凡劳动最重要的冲动，就是在制造完全成品时，在劳动结果上所显于目前的快感。但是这种快感，完全因分业而减少。因为分业的结果，劳动者不能完全制造生产品，所以他的劳动不是对于制造上有若何快感的冲动，而只是由于执行条约的义务，因此劳动者对于劳动不感兴趣。

（2）近世机械的特征，在生产数量上的增加，这也是毫无疑义。因为从前的生产,多靠人靠畜,每以植物为原料。现在的生产,多靠汽力,靠电力,每以无机物为原料。德国经济学者薛磨拉(Schmoller)说:

> 一八九五年,德国劳动者的数目,二千六百万人,牛马之数,略相等。此外蒸汽力约抵人数一亿一千四百万(以一马力易算十五人的劳力,)水力约抵九百五十万,瓦斯机械约抵八十万,此易算率虽视机械力过大,然使用家畜及天然之效程,满可抵八千万乃至一万万的劳动。其作业殆与劳动者总数三倍乃至四倍相当。此之一七五○年使用家畜风水之力,仅与劳动者作业有同一效程之时代,机械辅助人力之效,大可见矣。

还有日本关一博士,有几句话也可引以作证。他说:

> 试举今日工业上使用之无机物,而代替有机物,其生产额将为地球面积所不许。若以每年使用之铁,而代之以木,虽尽伐世界上之山林亦不足以充其用。……然则近世技术的发达,实使人类解脱生产上场所的限制,而大增其生产之量者也。

从表面上看,生产增加的结果,对于劳动者是必有利的。因为生产增加,必然货价低落,消费增加,因而生产必更增加。同时劳动者的需要亦必更增加,因而劳动者之工资亦必更为增加。这仿佛是一般乐观派的经济学者的意见,但在事实上,却就不必如是。

第一,因为有些货物,在需要上是有限的。就是出产增加,消费也不必如何增加的。如像棺材,便是一个最有名的例证,其余如麦,如盐,如伞,如音乐器具等等,均是如此。第二,又有一些货物,他们的消费,是与别样货物的消费最有因果关系的。如像酒瓶之与酒,表链之与表,铁钉之与铁轨,铁轨之与转运等等,就是他们本身的生产增加,如果与他们的关系最密切的货物的生产不增加,那末他们的消费也是不能增加的。第三,就令出产增加,消费也比例的增加,但物价的低落,也是需要时间的。一层,因为与企业者的利害攸关,他们不肯让其落价。再有一层,又因为社会的习惯,往往蔽于旧日的价格,而不能十分促其下落。是则价格的低落,除了第二者起来竞争外,也就难于从速的实现。再说,就是第二者的竞争,也是须要时候的。他能马上出世吗?然而劳动者方面,却是日日要饮食的。如果他们是因为生产已增,消费未起,而工价低落,或且甚至失业。试问在这些时候,如何等得?

况且据英国经济学者霍布生(Hobson)调查的结果,近年使用机械的工业,其生产额不(怕)〔但〕有与年俱进的现象,然而劳动者逐年增加的数目,却与他比较不得。霍氏举英国纺绩业之例如下:

年次	棉消费额(百万美吨)	棉及棉绳业从业员(商人在内)
一八五四	六·九	六二七、八一九
一八六一	九	六六〇、二三一
一八七一	一〇·八	六四七、六三三
一八八一	一二·九	六六四、二七九
一八九一	一四·九	六八二、〇七五

又英国制铁业的统计如左：

年次	生铁消费额(百万吨)	钢铁从业员
一八五四	二·八	一一〇、四〇八
一八六一	三·一	一四九、三六六
一八七一	五·六	二二三、四四八
一八八一	六·七	二四一、三四六
一八九一	六·六	二四五、八四七

霍氏更以英、美、德、法的调查为基础而下一简单的解释说：

> 机械最完全普及的工业，如纺绩业等，生产的数量虽增加，而从事人口的数目与人口之总数相较，则反减，时或有绝对减少的倾向。……

据此可知生产增加，劳动者之需要就不必一定增加了。

第三，机械进步的特色，就是生产费的节约。依照解夫来(Albert Schaffle)的意见：“同一作业，人之费用五倍于马，马之费用四十倍于机械。”换句话说，就是同一作业，一旦利用机械制造，比起人来，马上便要节省两百倍的生产费。恩格尔(Engels)更以一启罗米突的牵引所需之力量为比较，他说：“蒸汽的生产费四布，马十一布七，人五十二布六。”也与解氏的话，互相掩映，并且用人和用马制造货物，在劳动时间上还要大受限制。因此利用机械，生产费必然减到最低度，这简直是毫无疑义。所以有人说：机械的使用，因为节约劳力的结果，一定是物价贱。因此劳动者在消费上亦沾其利，即命他们的劳动市价减退。但是这个说法，可惜难得实现。

（1）机械制造的货物，有不必为劳动者所能消费的，举一个例就是机械可以制造花编，也可以使花编的价值低落，但是这种花编，却不一定就是制造花编的女工所惯嗜好的。因此不能说他们因为花编生产的节约，便补偿了他们因为过度生产而所招致的工价低落。

（2）就是所制造的贱价生产品，劳动者也能消费，但是他们所消费的，必是最小的数目，亦不能说就能抵偿他们的损失。举一个例，就是制造丝袜的劳动者，就令丝袜的价格低落，劳动者所遭那因为丝袜增加过度而减少的劳动市价，绝不能说也就得了完全的补偿额。

（3）那末他们又可以说，这是各种工业未能完全利用机械的结果。既然我们承认劳动者的补偿，多多少少总是有的。那末，当着经济进步，各种货物统统落价的时候，对于劳动者的利益，亦未始不足以补偿其损失。譬如因为机械使用的结果，所有货价统统低落一半，那末即使劳动者的工资也低落一半，也比从前未使用机械时的情境相似。自然我很希望这话实现。不幸而现在机械使用的成效，在产业还是最为有限。更不幸而与劳动者有生死关系的产业，——农业和住所建筑业，更少利用机械来制造。所以劳动者更是不利。譬如法国来说，总用一千二百万马力，但是只有二十万是用在农业上，其比例率仅占全数百分之二。

第四，机械发达的结果，又在生产时间的短缩，这也是人众咸知的。因为近世机械（吸）〔使〕用的特征，就在使用无机物代替有机物。在原料上说，从前用木的地方用铁；在机械上说，从前用人力或动物之力的地方，现在用汽力或电力。前一个例，是说在从前用木的时候，须得有几十年的培植，现在一换而用铁，只要几星期便够了。后一个例，是说从前使用人畜之力制造货物的时候，至少须得几年的饲畜，现在一变而用原动机，只要一霎时间就完成了。一八五〇年伯斯马制造钢铁的方法，从前需时一日半之作业，现在只要二十分钟。十九世纪中叶德国一熔铁炉全年的产额，不过三百五十吨，现在德国的最大熔铁炉，每天（二十四小时）便要出产四百五十吨，于此可见机械进步的时间缩短之大。但这不必对于劳动阶级有利而常有害。

上面已曾说过，劳动者的劳力不能与货物同类，是不可以应市场之要求而为生产额的增加或减少的。换句话说，就是如果人口不变，劳动者的供给是一定的。现在既然在生产上使用机械制造的时间多，使用劳动制造的时间少，那末到结果来，劳动之供给必多，需要必少，因此劳动者的劳力价格便不得不减，因此劳动者的境遇亦不得不陷于恶劣，同时劳动者的苦痛便不得不日增一日。

根据上面这几点看来，可以断定机械进步在生产上的结果，对于劳动阶级煞是利极微而害极大。因为发明机械的目的，便是节约劳动，所以凡是机械使用的地方，便是劳动之需要锐减及劳动者最受苦痛的地方。这是一种必然的现象，也是一种最悲惨的现象。不过现在所最要注意的，就是机械是死物，他的命运不能脱乎人类意志的支配，所以他的坏处，是可以人力改正的。而改正他的最有效的方法，就是劳动立法。

第二，工场工业对家庭工业革命的结果，自然就是资本制企业的实现。扁宝威尔克（Böhm-Bawerk）说，近世文明的特征，在采用"迂回的生产方法"（Produktion-sum-wege）。换句话说，就是在生产享乐财以前，先迂回的生产资本财，以为再生产享乐财的方法。这个意义，就是说固定资本，是近世生产上的重要贡献。所以生产的规模愈大，固定资本的应用亦愈多，这实是近世文明的一个特征。不过他的坏处，就是劳动者的工场生活的惨剧。

（1）工场工业既然使用固定资本，那末固定资本身的制造是很浩费，而且是最花时间的。那末工场主为了赢利起见，势不得不将其已往之牺牲，求之于将来及

现在,以为报酬的工具。因此便不得不延长劳动时间,或增加机械速度,以刻苦佣工。日本经济学者津村松秀说:

> 机械死物也,可以运转不息。劳动者,活物也,久事劳动,则非所能堪,故休息睡眠,不可不与以相当之时间。然工场主往往为免资本的停留,图收益之获大,日夜继续机械之运转,强劳动者以长时之工作。为劳动者拒之则有解雇之忧,忍之则陷过劳之弊。然为生计所迫,终不能不俯首帖耳而仰承资本家之鼻息。是岂徒劳动者之不幸,国民之体格益陷于衰弱,其贻害于后起之国民为更烈也。

像松氏所说这种例子,真是举不胜举,最可痛的,是在一九一一年时候,美国的许多钢铁化学的工场,每日甚至逼迫劳动者为二十四小时之劳动,更且继续至一礼拜或两礼拜之久。

(2)资本制企业既然以使用固定资本为其特色,那末固定资本的使用愈多,劳动者之需要,便不得不愈大。举一个例,就是北美合众国的钢铁制造厂,劳动者竟达至二十万人以上,这简直是前世纪所不能梦想的事。因此雇主及佣工之间的温情全失,而劳动者的苦痛更至不可言状。

(3)资本制企业既然使用固定资本,以为增加生产的工具,那末固定资本的机械便是很危险的。如果一旦设备不周,马上便要发生性命之忧,大之如业务死亡,小之如业务疾病,无一不是置劳动者于非人生活里面。依据一九一三年美国保险公司(Prudential Insurance Company of America)的统计图,一十七万的佣工里面便发生了六百八十的灾害事件,死亡人数竟至百分之四·二。

(4)资本制企业既以使用机械的固定资本为其主要的生产工具,那末生产的货物的式样,完全决于机械。因此就是毫不熟练的童工及妇女,亦起而加入劳动。于是在妇女方面,便发生种种的不可问的事故,至于童工及妇女之种种虐待,如像时间多,报酬少,及房屋不洁等等,那是更不可言状了。总之,近世劳动生活的种种病象,完全由于资本制企业的工场制度对家庭工业革命的原故。

据上面这几点看来,机械发明,工业革命在生产上所得的成效,劳动者所享受的不是没有,但独嫌其太小。反之,工场工业对家庭工业革命的恶果,劳动者却是备尝其极了。不幸而十八世纪之工业革命,既不幸而不发生于昔日之奴隶时代,又不幸而不发生于未来之共产时代,偏偏在这个十八世纪的私有财产制度盛行之下,正当着自由平等主义的声浪汹涌澎湃震撼一时的时候,哇的一声,忽然出现。一方面,劳动者的人的地位,在政治上又被提高。他方面,在经济上又与以非人的待遇。自然他们的胸中,要抱一种不平之气,所以我说,工业革命是劳动问题的主要原因。换句话说,这便是对劳动阶级何以不同于古代的无产阶级的一个解答。

二、思想解放与劳动阶级

刚才所说的,不过是客观的原因,这只是劳动问题发生的总原因之一,单这一个,还不至于引起劳动阶级的觉悟。现在本文所要叙述的,就是劳动问题发生的主观的(或思想上的)原因。这个原因,便是一般学者所主张的劳动神圣论。

本来在罗马时代,肉体劳动的人们,也不过是为一般市民所不齿的奴隶。考诸罗马法上,奴隶不过是人们财产之一部,可以自由支配。所以劳动虐待的事实很少在社会上发生疑问,最可痛的,是在十八世纪的时候,一般的思想家还是不能脱离奴隶劳动的观念。所以一七七六年美国马利兰(Maryland)的裁判官漆思(Chase)说:

> 黑奴不是州中之一员,是货财,不比牛马高贵。

于此可见自古以来,一般智识阶级对于劳动阶级的冷视。然而在劳动者方面,却是整日的忙于作工,毫没智识经验,来评判他们自身的价值。他们因为只见着社会上都不反对他们的受虐待,于是他们自己也就不知不觉的默认。所以劳动虐待,如果在一种乌烟瘴气的空气里面,便极难发生疑问。这便是劳动问题何以在最近始产生的原故。

劳动为生产要素之一,所以生产之量愈增加,劳动之地位亦愈惹人重视,于是在十八世纪之初,在经济思想里面,对于劳动之评价,亦渐渐打破从前的奴隶劳动的观念,而代之以劳动神圣的观众念。有趣的,就是讲个人主义的斯密亚丹(Adam Smith),和讲社会主义的马克斯(Karl Marx),他们两人的思想尽管在旁的方面,互相倾轧,但是一到劳动本身的评价上,他们却是彼此相互提携,大家都对于劳动神圣的观念,极力发挥。

马克斯是提倡社会主义的健将,他的人工价值论,便是他那解放劳动阶级的利器。从逻辑上说,他是自然要主张劳动神圣的,这个不用申述。最有趣的,是提倡经济自由的老祖宗斯密亚丹,他的结论,是根本与劳动阶级的利益不相容的。但他却也是首先提倡的说:

> 各国民年年之劳动,乃供给其年年所消费之必要品和享乐品的根本也。

接着他又说:

> 各人享有自己劳动之结果,——财产权利,为一切权利之基础,最神圣而不可侵犯者也。

其余如屠尔果(Turgot)的《组合废止令宣言》的序文,费希得(Fichite)的《劳动的国家》和圣西门(Saint-Simon)的《工业国家》,无一不是极力为劳动神圣的主张。即此可见十八世纪之末,劳动神圣论已为个人主义派及社会主义派所主张。最凑巧的是在这个时候,正遇着一七八九年的法国大革命而后,自由平等博爱的原则,一时间在政治上大告成功。换句话说,就是在宪法上,自由平等博爱,已构成人们神圣不可侵犯的自然权利。然而在事实上,这些权利却只为有产阶级所独占,完全置无产阶级的劳动者于不顾。因此,劳动阶级便力想更进一步,出而主张他们的共同权利。凑巧在这一个时候,劳动神圣的呼声又忽然震动一世。因此便唤起了他们的勇气,刚强果敢的出而对他们的经济上层层压制提出抗议。所以我说劳动神圣论是劳动问题的又一个的主要原因。这便是对于劳动阶级何以不同于古代的无产阶级的第二个解答。

经了上面的两重剖析,现在我们可以总括起来,说明劳动阶级的问题。本来劳动活动的本身,就是最痛苦的。所以就在古代已有劳动阶级的救济。不过到了十八世纪,因为他们的环境一旦忽然变动,一方面产业革命史把他们的境遇降至最低度;他方面劳动神圣论又把他们的功绩提到最高度。因此,劳动阶级的本身,便根本的对于他们的地位,起了疑问。这个疑问,就是要如何的才能在这个最低的待遇,与最高的功绩之间,求个调济。所以松巴尔特(Sombart)说,劳动问题的意义:就是"要用如何手段,且要应该采用如何手段,才能使这个等于机械附属物的赁银劳动阶级,由非人的生活而得到人类生活的地位"。

第三章　劳动保护法规的学理基础

社会制度,是不能无缺恨的。资本制度更是不能无缺恨的。所以在社会制度发生缺恨的时候,便有社会立法。在资本制度发生缺恨的时候,便有劳动立法。换句话说就是劳动立法,是医治资本制度的药。所以凡是资本制度发生缺恨的国家,没的不有劳动立法的。因为这样,所以英国在一八〇二年便有老弼尔的《工场健康及道德条例》(Older Sir Robert Peer's Act)。法国在一八四一年三月便有《幼工童工保护法》。德国在一八一二九年便有《矿山工场法》。这不过略举几个例,以后还须详叙。至于中国,原本就是一个工业最退步的国家,一般的劳动工人,在社会上还没很强固的组织及势力。因此,劳动立法,政府还不认为急切。不过到了一九二三年,因为上海的环境的要求太剧,农部也就不得不于三月二十九日,公布《工厂暂行条例》,于此可见劳动立法的重要。不过现在我们除了研究劳动立法的本身而外,还须进一步的,出而求其学理的根据,一则因为学理是立法的指导;再则因为劳动立法,是社会改良主义的产物;三则因为如果不懂的社会改良主义,便不懂的劳动立法的精义。

劳动立法是什么？劳动立法就是想利用国家的力量,改良雇佣关系,而对自由契约,加以限制。因为这样,所以他的存在,便大为极力拥护自由契约的个人主义,和极力想推翻他的社会主义所反对。不料到了后来,因为这两派极端的冲突的结果,劳动立法,反转得到了一个调和要挟的根据。这个根据便是方兴未艾的社会改良主义。现在我们为了便利起见且不述社会改良主义的精神,先叙述个人主义和社会主义所以反对劳动立法的学理根据。

个人主义是以个人的利益作基础的。他的根本观念,是个人是社会的实在,社会是个人的集合。所以社会的利益,不能外乎个人的利益。因此,个人的利益,便不能不说是社会的利益。但是个人的利益,只有个人知道的最详细,因此,社会的利益,也只有让诸个人去解决,国家是不能为力的。因为这样,所以个人主义,便对私有财产制度,和自由契约制度,极力拥护,决不许国家干预。

第一,个人主义说,个人的利益,只有个人知道的最详细。资本家和劳动者的利益,也只有资本家和劳动者知道的最详细。既然这样,那末,在资本家与劳动者缔结条约的时候,资本家为了自己的利益起见,一定是非争至某种利益不买。劳动者亦抱着同样的态度,一定也是非达到某种条件不卖。那末到了彼此相争而至相让的结果,既然条约之成立,是由于一个愿者,一个受者,还有什么不利之有?因此他说契约的缔结,是于各个人均有利的。因此,他便对于限制自由契约,大施攻击。

第二,个人主义又说,如果自由契约是得到互利的途径,否则契约便不能实现。那末在社会上,便没有什么不公平的自由契约制度。换句话说,就是能力最多的,一定得着能力最多的条件。最少的,一定得到最少的条件,非但没坏处而且最公平。所以到结果来,富的富,贫的贫,这纯粹是种自然的而且是最公平的现象。因此又对私有财产的限制大施反对。

第三,个人主义又说,莫说是私有财产制度,不应限制;就是限制,也是限制不了的。比如雇佣契约,就是一个限制不了的例。为什么呢?因为劳动者的数目,是很多的。购买劳动的资本,是不能很多的。自然劳动者的工资,是不能超过最低限度的生活费用以上。这便是劳动者的自然市价。换句话说,就是这个市价,是不可以任意增加的。为什么呢?因为这种劳动市价即令增加,但是增加的结果,劳动者因为忽然感到生活的容易必定要增加人口;既然这样,那末,劳动者便又要发生一种不可避免的现象,就是竞争多而工资复减。况且就令工资增加,人口不随之而增加。又因为资本家的利润减少的原故,致使购买劳动之资金,也是要同时减少,因而最后又是对于劳动者的工资不利。因为这样,所以英国经济学者密尔(J. S. Mill)便只主张殖民以减少剩余人口。本此上面两个理由一个叫做工资铁律说,一个叫做工资基金说,个人主义又以自然法的观念,反对雇佣契约不应限制。

第四,个人主义又说,如果自由平等的观念是不错,那末发财自由简直是人们的一种自然权利,不独不应限制,并且神圣不可侵犯。

根据上面这四种理由,我们可以知道个人主义的论据纯粹是由于个人自决的观念。换句话说,就是个人所作的事业,个人负责。如果个人的成功与失败,统要让诸社会去干预,那末从成功一方面说,就是社会无功而受赏,从失败一方面说,就是社会无罪而受罚。所以由个人的努力而所获得的财富,绝对应该让诸个人去使用、处分、及收益,绝不能让诸国家去干涉。这便是个人主义从个人自决的观念上反对劳动立法的论据。但是这个主义,却大为社会主义所反对。可惜同时社会主义,也极端的对劳动立法大施攻击。

社会主义中,原本分作两派。从财富的分配上说,一派是主张共同生产共同消费的,叫做共产主义。一派是主张共同生产私的消费的,叫做半共产主义或社会主义,但是他们这两派的主张,都是对劳动立法大施反对。

共产主义认为个人是社会的产物,个人的成功与失败,统统都是社会给与他的机会。因此,统统都应该社会负其咎。至于个人的贫富,那更是社会的责任。因为这样,所以个人所有的一切的财产,统应该社会去享受,因此应该国家去支配。换句话说,就是共产主义,是主张完全的打倒私有财产制度,完的推翻自由契约制度,而不主张像劳动立法式的不澈底的改革。

第一,共产主义认为个人是社会的产物,个人的财产也是社会的产物。既然这样,那末社会给与个人的利益,个人便不应该独自去享受,应该把来平均去分配。因此,他便极力攻击私有财产制度。他说资本家是强盗,是骗客,是扒手。他所得的财富,完全不是他自己的力,是劳动者的血。像这一种强盗式的赃物,赃物式的强盗,统统都应取消,统统都应改造。所以他不独主张废除私有财产制度,而且要想利用革命的手段,殄灭现在的强盗式的资本阶级。因为这样,自然他要反对这种劳动立法,对于私有财产制度的不澈底改革。杜威(J. Dewev)有一段话,说得最为明白。他说:

> 马克斯以为财产私有的制度初起时尚有存在的理由。因为那时工厂尚未发达,货物都是自己造来自己卖。所得财产,自然是他自己的。工厂发达后,货物都是机器制造,所以用不着自己,所以制造一样货物,因为分工的关系,必要经过许许多多的手。造好以后,卖的时候,又要经过许许多多的手。故他说,工厂发达以后,制造与分配,已成为社会化,而经济制度,却还是非社会的,故决无存在的理由,应变为以社会利益为标准的财产分配。

第二,共产主义又说,个人的财产既是社会给与他的,那末社会给与他的东西,现在他把来个人去享受,这便是最不公平的事。比如现在的资本家的财富,不过是在劳动者应得的工资里面,强夺其一小部份,并非由于资本家自己的力量。换句话说,就是如果没有劳动阶级,没有社会,就令有资本家存在,那末他的资本到结果来,还是没有巨额的成长。因为这样,所以资本家所有的福,尽是劳动者的血。如果这种不公平的制度,是继续不变,将来这种受不公平的待遇的劳动阶级,一定要对资本阶级革命。为了免除这个革命起见,便不能不将社会上所有的财富一概给与国家去分配,不能让诸个人去干预,所以这个共产派的社会主义又反对自由契约制度。

第三,共产主义又说,依照工资铁律说及工资基金说所得的结论,工资的多寡一决于人口的比例。换句话说,就是如果劳动阶级的人口不会减少,那末工资的实质便永久不会加多的。但是据现今的资本企业制度发达的趋势,这个无产阶级的增多,已成为统计上的定论。是则劳动阶级减少的期望,已成为不可能的状态。因为这样所以劳动阶级的苦痛,便不能任意的改变。像这一种情形,完全是由于私有财产制度的罪过。现在不如把他一脚推翻,干脆的多。如果这个革命果然实现,那末社会上根本就没有无产阶级,还有什么无产阶级的苦痛呢?

根据上面这几点看来,共产主义所反对劳动立法的理由,刚刚与个人主义的立足点相反。因为个人主义的根据,完全是说社会的财产,是个人的力量所得的。因此应该个人去享受。社会主义的根据,则完全说是个人的财产,是社会的力量所得的,因此应该社会去分配。所以个人主义便不主张国家干涉个人,社会主义便不主张个人干涉国家。但是两个的结论,却是同样的反对劳动立法的调和论调。

还有一个反对劳动立法的,就是社会主义。社会主义的论据,是劳力为一切财产的亲生父。因此,他不主张共同生产,共同消费,而只主张公的生产,私的消费。换句话说,就是按照个人劳力的多少,以为消费的标准。

社会主义认为人类的幸福,是财富。但是财富的造成完全是原于三种要素的结构:一天然,二资本,三劳力。然而在这三种之中,天然与资本,都是不应该私有的。第一,因为天然为上帝与人类之恩惠物,非人之所得而私。第二,资本为过去生产之结果,亦非现在之人民所得而享受。所以土地与资本(包含一切的生产器具,)统应归诸国有。独有现在的财富,应该归功于现在的劳力。所以应该归诸劳动者去消费。本此理由,社会主义也对劳动立法大施反对。

第一,社会主义的要求,是要根本的改造现代的私有财产制度,把一切的生产器具,统统归诸国有的。但是劳动立法,却不是主张根本改造,而是主张零碎修补的。

第二,社会主义是主张极端国家干涉的。但是劳动立法还是在原则上,主张自由契约的,换句话说,就是只对自由契约略加限制而已。

关于上面这两大派对于劳动立法所反对的理由,本文不愿一一加以批驳。因为专于批驳这两大派的主张,原不是几句话所可说得详细的。不过本文为了明了这两大派的历史的价值起见,也采用了一种客观的态度,约略的将这两派的经过情形,叙述一遍,以便引起新近的第三派的折衷调和的社会改良主义。这个主义,上面已曾说过,就是劳动立法的根据。

本来个人主义在欧洲的历史上,是个最老的学派。他的时代,已成过去。因为欧洲自从十八世纪的产业革命发生,社会上渐渐的产生了资本阶级。一般叫做中流阶级。这个阶级的利益,纯粹是以发达资本制的大企业为中心的。然而当时的环境,却是与他们的利益,处处相反。一者,当时的特许公司及同业组合最多;再者,当时劳动者的团结,渐渐勃发;三者,当时的原料关税和谷物关税,都是很重的。所以当时的个人主义便极力拥护私有财产制度,因而对这三个压制,力加掊击。凑巧在这时候,极端的自由平等主义又在法国获胜,所以在一八三〇年左右,这一批的抱负远大的中产阶级便利用个人主义的学说,一进而在政治上获得权势,再进而用政治的势力打倒一切的资本制企业的束缚。因此英国的中产阶级自从在一八三二年在政治上获得以财产为资格的参政权利以后,于一八三五年便起而打倒同业组合的特殊权利,于一八四六年又复起而打倒谷物的条例。因此在一八九九年便又有集会结社禁止令的颁布。至于法国的中产阶级,那是更为得利,因为法国在一七九一年时候,老早也就有了劳工结会的禁止法令,并且于一七九八年又复有废止同业组合的特权规定,其余诸国随时间之不同,而有先后的中产阶级在政治上取得权利解放资本的事实。所以十八世纪末及十九世纪初的时候,个人主义便在政治上和社会上获得最高的崇拜。所以当时提倡个人主义的健将,如像斯密亚丹、利加图(David Ricardo)、马尔萨斯(Robert Multhus)、密尔、马加洛克(John Ramsay Mac-Culloch)、塞尼阿尔(Nassau William Senior)和开乃斯(John Elliot Cairnes)等等人物,也就在历史上备极一时之盛。不料到了十九世纪中叶,社会的情势大变,于是个人主义便先后为一般学者所反对。因为按照十九世纪的实在状况,在经济上的需要已经不是资本的解放,而是劳动的解放了。现在我们把当时的社会经济的状况,分析如后:

(1)因为工业革命的结果,资本制企业产生,大量生产发达,社会上忽然显出二阶级:一方是富力万能的资本阶级,一方是穷苦难生的无产阶级,或劳动阶级。

(2)社会上亦随现代文明的进步、发达,而呈富力万能的状态,人生的幸不幸,至以财富的多寡为断。

(3)于是资本家便恃其财产之威力,以压迫贫寒,尤其是压迫劳动阶级。因而劳动阶级在雇佣契约上所受的种种的不平的待遇,便悲痛不可言状。

(4)但是当时由个人主义所觉醒的自由平等思想,却渐与劳动神圣的观念结合,而唤起劳动阶级的觉悟。一者对不公平的劳动待遇,提出抗议,再者对自身的团结,极力巩固。

(5)于是一致相信,现在的经济社会的种种不平等的现象,是原于财产私有的罪恶。

因为有这五种事实,所以个人主义的主张,如个人自决主义,如国家放任主义,便为一般学者所攻击。这个攻击的先声,便是社会主义。社会主义的根本要求,就是要想推翻私有财产制度,而代之以公有财产制度,至少亦须生产手段公有。而主张这种学说的先驱就是摩尔(Thomas More)、涡文(Robert Owen)、汤卜森(William Thompson)、巴比夫(Francois Emile Babeuf)、加伯特(Etienne Cabet)、圣西门、傅烈尔(Francois Marie Charles Fourier)、蒲鲁东(P. J. Proudhon)、马克斯、恩格尔(Friedrich Engels)、罗伯尔图斯(Johann Karl Rodbertus),及拉萨尔(Ferdinand Lassalle)等等人物。就中犹以马克思、罗伯尔图斯及拉塞尔三氏为中坚分子。不过现在我们最不可忽略的,就是现在的劳动阶级的苦痛,已经不比一八四八年《共产党宣言》发表时的剧烈了。因为就是马克斯的嫡系柯资基(K. Kautsky)于一九〇六年的《共产党宣言》的序文中,也有同样的论据。他说:

> 《共产党宣言》发表的时候,无产阶级的堕落,可谓悲惨已极。如工资的下落,劳动时间的延长,肉体的和精神的颓败,均是他的特色。但是现在的无产阶级则异是。因为现在的无产劳动者的所有,反视有生活基础的劳动者为优。

就因劳动阶级的境遇有逐渐改良的状态,所以在欧战以后,马克斯的预测,便有两重失败:第一,马克斯说,按照现在的资本制企业的趋势,一定是富的愈富,贫的愈贫,但在大战以后,劳动阶级却获益不少,工资也逐渐提高了。第二,根据马克斯的科学的推算,以为社会主义实现最早的国家,一定是经济制度最完备的国家,他以为理想的实现,一定在英、法、德、美、诸国。殊不知反转发生在经济制度极不完备的俄国。这都是社会主义的根据发生动摇的地方,因为社会主义认为私有财产制度之下,劳动阶级的苦痛,决无改进的余地。不料在事实上所得的结果刚刚与他相左。综括来说,就是个人主义的时代,虽说已成过去,然而社会主义的根据,却仍是不免薄弱。因为这样,所以一八七二年十月,便有崭新的整然划然的社会改良主义产出,而主张这派学说的领袖,就是薛磨拉、华格纳(Wagner)、布棱他诺(Brentano)、郗特不兰(Hildbrand)、康拉德(Conrad)、纽满(Newman)诸位教授。

社会改良主义,认为社会是个人的环境,个人的成功,不能外乎社会的反映。国家是社会的强力,国家的干涉,常有助乎社会的发达。个人是社会的先驱,社会的事业全有赖乎个人去努力。所以社会改良主义,既不完全的赞成个人主义,说个人所得的财产应该个人所有,又不笼统的附和社会主义,说个人所得财产应该国家所有。而只是想把这个个人的财产,重新按个原则去修正。不过这个修正,不独为社会主义所不明白,就是个人主义,亦多反对。所以斯密亚丹说,靴的生产当归功于靴工的努力,其实说来,这个意见全是错的。因为如果是没有靴工以外的帮助,假如没农人的米,工人的炭,连靴工自己的生活,也都没法解决,何况还是靴工的生产呢?

(一)社会改良主义对于私有财产的意见　上面也曾说过,社会改良主义,认为个人是社会的前驱,社会是个人的环境。因为这样,所以他说,一个人的抉择与努力,都可以说是各个人的。但是一个人的暗示与材料,则完全是社会的。换句话说,就是个人的财产,一方面虽可认为个人勤勉的结果,但他方面,也是社会进步的恩惠。所以现在的私有财产制度,在原则上尽可任其存在,但在例外上却要以不妨害社会的利益为条件。所以他极力主张用劳动立法的手段,划除雇佣契约上的种种资本阶级对劳动阶级的压制,如时间的延长、工资的稀少等项。

(二)社会改良主义对于贫富阶级的意见　社会改良主义,认为如果社会上的阶级分立,果然是此一阶级的利害对彼一阶级的利害,绝对是相反的。或是感情上极不相能,完全没有调和妥协的余地的。那末消灭阶级,便是实现和平的唯一的方法。但是现在的资本阶级,与劳动阶级的利害,虽说在分配上发生冲突,但是在生产上也是彼此共利的。并且双方的感情,据英国的经验上看来,因为采用工资升降法,及其他种种新制度,似发现调和妥协的可能。据此看来,就是阶级存在,资本家与劳动者的决裂,亦不必就是不可挽回的。所以消灭阶级的手段,便可不用。况且阶级分立的影响,在社会上也有他的好处,就是能鼓舞人类,充分发展个性。所以社会改良主义,一方面想利用劳动的立法,消灭阶级间的强者对弱者的压制。他方面又想保持阶级的分立,以鼓励个人人格向上的发达。换句话说,就是想保全社会的健全处,所以遂个人人格的发展。

(三)社会改良主义对于自由平等的意见　社会改良主义,既认为个人与社会互呈交互的作用,所以他的结论,便是个人个性的发达,是对于社会有利益的。因此在社会的利益范围以内,承认个人自由的观念。同时在发达个性,有利社会的范围内,承认法律平等的观念。换句话说,就是他的自由是在社会利益范围之内的自由,他的平等是在发展个性之下的平等。

(四)社会改良主义对于工资铁律说及工资基金说的意见　社会改良主义又认为社会制度的缺点,如果有妨个人人格的发展,须以人类的意志去改进。因此他便以极锐利的心思,考究工资铁律说及工资基金说的真正价值。可喜后来,他便看出他们的缺点:第一,他批评工资铁律的学说说,工资铁律说的根本错误,在认为工资的增加与人口的增加,有绝对的因果关系。殊不知这个人口的增加或减少,是完全可以人类的文化及法律等去操纵的。比如现在法国的二子制(Zweikinder system)或三子制(Dreikinder system)的风俗盛行之下,就是凡有二子以上者,其后即防姙娠而避息,即使增加工资,也不一定增加人口的。于此可见工资铁律的论据说,工资增加,一定便要增加人口的学说,不能成立。第二,他又批评工资基金的理论说,工资基金的根本错误之点,是在说工资增加,工资基金一定减少。殊不知按照现在工资增加时间减少在生产上所得的结果,工资增加,反转出产增加,反转利润增加,反转工资基金也增加,刚刚与他的论据相反。经此一驳,个人主义执此法则以维持雇佣关系的旧况,和社会主义执此法则以反对雇佣关系的罪恶,统统不能成立。

本此上面几个根本观念,社会改良主义认为解决劳动问题的方法有二:一是自由的,一是强制的。前一个就是以个人的自由及法律的平等为基础,崇奖个人的团结,以达其自助及自卫的目的。后一个就是如果在个人团结所不及的地方,则以国家的权力为基楚,以除去资本制度的种种流弊。这两个观念在劳动立法上的表现,第一个就是关于团体协约的,第二个就是关于工资、时间、卫生等等的直接取缔的,凡此二点,在后面都须详述。至于关于解决劳动问题的私人方面的努力,社会改良主义也是极所欣愿的。

第四章　雇佣关系的进化

一、个人契约的进化

古代的劳动者是物,现在的劳动者是人。古代的劳动者在法律上不能享受丝毫的普通权利,现在的劳动者在法律上独能享受许多的特别权利。单这一点便可说明劳动者的地位在雇佣关系上的进化这个进化。可以略分为四时代:一、隶属劳动时代,二、半隶属的劳动时代,三、自由劳动时代,四、劳动保护时代。现在我们试把每一个时代的特质说明如后。

A　隶属劳动时代

隶属劳动时代所包含的劳动制度有三:第一是奴隶制度,第二是农奴制度,第三是债奴制度。这个时代的特质,就是劳动者的劳动完全是受强制的。

原始时代认为劳动者是生来作奴隶的,所以罗马法上说,奴隶不是人是物,因此把奴隶视同牛马看待。这个制度,一直保存至十八世纪。后来因为英国的法庭在一七七二年宣言奴隶制度不能再存于今日之英国本部,于是英国在一八〇七年,英国的殖民地在一八三三年,法国在一八四八年,葡萄牙在一八五八年,荷兰在一八六三年,美国在一八六五年,巴西在一八八八年,南美西班牙殖民地在一八二五年以后,都各以明令,起而废止奴隶贸易。至于今日,奴隶制度在法律上,始可算是绝迹。因为这个制度完全认为奴隶没有片时的人格存在,所以他可算是隶属劳动时代中的头等代表。

其次,就是农奴制度。农奴制度,也比奴隶制度略高一等,因为农奴制度的意义,就是说附着于土地之上的农奴,虽说一方面可以随着土地而买卖,但是他方面他也可有得到自由的机会。这个机会就是他可以用金钱收回他的人格于地主。所以农奴制度的特质,是劳动者的人格只在经济方面受剥夺,不比奴隶制度,他的人格是在非经济方面与经济方面都受剥夺。这个制度,因为原本就是随着农业时代的存在而存在,所以也就随着工业时代的发达而消灭。

第三就是债奴制度。这个制度的特质,就是债奴是欠债的。因为欠债,所以须得劳动,所以须得以势力偿债。这个制度,是在南美的墨西哥成长的。因为在一五六二年时,西班牙把南美的墨西哥征服了,当时在南美殖民的西班牙人民,把当时的土人故意的垫钱与他们用,使他们欠债,因而使他们成为奴隶。后来这个制度,蔓延到全美方面,于是美国地方亦不惜使用种种方法,使普通的人民欠债,因而施以奴隶待遇。这个制造的债奴的方法,第一,就是利用普通一般的穷民在不能生活的时候,借款给他们用。第二,就是用欺诈的手段,介绍他们在某种地方作工,路上代为垫费,及至该处,马上便强迫他们劳动。第三,就是滥用取缔流民法令的规定,动辄就认他们作流氓,马上便施以最重的罚金,否则立与监禁,到了这个时候,然后代他们付款,强迫他们作奴隶。最著名的,就是一九〇五年美国佛罗里达(Florida)的取缔流民法令。不过现在我们所最要注意的,就是这种制度更比农奴为优。因为农奴是生成的,债奴是人造的。农奴是没有工资的,债奴是有工资的。不过在经济方面说,这个债奴的受强制,还是与农奴一样。因为债奴的债务,虽说也有清付的时候,然而终是永久不能清付的时候多。所以债奴的劳动,还是立于被强制的地位。可喜这个制度,西班牙在一九一七年,美国在一八六五年及一八六八年因为两国修改宪法,统统把他废掉。

B 半隶属劳动时代

半隶属的劳动时代,是隶属劳动时代及自由劳动时代的中间物。这个时代所包含的制度,在欧洲方面,就是中古时代所盛行的徒弟制度;在美洲、非洲及澳洲方面,就是在十八世纪所产生的三种制度:一、移殖的契约奴役制度;二、法律的契约劳动制度;三、工头制度。这个时代的特质就是半强制的雇佣契约成立。

(一)徒弟制度(apprenticeship) 欧洲在中古时代,雇佣关系的特质有二:第一,就是凡是在同业组合(gild)里面的徒弟或职工,都须受同业组合的家法的拘束。但是在同一时间以内,同业组合对于职工或徒弟,亦负有扶养的义务。第二,就是凡是一切的雇佣间的权利义务,统须受公法的取缔,所以劳动者不得以同盟罢工,为雇佣条件的改善。但是同时国家对于劳动者亦负有救济的义务。这个理由,纯粹是因为当时欧洲所盛行的,都是同业组合的制度,而当时的同业组合就是指的居住于一个地方的同职业的手工劳动者为谋经济上的利益所组织的公法团体。这种团体,在都市的吏员监督之下,是得为自治的拘束组合员及经营工业的活动的。所以当时的同业组合的根本观念,就是特权自治。因为这样,所以当时在同业组合里面的徒弟,对于雇佣条件,极少有置喙的余地。不过我们所最要注意的,就是徒弟的身分,也与债奴、农奴等类不是同物。一则因为徒弟之于同业组合,不是因为同业组合的逼迫而加入的。再则在加入以后,工师对于徒弟又负有教导的责任。所以徒弟制度,一方面虽仍是强制的,但是他方面亦些少的有自由意志的表现。所以叫做半隶属的劳动制度。

(二)移殖的契约奴役制度(indentured service) 移殖的契约奴役制度是在美洲、非洲、澳洲等新国家里面产生的。因为在十七八世纪的时候,这些新国家里面的新财源,极要发达。一方面来住的劳动者很少,他方面需要劳动者的作业很多。为了满足这个要求起见,于是新国家的人民便不得不在旧国家里面引诱出许多的劳动者,在新国家来作业。而在引诱的时候,雇者与被雇者之间,便不得不采用契约的形式。这种契约便是变白人为白奴的最好工具。所以由这个契约而获得的奴役制度,便叫移殖的契约奴役制度。至于他与奴隶制度不同的地方,就是在时间上的差异,因为他只是一种定期的奴隶制度。

(三)法律的契约劳动制度(contract labor) 法律的契约劳动制度与移殖的契约劳动制度最不同的地方,就是前者是对等的当事人所缔结的,后者是一个旧国家的穷民(对于新国家的状况毫不熟悉的穷民)与同新国家的经手人所缔结的,所以这个制度是比较自由的。不过这种制度的特质,就是法律有强制执行的权力。换句话说,就是如果劳动者有违反契约的时候,法律得给以监禁的苦工处分,所以本文便把他译为法律的。美国康孟士教授说:"这种形式的劳动在缔约的基础上虽说是最自由的,但是到结果来,还是终于被强迫的。"举一个例,就是美国夏威夷群岛(Hawaiian Islands)一八五○年的法律规定,凡不履行雇佣契约而逃走者,罚以禁锢的苦工,再逃走者,罚以三月的苦工。

(四)工头制度(padrone system) 工头制度在美国是最特别的,因为自从十七世纪起,有许多的意大利的劳动者初来美国,种种情形不熟,于是他们便承认一个领袖,代他们缔结雇佣契约,这便是工头制度的起因。这个制度的第一个特质,就是比"法律的契约劳动"是更自由的。因为这种契约,不是在法律上有效力的。不过他的第二个特质,就是不自由的。因为这些劳动者,是由于工头在意大利去买来的,所以他们一到美国,马上便要忍受这个工头的种种苛苦条件。像上面这四种制度,一徒弟制度,二移殖的契约劳动制度,三法律的契约劳动制度,四工头制度,都可以算做半隶属的劳动时代的产物。

C 自由劳动时代

自由契约的劳动制度,是工业革命和个人主义的产物。因为欧洲到了十八世纪,一方面受了机械发明的影响,他方面又因为吸收了自然法论和个人主义的新鲜空气,于是便觉得自由契约实在是维持和平的唯一途路。于是欧洲的国家,法国在一七九八年和一八九一年,德国在一八一○年和一八一一年,英国在一八一四年和一八三五年,那威在一八二九年和一八六六年,瑞士在一八四八年,奥匈帝国在一八五九年,比利时在一七九五年,西班牙在一八一三年,荷兰在一八一九年和一八二四年,瑞典在一八四六年和一八六四年,丹麦在一八五七年,意大利在一八六四年和一八七八年,都先后起而废止同业组合的独占制度,而代之以自由劳动制度。就在美国的各邦,也因为受了经济的发达和个人主义的影响,先后起而取消自由契约的障碍。第一,就是垦塔启(Kentucky)在一八二一年的废止《债务监禁法令》。第二就是美国的各邦的最低工资特免法令(wage exemption)。这个法令的意义就是说最低限度的工资,不受任何差押的处分。第三就是宅址特免法令(homestead exemption)。宅址特免法令的规定,乡下是四十亩地至一百亩地之间,城市是一宅地址以至一亩地之间。如果是以金钱价值计算,最高的限度,就是由五百元以至五千元美金。第四是工资让渡的取缔法令。这个法令的规定,就是未来的工资不许让渡。因为有这四个法令,于是而雇佣关系上的种种强制条件,逐渐取消,所以劳动者的地位,在十八世纪以后便逐渐解放,以致酿成极端的自由劳动制度。不过自由劳动制度又发生种种流弊,于以造成今日之劳动保护时代。

D　劳动保护时代

上面已曾说过,近代国家立法认为自由契约的缺点。是在雇佣关系上缺乏平等的财力。所以凡是资本家与劳动者所缔结的雇佣契约,都是偏于片面的利益。为了弥补这个缺点起见,所以采用劳动立法的手段,取缔自由契约上的种种不平等条件。换句话说,就是在个人缔约方面,国家便以国权为基础,划除一切的不平等的束缚。但是同时亦不反对个人自助的原则。在团体协约方面,国家便以个人自由及法律平等为基础,鼓舞劳动阶级的团结,以期与资本阶级相互缔结平等的条约。一则以改善雇佣条件,再则以增进社会义务。但是同时亦不排除国家干涉主义,本文为了便利起见,特别的叙述劳动立法在个人结约方面的取缔。第一就是关于工资方面的取缔,第二就是关于农工方面的取缔,第三就是关于移民方面的取缔,第四就是关于罪犯方面的取缔,第五就是关于法律实施方面的援助。

(一)劳动立法关于工资方面的取缔　美国大学教授康孟士说,劳动者因为投其劳力于企业界,那末从投资一方面说,他也是个债权者,法律为了保障劳动者的债权起见,所以对抗雇佣契约的条件,而为种种的特别规定。第一就是关于工资支付的特别规定,及工资刻扣的特别规定。第二就是工资优先取得权利,第三就是工匠执管产业权利。其余如关于工资的数目的种种规定,因为那是最近时代的产物并且还须得特别讨论,所以留待后面,此刻完全不叙。

从工资支付的时间上说,近代国家立法设立有三种取缔:第一是支付的次数要多,时间要速。瑞士一九一一年三月的联邦法律规定,工资之支付须能应付劳动者的特别需要。美国三分之二以上的各邦法律规定,支付须有一定的时间和一定的方式。第二就是支付工资须在作工时间以内。这个立法的好处有二:一则是替劳动者节省了取款的时间。再则是替劳动者防止了在酒店里面收款的弊病。法国禁止在星期日支付工资,奥国规定工资的支付,须在轮班作活的时候。希腊规定须在一日的劳动终结的时候。美国马萨诸塞(Massachusetts)规定一百或一百人以上的工资,须在作工时间里支付。第三就是在解雇的时候,须将工资付清,否则与以罚金处分。美国衣阿华(Iowa)等邦的法律规定,凡是在解雇以后,工资迟付一天,则增加一元美金的罚金,或此工资所值增加一倍。这是说工资支付的法定时间,其次便要说工资支付的法定空间。近代一般的国家立法,都是规定了工资支付的地方的。现在的奥、比、德、英、瑞士、美和塞尔维亚等国，都不许在酒店里面支付工资。其余如关于工资支付的标准，如果是采用计工制度，国家亦设有特别规定。北美合众国禁止煤矿工业先筛渣滓，后称重量，以付工资。至于关于工资支付的方法，在原则上一般的国家都反对物给制度（truck system）。

物给制度是什么呢？就是雇主不把货币付给工资，而以制造物或其他的劳动者的必要品（食品或其他的日用品）付给工资。这种制度的害处最多：第一就是妨害劳动的消费自由；第二就是雇主往往高抬市价，陷劳动者于不利；第三就是摧残劳动者储蓄心的发达。所以近代的国家立法，对于这种制度，都设有相当的取缔。第一，是关于食住的取缔。伯伦（Berne）一九〇八年的法令规定，凡食住须适宜于卫生。南澳大利亚（South Australia）的法令规定，凡是劳动者禁止住在作工的处所里。英国在一九〇九年设有限制条例。至于奥国，那是更进一步，在某种情境之下，完全将食住算作报酬之一部。第二，就是关于寄宿舍及劳动帐棚的取缔。美国纽约法律规定，凡是劳动寄宿舍须受工业委员会的检查及监督。加利福尼亚（California）规定，凡是劳动帐营，如果不合卫生，须受卫生局的处分。第三，是关于以公司制造品付给工资时取缔。这种方法，欧洲的国家无一不是禁止的。独有美国，特别的产生了三种取缔方法：一是完全禁止的，如马利兰、纽约和马萨诸塞；一是不禁止，但规定其价格及品质的，如康涅狄格（Connecticut）；一是保存他，但不许用以刻苦劳动的，如印地安（Indiana）和阜给尼亚（Virginia）。

工资是工人养命的材料，得之则生，失之则死。若只是在支付方面与以保障，而于工资的刻扣方面则一概听诸雇工所独断，而不与以相当的取缔，这也是最痛苦的。为了免除这种痛苦起见，所以近代国家立法，也设有特别的限制。因为近代关于工资刻扣的方法，计有四类：一是罚金的刻扣，二是损害赔偿的刻扣，三是器具原料滥费上的刻扣，四是保险医药等类的储蓄金上的刻扣。所以近代的国家关于取缔的方法，也可列为四类。举例来说，关于第一类的取缔方法，就是英、荷、比、德等国，因为英国的一八九六年的法律规定，罚金须平允而且合理。荷兰、比利时、德意志等邦规定，罚金须依照雇佣契约上的明定条件办理或公布章程办理。法国规定罚金不得超过每日工资四分一以上。瑞士规定罚金不得超过每日工资之一半。并且在荷、比、瑞三国罚金都须归入劳动者的储蓄金额里面。至于美国各邦的法律，关于罚金的规定，除了马萨诸塞和路易斯安那（Louisiana）数邦而外，还在很少。至于关于第二第三两类的取缔，普通一般的法律，都规定不能太多。最后关于第四类的取缔，欧洲一般的国家，在原则上都是赞成刻扣的。但是他们大致都是与西澳大利亚（Western Australia）和南威尔斯（New South Wales）一样，都是规定了所刻扣进来的，绝不许超过所供给出去的。至于美国各邦，立法颇不一致，纽约、纽折尔西（New Jersey）和俄亥俄（Ohio）是特别的立法，禁止某种刻扣的。但是米尼苏达（Minnesota）又是赞成，但须得保险委员的许可状的。

劳动者的工资又往往因为雇主的死亡或破产，而全然痛遭损失的。法律为了弥补这个损失起见，又给劳动者以两种特别的权利：第一，工匠执管产业（mechanic's lien）权利，二是工资优先取得（wage preference）权利。前者的意义，是说工匠的工资如不得偿付的时候，可以执管雇主的产业，以为偿还工资的要求权利。如建筑工，便可以执管雇主的建筑物及土地，以为取得工资的权利；玻璃工便可以执管玻璃，以为清付工资的权利。这个制度，在一八三○年首先在美国的纽约实现。后者的意义，是说最低限度的工资，如遇雇主破产或死亡时，有要求优先支付权利。英国本部与英国的殖民地上的法律规定，工资在一百二十五元美金以内，他的优先支付权与诉讼费和税收费同。美国的法律，在原则上也与英国是同一的。

（二）劳动立法关于农工保护的规定　农工的区别有三种：一是雇用的（hired laborers）；二是租地的（tenants）；三是收获的（croppers）。在第一个里面，又有零工（casual labor），有月工（month labor），有年工（year labor）。他们的境遇，完全与工业劳动者一样，都是没有稳固的资产的，所以美国的法律也没设特别保护，只适用工业劳动者的规定。在第二个里面，又有现款的租工（cash tenants）与股分的租工（share tenants）。现款的租工，是以一定的租金租了土地而自耕自种的。但是这个现金，不一定就是现款交付的金钱，也不一定就是预先支付的，不过是在租约上把租金若干预先规定，如每亩棉花，出租百元等类罢了。因为这样，所以现金的租工，往往是个小资本家，他须负收获上的完全责任。至于股份的租工，那便与现款的租工，不是同类。因为他的租金，不是先有一个确定的数目的，不过是在租约上写明，将来收获时出其几分之几，以作租金。因此他的资本，便很难确定。而他在企业上所负的责任，也是不完全的。关于这两种租工，美国有的邦上规定，不管有无赢利，租工统须交付租金。最后一种就是收获的耕工。他的意义就是说这种耕工是按收获的多寡，以为支付工资的标准的。因此他与股份租工的区别，据美国有几邦的法庭的意见，就是前者是没耕牛的，后者是有的。所以有几邦规定，这种耕工不管有无收获，雇主是须得付给工资的。

工业是种大量的生产，劳动者要想当资本家，是极难做到的。但是农业不是的，所以在农业里面，耕工要想成为地主，实是机会很多。所以往往一个零工，渐变而为月工或年工，又再进而为收获工、现金工，以至于而成为一个小小地主。这个发展的历程，如果得了法律的赞助，这是很自然的。因为这样，所以现在的立法便有三类：第一就是创立农工介绍的机关，先使农工的劳动成为永续的，以便多凑金钱，徐图进取。纽约一九○五年的农工消息流通处，在三年半内便有一万五千人受介绍。第二就是设备农业银行，以最低的利息，垫款于农工。及至秋收进屋，然后收回。这个方法的好处有二：一则以鼓舞农工劳动心的发达，再则以巩固农民储蓄金的上进。现在的德、奥、法、俄等政府之所以监督私人所创立的农业银行，便是想达这个目的。其余如加拿大（Canada）的诺法斯科的亚（Novascotia）和新不伦瑞克（New Brunswick）两邦借公债于农民，也是与农业银行有同样的用意。第三就是限制土地的租价及强迫地主让买土地于租工。如一八八一年爱尔兰（Ireland）的土地法规,特别的设立一土地委员会,决定租金为百分之十五以至二十,并且以后更强迫地主变卖土地于租工。

（三）劳动立法关于移民方面的取缔　从价值一方面说,劳动者的劳力也是不能脱离需给决定市价的原则的。换句话说,就是供给多,需要少,工资便要贱。供给少,需要多,工资便要贵。因为这样,所以国家为了保护本国的劳动市价起见,势不得不禁止或限制外人的来住。但是这种取缔的方法,如果趋至极端,也不一定就于本国的国民经济有利。不过这种取缔移民的立法,在近世的国家自利主义盛行之下,实是一种保护本国劳动者一个最盛行的武器。美国一八六八年、一八九一年、一九一七年及一九二四年的移民法案,无一不是为了取缔外国劳动者的竞争起见,内中尤以一九一七年的取缔为最盛。他的规定,就是凡是在外国以任何方式引诱至的劳动,都在禁止之列。其他如南澳大利亚的一九〇五年的移民法案,虽不比美国激烈,但也是属于同一的目的。至于南非联邦（Union of South Africa）的一九二二年内的取缔来住法案,则以维持雇佣条件的平允为口实。因此凡关于欧洲来住的劳动者,都须备有一证明书,书上载明所谓平允的条件,然后始准入国。像上面这三种规定,都是普遍的禁止外国的劳动者入国的。不过最特别的,就是这些国家一律排斥东方人的劳动者入国。美国在一八六八年的《蒲安臣条约》（The Burlingame Treaty of 1868）上规定禁止华人加入美国籍;一八八〇年的条约,声明美国有限制华人来住权利;一九〇七年的法令,禁止华工在后十年内不能来住美国,同时日本在原则上也略受限制。至于美国一九二四年的立法,则是更进一步,凡是不能取得美国国籍的外国人,统统不许入国,这完全是为日本人而发,即此可见美国的排斥东方人的法令的严厉。其他如英国的殖民地虽非绝对排斥,但也与美国同类。不过他们的方法,最是特别。就是不采用直接的取缔,而采用间接的取缔。他们间接的取缔方法,就是课人头税。加拿大的法律规定,凡是入口的华工,每人课以五百元美金。印度工人,两百元美金,并须由印度陆路至加。日本虽未受人头税的待遇,但每年限于四百人。再有就是课以认写文字的标准,这个限制,也是最利害的。澳大利亚的法律规定,凡是华人来住,须能写五十五个字的英文。新西兰（New Zealand）的法律规定,须能写一张请愿书。后来这个文字的标准,在一九一七年也为北美合众国所采用,不过不只是用以对待东方人罢了。

（四）劳工法律关于罪人劳动的取缔　罪人所制造的货物,生产费是最廉的。根据美国一八八五年和一八九五年的报告,知道普通一般的制造物,不能与罪人制造品竞赛。所以罪人制造的货物一到竞争场上,普通的制造品便要落价,因此便要影响到普通劳动者的工资身上。法律为了取缔这种竞争起见,设有三种规定:第一,就是在法律上规定,凡是犯罪劳动的任用,须不得与自由劳动冲突,如纽折尔西及米尼苏达两邦,就是如此规定的。第二,就是只有特种的工作,才许犯人劳动,如印第安那、马萨诸塞、勃布拉斯加（Nebraska）、俄亥俄、宾夕法尼亚（Pennsylvania）数邦,便是如此的。第三,就是对于某几种的特殊工作禁止,犯人劳动的,如衣阿华、马利兰、俄勒冈（Oregon）、窝民（Wyoming）数邦是。

（五）法律的援助与产业法院　近代国家立法虽极力保护劳动,给劳动者以许多特别权利,如工匠执管雇主产业,要求工资清付的起诉权利,及工资优先偿付权利。但是在最初的时候,这些权利的执行,都置于普通法院管理之下,因此对于劳动阶级特别不利:一者浩费,二者法律手续繁重,三者工人往往缺乏法律知识,而不能取得法律的保护。所以美国的纽约劳动法律援助会（New York Legal Aid Society）说:"这些穷民从生至死就当了一流骗客的牺牲品,他们教育他们说,'你们相信公正是可以自由取得的',但是及至他们去取得公正的时候,才知道他们无力供给律师费。"为了救济这种不利起见,近代产生了三种制度:第一,是私的法律的援助制度;第二,是公家的法律援助制度;第三,是产业法院的制度。

私人法律上的援助,是指一个私法的团体对于穷苦的劳动者代为诉讼,不取手续费。这个制度在美国的起源,是因为纽约城的德意志商人为了保护他们自己的本国穷民起见,特别组织一个法律团体,叫做德意志法律保护协会（German Law Protection Society）,专为德意志的穷民,不取费的代理诉讼。不过到了一八九〇年,这个团体把他自己的职务扩充到非德意志的人民身上,但只专限于佣工,因此改名为纽约法律援助会（Legal Aid Society of New York）。从此以后,这个制度便大为美国所仿效。所以一到一九一一年美国各邦的律师,便设立有同性质的会社四十个。越一年,又增了二十个。这是在美国的状况。若在德国,那是更盛。因为在一九一一年时候,美国才只有六十个。但在德国,便有一千零十六个了。单是他们在一九一〇年所办理的案件,都是一百五十四万六千九百七十一个之多。至于英国,这类团体也是有的。英国伦敦的穷民律师公会（Poor Mans Lawyer Association）,便是这类的例。其余别国这种组织亦是最盛行的。因为在一九一三年德意志的各团体在路伦堡（Nuremberg）召集国际劳动法律协助会的时候,就是美、丹、荷、比、奥、瑞等国的团体,也是各派代表加入。

公法的法律上的援助机关,在美国也可以举出种种的例:如一九一〇年美国的米索里（Missouri）堪萨斯城（Kansasas City）在公益部（Board of Public Welfare）管理之下所组织的市镇的自由法律援助部及加里福尼亚所组织的公益辩护所（Office of Public Defender）,都是最能代表的例证。

在欧洲大陆上,还产生了一种特别的国家的法律援助机关,叫做工业法院（Industrial Court）。他的目的,是专门用来解决雇佣争议的。他的裁判,是先和解而后判断的。他的效能,是最敏速的。他的组织,是由雇佣两方面举出来的代表组面的。这个制度一八〇六年首先在法国的里昂（Lyon）创设,后来次第蔓延于法国全部。又因一八七一年普法战争结果,法国将亚尔萨和罗伦两州（Alsace-Lorraine）割让于德意志,因此而产业法院的制度,亦随之以去。由是而在一八九〇年德国便以一普通法令创设于全德意志。可喜这个制度在一八五九年又在比利时发现,一八六九年又在奥国发现,一八九三年又在意大利发现。由是而在一九〇八年输入于西班牙,一八八二年输入于瑞士,由是而蔓延于欧洲各部。

这个制度大约有三种方式:第一是法国式的。里面只是雇者与被雇者的代表,代表是偶数的。第二是德国式的。里面的主席既不是雇者,又不是披雇者,数目是单数的。第三是瑞士式的。这个法院只在普通法院里面加入特别的法律顾问。但是在这三种的方式里面,雇者与被雇者的代表都是平均的。至于这个制度的特色:第一就是敏活,第二就是节省。因为有这两层特色,所以德国的案件在一九〇八年,就只有百分之一·五才是提起上诉的,并且至迟没有超过三月。可惜这种制度在说英国国语的国家,现在还是没有。美国的克利夫兰(Cleveland)的仲裁法院,虽然有点相似,这个相似之点就是"有权裁判"。不过他的不同之处,一者就是里面没有雇佣关系的代表;再者就是法官也不是由双方选举出来的;三者就是他的职务也不只限于解决雇佣争议。但是这个法院的效率,却是非常的大,因为单在一九二一年,就解决了一千二百个案件。

二、团体协约的进化

A　职工组合在法律上的地位

从消极一方面说,现代政府的目的不独是用来调和个人间的冲突的,并且是用来调和阶级间的冲突的。但是阶级间的冲突要怎样才能调和呢?根据社会改良主义的意见,首则便要有阶级合作的自觉。但是要想达到这个目的,在原则上除了使两阶级的群众,各自团结,各举代表,各抒伟见,起而举行代表公会,协商一切的雇佣条约外,决没有调和妥协的余地。因为根据现代劳动进化的趋势,阶级间的冲突不是慈善性的济贫事业可以解决的。因为现在的劳动阶级,根本上先就受了自由平等的感化,决不许任何一人有怜恤他们自己的权利。但是在他方面,又不是专制性的独断政策可以解决的。因为这是主奴时代的遗形物,现在的劳动阶级既然承认他们自己是社会的主人翁,更决不能忍受这种片面的指挥。换句话说,就是现在的阶级间的冲突只有在平民政治之下的平民式的代表公会可以解决。这个解决便是社会改良主义的金科玉律,因为这样,所以近代的国家立法便相继的起而承认劳动者的集会结社的自由权利。因为必先有了集会结社的自由,然后始有团体协商的可能。

劳动阶级的团体是什么?最温和的就是职工组合。职工组合(trade union)是因为深感劳动者个人与资本家结约的不利,而直接发生出来的团结。他的目的,就是想用团体的合力,改善一切雇佣契约间的种种不公平的待遇。他的战斗武器,第一就是同盟罢工。同盟罢工的意义,就是说多数的劳动者为了达到一定的目的,出而停止作业。他的种类最是复杂,第一,从心理上说,有感情的,有意志的。前者是无一定的目的的,后者是有的。日本民治十四年的东京电车从业员罢工事件可算是属于前者,现在一般的欧美的罢工事件可以算是属后者。第二,从动机上说,有攻击的,有防御的。前者的意义,想强迫雇主为雇佣条件的改善,后者只在维持雇佣条件的状况。据德国官厅统计的报告,一九○七年的全德意志的攻击罢工件数有二千一百四十六件,防御罢工件数有一百二十件。第三,从利益上说,有同情的与非同情的。前者的目的,是对于仅与罢工者有间接利害关系的事件而罢工,后者则是直接的。一八八六年的美国大罢工,属于前者。一九二一年的英国煤矿大罢工,属于后者。第四,从性质上说,有政治的,有经济的。前者,是想增高无产阶级的地位而罢工,后者则只在改善雇佣条件的。一八九○年澳大利亚的海员罢工,纯粹是种经济的罢工。一九○九年及一九一○年的法国邮政铁道的同盟罢工,便是政治的罢工。总之,职工组合所取用的同盟罢工,无论形式若何,而他的实质都无非是对企业者为劳动能力的撤去,使企业者在一定时间以内无所事其生产而已。

职工组合的第二种武器,就是同盟排货(boycott)。同盟排货的意义,就是指劳动者为了满足他们自己的要求起见,对于企业家雇主或其关系人起而为断绝交易的举动。这个语源,最为有趣:当一八八○年的爱尔兰地方有个农场管理人叫做Boycott,他对于一般的佃户刻苦的非常利害,因此这些佃户都起而与之断绝交易。所以到结果来,他便不能自存,舍地而去。从此以后boycott便成为断绝交易的普通名辞。不过这个名辞应用在雇佣关系上,还是最近三十年左右的事。

排货同盟从关系人的直接间接上,可以别为二类:一是第一次的排货同盟,一是第二次的排货同盟。前者是对于有直接关系纷争的企业家而行使的,后者只是对于与该企业家有交易关系的第三者而行使的。例如劳动者对于某个有害自己的利益的酒店相约不与买卖,是为第一次的。若对于在该店卖酒的公司亦为排货举动,是为第二次的。

职工组合的第三种武器,就是监视(picket)。监视的意义,就是说在同盟罢工的时候,劳动组合特别派遣许多的监视员于工场附近,监视其他劳动者的动静,设法不使与罢工之工场作活。这个种类,据美国法院的意见,有平和的与威吓的。前者是用诱劝的方式,后者是用强迫的手段。

职工组合的第四种武器,就是组合证票(union label)。他的意义,就是用组合的证票贴在由组合员所制造的货物上,以证明为该组合员所制造。一八七四年美国排斥华工,便是采的这个手段。再有职工组合的第五种武器,就是工场封锁(die sperre)。他的意义,就是指劳动团体在罢工以前,先以机关杂志及其他方法,向他劳动者告知纷争的发生时间,以免他们为该工场所雇用。所以又可叫做同盟罢工的准备行动。第六种的武器,就是怠工。怠工的目的,就是怠惰劳动以增加劳动者作工的机会。第七种武器,就是直接行动(action directe)。他的意义,就是指要求缩减时间的劳动者不待雇主的承诺,而直接执行的举动。第八种武器,就是妨害作业(sobotage)。他的意义,就是指罢工者的少数故意的加入那已罢工而复恢复的工场,以与新雇用之劳动者同工,因而妨害作业。总之,凡此八种武器都是劳动者为了改善雇佣条件而与企业家相互战争的军用器械。不过现在我们所最要问的,就是国家立法对于这些武器的态度怎样? 合法还是不合法? 并且对于这个使用武器的职工组合的态度怎样? 合法还是不合法?

十八世纪的欧洲因为饱受了个人主义的感化,一般国家在经济上,都笃信个人主义,他们都一致的以为个人自由是开创和平的先驱。然而劳动组合实足以阻碍个人自由的发达。所以当时的国家立法,一般的都采用两个原则:第一便是打倒既存的同职组合,第二便是摧残那新生的职工组合。举例来说,就是一七九九年的英国《禁止结社法》及一七九九年的法国《解散同职组合令》,均是为了要达到这两个目的。不过到了十九世纪,因为资本制企业肆虐的结果,一般的劳动者无一不受资本阶级的压迫,于是个人主义便力遭一般学者的攻击,因而在一八四八年,便有崭新的社会主义出现。社会主义的产生纯粹是为了解放劳动阶级的苦痛起见。因为这样,所以当时的劳动阶级便有前仆后继的职工组合的运动出现。那时因为就是十八世纪的禁止集会结社法令,也失掉了他们自己的神圣。因此,当时的国家便不得不另采一种政策,而取消从前禁止集会结社的法令。因此,法国在一八六四年,英国在一八二五年,德国在一八六九年,奥国在一八七〇年,都相继起而取消昔日之禁止集会结社法令。从此劳动者的结社自由,在法律上便消极的得了承认。至于美国,因为他是一个新兴的国家,根本上就没有欧洲中古时代国家警察的臭味。所以劳动者的集会结社自由,在解放黑奴的战争以后,在法律上也就完全是没有疑问。所以美国联邦政府也无须用明文来规定。即此我们便可看出,劳动团体在法律上的次第获势。不过我们最不能满意的,就是在十九世纪以来的国家,虽然消极的承认了劳动者集会结社的自由,还未能进一步的承认他们为"法人"的资格。并且积极的对于他们所使用的战斗武器,亦力加限制,如像同盟罢工、同盟排货及平和监视等的种种限制。这个限制就是今日也还未能完全打破。不过最可幸的就是在二十世纪以来,已经逐渐有了打破的趋势。现在本文且以英美法三国的劳工保护法为例,对于职工组合的待遇,说明如后。

(一)英国 英国自从一八〇〇年通过禁止集会结社的法令后,所有的劳动团体悉被解散。一直过了二十五年,因为受了培烈士(Francis Place)的热助,然后议会始有集会结社解禁令。从此以后,职工组合在组织上始不认为犯罪。不过在产业上,职工组合却不许有不动产的权利。最不幸的是连组合本身的事务所亦不能为组合所有。后来在一八七一年,因为职工组合在政治运动上获得有极大的成效,所以同年便有《劳动组合律》,及一八七六年便有《劳动组合修正律》,两重颁布。因而劳动者保有产业的自由,便大为确定。但是还有更不幸的,就是职工组合在法律上,仍不得与法人一同待遇。所以以在一九〇一年的达锐夫尔(Taff Valecuse)的铁路使用人罢工事件,英国上院便判决职工组合在私法上负无限的赔偿责任。于是而职工组合的赔偿额,便为四万二千镑的巨额。及至一九〇六年,因为《产业争议律》(The Trade Dispute Act)的发布,虽然补足了这个缺点,认为职工组合的本身,免除了私法上的损害赔偿的责任。但是他方面仍受了极大的限制,这个限制,就是在一九〇九年的阿斯本(W. V. Osborne)的案件,上议院判决,不承认职工组合有为政治运动,而征收会员出金的权利。因是而职工组合,对于一切政治的运动都失其根据。据句话说,就是职工组合对于兴办教育及印刷书报等事,也不能强令会员缴费。不过到了一九一三年因为议院复又通过劳动组合律的结果,政治费用,直设有明文规定。于是而职工组合复又打破一九〇九年的障碍,以致在法律上而得与资本组合的公司(法人)受同样的待遇。至于关于职工组合所使用的武器的立法,美国学者安德鲁兹说:"英国法律不独是不承认同盟罢工及同盟排货为不法,并且连工厂排工及黑表法,也不是不法。"

(二)美国 将美国与英国比较,英国的境地与美国的境地,将于雇佣关系上的立法,在中古时代绝然不是同一的。因为英国的雇佣条件,素来是由国家决定的。所以劳动者的要求加薪,英国便认为不法。例如一五四八年的英国爱德华六世(Edward Ⅵ)的第十五章的法令,便是禁止劳动者协合以决定工资时间的行动的。因此,英国职工组合的法律问题,便须要用成文的法令来解答。不过美国不是如此。美国斯蒂孟(Stimon)说:"美国的雇佣条件,国家从没决定过。"所以美国的立法也就对于为了改善雇佣条件而组织的职工组合,不起疑问。不过美国的法律却还未能进一步的,承认职工组合在法律上的法人地位。这是一件最不幸的事。因为一九〇八年的但纽勃帽工案件(Danube Hatler's Case),大理院判决该职工组合在法律上应负无限的赔偿责任。至于美国的法院对于职工组合所使用的武器,那更是尽力限制。现在我们可以说明如后。

关于美国法院对于同盟罢工、同盟排货等种种的判决,如果能一一统计其材料,而寻着他们里面共通的律令,这倒是很有趣的。不过最不幸的就是住在现在的中国,因为材料缺乏的原故,决非些小时间内可以办到。所以本文便只叙述现代美国法院所基以判决罢工排货等种种案件的三个原则,而不详述其关于罢工、排工等案件的每一类的事实经过。

美国法院所基以解决产业争议的,第一个原则,就是动机律。动机律的意义就是说,职工组合的行动,他的合法不合法的问题不在行动的本身,而实在乎其动机之良否。根据这个意见,便发生两种结论:(一)如果动机是不合法的,就是合法的行为也是不合法的。举一个例,就是美国勒布拉斯加地方的十八个裁缝,他们相互约定,在某一个三月三十一日罢工,并且把已经裁剪了的衣料,都还给雇主去。本来这些裁缝在契约上是没有规定一定的时候的。因此,就是罢工也不能认为违背契约。但是法庭判决,认为他们的首要的动机是害人的,所以仍是判决他们赔偿。其余这种例子很多。(二)就是如果动机是不合法,就是不行为也是不合法的。换句话说,就是职工组合里面,少数的分子犯法,一切的分子均须负责。上面已曾举过的例,就是一九〇八年的但纽勃帽工案件。

近来一般法学者颇反对动机律的意义。他们所根据的理由是:一个同盟罢工或同盟排货的动机实不是很简单的,所以既可以说是自利,又可以说是害人的。若以法官的意见为被告人的意见,这便未免武断。于是为了免除这种武断起见,他们又采用第二个原则,这个原则,便是权利律。

权利律的意义,就是说:凡是职工组合的行动,如果是故意的侵害他人的权利,实是不合法的。但是如果他是因为行使同等的权利或最高的权利,也不能说是不法。换句话说,就是现在所最应注意的,就是看被告者所发生的侵权行为,是否是行使同等的权利,或是最高的权利。如果是的,就是合法,不是的,就是不合法。无论他在动机上怀抱什么目的。一八九八年的新英格兰(New England)的多李马诉黑靳斯(Doremus V. Hennessy)一案,法院判决的理由,便是如此的。自然这个理由在学理上也可说得非常好听。不过一到应用上,就不能不发生种种疑问。因为从权利方面说,不独是资本家有自由营业的权利,而且是劳动者也有自由增薪退雇的权利的。如果在这两种权利冲突的时候,试问法庭怎么解决,所以到结果来,法庭仍是不得不采用动机律的学说。而这个法官的武断,还是不能去掉。

美国法院再有一个解决产业争议的原则,就是方法律。他的意义,就是说不管被告者的动机是怎样,也不管他的行为是否行使同等权利,只看他所取的方法是否出自威吓或弹压。如果是的,就是不法。但是弹压和威吓,也无一致的意见。比如加里福尼亚倒说是同情罢工及第二次排货,不是威吓。但是宾夕法尼亚又说第二次排货,是威吓的。所以到结果来,还是要靠着法官的己意决定。因此美国康孟士说:

> 这些原则在理论上尽管说的方法不同,然而在实际上大家的结论也没多么差异。随便法庭采用那一个,在应用上都可以自由处置,因为每个学说的应用,都先要解决劳动者的要求是否合法的问题。因此法官的偏私,便易成判决的要素。

从此一段话,我们便可以知道劳动团体的武器在美国取缔的利害。

(三)法国　法国虽然在一八六四年承认了劳动阶级的集会自由,但是一八七二年为了禁止劳动者的国际运动起见,又不许劳动者加入以罢工为目的的团体。及至一八八四年,虽然改变了从前的主张,但在一八九三年又解散了劳动者的地方联合机关。所以职工组合在法律上的地位还是不确定的。

B　雇主组合在法律上的地位

对抗职工组合而为阶级争斗的防御团体,便是雇主组合(employers association)。他的意义,就是企业者就雇佣关系,而为对抗劳动者的团结。他的目的,便是防止职工组合对雇佣条件的片面决定。他的战斗武器,第一就是排工(lockout),第二就是黑表法(blacklist),第三就是排斥组合誓约,第四就是证明书制度,第五就是佣工介绍所制度。

排工是什么？排工的意义，就是指的雇主方面不问事业之荣枯何如，而只在对抗劳动运动之要求上而为大规模的解雇行为。他的种类，可以约别为四：一为同情排工（Sympathie aussperrungen）。同情排工的意义，就是说雇主里面如遇着同盟罢工的事变，其他的组合员亦趋而为排工的援助。二为意志排工（Programme aussperrungen）。他的意义，就是说关于雇佣条件，雇主为贯澈一定的主张，于罢工未发生以前即发表大批的解雇行为。这种排工的目的，也许是攻击的，也许是防御的。三为惩戒排工（Straf aussperrungen）。他的实质，就是对于惩戒劳动者的某种活动而行使的武器。比如某一雇主为裁制实行社会民主党所主张的五月祭的劳动者而行使的三日或十日的停工，这便是惩戒排工。四为比例排工（Prosentual aussperrung）。比例排工，就是说雇主鉴于全部排工的损害太大，如原料腐败、资本停息、机械生锈等等，而为百分之二或十分之一的次第的排工。以上四种，皆为企业者剥夺劳动机会的惯用手段。

黑表法是什么？他的意义，就是在雇主与雇主之间，相互通知违犯契约者，或其性情上可以排斥者之姓名及履历，而共同扣留其劳动机会。这个武器，贵在秘密。

排斥组合誓约是什么？他的意义，就是使劳动者为不入组合的宣誓，如违背者，立与解雇。证明书制度是什么？他的意义，是说雇主于解雇劳动者的时候，交付一证明书，而付以秘密记号。及到受佣的时候，又须使他呈验。因而特定的劳动者便可藉此秘密记号。至于雇主组合的介绍所制度，那是说雇主组合特别设立一职业介绍机关，专门介绍佣工。凡是没有该介绍所的证书的，统统没有受佣的机会。举一个例，就是柏林的金器业组合，仅以持有该职业介绍所的证明书的劳动者，始能雇用。凡此种种，皆为雇主组合的战斗武器。不过现在我们所最要注意的：第一，就是雇主组合本身在法律上的地位；第二就是他的战斗手段在法律上的地位。

近代国家立法，凡是承认了职工组合为合法的，都是平等的承认了雇主组合在法律上的地位的。这层无须举例证明。不过对于雇主组合所采用的战斗武器，各国的取缔，素不一致。譬如一七九〇年德国的职业法，关于证明书制度特别的禁止秘密记号的附记。至于英国，则又是统统放任的。美国虽然对于排工黑表法等一般的制度，都是认为合法的。但是对于排斥组合誓约，则又是认为不合法的。一九一五年美国哥伯杰诉堪萨斯（Coppage v. Kansas）一案，联邦大理院的判决，便是采的这种原则。虽说美国的反黑表法的法律，认为这个传递消息的雇主实是不合法的，但是实行解雇的雇主，则又是合法的。并且在现今的电灯、电话、电报等制度盛行之下，实际上亦不容易发现谁为传递消息的举动。所以这种取缔，也与虚设无异。总之，雇主组合在战斗上的武器，在实行上比之职工组合更觉便利。第一，就是职工组合的劳动运动在实行的时候，必为多数的群众。雇主组合的反劳动运动，则只为少数的个人。第二，职工组合的武器，利在公开，雇主组合的武器，贵在秘密,第三,职工组合的战斗区域,往往须利用大街,如平和监视及排货同盟等等,因此最容易妨害公众。雇主组合的战斗区域,只须片时的利用些小的工厂地方,因此最不容易影响公众。所以取缔劳动组合的法律,便处处奏效。而取缔雇主组合的法律,则不啻等于虚设。这便是资本与劳力不平等的事实。

谁也知道,劳动阶级的劳力不是货物,因此,限制货物价格的托拉斯便不能认为与限制劳动价格的职工组合为同性质。所以国家立法,便不应以取缔托拉斯的规则取缔职工组合。换句话说,就是国家立法非到不得已的时候,不能任意限制职工组合所用以达到缔结公平的雇佣条约的种种方法。

根据上面这个根本观念,国家的立法在原则上似有放任职工组合,缔结条约的自由,并且同时更不应妨害其使用种种武器。因为这些武器都是职工组合取得公平的雇佣条约的手段。如果是恐怕职工组合滥用自由,那末在他方面国家又尽可以放任雇主组合,与他调和。因为必要这样,然后双方的团体始能在竞争的战场上学习得和平的教义。并且必要这样,然后在双方冲突发生的时候,国家的干预才能得着双方的信任。因而调和阶级冲突的问题,始能在个人自由国家干涉的两个政策之下得着一条和衷共济的进路。

第五章　雇佣争议的平和解决

雇佣争议在现在的职工组合和雇主组合的对抗之下影响社会最大。举一个例，就是英国一九二一年的煤矿罢工事件所遭致的损失，超过日本一年全国的输出额，因为这样，所以现代的一些国家为了保护社会的公益起见，设立了六种调和产业争议的制度。

（一）集合协约（Collective Bargaining）；

（二）和解（Conciliation）；

（三）自愿的仲裁（Voluntary Arbitration）；

（四）强制调查（Compulsory investigation）；

（五）强制裁定（Compulsory Award）；

（六）强制仲裁（Compulsory Arbitration）；

（一）集合协约　　集合协约的意义，就是说多数劳动者与雇主或雇主组合，相互协定将来的工资劳动标准、劳动时间，以及其他的雇佣条件，而为一般的协定。这种协定，计有三类：（一）工场的协定；（二）地方的协定；（三）国民的协定。这种协定的好处，就是一则可以祛除个人契约对劳动者的不利，再则可以调和劳动阶级对资本阶级的决裂。他的发达是很盛的，单据英国一国在一九一〇年的统计，就有一六九六件。所以现在凡是认可职工组合的国家，大体都是承认集合协约的，换句话说，就是凡有争议，共同直接交涉。

（二）和解　　和解的意义，就是说在雇佣争议发生的时候，由政府劝告双方不要各走极端，折衷调和的了息争议。这个制度，英国在一八九六年采用，美国在一八八八年采用，德国在一八九〇年采用，法国在一八九二年采用，他的成效十分昭著。

（三）自愿的仲裁　　自愿的仲裁就是说双方的争议，如果是和解都和解不了的时候，然后始由政府的和解机关（或他们自己之一方）取得他们双方（或其他一方）的同意，诉诸一仲裁机关，裁定他们的争议。这个步骤，约有五项：第一，就是他们自己情愿把他们的争议对仲裁机关提交；第二，就是承受调查；第三，就是在调查的时候，禁止罢工或排工；第四，就是由仲裁机关提出裁定；第五，就是执行裁定，并且在裁定有效的时候，禁止罢工及排工。这个制度的特质，就是争议的双方，情愿把他们的争议对仲裁机关提交，并且要求裁定。所以就是在提交以后，政府就满用威权来干涉,或用"强制调查",或取"强制裁定",也与自愿二字不相违背。不过强制的手段,也不一定用,因为按照英美两国的立法例,仲裁机关在提交以后,也有用强制的,也有不用的,这个要看法令如何规定。

(四)强制调查 强制调查的意义,就是说政府为了调查产业争议,特别的设立一个强制调查委员会。如果有产业争议发生,只要有争议者一方面的请求,或只是他自己的创议,都可以出而召唤证人,搜集证据,提出建议。不过这种建议,是没有强制执行的效力的。他的种类略别为二:一种是在调查及建议的进行中,双方都不得为罢工或排工。一九〇七年的加拿大的产业争议调查法令,及一九一五年的美国哥罗拉多(Colorado)的法令,都是属于这一类的规定。其他一种,就是只有调查,而不禁止罢工或排工。如美国纽约政府的现行调查制度,便是如此规定的。

(五)强制裁定 强制裁定的意义,就是说在雇佣争议发生的时候,由政府所设立的工资机关决定工资及其他雇佣条件。他的裁定,在法律上是有特别的效力的。违背他的,虽然也有没设相当的制裁的,不过在法律上便是无效。这便是他的强制的地方。比如维多利亚的一八九三年的工资委员会以及英国的一九一一年的最低工资共同地方委员会(Joint District Board),便是如此规定的。他与强制调查有不同的地方,就是他的裁定是要强制执行的,不是只等于建议的性质的。

(六)强制仲裁 强制仲裁的意义,就是说政府用直接或间接的手段,强制雇主及佣工,将其产业争议向第三者提交,并须服从他的裁定。他的程序,第一,就是双方的争议必须提交仲裁;第二,就是证人必须作证,并须提出证书;第三,就是在调查证据及进行裁定的时候,禁止罢工及排工;第四,就是必须裁定,并须公布;第五,就是这个裁定必须执行,并在有效期间必须禁止罢工或排工,违者处以罚金或监禁。这个制度的特质,第一就是包含强制调查;第二就是包含强制裁定。换句话说,就是他不啻是这两种制度的混合物,并且还须禁止罢工或排工。所以这个制度,又叫做狭义的强制仲裁制度。英国在大战的时候,依着一九一五年的军用法令规定,便是采的这种制度。

上面所说的这六种制度,除了集合协约系由争议当事者直接谈判而外,其他的五种制度,都是含有国家的干涉在内,不过(二)(三)两种,在提交审议的手续上,都是以争议当事者的自愿提出为要件,所以叫做任意的和解仲裁制度。后三种因为都不是以双方争议当事者的自愿提出为要件,所以叫做强制和解仲裁制度。现在本文且依其历史上的成例,说明这两种制度的进化。

一、任意的和解仲裁制度的进化

(一)英国 英国的自愿的和解仲裁制度,在一八四九年满切斯特(Manchestor)州的丝业上产生的,不过没有成功。后来在一八五六年至一八六〇年的时候,这个制度又有复生的希望。因为当时的英国议会找着了相当的仲裁人物,心想实施仲裁制度。但雇主又不愿意,所以也没实现。因为这样,所以这个制度卒卒到了一八六〇年,因为孟德拉(A. J. Mumdella)及克特(Sir Robert Kettle)两氏的提倡,然后始有一贯的和解仲裁委员会的发生。但是这种委员会当初不过是私人设的机关,并没有为政府立法所采用。就是到了后来(在一八九六年以前),虽然英国的几次立法也有关于雇佣争议的解决,可惜第一次(一八二四年)是关于个人争议的,第二次(一八六七年)是关于产业法院的,第三次(一八七二年)是只有法文而没执行的,所以都不能算是和解仲裁制度的真正立法。卒卒到了一八九三年因为煤矿大罢工,然后政府始起而模仿孟德拉(Mundella)式的和解机关,又隔三年(一八九六年)然后始有和解仲裁的真正法规(Conciliation Act),而将这种制度实行下去。

英国一八九六年的法令把这个和解产业争议的几种权限,都委诸商务院。第一,就是商务院有登记私人的和解委员会的权限。这个委员会包含产业的,地方的,及国民的三类。第二,就是如果某种产业争议,是为地方委员会所不能解决的时候,商务院便可任命几个调人去给他们调和,因而成立和解委员会。第三,就是无论任何争议,商务院都须去调查事实,并作报告。如果得了一方的请求,可以任命调人。如果得了双方的请求,可以任命仲裁人。第四,如果是没有这种和解委员会的产业(或地方),同时他的争议又是特别的多,那末商务院也可劝告他们设立同样的机关(或是关于产业的和解委员会的,或是关于地方的和解委员会的)。就因为有这一条规定,所以依着这个规定,而产生的和解委员会,在一九〇〇年便有五十八个,一九〇五年便有六十六个,一九〇六年便有九十三个,一九〇七年便有八十九个、至于这种委员会在地方的小争议上,是足有百分之六以上的成绩的。并且这个成绩是可以在汉德(Handw. d. Staatw. III. S. 647)的统计上证明出来的,但是这种制度的缺点,就是在国民的产业的大争议上,其效果则不甚著。所以在一九〇八年为了应付这个需要起见,又设立了一个中央仲裁委员会(Court of Arbitration)。及至一九一一年,又因为这个中央仲裁委员会也没若何成效,所以又设立了一个国民代表产业争议委员会(Industrial Council)。前一个的组织,是包含着雇佣两方的代表,及一公众人作主席,统由商务院委任而成立的。后一个的组织,是由全国产业双方的国民代表集合而成立的。这个主席叫做委员长(Chief Industrial Commissioner),但他却必须是个政客。于此可见得这个制度的用意。至于这个委员会所经理的案件:第一,就是移来咨询关于事实的意见的;第二,就是移来调查及建议的;第三,就是政府或商务院移交过来的;第四,就是商务院移交过来的一切事务,征求代表的意见的。

年次	雇佣纷争件数	依和解委员会解决的	百分率
一九〇〇	六四八	三二	四·九
一九〇一	六四二	四一	六·四
一九〇二	四四二	二九	六·二
一九〇三	三八七	二六	六·七
一九〇四	三五五	二七	七·六
一九〇五	三五八	三〇	八·三
一九〇六	四八六	三九	八·二
一九〇七	六一〇	四五	七·六

　　大体上说,英国的这种和解制度,是大为雇主阶级所赞成的。不过内中也有些雇主,对于这个制度不大满意。他们不满意的理由,就是一者,因为这种和解的裁定,是没有拘束力的;再者,又因为这些仲裁者虽然是雇佣两方的代表,但可不是关系争议的直接当事者,因此缺乏应用上的知识。这便是雇主方面所不满意的意见。不过在职工组合方面,他们虽然反对仲裁者的判决,是须得有拘束力的。(因此他们的议员对于一九〇八年的强制调查法案,在一九〇九年也就拒绝通过,这便是职工组合对强制调查反对的证据。)不过在他方面,职工组合也有与雇主的意见相同的地方,就是同样的说,当时的和解仲裁委员,缺乏应用上的知识。可惜在大战时候,英政府所采用的政策却刚刚与劳动组合的意见相反,所以结果不好。

　　大战时候,英国政府为了巩固国防起见,采用强制的干涉手段。一九一五年六月的英国战争军用法令(Muntions of War Act),在某几种的产业上,不独是严格的禁止罢工或排工,甚至个人退工,亦须取得退工证书,否则处以六个月的失业处分。并且在这个法令之下,认为仲裁制度,都应该国家强制。所以英国政府又特别设立两个裁判所。一个是地方的裁判所(Local Tribunal),一个是一般的裁判所(General Tribunal)。每个裁判所的主席,都是由国家任命的。并且在必要的时候,国家还任命雇佣者双方的代表,作法律顾问。至于说到这两个裁判所的职权,前一个是处理普通的一切小争议的,后一个是专门处理特殊的大争议的。如果某种争议是为两种裁判所不能处理的时候,则以移诸产业委员会(Committee of Production)处断。此外还设有一特别裁判所,专门解决妇女的工资标准的。总括来说,就是这几种裁判所都是采强制仲裁的原理。

　　不过这种制度,上面已曾说过,因为刚刚与劳动者的意见相反,所以后来结果不好。根据一九一六年的战时军用总长的报告,在这些罢工的人员中只有百分一之一五是依法提起公诉的。又根据一九一八年的统计,这个一九一五年的法令,在战争时期中,只有百分之七十五的时间是有效的。并且在有效时期中又有百分之八五的总时间都是因为罢工而损失的。所以这个战时的英国强制仲裁制度,可谓完全失败。

　　英国政府就因为经了这个失败,渐渐的看出强制仲裁制度在英国的不利。一者就是因为强制仲裁制度须以第三者的干涉为要件,但是第三者的干涉,不独是为雇主及佣工所不喜,并且又是没有成效的。反之,就是他们所愿意的,纯粹是自愿的和解制度。再者,莫说强制的仲裁制度,第三者的干涉是劳动者所不喜的,就是和解制度之下,这个与产业争议漠不相关的雇佣代表,担任和解的职务,他们也不愿意。因为他们不是觉得他偏袒,是觉得他无知的。反之就是他们喜欢他们自己的争议当事者,便是他们自己解决争议的当事者。举一个例,就是一九一九年的铁路罢工事件,最初的时候十分解决不了,但是后来就因有转运工人委员会(Committee of Transport Workers)的调解,所以马上就调停好了。因为英国的经验,得了这两层教训,所以一九一七年的怀特勒委员会(Whitley Committee)的报告,及一九一九年根据这个报告而成立的三十五个联合产业委员会(Joint Industrial Council)为了永久的解决雇佣争议起见,便给劳动者以直接支配产业争议的责任。现在本文且把这个报告的大纲,略举于后:

(1)凡是地方的或国民的团体协约,统由地方的或国民的联合产业委员会自己办理。他的组织,是由雇者及被雇者的同等代表组成的。

(2)无组织的或组织不定的产业,或用最低工资委员会代替联合产业委员会,或严格的监督他。统按照一九〇九年的产业委员会法办理。

(3)联合产业委员会的大小和组织由双方当事者自己决定。

(4)按照生产委员会(Committee of Production)的方法,组织永久的仲裁委员会,每个仲裁委员的判决都要公布。

(5)联合产业委员会,须不与现存的和解委员会冲突。

(6)将执行仲裁裁定时的罚金取消。

(二)美国各邦立法　美国大多数的邦关于处置产业争议的规定,都是设有立法的。并且外窝民邦甚至在把他规定于宪章。其他许多的邦,都是设立了永久的仲裁和解的机关的。这种机关通常都是三个人组织的,但是这个组织的人也有二个或六个的。除了亚拉巴马(Alabama)而外,都有被雇者的代表,并且也只有亚拉巴马及康涅狄格两邦,才没雇主的代表的。俄克拉何马(Oklahoma)并且设有农工的代表的。有几邦的劳动委员,便是调人,如爱达和(Idaho)、印第安那和马利兰邦便是成例,但是有几邦额外设有产业委员会(Industrial Commissions),并且这个调和长(chief mediator)是同临时的仲裁委员会(Temporary Board for Arbitration)一同任命的。

有二十邦都是设有强制调查制度的,不过各有各的施行方法。有的在和解失败后,然后施行的,如印第安那和马萨诸塞两邦。有的是在邦长认为可行的时候,然后施行的,如亚拉巴马、阿拉斯加(Alaska)两邦。有的只要在争议发生,为仲裁委员会所知道的时候,便须直接施行的如哥罗拉多和阜孟特(Vermont)。但是这三种都是刚性的,因为都是以"必"施行为原则的。这是属于前一类。再有一类,就只是以"得"施行为原则的。这类立法的邦,第一就是纽约,他的规定,就是在产业委员会,认为可施行的时候。还有就是俄亥俄,他的规定,是仲裁委员会,认为必要的时候。第二就是伊利诺(Illinois)和俄克拉何马,他们的规定,是双方拒绝仲裁,和公众感受不便的时候。还有就是纽汉姆海(New Hampshire),只要有一方不愿意交付仲裁的时候。第三就是康涅狄格及米尼苏达,只要有争议发生的时候。

关于仲裁委员会裁定的执行,各邦立法,也是颇不一致。有的是由法院的命令强制执行的,否则认为藐视法院,但不得监禁的,如伊利诺。有的则除了上面这种规定外,凡是故意的不服,则是要监禁的。如爱达和和印第安那。至于有几邦,则凡是具有拘束力的裁定,违者都是要与以罚金及监禁处分的,如米索里便是如此的。至于说到执行的机关与法律,也是不一致的。有的只用县普通法院(County Coutr of Common Pleas)来执行,如俄亥俄。但是有的却又不是这样,他们的裁定,一者要用一个地方法院的书记存案。再者要用平衡法来执行的,如内华达(Nevada)、得克萨斯(Texas)、阿拉斯加(Alaska)。不过在内华达虽以大理院为上告机关,但在得克萨斩凡是上诉案件,都须提出民事上诉法院(Court of Civil Appeals)。而在阿拉斯加,则又以合众国巡游上诉法庭(United States Circuit Court of Appeals)为上诉机关。独有哥罗拉多是采用一九一五年的加拿大的法令的,在调查及建议期中纯然禁止罢工或排工。

大致有二十邦自愿的仲裁,都须使当事人连带的承认不罢工。马萨诸塞规定最急切的罢工,须得通知。内华达和阿拉斯加在仲裁期中,罢工及排工均属非法。并且在阿拉斯加,凡处断后三月内,如果没有三十日的预告,罢工及排工都是违法的。

联邦立法 北美合众国关于自愿的和解的仲裁制度,计有四次的立法。第一次就是一八八八年的法令,第二次就是一八九八年的《艾德曼法令》(Endmans Act),第三次就是一九一三年的《刘曼法令》(Newmans Act),该法令中的第八节,也是同年通过的,创立劳动部,第四就是一九二〇年的《运输法》(Transportation Act)。顶有趣的,就是这四次的法令都有蝉联不断的因果关系,现在我们且把他们依次说明如后。

一八八八年的法令规定,自愿仲裁、强制调查,及公布裁定三种制度,又规定由总统任命两个委员,与同合众国的劳动委员,共同调查争议,并将调查的结果报告于总统及国会。这个报告,须得公布。至于这个调查的举行,或者是由于邦长的请求,或者是由于争议者一方的申诉,或者是由于总统的发动,都可以成立的。不过这个制度,足有十年,没有行过。就是在一八九四年芝加哥(Chicargo)的浦尔曼(Pullman)罢工事件所任命的那一次调查委员会,都是没有成功的。

一八九八年因为《艾德曼法令》的通过,废止了一八八八年的法令。艾德曼法令的规定,就是在产业争议发生的时候,由联邦政府中的管理各邦间的商务委员会的主席,会同劳动委员,如果得一方争议者的申请,则出面调和。自然这个调和除了得一方的申请而外，还须得他方的赞同，然后始能成立的。这是第一步的手续。讲到第二步的手续，就是如果是在调和失败了的时候，则由这些调人极力取得两方的同意，成立仲裁委员会，将这案件交由仲裁委员会裁定。不过这个仲裁委员会是由雇佣者各方所举的代表及两方所举的第三者作主席组织而成的。这个仲裁的手续：一者，就是在仲裁期中，恰在争议发生以前的情境，不许变更。再者，就是仲裁者有强制调查的权限。三者，就是在仲裁期中及在仲裁判决后三月，凡是罢工及排工，而没有三十日以前的通知，又没有良好的理由的，则是违法，须负损害赔偿之责。四者，就是这种仲裁委员会的裁定，须用一合众国法庭的书记归卷，并且这种裁定是最后的，除非是法律上有错误。五者，就是这种裁定，一年之内有效，并且在一年内，凡关于同一案件，统不能有两次的仲裁手续。六者，就是这种裁定，在十日之末，将裁定存案，除非有法律的错误。七者，就是这种案件的上诉，可以由巡游法院的判决，到巡游上诉的法院，但他的判决则为最后的。

《艾德曼法令》在最初通过的时候，都以为仲裁的效力一定是在和解之上。不料到结果来，这个预测刚刚与事实相反。因为从一八九八年至一九二一年之间所收到的案件，总有四十八件之多，从空间上说，包含五十万里，从数目上说，包含十六万人。但是在这四十余件之中，就有三十二件是和解的成功。这便是美国的和解优于仲裁的第一次的表现。

一九一三年的《刘曼法令》规定，和解委员统由总统取得参议院的同意任命，任期七年为限，并且总统更得以同一的方式任命其他的政府官吏两人，会同组织北美合众国的和解仲裁委员会。他的和解与仲裁的程序，也与《艾德曼法令》一样。最有趣的是，他的成绩也是与《艾德曼法令》的和解委员会的成绩相互掩映。因为自从一九一三年至一九一七年六月三十日之间，总共有七十一个争议。但是用和解的方式所解决的，就占了七十一分之中的五十二。这便是和解优于仲裁的第二次表现。

最有教育的价值的，就是《刘曼法令》在一九一六年所经过的困难。这个困难就是，铁路上的兄弟大罢工，要求点钟的工作时间，当时这个和解委员会虽说出而调和，整整的开了四天的公会，但是统没成功。说到仲裁，他们也不愿意。这个不愿意的理由，就是他们不愿意把他们自己的争议，交给一个漠不相关的第三者裁判。因为依照《刘曼法令》的规定，仲裁委员会的分子原本不是与争议直接攸关的当事者。后来这个争议愈扩愈大，然后始由美国总统出而调和，允许八点钟的工作时间了事。因为有这一个困难，所以在大战开始的时候，政府便另采一个态度。

一九一七年十二月因为大战开始，国家为了巩固国防起见，将铁路收归国管。凡关于雇佣间的争议，美政府纯采自助主义，特别设立一种铁路调解委员会（Railway Board of Adjustment）。这个委员会的特质：一者，就是这里面的分子都是铁路工人和铁路行政上的代表。换句话说，就是解决争议的委员，便是发生争议的当事者。再者，就是这个委员会的判决，是没拘束力的。因为有这两个特质，所以这种制度发生很大的成效。所以自从一九一八年三月至一九一八年十二月的第一号的铁路调解委员会,就经手了四百零八个案件,成立了二百零二个妥协。从一九一八年五月起至一九一八年十二月一号止的。第二号铁路调解委员会,就经手了一百四十七个案件,和解了一百二十八个争议。至于第三号的裁判委员会,虽然只受理了一个案件,但他的生命也就很短,总共只有两个礼拜的寿数。最可值得注意的,就是这个制度,劳动者赞赏不置。为什么呢? 就是因为他们自己既是争议当事者,又是仲裁者。换句话说,就是不比从前的和解委员会,他里面的仲裁者,不是无知就是偏袒。

再说,一九一三年的《刘曼法令》的第八节,就是创立联邦政府的劳动部。依照他的规定,劳动总长有权和解雇佣争议,并且在必要时,还可任命和解委员。如果是和解失败的时候,和解人可以提议,组织仲裁委员会,但是他们自己不是仲裁者。这个制度的成效也很好,不过大一点的争议,他还是不能应付。但是在这一九一五年至一九一九年之间,在他所受理的三六四四案件之中,解决之数,便达到了二五三九件。并且单在一九一九年一年内所接收的,就是一七八〇个。而所解决的,便有一二二三个。这个成绩,总算不劣。不过有三个项重要的争议,则是完全的拒绝了劳动总长的调和的。这三个争议:一者,就是皮勒马坎特铁路局的罢工事件(Pire Marquette Railroad shop strike),再者就是加刘麦特的铜矿工的罢工事件(Calumet copper miner's strike),三者就是哥罗拉多的煤矿罢工事件(Colorado coal strike)。

在战争的时候,因为应付战时的必需,劳动总长还努力的完成了两个仲裁委员会,一个叫做总统的和解委员会(President's Mediation Commission)。这是在一九一七年秋季任命的。劳动总长是便是主席。他所经手的重要案件,第一就是亚利桑那(Arizona)地方的铜矿事件,第二就是加利福尼亚的油田事件,第三就是太平洋的电报争议事件,第四就是西北(Northwest)的木料产业事件,第五就是包捆产业(Packing industry)事件。

凡是这些案件,除了这些木料产业而外,都是服从了他的裁定的。其所以服从他的原因,都是由于他的首要职务,首在调查,次在裁定。而其所以在这个木料产业上失败的原因,则是由于当时的仲裁方法,没有成功。

再有一个仲裁委员会,就是战时国民劳动委员会(National War Labor Board)。这是在一九一八年四月依一总统的法令成立的。他的职员就是由雇者及被雇者各选代表五人,及共选一人,代表公众,并作主席,而组成的。他的解决争议的原则就是:

(一) 战争期中,不得停工或排工。

(二) 用平和的方法调和争议。

(三) 设立地方和解机关。

（四）如果是地方机关失败的时候，则召集争议者双方赴战时国民劳动委员会。

（五）国民委员会的解决失败时，则由他任命一公正人，或由总统在陪审官的名单上择其与双方争议无关者任命一公正人。

（六）拒绝受理争议，除非是这个争议，在依着联邦立法而成立的机关，或其他的解决方法通求过。

（七）雇者与被雇者都有同样的组织团体权。

（八）雇者与被雇者都有同样的团体协约权。

这个委员会的特色，就是他的裁定，如果违背，完全没有执行的惩罚和裁制，一概诉诸爱国心上的判断。从表面上看，仿佛是觉得这个委员会太无力量。不过在事实上，这种自由的政策，煞是大告厥成。因为从一九一八年四月至一九一九年五月三十一日，便接收了一千二百四十五个案件。单是解决了的，也有四百六十二件，自愿撤销的又有三十九件。还有三百十五件，也不是不能解决，只是把他退到初审机关去。总共起来，只有三个争议，没有调和。二十五个争议，正待解决，一个争议，是悬起的。于此可见得这个委员会的成效。迹其原因，都是由于没有强制执行裁定的原故。

从上面的几次立法看来，可以知道美国的劳动阶级，一者赞成产业争议的当事者，成为产业争议的解决者；再者赞成纯粹的自愿的仲裁和解制度。因为有这两层教训，所以一九二○年的《运输法》（Transportation Act）便充分的满足了劳动者的愿望。这个《运输法》的规定，第一，就是在争议发生的时候，由雇佣者的代表举行代表公会，解决一切雇佣条件。第二，就是如果工作的条件不能解决的时候，可以交付铁路劳动调解委员会（Railway Board of Labor Adjustment）办理。这个委员会除了规定，须得包含有组织的劳动代表而外，其余如这个委员会的形式及组织，都由双方自己决定。至于他所裁判的案件，计有四类。这四类中，也许是由铁路工人或铁路的申请的，也许是由他自己的动议，也许是由于一百个无组织的劳动者的请愿，也许是由铁路劳动委员会（Railroad Labor Board）的交付。这是第二种规定。第三种，就是铁路劳动委员会是解决铁路争议的最后机关。他的分子，系由三个雇主代表，三个工人代表，以及三个公众代表，由总统取得参议院同意任命组织而成。至于他所受理的案件，也许是直接来申请的，也许是由铁路调解委员会上诉过来的，他的判决，是要公布的。这个公布的目的，无非是取以诉诸舆论。这便是执行判决的巧妙手段。至于一九一三年的《刘曼法》所产生的和解仲裁委员会，则依旧存在，不过所受理的案件不同就是了。

关于自愿的和解仲裁制度，法、德、奥、意、丹麦、瑞典、西班牙、比利时、罗马尼亚、塞尔维亚、尼德兰（Netherland）、瑞士、阿根廷（Argentina）都设有立法的。法国一八九二年的法令规定，将自愿的和解与仲裁的制度，应用到所有的产业争议上。

但这种制度的主席,则以法官充任。德国一九一○年的产业裁判法的修正案规定,凡是产业争议都须由双方代表组织和解会议。以上面所说的工业法院(Industrial Court)的院长作主席,先和解,后裁判。

二、强制制度的进化

A 澳大利亚洲(Australia) 澳大利亚洲这个地方有几种特殊的情形,对于强制制度的产生,第一,从经济上说,澳洲的公共团体便是抱有极大资本的雇主。至于澳洲的私人方面的雇主,他们的资本,则比较的小。所以澳洲工人所对抗的,就只是船业及商业。第二,从政治上说,澳洲的劳动者,他们的分子是很单一的。他们的工资也是很高的。他们既没夹杂得有黑奴,又没夹杂得有许多的来住的劳动者,因是他们的投票权是很能集中而且很有势力的。因为有这两种情形,所以当着劳动者在团体协约上敌对不过资本家的时候,就是强制的调查等制度的法令产生的时候。这个原因就是劳动者如果一旦在雇佣争议上失败,他们马上便应用他们自己的参政的利器,获得政治上的地位,实施强制和解仲裁等制度,以与雇主方面对抗。这便是澳洲的经济与政治的情形,与别国不同的地方。

(a)新西兰(New Zealand) 澳洲的新西兰政府,何以在一八九四年便有强制的仲裁法令的发布? 就因为在一八九○年至一八九三年之间,有四次大罢工,都是劳动者失败。第一次就是一八九○年的海员大罢工(maritime strike)。在罢工的中间,工人要求仲裁,但大为雇主所反对。第二次就是一八九一年的船业大罢工。这个罢工的目的,是劳动者想争团体协约,但也为雇主所否认,结果也是工人失败。第三就是一八九二年的新南威尔斯的矿业大罢工(miner strike)。在罢工以前,劳动者也是要求诉诸自愿的仲裁的,但又为雇主所反对,所以工人又遭失败。第四次就是一八九三年的船业大罢工,又是劳动者失败。就因为有这四次的失败,所以在这种失败的期间,劳动者便在议会里面得着了很重要的坐位。所以一到一八九四年,便有破天荒的强制仲裁法令(First Compulsory Arbitrate)出现。

一八九四年的强制仲裁法令,设立了两种解决产业争议的机关。第一是和解委员会(Conciliation Act),第二是仲裁法院(Court of Arbitration)。前一个的分子是由雇者与被雇者的代表组成的。这是初审的机关。后一个的分子是由大理院的一个法官,及雇主代表一人和劳动者的代表一人组成的。他的裁定是最后的。最重要的就是适用这种法令的职工组合,他们的要求是必得经过这两种和解与仲裁的机关的裁判的。并且在裁判进行及裁判有效的期间排工或罢工,均须受刑事处分。

因为经验的结果,看出了这个委员会的缺点,在乎和解委员会里面,缺乏专门的应用上的知识。所以在每次解决争议的时候,都是议论多成功少。为了补足这个缺陷起见,所以一九○八年的法令,便分全国为八区,每区任命一和解委员,任期三年,专门接收申诉案件,和任命雇主及劳动者所指定的代表作法律顾问,但必须有专门知识。如果有争议发生,便由雇主及劳动者所指定的代表,与同法律顾问以和解委员为议长组织和解委员会。和解成立时,则登录其协约,于三年内,有强制力。若和解不成立,则为"劝告"。劝告无效,则移之仲裁法院。这个修正比较完善。

不过这种强制的仲裁法规,却是未能奏效。因为在一九一五年时候,由仲裁法院所判决的案件,只有七十一件。然而到了一九一七年就增加到一百六十八件了。根据新西兰的报告,从一九一七年至一九一八年,由仲裁院所判决的案件直比从前有四倍之多,并且内中有十二件是非常重大的。于此可见新西兰的产业争议一天多一天,所以有些学者的意见,就说,按照最近的趋势,劳动者方面实在是希望直接谈判。这话不管是否确切,不过现在新西兰的法院却是发生了执行上的困难,则是不可隐讳的事实。

(b)澳大利亚(Australia) 澳大利亚的强制干涉的立法,在历史上有三个要素,值得注意。第一,就是劳动党的特别势力。所以凡是这类法规的制定和执行,都在劳动党手内,只有维多利亚(Victoria)一州条例可以算是例外。第二,就是澳大利亚的强制立法包含着两种制度:一种是强制仲裁制度,一种是工资委员会制度。到最近来,这两种制度在有些州里面,渐有混合的趋势。这个混合,有两层意义:一者,是强制仲裁制度多半不禁止罢工或排工,但他的判决又要强制执行的。所以与工资委员会相似,所以叫做混合。再者,就是两个制度通同采用在一州里面,所以也可叫做混合。因为这样,所以首创新西兰制度的立夫斯(W. P. Reeves)说:"两制度虽异其出发点,异其发达之方向,然在今日,为同一事业者极不乏。"第三,澳洲立法,有联邦的,有各邦的。因为有这三种要素,所以(一)在政治上,劳动者与雇主的界线,便划分的非常显著。换句话说,就是同样的强制制度在两党的政治之下,各有各的效力。换句话说,就是如果是雇主得势,这个强制制度对于劳动者便是真的。如果是劳动党得势,这种强制制度对于雇主,便是真的。(二)这两种制度渐渐混合。(三)各邦政府与联邦政府,在立法上相互影响。

维多利亚 维多利亚州因为是反劳动党得势,所以他的干涉制度就不是强制仲裁制度,而是工资委员会的制度。因为在十九世纪的时候,博爱的主义很盛,又因为一八九三年议会报告新金山(Melbourne)苦汗工人的惨状,于是引起了上层阶级对下层阶级的慈爱。所以他们便采用最低工资法,以为救济赁银劳动者的目的。本来这个法令在最初提出的时候,只是对于女子而设,不过在一八九六年最后通过的时候,便不独只是对于女子。并且进一步的,用在某几种产业的男子身上了。这种法令的结果,便成立工资委员会。他的组织,是由全州的雇主及佣工各选举一代表及额外一主席而成立的。

他的职务:第一,就是决定工资、时间,及其他雇佣条件。但不能给与组合以优越权利。及至一九〇〇年,这个范围更加扩充。一则凡认为必要的工业,都要设立,再则,他的权限,更可决定徒弟数目。在最初的时候,这个制度虽说不见成效,因为他里面的分子,党见太甚。但是到现在来,因为都任命的是最有名誉的雇主,及最少战斗性的佣工。并且内中的判决,都是以保护最有名誉的雇主,对抗不正当的雇主的竞争的。所以他的成效也就逐渐昭著。一者,是雇主很欢迎他,因为他的目的是保护最有名誉的雇主的。这个最有名誉的雇主自然就是优待劳动者的雇主了。再者,就是劳动者也很欢迎他,因为他不得禁止罢工,所以这个地方几乎没有罢工发生。

(c)南威尔斯(South Wales) 南威尔斯是个罢工最利害的地方,自从在一八九二年的自愿仲裁失败后,他便采用强制的仲裁制度。这个制度最为重要。因为他是澳大利亚新联邦共和国的模范。他的强制仲裁法院是采的一审制,不过这个法院因为办理案件不敏活,所以在一九〇八年便消灭了。因为就在那个时候,就是反劳动党得势,他们不愿把他们的争议委给仲裁法院强制裁定。因此他们特别的仿照维多利亚的办法,设立工资委员会。又以一特别委员仲裁会为上诉机关,同时干涉一切罢工或排工。不过,就是这个工资委员会,也没若何成效。并且罢工的产业,还在很多。因为这样,所以在一九〇九年政府又通过一条法案,凡是罢工的都罚以十二月的监禁处分。但是最不幸的,就是这个法令,也是无效,并且还激起铁路总罢工的事变。所以在一九二一年,又把内中的最利害的刑罚取消了。直至现在。南威尔斯的纷争,还是日见其多。

新西兰的工资委员会及在一九〇二年为西澳州(W. Australia)所仿效。但是也与新西兰的成绩一样,还是地方和解委员会失败。因此在一九二一年便把一九〇二年的旧制取消,由法院任命专家帮助。其余如昆士兰(Queensland)及南澳州(South Australia)因为时间太短,还看不出若何成绩。

澳大利亚新联邦共和国 关于强制仲裁制度,澳大利亚联邦共和国是在宪法里面规定的。不过这种强制仲裁的制度,是在一九〇四年通过强制仲裁法令的时候,然后设立的。这条法令完全是采的南威尔斯一九〇二年的规定,也是采的一个机关,叫做仲裁法院。他的分子便是主席一人担任。他不独可以受理一切上诉的案件,并且可以他自己的动议,召集两造,从事审询。他的判决,是最后的,并且只有他自己才可在最高法院咨询意见。不过他也是和南威尔斯一样,凡是罢工及排工的事件,都须得了他的允许,始能提起公诉。不过因为他的这种权限很少应用,所以也与工资委员会的职务相似。这个法院一项重要的权限,就是他可任命公正委员会(Boards of Reference)。因此雇主及劳动者代表,都可以藉此直接谈判。在最近来,这个会议渐有化为英国怀提勒(Whitley suggestions)所报告的那种制度的趋势。

从经验上看来,这个制度不一定就为一般工人所乐从。并且关于极大的争议,就是强制,也是无效。举几个例,就是一九一七年的玻璃杯罢工事件,就没有将争议提交仲裁法院处断,至于一九一七年的水道同情罢工事件,及一九一九年的大罢工事件,甚至对他表示不满意。

B 美国与加拿大　美国是没有工党的,美国的雇主和工人都不愿意忍受强制仲裁制度的。虽然美国的女工和不熟练的工人,他们倒是愿意。但是他们的意见,又是不为一般社会所注意的。讲到美国的熟练的工人,他们都是很坚强的组织的。即使没有政治的势力,也可以取得优越的雇佣条件,因此也用不着执政。若是美国的佣主,他们在政治上也没若何保障,因此他们也怕强制仲裁制度。因为有这几层原因,所以美国的强制仲裁立法,也就没有什么进步。只有两次是实用了的。第一次是一九〇二年的无烟煤罢工事件,雇主是受了总统的压迫,然后才接受仲裁的。第二次就是一九二〇年的堪萨斯(Kansas)邦的立法,是采用了强制仲裁的制度的。

一九〇六年以前,加拿大的罢工案件很多,为了救济这个罢工的事变起见,于是便有一九〇六年的强制调查法案。这个法案经过一九〇七年三月的通过而成法律。这个法律的特色,就是凡与公益攸关的产业及矿山业,如果有产业争议发生,非经调查委员会的审理,及其他可从当事者合意的手段,工人不得罢工,雇主不得排工。雇佣者苟欲变更工资及劳动时间,须于三十日以前豫告。他方有异议时,则申告于政府,政府即开和解会议。和解会议的组织,系由当事者双方各选代表一名,与其所指定的第三委员而成。(但怠于第三者的指定时,则由劳动总长任命。)他的权限,就是审问争议,召唤证人,检查当事者的帐簿及文件,而为公平的建议。若当事者双方对此建议,均表示同意,则作为协定而通知于劳动总长。若是建议不成立,则将所经过的事实对劳动总长报告。劳动总长于是一方面把这种报告登记,他方面送一誊本于双方当事者,并且宣布公众,以凭舆论。本来这个建议,当事者是无服从的义务的。并且这个法令也不是全然限制罢工或排工。若是和解及其他手续完全时,双方如果决裂,就是不幸而诉诸最后手段,也是不违法的。不过如果不经提出和解会议,或是还在审议的时候,而有这种罢工及排工的举动,则是不合法的罢了。如违犯者,即当受罚金的处分。这个法令的成绩,从发布之日起至一九一六年十二月止,非法的罢工是追究了的,总共罚了一千六百六十元美金。大体说来,雇主是赞成这种强制调查制度的。然而矿工却是反对的。至于普通一般的工人,则又是赞成的。

加拿大的这种强制调查制度,一九〇九年为脱兰斯瓦尔(Transvaal)所采用,美国首先采用这种制度的就是哥罗拉多邦。不过他与加拿大不同的地方,就是加拿大应用的范围只限于公益攸关的产业和矿业。然而哥罗拉多则是更进一步,把这个法令应用到一切的产业上。只有家庭工业、农业,和只有四个劳动者的产业是除外的。这个法令在哥罗拉多的成绩很好。因为从一九一五年至一九一八年十月止,在一百五十四个案件之内,就有五十八个是调查委员会解决的。又有七十八个案件是他们自己的直接谈判解决的。不过有许多直接谈判,都是由于政府的授意及指导,然后才在公会中行使的。总共只有九个罢工,没有预先通知。五个案件,他的裁定是雇者愿意,被雇者不愿意。

一九二〇年的堪萨斯的强制仲裁法令规定,凡是经政府认为与公益攸关的产业,如果有争议发生,为了保护公益起见,或是由强制仲裁委员会自己动议,或是在一个地方里面有十个缴纳租税者的请求,他都可以召集两造,调查争议,发布命令。并且他还可以在大理院内,对于不服从他的命令的,提起公诉,强迫服从他的命令的。现在美国各邦趋而仿效他的很多。

C 英国 英国在中古时代,所有的一切工资,都是由地方工资局决定的。这种制度登载在一五六二年的伊利沙白的法令上。不过当时的地方工资局,一者因为完全没有劳动者的代表,再者他所决定的工资又不是最低,所以当时的雇者与被雇者都没有决定雇佣条件的自由意志,因此不能与现在的最低工资局一等同视。

降至十七和十八世纪,因为英国的经济状况由地方经济时代一变而为国民经济时代,规模狭小的地方工资局不能满足大量生产的要求,于是而这种制度命运便随着自然进化而淘汰。于是而个人结约及团体协约的自由,便在一八二四年以后次第获得胜利。

但至二十世纪,一者因为雇主与佣工之间的团体战争太大,再者社会上又发生无数的恐慌,于是在一九〇九年便有对于维多利亚最低工资的采用。凡是产业争议都由雇主佣工及公众二方代表所组织的最低工资委员会决定。并且他的决定虽然是没有强制执行的方法,但是在法律上是有效的。违背他的便不受法律保护。这便是英国的强制制度的进化。

由上面所述的这几个国家,我们可以找出干涉制度发达的几个原因:一者就是由于雇佣团体间的团体协约,往往难得有彼此合意的时候。再者是由于现在的罢工和排工的事件,影响公众太大。尤其是与公众直接攸关的产业,如自来水、电灯、电话等类。三者,是因为雇主要求保障或劳动者要求保障。四者,也是由于现代的平民政治是人员直接或间接的代参预;就是干涉,仿佛也不觉得专制。因为有这四层原因,所以近代的干涉主义又上了进化的途路。

第六章　工资制度与最低工资立法

工资制度,种类复杂:有计时的,有计工的。计时的意义就是按照劳动者所作之时间,以决定工资。计工的意义,就是按照劳动者所作成品之多寡,以为工资决定的标准。从历史上说,大致计时制度在前,计工制度在后。这个原因,一者是因为计工制度,雇主可以不必监督工场。再者,是因为计工制度,劳动者可以尽量的发挥其手段。所以计工制度,在现代的市场生产之下,便渐为一些雇主所采用。不过这种制度颇遭一般劳动者的反对。一则因为这种制度,实行起来,因为生产陡增的原故,往往发生失业的现象。再则因为这种制度,凡是原料的腐败,机械的粗笨,以及组织的不完备等等,本来是不应该劳动者负责任的,然而如果一旦采用这种制度,这些责任统须劳动者负担。三则因为这种制度,计算复杂,劳动者往往最容易受骗。因为有这三层原因,所以一八九一年布鲁塞尔(Brussels)的万国劳动会议,便以多数而通过废止这种制度的存在。不过这两种制度只是属于工资制度的第一类,他们只是工资制度的最简单的形式。

其次就是增率制度。增率制度的意义,就是以计时及计工两制度为标准,依着种种条件,而附以加增金率的制度。他的种类有二:一种是赏金的增率制度。这个制度,就是说雇主对于工人,无条件的赏赐金额。这是主奴时代的遗形物,除了极少的国家保有这种制度而外,已先后为各国所废弃。其他一种,就是非赏金的增率制度。他的意义,就是说以一定的条件,增给工资之谓。不过在这里面又有两项:一项,是利益分配制度。利益分配制度,就是依一定的计时计工为标准,而以劳动者的作业上所加添的利益,举其一部份为增金率,而依一定之算法以给于劳动者。举两个例:第一,就是哈尔塞(Halsey)的增率制度,第二,就是洛安(Rowan)式的增率制度。哈尔塞的增率制度,是以多年的经验为标准,对于一定之作业,定一定的标准时间,及一定的标准工资。如果劳动者于标准时间的限度以内,短期的终了其作业,则举其所生利益三分之一,以增金率名义,给予劳动者。至于洛安式的增率制度,则略略与哈尔塞式有些变更。他的办法,就是以基准时间与其所节省的劳动时间之比,乘此每时所给工资之额,而作为给与劳动者的增金率。这种制度的增金率,此之哈尔塞式略略的少。因为从下面两个表上便可以看出洛安式的增率制度在十分之四以下时,每时间的劳动所得,比较哈氏为少。然而在十分之四以上时,则比较哈氏为多。

哈尔塞的增率制度
（这个方法是以三十元一百点钟为标准工资）

标准时间	100	100	100	100	100	100	100	100	100	100	100
实际作业时间	100	90	80	70	60	50	40	30	20	10	1
标准时间工资	30*	27	24	21	18	15	12	9	6	3	03
增金率	0	1	2	3	4	5	6	7	8	9	10
总支付额	30*	28	26	24	22	20	18	16	14	12	10.2
一时劳动所得	0.3	0.311	0.325	0.343	0.366	0.40	0.45	0.533	0.7	1.2	10.2

洛安的增率制度
这个方法是以一百点钟为标准时间,三角洋为一时间的标准工资
以 100 点钟与所节劳动时期之比,乘三角而为增金率

标准时间	100	100	100	100	100	100	100	100	100	100	100
实际作业时间	100	90	80	70	60	50	40	30	20	10	1
标准时间工资	30	27	24	21	18	15	12	7	6	3	0.3*
增金率	0	2.7	4.8	6.3	7.2	7.5	7.2	6.3	4.8	2.7	2.97*
总支付额	30	29.7	28.8	27.3	25.2	22.5	19.2	15.3	10.8	5.7	5.99
一时劳动所得	0.3	0.33	0.36	0.39	0.42	0.45	0.48	0.51	0.54	0.57	0.577

　　这两种制度的好处就是能使劳动者尽量发挥其生产上的效能。不过他的短处,就是也与上面所述的计工制度,犯着同一的毛病,就是往往陷劳动者于过劳地位。这便是属于非赏金的增率制度的第一项。再有一项,就是利润分配制度。这种制度就是于所确定的工资外,依着雇佣契约上所定的一定的条件,对于劳动者分给其利润之一部。不过这种制度据本哈特(Bernhard)的观察,已经到了绝望的地位。他说:

　　　　十九世纪的时期,人们欲依着利润分配制度,以为解决社会问题的张本的,计有三次:一为一八三〇年的赖克尔,一为一八六〇年的亨利勃里生公司(Henry Briggs Son & Co.),再一为一八九〇年的英伦瓦斯公司,然其历史,乃绝望之历史也。

　　至于这种制度的弊端,根据他的意见,就是利润甚微,时间又久。这是属于非

赏金的增率制度的第二项。

最后一类的工资制度,就是从价升降制度(sliding scale)。他的意义就是以某年度的生产品的价格为标准,随其价格标准变动之高低,以为决定工资的增减。这种制度存在的理由,就是承认货物价格,企业利润与同劳动市价,有正比例的因果关系。殊不知这个推论,不免有时错误。第一,就是在贩路陡增的时候,货价就低,不一定利润就减。第二,就是在劳动之需要陡增的时候,货价就低,利润就减,工资就不一定要下落。因为有这两层错误,所以这种制度,采用的便非常之少。这是属于工资制度的第三项。

一、最低工资立法①

不过现在我们所最要注意的,就是这三类的工资制度,一是计工计时制度,二是增率制度,三是从价升降制度,都有一个最重大的缺点。这个缺点就是在这三种制度之下,没有一类在决定工资的时候,是虑及了劳动者的生活费用的。换句话说,就是在这三种制度之下,都不能给与劳动者以必要的生活费用的保障。为了补足这个缺点起见,所以在一八八〇年时候,伦敦的印刷组合便有主张在集合协约中,明定最低工资的条件的。这便是最低工资的嚆矢。至于最低工资的立法,则是从一八九四年的新西兰始。这便是本章所要特别研究之点。

最低工资是什么?最低工资的意义,就是说劳动者的工资不能降至最低的相当生活费用以下。这种制度的好处有二:就是,一则以保护无组织的劳动者的境遇,再则以补助和解仲裁制度的不足。因为和解与仲裁的行使,都是在争议发生以后,并且往往更须得以职工组合的存在为要件。至于最低工资的立法,简直是最进步的方法,大部份都是不待产业争议的发生,便给他们以调和争议的方案。

根据康孟士的意见,最低工资的张本有二:一则是因为赁银劳动者的报酬,往往不足以维持其肉体的和精神的相当的生活费用。再则是因为这种生活最低的赁银劳动者往往都是女子、幼童,及不熟练的劳动者。他们因为缺乏组织的原故,所以不能采用"自助"的手段,改善他们的境遇,须得要有最低工资立法的保护。关于前者的证明,就是在欧战以前根据许多专家的报告,都一致的认为美国城市间的妇女至少每礼拜都须要有八元的美金,然后始足以维持其相当的生活费用。然而当时的情境在事实上却与这些专家的报告,隔的甚远。举例来说,就是当时的妇女每礼拜不到八元的便占了百分之七十五,不到六元的又占了百分之五十。并且还有不到四元的,都是百分之十四。最惊人的就是还有百分之二十,完全失业。这便是欧战以前美国女工的状况。至于欧战时候,因为生活程度加高的原故,总括许多专家的报告,一般的生活费用都涨到百分之七十以上。举几个例,就是北美合众国

---

① 家红按:原文缺一标题,今据内容拟补。

的劳动统计处(U. S. Bureau of Labor Statistics)的计算,从一九一四年六月至一九一九年六月,在几个造船的中心地方,生活费都涨至百分之八十,其余的也是涨至百分之七十,又据美国国民产业公会委员会(National Industrial Conference)的报告,他们还是雇主设立的机关,但他们也说是涨到百分之七十一。根据这种计算,美国的妇女在欧战以前每礼拜取得八元美金的,到欧战时候便非得十四元美金不可。但是最不幸的,就是在欧战时候,根据美国纽约产业委员会(N. Y. Industrial Commission)的报告,从一九一八年十二月至一九一九年一月之间,工场中便有百分之六十的妇女,是不到十四元的。其他的这种例子很多。并且这个每礼拜十四元的美金,与同那欧战以前的每礼拜八元美金的生活工资,对于一个女子的生活并不算奢:一者,不能使其他们的经验丰富,再者,不能使其他们的生命丰富。像这一种工资,根据下列两个例证,一个是波士顿(Boston)的一九一四年的一礼拜的最低工费的预算,恰可以代表战前;一个是一九二〇年的马萨诸塞的妇女成衣业的一礼拜的最低工资的预算,恰可以代表战后。但仔细看来,都无非是只足以维持其相当生计。不过这仅说至女子。

一九一四年波士顿每礼拜女子最低工资的预算表　　　　　　（单位:美元）

食住费	5.5
衣履费	1.35
洗刷费	0.20
医生费	
教会费	0.10
假期费	0.19
休息费	0.09
报章杂志费	0.08
教育费	
储蓄费	
车费	0.60
偶然事变费	0.17
总数 11	8.28

一九一九年马荫诸塞每礼拜成衣女工最低工资的预算表　　　　　　（单位:美元）

食住费	9.51
衣履费	3.25
洗刷费	0.45
医生费	0.40
教会费	0.10
假期费	0.40
休息费	0.37

（续表）

报章杂志费	
教育费	0.18
储蓄费	0.30
车费	0.20
偶然事变费	0.10
总数	15.25

至于讲到男子，在大战以前根据一九一五年一月六日的测验（survey），凡是城市间的生活，如果以一男子、一妇人、三小孩为一家庭单位，每个工人每礼拜至少也非得十五元美金的工资不可。然而依照斯屈来托夫（Streightoff）的估计，莫说是十五元美金。就是十二元美金没有达到的，美国也有六百万之多，所以康孟士便以贱额工资为最低工资立法的第一个张本。

最低工资立法的第二个张本，根据康氏的意见，因为这些忍受贱额工资的劳动者，一者，没有组织，没有罢工排货和监视等武器，因此常常要受企业家欺压。甚至美国的俄勒冈居然诱惑他的工人签字，"将他的工资保守秘密"。再者，这种无组织的工人，他们为了生活竞争起见，只要工资略能糊口，也须得俯首听命，否则，便将失掉工作的机会，甲不愿，乙要愿。三者，处着这种竞争最烈的劳动中，企业者更欲取用鹬蚌相持渔人得利之计，以存苛刻劳动着的处分，乌得有所谓工资的增加。四者，处着这种贱价劳动的充斥之下，企业者就是组织不完备也可赢利，所以他便不想在企业方面去发明，而只想在工资方面去刻扣。因为有这四层原因，所以这些贱额工资的劳动者，如果要想改善他们的雇佣条件都非得乞灵于最低工资立法不可，所以康氏又以赁银劳动者的经济上的弱点为最低工资立法的第二个张本。

二、最低工资立法的发达

A 澳大利亚洲　最低工资立法的发源地，就是澳大利亚洲。澳大利亚洲这个地方因为苦汗工业骇人耳目：一者，工资最少，二者，时间最长，三者，作工地方极不洁净。所以当时新金山（Melbourne）的头等新闻纸时代（Age）便极力的对这种制度大施反对。所以一至一八八四年，政府便不得已而任命一皇家委员会，出而调查。后来因为这个委员会将他们调查的结果公布，颇引起一般公众的愤慨，所以在一八九四年便有破天荒的新西兰的最低工资立法的制度，将这个最低工资的决定权，交给地方和解委员会。这个权限，就是凡是享受不良的工资待遇的地方，只要呈一诉状于最近的地方和解委员会，说明他们的需要，该委员会便可以出而调查与裁断。不过我们所最要注意的，就是这种立法，他的首要目的，不尽在乎打倒苦汗的产业。

澳洲这些地方首先采用最低工资立法，以划除这种苦汗的产业的，还是始于一八九六年的维多莉亚的最低工资的法令。根据这个法令规定，凡是在所列举的六种产业上最低工资的事项,都要委诸一个代议制的产业委员会规定。不过这个法令因为是首先采用,还不知道结果怎样。所以那时只规定四年有效。不过四年而后因为成绩昭著,所以便进一步的,把这种规定扩充到其他的产业上。这是一九〇〇年的事变。及至一九〇三年,这个法令又大加革新。最后到一九〇四年,议会更把这个法令变成永久的制度了。因为有这一九〇〇年的扩充,所以在一九一六年单是所任命的委员会,都有二百三十六个之多。至于讲到他们所决定的最低工资所影响的劳动者,也是十有五万。最有趣的,就是这个法令在当初创造的时候,极遭一般雇主的反对。不过一到盛行,这些雇主反到愿意起来。根据一九一二年罕孟德(M. B. Hammond)的报告,说:"现在所有的一切雇主和工人,他们都说像从前那种毫无限制的购买劳力的竞争,现在再不愿意想他恢复。"

还有一点要附带叙述的就是,维多利亚的这种制度,在一九〇〇年至一九〇四年之间,大为南澳洲昆士兰及新南威尔斯和塔斯马尼亚(Tasmania)所采用。不过他们所采用的方法,统与他们的强制仲裁制度有连带的相互关系。像前三个地方都是以仲裁法院为上告机关。像后一个,在工资委员会的判决有效的时候都禁止罢工及排工。并且所有这些采用的地方,都不仅用在苦汗的产业上。

B 英国　英国采用最低工资立法的原因有二:一则因为苦汗制度的盛行,再现时因为劳动党及反苦汗制度联合会对最低工资立法的鼓励。所以在一九〇九年,英国便有最低工资法案的通过。

根据一九〇九年的法令规定,凡是工资"特别低落"的产业,商务院都可以他自己的命令"经议院批准",设立最低工资的委员会。当时设立这种委员会的产业,总有四类:(二)裁缝,(二)纸箱,(三)花编,(四)特种锁索。及至一九一三年,又增添了五类,一共九类。不过最要注意的,就是这两次法案,都以苦汗产业为限。

最不可忽略的,就是这个立法的两次大扩充,第一次就是扩充到非苦汗的产业上。因为在一九一一年至一九二一年之间,英国的煤矿工人,骚动的非常利害,终有一九一二年的罢工事件。他们罢工的目的,内中有一个最重要的就是要求定率的(flate rate)最低工资的法令,当时英国政府为了和平起见,也就马上答应。不过当时政府对于所采用的最低工资标准较宽。这个原因,就是恐怕标准太取狭了,又是定率,不便变通。

自从经了这次扩充过后,这个最低工资的制度,便愈用愈宽。最可注意的,就是一九一八年的修正案。他里面有两点顶有趣味:第一,就是这个法令规定只要工资有"不相当"(unduly)的低落的地方,都可以设立工资委员会,这刚与一九〇九年的"特别"(exception)低落的条款相对。第二,就是"不必经由议会追认",也可设立产业委员会,这刚与一九〇九年的"须得议院批准"的条款相符。即此两点,我们便可以知道最低工资立法在产业上的扩充成效。

英国最低工资立法的第二个扩充,就是在农业上的应用。比如英国的农业工资委员会(Agriculture Wage Board)便是为了这个目的而设的制度。及至一九一九年三月英国更提出一个议案,想把这种制度应用到所有的产业上。但在一九二〇年这个法案还未通过。

C 欧战期中采用最低工资的国家　在欧战期中第一个最低工资立法的,就是法国。法国在一九一五年把最低工资的立法,用以改良家庭妇女工业。依照一九一五年的法令规定,无论在何省内,都须设立代议制的工资委员会。凡关于家庭的女工,他们的最低工资,无论在成衣业上,在制鞋业上,在制帽业上,在制花编业上,以及在制花、制衣,及制造白色的家用品等业上,都须受该委员会决定。但是这犹以家庭工业的妇女为限。不过到了一九一七年,这个制度便大加扩充,几乎所有的重要的产业,已都设立。

再有一个国家,在欧战期中采用最低工资立法的,就是那威。那威在一九一八年二月十五日的时候,创设了一个家庭工业委员会,但以五年为限。他的职务就是在所有的区域里面,都可以设立代议制的产业委员会。一则以调查家庭工业的劳动状况,再则以决定家业的最低工资的标准率。并且这个家庭工业委员对于国家永久的立法,还可提出建议。

第三个国家,就是南美洲的阿根廷共和国。他在一九一八年也制定了一种法律,设立产业委员会,以决定家庭工业的最低工资额。

第四个国家,就是瑞士,也在一九一六年十二月的时候,为了救济产业灾害起见,设立了一种紧急防险金的制度。这个制度的意义就是,凡是需要迫切的工人都可以在此取得救济。不过这笔款项完全是在各种企业家里面征收的税额。因此有些雇主便觉得这种担负不利,于是他们便故意的缩减工资,以资补偿。不料这种诡计忽为政府所发现,于是瑞士的联邦委员会便马上以一命令设立最低工资的制度。

再说加拿大的四州:(一)英领哥伦比亚(British Columbia),曼尼托巴(Manitoba),(三)魁北克(Quebec),(四)撒喀其万(Sashatchewan)。在一九一八年至一九一九年之间,都设有最低工资立法的。并且所有的这些地方,除了曼州的立法,只包含城市而外,都是应用到一切产业的童工和女工上。并且除了魁州而外,所有一切的裁定,在一九二〇年山都先后有效。

D 美国　美国在一九一〇年,早有最低工资立法的要求了。当时一般的舆论都赞成设立最低工资的立法。这个原因有二:一者,是因为联邦政府的调查委员会发现了苦汗工人的惨状,颇引起一般社会的注意。再者,是因为英国的立法宣传了最低工费的成效,更影响政府的态度。

美国的公共团体,设立有最低工资的立法的,倒是很早,加利福尼亚在一九〇六年规定,凡是加邦政府所用的工人,每日至少都须两元美金。还有就是华盛顿的斯波坎(Spokane)地方,在一九一三年规定,每天至少二元七角五分美金,其他的这种例子还多,不过美国关于私人方面,则是最近才有的事。

美国最能代表最低工资的立法的,就是纳布拉斯克(Nebraska)的一九〇九年二月的法案。他说：

> 为了保护劳动者的标准生活和增进福利起见，一则使他们有改进自己的
> 机会，再则使他们有教育子女的机会，三则使他们在衰败之年，也有得取养老
> 年金的机会。这个最低工资，无论他是对于成男或成女，都须两角美金一点
> 钟，九元美金一礼拜，和二角五分一个小时的加工。

不过这个法案，惜未通过。

美国第一个通过这个法令的，就是马萨诸塞邦。他因为有一九一一年的调查，
于是他便有一九二一年的法令。并且其他的八邦，因为有一九二一年的榜样，所以
便有一九一二年的仿效。因此美国一到一九二〇年采用最低工资立法的就有十三
邦和一哥伦比亚区（District of Columbia）之多。不过他们的大都份都是用在女工和
童工方面。

三、最低工资立法的标准

最低工资立法的标准是什么？是"生活工资"。这仿佛是人人都知道的。不
过如果我们再要问生活工资是什么？这恐怕便难得一个一致的答覆。换句话说，
就是这个生活工资，还是只限于肉体的呢？还是把精神的和道德的也包含在内呢？
再有一个问题，就是还是只限于个人的呢？还是把个人的家室也包含在内呢？并
且除此而外，我们还要问究竟这种生活工资，还是只说在劳动时间以内呢？还是把
失业的相当时间，也列入预算呢？最后一问就是未成年的和没经验的工人，他们的
最低工资又取如何根据？现在我们且不讨论这个答覆的理由，暂看欧美各国的
先例。

A 澳大利亚洲　澳大利亚洲的最低工资，如像威尔斯，如像西澳州，都是以生
活工资为标准。自从一九二一年以来，新澳洲的规定，凡是工资的数目，都要能"满
足一个平均的劳动者的合理的生活为标准，并且还要使他能了却家庭的责任"。至
于新南威尔斯，在一九一八年对于仲裁法令的修正案，特别设立一个产业委员会，
专门收集证据，以为仲裁法院对于男工和女工的标准的确定。其他的两州，如像塔
斯马尼亚，和维多利亚最初的规定，都只是以"名誉最好的雇主所能付给的工资"
为标准。不过到了后来，因为这种空泛的规定，实在是很难执行，所以也就废而
不用。

澳大利亚洲的各州，他们的最低的工资，颇受联邦仲裁法院判决例的影响。这
个判决例，就是"以能满足普通一个工人的通常生活为标准，但是这个工人须把他
当做文明世界的'人类'看等"。换句话说，就是这个最低工资的标准，虽然还是生
活工资为本位，但他却代表的是广泛的意义，不只以能满足肉体上的要求为限。

澳洲的联邦政府还立有两种特殊的区别：第一，就是熟练的工人和不熟练的工

人的区别,前者的最低工资,叫做基本的最低工资(basic minimum wage),后者的最低工资,叫做高等的最低工资(secondary),并且前者的最低工资是不许以国际竞争为理由任意缩减的,但是后者的工资,则是有折中调和的余地的。再有一个区别,就是女工和男工,他们彼此的最低工资,也是不同的。因为前者的生活工资仅以女子个人的生活费用为标准,后者则是以家庭的生活费用为标准的。不过前者的生活工资,也是绝对不许减少的。其他如劳动者在转工时所需要的旅行费,以及接工时所需要的衣服费,和解工时所需要的相当时间的失业费,也须列入预算。

B 美国　美国各邦政府决定最低的原则,计有四类:一者,就是他们大多的最低工资,都是以能满足相当的生活费和维持健康及福利为定义。他与澳洲不同的地方,就是他们的最低工资的立法,几乎都是以保护女子为目的。所以他们也就后设男女的区别。再者,就是他们有些的生活工资,不独只限于受雇时间内的生活,就是在解雇或失业时候,劳动者的生活费用,也是同列入预算的。这个理由就是因为这些女子,如果不设这种规定,那末在失业时候,他们便要马上变成债务人,换句话说,就是他们还是不能维持其相当的生活费用。所以马萨诸塞、俄勒冈和华盛顿都对此极加注意。三者,就是在决定最低工资的时候,并考虑到企业者的利润方面,换句话说,就是如果某种企业一旦实行最低工资,他们马上便要亏折其利润。那末也可把他作为例外。不过这种企业,普通都把他叫做寄生的(parasitic)工业。这个意义,就因为他的生存条件不完备。比如美国的马萨诸塞来说,他的最低工资,每礼拜是以八元美金为本位,然而他的制刷业却许他支付七元美金一礼拜。这样说来,那末他所欠缺的那一元美金,既然对于劳动者为必要,便不得不取偿于公众,如医药费及救贫费等件,这岂不是他的生存,是寄托于外人吗?所以叫做寄生工业。四者,就是在决定最低工资的时候,对于这些不合普通标准的劳动者,如徒弟,如适用计工制度的工人,如衰弱无能的工人,也设有相当的保护。关于前一项的规定,举一个例,就是威斯康辛(Wisconsin)的规定,学徒的期限只能为十二礼拜。并且工资的数目,须由四元五角美金至七元五角美金一礼拜。关于第二项规定,举一个例,就是加利福尼亚,他说假定每时间的最低工资为二角八分美金,如果有百分之六十六的三分之二的女工在一个时间以内,所得的依工计算的工资,都不到这个数目,那末他们的最低工资,便必得是这个数目。关于第三项的规定,就是许多的法律规定,一者这种工人须得有数目上的限制,再者,这种工人,须得政府的特许,始可雇用。

四、最低工资立法的种类

最低工资立法的种类有二:一种是定率的最低公资立法(flate rate laws),系由立法以成文的法令规定,因此这种规定都是一般的。一种是非定率的最低工资立法,系由工资委员会酌量情形规定,所以又叫工资委员会的法律(Wage Board

Laws),因此这种规定,多是特殊的。讲到事实上,自然以后者为善。这个理由有二:一者,是因为工资委员会的委员都是专门家,再者因为工资委员会都可以按照特殊产业的需要而谋特殊方法的应付。因为这样,所以采用一种的立法的,煞是不多,只有澳洲有几州和美国有几邦,其他的这种例子很少。所以本文关于此点,也就从简。至于关于后一种的制度,颇觉重要,所以须得特别注意。

a 英国　英国一九一八年的法令规定,凡是产业委员会,劳动大臣都可任命。他的职务,就是决定最低工资的数目。不过他的规定是很自由的,因为他可按照特殊不同的情形而想出特殊不同的方法。他的执行也是很快的,至迟在决定后不过三月。并且他还设立了一个监督官(inspector),专管这种法律的实施,违者处以罚金。

b 美国　美国的最低工资委员会是由五人或三人组织的,内中必得一个是女子,都是由邦长任命的。他们的管辖区域,都是女子,或二十一岁未成年的男子。他的职务,就是召唤证人,执行宣誓,调查簿具,命令雇主登记妇工及童工的姓名住址工资等等。并且在工资十分低落的地方,他更可以任命直辖的工资委员会,专事调查和建议的职务。但这纯粹是他的附属的机关,须得听他指挥。

直辖工资委员会的组织,除了特克撒斯而外,都须包含雇主、佣工及公众三方面的代表。不过选择权则完全属之于委员会。从理论上说,既然在雇主与佣工两方面,都须得有人代表他的利益,这种选举制度一定是他们很乐为的。不过在实际上颇有许多碍难之处。一者,因为许多的佣工方面的代表因为履行这种职务,恐怕失掉自己的位置。再者,又恐怕他们自己没有相当的经验,办理得不完善,所以大家都很顾忌。因此最近还有由委员会自由任命的趋势。

这个直辖的工资委员会,他的职务:第一,就是调查。调查过后,他便做一报告,报告于委员会,说明关于最低工资的意见。不过他的意见,采纳与否,则完全属之于委员会。换句话说,就是如果采纳了,不说了。若不采纳,那末便还须这个直辖委员会另作报告。至于关于采纳的手续,第二,就是举行公审,公审完毕,如果没何改变,则以付诸公布。在三十日或六十日以内,发生效力。如果有一方面不服,另行请愿,也可重新考虑。公布过后则抄一誊本,送达于雇主,叫他以定的方法,粘贴于显而易见的处所。不过这种工资,也可设立例外。并且雇主也可在法庭上诉,这便是对于雇主的保障。此外这个委员会更赋有执行的权力,违者得设罚金的处分。总括来说,就是这种委员会包含有立法、行政、司法三种权限。

五、最低工资立法的效果

最低工资立法的优良效果有六:第一就是最低工资立法的结果,把普通一般的工资都增高了。举例来说,就是维多利亚的工资在实行最低工资以前,总有十三种的产业,在五年之内,工资才增至百分之七·六。但在实行以后,五年之内,直增至百分之一六·五。英国也是这样。在一九一一年没有执行最低工资的时候,在锁索制造的产业上,每礼拜的工资不到三·六〇的美金的,总有百分之五六·七的工师,和百分之六一·三的工匠。但在一九一二年实行最低工资的裁定以后,还取得这样少的数目的,便只有百分之一·三的工师和百分之〇·七的工匠了。第二,就是最低工资的结果,不但是提高了一般的工资,并且这个法定的最低工资,也没说就成了事实的最高工资。根据维多利亚治下的新金山的监督官报告,在实行最低工资后,在成衣业上都比最低工资高至百分之二〇。又根据英国商务院的报告,普通产业的工资都比最低工资高。第三,就是最低工资的结果,也没说一般的产业,都不用成年的工人,因而把徒弟来替代。根据北美合众国劳动统计处的报告,他说在俄勒冈地方的经验,也没说就用无经验的女工,代替有经验的女工。并且也没说就用非最低工资立法的男工,代替适用最低工资立法的女工。第四,就是最低工资的结果,也没说企业的企业,就要跑到外国。根据英国商务院的经验,他说爱尔兰的工资,就比英格兰贱,然而英格兰的雇主也没说就有移到爱尔兰去的趋势。再引个例,就是维多利亚的制造联合和雇主联合,当初都是对最低工资立法大施攻击,但到现在,他们反到赞成这种制度。第五,就是最低工资的结果,也没说就对职工组合有妨害,最显明的,就是美国马萨诸塞的制刷业和渍糖业,他们的组织都是在最低工资实行后才成立的。第六,就是最低工资的结果,也没说就减少了劳动的效率。根据英国商务院的报告,"在许多事情上都可以看出劳动效率的增进"。又根据美国华盛顿的产业幸福委员会的报告,普通一般的纪律和效率,都增加了程度。总之,最低工资在采用以后的成绩,惟与在采用以前的怀疑,刚刚相对。现在我且引英国劳动部的几句话作根据。他说:

> 八年来经验,凡是实行工资委员会的地方,不独是劳动者独谋其利,并且凡是劳动者所在的地方,没有一个不食其惠的。所以按照现在的情势看来,只有扩充一九〇九年的法令方才可以应付时代的需要。

第七章　最多时间与休息

劳动时间问题，不独是始于现代，就是在欧洲的中古时期，一般的同职组合为了出品精良起见，一者，禁止夜工，再者，励行休息，这也就是对于劳动时间非常注意。降至近世之始，因为在同职组织里面，职工与工师的界限，划分的非常显著。职工常劳，工师常闲，所以当时的劳动时间，便成为工师与职工冲突焦点。不过因为当时的雇佣条件概受法律的限制，并且当时的劳动时间，普通大半都是由日出起以至日入止，所以那时的劳动时间问题也就不关重要。不过到了十八世纪，一方面因为工场工业振兴，他方面又因为固定资本发达，于是一般的企业者往往为免资本的停留，谋收益的扩大，日夜继续其机械之运转，而强迫劳动者为非所能堪的长时间劳动，并且就是手工工业，他们为生存竞争起见，也不得不延长工作时间，以为抵抗机械工业的武器。于是而劳动上之时间问题，便顿形紧迫。举两个例，第一，就是英国。他的劳动时间，在当初的时候，不独是以十六小时为普通。甚至在议会的调查委员会里面，居然有一医师，既不承认少年工的每日十六七八小时为过度，复以二十三小时一日为无伤。这真是一种骇人听闻的事。再有一个例，就是美国。美国在一九二一年时候，有一个化学工厂每日强迫工人劳动二十四小时。并且七日一换班。像这种现象，无论在经济上或非经济上，恐怕都是应该改良的例。

况且劳动时间过长的结果，在事实上也没什么好处。自然最关紧要的，就是不合卫生。因为在现代的工场制度之下，一者工作紧张——从前是人力支配机械，现在是机械支配人工；再者，分工极细；三者，单调；四者，同种性质的工作，往往须得为重三覆四的劳动；这都是一件最寡兴味的事。莫说是二十三四小时的工作普通一般的工人不能忍受，就是十二小时，也就疲劳太甚。举一个例，就是美国的一个钢铁工场里面的办事员说："在我们敝厂里面服务的工人，每日还是仅作十二小时，但是可怜不到四十，他觉也就衰颓。"这是第一个短处。

再说第二个短处，就是劳动时间最多的结果，往往使劳动者无暇休息，无暇享受家庭生活，甚至无暇享受最低限度的市民教育。在现在的人民主权发达之下，这也是一件最不幸的事。莫说别的，就是以每日十一小时来说，虽则他们在表面上只有十一小时的劳动，然而在实际上他们在离开家庭上工的时候及离开工场回家的时候，都须额外的牺牲时间。如果再加上用餐的时候，恐怕至少便非两小时不够。是则这种每日十一小时的工人，他们所劳动的时候，虽然还是十一小时，然而从他们的离开家庭起算,便少了十三小时不够。试问一日除掉了十三个小时,还有多么享受家庭快活的时候。关于这种现象,美国匹慈保(Pittsburg)的钢铁工场里面有一个工人说了一句很沉痛的话。他说:"我还有什么家? 吃饭和睡觉的地方就是我的家。"

并且最不利的,还是妇女,这个理由,就因为妇女的生活除了劳动的事项而外,还须从事于家庭的琐务。比如男子来说,不怕他们在白日是如何的劳动,然而一到晚间,他们便可优游自在,但是如果是些女子,她们的情形便忽然大变了。一者,如果她们还是姑娘,她们在晚上还有免不掉的修补破滥。再者,如果她们是些妇人,她们在晚上也许还要看顾小孩子。

并且最长的劳动时间,就不一定增加生产。谁也知道,在经济学上有所谓报酬渐减公例。本来这个公例最初的时候,无非是表明土地的生产力原是有限的,如果求之逾量,则所得渐减的意义。比如十亩之地,耕者五人,资本百元,得谷二十石。但至翌年,加增工作一倍,即耕者十人,复加增资本一倍,即资本二百元,但所得之谷,亦不能加倍。这便是报酬渐减公例的例证。不过在最近来发现这个公例不独是在土地上为真实,就是在劳动上也有同样的效力。换句话说,就是人类之劳力也是有限的。如果是用之过度,则反疲劳,因而劳动之效程亦随之而递降。例如不列颠的军用卫生委员会说:

> 在车床工作里面,五十四点钟一礼拜的女工,他们所生产的数量等于每礼拜六十六点钟之成绩,并且还比七十五点钟的劳动效程更要略略好些。

又如美国的马萨诸塞,他在一八七四年实施十时间的劳动法规,但是那时与该邦立于竞争地位的康涅狄格和罗得岛(Rhode Island)两邦,都未设立同等之限制。所以当时的一般的预言者都谓,马萨诸塞的纺绩业恐怕不免因此而衰减。不料到了一八八一年根据加尔来得详细调查的结果,马萨诸塞一人的生产反视他邦为多。然而在工资上,则又与他邦相一致。这也是一个著名的例。并且美国的联邦公众卫生事务所在大战时候也有同样的经验。根据他的经验,就是一日八时间的成绩,反视一日十小时的成绩为大。并且就因为有这一个经验,所以把礼拜日的工作也都废除,作为休息。再有一个最著名的例,就是德国亚白(Abbe)在他的所管理的光学器械工场里面所得那短时间的成效,也实在是值得注意。他在一九〇〇年宣言于劳动者曰:

> 若劳动者四分之三以上,以无记名投票同意八小时之劳动,并且相信其成绩与九时间的劳动相等者,则当以八小时劳动作试验。

及后劳动者以八分之七的同意,将此案付诸实行,而其成绩反视九时间劳动为优。这个事实可以计工劳动者二百三十三人之成绩,用数字表列如左。

年龄	工资支付的 时间总计	一人平均 时间	同上工资 （马克）	一时间的工资比率（马克）	
一八九九——一九〇〇	五五九一六九	二四〇〇	三四五八九九	六一·九	一〇〇/
一九〇〇——一九〇一	五〇九五五九	二一八七	三六六四八四	七一·九	一一六·二

按照这个表上所短缩的时间，为百分之一二·五。如果所生产之总额与前一样，则计工工资的增加亦当为同一。但其结果，则为百分之一六·二，故短缩时间后，三十人的成绩与短缩前九时间内三十一人的成绩，为同一比率。这都是可以表示劳动时间缩短，与同劳动效程增进的因果关系。古语说：

不管你是计工或计时（Whether you work by piece or the day），

少作些时间，多给些报酬（Decreasing the hours increases the pay）。

这样看来，可见这话实是有道理的。

最后还有一个短处，就是工作时间过长的结果，往往使工场中的劳动无纪律。这也是一件很可注意的事。反转来说，就是如果工作时间缩短，劳动者的工作还可因而愈有规则。举一个例，就是一八九三年的美国伊利诺邦里面，有一个工场监督官的报告。他说，自从女子的每日的八小时工作制度实行之后，劳动与休息愈见有纪律。再举一个例，就是美国一九一九年的矿工组合的罢工事变，他们的要求就是想缩短劳动时间，缩成三十小时一礼拜，以便使他们的劳动与休息越有规则。

经了上面的考虑，我们可以知道过长的劳动时间的种种坏处了。但是这些坏处如何才能改良呢？是不外乎两个方法：一个就是以"个人自助"为原则，仰仗职工组合自己的势力，去与雇主或雇主组合直接交涉，以便达到这个目的。再有一个方法，就是以国家的干涉为基础，对于劳动时间设立最多的劳动时间的立法，及休息时间的立法。这种立法的好处，首则便在保护无组织的劳动者的命运，尤其是童工及妇工。再则这种规定，又可祛除资本家或劳动者的不正的竞争，自找其国民的劳动能力与劳动意志。

一、最多时间的立法

最多时间的立法虽以保护各种工人为原则，然其实施之程序，则先以流弊最深的幼童及妇女为限。现在本文特依其次序之先后，分述于后。

a 未成年工　关于未成年工的立法，普通设有两种规定：一种是对于某种年龄以内的幼童，禁止在某种场所作工。这个禁止的理由有二：一则是因为他们的身体的发育未完全，再则是因为他们的义务教育未终了。比如德国法律所定之最低劳动年龄虽为十三岁，但是他又设立了一个限制，就是须以义务教育终了为条件，所以在实际上还是十四岁。不过我们所最要注意的,就是现在所有的一切未设强迫教育制度的国家,如果不问义务教育之有无,而一味的禁止幼童之劳动,一者使幼童既无享受教育的机会,再者使幼童又无享受劳动的机会。如果这种幼童的身体发育又到了一定的程度,这实是一件最危险的事。但是现在的所有的一切文明进步的国家,依一八九〇年的柏林国际劳动保护会议的决议,大多数的国家,如英、法、荷、瑞、俄、比、奥、匈、意和那威等国,都以十二岁为最低的劳动年龄的立法。至于英法二国,则是更进一步,就是十二岁以上的幼童,如果没有医生证明书,也不许在工场劳动。就拿日本来说,未满十二岁的幼童也是禁止的。像这一种幼童,根本上无所谓劳动时间问题。换句话说就是在未成年工的题目里面,这个时期问题的发生还是在法律所许可的劳动范围以内。这便是对于未成年工的第二种规定。换句话说,这便是本文所要特别叙述之项。

关于未成年工的最多时间的立法,依照一八九〇年柏林万国劳动会议的规定,都是只适用于十二岁以外的男子。不过这种年龄上的规定,须视各国特殊的天然环境而定。比如在赤道附近的国家,身体发育最早,这个法定的劳动年龄不妨小。反之,在附近寒带之国家,身体发育最迟,这个法定的劳动年龄不妨大。凡此都须视乎特殊的国情而定。不过我们所最要注意的,就是不管这个法定的年龄之大小怎样,然而对于这种未成年工的保护,并且尤须得特别的保护,则是劳动立法的天经地义。所以自欧战一起,关于未成年工的劳动时间,大多数的国家都有八小时的立法的趋势。举一个例,就是美国自从在一九〇六年伊利诺的八小时的劳动立法确定以后,及至一九二一年时,便有十三邦和哥伦比亚县,都是对于未成年工的八小时的劳动时间设有立法的。

b 女工   关于女工的时间限制问题,不独是在一般的理由上,须得认为正当,就是从他们的体质上和地位上看来,他们都有特别保护的必要。因为根据许多的工场监督官及医师的报告,一个劳动的女子如果终日的维持一定的姿势,绝非她的体质所能忍受。况且在她们结婚以后,尤当主持家庭的经济及养育子女。如果她们的劳动时间最长,使的她们的精力不能兼顾,一者对于家庭的制度恐怕不免动摇,再者,对于家庭的子女,恐怕她们的身体,便不免因此而受损害。这都是对于国民体格上及家庭制度上,一件最觉危险的事。所以现在的国家为了保持国民的体格及维持家族的制度起见,对于女子的劳动时间,极力设法限制。现在本文只以美国为例,说明立法的经过。

过长的劳动时间问题,美国的妇女在一八三〇年已经对此不满足了。所以当时的劳动印刷组合便对此力加攻击。及至一八四〇年,因为当时的人道主义的运动极盛,所以当时的十小时的劳动运动也最烈。举一个最显著的例,就是单是美国的马萨诸塞,那时在政府请愿的,前后便有三次。一八四二年一次,一八四三年又一次,及至一八四四年又一次。并且在一八四五年的时候,新英格兰妇女劳动改进社(New England Female Reform Association),也向政府请求十小时的最多时间的立法。所以美国的第一次的妇女劳动时间的立法,便早在一八四七年的新汉不什尔(New Hampshire)实现。而至一九二○年便只有六邦没有规定的了。现在我们且把美国的劳动时间立法,悉行列表于下,这便是一九二○年一月一日的统计:

I　八小时的邦

邦名	每日劳动时间	每礼拜劳动时间
California	8	48
District of Colombia	8	48
Porto Rico	8	48
Utah	8	48
Colorado	8	—
Montana	8	—
Washington	8	—
Kansas	8	—
（但由产业幸福委员会规定在紧急时可以增加七小时）		
Arizona	8	56
Nevada	8	56

II　比八小时多比十小时少的邦

邦名	每日劳动时间	每礼拜劳动时间
North Dakota	8 1—2	48
Massachusetts	9	48
Ohio	9	50
Oregon	81—3 商行	50
	81—2 事务所	51
	9 无论任何产业	54
（适用产业幸福委员会的规定）		
Arkansas	9	54
Maine	9	54
Missouri	9	54
Nebraska	9	54
New York	9	54
Texas	9	54
Minnesota	9 制造等等	
	9	54
	10 商行等等	
Idaho	9	54
Oklahoma	9	

III 十小时或比十小时更多的邦

邦名	每日劳动时间	一礼拜劳动时间
Wyoming	10	52,60
Wyoming	10	55,58
Connecticut	10	55
Delaware	10	54
Michigan	10	54
Pennsylvania	10	54
RhodeIsland	10	
Wisconsin	8（电车）	—
	10 其他	55
NewHampshire	10 1—4	54
Vermont	10 1—2	56
Tennessee	10 1—2	57
Georgia	10	60
Kentucky	10	60
Louisiaua	10	60
Maryland	10	60
Mississippi	10	60
NewJersey	10	60
SouthCarolina	11,12	60
Illinois	10	—
South Dakota	10	—
Virginia	10	—
North Carolina	60	

IV 没有规定妇女劳动的邦

Alabama, Florida, Iowa, Indiana, New Mexico,
West Virginia

美国妇女的劳动时间的立法,到最近还有两个最重要的趋势:一个就是这种立法的领域的扩充。比如在一八四七年时候,新汉木什尔的立法不过只限于制造业。再说,就是一八七八年的宾夕法尼亚的立法也不过只限于棉业、羊毛业、丝业和纺织业。不过一至一九〇九年,伊利诺的立法便忽然大变。他不独把所有的一切大工场都置于这个立法的管理之下,甚至凡是使用机械的作业房、商店、洗衣店、旅店、电报、电话等,也都适用同样的规定。再有一个趋势,就是这种立法的执行方法,也规定的更加确切。比如在一八五二年的时候,俄亥俄虽然一方面限制妇女劳动的时,但是他方而又须以“强迫”为处罚雇主的条件。马萨诸塞邦虽然在一八七四年规定妇女的劳动时间每日不得过十点钟,但是同时复又规定须以“故意的”的侵犯,始得为执行的要件。这都是使当时的立法不能执行之处。不过一至一八七九年,这个"故意的"条件忽然取消。其他各邦也都起而仿效,于是而美国的真真有效力的法律便先后实现。这便是美国法律的第二个趋势。

关于妇女的劳动时间立法,还有几个问题须得解决。第一个,就是在规定劳动时间的时候,是否应该规定闭厂的时候? 如果是不规定,那末在雇主方面,当违反法律的时候,他便可以藉口的说,虽然他收工得晚,但是开工得迟。果然这样,是不是在执行上发生许多的困难吗? 关于这个问题的解决方法有二:第一个,就是只承认每日的上午十钟至下午十钟或十二钟为劳动时间,过此时间便是非法。在美国设立这种规定的,就是亚利桑那(Arizona)等邦。第二个的解决方法,就是禁止夜工。

说到第二个问题,就是法定的劳动时间是否应该设立例外,这也是须得充分考虑。比如季节工业来说,他的材料都是最容易腐败的,如果不许设立例外,那末如果同时又不能寻着相当的工作,岂不是听其腐败吗? 举一个例,就是在桃李出来的时候,制造桃李罐头,这便是一件很显著的事。又如在崇拜基督教的国家,如果正遇着圣诞的时候,那时的杂货买卖,最为兴盛,如果在这时候亦不许设立例外,岂不是使营业者坐失时机吗? 又如继续使用火力的工业,如应用化学业,如果亦不许设立例外,岂不是看着可宝贵的火力,白白牺牲吗? 所以美国关于这个问题的答案,就是允许设立例外。

关于第三个问题,就是法定的劳动时间,是否有可以伸缩的余地? 如果是不可以伸缩的,那末如像加拿大的多伦多(Toronto)地方,在一九〇七年的调查,都说是凡是带有铃子的电话,过了六点钟是有碍于卫生的。但是当时的法律却没有六小时间的规则。像这种情形,又如何对待呢? 关于这个问题的解决,美国的加利福尼亚等邦便为肯定的答覆,一者允许伸缩,再者就是更把这个伸缩的权限给诸调查委员会,以好临机应便。

关于第四个问题,就是执行法律的方法是否应该规定? 这点须得特别注意,因为国家之所以立法律,原是为了执行起见。如果一种法律不怕在理论上如何完备,但若不能执行,岂非等于具文,殊与立法的精神相违背。因为这样,所以美国的马萨诸塞便特别的规定执行的方法,一则就是须得雇主按照法定的形式,预备一个广告,广告上载明劳动时间及闭厂时间等等条件。再则这个广告,还须粘贴在最显著的区域。

c 成年男工　未成年的工人说了,妇工说了,现在我们且说成年男工的问题。关于这个成年男工的立法有两方面:一方面是公家上的男工,一方面是私人所雇用的男工。关于前一个,在时间立法上,比较容易。所以美国在一八四〇年便以总统的命令限制海军工场的劳动时间。他的限制,就是每日不得过十点钟。及至一八六八年,又改为八小时。不过这个法律,却没禁止双方为加添劳动时间的契约,这就是他的短处。因为有这一个短处,所以在一八九二年八月一日,他又把他修正了。凡是有违背这个八小时的规定的,都须得重重处罚。但是这个规定又有两个缺点:第一个,就是虽然政府所雇用的工人不许为过八小时的劳动,但是政府所购用的货物及材料,如军衣、战舰、靴鞋等等,因为政府是从旁人买来,并非政府直接制造。究竟旁人对于这些材料,究竟是否使用八小时一日,政府则不过问。第二个,就是这些包工的承揽人时常假借政府的"紧急"的条项,为过多时间的辩护。又因为有这两个缺点,所以在一九二一年又插入了一句说,是凡为政府所雇用的工人,与同为政府而作工的工人,以及与政府的工作有帮助的工人,都不许超过八小时。这明是想救济第一个缺点,不过也略略设有例外。但是及后欧战发生,这个法律一时停滞。不过刚在欧战发生的第二年,这个法令又忽然有个新转机。就是在一九一五年通过了一条新法案,一者,凡是政府的金钱不能用在故意的把时间延长(或是额外的制造一个钟表每点钟略略长些)的事务员和劳动上。再者,也不能用在格外的津贴上。这是说美国公家上的男工的立法。

至于讲到私人方面所雇用的工人,也可以取美国作例。美国在一八四○年因为斯条亚(Ira Steward)发起一个全国八小时的运动,所以在一八六七年伊利诺就有对于成年男工的时间立法的先例。后来这个法令渐为他邦所仿效。所以在一九二○年,美国便有一半的邦对于汽机工人和电车工人都有缩短时间的立法了。又有十二个以上的邦对于矿工和冶金工都设有八小时的立法制度。现在我们所最要注意的,就是美国各邦关于运输、矿山和工场三者的立法。

a 运输　美国各邦的立法,把铁道转运的工人,分作两类,一类是执行的,如车掌、火夫等是,一类是指挥的,如发电报的工人及签字的工人等类是。关于前一类的时间限制,都以每日十六小时为最多时间,并且须得继以八小时和十小时的继续的休息。不过卧车及行李车和破败车等的工人时常除外。并且这个法律还须附加两个条件:一者,就是这种规定,只多半适用于三十里及六十里的路线。再者就是这种规定,多半是适用于通常的时候。

关于第二类的时间立法,比较复杂。这要看他们所作工的时间,是否是继续的。如果是继续的,大半都是八小时一日,并且大半都是一日三换班。如果不是继续的,抑或只是白天,那末这种时间便常常都是十二点钟,或十三点钟。同时也继以八小时或十小时的继续的休息。不过许多的邦,也略略设有例外而已。像这种立法都是适用于各邦自己的铁道上。

若说到各邦之间的铁道,依照一九○七年三月四日的规定,凡是北美合众国的领土以及哥伦比亚县的地段,法定的时间都是十六点钟。不过关于直接指挥铁道的工人,则白日不得过十三点钟,夜晚也不得到九小时。即有紧急事变发生,但在一星期内也可增加四点钟。至于执行这个法律的机关,则以归诸各邦的商务委员会。

及后到了一九一六年,这个法令因为为亚丹姆法(Adams Law)所替代,采用八小时的制度。依据一九一七年十二月二十九日的统计,有三十万工人享受这个法令的好处。至于到最近来,莫说是火车上的工人就是街上的电车夫和汽车夫,从前他们都是十二十四十六小时一日的,但到现在,也有一打的法律,把他减为十小时或十一小时的劳时间去了。

关于水道转运的劳动时间,依照一九一三年的美国联邦政府的立法,凡是在舱面上的事务员,在码头上的时候,每日不得过九小时。但在海面上,除了最紧急的事变而外,则为十二小时一日。又依一九一五年的法令规定,凡是水手,如果在安全的港里停泊的船上,每日作工九点钟。

b 矿山和地道　采矿冶金业是危险最大的产业。从美国的经验上说,在煤矿采掘里面,在十年之内,截至一九一〇年止,一千人之中,便死了三·七四人。从日本的经验上说,便死了二·九二人,德国二·一一人,法国一·六九人,英国一·三六人,奥国一·〇四人,比国一·〇二人。即此几个例,便可以见矿工里面死率的大。因为这样所以美国的立法都把所有的采矿冶金的工人,都减为八个小时,但对于一五〇尺及二〇〇尺的隧道,则渐或设有例外。最有趣的,就是纽约、新久塞和宾夕法尼亚三邦,他们更想出了一种精密方法,视乎气压之轻重,而为劳动时间与休息时间之增多或减少,以为保护矿工和地道工的标准。如下所举的例就是。

如果汽压超过	但是却没超过	每日工作时间	在工作间的休息期
常态	21 磅	8 小时	1 小时
21 磅	30	3	1
30	35	4	2
35	40	3	3
40	45	2	4
45	50	11	5

c 工场和作业房　欧战以后,八点钟的运动极盛,所以八点钟的立法也就先后为欧洲国家所采用。关于欧洲各国所采用的立法,可以别为二类:一类是由立法部决定的。再有一类,就是只由立法部决定大纲,而以行政的命令补充之。在美国里面,关于成年男工的时间立法,在一九二〇年也有一打的邦;亚利桑那的八小时的立法,见于洗衣业和电气器机械业,路易斯安那(Louisiana)见于车站的火夫,其余如十点钟的立法,则见于密西西比(Mississippi)及俄勒冈数邦。

二、休息时间的立法

上面所说的都是关于最多时间的立法,下面所说的,将要及于休息时期的立法。但这两种立法,都是同样的使劳动者,一者适宜卫生,二者有余暇享受家庭生活,及市民教育的种种目的。

a 一个工人是不能整整一个白日都作工的,须得有用餐和休息的时间。所以比利时的立法,便对储藏果实的妇女,一者设立午息(noon rest),再者每五点钟,设立五分钟的休息。其余他国的这种例子很多。

b 一个工人又不能说是二十四小时都能劳动的,必得要有睡眠,始能回复其疲劳。所以现在的国家,如法、如比、如西班牙都是禁止在下午九时后、上午五时前为劳动时间的。换句话说,就是禁止夜工。一九二〇年美国禁止夜工的处所总有一十二邦。

c 再说如果一个工人,劳动数日而不得一日之继续休息,在生理上也是不能忍受的。所以美国的许多邦,都把礼拜六的下午这半日,作为法定的休息日。一九一四年的马萨诸塞便是如此规定的。至于欧洲大陆则呼五天半的一劳动礼拜,为"英吉利的礼拜"。这个理由,就因为英国的纺织业禁止妇女在下午一点后不休息。在工资上明是七天一礼拜,然而在劳动上却只是五天半的日数,这是说礼拜六。至于礼拜日的休息,自从一八九〇年瑞士采用以后,一九〇五年便在欧洲风行一时。就是美国联邦政府也于一九二〇年在立法上设立同样的规定。

d 最后一个休息时间,就是每年以内的法定年假。本来劳动的行为原是一件痛苦的事,若是终岁勤劳,而不得数日的连贯的休息,则未免太痛苦了。所以一般的国家在立法上,都设有年假的规定。举一个例,就是瑞士的伯伦(Berne)州,他的立法上规定,凡是同种职业的妇女,如果整整的服劳了一年,都须有六日的继续的休息,两年便须得八日,三年便须得十二日。并且在这种假期以内,都是不扣工资的。

第八章　失　　业

一、失业的原因

　　无论任何劳动者，只要他一者保有劳动能力，再者保有劳动意志，而仍旧不能寻得与他的经验和技能相当的职业，这种状态，便叫失业。换句话说，就是他即使有劳动意志，无劳动能力，那末他的失业，也不能叫做失业。反转来说，就是他虽有劳动能力，而无劳动意志，那末他的失业，也不能叫做失业。关于前者的举例，就是老年人、残废人和疾病人的失业。关于后者的举例，就是游手好闲的人的失业。所以美国康孟士教授说："这个失业者（unemployed）与劳动不适者（unemployable），最要区别。"自然康氏的意义就是说，这个失业者是指的有劳动能力、有劳动意志而无相当的职业者。那个劳动不适者就是指的有劳动意志而无劳动能力，或有劳动能力而无劳动意志的失业者。就因为有这两种区别，所以关于前者的救济问题，称做失业问题。关于后者的解决问题，唤做慈善问题。

　　最可注意的一件事，就是一般的失业者往往变为劳动不适者。为什么呢？因为失业的弊端有二：第一，就是陷人于困穷，第二，就是灰人的心志。从前一个弊端上说，就是往往使失业者，一者为饥寒所驱，再者万一不幸而得疾病，又往往无力筹划医药等费，所以结果便不免成为缺乏劳动能力者。从后一个弊端上说，就是往往使劳动者，一者，养成一种游惰的习惯，再者，使他悲观，所以也终至于成为缺乏劳动意志者。即此以观，便知这个失业的现象及于国民经济生产力上的恶影响之大。

　　失业的弊害既然若是之大，不幸而失业的恐慌却又非常之多。根据美国劳动总长在一九一九年一月的统计，美国的失业者到了一百万人以上。至于英国，则在一九〇四年，依照泊威廉（Beveridge, *Unemployed*, p. 18）的统计，英国职工组合员的失业到了百分之六·五，一九〇五年复又到了百分之五·四。即此可见英国失业之多。就是德国来说，虽然他是欧洲劳动立法最完备的国家，但是依照他的职工组合员的失业统计，也就有下列的这种现象发生：

年次	组合员数	失业日数	就业日数的失业百分率
一九〇八	一二九一四二〇	七二九二	一·九
一九〇九	一三九五七二八	八三五六	一·八
一九一〇	一六〇〇一四二	六七四二	一·四
一九一一	一七八六七〇六	一七八六	一·二

并且就是这个现象,也只限于职工组合员的失业,其他的非组合人员的失业,还不在这个范围以内。即此可见失业的这种病象,是随便任何国家都是有的。

有人说,失业的原因是由于一国的总人口太多,因此一国的职业不够分配人口,所以发生许多的失业。如果这个解释不错,那末解决这个问题的方法,除了使国家移住人口或限制生产外,便别无再好的方剂。不过这个的解释,并不十分的确。一则因为一国的人口不怕多,但是如果在这一国里面,可以增加若干的劳动机会,那末失业也不会发生。再者,又因为有许多工业最进步的国家,如像英、美、德、法等国,他们的劳动机会便非常之多,然而他们的失业就是当着人口未见若何增加的时候,也是非常之盛。即此可见失业之发生,大半不是由于一国的总劳动人口太多,因此一国的总职业都不够分配人口。而是因为一个特殊的地方,或一个特殊的时候,这个劳动者的数目超过可以分配这些劳动者的工作,因此剩余这一部份便不免失业。换句话说,就是失业的原因,大半不是由于一国的总劳动需给不适合,而是由于一个个的特殊的劳动需给不适合。因此这个解决劳动问题的方法,便不在乎抑制人口的增加,而只在乎使现在这些失业的人口在一国里面得业。

何以在一国里面,有这种一个个的特殊的地方,或在一个个的特殊的时候,有这种劳动的需给不适合的情事发生呢?在个人方面,是不外下列的三个原因:

(一)或是由于劳动者个人因为自己怠惰职务,忽被开除而失业。

(二)或是因为得了疾病,但在痊愈以后不能得业。

(三)或是因为抱着转业的希望,但在将旧业抛弃以后,不能求得新职业。

至于在社会方面,也有下列的几个情势,可以发生失业。

(一)在职业上,限于一定季节的场合。比如日本的茧丝业,他在茧丝生产的时候,便是非常之忙。但是茧丝生产已过,则又非常之闲。又如欧洲的印刷业,他在基督圣诞以前,可谓非常之忙,但是秋夏二季,则又非常之闲。这个原因,就因为在秋夏二季,非是读书的时候。

(二)因为市况的兴隆和衰败的变动太大,因此发生失业。比如英国在一八六二年因为木棉缺乏的结果,以致许多的纺纱工人都失业。又如在民国八年因为中国的五四运动,排斥日货,于是日本的许多工厂也就发生失业。像这种失业的现象,都是非常难以预测的。

(三)因为机械的发明,技术的进步,和产业组织的革新,以致从前往往必须百人而后可出之生产品,现在只须一个人,也就完成。因此剩下这一些工人,便不免失业。

（四）因为劳动市场的组织不完备，以致许多的临时劳动者往往在此一业告终，彼一业未至的时候，便不免发生失业。比如伦敦的泰晤士以北的船渠，平均每日不过只须要劳动者三千人，但是竞争的人数，则在万人以上。因此足有三分之二的工人，日日不能得业。

像上列的这种状态，都是失业发生的原故。然而细考其根源，实是由于个人主义的恶作剧。

二、失业的预防

无论那种问题，解决他的，都不外两种方法：一种，是防之于未然之前；一种是救之于已发之后。换句话说，就是一种是在平时有准备，一种没有准备。所以前者，叫做预防；后者叫做救济。自然失业问题，也是这样。所以他的解决方法，也可分别为二类：一是失业的预防，一是失业的救济。

预防失业现象的发生，大可别为二端：一个是减少生产的过多或过少，因此使在这个永久的时候，都能够把那生产的需要与劳动的供给，相互调剂。换句话说，就是在事前把职业来分配人工。再有一个方法，就是把人工去分配职业。因此这个方法，就在完成劳动市场的组织。换句话说，就是在设立各种机关，把此一个地方的过剩的人工，去分配于彼一个地方的过剩的职业。

（一）关于第一个方法的使用，把职业去分配人工，一者，就是在私人方面，雇主与雇主联络，相约彼此不为生产的过剩，或是故意的延长生产时间。或彼此相约，在市况不振之际不解雇。这种方法的好处有二：第一就是在雇主方面，常常都预备的有长工，免得临时打急慌。第二，就是在佣工方面，也不至于一时发生失业。所以这个方法，行起来最有成效，并且行的也最多。这是雇主方面的行动。至于在劳动方面，把职业来将就人工的方法，就是怠工。

再者，在公家方面，把职业来将就人工的方法，就是在平时的时候，国家先准备着一种工作，以应付后来的失业。比如德国各市，冬季常常大兴土木，以应付建筑工的失业。他的用意，便是如此的。又如英国伦敦的妇女裁缝业，因为政府知道她们在春季最忙，夏季最闲，于是伦敦介绍所便在夏季的时候，给他们以洗衣业做。

（二）关于第二个解决失业的方法，把人工去分配职业。在私人方面，就是这几种制度：第一，就是由劳动者直接搜索。但是这个害处，就是往往使劳动者白费些时间与精力，而达不到取得工作的目的。其弊也，使人失望，使人灰心，使人堕落。第二，就是由普通人去介绍。但是这个弊病，就是在现在的工场制度发达之下，一个不以介绍为常业的普通人员，往往介绍不了好多工人。第三，就是由雇主派人去募集。但是这个制度，根据日本的经验，如像日本的生丝业和纺绩业等的女工，都是雇主直接去募集的。但是这个募集人，因为他们对于地方的情形不熟习，所以有些时候还是白费时日。第四,就是登载新闻广告。但是这个多么耗费,并且就登出广告,也无把握。所以实际上能够担任登载广告费的工人,而居然实际去登广告的,按照欧美和中国的经验上看来,还是以家庭教师、书记、仆婢为最多,其他的则是寥寥无几。所以上面的这四种方法,都不大适用。最适用的,还是第五种,这就是近代所盛行的介绍所。不过就是这种介绍,所凡由私人方面所设立的也都不大完美。

近代以来,流弊最多,影响最坏的介绍所制度,就是由私人所设立的营利介绍所制度。因为他的目的,纯粹是为了得利而设,所以唤做营利的,从历史上说,这种制度是发达得最早的。根据费里波里(Philipolich)教授的意见,这种制度在十六世纪的时候,德国也就发现,不过那时他的营业范围却只以介绍仆婢及商店使用人为限。就是中国的北京,虽然不能找出他是在何时起始,但是我们却可断定,他是发达的最早的。即此可见这种制度的发达。至于现代的美国,这种制度却是有惊人的数目存在,因为单据一九二一年的报告,美国的芝加哥便有二百四十九个,纽约便有六百个。若把各邦所设立的,一齐计算,实有五千个。这岂不是一种惊人的例?不过这种制度,却有三个最大的害处:第一,就是这个介绍人与工厂里面的工头通同舞弊。举一个最显著的例,就是美国的华盛顿,在一个请愿书上说:有一个介绍人,不怕他确知道在工场里面,仅有一个位置。但他为了得钱起见,却是介绍了三个人去,就是一个正在被介绍去,一个正在被解雇了出来,再有一个,就是正在作工,但是他对于这三个人,都要得钱。第二,就是介绍人对于被介绍人往往诈欺取财。举一个例,就是一九一三年美国堪萨斯劳动部报告:许多介绍的机关,他们往往介绍工人到农场里面去,因此他们便预先收费。但是及至该处,才没有劳动的需要。至于纽约城市里面,根据一九一三年五月一日的调查,单是因为被害而起诉的工人,都有一千九百三十二个,后来裁判结果,归诸介绍所赔偿的金额,便是三千元美金,而被取消的介绍所也有九个。第三个坏处,就是这种介绍所往往介绍一个女子到不可问的地方去,这几年成了美国和日本的通弊。就是中国的北京,这个坏处也非常显著。

营利的介绍所制度既有上列的种种弊端,所以国家立法为了改善这种弊端起见,便设有种种的取缔方法。根据美国各邦的立法,就是:

第一,凡是营利的介绍所都须缴纳一定的保押金,并且必要缴纳以后,始得许可营利。

第二,每年都须缴纳一定的特别费。

第三,不许介绍处设在酒店里面。

第四,不许介绍处与酒店和赌博场等联络。

第五,确定对于被介绍者的最高限度的收费。

第七,在收费以后,如果不能立刻得到相当的地位,都须退还其费用之一部,并且定须退还旅行费。

第八,介绍所所披露的广告,必须真实。

第九,介绍所必依一定的形式登录一切介绍手续以备查考。

不过这些取缔的方法。在实际上亦未奏效。所以美国近来大有废止这种营利介绍所的趋势。举两个例:第一,就是华盛顿,便有禁止介绍所向被介绍者收费的权利。第二,就威斯康辛,他在一九一九年便给产业委员会以拒绝发给许可证的权限。

至于其他国家,他们的取缔方法,也是种类繁多。德国在一九一〇年规定,如果在有公立介绍所的地方,是不许设立营利介绍所的。坎拿大的魁北克州,则在减少这种介绍所的数目。因此在有公立的介绍所的地方,取费便非常之高。至于法国,则在一九〇四年的法令上规定:一者,各地方有权设立官办的介绍所制度;再者,得对私人营利介绍所给予赔偿,而命其关闭。

除了上述的这个营利介绍所制度,是弊端百出,不可救药外,其他的,还有几种私人设立的机关,也有叙述之必要。一种是雇主自己办的,一种是职工组合办的。但是前者往往成为雇主压迫劳工的利器。比如在德国的冶金业里面雇主所设立的介绍所,便往往对于罢工者,或对于为雇主所不喜悦者,偏靳介绍书而不与。所以凡是与职工组合表同情的劳工,都不愿意去寻职业。后者,就是职工组合自己所创办的,但又往往成为劳工阶级对于雇主阶级的工具。所以雇主也不愿意接受这种介绍所的介绍。因此这种介绍所也就不能发达。比如一九〇二年德国的自由组合所设立的介绍所,为数八百十五,但是内中却有七百四十个,每年介绍之件,不足二百。

再有一种私人设立的机关,就是雇主与佣工所合办的。这个制度,大见成效。最著名的,就是德国的印刷工业,因为他在德国全国里面设立了介绍所五十四处,并在柏林设立本部。每一礼拜,各部的介绍所都须将各地之缺额,及所介绍之位置,报告于柏林本部。然后柏林本部统计全国劳动的需给,列为统计,以备应用。至于这个介绍所的事务,则由雇主及佣工,共同管理。不过他的缺点,就是规模未免太狭。

还有一种最著成效的,而又是私人所经营的,就是慈善团体所设立的。欧洲的国家对于这种介绍机关,大致与以相当的补助金。

公立介绍所制度是国家设立来利便工人的。他的使命就在弥补私立的介绍所的缺点。并且他的好处很多:一者,就是他的性质是中立的,因此他的行动便容易为雇佣双方所信任。再者,就是他可以大规模的经营,而使全国的劳动交易集中于一。三者,就是他可取得国家上种种便利,或是借用公用电话,以图报告之速。或藉火车减价,以图运送之便。或是取得政府大宗的款项,以为贫苦劳动者转业时所行使的旅费的预垫。四者,政府更可藉此的确切劳动需给的调查,以为解决劳动问题的基本智识。凡此四种好处，都是公立介绍所的特色。因为这样，所以近代的工业先进国便汲汲于这种介绍所的创设与发达。

（一）英国　欧洲的国家介绍所制度发达的最完备的，第一要算英国。因为英国在一八八〇年使有劳动介绍所的设立。及至一九〇五年，又发布了《劳动失业条例》，规定救济委员会有设立介绍所的权限。因于英国的伦敦便设立了劳动介绍所数处。大致每年所介绍的数目，都在二万五千人以上。不过在伦敦而外，则不见若何成效。因此在一九〇九年九月二十日，英国的议会又通过了《劳动交易条例》。依照这个条例规定，商务院得有下列的几种权限：

（一）商务院可以设立劳动交易所。

（二）可以替他们制定总则。

（三）可以帮助其他的公共团体所设立的介绍机关。

（四）可以创设咨询委员会，以为劳动交易所的辅佐。这个委员会是由雇佣者的代表所组织的。

（五）如果得了国库的赞同，并可以借债于劳动者以作转运时的旅费。

那时英国的商务院为了实行这几种权限起见。便有国设的劳动介绍所的成立。依照当时的这个法令规定，英国划分全国为八区，英格兰和苏格兰二区，威尔斯（Wales）区，和爱尔兰区。每区设立一个地方局。但他们统要与伦敦的中央局保持其联络。额外凡是人口十万以上的工业都会，都要设立头等介绍所（first class exchange）一个。大致这种介绍所有三十处。其余如人口在五万以至十万的都会，则设立二等介绍所。其数略等。至于小都会，则仅设立三等介绍所或支所，或各区介绍所，以图达到介绍的目的。至于介绍的方法，就是凡是有请求介绍的事项，先须报告于所属区域之地方局，复由地方局转报于中央局。故于或地方不能得业者，可受他地方之雇用，以求得业。无旅费者，则由公家发给车票，挪借用费，候得工资，再为返还，以图迅速。讲到这个法律的成效，是非常之大的，因为自从一九一〇年二月一日起，一直至一九一一年止，单在这个一年以内，所请托的件数都有一百九十四万，介绍了的也有五十九万。即此可见英国介绍所的发达。

不过到了一九一七年，因为英国新设立了一个劳动部，所以便把这个介绍所的管理，归诸劳动部去了。因此那时的劳动部对于咨询委员会便大加扩充。因为在一九一七年以前，咨询委员会的权限，仅在考究商务院移交过去的案件。他的职务只在决定原则。并且他的数目，也就很少，只在最大的八个区域里面，每区才有一个。不过在一九一七年以后，一方面把这种委员会扩充，扩充为二百五十个，他方面又指定了他们的裁判区域，大致每两个交易所，都有一个咨询委员会当管辖。并且除此而外，在咨询委员会里面还可加入其他的少数的分子，以便代表其他的利益。

英国的这种介绍所制度，依据一九〇九年的《劳动交易条例》及一九一〇年的

《教育条例》，都特别注意这个童工的介绍。

依照一九〇九年的《劳动交易条例》，关于童工的登记和雇用事项，商务院在一九一三年三月特别制定了一种章程，就是商务院如果得了地方咨询委员会的同意，可以成立特别咨询委员会。以下列的这三种人材组织：

（一）代表雇主的；

（二）代表佣工的；

（三）就习儿童的情形，和同他的教育有密切关系的。

这个特别咨询委员会的职权，就是一则以备商务院关于儿童雇用的咨询，再则就是帮助儿童女孩，选择职业。因此童工介绍便成为成年男工介绍的一部。因此童工介绍与学校方面的合作，就全靠这个特别咨询委员会去联络。这个制度的好处，就是学校当局与成年男工的咨询委员会，都没有两重的儿童责任。

不过依照一九一〇年的《教育条例》，则刚刚与这个办法相反。因为依照这个教育条例规定，地方上的教育当轴关于儿童的劳动介绍，一者，须得他们报告消息；再者，须的他们劝告儿童；三者，须的他们帮助儿童寻找职业。因此童工介绍便成为教育制度之一部。而保持这个成年男工介绍与童工介绍的合作机关，就只有这个普通的咨询委员会。自然这个制度有种种的好处，内中有一个最重要的，就是小学教师，深知儿童的性质。不过他的短处，就是童工介绍处与成年男工介绍处，不大联结，因此在调和劳动的需给上便不及一九〇九年的制度。

英国的劳动介绍所在欧战期中，真是出力不少，大致每个国设介绍所，在一九一八年，每天都要通告二万一千个缺额。就是在欧战以后，英国在化兵为工方面，已得力于这种介绍所制度不少，大致每年都要介绍一百万个位置。所以他们居然公（式）〔开〕的宣布，这种办法，最有价值。现在我们从下列的这一个表上，便可以看出他们九年来的成绩。

英国历年以来的介绍所的活动情形

年次	登记的数目	雇主报告的缺额	已经填补的缺额
一九一〇	一、五九〇、〇一七	四五八、九四三	三七四、三一三
一九一一	二、〇四〇、四四七	七八八、六〇九	六二一、四一〇
一九一二	二、四六五、三〇四	一、〇六二、五七四	八二八、二三〇
一九一三	二、九六五、八九三	一、二二二、八二八	九二一、八五三
一九一四	三、四四二、四五二	一、四七九、〇二四	一、一一六、九〇九
一九一五	三、一八六、一三七	一、七九七、六四六	一、三〇八、一三七
一九一六	三、六五八、六八九	二、〇四九、〇一八	一、五五七、二三五
一九一七	三、五七五、三八〇	一、九九九、四四二	一、五五五、二二三
一九一八	三、七三九、〇六四	二、〇六七、二一七	一、五一四、七一二

（二）美国　美国的公立介绍所制度，须分各邦的立法和联邦的立法。现在本

文且先说前一种,后说后一种。

a 美国的各邦　美国各邦所设立的介绍所制度,自从一八九〇年俄亥俄一起,一八九五年便为蒙大拿(Montana)所仿效,一八九六年又为纽约所仿效,自是以后,便风行一时。

一九一四年美国纽约的立法,可算是最重要的。依照这个法令规定,在劳动部之下设立一个介绍局,并且特别设置一个总理,总揽其事。不过这个介绍局的总理,一者,必须经过文官考试;再者,必须是个专门家;三者,必须是个具有行政能力的人物。即此可见这个总理,在人选上的重要。至于这个总理的权界,就是所有一切的介绍所,统须归他管辖。讲到这些地方介绍所的规定,就是一者,地方介绍所必须将雇佣双方的需要,把他的数目分期报告于总理。再者,就是在每个地方介绍所里面,都可分为数部,或是男工部,或是女工部,或是童工部。三者,就是介绍不收费,收者罚。四者,就是地方局彼此联络,发行一种劳动刊物。五者,就是彼此须将缺额相互流通。六者,就是在每一介绍所里面,都须任命雇佣者双方的代表在内,因此组织成一个代议委员会。

再有一个组织最完备的介绍所,就是一九一七年六月俄亥俄的国防委员会所管理的。依照这个制度,就是分全国为二十区,每区包含数乡。但在每区里面,都须包有一介绍所存在。额外最重要的规定,就是在这个邦的首都里面,设立一个中央介绍所,以便使地方介绍所与中央介绍所保持联络。不过这个制度,特别注意在农工方面的介绍。

在美国的介绍行政发展之下有一个最引起争论的问题,就是有罢工时候,所起的缺额,有的主张介绍,有的不主张介绍,竞争得最为激烈。照一八九九年的伊利诺规定,这种缺额,是不介绍的。不过后来又被法院宣告无效。可喜到最近来,纽约这一邦,想出了一个折衷调和的办法,就是在罢工时候,也进行介绍。不过在介绍以前,先把某处罢工的情形,对被介绍人言明。至于去不去,则是他的自由。因此颇得雇佣两方的同情。不过美国的各邦立法,除了米尼苏达(Minnesota)而外,是没有叫公家替被介绍人预垫旅行费的。

依据美国康孟士的意见,美国各邦的介绍所制度,大致有下列的几个缺点:

一、管理介绍所的人多半不是专家。

二、经费不充。

三、设立介绍所的地方往往消息不灵通。

四、往往介绍所的建筑里面,什么温度啊,光线啊,空气啊,都不相当。

五、统计也不确切。

六、邦与邦间和地方与地方之间介绍所也不联络。

所以美国的许多专家,都对于这种制度,不大满意。

况且美国的各邦,又没有一个全国介绍所的机关。因此,便发生两种缺点:一者,不能预测劳动的需要何时涨何时落。再者,更不能把千千万万的介绍所的消息集中于一,以便求出共通原则,因此不能预测。这便是美国介绍所制度的缺点。

诚然在一九一四年至一九一五年之间,美国也有几个出产谷米的邦,与同北美合众国的劳动部和农务部联络,设立了一个全国农业劳动交换处,但是也没执行的权力,只限于传递消息。

b 美国的联邦 因为欧战的紧急,美国的联邦政府,逼着要把从前的北美合众国的雇用事务机关(United States Employment Service)来发展。因此,在一九一五年便不得不把从前的职务,来大加扩充。本来这个雇用事务机关,是在一九〇七年设立的。他的职务,只限于安插移民在农务上。所以他的本身,也是全归移民部管辖。不过一到一九一五年,因为欧战的逼迫,便把他的管辖范围扩充到非农民身上。及至一九一八年正月,又在美国各个地方,设立了九十多个事务所,并且更尽力同纽约和伊利诺各邦联络,特别设立一个劳动储蓄部,以预备战时的需要。但是这个机关,到了后来:一者,因为经费不充;再者,因为所有的官吏,都是专管移民的官吏,因此,不配经理劳动的事务;三者,因为在移民部管理之下,事事须受移民部的牵制,所以这个机关,在发展上便发生极多的障碍。

一九一八年三月,于是劳动国务卿便把这个雇用事务机关与移民局分开。除了劳动储蓄部而外,便把他的职务大加扩充。并且在总统的紧急金里面,支出二百万美,极力与同各邦和各市的介绍所联络。所以一到一九一八年十月二十一日,便有八百三十二个行使职务。占满了美国的各邦和哥伦比亚县及波尔多黎各(Porto Rico)两处。那时所有的这些介绍所,分别行使职务。有的专从事男工和女工的介绍,有的专从事于铁道工或农工的介绍,至于芝加哥则是更进一步,甚至介绍到机械工和教师。及至一九一八年六月,这个雇用事务机关更从事于码头脚夫的整理,一洗从前的杂乱无章的状态,而改为极有系统的状态。他的办法,就是在各码头上都设立各种介绍所机关,同时并设立一个中央介绍所,以与各个介绍所联络。这些介绍所的职务,就是转运码头上剩余之工人于内地。至于在码头上的雇主,每日都须预备一报告单,报告他们需要多少工人,开到了多少船,怎么装载法,然后介绍局按照他们所要求的数目预备,以避过多过少之患。

还有对于农工,他们也想出了法子。就是在介绍所不到的地方,二等和四等的邮局办事员,代办介绍的事务。他们的权限,就是传送消息于最近的介绍所里面,并且更同农部联络,常要农务部报告乡下农工的缺额。并且在农务最忙的时候,从伯克拉何马一直到北达科他(North Dakota)的一带,凡是产麦的地方都设有介绍的机关。

至于这个雇用事务处的联邦行政处,一共设立了五部:(一)管理部,专管文件、统计、和收人支出各项。(二)组织部,专管各种介绍所的内部的组织。(三)介绍部,专管劳动的需要和供给的事项。(四)人员部,专管训练劳工和制出一种职业的标准分类。(五)消息部,就是发行一种周刊,宣布于世。这就是中央行政处的组织。至于各地方里面,也把从前的分全国为十三区的制度取消,而在每邦里面,特别设立一个总理(Director),专管那一邦的介绍所事务。并且为了辅助这个总理起见,还设立一个咨询委员会,由雇佣双方的代表组织,以负咨询之责。而在一九一八年十月十五日,这个咨询委员会里面更添设两个女子。

在一九一八年一月至一九一九年三月之间,这个介绍所里面,请求的工人,一千零十六万四千,登记的五百三十二万三千五百零九。引荐的四百九十万零六千五百五十六,和引荐成功的则为三百七十七万六千七百五十个位置。即此可见这个雇用事务的成功。后来在大战以后,他在化兵为工方面又十分尽力。他帮助这些退伍的兵士直接由帐营里面,回到工场里面。

不过这种制度原是大战时候的产物。在大战以后,议会便不感触有这种制度的需要。因此在第二个会计年度——一九一九年六月三十日,这个雇用事务处要求四百六十万美金,但是议会只给四十万,所以一至一九一九年十月十日,所有的地方介绍所,因为没钱,也都关门。而所遗留下来的职务,不过只供传递消息而已。

(三)瑞士、比利时和新干地那维亚的三个国家 欧洲介绍所制度的立法,还有一个最重要的设施,就是国家津贴。这个办法,就是只要某种的介绍所合于法定的标准,政府便给以相当的津贴,以事扩充。而近来采用这个方法的国家,就是瑞士、比利时和斯干地那维亚的三个国家。

三、失业的救济

失业的救济是什么? 就是在失业发生的时候,事前没有预备的有工作,而特为开始一种工作,这便叫做救济。不过这个救济的种类,有私人的和公共的两种。私人方面,最重要的,就是由雇工组合向失业者支给辅助金额。这种制度的好处有二:一者,能保持劳动者的自尊心;再者,又可把这种失业的负担,加在工资里面,而由雇主转嫁于消费者身上。不过他的短处,就是应用的范围太狭,因为他的范围,原只限于职工组合。比如英国来说,劳动者的总数约有八百万,而受此救济者,不过九十万左右而已。所以这种失业的救济,除私人而外,又有公共团体所设立的制度。

但是失业的救济与救贫事业,不是一件事。因为救贫制度的设施,须以剥夺公权及院内救济之方法行之。因为这种方法的用意,全在矫正一般市民的滥用。不但这种方法,如果使用于失业,或是剥夺劳动者的公权,或是把他们关在院内,行使救济,恐怕不久便要使他们变为劳动不适者。所以失业的救济,须以无伤劳动者之自尊心为条件。况且救贫制度的规模太狭,往往在事实上亦不能用以救济大批的失业。

举一个失业救济的例,就是在一九一四年至一九一五年之间,美国有一百个城市都发生了失业的恐慌。那时美国的公共团体为了救济这些失业起见,特别开始各种作业,如修路业、掘石业、水道业、山林业、图绘业和建筑业。不过受此救济的工人,有的仅仅一二日,但是有的期至两礼拜。至于施行这种救济的公共团体,有的不到二月,但是有的却是超过了六月。不过工资与工作时间,则是与平时一律。按照美国此次经验说来,成绩却很不坏。不过美国的各邦政府和联邦政府,却还没有失业救济的立法。

现在有失业救济立法的国家,英国便是其中之一。因为英国在一九〇五年依照这个条例规定,凡是五万人以上的都市,都须以市会议员和对于救贫事业有经验的人,组织救贫委员会。一者,募集捐款;再者,征收特别税额,以补助失业者的移住和励行救济事业。不过对于享受这种权利的人,他的期限,须受限制。并且地方局关于失业者的资格,及救济的方法,也可以训令的方法,设种种限制。大致这种种限制是:

（一）失业救济事业,须以多数劳动者的存在为条件。

（二）享受失业救济的劳动者,须是勤勉者。

（三）须不延长救济时间,以期节约经费。

（四）须使失业救济者,易得新职业。

不过这些限制,在实行上也难严格。所以该法实施后三年,所耗用的经费,就是四十四万镑。内中则有三分之二,是属于救济事业。

第九章　卫生与安全

　　自从近代的产业革命发生,一者,把家庭工业一变而为工场工业;再者,把手工工业一变而为机械工业。于是在近代的劳动状况之下,便发生两种危机:一者,从前是人力支配机械,现在是机械支配人工;再者,从前的安全和卫生的责任是在劳动者个人,现在则是在劳动者以外之人,雇主。因此在现今的工场制度之下,便发生种种的业务灾害、业务死亡和业务疾病的状态。于是而生产上之卫生与安全的问题,便为国家立法所注意。

　　因为卫生和安全的问题,在现在的大量生产之下每年劳动之受害者动辄以数万计,处处影响公众。所以现在的劳动卫生和安全的问题,已经不是劳动者个人的问题,而是社会的问题了。但是现在解决这个问题的方法有二:一个是由职工组合直接向雇主或雇主组合去交涉。再有一个,就是由国家立法去取缔。而在这二者之中,却以后者为最有效。举一个例,就是美国的禁止使用黄磷的事件,在当初开始运动的时候,在黄磷的出产品上,一定有代表百分之九十五的火柴公司,他们都正式声明,除非得到一个政府制定的法令,将黄磷使用一律禁止,他们绝不承认。即此可见劳动立法的重要。

　　在立法上,现在保护卫生和安全的原则有四:第一,是报告。报告的目的,就是要收罗证据,以为取缔的龟鉴。第二,是禁止。禁止的意义,就是禁止使用某种的有害卫生和安全的人或物。第三,是限制。限制的内容,就是限制工场的设备和机械。最后一个,就是赔偿。赔偿的用意,就是用以强制雇主执行上列的第二第三的两个原则。换句话说,就是,如果雇主是不愿意执行第二第三两个原则,那末,在工人突遭损害的时候,他们便须负赔偿责任。不过关于赔偿这一项,本文要在社会保险里面,然后叙述。

　　(一)报告　报告的功能有二:一则以指导立法,再则以考校立法的成绩。所以报告这一项,便为一般劳动立法所规定。不过报告的对象有二:一是对于业务灾害的报告,一是对于疾病的报告。关于前者的举例,就是一八八六年的马萨诸塞的立法,凡是商业和制造的公司都须报告下列的业务灾害:一者,死亡;再者,四日以上的劳动不能。这个接收报告的地方,就是警察官,障者设有处分。后来因为这个立法,颇觉有用,于是在一八九〇年马萨诸塞邦更把这条法令扩充。因此这个法令不仅适用于商业和制造业,并适用于所有一切的企业。至于这个报告单的方式,可分四项：一项是雇主、时间和空间。二项是受伤者的名姓和籍贯，三项是受伤的原因。至于第四项，则是伤害的性质和程度。不过在这每一项下，还须附录几个问题，以求详尽。不过马萨诸塞这个法令，一者，因为经费不充，再者，因为雇主不愿，三者因为行政警察不尽职，所以成绩是很坏的。不过到最近来可是逐渐进步了。至于其他的各邦，不过在报告的时间和接收报告的机关上，略比马萨诸塞有些差异，其余也都大略如是。

关于后者的举例（业务疾病的报告，）就是美国的加里福尼亚。依照他的法令规定，就是危险最大的工场，每月都须医生检查一次。并且这在检查单上须逐一载明：（一）雇主，（二）佣工，（三）企业的性质，（四）病症，和（五）其他适当的各种消息。并且这个报告单，还须送交于劳动部，但是有时也送交于卫生部。

但是，现本文所要特别附属说明的，就是关于业务疾病的报告，比较复杂。因为凡关于业务疾病的报告，第一便要及于业务疾病的定义。根据美国劳动部杂志对于业务疾病所下的定义，就是，凡由业务活动而所发生的有害卫生的结果，统统包含在内。并且除此而外，还须及于业务疾病的病源：这便是第二个烦难的问题。根据现在一般所得的经验，凡此这些病源可以列为二类：一类是一般的病源，换句话说，就是这种病源无论在任何工场都是有的。举例来说，第一，就是危险的瓦斯、酸素和有毒或无毒的尘埃等类。第二，就是有害的病菌和微生虫等类。第三，就是紧张的空气。第四，就是不适宜的光线。第五，就是过高的热度和湿度。第六，就是工作过度的紧张。凡是六类，都属于一般的病源以内。至于特别的病源，则仅属于某种特别的制造，如使用黄磷、水银、砒霜和白铅等类的制造的产业是。

关于业务疾病的确切统计，现在还不发达。不过拿美国来说，根据许多专家的推算，美国的工人总共三千三百五十万，然而每年所遭业务疾病的损失，则为二万万八千四百万，日所值价格，则为七万万五千万美金左右。即此以观，我们便知业务疾病影响国民经济之大。

（二）禁止　禁止是什么？禁止的意义有二：一者，就是想把某种工人因为他的身体孱弱，不适宜于某种工作，而不许其劳动。再者，就是禁止某种的物，因为他不合卫生，而不许其使用。

（a）儿童　谁也知道，身体最孱弱的，莫过儿童。并且儿童的地位，在国民生活上又占极重要的位置，因此现在的国家，在原则上都是禁止儿童劳动的。换句话说，就是必要儿童具备了下列几个条件，始可许其设立例外。

第一，就是儿童的劳动，必达于一定之年龄。在一个时代，美国的许多有名的人物，如像哈密尔顿（A. Hamilton）等类都是主张儿童劳动的。那时他们所主张儿童劳动的理由：一者，就是可以增加出产；再者，就是可以避免游惰。不过到最近来，这种思想可谓已经绝迹了。所以美国的各邦自从一八四八年宾夕法尼亚禁止十二岁未满之儿童在纺织业上作工以后，便为其他各邦所采用。并且这个儿童作工的最低年龄，还在逐渐增高。举一个例，就是一九二〇年美国所有的邦，除了五个而外,都一概改为十五岁。至于这个法律的执行,依据美国马萨诸塞的规定,则以委诸警察手内。

第二,就是儿童劳动,必合于一定的身体条件。举例来说,就是在一九二〇年美国纽约的诺瓦(Nova)和马萨诸塞等邦,凡是寻求工作的儿童,都须经过医生的检查。必要检查合格,给有作工执照,然后始能劳动。不过美国纽约的作工执照,是由卫生部事先发给的,这便是他的一个缺点。因为这种设施,实远不如英国检验儿童的方法。因为英国检验儿童,普通都是在儿童作工的工场地方,直接行使。因此这个检验的制度便可使儿童的身体,与工场的情形,恰恰相投。其实说来,这个儿童作工的执照由他的学校教师发给,也是很好的。

第三,就是儿童的劳动须合于一定之教育程度。因为现在的国家,自从行使义务教育的结果,大抵关于儿童作工的规定,都是以终了义务教育之年龄为限。比如现在的德国,便是如是的。不过根据美国的立法,除此而外,还须课以是否认识文字的考试。

(b)妇女 妇女的身体,既处于比较纤弱的地位,而她的身分又常须为子女之养护。所以现在的国家,凡关于一切对于女子不适宜之作业,都不许女子加入。比如使用白铅的产业,因为白铅的性质,能变更女子的生殖器,使他堕胎或流产,所以大多都是禁止女子加入。其余如采矿业,则是为欧美各国所禁止的。如刚砂业,则是为美国纽约所禁止的。其他如瓦斯甚浓、尘土甚重,和蒸气甚剧的产业,大多都是禁止女子作工。这是关于女子身体方面的保护。至于在女子的妊娠和生产方面,无论是欧洲或是美洲,大致在生产前两礼拜和生产后四礼拜以至六礼拜,都是禁止女子劳动的。举例来说,第一就是德国。德国在女子生产前两礼拜以至生产后六礼拜,都是不许劳动的。并且在孕妇保险上还须支给一半工资的零用金。第二,就是美国的纽约。纽约在一九一九年的法律上规定,凡是女子在生产前两礼拜及生产后两礼拜,都不许雇主故意的使其劳动。其余设有这种规定的国家最多。

(c)男工 男工也是不许劳动的,除非是具备了下列的两个条件。一个是身体上的条件,一个是技能上的条件。前者大半是关于卫生的取缔的,后者大半是关于安全的取缔的。现在分述于后。

一、身体上的条件

男工在身体上所应具备的条件有四:第一,即为劳动者的身体,须无业务疾病的特质。所以现在的法、比、荷、奥、德、英等国,凡在开始作工的时候,都须举行检验。第二,即为劳动者身体在工作的进程中,须不致有业务疾病发生,所以现在的英美等国,除了在开工时的检验而外,还须实行一种周期的检验。比如美国的宾夕法尼亚,依着他的一九一三年的法令,凡是使用白铅和黄铅的工业,每月都须检查一次,这便是个实例。第三,即为劳动者须没任何的传染病症。这种条件,依着一九〇二年康涅狄格的规定,是特别应用在食品里面。第四,即为劳动者的身体,须没有不能尽职的弱点。举一个例,就是一九一〇年美国俄亥俄规定,凡是铁路上的工人都须能辨颜色,没有目疾。

二、技术的条件

现在的许多工作,如果没有相当的技能,是不能保障安全的。举例来说,就是电影业、火车业、电车业、汽船业、空中电车业、理发业和转运飞机机业等,都是非有一定的技能,是不足以保障危险的。因为这样,所以国家立法,便设有技能条件的考试,须合格者,始能取领作工执照。

上面我们所说的取缔卫生和安全的劳动立法,在禁止这一项内,不是有两种规定吗? 一种是禁止某种的人服劳于有害卫生的工作,再有一种,就是禁止某种有害卫生的物使用于生产制造的场所。关于前一个问题,我们已经逐一说明。关于后一个问题,我们此刻便要叙述。

现在许多的工业先进国都禁止使用有毒的材料和有毒的器具。举例来说,就是芬兰在一八七二年,法国在一八九七年,和丹麦在一八七四年,都是禁止使用黄磷的。其余如奥国在一九〇八年,瑞士也在一九〇八年,法国在一九〇九年,和美国在一九二一年,都禁止在颜料上使用铅质。这不过是略举几个例。其余关于这种有毒的材料的禁止的立法,还在正多多呢! 至于关于有毒的器具禁止的立法,也可以引出几个例证。最显著的,就是法、葡等国在制造玻璃业里面,禁止一个吹管两个工人使用。又如美国的马萨诸塞,他在织布机上也是禁止使用某种的梭子,他的纱头是须得用口吮吸的,自然他们这种禁止的目的,就是避免传染。

(三)管理　管理是增进卫生和安全的第三个原则。他的实施可以列为三类:一是工场和工作房的管理;二是矿山和地道的管理;三是转运的管理。

(a)工场和工作房的管理　工场和工作房的管理方法有六:第一,就是机械的防卫。一九〇九年的马萨诸塞规定,凡是纺织业上的飞梭,都务须不使他有妨害,否则在佣工受损害的时候,雇主便须负赔偿责任。一九一三年的米尼苏达规定,禁止制造和发卖有危险而无保护的机器。这便是关于机械防卫的实例。第二,就是防火的设备。在这里面可分二项。一是预防,一是避免。关于前者的立法,就是一九一一年美国的纽折尔西规定,凡是燃烧的材料都须装在铁罐里面。一九二一年的纽约规定,凡是燃灯的火口都须包围在圆球和铁丝笼里面。并且禁止在工场内吃烟。关于后者的举例,就是美国现在许多的法律都须命令工厂主设置扑灭火灾的器具,并且还须预备避火楼、避火梯、避火滑丝等类。凡是二项,都是关于避火设备的规定。再有第三个管理工场的方法,就是关于光线、热度,和空气的设备。关于光线设备的举例,就是欧洲荷兰的立法,禁止妇女和幼童服劳于由上午九点以至下午三点的人造光线里面。关于热度的举例,就是美国的马萨诸塞的立法,因为他的监督官有取缔过度热度的权限。至于关于空气设备的举例,英国的实例最多。总括来说,他们大多的法律都是规定每个工人须有二百五十以至六百的立方生的米突的空气空间。第四个管理工场的方法,就是坐位、梳妆台和更衣室的设备。但是这多半都是保护女工的。并且美国的宾夕法尼亚等邦,还规定在使用铅业的工扬上,须替工人设备温凉洗澡堂。第五个管理工场的方法,就是关于预防传染的设备。因为在现代的工场生产之下,出产既多,佣工又大,所以在消费上和佣工上都不得不对传染病症,十分取缔。否则一者便必流毒于佣工,再者便必流毒的公众。因为这样,所以美国的许多法律,便禁止在工场或工作地方睡眠,并且规定须的预备痰盂,每日洗换。还有就是一九一三年的马萨诸塞规定,凡是用以擦洗印刷机械的破布,都须消毒。并且现在美国许多的邦都规定对于皮肤受伤务必设法取缔的。轻微伤害,因为根据许多专家的报告,有七分之六的传染病都是由于微生虫穿入在皮肤的破痕里面来了。第六个管理工场的方法,就是家内工业的设备。举一个例,就是一八八五年和一八九二年的纽约法律规定,一者,不许在家内制造烟卷;再者就是凡是家内的工业,都须取得作工执照。这个理由,就因为现代城市里面所出租的住宅,多不洁净。

(b) 矿山和地道 在地面底下作工,一者,距地甚远;再者,人造光线;三者,毒性瓦斯;四者,爆性尘埃;五者,潮湿;六者,微生虫及病菌;七者,极端的热度;八者,空气的紧张,都是最有害于卫生和安全的。所以一般立法为了增进卫生和安全起见,特别创立了许多规则。

一、矿山 在生产里面,只有矿山的业务灾害最多。依照美国矿务局的统计,在采煤工业里面,每千人之中因灾害而死者百分之三·七四,日本百分之二·九二,德意志百分之二·一一,法兰西一·六九,英结利一·三六;奥大利一·○四,和比利时一·○二,即此可见在矿工里面,业务灾害之大。于是国家为了避免这种灾害起见,特别强制雇主为种种豫防灾害的设备。如逃险的器具,空气的供给,瓦斯的预测,危险的标记,钻孔的方法,电话的连接,和爆发的堆积等等,都须按照法定的方式办理。至于关于这些法律的执行,多半委给一个矿务监督官办理。

二、地道 地道里面的空气,是非常紧压的。所以现在的空气紧压病,因为地道之开凿而逐渐发达。举一个最显著的例,就是一九○九年在纽约地方,因为开凿东宾夕法尼亚河的地道(依据医生监督官的报告)发生的疾病,都是三千六百九十二件,并且内中有二十件都是致命伤。

一九二○年美国有三邦:(一)纽约,(二)纽折尔西,(三)宾夕法尼亚,都是设立有取缔这种疾病的法规的。依照他们的这些法规规定。一者,就是在作工前和作工后,都设有身体的考试。他的用意,就是务必使劳动者有忍受这种苦工的抵抗力。再者,就是在压力大的空气里面,劳动的时间便要少。并且在十五磅重的压力的空气里面,对于作工便绝对不允许。三者,就是雇主还须准备更衣室、洗澡堂等等。

三、转运　关于取缔转运的目的有二：一则是保护劳工，再则是保护公众，这是我们所要明了的两点。因为必要明了了这两点，然后对于所有的取缔转运的法规，才能了解。

（a）飞机　飞机的转运，是最近才有的事。所以关于管理飞机的法律，也是最近才发达的。一九二〇年美国关于管理飞机转运的法律，总有两邦：一邦是康涅狄格，依照他的法令规定，在飞机上作工的人，都须领有作工执照；第二就是宾夕法尼亚，凡在飞机里面作工者，都须过十八岁。

（b）航业　在汽船未发明以前，船主对于他的船员，因为须得保护他的财货，是选择的非常郑重的。不过到了近代；一者，因为蒸气发明；再者，因为灯塔和水记（water mark）的发达；三者，因为海上保险成立；四者，因为有限责任创设，于是一般的船员在数目的大小上和技能的高低上，都不为一般船主所注意，于是而有今日之惊人耳目之灾害发现。

管理航业的目的有二：第一是保护劳动者自身的安全和卫生的，第二是保护公众的卫生和安全的。关于前者的举例，就是一九一一年和一九一五年美国的法令规定，凡是汽船都须备有工人的洗澡堂和医院等项，其余如光线，如热度，如空气，和排水机等等，也须按照法定的章程办理。关于后者的举例，就是船员的数目，船体的构造，和救生船的设备等等，也须依照规定的章程办理。

（c）铁道和电车　在从前的时候，美国因为接车而所发生的死亡，实是不知其凡几矣。不过自从一八八七年美国的自动接车机发明以后，因为美国联邦政府和各邦政府的立法，极力强制采用。于是因接车而发生的死亡，便为之减灭。举一个例，就是在一八九〇年因为美国的铁道对于自动接车机的设备，仅仅成立百分之一，所以在美国的铁路上因为接车而发生的灾害，便占了全灾害之一半。不过一到一九二一年，因为美国的联邦政府促行改进的结果，因此关于自动的接车机的准备，便完全了百分之九九。所以当时的这种因接车而发生的灾害，便只占全灾害的百分之八。即此可见美国立法的成效。至于其他的铁道上的种种安全和卫生的设备，依照美国一九一〇年的法令，美国的各邦间的商务院都有这种取缔的权限。若说讲到电车，一者，自动接车机必须备制；再者，车夫必须考试；三者，工人必须设有座位。凡此等等，也与铁道上的设备，差的好远。

第十章　劳动保险

劳动保险是什么？劳动保险的意义，就是说国家或私人对于现代的这些藉资谋生的劳动阶，因为偶发的事故，减少或丧失其劳动能力与劳动机会，因而将其时一人所受之经济损失，分配于大多数人之负资里面，这便叫做劳动保险制度。又因为这种保险制度，是国家的社会政策之一，所以又可叫做社会保险制度。不过这种制度，可以略别为二：一种是私人任意加入的，叫做任意保险制度。一种是由国家强制加入的，叫做强制保险制度。其实说来，这种任意的保险制度还先为劳动阶级所采用。不过这种制度，一者因为经济不充；再者，因为保险不多；三者因为缺乏经理的专门知识；所以到结果来，便一进而为国家津贴的机关，再进而为强制保险的组织。

一、伤　害　保　险

伤害保险的意义，就是说，这些藉资谋生的劳动阶级，一者，或遇业务死亡；再者或遇灾害；三者，或遇特种的业务疾病；在经济上都须在雇主方面，无条件的取得救济。换句话说，就是这种伤害的发生，即使不是由于雇主的过错，然而在法律上雇主也须担负直接的赔偿责任，这便叫做伤害保险制度。不过这种制度，由来不易，所以本文须得把他的法理变迁详述于次。

A　伤害保险的法理变迁

自从产业革命发生，在最初的时候，一般的劳工无论在任何的业务灾害之下，在法理上，都要受四种主义的支配：第一就是危险自任主义（burden of occupational risks）。他的意义就是说，工人在作工的时候，他们是知道有危险的。然而他们自己为了取得工资起见，却不为之趋避。所以这种危险责任，须他们自负。换句话说，就是他们的工资，内中便有他们的赔偿。再有一种主义，就是朋辈过失主义（fellow servant rule）。这种主义的意义，就是说，在原则上雇主是有预防危险的责任的。不过这种危险，如果不是出于雇主的过失与懈怠，而是由于劳动者的朋辈，那末这种责任，也不应该雇主担负。再有第三个主义，就是过失附带主义（contributory negligence）。这个主义的意义，就是说，这个受伤的劳动者如果想要求雇主赔偿,那末同时他便要提出证据,证明他自己的行动的确是没有附带的有过错。如果是附带的有过错,那末他们要雇主赔偿也是无理由的。最后一种主义,就是危险推定主义(assumption)。这个主义的意义,就是说,这种"非常"的危险,劳动者都是被假定为是知道的。所以这种责任也不应该雇主担负。总括来说,就是这四种主义,都是不承认雇主对于业务上的灾害是有无条件的赔偿责任的。所以这种主义,都是与现在的灾害保险制度所采用的原则,完全矛盾。后来虽说这四种主义渐渐受了许多国家的改正,而有所谓一八七一年的德国《赔偿法令》及一八八〇年的英国《雇主责任法令》。但是这两种法令,虽然一方面也是部份的承认了灾害保险的原则,但是他方面又须劳动者向雇主提出诉讼,然后始能取得救济,所以到结果来,一者,因为增多雇主的嫉视,再者,因为增多法律的浩费,于是而劳动阶级之放弃权利者便络绎不绝。举一个例,就是英国一八八〇的《雇主责任法》,实际上受赔偿的不过只是百分之五。并且即使不放弃权利,而直接向法院起诉,要求雇主赔偿。但是依据美国纽约委员会一九一〇年关于雇主责任的统计,所得的救济,也是几希。举一个例,就是美国的保险公司在三年之内的记载(十个保险公司)深觉察到,这个工人由起诉而所取得之偿赔实额,是少数。

(单位:美金)

雇主所缴纳的金额	营利保险公司所得的盈余和费用的金额	原告律师所取得的金额	受伤的劳动者和我的依赖者所得的金额
二三、五二五、八五〇	一四、九六三、七九〇	一、九〇〇、〇〇〇	六、六〇〇、〇〇〇

依照上列这个表上的计算,就是在雇主所缴纳的美金百元里面,实际上工人所得到的不过百分之二十八。并且还要经过种种的法律手续。因为这样,所以现代的国家又相率而采取一种新主义。

因为现代的产业发达,一者,劳动阶级的数目增加;再者,机械分业的浓度增加;所以在现今的产业状况发达之下,却令防险的设备最周。然而在他方面,这种业务灾害的发生仍为不可避免的现象。换句话说,就是这种现象如果超过一定的限度,便绝非雇主或佣工之人力所能救济。因此这种灾害的产生,他们的主要原因,都是在乎业务自身。举例来说,就是在现在的统计上,这个生产的总额与灾害的总额常常都是有一定的比率的。即此可见这种灾害,不管是否由于雇主的过失或懈怠,都不应该劳动者或其家族担负责任,而应该由消费者担负责任。这便是最近各国所采用的新主义。至于这个使消费者负责的方法,就是在灾害发生的时候,劳动者所受之损害,在一个时候完全由雇主负担。不过这种负担,终至变为货物的市价,而转嫁于消费者之身。这便是现代的灾害保险制度发达之因。

B　灾害保险

灾害保险的制度,首先创设于德国。因为德国在一八八一年要想他的德国民不附和社会民主党的要求,而想依一社会保险的制度,使一般劳动阶级对于现存的政府组织满意。所以他在是年的三月八日,便将这个灾害保险的法案提出于议会。那时他的说明是:

> ……此政策之目的,当以使国人知国家不但为必需之机关,且为利泽之机关。……俾其心中不以国家为保护高级之机关,而以之为供给彼等之需要及利益之机关。……是以当有相当之法制,以扶掖国民之利益。

不过此次法案,惜未通过。及后一八八三年,这个保险法案复又提出。不过这次所提出的法案可以分作两部:一部是疾病保险的法案,一部是灾害保险的法案。但是到结果来,前者虽然通过,后者复又否认。所以卒至一八八四年四月二日,然后这个灾害保险的法案,始得通过于议会。因此于一八八五年十月便得生效。

依照这个法案规定,这个受伤的劳动者在最初的十三个礼拜,是在疾病保险里面取得救济。不过这个疾病保险金是由雇主出资三分之二与同劳动者出资三分之一所储蓄的。(前四个礼拜,受伤者所取得之救济金为百分之五十。后九个礼拜,则为百分之六十六又三分之二。内中有雇主所担负的百分之十六又三分之二。)至于在十三个礼拜而后,劳动者所取得之救济金,虽仍为年入劳银百分之八十六又三分之二,但由雇主保险公司直接付给。换句话说,就是这个受伤者的经济损失,完全是由雇主负担的。如果这个受伤者永久劳动不能,则永久取得同额的救济金额。但是如果他是部份的劳动不能,则所受之偿金,须视乎所受伤之部份及职业何如。比如同是一个拇指受伤,则有排字工人和造字工人的差异。所以他的偿金,须视乎特别情形而定。如果这个受伤者死亡,则须支给埋葬费,值死者劳银年入十五分之一,但不得超过五十马克。如果这个死者有妻室(或丈夫)及依赖者,则其妻(或丈夫)受领死者年入百分之二十,一直至死。但是如果他是再醮,则增加恤金三倍付给,或死者年入百分之六十,于是他的恤金终止。至于死者的依赖者,也是受领百分之二十。但是其妻及其依赖者所受恤金之数,不得超过死者年入百分之六十。如果取领的人太多,则以付诸均分。

在行政方面,德国的灾害保险的组织是最简单的,这个机关的最高级,就是帝国保险局。其次,就是高等局。高等局就是雇主组合依法所办理的机关。再其次就是地方局。地方局是由雇主佣工及政府所委任的官吏组织的。因此,在行政方面和司法方面,凡是地方局的上诉案件,都交由高等局审判。高等局的上诉件,都交由帝国保险局审判,不过他的审判,便是最后的了。

根据帝国统计局(Imperial Statistical Bureau)在一九一四年所发表的报告,单在一九一二年的一年里面,被保险者都是二千八百万。至于所支给的救济金,则为美金四千二百五十万的巨额。

英国在一八九七年便有《劳工赔偿法令》的通过,但是到了一九〇六年,复又经了一番的改正,然后始有现今的制度。但是这个法令的范围,是把所有的一切业务灾害统统包括在内的。至于他的赔偿的方法,就是若遇受伤者死亡,则给其依赖者三年的工资所值。至于受伤者的劳动不能,则仅给以岁入劳银百分之五十。但是如果这个劳动不能的状态是永久的,那末他的恤金也是永久的。自然这些给与金的支付统统都由雇主负担。不过这种负担支付的方法,或是保险,或是不加入保险,则一概取决于雇主自己。

一九二〇年已经采用劳工赔偿和灾害保险的原则的总有四十一邦。这些邦数就是阿根廷、比利时、智利、哥伦比亚、古巴、巴西、法、德、意、日、匈、不列颠、荷兰、新西兰、那威、秘鲁、葡萄牙、俄罗斯、南澳大利亚、西班牙、瑞典、瑞士、南非统一国、澳大利亚的六邦、墨西哥的七邦和加拿大的八省。即此可见这种制度的发达。不过关于这个受伤者的救济金,有的却是低至劳银岁入百分之五十,有的则又高至年入百分之八十。换句话说,就是多半不能一律。至于有几个国家,除了现金的救济而外,还设有医药上的救济方法。

灾害保险法,抑或称做劳工赔偿法,本来在最初的时候,都只限于物理的损害,然后雇主始有赔偿的责任。如断足、断手、死亡和刀伤等类。不过到了后来,因为必须将此范围扩充,扩充到某几种的业务疾病,然后始觉公正。所以到了现在,便有许多的国家把他的范围扩充。本来最初开始采用这种制度的国家,只是一个不列颠帝国。因为依照他的一九〇六年的法令,在赔偿上已经列有六种的业务疾病在内。不过这个法令自从为英帝国的殖民地所仿效后,即以不列颠本部而论,在一九一一年已把这个六种的业务疾病扩充为二十种了。举例来说,这些业务疾病,就是包含铅毒、水银毒、硫磺毒、痈疽、空气紧压病、矿工的疾病、玻璃工的眼病、和电报工与写字工的抽搐病各类。至于其他的国家,也与英国有同样的立法。比如法国,他便在一九一九年把铅毒和水银毒列在赔偿之列。又如德国,他在一九一一年即以矿工的钩状病菌列在赔偿之列。至于瑞士,则是更进一步,甚至在一九一九年,依一联邦委员会的命令,请制定一个业务疾病单,以备灾害赔偿。

再说,北美合众国的灾害法,也有特别说明的必要。但是北美合众国因为饱受个人主义的感化,所以在当初通通劳动赔偿法的时候,便发生两重宪法的障碍。第一,就是财产权上的障碍;第二,就是陪审制上的障碍。因为依照美国的宪法上规定,人民之生命财产非依法不得侵犯。然而在现今的《劳工赔偿法》实施之下,就是雇主没有过失,也须对于受伤者负责。这岂不是非法侵犯雇主的财产权吗?再说,依照美国的宪法,凡是关于损害赔偿上的案件,都须要适用陪审官的审议。然而在现今的《劳工赔偿法》实施之下,凡是受伤者即须雇主直接赔偿,并不经由任何法庭审判的手续。这岂不是也是侵犯人民自由吗?所以在一个时代,凡是各邦所通过的劳工赔偿法或灾害保险法,如一九〇二年的马利兰所通过的《灾害保险法》,一九〇八年的联邦国会所通过的《劳动赔偿法》,一九一〇年蒙大拿所通过的《劳工赔偿法》,以及同年纽约所通过的《劳动赔偿法》,都被法院宣布违宪,不能成立。

但是到了后来,至一九一七年的时候,因为美国国情的需要,这个劳动赔偿的原则,却是被美国法院判为合法的了。这个被判为合法的地方,第一,就是纽约;第二,就是诺瓦;第三就是华盛顿。至于那时法院所判决的理由,就是:

> 全体的利益,不能大乎部份的利益。所以这个人的卫生和安全的利益受妨害,结果便是公众的利益受妨害。因此为了保护公众出利益起见,须的跟制个人自由的权限。

换句话说,就是这个劳动赔偿法的制定和实施,是在邦的警察权范围以内的。即此可测美国法院的进步。现在本文且把美国的劳动赔偿法规,分作五步,说明于后。

（a）法律的范围　在雇佣上,美国各邦立法所除外的劳工,大致别为九类:第一,就是被假定为无危险的职业;第二,就是农工;第三,就是家庭的劳工;第四,就是各邦间的商务上的劳工;第五,就是在产业上未达于一定数额的劳工;第六,就是公家所用的劳工;第七,就是临时工;第八,就是雇主没有继续使用的劳工;第九,就是不带营利性的劳工。总括来说,就是美国的这九种劳工,统统都是不得享受劳动赔偿的权利的。因为这样,所以到结果来,美国在一九一七年便有百分之四十的劳工是除外的。

在伤害上,美国所除外的,也有下列二类:第一就是劳动者故意所致之死亡或伤害。第二,就是劳动者由醉酒而所引起之死亡及伤害。当然在这两种之中,前一类是完全合理的。不过后一类,则不无可质之处。因为劳工赔偿的首要目的,便是在避免法院审判的手续。因为这是对于劳动者最不利的。现在既然加出这种例外,那末这个受伤者究经是否酒醉的问题,便非诉诸法院,不能了息。所以到结果来,劳动之受伤者,在赔偿上还是处于不确定的地位。况且这种醉汉本用不着这样取缔,因为他本是可以他种较轻的方法避免的。

再说美国在赔偿上,还有一种可以伸缩的规定。这个规定举例来说,就是威斯康辛的法律。依照他的法律规定,就是如果这个防险的设备是由于雇主的懈怠,那末在赔偿上雇主便须加多。反转来说,如果这个防险的设备是由于佣工没有履行,那末在救济上佣工所领的赔偿金便须减额。

还有在疾病上,美国的劳工赔偿法令,在原则上都是不赔偿的。不过在例外上美国也承认有几种病象,如铅毒、水银毒、硫磺毒、空气聚压病、痛疽,以及其他的疲劳而所发生的疾病,如采矿工的眼珠颤动病和电报工的手足抽搐病,都是须的受灾害救济的。举例来说,就是一九二〇年的加利福尼亚、纽约和威靳康辛都是如此规定的。

（b）赔偿的方式　劳动赔偿的目的有二:一为使受伤者迅速恢复其劳动能力,以免在社会上受此劳动不能之经济损失;一为使受伤者之遗族,在此灾害发生之中能取得相当之生活费,以免遭此无告之冻饿。所以美国的法令除了经济的救济而外,复有医药和治疗上之救济。这种救济可以列为二类:一为医药治疗上之救济,一为医药费和治疗费之救济。前者,大约以两礼拜以至九十日为限。后者大约以五十元美金以至六百元美金为限。自然这种费用,是由雇主担任。不过这种制度的好处,却有下列几项:一者,就是对于劳动者方面,既能免掉在治疗上所花之费用,而又能同时迅速的恢复其劳动能力,当然对于劳动者是最有利的。再者,就是对于雇主方面,他们虽然对于受伤者在医药上不能免掉负担的增加,然而在经济上,一则他们既能节省长期的救济金额,再则他们又能得到新恢复之生产能力,所以雇主也不能说不利。三者,就是对于社会方面,如果这种治疗,速有成效,一则,既能减轻在社会上对此受伤者的牺牲;再则又能增加社会的财富,当然这种利益更是双层的了。况且根据美国威斯康辛产业委员会的报告,在七百二十一个的传染病症之中(在两年之内),有六百个的传染病症都是由于最轻微的皮肤破裂所引起的。当然这种最轻微的皮肤上的伤害,是很能以有效的方法迅速治疗的。然而当时的政府就因为没有这种医药治疗的设备,所以到结果来,雇主所遭致之损失,便为四万美金的巨额。

在劳动赔偿的法令之下,一般的赁银劳动者就不能说没有欺诈的情事发生。于是为了救济这种欺诈起见,普通都设有等待的期间。这个等待期间的意义,就是说在受伤发生之后,受伤者须在一定之期间后,始能取得救济,所以有等待二字的意义。不过这种期间,在实际上普通都是以受伤之后三日为限。并且这个三日的限制,在理论上也是很恰当的。因为根据美国威斯康辛的报告,有四分之三的伤害,都是要四礼拜才能医好的。但是有三分之二的伤害,却是只要一礼拜也就可以医治痊复。并且在这三分之二之中,又有一半大约都是只要一天就会好的。所以到结果来,在这三分之二之中,便只有四分之一的受伤,才须要三日以上,始能痊复。举例来说,就是如以三万六千人作根据,那末他们各自所需的治疗期间,便可分配如下。

劳动不能的期间	受伤者的数目	百分率
两礼拜以上的	九〇〇〇	25
比一礼拜多、两礼拜少的	三〇〇〇	$8\frac{1}{8}$
三天以上,但比一礼拜少的	六〇〇〇	$16\frac{3}{8}$
比一天多,但比三天少的	六〇〇〇	$16\frac{3}{8}$
只须一天的	一二〇〇〇	$33\frac{1}{8}$
	三六〇〇〇	100

依照上列的这个图表,就是如果这个等待的期间是两礼拜,那末受救济的便是

四分之一。如果是一礼拜,那末受救济的便是三分之一。但是如果是三日,那末受救济的便是一半了。所以这个等待期间,三日或三日以内为当。但是美国关于这点,却不一律,有的七日,有的十四日,甚至有的一日都不日。

受伤的种类,可以区别为三:一者死亡,二者永久劳动不能,三者部份劳动不能,所以雇主的赔偿也有三个等级之不同。举例来说,就是美国关于全体劳动不能的场合,大致最多的赔偿,都是为劳银百分之六十六。至于其余的邦,则尚百分之六十六之不及。这个理由,就因为美国赔偿的原则,原不在乎使赔偿的数目与工资的总额相等,而只在乎仅能维持受伤者的生活。至于关于部份的劳动不能的救济,美国的法律多半是很机械的。就是损失一个指头的,赔偿十五礼拜的救济金。损失一个眼睛的,赔偿一百二十五礼拜的救济金。至于损失一肢足的,则赔偿二千五百礼拜的救济金。自然这种最机械的办法,很不值得一驳。最后一类就是关于死亡的救济,大半都是给以一百元美金的埋葬费。不过对于死者的依赖人有的虽然设有救济,但有的则实是没有的。在事实上只有最少的邦才对于寡妇和孤儿,方才设有优裕的救济金。而最宽大的,就是北达科他一邦。因为他在一九二〇年规定,对于死者的寡妇支给劳银百分之三十五,一直至再醮时或死亡时,然后停止。孤儿支给劳银百分之二十,一直至十八岁,然后停止,但是这个总数,则不能超过百分之六十六以上。

(c)复原(Rehabilitation) 复原的意义,就是使受伤者之精神方面和物质方面,统统恢复其原状。所以他的方法,便是一者,包含着治疗;再者,包含着教育;三者,包含着技能的训练;四者,包含着职业的介绍。举例来说,就是美国在一九二〇年,便有十一邦都是设有这种规定的。

(d)执行的方法 执行劳动赔偿的方法有二:一为委诸普通法院,一为委诸专门委员会。不过关于前者的缺点很多:一者,迟缓;再者,浩费;三者,无执行劳工赔偿的专门知识。所以美国各邦都采用专门委员会办理。至于这个委员会的委员,多半是由邦长任命的,并且他们的权限,是兼有立法、行政和司法三类。

(e)赔偿的保障 强制保险是保障赔偿的最好方法,所以美国的法律在原则上都是须的雇主保险的。不过在例外上,只要雇主能够提出强有力的证据,证实他的财产,却是能自己救济自己的工人的,也就听便于他。

二、卫生保险

在欧洲中古时期,一般的同职组合便有卫生保险的设立。不过当时的这种保险制度,都是工人自己相互组织的,并且是没有国家津贴的,所以到结果来,便发生了两重的缺点:第一,就是经费不充;第二,就是工人没有远见。于是为了救济第一个缺点起见,便有国家津贴的机关。而为了救济第二个缺点起见,便有现代的强制保险的组织。

强制卫生保险制度,是在一八八三年为德意志所创设的。不过到了一九二〇年的时候,便已为多数国家所采用。这就是、奥、匈、卢、那、塞、英、俄、罗、荷、葡、波和捷克斯拉夫,即此可见强制卫生保险制度在时代上的重要。现在略述于后。

英国在一九一一年所设立的强制卫生保险制度,是个最有名的法令。依照他的国民保险律的规定,是把所有的一切的劳艺的工人统统包含在内的。并且除此而外,更把家庭雇用的工人,临时雇用的工人,和岁入不到一百六十镑的小学教师、书记和其他非肉体劳动的工人,统统包含其内。但受雇者若能对官厅证明,彼若在疾废时,实不至于无钱可依,则也可以许其除外。不过下列这几种人,则是不在强制卫生保险之列:一、徒弟;二、子女为父母作工而不领工资者;三、妻之为夫作事者;四、夫之为妻作事者;五、政府及市政吏员人役之已有恤金者;及六、凡一切不靠其劳作,以得收益者。实在说来,所除外的这几种人,实在不算重要。所以英国在第一年持有保险证书的,便是一千三百七十四万二千人,占全人口总数百分之三十。

关于这个卫生保险的醵集金,常常都是由雇主及劳动者分担。不过有时政府也负担一部份。大体说来,在欧洲的国家,普通都是工人负担三分之二,雇主负担三分之一。不过有时也不是这样,比如那威来说,他的雇主便是只担负十分之一的。但是同时市镇却也担资十分之一,国家却也要担负三分之二的。至于关于这个征收保险费的标准,按照大陆诸国的制度,则以工资之多寡为准,不过英国却又不是如此的。因为英国的保险费都是采的平均担任主义,换句话说,就是不管被保险者之工资怎样,凡是男工人每礼拜都须老付美金八分,女工人都须老付美金六分,其余雇主者是担负六分,国家老是四分。但是被保险者的工资,如果低过六角三分钱一日,则国家和雇主代他多出。

凡是被保险的工人,在疾病的时候,都可以取得两种赔偿:一种是现金的赔偿,一种是治疗和医药的赔偿。不过无论那种现金的赔偿,都是较少于病者之工资的:德国百分之五十,那威和捷克百分之六十,至于英国,因为他采的是平均担负主义,所以病者每礼拜老是受领赔偿金美金二元五角(男工),或一元八角七分(女工)。

德国的卫生保险与英国不同的地方,就是德国把废疾保险列在卫生保险之外。所以德国的废疾者须受老废保险的赔偿,而不受卫生保险的赔偿。换句话说就是卫生保险所赔偿的,却是只限于临时疾病的范围。不过英国不是这样,英国因为把废疾(invalidity)状态也列入在卫生保险之内,所以英国的卫生保险对于劳动不能者的赔偿额则是为长期的,并且一直至七十岁为止。何以止至七十岁呢?这是因为英国在七十岁以后设有直接的养老年金的制度。不过英国对于废疾二字的解释,仅谓为因疾病或其他原因所生之劳动不能,非谓其渐减其劳动能力。

关于卫生保险机关的组织,常常都是以利用既存之疾病共济储金之团体为原则。不过须附以一个条件,就是须得听从国家的规定。所以现在的英德二国在原则上都是如此的。

三、老年和废疾保险制度

救济老废的制度有三:第一是慈善,第二是储蓄,第三是保险。但是在这三种制度之中,慈善虽然发达最早,但却不是很有效。一者,因为经费往往不充;再者,又因为慈善的救济,往往贬损受救济者之自尊心;所以这种制度,不能十分奏效。至于储蓄对于劳动阶级那是更难能的。一者,因为他们缺少储蓄心,再者,又因为他们缺少储蓄力。所以这种制度,也不是救济劳动者的有效方法。独有老废保险制度,既可以达到救济老废的目的,又可以减少由储蓄而所费之金额,并且更可藉此提高国民之独立与自尊。当然这种制度是比较进步的。不过这种制度,如果仅由职工组合、友爱组合和共济储金等团体自己办理,仍是不能免掉储蓄的缺点。无非是在担负上,这个保险费比那个储蓄费较轻就是了。况且这种制度更需要特别的专门知识,尤是劳动阶级所难胜任的。因为这样,所以现在的国家,又在这种保险制度发达之中,输入三种新要素:第一,就是国家的津贴和监督,第二,就是雇主的担负保险费,第三,就是国家强制加入。合而言之,这便是现今的强制老废保险制度。

a 强制制度

废疾强制保险制度,虽然发达的最晚,但是进步也最快。举例来说,就是在一九二〇年,已经有了十一个国家采用。自然这十一个国家,就是德、卢森堡(Luxembelz)、法、罗马尼亚(Roumania)、瑞士、荷兰、奥、西班牙、意大利、葡萄牙、捷克斯拉伐克和北美合众国。不过在这些国家之中,还是以德国居其领袖。因为德国在一八八九年首先采用这种老废保险的条例。依照德国的这个条例规定,不管一个赁银劳动者,他的收入怎样,但是如果他是属于某种年龄或某种业务,他便有加入的强制。不过在某种业务之内,如果他有某种的收入,则也可以许在例外。至于讲到这个保险费的分配,德国的法令把劳动者视其工资之多寡而列为五级,最少的每礼拜缴纳美金四分,最多的缴纳一角二。但是雇主和佣工都要同等出资。不过德国的恤金也是依着这种标准分为五级的。至于国家的辅助金,则是在一定的时候,对于每一个人支付一定的金额。不过这个享受恤金的资格,须以缴纳一千二百次者为限。同时为了应付特殊的需时起见,对于在该法律生效时已到三十五岁的工人,则只须在一年之内,已缴纳四十周的保险者,则也可以享受同等权利。额外还有一个资格上的限制,就是须得满七十岁,不过现在则改为六十五岁。

但是在德国的老废保险之中,这个恤金和废疾救济金,须的严为区别。这个区别的界限,就是恤金是支给于年在六十五岁之外及曾缴保险费一千二百次的。至于废疾救济金,则无论任何被保险者,只须因疾病或其他理由,而永久不能劳动或不能得到通常工资三分之一者,都有取领这种废疾救济金的资格。并且同时对于曾受二十六周间的疾病救济,而尚为一时劳动不能者,亦有取领的权利。至于对于这个废疾者,在死亡时所遗之废疾之妻或夫及孤子,也有享受取领废疾救济金的权利。不过德国的制度最须注意的地方,就是将恤金的规定,加入在废疾保险以内。

德国为了实行老废保险的法规起见,特别分全国为若干区。每区设立一保险机关,而受帝国保险局的监督。这些机关的人员,一半是由公共团体任命的,一半是雇佣两方的代表组成的。额外还有一个由雇佣代表所组织的委员会,担任议决一切重大的事项。

德国的制度,还有两重的特色:第一就是疾病的恤金,第二就是卫生的待遇。疾病的恤金与废疾救济金相等。而卫生的设备,则为医院,为退养室,为卫生处等项。但是这都须得曾受二十六周之疾病救济,而尚为一时劳动不能者,始可取得救济。

奥、德、捷三国都是对于所有的赁银劳动阶级,强制加入的。除非是他有一定的法定收入。至于瑞士,则是更进一步,直把所有的十六岁以上的男工,一律强制加入,简直不管他的收入怎样。不过他的保险费的分配,则只是由劳动者与国家两个分担。

一九二〇年美国联邦政府的废疾保险立法,只适用于文官考试的人员。他所规定的退休年龄,在铁路上是六十二岁,机械上是六十五岁,邮政上是七十岁。凡是这种达于退休年龄的被保险人,只须在政府服务十五年,便有享受年金的权利。最少的每年美金一百八十元,最多的美金七百二十元。但是还有一种人员,也可享受同等权利的,就是他未达于退休年龄但却在服务十五年以后,而即成为劳动不能的。但是这一种人,每年都须得医生检查一次,以备证明。至于这个保险的分配,则是由政府出资三分之二,佣工出资三分之一所合成的。但是如果被保险者解职或死亡,政府须得以四厘行息,将所纳之保险费退还。至于这个保险的行政,则概由内务部的年金委员会处置。

b 直接年金制度

老年的困穷,也是可以直接年金的方法救济的,不过不如老废保险的完善。这个理由,就是因为老废保险制度可以培养国民的储蓄心和独立性。不过这种养老年金的制度,也有他自身的长处,就是在实行上简单、明了和容易。

直接养老年金给与制度,在一九二〇年已经有了七个国家采用:丹麦、新西兰、比利时、法兰西、澳大利亚、乌拉圭(Uruguay),和美国的阿拉斯加和亚利桑那。不过他们在资格上都要与以法律上、经济上和道德上的限制。从道德上说,他们大致对于弃家弃子和受一定刑事处分的人,都是不给与的。至于在法律上,他们都要有一定的住居时间或市民资格。举例来说,就是在住居上,一九二〇年新西兰要三十五年,澳大利亚要二十年(并且额外还要有三年的市民资格,)英国要十二年,阿拉斯加要十年,亚利桑那要五年,比利时要一年。最后在经济上,各邦的限制,庶不一致。举例来说,就是奥大利亚以岁入不及二百五十三元美金为限,但是英国则又是以年入不及三十一镑十先令者为限。

四、分娩保险

分娩保险的目的,是以救济妇女在生产前后所生之损害为目的的。不过这种保险制度,有的虽说把他列在卫生保险里面,但是有的则又是不是的。因为他们都特别以强制分娩保险的法令规定。至于有的,则直由国家直接与以给赐金。

在法国这个国家,成立了许多的分娩保险组织,而由国家津贴。其余在瑞典、在丹麦、在比利时,和在瑞士,都采用这种国家津贴的办法。不过依照瑞士的法令规定,凡是任意的保险制度,都可以由各州各市变为强制。

于一九二○年,在强制卫生保险之下而设立分娩救济的,已经有了十二个国家。这便是不列颠、德意志、卢森堡、荷兰、罗马尼亚、塞尔维亚、奥大利、匈牙利、捷克斯拉伐克、波兰、俄罗斯和那威等国。在有些国家里面,如英、如荷、如罗,都是只有分娩现金的救济。不过在有些国家,如奥、如匈、如捷、如塞、如波、如卢、如那威,则除了现金救济而外,复设有医药和治疗上之救济。至于这个现金救济的数目,大致都是与疾病零用金相同。而所救济的时间,多半都是四礼拜,以至永久劳动不能的期限。不过大多数的规定,在生产后都是六礼拜。而在生产前,则不等。额外还有几个国家,如果生产者自己乳哺其小孩,尚有特别的哺乳费的规定。

就是没有保险的孕妇,只要他的丈夫是保了险的,在德、匈、塞和那威等国都是设有救济的,并且往往还有治疗上的救济。至于英国,则是更进一步,不管他的丈夫是否保险,并且不管他是否已经结婚,都是设有现金的救济的。自然这个已经保险的妇人,那是更不用说了。

大战和大战以后,增加了孕妇的重要,于是而欧洲的国家关于分娩的救济,一采宽大的态度。最有趣的,就是一九一九年的德国法令。依照这个法令规定,一者,在分娩时须领一十二元九角美金。再者,如果有怀胎病,更须领五元九角五美金。三者,额外还有十礼拜的分娩零用金。四者,还有等于一半的疾病零用金的乳哺金(如果出产者亲自乳哺其子)。五者,就是没有保险的妇女,连他们的丈夫和父亲,也没有保险的,但是如果他们是家庭的仆役,和农庄的工人,他们的雇主也须与他们的同样的零用金的。至于已经被保险者的妻和女,那是更不用说了。六者,就是没有钱的孕妇,在国家的金库里面,取得救济。

上面是说德国,就是讲到英国,依照一九一六年地方政府局(Local Government Board)的法令规定,凡是帮助孕妇治疗和咨询的地方,以及其他的各种自由治疗费,概由地方政府局担任一半。

再有一种保护孕妇的制度,就是国家对于孕妇的直接恤金给与制度。这种制度就在一九一三年已经有了澳大利亚、法兰西和丹麦三个国家采用。澳大利亚是在一九一二年采用的,至于法国和丹麦,都是一九二二年就采用的。不过通常都附有三个条件:第一,就是要为母者舍弃其工作;第二,就是要为母者充分休息;第三,就是要为母者依从卫生的指导。如果为母者能乳哺其小孩,则更有特别的给与费。

五、孤儿和寡妇保险

孤儿和寡妇的保险,也有四个种类:第一,就是营利保险公司。第二,就是友爱组合、同职组合和公共储金等制度。这种制度,是本于互助的意义,由工人相互自己所创立的。第三,就是国家津贴的任意保险制度。第四,就是强制保险制度。而据现在的经验上看来,还是以强制制度为当。

强制的孤儿和寡妇的保险,是社会保险中的新的制度。这个制度,先后为德、法、荷兰和意大利所采用。现在分述于后。

法国的孤儿和寡妇的救济,在一九一○年的老废保险法上规定的。他的救济的总金额,从美金二十九元变到美金五十八元。但是这个多少的关系,须视乎被保险者的依赖人的多寡而定,并且每月按期分付美金九元六角五分,一直至此总数付完而尽。

德国的一九一一年的法令,虽然对于被保险者之孤儿寡妇,有享受救济金的权利,但是却要附有个条件,就是这个寡妇,也是老废。如果这个条件具备,那末他可以取得其夫所享利益百分之三十。至于孤子,则是要在十五岁以下始有取得的权利。不过除此而外,国家对于他们,每年还有一定的津贴。

在老废保险里面,设立孤儿和寡妇救济的第三个国家,就是荷兰。依照他的一九一三年的法令规定,凡是被保险者的孤儿和寡妇,只要被保险者,一者达到取领废疾恤金的资格,再者,业曾缴纳保险费四十次,他们都有享受救济的权利。同时如果这个被保险者是妇人,在他死后,也是一样。额外意大利在一九一九年,也在他的废疾保险之下,对于被保险者的孤儿和寡妇,也设立有救济的月金制度。

奥国在一九○六年和一九一四年在他的老废保险律上,对于被保险者的孤儿和寡妇也有取领恤金的权利,同时对于被保险者所养的穷妇,也有救济。

六、失 业 保 险

失业的发生,由于社会的原因多,由于个人的原因少。所以失业的救济,便不能认为劳动者个人的事业,因而须认为社会的事业。

在最初的时代,救济失业的保险,也是由共济团体职工组合和共济储金等所设立的。不过这种任意的设置,也与其他的保险制度一样。同是发生最大的缺点:一者,就是劳动者往往无力担负保险费;再者,就是不能够命大批的赁银劳动的加入。所以到结果来,这种制度复一进而为国家津贴制度,再一进而为强制保险制度。

一九〇一年比利时的根脱(Ghent)市所创设的国家津贴制度,是英、德、法、瑞、意、荷、丹、那和芬兰等国的模范。依照这个法令规定,该市依市选特别委员会的决定,与职工组合以辅助金。但每周不得超过六佛郎,每年不得超过六十日的最高限。而同盟罢工、同盟解雇以及由疾病或其他原因而所发生之劳动不能,则不在此限。至于欲受这种补助金的组合,还须区别失业救济金与其他基金,每月提出计算表,经委员监查,且须设市管贮金制度。不过凡为贮金之劳动者,于失业之际,对于贮金与组合员有享受同额辅助金的权利。这便是比利时的根脱制度。不过这种制度,后来虽先后为国家所采用,但是关于这种补助金的数目,则各国颇不一致。举例来说,就是有的低至失业救济金的百分之三十三又三分之一,有的则复高至百分之一百。至于英国,则定为救济金的六分之一。不过在大战时候,又略略加以扩充。

强制失业保险制度在一八九四年首先在瑞士的圣加尔(St. Gall)试办,不过这个制度,全因管理不周而失败。所以现在存有这种制度的国家,就是英意两国。

英国的强制失业保险制度是在一九二一年七月十五日实行的。不过这个制度,一直至一九二〇年又复经了一番修正,一者,把他的救济金加高,再者把他的范围加大,所以这个制度,结果便把所有的一切劳动者统统包含在内。本来在最初的时候,英国的失业条例也就可以由行政官吏直接扩充的,不过在实际上都是只有七种产业在内。换句话说,就是建筑业、土木业、造船业、机械工业、铸铁业、车辆制造业和本挽业等项。至于那时之所以要限于这七种产业的原因,就因为在这七种产业上,失业最多。不过此次所包含的工人,已经是二百五十万了。换句话说,就是占英国全工人的百分之十六。及至一九一六年,因为这个法令的修正,又包含了一百万的军用制造的工人在内,所以结果所包括的工人,便有三百五十余万以上。但是英国即此扩充,还觉不够,所以在一九二〇年更把所有的工人统统包含在内了。即此可见英国强制失业保险的成效。

依照英国的这个法令规定,就是雇主和工人,在保险费上都分配三分之一,同时国家也分配三分之一。至于在失业的时候,凡是被保险的工人,只要他是缴纳了十五礼拜的保险费的,都可以享受失业的救济。不过在失业的第五个礼拜,则是除外。从经验上说,这个十五礼拜的限制,是不算多的。因为根据英国商务院一九一一年的统计,其因设此限制而未受救济的组合员,仅有百分之五。而非组合员,则仅有百分之一·二。

为了保护劳动阶级的利益起见,一个失业的工人,如果是在雇佣争议的场合及工资特别低落的场合,都不能强迫他们劳动的,并且如果是六十岁已满的工人曾经缴纳保险费十年,而所缴之数又为五百次,则可退还其失业救济金与所纳保险费之差,并且以百分之二·五复利行息。

为了保护雇主起见,凡是一个工人,如果一者,因为罢工;再者,因为无理由的退工;三者,由于劳动者自己所构成之过失而被解工,都一概丧失其救济金。并且再有一个保护雇主的利益的,就是雇主所出的保险费,如果他是对于一个工人,继续使用了四十五礼拜,也可以退还其三分之一。

英国这种失业保险制度的执行,是很简单的。这个办法,就是由劳动者预备一本失业保险的簿子。在他开始受雇的时候与同雇主一同将这本保险簿存于保险事务所。同时雇主便将该一礼拜所应出之保险费,一并购成印花,粘贴其上。从此以后,每周所应贴之印花,皆由雇主交由邮局转递。不过雇主除缴纳自己应担之数外,并须代缴被保险者之负担,由工资中为之扣除。而在失业时,工人即由雇主手内,收回保险簿,交在最近之佣工介绍处或保险事务处。一者,以备调查;再者,以备介绍。于是而由保险事务所取得救济。

意大利在一九一九年也颁布了强制失业保险的命令。这个命令的范围,包含着十六岁至六十岁的赁银劳动阶级,同时非劳动阶级,如果他的收入不到美金六十七元五角五分一日的,也须强制加入。但是家庭的仆役和公共团体所雇用的人员,则是例外。这个保险费的大小,都视乎工资之大小为准。至于救济金的领取,则只有在两年之内,曾经缴纳保险费四十八次者,始有取领的权利。但是这个取领的方法,也与英国是同一的。

第十一章　执　　行

　　制定劳动法规的首要目的,就是在乎执行。如果不能执行,又何必制定劳动法规?但是执行劳动法规的首要条件,就是在乎了解劳动状况。于是现代的一些国家为了解劳动状况起见,特别于三权制度之外,复设立一种新制度。这个制度就是叫做调查的执行制度,或执行的调查制度(administrative investigation)。因为他的目的,就是想借用调查的方法,来达到执行的目的。或借用执行的方法,来达到调查的目的。

　　近世的国家都采的是三权分立的原则:一,立法;二,行政;三,司法。但是这种制度一用到劳动问题上,便发生了许多障碍,自然这个主要的障碍,就是因为他们各自都不能了解劳动的状况。因此,立法部、行政部和司法部,也都各自不能为力。于是他们自身在一个时代都先后觉悟,情愿把他们各自的职权都划出一部份来,交给一个比较明了劳动状况的机关,去给他做,结果便产生了现代的这个以执行为主、调查为副的产业委员会。因此这个产业委员会,便不是采的三权分立的制度,而是采的三权混合的制度,但是这种制度是由产业革命以后,由这个既存的三权分立的制度里面渐渐脱胎来的。

　　从立法方面说,在一九一〇年至一九一五年之间美国有三十多邦,都自觉他们的议会不能尽知劳动的状况,因此他们便把这个起草劳动赔偿法案的事项统统交给一个产业委员会办理。并且到了现在,美国的议会,他们直是更进一步,直把他们许多的立法事项,都把来交给这种机关,而他们自身却只是限于决定原则。比如关于妇女和幼童的劳动工资的立法,议会便只决定,雇主须得支付生活工资,但是这个生活工资的数目,则以听诸委员会决辨。又如关于时间的立法,议会便只规定"无论在任何的劳动时间之下,不管白天或晚上,凡是对于妇女的生命健康和幸福有危险,的都须列入禁规"。但是这个危险的意义,则以委诸委员会决定,其余可以类知。

　　就是从行政方面说,在最初的时候,对于劳动法规的执行,各国都不设立特别机关,完全是以委诸普通警察办。及后渐进一步,始知普通警察的职务太多,无暇担任这种任命,所以又有行政警察的规定。不过就是这种行政警察,一者,因为缺乏专门知识,再者,因为他的任务多半限于向雇主提起诉讼,所以到了后来,也是觉的才不称职,于是复有委员会的设立。举例来说,就是纽约,在一九一二年便有工场调查委员会的成立,专门调查这个劳动法规何以不能执行。又如北美合众国联邦政府,在一九一〇年至一九一三年,也设有北美合众国劳动局,专门调查妇女和幼童的状况。因此我们又可知道这个产业委员会,也是恰能应付行政方面的需要。

至于司法方面所仰仗于委员会的更多,比如关于探询案情、收集证据等事项,便非劳动委员会不能充其任。比如现在的工场卫生法,多半是说:"凡是工场都要预备充足光线"。但是这个光线是否充足的问题,法庭便碍难判断,所以便不得不咨询或取决于产业委员会。至于其他的各种劳动争议,则完全由和解仲裁委员会、劳动赔偿委员会以及卫生委员会等,先行判断。必违法时,然后诉诸法庭。

总括来说,就是劳动法律之能否执行,先以了解劳动状况为要件。现在的立法、行政、和司法三部,为因他们的权能都不能担负这种调查和了解劳动问题的实况,于是他们自身便继续的把他们固有的权能,点点滴滴的交给产业委员会。因而产业委员会便兼有立法、行政和司法三种权限。换句话说,就是产业委员会是把调查与执行合为一部。

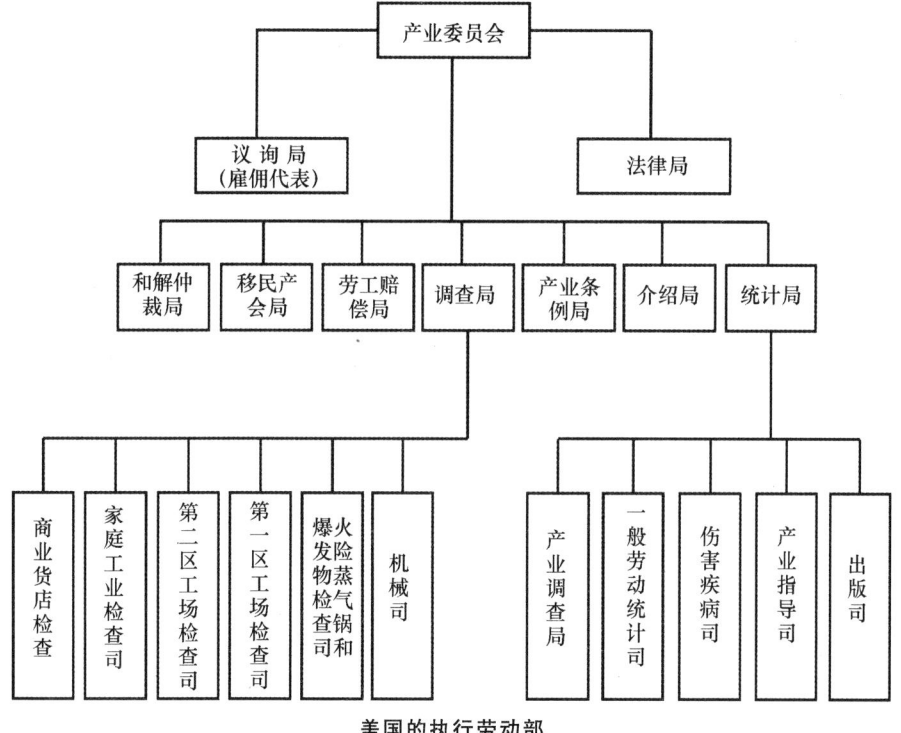

美国的执行劳动部

产业委员会,是执行劳动法规的最好方法,他的委员多半是由文官考试得来。但是同时他也直接间接的输入利益代表制的原则。现在我且把一个执行劳动法规的此较完备的组织列表于前,以资参正。

第十二章　万国劳动立法的进化

自从产业革命发生,一者,因为国际交通的便利;再者,因为大量生产的进步;三者,因为种族优劣的偏见;四者,因为生产方法的类似,于是而世界上的许多国家,为了在国际上保持经济的安全起见,在有些场合,都不肯轻易的制定保护劳动法规,而须以取得他国的共同立法为条件。所以到结果来,便由国际劳动立法的运动,而成国际劳动立法的创造。这实是人类社会的一大进步。

一、巴黎和会以前国际劳动立法的进化

国际劳动立法的制定,虽然始自巴黎和会以后,然而在巴黎和会以前,这个国际劳动立法的创造,已经酝酿成熟。至于巴黎和会以后,这个国际劳动大会对于国际劳动立法的贡献,不过是将前人所产的成绩,更事扩充,更事统一。这个理由,就因为在巴黎和会以前关于劳动状况的改进,已经有了无数的国际条约成立。现在本文且依麦克唐纳尔(Macdonald)的意见,将这巴黎和会以前各国所缔结的劳动保护条约,列为四类,以明其历史的进化。

欧美的国家自从在十九世纪之初,因为自由平等思想的澎湃,都相继的起而废止奴隶贩卖。所以英国的殖民地在一八三四年,法国的殖民地在一八四八年,都以政府的法令,废止奴隶制度的存在。不过最紧要的,就是当时这些国家,尤其是这些国家的殖民地,一者,因为人口稀少,生产之力不足,再者,因为富源无限,开拓之事频繁,所以当时这些地方恰把奴隶制度废止后,马上便发生了一个问题:就是奴隶制废止了,但是贱价的工作,从何收买呢?未必木棉不用增多了吗?甘蔗不用生长了吗?这如何能办的到呢?于是为了解决这个问题起见,此一国的国家便在彼一国的国家里面,从事贱价劳动的征募。因此这种征募的事件,对于异国之国民便不惜采用诈欺的手段,再苛以变形的奴隶待遇。于是而他国之政府为了保护其本国人民的自由,而减轻其奴隶状况起见,便出而与其对手国,缔结条约,以保护本国劳动者的"人"的生活,所以便有第一类的关于移住或来住的劳动保护条约的缔结。举一个例,就是在十九世纪的时候,法国的殖民地勒里昂(Rennion)常爱在印度的彭加尔(Bengal)地方,大批移入苦力,以从事于开拓的工作。后来英国政府见着弊端百出,所以在一八六〇年七月,便与法国缔结条约。内中的第一项,就是法

国可以在印度募集劳动,但不得只对勒里昂这一个地方便募集超过五千人的数目。而在第五项上,复又规定,被募集的工人在英国码头上船的时候,须经英国政府之官吏,从事照料。第六项上,复又规定,募集对于工人,须是自由的性质。凡此种种,都可以说英国政府是保护本国移住外国劳动者的利益,这便是关于第一类的国际劳动条约明证。

至于关于第二类的国际劳动条约,就是关于保护本国的劳动,而抵制外国来住的劳动,尤其是抵制亚细亚的劳动。这个理由,就因为亚细亚的人民饱受了最高文化的训练,又忍苦,又耐劳,时又多,钱又贱,所以这一种工人一到欧美去的时候,像欧美那种带有纨绔性的劳动者,便与他们竞争不过。一者,或要失掉他们的职业,而为华工所代替;再者,或要减少他们的工价,而与华工立于平等地位。因为这样,于是非亚细亚的政府对于亚细亚所移入的苦力,便不惜力加排斥,以保护其自国劳动者的利益。于是为了达到这种目的起见,便有此一类的条约实现。举一个例,就是在一八八〇年十一月七日的时候,美国与中国结有条约,就是美国得限制华人所移入美国苦力的数目。

现在我们且从这一种的条约上而寻求与前一种条约的因果关系。比如像前一种条约,缔约国之一方,总是希望苦力移入,然而其他一方,总是不愿意本国苦力移入外国。不过到了第二个时代,这种事实,在条约上刚刚相反。这就是缔约国之一方,排斥苦力移入。然而其他一方,总是希望本国苦力,移入外国。这个变化,可谓恰恰倒个位置。不过这个理由,却是很简单的。就因为在现在这个时代,最流行的是国家自利主义或是人种自利主义。换句话说,就是一国在开拓的时候,或凿池,或垦地,或建造铁道。那时他们为了顾全自国的利益起见,当然要尽量的引诱外国的苦力来住。但是及至这些开拓时代已过,本国人口,又逐渐增多,于是为了牺牲外国苦力的利益起见,便不惜极力加以排斥。韩信说"飞鸟尽,良弓藏,狡兔死,走狗烹",这个道理,在移民问题上,也是如此。

再说关于第三类条约,就是依据国际互相主义而缔结一种不分国籍,彼此平等待遇工人的劳动条约。不过这种例子,在白种人与白种人的国家之间较多,而在白种人的国家与黄种人的国家之间,虽然是有,却但是较少。不过现在不管这个种族界线是怎样,就单凭这个同种同文的国家之间所缔结这种条约而论,已经是大半的脱离了这个奴隶劳动时代的观念,而近于自由劳动的观念。因此这种条约的缔结,都是基于人道主义及自由主义的基本原则。所以是人类社会一大进步。自然这种条约,在历史上可以寻出许多的例证。不过本文为了简明起见,只是举出几个最好代表的例,略述于后,至于其他的,则仅附录于下,以备查考。

现在我先举一个例,这就是一九〇四年四月十五日的法意路沙提弗顿(Luzzat-ti-Fontaoine)条约。在他的第一条上,便规定无论在法国的任何储蓄银行或在意国的任何邮政储蓄银行里面,都可以由此转彼,不收利息,以便两国人民的利益。再举一个例,就是同年十二月十七日的日耳曼和荷兰的条约,在他的第一至第三条上规定,缔约国的国民,只要有护照,又能遵守驻在国的法律和警察条例,便可以彼此自由安居乐业。其余这种例子很多,举不胜举。读者在下列的这个表上,便可知其大概。

一九〇四年四月十五日	法意条约
一九〇四年七月十三日	瑞士意大利条约
一九〇四年十二月三日	德意条约
一九〇五年四月十五日	卢比条约
一九〇六年六月九日	法意条约
一九〇六年六月二十七日	法卢条约
一九〇七年八月二十七日	德荷条约
一九一四年五月三十日	德荷条约
一九〇九年七月三日	法英条约
一九〇九年九月九日	匈意条约
一九一〇年八月九日	法意条约
一九一一年五月二日	德瑞士条约
一九二一年七月六日	德比条约
一九二一年七月三十一日	德意条约
一九二一年十一月三十日 一九一三年二月十二日	德西条约
一九一三年二月二十五日	意美条约
一九一三年十月十三日	法瑞典条约

至于第四种条约,则直是更进一步。第一,就是这种条约,不仅在一国与一国之间缔结,而是在一国与各国之间缔结。第二,就是这种条约,不仅是在相对的关系上,承认彼此的国民,享受平等的劳动法律保护,而是在统一各国劳动法律的规定。所以这种条约的结定,都先有个国际公会,担任讨论和起草的事件。自然在这种国与国的劳动条约之间,如果是从国际劳动立法上观察,当然以此类为最重要,因为他是国际劳动立法的亲生父。所以本文特把他详述于后,以明与巴黎和约的劳动组织的历史关系。

(一)柏林万国劳动会议 为了实现万国劳动条约,而为一种国家间的公式代表会议,就是以一八九〇年三月十五日所举行的柏林万国劳动会议为始。本来这个会议,在一八八五年的时候,赫提宁(Baron von Hertling)也就在国会里面提议。不过大为毕斯麦所反对,认为毫不适用。不过后来在一八八五年,社会民主党复又提出,可惜也未能成事实。卒至一八八九年,因为国内劳动的争议,愈扩愈大,于是帝国政府始在一八九〇年二月五日以后,先后取得奥、比、丹、西、法、英、意、荷、葡、瑞、典、那威、瑞士和卢森堡的同意,而在同年之三月十五日举行万国劳动工时会议于柏林。不过后来,一者,因为没有先事预备,再者,没有国际信任,所以也没有什么成绩卓著于世。

一八九〇年的柏林万国劳动会议虽然关于万国劳动条约的事项,也有讨论,也有决议,但却未有直接的成效,仅仅成立一些希望条件。可是这个会议却是提高了国际劳动立法的兴趣,因而对于一九〇〇年的国际劳动立法会(International Association for Labor Legislation)大有间接的帮助。所以在一八九〇年至一九〇五年之间,便有许多非公式的劳动国际大会产生。

(二)国际劳动立法会　国际劳动立法会虽然是个非公式的机关,但是他的成效,却是很大。一来呢,他因为得了各国政府及世界上各种劳动团体的声援,所以他在瑞士的巴塞尔地方便设有国际劳动事务所的机关,时时发行刊物以报告各国劳动立法的消息。再来呢,他又遍设各种分事务所于各国,以促进劳动立法的发达。三来呢,他又时常召集国际劳动代表大会,以从事于劳动立法的讨论。所以对于后来的国际的劳动立法,大有帮助。

这个会议在当初成立的时候,不过是想作一种万国劳动立法的运动。因为一九〇〇年巴黎举行万国博览会,什么学问家、政治家、实业家和工人领袖等,都到的很多。于是巴黎大学的两个教授,一个叫做朝威(Paul Cauwe's),一个叫做甲夷(Raol Jay),便想利用这个机会,组织一个劳动立法的国际组织,以从事于国际劳动立法的事业。不过最可喜的,就是因为这两位教授十分努力,这个国际劳动立法的运动,居然而成为万国劳动条约的创造。以至而有一九〇六年的瑞士柏恩(Bern)的国际会议成立。

(三)柏恩国际会议　一九〇六年的柏恩国际会议,便是由这个劳动立法的国际协会直接努力而成立的。因为这个协会把什么议案、说明书和调查等,统统都预备好了,然后始请求瑞士政府召集。所以这个柏恩国际会议的成功,完全是由于这个协会一手独创出来的。这个柏恩会议的两大成绩:第一,就是禁止火柴工业使用黄磷,签约者为德、丹、法、意、荷、瑞士及卢森堡等国;第二,就是对妇女禁止夜工,签约者为德、丹、法、意、英、奥、匈、比、西、荷、葡、瑞典、瑞士和卢森堡等国。后来这两种条约,虽然批准的国家有先后及有无之分,但是实施的效力则一。比如关于使用黄磷的国际条约,非但得了批准国的遵行,复取得英、西的加入。就是其他的国家,如美、奥、匈、澳洲联邦各处,虽然没有加入这个条约,而受国际义务的束缚,但是他们为了应付世界潮流起见,亦以国内的法令,禁止黄磷在火柴公司的使用。这便是我们所说的第四种国际间的劳动条约的模范例证。

柏恩会议的这两种条约,如果我们从严格的法理上观察,虽然还没取得国际公法的资格,因此不能说在这个时候,国际间就有真正的国际劳动立法的事业。但是在事实上,这个国际劳动立法的基础,已经确然树立。换句话说,就是在前一个世纪,我们的这个空前的提倡国际劳动立法的鼻祖涡文(Robert Owen)在一八一八年的亚拉尔不(Aíx-La-Chapelle)的国际公会里面所提出的国际劳动改善的请愿书,在这个会议里面,已经大半的宣告成功。

(四)第二次的柏恩国际会议　一九一三年九月十五日至二十五日,瑞士政府又因劳动立法的国际会社的请求,再开第二次的柏恩国际会议,一者,讨论禁止妇女夜工,再者,讨论妇女及年少者的最多劳动时间。不过这个会议,虽然约定在一九一四年的九月三日再来成立正式条约,但是可惜在那个时候,欧战忽然开始,所以这个会议便没有什么卓著的成绩。

在欧战以前,既然就有恁多的国际劳动条约成立,况且更有多数国家的国际劳动保护条约成立,那末这种条约的第二步,如果取得全世界的文明国家的承认,便即成为国际公法,而有支配劳动世界的权力。于是为了达到第二步的程序起见,便有《巴黎和约》上第十三编的国际劳动立法的规定。所以我常常说,在巴黎和会以前,可以说是万国劳动立法的预备时代,而在巴黎和会以后,则直成为万国劳动立法的实现时代。

二、巴黎和会以后国际劳动立法的经过

欧洲大战发生后,一者,因为劳动势力的伸张。这个原因,就因为在欧洲大战的时候,所有的这些为国牺牲的志士,大半都是赁银劳动阶级及农夫。以在大战以后,他们的地位便忽然增高。再者因为时代思潮的反映。这也是一种必然的现象。因为正当着这个时候,忽有惊倒一时之苏维埃政府实现,因为这个政府的创造纯为劳动阶级的战胜,所以当时的这些中欧的国家因为他们是纯粹的代表资本阶级的利益,所以便非常恐慌。换句话说,就是非得极力改善劳动状况,不足以维持国家的秩序。三者,因为战后经营的必要。这更是一件很明显的例证。因为在大战以后,如果不改良劳动状况以激发劳动者的志气,那末恢复欧洲的产业,便很难有望。因为有这三层原因,所以国际劳动立法的运动,便易于成功。

况且在欧战而后,从前反对国际劳动立法的种种理由,如像什么国际劳动立法,不是在国家权力范围以内啊,又如像什么气候不同、人种不同、经济不同和宪法不同的国家,便不能适用同一的国际劳动立法啊,我们可以说,凡此都是国际劳动立法的障碍。不过自经一九〇六年的柏恩会议的禁止妇女夜工的条约,设立有种种的随时而异、随地而异的例外而后,统统不能成立。这也是对于国际劳动立法的一个新助力。总括来说,就是在巴黎和会的时候,国际劳动立法的运动已经完全成熟。

(一)巴黎和会与国际劳动立法的关系　一九一九年一月十八日巴黎和会正式开会,而在第二次的全权代表大会里面,便成立一个委员会,专事研究国际劳动立法的题目。这个委员会委员长,便是甘普(Samuel Gamper)。因此他在一九一九年三月二十四日便把他的报告提出于和会。依据他的建议,就是要在这个《巴黎和约》里面加入国际劳动组织的条项,以与《国际联盟规约》同时成立,而作为《国际联盟规约》之一部。因此,后来在《巴黎和约》的第十三编上便有劳动约章的规定。并且这个约章不独是构成巴黎和约之一部,并还在一九一九年九月十日的《对奥和约》(或是叫做圣日曼 St. Germain 和约)的第十三编上,十一月二十七日的《对保和约》(或叫做纽勒 Neuilly Treaty 和约)的第十二编上,一九二〇年六月四日的《对匈和约》(或叫做突勒伦 Trianon 和约)的第十三编上,以及八月十日的《对土和约》(或叫做塞浮 Séver 条约)的第十二编上,大书特书。并且更设为国际联盟的条款之一,因此就是中立国家已可采用。换句话说,就是凡是签可了这些和约及《国际联盟规约》的国家,统统都受了这个约章的拘束。

在这个劳动约章里面,所有的这些和约当事者,及承认《国际联盟规约》的国家,统统都签可了下列的九个原则。举例来说,就是现在怃的漠视劳动利益的中国政府,也是签可了的。

一、劳动不能视作商品或货物。

二、雇主及佣工在合法的范围内,都有平等的集会结社权利。

三、工人所得工资,应酌量其本国之情形,与其时之状况,维持其适宜的生活程度。

四、一日工作八小时,或一周四十八小时的规定,应设法通行。

五、一周之内,至少应有二十四小时的休息。如事属可能,则以星期日为休息日。

六、废止儿童劳动,及限制幼年劳动。其限制之程度,应使其能继续求学及发达其体力。

七、无论为男为女,等值的工作应得等值的报酬。

八、一国法律所定劳动条件的标准,对于合法旅居的客籍工人,应加以相当的注意,使得享受经济上平等待遇。

九、各国应设工场监督制度,并使女子参预,以实行其保护工人的法律。

《巴黎和约》的第十三编上,更成立一个永久的国际劳动的立法机关,以实行国际劳动立法的事业,至于他的进行立法的手续,或是采用建议的方式以使各国自由采用。或是采用条约的方式,以使各国自由批准。可喜到了近来,这个劳动立法的机关,已经举行了六次以至七次的建议和草约了。不过在叙述条约和建议之先,须得把他的组织大概,略述于后。总之,就是这个机关也采用的是分权的原则。因此有立法部似的国际劳动大会,有行政部似的国际劳动理事会。并且在这个理事会的监督之下,更有一个劳动事务所的制度。

(a) 国际劳动大会(General Conference) 国际劳动大会是由每个盟员(国际联盟的盟员)派遣四个代表(两个政府代表,一个雇主代表,一个佣工代表),组织而成立的。至少每年开会一次。以三分二的同意票,为劳动改进的建议和草约案。但是最可注意的地方,就是这些代表,各自投票独立。这纯粹是采的利益代表的原则。

(b) 理事会(Governing Body) 理事会是由二十四个分子组成的。十二个政府代表,六个雇主代表,和六个佣工代表。都是由国际劳动大会选举的。不过却有一个例外,就是内中有八个政府代表,须得是由重要的八个产业国家指派,任期三年为限。至于这个理事会的职权,最重要的,第一,就是召集国际劳动大会;第二,就是决定议事程序,第三,就是监督劳动事务所的进行事项。不过现在我们所要附带说明的,就是这个理事会的组织,已经被一九二二年第四次的国际劳动大会修改了的。

(c)国际劳动事务所(International Labour Office) 这个事务所的最重要的职员,就是总揽这个事务所的全权的一个总理。他的资格,是由理事会选举出来的。他的部下的职员。都是由他自己任命的。现在他的权限,第一,就是刊行和分布各种劳动立法的消息;第二,就是代理事会制定议事程序;第三,就是完成和约第十三编上与国际争议有连带关系的国际义务。总括来说,就是他是对理事会负责,他的部下,只对他负责。

(二)巴黎和会后国际劳动立法的经过 根据《巴黎和约》第十三编的规定,国际劳动大会已经开会六次。第一次为一九一九年十月二十九日至十一月十九日的华盛顿会议。其所采定之建议及草约,计关于劳动时间的限制之草约案一;关于保护妇人之条约案二,建议一;关于保护儿童之条约案二,建议一;关于失业之豫防及救济之条约案一,建议一;关于劳动卫生之建议三。其余则为关于外国劳动者,宜相互的与以本国劳动者同样劳动法令上之保护,及组合权利之建议。这就是第一次大会的成绩。

至于第二次大会,则为一九二○年六月十五日至七月十日的意大利热那亚(Genoa)会议。其所成立之条约及建议,都是关于海员劳动的保护。若自其内容之分类上观之,其一,为关于劳动时间之一建议。其二,为关于失业的豫防和救济之二条约,一建议。其三,为规定海上使用儿童之最低年龄为十四岁之一条。其四,为关于制定国内海员法典之建议。

第三次大会,则为一九二一年十月二十五日至十一月十五日的日内瓦会议。其所讨论之事项,以农业劳动之保护为主。结果成立条约七,建议八,今自其内容之分类上观之即:

(1)为关于农业上失业豫防之一建议。

(2)为关于农业上妇工保护之二建议。

(3)为关于农业上童工保护之一条约,一建议。

(4)为关于发达农业上技术的教育条件之一建议。

(5)为关于农业上寄宿劳动者劳动条件之一建议。

(6)为关于保障农业劳动者组合权之一条约。

(7)为关于赔偿农业上劳动伤害之一条约,及关于农业劳动者适用社会保险之一建议。

（8）为关于禁止使用白铅涂抹家屋内部之一条约。

（9）为关于工业上每周至少须给与以二十四小时休息之一条约,及给与商业使用人以同样休息时间之一劝告。

（10）为关于禁止使用未满十八岁儿童作船舶内之搬运夫,或火夫之一条约,及使用未满十八岁之幼童于船舶内时,须经医生诊断之一条约。

第四次大会,则为一九二二年十月十八日至十一月三日的日内瓦会议。其建议之事项,则为关于移住来住及移住之归还及转移等对于国际劳动事务所,为定期的统计和消息之通知。其他则为大会对于《巴黎和约》的第三九三条之修正。其修正结果,举其大者,即为理事会之分子,扩充为三十二个。十六个政府代表,八个雇主代表,和八个佣工代表。但是在政府代表之中,从地域上说,必得有六个代表,是属于非欧洲的国家。而在雇佣代表之中,必得各有二个,为属于非欧洲的国家。

第五次大会,则为一九二三年十月二十二日至十月二十九日的日内瓦会议。其采定之建议,纯为关于工场监督制度的设备。若自其内容之分类上观之,即为(1)关于监督范围上之建议,(2)为关于监督职权上之建议,(3)为关于监督组织上之建议,(4)为关于监督报告上之建议。不过除此而外,还有六项的议决案,现在列举于后:

（一）国际劳动事务所,请即调查各国关于受伤赔偿的法律。

（二）国际劳动事务所,请即将基于每年各种调查报告之总报告出版。

（三）国际劳动事务所,请即将各国调查报告之比较(如若经费充足)分散于各国。

（四）理事会请即征求各国对于铁路上启动接车机的意见,其目的在决定是否能得一种国际的同意,成立一种划一的自动接车机,以保护工人的利益。

（五）理事部请即考虑在下次开会时候,是否能将产业调查,以区别于商务调查。

（六）理事部请即根据《巴黎和约》附件上的第二章第四部第三十三条的规定,考虑萨尔(Saar Basin)这个地方是否他的劳动状况,是根据于人民的志愿和联盟的原则治理。

至于第六次大会,则为一九二四年六月十六日至七月五日的日内瓦会议,其所采定之事项,关于平等待遇本国及外国人之劳工,适用同等的灾害赔伤法之条约案四;关于平等待遇本国及外国人之妇工,适用平等的灾害赔伤法之建议二;关于使用大柜水炉(Tank Furnace)之玻璃工,每周须有二十四小时继续休息之条约七;和关于禁止面包房使用夜工之草约六。

综括上面所列之六次会议观之,可见国际劳动立法之发达,也成为不可磨灭的事实。不过现在所最不可忽略的,即现在加入国际劳动大会的国家,他们在劳动立法方面,既然在投票上打破了从前的地域代表的观念,而代之以利益代表的观念,则不啻自己承认劳动阶级的利益，无论在任何国家都是同的。所以为了拥护劳动阶级的利益起见，然后在这国际劳动大会里面才不采用国家单位的投票制，而代之以利益单位的投票制。但是在他方面，我们所大惑不解的，就是在一九一九年由日本代表在巴黎和会所提出之人种平等案，如何不与通过。而在去年五月，美国所制定的移民法案，复对不能取得美国国籍的外国人，禁止移入，这显与利益代表制度的原则冲突。然而国际联盟复认为这种移民法案为不与国际联盟的精神违背，以致我东亚之过剩劳动人口，无从移殖，无从解决。这实为著者所深为惋惜的。因此著者为了力求世界上劳动问题之真正解决起见，希望加入国际联盟的国家，对此注意，同时也对此惋惜。

社会调查方法

（商务印书馆，1927年版）

第三版改订本自序

本书原拟在第二版的时候改订,但后来竟将机会错过了。第一次的第三版改订稿,在沪战发生时,不幸又为日帝国主义者所焚毁。这是第二次的第三版改订稿。

在这次改订稿内,"样本调查"一章大半改作了。"历史方法"章内,改了几个字。"个体调查"章内,改了几行。"全体调查"章内,将抄记机和分类机的说明完全删去,因有一个读者告诉我,没有见过机器,只有说明,是无用的。其余部份都与第一版一样。

本书在这次改订的时候,关于"样本调查"章内的改订部份,多承好友刘桐先先生,杨锡茂先生宠赐批评,"历史方法"章中那几字是好友徐式庄先生提议改正的。著者对于这三友人的启示,特别在此致谢。

樊　弘

二一年一二月二七日

序　言

　　为什么要调查社会？怎样去调查社会？各人对于这两个问题虽然各有不同的答案，但是，我们在得到最正确的答案以前，似乎应该先平心静气的去考究一切的人的一切意见与方法，而比较他们的价值。本书目的就是将现今实地调查的方法，介绍读者。在现在中国调查社会的声浪极高的时候，这本小书或者也可以聊供参考之用。

　　本书共分七章，就中第一章说明调查社会的重要；第二章说明要调查社会，当先评阅前人所保存下来的相关的文件，并评阅文件的方法；第三，第四，第五三章，说明调查社会共有三种方法，并将各种方法略为叙述；第六章说明编制调查表的方法；第七章说明整理调查资料的方法。

　　在我写这本书的时候，我觉得美国斯密司大学（Smith College）的经济学并社会学教授夏平（F. Stuart Chapin）所做的《社会调查与社会研究》（*Field Work and Social Research*），引例丰富，解说详明，初学者看来，尚是一部有用的参考书，所以本书分章悉依夏平原书，内容的许多资料也多取诸他的著作。他如美国罗素塞治基金会（Russell Sage Foundation）慈善部部长黎吉孟德女士（Mary E. Richmond）所做的《社会的诊断》（*Social Diagnosis*）实是世界上讲个体调查的少有的著作。本书的个体调查，大半取材于他。又如郎罗和塞尼博所做的《历史研究法》（Langlois and Seignobos：*Introduction to the Study of History*），北京大学胡适教授所著的《中国哲学史大纲》暨《胡适文存》，本书也多所征引，其他尚有一些参考书籍，均附志在各章之后，这里不必列叙。

　　著者应该特别感谢陶孟和先生，因为此书的编著全因陶孟和先生的诚恳指导和热心改正，始能成书。如果经了改正之后内容还有不妥适处，这完全是著者应该自负的责任。本书编成之后，又承李景汉先生的评阅并指示修正，实深铭感。

樊　弘

民国十六年三月十九日

第一章　实地调查社会的绪论

一、社 会 关 系

现在的世界,虽然还似从前的世界,但关系却格外的密切了。前几分钟内伦敦巴黎所发生的重要事件,现在路隔重洋的日本和中国已经可以由无线电报传到。移时,美国纽约城内的大报,关于这个同一的事件,也许已经发表社论批评。从此看来,现在世界人类的关系已经一天比一天密切。其他一切的社会现象亦无一不显出人类间的关系与联络。例如一九一四年的欧洲大战,经历之时四年有奇,宣战之国凡三十二,直接死伤至二千七百余万人之多,直接费用至三千七百余万万元之巨,足称亘古以来世界未有之惨祸。然而溯其发生的导火线,则不过仅由巴尔干半岛上的一件些小的伏尸二人、流血五步的暗杀罪案。所以现在的世界,无论范围如何宽,距离如何远,都脱离不了这种交互循环的影响。但是这只是看着那世界的一个横截面。更从世界的纵剖面上观察,这个社会的进化,无论历史有如何长,时间有如何久,也都是脉脉相承,连成一体。试设一例,如果在一八三九年至一九一四年之间,没有美国的思想家皮耳士(C. S. Peirce)和詹姆士(William James)竭力提倡实证主义,那里还有民国八年在中国来讲演的杜威(John Dewey)。如果没有杜威,那里又有民国八年替杜威当翻译的胡适之。如果没有胡适之,那里又有今日看《杜威讲演集》的我和你。所以从时间上,也可以推出人类的社会关系与联络。大哲学家来布尼兹(Leibnitz)说:

> 这个世界乃是一片大充实,其中一切物质都是接连着的。在这一个大充实里面的一点变动,全部的物质都要受影响。这个影响的程度与物体距离的远近成正比例。世界也是如此。每一个人不但直接受他身边亲近的人的影响,并且间接又间接的受距离很远的人的影响。所以世间的交互影响无论距离远近,都受得着的。所以世界上的人,每人受着全世界一切动作的影响。如果他有周知万物的智慧,他可以在每人身上看出世间的一切施为。无论过去未来都可看得出。在这一个现在里面,便有无穷时间和空间的影子。①

①　见 Monadology 第十一节,译文见《胡适文存》下卷,p. 111。

从来布尼兹的这个交互影响的世界观，或社会观再考察社会变动的实况，我们可以推知世界上一切万有的状态都在长流不息的变动。社会上无论什么思想，制度、政策、习惯，都不能恒久的不变。例如"孔教"的势力，在那晚周之末，"诸侯放恣处士横议"的时代是一事，在汉朝"罢黜百家，表章六经"的时代是一事，在满清末年东西洋文化开始接触的时候是一事，在民国初年安福部议员通过孔教为修身大本的时代是一事，在今年（十六年）三月党政府发布废止祀孔令的时代又是一事，他不断的经过大的变化。又如中国的婚姻制度，在女尊男卑的时代是一事，在男尊女卑的时代是一事，在男女平等时代又是一事。再如欧洲的劳动制度，在罗马的奴隶劳动时代是一事，在中古的行会制度盛行时代是一事，而在近世的工厂林立的时代又是一事。只这三个例，已足说明社会上一切的文物制度无时无地不在继续的变动。

二、社 会 问 题

社会变动发现的时候，常酿成许多的社会问题。这个发生的理由可分为三层说明：（一）假使社会完全是静态的，永远没有变化，社会便永远保存他原来的样子，不会有新的问题发生。如果社会以先是如此，现在仍是如此，将来也仍是如此，他虽不会进步，但也不会退化。可是社会不是这样的死的。世界上无论任何社会都是不断的变动。就是西人所常说的"不变的东方"，实际上也是不断的变化。如人的生老病死，人群间的和睦与冲突，无时不影响社会的情形，改变社会的状况。（二）社会的变动不一致。因为社会上的一切现象并非同时变动，也并非按着一定的尺度变动。假使社会上万有的状态在变动的时候都是同时，并且都有一定的规则，用最简单的例来说，如同时各人身长都增高一尺，或人的智慧都增加一倍（这当然是一种极简单的假定），那末，这种同时的并且规则的变动也不致引起人群间的新纠纷或新问题，因为社会各方面的变动都是齐一的，如水长时船自然也跟着长，结果便同没有变动一样。（三）假使社会上各种的变动都是独立而不相连的，例如物价的变动，升高或降低不致影响人民的收入与支出，或如战争不致影响工商业一般的状况，每个变动便只限于自身，不会牵涉到自身以外之事物，这样的情形便也不会引起社会问题。但是事实上，人世间一切的人都是直接的或间接的相连的，社会上一切的状况也都是直接的或间接的相关的，所以社会上有一点变动，其他的各点也就直接间接发生变动。

因为社会是变动的，他的各方面的变动常不是同时的，也未必是规则的，而且各方面的变动，又常是互相关系，互相影响的，所以我们便不断的发现社会问题。一切的社会问题都是变动的结果。而所谓变动又全是对于其他一种没有变动的，或变动的尺度不一致的事物而言。我们现在引美国政论家李勃曼（Walter Lippmann）所举的最简单的人口问题，做为例证。李勃曼说：

当马尔萨斯(Malthus)第一次提出人口问题的时候,他为辩解起见,假定两种要素的变化迟速不一致。也说人口每二十五年增加一倍,而土地的出产品,在这同一时期内,比较现在也能增加一倍。他做这篇文章的时候,正在一八〇〇年左右。他估计当时英格兰的人口为七百万,而食物的供给亦可供此数人口之用。因此在一八〇〇年便没有问题。及至一八二五年,依照马氏所计算的增加速度,人口须要加多一倍,但是食物的供给也能加多一倍。因此也不会有人口问题发现。但是到了一八五〇年,人口的总数须增加到二千八百万,而食物所增加的额,则仅能供给新增加的人口七百万。于是这个人口过多或食物过少的问题便会发现。因为在一八〇〇年和在一八二五年的时候,食物对于每人的供给都是一样的。而在一八五〇年,因为食物与人口的增进率不一致,结果每人每日只有口粮四分之三。这种改变了的关系马尔萨斯称做问题,正是不错。

接着李氏又说:

现在假令我们将马尔萨斯的辨论稍为变化。假定在一八五〇年的时候,人民已经学习着减食,并觉着每日取用四分之三的口粮更为适宜,则在一八五〇年,决不会发生问题。因为这两个变动的要素——食物与人口——又正相适应。或是在他方面,我们假定恰在一八〇〇年后人民要求更高的生活程度,并且希望更多的食物,虽然所需要的食物的生产额并未能增加,这个新的要求亦必然惹起一个新的问题。或假定(实际上正是如此)食物的供给,比马尔萨斯所假定的能增加的速度更高,而同时人口增加的速度则否,当然这个人口问题也不会在马尔萨斯所预定的时候发现。或是假定人口的增加已被生育节制的方法减少,那末如马氏第一次所说的人口问题也不会发生。或假定食物供给增加的速率超过人口所能消费的数额,则问题又不在人口而在农产品的剩余了。[①]

现在中国的问题多至不可胜数,如果我们分析起来,无一不是因为两个相关的要素发生不谐和的变化而起的。例如中国的民族解放运动,假使中国人不求民族解放,列强也不愿意中国民族解放,当然不成问题。假使中国人民求民族解放而列强也乐意让中国人民的要求得到满足,当然也不成问题。但因中国人要求解放而列强设法反对或阻挠这个解放,于是便成了问题。由此看来。凡是两种相关的要素如果变化的步骤不谐和,必至引起问题。

回想中国自从鸦片战争以还便已发生种种问题,但自戊戌政变,到了辛亥革命以后,问题反日益加多,足见社会各方面的变动太不和谐,而有急速解决之必要。我们在这个问题纷然的时候,既不忍冷眼的袖手旁观,又不愿盲目的剿袭外国的成

---

① Walter Lippmann: *The Phantom Public*, Chap. 7, pp. 81—94.

法,那末,我们这时的唯一的途径,便是对于每个问题做一种科学的研究,然后图谋适当的解决方法了。

三、社 会 研 究

在理论上,一个社会问题的出现,虽是由于两种相关的要素发生不谐和的变化,但是,在事实上,当着一个问题发生之际,我们往往不知道这两种不谐和的社会现象是什么? 所以我们必须按着一定的程序进行研究。这个研究的程序就是:

一、根据种种材料,假定这个社会问题系由某两种不谐和的社会现象所构成。

二、观察(直接或间接的)每个社会现象的各种表现。

三、分析每个社会现象的构成要素。

四、归纳此一个社会现象的各个要素与彼一个社会现象的各个要素的关系。

五、寻求这两个社会现象的关系是否发生不谐和的变化。

合此五个步骤,始能明白一个社会问题的意义。例如关于工资问题的研究,如果我们(一)根据种种资料,假定这个社会问题,大概系由于工资与物价之关系,发生不谐和的变化,那末我们的第二步,(二)便须去调查这两个社会现象的各种表现。现今一般的研究工资问题的人多采用"家计簿"的研究去调查工人的收入和支出的状况。所谓家计簿的研究方式,即设法搜集工人的"家用每日流水账"来研究工资和物价的各方面。(三)调查完毕,然后依据各种工人收入之多寡编制工资等级表,更依据家计簿上的各种支出状况,将工人的每日购用品分为食物、房租、衣服、燃料、灯火及杂用等项,而计算每项物品的用费。(四)将工人家庭的日用品的费用和工资等级调查清楚以后,再进而考究工资与物价的关系。例如一九一二年"东京市及近接町村中等级生计费"的调查,其所编制之统计表即系依据工资之等级与生活费之关系胪列而成者,其表如下:①

第一表　收入阶级别的支出比例表

月薪等级	六〇圆以下	八〇圆以下	一〇〇圆以下	一二〇圆以下	一五〇圆以下	二〇〇圆以下	二五〇圆以下	三〇〇圆以下	三五〇圆以下	三五〇圆以下	平均
饮食物费	四一·三〇%	四〇·三八	三九·七一	三六·二八	三三·二四	三〇·七一	三〇·八三	二七·四八	二四·一三	二八·〇一	三五·一九
住宅费	二〇·一九%	一九·〇八	一八·〇四	一七·八二	一六·九四	一七·九六	一六·六八	一九·七三	二一·三四	二一·九〇	一七·九四
被服费	一二·四〇%	一三·〇六	一三·五二	一五·一八	一五·一四	一四·二五	九·五五		一九·〇四	七·三九	一四·一〇
燃料灯火费	六·九五%	六·七七	六·六三	五·九一	五·二四	四·八三	四·二六	四·八〇	四·七八	六·一四	五·六九
其他	一九·一六%	二〇·七一	二三·一〇	二四·八一	二九·一五	三二·二五	三五·二三	三八·四四	三〇·七一	三六·五六	二七·〇八

① 《日本劳动年鉴》,大正十五年版,大原社会问题研究所。

（五）在明了这种关系以后，我们可再进而考究工资与物价之间是否有不谐和的关系发生。例如在上述所有中产阶级中，平均仅有月薪百分之一七·九四用在住宅费上。如果此项比例率，或比此项更高的比例率均不足以应付从前生活上必需的住宅费用。或是以前足而现在不足，致令雇佣之间发生工薪问题的争执。同时如果其他物价相同，那末，我们便可认定这个工资问题的发现，大半系由于工薪与住宅之租价发生不谐和的变动。但是，如果研究的结果，不但工薪与住宅费用，在普通生活上，并未发生不谐和的变化；连其他的物价，在普通生活上，也与工薪的购买力并无不合，那末，在消极的方面，我们便可断定这个工资问题的发现，不是由于工资与物价不相调剂，而系由于另外的原因，如需要增进等项。因此我们便须再去研究，以图考察其他的现象与工薪间的不谐和的变动。这不过借工资问题的例，说明研究的途径。实则无论任何社会问题之研究，亦必须采用上述的五个步骤，始能明白他的意义。

虽则在实际上，一个社会问题的造成常不仅牵涉两个社会现象，而往往牵涉多于两个的社会现象。例如工资问题的发生，常不仅是物价涨落的结果，也许一部份是由于工人生活程度增高。不过我们所说那两个社会现象的意思，并非说一个社会问题所牵涉的社会现象仅有两个，乃是以该项发生问题的社会现象做标准，将他当做一个。其他凡与该现象有关之社会现象，为便于说明起见，无论是几个，都把他们当做一个，因在解释问题发生原因的时候，如采用这种相对关系的说明法，乃是最清楚不过的。

以先的社会研究，所用的常是玄想或抽象的讨论。近来因为社会研究的技术大有进步，凡是相信科学的人都主张采用严格的科学方法研究各种社会问题。科学的方法，简单的说，就是寻求客观的事实以考证主观的见解的是非的方法。换言之，就是以主观的意见做假定，以客观的事实做证据。因此凡是一种假定，只要经过客观的事实考证无误之后，便可以说是科学的论据。所谓科学的态度亦不过就是在一方面能对于主观的意见怀疑，同时在他方面又能寻求客观的事实做证明。因此吾人只要能够随时随地保持这个怀疑成见寻求事实的态度，便会发展科学的方法和知识。现在社会研究上的急务，就是以这个态度去认识社会，研究社会。

现在的社会研究有已经进到科学的境域的趋势。他渐渐的可以与自然科学同样的夸示他的精确。但社会研究有比自然研究更难之点，就是社会现象，在研究的时候，常容易引起主观的感情上的见解。一个人研究自然现象的时候，如气候的变化或植物的构造，心理上可以保持一种冷静的或客观的态度，但是一到他观察社会事实的时候，因为他的成见、习惯，或利害关系，便常带着感情的色彩，不容易得到公平的见解。例如一个崇拜女子的人便不容易观察他所崇拜的女子的弱点，一个拥有资产的人，便不容易理会无产劳动者的生活的苦况。

从广义方面言，社会的研究原可分为二种类：（一）事实的研究，（二）价值的研究。事实的研究在解决一个社会问题的自然的是非。价值的研究在解决一个社会问题的当然的是非。譬如医生治病,当他还未认清病症之时,他必然要发生种种疑问,究竟此病是什么病? 精神病或非精神病? 为解决这个疑问,他第一步,必须使用假定、观察、分析、归纳、求变等研究方法,来解决这个是精神病与否的问题,亦就是解决自然之是非的问题。上述科学的研究属于此类。故科学的社会研究亦可称做自然的社会研究。又病症认明之后,这个医生当然还须问此病应当怎样医治。自然疗养或医药疗养? 为解决这个难点,他当然还要用他的能力地经验,来解决那应当采用何种治疗政策的问题,这就是当然之是非的问题。讲到当然二字,原本包含有善恶的意义在内。善恶关乎价值,故当然的研究亦称之为价值的研究。凡社会研究中,如政策、政略、主义等讨论,属于此类。诚然在这两种研究的里面,价值研究也颇重要。不过价值的研究应当以事实的研究为基础,否则,病症都未认清,又何能说得上"处方"。所以吾人对于社会问题解决的方法即令参差不齐,然而事实的认识则不能有所歧异。例如现在的人,对于劳动者生活状态改良的方法,即令未必相同,但对于劳动者的生活情形则应当平心静气的去做事实的研究。目今无论何人,大致对于劳动者的生活困难情形,都无异辞。这乃是由于研究事实的结果。故事实的研究,在现代的社会生活中实较重要。至于本书所称的社会研究乃是狭义的社会研究,仅以事实的研究为限。

四、实 地 调 查

上面我们曾经说过,任何社会问题之研究均须经过五个步骤,始能明白他的意义,即(一) 假定,(二) 观察,(三) 分析,(四) 归纳,(五) 求变。在这五个步骤之中,实地调查便是直接观察社会现象的重要工具。如果社会研究者用实地调查的方法观察社会现象,不特可以不为主观的偏见所蒙蔽,并且还能增加他的器官的观察能力。但是读者须知道这个实地调查社会的工具,并非社会研究的全部,虽然他可以说是最首要的,最根本的一部。兹将社会研究与实地调查之关系列表如下:

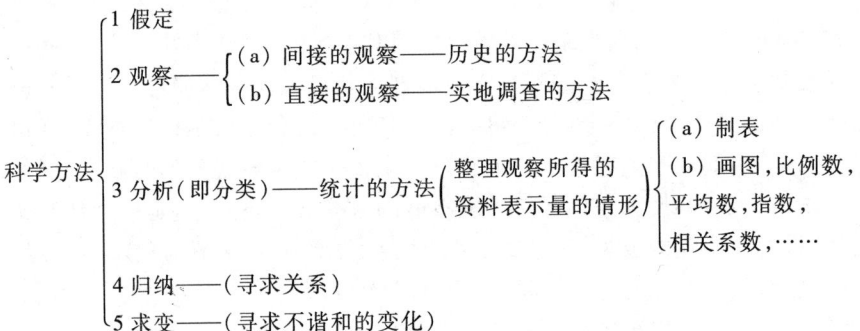

本书的大部专论实地调查的方法,余如历史方法及统计之制表法,也略为述及。

五、结　论

综括来说,研究社会问题的唯一目的就是认识他的意义,明白他的发生的原因。上面我们曾经说过,任何社会问题的解决都应该以科学的社会研究为根据。所以我们在一个社会问题的解决方法提出以前,必须先认识并且明白社会问题。不然,一切的解决方法不特无用或者还是有害。譬如医生治病,如果不先认清病象,不先考察病源,任便乱投药剂,结果于病人一定有极大的危险。

社会研究当然的结果便是解决问题,改正社会上不谐和的变动,固然在研究的时候不能参加主观的成见。从另一方面看,社会研究还可再分为两类,一类是在变动发现后才起始研究。例如当劳动者要求增高工资的时候,然后才起首做工资的研究,或物价变动的研究。这种"见兔顾犬"的方法固然有用,但是他只能应付已成的局面,矫正既现的情况,并不能防变患于未然。人类的进步不单是能运用智慧,以改良社会,乃在运用智慧以支配社会的变化。社会科学家的天职就是应该在平时研究社会变化的道理,供实行的人应用这个道理来支配社会变化的程序。例如关于工资问题之研究,我们便应该在平时调查工人的生活费与工资的关系,早设法防止生活费与工资间发生不谐和的变动。否则一旦问题发生,当事人都火烧眉毛急,那里还有闲工夫来静候你那尚未研究的社会事实。故常川的社会研究实是近代社会必不可少的工作。在现在中国凡百问题皆在正待解决的时候,社会学者一方面固然应尽力于现在问题的解决,但是同时更应该在日常的时候发展他们的研究,先行认清各种社会问题的意义,预计各种社会问题的发现,以谋社会的进步。如果全国热心社会事业与社会科学的人都能够适力合作的发展关于社会变动的知识,我们或者可以更快的将这个扰乱不宁的中国放在安全的进化的路途上。

第二章 历史的方法

一、总 论

使用归纳的方法,去发现社会现象的定律,虽然是创造社会科学的必要工作,虽然是确立社会政策的唯一根据,但他却必要先经过一个步骤,直接调查社会现象,然后始能达到他那研究的愿望。因为管理社会现象的定律,乃是从无尽无边的社会事实中,使用异中求同的方法,一步一步的归纳得来的。因此我们对于社会事实的接触机会愈多,同时发现社会定律之可能性亦愈大。不过此刻我们所要问的,就是,所有的社会事实,通可以亲身去接触吗? 通可以实地去调查吗? 这当然是不可能的为什么呢? 因为社会上,原有两种事实:第一,是那空间离得很远的事实,第二,是那时间过得很长的事实,二者均非吾们之耳目所能闻见的。那末,我们对于这些过去的,或远方的社会事实,要如何理会呢? 这当然非是评阅旁人的记载不可。所以我们为搜集多数的社会事实,以为研究社会起见,除了使用实地调查的方法而外,尚须读书,评阅古今人的文字记载。

上文的论据,系把一个整的社会现象,在空间时间上,劈开成为那远与古的或是近与今的两方面,同时,并说明那远与古的社会事实,除了读书之外,更难有较好的方法搜集材料。实则无论任何现在而且近的社会事实,都是由他那过去而且远的社会事实,一点一滴的变来的。基于这个考虑,我们在评阅文件之重要上,又发现了一个崭新的意义,就是,不特我们观察过去的或远方的事项,须要评阅相关的文字纪载,即观察现在的或跟前的社会事实,我们也不能不参考书籍。何则? 因为吾人对于任何现在的或眼前的社会事实之认识,都是根本于许多观察的综合。但是,在事实上,凡足以供吾人综合的观察的知识,大半都是属于过去的或较远的书本知识。譬如美国儿童局(The United States Children's Bureau)[1],在一九一九年,关于未满一岁的儿童死亡率之调查,结果非常美满。何以故呢? 这乃是由于他所调查的材料,能与许多公家机关,和许多教会机关的过去的调查资料相互印证。换句话说,就是,该局在是年所举行之儿童死亡率调查,所以能如此的正确,乃是由于

---

[1] N. F. Allen:*Infant Mortality*, *Results of a Field Study in Saginaw*, Mich Children's Bureau Pub. ,No. 52, 1919.

许多观察相互符合。他在着手调查以前,先把当时当地所能搜集的调查资料,通盘评阅一过,所以以后他能知道:某个社会事实,大众的观察认为一致的,因此便可断定他是真的。某个社会事实,大众的观察不认为一致的,因此便可断定他不是真的,或是须得重新再去调查的:因此,他所调查的结果能够准确。

诚然,在社会上,尽有许多的关于社会事实的纪载,未必果能与吾人的观察常一致,并且这种不一致的结果,未必果能证明吾人观察的事实不正确,因为这或许是因为前人记载的错误。因此在表面上,我们似乎也不必过于重视前人的文件。不过在他方面,我们所要问的,就是,在这一种情境之下,我们何以能知道,并证实,自己的调查是真实的呢? 这当然是因为我们对于这一件事乃是观察了无数遍,并且每个观察,都是完全一致的,所以我们能知道他是正确。同时我们所再要问的,就是假令有一件事,倘经我们调查之后,非但能与我们历来的经验相符合或丝毫也不冲突,并且能与前人所遗留下来的记载无一不符合,或丝毫也不冲突,这岂不是更正确或最正确吗? 从此看来,我们对于前人的调查报告,便应该细心评阅,以为参考之资。由此可知,评阅历史记载,除了了解过去的事实外,还有一层更切要的意义,就是知道现在,证实现在。

再说,一人之精力思想,原是极有限的,所以我们无论着手任何社会调查,假令要想把那调查的问题解释明了,调查的方法考虑周密,同时并能用极少之劳力获得极多之事实,我们亦必须博览各种有关我们调查的书籍。譬如关于伦敦居民的生活与工作之调查,英国的蒲思(Booth)①,曾经费了十七年的光阴,始克将其所调查一部分之结果,编辑成书。于此书中,当然满记载着蒲思的许多的亲切的经验。这些经验,虽然蒲思要费十七年的光阴,始能得到,然而后来的读者,则只须用极短的时间,从他的著作上,把他所搜集的材料来消化利用。所以从获得经验的效率上说,评阅前人的记载,乃是节省时间与精力的一个最巧妙的方法。因为细读蒲思的著作,我们只消费二三个月的工夫,便可省略十七年的长光阴。此后我们若更把蒲思所未调查的地方,加以补充修正,则我们的成绩还要胜过蒲思那十七年的成绩,因为我们的调查是以蒲思所调查的成绩为起点,然后更加添新观察新材料。但是,假使我们毫无根据,从新调查伦敦状况,即令费十七年的光阴,其结果亦未必比得上蒲思。所以除了上列的两大理由之外,第三种使我们必须寻求书本知识的理由,就是利用他人的智识经验,辅助我们的调查工作。

综合来说,我们无论从获得知识的那一方面立论,或是从搜集社会资料的目的上,或是从搜集社会资料之方法上,这个评阅历史记载,都是在调查以前,必须做的工作。不过在古今的书籍里面,均不能说每本书均无脱句错字,更说不上每句话都是真实。然则我们在评阅这些书籍之时,又要用什么方法,然后才能撇开那不可靠的部份,而直接获得那正确的历史事实呢? 这个便有待于历史的方法。

---

① Charles Booth: *The Life and Labor of the People of London*, 1903.

二、历史的方法

历史方法,就是用求实的态度,精密的心思,在现存的文件中,撇开那不可靠的材料,而寻求那事实的真象。这个方法的产生根本于两种需要:(一)古今的历史纪载,除了碑墓、古建筑物和雕刻等物质文件而外,其余所存下的,只是些钞写或印刷的书籍。这些书籍,尤其是古代的作品,从他出版以至现在,不知经了多少次的传写,或排板,并遭了多少次的兵火虫鱼之劫,此外尚不知道经过多少人的剿袭和假造。因为在古往今来的文字记载中,其文字之形象,往往有脱误、损坏和窜改种种缺憾,所以必须有一种特殊的方法来修补。(二)古今的作品,往往有多少时候,著者不肯说老实话。即令说老实话,亦未必不是以讹传讹。即令不是以讹传讹,他们所用的文字,也未必便能明白晓畅,容易令人领会。这些困难,也不能不用一种特殊方法来解决。历史的方法,便是随着这两种特殊的需要产生的。

历史学者为寻求正确的历史事实,必须用历史的方法,去评阅文件。所谓历史的方法,可更细分之为六种:即(一)校勘(textual criticism),(二)考订(critical investigation of authorship),(三)分类(critical classification of sources),(四)训诂(interpretative criticism),(五)评判(negative internal criticism),(六)决定特殊的事实(the determination of Particular fact)。兹请一一叙述于左:

一、校勘 校勘就是用评判的态度,分析的研究,去校正古书今籍的文字错误。因为现存的书籍,鲜有不印错或钞错的。譬如一个人,做了一篇一百字的诗,校阅一遍,没有错字,这个原稿,可叫做"甲"。嗣经他的书记重钞一遍,送登日报,因为"甲"稿是用草字写的,他的书记不幸在钞写的时候,错认了一字,因此这个稿本,便钞错了一字。这篇钞稿,可称做"乙"。及后这个"乙"本,被日报馆拿去排印,不幸排工又排错了一字,这个印本,可称做"丙"。在这三种本子之中,当然"甲"本的可靠性最优,"乙"本次之,"丙"本又次之。若再把算术上的数字来计算,那末,这三个本子的可靠性,便有如下的比例:

"甲"本一〇〇 "乙"本九九 "丙"本九八[1]

为了校正这个"乙""丙"两种本子的错误,使他们的可靠性,由百分之九十八或九十九,增至百分之一百起见,便须用校勘学的帮助;否则所读的书,已经错误,更如何能寻到正确的事实。上文所说的这文章,仅经过两三道手,尚不免有错误的危险。至于古代遗留下来的书本,往往经过一两千年间的钞写,更难保没有脱误、损坏和剿袭等等的缺点了。校勘学的最大功用就是叫人不读错书,不走错路。他的方法,可分三类,述之如后。

---

[1] 《胡适文存》,p.232。

　　校勘学的第一种方法,就是取得著者的原稿本,用他来与其他的钞写本或刻印本,仔仔细细的校对一遍,改正错误。譬如上文所说的"乙"本和"丙"本,虽然是有错误,但若能寻着"甲"本,细细校对一遍,便可修改无误。但是这种容易的校勘,乃是绝无仅有的事。因为最大多数的古书,并没有著者的亲笔本流传于世。所以这种方法,在应用上是很少的。

　　校勘学的第二种方法,就是寻着著者最老的或是最有名的钞本,用他来作为校对的底本。这种钞本,虽然也是一种最可宝贵的古本,但要知道他毕竟只是一种钞本,并非著者的原本,所以在校勘上,须特别仔细,始能免掉以错误当真实的毛病。因为这种钞本,(一)或由于钞写人故意的改变原文,致使后来的读者陷于错误。譬如①唐明皇读《书经》,当他读到"无偏无颇,遵王之义"的时候,觉得下文都协韵,何以这两句不协韵,于是敕令改"颇"为"陂",使与"义"字协韵,实则古书的"义"字,原来读"我",本与"颇"字协韵,唐明皇为因不懂古音,遂敕令改"颇"为"陂",这是错了。这一个例,便可证明钞写人故意改变原文,并不是没有的事.所以校勘时,须要特别对于钞本注意。(二)或由于钞写人故意删略原文,例如②毕沅在校《墨子》的时候,读到《墨子·小取篇》,"辟也者,举也物而以名之也",觉得中间这个"也"字毫无意义,便把他任意删去,实则《墨子》书中,依据王念孙的意见,通以"也"字作"他",所以《墨子·小取篇》的"无也故焉"的"也"字,亦是"他"字之误.即此可知钞写人故意损略原文,也许是常有的事。(三)或由于误笔,譬如③在辛尼加(Seneca)的信札里面,有一句话,古本均作"Philosophia unde dicta sit, apparet, *ipso enim nomine fatetur. Quidam et sapientiam ita quidam finierunt ut dicerent divinorum et humanorum sapientiam*……"这一句话,毫无异义。实则后来经由马德维格(Madvig)发现,乃知"……Quidam et sapientiam ita quidam finierunt……"这一句话实系"……ipso enim nomine fatetur quid amet. Sapientiam ita *quidam finierunt*……"的误笔,这乃是由于钞写人不明句读,不知音节,所以钞错了的。综上以观,可知古今的钞本,无论他的资格如何老,倘若校书人不明此中隐弊,终久必有以错误当真实的危险。所以校勘时,须要特别对于钞本注意。

　　校勘学的第三个方法,就是当着那既不能取得著者的原本,又不能取得那最老的钞本的时候,只得寻着几种根据不同的本子,来相互比较。所谓根据不同的本子,便是那没有共同错误的本子。譬如《书经》一书,假令真有今文、古文之分,据说,前者系伏生的口录,后者则系孔壁中书,因为两者的根据,是各自独立的,故可用来相互校阅,又如④阮元读《论语》,读到"君子耻其言而过其行",便校之曰:"而

　　①　《胡适文存》,p. 218。
　　②　《中国哲学史大纲》,p. 26。
　　③　Ch. V. Langlois and Ch. Seignobos:*Introduction to the Study of History*, pp. 78—79.
　　④　《胡适文存》,p. 233。

字当作之字……按《潜夫论·交际篇》'孔子疾乎言之过其行',亦作'之字'。"又如①王念孙读《荀子·天论篇》,读到"修道而不贰",王念孙说"修当为循,贰当为忒字之误也,贰与忒同……《群书治要》作'循道而不忒'。"这两个例证,都是以彼一种根据不同的本子,来校正此一种根据不同的本子,所以便无陷于同一错误的危险。清代的汉学家,往往多在这第三种方法上做功夫。

溯自吾国有文字以来,所出版之书籍,有关于社会研究者不可胜数,如各种历史、地志,都包括不少的社会研究的资料。我们要研究现在的社会情状,这些书籍,均是在所必读。不过这些书,大半是中国的古书,都是经过许多次的钞写或翻板,才保存到现在的。试问谁敢保证这些书,在钞写或刻板的时候,没有发生错误。为考核和改正这些错误起见,现在整理国故的专家,必须利用上述校勘学的原则,把他们细细校读。

二、考订　考订就是用科学的方法,去考订古书的真伪。古书的著者,及一切关于著者的问题,这种学问,英法诸国,亦称之为著者的评判(critical investigation of authorship)。何以要需用此种著者的评判？这个问题,可以借个譬喻说明。譬如中国的井田制度,在《孟子》书中,说得十分详细。故近代的学者,往往都以《孟子》一书,作为讨论中国古代井田制度的蓝本。例如胡汉民所作《中国哲学史之唯物的研究》②,便是引《孟子》书作根据。但是在他方面,遑论孟子所说的话,未必可靠,即令可靠,我们最初一步,还须研究《孟子》是否孟轲所做。假如在考订上,我们发现关于井田制度,孟轲就根本上没有著书来讨论,那末现在我们居然引用《孟子》来作为考证中国井田制度的经典,岂非笑柄。

但是人的天性,总爱"轻听妄信"。譬如《管子》一书,只要在他的书面上,说是管仲所作,于是这个"相桓公霸诸侯"的管仲,便真的被认为《管子》的著者。又如《说剑》、《让王》、《渔父》诸篇,因为他们错订在庄周的著作里面,于是他们便真的成了庄周的文字。③"在某一个图画馆里,有一张没有署名的图画,管理处曾替他配了一个画架,上贴一张签条,书曰,达芬奇(Leonardo da Vinci)作,于是这个有名的达芬奇,便真正成了这张图画的画师。"一首名为菲罗米那(Philome-na)的古诗,因为克力门(Clement)所编的《基督教诗人诗歌选》(*Extraits Des Poetes Chretiens*)里,将诗列为圣褒那温图拉(Saint Bonaventura)的著作,又因为圣褒那温图拉的诗文集的若干种版本,以及中世纪许多钞本上,也都载有此诗;于是圣褒那温图拉便真成为此诗的著者了。魏兰卢克斯(Urain Lucas)将味辛泽托立克斯(Vercingetorix)、姑娄巴(Cleopatra)和圣马利马达连(Saint Mary Magdalene)三人的真笔迹,送给沙尔(M. Charles),于是沙尔便自思道,孰料这三人的真迹,

---

①　胡适:《中国哲学史大纲》,pp. 25—26。

②　《建设杂志》。

③　Ch. V. Langlois and Ch. Seignobos: *Introduction to the Study of History*, pp. 88—89.

都在我一人的手里,快乐得很。总之一句,人的天性,就是不重考证,但爱"轻听妄信"。

我们从经验上,可以知道,这种苟安轻信的习惯,最容易受作伪者的欺骗。须知以上所说那三个人的真迹,实为魏氏所捏造。真正的本子,沙尔并未得到。菲罗米纳(Philomena)这首古诗,中古时代的许多钞书者,有时把他属诸圣褒那温图拉(Saint Bonaventura)的手笔,有时把他属诸路易(Louis of Granada)的手笔,有时更把他属诸哈甫登(John Hoveden)或拍克汉(John Peckham)的手笔,实则此诗皆非诸人所做,当然更非圣褒那温图拉的著作物。在意大利的极著名的图画馆里,常有许多图画,毫无一点天才的气味,又毫无可靠的证据,尽管假冒着大艺术家达芬奇(Leonardo de Vinci)的名字。《庄子》书中,若《说剑》、《让王》、《渔父》诸篇,完全系后人杂凑成章。至于《管子》一书,非管仲所作,那更是千真万确。由这些举例,可以抽出一个结论,就是无论古书或今书,尽管在他的书面上,把著作人的名字和履历,写得非常详细,但我们万不可冒然的相信,除非我们寻着确凭确据。

何以古今来的书籍,被人假冒盗窃,如是其多呢?这个原因极复杂。有的是因为著作人想假造古书发财,有的想"托古改制",有的想借用古人名字,以增高自己文章的声价,此外尚有其他伪造书籍的原因。为了这个原故,所以古书今籍中被人盗窃假冒的案件,多至不可胜计。因此便须发明各种方法来考订。兹请将各种考订的方法,分述于后:

一、从著者所生长的时代上去考订。谁也知道,这个著者亲身所做的事,只能在他的生后和死前,不能在他的生前和死后。譬如诗人圣褒那温图拉(Saint Bonaventura)生于一二二一年,假若有一本诗,其钞行年月,系在一二二一年以前,而竟称为圣褒那温图拉所作,这便可断定他绝对是假的。又如[①]管仲死于西历前六四三年,西施当吴亡时还在。又吴国之亡,系在西历前四七二年,故此时已是管仲死后之第一百七十年了。然而《管子·小称篇》,却说管仲曾见西施,岂非不通。由此可知这篇文章,系后人捏造,毫无疑义。

二、从文字上去考订。因为一个时代,有一个时代的文字,绝对不容相混。譬如《关尹子》一书,内中所用的文字,如"术咒","诵咒","役神","豆中摄鬼","杯中钓鱼","画门可开","土鬼可语"的道士话,都是作伪之证,故可断其绝非周秦时代的文字。

三、从格式上去考订,如果是属于公式文件。因为各时代的公式文件,都有一定的格式。譬如满清时代的上谕和奏议等公式文件,都有他们一定的格式。但是假若过了一些时候,忽有人假冒满清时代的公式文件,而不合当时的格式,亦可知其作伪。

四、从思想上去考订。因为一个时代有一个时代的思想,亦是丝毫不容作假。

---

① 胡适:《中国哲学史大纲》,p. 16。

譬如《关尹子》说"即吾心中可作万物",又说"风雨雷电皆缘气而生,而气缘心生,犹如内想大火,久之觉热;内想大水,久之觉寒"。这是极端的万物唯心论。若老子、关尹子时代,已有这种唯心论,决无毫不发生影响之理。周秦诸子竟无人受这种学说的影响,可见《关尹子》完全是佛学输入以后的书,决不是周秦的书。① 这都是用思想来考订古书著者真伪的方法了。

上文所述那考订学的方法,都是考订一部书的一个著者,看他是全真或是全假。至于有些书籍,显系数人所作,我们如果要考订他们,究竟那一部分,属那一个人手笔,便须另有一种区别著作人的考订方法。又有一种书籍,在书皮上虽说系一人所作,但内中却混入有他人的笔墨,在此情境之下,亦非上述的方法所能考订。为应付这俩较为复杂的情形起见,我们的考订方法有二:其一,就是属于形式方面的考订:将几种来源不同的本子,仔细对照比较,看他们内中的纪载,究竟谁多谁少;其二,就是属于内容的考订(internal criticism),看他们内中的纪载,究竟在文体上,是否一致;在文意上,是否贯串。假令有一本书,内中的文体与文意,显有不一致或冲突处,则可断定其有人作伪。譬如《庄子》书中,如《说剑》、《让王》、《渔公》诸篇,其文体之笨重,一望而知其非出自活泼如庄周的手笔,这是可断言的。又如《韩非子》一书,第一篇劝秦王攻韩,第二篇,劝秦王存韩,这乃是两个极端冲突的意见,司马光不仔细考察,不先行研究那劝秦王攻韩这篇文章,究竟是否亦系韩非所作,居然开口便骂韩非,不应请人灭他自己的祖国,这真是冤煞韩非了。实则劝秦攻韩那篇文字,依据顾广圻的考订,乃是张仪所作,这是从战国策可以得到证明的。上面不过略举两例,说明这种考订方法的功用,实则中外学者,都曾使用此种方法,区别书籍的真假。

三、分类 当着书籍的字句与著者校勘完毕以后,我们的第三步便是分类。分类,就是在各种不同的著作中,寻出他们彼此相同的事实,并且按着这些事实,将所搜罗的文料分别种类。这种方法,在表面上,好像是没有什么用处。不过在实际上,却极重要。为什么呢? 因为这种方法的最大功用,就是当着读者还未细读这些文件或书籍的时候,便先得到一个简单明了的观念,看有那些书籍或章节,专讲这一个题目;又有那些书籍或章节,专讲那一个题目。以备读者正式开始做研究功夫的时候,省却他再费时间与精力去到图书馆内,从头至尾的去查阅。

分类的初步方法,当然就是那"读书提要"的方法。读者一面浏览书籍的时候,一面做"读书提要",同时并将这些"提要"依着"读书"的次序,挨次写在笔记本里面,这个制度,即至现代,还有许多有名的学者采用。只因这种方法,非常笨拙,非但不便携带,并且当必要的时候,还不便分类编号,所以不能采用。譬如关

---

① 胡适:《中国哲学史大纲》,pp. 21—22。

于婚姻制度的材料,如果我们在每读一书的时候,都依着次序去做一本笔录大纲,那末,在数年之后,便不知所搜集的材料,分散在好多的笔记本里。这些笔记本里,诚然包含着不少的资料,但是这些资料,都是固定的,不便整理,不便分类。试问我们在研究婚姻制度的各种问题的时候如何能把这些资料,用一种极简单的方式,全集在一处。倘若再将他们重钞写一遍,一定要耗时费力。况且这种材料只限于一个地方,或一个问题上引用,在钞写上已如此的麻烦,假令有些材料,所牵涉的范围很宽,甚至可为数十种研究题目的参考之资,我们岂不是要将他们来重钞数十遍吗?即此可见这个笔记本制度,实于分类大有妨害,根本不能采用。

另有一种"读书提要"的方法,比较上述的方法,可以分类,较为进步。这种方法,就是在未曾读书以前,便依着一种理想的计画,先预备着许多标题和表格,以便读者于搜集材料时,将他们一一填写在表格里面,以后再将同一之文字资料,都汇集于一处。不过这种方法,也有两个缺点:一则这种预定的标题,未必便能对于其所着手搜集之材料,包括无遗;二则这种格式,一经采用,便成固定,难以改变,未免黏滞。因为这样,所以这种方法亦被人摈斥。

现在许多人士,都承认这第三种方法,是最适于分类的方法。这种方法,就是将所浏览的书籍,先按照他原著作人的标题,或依读者自己拟定的标题,写在无数分开的卡片上,同时并将每一标题的材料来源,详细的记在下面,如著作人,书名,篇名,出版年月,出版次数,部章页等项,一一详细录出。这种卡片的登记制度,有两种特殊的好处:第一,就是便于分开,便于集合,并便于变更位置。第二,就是便于增加新材料,便于减少旧材料。因为有这两层好处,所以这种制度在分类与编目上,觉得异常便利。但是这种制度,也有他自己的缺点,就是容易丧失。不过这种缺点,也可设法补救。例如现在的许多图书馆里,所用的书目卡片上,都凿一个圆孔,以便在收检时穿订在书抽屉或纸盒的小竿上用。这种穿孔法保存活叶卡片,便没有散失的毛病。

有许多的人,在评阅文件的时候,往往仗着他们的记忆力强,不肯采用任何读书提要的笔记制度。实则仅靠脑子记忆材料,并不是一种好方法:因为一个人的脑筋有限,不能装太多的东西。换言之:就是人的记忆力有限,难免有误记或遗忘的毛病。既然有这一层难处,所以在发生错误或遗忘的时候,除了再查原书之外,便须自留底本,或如上文所说的,有系统的笔记卡片,以便时供考核之用。所以卡片式的笔记制度,是辅助记忆的最妥善的方法。现在不特研究学问的人,就是一切衙署,以及工商业的事务所,也都采用卡片记事法,便利他们的事务。

依上项方法材料收集完毕之后,还可依照各种不同的方法去分类。这个分类的标准,大约可分为时代的,地方的,或标题的三个种类。例如编纂历史,便以时代的标准为宜。编纂地理志,便以地方的分类为便。考查社会制度,便以标题的分类为顺。总之,这三种分类,在必要时,都可相辅并用。有时或以时代的分类为主,标题的分类为副。有时或以标题的分类为主,时代的分类为副。有时更可以地域的分类为经,以时代的或标题的分类为纬。其应用之妙,随人而定,初无一定的方式。不过我们所切莫忘记的,就是分类之为物,虽则是很机械的,但确是很重要的。

四、训诂　训诂,就是用客观的证据,去解释书中文字的意义。何以要训诂的学问呢?因为在古今的书籍里面,著作者往往用一个字,代表数种意义;或用几个字,代表一种意义。并且有些时候,一个字在当初只有一种意义或数种意义,但是及至经过若干时代以后,却又增添出许多新的意义,或减少了许多旧的意义。譬如Vel 一字在古典的拉丁语上只有 or 或 even 的意义,但在中古时代却增添了一种and 的新意义,又如 suffragium 一字在古代拉丁语中本来就是英文的 suffrage,但在中古时代却又有人把他当做 help 的意义。又如"离"字在中国古代的文字中除了"离开"的意义外,尚有"遭遇"和其他许多的意义(例如《易·小过上六》的"弗遇过之,飞鸟离之"的离字,便含有遭遇的意义),但是到了近代,"遭遇"的意义已不常用。此外这种例子甚多,不必再举。

我们为考证古书今籍里的字义,于是寻出种种训诂的方法如左:

一、文字的意义,多随着时代变化,所以考究训诂的人,须要按着一个时代的字音、字义和文法,去解释一个时代的文字。例如训诂学者;必须按着汉朝的字音、字义和文法,去解释那汉人所做的文字,必须按着宋朝时代的字音、字义和文法,去解释宋代的人所做的文字。否则不是"增字解经",便会"望文生义"。

二、文字的意义,多因地方之不同而有所变异,所以一个地方的文字,内中必有一个地方的特殊意义。譬如中国北部诸省的文字,则有中国北部诸省的特殊字音字义和文法,南部诸省的文字,则有南部诸省的特殊字音字义和文法。因此,训诂之法,便必以中国北部诸省的字音字义和文法,去解释北部诸省的文字;必以南部诸省的特殊字音、字义和文法,去解释南部诸省的文字意义。简单的说,训诂的第二个原则,就是必须以某个地方的语言文字,还诸某个地方的语言文字。

三、文字的意义,多随着著书人之习尚嗜好演变,所以一个著者所使用的文字,往往有一个著者的特殊字法字音和字义。譬如屈原、宋玉的文字,则有屈原、宋玉的特殊字法字音和字义。韩非、墨翟的著作,则有韩非、墨翟的特殊字法、字音和字义。因此训诂之学的第三个原则,就是必要"以贾还贾,以孔还孔,以陆还陆,以杜还杜,以郑还郑"。①

四、文字的意义,往往随着章节之不同而演变,所以在一个章节里面的文字意

---

① 段玉裁:《与诸同志论校书之难》,载《经韵楼集》。

义,往往与他那上下文的意义大有关系。譬如《老子》一书,分为各章,而在各章里面,其所用以表达同一的"道"的观念的,则有"无",有"道",有"惚恍",有"恍惚"等各种不同的文字。举例来说,如《老子》一面说:

"道生一,一生二,二生三,三生万物。"

一面又说:

"道之为物,为恍为惚。惚兮恍兮,其中有象。恍兮惚兮,其中有物。"

"天地万物生于有,有生于无。"

既然天地万物是由"有"所生,而"有"又是由"无"所生,同时万物之实象,又形成于那恍兮惚兮或惚兮恍兮之中,则知"恍惚",与"无"及"道",均是"先天地生"的东西了。可知解释一书的文义,不仅要注重文字本身,并且还要注重那文字所寄托的上下文章。这种方法,叫做"上下文的贯通公律"(Rule of Context)。这个公律,是训诂学上的第四个原则,并且是最重要的原则,读者须将他切记着。明白了这个原则,不独是在文字解释方面,可以了解一书的意义。就是在论理解释方面,亦可以了解一书的意义。明白了这个原则,不独是可以了解书中的直接意义,并连他的隐语、暗示和讥讽、譬喻等间接表达意义的方法,也都可以心领神会。以上所述的四个原则,便构成所谓训诂的基础。

五、评判　校勘系在校正书籍的文字错误,考订系在考证书籍的文字真伪,分类系在整理书籍的文字源流与次序,训诂系在了解书籍的真正意义。没有校勘,我们便有读误书的危险;没有考订,我们便有读伪书的危险;没有分类,我们读书非但没有次序,并且时间不经济;没有训诂,我们在读书时,非但要冤煞前人,并且要遗误后人。这些方法,都是很要紧的。不过在我们评阅文件的程序上,还有一层更要紧的读书方法,就是关于评判著者的诚实和正确问题。须知世人读书一个通病,就是不重评判,只重记忆;不管是非,只管利用;不管前人所说的话究竟错不错,只管把他们剿袭成篇,作为自己的文章的引证。像这一种只钞袭而不侦察真伪的办法,便是假定古往今来的著书人物,个个都很诚实,并且个个著者所说的话,都是天经地义。实则此种假定,几乎常是错误。

我们在历史上,常可以寻出存心做伪的文件。譬如在一八七〇年[①],法兰西驻德大使贝内得提(Benedetti)为西班牙王位继承问题,曾赴延姆斯(Ems),面谒普鲁士王,要求他不许普鲁士王室的亲族为西班牙王位候补者。当时普政府发表了一通电报,叙述这次会见的始末,这就是历史上所称的"延姆斯电报"。这通电报的最末一节说,"国王已决计不再接见法使,于是命一副官通知他说,王再无事可通告他"。这个电报,表示普法谈判全然决裂,并且直接与法兰西以侮辱。于是法国之立法议会,便于七月十八日通过战事经费,十九日法政府便正式对德宣战,是为有

---

① 　J. Holland Rose: *The Development of European Nations*, pp. 44—45.

名的普法之战。实则这个电文,乃是毕斯马克所改窜的,并不是普王通告毕斯马克的原电文。原电文的末一节只是:

> 国王业已通知贝内得提(Benedetti)(即法国大使),他正在等候利俄玻耳特(Leopold)(即曾提出为西班牙王位之候补者)家的回信,关于上项的要求,决定不再接见法国大使了。嗣派一副官通知他说,国王现已从利俄玻耳特之父得有回报,证实其撤退候补之事,现已没有别话可对法—国大使说了。

依据这电报的末节观之,法普两国,关于西班牙王位继承的谈判,只算告一段落,并不算是决裂。并且普王威廉,对于法国大使亦未有侮辱之意。并且皆当七月十四日,贝内得提离开延姆斯的时候,普王威廉尚犹亲自同他握手而别。即贝内得提自身,亦不觉有何侮辱。只因这通电报,经过了毕斯马克的改窜,便引起一八七〇年的普法之战。何以毕斯马克要故意的制造假电报呢?不言而喻的,因为他想与法兰西启衅,以扩充普鲁士的实利。由此可知,凡是历史上的文件,如果与发表这个文件的人,有切肤的利害关系,便须特别提防他说假话。所以我们在评阅文件时,首先要注意著作人,明白他的利害情形,然后始能确定他那文件中的可靠性。

又如中国《论语》书上,孔子曾主张过,关于窃盗的事项,"父为子隐,子为父隐,直在其中也"。凡此均是说谎话的张本。像这种样式的假话多半是由于感情的偏爱所致。凡是一个著者,如果处在偏爱的环境里,常不惯宣布他所心爱的人的过失。所以我们在评阅文件的时候,如果不甘心为文件所欺,其次一步,便要研究著者所处的感情环境,然后可知其是否作伪。又如普通信札的称呼,如愚兄,贤弟,不过是一种文字上的照例的称呼,亦未必便是真的。由此可知,凡是一种照例酬酢的文字,也无若何的真实性。历史告诉我们说,查理士第九却曾妄自夸大的说,本人曾计画了圣巴索罗门的屠杀(Massacre of St. Bartholomew)。这乃是由于虚荣心在那里作恶。又如在中国的政府文件上,往往有倒填年月之事,这亦是存心说谎的例证。其他如歌功颂德的墓志铭和寿序等等,更无信史的价值了。最可怪的,就是吾人的天性,往往只知怀疑现在,而不知怀疑过去。因此,《书经》一书,虽然只是一种歌功颂德的书,但有人却把他当做信史看待。像这种缺乏评判的态度,乃是一般人的通性,必须设法改变。

同时著者也有种种理由,可使他的观察不正确不明了,即令他的态度很真诚。譬如一个人在观察时,所处的地位,如果与他自己有切身的利害关系,那末,他的观察,便容易陷于错误。又如著者在神经错乱的时候,或在时机迫切的时候,他的观察也往往不能正确。姑且退一步说,即令在观察之际,身体很强健,态度很审慎,然而假使观察者,在观察的时候,未能把他那观察的结果,当时谨慎记载,则将来或者也有错记或遗漏的危险。因此历史中,如回忆录一类的书籍,都应该特别用怀疑的眼光去评阅。其他如历史上所遗留下来的传说和野史等等,更应当特别注意,否则必冒认假作真的危险。

大体说来,历史上的文字记载,常是许多假话,除非是他们具备了下列诸条件:(一)著书的人所说的话,明明白白的对于他所希望的效果不利。在这一种场合之下,著者所说的话,大半可信。譬如"甲"军阀与"乙"军阀开战,假令"甲"军阀自己的机关报,亦说"甲"方不利,这大概不是谎话。又如前清道光年间,方东澍做了一部《汉学商兑》,极力攻击汉学家,但他对于高邮王氏的《经义述闻》,却极力夸奖他道,"实足令郑朱俛首,自汉唐以来未有其比"。像这一种恭维汉学家的评语,乃系出自鄙弃汉学者之口,这当然不是说谎了。(二)有些事实,是大家所知道的,著者虽欲撒谎,但恐旁人指笑,因此他便老老实实的将事实和盘托出。不过这也不尽如是,譬如圣巴索罗门的屠杀发生之际,当时查理士第九所发表的意见,上文我们业曾说过,明明白白是些谎话。因此我们对于这种文件,便应该特别注意二事:第一,著者是否不为利害所迫。第二,著者是否不为偏恶或偏爱所误。这两件事都是评判时先要解决的两大疑问。(三)著者所叙述的事件,根本与他自己没有利害关系,因此他便无须说谎。这三个条件,往往都是著者不说谎话时自然发生的情境。所以我们倘要批评一个文件是否谎语,便须考察这三个条件。

我们评判一种文件,不只评判他是否谎话,并且还须进而评判他是否观察错误。在社会上,约有三种事实,著者大概不会观察错误的。第一,是那时间延得很长的事实;如万里长城,古金字塔,和运河碑墓等类。第二,是那空间占得很大的事实;如一个战争,一个民族,和一种最普通的风俗制度等类。第三,是那最普通的而且是最容易观察的事实;如一个城市,一群大兵,一种风俗习惯等类。除了这三种事实而外,如果我们对于书中的记载,不能寻求一种客观的证据,去证明他们确有是事存在,则顶好采用"多闻阙疑"的办法,将他们置诸不闻不问之列,以免淆乱事实。这是我们评阅文件时所当切记的。

六、决定特殊的事实评判的分析,不过仅把整个的文件,分开而成各种的叙述,并在每一叙述上,附贴一张签条,上书:"那个是有价值的。""价值大或小?""那个是有问题的","问题巨或细?""那个是大概可相信的","那个是简直无法估量其正确之程度的。"综括来说,就是这些签条上的符号,都不过只是一些"或许如是","大概如是"的符号。至于附属在这些符号里面的叙述,究竟是否合于事实,则非那评判的分析所能解决,而须有待乎最后的一个评阅文件的方法。这个方法,便是我们所急要叙述的综合的观察。

无论任何科学的知识,都是根本于综合的观察。譬如"空气有重量"这个定律,乃是伽利略(Galileo),托里拆利(Torricelli),巴斯噶(Pascal)诸人集合观察之总和。现在我们且将这个定律发明的经过,从详抄录于后,以明综合的观察,在考证事实上的重要。

当远古时候,人并不知道空气有重量这条定律。及至文艺复兴时代,始有伽利略(Galileo)出而观察那抽气筒能使水升高三十四英尺的现象。于是他便假定道，这或许是由于空气有重量的原故。但这只是一个孤立的观察，不会具有科学定律的资格。后来他的弟子托里拆利(Torricelle)，心想如果抽气筒能使水升高三十四英尺，是由于空气的重量所致，那末，水银比水重十三又十分之六倍，便只能升高三十英寸。他用水银试验起来，果然不错。经了这个第二次观察证实之后，这个关于空气有重量的叙述，便愈能逼近于事实。后来法国哲学家巴斯噶(Pascal)，心想如果托里拆利的气压说不错，那末，山顶的空气比山脚下的空气稀得多，若拿一管水银到了山上，他便应该下降，因此他便叫他的亲戚拿了一管水银，走上劈得东山，水银果然逐渐低下。到山顶时，比平地要低三个英寸。自经此次观察之后，这个空气有重量的问题。便被完全解决。因此他便成为科学上的公律。即此可知综合的观察，乃是决定科学事实的必要工作。

虽则科学的观察，与历史的观察，彼此非系同物。前者系直接观察事实，后者则是直接观察文字记载，间接观察人类现象。但是他们这两种不同的观察，都是具有同一的特色，就是他们均必采用综合的观察，而后可以决定那些特殊的事实，这乃是一定不变的。

综合的观察，应用在文字记载的研究上，却形成了一个特殊的意义。就是在历史上，无论任何文字记载，如果他们所叙述的事实，已经淹没，那末，我们便须证明他们确系经由前人几个独立的观察并公认以后，然后始可相信。不过我们应该注意一点：有的"复合的观察"，乃是经由同一的人举行的。在这一种情境之下，我们便须在那著者的本书里面，或在其他的书籍里面，去考证那著者自己，是否却曾对于历史上某一件事，真的观察过数次。又有些复合的观察，虽是经由数人举行，但他们却是公举一人起草报告。在此一种情境之下，我们便须从严考问，究竟他们是否在观察的时候，处在同一的境遇之内，这两种情形，都是读者从文字记载中寻求过去事实时所必须注意的。

历史的方法讲完了，现在且请进而说明他的实际应用。大凡评阅文字记载，要不外了解他的原意，和评判他们的内容，是否谎语或错误。并且按这个方法去搜求正确的材料。因此之故，有些书籍，如果他们的文字很浅近，我们开始即可为评判的研究，把那些窒碍难通之处，留待事后决定。又有些书籍，如文字过于艰深，或内容启人怀疑，便须一面将校勘、考订、分类、训诂及评判的工作同时并举，一面还须设法解决那些特殊的事实。大致关于古代的书籍，在评阅上，多须六种方法并用，始克有济于事。其他的，则可随着特殊情形而定。总而言之，我们每读一书，都要先行考虑，看他在评阅上，应当使用那几种工具，便使用那几种工具，不必拘于成例。

第三章　个体的调查

一、总　　论

调查一个问题的初步,如前章所述,便是搜集参考的书籍,分析并综合关于这个问题的历史的事实。但是如果调查者,在参考相关的历史资料以后,对于他所要调查的问题,还觉得有需研究的地方,他当然要更进一步,自己去着手实地调查。不过当他还未着手去实地调查以前,他自然要先决定,以采用那种调查的方法为最妥当。从本章起,可将现在所通用的社会调查的三种方法介绍给读者。社会调查者,在近一百年来,曾发明了三种调查社会的工具。

一、个体调查　深和博的调查个人的社会关系。
二、样本调查　选择和调查小于全体的代表部分。
三、全体调查　调查一个社会的全部分子。

个体调查,集中在了解那个体的特殊生活状态,尤其是要了解那个体的生活需要,和他那满足这种需要的可能性。因此,调查者在调查的时候,处处都要竭心尽智的去撇开那一般人的共同生活状态,而专注意那一个人的特殊生活状态。(虽则他也常常要留心他的共同生活的环境,以资比较参考。)譬如关于调查一个人的教育程度,倘若他是调查着一个学问专家,他一定不止问他曾否读过书。倘若他是调查着一个蠢汉,他一定除了问他能否识字而外,尚须追溯他那特殊的个人生活状况,家庭状况,社会状况,和他自己所受这些状况的特殊的影响。因为这样,所以关于个体调查的技术,其规则至不一定,应用之妙,因"人"而异。因此调查员的训练,特别重要。反之,如全体社会的调查,因为在调查的时候,调查者须力求撇开被调查者个人的特殊生活状态,而专注重在那各个人之间的一般的生活状态,所以他那调查的事项,便不及个体调查之周密与细腻,而须以一般人的普通状态,作为制定调查表的标准。譬如吾国内务部所制定之《县治户口编查底册程式》,其关于教育程度一项,在他那说明书内,则只规定为仅指那"曾否读书,及在何种学校肄业或毕业"而言。换句话说,就是全体调查所调查之事项,比较简单。因为简单,所以容易定出一般调查的规则。只要依照这种规则,即令调查员的知识和经验稍稍缺乏,结果亦可无大出入。不过在他方面,因为全体社会的总调查,范围甚大,人数甚多,因而他所用的调查员亦甚众,所以他们的工作很难整齐划一。为了避免这个难处,所以全体社会总调查的技术便特别注重在组织。至于样本调查,虽然他所调查的范围,不必如全体的社会调查之宽,而他所欲调查的个体生活状态,亦不必如个体调查之深;但同时他另有一个特别的紧要之点,就是何以知道这一部份的社会现象,可为较大的一个社会的样本或代表呢? 因此在选择这个代表例证上,他便须特别的加以注意。所以样本调查的中心问题在乎选择例子。关于这三种不同形式的社会调查,其所包含的三个各别不同的中心问题,均须详为说明。兹请先叙述个体调查的性质和方法。

二、个体调查的意义

社会调查的意义,既然说是以调查社会为对象,何以个体的调查,亦要强称之为社会调查呢? 须知个体调查,并不是调查一个个体的先天的本能,而是调查他那本能的扩大。换句话说,便是调查一个个体的社会关系。因为一个人生在世上,不外他与他人的关系。包尔温(James Mark Baldwin)说:[①]

> 无论在那个时候,他所想着的"自我",并不是一个孤立的和单独的存在于他的身体以内的抽象观念,虽则我们的许许多多的关于个性的理论,常常引诱我们想到这个抽象的观念。"自我"宁是一种网状的存在于我与你或他之间的许多关系。在这些关系里面,那锐利的感情,实际的生命,和具体的思想,有时需要我们趋重此一个极点,称之曰我。有时需要我们趋重彼一个极点,称之曰你或他。

包氏的意见,专注目于人的社会环境,虽然似乎偏于极端,但是却说明一部份的事实:一个人的生活状态,虽然不能说完全是社会给与他的,但却无一不是因为他能与社会发生关系,然后始结合而成一种固定的形式的。因为这样,所以我们在个人调查方面,亦可搜集着无限的社会资料。

从社会改进的观点上说,虽则无数的个人之间,常有一种共同的病象发生,所以要决定一种社会政策,常须借助于样本的或全体的社会调查。不过除了共同的社会病象之外,尚有个人的特殊的社会病象。这种病象,苟非乞灵于个体调查,则不能讲求改进之道。所以全体的或样本的社会调查,须要与个体调查相辅而行,然后在一个社会病象之诊断上,始无顾此失彼之患。譬如现今的学校制度,既设年级,又设单位制;有了必修科,又设选修科,乃是基于同样的原因。又如现今的司法制度,既设原则,又设例外,亦是趋重在一般的惩戒与特殊的惩戒的两方面。社会调查也是这样,他愈进步,愈能知道个体调查的重要。

---

① James Mark Baldwin: *Social and Ethical Interpretations in Mental Development*, p.508.

莫说在社会状况之改进上,个体调查,实为重要。即在此普通的私人的社交上,个体调查,亦常为事实所要求。假令有某"甲"要与"乙"的家庭结婚,因而"乙"想知道"甲"的品行,看他能否值得上这个大的允诺,这时"甲"所要知道"乙"的那四件事,或恰将与从事个体调查者所要知道的相一致:(一)他的物质生活状态,(二)他的品行,(三)他在什么物质的环境中生长大的,(四)他受了什么精神势力的影响。此外如果你要结交一个人为朋友,或许是将要选举他为国会代表,亦是一样的要感触到个体调查的必要。据黎吉孟德女士(Miss Mary E. Richmond)①的推算,北美合众国的社会调查员之中约有三分之二,均是从事于个体调查。

三、个体调查的证据问题

调查个体的社会生活状况,要不外乎搜集证据。从社会调查的观点上说,凡是一切的零星破碎的条项,当他们各自分立的时候,显是毫无意义,然而当着他们一点一滴的汇合在一道的时候,若可说明一个被调查人的个性,通可称做证据。譬如小孩子的说话迟钝,此事本身可以说是毫无意义,但当这个小孩子的走路慢,牙齿生得慢,和抽筋风等状态,与他相连的时候,则可变成说明这个小孩心灵状态的一部份的重要证据。这便是社会证据的意义。

社会的证据与法律的证据不同。他所取材的范围较法律的证据为宽。黎吉孟德女士(Richmond)说②"社会的证据之所以优于法律的证据者,正以其可包含许多的,鲜有在法庭上作证之价值的事实在内耳。如果没有这个优点,个体的调查工作(social case work)(包含调查、诊断和救济在内),简直没法进行其事业。因为决定一个家庭或个人的状态的问题,此较那单纯的去裁判那原告或被告是否应受惩戒的问题复杂的多。"所以一个社会调查员,在搜集证据的时候,应该知道这个社会的证据,不应为法律证据的范围所限制。

法律的证据,所以要采用那比较狭隘的范围的理由有二:一则因为法庭的行动,应受先例的限制,不似个体的调查工作,可不为成例所拘束。再则因为法庭的职务,大半止于消极的社会的惩戒,不似个体的救济,特别的要注意于积极的社会的改进。因此前者对于证据之搜集,主张严格,旨在减少滥用法律。后者则主张扩大,旨在增加改良社会的机会。前者宁肯失之过严,后者宁肯失之过宽。因为这样所以社会调查的专家,与普通法庭的判官,各有其特殊不同之证据观。兹举黎吉孟德女士所用之例以说明之。

有三个儿童,一个七岁,一个五岁,一个三岁,都得了骨瘪病。最大的儿童在四岁的时候,便不能走路。第二、第三两个,在三岁的时候,便弯折了腿,走

---

① Mary E. Richmond:*Social Diagnosis*, p. 25,附注。
② Richmond:*Social Diagnosis*, pp. 39—41.

路费力。大的儿童在三岁半时虽被一个从事社会工作的人送入医院,但这父母却忽略了把其他的儿童也同样的送入施医院受诊察。这位从事社会工作的人,访问他们七次,催促他们从速诊治这两个小儿童。他们虽然每次都答应照办,但是他们却认此为干涉私事。而这位从事社会工作的人,便解释此事为父母的怠慢,呈请法庭出而干预,以便保护这两个儿童。

但是,在他方面,法庭必不出而干预。因为如果没有一个医生,提出确切的说明书,说这父母两人没有遵照医生的意见,照管他们的孩子,以致发生危险的影响,即令两个儿童的腿已弯折,法医也是不能接收一个外行人的判断。因为倘若此事构成先例,以后许多案件便难处置。关于这种事件,一个外行人的意见,不如医生的意见,因为一个医生的意见,要代表他的职业负责任。并且,即令提出此种意见者,为一个内科医生,法庭都难以此种懈怠作为判案的根据。凡是为父母的,只要在他们的能力以内,照顾了他们的儿童,法庭便不能强行干涉。这个法庭,因为他恐怕连医生的意见也不一致,所以他不肯遽然对于那虽然愚昧但是怀着善意的父母,强施以一种可批评的待遇。

我们从这一个例,不但可以知道社会的证据与法律证据的范围不同,并且在他方面还可看出法庭搜集证据的方法,在现行制度之下,对于一个社会案件之侦察,取材的范围太狭,因此常没有较多的机会,看清一个事实的真像。现在外国社会调查的机关,常能以他所得的新证据,纠正法庭的偏见,或补充法庭的缺陷。从吾人常识的眼光看来,法庭当然为解决社会争议的公断人,并且是搜集社会证据的老手,他的求证的方法应该极精确了。可是自从个体调查的技术逐渐发展以后,我们便知道他的搜集证据的方法,实逊于社会调查者所用的新技术。这实是研究社会的人,应该注意的事情。

但是法律的证据,亦有与社会的证据根本相同的地方。因为在证据之取材上二者都常不是根据已有训练的观察人的意见,作为证据的资料,大半系根据证人的讲话,构成证据的大部。因此二者对于证据的态度,不但不能把证人的意见视作事实一样,并且还须进而估量他的可靠性。又因法庭的历史,比从事社会工作者的历史为久,所以法庭估量证据之价值的经验,在相同范围内,非但常为后者所不及,而且在事实上也常可以为后者所取法。

社会调查者与法官,若万一不幸对于证据之评价有差失,都要受人的责难与攻击。所以社会调查者应该切记法律上证据的分类,以便从事于社会证据之评价。法律的证据通常分为三大类:(1) 眼见的证据(real evidence),(2) 口头的证据(testimonial evidence),情况的证据(circumstantial evidence)。虽然证据可以用种种方法分类,但是现在我们所要讨论的这三大类是最通用的。

(一) 眼见的证据,就是法庭的法官,或社会调查者亲眼所见的证据。在法庭方面,譬如关于杀人的事项,法庭的检察官,亲眼看见"甲"杀"乙",这个证据,便属于此类。在社会调查方面,凡是社会调查者在调查的时候所观察的事件,直接可以解答他所调查的问题的社会资料的,也部属于此类。譬如被调查人的家庭景象,便是解答他的住所状况问题之一种直接证据。又如他那桌上摆着有饭,可见他这一餐并不是没有食料。眼见的证据的可靠性最大,几与事实相一致。

（二）口头的证据,就是证人口头或笔头所述的证据。譬如在法庭上,一个证人说他曾看见"甲"杀了"乙",这便是一种口头证据。在社会调查上,譬如某工厂的老板,对于慈善机关的调查员说:"你所要救济的那个失业工人某'甲',从前曾在本人工场里作活是一个颇懒惰的。"这亦可算是口头证据。不过调查员对于这一种口头的证据,还须细心区别:就是这个工厂的老板说工人某"甲"很懒惰,是他亲眼见着的呢? 还是他听着他的工头说的呢? 如果是听着他的工头说的,那末这个证据,比那亲眼看见的还要次一等,直降入通常所谓"传闻的证据"一类。如果一种证据的陈述,曾经过另一个人的口耳,便有发生错听与错述的危险。因此法庭审案的时候,对于证人的第一句问话,就是"这件事情你本人看见决有?"如果他说:"没有,但张某却曾告诉我。"法官便要传张某来问他所亲见的是什么。由此继续追寻,一直到找着那亲眼看见的人为止。

逻辑上有个数学公式,系用以考究演绎的结论之真确性质的或然数。这公式对于判别证人眼中的证据和传闻的证据极有价值。例如这里有甲,乙,丙三命题同为造成某结论之前提条件。假令这三命题的真确性质的或然数为 $\frac{1}{2}, \frac{1}{3}, \frac{1}{4}$,那末,这个结论的真确性质的或然数便当为这三命题的或然数之连乘积,即 $\frac{1}{2}$ 乘 $\frac{1}{3}$ 乘 $\frac{1}{4}$ 的连乘积,由此可知,演绎的结论之真确性质的或然数,除非他的前提条件之真确性质是1,往往是很低的。这个数学公式,可以用来证明传闻证据的价值极低。例如"甲""乙""丙"三人同作一桩事的证人,"甲"说他是亲眼看见的,"乙"说他是听着"甲"说的,"丙"说他是听着"乙"说的。设若"甲"寻常说话,四次有三次可信,则"甲"今番所说的话,便只有 $\frac{3}{4}$ 的作证的价值。"乙"寻常说话,五次有四次的可信,则"乙"寻常说话的价值,便只有 $\frac{5}{4}$ 的可信。但今番"乙"的作证,并不是说他自己亲眼看见的,乃是说他听着"甲"说,所以他今次的讲话,其可信的价值,更要低一级,仅有 $\frac{3}{4}$ 乘 $\frac{4}{5}$ 所得那 $\frac{3}{5}$ 的结果了。若"丙"今次出来作证,又说是听着"乙"说的,其价值当然不足 $\frac{3}{5}$ 了。所以搜求证据的人,对于证人眼见的证据和传闻的证据定要分出界线。

社会调查者或历史家,所处的情形与法庭迥然不同,所以他们绝无拒绝接受传闻证据的理由。这种传闻的证据虽然常不大可靠,但他至少可以作为其他的较为可靠的证据之一种参考。只要在应用此种证据的时候，能够特别的小心谨慎，并尽力去寻找那亲眼看见这个事情发生的证人，这种传闻的证据，便不至发生什么危险。

（三）情况的证据，就是指那法庭里面的法官或社会调查者，对于一个欲待证实的问题，既没有发现可以解决这个问题的事实，又没有发现可以出而作证的证人，他仅在调查之际，寻着一些可供参考的事件，貌似与他所欲解决的问题不无关系。这种事件，便是构成情况证据的一切资料。假令某家发生一窃盗案件。没有人从这家的女仆身上获有何种赃物，也没有人亲眼看见她窃盗主人的东西，但是，只因她在被窃之家作工，夜已过半，而她的街门尚未关闭，窃案发生以后，她脸上又似觉露出恐惧之色，于是主人便视她为嫌疑犯。这些受嫌疑的情形，构成情况证据之总和。然而法庭决不能便依此处分她。因为只这种嫌疑证据还不足，诉讼理由不能成立。即此可见这种情况证据的价值，在法庭作证的资格有限。但社会调查者，对于这种证据，则不能因为他的可靠性不及前两种大，便如法庭一般的态度，决然置之不顾，因为这种证据之累集的总和，往往作证之价值颇强。

从作证的价值上说，上列的三种证据之中，重要的程度不同。为估量证据的重要程度，如重要、次要、不重要等便须应用证据的评判。不过证据价值之评判，与证据事实之求证完全不同。前者系就某项证据过去的信用，估量他的现在的可靠性。后者，则系就他现在所包含的意义，而去证明他是否没有错误。例如"丙"说"甲"杀了"乙"，如果"甲"这个人，在平时说话的时候，只有七折的真实，那末，他现在所说的话，便只有七分的可靠性；八折，便有八分的可靠性。估量这种可靠性，叫做证据价值之评判。至于一个证据之证明，如决定究竟"丙"所说那"甲"杀"乙"的证言是否与事实相符，那是估量证据的可靠性以后，寻求新事实的问题。二者不可混为一谈。

评判证人口中的证据是社会调查者的一件大事。至于他那评判的方法，也与历史学家或读书人，要经了校勘、考订、分类和训诂之后，从而评阅一种文件的可靠性相类似，须要注意证人的能力和偏见。证人的能力包含着四种要素：（1）证人对于他所作证的事件，是否当着此事发生之际，有了解这事的好机会；（2）有了这种好机会，他曾否加以注意；（3）如果已经注意，他的记忆的程度如何；（4）如已经记忆，他的表达的能力如何。凡此均是决定证人作证能力的要素。在社会调查的事件上，往往有许多的证人，尽管对于他所作证的事件有了解的机会，但是却未注意，因而把这个机会轻轻放过。譬如一个女子，她的丈夫告诉她生病，并且要求把他送到医院去。但她对于她的丈夫的病况，却丝毫也不理会，丝毫未加考究。后来当她把他送到医院里面去的时候，医生对她打听他的病状如何，旧病如何，新病发生之际如何，温度如何，发病已经过若干时间，她虽然含糊答应，但是实则一概不知。我们从这个例，可以看出当一个事件发生之际，如果在旁的人，把这事看得不重要，他对于这事便往往不注意。所以从事调查的人，在得了一种证人的证据之后，便须进而考究他是否留心观察过他所作证的事件。

不注意诚然影响证据的可靠性,往往有发生错误的危险。不过此外还有一件影响证据的事情,就是关于证人的记忆力之强弱问题。以大名鼎鼎之威尔士(H. G. Wells)在做《世界史大纲》的时候,尚把德国占领胶州湾与俄国夺取旅顺口,其间相隔的日期记错,①何况乎普通的一个对于日历不大注意的证人。所以一个记忆力不强的证人,往往要闹出许多错误来。因此证人的记忆能力也是估量证据价值时,不可忽略的一件事实。大体说来,一个普通的未受过教育的人通常的记忆,都是以几件大节期,如新年,端午,中秋,双十节等类,作为他们记忆的链锁。如果有一件事恰恰的发生在这些大节期之前后,他们往往能记忆,否则便没有如此准确。这是调查者所应当知道的。

即令记忆可靠,精神专注,但如果证人的表达能力不强,在证据之价值上,也要发生问题。所以调查者须仔细研究证人所用文字及其所知物名之多寡程度如何。例如顶阔的富人在青菜店内,往往找不出这些青菜的名字,来表达他的情意,因此他便不配替贩卖青菜之种类的问题来作证。如果调查一个洋车夫的跑快与得价之关系,与其问他"如果你每日用尽两腿的可能,每天得价几何?"使他听了莫明其妙。不如问他"如果你拉车跑得快,每日能多赚铜元几枚?"使他有容易提出证据的机会。所以调查者在搜求证据的时候,除了估量证人的注意程度和记忆而外,尚须通晓他本人所惯用的语言文字。

如果不考量一个证人的注意机会,注意深浅,记忆强弱,和使用语言文字之多寡程度,绝难估量他的证言是否完全可靠或部份可靠。这层当然很重要,因为这些都关系证人作证的能力问题。不过社会调查者,除了注意证人作证的能力而外,还须注意一件更要紧的事,就是看他有无偏见存在证据之内。在社会调查的进行上常常发现偏见。内中有几种偏见,调查者尤要特别注意:(1)教育的偏见;例如调查者调查一个人的犯罪情形,穷困状况,有许多的人明明知道,但他们在作证人的时候,往往不肯道出真象。什么原故呢? 因为那社会的道德,不许宣言旁人的隐恶。这便是教育的偏见之一。(2)种族的偏见,譬如北美合众国,所移入的意大利人,尽管很穷,但他们却是很自豪。所以调查者如果在调查的时候,措辞不谨慎,他们便认为那是侮辱他们的民族,便不肯说真话。这便是种族偏见的例证。又如北京市的满族比汉族更重礼节,即普通的贫苦人家,都是相互的对称老爷太太。如果调查人在调查的时候,冒渎了他,或许也构成种族偏见之一种原因。(3)自利的偏见,这个人人都知道。俗语说"奸不通父母,贼不通四邻",又说"家丑不可外扬"。从前一个例,可以知道,如果调查者调查一个被调查人的利害关系便很难得到他没有偏见的答覆。从后一个例,可以知道,如果调查者调查一个被调查人的家丑,或是属于他所尽忠的团体,亦难想他可以真诚的告诉你。总括来说,就是调查者在搜

①　朱经农:《威尔斯世界史大纲》,《新潮》第三卷第二号。

求证据的时候,要想一个证人,既有作证的能力,又有作证的诚实,乃是很难得的。正因其很难得,所以调查者对于那证人所说的话,便须逐条逐款的去怀疑,去估量,以图发现他内中究竟包含有几多可靠性。

估量证人口中证据的原则,在第二章评判历史文件的方法上,已经说过,本不必再行讨论。不过因为他很重要,并为唤起从事调查证据的人的注意起见,今乃反覆叙述。不过在证据的程序上,这个证据的估价,即令估定得较完备,亦不过得到一些或然的推断,就是,那种证据似乎可靠,那种证据似乎不可靠。至于这种证据,究竟可靠与否,则非证据的估价所能解决,仍须有待乎证实。所以上文曾说,证据之估价与其作证,根本不是一事。

证据与证明,常有人混为一谈,实则这两个的界线,绝对不容侵犯。因为证据不过是推论之一种资料。推论只是由已知推到未知的一种思考作用。至于证明,则是推论已经证实之后的事情。不过在上列的三种证据之中,(1)眼见的证据与证明隔得最近,甚至用不着推论。(2)证人眼中的证据与证明隔得较远,内中全靠推论作链锁,因此未知数颇多,求真的前途颇危险。(3)传闻的证据,危险的程度更进一步,至于(4)情况的证据,与证明隔得最远,未知数最多,求真的前途最危险了。法庭因为懒于冒险,所以对于最后的两种证据,都不敢如何顺着他们的指导往前进展。独有从事社会工作的人,不但不怕危险,还要冒着危险前进。所以他们往往有惊人的新事业发现。不过在他们冒险推论的时候,切莫要忘记八个大字,就是:大胆推论,小心求证。

四、个体调查的方法

个体调查的社会证据的搜集和证实,一则要深,二则要博。深的程度,要所搜集的证据,确能说明个体调查的问题。博的程度,要说明这个问题的资料,根本于许多独立不同的观察资料。总括来说,就是要求多数观察之相互符合。为达到这个目的,所以社会调查员,须同被调查人会谈,须同他的家属见面,并且在家族以外去搜集材料。搜集以后。并须依据上述逻辑的原则去求解释。

(一)第一次与被调查人见面的手续　调查的工作乃是一种艺术。这种艺术之取得,最重要的乃是调查人自己去经验,去体贴。不过旁人的成功和失败,也是重要的一种参考资料。依据黎吉孟德女士的意见[①],在第一次见面之际,调查者(1)须心平气和的听那被调查人的讲话,(2)务要设法使相互间的同情谅解成立,(3)注意获得其他的所有一切消息的线索,只要这些消息,对于这个被调查人的困难,和他那可能的解决方法,能够给一种更深的观察,(4)在被调查人的奋斗范围内发展他的自助和自靠的态度。因此第一次的见面,切莫要急躁,并且最好是在秘

---

① Richmond：*Social Diagnosis*, p.133.

密或清静的地方会谈。调查者虽则时时有一定的目的在心内,但处处都要注意被见面人的情绪。在还未说话以前,如果调查人会听,尽有许多的问题,竟可以不必问,自己便能答覆。必要的问题,应当构造得很巧妙,使调查人容易说真话。别人答得较好的问题,不必便是必要的问题。至于第一次见面,所须知道的消息线索则有如下述:(甲)亲族,(乙)医生和卫生的机关,(丙)学校,(丁)现在的和过去的雇主,(戊)从前的住所和邻居。在调查的时候,被调查人的希望计画和对于人生的态度,比无论那条消息还重要。又在见面的时候做记录,常是不高明的,虽然这要视乎调查的性质和见面的地方而决。见面的最后五分钟或十分钟,定要加重希望得到帮助,并预备下次再见面的机会。

上文所说的话,虽则句句都能应用,不过调查者要想把每一句话,在每一件调查的事体上,都能用得恰到好处,则尚须请调查人于尚未调查之前,注意下列几种情形:(1)事业本身的性质。调查仅作为学理的研究呢?还是有应用的目的在内呢?(2)被调查人的性质。他是工人,或是小商人,还是流氓?(3)见面的地点,是在被调查人家庭里呢?还是在事务所里呢?当然各处有各处的对付手段。(4)何处有相关的记载,可为参考的资料?譬如我们知道某个医院的记载可以借给调查人作参考资料,那末他在第一次会见的时候,不妨便先问被调查人与该医院的关系,以便尽早取得该项文件,先行披阅一过,然后再往下问,岂不省事。

调查一个个人,应当紧记着这个前提:个人仅是家庭中之一员。因为家庭的历史,往往能说明一个被调查人的现在地位和将来发展的可能性。并且在调查家庭状况的时候,须注意家庭的团结力。有的家庭,虽然能让他的儿女远涉重洋,但却丝毫无损于他的连带关系。有的家庭,即令儿女同住一处,连结也很松懈。凡此皆与家庭内分子的关系颇大。其次应注意家庭的物质状况,(1)收入和支出,(2)食物习惯,(3)居住。调查者倘能利用家庭的历史资料,去考察一个个人的状态,才是调查的能手。

(二)家庭以外的调查　被调查人的社会关系,不必限于他的家庭方面,并且在事实上,可供我们的觉察和合作的地方,亦须常比家庭宽。所以与被调查者个人和他的家庭见面而后,便须撇开这个被调查人自己或他的家庭的意见,而到家庭以外去搜求证据,如从事社会工作的机关,教会,医生,卫生机关,过去和现在的邻居,亲族,学校,朋友,和公家的纪录等等。至于访问这些消息的发源地,何者应当先,何者应当后,则须根本下列的这些原则决定:(1)果敢的向着历史之路前进;(2)第一步向着那大概史料最丰富的地方搜寻,其次向着那大概合作的机会也多的地方搜寻;(3)先寻找亲眼看见的证人,以后再寻找耳朵听见的证人;(4)注意递补消息线索的特殊价值,这种线索,就是指那在第一次与被调查人见面,和后几次同他的家属见面,所未得到的消息线索,而在继续研究进程中发见的;(5)寻觅供给消息的社团,并与每一社团接洽,旨在取得新消息。

亲族,虽然是寻求家庭以外的消息的一种出路,但调查者须知道他们在作证人的时候,却常有许多缺点:(1)他们的消息,常有偏见存乎其内;(2)他们常以为他们知道的多,其实他们所知道的并不如他们所想的那样多;(3)他们常缺乏社会状况和价值的了解力。不过在他方面,他们也有他们的优点:他们对于个人和家庭的历史,所处的地位很好,常可提供有价值的证据作参考,并且对于被调查人的情形常有一种深的见解。

医院,医生,和其他有关医术的机关,在外国社会里,常处在供给最有价值的消息的地位,因为他们没有偏见,并常具有科学的态度,固然在中国则少有这种记录。所以一个个体的社会调查员,应该在医院方面去搜求下列这些资料:(1)病情的诊察,和病势的预志。病的过程和结果,又帮助去病和断根的方法。(2)选择顶好的消息发源地,来把他们充分利用。(3)寻求直接的消息,不要依靠那间接从医生口中听来的消息。(4)注意初诊的时日。(5)注意普通人的医药意见。(6)有些医药上的消息,没有其他的方法可以得到的,须找医生居中帮忙。(7)特别的留心报告医药事件的社会方面。

教员和学校,因为他们尚未将学生来个性化,所以消息不完备。雇主和工作的地方,虽然亦为消息的发源地,因为被他本身性质所限制,亦有几许的缺憾。不过旧雇主虽然常有偏见,尚不及新雇主的偏见厉害。就大概的情形而论,如果把老的邻居和老的店主,与新的相比较,其作证的资格,也几乎与老雇主的地位相等。

除了亲族,医生,教员,雇主,邻居,雇主而外,社会调查者,还须在他的调查进程中,参考文字的记载。我们在第二章里,曾将应用文字记载的学理根据,详细讨论。不过现在还须略述参考文件的具体方位,以补第二章的不足。黎吉孟德女士(Richmond)说①,"社会调查者须常参考文件中的纪载:如(1)出生,(2)死亡,(3)结婚,(4)离婚,(5)所在处所(Where abouts),(6)财产,(7)移住,和(8)行为等事项"这些事实,在欧西各国都可以找得着地方来证实。例如关于出生一项,在欧西各国则有(1)出生执照,(2)受洗礼的执照,(3)移民记册,(4)归化证件,(5)保险凭单,(6)《圣经》(西人每人都有一本《圣经》,上面写着自己的名姓和住址)和其他宗教的记录,(7)法庭记录,(8)医院记录,(9)各种儿童机关的记录,和(10)其他社会机关的记录等文件,皆可用资比较参考之用。死亡一项,则有卫生局的记录和医院的记录作凭证。结婚一项,则有(1)结婚执照,(2)婚礼报告作证据。所在处所一项,则有(1)地方居民之姓名住址职业录,(2)选举册,(3)兵役记录(enlistment records)(4)警察区录(police precinct books)(5)接受外国汇票的收据和(6)坟茔纪录等文件作考证。财产一项,则有(1)不动屋的纪录,(2)遗产纪录,(3)保险纪录,(4)银行存款的纪录,(5)养老年金纪录,(6)坟地纪录等作参考资料。同时移入和行为等事项,亦可在上述的各种文件中寻求证据。独有在我们中国关于这些事件几乎寻找不着一件较为可靠的文件可用以作凭据。这真是

---

① Richmond:*Social Diagnosis*, p.179.

我们在中国着手社会调查的人一大障碍。若要打破此种障碍,则还须靠着从事社会工作的私人或团体努力奋斗。

五、文字的记载

怎样去同被调查人接近,和怎样去探访并利用那些消息的出路,在社会调查的程序上,虽然重要,但却不是唯一的重要。此外还有一件至少与他们有同等重要的问题,调查者亦应该注意。这就是关于各种消息的文字记载问题。依据吾人日常的经验,普通的文件记载,往往有两大缺点,第一,就是容易使人记得,然而不大正确。第二,就是虽然正确,但确不容易使人记得。所以要使我们所得的消息,记载在文字上,既能正确,同时又能使人容易记得,必须遵照下列的两种原则:(1)记载须合于简明律;凡是一个问题,和他自己的答覆,凡是可以用数量表出的,最好是用数量去记载,或是把他分析的最简单使读者能以"是""否"二字,去理会他的意义。譬如日常所用的好坏等名词,因为他们所包含的意义,不但广漠而且空泛,既不能采用数字的解释,又不宜采用是否二字去理会,则可弃而不用。(2)记载须合于标准律;在记载的时候所用的文字,须有一定的标准。譬如物理化学上所使的轻气,养气,电气等文辞,每一个字,皆有他的确切意义,绝对不容相混。虽则关于社会科学方面的知识,和表达他的文字,往往不及自然科学方面的确切,不过近两世纪以来,因为自然科学的方法已经逐渐应用到社会科学上,所以社会科学的探讨,亦以"正名"为本。社会调查的记载,当然亦不能出乎这个原理。依据罗尔佛女士(Miss Ralph)的意见,一个从事保护儿童工作的人,在记载的时候,应注意七件事。[①]

(一)调查人的亲身观察和被调查人的谈话,在造访或见面后,应赶早记载。

(二)固有的名词,在记载上,应留心他那正确的写法。

(三)所有的记载,应小心的把年月日记上,如果记载是连续的,那末每一次新的登录,亦应将年月日记出。

(四)记载见面的经过,常要注明:(1)日期,(2)被见面人的姓名、住址,(3)他的亲族或他自己与小孩或家庭的关系,(4)见面时谈话的重要事项,和(5)调查人的姓名。

(五)用文字去表达判断,如"好","坏","还可以"等文字,与那意义不确定的文字,如"不可救药","不道德","劳工"等文字,须力求避免。

(六)如有未能调查之点,应注明何以未能调查。

(七)凡关于亲族,证人,和社会团员诸点,须将各人或各团体的全姓名和全住址记载清楚。

(八)凡有需要专家或专门知识决定之点,在记载的时候,应该将清息的来源

[①]　Miss Georgia G. Ralph：*Elements of Record Keeping for Child-helping Organizations*,1915, pp.112—124.

记出。

（九）除填记问题表中各项问题以外，调查员更须做一关于调查详细情形之报告。

（十）关于被保护的儿童的记录，应该按期条正。关于各儿童重要的变动应该撮要的记载。

（十一）凡记载都应是最近的，不可陈旧。

六、个体调查的一个例

现在我们且引一个有名的例，以说明个体调查的实际应用。北美合众国的赫勒博士（William Healy）对于医理犯罪学（clinical criminology）方面曾有极精深的研究。他的意见以为调查一个人的犯罪状态，应注意下列八种事件。①

（1）家庭的历史　这个题目包含着下列这些事实，如种族，婚姻的状态，罪人的父母亲的历史，家中出生的总数，流产的总数，幼孩死亡的原因，饮酒，吸烟，和吃用各种麻醉剂的习惯。又如关于父母亲方面，除了注意他们的特殊疾病或缺点而外，并须研究他们的细胞原质是否衰弱，胎儿是否受影响，并是否患有遗传病症。同时罪人的兄弟姊妹的心理上和生理上的缺点并特质，以及心理上的种种缺点，种种特性，并神经错乱等，也是很重要。此外无论法庭或其他机关所保存的有关罪人家庭之记载，都要注意。

（2）成长的历史　成长的历史，就是指罪人在婴儿和儿童的时代的习惯，并身体的结构与生长。他的母亲在结胎期中，所处的健康卫生和职业等状，现究竟如何，并是否受有意外的伤害。这个罪人在儿童期中的惊风和滋养品的不足等状况。他在何时方才学着爬，走，跑，说话，并在何时才入学校。此外如少年时期的做事无随心（adolescent instabilities），和身心上的特殊之点，亦应详为参考。同时睡游病和夜里做恶梦，亦须注意。

（3）环境　环境这一条，无须详细说明，他包含着家庭的，并其他世界上的各种因子，对于他的影响。

（4）心理和道德的成长　这项包含着个人生活上那些不大显明的或隐微的许多事实。在学校中的详细经过，须加研究。尤其要注意他那行为习惯，同异性的朋友的交际，特别才能的表现，和其他的心灵特质的表。

（5）人体测验　人体测验，虽然不是完全都有帮助，但是月经发现的时期，脸上和阴部的毛的成长情形，胸部的发育程度，各个牙齿生长的时期和形象，以及重和高的生长的曲线的研究，以及对于腺的（glandular）功用和变动，均很重要。

（6）医学的测验　医学的测验，特别注重神经系统方面，和精神病方面的生理

---

① William Healy: *The Individual Delinquent*, pp. 63—65.

作用,和他的特殊状况。这种测验,对于病人的惊风、羊癫疯,不扯惊风的羊癫疯(Petitmal),性的习惯,性的疾病,酗酒,过度的吸烟,和吸用麻醉剂的习惯,以及睡眠诸种状态。特别注意。其他如头盖神经,感觉和发动的反应,以及反射作用等项均应研究。

（7）精神测验　内心的测验和心灵的分析构成犯罪研究的条项。智慧年龄的测验,和作事的测验(tests of intelligence age and tests of performance),都要相提并重。更进一步的研究,便在发现循环不息的心里梦幻隐含着的心理的悔恨和扰乱,和半遗忘的心理状态。这些东西之中,有许多都是造成乱行的原因。

（8）过失的行为　此项描写罪人反社会的行为,和他在亲族朋友方面所得那造成过失的原因,以及罪人对于法庭监察吏(probation officer)和监禁机关的态度。

像这一种精细的研究,诚然只有内科医生或精神病学家,才能举办,绝非普通的调查员力所能及。不过我们倘能约略的知道以上所列各项,也有一层好处,就是能使我们领会深的研究的意义。

现在欧美各国的大医院里,对于病人常保存极详细的个体调查的纪录。这种纪录虽然常是专限于身体的或疾病的方面,但却是个体调查的极好的例。至如赫勒博士所拟的调查犯罪人的计画,现在只限于病理的犯罪者,还没有推广到一切的犯罪者。这种个体调查可以说是了解犯罪的最可靠的基础。

第四章　样本的调查

一、选择样本的方法

样本的调查,就是选择和调查小于全体的代表部份;譬如我们要想调查北京市的工人家庭生计状况,因为时间与精力的限制,未能调查北京市内的工人家庭全体,于是便选择比较少数的例子,作为测量全体的样本,这便是一种样本调查。本调查的选择例子的方法,可以大别为三种。

（一）广阔的选样（extensive sampling）　广阔的选样亦可称为盲目的选样。这种选样仅注意扩充那被调查者的例子,而不问各种例子的特性,是否足以代表全体。用广阔的选样法,所调查的资料,即使没有调查者个人的偏见存乎其内,亦常缺乏真实的代表性,这是他的最大的缺点。譬如调查工人家庭的收入和支出的状况,最难解决的,就是在这些工人家庭之中,究有那些特殊的例子,足供全体工人家庭之代表。这然是实施样本调查以前所极当特加注意之点。否则其所调查的对象,既不确知其是否具有代表的意义,又如何能想望那调查所得的资料,具有真实的代表性呢? 这岂不是盲目的选择材料吗? 因为这样,所以这种只问形式,不问实质的选择,已大半被人摈斥。

（三）代表的选样（representative sampling）　这种选样就是调查者在实施调查以前,精心结构的去选择那在一方面,虽是小于全体,在他方面却又能代表全体的例子。换句话说,就是调查者在实施调查以前,对于所要调查的资料,究竟何者具有可资代表的真实性,俾先有一种确切的标准在心内。以后他在调查的时候,便能知所取舍;对于那种不合于他的标准的资料,他便知道取消;反之,对于那种恰合于他的标准的资料,虽极不容易取得,也必得把他采入。举例来说,在一九一六年[1],北美合众国的劳工局,调查哥伦比亚区（District of Columbia）的标准生活状态,总共收到二千一百一十一个家庭的家计簿。但仅选出了二百份作为研究的基础。这二百份的特点有二:一则对于购买零星杂货的用度记载得较为详尽,再则他们所包含的白种人的工人家庭,至少亦有一个男人,一个妇人,并且共同居住在一所租赁的

---

[1]　W. F. Ogburn, Analysis of the Standard of Living in the District of Columbia in 1916, *Journal of the American Statistical Association*, June,1919.

房屋里面。除了小孩而外,更没有成年的人在那里食饭睡觉。又如美国的[①]巴应登女士(Miss M. F. Byington)研究赫姆斯得(Homestead)地方的生计状况。她一共选择了九十个劳工阶级的家庭,作为代表全体的例子。这九十个被选择的工人家庭包含着各种不同的工薪等级。内中每星期的工资,有不满美金十二元的,有从美金十二元到十四元九角九分的,有从美金十五圆到十九圆九角九分的。又有在美金二十元以上的。这些例子包含着当时(一九○七)全人口中的各种劳动的工薪的收入。其他关于种族的要素,也尽量的吸收在这些代表的例子里面。计包有(1)本地生长的人种,(2)一代以前所移人的口操英语的人种,和(3)新来的斯拉夫人种在内。此外并派遣专人每日亲到不能自己记账的工人的家庭里面,代替他们登记每日流水账,以便调查购买物品的技能,和家庭管理能力的差异。

综看上面所述的两个例,可知这种注重代表性质的样本选择,实可避免那只顾分量不顾性质的选择的缺点。不过在他方面,他也有一种可怕的危险。因为调查者在选择材料的时候,往往不能排除主观的成见,致无意的把代表的标准定的太低或太高。例如一八九三年[②],美国亚尔得里屈(Aldrich)的工薪调查,几乎所有的资料,都是取材于波多玛克(Potomac)之北,和俄罕河(Ohio)之东的工业状况。这种局部的状况,当然不能代表全部。因此这种选样便不能称为代表的选样。

代表的选样只在被调查的全体分子的组织已经明了的时候乃能顺利的适用。设使调查者对于被调查的全体分子的组织不知道,那便当用下述机会的选样。

(三)机会的选样(random sampling) 机会的选样,就是根本于论理学上的机会律(chance theory)去选择那一方面虽是小于全体,然而他方面却又能代表全体的样本例子。例如有一个公司,新造出五种剃刀,但不知在这五种剃刀之中,何种的销路最大。他便想将这五种新的剃刀,送给买主试用,请求他们评判,究竟看那一种剃刀在应用上最便利,于以推知他们的销路。但是,他又不能将他的剃刀送给所有的买主试用,这公司当然只能选择少数的例子来代表全体。依据机会选择的原则,他可以用一种完全超乎主观的见解的方法,从他的主顾之中,挑选出那些用作试验代表的主顾。这个挑选的方法,就是使这些当选人的资格,一概取决于机会,而不取决于选择人的意志。说得更具体一点,他可以按照百家姓的次序,预先决定每姓选择若干个人作试验。决定以后,再将他的所有主顾的名字,一一分开写在卡片上。更将这些卡片任意淆乱,然后再从其中按照预定的比例,每姓选出若干个,将剃刀送给他们试用,并要求他们将试用的结果报告。设使这个公司调查的结果有百分之六十五报告前三种好,百分之六十五报告后两种好,那末他们便可推知这五种剃刀的销路在所有的主顾之中,大概均是一样的。

---

① M. F. Byington, *Homestead* (*the Household of a MillTown*), pp.187—204.

② Senate Report on Whole sale Prices, *Wages and Transportation*,1893, See A. H. *Bowley's Criticism of the Samein Economic Journal*, Sep. ,1895.

一八九一年,①诺威(Norway)所举行的人口调查(census)便采用这个机会的选择法。该人口调查局将许多可资代表的城市和乡村选出以后,便依照一种算术的级数,去选择出十七岁,二十二岁,二十七岁……的年纪的市民作为调查的范围。再利用罗马字母的符号,预先排列出一定的数目,然后去看那每个工人姓名的第一个罗马字母的符号,去决定他的当选资格与机会。

依据上述这两个例,可知机会选样的特质,在使全体中的各分子,于当选上均有平等的机会。这个方法的好处,当然就在能够免除主观的感情作用。不过在他方面,也不能说他丝毫没有危险。(一)这种选择最可虑的,就是恐怕所选择的资料太少,不足代表全体。(二)虽则这种选择,用意在乎避免主观的感情作用,但是有时,或许也未能把主观的偏见,完全排除。为免除这两个弊病起见,所以机会的选择,在挑选样本的时候,须注意三件事:(1)样本须从全体资料中选出,不应从局部的资料中或容易接近的资料中选出。(2)全体资料中之每个例子,都要使他有平等的当选的机会。(3)每个选择,都应绝对独立。决不可因为选择了"甲",然后因"甲"之关系,而迁移其选择的权利于"乙"。

在举行机会选择的时候,对于"全体"的现象,应该有个明了的概念和界线;例如选择工人家庭的时候,必须先规定什么才是工人阶级的家庭,或赁银劳动的家庭。同时对于这个全体例子的数目,亦要点算清楚。英国的统计学者②包雷(Arthur L. Bowley)说:"如果我们考察学校儿童的身体状况,我们当先划清这个被调查的范围,列举在这被调查的范围内的学校总数,并按照学校的学生名册,点算每一个学校的儿童总数。这些被列举的学校,必须将一切已经注册的儿童都包括在内。如果采用样本调查的方法,则在选择和调查他们的时候,其所选择的样本,必要能够包括那现在学校读书的儿童,和业已请假离校的儿童在内,否则我们所调查的,只能限于在学校的,其所调查的结果,必然不完全。因为那些请假离校的儿童,或许占身体不适宜的儿童中的大部分。至于已经离开本区的儿童与受公共机关照料或看护的儿童,当然不能列入在被调查的团体的范围之内。"

机会选样通用的方法有两种:(1)纯粹机会的选样,(2)有规则的间隔的选样(Selection at regular intervals)。纯粹机会的选择有两种办法:第一种办法就是调查者将全体的例子,依照数目的次序编号,并将这些号数重新抄在一张张的小硬纸片上,然后再将纸片通盘和乱,乃于其中任意抽出五分之一或十分之一的纸片,而即以此纸片上的号数所对应的单例做样本。第二种办法比第一种办法略简单。即调查者在着手选样的时候,只须将全体的分子依照数目的次序编号,不必再经抄记纸片的手续,便可去在对数表上直接取样。例如调查者所曾编号之全体的单例共一千个,或一千号。欲于其中取出十分之一或一百个作样本,他便可在对数表上直接

① Cited by Bailey, W. B.: *Modern Social Conditions*, 1906, p. 17.
② A. L. Bowley: *Elementary Manual of Statistics*, 1910, pp. 57—58.

取用一到一百的对数末尾三位数(或中间三位数)作记号,而即以此一百个记号所对应的单例作为被挑选的样本。查对数表中由一到一百的对数末尾三位数为000/103/712/206…564 等等,因此在全体分子中被挑选的单例便当为与编号册上103/712/206……相应的一百个单例了。这个办法实比第一种办法简单。不但简单而且公允,因他在选样时对于全体分子的各部份都选到了。譬如在一千号的全体例子中如果我们将他们分为三等级:即由 0 号到 9 号者占一级,由 10 号到 99 号者占一级,由 100 到 999 号者占一级,那末,这一千号全体例子的分配状态便当是这样:即第一级包含单例 10 个,第二级包含 90 个,第三级包含 900 个。可是在对数表上以上述方法所取出的一百个单例,其分配状态恰与在编号册上的一千号例子的分配状态相类似。即由 0 号到 9 号者两个,由 10 号到 99 号者 6 个,由 100 号到 999 号者为 92 个。但由纸片抽样法而所挑出的样本,便不必次次都有如用对数抽样法所挑出来的样本在组织上与全体的那样相类似,所以第二种方法比之第一种办法,除简单外,尚较公允。这便是在纯粹机会选样里的两种办法的性质和优劣了。

有规则的间隔抽样法,系就全体例子的自然排列之中选奇数,偶数,或五的倍数……来调查。例如调查工人的家庭,假令在一区域里面都系工人的住宅,那末,调查者便可采用有规则的间接选样法。即就这区域内的门牌号数选择单数,双数,或五的倍数……的门牌号数的住宅作为调查的样本。倘如被调查的工人的家庭与非工人的家庭夹杂在一个区域内,没有上述那样现成的排列,那末,调查者便须将这区域内的工人的家庭通通挑选出来,再按他们门牌号数的自然次序编号,然后再依照上述的方法选样。这便是有规则的间隔抽象法具体的举例。机会选样的方法虽多,但上述两种办法乃是最通用的。

二、样本调查与差错问题

依据近代实地调查者的经验,在样本中所推算出之某一特质的成份,与由在全体中调查所得之该项特质之成份,其间差错不远,因此样本可以作为全体的代表。假令这里有一群类的现象包含 N 个的分子,就中具有某一特质的分子数在全体分子数中所占之成份为 P,则 PN 为全体分子中具有此项特质的分子数。在调查者只知道 N 而不知道 P 的时候,如采样本调查的方法,在 N 中选出一部份的例子 n 作样本,以谋发现 n 中所合之此项特质的成份 P。那末,P' 便可以作为 P 的代表,同时 $P'N$ 则可作为 PN 的代表了。例如我们现在调查一个工会,调查者已知他里面的会员为一万六千(N),但对内中超过法定的工作时间的会员总数(PN)则茫然不知。如采样本调查的方法,他便可以在这一万六千人(N)中选出一千六百人(n)作为全体的样本。设令他在样本中发现了超过法定工作时间的工人人数为八十,其在一千六百人(n)中所占之成份为百分之五(P),于是我们便可假定在那一万六千人(N)中其超过法定的工作时间的人数大概亦是百分之五(P)。以百分之五乘一万六千,其得数为八百(PN),于是我们便可假定该会超过法定工作时间的工人总数(PN)大概亦为八百:即前者大概可作后者的代表。所谓大概二字含有两种意义:(一)八百这个数目,既然说是大概如此的,或不必一定如此的,那末,在这工会里,实际超过法定工作时间的工人数目与我们所推算的八百这数目便不必一定相合,而是有几许的差错的。(二)但因这个差错的程度不大,所以八百这个数目仍与真正超过法定工作时间的数目大体一致,即前者仍可作为后者的代表之用。兹引包雷($Arthur\ L.\ Bowley$)在他的《统计学大纲》(Elements of statistics)第二编第二章上所作的三例证明这个原则于后:[①]

在包雷所举的三个例子之中,第一个例就是他所作的英格兰($England$)和威尔斯($Wales$)的各教区,在全体和在样本中所占成份的比较。他从英格兰和威尔斯的人口统计里,就一二八三〇教区中选出二五〇教区作样本。在这二五〇教区中他计算出在一百人以下的教区在样本中占千分之一百四十,一百人以上二百人以下的教区在样本中占千分之二百〇八,……各类教区在样本中所占的千分数虽不必与他们在全体中所占的千分数相一致,但究竟相差不远。兹为列表于下。

人口别的教区(在样本并全体中的成份)

	100 以下	100—200	200—300	300—400	400—500	500—1 000	1 000 以上
在二五〇样本中的教区数	35	52	42	27	20	41	33
样本中的千分数 P′	140	208	168	108	80	164	132
真正的千分数 P	152	192	147	108	80	173	146

包雷所举的第二个例指明股息别的公司在样本四百家公司中所占的成份和在全体三八七八家公司中所占的成份的比较。其表如下:

股息别的公司(在样本并全体中的成份)

	三镑以下	三镑	四镑	五镑	六镑	八镑
在样本中的公司的数目	34	108	117	60	48	33
千分数 P′	85	270	292.5	150	120	82.5
真正的千分数 P	75	272	311	177	108	57

包雷所举的第三个例系关于纬度别的城镇在样本中所占的成份,和在全体中所占的成份的比较。他在地理学的名词附录表上就三一、二一〇个城镇中选出五〇〇个城镇,并按照他们所占的纬度的差别分类,以图比较每一类城镇在样本中所占的成份和在全体中所占的成份是否相差亦很近。他的结果列如下表:

---

① A. L. Bowley: *Elements of Statistics*, Vol. 2, pp. 273—281.

纬度别的城镇（在全体和样本中的成份）

	0°—10°	10°—20°	20°—30°	30°—40°	40°—50°	50°—60°	60°—70°	70°—80°	80°—90°
在样本中的地方数	22	56	104	103	93	112	9	1	0
样本中的千分数 P'	44	112	208	206	186	224	18	2	0
真正的千分数 P	51	111	201	200	200	215	18	3.4	0.9

综观包雷的上述的三例，我们可以知道在样本的例子中，某种特异分子所占的成份与在全体的例子中同种分子所占的成份虽非完全一致，但相差并不远，故前者可作后者的代表。

上述样本可以代表的全体的原则不但在粗疏的经验上知其当然如是，而且在精密的数学推理中尚能知其所以然的道理。依据数学家和逻辑学者所发明的机会律（Theory of Probability），凡依平等选样的方法挑出的样本的特质与全体分子的特质必是相差很近的，因在全体分子中某种分子所占之成份倘为 $\frac{3}{10}$，那末这种分子被选出的机会亦当是 $\frac{3}{10}$。例如在一装着十个杂色皮球的口袋中黑球只占三个，白球占了七个，那末，探求者倘如在这口袋里任取一球于外，则这黑球或白球被取的机会亦当是 $\frac{3}{10}$ 或 $\frac{7}{10}$。因在这一口袋中，倘如探球的人和环境对于袋中每一个球在探取时都是一律平等待遇，皆让其有独立中选的机会，那末，在这十个皮球中只有三个那样多的黑球，便当保有三个中选的机会，既不会提高为 $\frac{4}{10}$，亦不会减少为 $\frac{2}{10}$。将这理论应用到样本代表全体的问题上，我们可以知道包雷的经验，在精密的数学推理上，确是有其所以然能够存在的理由了。

在他方面，尚有一点应讨论的，就是上述包雷的经验，虽知在样本中的某种特质的成份与该种特质在全体中的成份极相近，但二者依旧不免有多少的差错。至于这个差错通常要用什么方法才知道呢？这亦不能单凭经验来解决，而须借助于数学家和逻辑学者依据上述机会的公律所推算出的一个名叫或然差错的计算公式来解决。[①]

$$或然的差错 = \frac{2}{3}\sqrt{\frac{p'(1-p')}{n}}$$

将这公式用在上述的工会问题上便是：

[①] F. S. Chapin：*Field Work and Social Research*, pp. 121—125.

$$或然的差错 = \frac{2}{3}\sqrt{\frac{0.05 \times 0.95}{1\,600}} = \pm.00367$$

这个答案的意思是说,在该工会的全体会员一万六千人中,超过法定的工作时间的工人数所占的成份可有一半的机会不超出于他们在样本中所占的 .05 的成份加减 .00367 的范围。或者说是他有一半的机会落在 .05367 及 .04633 之间即最大不出 .05367,最小不出 .04633。即在这个工会里超过法定时间的工人数可有一半的机会落在 741 和 859 的范围内,即最大不出 859,最小不出 741。如果我们仅选两百个例子作样本,那末这个答案便是说他可有一半的机会落在 634 和 966 的两数内,即最大不出 634,最小不出 966。

在全体中具有某种特质的分子所占的成份虽然只有一半的机会方才不出于在样本中的成份加减或然差错的范围,但这乃是指一个或然差错所规定的差错范围说,不是就两个以上说。因这在全体中的成份落在一个或然差错之中者虽然只有二分之一,但落在一个以上者则不是了。兹为列表于下:

一个或然的差错——其机会是 $\frac{1}{2}$

两个或然的差错——其机会是 $\frac{4}{5}$

三个或然的差错——其机会是 $\frac{21}{22}$

四个或然的差错——其机会是 $\frac{142}{143}$

五个或然的差错——其机会是 $\frac{131}{132}$

六个或然的差错——其机会是 $\frac{19\,200}{19\,201}$

七个或然的差错——其机会是 $\frac{420\,000}{420\,001}$

八个或然的差错——其机会是 $\frac{170\,000\,000}{170\,000\,001}$

九个或然的差错——其机会是 $\frac{1\,000\,000\,000}{1\,000\,000\,001}$

观上可知,在样本中具有某种特质的分子的成份所添加之或然差错的个数愈多,则该分子在全体中所占的成份落于其中的机会亦愈多。数学告诉我们说,全体中的成份与样本中的成份大概相差不到三个或然的差错,在实际上亦从没有超过五倍大的。

但上述计算或然差错的公式并不能作估量缺乏代表性质之样本的可靠程度之用。调查者如在选样的时候存有偏袒一方的心理,故意将在全体中含有某种特质之分子除外或少选,则其调查的结果必至与事实相差极大,而不能作推论全体的资料。在这一种情境下上述计算或然差错的公式便不能适用。即此可见,样本的代表的性质实为调查者在使用或然差错的公式以前所当首先注意的事情。因此之故,后文对于选择代表样本的根本的原则尚须特别单独提出来敍述。

三、代表选样的原则

根据机会选样的学理和举例,调查者曾推演出下列几种实施代表选样的精密的原则,这些原则保障样本代表全体的资格。

在着手选择样本时,应该先解决一个问题,即全体分子的组织要素如何。如果我们已经知道全体分子的组织,我们在实际选择标本的时候,便须根据代表选样的原则进行。

(一)样本的组织　　被选择的样本,应将要调查的全体资料的要素都包括在内。这些要素便是在被调查的全体资料的组织内作成他的显明的特质的要素。例如用调查家庭预算的方法,研究生活的标准的时候,如家庭的大小,收入,依赖者的数目,种族别或省别等,便都是最确定的要素。

(二)样本的范围　　选择样本时,如果所挑选的数目极少,便须包含那所有的各种要素在内。如果挑选的极多,须能按有效率的方法处理

(三)选择最少数的,但却又能代表全体的样本的方法(1)用分析的方法,去观察全部分子的组织,以便获得他的构成要素。(2)用机会均等的原理,每种要素选择一个小样本作代表。(3)每个小样本的实际数量,从相对的大小上说,须与每个要素在全体分子中所占部份的大小成正比例;从绝对的大小上说,须能代表该一要素统辖下之全分子的特质和等级。

假定我们现在要调查某个城市的工人阶级的家庭生计标准。我们依据上述的三个原则,第一步便须分析那影响工人家庭的"标准生计"的要素。现在假定分析结果为:

种族别或省别

工薪和收入

家庭中人口的年龄

仰给于家庭者的人数

第一位靠工作得收入者的职业

第二步,便须着手选择可资代表的小样本以为这些要素的适当代表。先把种族别一项来说,如果我们在这城市里面,寻出工人家庭的分配状况如下:

5 000	蒙族工人的家庭
10 000	回族工人的家庭
25 000	满族工人的家庭
28 000	藏族工人的家庭
32 000	汉族工人的家庭
100 000	全工人阶级的家庭

那末,关于种族别一项,我们对于满人的家庭所选择的小样本在全体样本中便须占百分之二五。同时对于其他种族别的工人家庭,亦须按分配情形的比例去选择。依据这个方法,我们对于种族别这个要素,便可以决定小样本的相对的小大。

但是在他方面,究竟要多少个工人阶级的家庭,始足以使小样本的绝对量能够代表满族工人本身的家庭生计状态呢?我们便须更进一步,考察满人工人家庭的生活构成要素,和对这些要素的分配等级;如工薪收入并等级和家庭大小并等级各项。设令在这个城市里面所有的这二万五千家的满族工人,其工薪分配等级为:

不足 25 圆一月的	1 700 家
25 圆到 29.99 圆一月的	500
30 圆到 34.99 圆一月的	200
35 圆到 25 圆以上一月的	100
	25 000

那末,我们所选择的小样本的绝对量至少也不能少过二十五家了。因为在上列的各级工人家庭之中,最少的一级为一千,因此,我们在选择代表例子的时候,其标准数率,决不能说少过千分之一。若以千分之一计算,则结果为二十五个。如果我们在这工人家庭最少的一级里面,须选择两个作代表,那末,我们选择工人的标准数率,结果便是千分之二。因此在这满族的工人家庭内,便须有五十个工人家庭的代表例子用作小样本。因这小样本只能系全样本的百分之二十五,所以其他的四族亦须以千分之二的数率作为选择的标准。因此汉、满、蒙、回、藏的工人家庭的总样本便须有两百个例子。

设令我们在调查这个城市的工人生活状况的时候,不以种族的类别为主,而以工薪的类别为主,我们便依照下列的五层手续进行:(一)访问各重要的机械工厂,或商店,以便获得该城市内各种产业的职业等级。(二)从支付工薪的账簿上,以工薪的差异为标准,将工人排列而为许多等级。(三)在每一个工薪等级里面再用种族去分类。(四)在每一个代表种族别的分类里面,并用工人的姓名的起首一个字的笔画的次序去排列工人的种类。(五)从每姓里面,提出五个或十个名字,去调查他们的家庭状况。以上各种名单的综合,便构成所谓全体藉资谋生的人口代表总数。

以上所述的手续,只适用于我们已经知道全体社会的构成要素的调查。但有许多的社会调查,我们简直不知道他的构成要素是什么。因此我们便须纯粹的根据机会律,去决定选择的原则。第一,须聚精会神的深入那全体的未知数里面。尽力之所能及,去选择那全体里面几个独立的可资代表的样本。第二,对于每一代表的样本就中所合的单例,在我们的办事效率所允许的范围内,应扩大他的分量。

上述的这种选择,继续至何时为止呢?我们的答覆是,在我们所选择的这几样本内如果相互比较,可以显示出一种趋势:(一)小的差异多于大的差异,(二)在正的趋向上所显示的差异,与在负的趋向上所显示的差异,其分配状态几相一致,我们便可停止选择。

四、样本调查的一个例

美国伊里诺州(Illinois)①卫生保险委员会在一九一九年调查芝加哥(Chicago)的工人家庭生计状态,是样本调查上的一个有名的例。我们用这一个例,可以说明代表性质的选择,和调查员之物色,训练,与管理等事。现在略述这个调查的经过情形。

(一)调查的目的 卫生保险委员会此次调查的目的,在乎考究芝加哥工人家庭的(1)疾病状态,(2)治疗状态,和(3)卫生的种种设备。因为这三种状态,无一不与工人家庭的经济地位和社会环境发生极大的影响,所以他在调查的时候,便不能不连同工人的生计一并调查。这便是他将此次的查调,命名为家计调查的理由。

(二)代表家庭的选择 为达到上述的三个目的起见,卫生保险委员会曾从下列的三个种类:(1)普通工人的家庭,(2)曾接受看护之工人家庭,及(3)曾接受慈善救助之工人家庭,去选择可资代表的资料。

卫生保险委员会以为调查芝加哥一般工人家计状况最要的办法乃是调查芝加哥城市内的工人里(block)。他在这些"工人里"里面,先行选择样本里若干个,作为芝加哥内所有的"工人里"全体的代表。不过在样本的"工人里"内,凡所包括之工人家庭,都须调查,他以为这种方法,比较那在芝加哥城市内任意选择一些工人家庭来调查,成效更多。所以他在调查普通的工人家庭的时候,便决以"里"的调查为本位,而不以一个个家庭为本位。但是何者始可称为样本的"工人里"呢?这里面须包含三种要素:(a)种族的要素:样本的"工人里"所包含的种族,须系芝加哥城市内各种民族的自然集合。(b)经济的要素:样本的"工人里",普通的说,须包含从粗工到细工的各种工薪等级。(c)交通的要素:样本的"工人里",须距社会救济的机关,如施医院,病院,社会福利机关等团体有一定的距离。综括来说,样本的"工人里",须构成社会的单位,而非仅地理的单位。

---

① *Report of the Health Insurance Commission of the State of Illinois*,May1,1919,pp.179—184.

巡行看护会(Visiting Nurse Association)从他所照顾的病人内,代卫生保险委员会选择三百零四个工人家庭,以备调查。这些家庭可用以代表医药救助的情形。

卫生保险委员会并从慈善联合会和犹太人救助会的名单上,抄来一千个工人家庭,作为研究经济不独立的代表资料。这一类家庭,大概都是还在接受慈善的救济与监督的家庭。但内中的一部分,现在并未接受该会任何援助,并且以先他们也是经济独立的,不过最近曾仰给救助会的救济罢了。在这一千家庭之中因有三七二家的消息不完全,搬家了或家庭解体了,结果只剩下六二八家作为精密研究的基础。

(三)调查表的编制　上列三种工人家庭,都是使用同一的调查表格(见第三表)。这个表格在复制的时候,除初制表格上,关于被调查人的姓名住址,种族区别,房屋状况,和房租各项外,并特注意下列各项:家庭的组织;职业;收入;有余,和不足,所有财产的价值;在过去十二个月间,每个家庭内每一个人的疾病经过;牙齿的治疗需费若干;预备费用若干;在过去十二个月内,全家人口医药费的账目;过的什么样式的生活;和一家之中关于劳动不能的保险人数;在这一年内,全家总共死了多少人,埋葬费若干;在这一年内,生了几个小孩;延请内科医生及产婆的情事;看护费和医院费若干;最有价值的一页纸,把来记载工人家庭的历史,记载该家庭内有意义的故事,例如在某数年间的疾病经验;他们对于医生的态度和对于施医院及社会救助机关的态度;在疾病期内的生活变迁;接受慈善救助的总登记等等。

(四)调查员的物色和训练　卫生保险委员会,根据下列这四个条件,去决定调查员的资格:(1)社会科学的知识,(2)社会调查的经验,(3)社会调查的成绩,(4)精通芝加哥重要的移民团集的语言。以后选择结果,凡曾任调查第三表家庭调查表员者,要皆不出下列这四种人选:(1)芝加哥大学研究社会学和经济学的前列的学生,(2)芝加哥公民学和慈善学校的前列学生,(3)巡行看护会的注册看护妇,(4)已有经验的受薪俸的调查员。

(五)调查工作的训练与监督　每个调查员,由卫生保险委员会发给调查证,证由州长连署。每个调查员,均给有调查指导书一份,逐条说明调查表上之各项细节。在调查以前,先行召集调查员,举行会议一次,其事务计有二项:(1)解释调查表,(2)指示调查的方法。对于无经验的调查员给有特别的指导书,并由委员会公式的调查员临场监察。每个调查员,在会着被调查人的时候,均应立刻说明调查的旨趣,以便取得工人家庭之了解与协助。调查表填记之后,由委员会立刻校订,并派员持去与该调查员会商,如表中有不完备或不正确之点,立刻讨论修正。此次调查,在二千七百零八家的里的研究里面,只有一百一十一家的家庭收入报告不完备。

(六)调查资料的考证　卫生保险委员会征求社会服务登记局(Social Service Registration Bureau)和犹太人慈善事业总局(Central Bureau of the Jewish Charities)两个团体已填写之家庭调查表格,作为对校参考的材料。为考证被调查的家庭关于接受救济的报告,是否属实或是否错误起见,古革县的调查员(Cook County A-gent)曾帮助这个委员会将所有的调查表清算一遍。为考证关于肺痨病的调查是否正确起见,市立肺病疗养院会供给卫生保险委员会一个很有价值的帮助,把他所诊断的一切肺痨病的病案都报告到会。卫生保险委员会在事前已受过慈善联合会和犹太救助会的辅助,其余一切芝加哥社会事业的机关,也曾将重要材料都借给卫生保险委员会采用。经这多方面综合观察的结果,委员会知道他调查的资料,不但正确而且完备。此外只有关于极少数的事件所探访的清息,尚须重新更正。这是样本调查的一个极好的例。

第三表　家庭调查表

在…………的名单上
调查表第…………号
调查员姓名…………
调查的时日…………

卫生保险委员会

1. …………家庭调查表,图 2.…………………

家庭的种族别.　　　姓名.　　　　住址.

2. ………………………………………………

住宅,或分租的屋几间。

　前或后.　楼.　房间的数目.

人口的数目。

3. ………………………………………………

住宅的状态　好,—中,—坏;　清洁—龌龊—很龌龊

每间房的房租

4. 家庭的状态和职业

家庭的人数	性别	年岁	现在的或通常的职业	平均每星期的收入	过去十二个月内失业的星期,由于		过去十二个月的收入	过去十二个月内经过雇主若干
					疾病	其他原因		
父								
母								
子女								
1								
2								
3								
4								
5								
6								

5. 他项收入来源(特别标明)　…………………………

6. 去年度全家的收入总数?　………有余或不足?　………………

7. 不足的怎么填补?(将接收救助的情事详细记明)　………………

8. 所有财产的价值……………………产业的债务　………………

9. 其他欠债　………………………………………………………

10. 在过去十二个月的疾病状态

家庭的人数	疾病的种类	疾病的时日	聘请的医生	医生的诊费	医院的治疗（医院名字）	医院费	看护的情形 —谁看护并费用
父							
母							
子女							
1							
2							
3							
4							
5							
6							

11. 在过去十二个月内施医院的纪载

家庭的人数	施医院的名字并到施医院几次	疾病的性质	治疗的性质	施医院的取费	
				门诊费	医药费或手续费（标明）
父					
母					
子女					
1					
2					
3					
4					
5					
6					

12. ……………………………………………………………………………………………
   请到家来看病的医生费。到医生事务所的门诊费。
   这年内的药费

13. 牙齿是怎么治病的? …………………………………………………… 这年内牙齿费若干?

14. 牙齿治疗有无懈怠 ………………………………………………………………………

15. 保　　险

家庭的人数	卫生保险					疾病保险		
	保险费截存数	保险公司的名字	保险公司的种类产业的友爱组合的	工会的或其他	每星期交的保险费	保险处或储金处的名字	每星期应交的保险费	一星期的利益
父								
母								
子女								
1								
2								
3								
4								
5								
6								

16. 记载保险费停止交付和原因 ……………………………………………………

17. 在过去十二个月中家中每一个人所接收保险的利益金并说明卫生保险费及产业保险费之用处 ……………………………………………………………………………

18. 上述的保险机关如果有关于医药或看护的设备其设备如何？ ………………

19. 昨年家中有丧事吗？ ………………………………………………………………
如有，埋葬费若干？ …………………………………………………………………

20. 昨年家中生了小孩吗？ ……………………… 用的那个内科医生或产婆？ ………
费用几何 ……………………………………………………………………………
看护和费用………………医院的疗治…………………医院的账单……………
如果在替人作工，在生产以前几礼拜未作工？ …………………………………
如果复工，在生产后几星期才恢复工作？ ………………………………………

21. 上面未曾记载的含义甚深的事实请记在此处如（a）长久的医病和聘请的医生与医丧费，（b）医生和施医院的关系，（c）庸医和劣药，（d）疗治太迟及其原因，（e）对于施医院的态度，（f）因疾病而改变生活程度[迁徙到更贱的房屋，妻及子女出外庸工等事]，（g）慈善事业的纪录，包括最初次求救济的日期，及关于此种情形之原因，在此次困难时期内因救济每月所得之收入等。
以上诸点可详细叙述成为一篇故事。

第五章　全体的调查

一、总　　论

在表面上，全体的社会调查，与样本的社会调查，好像完全相同，因为两种调查的用意，都在了解一个社会的总状况。不过仔细一想，便知道他俩显有不同之点。只是这个不同，并不在调查的目的，而在所用的方法。样本的调查系用少数的调查资料，以推知一个社会的总状况，全体的调查则必须等待全部的分子调查完毕，然后集其共同的状况，为一个社会的总状况。譬如我们调查每一县的肺痨病状态，如采用样本调查的方法，我们仅须在这一县选出若干的居民，即可调查有肺痨病共占若干成分。如果调查的结果，在所调查的居民中，有肺痨病者占百分之五，我们便据此推断，在其他未经调查的居民里面，得肺痨病者也是百分之五，这便是样本调查之一种。像这一种推断，当然是有错误。不过我们曾经说过，这种错误并不很大。并且我们已有校正他的方法。如果我们采用全体调查的方法，我们必须设法将全体的居民，完全调查一遍，务不使有一个遗漏，始敢说在这一个县内，得肺痨病者占百分之几。这两种调查的目的虽同，方法是不一样的。

有的人说，全体调查，就是人口调查；因为前者在调查的时候，包含一个地域的全体分子在内。实则这话并不全是。从人口方面看来，人口调查固然是一种全体调查，但是我们若调查学校，则我们只调查一切的学校，也是一种全体调查。若按这个意义，人口调查不过是全体调查的一种，或者可以说是最详备的一种，但是全体调查并不能只限于人口调查。再进一步说，所谓全体本是一个相对的名词。因区域的大小不同，全体的范围也自然不同。例如以一国为单位的时候，全体当然要包括一国，以一县为单位的时候，全体须只包括一县。所以全体调查，不必一定是包括全国的调查。凡在一定的区域范围内，对于一种事业或状况将全部的分子都详尽无遗的调查，便都是全体调查。

但是在全体调查之中人口调查在说明全体调查的技术上确是一个很好的例。一则因为他的目的与方法，一般人比较熟习；再则因为这种调查曾解决了许多调查技术上的困难。本章特取人口调查的例，说明全体调查的程序。

二、人口调查的旨趣和预备

因为个人和个人所举办的机关少有财力或权力去举办人口调查或强制人民受调查,所以大规模的人口调查,都是政府的机关举行。至于政府的机关,为什么要举行人口调查呢? 最重要的两个原因就是:(一) 要调查人民的数目,特别是选民的数目。现代各国都采用普通选举制,因此我们一定要知道若干选民,应选国会议员若干人,有若干人民具有选举众院议员的资格。所以他们除了用选民登记法(即凡有选举资格的人都到本选举区登记)之外,最澈底的办法就是举行大规模的人口调查。(二) 更重要的就是现在各国的行政,无论在教育上(如平民教育),或在财政上(如征收直接税),或在征兵上(如估计一国有好多预备兵),都有举行人口调查的必要。此外人口调查当然还有其他目的,但是我们可以说人口调查实在是现代政府计画与施行一切政策的必不可缺的第一步。

在第三章里面,我们曾经说过,全体调查的技术,以组织为最重要。读者试看以下所叙述的一九一五年北美合众国麻沙朱色州(Massachusetts)所举行的三百六十九万三千三百一十人的人口统计,[①]便可以明白这个组织的意义。

所谓组织,就是说那全体调查的工作,须先由统计专家计画:第一,就所调查的对象,苦心孤诣的去分析;第二,再就由分析得到的每个要素,定出一个很清楚的意义;分析完毕,制成表格,更就表格上之各要点,对于调查员加以详细的说明,并在调查的时候,行使监督与纠正,一直至调查工作完成时为止。综括来说,组织的意义,就是使那些对于调查知识不充分的调查员,在那富有调查知识与经验的专家的严格的指导之下,获得有价值的调查资料。

美国麻沙朱色州在一九一五年,所举行的人口调查的目的,仅在确定该州内的选民资格,并数额。所以他对于其所调查的人口,举行总分析的时候,都是立在选举的观点上。现在试选录该州于一九一五年所出版之《麻沙朱色州每十年人口统计报告》内中之一节,以明人口分析的重要。

例如一个人要想取得选民的资格,他必须是一个男子,所以第一步必须将人口分出男女的性别,——要想达这个目的,必要调查男子和女子的相对的数目;再者,一个男子必须满二十一岁始有投票资格,——所以我们便须问每个男子的年纪有多少岁,以便将已满二十一岁的与未满二十一岁的男子一划出;他并且必须是个公民,——所以必须调查他的出生地,如果他是生在外国,则须进而调查他的父亲或他自己是否已加入美国籍;各男子住在麻沙朱色州的期限,和住在某城或镇的期限也须查明,以便确定有若干人曾住在麻州一年,或住在某城或镇六个月;并且各男人如果要有投票权,必须能说英文,写英文,所以我们必须调查谁能说写英文。此

---

① *The Decennial Census of the Common wealth of Massachusetts.*

外更须调查有多少男人是穷人或是受监管人，——在人口统计上穷人就是那些因疾病，酗酒，恶运或其他的原因，完全的或一部份的依赖公共慈善机关的资助者；至于受监管的人，在人口调查上，就是那些行为须受约束的人，例如在监狱疯人院等处的人，和在私人家庭管理之下的白痴。

一九一五年，美国麻沙朱色州进行人口调查所用的人员，共可分做两类：（一）富有经验的住在事务所内的行政人员，至多约二百人；（二）临时雇用的调查员，聘期三十日以至六星期，约二千零四十一人。内中有一千九百九十八位调查员对于调查不甚熟习，又派有监察员四十三人临场监督。总计这两种人员所办理的调查表，已至五百万份的总数。

麻沙朱色州，在开始调查的工作以前，各方面的准备异常仔细：（一）调查表早预备清楚，（二）调查说明书早编制就绪，（三）街道册的准备，（四）其他各种表册的准备，（五）将该州的面积，分为若干调查区域，（六）向公众宣传该项调查的旨趣和计画，以便在调查的时候，取得人民的协助，（七）采定选择调查员的方法。这几种预备的工作，我们均须详为叙述。

（一）调查表的编制　麻州此次调查，采用卡片式的调查表，不采用曩昔美国联邦政府所采用的宽页纸的调查表。因为他们觉得这种卡片式的调查表，比较那一十六英寸乘二十三英寸面积的宽页纸的调查表（每表可用来调查一百人，五十人在左，五十人在右），更容易填记，订正，分类，制表，所以他们不肯采用后者。为调查的便利起见，卡片调查表，仅有三英寸八分之七乘六英寸八分之七的面积，并分为四种颜色。绿色的专用来调查男子；红色的专用来调查女子；黄色的调查家庭；白色的调查曾从事南北战争的兵士。麻州的妇女在一九一五年还没有选举权，所以只有男子调查表上列入关于选举资格的诸问题。男子调查表内共有问题三十五个（参看本章所列之表。）麻州人口调查表内所列诸问题与美国联邦政府人口调查表所列的不同，并且互有详略。例如关于选举资格，因为麻州宪法上有特殊规定，所以不与联邦政府调查的问题相一致。又如关于出生地，联邦政府的问题表内便加问被调查人的和他的父母的原籍语言。

（二）调查说明书（enumerator's instruction book）的预备　此项说明书的大小，便于调查人的携带，内中详细说明调查员的权利和义务；如何调查；什么人应当调查什么不应当调查。例如暂时住在麻州，但他的家则在另一个州的人，又如学校中的学生，都在不应调查之列。此外对于问题表内三十五个问题都逐一详细说明。一九一五年麻州的调查说明书，计有三十八页。一九二〇年，美国联邦政府的人口调查说明书共有五十八页。这种说明书是人口调查的指南针。

（三）街道册（enumerator's street book）的预备　除调查说明书而外，另备一种街道册，在调查以前分给各城市或半城市的调查员。每个调查员须将所调查的街道内，凡不列入黄色调查表的建筑物，都一一计算清楚，填入街道册。例如封锁的住宅，现在无人住的住宅，公共建筑物，非住宅的营业上的建筑物，和空闲的地基

（vacant lots）都须点记清楚。这种街道册，专记载在人口上无须调查的建筑物。调查人从这个街道册可以推算人民住宅的数目是否完备，可以断定调查是否正确或有否遗漏。街道册在城市人口的调查上，可以使他所调查的结果，完备正确。麻州在一九〇五年调查大城市人口时，曾试用街道册一次，结果颇为满意，因此一九一五年的人口调查上，仍然继续采用这个办法。

（四）其他各种表册的预备　为考察调查员的工作起见，为保存行政上与统计上所需要的各种记载起见，麻州政府更编印有一百六十四种的表册。有调查员的委任书各调查区域的地理志并附图每日邮寄报告的邮件格式，领款收条，聘请译员的空白格纸等等。

（五）调查分区的预备　分区就是将麻州的面积画分为人口大约相等的调查区域若干。每个区域除绘图外，并附说明。人口调查局，搜集各种普通地图和街道地图共计三百五十二件，以资比较之用。精确详细的地图，是调查员必不可少的携带品。因为要画清调查区域，使调查员不致有闯出本调查区域以外或发生重复调查的弊病，必须有很正确详细的地图作指导。麻州共分为二千零九十九区，如住在公私立的机关的人口，即另成一类，称为"机关区域"（institution districts）又有所谓X区域，即因为各种的困难而不能调查的区域。波士顿（Boston）市，在调查上则采用以里为单位的调查制度（block system）。至于他所采用的里，则以家产估价吏所用的里（assessor's block）为准。

（六）宣传的预备　为取得人民的协助起见，麻州在事前举行大规模的宣传：（1）向全州各处的妇女俱乐部，分送传单四万五千份，单上载此次调查所要问的问题。（2）分送能宣传的人士人口调查旨趣书一万份。（3）将麻州州长的宣言，译成七国的语言，散布于各教堂，图书馆，学校及机关，以资宣传。

（七）调查员的收录试验　调查员都是由文官考试及格的人员中选择录用。考试之法，试题而外，更发给各种调查表，并故事一段，使受考人从故事中搜集材料，用来填写在调查表上，以便考察他们采取资料及填计表格的能力。调查员的任命，都根据此次考试的成绩。但有些调查员则尚具备其他的资格，如年龄，性别，外国语的知识等项。监察员及其他专员也须经过同样的考试。

考试时所用的故事，在编制的时候，很费研究。因为这段故事，须将日后调查员在调查时，所遇着的困难，及一切的复杂情形，都包括在内。今特将这段故事的原文译述，使读者对于他的精心结构之处，得到一个更清楚的概念。本章所举的男子调查表，及家庭调查表，便是依据这段故事的材料填写的。

故事　假定你自己是一个正式的调查员，专调查第九百四十九号的调查区域。假定这个区域，是乌斯特尔（Worcester）城第六区（Ward）第五段（Precinct）的一部份。你须访问三十九个住宅，其中一所三家的住宅，无人居住，所以你只能调查三十八个住宅。这正是四月十号，你须去调查住在密尔克街百一十号,一所独立的十三间砖房的斯密斯詹姆士的家庭。

斯密斯詹姆士在一八五五年五月二十五日生在英格兰。他的父亲生在印度加尔各达,他的母亲出生于苏格兰的爱丁堡。他同他的父母,于一八五九年,来到美国。最初他安家于纽约,一八七五年移居波士顿(Boston)。一八九〇年,他来到乌斯特尔(Worcester)城内,一直住到现在。他在一八七七年结婚,他的职业是管账员。现在他在乌斯特尔城一所制造铜丝的机关内管账。

斯密斯汉那是詹姆士的妻。她在一八六〇年一月二日出生于德意志。她的父亲是波希米亚人,她的母亲是丹麦人。她在一入六五年同她的父母移入北美合众国。一八七〇年,她在麻沙朱色州的春田(Spring field)居住。在春田中学校毕业。以后继续住在此地,直至她与詹姆士结婚的时候,始移居乌斯特尔。她没有职业,她只是一个管家的妻子。

斯密斯真丽是他们二人的女儿。一八九〇年六月十四日,出生于麻沙朱色州乌斯特尔城。她是乌城中学毕业生,没有结婚,在家与她的父母同住。现在南桥邻镇的公立学校内当教员。

约翰斯密斯,是他们的儿子。一八九一年九月十日出生于乌斯特尔城。在乌城实艺学校毕业。结婚以后,因夫妇不睦,在一九一五年四月五日取得离婚的最后判决。他常住在麻沙朱色。从一九二一年九月一日起至一九一四年十一月一日止,他住在费齐堡。嗣后他又与他的父母同住。现在被任用为乌斯特尔城市某部内的电机工程司。

斯密斯玛丽是他们的女儿。一八九三年十二月三十日,生于乌城。常住在这个城内。一九一一年,在中学校毕业。一九二二年,与马菲丹聂结婚。他是那瓦斯科的亚(Nova Scotia)人。一九一五年一月他遇险身死,同时他的妻子,回到她的父亲的住宅内。

斯密斯马大是他的妹妹。她是一八五九年四月三十日,正在这个家庭离英向美的路上,出生于船上。受过小学教育。永远没有结婚。常同她的哥哥和她的家庭同住。在最近这些年内,得了心病,因为家庭的医生的劝告,最近到勃罗克林疗养院受治疗。预料在数月内,便能回家居住。

斯密斯威廉,他的父亲,一八三三年一月十日,在印度加尔各达生长的。他的父亲,是利物浦人。他的母亲,是威尔斯嘉底夫(Cardiff)人。他在一八五九年,移入北美合众国。一八六五年取得美国籍,同时投军于纽约义勇队步兵第十六军乙队,参与南北战事。因为在战争期内,受伤太重,结果双眼失明。所以他有多年,不能作事。但他却享有一笔独立的收入,故能支付他的食住和其他普通生活上的费用。一八九五年他来到麻沙朱色。但自他的妻死后,便在乌城同他的儿子同住。

倍特老斯克亚力山大,他是寄食宿的,是一个买卖水果的商人。与斯密斯家同住。他在一八八九年八月二十二日生于俄国波兰瓦塞。他的父亲也是瓦塞人。他的母亲是俄国莫斯科人。他在二十二岁的时候，来到美国。自一九一一年起便在麻沙朱色住，自一九一四年九月后，即在乌斯特尔城住。他不能写英文，但他却能说写犹太文俗语（Yiddish），因为他是一个波兰的犹太人。他没有结婚。

奥泥尔爱伦女佣，于一八九一年六月生于那瓦斯科的亚。她能说英文，但不能写。不懂其他的语言。她的父亲生于爱尔兰，母亲生于苏格兰。她在一九〇四年，从那瓦斯科的亚到波士顿，直至一九〇五年始离开波士顿来到乌城，此后便住在此处。

第四表　一九一五年麻沙朱色州人口调查表
（男子用）

1915 年——麻沙朱色州人口调查——1915 年			
人口调查表 由州长并州政务厅批准(1915 年 7 月 15 日) 1914 年法令第 692 章			
1.—调查分区的号数　男 949　　　（丙—15—38）		2.—住宅的号数 （访问的次序） 40	3.—家庭的号数 （访问的次序） 39
4.—姓 斯密斯		5.—名 威廉	
6.—住居的地方（街名和号数） 密尔克街　410 号		7.—镇或（城） 乌斯特尔	
8.—区 第六区	9.—段 第 5 段	10. 里的号数 X	11.—县 乌斯特尔
12.—公共机关并私人机关的名称 　　　　　　　　X			
13.—对于家长的关系 父	14.—有色人种或无色 白	15.—婚姻状态 白	
16.—能读英文 或如果不能何国语言　　　英文		18.—参战的兵士	
17.—能写英文 或如果不能何国语言　　　英文		南北美战争	

（续表）

19. —纳税的人	是	23. —瞎		24. —穷人	25. —白痴
20. —合法的选民	是	（两眼）		X	X
21. —归化的选民	是	是			
22. 外国人	X	26. —年龄（最近生日）			82
30. —出生地		27. —在人口调查年度内住在本镇			12/12
	印度	（或城）若干月			
31. —父亲的出生地		28. —住在麻沙朱色州若干年			20
	英格兰	29. —在美国住若干年			55
32. —母亲的出生地		33. —在何镇（或城）作工			
	威尔斯	X			
34. —职业如纺纱工		35. —这人所工作的工业的性质,商业的性质,			
买卖人,劳工等		或其他,如棉厂,杂货店,农区,等等			
	靠自己的收入	X			

第五表　一九一五年麻沙朱色州人口调查表（家庭用）

1915——麻沙朱色州人口调查——1915

人口调查表
由州长并州政务厅批准(1915 年 7 月 15 日)
1914 年法令第 692 章

1. —调查分区 的号数 949	家庭 （丙-15-38）	2. —住宅号数 （访问的次序） 40	3. —家庭的号数 （访问的次序） 39
4. —姓 斯密斯		5. 一名 詹姆士	
6. —住居的地方 密尔克街 410 号		7. —镇或（城） 乌斯特尔	
8. —村名或部名 X		9. —县 乌斯特尔	
10. —区 第 6 区	10. —段 第 5 段	12. —里的号数 X	
13. —住房或（住所）的种类 独立的砖房			
14. —公共机关或私人机关的名称 X			
15. —在这所住宅内有几多小院是 租人的	X	18. —1915 年 4 月 1 日住在这里的 男人若干	4
16. —在这所住宅有好多小院是没 人住的	X	19. —1915 年 4 月 1 日住在这里的 女人若干	5
17. —这个家庭共住几间房	13.	20. —住在此所住宅的家庭若干	1

三、人口调查的进行和管理

调查员工薪的支付,概采计工制度。每调查一人,支付美金二分五以至一角一分,视所调查的地方为都市与乡村或道路的远近而定其差别。填写家庭问题表一张,或填写曾从事南北美战争退伍兵调查表一张,外加美金一分。监察员每日受美金四圆至五圆。翻译员不过美金三角一小时。一九一五年,麻沙朱色的实地调查费,合并旅费在内,共支出美金十万零七千圆。

调查员一到调查的场所,无论在什么情形之下,都须谦恭和气。调查员对于被调查者的答复,皆严守秘密,不能外泄。调查各家的次第都是由左向右进行,以免遗漏。住居的处所在调查上,都是指一个人睡觉的处所。这次的人口总数,是指一九一五年四月一日的人口总数。所以凡在四月二日后出生的,均不列入。但凡在四月一日后死去的(如果他是在四月一日以前生的),则均不许遗漏。来客暂时虽为家庭的分子,但是不能将他算在此家的人口总数内,仍须以他的常住所为准。凡是建筑物,或住所,只要有人住,无论为工厂内的一间屋,马房内的高架(loft),一只船,一个账幕,或一个货车,均须算做住宅。

如果一家在第一次调查的时候,无人在家,调查员便须把此事记入街道册内,以备明日再去调查。又如一家之内,有一人不在,调查员便留问题表一份,备他归来后自己填写,约定再来访问时领取。调查员也须将覆访的日期,记入街道册内。

调查员在每日工作完毕后,须填写每日报告,送交人口调查事务所。报告上,记明该日所填记的调查表若干。除了将每日报告送交事务所外,调查员自己仍须保存底稿,并登记在每日所填记之调查表的总封皮上。他等到一个区域调查竣事,便将所有的调查表,捆成包裹,用快邮送到中央事务所。

调查的工作在城市内由监察员监督。每位监察员管理二十一人至五十八人。监察员日常与调查员开会讨论调查员所遇的困难,并答覆他们的问题。有时监察员任意抽出调查表数张,考核他们的内容,有否错误,加以指正。有时监察员追踪调查员之后,覆查各家,以他自己所调查的结果,与调查员的结果相比较,看他们的调查资料是否正确。

乡区的调查,不由监察员监督,只用每日通信,或随时派遣专员监察的方法,直接由人口调查事务所管理。为达到这个目的,并为答复调查员的信件起见,事务所雇书记七人,专事通讯。每个书记,照料三百个调查员。他们遇有疑难,书记即用信函答覆。对于常发现的问题,事务所即特别提出,通告调查员全体。大体说来,调查员所提出的问题,或所遇的疑难常不必事务所特别答复,因为调查指导书已将一切问题解释详尽,所以只告以参考调查指导书的某页某节,即可代答复了。以上所说系调查事务,至关于调查表之修正,统计,分类,制表等事,我们在下章叙述。

第六章　调查表的编制

一、绪　言

　　自然科学的进步,大部分要倚赖仪器。自然界里许多的细微而繁复的现象,远非吾人之器官所能及见,必借用仪器,才可以析其精微,穷其底蕴。譬如奔流悬空,激成瀑布,以裸眼观察之,实是一连不断的白色的大滩,喷着无数的烟雾和水珠。用快镜分析他,则不过是一些断片的流水,若断若续的流湍。又如秋夜星辰,密集如河,依照常人的眼光看来,乃是一条清而且浅的星流,两岸对着织女并牛郎。若利用望远镜,详细审视,乃知他们实是无数的太阳系,或无数的广大的宇宙。吾人器官直接观察的本事本来有限,自从各种仪器发明,而后吾人的器官始增加了伟大的能力。近代自然科学的进步,都是得力于精良的仪器。因为有了精良的仪器,我们的肉眼才可以窥见自然现象的奥秘。同时我们用这个道理亦可以多少说明近代社会科学的进展。

　　当实地调查社会的技术尚未发达以前,研究社会的人士,只可以靠着他们的肉眼观察社会现象。他们不知道预先制定一种增加吾人感触力的工具帮助观察,所以常不能搜集正确精细的材料。因为吾人所遇着的社会现象,有时好像一片白色的太阳光线,如果我们不早预备着一种三棱镜,简直无法看出他所造成那红,橙,黄,绿,青,蓝,紫,七种色素。有时吾人所遇着的社会现象,与好多的现象相连,设令我们不预先准备着一种工具,帮助我们分析,并在那些无限繁复的现象里面,一时提出一个简单的要素来审视,那末,恐怕在研究上,亦不知道孰应在前,孰应在后,因而没有下手的机会。因此之故,社会现象的观察,亦与自然现象的观察相同,除了裸体的器官而外,尚有借重于人造的仪器之必要。

　　有的美国学者,常把观察社会现象的调查表,比为观察自然现象的仪器。依据他们的意见,调查表至少有两个功用:第一就是增加社会调查者的裸体器官的观察能力;第二就是增加他们的试验能力。在这两点上调查表可说与自然科学的仪器性质相仿。例如一个普通人,在北京市住了多年并且曾留心观察过北京市的状况,但是如果你要问他北京市的详细情形是什么? 我想他所能给你的答覆,或许就与你平时所能得到的答覆,同样的空疏而且不精细。这好比我们平日所遇着的太阳光,我们看来是白色,他人看来亦是白色,简直看不出他的特别性质。但是设令这一个人,知道调查表的重要,并能预先准备一份标准的城市调查表,做为观察社会的工具,或许他所得到的结果,便能显出特别的意义,正与那科学家利用仪器观察太阳光所能得到那平常肉眼所不能见的结果一样。备有调查表的人当然能对于北京市的卫生,交通,劳动,教育诸状况,都能知道得更精确更详细。所以同是一个人,同是具有五官的人,只因他手里持有调查表——调查的工具——观察社会状况,他便可以得到更多并且更有意义的资料。由此可知调查表增加观察能力的功用。

社会现象的观察,在他方面,亦与自然现象的观察相类似,不仅在知道他里面的构成要件,更要紧的,还在利用一种工具,将某一种要件,特别提出在一个人为的情境里去观察。这种观察称做试验。譬如我们观察太阳光线,如果我们真要观察得很细腻,当然不仅在知道他的七种颜色,还须使用仪器,提出各种颜色单独的做试验,方才可以发挥求知的能事。社会调查也是如此,除了观察而外,还须借重试验。但是社会研究上的试验,只有利用调查表之一法,始能达到目的。

再取上述的城市调查的实例来说,在一个城市里面,值得观察的要件,多至不可胜数。设令我们不先将复杂的要件,化为简易的有系统的类别,将各要件,依逻辑的次序先后提出,放在我们拟定的调查范围内,制成调查表格,然后依着调查表上的次序一一去观察,则恐一切的调查都是无条理的,不相关系的,必至在调查此一个要件的时候,便与其他的或相类似的事实相混。为谋避免这个难点,所以现代的城市调查,以及其他的社会调查,都不能不预备一种条分缕析的调查表,以便调查上有次序,有系统,有条理。由此可见,调查表增加调查者的试验能力的功用了。并且调查者如采用一定的调查表,还可以减少主观的偏见,可以取缔用语的歧异。

二、调查表的编制

调查表的功用既然如是之大,则任何社会调查的最初一步,当然都不能不先编制调查表。要想将调查表编制完善,须注意以下所列各项:

(一)调查表的形式　　调查表的形式与社会现象的观察大有关系。第一,从调查表的大小上说,他的幅员的广狭,非但要便于携带,并且还须便于收藏。现在美国的调查表,普通只是五英时乘八英时的面积,因为这个尺度的调查表可以放在调查人的衣袋内不致折坏,同时也容易收存。更大尺度的则为八又二分之一英时乘十一英时的卡片,在收藏上也颇便利。现在外国所通用的有一种归卷制度(filing system),专于收藏这种卡片。第二,从调查表的质料上说,纸料须坚硬,纸面须平滑,便于调查者持在手内,用钢笔填写。所以凡是具备上述二条件的硬纸,均可为制表之用。第三,颜色。如果对于同一社会现象,须调查其各方面,因而有使用各种调查表之必要的时候,那末,各种不同调查表,也须分为各种不同的颜色。一种调查表有一种颜色,可以与调查事业以种种的便利。在调查的时候,调查人一见一种颜色,便知为某种调查表,省目力而不致发生淆乱。调查完毕的时候,各种颜色的调查表复且便于订正,便于分类,便于归卷。第四,划线。为醒眼起见,调查表上,常有使用轻线或重线来区别部位之必要。每一调查表内的引首的各问题与正身的各问题之间,通常都用一条平行的重线分开。而在正身的问题以内,往往更须以许多的轻线,依着问题之轻重,将各王要部分划开。这种划线法,可以助长调查人的目力,并且助长编辑人的整理工作。第五,定位。各项问题的位置不可太拥挤,须排列清楚,便于阅看,并须留有相当的位置,以备填写。第六,印字。调查表依问题的性质,常分为主要与次要的问题,调查表上的字体,也可印为大字与小字以示区别。大字可以集中调查人及编辑人之目力,同时小字所代表的部位,亦可被大字特别显出。

依据上列各种原则,编制调查表的时候,可以采用两种不同的方式:一种称做图表式(chart form)。编制图表式的调查表,须使用许多纵横的直线,将许多重要的题目,圈在许多横列的短形或正方形内。有时并须于每一主题之下,更附一栏横列的子题。或于横列的主题,或子题之外,再于纸之左侧,加上一行纵列的题目。如美国卫生保险委员所编制的调查表即采用图表式(参看第三表)。凡此数种办法,都有利于调查员的目力。另一种制表的方式,称做大纲式。依照这种方式,凡属调查表上问题之位置,只采横列,不用纵列。但普通所用的调查表亦有兼采大纲式与圆表式两种而成者。

(二)调查表上问题之布置 调查表上的问题分为引首的及正身的两种问题。引首的各问题,横列于表的项际。其次始排列引首的各问题的分析。引首的问题的内容必须完备,如被调查者的姓名,住址,年岁,性别,和其他特须标明的事实。同时调查者的姓名,和调查的日期,也须写出。又引首的问题必须简括。凡属无关调查本旨或其他不重要的问题,都不必羼杂其间,以免问题过于庞杂,分散调查者的注意力,致不能收得良好的结果。起首问题的主要功用,在乎便于点认,便于分类,便于参考。

正身的各问题,本为引首的各问题之一种分析,所以在排列的时候,务须按照逻辑的次序。在原则上,他们均须具备两要件第一,要博(extensive)。凡属主题的事项,都不应遗漏。第二,要细(intensive)。凡属子题的要件,都应完备。

(三)问题单位之选定权量 社会现象的尺寸称做单位。调查者在选订每个问题的单位的时候,事前必须将他们的意义了解清楚,规定明白。譬如物价这个名词,便可以有许多不同的意义:(1)零星的,(2)趸发的,(3)某地方的,(4)某时间的,(5)某市场的,(6)某等级的。所以我们在调查物价的时候,便不可不先把我们所要研究的物价,立出一个确定的意义,以免意思含混。确定单位是调查上最重要的一点。例如包雷①在研究劳工阶级的家庭的时候,他便对于"劳工阶级"的家庭这个名词,给他一个比较清楚的定义。他把下列的这三种阶级的人都不算在劳工阶级的范围内:(甲)高等职业的人,或商人,或靠着财产的收入为生的人;(乙)书记,旅行者,教员,商店经理,小工厂主;(丙)商店员(屠户或杂货商的助手除外)。

美国舍克利教授说(Horace Secrest)②"……统计的程序,不只限于计算,或合并抽象的单位,他还须考察那些与特别情境或特别问题有关系的事项。譬如现在我们要比较南欧洲的移民和亚美利加的黑人的"文盲"(illiteracy)程度,我们除非先将"移民"(immigrant)和"黑人"(Negro)的意义确定,除非先将那可资比较的性别和年龄的阶级指定,并且除非使用同一的或可资比较的标准来决定"文盲"的程度,我们便不应该做这两种的比较。测验移民文盲的标准,未必与测验黑人文盲的标准相同。测验移民的标准,未必果适合于各种年龄阶级,也未必合于美国的情形。况且这种标准或者曾受了区别移民与非移民的标准的影响。"我们由此可以看出凡是调查的单位,一定要有一个确切不移的意义。调查表上的单位,是权量社会现象的尺寸,如果尺寸无一确切的标准,便失去他的权量的功用了。

但一个单位的意义,要怎么才能确切呢?调查者须多用简单的单位(simple unit),少用复合的单位(composite unit)。简单的单位,就是指那代表种类的差别的单位。例如一件罢工,一件排工,一条街,一间屋,一张汇票,一个市民,一篇小说等等。这种单位,代表种类的差别,而非程度的差别,所以容易分别。复合的单位,就是指那代表程度差别的单位,例如一件政治的罢工,一件全国的排工,一条宽街,一间卧室等等。因为这种单位多加了复杂的性质,含有程度的大差别,在社会调查上,既不易显出确切的观念,又不易用做比较的标准,故以少用为妙。

(四)问题的修词 单位选择完备之后,次一步的工作就是问题的修词。修词的第一个用意就是要使被调查人听了一个问题之后,非但在消极的方面不容易说假话,并且在积极的方面,还不能不说真话。例如美国有一次调查,表上的问题为"你曾结婚了吗?"后来考察所得答语,多不可信。于是问题改为"你的妻子现在在那里?"答语可信的成分便增加许多。由此可见直接的问语不如间接的机巧的问题。

据黎吉孟德女士所说的一个例③,凡问题之修词,应该特别注意暗示的问题。"一位正在训练中的女服务员,一次去调查一位妇人。回来对本区的书记报告说,'这个妇人连她自己的女儿白太每星期所得的薪水都答错了。'当时这个书记问她道,'某夫人果然是说她的女儿白太是得五元美金一星期吗?'这位女服务员,想了

① A. L. Bowley: *Livelihood and Poverty*.

② Horace Secrest: *An Introduction to Statistical Method*, p.79.

③ Mary E. Kichmond: *Social Diagnosis*, pp.70—71.

一会,答道,'是的。但是——当时我这样问她说,白太是得美金五元一星期吧!不是吗?他答应说是的。'此外黎女士所举的一位医药社会服务员,便有善于发问的经验。一次这位服务员与一个满口酒味的病人谈话,她先说,"你平常喝什么酒,喝多少?"接着她又说,"缘你这样的病,吃这样的药,无论什么酒喝了都是不好的。有几种酒,还颇危险。"于是这位病人,便立刻告诉她,他喝的是什酒,并且喝多少。如果她先问他,"你喝酒吗?"这个病人便未必爽快的答复,因为"你喝酒吗?"这句问话,在这一种时候,常合有"你惯酗酒吗?"的意思在内,听起来恐怕谁也不愿说真话。所以她便把他改过,并且加上一句恳切语,表示关心之意。无怪这个病人,要把那喝酒的真情,一一都告诉她。

以上所举的两个例,虽然是关于谈话的问答,但是我们从此便可以看出问题修词的重要。

修饰问题的第二个用意,就是非但要使听着容易明白,还须要使他的答复毫无疑义。最有价值的问话,是被问者,可以用"是""否"二字,或算术上的数字,一定的时间,或一定的空间,或以其他的确切不移的字句来答复。譬如调查一个病人家中的寝室的光线的时候,与其问他"你的寝室的光线的好不好",不如问他"你所住的那间寝室的光线,还是直接的太阳光,还是从旁的房内间接射入的自然光,还是人造光"。这样的设问,使人既容易了解,又容易答覆。

编制问题表的主要之点,就是化抽象为具体,化繁难为简易,化全体为部份,化性质为分量。举例来说,(一)如调查衣服的状态,顶好是用具体的事实来设问,如"污垢""尘土""皱纹""撕破"等等。(二)调查器具的状态,顶好是问他"有无痕迹""有无尘土""有无破坏"等等。(三)调查工场的状态,在空气方面,顶好是用客观的名词,如"灰尘""烟气""臭味""通风""屋宽""温度""湿度"等等来设问;在光线方面,顶好是以容积(volume),辐集(concentration),和光亮(glare)等等条件来设问;至于在那声音方面,与其去问他的嘈杂程度,不如去调查他的"不规则","震动",和"容积"等状况。

赫歇耳(Herschel)[1]曾说"数目的精确,是科学的唯一的灵魂。"不特自然现象的研究要遵守这个原则,就是近世社会现象的观察,也日渐趋重于数目的精确。例如美国康摩斯教授(Commons)[2]曾将住宅调查分析为一百点。这种计点办法可称精密。譬如关于住宅的位置(location)便分为六个要素:(一)邻居的状况,(二)屋址的高,(三)街道,(四)烟,(五)臭味,(六)灰尘,而在每一要素之下又加限制,与以点数,所以调查起来此较精细。

---

① Cited by 王星拱:《科学方法论》,p76。

② J. Commons: Standardizing the Home, *Journal Home Eco.*, Feb. 1910, also *Quarterly Amer. Statistical Assoc.*, Vol. I, No. 84.

三、调查信函的拟制

如果遇有许多问题,虽经调查员的亲身调查,还不能得到充分的证据,则可拟制一种信函式的问题表,送给被调查人填记。关于这种问题表的编制,亦应依照上述的各种原则规定,但以下所列各项也应特别注意。

(一)问题的编制 须表示系对受信者个人而发。问题表上的通信必须写被调查者的名字,但不必用客套的称呼。信之末尾,应该由调查者本人署名。被调查人的复信,难免有忘却签署自己名字的时候,所以披调查人的名字必须先填在问题表上,以便查核。

(二)问题要有趣味,直入被调查人的心窝深处。一切问题非但在消极的方面,能够预防被调查人的敷衍塞责,并且在积极的方面,还要使他乐于按实填记。

(三)问题要少,否则恐怕被调查人望而生畏,因此置而不覆。

(四)问题要分析的详细,俾受信人能够在每问题之下打一个记号,即为答覆。这个打记号的方法,比较写字,更要迅速而且清楚。

(五)重要的问题,须要排列在前,使受件人能够首先答覆,即令他对于以后的问题不能答覆完备。

调查表是社会现象研究的张本。因为假使调查表的编制有欠完善,调查上便不能希望获得满意的结果。所以一切调查在开始之前,必须先在问题编制上做一番大功夫。

第七章　调查表的整理

整理调查表上的资料，可分为三个程序：（一）订正（editing），（二）分类（classification），（三）制表（tabulation）。兹各述之如下：

一、调查表的订正

订正调查表的用意，在使表上的记载，达到更高的正确（accuracy），一贯（consistency），划一（uniformity），全备（completeness）。

（一）正确　贝力（Bailey）和卡明兹（Cummings）[1]在他们所著的《统计学》上说，"所有调查上的答案，都是一样的独特的，所以要订正一个答案，只有在其他答案里，才可以寻到独一无二的证据。"因此，关于订正要注意两层意义：（1）凡是调查表的答案在原则上，个个都有存在的权利，编辑人不能随便改正。（2）除非是发现有两个或两个以上的不一致的答案，编辑人不能按照普通的或然的原则，决定那一个答案合有较正确的性质。否则只有按照多闻阙疑的办法，将他们都置诸"没有报告"之列。并且编辑人不能将调查表的记载涂抹，每一种改正，都要用墨水填写在旁，使他特别清显。

（二）一贯　调查表上间有总数与零数不一致的时候，须把他们改成一贯。一个家计簿上的收入和支出不相符合，或是一个家庭的人口状况，如果初次调查的记载与二次调查的记载不一律，都须更正使他一致。或是一个家庭的分子，依据调查表上的记载，明白的说他是个家长，并曾在某处作工，但在年龄项下，则谓他方才二岁，于是我们便可假定这个二字或是二十之误。若在其他的相关系的事项中（如结婚年龄和出生年龄等项），寻着有力的证据，可以证明这个假定是不错，便须把这个二字改成二十。

（三）划一　有时同一事项，用了几个不同的名词来记载。为谋前后名词的一致起见，须于这几个不同的名词中，选择一个为标准，将其他的各别的符号，一一依着这个标准的名词修改。

（四）完备　一切消息务要完全，齐备。在可能的范围内，须从其他的机关，借

---

[1]　Bailey and Cummings：*Statistics*, 1917, pp. 17—25.

用可资比较的材料,互相对正。如有遗漏,便须补充。例如一九一九年,美国伊里诺州卫生保险委员会于家计调查完毕后,更从社会服务登记局和犹太人慈善事业总局、市立肺病疗养院各机关内,征求相关的记载,以资比较参考。这种校正的手段不免干燥无味,而且须十分的细心。但是如果能够忍耐去做,则定可使调查的资料,不但正确而且完备。

二、调查表的分类

整理调查资料的第二步就是分类。"分类无论是意识的或无意识的都是科学推论上必不可少的,或附属的作用。心之有无条理,全看他对于他所接触的事实有无正确的和惯用的分类。调查的成功或结论的价值与忠守这个分类的原则,详尽的进行,分类的程序,做正比例。"[①]在第一章里,我们曾经说过,分类(即分析)是社会研究的第三步。他是由观察列归纳的一个中介。有分类则观察和归纳可以成功,没有分类则观察和归纳完全不能结合,所以分类的完密和正确,是与调查的成功,和结论的价值做正比例。

分类的功用在决定整理调查资料的界限。例如关于工人家庭的调查,设令调查的资料已经取得,试问究当以何种的方法整理呢?(一)从工人的种类上说,我们还是以工人所使用的材料为标准,将工人分为金工,石工,木工而分别整理呢?还是以工人的技能为标准,将工人分为粗工或细工而整理呢? 还是笼统的去整理呢?(二)从工人的支出上说,我们还是以工人的必需品之重要与次要为标准,将工人的各种支出总分为衣,食,住,杂用四项去整理呢? 还是除了这四项之外,又加添若干的条项以为整理资料的途径呢? 凡此都是在制表以前所须决定的问题。因此在调查工作完毕以后,制表活动开始以前,须讨论分类的问题。

分类就是依事实或对象之各种同点在心理上集合的方法。但是所谓同点二字从未合有绝对相同之意。美国统计学教授舍克利(Horace Secrist)说[②]"分类愈粗,材料的同点愈多;愈精,材料的异点愈多。"譬如我们观察白种人的面貌,在第一次看见时,好像他们完全相同,不过多看几次,详细区别,则知白种人的面貌彼此显有很大的差异。

调查资料的分类,都是由概括的趋于特别的,由内包性很宽的趋于内包性很狭的。平行的种类分析就绪,始将附属的种类次第列入。例如买与卖的状态便是平行的种类,至于买衣服与卖衣服则是附属的事物。不过在他方面这个买卖毛呢大氅的事项,又只能当作买卖衣服之一种。附属事项分类有两种方法:(一)按照预定的或现成的形式去分类,(二)按照材料本身所呈露的性质去分类。如左列的包

① F. Cramer: *The Method of Darwin*; *A Study in Scientific Method*, p. 88.
② Horace Secrist: *An Introduction to Statictical Methods*, 1925, p. 127.

雷(Bowley)①的工业的分类表,和赫勒(Healy)②的心理的资料分类,都是较满人意的举例。

第六表　包雷的分类表

依职务之程度为标准的分类

1. 在通常的时间内服务于生利事业或服务于取得利润或工薪的事业

2. 在部分的时间内服务于生利事业或服务于取得利润或工薪的事业并且(a)在家亦作工或(b)在家完全闲着

3. 在家完全服务于家庭工作

4. 在家一半作工一半闲着

5. 没有服务(a)未到离开学校的法定年龄　(b)过了工作的年龄　(c)其他

以职务之性质为标准的分类

1. 被雇者

(a)无论何时都为获利而服务并且

(i)未雇用他人

(ii)雇用他人

(b)部分的职务为获利并且

(i)未雇用他人

(ii)雇用他人

2. 雇主并指挥工人

(a)指挥而不从事制造

(i)自由的(备人购买)

(ii)受指导的

(b)指挥并制造

(i)自由的(备人购买)

(ii)受指导的

(c)独立的制造(不要帮助)

(i)自由的(备人购买)

(ii)受指导的

职务状态的分析

1. 指挥

2. 受命(a)书记的(b)手工的更可依技能和责任的程度细分之另种的分类(a)学习生(b)有完全的知识

以依赖的关系为标准的分类

1. 依赖者(a)全部分(b)出一部分的维持费(c)出特别费

2. 独立者(a)供给特别和普通的费用(b)不在家里过生活

3. 有依赖者同住

---

① A. L. Bowley：*The Measurement of Social Phenomena*, 19237 p. 56.

② Chapin, F. S.：*Field Work and Social Research*, 1920, p. 202.

第七表　赫勒的分类表
各个犯罪的因子的出现的总数
八二三个犯罪五六〇为男二六三为女

犯罪因子的种类	为重要的因子发现的次数	为次要的因子发现的次数	因子发现的总数
心的变态和特异	455	135	590
家庭状态的不良包括啤酒	162	394	556
心的冲突	58	15	73
不正当的性的经验和习惯	46	146	192
交友不慎	44	235	279
生理上的变态,包括发育过度	40	233	273
遗传的缺点		502	502
坏或不满意的兴趣,包含误用或不用特殊的才能	16	93	109
早年的不良的发育状态		214	214
心的震动		3	3
决意的行为	1		1
被父母所卖	1		1
吃麻醉或刺激物		92	92
在受拘留所得的经验		15	15
教育的缺乏到极度		20	20
总数	823	2 097	2 920

　　除了依照调查资料的性质分类外,尚可就其及于时与地之关系而做出各种的区别。此虽人所易知,但在统计的分类上亦颇重要。兹各举一例如下:

第八表　寄居山西的美人历年比较表
民国元年至民国十二年

时间	人数
民国元年	42
民国二年	50
民国三年	46
民国四年	43
民国五年	47
民国六年	76
民国七年	73
民国八年	115
民国九年	124
民国十年	130
民国十一年	166
民国十二年	150

第九表　美人在山西省内的分配状态
民国十二年（注七）

地方	人数
省会	10
阳曲	1
榆次	5
太谷	13
徐沟	2
汾阳	25
孝义	3
介休	3
离石	1
沁水	16
平定	58
寿阳	11
洪洞	1
大同	1
合计	150

上面所述的是关于分析资料的方法,究竟这种方法要如何应用,始能达到分类的完备,须视特殊的情形而定,初无一定的规范。如果社会调查者对于类似材料的分类不能较前人所发明的更正确,更详细,更适用的时候,最好是遵守前人所发明的标准的分类法。(如上列的包雷及赫勒等所立的分类标准。)如此整理调查所得的结果,便可以有更广大的比较。

三、制　　表

(一)制表的意义　制表就是将调查所得的资料排列在两根纵横交叉的柱轴上,因此凡制表以后的资料,都可以由两个方面去披阅。凡普通的未经制表的资料,如民国十八年上海工厂工人总数二十三万,内中约近十四万是女工,棉纱业工人总数十万零五百七十四人,就中男工占二万五千六百七十一人,女工占七万二千五百零六人,童工占二千一百九十七人之类的消息,[①]因为没有制成统计表格,便没有制成统计表格,便没有列表的明显易读。

(二)制表的预备　制表的预备分三步:(1)抄记,(2)归类,(3)计算。兹特分述于后:

(1)抄记　抄记就是将调查表上的资料,依照预定的方式,抄记在抄记稿上

---

① 《山西省第六次人口统计》,页61—62。

(Tally Sheets)，如第十表。抄记稿可因制表人的便利，排列为各种情式。

（2）归类　归类的约有二种步骤：（一）先将表上的主题归类，（二）再将子题归类。

（3）计算　手工的计算，就是将已经归类的各项，点算他们的总数。这个步骤，亦可用计算机来代替。计算机在每分钟之内可以计算一百五十张卡片。

总括来说，制表的预备的步骤有三个：（1）抄记，（2）归类，（3）计算。这个方法系将调查表上的各项消息，抄记在一种纸上。抄记以后，更将各项之同点归成各类。归类以后，更将各类的数额一一计算。于是制表的预备手续，便可告一段落。

第十表

原因	数目
包裹钩—被撞击，割坏，抓伤	
不仔细的搬运和举抬	
不仔细的撞声	

原因	数目			
包裹钩—被撞击，割坏，抓伤	※※ 2 0	※※ 2 0	※ 6	
不仔细的搬运和举抬	※※ 2 0	※※ 2 0	※ 1 0	
不仔细的撞击	※※ 2 0	※※ 2 0	※※ 2 0	··· 2

（三）制表的工作　制表是事实的缩写。他的手续有二：（1）先将调查所得各项资料，应有尽有的罗列在一种繁复的表格上；（2）次将这种已经胪列的资料加以分析，选其相关的部分，制成一种简单明了的表格。由前一种手续所制成的表格称做总表，由后一种手续所制成的表格称做简表。多数调查的总表皆不发表。

以简表标目分类之多寡为标准，可将简表分为四种：（甲）单项表，（乙）双项表，（丙）三项表，（丁）四项表。

单项表在他的横行上只有一项特质，在他的纵行上亦只有一个观点。例如在第十一表内，在他的纵行上所缩写的事实，系北京大学某年度的教员数额。他只有一项特质。在他的横行上所表示的关系——学系，亦只有一个观点，这种表称做单项表。

双项表就是在他的纵行或横行上，所记载的事实，对于该表的总目有两项平行的特质。例如第十二表内，关于北京大学的教员数额在他下面的纵行上，便分为二个分部：（1）欧美留学的，（2）非欧美留学的。其他当然还可以用别种的观点区别。

第十一表　本表以学系为标准表示某年度的北京大学的教员数额

学系	北京大学的教员
总数	—
物理系	—
地理系	—
化学系	—
—	

第十二表　本表以学系为标准表示北京大学某年度欧美系的教员数额与非欧美系的教员数额

学系	北京大学的教员		
	总数	欧美留学的	非欧美留学的
总数	—	—	—
物理系	—	—	—
地质系	—	—	—
化学系	—	—	—
—			

双项表之内,可以再加添一个平行的分部,使之成为三项表。例如第十三表中,关于北京大学的教员数额,便有三个类别:(1)系别,(2)学籍别,(3)性别。

第十三表　本表以学系为标准表示北京大学某年度的
欧美系的男女教员与非欧美系的男女教员

学系	北京大学的教员数额					
	总数		欧美留学的		非欧美留学的	
	男	女	男	女	男	女
总数	—	—	—	—	—	—
物理系	—	—	—	—	—	—
地质系	—	—	—	—	—	—
化学系	—	—	—	—	—	—
—	—	—	—	—	—	—

三项表之外,更有一种较为复杂的表,称做四项表。四项表就是在纵行上胪列两个平行的分部,在横行上亦胪列两个平行的分部;或在纵行上胪列三个分部,横行上胪列一个分部;或在纵行上胪列一个分部,横行上胪列三个分部。如第十四表便是他的一个例。

第十四表　本表以省籍和学系为标准表示北京大学
某年度的欧美系与非欧美系的男女教员总数

省籍	学系	北京大学的教员数额					
		总数		欧美留学的		非欧美留学的	
		男	女	男	女	男	女
总数	总数	—	—	—	—	—	—
	地质系	—	—	—	—	—	—
	物理系	—	—	—	—	—	—
	化学系	—	—	—	—	—	—
	—	—	—	—	—	—	—
江苏	总数	—	—	—	—	—	—
	地质系	—	—	—	—	—	—
	物理系	—	—	—	—	—	—
	化学系	—	—	—	—	—	—
	—	—	—	—	—	—	—
浙江	总数	—	—	—	—	—	—
	地质系	—	—	—	—	—	—
	物理系	—	—	—	—	—	—
	化学系	—	—	—	—	—	—

　　上面四种简表的分类,都是以表之形式为界线。更从简表之实质上说,亦可分为两大类别:(一)总数表。总数表只载明某项社会资料之总数,如前列诸表是。(二)次数表则除载明某种社会总数外,尚须将该项总数构成之各分子,依其特质发现次数之多寡,胪列之为许多等级,如按工资多寡而分类之工资表,全是次数表之一种,如第十五表。[①]

第十五表　美国在一九一八年的不满一万元的收入分配状态

收入	等级
0— $499	……
$500— 999	……
1 000—1 499	……
1 500—1 999	……
2 000—2 499	……
2 500—2 999	……
3 000—3 499	……
3 500—3 999	……
4 000—4 999	……

---

① 《山西省第六次人口统计》,页53—58。

（续表）

收入	等级
5 000—5 999	……
6 000—6 999	……
7 000—7 999	……
8 000—8 999	……
9 000—9 999	……

次数表的制造，从简单的方面言，亦颇不难：（一）就各数量中选定最少数量与最大数量，以定总数量之最大等级与最小等级。例如第十五表中之各个收入，其收入之最多者定为美金九、九九九圆，于是便以九、九九九圆列为收入最大等级的终点。换言之，此表所排列的就是美国人，于一九一八年的工薪收入最小者从零圆起至最大者九、九九九圆止的各种等级的分配状态。（二）在最小数量与最大数量之间，以相等的距离分为若干等级。例如在第十五表里面，制表者曾将美国人在零圆至九、九九九圆之间的工薪收入分为十四个等级。（三）视察每个等级的人数并将他们一一记上，这便是次数表的重要程序。次数表的一个最大的优点，就是可以发□□□□□□□□①态以表示收入的分配情形，或收入多寡的人数的比较，我们可以知道在一九一八年在美国内最高收入的几级人数都少。但如五在圆至一四九九圆的两级人，数都特别多。

从简表读法之多寡方面看来，表格更可分为二个不同的种类：（一）只可由两面读的，（二）更可由三面读的。前者如前述的普通的统计表，后者如上列之"相关表"。例如第十六表②便可由三面去读：（1）从纵面去读，我们知道每年收入由五百圆至四九九圆的家庭有五十七家。（2）从横面去读，我们知道每年食物费用占全体收入百分之二十至二七·九九者有十四家。（3）从斜面去读，我们知道这些家庭收入的款项与食物费的百分比，成反比例。这一种表可以表示两种社会现象的相互关系。

第十六表　每年收入的大小与每年食物费之关系

	收入（$）				总数
	500—899	900—1 299	1 300—1 699	1 700—2 099	
食物费比例	2	1	7	4	14
	6	12	24	2	44
	19	38	19	1	77
	30	13	10	2	55
	57	64	60	9	190

制表的最后一步，就是关于表之结构问题的说明，可分为两项：（一）各行标

---

① 家红按：原文无法辨识九字。
② 《上海特别市工资指数之试编》，页5。

目,(二)表之总数的位置。依据舍克利教授(Secrist)的意见,表内各行之大标目,与小标目之配线与其所占地位之分布,须本左列四个原则决定(参看第十四表)。

(甲)大标目与小标目所占地位之大小,须以其重要之程度为准。

(乙)在统计表上,凡高一级的分部,应比低一级的分部更为显著,同时最低级的分部的标目所占的地位,又应比那在表之正身里面的个别的各项所占的地位较大。

(丙)表之顶与表之脚均须使用变线表出。两旁可听其露开,表之正身内须用纵线使表之形式显著。表的形式不应像箱子。

(丁)大的总数无论在纵的方面或横的方面均须标为双线。凡复杂的表,如内中显有两个部分,则在两部分之交界处亦宜使用双线。

关于表之总数的地位,通常均置于各零项之脚。唯在美国自华盛顿人口统计局第一次将总数排列在各零项之首以后,渐为一般所仿效。[①] 这个办法的好处,是因为他紧接在标题之下,容易醒目。又通常眼睛的习惯,都是由上而下,由左而右,所以总数如放在各零项之首则宜偏左,反是则宜偏右。其他如表之大小及表之总标题等,亦宜注意,以免标题之意义含混,或表之形式过大,致令读者不便。

---

① 参看本书第五章。

工资理论之发展

（商务印书馆，1931年版）

自　序

　　现在研究工资问题的人无一不会发生过下述的问题，即决定一般工资率的原因究竟是什么？关于这个问题，自重商重农学派以还，各派经济学者均有解说，是书的目的即在将各派经济学者的学说加以简括的叙述与批评。

　　本书承本所所长陶孟和教授诚恳指导，不胜感谢。并承好友杨西孟先生检阅全文，并赐讨论，同深铭感。但作者尤当特别感谢好友曾仲刚先生和吴半农先生，因为本书如没有两位好友的细心评阅和指正，内容当比现在题更不完备。又本书如果经了上述诸位师友的帮忙，尚有疏忽或错误，这是作者自己应负的责任。

　　本书有一部份是在国立中央研究院社会科举研究所服务时写成的，嗣后作者改在社会调查所工作，仍继续此项研究。今承该所慨允，由我并入本书出版，作者实深铭感。

樊　弘

民国二十年七月九日

第一章 总 论

工资的理论在于研究一般工资率涨落的原因。但马沙尔（Alfred Marshall）曾经表示过这种研究的不可能性。他说："关于一般工资率（The general rate of Wages）或一般劳动的工资（The wags of Labor）这套普通的熟语，尚须有一句话要讲。这套熟语，在讨论财富的一般关系的时候，尤其是在我们讨论资本与劳动的一般关系的时候，诚然有便利，但在事实上，却无一般工资率的存在。在一百或多于一百的劳动者的群类中。每一个群类，有他自己的工资问题，有他自己的特殊的自然的和人为的工资的原因，这些原因支配他的供给的价格和限制他的分子的数目；每一个群类有他自己的需要的价格。这种价格受其他生产的要素对于他的役务的需要所支配。"[1]可是依据卡喃（Edwin Cannan）的评判：马沙尔所说这段话并不足以否认一般工资率的存在，因他自己亦曾用过这样的类比，足以修正他在这里所说的话的意义。这个类比说，此一森林的树木与彼一森林的树木，虽然彼此参差不一，但我们却不难指出此一森林的树木一般的高于彼一森林的树木。固然我们很难的说，每一特殊群类的劳动者的工资没有他自己的特殊的原因，可是此一时代的各种不同的劳动者的工资比较另一个时代的各种不同的劳动者的工资，常可以用统计的数字表示他们一般的升高或降低：足见一般的工资率并不是不存在的。[2] 一般的工资率既然存在，则凡关于一般工资率的原因之研究当亦是可能的了。但在过去百余年内，欧美各国的经济学者对于一般工资率的涨落原因之探讨已经有了不少的成绩了。为谋研究的经济起见，我们必须综览前人关于这个问题所作的答案。如果在这些解答之中有的确是对的，那末，我们便可不必经过前人那种很费力气的独立的观察，而能窥知决定一般工资率的涨落的原因；如果有的解答是不对的，那末，我们便可不必经过前人那种很扫人兴的错误的试验而能领悟决定一般工资率的涨落的条件一定不在某种范围内。在这两种情境之下，我们都可省出一段很长的时间来光大前人的发现，或改正前人的错误。本书的编制即在企图这个目的的实现。

---

[1] Alfred Marshall, *Principles of Economics*, 8th ed. p.533.

[2] Edwin Cannan, *Review of Economic theory*, Chap. XI, p.333.

第二章　重商学派(Mercantilists)和重农学派(Physiocrats)的工资理论

在重商主义时代,多以商品价格出超的数量为测量国家的经济繁荣的尺度。此时一般从事国外贸易的商人和奖励国外贸易的政治家大多认为一国出口贸易之升降与该国货币工资之升降含有一种反比例的关系。在这一点上,他们所持的理由是:工资高则物价高,物价高则一国之出口贸易受危害。所以当时一般的热心国外市场的争夺的商人和政府,均谋减低工资的数量,以图出口贸易的增加。但当时工人的工资是否可因外力的干涉再行往下低降呢? 自从这个实际的问题发生后,当代的许多思想家均以为工人的工资不能因受外力的干涉而降低。为什么呢? 依据他们的分析,工人的工资虽是由货币支付的,但他们所得的货币工资的数量全系用以购买维持最低生活的资料。当然这种最低生活资料的数目,至少,须够维持工人自己的生命和抚养他们的子女,不能比这标准更缩减,所以劳动者的最低生活资料的价格,一般的决定他们的劳动所得的货币工资的数量。换一句话说,就是劳动者所得的货币工资的数量随着劳动者所享用的最低生活资料的价格之升降而作用:如果他们所享用的最低生活资料的价格高,那末,他们的货币工资便高;反之,如果他们所享用的最低生活资料的价格低,那末,他们的货币工资便低。任何外来的干涉通是不中用的。因此之故,所以他们坚谓当时工人的工资不能再因政府和商人所作成的各种人为的方法而降低。这派学说因为系以工人日常所享用的最低生活资料的价格为决定工人的货币工资的标准,所以后代的学者便称这种工资的学说,为最低生活费用工资说(The Subsistence Theory of Wages)。

最低生活费用工资说被人用到租税问题上,会发生过下述的结论:即政府向劳动者的生活必要品所征收的税捐,结局不为劳动者所负担,但为雇佣劳动者的人所负担。简而言之,就是这种税捐结局不致影响劳动者的工资。为什么呢? 因为劳动者的工资之升降,上面业曾解释过,永远随着劳动者所享用的最低生活资料的价格之升降而作用。在政府未向必需品增税以前,劳动者的货币工资与他们所享用的最低生活资料的价格是一致的,没有发生变动的可能。但如政府一旦加征必需品的税率,使劳动者所享用之最低生活资料的价格涨高,并使他们的货币工资发生不足,那末,劳动者为维持他们自己和他们所生的子女起见,势必能够做到要请雇主,依照他们所享用的最低生活资料的涨价,增加他们的货币工资的数量。由是政府向工人所享用的生活品的征税,便依雇主对于工人的工资的增加,归为富人或雇佣劳动者的主人的负担,或不由劳动者所负担。因此,这种税捐终局不至减削工人的工资。这便是重商主义时代的思想家,将上叙最低生活费用工资的理论,用到实际的必需品课税问题上推演而得之税捐不蚀工资的假定。托马思·明恩(Thomas Mun),在他所写的《英格兰由国外贸易所得的富泉》(*England Treasure by Foreign Trade*, about 1830)书上说:这种税收"妨害人民的幸福,并不如他们所想的那样利害;因为贫民的衣食,虽因国产税之征收而昂赏,但他们劳动的价格亦为比例的涨高。因此这个负担如存在,仍然落在富人上。这些富人或者是闲人,或者是不在这方面作工,然而他们却须使用贫民的劳动,并是劳动的最大消费人。"洛克(John Rocke)在他所写的《降低利息和抬高货币价格之诸效果的一些考察》(*Some Considerations of the Consequences of Lowing of interest and raising the Value of Money*, 1671)上亦说:"如果在商品上课税四分之一,贫困的劳动者和手工工人(Handicraftman)不能负担四分之一,因为他们所得仅足糊口,不能更少。如果食物、衣服和什物的价格涨价四分之一,那末,他们的工资必然随着商品价格而增加,使得他们能够生活。如果他们的劳力的所得不够维持他们自己和他们的家室,结果,他们当去求助于教会,但这是使土地以更坏的方法担负这种责任。"又达咪喃特(Davenant)在他的《贸易的均衡》(*Balance of Trade*)上亦说:麦酒附加税终将提高毛织工人的工资。因此,他的结果是:我们的毛织物在国外市场上必将发生一种"大而无当"的价格。实则依据卡喃(Edwin Cannan)的研究,达氏这话不是全对,因"他忘了去问,如果他们确是涨价,倘如外国人拒绝购买,岂不是也可以阻止工资和物价的上涨吗?"由卡喃的批评,我们可以知道,重商主义时代的学者实是因为过于相信最低生活费用决定工资的学说方才决然提出:税捐不蚀工资的原则。

上文所说的是重商主义时代的学者所阐发的最低生活费用工资学说的根本观念和应用。现在请就当代极其少数的学者对于这个学说所持的反对意见和新的建设理论,略为介绍。

对于上述最低生活费用工资说,能够提出较有力量的反证的人,当时计有两位:一为配第(Sir William Petty),二为柴尔德(Sir Josiah Child)。配第在他的《政治算学》(*Political Arithmetie*, 1960, in Economic Writings, P. 274)上说:最低生活费用工资说如果合于当时的事实,那末,在生活资料落价的时候,工资便应当贱,但"这与估衣商和其他的雇用大量的贫民的人所亲见的事实不相符:即贫人的劳动,当谷物最多的时候比例的贵,并且几乎不能被获得。"又柴尔德在他的《商业论》(*Discourse of Trade*, 1690)的序言内,更从另外一个观点上,去指摘最低生活费用工资说的不确。他的大意是这样:决定工资的原因,如系工人的最低生活的费用,那末荷兰人的脾胃既不比英格兰人更大,则是荷兰人的工资便不当比英格兰人高。可是这种假定实不合于英荷国富的殊异影响工资的实证:即"在国外贸易上成功的荷兰人所给与他们的制造工人的工资一般的比英格兰人每先令高两辨士"。单这两种反对的意见,已足表示最低生活费用工资说不能解释因时而异及因人而异的现象。

最低生活费用工资说既不足以解释上述工资因人而异的关系,自然新的工资的理论便当应运而至。配第在他的《爱尔兰政治解剖》(*Political Anatomy of Ireland*)一书上指出由他新发现的决定工资的原因如后:

> 设有圈围的地两亩内中放着一只断乳的小牛,假令在十二月里,他增加了可吃的新鲜肉一 c 重,那么,这一 c 的新鲜肉,假令他系五十天的食料,并为这只牛的利息,便是土地的价值或年租了。但如一人劳动一年能使上述的土地的生产物超过五十日的同种的或另种的食料,那末,这外加的食料便是他的工资了;两样都是用食料来表示的。有些人比较其他的人吃的多是不重要的,因为一日的食料,我们知道,是指一百个人所需以养生、劳动和生殖的食料的百分之一的部份。又此一类的食料比较其他一类的食料需要更多的劳动去生产,亦是不重要的,因为,我们知道,他系指的世界各国最易取得的食料。

配第这一段话与近代的限界劳动生产力工资说相类似。他在重商主义时代内确是一种绝无仅有的新的工资的学说。无如这种学说在当时的势力不大,只能算作当时最低生活费用工资学说的一例外,因为当代一般学者所崇信的还是明恩、洛克和达咪喃特等的最低生活费用工资的学说,不是配第的生产力决定工资的学说。

重农学派的工资理论与重商学派的工资理论在原则上是一样的,因为二者均以劳动者最低生活资料的价格为测量货币工资的尺度。但是在细节上二者仍有区别:因为重商学派虽找出了货币工资所由决定的尺度系劳动者的最低生活资料的费用,但重农学派别尚能够进而找出劳动者的最低生活资料的费用因何能作测量货币工资的尺度的原因。堵哥(Turgot)在他的《关于富的形成和分配的考察》(*Réflexions sur la formatlon et la distribution des riches*, 1770)一书上说:这个原因便系众多劳动者间对于工作机会的不利的竞争。现在将他的话引述于后:

> 处境如斯的劳动者除了手和勤劳之外,一点东西没有。他的收入只是出卖劳力于他人的所得。他有一种好的或不好的价格,但是这种好的或不好的价格不能单凭他自己一方决定:但由他与那位给价购买他的工作的人所缔结的契约决定。那人总是尽量的少给;当他在多数劳动者中选择的时候,他喜欢最贱的工人。因此这群劳动者便不得不彼此斗争减低价格。

堵哥这一段话指出了劳动者的货币工资的数量之所以不能高出于劳动者的最低生活资料的价格以上,系由劳动者在自由竞争上所处的地位的不平等,当系一种切合事实的言论了;只是这一段话仍有缺陷。因他虽然指出劳动者间的竞争可使工资降低,但他没有解释因何雇主之间的竞争不可以把工资提高。自这缺陷露出后,旧的工资的理论便不得不接受新的经验来补正。[1]

---

[1] Edwin Cannan, *A Review of Economic Theory*, pp. 333—338。

第三章　斯密士(Adam Smith)的工资理论

世界各国的劳动者,在不同的时代里,是否果如重商和重农学派所说,其所获得的工资都是以最低生活资料的费用为准则呢? 亚丹斯密士的工资的理论便是对于这个问题的答覆。

斯密士在积极的见解上以为工人的工资,自私有财产制度发生后,确是一直往下低落。但低落之界不必是以最低生活资料的费用为唯一的限界。有时落在他的上面,有时落在他的下面,又有时刚刚落在正中。但为什么发生这种不同的现象呢? 斯密士相信这个原因纯是由于需要与供给二因子对于工资所发生的不同的影响。

以下所引斯密士的几段话,说明私产制度的出现和工资低落的关系。但他在说明这个关系以前,曾略说到,在原始共产状态下,工人的工资绝无往下低落的趋势。不但无往下低落的趋势,并可因为工人的劳动生产力的进步继续往上增加。以斯氏所举的这原始共产社会的状态为陪衬,愈可以看出私产制度的出现确为工资往下低落的先导。兹将斯氏所说的话译述于后:

劳动的全部生产物构成劳动的自然酬报或工资。

在土地的占有和资本的蓄积以前的原始状态下,劳动的全部生产物均为劳动者所有,没有地主和雇主来与他分享。如果这种状态继续不变,工资必然伴着那些由分工所引起的生产力的进步而增加。

但在土地的占有和资本的蓄积成立的一瞬间,劳动者享受全生产物的原始状态立即消灭。远在劳动生产力的各种最重要的进步以前,这种状态已不存在。如果现在还来探求各种劳动生产力的进步对于劳动的工资或报酬的影响,那便没有意义了。

土地变成私产以后,地主立即起来要求分享劳动者在土地上所收获的或搜集的生产物之几乎等于全部的一部。地主的地租是从用在土地上的劳动所生产的物品中所扣除出来的第一份。

耕作土地人在收获没有到手时,鲜有维持生活的资料。这种资料普通是从雇用他的主人,即佃农的资本中垫给他。这位佃农,如果不能分享耕作土地人的全劳动生产物的一份,或者,仅能收回他的资本而不附有利润,那末他便没有兴趣去雇佣这耕作土地的人了。因此利润遂成了从劳动生产物中扣除出来的第二份。

几乎一切其他劳动的全生产物都不免要受同样的利润的克扣。在所有的手工业和所有的机械制造业里,工人中的大多数均需要他们的主人来垫给他们的工作原料,工资,和生活资料,直到工作完了的时候。他分享他们劳动的成果或分享他们的劳动所增加在原料上的价值,在这分享里包含利润。①

观此可知,斯密士在分析工资涨落的原因之际,确是认定工人的工资自私产制度发生后有一直往下低落的趋势。但这低落之界是怎样的受需要和供给的影响而有上述三种不同的变化呢? 斯密士以为如欲答覆这疑问,当先明白需要和供给的各别的性质。

需要是什么呢? 斯密士说,需要系指购买劳动的基金。这个基金系由下述两种收入的剩余构成的:前者名叫所得的剩余(Revenue surplus),后者名叫资本的剩余(Stock revenue)。资本的剩余的意义系指独立的工人,如织匠或鞋匠,在其所有的总资本之中,减去用以购买他自己的工作所需的原料和用以维持他自己到能出售他的成品时的生活资料的费用所剩余部份。所得的剩余系指地主领受年金人,或富人在其所有的总收入之中减去他们家庭维持费所剩余的部份。他说,如果这两部份的剩余越多,则用以购买劳动的基金越多,②或劳动的需要越多。供给是什么呢? 供给系指现存的人口的数目。即由人口的出生数之中减去人口的死亡数而所留存的数目。这便是斯密士所指的需要和供给之各则的性质。

斯密士将上述需要和供给的意义说明后,他便进而解释上述需要与供给的二因子对于工资涨落的影响。在这一点上,他提出一个比较重商和重农学派所见更为博大的理论:即需要和供给的相对关系的变动或不变动决定劳动工资的朝上、往下或不动。朝上的意义系指工人的劳动的工资,除经地主和雇主克扣外,尚略多于工人的最低生活资料的价格。往下,系指工人的工资,经了地主和雇主的克扣后,不足以购买他的日常所需的最低生活资料的价格。不动,系指工人的剩余的工资,永远等于他的最低生活资料的价格。在这三种的可能的结果中,斯氏以为第一种结果系由构成劳动需要的工资基金之增加速于构成劳动供给的人口总数的增加。第二种结果系由构成劳动需要的工资基金之增加既不速于构成劳动供给的人口之增加,亦不缓于构成劳动供给的人口之增加。第三种结果系由构成劳动需要的工资基金之增加缓于构成劳动供给的人口之增加。合而言之,即供给和需要的相对的关系,决定一切工资的变动。

斯密士举中国为例,证明在构成劳动需要之工资基金滞而未进,人口增而未过多的时候,劳动者的工资当即停滞在最低生活资料的价格上。他说:

---

① Adam Smith, *Wealth of Nations*, Cannan's ed, Vol. I , p.67.
② *Ibid.* , p.71.

一国的财富虽说很大,但如他已静止了很久了,在他里面的劳动的工资必不能希望很高。中国很早便是最富足的国家之一,即世界上最肥沃,最力耕,最勤奋和最众庶的国家之一。虽为他好像静止了很久了。五百年前游历中国的马克波罗在他的游记上所用以描写中国的耕种、勤勉和众庶的话,与现在的旅行家所用的没有什么差异。或许中国在马克波罗以前,很早便得到了他的法律和制度所允许他的富的齐全了。尽管这些旅行家的记载在其他方面不是一样,但他们无不异口同声的承认,中国劳动工资的低落和劳动者维持一家老小的困难的情形。因为他如掘地一日能得购买些微之米的货币,他便满意了。手艺工人(Artificiers)的境况坏到不能更坏的程度。他们不像欧洲的手艺工人,能够安逸的坐在店里等候他们的顾主来光顾,但常不断的背着他们的工具,沿街叫卖,宛如乞丐。中国下层阶级的贫困,比较欧洲类似乞丐之国民的贫困程度还利害。据说,在广州的近郊,成千累百的家庭在陆地上没有住宅,常栖息在靠溪傍湾的小渔船上,他们所找的生活资料少到这样的程度,他们对于欧洲的商船弃而不食的极其肮脏的秽物均争着去捞获。已经死了的狗和猫的尸体,半腐和半臭,中国人欢迎他们的程度,不减于其他各国的人民之欢迎最合卫生的食料。结婚在中国是最受鼓励的,但这非为婴孩带有获利的性质,而是由于为之父母者具有杀害婴孩的自由。在所有的大城里见有许多的婴孩夜里被人遗弃在街旁,或如小狗一般的被人投在河里。不料这种至极残忍之事,而其国竟有公采其业以为生者。①

斯密士此外更举北美殖民地为例,证明在构成劳动需要之工资基金之增加速于人口之增加的时候,工人的工资定比他的最低生活资料的价格高。他说,

工资增加的原因,不在一国的实际财富之伟大,而在一国的实际财富的继续的增殖,因此最高工资所在的国家不是最富的国家,而是富之增殖最速的国家。英格兰现在比北美任何部份更富,但北美的劳动的工资比英格兰任何部份更高。在纽约一省内普通劳动者日得三先令六辨士,等于此间的二先令。造船的木匠日得十先令六辨士,又酒一瓶,值六辨士,等于此间的六先令六辨士;建造房屋的木匠和砖瓦匠日得八先令,等于此间的四先令六辨士;裁缝匠日得五先令,等于此间的两先令十辨士。上述一切的价格无不高于伦敦的价格。除纽约外,据说其他各殖民地都与纽约相同。但北美粮食的价格比英格兰更贱。荒歉没有听见说过。即在最坏的季节内,他们自己都是够的,无非出口减少而已。如果劳动的货币价格比较母国任何地方都高,那末,他的真实价格,即劳动者所得支配的人生必要品和便利品尚必比较母国更多了。②

---

① Adam Smith, *Wealth of Nations*, Cannan's ed, Vol. I , pp. 73—74.
② *Ibid.*, pp. 71—73.

最后斯密士又举孟加拉(Bengal)为例,证明在国富后退的社会里,即在构成劳动需要的工资基金继续里,工资有跌落在最低生活费用以下的趋势。他说:

> 在一国家里如果用以维持劳动的基金日见减少,那么他的境遇必然两样。每年对于仆役和劳动者的需要,在各种职业的等级里均必比昨年为少。在高的等级里长成的许多劳动者,如果不能在他们本行里找着职业,自必乐于在最低的等级里去找职业。这一最低的等级不但为该级工人所充斥,且为上中各级盈溢而来的工人所充斥。这里职业的竞争必极大,定将劳动的工资减为劳动者最愁苦和最贫乏的生活资料。许多必连这种最坏的职业找不到,他们如不愿饿,则须行乞,或为盗贼。贫乏,饥馑,和死亡必即在这一等级里流行,而且蔓延到中上各种等级内。直到在这国家里人口继续减少,至于恰与该一社会所剩余的财富即未经暴虐或灾害所破坏的财富如所得和资本所可维持之数相等。东印度的孟加拉和英殖民地的其他部位的现状大约如是。①

斯密士将上述三种工资状态和他与工资基金的关系说明后,更综括的下一断语曰:"劳动的优厚的酬报是国富进步的自然象征,贫苦劳动者的悭吝的生活资料是万事停滞的自然象征,而他的饥饿状态则是万事往后退步的自然象。"②

由以上说明,我们可以知道,斯密士的工资理论实比重农学派的工资理论为博大,即重农学派只能指出劳动者方面供给的加多为劳动的工资落在最低生活资料费用上的原因,但斯密士则更能在另一个方面,即在富人和雇主方面指出劳动需要的加多或减少,为劳动的工资高于或低于最低生活资料费用的原因。斯密士的工资理论实比重农学派的工资理论为进步。

但斯密士的工资理论也有不合事实的地方。例如他说,凡属独立工人的资本的剩余(Stock surplus)皆为雇佣劳动之基金,这话在表面上好像不错,实则这些独立的工人是常以所增加资本之大部购买工作的机械,而不以之购买劳动者的劳动的。③ 即因斯密士的工资理论有这一个弱点,所以后来的学者便不得另创新说,以图切合关于工资涨落的全部的事实了。

① Adam Smith, *Wealth of Nations*, Cannan's ed, Vol. Ⅰ, pp. 74—75.
② *Ibid.*, p. 75.
③ Edwin Cannan, *A Review of Economic Theory*, p. 342.

第四章 马尔萨斯(Robert Malthus)和里嘉图 (David Ricardo)的工资理论

斯密士的需给工资的学说,就中没有人口之增加速于生活资料之增加的假定,因此在他结论内,亦无工人的工资定须以劳动者的最低生活资料的价格(单纯的或习惯的)为标准的悲观见解。反之,马尔萨斯和里嘉图的工资理论,因有人口之增加定规速于生活资料之增加这假定,因此在他们的结论内,便有工人的工资常须停滞在习惯的生活资料的价格之上,甚或往下退步的悲观的论调。更从工资政策一方面说,斯密士因为相信一国的工资、基金,或生活资料之增加,可以速于人口之增加,因此他的高工资的政策是提高国富的相对的增加速度。马尔萨斯和里嘉图因不相信一国的工资基金或生活资料的增加可以速于人口之增加,因此他俩的高工资的政策是限制人口的相对增加的速度。兹将马尔萨斯和里嘉图的工资理论分别叙述于后。

马尔萨斯的工资理论,系以他的人口之增加定规速于生活资料之增加为前提条件,因此我们在讨论马尔萨斯的工资理论以前,须先说明马尔萨斯关于这个条件的讨论。

马尔萨斯在他《人口论》上劈首承认两件事:(一) 人的生活资料是人在生存上所必需的,(二) 人的两性间的情欲亦是必要的,而且这种情欲在大体上尚保持他原来的样式。又人的两性间的情欲作用的结果,为人在二十五年内增加一倍。正如过去一世纪在北美殖民地上人口增加的速度一样。但人的生活资料之增加,即在最有利于人的工作的情境下,最多亦是每二十五年比较最初一年增加一倍。前者乃系几何级数的增加,后者只系算学级数的增加。他把这两种增加的速度合在一道推算他俩的差度如下:

> 让我们把这岛国上的人口定为一千一百万,并假定现在的产量恰够供养此数。在第一个二十五年,人口涨为二千二百万,又因食料也涨一倍,彼此亦足敷用。在第二个二十五年,人口涨为四千四百万,生活资料只够供养人口三千三百万。在更下一个时期内,人口涨为八千八百万,生活资料只够供养半数。在第一世纪结束的时候,人口涨为一万七千六百万,生活资料只够供养五千五百万;结果遗留下了一万二千一百万人口完全无所赡养。
>
> 现在不论这个岛国,而以全球为例。移民问题自应除外。假令现在人口

等于十万万,并假定人种的增加依照一、二、四、八、一六、三二、六四、一二八、二五六这些数目演进,生活资料的增加依照一、二、三、四、五、六、七、八、九这些数目演进,那末,在两世纪末,人口与食物的比率定为二五六对九,在三世纪末定为四〇九六对一三,而在两个千年末,这个差数必至几于无法可以计算了。①

自然这种推算的差度,即马尔萨斯自己,也是认为不能实现的,因为人口的增加绝对不会永久超出生活资料所允许的范围外,但差度必定是时常发现的。马氏以为,当这差度频频出现之际,那因超过生活资料的限制而所增加的人口必至遭遇种种的不幸:如贫乏,饥馑,迁徙,疾病,犯罪,或死灭,直到这部过多的人口全数消灭而后已。上述几段话为马尔萨斯关于人口的基本观念。

马尔萨斯依据上述关于人口的基本的概念:即人口之增加,每二十五年,比较上一个二十五年,增加一倍,生活资料的增加,每二十五年只能比较最初一个二十五年增加一倍,或人口的相对的过剩增加发生后,社会必须遭遇贫乏和罪恶,讨论到工人的工资问题上,便得下述三结论:(一)工人的工资系以工人所惯用的贫乏生活资料为准则,或以下层阶级的贫困标准为准则。(二)这个准则是可变的。但这变动的趋势,与人口之自然增殖成反比例。(三)提高这种标准的办法,便是唯一的提高劳动工资的办法。但这办法只有一个,即限制劳动者的人口数。

什么叫做贫困标准呢? 马尔萨斯所下的定义是:劳动者在习惯上于他为必不可缺的活妻养子的生活资料。他解释这个标准的相对的性质和他的助成条件如后:

> 在大多数国家的国民下层阶级之中有一好像贫困标准的东西,低过此点,他们便不想结婚和传种了。这个标准在各国里不同,并且是由各异的土壤,气候,政府,知识程度和文化等等连合条件所造成的。提高这个标准的主要助成条件,是个人的自由,财产的安全,知识的传播和对生活便利品与娱乐品的嗜好。主要的降低这个标准的助成条件是暴虐和无知。②

上述这个贫困标准便是马尔萨斯所发现的测量劳动工资的尺度。马氏在他的《人口论》中随处都在暗示劳动工资的变动正比例于这个标准的变动。

马尔萨斯因为认定人口之增加通常比较生活资料之增加更快,其结果不为上述一切提高贫困标准的主要条件的取消,并为上述一切降低贫困标准的主要条件的发达,最后定必降低工人的工资,因此他力反对斯密士所希望实现的高工资政策:即增加工资基金进展的相对的速度以图工人的工资之增加。他以为斯密士的高工资政策一定不能实现的。因为生活资料之增加绝对不能比较人口之增加更

---

① Malthus, *Essay on the Principle of Population*, 2nd ed, chapter I.
② *Ibid.*, p. 557.

快。为补救斯氏这种政策的缺陷计,马尔萨斯极力主张设法限制人口的生殖,以图下层阶级的贫困标准之提高。简单言之,就是马尔萨斯的高工资政策只在限制人口之增殖。他说:

> 无论任何国家里为了提高食物的分量,使与消费的人数成一相称的比例,我们的注意必然首先集中在增加食物的绝对分量一端上,但后来因为发现了食物的分量虽已增加到我们所能增加的最高度,但消费人的数目确比他增加的更高。并发现了,以我们的全副的努力,然而我们仍似从前一样的落后,我们自当信服我们的努力,如果只向这一方面前进,定必永远没有希望。这必酷似喉使蠢龟去捉狡兔一样的无效。我们既然发现了,在自然公律上,我们使食物与人口的比例相称,那末,我们的第二条路当然便是使人口与食物的比例相称了。如果我们能劝狡兔安睡了,蠢龟或者还有赶上他的日子。①

根据上述这个同一的观念,马尔萨斯特向劳动阶级提出一个口号说:"提高你们的工资,减低你们的数目。"向公众提出一个警告说:"我们必须使群众认识清楚人的义务,不在徒然蕃殖种族,而在繁殖道德和快乐。假如人对后面一层无把握,社会是绝对不需要他遗留子孙的。"并对政府建议说:我们必须逐渐废止救贫法。上述这几种意见都是由于马尔萨斯认为下层劳动阶级的"唯一可能的真能提高工资的方法只在限制他们的供给。"

马尔萨斯以为上述限制人口之供给,对于提高工资的效力其增率可以是累进的。因为下层阶级的贫困标准或工资,倘因采用限制人口的方法而进步,则在这个进步的一瞬间,劳动者便将接受这种高度的生活的标准不肯将他降低。同时,并将更有效的限制他们的人口,以图这个标准的再提高。在这一个时候,高度的生活标准不为限制人口的结果,变作限制的原因。人口的限制,自这新的原因加入后,定须发生累进的作用。同时工人的工资似当亦有累进的涨高。因此之故,所以我们说,马尔萨斯的限制人口式的增加工资的办法,其效率可以是累进的。

但我们须注意:马尔萨斯虽然认定限制人口之供给对于劳动者的生活的改进可以发生累进的作用,但他并不因此而乐观,因他没有把握相信劳动者阶级的自尊和先见能发达到这样的程度,可将限制人口的希望完全表现在事实上。他对这个悬想的办法还是始终抱悲观的。因此之故,所以马尔萨斯的工资理论总离不掉悲观派的臭味。

里嘉图的工资理论与马尔萨斯所发现的工资理论完全一样。因为在前提上,他亦相信食物之增加永远赶不上人口之增加。在结论上,他亦相信这种社会状态的继续存在可以降低工人的生命标准及工资。故谋工人的工资之增加,除限制人口一法外,别无更好的保证。但里氏亦非全然抄袭马尔萨斯的意见。因为马尔萨

---

① Malthus, *Essay on the Principle of Population*, 2nd ed, p509.

斯的工资理论系根据他的人口论,而里嘉图的工资理论,虽说一半系根据马尔萨斯的人口论,但其他一半则系依他的地租公律推演而得。同时他的地租公律则又系由他的土地报酬渐减公律的推演而得。马尔萨斯的人口论,虽与里嘉图的土地报酬渐减公律很相像,但二者究非完全一致,这点容后再讨论。总之一句,里嘉图的工资学说,大半系由里嘉图自己独立观察的结果。因此之故,里嘉图的工资理论诚有独立分析之必要。而在独立分析里嘉图的工资理论之际,对于他这理论所根据的地租公律和这公律所根据的土地报酬渐减的法则均须特别加以明确的叙述。

里嘉图以为在任何社会里,可以耕种的土地面积是有限的,而且在这面积有限的土地之中,上等土地更属有限。当着地多人少之际,只须耕种上等土地。此时每一亩土地对于定量之资本和劳动所给的酬报自然比较丰富,而且可以完全属于耕种人所有,作为他们的工资和利润。但如人口继续增加,致须耕种中等的土地,那末,在中等土地之上,每一亩土地对于定量之资本和劳动所给的酬报便比在上等土地上少了。在同样情境之下,假如下等土地亦须耕种,那末,当着下等土地耕种之时,每一亩土地对于定量劳动和资本之酬报尚当比较中等土地更少了。这点道理明显的很。又即令在这社会里面,只有有限的上等的土地而无中等的土地,但这上等的土地对于继续增加的定量资本与劳动之报酬其为渐减亦复相同。因为在这一种情境下,当着这些继续增加的人口,因无中等土地可耕种,致须专在这个同一的上等土地上增加资本与劳动之时,纵令他所追加的资本和劳动与上一次一样多,然而因为土地对于第二次所投下的资本和劳动所给之酬报仍不如对于第一次的所给的多,结果他所表现的趋势仍当与在第一种情境下所发生的趋势相一致。这即是说:在上述两种情境下,土地对于继续增加的人口所给的酬报均是一代一代的往下降。因此之故,所以里氏称这一种渐往下降的趋势为土地报酬渐减的公例。

但里嘉图的土地报酬渐减公律和马尔萨斯的人口增加的公律是不同的。里嘉图的地租公律的重要意义是说,假令人口系二十五年增加一倍,正如北美殖民地在十七世纪所表现的趋势一样,那末,在第一个二十五年内纵令人口比现在多一倍,但食物不比现在多一倍;在第二个二十五年内,人口已比现在多三倍,食物虽然不比现在多三倍,但亦可比现在多至两倍以上。而马尔萨斯的人口论的重要意义是说,食物在上述的情境之下,即在第一个二十五年内仍可增加到一倍,并不比一倍更少;在第二个二十五年内,食物至多只比现在多两倍,并必不比现在多至两倍以上。换句话说,就是里嘉图的土地报酬渐减公律,并无食物只依算学级数而增加的假定,但马尔萨斯则假定这种增加的方法是不变的。由此可见,里嘉图的土地报酬渐减公律与马尔萨斯的人口公律不是完全一事了。

里嘉图将上述土地报酬渐减的公律用到地租问题,便发现了地租发生的原因和进步的趋势。因为在这土地报酬渐减的公律内已经含有下面的意义:即任何有限的土地对于继续投下之资本与劳动而所给出的酬报,必是前者多而后者少。在前后两次所投下的资本和劳动所给的酬报之间,必有差额发生。这个差额便是地租发生的原因。假如在一新的殖民地上前后来了两百万移民。第一百万移民选取了这新殖民地上的上等土地。他们在这上等土地之平均每一千元的资本和百人的劳动所得的小麦共为五百石,可作工资和利润。第二百万移民因为迟到了一步,只有中等土地可耕种,他们在这中等土地之上,平均每一千元和百人的劳动所得的小麦,不到五百石,但为四百石,那末,此时,这在上等土地上的居民,在私有财产的制度下平均每一百人和资本千元便必可以比较中等土地多得一百石,而用以作他们的地租了。假令此时在上等土地上的移民之中有一百人不自耕种上等土地而以租佃于后来的移民,那末,上述这一百万人便必有权强迫他们的佃农支付百石小麦以作地租,因为没有两种的工资率和利润率存在的。由此可知,这一百石的小麦所构成的地租全是由于投在上等土地和中等土地之上的两份相等的资本与劳动所出产物的差数了。因此,里嘉图说:"地租常常都是使用两种等量的资本和劳动所得之两份生产物间的差额。"又如在这块新殖民地上,除了第二百万移民之外尚有第三百万移民来到,至须耕种下等的土地,则在这块下等的土地上,平均每一千元资本和百人劳动所得酬报在比较中等土地当更少,因而中等土地亦将以同一的原因产生地租。在这一种情境之下,上等土地所得之酬报当然还须比较中等土地为多。由此类推,我们还可窥知下等再下等之土地均可以同一的原因产生地租。将这理论用在继续投在同一等级之土地上的资本和劳动上,所得结果亦是一样。这种学说便是里嘉图的有名的地租的公律。这个地租公律,完全是由土地报酬公律来的。[①]

将里氏的土地报酬渐减公律和地租公律说明后,我们可以进而理会里氏的工资学说的要义。

里嘉图因为发现土地报酬渐减的法则,致使他对马尔萨斯的人口的原则表示大体的承认,即人口之增加在大体上实比食物之增加更快。人口之增加既比食物之增加更快,然而在这食物里面,依据上述地租的学说,尚须随着人口之增加,以渐增的部份化作地租,渐减的部份化作资本的利润和劳动的工资,由是劳动者的生活便不得不受两重的打击,逐渐倾于下落。所谓两重的打击者,(一)因资本家的资本是构成劳动需要的,现在资本的增加即以较低的比率往下锐减,工资当必更低,这是劳动阶级的生活所受的一重打击。(二)因劳动者的工资系劳动者用以购买生活资料,其中以食物占重要部份。如果劳动者所需要的定量的食物,因受土地报酬的影响必须以更多的劳动去生产,其价格当必上涨。食物涨价之后,如劳动者工资不变,定只能卖较少的食物,便受又一重的打击。合而言之,就是当这渐减的土地的收获,随着人口之增加,以其渐增的部份化作地租之际,劳动者的生活,因受渐减的资本蓄积率,和食物价格上涨的影响,实不得不受两重的打击,继续往下低落了。这种低落的趋势亦与马尔萨斯根据剩余人口的原则所推出的结论相符合。里

---

① Ricardo, *Principles of Political Economy and Taxation*, Gonne's ed, pp. 47—49.

嘉图的工资理论在前提上既与马尔萨斯的工资理论一致,当然在结论上便不得不与马尔萨斯在上文内所发表的三意见完全吻合了:(1)工人的工资系以工人所惯用的最低生活资料的价格为准则,虽然这个准则不是绝对的和固定的。(2)这个准则与人口之增殖成反比例。(3)提高这个准则的唯一的办法只在限制劳动者数。

关于工人的工资决于工人所惯用的生活资料的价格这概念,里嘉图曾说明如下:

> 劳动与其他一切被人买卖并可增减其数量的商品一样,有他的自然的价格和市场的价格。劳动的自然价格是使劳动者能够生存和绵延他们的种族,非但使他们没有增加,而且使他们没有减少的价格。

> 劳动者用以支持他自己和他的家庭——这是维持劳动者的数所必要的——之能力,不靠他所受领的货币工资的数量,但靠这种货币所购买的,在习惯上于他为必不可缺的食物,必需品,和便利品的分量。所以劳动的自然价格依存于需以维持劳动者和他的家庭的必需品和便利品的价格。如果食物与必需品的价格高,劳动的自然价格也会高。如果他们的价格贱,劳动的自然价格也会贱。[①]

> 但劳动的自然价格,即令以食物和必需品为标准去计算,亦不是绝对的固定和不变。他在同一国家内随着时代不同而变化,而在不同的国家内并有显著的不同。他根本依国民的风俗及习惯而变化。一个英格兰的劳动者,如果他的工资仅够买马铃薯而不够买其他的食料,仅够赁居灰土的小屋而不够赁居其他较优的住所,他当然要将他的工资认为是在他们的自然率以下,并且太不足以养家了。可是这些有限的自然的要求,在人的"生命不值钱"和人的欲望容易满足的国家里,则常视为充足的。现在英格兰的农家所享受的便利品,在我们的历史的初期里定被视为奢侈品了。[②]

关于劳动的自然价格之决定条件:如劳动者的习惯的生活资料的货币价值,随着人口之增殖而渐减一点。里嘉图根据上述土地报酬渐减,地租渐增资本的增加速率渐低,和食物的价格渐高诸原则,系统的解说如下:

> 在社会的自然进展中,劳动的工资,在需要和供给的管辖下倾于下落;因为劳动者的供给系以同一的比率增加,可是他们的需要则系以较低的比率增加。试举例以明之,如果工资受资本年年以百分之二的速率的增加所支配,那末,当资本以百分之一·五的速率增加的时候,工资将落。如资本的增加率仅为百分之一或百分之〇·五时,工资将必更低而且继续下落,直到资本变为静

---

① Ricardo, *Principles of Political Economy and Taxation*, Gonne's ed, p.70.
② *Ibid.*, p.74.

止时乃已,届时工资亦必静止,并且只够供养现实的人口数。在这些情境之下,我说工资将落,系假定工资只受劳动者的需要和供给的关系所左右,但是我们不要忘记了工资亦受工资所购买的商品价格所左右。

人口增加,这些必需品的价格常常继续涨高,因为需要更多的劳动去生产他们。如果此时劳动的货币工资须得降落,同时劳动的工资所惯购买的商品上涨,那末,劳动者定受两重打击,并将全部丧失他们的生活资料了。因此,劳动的货币工资不再下落而往上增;但上增之度,亦不够买当商品未涨价前所可购买的舒适品和必需品的数量。如果他每年的工资从前是二十四磅或谷物六英斛(Quarter),因为从前每英斛价格四磅,那末,当谷物的价格涨到每英斛五磅的时候,他也许仅能接受五英斛的价值。但因五英斛的价值现为二十五磅,所以他当接受略为增添的货币工资,即令使用此项增添了的货币工资,他亦不能购买从前他所能购买来作他的家庭所消费的同量的谷物和其他的商品。①

这两段话明明白白的说,如果人口继续增加无已,那末,这一决定劳动工资的尺度:劳动者的习惯的生活资料的数量,亦即马尔萨斯所谓的贫困标准,亦当往下低落了。为阻止这种降落的趋势起见,所以里氏的提高工人的真实工资的办法便是限制人口的政策。

正因里嘉图坚信,除限制人口一法外,劳动者的生活状况虽然无法改进,因此他便对劳动阶级和议会说,"这点已成一种毫无疑义的真理,如果贫民或立法者都不留心去限制贫民数目的增加和减少,他们的早婚和不审慎的结婚的数目,那末,他们的安乐和幸福必定永远不得保证的。"②他并执此以反对救贫法;说:"救贫法使此种限制丧失效用,招来疏忽,因为救贫法以谨慎和勤勉的工资之一部奖励不知限制结婚的疏忽行为。"③除此之外,里氏并同意于马尔萨斯的最后主张,即凡为提高工人的生活标准,即真实工资所采行的限制人口的方法,尚可因为工人的生活标准之提高而呈一种加速度的进展。他说:"人道的爱护者只有希望一切国家的劳动阶级都有对舒适品和娱乐品的嗜好,并得一切法律的手段去鼓励他们获得他们。防范人口的过剩,舍此当无更好的保证。"④但我们须附带的说明的,即里嘉图虽说限制人口的政策可因工人的生活标准之提高,而呈一种加度的进展,但他并不因此抱乐观,因他觉得这种希望不必马上便能实现。

---

① Ricardo, *Principles of Political Economy and Taxation*, Gonne's ed, p. 78.
② *Ibid.*, p. 84.
③ *Ibid.*, p. 84.
④ *Ibid.*, p. 77.

第五章　弥尔(John Stuart Mill)的工资理论

　　弥尔的工资学说与上述马尔萨斯和里嘉图的工资学说是有区别的。马尔萨斯和里嘉图的工资学说系从劳动的供给(这个影响工资的要素)出发,但弥尔的工资学说则不是从劳动的供给出发,而系从劳动的需要出发。因此之故,所以弥尔的工资理论特别着重讨论构成劳动需要之工资基金的意义和他所及于劳动工资的各方面的影响。我们将这两点分别说明于左。

　　这里我们先插叙几个人的工资学说。在弥尔的工资学说公布以前,对于工资变动的趋势之研究,特从劳动的需要一方面去研究的已有几人。这几人的学说的势力,虽不及弥尔的,但弥尔的学说却很受他们的影响,这几个人的学说决定了弥尔的工资学说之发展的方向与形式。如果我们明白了他们的学说,我们对于弥尔的工资理论便很容易领会。因此之故,所以我们在讨论弥尔的学说本身之前,对于这几个人的学说尚须略为叙述。

　　当亚丹斯密士将劳动需要的意义解为购买工人的劳动基金的时候,他会明白的说,这宗基金的数量是由两个部份构成的:第一个部份系富人的剩余的所得,第二个部份系资本家的剩余的资本。他对这两部份的功用,虽未进而分别他们各自重要的程度,但斯氏而后的学者,于不知不觉之中,便将富人的剩余所得那部份,看得没有什么重要了。他们在半意识里说,所谓工资基金的意义只是资本家的剩余资本的数量,并不包含富人的剩余的所得。例如马士特夫人(Mrs. Marcet)在他的名著《政治经济问答》内,所述加罗林学生(Caroline)和 B 夫人先生的一段谈话,便将工资基金的意义解为这种狭义的见解。在这对话里,加罗林学生说:工资率是由什么决定的? 他的先生 B 夫人答覆他说:"他是由一国的资本和劳动人口的比例决定的。……当工资未受限制之时,唯独这个比例是支配工资率的条件,亦唯独这个比例是造成和消灭劳动需要的条件。……当劳动者数目静而未动之际,工资率依资本之增减而增减,当资本之量静而未动之际,工资率依劳动者数目之增加而减少,依其数之减少而增加。如用数学先生的口吻来表示,工资率的变动便是与资本之量的变动成正比例,与劳动者数目的变动成反比例……资本所在之地,穷人将常取得工作的机会,因此,劳动的需要正比例于资本的小大。"[①]同时他在别的地方又

　　① Mrs. Marcet, *Conversation on Political Economy*, 1816, pp. 109, 117—130. quoted by Maurice Dobb's *Wages*, pp. 77—78.

说:"一国的荒地都可称做待人去作的工作,然而那类却没有劳动者去做这种工作的需要,直到所存储的生活资料足够维持做此工作的劳动者数止步。"他在半意识里不但是把劳动的需要与生活资料混为一事,而且把生活资料与资本混为一事去了。可是劳动的需要、资本,是否系社会总资本的全部呢? 又社会总资本如果增加,是否劳动需要也增加呢? 社会总资本的增加纵令就是劳动需要的增加,二者的增加又是否为同比例的增加呢? 关于上述诸问题,自从约翰巴顿(John Barton)在他的《关于影响社会里的劳动阶级境遇的各条件的考察》(*Observations on the Circumstances which influence the Condition of the Laboring Classes of Society*)一书(一八一七年出版)上,说明固定资本的增加不是劳动的需要增加以后,英国的经济学者逐渐开始承认,构成劳动需要的那一部份资本的变动,与社会总资本全部的变动没有什么同比例或同方向的关系。即谓工资率不是靠社会总资本与人口的关系,而是靠人口和社会总资本中用作支付工资的那一部份的关系。马卡罗和(Meculloch)说:

> 一国维持和雇佣劳动者的能力,全不依靠地势的便宜,土壤的肥沃,或领土的大小。无疑的这些都是极重要的条件,而且对于一国国民增进财富的速率都必有其强大的影响。但一国维持和雇佣劳动者的能力全不依靠这些条件,而系依靠该国在特定时间内所蓄积的过去劳动生产物或资本中所以维持和雇佣劳动者的部份之实际的数量。一种肥沃的土地至多不过是供给一种迅速增加资本的方法罢了。在土壤耕种以前,资本必要预备了来维持他的劳动者,正如他必要预备了来维持在制造业上所雇佣的,或在其他任何工业上所雇佣的工人一样。
>
> 这个原理的必然的结果是:每一劳动者所得分配的生活资料的数量,或工资率,必须依靠全部的资本所给与劳动人口的比例的大小。①

马卡罗和的这段话,曾将资本的全部与劳动工资所占的部份分开,与马士特夫人将二者混为一事的诚为更进一步,但他究未能将工资基金中所含富人剩余所得那部份一并收入在内,仍然是有缺点。

将马士特夫人、约翰巴顿和马卡罗和的关于工资基金的意见了解以后,弥尔的工资基金学说的实质便很容易明白了。弥尔因受上述资本唯一构成劳动需要或工资基金的学说的刺激,忽想起了在《原富》一书上,亚丹斯密士曾谓,构成劳动需要的工资基金的数量,除却资本家的一部资本外,尚有富人的剩余所得中之一部份在内,因把二者合在一处,现作工资基金的改正的意义。这个意义构成弥尔的工资基金说的纯粹理论的部份。将这意义确定后,弥尔又将他应用在那为了提高工资而

---

① Meculloch, *Principles of Political Economy*, 1825, pp. 327—328, quoted by Cannan's Review of Economic Theory, pp. 351—352.

所发生之最低工资法,和工会运动诸问题上,看他对于这些问题的解答如何。末后,他发现一切政治的、法律的和工会的运动,均不能将工人的工资提到工资基金所允许的范围以外。换句话说,就是,在长时期内,这些人为的提高工资的办法都是无益的。现在我们先述弥尔的工资基金的意义。

关于工资基金的意义,弥尔共有两个概念:其一便是他对工资基金的抽象的说明,其一便是他对这抽象的说明所给的具体的解释。弥尔对于工资基金的抽象说明如下:

> 工资于是大部依靠劳动的需要和供给;或如日常所说,依靠人口和资本。此所谓人口是指劳动阶级的数目,或受雇的工人的数目。资本的意义是指流动的资本,但不是流动资本的全部,而是在流动资本中,直接用以购买劳动的部份。在这一部份的资本内,尚须加入所有的用以购买劳动的不属于资本部份的基金,如兵士,家庭仆役,和其他非生产的劳动者的工资。不幸这宗可以称做一国工资基金的集体,却无一个熟语表现。且因生产劳动的工资几占这宗基金的全部,于是那一既小而又不重要的部份便常被人失察,致有工资依靠人口和资本的讲话。说到便利,自然还须采用这讲话,只须记着:这是一种笼统的说法,不足以表明全部的真实。

> 在上述这两名词的界说内,工资不但靠人口和资本的相对数量,而且在竞争的场合里不受其他任何条件的影响。工资(自然是指一般工资率的意义)不能提高,除非用以雇佣劳动者的综合基金增加,或竞争受雇者的人数减少;工资亦不减少,除非用以报酬劳动的基金减少,或受报酬的劳动者的数目增加。[①]

将弥尔的工资基金的抽象概念解明后,可进而研究弥尔对这抽象的概念所给的具体的解释。弥尔所谓工资基金的意义,乃系专指劳动的需要而言,其他如商品的需要则完全不在工资基金的范围内,因为人对商品的需要不是对于劳动的需要(Demand for commodities is not demand for labor)的缘故。关于此点,他说:

> 我所坚持的命题只是这样的一个命题,这个命题尽管有人觉得他是假的,但其他的人又觉他是真的,即人对于劳动者所给的利益,不是从他自己所已消费的东西中拿出来的,而系从他自己所未消费的东西中拿出来的。我如不以一百磅买丝或沽酒而以用在工资方面,商品需要还是一样:在前一种情境内,系对价值百磅的丝酒的需要,在后一种情境内,系对同一价值之面包,麦酒,劳动者所穿的衣服,燃料和娱乐品的需要;可是社会的劳动者阶级在后一种情境内便多有价值一百磅之社会生产物来分配了。我会在消费上省出这么多的东西了,并把那消费的能力让给他们了。如果不然,我便不能以我所少消费的送

---

① John Stuart Mill, *Principles of Political Economy*, BookII, Chap. XI, §1.

给他人多消费;岂非不适之论。在社会生产物没有减少之时,一人所少消费的部份必然是接受他的购买力的人所多消费的部份。在我所假定的这种情境内,我并不是最后必要少消费,因为由我所支付的劳动者可以给我建筑房屋,或替我制造其他的物件,备我将来的消费。但无论如何,我确是已停止了我现在的消费,并把我现在的那一部份社会生产物让给劳动者了。纵令过了一个时候,劳动者把我所给他的那一部份还我,但他亦不是从现在的生产物中取出来还我的,而是从事后所生产的生产物中取出来还我的。因此在现在这时候我便多留了现存生产物之一部让给他们去消费,并曾以我那消费的力量放在劳动者手内。①

弥尔的工资基金的学说共可分为两部份。以上所述即其第一部份,即弥尔对于工资基金的概念所给出的抽象的说明和具体的解释。至于第二部份,上文说过,及包含弥尔的工资理论的应用。弥尔以其工资基金的概念为根据,进而估价工资立法和工会运动的提高工资的价值,他的结论是二者都是徒劳而无功。现在我们所当分别讨论的,就是弥尔所提出的这结论的根据。据弥尔的意见,工人的工资既然系于工资基金的数量,或决于专以购买劳动的价值,那末,假如在一特定的时期内,工资基金的数量是固定的,劳动阶级中每一劳动者所当得的工资便当决于劳动者总数除工资基金数所得的平均工资量。工资立法的运动和工会协约的运动,纵令保有强大的力量,能使此一部份的工人的平均工资有增加,但同时彼一部份的工人的平均工资便当往下降低。纵令能使现在这一时间内的全部工人的平均工资有增加,但在第二个时间内全部工人的平均工资亦当减少。在这两种情境之下,从劳动阶级全体上说,他们所得的工资总额均是无所损益。即此可见工资的立法和工会的组织均无提高工资的效力了。弥尔在他的《政治经济学原论》第五编上批评最低工资立法不足以提高工人的工资说:

> 这种来自竞争的工资率将全部的工资基金分配在全部劳动人口之间,如果法律或公意把工资提高到这公率以上,有些工人必会失业;可是慈善家的意思必不是说,他们受饿是应该的,结果工人必被以强制的储蓄,即以强制的工资基金的增额来供给。最低工资立法没有什么意义,除非有这样的规定,即凡寻找工作的人都能得到工作,至少得到工资。……
>
> ……这种责任承认和实行之后,定将打消人口的积极的和预防的人口的限制:人口势必以最快的速度往前增加。但资本的增加无论如何,不能比较从前更快,为补不足起见,租税势必大踏步的往前猛进。社会自必强迫劳动换取食料。但经验曾将这些领受公共慈善救济的人的工作情形指给我们看了。如果报酬不是为工作而支付,但为支付而设工作,工作一定没有效率,没有权柄

---

① John Stuart Mill, *Principles of Political Economy*, BookⅡ, Chap. Ⅴ, §9.

撤退劳动者而欲劳动者真正作工,唯有借重于鞭策之力始能发生效力。自然这种反对意见亦是可以打消的。这宗由租税征收得来的基金,可如法国拥护劳动权利的人的办法,一般的分散在劳动市场上;不使任何失业劳动者有在特殊的地方,或对一特殊的官吏,要求救济的权利。辞退工人的权力,对于个别劳动者还是存在的;政府只于工作减少之际担任增加雇佣机会的责任,并且他亦如其他的雇主一样,保有对于工人的选择权。可是,他们的工作即令这样的有效率,这增加的人口,正如我们日常所见的事实,当亦不能比例的增加生产物。这种除给大家消费而外的剩余生产物,对于全生产物和对于全人口的比例定将日往下降:而依人口的增加常依一个常定的比率,生产物的增加常依一个渐减的比率,到了某个时候,剩余生产物全部均将完全用罄;为救济贫民而征收的租税势将占据国家收入的全部;缴纳租税人和领取租税人势将化为一个阶级。这种用死亡或谨慎所造成的人口的限制,不能再行往后延缓,而须立即实行;一切位置人类在蚁群和獭类之上的条件,在这间隔的时候必已完全消逝。①

此外弥尔有一段批评工会运动的话说的亦很有趣:

> 如果劳动阶级,靠他们自己的组织,能够提高或保持一般的工资率,那简直是值得欢迎的,而不应该责备的事。不幸结果办不到啊。劳动阶级所含的分子太多,分散的地方太大,简直不能组织,遑论组织的很有效率。如果他们能够,自然也能减少工作的时间,和以较少的工作换取同一的工资。但如他们的目的在得一种实际的工资,这种工资尚须比较供给和需要所决的公率还要高(这公率将一国流动资本的全部分配在全部劳动人口内),那便只有硬使某一部份工人永远的失业乃能到达。然因公共慈善捐定不以之送给那些有工不作的工人,结果这些失业的工人势将求救济于他们所曾加入的工会;又劳动阶级全体亦不会过活的更好,因为同一集合的工资须以瞻养同一的数目。……②

观上可知,弥尔的工资基金学说的应用的意义,即为估量最低工资立法运动和工会运动的价值了。他的根本意思是说,工资立法的运动和工会组织的运动对于工人提高工资的目的都是没有什么裨益的。将这第二部份的意见了解后,我们对于弥尔的工资基金学说的全体可算完全说明。现在我们来讨论弥尔的工资基金说究竟对不对。

关于弥尔的第一部份的意见,如工资的涨落依工资基金之多寡,或劳动需要之大小而决,骤看好像不错。在资本缺少的国家里,倘如资本家和大财主能将他们的剩余的财富投入生产行程之内,而以他的全部或一部购买劳动者的劳动,则工资基

---

① John Stuart Mill, *Principles of Political Economy*, BookII, Chap. XII, § II.

② *Ibid.*, Chap. X, § IV.

金增加；提出于生产行程之外，并不以购买劳动者的劳动，则工资基金减少：由此可见，工资的基金的增减，与劳动工资之增减大有关系。可是仔细一想，这话毫无意义。因弥尔说，劳动工资之增加系由工资基金之增加，与说工资之增加系由工资之增加相同。在这一句话内没有半点新意义可作工资增加的决定条件，可知在推理上有错误。

弥尔在推理上的错误，系看落了商品价格的涨落的由商品自身的固有的价值决定，而不是由购买他的价钱决定。不问商品的价值的内容是什么，但他必系决定商品价格发生的原因，则是不成问题的。劳动的工资系商品价格内中的一部份，当然不能是例外。因为市上一切的商品均可化作购买其他商品的价格，倘如商品的价格不由他本身所固有的价值决定，但由购买他的价钱决定，则在经济学上势必尽为循环理论所支配。即甲商品的价格系由购买他的乙商品决定，乙商品的价格系由购买他的丙商品决定，丙的又由丁决定，丁的又由甲决定。说来说去，还是甲商品的价格由甲商品的价格决定。这种翻来覆去的论调，可使经济学完全不存在。弥尔因忽略了这一点，竟将劳动的工资解为购买劳动之工资基金决定，暗将资本家因何要以他的资本的一部份购买劳动者的劳动，和劳动者的劳动因何能与资本家的资本相交换一点弃置不理，非但与经济学上一般的决定商品价格的价值原理不合，而且足以助长有产者阶级压迫无产劳动者阶级的气焰，这不能说不是他的理论的一大缺憾。

商品的价格在买卖的时候，常有比其自身所固有的价值为低者。马沙尔（Alfred）在他讨论工资的时候便特别提及此事。"例如有一群人在极远的地方搜得极许多的蛤蜊运到大市场中心去出售，他们的本钱既少，对于世界的知识和其他国家的生产人的工作亦茫然不解。设又有一群人即售蛤蜊者的买主，系一结合极坚固的蛋买家，知识广大，存储极多。设此两群人相遇在一处，结果必使卖方蒙最大的不利。妇孺在将他们的手织花边出售的时候，又东伦敦顶楼的住户在将他们的家具出售于经理商的时候，所处情形完全一样。"单是这几个例已足说明商品的价格，在不平等的自由竞争之下，远在他的固有的价值以下。以同样的理由为根据，可以推知劳动的价格，即在常规的状态下，亦在劳动所固有的价值下。这贫而多的出售劳动力的无产者阶级，与那些穷而多的出卖蛤蜊、手织花边、和家具的小卖人，在商业契约上乃是立于同样不利的地位。在事实上，资本家用以购买劳动的必需品和便利品的所值，远不及劳动者用以易取此量必需品和便利品的劳动力所创造的价值大。资本家为了购买定量的劳动付出定量的资本后不仅能在劳动所创造的价值中收回同量的资金，而且比这资金还更多。比较多之一部份构成资本家所获得的利润。即此可见，资本家或富厚者用以购买劳动之货币的一定量所代表的价值，何不及劳动者用以卖获此定量货币之劳动，所代表的价值多了。然则劳动者的工资的高下实由劳动本身所固有之创造价值的能力决定，而不是由于购买他的价钱决定了。换句话说，就是劳动者的创造价值的能力的小大，实为决定劳动价格的涨落的原因,而与工资基金之多寡无关。在劳动者的创造价值的能力较少之地,纵令富人和资本家曾支出有大量的工资基金,但工人的工资最后不能有增加。反之,在劳动者的创造价值的能力较大之地,纵令没有富人和资本家在其所有的剩余所得或剩余劳动之中支出一勺鼻烟大的工资的基金,但工人的工资最后不当有减少。北美殖民地当其初被垦殖时,工资基金最贫乏,但现在北美合众国的工资比较任何地方都要高。由此可知,在一个社会内这个正当的决定工资高小的原因,还系劳动者的劳动所固有之生产商品价值的能力,而非资本家或富人所用以购买他的流动资本了。弥尔因看落了这一点,致有所谓工资之高下决于构成工资的货币数量之高下的说法,并竟得了一般的信仰,可谓笑话。

关于弥尔的工资基金说的应用部份,马克思在他的《工资价格与利润》一书上,曾作了一段很有意义的批评。这个批评虽非为攻击弥尔而发,但对弥尔亦很适用,值得引用。

马克思以一八四八年英国十时间劳动日的议案通过后所发生的事实为根据,指摘那位与弥尔所持意见相同,即主工资的立法没有提高工资的能力那位名叫卫斯顿(Weston)的说:

> 你们都知道英国自一八四八年所通过的"十小时劳动的议案",或"十小时半的劳动的议案"。这是我们所亲眼看见的一种极大的经济的变迁。他是一种忽然的和强迫的工资的增加,而且这种增加不仅发生在某几地方的职业上,而且发生在英国以此左右世界的主要工业上,并发生在最险恶的情境之下。攸耳博士(Dr. Ure)和西尼尔(Senior)教授和其他充任中产阶级的官僚经济举的代表"证明"他是英国工业致命的打击,而且我们还必得要认他们所持的理由此我们的朋友卫斯顿(Weston)所持的理由更强。他们证明这不仅是工资的增加,而且是开端于或根据于所雇佣之劳动量的已经下降后的工资的增加。他们宣言你们从资本家手里所取去的第十二小时,正是资本家获得利润之唯一的小时。他们以种种危词骇人听闻,说将来发生之事是资本的蓄积的减少,价格的飞涨,市场的丧失,生产的萎缩,工资发生结局的反动,最终的崩溃。在事实上,他们宣言连罗柏斯比尔(Robespierre)的最大限度法(Maximum Laws)也不敌十小时议案重大,而且在某种意义以内他们也是对的。但结果是怎样呢?工厂中的工人虽缩短工作日,而现金工资却加多,工厂所雇用的工人数大增,他们的生产物的价格继续下落,他们的劳动生产力非常发达,他们的商品的销场扩充为从古以来所未及。……

同时他在另一个地方又说:

> ……在一八三八年至一八四八年间英国主要农产物,小麦的价格每一英斛(Quarter)约值三磅,在一八四九年至一八五九年之间每一英斛便降至二磅十先令了。这种情形使小麦价格下降在百分之十六以上,而同时农业中工资

平均增加数约为百分之四〇。①

读了马克思上述这两段话之后，我们当可相信弥尔的工资立法的观念确是不合于英国的事实了。但为什么不合呢？这还是因为弥尔一派的学者忽略了，劳动创造商品价值的能力，在从中作用的缘故。因为我们既然承认劳动创造商品价值的能力系决定劳动的工资和资本的利润的因数，并且承认这个因数将资本与劳动所得分配的总价值量完全决定，则当劳动生产力不变之时，这个总价值量当亦无什么变动。当工资立法未通过前，工资所得分配的部份虽比现在为少，但因社会的总共价值量并未因此而增加，结果无非利润所得分配的部份略多。当工资立法既通过后，工资所得分配的部份虽比过去为多，但因社会的总共价值量亦并未因此而降低，结果当亦无非是那利润所得分配的部份略少而已，又何不可之有。弥尔一派的学者因将决定工资的真实的原因误认成资本去了，以为一国工资基金的数量乃由资本所决定，致认工资之人为的增加为一不可能的事，无怪他的结果要与事实相冲突了，实则当劳动创造价值的力量不变之际，工资乃是可牺牲资本家所得的利润而增加的。这不仅是一个空想，而且是可以现代市场的生活来说明的。如果现在有一特定的社会，就中所成长的劳动创造价值的能力在工资立法通过之前及以后均是没有什么显著的变化的，换句话说，就是在这社会的各别生产部门之中，无论生产奢侈品的力量和生产必要品的力量在他的前后通是一样，则是上述抽象的理论即可在此全兑现。当工资立法未通过前，因为工人购买生活必要品的能力较少，资本家购买奢侈品的能力较多，当然在这社会里面，惯常用以生产必要品之劳动和资本之成份较少，又奢侈品之成份较多。工资立法既通过后，因为劳动者阶级用以购买生活必要品之能力较大，按诸需要决定价格的趋势，这些向为劳动者阶级所需用的必要品之必继续涨价乃是必然的。必要品涨价之后，工人的真实的工资虽不能及工资上增之比例，但该生产必要品之资本家，则可凭藉他们的增加的价格去抵补工资增加之损失，而使他的利润无所减。在他方面，向来从事生产奢侈品之资本家，因为工资增加之后奢侈品的需要减少，奢侈品的价格下落，如欲保持相同的利润率，则无以偿现在既增的工资，结果其利润率势必下减。在这利润率一稳一减之际，社会上当必有一部份生产奢侈品之资本与劳动纷纷流入生产必需品之工业，直至生产必需品和生产奢侈品之资本的利润率达于均衡状态之后而后止步。可是这点务当注意，即此时必要品之价格已因供给之增加而下减，又生产必需品之资本家的利润率已因资本移出移入之变迁，而一律往下降低，其结果是工人的真实工资之增加，与其依据工资立法而来之货币工资之增加相一致，而使在同一劳动生产力之下所创造之商品的总价值的分配向着有利于劳动者阶级的收入一方面变动。② 如果这种看法是不错的，那末，上述工人的工资可因牺牲资本家所得之利润而增加的

---

① Karl Marx, *Value*, *Price and Profit*, Chap. II, pp. 24—31, Charles H. Kerr and Company.
② *Ibid.*, pp. 19—20.

看法,当必不是一种空论,而是一种可与现代的市场生活相互吻合的事实了。由此可见,弥尔一派的学者所大胆提议的最低工资的立法,纵令能在最短的时期内增加全劳动阶级的工资,但不能增加在较长的时期内工人的工资,这句话,倘在劳动创造价值的能力不变的时期内,是必无可成立的理由了。

再有一点应讨论的,就是上述最低工资立法通过后,倘如劳动生产力不但没有减少,而且往上增加,致使可供分配的商品总价值有增进,则在这个相邻的一段时期内,不但工资能够保持他既得的增量,而且尚不致于牺牲资本的利润,且在极有利的情境下,尚可使资本与劳动所得之部份继续往上更增进。上述一八四八年十时间劳动法通过后,所引起之工资继续增加、资本继续扩大的趋势,不外是由劳动生产力自工资立法通过后,继续增加的一个重要的举例。实则这种例子很多。翻开美国经济发达史来一看,美国工人的工资随着该国最低工资与最多时间的立法共增加,均由工资立法继续通过后,一则因为工人的劳动志愿和劳动能力增加,再者因为企业家的组织产业的能力增加,所引起之劳动生产力的增加的结果,即以同一之资本与劳动可以生产更多的商品的价值所致。观此可知,工人的工资,当工资立法继续通过后,在劳动生产力不变之际,不但可用牺牲资本家的利润的手段,继续保持高额的工资,而且可以凭藉劳动生产力的增加继续增加,高额的工资和扩充资本家的利润了。

以上两点讨论后,我们可以大胆的说,在弥尔的工资基金学说的应用部份中其所揭橥工资的立法没有提高工资的效力的一点在事实上确系错误的。这个错误与他的工资基金说的纯理部份所犯的错误完全是一样。因为他看落了真正影响工资之劳动创造价值的力量。

在此同一应用部份中,马克思对于弥尔所揭橥之第二点,即工会组织的运动与工资之增加无关系,马克思又批评他说:"英国劳动日的限制和其他各国一样,如果没有立法的干涉,到底是不能确定的。又如果没有劳动者继续从外面施以压迫,亦是永远不能实现的。"[1]近代历史的记载足以证明马克思的意见是不错。然则工会的组织是可提高工人的工资的了。工会的组织既可提高工人的工资,同时工资在劳动生产力的有利的变动下又是可以永远提高的,则是弥尔的这个第二点概念亦不能存在。合拢来说,就是弥尔的工资基金的学说,无论在他的纯粹理论的部份内,或在他的应用理论的部份内,所犯错误全是一样。这个错误便是由于他忽略了劳动创造价值的力量[2],对于决定工资的影响了。为纠正弥尔的这个错误计,于是在这继续变迁的社会,自然而然的又成长出了一派的较新并较激烈的学说,这派学说并曾在这东西两大陆上相互发挥和照耀。

---

① Karl Marx, *Value, Price and Profi*, Chap. II, p. 120.
② 我不能在这里讨论价值是劳动或效用,因这应著专书来讨论。这里所说的价值是指的决定物价的原因说。物价必有决定其自身的原因,这是不成问题的。

第六章　马克思(Karl Marx)和佐治 (Henry George)的工资理论

　　马克思和亨利佐治的工资理论在于纠正弥尔一派的工资基金学说的错误。弥尔一派,如上所述,力言一个国家支付工资的资金都有一个固定的数量,无论工会的运动,或工资的立法,均不能将工资基金的数量提到他的固定的限界以外。在上文里,卫斯顿曾如此说明这个固定的概念:"例如这里有一个盛着定量汤汁的碗,若由一定的人数去饮他时,绝不能说因为调羹宽度的加大,那汤汁便可增加。"马克思和亨利佐治的工资理论否认这个见解,指明一国支付工资的基金不是固定的而是可变的。如果工会的革命的运动能将榨取工人的相对工资之资本生产制度打破,如果国家的租税能将侵蚀工资之地租取消,则一国可以用作支付工资之基金必将大增。马克思驳斥上述卫斯顿的话说:"劳动者摄取食物的碗是充满了国民生产物全部的。劳动者不能从这碗中多取食物的原因,一非由于碗之狭小,二非由于碗之内容不充分,完全是由他们的调羹的狭小罢了。"简单言之,即现代的劳动者在社会财富的价值总量中所分配的价值之少,完全不是由于社会财富的总价值量太少,而是由于在社会财富的总价值中,除劳动者分作工资那一部份外,其余所剩余的那一大部份概被资本家榨取去了。

　　亨利佐治则谓现代工人的工资相对的往下低落的原因,完全是由"土地的价值常常牺牲劳动的价值"。马克思与亨利佐治的工资理论,虽有多少不一致,但他们对于弥尔的工资基金说,则是一致反对的。兹将二人的学说分别叙述于后。

　　马克思的工资学说,在事实的判断上,力言劳动者的工资之所以相对的往下低落的原因,是由资本榨取劳动应得的部份,而在价值判断上,又竭力主张劳动者阶级全体,为提高他们的平均工资标准计,须打倒资本家的生产方法。这个工资学说可以分作三层说:(一)因为马克思认为一切社会财富的价值均是社会平均劳动时间的分量,换句话说,就是,一切社会财富之价值的货币形态只是社会平均劳动时间量的表现。(二)因为马克思认定由这定量的社会劳动时间所结晶的社会财富的价值,或此价值之货币形态,不但不是完全用作劳动者劳动力的酬报,而且大部分都系用以充斥资本家的私囊去。(三)因为马克思认定社会劳动生产力的进步,在一方面,造成资本的有机组织的变化,即在资本家所分配的那一大部份的社会财富的价值内,除供资本家的奢侈的生活外,就中用以购买机器、原料及其他生产工具所占之部份日渐增加,用以购买劳动者的劳动力所占之部份日渐减少。这个趋势的重要的结果,为产业预备队或剩余人口的增加。在他方面,为劳动者的劳动力的酬报,伴着劳动生产力的进步,在生产上所占之劳动时间越见缩小,反之,资本家的利润在生产上所占之劳动时间越见增加。诚然,劳动者的劳动力的酬报,即令在生产上所占之劳动时间逐渐降低,其绝对数量亦可增加,但相对数量则逐渐减少。这个重要的趋势及于劳动者阶级的影响,为劳动者阶级对于资本家阶级越发愤懑不快。但这都是资本掠夺劳动的制度的结果。因此之故,所以马克思大声疾呼的主张"废止工资制度"。合而言之,马克思对于工人的工资相对的往下降低和工人阶级企图废止工资制度的解释,便是根据这三点要义合成的。兹再将这三点要义分别说明如后。

马克思在讨论商品价值的时候,假定甲商品的一定量与乙商品的一定量相交换,乃系表示甲商品的一定量的价值与乙商品的一定量的价值是相等的。这种价值既不是甲又不是乙,而是甲乙两商品中所含的社会平均劳动的分量。甲乙两商品的价值的不同之点,在交换的时候,只系表示更大的或更小的社会平均的劳动量。假如制造一条手巾比做一块砖要多费一倍的社会平均劳动量,那末,一条手巾的价值便须比一块砖的价值大一倍。由是在交易的时候,砖便必要两块的价值乃能与一条手巾的价值相一致。将这劳动价值的概念说明后,马克思随即又谈到,任何商品的价值,当着用货币来表示时,称做价格。货币随时都系代表社会平均劳动的一定量。假令有一商品在生产时所费的社会平均劳动的分量与货币一元在生产时所费的社会平均劳动的分量是相合的,那末,该商品的价值便可用货币一元来表示,由是便有一元的价格。因为价格相同的商品,在正当的状态下,其价值一定相一致,所以他们可以相交换。综括来说,就是,市上一切商品或社会财富的价值均是社会平均劳动时间的结晶,又此价值之货币形态则只是此社会平均劳动时间的表现。将这观念推广到实际生活上,我们便可知道,在一社会生产分部内,如果社会平均劳动者一人每日劳动十小时,在劳动时运转机器,此机器之消耗其损失的价值等于一元,同时原料去了五元,其所制出之商品价值等于十元,那末,在这价值十元之商品总量中,除去六元系代表过去劳动的结晶,如机械的耗损部份并原料外,其余价值四元之商品便不能不算是劳动者十小时的劳动的变形了。重言以申明之曰,这价值四元的商品,在表面上,虽系商品,实则尽是现在的社会平均劳动者在十小时的劳动里所流出的血液了。这便是马克思的工资理论所根据的第一点。

其次马克思所要阐发的,上文已曾明白的说,就是资劳两阶级对于劳动者的劳动时间的占取。因为商品的价值既系劳动者的劳动时间所作成的,那末,在这不能不有一定长度的劳动日中,如果劳动者所占据来生产他自己的生活资料的时间多,那末,他的相对工资便多;如果资本家所占据来生产他的利润的时间多,那末,他的利润便多。但从劳动者的立场上说,在他这一具有一定长度的劳动日中,那部用以替资本家生产利润的时间实在不必要的,而且是没有报酬的,因此,马克思称这一部份的劳动时间为没有报酬的劳动时间,或剩余劳动时间;反乎此者,称做有报酬的劳动时间,或必要劳动时间。但资本家为了提高劳动者的剩余劳动的时间其用心是很毒辣的。当着劳动者的劳动日不可或不能延长的时候,资本家往往采用减低工资的方法去增加劳动者的剩余劳动时间。因为劳动者的工资既是由劳动者的劳动时间作成的,那末,减低劳动者的工资,当然便是减低劳动者的必要劳动时间,而亦便是增加劳动者的剩余劳动时间了。这种以减低工人的工资,减低必要劳动时间的办法,在货币跌价的时候,往往形成一种欺骗。例如,在十六世纪的时候,美洲的银块纷纷流入欧洲,欧洲生银的价值比别的商品都低落了。但是劳动者还是被资本家欺骗着,对于他们的劳动力支领与前相同分量的银币。此时他们的劳动力的货币报酬,虽说与前一样,然而他们用同量的银币交换所得的货物却比前减少了。如果我们更将此量跌了价的货币交换得来的货物折合成为劳动者一日劳动时间的部份,则是劳动者用以生产他们自己的真实工资的必要劳动时间,在一不可捉摸的景况里被资本家减少了,或劳动者用以替资本家生产利润的剩余劳动时间以相同的比例加多了。这是在十六世纪的时候和在现代使用货币支付工资的社会,资本家为了直接增加劳动者的剩余劳动时间,间接增加他们自己的利润,而所采用的一种手段。这种手段特别是在劳动者的劳动日不可或不能延长的时候,常为资本家阶级所采用。①

又如劳动者的劳动日尚有往上延长的可能,资本家总是设法延长劳动者的劳动日而不增加劳动者的工资,于以增加劳动者的剩余劳动的时间。因在工资没有增加的时候,工人准是常以同一的必要劳动时间生产同一的工资,此时一日的劳动时间如有增加,则是其所增加的时间便必不是用以生产工人的工资的必要劳动时间,而是用以生产资本家的利润的剩余劳动时间了。举英国的事实来做例,当十七世纪至十八世纪的最初三分之二的时代,全英格兰都是以十小时为工作日,—但当反雅各宾战争(Antijocobin War),或不列颠的贵族反抗不列颠的劳动战争发生之际,资本家庆祝自己的胜利,便把劳动日从十小时延长到十四小时乃至十八小时,硬把工人的工资全部降低。如这一种办法便是在一定社会条件下当劳动日可以延长的时候,资本家为了增殖自己的利润而所采用的增加劳动者的剩余劳动时间的第二种手段。② 凡此两种手段均足使劳动者的剩余劳动时间增加,但结果均当减低劳动者的相对的工资。不过这两种办法在工会运动尚未发达的时代,虽尚勉强行得去,但自工会运动发生后大半是不中用了。这便是马克思的工资理论所包含的第二点。

马克思的工资理论的第三点所说明的,是指资本家阶级鉴于减低工资和延长工作日的两种办法,于以达到增加劳动者的剩余劳动时间的目的,现在都已办不到

① Karl Marx:*Wage-Labor and Capital*,published by Charles H. Kerr and Company Cooperative,pp. 35—36.
② Karl Marx:*Value*,*Price and Profit*,Ⅻ.

了,由是他们便又想出第三种增加劳动者的剩余劳动时间的办法。这个办法便是增加劳动者的劳动生产力,务使劳动者在同一时间内给出更多的生产商品的力量。这即是说,资本家尽力以其剩余的收入多置机械及其他生产工具与原料,但少以之雇用人工。这种办法采用的结果,资本家阶级的目的固达到了,但劳动者阶级的失业人数却加增了。

何以说劳动生产力一发达,劳动者阶级便会发生众多的失业呢?因劳动生产力的进步须有赖于不变的资本(如机械、原料及其他生产工具的价值)相对的增加,和可变的资本(如购买劳动力的价值)的相对的减少。假令在原始的时候,不变资本与可变资本的比率是一比一,那末,伴着劳动生产力的进步,他的比例就会变为二比一、三比一、四比一、五比一等等。当着不变资本与可变资本的比率为一比一之时,假令社会总资本为六百兆元,三百兆元用作购买劳动工具,原料及其他物品,三百兆元支付工资,那末,当着劳动者人口增加一倍时,只须将社会总资本由六百兆元增加为一千二百兆元,便可吸收新增加的这一倍人口了。但如社会劳动力发达后,不变资本与可变资本的比率为五比一,即在总资本六百兆元内有五百兆元投于机械、原料及其他物品,只有一百兆元支付工资,那末,当着劳动者人口增加一倍时,倘如这些新增加的劳动者均须有职业,那便非把社会总资本由六百兆元增为三千六百兆元不可。可是等到社会总资本增加到了三千六百兆元的时候,在资本的构成里又起了许多新变化,即不变资本的部份愈增,可变资本的部份愈减,结果仍不能吸收新增的这一倍人口,就中必有众多的失业。换言之,即为相对的过剩人口的发生。这种相对的人口过剩的现象,马尔萨斯虽归罪于生产食物的艰难和劳动者阶级的愚蠢和无知,实则这乃是由资本家阶级榨取了劳动者更多的劳动时间所引起的。这点实不可以不加分别。

劳动生产力进步后,资本家阶级只以同量之劳动便可产出数倍或数十倍于从前的商品并金银。假令在劳动生产力未进步前,劳动者每日劳动十小时所生产的商品与金银的数量为一百单位,就中五十单位用作支付工资之用。劳动生产力进步后,该商品与金银之产量一齐加增为五百单位,此时纵令工人的工资加增一倍,由五十单位加增为一百单位,但资本家阶级所得的利益反而比较从前更大。因为从前须要五小时劳动去生产工人的工资,现在只须要两小时的劳动便够了,其结果为工人的必要的劳动时间由十分之五,减为十分之二,资本家所占据的剩余劳动时间由十分之五增为十分之八。换言之,即资本家阶级的财富由十分之五增为十分之八。劳动者阶级的财富由十分之五减为十分之二。又即令政府和工会以联合之力将工作日缩短十分之二,即由十小时降低为八小时,也不过把资本家阶级所得的利益由十分之八减为八分之六就是了。然因资本家所得的八分之六的利益比较当生产力未进步前资本家阶级所得二分之一的利益还要大四分之一,结果劳动者阶级所得的相对的利益还须损失四分之一。故提高劳动生产力的程度为资本家阶级占取劳动者阶级的劳动时间的最有效的手段。自此手段采用之后,在一方面造成工人的失业，在他方面，减少工人的相对的收入。所以现代的劳动者阶级不但不因他们的绝对工资之增加，而越发愉快，反而因为相对工资之减低而越发愁苦了。关于此点马克思有一段话说的最好。

> 房子大也好，小也好，如果周围那些房子都是同样的小，这房子也可作为住屋满足一切社会的要求。但是如果小的房子旁边建筑一所官殿，小的房子便变成了一个小小的毛棚了。在那个时候，小的房子声言：住在这里面的人，全然是些什么权利也不能主张的人，或不过稍许能够主张一点。文明进步的时候，小的房子固然也会增高，但无论他如何增高，倘若邻家官殿的增高，比他的增高或为同程度的，或更为大大的超越程度的，此时住在这所比较小的房子内的人，当然还会常常越发觉得不快，越发不满，越发意义销沉了。①

这便是马克思的工资理论的第三点。马克思分析到了这个第三点的时候，立即斩钉截铁的下一断语说，现代在劳动者阶级中失业预备军之增加和工人的工资之相对的低落皆系“工资制度”或由资本家的生产方法所引起的。因此他便大声疾呼的提醒工人说，你们应该舍弃那句守旧的口号说，“正当的一日的工作取得正当的一日的工资”，而应该在你们的旗帜上写上这句革命的口号“废止工资制度”（Abolition of Wages system）。马克思因为看出劳动者阶级的争斗的力量可以改变供求的关系，使之往有利于劳动者的方向变动，故对弥尔的工资基金说极力反对。

马克思的工资理论的第三点，经了法国一个反马克思的经济学教授季特（Charles Gide），以法国的事实证明之后，愈见不可移易。兹将季特所说的话引证于后：

> 工资的增加能够与一般财富的增加成正比例吗？放任派经济学者，如昔之巴斯榻（Bastiat），近之勒啦波列（Leroy-Beaulieu）及基奥（Guyot）都说工资的增加较资本收入的增加比例更大。
>
> 只这种乐观的见解，非但无证据，并且事实还与他相反。在晚近一世纪中，以货币计之，工资诚已增加一倍有余。然若以法国的人口分配法国的财富，衡以每一法人之所得，便不止增加此数。法国每年承继的财产，以一九一〇年至一九二一年的平均数计算，为七十亿佛郎。在一八二六年为十七亿八千六百万佛郎。在十九世纪之初不过十亿佛郎。此项数目增加的比例当是私有财产总数的增加比例。由此以观，十九世纪私有财产总数已增六倍，工资仅增一倍。
>
> 以上数目固不足以证资本家每人所得的增加率，因为资本家的人数同时

① Karl Marx: *Wage-Labor and Capital*, p. 35.

亦有增加。法国人口在十九世纪,自一千八百万增至三千九百万,但不过百分之四十罢了。是资本家的增加,在一百年中,虽然不到六倍,至少亦有四倍。①

将马克思的工资理论说完之后,我们可以进而讨论亨利佐治的工资理论。

亨利佐治(Henry George)的工资理论,上文曾经说过,亦是由于纠正弥尔一派的工资基金说的错误而起的。他与马克思的意见很有几点相同的地方:(一)人口的过剩不是由于生产不丰,而是由于分配不均;(二)社会财富的总量随着人口之增加而进步;(三)生产技术的改良,可使同一的劳动,创造更多的财富;(四)劳动者的绝对的工资,虽伴着劳动生产力的进步而涨高,但劳动者所得的相对的工资,却对照着地租的相对量迅速的上升而下落。但他也有一点意见与马克思的意见不一致:因佐治只承认地租为唯一不劳而获之收入,其他不是。这点不如马克思的工资理论的透彻与精到。

亨利佐治(Henry George)在他的大著《进步与贫困》一书中,断然决然的说:"工资决于生产的限界,决于劳动者可以自由使用或不付地租的自然生产力的最高点所得生产物的全部。"他将这个理论详加解释如后。

> 在土地听人自由取用,劳动未受资本帮助的地方,生产物全部均归劳动做工资。在土地听人自由取用,劳动已受资本帮助的地方,在生产物全部中,减去用以诱发被蓄积为资本的一部份,便是工资所占的部份。在土地私有,地租发生的地方,工资决于劳动在最高级的无租的自然机会上,所得生产物全部。在自然机会悉被霸占的地方,工资可因劳动者间的竞争降到一种最低的限度,即劳动者愿意在此再生产劳动者最低的限度。②

但佐治所谓劳动者自由使用或不付地租的自然生产力的最高点,亦即劳动者继续生产所在的自然机会的最低点。所谓最高点的意义,系指在现存的条件之下,没有更高的自然机会可为劳动者不付地租,自由使用的自然机会;最低点的意义,系指在同一的条件之下劳动者,绝对不会在更低的自然机会上从事继续生产之事。最高点的意义系对下说,最低点的意义系对上说,二者同是指的劳动生产工资的所在地。因此,佐治在别的地方又说,"雇主所必须支付的工资在生产所到的自然生产力的最低点上决定,又工资视此最低点之涨落为涨落。"总之一句,佐治的根本意思是:工资决于生产的限界,即决于劳动者在这不支地租、自由使用的土地上的产量全部。

但佐治所谓无租的土地可以分为二类:其一就是单指无租的土地,如荒地或下等土地。其二系指有租土地的无租部份。何谓有租土地的无租部份呢? 即指在一块有租土地上生产力最小的限界。例如在一块土地上,一日的劳动可以产谷一英

---

① Charles Gide:*Political Economy*,(English Translation)BK.Ⅲ, secⅤ.
② Henry George:*Progress and Poverty*, BK.Ⅲ, Chap.Ⅵ.

斗,再增一日的劳动只能产谷半英斗。假令在这一块土地上产生一英斗之耕种点业已达于极点,只产生半英斗的耕种点可以取之无限,则此产生半英斗的耕种点无租。此无租的耕种点便系有租土地的无租部份,或称内在的耕种的限界。(Intensive margin of Cultivation)但单是无租的土地,如荒地,则称做外在的耕种的限界(Extensive margin of Cultivation)。佐治以为在自然机会悉被霸占的地方,劳动的工费,因劳动者间的竞争降到一种最低的限度。此最低的限度不由劳动者在外在的耕种限界上所生产的生产物全部决定,但由劳动者在有租土地的无租部份决定。因在今日的文明世界里面,几乎所有一切的可以供人使用的土地都已化作有租的土地,无租的土地几殆绝迹,因此一切劳动的工资便不得不遵照劳动者在有租土地的无租部份上的生产物全部决定了。

为什么每个劳动者的工资均须决于劳动者在这有租土地的无租部份上所生产的货物或价值呢? 依据佐治的研究,人无不以最小的努力满足他们的欲望。一个人如果要雇其他的人作工,其他的人,为以最小的劳力满足同一的欲望计,必以他们在为自己作工的时候,所得到的产物或价值为条件,少了他们不愿意,多了雇他们的人不愿意。在一切土地被人据为私有的时候,劳动者所可自由工作的土地,只有有租土地的无租部份,故劳动者在有租土地的无租部份上所生产的财货或价值,为各劳动者在替自己作工的时候所能得的财货或价值。这份财货或价值为工资公率决定的条件。如果一人要求比这条件所容许的更多,那末,其他的人的竞争必来阻止他得到工作。如果顾主出得少,必然没人去接受,因为他们在那有租土地的无租部份上可以得到更好的酬报。在这一种情境下,雇主虽然尽量设法少出工资,劳动者虽然尽量要求多得工资,但工资必然决于劳动者在这有租土地的无租部份上的全生产物或价值。如果工资一时比这条界高或低,他必立即现出退回原界的趋势。一言以蔽之曰,在文明世界里面,劳动者在有租土地的无租部份上的生产物全部决定一般工资的平面。

佐治将工资公律说明后,他便进而考究人口的增加和技术的进步所及于工资变动的影响,末后,他所得的结论是:人口与技术如果继续的增进,工资的绝对量或往上增加,或往下低落,或不涨不落,但工资的相对量则继续往下低降。因在人口增加的时候,技术纵令没有丝毫的进步,劳动生产力亦有长进。一百人的劳动,如果其他条件不变,所生产的东西定比一人的劳动生产一百次所得更多,而一千人的劳动定比一百人生产十次还更大。由此以观,人口的增加必然有更大比例的劳动生产力的增加。如果人口的增加提高劳动的效率,比较次等的土地减低劳动的效率更大,即令耕种的限界降低,地租涨高,但工资的绝对量亦必增加。如果增加的人口所增高的劳动的效率比较次等土地所减少的劳动的效率完全一样,地租虽然增加,但工资的绝对量不增加。如果上等土地的生产力和次等土地的生产力相差非常之大,以至由增加的人口所提高的劳动生产力,不及次等土地所减少的劳动生产力,地租虽有增加,但工资的绝对量则往下降低,故人口增加的结果,工资的绝对量可以增加，可以减少，又可以不增加不减少。可是在这三种情境之下，地租的增加均比工资的增加更快：即人口增加后，工资即令往下低落或不变，地租亦当往上继续的增加，又工资的绝对量如有增加，地租必有更大比例的增加。合而言之，即在社会总财富中，工资伴着人口的增加，其相对量往下低落，地租伴着人口的增加，其相对量往上增加。又因技术的改良所给劳动生产力的影响与人口的增加相同，故技术进步后，工资在社会总财富中所占的相对量亦是日往下降。[①]

但地租是什么呢？佐治认为地租完全系一不劳而获之物。因此他说：劳动工资的相对量伴着文明的进步而低降，完全是由土地的价值（地租），常常牺牲了劳动的价值（工资）之故。

观上可知，佐治的工资理论，虽不如马克思的工资理论的透澈与精到，因佐治只知地租吸食工资，而不知资本家的利息与利润，亦系吸食工资的利器，但在有一点上是相合的，即二者均力指摘弥尔的工资基金是虚伪的。其虚伪处在于弥尔看落了一国支付工资的基金不是固定的而是可变的。即如劳动者阶级的革命运动成功，或地租制度改变，工资基金均必往上增进。

从劳动的需要一方面着眼，马克思的工资理论和享利佐治的工资理论，至少澄清了正统派的经济学者几种漆黑一团的见解。第一件，如亚丹斯密士在工资理论上所发的那种论调，劳动的需要伴着资本的增加而增加，现在可以说是部份的被改正了。这个改正的意见是说：劳动的需要自从资本增加后，他的绝对的数量确是已有几许的增加，可是，他的相对的数量，如以不变资本为标准，却是大大的减少了。例如在最近一百年内土地和资本的价值均大增加，但工资却没增加许多。第二件，如弥尔那种说法，工资是从资本中付出来的，并且在一特定时期内是固定的，现在则被改正而为下列两种说法：现存资本的数量不必便与高工资有因果关系。反之，与高的工资有因果关系的还是工人自己的劳动生产力。因为工人的劳动生产力的进步，在一方面，既系资本家以大量资本垫付于工人的原因，在他方面又是工人所接受的高的工资的原因，所以决定工资的高低的，决不是现存资本之量而是他所生产的价值了。其次，工资在任何特定的时间内均在伴着道德、法律、风俗、习惯和阶级争斗的实际能力的相对关系而变动，并不如工资基金说所说的那样固定。第三件，如马尔萨斯的说法，工资之低落是因被分配之财富少而分配财富之人多，现在至少应改正为：工资的下降，在劳动生产力未进步之国，虽可说是由于人口太多，或生产不丰，但在劳动生产力十分进步的地方，确乎只能说是不变资本所占的部份太多，或分配不均。第四件在从前的人也许以为阶级争斗的问题系起于工人的绝对工资的不足，故如绝对工资加多，阶级争斗便可减低。但现在则应改正而为阶级争斗的问题，大部分系起于相对工资的下降。如相对工资不变，阶级的争斗反要因为绝对工资的上升而加剧，虽说他也许还要更理智化。第五件，如亚当斯密士在他的

---

① 　Henry George：*Progress and Poverty*，BK. IV，Chap. II—III.

劳动价值学说里,所谓利息和地租均是劳动生产物中一种克扣,现在经马克思和享利佐治的讨论之后,他的意义确是更明显了。凡此种种,都是因为马克思和享利佐治的工资理论对于正统派的政治经济学大胆的提出抗议,而发生的一大变化。

第七章 克拉克(John Bates Clark)的工资理论

　　自从"工资不是从资本而是从劳动生产物中取出来的"的理论风行于欧美两个大陆后,弥尔的工资基金说便大部丧失他的威权了。可是马克思和亨利佐治的工资学说,在那取得弥尔的威权的一瞬间,又遭受了一派后起的学说的攻击。这派后起的学说在一方面,承认工资确系劳动所生产的品件,可是,在他方面,却力反对地租和利息亦是劳动所生产的货物。这派后起的学说认为劳动、资本和土地,同事生产,同得酬报。他们在取得报酬的时候,均以他们各自所生产的限界生产物为水准。因此,这派后起的工资学说一名限界生产力的工资学说。为研究便利计,试举克拉克(John Bates Clark)的限界生产力工资学说作代表,说明这派学说的要点。

　　但克拉克的限界生产力工资说,与其他学者的限界生产力工资说完全是一样的,均由限界效用价值说推演而得。所以我们在正式说明他的工资理论之先应该追述他的限界效用价值说。

　　克拉克的限界效用价值说亦可称做最后限界效用价值说。他的价值理论专在阐明下述这假定:即在社会的各级财货的集体中,任何一级财货集体的交换价值,概由最后一级财货的集体的交换价值决定;而这最后一级的财货的集体的交换价值,则由该级财货集体自己的社会的绝对效用决定。所以他的限界效用价值说亦可称做最后效用价值说。克拉克在说明这个概念的时候,假定社会亦如普通的个人一样,他为了使用有限的劳动生产最多的财货起见,总常要以他的最初的劳动生产他所急需的财货集体,或效用最高的财货集体。至他所不急需的财货集体或效用最低的财货集体,必以最后的劳动去生产。假令在社会生产的进程里,效用最高的第一级财富的集体失掉了,社会必将转移前此用以生产效用最低的第末级财货集体的劳动,单去生产这丧失了的第一级的财货集体,而将效用最低的最末级的财货集体停止生产。似此则是社会第一级财货集体的效用,当其存在的时候,所存在的亦不是他自己,而系社会最末级的财货集体;又当其丧失的时候,所丧失的亦不是他自己,而系社会最末级的财货的集体。又不仅是社会第一级财货集体失掉了是如此,即社会上任何一级财货集体失掉了也都是如此。正因社会上任何一级财货集体之丧失与存在,无不等于最末一级财货集体之丧失与存在,故社会上任何一级财富集体的绝对效用均必等于最末一级的财货集体的绝对效用,因此他们可以相互行交换,可以互作交易价值或价格。换句话说,就是社会每级财货的交易价值均系以最末一级的财货集体的绝对效用作标准。皆因社会上最末一级财货集体的绝对效用系在社会有限的绝对效用总体的限界上,所以这个最末一级财货集体的绝对效用,常被克氏称做限界的效用。克拉克说,社会每级财富集体的交换价值均决于他的限界效用,便是根据这个道理来的。这便是克拉克的限界效用价值说的基本原则,克拉克将这原则阐明之后,曾在他的《科学的工资公律试探》(*Possibility of a Scientific Law of Wages*)书上说:

> 任何商品的一般的价格均决于该商品供给的最后增量(Increment)的价格,这是人所熟知的商业原则。美洲的小麦的价格受英格兰的时价决定,西北的农夫必以最后运到利物浦(Liverpool)的小麦的那部份的价格决定他们全部的小麦供给的价格。但这是由英格兰是一能力无限的收容地,代表美洲小麦全部剩余生产品所销售的一般欧洲的市场。增加五千万英斗(Bushel)在这出口货内,只须价格稍为落下,欧洲亦可接受,而表示此落价的多寡的,英格兰的时价可以充当标尺。小市场没有这种的力量。挨斯兰(Iceland)或腊布刺多(Labrador)也可输入美洲的小麦;但彼间的时价在商业上毫无意义。[①]

为什么美洲的每一单位的小麦不比英格兰的时价高呢?因为英格兰代表美洲小麦剩余生产品全部的最后一单位所由销售的市场,如果他的价格比较英格兰的时价高,那末,美洲的剩余的小麦,因为没有英格兰的购买,势必迫着运到其他的地方去卖,然因其他的地方没有一个可以销纳美洲的剩余小麦的全部,结果只得落价以图引诱英格兰的主顾,由是遂不得不与英格兰的时价相一致。反之,为什么美洲的小麦的价格不比英格兰的时价更低呢?依照类似的理由,美洲的小麦的市价,如比英格兰更低,卖者必不愿在本地出售,而把他运到英格兰地方去卖。由此可知,美洲的小麦的最后增加量,是在英格兰的市场上。故美洲运销欧洲的小麦全部的价格须视英格兰的小麦时价而决。拉克的这个举例颇可发明上述限界效用价值说的意义。

克拉克以为科学的工资的公律只系限界效用价值说的一种应用。他说在全部的劳动供给中,每一部份的劳动的价格(工资)之系决于限界部份的劳动的价格,与在商品供给的总量中,每一部份商品的价格均系决于限界部份的劳动的价格是一样的。他在他的《财富分配论》(*The Distribution of Wealth*)第八章里说:"任何人当离开其雇主时,如果这位雇主觉得他离开了的损失,等于少了一个人的劳动力的损失,那末,这个损失便系决定他的价值的标准。""只要这些人在雇主的役务里是可以彼此代替的,那末,雇主便不觉得谁离开了重要,或谁离开了不重要。如果这个离开了的人,在前所做的工作是需要最大的工作,那末,现在这位雇主只把担任需要最小的工作的人去代替他就是了。""从雇主的眼睛看来,任凭那一个人只要

---

① John Bates Clark, *The Distribution of Wealth*, pp. 102—103.

他是在这些可以互相代替的人中之一个,那末,他的有效的重要的程度便须受这位做需要最少的工作的人的绝对重要程度决定。"克拉克的这种说法,系假定凡劳动的性质都是相同的。其相同的程度,恰如美洲运到欧洲的小麦。既然在英格兰的这个广大市场上,美洲的此一英斗的小麦均等于其他各英斗的小麦,或等于在全供给的限界上那一英斗的小麦,那末,在这最大的劳动市场上此一单位的劳动亦必等于任何单位的劳动或这在限界上的单位的劳动了。

可是在世界上所有一切的劳动者之中,究竟那位才是这位限界的劳动者呢?诚然,美洲的小麦,我们可以说在英格兰这个最大的销场上,我们可以随便找出他的限界英斗所给出的价值或价格,可是在全地球之上我们究在什么地方可以把这限界的劳动者找着呢? 这是主张限界生产力说的人所应答覆的问题。

在上文里亨利佐治曾经答覆这个问题说,这位限界的劳动者求远住在无租土地上,或耕种的限界上,因这住在无租土地上或耕种的限界上的劳动者的酬报系一切劳动者的劳动酬报的尺度。可是克拉克认为亨利佐治的这答覆与现代的经济生活的事实不相一致。他虽承认在一大群的可以互相交换的工人之中,任何一人的工作的价值均等于限界上的工人工作的价值,可是他不承认亨到佐治所指出的这位在无租土地上的空手的工人便是这位限界的工人。因为他见着其他一切工人工作的价值,并非以这一位在无租土地上的空手工人的工作所入为标准,而系别有标准。他说:

> 这种学说说劳动的一般的酬报决于耕种无租的土地的人所能获得的收入,如果他的这种说法有一点正确的意义,那末,当土地可以无偿而得的时候,当没有价值的土地可以占有;但无地租的时候,他便必得主张在所有一切分部里的工人所获得的收入,都必决于在这种土地上以实际的空手的耕种而所获得的生产物了。这不啻说,比利时的纺纱工厂的工人在大体上必须接受比利时的农民依其耕种海边的荒地而所得的收入。这不啻说,除了很少的差异,瑞士的制表的工人必须接受这种倾于符合他们的乡农在彼破碎的多岩的草地之上所能取出的数量。这不啻说,当美国的土地行将全数化给土地所有人的时候,工资劳动者定皆接受任何一个工人,假令他愿意建筑一所茅屋,并依地主的仁爱,耕种一块贫瘠而未租佃的土地而所得的收入了。这种学说只是一种特殊的边地居民主权(Squatter sovereignty)的学说。——这位在茅屋里的人,即治理的劳动,扩充他的权力于各个工人阶级之上,确定他们的工资的数目和他们的生命的终局的平面。[①]

克拉克,以上面一段话否认亨利佐治的工资理论之后,他于是在积极方面进而追求这个限界劳动者所住在的地方。这足表示他对亨利佐治所寻出的结论大部不

---

① American Economic Association, *Contribution to the Wages Question*, p. 43.

满意,不过他对亨利佐治所用的方法还是赞成的。他所赞成的理由是,"安置一人于此一种的地位,却是将资本与劳动隔离的一种方法,并且是将劳动的生产物与资本的生产物隔离的一种方法"。由此可知克拉克的工资理论尽管在内容上与亨利佐治不相一致,可是他所用的方法则完全还是亨利佐治在前所采用的方法了。

克拉克以为在此自由竞争的社会里,这位限界上的劳动者必须在一广大的销纳剩余劳动的自由工作的场所去寻找。劳动者有此广大的销纳剩余劳动的自由工作的场所做根据。然后他们当雇主出价过低的时候方才敢于拒绝授受雇主所出的条件,否则他们势必接受比较他们在这自由工作的场所上,劳动所得的收入还要更低的条件了。固然,无租的土地也是工人的退路之一,可是这种土地过小,"完全缺乏接收这种供给的可能溢额的能力"。因为无租的土地不能成为限界的劳动者所在的场所,正如同挨斯兰(Iceland)或腊布剌多(Labrador)不能成为美洲小麦的限界的英斗所在的市场一样。又空手的劳动者在这无租的土地上所得的生产品或价值之非一般工资率的标准,犹之美洲的小麦在挨斯兰或腊布剌多所获的价格之非美洲每斗小麦的价格是一样的。无租的土地仅占限界劳动的生产地的一个很小的部份,所以他非真正的限界的劳动生产地。然则真正的限界劳动生产地是在什么地方呢? 克拉克答覆这个问题说,真正的限界劳动生产地只有极少一部份在无租的土地上。同时比此略大一部份的地方则是在这无租的工具上,而且还有更大一部份的地方则是在这有租工具的无租部份上。合此三个地方在一道,便构成了真正的无租的区域。这个由无租的土地和无租的工具所合成的限界劳动生产地,克拉克称他做外在的限界劳动生产地。这个由有租土地的无租部份和有租工具的无租部份所构成的限界劳动生产地,克拉克称他做内在的限界劳动生产地。关于土地方面的问题,亨利佐治已在他的工资理论里讨论过了。现在克拉克所要解明的第一就是无租的工具,第二就是有租工具的无租部份。

且问世界上果有什么无租的工具,可让劳动者自由使用吗? 又他们果可以将劳动的成果完全归为劳动者所有吗? 克拉克说,有,是的。因为:

> 土地之外尚有其他的生产工具,对于他们的所有人不能生产租金,只要劳动者前去请求,便可白给劳动使用的。诚然,也许劳动者他们,自己不能借用他们,但名叫企业家的人们的自利心在监督并一般劳动的工资可以在此取得的时候,必可借他们来使用。在纺棉,溶炉,和坐店里面,均有一种使用的限界(Margin of Utilization)。不必去乞求荒地,我们亦可找出无租或无利息负担的地方,极其丰富。世上有的是,地点占的很坏的工厂和溶炉,对其主人不能获利,但如监工的人可以在此取得他们的薪金和手工劳动者可以在此取得他们的工资,他们便可开动。世上有的是,于其主人,老而无用的机械,并且仍在转动,并将他们的全部生产品送给劳动者。有的是铁道和汽船只够应付他们的开销。有的是价值很坏的商品只够支付卖货人的手续费。无论在什么地方,

都有种类无穷数量无限的无租的工具;如果劳动使用他们,他便获得生产物的全部。假使一般工资率上涨,他们许多都会没用;假使一般工资率下落,他们的使用仍必恢复。假使人口的移动离开了此一块土地,和聚满于另一块土地;在前一国家中各种无租的工具必被弃而不用,在后一国家中如这一种废而不用的工具必然化为有用。①

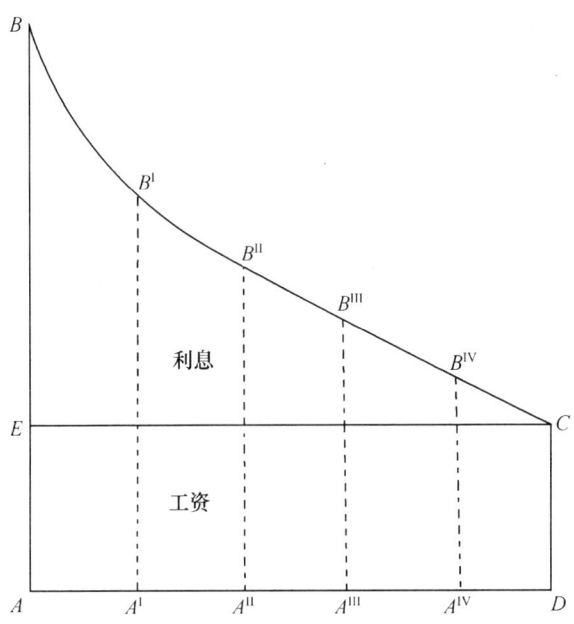

可是无租的工具,虽然比较无租的土地的范围为宽,但仍不是克拉克所要寻找的剩余劳动者的最大收容地,由无租工具所获的收入仍不足以构成工资的一般市场的标准。为图最后的解决这个问题起见,克拉克又去分析事实,结果他发现了这有租工具的无租部份,实为劳动者当着失业的时候所可退守的最大的收容地。劳动者在该一块收容地上所获的收入,才是所有一切工人的工资的市场标准。什么叫做有租工具的无租部份呢?克拉克以为我们只要把这报酬递减的公律应用到生产工具上,便可将他的意义和范围发现。他说"用于资本的全部积体(在土地和其他一切的工具里面)的劳动,现在亦受报酬递减的原则管理。这第一个单位的劳动所生产的数量为 AB。第二个单位所生产的为 $A'B'$。第三个所生产的为 $A''B''$。最后一个所生产的为 DC。这个最后的数量决定工资率,又 $AECD$ 面积则表示工资的总数。至他所留出的 EBC 的面积则为社会资本的租。由此言之,所有的利息完全与地租相若而系一种差额(Surplus)。正如里嘉图的方程式所表示的一样:他是一种具体的生产物,可以归功于那位有权要求把他用来作为他的收入的生产要素。"①克拉克这一段话,端在指明这个最后劳动的单位在这定量的资本之上所获得的工具的使用,便是有租工具的无租部份。因为这个单位的劳动,虽会使用资本,但却未负担租的责任。读者在此也许还要发生疑惑,就是这个最后一单位的劳动,为什么他能在一方面使用资本家的资本,在他方面则又不支付利息呢?实则这个问题最易明白。因为最后来到这一单位的劳动完全承认先占者的既得权利而且丝毫没有害意。纵令先占者极度自私自利,然而因为后来这一单位的劳动者于他们利益并无何种妨害,但只要求自工自食,所以他们也就静听这位后来者使用他们的资本了。例如今有一宗资本,假令他是金钱,在甲用他的时候可以生出 *AB* 的生产物或价值。在乙来向甲借用他的时候,完全承认 *AB* 为甲的所有物,而只要求在他们二人所生产的全数中除去甲的 *AB* 所剩余的才归他的劳动的所得,在甲当然无所用其拒绝。正如一件衣服在甲已经认为把他的效用享用尽了的时候,乙去要求把来使用,当是一件可能的事。在这一种立场之下,所以克拉克说,在这有租工具的无租使用的范围内劳动者在没有工做的时候,尽可大踏步的向这一个地方前去,而以之作为他们的最后的根据地。由是而这个在有租工具的无租使用的部份上的劳动单位的所得,便变成了一切劳动单位的工资的标准。此有租工具的无租使用的范围,因他与雇主的利害无关而又存于资本的范围以内,所以又可称做内在的无关心的地带(Intensive Zone of Indifference)。克拉克在上述《工资的科学公律试探》演词里说:

> 剩余的劳动常在这内在的,附着外在的,无关心的地带里找市场。在无诱力促动雇主在工厂内添雇工人的地方,可以少要工资创造一个。在自由竞争之下,这是剩余劳动所常用的手段,并且,就因这种手段,劳动的市场被推广了。他收容了一切的来者。因此一切劳动的工资都应在这市场里依照商业的原则决定。假令商业的原则果在这里作用,则凡一切的劳动者均必接受这些最后来到这市场的劳动者所接受的条件。这些劳动者是在外在的或内在的边境上,并收获了他们的劳动生产物的全部。健全的推理定将立即提出这公式:一般的工资倾于符合这项最后加在总工作力内的劳动所创造的实际的产量。这些运转无租机械的人,或向优良的机械索取最后增量的人,或在工厂的所在地收拾残余碎片的人创出定量的生产品。他们收取全部生产品,并对在这工厂内所有一切的劳动者设下一种支付的标准。

克拉克在说资本的内在的或外在的无关心的地带可以吸收所有一切剩余劳动的时候,我们或者要责备他没有记起定量的资本不能容纳无限的劳动。实则克拉克对于这一点,也有过如下的说法,他说:"一定的机械常常只需一人去运转他,而

---

① John Bates Clark, *The Distribution of Wealth*, pp. 102—103.

不能更多。在一所大的公司(Establishment)里,无论在任何一点上不能增减工作力而不影响于资本财货的设备的特质。"①可见克拉克对于定量的资本不能容纳无限的劳动,这层并不曾忽略过去。他之所以说资本的内在的无关的地带可以因伸缩之力而吸收所有一切剩余的劳动,乃系根据于另外的一种独立的理由。这个独立的理由便是克拉克和其他的一二经济学者,如加塞尔(G. Cassel)和叔波特尔(J. Schumpeter)所发现的"真实资本"(True Capital)的观念。依据克拉克的分析,真实的资本和资本的财货(Capital-goods)是有区别的。前者带有永久性,后者赋有毁灭性。前者是"投在物质的永远变迁不息的——去去来来而无间的——尽管他的总体是不动的,实体里面的生产财货的总和。"②他好像资本家所购买的水的力量。在这购买的顷刻,他便得到了一种权利,可使无穷无尽的水点在他的水槽之内长流不息。可是资本的财货则是不能永久的,而且是不全可以转变的。固然,北美合众国的正在运转的工具只能收容一些比较现在为数略多的劳动者。"可是六百五十万万的金圆,在一方面不为这些器具所限制,在他方面又可自由转化而为其他任何一种的物件的资本,则能供给为数颇多的外来的工人(Additional workmen)的出路了。"③在同样的逻辑之下,克拉克又把劳动视为一种永久的力量,"一种人的精力的长存不灭,久用不息的积体"(Fund)。他说,"人如资本的财货是可以毁灭的,但劳动则如资本一样,他是永远存在的。"④"劳动的形式继续不断的转变,但是劳动的'实质'(Material entity)则是永久的。劳动与资本实为两种不毁不灭的实体,两个均有无限的转化的形体:他们无月无日不在变化他们的形像。"⑤"资本与劳动的相对数量都要变化,意思是说两个的形式都要变化;亦就是说每个要素都必适合其他一个的需要。"⑥设个比方来说,克拉克所谓真实的资本好像《西游记》上的孙行者。至于劳动则好像孙行者手中的定海神针。如果他俩的相对关系老是那样,那末,孙行者手中的定海神针便必然要随着孙行者的身体的变化而变化了。克拉克以此真实的资本和劳动做他的学理的根据,无怪他会要说资本的内在的或外在的无关心地带可以吸收一切的剩余的劳动了。

　　克拉克即因假定社会总资本具有无限的伸缩性,可以一单位的劳动去使用他,亦可以百单位的劳动去使用他,因此他说,当着社会总资本在劳动者手中活动的时候,即令去了一单位的劳动,亦于资本无所损益,因为资本可以摇身一变而将他的第百单位的部份,通通增加在其余的劳动单位的数量里面,全不因为最后一单位的劳动的丧失而有赋闲之憾。因此他说,在这无关心的地带之上的劳动的所得,完全

①　John Bates Clark, *The Distribution of Wealth*, p. 101.
②　*Ibid.*, pp. 119—120.
③　*Ibid.*, p. 113.
④　*Ibid.*, p. 157.
⑤　*Ibid.*, pp. 158—159.
⑥　*Ibid.*, pp. 159—160.

系劳动生产力的全部的所得而与资本生产力的大小无关系了。

与克拉克在经济学界上立于同等地位的,并且是同属于限界生产力学派的马先尔(Alfred Marshall)教授,对于劳动的限界生产物的解释,则不与克拉克的论调相一致。他说:每一位商人,都在"努力计算究竟有好多的净余生产物(Net product)(就是他的总生产物的纯增加),将由任一生产要素的某一添加的使用而实现;净余是说减去可以因此变迁所间接造成的添加的开销,和加进因此变迁所造成的偶然的储蓄之后的意思。"①至于克拉克的理论则只是说,任一单位的劳动的所得,等于外添的一单位劳动的生产全部,而未言及除开因此外添的劳动而所间接招致的损益(外添的开销和偶然的储蓄)。实则这点差别最易明白。因为克拉克的理论已经假定了真实的资本具有无限的改变形式的能力,所以在理论上他便不觉外添的劳动有何间接可以招致的损益了。最可注意的一件事,就是皮果(A. C. Pigou)在他分析一般工资率的涨落的原因的时候,虽说他仍继承马先尔的办法,用了限界的社会净余生产物(Marginal social net product)的名词,但他所用的意义在某种的程度以内仍是依照克拉克的观念。他说限界的社会净余生产品等于"各种财源的流体,当按照特种的用法把来组织的时候,所负责以产生的物质生产品的流体全部,和这相差一细小的(限界的)增加量(Increment)的各种财源的流体,当按照特种的用法把来组织的时候,所负责以生产的物质生产品的流体全部的差额"。②即此可见真实资本的观念,一旦做了皮果的出发点,他的净余的限界生产物立刻便不能不与克拉克的限界劳动生产物的观念归于一致了。现在我们没有余暇去比较所有一切学者的限界生产方说的差别,但只能够做到以克拉克的工资理论作代表,以图了解限界生产力说的工资理论的精髓。

关于限界生产力说的劳动价值归算的问题,是否有如克拉克所说的那样单纯,已曾起了许多人的怀疑,因为他们不相信在一定的资本的使用上,如果去了某一单位的劳动结果所损失的生产力,只是劳动的生产力,而与资本的损益无关系;因为他们不相信资本可以离开资本的财物而存在:因此之故,所以他们不相信社会总资本在任一特定时期内有可自由伸缩的余地。如果这种见解在事实上可以存在,那末,当最后一单位的劳动果被丧失的时候,则其结果不但丧失最后一单位的劳动的生产品,而且连他所使用的资本的货物亦必化为无用了。例如资本已然化为一人所使用的机械,如果去了一人,如何能说这台机械不致因最后一单位的离开而连带的发生损失呢? 如果是要发生损失,那末,离开了某一单位的劳动而所发生的损失便必大于他的存在而所获得的生产物了。似此,则是克拉克以为劳动者以他的劳动在雇主的无关的地带上所生产的货物或价值完全归为自己所有的话,便根本不能令人完全相信了。不过这种说法,如果解为当着资本家,当未以其货币形态化为

---

① Alfred Marshall, *Principles of Economics*, 7th Edition, V, VIII. 2. and 3., pp. 404—405.

② A. C. Pigou, *Economics of Welfare*, pp. 112—113.

机械或资本的财货之时,方在着手计画其所将雇用的劳动单位的价值量而所起之一种心理状态,在论理上,自然可以说得过去。无如这种说法在克拉克虽然颂扬他为一种自然的公律,可是马先尔则又以为他至多只能说是"曾放一线光明于管理工资之一原因的活动",①而不得称为工资的公律。他说:"工人的所得有等于他的净余生产物这一句话,自己是没有真实的意义的;因为估计净余的生产物须把在生产商品的时候所有一切的外乎他自己的工银的各种费用一并计算。"其实克拉克对于马先尔所谓在计算限界劳动的净余生产物的时候须把在生产商品的时候外手工资的一切费用一并计算这一件事,虽然他没有明明白白的说,可是在暗默里则是承认了的。

　　主张限界劳动生产力说的人非不知道,限界劳动的剩余生产物与劳动供给数量有关系,非不知道工人的限界的劳动生产物当劳动供给大的时候高,小的时候低。"如果一个雇主在他的工场里正感人员缺乏,那末,由于他所增添的这十个人而所生产的外添的生产物便将比较的高,如果他的工厂人员已经齐了,那末,他所增添的这十个人便只能放在较不重要的事情之上,结果他因雇用他们而所得到的外添的生产物便将比较的低。在新的国家里,未经开发的富源极多,然而人口尚稀,于是新的移民便能以他们的手工生产相当的财富;可是当自然的资源已经完全的开发,并且人口繁多的时候,新到的没有资本的移民便有日难依赖土地生活的倾向了。小麦和饮料的效用正因当着少的时候高,多的时候低,所以劳动的限界生产力便将当着劳动供给少的时候高多的时候低了。"②可是限界生产力派的学者说工资决于限界劳动全生产量,乃系假定劳动的供给当其增加或减少后之顷刻,数量暂时不变,而所推出的结论,此于他的理论并无妨害。

　　再说,主张限界生产力说的人亦非不知限界劳动的剩余生产物依于劳动需要的数量而决定。他们非不知道工人的限界生产物当着资本供给多的时候高,少的时候低。举一个例来说,即如克拉克便在他的《工资的科学公律试探》里说"让我们……扩充了纯粹的资本倍加了生产的工具。我们建造了新的机械、工厂、铁道、沟渠、灌溉的运河……不问他们的机械的工作好完全,但他们的所有主从他们所得的报酬比较他们从前以同等的费用而所制的各种的工具所得的酬报比例的往下低降。一般利息率的下落和他的下落的结果,是使劳动使用更好一级的机械。工人舍弃了在使用中的最坏的工具和好的机械之上报酬最小的各种使用。同时高级的工具和那些存于高级工具之上的较高一级的使用,在产业的场所里,现在化为最低的一级,而以他们的全部生产品完全给与劳动者。简单言之,是为无租限界的重新决定。是为劳动已经退出了他的外围的区域而入于更接近中心的区域了。"即此可见,他们并不知道劳动的需要的小大与限界劳动生产力的小大的影响的作用。可

①　Alfred Marshall, *Principles of Economics*, Ⅵ,Ⅰ.7., pp.516—517.
②　Maurice Dobb, *Wages*, pp.84—85.

是限界劳动生产力一派的学者,在坚持劳动者的一般的工资率决于他的限界劳动的生产量的时候,与在讨论劳动的供给的时候一样,乃系假定劳动的需要当其增加或减少了后暂时达于平静的状态,而所推出的一个结论,此于他的理论当然亦无什么妨害。

主张限界劳动生产力工资说一派的经济学者,因为假定劳动的供给和需要同是决定限界劳动的生产力的因子,而限界劳动的生产又系决定一般工资率的因子,所以他们便逼着要说工资的平面如果把他作为一个图解,将劳动的需要画成一条曲线,劳动的供给也划成一条曲线,那末,工资的平面便必在这两条曲线相交的均衡一点上决定了。在物理学上,因为一种均衡的状态系由两种不同的势力相互抗拒的结果,所以工资的平面亦被认为系由两种对抗的势力——即投资者不愿牺牲他的暂时的消费及劳动者不愿忍受劳动的苦痛——而所起之一种均衡的状态。这便是限界生产力说一派的学者关于工资的研究而所得的一个结论了。现在请作一图于下。不过这一个图亦可用以解释资本的利息这是不待言的。

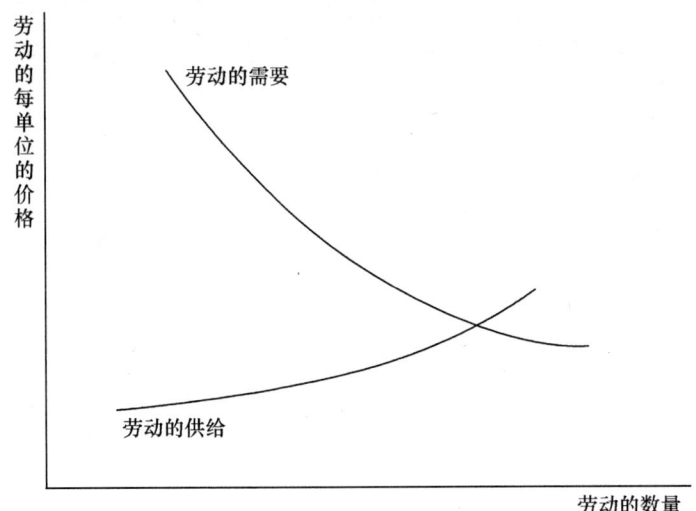

最后还有一点要说明的,就是,限界劳动生产力说一派的学者亦非不知道资本家的资本并非全部用以购买劳动并且还以一部份购置机械、工厂、原料等等。虽说资本家的最后一块钱依照限界效用的公律无论用在"不变资本"上或"可变资本"上,其所获得的报酬都是一样。可是从资本的总体上说,在一种产业里依照他的技术程度的性质,在不变资本和可变资本之间必有一种最有利益的分配的方法。如果劳动的价格涨了(由于资本的增加即劳动的雇佣机会多或其他的原因),那末这一部份用以雇佣劳动的资本便必比较从前获利为少,而有改动他的比例分配的趋势了。即以多量的单位用于不变资本,少数的单位入于可变资本。反之,如果劳动贱了,结局必至少用机械多用劳动,同时手工制造品将比例的加多,而工资的基金亦必因而有所增加了。还有最当注意的一点,即机械的技能如果因发明而进步。例如减少机械的每一单位的费用,或增加他们的活动的范围,可使投资于机械原料比较投资于劳动更有利益,那末,资本的总量便必大部化为不变的资本,仅有一小部份方才投在不变资本的内面,并必至于形成一种劳动的需要不与资本的蓄积保持均衡的比例的进展,而实现马克思所谓相对的剩余人口的公律了。限界效用派的经济学者虽然对于马克思的相对的剩余人口的学说不肯承认,可是他们对于马克思所谓在于不变资本与可变资本之间的全部资本的比例分配,因为科学的发明和产业的进步,业已形成一种偏于一面的分配制度,则为他们所承认。不过他们以为在现在自由竞争制度之下,只能讨论真实工资的增加,不能讨论相对工资的增加。因为他们认定,在现代的自由竞争制度之下,工资的比例如欲与资本以同一的比例而进步,已成一件不可能的事。因为劳动的供给的价格是不能超过劳动的限界需要之上的。现在我们请引克拉克的一段话以明这个命题的所以然的原故。他说:

> 有这一个完整的公律我们应当能够估计社会主义者所持以攻击这个工业制度的诉文的价值:"工资增高是真的,不过他不是与社会的所得的增加总数成正比例。工人的所得比较他的比例部份却是往下递降了。"如果穷困总是我们的侣伴,如果合作的试验总是归于失败,又如果赤手空拳的劳动常常几是代表人类四分之三的家庭,那末,这群大众的唯一的希望便只有依靠资本活动范围的限界的进展和劳动活动范围的限界的退休了。只有用这两重的活动,工资才能以大的速度而进步。可是这两个限界的运动端在利用资本供给的增加速于劳动供给的增加方才可望实现。资本供给的一大增加,降低利率,但增加利息的总数。一人而仅具有十万块金圆,他的收入总是愈往而愈穷迫;可是一人的财产如果常常都是保持一种递增的数量,仅管他的利率日减,但他的收入总数却是日大了。此于工人的总影响是:他的劳动的酬报却是绝对的增加了;他的收入很快的涨在这一个只有定量资本的人的收入的前面;落在这一位资本很快的往前增加的人的收入的后面。这些降低绝对的工资数量的势力使工资所代表的社会总收入的部份日大。从劳动者一方面说,如果这是公正的或还更多,那末,在痛苦的代价上他亦是公正的,或是过于公正的了。这些提高工资的势力使工资所代表的社会总收入的百分数日缩。从劳动者一方面说,如果这是不公正的,那末这便是此不公正只带有此提高他的生活的一般平面的唯一机会了。虽然,在现实的生活上,公平和效用原是没有什么冲突的。劳动者并不需要以愈往而愈小的所得去企图愈往而愈大的所欲。在自然公律掌握霸权之地他所吃的面包并不需要"以不公正的观念而放弃"。

限界效用学派的经济学者亦非不知道限界的劳动生产力与劳动的团体协约和工资立法有关系,非不知道工人的劳动生产物在工资立法进步的国家高或在劳动者的团体的缔约能力坚强的地方高,反之则低。不过他们内中的大多数仍以为工资往上增高的平面须受工资的最高的限界支配。他们以为这个最高的限界在长时期内系独立于工会的缔约能力之外,而只由劳动的需要曲线决定。何则?因为劳动的供给永远受劳动的需要决定。如果劳动的需要老是那样纵令劳动者可以提高特殊职业的工资,然而因为提高了此一特殊职业的工资便是减低其他职业的工资;提高暂时的一般的工资便是减低了将来的一般的工资;所以他们对于工资立法和工会的运动率皆不大重视。所重视的还是工人自身的生产能力。因此之故,所以他在讨论工会或工资立法所及于工资公率的时候,总不肯说出一个斩钉截铁的意见。即以这位最著名的学者马先尔教授而论,他的态度在讨论泥水工人罢工的时候也是这样。现在我请把他所说的那几段话引伸于后:

> 让我们来研究一个用作生产要素而不是用作直接消费的物件的供给受防碍,在什么条件之下,可以提高他的价格。第一个条件就是这个要素自己应当是必要的,或在这件货物的生产上几乎是要紧的,因为不能以普通的价格获得代替他的货物。第二个条件就是此一把他作为生产要素之一的货物的需要须是固定而且不可伸缩的。只要他的供给一受防碍,消费人定然多出价钱买他而不肯不使用他。这自然包含得有一个条件,即没有一件好的代替品可以比他略高之价买进。如果建造房屋的工作因受阻碍而大增高其价格,那末,建筑家因想获得极大的利润,对于市场上的泥水匠的劳动定将彼此竞争投标。第三个条件是此一生产要素在该商品的生产里只占总生产费的很小一部份。因为泥水匠的工资在房屋的建造上只占总生产费的一小部份,他们即令涨高百分之五十,然而对于房屋建造的总费用所增加的百分率极少,并且需要所受防碍亦极微细。第四个条件是这个要素即令小有防碍,但是其他生产要素的供给价格便有不少的低落,这当可以留出一部份的余额用付这个要素的高价。例如砌砖的工人和其他阶级的工人或雇主自己不易寻找其他的工作,又不能听其赋闲,他们自愿减低他们的收入用作付给工资较高的泥水工人的余额。[①]

在这四种条件之下,马先尔虽然认为某种工人的工资可因职工组合的联合之力而涨高,不过他在后面又说,"取得一件成品的某要素所增加的困难可以变换成品的品质的方法来免除。泥水工人的工作在某种程度以内可以说是不可少的;但人们对于在他们的住宅里究要好多泥水的工作则常疑虑不决,如果他的价格高了他们的需要便将减少。这个因为他们所获泥水工作的减少而所丧失的欲望的强度是泥水工作的限界的效用;这个因为他们要想得他而所愿意支付的价格是泥水工作被使用的最高数量的真实需要价格。""但人们对于在他们的住宅里面,究要好多泥水的工作则常疑虑不决"充分的暴露了马先尔对于泥水的工人是否可以因罢

---

① Alfred Marshall, *Principles of Economics*, V. VI, 3., pp. 385—386.

工之力而提高他们的工资总量的问题表示无限的怀疑。由此我们可以晓得马先尔对于职工组合的增加工资的运动并不重视。他所重视的还是工人的限界劳动生产力。

可是主张限界劳动生产力工资理论一派的学者,在说劳动的工资决于劳动的需要与供给的交点的时候,似忘记了劳动的需要与供给在政治安定和竞争剧烈的社会内,同受一个最高的社会力量决定。这个力量便系扁宝威尔(Von Böhm-Bawerk)在他的《资本正论》(*The Positive Theory of Capital*)中所特别提出的迂回的生产方法了。迂回的生产方法的意义,系指间接的生产方法说,即人之生产财货也,先不生产享乐财,而先生产生产财。待生产财生产完毕,然后使用生产财直接生产享乐财。这种方法的采用能使社会以同量的财货生产更多的财货,或以较少的财货生产同一的财货。现代的社会必须在这种间接的生产方法之下,然后劳动者以同一的劳动方才可望取得更高的工资,资本家以同一的资本的价值方才可望取得更多的财货的价值。由是保有剩余财富之人方才纷纷投资,同时劳动者的劳动方才得有较好的市场的希望。即此可见劳动的供给与需要皆受迂回的生产方法决定。但迂回的生产方法亦系劳动利用自然的结果,实不出于劳动生产力的范围。即此可见,凡因使用迂回的生产方法而所增加的剩余的财富皆为劳动所生产。准此立论,则是现代劳动工资之相对的往下低落,并非由于劳动者的劳动生产力之低,而系由于在劳动利用自然所创造的财货总体内须以一大部份分作坐食阶级的利息、地租和利润之故。在他方面,资本家和地主之能以同一的价值分配更多而又更多的价值,亦非资本和土地的价值能够创造更多的价值,而系由于在私产制度之下资本与土地系个人私有的财产有权提取劳动生产物的大部。克拉克不明有产者阶级所得的利息、地租和利润系劳动者的劳动利用自然所生产,谬谓资本和土地的价值能够直接生产更多的价值,至将有产者阶级榨取劳动者阶级的劳动结晶物的事实隐藏起来,不免陷于浅薄与轻浮。

第八章　结　　论

现在可简单的批评上述各大派别的工资的学说：

（一）重商学派和重农学派的最低生活费用的工资理论，只能作为产业革命以前说明劳动者的劳动工资的一个原则，不能作为产业革命以后的一个原则。产业革命以后，工资间的高低的程度业已改变：有的远在最低生活费用以上，有的则在最低生活费用以下，取其平均工资已然超过了最低生活费用的尺标。

（二）马尔萨斯和里嘉图的生活程度标准说，只可作为说明工资业已达于休止状态一个原则，而不可以作为说明工资的变动的一个原则，因为工资的升降常可将现存的生活程度打破，或者使他往上或者使他往下。

（三）弥尔的工资基金说只可说明工资高低的表面的原因，而不足以说明工资高低的真实的原因，因为决定工资高低的真实的原因还是劳动创造财货的能力而非资本家手中的工资基金的数量。

（四）克拉克的限界劳动生产力工资说，在财产神圣绝对不可侵犯的时代，虽可作为说明工资涨落的原则，但在私产制度动摇与没落的时代便不适用。因在财产神圣不可侵犯的时代，当着剩余劳动发生的时候，工资虽可继续往下低降，而使资本家的无关心的地带往上加大，继续成为决定工人的一般工资的所在地，但在私产制度动摇与没落的时代，当着剩余人口发生的时候，工资便难继续往下低落，使资本家的无关心的地带加大，并为决定工人的一般工资的所在地，结果不免发生大多民众的失业，直接与克拉克的工资公律以威嚇。

（五）马克思的工资理论包含亨利佐治的工资理论，在一方面，既可作为说明工人绝对工资的上增的原则，又可作为说明工人的相对工资往下降低的原则，最后并指出了工资制度没落的趋势，论理精深，目光如炬，在上述各个派别的工资理论中，当以他的学说为最切合于事实：这便是著者分析上述各派的学说所得的一种暂时的结论。

现代货币学

（商务印书馆，1947年版）

第一章　货币的重要

第一节　绪　　论

在这次世界大战的期中和期后,货币购买力的剧烈的变动,在国民所得的生产和分配上,曾引起了许多的磨擦和扰乱。在战争进行的中间,我们以一固定收入者阶级的地位,莫不痛感我们的物质的幸福,随着货币购买力的减少,一天一天的往下降落,直降落到不能以此固定的和有限的货币的收入,维持一个小家庭的适度的衣食和健康,尽管在这抗战的期中,我们的薪津已有若干的增加。而在战争以后的今天,工商业者又因货币购买力的回涨,物价一再的暴落,卖价实在不足以抵成本,赔累之数一天一天的往上增加。或则叫苦连天,或则咬牙挣扎,或则缩小营业,或则破产关门。经过这些磨擦和扰乱后,我们莫不感到整理货币,或管理货币,使之向着健康之路前进,实为战后中国迫切的需要。但这需要要如何才能满足呢? 无疑的,我们当先要增加我们的货币的知识。当先要了解货币。除非我们对于货币有深刻的认识:除非我们知道,在什么情境之下,货币购买力会增;什么情境之下会减;又在什么情境之下,货币购买力会为循环的上涨和下落,我们很难得有善良的管理货币的方法。这本小书的编制便想对于这些复杂而繁杂的问题,加以简单而明朗的解答。现在,第一,我们所要问的,就是,货币是什么呢?

第二节　货币的定义

货币是什么? 货币是社会一般所公认的偿债的手段。无论什么事物,牛也好,铁也好,布匹也好,茶砖也好,……甚至奴隶也好,只要它一旦成为社会一般所公认的偿债的手段,它就成了货币。反之,无论任何货币,只要它一旦失却了这资格,那末,它就不成为货币了。当着货币用来偿付即期债务的时候,货币便变成了现期的手段,简称现买的手段,一名流通的中介。当着货币用来偿付延期支付债务的时候,货币便变成了延期支付的手段,简称支付的手段。这两种手段的区别,是很容易明白的。例如在交易市场上,如果这位卖货的人,对于买者向他所买进的商品,立时便要货币来付偿价,那末,货币便变成了现买的手段。反之,如果这位卖货的人,现在不必一定要货币来付价,但依买卖的契约,从卖货之日算起,须隔一定时期之后,方才向买主索取货币来偿付,那末,货币便不是现买的手段,而系延期支付的手段了。在零售市场上,一般家庭的主妇,所用以作消费支出的货币,无疑的多是一种现买的手段。反之,在批发市场上,因为货物的交易,多无须使用货币,但用期票或汇票来作交易的媒介;只在期票或汇票满期的时候,方才需要货币来负担支付的任务。在这一种情境下,无疑的,货币只是一种支付手段了。但我们必须明白,货币的这两种作用都是从货币的一般偿债的能力而来。所以,这个为社会一般所公认的偿债手段的状态,实是任何货币所必须具有的特性。

货币,除非一般偿债手段之外,还得成为价值标准的倍数。这点亦有明白叙述的必要。有些学者说,货币就是价值标准自己。我看,这种说法不必完全准确。例如中国用作计算商品价值的标准的是圆,而非关金券,但现在中国同时也使用关金券作货币,由此可见,货币不必一定要是价值标准自己,圆,它只要是圆的倍数关金券(或如中国银行的十元,或百元的钞票),就行了。当然货币是圆自己也是很可以的,可是,这与我们的说法并不冲突。因为,依照我们的说法,当着货币是圆自己的时候,货币不过就是价值标准的一倍罢了,有何冲突之理。但因我们的说法可将关金券及银行存款或钞票,均一样的列为货币,然而上述其他的说法却不能如是,所以我们的说法似比其他的更要正确;即货币除非一般的支债手段之外,尚且还是价值标准的倍数。

第三节　货币的利便

货币的最大的一个好处就是因为它能增加消费者的消费的自由,和使消费者,凭藉此项自由权利之使用,便可以他的同质同量的服务,得到可能的最大的享受。消费者因为货币为他的服务所得的收益,他不但能够买进他个人所喜欢的商品的种类,而且他对每种的商品究竟喜欢买多少,亦能以货币来实现他自己的理想。一个善于消费的家庭的主妇,当她使用她的有限的货币收益的时候,她通常均能以其最先一部份的收益,去满足她的最急切的欲望,等到这类的欲望已经得到相当的满足的程度,其在次之一步,她并能以她的其次一部分的收益,去满足她的较不急切的欲望。直到她的有限的收益,在她的各种消费用途上的分配,均与她的各种欲望的急切程度成正比例的时候,她心里便将发生一种难以形容的愉快的感情。像这一种极度愉快的感情的出现,不但仅是这位善于消费的主妇所怀抱的理想,而且亦是任一平均的消费者所怀抱的理想了。但是,这种理想的消费的境界,除非使用货币来作现买的手段,绝对不能实现。假令消费者的服务的收益,不是用货币来支付,而是以实物来支付,因为这些实物的种类必定是极其有限制的。又每一种类实物所包含的数量亦总逃不出下列两种途径:或则有限,或则无限。假令是有限的话,他必觉得在这些实物之中,有的还是比较的给得太多,有的太少。而在后一种情境下,他必觉得样样都给得太多了,可是,有的却又一件也得不到。无论在那一种情境下,他必觉得他的消费的自由,受了物给制度的严重的限制,因而不能以其有限的服务的收益,得到可能的最大的满足。重言以申明之曰,货币对于人类第一个大贡献,就是因为他能增加消费者消费的自由。消费者因有这种自由权利在手内,才能以他的有限的劳动,得到可能最大的享受。

假令货币的收益有了一定,消费者是否便能以他的有限的货币,得到最大的享受呢?这可要看他对于货币在各种消费的用途上所得的相对的幸福,是否能知道的很准确。其次要看他是否愿意或能够去照着他的知识去实践。有的消费者,对于上述这两个条件,都是具备了的,当然他能充分使用货币所给予他的消费自由的权利,以图最大满足之实现。但有的消费者,因受惰性和习惯所支配,根本不愿意在消费的支出方面费心思。他觉得在用钱上耗费心思,实在太苦。反不如"今朝有酒今朝醉,明白无钱再找钱",显得大方和自由。他相信,采这一种办法,在物质的享受方面虽有所失,但在精神的快乐方面确有所得。而且所得必定大于所失,因此他便不肯充分的去利用货币所给予他的消费自由的权利了。但是,世界上确是只有很少的消费者方才不重视这项消费自由的权利的。纵令他就不用它,但他却极不愿丧失它。他不但不愿丧失他,而且尚极愿意保持它,或增加它。我们如果肯去研究劳动者对于物给的工资制度长期反抗的历史,我们便可知道人类对于使用货币的权利是如何的重视了。

诚然,在任何时代里社会均有许多宝贵的役务是自由的给予人类去享受的。伦敦博物院的藏书和古物,对于游览和钻研的人,都一概是不取费的。都市里的公园和城乡间的马路,即对一文不名的来客,也是一样的欢迎的。在罗马的教堂里和在中国的僧庙内,凡属内中的成员,即令丝毫没有货币,也是能得到比较满意的生活上的种种便利的。可是,在现代的所谓经济的社会里消费者却必须要有一定的货币,来作现买的工具,魔鬼才可以给他召唤来推磨。没有,活该死。至少也要活受罪。这岂不是明白的表示,货币不但不是必要,而且是种罪恶吗?假如我们肯去略一涉猎十九世纪的社会主义者,如像英国的涡文(Robert Owon)和俄国的克鲁泡特金(Kropotkin)等人的思想,便可知道他们对于货币是如何的厌恶了。他们相信在将来的理想的社会内,人们必须完全摈弃货币,始能实现"各尽所能,各取所需"的主义。但是,即在将来的最理想的社会内,生活的资料亦必定还是有限制的,又各个人的嗜好亦必定还是不能完全相同的:只要这两件事情继续存在,人们倘欲以有限的生活资料达到可能的最大的享受,货币仍是一种不可缺乏的要件。倒过来说,某种形式的货币,即在最理想的社会内,除非消费者不要最大的物质的享受,实是仍有继续存在的必要。

货币的第二个大贡献,就是,它能节省生产人的精力,使他能够避免去作以货换货的活动。它使生产者能够把他从这一方面所节省下来的精力,集中在专门生产的过程上,以图最大的产量的增加。在历史上,社会的分工和专业,是与货币支付制度对于货物支付制度的长期的革命同时进行的。在逻辑上，分工与货币的互为因果的关系，也是最容易了解的。如果每一位生产者在他的生产完毕之际，都必须以大部时间与精力，用以货换货的方法，去获得他所需用的原料品与消费品，则社会的分工与专业必是不可能的。

货币的促进分工与专业的好处，在现代的资本家的生产制度方面，尤为显著。我们皆知，资本家的生产制度的特征，就是在一个机械工场内，大多的劳工接受资本家的命令而作工，同时，资本家，可是，独负生产与营业的责任，但他却许劳工在其机械工场所生的的成品卖价中，依照工资的契约，分配一部分作工资。这种制度的产生和发达，是因它能更有效的利用科学的发明，来增加吾人劳动生产的效能，即因它能更细密的推进技术的分工于工场。可是历史告诉我们说，这种伟大的资本家的生产制度乃是完全的建筑在这个伟大的货币机构之上。任何一个资本家，无论他是钢铁大王也罢，或煤油大王也罢，假令在他的工场开工之际，没有货币的制度，那么他必须囤积庞大的货物，以为工人的工资，而在他的成品源源不断的生产出来以后，又必须到处去寻找需要他的货物并恰有为他所需要的原料，机器和消费品的这种买主，而且二者的需要并须完全相等，这必是一件在营业上不能忍受的事情。诚然，在有些时候资本家为了从工人方面剥削一种非法的利润，也有强迫劳工接受他的产品作工资的。也有单独为了工人的便利，按照批发的原生产地的价格，将产品的一部分，算给工人作工资的。或为了双方的便利才这样做。可是一般的说起来，还是货币工资比较的简便而易行，因为工人可以其货币的工资，向任何便宜的地方，采买他所喜欢要买的。所以货币的制度，不但只是促进社会分工的条件，且是资本家的生产制度所必须具备的条件了。不仅如此而已。即令就在社会主义的工场内，货币亦属必要。一言以蔽之，除非人类不要分工，货币对于生产者的帮助，无论在任何社会内，恐怕亦难轻易的把它来废弃。

货币的第三个大贡献，与它的第二个大贡献，有连带的亲切的关系。这个贡献，就是因为它增加了放款和预垫的便利。工资的制度便是一种预垫的形式。任何一位资本家，在他的成品出来之先，均不能以其成品来支付工资，但工人在作工作的时候，却不能不要物质的生活资料，来维持他们的生命和健康，在这青黄不接的时候，为谋双方的便利，货币便以预垫的方式，去给工人作工资。他如在资本家和资本家之间相互拉借的场合，和在公众的储蓄与投资的场合，都得了货币不少的帮助。因为投资与储蓄最后所使用的都是实物，纵令没有货币，当然他们亦能存在。但如没有货币的帮助，无论如何的说，大规模的储蓄与投资，恐怕不能不是一些极其笨重和困难的事情。由此以言，货币在我们今日这个以借贷关系为基础的大社会中，似乎亦是一种必不可缺的事情了。

综括来说，人们为了增加生产，便利流通，和改进消费，货币，制度，无论如何，必须存在。

第四节　货币的缺陷

货币的第一个大缺陷是从它的第三个大的贡献带来的。这个缺陷就是因它常掩饰了储蓄和借垫的真象。它使表面上的货币的储蓄和借垫，与真实的景象分离。在有些时候，货币的机构沉溺在消沉和苦闷的死的气氛中。它使公众的储蓄变为窖藏，完全失却了储蓄的效力。此时尽管社会上存有许多的储蓄，倘如应用得法，足可以使一切的工人均能得到适当的工作，可是，在他方面，却有成千成万的失业的工人，摇头叹惜于街头。一种瘫痪的病菌侵满了整个货币的机构，造成了工业的萧条和衰败，反之，在另外一些时候，货币的机构却又反常的活跃起来。借垫的关系笼罩了工业和商业的全面，可是在这关系的幕后，却没有与吾人意料相合的实物存在。当着工业建设的狂热爆发的时候，资本家为了拉拢工人不惜提高工资。上文曾经说过，工资真是一种预垫。这种预垫的小大当然须视工人所生产的成品的卖价为转移。但当这些成品还未出来之前，工人却不能不以他们所得的工资，去选他们所需用的生活的资料。新的货币的工资已经有了。但真实的消费品尚还未有相应的增加。预垫的工资极丰富，但生活的资料极贫乏。工人不绝的怨怒和叫嚣，社会于是发生支援与震荡。假令工资不是用货币来支付，而是用的实物，尽管工业的进步不像现在这样的活跃，可是亦必没有如此的可怕的危险。在货币的工资制度之下，因为一切劳役的代价，都可以用货币来支付，无须使用实物，此在推动物价文明的这辐车轮上，确曾一再的显示了货币的"上油"的作用，可是它的结果，却使公众对于货币与货物的关系起误会。货币只是一种货物的提单，它本身并非货物，但因公众的眼睛为肥美的货币收益所蒙蔽，误将两者混为一事。结果于是不免要发生种种的失望，悔恨，暴怨和骚动的事情了。货币好比一条公路，它的功用就是输入货物，可是它的本身却并不生产任何东西。路不可以做饭吃，没有一人不知道。钱亦不可做饭吃，但公众却有时不知道，这煞是一件极耐人寻味的事。

货币的第二个大缺陷与它的第一个大贡献是紧接相连的。即在最平常的时期，货币的购买力也是不稳定的。在大的扰乱的时代，它的变迁十分剧烈。诚然，我们倘欲货币购买力一点轻微的变动也没有，这不但是很困难的，而且是不应该的。关于此点以后我们还须详为理解。这里我们所可以大胆的提出来说的，就是货币购买力的大变动必定很坏。即令小的变动也可使人感到不便。现在我们请从财富分配的观点上，去看货币购买力的变动，何以于人有害和不便。

无论任何一人，从地主直到劳工，都是依赖他的财产和劳动的役务以为生。如果我们的货物和劳动的役务和别人的货物和劳动役务的卖价，在增加时都是为同比例的增加，在减少时都是为同比例的减少。我们实在也没有理由来说，货币购买力的变动，对于社会真正有何不利。在事实上货币购买力的变动不是如此的单纯的。因为社会上有一些人的役务的价格，远在货币购买力发生变动以前，便依契约和习惯的关系,一切都是规定好了的,另一些人的役务的代价,则视他们以各种既存的价格向前者所雇人的役务所制造的商品,在市场上的卖价为转移。前一种人在物价高涨(或货币购买力低落)的时候吃亏,和在物价低落(或货币购买力高涨)的时候获利,因为在前一种情境下,他们以他们的固定的货币酬报为支出,所得支配的实物少;在后一种情境下,所得支配的实物多。后一种人,在物价上涨的时候收入多,在物价下跌的时候收入少;因为在前一种情境下,他们的利润高,而在后一种情境下,他们的利润低,甚且大赔其本。由此可见,无论任何样的货币购买力的变动,在这两种人的中间,总有这种实际的情况产生,即有的无功而受重赏,有的乏罪而受严罚。从财富的分配上说,这是不合于正义的原则的。

且说,这两种人的界线,在这次世界大战以前,原是划分得极明显的。前者包含公务员,教员、士兵、工人,和吃金利或铁利的阶级,后者包含经营工商业的阶级和收谷租的地主。这种界线,在以后的经济关系回复到正常水准的时候,在大体上也还可用。只在大战进行的中间,这种界线不甚明显。因为在政府的机关之中,许多的公务员均偷偷的兼营工商业。在工人中,机械工人,交通工人,和其他的技术工人,因为社会对于他们的工作的需要挺硬,工资随着物价共增加。虽然前者增加的程度不必就恰与后者同比例,但相差尚比较的微细。在吃金利的阶层中,许多都是地绅,其在金利方面的真实的损失,亦可以其在谷租方面的真实收益来填补。究竟战时物价高涨的结果,对于这一些人的净余的影响,为福为祸,较难计算。大概可以说的,即凡非法兼营工商业的公务员,所得与所失有时可以相抵,有时有余,和有时不足。而真正的死心塌地为国家牺牲性命的士兵,和忠诚服务的公务员和教师,则只有自告命蹇了。他如囤积居奇的奸商,克扣军饷的军阀,和武装走私巨贾,却又无人不是满载而归,肥头大耳。这即是说,战时物价高涨的结果,祸国者反而享福,爱国者反而获罪,于此越发可以看见,货币购买力的剧烈的变动,对于财富分配的影响,实是最不合理的了。

假令货币购买力的变化只是影响财富的分配,而不影响财富的创造,这还不算顶重要。因为货币购买力的变化的结果,虽在财富分配的关系上,不合正义的原则,但因它们对于财富的创造无关,结果社会生产的总量,还是可以不必受妨碍。而且在较有利的情境之下,他们尚可以使社会所生产的总效用有增加。当着社会的生产总量不变时,甲这一部分人分配减少,即是乙这一部分人分配的增加。但如后者所包含的分子多是贫困和劳动的阶级,当然他们在定量财富上,所得的效用,要比前者在定量的财富方面所损失的效用更大。在事实上,货币购买力的长期的变动,在财富的创造方面影响甚剧。在货币购买力的长期跌落中,物价节节涨高,工业受过度的刺激,在最初的时候,虽可引起真实资本的庞大的蓄积,但在以后的时候,必然造成真实资本的消长,不堪劳碌,并有蓄积,他也许便要把他的买卖收好了,而选择一个风景美丽的区域,权且休息一个时候,或者穿入立法院里去作立法委员。如果他正在壮年而且野心勃勃,那末,他也许更要努力的紧握着他这一双破船的舵柄,浮沉在险恶的波浪中打滚。如果他已是一位中年人而且没有多大的能力,他也许便要如怨如诉的责备工人说,他们不应该在商业如此萧条时节,还要坚持索取恁高的工资。无论在任何情境下,或者较早,或者较迟,最后他都必须向着他的命运低头,缩减他的生产的规模。结果两件滑稽的事情便出现了。第一件,大地上充满着生产的资源和资本的设备,本足以使每一个人享受丰衣足食的生活,可是现在不中用了。第二件,街头上充满着成千成万的饥寒交迫的既有劳动技能又有劳动志愿的工人,可也都是盈年累月的找不到工作来做。此时天空里其他各个行星上的居民,无一不在看着我们发笑。

于此,我们可以知道,货币不能说它太好,因它曾给了我们许多的欺瞒和痛苦。但货币亦不能说它太坏,因它曾给了我们许多的便利与愉快。除非我们能够善于管理货币,它也许还要给我们更多的苦痛。除非我们不善于管理它,货币也许还要赐给我们更多的便利。货币好比黄河,在善良管理之下,它便可以灌溉土地,在不善良管理之下,它便可以泛滥成灾。货币好比电气,如果我们知道驾驭它的方法,它便会成我们最柔顺的奴仆;如果不知道,它便会成我们最凶猛的敌人。但是,假如我们欲在管理货币的问题上提出有价值的意见,我们必先要能了解它的全部生活的状态。为达到我们的目的起见,以后我们其有五章来分别研究货币的种类和它的购买力的涨落的原因,另有一章来专研货币购买力的循环涨落的原因。非待这六章说完之后,我们绝对没有资格去讨论本书的最后一章所专谈的货币政策的意义和趋向。

第二章　货币的数量和种类

第一节　通用货币、银行货币和商业货币

如以货币在偿付债务的时候所表现的被人接受的程度作标准,货币可以大别为三类:(1)通用货币,(2)银行货币,和(3)商业货币。(1)通用货币是指在一定的政治区域内普遍的受人欢迎和接受的偿债的手段。例如我国的中央银行的钞票,美国的美钞,和英国的镑票。在上述各异的国家内,都是普遍的为一般公众所欢迎的货币,他们因此都是通货或通用的货币了。(2)银行的货币,从它受人欢迎的程度来说,比通用货币为狭。因为银行货币的实体不外就是存款一种,存款的代表就是支票。因此支票的受人欢迎的程度便是银行货币受人欢迎的程度了。但支票的受人欢迎的程度是怎样呢?除非债权人确知债务人在银行有存款或知使用支票的习惯,或于他方便,他一定不会接受它来作偿付他的债务的手段的。举例来说,比如在世界上最冷僻的角落里,有一位旅行家欠了一位乡下裁缝的工钱,而把支票去付他,恐怕他无论他怎样劝他,他都会拒而不受的。因他也许根本不知道支票的用法。纵令他也知道,他也许因为支票须到城市银行里去取款,他这几天根本不进城,用不着为这一张支票来自讨麻烦。纵令他也想进城去玩玩,他也许怀疑这位旅行家在银行里果真有存款,因此他不愿意去冒险。这三种理由只要有一个理由存在,他都会拒而不用。这便是支票不如通货的所在。

(3)商业的货币系以商业上的汇票或期票作代表。因为汇票与期票都系以商业的信用作基础,所以商业的货币亦即就是商业的信用了。商业的信用受人欢迎的程度,一般的说来,比货币还要小。因为汇票与期票的流通须受在商界里的信用状态的限制,但银行的货币,虽然在金融恐慌的时候,也受信用状态的影响,但不如汇票与期票那样厉害。因此商业的货币受人欢迎的程度比较银行货币还要窄。但有一个根本的问题必须先行说明,即何以说商业上的期票与汇票亦可视作货币呢?因为汇票与期票,在商业繁荣的时候,常常用作现买的手段。特别的是在批发的买卖里如是。在工商业比较发达的地方,通常批发的商人向工厂去买货,工厂向农产品公司去买原料,又农产品贩卖公司或者又亦向批发商买进制成品。在买货的顷刻,都不必使用货币或支票,而用汇票与期票。因此,汇票或期票,在这买货的顷刻

便变成了现买的手段了。不宁唯是,汇票或期票有时尚可用作支付的手段。比如当这三方的期票满期的时候,本来照常都须用现钞或存款来支付。可是,在有利的情境之下,亦可不用。假如这三张期票的款额和时间全相同,那末,当工厂同批发商要钱的时候,批发商便可以农产品公司的期票交给工厂,而把他自己所出的期票换回来,工厂当然愿意,因他还欠有农产品公司的账未付。工厂于是又以农产品公司的期票去还农产品公司自己,并收回他自己所出的期票。这样一来,三份债务,不用现金或存款,但用期票或汇票的掉换,便完全清结了。在这一种情境下,期票且充当了延期支付的手段。纵令这三张期票只是时期相同,但款额不同,期票仍可作为延期支付的手段,无非是用现款来找零就是了。假令款额相同而时期不同,也是一样,无非要用现款来交付利息。综括来说,无论在何情境下,汇票或期票均可以作为延期支付的手段之用。汇票与期票既可作为现买的手段用又可作为延期支付债务的手段用,当然它是一种货币了。但它却有点不如通用货币,或银行货币的地方,因它只有在商业复苏和繁荣的时候才有人要。在商业衰败的时候,无论在现买方面,或在清算方面,几乎均是没有人要的了。所以从偿付债务的能力上说,还是以通用货币或银行货币较有地位。

以上说的货币的三大的类别,但在每一大类之下,尚可细分几个小类。

我们知道,在通用货币里面,尚可细分为(1)无限法偿币即国币,(2)有限法偿币或辅币,和(3)自由货币。无限法偿币是指某种特殊的通用的货币,它不但在一定的政治区域内,曾普通的受人欢迎和接受,而且,假如有人不肯接受它来作为清偿债务的手段时,它还有在法律上强迫他接受的权利。这即是说,债务人无论欠债权人多少债,如果他以国币去偿付,债权人不得拒绝接受它。例如中国的法币,法国的佛郎,和英国的镑票都是属于无限法偿币的范畴。有限法偿币,例如中国的辅币,虽然也是法偿,但却受有一定的限制。依照民国二十九年二月十三日《修正辅币条例》第五条,假如你以一分二分的硬币去偿付别人的债务,只是在五元之内,后者方才不得拒绝接受。又如你以十分或五发的硬币去偿账,只有在二十元之内,债权人方才不得拒绝接受。所可令人注意的地方,即在对日抗战时期中,因为物价上涨数千倍,无论什么低廉的物品都不能以一分二分和五分十分的辅币去购买,因此他们简直没有人用了。所以这个《修正辅币条例》第五条,在法律上,已经成了一条具文了。自由的货币在法律上,既非无限法偿,又非有限法偿,但它却具备了通用货币所应具备的条件,即为公众所普遍欢迎的一种偿债的手段。在实际上它与无限法偿币的性质是没有什么区别的。例如从前在中国沿海各埠一带流行的墨西哥的鹰洋,和在北美合众国内的美国联邦准备银行钞票,在法律上均非无限法偿,但在实际上从没有人拒绝接受它。

以上是说在通用货币之下共有三个种类:(1)无限法偿,(2)有限法偿,(3)自由货币。但在无限法偿之下,尚可细分为(1)管理货币,(2)强制货币和(3)代表货币三种。代表的货币是指完全可以兑换成完全实体货币的货币。它或者只是一种符号的货币,例如民国二十四年以前中央银行的钞票。或者说是一种完全实体币,例如战前印度所用的金镑,它本身虽是完全实体的,但它却可以向印度政府兑换为一三又三分之一的卢比,换句话说,就是它只是卢比的代表。强制货币(flat money)系指完全不可以兑换成为完全实体币的货币。依据凯衍斯勋爵(Lord J. M. Keynes)的意见,在强制货币之中,尚可分为两类:其一是单纯的强制货币本身,又其一是管理货币(managed money)。管理货币系指政府以适当的买进和卖出的方法,使强制货币适合一个理想的目的,[1]例如充分的就业。在上次世界大恐慌而后,罗斯福总统反对稳定外汇,便是由于外汇的稳定与充分就业的目的不相合的原故。当然亦可以之适应其他的目的。例如我国在民国二十四年十一月三日以后的法币,政府曾以无限制的出卖英汇的办法,将它的价值限制为每法币一圆汇一先令二便士半的法定比率,以防白银的逃逸。

刚才我们说,代表的货币可以分作两类:(1)符号货币(2)完全实体币,但我们对于两者尚未加以比较确切的释义。所谓符号货币是指某种货币的票面价值比较它的币材价值大得多。例如辅币钞票,银行货币和商业信用都是。完全实体的货币是指另一种货币的票面价值与它币材价值完全是一样的。例如民国二十四年以前中国的银洋和战前印度的镑均属于此类。在第一次世界大战以前,公众之爱货币,好像男士追逐女士一样,是因为它长的健康和好看,可是现在大不然了。现在公众之爱货币只因为它可以作一般偿债的手段。所以符号货币现在几已完全代替了完全实体货币的地位。为容易明白起见,兹将我们关于货币分类的一切的讨论列表如后(见下页)。

第二节　存款货币的起源

任何交易的活动,在货币经济之下,都包含着卖出和买进两个步骤。但当第一个步骤完毕之后,第二个步骤开始以前,中间必有一段的时延。在这一段时延之内,通用货币构成公众手中所保持的现金。一般的说来,无论任何人,除非他系赤贫,他为了自己的方便,无论在什么时候,都或多或少的保持若干通用货币在手内,以备不时的需用。在一个社会里面,于一定的刹那间内,这份存在公众手中的现金准备之总和,实构成在该刹那间之内通用货币的需要。决定这个需要的因素,我们留待下章讨论。

在原始社会里面,举凡现在备而不用的通用货币均被保持在个人的手中。可是,在近代的社会里面,一来呢,因为银行的信用增加,再来呢,因为银行对于公众的存款尚须支付些微的利息,所以无论任何一人,除非他是傻子,他都要在他的备而未用的通货之中,拿出相当的部分出来,存在银行里面,而使他自己所保持在手

---

[1]　J. M. Keynes, *A Theory on Money*, vol. I, Chap. I, p.8.

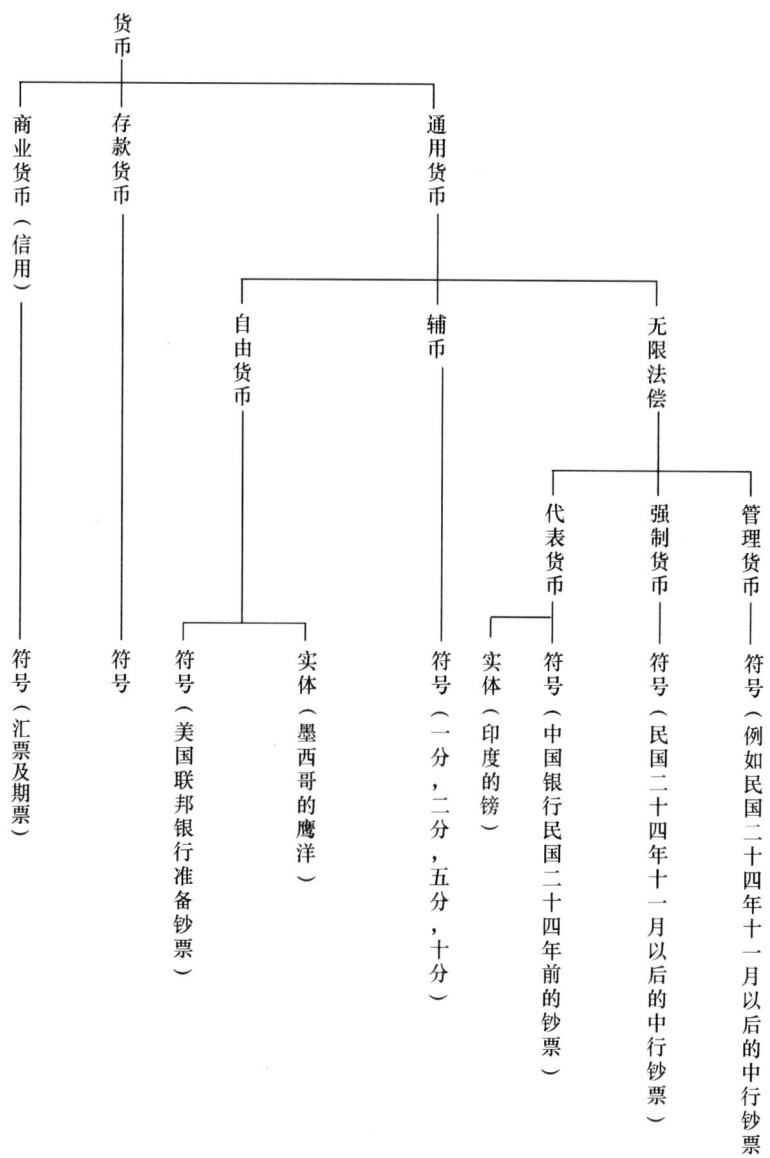

中的部分,降低到这个只限于最近必须把来支付的最小范围内。可是,银行于接收公众的存款之后,虽然他对于任一存款的存户都有见字即付的义务,但他因有下述两个重要的理由,使其所准备的现金比存户所存入的存款要小得多。第一,我们知道,在近代的社会内,不但安全和有利的投资的机会增加,而且这个由投资的证券再转化而为现金的便利亦增加了,因此之故,银行很容易将存户的存款,在他存入之后和提取之前的这段间隔的时间里面,用以购买有利的证券,或向工商业和其他金融机关放款,赚取更大的利息。因此之故,银行为了巧取这份较高的利息,他必以缩小他的现金对存款的比例为有利。因为各个存款的存户并不必同时一齐来提现。甲存户今日虽要提取现金来偿付他今日到期的债务,但乙存户也许明日才要,丙也许后日。当着存户们还未把他们的存款全部提出的时候,在正常的状态之下,银行总常有新的存款流进来。如果银行的存户很多,每天所存入的均足以应付支出,那末,他所需要准备的现金必只限于用以应付每日提款超过存款的部分。因为在平均一日之内,存入的款项与提出的款项无论正差与负差均相差不远,或恰相抵,银行几常可以今日存入的款项应付昨日存户的今日的提现。他只须在昨日和今日存户的净余存款中,提出一小部分出来,作为现金的准备,便满足以应付每日提款超过存款的部分了。至其余的部分他常可以作有利的投资。银行既然在实际上所准备的现金一般都小于存款的数量,同时他总可以剩余的通货去放利生息,他当然可以而且乐于向存户的存款支付些微的利息。这样一来,银行和他的存户双方均有便宜。银行藉此可以多多的吸收游资。存户亦可藉此而得利息。于是个人手中所保持的通货,除留一小部分出来作为零用的现金之外,便通通的集中在银行里面去了。

到结果来,社会的通货总量便分作两个部分去了。其一就是在公众手中的通货或现金。又其一便是在银行里所保持的现金。当着公众对于现金的需要超过正常的水准时,银行所保持的现金便不断的为公众所提取而转变为公众手中的现金的增加的部分。当着公众对于现金的过度需要减退之后,他又重复的以公众存款的方式回到银行里去。因此之故,银行所保持的现金的数量须受公众对于现金需要的波动状态决定。

伴着银行存款的增加,为谋存户的便利,银行于是授权于存户,许可存户对于他本人或对于他的债权人使用支票来提现。支票就是银行的存户向银行所发出的一种支付的命令,银行于接受这个命令之后,便须立即向持票人支付现金。但持票人可有两种不同的使用支票的方法。其一,就是以支票向银行来提现。假如他果这样做,支票当不能作货币的代替,这乃是一件显而易见的事情。又其一,就是他不以支票向银行去提现,但以支票存入于银行,银行于是在这新存户的账上收上一笔,同时并在这旧存户的账上减掉一笔下来,银行未曾使用分文的现金,但凭转账的方式便将存户与存户之间的债务的关系偿清。在这第二种情境下,存款实在是作了通货的代替品。假如这个银行在全国的各个地方都有支行,当然持票人更容易发生第二种情形。

到了银行林立的时候,甲银行的存户向他的债权人所开发的支票,往往被后者存入于乙银行之中,因此在一定的时期之内,乙银行往往收有甲银行的支票。在相类似的情形下,甲银行亦往往收有乙银行的支票。同时丙银行与甲、乙两银行,亦往往有类似的情形不断的发生出来。因此在各银行之间常有一种困难产生。即甲银行须派员向乙银行送奉支票同时取回现金。乙银行亦须派员向甲银行送奉支票取回现金。甲银行才向乙银行把支票要送去而把现金取回来,乙银行又派人来向甲银行把支票送来,把现金取回去。当然在甲、丙与乙之间的亦有同样的困难发生。为减免这种现金反复支付的困难计,清算所于是成立起来,专替中个银行清算彼此之间以支票的形式所互欠的债务。这个清算债务的方法便是甲银行以乙银行的支票在清算所中还与乙,而让乙银行以他所保持的甲银行的支票转送于甲以图相互抵偿。自清算所存立之后,通货便只被银行用来作为各银行间找补尾数之用。此时支票存款代替通货的作用更大。

可是,自从中央银行成立之后,连此各银行间以通货来找补尾数的事实亦可以不用了。为谋各银行间转账的便利,中央银行欢迎各银行以其现金准备之一部以存款的方式集中在他的金库里面,以为各银行的清算准备资金。由是而各银行间的相互的债务,除以彼此的支票互相冲销而外,所剩余的尾数亦无须以通货来找补,他们只须利用支票作手段,向中央银行转账就行了。由是而支票存款代替通货的作用遂发挥到了他的最大的极限。当然,各银行自己尚须预备若干的现金以图应付存户对于存款的提现,否则没有一个银行不会开门的。正因公众对于债务的支付,自从银行的整个机构发达完全后,大部可以用支付存款来替代,无须乞助于通货,由是银行的存款,在超过他的现金准备而外的溢额,遂形成了一种另外的货币,简称存款的货币或银行的货币。这份货币,在一国的货币总量之中所占的比例,随着国民经济的现代化而日益加大它的数字。比如在英美这种国家内,银行货币几占全体货币十分之九左右。

知道了存款货币的历史的起源和发达后,我们可以进而研究一问题,即存款货币的总供给量是受什么因素决定的呢? 在答复这个问题之先,我们应当明白,支票不是银行货币,唯独存款才是银行货币。但也许有人会说,支票即是银行货币,因为支票等于钞票,它原可以作为偿付债务的手段。支票既为偿付债务的手段,依照货币的定义,当然便是货币了。但我们只须约略的加以反审,便知上面这一种说法是不对的。因为从偿付债务的能力上说,支票与钞票是不同的。当我们用钞票来偿付债务时,只要我们将钞票交付债权人,我们对他所欠的债务便算偿还。反之,假如我们用支票来偿付我们的债务,纵令债权人已将我们的支票放入他的钱袋之中,我们对他所欠的债务,还不算是清偿。因为从债权人的眼光看来,他所得到的支票只是一种领款的手续,除非他把支票存入银行,而且银行于接收他的支票之后,曾将我们的存款的一部分减少下来,并以之加在他的存款项下,偿债手续才算完毕。这便是支票与钞票不同的所在。由此可见,只有存款的性质,在偿付债务的功用上,方才与钞票的性质是相同的。换句话说,即支票不是银行货币,唯独银行的存款方才赋有货币的资格。把这区别弄清楚后,我们于是可以进而研究银行货币的总供给量的决定条件。

第三节　存款货币的数量

决定银行货币的总供给量的第一个条件,就是公众手中所保持的通货(即现金的需要)与银行存款的关系。我们知道,现代的银行与古代的银行是有差别的,即现代的银行保有充分的创造存款的自由,但古代的银行没有。古代的银行好比一间存衣室,在银行里所存进来的款项是好多,那末,他所付给存户的款项便是好多。因此,他的支出永远没有超过他的收入的可能。所以古代的银行亦可称做存衣室式的银行,因他没有许多的创造存款的自由。可是现代的银行绝非一种存衣室式的银行的性质。他好比一个沽衣店;沽衣店在他的冠冕堂皇的玻璃衣橱里所存储的衣服有好多并不表示别人所存进来的衣服有好多,但只表示他所为人而制造的衣服有好多。现代的银行在向工商业者放款时,他并不预先付与工商业者以通货。但只对工商业者新增一笔存款账,但算把这笔款项放给他们了。因此,他所放出去的款项有好多,那末,他的新增的存款便有好多。从而他所付出的通货便可大于他所收入的通货。所以现代的银行实可称做沽衣店式的银行制度,因他保有十足的制造存款的权利。现在我们所特别要强调的,即现代的银行的体系,虽然保有十足的制造存款的权利,但他在行使这个权利的时候,亦须受公众对于现金的需要与银行存款的比例关系的限制。

任何银行的机构,假令在一定的时间之内,他所增加的或创造的存款远比不上他所支付的现款,那末,早迟他都要宣告破产的。无论在什么时候,在公众对于通货的需要与银行的存款总量之间必有一个习惯的比例存在。这个比例又受公众以银行的支票或存款来作偿债手段的支付总量和以通货来作偿债手段的支付总量的比例决定。当然后者又须受公众的习惯和社会的制度的影响。我们知道,一个人在他买汽车的时候通常使用支票。而当他在车站上买车票的时候和在他向工人支付工资的场合,一般都非使用通货不可。因此之故,公众在以支票来作偿债手段的支付总量和以通货来作偿债手段的支付总量之间,暗暗之中,含有一种习惯的比例的关系。这个比例自然不是一成不变的。举例来说,假如工人阶级在银行里多有存款,并不拒绝雇主以支票来偿付他们的工资,那末,公众对于通货的需要与银行存款的比例便须因此而往下降低。诚然,银行在这一方面,尚可以各种的手段来培养公众的使用支票的习惯,但这不必一定可以成功,纵令可以成功,当亦不是立即便可做到的事情。假如工人阶级还是要通货来支付工资,又假如在银行有存款的雇主倘有权来要求银行向他支付现金,那末,公众所需要的通货和银行存款的数量便必依然维持着原来的那个习惯的比例。无论任何银行,假令他的存款增加的太多,至于不顾公众对于现金的需要的比例,他必立即感到通货流出去的太快,流进来的太慢;此时公众所需要的新增的现金或者竟将与银行新增的存款同比例。在这一种情境下,任何银行的机构都会倒闭。当然通货的准备越少的银行其倒闭的时间亦愈快。

决定存款货币的第二个因数就是银行的通货或现金的准备与他的存款的比例。依照上文的解释,银行共有两个不同的种类,(一)中央银行(二)私人银行。这个比例当然随着银行种类的不同而不同。现在我们先说第二种。就把第二种来说,因为国家的不同,它亦是互不相同的。在英国内,这个比例最受英国多年的习惯所支配。它即一比九。假如私人银行的现金准备为一,则他的存款可以扩充到九。即私人银行如果有通货或现金一万镑,那末,他的存款在习惯上往往可被扩充为九万镑。反过来说,私人银行如果增加了存款九万镑,那末,在习惯上它便须在他的金库或英格兰银行里保持一万镑通货,即现金,以为公众不时兑现之需。我们在上文里已经说过,自从中央银行成立之后,私人银行的现金准备便可分作两个部分:其一便是在中央银行的存款,一名各银行的清算准备资金;又其一便是各银行自己所准备来兑现的通货了。将这两份现金准备合在一起,便是每各私人银行的现金准备总量。所谓一比九的现金对存款的比率乃是就现金全部说,而不是指它的一部分说的。至英格兰银行他便是英国的中央银行了。现在试设一例来说明,英格兰银行对于各私人银行存款,如果增加一万镑,那末,各银行的存款便可扩充到九万镑的情形。设英格兰银行向公众买进债券一万镑,而以本行的支票给与公众的卖者。假令卖者以之存入 A 银行,那末,A 银行在英格兰银行的存款便增加了一万镑了。依照一对九的比率,A 银行在一万镑之中减出一千镑作现金准备,而以其余九千镑购买债券。假令这第二个卖者亦以 A 银行向他所给的中央银行的支票存入与他相熟的 B 银行,结果 B 银行在英格兰银行的存款便亦增加了九千。可是同时 B 银行的新存款也增加了九千。我们知道,各银行在中央银行的存款无论在任何国家内,都是不取利息的,可是各银行如将此项存款购买债券,则可取得若干的处处。在英国当然也不是例外。因此之故,B 银行为谋生利起见,他再在九千之中减出九百出来,作为他的清算准备资金,而以所余之八千一百镑买债券。依照同样的理由,结果 C 银行在英格兰银行的存款和他自己的新存款也将各增八千一百镑之数。C 在八千一百镑之中,再减少八百一十镑出来作准备金,而以七千二百九十镑买债券,结果 D 银行的新存款和他在英格兰银行的现金,又将增加七二九〇镑。由此类推下去,E,F 和 G 等银行的新存款各将增加六五六一·五九零四·九和五四九四·四一镑,直到各银行的新存款增加到九万镑之数而后止。这九万新存款是各银行替公众所创造的银行的货币,同时各银行在英格兰银行的清算现金准备,当然全部亦只合一万镑之数。

但我们千万不要以为英国各银行的现金对存款的比例九对一,是一个很呆板的数字。在表面上尽管是如此,每星期二的报告上所有的星期二的现金比例来平均,有的银行又是依据他在每星期三所发表的营业的数字把所有的星期三的现金比率来平均,有的星期四,有的星期五等。尽管在每星期二日此银行的现金对存款的比例确是维持一对九的数字,可是过了星期一便不一定如此。在每星期三日,彼一银行确是维持它,可是过了星期三便不一定如此。其余仿此。他们故意把他们彼此之间的发布现金比率数字的日子错开,有的在星期二,有的在星期三,乃是因为他们彼此便于作现金的通融。比如在今日甲银行的现金对存款的比例假如不能维持一对九的数字,乙银行间接的借给他。在明日乙银行的现金对存款的比例假如亦有不能维持一对九的时候,甲银行间接的借给他。由是而甲、乙二银行尽管在其他的日数现金比例都不到一比九,但在他们发布报告的当日则无一不是合地一对九的现金比例的。可是,假如他们各个发布报告都在同时,这种情形便可避免。如这一种故意装点门面的作伪的报告,在英国叫做"窗廉"的制度。这即是说,在英国各清算银行的月报上,人人的现金对存款(包含现金,见信即还如短期通知即还的债券和商业汇票三项)对存款的比率维持十分之三的数字的时候,那么,他们的现金对存款的比例便维持一对九的比例。比较十分之三大的时候较比一对九略低,小的时候略高。

关于英格兰银行所存现金对存款的比例,当然要比各私立银行为高。无论在世界上任何国家内中央银行的现金准备的程度一般都要比各私立银行更大,为什么呢?因为中央银行的存户大部都是银行。后者在需款的时候几乎一齐都需款。而在不需款的时候几乎每个都不需要款项。所以在需提现的时候他们很可能的一齐来提。不需提现的时候很可能的个个都不需要来提现。中央银行为预防各银行存户不约而同的几乎所差无几的全部都来提现的危险,当非提高现金对存款的比例不可。我们知道,英格兰银行在第一次世界大战以前他的现金对存款的比例是一对二,现在它不知道提高到什么程度去了。

现在且让我们转而说明在美国和其他的在欧洲大陆上的国家,关于各会员银行的现金准备对存款的关系与英国不同的所在。

在这些国家里面这个现金对存款的比例都是用法律上的明文来规定的,不像英国单由习惯去决定。除开欧洲大陆的各国不说,以美国而论,关于现金一辞,在美国银行法上的内容亦与英国不同。依照美国的银行法,在各银行自己手中的通货不算现金,只有他们在美国十二个联邦准备银行(Federal Reserve Banks),即美国的中央银行的存款才算现金。在美国凡属国家银行系统中的会员银行对于需要存款(demand deposits)均要保持百分之十四,二〇,或二六的现金准备。百分之二六对于纽约市和芝加哥的存款适用,二〇对美国其他准备市的存款适用,十四对其他所有的金行适用。[①] 在他方面,对于时间存款(time deposits)则须保持百分之六的现金准备。时间存款,系指存户须在一个月前通知银行而后可得取款的存款。需要存款系指存户无须在事前通知银行,直接便可以支票提领的存款。但美国的联邦准备银行因系美国的中央银行,他们的现金对存款的此例特高,高到百分之三五的数字。只是这里的现金准备在事实上不是钞票而是铸币或黄金罢了。

---

① 依据美国一九三五年的银行法,请考参 R. S. Sayerg, *Modern Banking*, Chap. 2, PP. 43—44, 1938.

也许有人会说,美国以法律来规定现金,对存款的比例可能引起不必要的犯法或关闭。因为这个比例一旦用法律来规定,那末,会员银行的现金的准备便将很自然向着这个由法律所规定的最低限上倾落。有时银行只因公众对通货的需要,增加了一圆的美金,便使他的法定的比率不能维持,逼着犯法或关门。虽说在这一个时候银行手中还有相当庞大的准备金,可是在这一个时候,如果他不欲触犯法条,便非宣布破产不可了。细想起来,这当是一种完全不必要的事情。但是,我们必须明白美国的银行法对于这种硬性的规定所发生的危险亦不是丝毫没有加以顾虑的。第一,美国的法律,既只承认各会员银行在联邦准备银行的存款始得称为现金,而不承认各会员银行金库里的通货为现金,而且各会员银行为了营业上的便利,既然又不得不存储部分的通货以为公众提现的准备金,这无疑的表示它已将后者定为各会员银行的第一道防线了。第二,美国的银行法并且规定各会员银行的现金准备如有不敷,美国的联邦准备银行尚可接济他们。这便是各会员银行的第二道防线。因为联邦准备银行自己的现金准备比例,一般都比法律所规定的要大些,他们在一方面,尽管扩充他们对各会员银行的放款;在他方面并给各会员银行以通货,而且纵令所给的数目很可观,他们均不会打破这个最低限度的法定比例的。所以,上面这种批评的论调不必完全适用。

而且美国的制度因把会员银行的存款分为需要与时间存款两种,并对它们设立两种不同的比例,尚还有一显明的好处,是即可以缓和商业波动的程度。在商业繁荣的时候,因为时间存款减少,需要存款增加,结果现金对存款的比例一般都增加了。此时银行扩充存款的力量已经受限制,但公众对于现金的需要有增加;或者说是,银行放款的能力已减少,但公众对于贷款的需要正增加,利息率必然涨的更高。反之,在商业衰败的时候,需要存款减少,时间存款增加,因此,银行的现金对存款的比率一般都要往下降低。依据同样的理由,利息率必要往下降低。繁荣在进行的时候利率往上增加,可以限制繁荣为过度的膨胀。衰败在进行的时候,利率往下降低,可以限制衰败为过度的发展,这当是美国的法定现金比例的一点好处了。

但英国的制度对于现金与存款的比例不设需要存款与时间存款的差别,使英格兰银行完全可以控制存款的总量。这即是说,英格兰银行如果增加一万镑现金则各商业银行当可增加九万镑的存款。不像美国那样的不确定。因此有的学者以为这便是英国制度比较良好的地方。但我以为这个问题似乎没有如此简单。因为我们如将存款与存款的流通速度二者在商业循环上的地位来比较,存款的流通速度的缓急比较存款的数量自己更重要。以物价而论,依照英国的经验,无论在商业繁荣的时候或在商业衰败的时候,物价所受于存款货币的影响远不及存款货币的流通速度的影响大。英国的制度,虽然可使中央银行比较的更能控制银行存款的数目,但因它并不能控制存款的流通的速度,假如说一国的银行的政策是以减少商业波动的过度发展为目的,我们便可以说,上述这种好处似乎亦只是表面的而非真实的了。

中国的各商业银行的现金对存款的比例,依照一九四一年十二月《非常时期管理银行法》,系兼采美国和英国的制度,即各商业银行须向中国银行缴纳百分之二〇的存款,以为各银行的现金的准备。这点是采的美国的制度。但各商业银行的现金准备,并不因为存款的不同而设差别的待遇,这是兼采了英国制度的特质。所以中国的制度可以说是英美两种制度的一种合并。一九四五年四月,中国各商业银行的现金对存款的比率略有变迁,即由百分之二十减为百分之十五的数目。

第四节　通用货币的数量

在讨论通货数量的决定因子以前,为便于研究起见,我们只假定通货包含无限法偿的货币和自由货币两种。货币的数量假定小到微末不足与计的程度。这个假定虽然与现实不必完全相吻合,但在一般的实际问题上,也是可以够用的了。

通货数量在根本上的决定条件,当然是要看公众对于钞票的需要的小大。但此在上文里我们已讨论的不少了。现在我们所特别要注重的只以通货数量的法律方面的因素为限。我们知道,在上次世界大战以前,各国的通货均系可以兑换完全实体金币或银币的钞票,那时,通货(即钞票)的数量的多寡须取决于金币或银币的数量的多少。可是,自上次世界大战以后,因为各国先后废弃金银的本位,完全实体的金币或银币已经不用了。现在各中央银行的发钞的准备金都是包含完全实体的硬币及黄金。依据现在各国的法律的规定,即英国也没有例外,在钞票的发行与黄金的准备之间须保持一定的关系,因此,通货的数量便受这个法定的关系决定。但过去也有一个不设这种关系的国家,这点留在后面讨论。

关于发钞的数量与黄金的法定的关系,随着国家的不同而不同。在英国是采的固定保证发行制(Fixed Fiduciary System),在英国以外的国家是采的最低比例的发行制。现在我们可先讨论英国的制度。自从拿破仑战争以还,英国曾经不断的发生金融的恐慌。为避免这类恐慌的重降,在十九世纪的上半纪英格兰曾经发生了两派主要的思潮,一名通货主义,一名银行主义。依据通货主义学派的见解,黄金是最好的流通的手段。钞票虽然也可以做最好的流通的手段,但钞票的数量必须与银行所保持的黄金的数量完全相等,否则金融的恐慌不能避免。反之,依据银行学派的学说,如上所述的钞票必须与黄金的数量相等的论调,实际建筑在一种荒谬的货币原理上。钞票的发行假如恰足以适应社会的需要,并不必要一定比例的黄金为准备。这完全可以让给银行自由去决定。而且钞票的过度的发行在实际上是不可能的。因为钞票的发行,假如超过工商业的需求,它们仍须回到发行银行里面来。再说,钞票的数量尚须能够适应季节的变化。比如在每一年度之中,必有几个繁荣的季节需要通货特多,因此钞票的供给亦须加多。银行主义学派的弱点,在于他对钞票发行的数量国家的法律完全不采黄金对发钞的限制条款去管理它。假如不幸发行过多,致使这份过剩的钞票纷纷回到发行银行来兑现,后者势必会因黄金准备的不充分而倒闭。通货学派的弱点在于假定黄金的数量就是工商业所需要最合适的货币的数量,可是,在实际上,工商业者所需要的最合适的货币的数量有时可比黄金的数量更大,有时更小。自上次世界大战而后,英国和英国以外的国家之所以纷纷放弃金本位,很显然的表示黄金不是最好的货币。可是,一八四四年英格兰银行的条例(Bank of England Charter Act),关于英格兰银行钞票的发行,决然采用固定保证准备的制度,实际由于通货主义党派战胜银行党派的结果。依照这个条例,英格兰银行分为银行与发行两部。发行部每发一镑钞票必须准备一镑的黄金。但发行部也可以不用黄金而用债券作准备,以图增加钞票的发行额,但不得超过法定的最高额。一八四四年法定的最高额为一千四百万镑。一九二一年逐渐增加到一千九百又四分之三万镑。因为依照一八四四年的法律,凡享有发钞特权之银行,如因合并、解散或在伦敦设立分行,丧失了他的发行权时,英格兰银行得承继其三分之二。这次的固定保证发钞额的扩充实系由于英格兰银行继承其他银行的发钞权而来。一九二八年增到二千万镑。这是由于从一九一九年到一九二八年之间财政部的保证准发行额只受财政部的部令规定,是年的英格兰的货币银行条例因把财政部的保证准备的发钞权合并在英格兰银行内,故把保证发行额提高到二万六千万镑,但同时规定财政部可以部令提高这个限度,但事后必须取得国会的追认。一九三一年财政部第一次使用这个权限,将最高额增为二万七千五百万镑,因为财政部当时很想把黄金抽调一部分出来,应付其他的要求,但没有达到预期的效果。一九三三年三月英格兰银行的黄金增加了五千万镑,保证准备发行额退到二千六百万的原限。一九三六年十二月再度减到二万万镑。因为当时汇兑平衡账(Exchange Equalisation Fund)卖了六千五百万镑黄金给银行,如果保证发行额依旧维持二千六百万的原限,银行部的钞票可能达到一万万镑。这样庞大的数字可能惹起反常的投机的活动,因为物价看涨的原故。

在英国以外的国家,关于黄金与发钞的关系,系采最低比例发行制。在比美合众国内,对于联邦准备银行可兑换的无限法偿货币,即金券与银券须保持百分之百的发行准备金,对于国家银行钞票和联邦准备银行钞票,这两种符号的自由的货币,只须保持百分之五的发行准备金,对其余的钞票如联邦准备钞票,则必须保持百分之四十。在欧洲大陆上的国家内,钞票的发行都有同样的类似的规定,德国国家银行发钞准备比例为百分之四十的黄金,俄国百分之二十五,法国,依照一九二八年的法律,系百分之三十五。

中国的发钞准备制度也是一种比例准备制度。很早中国的法律便规定为,现金发钞准备系百分之六十,保证准备为百分之四十。民国二十五年将现金准备的构成部分加以修正,即白银占百分之二十五,外国货币占百分之三五。民国二十八年九月八日,再度加以变更,即凡汇票、提单和货栈的收据,与生产事业的投资,均可以作发钞的现金的准备。自此而后,通货膨胀一日千里。恐怕上述任何法规都未遵守,否则中国四行的发钞绝对不会像现在这样的漫无限制的了。

法国在一八四八年以后一九二八年以前,还有一种控制银行发钞的办法。这个办法一名最高发行的制度(Maximum Issue System)。他只规定法兰西银行的发钞额不得超过法定的最高额,过此便算违法。关于现金和保证准备的比例,法律不采明文规定,悉由法兰西银行自由决定。但自一八二八年起这个制度便废弃了。所以现存的控制发钞的制度只有固定保证准备和最低比例的准备两种。

英国的固定保证制度的缺点很明显的就是通货主义的缺点了。这个缺点在于以黄金的数量作为最好的发行通货的标准,而不是以工商业界实际所需要的通货为最好的发行通货的标准。因此当着工商业者实际所需要的通货大于或小于黄金的数量时,英格兰银行除非不受一八四四年货币与银行条件的限制,只有听任工商业界,在第一种情境之下,为不必要的赔累,紧缩,或破产;而在第二种情境之下,亦只有听任他们遭受过度的刺激,或为盲目的投资,或为错误的投机,而使社会的真实资本的创造最后亦被无情的打击与摧残了。最可令人注意的,即这位曾为一般英美的经济学家所认为不懂得经济学的经济学者马克思,在他的伟著《资本论》第三卷第六五三页上(英译本)却有一段切中肯要的对于一八四四年货币银行条例的批评。这个批评是恩格尔士(Engels)依据马克思的意见,所插入资本论本文中的一段话。

> 一八四四年的银行法将英格兰银行分为发行与银行两个部门……剥夺了英格兰银行在危急的时候自由的支配它的全部可用的手段的可能性,以致这种情形亦可发生,即银行部已经快要破产了,但发行部所保持的几百万的黄金和千四百万的债券尚还一点未动。这个容易发生得很。因为几乎在每次的恐慌中都有一段时期,黄金剧烈的流向外国,这份黄金,大概均必须由银行的准备金来开销。但每有五镑的黄金流向外国,在本国的通货之中便减少了五镑钞票,(因商界以钞票换黄金)这即是说,恰在社会最需要大量的钞票之时,通货恰在这个时候减少了。一八四四年的银行法直接的强叫商界在恐慌之前夕,积存钞票,以备需用,换句话说,就是加增了恐慌的速度和严重性。这条银行法,在一方面,以人造的方法,加强货币供应即支付手段的需要,在他方面,正在危迫之际,同时限制它的供给,迫使利息率上升到前所未闻的高度。这条法律,不但没有消灭恐慌,反而迫使他们踏到这个严重的点上,即在商界全体和银行法之间必有一个归于粉碎。

恩格尔斯这一段话,指明在恐慌之前夕,工商业界所需要的货币的数量往往大于与黄金的数量恰恰相等的货币量,可是,这条银行法却要强使它与黄金的数量相等,无疑的会加增恐慌到临的速度与严重性了。果然在一八四七年十月二十五和一八五七年十一月十二日两次的恐慌均发展到这个极严重的阶段。为救济恐慌起见,财政部因为宁愿让银行法停止发生效力,而不愿整个商界归于粉碎,于是立即用部令停止该条例的行使,而后向议会请求追认。因为这两次的部令的宣布,减少了通货的缺乏对于商界的威胁,而使后者纷纷抛出窖藏备急的通货,结果钞票的发行额并未增加,而金融的恐慌便立即归于平息了。一九二八年的货币银行条例之所以特别规定财政部于必要时可以部令停止条例的行使,便在防范这个固定保证发行制的缺点。因此之故,这个制度现犹存在。

相信比例准备制度的人都以为比例准备制比固定保证准备制更好,因前者的伸缩性较强。但稍稍加以思索便知比例准备制的缺点与固定保证准备的缺点,虽然不是同程度的,但却是同种类的。因为法定的比例准备制度一旦确立,发钞银行所保持的实际的比例必比法定的比例更高,否则黄金一旦出国去旅行,通货便不免要跟着黄金的出国而为相应的收缩,结果势必逼着发行的银行不能维持这个法定的最低的比例,因而犯法或关门了。由是法定的百分之三十或四十的比例便成为一种硬性的形式了。黄金必须占发钞额的百分之三十或四十,它必须永远在那里,并且必定不要离开,实则完全等于虚设,这实在是一种最蠢笨的政策。

最高发行的制度,也不能够永远的发生效力,因为商界所需要的通货一旦达到这个最高额,除非政府忍心听任工商业界破产,他必设法去打破它了。但这并不构成推翻这种制度的充足的理由。一来呢,银行法只要能够对于这种硬性的规定,在一方面,授权财政部使他能以部令停止这法律的效力,在他方面,并规定财政部在采用这种紧急的措施时,事后必须取得国会的追认,如像英国的办法那样,那么,财政部因有国会的监视必定不敢滥用国会所赋与他的权力。似此,在经济危机发生的前夕,纵令这个最高额不能维持,于社会亦无妨害。二来呢,发钞银行,在积极的方面,更可斟酌实际的情形,转移部分的黄金去作其他的必要的用途了。在上次世界大恐慌的时候,英国的马克米伦委员会(Macmillian Committee)为了改造英国的金融的机构,曾经建议采用这种最高发行的制度,不过没有成功,由此可知,在上述的三种制度之中,似仍以法国的最高发行的制度,虽然现在已经没人采用,为最合理的一种制度了。

第五节　商业信用的数量

商业的信用,在某种程度言,它不但可作为现买的手段而且可作为支付的手段。依照上文的解释,它是具备了货币的条件,所以商业的信用亦可称做商业的货币。

上文曾说,商业的信用系指参加再生产过程的资本家之间彼此所给的信用,他的代表就是汇票(Bill of exchange)或期票。商人往往左手给信用予人,而右手又由别人取得信用。在商业信用巩固的时候,正如上文所说,关于商业的交易往往不用钞票或银行货币作媒介,而用商人自己所出的汇票或期票来作现买的手段。在偿付期延债务之时,也有同样的情形发生,例如纺纱工厂须付棉花经纪人以已经满期的汇票,棉花经纪人又须付棉花入口商人以已经满期的汇票。假使棉花入口商同时兼营棉花出口的生意,他极可能尚欠纺纱工厂一张到期的汇票,以是纺纱工厂的老板当着棉花经纪人来向他清付到期的汇票时,他便可以拿出他手里所保持的那个兼办棉纱出口商人的汇票,来清偿他对棉花经纪人所负的已经到期的汇票。这种情形,关于棉花和棉纱的交易便完全用商业的信用来作偿付债务的手段。这点固在上文已经详叙,当然容易了解。固然商业的信用不能完全代替银行货币或钞票,但是在某种程度上,商业的信用无疑的可以代替钞票的。诚然,自银行制度确立以来,把汇票来作支付手段的渐少。但仍然有。在国内商业里采用汇划的形式来清偿彼此的债务的尚多。而且汇票与期票均可增加银行的放款,对于货币供给的增加是有很大的影响的。

汇票或期票何时最能代替钞票和银行货币呢?依据商业循环的统计,复苏到繁荣的时期,期票最能代替钞票或银行货币,因为当着再生产的过程在圆滑进行的时候,纺织工厂的企业家,因相信棉纱和棉布的出口商,所以很愿意把货物卖出去,同时也愿意接受棉纱出口商的汇票。假如棉纱出口商兼营入口生意,他也相信棉花经纪信人,把棉花卖给棉花经纪人,并且接受棉花经纪人的汇票。同样的理由,棉花的经纪人也一定相信纺纱工厂的老板,同样的愿意接受纺纱工厂老板的汇票。纺纱工厂的老板同样的亦接受织布工厂老板的汇票。在这整个的再生产的过程圆滑进行之中,棉花自然不断的变成棉纱,棉纱亦不断的变成布匹,布匹亦不断的输送到远距离的市场,并且交换棉花回来。商业的信用在这一种情形下便将代替货币的作用发挥出最大的力量。正如马克思说:"生产过程的发达稳固了信用,信用再推动工业和商业前进。"

可是一旦再生产的过程发生了停滞的状态,或者是销货的迟缓,或者市场的存货太多,或者由于物价的下落结果,一来因为棉花或棉纱停滞在再生产过程中的某一环节,没有转化而为棉布的有利条件;二来因为再生产过程的继续欠圆滑。工商业界对它失掉了信心;三来因为商业信用的需要大减;此时商业使用代替钞票或银行存款而现买或支付手段的程度亦必须锐减。因为商业信用不能再作现买的手段,那么买货要钞票或银行货币。因为商业的信用不能作延期支付的手段,那么偿债亦要钞票和银行存款。货物必定要卖钞票或银行存款,但不能如愿以偿,因为人人都必需保持一部分的钞票在手内,以应付到期的债务,因此原因,物价以是往下暴跌,刺激金融恐慌的严重性。由此我们可得结论;即是商业信用的数量受再生产过程的圆滑和稳定的状态决定,同时再生产过程的圆滑与稳定又受消费和生产之间的适当配合和各生产部门之间的适当配合决定。

第三章　货币的价值

第一节　货币价值的意义

货币的价值系指货币一单位所交换的一般货物的数量。它的种类有三个：（1）货币的所得价值（income value），（2）货币的一般交换价值（transaction value），（3）货币的劳动价值。所谓货币的所得价值，系指货币一单位所得购买的一般消费物和役务的数量，例如衣被，食物，燃料及水，住宅和役务等类的数量。当然他们不包含公司股票，政府债券和生产的资本等类的物品在内。（2）它的一般交换价值，系指它的一单位在市场上所得购买的一切的货物和役务的数量，是即连消费物和役务也包含在内的一切的数量了。（3）货币的劳动价值系指货币一单位所得交换的一定性质的劳动量。这个最后的概念，在我们以后的讨论中，也是一样的有用的。

第二节　货币价值的变迁的测量

货币价值的变迁，等于货币一单位，除以物价的指数所得之商。例如某甲的货币所得为一万元，但物价指数由一百涨到两百，那末，他的货币的价值便只值从前的一万元的价值的一半。换句话说，即他的货币的价值比较从前实跌落了二分之一，因为 $1 \div \dfrac{200}{100} = 1 \times \dfrac{100}{200} = \dfrac{1}{2}$。但世上有许多的人竟至大胆的相信，由某种物价指数所计算出来的货币价值的变迁，真是分毫不爽的绝对准确，这可不是事实。而为了寻求准确起见，许多伟大的数理学家，曾在这一方面，费尽了无限的心思。最可令人注意的一件事，就是，有一位大数理经济学家曾经提出了四十四个不同的编制物价指数的代数的公式，来比较他们的测度货币价值的变迁的能力。他提出了好多的标准来考核每个公式的成绩。待他考核完毕之后，方才知道，有些公式，确是很坏。他在纯粹的理论上所遇着的，与我们在普通常识上所遭逢的困难，相互印证与发明。这个考核很有教育的价值，是值得我们注意的。

关于物价指数的意义和编制物价指数的方法，我们不妨在此略为提述。所谓物价的指数就是指各类货物的价格百分比的平均数。所以编制物价的指数的程序可以分为两个步骤:(一)先求每各个物价变迁的百分比,(二)再求价比的平均数。例如今有 ABC 三种物品,在第一个时期 A 值二元,B 值三元,C 值四元。A 的总买价,值一千元,B 值两千元,C 值二百元。在第二个时期,A 值二元五角,B 值二元七角,C 值六元,总买价如故。那末在第一个时期里 A 的百分比,和 B 的与 C 的,均各系一百;在第二个时期里,A 的百分比为一二五,B 的九〇,C 的一五〇。今以下式求出第一时期的指数为一〇〇,第二时期的指数为一〇四·七。

第一时期	
价比	权数
A	$100 \times 1\,000$
B	$100 \times 2\,000$
C	100×200
3 200	320 000
	100（指数）

第二时期	
价比	权数
A	$125 \times 1\,000$
B	$90 \times 2\,000$
C	150×200
3 200	335 000
	$100\frac{11}{16}$（指数）

我们知道,物价指数的高涨便是货币价值的低落,反之,物价指数的下降便是货币价值的上升;因为物价指数的上涨或下落,便系表示货币一单位所得购买的一束货物和役务的减少或增加。但我们在编制物价指数的时候,很难得到准确的物价的知识。纵令我们能得到,我们尚须要解决一个极其重要的问题,即我们必须充分明白,什么是我们的物价指数的目的。

假如我们所编制的物价指数的目的是用来表示货币的一般交换价值的变迁的,那末,我们便当蒐集一切货物和役务的基期和本期的价格,包含土地、资本和债券的价格在内。反之,假如它是用来表示货币的所得价值的变迁的,那么,我们便须把土地资本和债券的价格丢开,专去蒐集消费的货物和役务的价格。不宁唯是,我们尚须更进一步去问,我们所要研究的,是社会上那一个阶层的人的货币的所得价值的变迁。依据同一的理由,我们亦不能够用北碚平均一个人家庭的货币的所得价值的变迁,来代表某一工人家庭的货币的所得价值的变迁。假令这里有两个实际的工人的家庭,一个是酗酒的工人家庭,一个是禁酒的工人家庭的,那末,依据这两个工人家庭所消费的酒的基期和本期的价格所编制出来的生活费指数,而所计算出来的平均的货币的所得价值的变迁,便与二者之中,任何一个工人家庭的真正的货币购买力的变迁均不相合。不用细说也可明白的,即由工人家庭生活费指数所表示的货币购买力的变迁只是平均一个工人家庭所消费的货物和役务的价格变迁的情形。所谓平均一个工人的家庭只是一个抽象的家庭,并不是指任一实际工人的家庭。在应用上只要我们所编制的工人,家庭生活费用指数与每一实际工人家庭的消费品价格变迁的实况,相差不远,便算最好不过的了。

纵令我们已经把我们所要调查的某一社会阶层的消费的全部货物和役务的基期和本期的价格都知道了,而有一张很好的包括无遗的为该阶层所消费的各类消费货物和役务的价格表,我们尚不能编制一种优良的表示某一社会阶层的消费品的价格指数,除非我们能够把各别的物价变迁的百分数,集合而为一个总的百分数,即总指数。但我们可以什么数学的方法去集合他们呢?一个显而易见的方法,正如我们上面的举例,就是把各个物价变迁的百分数来平均,而以平均的百分数来表示一般物价的变迁的程度。这个平均所得的百分数,当然便是我们所知道的物价的指数。这可还不容易么?但是我们只消引一个极简单的例子,便可显示在这平均的百分数中暗藏着一个很大的错误的危机。为便于讨论起见,假令单只面包与啤酒这种商品,便够我们编制优良的物价指数之用。又我们只欲比较在一九三○年和一九四○年之间的物价的变迁。在这一段时期之中,假令面包的价格增加了一倍,啤酒的价格跌落了一半。如果我们把一九三○年面包与啤酒的相对的价格均各当做一百,那么,在一九四○年面包的价格必是两百,啤酒的价格必是五○。他们二者的价格的总数从两百涨到二百五。即我们的物价的指数,从一百到一二五。但如我们把一九四○年他们的物价各当一百,那末,面包的价格在一九三○年必为五○,啤酒的价格必为两百。由此可知,二者价格之总和便在一九三○年至一九四○年之间,便系从二五○跌到二百了。这即是说,他们的平均价格从一二五跌到一百。亦即是说,我们的物价指数不但没有涨高四分之一,反而跌落了五分之一。我们只因计算的起点的不同,或基期的改变,我们所编制的物价指数完全立于正相反对的地位。照理说,在这两年之中,我们任取一年作基期所编制的物价指数应当完全相同,可是,现在不但不同,而且相反。这岂不是很奇怪的一件事情么?

	第一表			第二表	
	1930	1940		1930	1940
面包	100	200	面包	50	100
啤酒	100	50	啤酒	200	100
2	200	2 250	2	250	2 200
	100	125		125	100
		$+\dfrac{25}{100}$			$-\dfrac{20}{100}$

有许多专家告诉我们说,只要我们在编制物价指数的时候,所蒐集的物价的种

类够多,上述的荒谬的结果便可避免;因为由大多数的物价百分数所求出的平均数,可以正确的表示一般物价的变动的程度,而且它所表示的尚比我们实际所需要知道的还要准确。以此假定为根据,邵维伯(Sanerbeck)所编制的英格兰的物价指数便包含了三十九种不同的物价在其内。如果这还不能满足我们的要求,我们还可以把在开支上占据特别重要地位的物价给以特别的重量。或者把这种在货币的支出上,占据特别重要位置的商品,如像小麦,把他的价格多算几种小麦的价格在其内,或者在把各种物价的百分比,加成一个总数之前,正如上文所举的例子,依其在总的支出中,所占的比例部分,将每一物价的百分比,以其所占之比例部分乘它一次,然后再来以总支出除之。这种方法叫做"加权"。一个编制物价指数的人,假如他所蒐集的物价的总类够多,同时权数的分配亦够周到,那末,他所编制出来的物价指数必可充分的表示物价变迁的程度;这代表一派统计学家的意见。

但另一派的统计学家又说,这种见解未免太乐观了。假令在任两年度的中间,物价的变动太剧烈,和其他的条件太不同,要想以这种简单的指数来表示货币价值变迁的程度实在是太不可靠了。现在我们不妨回到在上文里我们所举的例子,并去探寻在上述的举例之中,单因基期的变换所造成的荒谬的结果的原因。

稍一思索便知道,我们因为基年的变换所造成的荒谬的结果,或两种立于正相反对地位的不同的指数,实是由于在两种不同的情形之下,我们所比较的,原是两种不同的东西。凡是略习逻辑的人都知道,唯有两种相同的东西,我们然后可以比较,不相同的东西是无法比较他们在两个不同的时期的变化的。在第一种情境之下,我们所研究的是在一九三〇年每一百圆的货币所能购买的面包的数量,和每另一百圆货币所能购买的啤酒的数量。在第二种情境之下,我们所研究的是在一九四〇年,每一百圆货币所能购买的面包的数量和每另一百元货币所能购买的啤酒的数量。假令在一九三〇年一块面包和一瓶啤酒各值半元美金,两个加起来值一圆美金。在一九四〇年一块面包值一圆美金,一瓶啤酒值二角半美金。这即是说二者的物价总共涨了百分之二五。但在一九四〇年,半圆美金所能买进的面包或啤酒只是半块面包或两瓶啤酒。在一九三〇年,半块面包和两瓶啤酒值一圆二角五美金,可是在一九四〇年,却值一圆美金。这即是说,他们的价值跌落了百分之二〇。两种测量物价变迁的指数都是正确的,但每一指数正确的程度都只能对于某种特殊的一束的货物方才可以适用。在第一例中的一束的货物是以两份等量的货币在一九三〇年所买进的面包与啤酒。在第二例中的一束的货物,是以两份相等的货币在一九四〇年所买进的面包与啤酒。这两束的货物所包含的货物是各不相同的,因此他们的价值的变迁的程度亦是不一样的了。由此可知,两束货物的内容的不同,是造成因为基期的变换所引出的两种立于正相反对的地位的指数的原因。

但造成这种荒谬的结果的原因是否可以避免呢? 很明显的一种提议,就是我们必须单以基年的被交换的一类货物做标准。举例来说,我们倘如要编制一种物价的指数来表示近代工人家庭的生活费的变迁,我们便必须以在基年内正常工人家庭所消费的一束货物作标准。如果在一九三〇年至一九四〇年之间,物价指数由一百涨到五百,我们的意思便是说,平均工人的家庭要用五倍地从前的金钱始能买得在一九三〇年他们在习惯上所消费的同束的货物。

但我们是否便因此而获得了优良的物价指数可以很精确的表示工人家庭的货币的所得价值的变迁呢?啊,否!假如在这两个年度的中间,没有发生任何剧烈的变迁,这个指数,在大体上,还可以用,但如说它绝对满意则否。因在这段时期之中,工人所消费的货物和役务,也许有的减少了,因为它的价格高涨,有的增加了因为它的价格低落或涨的不显著。此外也许还有其他的扰乱的因素在作祟。例如在这次世界大战的期中有些货物简直没有了,有些货物完全是新的。因此之故,我们很难得说,我们的物价指数可以准确的测量工人的生活费的变迁。物价指数,由一百涨到五百,这必不是说,现在工人所消费的食物,衣服和其他的用品的价格确比从前涨了四百。我们只能说,如果工人所消费的货物和役务完全与从前一样,那末,他们的价格实是平均涨高四倍了。但因在抗战的期中,海运断绝了,有些货物完全灭绝,当然现在他们所消费的货物和役务,与从前是大不同了。其次,关于基年的问题我们也须在此略为一言。现在编制指数的人总爱以一九三七年作为基年。大凡受战时物价高涨的影响的人,因不满意战时的物价,总喜欢以一九三七年的物价作为比较的标准,因此一九三七年便成为在研究物价指数时所必须作为基年的一年了。假如再隔半世纪,人们对于一九三七年的物价恐怕便不必要对它关心了。也许到了那个时候,一九三七年的物价对于我们的重要,反不如印度今日的物价对于我们的重要,也是可以想象得到的事。

为解决这个困难起见,统计学者曾想出了一种理想的编制物价指数的方法。即以依照基期的一束的货物作标准,编制一种物价的指数,再以依照本期的一束货物作标准编制另外一种物价的指数而取其平均;而把这个平均数当作测量货币价值变迁的尺度。又如我们用这种方法来将本期的物价与上一年度比较而不与上好多年度的物价比较,我们很可得到一串比较满意的测量货币价值变迁的指数。举例来说,假如我们用这种方法求出的物价指数指出一九四一年比较一九四〇年高百分之二〇,又一九四二年比一九四一年高百分之二五,我们便可据以立论一九四二年比一九四〇年高百分之五〇。但是我们亦可以用其他的方法来达到同样的目的。只是这不在我们所讨论的范围之内。我们这里所特别的要强调的:即因基期和本期所购买的货物不尽同,而所发生的困难我们也有比较可用的解决的方法。

同样的困难可以在比较两个不同的地方的物价涨落的场合出现。例如在上次世界大战以前的某几年,英国的商务部(Board of Trade)就曾经研究英格兰和德意志两个地方的生活费的相对的变迁。他们指出在上次世界大战以前某几年,英格兰的工人所消费的一束的货物的价值,在德意志比较在英格兰,较高百分之二〇,但德意志工人所消费的一束的货物的价值,只较高百分之十。但如两国家的文明程度相差甚大,我们便不可企图去比较他们的相对的货币的价值。因为我们所用以作比较标准的一束的货物所包含的内容,如像汽车的役务,也许不为文明程度极低的国家所能买,或者,纵令能够,他们也许不愿意办。

我们的结论是,无论在理论上或在应用上,我们均没有精确的测量货币价值变迁的机器。但我们不能否认货币的价值有变迁。假如我们十分的小心和谨慎,为了某些实用的目的,我们也可找出比较精确的测量的尺度。现在最大多数的国家均常用的公布零售的物价的指数,这种指数可以作为测量货币的所得价值变迁之用。至于货币的一般交换价值的变迁,我们必须引用批发物价指数去测量,例如不列颠,商务部的指数(包含一五〇商品)和美国劳工局(American Bureau of Labour)的指数(包含五五〇商品),但纽约联邦准备银行(Federal Reserve Bank of New York)却曾发布了一种更好的真实的一般物价指数,内中包含了房租、工资、地产和债券的价格并货物的批发的与零售的价格。最大多数的近代的指数都是加权(weighted)的指数,这即是说他们曾经依照在某特定的时期内每类货物的总买价,在总的货币支出中所占的比例数字作权数,来把每类货物的价格乘过了的。当着资料易于蒐集之时,这个特定的时期常常移动,务使所用的权数没有过时的毛病。比如美国的劳工局的指数便是每两年重新计算它的权数一次。

第三节　货币价值的决定

现在我们须要进而研究决定货币价值的力量。这个问题不但困难而且重要。我们必须先从极简单的处所开始。本章的目的只在说明,在一安定的时期里货币价值所由决定的主要的力量。因此之故,我们这里所使用的分析的方法只适宜于说明战前的物价,而不适宜于说明战时的货币的价值。

货币如像货物一样,它的价值是由供给和需要的关系决定的。无论我们把货币看做在平均一刹那的时点上静止的池水也好,或把货币看做在一个时期里不断的川流也好,我们在这一个问题上所得的结论都是一样的。依照前一种的货币的概念所得到的被决定的货币的价值亦不更多,依照后一种的货币的概念所得到的被决定的货币的价值亦不更少。但因货币的主要的目的是把来用,而不是把来存,所以第二个货币的概念更容易令人了解和领悟。因此,我们现在就请先以我们的注意力集中在这以川流不息的状态出现于市场之上的货币概念,而去研究它的价值所由决定的主要因素。又我们现在所研究的价值乃是单指它的一般的交换价值说。这即是说,它的价值是指它的一单位所得支配的一切货物和役务的总集。

以此动态货币的概念作根据,我们很容易看出,货币的需要状态在一定的时期之内,是受以货币作媒介来便利他们交易的一切商品的交易的总量决定的。我们知道,商品交易的总量可由下列的原因而增加。它也许是因被消费的货物和役务的总量增加了。也许是因为棉花和小麦等类的原料,在他们变成衬衫和面包之前,或因投机狂热的勃发,或因工业组织的改变在每一单位时间里转手的次数增加了。或因房产一类的资本财和债券的买卖更活跃了。总之,任一交易总量的增加即是货币需要状态的增加。依据同样的理由,交易数量的减少便是货币需要的减少。因此之故,货币的需要即系指在一定的时期之内,须以货币作媒介,来便利他们交易的一切货物和役务的交易总量的意义。假令货币的供给不变,货币的价值必因货币的需要状态或交易总量的增加而增加。

反之,假令货币的需要状态不变,它的价值便系受它的可支配的数量决定。如果可支配的货币的单位减少了,那么,每一货币单位所做的工作便当更多,亦就是说,他们之中每一个所得交易的其他的货物的数量必然增加。它的价值依照我们的定义必比从前更大。如果货币的可支配的单位增加了,那末,每一单位所得交易的货物的数量必然减少。这即是说,它的价值必比从前更小。如果我们把这分析推到极端,我们势必要说,纵令可支配的货币减少一单位,那些其余的单位,也必定要负担较多的工作。尽管所负担的工作的增量非常微细,它的价值仍必比较从前更大。现在每一单位的货币价值之所以恰像它现在这个样,就因现在我们只有恁多的可支配的货币的单位。又每一单位货币的价值等于任何单位的货币在遗失时所遗失的价值。

以上我们的分析,系假定货币与货物是相同的,现在我们可以从货币与货物的不同,来讨论这个问题。货币与货物有两点是不同的:(一)货物本身有效用,但货币本身无效用。面包不仅有价值,不仅可以在市场上交换一束其他的东西,而且它自己在它单独存在时,尚有满足欲望的能力。如果面包失掉了一块,社会便失掉了与一块面包相对应的真实的物质的幸福。但货币失掉了一单位时,便没有同样的情形发生出来。

从个人的观点上看来,固然也可有同样的情形发生出来。例如今有某某一个人忽然有一单位的辅币从地板的缝里掉下去了,它的真实的物质的幸福当然会有若干的损失。但我们绝不能说整个的社会也因此更贫困了:因为这一单位辅币的所有者,虽然损失了一单位的辅币所能支配的一束的货物,但这一束的货物并不是消灭了,而是被社会其他的分子得去了,因为此时他们以同量的货币所买的货物便将增加。诚然,社会上如果同时丧失了大量的货币,商业界会受最大的打击,物价会有很大的跌落,交易和生产均会受极大的阻碍,结果,社会的真正的幸福迟早必会有严重的减少。可是,在一瞬的时间之内,假令其他条件相同,如上所述的命题,依然会如中流砥柱一般的不可动摇。

(二)货币与货物还有第二点不同的地方:即当需要的状态不变之际它的价值和它的可支配的数量恰为一种反比例的关系。如果它的可支配的数量大一倍,那末,它的价值便小一半;小一半便大一倍。这个道理是很容易明白的。假定市场上出卖的货物和役务是一定的,再假定每一货物和役务在一定的时期内转手的次数也是一定的,此时,可支配的货币的数量如果少了一半,那末,每一单位的货币的购买力必定要增加一倍;如果可支配的货币的数量增加了一倍,那末,每一单位货币所得支配的货物和役务必要减少一半。用数学的名词来说,即在货币的需要状态不变之际货币的价值与它的数量为反比例的变化,或一般物价的平面与可支配的货币的数量成反比例。假如我们以 Y 表示货币的价值,X 表示货币的数量,那末

当 X 为 $1, 2, 3, 4 \cdots\cdots N$ 时,

Y 为 1 $1/2$ $1/3$ $1/4$ $1/n$,

以此绘成一个平面图,便恰形成双曲线的右面的一臂。

　　试举一例以明之,假如银行向织布的企业家扩大银行的信用,它的第一种效果便是棉纱的价格高涨,因为无数的织布的工厂,在棉纱市场上,抢着买棉纱,因此把棉纱的价格提高了。依照同样的情形,这无数的纺纱的工厂,因为货币的收益增加了,纷向棉花的市场争着买棉花,于是棉花的价格亦因而涨高。同理,这无数的棉花的栽培者,因为他们的棉花市场旺盛,或需要增加,他们于是对于种植棉花的工人亦与抢着去雇佣,同时对于产棉的土地,亦要抢着去租佃,结果,种棉的农工的工资和棉田的地租均有增加。工人,地主和资本家们的货币收益增加之后,一切消费品的有效需要,势必因而增加,结果消费品的价格亦必因而增加。更因资本家间,对于较大利润的竞争,可使各部门的生产因数的价格与利润趋于平均。第一,假如某一生产部门的较大的利润是由生产因数的较低的报酬来的,那末,其他的部门的企业家便必以较大的报酬来抢取较廉的生产因数,同时,在生产因素的各所有者方面,鉴于社会对于他们的需要大于他们的供给,他们亦必提高他们的要价,并结果,非至各部门的同质的生产因数的报酬完全相等,是一定不会止步的了。第二,假如某一生产部门的企业家的较大的利润是由他的稀少的商品而来,那末,其他的企业家便会缩减其他商品的生产而把他们的资本投在这一利润较大的生产部门内,结果这一部门的商品,因为资本流入的关系,产量逐渐的增加而价落,同时,其他部门的生产品,因为资本流出的关系,产量逐渐减少而价增,由是而第一部门的较大的利润逐渐丧失,同时其他部门的利润逐渐增加,结果,使各个生产部门的利润一律趋于平均。一言以蔽之曰,当着织布的企业家的银行信用增加之后所有一切的物价均必为同比例的增加。话句话说,就是货币的价值随着货币的增加而为反比例的低落。

　　可是上面这种说法,只有在所有的生产因素通通雇用完毕之后方才合于事实。在未达到充分就业的均衡状态之时这种分析不必正确。例如,在工人失业的时候,纵令资本家的工资资本增加,但因以同样的工资可以雇佣更多的工人,结果工资亦不会因为工资资本的增加,而为同比例的增加。又如当机器还有剩余的生产能力存在的时候,纵令货币资本的投入增加,因为单位成本降低,或不增,物价亦不必与货币为同比例的增加。又如在有剩余的囤货销售不出的时候,以同样的价格亦可买进更多的货物。单这几个例证,已足说明物价与货币的增加为货币的增加,在未达到充分就业均衡状态之时,不必完全正确。但因在上次世界大战以前,一切的货

币学说,均系从充分就业的均衡状态出发,当然不免要忽略在充分就业之前,物价和物量的实际情形了。所以上述的学说,只有最后或在长时期内,由货币的增加而所引起的一切可使货物供给增加的力量充分发挥尽致,直到所有一切可支配的生产因素通通雇佣完毕之际,方才可与事实完全一致。换句话说,即在货币增加之后,假令时期很短,物价虽会增加,但每件物价实际增加的程度,不必与货币的增加成正比例。反过来说,即上述的货币价值的学说,只是一种长时期的货币价值的学说。即在长时期以内,假定货币的需要状态不变它的价值和它的可支配的数量恰为一种反比例的关系。

关于货币的可支配的数量一名词,我们尚需加以详尽的解释始能明了。假令在一定的时期之内,我们共有某量的货币,现在我们所要问的,就是,是否在这一定的时期内,块块货币都是同程度的可支配的货币呢?我们的答复是不,决不。因为有些货币虽然存在,但不工作。他们或者是在我们的钱袋里面过假期,或者是在银行的金库里作长期的休养,或者是在守钱房的地窖埋没一辈子。还有一些货币不但工作,而且努力。他们在这同一时期内,不但出来买货一次,二次,三次,甚且出来买货无数次。有些货币的行动很敏捷,好像"歹事传千里"。有些货币的行动很迟缓,好像在火车上买票的年纪很大的老太太。这即是说,我们在谈货币的可支配的货币数量的时候,不但要注意货币的存量自己,而且必须注意它的平均流通的速度。

试举一例,来说明货币的流通速度的概念。某年夏季上海举行运动会,有甲乙两人合资买了好几十瓶汽水搬到运动场上去零售。约定出卖一元一瓶,卖得的钱两个平分。行到半路,甲口渴了,幸他身上还仅存有半元钱,喝了一瓶,当即以此半元给乙,作为他所应分的部分。过了一时,乙也渴了,他也喝了一瓶,把这半元找回了甲。是日天气真正炎热不堪,才过一会甲又渴了,不又一会,乙又口渴。这半块钱找来找去没有中断。到了最后,这半块钱又回到甲的钱袋里面来了,每一个人均付清了所欠另一个的债务,可是汽水没有了。在这一段时期内,半块钱做了好几十块所做的工作,使可支配的货币的数量比半块钱增加了好多倍,这完全是因为货币的流通速度增大几十倍的原故。

以上的叙述实只限于说明可支配的货币的数量与货币的一般交换价值的关系,假如我们除了研究上述的关系而外,还须进而说明货币的可支配的数量与货币的所得价值的关系,那末我们在使用货币的平均流通速度的时候,便须加上一个条件的限制:即我们绝不能用它来表示每一元货币在一定时期内到市场上购买一切货物的次数,但只能用以表示每一元钱在一定时期内到市场上购买消费品的次数方才适当。后者并且另外有个名字叫做货币的所得流通的速度,自然货币的所得流通速度要比货币的一般流通速度更小就是了。

我以为用代数的符号来说明货币与物价的关系更要使人容易明白些。如果

M 等货币的存量,

V 等货币的平均一般流通的速度或所得流通的速度，

P 等一般物价的平面，或消费品的价格的平面，

T 等一般货物交易的总量，或消费品交易的总量，那末，

MV 等 PT，即货币的价值 I/P 等于可支配的货币的数量除货物交易的总量 T/MV。

假令 M 为一百万元，它的一年的流通速度 V 为 10，则 MV 等于一千万元。此一千万元 MV 无疑的系等于这一年的货币的总支出。又我们知道 T 是一年货物出售的总量，P 是他的价格，那末，便是一年的总收入了。因为总收入必定等于总支出，所以 $MV = PT$，或 $I/P = T/MV$。由此公式可得四个命题如下。

一、如果 V 和 T 不变，M 增 P 增，或 I/P 与 M 成反比例的减少。

二、如果 M 和 T 不变，V 增 P 增，或 I/P 减与 V 成反比例。

三、如果 M 和 P 不变，或 I/P 不变，V 增 T 增。

四、M 和 V 不变，T 增 P 减，或 I/P 增。

但因假定商业信用等于零时，M 有两种：(1) 通货，M_1，(2) 存款 M_2，所以上述的公式尚可写为 $M_1V_1 + M_2V_2 = PT$。然而在事实上商业的信用不等于零，所以上述的公式必须写为 $M_1V_1 + M_2V_2 + M_3V_3 = PT$，始切合于实际的情形。在这公式之中，$M_3$ 系指银行存款和钞票的代替物，商业信用而言；V_3 系指他的流通的速度乃是一件不用细说都可明白的事。费暄(Irving Fisher)在谈货币和物价的关系之时只知有 M_1 和 M_2 而不知有 M_3，莫怪他的学说与许多统计的事实均不相符了。为使货币学说达到更完整的状态计，M_3 必须加在 M 里去，方才没有挂此失彼的危险。

以上我们系把货币当做一个时期之内向着市场涌现的流泉来研究货币价值的问题，现在我们可以暂时放弃这概念，转从另外的一个货币的概念来分析这个同一的题目。换句话说，就是我们今后要把货币看做一潭静止的池水，而不把它看做一泻活泼的流泉了。为研究的便利起见，我们假定货币只有两种(1) 通货(2) 存款。商业信用暂且假定为零不与计较。由是货币在一个时期内的总供给量，便等于在平均一刹那内通货与存款的总和了。这份总和，在平均一刹那间内，如果它不是存在银行的金库里，便必是放在私人的保险箱中或钱袋里，此外更无容身之所。换句话说，就是在平均一刹那间货币的总供给量亦就是社会上各异的个人所保持的货币之总和了。货币在被保持的时候，实是在静止的状态之中，所以我们现在纵把它看做一潭静止的池水，亦是很合理的了。实则，不仅货币无论任何东西，我们假定去观察它在一刹那时点上的姿态它必是静的，反之，如果我们去观察它在一个时期内的姿容它必是动的无疑。在现在以前我们在分析货币之时，系观察它在一段时期内的状态当然要把它看成一泻涌现于市场的流泉。从现在这个时候起，我们在分析货币之时，因系观察它在平均一刹那时点上的形象，当然要把它看做一潭静止的池水了。必须把这点明白之后，我们始可进而研究静态的货币价值的理论。

静态的货币价值说，依然主张货币的价值是受货币的需要和它的供给的相互

关系决定。只它所指的货币的需要如同货物的需要一样,即决不是需要来立即把它用出,而是需要它来作为将来买货或投资的准备资金。诚然。到了将来的时候,它终于要被公众用出去,可是在现在这一刹那间内,它可不是被用出而是为公众所保存呀。关于这一点,已故教授康喃(Cannan)把它解释得极其清楚,简单,和正确。他说,公众对于货币的需要只是需要它来作准备。或者需要它来,以存款的方式,放在银行的账上,或以现金的方式放在自己的钱口袋里面。[①] 骤看起来,也很奇怪。即人不是一个爱财和爱享受的动物吗? 假如他把货币借出去,他可以得更多的货币,利息。假如他把它来购买消费品,他可以立即得到更大的物质的享受。假如他把它来投资,甚至任何利润。可是,现在他可把它来存放于银行只得接近于零的利息,或把它放在自己的钱袋内,甚至任何利息,利润和享受均得不到。然则人非爱财和爱享受的动物吗? 为什么他要把钱来白白放在自己的衣袋里面呢? 这岂不是一件很奇怪的事情吗?

我们只要略一思索便知这个问题极易解答,即人之需要货币只是因为人除以一部分的货币来作现在的消费或投资外,他还需要货币来作最近或将来的消费或投资,这是他需要随时保持一部分在手中的原因,凯衍斯爵士(Lord J. M. Keynes)说,人之需要货币是为了要以货币来满足将来的下列四种的动机。(1)满足所得的动机。无论任何一人,在他在一月或一周之末,取领薪金或其他的货币所得之后,而在第二次发薪,付利,付租,或分红的日期还未到来之前,除作每日的消费支出外,他必每日均有余钱,以为来日的消费使用之需。诚然他手中所保持的余钱,并不是日日都是相同的,刚在发薪或收租的一日,手里现存最多,以后越来越少,到了第二次发薪或收租之前夕,也许仅有一点余钱,或者甚至一点余钱都没有了。但平均说起来,他每日均必有若干的余钱,放在自己的钱袋或银行之中,以图满足在这二段时期之中所得的动机。(2)为了满足商业的动机。任何一位企业家在他卖货的以后,买货之前除了应付零星买货的开支,他亦必保持一部分的货币在手中,以图满足商业的动机。(3)为了满足投机的动机。有一些人看见债券的价值正在下落,为图到时贱买,及时贵卖起见,他们亦必存储一部分货币在手中,以为投机准备资金。(4)为了满足防险的动机。有一些人为了预防危险起见,例如不测的暴病,灾害或死亡,他们平均亦必每日保存若干的货币在手中,以为防险的准备资金。无论在任何情境下,货币在备而未用之际,都是一潭静止的池水,这实是一件最容易了解的事情了。为什么人须货币来保持,不外是由为了满足上述四种动机而来。

假令货币的供给不变,并其他条件相同,货币的价值是与货币的需要为同比例的变化的,即货币的需要越多,物价越低,反过来说,就是货币的价值越高。为充分了解这个命题起见,最好我们以公众在平均一刹那间所保持的货币购买力,在国民真实生产总量中,所占的比例,来测量货币需要的大小。回忆我们在谈商品需要的

---

① Edwin Cannan:*Money*, 1935, pt II, section 2.

时候,我们总以公众所欲并所能用以购买商品的货币数量来测量它。假如公众所欲并所能用以购买某种商品的可支配的货币数量比较从前增加了(其他条件相等),那末,我们便可以说,公众对于该项商品的需要增加了。如果这份可支配的货币数量减少了,那末,我们便说,商品需要减少。依据同样的理由,我们在谈货币需要的时候,我们亦可以用公众所欲并所能牺牲的实际的利益,即可能用以换取此量货币的物资和役务在国民真实生产总量中所占的比例来计算。如果公众所需要的货币所能购买的物资和役务,在国民真实生产总量中所占的比例,比较前此为高,那末我们便可以说公众对于货币的需要增加。如果公众所需要的货币所能购买的物资和役务,在国民真实生产中所占的比例低,那末,公众对于货币的需要便减少了。前者如果不变,当然后者亦不变迁。在第一种情形之下,卖货多而买货少,货币价值自然高涨。在第二种情境之下,卖货少而买货较多,货币的价值自然降低。在第三种情境之下,卖货与买货比较从前不多不少,当然货币的价值不增不减。总之一句,即货币的价值当着货币的供给不变并其他条件相等时,与货币的需要会为同比例的变化。

试举一例以明之,假令在某一社会里面,国民的年生产量七千万件,货币存量三千五百万元,每件货物的价格一元,即每元货币在半年之内出来买货一次,一年出来买货两次。在这一种情境下,国民所保持的货币所能购买的物资,当然只值国民总生产额的二分之一。今假定国民总生产额仍为七千万件,货币亦仍为三千五百万元,但每件货物价格二元,即每元货币在一季之内出来买货一次,一年出来买货四次。在这一种情境下,公众所需要的货币所能购买的物资,在国民生产总额中,所占的比例跌落了一半,即从二分之一跌落到四分之一,货币的购买力于是遂从一件跌到半件,即物价从一件一元涨到半件一元。今再假定国民生产总额与货币数量如故,只是每件货物的价格由一元低到半元,即每元货币平均每年出来买货一次。在这一种情境下,公众所保持的货币三千五百万元,货物的总卖价亦为三千五百万元,即公众的货币所能买进的货物占国民年生产之全部或百分之百。它从二分之一增为百分之百。因此,货币的价值亦遂由每元一件增为每元两件了。由此可见,当着货币的供给不变之时,设定其他条件相同,货币的价值必与货币的需要为反比例的变化。

假令我们以代数的符号来表示静态货币的价值说,我们可得下述的公式如后,如果我们以

M 代表货币的存量,

K 代表货币所得购买的物资和役务对于国民真实生产的交易总量的比例,

P 代表一切货物的价值,

T 代表国民真实年产的交易总量,那末,

$P = M/KT$ 即 $I/P = KT/M$,即商品的价格等于现存的货币所能购买的物资和役务,KT 除货币的存量。

　　反过来说,货币的价值 I/P 等于货币的存量除该项货币的存量所能购买的物资和役务了。

　　由上面的公式, $I/P = KT/M$,我们立即可以明白, K 与货币的价值 I/P 必为同比例的变化了。

　　以上我们的讨论。只限于研究货币的需要与货币的一般交换价值的关系,但如我们除了研究货币的一般交换价值而外,尚须研究货币的所得价值,那末,我们便须将 M 、 K 、 P 、和 T 的意义略为变化。即 M 只用以表示公众所用以买消费品的货币存量, K 指货币的真实的消费需要对国民消费品和役务的年产量的比例, T 指国民年消费生产总量, P 指消费品的价值, I/P 指货币的所得价值。至其余的分析方法则完全是相同的。

　　我们现在想以一个极简单的命题来证明动态与静态的货币的学说,在解释货币价值的问题上,所得结论是相同的。我们知道,一个国家的年货币所得的总量常为它的货币总量的倍数,反过来说,即一个国家的货币的总量必常为国民年货币所得的分数。假令一个国家的年货币所得总量为货币总量的两倍,那末,货币的流通速度在一年之内便系 2,即 V 等于 2。反过来说,该国的货币总量便必为国民年货币所得的二分之一即 K 等于 1/2。我们在计算货币价值的时候,假令我们依照动态的货币概念,把货币看做可支配的货币,或把它看做不断的涌现于市场的流泉,那末,我们便当以国民年货币所得的总量,去除国民的年真实所得,反之,假令我们依照静态的货币概念,即把货币看做被保存的货币或把它看做不动的储存于金库或衣袋里的货币,好像一潭静止的池水一般,那末,我们在求货币价值的时候便当以货币的总量去除,在我们的例中,二分之一国民真实年所得。这除出来的结果当然两两相等;因为以两倍于货币总量的数字除一定的国民真实年所得与以一倍的货币总量去除一半的同量的国民真实年所得,除得的结果当然是相等的了。

　　把代表的符号来代表我们的概念,更可明了我们上述的理论的体系。设 P 等于消费品的价格, R 等于消费品的年交易总量,那末, PR 便当等于国民年货币所得总量(这里我们假定国民的真实所得均是消费品)。设 M 等于货币的总量, V 等于货币的流通速度, K 等于货币的购买力总量,在国民的年真实生产总量中所占的比例,那末, VM 便必等于货币总支出,即等于货币数量的 V 倍。由是我们可得一结论:即 $1/P = \dfrac{R}{MV}$ 或 $\dfrac{KR}{M}$,为什么呢?

　　因

$$WM = PR \qquad (1)$$

故

$$\frac{1}{P} = \frac{R}{MV} \qquad (2)$$

又因

$$M = \frac{1}{V}PR \qquad (3)$$

故

$$\frac{1}{P} = \frac{\frac{1}{V}R}{M} \qquad (4)$$

设

$$K = \frac{1}{V}$$

即

$$\frac{1}{P} = \frac{KR}{M}$$

故

$$\frac{R}{VM} = \frac{KR}{M} \qquad (5)$$

用经济的名词来解释上列的五式,(1)式的意义,是说,国民年货币量所总量 PR 系等于一国货币总量的倍数,VM。(2)式的意义是说,货币的价值 $\frac{1}{P}$,系等于国民年货币所得 VM 除国民真实的年所得 R。(3)式的意义是说,一国的货币总量 M 系等于国民年货币所得的分数 $\frac{PR}{V}$。(4)式的意义的是说,货币的价值系等于一国的货币总量 M,除国民真实所得的分数,R/V 或 KR。即以国民年货币所得的分数 $\frac{VM}{V}$ 或 M,除国民真实所得的分数 KR。(5)式的意义是说国民的货币所得 VM 除国民的真实所得 R,等于国民的货币所得的分数即 M,除国民真实所得的相同的分数 $\frac{R}{V}$ 或 KR。由此可见,由上述两派货币价值学说的公式而所求得的货币的价值完全是相同的。因此之故,上述两派货币价值说的价值完全是相同的。所以在过去两派学说互相争衡的时间中,一切出奴入主的互相攻讦的言论通通都是废话。

对于上述两派的学说,在货币的思想史上尚有两个专门的名词。前者称做货币数量说,这派学说的创始人是美国已故的费暄教授(Irving Fisher)。后者称做现金余额的学说(Cash Balance Theory),这派的创始者是已故剑桥大学教授马先尔(Alfred Marshall)。所以现金余额说亦称剑桥学派的货币学说。最近英国的货币学说大师凯衍斯爵士(Lord J. M. Keynes)的利息论便是从现金余额说引导而来。如不懂得现金余额说,休想懂得凯衍斯爵士的货币学说。所以现金余额说也是很重要的一派的货币学说了。

以上我们所说明的现金余额说,在讨论货币存量之时,系假定货币只包括法币和银行存款两种,或商业信用等于零。但商业信用不等于零,所以我们在用上述任一公式之时都应把商业信用放在货币之中一并计算方才妥当。关于商业信用的价值,我们可以由上述第(4)公式略加变化计算而得。即以商业的信用所能购买的物资在所有一切的货币所能购买的物资之中所占的比例 C,乘所有一切货币所能购买的物资 KT,即等于商业信用所能购买的物资,然后再以商业信用 m_3 除之。即得。即

$$\frac{KT \times C}{M_3} = \frac{1}{P_3}$$

这个公式的经济的意义是说,商业信用所能购买的物资,再以商业信用除之,除得结果,自然就等于商业信用每元所能购买的物资,即商业信用的价值了。不用细说也可明白,假如我们以 $1/P$ 代表一般货币的价值,以 $1/P_1$ 代表法币或通货的价值,$1/P_2$ 代表存款的价值,$1/P_3$ 代表商业信用的价值,那末 $1/P_3$ 势必等于 $1/P$ 减 $1/P_1$ 和 $1/P_2$ 之差了。只这一点是我们在讨论货币价值的学说的时候,所须追加进去的。必须把这点补充进去,我们以后始可明白商业循环的学说,所以这点也不可以忽略。

在上述的货币理论中,K 或 V 和 M 虽然都是影响物价的因数,但在这两个因数之中,M 影响物价的力量绝不如 K 或 V 影响物价力量之大。例如在一九二〇年十月是大不列颠的繁荣的末尾,和一九二二年十月是她的衰败的终结,货币总量从二五八五百万镑,跌落二一〇四百万镑,即从一百跌到八五·五,即货币总量仅低落一四·五,但物价指数从百分之五〇跌到一百,却低落了五〇,由此可知,货币影响物价的力量远不如货币的平均流通的速度,V 或 K,影响物价之大了。[①] 最可引为不幸的,即任何中央银行的力量,虽对于 M 的控制具有决定的力量,但 K 或 V 则决定于群众的心理和投资的利润,放款的利率或消费的诱惑。假如投资的利润率减低,利息率涨高,物价下落,更兼以工商业界与公众的悲观情绪的浓烈,一般都觉得货物与债券的需要不如保存货币或对货币的需要安全,货币的流通速度 V 必然减少,即货币每年出来买货一次所须经过的时间 K 必然增加,物价必将为继续的下落。此时纵令货币的供给增加,但如货币供给增加的程度远不如货币需要增加的程度,物价必将为继续的下落,物价依然不会稳定。只有一点可以引为慰藉的,即当物价节节下落之际,中央银行可以设法增加 M 的数量以拒抗 V 的下落或 K 的增加,可使衰败的程度略为减轻一些。这点当然亦是很重要的了。

---

① J. M. Keynes, *A Tract on Monetary Reform*, 1929.

第四章　投资储蓄与银行信用

第一节　银行放款与投资及储蓄

在第二章里,我们曾经说过,存款货币的供给,在近代的沽衣庄的银行制度之下,假令其他条件相同,在现金比率所允许的范围内,受银行的放款行为决定。为了讨论的便利,现在让我们假定,社会上只有一个银行,并只有银行存款这一种货币,而且银行的存款又系银行自己的放款行为所创造。在这几个简单的假定下,让我们来研究银行的放款的活动与投资并储蓄的关系。

假令现在有一位农夫,在六个月之后,可以收入一林好苹果。可是他现在没有资本了。他向银行来借款一万元,银行答应借给他,并给农夫开上一万元的存款账,许可农夫有开支票来提取的权利。农夫此后遂以此一万元来买原料,雇工人和作他自己的开销。在六个月之末,他把苹果卖了,以一万元还银行,并向银行贡献若干的利息。这件事情对于一位稍有经验的商人并不觉得奇怪。但从一位丝毫没有经验的初学经济学的人看来,但不免觉得银行这种放款的行为与对于产业的影响,很有点像变戏法。非常明显的,当银行将一万元借与农夫的时候,他手里可谓一无所有。最令人难解的,就是,当他使用他的妖笔,在他的鬼账上,写下几个数目字以后,顿时这位农夫和他的雇工便可凭空取得粮食,衣服与原料,来维持他的六个月的生产的消费。试问农夫这笔一万元的借款所买进的物资是从谁人手里夺来的呢?而且这种夺去的方法又是否可以增加生产呢?

骤看起来,农夫以银行的借款所买进的物资,好像是由银行的魔术所创造。但略一思想则知他系来自公众的储蓄。至于银行以放款的方式,来给农夫建造资本的行为,是否合于经济的要求,则须视社会的特殊的情形为转移。现在且让我们来先解释这里的第一个问题,即为什么农夫的投资系来自公众的储蓄呢?而且在这里我们尚须对于投资与储蓄这两个很重要的名词加以解释;即我们这里所指的储蓄是指公众的没有消费完的货币所得的真实价值,又我们这里所指的投资乃是指农夫以其货币资本的帮助,所得来的公众的真实的储蓄。为使问题容易明白起见,让我们再来追踪农夫在取得银行的放款之后,所作的投资的活动对于公众储蓄的影响。我们知道,农夫为了收获苹果,他曾以此一万元的贷款,直接的由他自己和间接的由他的雇工,向社会上其他的工商业者买进各种的东西。同时,其他的工商业者,复以他们从农夫因卖货而得的收益存入于银行。随着农夫的购货,直接的或间接的购货的进行,他的存款当然逐渐的减少,同时,其他的工商业者,简而名之曰公众的分子,当然他们的存款,随着他们的卖货的进行,无日不在继续的增加。在六月之末,农夫的一万元的存款没有了,但公众的一万元的新存款却在银行里出来了。这笔新存款,虽然是农夫的旧存款的支出的结果,但他的性质不同了。因为它根本不是银行向公众的放款,而是公众向农夫服务的货币的收益。从公众的观点看来,这一万元所代表的不外是他们的储蓄。因为在这六个月之内,他们没有全部消费在法律上属于他们的所有权利的货物和役务,同时并以后者转让给予农夫和他的雇工。换句话说,就是农夫的真实的投资,来自公众的其他分子的真正的储蓄。

至于由银行的放款来给农夫做生产的资本是否合于经济的原则,则须要看,由此投资而引起的公众的储蓄究竟是强制的呢?抑或是自愿的?假如是强制的,在静态的社会之下,当然是不合的。反之,假令这种储蓄是自愿的,那末,它便是很对的了。现在请让我们先解释最后这一点。假令国民经济是在静止的状态下,公众的分子或者因为节约的运动忽然抬头起来了,或者因为他们对于某几方面的投资忽然失掉了信心,决定增加他们的储蓄存款的比例,此时公众的分子自然必会少向银行支款来缝衣服,制房产,和买零碎。虽然银行的总存款,在现代的银行制度之下,这不因此而有丝毫的增加或减少,但货币流向市场,购买货物和役务,在每一单位时间里的次数,确是减少了。这点便是公众的储蓄所造成的最严重的后果。因为在商品市场上,每日流进来买货和支票存款的次数,即然减少了,那末,出售商品的公众的分子,为了尽快的出售他们的存货,便须减少他们的商品的价格。货币的价值因而提高。在这一种情境下,公众的总存款虽然没有增加,但他们的每一元的存款的一般交换价值却是增加了。公众中的一部分虽然有货币的储蓄,但公众的其他的一部分,因以同样的一元的货币可以买进更多的货物来消费,结果在社会上并没有真正的储蓄相伴而产生,亦就是说,在工商业者手中,并没有与之相对待的资本的创造,因为工商业者们曾经减少他们的物价把所有的存货都出卖了。在这一种情境下,公众的储蓄倾向的加增完全没有真实的效果,因为工商业者们并没得到公众的货币储蓄的真实价值而将它化作真实的资本。

另外换一个说法可使这个问题更易明白。假令国民经济是在静止的状态下,公众之一部分,在他们的所得之中,忽然增加他们的储蓄的比例,或者说是社会上每一位公众的分子均增加他的储蓄的比例,很明显的消费财的需要必然往下降低。物价水准必然发生同比例的下落,同时,社会上的每一个公众的分子较少的消费的支出,必与从前一样还能买进同量的货物和役务,剩余的这一部分货币代表公众的货币储蓄的增量。消费者既因最后物的价格与储蓄为同比例的低落,并未减少他的真实的消费,可是他们每人的货币的储蓄却又也都有同比例的增加。那末,他们的这份储蓄的增量,是从那里来的呢？略一思索便知道它必定是从在国民经济的机构中其他的部分而来的了。直截的说,这份储蓄不外是由牺牲工商业家的利润而得。因为在静态经济之下,工商业的收益,在储蓄的病菌未出现前,既然恰只足以维持他们的生活的成本,那末,随着储蓄的病菌的流行,物价的同比例的下落,商品的生产成本如故,工商业者势必至于赔本了。由此可知,在静态的社会之中,公众的货币储蓄的来源,实为工商业者们所赔累的血本所造成。假令在物价未跌落之时,工商业者们因为卖货所得的收益可以维持他们的成本,或在再生产的过程之中,他们的收益可以维持他们的原有真实的资本的数量,现在因为物价业已与储蓄为同程度的降低,他们的收益减少,因此,他们的原有的真实资本的数量便不能维持了。这即是说,公众因储蓄之故,而所得的每元货币的真实价值的增加,行将化为工商业者们的真实资本的减少。

假令在这一种情境下,银行放款给与工商业者了,且其放出的款项恰恰等于公共的储蓄。而阻止了物价的下落。银行如采取这一种手段,不但对于社会无害而且有利,因为在这一种情境下,银行并没有减少公众的货币的所得的价值,或消费的水准,但使社会的节约的储蓄化为工商业者们的资本,即使工商业者们,在再生产过程之中,依旧能够维持原有的资本的水准而不至于往下减削。

但我们能够希望银行这样做不呢？这完全要看银行的现金对存款的比率是怎样规定的。在美国这个国家内,上文我们曾说,银行对于时间存款的现金比例小,需要存款的现金比例大。当着公众的储蓄倾向加强时,它必然表现而为需要存款对时间存款的比例的降低。换句话说,就是在每百元的存款之中,时间存款的比例增加,需要存款的比例降低,因此,银行的现金对需要存款的比例,便可高到法定的比例之上。银行于是可以增加他对工商业者的放款而不至于破坏银行法的规定。可是在英格兰内,依照英格兰的一般银行的习惯,现金对存款的比例,无论对于任何存款,都是一样,那末,当着人民的储蓄心理加强时,物价虽为同程度的下落,资本虽因被迫而至不能维持它的正常的水准,但银行因受现金对存款的比例的限制,虽欲采行有利社会生产事业的放款的政策,但亦不可能了。中国的现金对存款的比率,不是仿效的美国而是仿效的英国,所以在英格兰内(苏格兰除外)的银行在放款方面所受的限制,也就是中国的银行方面所受的限制了。最近在报章上,有的银行的改造家主张中国的银行采用美式的现金对存款的比率的办法,便是针对着这个限制而发。

假令银行的放款恰恰等于公众分子的储蓄,在静态的国民经济的机构中这当是最有利于和平的事情了。假令银行的放款完全超过公众的货币的储蓄,这个结果便不同了。这种假定当然是可能的。因为社会上尽有许多的企业家,因为银行相信他们有经营工商业的天才,很可能向银行借得款项来。现在我们再假定,银行的现金准备有增加。究竟它是如何增加的,我们现在均可不必去过问,总之,它是增加了。结果,银行放款给予工商业者的志愿与能力都加强了。在这一个例子上,公众的真实的储蓄便不是自愿的而是强制的了。假令银行放给农夫的货款仍是一万元，只此一万元的背后完全没有相对的公众的储蓄的行为先存在。这份新的一万元的货币，既然化作农夫的货币的资本，他势必要直接的经由他自己和间接的经由他的雇工，流向市场与公众其余分子手中的旧货币争取物资。在最初的一个极短的时期内，这些出售物资的工商业者们，虽然还可依照旧价推销存货，可是不久他们便发现了，他们所保存的，或其所生产的有限的存货，不足以应与时俱增的货币的需要，或不足以应他们的更多的主顾，除非他们是傻瓜，势必要将他们的货价尽量的提高。公众势必被迫而与农夫分享从前为他们所独享的货物和役务，因为物价涨高之后，公众以同量的旧货币只能买进较少的物资，因此农夫遂得以其新货币买进其余的部分而作为他的生产的资本。我们的政府就是用这种方法，将经济的资源移作战时军用工业的资本，并强迫公教的人员，将他们的消费减少百分之九十以上。

诚然农夫所有的新货币会逐渐流到公众的手内，而变为他们的货币的储蓄，因为随着农夫的投资活动的踊跃，他会将所有的一万元的借款，直接的和间接的通通用来买货物或役务，因而前者便悉为出卖货物和役务的人的所有。但此时他们的货币的储蓄并不是自愿的而是强制的。在静态的社会之中，因为社会的国民生产的总额没有增加，纵令在将来的时候，他们想把这份货币的储蓄重新用来提高他们的生活的程度，但他们亦不能取得比较银行未放款前，还要更多的货物和役务。

为使我们的观念更清楚起见，让我们去考察，在强制储蓄的期末，一切的经济的状态重复归于平静。假令银行的放款增加了百分之十，社会全体的总存款亦增加了百分之十。但因物价也涨高了百分之十，所以社会全体的货币总量的真实价值仍是与从前没有差别。然因社会有强制储蓄存在，在第一时期之内，农夫的资本增加，非农夫的真实所得减少，而在第二个时期之内，假令非农夫的消费的倾向增加，将其货币的新储蓄悉行用来买消费品，货币的总存量虽然不变，但其结果刚刚与第一时期的情形相反，即非农夫的真实消费增加，而农夫的真实资本减少。由此可知，强制的储蓄在生产的关系上，依然引起不必要的纷乱，总生产量最多只能保持不变。由此可知，银行的这种放款的活动并因此而所产生的农夫的真实的投资，在生产与分配上，不但无益而且是有害的了。

以上我们系假定社会上只有一个银行存在。实则纵令银行林立，我们的分析还是可以用的。任何一位银行家均知道，假令他的现金的准备增加了一万镑，假令他的现金对存款的比例是二十对一百，或一比五，在银行林立的时候，他必定不能把他的存款增加四倍或五倍。他在最初的时候所放给公众给予公众的款项不能比他的准备金一万元更大。因他恐怕向他借款的工商业者们，会以之改存于其他的银行，因此，他的准备金便须与他的放款为同程度的减少，并流入到其他银行的金库中。但随着这份新的准备金逐渐的分布到其他各银行的里面去，平均每一个银行的放款均可与时俱增的大于他的准备金，直到每各一个银行的放款达到他的现金的五倍,而后可以止步。

第二节　银行放款与工业进步

假令社会不是静止的,虽然每一个人的生产力没有什么变更,可是人口增加了,因此财富的总量也增加了。这点表示在财富增加以前,真实资本已有相应的增加。不问资本是用货物来计算也好或用劳动来计算也好,在结论上均可以说完全是相同的。当着新的真实资本的建造已经计划定妥之后,但新的增加的人口尚未用到工业里面以前,银行必须为放款给工商业者的新行为。否则工业的资本无从扩充,新的增加的人口亦无法吸收。尽管银行的放款的新行为会引起物价的涨高和真实的强制的储蓄,在静态的国民经济的机构中,丝毫没有什么增加生产的作用,可是,在动态的经济社会里,真实的强制的储蓄却可以吸收新的劳动预备军,社会的财富,因而增加。由此可知,当着人口增加以后财富尚未增加以前,为使社会的财富与人口一并增加起见,强制的储蓄是应该的。换句话说,就是银行的放款,纵令大于公众的自愿的货币的储蓄也是应该的。但当着新的财富已经增加之后,银行对工商业者的放款则须以等于储蓄为止。假令在生产时期的某阶段,新人口所储蓄的货币,在每一时点上,惟与旧人口相等。再假令当新财富尚未流到市场以前,他们或者是因为时间太短的原故,或出于其他的原因,他们消费其所有的货币的所得。但随着新财富的增加,他们开始在其每日的货币收入中,保持一部分,以备将来的需要。在这一种情境下,物价会与储蓄的增加共跌落,且其跌落的程度比较未涨价前的物价还要更低,无效的储蓄因而产生工商业者的真实资本,在再生产的过程中,因为折了本钱之故,于是没有方法维系,生产的数量势必减少。此时银行对工商业者的放款如恰等于储蓄,则可以阻止物价的下落,并将新人口的储蓄转化而为资本。但银行是否能做到这一点呢? 这当然也要看他的现金对存款的比率是否能够帮它的忙了。

假令人口没有增加,但每一个人的生产力增加了。如果货币的供给不变,此时,商店的老板们等等会立刻明白,除非他们减少货价,货物必定不能全部出售。货币的每单位的价值都涨高了,同时,公众的总存款的总价值也增加了。但因此时的公众存款的真实价值的增加,不是由于他们的自愿的储蓄,而是由于他们的生产力有增加。在这一种情境下,假如银行放出款项,稳定物价,他便不是将公众的自愿的储蓄,移为工商业者手中的供给,抬高物价的水准,造成强制的储蓄的行为相等。在这一个例子中,我们第一次看见银行以放款的行为,来遂成公众的储蓄的目的,是一回事,稳定物价又是一回事,二者各不相同,不可混为一谈。由此可知,货物的价格的跌落,倘其原因不是由于社会有新储蓄,而是由于生产力的进步和发达的结果,银行倘欲以放款的行为,来阻止物价的下跌,便是不应该的。

第三节　银行放款与商业需要

一般的政治家和工商业者们,往往主张银行的放款应以促进工商业的进步为目的,而不应当以墨守现金对存款的比率为目的。这不啻说,假如有一个企业家向银行提出可靠的证据,指明他在一定的生产时期之内,可以生产值一万元的货物,那末,银行便当借他一万元。但是这种建议是否可以实行而不发生弊端呢?

我们不难举出一个极简单的譬喻,来讨论这个建议的合理与否。假令有一位鸡蛋先生和苹果先生,二人均从海外乘机飞来。一个什么都没有带只带了两个蛋,另一个只带了两个苹果。在旅途中二人各将所带鸡蛋与苹果吃了一个,其余一个把来出卖。但因他们二人受近代文明的影响太厉害了,简直没有以货换货的思想。他们于是各向银行老板借款并提出他们各自所有的货物,鸡蛋并苹果的真凭实证,银行于是依照鸡蛋和苹果每个的价钱,各借他们一元。他们于是各以一元的支票向其他一人买货,并各以卖货所得的一元支票偿还银行。一切的人均满意。这两个天外飞来的乘客得免在富裕中的贫困,其余社会的分子照常经营他们的买卖。鸡蛋和苹果的市场,假如没有银行放款的行为,恐慌必然早已降临,可是现在都得救了。银行在这一个时候确曾尽了他的油轮的作用。也许鸡蛋先生和苹果先生并且曾以鸡蛋壳和苹果皮作利息来作为他们报酬银行融通金融的办法。商业需要学派的建议好像很是正当。

但反对者的意见也是同样的要以耸人听闻的。假令现在的苹果先生不是新从海外飞来的贵宾,而是本地的一个小贩商。他的苹果不过是从本地的苹果树上新摘下来的一个,并只是原来苹果的旧产量中之一个。而不构成现在这个国家内货物的增量。假令这回只有鸡蛋先生向银行借了一元来买苹果,苹果先生自然可能先把他卖苹果所得的一元存入于银行。之后,再提出他所有的这一元存款来买鸡蛋,让我们来看现在货物与货币的关系是否于此业已发生不谐和的变化。银行放款的总量和国民生产的总量倘以原来的价格来计算,均各增加了一元。但到市场来买货物的货币却不是增加了一元,而是两元,因为一元货币在此时内曾经出来买货两次。商业并物价的稳定的状态势必因而破坏。诚然苹果先生对于鸡蛋的新增的货币需要已为鸡蛋的相对的新增的供给所抵销。但鸡蛋先生对于苹果的货币需要的增量,却没有苹果的新供给来抵销。苹果的价格自然倾于涨高。

现在请把我们的譬喻再往前推进一步。假令鸡蛋先生仍然买了苹果先生的苹果,但他恰在买进苹果之后,却把他的鸡蛋藏在冰箱里面去了,暂时拒绝出售。苹果先生因不得已遂以这一元支票去买纸烟,纸烟先生很可能的再把它用去买面包,面包先生再把他用去买点心。由此类推下去,一直没有穷竟。在这一种情境下,鸡蛋先生所发的一元支票便不只转手两次,而系转手无数次。

现在我们可以看出这个譬喻的第三段最合于实际的生活的情形。一个新向银行来借款的企业家,一般说来,都与天外飞来的鸡蛋先生不相合。他绝对没有鸡蛋在手中。他的鸡蛋现在没有,将来才有。如果他是一位入口的商人他的货尚在海上运输的船只中。如果他是位发明家他的新货样尚在他的脑海里面漩荡。如果他是位农夫他的农产品尚还含在土中。无论在任何情境下,在货物还未上市之时,为货物而创造的货币已经在旅行了,好像一个流浪的野鸽,在地球的周围寻找不到安息;

而且货币所到之处,货物立即倾向着涨价,因他增加了人的购货的能力与志愿。又如货物在生产时所经过的时期越长,那末,货币所作的坏事便越多。由此可知,所谓银行的放款须以适应工商业的要求为目的的主张,很难得到一种确切的答复,但我们不难推知这种主张的是否正当,依存于两件要紧的事情:(1)我们的旧(友)〔有〕货币流通的速度,(2)商品的平均生产的时期。以此两事作根据,我们不难以更进一步的研究,来对这个如何放款以适应工商业界的要求,提出一个很准确的答复,并将本章以上各节的讨论收摄在一个简单明了的公式内。

第四节　流动的资本与社会的总生产量

让我们仍然从静态的经济出发。无论在任何时点之内,在不能消费或不在消费者手中的货物,都可分作三类:(1)固定的资本,(2)流动的资本,(3)囤积的资本。固定的资本系指在使用中的业已完成的生产的手段,在生产的过程中,他的价值虽然随时都在因生产时间的流演而耗损,但他的形态比较固定不变。例如机器,工厂和其他的固定的设备,都是属于固定资本一类。流动的资本,系指在生产过程中,尚未完成的货物,随着生产时期的流演,他的价值逐渐在增加。它的构成的要素不仅包含商店门口的玻璃窗橱里的陈列,货机里所保藏的或海船上所装运的棉花,而且包含着正在经过纺线的锭子和织布机器之中的纤维。他且包含着在工厂中所用的煤和在果园中所用的杀虫的药剂,他们永远不会到消费人的手内;他如已经试演而未登台的戏剧和已经预备好了,但还未演讲的演说稿子也是流动资本的因素。(3)囤积的资本是指没有应用的剩余的生产手段和消费手段的全部。所谓剩余是指他的存量业已超过维持工商业圆滑进行的需要。原料在堆积中的存量,假如它是维持工商业的圆滑过程所不必可缺的条件,那末,它便是流动的资本、假如它已超过这个必要的程度,那末,它便是停滞的资本了。其余的货物也是如此。在静态的国民经济的关系中,不容许有扰乱因素的存在,囤积的资本表示社会的生产已过剩,实为促使商业往下崩溃的先声,在静态的经济关系下它的存量必然小到可以忽略的程度。

须知银行对于工商业者们的放款主要的目的是替工商业者们建造固定资本与流动资本二者。为便于说明起见,现在我们暂将固定的资本撇在一边,而假定银行的放款系专用以建设流动的资本。现在我们所要研究的问题,就是,社会在半年的生产时期内,假令可以出产一万元的货物,是否银行便要向它放债一万元并放六个月呢? 这当然在一方面要看真实的国民所得的小大,在他方面要看货物流到消费者手中的快慢,或用别的话说,要看货物平均生产时期的长度。假令社会在货物的生产上的劳动的投下是一个均一的速率,那末,在每一时点内,流动资本的存量便会只值在一个生产时期内的总生产量之一半。举例来说,我们可以把这连续生产的过程看做一幅制造香肠的机器。它系十分钟的长度。每分钟出一节香肠。在第一分钟恰在开始的顷刻只有接近于零的香肠在里面,而在第十分钟恰要终结的时候足有逼近于十的香肠在其内,平均在每一分钟内几有五节香肠在其内。因此在每一刹那内,未成形的香肠的数字便只值全生产量之一半。换句话说,就是十分钟的香肠的产量只要在每一刹那内,价值五分钟的香肠作原料便够了。

以此一半的数字作根据,比较的容易明白流动资本的数字与每一生产时期的产量的关系。假令在上述的例子中,银行向农夫放款一万元是采的透支的方式。假令农夫在以后六个月中依照均一的速率来投资。在这一种情境下,农夫在每一时点内,所负银行的债务便当不是一万元,而是一万元之一半。亦就是说,农夫假令在半年之内生产一万元的苹果,他便只须向银行负一万元债经过三个月。因为一万元的债经过三个月与负五千元的债经过六个月是相同的。

但有的经济学者说,农夫半年生产一万元的苹果,如果他的生产的阶级是按月计算的,那末,他每月平均所须向银行借进的资本便当是半个生产时期或三个月的产出价值之一半,五千元,再加上半个生产阶段或半个月的产出价值之一半,即八三三·三元。总括来说,就是五八三三·三元了。因为农夫向银行所借的款项即是均匀的按月支取来用的,那末他便是向银行,

第一月负债	1×165.66 元
第二月负债	2×166.66
第三月负债	3×163.66
第四月负债	4×166.66
第五月负债	5×163.56
第六月负债	6×166.66
	6 ⟌ $34\,999.56$ 元
平均每月负债	$5\,833.3$ 元

比如经济学者扁宝威尔便持这样的见解。[①] 骤看起见,这种学说与我们在前一段所说,好像是冲突的,但仔细一想,则知二者实是互相一致的呀。因为扁宝威尔只说流动资本的价值等于每一生产时期的产量的价值之一半再加上每一生产阶段的产量价值之一半。上文我们把生产阶段硬定为一个月,无疑的流动的资本平均每月为五千加八三三·三。反之,假如我们不把它定为一月而只定为一日,那

---

① *The Positive Theory of Capital*, Appendix.

末,流动资本便当只是整个生产时期的产量价值之一半加上每日产量的价值之一半,即五千二十七元七角五分。共计五千零二七·七五元了。假令不是一日而是一小时,那末农夫平均每小时所投的流动资本便当是五千零一元五角了。等而下之,假令我们生产的阶段连一小时都不是而是一秒钟,或简直连一个极小的间隔都分不出来,那末,在每一刹那内农夫向银行所借来创造的流动资本的价值岂不恰等于整个生产时期的产量的价值的一半五千元么?因为在上文里我们的所说,恰与这里的最后一个例相合,所以我们的说法,与扁宝威尔的说法并不冲突,即农夫的投资率如果是均匀的,那末,在一时点内,他所向银行借来作流动资本的货币,只值他的生产时期的产量价值之一半。

假令工商业者的流动资本完全系由银行放款所造成。假令银行的放款恰等于公众的货币的储蓄,因为公众没有充分消费他们的货币的所得。依照上文我们所假定的均匀的投资率,公众的储蓄存款的真实价值便将恰等于货币流动资本的真实价值。因为我们知道,一个国民的货币所得常可表为它的货币数量的倍数,即货币储蓄的存量常可表为国民的货币所得的分数,所以一个国民的真实所得必常为它的真实储蓄,或货币储蓄的真实价值的倍数,即货币储蓄的真实价值常为国民真实所得的分数。我们在上文里曾说,货币储蓄的真实价值即有效的真实的储蓄便是工商业者流动的资本,如果生产时期是一年,那末,社会的有效的真的储蓄,即流动资本便将等于六个月的真实所得。生产时期是半年便将等于三个月的真实所得,假令

R 代表国民的真实所得,

K 代表国民的真实储蓄在国民真实所得中所占的比例,

C 代表流动的资本,则

$KR = \frac{1}{2}R$ or C,因 KR 等于真实的储蓄,C 等于流动的资本。

在静态社会里,银行对工商业者的放款,假如恰足以满足 $KR = \frac{1}{2}R$ or C 的要求,那末银行对工商业的一切的放款,只要工商业者是把来作流动资本用,无论如何,均不会提高物价或破坏均衡的状态的了。

现在让我们把上述的条件略为变化,而使之更适合于实际的情形。假令银行为了帮助社会创造流动资本的放款,只占他的存款之一部分。其余一部分是用来替社会建造固定的资本,修造它自己的冠冕堂皇的新古典的建筑,购买政府的公债或做自己的准备金用的。并假定在流动资本之中只有一部分才是利用银行存款造成的,其余一部分系由商业信用来建造的。在这一种情境下,任何一位企业家,即在静态的均匀进步的社会里,还要像从前那样,以银行放款来建造流动资本的全部,那末,他势必便要打破均衡的状态,并向公众为强制的真实的储蓄了。

倘专从货币的方面,来把我们的话,换个方式,重述一遍,更可容易明白。即社

会的均衡的建立,在一方面,是由银行,依照社会的习惯,在公众的货币储蓄中,以若干部分作工商业者的流动资本,若干部分放给工商业者建造固定资本,和以若干部分用在其他各种用途上;在他方面也是由于工商业家,依照另外一组的社会的习惯(当然内中也含有前者的要素在其内)向银行贷款来建造若干部分的流动资本,和若干部分的固定资本,两者互为影响的结果。假如银行在等于公众货币储蓄的放款中,在均衡的状态下,只有 a 分数的储蓄用作工商业者的投资,而在工商业者方面,在一定的生产时期内,只有 b 分数的流动资本才是由银行放款所造成,即这样的放款与投资使货物的供给和货币的需要稳定不变。现在假令工商业者忽然向银行要求放款来建造比 b 分数更大的流动资本,并假令银行以为工商业者真有向银行贷款来建造比 b 分数更大的流动资本的权利,并假令其他条件相同,则银行的放款必然超过社会的货币的储蓄,即货币的供给比货物的供给更速,这种微妙的均匀状态牺牲,物价必被提高。反之,物价必然下降,均衡的状态也是同样会被破坏。假令工商业者所要银行放款来建造的流动资本,虽然还是分数 b,但因生产时期加长了比分数的流动资本比较从前的绝对值更大了。假令银行依然放出等于分数 a 的银行存款则不足以应工商业家更大的流动资本之需,可是假如此时,银行倘放出更多的存款,又是银行货币的供给速于货物的供给,结果均衡的状态又须遭受牺牲,物价同时涨高。再假定其他条件不变,分数 a 变小了,即银行在其等于货币储蓄的放款中,a 所代表的分数变小了,但工商业者仍须以银行的放款来建造分数 b 的流动资本,银行此时,除了增加货币的供给,使之超过公众的储蓄存款外,当然别无他道。银行倘如果真决然走这一条路,结果均衡的状态势必会同样的遭受破坏。

将上面的话用分数符号来再说一遍,也许更能引起读者的兴味。设

D 等于生产时期对于一年的比例,那末,DR 便必等于一个生产时期的真实所得;

a 等于银行在其等于公众的货币储蓄的放款中,借给工商业者建造流动资本用的比例。AkR 即等于银行专为工商者建造流动资本的放款的真实价值。

b 等于由银行的帮助所建造的流动资本 DR 的比例;由此可知,

$$\because akR = bC$$

$$C = \frac{1}{2}DR$$

$$\therefore ak = \frac{1}{2}bD$$

这个公式的经济的意义是说,公众在流动资本方面,由银行放款而来的真实的投资的比例,恰等于银行用以建造工商业者的流动资本的一年的真实储蓄的比例。假令 D 增加,即生产时期对于一年的比例增加,其他条件不变,那必是由银行的放款的真实价值大于公众的真实的储蓄,物价必已涨高,强制储蓄必已产生。反之,假令 D 减少,其他条件相等,那必是由银行放款的真实价值小于公众的真实的储蓄,

物价必已减小,强制的消费必已开始了。其余 a,k,b 几个分数变迁的意义,可是依照类似的推理,演绎而得,这里不必详述。

在公式 $ak = \frac{1}{2}bD$ 里,这个二分之一系由生产的投资,在整个的生产时期内,依一均匀的速率而增加。反之,假令在生产的初期,生产的投资增加的速率大,那末,它便会比二分之一大;小,它便会比二分之一小。为使这公式能够普遍的实用起见,我们可以把它重写过,即 $ak = qbD$,这种 q 可以等于二分之一,但亦可以小于或大于二分之一,这当要看投资的速率的是否均匀而决。

由以上的研究,我们知道,银行的放款政策在静态社会里面,须以不影响物价为条件,也就是说,须适于 $ak = qbD$ 的要求。可是在动态的社会之中,假如人口继续的增加,或人口不增加而每一人口的生产的力量有增加,银行的放款如永远限制在这个公式所允许的范围内,则社会的财富根本不要增进了。相反的,在动态的社会内,我们必须打破 $ak = qbD$ 所给银行放款政策的束缚。即银行的放款或工商业的投资必须大于公众的自愿的储蓄,或必须为适当的强制的储蓄,否则工商业无从发达。但强制的储蓄应恰发展如何程度,始能在一方面,促进新技术的发明与应用并财富的增加,在他方面,又不至于超过促进新技术的发明与应用并财富的增加呢?这须等待到以后各章来答复。

第五节　凯衍斯的投资与储蓄学说的发达

我想借此机会来附带的讨论凯衍斯爵士(Lord J. M. Keynes)在他的货币论(The Treatise on Money)中两个基本的公式:其一是关于一般物价的,又其一是关于消费品的价格的。在讨论这两个公式以前,让我们先把上文的分析综合为下列的三个系论,即(1)工商业者经由银行的帮助,如果货币的投资大于货币的储蓄,物价会涨,(2)小则会跌,(3)等则不变。[①] 当然以上我们所讨论的,尚还要比这三个系论更要繁复与精密,但这里的三个系论乃是简单而明了的。凯衍斯爵士的货币论无非以此做出发点,再往前蹈进一步就是了。凯衍斯爵士说假令成本不变,投资大于储蓄,物价涨高,利润增而为正,投资小于储蓄,物价低落,利润降而为负;投资等于储蓄,物价不变,利润于是永远停滞在零点上。今以 E 代表社会的总成本,I 代表投资,C 代表储蓄,O 代表社会的生产总量,π 代表一般的物价,我们不难以一数学的公式表示一般的物价等于平均的成本加上平均利润的理论:即

$$\pi = \frac{E}{O} + \frac{I - S}{O} \tag{1}$$

---

① 以后凯衍斯所说投资与储蓄都是指的货币投资与货币储蓄。

$$P = \frac{E}{O} + \frac{I' - S}{R} \qquad (2)^{①}$$

第二式中，P 等于消费财的价格，R 等于消费品总量，I 等于生产投资物或资本财所投下的总成本，P 不是 I，因 I 是等于投资物的总卖价。为什么 $I' - S$ 等于消费财的总利润呢？这便是我们所要解释的。

试从均衡的状态开始，假令投资大于储蓄的情形的原因是由新的铁路要建造。这些建造新的钱道的创办人，向银行所借进的款项大于人民所储蓄的款项。他把这一部分借进的款项来从事铁路的建造，于是这一部分的款项便逐渐变成了生产铁路这类资本财的成本了。生产资本财的成本从企业家的观点上说，它当然只系生产的成本而已。但从生产因素一方面说，他便是生产因素的所得，即工资、地租利息与企业家的正常的利润之总和。在这所得之中，除了储蓄而外，倘如还有剩余，便当构成消费品的货币需要的增量。在 E 不变的状态下，它便当构成消费财生产部门的总利润了。即 F 减 S 等于 Q_1；Q_1 即生产消费财的企业家所得的总利润。

依照同一的理由，I 减 P 等于 Q_2；Q_2 即为资本财生产部门的企业家所得的总利润。再以上述铁路的列子来说，当着铁路的投资开始之时，建造铁道所需的器材；如枕木，铁轨，钢铁……资本财的价值均会高于成本，资本财的利润因而产生，再将此两部门的利润合在一道，即 $Q_1 + Q_2 = (I - P) + (F - S)$ 我们并可看出 I 减 S 必为生产一切的货物，消费财并资本财均包含在内的总利润了。

综合来说，凯衍斯爵士的投资与储蓄的分析与以前我们关于投资储蓄的分析，不但不是互相磨擦的而且是互相发挥的，所以我们特别把它来放在这里一并讨论，以供参证。

但有一点应说明的，即凯衍斯爵士，在他的货币论上，虽然倡导投资与储蓄不必相等的理论，但他在他的一般雇佣理论中，却一反从前的主张，力持投资与储蓄必是恒等的学说。骤看起来，这两派的学说好像冲突的很利害，可是仔细一想，则如此二学说，均可成立，这个理由简单明了。即在计划投资增加的顷刻，投资可与储蓄不相等。但在投资增加而后，立刻便有强制储蓄发生。此强制储蓄的部分必然等于投资的增量无疑。凯衍斯在谈投资与储蓄不等的时候，系指在强制储蓄发生以前，投资与储蓄的关系而言，此时二者当然可以不等。而在他谈投资与储蓄恒等的时候，系指在强制储蓄已经变成真实投资之时的投资与储蓄的情形，此时真实的投资与真实的储蓄当然是恒等的，所以这两种学说均可成立。在这两种学说之中，我们宁采第一种学说的原因，一来呢，固然是因为投资与储蓄相等是结果，但投资大于储蓄是原因。再来呢，是因为真实的投资，虽因货币投资的增加，以强制储蓄的姿态，化为所得之一部，但这一部分的所得，尚须经过一段时期后，始能化作社会的可支配的所得。因为所得的支配，无时无地不发生在所得的创造之后。工人

---

① *The Treatise on Money*, p. 1357.

工作一星期始付工资,公教人员工作了一个月始付薪水,企业家工作了一年始付利润。这即是说,投资的增加与社会的可支配的所得并不是同时发生的。故当投资增加之际,此增加的投资即系大于当时可支配的所得中,减去消费的部分,同时当即是大于可支配的储蓄的部分了。为使经济的分析与实际的社会生活,不敢隔离太远计,我们宁采可支配的所得的概念,因此之故,我们宁采投资与储蓄不必相等的理论,来作我们讨论的根据。

第五章 利润和利息

第一节 资本的限界利润率

上章曾说,物价系决于投资与储蓄的关系。如果投资大于储蓄则物价高,投资小于储蓄则物价低,投资等于储蓄则物价不涨不落。但什么决定投资与储蓄的关系呢? 假令其他条件相同,很显然的,它系决于资本的限界利润率和利息率的关系了。举例来说,比如今有一个印刷的公司想增添一副印刷机,价值一百万元,机器用二十年,除了折旧、修理和因此而所增加的其他成本外,每年收入为五万元,包含利息在内。但如利息率在五厘以下,企业家因有余利可图,当必扩充这种机器的投资,反之,假令在五厘以上,企业家因须招受金钱的损失,当然他便要裹足不前而不去增加这副机器的投资了。由此可见,利息率和资本的限界利润率的相互关系是决定投资数量的原因。

资本的限界利润率的最广义的解释,系指增加资本或劳力的每一单位,在一定的期间以内,所增加的总利润(除开真实资本的修理,折旧或劳力的成本之外,所剩下的利润),对于该一单位真实资本或劳力的成本的比例。它的最狭义的解释则系专指资本财一项而言。上文所举的五厘乃系最狭义的资本的限界利润率的例子。随着行文的方便,我们无论采用那一个定义都无大害,唯必须在适当的处所,特别标明你所采的限界利润率是广义的,抑还是狭义的,以使读者容易明白。但不问我们采用那一个解释,有三件事情必须详细的加以说明。

(一)资本的限界利润率,不是像上文所举的例子那样简单,它不是指增加真实资本或劳力一单位所增加的永远都是相同的利润,对于它的生产成本的比率,而是指的一个序列的利润,对于它的生产成本所发生的一个序列的利润率。例如在前述的例子中该一印刷公司所增加的印刷机一副,既然可用二十年,那末,在动态的社会里面,年年的利润可能是完全不相同的,因此这副机器所增加的利润构成一个序列,如 $q_1 q_2 q_3 \cdots q_{20}$。在同一时期之内,当然由这一个序列的利润对于该一印刷机的生产成本的比率亦是一个序列了。最大多数的经济学者在谈资本的限界利润率的时候,他们均只知道 q_1,而不知除了 q_1 而外,尚有 $q_2 q_3 \cdots\cdots$ 各项。他们这种见解,只有在静态社会之中,各 q 完全相等,方才合理。

（二）在资本的限界利润率的一个概念中所包含的这两项：（1）利润，（2）资本的成本。不但资本的利润是指的一个序列。即生产的成本亦不是指的原始的那个生产的成本，而是指的再生产的成本，有时称做流行的供给的价格或代替的成本（replacement）。在这二十年之中，因为生产因素的报酬节节变迁和资本财的价格亦节节变迁，因此为了再生产该一印刷机器而所须再投下的成本亦必节节变迁，因此它的流行的供给的价格，即再生产的成本，亦如资本的纯利润的性质，它所包含的亦不只是一个单独的价值，而是一个包含 $c_1 c_2 c_3 \cdots c_{20}$ 的序列了。

（三）资本的限界利润率，依据相同的理由，亦绝对不能是过去的，而是未来的。因此在它里面含有投资者的期望的影响在其内。这个预期的心理的作用，在动态的经济情况内，往往是加重繁荣和恐慌的严重性质的因素。正如凯衍斯爵士（Lord J. M. Keynes）所说，资本的限界的效率不仅视乎资本财的多寡所视乎资本财的现行的生产的成本的大小，且须要视关于资本财的未来收益的现时预期作用为转移。因此在耐久物的投资上，凡注射在未来的时期之上的各种预期的作用，必然的并合理的构成决定它的新投资的规模究竟是否适当的一个重要的因素。但是，我们知道，这种预期的作用是很缺乏根据的。他们系以变迁不息的和不可依靠的证据为根据，因此容易发生突然的和剧烈的变化。[①]

将资本的限界利润率明白之后，我们必须进而阐明资本的限界利润率渐减的公律。假令其他条件相等，资本的限界利润率必然随着投资的增加而递减。一来呢，是因为资本增加之后同种类的真实资本的役务的价格会减少，即资本的限界利润的序列会倾于比较的往下减少。例如在房产上的投资增加，每一增加的房产所生的一个序列的房租会减少。又如在船只上的投资增加，每一增加的船只所生的吨位的价格会逐渐往下降低。其余例子很多可以类推。再来呢，是因为资本的再生产的成本，必然随着同种类的资本的产量的增加而增加。至少，在短时期内，必然如是。例如房产的需要增加后，建筑公司为应付这增加的需要，或则日夜加工，或以他种技术的工人来作建筑的工人。这种工人在他种工业内，虽然技术较高，但在建筑事业上效率较低。然这一建筑公司，为了添修房屋之故，尽管这位工人的效率较低，但如前者所给工资不够他在其他工业上所得的工资，他必不愿意改业，因此，这个限界工人的名义工资，虽然可与其他的建筑工人无别，但效率的工资却增加了。因此，它的再生产成本必然增加。原来在造成资本的限界利润率的两个项目中，利润的序列是分子，再生产的成本是分母，现在既然随着投资的增加，分子逐渐往下缩小，同时分母可又逐渐往上增加，当然由此二者所得之商，即资本的限界利润率，要逐渐往下减少了。这种限界利润率渐减的趋势，马克思（Karl Marx）在他的《资本论》第三卷里，已经很明显的提出来了。可惜在经济学上的影响不甚显著。但自凯衍斯爵士的《一般就业理论》出版以后，这种趋势似已成为一切经济讨

---

① J. M. Keynes, *The General Theory of Employment*, Interest and Money, ch. 22, p. 315.

论的主要柱石之一。它实已经具有自然科学上正确公律的资格。

在谈资本的限界利润率渐减的时候，我们必须再三强调的，即商界的恐怖的心理对于限界利润率渐减的影响。在这无政府的资本主义的经济状态下，这种影响极大。最标准的一个例子，即在第一次的原子炸弹爆发后，重庆市场百物的狂跌，或资本的限界利润率的突然跌落，当时尽皆莫明其真实的原因。现在回想起来，方才知道它实由于一种毫无根据的恐怖的心理所造成。幸喜在原子炸弹未爆发前，资本的限界利润率还未有一点渐减的征兆，然而这种恐怖的心理已足使它发生突然的跌落。设令当时的资本的限界利润率已在下落，那末，由此恐怖心理所造成的恶影响，便不知伊于胡底了。由此可见，公众心理上的期望的作用对于限界利润率渐减的趋势是有很大的影响的了。

除此恐怖的心理作用而外，在影响资本的限界利润率的渐减的趋势的各种因素中，以新生产力的进步所引起的资本的再生产成本的变迁，和货币价值的预期的变迁两个因数为最重要。特别是在固定资本之上，影响最为显著。我们知道今日的固定设备所产生的果实，在它的生命尚未完结之前，是与明白的固定设备竞争的。倘明日的某一公司或某某少数公司的固定的设备，或因技术的改良或因组织的进步，或因其他的原因所生产的东西成本较低。在今日一般的固定的设备的再生产成本尚未降低之先，如果后者与前者竞争的结果促使物价下落，并使新公司的利润率往下降低，那末，旧公司的利润率必然降低的更厉害。又如明日的公司的生产上的改良，今日预先知道了，今日的资本的限界利润率也会减少。抗战方才结束，新的固定的设备尚未输入，然因廉价机器的即将输入的消息的来临，后方工厂纷纷关闭，机器价格等于废铁。限界利润率的下落现在早已成为事实了。

再说，货币价值的看涨和看跌也会影响现时的产量。货币价值的看跌，会刺激投资，因它提高了资本的限界利润率的曲线即提高了投资物的需要；反之，货币价值如果看涨，会减少投资，因它降低了资本的限界利润率的原故。

第二节　利　息　率

为了讨论的便利，让我们在讨论利息率这个问题的开始，提出几个基本的假定。（1）社会只有一个银行，它是货币的唯一的供给者。即假定一切银行均归国有，没有商业银行存在。由是我们便可将中央银行与其他商业银行的关系此时存而不论。（2）银行里面只有一种货币，即银行存款。一切买卖的付现和付债都是乞助于支票的便利。由是我们遂可将法币、银行货币并商业信用等对于利息率的复杂的影响暂时不予注意。（3）利息只有货币利息一种。借贷的关系皆用货币来计算。实物的借贷与实物的利息不在本章讨论之列。根据三个基本的假定，让我们来研究利息率的决定的原因，和利息率对于物价的影响。

利息率是什么？利息率无疑的是借出的本钱和经过一定期间后所得利息的比

例。利息率如其他货物的价格一样,受贷款的需要和供给的关系决定。这即是说,随着利息率的低落贷款的需要渐次加大,供给渐次减少。在贷款的需要大于供给之际,利息率倾于涨高。小于供给之际,利息率倾于下落。只在贷款的需要与供给恰恰相等的时候,利息率方才既无上涨的倾向亦无下落的倾向。于是利息率便在贷款的供给与需要相等的时候完全决定。这种学说一名可贷资本的利息的学说。但新近学者又主张利息率如同其他货物一样是受货币的需要和供给的关系决定。依照后面这一派学说,在一刹那的时间内,货币的供给是一定的。如果公众所需要的货币,无论它用来作消费支出的准备金也好,或用来作商业开支的准备金也好,或用来作预防危险的准备金也好,在这同一刹那的时间内,小于货币的供给,则在金融市场上必有一部分剩余的货币,寻找出借的机会,利息率倾于下落。反过来说,如果公众所需要的货币大于货币的供给,则在金融市场上,必有一部分的剩余的债券用来吸收货币,利息率倾于涨高。当利息率继续下落之际,公众对于货币的需要增加,直增加到它与货币的供给相等的时候,而后这于静止的状态。反之,当利息率继续涨高的时候,公众对于货币的需要减退,除非它直减退到与供给完全相等的时候不会停息。由此可见,利息率在货币的需要与货币的供给相等的时候,达于均衡的状态,亦就是说,利息率受货币的需要和供给的相互关系决定。这一派的利息说一名货币偏爱的利息说,亦称活动偏爱的学说。这派学说,是由凯衍斯爵士(Lord Keynes)所首先发明的。

这两派的学说,与我们在讨论货币价值一章时,所曾介绍的两派学说是同出一源的。前一派的学说,所讨论的可贷基金与利息率的关系。是指在市场上来买债券的货币与利息率的关系;后一派所讨论的货币与利息率的关系,是指存在金库或银袋里的货币与利息率的关系。前一派的学说把货币看做一种活泼的川流。后一派学说把货币看做一潭静止的池水。前一派对于利息率的分析,是以一段距离的时期的分析作标准。后一派是以刹那的时间的分析作标准。在一段的时期之中,货币不断的流出于市场购买短期或长期的债券,自然而然的形成一种活泼的川流。反之,在一刹那的时点上,货币均是存在个人的金库或钱袋内,自然而然的形成一潭静止的池水。因此之故,所以可贷基金的货币利息论,其所指的可贷基金的供给完全是指的在一段时期内一派川流。反之,货币偏爱的学说,其所指的货币的需要则系指的在一刹那时点上人人所需要来作为购买货物的准备基金的池水了。

现在我们请进而详细说明活动偏好的货币利息的理论。这派利息的理论坚持货币的利息系由货币的供给和需要决定。初学经济学的人总以为商品的需要便是货币的需要。依据他们的意见,一人因为需要商品便需要用货币来购买商品,因此,商品的需要就是货币的需要。这种说法,从时期的观点上说,实在是真实的。这即是说,在一个时期里包含着许多的时点,上一时点的货币的需要等于下一时点的商品的需要。二者的变动常常是一致的。假定我们的时期之长为日,比如我们下午需要商品,上午我们势必便需要货币来作购买商品的准备资金。由此可见,商品的需要与货币的需要在一日之内是一致的。所以我说,从时期的观点上看这种说法是不错的。但从时点的观点上来看,这种说法很难成立。何则?因为在相同的一刹那的时间内,比如说,单在一日的上午的八至九时,商品的需要很明显的是指商品的买进和货币的供给,反之,货币的需要很明显的是指商品的卖出和货币的收入。由此可知商品的需要,在同一时间内,不但与货币需要不同,而且与它正相反对了。依据同一的理由,债券的需要,亦不但与货币的需要不同,而且是与它正相反对的。所谓货币的需要的意义,正如我们在第二章里所说,是指在一刹那时间内,当着商品的价格债券的价格利息率一定的时候,其所需要取来保存的货币,亦有一定数量的意思。

但人为什么要保持这么多的货币呢?用经济的专门术语来说,这必是由于保持货币的人,觉得在他所保持的这么多的货币的边际上的一块钱,在他保持的顷刻所给他的精神的安慰,与他在不保持的时候所给他的物质的享受,利润和利息,是一样重要的。亦就是说,除了边际,这一块钱之外,其他在边际以内的每一块钱在保持的时候,所给他的精神的安慰,都要比在付出的时候,所给他的各种好处还要更大的原故。正如我们上文所说,一人如有一点货币保存在手内,却有许多的好处:一来呢,可备不时的消费之需;再来呢,可以预防不虞之险;三来呢,可以作为经营商业的支付工资和现钱买货或找零之用;四来呢,只要发财的机会一到临,立刻便可以钱来把握,否则便只有看着他走了。因此之故,一人情愿牺牲用钱的好处而取得存钱的好处了。将社会上每一个人,在一刹那时间内,所需要保持的钱通通加积起来,便是社会对于货币的需要总量了。

知道了货币需要的意义后,让我们来对于货币的供给,除在第二章的说明外,再行补说几句话。在管理货币的时代,货币的供给的总量受中央银行的现金供给的限制。除非中央银行增加现金,在一刹那内,它是一个常数。因为中央银行对于货币供给的控制不受利息率的影响,所以在货币管理的时代,凡用以表示货币的供给的曲线 X,乃是平行于用以表示利息率的 Y 的一条直线。正如皮果教授(Prof. A. C. Pigou)所说,"它的公式是 $M=D$ 是常数"。[①] 当然在各个不同的时点内,它可以是各个不同的常数。

假令其他条件相同,货币的需要会跟着利息率而为相反的变化的。利息率较高的时候,保持货币所牺牲的利息大;利息率较低的时候,保持货币所牺牲的利息小。用几何的观念来说明它,如以 Y 轴表示利息率,X 轴表示货币的数量,则货币的需要曲线当是由西北转向东南而倾落。至货币的供给总量,既由非经济的因素,政府的货币政策所规定,不问利息率的涨落怎样,那末,它的变动是独立的。社会上所有的货币总量总是存在社会分子手中,当利息率高的时候,人们多想少存货币以免牺牲利息,假令其他条件相同,货币的需要可能小于供给。于是社会上便有一

---

① *Essays in Applied Economics*, Chap. XII, p.189.

批游资争先恐后的在社会上来放利,即购买债券,结果利息率必然下落。随着利息率的下落,人们保持货币的潜在需要必渐加大,加大了又加大,直到需要等于供给为度。当着利息率较低的时候,人们总想多存货币,不欲斤斤计较利息,此时需要大于供给,于是社会上大都要收回放款,即出卖债券,同时购买债券的游资必感缺乏,结果,利息率必然上涨。随着利息率的上涨,人们存储货币的潜在需要,必然缩小,缩小又缩小,直到需要再度等于供给而后停止。因此之故,所以凯衍斯爵士(Lord J. M. Keynes)说,利息率受货币的需要和供给的相互关系决定。

设令货币的需要状态增加了。这个增加的原因或由消费品的产量增加,或由新的生产工具的建造,致使新企业们需要更多的货币来支付工资或付现找零之用,但货币的供给量如故。为达到这个目的起见,他们只好以高利率引诱那些持有货币的银行的存户,把他们的存款借给他们。即以较低的价格出售债券于存户。我们知道,债券的利息是固定了的。例如一百圆债券,其固定的利息率为五元,如果债券的价格涨为两百圆,则现行的利息率跌为二厘半,反之,如果跌为五十元,则现行的利息率为五元,如果债券的价格涨为两百元,则现行的利息率跌为二厘半,反之,如果跌为五十元,则现行的利息率涨为一分。所以债券价格的涨高即等于利息率的低落,反之,债券价格的低落即等于利息率的涨高。因此之故,现在的新企业家们,以较低的价格出售债券于存户即等于以高利引诱存款人出借存款的行为相同。结果新企业家们随着利息率的涨高,对于货币的需要不敢往上扩大,于是利息率便在一个较高的平面上达于均衡的状态。依据同样的理由,在产业扩充的时候,商人因营业的规模加大,向银行为高利的贷款。银行此时假如不创造更多的存款,它只有向它的存户们,以较低的价格,出售它所保持的债券,结果利息率亦将上涨。

这一分析的方法很容易把它应用到商业萎缩的过程上。这个萎缩的过程或者是由消费品市场的丧失,或由投资物生产的过剩,或因其他的因素的影响。在这一种情境下,企业家们对于货币的需要减少了,因为用作支付工资和其他付现找零的货币需要减少了。他们不欲保持恁多的货币,纷纷以货币购买债券,债券价格涨高,利息率随之低落。在他方面,企业家们因用不着恁多的现金,以现金偿还银行的债务,银行因为现金增加,纷纷向市场上买进债券。随着债券价格的上涨,利息率节节下落,下落了又下落,直下落到企业家们不欲再行缩减他们的货币需要,银行亦不欲再买债券为度。此时利息率因为货币需要减少这么多,所以它的平面也就降低了怎么多。单这一个简单的例,也可使人充分明白,货币的利息率是随着货币的需要与供给而变化的。

但货币的利息总是由借贷的关系发生的。除非先有借贷的关系利息不能存在。所以可贷基金的利息率说亦有存在的价值。正如上文所说,假定可贷资金的一定时,如果社会对于可贷资金的需要大于它的供给,利息率必然涨高。利息率涨高之后,借款人的需要逐渐减退,直减退到与供给相等之际,达于均衡的状态。反之,如果需要小于供给,利息率必然降低。利息率降低之后,借款人的需要势将扩充,其结果也非扩充到与供给相等不会止步。所以罗博森教授(Prof. D. A. Robertson)说,利息率是由可贷款资金的供给和需要决定。

骤看起来,可贷基金说与活动偏好说好像是冲突的,可是经了仔细研究之后,方知两者确乎不是互相竞争的,而是互相补充的。我们知道,在利息率达于均衡状态之际,无论货币的供给与需要或贷款的供给与需要都要各别相等,否则利息率必是涨落不居的。从这假定出发,我们试设在这均衡状态之中,忽然投下了扰乱的因数,例如温瘟流行之后人口往下降低,使公众对于货币的需要减少,即使货币需要曲线往下移动。这即是说,在同一的利息率的点上,公众所需要的货币减少了。公众的货币需要既然减少,而货币的供给量不变,则是货币的需要小于供给了。货币的需要既小于货币的供给,社会上必有一部分剩余的货币,纷纷的投入市场争购债券。换句话说,即在相同的利息率一点上,放款的供给增加了。放款的供给增加,同时社会对放款的需要并未变迁。利息率必然下落,随着利息率下落,公众保持货币所牺牲的利息逐渐减少,由是而公众对于贷款的需要便将扩充。卒至贷款的需要等于贷款的供给之际,利息率始达于平静的状态。在他方面,倘如货币的需要,因投资的扩充,忽然有所增加,但货币的供给量不变。社会上必有一部分剩余的债券,以有利的条件,纷纷到市场上吸收游资。是即贷款的需要大于贷款的供给,利息率必然涨高。随着利息率的增加,保持货币所牺牲利息大,由此而公众对于货币的需要便将萎缩,贷款的供给于是扩张,直到与需要完全相等的时候,达于均衡的状态。综括来说,在货币的总供给量不变的场合,货币的需要增加便等于贷款的供给减少。反之货币的需要减少便等于贷款的供给增加。在前一种情境之下,我们说,利息的高涨的原因是由货币的需要增加,或由贷款的供给减少。在后一种情境之下,我们说利息率减少的原因是由货币的需要减少也可,或由贷款的供给增加也可。正如歇克斯教授(Prof. Hicks)说,"我应该指出,无论我们追踪凯衍斯的说法也好,或追踪其他著者在表面上与凯衍斯系竞争的说法也好,结果均无差别。确切的追踪而进,这两条路线所达到的目的完全是相同的。"①

以上系假定借贷市场上只有一种利息率,但是在实际上各种的利息率是常常不相同的。这个不同的原因:一来呢,是由于借贷的市场在有些情形下赖债的危险大,而在另外的一些情形下赖债的危险很少或无有。再来呢,是因为债务所经过的时期有长短。由于第一个原因,政府的债券的利息率往往比商场上的债券的利息率低,因为政府的信用比较高。由于第二个原因,利息率常有短期利息率与长期的利息率之别。一般的说来,短期的利息率总是比长期利息率较低。极长期的利息率是永远不还本的政府债券的利息率。极短期的利息率是见字即付的放款的利息率。介在其间的种类很多。但在金融市场上,一般所称的短期的利息率大概是把一年不满的借款的利息通通都称做短期的利息率,长期利息率普通的高于短期利

---

① Prof. Hicks (J. R.), *Value and Capital*, Chap. XII.

息率的原因,半由市场的结构的性质,半由长期的放款比短期的放款的危险多。在事实上,只有少数的借款人方才可能得到短期利息率的便宜。大多数的借款人都不能够以短期的债代替长期的债或以长期的债代替短期的债。诚然赖债的危险,在政府公债方面没有,或很少,但在一般的场合下倾于与借贷时期的长度共增加。随着时期的流演,借款人的信用也许越往后越不巩固。还有一点尤为要紧,即长期放款的人须冒将来的债券跌价的危险。纵令政府的公债,莫说其他的债券都有跌价的时候。短期的债券跌价的危险很少。持有短期证券的人,例如三月的汇票,在它满期以前把来出售,很难遭受跌价的损失。正如边罕姆(Frederic Benham)[1]所举的一例所表示,假如一个人以九九五镑买了一张其票面价格为一百镑的三月满期的汇票,他在一个半月以后,把它出卖。纵令贴现率从二厘涨到一分六,他亦可卖九八镑。可是,固定利息率为二厘的长期债券,例如英国的名为孔索尔斯(Consols)的永远不还本的政府债券,如果公众相信长期的利率将会由二厘涨至四厘,那末,它的将来的价格便会由一百跌落到五〇了。由此可见,越是长期的债券,在相同的情境下所冒的危险越大。

为详细的说明各长短期的利息率的变动,我们必须考虑一个个人的存款的各种用途。第一,他可以保持它作为现金不动。第二,他可以持以购买短期的债券,即汇票。第三,他可用以购买固定利息的长期债券。第四,他可用以购买股票。保持货币最活动,保持其他的资产是否活动就看它是否可以换为货币。汇票虽与股票和债券一样,均可换为货币,但因后者跌价的危险较多,所以短期汇票比较长期证券更活动。如果长期的利息率高涨,债券的价值必落。如果红利看跌,股票亦必跌价。

保存货币的好处,就是因为货币可以用来偿债。保持短期的票据,在商业繁荣或信用状态巩固的时候,只有很少的丧失货币的危险性。如果短期放款人肯等待,他可以在债券满期的时候收回所有的债务。但放款人在这放款的期中,总是牺牲了保持货币的利益。所以短期的利息率实在可以看做放款人的因为牺牲活动而所得的一种酬报。如果公众对于活动的需要增加,短期利息率会涨高。在金融恐慌的时候,尤为显著。商店为了借钱来偿付,到期的债务和避免关门,急于借款,使短期的利息率为空前的涨高。如果利润看涨,公众倾于以货币购买股票。股票价格涨高,债券价格将落。长期利息率因而上升。短期利息率大概亦将上升,因为投机者们和商店们等不得长期借款或股票发行成功,便须借钱来扩大经营。反之,如果利润率看跌,股票的价格将跌,债券的价格将涨。短期的利息率倾于下落,因为大量的可贷的资金纷纷投入市场寻找短期证券。在实际上,没有或很少的因短期证券跌价因而损失资本的危险。短期资金的供给于是大于需要。

长期利息率常与短期利息率为同方向的变动。如果长期的债券在将来既不看

① Frederic Benham, *Economics*, chap XVII, pp. 259—264.

涨又不看跌,长期利息率和短期利息率会越来越接近。假令长期利息率大于短期利息率,借款人和一般的金融家均倾于借短期,或借短期放长期。即抛售短期债券,买进长期债券,短期利息率跌,长期利息率涨,二者于是越来越接近了。可是短期利息率与长期利息率亦可以为异方向的变动,只要长期债券的价格一般公众相信他们会涨或会落。从一九二九年十月到一九三〇年十月伦敦的政府公债孔索尔斯(Consols)涨了百分之一二。如果这个上涨的变动早就很清楚的和很普遍的被看见了,那末,一九二九年秋季的短期利息率必会涨的更高。反之,一九三六年和一九三七年短期利息率在伦敦最低一半是由短期放款人预见了长期利息率的上涨,换句话说,即预见了债券的未来的跌价的原故。一般的人往往相信,短期利息率如果降低,比如说中央银行的贴现率如果降低,长期利息率即将降低,现在我们知道这种见解不必全对。不问短期的利息率落到如何程度,假如固定利息率为二厘半的长期公债公众相信它将来的价格会跌落到五〇,那么,长期公债的利息率便会停滞在五厘左右。公众为他自己的利益打算,情愿少得利息,把钱保存起来等公债跌到五〇时再买,而不愿以六二元去买它。因为以六二元所买进的公债所得利息率不过四厘,但如公债将来跌价到五十,他所损失的便是十二元了。由是而中央银行减少长期利息的政策便为公众的相反的信心所妨碍了。所以任何政府的金融的政策均须继之以宣传,使公众的相反的信心没有立足的余地,方才易于奏效。

第三节　利息率与物价平面

在第三章里,我们曾说,货币的价值或它的倒数,物价,是受可支配的货币数量与货物的供给决定,或受货币的需要和供给的关系决定。现在我们所要问的,即为什么可支配的货币数量一增加,或货币的需要一减少,假令其他条件不变,物价便会涨高呢?这大概是由可支配的货币数量增加可以减少利息率的关系使然。

一般说来,当着利息率低落之时,资本财的价格会增加,而且越是耐久的资本财的价格共增加的程度亦越大。因为资本财的价格,例如房屋或债券,假令它的每年的每百元的纯收益都是一样的,那末,它的价格便等于它的纯收益与利息率的比例。例如债券或住宅,每百元的年收益为两元,利息率为二厘,那末,它的价格仍是一百。假令利息率跌为一厘,那末,他的价格便会逐渐涨为二百。因为资金所有者以一百元放借而所得到的利息仅为一元,但以一百元买债券或住宅而所得的房租或净益为两元。除非资金所有者是傻子,他必不以百元去放利,而以一百元去买债券或住宅。这样一来,债券和住宅的需要便增加了,然而他的供给不变,其价格必然上涨,上涨又上涨,除非涨到两百不会停止。反过来说假如利息率涨为四厘,它便会跌为五〇元了。在这一个例子上,利息率与物价会为反比例的变动,是再明白没有的了。纵令耐久的资本财其未来的总收益(包含资本的折旧在内)年年是不相同的,因为它的市场的价格,须依现行的利息率来折合,其公式为

$$P = \frac{A_1}{(1+r)} + \frac{A_2}{(1+r)^2} + \cdots + \frac{A_n}{(1+r)^n}$$

例如今有一件生产的工具,共可以用三年,第一年的总收益为一百,第二年一百五十,第三年两百,那末,这份生产工具的现在的价格,依照年利四厘计算,便将为

$$\frac{100}{1.04} + \frac{150}{1.04^2} + \frac{200}{1.04^2}$$

之总和了。由此可知,当着利息率往下低落之际,越是耐久的资本财的价格会当涨价越高了。在他方面,因为利息率低落的结果金融资本有的收会减少,他们的储蓄亦会减少。但实际的工商业家的所得会增加,他们的储蓄会增加,假如其他条件完全不变,因为实际工商业家的储蓄心较强,消费品的价格倾于轻微的减少。但因其他的条件不是不变,一来呢,商人的存货会因利息率的降低而增加,二来呢,固定资本的生产会增加,消费品的价格亦将增加。为详细的探寻在各种不同的情境下,利息率和物价水准的关系,我们可以分出各种独立的个案,逐条说明发后:

在充分就业和固定的投资时期的场合下,尽管资本的价格会往上增加,但消费财的价格可以不变。因在这种场合下,商人的存货不会随着利息率的降低而增加,消费财的生产部门的生产因素,亦不会往资本财的生产部门移动,否则投资的时期会增加,而与我们所假定的场合根本不相合。由是生产资本财和消费财的两部门均会维持原状不变。资本财的价格虽然增加,但因资本财的生产无法增加,结果徒然增加了生产因素的价格。实际的工商业家,虽因利息率的下落成本降低,然因生产因素价格的增加,可能吸尽了利息降低的利益,结果资本财的生产部门没有好处。在他方面消费品的生产部门,虽因利息率的降低,成本略有减少,但因所使用的资本财的价格增加了,因此无力增加该部门的生产因数的价格。即消费品部门的企业家和生产因数所有者的相对地位均无变迁。从消费品的价格方面说,因为利息率减少了,金融资本家的所得减少,消费品的需要会减少。在他方面,因为其他的生产因数的所得有增加,可将前者的效果完全抵消,结果消费品的价格可以不变。

在充分就业和投资时期可变的场合下,资本财的价格可与消费财的价格共增加,但消费财的价格的增加永远的落在资本财的价格的下面,总物价之涨高较为和缓。为什么呢?利息率低落之后,越是耐久的资本财的价格增加越大。依据我们的假定,投资时期可以延长,这等于说,消费财部门的生产因素可向资本财的生产部门移动,消费财的产量因而减少。又因利息率降低之后,商人会增加他们的囤货,即买的较快卖的较慢,因为他们不感利息率负担的沉重。结果越见造成消费品的供给的减少。消费品的供给减少了,但生产因素的所得在两部门均有增加,消费品的价格自然往上增加。再说,资本财的价值,因消费品的价格涨高而再增加,生产因素的价格再增加,消费品的价格自然往上增加。累积的作用于是产生。但因

工资的硬性的关系,利息率降低之后,资本财的价格虽然增加,但工资不必马上增加,而实际的工商业家所得之高利,不必以之消费,因此,在资本财涨价之后,消费财增价之前,常须经过相当的时延。反之,消费品的价格增加,则可马上引起资本财的价格的增加。因此,消费财的价格曲线会永远的落在资本财价格的后面,结果总物价之增加较为和缓。

生产资源尚未用尽的场合,情形较为复杂。假令未用尽的生产资源只在消费品的生产部门存在,并不可以移转到资本财的生产部门内,生产资源的就业状态不会改进。利息率低落的结果,假令所引起的所得分配的改变,恰如在充分就业和固定的投资时期的场合一样,使两个生产部门的企业家均无特殊的利益。再假令金融资本家和资本家的所失恰等于劳动阶级的所得。企业家不会需要更多的劳动的数量。失业不会减少,生产的数量如故。如果失业的生产因素只在资本财的生产部门存在,同时不可由资本财的生产部门移到消费财的生产部门里面去。利息率低落的结果,资本财的价格增加,结果失业的数量会减少。社会的货币总所得会增加,消费财的需要会增加,但同时消费财的供给没有增加,消费财因而涨价,但消费财涨价的程度比较第一种场合,从一方面说,要涨得慢些,因为消费财的产量没有减少。但从另一方面说,又要涨得快些,因为生产财部门的扩充,在失业存在的场合,可以吸收失业的资源,为时较快。不似在充分就业的场合,须从消费财的生产部门吸收生产资源,需时较长。假令两部门的生产因素都未达到充分就业状态,并同时不可移动。结果消费财的需要可与消费财的供给共增加,消费财的价格可以不变。如果充分就业的状态首先在资本财的生产部门出现,可能与我们恰才说过的第一种情形相同。如果充分就业的状态在消费品生产的部门首先实现,结果可与刚才所说的第二种情形相合。

最后我们所要说明的,即假定两部门的生产因素可以移动。如果失业的状态系在资本财的生产的部门。随着利息率的低落,资本财工业部门的第一个阶级的扩充系由吸收失业的预备军和其他的生产的因数。第二个阶段的扩充系由拉用消费财的生产部门的生产的力量。随着资本财的生产部门的扩充,物价会继续的往上增加。如果失业的状态系在消费品的生产部门内,随着利息率的低落,消费财的价格会涨高,但涨高的程度比较的要缓和些。

以上系论利息率的下落和物价的关系,现在我们要反过头来讨论利息率的上涨对于物价的影响:第一,利息率上涨的结果资本财会跌价,而且越是耐久的资本财会跌价得越显著。随着利息率的高涨,金融资本家的收入会增加,实际资本家的所得会减少。假令其他条件完全不变,因为金融资本家的储蓄心较弱,消费品的价格倾于轻微的上涨。但因其他的条件常要变化,所以这个倾向不易实现。第二,假定生产的组织是硬性的,生产因素不可以由消费品的生产部门移到资本财的生产部门。随着利息率的上涨,在资本财的生产部门的生产因素会跌价。实际资本家在利息率方面虽有所失,但在其他的成本则有所得。利息率涨高的效果使国民所得的分配有利于金融资本家而无利于实际资本家与工人。随着利息率的涨高,储蓄也许会增加,消费品的价格会减少。第三,假定工资是可以伸缩的,并且有转业可能。随着利息率的高涨,在资本财的生产部门的生产因素价格首先跌落,消费财的生产部门的生产因素的数量会增加。但因商人不堪高利率的重压,纷纷抛售囤货,消费品的价格因而下落。又消费财的生产的增加亦可以使它的价格往下降低。随着消费财的价格的低落资本财的价格随之低落,资本财部门的所得再减少消费财的需要再减少,消费财的价格再低落,资本财的价格再降低。在这一种情境下,资本财的价格比消费财的价格跌落得更快。再从国民所得的重新分配上说,在一方面固定所得的接受者,他们的工资跌得慢,但生活的费用跌得快。他们的地位比较进步。在他方面,实际的企业家不断发生损失。他们必须以他们的资本来支持利息和维持他们的生活。社会的消费大于所得,消费的资本逐渐往下减少。

第四,如果工资不是可以伸缩的,物价的下落会引起工人的失业。特别是在资本财生产的部门,失业人数必甚显著。消费财的需要于是越发小于供给,他们的价格的低落因而加速。消费财的价格下落后,消费财的生产的部门可能引起失业。消费品的供给会降低,结果可使消费财的价格的低落较为和缓。这里我们假定工资减少的比例大于消费财减少的比例。在特殊的情形之下,消费财的价格的低落可以完全被抵消,而使消费财的价格没有变迁;只要生产的因素不可移易,而且工资在资本财生产的部门是完全的可以伸缩的,但在消费财的生产部门是硬性的。这个结果是在消费财生产的部门会有相当的失业,同时消费财的生产亦有相应的减少,但这减少的程度可与所得者的货币需要的减少同比例。

以上在讨论利息率和物价的关系时假定利息率只有一种。现在我们还须要更进一步来讨论短期利息率与长期利息率对于物价平面的影响。

一般的说来,短期利息率的变迁(但长期利息率不动)会影响商人囤货数量的变动。在均衡状态之中,商人的短期投资的数量系在短期投资的限界利润率与短期利息率相等的地方决定。现在利息率假定忽然增加,从事短期投资的商人,必然觉得在限界上的投资所得的利润小于利息。他必定要缩减他的投资的规模。缩减了又缩减,直缩减到限界利润率与短期利息率相同之处而后止步。在相反的场合内,其结果亦必定相反。依照郝曲莱(Hawtrey)的思想的路线,商人之保有若干的财货纯系因为他想要维持顾客买货的便利。可是这个货物保持的便利是需要牺牲若干的金钱的价值始能实现的。这类金钱价值的牺牲便是商人保持货物所需的成本了。可是,在他方面,商人如能供应顾客的便利,亦有若干的货币价值的获得的。当着短期利息率高涨之时,商人觉得他的存货太多了,因为他的存货对他所生的限界利益未变,可是他的利息率涨高了,于他小有损失。他以减少存货若干的单位为最合算。他于是把货卖得较快买的较慢。如果这份相应的资本是他自己所有的,他便要把他卖货收来的货币,去作短期放款了。如果这份相应的资本是向银行借来的,那末,他便要把来还账了。无论他采取任何一途径,社会的消费品的供给均必要增加消费品的价格,势必因此而有相当的低落。但耐久的资本财的价值所受影响太小,太小。

反之,当着长期的利息率降低短期利息率不动之时,企业家便会增加他对固定资本的需要。固定资本于是便要涨价。这个道理明显的很。假定技术的状态不变,并假定固定资本的未来的收益亦不变,企业家是否要对于固定资本的需要增加便需要视长期利息率之大小为转移了。如果利息率越低企业家便会觉得资本财的扩充对他的诱惑性越大。如果利息率越高,他便会觉得资本财的诱惑性越少。两个例子便可以把这点弄清楚。正如上文所说,假定有一个机器制造者将某种机器的价格定为千镑。这个购买机器的公司计算这份机器可用三十年。除开修理的费用,机器的折旧,和与它合作所增加的各种成本而外,但不除开利息的开支,这副机器每年给该公司五十镑的纯收益。同时,假令这个公司可以按照不到五厘的年利借进一千镑,借三十年,那末,他便有纯挣的利润可图了。如果利息率为五厘,那末,这个冒险的举动尽只有权且保持的意义。这份机器便是限界的投资了。如果大于五厘,这个公司便有损失。最可注意的一件事,即此机器的收益系指增加新机器一万镑,所增加的收益。至于公司所原有的旧机器的收益是否等于利息或不等于利息,那是毫无直接关系的。又如有一铁路公司他想把铁路的全部或半部电气化,需增加资本两千万镑,并假令铁路电气化后可得一百镑一年的总收益(包含利息)。不问这个铁路公司在前还是赚钱或赔本,只要他能以五厘借进两百万镑,他都觉得值得。假令低于五厘他必觉得更值得。反之,假令高于五厘他必觉得完全不值得的了。依照类似的理由,一个普通公司或铁路公司,当着他的机器已经耗尽了他的寿龄之际,是否决定再投资亦受同样的考虑所支配。假令长期的利息率低落在长期投资的限界利润率之下,当然他会再投资了。[①] 由此可知,从投资的均衡状态出发,假令长期利息率低落,固定资本的需要便增加,但固定资本的供给尚未增加,固定资本必定涨价,而且越是固定的资本必定涨价便愈高了。以上我们的讨论,系假令将来的资本的限界的收益年年都是相同的。纵令年年都不大相同亦无妨碍,只要长期利息率与每各年度的限界资本的收益的相互关系存在,其对于固定资本的价格的影响亦与上文的结论相合。

现在我们必须要把长期利息率和短期利息率所共同给与消费财价格的联合的影响作一综合的叙述。在讨论这个问题以前,关于长短期利率彼此的关系,我们必须先行擅设一个假定来讨论。即我们假定长期的利息率系由许多短期的利息率累积而成的结果。我们的意思是说,一月的利息率是由日日的利息率的累积。一年的利息率是由月月的利息率的累积。十年的利息率是由年年的利息率的累积。用数学的式子来表示,即长期的利息率和短期利息率的关系受下列这个公式支配:即

---

① R. S. Sayers, *Modern banking*, pp. 156—60.

$(1+r_1)(1+r_2)\cdots\cdots(1+r_n)=(1+r)n$。至于其他的影响长期和短期的利息率的因数我们为了便于讨论起见,暂且置而不论。在这一个假定下,我们不难寻出长期利息率和短期利息率二者所共同给予消费品价格的联合的影响。如下:

短期率影响消费财的价格较快,但不久。长期率影响消费财的价格较慢,但越来越重要。如果短期率低长期率高,消费财的价格初涨而后落。如果短期率高长期率低,消费财的价格初落而后涨。如果短期率和长期率均涨高,但短期率涨得更高,消费财的价格,在最初的时期,落得很厉害,以后渐缓,以后再度为加速的下落,因受长期率的影响,如果短期率和长期率均降低,但短期率降得更低,消费财的价格,在最初的时期,涨得很厉害,以后渐缓,以后再度为加速的上涨,因受长期率的影响。如果两率均为相同的变动,短期率跟在长期率之后,消费品的价格会一直上涨或下落。价格的曲线比较平滑。

第四节　资本的限界利润和利息率

在一节里,我们说,投资大于储蓄的关系,系受资本的限界利润率大于利息率的关系所决定。在第二节里,我们说利息率是受货币或可贷资金的需要和供给的关系决定。第三节里,我们说,假如从均衡的状态开始,利息率如果降低,投资便会增加,物价在实际上便会涨高。短期率如果降低,短期资本的需要便会增加,消费财的价格便会为短时的增高。长期率如果降低,固定资本的需要便会增加,消费财的价格便会为长期的增加。现在我们所要说的就同,假如我们不从均衡状态出发,利息率影响物价的程度决不如资本的限界利润率影响物价之巨。

假令资本的限界利润率是一定的,并且一向都与利息率相等,今日利息率忽然小于利润率,当然投资的需要会增加,价格会涨高。但如资本的限界利润率是不一定的,并比较利息率变动更剧烈,要不是涨在它的顶前面,但是在它的顶后头,利息率在许多的场合,无论赛跑与赛慢,都赶不上利润率,那末,上述的结论便不是完全真实的了。在事实上,资本的限界利润率的变动常常都是比较剧烈的,所以上述的结论,必须加以适当的修正。

何以说,资本的限界利润率常常都是比较的剧烈,而且时常立于领导利息的地位呢?这是根于资本的未来的收益即利润的本性而来。正如我们在第一节里所说,资本的未来的收益,不比它的过去的收益,是由企业家的预期的心理状态所造成。这个预期的作用是很缺乏根据的。他们是以变迁不息的和不可倚赖的证据为预测的根据,因此容易发生突然的和剧烈的变化。在商业繁荣的时期里,不问这个繁荣的因数是什么,或者是由于战争,或者是由于新发明,亦或者是由于通常的财政上的赤字,资本的未来的一串的收益,在企业家们的眼孔里,均呈现着粉红的光辉。些微的几厘的利息的变动,何能阻止他们疯狂的对于投资的需要。他们所计较的是太阳和月亮大的损失或利得,星星小的几厘钱的利息的差额,自然不在计较之列。证以大战以来,我国各地的利息率由百分之一·五涨到百分之百,造成中国历史上利息率空前未有的高度。但因物价的高涨转瞬便是几百倍,结果商人的囤货,依照继续的往上为激剧的增加。反之,在商业衰败的时期,物价继续的狂跌,资本的未来的收益,在企业家的眼帘上笼罩着层层的灰黑的颜色。商人预计他的投资的损失,动辄以千万和万万作标准。些微的利息率的低落,实在不足以刺激企业家的投资的需要。在商业的两个极端的状态上,无论在什么时候,企业家对于投资的需要,几乎很难得受利息率的限制。除非取径于公共工程的扩充与收缩,不易矫正物价的激涨和激落。特别是在商业衰败的状态中,除非利息率为零或为负,不足以刺激企业家的投资的动机。正如罗博森教授(Prof. D. H. Robortson)说,一个急于借款的人总可以受某种高利息率的阻挫,但一个不愿意借款的人,凡在零点以上的利息率,恐怕都不足以予他以丝毫的鼓舞的。由此可见,在动态的经济关系里面,资本的限界利润率实比利息率对于物价的影响要更强大些。然则在经济的动态之中,从限界过度的繁荣和长期的衰败的发展上说,利息率的政策是毫无效果的吗?这又未免言之过甚。至少,利息率的改变,在商业状态的两个极端之中,仍然不失为预防商业为不正当的波动的一个重要的武器。

以上的讨论,为图分析的简单化,都未将商业的信用放在货币的范围内,实则商业的信用是常可以代替货币的作用的。在商业交易频繁和旺盛之际,企业家为图满足商业的动机,货币的需要增加,但商业的信用也增加了。换句话说,货币的供给也增加了。利息率虽然往上增加,但较和缓。在恐慌发生之前夕,商业的交易几陷于停滞的状态中,企业家均需要货币来清偿过去在商业旺盛时期所欠的债务。但因此时商业的信用忽丧失其货币代替的作用,等于货币的供给的突然减少,很自然的利息率会要为加速度的上升了。除了借款于商业信用的性质,无论采用任何的利息的学说,都不能充分的解释在商业繁荣的时期,利息率的上涨反而比较和缓,而在商业恐慌之前夕,利息率反而像轻气球向高空扶摇而直上。把这点记在心内,再经过一段距离之后,我们便可很容易的进而讨论商业的循环的变动。

第六章　国际的货币问题

第一节　收支差额与外汇

外汇率就是一个货币所能交换的外国货币的数量。换句话说一国的货币的外汇率,就是一国的货币,在国际汇兑的市场上,以外国货币来表示的价值。正如货物的货币价值一样,它系受供给和需要的关系决定。在一国货币的需要大于供给之际,它的外汇率倾于涨高。小于供给之际,外汇率倾于下落。随着外汇率的下落,供给渐形萎缩,需要渐形扩大。反之随着外汇率的上涨,供给渐形增加,需要渐形缩小。一面缩小,一面增加,除非在到供给与需要相等的状态,外汇率不会稳定。但一国的货币的需要与供给是怎样发生的呢? 为解答这个问题起见,我们必须进而讨论支付差额的意义。

何谓支付的差额? 支付的差额就是一国所欠外国的净债,或外国所欠本国的净债。从本国的观点上看来,前者称做无利的支付差额,后者称做有利的支付差额。我们曾说,货币乃是一种偿付债务的手段,但有一个条件,即须在本国的范围以内。因此之故,当本国欠外国的净债之时,我们必须以本国的货币去买外国的货币。由是我们对于外国的货币的需要便有纯净的增加,外国的货币便会涨价,本国的货币便会跌价。反之,当外国欠本国的债务之时,外国人便必须以他们的货币来买我们国家的货币,来清偿他们所欠我们的净债,由是他们对于我们的货币的需要便有纯净的增加,我国的货币的外汇率便会增加,外国的货币的汇率便会跌落。这是更明白也没有的。

但一国因何欠付他国净债呢? 这不外两个原因:其一就是由于外国的货物和役务在本国有入超,其二就是由于外国的债券在本国有入超。从本国的立场上说,前者称做无利的贸易差额,后者称做无利的借贷差额。将这两种差额合并在一道,便构成了一国所欠外国的纯净的债务。但为什么外国的货物和役务在本国有入超呢? 这必是由于以本国货币来计算的外国货物和役务的价格,比本国相同的货物和役务的价格低,因此,大家才有以钱来买外国的货物和役务。依照类似的理由,外国的债券为什么在本国有入超呢? 这必是由以本国货币来计算的投在外国的资本,在其他的条件不变时,所得的利息率比较高。但以本国的货币来比较国内外的商品和役务并投资的价格,均非透过外汇的关系不能够。因此相对的物价和汇价便成了决定货物和役务的入超(或出超)的要素。依照类似的理由,相对的利息率和汇价便成了决定借券入超(或出超)的要素。

由此以言,全部支付的差额受三个因素决定:(1)相对的物价水准,(2)外汇率,(3)相对的利息率。这个差额,构成在国际汇兑市场上,一国货币的相对的供给和需要。因此,一国的货币的汇价,当着相对的利息率和物价不变之际,跟着一国的支付差额的决定而决定。当着外汇率定了之际,物价与利息如果其中有一发生变化,支付的差额便会跟着发生变化,因而外汇率也会跟着发生变化。

第二节　国际价格的均衡

依照耶芳斯(Jevons)的无差别的公律,同一的商品,在同一的市场上,有获得同一价格的趋势。把这理论应用到国际的商品市场上,我们便可看出一国货币的汇价,在短时期内,虽受支付的差额所决定的供需的关系决定,可是在长期内,它实系受两国的货币购买力决定。为便于说明起见,假令今有 A、B 和 C 三个国家,有一组货物是他们的共同所需要的。假令这一组货物的每一复合的单位,在 A 卖一金镑,在 B 卖一百法郎,在 C 卖四元美金,那末 A、B、C 三个国家的货币的外汇率,便将在长时期内倾于一个金镑换一百法郎,和一圆美金换二十五个法郎的汇价。假如一个金镑换三元美金,然而同组的货物的一定量,在 A 还是卖一个金镑,在 C 还是卖四元美金,那末,同组的货物的一定量,在 A 卖一金镑在 B 卖四元美金,以四元美金的卖价,依照一与三的汇价,可得一镑又六先令和八便士。这即是说同组的货物在 A 所值的金镑少,而在 C 所值的金镑多。除非商人是傻子,他必将这同组的货物源源不断的运到 C 国去买,以图取得六先令和八便士的净利。由是 A 在 C 有出超。这即是说,C 欠 A 的净债,假定其他条件不变,恰将等于出超之数。因 C 欠 A 的净债不能以美金去偿付,而须以金镑去偿付,C 对金镑的需要于是增加。金镑的汇价会涨,除非涨到一个金镑换四圆美金不会停止。反过来说,假令同组商品的一定量,在 A 还是卖一个金镑,在 C 四圆美金。但汇率变了,即一个金镑不是换四元美金,而是换五圆美金。这即是说,同组的货物的一定量,倘以美金来计算,在 C 只卖四圆美金,而在 A,依照一镑汇五个美金的汇率,则值五圆美金。除非商人是傻子,C 的货物必定源源不断的向 A 输出。C 在 A 的输出增加,A 于是欠 C 的债务。依照类似的理由,A 对美金的需要增加,美金必涨价,金镑必跌价,跌了又跌,其结果非从一个金镑汇五圆美金的汇率,跌到一对四的汇率不止。到了涨到和跌到一个金镑汇四圆美金之际,同组货物的一定量无论在 A 或 C 所卖的(以同一货币单位来计算的)价格均相等。因此货物无论在 C 或在 A 均无出超或入超。金镑或美元的需要与供给于是均没有增加和减少的原因,汇率于是安稳的落在一对四的比例上。依货币价值的立场上说,一个金镑和四圆美金的购买力是相等的,所以二者可以互相交易。嘉塞尔(Gustav Cassel)说，一国货币对外国货币的汇率，受该两国的相对的货币购买力决定。这种学说一种购买力平信说(Theory of Purchasing Power Parity)。但从货物的价值的立场上看，当着四圆美金汇一个金镑的时候，这个同组货物的一定是，无论以美金或英镑来计算，其价格无论在 A 和 C 都是一样的，所以这种理论亦可称做国际物价均衡的理论了。由此可见，嘉塞尔的购买力平价说，实在不过只是国际物价均衡理论，在外汇率方面的一个应用而已。

但外汇率可以在同组货物的一定量，在两国所卖的价格之比，加减运费的范围内变动。这即是说，假令同组的货物的一定量，在 A 卖一金镑，在 C 卖四圆美金，那末，A 一金镑的汇价可以涨到四圆美金加五分美金的运费，或跌到一金镑的汇价兑四圆美金减运费。假令由于国际投资的关系，A 向 C 输出债券，C 向 A 输出资本。C 对 A 的金镑的需要增加了。金镑涨价，涨到一个金镑汇四圆零五分美金。从商人的眼光看来，这个汇率还是合理的汇率。因为 C 国商人所欠 A 国的人的债务，只有两种清偿的办法：(1) 以美金四元零五分去汇一个金镑，再以金镑去偿付 A 国的债务。(2) 以值四圆美金的货物运到 C 国去出售一金镑，再以一金镑去偿付 A 国的债务，这个结果还是差不多，因为四圆美金所买的货物加上〇·五圆的输出费，在 A 国卖一金镑还是与以四·〇五圆美金汇一个金镑的情形，没有什么不同。在相反的场合下，假令 A 欠 C 的净债，A 对美金的需要增加，美金涨价，金镑跌价。从金镑的立场看来，其跌落的程度，亦可以得到一个金镑汇三圆九角五分的范围，因为从商人的眼光看来，以一个金镑所买的货物运到 C 国，卖四圆美金，再由四圆美金之中，减去五分美金的运费，其结果与以一个金镑汇三圆九角五分美金相等。从金镑的立场看来，在顺和逆的支付差额发生之时，金镑的汇率的涨落，可以等于值一金镑的货物在 C 国的卖价四圆美金，加上输入费五分美金，或减去输出费五分美金。

然则一国货币的外汇率永远的会等于它的购买力平价加减输入费和运出费呢？是又不然。它尽可以超过它的范围。但超过这个范围之后，假令其他条件相同，必然会引起一种相反的力量来将它重行限制到这个范围之内就是了。以第一种情形来说，假令一国货币的汇价，比如说金镑的汇价涨到它的购买力平价加运费的范围之上，即涨到四·〇五美元以上，必然引起 C 对 A 的出超。因从 C 国的商人的立场上看来，与其以四·〇六美元去汇一金镑，还不如以四圆美金所买的货物加上运费去买一金镑为有利。因他每做四圆美金的买卖，便可以多得一分美金。以第二种情形来说，假如一金镑的汇价跌到它的购买力平价减运费的范围以下，即跌到三·九五圆美金以下，依照类似的理由必然引起 A 对 C 的出超。当前一种状态继续存在的时候，金镑的汇价会发生回跌，当后一种状态继续存在的时候，金镑的汇价会发生回涨。其结果非涨到购买力平价加减运费的范围之内，不会止步。因为在同一国际商品市场上，同质的商品只有同一的价格（加减运费）。反过来说，就是互相交换的两类货币的数量其购买力倾于相合（由运费的因数而所引起的购买力的变迁,须斟酌的加进来或除出去)。

国际的物价均衡的学说,或货币购买力平价说,不但可用以解释在纸币本位之下,外汇率的决定,且可用以解释在金本位制之下外汇率的决定。在金本位之下,一国货币的汇率不能超过它与其他国家的货币的金平价加减所含黄金的运费的范围,与上述的理由相同。否则同组货物的一定量,在同一国际市场上,必须发生两种不同的价格,由是便会引起入超或出超,结果会使一国的货币的汇率,最后,仍然落到它的金平价和加减运费的范围内。这个道理容易明白的很。比如今有 AB 两国,A 的货币是金镑含一一三分纯金,B 的货币是金圆,每圆含二八·二五分纯金恰值金镑的四分之一。由是一个金镑的金平价便等于四个金圆了。再假定一一三分纯金,由 A 运 B 的来回运费相等即〇·〇五金圆,B 国便将运送黄金来清偿 A 的债务。因为这样一来 B 可以节省两分美金来作别用途。随着黄金的输出,B 欠 A 的债务逐渐清偿,于是金镑的汇价便将逐渐恢复到金平价的地位。由此可知,金镑的正常汇价,其上界不能高过金平价加黄金的输入费。反过来说,就是美金的跌价不能跌过金平价减输出费。在高过的时候,同是一一三分的纯金在 B 只值四圆美金,在 A 值四圆零七分美金。除去运费五分美金,尚余二分美金。是黄金在 B 的价格低,在 A 的价格高,当然黄金要源源不断的由 B 运 A 了。在低过的时候,同是一一三分黄金在 A 只值一个金镑,在 B 值一镑尚余七分美金,除去运费五分美金,尚余二分美金。即黄金在 A 的价格低而在 B 的价格高,当然黄金要源源不断的由 A 输 B 了。除非黄金在两国的价格,除去运费,完全一样,黄金的供给和需要不会达到均衡的状态。但黄金在两国的价格,除去运费之后,要在什么情境之下,才能完全一样呢?很显然的要一国货币的外汇率,除去运费之外,仅等于它的金平价了。所以我说,国际物价均衡的理论,不但可用以解释在独立本位之下,货币的外汇率的稳定的平面,即用以解释在金本位制下同样的问题,其效力亦复是相同的了。

但有一点我们必须要强调的,即货币的汇率并不能够使所有的个别商品的价格趋于平等。万一不幸有此种情形发生,国际的分工和交易必然归于停顿。在正常的汇率存在之际,它只能使各别特殊价格的相差倾于平均。在短时期以内,市场的汇率可与正常的汇率相乖离,因而可使一国的货币的购买力过高或过低。但是,过高,输入必受限制,输出必遇一种非常的刺激;过低,输出必受一种非常的刺激,输入必受限制。在任一情形之下,安稳的条件均不存在。同时支付的差额必受扰乱,而使外汇率恢复常态。

正因货币的汇率不能使所有的个别商品的价格趋于平等,所以,即在正常的状态之下,它亦只能使一般商品的价格趋于平等。否!它亦不能使一般商品的价格倾于平等,但只能使特殊部分的商品即国际商品的价格趋于平等。因为依据统计的分析,只在外汇率达于相当的均衡状态的时间内,如以生活费指数作比较,各国的货币的购买力可以大致相合。这系由于各异的国民把他们的货币用在各种不同的货物上的原故。纵令他们所买的货物是相同的,但他们对于相同的商品所付的买价,在他们的总收入中所占的比例亦不一致的原故。此外当然还有其他的种种的原因,如生产技术的不同和生产因数的不同等等。所以要想依照国际价格均衡的原理,来任意选出一组的商品,依照现行的比较安定的外汇率,来算出他们的价格,无论在那个国家(除了运费),都是一样,这当然是一件不可能的事情了。为避免这个困难起见,国际价格内均衡的理论,只好放弃这种绝对的形态而另采一种相对形式的说明了。

相对形式的国际价格均衡的学说,承认一国和他国之间的物价在某种范围以内,可以不同,而且这种不同是合理的。在这不同的基础上,假如甲国的物价指数在相当的时期内,比较乙国增高一倍,假定这些造成物价不同的基本条件不变,那末,中国的货币的外汇率便将倾于往下低落一半,否则贸易的差额必不利于甲国而使甲国货币的外汇率降落到这个限度上。但因这些基本的条件常常变化,所以实际的外汇率不必与指数完全为反比例的变动。为什么呢?第一,世界上对于一国的出口货的需要,可以很严重的影响该国的汇率,但在各国的货币购买力上,并未发生如此显著的变化。印度的旱灾可摧毁印度的茶产,而使世界对于中国茶的需要要增加,结果中国的茶的出口的价值大增,中国货币的外汇率于是高涨。但单从各国货币购买力的研究必不能说明中国货币的外汇率可有此量的变迁。第二,对于这个原则的扰乱的因数亦可从供给方面生出来。假如中国茶突然增加了数倍,外率亦将发生剧烈的变化。如果世界对于中国茶的需要是有弹性的,中国茶出口的价值会增加,中国货币的外汇率亦是要加强的。但在购买力的比较研究里,亦看不出这种加强是必要的。反过来说,假令世界对于中国茶的需要弹性小于一,中国茶出口的价值会减少,这会减少国币的汇价,但在购买力的比较里亦看不见。第三,关税的课征可使保护国的货币的汇率高过它的购买力的平价。第四,华侨向祖国的汇款可以加强国币的需要,但这不必在购买力的比较研究里看得见。投在外国的资本突然开始付息,也可招致同样的结果。第五,资本的移动也可影响购资力平价。此外,如特殊货币的季节需要的变动亦可以扰乱货币购买力的平价。凡此这些扰乱的因素对于一个应用购买力平价的学说,来解释外汇的人,均应加以适度的考虑才行。虽然,货币购买力平价的相对形态或国际相对价格均衡的理论仍是解释汇率的长期变动的重要理论。

第三节　利息率与外汇率

在正常的状态之下,利息率在国际资本市场上有趋于平等的倾向。在说明这个趋势以前,有几个意义含混的名词须先加以说明。因为在金融论坛上常有这种说法,即"甲国的资本逃入乙国,或乙国正将它的资本移到甲国"。他们好像是说,甲国在某日里曾将它的货币资本,装成了许多的箱子,运到乙国来了。或者乙国正向着甲国在作同类的事情。在事实上这种说法是一种错误的说法,因为实际的情形是这样的:在稳定的外汇市场上,假如甲国比乙国的利息率较高,乙国可能要向甲国投资,而需要以乙国的货币去买甲国的货币,再以甲国的货币去买甲国的证券,由是甲国的利率倾于下落。我们可以这样假定,在乙国有 X 君,他到乙国的中央银行去,依照一个甲镑汇十个乙圆的汇率,以十万圆汇一万镑到甲国的国家银行。这对于乙国的中央银行的地位并无丝毫妨碍,它不过把它在甲国银行的镑存款减少一万,而以之让给 X 就是了。同时它却在 X 方面取得了十万圆以为代价。X 于是在甲国银行有存款一万镑了。X 经此汇兑的关系之后,他的资金便移到甲国去了,可是甲国的货币并未增加,甲国的银行不过把这一个主顾的镑移给另一个主顾就是了。X 取得了一万镑,乙国银行损失了一万镑。

X 把乙圆移到甲银行之后,他的第一个效果,便是促使镑的汇价涨高。原来乙银行在甲银行所存的镑是预备来为日常便利交易用的。现在它既出卖了一万,它必定要图谋恢复它。它于是在乙国的金镑市场上到处打听有无甲镑出卖,因而提高了镑的汇价。在当初本是一镑汇一百圆,现在可能涨到一百圆零一角。因此镑价被提高了。

此外还有一个重要的效果,就是乙国的利息率的增加。在 X 向中国银行买进甲镑之前,他手中也许所保持的是政府的短期债券。现在他抛售短期债券了,因他欲以他抛售短期债券所得的乙圆来买甲镑。短期债券的价格因为需要减少而降低,利息率于是涨高。在他方面 X 即在甲国有一万镑的存款,他也许要把它来投资。假令他真把它来投资而以买进甲国的短期的债券,甲国债券的价格必须涨高,利息率于是降低。甲乙两国的利息率,因为 X 的资本的移动,于是趋于接近。短期的利息率如是趋于接近,长期的利息率当然亦可以如是的倾于接近。这可称做国际利息率均衡的趋势。

以此国际利息率趋于均衡的理论作根据,中央银行常用提高利息率的方法,来稳定货币的汇价。例如当着支付的差额对于一国不利时,汇率降低的很厉害。为矫正这种支付差额起见,中央银行于是可将贴现率(Bank rate)提高,希图刺激资本的输入,增加本国货币的需要,于以阻止汇率的下跌。中央银行的贴现率提高之后,外国的市民倾于输入资本,本国的市民倾于减少对外的投资,由此对于本国货币的需要增加,汇价下落的趋势自然的便会停止或回涨。这个影响来的很快。随着时间的演变第二种效果亦将出现,依照我们在第五章内的分析,利息率提高之后,国内的投资会减少,所得和就业因而跟着减少。入口货的需要更将减少,出口的剩余于是增加,汇率因而增加。再过一些时候,货币的工资因失业而为相当程度的降低。出口工业的刺激增加。由此可见,在较长时期内,出口的剩余亦可因贴现率的提高而增加。

但是我们莫要忘记了,中央银行用提高贴现率的方法来增加出口的剩余,不但时期很长,而且很可能的招致经济的恐慌。为避免这个困难起见,经济学家宁愿听任汇率降低,而不愿牺牲本国的繁荣,以谋最后的出口剩余的增加。自一九三一而后各国纷纷的放弃金本位便是由于这个原故。在他方面中央银行如用这个同一的方法来吸收外国的资本,那末,这便要看(1)在本国的重要商业的都市是否有健全的资本的市场,特别的是短期资本的市场,(2)还要看公众是否相信该国货币的未来的汇率是否不再往下降低。在这两个条件之中,和一个条件最容易为货币当轴所忽视。

当着中央银行的贴现率提高之后,如果本国的银行或其他的金融机关,在国际上的信用很高,那末,本国的债券便很容易为外国的资本家所欢迎。例如在英格兰有承兑商店(Accepting Houses),保证短期债券的付现,他们在国际上的声誉均很高,又不列颠政府所发的财政部库券,在国际上的信誉,当然更无可以置疑的余地。又如本国的银行,假如在国际上的声誉很高,当然外国人亦愿意把他们的货币转移到本国银行的存款账上,以为吸取较高的存款利息之用。可是,如果本国的投资市场不健全,纵令本国的利息率较高,将也无法吸进外国的资本了。

提高利率吸进外资的第二个条件是,公众对于未来的汇率相信它不会要再往下跌,甚且还要加涨。如果他们大都以为债务国的汇率在三个月之内,必定要下落百分之二〇,那末,仅是贴现率提高百分之一或二,决不会刺激他们投资的兴味。不问他们的这种恐怖的心理是有根据的或无根据的,只要这种恐怖心理一存在,这个提高贴现率的办法便不能够达到它所欲达到的目的。在金本位制之下,这种恐怖的心理比较的少。反之,在独立本位制之下,当然它的出现可能性最大。但我们莫要忘记了,即在金本位之下,贴现率政策亦常遭受这种恐怖的心理的限制。在一九三一年的夏天,伦敦的短期的利息率比纽约和巴黎都高。但英镑依然继续的往外国逃逸。当时一般的外国人均以为不列颠的成本太高,财政上的赤字无法救济,早迟镑价必将低降。他们纷纷向英国的银行提取存款,纷纷出售他们所保持的短期的债票;并纷纷的把他们的存款来买法郎、美金和其他的货币。这个迫使镑价落在它的黄金输出点以下,黄金于是出国去偿债。同年十二月英格兰的贴现率提高到六厘。但镑汇继续的以很快的速率降低。黄金亦为继续的出国。甚至九日之内损失黄金二千五百万镑之巨。英格兰银行与政府急向法国和美国借来了共值一万三千万镑的法郎和美金来维持镑汇,但亦何济于事。英国人在这一个时候与外国人一样,以他们的存款购买外汇,金本位遂取消,镑汇只好听其低降。由此可见中央银行贴现率的政策在汇率看跌之际鲜能生效,甚且有害。但也许有人会这样的说,期汇的市场现在不是已经发达了吗?中央银行以较高的贴现率吸收外资仍有可能,因为投资者可以在期汇市场上卖出他所买进的货币,于是便可避免外汇跌价的危险。但这是否可能呢? 这便是下节我们要讨论的。

第四节　期　汇　市　场

期汇的交易与现汇的交易是很容易明白的。假如在期汇市场上有一约翰先生住在伦敦,他向米德尔银行(Midland Bank)约定以十万镑,依照一镑汇 $4.39\frac{9}{16}$ 美国的汇率,买进四八九五六二·五〇圆美金。从现在起三月之后成效,这便叫做期汇的交易。反之,假令他以十万镑依照一镑汇 $4.90\frac{1}{4}$ 美元的汇率,买进四九〇二五〇·〇〇美元,即日成交,这便称现汇的交易。前者的汇率称做期汇率,后者称做现汇率。期汇的交易当下不付现款,直到期满之时始行成交。但米德兰银行对于约翰可索取相当抵押品以防危险。因为当米德兰银行与约翰既为期货的交易,他为到期交货起见假令现汇比期汇高,他须立将九万九千五百镑买进四八九五六二·五〇美元。但如到时美元跌价了,即四八九,五六二·五〇美元跌为英镑九万九千。假如约翰没有担保品,缴纳在米德兰银行内,那么,该银行岂不是要赔五百镑吗?为避免这种损失起见,所以银行对于购买期汇的人往往要索取一定的担保品。

期汇的买卖所经的时期,在习惯上,往往是一个月,两个月,或三个月。过了三个月以上的期货买卖是很少的。关于期汇的挂牌的方法也是不常见的。普通都是以现汇作标准定出两个数字。高于现汇的称做折扣(discount),低于现汇的称做补贴(premium)。今试以伦敦期汇挂牌的方法举例如后。

		卖价	买价
现汇	纽约	$4.90\frac{1}{4}$	$4.90\frac{3}{4}$ 圆
	巴黎	$105\frac{3}{16}$	$105\frac{3}{16}$
期汇	纽约一个月	$\frac{1}{4}$	$\frac{3}{16}$ 分补贴
	两个月	$\frac{1}{2}$	$\frac{7}{16}$ 分补贴
	三个月	$\frac{11}{16}$	$\frac{5}{8}$ 分补贴
	巴黎一个月	$\frac{5}{16}$	$\frac{5}{16}$ 法郎扣
	两个月	$1\frac{3}{16}$	$1\frac{5}{16}$ 法郎扣
	三个月	$1\frac{7}{8}$	$1\frac{15}{16}$ 法郎扣

卖价是指银行出卖美元。以镑作标准,当然他卖得贵些,即以 $4.90\frac{1}{4}$ 卖一镑。买价是指银行买进美元。以金镑作标准,当然他要买得贱些,即以一镑买进 $4.90\frac{3}{4}$ 美元。这个差额便是银行的利益了。三个月的补贴是 $\frac{11}{16}$—$\frac{5}{8}$ 分。我们从卖价 $4.90\frac{1}{4}$ 元减去 $\frac{11}{16}$ 分得 $4.89\frac{9}{16}$。这便是约翰先生今日买进美元的价格了。因此他以十万镑买进美金四八九、五六二·五〇圆。在他方面如果他是美金的卖者,那末,这个汇率便当是 $4.90\frac{3}{4}$ 元减去 $\frac{5}{8}$ 分等于 $4.90\frac{1}{3}$ 元。因此,他便须以四九〇七五〇圆始能买进三月为期的金镑十万了。

为什么我们要从现汇里减去补贴而向它加进折扣呢? 很明显的,因为折扣是指三个月之后的法郎比较现在的法郎贱。一镑钱所买的法郎越多,则法郎的所值越少。因此欲拿三个月后的牌价比现价低,必须将折扣加进去。反之一镑钱所买的美元越少,则美元所值越高。补贴是指美元的价格的增加,所以我们必须减出补贴来表示一个金镑所买的美元,在三月之后比现在更少。贴补亦可以说比现汇小,折扣比现汇高。因此我们可以说,一个月美元比现汇小 $\frac{1}{4}$—$\frac{3}{16}$ 分,两个月后法郎比现汇高 $1\frac{3}{16}$—$1\frac{5}{16}$ 法郎。

期汇市场是一个比较专门的市场。除了少数的金融家和银行而外,很少有人知道。期汇市场只在世界上高度发展的金融的中心存在。期汇市场越是发达的地方,卖价和买价之间的差额愈小。

但期汇率受些什么因素决定呢? 为什么期汇与现汇不一致呢? 商业的需要也是其中的原因之一。举例来说,比如英国兰加夏省(Lancashire)的纺纱工厂的企业家向美国定购棉花三个月之末交货。他们便要在今日购买美金的期汇三月成交。假令其他条件一样,三月之末的美金便会比现价高或发生补贴。其他的一个因数是由投资的需要而来。例如纽约的利息率比伦敦高,伦敦的金融家便会在伦敦市场买进现汇,出售期汇,在这一段时期之内,他在纽约便有美元的存款,而以之购买国库券取得较高的利息。这亦可以增加现汇和期汇的差额。

以上所谈的是说期汇和现汇的相差的原因,但有什么因数可以使二者相接近呢? 这便是套汇的功用了。假令今有一个商人看见未来三个月的美金的镑价须上涨十分。他于是买进现汇卖出期汇。现汇假定为五个美元一镑,期汇是四·九美元。在这一卖一买之间,每一镑钱他便可得一角美金的利益。十万镑钱便可以得一万美金的利益。同时,他所买进的美元,在这一段时期内,还可以取得若干的利息。一个两个三个均争着出卖期汇,买进现汇。现汇倾于高,期汇倾于低,现汇与期汇之间的距离于是越来越小了。但这也须受双重的限制。第一,套汇市场的资金不是取之无尽,用之不竭的。金融家有时虽然看见期汇要涨,但也无力买进现汇,出售期汇。因此二者的差额不能完全消灭。金融家的资金既不足用,公众的资金甚多,为什么公众不赶来作套汇的买卖呢?我们知道套汇市场是一独占的市场,常为少数的金融巨子所操纵。他们常以一种联合的力量来维持二者之间的距离。第二,假如两地利息率的差额比现汇和期汇之间的差额更大,除非一个人是傻子,他决不会用资金来作套汇的买卖,他宁用它去放债生息。此外还有投机的因素值得我们注意。假令约翰先生看见英政府要向英格兰银行举债,相信镑价行将大跌,他虽没有现金在手内,但他也可出售三月为期的金镑,因为他现在并不需要金镑。到了三个月之末,金镑果然跌价,在实际上他便无须金镑来交付。诚然,金镑也可以由于许多不可捉摸的原因,在将来涨价,但期汇的投机者常常可有操纵市场的力量。

现在可以再举一个例,来说明投机家的操纵市场的危险的结果,假令法国政府因为财政上的赤字,打算向人民发行内国公债。投机家于是团结起来,出卖法郎,法郎大跌。此时法兰西的资本家是否还要向政府投资呢?当然,他们不愿意。法郎的价值既然如此的不稳定,当然他要以他们的资金去买外汇了。向公众举债既然不成,则法兰西政府只有向法兰西银行举债之一途。换句话说,就是法郎的跌价了。法郎的跌价,在开始的时候,本来是投机者以人力造成的。可是现在法兰西政府,却依照投机者的志愿,而为通货的膨涨了。投机者获胜,法政府失败。由此可见,投机者们对于金融市场的操纵,也是使期汇和现汇相差的一个重要的因素。

在外汇率比较稳定之时,一国的政府,诚可提高贴现率来稳定外汇。同时购买利息率较高的债券的人,亦可以在东手买进外国的债券之时西手卖出等于债券所值的外国货币价值的期汇,以防危险的产生。例如伦敦的贴现率由二厘涨到四厘。法兰西人急想向伦敦输出资本。但因他们看出金镑在三个月内会跌价百分之十,他们当然不愿意买进金镑。可是假如同时他以现价卖出了英镑三个月为期,于他们当然亦无所害。可是这种说法只能适用于外汇比较稳定的时候。在外汇一般的看跌之时,投资者欲利用期汇的市场来减免将来镑价低落的损失,几乎是不可能的。在经济动乱之时期汇市场往往关门。为什么呢?因为买卖期汇的主顾,也许到时无力成交,相继被摈斥的期汇市场之外,期汇市场于是停顿了。再来呢,外汇也许有被外国政府查封的危险,甚至连转让于人亦恐不能。因此之故,在外汇剧烈变动之际,中央银行的贴现率的政策几不能达纠正支付差额的目的。[①]

第五节　国际货币的机构

金本位制度在第一次大战而后,于一九二二年起恢复,一九三一年起崩溃。恢

---

① W. A. Coullorn, *An Introduction to Money*, pp. 156—164.

复的理由是由各国相信金本位制恢复后,国际经济的关系可以比战前更好,可是在金本制恢复后,它却比战前更坏。这个理由很简单,因为在第一次世界大战而后,国家自利主义特别是在经济的利益方面,盛极一时。国际金本位制度是要各国通力合作而后可以维持的。假如在几个实行金本位的国家里,或用关税壁垒,或用鼓励输出,或用汇兑倾销,或用其他的方法,力图增加支付的有利差额,向债务国吸进大量的黄金,可是在他方面却极力限制黄金流入债务国,在这一种情形下,当然债务国的黄金准备会枯竭,无法继续维持金本位制了。比如英国他是在一九二五年恢复金本位的国家,法国在一九二六年也跟着恢复了。可是法国在恢复金本位时其币值订的较低,低过金平价所决定的汇率,其结果使法国的货物在法国较贱而在英国较贵,结果吸收了大量的黄金与外汇,但法国又不欲以其资金向外投资,反而加以窖藏。一九二九年法国为充实黄金准备,以外汇易现金,结果造成英美黄金的巨量的流出。英美当时虽欲维持金本位,他们虽然尽力提高贴现率,来减少不利的支付的差额,可是均失败了。一九三一年法国复在伦敦取回大量的资金,结果英国当然只有放弃金本位一途了。这不过举一个例,来说明国际的不合作主义实为金本位制破坏的一个重要的因数。其次的一个原因,就是,在大战而后,战败国须向战胜国为巨额的赔款,但战胜国又设种种方法来限制战败国的出口。战败国于是提高贴现率,吸收短期资金,以为偿债之需,但战胜国却藉此向战败国提出种种苛刻的条件,以满足自我的经济的利益。万一战败国不服,战胜国便乘势收回他的短期的投资或存款,强使战败国的支付差额发生逆转,然而战败国却又无法以黄金来偿付,当然,除放弃金本位外,别无他道。德、奥在上次大战而后之放弃金本位,主要的原因是由法国纷纷提取德国的存款。其他的原因如工资的硬性,短期债券的国际化,选择平价的错误等等都是促成金本位崩溃的要素。

金本位制崩溃而后,各国纷纷为汇兑的倾销。所谓汇兑的货销系指一国对于他的货币的汇率,所选择的平面比较由购买力平价所决定者为低,以图增加出超,迫使汇率不能稳定。还有最可令人害怕的,就是短期资金的剧烈的流入与流出,使汇率随时发生剧烈的变异,对于国际贸易的影响太不好了。短期资金的增加,在第一次世界大战而后,有两个原因:(一)战后,国际政治经济的不安定其程度甚于战前,资本家宁愿作短期的投资,而不愿作长期的投资。(二)战后各国所恢复的金本位并非真正的黄金的本位,而系虚伪的真正黄金的本位。即外国的货币,并不只是黄金,亦列为中央银行的通货发行的准备金。由是各国中央银行所有在外国之汇兑基金,因而剧增。此种汇兑资金亦作短期投资之用。因此之故,短期的资金在战后比较战前更甚。此种短期资金在国际间之流动性极大。它不但会由利息率较低之国流入利息率较高之国,而且会由货币的对外价值行将降低之国,流入货币的对外价值比较稳定之国。资金流入之际汇率涨高,流出降低。这就是说,短期资金的流动性越大,汇率的变动就越大。汇率的变动越大,国际贸易的风险也就越高。

于是汇率的相当程度的稳定便成为国际贸易的圆滑进行的一种迫切的要求。[①]

为防范汇率随短期资金的移动所发生的不规则的变化起见,英国在一九三二年设立国际平衡账(British Exchange Equalization Account)的制度。假令不列颠的贸易入超增加,公众被迫出卖金镑,金镑价跌,那末,平衡账便让它们下跌,刺激贸易。反之,假令贸易的出超增加,出口商人买进金镑,金镑涨价,平衡账便让它们上涨。在他方面,如果法兰西要收回她在伦敦的短期放款,纷纷出卖金镑,那末,平衡账便买进金镑,以防金镑的价值下跌。反之,如果法兰西的短期资金流入伦敦,买进金镑,平衡账便卖出金镑,以防金镑的上涨。平衡账就是用这种方法,使汇率不受短期债券的流出与流入的波动的影响,并藉此维持国际贸易的比较正常的发展。

平衡账的资金是由国库券组成的。假令短期资金流入,英镑的需要多于供给,平衡账便将国库券出售,而以所得金镑收买外汇,再以外汇换成黄金。为便于讨论起见,我们可以假定金条商人用他们自己的外汇货币买进黄金,把黄金送到伦敦,而以之卖给平衡账。自然平衡账在英格兰银行是有存款的。平衡账买进黄金,使它在英格兰银行的存款减少。出卖黄金的人把平衡账所给他们的英格兰银行的支票存入商业银行,因此商业银行在英格兰银行的现金也增加了。为防止商业银行现金比率的增高,平衡账出售国库券。贴现市场向商业银行借款来买进国库券。平衡账以贴现市场向商业银行所开的支票,存入英格兰银行,如此恢复了它在英格兰银行存款,商业银行的现金低到原来的水准。

商业银行的现金低到原来的水准,但商业银行的总存款却增加了。它所增加的部分即黄金商人所存入商业银行的存款。现金对存款的比率稍低,由此可见,平衡账买进黄金与英格兰银行的发行部买进黄金是不同的。发行部买进黄金提高了商业银行的现金的比率,平衡账降低它。但因降低的程度少可以用窗帘法来掩盖,故对于通货膨胀的影响亦甚轻微。如果商业银行,因为黄金的继续的流入,现金比率减少太多,至于收缩信用,那末,平衡账便须买进债券了。

商业银行的存款增加后,是否会引起内部的经验的扰乱呢?如果外商保持这份存款不动,当然不会引起扰乱。如果他们用来买国库券,政府便出卖国库券,当然亦不会引起扰乱。如果他们用来作证券的投资,除非政府控制的权力极高,便会引起利息率低落和通货膨胀的效果了。以上所谈的虽只在黄金流入时适用,可是,在相反的情形下由黄金的外流所发生的相反的结果,依然亦是很容易了解的了。汇兑平衡账在各国都是有的,目的相同,只在办法上互异而已。

还有一点应强调的,即,除非取得国际的合作,汇兑平衡账亦是不能维持的。比如一国禁售黄金,其他的国家便无法买进黄金了。感谢国际合作的精神,一九三六年英美法三国的货币协定的成立,这个问题便解决了。依照这个协定,三大汇兑平衡账均可以黄金买回他们各自在二十四小时以内卖出的国币回来。这就是说,

---

① 刘涤源:《国际货币之回顾》,《金融季刊》第三卷第三期。

一国为了稳定它的货币的汇率,可以大胆的买进他国的货币。因它知道,如果它不要时,明早晨是立即可以换成黄金的。这个协约同时规定取消汇兑倾销,由三国的力量来维持汇兑的安定。

第二次世界大战发生,国际货币的关系再度进入紊乱的状态。为矫正这种紊乱的状态起见,一九四四年七月一日国际货币会议在美国布列颠森林(Bretton Woods)开会。这便是有名的美国的布列颠森林会议。这个会议有两大目的:(1)稳定国际货币的短期汇率,为达到这个目的起见,该会通过了设立国际货币的基金。这个基金的特性只是曩昔的汇兑平准基金的延长和扩大。换句话说,它系以国际汇兑平衡账来代替各国单独所设立的汇兑平衡账。它的主要的办法就是,先使各国的货币发生一定的联系,再以短期的借款来平衡短期的国际的收支。这样一来,凡因货币的贬值或短期资金的移动,而所造成的汇率的波动便减少了。但有两点最堪注意:第一,所谓汇率的稳定并非将汇率钉住于一点上,在一定的范围内它仍是可以基金之同意而变更的。即汇率的改定如不超过百分之十,基金可以同意。如超过原定平价百分之二十,则基金可于七十二小时内表示拒绝或承认。又为适应整个世界经济之变化起见,如有总摊额百分之十以上国家之同意,得普遍变更平价,以资调整。第二,在战争结束后三年内,各国为谋本国经济财政之健全发展,仍可保留外汇管制。在这两点之中,第二点对于我国尤为要紧。因为我国战后经济变化剧烈,政治亦尚未达于安定的状态,一切均在尝试时期,在尝试而未达于成功之域,自以实行管理外汇,以谋本国经济财政之健全发展为宜。例如在我们大量的资本流入时,我们便不妨将国币些微的高估一点,来帮助资本的移转。又如我国的出口货的需要弹性倘小于一,我们高估国币的价值当然亦有便宜。在相反的前提下,自然我们可采相反的步骤。

(2)国际货币的第二个目的在便利国际的长期的投资。为达到这个目的起见,大会通过了设立国际建设开发银行(International Bank For Reconstruction Development)。国际银行的贷款的方式有三种:(一)以在会员国市场上所筹措之款项,实行直接贷款参加直接贷款,(二)以银行之资本及其他资金作为贷款,(三)对于私人贷款负整个或一部分保证责任。在这三种方式的贷款中,以最后一种为该行主要业务,占银行资金百分之八十。国际建设开发银行,对于我国的关系,比较国际货币基金尤为重要。因我国为贸易入超的国家,且为产业落后的国家。非恃外国长期的投资,不能从事生产资源的开发,亦无以保持国际收支的长期的均衡。但欲向外国吸收投资,如像我国这种没有国际信用昭著的便利投资的机关,便非得国际开发建设银行的保证不可。一旦有了保证之后,因为我国的利润率通常都比外国的为高,结果外资的源源流入,在某种限度以内,是不难想象的。再从投资的国家一方面说,美国为资本主义高度发达的国家,每年的储蓄可用于国外投资的数量可有二百五十亿美元至三百亿美元之钜。如此钜大之储蓄额,苟以投入于美国,假令其他条件不变,势必造成美国限界利润率的剧烈的低降。苟不以投入于美国,在同样的情形之下,则势必又要造成消费品价格之急剧的下落。可是,假如以此庞大之储蓄额向外输出,非但可以维持消费品的价格不变,非但可以维持美国的资本的限界利润率,而且可以增加它,因美国投向国外的资本所得的利润率与利息率,一般都比美国内部为大。由此可见,战后不但我们欢迎外国在中国来投资,即美国亦乐于在我国来投资。其他的与美国情形相同的国家,当然亦乐于向产业落后的国家输出资本。国际银行的机构恰足以便利国际投资的发展。此对于中国的帮助,当然比较国际货币基金尤为重要。现在国际货币基金和国际建设开发银行已于一九三六年三月八日正式成立,会址设于华府,它的以后的设施凡是一个对于经济问题发生兴味的人,我以为,都必须给以永恒的批评和建议才成。

第七章　经济的循环

第一节　经济循环的意义

经济的循环有广狭二义的不同。广义的经济循环包含季节的循环,长浪的起伏,和非季节性的循环。狭义的经济循环专指非季节性的循环一种而言。[①] 本章所要讨论的经济循环乃系专指狭义的经济循环。依据近代的经济统计学的研究,经济的循环普通都要经过三个不同的阶段:(1) 繁荣,(2) 恐慌与萧条,(3) 复苏。现在我们想尽量利用我们在以上各章中的讨论,来解释经济循环的原因。

在说明经济循环的原因以前,对于循环的每一阶段的特质,我们最好能有一种确当的把握。现在且让我们从复苏开始。在复苏的阶段里,有两个显而易见的特征:(1) 最初是商业支出的增加,(2) 随后接连着起来的便是消费支出的增加,至于为什么经济萧条的时期中,忽然有商业支出的增加,经济学者们,直到现在,还没有一个完全的答覆。依照熊裨得教授(Professor Joseph A. Shrumpetor)的意见,除非有新的发明的出现,商业的支出不会增加。但依照其他许多学者的意见,以为纵令没有新的发明的出现,社会经济的生命亦会自动的从沉滞的状态中复苏起来。自然两派的意见均可以完全调和一致,无烦我们再去增加他们已有的争论。在繁荣的阶段里,亦有两大显而易见的征象:(1) 投资的支出与消费的支出共增加,但投资的支出的增加比较消费的支出增加的更快。(2) 投资的支出的总量虽一直往上在增加,但后一次不如前一次多。在这一个阶段里的最大的成就,就是固定资本的庞大积累了。其次的一大成就就是失业人口的减少。为什么这个阶段不能为长久的持续,这确是经济学上最难解决的问题之一。在恐慌与萧条里,一个最大的特征就是,在商界里,普遍的缺乏偿付债务的能力。因而连续不断的发生的险象,就是极大的赔本,廉价的迫卖,破产的增加和信用的崩溃。当着恐慌发生之际,无人不在指摘商业投资有错误,但这错误究竟在什么地方呢? 在这一个时期里,所有的特征恰与繁荣的时期里,立于正相反对的地位。投资的支出与消费的支出共减少,但投资的支出比消费的支出减少的更要快些。投资的支出虽然减少,但后一次不

---

① 　请参考 Fairchild, Furniss, Buck: *Economics*, Chap. XXVIII, pp. 532—533。

如前一次多。在这一个阶段里的最大的失败,就是庞大的资本的消费,其次就是失业人口的增加。现在且让我们将在复苏阶段里所曾经问过的问题把来重问一次。即为什么在经济萧条的期中会有繁荣产生呢?凡此这些问题都是我们以后所要答复的。

第二节 繁　　荣

让我们从均衡的状态开始,但同时有剩余生产资源和失业的人口存在。这种均衡一名短期的失业的均衡。在凯衍斯爵士(Lord Keynes)的《一般的就业理论》未出版之前,正统学派的经济学者们,无不以为在均衡存在的时候,所有的可支配的生产资和失业均已消灭。可是自凯衍斯爵士《一般的就业理论》出版后,经济学界几皆承认失业的均衡状态较更符合于实际的情形。以此立论为根据,所以我们决以失业均衡的状态,作为我们分析经济循环的起点。假令在这一个时候,或由新的市场的开发或由新的技术和新的商品的发明,一般商业的支出或投资增加了。随着投资的增加被雇佣的生产因素也增加了,因此,货币的所得增加了。货币的所得增加之后,每一所得的赚取者除以一部分储蓄之外,便须用以购买消费品,消费品的需要因而增加,但同时消费品的供给量没有可能增加,消费品的价格,因而涨高。消费品的价格涨高了,但同时成本几无若何显著的增加,消费品部门的企业家的利润,因而涨高。在他方面,当着投资增加之际,对于固定资本,和流动资本的需要也增加了。可是在这一个时期物质资本的供给与成本均未增加,资本财生产部门的利润当然亦要随同资本财的涨价而增加,由此,两个生产部门的物价与利润均有增加。在这一种情境下,凯衍斯爵士的关于一般价格的公式便可完全适用。即投资减储蓄等于第一利润加第二利润之总和,可以完全出现。

我们知道,资本财的价格的增加,是受两个因素决定的:(1)利息率的低落,(2)将来的一串的收益或利润(包含利息在内)的增价。消费财的价格涨高之后,增加了资本财未来的收益或利润的价值,资本财再涨价。资本财再涨价,生产资本财的企业家的利润越庞大。资本财生产部门的投资再增加,依照同一的理由,消费财的需要再增加,消费财的价格再涨高。消费财的价格再涨高,资本财的价格再涨高。同时,我们知道,越是耐久的资本财它的涨价的程度也就越大。因此,固定资本的建造是繁荣时期的一个重要的成就。

在经济繁荣的时期内,物价的继续的增加,不仅系由资本财的价格领导消费财的价格而为累积的增加,且受商品的流通时期的延长长的影响。随着物价的高涨,商人们急于买进而缓于卖出,至于减少了商品在市场上的供给,物价因而会更进一步的跃进。再说繁荣达到某种的高度后,或因原料的稀少,或因交通的困难,或因特殊的人工的缺乏,连此狭义的商品生产的时期也增加了,商品流向市场的速度当然不免更缓,物价上涨的速度因而更增。还有一个更大的扰乱的因素,就是公众的投机心理的旺盛。在乐观的空气笼罩之下,不审慎的投资如春笋怒发似的继续往上增加,这当然更足以拉长商品流通的时期和纯粹的商品生产的时期的距离。因而物价更当往上增加了。

更从货币的流通速度的一方面去看,伴着物价的高涨货币的流通速度也随着增加了。消费的大众,眼见着物价继续在涨高,除非手里不有多余的金钱,他们总是急于把它来购买货物。可是,在货物的供给方面,商人因见囤积可以居奇,尽力把货物的流通时期拉长,价格当然更要继续的往上飞涨了。还有更重要的刺激货币的流通速度的因数,就是除了消费的大众之外,一般的企业家都急于以货物的囤积来代替货币的囤积。这当然更会刺激通货的流通的速度,因而越发促使物价往前跳跃。

由此可见,当前社会的新的投资增加之际,物价一旦上涨,便要为加速度的上涨,利润一旦上升便要为加速度的上升,因为在这一个时期以内,在商品市场上,可支配的货币涌得较快,但商品的供给总量几于没有什么显著的变化,乃是一件极其明显的事情。依据我们的经验,新投资的形式大约不出于下列两种的范围:其一,就是新的消费财的创造。在新的消费财未达成熟的状态之时,自然一切的投资的支出,都会全部的或一部的涌现于商品的市场而去竞争现行的有限的物资了。其二,就是新的固定资本的建造。当然在此新的固定资本创造以前,上述类似的状态亦必然继续出现于市场。可是这里我们应当强调,即在新的固定资本逐渐成熟,而此新的固定资本尚未成熟而为消费的果实之前,亦会发生同样的情形。在前一种情境下,物价上涨的现象所经过的时间较短。在后一种情境下,所经过的时期较长。一九一九年到一九二〇年的经济的繁荣属于前者。一九二一年到一九二九年的经济的繁荣属于后者。综括来说,就是,新增的投资无论以任何方式出现于市场,当然投资的计划未完成前,由复苏而至繁荣只是一件不可避免的事情。

综上以观,繁荣的状态系建筑在利润率的高涨上。利润率的高涨系建筑在物价大于成本的差额上。物价大于成本的差额系建筑在可支配的货币涌进市场较快商品较慢的基础上。可支配的货币涌进市场较快商品较慢系建筑在资本财的价格大于资本财的平均成本,又资本财的平均成本大于消费财的价格上,简而言之曰,建筑在投资大于储蓄的差额上。投资大于储蓄系建筑在资本财的相对稀少的性质上。但资本财相对稀少的性质确系建筑在新投资的计划正在进行或尚未完成的前提条件上。这即是说繁荣的状态系以新投资的计划尚未达于成熟之域为一大前提条件。一旦这个前提条件缺乏,繁荣的状态势将立即归于消灭。不但消灭而已,它且将恶化而为恐慌与萧条,并且造成社会大众的失业与贫困。

第三节　恐慌与萧条

我们在第五章里曾说,资本的限界利润率随着资本财的增加而递减。因为随着资本家的数量的增加,它的限界的未来的一串的收益或利润无疑的要往下低降。可是恰在这个时候成本往上增加了。第一就是原料的价格的增加,比一切的成品的价格,都要增加得更快。我们知道原料品的价格是受它的未来所制成的物品的价格决定。当着一般的物价看涨之时,原料品的价格,决不是以现存的成品的价格来计算,而是将来的成品的价格来计算,因此原料品的价格上涨的速度比一般成品上涨的速度都要更快。原料的价格依照凯衍斯所讲的概念,系企业家的使用者的成本(user's cost)之一①,现在原料品的价格既然高涨,当然成本也增加了。其次就是工资的增加。当着失业人口尚还存在的时候,雇佣总量虽然增加,但工资可以不增加。随着失业人口的减少和充分就业的逼近,工资更要增加了。在充分就业以后,资本财的生产的部门因为获利较丰之故,进而以重币与甘言,引诱现正从事消费财的生产的工人之时,工资不得不往上激增。再其次就是利息的涨高了。

在第四章里,我们曾经说过,货币的需要是利息率高涨的原因,随着投资的增加,企业家所需要来满足商业的动机的货币也跟着增加了。特别的是,当着充分就业达到以后,工资的支付所需用的货币大增,利息率因而涨高。他如囤货居奇的商人,过度乐观的工业投机家,和在证券市场上许多莫名其妙的多头的买者,他们对于货币的需要,因其多半系受一种赌博的心理所支配,当然更会促成利息率的增加了。

在投资的计划迅速的达于成熟状态之际,在一方面,资本财的供给增加,物价倾于跌落,在他方面,生产的成本继续往上增加,利润率自然倾于下降。骤看起来,好像当着新投资计划达于成熟之际,繁荣的程度会自然而然会逐渐止落在新均衡的状态上。好像这一种状态上,降低后的物价会与增高后的成本相一致。又降低后的利润率会与增加后的利息率相一致。但仔细一想,这种新的均衡的状态,在近代的无政府制度的资本主义之下,确是很难实现。这个理由很简单。即资本的限界利润的降落并不是徐徐发生的,而是突然降低的,同时利息率的上涨,不是徐徐涨高的,而是突然飞升的。因为资本的限界的利润系指它的将来的收益,而不指它的过去的。它最容易为投资的乐观和悲观的心理状态所左右。同时,在利息率的决定中,又受有极大的信用状态的影响。在商业的信用状态巩固之际,不但银行放款的利息率取得较低,因为在利息率中所含保险费的要素减少了,而且商业的信用自身在繁荣正盛的阶段中,实代替了货币的作用而为现买的手段。例如资本的运转本来是需要货币来作搬运的工具的,可是现在可以汇票成期票来代替了。而当着物价节节涨高之际,即货币自己亦常可以代替货币而作偿债的优良的手段。资本的利润既受投资的乐观心理所支配,而货币的利息率又受商业信用的影响。恰好在投资的气氛趋向乐观的时候,亦正是商业信用挺健的时候,前者促使限界利润

---

① 使用者的成本 = 以货币来计算的期初存货 + 本期进货 − 期末存货。参见 Keynes, *General Theory of Employment, Interest, Money*, Chap. 6, p. 54.

为不要的上涨,后者且复压低利息率使它不能涨到单依公众对货币的供需关系而所应涨到的高度,此时,资本的限界利润率当必是大于利息率了。可是伴着投资计划的逐渐成熟,无论它是属于固定资本的建造也好,或是属于消费财的生产建造也好,商品在市场上的供给总是要增加的。此时无论你以任何买占的方式,来维持物价的腾贵,到了新投资计划快要完成之刻,或逼近成功的前夕,一来呢,因为市场上的囤货的增加远赶不上工厂出货的增加;再来呢,因为新投资的计划既然逐渐在完结,那末,它所用的生产因素便将减少,所得倾于减少;三来呢,这些实际控制新投资计划的企业家,此时亦必以较低的价格压倒弱小的同业,在这三种条件的交互影响下,已经上涨的物价终必发生回跌,而且这种回跌不仅是必然的,而且是正当的。一旦这种回跌的倾向显露于外,那些的最晚,经验最少,和胆最大,心最粗的投机家,首先受到一个最大的震惊而赔累不堪,同时生产界受到极大的物价回跌的恐怖,资本的未来的收益突然看跌,世界悉为一种极度恐怖的心理所笼罩。汇票期票与货物不复再为购买与偿债的手段。这即是说,从前用商业信用所买来的货物到期非要货币来偿付不可。但现在因为银行紧缩放款,人人也都缺乏用作偿债手段的货币。货币的需要激增,但货币的供给减少,利息率于是突然涨到一个空前未有的高度。许多经济学者都以为利息率的涨高,是恐慌发生的原因,实则恐慌的发生,主要的是由利润率突然的低落所引起的。换句话说,就是利息率的突然的涨高,不是限界利润率的陡落的原因,反之,限界利润率的陡落乃是利息率突然上升的原因了。凯衍斯爵士说,

> 在恐慌的解释里,我们惯常强调利息率在增加了的货币需要的影响下,继续上涨的趋势。这种增加的货币的需要是由商业的和投机的双重目的所引起的。在有些时候,这个因素确是可以发生一种扩大的,间或且是一种创始的作用。但我建议恐慌的一种更典型的而且常是占优势的一种解释,主要的不是利息率的上涨,而是资本的限界利润率的突然的崩溃。在繁荣的末期资本财的未来收益的乐观希望极强烈,强烈到抵住了他们的日增的丰富,和他们的日增的生产的成本,和,或者是确实的,亦且抵住了利息率的增加。按照今日的有组织的投资市场的性质,资本的限界利润率,在一群对于他们所买之物大都莫名其妙的买者的势力下,和在一群偏重在预测市场心理的其次一步的推移而不重在对资本财的未来收益作合理估计的投机分子们的势力之下,当此在市场上过度乐观和过度买进的迷梦醒了之时,必然会以突发的和甚且惨重的力量往下崩溃。还有一点就是,这个伴着资本的限界利润率的崩溃以俱来的未来前途的阴郁和无定,自然的会促成活动偏好的激增——因而利息率往上增加。这种倾于与利息率的高涨相结合的资本的限界利润率崩溃的趋势可以严重的促使投资的下落。只是这个局势的要义还是应在资本的限界利润率崩溃方面去寻见。特别的是在沉重的新投资的前期有重要贡献的资本种类的场

合是如此的。活动的偏好,除与商业和投机的旺盛相伴发生者而外,没有增加,直到资本的限界利润率崩溃之后。[①]

由此可知,随着新投资计划逼近成熟的顷刻,随着新生产商品的增加,随着物价的回跌,而来的信用状态的崩溃,和市场心理的惨变,利润率陡然下落,但利息率反而扶摇直上,经济的机构必然不能回复到新均衡的状态上,而它的最惨重的表现就是经济恐慌了。

利息率上涨和利润率陡落之后,资本财的价格同时下落而且越是耐久的资本财跌落愈甚。资本财的价格跌落了,但工资与其他的比较固定成本的要素不能降低,资本财生产部门只好减少生产的因素了。资本财生产部门的生产因素减少,等于货币所得的减少,即是消费财的需要的减少,消费财必然跌价。消费财跌价等于资本财的未来的收益的减少,资本财再跌价。资本财再跌价,资本财部门的货币所得再减少,消费品的需要再减少,消费财再跌价。由是循环相因,几无了期。其结果便是工场的继续的关闭,货物的迫卖,股票价值的狂跌,失业的增加。

更从货币的流通速度的观点,去求经济恐慌的解释,伴着物价的跌落,货币的不流通的状态也增加了。商人尽量的减少订货,抛售成货。企业家急于以货币的囤积,代替货物的囤积,平均的生产与流通的时期遂缩短了。无效的储蓄因而增加。无效的储蓄增加,投资减少。投资物的价值少于投资物的成本,投资物的成本复小于社会的储蓄,凯衍斯的储蓄大于投资的理由遂完全在这里成立。

但我以为恐慌发生的过程,主要的是大资本的企业驱逐小资本的企业的过程,或者说,它毋宁是一个资本集中的过程。在新企业未建造完毕之先,物价节节涨高,旧企业所得到的利益,完全是暂时的。一旦新企业的建造成功,物价发生回跌,旧企业所遭致的损失,却是永久的和致命的了。当着物价发生回跌之际,旧企业中与新企业立于竞争地位者,纵令其成本与新企业相差不远,假如我们把所有的金融方面的因素和心理方面的要素所造成的严重的局势一并加入考虑,也都不能立足。此外如像那些在与新企业立于竞争地位的企业之中,其生产的成本假如比旧企业的大,纵令它们也是新造的,当更不能逃避历史所给它们已注定的被淘汰的命运了。即把新的成本较低的企业来说,因为物价的狂跌,虽然未致倒闭,但也不免损失。这系由于悲观的心理状态强烈的压低物价之故。在这旧淘汰的历史过程之中,最可令人玩味的一件事,就是,由恐慌而至复苏之间所经过的比较规则的时期的距离,主要的是由过多的固定资本和半制成品的囤积所引起的。

当着固定资本的生产增加之际,限界利润率忽然下落,举凡一切成本过高的固定资本,当然首先在淘汰之列。除非将这过剩的资本完全消灭,限界利润率无法回涨,但固定资本的因使用、败坏和过时的各种关系,而所招致的供给的减少,是要经

---

① J. M. Keynes, *The General Theory*, Chap. 22, pp. 315—316.

过相当的时期的。这段时期的距离,在某种程度以内,与固定资本的平均的耐久的程度有一定的关系。如果时代变迁当然这个标准的时期的距离也是会跟着变迁的。再说,社会所囤积的剩余的成品和半制成品也须经过相当长的时间始能为公众所吸收。如果这种剩余不减少,物价亦无复有回涨的可能性。因此之故,所以萧条的时期常须经过相当长的时候。

随着商业接近于最低的平面和随着剩余商品的耗竭,随着商业的倒闭而来的旧债的负担的渐次消灭,随着失业的普遍而来的工资的减削,随着货币的需要的减退而来的利息率的低降,结果利润率倾于回升。而且为了应付资本折旧的延期补充的需要,新投资亦渐倾于回升。在这一段时期里,在各产业之间投资的状态是不均匀的。但一般的说起来,在卖价与成本之间生产和消费之间,一言以蔽之曰,在投资与储蓄之间,当有一种均衡存在。无非此时所存在的均衡不是一种充分就业的均衡,而是一种半死不活的失业的均衡罢了。

第四节　复　　苏

在原则上,这种均衡似乎不能自己趋向复苏之路,除非新的投资机会出现。纵令能够,亦不如新投资的机会的出现所发生的推动的力量大。在这些新的投资的机会之中,可有各种不同的形态。例如政府扩充军备,新工业的成长,新大陆的发现,或这些所有的因素一般的往前进步。我们知道,自一九三三年以后,世界上主要的工业国都未能打破失业均衡的僵局。可是,自他们开始整军以后,战时的繁荣于是出现。假令我们的记忆力尚强健,我们或者尚还记得一九二一年美国的萧条时期的迅速的终结,是由住宅的建筑所造成的。又一九二〇年到一九二九年的世界大繁荣大半系由汽车工业所造成。上此可见,新的投资机会的发现实为造成繁荣主要的因数。由此可知,近代的政府在萧条的过程里,往往主张由国家建造公共的工程来刺激投资亦系基于同类的原因了。

现在我们可以把一国的繁荣与恐慌的交替的出现来追踪它与其他国家的影响。当着一国的经济的状态倾向繁荣的过程中,假如外汇率降低的比例不及物价涨高的比例,一国的入超会增加,出超会减少,因为货物在本国的价格高,在外国的价格低,当然外国的货物要继续的输入了。恰好在本国的繁荣正盛的时候,也正是本国的利息率节节高涨的时候,故外国对本国的投资亦会继续的增加。反之,当着一国的经济的状态倾向着衰败的过程中,假如外汇率增加的程度不及物价低落的程度,输出会增加,输入会减少。恰好在本国的衰败正深的时候,也正是本国的利息率降低的时候或外国的利息率比较高涨的时候,由是本国向外国的投资亦会增加。在前一种情形之下,一国的繁荣,可以促成外国的某种程度的繁荣。在后一种情境之下,一国的衰败足以引起其他国家的衰败。由此可见,一国的繁荣和恐慌无处不受其他国家的影响了。

　　可是一国的繁荣也可以由牺牲他国的利益而来。所谓汇兑倾销的政策便是达到这种目的方法之一。当着一国的繁荣正盛之际，物价增加了。此时假如外汇降低的程度，真是不及物价涨高的程度，当然物价在本国高在外国低，输入会增加输出会减少。可是此时假如一国可以人为的力量使外汇率比物价上涨的比例降低的更大，一国对外国的输出仍会增加。反之，当着一国的经济的状态日益倾于衰败之际，假如一国的外汇率上涨的程度不及物价低落的程度，当然输出会多输入会少。可是此时假如他国以政治的手段，把他的外汇率压得更低，故使本国的外汇率上涨的程度恰与本国的物价低落的程度相当，或者甚且过之，使它比本国的物价低落的程度低落更甚，那末，一国对外的输出，在前一种情形之下便无从增加，而在后一种情形之下甚且还要减少了。所谓货币倾销的政策便是在如此的状态之下实现了的。这种主义一名国家的经济主义。

　　最可引为不幸的，即国家的经济主义盛行的结果，从一个国家来说，在最初的一个阶段，因为其他国家的愚蠢不及采用报复的政策，当然是有利益的。但是过了一些时候，假如其他的国家因受损失而从事于报复，那便会使那一国都得不到益处了。不但得不到什么益处，而且整个的说起来，每一个国家都要比它在开始的时候更坏。国际汇兑稳定的利益于是完全丧失。国际分工的利益因此也减少了。纵令未来的世界，恢复繁荣的时候，全世界的国家再度进入经济合作的状态，可是这种国家的经济主义盛行的恶果依然不易很快的消灭，这不能说不是国际社会的一种损失。

第八章　货币政策

第一节　货币政策的目的

　　货币政策的目的不在死板板的稳定物价的水准。这个理由很简单。一来呢，因为社会经济的目的，在增加人类物质的享受。可是人类物质的享受的增加，在于人类的真实所得的增加。在货币所得不变的场合下，假令人类的物质生产力已经进步了，为图增加人类物质的享受计，除非货物的价格的下落与人类物质生产力的进步成反比例，必定不能实现。换句话说，就是，在人类的物质生产力已有相当的进步之时，物价应该听其自然的下降。再来呢？因为社会经济的进步，全赖人类能够迅速采用自然科学上的新发明于工业，于以增加人类的物质生产的效能。但这新发明在工业上的应用，往往须求助于银行的放款。在银行放款已经开始之后，新发明尚未发生增加生产的效果以前，物价势将上腾。假令在今日的经济制度之下，凡属采用新发明的工业，如果他们不能以其他的方法，取得资本，纵令乞助于强制储蓄即抬高物价，亦是一件应该要作的事情了。在这一点上，我很表同情于罗博森（D. H. Robertson）教授的意见，他说：

　　　　我不想信一种以稳定物价产量和就业的政策，将四十年代的英格兰的铁路的繁荣，或一八六九——七一之间的美国的铁路的繁荣，或九十年代的德国的电气的繁荣，压根儿消灭，对于有关的各个国民真有什么净余的利益。[①]

　　故我以为，为了增进人类物质生产的能力和物质的享受，在今日的资本主义的社会制度下，一个国家的货币的政策实是不在死板板的稳定物价的水准，而在管理货币购买力，使它能够与适当的产业的变迁相适应。

　　什么叫做适当的产业的变迁呢？我以为，凡因物质生产的数量与能力的进步而所招致的产业的变迁，都是适当的变迁。为扶植这种变迁起见，纵令货币的价值发生变动，我们亦当予以助力。反之，凡有碍于物质生产力的进步，而所发生的产业的变迁，都是不正当的变迁。为抑制这种变迁起见，我们对于货币价值的不健康的发达确是必要加以干涉。例如在每一个人的物质生产力没有变动之时，人口忽

[①]　D. H. Robertson, *Banking Policy and Price Level*, ch. III, p. 22.

然增加了。为满足这些新增人口的物质需要计,银行假令为相当数目的放款,强制人民为真实的储蓄,专替新增的人口,建造真实的[通货]的真本,于以增加消费品的数量,此时物价当然有若干的增加,但因此量物价的增加,可以增加物质财富的总量,从经济与正义的观点上说,实在是妥当的,所以像这一种产业的变迁,和因此而所引起的物价的变迁,我们都应予以培植。反之,假令在新生产的消费品制造成功之后,物价本应恢复原状,但因少数的囤积居奇的奸商,以人为的力量,对此新生产的消费品为不正当的供给的控制,希图抬高物价。像这一种囤积居奇的突发,因于物质财富之生产没有什么裨益。从经济与正义的观点上说,都是不恰当的。为抑制这种不正当的发展计,银行便应当,依照我们在第六章内的分析,提高短期的利息率,强令商人抛售存货,降低物价,而使之恢复原状。又如长江水利工程的建造须要向银行借进资本。依据美国萨凡奇计算,长江三峡水电厂水电计划如果实现,可以五百万瓦供沿江及电气网内使用,其余五百万瓦制造氮气肥料。运美后,可使美肥料价格降低一半。这种计划是正当的。因此,银行为辅助这个计划的达成起见,酌予放借若干的流动资本,纵令结果不免引起物价的轻微的上涨,当然亦是正当的了。可是,假令物价上涨之后,其他生产部门的企业家,把物价上涨的程度估计得过高,纷纷为过度的投资,或从事于囤积居奇的行为,致使物价涨的更高,这便是太不正当的。为防范这种不正当的发展计,银行亦应当酌量的收缩通货,或采差别利息率的放款政策,以期对物价有所平抑。总之一句,一国的货币的政策必须以扶植适当的产业变动为目的。

第二节   货币政策与经济循环

在今日的经济制度之下,经济的循环乃是一件不可避免的事情。我们的货币政策假令系以扑灭经济循环为目的,这不但是不应该,而且是办不到的。正如我们上文所说,货币的政策应当是以积极的辅助经济的合理的波动,和消极的减少由此波动而发生的不必要的罪恶与磨擦。将这一种理论应用到经济循环上,我们立可明白,在循环的上翼,我们所应采的货币的政策应当是防抑繁荣为过度的膨胀。而在循环的下翼,我们所应的货币的政策应当是减少衰败的过度的紧缩了。

我们知道,任何物质生产力的进步,或由新的技术的发明,或由新的产业组织的进步,或由新兴的市场的发现,在相当程度以内,都会引起净余的投资的增加,物价因而不免有相当的增加。但随着物价的涨高,有许多不良的结果便将随之发生。例如生产时期与流通时期的人为的延长,企业家的过度的消费,和不审慎的投资准备资金的集聚,和他们的偏向乐观方面发展的层出不穷的预测的错误,都会过度的提高物价的水准,而使新式的和更高度的真实资本的创造受打击。为便利这种新式资本的创造起见,银行便应当采用适当的货币政策去限制物价的过度的膨胀。在这新投资已经发轫和新的消费品未增加前,银行便应当酌量提高短期的利息率,于以间接的提高长期利息率,而以之平抑物价的过度的腾贵。短期利息率高涨后,假令其他条件不变,可使零售商人减少存货和增加消费品并半制成品的供应,结果可以相当的降低物价的水准,而使新企业的真实流动的资本不致太感匮乏。长期利息率的增加,虽然不及短期利息率增加得快,但它只要有若干程度的增加,对于那些并不觉得有何改进生产能力的企业家,在某种程度以内,亦会减少他们的投资的兴味,结果亦可若干的降低固定资本的价格,而使新企业不致太受固定资本涨价的打击。在他方面,因为利息率的轻微的增加,并不足阻挠新投资者的兴趣。远大的投资计划一经开始实践,些微的利息率的变迁于它几乎是不生关系的。因此之故,所以我们以为,酌量的提高利息率,如果着手尚不太晚,对于限制过度繁荣的发达是有相当的影响的。

在第六章里,我们曾说,当着一般的企业家相信资本的限界利润率向上继续增加的场合,些微的利息率的变动,实不足以阻挫投机家的疯狂的投资,由此可见,抬高利息率的政策,如果着手太晚,至多,只能说是在这倾向着过度繁荣的大道上,投下一个限制的因素。好比杯水车薪一样,它实不足以止熄投机家们贪欲如焚的火焰。为补救这个缺点计,中央银行尚可采用公开市场的政策以补提高贴现率政策的不足。当着中央银行以较好的条件出售政府债券的时候,公众也许可以节省若干的消费,来从事于政府债券的投资。这样一来,物价上涨的趋势便可因而缓和了。换句话说,就是,新企业家们所欲取得的真实流动的资本便可因此而有更进一步的便宜了。

但公开市场的政策亦有其美中不足的缺陷。因为政府债券的价格的降低等于长期利息率的提高。长期利息率高涨后,虽然亦可阻止错误的投资的行为,但可能会附带的影响新企业的发展。至少可以说是对于新企业的发达没有特殊的帮助。为补足这个弱点计,所以现代的政府,除采用提高贴现率和公开市场政策外,尚采差别的放款的待遇,以图特别促进新企业的进步。所谓差别的待遇的意思,即银行对于首先采用新发明而富有前途的工业,在放款的时候,特别与以优异的待遇。反之,对于其他的一般的投机家,在放款的时候,则特别给以严厉的限制。可是,现在的银行的机构,除开少数的例外,鲜有能够胜任的。因为现代的商业的银行都认为仔细的去研究各个企业对于银行放款的用途,或者去考虑他们的放款的影响,无论在货币的价值上或商业的波动上,都不是他们本分以内的事。

最后我们尚当强调的,即为促进工业的进步计,政府尚应采用公共工程的政策以补银行政策的不足。在繁荣的上翼,政府如果节省政费的支出办不到,至少,应当不要增加公共工程的建设,往往不发生在商业衰败的末期,而发生在繁荣正盛的时候。因在资本主义的经济制度下,公共的机关亦为货币的收益所支配。以公共娱乐一类的建筑来说,公共的机关,因受货币心理的影响,宁愿在公众的所得继续增加的季节内举行,因在这个时期内,货币收益较多,资本的收回较易,而不愿在衰败的时期内举办。因在衰败的期中,国民所得正在降低,纵令有娱乐的机关存在,国民亦无购买力来取用,结果,货币的收入很少,资本的收回较缓。除非富有远见的公共机关,不以本身的货币收入为投资的目的,但以调剂国民生产的机构为目的,他们绝不肯在繁荣的时期内,减少或停止公共的投资,结果,徒然引起物价水准的暴涨,好比在火焰冲天之际,再于焚屋之上,加泼汽油,非但不能救火,反而把火势蔓延到不可挽救的地步去了。为矫正过去的错误计,今后的公共工程的计划,应当在衰败的末期开始进行,而在繁荣的时期里,筹积公共工程的资金,以为限制过度的繁荣之用。

以上我们的讨论,只在说明在繁荣的上翼,我们应当以种种的方法,来限制繁荣为过度的膨胀。假如这种限制成了功,那末,经济的恐慌与衰败便将减少,其或无有。当然这是再好不过的事情了。万一这种限制的政策失败了,不幸的灾难或恐慌终至爆发,我们的货币政策应当以何为目的呢?我们的答复很简单:即在消极的方面,我们应当对于那些在生产的技术和组织上根本没有什么改进或者甚至落后的企业,不但不应与以扶植,并应以种种的力量加速他们的崩溃和消灭。或强令他们改良和合并。在积极方面,我们应当对于那引起新式的进步的企业,尽力与以救济和辅助。为达到第一个目的起见,我们似乎应当,在恐慌的时候,对于那些立于劣败地位的企业,假令他们的囤货太多,那末我们便加紧他们的肃清囤货的过程。或者强令他们还债或拒绝他们举债。假令他们是由生产设备的膨胀过度,那末我们便加紧的倒闭或重新改组的计划。总之,错误的投资必须打销,呆账必须消灭或错误的放款必须不予救济。而为达到第二种目的起见,在恐慌的时候,我们对于那些立于优胜地位的企业,假令他们是由于缺乏资本,那末,银行便必须与以接济,假令他们是由于新产品的销场缺乏,银行便当举行消费的放款,专门帮助新生产品的推销。总之,银行无论采用任何的货币政策都不怕,要在能够替社会保存物质生产力,以图永远的增加人类的物质的幸福。

在恐慌发生以后并越过了清算的阶段,呆账已因商店的改组或倒闭而消灭,多头的投机的活动已经不复存在,物价狂跌的惊涛和骇浪已经渡过,短期的剧烈的崩溃而为较长时期的萧条或沉滞所代替,此时银行的目的便应当采取一套的与在繁荣时期里所采取的恰恰立于相反地位的政策,以谋新的投资的增加。

第三节　公共工程与预算平衡的问题

在萧条的时期内,利用公共工程的政策来减少萧条与瘫痪的程度,无论在理论上或在实际上,几乎都是一件没有问题的事情。从理论上说,当着物价继续看跌之际,银行的降低利息率的政策既然失却了它的刺激投资的效力,那末,它为有效的减少萧条的程度计,便只有鼓励政府为公共的投资了。在衰败的时期内,失业的人数很多,公共工程的建设所需成本较低。但公共工程发端后,公共机关对于失业救济资金的负担却因而减少了。在他方面,当公共工程开始之后,社会的所得会增加,政府的税收因而也增加了。假令税率不变,税收的总量必然增进。在产业先进的国家内,税收大概可等于公共工程的成本之一半,纵令我们把外溢的权利,如出超的减少或入超的增加除外。由此说来,政府须要借进百万始能完成的公共工程的建设,现在只须借进五十万便够了。假令利息率系五厘,公共工程的收益只有二厘半。在私营企业的情形下,尽管没有一人敢去尝试和冒险。可是在国营企业的情形下,即从很狭窄的商业眼光看来,假令把租税的增收一并计算在内,亦是一种健全的投资了。而且公共投资的好处还多。随着公共投资的增国,依照我们在第四章里的研究,私人的储蓄也增加了。私人的储蓄增加之量,在会计的账上,事后必等于政府的负债。固然,政府对于国民所负的债务尚须支付利息。但利息仍由国民所得的税收项下负担。最可令人注意的一件事,就是,这些租税的负担人恰恰便是那些向政府取得利息的人。他们以资本所有者的资格,眼见他们的财富增加了,但他们以国税负担者的资格,却又眼见着他们的负债的增加恰等于他们的资产增加之量。从社会全体的观点来看,政府为了举办公共的工程而所负担的新债务并不增加社会的贫困。纵令公共工程自己完全没有什么用处,他们仍非社会全体的一种损失。同时社会却享了失业减少,所得增加和消费增加的利益。由此可见,在理论上,当着经济的萧条盛行之日,假如私人的投资下降,政府确有充足的理由,来举办公共的工程而为政府的投资的行为。[①] 在实际上,一九三三年世界商业的回复一半系由各国的政府坚决的励行公共投资的结果。一九三七年当着世界的经济的状态正在欣欣向荣之际,各国又复可闻减少公共投资的呼声,可是各国政府的军备的竞赛又开始了,公共投资更增加,战前的各国的充分的就业便是在此时实现的。

采用公共工程的政策来减少经济的萧条,这已经是不成问题的事情了。为圆满的实现这个政策起见,林塔尔(Erik Lindahl)主张根本改造预算平衡的概念,来与公共工程的政策相适应。他以为通常所谓预算的平衡都系指每一年度的预算和决算要均衡。可是为了减少经常的萧条,我们应以一种弹性的预算的平衡来代替这种每年的或硬性的预算的平衡。这即是说在繁荣时期里,政府应当使预算有盈余,以图凑积公共工程建设的资金。在衰败时期里,政府应当从事公共工程的建设,而以繁荣时期内所积存下来的资金去负担。弹性的预算的平衡只求在繁荣时期里的盈余与在萧条时期里的欠缺,能够互相平衡已就够了。所以在繁荣时期内税率宜重,萧条时期内税率宜轻,以便实现理想的公共工程的计划。他主张在预算表上应当把各个项目依照一定的目的排列,旨在使盈余和不足的程度,能够在预算上一目了然。因此之故,弹性的预算的均衡最易发现。兹将林塔尔的《预算编制方法刍议》抄录于后。

在下表中,一眼便可看出经常预算的不足。为什么呢?因为经常预算的总支

---

① Joan Robinson, *Introduction to the Theory of Employment*, Chap. V, pp. 32—37.

出为 $a+b+c+g$,但真正的收入为 $e+g$,收支相抵,尚差 $a+b+c-e$。此项差额须从特别预算中划拨过来,当然是不足了。反之,经常预算如有余,则 $a+b+c-e$ 一项当为负。这即是说,收入 $e+g$ 大于 $a+b+c+g$ 了。在这一种情境下,在通常的支出里只须增加一项,是即从通常预算拨到特别预算的款项。只它必等于这份盈余就是了。在下表中有一点似乎应当特别的加以解释,即在经常预算表中,有资本基金的增加一项目,这个项目与瑞典的预算均衡的特殊意义有关。因为依照瑞典的传统的思想方式,所谓预算的均衡,不仅系指公共所有的财富必须维持不变,尚且要更进一步,将那非以取得报酬为目的的正常的划拨给予资金的专款一并包含在内,所以这里把正常的资本基金的增加亦列在经常预算的项目之中。[①]

预算编制方法刍议

经常预算	
通常的收入	通常的支出
租税,关税,产税,贾,国营企业的净收入,出售资本的利息,和其他的货币的收入 ……… e 国有和国用的估计的利息 ……………… g 从特别预算拨来的款项 $a+b+c-e$	消费目的上的支出,公债的利息,等等 …… a 国有和国用的真实资本所生的估计的租 1. 利息 ………………………………… g 2. 折旧(减价基金专款)…………………… h 资本增加的支出 资本基金的增加 ……………………… $b-h$ 公债的还本 …………………………… c
总计 ……………… $a+b+c+g$	总计 ……………… $a+b+c+g$
特别预算	
贷款,和资本资产的资金	资本维持和增殖的支出
从减债基金 $\Big\}$ ……… $b+f$ 从资本基金 贷款 ……… $a+b+c+d-e-f$	非以报酬为目的投资 ……………… b 自己负担清算债务责任的投资 ……… d 拨到经济预算的款项 ……… $a+b+c-e$
总计 ……… $a+2b+c+d-e$	总计 ……… $a+2b+c+d-e$

这种预算表的编制,在表面上,虽似属于财政学范围,但是在实际上,近代的货币的学说,对于货币学的范围,几与货币经济学同范畴,因此近代的货币学者,在谈货币政策的时候,几乎没有一个不讨论公共工程和财政预算的问题。在这一点上,我很表同情于林塔尔的意见,即货币的研究在将信用,预算,商业和工资政策合在一道,以图减少经济的波动。

第四节　外汇率的管制

无论从一个国家的经济利益来说,或从整个世界的经济利益来说,一国的货币

---

① Erik Lindahl, *Studies in the Theory of Money and Capital*, Appendix, pp. 367—375.

的政策不在死板板的维持外汇率不变,而应适当的管理外汇使之朝着增进一国的或全世界的物质生产力或物质幸福方向进步。从一个国家来说,当着一国的经济的状态倾向繁荣之际,它的货币的购买力不但在国内要低降,在国外也是要低降的,换句话说,就是一国货币的外汇率必然随着一国资本的累积而往下降低。更从全世界的观点来说,当着一国倾向繁荣之际,随着外汇率的降低,外货入口较多,此于其他的国家亦有利益。合而言之,即一国的货币的政策根本不应以死板板的维持外汇率不变为目的。

为增进人类全体的幸福起见,一国的政府应当实行外汇的管制,使之在消极的方面,能够减少国际经济的不必要的波动,而以之促进国际经济的必要的变动。举例来说,比如今有甲乙二国,甲国的工业化的程度较高,乙国较低。甲国在秋季须向乙国购买粮食与原料,乙国的汇率在短期之内,于是涨高。可是乙国在圣诞的时候,又须要向甲国买进制造品,甲国的外汇又要涨高,像这一种属于季节性的波动便是不必要的。又如国际货币上投机的商人,每年在秋季的时候看见乙国的货币的汇率要涨便乘机买进,反之,在冬季的时候看见乙国的货币的汇率要跌便又乘机卖出,因而加重汇率的波动的状态,这更是不必要的了。对于这种不必要的波动,银行便应制止。制止的方法很简单,即银行按照习惯的汇率无限制的买卖外汇就行了。即在秋季的时候,银行依一定的汇率出售乙国货币,而在圣诞的前后,又依一定的相同的汇率买进乙国货币,出售甲国货币就行了。银行的地方,在冬季出卖甲国货币以后,和在秋季出卖乙国货币以前,所存外汇或黄金完全相同,可是,因国际金融市场上的投机的行为,和因此所生的国际商品流通的阻碍,便无形的消灭了。又如我们在六章第三节里所述短期资金在国际金融市场上的剧烈的涌出和涌进,增加了国际经济政治的扰乱,当然更应设法防范。感谢布列顿森林的会议,现在这个问题已经可算是得了一个解决的途径了。

一国货币的政策,不仅在于以汇率减少国际的不必要的波动,而且要以之促进国际经济进步所必要的变动。例如为实现世界全体的繁荣,为了维持它的高度的投资,亦必须转变其高度的储蓄为产业落后国家的资本,前者的货币的外汇率势必要比由购买力平价所决定者略高。而当一个产业落后的国家,其工业的建设已有相当的成熟,为了实际国际经济地位平等起见,在工业国与工业国之间,彼此的货币的外汇率,势必又应反过头来,以实现国际物价均衡为准则。由此可见,为了促进世界繁荣起见,弹性的外汇的管制实为必要。

在战争时期内,交战国家之间当有采用差别的汇率政策的。在平时,当然也是有的。现在战争虽然已过去了,差别汇率的政策,如用以发达一国或世界的物质生产力,我以为仍尚有保留的价值。例如一国为了输出货物和役务,为了输入必要的机器和设备,为了国际科学知识的交流,在不妨碍国际经济合作的原则下,都有实行差别汇率的必要,特别是一个产业落后的国家应当如是。

可是,最后,我要引用罗博森教授的一段话,来作为本书的结论。它说,……货币只是一个仆人而不是一个主人——只一种方法而非一种目的。社会上的真实经济的罪恶——生产不足和分配不公——潜伏得太深了,不是任何纯粹货币的油脂所能医治的。不智的货币的政策能够造成毫无益处的磨难和产生全不必要的紊乱和浪费;即令一种聪明的货币政策亦不能够把这贫乏和不公正的世界化为一个富裕的和公正的世界。候补道路来便利产品输向市场的工业并不能代替田野的发掘和施肥的工作他们自己。徒然从事于筹码的改进将不能使我们十分接近于一种产业制度的发明,既能向的些那阴险和定计的人供给充足的诱因,又能使那些流行和受罪的人得到心里的平静。①

---

① D. H. Robertson, *Money*, chap VIII, p. 170.

两条路

（上海观察社，1948年版）

苦闷与得救(代序)

一

近些年来,在精神生活的旅途中,曾碰着了许多次的向为自己所信奉的理想,在实际上不能实践的困难,在困难发生,几经奋斗,而不得解决之际,心理上曾现出了无限的冲突与矛盾。高尚的理想,经过屡试和屡败之后,好像一只在骇浪和惊涛中,为巨礁碰成碎片的汽船,根本不愿意把它再拾起来了,可是,除了旧理想外,几乎与任何其他的观念,都未曾发生过亲密的关系,更说不上信仰和崇奉的问题了。此时,在言论与行为中,不知不觉的便表同情于走向另一极端的见解,并给它作了多少次的夸大而无忌的宣传工作,但自己却也并不衷心的相信它,有时在言论中,但不是在行为上,却又发生一种极度愤慨的情绪,连一切的理想都不顾了。恨人在上,愿人在下,凡属稍有权威的人和物,都变成了我所谓刺的对象。但有时,神经忽又麻木起来,好像一颗蛀牙,经过多年的剧痛和不治后,一切的感觉都丧失了。在这一种极度矛盾和反当的生活状态里,虽然对于新观念,无时不在虚心的接受,但它却好像吃在胃里的一块什么生硬的东西,总觉得它是它,我是我,二者无论如何都不能融合在一起。此时我的心境好像一个曾经被人遗弃了的妇女,对于旧时的婚姻生活,深恶痛绝,新的认识全不合适,经过许多年的单居之后,以为此生不会再有碰着理想的丈夫的机会了。遥想,将来,假令,不料,有这一年,在一极度凄凉的环境中,忽然遇见了梦所难见的理想情侣,你想,此时她的心里应该是如何快乐的呀!我自从离开我的旧的信仰之后,几约十载有余,凡所接受的新观念,都不足以解决曾为我昔日所崇奉的高尚理想所不能解决的问题,以为此生必无再有发现新理想的机遇了。不料,竟有这样一段时间,在一座深山的古庙中习静,忽发现了我多年寻找不到的新真理,原来就在我的日常生活的经验之中。现在这份新的真理,我应当说,新的观念,已变成了我自己的灵魂了。回忆自从我的旧理想被我所遇见的新事实碰成粉碎之后,此中所徘徊与孤独,简直有如王国维先生以美妙的诗词,所渲染的失望和苦痛:

> 昨夜西风凋碧树,
> 独倚门,望遍天涯路。

随后为了追求新理想不得，在心头上，所浮现的悲哀的情事，真似：

> 衣带渐宽终不悔，
> 为伊消得人憔悴。

待新理想忽然以姿态，从五色的彩云中，如飞燕掠水的轻快，于一刹那之间，飘飘落地之时，于我心中所掀起的狂欢，真似：

> 众里寻她千百度，
> 蓦回头，忽然看见，
> 站在灯火阑珊处。

在我的精神生活的旅途中，我以为，至少有一种新的观念，完全是以上述的历程，被我独立发现的，这种新的观念，我可有权利向他人宣布说，它完全是我的。但我另有一种理想，在取得的时候，并未完全经过上述的三段的求真的过程，最显著的是，只经过了最后一个。这一理想不是我所独立发现的，它完全是别人的，在我未曾说出这两种理想的真实内容之前，我只能以一种譬喻，来说明二者的相互的关系。即前者似体，后者似用。前者乃是一种治病的药丸，后者乃是在药丸之外所裹上的糖衣。药丸因能替人治病，很是重要。但糖衣能使病人欢喜药丸，使他虽食药而不觉其苦，当然也是要紧的了。后一种理想是我从昔时所曾崇奉过，但后来又把它放弃了的旧理想中，领悟出来的。经过多次的面壁，我终恍然大悟：即旧时的崇高的观念，并非无论在什么地方都不对，我们对他实也太用不着深恶而痛绝，它在某种地方仍是对的。他虽不能作药，但这并不妨碍他可以作药丸上的糖衣用，他作主人诚不可，但作仆人堪称能手，新旧的结合原来是如此的！

二

理论上相信墨学而已，而且在行为上，无时无地，不是以身作则的去躬行实践的。这不但是我，我以为凡是一个青年，除非他是傻子，在初会着利他主义的时候，几乎无一不是五体投地的崇拜的。青年人所最崇拜的是利他，所最痛恨的是自私，岂但青年而已，中年人何尝不是如此。无非多少的缺乏真诚而已。每在十篇批评时事的论文中，特别是在中国这个国度里，几乎九篇九都是站在人道或正义的立场。谁也知道，正义的确切的内容就是利他，它的反而就是自私，何以知道，正义的确切的内容就是利他呢？墨翟在他的"非攻篇"上，把这一个问题答复说：

> 今有一个人，入人园圃，窃其桃李，众闻则非之，上为政者则罚之。此何也？以专职人自利也。至攘人犬彘鸡豚者，其不义又甚入人园圃窃人桃李，是何故也？以亏人愈多，其不仁慈甚，罪益厚。而入人栏厩，取人牛马者，其不仁义又甚攘人犬彘鸡豚，此何故也？以其亏人愈多。苟专亏人愈多，其不仁慈

甚,罪益厚。至杀不辜人也,扡其衣裘,取戈剑者,其不义又甚入人栏厩,取人牛马。此何故也?以其亏人愈多。苟亏人愈多,其不仁慈甚矣,罪益厚。当此天下之君子,皆知而非之,谓之不义。今至大不义攻国,则弗知非,从而誉之,谓之义。此可谓知义与不义之别乎?杀一人谓之不义,必有一死罪矣。若以此说往,杀十人十重不义,必有十死罪矣;杀百人百重不义,必有百死罪矣。当此天下之君子比知而非之,谓之不义。今至大为不义攻国则弗知之,从而誉之,谓之义。情不知其不义也,故书其言,以遗后世。若知其不义也,夫奚说书其不义以遗后世哉?今有人于此少见黑曰黑,多见黑曰白,则以此人不知白黑之辨矣。少尝苦曰苦,多尝苦曰甘,则以此人为不知甘苦之辨矣。今小为非则知而非之,大为非攻国,则不知非,从而誉之,谓之义,此可谓知义与不义之辨乎?是以知天下之君之辨义与不义之乱矣。

从黑翟这一段话里,我们如道正义的内容确是利他,不义的内容确是自私,并非黑翟个人的私见,实是天下之公论。墨翟的贡献不过是把大众心中所藏存的正义感,发挥得额外的淋漓尽致罢了。

我曾以为社会上一切的冲突都是由于人的自利的行为所致。反之,社会的和谐与协致,都是建筑在少数人的利他的行为上。家庭之间的精诚的团结,往往是由家里有个很好的家长。学术团体之能精诚团结,往往是由在学习里有个很能牺牲的领导。社交团体之能精诚团结,往往是由在这团体里有一个很负责任的老大哥。全国国民之能精诚团结,必是由于有一象征国父这样伟大的领袖。以此立论作根据,我曾立下一条格言,以为躬行力践的指南:

> 身与家能两全,当谋身家两全,不能两全则当舍身全家。家与国能两全,当谋家国两全,不能两全则当杀身,毁家,救国。国与世能两全,当谋国世两全,不能两全,则当杀身,毁家,破国而全世界。

自此以后,无论对于何人,均抱牺牲精神。果然,在家庭朋友之间,便处处得到极良好的反映,直到如今还在受用。记得在北平工作之时,力行俭朴主义,稍有余力,便以之略微补助穷朋友。尝自以为墨翟的兼爱非攻的利他哲学,不但可以修身齐家,即以之治国而平天下,亦有此种能力,遂不免相信这种哲学是唯一的。

后来到了上海了。在上海住了数月之后,实行利他主义的结果,与预期的状态完全相反。原来在上海这个地方,什么都有一个客观的标准。第一,比如你欲向用人给小费。这个小费是有一定标准的。利他主义者假令不知道这个标准,而把小费给得太多,不但得不到用人的感谢,反而要被骂为猪头三的。第二,穿衣服也是有一个客观的标准的。利他主义者,假令力行俭朴主义,使其衣着落到中级标准以下,不但不能实行主义的宣传,而且必会讨侮辱吃。第三,上海人的收益是有一个平均标准的。在标准以下的贫民不知有好多万人。谈何容易"摩顶放踵利天下而为之"。除非你是一个全知全能的上帝,那么,你的收益必定是有限的。纵令你就尽力节省,每月集成若干,最多亦不过能够救得一个两个。可是利他主义者墨翟,却欲以他的脑袋上的几根头发,来使普天下人,均霑其利,岂非笑话?第四,上海人的品质也是有一个标准的,就是彻底的自私自利。我以为利他主义如欲有效,必须假定,凡人不受物质的利益支配,只受善良的动机支配。可是,在上海这个巨大的都市里,人多受物质的利益支配,即少受利他主义支配。只是一个人做傻瓜,众大多数人都是豺狼或猴子,利他哲学究竟为的什么?我以为利他主义原是不交通经济时代的产物,希望救济的人只是少数,又提倡救济的人必是富翁王侯。如我这个只靠低级薪水为生的个人,并在交通经济时代,而欲实行利他主义,我不否认它好,但必定没有什么效果。

利他主义原是我的一种宗教,可是现在我的宗教破了产了。但我对于自利主义又极厌恶,现在一面是悬崖,一面是陡峰,后退不能,前进不可,除了发狂或苦笑外,在我的精神生活之旅途上,直找不出半点儿安慰。随着精神生活的破产而来的,但是纷至沓来的健康的败坏。幸亏医药有灵,始未亡命。

利他主义既绝不足以治世,可是当日提供利他主义的人却是多得满山满谷,苟非疑虑,必是骗子,莫怪我要看不起他们了。不但看不起他们,同时我也瞧不起我自己。我觉得我自己亦是一辆没有油液的汽轮。虽然存有躯壳,但是没有灵魂的。

最后回到北平来了,有一老人劝我学佛。佛已学了,虽不知解,微有领悟,但觉空无所依,转而学孔。孔已学了,惜亦无得。此时虽亦涉猎唯物史观,但总觉得于我是隔膜的。但心里仍悬着一问题,即支配人生的中心力量,假如不是正义究竟是什么呢?自利主义吗?恐怕不必全对。然则它是人类的生产物质的方法呢?但这于我亦甚隔膜。它究竟是什么呢?

在这问题发生之后,接着又经十多年的耽误。出了英国,回到湖南。去了湖南,重入西蜀。后因敌人飞机肆虐,逼上峨山。行到半山之上,入一破庙,赁屋读书,治微积分。就在这个时候,记得有这一夜,灵机忽发生作用,方才觉得支配人生行为的中心力量原来即存在于人的日常生活之中,何须向书本上再行寻求,是即个人取得收益的方法了。

我的意思是说,人在实际生活的时候,无论听着什么好听的名词,或主义,在不知不觉知中,他都要把这个主义来与他的取得收益的方法配一配。如果这种主义是与他取得收益的方法资本,土地或劳动……是有帮助的,他便用它。如果没有帮助,他便不用。如果是有害于它的发展与维持的,他便要怪它,恨它,侮它,甚至要戕害它。至少他也要对它施展一点阳奉而阴违的手段了。同时对于实行主义的人,不问你是苏格拉底或伯拉图,耶稣或孔子,孙中山或马克思,假令你在实行你的主义的时候,与他的取得收益的方法有妨碍,无论你是他的父亲或儿子,他都将对你毫不客气了。愿拘则拘,愿杀则杀,愿宰则宰。历代古先圣贤的学说所以不能实行,原因在此。比如以墨学来说,在他的兼爱非攻篇的涵义里,很明显的是要当代的那些财神菩萨们,以利天下。从一个地主或商人看来,"这话诚然说得有理,但因它无支配我的实际行为的能力或权利。只有我的摇钱树才有",莫怪他要鄙弃它了。更从一上劳动者看来,"这话亦诚然说得有理,但因支配我的实际生活的太上皇帝是劳动,它决不愿我离开劳动的照拂,而去白白接受墨翟主义者的布施的。"在他方面,他凭着他的劳动所得的些微收益,实在太少,连维持他的妻室儿女都不够,那里还有余力来救济贫困呢?而且一个年青力壮的穷人,赋有铜筋骨和铁的臂膊,竟然不去好好的工作,而欲恃人施舍以为生,实亦毫不值得怜恤。利他主义的哲学和宗教之所以在今日失掉世人的崇拜,就因它在一方面,不得劳动的欢心,在他方面,且遭特权阶级的仇视,莫怪它要消沉和没落了。这个说明了我所崇奉的利他主义,为什么在上海这个都市里被粉碎了。

在今日的社会中,既然地主和资本家阶级都不愿和不能自动的来限制或取消他们自己的取得收益的工具——土地和资本,并且要进而以种种的方法来与社会主义为敌,那么,实行社会主义的唯一的途径,当然便只有仰仗于进步的小资产阶级与进步的劳动阶级的分子,起而代替有产者阶级,(以流血或不流血的方式)掌政权,对于有产者阶级施以外在的压力,强迫他们节制资本与平均地权。我现在并不欲替任何党派作宣传,我的唯一的目的,只在大胆的揭破社会的无知与谎语,去与新的真理见面而已。

现在且让我来把我以上的观念写成一个可以了解的科学的形式:即从社会整个的观点来说,一个社会人在一社会里的主要行为是受该一社会正在盛行的最主要的取得收益的方法支配。在工业革命以前,社会上取得收益的最主要的方法是土地,于是一切社会人的实际的行为,无论在哲学上或宗教上,法律上或政治上,都在以直接和间接的途径,来便利土地所有权的维持与扩大。在工业革命而后,社会上以得收益最主要的方法是资本,于是社会上一切的思想与制度都在以直接和间接的途径来便利资本的维持与增殖。在今日科学万能的时候,社会上取得收益的最主要的形式将是科学和组织,可是现时社会上一切风俗和习惯,法律和政治,宗教和哲学,尚在处处维持资本的劳力,并且日在妨碍科学和组织所给予人类的贡献,这当然会迫使今日的进步的知识分子和劳苦大众起而争取政权,争取组织和争取舆论了。除非人类的社会的行为不复再受人类取得收益的方法支配,社会的革命恐怕必要成功,不能失败。

我不唾弃正义与人道对于改革社会的成效,英国的第一次工厂立法岂不也就是在保守党的领导下通过的么?但因人类的行为,既然在大多数的场合里,都不受正义与人道的观念支配,但只受他的取得收益的方法支配,所以今日的人道主义者,倘欲单独依靠教育的力量,来叫今日的官僚与政客、投机商人与军阀、地主和资本家自动的放弃或修正他们的剥削劳动的方法,来适应今日的社会的需要,这毕竟是很难办到的。老虎能够自动的拔去他们的猎食的爪与婴孩作良友么,除非假借外力,这当是办不到的。因此之故,我以为今日的社会制度的改革,离了进步的小资产阶级和进步的无产阶级起而团结奋斗,以流血或不流血的手段,起而掌握政权,对于有产进阶级施以相当压力外,节制资本与平均地权的主义,恐怕终必难以实现。

孙中山先生是我所一向崇拜的,国民党亦有其最光荣的历史。但我以为,除非国民党在取得党员资格上给以财产的限制,民生主义必难实现。我想我的话,说到这里便很够了。

我不承认我自己的理想是抄袭马克思的学说来的。但我自从发现人类的取得收益的方法,是支配人类的中心力量后,我不禁要说,马克思实是在这一方面,知道得最多的一个前辈。又我的理想自与马克思的唯物史观合流后,越发使我相信,我对于人生行为的解释是不错的,我虽然未曾逾越马克思的唯物史观的范围,但我至少是可以说,我曾做到了以我自己的经验,给马克思添上一条简单明了的脚注,使马克思的学说更容易使人接受。

三

我原来是一个正义感至强烈的人,虽不说路见不平,拔刀相助,但在不公正的问题面前总是一往直前,行所无忌的。但我应该把我的话说得更清楚一点,即我虽然曾在不公正的事情发生的时候,极力主张公道,但我所曾主张的公道都只是在一些极小的事情上,卑微不足计较。现今回想起来,我毕竟还是,而且永远的会是,一个渺小不堪的人。我因我的脾气太坏了,意气逼人之事层出无已,迄今亦未完全改得过来。但后来因为偶而再行涉猎王阳明的著作,觉得我所遇着的问题,王阳明亦曾遇着过。我虽然主张正义,但王阳明更是主张正义。只王阳明在主张正义时,所持的态度便与我大不同了。我们往往躁进而轻退,他则婉转而持久,我们在主张正义时,往往流于泄忿,他则止在明理。我们对于一人的不正之行,在纠正他的时候,往往以攻击的口吻出之,他则以告忠的言词行之,我们在实行正义的时候,主在攻人之力,他则在服人之心。我们因有种种的不审慎的行为,往往至于逼友成敌,他则因无任何粗暴的举动,颇能化敌为友。我因此相信,儒家哲学别的不可以学,但在这些地方是要学的,不但要学,而且要额外认真的去学习的。我以为在中国这个土壤里,离开了言忠信和行笃敬,无论你实行什么主义,总是要遇着许多为你所想象不到的障碍的,反之,假如你处处都能以敬敌与爱人为心,无论你实行什么主义,你都会得着意外的便利的。儒学必不可以作为推进时代的巨轮,但却可以作圆滑车轮的油液。他亦必不可以作为医治社会的根本病症的药丸,但他却可以作鼓励病人吞服药丸的甜美糖衣。他必不可以作外科室内解剖肢体的得刃,但他却可以作减少病人的不必要的苦痛的香甜麻醉剂。小针眼可以坏大船,小脾气可以坏大事。淮南虽然有好橘,移至淮北,可为枳的。沙皇的统治的方法,在俄国可以成功,在中国不必成功。儒家的统治的方法在中国没有成功,在俄国亦必不能成功,我们希望中国的社会主义的运动必定要成功,所以我们的理想是,在推进中国的时代巨轮之上,或在割治中国的成年老病的外科手术之上,多用中国从自己本店里在儒家哲学的原料中所蒸馏出来的国制机器油与麻醉剂。

最后我所要说明的,即我因对外界的实际的运动很隔膜,我必没有讨论实际问题的资格。我的唯一的目的,只在发表我这半生以来,在寻求真理的旅途中,所得到的一点感触,请求大家指教。这即是说,我绝没有证据来说,在中国的各派政党之间,那一个政党是更合于中国化这个名词的涵义的。

这里所搜集的各文,曾先后零星地在《智识与生活》、《天津大公报》、《世纪评论》、《经济评论》、《中国建设》、《中建》、《时与文》和《观察》上发表过,笔者对于各出版家曾经声明保留版权,但多承他们的概允,特此表示谢忱。

收益方式与行为方向的关系

一

我以为人类的实际的行动，在根本上，即不受宗教的信仰支配，亦不受伦理的教条支配，也不受科学的知识支配，而系受他们的取得收益的方式支配。

何以说人类的实际的行动不受宗教的信仰支配，而系受他们各自的取得收益的方式支配呢？只要我们肯去略一涉猎基督教发达的历史，他们立可明白这个问题是极容易答复的。我以为，在耶稣基督的教义之中，有两点物质，是最值得人类社会的崇敬的。第一点物质是革命的或平等的。在耶稣诞生以前，没有一个哲学家敢为这样大胆的呼吁的，即在上帝的面前，奴隶与主人是平等的。柏拉图和亚里士多德该是在希腊历史上最伟大的哲学家了，但他们因受传统的阶级政治的影响，竟然肯定的说，任人类里面，有的是天生来做奴隶的。耶稣的教义根本否认有天生的奴隶存在，因他坚信人人都是平等的兄弟。第二点特质是，博爱的或感化的。因为耶稣根本否认黩武主义，他始终坚信以爱力来改革世界。凡此两点都是耶稣的宗教哲学最伟大的地方。但因他的宗教哲学与罗马时代的特权阶级的取得收益的方法冲突，耶稣不要奴隶，但特权阶级要奴隶，耶稣反对利息，但特权阶级要利息；特权阶级未始不知道耶稣的宗教哲学的伟大，但因他们的取得收益的方式，土地和高利贷资本，不许他们依照耶稣的教义做，而要依照前者所赋予他们的特权做，因此耶稣的教义便痛遭罗马的贵族所仇视。耶稣虽一再向富人阶级提出很严重的警告说："富人要想升天国直比骆驼想从花针眼里穿过还要更不容易"，但富人阶级对于他的这种警告的答复很简单，即根本不容许他有在富人的世界生存的权利，而把他活活的钉死在十字架上。耶稣在生的时候，虽然也有不少的信徒，但单就他的这几位大弟子来说，他们不是木匠便是农夫或渔父。一言以蔽之曰，都是社会的下层阶级，为什么罗马时代的下层阶级这样拥护耶稣的教义呢？因为耶稣所倡导的平等和博爱，不与他们的取得收益的方法和违背。

在中古时代，教会忽然得到了特权阶级的拥护，但这全是因为教会自己的行动走入违反耶稣教义的途径。耶稣说："富人要想升天国直比骆驼要从花针眼里穿过还要更不容易"，耶稣所谓富人自然包含贵族在内。可是，在中古时代，教会拥有极大的田产,教会从此不再反对地主的阶级。自此之后,教会的劳力不复再与地主的取得收益的方法相违背,因此,教会遂为中古的社会所拥护。然因当时的教会反对商业和反对利息,这种反对的意见直接与商人的取得收益的方法,商业资本相冲突,因此中古时代的教会始终与商人立于敌对的地位。

在近代历史里,基督的教义已得到了资本家们的拥护,但这是由自宗教改革时起,由马丁路德和加尔文所领导的新教,彻底承认利息的正当性质的原故。换言之,即因新教承认资本家阶级以资本放取利息为合法,然后资本家阶级方才转而拥护宗教的。由此可见,人类的实际的行动,在根本上,不受宗教的信仰支配,而系受他们各自的取得收益的方式支配。

人类的实际的行动,不但在根本上,不受宗教的信仰支配,且亦不受伦理的教条支配。试一回顾儒家哲学发达的历史,我们立可明白这个道理是不错的。在五四运动以前,儒家哲学很受敬崇。这是因为儒家哲学,拥护等级的社会,在经济上,很适合土地所有权的保持和扩大,和在政治制度上很适合帝王的专制政治的发达的原故。在五四运动而后,儒家哲学遭受打击。这是因为这个拥护等级社会的儒家哲学,在现代的经济状态里,不适合近代的资本家的取得收益的方式的进展。近代的资本家阶级取得收益的方式是资本。为图资本的保护与扩大起见,资本家需要契约自由的权利。在资本家与劳动者缔结劳动契约的时候,双方的当事人在法律上完全立于平等的地位,尽管在经济上不是如此。但因儒家哲学依然保持着深根固蒂的主奴的思想,不适合私人资本的积累,当然它要被打击了。在政治制度上,现代资本家们需要培养或帮助民主的战士,在政府里,代表他们主张权利,以图利便他们的资本的积累。这即是说,他们所需要的政治乃是民主的政治,然而中国的儒家的哲学还在主张好人政府主义,当然它要被淘汰了。在资本主义横行无忌的世界里,中国的资本主义虽未得到充分发展的机会,但确也发生影响了。由此以言,人类在实际行动上,根本不受伦理的原则支配,而系受人类各自的取得收益的方式支配。

人类的实际的行动,在根本上,岂但不受伦理的哲学支配而已。最可令人惊讶的一件事,就是他们且亦不受科学的知识支配,冯友兰教授在批评中山先生的知难行易的学说的时候,力言在伦理的关系上知易行难,但在科学的关系上知难行易。他的意思好像是说,人类的实际行动,在根本上,虽然不受宗教的并道德的信仰支配,但它却受科学的知识支配。实则是不然的,在科学发达史上,这位自然科学的鼻祖伽利略(Galileo),因为他所发现的地动的学说,与《圣经》上的见解相冲突,然而《圣经》确是当时的特权阶级的财产和权力的护符,而与他们的取得收益的方法脉脉相连,伽利略的地动说,因动摇了他们的取得收益的依据,结果遭受极刑。往事且不说,在今日独占资本主义的时代,凡在工程上有伟大贡献的新的科学上的发明,当其出现之时,独占的企业家设使他的旧机器尚未用完,假如采用这一新发明,旧机器的价值便将永远没有被收回的可能,可是,他又不愿这一新发明落在他的竞争者手内,常有以重价收买这一新发明的专利权,而把它暂束之高阁。或简直置之不理,假令他确切相信他如不买,必没有人能买得起,使他感到没有危险。近代的独占资本家阻挠新技术的发明,在工业上迅速采用的倾向,与北平的番夫和水车夫昔日之反对自来水和家庭卫生设备的情形,完全是相同的。英国的经济学者边罕姆说,

> 独占可以阻挠需要新式资本设备的发明的应用。假令有一个企业的单位,是某种商品的唯一生产者,又他碰着了这种新发明了,它是不会舍弃现存的设备而采用这种新式的设备的,除非以此推动现存设备的成本移以作为推动这新式设备连成本加上利息并加上他的买价的减价资金之总和外尚有余裕。它亦不会一面保存现时的设备,一面采用新式的设备,除非后者所得的利润大于因产量增加物价减少之故单前者所损失的利润。它会拦着更有效的方法的利益而使消费者蒙损失,直到它的某种现存设备用完为度。(Benham, *Economics*, p. 200)

由此可见,科学的知识在它诞生之时与在它成长之后的现阶段,因有害于旧式的和新式的取得收益方法的发展,人类都不惜的给以无情的打击和冷视,足见科学亦非支配人类实际行动的中心势力。论到科学在十八世纪以来二百年间被人重视,这完全是因为科学可作资本主义的奴隶,即大有助于资本的蓄积的原故。一言以蔽之曰,科学即在它的最昌明的时代,它亦不是支配人类实际行动的中心力量,换句话说,即人类的实际的行动,在根本上,还是受他们各自的取得收益的方式支配。

历史一再的昭示吾人,人类在实际行动的时候,无论听着什么好听的名词,或主义,于不知不觉之中,他都要把这个主义来与他的取得收益的方法配一配,如果这种主义是与他的取得收益的方法有帮助的,无论这种方法是资本,或土地,或劳动,他便要信它、爱它和实用它,如果对他没有帮助,他便不信、不爱和不用。如果是有害于它的维持和发展的,他便要怪它、恨它、侮它,甚至要残害它。至少他也要对它施展一点阳奉阴违的手段了。同时你在实行你的主义的时候,与他的取得收益的方法——土地、资本或劳动有帮助,他便会认你为他很忠实的奴仆或领袖。反之,如果你在实行主义之时,与他的取得收益的方法有妨碍,无论你是他的父亲或儿子,他都要对你毫不客气了! 愿拘则拘,愿打则打,愿宰则宰。历代的古圣先贤的学说之所以不能实行原因在此。比如以耶稣来说,在他的教义里面,既然力主平等与博爱,他当然要信奉他的教义的富人,自动的放弃他们的财产,来博施济众,以利天下。从富人的眼光看来,这话诚然说得有理,但因宗教无支配他的实际行动的能力或权利,只有他的土地或资本才有,当然他要鄙弃它了。再以儒家哲学来说,儒家哲学既然提倡好人政治,他势必要反对民主政治,然而今日的资本家阶级或劳动者阶级,因为他们都不相信社会上果有全知全能的好人存在,为了保障他自己的

取得收益的方法计,他们均须要干预政治,而与儒家哲学为敌。再把科学来说,科学的整个的目的在于征服自然。无论从任何观点看来,征服自然的事业都是一件极伟大的工作。但因征服自然的工作,如果进行得太迅速,便将对于资本的蓄积有妨害,于是资本家阶级,为了维持和扩大他们的资本计,遂即起而阻挠科学上的新发明在工业上的迅速采用了。一言以蔽之曰,人类在实际行动的时候,在根本上,只受他们各自的取得收益的方式支配,而不受他的宗教的信仰,伦理的哲学和科学的力量支配。必须把这个前提明白之后,我们才有资格来谈实际的政治。

二

现在我想利用上述的结论来解释好人政府主义在历史上一再失败的原因。其次我所要说的,就是现在的大多数的自由思想者所梦想的民主政治,其结果也不过是一场的空梦而已。最后所要大胆的揭破的,即中山先生的知难行易的哲学只是好人政府主义中之一种。今日国民党的机构之所以同中山的三民主义,保持遥远的距离,不过只是好人政府主义的多次失败中的一个举例罢了。为避免重蹈历史的错误计,今后中国的政治的运动,必须接受人类的收益方式终是支配人类实际行动的动力的指导,方才可有成功的希望。

凡是读过政治学的人几乎没有一个不知道柏拉图的政治哲学,柏拉图在他的名著《共和篇》上力言,我们如果要改造社会,须让金质的人来做哲学家,再由这类的哲学家来做希腊的皇帝。希腊这国土既由哲学家皇帝来治理,他一定会依照正义来治国,其结果必然是共产主义的实现。柏拉科在他的前半生里,好像孔丘周游列国一样,不是今日拜访这一位皇帝,便是明白拜访那一位,他很想以他的教育的力量,来训练出至少一两位哲学家皇帝,来实现他的《共和篇》上的理想。无奈在希腊的皇帝中,简直没有一个皇帝,肯依照他的教义做。遑论暴戾恣睢的斯巴达皇帝,根本听不进他所说的那一套。即以比较温和的雅典皇帝来说,他因已养成了一种淫佚无度的恶习,亦何尝能够接受哲学的指导。哲学家的皇帝既没有,好人政治变成梦,《共和篇》的理想尽落空,柏拉图亦只好舍弃哲学的改革,转而注意法律的改革了。

柏拉图的政治的哲学,从经济的观点看来,他亦是想实现社会主义的。可是他的实现社会主义的方法,是要希腊的皇帝,或有产者的代表,亲来接受哲学的洗礼,从事圣贤的修养,抛下杀人的屠刀,以求内心的平安,而不在结合被压迫者阶级以去共有有产者的财产,所以结果便失败了。

再把民主政治的运动来说,我以为民主政治有两种:其一,在主要的任务范围内,是以保护资本家阶级完成营业自由的历史任务为目的。又其一,在主要的任务范围内,是在保护工农的阶级逐渐实现生产工具的社会化为目的。第一种民主政治,尊重财产自由,企业自由,和契约自由权利,大有助于资本家阶级取得收益方式的维持和扩大,所以资本家阶级要拥护它。第二种民主政治,在逐渐实行生产工具的社会化,于劳苦的大众有帮助,所以能够得到工农的拥护。中国是一个次殖民地的国家,在一方面,没有民族资本阶级存在,在他方面,地主、买办和他们的代言人——官僚,根本对于第一种民主的政治没有水乳交融的关系。在正的方面,得不到它的好处,在负的方面,且将受它的打击。当然对它要不热心。这便是第一种民主政治,在中国一再失败的原因。最显著的一个例,即在民国十二年的时候,曹琨的大贿选成功,充分表示中国的所谓民主的战士,参众两院的议员,对于民主毫不关心。为什么他们对于民主政治毫不关心呢?很简单的答复是,他们对于民主政治无切身的利害的关系。即因他们的直接的取得收益的方式土地和买办资本的积累,间接的取得收益的方法,作官与作"议员",都与真正的民主政治不相容。第一种民主政治,既然与中国国民的取得收益的方法无帮助,但我们现在还在幻想它可在中国这个国土里生根,其结果必是等于一场空梦而已。但是我们要问,第二种民主政治怎么样?我看比较有希望。

最后我所要大胆的提出来批评的,即中山先生对于中国的革命建设的失败原因的分析不正确。依据中山先生的意见,中国的革命建设失败的原因是由国民不知"知难行易"的孙文学说使然。因此,中山先生认为传说的"知之非难,行之惟难"的学说,实为中国革命建设之大敌。且看他说:

> 呜呼,此说者余生平之大敌也。其威力当百倍于满清。夫满清之威力,不过只能杀吾人之身耳。乃此敌之威力,不惟能夺吾人之志,且足以迷亿兆人之心也。是故满清之世,余之主张革命也,犹能日起有功,进行不已。惟自民国成立之日,则予之主张建设,反致半筹莫展,一败涂地。吾三十年来,精诚无间之心,几为之冰消瓦解,百折不回之志,几为之槁木死灰者,此也。可畏哉此敌!可恨哉此敌!

实则中山革命建设事业的最大的敌人,乃是那些在取得收益的方法上与中山主义立于敌对地位的军阀、买办、官僚、土豪等类,可是中山先生不注意。就从这点错误的认识开始,国民党中便混入了许多的伪装知难行易学说信徒的反革命的分子。

为避免重蹈历史的错误计,我以为任一伟大的宗教家,哲学家,和政治思想家,在进入创造历史的阶段里,千万不要再从空洞的信仰上去区别谁是敌人,谁是同志;但从财产的关系上去划分谁个的取得收益的方法是与他的思想的实践相一致的,又谁个是相冲突的,相冲突的多是敌人,相一致的多是同志,务使在这两者之中绝无丝毫含混的余地,然后他的理想始能有实现的希望。否则不是认贼作父,便将误友为敌。除了重演历史的悲剧外,别无丝毫意义。

知识·思想·行为

——空想的政治理论和虚伪的民主主义

我所谓的空想的政治理论系指各种各样的徒然说着好听,但绝对不能实行的政治主张。在古代社会里面空想的政治主张包含希腊柏拉图的政治主张,中国的儒家哲学,印度的佛学,圣主耶稣的思想;而在近代里面包含中山先生的知难行易学说,梁漱溟先生的哲人政治,和新近一些所谓开明人士所主张的专家政治或教授政治。这些空想的政治理论含有几点特质:(1)他们相信伦理的、宗教的和科学的知识是指导任何一人的实际行为中心力量;因此,他们想以宗教的伦理的或科学的知识来改造社会上富人剥削贫人的关系。(2)在实行的方法上,他们特别相信教育的力量,或个人的修养是治国家而平天下的张本;把中山先生自己的话来说,就是"知难行易"。把孔子的话来说,就是"朝闻道夕死可矣"。把柏拉图的话来说,就是假令雅典和斯巴达皇帝可由哲学家来充任,共和国的理想必能实现。把佛陀的话来说,就是"一切众生皆有佛性",或"丢下屠刀,立地成佛"。把耶稣的话来说,就是"人披尔左颊你宜以右颊予之,人夺尔上衣你宜以内衣予之"。把梁漱溟先生的话来说,就是,且让改造中国的全整计划都交由高明深睿的哲学家来担任。这一些传统的论点,现在尽可不必再来抄录他们的成语,才能明白他们的学说,因为这些学说都是咱们所已经听得够腻得烦的了。现在我所要特别提出,并加以强调的,只有两点:第一点就是,他们的政治理论在实际上都是永远等于一张万世不能兑现的空头支票;第二点就是,他们应该对于在中国这个国度里三番五次的重复其自己的虚伪的民主政治负责任。除非把这种空想的政治理论廓而清之,中国的民主政治永远不会成功。

在讨论这两点前,我想插进一段话去,来表示我对这一些人的态度。我近来看见这一类型的空想的政治学者太多太多了。不问他们所说这类空想的政治理论是采用什么样的形态,只要一听见他们的学说,我立刻便要对他们发生无限的厌恶。我觉着,凡说这一类话的人,他们要不就是一些大傻瓜,要不就是一些大坏蛋。何以说他们要不就是一些大傻瓜呢?即以我个人而论,也便会是其中的傻瓜之一,并曾当了这类傻瓜若干年,所以我深切的知道这类傻人的傻气。因为在千万亿兆人之中,连我们自己也放在其内,除开极少的例外,一个人绝不会,因为他的知识比别人强,便会自动的放弃他剥削贫民的特权来谋社会的公共利益的。猫儿能够因为一切众生皆有佛性便自动的拔下他的爪牙,来给一群小的老鼠谋利益么?这不是一件很明显的事情么?在今日买办阶级之中,不是许多都是洋翰林么?在官僚阶级之中,不是许多都是教授么?在豪绅之中,不是许多都是专家么?我们不这样做呢?这纯粹不是因为他们的知识不充足,而是由于他们的政治的行动,大部不受他们的知识支配的原故。一言以蔽之曰:他们的行动在根本上只受他们的剥削的关系或资产支配。我们试一进而追问:为什么这些发国难财的大亨,不把他们在美国银行的存款、南美的资产、加拿大的土地,来献给国家呢?这岂是因为知识不足么?我以为,他们的知识倒是足够的,可惜的是他们的政治的行动不受他们的知识支配,而是受他们的主人,美圆和美圆而外的资产和土地等等财产关系支配呀!这还不是很明显的事情么?空想的政治学者不从他们的实际生活的周遭里去找证据,倒在那里蠢头蠢脑地去谈什么人人都是有理性的学说,或知难而行易的学说,这便是空想的。除赤裸裸的暴露他们是些大傻瓜外,这一类的相信什么专家政治、哲人政治、领袖政治、少数政治、好人政治或教授政治的人物可以说是没有丝毫的用处。所以我说,他们要不就是一些大傻瓜。可是我应在此补充一句,即他们虽是一些大傻瓜,但从其动机的性质上说,他们也许尚不失为一群好好先生。

有些学者说,伦理的知识虽不是指导人生行为的中心力量,但科学的知识是。现在的世界岂不是整个都在受科学支配么?他们可忘记了,在科学诞生之时,这首先发明他动原理的科学家伽利略便是被宗教法庭宣布死刑的。试问这些在宗教法庭当裁判官的人们,他们的行为是受科学知识支配么?在科学已有长足进步的今天,现在无一不承认企业家们倘把自然科学上的新发明迅速应用于工业、使人类能以较少的劳动得到最大的享受,实是一件最合乎科学的原理的行动。可是在经济恐慌、生产过剩,和利润降低的场合下,资本家们深切的感觉到连现存这点利用旧式的科学技术所生产的些微的财货,都没有销路;所以,在上次大恐慌的时候,美国政府便一再强迫农人减少可耕的土地,全世界的橡皮公司便一再的以人为的方法限制橡皮的生产,巴西的国立咖啡局又一再的以若干万吨的次等的咖啡倾泻于大海;为的是要减少供给,提高价格,他们连现存的供给都嫌过多,试问他们还能把自然科学上的新发明再度利用于工业、以图增加生产降低价格么?在独占资本主义的年代,独占的资本家往往把工业上的新发明的专利权买占了,自己不用它,但亦不许别人去用它。除非它的市场扩大了或旧机器用完了,他们才把它来便利生产的增加。凡此都是表示当着科学的发明与资本的积累发生冲突的时候,资本家为了满足资本的贪欲,他们绝不受科学的知识支配,但受他们的主人——资本支配。在十九世纪的时候,科学的知识虽然支配了资本家的活动,但这完全是由在自由竞争的时候,科学知识有助于资本蓄积的原故。我们知道,科学知识的进步须有赖于长期的和平;但为什么战贩们要打战呢?这岂不是人不呈现受科学的知识支配么?又如通货过度的膨胀有害于工商业的发达,并可使中国仅有的科学家因饥饿而死灭,但为什么要膨胀通货呢?这岂不也是科学不是支配人人的中心力量么?……

所以,这些空想的思想家们以为伦理的知识虽不是支配人们的中心力量,但以为科学的知识是的,这亦等于胡说。由此可见,说他们这些空论者群只是一些大傻瓜,这确是一点也不错的。

如果他们不是大傻瓜,便把"人人均可以为好人"之说来作烟幕弹,把"知难行易"学说来烟幕弹,中心力量,把三民主义来作烟弹幕,把儒家哲学来作烟幕弹,可是在暗地里,他们却乘着老百姓为其烟幕所蒙蔽,对他们不会积极的建筑坚强的防线,于是他们便在那儿公开的或秘密的剥削老百姓。窃国大盗的袁世凯,不是曾经对国民宣誓他要遵守约法么?但结果如何呀!崇拜武力的吴佩孚,不是也在民国十一年发表宣言地要实行民主么?但结果如何呀!汪精卫、陈公博和周佛海不也说他们相信"知难行易"的学说么?但他们的结果如何呀!他们心里明明知道,支配人们实际行为的中心力量不是知识,既非伦理的知识,亦非宗教的知识,亦非科学的知识,而是他们所钟爱的直接的或间接的剥削人民大众的财产关系。直接的财产关系是他们收得收益的方法——土地和资本。间接的财产关系是他们不惜以任何方法,帮助帝国主义者累积资本,帮助豪绅累积资本,帮助土豪扩大私有土地的面积,来建立他们的政治地位和经济地位,以便剥削中国的劳苦的大众。可是他们却要说他们是先知先觉,是三民主义的战士,是些好人,叫老百姓服从他们,接受他们的领导。他们常常把枪来瞄准老百姓的胸口,说:"把你们的血液和脑汁都一齐贡献给日本或我主,否则,我要你死!"在中国这一类的人极多。他们不是傻瓜,直是一些大骗子。

闲话休提,现在我们可以回到我们的本题了。第一点我所应强调的,即凡属哲人政治、教授政治、专家政治,或好人政治一类的政治理论,必是一张永远不能兑现的空头支票。政治学上有一条公律,即一人如果在一方面具有无上的威权,在他方面,却没有人民的权力来限制他,那么,他便必滥用他的威权以自肥。我以为,好人政治实行的结果必定走到个人的独裁,这点未必还不明显罢?在经济学上有条公律,即一人如果他的取得收益的方法是土地和资本,一言以蔽之曰,是私有的财产,那么他的一切的实际的行动必要受他所私有的土地和资本的支配,即如何保持他所私有的土地和资本或如何增殖它们。或如他的取得收益的方式是他们的政治的地位,而他们政治的地位又是由有产者阶级所支持的,那么,他的一切的政治的活动亦必要以保持和扩大他的主子们的土地与资本为职志。一切的崇高的理想,凡有害于土地与资本的保持和扩大者,他们要不便要誓死反对,否则便要阳奉阴违。这点也为人类亿万次的经验所证明。空想的哲人政治必然相信凡有专门知识和圣贤修养的人都能依照正义和科学的指示以治国,可是,不幸,这些具有专门知识或圣贤修养的人,往往不是依靠劳力吃饭的人而是地主和资本家或是地主和资本家们所豢养出来的政治的斗士;由是,他们在实际行动的时候便不受正义和科学的支配而系受土地和资本的关系支配。他们把正义和科学作幌子,在实际上,他们不但不是正义和科学的战士,反而是正义和科学的敌人了。读者试一回想,现在有许多的国民党员,不是相信他们自己是先知先觉么?是知难行易哲学的信徒么?是三民主义的战士么?可是他们现在的结果如何呀!在他们内中,我们知道,滥权渔利,贪赃枉法,作出一切反三民主义的行为者不少。他们既也都是三民主义的信徒,属于中国的先知先觉阶级,为什么他们要作出如此反三民主义的行为呢?我们的答案是,人在实际行为的时候,连"先知先觉"也包含在内,除开极少的例外,他们的实际行为绝对不受他们的知识支配而是受他们的取得收益的方式或财产关系支配。换句话说,就是他们的历史的任务只在保存他们所私有的土地和资本,如果他们的资本是商品,那么,他们的行动便不自觉的要囤积居奇。如果他们的资本是美钞,他们便将贩卖美货或走私。如果他们的资本是官阶,那么,他们便要贪污。如果他们的资本是美国银行的现金存款,那么,他们便要不断的从事股票和债券的投机,三民主义于他们的实际的政治行动全然不起作用。

现在我要强调第二点了。即是好人政治主义实对中国的虚伪的民主主义担负大部分的责任。我觉着一个人是否能作民主主义的战士,或三民主义的战士,全然不受他们的意志决定,而是受他的直接的或间接的取得收益的方法决定。假如他的取得收益的方法是土地,那么,他必定要破坏平均地权。如果他的取得收益的方法是资本,他必然要破坏节制资本。如果他的取得收益的方法是贪污,他必然要破坏民权主义。如果他的取得收益的方法是作买办,那么他必然要破坏民族主义。可是他们的取得收益的方法或为土地,或为资本,或为买办,或为贪官,亦不受他个人的意志决定,而是受他的财产关系决定。自从母胎里掉下来的时候起,他的财产关系便有了,因此他的实际政治的方向便决定了。一言以蔽之曰:假如他是反对派,他乃是客观的物质条件所决定的反对派,而不是他的自由意志决定的反对派。在他方面,假如一个人他的取得收益的方法是劳动,他曾深受地主、资本家和他们的党徒所压迫,也就是说他的财产的关系与民生主义不冲突,与民权主义不冲突,和与民族主义亦不冲突。除非他受了地主和资本家及其爪牙们的欺骗,他是不会反对民生主义、民权主义和民族主义的。没落的小资产亦然。在他们之中,如果受迫害的程度越深,亦不是由他的自由意志支配,而是由他的劳动关系支配。用我的话来说,就是受他的取得收益的方法——劳动支配。可是一人生下地来,他的劳动关系便确定了;他生下地来就有一中劳动关系如同他生下地来就有一种亲属关系一样。所以说,一个人如果是一个革命者,那么,他亦是由客观的历史条件所决定的革命者,而不是他的自由意志所决定的。

不用细说也知道,在中国没有多少民族资本家,只有帝国主义者的资本家、买办资本家和官僚资本家,此外便是地主,在政治上是代表他们的利益的奴仆。从人民的立场上说,他们在理论上和实际上都是或多或少的一群刑事犯罪人。他们还能实地什么三民主义么?袁世凯实行了民主么?曹锟实行了吗?段祺瑞实行了么?……一言以蔽之曰:他们之不能实行民主亦不是由他们的自由意志,而是由他们取得收益的方法财产关系决定。在自由意志上他们都是三民主义者,可是他们之不能执行三民主义并且要破坏三民主义,自从他们从母胎里生下来时起便被他们的历史关系全决定了。因此,他们不能成为孙中山先生的三民主义的真正子孙。可是传统的好人政治却信他们可作三民主义的子孙,这便是中国虚伪的民主主义一再重复他自己的错误的原因。

为什么我说这种虚伪的民主主义应由空想的政治理论负责呢?因为空想的政治理论,不会大胆的专言世上只有他们的取得收益的方式上与三民主义不冲突的方才有资格实现三民主义,相反,它且公开的宣传,凡在取得收益的方式上与三民主义相冲突的人亦能实行三民主义,只要他们的知识最高。由是便使三民主义得有为他们的敌人用作反三民主义的机会。所以我说,中国的虚伪的民主主义应由空想的政治理论负部分的责任。

然则,出身于地主和买办的家庭的儿子便不可以作民主主义的战士么?我的简单的答复是,除非他们放弃他们的财产关系,他们是不可以的。除非他们拒绝接受帝国主义者的资本家们的贿赂,是不可以的。除非他们所呐喊的是被剥削的劳苦大众的呼声,他们是不可以的。可是,话又说回来,如果他们敢于作他们的财产关系的叛徒,他们亦可以作民主主义的战士。但这必须具备两条件,即:他们必须以被压迫的劳苦大众的是非为是非,并必须以劳苦大众的理论为理论,然后他们始能有真正的是非,和真正的理论。否则,他们纵令在口头上是三民主义的信徒,但实际上则不过是些虚伪的民主主义扮演人而已!

社会科学呢？儒家哲学呢？

——答王维诚教授的《论大学教育的使命》

除非闭着眼睛说瞎话，我以为今日的中国必须接受社会科学的指导，来从事中国的文化的，政治的和经济的建设，而不能墨守中国儒家的思想以建国，因为依照社会科学所指示的路线，中国立可得到进步、民主和康乐。依照儒家的哲学或大学所指示的路线，中国会将永远的沦于保守、独裁与贫乏。不幸中国的统治者和士大夫，生在五四运动而后的今天，还在提倡尊崇儒家思想以建国，前者往往把"大学"误认成科学，即把大学上的格物致知，误认为科学上的观察与归纳，谬以为依照儒家的"大学"建国，便是依照科学建国了。后者则主张以儒家的哲学为体，科学为用。例如本年一月十一日《大公报》上王维诚教授所发表的《论大学教育的使命》，便是属于后者这一类。他说，今日的大学应当以"大学之道，在明明德，在亲民，在止于至善"，以为今日大学的旨趣。前者似忘记了一件极重要的事，即中国的儒家哲学不是社会科学，即"大学"不是科学。后者似忘记了中国如果依照儒家哲学以建国，中国会将永远的得不到进步、民主和康乐，所得到的是思想上的一尊，政治上的独裁和物质上的贫乏的。固然"大学"与科学均讲格物与致知。但"大学"所讲的格的是格人欲，致知是致良知，科学所讲的格物是察事物，致知是致实知。由前者的内省法所得到的知识只是存在人的内心里面的良能与良知。他的性质是绝对的、直觉的和一尊的，即不容许有丝毫的错误存于其间，当用不着怀疑与批评。因此，在"大学"一书上绝无思想进步和思想自由的观念。反之，由后者所用的外观法而所得到的知识是相对的、分析的、尝试的。在他里面含有无限错误的机会，因此欢迎旁人的怀疑与批评，由是自由的讨论便成了科学进步的最主要的部分。除非中国的文化不要进步，我以为中国的文化的建设，必须舍弃这个否定进化的儒家的理论。

从政治的建设上说，中国的儒家所相信的政治是好人政治。这种思想的实际的效果不外两条路，（一）黑暗的专制，（二）开明的独裁。因为儒家相信世间实有全知与全善的哲学家皇帝存在，因为这种皇帝可以依照最高的道德和理智以治国。反之，社会的科学则根本否认这说法。在政治学上有一条公律是，任何一个人如果在一方面握有权大的威权，可是在他方面却没有威权来给他以限制，他一定要滥用他的威权以自肥。近代的三权分立的学说和五权宪法的学说，无一不是从这个观点出发。因此近代的政治学极力主张以人民的权力来监督政府。这种思想在实际政治上的效果，便是今日的民主政治了。除非中国的政治不要民主。我们必须放弃这个力主开明专制的儒家哲学作为建设的依据。

更从经济的建设上说，近代的社会科学大胆的宣言，人生的思想与行为，主要的是受他的财产的关系支配。地主是受他的土地关系支配，资本家是受他的资本关系支配，好像官僚是受他的官威支配，和虎豹的行动是受他们的爪牙支配一样。除非被剥削的阶级对之施以外在的压力，剥削的关系莫由消灭。因此近代的社会科学主张劳力问政或劳工专政。但中国的儒家的思想恰恰与此相反。他以为人的思想与行动主要的是受他的良心的制裁。只要正心诚意的功夫做得好，老虎亦可以自动的摧毁他自己的爪牙而与婴儿作良友。何愁地主、资本家、官僚与买办不会自动的放弃他们剥削贫民的武器呢？因而中国的儒者极力否认劳工团体起而干预政治的一类活动。因此儒家的哲学便成了历代的剥削阶层的护符。除非我们根本不要节制资本与平均地权，我们在经济建设上，必须放弃这个根本否认劳工问政的儒家的理论。

我的综合的结论是，居今日之中国，凡谈中国的文化、政治经济的建设，而力主以儒家哲学作依据者，皆为有意的或无意的反对进化，拥护独裁和阿谀剥削阶层的人物。

三十六年二月一日于北京大学

再论社会科学与儒家哲学

——答王维诚教授对拙文的批判

王维诚教授是中国研究儒家哲学的一位学者,我们已经是十几年的朋友了。我在《大公报》一月二十四日所发表的题为《社会科学呢?儒家哲学呢?》一文中,故意插入一个小标题《答王维诚教授的〈大学教育的使命〉》,主要的是想勾引他对我的意见的批评。果然不出我所料,他的批评已在三月三日《大公报》上《从儒家哲学说起》的一文里,很详尽的发表出来了。我本想在他的评判里得到教益,所以把他的宏文仔细的读了数遍。不幸,结果出于意外,维诚教授对于实际的世界确是知道得太少了,而且含有许多出奴入主的褊狭的见解,致使他的评判毫无意义。他不但不足以否定我的见解,而且倒否定了他对儒家哲学的辩护。细想起来,实也好笑。

(一)我说,儒家哲学的求知方法是内省的,社会科学的求知方法是外观的。……由前者所得来的知识只是存在人的内心里的良能与良知。他的性质是绝对的,直觉的和一尊的。绝不容许有丝毫的错误存于其间,当用不着怀疑与批评。因此,在《大学》一书上,绝无思想自由和思想进化的观念。王说,不然,在《大学》里也含得有思想进化和思想自由的观念在其内。这是我们两人的意见根本不同的地方。

我以为儒家的哲学是否含有进化的观念,须要看他是否明白表示或暗中隐含,他的学说只是暂时的或条件的。条件的意思是说,他的这种学说的树立,必是以某种事实的存在为条件。假令这种事实不存在了,那末,他的结论便取消了。暂时的意思是说,他的结论的树立是由他现在所知道的事实必是全部的事实。假使他现在所知道的事实不是事实的全部,那末,他的结论便当修正。王维诚教授在反驳我的意见的时候,虽然一再地说,《大学》说:"苟日新,日日新""作新民""周虽旧邦,其命维新,是故君子无所不用其极","克明德""克明峻德,皆自明也",便是儒家的哲学含有思想自由的意思。但因他不能证明儒家的哲学里含有条件的或暂时的意义在其内,因此,他说在儒家哲学里含有思想自由的观念,简直等于闭着眼睛说瞎话。他倒迷信他有,可是他没有呀!反之,他所引的这些例证,倒证明了我的见解是不错的。我说,"大学与科学均讲格物与致知,但大学所讲的格物是格人欲,致知是致良知"。维诚教授所说"苟日新,日日新,又日新""作新民"……和"克明德"等,除非闭着眼睛说瞎话，我以为他们都只表示儒家的致良知的功夫。这证实了我的评判丝毫不错。即在《大学》一书上，绝无思想自由的观念。

我说，"社会科学的求知方法是外观的"。维诚教授说："社会科学的求知方法亦并非只是外观的。因为单有社会调查与统计，不能成为全部社会科学。"骤看起来，似有理由，实则在根本上是错误的。社会科学固然也讲省察，但他所讲的省察，不是省内，而是省外。不是省察在内心里所存在的东西，而是省察他所观察的事实和事实与事实之间的关系是否正确。他并不是要把内心里的东西省察出来，如像维诚教授所相信的"万物皆备于我也，反躬而诚，德莫大焉"呀！即社会科学所讲的省察既与儒家哲学所讲的内省，其本质上不是同物，足证我的意见，即社会科学的求知方法是外观的完全是正确的。

维诚教授又说，"儒家哲学的求知方法也是外观的"。孔子曰，"学而不思则罔，思而不学则殆"。学就是外观的求知方法。但"学"果是外观的求知方法么？假令维诚教授的说法不错，那末，这位常被孔子所称为好学的大弟子，颜回，必是社会调查和统计的专家了，可是，在事实上孔子之称颜回好学，并非因为他能用外观的方法以求知，而是因为他的内省功夫作的好，所以他终能够"不迁怒不贰过"。单此一例，已足证明儒家哲学所谓"学"根本不是外观的。但现在我们所要问的即在儒家的哲学里，难道就丝毫不用观察么？维诚教授一定不承认，因为儒者也是生得有眼睛的呀！但我们应该强调的，即儒家哲学与社会科学虽然均用观察，但儒家哲学所用的观察，在本质上与社会科学所用的观察不是同的。儒家哲学所用的观察，严格的说，不是外观，而是内观。外观是观察外界的事实和事实的关系在外界是否存在。内观是观察人的内心里存在的良知与良能的表现是否充足或是否为物欲所蒙蔽。内观是观察内心里面的东西在外界的表现，外观是观察外界的东西在外界的表现。儒家所用的观察只是内观而非外观，所以儒家的求知的方法在本质上完全是内省的。维诚教授说，"学"就是儒者的外观的求知方法，可见全是错误。

维诚教授说，"儒家哲学的求知方法即是内省的亦不足为病"。我看这病大的很啊！最显著的就是为了维持旧礼教不惜与新社会为敌。因为维持旧礼教的人必须这样做，才觉与他们由内省法所发现的"良知良能"不相违背，这个祸害还不大么？

（二）我说，"中国的儒家所相信的政治是好人的政治，这种思想的结果不外两条路：（1）黑暗的专制，（2）开明的独裁。因为儒家相信世间实有全知与全善的哲学家皇帝存在，因而这种皇帝可以依照最高的道德和理智以治国"。维诚教授说，不然。儒家哲学亦非必要民主。孟子说："民为贵，社稷次之，君为轻。"孔子说："去兵""去食""不患寡而患不均，不患贫而患不安"。孔子所谓"均"是均之于民，所谓"安"是求民之安。这些皆是以民为贵的意思。但谁来均之于民呢？又谁来求民之安呢？民主的政治是人民自己来均民之贫，自己来求民之安。所以是民主。儒家的政治是皇帝来均民贫和皇帝来求民安。所以最多只是开明的专制了。民主的政治在英文是 Government by the people，但儒家的政治是 Government for the people。维诚教授把 by 和 for 都弄不清楚，莫怪他要硬着面皮，指鹿为马了。

（三）我说"近代的社会科学大胆的宣言，人生的思想与行为主要的是受他的财产关系支配，但中国的儒家思想恰恰与此相反。他以为人的思想与行为主要的是受他的良心的制度"。维诚教授说，不然。人的思想与行为主要的是受他的良心的制裁。人有良心没有？我想诚恳的答复这个问题说，人是有良心的。但人生的行为主要的不受他的良心的制裁，乃是上有目共观的事情。凭良心，在街上的流浪儿尽有的是天才，你和我最多也不过是中才而已。凭良心，天才应当受教育，中才不应该，但我们这批中才受教育了。凭良心，最精美的食品应该送给对日抗战的士兵，我们简直该饿死。但我们没饿死，他们却有的饿死了。凭良心，哲学家应当做皇帝，但苏格拉底被毒死。凭良心，宗教家应该受王位，但耶稣却被人钉死在十字架上。凭良心，投机致富的奸商，应该受惩戒，但结果反而当宰相。历史的事实一幕一幕的把罪恶像影片一样的摆在我们的面前说，良心虽是人人所同有，但除非与他的财产关系的保持和扩大相一致，人在他的实际的思想与行动上，也都不受他的良心的支配，讲哲学的人如果忽略这一点，简直等于是一位耳聋眼瞎的废人一个，对于社会没有好处。

然则人的实际的思想与行为，便一点也不受他的良心制裁么？是又不然。在有时候也是有的。那个时候有呢？在与他财产的关系相一致的时候，便是有的。所以现在社会主义的战士无人没有从他的心坎里喊出正义的呼声。但这些是些什么人呢？内中百分之九十都是靠劳心或劳力以为生的阶级。富裕的阶级不是没有，有则要不是太少了，要不是便是说空话，他自己决不照着正义所指示的路径做。老虎能够自动的拔除他自己的爪牙来与婴儿作朋友么？这不过只是一种幻想而已。由此可见，除非被剥削的阶级起而对剥削的阶级施以适当的压力，节制资本与平均地权的学说似乎无从实现。

儒家哲学已经倒了，并且继续在堕落。纵有维诚教授给他作支柱，除了把他自己毁了外，恐怕亦无多大的用处。还有一点我必须更要特别强调的。即一个学哲学的人应该具备两条件：（1）广博的社会科学的知识，甚至自然科学的智识，（2）谨严的汉学家的训诂的态度。维诚教授把儒家的"贵民"看做"民治"，把儒家的"学"看做科学的"外观"，把良心看做支配人群的中心势力，把骆驼看做马肿背，这都表示他对上述二条件没有充分的具备。除非把这种狭隘的态度加以全部的纠正，在哲学上必无伟大的贡献。但是，我也应该坦白的说，我对儒家哲学知道不多，社会科学更是粗窥门径。世有精通科学和儒家哲学者尚希有以教我。

从"知难行易"学说的批判说到国民党今后的出路

现在中国竟有不少的哲学家,知识青年,和国民党党员的大部,都一致相信中山先生的知难行易的学说,是一种革命的哲学。并且以为自从民国成立以来,中国革命失败的原因,完全是由中国的朝野上下,特别的是国民党的党员,不知"知难行易"的学说使然。北大贺麟教授,在他的《当代中国哲学》里,亦曾有同样的见解。他说,中山先生的知难行易的学说的目的,在扫荡几千年来深印人心的畏难苟安的积习,破除知而不行的偷惰的心理,同时并鼓舞力行的勇气,求知的决心,恢复民族自信心,展开民族前途的希望,指示我们的新文化应循科学化、工业化、民主化、社会化的途径迈进。

反过来说,就是中国的新文化,今日之所以不曾真正的向着科学化、工业化、民主化、社会化的途径迈进,主要的是由大家明白中山先生的知难行易的哲学的原故。我不否认上述的见解含有部分的真理存在。但我以为中山先生的知难而行易的学说,在他的主要意义的范围内,不但不是一种有助于革命的哲学,而且含有极大危害革命的玄想的成份在其内。除非将这玄想的成份加以破除和扫荡,我以为中国革命的前途必定无望。

只要我们不是存心骗自己,我们必定不会否认这一显著的历史公律:即在人类社会生活范围内,根本没有所谓全知全能的伟大人格存在。而且越是伟大的人物,其所犯的错,往往亦越是伟大的。举例来说,德国耶拉大学的黑格尔大师,该是世界上最伟大的哲学家了。但他在政治哲学上,却认为普鲁士的专制的政体,乃是人类自从有史以来,最高无上的一种典型的政体。这当然是一种极荒谬的见解。又如英国剑桥大学的物理学大家牛顿,该是世界上最伟大的科学家了。但他在光学上的意见,竟阻挠了近代光学的进步几约半世纪。从近代人物的眼光看来,当亦不能说他的光学见解是正确的了。这种同类的例子,在郭任远教授所作的《最大的科学家所犯最大的错误》一文里,搜集的材料极多。为减少人类历史上伟大错误的重演计,尽管我们都是中山先生的学生,但我们对于他的知难行易学说的正确与否依旧要加以检讨。我们的态度是,如用苏格拉底的用语来表示,"吾爱吾师,吾更爱真理"。

我以为,在中山的知难行易学说内,含有两种冰炭不容的见解。其一是合理的和革命的,又其一是不合理的和反革命的。前一种是说,知道或发现行为的原因比较行为自身更困难。后一种是说,知识是支配人生行为的中心势力,因此,知难行易的哲学便是支配人生行为的中心势力了。在这两种见解之中,中山所着重的是第二种。但可惜中国这几位有名的学者如胡适大师、冯友兰教授、贺麟教授和傅铜博士所反覆讨论的,只是中山的第一种见解。这不能说不是一种缺憾了。为补足这种缺憾起见,我愿大胆的对于中山的知难行易学说中的第二种意义,加以分析和评判。

关于知难行易学说的第一种见解,我以为只须几句话便可说明白,实无须以盈篇累牍的洋洋洒洒的宏文巨论,来反复的推敲和辩论。中山先生在他所举的各种例子之中,曾经一再明白的说,知道行为的原因实在比较知道行为自己更困难,反之,知道行为自身实比知道行为的原因更容易。因为任何行为自身在任何一人的知识经验内,如饮食、用钱、作文、建屋、造船、筑城、开河、使用无线电和作豆腐各事,中山在举例的时候假定他们是属于人类已经知道的事情。反之,行为的原因,如食物化学、货币原理、文法学、建筑学、造船学、土木工程学、电磁学和有机化学,中山先生在举例的时候,便假定他们是属于人类未知的事情。在事实上,未经知道的事情,当然比已经知道的事情困难,反之,已经知道的事情当然比未经知道的事情容易。由此可见,知难而行易的学说的第一种解释几是一种自明的公律。它不外是说,未经知道的行为的原因实比已经知道的行为自身更困难;反之,已经知道的行为自身实比未经知道的行为的原因更容易。由此可见,知难而行易的学说的第一种解释几是一种自明的公律。它不外是说,未经知道的行为的原因实比已经知道的行为自身更困难;反之,已经知道的行为自身实比未经知道的行为的原因更容易,这种解释千真万确,自足于内,毋待于外。纵有胡适大师、傅铜博士和冯友兰教授的反驳,和贺麟教授的守卫与发扬,当亦不能增减它的真实价值一丝毫。这是我不拟讨论这一部分的见解的理由。

关于知难而行易学说的第二种见解,即知识是支配人生行为的中心势力,因此,知难而行易的学说便是支配人生行为的中心势力了。我以为这可是一个骤看极难,细想极易解答的大问题。知识果是支配人生行为的中心势力吗?中山先生毫不迟疑的答复这个问题说,是的。且看他说:

> 当革命破坏告成之际,建设发端之始,余乃不禁兴高采烈,欲以予生平之抱负,与积年研究之所得,定为建国计划,举而行之,以冀一跃而登中国于富强隆盛之地焉。乃有难予者曰,先生之志,高矣远矣;先生之策,闳矣深矣。其奈知之非难,行之维难何?予初闻是言也,为之惶然若失。盖行之维难一说,吾心亦信而无疑,以为古人不我欺也。继思有以打破此难关,以达吾建设之目的。于是以阳明知行合一之说,以励同人。惟久而久之,终觉奋勉之气,不胜畏难之心,举国趋势皆如是也。予乃废然而返,专从事于知易行难一问题,以研究其究竟。几费岁月,始恍然悟于古之所传今人之所信者,实似是而非也。

乃为之豁然有得，欣然而喜，知中国向来之不振者，非坐于不能行也，实坐于不能知也，乃其既知之而又不行者，则误于以知为易，以行为难也。倘能证明知非易而行非难也，使中国人无所畏而乐于行，即中国之事大可为矣。

由此可见，中山先生盖真以为自从民国成立以来，中国建设事业之不行，系由国人不知知难行易之真理使然。倘能知之，则中国之"建设事业，亦不过反掌折枝耳"。亦就是说，知难行易之学说是推动国家建设的中心势力。昔日建设事业必定成功，是因知难行易之真理，已为先生所发明，并为大众所领悟。故今后建设"政治最修明，人民最安乐之国家，其成功必较革命之破坏事业尤速尤易"。依据中山先生的分析，国民今日之未能切实实行三民主义，主要的是由他们不知三民主义足以适应世界之潮流，而谓"予之理想太高，不适中国之用"。"及其既知而又不行者"，则又系由为"知之非难行之惟难之说所奴，而视吾策为空言，遂放弃建设之责任"。今旧说既除，大敌已破，国人必将依据知难行易学说的指导，万众一心，疾起直追，以最快之速度将中国建设而为一为民所有、为民所治、并为民所享的三民主义的国家。回忆中山先生的知难行易之说，系脱稿于民国七年十二月三十日。在民国七年以前，中国未睹建设事业之进行，我们固可以有理由说，这是由于传说的知易行难之说，在与中山的建设事业为敌。但自民国七年以来，中山先生的知难行易之说已成，它不但已成为国民党的共同的信仰，并且得到了美国的实证主义大师杜威博士的印证，北大哲学系贺麟教授的发扬，和国民党总裁蒋中正先生的推进，并得到了国民党内外的三民主义同志的竭诚拥护，宜乎中国之建设事业，会依照知难行易学说和三民主义所指示的途径，并以最快之速度，将中国化为一富强康乐的民治、民有、民享的三民主义的国家了。可是，现在怎么样呢？它是否比较民国七年更要紊乱呢？假令中山先生的革命的英灵，肯从天国祥云的开处，以圣洁之光，照射尘寰，一睹今日中国之贪污气氛，残酷内乱，和今日的国民经济的整个崩溃下的饥馑、流亡与贫乏，再回顾他的知难行易的学说所应有的理论的效果，我想这位慈祥诚恳的老人，一定要痛哭流涕的说："我的理论是徒然的！"我看，历史上没有一种哲学，有比中山的知难行易的政治哲学，在铁打的事实面前，被粉碎得更无救的。

从社会经济的观点看来，人的实际的行为，在根本上，不受他所崇拜的理想或知识支配，他既不受传说的知易行难的学说支配，亦不受中山先生的知难行易的学说支配，而系受他的直接取得收益的方法，资本、土地、或劳动支配；或间接的取得收益的方法，如贪污、买办、谄媚统治者阶级和帝国主义的行为支配。我的意思是说，人在实际生活的时候，无论他所崇拜的是什么美妙的主义，他于不知不觉之中，都要把这个主义来与他的取得收益的方法配一配，如果这种主义，对于他的取得收益的方法的保持和扩大是有帮助的，他便要用它。没有帮助，他便不用。如果它是有害于它的维持与发展的，他便要怪它、恨它、欺它、侮它、甚至要残害它，至少他也要对它施展一点阳奉阴违的手段了。同时对于创造并力行这种主义的人，不问你是苏格拉底或柏拉图,耶酥或孔子,马克思或孙中山,假令你在力行主义的时候,与他的取得收益的方法的维持与发展有帮助,它便要认你为他的很忠顺的奴仆或领袖。反之,如果你在实行主义之时,与他的取得收益的方法有妨碍,无论你是他的父亲或儿子,丈人或女婿,他都要对你毫不客气了。愿拘则拘,愿打则打,愿宰则宰。至少,他也要对你貌似诚恳而心则极狠毒了。历代古先圣贤的学说之所以不能实行,原因在此。

以中山的三民主义来说,第一,在民生主义里面,他的主要的目的便是要节制资本与平均地权。这种目的如实现,直接的与大地主和大资本家的凭以取得地租利息和利润的方法土地与资本的积聚相冲突,当然地主和大资本家为图保持和扩大他们的取得收益的方法土地和资本计,势必便要被迫而与民生主义为大敌,第二,在他的民权主义里面,中山极力主张以人民的权力来监督政府。这种思想在实际政治上的效果,便要肃清中国的官僚阶级。用具体的话来说,就是要肃清政治上的贪官污吏。除非官僚阶级是傻子,他们为了实现他们的升官发财的目的,当然亦必起而与民权主义为大敌。第三,在民族主义里面,中山力言中国要为中国的人民所有,对外要打倒帝国主义的侵略,对内要肃清中国的买办的阶级。此时,买办阶级与帝国主义,为了维持和扩大他们的剥削殖民地的利益的侵略关系起见,当然他们亦将被迫而与民族主义为敌了。由此以言,中山主义的最大的敌人,乃是在他们的财产关系上,与中山主义立于对立地位的大地主,被节制的大资本家,特别的是官僚、军阀、买办、帝国主义和他们的同路人等辈。为力图革命之成功计,我以为中山先生当年似乎应当排除在财产关系上与中山主义立于对立地位的敌人,结合在财产关系上与中山主义站在同一战线上的同志或同道,以为建设三民主义国家的基石。最可引为不幸的,即中山先生在他的革命事业受阻之际,在寻求革命失败的原因上,竟不知道阻碍他的革命事业的敌人,是那些在财产关系上,与他的主义立于对立地位的假革命党人或反革命的群狗。但认为阻碍他的革命工作的最大的敌人,是在财产关系上与他的革命事业毫不相干的传说的知易行难的学说。且看他说:

> 呜呼,此说者,予生平之最大敌也。其威力当百倍于满清。夫满清之威力,不过只能杀吾人之身耳,而不能夺吾人之志也。乃此敌之威力,则不惟能夺吾人之志,且足以迷亿兆人之心也。是故满清之世,予之主张革命也,犹能日起有功,进行不已。惟自民国成立之日,则予之主张建设,反致半筹莫展,一败涂地。吾三十年来,精诚无间之心,几为之冰消瓦解,百折不回之志,几为之槁木死灰者,此也。可畏哉此敌!可恨哉此敌!

中山先生既认为传说的知易行难之说,则是他的敌人,当然,他不认为国民党内外的土豪、劣绅、贪官、奸商、买办和帝国主义的爪牙与其同志,是他的敌人了。在他方面,中山先生既认为知难行易之说,终是他的救星,他势必便要放弃,在取得收益方法的关系上,去寻找三民主义的真正的同志的企图了。最可引为不幸的,这些三民主义的真正的敌人,因为中山先生的不注意,也都先后渗入了中山先生的革命大本营中,然而中山先生却又鲜有真正同志作战士,莫怪他的理想会失败了。

回想中山先生的革命目的,依据国民党的第二次全国代表大会的宣言,乃在"对外打倒帝国主义,对内打倒一切帝国主义的工具,首为军阀,次为官僚、土豪买办阶级。其必要之手段,一曰造成人民之军队,二曰造成廉洁之政府,三曰提倡保护国内新兴工业,四曰保障农工团体扶植其发展"。但因中山先生与其同志在实行革命的时候,相信知难行易之说,以为知识是支配人生行为的中心势力,一开始便向帝国主义者,并其工具,军阀、官僚、土豪、买办阶级宣传说,"你们昔日之为帝国主义者的工具,和军阀、官僚、土豪、买办,均是由于你们不知信仰三民主义并知难行易学说。假令你们知道了,你们立将自发的不复再作帝国主义者的工具……和买办了。"帝国主义者的工具……与买办们,眼见革命势力之不可以力拼,然知能以智取,于是尽皆立即粉墨登场,摇身一变,变作无量无限之三民主义信徒和知难行易学说的战士,一一请求入党。革命党人因为他们的革命对象都入党了,或感化了,遂以为他们的革命成功了。焉知入党之后,他们因为既得权利的关系,秘密联合起见,采取极卑污和极阴险的手段,窃取政权。或为部长或为秘书,或为参谋,或为长官……在表面上,他们还是三民主义的战士,可是他们在暗地里,为巩固他们的既得利益与权利计,几乎无时无地不在破坏三民主义。积年累月之后,他们深知他们自己的羽翼已丰,实力雄厚,竟敢公开行劫,为所欲为,其为军阀、官僚、土豪与买办也,更且甚于往昔。党在这种组织之下,革命目的万难实现。

回忆中国自从往古以来,社会上直接取得收益的最主要的工具,只是土地。他如资本与劳动,始终立在被动的地位。自第一次世界大战发生之后,虽有些微的民族资本的积累,但自巴黎和约签字之后,不久便萎缩了。在海禁既开之后,除了土地之外,另有的一种较重要的取得收益的新兴的方法,就是帝国主义者在中国的直接的投资和买办资本,在海禁未开以前,中国的政治和法律、哲学与宗教,只在便利土地所有权的维持和扩大。但在海禁既开之后,中国的政治和法律,除了土地之外,尚须便利外资和买办资本的积累。在海禁未开以前,中国的官僚阶级是与地主阶层的利益相一致的,在海禁既开之后,在中国官僚之中,加入了一批留学生去作新官僚,他们的利益乃是与帝国主义者和买办阶级的利益相一致的。两者均不需要民主政治,这是中国的民主政治姗姗来迟的原因。同时也是中国的官僚政治,保持不坠的原因了。在辛亥革命的前后,与民主政治有生死存亡的关系的,主要的是那些打算前来开发中国的华侨中的资本家阶级。这些华侨资本家,虽系民生主义的阻碍物,但他们却是推动中国民主势力的主力。此外便是中国的进步的小资产阶级和进步的被压迫的工人也进步的农民了。国民党假如及早便死心踏地的与这些人联合在一起,而与其他的反民主的因素相决斗,给中国新兴的资本家挣扎一条光明的道路,未始不易成功。无如当时孙中山先生,在他的思想里,含有不少中国儒家思想中腐朽的成份,是即好人政治的哲学,误以为尽管在取得收益的方法与民主主义立于正相反对的人物,均可以实行民主政治,只要他们肯向民权主义宣誓。莫怪他们后来要叛党了。

假如今日全中国的国民并国民党,认为三民主义必须付诸实行,始足以臻中国于富强,那末我便敢断言,今日的国民党的机构,在理论上,绝非实现三民主义的工具。国民党的伟大领袖孙中山先生,是即我所最崇拜的全中国的精神之父,因受他的知难行易之说所蒙蔽,其实是整个儒家哲学的蒙蔽,误信食人无厌的豺狼与虎豹亦可受知难行易学说的感召,自动的拔去他们的牙爪,而与国民党的主义共生死;致将无限量的官僚、军阀、土豪、买办介入国民党中作同志,并各分据要津,已使三民主义的实现陷于不可能状态。除非国民党的真正同志通通死了。我以为,他们为了保持国民党的光荣历史计,早迟必将国民党重新改组。现在我以第三者的地位,希望他们改组的时候,不要重蹈过去的错误,再从一个人的空洞信仰上,去判别此人对于三民主义的仇友的关系;但从他的取得收益的方法上去判别他。让敌人滚开,让同志回来,并对敌人施以相当的压力,重新掌握政权,见免顾犬不晚,亡羊补牢不迟,在消极的方面继续与封建势力和帝国主义为敌,在积极的方面并继续领导全中国的进步的小资产阶级和劳苦大众,以追加的速度,将中国建设而为一为民所有,为民所治,并为民所享之三民主义共和国。假令这个目的还不到,纵令内战成功,并且纵令青年、民社两党可与国民党永久的合作,除非中国不进步,国民党终必要为时代进化的浪潮所粉碎。

孙中山与马克思

我今天所要说明的有两点：第一点我所要说的，就是中国政治史上这位空前未有的伟大的政治领袖孙中山先生，无论在道德的修养上，在求知的努力上，和在革命的领导上，均不在马克思之下，或至少，亦不在马克思之下。第二点我所要说的，就是可惜在中山先生的社会哲学里含有空想的成份，或缺少科学根据的成份，或传统的儒家哲学的成份；但在马克思学说里没有。这便是中山先生不如马克思的地方。同时这亦就是中国的国民党，自中山逝世而后，越是近来越是露骨的表现着他们不能实现三民主义的原因。同时也就是马克思的主义，自马克思逝世而后，得在共产党手里，逐步付诸实施的原因了。但我所要特别声明的，即中山先生的政治的理论，虽然含有空想的成份，但这并不妨碍孙中山先生，在个人的修养上，在求知的努力上，和在革命的领导上，仍为中国革命最伟大的一个导师。

我衷心的相信，孙中山先生的修养的工夫是很伟大的。我以为中山先生的慈爱与和平的性格，在古今中外的历史上，都是很难有的。我在重庆时，偶尔碰着一位曾经追随中山四十年的老秘书连先生。他从中山革命时起直到中山逝世为止，都与中山先生在一块，几乎可说是寸步难离的。我当时向他访问究竟中山先生赋有什么为人所景仰的独特的性格。我对他说："我所要打听的只是中山先生的独特的性格。"这位老秘书毫不迟疑的告诉我说："我追随中山恁多年，我觉着中山先生有一点最难得的修养，就是他在革命这四十年中，从未向他的同志发过一次的脾气。他每遇着同志有错误时，总是以一种温和而体谅的态度指教他们，好像一位先生指教他的学生一样。"是的，不错。连老先生这一段话确是对的。因为国民党的老同志，据我所知道的，几乎无一不是称呼中山为"先生"。他们觉得他们是学生，中山是他们的"先生"。由此可以证明这位连老秘书的话是不错的。我敢大胆的说，中山先生的性格确是中国东方文化的结晶。我们知道，东方的神是不怒的。在我们东方，就是四大天王这般凶猛的神像，亦是不发怒的。因为他们手里，不是每位都还在弹琴不是？可是，西方人所崇拜的神是两样的。即以上帝而论，你看上帝在执行最后裁判的时候，他竟是何等的发怒啊！可是中山先生不怒，这足表示中山先生的慈爱与和平，确乎是备有了东方人所最崇拜的神的性格。所以我说，中山先生修养的工夫确是东方文化的结晶。佛陀说："任何一位只能在剑拔弩张的阵地上，战胜亿万武士的英雄，不算真正的英雄，惟有在日常生活的道路上，能够战胜他自己的易怒的感情的，方才算是英雄。"这即是说，战胜敌人容易，战胜自己困难。中山先生能够战胜他自己，这确是很不容易的啊！在这一点上，我以为中山先生的修养，至少，亦当不在马克思之下。

再从未知的努力上说，中山亦不在马克思之下。马克思在求知上是很努力的。他在大学毕业而后，仅有一个短短的时期，全力领导革命。以后，他便埋头在大英博物院的图书馆里研究去了。一直研究了三十余年，直到他死为止。在这三十年中，虽然间亦参加实际的社会主义运动，但这只是限于演讲与集会，而且次数少得很。他的最主要的工作，还是求知。在他《资本论》第二版的序言中，他说："我的格言是，不管别人怎么说，我还是走我自己的路。"孙中山先生亦然。他不但在学生时代求知的欲望很强烈，在革命时代亦然。甚至在战场上指挥士兵的时候，只要指挥一定，他便要看书的。这种镇定的工夫，说来几乎难以令人置信。但这确是真的。民国九年时，他老人家在上海寓所里，草拟实业计划。每拟一稿完毕，他都要找几个人去批评和讨论，以便重新修正。在他的小小的讨论会中，有蒋梦麟先生、余日章先生……陶孟和先生。据陶孟和先生告诉我说，他记得有一次去拜访中山先生了，他看着在中山先生的写字桌上，放着几本由中山已经看过的关于社会学方面的新书。可是这几本新书，正是他给把他们的题目写在日记上，准备去买但还没有买到的书籍。这已经足使他惊讶了。因为陶先生是喜爱读书的。可是待他定睛一看，忽又发现在他的写字桌下，还有一箱刚打开的新书，约有三四十册。陶先生于是对他自己说："像这样买书是不得了的！"这类故事极多。据说，有一次王正廷先生到广东去与中山先生论外交，中山在谈论中国的外交时，曾经举出了七八十种的书籍，有许多都是王正廷先生所还未看到的。实则中山先生也是很幸运，平均说起来，他每年几乎要费战前的货币五千元，来置购新书的，所以我说，中山先生的求知的努力，至少，亦可与马克思相匹敌，并值得我们青年人去效法。

再从革命的领导上说，中山先生在最初革命的时候，可以说中国的革命只是中山先生一人的革命，以后因取得了另外三个人的信任，结果中国的革命方给变成中山先生等四人的革命，这四个人便是在中国革命史上，有名的广东四大强盗了。可是经过三十余年的继续革命的努力，中山因得全中国人民的拥护，在最初的一次，便把满清政府推倒了，第二次把袁世凯打倒，第三次把吴佩孚打倒，并且越是到晚年来，他的革命的态度愈坚决，革命的行动愈进步。这从民国十三年国民党改组时中山首创联俄，容共，并农工三大政策一起更明白了。因为中山到晚年来，看见俄国革命成功，他的革命比俄国早，但俄国早成功了，他没成功。他心里急了，为加速革命的成功的时刻，于是便力图在国民党中注入新鲜的血液。恰好当时第三国际的东方的政策伸展到中国，得到了中国的学者、青年、并近代工人与农民的拥护，组成了中国共产党和共产主义青年团两大革命的组织。中山眼看着这两个伟大的组织勃勃有革命的生气，心中高兴得发狂起来，于是立即伸出他的一双革命巨人的伟大的铁臂，把他们拥抱过来，结果这两个革命的团体，便欣然的投入中山的革命的怀抱。中国国民党自经中共加入而后,犹如一支已经开过若干次的花,忽又长发嫩根,开放起来,致使中国的国民党在革命的前线上又再推进一步。这都足以表示中山先生的伟大的领导革命的意志与能力。在这一点上,我亦觉着中山先生的革命的天才,至少,当亦不在马克思之下。列宁曾说,中山先生是一个最伟大的政治家,他的伟大的政治的才器,绝非英美任何一位政治家所能比拟的。列宁这一句话,道破了中山的伟大的革命才器的秘密,即英美现代的政治家,不过只是一些太平时代的宰相,而中山这位政治家,乃是一位革命时代的英雄。当然中山先生的政治的天才,比起英美的政治领袖来,是最伟大的了。

可是现在我所要讨论的,即为什么中山的三民主义自中山逝世而后,不能在中山所手创的国民党手里付诸实施,然而马克思主义,在马克思逝世而后,则能在共产党手里,一步靠紧一步的,依序实现呢? 上文曾说,这是由于在中山主义里面含有空想的成份。但在马克思的学说里是没有的。试问这个空想的成份是什么呢?

我曾经在《世纪评论》第一卷第二十二期《从知难行易不说的评判说到国民党今后的出路》一文里,明白指出,在中山先生学说里所含容的空想的成份就是中山先生的知难行易的学说。现在我所要补充的,即不但在知难行易的学说里含有空想的成份,在三民主义里也含有一种空想,并在《建国方略》里亦含有一种空想。由是而空想的主义便贯串了中山的整个政治思想的全部。这个最坏的效果是,中山的主义便成了一种好听的名词,而无实现的可能。我特别指出中山主义这一个缺陷,并不是说,中山学说的全部都是一种空论。我的意思只是说在中山的学说里,虽含有若干科学的成份,但亦含有若干空想的成份。我所不满意的只是不满意他的空想的成份,而不是他的科学的成份,又中山先生在政治的思想上,虽然含有若干空想的成份,但他任实际的革命领导上,越是靠近晚年他的科学的性质越强,空想的性质越少。所以中山先生在革命领导上仍不失为最伟大的导师。现在请让我从知难行易的学说的空想成份起。

中山先生的知难行易的学说劈首假定知识是指导人生行为的中心的力量,但知识是指导人生行为的中心力量么? 我在抗战以前,一直便在对于中山先生的知难行易的学说开始怀疑。直到现在时起,我敢断言的说,中山先生的知难行易的学说确乎是错误的。我从亿万人中的亿万次的经验证明,知识,平均说起来,或大多数的人在大多数的时间内,确乎不是支配人生行为的中心的力量。只有人的取得收益的方法或手段,终是支配人生行为的中心力量。举例来说,假令一个人的取得收益的方式是土地,那么,他的一切行动的方向便在维持他所私有的土地和扩充他所私有的土地的面积。如果他的取得收益的方式是资本,那么,他的一切行为的方向便在维持他的资本,和累积他的资本了。平均说起来,一个人的知识的程度,无论它高到什么样的水准,当着他的知识思想与他的取得收益的方法相冲突时,他一定要维持他的取得收益的方法而牺牲他所信仰的主义的。举一个最简单的例证:记得有一次有一位大地主,他对我说,他在他的儿子的写字桌上看见了一本共产党的小册子。他问我说:"这个道理你看对吗?"我说:"从地主的眼光看来,也许是不对的,但从一个从佃农的眼光看来,你可很难说他不是对的。"他说,"我已经把这一本小册子通通都看完了。不能说他不对。对,对,虽然是对,但于我这家庭没有用处。我因他对于我们的家庭没有什么用处,所以我趁着我的儿子转背之时,我便把它扔在火炉里烧了。"还有我一位相识的大地主,他酷爱马克思主义,他每次会见我时他都要宣传马克思主义。我每次听了他的宣传之后,我便要轻轻敲他一下说:"你既然是马克思主义者了,为什么你还要当大地主呢?"他说:"我在最初的时候,真是想把土地送人去了。可是,经了三番五次考虑之后,在这矛盾之中,我确得到了一个统一。就是这份土地的收入与其把他送人,反不如留给我自己的好,而为我究竟还是一位马克思的信徒不是?""为什么你不把给农民呢?"他说:"给农民和给我,我觉着亦没有什么区别。而且以之送给农民,似乎还不如留给我好。因为农民都是地主的意识。与其给他,还是不如以之留给我自己的好。"不问这位朋友,他是如何的相信马克思主义,但是说来说去,他还是要保存他的这块肥美的土地。这个第二例更足以说明,人在实际行为上不是受他的理想支配而系受他的取得收益的方法支配了。在你们这些读者的家庭中,想来有不少的父亲是地主。你们试一回想,你们的父亲,假如他是一位大地主,他在实际行为上,究竟还是受他的高尚理想支配呢?抑还是受他所私有土地的支配呢?现在我们知识阶级之中,有不少谩骂在抗战期中专门囤积居奇的奸商的。但为什么我们自己不囤积居奇呢?很明显的这是由于我们手里没有资本。假令我们手里现在有若干亿的法币存在银行手里,眼看着明天的货物便要涨价,法币就要跌价,除非我们是傻子,我们方才不会把这若干的存款来买货的。那么,这样一来,岂不是要把我们自己变成囤积居奇的奸商吗?为什么我们要变奸商呢?我的很简单的答复是,我们如同别人一样,在实际行为上,亦是要受我们自己的取得收益的资本支配,而不是要受我们的知识支配的。由此可见,这个硬性的公律,在于我们这批教授亦不能有何例外不是?

再说,假令一个人,他是一个买办资本家,他的取得收益的方式是买办资本,那末,他的一切的行为便在如何替帝国主义者向中国推销洋货,压倒国货,以图取得最大的佣钱。而使他的买办资本能够维持和积累。他的知识纵令十分高,他亦是要这样做的。记得有一次我在上海请一位老朋友吃饭。他在席上摇头叹息不置。我问他叹息什么?他说:"朋友,你不知道,我现在在当买办,这种工作简直不是人作的。比如说这里有一种洋货和中国货,纵令还是中国货比较的物美而价廉,但我们做买办的,一定也要不惜施用诈术,来劝告我们的主顾,不要买国货,要买洋货。因为必须要这样做,然后我的买办资本才能蓄积不是?可是朋友,你莫要忘记了,我个人在良心上是爱护中国的民族工业的呀!"单这几个简单的举例,亦可看出,人类的行为,在根本上,是不受他的知识支配的呀。人类的行为在根本上既不受他的知识支配,然而中山先生却认为他要受知识支配,这还不是空想么?

但你们也许要问我,即为什么靠劳力为生的工人和佃农亦常想当地主或资本家呢？我的答复是这样，即在社会进化的某一特殊的阶段，正当着土地私有权或私人资本的集累，有刺激生产的作用时，土地的私有或私人资本的集累，便成为社会取得收益的最主要的方法，而此最主要的取得收益的方法往往会压倒其他一切的收益的方法，而成为支配人类大部行为的中心的力量。可是到了土地的私有或私人资本的积聚有害于生产的进步时，工人阶级的行为便受他们自己取得收益的方法支配，而不受地主或资本家取得收益的方法支配了。此时工人所要做的，只是设法保持他们自己的以劳动取得收益的方式，并尽力发展他，使他成为社会最主要的取得收益的方式，直到彻底做到不劳动者不得食的阶段，方才止步。于是劳动者的行为的方向便完全受劳动者取得收益的方法劳动支配，而不受土地和资本的支配了。在现在的资本家社会里，工人与资本家的冲突，主要是取得收益方法的冲突。在农村社会里，主要的冲突是土地那个取得收益的方法和劳动那个取得收益的方法的冲突，而在殖民地上主要的冲突是帝国主义者的资本和买办的资本，同中国广大的劳动和民族资本冲突。这些冲突都是取得收益的方法的冲突，而不是知识的冲突。可是中山先生的知难行易的学说确认为人类的冲突在根本上是智慧与愚蠢的冲突，而不是取得收益的方式的冲突，或阶级利益的冲突。这还不是一种空论么？一言以蔽之曰，中山先生的知难行易的学说完全是空想的。

因为中山先生的知难行易的哲学是空想的，结果根据他的知难行易的哲学而来的三民主义也是空想的。恰才我们说过，人，平均说起来，或大多数人在大多数的时间内，在实际行为的时候，不受他所信服的知识支配，而系受他的取得收益的方法支配。亦就是说，平均说起来，人在实际行为的时候，不受他所信仰的三民主义支配，而系受他的取得收益的方法支配。从取得收益的方法上说，中国的买办阶级的取得收益的方法是与民族工业相违背的。不但违背而已，中国的买办阶级，在实际行为的时候，尚必定要摧毁中国的工业，因此中国的买办的阶级，无论他们内中的分子是美国回来的博士也好，或中国土生土长的专门学者也好，他们都是要摧毁中国的民族的独立与自由的。因此，我们不谈民族主义则已，即谈民族主义，那么，我们必须要谈到实现民族主义的阶级，从取得收益的方法上说，中国的买办阶级是绝对不能实现民族主义的。这即是说，我们不谈民族主义则已，既谈民族主义则必须排斥和消灭中国的买办阶级。即中国只有非买办的阶级才能负担复兴中国民族的任务，买办的阶级是绝不能够的，因为买办的阶级的取得收益的方法是与民族主义相冲突的。但中山在谈民族主义的时候，并没有排斥中国的买办的阶级，亦且没有主张，凡属买办阶级阵营里的分子，除非他们放弃买办的关系，都没有作国民党员的资格，亦且没有主张只有非买办的阶级才能负担复兴中国任务。这是证明中山的民族主义，自始便是一个空论。

再以民权主义来说，中山在谈民权主义的时候，亦没有谈到在中国只有什么阶级才能实现民权主义，什么阶级则不能够。无疑的中国的官僚阶级、军阀、帝国主义者的传教士、和新士大夫阶级，他们的取得收益的方法是做官，是贪污，是媚上欺下，是剋扣军饷，是武装走私，是媚事帝国主义，是兼营工商业和操纵金融，无疑的这一列的阶级都是民权主义的障碍物。所以我们不谈民权主义则已，既谈民权主义则必须把这一列的剥夺民权的阶级打倒和消灭。也就是说，凡属中国的官僚、军阀和新士大夫的官僚阶级都没有实行民权主义的资格，而亦就是没有充当国民党的党员的资格。并不是他们在知识思想上，没有当党员的资格，而是他们的取得收益的方法与民权主义相冲突，所以他们没有当党员的资格。也就是说，只有反官僚、反军阀、反新士大夫阶级的平民的阶级方终是实现民权主义的阶级。现在我们所要问的就是中山在谈民权主义的时候，他谈到什么才是实现民权主义的阶级有没有？没有。由是可知，中山的民权主义，government by the people，所谓人民或people 也者亦是一个空洞的论调了。

再以民生主义来说，民生主义主要节制资本与平均地权。但节制谁的资本呢？平均谁的地权呢？这还不是平均资本家的资本和地主的土地么？但资本家是资本的奴隶，地主是土地的奴隶，资本家和地主既是资本和土地的奴隶，他们能够静听你去节制和平均他们的资本和土地么？资本和土地比较资本家和地主的双亲还重要。你如不慎冒犯了资本家和地主的双亲，他们至多不过打你几耳光，叫你陪陪小心便了事，可是假如你要侵犯了他们的财产，他们要不杀你或才怪呢。资本家和地主既然把资本和土地看的比他们的双亲还重要，现在你要去节制他们的资本和平均他们的地权，他们还不起来反抗你么？这点明白表示地主的阶级和资本家阶级，特别的是买办资本家阶级，他们是不能负担实现民生主义的任务的，他们绝对没有充任国民党党员的资格。反转来说，就是实现民生主义的阶级，只有工人和农民的阶级和小资产阶级，只有这三个阶级，才有实现民生主义的资格。可是中山在谈民生主义的时候，尽管放言高论的说，民生主义既是大同主义，亦是共产主义，但他确忘记了申述什么才是真能实现民生主义的阶级，又什么不是。这都表示中山的民生主义完全是一种空洞的符号。

中山忘记了，侵犯中国民族主义的人是帝国主义者及其工具买办，侵犯民权主义的人是官僚、军阀和媚事帝国主义者的士大夫阶级和腐化的传教士，摧残民生主义的人是资本家阶级和地主阶级。这些各别的阶级，在他们的心理上观念上或唇舌上都是三民主义的友人，或是三民主义的同志，但因他们在取得收益的方法上，与三民相冲突，且因他们在实际行为上，只受他们的取得收益的方法支配而不受三民主义空洞的理想支配，因此他们遂不由自主的要成为三民主义的敌人了。中山如系一位科学的、实际的和明智的革命的领袖，便应当在三民主义之中，明明白白揭示三民主义的实践者和反抗者阶级，并从他们取得收益的方法的性质，把这敌对的阶级明明白白的划分出来，作为一个革命的对象，而不能空空洞洞的说，凡是深明三民主义的大义的人都可以作三民主义的信徒。似此在这万恶社会里一群豺狼虎豹，也可以作三民主义的实行者了，这不是一句空话么？中山太老实了！

不但中山的知难行易学说是空想的，三民主义是空想的，甚且由中山先生所手制的建国方略亦是空想的了。中山先生把中国的革命分做三个时期：(1)军政时期，(2)训政时期，和(3)宪政时期。但谁是实现训政和宪政的革命的阶级呢？中山又不详加区别。结果致使中国的军政、训政和宪政都落在一批反训政反宪政的人手里。由此而欲实行训政以及宪政，这还不是一种空论么？

以上是说，中山先生的整部的政治的学说，除了他的目的外，一切都是空想的。中山学说之所以是空想的，就是因为他只知谈主义，而不知道，在中国今日的社会里，什么才是真正实践三民主义的阶级，致使中山的主义变成一个最大的空幻，这便是中山的三民主义自中山逝世而后不能实现的原因。

现在我所还要特别补充的，即一位政治的领袖，不仅在谈主义的时候，要从人类取得收益的方法上，毫无混淆的点认谁是实现主义的阶级，谁个不是；而且必须在谈阶级的时候，明白指出在每一阶级之中那些才是革命阶级中最进步的能为主义而牺牲的人物，又那些不是。并且要以一种极端严格挑选党员的方式，把这些在革命阶级里最进步的分子连结起来，领导革命的阶级往前奋斗，并从剥削的统治者阶级手中把政权夺取过来，重新分配生产的手段，然后始能不折不扣的实现三民主义大原则。无疑的中山的三民主义，从取得收益的方法上说，只有中国的佃农阶级、劳工阶级和进步的小资产阶级始能完成中国革命的任务。而且并只有一个以极端严格的手段挑选出来的领导农工和小资产阶级中最革命的分子所组成的政党，始能把中国的革命的工作做得有声有色。不幸中山的主义对于这些道理丝毫不明白，并力倡知难行易的学说，以为革命的最高领导原理，结果于是中国的国民党便落在所谓上层的或腐化的或帮凶的知识分子手里去了。

在中国这个知识不进步的国家，一切的知识大半都为地主、军阀、官僚、资本家、洋买办的少爷们所独占，在这些上层知识分子之中，有的买办，有的地主，有的小资本家，有的军阀，有的新士大夫，从知识思想上说，他们是赞成三民主义的。但从取得收益的方法上说，他们乃是一些必欲把三民主义置之死地而后快的阶级。虽说在国民党内，也有多少的革命的志士，但这些人在党里面，是没有什么地位的。于是民族主义便为买办的阶级所断送。民权主义便为贪污的官僚、独裁的军阀，和无耻的士大夫阶级所断送，民生主义便为地主、豪绅、和流氓资本家所断送。结果民族主义便成了卖国求荣主义，民权主义便成了官僚主义，民生主义便成了民死主义。军政时期便成了军人专政时期，训政时期便成了领袖独裁时期，宪政时期便成了动员战乱和剿匪的时期，凡此均由孙中山先生在谈三民主义之时只谈人民不谈阶级，和不谈以极严格的方法选择革命阶级阵营里最进步的分子组成一个坚强的政党实行领导革命的空想的、抽象的、缺乏科学根据的成份所造成。不幸今日的青年党，和社会民主党，其空想的成份，比国民党实有过之而无不及。又中国的新的上层知识分子，虽亦尚想在政府之中去分享一官半职，然而在他们的政治理论之中，其所含的空想的成份，却尚比民社党和青年党还多。我敢断言的说，中国如欲真正的实现三民主义，除非在整个的中山学说之中，把他的空想的成份抽拔出来，把他毁了,而加入科学的成份,中山主义必然无望。

但科学的成份是什么呢?是不是马克思的唯物史观,或是不是指另外一个形态的唯物史观,如像我所倡导的取得收益的方法才是指导人生行为的中心力量的学说呢?我的答复说,是的。我现在始可大胆的说一句话,在这中西文化交流的时代,外国须要向中国学习,但中国人亦须向西方文化学习。我以为在西方文化里面,马克思的唯物史观,确可以补东方文化的不足。又今日中国的三民主义之所以得下贫血病,也就是因为在三民主义之中,缺乏马克思的唯物史观的原故,我现在要答复这个问题了。即为什么马克思的主义,在马克思逝世而后,能在共产党手里,逐渐付诸实行呢?我的答复是,这完全是因为在马克思的学说里没有中山先生的空想的原故。

但我所要特别强调的,即我虽然是说,中山的三民主义必须要在无产阶级或和革命的小资产阶级和在一个代表无产阶级和小资产阶级的政党手里始能实现,我绝不是说,这个进步的政党不可以斟酌客观的物质的条件,在万一可能的范围内,而采一种比较温和的,人道的,或民主的联合政府的形式。我们在抨击社会的财产关系上要彻底,但是同时亦应尽力减少革命的流血,以符合人类最高的人道主义的原则。但我这并不是指何人今日的行动是不人道的。我所说的只是原则。

最后我所要说明的,我以为我们在精神的修养上,实在应当以中山先生的和平和不怒的性格作模范,在求知的努力上,亦应以中山先生作模范,在革命的工作上,亦应以中山先生作模范。一言以蔽之曰,中山先生在一切的行动上均不愧是我们的最理想的导师。只在政治的哲学上,中山的空想的主义确乎不是我们的导师,只有我的关系人类行为的取得收益的方法的解释,或唯物史观,才是我们革命的指南针。为了中国,为了完成中山的遗教,和为了实现三民主义,我们均必须要多多的接受马克思的历史的唯物解释作指导,并且竭力去发展它的意义,以图适应中国特殊的需要,然后中国的革命运动始能不致重蹈今日的国民党所走错的路。

民国三十七年四月十九日于国立北京大学

从经济的观点评今日几种错误的政治见解

我觉着在今日中国的知识界里有几种错误的政治见解。除非把他们廓而清之，中国的政治进步，也许要延缓一个四分之一世纪。这几种错误的政治见解的发生，都是由于他们忽略了中国的经济机构的本质而来。就中最占势力的一种见解就是哲人政治的主张了。其次便是今日的宪政的主张。又其次便是关于学生运动的一种乖曲的见解了。第一种见解，以梁漱溟先生主张最力。第二种可以推举张君劢先生作代表。第三种是我的多数朋友们对于学潮的政治性的认识。为什么这三种错误的政治见解都是由于忽略了中国经济机构的本质呢？这个问题最很容易明白的。现在请让我从梁漱溟先生的哲人政治说起。

梁漱溟先生是中国罕有的儒者。从他寻求真理的奋斗历程上说，我生平尚没有见着第二个比梁先生的态度更诚恳的人。我觉着梁先生的政治见解，在中国的真正的儒者之中，确有无上的代表的价值。梁先生对于中国政治的认识有消极的和积极的方面。消极的方面，梁先生否认英美的民主的政治可以适用于中国。在积极的方面，梁先生认为中国的政治只有把它全部交给高明睿智的哲学家来领导，然后中国始有富强康乐的希望。

为什么英美的民主政治不适用中国呢？梁先生以为，这可以从历史的和真理的两方面去解答。从历史上的事例看，根据中国宪政运动的经验，几乎没有一次大选，不是为少数特权阶级所利用的。小民对于大选的运动，不但无益，而且有害。即以民元的选举来说，本是最纯洁的。因为这次被选的议员几乎没有一人是由金钱的贿赂而来。可是，到结果来，还不免为曹锟的金钱势力所牺牲，其余更不用说了。现在的选举运动的品质将比前二十年前更坏。这些铁打的历史的事实指明，欧美的民主政治一到中国，便变了质。好像淮南的橘子一般，留在淮南，不但胖大，而且甜美，可是一旦移植淮北，便变为枳去了。更在纯理上讲，西欧的民主政治与中国的文化体系实在是有枘凿不能相容的地方。梁先生说："试看，历史长久文化昌盛如中国，农民暴动类似革命之事虽屡见不鲜，而从不闻民间起而作参预政治之要求，与夫自由人权之要求者。这就证明其历史根本不同于西洋。"再来呢，"中国理性发达最早。它一贯的尊尚理性，而不尚强力；贵谦贵让，而耻于争。"三来呢，"中国社会散漫，远从缺乏宗教而来。故革命先导之孙中山先生并不要求自由，翻嫌自由太多，而呼求结成团体。"可是欧美的民主政治力争自由，这在中国适足以加重其弊。在民主运动里，"自己出头选举，靦然不以为耻，实大悖于固有优美之谦德"。在一个无中央集权之国家而企图实现民主自由，此即所谓文化失调。因此梁漱溟先生，不但要以历史的证据，反对欧美的民主，而且欲从纯理的研究上，去反对他。然则中国需要什么政治呢？

梁先生相信中国的政治须有待于高明深睿底哲学家来领导。而且这种领导的责任尚"非一般政治家，经济家，或科学家所解释"。因为"许多问题，许多矛盾，到他这里才得疏解沟通，无所碍滞；而后在各方面照顾之下，妙取一着，只可由极少数人讨论，不能付之多数表决。……总而言之，我们今日建国决大疑，定大计，天然是多数人接受少数人的领导，尊贤尚智而不必然从众。一般所谓民主，于此皆不相应。"（《观察》三卷五期，九页）

在西洋政治思想史上，也有像梁先生这样主张的。这便是有名的柏拉图了。柏拉图因为看见当年希腊的斯巴达和雅典的皇帝，一则暴戾恣睢，一则淫佚无度，二者均与至善的原则不相合。为使当代皇帝的统治合于至尊至善的原理起见，他主张先使哲学家变为皇帝的候补人。再在这些皇帝的候补人之中，选举一个哲学家来做皇帝。这种主张与梁先生的意见虽不尽同，但在精神上则完全是一致的。记得我们在少年的时候曾经相信儒家的修身，齐家，治国而平天下之说，如今我们亲眼看见政治上的贪污与蠢愚，亦无日不在期望有一修养最好的圣贤来统治。如这一类的理想，我想人人都不免有一点。梁漱溟先生与普通人不同人的地方来就是在他政治理想之内，好人所占的成份特大而已。我以为这种想望确是美丽。所不幸的，就是从古到今以来，这种美丽的理想，从未得有实现的机会。把中国的历史来说，自从春秋战国以来直到于今，我们所见着的皇帝，大约都是刘邦、李世民和朱元璋一类，几乎很少的皇帝才是赋有圣贤修养的人物。将来恐怕与过去的情形也是相差无几。至少，梁漱溟先生尚没有充分的证据来证明在最近的将来或现在，哲学家和哲学家的救国大计，可由一个非民主的方式，得来统治中国或世界。

从经济的观点上说，梁先生在发挥他的哲人政治主张的时候似忘记了中国现代的统治者阶级是什么。从国内的观点上说，他们只是地主和官僚资本家的代言人。从国际的观点上说，他们且是帝国主义者和平侵略中国的工具——买办。这一批人属于中国的寄生的阶级。以言道德的生活，他们因为不劳而获惯了，除了利用他们在政治、法律和社会的特权，剥削劳动者的血汗而外，他们所知道的，不过是：喝酒、赌博、玩人，特别的是奴役的青年或女人，摆官架子，向外国人撒娇、贪污骄横和说谎话。以言物质的生活，他们均是一些不到农场的地主，不到工场的股东，不到实验室的科学家，不到货车和货船的商业家，更谈不了参加直接生产过程的肉体的劳动了。他们自己不能生产针尖大的一点消费的财货或劳务，可是他们所消费的却无一不是他人辛苦勤劳的结果。他们从美国运来口红，法国运来香水，弗得工厂运来汽车，巴黎运来衣服的式样，海底里派人捞上珍珠，深山里采来茗味，高加索请来跳舞的明星，意大利雇来声乐的皇后。时而在彩云里高飞，时而在绿海边游泳,时而在翠湖里划船,时而在外交官邸里夜会。他们的生产毫无,但他们的消费全有。他们觉得他们在享受是由于上帝的神授。假如你要批评他们,他们就要说你是"共匪",并不惜使用种种毒辣的手段来束缚你的身体、言论和思想的自由,并结果你的最宝贵的生命。这都足以表示他们的贪得无厌的状态。以言科学的生活,他们虽然不曾读过一本经济学,亦无实际的经济知识,但他们却充当经济部长了,并且尚还腼然不知耻的到处演讲他的什么窍而不通的经济政策,虽然不曾读过一本财政学,并无实际的财政知识,但却也当财政部长了。虽然只知背诵曾国藩八股,但自己却自命为中国文化的领袖,今天叫人修身,明天叫人节欲。可是他自己的生活却比粪坑里的大蛆还龌龊。恕我不忍说出这些大人先生的名字。但有什么方法来挽救中国呢? 如果就是向统治者灌输哲学的知识使他们自动的皈依哲学家的教诲,如像梁漱溟先生所梦想的一样,我以为这一条路是难通的。除非我们睁着眼睛不看事,我们方才能说梁漱溟先生的哲人政治,能够稍有效力。

第二种错误的政治见解就是张君劢先生等的宪政的理想。他们以为中国今日政治的不良,皆是由于没有"宪政",假令"实行宪政"了,中国就好了。他们的意思好像是说,中国今日政治之坏,就是由于国民党没有开放政权。假令国民党把政权开放了,让青年和民社两党分割政权,中国政治立可清明。现在青年和民社两党不是已经加入政府了么? 试问中国的政治好了多少? 为什么国民党已经开放了政权,政治还没有什么进步呢? 现在且让我们从经济的论点,来说明中国政治机构的本质。

从经济的观点上说,中国是农村的社会,在这一个社会里面,关系大众幸福的第一件事,就是要维持在这农村社会里的财富的生产与交易。这个办法原是极其简单的。即只要在这社会里面,农人能够在他每年的生产中,留出一部分来作为他们的生活和工作的所需之外,把其余部分以地租的名义报效地主,农人便满意了。地主得了这份地租之后,能以一部分向手工工人换得制造品来消费,地主便满意了。又手工工人只要他所生产出来的制造品与农具,能够向地主和农人换得粮食与原料进来,他们亦满意了。现在地主既以粮食给手工工人换制造品,那末,手工工人的一部分的目的便达到了。在他方面,农人在其所收获的农产品中,除了地租之外,尚有工业原料,并欲以之换取农具。恰好此时在手工工人的生产品中,有一部分是农具并欲以之换原料。经了最后一度的交换之后,农夫得到了农具,手工工人得到了原料,二者当然均各满意了。在第一年度的流通结束之后,农人与工人再事生产,末后,农人、地主和工人之间再从事商品的流通,于以再度满足各个的需要。第三年再把第二年重复一次,第四年再把第三年重复一次,由是递进无已,便是农村社会的主要要求了。一切政治制度,只要能与这个基本的生产与流通相配合,只要维持这一点基本的关系,他便是最好的政治。宪政与不宪政均无关系。

还有一点应强调的,即自海禁大开以来,帝国主义者的机械生产的工业品,不断的输入中国,使农村的手工工业破产。农村里失业人口增加了。地主的阶级和买办的阶级及农产品已有国际的市场，可以的出售，换得洋货，于是不免加重农人的剥削，在一方面，从事资本的蓄积。在他方面，增加他们自己的奢侈豪华在物质的享受。无形中把农人的经济地位压得更低了。农人本来是一些被压榨的人，现在更被人加重其榨压，当然他们会由巨痛而转麻木了。从前他们没有机会来问政，现在他们当然更没有机会来问政了。在这一种情境之下，政权遂完全操纵在地主、买办、商人，和少数的工业资本家手内。

假令中国的经济永远停滞在农业的阶段，政治的目的不为人民谋利益，一切的政治概由特权阶级来过问，无论这个特权的阶级问政的方式是什么，民主或独裁，这完全是特权阶级的问题，于中国农民的福利，毫可不计。这便是民国三十几年来，每次宪政失败的理由。但是，假令中国的经济，虽然还是停滞在农业的阶段，然而，政治的目的还想为大众谋利益，或为农民谋利益，那末，中国便必须有一代表农民利益的政党，来参加选举的竞争。可是中国代表农民利益的政党是什么党呢？我以为我们不谈英美的民主政治则已，欲谈英美的民主政治，则必先言领导这个民主政治的各政党的性质。在今日中国合法政党之中，既无代表农民利益的政党，徒有代表压榨农民的各上层阶级的利益的政党，来领导民主的政治，那么，在民主政治实现以后，必然仍是压榨农民阶级。地主、买办、商人和少数资本家执掌政权，其结果与在实现民主政治以前政权的本实毫无二致。即在道德上，统治者阶层仍是寄生虫的性质。在经济上，统治阶级仍是剥削农民的阶级。在科学上，统治者仍是无知与贪污的官僚。我看这种样式的民主政治，实在没有什么存在的必要。然而中国的一部分的政治家和美大使司徒雷登博士，均在讴歌这类的民主宪政。从经济的观点上说，这实是最肤浅不过的一种政治见解了。

我以为今日中国的政治问题在表面上，虽然只是政治制度的问题，但在骨子里，却不只是一个政治问题，而是一个经济问题。即中国是否还要工业化，又是否还要以计划经济的方式来使中国工业化，抑或只是以无政府的生产方式来使中国工业化。如不属于后者，那么我们只要有一种政治来便利资本家的利润的获取便完了。民众不民众，根本不生关系。可是假如属于前者，那么，中国便必须有一种政治来动员中国的参预直接生产的农民与工人，使之对于中国工业的复兴发生无上的兴趣。因为在计划经济的制度下，推动中国工业建设的诱因已经不是利润，而是大众的生产的兴趣了。果尔，则是，一个代表劳动的政党，在中国的经济复兴上，实比其他任何政党都要重要了。不幸，中国的宪政主义者，徒然注重中国民主的形式而忽略了他的本质，这是大可悲哀。除非中国的宪政大半的或主要的是由劳动者的政党所领导，为劳动者所有，和替他们谋利益，任何民主的政体都是剥削者，在政治舞台上，为了维持他们的既得的利益，所玩的一种西洋的戏法。最可引为慨叹的，即在自由的分子之中，亦不免有少数为现存的统治者所玩的西洋政治戏法所欺骗，这确是中国宪政运动史上一件可耻的事。

最后，我所还要批评的，就是今日中国竟有不少的知识的分子，以为学潮之发生,是由民盟或共产党所鼓励出来的。甚至有人站在教育者的立场,竟以为在历次学潮之中,青年因被政党利用杀身为可惜。我很慨叹这种见解的不合理。假如学潮是由民盟和共产党所鼓励的,那么,没有民盟和共产党便当没有学潮了,有民盟和共产党便当必有学潮了。在对日抗战的期中,共产党是有的,但不闻有学潮发生,在五四运动的当年,共产党是无的,但学潮不但发生而且竟然澎湃汹涌不可抑制。既然无共产党亦可以有学潮,有共产党亦可以无学潮,可见学潮之勃发,并非民盟与共产党的原因了。无疑的,现在的学潮也许不免多少有点偏向共产党,偏向也许是事实,但学潮绝非是共产党所能鼓励成功的。真正的事实是,中国的统治治继续不断的贪赃和枉法,与中国的老百姓的利益相反,不但相反而已,而且互为水火。现在又非专制时代,人民当然有向政府示威和抗议的权利。在这抗议者一群中,有的是教授,有的是学生,有的是商人,有的是工人,和有的是农民。我们如说他们都不满意政府,可以,或说他们都对政府不满意,并且心照不宣,一致批评政府亦可以,甚至说他们相约批评政府亦可以。但说在他产生之中,甲以乙为政争工具,或乙以甲为政争工具。甲利用乙,乙利用甲。或共产党利用学生来作他们政争的工具,这可不能说不是一种缺乏证据的理论,并系对于青年学生的一种诬蔑了。特别的是国民党员不应该说这一种话,因为在十七年北伐的时候,成千成万的青年为反抗北洋军阀而牺牲,国民党得到青年的帮助很不少,然则他们亦是为国民党所利用么?尤其是参加过五四运动的人,不应该说这种话,因为在五四的当年,好些的青年为了杀卖国贼曹汝霖和章宗祥等而坐牢,那时研究系很对于学生捧场,然则他们亦是为研究系所利用么?依据同样的理由,今日的青年,为了争取人权,为了反战,为了反饥饿,而作种种的游行示威,诚足以表示他们对于政府的大部措施不满意,但是他们的不满意虽与民盟和共产党对于政府的不满意相仿佛。但从纯客观的立场上说,我们绝不能说学生和青年会作共产党和民盟政争的工具。至多我们可以说,他们彼此的主张有些仿佛而已。

从经济的观点上说,大凡一个政府,如果他们的政治设施,有害于正常的财富的生产与流通,那么,赞成他们的人便将一点一滴的减少。反抗他们的人便将一点一滴的增加。反之,假令政府的政治设施有利于正常的生产与流通的甚至可使财富的生产与分配进入一个高级的阶段,那么,反对他们的人便越来越少,赞成他们的人便越来越多。回忆政府在抗战期中,关于兵役、财政、黄金、外汇,和胜利后接收敌伪产业等各方面所表现的恶劣成绩,实足以使爱己者痛,仇己者快。我以为,在政府的几多不良的政治措施之下,平均每一国民恐怕均对政府有不满。青年学生之是国民之一份子,他们岂能罢休的。纵令没有民盟和共产党,我以为他们对于政府的示威,亦必应时产生。未必说,这还是一种不可能出现的事情么?

与梁漱溟、张东荪两先生论中国的文化与政治

在最近第三卷四、五、七期的《观察》上，梁张二先生曾经发表了两篇大文章，均以为宪政不适宜于中国文化的需要。他们所持的理由有两点：（一）从中国的宪政史上说，自从民国成立以来，所有的选举都为特殊阶级所利用，只有民初的一次选举，不是由金钱买得。但即以这次选举而论，自从民国十二年曹锟贿选成功，其结果亦是替特权阶级作工具。现在的选举且将比从前更坏。（二）更从中国文化的本质上说，中国不嫌自由太少，而嫌自由太多，实行宪政，适以加重其弊。（梁语）溯自海禁开放以来，凡是西洋文化一进中国来，都帮助了"甲橛"即皇帝的政权与官僚的政权，除使其对人民更事高压和榨取以外，没有别的，亦不会有别的。（张语）梁与张二人对于中国文化积极的解释虽不尽同，但消极的否认宪政则一。然则中国的文化所需要的政治是什么呢？现在且让我们来看梁张两先生所给的解答。

依据梁先生的意见，中国需要少数的高明深睿的哲学家来治理。他说："说老实话，此方针之认取，我相信非一般政治家、经济家或科学家等等所能办，而必有待于高明深睿的哲学家。许多问题，许多矛盾，到他这里才得疏解沟通，无所碍滞，而后在方方面面照顾到之下，妙取一着。只可由少数人讨论，不能付之多数表决。"梁先生这种主张，很像柏拉图在希腊的时代，眼见着斯巴达皇帝的暴戾恣睢和雅典皇帝的淫佚无度，本其悲怜救世之怀，主张以哲学家来做皇帝，依照至善的原则，来治理希腊，有些相同。

依据张先生的看法，政治有甲橛和乙橛之分，甲橛是皇帝的政治，乙橛是乡民为了地方公益，而实行互助。中国是甲橛之下，保留了许多乙橛。在这一点上，儒家哲学确有大功。中国不但需要乙橛，而且要限制甲橛。儒家思想在保护乙橛，因此"我主张儒家思想与西洋民主精神有相似点，就可以由此一点之接近而把民主主义迎接过来。"但要怎样才能达到这目的呢？张先生说："这必须有深知中国国情与中国文化的学者同时又深知西方文化与政治，这样的学者多多益善，大家会同研究一个专为中国而设的制度。"换句话说，就是中国的政治需要一些通儒来领导。

总括来说，就是梁先生与张先生因为看见西欧的民主政治到中国来都坏了，因此，他们在根本上，都否认民主政治，而主张少数政治，或通儒政治。

梁张两先生和我这位后辈，都是受过儒家哲学薰陶的人。记得我在四岁的时候便开始读经，一直读到十一岁。虽然那时并不真正了解儒家哲学，但在行为上，

却很受我的祖父母的儒家思想的指导。在大学毕业而后,虽然在我的生命之中,渗入了不少的实证主义的成份,但我在人生行为上依然笃爱王学。直到抗战之时方才发生怀疑。儒家的哲学既同我结了一段这么深的关系,今番再听着梁张两先生的通儒治国的理论,好像一个在万里之外浪荡江湖的孩子,忽然看见他的乡里儿时的故友一般,特别的感到真诚而亲切。可是现在我已经不相信儒家的思想可以救国了,所以,我对这两位前辈所主张的通儒的理论治国或通儒治国的理论,虽然觉得高尚而优美,但我却很难信任他是救治中国的文化与政治病症的良方。我想把我的意见尽情吐露于后,请求两位前辈教正。

我以为梁张两先生的通儒治国的理论,如果要想有效的付诸实施,必先具备两个条件:(一)通儒们必须已经是中国的统治者了,因此他们可依照他们的高明深睿的哲学以治国。(二)他们虽然尚未变成中国的统治者,但统治者即能对于他们所研究的专为中国而设的制度,不但虚怀乐取,而且躬行实践。可是在今日的中国并未具备这两个条件,在昨日亦是没有,在明日我相信依然亦是不会有。所以梁张两先生的通儒政治的理论,最多只是在中国的政治思想史上一种点缀品,好像阔人先生们在他的富丽堂皇的客厅里所陈列的希世之珍一样,但我恐怕连这点小小的希世之珍的地位,在中国也是不会得到的啊!

假如世上大多数的人,或世上的统治者阶级,果肯依照哲学家的高明深睿的哲学以治事或治国,那末,世界也许早就好了,并也用不着梁先生和张先生来苦读深思,亦不用着我们这些后辈来讨论了。以战争与和平的关系来说,几乎只有很少的哲学家才是鼓吹战争和否认和平的。而且即在战争贩子的口里,亦还是说和平好。但他们是否遵照这种理想做呢?现在美、苏两大国不是正在预备战争,印度不是正在从事战争,中国的国共两党也不是正在从事战争,而打的你死我活么?试问和平主义在那里?在中国的哲学中,凡孔孟之徒,没有不主张"见利而思义"的。但今日中国的营私舞弊的官僚,坐吃空额的军阀,黩武穷兵的战犯,和囤积居奇的奸商,他们亦在见利而思义么?思是思了,可是他们在照着做么?国父孙中山先生在他的三民主义上,不是极力提供民族、民权和民生主义么?而且他这主义得到了全中国一致的同意,但谁在真正的奉行它呢?梁张两先生纵令本其高明深睿的哲学(梁语),并集合许多精通中西文化的学者来讨论出一个专门为中国而设的制度(张语),我恐怕他在将来受人欢迎的程度未必便赶得上中山先生的思潮。但中山先生的思潮都还缺乏足数的人照着做,我们很难有理由说,梁张两先生所认为的高明深睿和学贯中西的政治哲学,世人便要躬亲去实践。假令他们对你阳奉而阴违,梁张两先生又将何如?张先生岂不是说,中国向为特权阶级所统治吗?又政府本是剥削阶级的独占机关,借维持治安之名,施行强制力,以保其特殊利益吗?假令梁张两先生的理想的政治主张出来之后,依然与中国的特权阶级的利益相违背,倘不受特权阶级的明令禁止,但遭他们的夹带否决,结果又如何呢?这岂不是明白表示高明深睿和学贯中西的哲人的思想,也把这个特权阶级无可奈何么?

　　把我上面所说的话,再行重复一遍,即梁张两先生所主张的通儒政治,如果要想在实际政治上发生效力,必须让通儒们来作中国统治者。可是中国的统治者,不但一向不是通儒,而且不听通儒所说的话来治理,所以梁张两先生所倡导的通儒的政治,好像镜花和水月,完全是虚幻的、空想的和无效的。本来实际的政治很复杂,但哲学家们都不免把它看得太简单了。这便是梁张两先生的通儒政治的弱点。佛陀的手掌假如能把世上的豺狼驯服下来,使他们都各长上翅膀,把小孩驼到月宫和彩云里去游玩,这是何等的美丽啊! 但可惜豺狼还是要吃人。这个美丽的理想办不到啊!

　　张梁两先生不赞成西欧的民主制度,而主张根据中国的文化再造一种通儒的政治,其所根据的理由,单因大选在中国被利用。但大选为什么在中国被利用呢?单因他不适合中国文化的要求。但中国文化的要求是什么呢? 又中国的文化与外国的文化有什么区别呢? 梁先生说,中国"从不闻有民间起而作参预政治之要求,与夫自由人权之要求者""今日所行一切学自外国。别的犹可,惟自己出头竞选,显然不以为耻,实有大悖于固有优美之谦德。"张先生则谓中国"全国性皇帝所以成功,一半固然是由于有个统一的需要,另一半则是由于费孝通所说的那个无为哲学的政治思想之被采用。秦虽做成统一,但却未采无为主义的思想,所以不能维持长久。汉朝继之,二者兼有,遂能统治数百年,后世儒家无不兼采道家,其主要之点,即在地想用种种方法希望在甲橛下仍保留乙橛,不使甲橛完全吞没了乙橛。在这一点上,我认为中国传统的政治思想都是旨在保护乙橛,就中尤以儒家道家为最。"因此张先生"主张儒家思想与西洋民主精神有相似点。就可由此一点之接近,而把民主主义迎接过来。"我对于梁张两先生对于中国固有文化的认识是赞成的。但我不想更进一步,专去说明中国这种无为政治产生的经济背境。

　　谁都知道,中国原来是一个闭关自守的经济社会。在这社会之中,最发达的就是农业了。从实物的经济观点上看,只有农业的生产才有剩余,小工人和小商人均没有。农人在他的每年总生产量之中,除了维持最低的生活水准外,尚有余物来赡养一个地主的阶级和政府,其余的阶级则无此能力。在海禁未开之时,田赋实占中国政府财政收入的大半。由此可见,中国的农人能够生产净余,确无问题。因此中国的儒家和道家的思想,在政治和社会方面,都是特别的以农为重。但工业确乎最不发达。试看在今日中国农村的冷僻的角落里,所浮现的泥水匠、木匠、铁匠和瓦匠等生产的能力之低劣,和他们的破衣和赤足,我们实在不禁要说,他们所生产的货物,除了依照分工和交易的原则,与农人换取农产品来维持他们的最低生存费外,实在没有替过什么资本家生产净余生产物,来维持他们的闲暇与逸乐。小商人的地位亦然。由此可知,在生产手段的性质上,在中国停滞在农业阶级的时候,土地实是中国全部社会的生活的依据。中国的整个文化都是建筑在这个土地生产地租的关系上。所以中国的儒家和道家的政治的思想都在以维持这个土地生产力于不坠。

我所谓的维持土地生产力于不坠,便是重农学派的老祖宗所说的维持财富在农村社会的各个阶层里继续流转的意思,正如揆内大师说,在一个农村社会里,存有三个大阶级:(一)生产净余的佃农的阶级,(二)不能生产净余的小工商阶级,(三)地主和统治者的阶级。在这三个阶级之中,只有佃农的阶级和小工商的阶级能生产,余如地主和统治的阶级完全是坐享现成的。假令在一年之内佃农在土地上投资价值三亿石粮食的资本(一亿石谷种、一亿石粮食和价值一亿石的农具)生产出四亿石粮食,和值一亿石粮食的原料出来。他们获得净余两亿。此两亿净余,地主认为是他的土地的使用而来,要求佃农给他们作地租,在他方面,小工商业者投资价值两亿石粮食的流动资本:一亿原料,一亿粮食,他们因为不能生产剩余,所以在同年之内,只生产了价值两亿石粮食的制造品:一亿家庭工业品,一亿原料。当生产完结之际,财富在这三个阶级之间,开始流通,佃农在其所生产的五亿农作物中先留出两亿粮食来,作为次年度的再生产之需,以两亿送给地主作地租。地主于是以一亿粮食留作自用。一亿向小工商阶级交换家庭工业品。经此交易之后,地主即有一亿粮食,又有一亿家庭工业品。其需要业已满足,他们于是退出流通过程之外去了。小工商业者既得到了一亿的粮食,他们可算是也收回了他们所投下的资本之一半了。他们急于以其一亿农具换取原料,恰好农人手中有原料一亿以之交换农具。二者的供求与需要既各一致,当然两者要从事交易了。经此交易之后,农人原保留有两亿粮食,今又得一亿农具,他可谓恢复了他们的投资的全部。小工商业者此时既换得一亿粮食,又得了一亿原料,完全恢复了他们从前的地位。二者于是均各可以从事再生产活动了。第二年再把第一年的生产和流通的状态重复一遍,第三年再把第二年的状态重复一遍。在这财富流转的不断重复里,中国便长成了一种适应于这个财富流转需要的文化。

这种文化的本质,在政治上所表现的就是张梁两位先生所标榜的儒者的无为而治的王道政治了。一来呢,是因为佃农和小工商业阶级,安于低级贫困的标准,且日夜辛忙不休,把所有时间都占据了,简直没有机会来问政。再来呢,因为他们在生产和分配的过程上,亦无问政之必要。他们的正常的思想是:"日出而作,日入而息。凿井而饮,耕田而食,帝力于我何有哉?"三来呢,地主和官吏们,因为把这简单的农民生活,知道的非常透彻,逐渐认定它的必然性,除非外侮侵入,亦不欲多所变迁。因此这种无为而治的王道政治成为士农工商所拥护的一种理想了。在宗教上所表现的是听天安命主义。一来呢,因为在自然科学未发达的时候,农产物之丰收与歉收完全视自然的气候为转移。莫怪中国的宗教要以天为法了。二来呢,是因为自然的变化,大半识不透,遂不免疑心此中有神明在支配,莫怪社会要相信命运了。三来呢,是因为听天安命之说,最足以维持地主们的身份,因此等级的观念便出来了。在哲学上所表现的是穷理尽性以至乎命。命即天命的意思。在这一点上,中国的哲学与宗教合而为一。在文艺方面所表示的是轻松、优闲、含蓄、自然。如《诗经》和陶渊明的诗篇并唐宋的山水画,都是可举的例证。一言以蔽之曰,中

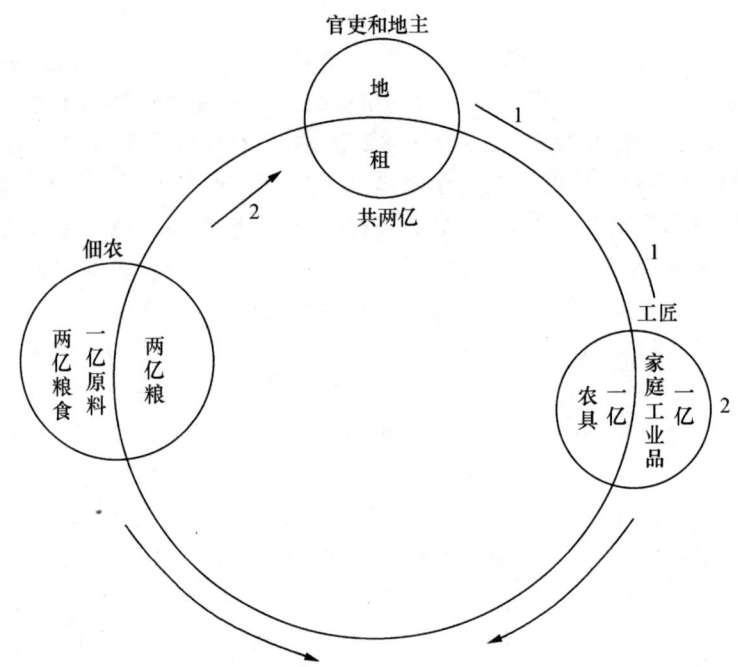

国整个的固有的文化只是中国的简单农村生活的一种意境而已。

由此可见,西欧的民主政治,从维持中国的土地生产力一点上说,是不但无益而且有害的。回忆欧洲在中古时代,社会的最主要的生产的手段亦是土地,它亦不曾需要民主不是?不仅依赖土地,而且最主要的要靠资本。因此近代欧洲的文化不仅需要能维持土地的再生产与再分配的流转的过程,而且要能维持资本的再和平的过程。为满足这个新兴的要求起见,民主的政治在资本主义发达的初期,便成为全体社会所拥护的制度了。

伴着人类征服自然的能力的进步,人类已可利用机器来生产了。近代的机器如同古代的土地一样,人们如使用它来生产,其所生产的物品,不仅能维持直接参加者的生存,而且尚有净余来维持机器所有者的优裕豪华的生活。从人类全体的物质生活的享受上说,机器的发明无论对于任何的阶级都是比较的有利益的。为图资本的迅速的积累起见,除了使机器为资本家所有外,机器无法改良和进步。由是在近代的社会之中,除了旧有的阶级之外,尚增添有两个新兴的阶级,其一是生产剩余的工业劳动者阶级,又其一是坐食剩余的资本家阶级。由是在今日的生产机构内,财富在各阶级之间流转的过程较为复杂。假令在这一个社会内,农业的生产因为人口增加之故,产量亦增加一倍,即农人以价值六亿石粮食的投资,内中包含二亿石价值的农具,生产八亿石的粮食,两亿石的原料。工人以五亿石价值的投资,内中包含两亿石价值(均以粮食计算)的机器,一亿石价值的粮食,两亿石价值的原料,生产出十亿石价值的制造品,内中包含五亿石价值的家庭工业品,三亿农

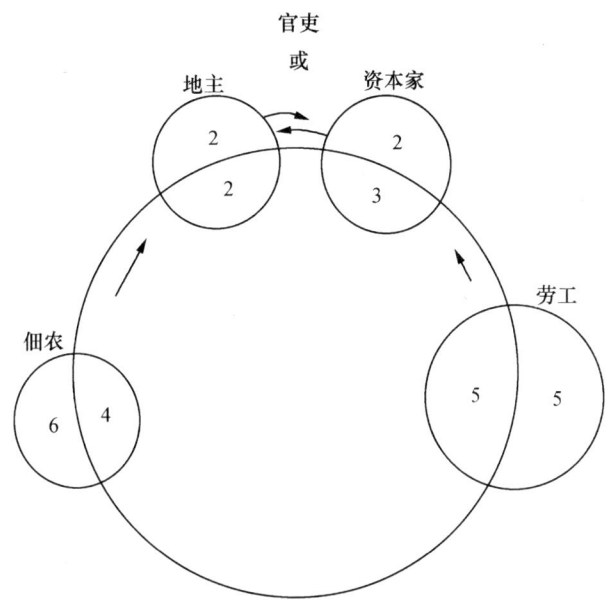

具,二亿工业机器。当生产完毕之际,农人以四亿粮食,工人以五亿家庭工业品缴纳地主和资本家,作为他们的地租和利润,资本家需要两亿粮食,地主需要两亿石价值的家庭工业品,二者既各相需而相给,各别皆有满足。工人在其所余五亿石价值的工具财中,留出两亿石价值的工具财出来,作为自己的生产之需。以三亿石价值的农具向农人换进一亿石价值的粮食,两亿原料。经此交换之后,农人和工人的资本均已收回,他们于是又可进行再生产了。但我们应强调的,即在资本主义急剧进步的时代,他不但要维持资本而且要累积资本呢?

当资本家阶级出来之后,他们的富力虽然强大,但政治的权力无有。可是他们如没有政治的权力在手内,他们的营业便要感受许多的不便。例如他们要把货物卖到极远的地方去,并要从极远的地方买进廉价的原料与粮食回来,地主因为粮食与原料的价格的低落,当然便要出而主张保护农业了。这便是地主和资本家阶级冲突的第一点。又资本家又到农村去吸收农工,直接提高了农工的工资,地主当然亦要出而反对了。又加资本家为了赚钱起见,不惜在货物里面掺假,不惜无情的雇用妇女和儿童,并在市场不景气的时候,任便开除工人,这均不合于农村社会的传袭,地主利用他们政治的权力,亦不免出而干涉。为打破这些障碍起见,他们均非争取政权不可,他们争取的目的乃在维持资本的流通与增殖。在资本主义诞生之初,资本的维持与增殖恰好对于社会全体均是比较有利的。于是资本家争取政权的活动便得到了大多数的拥护,他们的口号是"让我们用我们自己的方法作我自己的买卖!"于是近代的民主政治便出现了。由此可见近代的民主政治在当初发生的时候,确是为了促进资本自由的权利。

为什么民主政治在中国屡试而屡败呢? 就是因为中国永远停滞在农业的阶

段,无论任何的阶级都不感在维持土地生产力一点上,有舍君主而取民主的必要。中国的工业发展到今天,始终没有造成一个可与地主阶级对抗的资本家阶级。因此中国的民主政治不为旧社会所竭诚拥护。

然则中国就不需民主了吗? 我以为这个问题的答复,须看中国的将来的工业是否去走资本主义的老道。假如是的,中国自然需要民主了。假如不是,中国亦不是就完全不需要民主,但只不需要由资本家阶级所领导的民主就是了。伴着人类征服自然的力量的进步,和人与人间的关系的进步,今后国民生活最主要的依据,我以为既非土地,亦非资本,而是有计划的集体的劳动。现在土地万能的时代已经过去了,中国的社会不复再需要儒家道家的无为的政治。资本万能的时代亦已经过去了,所以我们亦不需要保护资本家的营业自由的民主的宪法。但有计划的集体劳动万能的时代,我以为尚未过去,而且正在发展。例如苏联的计划经济的成功和英国今日国营企业的成功,似乎均在对我们暗示,中国今后还有一个劳动万能的时代。为迎接这个新的时代计,我以为今后中国的建设须要由中国有计划的集体劳动来领导。同时中国的民主的政治亦需要这个伟大的有计划的集体劳动来领导。正如苏联的计划经济是由共产党来领导和今日英国的建设是由英国的工党来领导是一样的。

保护农业自由权利的儒家的政治哲学在土地万能的时代很好,可是在资本万能的时代便不好了。保护营业自由权利的民主政治在资本万能的时代很好,可是在集体劳动万能的时代便不好了。世上还有什么伟大的生产的能力比得上计划的集体劳动么? 中国的民主政治,经过这些年的失败之后,我们似乎应该有一个彻底的觉悟,即除了有计划的集体劳动外,民主政治在中国无论由任何哲学家来领导,都好像一座倒立的金字塔,它永远是站不住的。

我对于中国政治问题的根本看法

——最后答复梁漱溟先生和张东荪先生的指教

在《观察》三卷十四期上，我曾对于梁漱溟先生的政治主张发表了一点批评，附带也论及了张东荪先生的政治意见。在十六期上，张梁两先生对我，均有一点解释和指教。既然梁先生一再声明，他的政治主张的全貌不久便要发表了；他在《观察》上的零碎思想，还不能代表他的全部意见，请我们先莫要加以批评，那么，我便只好等待他的全部理论主张发表后再说。张先生说，他的根本主张与我相差不远，既然相差不远了，我实在也用不着多讲。然则，我还有什么话要说呢？我所要说的，只是张梁两先生和我对于中国的政治问题的认识，在根本上，似乎尚有不同的地方。因此，我觉得，我如把我对于中国政治问题的根本看法，彻底表明一下，也许还可以减少我们彼此之间的不少的误会。

我觉着任何有益于大众的物质幸福的政治主张，其所以不能实行，多半不是由于这种理想缺乏哲学的根据，而是由于他与特权阶级取得收益的方式相违背。耶稣基督的博爱主义之所以不能实行，确是由于他与罗马的贵族取得收益的方式——土地和奴隶相冲突，并不是由于他的主义不伟大。我们知道，耶稣一生的使命都在以救主的资格来解放被压迫的贫民及奴隶，攻击那个压迫同胞只图私利的阶级，并且常向人发出警告，上帝一旦震怒，必定要把你们那些压迫别人的人来处罚和治罪的。你能说他不伟大么？伟大是够伟大了，无如他的主义与特权阶级的取得收益的方式相违背，结果他便被牺牲了。中山先生的三民主义之未能忠实实行，亦不是由于三民主义缺乏哲学根据，而是由于他的三民主义与大多数国民党的取得收益的方式相冲突，例如三民主义是要发展民族工业的，但政府的大员就有人在做洋买卖，因此他便要不顾三民主义的指示，而极力为美货倾销谋便利。三民主义是要实行廉洁政府的，但有许多人在作囤积居奇的勾当，三民主义要平均地权，国民党员就有不少的大地主。三民主义要实行民主政治，国民党中便有不少人喜欢独揽大权。国民党员与普通任何一个人一样，他在行动的时候，绝不受他所相信的三民主义支配，而受他们自己的取得收益的方式支配，因此三民主义便为特权阶级的取得收益的方式所毁坏。社会主义之不能执行，当然更是因为他与资本家阶级取得收益的方式资本相冲突的原故了。总括来说，就是任何有益于大众的物质幸福的政治主张之所以不能实行，都是由于与特权阶级的取得收益的方式相冲突，而为特权阶级所反对的原故。

假令我的这种分析可以成立，那么，我便觉得近代的民主政治和社会主义的思想家，在他的开宗明义的第一页纸上，都须对于特权阶级表示态度。假如说一个人的关于民主政治和社会主义的言语是极力主张或拥护被压迫的各阶级联合拢来，以流血或不流血的手段，推举压迫的阶级的，那么，我便觉得这种主义大有实现的余地。我所谓的被压迫的阶级是指那些在取得收益的方式上与特权的或压迫的阶级立于对立地位的一切的阶级。假如说，一个人主张民主和社会主义的人不去主张或拥护被压迫的阶层，或不是主张这些在取得收益的方式上与民主主义和社会主义站在同一战线上的各阶层，必须一齐联合拢来，推翻压迫的阶级的，那么，我便敢说，他的政治主张，无论说的如何好听，但因他不能推翻特权的阶级的统治地位，其结果一定是不能实现的。这一种的政治主张，因为他没有实现的可能，我不能不说，他是空想的、虚伪的和无效的。前一种政治主张，因为它采相反的态度，并有实现的余地，我却不能不说它是科学的、实际的和有效的了。举例来说，比如孙中山先生的排满兴汉的政治理论，他是主张被压迫的汉族联合拢来，推翻奴役汉族的满清政府，而不让一个满人混入革命的大本营中，所以中山先生的排满兴汉的政治理论便成了功。反之，中山先生的三民主义，虽然比较的精深博大，但他却没有主张把那些在取得收益的方式上与三民主义立于对立地位的人，如拉用军饷的军阀，媚事帝国主义的新贵，便利外货在中国市场上倾销的买办，捧上欺下贪污中饱的政客、流氓、豪绅，一致赶出革命的大本营之外，而把他当做革命的对象。相反地，三民主义的敌人均混入了三民主义的革命大本营中，所以中山先生的三民主义便未成功。

梁漱溟先生的系统的或正面的政治理论，虽然我们尚未看见，但他的系统的政治理论的面影，我们已看见了。他的面影是什么呢？是要由少数的高明深睿的哲学家，来制出一个救国大计，并且这个救国大计，只可由极少数人讨论，而不能付之多数表决。可是对于这些高明深睿的哲学家的取得收益的方式则未一字提及，假如世上竟有一些哲学家，他们虽然在一方面，把哲学也学得极其精通，可是在他方面他们却也系特权阶级的代言人，或极易与特权阶级谋妥协，如像德国的黑格尔，极力拥护普鲁士政府，尼采极力拥护超人，澳地利的全权主义社会哲学家史盘极力拥护纳粹，和中国的康有为极力拥护满清政府。他们在哲学上均有极大的造诣。假令现在他们均一一现身于中国，而为梁先生所赏识，叫他们来给中国制定一套救国大计，在制定之时，并只许他们极少数人讨论，而不能付之多数表决，是不是就可救中国呢？假令不幸中国的救国大计，果由这一类高明深睿的哲学家来制造强制的付之实行，其结果不过使中国迅速灭亡而已，尚何救国之有？我不是说，梁先生所指的哲学家就是这一类的哲学家。我的意思只是说，哲学家也可分为两个绝然不同的门类，其一是专以拥护特权阶级的利益为使命的哲学家，又其一是专以拥护被压迫阶级的利益为使命的哲学家。假令不把这一点分辨清楚，徒然提出一个空洞的高明深睿的哲学家的口号,我所最担心的,就是恐怕不幸中国落入在这些代表纳粹思想的哲学家的魔掌下,而把中国论为德国第二,或把中国永远沉滞于半殖民地的阶段而永不得翻身。漱溟先生!我真是害怕得很啊!不知先生亦曾看出这点危险否?我看太危险了!太危险了!太危险了!

梁先生在他答复我的短文内,曾以师长的口气,婉劝我说,"我只劝樊先生且慢一点把旁人看得那样不中用,而以好学深思领导青年,则于大学教育为幸多矣!"我愿答谢梁先生的,即我深愿努力做到以好学深思领导青年这一点。但我同时却也要向青年指出什么思想不中用。我在《世纪评论》一卷二十二期上曾指出中山先生的知难行易学说的不中用,和在去年三月一日的《天津大公报》上曾指出儒家哲学的不中用,在《知识与生活》第十六期上曾指出张君劢的宪政主张的不中用。我觉着,我既然在中国这个角落上,负有小小的文化的使命,而且又是一个学经济学的人,除了教课之外,假如我对一切时下的思想都一概静默无言,而不从经济的观点,去发表我的无畏的批评,我觉着我便有地不起自己的地方。我相信真理愈辩而愈明,所以,我要继续指出什么思想不中用的批评。

张东荪先生在他政治理论里面,不知是否肯承认政治含有阶级性,假如说他不承认这一点,我看我的批评,至少,还有一半的价值存在。假如说,他承认这一点,那么,我的批评便将全部失掉了它的存在意义。我以为世上也没有什么从天而降的真美善均具备了的政治主张,除非他所喊出的是代表被压迫的人民的声音。

民国三十六年十二月十八日于北京大学

评"自由"社会主义

——从萧公权先生的"二十世纪的历史任务"说起

萧公权先生在《世纪评论》二卷五期,曾以一种历史的眼光,指明"二十世纪的历史任务"在于实现"自由社会主义",而实行的方法,借用中国的一句老话来说,是"先礼而后兵"。"先礼"是什么呢?即以苦口婆心的态度来劝告特权阶级放弃特权。他说:"我们馨香祷祝,愿一切特权者……用断臂的勇气去除贪私的恶习,为下一世纪的人奠定一个群己兼善、自由宽裕的生活基础"。"后兵"是什么呢?就是萧先生在另外一个地方又说:"我们愿意接受友邦的物质援助,以为肃清叛乱,完成统一,推进建设的基础,我们更应当实行孙先生的主张……"。(北平《平民日报》三十六年十二月十四日专论)总括来说,就是萧先生想以这种先礼后兵的方法来实现他的所谓二十世纪的历史任务——实现自由社会主义。

但什么是萧先生的自由社会主义的内涵呢?他说,自由社会主义就是想以和平的方法来实现合理公平的经济生产分配制度,并以之促进精神赋性的无碍发展为人生最高目的。我不承认在社会主义之下,没有个人自由权利。我只承认在社会主义之下,只有资本家的营业自由权利或劳动者的饥馑自由权利和其他一切拥护资本家阶级的营业自由权利的学说遭受打击。我更不承认在社会主义制度下,人民所得的精神赋性的无碍发展,会比在资本主义之下所得的更少。我充分的相信在社会主义之下,既有个人自由又有机会平等。机会既平等了,精神赋性的无碍发展自然也就没有多大的问题了。所以,我对于萧先生所提出的自由社会主义,颇觉有加以修正的必要。即但谈社会主义就是了,尽可不必在社会主义之上,再加上自由二字,以免引人发生在社会主义的制度下必然缺乏自由的误解。我想,萧先生的自由社会主义也许是指在苏联这社会主义国家之下,对于人民的言论、思想、和宗教的自由,限制过于严格,方才发生这种矫正时弊的意见。我对于苏联实际情形,知道得太少了,不敢贸然来替苏联作辩护。但即以苏联而论,人民的自由权利亦且不在减少,而在增加。举例来说,宗教自由便是其中之一,废止死刑亦是其中之一。一言以蔽之曰,在纯理上,社会主义比较资本主义平均每一个人必有更多的自由权利,这应当没有什么疑义。所以,即以苏联来做例,因为苏联的个人自由亦在进步,我仍不乐于接受萧先生的自由社会主义的口号。可是,我应特别强调,即萧先生在谈自由社会主义之时,用语虽然欠佳,但意思也许并不坏。这即是说,萧先生的主义,在动机上似仍不失为一种纯洁而无瑕疵的高尚的政治主张。

可是萧先生的实现自由社会主义的方法所含的缺点则是太多了。萧先生的"先礼"的方法乃是以教育的方法,来劝特权阶级放弃特权,我敢说这完全是不智的空想的和无效的。在历史上,已有无数无量的政治哲学家,想以教育的方法来奉劝统治者阶级放弃他们的特权了,但何曾有一个不失败呢?柏拉图失败了。耶酥失败了。又民国初年,孙中山先生强迫袁世凯当众宣誓,拥护共和和遵守约法,不也是失败了么?你能以自由社会主义去劝告官僚不贪污、买办不卖国、军官不吃空额和特务头子不蹂躏人权么?你更能以自由社会主义去劝告奸商不囤积居奇、财阀不大量吞金、豪门不盗窃外汇和土豪不压迫乡愚么?假如你能够,那么,你的自由社会主义便是聪明的、实际的和有效的。假如你不能够,那么,你的自由社会主义便是不智的、空想的和无效的了。

萧先生在他的著作里面一再提及英国"在工党执政下,正努力循着共产革命以外的途径去改造社会"。意思好像是说,中国的国民党、青年党和民社党也正在努力循着共产革命以外的途径去改造中国社会。但中国的国民党是英国的工党么?中国的国民党,在本质上,不但不如英国的工党,而且复远不如英国的保守党。例如政府曾滥权逮捕北京大学的学生邓特,……施以严刑拷打,这都是英国的保守党所不愿做的。但国民党则正在肆行无忌。不知萧先生肯承认这话么?英国的保守党比中国的现存的诸合法政党还进步,但还不能努力循着共产革命以外的途径去改造社会,而必有赖于工党。但中国的合法诸政党,其本质尚远不如英国的保守党,而萧先生却暗示着他们也在努力循着共产革命以外的途径去改造中国社会。这还不是不智的、空想的和无效的么?

最可令人惊讶的,就是萧先生原是根本不赞成流血革命的,所以方才提倡自由社会主义。所谓自由社会主义,在大体上,当然不外是不流血的革命主义的意思。萧先生能够在中国国共双方相互火拼,"争地以战,杀人盈野,争城以战,杀人盈城"的今日,本其悲天悯人之怀,发而为救国济民之论,偶然仁者之情,溢于言表:苟人而非木石,未有不衷心感激的。可是最令人不解的,是萧先生在另外的地方,又提出第二个实现自由社会主义的方法,与先生的不流血的主义刚刚相冲突。这个方法就是上文所谓"后兵"的方法,就是萧先生等"愿意接受友邦的物质援助,以为肃清叛乱,完成统一,推进建设的基础"的论调。萧先生在一方面,根本反对社会主义者以流血的方法来完成社会的改革,在他方面,却又极力主张以流血的手段来肃清"叛乱"。试问"叛乱"能够以流血的手段去肃清么?先生曾说,社会主义是不可以武力去消灭的,除非特权阶级让步,社会主义与民主主义的流血革命必定不可避免。现在我且引萧先生自己所说的一段话作证:

> 十八世纪的政治特权阶级无法遏止平民共政的时代潮流。他们遏止的企图使人类多流了许多不必流的血。假使他们聪明一些,及时作必要的让步,他

们除了放弃特权之外,不会丧失其他的利益。二十世纪的经济特权阶级也难于遏止全民共生的时代潮流。他们也有两条可走之路:及时让步或执迷不悟,放弃特权或丧失人权。

这一段话,明明的说;特权的阶级如不放弃特权,便要丧失人权。今日中国特权阶级既未因先生的劝告而放弃特权。其第二条路,势将"丧失人权"。既将丧失人权了,而先生又主张"我们愿意接受友邦的物质援助,以为肃清叛乱,完成统一,推进建设的基础",藉以遏止社会主义的潮流,"使人类多流了许多不必流的血",并逼着中国的特权阶级"除了放弃特权之外,还丧失其他的利益"。试问究有什么效果呢?依照萧先生的逻辑,既然没有什么效果了,但萧先生却反要进而坚决的主张以流血的方法,来激起更多的流血。这恐不但会使先生的自由社会主义成为不智的、空想的和无效的而已。也许并将更进一步的使先生的自由社会主义成为一种不折不扣的、虚伪的、诡诈的、凶狠的,而并且是专为极端反动的特权阶级谋利益的挡箭牌了。

自由的社会主义能够在美国特权阶级和在中国的特权阶级手里完成么?萧先生先劝特权阶级让步,来缓和社会革命;后因特权阶级不肯让步,社会革命不可遏止,为了维持特权阶级的利益计,复劝世界上的特权阶级——美国的和中国的——一齐联合起来,以穷凶极恶的手段,来肃清反对势力。先生既然纯然是站在特权阶级的立场,并欲以各种不同的手段来维持特权阶级的利益,那么,请先生坦白的说,你是特权阶级的代言人好了,为什么你还要来说你是什么自由社会主义的提倡者呢?

假如萧先生真是自由社会主义的提倡者,那么,你就应该继续劝告特权阶级让步,如果他们还是不让步,那么你就应该采下列的两个办法:一个就是保守缄默,一个就是自杀。可万不能以自由社会主义者的身份,转而主张世界上的特权阶级一齐联合起来以武力来消灭"叛乱"。因为这已不是一个自由社会主义者所应说的话;而是一个以民主和反社会主义者所惯常发表的妄言了。

十年来中国政府威信的隆替

七七抗战的发生，增加了国民对于政府的极大的信心。这个信心的增加不是逐渐的而是飞跃的。因从七七事变前两年起，政府对于日本的侵略，总是隐忍退让的。自从民国二十四年中日亲善协议开始（一月），而敦睦中日邦交（二月），而梅津何应钦协定（六月十日），而土肥原秦德纯协定（六月十八日），而冀察政务委员会的成立（十月），而冀东防共自治政府与满洲国交换使节（二十五年八月），而中日经济开发协定（十月）——津石铁路敷设，塘沽筑港和白河水利灌溉，——而冀东政府的特殊关税的实施，……这一连串的事实，都使国民在心理上，有一种恐怕政府没有反抗日本侵略的决心。可是政府在七七事变发生之后，忽由隐忍退让的态度，一跃而为坚决抗战的态度。那时除了少数的汉奸而外，全中国的国民没有一个不在他的心坎里很虔诚的默颂蒋委员长万岁和国民政府万岁的。以我个人来说，我见着在卢沟桥事变发生之后，蒋先生在他的七月十九日的声明中，毅然决然的表示他的对日抗战的决心，此时我心里快乐，完全是政府所赐予我的一种意想不到隆重的礼物。

从七七事变一起，政府对人民所表现的对日抗战的领导的行为确是太好了。由上海三月抗战，而台儿庄抗战，而鄂北大捷，而长沙三次大捷，在一方面，政府领导人民的力量增加，在他方面，人民对于政府的信心，更是飞跃的增加。此时政府与人民在情感上的交流，完全合而为一。这在我的半生中是破题儿看见的第一遭。可是，随着战争的进行，政府逐渐的暴露出一连串的恶劣的政绩，使国民逐渐对政府丧失信心，到现在似乎已经到了一种无法挽回的程度了。举例来说，比如在军政部兵役署署长被枪毙的前后，国民眼看着或身受着政府的兵役官员虐待士兵和营私舞弊的行为，国民于是对政府的兵役丧失信心。自政府采用以廉价抛售美金储蓄券、美金债券和黄金以来，国民对于政府的财政也丧失了信任。一来呢，因为美金储蓄券和美金债券的价格定得太低，每元美金才合法币二十元。在三十二年重庆的物价指数约莫涨了一百四十三倍。美金在战前值三元三国币，故美金一元应值国币四百七十一元，可是政府只卖二十元，所以当时用二十元法币买美金一元，等于战前法币一角四分买来美金一元；这于私人的利益极多，但于国家的损失很大。我们莫要忘记了，中国从美国所借进五亿美元中，约有二亿美金都是用这种廉价的方法，放入私人腰包里面去了的。二来呢，政府在三十三年八月举办黄金存款

（五百七十万两左右）的时候,不但官价低于市价,而且在黄金提价之先,政府原想以美钞与黄金政策来平抑物价,但结果物价不但不因抛售美钞与黄金而平抑,反因黄金的抛售而暴涨;这在今年三月政府的金融紧急法令实施之前夕,表现得极真切。国民因为亲眼看着政府的缺乏管理物价的能力,和政府金融人员的贪赃罔法的罪行,国民于是不但对于政府的军政失掉了信仰,而且对于政府的财政金融大员也都丧失了信心了。在抗战胜利之后,政府在接收敌伪产业的时候所表现出来的成绩,几乎与公开行劫的盗匪的行为相同,由是而全中国的国民,不但对于政府的军政、财政不信任,并连政府的一切的官员也都不信赖了。在抗战胜利之后,国民对于政治协商会议所议定的五项协议,无不希望付诸实施,可是不久政协便被破坏了。政协的被破坏,国共双方虽然都有责任,但从一个老百姓的立场看来,政府所负的责任恐怕就要更大。我们可以举出一连串的间接的证据来指明政府所负的责任更要大些。比如闻一多教授惨案和这次武汉大学的惨案,都足表示政府没有遵守政协的精神。自从政协决议破坏以来,政府在国民面前所表现的,是时而尊重但又时而破坏人民言论、集会、结社、出版之自由权利的各种狂妄的暴行。莫怪今日之国民不但对政府的兵役、财政、经济丧失了信仰,而且对于政府的行宪的决心也都无法信任了。我以为国民对于政府今日的信用的丧失,正如昔日信用的获得,亦完全是由政府自己制造出来的。

固然政府在这抗战的八年中,对于反抗侵略一点,确有大功,同时国民始终也不曾忘记政府这个领导国民抗战的功劳。可是政府亦不能因为有此对日抗战成绩,便以其在兵役上、在财政上、在经济上、在接收上和在人权上所表现之愚蠢、贪污与暴行,举凡所有的国民,都不应加以批评、指摘和反抗。同时国民亦不能因为崇拜政府领导抗战的功绩,便对政府的愚蠢、贪污与残暴也都隐忍不言。政府既是人民的公仆,政府便当不要贪污,不要残暴和不要愚蠢过度。今政府既然犯了这些禁令,人民当有裁判政府的权利。

可是今日的政府很奇怪,不但不肯接受国民的批评,反谓今日中国一切的罪恶都是"敌党"制造出来的。别的可以说是"敌党"造出来的,难道政府自己的愚蠢、贪污与暴行也是"敌党"制造出来的么?除非国民个个都是三岁的小孩子,我想这答复一定是否定的。我很怀疑政府今日所采行的武力统一的政策果于政府有益。溯自民国初年以来,标榜武力统一的政府已经有几个了,但结果都失败了。袁世凯怎么样?吴佩孚怎么样?我看,这不但是无益的,而且是有害的。在今日,国民心中一切都很明白,内战不是为了人民的利益。政府纵令以武力把中国统一了,国民今日恐亦不相信政府的愚蠢、贪污与残暴可以改善。

面对着当前的事项,我们须要抱定几种决心:(一)自己须要站住自己的岗位,做到完全依靠自己的劳力可以吃饭。特别的是青年在求学时代,除了体育、德育和群育之外,应当努力学得一种专门知识或技能,以为异日生活及人格之保障。(二)我们知识的青年须要以共同的力量,揭破政治和社会上的无知、贪污与残暴,并加速他们的崩溃。（三）我们并应以共同的力量,督促和帮助建造出一个聪明、正直和合理的政治机构来。这便是我在纪念七七的时候所怀抱的一点要求。

三六年七七纪念节于北平

阶级·政党与民主政治

民主政治的精义在限制特权阶级的滥权渔利的行为,和增加被特权阶级所压迫的广大阶层的政治权利。所以,在十九世纪时代,民主政治的精义便在限制皇族、僧侣、贵族等特权阶级的特权,和在增加被特权阶级所压迫的布尔乔亚阶级和那些与布尔乔亚阶级立在同一阵地上的劳苦阶级的权利。果然,其时民主政治实行的结果,凡属一切代表皇族、僧侣和贵族等特权阶层利益的最保守的分子们,都被迫赶到上院的一个角落里面去了,而代表被压迫的广大人民利益的斗士,便实际掌握了下院的政治。二十世纪时代的民主政治,在限制资产阶级的独占的权利,和在增加为资产阶级所压迫的劳动阶级的权利。果然,其时民主政治实行的结果,各国的工党逐渐当权了,工人的集会,结社和罢工等权利悉被合法化了。同时资本家阶级所享受的权利,在某种程度以内,确是受限制了。总之一句话,无论在欧美任何先进的国家内,民主政治施行的结果,必然是特权阶级的特权受限制,广大的被压迫的各阶级的民权被扩充,而不是广大的被压迫的各阶级的民权被减少,特权阶级的特权反而被扩充。

可是在中国这个国度内,有一个特殊的怪现象,即自民国二年起,每度施行"民主政治"的结果,均与欧美各国的史实全相反对,即每度推行"民主政治"的结果,均不是特权阶级的特权被减少,而是特权阶级的特权被增加。在民国二年以前,中国尚未推行"民主政治",袁世凯的野心虽不小,但他尚不敢公然做皇帝。可是,在民国二年以后,中国已经有了"民主政治",袁世凯却当起皇帝来了。在民国十一年的时候吴佩孚的权力虽不小,但他尚不敢拥他的主子曹锟来做大总统。可是自民国十一年后,国会政治恢复了,曹锟却以贿选的方法做起大总统来了。现在我们中国又在推行"民主政治"了,凡属爱好民主政治的人,无一不在那里希望着,这一次的"民主政治"的进行,必然要超过以往各次的成绩。因为中国的现阶级,已经不是训政的阶级,而是宪政的阶级了。在宪政的时期,当然要比在训政时期的民主作风要完美。这一次的"民主政治",虽然人人都在那里馨香祷祝的说,他一定要比袁世凯时代的"民主政治"更好,并比曹锟时代的"民主政治"要高明万倍;可是人民对于这次"民主政治"所怀抱的虔诚的盼望,是否全部的或局部的实现了呢?或特权阶级的特权是否在这次国代会议召集之后,比较在国代会议召开之前相对的减少了呢?是否中国的广大的为特权阶级所压迫的人民,在政治上的权利有增加呢？在这次国大会议召开之后，中国的被压迫的广大人民，在政治上的权利，我很愿意说有增加，并很愿意说，特权阶级的特权其后实在有减少。可是在事实上，他没有呀！我虽然怀着满腔的热忱愿意指马为鹿，可是徒恃我的满腔的热情亦不能变更马不是鹿，或鹿不是马的这个天然的事实呀！我又是一个以教书为业的人，他的本分就要不说谎话。我虽然有时为了某种的利益，也愿意说谎话，但我的良心和是非的意识，不容许我这样做呀！

我只消举出一个极小的例子，便可知道特权阶级的特权，在这次国大会议召开之后，没有丝毫的改变。以"四九"的惨案来说，本来是因为在戒严的夜里，暴徒在北平国立师大公开行凶，鸣枪示威，劫走八位同学，把他们打的头破膊伤，并在劫走的车途之上，流血约半里路远，这一暴行所刺激出来的。可是北平市党部的党委吴铸人先生却反而说，这次学潮是由"三位教授"的言论刺激出来的。单举这一个小例，也可看出，在这次国大会议之后，官权没有丝毫减少，民权没有丝毫伸张。党部的人动辄就说，无论如何，在国民党之下的言论自由，比较在"共匪"区域里要多一点。这话也许对，也许不对。可是国民党却不能以此为理由，自己破坏自己在宪法上所赋予人民的自由权利呀！国民党既是一个大党，那么他的一切的行为便当以宪法为准绳，绝不能以"共匪"侵犯人民自由来辩护自己侵犯人民自由为正当。假令这种逻辑是对的，那么，国民党便尽可根本不要宪法。可是国民党又要宪法，然则国民党的党官又为什么不遵守宪法呢？这岂不是明白的说，国民党官的特权在国大会议召开之后，依然没有什么减少，或人民的基本自由权利亦是依然没有什么增加的铁证么？

小的例子已经举了，现在我请举一个大的。我们不能不说，国民党今日的特权已经够大了。在国民党之中，蒋先生的特权更是大的无与比伦。无疑的，这次行宪的目的是在限制国民党的特权，尤其是在限制蒋先生的特权而不在增加它。国民党在行宪之前，一再的宣言，他们要"还政于民"。所谓"还政于民"的意思当然是指国民党在行宪之前，政权太大的意思。然则，在行宪之后，国民党的特权。尤其是蒋先生的特权便应当略有减少才是。至少亦应把他减少到宪法所容许的范围之内才是。可是，在事实上，却正相反。即在行宪之后，蒋先生的特权不但丝毫未减少，而且反而有增加。本来蒋先生，在原来的宪法上，是没有这种特权的。可是，今次的国民大会，在选举蒋先生为首届大总统以前，不但不想减少他的特权，反而增加他的特权。为达到这个目的起见，国代大会硬于四月十九日通过《动员戡乱时期的临时条款》，全文如下：

> 兹依照《宪法》第一百七十四条第一款程序，制定动员战乱时期临时条款。如左：总统在动员战乱时期，为避免国家或人民遭遇紧急危险或应付财政经济上重大变故，得经行政院会议之议决，为紧急处分，不受《宪法》三十九条或四十三条之所规定程序之限制。

国民党，尤其是蒋先生的特权，自这条款通过之后，不但没有减少，反而大有增加,至少亦是他的原来的特权得到了合法的保证,完全是无可置疑的事。这即是说,这一次如同以前的各次,即中国每度施行"民主政治"的结果,均与欧美各国推行民主政治的往例完全相反。在英美各先进国,民主政治进行的结果是特权阶级的特权减少,平民阶级的政治权利增加,在中国这个国度里,"民主政治"每度推行的结果是特权阶级的特权再增加,人民大众的政治权利再减少。在袁世凯时代如此,在曹锟时代如此,在现在似乎亦是如此。

为什么有这种奇怪的现象诞生呢?我以为这个很简单。即在英美的国家内,领导实行民主政治的政党不是代表特权阶级利益的党,而是代表被特权阶级所压迫的人民大众的党。被压迫的人民大众,在没有代表他们的利益的政党来领导他们,为他们广大的利益,来与特权阶级竞争选举时,他们都是一些单独的,意志薄弱的或毫无能力的个人。他们好比一群没有指挥总部的分散的士兵,最容易为特权阶级以威逼和利诱的方法,各别的击破,或压低他们战斗情绪,或逼着他们投降,或把他们迫入俘房营,苦打成招,强教他们作出迫害他们自己的行为。反之,被压迫的广大的人民,在有一个代表他们的利益的党来领导他们,为他们自己广大的利益之故,来与特权阶级竞争选择时,他们便是一支意志坚强,并力量雄厚的铁军。他们真的好像一支铁军。特权阶级绝对不能以各别击破的方法来降伏他们。因为特权阶级已不能对他们施用利诱和威逼,所以他们便不会作出任何违反他们自己利益的言论与行动。由是他们在选举票上所表现的意志,便完全的或部分的是他们自己的意志了。以英国的经验来说,在一八三二年以前,自由党尚未成立,政治被控在保守党的前身 Tories 手内,布尔乔亚阶级的意志便无法表现。在一八三二年以后自由党成立了,布尔乔亚阶级因有自由党作领导,然后他们的政治的权力在才有巨大的增加。可是劳动阶级的意志,却为保守党或自由党所歪曲。直到一九一四年,劳工党成立之后,然后英国劳工的阶级在政治上始有斗争的能力。我不是说英国工党所代表的利益的党来教育他们,领导他们和组织他们,他们是会被迫而作出种种违反他们自己利益的选举的。十九世纪以来,英国的特权阶级的特权之所以逐渐受限制,完全是由于英国被压迫的广大的阶级有一逐渐坚强的政党来代表他们的利益的原故。所以在英国这个国度内,人民的选举权扩充得越普遍,特权阶级在政治上的特权便越少。平民大众的政治上的权力便越高。在英国如是,在欧美其他的先进国家里亦如是。

反之,在中国这个国度内,社会上只有代表特权阶级的利益,或代表买办阶级地主阶级和官僚资本家阶级利益的政党。不成形的新兴的资产阶级,在特权阶级的压迫下,是没有单独的代表他们利益的政党存在的。广大的农民,没落的小资产阶层和无产者阶级,根本便没有一个坚强的政党来领导他们,教育他们,组织他们,发挥他们高度的自觉和战斗的能力。他们一来呢,因为他们在帝国主义和封建势力的双重压迫下,根本便难有自我阶级利益的觉醒,而常为在封建时代的宗教迷信、医卜星相所麻醉,并夹杂着其他的哲学上的麻醉剂;再来呢,因他们饱尝着官威和枪杆所给与他们的苦头，养成一种麻木的心理状态，而不敢有所反抗；三来呢，他们根本没有求知和联络的机会，他们在特权阶级的面前，真像一群柔顺的羔羊，毫无反抗的意志与能力。他们在特权阶级的面前，既然如像柔顺的羔羊在虎狼面前，说半个否字吗？他们不敢在代表特权阶级利益的党官们面前说半个否字，并且他们因为几千年来就养成了一种奴颜婢膝的习惯，当然在选举的时候，一般的党老爷们要叫他们选什么人，他们就要选什么人了。代表特权阶级的党老爷们于是跟着便叫他们选举特权阶级中最爱特权的分子，结果他们所选举的亦是这等这等。因此，在每次"民主政治"施行之后，都是特权阶级中最爱特权的分子当了选。而且这些分子，经过选举的淘汰，尚必比较选举以前当权的分子更爱特权，末后，又必选出一个顶爱特权的分子出来作领袖。所以中国的"民主政治"，在每度试行之后，特权阶级的特权不减少而反增加，平民大众的权利，在每度试行之后，不增加而减少。由是便显出一个极端矛盾的现象，即在中国这个特殊的国度内，人民大众的权利恰与中国的"民主"主义的推行，形成一个反比例的变化。

把这个根本的道理明白之后，我们便可进而论究什么是空想的"民主政治"，什么是科学的民主政治了，空想的"民主政治"就是以代表特权阶级的政党来领导的"民主政治"，科学的民主政治就是以代表被特权阶级所压迫的政党来领导的民主政治了。假令一个国家，在推行"民主政治"的时候，不让代表被压迫的广大人民的政党来领导，而把他们一脚踢开，或置之死地，但让代表特权阶级的政党来包办选举，那么，这种政治便是空想的"民主政治"，而不是科学的民主政治。科学的民主政治推行越多，人民的权力便越大，空想的"民主政治"推行的越多，特权阶级的权力便越大。除非一人是傻子，他才能够否认这种颠扑不破的真理。

以此立论作根据，我敢断言的说，中山先生的三民主义是空想的民主主义，而不是科学的民主主义。因为科学的民主主义的物质，在他能很清楚把握这一点，即民主的政治必须由代表被压迫的广大人民利益的政党来领导，而不能让给特权阶级来领导。可是在中山先生的三民主义之中缺乏这个物质，因此，中山先生的三民主义不是科学的民主主义而是空想的民主主义。空想的民主主义除非经过科学的洗礼，绝无实践的可能性。亦就是说，中山先生的三民主义除非有一代表被压迫的人民的利益的政党来领导，海有枯，石有烂，但中山三民主义绝无实现的可能性。国民党，除非把党中的特权阶级肃清，并把代表被压迫的人民大众利益的分子加入进去，他绝不能变成一个代表被压迫的人民大众的政党，因此他亦绝无实现三民主义的可能性。

最后我所要大声疾呼的，即民主政治的大道必须由代表被特权阶级所压迫的广大人民利益的政党来领导，假如他依然是由现存的代表特权阶级的利益的政党来领导，那末，我便敢断言说，这种样子的"民主政治"，无论采取什么形态，依然必是一座倒立的金字塔，它在中国必是永远站不住的。

三十七年四月二十九日于国立北京大学

现阶段的中国经济病症的症结

——无知与贪污

现在中国的经济面临着一个极危险的阶段。其危险的程度,酷似一位患恶性疟疾的病夫,经不起高温度的焦烧,不顾死活的从万丈高楼之上,纵身而下,现在可怜他这病躯,正落在这座万丈高楼的半中间,在这一个顷刻里,他实在是再危险没有了。可是政府却并不能救助他,政府为什么不能救助他呢? 第一个原因是,政府缺乏经济的远见,不能作长久通盘的策划,其次一个原因,是由于政府的无能,使许多经济政策,实施结果,多配合不上公众的利益。

一、政府缺乏经济知识引起不治之疾

何以说,政府缺乏解救中国经济危机的能力,是由政府的经济知识的不足呢? 远事且不说,单以增发通货一项而论,政府如因财政上的赤字,继续增加通货,于越过一段时期之后,其在真实财货的生产过程上,必然引起真实资本的减少,工业利润的降低,投机利润的暴腾,如国民工业的整个的瘫痪。在这国民工业已经瘫痪的边缘,提高利息率固徒足以加速国民工业瘫痪的程度,但即降低利息率亦不能够救济他。结果徒使政府的低利的救济工业的政策丧失信用而已。其在流通过程方面,必然引起物价的暴涨,而且越来越猛烈。物价既然上涨了,黄金和美钞的价格当然亦必需跟着上涨的。在这物价继续上涨的过程中,政府如不管理物价,诚不足以压抑物价上升的火焰,但即令严格的管理物价可亦不能够平抑他。再从平衡预算来说,政府原来增加通货的发行乃在弥补政府的开支,孰料当物价正作剧烈的暴涨之际,通货发行愈多,政府的真实收入反而越少,政府的真实收入越少,财政上的赤字便越大,财政上的赤字越大,政府所须增发的通货越要更多。在这一个时候,政府如果不再增发通货,诚然不足以弥补政府财政上的赤字,但即继续的增加发钞的数字亦不足以弥补这个越来越大的亏空。总之一句,现在中国的经济的病症几已成为一种不治之疾了。

二、举例说明

现在容我从财政的赤字上说起。政府发行钞票的目的，虽然旨在取得真实的物资，如军粮军服、枪炮和交通用具等类，以弥补财政上的真实的开支，但这必须物价增加的倍数小于发钞增加的倍数和因发钞而所引起的租税增加的倍数二者之总和才行。设使发钞比租税增加一倍，同时租税再增加半倍，但物价屹然不动，当然政府的真实的收入，可以增加一倍半。设使发钞增加一倍，租税增加半倍，然而物价也增加了一倍半，那末政府的真实的收入便将与未增加发钞数字以前一个样了。设使物价不只增加一倍半，而且增加三倍，那末，政府的真实的收入便不但不比从前更大而且还要更少了。在增加发钞以后的真实的收入既比未增加前为小，当然政府越要增加钞票发生的倍数了。可是政府越是增加钞票发行的倍数，物价会将涨得更高。而同时政府的真实的收入比较从前更要越小。依据相同的逻辑，政府在财政上的亏空也就会越大了。像这一种打吗啡针或注射麻醉剂的增发钞票的财政政策，其结果只有使政府健康的身体越来越坏而已。

无疑的现在政府的真实的收入已是越来越少了。这从他的真实支出的减少上表现得十分明白。依据杨西孟教授的估计(《经济评论》第九期)，政府在抗战的前一年财政支出为十五亿元。在抗战后之第一年，政府虽然增发通货不多，但因物价变动极微，真实支出确有增加。因此其财政的支出合战前的法币涨为二十二亿圆。第二年之财政支出尚合战前的法币十九亿圆。虽比战后第一年为少，但比战前较多。自此而后，财政的真实支出便比战前更少了。最坏时为三十四年一月至七月，只合战前法币五亿元而已。在三十四年八月至三十五年底财政的支出，因为日本投降，后方物价相对下落，收复区的物价以法币来计算亦比较的低，再加上敌伪产业的处理，和国外物资的入口，财政的真实的支出回增，增到战前一年的水准，即合战前法币十五亿圆之数。杨西孟教授的估计至此为度。本年政府的新预算岁出原为九万三千亿，今已增为二十万亿，但现在物价已涨到战前三万二千倍了(根据上海批发物价指数)，今姑以三万二千倍的物价水准去除二十万亿，则今年财政的支出实值，可能只合战前法币六亿余元，实则将来情势的演变必然比六亿元更坏了。由此可见，政府自从抗战以来，虽然日在增加发钞，但他的真实的支出，除开短短的二年之外，一直在继续减少。今年的财政支出的实值最多亦不过只值战前的百分之四十而已。然而政府所需要的军粮、军衣、枪弹和交通器材各项不必比战前更少。政府在军事与交通上的真实支出的需要不少，然而政府可能供给的真实支出最多只合战前的十分之四。供需相抵之后，所差此十分之六的真实支出，不增发通货，诚然不能弥补，可是越增发通货亦越是不能弥补。换句话说，即政府在财政上的赤字，假令其他条件不变，无论如何增加通货的发行都是不能弥补的了。这岂不是几成一种不治之疾么？

再从物价的暴涨上说,当着政府增加发钞的数量并经过一段时期之后,此新增之货币便要来到市场上与货币竞争物资,然因现存的物资的供给,在短期内无法增加,物价于是涨高,物价涨高之后,握有游资的人,为保持他的货币购买力起见,自然趋向黄金和美钞。结果黄金和美钞或美汇的价格当然也要随之增加。政府未尝不可以控制黄金和美钞的价格,但这却必须具备一条件:即政府能够依照官定的价格,无限制的供给黄金与美钞,才能达到控制黄金和美钞的价格的目的。其他物资亦然。最可令人痛惜的,即政府在三十五年三月仅从美金五亿元的贷款中,拨两亿美元来买黄金,只得了黄金五百七十一万两。这明白表示在通货继续膨胀的状态下,政府不能以此有限量之黄金来控制黄金的价格,即政府绝无依照官定的价格,无限制的抛售黄金的能力。投机的商人,当然更明白政府的有限的能力,何况政府还故意的把官价定得过低呢?果然不错,政府自抛售黄金之后,商人便尽量吞金。为时仅及一载,至今年二月,政府的黄金政策于是就不得不截然寿终正寝了。政府出卖黄金,使得有些人的投机致富。可是等到投机的人来大量吞金,逼着政府没有黄金再来出卖的时候,政府却又要跨下面皮咆哮起来。凡此都是由于缺乏经济远见而来。

关于美汇也是这样。在甲乙两个国家之间,甲国的物价如果步步涨高,但乙国的物价不动,或上涨较缓,然而甲国倘把乙国的货币的价值固定于一个不变的水准,其结果必致增加甲国的入超。这个道理明白的很。例如今有相同的货物一束,平时在甲国卖一元,在乙国也卖一元,广义的运费假定为零,汇率是一比一,此时无论甲国或乙国把这一束相同的货物运去运来,当然均无差额的利益可言,这乃是一件极度明显的事情。可是假令甲国的物价业已涨了两倍,然而汇率不动,此时乙国为把这束相同的货物从乙国运到甲国,卖了两元甲币。再把他们汇回乙国获得两元乙币,那末,乙国便可以多得一元的利差。除非乙国的商人是傻子,他们必然要把乙国的出口货源源不断输到甲国来了。可是,乙国的商人在甲国卖了许多货物之后,必要甲国的商人以乙币来支付他,但甲国的商人在何处取得外汇呢?向政府既买不足,当然他便只有向外汇的黑市场上去买了,外汇的需要增多,而供给未增,乙汇于是涨价,乙汇在黑市场的价格已涨了,然而政府还把乙汇官价稳定不变,使乙国的货物,在甲国市场上更增加,结果乙汇在甲国黑市场上的价格再涨高。同时,政府手中所控制的贬值乙汇,亦因抛售之后,缺乏来源,行至供给税减,且因其他的考虑,非把乙汇价格提高不可,于是乙汇的官价便跟着黑市上涨。而这便是中国美汇的官定价格,每隔一些时候,又跟着黑市暴跳一次的原因。例如在对日抗战之前夕,美汇的价格原为三元三角三。到了三十一年,美汇的价格首先暴跳一次,涨为二十元。三十五年二月又暴跳一次,涨为二千零二十元,同年八月再跃而为三三五〇元,本年二月并再跃而为一万二千元了。但美汇是否便会在此钉住不动呢?我的答复是,绝不,绝不。因为自今年二月六日起,外汇虽经调整为一万二千元,但中国的物价当时已涨到一万五千倍以上去了。然而美国的物价当时却只涨高百分之八十。这即是说美商以一元八角美金所买之货物运到中国来,当卖法币四万九千九百五十元(即一万五千乘三·三三元)如以美汇来计算,当为四元一角美金,是美货的出口商以一元八角美金的本钱仍可以获二元三角美金的毛利,这即是美国对华出超还要增加,美汇的需要还要增加,这暗示着美汇的官定价格必然不久又要再暴跳一次了。原来外汇的价格是受外汇的供给和需要大于供给,而使外汇的价格往上增加,这样做法当然不足以达管理外汇的目的。美钞与黄金如此,其他物价亦莫不如此。一言以蔽之曰,中国通货膨胀的速度到了今日,外汇黄金与货物的价格水准不平抑必上涨,即平抑也是要上涨的。

再说工业来说,在通货膨胀的后期,当着工资与原料随着通货的膨胀继续增加之后,工业的真实的资本势当继续的减少。一来呢,是因为工业家继续不断的消费其资本,而且越是耐久的工业其所消费的资本亦越大。因为工业的出品的价格是依照今日的物价计算,可是他的生产的成本是按昨日、昨年或前几年的生产元素的市价计算,无论如何的说,在成本会计上,生产元素的价格,都不如他们在市场上的价格涨得快的。工业家在计算利润的时候,是从他的出品的总卖价中,减去会计账上的成本。即减去机器与原料和其他的一产元素在买进时的价格,而不是减去他们在今日市场上的价格,因此工业家在其商品总卖价中,除了利润之外,所剩下来的准备金,到了机械原料和其他生产元素用完之后,必买进不了怎么多的数量回来,结果工业资本遂减少了。但工业家往往消费其利润,然而利润中含有资本的价值在内,这岂不是工业资本家消费其资本么?这大概是今日中国一般的情形。二来呢,是因为工业受投机商人的压迫。工业生产元素涨价之后,工业有因所留存的准备基金绝不足以维持同样的生产的规模,往往向银行贷款,而当银行的款项借贷不到的时候,往往出售期货于投机的商人。在出卖期货的时候,往往系按照当时的价格,再按照过去物价上涨的速度,加一点,作为预卖的价格。可是,在商品生产过程中,成本可能涨的更高,至于高过预卖的价格,结果工业家的利润,不但要为投机商人所吞噬,而且变成负数了。投机商人的利益既高,对于借入同样的资本,势必愿意和能够支付一种为工业家所不能支付的高利息,结果工业家于是便只有被迫而关门了。三来呢,是因为外货倾销的压迫。因在本国的物价继续上涨的过程中,政府硬把美汇钉住不动,结果徒使美货在中国市场上较贱,国货较贵。即使中国工业家不得不在他的成本之下,依照舶来品的价格出售他的成品,致使工业继续赔本。工业家在这三种打击下,其在成本与物价之间相差的鸿沟,于是越来越宽。政府不用低利的工贷的政策诚然不足以减少这鸿沟的宽度,但即用低利的放款的政策将亦不能填塞他,换言之,即中国的工业现在已在病入膏肓了。

但是这里我们所要特别强调的,即中国的工业的资本,在一般的场合里,虽在为继续的减少,但少数的兼营外汇倾销和商业投机的汇买办资本的蓄积,仍然是在顺利进行的。现在物价上涨的倍数既然超过政府增发通货和因增发通货而所获得的租税增加的倍数,那末,政府即令再发通货当亦不足以救济政府之穷迫,其结果徒使所增加之通货大半化为投机商人垄断市场,抬高市价,侵蚀工业利润,扩大美货倾销的游资而已。现在中国政府所希冀的救急汤就是美国进门银行的五亿圆的贷款,但我以为遑论五亿圆的贷款,不足以挽回中国的经济的病症,即十亿圆也是无济于事的。何则? 政府不是早就向美国借过五亿美元的巨款么? 且问那项借款把中国救了没有? 谁都知道,在该项借款中,有一大部分的美圆都把来以极贱的价格填塞在中国的官僚资本家和少数特大的发国难财的投机商人的钱口袋里去了。

三、经济政策与贪污

以上是说中国经济病症的原因是由政府的金融财政大员缺乏经济的知识所造成的。假如说中国的经济病症的原因只是由于政府的经济知识的不足,尚还不足为大虑,最可引为不幸的,即中国的经济的病症尚有一种几乎无可挽回的原因在。

无疑的政府所采行许多的经济政策,实施的效果,多不能与中国的大众的利益相配合。政府采行压低外汇的价值以增进美货的输入,原意想输入大量物资,平抑国内物价,而结果反使中国的幼稚的工业被摧毁在萌芽的阶段里,同时又增加了中国进口商的利益。但那一些人是在经营出入口贸易呢? 又政府以吸收法币为名,大量抛售黄金,采用降低黄金的价格,使之低于市价的政策,结果徒然增加投机商人大量吞进黄金的利益。但那些人在大量吞进黄金呢? 又政府为了弥补财政上的赤字,不采激烈的增加租税,例如累进所得税和财产税的办法,但采发行通货的办法。谁都知道,以增加发钞的数字来征取物资,其在租税上的意义,等于征收累退税。结果,徒然苦了一般小百姓,而使社会上形成了一种豪富的特权阶级,但那些是豪富呢? 我以为在富裕的阶层之中含有不少的高官显爵的成份。根据以上的论据,我想大胆的提出一个假定,即中国经济病症的根本的原因,与其说是在经济知识的缺乏上,毋宁说是在中国的官僚政治上。换言之,即中国今日的经济的病症,应该由中国的官僚政治负责任。设个比喻来说,中国的经济的机构好比一座伟大的古建筑,而中国的官僚阶级则似在这所古建筑里的群鼠。可惜在这所古建筑里,没有猫,当然群鼠猖獗,弄得不堪收拾了!

民三六、五、卅,于北大

世界经济与政治进化的归趋

除非我们是瞎子,我们必能看见,今日的好人政治、民主政治和社会主义,确有一种互相发挥,互相监督和互相策励的并驾齐驱,向着人类最理智和最经济的理想之路,迈步而前的趋势。除非我们能够对于这个进化的趋势加以确切的把握,我们倘如参加实际的政治的生活,恐怕没有不失败的。

从经济进化的在势上说,我以为地主和资本家阶级的存在,只是人类劳动的生产剩余的力量进步的结果。这即是说,地主阶级的存在,是由人在土地上耕种而所生产的粮食与原料,透过人类的分工与交易的关系,除了足以养活佃农的阶级而外,尚有剩余生产物,足以养活土地所有者阶级,安度优游岁月的生活。资本家阶级的存在,是由人在资本上施工所生产的工业品,透过人类的分工和交易的关系,除足以养活工人阶级而外,尚有若干的剩余,足够资本所有的阶级日度奢侈豪华的生活。远事且不说,单以中国而论,比如中国在黄河以南,地主的人数多,自耕农很少,或佃农很多。在黄河以北,地主很少,自耕农很多,但佃农很少。为什么有这种对立现象存在呢?最主要的原因是由北方的土地贫瘠,在土地上所生产的些微的农产品,除足以维持农人在习惯上必不可缺的最低生存水准外,简直没有什么余剩的农产品足以维持一个游手好闲的地主的阶级,因此北方的地主自然少了。反之,南方的土地丰腴,在土地上所生产的农产品,除了足以维持农人在习惯上必不可缺的最低生存水准外,还有庞大的剩余,另供另一阶级不事农作,而度优游岁月的生活,因此南方的地主自然多了。在中国农村的冷僻的角落里,除了地主之外,资本家少,工匠多,工人少;反之,在中国都市的繁华区域里,工匠少,资本家多,工人更多。此中最主要的原因当然就是,因在农村的角落里,工具的生产力太小了,例如木匠的斧头,铁匠的钳与锤,农妇所用的纺车,在这些简单的工具之上,所生产的货物和役务,除了养活工具使用者本人而外,连妻子都不足以温饱,还有什么来给资本家呢?反之,在繁荣的都市里,简单的生产的工具早为复杂的机器所替代,木工也不复使用斧头而用车床与刨床,铁工亦然,纺工亦不再使用纺车,而用纺纱机。在这些复杂的机械之上,每年所生产的数量,透过交易的关系,不但足以维持工人的适度的生活,且尚足以豢养肥大的日度奢侈豪华生活的资本家阶级,因此资本家阶级便应运而生了。由此可见,地主阶级的存在是由土地生产物有剩余;资本家阶级的存在是由资本的生产物有剩余,而此二者,又皆随人类劳动生产力发达以俱来。

在地无分东西,在人无分黄白,凡属世界上的头等的思想家和进步的劳苦的大众,在今日的世界,没有不厌恶地主的阶级和资本家阶级的。但我们莫要忘记了,在人类的历史上,不但地主,甚至资本家们,都曾受过社会无上的敬崇。同时劳苦的大众,在过去的历史上,并也几乎一直都在遭受人类的贱视与奴役。虽说在今日的世界里,大众所讴歌的是劳工神圣,可是我们莫要忘记了,财产神圣的观念,亦曾为十八世纪的法兰西革命和北美十三州独立的人权宣言的张本。最可令人惊讶的就是,同是地主或资本家的地位,为什么昔日如此的受人敬崇,今日如此的遭人唾弃呢? 这个理由是很简单的。昔日地主或资本家之所以受人敬崇,是因为当时的地主或资本家有助于土地或资本生产力的发达。因为当时的土地所有者便是土地的改良者。又资本所有者便是资本的创造者或资本生产力的改良者。莫怪他们要受社会的敬崇了。更进一步的说,他们之受社会的敬崇,最主要的原因实根结在他们的经济能力上。但看他们在耕种的开始实与他们的同伴无以异,可是后来因为他们的生活更勤苦或智慧更高,由是他们所积聚的土地或资本便越大,同时社会因为分工和交易的关系,所以他们的利益也就越多。为图社会经济的进步起见,人类在这一种情境下,宁愿分配不均,而不愿生产不丰。这便是地主和资本家所产生的经济的原因。

可是除了经济的原因之外,自始便有伦理的或宗教的原因存在。资本或土地的积累,既为个人勤劳的结果,当然别人不能分享。十八世纪的政治思想家和经济思想家之所以大声疾呼的高唱个人的财产不但神圣而且不可侵犯,主要的是从正义的观点出发。法国重农学派的大师屠果(Turgot)曾说:"个人的财产为个人勤劳的结果,神圣不可侵犯者也。"英国的功利主义政治家,休姆(David Hume),也有类似的主张。即以亚丹斯密而论,他之拥护私利,纯粹是站在公利的立场上讲话。由此可见,私有的财产在当初之受拥护实由当时的财产之内,自始便含得有财产所有者劳动的血汗在内。在伦理的观点上,实有不得不受人拥护的理由存在。

可是随着劳动生产力的发达,所有与管理逐渐分离了。在一方面,土地所有者与土地耕种者分离。在他方面,资本所有者与资本使用者分离。正如上文所说,在经济的进化上,地主阶级之产生系由土地生产力经人改进之后,土地上所产生的农产品,除养活耕种者而外,尚有若干的剩余,足以维持稳度优游岁月的地主的生活,此时土地遂被强有力者所占有,于是地主阶级便诞生了。依照类似的理由,资本家阶级便随着工业生产剩余的进步逐渐脱离生产过程而独立。尽管在历史上地主阶级发达较早,资本家阶级发达较迟,但二者都是因为土地和资本的剩余生产力进步的结果,则是没有问题的了。资本家与地主既为独立于生产过程之外的一阶级,而与生产力的进步无关,则是他们的存在已非促进人类生产力进步的必要的条件。从经济的观念上说,他们实已成为经济进步的赘疣了。否! 尚不只赘疣而已,他们实且成了经济进步的障碍物。为什么呢?

最显明的事实是,随着资产阶级的积聚,昔日的自由竞争的生产制度已为今日的独占竞争制度所代替。凡是稍知经济学的人都知道,自由竞争的生产制度是指无限的资本家各从事于同一种类的商品的生产,因此在这同种商品的生产市场上,每一资本家所供给的数量,比起这类商品的总供给来,为无限小,小之又小,小到个别的资本,纵令增加他的供给也不至降低物价,同时纵令缩小他的供给也不至于提高物价,因此商品的价格自然接近于成本。反之,在独占的竞争状态下,只有少数的资本家,从事于同一商品的生产,因此在商品的总供给量之中,每个资本家所供给的部分均相当的大,假如减少他的供给便会提高价格,增加他的供给便会降低价格,因此物价遂不免常留在生产成本之上了。除开很少的例外,今日的独占的资本家,往往不惜减少供给提高物价,以图实现所谓最大的货币的利润。因此今日的独占资本家,通常均变成了阻挠经济发达的障碍物了,一言以蔽之,今日的独占的资本家阶级,即从纯经济的观点上说,亦已失其存在的价值了。地主阶级因与资本家阶级混合在一处,当然亦无存在之必要了。

随着所有与使用或管理的分离,人与人间的剥削的关系,便以簇新的姿态显露于外,在经济学的发展上,将这剥削的关系分析的最明白不过的,除了马克思而外,当首推重农学派的大师揆时内(Quesnay)了。虽然揆时内的分析只以地主剥削农民为限,而未及于资本剥削劳工的关系,但他对于剥削关系的揭发是亘古未曾有的了。而且他的分析与中国农村的情形相吻合,所以我们必定要以简明的方式将他重新解析一遍。他劈头假定社会的阶级有三个:1. 佃农的阶级,2. 地主的阶级,3. 小工商业的阶级。佃农的阶级是可生产剩余的,一名生产的阶级。小工商业阶级其生产只够成本,不能增殖剩余,因此一名不生产阶级。假令佃农阶级一年投资三亿法郎的农业成本,生产五亿法郎的农产品,包含一亿法郎的原料和四亿法郎的粮食。不生产阶级一年投资两亿法郎,一亿原料和一亿的生活资料,而所生产的制造品亦为两亿法郎。地主阶级没有生产什么,他们只是坐食地租。农夫每年在其所生产的农产品中,因为租佃契约的关系,以两亿粮食给地主作地租。地主于是以一亿粮食自用,一亿给小工商业者换制造品或用具。一旦种交易的手续完结。地主于是立即退到流通过程之外去了。所剩下的只有佃农和小工商业者了。小工商业者在其所生产的两亿制造品之中,除卖了一亿法郎的用具给地主之外,还有一亿法郎的农业用具要出售,而且他们还要原料。恰好农人也还存有一亿法郎的原料要出售,因此农人遂以同值的原料去给小工商业者换取同值的农业用具。自经此度交换之后,小工商业者既有一年的粮食又有一年的原料,当然可再生产价值两亿法郎的用具了;农人除了地租之外,即有粮食两亿又有农具,当然可再生产出价值五亿法郎的农产品了。佃农既可再有两亿法郎的净余的农产品,于是地主当然亦可收租了。这即是说,明年完全可以把今年生产的重复一遍,后年亦必可以再把明年的生产重复一遍。由此以言,地主就是这样的依靠佃农的继续生产的关系,坐食地租以自肥的阶级。准此立论,地主剥削农民的关系,在这里是再清楚没有的了。马克思资本剥削劳工的学说便是从这里蜕化而来的了。国人知道马克思的剥削的论理已多，所以在此我们便不必细说了。

剥削的关系经思想家暴露于外之后，被剥削的阶层身受剥削的磨难与痛苦，再加上饥饿与疾病的无告，于是便喊出来了反抗剥削阶级的惨痛的呼声。蒲鲁东说："资本者强盗也。"马克思说："被剥削者必须起而剥削剥削者。"都是此类呼声的代表。由是暴力的革命便成了无产阶级对有产阶级革命的口号。这便是从经济的观点上，伴着生产力的发达，无产阶级起而反抗有产阶级的举例。

假如说共产党反抗资产阶级的运动，系一种由下而上的从黑暗的地狱里无数的冤魂和枉鬼所策划出来的打破地狱的直接的行动，那么，我就敢说，举凡历史上的先哲，如希腊的柏拉图，中国的孔子，和欧洲中世纪的耶稣，为图抑压富人的权力，所发表的各种教义，那便妙是天上的安琪儿，从五色的彩云中，飞堕凡间，所传播出来的，由上而下和由里而外的美妙的福音。耶稣曾一再的告诉他的门徒说："富人要想升天国，直比骆驼想从锈花针的鼻孔里穿过，还要更不容易。"孔子说："不患寡而患不均，不患贫而患不安。"柏拉图说，欲要改造社会须让金质的人来做哲学家，再由这类哲学家来做雅典的皇帝。由此可见，在他们之中几乎没有一个不反对今日的资产阶级的。可是他们的约束资产阶级的方法是要资产阶级自己亲来接受哲学的洗礼，从事圣贤的修养，抛下杀人的屠刀，以求内心的平安，或在将来的天国里永生，而不在结合无产者阶级以反抗有产者的阶级。这便是今日的好人政治或少数政治的思想者的主张了。

除非我们根本否认教育的效力，我们绝不能唾弃正义与人道对于改革社会的劳绩。英国的第一次工场法，岂不也就是在保守党的领导下通过和颁布的么？在这一类的法令内即摄取有人道主义的成份。可是由上而下的人道主义的理想，绝对不可以作由下而上的社会主义运动的代替。因为人类的实际的行为，其受宗教与哲学支配的时候，虽然不是没有，但不如受人取得收入的方法所支配的时期长久。我以为支配资产阶级的实际行为是中心的力量毕竟是资产阶级用以取得收入或用以榨取劳动的工具，资产的保持和扩大。因为他们对于一切政治的、法律的、哲学的和宗教的思想的迎与拒，全视这类的思想是否有利于他们的资产的维持与扩大为条件。所以人道主义者要想单独依靠教育的力量来改造社会，毕竟是很难办到的。柏拉图在他的《共和篇》上，想以教育的方法来训练哲学家皇帝。这个理想岂不甚优美？无奈希腊简直没有一个皇帝，肯依从他的教义做。遑论暴戾恣睢的斯巴达皇帝根本听不进他的那一套。即以比较温和的雅典皇帝来说，他因已养成了一个淫佚无度的习惯，亦何尝能够接受哲学的指导？哲学家的皇帝即没有，好人政治变成梦，《共和篇》的理想尽落空，柏拉图亦便只好舍弃哲学的改革转而注重法律的改革了。耶稣想以"爱"为改造社会的最高的原理，可是他却被最卑鄙的仇与恨所毒害。孔子亦只徒有《礼运篇》上的大同世界的理想，而无丝毫的实践大同世界理想的成绩。由此可见，好人政治的效力虽不是一点也没有，但如欲想以之单独改造社会,恐怕难有实现的机会。可是假如人道主义者不惜以由上而下的社会改造的运动,来便利或指导由下而上的革命的运动,以图减少革命的流血,自有无上的价值。社会革命的正宗的力量,恐怕离了无产阶级的团结奋斗外,很难有其他的正宗的力量存在。可喜人道主义者经过这多次的失败之后,也渐认识了徒以他们单独的力量来改造社会是不够的。

可是社会革命者为了社会的改造,处处凭藉强力与诈术,究不合于人类理性的要求。列宁曾经说,政治的革命可以一跃而几,经济的革命绝不能够。假如在革命的时期中,将这仅存的稀少的生产的设备一齐破坏,到将来遭受饥馑与贫乏,即从经济的观点上说,亦是太不经济的。反之,假如我们能够以更经济的方法来逐渐完成合于社会主义的经济建设的要求,当然是更切近于理性的行为。社会革命的目的在改造社会制度,而不在显示英雄式的残忍的行为。比如说,不必要的流血,我便以为无论如何是当减少的。我不否认社会革命的势力,但我以为不流血或少流血的革命,不但合于人类理性的要求,而且是更有利于人类的物质幸福增进的行为。为达到这个目的起见,我以为用投票来代替放炮的民主政治的改革方式实在更有意义。恰好民主的政治成为今日社会主义者的理想之一。

可是今日的民主,亦与过去的民主,在性质上有点不同了。过去的民主是以保护所有与管理合在一起的资产阶级,完成营业自由的历史任务为目的。今日的民主,是在保护劳动的阶级限制资产阶级的独占的权力为目的。现代社会革命的高潮好像一股突然爆发的山洪,除非我们给他开条合理的水道,他一定会将我们原有的一切的建设,破坏粉碎而不惜。民主的政治便是人道主义者和法治主义者所给暴力的社会主义者所开凿的一条合理的运河,所以我们必须以社会主义作主流。总之,世界的进化的大势所归趋,是要限制社会上的剥削阶级的独占权利的。所以在今日的民主政治下,我们实用不着替今日的剥削阶层作挡箭牌。我们所应做到的,就是站在人道主义的立场,限制暴力的滥用,遵照法治的途径,减少不必要的流血,于以完成更伟大的物质的建设。所幸现代的民主主义者已渐接近这理想。综括来说,就是在现阶级的某些领土上,人道主义,民主主义和社会主义,已有一种合流奔放,向前涌发的趋势。我相信我们必能以一种联合的力量向着最有利于人类的物质幸福和精神幸福的坦途,迈步而前。

(《天津大公报》,三十五年一月二十五日)

中国经济政治与文化的归趋

一

中国的经济、政治与文化,受中国国民所得的主要生产手段的进化决定,这是无可置疑的一件事。从纯粹理论上说,一国国民所得主要的生产手段,关系一国全体国民的生活。国民所得主要的生产手段一旦起了变化,全体国民的生活必要发生变化。全体国民的生活既然发生变化,当然他们在经济、政治与文化上的思想与行动势必也要发生相应的变化。未必这还有什么疑问么?更从历史的事例上说,在一国的国民所得主要的生产手段尚停滞在土地万能的时代,她的经济必然是地主的,政治必然是君主的,文化必然是法天的。在鸦片战争以前的中国,或在中古时代的欧洲,但是极好的例证。可是一国的国民所得主要的生产手段一旦跨入了资本万能的时代,事态的变化便将从头到尾的掉过头来。她的经济必然是资本家的,政治必然是民主的,文化必然是崇尚人力的。在工业革命而后的英美法各国便是极好的例证。顺着这个趋势再往前进,假令一国的国民所得主要的生产手段又踏进了集体劳动万能的领域,事态必然还要发生急剧的变化。她的经济必然是属于集体的劳动的,政治必为集体劳动所领导的民主政治,而文化必然是鼓励、推崇和歌颂集体劳动的创造的伟力的。苏俄便是一个可举的例证。当然在这或徐或急的演变过程中,随着各国国家的客观的和主观的条件的不同,无论在经济上、在政治上,或在文化上,均有多少的介于两个极端之间过渡的形态,恰如横在两个对岸之间的过渡的桥梁一样,但这并无害于社会进化的主要阶段的分析。除非我们闭着眼睛说瞎话,我们才会相信中国的经济、政治与文化,会不顾国民所得主要的生产手段的进化,而将永远的停滞不动。

我充分的相信法国重农学派的财富循环说可以用来描绘在鸦片战争以后中国的主要的生产手段的性质,和与之相对应的中国的经济的机构。一来呢,是因为法国的重农学派的学说确系渊源于中国。二来呢,法国的重农学派的学说与中国在鸦片战争以前财富的生产与流通的情形几乎完全相同。我所最感到惊异的,即中国虽有重农抑商的政治主张,但对于在中国的农村社会里的财富的生产与流通的情形,几乎完全不明了。除非借镜于法国重农学派的财富循环说,我们对于中国的农村社会的知识的不足是绝对无法弥补的。

重农学派确是太伟大了。依据揆内（Quesnay）大师的意见，在土地经济时代，国民所得的物质生产手段有两种：（一）土地和（二）器具。在这两种生产手段之中，只有土地才能生产净余。器具是不能生产净余的。人在器具上加工所生产的生产物，除了维持直接生产者的最低的生存外，是不能生产净余的。但人在土地上加工，其所生产的物量除了维持直接耕种者而外，尚可豢养一个地主阶级。因此地主阶级便应运而出。伴着净余生产物和其他的财富的生产与流通，在经济的机构内，产生三个不同的阶级：（一）坐吃净余的地主和官吏的阶级，（二）细农阶级，和（三）工匠和小商人阶级。揆内大师的财富循环说专在说明在这三大阶级之间财富的生产与流通。现在我们可以举一个例，来说明财富循环的实际情形。现在我们先说生产。假令在这三个阶级之中佃农阶级每年投资三亿（以粮食一石作为计算价值的单位），生产五亿。在投资的三亿之中，两亿是粮食，一亿是农具。而在他们的五亿生产物中，四亿是粮食，一亿是原料。工匠阶级每年投资两亿，生产手工工业品两亿。在投资两亿之中，一亿是原料，一亿是粮食。而在两亿手工工业品中，一亿是农具，一亿是上等的家庭用具。为什么佃农阶级能够投资三亿生产五亿呢？因为佃农所利用的土地是生产能力最大的手段。反之，工匠阶级所使用的只是生产能力较少的器具，如斧头、刨子、铁锯和刀剪之类，工匠阶级所生产的只够用来维持他们的生存。但佃农阶级所生产的，除了维持他们的最低生存之外，尚可以其净余生产物养活地主和官吏。这是说生产。

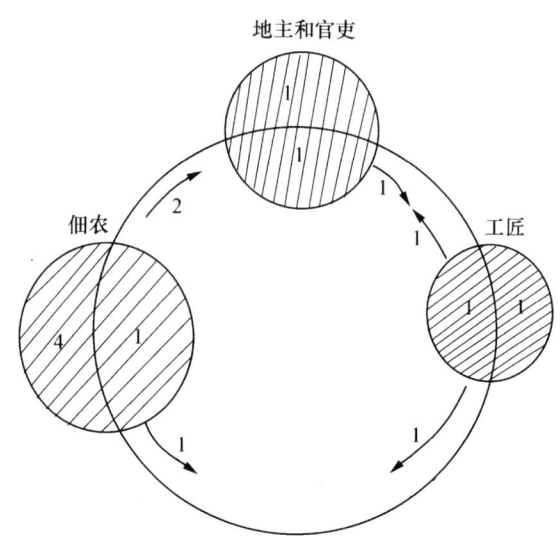

鸦片战争以前的中国经济结构

其次说分配与流通。农人加工于土地既能生产净余，而土地在法律和习惯上又为地主所有，于是地主便有向佃农收取地租的权利。在我们这里的举例中，地主可向佃农收租两亿。工匠阶级的器具是他们自己所有的,而且不能生产净余,所得两亿只够成本,全以满足他们自己的需要。我们知道,在佃农所生产的五亿之中,有两亿粮食是要他们留作自己用的。这两亿是绝不流通的。其余三亿是要流通的。在这三亿之中因有两亿粮食,农人须以之送给地主作地租,其余一亿是原料,农人是要用来交换农具的。地主于取得佃农两亿地租之后,留一亿粮食来自己吃,其余一亿他们是要用来给工匠们交换上等家具的。恰好在工匠阶级里面,便有一亿上等家庭用具要用来给地主交换粮食。经此交换之后,地主既有粮食又有用具,便欣然退出于流通过程之外,接着工匠阶级和佃农阶级便开始交易了。因为工匠阶级尚有一亿农具要拿来给佃农换原料,同时佃农亦有一亿原料,要拿来给工匠阶级换农具。经此交换之后,佃农与工匠所投下的资本通通都复原了。他们又可从事再生产的活动了。佃农在其次的一个年度里再以两亿粮食一亿农具生产五亿农产品,而以两亿粮食为地租。工匠再以一亿原料和一亿粮食的消耗生产出两亿手工工业品。流通的过程再依照昨年的情形再度重复一遍,于是在这农村社会里的经济情形便得永远的保持常态。

现在我们可以进而说明,中国的君主的政治与如此的土地经济的关系。

在土地经济的时代,既然全体国民的所得,多要靠天,不但佃农的所得要靠天,地主的地租要靠天,政府的田赋要靠天,甚至连工匠阶级们的收获也要靠天。天之于人既然保有这么大的威力,那么,在政治上,最好的以"天子"为君主了。反之,人为的力量,在经济上,既然生产的力量如此之小,在政治上,当然绝无崇尚民主政治的可能了。这便是在土地经济时代,在政治上只有君主而无民主的主要原因。《易·系辞》上说:"君万物者莫大乎天。"《左传》上说:"天生民而树之君,以利民也。"《书经·秦誓》上说,"天佑下民,作之君,作之师,惟其克相上帝,庞绥四方。"(参看王亚南《官僚政治与儒家思想》,《时与文》二卷六期)老子《道德经》上说:"王法天,天法道,道法自然。"这都表示在土地万能时代,因为在生产上是靠天吃饭,所以政治上,也就形成一种天道政治或君主政治。

骤看起来,在鸦片战争以前,中国的君主政治,好像与欧洲在重商主义时代法国的专制政治相同,实则二者不是完全相同的。这个不同是很容易区别的。在欧洲重商主义时代,人为的专制较多,中国较少。在重商主义时代,法国的君主干涉人民的生产事业。但中国的君主不干涉人民的生产事业。凡是读过欧洲的历史的人都知道,在重商主义的时代,法国哥伯提(Gobert)政府管理法国的制造业的法律共有八本,其他各国的政府干涉的程度较轻。那时法国的纺织工厂,在织布时所用的纱线,和布疋的宽度及染色,都受政府的命令规定。可是,中国没有。法国路易十五常说"朕即国家"和"王权万能"一类的谕旨。可是,中国的君主很少有这一类专制的口吻。他们所常说的是:"天予不取,反受其殃。""予弗顺天,厥罪为钧。"为什么中国的君主,比较重商主义的欧洲,其专制的成份要轻呢?因为中国君主只是土地经济的产物,他的神圣的任务,只在维持土地生产力于不坠,而欲达到此目的,只须服从"天道"就行了。但法国的皇帝乃是商业资本的产物,他的神圣的任务,乃在管理生产、增加出超和扩大市场，当然非要诉诸于王权的扩张不可。正因中国的君主只在维持土地生产力于不坠，除了水利灌溉而外，几乎不必有所作为，所以"无为的政治"便成了中国的一种理想的政治了。不但不须"有为"，而且简直可以"无言"。记得《论语》书中曾载有孔子和子贡的一段问答，我想这顶好可以用来说明中国的无为政治的美妙：

> 子曰："余欲无言。"
> 子贡曰："子如不言，则小子何述焉？"
> 子曰："天何言哉！四时行焉，百物生焉。天何言哉！天何言哉！"

细想起来，在土地万能的时代，全部国民的生活悉在维持如此简单的财富的生产与流通。假如把这生产与流通的过程圆滑了，纵令君主终身不言，亦无所害。反之，假如君主不幸把这生产与流通的过程扰乱了，全部国民生活失了保障，纵令君主口若悬河，声如洪钟，并富有雄才大略，天下也是要紊乱的。这便是中国儒家和道家很轻松的倡导无为政治而得到了相当成功的原因。

现在我们可以进而谈中国的文化的本质了。因为中国人全部都是靠天吃饭，而所谓靠天吃饭的意义，又系在维持在如此的阶级社会里财富的生产与流通，所以中国的文化，于不知不觉之中，便洋溢着一种听天安命的思想。谁都知道，中国文化的主要的特征，便是力求人的精神的生活与自然合而为一。伟大的哲学家熊十力先生在其《略说中西文化》（《学原》一卷四期）一文里说："中国人唯反求诸己，而透悟自家生命，与宇宙原来不二。孔子赞易，明乾元统天。孟子言万物皆备于我。庄生言，独与天地精神往来，灼然物我同体之实。"这皆表示中国人的最高的理想不敢与自然分庭抗礼，与她们争，但把自然看做无限的伟大，恨不得与他结合而为一体，自然既是无限的伟大了，区区的人的小智站在自然的面前，好像一粒微尘站在天地面前一样，除了五体投地的拜倒在她的足下外，别无他道。所以在中国人的哲学里充满着神秘的感情，而缺乏西方人逻辑的修养。这都是由于中国的哲人把自然生产力看做神明所引起的。这样的哲学无疑的大有便利中国如此的自然经济的维持与流转，当然会得到全体社会，特别的是地主老爷们的欢欣和鼓舞了。

中国的政治与文化既系建筑在中国的原始的土地经济上，那么，假令中国的原始的土地经济有了变迁，中国的政治与文化也要跟着变迁了。是的，不错，中国的政治与文化，自鸦片战争以后，随着中国国民所得主要的生产手段的变化，便立刻起了变化。试问中国国民所得的主要的生产手段是怎样变化的呢？

二

在这里我们应该特别强调的，即中国的国民所得主要的生产手段，始终没有脱离土地万能的阶段。可是，中国国民的消费手段，除了粮食而外，早已经过私人资本万能时代的资本主义的洗礼了。只是这种资本主义不是生长在本国的资本主义，而是生长在外国的资本主义就是了。这即是说，工业资本主义在欧洲诞生较早。欧洲自资本主义诞生而后，利用其庞大的生产的能力，增加商品的数量，在这日益增加的商品的数量中，除了给本国消费而外，所余的部分便以中国为市场。随着资本主义商品的入口，中国国民的消费的手段，除了粮食之外，便起了极大的变化。衣服、留声机、影戏、纸给、牙膏、香水……汽车，几乎无一不是外人所有的资本，机器，生产的物品。这即是说，中国人的物质的享受已经近代化了，可是，中国大部国民所得的主要的生产手段，还是土地。从资本生产的关系上说，中国似乎需要资本家的民主。但从土地生产的关系上说，中国的政治不要民主而要君主，并不要欧洲在重商主义时代的王权万能的极端专制的君主，而需要欧洲在中古时代的消极无为的君主。从资本家的生产关系上说，中国似乎需要一种反抗自然崇尚人力的文化。可是，从土地的生产关系上说，中国仍然需要尊崇自然的文化。崇尚自然的思想是神秘的，直觉的，和感情的。崇尚人力的思想是现实的，观察的，和理智的。对应着这种经济的生产关系的矛盾，同时便暴露出中国在政治和文化关系上的矛盾。这种矛盾的暴露，从一个中国人看来，确是一个极其有趣的问题。即在政治上，中山先生主张民主，辜鸿铭主张君主，而康有为和梁启超等则主张君主立宪。在文化上，陈独秀提倡科学，张君励倡提玄学，而梁漱溟和熊十力先生等则独唱中西文化调和论。更有趣味的问题，即中国的实际政治上，实际所表现的是既非君主亦非民主，而是一种挂民主的羊头卖君主的狗肉的三不像的民主政治。袁世凯是如此，段祺瑞是如此，吴佩孚是如此……更更有趣味的问题是，在中国的实际文化上，实际所表现的是，口里提倡民主，而实际上则深恐怕得不到一个主人来宠爱。或恐怕人民力量真起来，口里提倡科学，实际上，则把科学来当做一种猎取功名富贵的勾当，深恐怕苦读寒窗十数年，尚点不到一个洋翰林的招牌，或得不到权威的领袖一官半职的赏赐。如此的政治和如此的思想的矛盾，我都想尽力在后文中详细解释。

欧洲的各大先进国为什么就有民主，而中国为什么就没有呢？我在《观察》第三卷第十四期上便曾经大胆的宣言，因为欧洲曾经经过资本万能的时代而中国没有。因此中国便没有民主，欧西就有民主。这即是说，伴着欧洲各先进国的国民所得的主要的生产方法的进化，欧洲的经济机构起了变化，因此，欧洲的政治与文化也就跟着发生了急剧的变化。在政治上，由王权万能的专制政治一变而为民权万能的民主政治。在文化上，由上帝创造世界的宗教观，一变而为人类创造他们自己的历史的进化观。试问欧西各国的经济的机构是怎样演变出来的呢？

我们知道，在工业革命以前，一国国民所得的主要生产手段是土地，或自然，器具只占一个不重要的地位。可是随着人类的物质生产力的进步，器具忽为机器所代替。器具与人类的劳动结合，所生产的货物，经过交换的程序，其所得生活的资料只够维持直接使用器具者的最低的生活。以之，机器与人类的劳动结合，其所生产的货物,经过交易的程序,其所取得的生活资料,除了养活直接使用器具者的最低生存外,还可以养活一个新兴的有闲的阶级。因此,机器的所有便同使用分离了。机器的所有与使用分离之后,经济的机构立即发生变化。在从前社会只有三个不同的阶级:(一)地主和官吏,(二)佃农,和(三)工匠及小商人。现在不是了。虽说地主和佃农的地位依然不变,但工匠和小商人的阶级,随着机器生产的革命便化为两个阶级去了。由是在社会里便有四个不同的阶级:(一)地主阶级(二)佃农阶级,(三)资本家阶级,和(四)工人阶级。在这四个阶级之中,财富的生产与流通大约与从前的情形相同,只比较复杂罢了。假令在这资本家的生产社会之中,佃农的生产因为人口增加之故,投资和产量均增加一倍,即佃农以六亿的投资(三亿粮食和三亿农具),生产十亿农产品(八亿粮食和两亿原料),内中有四亿净余生产品。资本家以五亿的投资(两亿机器,一亿粮食和两亿原料)驱使工人生产十亿制造品(五亿家庭工业品,三亿农具,二亿工业机器)。在一个生产年度里,农人以四亿粮食缴纳地主作地租。资本家在工人身上榨出了五亿家庭用具出来,作为他们的利息与利润。生产和分配的关系便算完结。现在我们可以进而说明在这四个阶级之间商品流通的过程。地主于得到四亿粮食的地租之后,欲以二亿的粮食交换资本家两亿的家庭用具。同时,资本家阶级于得到五亿家庭工业品的利润和利息之后,欲以三亿留作自用,二亿交换地主的粮食。供给和需要恰恰相合,二者均各满足。工人在其所余五亿工具财中(二亿工业机器和三亿农具),除以二亿工业机器留作自用外,欲以三亿农具向佃农交换一亿粮食、两亿原料。同时,佃农在其所余存的六亿农产品中(两亿原料,四亿粮食),除以三亿粮食留作日用外,欲以一亿粮食和两亿原料去交换工人的三亿农具。经此交换之后,农人和工人的资本均各收回,于是又可进行再生产了。

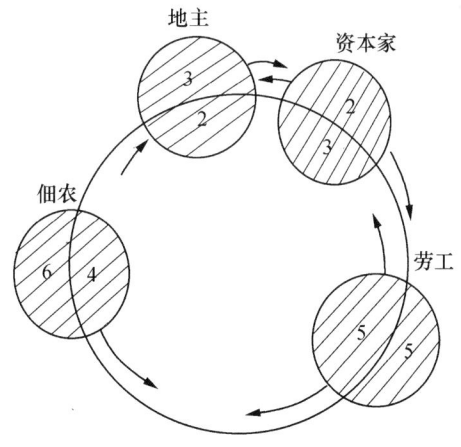

西欧各国的经济结构

可是,假令资本家阶级以五亿的投资,驱使工人生产了十二亿的工业品出来,在他的收益七亿之中,除以五亿作消费外,恨不得再以二亿向佃农阶级换取原料与粮食,以扩大他们生产的规模。可是,佃农的需要业已达到了饱和点,于是所余存的这两亿,便非自为消费不可。然而资本家的生产的目的,并不在增加消费,而在累积资本,为达到资本的继续累积计,资本家阶级于是便不得不向中国或其他落后的民族来开辟第三市场了。事情尚不能只在这里终结。设使这资本家的社会内,工人逐渐觉醒起来,不堪资本家的剥削,要求工资加三倍,于是资本家阶级所余的这两亿便不足以为扩大生产规模之用了。可是,在中国和其他落后的国家内,工资不但不增加三倍,而且比一倍还要低,于这个新兴的资本家阶级,不但是要以其所剩余的工业品向中国交换粮食与原料,把中国作为一个商品的市场,而且要把这二亿工业品在中国来投资,即把中国作为一个投资的市场了。假如此二亿工业品只系消费品,则以之交换粮食与原料,而以之作为中国工人的工资与流动资本。假如他系生产的机器,则以之作为在中国的固定的设备,再以其他方法所得来的粮食与原料补其不足。恰好中国又是一个原料与粮食出产的国家,富有广大的劳动的人口,从欧西的资本家的立场,他们确有向中国销售商品和扩大投资的要求。但这要求要如何才能满足呢?这点留待以后我们仔细来解答。

本来欧洲在资本家的生产制度诞生以前,商业资本家早就有了,但这在政治上还只是立于一个附庸的地位。以英国而论,在工业革命以前,虽然已有所谓议会的政治,但这议会的议员全部均为地主和贵族所充任,商人是无权过问的。而且,在任何欧洲国家里面,当着商业资本发达的初期,商人需要君主以其无上的威权来扩大市场,反而造成欧洲出现极端的专制政府的原因。斩钉截铁的说,欧洲各先进国的近代民主政治还是在工业革命或机器革命以后的事。因为欧洲的工业已经革命了,资本家阶级的经济的势力扶摇直上。可是政治的势力无有。除非取得政治上的权力,资本家的生产的制度,便将无法保持与扩大。为了维持和扩大资本家的生产制度起见,资本家需要向外国买进廉价的粮食与原料,可是粮食与原料的价格一低落,地主阶级的真实所得便要减少。由是资本家和地主之间的矛盾便发生了。从地主阶级的利益上说,非要提高谷物与原料的关税不可,但从资本家的生产关系上说,除非取消或减少谷物与原料的关税,资本家的生产制度莫由发达。这是地主阶级和资本家阶级冲突的第一点。又资本家阶级还需要取得政权来镇压工人的阶级,限制他们集会结社的自由,和取缔他们对于高工资的要求。其三,资本家阶级还需要取得政权来便利他们剥削妇工和童工,取消封建时代的残余的过境税。凡此都不是地主们所愿意去做的事。但为了维持资本家的生产与流通的圆滑进行起见,资本家非要取得政权不可。恰好在工业革命之初,机器的产量若干倍于器具的产量,并因此大大提高了各个阶层的物质的幸福,当然劳动者也包含在内,于是资本家争取的政权的活动便为大多数的民众所拥护。此时他们的口号是"让我们以我们自己的方法作自己的买卖!""干涉最少的政府便是最好的政府!"资本家阶级要求民主政府的运动,声势日渐浩大,除非政府让步,革命便要爆发,于是政府便只好让步了,民主于是实现了。由此可见近代的民主制度在当初发生的时候,确是为了促进资本家的自由和权利。所以近代的民主制度亦可称做资产阶级的民主制度。也可以说,他是资本万能时代的民主制度。

随着机器代替人工的资本家的生产制度的发展,欧洲的文化也变动了。从自然与人的关系上说,人已获得了征服自然的武器,——机械在手内,他不复畏惧自然了。他要面对自然与他为敌,并且要以科学的权力去征服他。引一句最普通的话来说,就是"科学即权力"。人自此便不再受自然的束缚而要求尽力的表现"自我"。不但在哲学上主张自我表现,在文学上主张自我表现,甚至在日常生活上也要求自我表现了。更从取得知识的方法上说,在土地万能时代,在哲学里,充满着神学的味道;一般的哲人取得知识的方法是直觉的,感情的,体验的或反理性的。而在资本万能时代,他是分析的,理智的,外观的或批评的。一言以蔽之曰,资本家所需要的文化乃是一种有利于资本的维持和扩大的文化。这便是欧洲的近代的文化与中国的文化不同的原因。由此可见,中西文化的根本的不同,主要的是由于经济机构的不同。而此经济机构的不同又系由中国国民所得主要的生产手段的不同而来,在鸦片战争以前的中国和在工业革命以来的欧洲确是这种情形。

三

最可令人注意的一件事,就是欧美各个先进的国家,虽然他们的国民所得主要的方法已经由土地万能进步到资本万能的时代了;而且在其本土以内,虽然因为资本家阶级已经起来要求民主,并且已经变成民主了;在哲学上,虽然已经要求自我解放或思想自由,而且已经达到自我解放和思想自由的阶段了,可是,她们对于其他的落后的国家,从资本家阶级的立场上说,则需要她们永远的停滞在土地万能的阶段,而不许她们逐渐进化而至资本万能的时代。因这最有利于她们的剩余商品的销售,和便利她们的资本的积累,或只使中国一类国家变成她们的投资地,便利她们的直接投资。刚才我们说过,在我们所举的简例中,在一资本家的社会内,假令有剩余工业品两亿,在劳动的组织力不强和工资较低的场合,资本家们便要以中国为商品的市场。而在劳动组织加强和工资增加的场合,他们便要以中国为他们的直接投资的尾闾。为达到前一个目的,在经济的机构上,他们需要创造一个买办资本家阶级,来便利他们剩余的商品到中国来倾销,并吸收中国的低廉的工业的原料;而为达到后一个目的,在经济的机构上,他们需要创造一个寄生的坐吃股息的阶级,以便利他们在中国来直接投资。在政治上,为达到前一个目的,他们需要扶植一个媚外丧权的政府,来接受他们强制中国弱结的不平等条约。这个政府的主要的特征就是无能和软弱。为达到后一个目的,他们需要扶植一个崇拜资本主义的政府,来镇压中国的劳动阶级的反抗,来便利他们直接的投资。这个政府主要的特征就是穷凶和极恶。在辛亥革命的前后,他们所扶植的政府是北洋军阀的政府,北洋军阀政府主要的特征就是昏庸与无能。在现在,他们所极欲培植的政府已经不是北洋军阀的政府了,因为北洋军阀的政府太昏庸与无能了。它的最大的优点只能便利他们的剩余的商品到中国来倾销和换取低廉的原料,但其穷凶与极恶的程度绝对不足以镇压了工人的革命,以便利他们在中国来投资。在文化上,他们更需要一批文化人,来讴歌资本主义的文明。中国根本没有庞大的资本家阶级,只有帝国主义者及其走狗和买办,讴歌资本主义,直接间接便有利于他们在中国来投资和经商。假如中国的名流和学者欲要取得他们的宠爱,并不需要真正的实学,只要天天叫嚣中国需要经过资本主义的阶段便行了,不幸中国竟有一批文化人中了他们的诡计。这确是最值得慨叹的。

返观现在中国国民所得的主要生产手段,自鸦片战争以还,仍然还是土地。在外国的资本家的剩余商品倾销范围内,确只成长了一个买办的阶级。他们的获取所得的手段,虽然不是土地,而是资本,但却非生产的资本,而系商业的资本。否!它亦非正常的商业的资本而系买办的资本。除此之外,在各重要的都市,虽是生产所得的手段已由器具而变为机器,但此机器生产的能力,除了养活直接使用机器的劳工外,尚可养活一个有闲的阶级,但在这个阶级之中,有些是不在场的资本家,他们是外国人,住在外国。只有一小部分才是中国的新兴的资本家。还有一部分潜在的资本家阶级,即是华侨,他是生长在外国,但不堪外国资本家的压迫,很想到中国来投资。如果我们肯把中国今日的经济的机构来与外国作个对照,那末,在中国的经济机构内,其阶级共有五个:(一)地主阶级,(二)佃农阶级,(三)买办阶级,(四)少数的新兴的资本家阶级,和(五)工人阶级。这与欧洲的资本家阶级恰恰成立一个对照,有如下图所示。中国的工匠和小商贩阶级现在已经不存在。但代替他的地位的不是中国的资本家阶级,而系外国的资本家阶级及其买办和走狗,这便是中国今日的经济的机构。

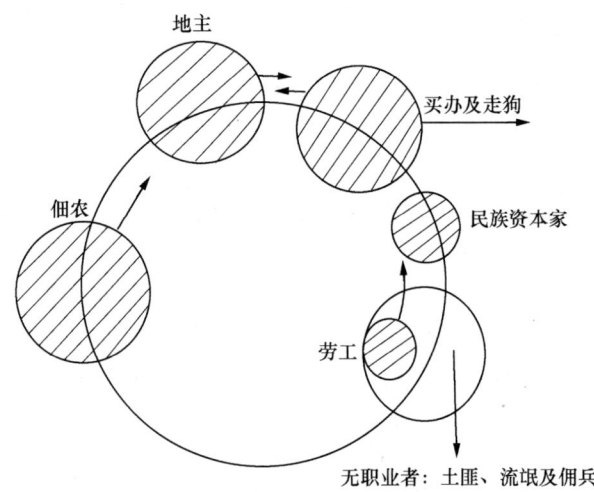

鸦片战争而后的中国经济结构

将中国今日的经济机构明白之后,我们可以进而解释自鸦片战争以来中国政治的性质。在鸦片战争的前后,中国的政府确乎是由无能和昏聩的地主阶级所垄断。当外国的资本家正欲倾注其商品到中国来的时候,这种无知与昏庸的政府,恰恰合于外国的资本家的要求。中国政府对外的一切不平等条约,都是在这种腐化无能的政府手里缔结的。欧洲的资本家在国内要民主,因这可与资本家的生产谋便利。在国外要阻挠民主或反抗民主,因这可与资本家的生产谋便利。在国外要阻挠民主或反抗民主,因这最有害于国外的商品市场的扩大。假令中国的民主政治成功了,中国的人民必定要以各种的立法,来保护中国的幼稚的工业。这样一来,外国资本家的商品市场便没有了,这岂不是对于他们的资本的积累有妨碍么?外国的资本家不要民主,中国的地主阶级亦不要民主,两个反民主的势力合在一起,中国的民主便没有了。买办阶级在神圣的任务在于推销帝国主义者的商品,帝国主义者既然不要民主,当然中国的买办阶级亦不要民主了。独有中国的新兴的资本家阶级与华侨的资本家阶级要民主,因这实有便利于中国的资本家的生产制度的发达,这便是孙中山先生领导中国革命的时候,得到华侨拥护的原因。无如华侨不在中国。在辛亥革命前后,当选的议员大部都是地主。他们把当议员看做官,或当做欺压老百姓的阶梯,因此,在袁世凯称帝和以后的曹锟贿选之时,这些议员所表现的只在猎取功名富贵,而不在争取人民的权利,因此民主便变质了。这便是中国的民主政治失败的根本原因。佃农阶级何如呢?他们实在遭受了双重的压迫。第一是,地主和官吏的压迫。第二,自帝国主义的商品侵入中国之后,中国的农产品可以出口交换近代的工业品,于是地主阶级对于佃农再压迫,以同获得更多的农产品来交换洋人的奢侈品。工人阶级与佃农几乎立于相同被压迫的地位,当然,在内心里在当然希望取得政权来改善他们的经济的地位。可惜他们尚未觉醒并缺乏团结。因此,他们对于民主或不民主,亦不表示关切。正如张东荪先生所说,自从民国成立以来,所有的选举都为特殊阶级所利用,只有民初一次选举不由金钱买得,但即以这次选举而论,所有的选举都为特殊阶级所利用,自从民国十二年曹锟贿选成功,其结果亦是替特权阶级作工具。这种说法当然是有道理的。

　　更从中国的经济的机构与文化的关系上说,既然中国的地主和佃农均无自我解放的精神,并五体投地的屈服于自然的足下,不但畏之如雷霆,而且敬之如神明,而且中国的儒家又多系地主出身,当然他们要拥护中国的文化了。新兴的资本家阶级虽然喜欢听取个人主义者的"人力可以胜天"的学说,而且新兴的士大夫阶级多系资本主义国家的留学生,率皆崇尚自由,然因听众不多,而且在帝国主义的高压势力下,亦无促进资本生产的作用,所以国人自由的主义好像一朵鲜美无比的不实之花,在中国这个国度内,便未发生领导的作用。由是而中国的哲学家如冯友兰、梁漱溟和熊十力一类哲学大师所倡导的中西文化调和论,便居然能在中国的哲学论坛占上风,岂非机会哉!岂非机会哉!?

　　为什么中国的国民所得的主要生产手段从未由器具进化而为机器呢?在鸦片战争以后,固然是由于外国商品的压迫,然在鸦片战争以前,外国商品的压迫并不存在,为什么始终没有实现呢？是由于中国没有经过充足的原始的蓄积,因此没有足够的储蓄来发达中国的资本。但为什么中国没有原始的蓄积呢？从地理的关系上说,中国最早便是一个大陆的国家,缺乏一个可以自由航行的海洋,如像地中海和爱琴海的大小,因此中国自始便缺乏国际的贸易。再来呢,在中国的国内,河流尚嫌不够多,不足以便利中国的交通。三来呢,中国的耕地似乎尚肥沃,足以赡养中国的人口。四来呢,在中国每亩土地上的人口密度太大了,土地的生产品只够消费,不够储蓄。(这第四点是北大农学院萧剑云先生尚未发表的意见。)因此中国的商业不发达,储蓄不够多,这恐怕是中国没有经过原始蓄积的原因,或亦就是中国没有提早发生工业革命的原因。

在鸦片战争而后,中国既无强有力的政府,又无新兴的资本家阶级,足以排斥外国资本家的侵略,并建设中国的工业,所以中国的经济便永远停滞在土地经济的阶段。中国的政治便永远的被掌握在地主并帝国主义者的爪牙里。同时中国的文化亦永远停滞在一种似驴非驴、似马非马的中学为体西学为用,或中西文化大调和的绝望的局限里,而不能有所开展。然则中国的经济,政治和文化的前途就绝对没有出路了吗？对于这个问题的答复,竟有学者以为中国人是天生的奴隶,除非由外人来统治,中国绝对无望。实则中国的工农阶级原是赋有无限的对内打倒封建的剥削和对外排除帝国主义的侵略的潜力的。假令中国的劳苦的大众透过革命的政党的领导作用善于组织与团结,并与进步的小资产阶级携手而进,其力量是无敌的。为什么呢？因为任何帝国主义者的侵略,要中国人自己给他作工具。假令中国的劳苦的大众不许任何中国人给他作工具,帝国主义者的奴役中国的计划必要被粉碎。苏联似乎可做一个最好的先例。

回忆在重商主义时代,欧洲的商业资本家为了扩大市场起见,对内要求武力统一,对外要求开辟海外的市场,在政治上需要绝对的专制政治来完成这个使命,因此欧洲的君主政治到了重商主义的时代便变质了,即由虔敬上帝的比较的消极无为的政治,一变而为王权万能、朕即国家的专制的政体。中国绝对不会再有一个重商主义的时代,毋待赘述。但帝国主义者为便利他们的资本的维持与扩大,在这劳苦大众觉醒的时期,却需要扶植一种反对的与它友好的政府,不惜以任何方法来镇压革命。我以为现在的美国极力去扶植希腊的反对政治来扑灭革命,亦是可举的例子之一。所以,中国的工农对外国资本主义的解放的斗争将是最痛苦的。

中国的工农决以计划的集体的劳动来作为中国的主要的生产的方法。在经济的机构上所要求的当然是消灭买办的阶级,实行耕者有其田,而代之以工农并新兴的小资产阶级。但这当然是指消灭他们财产的关系,而非置之死地而后快。在政治上所要求的是民主,或者说,仍然是民主,但不是资本家阶级所领导的民主,而是由革命的工农阶级和进步的小资产阶级所领导的民主。在文化上所要求的是集体的劳动的自由,而非个人的自由。此与民国十三年国民党的宣言,在精神上,是一致的。同时亦是中国的复兴所必需的。但我们莫要忘记了这种要求所当遇着的空前的阻力。

　　马克思说,当着一个新社会从旧社会的母胎内产出的时候,须得经历一段痛苦的时期。中国好比一个六十岁的老太太,近来新结第一胎。如果不让这个新胎儿降生,恐怕这个老太太和这个唯一无二的胎儿,二者均必同归于尽。

三七、二、四,于北京大学

两 条 路

一、当前中国的分配制度只有两种制度：一种是割富人之产以益贫民，一种是窃贫人之产以益富人。在这两种制度之中，我们必须加以抉择，那一个分配制度是更好的。

假令在这些富人之中，大部都是新兴的工业家，好像十九世纪时代的工业资本家一样，他们赋有伟大的组织能力，能把自然科学上的发明利用于工业，增加人类劳动的平均生产力，或提高人类的平均物质幸福，纵令今日的所得的分配，偏向着富人的利益，对于社会，尚能忍受，因这虽于社会的正义有所损失，但于社会的生产却有增加。我们尚有理由来拥护他，因为我们宁愿忍受分配不均，而不愿生产不丰。

可是在今日中国富人之中，一部分是坐食地租的大地主，一部分是流氓资本家，一部分是豪门资本家，一部分是穷凶极恶的贪官污吏。他们毫无生产的能力，有的酷似一群吃得脑满肠肥的猪仔。有的酷似土匪，有的酷似狐狸精。现在且以膨胀通货的方法，来窃据贫人之产，以益富人。无论从社会正义立场，或从社会生产立场，均绝无丝毫存在的理由。

但是今日的少数知识份子，还在以秘密的或公开的言与行，来帮助这种偏向富人的分配制度的维持与扩大，实在没有意义。假如割富人之产以益贫人是不人道的，那末，今日而窃贫人之产以益富人，必是更不人道的了。我以为一个真正的人道主义者不但不应替这种偏向富人的分配制度说话，而且应当与以纠正。

二、中国的工业建设有两条路：一条是以全体劳动者——精神的和肉体的——的觉醒为基础的工业建设。一条是以少数的官吏或资本家的觉醒为基础的工业建设。在这两种工业建设的途径之中，我们必须加以选择看那一个更有效率。

在社会主义尚未浸透中国劳动下层以前，劳动者根本不知剥削为何物，我以为后一种途径较易实现。在社会主义已经深入中国劳动下层的今日，剥削观念浃于人心，我以为前一途径较易实施。采后一个途径，劳资之争，永远纠缠不清。采前一个途径，资劳双方合为一体。故我国在对德宣战时延长工作时间无问题，但在美国则问题极大。由此可见，今日中国的工业建设，走后一条路较难，走前一条路较易。

在中国共产党未成立前，前一条路，既已较难了。在中国共产党蓬勃向上的今日，前一条路，难上更加难了。在苏维埃社会主义共和国未成立前，后一条路既已难上又加难了,在苏维埃社会主义共和国已成立后,后一条路必是难上加难又加难,并几至于不可能了。

可是中国的少数知识份子,还以为中国的工业建设,遵循这个以少数官吏和少数资本家的觉醒为基础的建设途径有可能。从历史的观点来看,这是开倒车的。他们实在尚未充分理解循着这个途径前进,所将碰着的暗礁,是有何等的毁灭性啊!

我所谓的以全体劳动的觉醒为基础的工业建设,并不是指共产主义制度,亦不是指社会主义制度。我所指的只是一个在今日中国的状态下,能够得到全体劳动者很兴奋的支持的一种工业建设的途径。我的意义只是说,循着这个途径前进,中国的工业建设可以走向社会主义的制度,无须再经重大的流血的革命。

三、世界的民主政治有两种典型。一种是以扶助资本主义的发展的民治制度,并且在实质上偏向资本家阶级利益的维持的民主制度。一种是以扶助社会主义发达的民治制度,并且在实质上偏向全体劳动者的福利的维持的民主制度。圣保罗说,"不劳动者不应得食"。假令这话不错,那末,第二种民主制度是比较进步的民主制度了。为达成前一种民主制度的任务计,须有一个代表资本家阶级利益作基石的政党,来对外反对封建势力,对内实行民主。为达成第二种民主制度的任务计,须有一个代表劳动者阶级利益作基石的政党,来对外箝制资本主义,对内领导民主。以最近的英国来说,英国是一个接近偏向劳动者阶级利益的维持的国家,因此今日英国的民主制度实是今日中国的知识分子所最崇拜的一种制度了。但英国之能有这种民主政治,全系因为有一个代表劳动阶级的大政党的存在的原故。在这两种民主制度之中,我们必须抉择,看那一个民主制度是比较前进的。

我没有意思说,苏俄的民主制度就是世上绝后空前的民主制度而无须加以改进了。我的意思只是说,苏俄在本质上,是一个以代表全俄劳动者阶级的利益为职志的民主制度。按诸不劳动者不应得食的原则,这种民主制度值得我们效法。可是在枝节上,这种民主制度当然尚有革新进步的余地。我们绝不应该以为苏联在本质上,他的民主是进步的,便以为附属于苏联民主制度之上一切东西都是好的。我们亦不应该以为附属于苏联的民主制度之上,有些东西在中国可以不要,便以为苏联是个独裁的政体了,甚至还没有美国的民主政治好,这就未免不合事实了。我们今日中国所企图实现的民主制度,无论是中山的三民主义也好,或是"共党"的新民主主义也好,都在力取苏联之长而避其短。例如苏联是一党政治,中国便没有人主张一党政治的。只要为劳动者阶级前途谋发展,一党固好,两党更好。苏联在创造这种民主制度的时候,采了恐怖主义,在中国便没有恐怖主义。假如我们说,苏俄有秘密警察制度,我们嫌它不民主,那么我们不要它就是了。我不知道,我们便以为苏联不是民主,甚至中国亦不要更进步的民主,而宁选择只以拥护少数的资产阶级的利益的民主制度,这就未免过于感情用事了。这就好比,在五四运动的当年,一般的老学究,因为看见婚姻自由制度,在枝节上,有些弊害,便根本反对这种婚姻自由制度,而宁拥护不自由的婚姻制度是相同的。中山先生曾说,我们学外国须要迎头赶上去学,不要只抓别人的尾巴,但可惜我们这些在象牙之塔里面过惯书虫生活的人,往往养成一种媚事特权阶级的心里,即凡是在朝的人物,他的行为都是对的,在野的都是错的。只要他在朝了,他便是对的。吴佩孚在野不对,但在民国十一年把安福系推倒而后,他便对了,因为他在朝了。孙中山就在临时大总统的时期便是对的,可是在野便不对了。所以在民国十一年的时候,吴佩孚一上朝,便连孙中山先生的老朋友,吴稚晖和蔡元培也劝他退位了。段祺瑞在野时被痛骂为北洋军阀,可是在执政府时代便被一部份教授们,视为"更始"的或革命的领袖了。这种传统的,感情的,和媚上的心理的存在,是使少数的知识份子谩骂进步的民主制度的原因。可是少数毕竟是少数,传统毕竟是传统,感情毕竟是感情。过了一些时候,多数的、科学的和理性的考察,必然还是要来夺取这个最后胜利的王冠的。但我却不愿看我们的师友们不幸而变为时代所遗弃的落伍者。

四、三民主义的实现者有两种人:(一)就第一种人来说,他们取得收益的方法是劳力,或大半是劳力。从民生主义来说,他们不是民生主义的障碍物,如大地主和大资本家。从民权主义来说,他们不是民权主义的大敌,如军阀、官僚、土豪。从民族主义来说,他们不是民族主义的敌人,如帝国主义者的代言人或广义的买办。而且在他们之中,大半都是亲身遭受大地主、大资本家、军阀、官僚和土豪,帝国主义者的代言人或买办的剥削的,并且为了打破锁在中国人民颈上的枷锁镣铐起见,不惜牺牲他们自己的性命的。(二)就第二种人来说,他们取得收益的方法是资本和土地,但不是劳力或小部分是劳力。从民生主义来说,他们直接构成民生主义革命运动的大障碍——大资本家和大地主。从民权主义来说,他们是普通老百姓的敌人——军阀、官僚、土豪。从民族主义来说,他们又是帝国主义者的代言人——广义的买办。而且,在他们之中,大部也都是刑事上的犯罪人,或大半均是以吮吸小民的脑髓、血液和脂膏以为生,而且他们自己便是锁在人民颈上的枷锁镣铐,因此他们日夜所馨香祷祈的就是怎样能够扑灭或躲避三民主义的刀锋。在这两种人之中,我们必须加以抉择,若究竟谁是真能实行三民主义的人物。

宣传贞操主义的妇人有两种,一种是卖淫为生的娼妓,一种是良家的妇女。在这两类妇女之中,我们必须加以抉择,看谁是真能实行贞操主义的。

五、在国际上的强邻有两个,一个是资本主义的国家,他对我们有一个好处,可以供给我们的机器,可是它也有过坏处,即是它的工业品的输入,便是我们幼稚工业的毁灭。一个是社会主义的国家,它有一个坏处,就是它没有机器来供应我们的需要。但它有一个好处,就是它可告诉我们怎样在资本主义的包围中,发展我们的工业。在这个强邻之中,我们必须抉择,我们对谁的友谊应是第一位。

我们的朋友有两个:一个是大富翁,他可借给我们钱,但要我们给他作准奴隶。一个是小硬汉,他的腰包没有钱而且脾气很古怪,但他却把我们当做小弟弟。在这两个朋友之中,谁个的友谊应当放在第一,这也须得我们去抉择。

只有两条路

我现在想以极明确的方法,指出在中国的经济上、政治上、人道上和哲学上只有两条路,我衷心的相信中国只有两条路,没有三条路。

从经济上说,中国如同其他国家一样,只有两条路。一条是经济的路,一条是不经济的路。经济的路在把人类在自然科学上所研究的成果充分应用于工业,并把工业所生产的果实,依照不劳动者不应得食的原则,把他分配给劳苦的大众,和为大众谋利益的精神劳动者,于是提高他们的物质生活的水准。不经济的路,在把自然科学所研究的成果不必充分应用于工业,并把工业所生产的不充分的果实,依照财产神圣的原则,把他多分配给寄生的阶级和为寄生阶级谋利益的奴仆,少分配给劳苦的大众和为劳苦大众谋利益的精神劳动者,于以降低劳工阶级相对的生活的水准。在这两条路中,究竟走那一条路,我们必须加以决定。

在自由竞争的时代,有产者阶级除非增加就业的人数和增加生产,不能得到最大的利润。因此他们便必须要把人类在自然科学上所研究的成果,充分利用于工业,于以增加工业的果实。因为在自由竞争的状态下,在每一种类的商品市场上,每一个工厂的主人所供给的部分,在总供给量之中所占的部分,极其微细,他绝不能减少供给提高价格,并亦不能增加供给降低价格。因他在这商品的海洋里,所占的地位好像一个流泉一样,增之不为有余,减之不为不足。他完全没有控制商品价格水平的力量,因此,他便非充分利用自然科学于工业于以降低商品的成本不可了。可是在生产独占的时代,在某一种类的商品市场上,每一个工厂的主人所供给的部分,在总供给量之中,所占部分极大,他尽可以缩减供给提高价格,直到他所得的最大的利润实现为度。他既可以垄断市场的方法,来增加他的分配,结果,他便不急于利用科学的发明来改良他的生产的技术,一则以降低成本,再则以增加生产了。因此生产便相对的减少了,分配更不公平了。这便是在上文里所说,第二条路绝对不能把人类在自然科学上所研究的成果,充分利用于工业的原因。

在所有与管理尚未分家的时代,有产者尚非纯粹的寄生的阶级,因为有产者尚须担任计划和指挥的工作。但自所有与管理分离后,在有产者中,除以经理的资格取得薪津者外,他们完全是属于纯粹的寄生的阶级,因为他们并未担任计划和指挥的工作。由是他们和他们的奴仆所分得的劳动的果实,便完全是种不劳而获。这便是经济学上所称做的剥削了。

有人替有产者阶级辩护说,他们的收获是由他们以资本和土地参加生产得来的。但我们知道,土地是天然的恩赐,并非有产者阶级劳动的果实。资本乃是劳动者以血汗创造出的生产手段,更与有产者的劳动无关系。资本和土地,在他出生并参加生产的时候,完全是在劳动者手内,而且他们所生产的成果,亦永远没有离开过劳动者的眼手。但因资本和土地和他们所增加的果实,虽然在劳动者手内,但法律和政治却不在劳动者手内,从法律的关系上说,资本和土地属于有产者所有,因此劳动者便须以他们劳动所创造的果实,并以其大部分给有产者了。由此可见,有产者阶级,以一寄生阶级的资格之能分配劳动者劳动的成果,全然不似他们的代言人所说,是因资本和土地参加生产的原因,而是因为法律与政治在有产者阶级手中。假令一旦劳动者阶级把政权和法权拿到手了,纵令资本与土地仍然参加生产,但这寄生的阶级依然是不得分享劳动的成果的。由此可见,有产阶级的经济学家,希图以巧妙的语言,来掩饰有产者阶级的强盗的行为,亦是徒劳而无功的。

我们须要明白,现代世界上一切的罪恶都是由有产者剥削无产者阶级而来的。然则将奈之何呢? 这当然须要涉及政权的更迭了。

从政治上说,我以为,中国如同其他国家一样,亦只有两条路。一条是革命的路,一条是反动的路。反动的路,在把政权放在削剥阶级手内,但叫削剥者阶级,自动的放弃他们的政权,或自动的限制他们自己的剥削,于以增进人民的福利。耶稣、孔子、和今日的教授者们所倡导的第三条路便是这一条路。这一条路在把劳动者的生存的权利,交给政治上的豺狼虎豹,但是叫这些万恶的豺狼虎豹,自动的放弃或限制他们的吃人的权利,于以保障人民的生命。革命的路在把社会上被剥削的阶层联合起来,向剥削者阶层以和平的或战争的手段,夺取政权,根绝或限制剥削者剥削的权利,于以保障被剥削者的生命、健康与自由。这一条路在把人们一齐团结起来,以温和的或猛烈的手段,把豺狼虎豹上缚,以强制的方法,拔去他们的爪牙,然后再把他们解放出来,给予他们以平等的工作、面包与自由。在这两条路中,究采那一条路,我们仍然必须详加考虑。

中山先生在临终的遗言上说,中国的革命必须联合世界上以平等待我之民族共同奋斗。但谁是以平等待我的民族呢? 我现在想提出一个斩钉截铁的标准。即凡畏惧中国的被剥削的阶层并鼓舞他们起而执掌中国政权者便是以平等待我的民族。任何一个侵略国均绝不能达成他们的侵略中国的目的,除非有中国人给他们当汉奸。中国被剥削的广大的阶层觉醒后,必无一人敢给侵略者当汉奸,因此中国的独立便将成功。所以一个侵略国绝不鼓舞中国的被剥削的阶层起而握掌政权。他甚且必要以雷霆万钧之力,来扶植中国的反动的政权,并镇压中国的革命的阶级。所以,凡是扶植中国的少数的政权的,他必然是侵略国。日本扶植汪精卫与袁世凯便是可举的例子。反之,凡是扶植中国被剥削阶级的多数政权的,并不畏惧中国民众的革命的便当不是侵略国。所以,中国在国际政治上亦只有两条路,一条路是给侵略者当奴隶,一条路是给他以打击。一条路是剥削,一条路是反剥削的。二者亦必须加以区别。

在剥削的和被剥削的阶层尚未开始决斗之时,一切问题尚可从容决定。可是,现在已经开始决斗了。现在我们所要讨论的,就是在这决斗的过程中,必须那一方面让步,方才合于人道主义。于是人道问题便出来了。

从人道说,我以为中国,如同其他国家一样,亦只有两条路。一条是人道的路,一条是非人道的路。非人道的路,是剥削者阶级把被剥削者的阶级,以威胁和利诱的手段,把他们劈为两半。并拼命以新式的武器来武装这一半去攻击那一半,逼着那一半以血肉和手榴弹来火拼。每次火拼之后,都是积尸成山,流血成渠,妻啼子哭,惨绝人间,徒以巩固剥削阶层的地位与威风。人道的路是剥削者阶层,以一种忏悔的姿态,抛弃剥削的权利,宣布下野,而使战争停息,和平降临,生产增加,分配平均,罪恶减少,幸福无疆。在这两条路上,我们究竟走那一条路,亦须加以决定。

从思想上说,中国如同其他国家一样,亦有两条路。一条是空想的路,一条是科学的路。空想的路,相信人的高尚的理想是支配人生行为的中心力量,希图以教育的方法,或道德的力量,来劝告统治者阶级抛弃杀人的屠刀,以求内心的平安。科学的路,相信人的取得收益的方法是支配人生行为的中心力量,企图以革命的方法,或民主的力量,来团结这些在取得收益的方法上与统治者立于对立地位的阶级,给统治者阶级以限制,以求实现中国的民主的自由,并使中国在一不远的将来,有一实现社会主义的机会。在这两条路上,我们究走那一条路,说必须加以决定。

我个人充分相信,中国只有两条路,更没有第三条路。何以说中国没有第三条路呢?因为第二条路已经包含了第一条路的好处,而无第一条路的缺点,所以便不须再有第三条路来走了。

三七、三、三十,于国立北京大学

空想的社会主义和科学的社会主义

　　一切的社会主义都以反对富人剥削贫人为出发点。在富人中有工业资本家，有富裕的生产者，有地主。在贫人之中有劳工，有贫乏的消费人，有佃户。我们知道，有的社会主义是专反对地主对佃户的剥削关系的。这种佃户也许为佃农，也许为城市中的租户，二者均是可以适用的。亨利乔治(Henry George)的进步与贫困，便以消灭地主剥削佃农的关系为职志。所以乔治的社会主义，往往被人称做土地社会主义。有的社会主义是专门反对生产人剥削消费人的关系的。法国经济学大师，查理士季特(Charles Gide)所著《政治经济学与协作》，便是想要专以生产合作、消费合作和信用合作的创建来消灭生产者的地租、利润和利息的。所以季特的社会主义亦可称作合作社会主义。有的是特别着重消灭工业资本家剥削劳工的关系的。伟大的社会主义大师马克思所著《共产党宣言》，便是以消灭资本家剥削工人的关系为目的的。当然马克思同时亦主张消灭地主对于佃农剥削的权利。总之一句，在众多的著作之中，凡属社会主义，几乎没有一个社会主义不是以消灭或阻制富人剥削穷人的关系为他们的共同的目的的。

　　空想的社会主义与科学的社会主义所不同者有两点：(1)空想的社会主义所持以反对富人剥削贫人的关系的理由是伦理的，或宗教的，或正义的。但科学的社会主义所持以反对富人剥削贫人的关系的理由，则绝不是伦理的，而是经济的，或生产的。(2)在实行的方法上，二者亦不一样。即空想的社会主义所用以消灭富人剥削贫人的关系的武器，是教育的或法律的。科学的社会主义所用以消灭富人剥削穷人的关系的手段是政治的，或革命的。空想的社会主义者认为理性是人类行为的终结的导师，或知识是人类行为的终极的导师。人类凭藉理性的裁判，可以鉴别富人剥削穷人的关系的不合理，并可凭藉理性的领导，自发的放弃他们的剥削的权利。佛陀说，"丢下屠刀，立地成佛"，又说"一切众生皆有佛性"。此语在某种程度以内，实是在于表明人是可以接受他的理性的领导，自动放弃他的剥削权利的意思，可是，这种办法最无效果，或者效果极小，等于没有。一来呢？是因为这种愿意接受理性的领导而放弃他的剥削的人，万万人中难有一个。再来呢？因为这种愿意接受理性的领导而放弃剥削权利的人，往往到了实行放弃他的剥削关系之时，忽又转过念来。他在亿万次的决意之中，难有一次是彻底的。举例来说，比如托尔斯泰，他便是相信他自己可以接受理性的领导而放弃他的剥削权利的一人，可是他的这个信心不知欺骗了好多次。他在他的晚年的日记里说，"托尔斯泰啊！你是照着你自己的教训生活的吗？不，我惭愧得要死！"直到他在要死之前，他终把他的农奴叫来，把田地都分给他们。在俄国二万万的人口之中，只有一个托尔斯泰终愿接受理性的领导，而放弃他自己地主的资格对于农奴的剥削的关系。并且即以托尔斯泰来说，在他的几千百次的愿意之中，亦是只有最后这一次，而且尚还拖到了暮年，方终付诸实行，可见自动的放弃剥削关系之难。

部分的放弃剥削所得的成果和根本的放弃剥削关系比较起来，后者比较前者实在更难。地主和资本家因受人道主义的影响，可以在其所剥削的地租、利息和利润之中，拿出万分之几出来，从事慈善救济的工作。但是，任何样式的人道主义，也绝难叫地主和资本家们拿出株同根并蒂的摇钱树，地租、利息和利润好比摇钱树上所摇下来的金钱。自己牺牲摇钱树上所摇落下来的金钱，是可以的。因为摇钱树上有的是钱，用去了后还可以再来。但如牺牲摇钱树自己或其一枝一节，结果便两样了。因为牺牲以后，便永远没有相应的金钱回来不是。世上的富人，在某种程度以内，情愿部分的放弃他们剥削的成果而不愿意自发的放弃他们的剥削的关系——财产，便是这个道理。

人不但不愿意放弃他的剥削的关系——财产，且必要积极的设法去保持他，和发展他。在商业资本主义时代，英国的地主，为了扩充他们的牧场，实行圈地的运动，结果致把成千成万的居民都赶到城市里去当游民去了。这便是英国经济史上最著名的农人与羊群争食的例子。中国豪门资本家，为了扩大他们的资产，实行压低外汇的价格，并严格的管理外汇，结果，希图把中国的部分的外汇，依据监察院的报告，以非法的手段，领取下来自美输入奢侈品，于以扩大他们的资产。在中国经济史上，这当然也可以算做一件大事。在对日抗战的时候及以后，大批发国难财的奸商与污吏，直接和间接的掌握中国的政权，不以征税的方法来弥补财政的亦字，但以膨胀通货的方法来增加贫民的负担，弄得今日一般贫苦的大众求生不能，求死不得，但他们却因此而得保全和发达他们的既得的剥削的权益。回忆自从鸦片战争以来，各帝国主义者为欲扩大他们的资本，不惜以最阴险，最野蛮和最无耻的行为，来强迫中国缔结不平等条约，便利他们的商品在中国市场上来倾销，或便利他们的资本在中国的处女地上来剥削中国人民的血汗。历史的事实，以雷霆的声浪，震憾世上的剥削的阶级，说："你们千万莫要自己欺骗自己说，你们是可以接受人类崇高的理想，来支配你们的行为的！"也就是说，他们应该牢牢的记住，支配他们实际的行动的，不是他们的崇高的理想而是他们的现存的剥削的关系——财产。

人，平均说起来，并不是他们的财产的主人，而是他们的财产的奴隶，在我们知识阶层之中，赋有崇高的理想的人多的是，但有资本的，还是不肯自动的放弃资本，有土地的亦然。由此可见，专以废弃或限制人类私产的剥削关系的社会主义，绝非凭藉教育的方法，便可以叫剥削的阶级自动的放弃他们的剥削关系的，可是我们这些身为人师的知识分子们，明知道这个事情办不到，但还硬要咬紧牙关说，他可以，这还不是空想么？

空想的坏处不胜枚举,第一是自欺欺人,其次是不顾事实,其三是缺乏自信……可是在这些坏处之中,还有一个最大的坏处,可惜这个坏处我还未说,就是反对。反对的原因有二:(1) 空想的社会主义最易为剥削阶级所利用。本来剥削的阶级,他们是社会主义之敌,但因空想的社会主义一再声言,人人都是有理性的,人人且都可以为圣贤,因此人人都可实行社会主义。从此剥削的阶级便可以这类的理论,当做一种烟幕弹,欺骗世人说,因为我们是有理性的,我们且都相信社会主义,并准备放弃或自发的限制我们的剥削关系,这我们一定是做得到的。不过这个事情太不简单,并非可以一蹴而跻,容缓办去。但是缓到何时呢? 这即是说,世上的剥削的阶级往往利用空想的社会主义作护符,来延续他们的剥削的权利。我不用在这里胪列实际的例证。读者但在清夜的时候,倾耳审听,由南京城外紫金山上从空气里所传来的,这个慈祥老人孙中山先生的哭声,便知道中山的知难行易的学说,是怎样的为剥削阶级所利用了。他哭着脸说:"我竟不料我所钟爱的儿们,竟然利用我的知难行易的学说,来欺骗世人,缕述他们已经知道了他们的剥削老百姓的过错,不久便要改正,因以苟延他们的政治的生命!"再来呢,空想的社会主义者,在有些时候,并替剥削阶级辩护说,"他们已经在进步了,你们假如不鼓励人为善,偏要日事求全责备,倘要不幸惹出祸来,那却就当是你们自己的吹毛求疵的过错"。读者但只睁开眼睛一问:是否中国今日相信民生主义的人便是拥护那些破坏民生主义的人的最得力的人呢? 为什么他们要拥护破坏民生主义的人呢? 因为他们相信人人都可以为好人,因此凡破坏民生主义的人亦可以变成实行民生主义的好人,因此,他们要拥护他们,这便是空想化为反动的最好的例证。空想的社会主义者太好了,他们以为人人都可以遵照他们的理性的号令而行动。甚至凶狠的虎狼,因为教育的关系,亦可自动的拔去他们的爪牙而为婴孩的侣伴。他们忘记了一件最重要的事情,就是,凶狠的虎狼,不但不能自动的拔去他们自己的爪牙,反而要爱护他们的爪牙,并受他们的爪牙所支配。依据同样的理由,剥削的阶级一经从被剥削者的手里夺来了剥削的工具,无论在什么情况下,平均说起来,他们都不会自动的舍弃他们的工具的,不但不舍弃他们,反而要爱护他们。官僚们能够因为教育程度的增加,自动的放弃他们的官僚资本么? 有是有,万亿人中至多仅有一二而已! 那么你还拥护这一群做什么? 这还不是反对么?

科学的社会主义不然。他之反对人与人间的剥削的关系其所根据的理由,完全是经济的或生产的。又其所持以消灭他们的武器则完全是政治的或革命的。例如私有的财产虽是剥削的关系,在伦理的立场上虽然可以反对,但如私有的财产尚有刺激生产的作用,他尚不会引起无产者的怀疑和反抗。必须私有的财产已变成了生产的束缚,终会丧失他的存在的意义。例如机器的私有,在资本主义刚刚诞生之时,虽是一种剥削的关系,但因生产的机器化为个人私有之后,机器不断的改良,生产不断的增加,生活不断的进步,因此之故,他不但不曾受过社会大部的反对,并且反而得到社会大众的拥护。直到私有生产的手段,变成了生产的束缚。在一方面,因为独占的资本家阶级,独占了商品的市场,为了提高利润之故,不但不扩大生产反而减少生产,希图减少供给,提高价格,直接妨害科学的发明在工业上的尽量的生产力,方才引起世人的怀疑与批评的。科学的社会主义者以为剥削关系的应否存在,完全视乎他们是否增加生产为转移。此与空想派的社会主义者单从伦理的观念去反对剥削关系的态度决然不同。

再说,科学的社会主义者所用以消灭剥削关系的武器亦非教育的,而系政治的,或革命的。他们虽亦承认人是有理性的动物,但因他们经了千万亿次的观察和试验,确切知道,人在实际行为的时候,不受他们的理性和教育支配,但受他们的剥削关系——财产支配,好像凶暴的虎狼,在实际行动的时候,不受任何理想支配,但受他们的爪牙支配一样。虎狼不能自动的拔去他们的爪牙,但人可以拔出他们。剥削的阶层不能自动的弃置他们的剥削的关系——财产,但被剥削的大众可以团结之力代他们消灭他们。但他们绝不是要把剥削阶层都杀掉,他们所要求的,只是废止他们的剥削的关系——财产。即把生产手段的私有,化为公共的所有。财产化为公有之后,即以严密的生产的以计划领导生产,增加生产,提高大众的生活水准。在大众生活水准提高之时。昔日的剥削阶级,以一个公民的资格,还是可以有一份。他们虽然不强调人道主义,但他们的行为却是与人道主义的精神相符合的。假如剥削的阶级让步,人道主义的实行机会更多。假如他们执迷不悟,流血的斗争势所难免。但这完全不是被剥削者的过错。在亿万人众之中,剥削阶级的人数少,被剥削的人数多。纵令剥削的阶级在斗争的时候,致死的抵抗,但因他们是少数,亦必终要失败。由此可见,科学的社会主义,不似空想的社会主义,他到头终必有光荣的胜利。

三七、三、五,于国立北京大学

教授治校与学术独立

学术独立的意义是什么？这里所谓学术的独立，不是专指科学独立的意义，而是泛指一切的学术独立的意思。我以为任何学术的独立，都应具备两个重要的条件：（一）凡是前人的一切的发明和创造我们差不多都跟得上。（二）凡前人所没有发明或没有创造的，我们亦有发明，亦有创造。这便是学术独立的意思。可是，从发明和创造的本质上说，尚可细分为两个小类：一、真正的学术独立，和二、虚幻的学术独立。真正的学术独立须满足两个条件：（一）不但知识的成果是自己所发明的，连（二）获得这个成果的方法也是自己所独创的。反之，虚伪的学术的独立，在这两个条件之中，只能具备第一个条件，但未具备第二个条件，即只有某些知识成果是自己所发明的，但获得这些知识成果的方法则完全是别人的。学术研究有如开矿藏，有距地面很浅的，有较深的，和有极深的。距离地面很浅的矿藏，用土法即能开采。随着科学知识的应用和普及，凡距地面很浅的，甚至稍深的矿藏，都已有人发掘了，而且几乎已经开采完了。新到工程家，除非挟有独创的最新的机器，绝无发掘新的矿藏的机会啊！这即是说，真正的学术的独立须要能有伟大的发现，但欲能有伟大的发现，则非具有独创的伟大的研究工具不可。一个研究学术的人，假如单凭利用前人所发明的传统的方法，其所发现的知识必定是很渺小的。除非备有独创的伟大的研究的工具，他在知识思想上的新发现，绝对不能伟大。

真正的学术的独立，既然是指无论在方法上或在知识的成果上，均要有伟大的创造，并且所谓伟大的创造既然又系指的大踏步的超过前人一切发明的意思，而且又因在学术上，凡属大踏步的超过前人一切的发明，都系经由大踏步的追上前人的发明而来，于此，我们可以领略得到真正学术独立的坦途了。即真正的学术的独立，必须来自伟大的接受。除非你有伟大的纯粹的接受，你绝对不能有伟大的崭新的创造。由此可见，伟大的接受的态度乃是真正的学术独立的起点。伟大的哲学家黑格尔说，纯粹的接受的态度乃是真正的学问的开始。只有用这个态度终能使你的评判是客观的。希腊的几何学者劈达古拉斯常说，任何一位初学一门学问的人都应该保守缄默五年不说话。黑格尔很赞成他的意见。因为从一个初学的人说，任何专门的学问，你都不配在这门学问上发表任何的意见。无论你有什么自命为新颖的意见，假令你肯去多读书籍，你都必会找到在历史上已有许多与你的见解相同的意见。不但相同而已，并且要比你的意见高明几百万倍。此时你终知道发

明和创造大不容易。我以为把这种困难表现得最完满的,莫过于在中国的一道古诗上所说:

> 不生古人前,单生古人后,
> 我口所欲言,已言古人口!

　　言下大有余生已晚创造已难,思想起来,好不伤感人矣的意味存在。从一个初学的人来说,无论对于那一种专门的学问,既然前人的贡献都要比你强万倍,所以,在你初治一门学问之时,假如你真欲在最近的将来,创造一点真新的理论,你必先要静下心来,接受前人对于这门学问所已发表过的旧理论,看在他们所已发表的理论之中,有否你的自命为新的见解。又你如欲了解前人的旧理论,必须先行制止你的不成熟的见解。在这一点上,黑格尔认为劈达古拉斯所倡导的初治一学缄默五年的方法是正确的。

　　我这所以特别的强调伟大的创造来自伟大的接受这一点,除了一般的理由之外,个人尚还有一点特别的感触的地方。记得在五四运动的当年,杜威博士来华演讲实证主义,胡适之先生充任翻译。杜威的实证主义即明白得来极度投合青年的趣味,同时适之先生又以他的明白有力之口舌与文笔,尽力宣扬。于是杜威的实证求知方法便成为青年学子寻求新知的不二法门了,杜威的实证的方法大约可以分做三个重要的步骤:(一)向旧说提出问题,(二)指出旧说的答复的不妥当,和(三)创造新的学说来答复。我现在深深感触到杜威博士的这种求知的方法,从一个已经在学问上做过极大的接受工作的学人来说,实在是好的。因为他能启发他的创造的知识和引出他的创造的发明,这还不好么? 这点实在丝毫没有问题。眼前最好的例子,就是适之先生自己。适之先生因为家学极有渊源,对于旧语言文字和先秦哲学已有极大的修养作根底,当时所欠缺者即怎样利用他的旧有的知识创造出新的理论来。恰好此时得到杜威博士的实证的求知方法的臭味。忽然灵机一触,于是文学革命和整理国故的新思想便出来的了。单凭这一个例便可说明杜威的实证的求知方法,对于一个在某种专门学问上已经做过极大的接受工作的人,确是好的。无如当时中国的知识思想恰在启蒙时代,在一般学人之中,在某门学问上做过伟大的接受工作的人很少,特别的青年学子当然更说不上了。对于后面这一种人来说,杜威博士的实证的求知方法不但无益,而且是有害的。很坦白的说,我便是深受其害的一个。因为无论任何一人,假令在某种专门学术上,没有做过相当伟大的接受的工作,妄想利用杜威的实证的求知方法,来向前人的著作提出问题,或向前人的著作提出反对的意见,甚或是出自己的答复,那么,我便敢断言说,这种反对的意见,和所提出的问题,并所创造的自命为新的意见和答复,必均荒谬绝伦无疑。记得在杜威先生来华之年,我正在读马克思的《资本论》。我因深受适之先生的“多研究些问题,少谈些学理”的影响,并因误解了他的真义,劈首便怀疑和反对马克思的剩余价值的学说,可是等到后来把《资本论》第三卷读完之后,方知我对马克思的剩余价值学说的批评完全是荒谬的。难道说,马克思的学说就不可以批评和参观么? 我对于这个问题的答复是,假如你要使你批评是客观的,那么,在你批评之前,必须对于马克思的经济学先做一番伟大的接受的工作,方才能够成立。马克思的经济学如此,其他的学术亦然。除非你先能对旧的有所接受,休谈对于这门学问,有何新的发现。更往深的一层说,除非你对于这门学问已有一种伟大的接受,休谈对于这门学问能够有何伟大的创造。假令你对于某门学问还一点也不知道什么,便大胆的去怀疑旧说、反对旧说和创造新说,这绝对不能使你在学术上有何丁点的新发现。相反的,假如你欲在某门学问上有伟大的发明和创造,你必须先从伟大的接受作起。

把这个道理应用到大学教育上,从学术独立的立场上说,我们应该很坦白承认,我们的接受的工作还是嫌不够伟大的。因为伟大的接受必须要有伟大的藏书,但现在我们各大学里的藏书最不丰富不是? 同时也必须有伟大的实验室,但现在也没有不是? 这点向以提倡学术独立名震环宇的胡适大师已说过了,我不愿再为这一小点大费唇舌。我所要特别的强调的,即现在各大学里除开极少的例外,已无蔡子民先生伟大的兼容并包的精神。一言以蔽之曰,现在各个大学里的社会科学已不能容纳两派极端相反的理论,在大学里自由竞争他们各自的地位。非正统派的哲学、文学和社会科学,或民间的社会科学哲学与文学,在大学里已无立足的余地。可是,非正统学派的哲学文学和社会科学却不能说他们没有学术的价值。除非把这点改正了,我们无论如何的扩充我们的图书与仪器,我们只能做到虚幻的学术的独立,即只能做到以正统学术学派的方法来发现真理。因为正统学派的方法所能发现的真理极其有限,因此我们在学术上的新发明或新创造亦必极其有限。

从整个学术的发达的历史上说,民间的学问终是最有价值的学问。在官派的思想下,有些只是一种八股文章,它的内容,往往庸俗不堪、肤浅不堪,和陈腐不堪。在中古时代以后的《新约》在宗教上最有价值,但《新约》是民间的宗教的思想,而不是官派的思想。在文艺复兴的时代,科学最有价值,但科学是起自民间的,它不但不是官派的,而且是革命的。在中国五四运动的时代,白话文的运动最有价值,但白话文也是起自民间的。从学术的发展史上说,一切伟大的学术的思潮无一不是起自民间,但到了发展到极高峰的时候,不久便为官派的思想了。此后便开始没落,直到另一个起自民间的伟大的学问来代替了它的崇高的位置,起自民间的思想在学术的发展史上,既居于领导的地位,然而今日的大学,除开极少的例外,却无一不是对于这种思想心怀厌恶。或则置之不理,或则辟为邪说,或者列为禁书。此于中国的学术独立的运动最有妨害。除非把这种偏狭的态度加以纠正,我们所期望的真正的学术的独立必难办到。设使在五四运动的当年,蔡子民先生办理北京大学亦只注重官派的思想,对于民间的思想或则完全不理,或则深恶痛绝,或则斥为禁书,那末,中国的学术的进步必然已被延缓若干的年岁。那么,今日的我们也许尚还在做八股文,在读经,和在复古,也是说不定的。为了学术的独立和为了真正的学术的独立,凡属今日大学的最高当局和教授,我以为均应以蔡子民先生的兼容并包的态度为法。这当然也正是适之先生的所倡导的态度了。

民间的思想是什么? 民间的思想,自特权阶级视之,便是叛徒的思想,但自被特权阶级所奴役的人民视之,便是革命者的思想了。孙中山的三民主义,自满清政府视之,便是海盗的思想,而自全中国的人民视之,便是革命者的思想了。真正的学术的独立,从它的极端的意义上说,就是叫官派的思想败退,而让叛徒的思想胜利。除非赋有这样伟大的气魄,我们不能领导中国真正的学术的独立。

可是,现在中国的大学,不但真正的学术独立没有办到,就连我们所鄙视的虚幻的学术独立,即充分利用正统学派的方法来寻求真理这一个小点亦未办到。除开极少的例外,大学竟有不重视思想和真正学术的贡献的。不可否认的在今日的有些或极多的大学里,还有一部份的首脑人物,在口头上虽然注重学术,在行为上所注重的,尚还不是学术,而是人事,人事之中,尤以封建关系最占地位。现在大家一致公认政府最腐化,但大学里面不是腐化吗? 人事关系不能完全没有,但因有人事关系之故,而以一种极端狭隘的态度办学,非但不能引进民间的思想在大学里自由发展,即对正统学派有造诣的人,除非有人事关系,亦不得在大学里得到讲学的机会,实在是可耻极了。最可引为不幸的,即在大学里堪称大有人事关系的首脑人物,虽然不乏开明之士,但可惜大多也都朽了,老了,油滑了,和险诈了。然而今日的有些大学或极多的大学却不折不扣的被把持在这些人手内。呜呼中国的大学教育! 呜呼中国的学术独立!

虽然,我以为学术的独立还是办得到的。这只要我们在大学里能够培养成功出来一种伟大的接受态度就行了。培养这种伟大的接受的态度亦非难事,只要我们肯把民主政治的原理,介入大学里面就行了。这即是说,除了大学校长而外,一切的最高的行政的当局都由教授选举。第一,在教授里面,人才济济,如用选举,中选教授,定必较有学问与能力。第二,教授会对于学校的行政当局既立于批评和监督的地位,滥用职权之事,势难保存。这样一来,狭隘的封建关系必然消灭,伟大的兼容并包的精神必然诞生。伴之而来的在学术上的伟大的创造,必然会有加速的发展。这不是一件不难实现的事情么? 所以,我的结论是,真正的学术独立之实现,在中国这个国土内,须有赖于教授治校的制度的推行和示范。

民三十六、十二、二十五,于北京大学

今日大学教育的使命

——由思想自由与严格考试说起

在北大四十八周年纪念（十二月十七日）晚会的席上，关于北大的独特的性格，无论在先生方面或同学方面，都有不少的宏文和伟论。同学方面说，"北大有一种人性畅适的充沛的活力，那就是学术的自由和研究的自由，这是每一个北大人都引为骄傲的"。先生方面说，"北大一向是提倡科学与民主的，可是现在中国的科学与民主在那里呢"？或者说是，"北大……的民主与科学的理想曾经鼓励全国的青年孜孜不倦的向上向前读书求学……我们要将这传统发扬光大起来"。我觉着这些宏文和伟论，还不足以充分表现北大的历史的成绩和任务，尽管他们的理由都能存在。现在我拟从北大的史的发展方面，来重新估定北大的价值。

北大自从清光绪二十四年五月诏设京师大学堂以迄于今，大约可以分为四时期：（一）蔡元培以前的时期，（二）蔡元培长校时期，（三）蒋梦麟先生长校时期，（四）胡适之先生长校时期。我现在仅从蔡先生长校时期说起。

北大在蔡先生长校的时代，变成了北大一种最有永久价值的学风，是即思想自由或研究自由的精神了。从社会科学方面说，当时的陈独秀先生和李大钊先生都是领导社会主义运动的权威。可是在他方面，却有以尊孔教保皇室的辜鸿铭先生，头戴红顶瓜皮缎帽，脚踏尖头粉底皂靴，身系大蓝绸腰带，带上挂的是褡裢烟袋和纸扇等项零星物件，一望而知其为顽固不堪的守旧人的，恰与这二位赤色革命的教授作个相反的对照。再从文学和哲学方面说，当时有现任北大校长的胡适之先生和吴幼陵先生，前者乃是一位首倡文学革命的宗师，后者乃是一员双手先打孔家店的好汉。可是在他方面，却有大骂白话文学的林纾和尊孔孟宗儒术的梁漱溟先生。记得胡先生和梁先生同在北大法科大礼堂上表演对台戏，但他们均同博得台下各般听众一样热烈的掌声。当这各派对立的教授各以唇枪和舌剑互相砍击不休的时候，蔡元培校长却超然以兼容并包的精神维持公共讨论的良好秩序，使各方均有共同发表意见的机会。这便是北大的伟大的地方。北大的伟大最好是用吴之椿先生的几句话来表现，就是北大"没有界限，没有'派别'和没有门户"。也正如同学们在《北大四十八周年纪念特刊》上说，"在北大有一种人性畅适的充沛的活力，那就是学术自由和研究自由，这是每一个北大人都引为骄傲的。"综括来说，就是北大在蔡先生时代有一独特的精神和表现就是"思想自由"这四个大字。

可是在这一个时期里,北大确有一个很大的缺点,就是校内的考试,一般的说来,还没有严格到应该严格的程度。我说校内的考试不太严格的意义,并不是指北大的入学考试。实则北大的入学考试是够严格的了。我所说的校内考试不太严格的意义是专指入学考试以后的各种考试而言。北大进来的门限当时实在是很高,只出去的门限太低罢了。在这一方面,北大实有对不起社会的地方。假如北大当时的同学还在,他们一定能够给你报告当时的考试不太认真的情形。据我所知道的,就是当时有的同学在一方面尽管在学校托人注册了,但一方面,他却跑在政治舞台上给军阀当小走狗去了,但这似也不妨碍他的毕业。有的同学的名字,虽然还挂在学校的名单上,但自己却到外国去了。到外国住了一年之后再回学校毕业。有的托人代考,但事后却也并无被发现的危险。有的平时毫不看书,不上课,但因考试时可以抄讲义,因此,也就对于毕业无妨碍。最可令人想着还要回味的,就是这位鼎鼎大名的浪漫派文学大师郁达夫先生,他曾教过我们的统计学。在他恰上第一点钟的时候,就保证我们全班以后人人的考试均能及格。他只上了一点钟就不上了。后来把统计题出下来我们自己作,所以也就个个及了格。我并不是说,个个教授都是这样,也不是说,文理法院都是这样。我所要说的,只是在蔡先生时代学校的考试,一般说来,实在是还没有严格到应该严格的程度,我倘敢说,北大从民国八年五四运动起直到民国十七年北伐完成时止,北大因为没有注意严格考试的结果,会给社会制造了不少的"空瓶子"。

除开很少的例外,我总以为,一个大学生必须在大学时代刻苦用功,学术一些专门知识或技术,使在毕业而后能够保障自己的生活,方才足以保障自己的人格。假令大学毕业而后还只是个空瓶子的话,结果生活必定没有保障,生活没有保障,我看人格亦一定是没有保障的了。环顾欧洲的头等大学几乎没有一个不是充满着思想自由的精神的,但却没有一个不注重严格考试的。蔡先生时候的北大只有思想自由的优点,但没有严格考试的优点,因而给社会制造了好多"空瓶子",这不能说不是北大的一个弱点。

骤看起来,思想自由与严格考试几乎很难分道扬镳,并存不悖。因为学校一旦注重严格的考试势必便要连带的妨害学生思想的自由,反之,学校一旦提倡思想的自由,势必便要连带的影响学校严格的考试。假如一个大学的学生天天都要上讲堂,抄笔记和背诵先生的经典,结果势必便要以先生之是非为是非,或以先生之思想为思想了。这岂不是与思想自由的精神全相冲突么?但仔细一想,则知二者的好处均可合并在一校,使无互相冲突的余地,这只看一个大学所采的考试方法何如而定。英美的大学对研究生的考试普通都采一种选任教师来考试的办法。举例来说,比如你的思想偏向马克思则请一个马克思派的学者来考你,偏向凯恩斯则请一位凯恩斯派的学者来考你,这还有什么不公平么?关于一般大学生的考试我最赞成德国大学的办法,即大学的考试任凭学生自己选择自己的考试时间,你平时完全有自由读书的权利,无非你要取得学校的文凭时,你便必须参加学校的考试就是了。假如我们把严格的考试制度善于应用,我看未必不能与思想自由并肩而进。亦就是说,北大提倡思想自由之功并不足以掩饰其马虎考试之罪。

可是蔡元培先生长北大的时期亦并不长久。北大自民国十九年起,因蔡先生忙于创建国立中央研究院的制度,改荐蒋梦麟先生长校,北大从此便正式进入了蒋梦麟先生的时代。

蒋梦麟先生时代的北大与蔡先生时代的北大有一点特别不同的地方,即蒋梦麟先生时代的北大特别着重严格的考试制度的建立。我们知道,国立的清华大学是一向注重严格考试的,可是北大在蒋先生长校的时代曾建立了优良的考试制度,堪与清华大学相比美。从一个爱护北大的同学看来,这是值得赞美的一个大功绩。可是思想自由的精神,却不免笼罩着一层灰黑的烟雾。到了对日抗战的前夕,北大如同清华一样,因为外界的压力太大,为了迁就当时的环境,少数思想左倾的教授于是便丧失了讲学自由的机会。例如北大的许德珩教授和清华的张申府教授都是可举的例证。幸亏这种例子不多,否则北大恐怕早已成了一种变形的"治举业"的机关了。

尽管现代足有许思想家都不承认世上有什么永久不变的真理,但我的意见却与他们立于正相反对的地位。我不否认世上有一部分真正随着空间和时间的不同而变化。但我衷心的相信,除了这一部分的真理而外,尚有一种普遍的和永恒的真理存在。例如思想的自由是。我以为无论在任何国家和任何社会制度里面,除非我们不要文明和进步,思想自由的精神必须永久的发扬和光大。生命可以牺牲,头颅可以粉碎,但思想自由的权利却不可以须臾的丧失和弃置。特别的是在一个研究学术的最高学府里,更应以全力保持思想自由的权力。

可喜现在压迫思想自由的外在的力量已经逐渐在消失,随着胜利的来临,北大再度变成了思想自由的园地。再加上蜚声国际的首倡思想革命的大师胡适之先生来长校,使北大已有的有学问的先生不再想离开,新来的先生云集。教授的学问既高,思想自由之风与严格考试制度,均不难保存与光大。这实在是北大的千载难逢的良机。可是我们莫忘记了中国现在仍然尚未脱尽摧残学术,和摧残各种进步力量的阶段,北大的前途仍然充满着许多内在和外在的邪恶的引诱与压迫。为了保持北大传统的思想自由的精神和为了奠定北大学术的根基,除非我们抱有一种不为权力所震骇,不为名利所引诱的殉道者的决心,北大恐怕很难负担思想自由学术独立的任务,而与一切的反科学与反民主的黑暗势力相决斗。

学生运动的意义

现在我想劈头提出一个严重的问题，即从本年五月二十日以来，全中国中等以上学校的学生所领导的反饥饿和反内战的运动，和在民国八年五月四日北平各专门学校学生所发起的内除国贼外抗强权的运动，像这一类的运动，在枝节上，当然不免亦有感情用事的地方，但是，在根本上，它究竟是否应当存在呢？关于这个问题的答复，老早便有两派名教育家的主张。

第一派名教育家说，高等教育的目的，在于培养学生独立的发现真理的能力和获得专门知识及技能，以为异日利济社会之需。以现代专门学问的博大精神深和日新月异，纵令青年学子在求学这段短短的时期内，竭尽全力，专致一学，不为政治所引诱，不为时髦所炫惑，日夜孜孜，不辍不休，至于毕业，亦未必能获得一种独立研究的能力，或专门的知识与技术。假令在这求学的期内，再为政治的运动所分心，将这最宝贵的时间来干预政治，结果不但政治管不好，而且连学业也荒废了。待到毕业之后，肩不能挑，手不能提，既不能靠劳力以为生，但又无财产的收益以为助，其结果非当高等流氓不止。这不但对于国家社会无利，而且对于学生个人有害。因此学生运动，在根本上，不应听其存在，而当予以取缔"最近教育社会两部"，依据中央社南京十六日电，"以风闻有未经核准之全国学生联合会，在上海交通大学举行会议之举，……电请上海市吴市长查明依法取缔"，其所依据的理由，亦不外说，学生"对外活动不免有妨学业……故决加以取缔"。

无论在任何社会制度里面，青年学生的地位都好比在竹林里面的一些柔嫩的春笋。假令在暴风疾雨的时候，不幸这些柔嫩的笋群，因受过度的刺激而夭折，无论从任何方面说，都是未来社会的不可弥补的损失。青年人在今朝应该多作涵养性情并埋头伏案的工夫，到了将来学成识定之后，再为社会牺牲可耳。伟大的教育家蔡元培先生，在他晚年的时候，也有类似的意见，这种意见内，含有部分的真理存在，因他明白的宣言，学生时代的最大的任务，在于陶冶他们的人格与智力。我们绝不能说它是完全错误的。

第二派名教育家说，青年学生的运动，在原则上，虽然不应存在，但在政治腐败的时候，青年学生的运动是必要继续发生的。所以教育者们应当对他们寄予真挚的同情与疏导。现任北大校长胡适大师，在民国九年《晨报·五四纪念刊》上所发表的"我们对于学生的希望"一文里，说得最好：

简单一句话,在变态的社会国家里,政府太卑劣腐化了。国民又没有正式的纠正机关,那时候,干预政治的运动,一定是从青年学生界发生的。汉末的太学生,明末的结社,戊戌政变以前的公车上书,辛亥以前的留学生革命党,俄国从前的革命党,德国革命前的学生运动,印度和朝鲜现在的独立运动,中国青年的五四运动和六三运动都是同一的道理,都有产生的理由的。

胡适大师,在距民国八年五四运动为时已隔二十八年的今天,再将他的意见,在本年(三十六年)五月三十日北平行辕记者招待会上,重新强调一番。他说,"古今中外的学生运动都逃不出一条公例,就是政治不能令人满意,又没有合法民意机关用合理手续使政治革新,于是这个要求改革政治的担子,就落在青年学生身上。"由此可见,胡适大师的关于学生运动的见解,乃是深思熟虑的结果,最值得我们仔细的研究。他的意见,已经认识了学生运动的必然性,比较第一派的教育家们的闭门造车的高等教育的政策,是更合于历史发展的公律的。但是在胡适大师的谈话之中,似乎亦尚有美中不足的地方。尽管胡适大师已经认为学生运动,在"国家不上轨道,又无一合法民意机关监督政府的时候",乃是一件不可避免的运动,并极力主张教育家们应当对他们以特别的同情与包容。但并未明白的说,学生运动在高等教育的原理上,是否应当存在,必须把这一点认清后,我以为,我们对于学生的运动,始有正确的评价。

从高等教育的原理上说,我以为今日的高等的教育有一个很重要的缺憾,即只知注重智育和体育,但忘了注意德育,尤其是忘了注重群育。学生运动无疑是可以补足高等教育中缺乏群育这一个环节。为什么呢?(一)学生的运动是一种自发的和主动的运动。诚然,在学生运动里面,不免也掺杂得有主义的成份,或不免也有一、二青年共产党掺杂其中。可是,假如我们以为在学生运动里面因有相信共产主义的青年参加,便以为学生运动是被动的,这可不是事实。回忆在民国八年五四运动发生之时,任何党派主义均未渗入,但学生运动依然爆发。由此可见,共产主义的存在,并非学生运动爆发的原因。正如南开大学教授黄钰生先生所说,"不错,这次学潮的口号——反饥饿反内战——平、津、京、沪、武汉、苏、杭、全一致,发动的日期也先后相接,这其中必有人主使策动;主使策动容或有之,但我们要问,如果没有刺激青年的情境存在,策动何以如此顺利?主使何以如此成功?口号如果不是心坎的话,口号如何喊得那么响?说多数青年受人利用……这都是不公道的说法。"实则,任何学生的运动的目标都是学生们以学生的立场,向大会公开提出的,并系学生们以学生立场去讨论反对和通过的。提出者不必是共产党的分子,赞成者更不必是他们了。纵令提议者是他们,但这亦绝非上级对于下级的命令,而系他们以学生的立场,从学生的心坎里,自动的向同学建议出来的。同时所有一切的议案在讨论和表决的时候,更须要透过大多数的毫无党派色彩的学生的心灵的活动或判断才行。归根到底的说,学生运动确是自发的和主动的。这种自发的和主动的学生运动,在积极的方面,可以养成学生从共同利益的观点,研究国家切要的问题,并在广大的群众的面前,大胆的发表他们的批评和建议的勇气。辩论是发现真理的武器,公开是打倒黑暗的武器,这两种武器都是近代市民所必须具备的条件。但自发的和主动的学生运动都可以培植他们。从教育的立场上说,它的价值是无上的。而且消极的方面,学生的运动并可以破除中国几千年来人与人间的鬼鬼祟祟的阴险的行为,如这一类的阴险的行为,其在中国社会里所发生的恶影响,我看也只有饥饿与内战终足以暴露出他们的残忍与罪恶呀!

(二)学生运动是一种有组织的运动。这种有组织的运动,并可以消灭中国几千年来在士大夫阶级里的颓废自利的劣根性。孙中山先生,在他的民族主义里说,中国四万万人好比一盘散沙。为什么呢?因为中国人只知有家而不知有国,更不知有世界。其实中国人的弊病何只只知有家,除了只知有家之外,几无一人不是只知有政治的小组,只知有金兰的弟兄,只知有裙带的关系,或孔宋蒋的关系,和只知有同窗或同乡的关系等等。伟大的中国今天的分崩与离析,全是被这些狭隘的封建关系制造出来的。学生的运动正可以补足中国的传统的重私交忘公谊的弊害。平心而论,以现在在社会上作事的人的态度来说,好多人都说,在社会上作事的人中,惟独北大毕业的同学,比较的不注重校友的关系。为什么北大毕业同学比较不注重这个关系呢?我以为,这并非伟大的教育家蔡元培先生在讲堂上讲授学理的功劳,而是五四时代,伟大的学生群众所发动的有组织的运动把它孕育而成。我衷心的相信,将来新中国的任何大学毕业生,当他们踏进社会肩任国家的艰钜之时,均必比过去北大毕业的学生的态度更伟大,因为今日学生运动的组织比较五四时代更要伟大的原故。除非中国的教育不要养成学生的伟大的人格和伟大的组织的能力,我认为,全中国的学生运动,甚至全世界的学生运动,都是值得我们赞美和发扬的。

(三)学生的运动是一种由下而上的运动。这种由下而上的运动在消极的方面,可以打破中国几千年来官僚政治的一切由上而下的办法。在积极的方面,并可以培养国民的由下而上的民主政治的作风。正如朱光潜教授所说:"民主的主要条件是每个人勇于表现自己的意见,乐于尊重旁人的意见。学校本应是民主训练的最好的场所。"朱光潜教授虽然指摘现在学校里群众运动的缺乏民主的精神说,"现在学校里的群众运动往往只是官场党派的恶伎俩的抄袭。多数人既没有勇气表现自己的意见,少数操纵者于是假民主的名号,作反民主精神的底行动"。朱先生很感叹这种不愉快的事情的发生,而以之归罪于"中国人的劣根性太深,离真正底民主精神还太远"。我很赞成朱光潜教授这句话,即"学校是民主训练最好的场所",可也有一点要补充的地方。假如说,在学生运动里,还有少数操纵多数的反民主的行为,那必是由于多数人还没有养成在公众面前勇于发表意见的习惯。但这并不是由"我们中国人的劣根性太深",而是由于一般大学的训导处并没有积极的提倡学生的运动或多给学生在广大的集会里勇于发表意见的机会使然。民主也如一种课程一样,除非让学生多作实际的练习,它是不会熟练的。孟子说,"人恒过然后能改"。新教育家说,"试验与错误是学习任何科目所必须经过的途径"。错误固然要改正,但学习的机会不可失。多让学生以集会结社的机会,这个错误必定减少。为了民主,为了理性,我们无不希冀今日中国的教育家,积极的扶植学生的运动,使它成为代替中国的官僚政治的初步。

根据以上的三点理由,我以为学生的运动,在高等教育的原理上,不但是必然的,而且是应该存在的。今日大学的教育既太偏重智育与体育,所以我们必须把学生的运动看做群育的对象,以补今日大学教育的不逮。诚然学生的运动不免要牺牲一部分的学习的时间,但体育不是也要牺牲一部分的时间么?从群育的原理上说,这个牺牲是值得的。因此,我们站在教育的立场,不应对于学生运动所必要牺牲的时间加以惋惜,而且应当正式的给予。我们必须站在教育的立场,把学生运动认为是群育的对象,对于学生的运动完全立在鼓励和指导的地位,方才能够纠正学生运动所犯的错误。如此说,学生的运动在原理上不应罢课,不应彼此打架和漫骂,并不应以多数压迫少数,并应当努力作成群众运动的楷模。凡此均必须要教育者站在教育的立场去鼓励和指导才行。当然学生自己亦应当努力避免上述的缺陷,方才不至贬损学生运动的价值。我诚恳的建议,在每个半月内,在大学的课程表上,留出半天的时间来,并择定一个伟大的民主的广场,专给学生们来作公开的演说。相信马克思主义的可以演说,相信牛克思主义的亦可以演说。喜欢和平的人可以演说,喜欢战争的人亦可以演说。相信科学万能的人可以演说,反对科学的人亦可以演说。这些公开的演说都可以让市民来听讲,也可以让市民听讲人自由发问。但由学校拟出一定的公开演说的规律,来让大家共同遵守而已。这样一来,我敢相信凡大学生均可以养成一种在公众面前,公开发表意见的技能与勇气。由是,少数压迫多数的反民主的行动,便可因多数的觉醒和他们的判断能力的增加,而受致命的打击了。这样一来,学生的活动定当成为民主运动最好的楷模,并必对于社会发生良好的政治教育的作用。但是这必须要学校把学生的集会看做群育的对象,并必须学校注重群育,方才敢于来领导这个伟大的群育的工作。但这却是今日中国的教育所必需的。

记得蔡元培先生在五四运动时,对于学生运动的名言是,"读书不忘救国,救国不忘读书"。蔡先生这一句话,已经明白的承认学生运动在教育上的意义。但可惜他未能站在高等教育的立场,正大光明的把学生运动看做群育的一部分。可是,今的大学教育确是必须正大光明的承认学生的运动应为群育中的部分,方足以适应民主政治的需要。因此之故,我特建议,把蔡先生这两句话,依照蔡先生的愿意,大胆写成下面的这个新形式:

教育莫忘群育!
读书莫忘救国!

我应很坦白的说,我并非研究教育的专家,凡所发表的意见,都只是一种外行人的看法。世有专研高等教育者尚希有以教我。

三六、六、二十一,于北京大学

(《观察》第二卷第二〇期)

由必要到自由

　　伟大的哲学家黑各尔(Hegel)，在他的大著《逻辑学》(Science of Logic)上说：没有必要的自由和没有自由的必要都是抽象的。自由不是空洞不定的，他是具体的，并是坚定的自决的，因而他在同时便也是必要的。再说，必要这个名词，在庸俗哲学中一般所接受的意义，系指静受外力决定的意思——如像在力学里，一物只有在受他物的碰击的时候方才活动，又它的活动的方向亦是由此碰击所指示的。但这只是外在的必要而非内在的必要，内在的必要是与自由不相冲突的。（英译本七十一页）

　　这一段话，充分说明，内在的必要与意志的自由，不是互相排斥的，而是完全一致的。他的意思是说，内在的必要不是被动的必要而是能动的必要。他不是一种静止的状态而是一种活动的过程。他的活动的方向，在于战胜他的外在的束缚，企图现出它的内在的本质来。恰如胎儿在母体中成长的时候，越过一定的阶段后，他便要克服他母体对他所施的束缚，和完成他的呱呱落地的使命是一样的。现在我们对于这个同一的举例，试采两种不同的看法。第一，假令我们单从母体来看胎儿，并忽略了胎儿的终极的变化，当然我们会说，胎儿必须静受母体的限制。在这必要的过程里面，确是没有含着任何自由的成份。可是，假如我们掉过头来，从胎儿来看母体，我们势难否认，母体的束缚终必为胎儿所破坏。由此可见，在这必要的过程之中，自由确然占了一个极端重要的位置。必要之中含有自由，凭此一例，即可了然。

　　反过来说，在自由中亦有必要。必要乃是自由的一个想象的要素。例如，在五四运动之年，适之先生倡导文学的革命，当是他的自由思想的结果。同时其他的思想革命亦然。可是适之先生在倡导文学革命之时确曾公开的宣言，文学的革命乃是一种历史的趋势与时代的要求。且看他说：

　　　　文学者随时代而变迁者也。一时代有一时代之文学：周秦有周秦之文学。汉魏有汉魏之文学。此非吾一人之私言，乃文明进化之公理也。即以文论，有尚书之文，有先秦诸子之文，有司马迁、班固之文，有韩、柳、欧、苏之文，有语录之文，有施耐庵、曹雪芹之文；此文之进化也。（《胡适文存》第一集第九页）

　　　　吾辈以为今人当造今人文学，而古文家则以为今人作文必法马、班、韩、柳……记曰："生乎今之世，以古之道，几必及乎身。"此言复古者之谬，虽孔圣人

亦不赞成也。古文家之罪，正坐"生乎今之世反古之道"。（同书第四七页）

适之先生，在提倡白话文的时候，即以特别强调"今人当造今人之文学"，又说"生乎今之世，反古之道，几必及乎身。"这无异说，他之倡导文学革命在根本上亦是必要的和道德的了。可是，他的这种必要的和道德的意识，绝不足以贬抑他的思想自由的价值。不但不曾贬仰着它，而且光大了和尊崇了它。自由假如没有必要，必是空想的武断的，或疯狂的。他不但不配称做自由，且是自由的一种叛逆——独裁或专断。一言以蔽之曰，人在充分了解他自己的活动，在受必要所支配时，正足以表示他的自由有根据，并非即此便作了必要的奴隶。

必要不是叫人盲目的或被动的服从外力的压迫。人只有在对于必要毫无知识的时候，他才会作必要的奴隶。他倘若一旦认识了必要的性质，即在积极的方面，理解了必要的成长和兴盛，和在消极的方面并理解了限制它的条件必要衰败和没落，必要，这个理解了的必要，便会为人所控制，作为人们达到目的的手段。自从人类理解必要的过程，一开始，必要便成为人战胜自然和战胜人们自己所用的指南针。有此必要的指南针作指导，人们从不会错了他的努力的方向，它并可使人的努力有成果。这即是说，人对必要的理解有增加，他的自由便亦当为比例的增加。自由是什么？自由并不是叫人胡作乱为，叫人指鹿为马，尝冰说热，误苦做甜，认善为恶。自由无论在任何时候，都是指人的判断的能力。但人的判断的能力从何而来呢？无疑的是由他所具有的必要的知识而来。人对必要的理解越高，他的判断的能力亦越大，同时他的自由的权力亦越大。一个在水里泅泳的技术极高的人必是一位知道水性最多的人。数学，从一个不习数学的人来说，乃是一种苦闷和恐怖，但从一个熟习数学的人来说，数学乃是一种最能引人入胜的科学。一切的数学或符号，在一个伟大科学家的手中，尽是一些活顽意儿，他可以利用他们来解决在自然科学和人文科学上的许多除了数学便当无法解决的极有兴趣的问题。由此可见，自由判断的能力全系由于他之内中含有必要的知识。

无论在任何时候，自由乃是由于反对外力的压迫而来。可是外力的压迫绝对不是永久不变的。在一切的外力里面，都含有否定它自己的成份。握着这个否定的要素，并尽力去加强它的否定的趋势，任一压迫人们的外力终必为人所制服。这不但在人与自然的关系上如是，在人与人的关系上亦如是。

从人与自然的关系来说，自由是指人对外界的自然克服。人的克服自然的武器无疑的便是人对自然所获得的必要的知识。它必然是历史进化的产物，人虽与禽兽不相同，但最初的人，在一切的要义上，其不自由的程度与禽兽几无二致。在人类历史的开头，人对自然的必要知识的把握，是人对于穿木取火的发明。而在人类历史发展的现阶段，是人对于原子能的发现。现在人类的历史尚很短，以后人对自然的克服的能力尚不知要比现在进步若干个万倍。但人在自然方面所受的限制确是逐渐的被打破了。现代幸运的工厂的工人，在实际生活上的享受，尽管不如资本家,但已经超过古代的帝王。而古代的帝王对于今日的工人的享受,只有在他们的甜美的梦幻里方才触得到。在炎地可以造冰,在寒带可以取火,在天空里可以自由的高飞,在海底下可以自由的泅泳,足不出户,可以看尽天下英雄,听尽天下音乐和读尽天下新闻。凡此都是古代帝王所不曾真正梦见的。这亦可见,人的战胜自然的伟力。但是伟力从何而来呢?完全是由人对自然的发展的过程具有日多一日的必要的知识。

更从人与人的关系上说,人的自由的意志,是指人们对于社会的限制的克服。但人的克服社会的限制的武器,无疑的便是由于人们对于历史发展的必要的过程,获有日多一日的必要的知识。自中古时代一起,人们便为宗教所束缚,但自达尔文《物种由来》的名著出版后,人便有力量来打破宗教的束缚,而且崭新的获得了思想的自由。在十八世纪以前,人的生产总能力,总脱不了行会的束缚,但自人类对于世界交通、国际商业与境际分工的知识逐渐进步以后,随着机器的发明,人们便重新获有一种自由的武器,其力足以打破地行的限制,并足创造一种崭新的工场的制度。这种自由便是企业的自由了。亚丹斯密(Adam Smith)的《原富论》(*Wealth of Nations*)无疑的大有助于企业自由的发达。在十八世纪之末,和十九世纪之初,人在政治上生活,无一不受王权神圣的限制,但自民权的知识进步后,人们便有能力来解除专制的政治,而代以自由的政治。可是,随着资本的发达,欧洲的企业自由和政治自由的否定因素渐有力。在国内,资劳的冲突逐渐的加多与强烈。在国外,资本主义变为侵略殖民地的帝国主义。因而在殖民地的疆土上,无一落后的民族不是强烈的遭受帝国主义剥削。中国便是受此压迫的弱小民族之一,这都表示弱小民族的自由受剥削。可是,因为人们对于帝国主义者剥削殖民地的必要的过程逐渐认清了它的寄生的和腐烂的性质,结果中国和其他的弱小的民族,便都能发展出一种推翻帝国的力量来脱离帝国的羁绊。无疑的列宁的《帝国主义论》曾经作了促进民族自由解放的工作。不用细说也知道,俄国的十月革命,乃是由于马克思对于资本主义没落的必然过程,分析得最清晰。由此可见,人们对于社会的桎梏的克服或社会的自由的创造,亦是由于发现了社会桎梏的否定的要素,方才发生作用的。

在某种程度以内,我们并不否认英雄创造时势的主张。只须附上一个条件,即凡英雄所创造的时势都不是英雄自己单独创造出来的,而是得到人民多数的拥护,方才创造出来的。但为什么多数的人民要拥护他呢?乃是因为在英雄创造时势的过程内,含有社会必要的元素。正如塞利格曼(Edwin R. A. Seligman)所说,"在一特殊的时间内,伟人的出现对于我们好像是一件偶然的事情,可是伟人只有在社会需要伟人的时候,伟人方能影响社会。如果社会并不需要他,他就不能被称颂为伟人,而只是一位空想家或失败者。……进步好像大部是由伟人创造出来的,其实常常也是。但我们必须紧记,纵令就是如此,他的大部的特质倒底还是社会的特质,而他之所以伟大,亦只是因为他能把他所居住的社会的根本倾向比较其他的人看得更清楚,和时代的真精神表现得更成功。他即是时代真精神的至高无上的倾向。"(*Economic Interpretation of history*, Pt. I, Chap. I, pp. 98—99)

　　且问在社会自由的创造中所含的社会必要的条件是什么? 他绝不是黑格尔所想象的绝对的精神或上帝而是人类的生产的方式。马克思说:"人类在改变他的诸生产方式的过程中,便改变了它的一切的社会的关系。手工的磨盘创造一种封建主所主宰的社会,蒸汽的磨机创造出一种为工业资本家所主宰的社会。人们在一方面建设顺适他们的物质生产的诸社会关系,同时也创造出顺应他们的社会关系的原则、观念和范畴。一切的这样的观念和范畴因而都是历史的和暂促的产物。"(*Die Neute Zeit*, XIV, ii, p. 81)所以一切的自由的创造都含有满足新的生产方式的必要作条件。

　　把这个道理应用到中国这个国度上,我们看出中国所需要的真正的自由是什么。随着人类征服自然的能力的增加,人类已经逐渐放弃了简单的生产的工具而取用了复杂的机器。自从机器的发明始,人们以同量的劳动,也可生产出数十以至数百万倍于从前的商品。可是,在中国这个国度里,社会劳动的物质生产力内受贪官污吏、地主豪绅的封建的剥削,外受帝国主义者与其爪牙,或广义的买办的榨取。在这双重桎梏下,不但中国的广大的佃农无法改进其农业,甚至中国的民族资产阶级亦无法发展其工业。中国的劳工阶级当然更深切的感到这个双重压迫的严重,恰好在帝国主义者彼此之间,和在帝国主义者自身的资劳之间,又充满着内在的矛盾。而且世界上已有社会主义先进国的崭新的计划经济作榜样。为使自然科学所研究的成果能够迅速的应用到中国的产业,于以增加中国的国力起见,无疑的中华民族的自由独立的运动系建筑在击碎上述的双重的桎梏上。换句话说,就是中国今日自由独立的运动乃是集合代表新中国的生产力的广义的劳心与劳力的大众,起而以全力击破上述的双重的桎梏。由此可见,中国的自由实由中国历史发展的时代必要而来,有此历史进化的必要作根据,然后中华民族的独立与自由始有成功的可能。如果不以历史进化的必要过程作根据,而以十八九世纪的英美诸国的历史的要求作根据,或以美国历史的独特的要求作根据,而倡导一种空洞的,抽象的,或毫不切合实际的自由主义,这种自由主义,从必要与自由的相互一致的关系看来,他不但不是自由主义,而且只是一种向为真正的自由主义所反对的无理的、冲动的或武断的一种专制的主张了。

　　中国不需要反帝和反封建么? 如果需要反封建和反帝,它不需要为封建势力和帝国主义者所压迫的人民大团结么? 可是,中国的一些自由主义者却反对为中国虽然需要反帝和反封建,但最好是由封建主和帝国主义者自动的依照一种渐进的方式来改革,或由少数的自由主义者以一种不流血的方式来改革。既然如此,他们势必便要起而反对中国的广大人民所掀起的反帝和反封建的自由解放的运动了。这是自由么? 用黑格尔的话来说,如这一类的无有必要的自由,只是盲动不是自由,且亦不是自由之友,而是自由之敌。我以为中国人民所需要的真正的自由必须满足中国人民的反帝和反封建的迫切的要求。否则,不盲从,便武断,不是异端,便是邪说,不是假正经,便是开玩笑。罗兰夫人有言,"自由!自由!天下莫不假汝之名以存!"

民国三十七、八、十一,于北京大学

凯恩斯的《就业、利息和货币的一般理论》批判

（人民出版社，1957年版）

短　　序

这本小册子是由《经济研究》1955年第3期上所发表的《凯恩斯的经济理论是垄断资本家阶级的意识形态》一文改写而成。由于改写的部分占原文百分之八十以上,与原文相差很大。为更符合于内容,给它另外取个名字,叫做《凯恩斯的〈就业、利息和货币的一般理论〉批判》。

凯恩斯在1935年写作《就业、利息和货币的一般理论》时,曾写信给他的朋友,自称他的这本主要著作的出版,就可以击毁"马克思主义的基础"。现在我要对准凯恩斯的"一般理论",进行反击。

在撰写本书时,严格地遵循着"实事求是"的党性原则。首先,我很细心地,从正面去理解凯恩斯的"一般理论"的体系,力求做到对于他的每一个基本论点没有误解;然后,从反的方面,以"马克思主义之矢",针对着"一般理论"的心脏,放出致命的一箭。

回忆在1939年时,由于凯恩斯[①]在"一般理论"中,对马克思进行了有意的或无意的曲解,说什么马克思的《资本论》是接受"古典学派"[②]而非反驳"古典学派"的学说,我曾以事实证明其错误。但我首先应当坦白承认:在那篇论文里,我犯有严重的立场上的错误。这一错误的性质既不是"放弃立场",也不是"没有立场",而是,牢牢地站在为财政资本巨头服务的"凯恩斯主义"的立场上。因为我在那篇论文里没有能够指出凯恩斯理论的反科学反人民的实质。现在我认识到我的错误并决心改正错误,除指出凯恩斯理论是垄断资本巨头的意识形态外,并以"马克思主义之矢",瞄准着凯恩斯的"一般理论"的心脏,放出致命的一箭。

我深信,真理愈辩而愈明,真理只有一个。凯恩斯在资本主义各国内的门徒很多。我愿以这篇论文向凯恩斯的信徒们进行"说理的斗争"。对于凯恩斯"一

---

① 樊弘:《凯恩斯和马克思的资本积累、货币和利息的理论》,《经济研究评论》。（Keynes & Marx *on the Theory of Capital Accumulation*, *Money and Interest*, *Review of Economic Studies*）,1939,伦敦。

② 凯恩斯所指的"古典学派",包括萨伊、穆勒等庸俗经济学家在内。

般理论"①的错误决不饶恕,对于我自己在以前论文中和在本书中如果犯有错误亦决不掩饰。

我在写这篇论文时得到了苏联郭契可夫、伏尔金和伯鲁门同志们,特别是郭契可夫同志,对凯恩斯批判诸著作的启示和教益,谨此表示谢忱。又本书曾得到了国内许多同志耐心的批阅和热忱的指教,并此表示谢意。

樊　弘

1956.8.17.于北京

---

① 凯恩斯的《就业、利息和货币的一般理论》,普通将它译成《就业、利息和货币通论》。我不用"通论"这个译名,仍然将它直译为《就业、利息和货币的一般理论》。因为"通论"不能直接反映出一般理论的意思。而凯恩斯的"一般理论",即"General Theory",确是中文的一般理论的意思。凯恩斯着重地指出,他之所以要将他的就业理论称做"一般的就业理论",乃是针对着"古典学派"的特殊的"就业理论"而言。凯恩斯认为凡"古典学派"的经济理论均只能称做特殊的就业理论,因为"古典学派"的经济理论所解释的只是一种特殊的就业现象,即充分就业的现象。充分就业是很少存在的,所以是特殊的。他夸耀地说,只有他的就业理论,才配称做一般的就业理论,因为只有他的就业理论所解释的就业的现象才是一般存在的就业现象,即是就业不足的现象。由于就业不足的现象,即失业的现象,是一般存在的,所以是一般的就业现象。由此可见,凯恩斯将他的就业理论称做一般的就业理论乃是针对着"古典学派"的特殊就业理论而言。一般理论与特殊理论是对立的。但通论与特殊理论不是对立的。为了更充分地反映凯恩斯的本意,所以我在这里,避用《就业、利息和货币通论》的译名,而用了《就业、利息和货币的一般理论》的译名。但应着重地指出,在本质上,凯恩斯的"一般理论"绝对不是什么一般的科学的理论,而是一般的庸俗的见解。在反科学的一点上,它与"庸俗经济学"是一脉相通的。同时也是更反动的,因为它所代表的乃是垄断资本巨头的利益。

一、凯恩斯的反动立场

自从法国和英国的资产阶级取得了政权，无产阶级开始作为一个威胁资产阶级的存在的敌对势力，登上了政治舞台以后，资产阶级的政治经济学也就全部丧失了他的科学性。自此时起，在资产阶级的经济学家们当中，成为问题的，已经不是这一理论或那一理论正确或不正确，而是这一理论或那一理论对于资本有利或有害。如果这一理论或那一理论对于资本的增殖是有利的，那么，黑的就要被说成白的，丑的就要被说成美的，曲的就要被赞成直的，非的就要被说成是的。如果对于资本的增殖是有害的，那么，白的就要被说成黑的，美的就要被说成丑的，直的就要被认成曲的，是的就要被说成非的。大公无私的研究让位于追逐利润的辩护。真正科学的态度没有了，代替它的东西乃是歪曲的良心和邪恶的意图。马克思揭露了当时资产阶级的政治经济学的这种反科学的本质，并将它称作庸俗的政治经济学，以与古典的资产阶级的政治经济学相区别。他的意思是说，在庸俗经济学中，全部都是替资产阶级的经济制度掩盖矛盾，粉饰太平和歌功颂德一类的东西。到了帝国主义和资本主义总危机时期，特别是自俄国伟大的十月社会主义革命胜利之日起，资产阶级政治经济学的反科学的性质就越发强烈了。在此以前，由于资本主义尚处在自由竞争的阶段，资产阶级亦还可以并且也不得不凭借自由竞争的方法，来取得平均利润。因此资产阶级的经济学所强调的尚还只是自由竞争，即是听任资产阶级以自由竞争的方法，获得平均利润的学说。现在，由于资本主义已由自由竞争占着统治地位的阶段发展而为垄断组织占着统治地位的阶段。在这个阶段中，一方面，由于垄断资本企求获得最大限度的利润，并已开始获得最大限度利润了。可是，在另一方面，由于许多国家逐渐脱离了帝国主义体系，由于在资本主义各国中，在果断组织统治下，劳动人民的购买力更缺乏，由于殖民地的民族资本主义的发展，市场问题更趋尖锐化，从而导致企业经常开工不足和工人经常大批失业。在这些具体的历史条件下，垄断资本需要同时掌握国家机关，全面干涉经济生活，以政治上各种强制的手段，直接的或间接的来加紧对本国及世界其他各国的人民的剥削，甚至公开的盗窃国库，来保证最大限度利润之继续实现，因而便不得不放弃那反对国家干涉的自由竞争。结果，果然这样作了。自此时起，资产阶级的经济学家便由自由竞争的歌颂，一变而为国家干涉的强调。其实就是鼓吹财政资本巨头专政，即由财政资本巨头掌握国家机器，采取一系列的法西斯的经济的措施，在"增加需求"、"减少失业"、"奖励自由企业"、"解救经济危机"、"调整资本主义"、"实行保护就业关税"等等的幌子下,更残酷地剥削本国大多数居民、特别是更残酷地剥削城市与农村的无产阶级,更凶恶地奴役和掠夺其他国家人民,特别是落后国家的人民,以及用战争和国民经济军事化的方法来保障最大限度的利润。由此可见,在帝国主义时代,资产阶级的经济学,比较在自由竞争占统治地位时代的资产阶级的经济学更反动;因为现代的资产阶级的经济学乃是垄断资本巨头的利益的反映。现代资产阶级的经济学直接地继承了庸俗的政治经济学的反科学的基本论点,并使他们成为财政资本巨头的一切反动专横行为的理论武器。列宁曾经对于资产阶级的政治经济学教授们的反科学和反人民的本质作出了结论。他说:"那些在事实的专门研究内能够作出极有价值的贡献的政治经济学教授们在一接触到政治经济学底一般理论时就没有一个有一句话是可以相信的一样。因为政治经济学正像认识论一样在现代社会中是一种有党派性的科学。大体说来,经济学教授们无非是资产阶级的有学问的管事……"①

凯恩斯乃是现代资产阶级的经济学家,财政资本巨头的帮凶。列宁说过,凯恩斯乃是一个"臭名远扬的资产阶级人物,布尔什维克主义的无情的敌人","他像英国的市侩,将布尔什维克主义描写为丑恶的、残暴的、兽性的东西"。这个论断是列宁根据 1920 年凯恩斯的《凡尔赛和约的经济后果》一书作的。1925 年凯恩斯在一篇题为《俄国简论》的论文上公开地招供,他本人确是对于资产阶级充满着深切的敬爱和对于无产阶级充满着兽性的憎恨的。他说:"我怎么能够相信一种教条(指马克思、列宁主义),这种教条认为河泥比鱼重要,并且把没有教养的无产阶级放在资产阶级和知识分子之上,而后者不论有什么缺点,总是社会的精华,而且一定是带着一切人类进步的种子。"②

谁都知道,资产阶级的唯利是图的偏见乃是科学研究的大敌。凯恩斯既然决心要作英、美现代资产阶级的辩护人,那么,当着科学的真理与现代资产阶级的利益相冲突时,凯恩斯势必就要舍弃或歪曲科学的真理来卫护现代资产阶级的利益了。

事实正是如此。凯恩斯为了效忠于他自己的阶级,决然不顾科学,蓄意反对马克思、列宁主义的政治经济学理论,钻在庸俗经济学中,取出反科学的基本论点来,组成一套最反动的经济学说,来替法西斯统治集团的一切反动经济措施充作辩护的工具。因此,他的《就业、利息和货币的一般理论》自 1936 年出版以来,很受世界上法西斯分子的欢迎。法西斯德国经济独裁者沙赫特博士曾说:"凯恩斯思想乃是纳粹经济体系之理论解释和理论辩护。"又凯恩斯自己在他的《就业、利息和货币的一般理论》的德国"门兴"版本的序言中,亦且供认不讳地说,他的就业理论"容

---

① 列宁:《唯物论与经验批判论》,人民出版社版,第 353 页。
② 凯恩斯:《劝说集》(*Essays in Persuasion*),第 300 页。

易适应于极权国家的情况"。① 凯恩斯在 1940 年 7 月号"新共和"杂志上也说:"要做这样重大的实验,来证明我的主张,非有大规模的政府开支不可;除非在战争状况下,对于一个资本主义民主国家,这似乎在政治上是不可能的。"在今天凯恩斯学说,已成为美帝国主义对全世界独占统治的工具,成为英美帝国主义及其仆从们——工党和社会党右翼领袖——整军备战的理论根据,成为资本主义各国更阴险地和更恶毒地剥削工人阶级的理论辩护。以美帝国主义而论,依据威廉·福斯特同志的分析,自罗斯福的凯恩斯主义出现后,无论是共和党执政也好,或民主党执政也好,他们的经济政策(包括联合国的)都是以凯恩斯主义作出发点的。马歇尔计划,杜鲁门的第四点计划,侵朝战争,对于我国领土台湾的侵占和现在艾森豪威尔政府的庞大军事预算(1955 年的军事预算为 404 亿美元,在美国国内和国外维持 950 个军事基地的设备)和所拟就的 1 010 亿美元的筑路计划,都是以凯恩斯理论作根据的。这些措施与美国财政资本其他的剥削的计划相配合,一方面,使美国的股份公司利润爬上剥削的顶峰,而在另一方面却使美国人民大众的短期负债,自 1954 年 9 月到 1955 年 9 月,由 57 亿增加到 343 亿美元,不动产抵押的负债自 1954 年年底到 1955 年 6 月由 185 亿美元增加到 643 亿美元。企图将无产阶级变为垄断资本集团的"债务的奴隶",但结果只能激起无产阶级的更坚决的反抗。英帝国主义也是一样。我们知道,凯恩斯理论一直是英国政府的财政政策的理论基石。无论是公开地为大垄断资本服务的保守党政府也好,或由大垄断资本家所亲手培植出来的右翼工党政府也好,在他们所执行的一贯地向工人阶级的生活水平疯狂进攻的政策中,是与凯恩斯的学说分不开的。据英国官方显然缩小了的数字而论,英联合王国在 1955 年还有失业工人 247 292 人,占有工作能力的工人百分之一左右,可是现在无论英国的垄断资本家也好,或右翼社会党人俾勿理治也好,都在那里大声疾呼地说,英国不但实现了充分就业,而且超过充分就业了。尽管英国大多数工业,在 1955 年的利润急剧上升,生活费指数高到八年来所未有的高度,然而英国的财政大臣反在那儿张扬地说,英国工资再不能涨高了。如果再要涨高的话,那就要把英国毁掉了。从这些财政资本巨头及其政府的财政政策所暴露出来的凯恩斯学说的实质来看,乃是反动透顶的,但同时也是最不合科学的。总结地说,凯恩斯的理论乃是在帝国主义和资本主义总危机时代的财政资本巨头们的利益的反映。

应当着重地指出,凯恩斯绝不仅是一个普通的现代资产阶级的理论家,并且也是他们的政治代表。在财政资本巨头们当中,他乃是最凶恶的东西。在第一次世界大战以前和在第一次世界大战的期中,他都亲身地参与英国财政资本对于国家机器的控制,为垄断组织实现最大限度的利润。由 1913 年到 1914 年之间,他是英

---

① 见郭契可夫:《凯恩斯学说是反动帝国主义资产阶级的意识形态》所引,《学术译丛》,第 1 辑,第 129 页。

帝国主义者统治印度殖民地的国家机器,"印度货币和财政的皇家委员会"委员,策划奴役和劫掠印度殖民地人民的方略。由 1914 年到 1919 年,他是英国财政部的重要人物之一。当时英国的国家机构曾被垄断组织在调整战时经济的幌子下,用来保证最大限度利润和用来加重劳动阶级的真实负担,这些都是与凯恩斯的工作分不开的。战争停止后,他代表英国财政部出席帝国主义列强巴黎分赃会议,并代表英国财政部大臣担任巴黎和会的最高经济委员会的委员。从他所作的"凡尔赛和约的经济后果"一书中,可以看出他在会议中,曾经坚决地主张,将战胜国和战败国的垄断资本家阶级一齐联合起来,扑灭欧洲的无产阶级的革命火焰,挽救快要毁灭的所谓"文明的"欧洲;大骂马克思主义哲学,将它称做"凶恶无情和可怕的俄国哲学家们的知识"。可是另一方面,他却是竭力地奉承战争渔利的阶级,将它们称做"资本家企业者阶级",说他们"在资本主义中乃是活跃的和建设的要素"。①以后他又充任过英国马克米兰工业和财政委员会委员,全国互助保险协会主席。在第二次大战期中,他又充任英国财政部咨询委员会委员,英格兰银行总裁,加紧地实行国家垄断资本主义,企图减削工人的真实工资,增加财政资本的巨大利润。在大战之末,即在 1945 年,他并充任美帝国主义用以奴役世界各国人民的两大机构:国际货币基金和国际开发银行的总裁,而成为美帝国主义者实行世界统治的帮凶。除非把凯恩斯这一系列的反动的政治活动紧记在心,我们是不能深刻地认识凯恩斯的经济学说的反动的阶级的本质的。这即是说,凯恩斯的经济理论乃是帝国主义垄断资产阶级一切反动措施的根据。

---

① 凯恩斯:《巴黎和会的后果》(*The Economic Consequences of Peace*),第 221—225 页。

二、凯恩斯的形而上学的主观唯心主义的世界观

　　全世界相信共产主义的人都懂得人类社会发展的规律,即生产关系一定要适合生产力的性质的规律。如果以资本主义的生产方式为例,那么,它的意义便是这样:即当着社会的物质生产力在资本主义生产关系内,尚未发展到巨大规模的时候,资本主义的生产关系乃是生产力发展的形式,可是当着生产力在资本主义的生产关系内,发展到巨大规模的时候,资本主义的生产关系便将一变而为束缚生产力的桎梏。此时生产力与资本主义的生产关系即将发生势不两立的矛盾。这个矛盾是这样形成的:由于新发明的机器,需要有千百万人共同来使用它的大工厂,这就使生产过程具有社会的性质和使生产力大大提高。可是,资本主义的生产关系的基础,是资本家的生产资料私有制和由他所决定的分配关系、消费关系,却使千百万群众的购买力降低,使生产出来的商品无法销售出去。由此便产生了生产社会性和生产资料的资本家占有的私人性的不可调和的矛盾。这即是生产力与生产关系所发生的势不两立的矛盾。这个矛盾暴露于周期性的生产过剩的经济危机之中。无产阶级革命的目的就是要以暴力推翻资本家的生产资料私有制,而代之以生产资料公有制,使之适合于生产过程社会化的要求,适合于巨大规模的生产力的要求。由此可见,资本主义必然灭亡,社会主义必然胜利,乃是人类社会发展的规律,即是生产关系必定要适合生产力性质的规律决定了的。

　　凯恩斯乃是否认这个规律的存在的。他说人们可以依靠智慧,消除资本主义的矛盾,从而延缓甚至避免资本主义的灭亡。这便是凯恩斯对于资本主义社会的错误的认识。他说:

　　　　"在我看来,资本主义如果聪明地管理,比任何其他看得见的经济制度,在经济目的的实现上,也许大概是更有效率的。"①

　　凯恩斯在企图以智慧来维持资本主义的存在的过程中,关于资本主义可能永久存在的问题提出了他的最反动的唯心主义的解释,他说,资本主义之所以能维持不变,乃是由于资本主义是人类爱钱和找钱的天性的产物。只要人类的爱钱和找钱的天性是不可能改变的,只要它是经济机构主要的推动力,那么,由它所引出的资本主义社会,只须加以调节,便有永远存在的可能性。他说:"……人类的爱钱和

---

① 凯恩斯:《劝说集》,第231页。

找钱的天性乃是经济机构主要的推动力。"①

从凯恩斯说来,既然人类的爱钱和找钱的天性,是效率最高的经济机构的主要推动力,那么它便是不宜改变的。不但是不宜改变的,而且亦是不可能改变的。他说:"连共产主义的革命亦不会改变人类的天性,也不会减轻犹太人的贪吝心和俄国人的爱奢侈。它只是降低了它的相对的重要性。而且单是这一点,也就把俄国的经济效率搞垮了。"②这即是说,人类的爱钱和找钱的天性乃是万世不灭的。从而由它所引出的资本主义亦可以做到万世不灭。

实则,在人类历史上,并没有什么万世不灭的爱钱和找钱的天性存在。在原始社会中或在将来共产主义社会中,货币尚未出现,或者已经消灭,何来人类的爱钱和找钱的天性呢? 这完全是胡说。在奴隶制的社会生产关系和在封建制的社会生产关系下,货币虽已在简单商品中产生,但货币作为商品价值的独立形态,并非商品生产的目的。相反地,商品生产的目的乃是使用价值,而非那作为商品价值的独立形态的货币。独有在资本主义的商品生产的条件下,货币作为商品价值的独立形态,作为剩余价值的货币形态,才变为资本家经营的目的。③ 自此时起,个人的爱钱和找钱的动机,其实就是资本家阶级追逐利润的动机,方才普遍地在经济机构中,成为主要的推动力。由此可见,绝不是资本主义的生产关系,是人类爱钱和找钱的"天性"的产物,而是恰巧相反,即在十八世纪之时,那些快要转变为资产阶级中等市民的爱钱和找钱的动机乃是资本主义的生产关系的产物。又决定资本主义生产关系的存在的,正如上文所指出,亦绝不是他们的爱钱和找钱的"天性",而是那个最活跃、最革命和在生产过程中起决定作用的社会物质生产力。马克思早在他的《政治经济学批判的导论》中教导我们说,十八世纪的"个人",乃是封建的社会形态解体和从十六世纪以来就已发生了的新的诸生产力的联合产物。④

恩格斯说:

"狭义的政治经济学,虽然因为各个天才的学者的努力,已在十七世纪末发生,但是重农学派和亚丹·斯密所叙述的那种有条理的学理,却实际是十八世纪的产儿……新的经济学,在他们看来,不是他们时代的关系和需要的表现,而是永恒的真理的表现,经济学所发现的生产与交换的法则,在他们看来,也不是历史上某种经济活动形式的法则,而是永久的自然的法则,他们以为这种法则是从人的天性中产生出来的。在仔细观察时,我们可以看到,他们所说的人,不过是那时正在转变为资产者的中等市民,他的'天性'只是在于根据

---

① 凯恩斯:《劝说集》,第 319 页。
② 同上书,第 302 页。
③ 参看马克思:《资本论》,第 1 卷,人民出版社版,第 156 页。
④ 马克思:《政治经济学批判》,人民出版社版,第 147 页。

那时的一定的历史关系生产工业品并经营贸易。"①

随着资本主义制度被消灭，个人主义的唯利是图的倾向，即是资本家的追逐货币利润的动机便将逐渐地被消灭，并为集体主义所代替。这还有什么可以置疑的呢？在人类历史发展的过程中，只有社会的物质生活条件，特别是人类生存所必需的生活资料谋得方式，才是第一性的，而社会的精神生活乃是第二性的。社会的物质生活资料的谋得方式是不依赖于人们意志而存在的客观现实，而社会的精神生活不过只是这客观现实的反映，存在的反映。资产阶级的个人主义的观点，即是人的爱钱和找钱的动机，乃是资本主义生产方式中，由生产力所决定的生产关系的反映，即是资本主义社会的产物。可是凯恩斯却认为资本主义社会个人主义观点，即是人们爱钱和找钱的"天性"的产物。这即是说，人们的意识形态是第一性的，而社会的物质生活资料的谋得方式只是第二性的。这便是最反动的主观唯心论。

由于凯恩斯对于资本主义社会的解释是主观唯心主义的，所以他在分析资本主义时所用的方法，便不能不是形而上学的。全世界学过唯物辩证法的人们都懂得，在社会生活中的各种现象都是相互联系和相互制约的。但凯恩斯，这个英国的市侩，却谬误地以为人的爱钱和找钱的天性，是可以独立存在的。这即是说，它可以完全不受它的周围所存在的社会物质生活条件所决定的。因此，由它所引起的资本主义社会亦是可以独立存在的。这便是凯恩斯对于社会生活各种现象的相互联系和相互制约的规律的否定。其次，凡学过唯物辩证法的人们都知道，任何社会形态，在一定的条件之下，都是要发生质变。但凯恩斯，这个英国的市侩，却认为资本主义社会，由于"它的生产效率最高"，所以只能发生数量的增加，但不会由数量的增加引起性质的变化的。即资本主义社会没有被社会主义社会代替的必然性。这便是否认了在社会发展的过程中，由旧质态到新质态的发展的规律。凡学过唯物辩证法的人们都知道，任何事物在由低级发展到高级的过程中，都不是表现于各种现象的协和的开展，而是表现于各对象或各种现象本身固有的矛盾的发展，表现于在这些矛盾的基础上动作的互相对立的趋势的斗争。可是凯恩斯，这个英国的市侩，却认为在资本主义社会中没有使资本主义必然走向灭亡的矛盾。显而易见，凯恩斯在研究资本主义时所用的方法是形而上学的思想方法。毫无疑问，凯恩斯用这种方法的目的性，在于这种方法可以掩饰资本主义内在的矛盾，从而也就便于给垄断资本的存在辩护。

凯恩斯曾反复多次地将他的形而上学的唯心主义的世界观应用来"诊断"资本主义的病症；失业与危机，并向资本主义开出了一付"长生不老药"。凯恩斯站在垄断资本巨头的立场不敢承认在资本主义内部有剥削关系存在。从而更不敢承认资本家阶级所得的总收入都是从剩余价值来的。关于利息率的问题，凯恩斯否

---

① 恩格斯：《反杜林论》，人民出版社版，第187页。

认在垄断资本主义时代,利息的来源是财政资本巨头剥削工人的最大的剩余价值的一部分;否认中央银行在财政资本巨头控制国家机器的条件下,乃是替财政资本效劳的一个国家的机构。相反地,他却认为利息是导源于公众对灵活的心理的偏好。利息率是由公众对灵活的心理的偏好(货币的需求)和货币的供给决定。由于中央银行可以控制货币的供给,因而就可以降低利息率。关于利润率的问题,凯恩斯否认利润,在垄断资本主义时代,是垄断资本残酷地剥削工人的剩余价值,否认利润率系剩余价值对资本的比率,否认在资本主义时代,利润率下降的原因是由资本的有机构成的提高。相反地,他却认为预期的利润率乃系资本家对于每一单位资产的未来收益的心理的预期。预期的利润率即是凯恩斯所称作的资本的边际的效率,即是投资于该资产之利润率。这一心理的预期,随着资产的日增而往下降低。预期的利润率低而利息率高使资本家对于生产资料的需求减少。从而也就会使生产资料的生产相对地过剩。因此,就应该降低利息率,提高利润率。更因资本家对于资产的未来收益的预期是没有可靠的根据的,资本的边际的效率,在资产增加到某种程度时,就会骤然下落。凯恩斯以为这就是危机的主要原因。关于对消费资料需求不足的问题,凯恩斯否认这是由于资本主义的生产条件和由它所决定的分配和消费的关系所决定的。即是由于在资本主义制度下大众的贫困和有限的消费所决定的。相反地,他却以为消费需求的不足是由个人在消费上的心理的倾向所造成的。即随着收入的增加,消费的支出在每一增加的收入中所占的比例往下降低。由此便产生了消费需求的不足。凯恩斯由是得出结论说,在资本主义社会中,具有支付能力的需求的不足:生产资料的需求不足和消费资料的需求不足,从而引起工人经常的失业与危机,绝不是由于资本主义的基本矛盾,即是,生产社会性和生产资料的私人占有性的矛盾所决定的。相反地,他却认为它是由于"三大根本的心理要素"所造成:(1)公众对于灵活(货币)的心理的偏好,(2)资本家对于资产的未来收益的心理的预期,和(3)消费的心理倾向所造成。这三大心理的要素使(1)利息率高(2)利润率低和(3)社会的具有支付能力的需求的不足。由此便造成了工人的经常的失业和生产过剩的危机。这就是凯恩斯对于资本主义的"不治之疾"所提出的非常庸俗和非常错误的诊断书。依据这一非常庸俗和非常错误的诊断书,他提出了他的"医治"资本主义病症的"长生不老"的药方。即以增加货币的方法来降低利息率,以降低利息率的方法来使投资于该生产资料更为有利可图;和以增加投资的方法来导致所得增加,从而导致消费的需求的增加,从而导致就业的增加和解救危机。资本主义这些病症,在表面上好像与人们的"三大心理要素"有关系,在本质上,乃是由于资本主义的基本矛盾:生产社会性和生产资料的资本家占有的私人性的矛盾所决定。毫无疑问地,在资本主义的所有制下,是不能消灭危机与失业的。同时,在资本主义的无政府的生产竞争的状态下,充满着强者生存、弱者灭亡的危险性,资本家亦不能对于凯恩斯所指出的这三个心理要素予以控制。燃薪止沸,卧冰取暖,甚至连凯恩斯自己亦不相信这些药方在付诸实施的时候,能够得到预期的效果,能够消灭危机与失业的。欺人者不但不能欺人,甚至无法来欺己。这乃是主观唯心论者所惯常演出的一幕悲剧。同时这也就是凯恩斯在疯狂地鼓吹"就业理论"过程中,自知情虚,惧怕失败,因而也就时常流露出一种动摇和失望的情绪。他说:"虽然希望货币数量增加可以降低利息率,但是如果公众的对于灵活(货币)局好的增加大于货币数量的增加,这个效果不会发生;虽然希望利息率降低可以增加投资的数量,但是,如果资本的边际效率(预期的利润率)此利息率低得更快,这个希望不会实现;虽然希望投资的数量增加可以增加工人的就业,但是如果消费的倾向下落,这个希望亦会落空。"① 这就是说,他的药方在消灭失业与危机上,就连他自己也不觉有何把握的。

财政资本巨头的利益和他们对灭亡的恐怖,使他们的忠心的奴仆,不敢从事物的发生、发展、衰老和死亡的必然的规律,去观察资本主义的衰老和死亡的客观原因,反而依靠财政资本巨头的"长生不老"的愿望,以主观唯心论作根据,去论证资本主义的"永不灭性"。凯恩斯首先肯定资本主义的发生是导源于人的爱钱和找钱的动机。肯定这个动机,如同上帝一样,是万代不灭的,而且又是经济机构的主要的推动力。由于资本主义最适合人的爱钱和找钱的天性,资本主义的生产效率最高。因而资本主义便将与人的爱钱和找钱的天性,永远地共同地生活下去。资本主义于是也就可能"长生不老"。财政资本巨头的利益使凯恩斯走向形而上学的主观唯心论。而形而上学的主观唯心论又倒过头来,加强凯恩斯对于财政资本巨头的利益的辩护,即对于资本主义的万代不灭加以辩护。然因资本主义必然要经过衰老和死亡的过程。而且迄今已到衰老之年,必定要死。有的已经死了。这样就使凯恩斯,作为资本主义的忠实的"御臣",当着资本主义命在垂危之际,对于他自己给资本主义所提供的"长生不老"的学说和所泡制的"长生不老"的药方,在资本主义奄奄一息的面前,不得不失掉了信心。

---

① 凯恩斯:《就业、利息和货币的一般理论》(*The General Theory of Employment*, *Interest & Money*),英文版,第 173 页。

三、对凯恩斯价值论的批判

从人类社会发展的全部历史进程来观察,马克思指出,无论在原始公社中,在奴隶社会中和在封建社会中,人与人之间的关系都直接地表现着人与人之间在他们的劳动上所结成的社会关系。在原始社会中,人与人之间的关系直接地表现着在生产资料公有制的基础上共同劳动的关系。在奴隶社会中,奴隶主与奴隶的关系直接地表现着奴隶主在完全占有生产资料和奴隶的基础上,用极其粗暴的方法,掠夺奴隶的剩余劳动物的关系。在封建社会中,领主与农奴的关系,直接表现着领主在占有土地和不完全地占有直接生产者农奴的基础上,用徭役、实物代役租和货币代役租的形式,剥削农奴的剩余劳动生产物的关系。无论在奴隶社会或封建社会中人们都知道奴隶向奴隶主,或农奴向领主所给的"供养",都是代表他个人的劳动的一定量,这是非常明白的。这即是说,在资本主义以前的一切社会中人与人之间在他们的劳动上所结成的社会关系都是直接地表现而为人与人之间的关系。独有在资本主义社会中,人与人之间在他们的劳动上所结成的社会关系,不直接地表现为人与人的关系,阶级与阶级之间的关系。相反地,它却直接表现为物与物的关系,商品和商品之间的社会关系。因为自从劳动力转化为商品,货币转化为资本之后,资本家在完全占有生产资料的基础上,对于劳动者所进行的剥削关系,在它的表现形式上,乃是作为商品的,劳动力的买卖关系。这样资本家对劳动者的剥削,就造成了一种虚伪的外观,似乎劳动者的劳动都是得到了报酬的。同时资本家对于劳动者所剥削的剩余价值,由于在外表形式上,亦是作为资本的商品在卖价高于买价之时,所得的价差利润,从而利润的形式亦造成一种虚伪的外观,好像利润是由资本自己所产生。与此相似,货币资本家,以他的货币的资本,参加对劳动者的剥削,从工业资本家手里所分占的剥削的果实利息,在表面形式上,亦是工业资本家在债券市场上,对于货币所有者所持有货币资本的使用,所给的价格,由是利息的形式亦造成一种不正确的概念,好像利息是由货币自身所产生。重农学派的学者不是说,土地的地租不是地主对农民所剥削的剩余劳动,而系土地自己所产生的吗? 由此可见,资本主义的生产关系所采取的形式,即是商品与商品之间的相互关系的形式,模糊了和掩盖了这种生产关系的剥削的本质。这乃是资本主义社会的特征。

正因在资本主义社会中,人与人之间在劳动上所结成的社会关系装扮成劳动生产物与劳动生产物之间的交换比例的关系,即是物与物的关系;又因这种外表的关系恰正符合资本家的利益,当然资本家阶级的经济学家们,从资产阶级的利益出发,也就只能着重这种商品关系的外表形式,而不能深入它的本质。他们的唯一的任务是也只能是,将这种外表的形式和将它们在资产阶级的头脑中所浮现的虚伪的概念,翻译成经济学上的概括的语言,并聚精会神地来论证这种虚伪的外观和资产阶级的错觉的正确性。这样就使资产阶级的政治经济学,除开古典学派而外,陷入资本主义的外表形态所造成的不正确的概念的论证中。庸俗政治经济学上的三分法:(1)将资本家的利润解释为资本的报酬和将利息解释为借贷资本的报酬;(2)将地主所得的地租解释为土地的报酬;(3)将工人所得的工资解释成劳动的报酬。这些,便是将资本主义的商品生产的外表形式,物与物的关系,所造成不正确的观念,加以简单化的结果。这样遂使政治经济学停滞在事物的表象和资产阶级的错误观念和对事实的歪曲上,从而便使资产阶级的政治经济学与真正的科学完全背道而驰。其结果是,将政治经济学变为商品拜物教一类的东西,变为金钱的崇拜,资本的崇拜,变为替资本主义制度,掩盖矛盾,粉饰太平和歌功颂德一类的东西。

　　我们知道,事物的表象与事物的本质是有根本的差别的。在事物的表象上日出于东而落于西,太阳比地球小,地球是中心,太阳是围绕这个中心而循转。在事物的本质上,太阳是中心,地球绕日而行,太阳比地球大。在事物的表面形态上酒能生热,冬季饮酒可以取暖。可是在事物本质上,酒并不能生热,酒只有麻醉神经末稍的作用。冬季饮酒可以取暖,是由于冬季饮酒之后,饮酒的人的神经末稍被麻醉了,所以不觉其冷。这与酒能生热存在着天渊之别。在事物的表象上,真空管有吸水上升的能力,可是在事物的本质上,水在真空管中上升,是由空气的重量的作用。在事物的外表上,"左"倾是革命,可是在事物的本质上,"左"倾是右倾的影子。由此可见,不但社会科学,连自然科学也是一样,如果一个科学研究者,不从事物的表象进到事物的本质,再从事物的本质转而说明这种表象,那么,在表面上尽管披着科学家的外衣,在本质上乃是科学的罪人。庸俗的政治经济学之所以不能称作科学,便是由于它只重表象不重本质的原故。应当指出,庸俗政治经济学的不良影响是很大的。自从英、法等国的资产阶级取得政权以后,所有的资产阶级的政治经济学都是庸俗的政治经济学,他们都是被拘囚在经济事物的表面关系的翻译上。他们在一方面,阻挠了政治经济学向真正科学方面发展,另一方面,也阻挠了人类对于资本主义的生产关系进行革命的改造。这乃是科学界一件最令人痛心的事。

　　马克思的《资本论》最伟大的地方,就是在于他全面地研究人类有史以来所有一切社会的生产关系的实质。他首先发现在资本主义以前的生产关系中,人与人间的关系都是反映着人与人间在劳动上所结成的社会关系,因而遂假定在资本主义的商品生产的条件下,人与人之间的关系亦以人与人之间在劳动上所结成的社会关系为基础。由此假定的线索出发,于是进而分析五千年到七千年来商品生产的实质。他首先揭露了在简单商品的生产中,商品的交换价值的实质,价值,不外是人类的同质的或抽象的劳动,即是人类在生产商品时所耗费的并凝结在商品内的劳动。货币只是商品价值的一般的等价形态。在简单的商品生产条件下,在商品生产的过程中所耗费的劳动多,交换价值也多;所费的劳动少,交换价值也少。这即是说,劳动与交换价值是同比例的。这就证明了,在简单商品生产条件下,商品的关系在外表形式上,尽管是劳动生产物与劳动生产物的关系,可是在本质上,乃是人与人间在劳动上所结成的社会关系。即是以劳动交换劳动的关系。它的假定成为真理了。

将简单商品的生产关系的实质弄明确后,他于是进而分析在资本主义的商品生产条件下,在物与物的关系之下,所隐藏的劳动的关系,结果又证实了资本家与劳动者的关系亦是他们在劳动上所结成的社会关系。即是在平等交易的外表形式下所隐藏的人剥削人的关系。它是怎样被证实的呢?这是由于马克思发现在简单商品生产条件下,商品价值的规律,即在资本主义的商品生产条件下,依然有效。只因在资本主义的商品生产条件下,出现了扰乱的因素,这样,就使商品价值规律在资本主义条件下的表现形式与在简单商品生产的条件下的表现形式,略有不同。地心吸力的规律的表现形式是万物向着地心倾落。但轻气球向天空飞升,这是由于轻气比空气轻,所以轻气球能够升向天空。这是一种扰乱。但因地心吸力的规律仍在继续的发生作用,所以轻气球上升的加速度,经过一段时间之后,就变小了。由此证明,这一扰乱因素的出现并不能否认地心吸力的规律依然有效。只是在具体的不同的条件下,表现形式略有不同而已。我们知道,在简单商品生产条件下,价值的规律总归是要以与它的价值相一致的价格表现出来的。在简单商品生产条件下,价值高,价格终归也是高;价值低,价格终归也是低。尽管价值与价格经常地发生暂时的和小量的距离,但是价格总是环绕着价值并以价值为中心而变动的。在无限波动和无限偏差中,价值的规律是一直地在开辟道路的。这即是说,价值的规律,在简单商品生产条件下,是以与价值相一致或非常接近的价格表现出来的。在资本主义自由竞争的条件下,这种情况不一样了。在商品的价值中,除掉生产资料的价值和劳动力的价值外,所剩下的剩余价值与在商品的价格中,除掉生产资料的价格与工资外,所剩下的差额(利润),就个别企业的情况论,永远存在着一定的偏差。这即是说,剩余价值与它的表现形态,即是货币形态(利润),就个别企业来说,是不一致的。这是由于在资本主义的商品生产条件下,遇着了一个扰乱的因素,即在资本家的各企业之间,存在着自由的竞争。这个扰乱的因素,使同样的资本家能得到同比例的利润。这样就使个别企业商品的价格不等于价值,不等于不变资本加可变资本加剩余价值,而等于不变资本加可变资本加平均利润即是生产价格。这样就使商品不按与商品价值一致的价格出售,而按与生产价格一致的价格出售。商品的价值和它的表现形式,生产价格不一致了。这种不一致确是一种扰乱。可是在精密的科学上,我们决不能把一个可以计算的搅乱,视为是一个规律的否定。[①] 这即是说,价值规律在资本主义条件下仍然有效。生产价格只是价值的转化形态,马克思指出,在资本主义发展的条件下,有三种情况,可以证明这一点:第一,在全体企业中虽然有"一些企业主出售的商品的价格高于价值,另一些企业主出售商品的价格低于价值,但就全体资本家来说,他们所实现的乃是他们的商品的全部价值量。就整个社会范围来说,生产价格的总和等于所有商品价值的总和。第二,整个资本家阶级利润的总和等于无产阶级的全部无酬劳动所产生的剩余价值的总和。平均利润率的高低以社会所生产的剩余价值多少为转移。第三,在其他条件不变的情况下,个别商品价值降低,使商品的生产价格下降,商品价值增长使商品的生产价格上涨"。[②] 由此可见,在资本主义的自由竞争的阶段,商品的价值仍是劳动造成的。资本家阶级所得的利润之总和在形式上好像由资本所产生,在本质上,乃是资本家在完全占有生产资料的条件下剥削劳动者的剩余劳动所造成。在垄断资本时期,虽然商品的价格不再是生产的价格而等于垄断的价格,但垄断的价格仍是商品价值的转化形态,同时在垄断价格中所存在的最大的利润即垄断的利润,仍是无产阶级的剩余价值的变形。利息首先是存在于总利润之中,所以利息亦是剩余价值的一部分,这点表示马克思的价值和剩余价值的学说,即在资本主义的垄断时期,亦是完全可以适用的。随后马克思又以实例示明地租亦只是超过工业资本家的平均利润的余额,因而地租乃是超额的剩余价值的转化形态。总而言之,资产阶级整个的收入:企业利润、利息和地租都是资产阶级剥削无产阶级的剩余劳动所造成的。

由于马克思将他在简单商品生产条件下关于价值的实体与价值量的分析,应用到资本主义的商品经济中,发现了在资本主义条件下,商品的价值的实体,尽管在外表的形态上与价格有些变异,但是在本质上仍是在商品中所凝聚的社会必需的劳动。于是便证实了,在资本主义社会中,如同在资本主义以前的诸阶级社会中一样,人与人间的关系即是阶级与阶级之间的关系,亦是在劳动上所结成的社会关系的表现。在所有的阶级社会中,统治阶级对被统治阶级的关系,都是前者剥削后者的剩余劳动。不过在资本主义以前的各阶级社会中,被剥削阶级为剥削阶级所掠夺的剩余劳动只是采取剩余劳动或剩余劳动生产物的形态。这种形态比较简单,容易识别。可是在资本主义时期,剥削阶级对被剥削阶级所剥削的剩余劳动,不是直接地采取剩余劳动生产物的形态,而是采取商品的价值的形态。这种形态的最完全的形态即是货币形态。这样就使资本家与劳动者的关系形成一种虚伪的外观,好像他们的关系只是商品的买卖的关系。在这种买卖的关系中,好像谁也没有剥削谁的剩余的劳动。尽管在表面上是如此,可是在本质上,由于商品的价值形

---

① 马克思:《资本论》,第3卷,人民出版社版,编者序,第17页。
② 苏联科学院经济研究所编:《政治经济学教科书》,人民出版社版,第171页。

态的实体是社会的必要的劳动,这就证明了即在资本主义社会中,人与人之间的关系仍是剥削的关系,所不同者形式而已。这样就揭露了资产阶级的本来面目,乃是一种凶恶的、无情的和吮吸劳动者的鲜血以自肥的吸血鬼一类的东西。由是遂把政治经济学放在真正的科学基础上。从而马克思的价值和剩余价值的学说就成为政治经济学的科学的基石。

自马克思的《资本论》出版之后,庸俗经济学者们所欲谈的经济学上的三分法的虚伪性,就被揭发无遗了。在他们之中,虽然亦有许多许多的派别,但在基本的认识上是完全一致的,即资本家的收入是由资本家的资本即是生产资料自己所产生的。地主阶级的收入——地租,是由土地自身所生产的。工人阶级的工资是由劳动自己所产生的。这种说法当然是非常错误的。以资产阶级的庸俗经济学家的关于利润的学说来做例,庸俗经济学者们总是千篇一律地说,利润是资本家的资本、生产资料、自身所生产出来的。他们所根据的理由是:没有生产资料的帮助,劳动者如何能够独自创造价值呢? 诚然,在资本主义的生产关系下,劳动者在生产的时候,需要有资本家的生产资料作条件。但这并不等于说,资本的利润是资本家的生产资料、资本所生产的。在化学实验室中作化学实验的人,需要蒸馏器,及其他溶器为条件,但化学家在他的分析结果上并不要注意他们。马克思将生产资料的价值在生产价值的过程中对于利润的关系,看做常数与依变数的关系,而活劳动(以可变资本来表示的活劳动)与利润的关系,乃是自变数和依变数的关系。活劳动在生产过程中,将可变资本的价值 V 变为更大的价值 $V + \Delta V$。这个 ΔV 即是剩余价值。利润不过只是 ΔV 的转化形态。所以利润在生产过程中只是一种依变数,他的变化完全是依着自变数即活劳动的变化而变化的。常数的价值,即生产资料的价值,与利润的关系不是数学上的函数关系,只有活劳动与利润的关系才是自变数和依变数的关系。由此可见,利润是由活劳动所创造的价值,$V + \Delta V$ 中,剩余劳动 ΔV 的转化形态。这个道理是再明显没有的了。在《资本论》的一般翻译本上,将马克思的常数的资本,译成不变资本;变数资本译成可变资本,不算错误。但有缺点,缺点在于"常数"与"不变数"不是完全相同的概念。因此我们在读《资本论》时如将不变资本与可变资本理解为常数资本与变数资本,则更能符合于马克思原来的意思。① 问题在于生产过程中,生产资料的价值怎样被劳动者移转到新的制成品中去呢? 同时劳动者又怎样支出活劳动来创造新价值呢? 马克思指出,工人用自己的劳动创造新价值,同时把生产资料的价值移转到制成的商品上去。因为体现在商品中的劳动是有两重性的;即作为具体的劳动和作为抽象的劳动。具体劳动创造使用价值,抽象劳动创造价值。工人的劳动作为一定的具体劳动把旧的使用价值化为渐的使用价值,于是就把那保存在旧的使用价值上的价值,把已消耗的生产资料的价值从旧的使用价值中,转移到新的使用价值之中。同一工人的

---

① 马克思:《资本论》,第 1 卷,人民出版社版,第 238 页。

劳动,作为抽象的劳动,作为劳动力的一般消耗,创造出新价值,即可变资本的价值加上剩余价值。很容易明白,被转移到新商品上的价值乃是过去的劳动,他的增加和减少,与本生产过程的活劳动不相干,只与过去的劳动有关。它在本生产过程中,确乎只是一个常数。马克思将本生产过程中的生产资料的价值称做常数资本,是完全符合于实际情况的。马克思从此得出结论说,生产资料在价值创造过程中所起的作用,不过只是给劳动者以物质,使劳动者的劳动可以在其中固定下来而已。至于"这种物质的性质如何(是棉花,或是铁),是没有什么关系的。这种物质的价值如何,也是没有关系的。不过必须有充分的量,来吸收在生产过程中支出的劳动量。只要有充分的量,无论它的价值怎样涨落,或竟像土地和海一样无价值,也不能影响价值创造和价值变化的过程"。① 生产资料纵令为创造价值所必需,但生产资料在生产过程中所起的作用,只是给价值的创造以物质的条件,它连点滴的新价值也是不能够创造的。这就是马克思的价值和剩余价值的学说。这一价值和剩余价值的学说最后证明在资本主义社会中资本家与劳动者的关系,在本质上,亦是一种剥削的关系。

凯恩斯是垄断资本主义时代的庸俗经济学家,他从资本主义生产关系的表面形式出发,把已经被马克思用雄辩的事实所粉碎了的庸俗经济学上的错误的概念,当做正确的前提,即认为资本家所得的利润和利息仍是资本和货币自己生产的。资本的利润导源于资本的稀少性,利息则导源于货币所有者的灵活的牺牲。工人所得的收入,工资,仍是已经报酬了工人全部的劳动。从而在两者之间,便没有什么剥削关系存在。他认为商品只有价格,没有什么客观存在的价值。这样,他就把政治经济学拖向后退,从科学的领域拖向商品拜物教的领域,从人与人之间在劳动上所结成的社会关系,即是人剥削人的关系,拖到物与物的关系。他企图以此来证明资本主义社会是没有剥削的,而且是最好的。在资本主义社会中,凯恩斯认为只有货币作为流通中介的关系。可是除了货币作为流通中介的关系之外,货币是否还有作为独立存在的价值关系或劳动关系呢? 他的答复是没有的。他说:"……社会的货物和劳役的总生产额是不同性质的复合物,严格地说,他们是不能够测量的,除非在某些特殊的情况下,例如,当着这类产物所包含各要素完全以相同的比例包含在另一种产量之中"。②

他就是用这种指桑骂槐的方法来否认马克思的价值论,从而否认资本家剥削工人的事实的。由于他认为资本家没有剥削工人,所以资本家的利润完全是资本家的生产资料自己所生产出来的。凯恩斯为要使世人相信资本所得的利润是由容易令人将利润率理解为剥削率,所以就搬出资本的边际的效率的名词来代替它,因为资本的边际的效率这个名词本身,顾名思义地说,也就意味着资本的未来收益只

---

① 马克思:《资本论》,第1卷,人民出版社版,第240页。
② 凯恩斯:《就业、利息和货币的一般理论》,英文版,第38页。

是由现在的资本的效率自己所生产的。因此,在他的"就业理论"中就连利润率这个名词也都不用了。所用的只是资本的边际的效率。凯恩斯真是不愧为财政资本巨头们的政治代表。他在说话的时候,连一个字、一句话,都是再三考虑的,除非这一个字、一句话说了出去,真是有利于资本家而无利于劳动者,他亦绝对地不用它的。凯恩斯玩弄"刀笔"和杀人不见血的地方很多。这不过此中的一例而已。凯恩斯依照同样的理由,认为利息是由货币的灵活性自己所生产的。而工人的工资则是由工人的劳动自己所生产的。

凯恩斯在价值论上没有什么新的创造,他的价值论只在承认他的老师,剑桥学派的庸俗经济学家的大师马夏尔的价值论。马夏尔的价值论的目的,在于否认资本主义有何内在的矛盾。可是凯恩斯将马夏尔的价值论继承下来加以发挥,其目的则不仅在于维护资本主义而在于以之作武器,向工人的生活水平,作疯狂的进攻。马夏尔的价值论的主要内容还在于说明商品的价格在长时期内都是由商品在生产时生产所费的成本决定的。这就是说,在长时期内商品的价格等于成本即是等于工资加利息加正常的利润。在短时内,商品的价格在需求和供给的关系上主要是受需求的状态决定,因在短时期内商品的供给状态不易变更,因而商品的价格不必等于工资加利息的正常利润。短期价格和长期价格的区别是这样:在商品的需求增加后生产的固定设备供给尚不能增加,因而便只能在固定设备之上增加人工与原料来增加商品的产量,这种产品的价格,称做短期价格。反之,在商品需求增加后,生产的固定设备的供给增加了,此时商品的价格称做长期价格。鱼的需求增加了,但渔船尚不能增加,鱼的价格称做短期价格。鱼的需求增加后,连新捕鱼船和捕鱼技术都增加了,此时鱼的价格称做长期价格。这就是马夏尔的短期价格与长期价格的区别。至于生产各要素的价格即劳动力和生产资料等的价格则受他们自己所生产的那一分成品的价格决定。这一类的学说,早已为恩格斯批驳得体无完肤。据恩格斯的批判,说商品的价格在长时期内受商品的成本决定,等于说商品的价格受商品的价格决定。因为成本亦是价格,成本虽不是制成的商品的价格,但是生产这商品的诸要素的诸商品价格。马夏尔说价格受价格决定,是完全没有解决什么问题的。然则商品的价格受什么决定呢? 整个人类的历史证明,正如马克思的社会必要劳动价值说所指出,它乃是受商品在生产时所费社会必要劳动量决定。马夏尔的价值说,只在否认马克思的社会必要劳动价值说,否认资本主义的生产关系的剥削的实质。凯恩斯将它承继下来,是要以之作凶具,在一方面,给垄断资本的最大利润辩护,在另一面,更进一步地奴役剥削和欺骗工人阶级。凯恩斯是完全同意马夏尔关于商品的交换价值,即价格的长期和短期的分析的。他说过,"从马夏尔以后,价值论,已没有什么可说的了"。[①] 但有一点不同,即马夏尔认为

---

① 凯恩斯:《小传记集》(*Essays in Biography*, London),第 222 页。

利息是储蓄的报酬,凯恩斯说不是储蓄的报酬,而是货币所有者牺牲灵活的报酬。① 在马夏尔对于商品的长期的交换价值和短期交换价值分析中,凯恩斯的"就业理论"所应用的是马夏尔的短期的变换价值的学说,这个学说,假定在需求变迁之后供给还没有来得及发生相应的变迁,或资本的设备还来不及改变时,商品的价格主要是受需求决定的。这种价值学说的实质在于将资产阶级的错误说成正确的概念,希望以此来掩盖资本主义生产关系的实质。这种学说与人类社会全部历史的生产关系的实质是完全相反的。因此它是反科学的。

---

① 凯恩斯:《就业、利息和货币的一般理论》,英文版,第167页。

四、对凯恩斯工资论的批判

凯恩斯的工资论是最虚伪和最反动的工资论，它乃是建筑在他的反科学的价值学说上。

我们知道，工资即劳动力的价格，它是由劳动力的价值决定的。而劳动力的价值，总是小于劳动力在使用过程中所创造的总价值的。因此，在资本主义社会中，劳动者阶级绝无收回劳动所创造的价值的全部的可能性。正如上文所指出，在劳动所创造的价值中，劳动者阶级除了取得工资之外，尚须以其日益增加的剩余价值的全部，无偿地给剥削阶级。这乃是工人阶级所最难忍受的沉重的负担。但事情还有更坏的。即在资本主义社会中，由于资本的有机构成的提高，由于对劳动力的需求的相对的减少，由于工业预备军的大量的长期的存在，由于对女工和童工的榨取，由于资本的垄断程度的增强，"资本主义生产的一般趋势不是使工资的平均水平提高，而是使它降低，也就是说，在或大或小的程度上使劳动（力）的价值低降到它的最低限度"。① 这样遂使劳动力的价值在劳动所创造的价值中所占的比例越来越小，资本家阶级所占有的部分越来越多。依据卡勒斯基的统计，在英国（不列颠）的国民收入中，1935 年工人的工资只占百分之四一·八，美国在 1934 年，只占百分之三五·八。② 更严重的，是工人的工资不但在劳动所创造的价值中，即在国民收入中，愈趋相对的缩小，而且还绝对地减少了。

关于工人阶级工资恶化的情况可举英国为例，1936 年伦敦出版了一本由著名的学者——营养研究院院长欧尔所作的著作，书中证明，英国居民中绝大多数的阶层都不能享用含有足够的蛋白质、脂肪、碳水化合物、维他命和无机盐的食物。③ 依据波多尔爵士的估计，在战前，英国有一半居民，一星期，在食物方面，得不到 9 辨士，可是 9 辨士所买的食物是不能给工人所需要的卡罗里数的。1950 年依牛津大学统计，英国工人实际工资较战前低百分之三〇。④ 从 1951 到 1952 年，英国工人阶级的营养状态且比从前任何时期更坏；英国劳动者凭配给证所领到的肉类配

① 马克思：《工资、价格和利润》，载《马克思恩格斯文选》两卷集，第 1 卷（莫斯科中文版），第 425 页。
② 卡勒斯基：《经济波动理论的论文集》(Essays in the Theory of Economic Fluctuations)，第 1 页。
③ 瓦尔加：《二十年来的资本主义与社会主义》（俄文版），第 142 页。
④ 顾成斯基：《工作与饥饿》(Hunger and Work)，1938 年，第 2 页。

给额不过战前平均消费量的五分之一。[①]

可是在另一方面,英国垄断资本的利润却此战前增加两三倍。最反动的英国《经济学家》杂志[②]引有下列关于英国股分公司利润数字(单位百万镑):

年份	利润	年份	利润
1938	828	1949	2 062
1946	1 598	1950	2 447
1947	1 933	1951	2 952
1948	1 996		

这就是说英国的垄断资本家阶级的利润比 1938 年增加了 3 倍。

可是凯恩斯的工资学说是怎样来处理这个问题的呢? 他说,工人的工资不是用货币来表示的工人的劳动力的价值即劳动力的价格,而是劳动的价格。这等于说,工人阶级以工资的形式获得了劳动所创造的全部的价值。他的意思是说,资本家对于工人是丝毫也没有什么剥削的。说到工人的实际工资在资本主义各国内逐渐降低的问题,根据凯恩斯的意见,那亦不是由于资本对劳动剥削的增加,而是由于工人的劳动所生产的价值少了,资本所生产的多了。尤为要紧的,是工人的实际工资还要继续地往下降低。这便是凯恩斯辈,为给垄断资本所辩护,所作出的庸俗的工资"理论"。这个"理论"包含两个命题:

一、在自由竞争状态下,工资等于劳动的边际生产物;

二、在充分就业之时,工资的效用,当着劳动的一定量被雇佣时,等于这一定量就业劳动的边际的苦痛。在有失业存在之际,工资的效用大于劳动的边际的苦痛。[③]

(一)什么叫做劳动的边际生产物呢? 又劳动的边际生产物又是怎样等于工人的工资呢? 依照凯恩斯辈的意见,劳动的边际生产物,即等于社会上增加一个工人所增加的劳动生产物。"边际"是指增加的意思。试举例以明之,假令世上新增了一个工人。但世上的企业家尚不能为此新增的工人另外给他增添一套生产资料。仅在原有的生产资料的规模上,将他一并吸收到企业之中。此新增的工人,虽与旧有的许多工人一块工作,但亦可以计算出他的劳动的生产物。这个计算法亦是很简单的。假令这个企业在没有吸收这个工人以前,全部生产物为 1 000 件值 1 000 元。每一工人的工资为 2 件值 2 元。吸收以后,在一定时间内,全部生产物由 1 000 件增到 1 001 件,假令其他条件相同,那么此增加的一件便是这位新增工人的劳动的边际生产物了。因为此新增的工人,虽然企业家并未替他增加资本,而他

---

① 瓦尔加:《帝国主义经济与政治基本问题》,人民出版社版,第 54 页。

② 1951 年 4 月 21 日及 1952 年 3 月 15 日。

③ 凯恩斯:《就业、利息和货币的一般理论》,英文版,第 5 页。

却使劳动生产物有一件增加,当然可以说,他所增加的这一件劳动生产物完全是凭劳动自己增加的生产物,因此称作劳动的边际生产物。为什么新增的工人所增加的生产物不是两件而是一件呢?依照凯恩斯的意见,这是由于劳动收益递减规律的作用。因为在技术不变的条件下,如要产品增加 1/10 倍,资本与劳动亦要增加 1/10 倍。现在资本没有增加 1/10 倍,单只劳动增加 1/10 倍,那末,生产物就增加不到 1/10 倍。在我们这里所举的例中,新增加了劳动工人一个,而所增加的生产物,由 2 件减到 1 件,也是由于资本没有为同比例增加的原故。这就是凯恩斯辈认为劳动的边际生产物只等于一件的原因。劳动的边际生产物既只等于一件,那么依照同一的商品只有同一的价格的原则,工人的工资便将由 2 件降为 1 件,由 2 元降为 1 元。工人的工资既降为 1 元,那么,凡从前得 2 元的便当有 1 元化作资本所增加的利润。由此可见,随着工人就业的增加,工资将减,利润当增。只要工人降低工资,资本家阶级为了利润的增殖,是乐于增加工人的。工人不患无工作,只怕工人不能满足于日益降低的边际劳动生产物,工资。

应当着重地指出,凯恩斯在说明劳动的边际的生产物递减的时候,系假定生产的技术不变,这是完全不合事实的。谁都知道,在人类历史上,生产的技术是随着机器的发明和劳动的协作与分工的扩大而继续往上增加的。由于凯恩斯假定的历史前提不存在,所以他的工资学说的第一个命题,便为机器的发明和协作与分工创造新生产力这一历史的规律所粉碎。关于就业的增加和劳动生产率的关系,一般地说来,资本家只有在生产设备有一定量的剩余或尚开工不足时,才会在现有生产设备上增加就业量。然而如果当就业增加时,现有生产设备开工不足的程度减少,则其结果不应是劳动生产率下降,生产成本费用增加,像凯恩斯企图令人相信那样。在这种情形下增加就业,恰恰应该引起相反的结果,即劳动生产率增加,单位产品的成本降低和商品的增加。例如某国有些农场既有许多旱地又有许多洼地。旱地生产物的价值只及水地的十分之一。洼地常闹水灾。可是由于市场不足,尽管现在这里有挖泥机,又有几口电井不能充分发挥作用。后来,市场好转,从新雇到了一批工人,在一方面,利用挖泥机和现有的其他的挖泥的工具,在这洼地中,开凿了一条大水沟,从此不闹水灾,洼地变为良田了。另一方面,利用电井的剩余的力量,将旱田变为水田,新增的价值将近十倍。不但劳动生产率增加,单位成本也降低了。这种例子很多很多。即在较次的情况下,由于工人增加并没有减少新增工人的装备,新增的工人亦会引起同比例的生产物的增加。如果说现有生产设备已经用完,那么,便绝对没有可能,在原有的设备之上,继续不断地增加劳动,直到将所有的失业工人通通用完为度。在资本主义扩大再生产过程中,通常企业的劳动人数大大扩充,比如说,由几百个工人扩大到几万工人,乃是以新设备比旧设备具有较高的生产优越性为前提。其结果是,新增的工人的劳动生产率大为增加。在资本主义总危机时期,市场问题尖锐化,企业经常开工不足,物未尽其用,地未尽其利,人未尽其才,此时增加工人必然增加更多的生产物,至少亦将使生产物的增加，与劳动人数的增加成正比例，绝无减少劳动的编辑生产物的可能性。凯恩斯把劳动收益递减的"原理"应用到这种情况下，即应用到二十世纪三十年代特种萧条的情况下来说明工人的工资应该随着工人的边际劳动生产物的减少而降低，显然那是存心撒谎。

关于劳动收益递减的问题，我认为列宁在"土地问题理论"上，关于土地收益递减的规律的批判：是完全正确的，即在比较狭隘的范围内，递加的劳动在一定的不变的技术水平的基础上是可以发生的，但因它所适用的范围太小了，以致不能说它不是一种例外。说技术不变和因此发生的劳动的边际收益递减"有普遍的意义"，这完全等于说，火车之在车站上的停业是汽力运输的普遍规律，而火车在车站之间的驶行是暂时的倾向，是完全没有理由的，固然，列宁在这里所说的，是批判在土地的质量不变，递增劳动与递增资本只能使生产率减少的庸俗经济学家的见解，但应指出，列宁的批判对于凯恩斯的劳动的边际收益递减的"理论"亦是完全适用的。

还想补充一点，即根据我国对农业的社会主义改造和对资本主义工商业的社会主义改造的经验，我深切地体会到，在资本主义社会中，生产增加的速率的降低是由已发展了的社会劳动生产力受着生产资料的资本家的私有制和其他的私有制的束缚。一旦社会主义的革命胜利，将生产资料的资本家私有制和其他私有制改变为公有制，被束缚的社会生产力便解放了。纵令在技术不变的情况下，由于工人的社会主义的劳动积极性的提高，劳动生产率亦必有空前的增加。自北京市私营工商业改为公私合营后，有些工人的生产率提高了百分之八、九十，有的提高了六、七倍。自从农业生产合作社组成后，同是这样多的水井和牲畜，便扩大了生产和增加了农民的收入。由此经验看来，社会物质生产的停滞或减少，主要是由生产关系桎梏了生产力的发展。资产阶级经济学者们将它归咎于劳动收益递减，就是在说谎。

如众周知的事实，资本家所剥削的利润和利息，完全是资产阶级剥削无产阶级的剩余价值。现在连小学生都是很明白的。可是凯恩斯之流还在无耻地宣称，资本的利润是资本自己生产的。工人的工资是工人劳动的边际生产物决定的。又工资的低落乃系由于劳动边际生产物，随着就业的增加而降低。他并且说，现在已经降低了，以后还要降低，除非工人自愿失业。凯恩斯将工人阶级的贫困化说成是劳动者的劳动力生产得太少了，可是在事实上并不是由于劳动者的劳动力生产得太少，而是生产得太多了。劳动者确是生产得太多了，以后还可以生产得更多，只因资本主义的生产关系桎梏了劳动生产力的发展，和由它所决定的分配关系与消费关系，使社会上基本群众的购买力缺乏，方才造成生产过剩的危机和工人的失业，从而降低工资的。倒白为黑，翻是成非，不但毫无科学的根据，简直是反科学的。真正的道理是，工人的劳动的"边际"生产物，随着机器的发明和人类的协作分工的进步，一代胜过一代。

（二）凯恩斯的工资理论的第二个命题是说,当充分就业之时,工人在生产的时候,辛苦的劳动虽有所失(苦痛),但在生产之末,以工资所买的消费资料来享受时却有所得(效用)。工人既然全部参加了工作,足见工人从劳动所得的消费资料的效用,恰足以补偿他因劳动所受的苦痛。因此,工资的效用恰正等于劳动的苦痛。在失业存在之际工人希望工作尚不能得,就工人全体来说,足见工人认为从劳动所得的工资的效用尚且大于工人因劳动所受的苦痛。因此,他说,工资的效用大于劳动的苦痛。这便是凯恩斯辈的工资学说的第二个命题的意义。

果然工人从工资方面所得的享受,在充分就业之时,恰正足以抵偿工人在劳动方面所受的苦痛么?而在失业存在之际前者尚且大于后者吗?在生产资料为资本家所独占的历史条件下,工人只有两条路可走:一条是出卖劳动力,一条是饿死。与其饿死,不如廉价出卖劳动力,工人并不感到这是一种公平的交易。更因工人在其所创造的财富中,以工资的形式所取得的那一份如此之小,即用以满足最迫切的要求,亦嫌不足,甚且时有失业的危险。可是,在他方面,资本家阶级虽不参加生产,但以利润的形式所分得那一份如此之大,甚且日在增加。而且失业越增加,工资越降低。在这一件事实上工人确是感到他们所得的只是奴隶的生活,而所失的乃是一切。这表现在工人阶级自资本主义诞生以来不断的爆发经济斗争与政治斗争上。然而凯恩斯却说工人在充分就业之时,从工资方面所得的享受恰足以抵销在劳动方面所受的苦痛。而在失业存在之际工人从工资方面所得的享受尚比劳动方面所受的苦痛更大。这就是在说谎话。

总结地说,凯恩斯辈的工资理论是完全违背客观现实的。(1)在资本主义社会中,资本家取得利润,只是由于生产资料的资本家所有制所造成,而不是由生产资料所生产。如果生产资料不为资本家所有,资本家还能够取得利润么?当然是不可能的。(2)在资本主义社会内工人的实际工资日益降低,只是由于工人阶级没有生产资料所有权,而不是由于劳动的边际生产物下降。假如工人阶级共有生产资料,请问工人的实际工资还会日益降低么?这当然是不可想象的。1953 年,正当着资本主义各国工人的实际工资往下降低的时候,苏联工人的实际工资一直在往上飞升。1953 年苏联全国工人和职员的实际工资比 1940 年增加百分之六十五,比较革命前大约高五倍。① (3)在资本主义社会中,失业常备军日增。这并不是由于工人的实际工资过高,而是由于资本家们为了竞争超额的利润,将资本的有机构成提高了。不断地以机械代替劳动力,由是造成失业常备军。假如资本主义为社会主义所代替,尽管工人的工资日益增加,失业还有重演的可能么?当然是不可能的。我们知道,苏联还在第一个五年计划期间(1930 年)便已完全消灭失业了。凯恩斯辈在研究工资的理论的时候,不能说毫不知道工人实际工资的降低是由生产资料的资本主义所有制的原故,然而因为这个原因的揭露,必致引起工人阶

---

① 苏联科学院经济研究所编:《政治经济学教科书》,人民出版社版,第 500 页。

级对资本主义的革命。为了避免革命,并把资本主义从不可避免的灭亡中挽救出来,他于是不得不撒谎说,实际工资的降低的真实原因不是资本主义所有制,而是由于劳动的边际生产物的降低;除非工人的工资降低,失业必然增加。并且以此理论作烟幕,来替垄断资本向工人的生活水平猛烈进攻创造条件。

为什么他一定要这样撒谎呢?凯恩斯自己说过,工人阶级"不是我的阶级,当着阶级斗争发生时,我的地方的和个人的忠心,如像其他的人一样,除开某些丧心病狂的人而外,总是向着我自己的周围的。我也能受我所认为公正和善意的影响,但是阶级的战争必然发现我站在有教养的资产阶级的一边。"①由此可见,凯恩斯在作"工资理论"时,不惜虚构事实,并不惜借助于拜物教,将商品形态的资本神化,来替独占资本家们创造为进攻工人阶级的生活水平的理论根据,实在不是一件偶然的事。

---

① 凯恩斯:《劝说集》,第524页。

五、对凯恩斯就业论的批判

失业乃是资本主义的永恒的侣伴。在资本主义社会中,随着资本的增长而来的是资本有机构成的提高;即在日益增加的资本的总量中,不变资本所占的比例越来越大,可变资本的比例越来越小。但是资本对于劳动力的需求不是由不变资本的部分决定,而是由可变资本的部分决定。因此随着资本的积聚和集中,随着资本的有机构成的提高,资本对于劳动力的需求必然相对地降低,结果便有很大一部分的工人找不到工作,而形成工业后备军,即是失业军。在自由竞争占统治地位的资本主义的时代,工业后备军虽然随着危机来临而扩大,但在高涨的时期,由于再生产过程扩大加速,在工业预备军中,尚有相当大的部分被吸进工业劳动军中。可是随着资本主义进入到垄断组织占统治地位的阶段,特别地是随着资本主义进入到总危机的时期,由于在世界六分之一土地上,无产阶级的社会主义革命的胜利,和资本主义的统一的无所不包的世界市场的瓦解;由于资本主义的寄生性和腐朽性的更进一步的增加;由于在财政资本的统治下,工人阶级及劳苦大众相对贫乏化和绝对贫乏化的增长,资本主义各国的市场不但相对地而且绝对地缩小了。伴之而起的便是企业经常开工不足,经济危机日益加深,失业问题愈趋严重,工业预备军于是一变而为工业常备军。以英国而论,在二十世纪初年(1900 到 1918)英国失业者在工人中尚只占百分之二到五。二十年代便增加到百分之十二。三十年代便增加到百分之十六。在 1929 到 1938 年危机中竟达百分之二十二(300 万人),不仅失业的规模加大,而且在失业工人中在一年以上找不到工作的,与日俱增[①]:

年份	百分数	年份	百分数
1932	21.1	1937	21.3
1933	25.4	1938	19.3
1935	28.5	1939	25.8
1936	25.1		

此外,还有五分之一到四分之一的失业工人很长时期得不到就业。自 1945 年以来,这种趋势在美国表现得尤为显著。由此可见,失业是资本主义永恒的伴侣。

---

① 布留明:《现代英国资产阶级政治经济学批判》(Критика Современной Еуржуазной лолитичоской экономии Англии),第 172 页。

除非消灭资本主义,失业是不会消灭的。任何就业的学说,如果在一方面,要保持资本主义,可是在另一方面,又说要消灭失业,如果不是由于作者的愚蠢无知,那便必是由于他的欺骗成性了。

凯恩斯就是主张在一方面保持资本主义,在他方面诳言,可以消灭失业的。(他不是真正要消灭失业而是要削减工人的工资,这点以后再说。)依照凯恩斯的主张,在资本主义社会中,工人经常的失业,是由于支付能力的需求不足,即是对于生产资料的需求不足和对于消费资料的需求不足之总和。对于生产资料的需求不足,是由于资本家赚钱太少不愿增资。而资本家之所以赚钱太少,又是由于利润率太低,利息率太高和工人的工资太高。而对于消费资料的需求的不足,则是由于公众的边际的消费的倾向,随着收入的增加而降低。但这亦非由于资本主义本身有何不可克服的矛盾,而只是由于国家对于经济生活采取放任自由主义的原因。一旦国家起而干涉全面的经济生活,降低工人的实际工资,降低利息率,资本家的利润率便要增加,从而资本家对于生产资料的需求,便要增加。随着资本家对于生产资料的需求的增加,社会对于消费资料的需求也要增加。这样对于商品的总需求就要增加。随着商品的总需求的增加,工人的就业就会增加,就业增加到一定程度之后失业现象便消灭了。根据凯恩斯的这些说法,好像失业并非资本主义永恒的伴侣,但只是在资本主义社会中偶然发生的病象。而且这个病象是可以医治的。这便是凯恩斯的反动的就业理论的基本概念。凯恩斯企图以他的谬误的和骗人的"充分就业理论"作花招,来动摇工人阶级对于马克思的工业后备军的理论的坚定信念,使他们相信失业并非资本主义永恒的伴侣,来转移他们的斗争意志,由社会主义的革命,转向"有调节的资本主义",在一方面,更进一步地向工人阶级的生活水平进攻,在另一方面,以保证垄断资本的最大限度的利润。

现在将凯恩斯的就业理论的基本要点分别批判如后:

(1)凯恩斯的"有调节的资本主义"的实质,凯恩斯所倡导的有调节的资本主义就是列宁在帝国主义时代所指的国家垄断资本主义。什么叫做国家垄断资本主义呢?国家垄断资本主义就是财政寡头专政。他的唯一的任务就是将国家机器置于资本主义的垄断组织之下,由它来干涉经济。在资本主义总危机时期,特别是要实行经济的军事化,用以保证最大限度的利润。国家垄断资本主义在对内经济政策上,主张由财政寡头利用国家机器,盗窃国库,向垄断组织以高价订购货物,特别是在准备和进行战争时期,发行公债,向垄断组织大量地订购武器、装备和给养。用国库的钱建造兵工厂,建造以后,又把它们交给垄断组织支配,并要借口鼓励"经济主动性",付给垄断组织以最大的补助金,或在虚伪的国有化的旗帜下,给"国有化"企业的老板,以优厚的赔偿金。或透过中央银行,膨胀通货,降低实际工资,……用以增加垄断资本的最大利润。而在对外的经济政策上,则由国家鼓励和津贴商品输出和在世界市场上倾销,鼓励资本输出,对进口货规定高额关税,汇兑率贬值,用以助长倾销,夺取市场、原料产地、投资地和军事基地,来保证最大限度利润。可是,在另一方面,却把一切的经济重担转嫁在劳动人民身上。列宁写道:"无论美国或德国其'调节经济生活'的方式都是给工人(和一部分农民)造成军事苦工营,给银行主和资本家造成天堂。这些国家的调节办法就在于使工人'紧张'到挨饿的地步,而(用秘密,反动官僚手段)保障资本家获得比战前还高的利润。"①凯恩斯就是用上述一系列的国家垄断资本主义的方法,来保障资本家获得最大限度的利润的。

凯恩斯在就业理论中,为了提高有支付能力的需求,特别是提高生产资料的需求与价格,从而保证资本家获得最大限度的利润,曾经主张在一方面,由帝国主义的国家,盗窃国库,直接向垄断组织订货或直接地建造工程,特别是实行经济军事化,向垄断组织订购军火、装备和给养。尤为重要的是用公债来订购军火。这样,既可保证财政巨头们的巨大的利润,同时,又可使他们得到利息。他说"战争是政治家们认为正当的大规模的公债支出的唯一的形式。"战争是"在进步中起着作用的"②,甚至用膨胀通货的方法也是好的。由此可见凯恩斯的"就业理论"的目的,乃是给国民经济军事化建造理论的根据,乃是替帝国主义反动和战争作辩护,显然,这种理论是十分恶毒的。凯恩斯就是主张用这种方法,即国民经济军事化的方法来刺激生产资料的需求与价格的。1951 年英国在每五个工人中,就有一个人是直接地或间接地为战争而工作。这种庞大的军火的生产是与凯恩斯的国家垄断资本主义的理论分不开的。

另一方面,凯恩斯主张,由帝国主义的国家,利用中央银行,增加货币,抬高物价,冻结货币工资,降低实际工资,保障财政巨头的最大的利润,从而鼓励他们增加投资,更进一步地提高生产资料的需求。这当然也是国家垄断资本主义的必要措施。

(2)凯恩斯的利息学说的实质。凯恩斯放出烟幕弹,说什么增加货币供给的目的,在于降低利息率,在于增加工业的利润率,和在于最后消灭坐食利息的阶级。他并且说,坐吃利息的阶级行将无疾而终,在不列颠已成一种趋势,无须进行革命。③ 这完全是种谎话。谁都知道,在不列颠如同在其他的帝国主义的国家一样,坐吃利息的阶级不但在数量上增加,而且在力量上更大了。在垄断资本主义时代,银行资本家已由简单中介人变为万能的垄断者。坐吃利息的阶级与坐吃利润的阶级已组合而为一了。他们是不能够无疾而终的。他们之不能无疾而终,是由于他们的生命结根在生产资料的资本家私有制上,除非生产资料的资本家私有制被消灭,坐吃利息的阶级不能单独的消灭。凯恩斯要保存生产资料的资本家私有制,一再宣传,多数的有价值的个人的活动都需要有找钱的动机,并需要有私有财产的环

---

① 《列宁文选》两卷集,第 2 卷,莫斯科中文版,第 106—107 页。
② 凯恩斯:《就业、利息和货币的一般理论》,英文版,第 130 页。
③ 同上书,第 376 页。

境来发育它们。① 在银行资本家与工业资本家合而为一时,资本家的私有财产如被保存,那就是要保存坐吃利息的阶级。既要保存坐吃利息的阶级了,又说要最后消灭坐吃利息的阶级。除了说谎外,是不能有其他任何解释的。

凯恩斯一再主张利息率乃是纯粹的货币现象。说什么利息率的高低取决于公众对灵活的偏好,即货币的需要和货币的供给的相互关系。还说灵活的偏好即是公众对于货币的需要,虽不是国家机器所能控制的,但货币的供给是可以的,因此他说利息率的高低可由国家机器,透过财政部和中央银行,控制货币供给的方法,来控制利息率。诚然,在一定时期和一定程度内,中央银行增加货币的方法是可以些微地降低利息率的。马克思在《资本论》第3卷中,批判英国1844年的《银行法》时指出,在货币危机爆发时期,中央银行紧缩货币的供给或增加货币的供给可以提高或降低利息率。他说:

> "1844年的《银行法》,直接地刺激整个商业界,要他们在突发的危机面前,及时贮藏多量的银行券作为准备,从而把危机加速,并且加强;这个《银行法》,既然在最紧要的关头,人为地增加了对于货币通融的需要,那就是增加了对于支付手段的需要,而同时又限制它的供给,所以就在危机中,把利息率抬高到了空前未闻的高度。这个《银行法》不但没有防止危机,却宁可说把危机加强到了这个程度,以致不是整个产业界必须要崩溃,就是《银行法》必须要崩溃。危机曾两度(一度在1847年10月25日,一度在1857年11月12日)达到这个高点;那时候,政府解除了银行在银行券发行上所受的限制,因为它把1844年的法律停止了。这个办法两次都足以将危机打破"。②

凯恩斯把中央银行这种作用加以夸大,给人一种不正确的印象,好像中央银行增加货币的供给,即在资本主义私有制下,亦可能将利息率降低到零,甚至消灭坐吃利息的阶级,那简直是骗人的。应该知道,连中央银行所具有的有限制地降低利息率的作用,也是为吃利阶级服务的。利息是由利润中分出来的。在货币危机爆发之际,中央银行如不降低利息率,至于迫使工商企业关门破产,坐吃利息的阶级是会连本带利都收不回来的。这不是很明显的么?最令人笑的,即凯恩斯这种欺诈的夸大的宣传,不但不能骗人,而且连他自己也十分明白,这是办不到的。因此,他每天大力鼓吹银行的这一作用之余,总是失望地说,利息率降低到一定程度之后,再增加货币的供给就不能再降低了。因为债券的价格是受债券的收益对现行的利息率的比例决定的。假设现在债券的收益是四厘,每百元得四元,现行的长期利息率也是四厘。此百元债券仍值百元。此时如果人们相信,将来的利息率只涨到四元一角六分,他还可以买进长期债券的。因为纵使将来的利息率涨到四厘点

---

① 凯恩斯:《就业、利息和货币的一般理论》,英文版,第374页。
② 马克思:《资本论》,第3卷,人民出版社版,第719页。货币可以解救的危机只能是狭义的货币的危机,不可能是生产过剩的危机。

一六,使债券的价格从百元跌到九十六元一角五分,他还不怕,因为他还有利息的收益四元可以抵补这个损失。但是当着利息率跌到四厘时,如果人们相信利息在将来可以涨到四元一角六分以上,那么,这四元的利息的收益便不足以抵补债券跌价的损失了。在这一种心理状态下,无论中央银行如何增加货币都不会有人按四厘息出借资本的。这是凯恩斯自己说的。① 即是货币的供给不是能够将利息率降低到零或接近于零的。特别是当着债券价格看跌而且眼看着会跌到非现在的利息率所能抵补的时候,利息率纵令远在零点以上,亦是不能以货币供给的增加来降低的。在资本主义社会中,周期地出现着生产过剩的危机,长期的放款存在部分地或全部地丧失本钱的危险,利息率之不能由货币的供给的增加使它接近于零,事实至为明显。利息率既不能降低到零,那么,食利的阶级便不能无疾而终了。食利的阶级既不能无疾而终,那就只能用革命来消灭它。

在资本主义社会中,中央银行用增加货币供给的方法来降低利息率,无论在理论上或在实践上都只能适用到比较狭窄的范围内。它绝对不能将利息率降低到零,我们已经说了。现在我们要更进一步地来分析的,即中央银行不但不能将利息率降低到零和消灭坐吃利息的阶级,而且亦不能任意地将它降低到在零以上的随便什么数字。它不能够将它降低到为资本主义的平均利润规律所不能容许的数字,当然它更不能够将它提高到等于或大于这个数字。这个理由,是很容易明白的。因为利息是平均利润的一部分。利息率一般地受平均利润率决定。一是因为在资本主义的条件下,平均的利息率不能高过或等于平均利润率。二是因为在资本主义社会中,银行资本家的活动也是以实现平均利润为目的。银行资本家不能将存款和放款的利息的差额降低到至于连平均利润都得不到。在实际上,银行资本的利润率,由于银行具有相对的垄断地位,即在自由竞争时期一般都是比较的高。在垄断的阶段,中央银行或财政部当然更不能够任意将利息率降低到在零点上的随便一个数字,这个道理更明显了。利息率的变动即在自由竞争时期至少亦当要在实现平均利润的条件下,才有其活动的范围。尽管我们承认利息率亦非绝对地受利润率决定而有其相对的独立性,从而利息率的高低对于企业主的收入亦可起反作用。在危机的时期,谁都知道,利息率有吞没大部分的利润的可能性。还应着重指出:利息率的相对独立性,在资本主义社会中,基本上不是中央银行或财政部决定的。因为短期利息率是受货币与短期债券的需求和供给的影响的。中央银行或财政部能够增加货币的供给量,但不能增加短期债券的供给量,因此中央银行或财政部便只能在极其狭隘的范围内有降低(或提高)利息率的作用。为充分明白中央银行或财政部的有限制的管理货币的作用起见,我们在讨论这个问题的时候,应将货币和以汇票为代表的短期债券分开。在资本主义再生产的循环中,利息率不但要受货币供给的影响,而且要受以短期债券,即汇票,为代表的商业信用

---

① 凯恩斯:《就业、利息和货币的一般理论》,英文版,第202页。

的影响。马克思说过,在再生产过程大扩张、加速并加强的时期,需要有更多的货币来流通,对于货币的需要大增加,但同时货币的供给却相对地减少了,尽管绝对的数目仍是增加的。既然货币的供给相对地减少了,似乎会使利息率大增加。可是在这时期内利息率涨高极微。这是由于商业的信用,即汇票,代替了货币的作用。不但在大宗买卖上不需要货币,而只需要汇票当作购买的手段,甚至在汇票到期需要付现的时候亦可以用另外的汇票来作支付的手段。由于商业信用的供给大增加,货币的供给虽是相对的减少了,但汇票的供给是增加的,这就是利息率只有极其轻微的涨高的原因。由此可见,在高涨时期,利息率的涨高比起利润率来,确有其相对的独立性,因为此时利息率只有轻微的高涨。但这主要地不是由中央银行,或财政部降低利息率的结果。设使在资本主义社会中,不是出现膨涨而是出现危机,单凭中央银行增加货币,利息率能够低落到这样的程度么?这当然是不可能的。即在高涨时期中,中央银行或财政部亦不能将利息率降到零点以上的随意决定的数字。第一,在额外利润时期,资本家愿意支付较高的利息率。第二,在额外利润时期,银行资本家也要获得与工业资本家相近的利润率。而且,在这一个时候,利息率也是比较低的,中央银行或财政部亦无法把它降低的必要性与可能性。在危机爆发时期,情形正与前相反。新投资与再投资都减少了。① 价格低落,工资亦然;工人数目减少,交易次数缩减。对于货币的需求在这一方面确是缩小了。可是在另一方面,由于资本家生产过程突然瘫痪,信用突然动摇,商业信用,稀少而收缩,又票据贴现的需求相应地增加。换句话说,随着商业信用的缩减,对于用作支付手段的货币的需求行将增加。此时,因为为了偿还债务以应付到期的期票而所发生的对于货币的需求增加得太快了,致使在这一方面对货币的需求增加得多,在前一方面对货币的需求减少得少。结果对于货币的需求有整个的增加,利息率于是达到了极端剥削的顶峰。马克思在此作一总结说:"考察一下近代产业依以运动的周期循环——静止状态,增进着的活跃性高涨、生产过剩、危机、停滞、静止状态等等,其进一步分析,是在我们考察范围以外的——我们就会发觉,大多数较低的利息率,是与高涨时期或有额外利润的时期相应的,利息的提高,是与高涨与其逆转间的过渡期相应的,利息的最高点以至最异常的高利率,则是与危机相应的。"②

在危机时期利润率最低,但利息率反而涨高,这亦可见,利息率有相对的独立性。但同时这一相对的独立性亦不是中央银行所能完全控制的。尽管我们承认在危机爆发时期,中央银行如果增加货币可将利息率作某种程度的降低。因为这也是整个资产阶级的寻求最大利润的贪欲所容许的。

马克思说过:"流通的绝对量,只在紧迫时期,对于利息率会有决定的影响。"

---

① 马克思虽然在《资本论》第 2 卷中说,危机往往是大规模新投资的始点,但是这个始点,危机,不时包含在大规模的新投资的时期中。

② 参看马克思:《资本论》,第 3 卷,人民出版社版,第 450 页。

"如果不是这种情形,流通的绝对量,就不会影响于利息率。……""在 1822 年,1828 年,1882 年,一般的流通是在低位,利息率也低。在 1824 年,1825 年,1886 年,流通是在高位,利息率也提高。1880 年夏,流通是在高位,但利息率也低。自金矿发现以来,全欧洲的货币流通扩大了,而利息率提高。所以,利息率决不是依存于流通货币的量。"①

马克思说:中央银行用增加货币的供给降低利息率,只在紧迫时期,对于利息率才有决定性的影响。实际的经验看来,这一决定性影响亦不能完全适用于长期利息率,因为长期利息率主要是受预期的平均利润率决定的。由此可见,中央银行不但不能将利息率降低到零,最终消灭坐吃利息的阶级,即在零点以上的数字亦非它所能自由控制的。利息率绝对不是纯粹的货币现象。利息是利润的一部分。利润率一般地决定利息率。尽管利息率亦有其相对的独立性,因此它对于企业主收入即纯净的利润率亦有其反作用。

利息率既是一般地受利润率决定,那么,凯恩斯所尽力宣扬的用降低利息率的方法来扩大资本家的利润,从而增加生产资料的需求,便是一种虚伪的夸大的宣传。在高涨的时期,资本家为肥大的利润所引诱,对于些小利息率的上涨,是不会阻挠他的投资的计划的。在衰败的时期,事物皆为阴暗的景色所笼罩,利息率的降低也不会使资本家发动大规模的投资。这即是说,凯恩斯企图用降低利息率的方法来扩大投资的范围和扩大资本家对生产资料的需求,从而实现充分就业,亦是用来骗人的。总之,在资本主义社会中,由于大众的贫困和有限的消费所造成的危机与失业,绝非玩弄货币的把戏所能为力。

由此我们可以作出的总结:在资本主义制度下,利润率决定利息率,尽管利息率对于企业主的收入有其反作用。凯恩斯从主观唯心论出发,想把它颠倒过来,用利息率的方法来刺激投资,从而扩大生产资料的需求,至于解救失业与危机,这乃是一种自欺欺人之谈。可是凯恩斯仍不以此为满足,他甚至以为在保存资本主义的条件下,可以将利息率降到近于零和消灭食利的阶级。这简直更是骗人了。在自由竞争占统治地位的资本主义的阶段,银行资本家和工商业资本家虽然尚未完全合而为一,但银行资本家是根据他的资本的所有权,分取工人阶级所创造的剩余价值的,在这一点上他是和工商业资本家也是要完全一样的。否则工商业资本家不能从银行资本家得到借贷资本。资产阶级的国家机器没有将利息率降低到零的愿望与可能性。到了垄断组织占统治地位的资本主义阶段,即在帝国主义的阶段,此时银行资本家和工业资本家都是由少数财政资本巨头兼任。这些财政资本巨头,既是银行资本家又是工业资本家。在银行资本家和工业资本家之间也无界线可分。而且由他们自己,并不仅是透过他们的政治代表,直接控制国家机器,公开地劫掠人民大众的财富,以饱私囊。国家机器既为财政资本巨头所控制,而财政资

---

① 参看马克思:《资本论》,第 3 卷,人民出版社版,第 684—685 页。

本巨头们又像吸血鬼一样,必须吃劳动者的鲜血,才能有生命。除非吸血鬼们被消灭,利息率永无被降低近于零并消灭食利阶级的可能性。以美国而论,1931 年,食利者从有价证券得到的收入为 81 亿美元,超过同年中三千万农业人口货币总收入的百分之四十。而美国这个国家的机器又为食利者所控制。他们之不能以他们的自觉的努力,消灭他们自己,正如豺狼虎豹之不能以他们自己的自觉的努力,拔掉他们自己的爪牙一样。蒋介石反动集团不是天天在那里叫嚣,他要以法律的手续,来实行节制资本、平均地价吗?他是真正要想节制资本和平均地权吗?抑还是只在口头上要节制资本、平均地权,可是在骨子里却只要以它作幌子,来反对无产阶级革命,从而挽救地主阶级和买办阶级呢?现在连小孩子都能对这些问题作出很正确的答复。同样,凯恩斯扬言,要以财政资本巨头自己的自觉的努力,凭借和平的手段,来消灭食利的阶级,不但是不可能的,而且是别有用心的;即想以它来欺骗无产阶级,麻痹无产阶级的斗争意识,否定社会主义的革命,从而挽救摇摇欲坠的资本主义制度。这便是凯恩斯的增加货币的供给和降低利息率的反科学反人民的本质。

(3)凯恩斯降低工人的实际工资的阴谋。凯恩斯主张增加货币供给的首要目的在于抬高物价,降低工人的实际工资,从而保障财政资本巨头的最大利润。因为货币的供给增加与商品的货币需要的增加,在物价继涨的情况下是同方向的。他的办法有二:第一,鼓吹政府实行不平衡的财政预算。政府在预算不平衡时只有两途:一途是负债;另一途是增发钞票。两者都可增加货币的流通速度与货币的数量。当然在比较狭隘的范围内也可以些微地降低利息率,这点也讨论过了。第二,鼓励资本家投资。这样也可以增加货币的流通的速度。又如资本家向银行贷款,当然亦可以相应地引起货币数量的增加。货币增加,货币的支出增加,在其他条件相等的条件下,物价势必涨高,物价涨高之后,工人的货币工资不变,实际工资就要降低。随着实际工资的降低,财政资本巨头们的利润当然就要随之增加。这就是凯恩斯降低工人的实际工资从而保障财政资本巨头们的最大利润的阴谋诡计。他曾说:"虽然降低现行的货币工资会引起工人的罢工,但是用抬高物价的方法来降低工人以其消费品来计算的货币工资的价值,是不必一定会引起工人的罢工的。"[①]

凯恩斯很羡慕在十六世纪的时候,由于美洲那里发现了更丰富更容易开采的金银矿,欧洲流通的金子和银子增加起来了,物价涨高了,然而工人们出卖自己的劳动力所得的数目,还与从前一样,因而就促成了十六世纪的资本增殖和资产阶级的兴盛,他很想仿效一番。他说:"当黄金可以在适当的深度取得的时候,世界的财富迅速地增加;而当着它很少可以这样取得的时候,我们的财富便遭受了停滞和衰

---

① 凯恩斯:《就业、利息和货币的一般理论》,英文版,第 8 页。

落。"①因此他竭力鼓吹膨胀通货,降低实际工资,来填塞财政资本巨头贪利无厌的欲壑。可是他在鼓吹之时,却又将它的凶恶的面貌笼罩着一层好看的粉红色的轻纱。他说,这是最公平的,因为工人的工资恰正等于工人的递减的"劳动边际生产物",即等于劳动所创造的价值的全部。他又说,降低工人的实际工资的目的乃在实现"充分就业",这对于工人阶级还是有利的。可是,在本质上,他乃是想以通货膨胀,抬高物价,来降低工人的工资,用以实现财政资本巨头最大限度的利润。其余一切都是假话:凯恩斯就是这样地主张,以盗窃国库,膨胀通货,提高物价,降低工人的实际工资,保证财政资本的最大限度利润,来刺激生产资料的需求的。

凯恩斯谬误地以为只要对于生产资料的需求能够提高,那么,消费资料的需求便能跟着提高,从而需求便能全面的提高,利润率于是有全面的增加,社会总产品的再生产与流通便将扩大了又扩大,就业,便将增加了又增加,一直达到充分的就业为度。为说明这一整个过程起见,凯恩斯提出了他的极其庸俗的就业乘数的理论。

(4)凯恩斯的就业倍数理论的庸俗性。凯恩斯说:他的就业倍数理论乃是他的"就业理论的重要部分,因为它建立了,在消费倾向一定时,总就业和所得与投资率之间的精确的关系"②。对于凯恩斯的这一个"似是而非"的理论的内容,容我们在后文中再作系统的叙述和批评。现在我所要着重指出的,即凯恩斯的就业倍数理论乃是一种虚伪的扩大再生产和扩大就业的学说。这种学说只有在我们全面地掌握马克思的社会总资本(即商品形态的资本)的扩大再生产与无产阶级的贫困化的理论后,我们才能揭露它的反科学和反人民的本质。因此之故,所以我们在系统地叙述和批判凯恩斯的就业倍数理论之前,尚须对于马克思的社会总资本的扩大再生产与无产阶级贫困化的学说作一全面的深刻的认识。

马克思在分析社会总资本的扩大再生产的时候,为了不使问题复杂化,假定(1)国家整个的经济都是资本主义的经济,即社会仅由资本家和工人所组成,(2)没有国际经济,(3)全部不变资本都在一年内消耗掉,(4)它的价值全部移转到年产品上去,(5)价值与价格是一致的,(6)资本的有机构成不变,(7)剩余价值率不变,(8)生产资料部类的资本的积累只占该部类的剩余价值的二分之一。马克思是在这些假定上,进行社会总资本的扩大再生产与流通过程的分析的。现在请容许我,首先依据马克思的理论来说明在资本有机构成不变的条件下,社会总资本是怎样扩大再生产的。其次再依据列宁在市场论中所举的数字来说明,在资本的有机构成不断提高的条件下,社会总资本是怎样扩大再生产的。将马克思和列宁的社会总资本的扩大再生产的理论理解之后,我们立可看出无产阶级的就业的机会是受资本总量和资本的有机构成决定的,在资本总量一定时并随着资本的有机

---

① 凯恩斯:《就业、利息和货币的一般理论》,英文版,第130页。
② 同上书,第113页。

构成的提高,相对地往下降低,从而便给彻底揭露凯恩斯的就业倍数理论的反科学和反人民的本质创造了必要的条件。现在容我首先依据马克思的理论来说明,在资本的有机构成不变的条件下,资本是如何的积累和社会的总就业是如何决定的。

马克思说:社会总资本就是包含得有剩余价值在内的社会所生产的形形色色的商品之总和即是社会总产品。它的价值 T 不外由下列三大部分组织而成:即(1)不变资本 C,(2)可变资本 V,(3)剩余价值 m。从实物的形态来说,社会总资本系由生产资料和消费资料所构成。因此全部社会的生产分为两大部类:Ⅰ,生产资料的生产;Ⅱ,消费资料的生产。为了分析社会总资本的扩大再生产与流通,马克思将社会总资本的扩大再生产在价值上和在实物形态上的发端条件,图示于下:

Ⅰ 生产资料部类	$4\,000C_1 + 1\,000V_1 + 1\,000m_1 = 6\,000T_1$
Ⅱ 消费资料部类	$1\,500C_2 + 750V_2 + 750m_2 = 3\,000T_2$
总计	$5\,500C + 1\,750V + 1\,750m = 9\,000T$

在这发端条件的基础上依照一定的实现的条件扩大再生产与流通,到第二年的终末,我们就会得到,

Ⅰ 生产资料部类	$4\,400C_1 + 1\,100V_1 + 1\,100m_1 = 6\,600T_1$
Ⅱ 消费资料部类	$1\,600C_2 + 800V_2 + 800m_2 = 3\,200T_2$
总计	$6\,000C + 1\,900V + 1\,900m = 9\,800T$

假设依照相同实现的条件积累,到第三年的终末,就会得到,

Ⅰ 生产资料部类	$4\,840C_1 + 1\,210V_1 + 1\,210m_1 = 7\,260T_1$
Ⅱ 消费资料部类	$1\,760C_2 + 880V_2 + 880m_2 = 3\,520T_2$
总计	$6\,600C + 2\,090V + 2\,090m = 10\,780T$

试问扩大再生产与流通的实现条件是什么呢? 这就是我们现在所要答复的。

马克思说:社会总资本的扩大再生产,只有在下述三个条件下,才有可能:

一、在扩大再生产的条件下,Ⅰ部类所生产的生产资料,应该大于Ⅰ和Ⅱ两部类所消耗的生产资料,否则Ⅰ和Ⅱ两部类也都没有扩大他们的不变资本的可能性。用符号来表示它,即

$$T_1 > C_1 + C_2$$

在马克思所举的第一个例中,是具备了这个条件的;即

$$6\,000T_1 > 4\,000C_1 + 1\,500C_2 = 5\,500C$$

这样就使Ⅰ和Ⅱ两部类有将他们的不变资本由 $5\,500C$ 扩大到 $6\,000C$ 的可能性。

二、在扩大再生产的条件下Ⅰ和Ⅱ两部类既欲扩大他们的投资,当然不能消费其全部的净生产物,所得,即不能以所有的所得全部变为消费资料。换句话说,即Ⅱ部类所生产的消费资料必须小于Ⅰ和Ⅱ两部类的所得。用符号来表示它,即

$$T_2 < (V_1 + V_2) + (m_1 + m_2)$$

在马克思所举的第一个例中,这个条件又是具备了的:

$$3\,000T_2 < (1\,000V_1 + 750V_2) + (1\,000m_1 + 750m_2) = 3\,500$$

这样就使 I 和 II 两部类在总的国民所得 3 500 中有积累 500 的可能性。

三、在扩大再生产的条件下,第三个条件乃是流通方面的条件。即在 I 部类所生产的生产资料中,除 I 部类自己留存一部分下来,用作他们的不变资本外,所余生产资料,必须恰是 II 部类所需"入口",用作不变资本的部分。II 部类在其所生产的消费资料中,除 II 部类自己留存一部分下来用作消费所需外,所余消费资料,必须恰是 I 部类以其"出口"的生产资料所欲买进的消费资料的部分。而且两者在实物形态上应为 I 和 II 两部类彼此所需要,在价值上必要相等。这样就使 I 和 II 两部类的总供给和总需求相一致,和使他们能够在市场上为生产所消耗的和消费的每一部分社会生产品按其价值和实物形式找到接替它的另一部分产品。这样就便 I 和 II 两部类能够将扩大再生产的可能性变为现实性。用符号来表示它,即

$$
\begin{aligned}
T_2 - (C_1 + \Delta C_1) &= C_2 + \Delta C_2 \\
&= T_2 - \{(V_2 + \Delta V_2) + (m_2 + \Delta m_2)\} \\
&= (V_1 + \Delta V_1) + (m_1 - \Delta m_1)
\end{aligned}
$$

这个条件在马克思所举的例中亦是具备了的。以第一第二两例来说,即是,

$$
\begin{aligned}
6\,000T_1 - (4\,000C_1 + 400\Delta C_1) &= 1\,500C_2 + 100\Delta C_2 \\
&= 3\,000T_2 - \{(750V_2 + 50\Delta V_2) + (750V_2 + 150\Delta m_2)\} \\
&= (1\,000V_1 + \Delta100V_1) + (1\,000m_1 - \Delta500m_1) \\
&= 1\,600
\end{aligned}
$$

这样 I 和 II 两部类,经过交易之后,就能使他们的不变资本和可变资本发生下面的变化:

$$\text{I} \quad 4\,000C_1 + 1\,000V_1 \rightarrow \text{I} \, 4\,400C_1 + 1\,100V_1$$

$$\text{II} \quad 1\,500C_2 + 750V_2 \rightarrow \text{II} \, 1\,600C_2 + 800V_2$$

由于在上述的举例中,I 和 II 两部类的资本家在扩大投资的时候,具备了这三个条件,从而社会的总资本,即总产品,便由 $9\,000T$ 扩大到 $9\,800T$,而使 I 和 II 两部类的剩余价值从 $1\,750m$ 扩大到 $1\,900m$。

兹将马克思的第一和第二两例合并,作一商品形态的资本的扩大再生产与流通的图解如下:

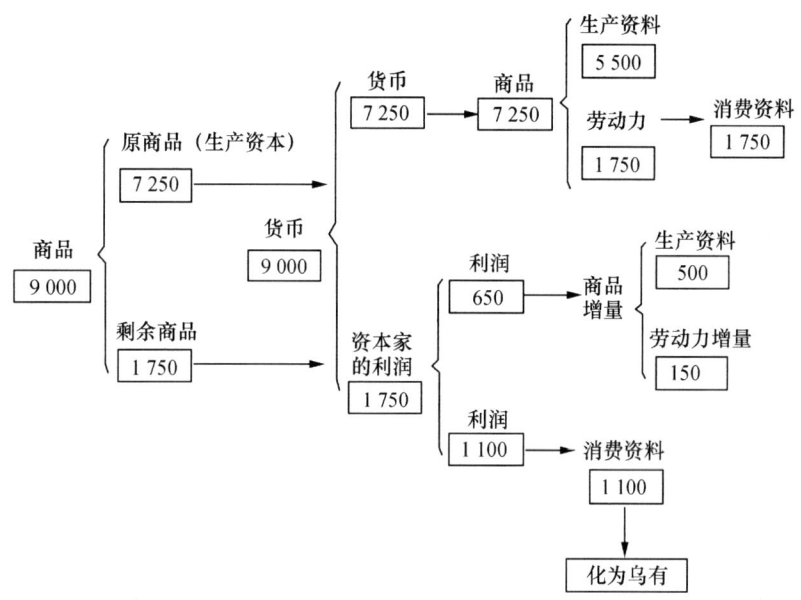

依此图解,社会总资本的运动,不是采取直线的形态进行,而是依照陀螺的曲线,一转一转地往上扩大的。社会总资本,在一方面,从商品形态转化为货币形态,再从货币形态转化为生产资本,最后仍然回到商品的形态。在另一方面,它不但要从商品形态最后回到商品形态,而且在回来的时候,它的种类、数量和价值,都有所增加。马克思将它称做商品资本的循环。不用细说就知道,资本家追求剩余价值的无餍的贪欲,能得到不断的实现,就是因为他能看见无产阶级替他所生产的新商品,就中包含着剩余价值,今年此往年多,明年比今年更多,并能将他们源源不断地变为货币。商品资本的运动既然是越来越大的循环的运动,当然由它所导致的货币资本的运动,也是依照陀螺形的曲线一转一转地扩大了。兹谨将马克思所举出的三个年度的扩大再生产的结果,绘成曲线如下:

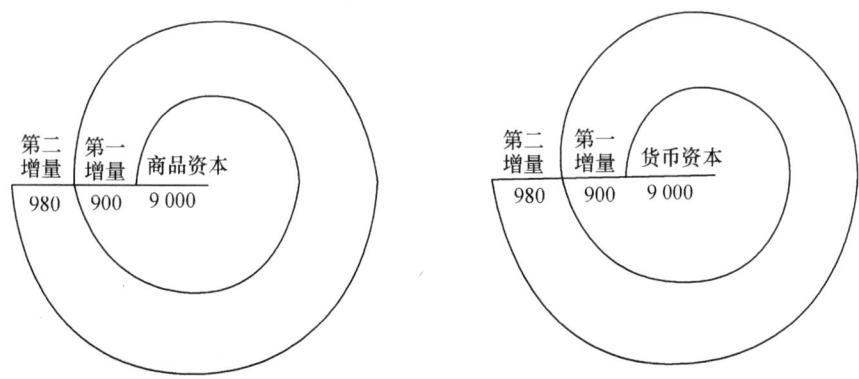

在马克思的社会总资本的扩大再生产的理论中,我们可以总结出几条结论:

（1）在商品资本里面体现着工人所创造的剩余价值。资本家之所以能够达到剥削工人的剩余劳动，乃要依靠商品资本的生产和销售能够循环往复的扩大，遵循着陀螺形的曲线一转一转地往上扩大。（2）资本家为了扩大再生产和扩大他的剩余价值，用以满足他们的贪得无餍的欲壑，其第一个条件就是，他要进行适当的累积，将剩余价值资本化，因而它便不能消费其全部的剩余价值。否则无论Ⅰ部类和Ⅱ部类都不能进行积累了。这即是说，扩大再生产的第一个条件，就是社会不能消费其全部的所得。（3）在分工和交易非常发达的资本主义的商品生产中，Ⅰ部类以其剩余价值的物质形态，即更多的生产资料必须卖给它自己和卖给Ⅱ部类的资本家。同时Ⅱ部类的资本家亦必须在其所得的剩余价值中以一部分来向Ⅰ部类买进新增的生产资料，这样才能使新增的生产资料变为新增的不变资本。新增的生产资料必须变为新增的不变资本之后，才能有助于生产。（4）扩大再生产的圆滑的进行，简须满足一个基本的条件。这个条件是，即凡须以维持圆滑的再生产的一切的商品，均须依照一定的比例生产出来。在技术水平不变的条件下，资本家增加消费资料的比例，是受不变资本增加的比例，可变资本增加的比例，剩余价值增加的比例等等所制约的，这即是说，资本家如欲将消费资料从 T_2 增加到 $T_2 + \Delta T_2$，那么，他便必须首先依照资本的有机构成 $C:V$，将 C 增加到 $C + \Delta C$ 和将 V 增加到 $V + \Delta V$。除非将 C 和 V 增加到某数不能使消费品 T_2 增加到某数。这是很明显的。（5）从第4条件就引伸出另外一条件，即是，资本家在扩大再生产的过程中，不但商品均须要依照一定的比例生产出来，而且要能做到，凡依一定比例所生产的商品，均必按照着他们的价值，互相有交换的可能性。此点包含流通的过程，即凡由卖而来的货币必须等于在同一时期内，为了再行买进所支出的货币。这在上述商品循环的图解中表现得非常明显。资本家卖出商品 9 000，同时，他买进来的亦要是 9 000。换句话说，就是不容许有窖藏或货币的储蓄出现。（6）由此，我们得到一个极其重要的结论，即无产阶级就业的总数是受资本的有机构成和社会的总投资决定的。因为就业的总数受可变资本决定，而可变资本的总数则社会总投资和资本的有机构成决定。因此，就业的总数受资本的总数和他的有机构成决定。当社会总资本为7 250 时，资本的有机构成为 $4:1$（Ⅰ）和 $2:1$（Ⅱ）时，可变资本为 1 750。当社会总资本扩大到 7 900 时，在有机构成不变的条件下，可变资本为 1 900。当社会的总资本再扩大到 8 090 时可变资本为 2 090。在资本有机构成不变的条件下，就业的数量虽然可以比例于总资本的增加而增加的。其结果，非至充分就业不止。可是，假如资本的增加，缓于人口的增加，无产阶级的失业与贫困仍然是不可避免的。因为资本的积累不是一眨眼就可实现的。它需要具备许多的条件，并要经过许多年的努力，才能实现。举一个例来说，依据印度国家计划部部长南达的报告，现在印度一个成年人就业，大约需要为他投资三千卢比。现在印度国内有三百万完全失业的工人，半失业无法统计。如果要三百万人都就业，纵令资本的有机构成不变，每一劳动者的就业仍然只须三千卢比左右，至少亦需要投资 90 亿卢比。但因资金筹措不易,所以现在印度失业的问题有愈趋严重的情况①。由此可见,在资本积累的速度比较迟缓,纵令劳动人口增加的速度不变或降低,即在资本的有机构成不变的条件下,无产阶级的贫困和失业仍是无法避免的。当然,在资本的有机构成不断提高的条件下,无产阶级的就业尚必要随着社会总产品的扩大再生产而相对地降低,尽管就业的绝对量尚可有若干的增加。这虽是马克思在《资本论》第 1 卷中所着重提出的,但以之与扩大再生产的实现条件相结合,并用具体的数字来说明它,首先是由列宁在《论所谓市场问题》中作出来的。现在请容许我,将列宁在《论所谓市场问题》中所发展的扩大再生产的举例,加以说明如后②:

列宁依照上述的实现条件,假定资本有机构成不断提高,作出另外一组图解如下:

第一年

$$\begin{cases} \text{I 生产资料部类 } C_1:V_1 \ 4:1; 4\,000C_1 + 1\,000V_1 + 1\,000m_1 = 6\,000T_1 \\ \text{II 消费资料部类 } C_2:V_2 \ 2:1; 1\,500C_2 + \ \ 750V_2 + \ \ \ 750m_2 = 3\,000T_2 \end{cases}$$

$$C:V \quad 3:1; 5\,500C + 1\,750V + 1\,750m \quad 9\,000T$$

这一年度马克思和列宁的发端条件都是一样的。在第二年度中,由于资本的有机构成提高了,随着投资($C+V$)的增加,可变资本虽有绝对的增加,但相对地减少了。

第二年

$$\begin{cases} \text{I 生产资料部类 } C_1:V_1 \ 4.24:1; 4\,450C_1 + 1\,050V_1 + 1\,050m_1 = 6\,550T_1 \\ \text{II 消费资料部类 } C_2:V_2 \ 2.04:1; 1\,550C_2 + \ \ 760V_2 + \ \ \ 760m_2 = 3\,070T_2 \end{cases}$$

$$C:V \quad 3.3:1; 6\,000C + 1\,810V + 1\,810m \quad 9\,620T$$

第三年度,资本有机构成更增加了,随着投资的增加,可变资本更相对地减少了。

第三年

$$\begin{cases} \text{I 生产资料部类 } C_1:V_1 \ 4.6:1; 4\,950C_1 + 1\,075V_1 + 1\,075 = 7\,100T_1 \\ \text{II 消费资料部类 } C_2:V_2 \ 2.09:1; 1\,600C_2 + 766V_2 + \ \ \ \ 760 = 3\,132T_2 \end{cases}$$

$$C:V \quad 3.5:1; \ 6\,550C + 1\,841V + \ 1\,841 = 10\,232T$$

在列宁所举的这三个例子中,我们可以看出,随着资本的积累,在资本的有机构成提高的条件下,可变资本在总资本中所占的比例,逐渐由 $\frac{1\,750}{7\,250}$ 降低到 $\frac{1\,810}{7\,810}$,再降低到 $\frac{1\,841}{8\,391}$,即由 $\frac{1}{4.1}$ 降低到 $\frac{1}{4.3}$ 再降低到 $\frac{1}{4.5}$。同时不变资本在总资本中所占的

---

① 陈翰笙:《印度国民经济发展的计划》,载《世界知识》,1956 年第 5 期,第 7 页。
② 《列宁全集》,第 1 卷,人民出版社版,第 68—71 页。

比例,则逐渐增加,由$\frac{5\,500}{7\,250}$增到$\frac{6\,000}{7\,810}$再增到$\frac{6\,550}{8\,391}$,即由$\frac{3.1}{4.1}$增到$\frac{3.3}{4.3}$,再增到$\frac{3.5}{4.5}$。将列宁的举例和马克思的举例作一比较的研究。我们立可看出,当第一年有机构成均为 3.1:1 时,由于两例的不变资本均为 5 500,可变资本亦均为 1 750。在马克思所举的例子中,由于资本的有机构成仍为 3.1:1,当不变资本增加到 6 000 时,可变资本便增加到 1 900。可是在列宁所举的例子中,由于资本的有机构成提高到 3.3:1,这里的不变资本虽然亦增加到 6 000,但可变资本却只增到 1 810。比较起来还少了可变资本 90。到了第三年,在马克思的例子中,由于资本的有机构成仍为 3.1:1,当资本增加到 6 550 时,可变资本就增加到 2 090。可是在列宁的举例中,由于资本的有机构成再提高到 3.5:1,当不变资本增加到 6 600 时可变资本却只增加到 1 841。尽管不变资本只少了 50,[①]但可变资本却少了 259。由此可见,在资本有机构成不断提高的条件下,"资本主义的积累"正如马克思所说,"会不断产生出,并且正好是比例于它的力量和它的范围,不断产生出一个相对的,超过资本平均价值增殖需要的,从而过剩的或过多的劳动人口"。[②] 也就是说,在资本主义社会中,相对的过剩人口的出现只是由于在资本的有机构成不断提高的情况下,由资本的积累所造成的。"这就是资本主义生产方式特有的人口规律"。

列宁的《论所谓市场问题》,具体地说明了在资本有机构成不断增加的条件下,扩大再生产的过程。从而也就具体地说明了,马克思在《资本论》第 1 卷中所提出的资本主义积累的一般的规律,即是,"在积累及伴积累而生的积聚的过程中,由于可变资本部分的相对减少",相对的过剩人口或工业预备军的累进的产生遂成为不可避免的。如果用另外的话表达出来,那就是:在资本主义社会中,无论在资本的有机构成不变的条件下,或在资本的有机构成不断提高的条件下,无产阶级就业的总量均决于资本的有机构成和资本($C+V$)的总量。在资本的有机构成不变的条件下,如果资本的积累不足,无产阶级的失业与贫困亦是不可避免的。特别是在资本的有机构成不断提高的条件下,由于可变资本在社会总资本中所占的比例越来越少,劳动的需要相对地递次往下降低,工业预备军即是失业军遂成为资本主义永恒的伴侣。除非消灭资本主义,任何巨大的投资都是不能消灭失业的。微小的投资那是更不待言了。在事实上也是如此。以美国为例。由于技术的改变,资本有机构成的提高,依据美国戈尔德韦的统计,"在 1955 年制造业的生产比 1947 年高出 40%,但产业工人所投入的工时却只增加了 2%。从 1953 年到 1955 年制造业生产增加 4%,但就业人数的工时却下降 5% 以上"。1955 年第四季的美国工业生产指数为 144,国民总生产为 3 970 亿美元,比 1953 年工业生产指数为 134,国民总生产为 3 620 亿美元时,多了 10 和 350 亿美元,但美国在 1955 年 11 月的失业人

---

① 6 550 − 6 600 = −50。

② 马克思:《资本论》,第 1 卷,人民出版社版,第 793 页。

数,为 2 398 000(1956 年 1 月为 2 885 000 人)。比 1953 年 11 月的失业人数为 1 699 000 那一年还要多[1]。印度亦有相同的趋势存在。依据印度全国工会大会总书记特里帕蒂先生在国会上的发言:"自 1951 年到 1954 年实行合理化以后,工厂企业工人的人数不但没有增加反而从 2 539 000 人减少到 2 492 000 人,虽然在此时期新成立了许多工厂。"[2]西德和日本也有相同的趋势出现。苏联别斯帕洛夫说:西德工人每小时的劳动生产率确是已提高了许多。1949 年,所有工业部门每小时的劳动生产率的指数为 82(1936 年为 100),1951 年是 103,1954 年是 120。但国内现在依然存在着严重的失业现象[3]。日本山下一郎说:日本整个加工工业,在 1955 年生产总额为 118.6(1953 年为 100),每个工人每小时的产量为 111.8,但就业人数只增到 103,而失业则为 151.1%(1936 年为 100)[4]。由此可见,马克思和列宁的关于资本的积累与无产阶级的失业与饥饿是绝对正确的。但为了避免误解,我们应当着重指出,即马克思和列宁均不认为社会总资本的扩大再生产是可以圆滑进行的。马克思说过:"若我们设想一个非资本主义的社会,那就是设想一个共产主义的社会,货币资本就会完全消灭,从而,由此引入的交易上的烟幕也会消灭。问题便会简单还原为:社会必须预先计算,能用多少劳动,生产资料,和生活资料在某种事业上,而不致有害。例如铁路的建筑。那必须有一个长期间(一年或一年以上)不提供任何生产资料或生活资料,也不提供任何有用的效果,但会从全年的总生产中,夺去很多的劳动,生产资料,和生活资料。但在资本主义社会中社会的理智屡屡要到事情过后才来运用,所以能不断发生而且必然会不断发生各种大的扰乱。"[5]马克思和列宁的扩大再生产的学说指出了:社会总资本的积累绝对不是一帆风顺的,而是通过"困难""波动""危机"来实现的,"因为,在资本主义生产的自发的姿态内,均衡自身不过是一种偶然"。[6]

将马克思和列宁关于社会总资本扩大再生产的生产过程和流通过程所须具备的诸条件,关于就业的总量决定于资本的积累和资本的有机构成的实况,关于在资本的有机构成不断提高的条件下进行积累必然造成相对过剩的人口或工业后备军的诸结论明白后,我们现在可以转而对凯恩斯的就业倍数理论,进行"说理的斗争"。

我们在上文中指出,凯恩斯曾经强调地说,它的就业倍数理论建立了,在消费倾向一定时,总就业和所得与投资率之间的精确关系。凯恩斯用了下面这一个公

---

① 戈尔德韦:《1956 年美国经济展望》,见《国际问题译丛》,1956 年第 7 期,第 66—67 页。

② 丹吉:《印度工会运动面临的几个问题》,见《世界工会运动》,1956 年第 9 期,第 8 页。

③ 别斯帕洛夫:《西德工人阶级状况》,见《国际问题译丛》,1956 年第 10 期,第 94 页。

④ 山下一郎:《日本经济状况(1950—1955)和劳动人民贫困化》,见《国际问题译丛》,1956 年第 10 期,第 27 页。

⑤ 马克思:《资本论》,第 2 卷,人民出版社版,第 377—378 页。

⑥ 同上书,第 622 页。

式来确定这关系,即是,

国民所得的增量 = 倍数 × 增加的投资

假令我们以 Δy 表示国民所得,以 K 表示倍数,以 ΔI 表示投资的增量,那么,上述的公式便可写为

$$\Delta y = K \times \Delta I$$

它的经济的意义是说,国民所得的增量等于投资增量的倍数。依据凯恩斯的意见,倍数 K 是可以独立地确定的。它可以从人们的消费支出的增量在其所得的增量中的比例,推算而得,或为 1 或为 2 或为 3 或为 ∞ 等等。假令倍数等于 2,投资的增量等于 100 亿人民币,那么依照上述的公式 $\Delta y = 2 \times 100 = 200$ 所得便当增加到 200 亿。这样投资的增量对于国民所得增量的精确关系就表现出来了。又凯恩斯假定国民所得的增量与就业的增量大概是同比例的。因此,当国民所得增大到 2 倍时,就业总数亦当增大到 2 倍。这样投资的增量与就业的增量之间的精确关系也建立起来了。因此凯恩斯说,他的就业倍数理论建立了,在消费倾向一定时,总就业和所得与投资率之间的精确关系。自凯恩斯的就业倍数理论将就业和所得与投资的增量之间的关系确立后,各资本主义国家在编制就业计划时于是就采用了凯恩斯就业倍数理论作为医治资本主义的不治之疾:危机与失业的万应灵。比如现在某国失业若干万人,依照凯恩斯分子的意见,为使这若干万人的失业均能得到就业机会起见,就可以根据过去投资增加若干,国民所得和就业增加若干的倍数关系,来计算今年需要增加投资若干,才能使就业的总量增加到直至将现在这若干万人的失业均能得到就业。因为凯恩斯分子认为,一切具体的数目,全是可以依照国民所得的增量 = 倍数 × 投资的增量,即是 $\Delta y = K \times \Delta I$ 计算而得。艾森豪威尔在美国一方面宣传经济危机不足畏,另一方面在过去每年支出 400 亿美元以上的军事开支,而且在最近一届国会预算中更进一步要求将军事开支增加将近 10 亿美元。此外又拟就有庞大的筑路计划,即 1 010 亿美元的十年计划,准备在紧急时付诸实施。他的主要的理论根据,就是凯恩斯的就业倍数理论。意思是说,依照凯恩斯公式,除非增加这么多的投资,不足以消灭这么多的失业。在实际上,凯恩斯的就业倍数理论早已被帝国主义各国奉为医治资本主义的不治之疾:危机与失业的万应灵丹。问题在于凯恩斯的这剂万应灵丹,经帝国主义各国服食之后,都没有达到它的预期的效果:消灭失业与危机。如众周知,资本主义各国,现在仍然充满着失业和危机的威胁。这必是由于凯恩斯的就业倍数理论有错误。可是这个错误在理论上究竟在什么地方呢?这就是我们所要彻底地加以揭露的。

应当着重指出的,即凯恩斯的就业倍数理论乃是一种虚伪的扩大再生产的学说。这种学说,就业的总量(或工业劳动预备军)不是决于资本的有机构成与投资,而是决于在一定的投资存在时,边际的消费需求(消费的增量对所得的增量的比例)的小大。也就是说,就业的增量(或工业劳动预备军的变化)不是决于资本有机构成与投资的总变化,而是在一定的投资增量的条件下,不问资本的有机构成

怎么样,决于边际消费需求的小大。如果边际的消费需求由 0 到 1,就业就将由 1 增加到无限大。因在上文里面,我们曾经说过,凯恩斯以为倍数的小大是在有一定的投资时,由边际的消费倾向来决定的。已知边际的消费倾向为 0 或为 1,即可以知道就业倍数为 1 或为 ∞。为什么边际的消费倾向如果为 0 就业倍数只能增加到 1;边际的消费倾向为 1,就业倍数就将变为无限大呢?据凯恩斯看来,这是很容易理解的。举例来说,比如,在其他条件不变时,在生产资料的部类中增加了 100 元的需求,就是,在生产资料的部类中,有人叫他们生产 100 元的生产资料,那么,这 100 元的支出,必然立即化为生产资料生产部类的工人和资本家的所得,即工资与利润。如果在这部门中的工人和资本家把这 100 元所得全部用来买进消费资料,那么,消费资料的生产部类,当它出售 100 元的消费资料之后,必然又增加了 100 元的所得。如果后者又拿来买消费资料,那么,消费资料的部类又必然要再增加 100 元的所得了。由此递增以至所得为无限的增加。由于凯恩斯假定就业与收入为同比例的增加,因而认定,当着收入增加到无限大时,那么,就业亦必增加到无限大。用数字来表示它,即是:

$$100 + 100 + 100 + 100 + \cdots\cdots + 100 = \infty$$

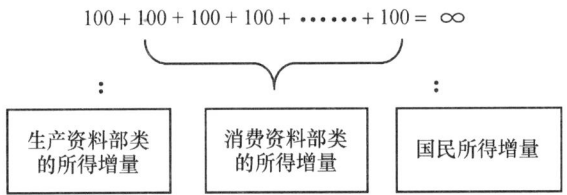

此时的就业倍数当然亦为无限大。这个式子可以写成:

$$100(1 + 1 + 1 + 1 + \cdots + 1) = 100\infty = \infty$$

即是,投资的增量 100 × 倍数 ∞ = 国民所得增量。此时倍数为 ∞,这是很明显的。

如果在生产资料部类中,资本家和工人于取得了 100 元生产资料之后,只以一半来买消费资料,一半来储蓄,那么,消费资料部类的工人和资本家便只能增加 50 元的收入。如果后者在这 50 元之中又只是一半消费,一半储蓄,那么更后的生产消费资料的企业便只能增加收入 25 元。于是依照相同边际的消费倾向一次再一次地继续下去,结果整个消费资料的收入增量便将只以 100 元为限。此时收入倍数为 2,就业倍数亦为 2。用公式来表示它,即是,

$$100 + \frac{1}{2}100\frac{1}{4} + 100 + \frac{1}{8}100 + \cdots\cdots = 200$$

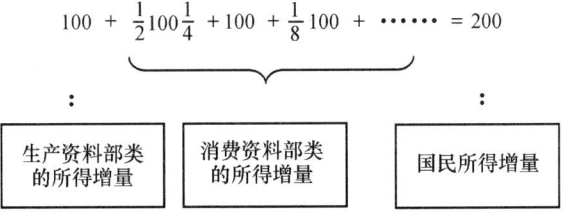

这个式子可以写为,

$$100 \times \left\{ 1 + \frac{1}{2} + \left(\frac{1}{2} \right)^2 + \left(\frac{1}{2} \right)^3 + \cdots \right\} = 200$$

即是，投资的增量 $100 \times$ 倍数 $2 =$ 国民收入增量 200，此时倍数即 $1 + \frac{1}{2} + \left(\frac{1}{2} \right)^2 +$ $\left(\frac{1}{2} \right)^3 + \cdots\cdots$ 等于 2。

如果生产资料的生产部类在它所得的增量 100 元中只以三分之一来消费。同时得着 100 元的三分之一的所得的生产消费资料的生产部类亦只三分之一来消费，那么就业出倍数便将为 1.5 了。用公式来表现它，即是，

$$100 \times \left\{ 1 + \frac{1}{3} + \left(\frac{1}{3} \right)^2 + \left(\frac{1}{3} \right)^3 + \cdots \right\} = 150$$

此时就业的倍数即 $1 + \frac{1}{3} + \left(\frac{1}{3} \right)^2 + \left(\frac{1}{3} \right)^3 + \cdots = 1.5$。

如果生产资料部类在它所得的增量 100 元中，一个也不拿来消费，那末，所得的增量便将只增加到 100 元为度。用公式来表示它，即是：

$$100 + 100 \times 0 = 100$$

依据以上诸式：

$$倍数 = 1 + \frac{\Delta C}{\Delta Y} (边际消费倾向) + \left(\frac{\Delta C}{\Delta Y} \right)^2 + \left(\frac{\Delta C}{\Delta Y} \right)^3 + \cdots$$

$$= \frac{1}{1 - \frac{\Delta C}{\Delta Y} (边际消费倾向)}$$

这就是边际消费倾向的关系和倍数的关系。凯恩斯由此得一结论说，已知投资的数量为若干，所得倍数和就业倍数的增加与边际的消费的倾向是同方向变动的。只要投资为某一定量的增加，如果消费的倾向越大，就业乘数亦越大，就业乘数越大充分就业即能实现。附带要在此说一句的，即凯恩斯所谓投资主要是指的生产资料的创造，但也包括公共工程中住宅的建筑，金字塔的修造等等在内的建筑都在内。

骤看起来，好像凯恩斯发明了什么大道理。略一思索就知道，凯恩斯的就业倍数理论系建筑在一个荒谬的命题上。凯恩斯以为流通决定生产，只要流通问题解决了，生产问题就解决了。可是事物发展的真象是：生产决定流通，尽管流通对于生产有反作用。生产上的矛盾如果得到解决了，流通中的矛盾解决较易。生产的矛盾如果不能解决而且日在加深，流通中的矛盾必然日趋严重，无论用什么增加货币购买力的方法，也是解决不了的。暂时地缓和了，也绝对是不能持久的。举例来说，比如在资本主义社会中生产过剩的危机是由在生产资料的资本家所有制的基础上资本的积累和无产阶级的贫乏化所引起的。当着生产过剩之时，纵令增加货币购买力将这些过剩的物资通通由国家收买了，也是不能消灭生产过剩的矛盾的。

不但不能消灭,由于这样做的结果,资本的积累将更增多,同时无产阶级的贫困将更加剧,从而使以后的生产过剩的危机将更加剧。单凭这一个例,即可看出,生产决定流通,生产过程中的矛盾决定流通过程中的矛盾,尽管流通自身的矛盾在比较狭隘的范围内亦有其相对的独立性。比如说,生产增加了,工资的支付额增多了,但现金缺乏,因而在支付工资上感到"银根吃紧"。这就表示流通自身的矛盾在比较狭隘的范围内有其相对的独立性。但应着重指出的,在商品流通中所存在的主要的矛盾,例如生产过剩的矛盾和由此所引起的相对人口的过剩的矛盾,则完全是由于生产过程中的基本矛盾,即在生产资料的资本家所有制的基础上,财富在这一极端上集中贫困在另一端上积累所决定的。这乃是资本主义发展的绝对的规律。凯恩斯的流通决定生产,扩大货币需求同时也就可以同比例地扩大生产与就业的见解,显然是违反这个规律的,因而是荒谬的。所以我说,凯恩斯的就业倍数的理论系建筑在一个荒谬的基本命题上。

凯恩斯的就业理论,既然建筑在流通决定生产这一荒谬命题上,当然他会对于生产上的矛盾不予注意,从而他就在生产问题上犯错误。究竟凯恩斯在他的就业倍数理论中对于生产过程的意见犯了那些错误呢?

第一,在凯恩斯的就业倍数理论中反应出凯恩斯对于生产资料作为商品与生产资料作为生产资本的区别,都是不明白的。从而便暴露出凯恩斯对于商品作为商品与商品作为商品形态的资本也是不明白的。于是又暴露出凯恩斯对于货币作为流通中介与货币作为资本的区别也是不知道的。这就是凯恩斯的就业倍数理论的主要错误。这些主要的错误,既是凯恩斯的流通决定生产的荒谬意见的结果,同时又是凯恩斯的其他一系列的可笑的错误的原因。现在请允许我揭露凯恩斯在他的就业倍数理论中所犯的这类主要的错误是什么。首先我所要揭露的就是凯恩斯不明白生产资料作为商品与作为资本的区别。我们知道,在流通过程中的生产资料只是商品而不是在生产过程中的资本,在流通过程中的生产资料的价格,亦不能称作资本。只有在生产过程中与劳动力相结合的生产资料,就经济的常识来说,才能称做具有真正的生产意义的资本。生产资料如果要由商品转化为资本尚必须经过一个重要的步骤,即将生产资料由市场搬入工厂。这个步骤不是很容易做到的。在这步骤尚未被采取前,任何生产资料的价格都不能称做资本的。如果不幸你竟这样地叫它了,在资本主义社会中,连小学生都是会笑你的。可是这位臭名远扬的凯恩斯,对于连小学生所知道的事情都不明白,竟将生产资料的创造和卖价称做投资,甚至将政府花钱来建筑学校亦称投资,甚至将一般耐久物的建造亦称做投资。这就表示凯恩斯是连生产资料作为商品与生产资料做为资本的区别,都是不明白的。由于凯恩斯不明白这个区别,由是遂引起许多更可笑的错误。这点以后再说,现在只提这一句就够了。

有人也许会说凯恩斯是知道这个区别的,因他认为凯恩斯所说的投资就是指的在工厂中作为资本的生产资料的价值的意思。可是这种说法是不能成立的。因为,如果凯恩斯所设的投资是指工厂里的生产资本,那么,凯恩斯所说的投资便应该是指的工厂中的新设备的价值,可是在事实上,凯恩斯所说的投资不是指的工厂中的新设备的价值,而是指的生产资料的创造或生产资料的卖价。由此可见,凯恩斯所说的投资无论在什么情况下都不是指的在工厂中作为资本的生产资料的价值了。凯恩斯将作为商品或所得的生产资料的价值,称做投放的资本,这就证明了凯恩斯对于生产资料作为商品与作为资本的区别,都是不知道的。应当指出,只有生产资料作为资本才能与劳动相结合,才能增加生产,增加所得与增加就业,仅仅作为在制造过程中的半制品看待的生产资料或在市场上当做商品的生产资料是不能扩大生产和扩大就业的。可是凯恩斯认为它能够,这便是凯恩斯的极大的错误。

凯恩斯既不知道生产资料作为商品与作为资本的区别,当然他更无法知道商品作为商品与作为商品形态的资本的区别了。在事实上,凯恩斯确是不知道这个区别的。我们知道,在资本主义社会中,商品作为商品与作为商品形态的资本,是大有区别的。商品作为商品它只要在生产出来之后,销售出去就完事了。可是商品作为采取商品形态的资本却不然。商品在作为采取商品形态的资本时,它是要不断增殖它自己的数量和价值的。凡是稍治马克思《资本论》的人都知道,作为商品形态的资本,如同采取货币形态的资本一样,它好像一个商品的母亲。它必须与名为劳动的父亲相结合,才能给资本家产生儿商品,儿商品在市场所得的卖价便是资本家的利润。这就是说,商品在作为采取商品形态的资本时,不是在生产出来之后一次卖出去就完了。它在卖出之后还要买进。买进之后还要把它搬到工厂里,作为生产的资本,作为剥削工人剩余劳动的条件,使工人能够将他们的剩余劳动生产出更多的包含有剩余价值在内的商品出来。用上面的图解来说,就是要它从9 000将变成9 800,再由9 800变成10 780,好像陀螺一样,一个轮回又一个轮回地往上扩大。否则它便不能成为商品形态的资本了。这就是商品和商品形态的资本的区别。如果他真知道这个区别,他便必须要依照商品形态的资本的运动方向,由市场走进工厂,来认识由商品形态的资本转变为生产资本,再由生产形态的资本再变为更多的商品形态的资本。再随着商品形态的资本由工厂走到市场,来认识商品资本的流通。凯恩斯必须不断重复地由市场回到工厂,由工厂回到市场来认识商品资本不断增加所须具备的条件,至少他必须知道在市场上的商品形态的资本转变为在工厂中的生产的资本(不变卖本和可变资本)的实际过程。可是在凯恩斯就业倍数理论中对于在市场上的生产资料如何转变为工厂中的不变资本,和对于市场上的活劳动力如何转变为可变资本毫无所知,可见凯恩斯是不知道商品作为商品和作为商品形态的资本的区别的。凯恩斯的屁股一直坐在商品交易所的大圈椅上,连工厂的门都似未踏进一步,当然他不会知道商品作为商品形态的资本是如何扩大的了。从而他便没有资格来谈商品资本的扩大再生产与流通的问题了。他根本没有资格来这样作。可是他竟来这样作了。当然他要犯错误。在事实上,他已犯了许多的可笑的错误。这点也要留在后面再说,凯恩斯既不知道商品资本的运动,需要不断由市场回到工厂,再由工厂回到市场的循环往返的运动,当然他也就无法理解作为流通中介的货币与作为资本的货币的区别了。我们知道,作为流通中介的货币是用来购买商品的。买完商品之后,货币便离开它的主人而到另外的主人手里去了。在其他条件不变的情况下,它自离开他的主人之后便永别了。可见凯恩斯只能认识作为流通中介的货币的运动。即从生产资料部类出来之后,便离开生产资料部类的资本家到第一个消费资料生产的企业手里去了。等到第一个消费资料的企业用来买进消费资料后,他又到第二个消费资料企业的手里去了。黄鹤一去而不复返了。它无须不断地周而复始地回到出发点并壮大它自己。它的运动只是采取一条直线形式的轨道。其图如下:

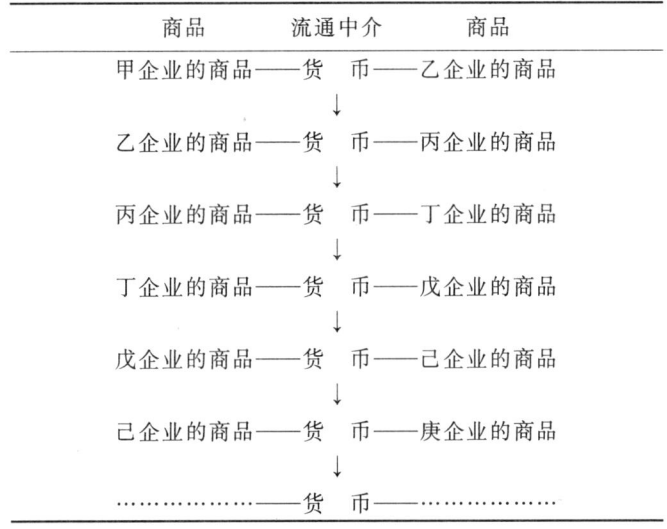

由此可见,货币作为流通中介的运动是采取直线形式的轨道的。可是作为资本的货币运动就不是采取直线形式的轨道的,而是采取陀螺的形式,一转一转地往上扩大的。货币资本在离开它的主人之后必须要回到原主人方面来,不但要回来而且要给它带着更多的货币回来,作为它的主人的利润。在马克思的扩大再生产的举例中,我们可以看出在第一年内资本家只垫出了货币资本 7 250,年终收回9 000。在第二年垫出了资本 7 900,年终收回 9 800。在第三年中资本家垫出了8 690,年终收回 10 780。垫出了再收回,收回了又垫出,垫出了又收回,收回总是大于垫出,而且一次一次地往上增加。这即是说,货币资本的运动是采取陀螺的形态,一转一转地往上扩大的(参看上图)。这就是货币作为流通中介和作为资本的区别。可是凯恩斯是不知道这个区别的。凯恩斯如果知道这个区别,那么,在他倍数理论中就必然会提到资本家在卖商品之后,便必须将它来买生产资料与劳动力;在再出卖更多的商品之后,又必须将它来买更多的生产资料与劳动力。资本家由出卖增加的商品所得的货币构成资本家的所得。又资本家将其所得之一部买进生产资料与劳动力称做剩余价值资本化。资本家为了由垫出的货币取出更多的货币，那么，他必须不断地将其日益增加的所得之一部转化为生产的资本。因为资本家必须不断地重复所得资本化的过程，才能增加生产，从而增加收入。否则资本家无论在任何条件下，都是不能使其所收回的货币大于所垫出的货币的。这即是说，凯恩斯如果知道货币与货币资本的区别，那么，在他的就业倍数理论中便当谈到资本家如何将所得不断地化为资本从而扩大他的生产资本。可是凯恩斯在他的货币理论中丝毫没有提到这一点。他所提到的只是货币的流通中介的作用。由此可见，凯恩斯是不知道货币作为流通中介与作为资本的区别的。

由于凯恩斯重视流通不重生产的结果，他便对于再生产的过程一无所知，当然也就无法认识生产资料作为商品与生产资料作为资本的区别，即是无法认识所得与资本的区别，此其一。从而也就无法认识商品作为商品与商品作为资本的区别，此其二。从而也就无法认识货币作为货币与作为资本的区别，此其三。凡此这些错误都是发生在生产问题上，都是由于看落了货币与生产资本的关联所引起的。总之，凯恩斯所犯的这三点错误都是由于他的荒谬的假设——流通决定生产——所造成的。这三点错误皆为凯恩斯的流通决定生产这一荒谬的基本命题的结果。

但是这三点错误同时又成为凯恩斯在他的就业倍数理论中所犯的其他的可笑错误的原因。在这些错误中，如什么人人消费其全部的所得，生产就当无限增加啊！如什么边际的消费倾向由 0 到 1 所得的增量就会由一倍增加到无限大倍啊！如什么所得增加的倍数就等于就业增加的倍数啊！如什么政府如果依照他的就业倍数理论去作，就可使失业消灭啊！如什么"地震，甚至于战争，都可以增加财富"啊！[①] 凡此等等荒谬的见解，都是由于上述三点错误所引起的。所以我说，上述三点大错误，既是凯恩斯的荒谬的基本命题的结果，同时又是以后的可笑错误的原因。

人人都知道，资本家为了扩大再生产和为了扩大资本剥削劳动的程度，均必须要进行不断的积累。什么叫做积累呢？就是资本家在其所得的剩余价值中，以一部分来消费，另一部分来买进生产资料与劳动力，将他们由市场搬到工厂，变为不变资本与可变资本，使劳动者在他的鞭策下，生产更多的剩余价值。这即是说，资本家如欲扩大再生产，便不能消费其全部的所得，并要将其所得之一部分转化为资本。资本增加了，就业和所得乃能增加。可是凯恩斯是怎样说的呢？凯恩斯说，人人消费其全部的所得，或个个资本家均消费其全部的剩余价值或净利，尽以之买进消费品来消费，既不以之添置生产资料的装备，亦不以之增雇劳动力，即令资本家的生产规模无从增加，但生产亦然能为无限的增加。生产规模既未增加，生产如何能会增加呢？这种说法显然是不通的。以马克思的扩大再生产来做例当着 I 部类和 II 部类均要扩大积累的时候，I 部类便要将在其所得的净利 1 000 中以 500 来消

① 凯恩斯：《就业、利息和货币的一般理论》，英文版，第 129 页。

费,另以 500 来扩大它的不变资本和可变资本。并依照 $C:V$ 即 4:1 的关系,将不变资本扩大 400,可变资本扩大 100,这样才使它的生产规模从 4 000C 和 1 000V 增加到 4 400C 和 1 100V,结果才使它的生产资料由 6 000 增加到 6 600。依照同一的步骤,II 部类的资本家亦在其所得的净利 750 之中以 100 来扩大不变资本,另 50 来扩大劳动力,使它的消费小于他的所得 150,结果才使它所生产的消费资料由 3 000 增到 3 200。设使 I 和 II 两部类的资本家均消费其全部的净利,既不以之添置生产设备,又不以之增雇工人,生产的规模如故,试问 I 和 II 两部类的资本家还能够增加生产,所得和就业么?这当然是不可能的。凯恩斯将不可能之事当做可能,这便是荒谬的。

有人也许会这样说,这仍然是可能的。比如政府现在修建新铁路,增加了投资 100 亿。这 100 亿的生产资料不是生产出来了么?可是同时修建铁路的工人和资本家却又有可能消费其全部的所得。这岂不是有助于生产的增加,所得的增加和就业的增加么?我的答复是,假定人人消费其全部的所得,生产就不能有丝毫的增加,同时就业亦不能有些微的增加。为什么呢?这个道理是很容易明白的。我应在此特别着重指出的:第一,假定人人消费其全部的所得,这一条铁路便不能被建造。是的,政府确是用了 100 亿元来修造铁道,试问政府的这 100 亿元从何处来呢?它不外有三个来源:(1) 征税,(3) 负债,(2) 发钞票。征税是将人民的所得来作为修建铁路的资本。负债也是将人民的所得作为修建铁路的不变资本和可变资本。发钞票也是将人民的真实的所得转化为资本。因为钞票发行 100 亿在其他条件不变的情况下,物价便将涨高 100 亿,人民的其实所得便将减少 100 亿,政府的真实收入便将增多 100 亿。政府于是就把这 100 亿元来作为修建铁路的不变资本和可变资本。正因人民少消费 100 亿的所得,政府增加了 100 亿元的资本,铁路才能被建造。设令人民的消费等于他们的所得,这一条铁道便不能被建造了。第二,既被建造了,假令人人消费其全部的所得,生产和就业当亦不能有什么更进一步的扩大。这个道理也是很明显的。随着铁道的建筑,随着建筑铁道的工人和资本家的货币工资和净利的支出,消费资料部类的资本家和工人的货币收入确是增加了 100 亿,甚至增加了几个 100 亿。但因消费资料部类的资本家和工人均要消费其全部的所得。或没有可能将所得化为资本:不变资本和可变资本。这条铁路虽被修建出来,但没有可能被人用作生产的资本。既不能被用作生产资本了,当然就只有可能被用作游览铁路了。除保持它而外,也就绝无增加生产和就业的可能性。由此可见,否认所得资本化或在资本主义社会中否认剩余价值资本化,就业和所得(指真实所得)均不有点滴的增益。上面这种说法于是不能成立。

可是有人还可能提出另外的理由来辩论。"即不问你的批评如何,但凯恩斯的学说仍是对的"。因为依据他本人的经验,随着所得的增加,就业是可以增加的。资本家在他的净利增加的时候,会增雇人工,正如他在薪水增加的时候多用一个炊事员相同。可见凯恩斯的说法仍然可以成立。是的,资本家在利润增加时会在工厂里增聘工人,这是事实。而且随着工人的增加他尚将添购一些生产资料,也是事实。但资本家在这样做的时候,究竟是消费其全部的所得呢? 抑还是将其所得之一部化为资本呢? 当然不是前者而是后者。由此可见,无论在失业众多的条件下也好,或在充分就业的条件下也好,除非资本家将共所得之一部化为资本,他是绝对没有可能增加就业的。可是凯恩斯说能够,这当然是一可笑的错误。

凯恩斯重视流通忽视生产,竟对剩余价值资本化决定就业这一生产上的常识,也都茫然无所知。在一方面他既主张增加就业,在他方面又主张资本家最好消费其全部的剩余价值使生产资本无从积累。这当然是可笑的了。

应当着重指出的,即所得和就业的增加不被决于消费倾向的大小,而是决于社会总资本的扩大再生产的诸条件。在这些条件中最重要的一个条件就是剩余价值资本化,其次的一个条件就是资本的有机构成,再其次的一个条件就是 Ⅰ 和 Ⅱ 的两部类的相互需求和供给相等。这些条件在凯恩斯的就业倍数理论中都被忽略了。被忽略的原因是这样,由于这些条件都是生产的条件,然凯恩斯所注意的乃是流通的条件,即是如何增加消费品的货币需求。结果就把扩大再生产诸条件忽视了。这个忽视也是可以理解的。问题在于这些条件乃是真正的决定就业和所得的条件,从而也是决定消费的需求的条件。忽视了这些条件,不但不能说明国民所得增加和就业人数相对降低的问题。甚至连对于商品的货币需求的缺乏,也无法解决。凡是略知生产常识的人都懂得,在资本主义社会中,就业和所得首先是决于剩余价值资本化的程度,即决于资本家在其所得的净利(剩余价值的转化形态)中以多少的净利来扩大不变资本和可变资本。如果资本家消费越多,资本的积累就越少,可变资本就越少,就业和所得当亦随之减少。可是凯恩斯说,资本家消费越多,则就业和所得增加越多。这当然是不可能的。资本家消费越多,则在资本家的工厂里不变资本越少和可变资本越少;可变资本越少,则资本家所增雇人工越少,就业的机会当然也就越少了。凯恩斯在一方面主张资本家多消费,使资本无从积累,或仅有微不足道的积累,使不变资本和可变资本的增量均降低到零,可是在另一方面又宣传用此方法可以实现充分就业。这完全是不可能的。应当指出,资本家只有在扩大积累,扩大不变资本和可变资本,和扩大剩余价值的基础上,乃能扩大消费。积累如不增加,就业如不增加,剩余价值如不增加,请问资本家把什么来扩大消费呢? 那么,资本家不再吮吸人血以自肥了么? 只是多吸空气么?

也许有人会问,资本家如果扩大他们的消费,或者重新修建"皇宫",或者重新挑选"皇妃",或者重新修造"生祠",或者提前建筑"十三陵",岂不是都要增加工作奴隶么? 是的。但我要问,资本家皇帝究竟是要待到皇宫修造起来以后才消费的呢? 抑或不是的呢? 同时我又要问,资本家皇帝所消费的还是已被工人的鲜血给他所铸成剩余价值呢? 抑或不是呢? 毫无疑问,资本家在扩大消费以前,必须扩大投资,扩大不变资本和扩大可变资本,即是,扩大剩余价值资本化,然后才能扩大生产与消费。由此我们可以得出结论说,除非资本家首先扩大资本,他是绝对不能扩大消费的。可是凯恩斯是怎样说的呢？资本家尽可首先不必扩大资本，不必事先剩余价值资本化亦能扩大消费。这不能说不是他的就业倍数理论的绝对的矛盾。而我所欲揭露的也正恰是在这一点上。

有人也许会说："对呀！你所说的恰与凯恩斯所说的不谋而合。在凯恩斯的就业理论中，为了扩大就业，他首先所着重的，就是扩大投资扩大生产资料的建造。这不是与你所说完全相么？而且他还有此你更进步的地方。你说，必须首先要剩余价值资本化才能扩大生产资料的建造。实则不然。在今天的资本主义社会中，只要向银行借一笔款来增雇工人，同时也买进一些生产资料，新的生产资料就被创造出来了。可是它并没有必要在事先进行剩余价值资本化呀！如你所说的这种情况只在银行不能创造货币的情况下，始能适用。然而因为在今日的资本主义社会中，银行是能创造货币的呀。因此，你的批判已过时了。绝对不是你的批判比凯恩斯进步，而是你的批判比凯恩斯的倍数理论落后。因为在你的批判中所持的理由已经过时了。你的批判是把马克思的资本积累和扩大再生产的学说来硬套。这就证明了你是一个十足的教条主义者！"骤看起来，好像这位先生对凯恩斯所做的这个辩护，推翻了先要剩余价值资本化，才能扩大就业的真理。可是，在事实上，不但不曾推翻这个真理，转而证明了这个真理。为什么呢？因为由银行放款来制造生产资料和由政府发行钞票来修建铁路，都是所得资本化的结果。这个道理在前面已说过了，现在不用多说了。这个道理与剩余价值资本化是丝毫也不矛盾的。我们将剩余价值的资本化作为扩大就业的前提，是因为在资本主义社会中，资本（不变资本和可变资本）的积累，和继之而起的就业和所得的增加，主要是由剩余价值资本化而来。但这并不是说，资本不可以由银行借款来制造生产工具，亦不是说，政府不可以发钞票来建筑铁路，亦不是说，工人不可以他的工资来买合股公司的一张二张的股票。但有一点必须弄清楚，即是无论在任何情况下，资本的积累（不变资本和可变资本的扩大）都是由所得资本化而来，主要地是由剩余价值资本化而来。还有一点要弄清楚的，就是所得不是资本。纵令生产资料生产出来了，亦不能称做资本。它只能称做所得。所得变为资本，必须将生产资料由市场搬进工厂作为不变资本与劳动力相结合和必须作为剥削工人的手段才行。正如上文所指出，凯恩斯乃是将市场上作为生产资料的商品即是将所得误认为投放的资本的。凯恩斯将市场上作为商品的生产资料误认为资本，并给它取个名词叫做投资。这不但不符合于马克思主义对于资本的科学的分析，而且亦不合于古典学派的资本的意义。古典学派虽不知道资本是剥削工人劳动的手段，但古典派确知道，并且是特别注意到了资本的生产的性质的。即从生产的关系上说，只有在工厂中与劳动相结合的生产资料才能称做资本。古典学派从亚丹·斯密直到里嘉图从未有将所得认为资本的。将所得认为资本，将在制造过程中的生产资料或军火和将他们在商品市场的卖价称做投资；应当肯定，这是凯恩斯的一个破天荒的但是荒谬绝伦的"创造性的贡献"。为了避免错误，我们必须认识到，资本乃是所得资本化的结果。

在资本主义社会中,所得资本化,主要是剩余价值资本化,它乃是扩大生产和绝对地增加就业和相对地增加剩余人口的杠杆。无论在失业很多或在失业减少的情况下,无论在银行能够创造存款货币或不能创造存款货币的条件下,都是一样的。

此外,我对于剩余价值资本化的问题尚要补充两点:(1)在资本主义社会中,由于社会分工很普遍,纵令是由银行放款来制造生产资料,在生产资料的创造过程中,一个工厂扩大资本,须以其他工厂的剩余价值资本化为前提条件。举例来说,比如以银行放款来修建新工厂,在二方面,由修建工厂的老板将银行贷款来买进钢材、水泥、木材、砖瓦。生产钢材、水泥、木材、砖瓦各企业的利润增加了。为了获致高额的利润,那么,他们就必须在其所得的剩余价值中以一部分来扩大不变资本和可变资本,增加钢材、水泥、木材、砖瓦的生产。这样才能使新建工厂的不变资本的各要素供应无缺。同时他们并要节省一部分的消费来扩大可变资本。设令生产这些东西的企业连同其他的企业都要将其全部的所得吃光烧光,则是修造新工厂的老板,将无从扩大不变资本的各要素。所以我说,即令就是用银行放款来制造生产资料,先不只别的,只就生产资料的创造过程来说,也是以剩余价值资本化为前提条件。(2)生产资料被创造出来之后,能够由市场搬进工厂,由商品变成资本或由所得变成资本,亦是建筑在剩余价值资本化的前提上。由于银行预见了 Ⅰ 和 Ⅱ 两大部类的资本家当其剩余价值增加后,需要买进恰被创造出来的这份生产资料,来作为生产资本,预期到所生产出来这份生产资料有人买,然后才放款给资本家制造生产资料的。除非银行的预见能够实现,已经被建造出来的生产资料也是不会有人要的。已生产出来的生产资料没有人要,是谓生产的过剩。生产过剩之时,不但已曾参加过这份生产资料的工人,会被抛掷于街头,而且还会引起生产上更多的破产和失业。由此可见,剩余价值资本化,不但是创造生产资料的前提而且是已被创造出来化为不变资本的条件。凯恩斯的就业倍数理论不从扩大生产资本出发,不从剩余价值资本化出发,来谈就业的问题,但从对于商品的货币需求着眼。当然不是什么个别的错误,而是整个方向的错误。既然就业倍数理论的整个方向都错了,即是凯恩斯的整个就业倍数理论的公式——国民所得的增量 $\Delta Y =$ 倍数 $K \times$ 投资的增量 ΔI,和倍数 $K = \dfrac{1}{1 - \dfrac{\Delta C}{\Delta Y}(\text{边际消费倾向})}$ 整个公式都错了。即是当边际消费倾向为 1 时就业和所得倍数亦不等于无限大,为 $\dfrac{1}{2}$ 或 $\dfrac{1}{3}$ 时就业倍数亦不等于 2 和 1.5。就业不受边际的消费倾向决定,相反地,消费需求的大小倒受就业的数量决定。就业受什么决定呢?就业受剩余价值资本化的结果:生产资本总量和资本的有机构成共同决定,即是受可变资本决定的意思。因为:

$$\text{可变资本} = \text{生产资本总量} \times \frac{\text{可变资本}}{\text{生产资本总量}}$$

用符号来表示它即是：

$$V = (C + V) \times \frac{V}{(C + V)}$$

这个道理尽人皆知,毋须详论。现在容我将可变资本受生产资本总量和资本的有机构成共同决定的理论,用马克思和列宁在上文中所举的实际列表于后:

资本有机构成不变,生产资本和可变资本的关系:

年别	有机构成	生产资本总量	可变资本
第一年	3.1:1	7 250	1 750
第二年	3.1:1	7 900	1 900
第三年	3.1:1	8 690	2 090

资本有机构成不断提高,生产资本和可变资本的关系:

年别	有机构成	生产资本总量	可变资本
第一年	3.1:1	7 250	1 750
第二年	3.1:1	7 810	1 810
第三年	3.5:1	8 391	1 841

观上表可知,就业的总量决于可变资本。可变资本决于生产资本总量和有机构成的共同作用。在资本有机构成不变的条件下,就业总量,透过可变资本的关系,虽可随资本的增加而成比例的增加。但在资本有机构成不断提高的条件下,随着资本的增加,就业总量的绝对数虽有增加,但相对数则逐年降低。这就是无产阶级的就业增加的比例,随着资本的积累日在往下降低,因而造成人口的相对过剩,即是产业预备军的原因。证以美国、印度、西德、日本的统计,如在上文中所指出的,也是丝毫不爽。由此可见,就业的总量受生产资本总是和资本的有机构成共同决定,是完全符合实际情况的。

凯恩斯就业倍数理论说在一定的投资下,就业随着边际的消费倾向而增加。当边际的消费倾向为1,则就业为无限大。边际的消费倾向为,则就业倍数为2;边际消费倾向为$\frac{1}{3}$,则就业倍数为1.5;边际的消费倾向为0,则就业倍数为1。凯恩斯这种说法与实际的情况是完全不相合的。在资本主义社会中,就业决于可变资本。当边际的消费倾向为1时,正如上文所指出,资本家的资本的积累等于0,可变资本的增量亦等于零,就业的增量当亦等于0。资本家把它的剩余价值吃光喝光,没有节省半文出来扩大不变资本和可变资本,那里还能增雇工人呢?此时就业等于零是无疑的。凯恩斯把就业等于零的条件看作等于无限大的条件,实在是再可笑没有了。

在另外一个极端上,凯恩斯又说,当消费的倾向等于零时,就业倍数就等于l。

这里有两种情况:第一种情况是,假令"投资"很小,如某一企业要想多生产一元或二元的生产资料。纵令不增加一个工人,单凭原材料的节约,即可做到。此时就业当等于零,消费需求的增量当亦等于零。假令凯恩斯此时说,就业增量为零的一倍,试问有何意义。这是一种可能的情况,但对就业的增加,毫无影响。值不得加以讨论。第二,设令"投资"不是很小,而是相当的大。比如说,某一老板要建筑一座 100 亿元或 200 亿元的新工厂。设令边际的消费倾向等于零,这所新工厂建筑得起来么? 我看这是绝对不可能的;我看是连一个工人也不能用来建造这座新工厂的。由于建筑新工厂的工人和资本家在取得货币之后,他们的边际消费倾向等于零,无论市场上有无存货,均不以之买进消费资料来消费,那么,这些建造新工厂的工人,就只有吃空气了。试问世界上有只吃空气而工作的工人么? 显然,当边际的消费倾向等于零之际,就业和所得均绝无增加的可能性。这还只是从生产的方面来论证。再从生产资料的需求方面说,当边际的消费倾向等于零时,这座新工厂将亦无被建造的可能性。我们知道,当边际的消费倾向等于零时,消费资料生产部类的货币需求是毫不增加的。消费资料生产部类的货币需求既不增加,那么,(依照凯恩斯的假定,在技术不变的情况下)对于新工厂的需求当亦不能增加。除非资本家发了疯,这座新工厂的建造亦是没有可能的。总结地说,当边际消费的倾向等于零时,无论从供给方面说,或需求方面说,新的生产资料的建造都是不可能的。从而,当边际的消费倾向为零时,亦是不可能的。凯恩斯当不可能之事当做可能,主要的原因是由于他对于社会总产品在扩大再生产的过程中需要具备的条件,一无所知。

由于凯恩斯对于资本的积累:扩大再生产所需要具备的条件一无所知,就使他的就业倍数理论所着重说明的,就业、所得和投资率之间的数字关系,在理论上,全是错误的。不但在边际消费倾向等于 1 时和等于 0 时才是错误。即在边际的消费倾向大于零小于 1 的时候亦是错误。我们知道,依照凯恩斯的就业倍数理论,当边际的消费倾向等于 $\frac{1}{2}$ 时,所得是否就要增加到"投资"的两倍呢? 从而就业的总量也必要增加到"投资"就业的两倍呢? 比如说,政府"投资"(用凯恩斯的庸俗的定义,即指用一定的货币支出来创造生产资料或耐久的消费物)200 亿来修建运河,就中 100 亿元是可变资本,假定消费倾向为 $\frac{1}{2}$,是否就能使就业增加到投资企业所用工人的二倍呢? 这就要看在全社会中,随着投资和消费的支出,在资本的有机构成不变的情况下,比如说资本的有机构成是 6∶1,是否能使不变资本增加到 1 200 亿,可变资本增加到 200 亿。假定可能的话,这个学说就是对的,不可能的话,就是错的。现在生产资料的创造,就全国范围来说,仅增 200 亿,如何能使社会总资本增加 1 400 亿呢? 这全然是不可能的,在资本的有机构成不断提高的情况下,当然更是不可能的了。如果说当边际的消费倾向等于 $\frac{1}{2}$ 之时,就业倍数不可能为 2,那么,当消费倾向为 $\frac{1}{3}$ 时,就业的倍数就不能为 1.5 了。总之,凯恩斯的一般就业理论主要部分,所谓就业倍数的学说,全是错误的。

最后,我所要着重指出的,即凯恩斯假定,当投资为已知时,随着边际的消费需求,由 0 增加到 l,那么就业和所得的当为同比例的增加,即两者均当由 1 增加到 ∞。这个假定的成立,须以资本的有机构成不变为条件。在事实上,即在短时期内,随着生产的增加,资本的有机构成亦在提高。就业增加的比例日益小于所得增加的比例。换句话说,即随着有机构成的提高,就业增加的比例,随着所得的增加,日在往下降低。美国在 1955 年的生产水平,已高过 1953 年的生产水平。但美国就业的水平此 1953 年更低。显然,凯恩斯这一假设亦是不能成立的。由此,我们可以得一结论说,凡资产阶级的经济学家所作的短期问题的分析,除以此作根据来宣传工资应当降低外,都是很少有用的。

从另外一个角度来观察,亦可看出,凯恩斯以为国民所得增量受生产资料的增量(即凯恩斯的投资)和边际的消费倾向共同决定是错误的。他的那个臭名远扬的就业和所得倍数的公式,即:国民所得增量 = {1 + 边际消费倾向^1 + 边际消费倾向^2 + ……} × 投资增量,从经济的意义上说,是不通的。因为这个公式可有两种不同的解释:第一种解释是这样:在其他条件不变的情况下,只要“投资”,(凯恩斯的意义是指生产资料的创造)增加,就业和所得均要增加。这种解释是很难成立的。因在其他条件不变的情况下,生产资料虽然增加了,但因增加的生产资料并未转化为资本,结果,生产资本毫不增加,生产资本既未增加,当然就业和所得均不能有什么显著的增加。由此可见,依照这里的第一种解释,凯恩斯的就业倍数公式,将是毫无意义的。第二种解释是这样:在生产资料增加后,这一份新增的生产资料必被用来扩大不变资本。不变资本既扩大了,可变资本当亦必随之扩大,于是就业和所得均要增加。只有在这一种情况下,就业和所得乃能随着投资的增加而扩大。有人说凯恩斯的倍数理论可能是第二种解释。问题在于就是依照这第二种解释,凯恩斯的倍数公式在理论上亦难成立。因为新增加的生产资料既已变为了资本,那么,它便不再是所得了。但凯恩斯还将它称做所得,这不是犯了认资本为所得的错误吗?总结地说,无论凯恩斯对于他的就业倍数公式,采取第一种解释或第二种解释,在经济上都是解释不通的。举例来说,比如在马克思的扩大再生产的图解中,我们看见:

第一年

$$
\left\{
\begin{array}{l}
\text{I 生产资料部类} \ 4\,000C + 1\,000V + 1\,000m = 6\,000T \\
\text{II 消费资料部类} \ \underline{1\,500C + \ \ \ 750V + \ \ \ 750m = 3\,000T} \\
\phantom{\text{II 消费资料部类}} \ 5\,500C + 1\,750V + 1\,750m = 9\,000T
\end{array}
\right.
$$

第二年

$$
\begin{cases}
\text{I 生产资料部类} & 4\,400C + 1\,100V + 1\,100m = 6\,600T \\
\text{II 消费资料部类} & 1\,600C + 800V + 800m = 3\,200T
\end{cases}
$$

$$6\,000C + 1\,900V + 1\,900m = 9\,800$$

在第一年中生产资料的生产增加了 500（$=6\,000-5\,500$）。如果这份生产资料的增量不被转化为不变资本,那么国民社会的总生产品便不会增加 800（$=9\,800-9\,000$）。能够么? 不能够的。此其一。第二,假令将第一年度的生产资料增加 500 即凯恩斯所谓"投资"（最庸俗的投资的概念,连所得和资本的区别都被这一概念模糊了）被转化为不变资本了,那么这 500 的生产资料的增量便不能被称做所得而应当算做资本了。这就是说在这社会总产品 800 中有 500 应当算作资本,而不能算做所得。因此国民所得增量便只能等于 300（$=3\,800-3\,500$）。在实际正是如此。由此可见,500 的资本是不能算做所得的。可是,依照凯恩斯的就业和所得的倍数公式,这 500 的生产资料增量,也要算做所得。将资本算做所得,在经济学上行吗? 不行。在资本家的成本账上行吗? 当然也是不行的;单凭这一个例,即可看出,凯恩斯的经济思想确是非常混乱的。由此可见,凯恩斯就业倍数理论与其公式,从经济的意义上说,无论采取第一种可能的解释或第二种可能的解释,都是错误的。凡此都是由于凯恩斯人为地颠倒经济发展的次序:先有剩余价值资本化而后乃有就业和所得的增量所必然导致的结果。

从马克思、列宁主义的扩大再生产的观点来看,凯恩斯的主要的错误首先表现在他在谈就业倍数理论的时候抽掉了不变资本在扩大再生产过程中所起的作用。正因他抽掉了不变资本在扩大再生产过程中的作用,结果就使他根本不能理解剩余价值资本化的过程。从而便无法理解资本的有机构成和生产资本的总量对于扩大就业和所得的决定的作用。具体地说,即由凯恩斯在讨论扩大就业过程的时候,只讨论可变资本和剩余价值在扩大生产和扩大就业上的作用,抽掉了不变资本在扩大生产和扩大就业上所起的重要的作用,从而他也就无法理解就业的总量是由生产资本总量和资本的有机构成共同决定。我们知道,马克思在讨论扩大再生产的过程的时候,他的公式是这样写的:$c+v+m=T$。即是:不变资本 + 不可变资本 + 剩余价值 = 社会总产品。它在经济上的意义是说在资本的有机构成不变的情况下,除非扩大不变资本,即不可能扩大可变资本和剩余价值。列宁再在马克思的扩大再生产理论的基础上提出了生产资料优先增长的原理,即是除非使生产资料增长的速度大于消费资料增长的速度不能适应日益增长的技术发展的要求。这就是说,在资本主义社会中,除非不变资本抢前一步先扩大,可变资本和剩余价值均不能扩大。由此可见,不变资本抢前一步扩大是了解就业所得和消费需求扩大与收缩的关键。凯恩斯之不能理解就业和所得扩大与收缩的条件,突出地表现在他的就业倍数公式中只有可变资本和剩余价值两项。他把不变资本这个无比重要的因素,完全抽出去了。兹将他的有关就业理论的几个重要的公式写在下面,

$$所得 = 生产因素的成本 + 利润$$
$$= 可变资本 + 剩余价值$$
$$= 社会的总生产 - 不变资本①$$
$$国民所得增量 = 消费资料增量 + 生产资料增量$$
$$= 倍数 \times 生产资料增量$$
$$= 可变资本增量 + 剩余价值增量$$
$$= 社会总生产 - 不变资本$$

现在可知凯恩斯,在他的基本公式中确是把不变资本减除出去了的。这即是说,他在考虑扩大就业和所得的时候确是只考虑可变资本和剩余价值。对于不变资本,由于他的庸俗与无知,他乃是有意识地将它抛弃在一边的。

将不变资本在生产过程中的作用抛弃在一边后,必然就要产生这一荒谬的结论,即凡所得或生产物的增产,只要增加劳动者的双手和资本家的剥削就行了。资本家是不劳动的,所以只要增加工人就行了。这样,随着消费需求的增加,劳动者的双手就要比例于消费资料的生产的增加而增加。需求增加到无限,当然就业倍数亦可增加到无限了。是的,凡劳动生产物都是劳动者双手造成的。凯恩斯将企业家视为劳动者是绝对荒谬的。但不能否认这一显明的事实,即劳动者的双手必须在一方面生产生产资料,另一方面生产消费资料,再要以更多的生产资料与劳动相结合,然后才能将消费资料大批地生产出来。因此无论在任何社会中,更多的消费资料的生产均须有更多的生产资料与劳动相结合,作为生产的工具与材料。更多的生产资料的生产当然也要这样做。特别是在资本主义社会中,由于生产资料和生产品均为资本家所有,生产资料尚必须经过剩余价值资本化的过程,将生产资料由剩余价值转化为不变资本并需要给它配制适当的可变资本,方才能够扩大就业和扩大生产。这是不能否认的。而凯恩斯在谈就业和所得的扩大的时候,却把剩余价值资本化和伴之而起不变资本的积累抛弃在一边,当然在他的就业倍数理论中会发出人人消费其全部的增加的所得则生产便当有无限的增加和人人扩大消费其增加的所得,由零扩大到1,则就业和所得的倍数便将由1扩大到无限的谬误了。所以我说,凯恩斯的主要的错误,首先表现在谈就业倍数理论的时候,抽掉了不变资本在扩大再生产过程中所起的重要的作用。

这个错误决不是偶然的。我们知道,自亚丹·斯密以来,所有在英国的资产阶级的经济学家,由里嘉图直到凯恩斯都有这种概念即年生产物的价值等于 $v + m$,他们在无形无影之中便把不变资本 C 漏掉了。马克思指出,亚丹·斯密的教条是这样:"每个商品的价格或交换价值,是由三个构成部分形成,或分解为工资、利润与地租。这个教条可以还原成为这样:商品价值等于 $v + m$,那就是等于垫支的可变资本加剩余价值。""事实上,亚丹·斯密将商品价格分解为工资与剩余价值(即

---

① 参看凯恩斯:《就业、利息和货币的一般理论》,英文版,第53页。

可变资本与剩余价值)的理论,是由里嘉图完全接受了。""约翰·斯杜亚·穆勒是照常以夸大的态度,再生产斯密留给他的后继者们的教条。"①这个教条是与凯恩斯在谈就业的倍数的理论的时候,将不变资本的作用驱逐出来,所犯错误分不开的。当然亚丹·斯密和里嘉图的理论与凯恩斯的就业理论在本质上是有极大的区别的。前者是探求真理的古典经济学家,后者是仇视真理的庸俗经济学家。凯恩斯且不是在自由竞争阶级的庸俗经济学家而是在垄断时期的庸俗经济学家。当然古典学派的经济学非凯恩斯的就业论所可能"为伍"。但斯密和里嘉图的可笑的错误曾给凯恩斯的庸俗经济学大开方便之门,乃是不容置疑的。在英国的所有资产阶级经济学家之中没有一个知道就业和所得在资本主义社会中是受生产资本总量和资本的有机构成共同决定的。凯恩斯也是不知道的。总结地说,即凯恩斯的可笑的错误,首先表现在他在谈扩大就业的时候抽掉了不变资本 C 在生产过程中所起的作用。

　　凯恩斯只有在谈国民所得与国民纯所得的区别时候,方才把不变资本在总生产价值中的地位加以考虑的。正如亚丹·斯密只有在谈总所得和纯所得的区别时候,方才把不变资本的要素,偷偷地输入在商品的价格之中有些类似。亚丹·斯密说:"一个大国居民全体的总所得,包括其土地和劳动的年生产物全部,在总所得中,先把固定资本的维持费用,再把流动资本的维持费用除去,其余的部分,便是纯所得。"凯恩斯在同一个问题上发表了与亚丹·斯密相类似的见解。他说,总所得和纯所得的区别,是这样:在总所得之中包含有使用者成本和辅助的成本,即不变资本各要素在生产过程中的耗损。在纯所得中没有包含得有使用者成本和辅助成本在其中,纯所得等于社会总产物的价值②减去使用者成本和辅助成本。使用者成本加辅助成本等于在生产过程中所消耗的固定资本和流通资本中的原料与燃料部分。他们又相当于不变资本中的各要素。由此可见,凯恩斯在谈总所得与纯所得的区别的时候,确是把不变资本的消耗在总生产价值中所占的地位加以考虑的。问题在于他只有在这个地方才考虑到它。一到讨论扩大生产和扩大就业的时候,他就把它漏掉了。漏掉的原因可能是由于他与亚丹·斯密的想法相一致。亚丹·斯密在谈社会年生产的时候,把不变资本漏掉了。那时他的想法是这样:由于不变资本各要素的价值最后亦可分解为可变资本与剩余价值 $v+m$,因此也就找不到在 $v+m$ 之外,在年生产价值中,还有什么不变资本的要素的地位。凯恩斯可能也有这样的想法。但更重要的是由于凯恩斯认为商品的价值是在流通过程中决定的,并认为流通或消费需求决定生产,重视流通忽视生产,对于在生产过程中,不变资本和可变资本决定生产的关系缺乏了解,从而便把不变资本在扩大生产和扩大就业的事情上所占的重要地位漏掉了。在这两种原因之中,凯恩斯漏掉不变资本的主要原因是第二个原因。莫要忘记了凯恩斯不是古典经济学家,而是一个在资本

---

① 马克思:《资本论》,第 2 卷,人民出版社版,第 452—453、478—479、481 页。
② 凯恩斯所说的价值,即价格。

主义垄断阶级的臭名远扬的经济学家。为什么我说是第二个原因呢？因为凯恩斯从来没有暴露过生产资料的价值的消耗，在同一时期内，亦可再分解为 $v+m$。这点与亚丹·斯密的想法不完全一致。相反地，他可能有与亚丹·斯密不同的想法，即在社会总所得中不但含有生产资料价值的消耗使用者成本和辅助成本（相当于不变资本各要素的价值消耗），而且又是不可以同时分解为 $v+m$ 的。因此之故，所以我说，凯恩斯在讨论增加生产扩大就业的时候抽掉了不变资本 C 的主要原因，不是第一个原因而是第二个原因。这样就便凯恩斯在谈扩大就业和所得的时候，把不变资本在这里所起的作用忽略了。这个忽略是严重的。忽略了这个要素之后，就使凯恩斯无法理解就业的总量，决定于生产资本总量 $(c+v)$ 和资本的有机构成的共同作用。这就决定了，在他的就业倍数理论中，必然有种种关于就业倍数的错误理论产生。

什么是凯恩斯所说的使用者成本和辅助成本呢？一来呢，因为凯恩斯的使用成本的概念，连凯恩斯在剑桥大学中的同事，都觉得很难懂；再来呢，因为凯恩斯觉得使用者成本的概念，乃是他的一点发明和创造，所以我想借此机会，在这里将它介绍一番和评论一番。依照凯恩斯的定义，使用者成本就是资本家为了生产商品所消耗的不变资本的价值。这种成本是资本家自愿负担的而又是可以预期的成本。用公式来表示它，即，

$$U = G' - B' + A_1 - G①$$

U 是使用者成本。G' 是本企业在前一时所留下来的资本设备在本生产时期之末的价值。这份资本设备，比如说，它是在前一时期所留下的车床，如果由期初到期末，没有使用来生产，资本家为了维持它的效能，比如说，将它擦油，最经济地使了费用 B'。那么 $G'-B'$，便是从前一个时期遗留下来直到本生产时期之末的资本设备的可能最大的纯净的价值了。A_1 是本期向其他资本家买进的资本设备的价值。G 是在本期之末所有资本设备的价值。因此 $G'-B'+A_1-G$，便等于前期遗留下来的生产资料可能最大的缩净的价值加本期向其他资本家进货的价值减期末所有资本设备的价值。这即是为了生产制成品所费的成本了。这个叫做使用者成本。凯恩斯认为使用者成本是资本家愿意负担的而又是可以预计的。可是，在生产所费的生产资料各要素的价值耗损中，除了使用者成本而外，还有其他的成本。凯恩斯将它称做辅助的成本。这种成本是可以预计的，但不是资本家愿意负担的。例如市场价格的变化，机器使用的陈旧，自然的消耗，地震等等。因此总生产物的价值等于补助成本加使用者成本加生产因素成本加利润。辅助成本和使用者成本均属于生产资料各要素的价值耗损，所以凯恩斯说，我们在计算纯所得时应将使用者成本和辅助成本减除出去。凯恩斯认为使用者成本乃是他的一种发明。他那知道，关于生产资料的价值在生产过程中的消耗，马克思早在凯恩斯诞生十六年前就

---

① 凯恩斯：《就业、利息和货币的一般理论》，英文版，第53、56页。

对于这个问题作了极其深刻的分析。这个分析是凯恩斯所未梦见的(凯恩斯生于1883 年,马克思《资本论》第一卷出版于 1867 年),马克思从生产资本的观点来分析,认识到不变资本各要素的价值的消耗,必是构成商品价值的一部分。但它之所以成为商品价值的一部分,首先是由不变资本的各要素曾经在生产过程中超过两大重要的作用:(1) 增加劳动生产率(2) 给劳动以材料,使流动的劳动能够在其中逐渐凝结为价值。它本身是虽不能创造价值的。但它却系劳动创造价值的条件。它的价值就是在它起作用时被生产的劳动转移在新的制成品之中的。除非有不变资本这个要素存在,在资本主义下劳动是不能创造任何价值的。这即是说,当生产的技术不变之时,资本家为了扩大再生产和扩大就业,就非使不变资本的各要素随着可变资本的扩大而为同比例的扩大不可。尤为重要的是,当生产的技术水平提高之时,资本家为了扩大生产和扩大就业,那么不变资本增加的比例尚须大于可变资本增加的比例。在资本主义社会中,失业预备军之所以成为资本主义的伴侣,原因就在于此。马克思是深刻地认识到不变资本在扩大再生产过程中,对于就业所起的重要作用的。列宁在马克思扩大再生产的基础上,又创造性地发现了生产资料优先增长的原理。即随着不变资本的扩大,就业虽可能有绝对的增加,但相对地日益减少了。凯恩斯在谈国民总所得和纯所得的时候,也虽然认识到在社会总生产物价值中是有生产资料(作为不变资本)的各要素的消耗和折旧的,虽然也提出了他的使用者成本和辅助成本的学说,可是,由于他丝毫也不知道,生产资料作为不变资本各要素而存在,乃系劳动创造使用价值和价值的先决条件,又除非不变资本扩大,就业和所得便不能扩大其结果,就使他在提出他对"投资"与就业倍数的关系的说明的时候,就把使用者成本和辅助成本丢掉了,从而就把不变资本各要素在生产过程中的作用取消了。由是遂有 100 元的"投资"在资产阶级与无产阶级均消费其全部所得增量的条件下,就可将国民所得增量连同就业人数增加到无限大的谬论。当然扩大生产如不需要将那些作为所得的或剩余价值的生产资料化为不变资本,他是可以得出这样的结论的,即只要大家消费其全部的所得增量就可以将消费资料扩充到无限大的。可是扩大生产和就业如果还需要一定比例的生产资料作为不变资本各要素的话,如果还需要资本的积累,或还需要剩余价值资本化的话,又如果还需要一定的不变资本才能有一定的可变资本的话,那么,这个谬论,就不难明白的了。又不但在谈边际的消费倾向等于 1 的条件下,才有这种可笑的错误产生,在等于 0 和大于 0 而小于 1 的众多条件下亦是如此。这点在上文中已批评过了。

总结地说,凯恩斯的就业倍数理论本身的错误在于它在谈在扩大生产和扩大就业的时候漏掉了关系重要的不变资本 C,由于漏掉了不变资本 C,结果就漏掉了不变资本 C 的扩大乃是扩大就业和所得的必要条件,结果就漏掉了考虑剩余价值资本化,乃是扩大不变资本 C 的先决条件,结果就漏掉了就业和所得的总量决于生产资本总量和资本的有机构成共同作用,即决于

$$(C + V) \times \frac{V}{(C + V)} = V$$

而不是决于在他的就业倍数理论中那一系列的荒唐的假设。而在谈就业倍数理论的时候之所以漏掉了不变资本 C，推究其根本的原因，则又系由他的荒谬的基本假设，即流通和消费的需求决定生产。由此荒唐的基本假设出发，凯恩斯于是就忽略了生产资本和所得与就业的关系。于是就忽略了生产资料作为商品和作为资本的区别。于是就忽略了商品作为商品和作为资本的区别。于是就忽略了货币作为流通中介与资本的区别。这样就使他在讨论就业倍数理论的时候，必然要忽略不变资本和剩余价值资本化。而其总的结果就使他的就业倍数理论公式：

$$\Delta Y = \Delta I \left\{ 1 + \frac{\Delta C}{\Delta Y} + \left(\frac{\Delta C}{\Delta Y} \right)^2 + \left(\frac{\Delta C}{\Delta Y} \right)^3 + \left(\frac{\Delta C}{\Delta Y} \right)^4 + \cdots \right\} = \Delta I \frac{1}{1 - \frac{\Delta C}{\Delta Y}}$$

在数学上虽然好像煞有介事，但在经济的意义上，没有成立的余地。凯恩斯所知道的很简单，即商品生产不能增加是由于商品在生产出来之后卖不出去，而商品卖不出去，则是由于没有货币需求，而没有货币需求的原因，则又系公众的货币所得没有增加和没有消费其全部货币所得，或没有消费其全部货币所得的增量。因此他的解决的方法，就是增加货币的支出，使之变为公众的货币所得的增量。现在将他的"投资与就业倍数"的理论在实际上所能发生的效果加以分析，就可以看出，它不但不能导致充分就业，而会永远地导致失业或更多的失业的所以然了。

凯恩斯劈首假定，失业的原因就是由于在市场上的商品卖不出去。市场上的商品卖不出去，只在于社会的货币所得没有增加。只要社会增加"投资"，即只要增加生产资料的生产或其他耐久物的生产（甚至徒然增加生产，连生产无用之物也是好的），那么，凡参加生产的工人和资本家均得到了新增的货币所得：工资和利润了。因其目的专在于增加货币的所得，所以只要在生产过程中货币的支出增加，公众的货币所得增加就行了。同时，公众对于消费资料的货币需求当亦随之增加。市场上的商品就卖得出去了。从增加货币的收入上着眼，生产有用的东西固好，甚至生产无用之物也好。当然生产有用之物，因其对于社会有用处，自他看来，还是较好的。但是，纵令毫无用处，其结果也是一样的。他说：

> "百万富翁们活时建筑雄伟的宫殿来居住，死了建造金字塔来蔽盖，或为赎罪，修建教堂，捐赠寺院或捐助到外国去的传教师，均可延缓资本的丰富干扰产量的丰富降临的日子。就连把储蓄用来白在地上挖窟窿亦然，不仅可以增加就业而且可以增加有用的财货和劳役的收入。"①

意思是说，即令就是叫一部分人在地上挖窟窿，叫另一部分的把这些窟窿填

---

① 凯恩斯：《就业、利息和货币的一般理论》，英文版，第220页。

平,翻来复去,无有宁息,只要按时发放工资、利息并向承包这一工程的资本家支付利润,其结果亦是一样能够增加货币支出的。依照他的所得倍数的理论,随着货币支出一浪一浪地提高,货币的所得固然也是一浪一浪地提高了。可是由于生产消费资料部门的资本家们依照凯恩斯的假定,在社会消费其全部所得增量的条件下,没有可能将剩余价值资本化,没有增加生产资料的装备与原材料,消费资料没有增加或增加很少,物价于是大增。物价增加而工资未增加或增加很少,资本家便获利了。在国民的所得中,于是引起重新的分配,即有利于资本家而无益于劳动者。从社会整个来说,由于社会的基本群众购买力减少了,消费的需要随之减少,消费资料的生产过剩的危机便发生了。这里有两种情况,(1)在货币支出未增加以前,消费的需求和供给是平衡的,现在消费需求不足。生产资料的过剩亦随之产生。(2).在货币支出未增加以前,生产与消费已经是不平衡的。现在当然是更严重了。上述这两种情况是由无用的"投资"所引起的。设使社会的投资是有用的投资,甚至体现社会的一种新发明,其结果更会引起生产过剩的危机。这里亦有两种情况:(1)在新的和更高的生产资料未开始建造以前,生产资料的需求与供给是平衡的。可是后来依照凯恩斯的假定由于新的和更高的生产资料开始建造,货币的所得与支出均增加,消费资料不增或增的很少,消费资料的价格涨高,但工资不增,或增的很少,在国民所得中所引起的重新分配有利于资本家而无利于劳动者。由于社会的基本群众更进一步地相对贫困化和绝对贫困化,消费资料的需求不足,从而生产资料的需求亦不足了,生产资料的供给于是过剩了。在这生产资料过剩的基础上,新的和更高的生产资料被生产出来了,在市场上与已经过剩的旧的生产资料发生竞争,生产资料过剩的危机便要如山崩地裂一般地爆发了。(2)设使在新的更高的生产资料未开始建造以前,生产资料已经过剩,其情形当更严重。近代的生产过剩的危机主要是由于新而高的生产资料的建造所引起的。但这并不排斥由于消费资料生产的过剩亦可产生危机。以上是说,当着有用或无用的"投资"的增加的时候,由于生产消费资料的生产设备没有增加,消费资料的生产不能增加,或增加很少和由于所得的重新分配有利于资本家无利于劳动者,必然导致生产过剩的危机与失业。现在我们所要更进一步研究的,即消费资料的生产在固定的资本设备不变或略有增加时(这是凯恩斯的基本假定),亦可以增加一些消费资料。这种情况比较救符合于凯恩斯的假定。但应当着重指出的,即只要消费资料供给之增加缓于货币需求之增加,其结果亦同样要引起危机与失业,在事实上正是如此。由此可以断言,依照凯恩斯的"投资与就业倍数"的理论,不但不能消灭失业,而且必然导致危机与失业。最后还要着重指出这一点,即现代生产过剩的危机表现为生产资料的过剩和利润率突然下降,决不是由于什么在资本设备日益丰富的基础上,资本家对于资本的未来收益过于乐观和突然失望,从而过度悲观的结果,如凯恩斯所说的那个样,而是由于在生产资料私有制的基础上,随着新而高的生产资料,特别地是新发明的机器的制造,货币支出的快,商品的货币需求增加的快,商品供给增加得慢,物价增加的快,利润涨高得快,工资增加的慢,所必然形成的工人阶级更进一步地相对贫困化,甚至绝对贫困化,和相应发生的人民大众购买力的相对的,甚至绝对的缺乏所造成的。即是在剥削关系的基础上扩大再生产的必然的结果。

总之,凯恩斯的"投资与就业倍数理论"所根据的前提是荒谬的。其荒谬在于在讨论这个问题时擅定流通和消费需求决定生产过程,或擅定流通和消费关系决定生产关系,因而便看漏了生产资本先扩大乃是扩大生产和所得的先决条件,乃是就业的绝对增加和相对萎缩的决定条件,看漏了剩余价值资本化乃是扩大不变资本和可变资本的先决条件,看漏了就业的总量决定于生产资本和资本的有机构成的共同作用,看漏了:除非先有剩余价值资本化,或所谓资本化,不能扩大不变资本,除非先扩大不变资本不能扩大生产,又除非资本家不是资本家,即不提高劳动生产率,不提高资本的有机构成,和不追求最大的剩余价值,失业乃能消灭,如果不是这样,那么,失业或更多的失业必然继续出现。由此可见,凯恩斯假定,只要消费的需求增加,生产和就业均要增加,尽管资本的固定设备没有相应地增加,这个理论是谬误的。这个理论实行的效果与它所宣传的效果相反,即是资本家的腰包更肥大,工人更贫困,购买力更缺乏,失业更严重。

如众周知,在高涨时期内,资本家阶级在固定资本的扩大再生产的过程中,由于货币的与货币所得的支出的增加,速于商品的供给的增加,物价高涨;并由于工人的货币工资的增加缓于物价的增加,或实际工资的增加缓于劳动生产率的提高,资本家的利润大增;同时,就业在一定程度内也增加了。在表面上,好像只要货币增加,就业就可增加,如像凯恩斯所期望的那个样。可是,在实质上,就是由于在高涨时期内,随着固定资本的扩大再生产,随着商品资本一般生产过程的扩大,资本主义的生产关系也扩大了。即在每一元的商品价值的增殖中,资本家所得的那一份,此工人所得那一定更大。在高涨时期中,频繁和兴盛的交易,不但掩饰了而且加深了各生产部门之间不会比例的矛盾,不但掩饰了而且加深了价值的增殖和工人的相对购买力的降低,即是价值的生产和价值的实现之间的矛盾。这样,在高涨的时期里,便播下了危机的种子。在高涨时期里既播下了危机的种子,危机必然要发生。正如马克思所说,"生产规模之突然的突击性的展开,是它的突然收缩的前提"[①]。凯恩斯以膨胀利润的方法,虽然可以得到一时的虚假的繁荣,但它乃是替更深刻的危机创造条件,这亦是无可置疑的事。由此可见,凯恩斯妄想以膨胀利润的方法来扩大就业,实是再肤浅没有的了。

凯恩斯的"投资和就业倍数"的理论,是替垂死的资本主义打的玛琲针。当着垂死的资本主义命在旦夕之时,他无疑地要希望.能够多活几分钟。那怕就是玛琲针,它也要很宝贵它。问题在于当玛琲针注射第一次时,病人确是感到兴奋。只在玛琲针注射后,病人身体内部变得更虚弱了。死的威胁,以更可怖的姿态,又降临

---

① 马克思:《资本论》,第1卷,人民出版社版,第797页。

了。病人于是希望再注射一次玛琲针。不过轮到第二次时,一针不管事了,需要注射两针玛琲针,才能保命。但以后病人的身体更虚弱了。由于病人的身体一次一次地更虚弱,死的威胁一次比一次更可怕,玛琲针的注射虽然一次比一次更多,但效力却一次比一次更差。还不到几分钟后玛琲针便失效了。怎再注射好多针,也无用处。垂死的资本主义于是就将由它平素所锻炼出来的掘墓人,拖到修建好了的墓坑而将其永远地埋葬。

凯恩斯,在一方面,提倡盗用国库生产军火保护战争,赞美资产阶级的奢侈豪华的生活,来增加生产资料和消费资料的需求,从而增加财政资本的最大限度利润。在另一方面,却主张在需求增加,物价继涨的条件下,冻结工人的货币工资,从而降低工人的实际工资,使工人更进一步地相对贫困化,甚至绝对贫困化,从而造成更深刻的经济危机与失业。凯恩斯的理论的实质是要降低工人的实际工资,增加财政资本巨头的最大利润,造成更深刻的经济危机与更广大的失业,从而替资本家更残酷地剥削工人创造条件。凯恩斯的降低工人实际工资的倡议并且是在1936年英国工人阶级生活困难的状态下进行的。在实际上乃是要造成短期的虚伪的繁荣和继之以生产过剩的危机与更多的失业,使垂死的资本主义得到短时的兴奋和继之以崩溃,这样来使资本主义苟延岁月的。但他却要美其名曰,实现充分就业,除自欺欺人外,是没有什么别的可以解释的。

我们知道,在资本主义的生产资料私有制下工业预备军的存在,即失业军的存在,乃是资本主义经济的生存条件。如果没有失业军,资本主义经济是不能够发展的。失业军的存在使资本家有可能加重对工人的剥削。失业的工人不得不同意最苛刻的劳动条件。失业军的存在,给在业工人造成不稳定状况,促使整个工人阶级的生活水平急剧降低。失业军的存在还有另外的一个意义,即当市场情况好转和需要扩充生产的时候,就可以找到成千成万的失业的工人。而在市场情况恶化的时候,又可以把他们从工业中排斥出来,储存在失业军这个巨大的蓄水池中。因此资本家不愿意消灭失业军。斯大林说:"不论哪一个资本家从来不会而且无论如何也不会同意完全消灭失业现象,消灭失业后备军,因为失业后备军底使命就是压制劳动市场,保证工资低廉的劳动人手。"①

凯恩斯虽然欺骗工人说,降低工人的实际工资的目的乃是要实现工人的充分就业,可是在事实上,毫无疑问,凯恩斯乃是完全不同意消灭失业的。即不同意工人充分就业的。他在"就业理论"中,明白地说,他是不愿意消灭失业的。因为他所注意的,只是"非自愿的失业"的消灭。至于"自愿的失业",那是不能消灭的,而且他亦不愿意消灭它。什么叫做"自愿的失业"呢?依照凯恩斯的荒谬的说法,凡当物价上涨,货币工资不变,实际工资下降的情况下,不问资本家利润有多大,工人如不愿意降低实际工资,或按照现在的货币工资工作,那么,他便要将它称做"自愿

---

① 斯大林:《与英国作家威尔斯的谈话》,人民出版社版,第3页。

的失业"。由此可见,凯恩斯的"充分就业",是在保存"自愿失业"条件下的"充分就业"①。在他所谓的"充分就业"已经实现的时候,仍是有许多工人失业的。对于这些失业工人凯恩斯不但不寄与同情,而且咒骂他们说,他们既然依靠资本家工作,可又不接受资本家降低实际工资的命令,那么,他们的失业就是"自愿"的。因而不能称做失业。"自愿失业"这个名词是荒谬的。在资本主义之下,工人是无产者,绝无不愿作工,宁愿饿死的。事实上绝无自愿的失业存在。连凯恩斯的大弟子,鲁滨孙夫人也说,"自愿的失业"这个名词是不合常识的。她说,"从常识的观点看来,如果我们说,在 1933 年大不列颠所有失业都是自愿的失业,因为那时货币的工资是稳定的,或者说在 1936 年在煤矿业中没有失业,因为那时发生了更高的工资的要求,那恐怕是荒谬的。"②在资本主义社会中,任何失业的工人,只要他是工会会员,都不能忍受资本家的奸计,甘心降低他的实际工资,而至破坏工会所共同规定的工资标准的。因为这是工人阶级的生命线。凯恩斯如果因为这些失业的工会会员不愿意破坏他们的共同的工资规约,接受资本家任意裁减工资的命令,便诬蔑他们为"自愿的失业"。那么,在英国这个岛国内便不但要把一、二十万工人的失业不算是失业,即合就是一、二百万工人的失业,也不算失业了。因为自凯恩斯看来,凡失业而不愿降低工资或要求提高货币工资的工人,都不能算做失业的。1933 年和 1936 年大不列颠失业是严重的,但自凯恩斯的观点说来,因为工人尚且要求更高的工资,那么,依照凯恩斯的逻辑便当叫做自愿的失业即不能算作失业了,这即是说,大不列颠的工人已然充分就业了。由此可见,凯恩斯在口头上,说降低工人的实际工资乃为了实现工人的充分的就业,在本质上,他只要降低工人的工资并不是要实现工人的充分就业的。不但凯恩斯不愿工人充分就业,就是他的门徒俾勿理治也是如此。他说,英国只要有百分之三的工人的失业便算充分就业。在本质上就是不要工人充分就业,而要工人保持百分之三的失业。这即是说,在 1955 年在英国须要保持733 250 个工人的失业(1964 年 12 月英国的劳动人口为 23 775 000 人),美国须要保持1 899 630 个工人的失业(1955 年 2 月美国劳动人口为 63 321 000 人)以达降低工人工资的目的。失业是资本主义的生存条件,"不论哪一个资本家从来不会而且无论如何也不会同意完全消灭失业现象"。凯恩斯是"资产阶级的人物,布尔什维克无情的敌人",他要保存大批的工人的失业乃是完全可以想象得到的。

再说,正如上文所指出的,失业乃是资本主义永恒的伴侣。它亦不是资本主义所能消灭的。在资本主义社会中,特别是在垄断组织占统治地位的阶段,资本家为了竞争最大限度的利润,如果增加投资一定要提高资本的有机构成,从而相对地减少劳动的需求,因此,在资本主义制度下,便没有充分就业的可能性。凯恩斯之所以说它有可能性,是由于他说谎,由于它欺骗工人阶级;如他所说,工人充分的就业与工人自愿的失业,原是可以并存而不悖的。

---

① 凯恩斯:《就业、利息和货币的一般理论》,英文版,第 16 页。
② 约翰·鲁滨孙:《就业理论论文集》(*Essays in the Theory of Employment*),第 10 页。

凯恩斯是讳言资本的有机构成不断提高的。因为他深切地知道，假如把资本的有机构成不断提高的过程，毫无掩饰地说出来，那么，由于在资本的有机构成不断提高的条件下，工人必然没有充分就业的可能性，结果他的充分就业的学说便必然要失却欺骗工人的可能。为了欺骗工人起见，他于是以资本的有机构成不变（他假令供给曲线不变便是资本的有机构成不变的意思），来掩盖资本的有机构成不断提高，使工人阶级相信，现代资本的有机构成好像真是不变的，好像资本对于劳动力的需求真是可以随着资本的积累按比例地增加的，好像凯恩斯所说的话真不错，那就是，只要就业工人同意降低实际工资，真是可以实现充分就业似的。因而也就只好以百般忍耐的心情，勉强地放下了他们的罢工和革命，同意降低他们的实际工资，等待充分的就业。凯恩斯之所以每每在谈论随着"投资"的增加，充分就业必可实现的时候，总是首先假定技术、资源、成本不变。其唯一的愿望，就是为了要把资本的有机构成不断提高，说成有机构成不变，以达欺骗工人的目的。如果不是为了欺骗的目的，那么，凯恩斯为什么要把这个在现实上具有最大意义的资本有机构成不断提高，避开不谈，专谈那个在现实上毫无意义的资本有机构成不变呢？除了欺骗工人外，是不可能有其他任何解释的。

在事实上，依照凯恩斯的"投资与就业倍数"的理论做下去，正如我们上文所指出要想能做到在资本有机构成不变条件下扩大再生产，乃是不可能做到的。所能做到的就是"投资"增加，物价涨高，资本家的腰包更肥，而工人的贫困更甚，危机发生得更快，和失业的人数更加剧。

如众周知，在资本主义的现阶段，自由竞争的状态业已让位于垄断组织的统治。在垄断组织的统治下，垄断资本所获得的寄生性的利润乃是无比大的。可是工人更贫困了。如果把垄断资本的专制与横暴揭露出来，那么，他的降低工人的实际工资的学说，必然亦要失却它的欺骗的可能。为了欺骗工人起见，凯恩斯在他的"就业的一般理论"中，便以自由竞争来掩盖垄断资本的统治。使工人相信，好像今日的资本家还是自由竞争时代的资本家，同时他们所得的利润率尚还只是平均利润。凯恩斯并把资本家说成工人的领袖，于以掩饰资劳之间的矛盾。凯恩斯一再地说，资本家乃是企业家。他是参加了劳动的，他的动机是崇高的，他不要怎样发财致富。他的主要的目的乃在将企业搞好到底。可是他的利润如此之少，而且日在降低。假如他真是因赔本而消极，那么企业便没有了。这不是要造成更多的失业吗？因此工人的实际工资应当随着就业的增加而降低。工人阶级千万不要要求太多工资，至于超过工人的"边际劳动生产物"。但应降低实际工资，给资本家企业家以鼓励。凯恩斯着重地说，企业家们乃是一些"热情奔放和赋有创建冲动的人们，他们开创企业乃是把企业看作他们的生活的方法，而不是真正地要对未来的利润作何精确的打算"[①]。由此可见，凯恩斯之所以在他的"就业的一般理论"中只

---

① 凯恩斯:《就业、利息和货币的一般理论》,英文版,第150页。

谈自由竞争，不谈垄断统治，并且把资本家变成工人的领袖，他的目的，只是在于：想以这样的"理论"和以自由竞争作烟幕来掩护垄断资本向工人阶级的生活水平猖狂地进攻的罪恶勾当。如果不是为了这个卑鄙的目的，那么，为什么生在垄断资本的时代，不谈垄断统治，反而要谈自由企业呢？这当然是不可以想象的。

劳动的收益，在历史上是递增的。在资本主义总危机时期，企业经常开工不足的情况下，劳动的收益，纵令技术水平不变，亦是递增的，或至少也是不变的。可是凯恩斯，在他的"就业理论"中，对于劳动收益递增，这一历史的规律，和对于1936年大不列颠企业开工不足的情况，一字也未提及。他宁以一种空洞无物的"假令技术水平不变"为前提，大谈而特谈其"劳动的边际生产物递减的规律"。这是为了什么呢？毫无疑问地是为了欺骗工人阶级，以达降低工资的目的。

凯恩斯的"就业理论"的最大的和最根本的骗局，在于他首先谎言在资本主义社会中失业的工人增加，在本质上是由于资本家阶级赚钱太少，工人阶级所得的工资太多，因此他的"全部就业的理论"均以降低工人的实际工资，提高资本家的利润为中心。可是在实际上，在资本主义社会中，失业工人的增加，完全不是由于工资太多，利润太低，而是由于资本主义的生产条件和分配关系所造成的。资本主义的生产条件和分配关系，在一方面，使资本家在争取最大限度利润的竞争中，不得不发展技术，实行生产合理化，提高资本的有机构成，加紧剥削工人，将剩余价值的创造，提高到极大的限度；可是在另一方面，却把工人阶级的购买力，限制在极度狭窄的范围之内。在复苏和高涨的整个时期中，工人阶级在物价增加和货币工资不增加或仅有轻微的增加的条件下，更进一步地相对地贫困化甚或绝对贫困化了。由于工人阶级更进一步地贫困化，社会上整个的消费力相对地甚至绝对地缩小了。这样在剩余价值的实现上，就产生了生产过剩的危机与更多失业。由此可见，为了消灭工人的危机与失业便应当消灭资本主义制度自身。在苏联和各人民民主国家中，由于生产资料公有制的完全实现，或大部分实现，失业或则是连影子都没有了，或则为直线形的降低。此时，经济上的问题早已不是生产过剩而是生产不够快、不够多和不够好的问题了。同时工人的工资还一直在增多。由此可见，只有在生产资料的社会主义所有制下，充分就业才能实现。可是凯恩斯在说实现充分就业的时候，不但要维持资本主义，而且要实行国家垄断资本主义，来更进一步地降低工人的工资和提高资本家的利润。当然他所说的实现充分就业是谎话。纵令他所说的不是谎话而是真话，那亦等于以"抱薪救火"的方法来抢救火灾，其结果，除使大火更严重外，没有什么好的效果可言了。而凯恩斯学说的破产也就在这里。

凯恩斯不是说，在失业增加之际，只要能够扩张军火生产，增加生产资料的需求，和鼓励资本家浪费以增加消费资料的需求，同时冻结工人的货币工资，增加通货，抬高物价，降低工人的实际工资，从而增加资本家的利润，便可减少失业吗？在第二次世界大战之末，美国和英国都是依照凯恩斯的学说做的。特别是在英国工党执政的期中，凯恩斯的理论几乎每字每句都是被工党的政府付诸实施的。一、工人的工资被冻结了,物价被提高了,当然工人的实际工资也被降低了。正如上文所指出,依照牛津统计研究所矫正过的官方数字,英国工人实际工资,较战前低百分之三〇。1951 年此 1950 年更坏,1952 年此 1951 年更坏;因为依据 1952 年 6 月号《国际劳工评论》所载,英国产业工人工资指数(以 1948 年为 100)1950 年为 107.4,1951 年 3 月为 112.7。英国食物价格指数则由 1948 年的 100 涨至 1951 年 3 月的 119。在 1952 年消费者物价指数继续上升。就中食物类价格指数再由 119 涨至1952 年的 139,但于同时期内,工资并未增加。二、在另方面,英国在 1950 年,参加侵略朝鲜的战争,疯狂地从事军备竞赛,结果垄断利润大增。实际工资既减,利润既增,如果凯恩斯的理论不是在撒谎,那末,在这一段时期中,英国的失业便将减少了。可是事实怎么样呢?依照 1952 年 5 月反动刊物《经济学人》第 17 期,英国在1952 年 4 月的经登记的失业工人为 468 000 人。这个数字,与《巴克莱银行评论》1955 年 1 月号所列数字 462 500 人大约相同。

1946	405 900	1950	341 000
1947	510 600	1951	381 400
1948	838 000	1951	462 500
1949	388 000	1953	380 000

这些刊物都是资产阶级的刊物,他们所举的统计数字应该解释为最低的数字。可是连此最低的数字亦指明凯恩斯理论实行的结果不是失业减少,而是失业的人数增加。由此可见,凯恩斯的就业理论是经不起事实的反驳的。

美国也是经历着相同的道路。美国自侵朝战争发生后,实际工资大大降低了,美国工人阶级的生活更恶化了。依据官方的数字,美国 1948 年实际工资只有战前百分之八〇。1951 年比 1950 年,依官方显然缩小了的指数也降低了百分之一·五。无组织的劳动者(占大部分)更要低些[1]。在另方面,美国从事于疯狂地军备竞赛。在 1952 年到 1953 年之间正式的军事费用占全部预算百分之七七。连过去战争所造成的开支一并计算在一道,共占预算百分之八八。因为军火的需求增加,垄断性的股份公司的利润大增。列表如下:

年代	单位(十亿美元)	年代	单位(十亿美元)
1929	9.8	1946—49	29.0
1936—39	5.4	1950—52	41.2
1940—41	13.2	1953	44.2
1942—45	22.5		

如果凯恩斯的理论不是在撒谎,那么,在 1950 到 1952 年之间美国工人的失业便当减少。可是事实如何呢?1950 年美国"失业和半失业者合计起来,根据官方

---

① 美国《工人杂志》,1952 年 10 月 28 日。

的统计在 1950 年年初一共是 1 450 万人,但实际的数目却是 1 800 万人左右。在 1952 年,尽管疯狂地进行着军备竞赛和经济军事化,美国却有着不下于 300 万人的完全失业者和 1 000 万人的半失业者"[①]。直到 1955 年 2 月依照美国《商业统计月刊》统计,美国尚有完全失业工人 3 373 000 人。事实是最雄辩不过的东西,凯恩斯的"就业理论"破产了。

凯恩斯"就业理论"破产的原因,是由凯恩斯自欺欺人地假定失业增加的原因是由垄断资本家们所得利润太少,实际工资太多。可是在实际上是由垄断资本家们追逐最大的利润太多,而工人的实际工资则被资本主义的生产条件和分配关系压制在极低的水平上。这个理由是很简单的。因为在资本主义社会中,生产资料的需求的增加在扩大再生产的实现条件不变的情况下,系于消费资料需求的增加,而消费资料需求的增加系于工人阶级的购买力,而不系于垄断资本家阶级的利润的增加。因为垄断资本家,在生产资料的资本家所有制的基础上,在争取最大限度利润的剧烈的竞争中,不得不发展技术,实行生产合理化,将生产的可能性提高到最大限度,不得不将其所获得的最大限度利润,剩余价值之一部转化为资本。使资本的有机构成提高和劳动力的需求相对地减少,从而导致相对的人口过剩和失业军的诞生。可是在另一方面,在新而高的固定资本或在新而高的消费资料的不断更新和扩大再生产的过程中,货币在流通过程中的投入增加,物价涨高,工资不变,或仅有轻微的增加,使国民所得的分配重新发生变迁,愈有利于资本家而无利于劳动者。其结果是社会的总的消费的需求相对地缩小了。从而就产生了生产过剩的危机和广大的失业军。远事不重提,单以美国最近一年以来的投资与就业的关系而论,也是这样。正如上文所指出,美国艾森豪威尔政府实行空前的军事支出,每年用于"国家安全"的支出(不算在国外维持军事基地的开支),总在 4 000 亿美元以上。这个数目为朝鲜战争爆发前的三倍,为第二次世界大战前三十倍。最近它提交国会的预算,更进一步要求增加将近 10 亿美元的军事支出。这都是按照凯恩斯主义的原则来实施的。但实行的结果怎么样呢?到 1955 年底,美国对新厂的设备的投资约为 310 亿美元,创造前所未有的纪录。依照美国商务部的统计,资本家的利润增加,生产也增加了。可是 1955 年 11 月的失业反而此 1953 年 11 月的失业更多。列表如下:

年度	公司利润 (付税前)	工业生产指数 (每年第四季)	国民总生产	失业人数 (每年十一月)
		(1947 – 1949 = 100)		
1953	382 亿美元	129	3 600 亿美元	1 699 000
1954	340	128	3 670	2 893 222
1955	432	144	3 970	2 398 000

[①] 瓦尔加:《帝国主义经济与政治基本问题》,第 52 页。

到了 1956 年 11 月失业人数达到 2 885 000 人,为 1954 年的失业最高水平的百分之七十七。凯恩斯假定就业与生产同增加,可是在事实上,就业的增量远远地落后于生产的增量。这不仅是美国一国的情况才是这样,正如上文所指出,西德、日本和印度也是如此。这些事实,无可辩驳地证明,就业的总数,随着投资的增加和资本的有机构成的提高,在绝对数量上,虽有增加,但相对的数量却日在往下降低。还应当着重指出的即在同一时期内,工人阶级的边际消费的需求不但等于 1,而且大于 1 了。因为 1955 年美国人民大众增加的负债已达 986 亿美元,边际消费倾向如此之大,可是失业反而此 1953 年更甚。由此可见,凯恩斯的就业倍数理论,不但在逻辑上已经破产,在实践上更是破产了。

事实至为明显。凯恩斯辈所倡导的由财产资本巨头的奢侈豪华的生活来刺激消费需求,是不能消灭危机与失业的。第一,因为垄断资本家所过的奢侈豪华的生活,无论如何增加,如果他们还是资本家的话,亦不足免除资本主义社会的生产过剩的危机。依据卡勒斯基的统计,美国的资本家阶级,在 1926 到 1929 年之间,所过的穷奢极欲的生活,虽然已达到荒淫无耻的极峰,但他们的消费支出的变化,平均每年不过增加 10 亿美元或减少 10 亿美元左右。可是美国大众的购买力的变化,每年动辄增减数 100 亿以至 1 000 余亿美元。

单位:十亿美元

	美国资本 家纯收入	资本家 的消费	股票价格	由年初到年 终的变迁
1926	26.5	21.7	100	+ 3.8
1927	24.1	19.0	118.3	+ 31.6
1928	25.7	22.4	149.9	+ 40.1
1929	25.9	20.7	190.0	− 337

依据马努基扬的研究,由 1945 年年底到 1955 年 9 月美国居民短期的负债由 5 了亿美元增加到 343 亿美元,不动产抵押的负债,由 1954 年年底到 1955 年 6 月底由 185 亿美元增加到 828 亿美元。前者增加 286 亿美元,后者仅仅半年增加了 643 亿美元[①]。由此可见,只有人民大众的购买力增加,才能显著地增加消费力。资本家的消费支出的变动,对于社会的消费力的增加是不大的。但这并不是说,垄断资本家所过的穷奢极欲的生活不是日在加速的。因为越是富有的资本家,在他们所享受的消费资料中,耐久的消费资料所占的部分是越大的。华美的住宅、花园、金钢钻、金制用具、古画、名贵的雕塑、熊猫、名犬、千里马等等都不是一年半载就能消费完的。在这华丽的生活标准上,年年再支出 200 余亿,所过奢侈豪华的生活当然是日在提高的。所应注意的,就是他的消费支出的增减的程度和广大人民的消费

---

① 马努基扬:《1955 年美国经济》,载《国际问题译丛》,1956 年第 1 期。

支出比较起来是很有限的。第二,资本家就是资本家,他是要赚大钱的。假如资本家消费其全部的所得,那就不成为资本家了。归根到底一句话,生产过剩的危机是与劳动群众的贫困及其有限的消费分不开的。马克思在《资本论》上,早就道破了这一点。他说:

> "……照事实的真象来说,投入生产的资本的再生产大半要靠不生产的消费能力;而劳动者阶级的消费能力半受工资法则的限制,半受他们只能在替资本家赚到利润的范围内,才能得到工作,从而亦才能有消费能力的这一事实的限制。所有一切危机的最后原因,常是大众的贫困和有限的消费,但资本主义的生产趋势,如许地发展生产力好像只有社会的绝对消费能力才是他们的限制似的。"①

为什么资本主义社会内,工人阶级的消费的需求受限制,因而产生生产过剩和人口过剩呢? 这是由于生产资料的所有权不属于工人阶级,劳动生产物不属于工人阶级,因而工人的消费的能力始终被限制在狭窄的工资范围内。假如生产资料为工人阶级所公有,还有什么消费不足呢? 归根到底一句话,在资本主义的生产条件和分配关系下,人民大众的消费需要的不足完全是由生产底社会性质和生产资料的资本主义的占有形式的矛盾所引起的,除非消灭资本主义的所有制,工人的贫困和失业是不可能得到解决的。

溯自第二次世界大战以来,连英国的《巴克莱银行评论》1955年1月号也不讳言,英国会经发生了三次的危机:1947年,1949年,1951年。美国不仅三次而是四次了。因为美国还要加上1953到1954年的危机。应当指出,从1953年下半年在美国所开始的危机是更为严重的。它虽不如1939年那样剧烈,但所牵涉的范围是非常广泛的。除军火工业外,几乎包含了所有的部门。1953年下半年,美国加工制造业的生产,艾森豪威尔总统在其致国会的咨文中承认,降低了百分之七·二。1955年2月中旬,正式承认已降低了百分之十。在1955年到1956年的今天美英的经济情景虽然已由频繁的危机转到暂时的复苏,可是在1955年中,无论是美国和英国的工人阶级,由于劳动生产增加快,物价增加得慢,工人阶级更贫困了。以美国而论,美国的农业生产过剩的危机仍然存在。美国剩余的谷物从1954年7月到1955年7月,由705百万蒲式耳到845百万蒲式耳。就业水平落后于生产水平。工资增加了,但工资仍落在生活费用之后,同时利润却大大地增加了。1955年钢铁垄断企业的利润此1954年"衰败年代"得到的利润平均增加一倍。② 由于工人阶级和劳动群众比较更贫困了。"单是工人工资的增加还不能吸收流向市场的商品。1955年消费量的增加,半数是由于实行了赊购的办法。偿付赊购占了普

① 参见马克思:《资本论》,第3卷,人民出版社版,第622页。
② 英国共产党经济委员会:《1956年工资、就业和市场竞争》,载《国际问题译丛》,1956年第6期,第18页。

通家庭收入的 22%"。现在美国有一半以上的汽车是以分期付款的办法出售的。80%—85% 的住宅是赊购的。汽车的生产正在减退。在生产与消费已然发生矛盾的基础上,资本家为了竞争最大的利润,投资正在加速。由此可见,美国的军火投资和在这个基础上的民用投资,虽然造成了 1955—56 年的经济的暂时的复苏,但正在给更猛烈的危机创造条件。英国也正在经历着相同的情况。可是就在这个暂时的复苏的时期中,危机的种子已在成长。资本家与工人阶级的剥削关系更扩大了。资本家的利润更高涨而工人阶级更贫困了。依据英国共产党经济委员会《1956 年的工资、就业和市场竞争》一文所载:

	每一工人的生产率	利润	平均每周收入	生活费用	每周实际收入
1948	100	100	100	100	100
1953	114.5	153	136.5	180	105
1954	119.5	(169)	146.5	133	110
1955	125	(190)	155.5	139	112

在这简单的统计表中,我们可以看出,在这短暂的复苏时期中,英国国民所得的重新分配已起了新的变化,即有利于资本家,而无利于工人,这样就可使全国的消费支出,比起生产来,有更进一步的降低。然而现在的保守党的政策,还在那儿,削减中央和地方政府在补助和社会服务方面的开支,修改税率使工人阶级的利益更加受损失,疯狂地制止工人工资的上升,使工人更进一步地贫困化,即是替更大的危机创造条件。英美资产阶级用膨胀利润的方法来刺激生产,不但不能消灭危机与失业,反而给更猛烈的危机创造条件,这也是一种必然的趋势。因为膨胀资本家的利润,必然会使基本群众的消费更进一步地落后于生产,结果必然导致更剧烈的生产过剩的危机。好像一个命在旦夕的人一样,为了延长死亡的时日,由医生一次、二次、三次地注射玛琲针。虽然在最初一个阶段里,每次都觉得可以松一口气过来,可是它究竟能够延长死期几分钟呢?

由于凯恩斯的就业理论不是从客观的事实出发,而是从垄断资本家阶级的利益出发,结果它的预测完全破产了。凯恩斯希望资本主义制度能够维持不变,可是资本主义崩溃了,而且正在加速地崩溃着。凯恩斯认为有调节的资本主义效率最高,可是在事实上资本主义的生产关系已经越来越"由社会生产力底发展的形式变成社会生产力底发展的桎梏"。凯恩斯认为在资本主义社会内任何的矛盾都可以用"有调节的资本主义"来克服,可是在事实上不能克服。凯恩斯认为冻结工人的货币工资、膨胀通货、减低工人实际工资、军备竞赛和鼓吹财政寡头们从事奢侈豪华的生活,可以来实现充分就业。可是在事实上,适得其反。从长期趋势来说,不但不能增加需求从而实现充分就业,反而相对地缩减需求,增加失业。凯恩斯认为在失业的时候,工人乐于充当垄断资本家们的廉价的奴隶。可是,在事实上,恰好相反。即工人阶级不仅不同意降低实际工资,同时亦绝不以这一改良主义的口号"充分就业"为满足,而要在自己的旗帜上写上革命的口号:"消灭雇佣劳动制度!"

六、结　　论

现在让我把凯恩斯的反动理论的一般特征作一总结性的叙述如后:

凯恩斯的反动理论的第一个特征,就是凯恩斯主义乃是反动资产阶级的意识形态。凯恩斯并不是什么小资产阶级的经济学家,而是垄断资本巨头的御用学者和政治代表。小资产阶级的经济学家是谴责资本主义的。然而凯恩斯是颂扬资本主义的。凯恩斯将无产阶级看做河底的污泥,把资产阶级捧成社会的精华。他露骨地宣称,在阶级斗争中,他必然要站在"有教养的资产阶级的一边"。他的反动的活动和他的反动的言论,乃是互相呼应得很好的。第二个特征是,在凯恩斯就业理论中贯穿着形而上学的主观唯心论。凯恩斯认为资本主义是从人的爱钱和找钱的天性中产生出来的,是效率最高的,同时也是不可以代替的。可是资本主义被代替了。而且.在社会主义社会中,劳动的生产积极性最高。第三个特征是宣传商品拜物教。他力言资本家的利润是由资本自己的效率所产生,利息是由货币的灵活性所产生,而工资乃是劳动的边际生产力所决定的。它认为资本主义社会的关系乃是物与物的关系,商品与商品之间的关系。他根本否认在资本主义社会中有资产阶级剥削无产阶级和帝国主义剥削殖民地的关系存在。第四个特征是反理性主义。他把众多的工人失业说成"充分就业",把寄生的资本家说成是"社会进步的种子",把劳动收益"递增"说成"递减",把战争当做增加社会实际收入,增加就业和膨胀利润的有效手段,把妨碍社会劳动力的发展的生产资料的资本家所有制看做刺激生产的最好的制度,把工人的鲜血当做资本家的"长生不老"的补药。凯恩斯是科学的大敌、工人阶级的大敌、和平的大敌、文明的大敌。第五个特征则是在凯恩斯的就业理论中贯穿着不可知论。连凯恩斯自己对于他的所谓实现"充分就业"的理论,也是莫明其妙,悲观失望。凯恩斯作为资本主义的"御医",当着资本主义命在重危的时候,虽然资本主义一定要死亡,但凯恩斯却十分不愿意他死,枉想使它"长生不老"。由于他对资本主义非常热爱,他就替资本主义制度作出了一部"长生不老"的理论,给它开出了一剂"长生不老"的药方。他很希望它吃了这付药后,可以万寿无疆,长生不老,可是当着垂死的资本主义服药无效病势沉重之时,连他自己对于他自己给资本主义所开的这付续命汤,也就十分地缺乏信心。他说:虽然希望货币数量增加可以降低利息率,但是如果公众对于"灵活(货币)偏好的增加大于货币数量的增加,这个效果不会发生;虽然希望利息率降低可以增加投资的数量,但是如果资本的边际效率(预期的利润率)比利息率低得更快,这个希望不会实现;虽然希望投资的数量增加可以增加工人的就业,但如果消费的倾向下落,这个希望亦会落空"。换句话说,就是连凯恩斯自己亦不相信他给垂死的资本主义所开的"续命汤"是有效的。这即是说,资本主义注定要灭亡,连它的"御医"凯恩斯也公开宣告,它的病症是非他的药方所能挽救的。资本主义的丧钟响了。凯恩斯作为资本主义的"御医",虽然满心希望它长生不老,但因"医药无灵",亦只有掩面痛哭和自叹命塞而已。

凯恩斯理论最后一个特征是损劳益资,自掘坟墓。凯恩斯的"一般理论"在于以工人阶级和劳动群众的鲜血,来作为他主治资本主义的不治之疾的药方。可是,这不但不能使资本主义返老还童,而且加深了工人阶级对于资本的仇恨。在苏联和各人民民主国家中,工人阶级和劳动群众的日益增长的物质和文化的生活的要求,不断得到党和国家的殷切关怀和满足。然而在各个帝国主义的国家中,不但不能避免饥饿和死亡的恐怖,而且资本家阶级反而在它的垂死之年,越发要更进一步地吮吸工人阶级和劳苦大众的鲜血,来作为挽救它的"垂死"命运的补药。在资本主义各国内的工人阶级和劳动群众到此忍无可忍的关头,他们一定要更进一步地联合起来,用暴力进行革命,直到将资本主义推翻,将资本主义的遗骸和凯恩斯主义永远地葬入坟墓。

西山农业生产合作社的成长

（三联书店，1957年版）

前　言

　　这一本小册子是我在北京郊区西山农业生产合作社前后住了三个月，同时并向其他的有关部门搜集材料，所作的调查与分析。

　　在调查与分析的过程中，得到了海淀区党委宣传部、党委农村工作部、海淀区联合供销总社、海淀区人民银行、海淀区粮食供应站、特别是西山农业生产合作社等处同志们热情的帮助和提供意见，使我得到鼓舞和便利，请容许我首先向他们表示崇高的敬意和衷心的感谢。本文中有些材料和统计表是林顺宝同志代我作的，并此表示谢忱。

樊弘

一九五六年十二月三十日

一、西山农业生产合作社的自然与社会条件

西山农业生产合作社（以下简称西山社）是京郊海淀区最大的一个高级农业生产合作社。（见下表）

50 户以下	2
50—100	3
100—200	8
200—300	9
300—500	21
500—600	2
600—1 000	5
1 000 以上	4
总计	54

在这五十四个高级社中，具有一千八百余户的大社仅只西山社。西山社是在一九五六年初，由原西山、门头村、北辛庄和五星四个初级社扩建而成的。它的位置在海淀区西南部，西靠西山，东滨南旱河，地形像一只靴子，东西窄而南北长。东西宽五、六里，南北长十三里。地势由西往下斜倾。东南部地势亦较高，东北部较低洼，形成一个浅平的锅底，经常发生涝灾。社内绝大部分土地为沙壤土，小片土地为砂土，还有不多的土地为黑壤土，土质较肥沃。雨量平均八五·三百米。地下水位一般较高。只须离地表五公尺左右，即可取水。交通便利，距离首都只需坐二十几分钟的公共汽车。有两条公路直达城市，全社共有自然村三十七个，农户一八六八户，人口八一〇四人，劳动力二六五七人，就中男劳动力一九四三人，女劳动力七一四人。土地面积一六二〇·六亩（包括果树七八〇亩），就中旱地一二七三五·四亩，菜地二三五四·二亩，水浇地一三〇〇亩，社员自留旱地二〇六亩，菜地三二五亩。耕畜：牛五五头，驴二八二头，骡二六〇头，主要农具有：

双铧犁	16	新臼式水车	259
步犁	41	抽水机	5
新式耘锄	38	锅驼机	22
马拉收割机	1	胶轮车	43
载货汽车	2	其他大车	67
喷雾器	131	电井	3

在家作物中,以种植蔬菜为主。蔬菜收入占总收入的百分之六·一。余种粮食、棉花及油料作物。除农作物外,且经营各种副业。计有:

粉房	2	运输队	1
养猪场	2	马掌铺	1
豆腐房	1	苗圃	47 亩
砖窑	1	果园	708 亩

须知,西山农业生产合作社的发展,如同其他合作社的发展一样,曾经过了三个不同的阶段。第一个阶段是互助组阶段。在这个阶段里,由众多的小农,初步组成二百六十三个简单的集体劳动的单位。第二是初级社阶段。在这一个阶段里,开始时由二百六十三个互助组组成八个初级社,然后再由八个初级社合并和扩大为四个较大的初级社。第三即是高级社阶段。在这个阶段中再由这四个较大的初级社发展而为一个巨大规模的高级社。

二、西山社在发展过程中的互助组阶段

西山一带农业互助合作运动,正如全国其他地区的互助合作运动一样,从土地改革之日起直到高级农业生产合作社的成立,都不是自流地产生,而是由于中国共产党正确地领导农民群众自觉地建设社会主义的大农经济的结果。在这整整地一个时期里,工人阶级及其政党曾以社会发展的规律知识武装农民群众;以正确的阶级路线指导农民群众,启发他们自觉地组织起来。首先,在国营经济的帮助下,领导农民成立供销合作社和信用合作社来帮助互助组和合作社的成长:一方面,以供销社和信用社来与不法商人和高利贷者作斗争。另一方面,以低利放款给农民群众;以合理的价格收购农产品和以工人阶级所亲手制成的价廉物美的生产资料和生活资料,优先地供应互助组和合作社扩大再生产。在这同一的时期里,政府派遣了大批的政治工作干部和技术工作干部下村,从思想上、组织上和生产上具体地教育农民;同时继续不断地抽调农村中的骨干分子到城市学习阶级关键的知识和农业生产的知识;发动了一切的力量——学生、教员、文工团员及电影工作者下村来帮助农民和鼓舞农民沿着互助合作之路前进。在工人阶级领导下,以及由于农民的互助合作积极性的提高,西山的农村遂由小农经济和农村逐步转变为社会主义大农经济的农村,由单干的小农逐步转变成为西山高级农业生产合作社。

西山高级农业生产合作社并不是在土改而后,一下子建立起来的。而是在工人阶级的领导下,一步一步地成长起来的。在这成长的过程中,它曾经历了六年的岁月,它一共走了三个不同的互相衔接的阶段:从一九五一年到一九五三年下半年为第一个阶段,即是互助组运动的阶段;由一九五三年下半年到一九五五年底为第二阶段,即是互助合作运动的阶段;由一九五五年年底到一九五六年及其以后为高级农业社的阶段。

西山的土地改革是从一九四九年下半年开始到一九五〇年春结束的。谁都知道,在土改而后,西山一带的小农经济私有制,曾经形成了一片汪洋大海。地主阶级虽然被消灭了,可是农民群众仍不能战胜贫困。因为城乡里的资产阶级仍然继续剥削农村。农民所生产的粮食、蔬菜及副业品在出售时,仍然受城乡资产阶级的中间剥削;农民所需要买进的工业品,仍受他们抬价的剥削。同时,富农仍然在农村中继续放高利贷。在土地改革后直到西山各村的信用合作社成立以前,这里的高利贷剥削是惊人的。普通是借一石玉米还一石五斗或一石八斗,还有比这普通的利息率更高的。例如刘海放老玉米一石收小麦一石二斗。又如一九五三年北辛庄陈起来在修房子的时候,借亲戚一百元一年给六〇元的利息。雇长工的事情也可举出些例子来。在西山黑塔村,竟有富裕中农许德荣和许德华各带长工一人加入了互助组。又有张喜忠在一九五二年自己赶大车,家里雇长工。实际上是长工,但他对人却说,这人是他的亲戚到家里来帮忙的。依据北京市财委会调查,一九五三年十二月,首都面粉供应紧张的原因,虽是由于城乡人民购买力的增加,但粮商粮贩的投机也是助成粮食紧张的原因之一。在粮食市场上私商购买面粉比过去增加两倍半。甚至也有个别的工人、学生、青年团员和共产党员从事粮食投机的。西山门头村的德全久粮食店一向便是为农民所深恶痛绝的。在百货的销售中私商抬价的事情更是层出不穷。一九五三年门头村的一个名叫老端的老农说:"私商卖一个茶碗要二千多元(旧币),合作社只要一千多元。"西山地区所生产的蔬菜,在解放后两三年中,亦仍然在私营的蔬菜站的把持下,每当白菜、萝卜生产增多之际,私商尽力压价,否则拒绝收购。据农民反映,西山的农民因为私商压价,舍不得卖出,致使蔬菜腐烂的事情多至不可胜计。

尤为严重的,即西山的小农,不但要受已有的城乡资产阶级的剥削,而且要受小农经济的自发资本主义倾向的腐蚀。从西山现有的资料看出,小农经济自发资本主义倾向,早在发生。这表现为已有一些中农想买骡马、拴大车,个人发财,或雇长工。如果听任下去,农村将变为资本主义的新基地,使农民永远陷于贫困。正如上文所指出,这对于工人阶级伟大的国家社会主义工业化,实是再危险没有的了。

由于工人阶级的正确领导,农民群众的互助合作积极性很高,西山一带的小农经济不但未曾变为资本主义企图复活的基础,而且恰在土地改革后的一年,也就变为社会主义发展的阵地。

首先应着重指出的,即党在一九五一年十二月,为了削弱小农经济的分化和自发地资本主义倾向的上升,就及时地派遣干部下乡,号召农民在个体经济基础上组织起来,按照自愿互利的原则,组织互助组:临时互助组成长年互助组从事集体劳动,因为集体的劳动乃是增加生产,走上丰衣足食道路的必要步骤。这样不仅使首都的工人、干部和居民能够得到更多的粮食、蔬菜、油料作物和原料,同时也能提高农民的购买力,使农民能够得到更多更好的新式农具、农药、化学肥料和得到又多又好的生活资料。这一宣传,是针对着农民的需要与可能来进行的。从需要一方面说,在土地改革西山的农民取得了无租的土地使用权,急于想增加生产,而欲增加生产便非互助合作不能解决。为什么呢?因为这里的农民,在增产问题上当时确实有些困难,这就是有的农户有牲畜和大件农具,但缺乏劳动力。有的农户有多余的劳动力但缺牲畜及大件农具。还有一个困难,就是如果遇着天灾、水旱、虫灾,以及要兴修水利和添置大农具,如打井、排水、购买双铧犁等,一个人单干不能解决。

这一类的困难确是很多,均有待于通过互助合作去解决。这即是说,农民群众在土地改革的基础上为了增产,需要互助合作。这是农民群众所具有的互助合作的积极性。而且越是贫农,那么他所具有的这种互助合作的积极性就越高。再从可能的方面说,西山的农民还远在解放以前,便有互助合作的经验。黑塔乡的王堂的乡亲邻里,早在解放以前,就有牲口帮套、人力互相帮忙、干部吃饭的习惯。其他的小农也有相同的直接和间接的变工互助的经验。在土地改革期中,广大农民聚在一起,学习土地改革大纲,学习并实行划分阶级,没收征收和分配斗争果实等,已经亲密地团结起来了。为了更进一步地增加生产,还不能够在原有的互助的基础上,发展成为新型的互助组么?这就构成了农民组织互助组的可能条件。由于农民组织互助组的需要与可能条件都具备了,这就使党在农村中及时进行的组织起来的宣传受到群众热烈的欢迎。

紧接着党的宣传之后,农民便组织了许多片会来讨论,为时不到二载,各乡各村的互助组都组织起来了。在一九五二年,在黑塔、小府、旗家村、梆子井、西平庄、东平庄、巨山等七个自然村成立了七十二个互助组,就中常年互助组四十二个。在双槐树和亮家店,便组织了一百一十一个互助组(双槐树占六十三个),就中常年互助组有七个。门头村的互助组在一九五一年有九十个。北辛庄互助组共三十八个,常年互助组十八个。除亮家店划归罗道庄外,这些归由现在的西山社所管理的地区,在一九五三年便约有二百六十三个互助组之多。就中虽然也有半途而废的,但坚持和壮大的占上风。由于党的正确领导,在西山一带的农户中,一九五二年有靠近百分之五十以上的农户都加入互助组了。

应当指出,互助组中的劳动协作,乃是一种简单的劳动协作。谁都知道,简单的劳动协作,比较一个单干乃是更能增产的。在抗日战争期中,老解放区的农民能够以源源不断的粮食支援抗日战争,主要是由于用互助组的方式来生产粮食的原故。互助组不但能增产,而且亦可以阻止小商品经济的急剧的分化,这也是马克思在《资本论》上曾经教导我们的。

尤为重要的,是在中国的具体历史条件下,党和国家不仅看清了互助组中的简单劳动协作能够增加生产和缓和自发的资本主义的成长,而且洞见了在工人阶级的领导下,简单的劳动协作,大有可能经由互助组的形式,将农民由小商品经济引向社会主义的大农经济。我以为中国工人阶级及其政党——中国共产党,在农业合作化问题上,对于马克思、列宁主义理论的创造性的贡献之一就是在于创建了社会主义的简单劳动协作的阶段。

党和国家不但要依靠互助和农业生产合作社,从农民经济的内部来削弱自发的资本主义的成长,而且要依靠供销社和信用社的建立,从外部来限制城乡资本主义对于农民经济的剥削和掠夺。同时,并领先它们大力帮助互助组的成长。从建立的时间先后来说,供销社和信用社的建立一般地出现在互助组之先,这是由于流通过程的合作社的利益更容易为农民所认识,同时在入社的手续上亦是比较的简单。因此流通过程中的合作社一般地开始出现在互助组之先。这一发展的实际过程自然而然地决定了供销社和信用社对于互助组所起的作用。这个作用是双重的。第一，即是供销社和信用社对于互助组所起的推动的作用。农民群众首先从供销社和信用社认识到组织起来的好处，从而便促成了互助的迅速诞生。第二，即支援的作用。供销社和信用社的任务是优先服务于互助组和农业合作社的。这当然大有助于互助组的成长与壮大。由此可见，供销社和信用社出现在互助组之先，乃是由于党和政府认识到照着这样做，不但可以推动互助的迅速诞生，而且能够帮助它的成长和壮大。但应着重指出的，从西山地区的具体情况来说，除供销社外，信用社也出现在互助组之先，即是乡政府中的生产部出现在互助组之先。因在这里的生产部与信用社属于同一的性质，因为它的股份资金，与信用社的一样，都是由社员所缴纳的股金所凑成。

从西山这个地区来说，早在一九四九年供销社就成立了。供销社的资金来自农民社员的股金，每股五斤扁豆，以后改为十斤。不足之数由国家银行贷款。一九四九年在西山地区有黑塔和双槐树供销社。一九五〇年有门头村供销社。一九五一年有南、北辛庄的供销社，皆是单独核算。一九五一年归并而为第一联村供销合作社，统一管理与经营。此时供销社的进货一部分来自国营商店与农业互助组和个体农民，另一部分来自私商。从私商所进货的价值约占百分之六十以上。一九五三年，在联村社的基础上，并为海淀区供销合作社，简称区联社。但这里的四个社仍然存在，继续发生基层单位社的作用。应当着重指出的，即自区联社成立之后，供销社便不再向私商进货了。

为了限制私商、改造私商和打击高利贷者，当时的供销社所供给的生产资料，其价格都是比较低廉而稳定的。而且在章程上规定，必须优先服务于互助和农业合作社。第一，就是向农民及时供应生产资料：肥料、农具、农药、种籽和猪秧等等。在供销业务上并贯彻了党的阶级路线。对于富农的生产资料的供应，要由当地政府和群众给以监督，只允许其使用在生产上。第二，供销社除优先向互助组及时地供应生产资料外，并帮助农民推销农产品，包括现购、预购和缔结结合合同。

我们知道，京郊的农户为了满足首都人民的需要，生产了大量的蔬菜供应城市。在他们所生产的农作物中，从货币的收入上说，蔬菜的收入占百分之五〇以上。比如，胜利社一九五四年蔬菜生产的收入就占总收入如的百分之七十七，西山社、前进社就占百分之六十八点一六。在一九五二年八月以前，郊区的蔬菜由七家私商垄断。私商的经售方式是代销，从代销中取得手续费。其利润率，在一九五二年以前是百分之十。由于私商的资金的周转率极高，所以实际的利润率要比百分之十大好多倍。当蔬菜在菜商操纵下，蔬菜的价格的波动极大。当蔬菜上市的季节，货源充足，供过于求，私商便尽力压价，此时吃亏的是农民。当货源不足，求过于供之际，私商便抬高市价出售，此时吃亏的是消费者。虽说售价的高低不影响菜商的佣金率，但私商的佣钱的大小是取决于蔬菜的价格和销售的数量的。私商就是在取得最大佣金一点上打算盘的。为了更好地满足首都人民的需要和更好地向农民服务,供销社在一九五二年八月成立阜成门合作菜站。此时蔬菜行有数十人加入了合作社。合作菜站成立之后,解决了两个问题:(1)降低佣金率,由百分之十降低到百分之六。(2)同时,对于蔬菜实行比较固定的价格,消灭了蔬菜价格忽高忽低的现象。这样便刺激了农民的生产,初步地满足了首都市民的需要。而为了便于对蔬菜的业务实行具体的领导起见,在一九五三年九月又成立了蔬菜经理部。但是由于合作菜站所经营的蔬菜业务尚只占全菜业的百分之五十略高,所以还有一半略少的菜业是仍要受私商的剥削的。可是到了一九五四年这个矛盾被解决了。

在粮食和其他的农业品收购上,供销社推销的业务常与供应的业务相结合的。例如在一九五三年十二月十一日至十三日,供销社为了配合门头村收购余粮,便组织了临时供应站,进行工业品及土特产品的供应,使农民在出售余粮之后,从心所欲地买到所需要的物品。农民群众对此反映很好,如该村有的农民很满意地说:"现在卖了粮食,合作社就来了,可真方便。"有的人反映过去受德全久粮食店的剥削,今天才明白了。有的人说合作社把百分公司搬来了,买东西可省得跑好多路,等等。

现在谨将在互助阶段供销社对于西山各农村所供应的生产资料与生活资料列表如后:

黑塔乡、双槐树、门头村三处供销合作社销货情况
1953 年全年(单位:元)

	粮食	饲料	副食	总计
黑塔乡	60 937	23 058	41 987	125 982
双槐树乡	46 405	9 016	26 934	82 355
门头村乡	57 822	8 237	31 847	9 790
总计	165 164	40 311	100 768	306 243

海淀区全区生产资料销售额
(1953 年,单位:元)

肥料			农药器械			其他	总计
饼肥	化肥	其他	农药	喷雾器	其他		
14 027	39 299	244 746	18 037	956	7 460	420 038	871 258

随着供销合作社的发展,城乡资本家对农民的剥削被限制了。农民的生产和消费都有增加。农民越发热烈地拥护社会主义的供销合作社、国营工业和商业,以及越来越不满和反对资本主义商业。在这一基础上,党和国家更进一步地限制私商。一九五三年十一月二十九日,政府于是颁布了关于实行粮食的计划收购和计划供应的法令,旨在根本割断农民和粮商粮贩的关系。

党和国家在城乡资产阶级被供销社削弱的基础上,除颁布命令割断粮商与粮

贩同农村的关系外,同时又先后成立乡政府的生产部和信用合作社,来消灭高利贷,即以低利放款来帮助农民群众,解决生产资金和生活需要的问题。无论是生产部或信用合作社都是合作社的性质。它们的股金都是由社员缴纳,每人缴一元(现币)。一般的资金都是股金都是来自社员的存款。其利息率都是针对着高利贷来制定的。高利贷者的利息率是四分、五分、六分,但合作社的利息率对于社员的日常生活放款当时只有一分八,农业和副业放款一分五,以后逐渐往下降低,目前只有七厘半。在互助组阶段,这里有两个信用合作社。一九五二年八月五日双槐树成立信用合作社,一九五二年十二月二日门头村信用合作社亦告成立。以后在半社会主义合作社阶段,又有扩充和改组,来适应互助合作化运动的更大的需要。

无论是乡政府中的生产部或信用合作社,在为减少中间剥削、解决农民的生产问题和生活问题上,都作了不少的工作,从而更增强了工人阶级与农民群众的经济联盟。以双槐树的生产部而论,在一九五一年和一九五二年的前四个月,曾吸收存款一千元,粮食四五〇〇斤,解决了农民的扁豆种籽一九六·七亩,花生籽五十六亩,牲畜五头,修理车四辆,帮助解决肥料的二户,解决瓜棚的一户和解决了生活困难的二十二户,以及办理丧事的一户。又间接地解决了私商中间剥削的问题:这里农民的扁豆籽卖给私商每斤一角八分(折合现币),但向私商买每斤要二角八分。有一位农民和扁豆籽三三四斤,双槐树生产部动员他存入生产部,每斤折价二角五分,比起一角八分来,每斤便多了七分;同时向生产部买扁豆的人比起二角八分来每斤少出了三分。总共是三三四斤,在一出一入之间便减少了中间剥削三元三角四分。这是双槐树在信用合作社成立以前的情况。在信用合作社成立以后,存放款的业务提高了,给农民解决的问题更多。

再依据该村信用合作社在一九五三年的年终总结,全乡共有四四七户,加入信用合作社的,减去地主富农,占参加社的百分之七十五。全年吸收存款一五〇七二·五元,农业放款四二五〇·八元,副业放款一七〇四元,其他放款二〇八二·九元,共贷出八〇三七·七五元。农业放款帮助老乡们解决了肥料、种籽、农药、修理水车等问题。副业放款给老乡们解决了搞副业的资金,有的新买牲畜,买大车,有的反瓦车变成汽轮胎车,有的老牲畜换成小牲畜。其他放款在全年当中给老乡们解决了生活、疾病、婚丧、牲畜、买草、修理房屋和安装电灯等问题。农民田月如说:在五三年四月,如果没有信用社借给我钱,我的水车就修理不了,我的地就得旱了。王祥说:当我孩子在病着的时候,要没有信用社借给我钱,我的孩子也就只可等死了。

不仅双槐树的生产部和信用社如此,在门头村、北辛庄和黑塔的信用社也是这样。以门头村一九五三年度的业务总结来说,由一九五三年一月至十二月全年流动额计十二万九千六百二十四元二角七分,就中单凭下表,即可看出门头村合作社给农民的帮助之大。

贷款种类		户数	款额（元）
肥料		46	1 776.0
农业牲畜		22	1 020.0
农具		32	741.0
副业买猪		23	339.5
马骡驴		6	240.0
购买大车		10	572.0
做小生意		60	939.0
其他放款	生病	26	465.0
	修理自行车	7	82.0
	盖房	13	625.0
	买棺木	1	30.0
	结婚	3	66.0
	生活	66	1 401.0
合计		316	8 296.5

一九五二年又设立果树指导站、农业病虫害防治站和兽疫防治站，来帮助农民，特别是帮助互助组增加农产品和增加牲畜。它们以科学技术教育农民，使科学与农业、畜牧业相结合，逐步消灭耕种和畜牧上的落后状态。

互助组本来就比单干户能增产，现在又得到了供销社、信用社、果树指导站、农业技术推广站、兽疫防治站等各方面的财政的和物质的支援，不但生产资料增加了，生活有了改善，农业技术也有人来指导了；同时，私商和高利贷者的剥削也削弱了。在许多有利的条件下，当然互助组的产量会大大地增加，因而互助组组员的物质文化水平也就有普遍的提高。随着互助组的发展，生产的增加，互助组的干部和组员的管理集体生产的能力也随之提高了。互助组的优越性于是便显现出来了。但由于互助组发展不平衡，互助组的干部管理生产的能力有强有弱，结果农民群众对于互助组认识的深浅也是不一致的。为使所有的互助组均能获致平衡的发展起见，并为了扩大互助的数量起见，党和政府便派出干部下乡帮助总结经验，肯定成绩，提出问题，求得改进工作。接着就用民主的方式选出一些模范互助组出来，以互助组的优越性教育农民，同时又在互助组中评比出一批劳动模范，以号召农民群众向他们的生产经验和社会主义积极性学习。此时不但互助组的优越性深入人心，连互助组的干部的威信也提高了。农业互助合作化，于是便成为农民群众更进一步地努力方向。在这里增产的互助组不少。现在只举几个最典型的。

一九五一年程学信互助组（七户）的生产的增加如下：

1950 年的总产量（折成玉米计算）

豆种籽 170，一斤折三斤玉米	510 斤
玉米	1 500 斤
花生	500 800 斤
白薯 萝卜 } 卖 3 600 000 元，800 元一斤	玉米 4 500 斤
总计	7 310 斤

1951 年的总产量（折成玉米计算）

豆种籽 140 斤（一折三斤）	420 斤
麦子籽 460 斤（15 两折玉米一斤六两）	$674\frac{11}{16}$ 斤
玉米	1 400 斤

萝卜 卖款 3 360 000 元
花生 830 000 元
萝卜 尚存 15 000 斤@100 元 } 以 710…8 014 合玉米
一斤
合 1 500 000 元
569 000

白薯 3 000 斤（5 斤折一斤）	600 斤
总计	$11\,108\frac{11}{16}$ 斤

其次想引双槐树王子忠互助组十八户从一九五一到五三年的增产，更详细地表示互助组的优越性。

		1951 年	1952 年	1953 年
萝卜	百分比	100	88.79	88.28
	平均每亩	3 856	3 448	3 404
	产量（斤）	72 500	58 970	31 100
	亩数	18.8	17.1	0.33
白萝	百分比	100	89.31	119.4
	平均每亩	1 856	1 658	2 216
	产量（斤）	52 341	46 100	58 170
	亩数	28.2	27.8	26.25
白菜	百分比	100	99.01	193.98
	平均每亩	7 874	7 796	15 274
	总产量（斤）	131 500	21 050	533 000
	亩数	16.7	27	31.9

（续表）

		1951 年	1952 年	1953 年
晚玉米	百分比	100	89.65	105.3
	平均每亩	128.1	115.5	135.8
	总产量（斤）	5 364	4 094	3 401
	亩数	41.7	35.5	22.44
谷子	百分比	100	65.43	61.63
	平均每亩	258.3	198.15	159.4
	总产量（斤）	5 364	4 094	3 578
	亩数	41.7	35.5	22.2
花生	百分比	100	135.27	101.83
	平均每亩	184.13	250	188.3
	总产量（斤）	4 197	5 575	4 197
	亩数	20.8	22.3	22.3
旱小麦	百分比	100	111.71	134.87
	平均每亩	116.5	129.15	156.14
	总产量（斤）	7 689	10 545	11 160
	亩数	66.1	81.78	71.13
扁豆	百分比	100	119.65	127.04
	平均每亩	514	615	653
	总产量（斤）	6 732	12 780	7 100
	亩数	13.1	20.76	10.86
春玉米	百分比	100	108.61	119.71
	平均每亩	192.3	208.12	230
	总产量（斤）	4 670	5 795	5 260
	亩数	24.3	27.76	22.86

据上看来，该组在五一年收获较少，在五三年大多数的农作物都增了产，只有谷子、萝卜减产。谷子减产是因为受灾。其余庄稼比以前提高很多，而且扩大了菜田。王子忠组，除少数工人和店员等八人往家拿补助外，大多数的生活都是不成问题的。

王子忠互助组在一九五三年主要作物的生产量比起单干户来，增加更多。由此更可看出互助组对单干户的优越性。

		单干户	王子忠互助组
白菜	单干户%	100	120.33
	平均每亩	12 693	15 274
	总产量	74 000	533 060
	亩数	5.75	34.9
谷子	单干户%	100	109.3
	平均每亩	145.4	159.4
	总产量	2 774	3 578
	亩数	19.133	22.2
白薯	单干户%	100	296.64
	平均每亩	750	2 216
	总产量	4 500	58 170
	亩数	6	26.25
花生	单干户%	100	171.9
	平均每亩	109	188.3
	总产量	720	4,179
	亩数	5.96	22.3
小麦	单干户%	100	135
	平均每亩	116.5	156.14
	总产量	2 030	11 160
	亩数	17.362	71.13
	旱地	48.106	126.865
	园地	15.433	49.546
	人口	31	87
	户数	6	18

互助组比单干户更能增加生产的主要原因如下:(1)能购买大农具,进行大的水土改革。例如一九五一年在程学信同志领导下,双槐树乡共打井十二眼,修旧井十几眼,利用旧有未用井三眼,共贷水车二十五挂,旱地变水田七〇〇亩。一九五二年又打新井八眼,安电钩拉水车三个,扩大浇地面积九十亩,改水地四〇〇亩。如果没有互助组,这些都是没有可能办到的。(2)互助组能够抗旱。例如黑塔村有一单干户陆永山,他总是说互助不好。但在抗旱中田宽互助组出了两个牲畜不要钱,在他阴沟点种了三亩地,同时还帮他耕一遍。做完后,陆永山表示感激说:还是组织起来力量大。(3)互助组能够在比较大的土地上实行生产计划。(4)能够迅速地推广新技术。例如门头村变为小麦密植的模范乡。(5)能够比较合理的组织劳动。总之一句,互助组在劳动生产率的提高上好处很多不能尽述。在另方面,互助组并能在增产的基础上,削弱小农经济的自发资本主义倾向的成长,这也是很重要的。由于在互助组中组员与组员之间的收入的差异少了,所以向贫富两极分化的趋向也减弱了。人人都在互助中劳动,长工的事情也少了。但同时应指出的,

即自发的资本主义势力的削弱不等于自发资本主义的停止。在互助组阶段中自发的资本主义是仍在成长的。这点以后再说。

由于农业生产互助组能使农民增产又能限制自发的资本主义倾向,同时又由于供销社、信用社、技术站、国营工业、国营商业能使农民所增加的生产品,在市场上换回更多的生产资料和生活资料,于是农民群众便深刻地认识到集体劳动的优越性。

正如上文所指出,互助组不但有提高农业劳动生产率的优越性,而且有培养优秀的农业合作化干部的优越性。自互助组运动成立以来,在农村中产生了一批领导干部,如双槐树的程学信、曹秀英,黑塔村的王堂、田宽,门头村的任玉生、龚喜贵,北辛庄的陈和等等都是。同时又产生了一批劳动模范。当然在这些领导干部之中,有好多都是被选为劳动模范的。这些领导干部与劳动模范他们都是在党的领导下,用民主的方法选举和评比出来的。他们都具有:(1)生产成绩及经验;(2)具有互助成绩及经验的。举个例子来说,比如程学信,在个人的生产成绩和经验方面,便有这些:在一九五一年把旱地七亩改为水浇地,共产玉米一一〇七一斤,较一九五〇年增产了一〇四四斤。其他作物产量也大大增加。在互助组的成绩与经验方面,在他领导下的互助组样样作物都增产了。并且程学信互助组带动了组成互助组一一一个。增加了全村的生产设备和农业产品。在灭虫运动中领导了七个自然村灭虫,发动了群众三百人,两天完成任务,等等。其余的领导干部都有或多或少的类似的模范成绩与典型经验。

这些领导干部能有这样大的模范成绩与典型经验,主要的原因是由于他们在互助组中与群众紧密的结合在一起,经常地受群众的教育与监督,在党的领导下,对自然和对资本主义关系作斗争,积累了阶级斗争的经验和共同生产的经验的原故。他们领导生产的能力都是在这些斗争的过程中一次一次地锻炼出来的。现在这些干部都已成为西山高级农业生产合作社的领导干部了。据海淀区党委农村工作部副部长杨老刚同志告诉我说,他在东冉村开始搞互助组时只有六户,在一年中都搞垮了。现在领导二千余万户的西山高级农业生产合作社,亦不觉得忙乱。由此可见,互助组培养优秀的农村干部的优越性。

但这并不是说,互助组的运动是一帆风顺的。随着互助组的成长,在互助组中便暴露出若干的矛盾:(1)互助组不能解决抢季的问题。例如种白菜,早种三天,迟种三天,在产量上差得很多。在种白菜时各人都想种白菜,结果也就谁也不顾谁了。在西山农民群众中有一句话,"闲时互助忙时散",便是针对着这种情况说的。例如程学信互助组便是因为在种白菜和萝卜的时间,谁都希望先种,结果组内有了意见,就分了几个小团体,谁和谁感情好的就结合在一起。但以后过了菜忙又结合在一起了。(2)在一些互助组中使用牲口也成问题,有牲口的组员总把自己或同自己有血缘关系的人的工作先作,然后才管别人的。在程学信互助组内,组员刘斌因生活困难用骡子去拉脚,程学信也不免把骡子借给他母亲,影响组内浇水,引起了组员对他们有意见。后来通过小组会议,程学信和刘斌都把骡子牵回来,才解决了牲口问题。(3)人工换畜工往往不平衡。有牲口的组员总想提高牲口价,没牲口的总想提高工分,常因为人力换物力发生争执。在王堂互助组内规定用大牲口拉水车合三十分,即顶三天工。可是,一般地说,用牲口给组内耕地一天,要抵人工四天。(4)伙喂牲口问题。在黑塔有一互助组中,两叔侄伙买一骡,归侄儿喂。每天规定十几斤麸子。照理说,一定是够喂的,但牲口很瘦。其实侄儿是把麸子喂自己的猪了。(5)组内的工价与市价不相等。比如在王堂互助组中,每天一工十分,按十五斤小米,合八千元(旧币)。但组员如不在组内工作,给人打短,每天挣一万五,还管饭挣现钱。因而有的组员便不愿在组内工作,而给人打短,可是他让别的组员给他在组内工作。(6)评工记分问题。工作了,不评分。只是作工一天便算十分概不评工。有的人工作强有的弱,有的工作轻有的重,然而通通记十分,当然是有损害组员的劳动积极性的。(7)好面子,讲排场。例如组员到田宽家去干活,吃白面,到别家去干活也吃白面,组员认为在自己家里不吃白面不好看。所以孟宪文与田保家里虽然没有白面,但也得借钱到合作社去买。(8)讲感情,忘互利,表面上不好意思分斤论两,实际上谁吃了亏,谁都不愿意。(9)耪谷子,对自己的耪得细致些,耪人家的就不细致了。(10)使用牲口时,只把自己的田犁了不管别人的。(11)同地主也互助起来了。如程国恩缺乏牲口便与地主互助起来了。

在这些矛盾之中,有的矛盾是互助组所能够解决的。有的是互助组自身不能解决的。前一类的矛盾,如评工记分不及时和不准确,人工和畜工的报酬比率不平衡,组内的人工的报酬和市场上的人工报酬不平衡,以及农民与地主互助等等,都是互助组自身可以解决的。后一类的矛盾,如抢季的矛盾,伙喂牲口的矛盾等等都不是互助组自身所带来的集体劳动和分散经营的矛盾的具体表现。关于第一类矛盾,经由海淀区区委农村工作部不断地派遣干部下乡与互助组干部帮助农民具体解决,结果这些矛盾基本上都克服了。关于第二类的矛盾,虽然海淀区区委农村工作部也曾不断地派遣干部下乡与互助组干部协力解决,虽然也曾想出了许多解决的方法去尝试,但结果都失败了。比如关于抢季的矛盾,门头村的互助组的组长任玉生就曾经协同组员,在栽种白菜的季节,共同研究全组组员的轻重缓急,预先排队,依序工作,图谋解决,但结果也失败了。因为在组员中,无栽种的人所占便宜太多,迟种的人吃亏太大,所以失败。这类矛盾促使农民不得不考虑舍弃互助组和另行组织更高一级的什么来代替它的问题。

经过了三年互助组的生活,农民群众深切地感觉到互助组、供销社和信用社的好处。单以花生为例,在没有互助组以前,生产得少,现在生产得多了。不但生产多而且卖价更合理了。在以前生产花生时,如果没有种籽,就需向富农借钱来买,但是要五分、六分利息;现在从信用社一分八就借来了。总之,互助组、供销社和信用社的好处很多,不是三言两语所能尽述。还应着重指出的,即除了供销社和信用社对互助组进行大力支援外,党和国家对于互助组进行了巨大的财政的援助。以水车为例,如果供销社有水车,互助组亦急切地需要水车,但一时筹措不及钱来,同时信用社又提供不了这么大的贷款,在这时候,人民银行便对互助组进行放款。水车如此,其余大件农具亦然。这类财政的援助对于互助组在生产上的帮助是很大的。当然,农民所最关怀的,还是互助组在生产上的优越性,即是集体劳动在生产上的优越性。必须依赖互助组中的集体劳动,将生产不断的提高,然后才能在一方面向供销社出售更多的农产品,然后才能偿还国家银行或信用社的贷款,亦然后才能得到更大的收入来增加消费和扩大积累。农民之不能舍弃互助组中的集体劳动的优越性,恰如他们在生产时之不能舍弃他们的水浇地和大牲口一样。互助组本身所具有的分散经营,这一基本的特征是防碍生产的。经过三年来互助组的生活,农民群众深切地认识到,在上述的诸矛盾中,凡为互助组所不解决的矛盾都是由互助组所具有的这一基本的特征,分散经营所造成的。不但抢季的矛盾,耪地的矛盾,伙畏牲口的矛盾,即其他一切的凡为互助组所不解决的现实的矛盾,都与分散经营这一基本的特征有不可分离的关系。为了保存、巩固和扩大集体劳动在生产上的优越性和消灭分散经营在生产上的落后的性质起见,农民急切要求在集体劳动的基础上实行统一经营。统一经营的办法即是依照自愿和两利的原则,在集体劳动基础上,采用土地入股和大件农具入股的方法,将互助组变为一个股份公司似的集体劳动的组织。在这组织中土地和大件农具交由该企业来支配。如果支配得好,全体成员共享其成,支配得不好全体社员共受其害。支配得好时,每一社员的收入依照一定的标准,均为同比例的增加;支配得不好时,每一社员的收入,依照同一的标准均为同比例的减少。在这些新的条件下,自然也就不会发生抢季、耪地等矛盾。因在这些新的条件下,在种植白菜时,谁的土地先种,谁的土地后种,以及在耪地时,谁的土地耪的粗,谁的土地耪得细,无一不是同比例地影响每个组员的利益,当然与个别组员的特殊利益无关系。这样就把在互助组阶段自身所不能解决的现实的矛盾都解决了。在集体劳动的基础上加上统一经营,当然能够更进一步地发展生产力。这种新的集体劳动的组织便是农民群众在他们经过了三年互助组的生活后,为了更进一步地发展生产力,所急切要求的。这种新的集体劳动的组织便是党在农业合作化的章程中所预见的初级农业生产合作社了。农民群众,在一九五三年,为了解决集体劳动和分散经营的矛盾,日益急切地要求将互助组改变而为半社会主义性质的初级农业生产合作社。

针对着这种要求,党的总路线的宣传,于是像江潮巨浪一般涌向农村。由于总路线深得人心,农民群众决定走社会主义的道路,农业的互助合作运动于是遂由互助组的阶段上升到初级社的阶段。随着初级社的发展,存在着集体劳动和分散经营的矛盾解决了,农业生产的潜力于是被解放出来了。

三、西山社在发展过程中的初级社

工人阶级与资产阶级,在争取农村阵地的过程中,由于供销社、信用社、人民银行、果树指导站、病虫害防治站、牲畜兽疫站和国务院所颁布的粮食的计划收购和计划供应的法令等等,对于这里的互助组大力支援,以及由于众多的互助组本身的增产,更由于农民群众互助合作积极性的提高,因此,在农村中的粮商与粮贩和高利贷者已不再有立足的余地了。在这一点上,资本主义确是被削弱了,社会主义的因素确是加强了。这表现在,在过渡时期农民分化的过程与在资本主义条件下的性质大有区别。在资本主义下,贫农和富家日益增加,中农则不断减少。大批的中农破产,降为贫农,纷纷流入城市变为工业预备军。相反地,在人民民主制度下,贫农却减少了,一部分上升到中农的水平,中农人数和比重增加了。富农的户数,虽有增加,但不显著。这就是两者不同的所在。可是农民分化为富农的趋势并未停息。这也是应当警惕的。这种分化过程在不曾加入互助组的农户之中是比较显著的。比如在西山乡的农户中便出现了两户新富农。这两户新富农在一九五五年十月以前是从未加入过互助组和合作社的。兹将西山全乡农户的阶层分化的情况(包含入组入社的和未入组和社的)列表,见下。

西山乡全乡阶层户数
1955 年 10 月 17 日

贫农	205
新下中农	215
老下中农	132
新上中农	116
老上中农	117
新富农	2
原富农	35
原农业资本家	3
原地主	42
半农户	16
总计	883

即把已加入互助组的农户来说,阶级的分化亦在发展,尽管分化的程度被消弱了。请看下表。

互助组内阶级分化表

	双槐树程学信互助组				十王坟王志忠互助组				
成份	1949年土改时（户数）	百分数	1953年互助组结束时	百分数	成份	1949年土改时（户数）	百分数	1954年初互助组结束时	百分数
富农	9	100	—		富农	1	100		
贫农	6	100	8	133.33	贫农	10	100	5	50
中农	2	100	8	400.0	中农	4	100	9	225
上中农	—		1		上中农	—		1	
合计	17		17			15		15	

从上表中看出，阶级分化的程度，确是被削弱了，因为中农增加了。可是，分化的趋势仍然存在。因为有的贫农上升为上中农，再进一步便为富农了。有的贫农继续贫困，再进一步便为雇农了。举两个例子来说，比如双槐树石玉生家有三十多亩地，一个劳动力，每年需雇零工两个。如果让其发展下去，就是新富农了。又如陈本颜家里有四口人，劳动力也不少，但收入不够维持生活，眼看着便要出卖劳动力。如果让其发展下去，势必就要变为出卖劳动力的雇农了。在邻近的农村中，也有同样情况发生。由于在互助组中，虽然阶级分化已被削弱，但农村资本主义仍有出现的可能性。

为什么有这种可能性呢？这个理由是很容易说明的。因在互助组中，在个体农民所有制的基础上，含有集体劳动和分散经营的矛盾。由于这个矛盾的存在，在互助组中的组员，无论在抢季方面、耕畜方面和大农具方面，均不能不有自我优先使用的或其他的违反互利原则的事情出现，同时也不能避免组员挂大车、做买卖、想发财的投机活动出现。从而便无法避免自发地资本主义的成长，结果必然伤害小农经济的社会主义改造，因而妨碍生产力的更进一步的发展。除非将互助组第一步引向初级农业生产合作社，将土地和大农具入股，统一经营，否则，这个矛盾就不能克服。

为什么不一下就引导农民由互助组进入高级社呢？这是由于在当前的具体的历史条件下，党考虑到由互助组一跃而升为高级社，乃是意味着土地和其他生产资料的个体所有制立即转化而为集体所有制。但一般说来，这是没有条件的。如众周知，当着农民尚未从他们的亲身经验中认识到集体所有制比个体所有制更能保障他们的生活以前，他们是不会同意放弃个体所有制的。如果强迫他们去作，那就等于犯罪。因为这种办法必会破坏工农联盟，促使农民脱离工人阶级而倾向于资产阶级；必会促使那些心怀不满的农民破坏集体劳动的自觉纪律或滥用农具与其他的生产资料，或则在工作的时候，只是无精打采地"磨洋工"，其结果不但不能增产而且会减产的。然而怎么作呢？最好的办法，就是不要农民一下就放弃个体所有制，一跃而为高级社。先让他们在保持个体所有制的基础上，组织初级社。使他们在初级社中,实行集体劳动和统一经营,积累一些公共财产,努力增加生产。经过一段时期后,使农民亲身体会到和洞若观火地预见到,在工人阶级的政权下,公有财产比私有财产更能增加生产和保障他们的生活。到了这个时候,组织高级社条件更成熟了。这样必定既能很紧密地巩固工农联盟,孤立城乡资产阶级,又能使农民心甘意愿地放弃那个过时的个体所有制而采取集体所有制,根本消灭自发的资本主义。党就是在这样的具体情况下,决定在互助组的成功的基础上,首先引导农民组织初级社,然后再由初级社引向高级社的。

西山曾经过了三次合作化的大浪潮。第一次大浪潮是在当前互助组增产的基础上,从而也就是在农民具有合作化的需要与可能的基础上,大张旗鼓地宣传党的过渡时期总路线所引起的。这次大浪潮发生在一九五三年冬季。在这次大浪潮之中,党和政府号召农民组织初级社。农业合作化遂由互助组阶段进入初级社阶段。第二次大浪潮是在初级小社增产的基础上,从而也就是在农民群众具有并社的需要和可能的基础上,农民由小社并大社。这次大浪潮发生在一九五四年冬季。经过这次大浪潮之后,双槐树五社便合并为一个西山老社,门头村两社便合并为大团结一社,同时祁村又新成立了五星初级社。初级社于是进入了巩固的时期。第三次大浪潮是由党和政府在大的初级社增产的基础上,从而也就是在农民群众具有向高级社过渡的需要与可能的基础上,派出干部下乡宣传毛泽东同志的《关于农业合作化问题》的报告所引起的。这次大浪潮发生在一九五五年冬季。经过这次大浪潮之后,农业合作化遂由初级社进入高级社了。在这三次大浪潮中,前两次是属于初级社阶段,后一次是属于高级社阶段的。现在许我将初级社阶段的两个合作化的大浪潮分别叙述于后。

农业合作化的第一次大浪潮

正如上文所指出,正当着农民或先或后地认识到集体劳动和分散经营的矛盾业已成为更进一步地发展生产力的障碍的时候,党立即起而向这里的农村,展开了党在过渡时期的总路线的大力宣传。在这次宣传中,除指出社会主义大工业与社会主义大农业有不可分离的关系外,对于农民群众特别着重说明:个体农民经济如不接受社会主义改造,从根本上消灭地主和富农复活的条件,那么,小农经济的自发的资本主义势力便必要复活。在邻近的东冉村已有这种严重的阶级分化的情况出现。正如上文所指出,这位名为"甩手掌柜"的已经开始变为经营地主了。其实东冉村的农民均将蔡文和称做"甩手掌柜",当然就是指的这个意思。此外还有十五个农户出卖了他们的土地。其他各村也有或多或少类似的分化情况产生。但是这类分化的情况都是由于在互助组中所赋有的基本矛盾,即集体劳动和分散经营的矛盾所造成的。由于这个矛盾乃是在解决这个矛盾的方法已经存在的时候才被提到日程上而为问题的,因此之故,这个矛盾必被解决。其解决的方法就是将互助组改建为初级社。因为初级社的建立,主是在个体所有制的基础上将集体劳动和统一经营合而为一。随着初级社的诞生与成长,小农经济的分化必被消灭,同时农业的生产将亦必随之而增加,这样农业生产合作社便必能以更多的商品粮食与原料对国家工业化进行更进一步的支援。当然,在这同一过程中,被支援的国营的工业亦必会以更多的农业机器和化学肥料等,来供应农业生产合作社,和以更多的轻工业的生产品来供应合作社社员,使他们能够得到更进一步的自由和幸福的生活。正因如此,所以党的总路线方才号召农民走社会主义合作化的道路。由于党的总路线的号召恰正符合于农民的心愿和利益,结果农业合作化的运动,便进入了一个空前未有的高潮时期。高潮进展的速度,超过海淀区全区和这里的所有的领导干部的预料。依据海淀区区委会的开始计划,在一九五四年,原来只想发展九个合作社,但随着高潮的澎湃发展,立即改为发展二十二个。以后看见二十二个的发展计划还是落后于当前发展的形势的要求,再将它增为四十八个。即实际发展的速度超过原定计划的五·三倍。再依据双槐树乡的经验也是这样。这里的领导干部,原来只想搞一个六十户的初级社,但仅在五天之内,由于农户纷纷登记要加入合作社,结果便不得不将原定计划一再扩大,直扩大到包括一百三十三户的初级社。即是,实际发展速度超过原定计划一倍以上。总计在一九五四年春季,这里正式组成了共总八个初级社,即是:

社名	户数
胜利农业生产合作社	133
前进农业生产合作社	104
南平庄第一农业生产合作社	21
南平庄第二农业生产合作社	19
门头村第一农业生产合作社	17
门头村第二农业生产合作社	18
黑塔第一农业生产合作社	13
北辛庄农业生产合作社	13
总计	338

随着这里的八个初级农业生产社的建成,西山的农业合作化的运动,于是正式进入了初级农业生产合作社的阶段。

为什么随着党在过渡时期的总路线的宣传,初级农业生产合作社便组织起来了呢?第一是由于农民群众从他的亲身经验中深刻地认识到,党的任何一次的对于农村所宣传的政策,无一不是对于农民的物质利益有巨大的帮助的。在党的领导下,农民实行了土地改革,获得了土地;组织了互助组增加生产;组织了供销社,减轻和消灭了中间的剥削,同时得到了便宜的生产资料和生活资料;组织了信用社,得到了低利的放款;得到了先进技术的指导,实行了小麦的密植、浸种等,得到了相应地增产。现在党又号召农民,在总路线的光辉照耀下,组织初级社走社会主义大家富裕的道路,这必然会给农民带来更大的物质的利益。最要紧的是,农民从他们自己互助组的增产经验预见了初级社更能增加生产和更能免除灾害的必然性。这个道理反映在要求建社的农民的思想中:如王德元在劝他的大儿入社时说:"我干了一辈子长活,也没有干出几亩地,入社后到了社会主义,日子过的将会更好,为什么不入呢?"闻初祥说:"以前我只知道参加互助组不受剥削,这回我才明白,不组织合作社,就不能到社会主义。"程学信对我说:"入社就可免于贫困。比如康奎两口子靠一个骡子搞运输,骡子死了,两夫妇哭了好几天,没有办法。如果早有社了,而且早是社员,那能这样苦呢?"但也有新的富裕中农只因恐怕将来人人都入社了,雇不了工,而入社的。也有怕将来合作社开电井,自己的水井没有水了而入社的。也有怕自己走富农路线,由于党要消灭资本主义,如不及早回头,将来不免要吃亏而入社的。大团结社有位社员对我说:"在土改后,我不知不觉地走向资本主义去了。由于收入增加,好多繁重的活,都不愿作,雇人来作。在总路线的学习后,我才知道,党要消灭资本主义,于是抛弃富农思想加入了合作社。"在学习总路线后,入社思想情况,依据双槐树建社总结,约有下列五种类型:(1)党员、团员、乡干部及一部分社会主义觉悟高的翻身农民积极筹建或要求参加合作社,约占全社户数的百分之三十八。(2)一些劳动力少,缺乏牲畜,没有技术,怕生产搞不好和生产有困难的贫雇农也积极要求入社,约占全社户数的百分之二十二。(3)一部分生活较好的农民,在周围群众带动下,抱着"天塌砸大家"思想,随大流入社,占总户数的百分之二十一。(4)部分富裕的农民怕以后雇不了工,或其他顾虑而入社的。约占总户数的百分之十四。(5)怕入社吃亏又看到入社后有便宜,脚踏两只船,留有退路,土地入社,大车不入社的约占社员的百分之五。在这五种典型之中,社会主义积极性最高的前两种典型占了百分之六十。又所有入社的社员绝大部分都是由于预期到入合作社后,利多而害少,方才要求入社,这是肯定了的。

其次的一个原因是党在农村的合作化中坚持了阶级路线,这个路线即是依靠贫农,紧密地团结中农,逐步地消灭富农的剥削。因为贫农的经济地位比较困难,非互助合作不能增产,或不能够过比较富裕的生活。中农的生活虽然较好,但是仍不富裕,他们有一种走社会主义道路的积极性,因而也就能够积极地响应党的合作化的号召的,特别是他们中间的觉悟分子,这种积极性更大。一九五五年毛主席《关于农业合作化问题》的报告中更明确地教导我们说:

> 我以为在目前一两年内,在一切合作社还在开始推广或者推广不久的地区,即目前的大多数地区,应当是:(1)贫农;(2)新中农中间的下中农;(3)老中农中间的下中农——这几部人中间的积极分子让他们首先组织起来。

毛主席的指示与农村合作化发展的情况是完全符合的。在西山区也是贫农中的积极分子在合作化的过程中,起着带头作用的,下中农次之,上中农又次之。

在 1954 年三个初级社的社员成份

成份＼社名	门头村一社	门头村二社	北辛庄试办社	胜利社
雇贫农	11	10	11	108
中农	上 2 / 下 4	2 / 6	1 / 2	21 *
富农	—	—	—	1
合计	17	18	14	130

* 没有上中农、下中农材料。

1955 年春季合作社的社员成份表

成份＼社名	大团结	北辛庄
贫雇农	347	70
中农	9 / 103	4 / 14
其他	53	—
总计	512	88

从上表可知,贫农在初级社中一直是占着优势地位的。一九五五年,贫农的优势地位继续增加。在大团结社约占百分之六十七,北辛庄则在百分之七十九以上。至于新老上中农入社,一般说来,往往较晚,而且在社中所占比例亦是最小的。兹将北辛庄在一九五五年十二月十日的社员的阶级成份,列表于下:

1955 年 12 月 10 日北辛庄组织高级社时入社社户成份表

自然村＼成份／户数	贫富农	下中农 新	下中农 老	上中农 新	上中农 老	非农户	小计	富农	地主	农业资本家	总计
正红旗	2	8	—	8	—	2	20	1	1	—	22
厢红旗	22	2	1	2	—	7	34	—	1	—	35
魏家村	16	3	—	4	6		29	1	1	3	34
四眼井	15	3	2	4	7	6	37	6	4	—	47
鲍家窑	4	1		4			9	2	6		17
贾家坟	16	5	7	4	6	2	40	5	9	1	55
牛爷坟	7	1	3	3	2	—	16	8	4	1	29
合计	82	23	13	29	21	17	185	23	26	5	239

在上表中贫农占百分之四十四,下中农占百分之十九,上中农占百分之二十六。又北辛庄,三年来贫农、下中农和上中农入社社员,在全体社员中所占比重比较如下:

北辛庄贫农社员历年在合作社中所占比例表

成份 年度	贫农	下中农	上中农
1954 年	78%	4%	7%
1955 年春	79%	20%	4.5%
1955 年冬	44%	19%	26%

从上表可以看出,贫农在合作化运动中是起带头作用的。下中农被带动入社比较起来亦算快的。只有上中农的合作化积极性较低。一般说来,他们几乎都是到了合作化运动第三阶段之始,方才入社的。

在西山社中有这样一种情况,即从上中农、下中农入社社员在上中农和下中农的农户中所占的比例来说,下中农虽然稍高一点,但是高的不多。请看下表。

西山社 1955 年 12 月 13 日入社社员成份表

社户 成份	老社户	新社户	合计	百分比	尚余户	全乡户
	175	49	224	27.6	—	224
贫农	181 106	27 ⎫ 30 ⎭	344	42.4	7 3	215 139
下中农 { 新 老	104 49	11 ⎫ 36 ⎭	230	28.5	{ 1 5	116 120
上中农 { 新 老	— 1		1	0.1	{ 27	— 28
富农	1		1	0.1	41	42
农业地主资本家	2		2	0.2	1	3
其他	9		9	1.1	—	9
总计	658	153	811	100	85	658

西山社在 1955 年 12 月以前下中农和上中农入社社户在下中农和上中农户口中所占百分比

$$下中农 \quad \frac{入社户\quad 287}{总\quad 户\quad 354} \times 100 = 71.2\%$$

$$上中农 \quad \frac{入社户\quad 153}{总\quad 户\quad 236} \times 100 = 64.8\%$$

这是由于西山社是个菜区,上中农和下中农聚在一起,社会主义的传播比较集中,所以才产生了上述情形。综括来说,无论在哪一个农村中,均以贫雇农和下中农的合作化积极性为最高。但在贫农和下中农之中,其积极性是不相同的。面对着这种客观发展的规律性,党号召贫农和中农之间的积极分子,首先组织合作社,作出增产的成绩,来带动中间和落后,果然,随着合作社产量的增加,到了一九五五年冬季,连富农和地主都请求入社了。由此可见,在一九五三年冬季,第一个合作化的大浪潮的胜利,是与党在农村中的阶级路线分不开的。

再次的一个原因,就是党在互助组中已培养出来了足够的领导合作社并具有办社能力的干部。加上海淀区党委会又抽调了干部下村进行具体的领导,使合作化运动能够及时的展开。同年一月三日,海淀区又举行了互助合作训练班。这即是说,干部的条件也是具备的。再其次,是由于农民羡慕苏联的集体农庄的富裕和幸福的生活,因而急于想要赶快举办初级社并通过初级社直到集体农庄。一九五一年冬,山西李顺达从苏联参观集体农庄归来,在东交民巷邀约这里的合作社干部举行座谈。对于合作化,同样起了积极的作用。又其次,是由于海淀区在一九五二年已办了三个社,并取得了增产的成绩,从而对于这里的农民便起了典型示范的作用。这四个原因都是导致当时恰在总路线宣传之后,农业合作化的浪潮急遽高涨的条件。

自初级社组织起来之后,凡在互助组阶段,由于集体劳动与分散经营的基本矛盾,所产生出来的一系列的矛盾都解决了。在初级社社章中,在第一条和第二条上,除明确地规定,积极拥护党和国家的过渡时期的总路线,响应毛主席的号召走社会主义大家富裕的道路外,并具体地规定,要在私有财产的基础上和在自愿互利的原则下,将初级社组织起来,变成爱国增产的模范,带动全区农业生产合作社、互助组,团结与影响个体农民,进一步扩大组织,提高农业生产力,改善农民生活,支援国家的工业化,并具体到这里的农村须要依照国家的经济计划,以生产蔬菜为主,其次生产粮食来供应首都人民的生活需要。同时,在社章第一章第二章和其他有关的条文中,并规定了其他一系列的措施,来更进一步地限制自发的资本主义的成长,和建立生产资料的半社会主义所有制,以便解决为互助组所不能解决的矛盾。

首先,初级社在社章第一章"总则"中明确规定:社不得经营商业、不得从事债利剥削,不许社员带工入社,社内亦不得雇工(请技术工及农忙时请短工不在此限)。这样便解决了在互助组时期富裕中农带着长工(如富裕中农许德荣和许德华各带长工一人入互助组)入组的矛盾。在第二章"社员"中规定:凡被国家剥夺政治权利的分子,未改变成份的地主,旧富农分子及并未放弃剥削的新富农分子均不得入社。这样便解决了在互助组阶段曾经发生过的富农当小组长的矛盾。

应当着重指出,社章中最关紧要的中心环节,乃是关于(一) 土地入股,(二)主要的生产资料折价入社,由社统一使用和统一分配的规定。这个规定乃是对于生产资料的个体农民所有制的重要变迁。半社会主义合作社之所以能够在一方面,在基本上制止资本主义自发倾向的成长,在另方面又解放农业生产力,完全就在于个体农民所有制的重要变迁上。必须要把这点明白了,然后才能了解在私有财产基础上集体劳动和统一经营的本质。

关于土地入股问题,在社章第三章中和其他章节规定,社员除可以自留少量屋旁的耕地外,必须将土地入社,由社依照首都生产计划,结合本社的具体情况将土地连片,统一经营,并进行各种建设。退社时可将原来的土地带走。如果因为社内加工土地质量比前提高,退社的人应该偿付公平的代价。如果因为连片经营或其他原因,不便归还,经过本主同意,可以用与原土地数量好坏相等的土地公平交换。并规定土地私有权仍为个人所有,对于社员入社的土地,一般按查田定产量的百分之三十付给固定的地租。菜地按实纳公粮标准。(比如菜地的实际产量为一百斤,实纳公粮标准只系折半的产量,即五十斤,然后再以折半产量的百分之三十作为固定地租。)依照这样的规定,社内的社员也没有权利说,"在我的那块土地上所生产的农产品,应该归我所有"。从而便解决了在互助组时期,为互助组所不能解决的矛盾,如抢季的矛盾,耥地的矛盾和其他一切的在耕种土地时所出现的厚于己而薄于人的矛盾。在另一方面,又不损伤那些地多人少的人的利益。特别是中农的利益,因为设有土地分红的原故。

关于耕畜和大农具折价入社的问题,社章中规定(有的在第三章和有的在第四章),社员必须将耕畜、农具等主要生产资料折价入社,根据生产情况,三年至五年还清。折价金额在归还期内,每年按银行利息给息。依照这一条规定,主要的生产资料均为社有或为社统一使用。从个别的农户来说,对于任何主要的生产资料的使用,个人已无权决定,这样便解决了为互助组所不能解决的原所有主争取优先使用生产资料在自己的园地上的矛盾,和解决了原所有主利用自己的生产资料来做买卖"发洋财"的矛盾。同时在另一方面,又不损害原有生产资料多的人的利益。随着生产资料的个体劳动所有制为生产资料的半社会主义所有制所代替,在互助组中所存在的本质的矛盾都解决了。对于那些其他的非本质的矛盾自然地也跟着得到更进一步的克服。

我们知道,在互助组阶段原存在有人工换人工和人工换畜工的矛盾,现在这个矛盾根本不存在了。其他的非本质的矛盾,如评工记分的不太合理和太不及时等矛盾,由于初级社规定了各项劳动作业的定额标准和按照定额计算工分和劳动日,并且设有组织的保证,于是亦得到了更进一步的克服。还有,在互助组时,社员干部或社员因社务误工,在一些互助组中不计算劳动日,从而引起干部办社和参加生产的矛盾,由于在初级社社章中规定,社员因为社务误工也要计算劳动日或给奖,这个矛盾亦得到克服。

上述这些矛盾和其他的矛盾都是妨碍农民的团结,以从事集体的增产的,现在这些矛盾逐步地被克服了,这就给发挥生产的潜力创造了可能性。

为图将这种可能性变为现实性起见,在社章上规定,为谋扩大再生产,除了社员入社必须交纳股份基金或自由投资外,合作社每年还要从全社总收入中,扣除百分之五或百分之四,作为公积金,用作基本建设和扩大固定生产资料。并要从总收入中,扣除百分之一作为公益金,用作发展社员的文化教育等公共福利事业和照顾社员疾病、生育、补助老弱孤寡的贫苦社员之用。而为了实行计划的生产,在社章中并且规定,社的管理委员会必须根据国家经济计划及本社具体情况,制定年度生产计划,依照计划进行增产。

在事实上,从一九五四年三月起,各社都作有比较完备的生产计划。这些计划都是由每一个社的全体社员大会通过的。由于党的总路线的贯彻,在所有各社的生产计划中,首先一致地着重指出,合作社的生产计划的目的乃是为了"积极支援国家工业建设,供应首都需要,增加社员收入。"其次乃是提高农业的社会劳动生产力:(一) 扩大浇地面积,增加蔬菜生产。(二) 扩大经济作物面积。(三) 改进耕作技术。(四) 挖掘劳动潜在力等等。除此之外,尚有以下个别的计划,例如:(一) 一九五四年的播种面积及产量计划,就中规定了各种作物生产指标;(二) 副业收入计划;(三) 机耕地工作计划;(四) 各种作物的技术标准;(五) 各种作物用工计划;(六) 运输计划;(七) 肥料供应计划;(八) 种籽供应计划;(九) 牲畜饮料供应计划;(十) 使用农药计划;(十一) 役畜用具及车辆零件修理补充计划;(十二) 小农具购制计划;(十三) 基本建设开支预算;(十四) 基本建设折旧;(十五) 一九五四年生产费用开支预算;(十六) 行政管理费预算;(十七) 银行贷款计划;(十八) 一九五四年开支平衡表。不一定各个社的计划都只有这十八项计划,但在基本上是相同的。

但应当强调指出的,即在上述八个社中,双槐树胜利社是当时海淀区委领导下的重点社,同时也是海淀区最大的一个社。它是由刚开始初办的十王坟曹广社和地集寺村石文元社,共四十户社员的基础上,扩大组成的。全社有社员一百三十三户,男女劳动力二四一人。入社户数占农户百分之四十九。土地面积一千三百一十八亩,大部分相连成片,整个地势平坦、肥沃,宜发展蔬菜、果园,且靠近电源,便于安装机器设备。大部农户有种植蔬菜、瓜类、果木等技术,社内领导骨干较强,群众基础也较好。就在这些基本情况上,胜利社制定它的生产计划。

胜利社制定的生产计划是很及时的和很细心的。胜利社在正式成立之时,虽然社员和社的干部情绪很高,但对今后胜利如何生产,究竟能够增收与否? 并增加多少? 入社之后,是否挨饿? 有些社员还有疑虑。他们即怕社内的劳动力调配得不好,又怕将来的收入减少,又怕挨饿。为了巩固社员情绪,在党和政府的领导下,社干部与群众很及时地和很细心地制定了全年生产的计划。制定之后又是很认真地来执行的。由于这个计划认真地挖掘了劳动的潜力,因而也就巩固了社员的情绪和坚定了他们的信心。康维忠的爱人说:"算得多仔细啊! 哪有错?"究竟这个计划是怎样挖掘劳动的潜力的呢? 这就是我们现在所要讨论的。

1. 扩充水浇地和菜园的面积。应当指出,认真地挖掘劳动的潜力用是胜利社编制年度计划的目的。我们知道,园地、三大季和旱地的收入是相差有大的。园地种菜每亩值四百元左右,三大季二五〇元,旱地即大田三十元左右。园地与旱地的收入相差十倍。"一亩园,十亩田"是这里的一句普通话。在分散经营时,由于小农的资金少,不但不能将旱地改为菜园,甚至有的农户,由于菜园所需的资金与劳动力较多和自己的资金与劳动力不足,竟有将菜园改为大田的。现在集体经营了,只要能够将部分旱地改为水浇地和扩充菜园的面积,这就会解放出来很大一部分生产的潜力。以劳动力来说,根据群众经验,每个劳动力可以照顾园地二亩,三大季四亩,旱地三〇亩。现在有劳动力二四一个,如果种植情况与从前一样,只要一半劳动力就够了。以水井来说,全社有四十七眼水井,过去浇地面积四三五亩,经过实际调查,可以扩大到五八〇·〇四亩。以技术来说,全社有七个"瓜把式"、二个"菜把式"、一个"果树把式",现在大可以多种瓜、果、菜。以资金来说,社员可以集体投资,不足部分,如系必要,也可向银行借贷。根据这些有利的条件,在生产计划中是决定将水浇地面积由一五一·〇四亩扩大到五八〇·〇四亩,园地由过去仅有一三·七亩扩大到一四七·三亩,三大季地由二〇亩扩大到三五六亩。另外种西瓜四八·八亩,并计划开辟七十亩果园、桃及葡萄,并作出了各种作物的生产指标。由于扩大水浇地及菜地结果,蔬菜收入将占全社总收入百分之七十七·六,总收入将大大提高。根据这个计划,全社总收入比一九一三年要增加百分之一四三·八五。每户收入可由一九五三年每户平均收入六百二十元到八百三十多元。如果不是因为那年涝了四八·八亩西瓜,由于种籽不良坏了八十多亩蒜,又由于大田作物主要地因风雹而减产,单只这三项便减少了二九、八八六·二元,依据后来每户实际平均收入为六百七十四元九角一分六厘推算,这个平均每户收入八百元的计划,不但可以完成而且是可以超额完成的。

2. 基本建设计划。为了扩大再生产,胜利社所制定的基本建设计划如下:

种类	数量	使用年	种类	数量	使用年
柴油机	2	15 年	锄草机	1	10
水车	9	5	三齿耘锄	3	5
韭菜洞子	8	20	磅秤	1	3
房子	4	10	桃树苗	450	10
牲口棚	10	10	苹果苗	450	10
柁、檩、柱	113	10	葡萄苗	4 500	10

种类	数量	使用年	种类	数量	使用年
蒲席	162	5	自行车	1	5
玻璃罩	661	10	火炉	4	3
苇子	40 000	3			

除自行车、火炉外,都是按照计划实行的。在这些基本建设都是用来配备蔬菜和果木的生产的,约值一六、三一〇元,平均每户一百二十元。除了大社这个绝对办不到的。

3. 实施定额管理。在互助组时期,入组农户换工互助,在计工方面,几乎所有的互助组都是采用死分活评的办法。在互助组中一个普通的劳动力作一天工算十分,这叫做死分。但究竟在实际上,随着所作的活的轻重与难易,该值多少分了?这可不能有一硬性的办法。当由互助组中共同劳动的组员,在工作之余,共同评定。评定结果,可以多于或少于十分。这个叫做活评。由于死分活评缺乏统一标准,这在互助组几户人时,互助时间不多,还可勉强凑合。到合作社时便不适用了。以胜利社来说,十三个工作区,四个固定工作队,在每个工作队中都有相同的活,比如轧地。如果对于质量相同的活,在评工记分时,缺乏统一的评分标准,甲队评得多,乙队评得少,可是在将来劳力分红时,缺乏统一的评分标准,甲队评得多,乙队评得少,可是在将来劳力分红时,由于每一工分的分值又是相同的,结果甲队便将多得,乙队便将少得。同劳而不同分,不同酬,势必会影响队与队间,因为评分的高低不一,而破坏社内团结。莫说队与队间,即把同一队中的小组来说,由于评分缺乏统一的标准,在评分时必然贪多嫌少,争论不休。在无可奈何时,只好评得差不多,形成一种平均主义。社员的劳动积极性便将因而降低。在事实上正是这样。胜利社还在最初十天中,由于死分活评,缺乏统一的评分标准,评分流于形式,形成一种"老八分"的平均主义。结果积极的社员不积极了,不积极的更不积极了。这样就造成了"重活没人干,轻活抢着干"和"上工比晚,干活比懒,评分瞪眼"的现象。同时,在队与队间,亦因评分高低不一,而互相怀疑,影响到社内团结。为了搞好工作和搞好团结,胜利社在党和政府的坚强领导下,在编制生产计划时,就决定要一个制定统一的评分的标准,和实行定额管理。虽然在实践上经过了许多曲折,但结果终于达到以一个中上等劳动力每天对于某一农活能作多少,并根据每一农活所需要的劳动强度和技术高低,将农活分为五个等级,定出每种农活的等级、质量、数量、用工数和应得工分数,以此作为评分的统一标准,其表如下:

各种作物农活定额标准

作物	农活	等级	标准 质量	数量	用人数	应记工分
蒜	栽蒜	3	沟距三尺,株距三寸,齐水印把蒜按稳	0.7亩	1	10
	封沟子	1	用大锄封沟,盖土一寸厚,不许露蒜	3	1	10

举例来说,比如栽培扁豆工作便分为七种:(一)拉线洒子,(二)踩土打背子,(三)撒玉米籽,(四)打背子连踩,(五)点玉米,(六)改口子,(七)平沟、浇水。栽种蒜的农活便有六种。当然这些农活现在分得更细了。在起初试制定额标准的时候,连干部思想也搞不通,社长程学信就说:"这办法太麻烦,怕行不通,今年先死分活评,明年有了基础再说吧!"可是一经试行之后,由于定额管理保证了同工同酬,多劳多得,少劳少得,因而也就大大地发挥了社员劳动的积极性。结果劳动生产率便有显著的提高。从前每人每天至少打一个秧畦,定额管理后,现在每人一天

就能打一个半。同时也鼓舞了妇女积极参加劳动。女社员周玉荣过去每天总比男子差半分,现在成了劳动模范了。以前社员大家在地里休息时,明明听到打钟,还老不抬屁股,现在天不黑不收工。虽然规定早晨六点半才开始工作,但六点钟就有人下了地。从前评分评到半夜,现在不但评分时间缩短了,而且每次评分都做到心平气和。即使有人想争分也争不起来,因为会说不如会作,干多少活就多少分。这样就促进了大家学习技术和专研生产的积极性。社员们都说有了奔头。由此可见,胜利社依照计划所试行的定额管理是成功的。

4. 设置固定生产队和划分生产区。胜利社在生产计划中为了避免窝工,加强责任制度,在劳动组织方面,贯彻了固定生产队和划分生产区的制度。在土地调整后将一、三一四·五八三亩土地划分为十三个生产区,成立了四个固定生产队。社内共有四个生产队,第一、二、三队各有地三百八十亩左右。其中各队有三分之一的三大季菜地,余为旱地。在旱地中谷物占一半,花生、白薯等占一半。第四队是蔬菜队专种细菜一百种,三大季三十亩,旱地五十亩。(附图)每一生产队有正队长一人,副队长三、四人,统计员一人(副队长兼),技术员一人(副队长兼任),饲养员一人兼管农具。对于每一生产队都根据土地面积和作物需要配备有一定数量的大车、牲口供应该队使用。这样,就避免了各生产队在没有配备农具时,早晨挑选好农具,夜里把农具乱扔的现象。在特殊季节,如西瓜季、菜季,耕畜农具忙不过来时由统一分配,临时支援。生产队根据社内生产计划,结合队内具体条件播种作物,进行农事活动,按生产季节,安排农活。平常每星期六计划安排下星期的农活。每天晚上作好明天准备。每队有读报员,并备有小人书画、华北、人民、山西农报,供队员地头阅读。

胜利社固定生产队

	户	劳动力		半劳力	生产区
第1队	39	54	男 32 女 22	8	第8、10、12、13
第2队	46	71	男 40 女 23	11	第3、4、5、6、9、11
第3队	42	80	男 46 女 34	11	第1、2、
蔬菜队	30	36	男 31 女 5	—	第7
	157	54	男 149 女 84	30	

*蔬菜队是由各队抽调,故户数有分割情况。

胜利社的耕畜农具分配

队别\耕畜农具	第一队	第二队	第三队	蔬菜队
火车	4	4	4	9
骡子	6	6	6	6
驴	4	4	4	5
水车	14	14	6	7
抽水机	—	—	—	1

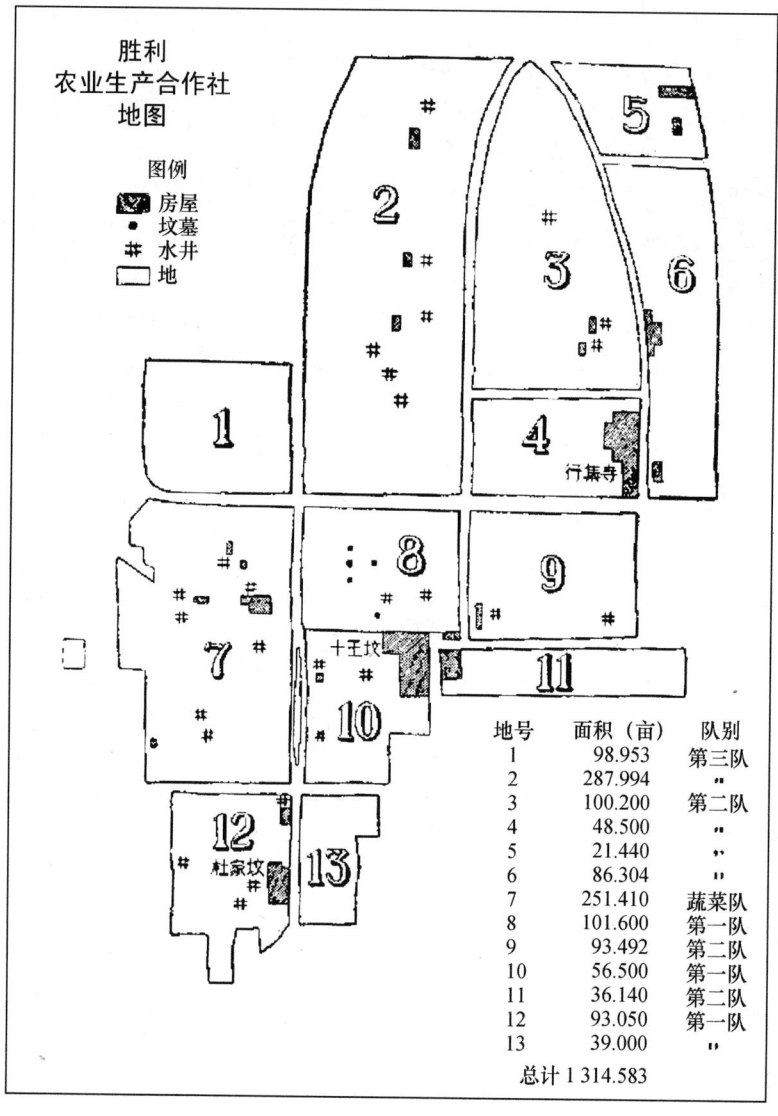

胜利社的固定生产队在工作中取得了不少的经验:(1)由于蔬菜队仅四十个

劳动力,负责二百多亩菜地和一百多亩旱地,除了在分苗突击阶段由各队支援外,他们把工作搞得很好,曾经三度得到生产红旗,这就指明了在合作社固定生产队的基础上,每个劳动力可以照顾三、四亩纯菜园(从前只二亩)。(2)蔬菜队并兼种一百多亩旱地。当大雨季节,菜地和旱地都忙。忙菜地则放松旱地,忙旱地则放松菜地。不得已只好兼忙菜地,致使花生、白薯的农活误了时间而影响生产。这就指明了纯菜园,如秧畦、根菜类、多茬小菜类,有单独分队,或画分专业小级的必要性。(3)由于第一队是由两个自然村组成,共三十九户,彼此距离较远,经常不在一起干活,无形中分作两个小队,就中一个自然村叫杜家坟,仅十五户,十几个劳动力种好几种作物,分开干活不能发挥集体作用,一点活有时干好多天,当雨季时,谷子地里草就没有拔,这就指明了生产队中的小组,宜在二十户以上二十五户以下,包括大约三十五到四十五个劳动力。如果太小了,一个队种几种作物,在同一时间,分开操作,由于人数过少,顾此失彼,不能发挥协作的效力。如果太大了,领导能力不够时,往往造成集体窝工现象。(4)又由于第三队在雨季时,花生、白薯地除草太晚而减产,这就指明了在队安排农活时,首先要考虑到二十四个节气,根据队内条件,及早准备,以免临时忙乱。这些经验对于以后的固定生产队的设置,都有极大的教育意义。

5. 展开了队际质量竞赛。在实行定额之后,社员工作情绪显著提高,但也发现了重量不重质的偏差,就及时开展了质量竞赛。通过大会动员,各队讨论,以作好农活保证质量为内容,互相展开挑战。第三队首先提出挑战书,各队纷纷讨论应战。因而大大鼓舞了全社社员情绪。西瓜组六十多岁老掌班田福安嘱咐大家说:"咱们都是主人,都是给自己干活,干得好,西瓜长得好,分数少,也会分得多。"同时各队又制定劳动纪律,对于个别落后的,加以必要的约束。蔬菜队里的大库,在签苗的时候,他一天签死了三十多棵苗,大家讨论时,决定扣他十五分,赔偿损失。但为了对他进行教育,又决定缓期执行,如果今后改错,就不扣了。通过质量竞赛,连一向落后的"老五分"的大库,也振作精神竟超过了一般劳动力,一天能赚到九分半。

6. 发动妇女生产。胜利社共有一三三户,土地一三三一八亩。就中水浇地约占一半。一九五四年仅细菜就种了一百五十亩,三大季二百多亩,果树五千多棵,西瓜五十多亩,其他为大田作物。而全社仅有劳动力二百二十三人(男一四九人,女八十四人),除掉车工十五人,饲养员四人外,在田间生产的二二三人,每天按全部下地计算,半个月只能出到三三六〇个工。但胜利社根据季节用工计算结果,生产最紧张的时节是夏至、大暑、寒露,其中特别是夏至,那时的农活是收麦、起蒜、摘瓜、摘扁豆、耪谷子地,全季节即半月须用工约三二五〇个。由三三六〇减掉三二五〇,只余一一〇工,但劳动力不能够每天全部下地。由此可见,劳动力的供应是很紧张的。如果赶上下雨,那就很危险了。所以动员妇女劳动力参加生产形成了社内的客观要求。为发动妇女参加生产起见,在管理委员会中,成立了妇女股。在每生产队内也有一个妇女副队长,领导妇女工作。

妇女股在农忙之前,对妇女参加劳动,作了一次调查,计:

十七岁以上的妇女	142 人
能经常下地的	40 人
在农忙时可以参加的	31 人
因家务及孩子不能参加的	32 人
因有病、生孩子和怀孕不能参加的	21 人
六十岁以上的	18 人

妇女股调查有些妇女开始不参加劳动或劳动不积极的原因,是由于认识不足。如刘王氏是个劳动能手,受了一辈子累,还是挨饿。土改翻身后,小日子过的很不错,她总怕再挨饿。由于女儿的坚持,她为了痛女儿才入社。但入社初期,她不愿到社里干活。赵江的儿媳妇,怕入社没有零钱花和不自由,因为赵江是筹备委员,虽然勉强同意了公公的意见,但在思想上还是打了折扣的。有些妇女因为有孩子牵累,到地里干活不放心。大部分妇女干活是依照老习惯,只在农忙时才参加劳动,如摘扁豆、刨花生时才下地。因为这是老习惯不容易去掉。另外有些妇女在思想上认为烧饭看孩子就够了。还有在男社员中,也有轻视妇女的。

妇女股为了很好的发动妇女参加劳动,就利用不同形式进行不同内容的宣传教育。(1)通过大会动员和个别交谈,说明农业生产社会生产出更大的农产品,人民的生活也就更高。如果不组织起来,生产不高,农民还是要受苦的。苏联集体农庄的道路就是我们的道路。结合他们现在的生活的改善,他们对于党的干部所宣传的未来的幸福的远景,心里亮堂了。这样就打通了一些妇女的怕入社挨饿和"自己的小打算"的思想。康维林的老婆劝他丈夫说:"放着大道不走,为什么要走小道呢?"(2)对于家庭妇女,便结合实例,说明劳动是光荣的。妇女参加劳动,在社会上和在家庭中的地位便会提高。在这个宣传的效果很好。女社员马文志在菜队干活,因为忙,很晚才回来。有一次她回来时,看她丈夫也把饭烧好了。吃完饭,他又主动地去刷锅洗碗。马文志说:"过去那有这回事!"她在劳动中真正体会到妇女地位的提高。(3)通过细心制定的生产计划的讨论,使妇女们知道,全年收入有十二万八千多元,每个劳动日有二元五角。这样一来,他们的心里可开了花。他们在干活的时候,就算计着自己一年挣了多少分。菜队刘王氏说:"我五十四岁啦,从出门子就没有穿过新棉袄,今年可得大翻身。"六月份合作社统计了一次妇女社员的工分,有意识地把它公布出来激发她们生产的情绪,也起了显著的作用。第三队队长吴换秋听说第二队的妇女挣分多,就很激动地说:"看人家!"以后她们在干活时,就暗地里加上了劲,能歇也不歇了。妇女参加劳动,于是形成了一股动力,参加的越来越多了,而且都怕歇工。在发动妇女的时候,社里还号召男社员,尤其是社内的干部要以身作则地动员自己的老婆参加劳动。副主任刘振和就对他的老婆说："你不去劳动,秋后分红时,就分得少,咱们的生活就紧啦。"他老婆想想丈夫的话,考虑到今后生活,就把孩子送到托儿组,自己参加劳动了。

妇女参加劳动越来越踊跃。全社女劳动力按计划为八十四人。实际参加干活的七十五人,到六月十号止已挣到一万五千二百四十三工分。最多的已挣到六百十四分。以后参加的还更多,解决了劳动力不足的困难。

由于劳动的实践,妇女在思想意识上也有了显著的提高。入社时,很多妇女只是说,组织起来好。到底好到哪里就不明确了。刘王氏原来入社时看见怕不够吃,思想上很勉强。现在干活很积极,成了菜队的能手。看见了一百五十亩细菜都长的很好,每天好几辆大车到市上送菜,不但自己不歇工了,连在家里作饭喂猪的女儿也叫去干活,因为他已经看见了组织起来的好处。在劳动的锻炼中,妇女在技术上也有了显著的提高。菜队十几个妇女刚来时,是束手束脚的,根本就没有看过种菜的。现在都学会了出苗、栽苗、整枝、打杈、使用农药等工作。其他队的妇女原先连锄也不会,现在一般的活都能作了。

胜利社即扩大了土地的面积,并将旱地改为水浇地,从而充分地发挥了土地的潜力;扩大了基本建设投资和一般的投资,增强了生产资料的力量;画分了生产区和成立固定生产队,改进了劳动的组织,不但减少了窝工,而且发挥了劳动的专长;由死分活评而到定额管理,贯彻了多劳多得、少劳少得、按件计工的制度,发挥了高度劳动的积极性;开展了劳动的质量竞赛,将落后变为进步;发动了妇女下地生产,增添了新的劳动力,当然必会增加总产量以及提高社员的实际收入和物质福利,这是没有疑问的。

胜利社的主要收入依靠蔬菜,因为蔬菜的收入占总收入百分之七十七以上。如果蔬菜的总产量和单位面积产量增加,那么,每户的平均收入必然增加。恰好在胜利社所种植的三十种农作物中,除去七种粮食外,约有百分之七十都是增产的。兹为列表于后:

1954 年胜利社蔬菜的每亩产量

	1953 年	1954 年	增和减%
扁豆	700	736	+ 5.1
江豆	380	457	+ 20.0
西瓜	400	423	+ 5.7
秋扁豆	550	976	+ 77.8
小白口白菜	5 000	8 048	+ 60.9
青白口白菜	13 000	17 319	+ 17.8
八分萝卜	5 000	5 826	+ 16.5
大萝卜	4 000	5 010	+ 25.2
心里美萝卜	3 500	4 678	+ 33.6
大蒜	1 800	1 455	− 19.1

（续表）

	1953 年	1954 年	增和减%
蒜苗	80	65	−18.7
洋白菜	5 000	3 255	−34.9
蔓菁	7 500	2 004	−19.8
青萝卜	3 000	2 167	−27.7
西葫芦	—	2 700	—
西红柿	—	4 070	—
小架冬瓜	—	4 831	—
黄瓜	—	2 361	—
大秦椒	—	1 603	—
茄子	—	2 288	—
秋黄瓜	—	1 237	—

只有大田作物每亩的产量是减少的。减少的主要原因是由淫雨和风雹的关系，次要原因是由于事先计划不周到。比如花生、白薯和谷子都是由于在雨季时，队员都去忙蔬菜了，锄地太晚所以减产。假使在安排农活时，首先考虑到二十四个季节，根据队内条件，及早准备，就可避免临时的忙乱。这个教训是应当接受的。可是接受得很不够。这反映在双槐树的农活安排计划上，现在还比一九五四年退步。在一九五四年时，固定生产队，尽管在安排农活时事先对于雨季的考虑不周到，但还有一个优点，即是在前五天安排后五天的农活的办法，可是以后就没有实行了。直到今年五月，领导上发现这个缺点，然后又以双槐树为重点，重新建立，准备吸取经验，推动全社。现在这个办法据双槐树的社员的反映是很好的。

胜利社大田作物每亩产量

	1953	1954	增或减%
冬小麦	120	189	+32.5
春小麦	150	33	−78
春玉米	300	273	−9.0
谷 子	150	142	−5.3
花 生	250	236	−6.0
春白薯	2 500	1 465	−41.4
晚玉米	150	105	−30.0
绿 豆	60	64.8	+7.5
晚白薯	1 800	1 054	−41.6

由于蔬菜的收入占胜利社总收入百分之七十七以上，并且蔬菜又增产了，所以胜利社的实际的收入与计划的收入，虽经淫雨、风雹和种籽不良的影响，但相差只

是百分之一八·一一。同时每户的平均收入比一九五三年有显著的提高。这对于西山农业合作化的运动起了极大的推动的作用。自此以后,农民的"以社为家"的思想便普遍而稳定了。

计划与实际的数字		百分比
总收入		
实际的	163 041.63	81.87
计划的	199 225.27	100.00
	− 36 183.64	18.13
农业收入		
实际的	158 879.65	
计划的	188 765.86	
	− 29 886.21	
副业收入		
实际的	2 732.91	
计划的	10 459.46	
总费用		
实际的	70 644.58	
计划的	85 241.71	
	− 14 597.13	

胜利社在一九五四年农业及副业的总收入为十六万三千零四十一元六角三分,总开支为七万零六百四十四元五角八分,纯收入为九万二千三百九十七元零五分。每工分值二角二分,每一劳动日为二元二角,图示如后(见下页)。

这个收入和分配图是根据胜利社的决算来的。兹将胜利社的决算表抄录于下:

资产		负债	
现金	110.46 元	社员投资	
生产设备	19 781.91	设备的	15 756.16
农具家具	1 388.00	生产的	17 922
耕畜	8 271.50	银行借款	
林园	819.40	设备的	10 325
暂付款(来年投资)	16 375.89	公积金	1 844
	46 447.16		46 447.16

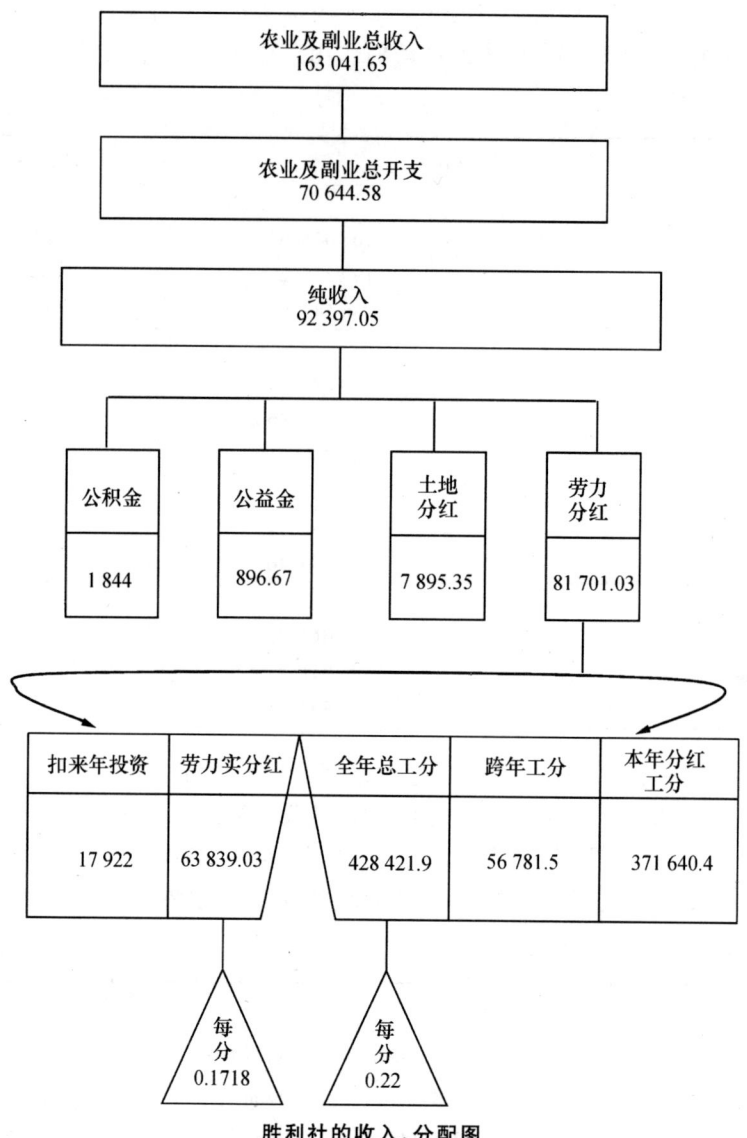

胜利社的收入、分配图

纯收入	92 397.05	支出	70 644.58	总收入	163 041.63
公积金	1 844.00	农业		农业	158 879.65
公益金	896.67	种籽	4 492.38	菜田	126 602.10
土地分红	7 895.35	肥料	30 462.44	大田	32 277.55
劳力分红	81 761.03	农药	662.73	林牧:养羊	839.19
		饲料	8 949.88	副业	1 893.12
		杂项	14 483.47	运输	649.49
		林牧:养羊	328.99	杂项	1 429.07

（续表）

		副业		其他	1 244.23
		成本	1 156.00		
		杂项	60.30		
		管理			
		办公	158.70		
		杂项	300.20		
		其他			
		利息	1 567.04		
		租金	940.61		
		折旧	3 370.31		
		手续费	2 600.40		
		杂项	751.13		

　　至于胜利社每户平均收入多少呢？我们依据决算表的资料，计算出来，每户收入该是六百七十四元九角一分。这个计算方法虽与胜利社一般社员的算法微有不同，但我以为我们的算法是比较正确的。胜利社一般社员的算法是，只以决算上的农户去除劳动的分红再加上土地的分红。但因社员每户的收入还应加上利息。又因在决算表上的农户中有七户，不是农业户，他们不挣工分，没有劳动分红，只有土地分红，情况特殊，应将这七户及其土地分红一齐减出。如果算上这七户是一四○户，不算这七户是一三三户。如果依照这个算法，那么，每户的收入便应该是六百七十四元九角一分。

土地分红总数	7 895.35
减去 7 户的分红	231.46
133 社户的分红数	7 663.89
土地分红	7 663.89
劳力分红	81 761.03
社户利息	339.27
总计	89 764.19
社户收入 ÷ 社户 = 平均每户收入	89 764.19 ÷ 133 = 674.91

　　农户平均每户收入高到六百七十四元九角一分，是有代表性的，因为有一三三户社户中，靠近这收入的有四十一户。在这收入及其以上的占八十五户。请看下表：

胜利社社户收入的配表

收入等级的差别	户数	累积户数
1 700 元以上的	1	1
1 500 到 1 700 的	3	4
1 300 到 1 500 的	5	9
1 100 到 1 300 的	10	19
900 到 1 100 的	15	34
700 到 900 的	10	44
500 到 700 的	41	85
300 到 500 的	33	118
100 到 300 的	14	132
100 元以下的	1	133

在胜利社中,每户的平均工分为二六五四·五七工分。每一个中常劳动力的社员,每年约挣两千工分,每工分二角二分,每一劳动日值二元二角,加上土地分红和利息,每年收入四百五十元左右,与城市的一个普通工人的收入大约相同。又社员的货币收入在农村中的购买力比城市工人的要高。由此可见,工人阶级将农民群众永远地团结在他们的周围与资产阶级作斗争,共同建设社会主义社会,是完全建立在工人与农民的物质文化生活水平共同高涨的诚挚的愿望上。

胜利社的社员在收入增加的基础上,不但消费得最多,而且积累得也更多。除将原有的生产资料入社并在这个基础上积累一八四四元的公积金来扩大生产设备外,又在劳力分红中扣出一万七千九百二十二元作为来年的生产性的投资,同时国家的银行对合作社巨大财政支援,约占资产总值百分之二十三·九,从而便保证了不断扩大再生产和社员物质文化生活水平的不断提高。

在西山八大社中胜利社的劳动生产率最高。在走向社会主义的列车上,胜利社起了极大的火车头的作用。其次是南平庄二社、南平庄一社、黑塔第一社。前进社的收入占第五位。前进社是一个大社,其总收入和工分值都超过了计划。

前进社的收入与分配表

		计划的	正或负
实际的	88 261.79	85 039.31	+ 3 222
农业及副业的总支出	33 514.84	39 932.94	− 6 418.10
纯收入	54 746.95	45 106.76	+ 9 640.19
公积金	1 094.94	1 800.66	− 705.72
公益金	549.42	450.17	+ 99.25
土地分红	5 780.54	5 780.00	+ 0.54
劳力分红	47 322.05	36 979.72	+ 10 342.33
本年分红工分	241 255.00	196 220.00	+ 45 035
工分值	0.196	0.189	+ 0.007

扣除来年投资 14 327.23 后的工分值为 0.13

每户平均收入如下

（劳力分红 + 土地分红 + 利息）÷ 社户 = 平均每户收入

（47 322.05 + 5 780.54 + 355.39）÷ 104 = 514.01

前进社的资产与负债表

资产	16 956.18	负债	16 956.18
现金	23.78	社员投资	
设备	1 585.67	家具	894.29
农具家具	1 090.71	生产	14 327.23
暂付款	14 256.02	银行借款	
（来年投资）		设备	300.00
		公积金	1 094.94
		公益金	339.72

但前进社超过计划完成生产的任务，不是由于农业的劳动生产率比胜利社高，而是由于副业粉房增产了。在农业方面，前进社远不如胜利社。兹为列表于下：

	胜利社 （1）	前进社 （2）	增或减 （1）-（2）
扁豆	700	752	－
八分萝卜	5 826	5 074	＋
心里美萝卜	4 678	3 447	＋
大蒜	1 455	1 072	＋
茄子	2 288	1 695	＋
秋小麦	159	163	－
春小麦	33	59	－
谷子	142	137	＋
晚玉米	150	128	＋

但从社户每户的收入来说，大家亦极满意。前进社每户平均工分为二三一九·七六工分。每一社户的收入为五一四·一九元。这个五一四·一九元的数目，一般说来，不但够用而且比较有些富余，超过了过去的生活标准。前进社平均每户收入为五百一十四元，这就意味着有好多社户是在五百一十四元以上，又有好多社户是在五百一十四元以下。如果在平均收入以上的社户数尚且大于在平均收入以下的社户数，那么，这种分配状态便必对于社户全体更有利益。恰好前进社的收入分配正是这样，当然社户是更满意了。

西山前进社的社员的收入按户分配表（1954 年）

收入等级别	户数	累积户数
1 300 元以上的	8	8
1 100 到 1 300	6	14
900 到 1 100	8	22
700 到 900	15	37
500 到 700	22	59
300 到 500	14	73
100 到 300	19	92
100 元以下的	12	104

依据上表，前进社社户收入在五百一十四元以上的，约为五十九户，即在一半以上，这当然对于社户全体的物质文化生活水平的提高更有利益。莫怪社户对于一九五四年的收入和工分值是十分满意的了。社户杨志清说："我在单干户时挣二百元，现在我挣两千多工分，加上三个小孩的工分，共为二千二百九十八工分，加上土地分红和利息，但不算归还本年的投资，共五百一十六元。还不够穿不够吃么？"社员刘复宽说："我三个孩子，共六口人，今年入社以后哥俩挣五千多分合一千多元，退给我投资二百多元，除开销外，还剩下七百多元。"

刘复宽全家的毛收入（1954 年）

工分	5 374.7
劳力分红	1 054.25
土地分红	76.44
利息	15.00
归还本年资本	207.53
	1 353.22

胜利社是西山八个社中第一个大社，现在这个大社增产最大，社员的收入也最大。小社如南平庄第二社和第一社、黑塔第一社也增产了。社员的收入都增加了。前进社收入的增加，虽不如以上各社，但社员亦极满意。合作社的优越性已由理论变为事实了。在农民群众中搞大社的浪潮，遂澎湃而不可遏止。胜利社，南平庄第二社、第一社，黑塔第一社与前进社皆从社户的收入的增大方面，证明合作社的优越性。但门头村和北辛庄由于土地洼下，遭受涝灾，而减产了。但即在减产的情况下，由于减产减得少，所以连减产亦证明了合作社的优越性。综括来说，在合作社中，如果气候好，增产则增得会更多，气候不好，减产则减得会少一些，所以大家都要求办大社了。

从合作社的决算中，我们知道，只有门头村的两个社社户收入最少，大约只有胜利社社户收入的一半。两社的每户收入均在二百六十元左右。北辛庄一社略高，每一社户收入为三百八十一元八角九分。列表见下页。

	西山胜利社 社户:133 土地:1 318.033	南平庄第二社 社户:17 土地:195.293	南平庄第一社 社户:21 土地:273.414	黑塔第一社 社户:13 土地:129.776	西山前进社 社户:104* 土地:827.273	北辛庄试办社 社户:13 土地:121.830	门头村勇进社 社户:18 土地:189.584	门头村第一社 社户:17 土地:219.516	共计 338 3 274.719
资产	46 147.16	1 895.623	2 696.80	1 725.35	16 956.18		5 353.37	7 705.20	
总收入	163 041.63	22 965.514	24 925.16	14 238.14	88 261.79	9 239.20	9 218.84	11 403.55	
总支出	70 644.58	10 237.150	11 653.43	5 872.31	33 514.84	4 842.25	4 483.76	7 858.24	
纯收入	32 397.05	12 728.364	13 271.73	8 365.51	54 746.95	3 845.09	4 735.08	3 545.31	
公积金	1 844.00	254.567	234.19	167.31	1 094.94	153.80		—	
公益金	896.67	129.214	—	7.705	549.42	76.80		—	
土地分红	7 895.35	—	1 855.96	1 186.99	5 780.54	753.06		—	
劳力分红	81 761.03	12 314.58	11 181.58	6 934.16	47 322.05	2 861.32	4 736.44**	3 274.75	
全年总工分	728 421.90		69 855.00	27 086.58	258 544.00	24 273.790			
跨年工分	56 781.50	—		—	17 289.00				
本年分红工分	371 640.40	12 344.58	0.168	27 086.58	241 255.00		24 955.00		
分销	0.22	0.2014	2 584.63	0.256	0.196		0.1898	0.1063	
扣来年投资	17 922.00				14 327.30				
劳力实分红	63 839.03				32 994.82	2 859.45			
分值(扣除来年投资后)	0.17				0.137	0.1178			
平均每社户的收入	674.91	658.17	650.28	626.89	514.190	381.89	263.13	208.55	
每户平均工分	2 654.57	3 370.88	3 169.38	2 083.58	2 319.76	1 807.21	1 386.00	1 932.17	

* 农业户 77。** 原始资料上有几分钱的差误。

涝灾是门头村第一社和第二社减产的主要原因。以门头村这一乡来说,约有四分之一的土地都被水淹没了。北辛庄也有一部分粮食没有收起来。据北辛庄的统计,一九五四年的决算表,在十四户之中,便有九户的收入减少了。请看下表。

	上年纯收入	本年的	减%
陈和	528.00	351.25	33
陈玉增	1 100.00	368.32	75
贾逢林	1 312.00	685.33	47
王录	573.00	399.23	30
宋万亭	1 500.00	386.29	75
陈国珍	296.00	232.65	21
王德全	1 540.00	314.35	79
李富	1 550.00	535.06	65
曹增清	366.00	188.48	48

可是,即便在减产的情况下,农民亦能体会到合作社的优越性。好多受过涝灾的农民都这样说:"在合作社的土地面积中,有受涝的,有不受涝的。在单干时,受涝就受涝了。入了合作社,涝灾由大家分担,这就显示合作社的优越性。还有,合作社对于轻微的涝灾可以抢救,但单干户则不能够。最后,在未受涝的地区,作物

的产量一般都比单干户的收入高。由于合作社社员减产减得少,亦可看出合作社的优越性。"尤为重要的,是农民看见了胜利社社户收入的增大,平均每户六百七十四元,最高的到一千七百元以上,这是做梦都想不到的,因而越发相信合作社的优越性。对于党和国家号召农民走社会主义的道路,也就越发充满着信心。加上在这一年中供销社、信用社、国家银行对于农业生产合作社的支援更巨大,使社员个个看到和受到工人阶级国家对于农民弟兄的物质的援助和关怀,以及所给予的生产资料和生活资料的日益增加的供应和低利的贷款,越使农民感到社会主义大家庭的幸福与温暖。社会主义的前途光明万丈,谁也不想走资本主义的剥削与冷酷的道路了。

供销合作社在初级社的阶段,对于农业生产合作社的服务,无论在数量和质量上都提高了。就中最显著的,就是供销社设备了更多的菜站。一九五四年九月,供销社为了配合生产合作社的生产,使生产社社员和其他的农民群众完全免于剥削,在市政府指导下,接受了全部的菜业,成立了北京市供销合作社阜成门菜站、广安门菜站和朝阳门菜站。依据以产定销的原则与合作社订立结合合同,生产社可将全年生产蔬菜预卖给供销社。菜价按照菜站当日送到时市价计算。生产社按售价付给菜站手续费百分之五。而供销社则在送货之次日,将款付于乙方。自此之后,生产社便可依照计划进行生产而不愁没有市场,并百分之百地消灭了私营资本主义的剥削。

海淀区供销社随着合作社的建立,为了更好地作好生产资料的供应工作,以便利农民,在一九五四年曾先后在海淀、清河、温泉和蓝靛厂设立生产资料的供应站。而与我们西山一带的合作社有直接关系的,便是在一九五四年冬季所成立的蓝靛厂生产资料供应站。在蓝靛站成立以前,这里所需要的生产资料,由海淀站供应。一九五四年供销社对于西山各村生产资料的供应缺乏直接的材料,但从海淀区全区的生产资料来估计,在肥料方面,恐怕与全区相差不大,即约莫增加了三倍到八倍;而在农药和器械方面,估计约莫增加了约有百分之四十左右。

海淀区全区生产资料销售额统计表(单位:元)

销售的品种		时间		增加百分比
		1953 年	1954 年	
肥料	饼肥	14 027	133 049	948.52
	化肥	39 299	157 986	402.01
	其他肥料	244 746	228 840	935.01
农药器械	农药	18 037	25 765	142.85
	喷雾器	956	1 385	144.87
	农具		11 603	
	其他	7 460	—	
其他		420 683	196 560	减少 53.27

门头村、黑塔、双槐树三个供销社供销增长表

1953 和 1954 年

社名		门头村社		黑塔社		双槐树社	
时间		1953	1954	1953	1954	1953	1954
种类	粮食	57 822	117 143	60 937	95 123	46 405	93 416
	%	100	202.59	100	156.10	100	201.31
	饲料	8 237	7 001	23 058	11 167	9 016	8.893
	%	100	84.99	100	48.43	100	98.64
	副食	31 847	80 496	41 987	82 833	26 934	50 810
	%	100	252.76	100	200.11	100	188.65
总计		97 906	204 640	125 982	189 123	82 355	153 119
%		100	209.02	100	150.12	100	85.93

供销社除扩大生产资料的供应外,对于粮食、饲料、副食品三项的供应增加到一倍以上。

再将它们按季节的供销增加的情况列表如下:

供销社名		门头村供销社		黑塔供销社		双槐树供销社	
年份		1953	1954	1953	1954	1953	1954
第一季度	粮食	9 594	17 562	14 189	17 377	9 644	15 401
	饲料	734	725	4 170	2 862	936	1 619
	副食	4 680	11 832	8 745	17 554	5 542	11 066
	合计	15 008	30 110	27 104	38 393	16 122	28 086
第二季度	粮食	14 728	34 315	18 500	27 161	13 534	25 269
	饲料	1 942	1 707	7 422	4 138	1 936	2 025
	副食	5 012	13 992	9 908	17 017	5 817	12 200
	合计	21 682	50 014	33 139	48 316	21 287	39 584
第三季度	粮食	15 821	33 006	11 001	22 549	9 119	26 863
	饲料	2 782	2 757	5 149	1 626	2 811	2 259
	副食	10 479	23 930	8 929	20 995	5 914	13 621
	合计	29 082	59 693	25 079	45 170	17 844	42 743
第四季度	粮食	17 679	32 260	17 238	15 361	14 107	25 883
	饲料	2 779	1 812	6 317	2 261	3 333	2 990
	副食	11 676	30 762	16 505	11 704	9 662	13 842
	合计	32 134	64 834	40 660	29 326	27 102	42 715

随着合作化的开展,党和国家除依靠供销社继续限制私商吸引农民建设社会主义外,在一九五四年九月政府还发布了关于发动农民增加油料作物生产的指示。在这指示中,明令禁止私商经营油料作物。同年九月二十三日又对棉花实行计划收购,对棉布实行计划收购和计划供应,更进一步地割断了私营资本主义对农民的

剥削。这些英明的措施,当然大有助于农民群众的生产增加和物质文化生活水平的继续提高。

还有应指出的,即在初级社的阶段,为了支援合作社的运动,信用社又扩建了。在一九五三年年底以前,只有双槐树门头村有信用合作社。到一九五四年,北辛庄和黑塔又先后成立了两个信用社。北辛庄信用社是在一九五三年十二月十七日成立的,一开始就帮助农业生产合作社解决了三万斤大粪的问题。黑塔信用合作社是在一九五三年十二月二十三日成立的,着重地帮助农业社解决了春耕生产中粪干、蒜种、莞豆籽、春麦、水车、牲畜、打井、修理水车、更换牲畜、买猪和修理房屋等问题。以人口和土地面积而论,黑塔乡总户数七五二户,农业户六七七户,土地八三、○七七亩,北辛庄三四五户,农业户二九九户,土地三、二六七亩,但两社的放款是可观的。列表如下:

黑塔、北辛庄信用社放款
1954 年

	农业放款	副业放款	生活放款	合计
黑塔	4 924.27	40.00	23 370.20	28 334.47
北辛庄	2 792.50	950.00	1 550.90	5 293.40

黑塔乡信用社,群众的反映是很好的。有的人说:"我们参加生产社,要没有信用社,我们的生活就成问题。有了信用社给我们解决生活困难,我们就能安心生产了。"大部分人都说:"信用社好处太大了,真是帮助了我们搞生产,要是没有信用社,我们的生产决不能这样好。"北辛庄农民的反映与黑塔社员一致。贷款户刘文林说:"政府办的事好,都是对人民有利的。就拿我来说,我已种菜多年,每年都使人力浇。今年有了信用社贷给我一部分钱,我就买了一个水车,用牲口浇,生产就能提高。"这就是新成立的这两个信用社民取得的成绩的最好证明。

在初级社阶段,双槐树乡的信用社创建了信用社与供销社联合供应农民物资的办法。这个办法是拿来解决贷款户专款不专用,造成浪费现象的问题的。农户王贵祥向信用社借了三十万元(旧币)做衣服、买口粮,可是后来发现他把这笔款的一部分,用来还酒账及喝酒了。为避免这类现象的重演,信用社就想出了一个办法,即凡社员贷款,应先由生产队长介绍情况,经信用社审核后,办好手续就开一式二联单到供销社取东西,写清要买的东西和数量,供销社见条付东西,信用社到晚上对账开支票送供销社,这样来防范贷款户的浪费和节省现金来更好地支援生产社。这个办法立即为黑塔信用社所采用,随后又为门头村所采用,结果替信用社节省了不少的资金。同时放款的数目也增加了。

由于供销社和信用社业务的开展,供销社和信用社在消灭私商的中间剥削和高利贷方面,就西山这一大片的农村来说,在一九五四年已取得了全面的胜利。从消灭私商的中间剥削方面说,供销社在一九五三年便消灭了农村中的粮商粮贩。

一九五四年蔬菜的买卖已全部地归入供销社的菜站之手。同年,棉花和油料作物,已不再让私商来染指。由此可见,在一九五四年私商的中间剥削在实质上已被消灭了。从打击和消灭高利贷方面来说,由于双槐树和门头村的信用社成立于一九五二年一产社成立这前,还在一九五三年上半季,便将这两个地方的高利贷消灭了。北辛庄在一九五三年还发现有高利贷,但自从总路线宣传后,由于北辛庄信用社的成立,以及人民银行的支援,对于高利贷的斗争,进行了很坚决,因而也就在一九五四年取得了全面的胜利。黑塔信用社,在同一年度内,亦取得了相同的很大成绩。由此我们可以断言,由于供销社和信用社业务的开展,还在实质上已被全面的消灭。为什么说"在实质上"呢?因为农村中的小商贩尚在被社会主义改造的过程中。供销社和信用社在一方面消灭私商,另一方面源源不断地以生产资料和生活资料来支援农民群众扩大再生产,特别地是支援生产社,当然大有助地生产社生产的增加。

最后,还应当指出的,一九五四年南苑拖拉机站给双槐树耕种一六〇三・七六亩。拖拉机一声震响,给农民上了一课生动的社会主义的教育。即分散的小农经济,是不可能使用拖拉机来耕种的。

双槐树

时间	农业放款	副业放款	生活放款	合计
1953 年	4 250.85	1 704.00	2 082.90	8 037.75
1954 年	16 703.00	610.00	23 784.87	41 097.87
增加%	302.93	减少 64.20	1 141.91	511.31

门头村

时间	农业放款	副业放款	生活放款	合计
1953 年	3 537.00	2 110.50	2 678.00	8 325.50
1954 年	5 353.18	2 138.70	5 286.90	12 778.78
增加%	151.35	101.34	197.42	153.49

回忆在胜利社建社之初,在入社社员中,还有少数怀疑合作社能够过更好的生活。后来眼见着合作社大增产,每天几辆汽车运输蔬菜上市,收入大大增加,这种疑虑便消失了。在合作社的收入分配之后,每户平均收入竟达到六百七十四元九角一分六,比较在城市中普通的工人老大哥的家庭收入不相上下。在这一种条件下,已入社的农户为了更进一步发展生产的潜力,如饥如渴地想将小社扩大为大社。未入社的农户也纷纷请求入社。这就是在一九五四年下半季在西山这一大片农村中所出现的矛盾。可是同时也具备了解决这个新矛盾的正在成熟着的条件。为了加速这个新矛盾的解决,党领导农民从事并社和扩大社的宣传运动,随着这个运动的开展,在西山这一大片农村中合作化运动的第二次大浪潮便涌现了。

农业合作化的第二次大浪潮

　　紧接着总路线宣传的第二年的春天,群众具有了办大社的要求。南平庄一社和二社早在一九五四年二月成立的时候,他们就在社章中第一条上规定,他们的奋斗的目标就是要在"秋后与双槐树社(即胜利社)合并",前进社亦以与胜利社合并为条件,向全区挑战。现在胜利社又获致了空前未有的大增产。此时,并社和扩大社的要求遂与各社的狭小规模发生了实际的矛盾。而造成这个矛盾的根本原因,是由于在现有的各社本身中所成长起来的生产力,已然受着他们的狭小规模的限制,不能更进一步地发展。例如胜利社的蔬菜面积较多,劳动力感觉缺乏。而黑塔等社,因旱地较多,劳动力则有剩余,但因为社界所限,不能合理地使用劳动力,以致生产力的更进一步的发达被限制了。只有并社后才能更合理的扭转这种局面。同时由于各社土地互相交错,亦不能更进一步地使用拖拉机;胜利社在一九五四年虽然使用了拖拉机耕种,但耕种的面积仅为一六〇三·七六亩。合并后使用拖拉机耕种的面积当然更大。在各小社单独经营时,由于人力少资金小,不能安电井,而只能用土井。土井可浇地十九亩,电井灌溉三百亩。合并后便可打电井了。不但在小社的母胎内所培育出来的生产力要突破小社的框子,而且在小社中所培养出来的领导骨干已摸索出办大社的初步经验,因而亦有可能变小社为大社,以便更进一步地挖掘生产的潜力。胜利社的办社干部已学到有一套办大社的经验:如已实行了定额管理,设立了固定生产队,划分了耕作区,开展了质量竞赛,发动了妇女下地生产,即是已经建立了一套经营管理制度。另外通过了一年入社的具体工作,胜利社并培养了社内各级领导干部。这即是说,在一年来的实际工作考验中,证明社内干部一般都能胜任工作。前进社,在这方面,虽不如胜利社,但亦是有成绩的。不但并社和扩大社的干部条件已在成熟着,而且社内的大部分社员都要求并社和扩大社。他们的反映是人多气焰大,办个大事也容易,有问题也好解决,还是扩大的好。社外的农民群众,特别地是互助组,在合作社增产的影响下,在极大的范围内,已曾积极地创造了条件,准备入社。首先将胜利、前进、南平庄一社、南平庄二社和黑塔第一社合并和扩大,成为西山乡农业生产合作社。其次将门头村一社和二社合并和扩大,另成为大团结社一社,再其次将北辛庄社扩大,吸引自愿入社的新农户入社。由于这个号召恰正适应着广大的农民群众的要求,扩社和并社的运动于是进入了高潮,结果,西山农业生产合作社、大团结社便产生了,北辛庄社亦扩大了。同时,又新产生了一小社即是五星农业生产合作社,扩展情况列表如下。

胜利社	133 ⎫		
前进社	107 ⎪		
南平庄一社	21 ⎬	西山社	612 户
南平庄二社	19 ⎪		
黑塔社	17 ⎭		
门头村一社	17 ⎫	大团结社	438 户
门头村二社	18 ⎭		
北辛庄社	14	→北辛庄社	89 户
（1955 年新成立的）		五星社	54 户
		合计	1 193 户

在第一次农村的合作化的大浪潮后,这里创建了八个合作社,社员约占该地区总户数（一九一二户）的百分之十六·五。在这一次的大浪潮之后,合作社的数目变小了,单位变大了,加入的社员户数已达总户数的百分之六十三。在原社章第一章"总则"中,所规定的引导社外农民参加生产合作社的目的已取得了显著的成绩。

应当着重指出的,即在一九五五年的初级社与一九五四年的初级社比较,在公有财产上,有了更进一步的规定。这个新的规定是重要的。依据一九五四年初级社章程,社员入社时不要交纳股份基金,但一九五五年的章程要交纳。西山社社章第十六条和十七条上规定,"凡参加社内劳动之劳动力,根据劳动情况评为四等,应分别交纳股份基金。一等劳动力每人应交纳设备性股金一四五元,周转性的股金九〇元,共二三五元。二等劳动力,每人应交纳设备性股金一二〇元,周转性的六〇元,共一五五元。四等劳动力每人应交设备性的股金七〇元,周转性的股金四〇元,共一一〇元"。"此股份基金长期投入社内不出利息,只社员在退社时可以带走"。这是社会主义的因素加强,因为社内的公有财产增加了。但同时也考虑到这一社会主义因素的加强,有利于更进一步的生产力的增加。在过去没有设置社员入社须要缴纳股份基金时,社员对社所有的投资均须归还。特别地是关于周转性的投资,年年均须投入,年年均须归还。一个社几百户,算起来要耗费许多劳动。其次,是因为设备性的股份基金可以更进一步地提高技术水平,因而亦大有助于社内的固定设备的增加,这当然对地社会劳动生产力的提高是更有帮助的。

关于这一相同的题目,在十六条上又规定,设备性的股份基金,社员可以折价的耕畜、大车、农具来抵交,但不能抵交周转性的股份基金。在这一项的规定中,体现着党对贫农和下中农的关怀。因为下中农的大农具少,上中农的大农具多。如果周转性的基金亦可以用大农具来折价抵交,那么上中农便无须交纳周转性基金了。但周转性的基金又是必要的,这势必要增多社员的投资,因而便须增加贫农和下中农的负担。对于贫农和中农来说,这必定是更吃力的。但同时亦是因为这一条规定更有助于劳动生产力的提高,因为周转性的资金增加得更多,肥料和种籽等也增加得更多。至于贫农入社时没有能力全部交纳股份基金,可以分做几年交纳,则无论在哪个年度的社章上的规定都是相同的。以上这些规定不只西山社在社章上规定,社员应按土地类别,交纳周转资金:园地四十五元,水浇地十元,三大季地二十元。这个规定,也是考虑到上中农的土地较好,并比较富裕,因而在负担上比较容易的意思。

在上述四个社中,西山社是一个重点社。第一,社户最多;第二,土地最好;第三,领导干部和各级干部都较强。因此我们有对西山社发展生产的成绩和缺点着重说明之必要。同时,对于其他各社亦附带地加以分析。最后,还须对于在西山各个初级社中发展的生产力,对于初级社的生产关系所发生的矛盾,具体地加以分析。而在分析这个矛盾的时候,如同在上文相同的地方一样,并要着重分析工人阶级的领导对于基础的反作用,从而具体地说明由初级社转入高级社的必要性。

在并社和扩大社后,西山社的基本情况是很好的。因为西山社是由胜利、南平庄二社、南平庄一社、黑塔第一社、前进社组织起来的。这五个社,一来由于土地肥美,二来由于群众的生产蔬菜的技术高明,三来由于领导骨干优越。在一九五四年,在上述八大社中,这五社是收入最富裕的合作社。兹列表于下:

西山社
1. 胜利社……674.91 元(每户下同)
2. 南平庄二社…658.17
3. 南平庄一社…650.28
4. 黑塔一社……626.89
5. 前进社………514.19
6. 北辛庄………381.89
7. 门头村二社…263.13
8. 门头村一社…208.55

从上表可知,这五个社确是在西山八个初级社中社员收入最多的社。西山社自成立后,又在原有的基础上提高一步:新开两个电井,增加温室二百间,修盖粉房和添置各种新农具,如双轮双铧犁、铁铣、架筐、筐篓等等。综计它的新投资约占总投资的百分之三〇以上,列表于后:

西山社 1955—1956 年的第一季度的资产扩大表(单位:元)

价值\类别	原有资产价值	新添资产价值	总计
生产设备	95 061.25	8 280 085	177 862.10
农具家具	18 325.14	6 658.09	24 983.23
耕畜(骡)	29 372.50	—	29 372.50
牧养牲畜	568.90	3 884.50	4,453.40
林园	712.10	160.00	872.10
总计	144 239.89	93 503.44	237 543.33

看出西山社的基本情况是最优越的,下表也可说明:

户数	612	驴	91
人口	2 568	电井	3
劳动力	1 032（妇女 207）	水车	164
土地	5 818	双轮双铧犁	7
菜地	2 080	五齿耘锄	23
旱地	3 738	七寸步犁	7
其他生产资料		温室	200
大车	62	果林	90
牲畜	192	苹果	920
骡	93	葡萄	6 200
马	8	桃	560

由于西山社吸收了西山五个富社为一社，又增添了百分之三十的新的设备和农具，物质条件十分优越。而且这个大社的建立又是在胜利社获致空前未有的大丰收的基础上建立的，群众条件亦好。领导骨干亦是具有比较丰富的组织生产的经验的。无论任何一人看见这些优越的条件，都一定会得出这样的结论：即西山社的社员每户的收入大有超过胜利社社员一九五四年每户收入的可能性。最少恐怕亦不能低过一九五四年八社社员每户的平均收入吧！即不能低过五六〇·五八九元。（请看下表）

西山八社的每户的平均收入

1954 年

胜利社	674.91 × 133 户 = 89 763.03
南平庄二	658.17 × 17 = 11 188.89
南平庄一	650.28 × 21 = 13 655.88
黑塔一社	626.89 × 13 = 8 149.57
前进	514.19 × 104 = 53 475.76
北幸庄	381.89 × 13 = 4 964.57
门头村二	263.13 × 18 = 4 736.34
门头村一	208.55 × 17 = 3 545.35

336 | 189 479.39

560.589

（每户平均收入）

依照西山社的计划，一九五五年，每户平均收入为八百一十一元。每一劳动工分的分值为二角三分二厘。这就是当时的领导骨干对于大社增产的最在可能性的估计，也是西山社每个社员的实际的要求。

可是，在事实上西山社每户社员在一九五五年的每户社员的收入，不但没有达到八百一十一元,连六百七十四元,即是一九五四年胜利社的收入,亦是没有达到的。不但没有到六百七十四元,连一九五四年八社的平均收入五百六十元亦没有能够实现。究竟生户平均收入是多少呢?依照一九五五年决算,并依照一九五四年同一标准来计算,西山社社员每户平均收入只有五二四·四二元,分值为〇·一六四四。

一九五五年计划的每户收入	八一一元
一九五五年实际的每户收入	五二四·四二元
一九五四年胜利社每户收入	六七四·九一元
一九五四年八社每户收入	五六〇·五八九元

为什么一九五五年的收入竟有这样少呢?有人说,这是由于一九五五年的生产费用过大。如以原先胜利社的生产费用为标准,用之与今年的西山社作比较,就可证明这种说法是不正确的。两者的比较如下表:

西山生产社

总收入	612 992.50 元
生产支出	253 392.15 元
$\dfrac{\text{生产支出}}{\text{总收入}}$	$\dfrac{43.3}{100}$

胜利生产社

总收入	163 041.60
生产支出	70 644.58
$\dfrac{\text{生产支出}}{\text{总收入}}$	$\dfrac{43.3}{100}$

一九五五年西山社的生产费用仅占总收入的百分之四十一点三,这要比一九五四年胜利社的生产支出所占总收入的比例还要低百分之二。如以胜利社为标准,假如没有水灾和菜价的低落,西山社社员每户的收入是不会比胜利社更低的。可是现在低落了,由此可见西山社社员每户收入的减少,甚至减少到比胜利社更低,当然不能归咎于生产开支过多。

又有人以为西山社社员每户收入的减少,是由于西山社经营管理不够。即在经营管理方面没有将胜利社的成功的先进的经验保存下来,所以减产得如此厉害。在一九五四年胜利社的时候,生产的计划切合实际,因此生产的计划在群众中起了极大的鼓舞的作用。当群众大会讨论生产计划之时,几乎没有一个群众不相信这个计划是能够实现的。直到现在胜利社的社员还是异口同声地说,胜利社当年的计划是完成得很好的。可是西山社的生产计划,是不如胜利社那样符合实际情况的。因而西山社的计划在群众中就没有起着鼓舞的作用。群众对于计划中有些部分,比如栽种作物的土地面积和种籽的计划便觉得不符合实际的情况。例如计划了要种多少,可是没有种籽了。固然以后是有若干的改正。但计划在群众中威信不高,即是毋庸隐讳的。一般地说来计划的预见性实在不太强。从下表中可以看出,西山社的收入计划只完成了百分之七六·七五,而一九五四年的胜利社却完成了百分之八一·八七。这绝对不能完全归咎于客观的原因。在一九五四年胜利社的时候,群众是在党的领导下,自觉地精确制定和认真地实行了定额管理的,并在定额管理的基础上,展开了队与队间的质量竞赛。在质量竞赛开展后,懒惰的社员如大库都变成了积极分子了。从前挣六分,以后挣九分半。可是西山社并没有展开什么质量竞赛;在胜利社各个固定生产队都是在前五天安排后五天的农活。可是西山社都是每天布置农活。这样便耗费了许多不必要的由队长每天在队上一个个安排工作和队员在队上等候安排工作的时间。在胜利社的时候,各个固定生产队每星期都要上一次社课。在上社课的时候,由领导骨干以各种方式宣传农业社会主义发行的必要性,针对着社员的思想情况,特别是对于社员在这一星期内所暴露的好的和坏的具体思想情况,进行具体分析。好的得到表扬,不好的得到批评。可是西山社在基本上没有这样作。凡此都有害于农业生产的增加,结果遂使西山社社员每户收入降低。否则每户的收入是不会减少到五百二十四元的。由此可见,西山社社员每户收入的减少是由于经营管理不善所致。

类别	科目	计划	实际	差额	计划完成%
农业收入	蔬菜	449 111. 86	333 094. 52	− 116 017. 34	74. 17
	蔬菜副产品	1 180. 15	1 516. 28	+ 336. 13	128. 48
	大田	198 364. 88	149 204. 80	− 49 160. 08	75. 22
	大田副产品	36 336. 24	32 264. 96	− 4 071. 28	88. 80
	温室	19 736. 38	21 270. 87	+ 1 534. 49	107. 77
	合计	704 729. 51	537 351. 43	− 167 378. 08	76. 25
牧林副业收入	粉房加工	28 267. 45	29 685. 18	+ 1 417. 73	105. 02
	粉房副产品	20 500. 50	8 592. 49	− 11 908. 01	41. 91
	养猪	11 310. 00	9 374. 62	− 1 935. 38	82. 89
	奶场	3 135. 80	3 237. 56	+ 101. 76	103. 5
	粪场	30 744. 00	7 849. 69	− 22 894. 31	25. 53
	运输		15 338. 33		
	其他		807. 92		
	合计	93 957. 75	74 885. 79	− 19 072. 16	79. 70
	其他收入		755. 28		
	总计	798 687. 26	612 992. 50	− 185 694. 76	76. 75

可是这种说法也是不完全正确的。不能否认西山社没有保存胜利社的先进的、成功的增产的经验,因而导致生产的相应减少。可是在另一方面,亦不应忽视

西山社在扩大再生产的基础上所独创的包工包产的办法所发生的增产的作用。一个因素使生产减少,另一个因素使生产增加。究竟哪个因素占上风呢?是增产的因素增产的多呢?抑还是减产的因素减产得多呢?现在固然尚不能作最后的结论,但从统计的材料证明,西山社在扩大再生产的基础上的包工包产的经验确是导致了西山社劳动生产率的提高,这也是应当肯定的。

西山社首先试行包工包产的办法,这便是西山社经营管理方法的贡献。在一九五四年胜利社的时期,在八个大社中没有一个实行包工包产的。最多就做到定额管理,现在西山社的经营管理乃是在定额管理的基础上向前进了一步。由于有定额管理作基础,很容易计算出来,每个生产区有多少农活,多少工分。评委会再根据土地好坏,与常年产量,合可定出产量,然后连工分与产量一并包给固定生产队。除冬小麦、蚕豆、红芸扁豆外,所有种植作物,均按评定产量计算。如超过社内包产标准时,给与超产百分之五十的奖励,其余百分之五十中,三成归社统一分配,一成作为公积金,一成作为奖金在全社统一使用。又各生产队所有种植作物,由于放松管理与耕作,则赔偿减产部分百分之三十,但罚金最多不超过该队总产值的百分之二十。在包工包产以前,在茄子、蓁椒出苗时,每人每挑挑两筐苗。在包工包产后,每人每挑挑四筐苗。还有生产队社员,每人每挑挑五筐苗的。这即是说,包工包产后发挥了生产劳动的积极性,此其一。在包工包产前,第一大队的茄子、蓁椒每年每亩栽二千三百棵左右。可是在包工包产后,社员自动地实行了密植,每亩栽三千七百棵左右。这即是说,包工包产后发挥了社干部及社员的创造性,此其二。在包工包产前,社员对于队长提意见少。在包工包产后,由于社的利益和个人的利益密切的结合,社员就积极地向队长提合理化的建议。例如第二大队第五分队社员就向队长崔世海提意见说:"干就得好好地干,谁不好好地干都不行,让大家赔产。"这个建议是针对着崔世海生产缺乏计划性,主观和态度不好提出的。此外也向社办公室提意见,说他们上班太晚了。这即是说,在包工包产后,社员真正地关心队和爱护社,此其三。在包工包产前,队与队间因为工分的问题闹意见的顶多。包工包产后都安心生产了。这即是说,包工包产后,全社更进一步地体现了按劳取酬的原则,因而更加搞好了社内的团结。由此可见,西山社的包工包产的办法确有助于生产的增加。

在事实上西山社的单位面积产量确是提高了。

	1955 年西山社每亩产量	1954 年胜利社每亩产量	增或减%
茄子	6 151	2 288	+ 108
西红柿	7 750	4 070	+ 90.5
扁豆	470	736	− 36.1
八分萝卜	5 800	5 826	− 4.5
春小麦	119	33	+ 260.6
绿豆	112	64.8	+ 75
大秦椒	2 718	1 603	+ 69.6
洋白菜	3 328	3 255	+ 2.2
冬小麦	146	189	− 8.2
春玉米	321	273	+ 7.6
春白薯	2 830	1 465	+ 93.1

由此可见,西山社在扩大再生产的基础上的包工包产的增产经验,足以抵销它在经营管理方面没有接受胜利社的先进经验所发生的减产作用而有余。由此可见,西山社的每户社员的收入的减少还不能归咎于社干部的经营管理的不够。固然,这点亦要承认,即西山社如果在一方面实行包工包产,在另一方面又继承胜利社的先进经验,那么农作物的单位面积产量还要更高,亦是没有什么问题的。

然则西山社每户社员收入的减少是由于什么因素决定的呢?主要地是由于雨量过多、大白菜减产和大白菜的价格低落。因为西山社大白菜的种植面积是一三一八亩,每亩可以出产大白菜一万五千斤。但实际上因受雨灾,平均每亩只出产了一万二千斤,每亩减产三千余斤,总共减产三百九十五万四千斤。同时大白菜的价格又比一九五四年低,平均每斤要低五厘七。依据一九五四年,前进社的收入账来计算,大白菜的价格,全年平均每斤为二分九厘一。但依据一九五五年西山农业生产合作社的收入账来计算,大白菜的价格全年平均每斤价格为二分三百四,即每斤减少五厘七。

1954 年度前进社大白菜销售情况

年	月	销售量(单位:斤)	销售金额(单位:元)	每斤平均价格(元)
1954	9	17 014	759.35	0.045
	10	53 245	1 300.00	0.024
	11	69 022	1 519.46	0.022
	12	437 197	12 106.42	0.028
1955	1	370 833	12 174.51	0.033
	2	45 966	874.39	0.019
	3	—		—
全年		993 277	28 734.13	

1954 年度大白菜每斤平均价格是

$$\frac{0.045 \times 17\,014 + 0.024 \times 53\,245 + 0.022 \times 69\,022 + 0.028 \times 437\,197 + 0.033 \times 370\,833 + 0.019 \times 45\,966}{993\,277}$$

$$= \frac{765.63 + 1\,277.88 + 1\,518.48 + 12\,241.52 + 12\,237.49 + 873.35}{993\,277} = \frac{28\,914.35}{993\,277} = 0.0291$$

西山农业生产合作社一九五五年度大白菜销售情况

年	月	(1) 销售量（斤）	(2) 销售金额（元）	(3) 每斤平均价格（元）	(4)(1)×(2)
1955 年	9	68 830	2 769.55	0.040	2 753.20
	10	244 634	6 927.22	0.200	6 849.75
	11	2 415 729	29 516.01	0.012	28 988.75
	12	618 456	10 466.37	0.017	10 513.75
1956 年	1	155 881	4 767.97	0.031	4 832.31
	2	241 184	83 859.37	0.035	84 414.54
全年度合计	3	6 807	103.57	0.015	102.11
		5 922 181	138 410.06		138 454.41

1955 年度大白菜每斤平均价格 $= \dfrac{138\,459.41}{5\,922\,181} = 0.0234$ 即二分三厘四。

其他菜价亦有低落：

	1954 年	1955 年	差价
黄瓜	0.169 元	0.070 元	− 0.099
茄子	0.105	0.0804	− 0.0246
大萝卜	0.0245	0.0305	+ 0.006
大葱	0.0428	0.0271	− 0.157

又因一九五五年西山农业生产合作社接受菜站的指示，为了避免大白菜在市场上的堆积，将白菜过久地保存在菜窖中，结果约莫损失了七十万斤。单这三项的损失，为数竟达十一万一千七百五十七元一角，使社员收入每户约减少一百八十一元三角二分。如果不是因为这三个原因，那么，西山社社员每户的收入是可以达到约七百零五元八角七分的。为图详尽起见，兹将这三笔损失账列下：

（1）因灾减产三百发十五万四千斤。假如一半进入市场，依据一九五四年价格二分九百一计算，其损失为五万七千五百三十七元七角。（2）一九五五年进入市场的大白菜为五百九十二万二千一百八十一斤，每斤差价五厘七，共损失三万三千七百五十六元四角三分。（3）在菜窖里损失约七十万斤，按一九五五年价格每斤为二分九厘一计算，共损失二万零三百七十元。三项合计损失十一万一千七百五十七元一角。以六一六户来平均，每户少收入一百八十一元三角二分。如果没有这些损失，那么，西山社社员每户的收入便将五二四·四二元加一八一·三二元，合计为七〇五·八四元。但这还没有把其他菜价下落的情况计算在内。查一九五四年胜利社社员每户收入为六七四·九一元,现在西山社,在其他条件不变的情况下,当为七〇五·八四元,超过胜利社社员每户的收入三十元零九角三分。由此可见,自然的灾害、菜价的降低和菜窖中的大白菜的损失是使西山社社员每户减少收入的主要的原因。

以上的讨论是以一九五五年西山社的社员收入的减少与一九五四年的生产情况相比较,所得到的西山社社员收入减少的相对的原因。我以为这个讨论的办法不是比较实际的。这个讨论指明西山社社员的收入与当年的涝灾,即因南旱河的河床太浅太窄,在山洪暴发之时有百分之一以上的水,为南旱河所不能容,以致积涝成灾,这与减产有特殊重大的关系。其次就是蔬菜站对蔬菜价格的规定还应改进。

固然,西山社的生产费用在总收入中所占的比例,即百分之四一·三,已超过中共北京市委农村工作部规定的菜区社开支应该只占总收入的百分之三十五。超过总价格约在九万元以上。假如西山社依此规定来作,尚可使社员每户的收入达到六百七十元以上。但这是另外的一个问题。因为我们现在所讨论的,是西山社社员每户的收入比一九五四年胜利社社员每户收入更多和更少的问题,而不是一九五五年西山社社员每户不顾一九五四年的各社收入,孤立地来进行研究的问题。如果我们仍然采取这种比较的研究方法的话,那么,假如在一九五四和一九五五年各社均以北京市委会农村工作部的规定作标准,那么,不但一九五五年西山社社员每户的收入会增加,而且一九五四年各社的收入都会增加了。似此,则是西山社社员每户的收入便不是与一九五四年八社平均收入(即五六〇·五八九元)相比较的问题,而是与更大的平均数比较的问题了。依此比较的结果,其结论当与现在所得的结论仍然一致。即西山社社员每户收入的比较低下,主要的原因仍然是由水灾和菜价低落所致。

还有一点应强调的,即是纵令在这样坏的情况下,西山社社员平均每户的收入亦还是要比前进社每户社员的收入更高。有的社员说,西山社不如前进社搞得好。这种说法是完全不正确的。查前进社每户的收入为五一四·一九元,西山社为五二四·四二元。当然西山社社员每户的收入比前进社高。试问这种错误的见解是怎样发生出来的呢?这不能怪社员,而是要怪在决算上,当计算社员每户的收入时,没有将土地分红和利息算在每户社员的收入中。决算上的收入只将社员总户数去除劳动分红,结果就使社员每户的收入,只有四六六元,其式如后:

$$劳力分红 \div 社户 = 每户收入 \quad 285\,175.10 \div 612 = 466$$

社员以此决算上的每户平均收入作标准,难怪他们要说西山社社员每户的收入不如前进社了。为什么不把土地分红计算在内呢?据说,土地分红要缴公粮,所以不能计算在内。但土地分红不是全部都要用缴公粮呀!此其一。而且在一九五四年八社分立的时期,土地分红也是要缴公粮的。为什么在那个时候又把土地分红算在社员每户的收入内,而现在忽然又不算了呢?此其二。还有一点附带要说及的,即用六一二户去分配劳力分红也是不恰当的。在一九五五年刚办社的时候社员的户数实是六一二户。可是现在由于有的社户分了家已经分成六一六户了。在决算上也是六一六户。然而在计算上还用六一二户。这亦不是反映实际情况。总括来说,就是在这里的算法上有三点应注意:(1)西山社虽然天天都在计算社员的收入,但在决算上反映出,对于究竟什么是社员的收入的认识还是模糊的。(2)社户已从六一二户变为六一六户了。但在计算每户收入时仍用六一二户。(3)由于决算上的社员收入的登记与社员的生产情绪是脉脉相关的。社员每户的收入不这样低,但在决算上却把它算得很低。以此来不必要地削弱社员对社的信心,这也是应当重新考虑的。

为了便于比较起见,让我们来将西山社社员每户的收入重新计算于下:

西山社 1955 年度社员每户的平均收入

劳力分红	283 946.94
土地分红	35 942.41 − 12.78 *
利息	3 167.92
合计	323 044.49
$\dfrac{社户所得总量}{社员的户数}$	$\dfrac{323\,044.49}{616} = 524.42$ 元

* 有一户不是社员,但有土地分红 12.78 元,所以把它减出。

观上表可知,西山社社员每户的平均收入为五百二十四元四角二分,比一九五四年前进社每户的收入更高。在实际上西山社增加生产的能力,不但超过了前进社,而且超过了胜利社。这表现在西山社的单位面积产量的增加上和西山社社员平均每户的劳动出勤率的增加上。西山社每户平均工分为二八○二·九二四,但一九五四年胜利社只有二六五四·五七,前进社只有二三一九·七六。它还表现在包工包产的新的措施上。

现在西山社部分社员中,由于一九五五年的自然灾害和白菜价格降低,社户收入减少的原因,尚流行着一中更为错误的见解,即所谓合作社的规模愈大,那么社员每户的收入就越小。这等于说,合作社的规模愈大,生产力愈大,那么它的克服自然灾害和物价矛盾的能力便越低。在实际上,合作社的规模越大,生产能力越高,那么它的克服自然灾害和物价矛盾的能力亦越强,因而平均每户的收入亦将越高,因为自然的灾害和物价的矛盾都不是小社所能克服的。只有大社才能有方法克服它。大社克服自然灾害和物价矛盾的方法是很多的。比如说,根据气象的科学和充分利用气象台对于自然灾害的预测,并在灾害发生以前,及早采取了预防的措施,同时根据蔬菜市场的需要,充分利用菜站的知识来测定蔬菜的市场需要和菜价的变化,这样就可以使我们能够在事先决定种植蔬菜作物的种类和面积。比如说,大社在丰收的年度里,尽量保存着适当的后备金,使在歉收的年度,我们每户的收入都不致减少。当然还可以研究其他的预防和补救的方法。由此可见,合作社愈大,那么它的克服自然灾害和物价矛盾的力量亦越大。结合西山合作社具体的历史发展的规律性来说,大合作社社员确是比小合作社社员每户的收入要高,即是胜利社比前进社社员每户的收入要高。因此西山社社员每户的收入,如果不是因为天时多雨和物价降低,亦当比胜利社更高。西山社的单位面积产量高,这就证明了西山社比胜利社的增产能力高。

有人或者要问,西山社每户社员的收入既然比前进社高,那么,为什么前进社的决算公布后,人人都欢天喜地,而在胜利社的决算公布后,有好多社员都是愁眉苦脸的呢?我以为就中一个主要的原因就是由于在一九五五年,农业生产合作社社员需要按社章向社缴纳股金。在一九五五年以前,社章上没有这项规定。社员在收入中既要拿出一部分来缴纳股份金,当然可支配的收入减少了。但社员是否应当依照社章,缴纳股金呢?当然是应该缴纳的。既是应该缴纳,那么缴纳之后,便应该欢天喜地了。问题在于社员缴纳股金是在一九五五年新社章上,才有这项规定的。从前没有这样缴过。初次开始实行,社员思想上没有准备,便感到突然,于是不自觉地愁眉苦脸起来。仔细一想,便知道这种愁眉苦脸完全是不必要的。在这样一件事情上,只反映出社员的愁眉苦脸是由于西山社的思想工作作得不够,而不是由于生产工作作得很差。应该肯定,西山社的生产工作,由于单位面积产量增加,还是令人满意的。

我们知道,富农乃是农村中的资产阶级,他们原是吮吸农民的新鲜血液来壮大自己的。合作社是要消灭富农的,依照一九五五年的社章上规定,富农是不许入社的。党和政府的阶级路线,在这一点上是交代得很清楚的。可是领导的干部群众在建社的阶段中对于党的阶级路线的贯彻不够认真。西山社翟荣昆,在入社前三年就雇了一个长工和两个长期短工,很明显地是个新富农了。可是,由于社的领导干部阶级路线不明确,不但让他入了社,而且在社内担任着管理委员。翟自入社以后,仍然继续剥削他过去雇的长工。他把他过去雇的长工打洋畦所挣的工分全归入他自己的腰包。他故意挑拨贫农对社的关系。贫农黄耀的爱人有病想借点白面,要翟开条,黄耀哭了几次也不给开。他的目的在于使贫农对社不满意。他挑拨队与队间的关系,例如一九五五年春天,第二大队因农活多忙不过来,第四大队农活少无事可做,社内为了解决忙闲不均的现象,就调四大队的社员以二大队垫大龙沟。翟便乘机挑拨四队与二队的关系说:"我们巨山村社员是下三烂,好活人家干,我们垫龙沟,不干了。"破坏编制生产队。当社内坚决地要编制生产队的时候,翟为了在巨山掌握大权,主张不编生产队,一百多户社员一齐下。破坏包工包产。在社内收麦时,翟到东头对社员说:"你们谁也不快割。"又到西头对社员说:"你们快割。"这一天西头社员就比东头社员多挣工分。使东头社员对社干部不满意。最后甚至抓住群众的利害关系,破坏小麦预分,殴打社员干部,其目的则在于搞垮农业生产合作社。事情是这样发生的,一九五五年六月九日管理委员会决定小麦预分方案,翟不向群众传达,到了快收小麦时,管委会召开会议,研究工分结算时期,社内意见是结止到五月度。翟不同意气忿说:"干脆把麦子卖了大伙分钱,按一角八分钱一斤。"当时李瑞向翟解说说:"你说的不符合政策。"翟就说:"什么他妈的政策,我不懂。"甚至骂出十分难听的话,辱骂管理委员会,骂着离开了会场。他回到巨山,马上就召开巨山分队长会议,在会上说:"社内分麦子不合理,我骂了他们一顿,不过我是为了全村的好处。明天咱们不用干活了,没吃的,往家扛麦子。"并发动群众烧毁小麦。另外还向群众说:"从今后每天每人记他三十五分,大力进行破坏。"大队长宋德宽赶去给群众解说,翟不叫解释大骂宋德宽,伸手就打他两个耳光。后来工作组林郁同志赶到,在翟的操纵下,也被群众刘刘氏打了耳光。翟最后还扣留了工作组林郁同志和副主任王堂。在工人阶级的政权下,任何凶狠的富农都是无力实现他的破坏合作社的阴谋的。翟不久就被政府判处了有期徒刑。但作为一个经验教训来说,正如工作组后来在总结中指出,我们是应该从翟荣昆破坏活动中吸取经验教训的。这个教训是什么呢?即是社内的领导干部必须在工作中提高革命的警惕性和认真贯彻党在农村中的阶级路线。领导骨干必须及时地掌握和了解每一社员的思想情况,并要及时地对好的思想进行表扬,对不好的思想进行批评,否则,社员对于社内的措施,在认识上既不统一,这就很难及时地发现阶级敌人的反动思想与反动行为,并让阶级的敌人在群众思想混乱的时候,得到挑拨离间群众和领导之间的正常关系的机会。这不但会影响社内的团结而且会妨碍生产。

还有一点应指出的,即凡从事宣传合作化并吸引农民加入合作社的时候,必须从思想上认识自愿和互利的原则,在实践上的重大意义。如果对于这个原则发生了轻微的背弃,那就必然会使工作走弯路。为了在宣传中严格遵守这原则,对于宣传员的品质必须要选择,而且在宣传过程中,并要及时地检查和监督。西山社在这一点上是注意得不够的。由富农混入合作社并充当干部的翟荣昆,在宣传工作中吸引农民入社时说:"如果你们不入社,就把你们的地换得远远的。"这就不符合自愿的原则。小府自然村魏德华开始坚决不入社,后来听说要换地,就报了名。这类不是完全自愿而入社的约有七十户,占新社户百分之十八。他们虽入社了,但非完全自愿,因而入社后在工作上就表现不积极,处处为个人打算,给工作带来了很大的困难。而为了搞好合作社,领导上只好对个别户作具体帮助,首先向他们说明合作社的优越性。但以后发现有些新社员在思想上还是搞不通,表示愿意退社,也就主动地让他们退社。这样,先后退社的共有五十六户。正如后来社干部在总结经验时指出,如果在吸引农民入社时,很细心地体会党在合作化决议中的自愿和互利的原则的精神,并不让翟荣昆这种富农分子去作歪曲党的政策的宣传,这段不必要的弯路也是可以避免的。

西山社的妇女工作是作得有成绩的。西山社共有四个固定生产队,二十一个分队,另外有粉房、粪房、猪场、奶羊场各一处,共有二十五个生产单位。妇女被选为社干部的有副社长一人,生产队的正副队长二十一人,共有妇女干部二十三人。

在生产工作中,许多妇女都参加了田间生产的工作,解决了劳动力不足的困难,使地里的农活不误农时,例如在机器打麦时需要用大批的强劳动力,在第三大队就有二十个妇女参加的夜间打麦。在积肥运动中,第一大队第三队二十多个妇女挖了一百车河泥,解决了全队肥料不足的困难。另外,全社的花生、扁豆大部分都是妇女榜的。还有许多妇女参加蔬菜队学会了种植蔬菜的技术,如摘果、榜菜、榜蔓等等。还有许多妇女,在工作中锻炼出来了一种社会主义的道德品质。如主动地向妇女宣传干活要保证质量,不挑活,不争分等教育。主动地了解社员的思想情况,及时地向领导上反映。根据两个队的统计材料,妇女挣工分的在半年之内,最多的挣到七百分。一般地都能挣到四、五百分。最低的挣到一百分以上。如第二大队第四分队二十五个劳动力共挣工分一九八〇〇分,但就中八个妇女就挣到三九二二·三八工分,占总工分的百分之二十弱。第一大队第二分队共挣工分是六三二六一·五。这些都是西山乡半年妇女工作的成绩。

但是,这个成绩仍然是不如一九五四年胜利社的成绩的。依照一九五四年胜利社的妇女工作总结,胜利社计划妇女劳动力为八十四人,占十七岁以上妇女的百分之五十九,占男劳动力(一四九人)的百分之六十。可是西山社没有十七岁以上妇女的统计,又西山社妇女劳动力估计为二〇七人仅占男劳动力(八二五人)的百分之二十六。在胜利社的八十四劳动力中,实际参加干活的为七十五人,占妇女劳动力的百分之八十九·二八。而在西山社的二〇七位妇女中,经常参加干活的,只有一四〇人,仅占妇女劳动力的百分之六十七·六。由此可见西山社的妇女的工作,尽管是有成绩的,但还是远远地不如胜利社的妇女工作的成绩。胜利社在发动妇女参加生产上的先进经验,竟未被保存下来,这是很可惜的。

应当承认,西山社在妇女工作、政治工作、安排农活、展开劳动质量竞赛和在制订生产计划等方面,都不如一九五四年的胜利社。西山社虽有这些缺点,但它有一个很大的优点,这就是它的单位面积产量增加了。西山社不但单位面积产量增加,而且公共财产也增加了。这表现在西山社的公积金在纯收入中所占的百分比上。在一九五四年所有各社的公积金在纯收入中所占百分比没有超过百分之四。

	纯收益	公积金	百分比
胜利社	92 397.05	1 844.00	2
南平庄二社	12 728. 364	254. 567	2
南平庄一社	13 271.73	234.19	1.7
黑塔一社	8 365.51	167.31	2
前进社	54 746.95	1 094.94	2
门头村一社	3 545.31	—	0
门头村二社	4 735.80	—	0
北辛庄社	3 845.09	153.80	4

一九五五年西山社的公积金占纯收入的百分之九。固然在百分之九的纯收入益中,包含有折旧在内,因为从一九五五年起,在生产费用中不扣折旧。折旧由公积金中来补偿。据说,这是学习苏联。因为在苏联的生产费用中,就没有扣折旧。当然这种学习的方法并不是值得鼓励的。因为中国的具体条件是这样,即在合作社中大部分的生产资料都是合作社所有的。不算折旧使社员心中无底,我看还是不如算折旧好。但即使把公积金中的折旧除去,所余差额,在纯收益中所占比例还是比一九五四年要大的。据一九五四年胜利社的决算,折旧在纯收益中所占比例不过百分之四①。假令现在亦占百分之四,那么在公积金中,除掉百分之四的折旧费,还剩下百分之五。这个比例就比一九五四年大了百分之三。而且这个比例是在更大的基数上作出来的。由此可见,一九五五年的西山社不但单位面积产量增加,而且扩大再一产的资金也提高了。除非有意想不到的自然的灾害,合作社的扩大再生产的规模总是要一年大于一年的。

在一九五五年西山的农村共有四个合作社:(1) 西山社;(2) 大团结社;(3) 北辛庄社;(4) 五星社。关于西山社一年来的收入与积累的情况已表述过了,现在将其余的三个合作社的情况,极简单的叙述于下:

在上述三社中,首先应分析的就是大团结社。大团结社是由门头村一社和门头村二社(即勇进社)组织起来的。原来两社只有三十五户。在下过大雨后,二社的农作物幼苗如同单干户一样同样被水淹了。但二社由于人多力量大,马上就把水排干了。另外又有较高的山坡上和高地上种植新苗。可是单干户没有这种力量。其余的作物亦比互助组和单干户的作物好。互助组和单干户看着眼红想加入社。同时两社原有的社员亦急于将两社并为一社并扩大社的组织的规模。理由是两社的社员在过去一年中,看见了大社增产的优越性,均想合并为一大社。首先是由西边这一社看见东边这一社的土地好,很想同东边这一社合并。他们的想法是:只要年景好,两社合并后,扩大蔬菜栽种面积,并使大田作物增产,那就可以保证每户的收入必然会到五百元以上。其次是东边这一社同时也想同西边这一社合并,因为西边这一社地势较高,大部土地不易受涝灾。可是东边地洼易受涝灾,如果两社合并,有好处东社同西社同享,有灾西社同东社分担。从避害趋利着想,两社社员都要求并社和扩大社。政府派了工作组下乡直接领导,首先吸引新社员,随后即行并社,这样大团结社就成立了。

大团结社的规模比起一九五四年门头村那个小社来,不知要大多少倍。从社户方面说,以前的两社只有三十五户,现在四五七户。从土地面积上说,以前两社总共才有三百四十九亩二分三厘五土地(包括园田三十亩),现在有三六九三·三五五亩土地,增加了十倍以上。占全乡总户数百分之七十八·一。兹将大团结社的基本情况列表于下:

---

① 折旧三七三〇·三一与纯收益九二三九七·〇五之比。

大团结社（1954 年 1 月成立）

农户	431[*] (457)		大农具	
贫农	293	306	大车	24
雇农	33		水车	22
中农	105	110	新式农具	
人口	1 738		双铧犁	3
劳动力	586		七寸步犁	9
男	439		七寸步犁	1
女	147		牲口	120
土地	3 779.099 亩		生产队	17
园地	285		果树组	1
旱地	3 494.099		运输队[**]	1

＊ 后来有新加入户数 26 户，就中贫农 13、中农 5、其他 8。

＊＊ 运输队有 15 辆大车。在农闲季节搞一部分运输。

劳力分红	78 679.855
利息	96.755
果树分红[*]	65.187
总收入	78 841.797
社员户数	457 户
每户平均收入	172.52 元
总工分	614 300.14
每户平均工分	1 344.2

＊ 因果树没有折价，果树收入分给有果树的农户，所以有果树分红。

　　大团结社组织起来之后，由于涝灾，每户平均收入，虽然少些，但单位面积产量是普遍增加的。这就证明了大社的优越性。计大团结社每户收入为一七二·五二元。比一九五四年门头村一社和二社都低。原门头村第一社每户收入是二〇八·五五元，第二社是三六三·一三元，但大团结社只一七二·五二元，确是比较低。但这是由于涝灾的原因，这是不可抵抗的。如果不是由于这个不可抵抗的原因，那么，大团结社每户社员的收入的增加必然是空前的。因为大团结社的单位面积产量，比一九五四年增加了。

	耕种面积（亩）	单位面积产量		增产量		和单干户比较	
		1954 年	1955 年	增产%	增产额	单位面积产量	增产%
花生	404	128	180	+40.5	+16 362	175	+2.8
小麦	1 520	120	124	+3.3	+5 016	92.5	+34
玉米	333.8	174	256	+47	+15 688.6	150	+70
谷子	419.6	132	133.57	+1.2	+503.52	125	+6.8
白薯	223.5	1 927	2 254	+16.9	+3 758.7	2 150	+4.8
春黄瓜	11.6	1 750	2 399	+37.1	+430	2 300	+4.3
西红柿	29.2	5 160	7 193	+39.35	+1 203	6 000	+19.8
茄子	53.3	585	6 770	+5 610	+299 013	5 500	+23
大白菜	40.2	12.500	7 000	−44	−1 768.8	3 700	+89
总计	3 035.2				340 206.02	—	—

除大团结社而外，北辛庄社也发展了。北辛庄是在一九五四年成立的，全社十四户。一九五五年全社扩大为八十九户。兹将北辛庄在一九五五年的基本情况，记录于下：

参加的户数	89	积累的公积金	153.8
实际参加的劳动力	106	社员已缴股份基金	14 419.95
男	85	公有化	3 821.95
女	21	生产的	10 598.00
公用耕地	791.788	参加今年分红的	23 604 日数
入股取酬的	709.338	男	19 404
不取酬的	82.45	女	4 200
公用公有的役畜（头）	21		

北辛庄社在一九五五年所编制的生产计划被超额完成了。这反映出社管理委员会和陈和同志的领导下，在编制计划时是具有预见性的，以及在执行计划时认真负责。

生产的收入		劳力分红	
计划的	54 462.02	计划的	18 961
实际的	61 643.45	实际的	30 648
生产的费用		土地分红	
计划的	28 778.56	计划的	4 000
实际的	24 171.76	实际的	4 092.33
纯收入		总工分	
计划的	25 634	计划的	145 000
实际的	37 471.69	实际的	179 234.7

（续表）

公积金		分值	
计划的	2 178	计划的	0.1307
实际的	2 248.30	实际的	0.171
公益金		每户收入	
计划的	545	计划的	223.07
实际的	382.24	实际的	405.51

北辛庄社由一九五四年到一九五五年的发展情况是很可观的。全社由十三户到八十九户耕地面积由一百二十一亩到七百九十一亩。规模增加了约七倍。随着生产规模的增加，社员的出勤率也增加了。一九五四年，每户平均全年工分为一八六七·二一，一九五五年为二〇三六·七五六工分。分值也提高了，一九五四年分值为〇·一一七八元，一九五五年为〇·一七一元。平均每户的收入也增加了，一九五四年每户平均收入为三八一·八九元，一九五五年每户平均收入为四〇五·五一元。公积金和公益金也增加了。一九五四年公积金为二二四八·三〇元，又公益金为三七四·七〇元。一九五四年公积金占纯收入百分之四，一九五五年为百分之六。一九五四年公益金占纯收入百分之二，一九五五年为百分之一。由于北辛庄社的扩大所导致的生产和收入的情况来说，亦可看出大社对小社的优越性。

五星社是在一九五五年九月十二日成立的。它在一九五五年的四个生产社中是最小的一个社。它的基本情况如下：

参加社的户数	54	大车	6 车
实际参加的劳动力	61	秧畦	64 个
男	43	积累的公积金	776.85
女	18	已缴纳的股份基金	369.60 元
耕地	395.281	公有化	46.00
园地	12.846	生产的	323.60
三大季	39.279	参加分红的劳动日数	23 604
水浇地	21.932	男	19 404
旱地	322.124	女	4 200
役畜	17 头		
骡	8		
驴	9		

五星社的财务收支情况如下：

总收入	31 291.95	总支出	31 291.95
农业收入	29 702.10	生不费用	15 754.89
副业收入	799.97	分配金额	15 537.06
其他收入	789.88	公积金	776.85
		公益金	164.90
		土地分红	2 503.40
		劳力分红	12 031.91

五星社在一九五五年的生产情况与西山社和大团结社等社有些类似。除土豆减产外,其他作物都是增产的。只因秋雨过大,白菜、萝卜比丰收年要减产百分之五十左右。社员的出勤率还是高的。每户平均工分为二一六三·四,分值为〇·一六二元。每户平均为三三七·六四元(土地分红加劳力分红加利息,然后用户数除)。总括地说,五星社本年度收入减少,亦是由于自然灾害所致。从生产情况来说,还是合作社比互助组具有更大的优越性。

在合作社每二次的浪潮涌现后,小社扩大为大社了,剩余的互助组也上升为合作社。随着初级社的扩大,供销社和信用社,在小社并为大社的新情况下,不能不有相应的变化。从一九五五年第三季度起粮食的买卖,从供销社划出去了,改归粮食公司管理。原来粮食由供销社经营也只是代理的性质。现在正式归由粮食公司管理。

关于粮食的统购统销问题,国务院于一九五五年三月三日在春耕生产的决议中,提出了定产定购定销的政策。这个办法就是以乡为单位确定全乡常年的粮食总产量和统购统销的数量,并在春耕时就向农民宣布这个计划,使每一户农民都知道自己起码应该生产多少粮食,使余粮户知道应该卖给国家多少粮食,使缺粮户知道自己能够向国家购买多少粮食,农民无论增产多少,国家征购的数量都是不会增加的;农民并可自由支配这些增产的粮食。如果遇有一省或全国某些地区发生严重灾荒,丰产地区的农民就需要多卖些粮食给国家,保证国家工业建设的需要和对灾区人民的供应。但国家向丰产地区增购的数量不能超过丰收农民增产部分的百分之四十,其余百分之六十,仍留给农民自由支配。这就是三定政策的要点。海淀区人民政府于同年同月三十一日就向这里的乡政府发出关于开展农村三定政策的指示。要求制定全乡常年计划产粮及粮食征收统购统销的数字,经乡代表会讨论通过后,召开群众会议宣传两年来统购统销的好处及三定工作的精神,并将全乡计划产量及全乡计划的粮食征收统购统销数字一律向农民宣布。关于定产工作,海淀区是以一九五五年粮食生产计划为标准。一般粮食平均产量应比查田定产量高出百分之二十五。统购统销年度自一九五五年七月一日至一九五六年六月底为一年。关于口粮、种籽饲料标准仍按照一九五四年标准执行。口粮全乡平均每人三二〇斤到三六〇斤,饲料每头毛驴一五〇到三五〇斤,骡子和马四五〇到九〇〇斤。各乡可参酌全乡种粮面积,粮食产量,吃粮人口,余缺粮户的情况制定全乡全年统购统销计划。于四月十日左右将全乡的计划产量及定购定销数字报区。自从这个指示于七月一日起实行后,这里的合作社是努力完成这个计划的。但因这里主要地是生产蔬菜,只大团结社和北辛庄社以粮食生产为主。但大团结社即在正常年度亦不够吃,只相差不大。北辛庄粮食收入只占总收入三分之一。亦不够吃。一九五五年大团结社的涝灾又很严重,生产不足。从整个地区来说,乃是要向国家买进粮食的。自三定政策实行后,出卖的粮食虽仍有增加,但速度小了。兹为列表如下:

粮食销售总价

	门头村	黑塔	双槐树	西山
1953 年	57 822	60 937	9 644	—
1954 年	117 143	95 123	15 401	—
1955 年	117 153	73 635	15 173	87 644

从上表可知,在一九五三年到一九五四年,粮食的销售多的增加到百分之百或少的增到百分之六,可是自实行粮食的定产定购定销之后,几乎没有增加什么。供销社在菜站方面,一九五五年亦在大力改进。如:(1)加强了计划性,菜站在上半年业务情况是比较紊乱的。下半年经过增产节约和反对浪费的学习,总结了上半年存在的缺点,将工作扭转过来,结果计划性增强了。计划的完成率也提高了。第一季度最坏。第四季度较好。(2)密切了菜站与农场的联系。例如菜站派人到丰台生产社和其他农场,动员和摸底。农场里有一部分顶次的大白菜,不打算卖了。菜站当时缺货供不应求,结果农场出卖了废品,菜站解决了缺货问题。(3)加强了大站和小站之间的联系。如安定门站的买主从菜站知道这个消息后,就到安定门菜站去买货,结果双方均满意。(4)批判了资产阶级的经营方法。如高抬货价的结果,滞销和首先出卖次菜结果将好菜腐坏等等。毫无疑问,菜站的改进是有助于生产社生产的增加和销售,从而也就有助于农业生产社社员的收的增加的。但此中尚存在着问题。以西山社来说,农民的生产增加了,可是每户的收入减少了。其中有一个原因,就是一九五五年的菜价比一九五四年降低了。从整个北京市来说,一九五五年市民的收入比一九五四年有增加,而从市郊的生产的情况来说,蔬菜亦有增加,收入增加即是蔬菜的需求增加,生产增加即是供给增加,在需求与供给两皆增加的情况下,菜站的定价,应该使城乡两利。一九五五年蔬菜的跌价是否跌得太多一点,这乃是值得考虑的。无论如何,一九五五年大白菜的跌价确是这里的社员收入减少的原因之一。我以为北京的蔬菜公司和菜站,如能对北京市的主要蔬菜的供给、需求和定价的相互关系,加以统计的分析,更好地服务于工农的联盟乃是非常必要的。这些矛盾蔬菜公司和区委会现在已在注意这个问题了。在党和国家的领导下,这必定是能得到圆满的解决的。另一方面,据菜站反映,生产社所生产的蔬菜品种不多,仅有三十种。随着城市居民的收入的增加,蔬菜的供应不仅要

量多,而且种类要多,味道要好。黄瓜不仅要重量大,而且要好吃。这是城市发展向生产社所提出的新要求。这就表示,生产社需用各种各样的蔬菜专家来帮助。

党和国家不仅将粮食收购与供应划归粮食公司,使之更好地服务于城市与农村,不仅改进了菜站,而且改进了生产资料的供应。我们在上文里业已指出区社在一九五四年年底就设立了生产科专管生产资料的供应,更好地实行"优先供应农业生产合作社并适当地照顾单干农民"的原则。这种措施是很对的。因生产资料的选择和及时的供应均需要有专门的机构来负责。在合作社由小社到大社的时期,需用肥料与种籽更多了。特别是肥料的需求增加了。一九五四年供销社向胜利社所供应的肥料占全社所用肥料百分之五十到六十。一九五五年胜利社等五社合并为一社,供销社所供应的肥料在其所用的肥料中约占百分之八十。种籽的供应,一九五四年所占比例很少,到一九五五年即约占百分之三十。农药和新式农具全部由供销社向合作社供应。兹将供销社对西山各社历年供应的生产资料列表于后:

供销社历年对生产社生产资料供应表(单位:元)

		前进社 1954 年	西山社 1955 年	大团结社 1955 年
肥料	饼肥	5 815.00	30 338.85	2 210.00
	化肥	1 158.64	5 563.00	311.90
	其他		3 087.14	2 551.90
	合计	6 973.64	38 988.99	362.09
农药		282.99	2 992.61	
农具	双铧犁		400.00	
	步犁		16.50	
	耘锄	90.09	405.00	108.00
	小农具	73.00	1 077.82	16.60

附录海淀区全区的生产资料供应的统计材料,以备参考。

海淀区全区生产资料销售总价统计表(单位:元)

时间	肥料			农药械类			其他
	饼肥	化肥	其他	农药	农具	其他	
1954 年	133 049 元	157 986	228 840	25 765	22 926	7 460	420 683
1955 年	24 071 元	168 542	307 255	31 118	12 835		
1955 年比 1954 年增减	- 81.91%	+ 5%	+ 34.3%	+ 20.7%	- 44%		

一九五五年海淀区全区生产资料销售的自然单位:

肥料		步犁	11 件
饼肥	2 422 584 斤	耘锄	79 件
化肥	892 870 斤	农药	66 947 斤
杂肥	15 625 310 斤	机械	53 斤
合计	18 940 312 斤	种籽	113 631 斤
农具		其他	381 522 元
双轮以铁犁 66 件		小猪	800 口

总价为一、一二三、六六三元。生产资料供应站设立后,确是更进一步地帮助农民解决了生产资料不足的问题。但在种籽的供应上仍存在着矛盾。比如一九五五年西山社买来的是小萝卜的种籽,但种下去以后长出来的却是大萝卜。又如大蒜的种子,历年以来迄未解决,由于种籽不良,长出来的蒜苗总是发黄。这些都是急待解决的问题。由此,越发可以看出有成立专业性的生产资料供应站的必要。一九五五年区社建立副食和百货批发部,并在西山地区南平庄设立中心分销处。一九五六年在黑塔又新建黑塔社来更进一步地满足农民的日益增长的物质和文化的需求。西山农民的生活越来越富裕可从副食品的销售量看出。以下是一九五五年西山地区四个供销社的副食品的销售数字。

	门头村	黑塔	双槐树	西山
1953 年	31 847 元	41 987 元	26 934 元	
1954 年	50 496 元	82 833 元	50 810 元	
1955 年	85 614 元	50 444 元	29 403 元	71 985 元

又门头村供销合作社的一九五五年百货销售额的增加情况如下:

1955 年	第一季度	12 144 元
	第二季度	11 861 元
	第三季度	15 569 元
	第四季度	15 680 元
	合　计	55 264 元
1956 年	第一季度	15 613 元

一九五五年这里的合作社,除北辛庄外,一般都比一九五四年底的收入少而尤以大团结社的社员收入最少,平均每户只有一七二·五二元的收入。但对副食品和百货的消费不但未减少反而增加。由此可见,合作社社员和一般农户的生活水平,在党和国家的照顾下,确是提高了。据南平庄供销合作社的干部告诉我说,在百货中从前几乎无人问津的商品如灯草绒、青蓝卡叽布和花哗叽等,现在销路最大。在粮食方面从前是粗粮卖得多,现在是粗粮卖得最少,细粮卖得最多。棒子面现在(从一九五四年十二月起)一天一、二百斤,大米一千多斤,白面每天三十袋,寻常也是二十袋。据我个人的经验,从前在农村里几乎看不见什么穿花布的姑娘,

现在到处都看得见。由此亦可看出,城市与农村的贫富对立的界线日在泯灭着。

供销社不但在吸引农民走向社会主义的大道上作了不少的工作,而且在对私营商业的改造上,起着极其巨大的作用。自从粮食、油料、棉花等作物实行统购统销和蔬菜的买卖由菜站统一掌握后,稍大的私营商店已绝迹了。一九五六年年初,在这里所剩下的只有六十家小商小贩。就中有三十五户已经组织起来了。组织的形式是联购联销和合作小组,均是半社会主义性质的。他们已开始积累公共财产:如公积金、公益金、奖励金等等。他们的货源约有百分之五十四来自国营的企业,即是纸烟和酒,又百分之三十系代供销社销货。代供销社销货的报酬是每卖一百元,得七元。其余百分之十六,由他们自己自由进货。现在在这里没有组织起来的只有二十六家。六家是属于服务性的如理发业。其余二十家是真正的小商贩。就中有六家,年老、力衰、贫困,需要国家特别照顾。现在正在采取措施,给予帮助:(1)给他们送货到门口;(2)货款给他们;(3)减免他们的税,由百分之五减到百分之三;(4)倘再不能生活,则由供销社把他们养起来。其余十六家正在组织中。小商小贩组织起来之后,发挥了他们所固有的短途运输和分配商品的作用。这样就补充了合作社的不足,更进一步地满足了社员的需要。他们不但销售货物而且收购废品,比如废铁。由于组织起来的旧货业,深入农村,带着农民所需要的商品,串村收购换货,农民很高兴地说:"想不到合作社把小商小贩组织起来了,为大家服务,补充合作社供应的不足,真方便。"无须细述,即组织起来的小商贩,经过教育,改变了旧作风,服从了供销社的领导,遵守国家价格,纳入了国家计划,在共同经营的基础上,开始积累公共财产,已带有若干的社会主义的性质,这是不待言的。

以上所说的,是供销社在一九五五年进行了重要的改革,更好地服务于扩大的生产社在生产上和生活上的需要。现在我们想回过头来,分析信用社的重要变革。

随着西山地区农业生产合作社的扩建,信用社为了适应这个新形势的需求,亦发生了组织的变迁。除北新庄和门头村信用社还保持原来的组织形式外,由于西山农业生产合作社这一大社的成立,双槐树的信用社与黑塔信用社就并入西山社而成为它的信用部。合并的理由有三:(1)信用社服务的对象主要的是生产社社员。根据双槐树、黑塔两信用社的业务来说,一九五四年一月至十月共吸收存款十九万六千五百零七元,其中生产社占百分之六十,互助组存款占百分之二·六,个体户及其他存款占百分之二十八·四。在同一时期内,共贷出六万四千三百二十七元。生产社占百分之七十八·五(其中社员生活贷款即占百分之七十七)。互助组占百分之十八·一(其中组员生活贷款占百分之三十),个体户及其他社员占百分之三·四。由此可见,信用社服务的对象,主要的是生产社社员。(2)信用社的干部(理事、监事、小组长)大部是生产社的干部或社员。信用社召开部门会议时,往往和生产社的会议冲突,因而在基本合作化的乡,召开信用社干部或社员大会,是非常困难的,以致信用社的会议不能不流于形式。(3)信用社干部普遍参加了生产社,所以将信用社合并为生产社的信用部比较方便。另外信用社社干部的补贴和生产社社员收入相差很多,生活问题难以解决。因为以上的这些理由,为了更进一步地开展业务和配合生产社发展生产及妥善安排合作社干部的工作和生产问题,双槐树乡和黑塔乡的信用社遂合并在生产社中而成为它的一部分,即是信用部。信用部业务独立,会计独立。在金融政策及业务技术方面主要由银行领导。此外由生产社统一安排。信用社社员股金,公共财产积累,仍由信用部作为流动资金周转。每年决算后,由纯收益中提出百分之五的公积金、公益金,并入生产社账内,其余部分仍由信用部保管。倘信用部一旦发生亏损,除由信用部纯益补偿外,其不足部分由生产社公积金弥补。在信用部成立这一年以来,比较在信用社的时期优点有三:(1)健全了会议制度。在信用社时期内,社干部会议很难召开,现在这个问题不存在了。信用社委员,除少数是乡干部外,大部分委员都是生产队大队长担任。他们经常开会研究生产工作,这样就便利了信用部工作的结合。信用部每月都能召开会议。在三定工作最紧张时期,信用部与生产社联合召开信用委员及小组长会议,布置了预分及收回贷款工作。(2)密切了社和部之间的关系。信用部除在金融政策及业务技术方面,受银行领导外,在行政上主要受生产社领导,这样就扭转了过去互不相关及各自为政的偏向。在合并前,生产社往往不考虑社员是否真正需要贷款和信用社的资金是否充分,随便向借款的社员出证明,而信用社亦不与生产社进行必要的联系,抱着一种有钱则贷,无钱则不贷的不关心的态度,这样就引起了社员的不满。合并后,社与部之间的联系更紧密了。如一九五五年五月在信用部资金正值紧张的情况下,生产社两次拨给信用部一八〇〇〇元,解决了资金周转失灵的问题。社干部普遍说:"反正都是社里的事。"(3)以同样的资金给社员作了更多的事情,同时资金周转的速率也提高了。因为信用部的委员多数都由生产队队长担任。而生产队长又是熟习社员的生产和生活情况的。因此,队长对信用部的业务心中有底是做好信用部的主要关键。信用部为使队长更好的进行工作,在每月召开信用委员会时,向委员们详细地报告部内的情况,使他们摸清家底,从而就能正确地掌握贷款的原则。这样有许多好处:首先,节约了资金。一九五四年入信用社的有二七〇户,贷款四七〇〇〇元,一九五五年入信用社的有六五七户,而贷款仅四四〇〇〇(结至十一月二十五止),比一九五四年减少百分之七。我们知道,一九五五年社员的收入是一般地低于一九五四年的。从社员的反映来看,也说明这些。例如中祥的老婆说:"去年买纸烟还贷了款,今年怎么也不贷了。还是这样好。"其次,信用部主动地通过队长了解社员需要,将款分配各队给社员送到家里去。例如一九五一年十月份为了有计划地解决社员冬季棉衣及煤费,计划放款三〇〇〇元,便是将款分配各队发放的。结果放出的贷款为三一四〇元,基本上是符合计划的。信用部在必要的时候不是坐在柜台上,等人来借款,而是在充分掌握社员的贷款具体需要后,将款送到每个社员的家门口去。再次,在吸收存款和收回贷款上,比较从前,准备工作作得更好。例如一九五五年十月生产社预分时,首先布置各生产队向社员讲清道理,并由他们帮助订还款计划,在预分发款时按计划归还。同时吸收存款。十月份预分四一，〇〇〇元，收回贷款一一〇〇〇元，吸收存款三〇〇〇元，占预分总额的百发之三十一·四。以上都是信用社并为信用部的成绩。在海淀区这一个区的合作社中，只有这一个信用部，系试验性质，其目的是用来吸取经验教训的。据现在的成绩来看不是好的。只存在着两个问题：（1）信用部的会计与生产社的会计同是会计，但所挣工分不同。（2）信用部的存放款业务主要依靠少数的委员，对于小组长的作用发挥得不够，因而造成小组长对社不满意。但从信用社支援生产社的效果来说，成绩是主要的和肯定的。

西山社虽为信用部，但大团结社和北辛庄社还是信用社，兹将各社对社员贷款统计列后：

各初级社信用放款表

		农业放款	副业放款	生活放款	合计
门头村	1954 年	5 353.18	2 138.70	5 286.90	12 778.78
	1955 年	2 656.65	224.50	14 436.20	17 317.35
＊双槐树	1954 年	16 703.00	610.00	23 784.87	41 097.87
＊黑塔	1954 年	4 924.27	40.00	23 370.20	28 334.47
西山	1955 年	959.00	—	46 935.05	47 894.05
＊＊北辛庄	1954 年	2 792.50	950.00	1 550.90	5 293.40

＊ 1955 年双槐树和黑塔的信用社并入西山信用部，因此没有 55 年的统计材料。

＊＊ 北辛庄 1955 年的统计材料缺。

总结地说，随着生产社的合并，信用社地扩充了。不但贷款增加了，而且在组织上也起了相应地变化。应当着重地指出，生产社之能更进一步地增加生产和西山地区的农民之所以能如海潮一般地涌向合作社，与信用社的业务的扩大与提高，即是更紧密地与生产社发生联系更主动地帮助合作社社员和其他的农民的生活与生产的问题是完全分不开的。

生产社发展一步，供销社与信用社亦跟着赶上一步。生产社扩大了，于是要求进一步扩大对生产资料的供应，因此更便于得到信用社的贷款。生产社好比一架飞机的机身，供销社和信用社好比飞机的两翼，机身扩大机翼亦随之而扩充，生产社的生产的速度于是大增。此时，综合性的农业技术推广站又成立了。一九五五年二月，党和政府将病虫害防治站、畜牧兽医防治站合并而为综合性农业推广站，每区设一站，在市农林水利局和区人民委员会的双重领导下，站长由区的农林科长兼任，副站长由农林局委派，技术员根据具体情况安排。工作干部都下村，来帮助农民解决大田作物、蔬菜、果树、林业、畜牧等技术上的问题。可是，由于生产社发展迅速，综合性的农业推广站虽然努力工作，但还是远远地落在生产需要的后面，因而还需要更进一步地跟上去。这从西山地区的牲畜饲养的缺乏具体领导，死亡很多，可见一斑。

除了综合性农业技术推广站外，南苑拖拉机站随着生产社的扩建，对西山地区的机耕的面积约增加了一倍半。一九五四年拖拉机站给胜利社耕种面积为二七〇八·二三亩。一九五五年再加上给门头村耕种一二三三·〇九亩,共给西山地区合作社的耕种面积为三九四一亩。

拖拉机耕地比畜耕要便宜些,而且出产亦要多些。举例来说,在西山乡使用双轮双铧犁耕地,用三头牲口,一个工,一天可耕七亩地。每亩成本如下:

一天耕地 13 亩,需用牲口三头

1. 饲料加折旧		6.6 元
2. 人工二人(1.644 元一天)		3.288
3. 双铧犁折旧		0.65
4. 其他		1.3
	13	11.838 元
		即每亩地的成本 916

双轮双铧犁耕地深度为十五到十八公分,每亩地的成本为九角一分六。拖拉机耕地每亩收入一元二角的成本费,其深度为十八到二十公分,产量增加的情况如下。

		春玉米	棉花	冬小麦
机耕机播每亩平均产量		518.5 斤	143.6	167.25
畜耕畜播每亩平均产量		175.9	126.7	134.9
机耕机播平均每亩增产		42.6	16.9	32.35
机耕机播增产百分比		24	13.3	24
增总产的价	单价	0.075	0.32	0.115
	总增价	31.185	5.408	3.72
机费价耕和机增播产值	实际收入费		1.80	
	全部增产值	3.195	5.408	3.72
全部机器作业对增产费值%		102.03	78.10	106.45

依据上表,机耕机播每亩增产的价值由三·一九五元到三·七二元。成本费只较双铧犁耕地多二角八分四,而其价值的增殖高到三元以上,当然农产生产社,为了增加社员的收入,便乐于使用拖拉机耕播了。由于社员将土地交合作社统一经营,创造了使用拖拉机的条件。而拖拉机的使用转过头来,又促进了个体单干户及互助组加入合作社。合作化与机器化互相推动,这样就更进一步地促进了西山农业合作化的运动向着更广阔和更深入的方向发展。拖拉机站的工作当然不仅限于耕播,除此之外,还有耙地、开荒、行间中耕、赤地中耕、收割、脱粒、喷雾等等。拖拉机站为了便利生产社的支付,每年分两次收费。一次在麦收之后,另一次在大秋的收获之后。收费一律收货币不收实物。现在拖拉机站所存在的问题是这样:即

耕播耙方面的收费比成本低。其他的工作,如收割、脱粒、播种、中耕、喷雾等比成本高些。而且各地的收费亦不一致。比如在丰台、海淀、石景山区工作的收费便要高些,东郊区、西苑等地便要低些。

最后应指出的,即人民银行在贷款方面,对于西山各社在一九五五年所给予的巨大的物质的援助。一九五五年人民银行对西山初级社给予设备方面的贷款十万二千九百五十七元,周转性贷款四万二千八百三十元。贷款的用途如下:

设备方面的贷款用途
(1955 年)

温室	9 855.0	第二眼电井	3 261.6
木料和玻璃筐	5 355.0	秫秸	20 000.0
草子	5 800.0	苇子	5 000.0
温室用木料	800.0	席子	6 000.0
阳畦苇子	1 400.0	借入电井款	6 610.0
电业局干线	10 871.0	温室	1 600.0
粉房设备	4 140.4	木料款	6 500.0
水汞(电滚子)	2 284.0	煤款	1 000.0
玻璃	6 000.0	瓜帐子款	791.0
第一眼电井	5 689.0	合计	102 957.0

周转性贷款用途
(1955 年)

肥料	1 900.0	干草	5 000.0
杂项	600.0	定弄	6 000.0
煤款	2 700.0	定弄	5 800.0
秧畦	6 600.0	粪干	3 180.0
粪干	10 000.0		1 050.0
			42 830.0

一九五五年人民银行对大团结初级社贷款二六、一三三·五〇元,其用途如后:

双铧犁	100.00	框子盖子	2 000.00
蒲子	147.00	木框	950.00
筐子	2 319.85	粪筐子	5 000.00
玻璃麻	4 399.00	种籽	2 050.00
玻璃麻	499.75	借入	1 550.00
蒲子	2 000.00	大粪	18.50
革子	2 684.40	买猪	415.00
框子蒲子	2 000.00		26 133.50

同年，人民银行对北辛庄贷款一一，六八八·○元。又对五星社贷款八，六六三元。利息率七厘五。国家银行对合作社进行这么大的低利的放款，当然合作社能够进行扩大再生产了。

将初级社增产的优越性和国家机关、供销社、信用社等对于初级社的物质支援后，现在我们可以转而论述在初级社中劳动分红和土地分红的矛盾。

在初级社中劳力分红和土地分红的两种分配方法是并存的。当然在这两种分配之中，劳力分红是主要的。可是随着初级社中劳动生产力的增加，随着劳力分红在社员收入中所占比例的增加，和随着社员的社会主义觉悟程度更进一步的提高，按劳取酬的分配方法愈益成为更进一步地发展社会劳动生产力的改进社员生活的必不可少的形式。相反地，按地分红的方法，在初级社成立之初，本来是发展社会劳动生产力的一种形式，可是随着初级合作社中劳动生产力的增加，和随着劳力分红在社员收入中所占比例的增加，和随着社员的社会主义的觉悟程度的更进一步的提高，按地分红的分配方法，一变而为更进一步地发展生产力的一个很大障碍。自此时起，按劳取酬的分配方法对按地分红的分配方法的矛盾尖锐化了。其结果是，在这双重的分配方法之中，按地分红的分配方法最后被赶出历史的舞台而为按劳取酬的分配方法所替代。现在成为问题的，即在西山地区的初级社中，按劳取酬的分配方法对按地取酬的分配方法的矛盾是怎样尖锐化的呢？这便是我们现在所要答复的。

第一，贫农中农的社会主义觉悟程度的高涨。还有一九五三年之末，这里的贫农、中农，在互助组集体劳动的增产的基础上，再加上党的总路线在农村中大张旗鼓的宣传，他们的社会主义的觉悟程度，就已大大的提高了。在一九五四年，这里所组织的八个合作社中，有三个社由始至终在实质上就是高级社（尽管在名义上还是初级社）。此外，还有一个社一开始就要组织高级社，后来因有极少数社员在思想上有顾虑，经过党的大力的说服教育，放弃了组织高级社的企图，转而从初级社的组织开始。这三个高级社就是南平庄二社、门头村一社和门头村二社。其余的一个社就是西山社。西山初级社还在一九五三年之末就要组织集体农庄。并在会员大会中，通过了土地不分红。后来是因为有少数社员在思想上有顾虑，中共北京市委会据此大力纠正，方才实行土地分红的。南平庄二社在开始组织时就是有意识地不要土地分红，以后是贯彻始终的。尽管南平庄二社的社员（刘姓），在不要土地分红时，还夹杂着与南平庄一社的社员（徐姓）有比进步和争面子的动机。但是不可否认，在南平庄的刘姓与徐姓争面子的动机中，也体现了他们对社会主义的农业合作化的进步要求。因为刘姓与徐姓比高，不是比谁的土地分红更多，而是比谁更能抢前一步提早实现社会主义。这显然是受党的总路线的宣传的影响。大团结社在组织之初，虽然也是将劳力分红与土地分红并列的。可是实际上在一九一四年和一九五五年中，土地是完全没有分红的。这里土地没有分红的条件，是由涝灾造成的。在总路线的宣传之后，农民群众的社会主义的觉悟程度提高了。大家都觉得在土地分红存在的时候,无论如何总有一部分社员占有另一部分社员的劳动果实,这是不合理的。特别是在涝灾发生的时候,越发显得不合理。在涝灾地区,土地是一点东西也不会生产的。全凭社员集体救灾,方才获得些微的果实。可是在这点些微的果实之中,除按劳给酬之外,再要以一部分分给劳动较少而土地较多的社员,这就显得更不合理了。因而便取消了土地分红。由此可见,在总路线宣传之后,农民的社会主义的觉悟程度提高了。在工人阶级的领导下,自觉地起而要求取消土地分红。

第二,土地分红的制度,限制了更进一步地发展农业劳动生产力。在土地分红时期,随着生产力的发展,土地私有制成为土地规划的障碍。例如,将初级社在将麦田改为稻田,或在土地上建筑公路和住宅时,都须取得土地所有主的同意。所有主如不同意,这样工程便要受阻。西山社的社员也曾因为在他的土地上建筑房屋而生产社要求地价的。这样当然就要妨碍合作社对于住宅区的规划,道路的规划和水利设施的规划等等。由此说来,为了进行统一的土地规划,土地分红必须废弃。还有,在土地分红时间,劳力是相当浪费的。单就西山这一个六百多户的初级大社来说,每年就大约浪费六百个工,折合九百八十六元四角。由于在土地分红时期,公粮由社员自己负担,因而合作社在麦收和大秋收的时期,都各要使用许多的人,例如在西山初级大社中,每次都要用十个人算一个多月,来替社员计算公粮。这是一种完全不必要的劳力的浪费。还有在土地分红时期,合作社要把土地丈清,一块块地登记。待土地连片调换完了时,还得记清账,好准备土地分红时心中有底。这是一种十分复杂的工作,浪费人工相当大。土地不分红,这些浪费都没有了。在劳动生产力的两大主要的要素中,人是最重要的生产力,土地不分红,合作社可将节约下来的劳力用于生产。这当然有助于劳动利用率的提高。

西山各社土地分红比例

		土地分红%	劳力分红%
1954 年	胜利社	8.5	91.5
1955 年	西山社	11.1	88.9
	大团结社	0	100.0
	北辛庄社	11.3	88.7
	五星社	16.4	83.6

从上表可知,社员们对于土地分红是越来越把它看得不重要的。其一,是因为土地分红取消后,由于农业税减少了,大多数社员的收入比较土地分红时期均有增加。因此社员们乐于取消土地分红。从西山各初级社的社员按土地分红与土地不分红所得的实际收入的差异来说,在我们所挑选的二十六户之中,废除土地分红后,有十九家的收入都增加了。减少收入的只有七家。由于正在收入总数大于负的收入总数,结果全社的实际收入增加了。兹列表于后:

户号	户名	成份	人口	劳动报酬		每户土地分红的收入				每户土地不分红的收入		土地不分红的收入增加(+)或减少(-)
				工分	金额	土地分红	公粮	土地实际收入	合计	查田定产量(斤)	劳动报酬	
			(1)	(2)	(3)	(4)	(5)	(4)-(3)=(6)	(3)+(6)=(7)	(8)	0.17422×(2)=(9)	(9)-(7)
1	王有山	贫	2	971.00	159.68	10.58	2.70	7.88	167.56	420	*169.17	+1.61
2	张振元	雇	1	794.33	130.69	4.69	1.11	3.58	134.27	186	138.39	+4.12
3	侯进才	中	3	433.62	71.30	70.43	47.34	23.09	94.39	2795	75.55	-18.84
4	潘　林	贫	1	1186.23	195.08	23.94	10.44	13.50	208.58	950	206.67	-1.91
5	汪洪基	贫	2	1667.20	274.17	65.19	52.11	13.08	287.25	2587	290.50	+3.25
6	德泽民	雇	7	1912.94	314.58	47.84	13.89	33.91	348.49	1897	333.27	-15.22
7	孙　珍	贫	2	1300.40	213.85	73.84	64.37	9.47	223.32	2930	226.56	+3.24
8	王瑞清	贫	3	2271.00	373.47	21.80	6.73	15.03	388.54	865	395.66	+7.12
9	范　泉	雇	5	2704.75	444.80	30.74	10.03	20.69	465.47	1220	471.22	+5.55
10	赵　荣	中	6	2999.10	492.71	35.08	8.28	22.80	515.51	1392	521.98	+6.47
11	陈云清	贫	5	2478.10	407.52	58.86	20.31	38.55	446.07	2336	431.73	-14.34
12	康维山	贫	1	2603.50	428.96	39.14	24.18	14.96	443.92	1553	454.45	+10.53
13	孙　义	中	5	2570.40	422.70	67.94	30.53	37.42	460.12	2778	447.82	-12.30
14	徐廷显	贫	3	2587.05	425.41	52.34	33.76	18.58	444.02	2235	450.72	+6.70
15	孙永明	贫	2	2751.35	452.46	37.72	16.40	21.32	473.78	1628	479.34	+5.56
16	王永顺	贫	5	3192.20	524.96	53.68	22.42	31.26	556.22	2130	550.15	-0.07
17	卢秀杰	中	7	3607.46	593.25	154.95	77.64	77.31	670.56	6149	628.49	-42.07
18	续庚才	贫	4	3344.10	549.84	52.69	35.16	17.53	567.47	2259	582.60	+15.13
19	吴焕志	贫	6	4556.60	740.33	74.59	35.86	38.73	488.06	3013	793.85	+5.79
20	徐宝顺	贫	3	4291.36	705.71	57.15	35.86	21.29	427.00	2304	747.64	+20.64
21	刘富才	中	3	4784.60	786.83	147.81	157.03	-7.22	779.61	5945	833.57	+53.96
22	刘天恒	中	5	5257.91	864.66	155.41	127.40	28.01	892.67	6325	916.03	+23.36
23	张文玉	中	5	5015.65	829.76	69.86	49.96	22.90	852.66	3303	879.05	+26.39

（续表）

户号	户名	成份	人口	劳动报酬		每户土地分红的收入				每户土地不分红的收入		土地不分红的增加（+）或减少（-）
				工分	金额	土地分红	公粮	土地实际收入	合计	查田定产量（斤）	劳动报酬	
			(1)	(2)	(3)	(4)	(5)	(4)-(3)=(6)	(3)+(6)=(7)	(8)	0.17422×(2)=(9)	(9)-(7)
24	王成华	中	6	6098.00	1002.82	190.86	154.68	36.18	1039.00	7679	1062.39	+23.39
25	赵华	贫	8	7256.10	1193.26	76.46	40.75	35.71	1228.97	3297	1264.16	+35.19
26	曹祥	中	6	8618.60	1417.33	111.18	66.64	44.54	1461.87	4412	1501.53	+39.66
合计			106	85285.55	14025.21	1784.77	1142.58	工分值 0.16445 元		72588		

* 26 户共 100 人，按土地等级和面积定产粮食共 72 588 斤，平均每人定产 984.70 斤，根据政府农业税率每百斤应缴公粮 16 斤，26 户应缴公粮（72 588 斤×16%=）11 614.08 斤，每斤折价八分二厘，计合人民币 951.88 元。（劳动报酬 14 025.21 元÷劳动报酬 951.88 元＝土地分红 1 784.77 元＋土地不分红应缴公粮 951.88 元）÷劳动报酬的工分－85 285.55＝土地不分红时的每工分分值：0.17422。

　　从上表中，我们可以看出政府的税收政策大有助于土地分红的消灭。在土地分红时期，农业税由社员自己负担，税率是累进的。因而有的社员所得的土地的分红尚不够缴纳公粮。比如在上表中，刘富才的土地分红，除缴纳农业税外尚差七·二二元。但是如果土地不分红，农业税由合作社统一缴纳，其办法是这样的。即按照每人平均的查田定产量六八四·七九斤，每百斤缴纳公粮十六斤。这样便减少了平均每个社员的农业税的负担。我们知道，土地分红在社员总收入中所占比例不过百分之十左右。而且这个比例随着合作社的社员收入的增加，日益往下降低。不但土地分红的比例逐渐减少，而且社员尚要在这逐渐减少的比例中以一大部分交纳农业税，甚至以全部交纳，尚感不足。而且还要受社员们以白占别人劳动果实相批评。同时，在贫雇中农的社会主义的觉悟程度的提高，土地分红成为更进一步地发展生产力的障碍，以取消土地分红对于农民的物质生活条件不是更坏而是更好等情况下，不但贫农乐于取消土地分红，即使中农也是乐于取消土地分红的。正当着农民要求取消土地分红的时候，农业合作化运动的第三次大浪潮便出现了。经过这次大浪潮之后，西山地区的农民使同首都近郊的全体农民一同进入了高级社。

四、西山社在发展过程中的高级社阶段

农业合作化的第三次大浪潮

我们知道,西山地区的农业合作化运动已曾出现过两次大浪潮。第一次大浪潮发生在一九五三年冬季,这一次大浪潮将互助组推上初级社。第二次大浪潮发生在一九五四年冬季,这一次大浪潮将初级小社扩大为初级大社。经过这次大浪潮之后,西山地区的生产社的数目变少了,但每一个社的社员的总数增加了。在西山乡(包含祁村即五星社所在地)在百分之七十四·八的农户,大团结村有百分之七十八的农户,北辛庄有百分之四十的农户都入社了。再经过一年之后,到一九五五年冬,第三次大浪潮就出现了。这是京郊农业合作化运动最后一次大浪潮。就是这个最后一次大浪潮,将京郊农业合作化运动推到了新的最高的阶段。

第三次大浪潮出现的条件有三:群众的觉悟;干部的准备;公益金的积累。这些条件在土地分红已成为不必要的时候业已成熟了。从群众的条件来说,正如上文所指出,初级社的社员已经认识到土地分红必须放弃,才能使生产进一步增加,分配更合理,社员更团结。换句话说,即是群众已经认识到创建高级社的必要性了。他们不仅认识到有创建高级社的必要性,而且认识到有创建高级大社的必要性。因为在西山地区的增产运动中证明了初级合作社在增产方面比互助组具有优越性,而初级生产大社又比初级生产小社更加优越。一九五四年在西山的八大初级社中,胜利社是最大的一个社,该年胜利社的单位面积产量亦最高。一九五五年,在西山五个生产合作社中,以西山初级社的规模最大,同样它的单位面积产量亦最高。总结过去,展望将来,群众看到在西山地区各个生产社的增产的坦途上尚有许多大的障碍,除非创建高级大社不能逐步克服。第一,在西山地区的东北部,土地下凹形成大洼,占地二千二百亩,年年有洪灾。除非创建大社,即使在国家的财政支援下,亦不能有这样大的劳动力来挖掘南旱河,以减轻涝灾。第二,西山乡位于首都近郊,增种蔬菜最为有利。要是旱地占总耕地面积百分之七十以上,除非大力打井,将旱地逐步变为水浇地,否则就不能扩大蔬菜种植的面积。但要实现这计划,也是非创建高级大社不可。第三,西山地区的土壤性质是多样的,有砂地,有山地,有旱地,有园地。砂地宜种油料作物,山地宜种果树,旱地宜种粮食,菜园宜种蔬菜。而且因为地势平坦适宜于大量使用拖拉机耕播,并宜发展畜牧业。除非创建大社亦不能因地制宜,增加生产。因此之故,群众并认识到不仅有创建高级社而且有创建高级大社的必要性。加以在党的总路线宣传后,农民群众还远在一九五三年便有早到社会主义的光荣感。

再从干部条件来说,党和政府在一九五四年和一九五五年的初级社中,培养了一批创建高级社的得力干部。这些干部都是在土地改革、创办互助组、创建初级大社中发现和培养起来的。他们在互助组阶段只管理几户,在一九五四年初级社阶段只管理十几户,到一九五五年管理几百户,现在已有能力开始"质的飞跃"了。即在党和国家的领导下,创建高级大社。

从公益金积累的条件来说,在西山地区的各初级社合并成高级社时,积累了公益金一万多元。西山各初级社合并成高级社后,没有劳动能力的孤寡老弱的社员共三十人,只要四千多元便解决了他们的生活上的问题。在这一种情况下,孤寡老弱户亦乐于转入高级社。除此之外,以农业生产合作社为中心的其他有关的各种因素,如供销社、信用社、农业技术推广站、拖拉机站,以及国家的统购统销的法令,这几年中在改造私营工商业和支援生产社方面,已取得了辉煌的成绩和积累了丰富经验。在一九五四年,它们在已经取得的成绩的基础上,又进行了重要的改革,这足以配合高级社的发展。当土地分红已成为阻碍生产力更进一步的发展时,由于创办高级大社的各种条件已经成熟,然而在初级社中土地分红的办法尚还存在,这构成了土地分红这一生产关系与生产力更进一步的发展形成了一个现实的尖锐矛盾。为了促使这个矛盾被迅速的克服,毛泽东同志作了《关于农业合作化问题》的报告,并展开了大张旗鼓的宣传。随着这个宣传的扩大和深入,京郊创办高级农业生产大社的新高潮便在一九五五年末,如怒如狂地沸腾起来,形成一股巨流,为时不到一月,便冲毁了由初级社走向高级社的唯一的障碍,土地分红制度。

第三次大浪潮的经过和西山高级农业生产合作社的诞生。应当着重指出的,即这个高级社的诞生是"无痛分娩"的。自一九五五年七月毛泽东同志作了《关于农业合作化问题》的报告后,海淀区委会立即组织了全区各乡党的干部开会学习。经过七天学习之后,干部回乡,首先向党员和团员传达转社和扩社的精神。党团员思想统一后,即普遍宣传,广泛地向社员报告,让大家分开各组讨论,提出意见。关于转高级社问题,在讨论过程中,有三种意见:第一,早就愿意转高级社。西山乡王永顺说:"去年我们就同意土地不分红了,是上级硬要我们土地分红的。"徐善林说:"如果土地分红老是半社会主义性质的社,什么时候转高级社呢?如果土地分红,仍有人剥削人的现象存在。"第二,欢迎现在转高级社,其理由是因为转入高级社后可以节省人力的浪费。王申说:"我愿意土地不分红,因为如果土地不分红,分值就高,算公粮也省事。不然还得找人算,就是每天给八分,也得好些分,这不是浪费么?"第三,不同意现在转高级社,希望迟一点再转高级社。孙华说:"现在土地还应当分红;因为土地还没有平均,所以要分红,等地亩平均了,就不用分红了。"但持第三种意见的人乃是极少数的人。为什么是极少数呢？因为在其他条件相同的情况下，取消了土地分红，吃亏的吃亏不多，占便宜的便宜不大。这是由于在土地改革阶段，农民群众没收地主所有的土地后分红无地和少地的贫雇农，乃是按照人口平均分配的。除富裕中农外，大多数由土地所得的分红，相差很少。土地如不分红，由于分值增高，大多数农民并不吃亏。随着土地分红的消灭，正如上文所指出，每一社员所负担的农业税并将减少，从而致使绝大多数的社员的收入均有增加。土地分红的制度消灭后，既可节约劳动，又可增加生产，还可提早进入社会主义社会。因此，在讨论过程中持第三种意见的人只系极少数的社员。即使这极少数的社员，他们亦不坚持他们的意见，结果社员们都一致同意转高级社了。在一九五五年冬季，紧接着对毛泽东同志《关于农业合作化问题》的报告的宣传之后，当着海淀区委会向海淀区的各初级社宣布发展高级社计划的时候，在七十三个初级社代表中便有六十九个当场要求批准转高级社。西山地区的四个初级农业生产合作社：西山社、大团结社、北辛庄社和五星社的代表亦当场要求批准转高级社。转高级社的事情在群众中已经酝酿成熟了，这还只是指已入社的社员说。在未入社的农民中，除了两户而外，亦均纷纷要求转入高级社。他们并和这四个初级社的原有的社员在转入高级社的同时要求将四社合并为一社。一九五六年一月二十三日国务院发布了全国农业发展大纲。依据这个大纲的精神，这里随即召开了地主富农会议。在会议上领导干部宣布地主富农可以三种不同的身份：（1）社员，（2）候补社员，（3）受管制的地主富农分子分别入社。在地主富农中，经宣布为可以入社作社员的共有九人，候补社员一六一人，管制分子十一人。结果他们都入社了。一九五六年一月二十八日西山高级农业生产合作社，在一个庄严的由四个初级社社代表所组成的四社代表大会上正式宣告成立。自此之后，西山地区的小农经济便为社会主义的大农经济所代替，生产资料的小农私有制于是便为生产资料集体所有制所代替。农村中的资本主义和它的产生发源地是一去而不复返了。农业合作化的历史任务在根本上胜利地完成了。社会主义革命取得了决定性的胜利。

西山高级农业生产合作社的第一年

有些人认为在农业机器化以前，农业不宜于大规模经营。他们所持的理由之一，即农场的面积如果过大，农民每天由农家走到工作的田野便需消耗极大部分的时间，因而农业不适宜于大规模的经营。这种理论是不适用于在农业机器化以前的农业合作社的。我们知道，现在西山（高级）农业生产合作社的巨大规模，在中外历史上，是罕见的。可是由于在合作社管理委员会下，采取了划分工作区和固定的生产队制度，把耕畜和所有农具都划分到队，各队依照各种作物的技术措施及用工指标，实行包工包产，在大的包工包产之下，又实行小的包工包产的办法，社员们并没有感到大规模经营有何不可克服的困难。相反地，在转入高级社后，在生产上出现了前所未有的新气象,并取得了很大的成绩。自土地分红的分配方法取消后,社员们的劳动出勤率增加了。兹将西山农业生产合作社第二十四生产队的出勤情况,依据我们所作的选样调查,列表于后:

西山农业生产合作社第 24 生产队的出勤情况
(单位:工作日)

劳动力 姓名	1955 年出勤情况					1956 年出勤情况					1956 年比 1955 年增 加百分比
	五月	六月	七月	八月	合计	五月	六月	七月	八月	合计	
来万玉	16	24	25	15	80	31	28	31	25	114	142.50
来万和	25	27	30	23	105	31	29	31	31	122	116.19
王振泉	28	28	28	21	105	25	29	28	27	109	103.81
吴树山	26	27	30	15	98	31	29	31	28	119	121.42
郭宗鉴	30	27	26	23	106	31	30	31	31	123	121.43
郑 海	29	23	23	19	94	28	16	21	23	88	93.62
张宝贵	28	24	26	16	94	28	28	29	27	112	119.14
曹 跃	12	27	30	18	77	31	26	29	27	113	146.75
曹 兴	29	30	22	16	97	31	30	31	31	123	126.80
曹福来	13	15	25	19	72	30	29	21	25	105	145.83
曹福顺	27	27	25	15	94	29	28	31	27	115	122.34
吴焕志	26	22	19	15	82	24	22	31	24	101	123.17
王林玉	29	27	29	21	103	31	30	31	31	123	119.42
	1 207					1 467					121.54

土地分红取消后,施肥的运动开展了,全社除菜地外,每亩土地施肥一三、二〇〇斤,比一九五五年多四倍。土地分红取消后,出现了许多变旱地为水浇地,把三大季改为园地的现象。全社新打了六眼水井,再加上旧井,结果扩大了水浇地五六〇亩,并把一七〇多亩三大季地改为菜园。又在二十个水井上安置锅驼机,预计还可将一千多亩旱地变为水浇地。还有,主要蔬菜大田作物实行合理密植,一九五五年黄瓜每亩留苗三〇六四株,一九五六年留苗三二四八株;一九五五年茄子每亩留苗二〇〇四株,一九五六年留苗二五二〇株;一九五五年西红柿每亩留苗五〇〇〇株;一九五五年扁豆每亩留苗五七〇〇墩,一九五六年留苗六三〇〇墩;一九五五年玉米每亩留苗一七〇〇多株,一九五六年留苗二二〇〇株。再有,小麦丰产,每亩一七〇斤,比一九五五年四社每亩平均一三七斤,多收入三三斤。最后,开展了副业,如运输、劳力输出、粉房、豆腐房、砖窑、铁铺、马掌铺以及种植苹果、葡萄、桃、樱桃、杏等等。这都是西山农业生产合作社在扩社和转社之后所出现的新气象。

回顾在一九五六年这一年中,环绕着生产社这个中心,无论在生产资料的供应方面,生活资料的供应,信用贷款,技术指导,政治教育等方面,各有关的机构,对于西山高级农业社的支援和领导,比起一九五五年来都是有增无减的。在生产资料的供应方面,单就肥料一项而论,全社总共买进肥料的总价格为十八万九千七百一十三元九角九分,就中从生产资料供应站买进的肥料的总价格为十四万七千五百五十元四角,占肥料总价格百分之八十以上。这比一九五五年供销社所供给西山初级大社和大团结初级大社两社肥料总价格四万一千五百四十元八角九分,要增多到三倍以上。

从供销社买进的肥料
(到 1956 年 10 月止)

种类	数量	单价
粪稀	271 065 担	38 211.00 元
粪干	1 337 940 斤	38 192.62
花生饼	196 641 斤	17 573.64
麻碴	134 085.8	8 641.28
豆饼	20 000	524.00
棉子饼	11 322	1 272.00
化肥	229 370	37 928.36
过磷酸灰	45 000	5 197.50
		147 550.40

从其他方面买进的肥料

种类	数量	单价
马猪羊土粪	14 425	28 847.32
花生米面籽等	33 483.5	889.69
油泥	92 568.0	2 926.93
蛋黄	59 286.8	6 062.22
血砂等	21 391.0	3 110.00
草木灰	31 614.0	316.14
		42 152.30

在粮食供应方面,一九五五年供销社在门头村、黑塔、双槐树、西山四处所供应的粮食总价格为二九三,六〇五元,一九五六年在相同的地区,由粮食供应站民供应的粮食总价格为六一〇,九九一·七二元。列表如下。比较一九五五年增加到一倍以上。

西山乡 1956 年粮食供应统计

月份	总量（斤）	平均单位价格（元）	总价格（元）
一月	251 918 斤	0.158	39 803.01
二月	267 381	0.165	44 117.86
三月	262 326	0.157	41 185.18
四月	422 416	0.160	67 586.56
五月	384 712	0.157	60 399.78
六月	330 749	0.161	53 250.58
七月	312 223	0.164	51 204.57
八月	317 437	0.164	52 059.66
九月	283 888	0.165	46 811.52
十月	285 616	0.160	47 112.25
十一月	291 824	0.162	47 761.48
十二月	366 477	0.162	59 369.27
			610 991.72

在副食品方面，大约减少了九千三百元左右。但在双槐树、西山、都增加了。黑塔在第四季度的销售总价为一五，七二〇元。据此估计，全年的销售总价格亦有增加，只门头村减少了。原因不清楚。但应指出的，即在副食品方面门头村的销售总价格虽减少了，但在百货方面的销售总价格却增加了九千九百五十元。兹将一九五五年和一九五六年门头村供销社百货部的销售总价格列表如下：

门头村供销社百货部的销售总价比较

	1955 年	1956 年
第一季度	12 144	13 471
第二季度	11 861	18 043
第三季度	15 569	13 962
第四季度	15 680	22 728
合计	55 254	65 204

从全体看来，社员所消费的总价格还是增加的。从门头村百货部所销售的商品种类来说，一九五五年上半年商品总类共四百种，下半年增至五百种，一九五六年第一季度再增至六百种。由此亦可看出，农民对于百货的消费，不仅在数量上增加了，而且在质量上也提高了。

总结地说，即从供销社所销售各种商品的数量和总价格的增长数字来看，合作社社员，在党和国家的关怀下，确是生活得更好了。谁要说党不要农民，谁就是瞎子或说诳。

从西山社信用部组织的规模和贷款的数额来说,随着西山高级社的成立,信用部的规模更扩大了。自大团结和北辛庄二社与其他各社合并为西山高级大社之后,大团结和北辛庄的信用社便与西山社的信用部合并了。信用部对于社员的生活困难是主动积极地去解决的。在一九五六年麦秋预分以前,信用部知道社员生活困难,信用部采用计划放款办法,首先逐户了解生活困难的情况以及贷款的需要,通过生产队将贷款送到社员的门上。这个办法是很好的。在一方面,节省了社员到信用部挤贷所需的时间,在另一方面,信用部可以对贷款定出计划,群众的反映很好。许多社员都说:"在合作社干活就是好,在生活困难时,有人把贷款送到家门口。"这个办法在根本上是好的。但也有缺点:即审查不够严格,不免有资金的浪费,群众虽然都是贷示买粮食,但也有个别社员贷款作衣裳的。关于信用社改为信用部的好处,近来也有意见。认为信用社改为信用部后,生产社须指派专人来领导,不免耽误生产,因而仍然主张分开。这就要看信用社和信用部谁能够更好地为社员服务。在改变以前,尚应当仔细地权衡轻重。从一九五六年信用部的存放业务来说,一九五六年放款的数量比一九五五年西山、门头村和北辛庄的总放款约大一倍以上。列表于下:

西山社信用部存放款情况
(1956 年)

月份	存款	放款
1 至 4 月	903 612.00	43 098.33
5 月	85 684.03	44 791.79
6 月	157 326.51	33 481.70
7 月	250 228.15	20 910.52
8 月	73 142.65	12 249.70
9 月	137 373.44	9 563.20
10 月	21 014.90	4 387.33
11 月	19 539.31	1 555.00
12 月	42 916.08	1 019.43
	1 690 837.07	171 057.00

在放款中社员生活放款一七〇、五九一元。但一九五五年大团结信用社、西山社信用部总放款为六五、二一二·四〇六。北辛庄缺乏材料。假令一九五五年北辛庄信用社放款与一九五四年相等,亦为五二九三·四〇元,或比此略高。那么三社生活放款总额当在七万一千元左右。但西山高级社一九五六年社员生活放款为十七万一千零五七元,比一九五五年生活放款增加了一倍多。总括来说,即随着西

山高级大社的成立,信用部对于社员的生活放款也大大地增加了。

在机耕机播方面,随着西山高级大社的成立,南苑拖拉机站,在一九五六年对于西山社的机收、机耕、机播面积也增加了。见下表。

机收小麦	740.32 亩
机播种	1 732.74
机耕地	5 976.74
共	8 449.80

回忆一九五五年南苑拖拉机站对西山社和大团结机耕机播面积仅有三千九百四十一亩八分二的土地,一九五六年除机收外,单机耕机播面积已然增到七千七百零九亩四分八的土地,一九五六年比一九五五年机耕机播面积几近增加一倍。

在农业技术的指导方面,随着西山高级农业生产社的成立,海淀区的农业技术推广站、果树指导站和兽医站对于西山社的支援已增强了。一九五六年海淀区果树指导产的干部王鸿文同志长期地住在西山社,指导果树的栽培工作,这是一九五五年所不曾有的。

不有应指出的,即随着西山高级农业生产社的成立,海淀区人民银行对于西山社继续进行大力的物质的支援。一九五六年西山社向银行贷款总共是一十二万八千七百四十二元四角八分。就中生产性贷款为六一八六一·三七元,设备性贷款为六六八八一·一一元。凭此设备性的贷款,西山社购置了锅驼机二十二部,新打水井六眼,并从事于其他的基本的建设。一九五六年银行贷款比一九五五年四社贷款一九一八〇〇元低。这是由于一九五五年西山各社贷款特多,基本建设投资特大,从而一九五六年西山社对银行贷款的需要便不是那么多。而银行的贷款是完全满足了西山社的贷款需求的。在事实上人民银行向西山社在发放贷款还嫌过多。就因银行贷款太多,西山社所购置东西亦太多。例如西山社所购进的二十二部锅驼机约只用了一半,造成资金的积压,便是一个明证。总括地说,随着西山高级农业合作社的建成,人民银行早有准备,对它进行更大的物质的援助。

西山高级农业生产合作社就是在这样空前巨大的物质援助之下,奋勇前进的。

经过一年来的努力,西山社的单位面积产量增加了。如将一九五六年的十三种作物与一九五五年十三种作物比较,每亩约增产了百分之二·一。

	面积	单位产量		每亩增减%
		1955 年	1956 年	
花生	1 219.7	220	240	+9.09
小蓁	4 997	137	147	+7.3
白马牙玉米	1 220.8	238	252	+5.8
谷子	1 253.6	184	174	+12.9
白菽	1 224.8	2 588	2 691	+3.9
王瓜	247.5	3 968	2 424	−13.5
扁豆	813.8	1 074	900	−16.0
西红柿	92.56	7 355	5 350	−27.2
洋白菜	136.4	4 611	5 850	+26.8
茄子	370.8	6 031	5 192	−13.9
大芹椒	288.87	2 625	3 570	+36.0
小洋白菜	311.2	3 620	4 200	+16.0
大白菜	1 697.2	13 625	13 000	−4.8

　　每亩增产虽然不多,但每亩增产的意义很大,因为一九五六年的增产乃是在比较一九五五年更多的涝灾的情况下增产的。这点表示,生产力的提高比产量的增加更大。因为有一部分生产力提高的结果被涝灾吞没了,没有表现在产量上。这即是说,一九五六年的高级社在增产上,肯定地是优越的。随着生产的增加,社员每户平均的收入比较一九五五年四社社员平均的收入还是增加的。一九五五年每户平均收入如下:

	户数	平均收入		户数	总收入
西山社	616	524.42	西山社	616	323 044.49
大团结	457	172.52	大团结	457	78 841.797
北辛庄	89	405.51	北辛庄	89	36 090.39
五星社	54	337.64	五星社	54	18 323.57
总平均		375.17		1 216	456 200.247
					375.17

　　即每户平均收入为三七五·一七元。现在西山社的决算虽未公布,但据可靠的估计,每户平均收入将增至约四七〇元左右。南平庄社员平均每户收入高至七百元以上。在全社中约有百分之六十到七十的社员增产。由此可见,西山高级大社增产的成绩是肯定的。

　　问题在于,依照西山社一九五六年年初的计划,每户收入计划为六〇六元。同年八月二十八日依据财务主任贾存厚同志在第三次社员代表大会上的报告,将计划收入改为五百五十元。现在这个计划将亦不能实现了。由于实际的收入比计划的少了。在社员中又有以为这是大社不如小社的现象,又一次重演。可是实际上,今年实际收入没有达到计划收入的要求,主要是由天灾所致。依据西山社财务主任贾存厚同志的估计,全社因天灾所受的总损失,约为十六万九千六百六十九元。以一八六八户社员来平均每户的损失约在九十一元五角四分略多。

实际收入与计划收入相差的第一个次要的原因,就是在生产计划方面,存在着一定程度的主观主义。在作生产计划时,为了追求高额的收入,对于肥料与劳动力的供应估计不足。结果使实际收入相对降低了。这表现在下列几个方面:(1)蔬菜种得太多了,但肥料与劳动力跟不上,致使计划部分落空。热货每亩原计划施粪干两千五百斤,但实际使用杂肥了。全社种一千八百亩白菜,就因肥料少,原订计划每亩收入一万四千斤,实际只收入一万斤。(2)六百亩山坡地、梯田,没有合理利用。为了追求高收入,将山坡地和梯田的一部,全年都用来种小豆、白椒。费力多,收获小。就中有很大的一部分土地不能用犁锄耕种。社员用镐来耕种,浪费了许多人工,所种作物,每亩最高产量才占百斤(3)对于谷子高粱的种植面积盲目减少。有些习惯于种植谷子和高粱的地区,社里亦不叫种。一九五五年在西山社时谷子和高兴的种植面积约占总面积百分之十八。今年只占总面积千分之七左右。结果缺乏干草来饲养牲畜和秣秸缺乏难以购买。(4)在上半年为了追求高收入,忽视副业,在基本建设上,投下了劳动力太多,如打了六眼井实际上只用了两眼。(5)一九五六年葡萄应该收一七〇〇株可是颗粒无收,因为劳动力跟不上。

1956 年西山社各项作物减产统计表

作物名称	种植面积	一般年景应产总额	因灾歉收总额	单价	减少收入金额
谷子	1 432	286 400	35 800	0.08	2 864.00
棉花	238	23 800	13 801	0.30	4 141.00
白马牙间作黄豆	1 781	1 424 800	600 000	0.08	48 000.00
绿豆	979	98 530	27 412	0.11	3 015.00
小豆	328	32 800	560	0.11	62.00
高粮间黑豆	243	60 750	34 749	0.08(平均)	2 780.00
芝麻	74.5	6 700	3 874	0.21	813.00
大秦椒	258	903 000	77 000	0.06	4 620.00
西瓜	220	110 000	40 000	0.40	16 000.00
大白菜	1 700	18 700 000	1 213 500	0.014	17 000.00
晚西红柿	25	150 000	84 600	0.07	5 922.00
晚茄子	45	315 000	244 000	0.08	19 534.00
茄子	375	2 062 500	472 100	0.03	14 163.00
大架黄瓜	98	686 000	254 000	0.035	8 890.00
小架黄瓜	74	444 000	370 000	0.035	12 950.00
冬瓜	71	568 000	213 000	0.025	5 325.00
晚窝笋	59	295 000	110 000	0.025	2 750.00
小菜	20	56 000	56 000	0.015	840.00
总计					169 669.00

但应当指出：一九五六年在生产计划上所体现的一定程度的主观主义，就北京全市郊区来说，几乎是普遍的。自一九五五年农业社会主义的大浪潮出现后，市委农村工作部在郊区农作物的生产上，对各个农业生产合作社采取了类似直接计划的办法，硬性地将生产数字，由现阶段农业合作社中正确的统计材料是缺乏的。这个缺点，非有三年的连续努力，是不能改正的。在缺乏正确的统计材料的基础上，上级只凭估计数字，来制定全市的生产数字，和将它们硬性地往区里布置，区再硬性地往生产社布置，必至造成各生产社的生产计划一定程度的盲目性，结果必致使实际产量与计划产量脱节。西山社的实际收入与计划收入的脱节便是可举的例子之一。但也应该指出，即西山社在一九五六上生产计划的盲目性，不应完全由上级机关的某种程度的主观主义来解释。西山社自身所存在的某种程度的主观主义，亦要估计在内。但同时并须认识到，即任何生产的计划都不能有百分之百的准确，因而也就不能对领导机构要求过高，因为与生产计划有关的自然条件和经济条件都不是固定不变的原故。

一九五六年实际收入少于计划收入的第二个次要的原因，是由于在劳动组织与劳动报酬方面存在着问题。一九五六年劳动组织最初是三级制，以后改为二级制。三级制是社主任一级，生产大队第二级，生产分队是第三级。二级制是社主任为第一级，生产分队为第二级，没有大队这一级存在。全社共分为二十六个大队。

100 户以上有	4 队
80 以上有	8
60 以上有	4
60 以下有	10
总计	26

各生产队由几个主任分别下地领导。由于队大面积宽，主任下队由这队走到那队视察工作，当主任到来时，问题还没有想起。当主任走了后，问题想起了于是只好去追。追到时有时碰着，有时已走了。今日碰不着只好等待来日了。碰着了提出问题，又须在主任会议上开会才能解决。所以社员说："社主任东跑西跑，生产队请示问题，五、六天解决不了。"如这种困难在其他条件不变的情况下，都是与两级制的劳动组织分不开的。

在画分耕作区和设置固定生产队方面，亦是体现着某种程度的主观主义的。这表现为在一些耕作区里土地与劳动力分配的不平衡。例如在第九队中经常出勤的只有一二二个劳动力，但分配了一〇三一亩土地，结果农活忙不过来。第二队有一五五个劳动力只分配给七〇九亩土地，即在忙季里，也经常抽出一百人来搞副业。在第十队中有四十个劳动力，但种了二六六亩旱地和二四七亩菜地，因为地多干不过来，有二十亩江豆没收入，三十五亩蓁椒烂在地里，三十亩茄子在地里发紫了，四十沟江豆因收获不及时坏在地里，十五亩晚西瓜因栽种过晚，没有收。

在劳动报酬方面,西山社是采取包工包产制。这个叫做两包制。依照一九五五年西山初级社对于包工包产的经验总结,包工包产的优点有三:(1)发挥了生产劳动积极性;(2)发挥了社干部及社员的创造性;(3)社员真正地关心社和爱护社。一九五六年是在一九五五年包工包产的基础上提高一步。采取了多奖少罚的办法。多产的奖百分之百,减产的罚百分之五十。又长工不补,短工不扣。这种办法取得了一定的成绩。但此中也有缺点:第一,就是没有包开支,因而在使用公共财产上不够节省,例如某队盖牲口棚,本来只应盖两间,结果盖了四间。第二,就是没有包杂工,因而在记工时,本来该记在农业工里面的,现在记在杂工项上。这样,工分在账面上,便有增加。结果,在分配时,同样的劳动竟可得到更多的工分。例如,积肥、挖地梗、扎草、挖龙沟等杂活都是没有包的,有些队就在杂工上钻空子了,在杂活上多记工分。第三,就是增产满奖、减产半罚的办法,致使个别生产队宁愿省工和受罚,不愿努力增产,因而也就不能充分发挥增产的作用。从社员的经验上看来,增产是困难的。例如在包工时,规定某种作物一百工分千斤产量。现在要增加一千斤,便不只费一百工分,奖了等于不奖。可是省工是容易的。比如某种作物平常要浇三道水,收入这么多,可是如果少浇一道水,也差不多要收入这么多,那么,便少浇一道水,虽未受奖,但省工了。又如某队有二十亩荒地,根本没有投下劳动,或投入了极少的劳动。现在减产了罚它一半工分,可是,由于所投下的劳动还不到一半工分,结果反倒赚了。在表面上受罚,但实际上得了奖。但应着重指出,这不完全是由满奖半罚的制度造成的。这主要是由在罚的时候,本来应该先将某队的所偷之工扣出,然后再罚。比如说,你包的是一百工分,但你却只投下了二十五工分,那么在分配时便应先在你所包之百工分之中先扣下七十五工分,然后再罚你五十工分。这样你便没有什么便宜了。可是在实际上没有这样作,这样就造成了个别生产队宁愿受罚的奇怪现象。

由于在生产计划方面和在包工包产方面存在着某种程度的盲目性,结果财务开支便过大了。估计一九五六年总收入约为一,四九五,八四五·三七元,总支出约为五九〇七四六·九五元。总开支占总收入的比数,如将公积金和公益金计算在内,约占百分之四十二·九,如果不计算在内约占百分之三十九·四九。即以百分之三十九·四九元而论,已超过了北京市委农村工作部规定的菜区社的开支,应只占总收入百分之三十五。应该说,在这个开支是过大的。在实际上,在财务开支方面,也是有些浪费。有的是由于计算不周,例如锅驼机买了二二台,结果只用了一半;有一批牲畜不能干活,老了不处理,一直消耗饲料。肥料买得太多。没有用完,比如肥田粉和过磷酸石灰都没有用完。牲畜套包买得很多,各队争相抢取,但用不完,结果有些套包成了"挂包"了。但有的也是由于财物管理不善所致,如在一四〇〇条麻带中有一九九条不知到何处去了,挖河用的二十四把洋镐也不知谁拿去了。十六队四千斤干草,全部腐烂。二十二队一百斤花生没保存好也腐坏了。十八队盖四间牲口棚也倒塌了。这多半是由于管理不周的原故。

最后还有一个次要原因,就是小社合并成大社之后,原来当主任的、当队长的,现在因为大社不能还有这么多的队长,必须挤出一些出来。因而引起了主任和副主任之间,队长和副队长之间不够团结。这样当然也会造成生产上的一些损失。

可是,一九五六年西山社社员每户实际收入少于计划收入的主要原因,这是天灾。西山社因天灾为所受的损失,正如上文所指出,约为十六万九各六百六十九元。当然,除了天灾之外,在生产计划方面,在劳动组织和劳动报酬方面,以及在干部不够团结方面也是有原因的。除非将这些原因克服,否则是不能期望一九五七年的大增产的。最令人感到愉快的,即西山社的社员并未为困难所骇倒,他们为了更好地建设社会主义大农经济,已经将一九五六年这一年中的初步总结作出来了。在这初步总结中,肯定了成绩,指出了缺点,明确了问题,现在正在采取着新的生产计划与新的措施,充满信心地开始战斗了。在生产计划方面,今年在竭力巩固去年的成绩和改正去年缺点的基础上,更进一步地发动群众来作,就中并着重了事业的生产。在劳动组织方面,由两级制仍然恢复到三级制:即社主任为第一级,大队为第二级,生产分队为第三级。并在划分工作区和设置固定生产队时,力求避免生产指标与生产资料和劳动力的不平衡。在劳动报酬方面,为了避免在财务上的过大开支和杂工不包的漏洞,决将两包制改为三包制。即在包工包产之上,加入包开支。并将包工范围扩大,将杂工也包在内。而且采取了满奖满罚的制度。在干部团结方面,除加强政治思想外,依照德与才和协商的办法,加以调整。此外还设有许多的勤俭办社的新的具体措施。现在西山社的社员,在这些新条件下,无一不充满着信心,即一九五七年必比一九五六年增产得要多,纵令再度发生洪灾,由于已采取了一些预防的措施,一九五七年还是一定能实现大丰收的。

西山社所存在的比较重要的矛盾

第一,在自然条件方面所存在的比较重要的矛盾。涝灾是西山社一个大威胁。正如我们在上文所指出,西山社的正西及西北面靠西山,地势较高。西南地势并向东北倾斜。因此,在东北形成北大洼,约占地二千亩。东界南旱河约九里长,多年淤塞,而且南段河底比北段还高。每逢雨季,山水下流,估计有百分之五十的洪水,不能及时排出,淤积东北低洼地,形成涝灾。几年以来,不曾停息。西山社社员以自己的单薄的财力是无法将它彻底修浚的。除非北京市实行及时的财力物力支援,否则他们的生活永远是不能彻底改善的。西山社的社员在涝灾频繁出现之际,口里虽不言,但心里却十分殷切地希望党和政府在可能条件下,能够早些给予以物质的援助。又因北大洼地是黑壤地,非常肥美,如能免涝,对于首都所需用的粮食,在社员的辛勤劳动下,必能作出满意的贡献。这是党和政府应当注意的问题之一。

第二,保存和发展初级社的先进经验的矛盾。西山高级社在一九五五年是四个初级社。而这四个初级社在一九五四年是七个初级社一个高级社。在这八个社中,胜利社创造了许多的先进的经验。例如胜利社实行了符合于客观情况的定额管理,并在定额管理的基础上,展开质量竞赛,不但消灭了死分活评的缺点,而且把懒惰的社员,例如大库变为积极分子了。其次,在胜利社政治思想教育较强,社员每星期都要上一次社课。在社课上,宣传社会主义建设的基本理论,并结合本周内社员所存在的思想问题,进行教育。在社课的教育下,社员的社会主义的觉悟程度逐日提高。即至于今,每到队里与社员交谈,他们对于过去的社课,尚还是啧啧称羡的。妇女工作也是作得较好的。可是这些好的经验现在多半成为历史遗迹了。自一九五五年胜利社与前进社等五社合并为西山初级大社时,他们并未被保存下来,加以推广。固然,一九五五年西山初级大社创造了新的经验,即是包工包产的经验,但胜利社在定额管理和在定额管理基础上展开的质量竞赛等优异成绩却多半被遗忘了。更不要说,在旧经验之上图谋更进一步提高了。到一九五六年成立高级社后,这些先进的经验,因为时间隔得更远,被遗忘的也就更多。先进经验未被保存下来,落后经验便复活了。定额管理既被遗忘,死分活评又当权了。一九五六年上半年,在西山高级社中,死分活评在好些队里复活。其所导致的不良效果是严重的。例如妇女社员与男社员同劳动,但妇女得不到相同的工分。在有的队里男的社员作一日工得九、十分,女的作同样的工只得七、八分。于是女社员要求与男社员一块劳动,但男社员不干,等女社员来同他们一块劳动时,他们就到别的地方去了。又如在西山社的一些队里将包工的工,记在杂工项下,希图少劳多得,这也多半是由于没有实行定额管理的原故。其结果是对实现按劳取酬规律的作用,制造了人为的障碍。固然,死分活评的办法后来是被纠正过来了,但我举这个例子的意思不仅在于这个偏差应该得到纠正。更重要的是在于西山社在由小社变为大社之后对于小社积累的先进经验,应该创造条件加以巩固和发展。特别是在定额管理方面,所积累的先进经验应当保存,巩固和发展。由于这点很重要,我想在这里再说几句话。首先,就是在生产合作社中,如果要想创造条件充分发挥按劳取酬规律的作用,除了搞好定额管理外,别无他法。只在试行定额管理时,应该与当前的具体条件相结合。既要避免盲目冒进,又要避免取消主义思想。在小社合并为大社时由于大社的范围很大,土地的肥瘦不均,各地劳力的高低不一,然而农活操作规程则是按照部分地区的操作情况制定的。假如以部分地区的操作情况,当做各个地区的一般情况,硬性地往下贯彻。这是一定行不通的。行不通的东西硬要叫它行得通,这便叫做盲目冒进,这种偏向应该避免。西山社自小社合并为大社之后,不是采取硬性的定额管理的办法,不曾将片面的操作规程硬性地向全社贯彻,而是在定额的基础上实行包工包产,这是对的。但同时也应认识到,西山社自小社合并为大社后,亦应该采取措施在生产队中试行并改进农活操作规程。看它在实行时,那些是在全社都可适用的,那些在全社不能都可适用的。对于这些不适用的部分应当因地制宜,加以修改,并呈报管理委员会备案。在试用农活操作规程的同时,要将那些为什么在此时此地不能适用并为什么要加以修改的理由,详细地记录下来,送管委会备案。以此方法来积累经验,从而将农活操作规程不断修改与提高。经过两三年后,必然就可以作出一个比较全面的操作规程来。以此操作规程作基础,既可以在包工时使包工包得更精确,给生产计划创造条件,在另一方面又可使评工记分具有比较客观的标准,给按劳取酬规律的作用创造了有利的条件。可是自西山社合并为大社之后,社里并没有采取措施来改进农活操作规程使之达到比较完备的程度。反而在实质上对它不重视,以为有了包工包产也就可以不重视农活操作规程和不要定额管理了。这不能说不是取消主义思想的表现。这样既给生产计划和包工包产带来了主观主义与盲目性,同时又给有计划按比例的规律和按劳取酬的规律的实现制造障碍。这样就使西山社的社员,在现有的条件下,不能充分发挥他们的积极性。我以为这就是摆在西山社面前的另一个比较重要的矛盾,除非克服了这矛盾,否则西山社日后的生产计划和安劳取酬的社会主义原则,都将遭到妨碍。听说西山社一九五七年在包工包产下,已有在和队试行农活操作规程的拟议。这是很好的现象。果能如此,这一个在生产关系上的矛盾便倾于解决了。实则胜利社的先进经验很多,西山社所应保存和发展的,当然还不能仅限于此。我建议西山高级社,在一方面创造新经验,在另一方面要保存、巩固和发展胜利社的旧的先进经验。我们以为,现在西山高级社的三十二个分队,每一个分队都相当于过去的一个大初级社。这些分队,不但需要向邻近的生产社学习,而且需要每个分队能在生产计划方面,在劳动组织与劳动报酬方面,在发动妇女生产方面和在政治思想教育方面把胜利社的先进经验重新拾起来,加以推广与提高,特别是要认真地推广胜利社在定额管理方面的优异成绩,这就会大有助于劳动生产积极性的提高。举例来说,在一九五六年上半季时,西山社为了节省每日清晨合作社社员汇集在生产队办公室,等候队长安排工人的时间起见,社委会特别派干部下队,选择双槐树(胜利社)为重点,试行工作的五日一次安排的制度,结果很好,一九五七年决定在各队全面地推广,大家认为这是一项新措施。实则,胜利社远在一九五四年便创建了这种办法,同时并获得了显著的成绩。可是,自胜利社合并后,这项经验也合并掉了。假如一直把它保存下来,岂不是已节省了两年来浪费的时间么?创造新经验比较困难,保存旧经验而加以提高,总是比较容易的。困难的既然都有条件作,但容易的反而说没有条件,这是很难说服人的。重要的问题,在于领导干部忙于创造先进的经验,忽视旧有的先进经验的保存,对原有的先进经验重视不够,而给合作社带来损失。要从失败中吸取教训,我们建议合作社在由许多小社合并成大社之后,社里的领导同志需要拿出一部分时间来,仔细研究各小社的经验并作出总结,务将好的经验保存下来,加以推广,不要把它丢了。胜利社关于定额管理的经验和其他的好经验,因并社而多半被抛置,这是很可惜的。包工包产包开支很好,但在包工包产包开支的基础上,由社管委会领导各分队试行农活操作规程加以提高,更进一步地实现按劳取酬的社会主义原则,这仍是非常必要的。

第三,一九五六年住在西山社几个月中感到十分愉快的,就是社的政治思想工作逐渐加强了。社会主义的大农经济如果要办得好，不但要提高生产，而且同时要加强社员之间、社干部与社员之间、男女社员之间，尤其是在由几个小社合并成大社以后，这一初级社社员与另一初级社社员之间，工人与农民之间的同志般的友爱。特别要在对方最需要同志般的友爱和帮助的时候，将自己的同志般的友爱和帮助献给对方。记得有一次和一位老社员谈话，我说："今年您的收入会增加么？"他答："既要建设社会主义，便不能只顾个人收入的增加。今年我的劳动比去年多了，但收入可能比去年少。因为并社后，东北洼地可能涝灾，这块洼地是在年初同大团结并社并过来的，它可能减少收入。可是既然要建设社会主义，便不应当只计较个人的收入。为了减少涝灾的损失，我还要在生产上加一把力。"我听了很受感动。西山社南部的社员，在北部受灾时，对于自己在相应的程度内个人收入减少一层，不但毫不计较而且努力增产，这便是发挥同志般的友爱精神的示范表现。北部社员在受灾时，南部社员寄与同志般的友爱，北部社员自然感激。过了些时，北部山地的果园长大，收入增加，或遇丰年，东北洼地丰收，南部社员当然亦会相同地得到北部社员的好处。同时，社员之间的阶级的友爱亦必会转过头来加强社会主义大农业经济的发展。由此可见，加强社员的政治思想教育乃是更进一步地办好西山社的重要条件之一。应当指出，这方面虽然显示成绩，但现在还是作得不够的。最后，我党政军想要简单地说几句话，即为了实现工农更进一步地大团结，党和政府尚应当实现因时制宜、因地制宜的合理的物价政策。西山社是个菜区。菜价的合理与否，对于工农联盟不无影响。北京蔬菜公司对合作社已给了很多的帮助。资料中反映出，在蔬菜公司成立以前，菜商对农民出卖蔬菜所收入佣金为百分之十。菜站成立之后，继续减少，现在减到百分之五。此外，蔬菜公司对于合作社还有许多的帮助，工作的成绩是肯定的。但同时也反映出，一九五五年的蔬菜价格一般稍低。西山社一九五五年社员与一九五四年的劳动相同，但所得减少了。但应指出，一九五六年这种偏向基本上已改正了。作为经验教训来说，价格在能够补偿生产费用的基础上其低落的程度应当小于劳动生产率增加的程度。小于劳动生产率增加的程度，在于使农民能够享受到增产的幸福和富裕的生活。农产品的价格随着农业劳动生产率的增加而略有降低，使城市工人和职员的生活，亦可因农产品的丰富而提高。这是对于工人和农民都是有利的。在工业品方面，在优先发展重工业的前提下，亦应该如此。盲目地降低物价是不对的。但不顾劳动生产率的变化，单纯地稳定物价亦是不对的。但欲要理解农业劳动生产率的变化，蔬菜公司应当定期地派干部下乡了解情况。我在西山社住了三个多月，觉得蔬菜公司派干部下乡深入地了解情况的事情还是作得不够的。遇着灾害特别严重的地区，亦不可采差别价格的待遇。即对受灾严重的合作社，斟酌当时的具体情况，对于同一蔬菜可以采用较高的价格来购买。在社会主义社会内，为了满足人民日益增加的物质文化的需求，在必要时，采用差价的办法，在原则上我看亦没有什么不可以。我只提出这三点，来供同志们作参考。

五、结 束 语

从西山农业生产合作社发展过程的分析中,得到了六点体会:

一、分散的小农经济不仅是自发地复活资本主义的基础,恐怕还是自发地复活地主和佃农关系的基础。从西山社附近所得资料中获悉,在一九四九年土地改革以后和在一九五三年总路线的宣传以前,在西山区的东冉村,便有这样的一位贫农,他在土改后,分得十亩旱地,一眼水井。他于是将他所分得的十亩旱地变为水浇地。原来他只有一辆大车,以后又买了一辆大车,并雇了两个长工。自此之后,他便很少地劳动了。依据土改的条件,凡有地而不劳动的人,经过三年,就是地主。这样他就开始成为地主了。东冉村的农民弟兄都将他称做甩手掌柜。同时在东冉村还有十五起出卖土地的事情出现。固然,这位贫农现在已经觉醒过来而成为高级农业生产社的社员了,但不能否认下述这个趋势的存在。即是,如果听任分散的小农经济继续发展下去,使有些农民丧失了土地,另有一些农民得到了土地,推其结果所致,那就恐怕不仅要自发地产生资本主义,而且会自发地复活地主和佃农的关系。这会妨碍社会主义革命的。

二、在走向社会主义的道路中,生产资料的全民所有制,是不易为小农所接受的。一九五六年年终,西山社曾经向社员征求过意见,可否将西山社改为国营农场。此时社员一致反映,他们都不造成改为国营农场。他们所持的理由是,西山社在改为国营农场之后,他们虽然可以得到比较固定的工资的收入,但他们将要失掉他们的主人翁的地位。列宁在《论合作制》一文里指出,合作社乃是用以引导农民由小私有制走向社会主义的最简单、最容易和最便于接受的阶梯,可见是完全正确的。

三、在有利的政治和经济的条件下,互助组乃是可以绕过初级阶段,直接组织高级社的。这些有利的政治经济条件如下:(1)农民已有互助组的成功经验作基础。(2)由于社会主义总路线的宣传深入人心,农民的社会主义觉悟提高了。(3)有得力的领导干部。(4)农产品产量的增加,主要不是取决于土地,而是主要地取决于劳动的熟练程度和资金。如在城市近郊蔬菜区的蔬菜产量的增加即如此。(5)对于缺乏劳动力的农户的生活可有一定的救助办法。当然在这五个有利的条件中,前三个是主要的。在西山八个初级社中有三个社自始就是高级社。一九五四年年实所组织的南平庄第二社,一开始便是高级社。门头村第一社和第二社,因为土地从来不分红,在实际上,就是高级社,尽管在名义上是初级社。西山初级社,在开始组社时,大多数社员都要组织高级社。后来,中共北京市委因有少数人不赞成,进行说服与教育,然后放弃组织高级社的企图,转而组织初级社的。由此可见,在有利的政治和经济的条件下,互助组乃是可以绕过初级社,直接组织高级社的。

四、在并社和转社的时候,需要准备足够的条件,来保持小社的先进的经验。这是非常必要的。例如当胜利社合并到西山大社以后,西山大社把胜利小社过去的一系列的先进的经验,如定额管理,质量竞赛,定期安排农活,每一周上社课等都抛到九霄云外去了。这是很可惜的。

五、大社毕竟比小社在生产上具有优越性。从西山农业生产合作社的增产经验看来,在单位面积产量上,西山高级大社比各初级小社是更能增产的,初级大社比初级小社亦是更能增产的。因为大社更能促进生产力的发展。在西山高级大社中实行了地域的分工。它曾将山地种植果树,洼地种植耐涝的作物,砂地种花生。使用了专门人才,果树专家和农业技术专家;使用了专门化的大农具,锅驼机、扎草机和其他的小型的机器。这都是小生产社所办不到的。但这并不妨碍在每次扩社之后,拿出至少两年的时间来,从事整顿和巩固的工作,以免合作社发展太快了,经营管理跟不上,从而引起减产的作用。

六、只有在无产阶级专政的条件下,在国营经济的基础上,小农经济才有走合作化道路的可能性。因为离开了无产阶级专政,农民不但无法消灭资本主义的剥削和镇压反动富农的叛乱,而且也是无法从国家取得许多必要的援助的。当国营工商业的基础尚薄弱时,西山的供销合作社足有百分之六十以上的货源来自资本主义商业。随着国营工商业的发达,直到一九五三年西山的供销社,才不从资本主义商业进货,而完全从海淀区联合供销社进货。但后者的货源仍有一部分来自私营工厂。直到一九五六年才起了根本的变化。党和政府对于合作社的技术援助且不说,单以财政信贷一项而论,一九五五年各初级社向国家贷款,有如下表:

西山社	145 787.00
大团结社	26 133.50
北辛庄社	11 688.00
五星社	8 663.00
总计	192 271.50

这些贷款都是用来购买生产资料的。一九五六年西山高级农业生产合作社继续从国家银行取得物资援助。计有:

生产贷款	61 861.37 元
设备贷款	66 881.11
总计	128 742.48

　　西山高级社的二十二架锅驼机、温室和打井的支出,都是由此设备性的贷款来担负的。又国家银行向生产社贷款所收入的利息是逐年往下降低的。一九五四年国家银行向生产社的贷款,利息率七厘五,一九一五年上半年仍为七厘五,下半年改为六厘,随后又再降为四厘八,一九五六年仍为四厘八。单凭这一个例,亦可看出,随着国家银行的力量的壮大,其所给予生产社的放款亦是愈便宜的。农村中的信用合作社,在资金不足时,亦是由国家银行给予援助的。还有应指出的:即北京市市委农村工作部、海淀区人民政府、人民银行及其他有关机关的干部,经常下乡对生产社进行具体的领导。其具体的程度是可观的,它不但具体到每一块土地,每一个水井,每一条龙沟,而且具体到每一社员户。海淀区区委农村工作部副部长任成润同志,他在一年之中,总要到西山社来具体指导生产工作几十次,每到有困难的时候他就来了。他好似一个生产社的医生,每到生产社有病时,他便出诊来了。市委和区委农村工作部,不但具体地指导合作社增加生产,而且替合作社一次又一次地训练干部。每年到了冬天,干部训练班便开始了。此外又有特别的训练班,如对不懂技术的干部训练技术,没有系统地学习过马列主义理论的干部,系统地学习马列主义理论。不曾学过农业经济的,让他们学习农业经济。由农村到学校,由学校到农村。由是往返环循,将干部的生产斗争的知识和阶级斗争的知识,由小到大,由粗以精,由低级到高级,由外行到专家。现在在西山社中已经成长出和正在成长出一批领导社会主义大农经济的骨干分子和专家了。同时并对广大社员加强识字教育和卫生的工作。……由此可见,只有在无产阶级专政的条件下,在国营经济的基础上,小农经济才有走向合作社和走向富裕和文化生活的可能性。

　　以上这六点体会,使我深刻地认识到,只有深入农村,作些具体的调查与分析,更重要的是与合作社社员打成一片,方才能够真正理解农业合作化运动发展的规律性。

凯恩斯有效需求原则和就业倍数学说批判

（四川人民出版社，1982年版）

前　言

我是从一九三九年开始对于马克思的资本积累理论和凯恩斯的《就业、利息和货币的一般理论》(一九三六年出版)进行比较研究的,当时我只发现在凯恩斯的《一般理论》中,对马克思的资本积累理论批判的论点,完全是颠倒是非的。我曾写了题为《凯恩斯与马克思论资本积累、货币和利息》的论文,刊登在一九三九年十月英国出版的《经济研究评论》第Ⅶ卷第一期上。除了这点之外,当时我还未发现凯恩斯的有效需求原则与就业倍数学说本身也是极其荒谬和反动的。后来我用相同的比较研究的方法,才深刻地认识到它的谬误之所在。凯恩斯的有效需求原则和就业倍数学说的错误,在于它不但不符合客观存在的资本积累的一般规律,而且当它们被应用到印度和美国的资本主义生产实践中去考察时,又已经被事实完全否证了。

本书的手稿,承高鸿业教授、陈岱荪教授和杜度教授惠阅,在此谨致谢忱;并承裴元秀、吴世泰等同志从多方面鼎力施助,不胜铭感。在这里我要声明的是,本书中现存的所有的或大或小的缺点和错误,都由作者本人负责,非常欢迎惠予俯阅的同志们不吝批评指正。

樊　弘

1979 年于北京大学

I　运用马克思关于资本积累与扩大再生产和资本积累的一般规律的理论批判凯恩斯的有效需求原则和就业倍数学说的意义

俄国 1917 年伟大的十月社会主义革命胜利以后,英国的资产阶级庸俗经济学家凯恩斯从其资产阶级立场出发,也逐渐意识到十月革命的胜利不是偶然的,而是由于俄国的无产阶级掌握了马克思、列宁主义的结果,是马克思、列宁主义指引他们团结起来用暴力将沙俄帝国主义资本主义制度推翻的,从而意识到马克思主义乃是美英和其他资本主义国家存在的主要危险。凯恩斯为了维护资本主义制度,使其不受马克思主义基本思想的威胁,他在 1936 年出版了《就业、利息和货币的一般理论》①(简称《一般理论》),妄图用它来抵制马克思主义的基本思想在世界各国的影响。他还在 1935 年草拟这本著作的时候,就写信给他的朋友、英国的改良主义剧作家肖伯纳,得意洋洋地说:"这本著作在出版后,将要引起一个大变化;特别是那以李嘉图理论为根据的马克思主义的基础,将被它完全搞掉。"②

凯恩斯在他的《一般理论》中所提出的有效需求原则和就业倍数学说,实际上就是想用它来"搞掉"马克思在《资本论》中所阐明的关于资本积累与扩大再生产和资本积累的一般规律的理论的。这个理论主要是阐明了在资本主义社会中,随着资本在有机构成提高条件下的积累与扩大再生产,产业后备军必然会累进地产生。也就是说,失业乃是资本主义的永恒的伴侣和存在的条件。除非资本主义被推翻,无产阶级失业、贫困和被奴役的状况,必然越来越严重。与马克思的理论相反,凯恩斯炮制的有效需求原则和就业倍数学说则认为在资本主义社会中,工人阶级之所以发生失业,主要是由于人们对于商品的有效需求不足,即是由于人们用来购买商品的货币支出不足,以及由于工人们在物价增加时要求按照物价增加的程度增加货币工资,使资本家的利润不能相应地增加。他认为只要工人在通货膨胀和物价增加时,不要求按照物价增加的程度增加货币工资,亦即降低实际工资,从而使资本家们对于资产的未来收益乐观,那末,资本家们对于劳动力的需求就将与

---

① 本书的中文译本,名为《就业、利息和货币通论》,但根据原文来看,译为《就业,利息和货币的一般理论》为好。

② 参阅哈罗德:《凯恩斯传》,1951 年版,第 452 页。

商品的有效需求同比例地增加,一直增加到充分就业的程度为止。也就是说,失业并不是资本主义的永恒的伴侣和存在的条件,而是可以在资本主义社会内被消灭掉的。凯恩斯就是这样地用他的有效需求原则和就业倍数学说来向马克思所阐明的关于资本积累与扩大再生产和资本积累的一般规律的理论进攻的。

凯恩斯的有效需求原则和就业倍数学说,从实质上看,它不过是垂死的资本主义生产关系的体现者即垄断资产阶级的意识形态。确切地说,它乃是德国希特勒法西斯主义思想的继续。法西斯德国的经济独裁者沙赫特博士曾明确地指出:"凯恩斯思想乃是纳粹经济体系之理论解释和理论辩护。"①凯恩斯自己在他的《一般理论》的门兴版本的序言中,也供认不讳地说:"《一般理论》容易适应于集权国家的情况。"他并且在 1940 年 7 月号《新共和》杂志上强调:"要做到这样大的实验来证明我的主张,非有大规模的政府开支不可,对于一个资本主义民主共和国家,除非在战争情况下,这似乎在政治上完全是不可能的。"由此证明,凯恩斯主义思想确是垄断资产阶级的意识形态,是不折不扣的德国希特勒法西斯主义思想的继续和发展。

凯恩斯的有效需求原则和就业倍数学说有两个最显著的特点:一个是它的垄断资产阶级的立场。它是彻底地为他所歌颂的"有教养的资产阶级"即垄断资产阶级卖力的。它公然宣称,垄断资产阶级除了依照工资契约对工人进行残酷的剥削外,还必须由国家用大规模的财政开支,即是用膨胀通货、抬高物价来对工人的实际工资进行强制的掠夺。这就是希特勒在法西斯德国所推行的强制地掠夺工人实际工资的强盗行为的抄袭。再一个特点是它在思想方法上,完全不以客观存在的事实作为理论的出发点和基础,而只以垄断资产阶级的利益作为其理论的出发点和基础。凯恩斯为了垄断资产阶级的利益,竟炮制一整套毫无事实根据的"充分就业"的理论,来替垄断资产阶级用通货膨胀和抬高物价的手段对工人的实际工资进行强制的掠夺的强盗行为作理论辩护。他欺骗工人阶级说,在通货膨胀时,工人的实际工资之所以要压低,并不是由于资本家要对工人实行强制的掠夺,而是由于在通货膨胀时,随着就业工人的增加,工人的劳动生产物减少了。如果此时工人要求按照物价涨高的程度增加货币工资,那就将使工人所得的实际工资大于工人的边际劳动生产物,甚至于侵占资本家应该得到的边际的利润,那末资本家就将减雇工人,结果工人就会发生失业。相反地,如果此时工人不要求按照物价涨高的程度增加货币工资,情愿降低实际工资,使之等于此时工人所生产的递减的边际劳动生产物,那末资本家就将增雇工人,一直增加到工人充分就业的程度。由此可见,凯恩斯完全是以实现所谓"充分就业"的虚伪口号作为花招,来诱骗工人接受资本家用通货膨胀的方法对工人的实际工资进行强制的掠夺的。这与希特勒在他用膨胀

---

① 引自郭契可夫:《凯恩斯学说是反动帝国主义资产阶级的意识形态》,《学术译丛》1952 年第 1 期,第 129 页。

通货对工人的实际工资实行强制的掠夺的同时大声叫嚷的"消灭失业"的虚伪口号,在本质上完全是一样的手法。

相反地,依照存在决定意识的唯物史观来分析,谁都可以看出,马克思在《资本论》中所阐明的关于资本积累与扩大再生产和资本积累的一般规律的理论,乃是被资本主义的生产关系所桎梏的和正在起而造它的反的新的强大生产力的代表即无产阶级的意识形态。它也有两个最显著的特点:(一)它的立场完全是无产阶级的立场。它公开地声言,它是为无产阶级服务的。(二)它的思想方法,是唯物辩证法。

这种方法乃是无产阶级如实地反映客观世界的本来面目,而不附加任何外来的成分的。这就是说,它的全部理论都是以客观存在的事实为出发点和基础的。马克思的《资本论》和他在《资本论》中所阐述的资本积累与扩大再生产和资本积累的一般规律的理论证明,在资本主义社会中,无产阶级的失业乃是由资本主义的生产关系所导致的。除非消灭资本主义的生产关系,无产阶级的失业必然要随着资本在有机构成提高条件下的积累而剧增。总而言之,在这两个阶级的两种思想的对立和斗争中,资本主义发展的历史告诉人们,凯恩斯的这一套为垄断资产阶级服务的理论必然要被马克思的革命的和科学的思想所粉碎。谁都知道,在反法西斯的第二次世界大战中,希特勒主义的法西斯思想,无论在文坛上和在战场上,都已经被马克思、列宁主义粉碎了。

严重的问题在于,在美英等国资产阶级的专政下,垄断资产阶级曾经采用了各种手段限制马克思主义思想的传播。而凯恩斯的《一般理论》,自从1936年出版以来,无论在资本主义国家大学的政治经济学的讲坛上,或在一般的报刊杂志上,都被不少的庸俗经济学家们大肆宣传,把它吹捧为自从亚当·斯密以来不曾有过的"革命的"经济学。尤为严重的是,凯恩斯的《一般理论》在这些国家的经济政策上,也已经成为垄断资产阶级对内剥削和掠夺无产阶级和人民群众与对外剥削和掠夺其他国家的无产阶级和人民群众的重要的理论根据。这样就使凯恩斯的《一般理论》在很大程度上成为无产阶级的威胁。美国已故的共产党名誉主席、杰出的马克思主义者福斯特,曾于一九五八年写信给毛泽东同志说:"更糟糕的是,凯恩斯主义思想也传染到许多工人的头脑里,凡此种种,严重地威胁着美国的工人阶级"。但是也应该看到,虽然凯恩斯在《一般理论》中提出的有效需求原则和就业倍数学说,在美英等国垄断资产阶级专政的条件下,占据统治地位已经约有四十年之久,似乎是很巩固的,但现在它已经在开始衰亡了。这是由于凯恩斯主义的《一般理论》被其信徒们用到政策的实践上,其结果不但没有实现它所预期的效果,即工人的充分就业,反而与他所预期的效果完全相反,增加了工人的失业。这表现在凯恩斯发表《一般理论》以来的四十余年中,美国工人的失业比例,已从约3%增加到7%以上。这样就使美国的进步的经济学家们和一些爱好真理的人们,对于凯恩斯主人思想的态度,开始了一个可喜的转变。他们开始怀疑凯恩斯的那一套学说所主张的由资本主义国家采用通货膨胀、降低工人的实际工资的办法来实现充分就业的正确性了。从 1971 年到现在，在美英等国的进步的经济学书刊上，开始了空前未有的批判凯恩斯的热潮。出于资产阶级庸俗经济学家们的意料之外，这位自第二次世界大战爆发以来，曾在美英等国大学的经济学讲坛上似乎稳坐了第一把交椅的名震一时的庸俗经济学权威凯恩斯，竟开始变成了被批判的对象了。这确是世界经济学领域内新出现的一个可喜的大好形势。就连素来尊敬凯恩斯直到今天也还在称赞他是"大思想家"的英国牛津大学经济学教授、诺贝尔奖金的获得者歇克斯，也在他最近出版的《凯恩斯主义经济学的危机》一书中，开始总结性地批判凯恩斯主义经济学的错误了。他说：

> "它们（指凯恩斯主义的各种政策）并没有产生什么真正的经济的进步或成长，象它们在长时期内所说的那个样。它们只导致了通货膨胀。这好象是已经很清楚的了，它（指凯恩斯主义经济学）已经犯了某种错误了。"①

依据歇克斯这个总结性的批判，既然凯恩斯及其弟子们所宣传的凯恩斯主义经济学和由它所导致的一系列的经济政策经过了约四十年之久的实践，除了导致通货膨胀外，其所预期的进步与成长，全部都与实践的效果不相合，可见凯恩斯的《一般理论》的整个思想体系都是有问题的了。但可惜歇克斯还没有从理论上完全驳倒《一般理论》。为什么呢？因为歇克斯虽然指出了凯恩斯主义经济学所预期的效果与实践的结果完全不相合，但歇克斯并没有能够再进一步地找出凯恩斯所预期的效果之所以与实践的效果不相合的根本原因，乃是在于凯恩斯的《一般理论》从它的前提到它的结论都是不符合于资本主义发展的规律的。之所以如此，乃是由于歇克斯本人受着传统的资产阶级偏见的影响，他不可能懂得也不可能接受马克思的《资本论》和马克思在《资本论》中所阐明的资本积累与扩大再生产和资本积累的一般规律的理论，因而也就更不能够用它作为批判的武器，更进一步地去洞察和揭露凯恩斯的就业理论所预期的效果之所以与实践的效果不相符合的根本原因。其他批判凯恩斯主义的经济学家们也没有做到这一点。这样，就使凯恩斯主义思想在一些资本主义国家中仍然能够成为对无产阶级的威胁。

中国古代有一种迷信，说人们服食金丹可以成仙。尽管有不少的人，在服食金丹之后并未成仙，可以说是理论不符合于实践了。但这仍然不能完全破除人们对于金丹的迷信。直到现代的反对宗教迷信的无神论者们，他们在掌握了自然科学的规律，特别是掌握了达尔文在《物种的起源》中所阐明的生物进化的规律以后，并能以之作为批判的武器去彻底批判古代妖道们所宣传的金丹的迷信。他们在批判的过程中，一方面能根据自然科学的规律，特别是根据生物进化的规律，阐明在世界上根本没有什么神仙存在，在另一方面也根据很多的无可辩驳的确凿的事实

---

① 歇克斯：《凯恩斯主义经济学的危机》，英国牛津 1974 年版，第 300 页。

揭露妖道们所宣传的可使人长生不老的仙药、金丹完全是一种骗人的东西,并使这种致命的批判,通过科学普及的教育,做到了家喻户晓,然后妖道们所宣传的金丹的迷信才被清除掉了。凯恩斯的有效需求原则和就业倍数学说,自从第二次世界大战以来,一直被吹捧为医治资本主义国家工人长期失业病症的"金丹"。凯恩斯公开地宣传,任何一个资本主义的国家,如果服食了它,只要服食到足够的数量,就能消灭失业,一变而为充分就业的繁荣昌盛的神仙国。尽管已有不止一个资本主义国家,在服食凯恩斯这颗庸俗政治经济学的"金丹"并且足够他服食了约四十年之久,也都未能变成充分就业的繁荣昌盛的神仙国。但这仍然不能够使他们完全彻底破除凯恩斯所宣传的这种"金丹"的迷信。1948 年美国有一位凯恩斯的信徒、诺贝尔奖金的获得者萨缪尔森,他出版了一本宣传凯恩斯主义的政治经济学的大学教科书,被翻译成许多国家的文字,不断出版新的版本,到 1976 年已经出版了第十版。又如在 1971 年美国统治集团根据凯恩斯的就业理论,在通货膨胀和物价高涨的条件下,对工人的货币工资采取强制的冻结时,竟然还得到了占统治地位的工会领袖们的支持。单这两个例子就可看出,尽管凯恩斯主义经济学所预期的效果早就与实践的效果完全相反了,但它仍是美国无产阶级的威胁。这在英法等资本主义国家当然也不是例外的。

由此可见,在批判凯恩斯主义思想的问题上,除了指出凯恩斯的就业理论在实践前所预期的效果即充分就业,和在实践后所得到的效果即工人失业人数越来越多之外,还必须进而依照马克思在《资本论》中所阐明的资本积累与扩大再生产和资本积累的一般规律的理论,结合资本主义各国工人的失业和随着资本在有机构成提高条件下的积累日益加剧的具体情况,以雄辩的事实证明,在资本主义各国,由于资本主义生产关系早已变为生产力发展的桎梏,根本没有充分就业的可能性存在,并且证明凯恩斯所宣传的资本主义各国只要吞食他的那颗名为有效需求原则和就业倍数学说的"金丹",就可以实现工人充分就业,正如中国古代妖道们所宣传的金丹迷信一样,完全是一种自欺欺人的诳话,其唯一的目的乃是在于掩盖和粉饰垄断资产阶级用通货膨胀的手段对无产阶级实行强制的掠夺的强盗行为的真面目。我们必须做到这一点,然后才能说凯恩斯主义思想真正被我们从理论上驳倒了。否则,凯恩斯主义思想,特别是他在他的有效需求原则和就业倍数学说中所叫嚷的在现代资本主义国家中完全可以实现工人"充分就业"的虚伪口号,仍然要继续成为对美国和其他资本主义国家的无产阶级的威胁。

重言以申明之,即是为了彻底消灭凯恩斯主义思想对于美英等资本主义国家的无产阶级的威胁,趁着在美英等国新起来的批判凯恩斯的就业理论的高潮的大好形势下,美英等国的无产阶级和世界各国的无产阶级在批判凯恩斯就业理论的问题上,不能仅仅做到象歇克斯的批判所做到的那样,只是指出当着凯恩斯的就业理论被应用于实践时它在实践前所预期的效果与在实践后所看见的结果不相符合,还需要在歇克斯的批判的基础上,进而指出它在实践前所预期的效果之所以与它在实践后所看到的效果不相合的根本原因。除此之外，还需要更进一步地指出，它之所以完全违反在资本主义社会中客观存在的资本积累与扩大再生产和资本积累的一般规律，固然，第一，是因为凯恩斯根本不了解客观存在的资本积累的一般规律是什么。但是，第二，更重要的原因，还是由于凯恩斯所从属的垄断资产阶级的利益与客观存在的资本积累与扩大再生产和资本积累的一般规律处在正相反的地位上。如果他要承认客观存在的资本积累与扩大再生产和资本积累的一般规律，那末，他就不能维护他所从属的垄断资产阶级的利益了。因此之故，凯恩斯方才挖空心思，无中生有地编造出一系列的假事实和假规律，用来否定、掩盖和妄图"搞掉"马克思所阐明的关于资本积累与扩大再生产和资本积累的一般规律的理论。举一个例子来说，资本主义全部历史证明，随着就业的工人总数的增加，工人的每一小时的劳动生产物是递增的。这是一个客观存在的不以人的意志为转移的劳动生产发展的规律。凯恩斯很清楚地看到，从垄断资产阶级金融资本寡头的利益出发，如果要承认劳动生产率递增的客观规律的存在，那末他就不能不否定金融寡头用通货膨胀的手段来对工人的实际工资进行强盗式的掠夺和抢劫了。但他的阶级立场和阶级利益使他不能做到这一点。凯恩斯于是在他的《一般理论》中，无中生有地捏造出一个虚假的规律，即是劳动生产率随着就业的增加而递减的所谓"工资规律"出来，否认、掩盖和抹杀在资本主义社会中劳动生产率递增的规律的客观存在，说什么在通货膨胀的时候，工人实际工资被降低，并不是由于垄断资产阶级用通货膨胀的手段对工人实行强制的掠夺，而是由于在通货膨胀的条件下随着就业工人人数的增加，工人的劳动生产物减少了。仅从这一个例子中也可看出，凯恩斯的就业理论之所以完全违反客观存在的资本积累的一般规律，不仅是由于他的无知，而且是由于他自己的阶级利益同客观存在的资本积累的一般规律立在正相反的地位上。他必须否定前者才能使垄断资产阶级的利益得到保证和发展。但是，要怎样才能使我们对于凯恩斯的就业理论的批判达到这样的程度呢？

毛泽东同志说："任何时候，好同坏，善同恶，美同丑这样的对立，总会有的。……有比较才能鉴别。有鉴别，有斗争，才能发展。"[①]在本书中准备按照毛泽东同志的教导，用马克思所阐明的资本积累与扩大再生产和资本积累的一般规律的理论同凯恩斯的有效需求原则和就业倍数学说进行比较、鉴别和斗争。其步骤如下：

首先，扼要地、系统地阐述马克思关于资本积累与扩大再生产和资本积累的一般规律的理论。从它的正确的前提到正确的结论，一个命题一个命题地进行扼要的阐述。

接着，扼要地、系统地叙述凯恩斯在他的《一般理论》中所提出的所谓有效需求原则和就业倍数学说，从它的虚伪的前提到它的虚伪的结论，一个命题一个命题地进行阐述和评论。

---

① 毛泽东：《在中国共产党全国宣传工作会议上的讲话》，《毛泽东选集》第 5 卷，第 416 页.

最后,再将马克思关于资本积累与扩大再生产和资本积累的一般规律的理论同凯恩斯的有效需求原则和就业倍数学说对照起来,结合美国和印度的主要是官方发表的有关的经验总结和统计数字,从实践到理论,再从理论到实践,对两种学说进行比较和鉴别。

II 马克思论资本积累与扩大 再生产和资本积累的一般规律

　　凯恩斯的有效需求原则和就业倍数学说是一种不要资本积累的所谓扩大再生产的学说,是不要剩余价值资本化的所谓扩大再生产和扩大就业的学说。这种学说假定在资本的设备(固定资本＋工作资本＋剩余存货)不变的条件下,随着预期的用来购买商品的货币的支出的增加,即预期的对于商品的有支付能力的需求的增加,只要货币工资不增加,或不按比例增加;商品的生产就将相应地增加,而工人的就业数则将与商品的生产同比例增加,一直增加到工人充分就业为度。为了彻底揭露凯恩斯理论的荒谬性和反动性,我们必须首先掌握马克思的关于资本积累与社会总资本的扩大再生产和资本积累的一般规律的理论。

　　马克思是怎样论述资本的积累与社会总资本的扩大再生产和资本积累的一般的规律的呢? 下面想分别阐述以下三个问题:(1) 什么是社会总资本的再生产? (2) 什么是社会总资本的简单再生产? (3) 什么是社会总资本的积累与扩大再生产? 只有对这三个问题有了明确的认识之后,才能明确地理解马克思关于资本积累的一般规律的理论。

　　(1) 什么是社会总资本的再生产呢? 马克思指出,社会总资本的再生产过程既包括了直接生产的过程,又包括了在它之前和它之后的两个流通的过程。换句话说,社会总资本的再生产过程乃是两个流通过程夹着一个直接生产过程的合而为一的总过程。用图解来表示它如下:

社会总资本的再生产过程的图解

流通过程 I	生产过程	流通过程 II

$G($货币$) \rightarrow W($商品$) \begin{cases} A(劳动力) \\ Pm(生产资料) \end{cases} \cdots P($生产资本$) \cdots W1 = (W + \Delta W$ 即价值更多的商品$)$

$\rightarrow G1 (= G + \Delta G$ 即价值更多的商品所换回的更多的货币$)$

　　它的意义是说,资本家在流通过程 I 中,用他的货币资本 G,购买劳动力 A 和生产资料 PM,并将两者结合起来,在直接生产的过程 P 中,由劳动者支出更多的劳动,生产含有更多价值的商品 $W'(= W + \Delta W)$,然后在流通过程 II 中将含有更多的

价值的商品 $W'(=W+\Delta W)$，卖成更多的货币 $G(=G'+\Delta G)$。在这更多的货币 $G(=G'+\Delta G)$，中，减去资本家原来投下作为资本的货币 G，剩下的 ΔG，就是资本家所获得的货币形态的剩余价值，即资本家所称做的产业利润了。由是循环往复、不断更新的过程就是社会总资本的再生产的过程。

马克思的社会总资本的再生产的图解告诉我们，资本家的利润，即货币形态的剩余价值，乃是劳动者（即劳动力）在直接的生产过程中，用无酬的劳动白给资本家创造出来的，而且只是在流通过程 II 中实现为更多的货币 ΔG 的。有不少的资产阶级的庸俗经济学者认为，资本家的货币形态的剩余价值 G 即利润，是在流通过程中，即在商品市场上，由贱买和贵卖得来的。马克思驳斥了这种极端荒谬的见解。他的理由是，如果卖者以价值 G 的商品卖 $G+\Delta G$，从而获得剩余价值 ΔG 即利润。那末，商品的买者，由于他以 $G+\Delta G$ 的货币形态的商品价值，买进商品的价值 G，从而损失了 ΔG，即是一方的所得 ΔG 恰是另一方的所失 ΔG。所以从社会的总价值来说，在流通过程中并不能增加出 ΔG。由此可见，货币形态的剩余价值 ΔG，是不能在流通过程中产生出来的，这就是说，从社会总价值的增殖过程来观察，在流通过程 II 中之所以能有 ΔG，乃是由于在生产过程中，工人创造出来了体现着剩余价值 ΔG 的剩余商品 ΔW，然后在流通过程 II 中将 ΔW 卖成 ΔG 的。这样，在社会总价值中才有 ΔG 即剩余价值的增加。总括地说，即剩余价值乃是在生产过程中以 ΔW 的商品形态被创造出来的，而只是在流通过程 II 中实现为 ΔG 的。

谁在生产过程中创造出剩余价值呢？毫无疑义，这完全是在生产过程中劳动者用无酬劳动的支出创造出来的。设令社会的商品种类不变，价格不变，只是每种商品的件数有增加，即在生产开始以前，有这么多的种类的商品的总件数 W，到生产期之末，劳动者不但将 W 完全生产出来，而且增产了 ΔW。设令没有劳动者在生产过程中支出了大于生产工资物所消耗的劳动，那末，在生产前的 W，最多只能保持不变，那里还能在 W 之上再增加 ΔW 呢？除非相信面包可以自己加倍的神话，显然 ΔW 是由在生产过程中劳动者用无酬的劳动的支出所创造出来的了。它只是在流通过程 II 中实现为 ΔG 的。

马克思的社会总资本的再生产过程的图解，不仅告诉我们剩余价值是在生产过程中被劳动者用无酬的劳动的支出创造的，它只是在流通过程 II 中被实现为货币 ΔG 的，而且还告诉我们作为资本的货币与作为购买手段的货币是有本质不同的。作为购买手段的货币，只要把商品买进来了，货币便离开它的主人而远去了。相反，作为资本的货币则不然，在将商品劳动力 A 和生产资料 PM 买进来后，货币 G 不但要回来，而且还要携带更多的货币 ΔG 回来。这是由于作为资本的货币在买进劳动力 A 和生产资料 PM 后，经过生产过程，变为制成品 $W+\Delta W$ 后，在流通过程 II 中，将 $W+\Delta W$ 出卖为 $G+\Delta G$，资本家不但收回了原来投在流通过程 I 中的货币 G，而且还获得更多的货币 ΔG，作为剩余价值的货币形态，即利润。

事情并不就在这里终结。马克思的社会总资本的再生产过程的图解还告诉我们,资本家的资本为了增殖,由 G 增大到 $G + \Delta G$,还必须继续不断地采取各种不同的物质形态,方才能够完成它的创造更多的价值即剩余价值的任务。它在生产过程开始时所采取的虽然只是货币的形态,但在流通过程 I 之末,它就将立即脱去货币形态的衣裳,采取商品的形态 W,即劳动力 A 的形态和生产资料 PM 的形态了。在生产过程开始时,劳动力 A 和生产资料 PM 变为生产资本了。自生产过程开始时起,由于劳动力 A 用大于劳动力价值的劳动支出,在生产过程之末所创造出来的商品 W 即 $W + \Delta W$,其价值大于 W 即 $A + PM$ 的价值,此时,资本家的资本的价值就又脱去了它作为生产资本的形态,采取了作为制成品的更多的商品的形态。最后,在流通过程 II 中,再脱去它的更多的商品 $W + \Delta W$ 的形态,采取更多的货币形态 $G + \Delta G$。然后作为资本的货币 G,在简单再生产的场合,再又回过头来,将在前一时期已经采取过的形态变化再走一遍。由此循环往复,周而复始,没有停止。这样资本家所投下的货币资本 G,在每一次的整个再生产过程中,经过了包含 G 在内的四次的形态变化后,就能够做到增殖它自己的价值。G 不但要回来,而且还要带着 ΔG 回到它的主人手中。

应当特别强调的,即由剩余价值转化而来的资本,在再生产过程所采取的形态变化的不停止的运动,对于剩余价值的创造和实现,乃是非常重要的。资本如果一旦停止了它的形态变化的运动,它就不是资本了。任何资本家都懂得,为了资本的增殖,决不能让它停止在原来的状态上。如果资本在第一个阶段 $G \rightarrow W$ 的起点 G 上停止下来了,它就是单纯的货币的窖藏,也就不再是货币资本了。如果它在第二个阶段 P 上停止下来,它就成了关闭的工厂,不但工人没有机会工作,而且机器停止了转动,因而也就不是生产资本了。如果停止在流通过程 II W' 的阶段,那末生产出来的商品,就将成为卖不出去的仓库中的存货,因而也就不是,至少在相应的时期内,不是商品资本了。如果永远卖不出去,那末,在这生产过程开始时,用货币形态投下的资本 G,不但不能带着 ΔG 回来,并且连它自己也将化为乌有了。资产阶级的庸俗经济学家们,特别是其中的凯恩斯,由于不能理解作为资本的货币和作为购买手段的货币两者的区别,因而也就无法理解资本的价值的增殖,即由 G 增殖为 $G + \Delta G$,必须依次地采取不同的形态,好象蚕卵必须依次采取蚕卵、小蚕、大蚕、蚕蛹和蚕蛾等不同的形态,然后才能生产出更多的蚕卵来一样,从而也就无法理解资本的价值的形态变化对于劳动力的需求所起的决定的作用了。

现在还要进而讨论一个在政治经济学上极其重要的根本性的问题,即用以购买生产资料的资本和购买劳动力的资本对于剩余价值创造的关系的问题。骤看起来,剩余价值,在表面上好象是由作为生产资本的劳动力和作为生产资本的生产资料,在生产过程中共同发挥作用的结果。在生产过程开始时本来只有生产资料的价值和劳动力的价值两个部分。可是在生产时期之末,由于两者共同发挥作用的结果,被生产出来的商品 W 的价值,却包含有三个组成部分了:(一)生产资料的价值,(二)劳动力的价值,(三)剩余价值。究竟剩余价值是由生产资料创造出来

的呢？抑或是由劳动力创造出来的呢？对于这个问题的两种不同的答复反映出两
个阶级和两种思想的尖锐的斗争。资产阶级的庸俗经济学家们，特别是其中的凯
恩斯，他们认为剩余价值是由生产资料在生产过程中创造出来的，而不是由劳动力
即劳动者所支出的劳动在生产过程中创造出来的。他们的理由是，劳动力即劳动
者在生产过程中，除非有生产资料参加生产活动，是点滴的剩余价值也创造不出来
的。马克思根据数学上演算常量和变量的规律，结合资本家在生产过程中残酷地
榨取工人的最大限度的劳动的实际情况，他在人类社会科学发展史上第一次发现
和揭示了资本家在生产资料上所投下的资本的价值，不问有多大，它与剩余价值的
关系只是常量与变量的关系；因为生产资料的价值，无论在生产时期开始时和在生
产时期之末，它的价值都是相同的，它乃是一个常量。然而剩余价值却是一个变
量。常量对于变量是不起什么增加或减少的决定作用的。用别的一句话说，即生
产资料的价值对于剩余价值在数量上的增加或减少的作用等于零。作为生产资本
的生产资料的价值既然是常量，剩余价值既然是变量，怎么能说作为生产资本的生
产资料的价值这个常量是决定剩余价值这个变量的自变量呢了？显然，决定剩余
价值这个变量的自变量只能是作为生产资本的劳动力的价值了。诚然，在生产过
程尚未开始时，作为商品的劳动力的价值，如同其他一切商品的价值一样，也是死
劳动，也是常量。但在生产过程中，由于作为商品的劳动力变为生产更多的价值的
劳动力，它的价值于是就由死劳动转变而为被一部分的货币资本所雇佣的劳动力
的活劳动。由常量一变而为自己增殖其自己价值的自变量了。这个工厂自变量
V，随着劳动力，即劳动者所支出的劳动的增加，由 V 酬增殖为 $V + \Delta V$，于是这个 ΔV
就变为劳动者用无酬的劳动替资本家所生产出来的剩余价值 M 了。从劳动力价
值的增殖过程来观察，显然，剩余价值 $M(= \Delta V)$，只是劳动力的价值 V 自己增殖其
价值为 $V + \Delta V$ 的结果。由此可见，劳动力的价值 V 与剩余价值 $M(= \Delta V)$ 的关系
确是自变量和依变量的关系，即剩余价值 M 完全是被劳动力的价值 V 的增量 ΔV
所决定。资产阶级的庸俗经济学家们，凯恩斯也是其中之一，说剩余价值 M 是由
生产资料的资本价值所创造，犯了把生产资料的价值这个常量看做决定 M 这个变
量的自变量的错误。诚然，在生产过程中，从事价值创造的劳动力（劳动者）在替
资本家无酬地创造剩余价值的时候，需以资本家用货币资本买来的各种生产资料
作条件，但这不等于说，剩余价值是由生产资料的价值创造出来的。在化学实验室
中，化学家在作化学实验的时候，都需要用各种容器。但化学家在分析的结果上，
并不需要注意他们。因为他们是常量，对于化学家所分析的变量与变量之间的函
数关系，不起丝毫的量变的作用。在政治经济学上，如果我们仅就价值的创造和价
值的变化来考察，而不考察别的什么，那末，生产资料的价值，不问其有或无，大或
小，对于剩余价值的创造和变化所起的作用只能是一种常量对于变量的作用。因
为作为生产资本的生产资料，不问它的价值大或小，对于价值的创造者所起的作
用，就只是提供一种物质，使他能够将所创造的价值固定在上面而已。只要有了足

够的量,不管它的价值提高或是降低,或者象土地和大海那样没有价值,都不会影响价值创造和价值变化的过程。这就是说,生产资料资本的价值,对于剩余价值的关系,只是常量对变量的关系。在生产过程中,只有从事生产价值活动的劳动力的价值,由于后者自己增殖自己的价值的活动,它与剩余价值的关系,才是自变量对于依变量的关系。也就是说,剩余价值只是由劳动力所支出的无酬劳动所创造。

根据在生产过程中生产资料的价值和劳动力的价值对于剩余价值所发生的常量关系和自变量的关系,马克思将生产资料的价值定性为常量资本,用 C 来表示它;将劳动力的价值定性为变量资本,用 V 来表示它;将商品的增量 ΔW 的价值 ΔV,定性为剩余价值,用 M 来表示它。合而言之,即社会总资本的价值是由(一)常量资本 C,加(二)变量资本 V,再加上(三)剩余价值 M 而成的。用符号来表示它,即

$$C + V + M = W'$$

在中译本《资本论》中,将常量资本译成不变资本,变量资本译成可变资本,但是我认为马克思的常量资本不是指的不变量的资本的意思,又他的变量资本亦不是指的其量可以变或可以不变的意思。为了确切地反映马克思的科学概念的原意,我在本文中不用不变资本和可变资本的译名,而采用常量资本和变量资本的译名。

由于社会总商品的价值 W' 系由生产资料的价值 W_1' 和消费资料的总价值 W_2' 所构成。所以这个总公式又可以为下列两个公式:

Ⅰ 生产资料部类　　$C_1 + V_1 + M_1 = W_1'$

Ⅱ 消费资料部类　　$C_2 + V_2 + M_2 = W_2'$

还由于消费资料的部类所生产的消费资料的价值 W_2' 是由必须品的价值 W_{2a}' 和奢侈品的价值 W_{2b}' 所构成,故可用相应的代数符号来表示他们的价值的构成如下:

$$C_{2a} + V_{2a} + M_{2a} = W_{2a}'$$

$$C_{2b} + V_{2b} + M_{2b} = W_{2b}'$$

现在存在的问题是,即在社会总资本的再生产分为Ⅰ生产资料再生产和Ⅱ消费资料再生产两大部类,而在每一大部类中又分为较小的若干部门的时代,究竟在这两大部类之间,在生产和交换上,要具备些什么样的比例条件,才能使他们的相互需求和相互供给彼此相等,才能使他们之间的交换都能按照等价交换的原则顺利地进行,以至于能使资本家们在流通过程Ⅰ中,在劳动力 A 和生产资料 PM 上所投下的社会总资本 G 和在生产过程中所生产出来的 $W + \Delta W$ 的总制成品 W,都能够在流通过程Ⅱ中实现为货币 $G + \Delta G$,然后再又回过头来以相同的生产规模或更大的生产规模,一次又一次地进行再生产呢? 以同样的规模进行的一次又一次的再生产,马克思称它做社会总资本的简单再生产。以更大的规模进行的一次大过一次的再生产,马克思称它做扩大再生产。这两个不同的再生产,在生产和交换上

所需要具备的比例条件是不相同的。马克思所着重说明的,虽是积累与扩大再生产过程在生产和交换上所需要具备的比例条件,但因简单再生产乃是被包括在扩大再生产里面一个要素,为了便于说明扩大再生产在生产和流通上所必须具备的比例条件,马克思首先分析简单再生产过程在生产和流通上所需要具备的比例条件。

什么是社会总资本的简单再生产呢?简单再生产就是没有剩余价值资本化的即是没有资本积累的年复一年地以相同规模进行的再生产,用图解来表示它如下:

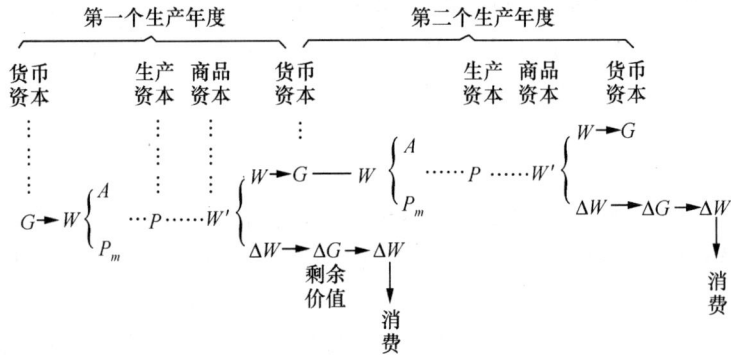

简单再生产的循环过程

即社会总资本的价值 W' 和生产资本 P,第一年度和第二年度完全一样。

但是在社会总商品的生产分为 Ⅰ 生产资料和 Ⅱ 消费资料两大部类后,怎样才能使社会总商品及其价值的生产年年不变呢?依据马克思的分析,必须具备下列五个条件:

(一)生产资料的生产部类 Ⅰ 所生产的生产资料 W'_1 必须恰够补偿生产资料生产部类 Ⅰ 和消费资料生产部类 Ⅱ 在生产过程中所消耗的常量资本 C_1 和常量资本 C_2。用公式来表示它,即:

$$W'_1 = C_1 + C_2$$

这即是说,生产资料的供给 W'_1 恰等于 Ⅰ 和 Ⅱ 两个生产部类;为了补充常量资本 C_1 + C_2 的需要,既不大,又不小。

(二)消费资料生产部类 Ⅱ 所生产的消费资料 W'_2 必须恰够 Ⅰ 和 Ⅱ 部类为了消费其全部的收入所需要的消费资料,即是必须等于工人阶级的全部工资 $V_1 + V_2$ 和资本家阶级的全部剩余价值 $M_1 + M_2$ 两者所需要的消费资料。用公式来表示它,即:

$$W'_1 = (V_1 + M_1) + (V_2 + M_2)$$

即,消费资料的总供给恰等于消费资料的总需求,既不多,又不少。这是由于在简单再生产的条件下,没有剩余价值资本化,除了工人阶级消费其全部工资外,资本家阶级也要消费其全部剩余价值即利润。

（三）由前两个条件产生出来第三个条件，即Ⅰ部类所生产的生产资料 W'_1，除本部类需要用来补充在生产过程中所消耗的常量资本 C_1 外，所余下的价值 $W'_1 - C_1 = C_2$ 的生产资料，恰等于Ⅱ部类为了补充其在生产过程中所消耗的常量资本 C_2 所需要的生产资料。相反，Ⅱ部类在其所生产的消费资料 W'_2 中，除了本部类的工人和资本家需要用来消费其全部收入 $V_2 + M_2$ 外，所余下的消费资料 $W'_2 - (V_2 + M_2)$，恰等于Ⅰ部类的工人和资本家为了消费其全部收入 $V_1 + M_1$ 所需要的消费资料。用公式来表示它，即：

$$C_2 = V_1 + M_1 \text{ 或 } W'_1 - C_1 = W'_2 - (V_2 + M_2)$$

或者，把它说得更精确些：

因 $W'_1 - C_1 = C_2$ ·· 按（一）

和 $W'_2 - (V_2 + M_2) = V_1 + M_1$ ······························· 按（二）

但 $W'_1 - C_1 = V_1 + M_1$

故 $C_2 = V_1 + M_1$

这就是说，Ⅰ部类的出口的生产资料的价值恰等于Ⅰ部类入口的消费资料的价值。Ⅱ部类出口的消费资料的价值恰等于Ⅱ部类入口的生产资料的价值。即在生产部类Ⅰ和Ⅱ之间的部际贸易的供给和需求相等。

（四）由于在消费资料部类分为必需品 W'_{2a} 的生产和奢侈品 W'_{2b} 的生产两类，如果工人阶级所消费的只是必需品，但资本家阶级在其所得的 $M_1 + M_2$ 剩余价值中只以其中的一部分购买必需品 W'_{2a}，那末，必需品的生产，一定要恰好等于劳资两个阶级对于必需品的需求。用公式来表示它，即：

$$V_1 + V_2 + \frac{X}{100}(M_1 + M_2) = W'_{2a}$$

（五）奢侈品 W'_{2b} 的生产尚必须等于奢侈品的需求，用公式来表示它，即：

$$\left(1 - \frac{X}{100}\right)(M_1 + M_2) = W'_{2b}$$

观上可知，社会总资本的简单再生产要能顺利地进行，首先Ⅰ和Ⅱ两个生产部类的生产物都要保持适当的比例，只有这样，第一，才能使Ⅰ部类所生产的生产资料的供给恰等于Ⅰ和Ⅱ两个生产部类为了补充消耗的常量资本，即是为了维持常量资本的不变对于生产资料的需求，第二，才能使Ⅱ部类所生产的消费资料恰好等于Ⅰ和Ⅱ两个部类的工人和资本家为了消费其全部收入对于消费资料（包含必需品和奢侈品）的需求。同时，在商品流通上，为了使生产的生产资料和生产的消费资料都能按照生产的成本加利润（常量资本加变量资本加剩余价值）的价值，在市场上出售为货币，尚必须保持适当的作为流通中介的货币数量，如果过多则会引起通货膨胀，如象我国解放战争时期，在蒋管区内部那样的通货膨胀和物价的继增，如果过少则会引起通货的不足和物价的继跌，如象英国在1925年保持金本位制时所发生的经济衰退。上述两者都会导致简单再生产的破坏。

还有重要的一点，即在 I 和 II 两个部类之间，I 部类的资本家们和工人们，由于不能用其所生产的包含剩余价值的 $V_1 + M_1$ 生产资料来消费，只有将它卖给 II 部类，换成货币后，才能用后者去向 II 部类购买价值 $V_1 + M_1$ 的消费资料来消费，才能消费其全部收入的工资和剩余价值。II 部类的资本家们，亦必须将价值 $(V_1 + M_1)$ 的消费资料卖给 I 部类后，换得价值 C_2 的生产资料回来，才能维持原来的常量资本不变。概括言之，在简单再生产的场合，I 和 II 两个部类的资本家们的消费和再投资，都必须依靠在生产过程中所生产出来的商品的价值在流通过程 II 中能够实现为货币，作为先决条件。尤为重要的是，在资本主义社会中，在工人阶级消费其全部工资和资产阶级消费其全部剩余价值的条件下，生产和就业都不能有丝毫的增加。因为常量资本和变量资本都没有增加，都没有积累。可笑的是，当代的庸俗经济学家们，特别是凯恩斯，不但认为 I 和 II 两个部类的消费和再投资不是首先取决于彼此为对方生产的商品的价值在流通过程 II 中能够实现为货币，而且认为，在工人阶级和资本家阶级消费其全部收入 $V + M$ 的条件下，生产和就业都可以继续增加，一直增加到充分就业。他们的根据究竟是什么呢？以后在我们述评凯恩斯的有效需求原则和就业倍数学说的时候，就将看到，他们所根据的全部都是在客观上不存在的假设或诳话。

什么是社会总资本的扩大再生产呢？就是指社会总资本的生产的规模不是年年都相同，而是一年比一年更扩大。用图解来表示它如下：

第一年对扩大再生产的准备过程　　　　　第二年实现扩大再生产的过程

在这个图解中，简单再生产不同的地方，即剩余价值 ΔG 不是全部都被资本家拿来买消费品而消费了。它只以其中的 $\Delta G_2 \lambda$ 来消费（λ 表示消费收入），另一部分 $\Delta G_1 P$ 则用来扩大生产。这样，生产资本就积累起来了，从而社会总资本的再生产，在第二年就比在第一年扩大了。

问题存在于在社会生产的分工进一步发展和专业化的时代，在 I 和 II 两个生产部类之间，比起简单再生产来，必须具备些什么另外的不同的生产和流通的比例条件，才能使资本家在流通过程 I 中和 II 中投下的更多的货币资本，不但能再回到资本家手里,而且还能带着比原投下的货币资本更多的货币,即能带来剩余价值回到资本家手里呢? 马克思对于这个问题的答复是,需要具备(除开必需品和奢侈品的必要比例关系在这里不予讨论而外)另外三个生产与交换的比例的条件:

1. Ⅰ部类所生产的生产资料的价值 W_1' 必须大于(而不是等于)Ⅰ和Ⅱ两个部类为生产而消耗的常量资本之总和,即:

$W_1'(PM) > C_1 + C_2$,即 $W_1' = C_1 + C_2 + \Delta C_1 + \Delta C_2$,这样Ⅰ和Ⅱ两个部类的常量资本才能积累,才能扩大。

2. Ⅱ部类所生产的消费资料的价值 W_2' 必须小于Ⅰ和Ⅱ两个部类的变量资本和剩余价值之总和;即:

$W_2' < V_1 + M_1 + V_2 + M_2$,即 $W_2' = V_1 + M_1 + V_2 + M - \Delta C_1 - \Delta C_2$ 这样才能将收入中大于消费的部分化为增加的常量资本和变量资本。

3. 为了使社会总资本的扩大再生产能够顺利地进行,Ⅰ部类在其所生产的生产资料 W 中,除了本部类留作填补常量资本的消耗价值 C_1 和增加的新常量资本的价值而外,其向Ⅱ部类所输出的生产资料的价值,尚必须恰等于Ⅱ部类除了本部门消费外,为了输入价值相等的生产资料而向Ⅰ部类所输出的消费资料的价值。用公式来表示它:

$$W_1' - C_1 + C_2 = W_2' - [V_2 + (M_2 - \Delta C_2)]$$

其公式证明如下:

因 $W_1' = C_1 + C_2 + \Delta C_1 + \Delta C_2$

即 $W_1' - (C_1 + \Delta C_1) = C_2 + \Delta C_2$

但 $C_2 + \Delta C_2 = W_2' - [V_2 + (M_2 - \Delta C_2)]$

故 $W_1' - C_1 + C_2 = W_2' - [V_2 + (M_2 - \Delta C_2)]$

必须经过这样的交换,Ⅰ和Ⅱ两个部类才能扩大常量资本 $\Delta C_1 + \Delta V_2$。伴着常量资本的增加,Ⅰ和Ⅱ两部类的资本家们再分别地在他们所得的剩余价值 $M_1 + M_2$ 中拿出一部分出来,使之能够依照常量资本和变量资本的比例,相应地扩大变量资本 $\Delta V_1 + \Delta V_2$,这样就使社会总生产资本在第二年度里都扩大了。如此循环往复,则生产资本一年比一年有所扩大了。

为了用数目字说明扩大再生产在Ⅰ和Ⅱ两大部类之间,在生产和交换上所必须具备的比例的条件,马克思举了两个示范的例子如下:

第一年:扩大再生产的准备的过程

Ⅰ 生产资料部类　$4\,000C_1 + 1\,000V_1 + 1\,000M_1 = 6\,000W_1' \left.\right\} 9\,000W'$

Ⅱ 消费资料部类　$1\,500C_2 + \quad 750V_2 + \quad 750M_2 = 3\,000W_2'$

第二年:扩大再生产的实现过程

Ⅰ 生产资料部类　$4\,400C_1 + 1\,100V_1 + 1\,100M_1 = 6\,600W_1' \left.\right\} 9\,800W'$

Ⅱ 消费资料部类　$1\,600C_2 + \quad 800V_2 + \quad 800M_2 = 3\,200W_2'$

由于在第一年里Ⅰ部类所生产的生产资料大于Ⅰ和Ⅱ两大部类在生产过程所消耗的生产资料 $C_1 + C_2$，共大 $500\Delta W$，即：

$$6\,000W_1' > 4\,000C_1 + 1\,500C_2$$

这就替第二年的扩大再生产作了准备，在第二年能够将 $400\Delta C_1 + 100\Delta C_2$ 用来扩大常量资本。否则无论如何膨胀购买生产资料的货币，也是不能在第二年扩大常量资本的。但是庸俗经济学家凯恩斯在谈到扩大再生产的时候，胡说什么不必在第一年先扩大生产资料的生产以备第二年度扩大常量资本之用，只要资本家们预期的本年度对商品的需求增加，在原有的资本装备之上，连原料与燃料在事先都没有增加，就可以将本年度的制成品增加到等于需求增加的程度。这行吗？当然是不行的。

第二，还由于两个部类的资本家们在工人消费其全部变量资本 V 的条件下，又都不以其全部所得的剩余价值变为消费资料，而只以其中的一部分变为消费资料，同时Ⅱ部类所生产的消费资料恰正小于总的国民收入 $V + M500$。即：

$$3\,000W_2' < (1\,000V_1 + 750V_2) + (1\,000M_1 + 750M_2)$$

这样才使Ⅰ和Ⅱ两部类有在第一年增大生产资料 $\Delta W_1'500$ 的可能性。可是庸俗经济学家凯恩斯却胡说什么资本家和工人消费其全部的收入 $V + M$，即把全部的 ΔW 都吃光、喝光、花光，但社会却有无限大的净生产物（包括生产资料在内）的增加。这怎么能行呢？

第三，由于从Ⅰ部类输出的生产资料的价值恰等于它向Ⅱ部类输入的消费资料的价值即：

$$6\,000\ W_1' - 4\,000C_1 + 400C_1 = 3\,000W_2' - 750V_2 - (750M_2 - 100\Delta M_2)$$

这样Ⅰ和Ⅱ两个部类在第一年度之末，再将他们各自的制成品实现为货币，并获得了他们所将要在第二年中为了扩大再生产的规模所必须事先准备好的新的更多的生产资料。同时再在他们的采取消费资料酌商品形态的剩余价值中，Ⅰ部类依照 $4C_1 : 1V_1$ 的比例，和Ⅱ部类依照 $1C_2 : \dfrac{1}{2}V_2$ 的比例，将剩余价值 $100m$ 和 $50m$ 化为新增加的变量资本，这样在第二个年度就能实现扩大再生产了。其公式如下：

$$\text{Ⅰ}\ (4\,000 + 400)C_1 + (1\,000 + 100)V_1 + (1\,000 + 100)M_1 = 6\,600W_1'$$

$$\text{Ⅱ}\ (1\,500 + 100)C_2 + (750 + 50)V_2 + \quad (750 + 50)M_2 = \quad 3\,200W_2'$$

这样,社会总资本的生产就由 9 000 扩大到 9 800 了①。毫无疑问,庸俗经济学家凯恩斯对于实际的扩大再生产过程是完全无知的。

马克思将社会总资本的再生产,包括简单再生产和积累. 与扩大再生产所必须具备的条件阐明之后,一而再、再而三地强调,社会总资本的再生产如果要能顺利地进行,那就需要 Ⅰ 和 Ⅱ 两个部类都能按照自己的需求和相互的需求的比例进行生产和交换。在简单再生产的场合,如果 Ⅰ 部类所生产的生产资料大于 Ⅰ 和 Ⅱ 两个部类,为了维持常量资本不变所需要的生产资料即 $W_1' > C_1 + C_2$,和在积累与扩大再生产的场合,如果 $W_1' > C_1 + \Delta C_1 + C_2 + \Delta C_2$,那就将导致生产资料生产过剩的危机。同样的道理,如果 Ⅱ 部类所生产的消费资料大于 Ⅰ 和 Ⅱ 两个部类所需要的消费资料,即是在简单再生产的场合 $W_2' > (V_1 + M_1) + (V_2 + M_2)$,在扩大再生产的场合,$W_2' > [V_1 + M_1 - \Delta M_1 (= \Delta C_1)] + [V_2 + M_2 - \Delta M_2 (= \Delta C_2)]$ 那就将导致消费资料生产过剩的危机。

其次,纵令 Ⅰ 和 Ⅱ 两大部类的生产都是按照自己的和相互的需求的比例生产出来的,在简单再生产的场合,Ⅰ 部类所生产的生产资料恰等于 Ⅰ 和 Ⅱ 两个部类对它的需求,即是,在简单再生产的场合,$W_1' = C_1 + C_2$,在扩大再生产的场合,$W_1' = C_1 + \Delta C_1 + C_2 + \Delta C$,同时,Ⅱ 部类所生产的消费资料,恰等于 Ⅰ 和 Ⅱ 两个部类的需求,即在简单再生产的场合,$W_2' = (V_1 + M_1) + (V_2 + M_2)$,在扩大再生产的场合,$W_2' = [V_1 + (M_1 - \Delta C_1)] + [V_2 + (M_2 - \Delta C_2)]$,但如 Ⅰ 部类在将自己的生产资料卖给 Ⅱ 部类后,贮藏一部分货币,准备将来用作扩大的货币资本,即在将来用作在流通过程工中买进更多的生产资料,从而不把它卖得的全部货币用来向 Ⅱ 部类买进 W_2,那就将导致 Ⅱ 部类的相应的消费资料卖不出去的危机。相反地,如果 Ⅱ 部类将输出的剩余消费资料卖给 Ⅰ 部类后,为了准备将来扩大资本起见,贮藏一部分货币,不以全部用来购买工部类出口的剩余生产资料,这就将导致相应的生产资料卖不出去的危机。这种危机不是生产过剩的危机,而是货币的危机。它与生产过剩的危机虽然有别,但都是社会总资本的再生产过程的扰乱和破坏。这就是说,为了社会总资本的再生产过程能够顺利地进行,没有生产过剩的危机和货币危机,不仅要对于生产过程进行全面的安排,而且对流通过程亦要有相应的全面的安排。可是

---

① 马克思在上述的扩大再生产的示范性例解中,只是为了说明积累与扩大再生产的三个条件起见,方才假定扩大再生产的准备时期和实践时期都各只是一年,方才假定在扩大再生产实践时期的常量资本增量的全部和变量资本增量的全部,都是来自上一年这个准备时期的剩余价值资本化。但马克思既不是说准备时期和实践时期都必须各自以一年为限,亦不是说,全部常量资本的增量和全部变量资本的增量,都必须完全来自上一年的剩余价值资本化。显然,在预计的以某种耐久的生产手段或某种耐久的消费手段为标准的大规模的扩建的相当长的扩大再生产的实践时期,除了在它开始时和开始后一段时期内的常量资本和变量资本增量的全部,都必须完全来自相当长的准备时期的,剩余价值资本化以外,由于在相当长的扩大再生产的实践时期中,个别资本的周转时期的长度不同,在扩大再生产实践时期开始后,经过了一段时期,它所继续需用的常量资本增量和变量资本增量,在必要和可能范围内,则是部分地来自本时期的事先的剩余价值资本化。只要它符合于积累与扩大再生产的三个条件,马克思认为这乃是完全必要和可能的事情。

在资本主义社会中,由于资本主义的生产资料私有制,是没有对两者进行全面安排的可能性的。

将马克思关于社会总资本的再生产即简单再生产和积累与扩大再生产的学说理解后,现在我们就应当进而理解马克思揭示的资本积累的一般规律。这个规律说明随着资本在有机构成提高条件下的积累,产业后备军必然累进地产生。

马克思所说的资本积累包含着两种积累在内:(一) 在资本有机构成 $C:V$ 不变条件下的积累,(二) 在资本有机构成 $C:V$ 提高的条件下的积累。马克思为了讨论的方便,在论述积累与扩大再生产时,在上述所说的两例中,所说的只是在资本有机构成 $C:V$ 不变条件下的积累。列宁在他的《论所谓市场问题》一文中,依照马克思的关于积累与扩大再生产的条件,把在资本的有机构成 $C:V$ 不断提高的条件下的积累,用数字为例补充说明如下:

第一年,关于扩大再生产的准备,与马克思的举例完全相同:

$$\left.\begin{array}{l}\text{Ⅰ 有机构成 } c{:}v,\ 4{:}1 \qquad 4\,000c_1 + 1\,000c_1 + 1\,000m_1 = 6\,000W_1' \\ \text{Ⅱ 有机构成 } c{:}v,\ 2{:}1 \qquad 1\,500c_2 + \ \ 750c_2 + \ \ 750m_2 = 3\,000W_2'\end{array}\right\}9\,000W'$$
$$C{:}V,\,3.1{:}1 \quad 5\,500c + \ 1\,750c + \ 1\,750m = \ 9\,000W'$$

第二年,扩大再生产的实现,列宁假设资本有机构成 $C:V$ 已有提高,其结果是:

$$\left.\begin{array}{l}\text{Ⅰ 有机构成 } c{:}v,\ 4.24{:}1 \qquad 4\,450c_1 + 1\,050c_1 + 1\,050m_1 = 6\,550W_1' \\ \text{Ⅱ 有机构成 } c{:}v,\ 2.041{:}1 \qquad 1\,550c_2 + \ \ 760c_2 + \ \ 760m_2 = 3\,070W_2'\end{array}\right\}9\,620W'$$
$$C{:}V,\,3.3{:}1 \quad 6\,000c + \ 1\,810c + 1\,810m = \ 9\,620W'$$

第三年,扩大再生产的实现,假设资本有机构成再提高,其结果是:

$$\left.\begin{array}{l}\text{Ⅰ 有机构成 } c_1{:}v_1,\ 4.6{:}1 \qquad 4\,950c_1 + 1\,075c_1 + 1\,075m_1 = 7\,100W_1' \\ \text{Ⅱ 有机构成 } c_2{:}v_2,\ 2.09{:}1 \qquad 1\,600c_2 + \ \ 766c_2 + \ \ 766m_2 = 3\,132W_2'\end{array}\right\}10\,232W'$$
$$C{:}V,\ 3.5{:}1 \quad 6\,550c + \ 1\,841c + 1\,841m = \ 10\,232W'$$

马克思在《资本论》第一卷着重指出的资本积累的一般规律,就是指资本的有机构成在不断提高条件下的积累对于劳动力的需求的相对的减少,和产业后备军的累进的生产。由此可见,列宁所补充的在资本有机构成提高条件下的积累与扩大再生产的举例,对于全面理解马克思的资本积累的学说乃是非常必要的。除非全面理解马克思的资本积累的学说(包含作为资本积累与扩大再产生的一个因素的简单再生产的学说),是不能全面理解马克思关于产业后备军的累进生产的资本积累的一般规律的理论的。

马克思关于资本积累与扩大再生产的理论,首先从生产领域中,阐明了就业的增加不是取决于对一般商品需求的增加,而是取决于对劳动力这个特殊商品需求的增加。对于劳动力这个特殊商品需求的增加,在平均每一变量资本支配的就业工人数不变的条件下,取决于变量资本的增加。而变量资本的增加则取决于资本总量 $C+V$ 的增加,即取决于剩余价值资本化和资本的有机构成 $C:V$ 的变化。如

果用 V 表示变量资本,用 C 表示常量资本,$C+V$ 表示总资本和用 $C+V/V$ 表示总资本对变量资本的比率,即资本有机构成的 $C:V$ 的指数(因为 $C+V/V$ 与 $C:V$ 永远是同方向变动的),那么,无论在资本有机构成不变条件下的积累,抑还是在资本有机构成提高条件下的积累,就业的工人数,在每一变量资本支配的工人数不变的条件下将是:

$$V \times \frac{E}{V} \text{ 或}(C+V) \frac{V}{(C+V)} \times \frac{E}{V}$$

这里的 E 表示就业的工人数,因此,就业的工人数的增量就必然是:

$$\Delta V \times \frac{\Delta E}{\Delta V} \text{ 或 } \Delta(C+V) \frac{\Delta V}{\Delta(C+V)} \times \frac{\Delta E}{\Delta V}$$

也许有人说,这个公式不适用于凯恩斯的短期的分析。因为依照凯恩斯的短期的分析,就业的增量取决于对一般商品需求的增量。可是在事实上,即在短期里,比如说在六个月或更短的时期里,就业的增量亦是取决于变量资本的增量。因为商品需求的增加,只是表明社会收入的增加。对资本家所得那部分的收入来说,它只表明资本家的货币形态剩余价值的增加,即利润的增加。资本家只有在增加的利润中扣除了个人消费之外,取出一部分来,化作新增加的变量资本,和取出另一部分化作相应的新增加的常量资本,化作必须添置的机器、原料和材料,才能增加就业,如果资本家在第一个生产时期里,在其所得的货币形态的剩余价值即利润中,通通把它消费了,吃、喝、嫖、赌光了,或以一部分来消费,另一部分来窖藏或储蓄,而不以之化作新增的变量资本和相应的新增的常量资本,那末,在生产过程中,无论对于商品的货币支出(即需求)如何增加,就连一个工人的就业也是不能增加的了。

在上述这个公式:

$$\Delta E = \Delta V \times \frac{\Delta E}{\Delta V} \quad \text{或} \quad \Delta(C+V) \frac{\Delta V}{\Delta(C+V)} \times \frac{\Delta E}{\Delta V}$$

中,包含有三个意义在内:

第一个意义是,就业的增加,在每一变量资本支配的就业人数不变的条件下,取决于变量资本的增加,即取决于资本家在其所剥削的剩余价值中,除了将一部分用来购买消费品以满足资本家消费而外,另一部分则通过新增的变量资本,垫给工人消费,期望在第二个生产年度内,不但能将垫给工人的变量资本收回来,而且变量资本还能给他带来更多的剩余价值。它不象庸俗经济学家凯恩斯所说的那样,就业的增加,只取决于预期的对于制成的商品总需求的增加,预期的总卖价,或预期的国民收入。

第二个意义是,就业的增加,在每一变量资本支配的就业人数不变的条件下,固然是取决于变量资本的增加,但不是孤立的或无条件的,同时还需要有常量资本的增加。这就是说,常量资本的增加,必须能向变量资本提供足够的物质,使增加的变量资本在生产过程中所增产的包含剩余价值在内的价值能够固定下来。庸俗经济学家凯恩斯是连这点简单的生产常识,即增加生产必须增加必要的常量资本,如机器、原料与燃料等,也是不知道的,或者说,为了制造骗人的谎话,纵然知道,但不愿意在他的《就业一般理论》中加以考虑。

第三个意义是,就业的增加还取决于资本的新增加的积累所受到的有机构成的变化的影响。这是由于,在每一变量资本支配的就业人数不变的条件下,决定就业人数增加的变量资本的增加取决于资本新增加的积累和资本有机构成的联合影响,即

$$\Delta E = \Delta V \times \frac{\Delta E}{\Delta V} = \Delta(C+V)\frac{\Delta V}{\Delta(C+V)} \times \frac{\Delta E}{\Delta V}$$

这里又有三种情况:一、资本的有机构成不变。在这情况下,显然在每一变量资本支配的就业人数不变的条件下,就业的增加将与生产资本总量的增加 $\Delta(C+V)$ 同比例。但这绝不是说,在资本有机构成不变的条件下,伴随着生产资本总量的增加,产业后备军就必然会消灭。因为在资本主义制度下生产资本的积累,即在资本有机构成不变的条件下,也有不能全部吸收相对的剩余人口的情况。因为在资本主义社会中,生产资本的积累需要许多条件,并且需要经过许多次的周而复始的再生产的时间,才能使常量资本和变量资本生产出一个足够吸收剩余人口的数量。举一个例子来说,印度国家计划部长南达,在 1956 年对于印度第一个五年计划(1951—1956 年)的报告中说,印度一个成年人就业,大约需要为他投资三千卢比。他说,当时印度国内有三百万完全失业的工人,半失业者无法统计。如果需要三百万完全失业的工人就业,纵令资本有机构成不变,每一劳动者的就业仍然需为他投资三千卢比左右,至少亦须投资 90 亿卢比。但因资金筹措不易,所以他说当时印度的失业有愈趋严重之势[①]。二、在资本有机构成提高的条件下,纵令在每一变量资本对就业人数不变的条件下,决定就业增加的变量资本虽然会随着社会生产资本 $(C+V)$ 总量的增加,从而在绝对数量上也有增加,但它比起生产资本总量的增加来,却是相对地减少了。在这种条件下,就业就将相对地减少。就业的这种相对减少,本来是由构成劳动力需求的变量资本相对的减少所导致的。但是在另外一个极端上,却表现为一种虚假的外观,好象是找不到工作的劳动者的人口在绝对数量上增加太快的结果。马克思由此得出结论说:"资本主义积累会不断产生出,并且正好是比例于它的力量和数量,不断产生出一个相对的、超越于资本平均价值增殖需要,从而过剩或者过多的劳动人口。"[②]尤为重要的是,在资本有机构成提高的条件下,随着变量资本的增加,每一变量资本支配的就业工人数不是不变而是减少了。那末,随着生产资本总量的增加,就业的增加比起生产资本总量的增加

① 参看陈翰笙:《印度国民经济发展计划》,载《世界知识》,1956 年第 5 期,第 7 页。
② 马克思:《资本论》第 1 卷,人民出版社 1993 年版,第 692 页.

来,还要更少些。众所周知,变量资本的增加,在资本有机构成提高的条件下,在每一变量资本支配的就业工人数不变的条件下,比起常量资本的增加来,比起生产资本总量的增加来,已经相对地减少了。那末,在每一变量资本支配的就业人数不是不变,而是减少的条件下,由于相同的变量资本可以在较少的工人身上,榨取更多的无酬的剩余劳动,其结果是,就业的相对减少比起变量资本的相对减少更快。这就是说,就业的增加比起生产资本总量增加来,虽然以前已经相对地减少了,但在现在在这个新的条件下,还要进一步地减少。马克思说过:"变量资本的增加是劳动增加的指数,但不是就业劳动者增加的指数(重点是笔者加的)。对每个资本家都有这种绝对的利益要使一定量的劳动,由少数劳动者,而不是由较多数一样低廉甚至更为低廉的劳动者榨取出来。因为在后一个场合,常量资本的支出,须比例于所推动的劳动量而增大,在前一种场合,常量资本的增大会缓慢得多。生产规模越大,这个动机也越有力。它的力量是随着资本积累一同增大的。"①

综上所述可知,在资本主义社会中对于就业的需求,完全不是取决于社会对于一般商品的需求,而是取决于变量资本和每一变量资本在每一个工人身上所榨取的剩余劳动即剩余价值这二者所构成的对于劳动力这个特殊商品的需求。在资本主义发展史上,只有在资本有机构成不变的情况下,由于变量资本同社会总资本同比例增加,同时每一变量资本在每一个工人身上所榨取的剩余劳动即剩余价值不变,就业的增加方才能够伴着社会总资本的积累而同比例地增加;除此而外,在资本的有机构成提高的情况下,由于变量资本的增加比起社会总资本的增加来,相对地减少了,同时每一变量资本在每一个工人身上所榨取的剩余劳动即剩余价值又急剧地增加,这样就使社会对于劳动力这个特殊商品的需求,即是对于就业的需求,在一方面越来越赶不上社会总资本的增加,同时在另一个方面也越来越赶不上人口的增加。其结果是,产业后备军必然伴着资本在资本有机构成提高条件下的积累,累进地产生。这就是客观存在的资本积累的一般规律。显然,凯恩斯的有效需求原则和就业倍数学说认为,社会对于一般商品的需求决定社会对于劳动力这个特殊商品的需求乃是绝对荒谬的。

还需注意到,在资本积累的过程中,不但产业后备军会累进地产生,而且资本积累的过程还常被周期性的生产过剩的危机所扰乱。因为资本积累的过程即是扩大再生产的过程。如果资本积累的过程要想不被周期性的生产过剩的危机所扰乱,那就需要资本主义的积累和扩大再生产都是有计划按比例进行的,即是需要从事积累与扩大再生产的所有生产部门都能依照各自的和相互的需要来有计划地进行。不仅如此,而且在产品生产出来之后,在流通过程中,同时也都能够依照各自的和相互的需求进行交换。但这是资本主义的生产关系所不可能做到的。所以在

① 参看《资本论》第1卷,人民出版社1963年版,第698页,本书作者对译文略有变动。

资本主义社会中,资本积累的过程,除了产生产业后备军而外,而且常被周期性的相对的生产过剩的危机所扰乱。为什么资本主义的扩大再生产不可能依照生产各个部门各自的和相互的需求来有计划按比例地进行生产和交换呢?理由很简单,因为在资本主义生产方式中,存在着生产社会性和资本主义占有私人性之间的矛盾。这个矛盾乃是资本主义社会的基本矛盾。这个基本矛盾同时表现为资本主义个别企业的有组织性和整个社会生产的无政府状态的矛盾。这就决定了在 I 和 II 两个部类之间的生产过程和流通过程没有进行全面安排的可能性存在。马克思说过,"商品生产是资本主义生产的一般形式这个事实,包含着货币不只当作流通手段,而且也当作货币资本在其中所起的作用,同时又会生出某些为这种生产方式所特有,使交易从而也使再生产(不管是简单再生产还是扩大再生产)得以正常进行的条件。不过,这些条件,会激变为同样多的反常进行的条件,激变为危机的可能性;因为,在这种生产的自发形式中,平衡本来不过是一种偶然。"①"假若我们设想一个社会,那不是资本主义社会,而是共产主义社会,那末首先,货币资本将会完全消灭,由此引入的买和卖的假装也会消灭。问题就会简单还原为:社会必须预先计算好,能把多少劳动,多少生产资料,多少生活资料用在那种必然有较长期间(一年或一年以上)不提供任何生产资料和生活资料,也不提供任何有用结果,但会从全年总生产中夺去很多劳动,很多生产资料,很多生活资料的事业部门,例如铁路的建筑,而不致有任何损害。但是,在资本主义社会,社会的理智总是要到事情过后才发生作用,所以能够并且必然会不断发生各种巨大的扰乱。"②

马克思用上面两段话阐明在社会总资本的再生产与流通过程中,所谓"平衡不过是一种偶然"的现象,含有两点意义:(一)在社会总资本扩大再生产的准备阶段,固定资本生产部门的扩大,必然优先于其他各生产部门的扩大。在固定资本开始扩大生产以后和在固定资本尚未建成以前,在相当长的时期内,不但不能向社会提供任何生产资料和生活资料,相反,它却要向社会提取(或购买)相当多的生产资料和生活资料,即将相当大量的货币投入流通过程,这样,就将增加整个资本主义社会对于生产资料和生活资料的需求。因此,其他的生产部门都将尽力扩大生产资本和扩大生产,因而也要向流通过程投入货币,争取物资。物价于是普遍涨高。再加上商人从事囤积居奇的投机活动,在商品市场上,供给小于需求,结果就将促使在流通和再生产过程中的买和卖处于相一致的暂时的平衡状态,即是,促使上述的扩大再生产的三个条件得到暂时的实现。应当着重指出的,在工业高涨时期,扩大再生产的三个条件在客观上确是暂时存在的。(二)但是,由于资本主义的生产是无政府状态的生产,特别是由于资本家们争夺高额利润的盲目的竞争,结果,必然在高涨时期之末,出现生产过剩的危机。这种生产过剩的危机之所以发

---

① 马克思:《资本论》第 2 卷,人民出版社 1964 年版,第 549 页。
② 同上书,第 334 页。

生,在一方面,是由于固定资本生产的部门在生产时期之末,不但不能再向流通过程投入更多的货币用来购买更多的生产资料和生活资料,而且还要向流通过程抛售新生产出来的过多的固定资本和收回货币。在另一方面,其他的资本主义企业,在物价高涨之时,亦纷纷起而采用新技术,或用原有的技术,甚至用较低的技术来扩大再生产,初则向流通中投入货币、争取物资,继则抛售增产的商品,争取收回更多的货币。这样就使在高涨时期中曾使流通过程和再生产过程得到实现交易平衡的扩大再生产的三个条件,转化而为反常的交易条件,即萎缩再生产的条件。应当着重指出的是,在危机时期里,反常交易的条件,即萎缩再生产的条件,在客观上亦是不以人的意志为转移而存在的。由于在资本主义生产的扩大中,买和卖的平衡,是由资本主义的基本矛盾所派生的资本家与资本家之间盲目的竞争所引起的转瞬即逝的或昙花一现的现象,所以马克思说,这种平衡不过只是一种偶然的事情。但千万不要忘记了这种偶然的平衡乃是围绕在资本积累的一般规律的周围而旋转的。这就是说,资本有机构成高的大企业,必然在固定资本的大规模建造的每次完成时,通过生产过剩的危机,将资本有机构成低的中小企业强制地消灭掉。从劳资双方的对立的观点来看问题,一次又一次的生产过剩危机,就是要以强制的方法,将变量资本一次又一次地相对地减少,使就业的工人数比变量资本的相对减少更快。一句话,在资本有机构成不断提高条件下的扩大再生产,乃是通过固定资本的生产部门的优先扩大再生产,在扩大再生产的过程中,虽然对于劳动力的需求,从而工人的就业也有短暂的增加,但最终的结果,必然是产业后备军一次比一次大的累进地产生。

马克思关于资本积累与扩大再生产和资本积累的一般规律的理论,除了从社会总资本的扩大再生产地过程,具体阐明产业后备军随着资本家与资本家之间对于最大限度的剩余价值的盲目的竞争必然累进地产生外,同时从对抗性的分配关系,从消费关系和现实流通对于生产关系所起的反作用,来阐明随着资本的积累的发展,产业后备军必然累进地产生。

应当看到,资本主义的基本矛盾随着资本主义的发展,由于绝对的剩余价值和相对的剩余价值的增加,由于通货的膨胀,实际工资的降低,还表现为无产阶级和资产阶级之间在国民收入的分配方面的对抗,即使国民收入的分配有利于资产阶级而不利于无产阶级;这样就造成Ⅱ部类的消费资料的生产和消费市场之间的对抗性的矛盾。这个对抗性的矛盾又必反过头来,对于Ⅰ和Ⅱ两个部类之间生产比例的失调起着恶化的作用,促使它们发生严重的不平衡。它首先恶化流通。由于Ⅱ部类的消费资料的市场相应地缩小,不但使Ⅱ部类的 W_2 不能完全实现为 G_2,而且会导致Ⅰ部类生产资料市场的相应缩小,结果,就将使Ⅰ部类的 W_1 亦不能完全实现为 C_1。这就必然使Ⅰ和Ⅱ两个部类再生产的过程,由于分配的关系的恶化,也遭到破坏。马克思说过:“直接剥削的条件和这种剥削由以实现的条件,并不是相同的。它们不仅会在时间和空间上分开,并且在概念上也会分开。一个只受限制于社会的生产力,另一个却要受限制于不同生产部门的比例性和社会的消费力。但后者既非由绝对的生产力,也非由绝对的消费力决定,而是由那种建立在对抗性分配关系基础上的消费力决定。这种对抗性分配关系,使社会大多数人的消费,减少到一个只能在相当狭小的限界以内变动的最小限度。并且,消费力还会由积累冲动,由追求资本增大,追求剩余价值生产规模扩大的冲动受到限制。"①正如上文所说的那样,两者都将导致Ⅱ部类的消费资料生产过剩的危机和货币危机。在消费资料生产过剩危机和货币危机出现时,由于Ⅱ部类的工厂不少关门,又有不少的工人被抛掷到产业后备军的队伍中。尤为严重的是,在Ⅰ和Ⅱ两个部类的生产过剩的危机和货币危机中被迫关门的工厂,大多都是有机构成低的生产规模较小的工厂,剩下的都是有机构成高的大工厂,其结果是,在危机后的大资本企业中,在生产资本的每一单位价值中,变量资本比起常量资本来,相对地降低。而就业工人的相对减少,在每一变量资本支配的就业工人数减少的条件下,比较变量资本的相对减少更大。由此可见,对抗的分配关系和由此产生的生产和消费的矛盾,在大资本排斥或吞并小企业的竞争下,亦将反作用于资本主义的生产关系,使产业后备军更加严重地累进的产生。

在生产资本积累过程中是这样。在商业资本和银行资本的积累过程中也是这样。总结一句话,任何资本的积累,都是一样地趋向于造成产业后备军的累进的产生。这就是说,资本在这一极端上积累,失业就必然要在另一极端上以更大的速度进行更大的积累。这乃是资本积累的一般规律。除非无产阶级团结起来,夺取资产阶级的政权,消灭资本主义的生产关系,即资本主义的私有制的关系,否则在资本主义社会中,随着资本积累的扩大,产业后备军必然累进地产生。

为了维护资本主义,特别是维护国家垄断资本主义,凯恩斯不是完全不知道产业后备军的累进的产生的根本原因是由资本在有机构成提高条件下的积累,即变量资本相对地减少,和由于每一变量资本支配的就业人数的减少,即是由于资产阶级对于无产阶级的最大的剩余价值的剥削,但他却炮制出一种荒谬的不要资本积累的所谓扩大再生产的学说,即有效需求原则和就业倍数学说,欺骗工人阶级,胡说什么生产过剩的危机和工人长期的大批的失业,根本原因乃是由于工人在通货膨胀、物价高涨的条件下,不肯按照原来的货币工资工作,即不肯降低工人的实际工资,致使工人的实际工资依照他所捏造的工人的边际劳动生产物递减的工资规律,高过于在通货膨胀、物价高涨条件下工人的劳动所生产的全部劳动成果,甚至于侵占了资本家的资本应得的利润所导致的。这是对工人阶级恶毒的诬蔑。试问,工人阶级难道还不应该起来用马克思在《资本论》中所阐明的资本积累与扩大再生产和资本积累的一般规律的理论,作为显微镜和照妖镜,对凯恩斯的有效需求原则和就业倍数学说,进行彻底的揭露和批判么?!

---

① 马克思:《资本论》第3卷,人民出版社1966年版,第266页。

中国有句古语说:"知己知彼,百战不殆。"将马克思关于资本的积累与扩大再生产和资本积累的一般规律的理论弄明白后,我们将进而研究凯恩斯的有效需求原则和就业倍数学说,看看他究竟是怎样说的呢?

III 凯恩斯的有效需求原则和就业倍数学说

凯恩斯的有效需求原则和就业倍数学说,上文已经提到,乃是一种凭空捏造的不要剩余价值资本化,不要资本积累的所谓扩大再生产和扩大就业的学说。这种学说是根据凯恩斯的:(1)垄断资产阶级的立场,(2)唯心主义的否定客观事实的短期供需总量分析法;(3)由此方法所推演出来的所谓"工资规律";(4)由此"规律"所推演出来的荒谬绝伦的所谓充分就业的概念这四者发展出来的。必须首先揭露上述四者反科学的本来面目,才有助于彻底揭露凯恩斯的有效需求原则和就业倍数学说的实质。

(1)凯恩斯的垄断资产阶级的立场。他说:"我怎么能够相信一种教条,这种教条认为河泥比鱼重要,并且把没有教养的无产阶级放在资产阶级和知识分子之上。而后者不问有什么缺点总是社会的精华,而且一定带着一切人类进步的种子。"①他赌咒发誓地说,工人阶级"不是我的阶级,当着阶级战争发生时,我的地方的和个人的忠心,如象其他的人一样,除开某些丧心病狂的人而外,总是向着我自己的周围的。我也能受我所认为公正和善意的影响,但是阶级的战争必然发现我站在有教养的资产阶级的一边。"②他又将国家垄断资本主义歌颂为聪明管理的资本主义,说它比社会主义有更大的优越性。他说:"在我看来,资本主义如果聪明管理比其他任何可以看得见的经济制度,在经济目的的实现上,也许是更有效率的。"凯恩斯把"最有远见,大公无私,最富于革命"的彻底性的无产阶级看做"河底的淤泥",把资产阶级看做"社会的精华"。他还把当时在希特勒统治下的"纳粹德国的经济体系",即是他所叫做的"独裁国家的情况",看做"聪明管理的资本主义","比其他任何可以看得见的经济制度,在经济目的的实现上也许是更有效率的"。可见,凯恩斯的立场完全是反动的官僚垄断资产阶级的立场。

(2)凯恩斯的唯心主义的短期供需总量的分析方法。这是凯恩斯用来反对马克思在《资本论》中所用的革命的和科学的方法,即唯物主义辩证法的。唯物主义辩证法乃是自人类有史以来唯一的在对现存事物的肯定的理解中同时包含对现存事物的否定的理解,即对现存的事物的必然的灭亡的理解的方法,马克思应用唯物辩证法,揭示出了资本主义生产方式发生、发展、没落和灭亡的规律。这个规律指

---

① 凯恩斯:《劝说集》,英文本,第300页。
② 同上。

出，在资本主义的生产方式中，客观地存在着不以人的意志为转移的物质生产力和资本主义生产关系的矛盾，也就是说，当着生产力在资本主义生产关系的母胎内尚还有发展的余地时，生产力和生产关系的矛盾不会激化而为你死我活的冲突。但是，当着在资本主义生产关系的母胎内发展起来的生产力已经强大到这样的程度，以至于在资本主义的生产关系母胎内，再没有发展的余地时，生产力和这种生产关系的矛盾就将激化而为你死我活的冲突。这个冲突，在一方面，表现为随着资本在有机构成提高条件下的积累，产业后备军的累进产生和企业经常开工的不足；在另一方面，表现而为周期性的生产过剩的危机。自此时起，生产力的代表者无产阶级和资本主义生产关系的体现者资产阶级之间的矛盾，就将首先在意识形态的领域中，随后在政治的领域中，激化而为你死我活的阶级冲突和战争，直到前者应用有组织的革命的日益强大的政治军队，粉碎了后者的日益腐朽的反革命武装，夺得了政权，用无产阶级的革命的专政代替资产阶级专政，并在无产阶级的革命的专政条件下，消灭桎梏生产力的资本主义的生产关系，而代之以解放生产力的社会主义的生产关系。俄国一九一七年的伟大的十月社会主义革命的胜利，证明马克思运用唯物辩证法总结出的资本主义的生产关系在它变为新的强大生产力发展的桎梏时必然要被生产力的发展所突破的论断是无比正确的。无产阶级代表先进的生产力，推翻代表落后生产关系的反动的俄国的政权，正是这个规律起作用的表现。所以唯物辩证法引起了"资产阶级及其夸夸其谈的代言人的恼怒和恐怖"。

英国资产阶级的庸俗经济学家凯恩斯认识到，马克思用来分析资本主义生产方式中客观存在的生产力和生产关系的矛盾运动的唯物辩证法，如果听其为无产阶级所掌握，必将增强无产阶级消灭资本主义制度及其体现者资产阶级的革命的意志和力量，并将导致资产阶级的灭亡和资本主义的覆灭。因此他对于马克思的唯物辩证法感到非常恼怒和恐怖。于是，他绞尽脑汁编造出一种反科学的唯心主义的短期供需总量分析来排斥它和代替它。凯恩斯的短期供需总量分析法的最主要的特点在于它是唯心主义的。这就是说，它乃是一种不从客观存在的事实出发，而是从主观的假设出发的分析问题的方法。凯恩斯明明知道，在资本主义社会中，生产技术和技术设备都是在进步的，同时资本家和资本家之间的竞争也是在变化的，它已由自由的竞争走向垄断的竞争，但是凯恩斯却不从生产技术和技术设备的进步和伴着生产技术和技术设备的进步而来的资本家之间的竞争已由自由竞争走向垄断竞争的变化出发，而是从生产技术和生产设备不变，竞争程度不变等这些在客观上并不存在的假定条件出发，并以两者作为分析工人失业问题的前提，其目的在于排除在资本主义社会中存在着伴随着生产技术设备的进步而来的资本有机构成的提高，变量资本的相对减少和每一变量资本所支配的就业工人数的减少对于工人就业的不利的影响。由于它的出发点和前提是虚构的，所以在此出发点和前提下所推演出来的对于工人就业不足问题的一切说明和结论，自然也都是虚构的了。

什么是凯恩斯的短期供需总量分析法的具体内容呢？用数学的语言来说，它的具体的内容就是：（1）把决定工人就业的客观存在的和有目共睹的真正的自变数，不当做自变数，而把它们当做"不变因素"；（2）再把一些对于工人就业在客观上并不起决定作用的变数，当做决定就业的自变数；（3）把就业和与就业不同变化的国民收入两者一起当做依变数。凯恩斯在《一般理论》中所提出的有效需求原则和就业倍数学说，就是依照他的这种短期供需总量分析法所编造出来的成体系的谎话。

凯恩斯一再强调说，他的就业理论包含有三个组成部分：（一）不变因素，（二）自变数，（三）依变数。不变因素是指的对就业不起决定作用的因素。自变数是指决定就业的自变数。依变数是指被自变数决定的国民收入和就业的人数。

（一）什么是对就业不起决定作用的因素呢？

凯恩斯说："我所假定为不变者是现有的用劳力的技巧和数量，现有的设备的性质和数量，现有的技术，竞争的程度……以及社会结构，包含决定国民收入的种种势力（只是下举的各个变量除外）。这并不是说，我们真正假定这些因素是固定而不变的，但只是说，在本书中，我们不考虑和不涉及这些因素所起的影响和效果。"①

（二）什么是决定就业的自变数呢？

凯恩斯认为决定就业的自变数有三种：（一）三个基本心理因素，即是（1）人们心理上的消费倾向（即是人们心理上的消费的增量对收入增量的比率）；（2）人们心理上的灵活偏好（即是人们心理上对于货币的偏好）；（3）企业家们心理上对于资本未来的收益的预期（即是企业家们心理上对于资本未来的利润率的预期）。（二）工资单位，即工人劳动一小时所得的工资。（三）由中央银行决定的货币数量。

（三）什么是依变数呢？

凯恩斯说，依变数只有两个，即就业总量和国民收入。凯恩斯是把国民收入当作反映就业总量的指数来看待的，意思是说国民收入的变化与就业总量的变化同比例。

首先应着重指出，凯恩斯依照他的唯心主义的短期供需总量分析法所假定的不变因素，乃是用来掩盖生产力和资本主义生产关系的矛盾和冲突的，即是用来妄图"搞掉"马克思所阐明的随着生产技术和技术设备的进步和在资本家与资本家之间所固有的大资本企业压倒中、小资本企业的竞争，必然导致资本的技术构成，从而有机构成不断提高，变量资本相对减少，和每一变量资本所支配的就业工人数的减少，从而产业后备军累进的产生的这个资本积累的一般规律的。凯恩斯自我坦白，他之所以要把这些每日变动的因素假定为不变因素，是因为他"不愿考虑和

---

① 凯恩斯：《就业、利息和货币的一般理论》，英文本，第245—246页。

不涉及他们的影响和效果"。但他却没有说出这些影响和效果是什么,又为什么不愿意考虑和不涉及它们。显然,这是由于凯恩斯已经感觉到,如果不把这些每日都在变动的因素假定为不变的因素,就将无法否认在资本主义社会中生产力和生产关系之间的不可克服的矛盾,从而也就无法否认在资本主义社会中工人的失业是由随着生产力的发展而来的资本有机构成的提高,变量资本的相对的减少和每一变量资本所支配的就业的工人数的减少,乃是工人就业不足的两个真正的自变数,这样就将大大不利于他所作的在资本主义制度下亦可实现充分就业的欺骗宣传了。"昧良心出于无奈",凯恩斯于是就下定决心,将决定就业的真正的自变量,即随着资本的有机构成的提高而日益相对减少的变量资本和日益绝对减少的每一变量资本支配的就业工人数二者,用技术和技术设备不变的前提假定,排斥在决定就业的自变数之外。

凯恩斯把技术与技术设备和竞争程度当作不变因素,他的意思是说,既然两者都不变,那就不会发生资本的技术构成提高从而有机构成提高和由此所导致的工人的失业了。可是工人的失业,在两者都被假定为不变的条件下,据他看来还存在,可见变量资本和每一变量资本支配的就业工人数都不是决定工人就业的真正的自变数,而是由其他的自变数所决定的了。显然,凯恩斯这种意见是绝对不能成立的。因为在资本主义生产方式中,在任何时期内,变量资本和每一变量资本支配的就业工人数,都是毫无例外地构成对于劳动力这个特殊商品的需求。工人就业的不足都是由于变量资本的不足和每一变量资本支配的就业工人数的减少两者所决定的。除此之外,并没有任何其他的东西是构成劳动力的需求的,没有任何其他的变数是决定就业的工人数的自变数。凯恩斯假定在资本主义社会中就业的不足,不是由于变量资本和每一变量所支配的劳动力的不足,那就是假定,除了变量资本而外,还有其他的东西构成对于劳动力的需求。但是在资本主义社会中绝无这种东西存在。

尤应特别指出,凯恩斯依照他的短期供需总量分析法所提出来的作为他分析就业问题的出发点和前提的两大主要假设(1)生产技术和技术设备不变;(2)竞争程度不变,乃是无中生有的。这种假定是说,资本家企业在同质同量的技术设备上可以使用更多的工人来生产越来越多的制成品以满足社会对于制成品的需求,即在所有的资本家企业中,在短时期内都只在打铁炉上,只在一定的纺纱车上,或只在一定量的土地上使用比以前越来越多的工人,就可以生产出越来越多的镰刀、棉纱、粮食来满足社会对它们的比以前日益扩大的需求。因此,每一小时的劳动所生产的生产物递减。就资本主义发展的历史来说,这个事情从来就没有存在过。可是凯恩斯说,就是在生产技术水平和技术设备程度极高,未用的剩余资本极大,以致企业经常开工不足的时代,也都还存在着企业的技术装备不足,以至于随着就业的增加,新增加的工人必须在同质同量的生产设备上生产更多的生产物来,以满足社会的日益增加的需求,和使增加的工人在每小时所增加的生产物递减。凯恩斯并将上述情况夸大为劳动生产物递减的规律,即是所谓"工资规律",而且把它作为降低工人实际工资,增加工人就业的理论根据。这纯属自欺欺人。

还应当特别着重指出凯恩斯所假定的竞争程度不变,并不是指的什么其他的竞争的程度,比如说垄断竞争的程度,而是指的在资产阶级庸俗经济学教科书上所反复宣传的自由竞争的程度,即在同种类的商品市场上参加竞争的资本家的人数无限大,而每一个资本家所拥有的资本和所生产的商品的数量无限小,小到任何一个资本家增加他的商品的供给并不能降低商品的市场价格,减少他的商品的供给也不能提高它的市场价格。这就排斥了有任何参加竞争的资本家采用先进技术装备,提高资本有机构成,提高劳动生产率,降低成本,相对地增加常量资本,减少变量资本,和减少每一变量资本支配就业的工人数。这样,也就排斥了在垄断竞争的条件下技术设备好、资本有机构成高的大企业吞并技术设备差、资本有机构成低的中小企业的可能性,排斥了伴随着资本有机构成的提高而来的产业后备军的累进地产生的可能性。自从资本主义诞生以来,从简单协作的时代起经过工场手工业时期和机器大工业时期,直到自动化的现代大工业,从没有过这样的自由竞争的存在。凯恩斯不但假定它存在,而且假定在帝国主义时代,在垄断大资本大量吞并中小资本的时代,即是在资本有机构成日在提高,产业后备军日在增加的时代,这样的自由竞争还存在,并把它作为研究现实的工人就业问题的前提和出发点,妄图以此来掩盖客观存在的有目共睹的决定工人失业的真正的自变数:变量资本的相对降低和每一变量资本所支配的就业工人数的降低,妄想以一些对于工人的失业并不起决定作用的变数来冒充工人就业的自变数来蒙蔽工人阶级的眼睛,说什么聪明管理的资本主义制度可以消灭工人的失业,保持充分就业的繁荣昌盛的经济状态和高度发展生产力,可以比社会主义制度更优越,是非常荒谬可笑的。

(3)凯恩斯的所谓工资规律。凯恩斯的工资规律是从凯恩斯主观捏造出来的劳动者的生产技能和社会的物质生产技术与技术设备不变和自由竞争程度不变这两个不变因素推演出来的。由于二者是虚构的,以此为前提推演出来的工资规律当然是虚构的。凯恩斯的虚构的工资规律说,工人的工资等于工人的边际劳动生产物。什么叫做工人的边际劳动生产物呢? 即

$$\frac{\text{劳动生产物的增量}}{\text{工人劳动时间的增量}}$$

即工人增加一个单位时间例如一小时的劳动所增加的劳动生产物,就叫做工人的边际劳动生产物。由于工人的边际劳动生产物在工人劳动技能、技术和技术设备不变和自由竞争程度不变的条件下总是递减的,所以工人每小时的实际工资亦必是递减的。为什么两者都是递减的呢? 凯恩斯和传统的资产阶级庸俗经济学家们都异口同声地说,这是由于技能、技术与技术设备不变和自由竞争程度不变所导致的。他们的意思是说,如果一个资本家企业的生产物要增加 X 倍,那末,同性质的劳动和资本的技术设备也应一同增加 X 倍,现在资本的技术设备既然没有增加,单

是同性质的劳动的时间增加了,那末,随着劳动时间的增加而来的生产物的增加,就将一次不如一次地小于 X 倍而继续降低了。例如,当工人为 100 人的时候,每人每天劳动 8 小时,第 800 小时的劳动生产物为 1 件,价格 1 元,那末,工人每小时的工资就当是 1 元,从而每人每日的工资就当是 8 元了。如果一百工人一天总劳动时间由 800 小时增到 801 小时,那末,在技术设备不变的条件下,同性质的工人的边际劳动生产物比如说降为 0.9 件,价值 9 角。那末,工人每一小时劳动的工资便将是 9 角了。不但第 801 小时即最后一小时的工资为 9 角,全部工人 801 小时的每小时的工资都将由 1 元降到 9 角了。为什么呢?庸俗经济学家们对于这个问题的答复是,依照无差别的规律,同性质的商品在同一的自由竞争的市场上,只能有同一的价格。这就是说,同性质的一小时劳动也是一种商品,它在同一的劳动市场上,也只能有同一的劳动价格,即是价值 9 角的工资了。高于 9 角不行,因为在自由竞争程度不变的条件下,工人如果要求高于 9 角一小时的工资,资本家就将雇佣其他的工人来生产,那末,他就要发生失业了。为了避免失业,就只好同意 9 角一小时的工资了。在另一方面,资本家如果将一小时劳动的工资降到 9 角以下,工人就将到其他资本家那里去工作,那末,这个资本家就雇不到工人了。为了避免工厂停工,资本家也只好同意一小时劳动的工资为 9 角了。这就是资产阶级庸俗经济学家们所说的工人的工资只能等于工人的边际劳动生产物。由于工人的边际劳动生产物递减,所以随着就业工人人数的增加,工资亦将递减。这就是凯恩斯和传统的资产阶级庸俗经济学家们所宣传的工资规律。

就工资和利润的关系来说,增加的就业工人的工资,既然随着边际劳动生产物的递减而递减,那末,资本家的利润就将随着就业工人的增加而递增。当工资由每小时 1 元降到 9 角时,100 个工人劳动的总工资就将由 800 元(= 800 × 1)降到 720.9 元(= 801 × 0.9)。那末资本家的利润就将在一天之内增加 79.1 元(800 × 1 − 801 × 0.9 = 800 − 720.9 = 79.1)。如果就业工人人数还要增加,劳动时间还要增加,工人的边际劳动生产物再往下递减,则利润率和利润总量都将递增。这就是凯恩斯依照他的短期供需总量分析法的两大虚构的假设的前提所推演而得的虚构的所谓工资规律的全部内容。

资本主义发展的全部历史告诉人们,凯恩斯的这个虚构的工资规律,是毫无事实根据的。从简单协作时代发展到现在的工业自动化时代,就业工人人数的增加都是与技能、技术和技术设备共同增加的。在资本有机构成不变的条件下,从整个资本主义社会说来,两者都是同比例增加的。在资本的有机构成提高的条件下,技能、技术和技术设备增加的比例还要大于就业工人人数增加的比例。在资本主义整个发展史上,从没见过不增加技术设备(凯恩斯是把机器、半制成品和剩余存货都包括在设备一词的意义内的),只增加就业工人数来增加生产的。单就 1947 年到 1973 年来说,依据美国总统 1974 年 1 月的经济报告,美国设备利用率最高 95.5%,最低 78.3%。这就是说,只就这 26 年的实况来说,设备就超过了就业工人所能利用的程度约20%。1947年以前的情况基本上也是一样。工人在设备有余的条件下工作,何来边际劳动生产物递减的规律呢? 而这又是与自从资本主义诞生以来,大资本企业压倒中小资本企业的竞争分不开的。正是由于大资本企业压倒中小资本企业的竞争和资本的技术设备不断进步,劳动者每一小时的劳动生产物每年都是增加的。就美国来说,依据《美国基本统计手册》计算,从1909年到1974年,私营经济每一人时的劳动生产物(工业和农业合并计算)指数(1957年–1959年 = 100)为;

1909 年	34.9
1919 年	38.4
1929 年	48.3
1939 年	56.8
1949 年	74.4
1959 年	103.4
1960 年	105.0
1961 年	108.5
1962 年	113.6
1963 年	117.6
1964 年	112.1
1965 年	125.5
1966 年	129.0

这即是说,劳动者的边际劳动生产物是递增的,则每一人时的劳动生产物指数是不会增加的。然而凯恩斯和所有的庸俗经济学家们都一致地欺骗工人阶级和人民群众说,劳动者的边际劳动生产物是递减的,所以工人的实际工资,随着就业人数的增加,必须降低。为什么呢? 因为他们假定在劳动者的技能、社会物质生产技术、技术设备不变,资本家之间的自由竞争亦不变的条件下,边际劳动生产物是递减的。由于他们的假定是无中生有的捏造,所以由此而推演出来的"工资规律"也只能是骗人的谎话。

应当特别强调指出,凯恩斯捏造的所谓"工资规律"乃是他的整个就业理论的基础和中心环节。凯恩斯的整个就业理论包括两个部分:(1) 关于工人失业的根本原因;(2) 关于消灭工人失业,即实现工人充分就业的根本原则。凯恩斯对于这两部分的解释,都是以他的"工资规律"为基础的。凯恩斯根据他的所谓"工资规律",认为工人失业的根本原因,只是在于随着就业工人人数的增加,在货币的供给增加和物价涨高时工人不能自觉地不增加货币工资,并降低实际工资,使之等于工人递减的边际劳动生产物。他认为实现工人的充分就业的根本原则,乃是在于随着就业工人的增加,工人能够在膨胀通货、提高物价的时候,不要求比例地增加货币工资,同意降低实际工资,使之等于递减的边际劳动生产物。凯恩斯的这种解释,在本质上与传统的资产阶级庸俗经济学家们的主张是完全一致的,即都要降低工人的实际工资,所不同的地方,只是在于在形式上有所不同。即凯恩斯不象传统的庸俗经济学家们所主张的那样,直接降低工人的实际工资,使之等于所谓递减的边际劳动生产物,而是主张用间接的方法,即用膨胀通货、抬高物价,但不提高或不同比例地提高工人的货币工资来降低工人的实际工资,使之等于所谓递减的边际劳动生产物,来实现他所谓的"充分就业"。正如我们在上文所指出的那样,自从资本主义诞生以来,随着资本的技术构成和资本的有机构成的不断提高,工人的边际劳动生产物一直在增加,而不是一直在降低。然而,凯恩斯的"工资规律"却自欺欺人地说,工人的边际劳动生产物一直在降低,它不但在事实上是完全立不住脚的,而且完全是为资产阶级,特别是为垄断资产阶级残酷地剥削无产阶级效劳的。

尤其不能令人容忍的是,凯恩斯依据他的"工资规律",竟然叫嚷什么在通货膨胀和物价涨高的条件下,工人如果要求按照物价涨高的程度提高货币工资,就是侵占了资本家的资产所生产的边际效率即利润率,就必然要发生失业,而且这种失业是工人自己找来的,是"自愿的失业",应当由工人自己负责。在事实上,随着工人边际劳动生产物的递增,在通货膨胀的条件下,工人的货币工资的增加赶不上物价的增加,它不但已经降低了,而且降低的趋势同工人的边际劳动生产物增加的趋势对照起来早已形成了越来越大的剪刀差。同时,工人失业的大军也越来越大。由此可见,工人失业的根本原因不是在于在通货膨胀和物价涨高的条件下,工人的实际工资大于工人的边际劳动生产物,而是在于工人的实际工资由于资本主义的剥削关系,特别是在通货膨胀和物价涨高的条件下,日益小于工人的边际劳动生产物,从而导致的大众的贫困和社会整个消费力受限制的缘故了。可是凯恩斯还在那里拼命地叫嚷什么工人失业的根本原因乃是在于在物价增加时工人不能自觉地按照原来的货币工资工作,致使工人的实际工资大于工人的边际劳动生产物。这就充分证明了凯恩斯的整个就业理论是不要工人充分就业,而是要降低工人实际工资,增加资本家的利润。在工人的充分就业和降低工人的实际工资两者之间,凯恩斯是一贯地坚持牺牲工人充分就业率降低工人的实际工资,从而提高资本家的利润的。要明白这点,我们只要看凯恩斯的荒谬的充分就业的定义就行了。

（4）凯恩斯充分就业定义的荒谬性。

凯恩斯充分就业定义的荒谬性,表现在他所说的充分就业并不是指的全部工人的就业,即不是指的凡是有劳动意志和劳动能力的人都能找到工作,而是指的在失业的工人中只是一小部分的失业工人的"充分就业"。这一小部分失业的工人就是指的当着通货膨胀和物价涨高的时候,能够忍受按照与过去同时货币工资,即是能够忍受按照较低的实际工资工作,听从垄断资产阶级对工人实行强制的掠夺的一些工人。只要这一小部分工人就业了,凯恩斯认为就是"充分就业"了。凯恩斯将失业的工人分做三类:（1）磨擦的失业;（2）自愿的失业;（3）非自愿的失业。磨擦的失业,是指在生产过程中,由于短时或局部的难以避免的磨擦所导致的失业,但不是由于资本对于劳动力需求的长期不足,"例如:由于估计错误,或由于需求之时断时续,以致各种专业化资源之相对数量暂时失调,或者由于若干变化之未曾逆睹,以致发生时隔,或者由于从一业改就他业,中间须经若干时日,故在非静态社会中,总有一部分资源,在改业过程中暂时无业。"①自愿的失业,是指在物价高涨后,拒绝接受或不能接受与他的边际劳动生产物的价值相当的工资所导致的失业。由于这种失业,在凯恩斯看来,既不是由于资本对于劳动力需求的不足,亦不是由于在生产过程中所发生的难以避免的磨擦,而只是由于在劳动者方面,本来有工作,但自己不愿意工作,所以应该将它称做"自愿的失业"。什么是"非自愿的失业"呢? 凯恩斯说,"我的定义如下:当着工人所消费的商品的价格,比起货币工资来,发生轻微的上涨时,如果愿意按照现行的货币工资作工的劳动的供给和按照现行货币工资对于劳动的需求,都有能比现在实际的就业量更大的话,那末,人们的失业就是非自愿的了。"②从凯恩斯看来,这种失业,既不是由于在生产过程中难以避免的磨擦,也不是由于工人不愿意在物价轻微上涨后按照现在的货币工资作工,只是因为对商品的需求不足所造成,所以这种失业既不能称做磨擦的失业,亦不能说是自愿的失业,乃是失业中的一个新的类别。这个新的类别即是非自愿的失业。在这三类失业中,凯恩斯认为只要非自愿失业消灭了,就算实现"充分就业"了。

怎样消灭非自愿失业呢? 凯恩斯反对用直接降低工人的货币工资从而降低实际工资使之等于工人的"边际劳动生产物"的方法,来消灭非自愿的失业。其理由有三:(一)直接降低工人的货币工资意味着消费物的需求会减少,消费物的价格将下落,结果工人的实际工资还是跟未降低前一样,它还是高于工人的"边际劳动生产物",还是不能增加资本家的利润,因而也就达不到消灭非自愿失业的目的。(二)随着货币工资一般地降低,企业家以为还要降低,结果就将暂时不增加投资,等到将来再增加投资,那末现在就业就不会增加。(三)用直接降低货币工资的方法来降低实际工资,很可能要遭到工人阶级的抵抗,因此不是一个"灵活"的手段。凯恩斯认为,既然直接降低工人的货币工资并不能保证一定能够降低工人的实际工资和提高资本家的利润,他于是主张采用另外一种即既可有保证地降低工人实际工资,而又不至于引起工人阶级的反抗的方法了。这个方法就是在一方面膨胀通货、抬高物价,另一方面,又尽量不抬高货币工资,这样就既降低了实际工资,而且同时又可避免那种用直接降低工人货币工资的办法所引起的其他的不利的影响。所以他说,他所主张采用的方法,乃是更有效的降低工人的实际工资,增加企业的利润,和消灭非自愿的失业,即实现"充分就业"的方法。这就是凯恩斯根据他的"充分就业"的谬论所积极主张采用的实现部分工人的"充分就业"的手段。

为什么凯恩斯不主张实现全部工人的就业,而只主张实现部分工人的就业呢?

---

① 凯恩斯:《就业、利息和货币的一般理论》,英文本,第 6 页。
② 同上书,第 15 页。

为什么他只主张消灭"非自愿的失业",而不主张消灭他所称作"磨擦的失业"和"自愿的失业"呢?答复很简单,因为凯恩斯是为垄断资产阶级服务的庸俗经济学家。他曾经说过这样的话:工人阶级"不是我的阶级。当着阶级战争发生时……必然发现我站在有教养的资产阶级一边。"这就是说,凯恩斯为了垄断资产阶级的绝对利益,他是绝对不愿意工人阶级全体就业的,绝对不愿意所谓"自愿失业"的工人就业,也绝对不愿意"磨擦失业"的工人就业。因为如果让两者都就业了,那末,垄断资产阶级就不能以"工资规律"为借口,通过通货膨胀的方法,降低工人的实际工资,获得更低廉的劳动力了,并且也不能在生产过程中发生暂时磨擦时,开除工人,将磨擦的损失转嫁给工人了。而垄断资产阶级的绝对利益,就是要用通货膨胀的方法,降低工人的实际工资和将在生产过程中任何磨擦所带来的损失,全部或一部分转嫁给工人阶级。这就是凯恩斯在谈"充分就业"时根本不把所谓"磨擦的失业"和"自愿的失业"考虑进去的原因。

不难看出,凯恩斯所谓的"自愿的失业"和所谓的"磨擦的失业"在客观上都是不存在的。凯恩斯和其他的庸俗经济学家把它们杜撰出来,不过是为了在通货膨胀和物价高涨时将失业的责任全部推卸到失业工人身上,说他们的失业是自愿造成的,应该由他们自己负责任,或者为了将失业的责任推卸给在客观上不可抗拒的难以避免的磨擦,来掩盖造成失业的真正原因。事实的真象是,所有工人的失业都是由于资本主义的生产关系的体现者资产阶级,为了对无产阶级进行残酷的剥削和强制的掠夺造成的。因为如果工人全部都就业了,那末,资产阶级也就得不到低廉的"雇佣奴隶"了。

历史告诉人们,在资本主义的生产关系下,工人是无产者,绝对不可能有宁愿饿死不愿工作的"自愿失业"的失业存在。连凯恩斯的大弟子罗滨逊夫人也说,"自愿的失业"这个名词是不合常识的。她说:"从常识观点看来,如果我们说,在1933年大不列颠所有的失业都是自愿的失业,因为那时货币工资是稳定的。或者说在1936年在煤矿中没有失业,因为那时发生了更高工资的要求,那恐怕是荒谬的。"① 至于所谓的"磨擦的失业",这也只不过是资产阶级把生产过程中难以避免的磨擦作为借口,将所有的由于资本主义生产关系对于巨大生产力的桎梏所造成的生产的波动、紊乱和生产过剩的危机所带来的损失和灾难,全部或部分转嫁到无产阶级身上所导致的失业。历史告诉人们,在资本主义制度下,任何失业都是资产阶级为了榨取无产阶级的无酬的剩余劳动即剩余价值所造成的。

所谓"磨擦的失业"和"自愿的失业"这两个概念,完全是由凯恩斯一伙的杜撰,以便资产阶级更有借口通过膨胀通货、抬高物价、冻结工人的货币工资、降低工人的实际工资等,对工人阶级实行强盗式的劫掠,或者以此为借口,使他们失业。观上可知,凯恩斯的充分就业的学说,虽然口头上宣传要实现什么充分就业,但是

---

① 约翰·罗滨逊:《就业理论论文集》,第10页。

在实际上却绝对不是要实现工人的充分就业。凯恩斯的充分就业是假,增加工人的失业是真,降低工人的实际工资是真。

斯大林说过:"不论哪一个资本家,从来不会而且无论如何也不会同意完全消灭失业现象,消灭失业后备军,因为失业后备军的使命,就是压制劳动市场,保证工资比较低廉的劳动力。"①凯恩斯正如列宁所揭露的,是"一个人所共知的资产者,布尔什维克主义的死敌"。② 他之所以要竭力想保持大批工人长期的失业,正是在于要压制劳动市场,保证资本家能得到工资低廉的劳动人手。

将凯恩斯捏造的不要资本积累的所谓扩大再生产学说——有效需求原则和就业倍数学说的四点根据:(1)垄断资产阶级的立场,(2)唯心主义的短期供需总量分析法,(3)由此方法所推演出来的虚构的"工资规律",(4)由此规律所推演出来的荒谬的所谓"充分就业"加以说明后,我们便可以进而评述凯恩斯的有效需求原则和就业倍数学说本身了。

凯恩斯的有效需求原则主要是说,资本家预期的用来购买商品的货币支出的增加,在非自愿的失业存在的条件下,一般地会导致相同的国民的实际收入和就业的增加。为什么呢? 因为凯恩斯认为,预期的用来购买商品的货币支出增加,即是预期的对于商品的需求的增加。随着预期的对于商品需求的增加,在非自愿失业存在的条件下,商品的供给就将相应地增加,国民的实际收入就将相应地增加。这是由于企业家为了增加商品的供给,从而增加国民的实际收入,就将增雇工人来增加商品的生产,从而增加实际的国民收入的生产,结果对于劳动力的需求就增加了,这样非自愿的失业工人的就业机会就增多了,就能得到充分的就业了。依照这样的逻辑,凯恩斯认为,在其他条件不变的情况下,只要中央银行增加货币的供给使预期的货币支出增加,通过上述的渠道,非自愿失业的工人的就业问题就解决了。但是凯恩斯的这种想法只是唯心主义的自欺欺人的假话。

这是因为:(1) 依据马克思关于资本主义社会总商品的再生产的图解,实际的国民总收入 $W + \Delta W = C + V + M$,从而实际的国民净收入等于 $C + V + M - C = V + M$。这就是说,实际的国民净收入乃是由于在生产过程中变量资本所雇佣的劳动力,在一定常量资本 C(生产工具与原材料)的配合下,用劳动的支出创造出来的,即 $V + M$。但其新增的常量资本和新增的变量资本都是由上期的一部分剩余价值 m 转化而来的。就业的增加必须取决于由剩余价值转化而来的变量资本的增加和与它相配合的常量资本的增加。但是,在流通过程中,货币的支出增加,只是作为购买商品的流通中介和购买手段的增加。如果没有剩余价值资本化,也就是说,如果变量资本没有增加和与变量资本相配合的常量资本也没有增加,那末,就业的工人数和国民的实际收入就不能增加,这不是很明白的么? 举个例说,在我国抗日战

---

① 斯大林:《和英国作家赫·乔·威尔斯的谈话》,《斯大林选集》下卷,第 952 页。
② 列宁:《共产国际第二次代表大会》,《列宁选集》第 4 卷,人民出版社 1972 年版,第 318 页。

争时期,货币总供给和由它所导致的总支出都增加了若干倍,但由于常量资本即生产上使用的机器与原材料等都不能增加,因而国民的实际收入不但没有增加,反而减少了。这就证明,在商品市场上,如果单只有流通手段和购置手段的货币增加,并不能决定剩余价值能转化为变量资本和与它相配合的常量资本的增加。由此可见,凯恩斯的有效需求原则认为,在资本的设备不变的条件下,货币的总供给和总支出的增加,一般地决定实际的国民收入的增加,从而决定就业工人总数的增加的基本论点,是没有任何根据的。依照相同的理由,在上述的凯恩斯所提出的五个决定就业的自变数中的第五个自变数,即是由中央银行决定的货币的供给,并不是决定就业的真正的自变数,而只不过是由凯恩斯无中生有地捏造出来的决定就业的虚假的自变数罢了。

尤为重要的是,社会对于一般商品的需求并不等于社会对于劳动力这个特殊商品的需求。因为构成社会对于劳动力这个特殊商品的需求的,第一,是变量资本,第二,是每一变量资本所支配的就业的工人人数。由于凯恩斯在他的有效需求原则中所说的商品的有效需求丝毫没有包含剩余价值资本化,因而也就既不包含变量资本,更不包含每一变量资本所支配的就业人数,显然,也就不能决定就业了。同时还由于在资本的技术构成从而资本的有机构成发生变化的条件下,无论是在资本的有机构成提高亦或是降低的条件下,社会对于商品的需求和对于就业的人数的需求都不是一回事,不但两者变化的比例不相同,甚至二者的变化的方向还相反。由此可见,国民的实际收入和就业的人数不可能是同一的商品的需求所决定的两个可以互相代替的、无差别的依变数了。然而凯恩斯的有效需求原则却说,两者是社会对于商品的需求所决定的可以互相代替的依变数。这在事实上显然是不能成立的。将这点明白之后,我们还需要进而阐述凯恩斯对于商品的有效需求所下的定义同商品的总供给价格和国民收入的关系。

凯恩斯说,商品的有效需求有两个说法不同但又是在本质上互相一致的定义。(一)商品的有效需求是指在技术资源与成本(生产要素的成本)不变的条件下,总供给价格和总需求价格达于均衡状态时的总需求。① 凯恩斯说,企业家们为了获得最大利润,在经营企业和从事生产时,总要考虑供给和需求两方面的情况。在供给方面,他要考虑供给价格。供给价格是指社会上的全体企业家们在经营时所付出的生产要素的成本加上他们所预期的利润之总和。在需求方面,他要考虑需求价格。需求价格是指企业家们所预期的社会上用来购买全部商品的价格之总和。当着总需求价格大于总供给价格时,企业家们就要扩大生产,增雇工人,相反地,当着总需求价格小于总供给价格时,他们就要压缩生产,减雇工人。只有当总需求价格等于总供给价格时,方才达于均衡的状态。因此,凯恩斯说,在总供给价格和总需求价格达于均衡状态时的总需求,就是所谓"有效需求"。这个定义是就商品的

---

① 凯恩斯:《就业、利息和货币的一般理论》,英文本,第24页。

总需求与商品的总供给价格的关系说的。这个关系是说,商品的总供给价格是受商品的总需求价格决定的。由于凯恩斯假定商品的供给总量与就业工人的总数,其变化不但是同方向的,而且是同比例的,而社会对于商品的总需求又是决定商品的总供给(生产)的,所以社会对商品的有效需求(以后简称需求)即是对劳动力的有效需求。

(二)另一个定义是,商品的有效需求同时又是指的投资与储蓄达于均衡状态时的需求。凯恩斯说,商品的总需求 D,包含两个部分:一是对于消费资料的需求 D_1,另一个是对于投资物(即生产资料)的需求 D_2,当商品的总供给价格与总需求价格达于均衡状态时,总需求价格 $D(=D_1+D_2)$ 等于国民收入 Y。由于国民收入包含两部分:(1)消费 C(2)投资 I。由于 $D-D_1=D_2$,即投资,而在国民所得 Y 中减去消费 C 等于储蓄 S,即 $Y-C=S$。由于 $Y-C=D-D_1=I$,故 $S=I$,即储蓄等于投资。故有效需求同时又是指的在投资与储蓄达于均衡状态时的需求。这是凯恩斯对关于有效需求所下的第二个定义。这个定义是就有效需求决定国民收入,从而决定就业的工人人数的关系说的。据凯恩斯看来,这两个定义在本质上是完全一致的。

为什么发生非自愿的失业呢?依据凯恩斯的解答,就是由于企业家们预期社会对于商品的有支付能力的需求减少了。一是社会对于投资物的有支付能力的需求少了,二是社会对于消费品的有支付能力的需求少了。这样就使企业家们对于劳动力的需求也少了,少到不够实现"非自愿失业"的工人的充分就业。所以国家就应当设法增加社会对于商品的有支付能力的需求,从而使企业家们为了增加生产而增加对于劳动力的需求,直到"非自愿失业"的工人全部就业为止。但怎样增加社会对于商品的有支付能力的需求呢?他说来说去,还是要增加货币的供给从而增加社会用来购买商品的货币的支出。在事实上就是要膨胀通货,抬高物价,不同比例地增加工人的货币工资或冻结工人的货币工资,即降低工人的实际工资,使企业家们预期的社会对于商品的需求价格能够高涨到使他们能够实现最大的利润。换句话说,凯恩斯乃是要以实现"非自愿失业"工人的"充分就业"为钓饵,诱骗工人接受和服从资产阶级用通货膨胀的手段对自己实行强制的掠夺。同时,凯恩斯又以所谓"自愿的失业"和"磨擦的失业"都不应由资产阶级负责解决为借口,力图保持失业的工人大军,作为资产阶级现在和将来对于工人进行强制的掠夺和残酷的剥削的条件和基础。因此凯恩斯的有效需求原则,在本质上只不过是要用它来降低工人的实际工资,而根本不是要解决什么工人的充分就业的。但是在表面上,凯恩斯却把他的有效需求原则用数学语言表现出来,给它穿上似乎是科学的外衣。他在他的《一般理论》第三章"有效需求原则"上说:

"企业家所决定要用的劳力总数 N,取决于两个需求的总和 D,即 D_1+D_2。D_1

是社会预期用来消费的, D_2 是企业家用来投资的。 D 就是我们所称做的有效需求。"[①]以后他在第二十章第一段中又说：

"在第三章第一节中，我们对于总供给函数 $Z = \varphi(N)$ 已经下定义：所谓总供给函数者乃就业量 N 与其相应产量之总供给价格之关系。就业函数与总供给函数不同者,只是(a)前者乃后者之倒函数,(b)用工资单位作计算标准。就业函数 B 表示有效需求(用工资单位计算)与就业量之关系。……或者更概括一些,设我们有权假定 DWr ,乃总有效需求 Dw 之唯一函数,则就业函数可以写作 $Nr = Fr(Dw)$,就是说,设有效需求为 Dw ,则 r 工业中所提供之就业量将为 Nr "[②](Dw 是指的用工资单位计算的有效需求, Nr 指总的工人的就业数。)应当指出,这个就业函数乃是说,商品的总需求的变化与就业工人人数的变化不但是同方向的,而且是同比例的。也就是说,商品的需求是劳动力的需求。显然,这个结论是根本站不住脚的。

资本主义发展的历史一再证明,马克思在《资本论》第一卷中所阐明的关于就业函数问题的科学的理论乃是无比正确的:即决定工人就业的自变数,不是什么一般商品的需求,而是在社会总资本($C + V$)中,变量资本和每一变量资本支配的就业人数两者对于劳动力的需求。也就是说,就业的变化取决于变量资本和每一变量资本支配的就业人数的变化,而后者的变化则又取决于资本的积累和资本的积累中资本的有机构成的变化。用公式来表明它如下:

$$\Delta V \times \frac{\Delta E}{\Delta V} = \Delta(C + V) \frac{\Delta V}{\Delta(C + V)} \times \frac{\Delta E}{\Delta V}$$

这里 ΔE = 就业工人人数的增量。这点本文前面已提过了。为了讨论的便利计,我们暂时不讨论 $\frac{\Delta E}{\Delta V}$ 的变化,即暂时假定 $\frac{\Delta E}{\Delta V}$ 不变。设令社会总资本由 100 增加到 200,资本的有机构成指数 $\frac{\Delta V}{\Delta(C + V)}$ 为 $\frac{1}{2}$ 不变,则变量资本由 50 增加到 100,其增加量 ΔV 为 50(= 100 - 50)。此时变量资本的增加将与总资本的增加同速度。设令社会总资本由 100 增到 200,资本的有机构成由 $\frac{1}{2}$ 增加到 $\frac{1}{3}$,则变量资本由 50 $\left(= 100 \times \frac{1}{2} \right)$ 增加到 66.6 $\left(= 200 \times \frac{1}{3} \right)$ 。变量资本增加的速度比总资本增加的速度相对地降低了,但绝对的数量仍有增加。设令社会总资本由 100 增加到 200,资本的有机构成指数由 $\frac{1}{2}$ 变为 $\frac{1}{4}$,则变量资本仍为 50,因为, $100 \times \frac{1}{2} = 200 \times \frac{1}{4}$,即变量资本的增加量为零。此时社会总资本虽然增加了一倍,但资本对于劳动力的需求丝毫没有增加。设令社会总资本由 100 增加到 200,资本的有机构成指数由 $\frac{1}{2}$ 变

---

① 凯恩斯:《就业、利息和货币的一般理论》,英文本,第 29 页。
② 同上书,第 280 页。

为 $\frac{1}{5}$，则变量资本由 $50\left(=100\times\frac{1}{2}\right)$ 减少到 $40\left(=200\times\frac{1}{5}\right)$，此时资本对于劳动力的需求，不是相对地降低而是绝对地降低了。既然商品的总量用价值来计算乃是等于社会总的生产资本加剩余价值（$C+V+M$），那末，决定就业这个依变数的自变数并不是什么一般商品的需求了。为什么不是一般商品的需求呢？这是由于资本有机构成的提高乃是技术进步和技术构成提高的结果。所以随着资本有机构成的提高，劳动生产率亦递增。随着劳动生产率的递增，尽管变量资本比起社会总资本来相对地减少了，然而商品生产的增加的比例，用价值来计算，却远大于社会总资本增加的比例。显而易见，随着每一变量资本在每一劳动者身上所剥削的剩余劳动的增加，而每一变量资本所支配的就业人数则减少了。在这种条件下，甚至在变量总资本所支配的就业工人人数绝对减少的时候，商品生产还在增加。依照美国戈尔德韦统计，"1975 年制造业的生产比起 1974 年高出百分之四十，然而工人所投入的工时却只增加了百分之二。1953 年到 1955 年制造业生产增加了 4%，但就业工人人数的工时却下降 5% 以上。"[1]由此可见，决定就业的工人数的自变数，不是什么商品的有效需求。因为在由商品的有效需求所导致的商品生产和供给增加的时候，就业的工人人数不但相对地减少，而且绝对地减少了。

综上所述，可知决定就业工人人数的自变数乃是变量资本和每一变量资本所支配的就业工人数（后者又取决于每一变量资本在每一个工人身上所剥削的剩余劳动即剩余价值）。用代数的公式来表示，即 $E=F\left(V,\dfrac{M}{V}\right)$，这里 $E=$ 就业工人数，$\dfrac{M}{V}=$ 剥削程度。这个道理十分明显，连凯恩斯自己也很难说不是知道得很清楚，但他却不但不承认，反而无中生有地捏造一些所谓事实，来论证商品的有效需求乃是决定就业工人人数的自变量，并将有效需求解释为购买商品的货币手段的支出，并且说它是决定商品供给的需求，将着重点放在货币的供给上，放在通货膨胀上。这是为了什么呢？结合他的所谓工人的边际劳动生产物递减的工资规律，不难看出，他是为了诱骗无产阶级放弃马克思所阐明的关于资本积累的一般规律的理论，转而接受垄断资产阶级用增加货币供给的方法，即用膨胀通货的方法来对工人阶级实行强制掠夺的主张。

在资本主义社会中，商品的有效需求就 I 和 II 两大部类的关系来说，在扩大再生产的场合，取决于在 I 部类和 II 部类中每一部类所分工生产的产品，不但要适合于本部类扩大再生产所需用的生产品，还要适合于 I 部类扩大再生产所需用的可由彼部类用它生产的等价生产品来交换的生产品。合而言之，即取决于 I 和 II 两大部类双方所分工生产的生产品恰正适合于彼此双方扩大再生产所需用的生产品

---

① 戈尔德韦：《1956 年美国经济展望》，见《国际问题译丛》，1956 年第 7 期，第 66—67 页。

之总和。依照马克思的科学分析,在资本积累与扩大再生产的场合,商品的有效需求在基本上乃是取决于扩大再生产的三个条件,即:

$$W_1' = C_1 + C_2 + \Delta C_1 + \Delta C_2 \tag{1}$$

$$W_2' = V_1 + M_1 + V_2 + M_2 - \Delta C_1 - \Delta C_2 \tag{2}$$

$$W_1' - (C_1 + \Delta C_1) = W_2' - \{V_2 + (M_2 - \Delta C_2)\} \tag{3}$$

应当指出,在第(3)条件中,Ⅰ部类出口的剩余生产品 $W_1 - (C_1 + \Delta C_1)$,就是对于Ⅱ部类出口的剩余生产品 $W_2' - \{V_2 + (M_2 - \Delta C_2)\}$ 的有效需求。同时Ⅱ部类出口的剩余生产品 $W_2' - \{V_2 + (M_2 - \Delta C_2)\}$ 就是对Ⅰ部类出口的剩余生产品 $W_1 - (C_1 + \Delta C_1)$ 的有效需求。作为流通中介的货币,在部际贸易中所起的只是媒介作用。好象媒公或媒婆,在相爱的男女双方婚姻问题上所起的作用一样。什么是男方和女方的"有效需求"呢? 只有相爱的女方和男方才能构成彼此对对方的"有效需求"。媒公或媒婆虽然也是他们结合的中介,但决不能说,相爱的男方和女方中,男方所需要的不是女方而是媒婆,或女方所需要的不是男方而是媒公。

设令Ⅰ部类和Ⅱ部类单方的生产品,不能适合于本部类扩大再生产所需用的生产品和适合于彼部类扩大再生产所需用的生产品,合而言之,设令Ⅰ和Ⅱ两个部类所分工生产的生产品不能适合于彼此双方扩大再生产所需用的生产品,致使在扩大再生产的场合,Ⅰ部类所生产的生产资料 $W_1' \neq C_1 + C_2 + \Delta C_1 + \Delta C_2$;Ⅱ部类所生产的消费资料 $W_2' = V_1 + M_1 + V_2 + M_2 - \Delta C_1 - \Delta C_2$

其结果是:

$$W_1' - (C_1 + \Delta C_1) \neq W_2' - \{V_2 + (M_2 - \Delta C_2)\}$$

无论凯恩斯依照他的所谓有效需求原则,或者采取由政府增加钞票的发行,或者由中央银行增加货币的供给,从而增加货币的支出,都是不能解决Ⅰ部类或Ⅱ部类相对的生产过剩危机和由它所导致的有效需求的不足的。这种情况就如同想结婚的男方多于想结婚的女方,无论媒婆怎样增加,也解决不了男方对于女方相对需求的不足。相反地,如果想结婚的女方多于男方,无论媒公怎样增加也同样是解决不了女方对于男方的需求不足问题的。

须知货币在流通中所起的作用在本质上只是流通中介的作用。诚然在流通过程中,作为流通中介的货币亦须有足够的数量才能实现商品的价值。因此货币在或多或少的程度内,对于生产亦有反作用。但是,在资本主义社会总生产分为Ⅰ和Ⅱ两大部类来进行的时候,在流通过程中作为流通中介的货币的增加,绝对不能解决Ⅰ和Ⅱ两大部类彼此双方的生产品不适合于彼此双方扩大再生产所需用的生产品的问题,从而也就不能解决商品需求不足的问题。当着在生产领域中,Ⅰ部类的企业家们贪得无厌地追求最大限度剩余价值,使Ⅱ部类所生产的生产资料 $W_1' > C_1 + \Delta C_1 + C_2 + \Delta C_2$,和使 $W_1' - (C_1 + \Delta C_1) > W_2' - \{V_2 + (M_2 - \Delta C_2)\}$ 的时候,生产资料生产过剩的危机就发生了。如果依照凯恩斯的所谓有效需求原则,通过增加货币的供给以降低利息率,从而增加货币的支出以提高 W_1' 的价格,再增加 W_1' 的生产和供给,必然会加深生产资料生产过剩,从而导致Ⅰ和Ⅱ两个部类的整个生产过剩的危机。在危机中,随着变量资本的相对减少,失业的大军无疑会更加扩大。现在英、美、法、意、日等帝国主义国家的生产过剩和随之而来劳动人口过剩危机都是在膨胀通货、继续抬高物价的条件下产生的。

相反地,如果Ⅰ部类所生产的生产资料恰正等于Ⅰ和Ⅱ两大部类为了扩大再生产所需要的生产资料,即:

$$W_1' = C_1 + \Delta C_1 + C_2 + \Delta C_2$$

而Ⅱ部类所生产的消费资料恰正等于Ⅰ和Ⅱ两个部类所需要的消费资料,即:

$$W_2' = V_1 + M_1 - \Delta C_1 + V_2 + M_2 - \Delta C_2$$

结果Ⅰ和Ⅱ两个部类的生产恰正等于彼此对于彼此为了扩大再生产所发生的物质的需求,即:

$$W_1' - (C_1 + \Delta C_1) = W_2' - (V_2 + M_2 - \Delta C_2)$$

如果只是由于作为流通中介或购买手段的货币不足,不能在流通过程中使它们顺利地实现的话,纵令资本主义国家的财政部和中央银行对于货币的供给没有增加,亦可以通过Ⅰ和Ⅱ两个部类自己的信用,如期票、汇票、记账等形式来获得解决。这犹如在男婚女嫁的问题上,只要男女双方彼此都情投意合了,那末彼此对对方所发生的爱的需求在根本上就解决了,如果没有媒婆,由男女双方请人来作形式上的媒婆,或简直不要媒婆,单凭彼此说一句"我爱你"的话,问题也就可以解决了。正如解决男方和女方的需求在根本上是情投意合的男方和女方,而不是媒公或媒婆一样,对于Ⅰ和Ⅱ两个部类所生产的商品的有效需求在根本上正是Ⅰ和Ⅱ两个部类彼此双方所生产的生产品,恰正适合于彼此双方为了扩大再生产所需用的生产品,而不是什么作为流通中介的货币本身的支出数量。从人类社会整个经济发展史来说,也是先有分工生产的商品才有便利商品流通的货币。不是先有货币的支出,然后才有分工生产的商品的。不是作为流通中介的货币的支出决定分工生产的商品,而是分工生产的商品决定作为流通中介的货币的支出,尽管作为流通中介的货币的支出对于商品的分工生产也是有反作用的。综上可知凯恩斯的有效需求原则的全部论点,都是站不住脚的。不但它的结论,即社会对于商品的有效需求同时就是对于劳动力也就是对于就业工人的有效需求,在客观上是不存在的,是无中生有的捏造,就连他的有效需求原则的大前提,即货币的支出构成商品的有效需求,在"非自愿的失业"存在的条件下,它将导致相应的商品的供给,从而导致相应的国民收入的生产,在客观上也是不存在的。

凯恩斯的就业倍数学说是用来具体地说明他所虚构的由货币的支出创造国民实际收入和就业的演变过程的。他所虚构的这个过程是,随着货币供给的增加,利息率会降低,在其他条件相同的情况下,资本家资产的未来收益会增加。换句话说,即是资本家对于资本的预期的利润率会增加,结果资本家对于物质的资本(生产资料)即是对于凯恩斯的所谓投资物的需求就增加了。随着资本家对于投资物需求的增加,I 部类的资本家们就将增雇工人来增产投资物,从而使投资物的生产就增加了,同时参加投资物生产的工人和资本家的货币收入就增加了。他们就将用他们的新增加的货币收入来购买消费物,从而使人们对消费物的需求也增加了。随着消费物需求的增加,II 部类的资本家们就将增雇工人来增产消费物,同时参加生产消费物的工人和资本家的货币收入又增加了。他们又将再用他们的货币收入来买消费物,从而导致生产消费物的就业再增加。由此不断地增加下去,其结果商品的生产总值即国民实际收入的总值和就业的工人总数于是就将增加并一直增加到使非自愿失业的工人通通得到就业。这就是凯恩斯就业倍数学说的基本思想。在这一思想的基础上,凯恩斯建立起了他的就业倍数学说的空中楼阁。

凯恩斯说他的就业倍数理论乃是他的就业理论的重要部份,因为"它建立了在消费倾向一定时,总就业和收入与投资率之间的精确关系。"①凯恩斯用了下面一个公式来表明这种关系:

$$国民收入的增量 \Delta Y = 倍数 K \times 投资的增量 \Delta I$$

即 $\Delta Y = K \times \Delta I$

它的意义是说,只要对于投资物(生产资料)的需求——货币的支出——增加,那末投资物的价格就将提高,投资物的生产就会增加,同时参加投资物生产的工人们和资本家们的货币收入也就会增加。由于他们再把他们的货币收入的一部份或全部用来购买消费物,消费物的需求也就会增加,随着消费物价格的增加,消费物的供给就将增加。只要工人的货币工资不变,或不与物价同比例增加,实际工资. 就会降低。在货币的供给增加和利息率降低的条件下,利润、率就将增加,国民收入也就将全面的增加。在边际消费倾向$\left(= \dfrac{消费的增量}{收入的增量} \right)$为已知时,国民收入就将增加到投资物增量的 K 倍,$K = \dfrac{1}{1 - 边际消费倾向}$。$K$ 所表示的关系就是凯恩斯所指出的在边际消费倾向为已知时,投资的增量同国民实际收入的增量之间的精确的关系是倍数的关系。由于国民收入的增加与就业的增加,依照凯恩斯的有效需求原则来看,不但是同方向的,而且是同比例的,所以国民收入实际增加的倍数 K,即是就业增加的倍数 K 了。

设令在投资物生产的 I 部类中,预期的需求增加了 100,那末,投资物的供给就会增加 100。这就是说,这个分工生产投资物的 I 部类由于预期社会对于投资物的需求会增加 100,于是就将增加 100 的货币投资来增产投资物,那末,这 100 的货币投资随着投资物增加 100 就必将化为投资物生产者的货币收入。如果后者再把这 100 的货币收入用来购买消费物,那末,消费物生产部类就会增加 100 来增产

---

① 凯恩斯:《就业、利息和货币的一般理论》,英文本,第 113 页。

消费物,这样消费物生产部类的生产者的收入就将再增加 100 了。如果后者把 100 全部用来买消费物,那末,消费物就应当再生产 1 000。那末,从事消费物的生产者又将再增加 100 的收入。如果后者再用全部的收入来买消费物,那末,消费物生产部类必然就要再增加 100 的消费物的生产和收入。由此递增,以至生产和收入均无限地增加。由于凯恩斯假定就业的有效需求与商品的有效需求为同比例的增加,当着商品的有效需求增加到投资物需求的增量的无限大倍时,那末,就业的工人总数亦将增加到无限大倍。用数字来表示它,即:

$$\underbrace{100}_{\substack{\text{投资物部类的}\\\text{净生产增量}}} + \underbrace{100+100+100\cdots+100}_{\substack{\text{消费物部类}\\\text{的净生产增量}}} = \underbrace{\infty\ 100}_{\substack{\text{国民实际}\\\text{收入增量}}}$$

此时,就业的增量亦必为无限大倍。这个式子可以用数倍公式来计算,即:ΔY

$$= \frac{1}{1 - \dfrac{\Delta C}{\Delta Y}} \times \Delta I,\ \text{或国民的实际收入增量} = \frac{1}{1 - \dfrac{\text{消费的增量}}{\text{收入的增量}}} \times \text{投资的增量}。$$

例如,$\Delta Y = \dfrac{1}{1 - \dfrac{100}{100}} \times 100 = \infty \times 100$

如果在投资物即生产资料的生产部类中生产者(包含工人和资本家)在取得了 100 收入后只以一半来买消费物,另一半来储蓄,那末,消费物部类的工人和资本家就只能增加 50 的收入。如果后者在这 50 中,又只以一半来消费,另一半来储蓄,那末,更后的生产消费物的企业就只能增加 25 了。如果依照相同的边际消费倾向 $\dfrac{\Delta C}{\Delta Y} = \dfrac{1}{2}$,一次再一次继续下去,其结果,整个消费物的收入增量就将只以 100 为限。此时,国民收入的增量倍数 K 为 2,就业倍数亦为 2。用公式来表示它,即:

$$\underbrace{100}_{\Delta I} + \underbrace{\frac{1}{2}100 + \frac{1}{2}\left(\frac{1}{2}\right)100 + \frac{1}{2}\left[\frac{1}{2}\left(\frac{1}{2}100\right)\right] + \cdots}_{\Delta C} = \underbrace{2 \times 100}_{K \times \Delta I}$$

或 $100 \times \left\{1 + \dfrac{1}{2} + \left(\dfrac{1}{2}\right)^2 + \left(\dfrac{1}{2}\right)^3 + \cdots\right\} = 200$,这里就业倍数 $K = 1 + \dfrac{1}{2} + \left(\dfrac{1}{2}\right)^2 + \left(\dfrac{1}{2}\right)^3 + \cdots = 2$。

如果投资物生产部类在它的收入增量中只以 $\dfrac{1}{3}$ 来消费,同时消费物生产部类的企业于取得 100 的 $\dfrac{1}{3}$ 后,亦只以 $\dfrac{1}{3}$ 来消费,那末,就业就将降到 1.5 倍了。用公式来表示它,即:$100 \times \left\{1 + \dfrac{1}{3} + \left(\dfrac{1}{3}\right)^2 + \left(\dfrac{1}{3}\right)^3 + \cdots\right\} = 1.5 \times 100$

如果投资物生产部类在它的收入增量 100 元中,一个也不拿来消费,那末,国

民收入的增量就只增加到 100 为度,用公式来表示它,即

$$\Delta Y = \frac{1}{1 - \frac{0}{100}} \times 100 = 1 \times 100 \quad 或 \quad \Delta Y = 100 \times (1 + 0 + 0 + 0\cdots) = 1 \times 100$$

用代数式来概括一下,即:

$$\Delta Y = \Delta I \Big[1 + \Big(\frac{\Delta C}{\Delta Y} \Big) + \Big(\frac{\Delta C}{\Delta Y} \Big)^2 + \Big(\frac{\Delta C}{\Delta Y} \Big)^3 + \Big(\frac{\Delta C}{\Delta Y} \Big)^{n-1} + \Big(\frac{\Delta C}{\Delta Y} \Big)^n \Big]$$

$$= \frac{1}{1 - \frac{\Delta C}{\Delta Y}} \times \Delta I$$

$$= K' \times \Delta I$$

这里 ΔY 指收入增量, ΔC 指消费增量, ΔI 指投资增量, $\frac{\Delta C}{\Delta Y}$ 指 $\frac{消费的增量}{收入的增量}$ 即边际消费倾向, K 指倍数。将 $\frac{\Delta C}{\Delta Y}$ 代入 r 和以 K 代 S 得: $K = \frac{1}{1 - \frac{\Delta C}{\Delta Y}}$。这就是凯恩斯根据他的有效需求原则所提出的投资消费和就业倍数的理论。[①]

凯恩斯狂妄地宣称,他的就业倍数理论乃是一种医治资本主义社会不治之症即失业和危机的灵丹。假令在某个资本主义国家内。"非自愿失业"工人有 200 万,又假令在那个国家国民实际收入与就业工人的比例为 100 万元比 1 人,又边际消费倾向 $\frac{\Delta C}{\Delta Y}$(即消费支出的增量 ΔC 与收入的增量 ΔY 的比率)为 $\frac{1}{2}$。那末,此时该国为了使这 200 万失业的工人都充分就业,就应当设法使投资物生产部门的有效需求和供给增加 100 亿元。这样,投资物生产部门依照 100 比 1 的比例,就将增雇工人 100 万人,这样,在 200 万失业工人中就有 100 万工人就业了。再通过边际消费倾向 $\frac{\Delta C}{\Delta Y} = \frac{1}{2}$ 的作用,消费物的有效需求和供给也增加 100 亿,即要增雇工人 100 万人,结果,国民实际收入就将增加到 200 亿元,同时就业的工人就将增加到 200 万人。结果"非自愿失业"工人 200 万的充分就业就实现了。从凯恩斯及其门

---

① 几何级数 $S = (1 + r + r^2 + r^3 + r^{n-1})$

$$r_2 = (r + r^2 + r^3 + r^{n-1} + r^n)$$

两式相减得:

$$(1 - r)S = (1 - r^n)$$

$$S = \frac{1 - r^n}{1 - r}$$

因 $r < 1$ 故

$$S = \frac{1}{1 - r}$$

将 $\frac{\Delta C}{\Delta Y}$ 代入 r 和以 K 代 S 得: $K = \frac{1}{1 - \frac{\Delta C}{\Delta Y}}$

徒们看来,这还不是包医资本主义的不治之症的灵丹么?

凯恩斯的门徒们,在凯恩斯之后,特别强调政府的净支出的增量 ΔG(即政府的支出减税收后的净支出增量)和一国的出超(即出口的增量 ΔY 减入口的增量 ΔM)的增量对国民收入 Δy 和就业增量的影响,即:

$$\Delta Y = \Delta C + \Delta I + \Delta G + \Delta X - \Delta M$$

因此,他们在讨论国民实际收入的变化和就业的变化时,把两者都加进去。他们认为政府净支出和出超,对于国民实际收入所起的作用与投资增量的作用相类似,因此政府的净支出和出超的增量,按照凯恩斯的支出创造实际收入的这一有效需求原则,必然变为人们收入的增加。如果人们的收入增加了,消费的支出必然增加,国民实际收入和就业因此都增加了。入口和税收对于国民收入和就业所起的作用,恰与对外贸易的出超和政府的净支出相反。这就是在第二次世界大战后,几乎所有帝国主义国家当其依照凯恩斯有效需求原则和就业倍数的理论作指南来制定充分就业的政策的时候,都是把增加赤字财政和增加出超两项放在相当重要的地位上的原因。

IV　运用马克思关于资本积累与扩大再生产和资本积累的一般规律的理论,结合印度和美国关于投资、消费和就业的经验总结和统计数字,揭露和批判凯恩斯的有效需求原则和就业倍数学说

（一）凯恩斯的有效需求原则和就业倍数学说在生产领域中的荒谬性和反动性

马克思在社会总资本扩大再生产的图解中明确地告诉人们说,在资本主义社会中,必须首先要有资本的积累,然后才能扩大再生产。这就是说,任何扩大再生产都必须在过去一个生产年度（或时期）中由工人将扩大再生产的年度所需要的资本生产出来和积累起来,然后才能在第二年度进行扩大再生产。假令在第一个生产年度里,工人没有生产出数量更多和价值更大的作为资本家所有的剩余价值物 ΔW 出来,使资本家除了在 ΔW 中用一部份来供给他自己的个人消费而外,尚还有一部分留下来准备在第二个生产年度里作为扩大再生产所必需的常量资本的增量和变量资本的增量之用,或者说,如果在第一个年度所生产的 ΔW 中,除了供给资本家们吃喝嫖赌而外,没有什么剩余的部份可供第二年度扩大再生产所必需的扩大的资本 $\Delta C + \Delta V$ 之用,即没有新修建出来的更多的厂房,新生产出来的更多的机器,也没有新修建出来的更多的工人宿舍,没有新生产出来的更多的原材料,任凭资本主义国家怎样增加对于商品的需求,怎样增加货币支出来购买投资物和消费物,除了起到抬高物价和降低工人实际工资的作用外,是什么投资物和消费物也不能增产的。为了说明的便利,再抄录马克思的扩大再生产的图解如下:

第一年对扩大再生产的准备过程　　　第二年实现扩大再生产的过程

$$
G \to W \begin{cases} A \\ Pm \end{cases} \cdots P \cdots W' \begin{cases} W \to G \to W \begin{cases} A \\ Pm \end{cases} \\ + \\ \Delta W \to \Delta G \begin{cases} \Delta G_1 P \to \Delta W_1 P \begin{cases} \Delta A \\ \Delta Pm \end{cases} \\ \Delta G_2 \lambda \to \Delta W_2 \lambda \end{cases} \end{cases}
\begin{array}{l} P'\,(P+\Delta P)\cdots W'' \\ (W'+\Delta W') \to G'' \\ (G'+\Delta G) \end{array}
$$

消费

观上图可知,在第一年与第二年之间,由于在第一年度中工人用无酬的劳动在生产领域中给资本家生产出来了作为资本家的剩余价值的商品的增量 ΔW,其中包含着 ΔW_1 和 ΔW_2,资本家于是在流通过程中将 ΔW 实现为货币形态的剩余价值 ΔG,其中包含着 ΔG_1 和 ΔG_2。由于资本家只将 ΔG_2 用来买消费物,以满足自己吃喝嫖赌的需要。但资本家对于 ΔG_1,却既不是把它用来作个人消费,也不是把它用来储蓄,因为储蓄正如马克思所一再着重地指出的那样,无论采取货币储蓄的形态,或者实物的形态,都是不能增加丝毫剩余价值的。资本家们在第二个生产年度开始时,将 ΔG_1 的一部分所买进的 $\Delta W_1(=\Delta W - \Delta W_2)$ 中的一部分作为生产资料的增量 ΔPM 和以其余的一部分雇佣劳动力的增量 ΔA,让新增加的劳动者们去买另一部分的 ΔW_1 来消费。这样,第二个年度的生产资本才能由第一个年度的 $A+PM$ 增加到 $A+\Delta A$ 和 $PM+\Delta PM$。这样,生产的规模才能扩大,从而第二个年度的商品生产才能比第一个年度的商品生产有所增加。可是凯恩斯却说,不然,纵令在第一个年度里没有货币形态的剩余价值 ΔG_1,转化为生产资本的积累,生产亦可以扩大和增加。因为凯恩斯的有效需求原则和由它所派生的就业倍数学说的第一个论点是,在资本设备不变的条件下,新的生产资料的生产就可以首先扩大。什么是凯恩斯所假定为不变的资本设备呢?依照凯恩斯的资本设备的定义,资本的设备等于固定资本＋工作资本(指半成品)＋存货资本[①]。这就是说,尽管厂房、机器、动力和原材料没有增加,即常量资本没有增加,同时新增雇的劳动者们的生活资料也没有增加,即真实的工资资本(工资物),也没有增加,但是新的投资物、新的消费物的生产亦可增加,就业的工人人数亦可以增加。因为依照凯恩斯的有效需求原则,只要增加购买商品的货币的支出,即只要增加商品的有支付能力的需求就行了。这就是说,在扩大再生产的头一年,不必在事先将扩大再生产所必需的常量资本的增量,例如将本年度扩大再生产需要增加的生产资料如厂房,机器、原材料和燃料等准备好,同时亦不必事先把变量资本的增量即新增加的劳动力所赖以维持生活

---

① 凯恩斯:《就业,利息和货币的一般理论》,英文本,第 76 页。

的消费资料准备好,就可以扩大再生产了。在资本主义的任何时代中,在大资本排挤中小资本甚至吞并中小资本的竞争条件下,无论在资本主义最发达的国家如美国,和在比较不发达的资本主义国家如印度,这也都是不可能做到的。这就是说,就业的工人人数的增加,决不是象凯恩斯炮制的所谓有效需求原则所说的那样,取决于预期的需求增加或现实的但足以引起预期的货币支出的增加,而是取决于在前一个生产年度中准备在本年度用来购买更多的生产手段即常量资本和用来购买更多的劳动力即变量资本的货币形态的资本,都已经通过剩余价值的资本化,把它们积累起来了的缘故。这是在资本主义的繁复的分工关系下,众所周知的事情。问题存在于货币形态的资本又是怎样通过剩余价值资本化被积累起来的呢?这是由于在扩大再生产的准备年度里,在生产过程中,将包含着剩余价值在内的剩余商品 $\Delta W($ $= \Delta W_1$ 和 $\Delta W_2)$ 事先已生产出来,而且又在流通过程 II 中将 ΔW 中的剩余价值实现为货币形态即利润 ΔG。$\Delta G = \Delta G_1 + \Delta G_2$。由于资本家在 ΔG_1 和 ΔG_2 中只用 ΔG_2 买 ΔW_2 来消费,这样,才能把用来购买的 ΔW_1 中生产资料 ΔPM 和劳动力 ΔA 的货币资本 ΔG 积累起来。再通过 $\Delta G \rightarrow \Delta W_1$,就把物质形态的生产资本 $\Delta PM + \Delta A$ 即 $\Delta C + \Delta V$ 也积累起来了①。这就是资本积累的过程。由此可见,资本的积累乃是由剩余价值资本化而来②。但剩余价值为什么能转化为资本呢?这就是说,资本家首先必须不消费其全部的收入(剩余价值),即在扩大再生产的准备年度里,资本家在工人消费其全部收入(工资)的条件下,必须不把 ΔW 都制成供应资本家所消费的东西。这就是说,在 ΔW 中,除生产有 ΔW。供应资本家个人消费的必需品和奢侈品外,还须在 ΔW 中生产有 ΔW_1 的另一部分制成品,它是生产出来准备扩大再生产年度所必需的生产资料的增量和消费资料的增量,否则在第二年度就不能进行扩大再生产了。

上文已经说过,在资本主义社会分为 I 和 II 两大生产部类的条件下,I 和 II 两大部类首先必须在第一个生产年度里创造出亦即准备好在生产和流通领域中三个必要的扩大再生产的条件:

$$W_1' = C_1 + \Delta C_1 + C_2 + \Delta C_2 > C_1 + C_2 \tag{1}$$

$$W_2' = V_1 + M_1 - \Delta C_1 + V_2 + M_2 - \Delta C_2 < V_1 + M_1 + V_2 + M_2 \tag{2}$$

$$W_1' - (C_1 + \Delta C_1) = W_2' - (V_2 + M_2 - \Delta C_2)$$

---

① 这里可以设想商业资本家的存在. 他先从生产的工业资本家手里把 ΔW_1 买进来,以后再卖给需要它的工业资本家。

② 剩余价值的资本化也可以由资本家将其所得的商品形态的剩余价值 ΔW 直接化作资本,如农业资本家将肥料直接用作第二年度生产资料的资本,或把粮食直接用作第二年度新增的工人的消费资料。但是在会计上总是先把商品形态的剩余价值写在收账上,然后在资本账上将它写为预垫的资本支出的。在 I 部类分为若干企业后,如分为机械、钢铁、动力、燃料等企业后,一般是先经过货币形态的剩余价值,然后在流通过程 I $\Delta G - \Delta W$ 中转化为常量资本的。在 I 部类中也有与 I 部类相同的情况,从理论上说,生产资本 ΔW_1 的增加是由 ΔG 转化而来。

合而言之，I 部类所生产的生产资料 W_1' 必须大于 I 和 II 两个部类所消耗的生产资料 $C_1 + C_2$。大多少呢？大 $\Delta C_1 + \Delta C_2$。这样第一个扩大再生产的条件 $W_1' > C_1 + C_2$ 就满足了。同时，II 部类所生产的消费资料 W_2 必须小于 I 和 II 两个部类的工人和资本家的收入 $V_1 + M_1 + V_2 + M_2$。小多少呢？在工人消费其全部工资收入的条件下，小于 I 和 II 两个部类资本家们的剩余价值的收入 $\Delta C_1 + \Delta C_2$。这样第二个条件就满足了。从而第三个条件即 I 和 II 部类的出口必须等于它们的入口，即 $W_1' - (C_1 + \Delta C_1) = W_2' - [V_2 + (M_2 - \Delta C_2)]$，也满足了。在上述三个条件中，前两个条件就是在社会主义社会中所称做的生产资料优先增长的原理。它与资本主义社会的生产资料优先增长有不同的地方，即前者是通过计划实现的，后者是在资本家的竞争中自发实现的，即是偶然性地实现的。又 I 部类所生产的生产资料 W_1 之所以能优先增长，在关于节约常量资本和变量资本的技术发明没有在 I 部类优先使用的条件下，乃是由于，当着 I 部类的生产资本优先地增长为 $C_1 + V_1 + \Delta C_1 + \Delta V_1$ 的时候，II 部类的生产资本相应地减少为 $C_2 + V_2 - \Delta C_2 - \Delta V_2$，使 $\Delta C_2 + \Delta V_2$ 转化为 $\Delta C_1 + \Delta V_1$ 而取得的，即是由于牺牲后者以益前者而取得的。然而凯恩斯依据他的所谓有效需求原则，在其收入和就业倍数学说中所提出的第一个原则，即在资本设备不变的条件下，只要 I 部类的资本家预期对 II 部类所生产的投资物（生产资料）的需求，例如预期用来购买投资物的货币支出将增加 100，I 部类就将增产投资物 100。这就是说，尽管 I 部类资本设备不增加，常量资本投有增加，机器与原材料没有增加，而物质形态的变量资本即新工人的住宅、粮食、交通工具等也没有增加，但 I 部类所生产的生产资料却可优先增加。在事实上，如果 I 部类的机器原材料没有增加，新工人需要的消费资料也没有增加，只增加了预期用来购买投资物的货币支出 100，只是增加货币投资 100，这除了使投资物的价格增加 100 外，是什么投资物也不能增加的。固然，凯恩斯仍然可以说，纵令常量资本不变，变量资本也不变，但是在同一的常量资本之上，依照他的边际劳动生产物递减的所谓"规律"，生产还是可以增加的。同时，在同一的变量资本上，依照他的工人的工资只能随着工人的边际劳动生产物的递减而递减的"工资规律"，还是可以增加就业的。这两种假设，正如我们在上文对它的揭露和批评的那样，乃是由于它假定资本的有机构成递减，但是在大资本排挤中小资本的资本主义社会中，资本有机构成并不是递减的，而是不断提高的。可见他所提出的不要资本积累的所谓扩大再生产和扩大就业的说法，是根本不能成立的。凯恩斯在其有效需求原则和就业倍数学说中提出的第一个论点中说：在资本设备不变的条件下也能增产投资物，这就等于说，纵令在今天的大资本吞并小资本的时代里，资本的有机构成还在不断降低，从而导致工人的劳动边际生产物递减，因此实际工资必须递减。这在资本主义发展历史上从来也就没有发生过。由此可见，凯恩斯的有效需求原则和就业倍数学说的第一个论点，胡说什么在技术设备不变的条件下，由于预期用来购买投资物的需求即货币支出增加,比如说增加 100,投资物的供给也就优先增长 100,这乃是虚构的和绝对荒谬的。

凯恩斯的有效需求原则和就业倍数学说的第二个论点是:当着投资物增加 ΔI 时,I 部类的工人和资本家的货币收入 $V_1 + M_1$ 必然也增加 ΔI。这是工人和资本家的货币收入的第一次增加。如果 I 部类的工人和资本家将这 ΔI 全部用来购买 II 部类的消费物,就将使 II 部类的工人和资本家的生产和收入在 I 部类第一次增加 ΔI 之后第二次增加 ΔI 的价值。又如果 II 部类的工人和资本家将其所增加的收入再继续全部用来购买消费物,就将使 II 部类的工人和资本家的生产和收入第三次增加 ΔI 的价值,照这样一直继续增加到无限次,实际的国民收入和就业便将增加到 ΔI 的无限大倍,即 $\Delta Y = \Delta I + \Delta I + \Delta I \cdots\cdots = \Delta I(1 + 1 + 1 + \cdots\cdots) = \infty \Delta I$,直到所有的非自愿失业的全体工人充分就业而后止步。这就是说,当人们的边际消费倾向 $\Delta c/\Delta Y$ 等于 1 时,收入和就业都将增加无限大倍。相反,如果 I 部类在其货币收入的增量 ΔI 中一个也不用来消费,即 $\Delta C/\Delta Y = 0$,那末,国民收入和就业就只能增加到 ΔI 的 1 倍,即 $\Delta Y = \Delta I$。又如果 I 部类在其收入的增量 ΔI 中以一部分来消费,另一部分来储蓄,即在 $0 < \dfrac{\Delta C}{\Delta Y} < 1$ 的条件下,那末,国民收入和就业工人数增加的倍数就将在 1 和 ∞ 之间。但是,在实际上,无论在 $\dfrac{\Delta C}{\Delta Y}$ 等于 1,或等于零,或等于在零和 1 之间的任何数,由于 II 部类的资本家在从 I 部类取得更多的购买消费物的货币支出作为 II 部类的利润时,II 部类并不曾在利润中用一文钱来增加资本设备,即 $\Delta C = 0$,又不曾用一文钱来购买劳动力,因为全部利润要不是用来消费,就是用来储蓄,即 $\Delta V = 0$。在这种情况下,生产和就业都不可能有任何一点增加,但凯恩斯却说,在 $\Delta C = 0$ 和 $\Delta V = 0$ 的条件下,生产和就业都能够增加,而且还能增加到无限大倍。这显然是十足的骗人的谎话。

为了把凯恩斯的这第二个论点的荒谬性说得更明确或更具体些,我们还要将从 II 部类资本家们货币利润的增加和 I 部类的生产与就业的增加的关系作考察。凯恩斯说,由于 I 部类向 II 部类的消费支出增加,II 部类的生产和就业都要增加若干倍。为了讨论的便利,假定在 II 部类生产和就业没有增加以前,I 部类生产者的收入确是增加了 100,或者将其中的 $\dfrac{1}{2}$ 的或 $\dfrac{1}{3}$,即 50 或 33.3 用来向 II 部类购买消费物。虽然消费物的供给没有增加,但消费物的需求却增加了。在这条件下,II 部类资本家们的货币利润确是增加了 100,或者 $100 \times \dfrac{1}{2}$ 或 $100 \times \dfrac{1}{3}$,并以其全部 100 或其 $\dfrac{1}{2}$ 或其 $\dfrac{1}{3}$ 再用来购买消费物,而且 II 部类的资本家们一个跟着一个地这样作了,但是问题存在于在 II 部类中消费物的生产是否就可增加 $\infty \times 100$,或 2×100,或 1.5×100,即如象凯恩斯所说的那样呢? 在答复这个问题时,我们可以考虑三种情况:(1)消费物生产部类的剩余存货很多,当需求增加 100 或 50 或 33.3……时,并不需要增加什么生产,只将旧有的消费物出卖,就能满足 100 或 50 或 33.3……的新需求。(2)消费物的剩余存货没有这末多,但固定资本有剩余生产力,仓库中有剩余的存货即原材料,而市场上亦有若干的剩余存货。当需求增加 100 或 50 或 33.3 时,该部门的资本家在其自己的和市场上的剩余生产力和生产物中,取出一部分来,作为生产资本,从事恰如其分的生产。(3)所有资本的剩余生产力和存货都没有了,除非增加常量资本和变量资本的积累,否则就不能增加消费物的生产。凯恩斯的就业倍数学说的第二个论点,对于上述这三种情况都不适用。就(1)种情况来说,由于消费物的新需求是由它的剩余存货来供给,显然不能导致生产和就业有丝毫增加。就(2)种情况来说,好象就业也可能增加,但事实上并不能增加。因为就业的增加,正如上文所指出的那样,乃是取决于资本家的剩余价值资本化,取决于Ⅱ部类的资本家在其收入的 100 或 50 或 33.3 货币利润中以部分化做常量资本 ΔC 和变量资本 ΔV,然后消费物的生产才能增加。可是Ⅱ部类的资本家们却将其增加的收入的全部或部分用来吃喝嫖赌了,又把其余的部分放在钱口袋或银行里,作为货币的储蓄,连一文也不曾拿出来增加 ΔV 和 ΔC,这怎么能够增加生产和就业呢!问题还在于,依照凯恩斯的短期供需总量分析的方法和有效需求的原则,Ⅰ部类和Ⅱ部类的资本家们不但今天没有将其收入的剩余价值之一部分转化为 ΔV 和 ΔC,连昨天也没有这样作。第一,因为凯恩斯假定在一定的资本设备上。纵令 ΔC 等于零,亦可以生产 $0 < \Delta Y < \infty$ 的消费物和投资物来,所以就不但在今天,而且连昨天也无需将剩余价值转化为 ΔC 了。第二,凯恩斯假定,Ⅱ部类的资本家们无论在今天或昨天在货币利润增加后,或以 $100 \times (1 + 1 + 1 \cdots\cdots)$,或 $100 \times \left[\frac{1}{2} + \left(\frac{1}{2}\right)^2 + \left(\frac{1}{2}\right)^3 + \cdots\right]$ 都用来消费了,其余的部分都用来储蓄了,没有任何一点化为 ΔV。这就是说,无论在今天和昨天,ΔV 都等于零了。既然 ΔC 和 ΔV 都等于零了,又怎么能够增加Ⅱ部类的生产和就业呢?前面我们已经说过,就业的增加乃是取决于剩余价值的资本化,而且毫无例外地是取决于变量资本的增量和每一变量资本的增量所支配的就业人数的增量,用符号来表示它,即:

$$\Delta E = \Delta V \times \frac{\Delta E}{\Delta V} = \Delta(C + V) \times \frac{\Delta V}{\Delta(C + V)} \times \frac{\Delta E}{\Delta V}$$

由于 $\Delta E/\Delta V$ 又取决于每一变量资本的增量在每一个工人身上所榨取的剩余劳动即剩余价值的增量即 $\frac{\Delta E}{\Delta V} = f\left(\frac{\Delta M}{\Delta V}\right)$,故用就业函数来表示它,即

$$\Delta E = f\left(\Delta V, \frac{\Delta M}{\Delta V}\right)$$

显然,这个函数是从 $E = V \times \frac{E}{V} = (C + V) \times \frac{V}{(C + V)} \times \frac{E}{V}$ 即 $E = f\left(V, \frac{M}{V}\right)$ 导来的。

这里 E 指就业的工人数，ΔE 指就业人数的增量，指剩余价值剥削率的增量，指每一变量资本的增量所支配的就业工人数的增量。从以上的公式可以看出，就业工人总数的增量，决不是取决于人们的边际消费倾向的大小，尤其不是取决于资本家们的边际消费倾向的大小。Ⅱ部类的资本家们在其所得的剩余价值中，如果边际消费倾向为 1，显然在剩余价值中转化为常量资本和变量资本的就必然等于零了。如大于零小于 1，虽然有把其中之一部分转为 ΔC 和 ΔV 的可能性，但如果Ⅱ部类的资本家们在其所得的剩余价值 ΔM_2 中，除以一部分用作消费外，将其余的部分储蓄起来，其结果仍是 $\Delta V = 0$。依照类似的理由，由于没有剩余价值资本化，ΔC 亦必等于零。由此可见，凯恩斯在他的有效需求原则和就业倍数学说中的第二个论点，不但在第一种情况下不适用，即在剩余存货中消费品很多很多的情况下不适用，而且在第二种情况下，即在消费品的存货不是很多，但固定资本和工作资本都有剩余生产的情况下亦是不适用的。

现在讨论第三种情况。用凯恩斯的话来说，第三种情况乃是这样一种情况："……消费物工业的资本设备已经达到其生产能力之极限，要增加产量，不可能只在现有的生产设备上增加劳工，而须增加设备。"[①]在这种情况下，凯恩斯自己也承认消费物工业部类之就业量不能与投资物工业部类的就业量同时增加。但凯恩斯却认为，除了在第三种情况下不适用而外，依照他的第二个论点即在第一和第二两种情况下都是适用的。因他认为在第一和第二两种情况下，由于资本设备还有剩余生产能力，是可以增加生产和就业的。这实际上也是不行的。正如在上文中所指出那样，既然第Ⅱ部类的资本家们在其从第一部类所得的消费支出的增量中，即在其所得的货币的利润（货币形态的剩余价值）中，相继地或者以其全部来消费，或者以其一部分来消费，同时又以其余的部分储蓄起来，那末，就没有什么来作常量资本的增量和变量资本的增量了，即常量资本的增量和变量资本的增量等于零了。常量资本和变量资本的增量既然等于零，那还能增雇什么工人呢？这就说明，凯恩斯的有效需求原则和就业倍数学说的第二个论点，不但在第三种情况下不适用，连在第一和第二两种情况下也是不适用的了。

凯恩斯依照他的有效需求原则和就业倍数学说公式，还提出了一个论点，即在 ΔI 为已知时，$K = \dfrac{1}{1 - \dfrac{\Delta C}{\Delta Y}}$，如果 $\dfrac{\Delta C}{\Delta Y} = 0$ 时，国民实际收入或就业还可以增加到 ΔI 的

1 倍，即 $\Delta Y = \Delta I \times 1$。这在理论上是站不住脚的，在事实上是不可能的。因为Ⅰ部类投资物的增产，无论在资本有机构成提高的条件下和在资本有机构成不变的条件下，都是Ⅰ部类的资本家们事先由那包含剩余价值在内的增量 ΔW_1 实现而为货币形态的剩余价值 ΔG_1，再通过剩余价值 ΔG_1 的资本化，增加了常量资本 ΔC 和变

---

① 凯恩斯《就业，利息和货币的一般理论》，英文本，第 124 页。

量资本 ΔV 的结果。在 I 部类事先并没有增产 ΔW_1 从而增加 ΔG_1 并将 ΔG_1 转化为 ΔC 和 ΔV 的时候,如象凯恩斯的有效需求和就业倍数学说所说那样,只是突然增加货币支出以增雇工人,既没有事先准备好机器与原材料的增量 ΔC,又没有事先准备好必要的物质条件以满足增雇工人的需要。显然,在这种情况下,是丁点的投资物都生产不出来的。凯恩斯假定不但装备没有丝毫增加,即常量资本没有丝毫的增加,$\Delta C = 0$,而且连原材料也没有丝毫增加,连工人所必需的粮食储备也没有丝毫增加,同时,又假定新增雇工人把他们的货币工资通通储蓄起来,一文也不用来购买消费品,即 $\dfrac{\Delta C}{\Delta Y} = 0$,这就等于假定,工人既不吃饭又不用生产工具与原材料,只要 I 部类的资本家增加货币支出 100 来生产投资物 100,他们就能把投资物的供给增加 100,这个假定当然是绝对荒谬的。中国有句俗语说:"巧妇难为无米之炊",既然连"巧妇"尚且"难为无米之炊",那末,新雇来生产生产资料的工人,还能空着肚子和空着双手生产出什么机器和原材料出来吗? 总之,凯恩斯的有效需求原则和就业倍数学说,用马克思的积累与扩大再生产的理论来衡量,它在生产领域中的全部论点都是荒谬的。这也就是说,他在《一般理论》中所提出的决定就业的第一个自变数即人们心理上的边际消费倾向,就如象他所提出的第三个自变数即资本家心理上对于资产的未来收益的预期一样,都不是在生产领域中决定工人就业人数的自变数。因为决定工人就业总数的是在资本的有机构成中,随着总资本的积累而来的变量资本和每一变量资本在每一个工人身上所剥削的剩余劳动的增量(剩余价值的增量)毫无疑义,依照马克思的资本积累和扩大再生产的图解,ΔC 又取决于在扩大再生产的准备年度里,在生产领域中商品形态的剩余价值即 ΔW_1 的生产。然而凯恩斯的有效需求和就业倍数学说,却假定 $\Delta C = 0$,$\Delta V = 0$,即假定扩大再生产不需要有 ΔW_1 的存在。就他所提出的第一个决定工人就业总数的自变数即人们心理上的边际消费倾向 $\dfrac{\Delta C}{\Delta Y}$ 来说,无论是 $\dfrac{\Delta C}{\Delta Y} = 1$ 也罢,等于零也罢,等于 $0 < \dfrac{\Delta C}{\Delta Y} < 1$ 也罢,都是假定企业资本家们没有把剩余价值资本化,其结果不但 $\Delta C = 0$,甚至 $\Delta V = 0$ 即 $\Delta E = \Delta V \times \dfrac{\Delta E}{\Delta V}$ 或 $\Delta E = \Delta(C + V) \times \dfrac{\Delta V}{\Delta(C + V)} \times \dfrac{\Delta E}{\Delta V} = 0$,这就证明了他所假定的决定就业的第一个自变数即人们心理上的边际消费倾向是十分荒谬的。凯恩斯在他的就业理论中所提出的第三个决定就业的自变数即资本家对于资产未来收益的预期,由于它是建立在 ΔW_1 等于零,从而 ΔC 和 ΔV 同等于零的假设前提的基础上,因而不可能是决定就业的自变数。如果再加上他所提出的第一个决定就业的自变数即人们心理上的边际消费倾向,同样不可能是决定就业的自变数。依照相同的理由,凯恩斯在他的就业理论中所提出的第二个决定就业的自变量即人们心理上的灵活(即货币)的偏好,亦是无中生有的决定就业的自变数了。

为什么呢？因为凯恩斯假定由于人们在心理上偏向于爱好货币,所以,人们就将偏向于把货币保存起来,而不肯用它买消费品,在这种情况下,对于消费品的需求就自然会相应地减少。对于消费品需求的减少,消费品的供给也就会减少,从而就业也就会减少。在另一方面,人们心理上既偏向于爱好货币,也就不愿意把钱用去买债券,其结果对债券的需求就会减少。在债券需求减少而供给并未减少的情况下,债券的价格就要降低,债券利息率就要涨高。资本家由于利息率的涨高,对于资产的未来收益的预期即对于利润的预期就会减少,从而用来生产投资物的货币支出就将减少。这样,投资物的供给也会减少,从而就业也会减少。相反地,如果人们心理上的灵活偏好变小,通过用来购买消费品的货币支出有所增加,即需求有所增加,和通过利息率的降低,资本家用来生产投资物的货币支出有所增加,则商品的总生产就会增加,就业就会增加。这就是凯恩斯把人们心理上的灵活(货币)偏好作为决定就业工人总数的第二个自变数的根本原因。然而,因为无论人们用来购买消费品的货币支出增加也好,或用来生产投资物的货币支出增加也好,都不能直接引起常量资本和变量资本的增加,都不能使就业的工人数增加,所以说凯恩斯把人们心理上的灵活偏好作为决定就业工人总数的自变数或者决定国民收入的自变数,都不能不是虚构的自变数。

在凯恩斯所提出的三类共五个自变数中,有两类共四个自变数都与就业这个变数不发生函数的关系,不是真正的而只不过是虚构的决定就业的自变数了。剩下的一个问题就是凯恩斯在他的就业理论中所提出的决定就业的第二类自变数即工资单位究竟是不是真正的自变数呢？这就是我们将在下文中所要答复的。

（二）凯恩斯的有效需求原则和就业倍
数学说在流通领域中的荒谬性和反动性

马克思关于扩大再生产与流通过程的图解如下：

马克思在这一图解中明确地指出,流通过程 I 即 $G' \rightarrow W'$ 乃是扩大再生产必须首先具备的条件。在流通过程 I 中首先需要将货币形态的剩余价值 G_1 转化为 ΔA 和 ΔPM，使原来的生产资本 $A + PM$ 变为 $A + \Delta A$ 和 $PM + \Delta PM$，即由生产资本 $C + V$ 扩大为 $(C + \Delta C) + (V + \Delta V)$，然后生产的规模才够由 P 扩大为 $P + \Delta P$。这样在生产过程之末，才能生产出更多的制成品 $W'''(= W' + \Delta W')$。设令在流通过程 I 中，没有剩余价值 ΔG 转化为 ΔA 和 ΔPM，使生产资本由 $C + V$ 扩大为 $C + \Delta C$ 和 $V + \Delta V$，那末，在生产过程之末，就不能将制成品由 W' 增产为 W''' 即 $W' + \Delta W'$。这样，生产和就业当然也不能有什么增加。这是凡对资本主义经济略有常识的人都知道的事情。可是由于凯恩斯对于流通过程 I 中 $G' \rightarrow W'$ 乃是扩大再生产需要首先具备的条件这一简单的道理也都完全不知道，或者是伪装不知道，竟然在他的就业倍数理论中，鼓吹什么如果 $\dfrac{\Delta C}{Y} = 1$ 或者 $\dfrac{\Delta C}{Y} < 1$，也就是说，在工人消费其全部工资收入的条件下，如果资本家阶级或者消费其全部的剩余价值，或者只消费其剩余价值的一部分，但却又储蓄其另一部分，即在流通过程 I 中 $G' \rightarrow W'$，ΔG_1 等于零，$\Delta C = 0$ 和 $\Delta V = 0$，而生产领域中商品的生产和工人的就业却可以增加若干倍。这当然是绝对荒谬的。

凯恩斯在一方面主张扩大对于一般商品的需求，即是扩大用来购买一般商品的货币的支出，而在另一方面又否认剩余价值资本化，否认流通

$$IG' \begin{cases} G \\ \Delta G \end{cases} \rightarrow W' \begin{cases} W \\ \Delta W' \end{cases}$$

乃是扩大商品的生产和扩大工人的就业总数的先决条件。这样作，显然只会堵塞商品生产的增长和就业增加的道路，其结果虽然通过膨胀通货的手段增加了货币对于商品的需求，但由于在 $\Delta C = 0$ 和 $\Delta V = 0$ 的条件下，生产和就业都不能增加，所增加的就只是物价。这就是说，在大资本排挤中小资本的资本主义竞争状态下，依照凯恩斯的短期供需总量分析法的逻辑，在事实上不但不能增加商品生产和就业，反而会大大地减少商品生产和就业。为什么呢？因为用来购买商品的货币需求增加后，物价虽然涨高了，但货币工资却没有相应涨高，这就必然会导致国民收入的分配有利于那些有大量储蓄的资产阶级，而不利于广大的消费者，特别是无产阶级。这样作，也就必然要扩大消费物的供给和需求这两者之间的矛盾。这就不但不会增加生产和就业，反而会大大地减少生产和就业。

替凯恩斯辩护的庸俗经济学家们也许会这样说：纵令在工人阶级消费其全部工资收入的条件下，资本家阶级也消费其全部的剩余价值收入，使 $\Delta C = 0$ 和 $\Delta V = 0$，但是生产和就业的工人数仍然是可以增加的。因为凯恩斯是首先假定在投资物优先增长 ΔI 的条件下来说这话的。既然投资物优先增长了，那末，I 和 II 两个生产部类的固定资本、工作资本（半成品）和存货资本都增加了，即常量资本 $\Delta C > 0$ 了。在这基础上来谈资本家用膨胀通货来作为增雇工人来增产的资金，不是也行吗？我们认为，不行。因为凯恩斯的有效需求原则和就业倍数学说不但否认了剩

余价值资本化是扩大再生产的先决条件,而且还否定了流通过程

$$W''\begin{cases} W' \\ \Delta W' \end{cases} \to G'\begin{cases} G' \\ \Delta G' \end{cases}$$

乃是在扩大再生产的生产阶段中所生产出来的更多的商品 $W' + \Delta W'$ 的销售市场。正因此故,凯恩斯方才在资本家消费其全部剩余价值收入的条件下,即在 $\Delta C = 0$,$\Delta V = 0$ 的条件下,在大资本排挤中小资本的资本主义竞争的时代,把这个绝对不可能增加生产和增加就业的事情,看做是可能的。谁都知道,在生产资料的生产和消费资料的生产分为 Ⅰ 和 Ⅱ 两大部类以后,Ⅱ 部类所增产的生产资料的制成品是必须在流通过程 Ⅱ 中去寻找销售市场的:(一)在 Ⅰ 部类自己的众多企业中去寻找买主,把他们增产的生产资料制成品的一部分出卖成货币。这是第一个销售市场。(二)在 Ⅱ 部类中去寻找买主,将另一部分增产的生产资料制成品出卖成货币。这是第二个销售市场。在人人消费其全部收入即 $\frac{\Delta C}{\Delta Y} = 1$ 的情况下,由于 Ⅰ 部类的资本家要消费其全部剩余价值,即要把所有的剩余价值的收入用来买消费资料,不是用来扩大常量资本,那末在流通过程 Ⅱ 中第一个销售市场就没有了。同时 Ⅱ 部类的资本家也要消费其全部剩余价值,不需要买进而且也没有余钱来买进新增加的生产资料,扩大常量资本,那末,在流通过程 Ⅱ 中第二个市场也没有了。Ⅰ 部类的资本家如果事先就知道新增产的生产资料没有销售市场,如果增产出来会要赔本,他们是不可能增加生产资料的生产的。如果事先不知道而盲目地将它们增产了,那么其结果必将更坏。因为增产出来的生产资料成为过剩的商品卖不出去,然而却要钱来给新雇的工人发工资,同时他们所欠银行的贷款又还本付息,那也就只好宣布破产了。既然 Ⅰ 部类的资本家在生产资料增产后而又卖不成钱,并且连老本都赔掉了,那就根本没有什么 ΔI 的收入,当然就更谈不上用有什么 ΔI 的收入来消费了。最坏的情况是 Ⅰ 部类的资本家在宣布破产的条件下,不但扩大再生产没有了,而且连简单的再生产也不能维持了。这就是说,在这条件下,Ⅰ 部类连用来购买 Ⅱ 部类消费物的收 $V_1 + M_1$ 也将大大地减少。本来在工人消费其收入的简单再生产的条件下,Ⅱ 部类所生产的消费物乃是等于 Ⅰ 和 Ⅱ 两个部类的收入的,即 $W_2' = V_1 + M_1 + V_2 + M_2$,现在因 $V_1 + M_1$ 大大减少,Ⅱ 部类的消费物也必然因需求的减少而卖不成钱。而且这一部分钱又是 Ⅱ 部类用来向 Ⅰ 部类购买生产资料来填补常量资本的耗损的,因为 $V_l + M_1 = C_2$,现在因为丧失了或削减了 $V_1 + M_1$,所以连购买 Ⅰ 部类出口的生产资料 $C_2 = W_1' - C_1$ 的钱也没有了。其结果是连 Ⅱ 部类的简单再生产也不能维持了。Ⅰ 和 Ⅱ 两部类既然都不能维持简单再生产,那末生产和就业怎么能不大大减少呢?由此可见,凯恩斯在他的就业倍数学说中所提出的人人消费其全部收入则实际的国民收入就将无限大地增加的命题,在事实上完全否定了流通过程 Ⅰ 和流通过程 Ⅱ 对于扩大再生产的制约作用,其结果由于 Ⅰ 和 Ⅱ 两个部类

没有余钱来扩大 C 和 V,或者 Ⅰ 和 Ⅱ 两个部类同时停止扩大再生产,或者使 Ⅰ 部类扩大再生产出来的生产资料找不到销售的市场,这样就使凯恩斯提出来的命题成为完全虚构的绝对荒谬的东西了。

纵令人人不消费其全部收入而只消费其部分收入和储蓄其另一部分收入,但由于储蓄不等于将相同的剩余价值的这一部分转化为常量资本的增量和变量资本的增量,仍是使 $\Delta C = 0$ 和 $\Delta V = 0$,因此 Ⅰ 部类亦决无优先增产投资物(生产资料)的可能性。倘若增产了,其结果也是卖不出去。还有一个根本性的问题,既然假定在技术不变和技术设备不变从而资本设备不变的条件下,随着预期的货币支出即需求的增加,生产和就业都要增加,这就等于假定在 Ⅰ 和 Ⅱ 两个部类中,现有的资本设备(包括固定资本、工作资本和存货资本)都有潜在的剩余生产力,因而无需添购生产资料来扩大常量资本了。这就是说,为了增加利润,Ⅰ 和 Ⅱ 两个部类对于投资物的需求都不能有所增加。既然 Ⅰ 和 Ⅱ 两个部类对于投资物的需求都不能有所增加,然而依照凯恩斯的有效需求原则和就业倍数学说的第一个命题,Ⅰ 部类却把投资物的生产优先增加了 $\Delta \mathrm{I}$,这就必然要使投资物的市场供大于求和使 $\Delta \mathrm{I}$ 的新增的投资物卖不成钱,即使 $\Delta \mathrm{I} = \Delta W_1$ 的卖价 $G_1 = 0$,这就必然导致投资物生产过剩的危机。投资物生产部类的危机发生了,生产投资物的企业家们纷纷关门,或赔累不堪,他们就必然将生产和就业减少到简单再生产的规模以下,其结果也就必然还要导致 Ⅱ 部类的消费资料生产过剩的危机。

由此可见,凯恩斯的有效需求原则和就业倍数学说,由于它否定了流通过程 Ⅰ 和流通过程 Ⅱ 对于生产过程的制约作用,就使它在理论上必陷于绝对荒谬的境地。它除了帮助垄断资产阶级在对工人阶级进行残酷的剥削基础上,再用通货膨胀的手段对于工人阶级进行强制的掠夺之外,不但不能实现所谓非自愿失业的工人充分就业,反而必然会导致工人的充分失业。可见,那些替凯恩斯的有效需求原则和就业倍数学说作辩护而提出的种种理由,是根本不能成立的。

由于凯恩斯的有效需求原则和就业倍数学说否定了流通过程 Ⅰ 和流通过程 Ⅱ 对于扩大再生产的活动所起的制约作用,主张由中央银行用增加货币的供给以降低利息率,通过政府推行赤字财政以增加货币支出,使整个社会货币的支出增加、物价涨高,然而工人的货币工资却不能与物价同比例的涨高,从而降低了工人的实际工资,提高了资本的利润,这就必然会使国民收入的分配有利于资产阶级而不利于无产阶级。其结果是消费资料生产出来之后,在流通过程 Ⅱ 中缺乏销售市场,导致消费资料生产过剩的危机。同时,由于凯恩斯主张当着 Ⅰ 部类的资本家在增产的投资物随着利息率降低其价格涨高,而工人实际工资又不断降低的条件下,为了赢得最大的利润,在增产投资物的时候,还须增加边际消费的倾向,使边际消费倾向 $\dfrac{\Delta C}{\Delta Y}$ 最好是等于 1,即不需要买进增产的生产资料,使社会对于增产的生产资料的需求的增加等于零。这当然是不可能做到的。即使 $\dfrac{\Delta C}{\Delta Y} = 1$，但是必须看到，资本家既要把他们全部的货币形态的剩余价值都用来购买消费资料，就不会有余钱来买进增产出来的生产资料了。这就是说，当着 Ⅰ 部类的投资物的供给增加 ΔI 的同时，由于资本家们要将他们全部的收入购买消费资料，就将使他们对于投资物的需求的增加等于零。还必须看到，纵令 $\dfrac{\Delta C}{\Delta Y} \neq 1$，而是 $0 < \dfrac{\Delta C}{\Delta Y} < 1$，由于资本家将消费其收入的一部分，储蓄其另外的一部分，亦将使他们在流通过程 Ⅱ 中对于投资物的需求的增加等于零。这就必然会使新增加的投资物在流通过程 Ⅱ 里缺乏销售市场，导致投资物生产过剩的危机，消费资料和生产资料生产过剩的危机既然交织着发生了，成千上万的工人都被资本家抛掷在街头，这就证明凯恩斯的有效需求原则不但在生产领域中全部变成荒谬绝伦的东西，在分配和流通领域里也变成荒谬绝伦的东西了。我们在上文中曾经指出，凯恩斯在他的就业理论中所提出的决定就业的三类共五个自变数中，有两类共四个自变数即（1）货币的供给（即所谓第三类自变数），（2）人们心理上消费的倾向，（3）人们心理上的灵活的偏好，（4）资本家心理上对于资产的未来收益的预期（以上三者即所谓第一类自变数）都不是决定就业的真正自变数。至于所谓第二类自变数即工资单位，究竟是否决定就业自变数呢？依据凯恩斯的解说，工资单位之所以是决定就业的自变数，是因为在膨胀通货抬高物价的条件下，工人每一小时的实际工资的降低可使工人的就业总量增加，工资单位越小则工人的就业总数越大。而工资单位越小，由于它会导致国民收入的分配有利于资产阶级而不利于无产阶级，其结果必然会降低整个社会对于消费资料的需求，以至于产生消费资料生产过剩的危机，这就不但不会增加就业的工人总数，反而会使他们大大地减少。由此，可以证明，工资单位即凯恩斯所说的第二类决定就业的自变数，也是无中生有的谎话了。

马克思虽然也说过，在重工业大规模建造的时期，比如在大规模地建筑铁路的时期，由于对钢轨、枕木、挖掘机、水泥等需求的增加，以及由此引起的新增加的就业工人对消费资料需求的增加，物价随之涨高，从而使生产资料和消费资料的生产和就业也增加了，但是马克思明确地指出这种增加乃是通过剩余价值的资本化和通过扩大再生产的三大条件的偶然性的适合所导致的，而不是象凯恩斯所叫嚷的什么通过人人消费其全部的收入，或通过消费其所得之一部分又储蓄其另外一部分，即是完全没有剩余价值资本化的条件下所可能导致的。

马克思接着还着重地指出，由于资本主义社会的基本矛盾，必然导致资本家为了更多地榨取工人创造的剩余价值而不断进行积累，使生产不断扩大，同时由于无产阶级和资产阶级的对抗性的分配，又必然导致人民大众的贫困和消费的受限制，其结果是，凡是由扩大再生产的三大条件偶然性的适合所造成的经济繁荣，亦必是不稳定的。这表现在，偶然性的相互适合的扩大再生产的三大条件，必然转化而为破坏再生产的条件,转化为生产过多和市场过小的买和卖脱节的矛盾。怎样解决这个矛盾呢? 周期性的生产过剩的经济危机就是对于这种矛盾的强制的暂时的解决。由此可见,凯恩斯在他的就业理论中;所宣传的所谓"充分就业",所谓的有效需求原则和就业倍数学说,完全是无中生有地捏造出来的骗局而已。

但这绝不是说,Ⅰ部类的生产和就业的增加在事实上不会影响Ⅱ部类的生产和就业的增加,而是说前者对后者的影响在资本主义社会中必须首先通过剩余价值资本化和扩大再生产的三条件的偶然性的适合,而不是通过凯恩斯的所谓的就业倍数 $K = \dfrac{1}{1 - \dfrac{\Delta C}{\Delta Y}}$ 的作用。凯恩斯因为根本不懂关于资本的积累与扩大再生产的基本知识,竟将剩余价值资本化和扩大再生产的三条件的偶然性的适合对于Ⅰ和Ⅱ两个部类扩大再生产和就业的作用,误解为所谓就业倍数的作用。这就等于说,在资本主义社会中无需首先通过剩余价值资本化和扩大再生产的三条件的偶然性适合,既不要事先准备生产好更多的机器、原料与燃料等作为常量资本的增量,亦无需事先准备变量资本的增量,单凭货币的支出的增加和需求的增加,就可以增加生产和就业。这一种不折不扣的庸俗经济学中的货币拜物教。

替凯恩斯辩护的人也许会这样地说:凯恩斯的有效需求原则和就业倍数学说不但包含了马克思的扩大再生产的第一个论点,即扩大再生产必须优先扩大Ⅰ部类的生产资料的生产,(因为凯恩斯在他的就业倍数学说中首先着重强调的就是扩大投资物即生产资料的生产),而且还有比马克思的扩大再生产的理论更进一步的地方。因为马克思只知道Ⅰ部类的资本家必须首先通过剩余价值资本化才能扩大生产资料的生产,但不知道在今日的资本主义社会中,由于银行是能自己创造货币的,资本家只要向银行借一笔款来增雇工人,假定资本家的众多的企业还有未用尽的潜在的剩余生产力的话,那末,生产资料就增产出来了。可是他们并没有必要在事先进行什么剩余价值资本化呀。在银行不能创造货币的时候,马克思所说的情况是适用的。然而因为在今日的资本主义社会中银行是能创造货币的。因此马克思所说的情况就已过时了。这就是说,不是马克思比凯恩斯知道得多,而且凯恩斯比马克思知道得更多。骤看起来,好象这些辩护士的辩护推翻了马克思所揭示的必须先有剩余价值资本化,而后才有扩大再生产和就业的真理。可是在事实上,它不但不曾推翻这个真理,反而证明马克思的论断的真理性。为什么呢? 因为通过银行所创造的货币来增雇工人生产生产资料或消费资料,乃是一种变相的剩余价值资本化。因为通过通货的膨胀和物价的涨高,但不同时增加工人的货币工资或不是按比例增加工人的货币工资,这本身就是对工人实际工资进行的强制的掠夺,只不过资本家不是把掠夺来的剩余价值买消费品供自己消费,而是把它用来作为变量资本。例如资本家从银行贷款 100 亿,把这 100 亿用作变量资本来增雇工人。在工人的必需的消费资料还没有增加的条件下,新工人就要将这 100 亿用去购买消费资料。这样消费资料的总价格就将增加 100 亿。原来的就业工人以相同的货币工资所买进的消费资料在总价格涨高 100 亿时,依照涨高的价格,他们就将减少消费 100 亿,资本家阶级的剩余价值于是就增加了 100 亿。此 100 亿的剩余价值于是就化为资本家阶级的变量资本了。否则,资本家阶级就不能增雇工人来增产生产资料和消费资料。这完全是一种变相的剩余价值资本化。这种变相的剩余价值资本化乃是资本家强制掠夺人民财物的手段,既然通过银行所创造的货币来增加生产资料和消费资料的生产的行动确乎是一种变相的剩余价值资本化,而且是更凶狠的更残酷的剩余价值资本化,可见马克思所阐明的扩大再生产必须首先通过剩余价值资本化的论断乃是十分正确的了。

凯恩斯的辩护士们不仅是货币拜物教的信徒,而且还自觉或不自觉地成了无产阶级利益的最阴险最凶狠的损害者。因为凡是主张用银行创造的货币或其他的方法来导致货币膨胀和主张按照现行的货币工资来增雇工人,都将使国民收入的分配只是有利于资产阶级而不利于无产阶级,必然促使无产阶级更加贫困和使社会对于消费资料的总需求大受限制,从而使生产出来的消费资料在流通过程 II 中相应地缺乏销售市场,导致消费资料生产过剩的危机,使工人的失业剧增。

在另一方面,它还将导致投资物即生产资料生产过剩的危机。因为依照凯恩斯的定义,投资乃是指的在资本设备不变的条件下,不是通过剩余价值资本化,而仅仅是通过货币支出的增加来增雇工人增产投资物。至于对生产出来的投资物即对生产资料的买进,凯恩斯认为不是投资,因为凯恩斯将投资物的卖出(= 买进)称做负投资。这就是说,凯恩斯是不重视买进新增产的生产资料来扩大投资和扩大生产的。需要特别注意的是,凯恩斯的所谓增加生产,依照他的短期供需总量分析法,是指在资本的设备不变的条件下的增加生产,这就是说,资本家在增产的时候无需增购生产资料。依照凯恩斯的投资、消费和就业的整个理论体系来看,假定在 I 部类增产投资物的时候,虽然可使无产阶级和资产阶级的收入都有相应的增加,但是依照他的人们心理上的边际消费倾向的“规律”,要末他们的边际消费倾向等于 1,即 $\frac{\Delta C}{\Delta Y} = 1$,要末大于零而小于 1,即 $0 < \frac{\Delta C}{\Delta Y} < 1$。如果它等于 1,资本家们把他们新增的收入全部用来买消费物,就没有钱来买进新的生产资料了。如果大于零而小于 1,即 $0 < \frac{\Delta C}{\Delta Y} < 1$,由于资本家除了在他们新增加的收入中以一部分用来买消费资料而外,其余的一部分要拿来储蓄,也就不能用它来买进新增产出来的投资物了。这也就是说,资本家们对于新增产的投资物的需求,依照凯恩斯的短期供需总量分析法和“工资规律”的逻辑,不但从资本家的绝对利益上说,必须等于零。资本家既然对于新增产的投资物的需求必然等于零,可是在分工和交易极为发达的资本主义社会中,I 部类的资本家新增加的投资物是要用来卖给 I 部类自己的众多的企业和卖给 II 部类的资本家作为 ΔC_1 和 ΔC_2 才能将 I 部类投在生产资料的生

产过程里的货币资金收回来,否则就要赔掉老本。现在既然Ⅰ和Ⅱ两个部类都不买进投资物的制成品,那就必然会造成投资物即生产资料生产过剩的危机。纵令在Ⅰ部类增产投资物的生产过程中,Ⅰ和Ⅱ两个部类的就业也有短暂的增加,但是由于在流通过程Ⅱ中缺乏市场,必然导致突然的收缩。在突然收缩时,垄断资产阶级又将依照凯恩斯的有效需求原则和就业倍数学说,用膨胀通货和提高物价的方法来救急①。于是又将引起更短暂的虚假的繁荣和更快地引起更为剧烈的相对生产过剩的危机。这样一次一次地继续下去,就将无产阶级一浪高过一浪地推入更贫困、更饥饿、更受折磨和更濒于死亡的深渊中。

（三）印度和美国的实践证明凯恩斯的有效需求原则和就业倍数学说的谬误及其破产

毛泽东同志说:"人们要想得到工作中的胜利,即得到预期的结果,一定要使自己的思想合于客观外界的规律性,如果不合就会在工作中失败。"②又说:"由思想到存在的阶段,就是把第一个阶段(即是由存在到思想的阶段——本书作者注)得到的认识放到社会实践中去,看这些理论、政策、计划、办法等等是否能得到预期的成功。一般地说来,成功了的就是正确的,失败了的就是错误的。"③既然凯恩斯的有效需求原则和就业倍数学说经过约四十年的实践都没有得到预期的成功,这本身就证明了它是错误的。

凯恩斯依据他的有效需求原则和就业倍数学说,认为工人就业的增量,不是象马克思所阐明的那样,取决于资本的积累的增量和在资本的积累的增量中变量资本的增量以及每一变量资本的增量所支配的就业工人数的增量,而是取决于投资方面的货币的支出和在消费方面的货币的支出。他说:"由于一个贫穷的社会倾向于消费其生产之极大部份,所以只要有小量的投资,就可以实现充分就业。相反地,一个富裕的社会,如果要想达到富人的储蓄倾向能与穷人的就业并行不悖,那就必要有更大的投资机会。"④

事实果然真是如此吗?我们首先就以印度的情况来看,印度是个比较贫穷的国家,居民的边际消费倾向平均说来是比较大的。它在第一个到第四个五年计划中,增加了不少的投资。如果凯恩斯的说法是正确的话,那末印度就应当首先是一个充分就业的国家了。可是事实恰恰与此相反。

---

① 凯恩斯主张永远用增加货币的方法,通过降低利息率来刺激投资,使经济永远保持在"准繁荣状态中"。参阅《就业、利息和货币的一般理论》,英文本,第322页。
② 《实践论》,《毛泽东选集》第1卷,第273页。
③ 《人的正确思想是从那里来的?》,《毛泽东选集》,人民出版社1964年版,第1—2页。
④ 《就业,利息和货币的一般理论》,英文本,第31页。

印度的投资和失业①

五年计划	投资(单位:1亿卢比)	失业(单位:万)
第一个五年计划(1951—56)	3 360	710
第二个五年计划(1956—61)	6 831	760
第三个五年计划(1961—66)	11 319	2 500
第四个五年计划(1969—74)	22 625	2 800

印度的罗博士(C.K.R.V.Rao)在第二个五年计划开始时,根据第一个五年计划的实践,曾看出了凯恩斯的就业倍数学说与印度第一个五年计划实践的结果是不相符合的。他在《在不发达国家的投资、收入和就业》的论文中指出,印度的消费工业与农业虽因投资物生产部类的投资的增加从而消费物的需求也增加了,使生产消费物的资本家们也获得了极大的利润,但由于在消费物生产部类中缺乏增加消费物和就业的物质条件,在技术装备中没有未用的能力,原料困难,材料困难,技术工人的供给困难,农业品的供给也是缺乏弹性的。其结果虽然在生产投资物的部类中收入和就业的第一次增加引起了在消费物生产部类中第二次,第三次,第四次需求即货币支出和货币收入的增加,但无论在农业上或在消费物生产的工业上,就业都没有显著的增加,总产量也没有显著的增加。不难看出,罗博士在说这话的时候,是没有掌握马克思在《资本论》中阐明的关于积累与扩大再生产和资本积累的一般规律的理论的,因此,也就不可能进一步地指出凯恩斯在他的就业理论中所鼓吹的II部类就业工人的增加取决于人们心理上的边际消费倾向这个决定工人就业的自变数的增大的观点,不仅与印度第一个五年计划的实践的结果不相符合,而且与印度第二、第三、第四个五年计划的实践的结果也是不相符合的。当然他更认识不到凯恩斯所提出决定工人就业的这个自变数即边际消费倾向不但与印度II部类第一个五年计划和其他三个五年计划的实践的结果不相合,而且连他所提出的决定工人就业的另一个自变数即资本家们对于资产的未来收益的预期同II部类第一个五年计划和其他三个五年计划实践的结果亦是不相合的。因为II部类的资本家们的资产虽然获得了很大的收益,而且预期还要获得更大的收益,但并没有导致工人就业的显著增加。

总之,凯恩斯在他的就业理论中所提出的决定就业的五个自变数,与印度II部类的消费物的生产和就业的实践的结果都是很不相合的。尤为重要的是,凯恩斯所提出的这五个决定就业的自变数,不但对于印度II部类的实践结果不适用,连对于I部类的实践的结果,在相应的范围内亦是不适用的。

印度的国家计划部长南特在关于对印度的投资与就业的问题的认识上,比罗博士的看法跨进了一步。南特依据印度第一个五年计划的实践,指出印度失业的

---

① 巫守耕:《印度五年计划剖析》,载《国外社会科学动态》第4期,第61—68页。

工人之所以如此之多,不仅象罗博士所说那样,只是由于 II 部类的(用马克思的科学概念来说)从剩余价值转化而来的常量资本的增量很不足,而且是由于 I 和 II 两个部类从剩余价值转化而来的常量资本和变量资本两者的增量都很不足。他认为依据印度国家计划部的统计,现在印度一个成年工人的就业大约需要为他投资三千卢比。现在印度有三百万完全失业的工人,如果要他们完全就业,就需要投资九十亿卢比。但因资金筹措不易,所以现在印度的失业问题有愈趋严重的情况。①这就否定了凯恩斯有效需求原则和就业倍数学说的全部论点,包含他所提出的决定工人就业的五个自变数在内。因为凯恩斯的有效需求原则和就业倍数学说的全部论点,也就是坚持就业的工人总数取决于 I 和 II 两个部类(在资本设备不变即 $\Delta C = 0$ 的条件下)对于一般商品的需求即货币支出的增加,即 $Nr = Fr(DWr)$。然而印度第一个五年计划的实践证明,I 和 II 两个部类在资本设备不变即 $\Delta C = 0$ 的条件下,或在 ΔC 不足的条件下,对于一般商品的需求即货币支出的增加,只能在相当大的程度内引起印度物价的涨高、实际工资的降低和 I 和 II 两个部类的资本家们利润的增加,而不能使印度的就业的工人数有任何显著的增加。

印度全国工会大会总书记特里帕蒂在国会发言时说:"自 1951 年到 1954 年实行合理化以后,虽然在此时成立了许多工厂,但工厂工业的人数不仅没有增加,反而从 2 539 000 人减少到 2 492 000 人。②"为什么虽然成立了许多工厂,增加了对于工业的投资,然而就业的工人数反而减少了呢? 这就是由于在实行合理化的时候,随着资本的技术构成从而有机构成的提高,劳动生产率的增加和每一变量资本对于每一个就业工人的无酬劳动的剥削加强,其结果不但变量资本相对地减少,而且每一变量资本所支配的就业的工人数也减少了。否则随着许多工厂的建立,随着工厂投资的增加,工厂的工人是不会反而减少的。这就也有力地证实了马克思关于资本积累与扩大再生产和资本积累的一般规律的理论是无比正确的。

凯恩斯的信徒们也许会这样辩解,即凯恩斯的有效需求原则和就业倍数学说尽管对于印度这样的国家不适用,但是它对于象美国这个企业经常开工不足的国家则肯定是适用的。但是美国的实践情况又如何呢? 美国官方的统计材料表明,随着美国国民收入(= 投资物总价格 + 消费物总价格)的增加,美国就业的工人人数在物质生产领域中却是相对地甚至绝对地减少了。这就否定了凯恩斯所说的就业工人数的增加取决于用来购买商品的货币支出的增加,也就是有效需求的增加的论点。美国的官方统计数字既否定了 I 部类的投资物生产和就业的增加取决于预期的对于投资物的货币支出的增加即有效需求的增加的论点,又否定了 II 部类的消费物生产和就业的增加取决于人们对于消费物的货币支出的增加即有效需求的增加的论点。铁的事实是,I 和 II 两个部类就业人数的增加都不是取决于社会

---

① 陈翰笙:《印度国民经济发展计划》,载《世界知识》,1956 年第 5 期,第 7 页。
② 《世界工会运动》,1956 年第 9 期,第 8 页。

对一般商品的有效需求的增加,而是取决于产业资本家对于劳动力这个特殊的商品的有支付能力的需求的增加,即是取决于产业资本家由剩余价值转化而来的变量资本的增量和每一变量资本的增量所支配就业工人人数的增量。就美国来说(印度和其他国家也是同美国一样),后者确是相对地减少了,甚至变为负的增量,请看下表:

美国的国民收入和在生产领域中的就业

年别	国民收入① (单位:十亿美元)	私人固定资本②的 毛投资 (单位:十亿美元)	工资和薪金③ (单位:十亿美元)	矿业、建筑业交通 和公用事业、 农业的就业 人数(单位:千人)
1947	199.0	34.0	123.0	30 548
1949	217.5	35.7	134.5	29 237
1959	400.0	75.3	258.2	29 978
1960	414.5	74.8	270.8	30 897
1965	564.3	117.5	258.9	32 316
1970	800.5	137.4 (第四季度)	546.7 (第四季度)	31 012 (第12月份)
1971	857.7	160.8 (第四季度)	587.8 (第四季度)	30 214 (第12月份)
1972	946.5	190.2 (第四季度)	649.6 (第四季度)	31 751 (第12月份)
1973	1 065.6	224.5 (第四季度)	217.0 (第四季度)	42 918 (第12月份)
1974	1 142.2	207.6 (第四季度)	768.5 (第四季度)	31 229 (第12月份)

上表指明,从1947年到1974年这27年中,美国对于国民收入的货币支出,由1 990亿美元增加到11 422亿美元,由100增加到540,共增加了4倍多。对于私人固定资本的毛投资的货币支出,由340亿美元增加到2 076亿美元,由100增加到610,共增加了5倍多,工资和薪金由1 230亿美元增加到7 685亿美元,由100增加到620,也增加了5倍多。但必须指出,工人的工资的实际增加比表上所列数字小得多,因为在工资和薪金中包含有分享剩余价值的高薪职员的收入在内,还包含有行政管理人员的报酬、佣钱、小费、津贴和实物报酬在内。然而在物质生产领域中的工人却只从30 548千人增加到31 229千人,只由100增加到102,只增加了百分之二。由此可见,就业的增加并不是象凯恩斯的有效需求原则和就业倍数学说所

① 《美国基本统计手册》,1975年,第230—231页。
② 同上书,第224—225页。
③ 同上书,第12、17页。

说的那样取决于用来购买商品的货币支出即有效需求的增加。再就美国制造工业来说,也是这样。依据联合国 1975 年 9 月份的统计月报:

美国制造业的生产指数
（1970 = 100）

	制造业生产	制造业就业
1967 年	90	105
1968 年	96	102.2
1969 年	99	104.2
1970 年	100	100.0
1971 年	100	96.0
1972 年	102	98.7
1973 年	110	102.6
1974 年	108	102.9
1975 年（元月）	103	95.8

随着美国制造业的生产的增加,就业人数是一直在相对减少甚至绝对减少。这就更进一步地证实了凯恩斯的有效需求原则和就业倍数学说所宣传的所谓"充分就业",只是站在垄断资产阶级的立场上,为了帮助垄断资产阶级对于无产阶级用膨胀通货的方法进行强制的掠夺所捏造出来的一种谎言罢了。凯恩斯的门徒们的学说也是这样的货色。例如凯恩斯的第一位大门徒哈罗德在他的《成长论》中,虽然不完全象凯恩斯那样假定技术程度不变,而是假定技术是进步的。但他在假定技术进步的时候,立即将笔锋一转,大谈什么技术进步对于就业是中立性的。[①]这即是说,技术进步不会相对地和绝对地减少就业工人的人数的。

在凯恩斯的门徒中大概只有汉森承认技术进步和自动化不但对于就业不是中立性的,在这方面的投资不但不能实现充分就业,而且连增加就业也是不可能的。他说:"技术的进步和自动化给物质生产就业的人数隔上了一层天花板,在实际上,从 1947 年到 1959 年,在这个领域中减少了恰正一百万人"[②]。当然汉森这种解释也是有错误的,因为决定就业的人数没有再增加的可能性的原因,并不是一般的技术进步和自动化,而是在资本主义生产关系中所特有的技术的进步和自动化。由于资本主义生产关系桎梏了生产力的发展,方才使技术进步和自动化成为工人失业的条件的。设令不是资本主义社会而是社会主义社会,任何程度的技术进步和自动化都必然导致社会生产的增加和人民工作条件及生活条件的改善,这怎能有什么相对地甚至绝对地减少工人就业和增加失业的可能性呢? 正因在资本主义社会中资本家阶级为了从工人那里掠取最大的剩余价值,特别是在垄断资本主义时

---

① 哈罗得:《成长论》,英文版第 22 页。
② 汉森:《六十年代经济上的大事》,英文版,第 70 页。

代,他们一方面尽力提高资本的有机构成,从而大大地提高劳动生产率和提高劳动的强度,在另一方面又采取限制供给、提高价格、降低工人的实际工资的办法,以便最大限度地增加剩余价值,从而使社会生产的增加小于社会劳动生产率的提高,这才导致就业的减少。汉森虽然看见了技术进步和自动化和就业相对地减少的关系,但是如果我们将这种关系与资本主义的生产关系结合在一起去考察,这就将看出他的这种解释不但是有错误的,而且是露骨地为资产阶级对于无产阶级的剥削服务的。因为他忽视了工人的失业乃是由于资产阶级对无产阶级的剥削关系所造成的。

美国总统经济报告(1974年1月)也难于否认美国企业经常开工不足和工人的失业越来越多的事实。

美国的失业率和设备利用率

年份	失业率(%)	设备能力利用率(%)
1948 年	3.3	92.7
1953 年	2.9	95.5
1955 年	4.4	90.0
1956 年	4.5	89.0
1959 年	5.5	81.4
1966 年	3.8	91.9
1967 年	3.8	87.9
1968 年	3.6	87.7
1969 年	3.5	86.5
1970 年	4.9	78.3
1971 年	5.9	75.6
1972 年	5.6	78.6
1973 年	4.9	83.0

上述统计材料证明了凯恩斯有效需求原则和就业倍数学说不但在印度这个技术设备已充分使用的国家不适用,而且在美国这个技术设备尚未充分使用的国家也是不适用的。在美国官方统计中,虽然没有关于有机构成的数字,虽然在就业的人中没有将那些分享剩余价值的高薪人员与真正的工人阶级分开,虽然对于工资和薪金全都是用的货币工资而不是实际工资,使我们难以计算出变量资本和变量资本在社会总资本中所占的比率及其变化,但从就业人数随着国民收入和投资的增加而相对的减少和绝对的减少中也可以看出,美国的资本有机构成是不断在提高,变量资本在不断的相对的降低,而且每一变量资本支配的工人人数也在不断减少。

资本主义的生产关系,自从1825年第一次经济危机开始以来,就已经由促进生产力发展的形式越来越成为生产力发展的严重桎梏。自此时起,由于资本主义的生产关系已无力克服起而反叛它的日益强大的生产力,表现而为周期出现的生产过剩的危机和工人长期的大量的失业。到了帝国主义时代,资本主义的生产关系,越来越阻碍生产力的发展,资本主义的基本矛盾日益加深和尖锐化,表明了资本主义的历史过渡性和资本主义终将被社会主义代替的历史必然性。然而凯恩斯却说资本主义富有生命力,它不但不会死,而且可以长生不老,并给它配制了一剂名为有效需求原则和就业倍数学说的保证它可以长生不老的仙药。这就决定了凯恩斯的理论只能是一种为垄断资产阶级剥削和统治进行辩护的反科学的和反动的理论。它的破产是必然的和不可避免的。

就美英等国当前阶级斗争的具体情况来说,无产阶级革命的首要任务,就是要在无产阶级和资产阶级你死我活的斗争中,首先占领被资产阶级盘踞的思想意识的阵地,特别是要占领被资产阶级盘踞的经济学这一阵地。要用马克思在《资本论》中所阐述的关于资本积累与扩大再生产和资本积累的一般规律的理论彻底批判凯恩斯在他的《就业、利息和货币一般理论》中所捏造的有效需求原则和就业倍数学说。因为在资产阶级的庸俗经济学家中,凯恩斯既是一个站在垄断资产阶级的立场上替垄断资产阶级出谋划策的权威,又是一个公开地扬言要以他的《一般理论》"搞掉""马克思主义的李嘉图基础"的资产阶级庸俗经济学家中最反动的权威。因此无产阶级必须针锋相对,彻底批判凯恩斯主义,将它永远抛进历史的垃圾堆中。

揭发和批判樊弘同志的反马列主义思想

（1953年4月印）

前　　言

　　北京大学政治经济学系主任樊弘同志，一九五二年九月来到马列学院，参加在第二部第五班学习。他来时，正跟上该班学习辩证唯物主义与历史唯物主义。他迭次在小组中发表了许多唯心主义的谬论。当小组同志指出他的思想是唯心主义的时候，他不服气，并吹说他几十年前在英国留学时就会用了唯物主义去批判过凯恩斯的经济学。这话引起了同志们的怀疑，因为他直到现在还不懂得唯物主义是甚么，怎么在几十年前就能用唯物主义去批判凯恩斯呢？根据院党委的指示，要对樊弘同志的思想摸摸底，于是进行了一番调查研究，找出了樊弘同志几十年来所发表过的将近百篇文章，加以检查，才发现了樊弘同志的思想乃是一贯的、系统的反马列主义的主观唯心主义思想。

　　第五班支部同志为了帮助樊弘同志改造他的唯心主义思想，是尽了很大的努力的，为此会开了两天座谈会，许多同志发了言，对他的唯心主义思想进行了严正的批判。可是，因为樊弘同志的唯心主义思想是根深蒂固的，所以虽然他在大家发言之后，也曾表示了一下态度，承认自己没有马列主义，说要从头学起，但在会后不久，他又否认他有唯心主义。他说："支部说我是唯心的，并认定我有一套系统的唯心论，在哲学的最高问题上与马克思主义直接对立起来。我觉看我的错误还到不到这样的严重程度。"

　　樊弘同志在学习上，没有一点老实态度，这是他的根本毛病。支部并不是凭空说他"是唯心的"；恰恰是因为他在哲学的最根本的问题上表现了唯心主义思想，支部才说他"是唯心的"；恰恰是因为检查了他几十年来所写的近百篇的文章，看到了他的那些文章许多都是唯心主义的反马列主义的，支部才"认定"他"有一套系统的唯心论"。大家都知道，哲学上的最高的，最根本的问题，即思维与存在的关系问题。凡认为思维在先、存在在后的，即组成唯心主义的营垒。樊弘同志在小组会上的第一次发言，说："一般唯物论历史唯物论的物质第一，是从人类最初时候说起，中间阶段很难说是物质在先，思维在后。可否说思维在前、物质在后？我想也是可以的。"（见他在小组会上发言的记录，记录是经过他自己校改过的。）"马克思说，唯物主义就是认为物质在先，精神在后，这是说明人类最初是物质在先，精神在后，物质独立于意识之外。至于历史唯物论，具体人的精神，可以在存在物质之先。是否我对唯物论就动摇了呢？没有。我想这是思想糊涂……我认为意识精神在先,物质在后,人能创造具体的物,改造自然。现在世界上的具体物质都是人创造的,如除去了人,地球便光了,人是能创造具体的物的。……人类历史过程,可从上面看下来,物质决定思维;可是从现在往前面看,就可看到物质世界中有些东西是人们意识创造的结果。”“至于中间阶段,就是切断一个片面来看,有我们精神的一部分。人能创造具体的物,也就是思维在先……”(小组会上第三次补充发言记录,也是经过樊弘同志校改过的。)这就是樊弘同志对于哲学上根本问题(存在与思维孰先孰后问题)的答覆,而且他的观点是前后一致的。那么,这种观点到底是不是唯心的呢? 正如座谈会上同志们讲的,樊弘同志是唯心主义的内行,唯物王义的外行;樊弘同志对于唯心主义,头头是道,对于唯物主义,格格不入。

他的唯心主义思想,到底是一时糊涂呢? 还是始终一贯的? 这一点,我们从他的历史上作了一番考察。这里印出的张鱼同志所写的一篇文章,可供大家研究的参考。他说他几十年前早就用唯物主义批判过凯恩斯的学说,这话最典型地表现出了他的不老实态度。根据我们考察的结果,没有找到他批评凯恩斯的甚么材料,却找到了相反的方面的材料,原来樊弘同志乃是凯恩斯的私淑弟子,他对凯恩斯是崇拜得五体投地的。他说凯恩斯是“名震一时,声播八方的最伟大的资产阶级的最伟大的经济学者”,“其有效需要学说,确是现代资产阶级经济学者们所崇奉为金科玉律的学说”。他曾一再歌颂凯恩斯主义具有“革命性”,具有“革命贡献”,“最伟大”,如此云云。因此,他要以凯恩斯的经济学说来补充马克思的资本论。而凯恩斯乃是一个反动透底的主观唯心主义者。我们这里学习马列主义哲学是要结合改造思想的。可是樊弘同志的唯心主义立场是很坚定的。他所写的一篇“思想检查”,对于他几十年来的系统的根深蒂固的反马列主义的唯心主义思想,不必说“检查”,连提也没有提一下。这算甚么“思想检查”呢? 他连想也没有想到他的思想有甚么需要改造的地方。

樊弘同志在他的“思想检查”的文章中,最后表示:“我因发现我没有马列主义而高兴,因为这样,我便有跨进马列主义的门槛之望”。我们觉得,他的这种态度是虚伪的,因为他根本不敢正视他的严重的唯心主义思想。樊弘同志如果不去正视他的系统的唯心主义思想,勇敢地加以揭发,坚决地进行思想改造,他是永远不能“跨进马列主义的门槛”的。

我们印出这篇文章,目的就是为了帮助樊弘同志照照镜子。

马克思列宁学院教务处
一九五三年三月二十三日

揭发和批判樊弘同志的反马列主义思想

张　鱼

樊弘同志的思想,反映着现代旧中国半殖民地资产阶级思想的特点,是帝国主义时代特别是总危机时期国际反动资产阶级思想在中国资产阶级学术界的反映,并显示了它们的庞杂混乱的情况。他有着一个反动的、反马列主义的思想体系。这个反动的,反马列主义的思想体系,使樊弘同志长时期内(从一九二五年起),自觉或者不自觉地成为一个公开的或不公开的反马列主义的学者。从一九四九年前后起樊弘同志在政治上虽然已有所转变,但在学术理论上仍然受着帝国主义资产阶级这一反动思想体系的支配,并在其入党以前和以后,仍继续发表了一些反马列主义的文章与言论。

樊弘同志的这一反动的、反马列主义的思想体系,照现有材料看来,主要表现在以下四个方面:(一) 哲学上的主观唯心主义;(二) 方法论上的实验主义;(三) 政治经济学上的凯恩斯主义;(四) 政治思想上的社会改良主义,即社会帝国主义。

本文只拟就樊弘同志一贯的主观唯心主义观点与反马列主义思想从历史上予以揭发和批判。至于对樊弘同志的实验主义、凯恩斯主义、社会帝国主义思想则当另以专文批判。

一、从一九二五年到一九三四年

一九二五年樊弘同志就根据美国制度学派康孟士(Commons)等人的著作,写了一本《劳动立法原理》,一九二七年八月由商务印书馆初版出书。这本书的根本立场,是以德国历史学派与第二国际(柏恩国际)考茨基及英美帝国主义者如麦克唐纳、威尔逊等人的见解和他们反共产主义反工人阶级的国内与国外政策,公开标榜社会改良主义——社会帝国主义,露骨地反对马列主义。

他根本不懂得,资本主义发展一般的历史趋势,便是由于资本家阶级贪求最高利润的结果,使财富在一级上集中,贫困在另一极上积累,因此富者愈富,贫者愈贫。无产阶级的状况随着资本主义的发展,不仅相对地贫困化,而且日益绝对地贫困化。在资本主义制度下,这种状况绝无"改良"的可能。只有无产阶级革命推翻资本主义制度,建立无产阶级专政,才能根本改变这种状况。因此资本主义制度发展的本身就孕育着它死亡的必然性与无产阶级革命兴起的必然性,并准备着一切必要的主观的和客观的条件。然而由于资本主义在各个国家内发展是不平衡的，尤其帝国主义时代，资本主义发展的不平衡更为剧烈，因此革命不可能在许多国家里同时胜利，而只能在资本主义比较薄弱的国家里首先胜利。一九一七年十月伟大的俄国社会主义革命的胜利，正是这一资本主义发展不平衡规律发展的结果。但是樊弘同志那时相反地认为第一次帝国主义大战后，资本主义各国无产阶级的痛苦已不比一八四八年《共产党宣言》发表时剧烈了，认定无产阶级的境遇，在资本主义各国，"有逐渐改良的状态"，因此武断地断言在第一次帝国主义世界大战后，马克思主义的科学预见，"有两重的失败"。第一，"马克思说：按照现在的资本主义制企业的趋势，一定是富的愈富，贫的愈贫，但在大战以后（一九一四——一九一八的第一次世界大战），劳动阶级却获益不少，工资也逐渐提高了。第二，根据马克思科学的推算，以为社会主义实现最早的国家，一定是经济制度最完备的国家，他以为理想的实现，一定在英、法、德、美诸国，殊不知反转发生正经济制度极不完备的俄国。这都是社会主义发生动摇的地方，因为社会主义认为私有财产制度之下，劳动阶级的苦痛，决无改进的余地。不料在事实上所得的结果刚刚与之相反。"这样他就据此而为"社会改良主义"现身说法，大事吹嘘："综括来说，个人主义的时代，虽说已成过去，然而社会主义的根据，却仍不免薄弱。因此所以一八七二年十月便有崭新的整然的社会改良主义产生，而主张这派学说的领袖，就是薛磨拉、华格纳（Wagner）、布棱他诺（Brentano）、郗特布兰（Hildbrand）、康拉德（Conrad）、纽满（Neman）诸位教授"。（见樊弘著《劳动立法原理》第三十五——三十六页）

樊弘同志在这本书里，又把人类与动物界要求生存的最初的本能活动认为都是意识的表现，把人类和动物等同起来，不把劳动看作人们与自然界的一个斗争过程，而认为是人们的心理状态的产物，由人们的心理状态所构成。完全从主观唯心主义的观点加以曲解。例如他在该书第一章第一节讲劳动的意义时说："无论那种动物，如果要想达到他自己的目的，都须得为某种的活动。这种活动，便是他的意识的表现。"对于人类，他说："因为是动物界中的最高级，意识的作用最强，目的最多，因此他的意识的活动亦愈烈。但在这种活动里面，依着苦乐程度的差异，可以分做两类'一类是快活的，或是快活最多的，叫做游戏；一类是痛苦的，或是痛苦最多的，叫做劳动。劳动的特质，就是以痛苦为其构成要件'。"（同上书第一页）

何以痛苦是劳动的构成条件呢？他说："普通的说来，在一个游戏里面，大半的活动是自由的，他的本身都可以寻着满足，所以是快活。反转来说，在劳动里面，便不可与游戏一等同视，他的本身都是外力的压迫，不是自由，也不是快活，是痛苦。"

因此他不仅把劳动者生产物质资料的劳动（生产的劳动）当作劳动，而且把资产阶级压迫人民、麻醉人民、愚弄人民的活动，都认为是劳动，是痛苦，并且据说都是为了解决生活问题。因此把它们一并归入"经济的劳动"这一糊涂观念中，而认为生产的劳动只是它的一个重要部份，但是最痛苦的部份。他说"经济的劳动，就是指着我们人类为了解决生活的活动而起的更痛苦的活动。"

他又说:"无论任何活动,在名目上尽管是政治活动,是宗教活动,是教育活动,但是一般实际里面,如果为了生活的动机,也与拉洋车背粪桶同是一类,统统叫做经济的劳动。"(同上书第二页)这样,在资本主义制度下,就没有了阶级,没有了阶级的剥削与阶级的压迫,即没有了一部分人由于失去丁生产资料终日劳动不得温饱,另一部分人由于占有生产资料而所以终日无所事事,但能依占有他人的劳动过其奢侈淫逸的生活的阶级差别,从而当然也就不会和不应该有阶级斗争了。这就是他的社会改良主义的劳动原理,也就是他的《劳动立法原理》的根本出发点。

一九三〇年六月——一九三四年十二月,照目前所发现的,樊弘同志在国民党反动派中央研究院社会调查所陶孟和、曾炳钧主编的《社会科学杂志》上,先后发表了以下各篇论文:

(一)《马克思经济学说的讨论》(一九三〇年六月),(二)《弥尔的工资基金学说及其驳论》(一九三〇年十二月),(三)《巴东〈农业收获渐减趋势〉一书之介绍》(原题为:Diminishing Returns in Agriculture:by F. Lester Patton Columbia University Press,1926,PP. 97)(一九三二年三月),(四)《亨利·塞埃:《经济史观》一书之介绍》(原题名为:The Economic Interpretation of History:by Henri See, English Translation by Melvin M-Knight, New York Aadolphi Company 1929,153P.)(一九三二年六月),(五)《价值理论的意义》(一九三二年十二月),(六)《劳动价值理论派的各家学说》(一九三三年三月),(七)《限界效用价值理论派的各派学说》(一九三三年六月),(八)《收获渐减的公律》(一九三四年三月),(九)《关于经济价值理论之两派学说的批评》(一九三四年九月),(十)《罗马尼亚的土地革命和效果》(一九三四年十二月)。此外,尚有《第一次中国劳动年鉴》(一九二八年),《社会调查方法》(一九三二年增订三版)、《工资理论的发展》(一九三二年)等著作出版。其中多数是公开反对马列主义,宣传辏近英、法、奥,德,美诸国最反动最庸俗的资产阶级经济学说,并公开宣扬社会帝国主义。

一九三〇年六月樊弘同志所发表的《马克思经济学说的讨论》,是其中反马克思主义的典型论文。它以德国历史学派国家主义经济学观点公开反对马克思主义的唯物史观,抄袭李士特攻击亚当·斯密与马克思的故技,一面反对资本主义初期还有若干科学成份的古典学派的经济理论,并全力攻击马克思唯物史观的著名公式,以主观唯心主义曲解并攻击唯物辩证法,以资产阶级的国家主义反对马克思主义的阶级斗争理论,再一次宣称马克思主义的"失败",并向蒋介石国民党暗送秋波,认为当时国民党反动派标榜的孙中山旧三民主义时代抄袭亨利·乔治的反马列主义的"民生史观","实比唯物史观伟大"。

樊弘在这篇论文里首先以主观唯心主义曲解了马克思唯物史观中关于生产、生产力、生产关系、阶级斗争、国家、社会革命、无产阶级专政,与从资本主义到共产主义的过渡阶段等非常重要的理论观点,并对它们进行了恶毒的攻击。他诬蔑马克思的经济学说是资产阶级正统学派经济学和黑格尔辩证法的"进化论"这两派学说的"集合体",诬蔑反映客观世界与思维发展一般法则的唯物辩证法"是一种颠倒是非,淆乱黑白的诡辩论",诬蔑马克思认定社会生产方式的变动是决定社会发展主要力量的原理,说这是"根本否认精神变动的原因"。他认为社会物质资料的生产一语"不只是物质财货的生产的专利名词",而连资本主义社会里"增加健康的医业,维持公安的警察,和其他关于自然科学和社会科学的研究,都应叫作生产"。对于生产力的概念,也完全被他曲解和庸俗化了。认为举凡资产阶级国家里增进资产阶级个人幸福的能力,增进他们家庭幸福的能力,维持资产阶级道德、运用资产阶级政治制度,以及资产阶级专政下面片面的思想自由,信仰自由,报纸自由,与保护资产阶级利益的陪审制度,审判公开,行政监督,议会政治,官吏和军队,以及探求宇宙真理的自然科学"社会科学的研究者",总之,他认为举凡"一切足以增人工之力",可以发达资本主义"农工商各业的一切的力,统统谓之生产力"。一句话,所有现代垂死腐朽反动的资产阶级的国家制度、经济制度、法律制度,文化宗教以及家庭制度等等都被认为是社会发展的根本动力——生产力了。他又认定社会生产力"为受精神的生产力所抚育促进",认定马克思所表明人们对自然界斗争关系的社会生产力的概念"过于狭隘","不合"资产阶级"国家生活的目的",所以"不能采用"。至于对人们在生产过程中适应于一定的生产力状况必然地形成的一定的不以人们意志为转移的社会生产关系,也完全被他予以唯心主义的曲解。他说马克思所以把人类的生产关系看做一定的必然的与人类意志无关的关系,是因为马克思主义政治经济学把研究的对象局限于商品的分析,并把人看做商品的所有者及其代表,而且把个人的性格,都当作自私的结果,而商品他认为只是分工制度所造成,而分工制度又被认为是"在人的天性里所具有某种倾向的必然结果"。同时他又认为这是"因马克思采用了正统学派所持个人是物质竞争的动物这一出发点所发生的必然的结果"。因此他认为"凡是不满意现在的私有财产制度的人,只要从自私自利的立场出发,去观察那些在自由竞争场合中人与人相互间的生产关系","那么,这关系在他们的心目中就不得不现形为一种一定的必然的与人类意志无关的强侵弱众暴寡的关系了。"并且拿了两个极端庸俗的事情以为论证。他说这种生产关系好像人们在一个毫无火险设备的戏院里看戏忽然遇到火灾各自逃生时人践踏人的那种悲惨关系一样,也好像在一个卖票毫无限制的三等火车上所发生强凌弱的关系一样,那里有的人用行李占了四个座位,有的人却连一个座位也没有得到,他认为"这种悲剧与这种压制别人或受人压制的关系虽然不见得人人愿意",但"却是受那个毫无防火设备的戏院和漫无管理的员票制度所决定了的"。并硬说"这便是马氏所谓一定的必然的和与人类的意志无关的关系的意义了"。

在这里樊弘对于马克思阶级斗争的理论也极尽歪曲诬蔑的能事。他硬说马克思把资本家的商品生产关系作为自私自利的关系,在这里不仅资本家与劳动者的关系是自私自利的关系,也不仅资本家个人和资本家与资本家间是自私自利的,而且劳动者个人和劳动者与劳动者相互间也都是自私自利的。他说："劳动者具有自私的天性"，这无论"在出卖劳动力的市场竞争中可以看到"，而且"在劳动者单独的与资本家斗争时也可以看得到"。以后因为"物质生活条件的变迁，资本家对他们施以大而且高的压力，因此使他们为应付环境起见"，工人阶级团结组织起来，采取联合一致的行动，"乃逐渐改变其个人自私的性质而为阶级尽忠的性质"。"如果资本家方面压力越大，那么劳动者个人自私的性质取消得越快，那为阶级尽忠的性质就越发加多"。他认为"人既是一个理性的自私的动物，又是一个感情的为公的动物，因此一个人当自己的物质利益受人妨碍的时候往往从他的感情方面发生两种心理的要素。"第一种要素，照他说来就是所谓"迁怒的要素"，第二种要素，就是所谓"迁爱的要素"。"迁怒的要素，就是当人们的物质利益被侵略的时候，驱使人们在心理上感情上不但要把那侵害我的一类行为都认为是榨取我的，而且连侵害我的人和与他有关系的家族、朋友，举凡与他站在同一地位上的人，都要认为是榨取我的"。所谓"迁爱的要素，就是自己感觉到自己为抵抗别人侵害而集中精力正反抗的行为是革命的，不但感觉自己的这种行为是革命的，而且认为凡与我共同奋斗的人以及表同情于我的人，也都是革命的"。他认为人们就是由这种迁怒与迁爱的感情出发，"遂由理性的自私而进为感情的为公"。"如果不仅一个人发生了这种感情，而是十人百人都发生了这种感情"，那么"阶级斗争便爆发了"，因此他认为"阶级斗争，便是由于那种物质的生活条件的敌对而产生的精神的敌对暴露于外而形成的"。即由"个人迁爱"与"迁怒"心理所形成的。

他就是这样硬把马克思主义关于阶级社会里阶级斗争的理论完全予以庸俗不堪的主观唯心主义的歪曲和曲解并攻击。于是他就公开标榜阶级"调和"，阶级"合作"的滥调，进而反对马克思关于国家的学说，反对马克思关于资产阶级国家是资产阶级压迫无产阶级的工具的学说，认定资产阶级的国家是资本主义社会发展的根本动力。诬蔑马克思的经济学说忽略了资本主义国家里"国民经济发展的根本原因"，说资本主义国家及现代帝国主义国家的法律是为全体国民谋利益，是保护各该团全体国民的利益的。认定德国将一八七〇年战争向法国索取的巨额赔款用于办理劳动保险事业，日本将中日战争的赔款实行金本位制，英国增加关税，美国与大英帝国各自治领的限制华工，都是从保护各该国全体国民的利益出发的。并认为英帝国主义殖民制度的发达和世界市场的形成也都是由英国全国人民联合努力的结果，并由于全国人民都认为有益于全体英国人民物质幸福的结果。认为马克思"强调了阶级斗争"，"看漏了"资产阶级的"民族斗争"，一句话，即"看漏了"资产阶级的民族主义，公开为国际资产阶级的民族侵略主义辩护。认为马克思如果注意到这一方面的事实，便"不会认为资本主义的商品世界是资产阶级的世界"，也"不会认为资产阶级国家的政治权力已不能救济资本主义世界所发生的弊害了"。因为他认为资本主义国家的权力"既可以发扬分工制度的好处，自亦可以救济分工制度的缺陷"。他认为"马克思如果能把唯物史观应用到民族斗争方面去观察存在于民族内部商品生产发展的历史,就不会把社会的生产关系,生产力和社会革命这些概念解释得如此浅陋了"。他认为资本主义的生产关系是资产阶级政府意识行为的结果。他说:"从其小者而观之,即从内部冲突而观之,国内的生产关系虽可解为所有关系,榨取关系,压迫关系,欺骗关系,利用关系",但"大者而观之,即从整个方面说来,则可把国内的生产关系看作阶级合作关系,互助关系"。而马克思呢?他认为只是"从小的地方着眼",他认为这种"国内的敌对的关系可因国际间敌对关系的存在而缓和,减少和消灭。"其办法便是第一次世界大战中和战后帝国主义各国普遍采行的国家垄断资本主义办法,对于它,他名之为"战时"或"战后的社会主义"。因为他认为资产阶级国家在资本主义经济的发展中具有绝大的作用,因为他认为,所有资产阶级的国家制度与维护这个国家制度的一切工具,如警察、官吏、军队等等都应属于生产力的范畴。因为生产力照他另一个解释便是"提高资本主义国家国民物质生活程度的力量",生产关系依他说来乃是"从大的方面"又是资产阶级国内"阶级合作和互助的关系",因此他认定"当资本家阶级与无产阶级的关系即使有一时会欠圆滑,但不但不会导致社会革命的到来,反而且相反地会因外民族对本民族的压迫或本民族的对外侵略而使这种矛盾消灭"。甚至即便没有民族压迫与对外侵略这种阶级敌对关系也曾"自己化除",并且"所谓化除不只是精神上的化除,而且并是物质上的化除"。因此他最后又一次地断定马克思的唯物史观是"失败了",他说:"因为马克思太注重因物质生存条件的压迫而造成阶级的小斗争,而看轻了因物质的生存条件的压迫而造成的民族大斗争(这里他公开承认帝国主义法西斯主义所标榜对外侵略是因生存条件的压迫——作者),所以他所预料的地方都失败了"。而这种"失败"主要又表现在以下几方面:第一,资本主义最发达国家里的工人阶级与马克思的"预料"正相反,"并不是最革命,最不遵守纪律,最能够以暴力没收资本家的资本,而是最能守法",并且以第二国际叛徒充当资产阶级走狗为例,予以论证。第二,与马克思的论证相反,资产阶级的"人道主义能够救济资本主义的缺陷",第三,以第一次帝国主义大战期间与以后时期内,资本主义国家内国家垄断资本主义的发展,即把一部分军用工业与交通机关收归资产阶级国营的事质,认为是"采用了共产主义的精义",用以否定马克思在《哥达纲领批判》中所指出从资本主义到共产主义过渡存在着一个整个的历史过渡阶段的学说,并用以否定无产阶级专政和它的学说。第四,从资本主义各国在无产阶级运动压迫下采取"最低工资法"和某些社会保险的改良主义措施出发,咬定工人阶级生活在这些国家里已经得到"稳定",因此制定马克思阶级无产阶级贫困化与资本主义制度必然死亡的学说,在资本主义最发达的国家里已遭"失败",只有在落后国家内先行实现。诬蔑马克思学说"缺乏预测能力"。(以上引号中的文句均引自《社会科学杂志》第一卷第二期第二页至二十八页。)

一九三三年三月、六月与一九三四年九月,樊弘所发表的《劳动价值理论的各家学说》(《社会科学杂志》第四卷第一期)、《限界效用价值理论派的各家学说》

（同上杂志和四卷第二期，）《关于经济价值理论之两派学说》（同上杂志第五卷第三期），以及一九三二年十二月发表的《价值理论的意义》（同上杂志第三卷第四期）等文，对马列主义政治经济学的基础的基础—劳动价值说恣意进行了攻击，并极尽曲解的能事，指出要做"反马克思的宣传，必须明了马克思劳动价值说中所谓社会必要的劳动决定价值这一定义中'社会'这个形容词的意义"。硬说美国学派克拉克（B. Clark）和塞利格曼（Seligman）等的社会限界效用价值说与马克思的社会劳动的概念"有些相似"。胡说价值决定商品价格，必须有两个显而易见的特征，但是马克思所阐明的社会必要劳动量决定价值的"社会劳动"，对于这两个特征都没有具备，所以被判定"不能采用"，"应在摈斥之列"。

特别是在对法国右翼社会党人亨利·塞埃所著《经济史观》一书的论评中，樊弘除了附和窝尔脱曼（Waoltman）、塞利格曼等美国庸俗派学者把主观唯心主义的"经济史观"冒充"唯物史观"以外，对亨利·塞埃《经济史观》一书中攻击马克思历史唯物主义的反动观点，认为是"没有诳话的评判"。在这部书里塞埃诬蔑马克思的唯物史观"不是精心考察人类全部历史变迁的结果"，而是"基于一种玄学的成见"，诬蔑马克思的唯物史观"不是科学的原则，而是一种玄学上的目的论和充满着希望和愿望的感情论"，诬蔑马克思"有时候因被唯物史观的成见所蒙蔽，反把历史看不清楚"，诬蔑唯物史观"与历史事实不相符"，把马克思的唯物史观贬为"经济决定论"。硬说马克思最后亦"不得不"因此而"放弃其唯物史观原来的观点"，并且宣传"唯物史观预期的效果大部都失败了。"认为"政治决定经济"，"人类的道德观念可以改变阶级斗争"，认为"革命的飞跃与事实尤其不符合，社会的进化只有渐进的性质，没有飞跃的性质"，认为"革命是由于政府违背多数民众的要求而发生的"，不是由于敌对阶级间利害冲突和阶级斗争尖锐化的爆发，认为"唯物史观的失败是由于马克思太相信历史的法则的结果"，最后认为"决定历史的原因太复杂了，而且夹杂着许多偶然性的因素"，因此是"不一定能找出什么社会发展的定律来"的。

樊弘在这里不仅做了第二国际右翼社会党入社会帝国主义者反马列主义忠实的传声筒，并且对社会帝国主义者大声附合，喝彩捧场，认为这种"见解与众不同"，"最有力量"，"最丰富、最新颖、最有趣"，"值得注意"。

二、从一九三九年到一九四八年

当一九三七年凯恩斯的《就业、利息和货币的一般理论》（The General Theory of Employment Interest And Money）出版以后，凯恩斯主义在英美资产阶级经济学界开始流行起来，并风靡一时，这时候，樊弘同志也开始改宗了凯恩斯主义。一九三九年在英国工党中坚份子莫利斯·杜勃（Maurice Dobb）等四人"督促""忠告""鼓励"与"批评"下，他以英文撰写了《评凯珩斯和马克思的资本蓄积和利息的理论》

一文,发表于伦敦《经济研究丛刊》(The Review of Economic Studies)第七卷第一号(一九三九年十月出版)。一九四七年又叫吕淑美其人把这篇文章译成中文发表于《复旦学报》第三期(一九四七年五月出版)。从这时起一直到一九四八年止,在政治经济学方面,樊弘所发表的主要论文与著作,除这一论文外,照作者所搜集到的还有以下一些:(一)《论社会所得的变迁函数》(《新经济》,十一卷第三期,一九四四年十一月),(二)《现代经济下的几大特质》(《经济论评》第三期,一九四六年十一月),(三)《收益方式与行为方向》(《世纪评论》二卷四期),(四)《现代货币学》(国立复旦大学丛书,商务印书馆出版,一九四七年七月初版,一九四九年三月四版),(五)《投资储蓄和利息率》(《经济评论》二卷四期,一九四七年八月),(六)《马克思的货币和利息率的学说》(《经济评论》二卷十一期,一九四七年十二月),(七)《罗博森的投资储蓄理论》(《经济评论》二卷二二期,一九四八年三月),(八)《传统的经济学说何以竟成了阻挠中国进步的绊脚石》(《观察》五卷五期,一九四八年八月),(九)《关于传统经济学的总答辩》(《观察》五卷十五期,一九四八年十二月)。

此外,从一九四七年到一九四八年止,照现在所发现的,樊弘先后还在《观察》、《知识与生活》、《时与文》、《经济评论》、《中建》、《世纪评论》、《中国建设》、《周论》、《现代知识半月刊》等刊物上发表了有关旧中国经济问题、政治问题、文化教育问题、哲学问题,以及有关历史问题、国际问题等各种论文,不下四十余篇。其中有反对蒋介石国民党反动统治的积极的一方面的,也有很多消极的,错误的,甚至反动的。如一九四七年十一月他在《知识与生活》上发表了《论如何建设民治民有民享的三民主义共和国》一文,其中公开反对苏联红军。一九四八年三月在《现代知识》上发表了《大亚细亚联邦或 U·S·G·A·》,宣传玄虚莫测的大亚细亚社会主义联邦,实际上却为美帝国主义的世界主义张目。这些当另外分别予以批判,在这里不再多所论列了。

凯恩斯(John Maynard Keynes)是英格兰银行的总裁,英国皇帝的勋爵,英国政府的财政顾问。列宁在一九二〇年就曾经尖锐地批评过他,指出他是"最纯粹的资产阶级",是"从纯粹资产阶级的观点来研究经济问题和观察问题。"指出他是"以猛烈反对社会主义而闻名世界的资产阶级的代表",指出他"像其他不学无术的资产阶级市侩一样,把社会主义形容为畸形的凶暴的兽性的形式",而具有"那种坚决保护资本主义的决心和对布尔什维主义的憎恨"。凯恩斯自己也曾公开表明他的立场,说他的"理论"最容易在极权(即法西斯)国家的环境里应用,与法西斯主义有血缘的关系。美国共产党领袖福斯特,也曾经指出他的"学说"并不是什么学派的"学说",而是构成现代帝国主义国家资产阶级经济思想和经济政策的主要思潮,今天美国政府的"设计经济"与扩张政策就都包含着极强烈的凯恩斯"学说"的内容,今天英国工党的假社会主义——社会帝国主义的设施,也都是以凯恩斯的"理论"为基础。凯恩斯主义在现代英美帝国主义经济政策与经济措施方面,和它们的对外扩张侵略政策上都是有着指导的作用,并成为这些政策与措施在思想上的主要根据。因此它是世界工人运动、社会主义和人民民主主义最凶恶的敌人,也是马列主义和世界人民最凶恶的敌人。

凯恩斯主义,非常强烈地反映着垄断资本金融寡头在资本主义总危机时代所处的绝境,反映着他们为挽救资本主义已经濒于最后死亡的命运的最残酷的手段。它是完全代表帝国主义垄断资本家利益,并替他们的利益着想、策划和服务的续命方案。因此它是完全符合于资本主义垄断资产阶级的利益,而与国际工人阶级与广大劳动人民完全立于敌对地位,与工人阶级和劳动人民的利益根本不相容的。因此它的"理论"也就被帝国主义反动资产阶级及其御用学者所重视,并夸奖为经济科学上的"新纪元",是"经济思想上的革命",是"凯恩斯革命"。因此,凯恩斯主义在帝国主义各国及其统治下的殖民地半殖民地各国,都风靡一时,没胫而走。在国民党反动派统治下的旧中国也曾在相当一个时期内占领了各大学的讲台,并在旧中国资产阶级经济学者中风行起来,且有"凯恩斯学派中国四大家"之出现。樊弘虽非"凯恩斯学派四大家"之一,但是自从凯恩斯主义开始盛行起来以后,他也就成为凯恩斯主义的信奉者。他在一九三九年所作《评马克思和凯珩斯的资本蓄积、货币和利息的理论》一文中,就鱼目混珠,把这两个完全敌对的理论混同起来,认定"凯恩斯批评古典经济学派的主要意见与马克思的相一致"。(注意:凯恩斯所谓的古典学派并不是马克思所指的以威廉·配蒂、亚当·斯密和李嘉图等为代表的资产阶级经济学的古典学派,而是指的约翰·穆勒·耶方斯及马歇尔等庸俗经济学派)。而且特别申明该文目的,就在"藉凯恩斯的学说之助,去重新考察一下马克思在《资本论》第二、第三卷中关于资本蓄积和利息率的理论",企图以凯恩斯主义"修正"马克思主义。对马克思的再生产理论极尽歪曲的能事,自称凯恩斯所谓的"有效需要"的"理论""有好几点与马克思关于资本流通过程的分析相合"。其《现代货币学》一书,可以说是现代最反动最庸俗的资产阶级货币学说——货币数量说与凯恩斯流动性偏爱货币说的杂凑。他并断章取义地剽窃马克思的货币理论,加以曲解和"修正"。《投资储蓄与利息率》(《经济评论》二卷四期)一文,副题为《凯珩斯的和正统学派的批评》,实际上是对凯恩斯小骂大捧场,一再称崇凯恩斯的理论为"具有革命的性质",并"断然的说:凯衍斯的学说是革命的",有"革命的贡献"。《马克思的货币和利息率学说》一文,是再一次地以罗博森和凯恩斯的货币学说的利息学说歪曲马克思的货币学说和利息学说,硬说他们"无大出入"、"完全相同"、"全相同"。而《近代经济学说的几大特质》一文,则公开把第二次世界大战前后凯恩斯主义者所谓"失业均衡学说"和"动态经济"的研究,以及爱德华等美帝国主义学者所谓的"独占竞争理论"、"所得理论",认为是已与马列主义政治经济学的结论"逐渐相接近"。硬说资本主义总危机时期,国际资产阶级最反动的经济学与马列主义的政治经济学不但"并不是绝对的冲突而是互相发挥的了"。号召中国经济学者"必须接受并追上这个平面"。这一论文博得了《经济论评》编者的大声喝彩,该编者并以《附记》和《后语》大捧其场,大事推荐。认为樊弘这一见解"最有价值","很值得特别提请读者们的注意",特别指出:"它乃是二十余年来世界经济思想界的共同意见",并反覆申明今天资产阶级经济学与无产阶级经济学在理论上不但是"渐由两者之接近而趋于统一","简直就可以说只有一个经济理论,根本不是两派之对立,而是'互相发挥'的,大家都在向着同一的方向前进,有一天总会走到一个共同的交叉点上。"(胡寄窗主编《经济论评》半月刊第三期,编者附言)。而且特别把樊弘本人对读者介绍了一番,说:"樊弘先生前任中央大学教授及复旦大学经济系主任,复员后接北大之聘,来平任教",特别指出:"樊弘先生对马克思思想极有研究,尤其对于资本之累积,最有心得,曾从 J. M. Keynes(即凯恩斯)学货币学,最近货币主张盖宗 Robertson(即罗博森)。"(见《编后语》)

这个介绍,很有用处,因为樊弘既是对马克思主义"极有研究",又是凯恩斯的学生,罗博森的门徒,那么樊弘的思想究竟是马克思主义的呢? 还是凯恩斯主义的呢? 这就值得好好研究了。因为马克思主义"它十分完备而严整,给了人们一个决不同任何迷信,任何反动,任何辩护资产阶级压迫的思想相调和的世界观"(列宁:《马克思主义的三个来源与三个组成部份》)。这里也不打算对樊弘思想中的凯恩斯主义和他反马列主义的所有观点都具体地加以分析批判(这工作当留待批判樊弘的凯恩斯主义一文专门予以批判),只拟就樊弘经济理论中的主观唯心主义观点予以揭发与批判,特别是揭露他究竟是马克思主义的呢? 抑是凯恩斯主义的呢?

谁都知道,凯恩斯经济学说的哲学基础,原来就是柏克莱、休谟的主观唯心主义,并屡杂了詹姆斯、杜威的实验主义和功利主义的教条。他不承认人们的社会存在决定人们的意识,不承认阶级社会发展的动力是在于生产力与生产关系的矛盾,是在于阶级斗争,而认为是在于"人类本性的心理特征",他认为经济方向的变动决定于人类本性的心理动机。他的整个经济理论体系,就是以三种心理倾向为骨干所组成,即是以(一)消费的心理倾向,(二)对于流动性的心理态度,(三)对于资本财产的未来收益的心理期待,这三种心理因素为骨干而组成的。凯恩斯的主要著作《就业、利息与货币的一般理论》,就是在这三种心理因素上构造起来的。其中最主要的理论——就业理论,完全是从心理分析出发,胡说就业量(也就是所得量)决定于有效需要。(所谓有效需要,据他说是由消费品的需要和投资品的需要二者合成的。)有效需要又决定于消费倾向和投资量,即:如要增加所谓有效需要,首先必须增加消费,第二必须增加投资,即增加投资品。而所谓消费倾向又受着十四种心理动机的支配,其中有八种心理动机,如谨慎、远见、精算、上进、独立、企业、荣誉和贪婪,他说这些心理动机会使每一个人抑制对自己收入(所得)的浪费。其余六种心理动机,如享受、短视、慷慨、失算、虚饰和奢侈,据说是会使人消费。而投资量又决定于所谓资本的边际效率(即利润率)和利息率。而资本的利润率,则又决定于对于资本未来收益的期待,即决定于资本家对利润收益的期待。至利息率则又被看做是一个高级的心理现象,说它决定于所谓"流动性偏爱"与货币流通量,所谓流动性偏爱是指资本家偏爱于把最容易得的财富保存起来的心理状态,即所谓储蓄倾向。而货币的流通量,据说:往往决定于国家的货币政策。由此凯恩斯的全部理论彻头彻尾地是以主观唯心主义为基础,并且是主观唯心主义的最露骨的一种表现形式。

因此,樊弘以凯恩斯的《货币论》与《就业,利息与货币的一般理论》为基础而写成的《现代货币学》,以及他在这一时期内的其他一些经济学论文里,也就都充满了所谓"边际"、"限界"、"心理"、"动机"、"偏爱"、"倾向"、"精神"、"安慰"、"精力","愉快"、"享受"、"恐怖"、"谨慎"、"不慎"、"幸福"、"痛苦"、"效用"、"有效"、"无效"、"欲望"、"理想"、"期待"、"心情"等等这些唯心主义的概念。他也好像不学无术的凯恩斯一样,把货币与资本混为一谈,不是把货币看作是一种特殊的商品,不看作是一般的等价物,不看做是一般的价值形态,不看做是商品生产者社会生产关系的体现,他也不是把资本看做是一种剥削关系,也不懂得货币虽是资本的最初的表现形态,但它只是在一定的历史条件下才变为资本。他也不懂得货币只有在商品流通发达的条件下,才取得支付手段的机能,也只有在劳动力变为商品的条件下,货币才转化为资本,人们也才能以一定量的价值产生一定量的剩余价值。他认为货币主要是"社会所公认的偿债手段"与"价值标准的倍数"并认为"货币的最大好处"是在于"它能增加消费者的消费自由",消费者可以"凭藉这一种自由权利之使用,得到可能的最大的享受","他不但能靠货币买进他个人所喜欢的商品种类,并且也能以货币来实现他的理想,去满足他最急切欲望和不急切的欲望"。他又认为"消费者能够从有限的货币得到最大的享受",但"消费者能否以他有限的货币得到最大的享受",他认为又决定于以下两方面:第一,便是"要看他对于货币在客观消费的用途上所得到相对的幸福,是否能够知道的很准确","其次,便是要看他是否愿意或能够去照着他的知识去实践"。简言之,即取决于人们的感觉、认识和意识的作用。他也不了解货币的机能与形式,也不懂货币发展的历史,也不懂金属货币与信用货币和银行券的区别,而认为货币的种类是决定于人们"对于货币接受或欢迎的态度"。他说:第一次世界大战以前,"公众之爱货币,好像男士追逐女士一样,是因为它长的健康和好看","可是现在大不然了"。因为"现在公众之爱货币只因它可以作一般偿债的手段"。人们保存货币的多寡,依樊弘说来,也是决定于人们保存这么多或这么少的货币时所感觉货币所给他精神土的安慰的大小。照他的说法:这是因为"除了边际上的一块钱之外,其他在边际以内的每一块钱在保持的时候,所给他精神的安慰,都要比在付出的时候,所给他的各种好处还要更大的原故"。(以上引语均见樊著《现代货币学》)难道这些就是马克思的货币学说吗?绝对不是的!不是的!它们无非是现代最庸俗最反动的资产阶级主观唯心主义的"货币数量说"与凯恩斯主义的"流动性偏爱货币说"的翻版。

三、从一九四九年到一九五一年

毛主席在《论人民民主专政》中指出：由于中国工人阶级领导的人民民主革命的胜利，使西方资产阶级的文明、主义、方案在中国人民的心目中，一齐破了产。中国资产阶级与资产阶级的知识份子中曾经留恋过别的东西的人们，有些倒下去了，有些觉悟起来了，有些正在换脑筋，感到要重新学习。毛主席并且诚恳地对他们表示了欢迎的态度，说："人们的这种心情是可以理解的，我们欢迎这种善良的要求重新学习的态度。"(《论人民民主专政》第六—七页)

樊弘同志虽然在解放前在政治上参加了民主运动，解放后也参加丁工作与学习，并且公开声明自己"已由一个反马克思主义者转变为马克思主义者"(《新建设》第一卷第二期第八页)，但可惜，至今，樊弘同志的反马列主义的立场观点和思想体系是依然没有甚么改变的。这只要检查一下自一九四九年十一月起到一九五一年十月止，樊弘在《新建设》、《进步日报》、《光明日报》等报刊上所发表的文章，完全可以清楚地看出来的。在这个时期内，樊弘所发表的文章，依目前所搜集到的也将近二十篇。其中有关思想与理论问题的，主要有以下诸篇：(一)《我的思想解放了吗?》(《进步日报》一九四九年八月十日)，(二)《论经济学上的第五纵队和左倾幼稚病》，(三)《关于政治经济学教学问题的自我批评》(《人民日报》一九五〇年一月三日)，(四)《马克思的周期恐慌学说》(《新建设》三卷一期，一九五〇年十月)，(五)《敬答季陶达先生的批判》(《新建设》三卷三期，一九五〇年十二月)，(六)《敬答蒋学模先生》(《新建设》三卷五期，一九五一年二月)，(七)《马克思的资本再生产学说与周期恐慌学说的摸索》(一九五一年七月在经济学学会上的报告，因要求《新建设》发表未被通过，改由新经济学学会油印发表，供会内讨论，以后又重新改作，把题名改为《马克思主义的再生产与经济危机》，仅有原稿，没有发表。)(八)《使知识服务于革命斗争——参观土地改革归来的一点基本收获》(《光明日报》，一九五一年十月二十一日)。不过，这一时期内樊弘反马列主义的立场与观点，在表现形式上与以前公开露骨的情形，已有所改变，他试图以凯恩斯主义"修正"马克思主义，因此使凯恩斯主义披上了马列主义的外衣，名为马克思主义，实为凯恩斯主义。因此也就更加富于虚伪性，欺骗性和危害性了。这也可以说是樊弘这一时期内反马列主义的特点。

一九五〇年初中央人民政府教育部召开各旧大学政治经济学教学座谈会，会上王学文、钱俊瑞二同志根据《中国人民政治协商会议共同纲领》关于"提倡用科学的历史观点，研究和解释历史、经济、政治、文化及国际事务"(第四四条)及"人民政府应有计划有步骤地改革旧的教育制度、教育内容和教学法"(第四十六条)的规定，要求政治经济学教师在讲学中以马列主义政治经济学为内容，并对反动的资产阶级政治经济学观点进行批判。结果正如马克思在《资本论》初版序言中所指出的一样："经济学研究的材料,含有一种特殊的性质,那会把人心中最激烈最卑鄙最恶劣的感情唤起,把代表私人利害的战神召唤到战场上来,成为自由研究之敌"(《资本论》,中译本,光华版,第一卷第三页)。这一号召也就激起了樊弘的资产阶级经济学者的阶级仇恨,于是向马列主义经济学放出了恶毒的箭,宣布了对马列主义政治经济学的公开挑战。这一战争的开端,便是樊弘在《新建设》一卷六期发表的《论经济学上的第五纵队和左倾幼稚病》一文。这篇文章的中心内容,就是反对并抗议对一切反动的资产阶级经济学进行批判。而企图以资产阶级政治经济学代替无产阶级政治经济学,以凯恩斯主义代替马列主义,并对马列主义政治经济学与政治经济学者极尽诬蔑诽谤恫吓的能事。他首先肯定在资产阶级正统派与新正统派经济学中,主要是新正统派经济学中还有所谓科学的合理的部份和成份,可以采用来"肥壮马克思学说的体系"或"溶解到马列主义政治经济学系统中来,为无产阶级服务"。他咬定列宁的帝国主义论是依靠了社会改良主义者与社会法西斯主义者霍布逊(Hobson)和希尔费丁(Hilfeding)的帝国主义论和金融资本论建立起来的,诬蔑马克思"如果把重农学派的学说,李嘉图的劳动价值论,黑格尔的哲学,看做一文不值""便没有他的资本论"。他甚至由愤怒而神经错乱,变为疯狂,咬定早已一再被马列主义政治经济学批判过了的资产阶级经济学中的反动错误观点,乃是《资本论》所藉以站住脚跟的出发点,认为"如果连这些都被打倒了,马克思的资本论也就没有了"。这些观点是些什么呢? 第一,便是一般资产阶级学者关于价值亦即价格(资产阶级学者向来价值与价格不分)决定于商品的供求关系的庸俗观点。第二,便是李嘉图地租学说中级差地租受土地收获递减律支配的错误观点。这一错误观点,马克思与恩格斯早就不止一次地给予了批判,并且列宁也一再指出马克思地租学说最伟大的功绩就在于他使级差地租摆脱了这一臭名远扬的"土地收获递减规律"的任何联系,并证明了它的虚构性。但这一虚构的"土地收获递减律",却被现代美英反动资产阶级经济学者克拉克、巴东以及凯恩斯和它的门徒们奉为经典,并把资本主义制度了劳动者日益贫困化与"土地收获递减律"相联系起来,故意把它咒骂为"恶鬼",企图这样来把资本主义制度的罪恶推给自然。用以说明资本主义制度的罪恶不在资本主义本身。而樊弘当他还是一个公开的反马列主义者的时候,在一九三二与三四年也曾两次公开介绍与宣传过这一观点,现在又公开叫喊不应该被打倒了。如果要被打倒了,"马克思的资本论必然也站立不住"。第三,乃是把接近资产阶级庸俗派中盛行的所谓"资本的边际利润是建筑在所谓边际收益和边际成本的交叉点上"的鬼话,认定也是马克思资本论研究的出发点,和它的理论体系成立的基础。不仅如此,这枝恶毒的箭,在这篇论文中,还被射到了中国马列主义的伟大导师毛泽东同志身上,硬说毛泽东同志依据马列主义的普遍真理,具体分析旧中国社会经济政治结构的特点和阶级力量对比的结果,所获得关于中国农村革命根据地的理论——即从农村革命根据地到全国的革命胜利的伟大思想,好像也是从中国的旧书堆中找出来,或者是因为他熟读了中国的旧书而构想出来似的。他说:"毛主席如果把中国旧时的书籍看做一文不值,那么,他便没有他的武装农民并乡村包围城市的伟大的思想。"

此外樊弘在这篇论文中又咬定马列主义的学说已经陈旧了,因为他认为马克思逝世已六十余年,"在他逝世以后的六十余年中,新正统学派经济学的发展一泻千里",比马克思的资本论更加前进,向前发展,并且超过了。因此,他集中火力攻击对资产阶级经济学的批判,无的放矢地提出反对"徒讲批判,不谈接受""徒讲普及,不讲提高"的恶毒口号,并且对主张批判资产阶级经济学的马列主义者加了一个罪名,叫做"政治经济学教学上的左倾幼稚病",企图这样来吓唬真正的马列主义者。而且又咬定"只知利用马列的旧说来解决实际的问题,但不知用来引诱新的发明和创造""只谈应用,不谈创造""亦是左倾幼稚病之另一种表现。"实质上这就是说只许接受,不许批判,要马列主义者放弃批判的武器,而单纯地接受反动资产阶级的理论,并且只许胡说八道,不准宣传与应用马列主义。因为在正统派特别是在最反动最庸俗的新正统派经济学中,他认为正有着许多"科学的合理的部份"和"伟大的创造"可以"接受"来"溶解"到马列主义体系中,"肥壮""发展"马列主义的体系,并使马列主义政治经济学有一个"飞跃的发展"。因此他竟然警告人民政府:假如你要那么做,那就是秦始皇,就是法西斯。因为他表示,如果照他那么做"也都不可以么? 否叫我们把图书馆里由上古以至近代的书籍都烧光好了,并由人民政府颁发一道命令:凡读古书者或族斩首,这岂不是更乾脆么?"

那么资产阶级政治经济学中除了以上这些以外,究竟还有些什么科学的合理的内核或成份,还有些什么"伟大的创造",樊弘硬要马列主义政治经济学接受的呢? 一句话——凯恩斯主义。具体地说,就是所谓凯恩斯的长期利息理论和充分就业理论。因为除了以上所谓土地收获递减律与资本边际效率等胡说以外,第一,他还硬说马克思在《资本论》第三卷中所分析的,"只是短期的利息,但近代的资产阶级经济学者对长期的利息和短期的利息的关系都已研究出来了。"第二,他又硬说马克思在《资本论》中着重分析了资本主义生产制度的整个发展趋势,因此没有着重分析"工业的波动"(即资本主义的生产过剩的经济危机),"可是近代的资产阶级经济学者在这一方面所作专书最多"。

那么什么是长期利息理论呢? 那就是凯恩斯主义者及其他庸俗派对有价证券的利息,如资产阶级政府公债的利息和股份公司股票债券的利息之分析,这些马克思在《资本论》中都早已有所分析了的。

那么关于资本主义制度下周期性经济危机的学说,那一位资产阶级经济学者在这方面贡献"最多"呢? 那也就是凯恩斯勋爵了。樊弘虽然在本文中没有指名答复这一问题,只伏下了一笔,但在以后诸论文中是完全明白地交待了这个问题的。

首先便是一九五○年六月樊弘在《新建设》二卷九期上发表的《马克思的社会总资本再生产和流通的学说》。这篇论文可以说是他一九三九年在英国发表、一九四七年又译成中文在中国发表的那篇名文在另一种形式上的再版。它把凯恩斯不伦不类的"有效需要学说"与马克思科学的再生产理论相提并论,并作对比,且把马克思生气勃勃的再生产理论,化为抹煞一切内在必然性的函数公式,硬说这两个理论完全是相同的。只是有一个不同,就是在这篇论文中,是把凯恩斯"屈尊"马克思之下,认为马克思基本上超过了凯恩斯,认定凯恩斯"有效需要说"的"合理内核"是包含在马克思再生产理论中,并且凯恩斯的学说只是马克思学说"这座宫殿中的一座小小花园"。但是却把这个理论的重要性更加扩大了,认为理解这个理论——即他所谓与马克思再生产理论相同的"有效需要说","是太重要了。""不但可以帮助我们理解资本主义经济恐慌的必然性,而且可以帮助我们更进一步的理解苏联的计划经济的基本原则的性质。"好像社会主义的苏联也是凯恩斯主义的市场似的。并高呼这一学说的"创造者"凯恩斯是"名震一时声播八方最伟大的资产阶级的最伟大的经济学者","其有效需要学说,确是现代资产阶级经济学者们所崇奉为金科玉律的学说"。

其次,便是一九五〇年十月一日在《新建设》三卷一期所发表的《马克思的周期经济恐慌学说》,这可以说是拿凯恩斯的就业理论冒充马克思主义科学的经济危机学说。因此这篇文章发表以后,连续遭受季陶达、蒋学模等先生的批判,这是完全应当与必要的。但樊弘除了一再加以辩护以外,又于一九五一年撰作了《马克思的资本再生产学说和周期恐慌学说的摸索》,申明这是他对马克思经济危机学说的第二度摸索,是他"决定使用马克思的企业利润公式与马克思的扩大再生产学说相结合来说明资本家的过期性的经济危机的",此稿樊弘本拟再在《新建设》发表,然因主编陶大镛先生的拒绝,未予发表,几致引起樊弘动武打人。后来改在新经济学会由樊弘用口头报告形式先行发表,然后由新经济学会油印印发供会内讨论。结果,在会上受到了郭大力先生的批判,樊弘仍不服,又略加修改,改题名为《马克思主义的再生产与经济危机》。并因认为中国没有人能评价他的文章,欲趁参加国际经济会议之便,送交苏联经济学者奥斯特罗维将诺夫同志评价,卒因国际经济会议中国代表团中共党组以其文章内容"修正"马列主义,而予以劝阻,他乃作罢。(见附记)这两篇文字内容上并没有多大的区别,只是在形式上与以上诸论文有较为显著的不同,那就是已经涂抹了公开歌颂凯恩斯的字样,而装扮得好像真正是马克思主义似的,实际上却是依样画葫芦,完全以马克思主义的招牌偷卖凯恩斯主义的毒药。如其不信,可以樊文为证。

例如:前文云,"周期恐慌是怎样发生的呢? 在资本家的追逐利润的竞争下,平均利润率陡然下降,必然会引起经济恐慌的。"(《新建设》三卷一期第三十页;着重点为本文作者所加,以下同此。)

后文则云:'即利润率和利润量的骤而烈的下落,这样以来,资本家的周期性的经济危机便出现了。'(《马克思的资本再生产学说和周期恐慌学说的摸索》原稿第六页。)

那么利润率在什么时候受什么条件影响就会陡然下落呢？

前文第一种说法："恐慌在什么时候爆发出来呢？是在实际资本家的利润剧烈下降的时候发生出来的。我们知道，……一旦到了充分就业之际，工人的工资涨高了，资本的一般的利润不能不往下惨落。为什么呢？因在充分就业之际，劳动生产力不但不提高，而且是往下降落的。……纵令社会劳动生产力不变……在工人已达充分就业之点，工资如果增加，其情形也是很严重的。社会劳动生产力既然不变，工人又且达于充分就业，纵令其他条件完全相同，商品的总价值是不会增加的。当然是不会的。可是在这一个时候工资增加了，资本的一般利润率还有不下降的么？"

"在充分就业之际，工人的工资一般的涨高，而且在消费品的年生产量中工人所得的那一份比较从前更高……工人的实际工资如同货币工资，在恐慌之前夕，会要高涨，是人类一百年的经验，实在用不着再讨论了。"

"在充分就业之时，生产的价值总量不增，然而工人阶级所分得那一份增加了，利润率必然下落。不但利润率下落，而且总利润（即包括利息率的总利润）也下落了。"（以上见《新建设》三卷一期三十二页。）

后文第一种说法："即随着资本家再生产过程的扩大，随着产业劳动预备军的减少，资本的剩余价值量和剩余价值率都减少了。这是由于工人的货币工资比较物价涨得更高的原故。在其他条件不变的情形下，资本家的剩余价值量，势必随之下降。"（以上均见原稿第十九页。）

因此，资本主义制度下周期性的经济危机，按照樊弘的说法，是发生于资本家利润率下降之时，而利润率之下降又是因工人就业增多，失业减少，使"工资增高"。因此，"工资增高"就是樊弘所谓资本主义周期性生产过剩危机发生的根本原因。因此，资本主义制度下周期性生产过剩危机发生的根源，不是在于资本主义制度本身，而是在于工人阶级了，即在于在资本主义制度下日益绝对和相对贫困化，经常遭受饥饿与半饥饿、失业与半失业，挣扎于死亡线上的广大无产阶级与广大劳动人民大众身上了。因此，资本主义制度的这一罪恶，不是在于资本主义生产关系与生产力间的不可调和的矛盾，不是在于生产的社会性和资本主义私人占有制间的根本矛盾，也不是在于资本家的生产竞争和无政府状态发展的结果。因此，樊弘的经济危机学说，难道是马克思的经济危机学说吗？不是的，绝对不是的！因为它是与马克思主义的经济危机学说完全相反的。马列主义对于资本主义经济危机，斯大林同志曾有明确的阐述，现在不妨摘引于下，请大家评判：

"资本主义把生产力发展到巨大规模的时候，便陷入它自己所不能解决的矛盾中。资本主义生产出日益增多的商品并减低着商品价格，便使竞争尖锐化，使大批小私有主和中等私有主陷于破产，把他们变成无产者，减低他们的购买力，因而就使生产出来的商品无法销售出去。资本主义扩大生产把千百万工人集合在大工厂内，便使生产过程具有了公共的性质……而生产资料的所有制却仍然是资本主义私人性质,即与生产过程底公共性质势不两立的所有制。"

"生产力性质与生产关系合这种不可调和的矛盾,是暴露于周期的生产过剩危机中,此时资本家因他本身使广大民众遭受破产而找不到有支付能力的需求者,便不得不烧毁生产品,消灭已制成的商品,停止生产,破坏生产力,此时千万民众被迫失业挨饿,而这不是由于商品不够,却是因为商品出产太多。"(《联共(布)党史简明教程》中译本,苏联外文局版,第一五八————一五九页。)

因此,如果照樊弘说法,那么无产阶级革命资本主义制度的死亡便没有其历史的必然性,相反地,应当是由资产阶级来革无产阶级的命。因为他们工资太高了,生活得太好了,并因此而引起了资本家利润量和利润率的下降,并因此而引起了过期性危机。这也就是樊弘所一再歌颂的凯恩斯主义具有"革命性质与革命贡献"和"伟大""最伟大"的地方。实际上所谓凯恩斯主义的"革命性质""革命贡献""伟大""最伟大"之所在,也正是表现于它们向工人阶级疯狂的进攻,企图用降低工人工资、增加赋税、实行通货膨胀、抬高物价,感化劳动人民生活以至于用国民经济军事化和发动战争等等办法来保证垄断资本家集团的最高利润,并挽救资本主义所无法解决的生产过剩危机,来为资本主义续命。凯恩斯主义之所以为现代工人阶级和劳动人民最凶恶的敌人,其原因也就在于此!

但是,这还仅仅是樊弘所谓的资本主义周期性危机的第一个原因,第一种说法。此外还有第二个原因,第二种说法,这就是所谓利息率的上涨。这个原因,这种说法,除了继续故意掩蔽资本主义危机的根本原因以外,还企图把资本主义制度的矛盾转移到工商资本家与银行资本家间的矛盾,即资产阶级内部的矛盾上去,并企图这样来转移无产阶级斗争的视线和目标,而最后仍然拐湾抹角地把危机的原因诿之于工人阶级,推给了工资过高。于是资本主义制度的全部罪恶就都被集中到了工人阶级身上,都应该由工人阶级来负责了。

如果不信,还可以樊弘所写《马克思主义的周期经济恐慌学说》一文和,马克思主义的再生产与经济危机 > 的原稿为证。

前文第二种说法:"我们知道:资本家的利润率,尚可分为两种:第一,总利润率,第二,纯利润率。纯利润率乃是在总利润率中,除去利息率所剩下的部分。……纵令总利润率高,如果利息率更高,实际的资本家不但不会赚钱,而且反要赔本,这对资本家的生产是有极大的限制的。这即是说,实际的资本家和他们的金融供应者之间尖锐的斗争,也是造成经济恐慌的原因之一。"

"事情是这样的。即在投机的活动必然引起错误的或不谨慎的投资。这些投资的冒险家利用证券市场投机的狂潮吸取了大量的货币。货币的资本流入错误的投资的途径越多,则在正常的工商业上所得的货币资本越小,然而在工资上涨之际,无论任何工商业都须要货币资本来支付,结果势必借助于银行的信用,利息率随之提高。"(以上见《新建设》三卷一期三十一、三十二页。)

后文第二种说法:"在产业劳动预备军大量减少之际,资本家的总平均利润率是降低了,纵令利息率不增加,资本家的纯利润也是要降低的。不幸在产业预备军大量减少之时,货币资本的需要增加了,利息率随之上涨。因为名为工资的那份社会所得是由产业资本家以可变资本的形态(经常是货币形态)予以扩张的。"(原稿第二十二页。)

总而言之,资本主义周期性经济危机的原因,照樊弘说来,有二:(一)工人工资增高,(二)利息率增高,而利息率增涨的原因,还是由于工人工资增高。因此实际上,二而一,一而二,归根结底,在于工人工资增高。据说这就是马克思的周期恐慌理论或马克思主义的经济危机学说。那么究竟是马克思主义呢?还是凯恩斯主义呢?还是樊弘企图拿凯恩斯主义来"修正"或"顶替"马克思主义呢?除了上引马列主义的正面答覆以外,还可请樊弘自己来答覆。请看他在《现代货币学》一书中所说:

"实则恐慌的发生主要是由于利润率突然的低落而引起的。"

资本家的利润率怎样下降的呢?"资本家的限界利润率(即利润率——作者)随着资本财的产量的增加而递减。因为随着资本家的数量的增加,它的限界的未来的一串收益或利润无疑的要往下降低。可是恰在这个时候成本往上增加了。第一就是原料价格的增加……其次就是工资的增加。当着失业人口尚还存在的时候,雇佣总量虽不增加,但工资可以不增加。随着失业人口的减少和充分就业的逼近,工资更要增加了。在充分就业以后,资本财的生产部门因为获利较丰之故,进而以重币与甘言引诱现正从事消费财的生产的工人之时,工资不得不往上激增。再其次就是利息的涨高了。"

"……我们曾经说过,货币的需要是利息率高涨的原因,随着投资的原因,随着投资的增加,企业家所需要来作满足的动机的货币,也跟着增加了,特别的是,当着充分就业达到以后,工资的支付所需要的货币大增加。利息率因而涨高。他如囤货居奇的商人,过度乐观的工业投机家,和在证券市场土许多莫名其妙的多头的买者(金融投机家),他们对于货币的需要,因其多半系受一种赌博的心理所支配,当然更会促成利息率的增加了。"(《现代货币学》,一九四九年第四版,第二〇、一一二页,商务印书馆出版。)

这本《现代货币学》的著作,据樊弘自序:其中"没有一点学说是笔者(樊弘自称)所发明的"。"只在将近代几位货币学大师罗博森(Robertson)教授、凯珩斯勋爵士(Lord Keynes)、林塔尔(Lindal)教授……诸人的货币学说重新加以条理而已"。(见上书第一一二页。)尤其关于以上所谓"限界利润率递减"说和利息变动学说更是属于凯恩斯的。因为他特别申明过:"这种限界利润率渐减的趋势……自凯珩斯爵士的《一般就业理论》出版以后,这种趋势似已成为一切经济讨论的主要柱石之一。它实已经具有自然科学上正确公律的资格。"(同上书第七〇页)"利息率受货币的需要和供给的相互关系决定。这一派的利息说一名货币偏爱的利息说,亦称活动偏爱的学说。这派学说,是由凯珩斯爵士(Lord Keynes)所首先发明的。"(同上书第七二页。)而合于樊弘的经济危机理论也据他自己说,是所谓"失业的均衡理论"。他对于所谓"失业均衡理论"曾经这样介绍过:"自凯珩斯爵士一般的就业理论出版后,经济学界几皆承认失业的均衡状态较更符合于实际情形。以此立论为根据,所以我们决以失业均衡的状态,作为我们分析经济循环的起点。"(同上书第一〇八页)

因此我们有充分的根据可以说:樊弘所谓的马克思的再生产理论,资本主义经济危机理论,实际上完全是披了马列主义外衣的凯恩斯主义,是凯恩斯主义,不是马克思主义;是在马克思主义伪装下贩卖反马列主义的毒药;是以凯恩斯主义"修正"马克思主义和冒充马克思主义。

因此,樊弘所谓:"新正统学派"发展了马列主义的危机学说也证明完全是一派胡言,如果不是对马列主义的恶意仇视和诽谤,便是对马列主义的完全无知。但他自己却偏要说他已由反马列主义的学者转变为马列主义者了。问题的危险性就在这里。

因此,我们也有充分的根据来说:樊弘自一九二五年中国工人运动第一次高潮时在理论上思想上开始反马列主义起,一直到今天止,这种情况还是没有根本改变的。因此他虽然一面感到悲哀,但一面仍然坚持着他反马列主义的立场与观点,不肯放松。如果要说有什么转变的话,那就是从一个公开的反马列主义者自觉或不自觉地转变成为一个隐蔽的反马列主义者。因此他就不能不感到悲哀。例如他在一九五一年十月二十一日的《光明日报》上发表了一篇自叙,其中有道:"我们反人民,但人民胜利了。我们还不没落么?除开少数的马列主义的文化战士而外,我们确是没落了,现在无人不感到五四以来的老教授(樊弘是"九一八"前后的老教授)的地位在没落。社会科学上几乎没有甚么老教授的笔墨,在政治舞台上亦几乎没有什么老教授精彩的表演,在社会讲台上,亦几乎没有什么老教授的声音。老教授们不但在学校以外逐渐丧失了威信,在教室里或在学生群众中,也逐渐丧失了威信,因为过去我们所谈的那一套,都不是代表人民的呼声,而是代表少数剥削者的呼声,即是说我们的立场基本上是反人民的。"(《使知识服务于革命斗争》)但是樊弘并没有觉悟到要放弃自己的立场,因为他虽然已经会说"知识份子有工农化和接受无产阶级的领导的必要",但还不是要把自己改造为一个无产阶级的战士,或真正的人民大众的战士,而是要"把自己的知识"即拿自己资产阶级大学教授的知识"来服务于工人阶级领导的革命斗争",并这样来使自己已经丧失了的资产阶级反动的学术地位得到"恢复"与"提高"。

但是必须了解:这种立场与观点是和今天新民主主义国家里工人阶级与广大人民大众的要求不相容的。因为毛泽东同志早就教导我们:"中国无产阶级的科学思想能够和中国还有进步性的资产阶级唯物论者和自然科学家,建立反帝反封建反迷信的统一战线,但是决不能和任何反动的唯心论建立统一战线;共产党员可以和某些唯心论者甚至宗教徒建立在政治行动上的反帝反封建的统一战线,但是决不能赞同他们的唯心论或宗教教义"。同时他又指出：新民主主义的文化"决不能和任何别的民族的帝国主义反动文化相联合，因为我们的文化是革命的民族的文化"。(《毛泽东选集》第二卷，第六七八——九页。)

如果要以一个共产党员的标准来衡量，那么樊弘同志的这种立场与观点，更是不能相称了。因为中国共产党的党章规定，只有那些承认中国共产党党纲和党章，参加党的一个组织并在其中工作，服从党的决议，并缴纳党费者，始得为共产党的党员。而党纲又明确规定着："中国共产党，以马克思列宁主义的理论与中国革命的实践的统一的思想——毛泽东思想作为自己一切工作的指针，反对任何教条主义的或经验主义的偏向，中国共产党以马克思列宁主义的辩证唯物主义与历史唯物主义为基础，批判地接受中国的外国的历史遗产，反对任何唯心主义的与机械唯物主义的世界观。"

因此樊弘同志这种一贯的主观唯心主义，反马列主义立场与世界观，是与想作一个共产党员的愿望完全不相容的。

现在的问题就在于：或者是樊弘同志抛弃自己原来资产阶级知识份子反动的反马列主义的立场，真实地而不是虚伪地，站到无产阶级的立场上来，彻底地清算自己的一切反动思想，进行真正的彻底的思想改造，不是企图拿什么来"修正"或"顶替"马列主义，而是老老实实地做个马列主义、毛泽东思想的小学生。或者就是如同他自己在《光明日报》上所自叙的情景那样：没落和悲哀。二者必居其一，愿樊弘同志自择之，并善自处之。

附　记

当本文已付印时,教务处同志告诉作者,樊弘同志表示张鱼并没有看到他的文章就批评他是凯恩斯主义,并递交题为《马克思论经济危机的周期性》一文的原稿,说他的观点已改变了,而且又声明准备送给苏联科学院政治经济学研究所的文章也正是这篇已经改变了观点的文章。事情似乎应当是值得庆幸的,因为作者既然弄错了,而原作者也有了进步,争论自无必要了。但是不幸得很,虽然作者这个所引用的原稿原来也是《新建设》杂志编辑部所提供的樊弘同志这时候的亲笔手稿,樊弘同志现在送来的《马克思论经济危机的周期性》也是樊弘同志亲笔原稿,题目已不同,内容上也多少已有些不一样。如引用马克思的文句多了一些,对凯恩斯也悄悄骂了几句等等,但实质上并无异趣,因为樊弘同志论究资本主义经济危机的出发点根本就是错误的。如他开宗明义第一章就声明:"我首先使用马克思的企业利润率的公式,把马克思的一切关于企业利润率的学说结合起来,系统的说明企业利润率的循环与经济危机周期性的关联。"(《马克思论经济危机的周期性》原稿第一页)一句话:换汤不换药,仍然从利润率、利息率出发来分析经济危机。因此,虽然樊弘同志屡屡引证马克思的文句与论点,并企圈套用马克思关于资本主义经济危机的基本原理,但这些除了显示樊弘同志这种手法的拙劣和在这个问题上企图用马克思来掩护与拯救自己反动错误的观点以外,对樊弘同志和问题本身并没有也不能有丝毫的帮助。因此在这里作者不得不再一次的谆劝樊弘同志:科学态度必须是老老实实的,不是什么耍戏法,玩江湖骗术。即合你耍的玩的很高明,但戏法总还是戏法,骗术终究是骗术,明眼人自不难予以识破,并不难予以揭穿的。因此作者在这里也完全可以不顾樊弘的警告,走自己的路,并愿意继续战斗到底,直到樊弘同志的立场观点真正从根本上有所改变时为止。至于后来送来论文中的问题,因时间与篇幅关系,当留待《批判樊弘同志的凯恩斯主义》一文一并交待。

一九五三年四月七日